J. von Staudingers
Kommentar zum Bürgerlichen Gesetzbuch
mit Einführungsgesetz und Nebengesetzen
Buch 2 · Recht der Schuldverhältnisse
§§ 631–650v
(Werkvertrag, Bauvertrag, Verbraucherbauvertrag,
Architekten- und Ingenieurvertrag, Bauträgervertrag)

Kommentatorinnen und Kommentatoren

Dr. Karl-Dieter Albrecht
Vorsitzender Richter am Bayerischen Verwaltungsgerichtshof a. D., München

Dr. Christoph Althammer
Professor an der Universität Regensburg

Dr. Georg Annuß, LL.M.
Rechtsanwalt in München, Außerplanmäßiger Professor an der Universität Regensburg

Dr. Christian Armbrüster
Professor an der Freien Universität Berlin, Richter am Kammergericht a. D.

Dr. Arnd Arnold
Professor an der Universität Trier, Dipl.-Volksw.

Dr. Markus Artz
Professor an der Universität Bielefeld

Dr. Marietta Auer, S.J.D.
Professorin an der Universität Gießen

Dr. Martin Avenarius
Professor an der Universität zu Köln

Dr. Ivo Bach
Professor an der Universität Göttingen

Dr. Christian Baldus
Professor an der Universität Heidelberg

Dr. Wolfgang Baumann
Notar in Wuppertal, Professor an der Bergischen Universität Wuppertal

Dr. Winfried Bausback
Professor a. D. an der Bergischen Universität Wuppertal, bayerischer Staatsminister der Justiz a. D., Mitglied des Bayerischen Landtags

Dr. Roland Michael Beckmann
Professor an der Universität des Saarlandes, Saarbrücken

Dr. Dr. h. c. Detlev W. Belling, M.C.L.
Professor an der Universität Potsdam

Dr. Andreas Bergmann
Professor an der Fernuniversität Hagen

Dr. Falk Bernau
Richter am Bundesgerichtshof, Karlsruhe

Dr. Marcus Bieder
Professor an der Universität Osnabrück

Dr. Werner Bienwald
Professor an der Evangelischen Fachhochschule Hannover, Rechtsanwalt in Oldenburg

Dr. Tom Billing
Rechtsanwalt in Berlin

Dr. Eike Bleckwenn
Rechtsanwalt in Hannover

Dr. Reinhard Bork
Professor an der Universität Hamburg

Dr. Wolfgang Breyer
Rechtsanwalt in Stuttgart

Dr. Jan Busche
Professor an der Universität Düsseldorf

Dr. Georg Caspers
Professor an der Universität Erlangen-Nürnberg

Dr. Dr. h. c. Tiziana Chiusi
Professorin an der Universität des Saarlandes, Saarbrücken

Dr. Michael Coester, LL.M.
Professor an der Universität München

Dr. Dr. h. c. Dagmar Coester-Waltjen, LL.M.
Professorin an der Universität Göttingen

Dr. Thomas Diehn
Notar in Hamburg

Dr. Katrin Dobler
Richterin am Oberlandesgericht Stuttgart

Dr. Heinrich Dörner
Professor an der Universität Münster

Dr. Werner Dürbeck
Richter am Oberlandesgericht Frankfurt a. M.

Dr. Anatol Dutta, M. Jur.
Professor an der Universität München

Dr. Christina Eberl-Borges
Professorin an der Universität Mainz

Dr. Dres. h. c. Werner F. Ebke, LL.M.
Professor an der Universität Heidelberg

Dr. Jan Eickelberg, LL.M.
Professor an der Hochschule für Wirtschaft und Recht, Berlin

Jost Emmerich
Richter am AG München

Dr. Volker Emmerich
Professor an der Universität Bayreuth, Richter am Oberlandesgericht Nürnberg a. D.

Dipl.-Kfm. Dr. Norbert Engel
Ministerialdirigent a. D., Rechtsanwalt in Erfurt

Dr. Cornelia Feldmann
Rechtsanwältin in Freiburg i. Br.

Dr. Timo Fest, LL.M.
Professor an der Universität zu Kiel

Dr. Karl-Heinz Fezer
Professor an der Universität Konstanz, Honorarprofessor an der Universität Leipzig, Richter am Oberlandesgericht Stuttgart a. D.

Dr. Philipp S. Fischinger, LL.M.
Professor an der Universität Mannheim

Dr. Holger Fleischer
Professor am Max-Planck-Institut für ausländisches und internationales Privatrecht, Hamburg

Dr. Robert Freitag, Maître en droit
Professor an der Universität Erlangen-Nürnberg

Dr. Jörg Fritzsche
Professor an der Universität Regensburg

Dr. Tobias Fröschle
Professor an der Universität Siegen

Dr. Susanne Lilian Gössl, LL.M.
Akad. Rätin a. Z. an der Universität Bonn

Dr. Beate Gsell, Maître en droit
Professorin an der Universität München, Richterin am Oberlandesgericht München

Dr. Karl-Heinz Gursky
Professor an der Universität Osnabrück

Dr. Thomas Gutmann, M. A.
Professor an der Universität Münster

Dr. Martin Gutzeit
Professor an der Universität Gießen

Dr. Martin Häublein
Professor an der Universität Innsbruck

Dr. Johannes Hager
Professor an der Universität München

Dr. Felix Hartmann, LL.M.
Professor an der Freien Universität Berlin

Dr. Wolfgang Hau
Professor an der Universität München

Dr. Rainer Hausmann
Professor an der Universität Konstanz

Dr. Stefan Heilmann
Vorsitzender Richter am Oberlandesgericht Frankfurt, Honorarprofessor an der Frankfurt University of Applied Sciences

Dr. Jan von Hein
Professor an der Universität Freiburg i. Br.

Dr. Christian Heinze
Professor an der Universität Hannover

Dr. Stefan Heinze
Notar in Köln

Dr. Tobias Helms
Professor an der Universität Marburg

Dr. Dr. h. c. mult. Dieter Henrich
Professor an der Universität Regensburg

Dr. Carsten Herresthal, LL.M.
Professor an der Universität Regensburg

Christian Hertel, LL.M.
Notar in Weilheim i. OB.

Dr. Stephanie Herzog
Rechtsanwältin in Würselen

Joseph Hönle
Notar in München

Dr. Ulrich Hönle
Notar in Waldmünchen

Dr. Clemens Höpfner
Professor an der Universität Münster

Dr. Bernd von Hoffmann †
Professor an der Universität Trier

Dr. Dr. h. c. Heinrich Honsell
Professor an der Universität Zürich, Honorarprofessor an der Universität Salzburg

Dr. Norbert Horn
Professor an der Universität zu Köln, Vorstand des Arbitration Documentation and Information Center e.V., Köln

Dr. Rainer Hüttemann
Professor an der Universität Bonn

Dr. Martin Illmer, MJur
Richter am Landgericht Hamburg,
Privatdozent an der Bucerius Law School

Dr. Florian Jacoby
Professor an der Universität Bielefeld

Dr. Rainer Jagmann
Vorsitzender Richter am Oberlandesgericht Karlsruhe a. D.

Dr. Ulrich von Jeinsen
Rechtsanwalt und Notar in Hannover,
Honorarprofessor an der Universität Hannover

Dr. Joachim Jickeli
Professor an der Universität zu Kiel

Dr. Dagmar Kaiser
Professorin an der Universität Mainz

Dr. Bernd Kannowski
Professor an der Universität Bayreuth

Dr. Rainer Kanzleiter
Notar a. D. in Ulm, Honorarprofessor
an der Universität Augsburg

Dr. Christoph A. Kern, LL.M.
Professor an der Universität Heidelberg

Dr. Sibylle Kessal-Wulf
Richterin des Bundesverfassungsgerichts, Karlsruhe

Dr. Christian Kesseler
Notar in Düren, Honorarprofessor
an der Universität Trier

Dr. Fabian Klinck
Professor an der Universität Bochum

Dr. Frank Klinkhammer
Richter am Bundesgerichtshof, Karlsruhe,
Honorarprofessor an der Universität Marburg

Dr. Steffen Klumpp
Professor an der Universität Erlangen-Nürnberg

Dr. Jürgen Kohler
Professor an der Universität Greifswald

Dr. Sebastian Kolbe
Professor an der Universität Bremen

Dr. Stefan Koos
Professor an der Universität
der Bundeswehr München

Dr. Rüdiger Krause
Professor an der Universität Göttingen

Dr. Heinrich Kreuzer
Notar in München

Dr. Lena Kunz, LL.M.
Akad. Mitarbeiterin an der Universität Heidelberg

Dr. Clemens Latzel
Privatdozent an der Universität München

Dr. Arnold Lehmann-Richter
Professor an der Hochschule für Wirtschaft und Recht Berlin

Dr. Saskia Lettmaier
Professorin an der Universität Kiel

Stefan Leupertz
Richter a. D. am Bundesgerichtshof,
Honorarprofessor an der TU Dortmund

Dr. Johannes Liebrecht
Professor an der Universität Zürich

Dr. Martin Löhnig
Professor an der Universität Regensburg

Dr. Dr. h. c. Manfred Löwisch
Professor an der Universität Freiburg i. Br.,
Rechtsanwalt in Lahr (Schw.), vorm.
Richter am Oberlandesgericht Karlsruhe

Dr. Dirk Looschelders
Professor an der Universität Düsseldorf

Dr. Stephan Lorenz
Professor an der Universität München

Dr. Katharina Lugani
Professorin an der Universität Düsseldorf

Dr. Robert Magnus
Professor an der Universität für Wirtschaft
und Recht, Wiesbaden

Dr. Ulrich Magnus
Professor an der Universität Hamburg,
Affiliate des MPI für ausländisches und
internationales Privatrecht, Hamburg,
Richter am Hanseatischen Oberlandesgericht zu Hamburg a. D.

Dr. Peter Mankowski
Professor an der Universität Hamburg

Dr. Heinz-Peter Mansel
Professor an der Universität zu Köln

Dr. Peter Marburger †
Professor an der Universität Trier

Dr. Wolfgang Marotzke
Professor an der Universität Tübingen

Dr. Sebastian A. E. Martens
Professor an der Universität Passau

Dr. Dr. Dr. h. c. mult. Michael Martinek, M.C.J.
Professor an der Universität
des Saarlandes, Saarbrücken, Honorarprofessor an der Universität Johannesburg, Südafrika

Dr. Annemarie Matusche-Beckmann
Professorin an der Universität
des Saarlandes, Saarbrücken

Dr. Gerald Mäsch
Professor an der Universität Münster

Dr. Jörg Mayer †
Honorarprofessor an der Universität
Erlangen-Nürnberg, Notar in Simbach am Inn

Dr. Dr. Detlef Merten
Professor an der Deutschen Universität
für Verwaltungswissenschaften Speyer

Dr. Tanja Mešina
Staatsanwältin, Stuttgart

Dr. Rudolf Meyer-Pritzl
Professor an der Universität zu Kiel,
Richter am Schleswig-Holsteinischen
Oberlandesgericht in Schleswig

Dr. Morten Mittelstädt
Notar in Hamburg

Dr. Peter O. Mülbert
Professor an der Universität Mainz

Dr. Dirk Neumann
Vizepräsident des Bundesarbeitsgerichts
a. D., Kassel, Präsident des Landesarbeitsgerichts Chemnitz a. D.

Dr. Hans-Heinrich Nöll
Rechtsanwalt in Hamburg

Dr. Jürgen Oechsler
Professor an der Universität Mainz

Dr. Hartmut Oetker
Professor an der Universität zu Kiel,
Richter am Thüringer Oberlandesgericht
in Jena

Wolfgang Olshausen
Notar a. D. in Rain am Lech

Dr. Dirk Olzen
Professor an der Universität Düsseldorf

Dr. Sebastian Omlor, LL.M., LL.M.
Professor an der Universität Marburg

Dr. Gerhard Otte
Professor an der Universität Bielefeld

Dr. Lore Maria Peschel-Gutzeit
Rechtsanwältin in Berlin, Senatorin
für Justiz a. D. in Hamburg und Berlin,
Vorsitzende Richterin am Hanseatischen
Oberlandesgericht zu Hamburg i. R.

Dr. Frank Peters
Professor an der Universität Hamburg,
Richter am Hanseatischen Oberlandesgericht zu Hamburg a. D.

Dr. Christian Picker
Professor an der Universität Konstanz

Dr. Andreas Piekenbrock
Professor an der Universität Heidelberg

Dr. Jörg Pirrung
Richter am Gericht erster Instanz
der Europäischen Gemeinschaften i. R.,
Honorarprofessor an der Universität Trier

Dr. Dr. h. c. Ulrich Preis
Professor an der Universität zu Köln

**Dr. Maximilian Freiherr
von Proff zu Irnich**
Notar in Köln

Dr. Thomas Raff
Notarassessor, Kandel

Dr. Manfred Rapp
Notar a. D., Landsberg am Lech

Dr. Dr. h.c. Thomas Rauscher
Professor an der Universität Leipzig,
Professor h.c. an der Eötvös Loránd
Universität Budapest, Dipl.Math.

Dr. Peter Rawert, LL.M.
Notar in Hamburg, Honorarprofessor
an der Universität Kiel

Eckhard Rehme
Vorsitzender Richter am Oberlandesgericht Oldenburg i. R.

Dr. Wolfgang Reimann
Notar a. D., Honorarprofessor
an der Universität Regensburg

Dr. Tilman Repgen
Professor an der Universität Hamburg

Dr. Dieter Reuter †
Professor an der Universität zu Kiel, Richter am Schleswig-Holsteinischen Oberlandesgericht in Schleswig a. D.

Dr. Christoph Reymann, LL.M. Eur.
Notar in Neustadt b. Coburg, Professor an der Privaten Universität Liechtenstein

Dr. Reinhard Richardi
Professor an der Universität Regensburg, Präsident des Kirchlichen Arbeitsgerichtshofs der Deutschen Bischofskonferenz, Bonn

Dr. Volker Rieble
Professor an der Universität München, Direktor des Zentrums für Arbeitsbeziehungen und Arbeitsrecht

Daniel Rodi
Wiss. Mitarbeiter an der Universität Heidelberg

Dr. Anne Röthel
Professorin an der Bucerius Law School, Hamburg

Dr. Christian Rolfs
Professor an der Universität zu Köln

Dr. Dr. h. c. Herbert Roth
Professor an der Universität Regensburg

Dr. Ludwig Salgo
Apl. Professor an der Universität Frankfurt a. M.

Dr. Renate Schaub, LL.M.
Professorin an der Universität Bochum

Dr. Martin Josef Schermaier
Professor an der Universität Bonn

Dr. Gottfried Schiemann
Professor an der Universität Tübingen

Dr. Eberhard Schilken
Professor an der Universität Bonn

Dr. Peter Schlosser
Professor an der Universität München

Dr. Martin Schmidt-Kessel
Professor an der Universität Bayreuth

Dr. Günther Schotten
Notar a. D. in Köln, Honorarprofessor an der Universität Bielefeld

Dr. Robert Schumacher, LL.M.
Notar in Köln

Dr. Roland Schwarze
Professor an der Universität Hannover

Dr. Andreas Schwennicke
Rechtsanwalt und Notar in Berlin

Dr. Maximilian Seibl, LL.M.
Oberregierungsrat im Bayerischen Staatsministerium für Gesundheit und Pflege, München

Dr. Stephan Serr
Notar in Ochsenfurt

Dr. Reinhard Singer
Professor an der Humboldt-Universität Berlin, vorm. Richter am Oberlandesgericht Rostock

Dr. Dr. h. c. Ulrich Spellenberg
Professor an der Universität Bayreuth

Dr. Sebastian Spiegelberger
Notar a. D. in Rosenheim

Dr. Ansgar Staudinger
Professor an der Universität Bielefeld

Dr. Malte Stieper
Professor an der Universität Halle-Wittenberg

Dr. Markus Stoffels
Professor an der Universität Heidelberg

Dr. Michael Stürner
Professor an der Universität Konstanz

Burkhard Thiele
Präsident des Oberlandesgerichts Rostock, Präsident des Landesverfassungsgerichts Mecklenburg-Vorpommern

Dr. Christoph Thole
Professor an der Universität zu Köln

Dr. Karsten Thorn
Professor an der Bucerius Law School, Hamburg

Dr. Gregor Thüsing, LL.M.
Professor an der Universität Bonn

Dr. Judith Ulshöfer
Notarassessorin in Ludwigshafen am Rhein

Dr. Barbara Veit
Professorin an der Universität Göttingen

Dr. Bea Verschraegen, LL.M., M.E.M.
Professorin an der Universität Wien, adjunct professor an der Universität Macao

Dr. Klaus Vieweg
Professor an der Universität Erlangen-Nürnberg

Dr. A. Olrik Vogel
Rechtsanwalt in München

Dr. Markus Voltz
Notar in Offenburg

Dr. Reinhard Voppel
Rechtsanwalt in Köln

Dr. Rolf Wagner
Professor an der Universität Potsdam, Ministerialrat im Bundesjustizministerium

Dr. Christoph Andreas Weber
Privatdozent an der Universität München

Dr. Johannes Weber, LL.M.
Notarassessor, Geschäftsführer des Deutschen Notarinstituts, Würzburg

Gerd Weinreich
Vorsitzender Richter am Oberlandesgericht Oldenburg a. D., Rechtsanwalt in Oldenburg

Dr. Matthias Wendland, LL.M.
Privatdozent an der Universität München

Dr. Domenik H. Wendt, LL.M.
Professor an der Frankfurt University of Applied Sciences

Dr. Olaf Werner
Professor an der Universität Jena, Richter am Thüringer Oberlandesgericht Jena a. D.

Dr. Daniel Wiegand, LL.M.
Rechtsanwalt in München

Dr. Wolfgang Wiegand
Professor an der Universität Bern

Dr. Peter Winkler von Mohrenfels
Professor an der Universität Rostock, Richter am Oberlandesgericht Rostock a. D.

Dr. Felix Wobst
Notarassessor

Dr. Hans Wolfsteiner
Notar a. D., Rechtsanwalt in München

Heinz Wöstmann
Richter am Bundesgerichtshof, Karlsruhe

Redaktorinnen und Redaktoren

Dr. Christian Baldus

Dr. Dr. h. c. mult. Christian von Bar, FBA

Dr. Michael Coester, LL.M.

Dr. Heinrich Dörner

Dr. Hans Christoph Grigoleit

Dr. Johannes Hager

Dr. Dr. h. c. mult. Dieter Henrich

Dr. Carsten Herresthal, LL.M.

Sebastian Herrler

Dr. Dagmar Kaiser

Dr. Dr. h. c. Manfred Löwisch

Dr. Ulrich Magnus

Dr. Peter Mankowski

Dr. Heinz-Peter Mansel

Dr. Peter O. Mülbert

Dr. Gerhard Otte

Dr. Lore Maria Peschel-Gutzeit

Dr. Peter Rawert, LL.M.

Dr. Volker Rieble

Dr. Christian Rolfs

Dr. Dr. h. c. Herbert Roth

Dr. Markus Stoffels

Dr. Wolfgang Wiegand

J. von Staudingers
Kommentar zum Bürgerlichen Gesetzbuch
mit Einführungsgesetz und Nebengesetzen

Buch 2
Recht der Schuldverhältnisse
§§ 631–650v
(Werkvertrag, Bauvertrag, Verbraucherbauvertrag,
Architekten- und Ingenieurvertrag, Bauträgervertrag)

Neubearbeitung 2019
von
Frank Peters

Redaktorin
Dagmar Kaiser

ottoschmidt – De Gruyter · Berlin

Die Kommentatorinnen und Kommentatoren

Neubearbeitung 2019
FRANK PETERS

Neubearbeitung 2014
FRANK PETERS/FLORIAN JACOBY

Neubearbeitung 2008
FRANK PETERS/FLORIAN JACOBY

Neubearbeitung 2003
FRANK PETERS

Neubearbeitung 2000
FRANK PETERS

Dreizehnte Bearbeitung 1994
FRANK PETERS

Sachregister

Dr. MARTINA SCHULZ,
Pohlheim

Zitierweise

STAUDINGER/PETERS (2019) Vorbem 1 zu §§ 631 ff
STAUDINGER/PETERS (2019) § 631 Rn 1
STAUDINGER/PETERS (2019) Anh I zu § 638 Rn 1

Zitiert wird nach Paragraph bzw Artikel und Randnummer.

Hinweise

Das Abkürzungsverzeichnis befindet sich auf www.staudingerbgb.de.

Der **Stand der Bearbeitung** ist Oktober 2019.

Am Ende eines jeden Bandes befindet sich eine Übersicht über den aktuellen Stand des „Gesamtwerk STAUDINGER".

Die Deutsche Nationalbibliothek verzeichnet diese Publikation in der Deutschen Nationalbibliografie; detaillierte bibliografische Daten sind im Internet über http://dnb.dnb.de abrufbar.

ISBN 978-3-8059-1284-6

© Copyright 2019 by oHG Otto Schmidt Verlagskontor KG – Walter de Gruyter GmbH, Berlin. – Printed in Germany.

Dieses Werk einschließlich aller seiner Teile ist urheberrechtlich geschützt. Jede Verwertung außerhalb der engen Grenzen des Urheberrechtsgesetzes ist ohne Zustimmung des Verlages unzulässig und strafbar. Das gilt insbesondere für Vervielfältigungen, Übersetzungen, Mikroverfilmungen und die Einspeicherung und Verarbeitung in elektronischen Systemen.

Satz: jürgen ullrich typosatz, Nördlingen.

Druck und Bindearbeiten: Hubert & Co., Göttingen.

Umschlaggestaltung: Bib Wies, München.

♾ Gedruckt auf säurefreiem Papier, das die DIN ISO 9706 über Haltbarkeit erfüllt.

Inhaltsübersicht

Seite*

Buch 2 · Recht der Schuldverhältnisse
Abschnitt 8 · Einzelne Schuldverhältnisse
Titel 9 · Werkvertrag und ähnliche Verträge

Untertitel 1 · Werkvertrag	1
Kapitel 1 · Allgemeine Vorschriften	45
Anhang zu § 631: Insolvenzrechtliche Bezüge des Werkvertrages	85
Anhang I zu § 638: Besonderheiten der Gewährleistung nach der VOB/B	427
Anhang II zu § 638: Abtretung von Gewährleistungsansprüchen; Mehrheit von Gewährleistungsberechtigten	450
Anhang III zu § 638: Haftung der Parteien untereinander; Ausgleich bei gemeinschaftlicher Haftung gegenüber Dritten	458
Kapitel 2 · Bauvertrag	767
Anhang zu § 650a: Vergaberecht	799
Kapitel 3 · Verbraucherbauvertrag	881
Kapitel 4 · Unabdingbarkeit	892
Untertitel 2 · Architektenvertrag und Ingenieurvertrag	893
Untertitel 3 · Bauträgervertrag	939
Anhang zu § 650v: Baubetreuung, Prospekthaftung	961
Sachregister	969

* Zitiert wird nicht nach Seiten, sondern
nach Paragraph bzw Artikel und Randnummer;
siehe dazu auch „Zitierweise".

Titel 9
Werkvertrag und ähnliche Verträge
Untertitel 1
Werkvertrag

Vorbemerkungen zu §§ 631 ff

Schrifttum

1. Umfassende oder grundlegende Darstellungen
EMMERICH, Kauf und Werklieferungsvertrag (1899)
FEIL/LANGER, Der Werkvertrag in der Lehre und Rechtsprechung (Österreich) (1974)
GAUCH, Der Werkvertrag (Schweiz) (5. Aufl 2011)
KNIFFKA, Bauvertragsrecht – Kommentar zu §§ 631–650v BGB unter besonderer Berücksichtigung der Rechtsprechung des BGH (3. Aufl 2018)
KORINTENBERG, Der Mängelbeseitigungsanspruch und der Anspruch auf Neuherstellung beim Werkvertrag (1927)
ders, Erfüllung und Gewährleistung beim Werkvertrage (1935)
MESSERSCHMIDT/VOIT, Privates Baurecht – Kommentar zu §§ 631 ff BGB (3. Aufl 2018)
RIEZLER, Der Werkvertrag nach dem Bürgerlichen Gesetzbuche (1900)
RÜMELIN, Dienstvertrag und Werkvertrag (1905).

2. Historische Abhandlungen
DANKWARDT, Die locatio conductio operis, JherJb 13 (1847) 299
PETERS, Rechtsdogmatik und Rechtspolitik im Werkvertragsrecht. Leistungen des Gesetzgebers und der Rechtsprechung, in: Ringvorlesung „Rechtsdogmatik und Rechtspolitik" des Fb Rechtswissenschaft I Hamburg (1990) 235
PIETSCH, Die Abnahme im Werkvertragsrecht – geschichtliche Entwicklung und geltendes Recht (Diss Hamburg 1976)
ROTHENBÜCHER, Werkvertrag (Diss München 1906).

3. Reform des Werkvertragsrechts 2002
Abschlußbericht der Kommission zur Überarbeitung des Schuldrechts (1992)
ARMGARDT, Das Constructionsvertragsrecht des Draft Common Frame of Reference aus Sicht des Deutschen Werkvertragsrechts und der VOB/B, NZBau 2009, 12
BAUMGÄRTEL, Die beweisrechtlichen Auswirkungen der vorgeschlagenen EG-Richtlinie zur Dienstleistungshaftung auf die Arzthaftung und das Baurecht, JZ 1992, 321
GAUCH, Revision des Werkvertragsrechts? Ein Beitrag aus der Schweiz, in: FS Korbion (1986) 99
HAAS, Vorschläge zur Überarbeitung des Schuldrechts: Die Mängelhaftung bei Kauf- und Werkverträgen, NJW 1992, 2389
HEINEMANN, Auf dem Wege zur europäischen Dienstleistungshaftung, ZIP 1991, 1193
HUBER, Empfiehlt sich die Einführung eines Leistungsstörungsrechts nach dem Vorbild des Einheitlichen Kaufgesetzes?, in: BMJ (Hrsg), Gutachten und Vorschläge zur Überarbeitung des Schuldrechts, Bd I (1981) 647
KEILHOLZ, Baurecht, in: BMJ (Hrsg), Gutachten und Vorschläge zur Überarbeitung des Schuldrechts, Bd III (1983) 241
ders, Der 55. Deutsche Juristentag und das Baurecht, BauR 1985, 257
KÖHLER, Reform des Werkvertragsrechts – notwendig oder entbehrlich?, NJW 1984, 1841
ders, Juristentag und Reform des Werkvertragsrechts – eine kurze Bilanz, NJW 1985, 945
KNIFFKA, Änderungen des Bauvertragsrechts im Abschlußbericht der Kommission zur Überarbeitung des Schuldrechts, ZfBR 1993, 97
LOCHER, Zur Umgestaltung des deutschen

Bauvertragsrechts durch EG-Initiativen, BauR 1992, 293
ders, Die Richtlinie 93/13/EGW des Rates über mißbräuchliche Klausel in Verbraucherverträgen und ihre Bedeutung für das Baurecht, BauR 1993, 379
MICKLITZ, Reform des Werkvertragsrechts? Eine Kritik der Gutachten von Weyers und Teichmann, ZRP 1984, 239
NICKLISCH, Empfiehlt sich eine Neukonzeption des Werkvertragsrechts – unter besonderer Berücksichtigung komplexer Langzeitverträge, JZ 1984, 757
PETERS, Das geplante Werkvertragsrecht, in: ERNST/ZIMMERMANN (Hrsg), Zivilrechtswissenschaft und Schuldrechtsreform (2001) 277
ders, Regelungsbedarf im Baurecht, NZBau 2010, 211
PETERS/ZIMMERMANN, Verjährungsfristen, in: BMJ (Hrsg), Gutachten und Vorschläge zur Überarbeitung des Schuldrechts, Bd I (1981) 77
PFEIFFER, Europäische Perspektiven des Bauvertragsrechts, BauR 2010, 1294
PORTZ, Die Einflüsse des Europäischen Binnenmarktes auf das private Baurecht, NJW 1993, 2145
RABE, Vorschläge zur Überarbeitung des Schuldrechts: Verjährung, NJW 1992, 2395
M ROTH, Die Reform des Werkvertragsrechts, JZ 2001, 543
SCHUBERT, Einheitsverjährung oder Beibehaltung besonderer Gewährleistungsfristen?, JR 1984, 315
SEILER, Das geplante Werkvertragsrecht, in: ERNST/ZIMMERMANN (Hrsg), Zivilrechtswissenschaft und Schuldrechtsreform (2001) 263
Verhandlungen des 60. Deutschen Juristentages (1994) m Referaten von KÖTZ (II 1 K 9), JOUSSEN (II 1 K 29), BRÜGGEMEIER (II 1 K 47), Beschlüssen (II 1 103) und Sitzungsbericht (II 2 K 113)
SKAUPY, Der Vorschlag einer EG-Richtlinie für die Haftung bei Dienstleistungen, BB 1991, 2021
TEICHMANN, Empfiehlt sich eine Neukonzeption des Werkvertragsrechts? Gutachten A für den 55. DJT (1984)
THOMAS, Das Werkvertragsrecht in der Reformdiskussion, ZIP 1984, 1046

WEYERS, Werkvertrag, in: BMJ (Hrsg), Gutachten und Vorschläge zur Überarbeitung des Schuldrechts, Bd II (1981) 1115
ders, Typendifferenzierung im Werkvertragsrecht, AcP 182 (1982) 60.

4. Computervertrag
Vgl die Nachweise u Rn 78.

5. Einzelfragen
BASEDOW, Der Transportvertrag (1987)
BEISE, Gewährleistungsprobleme bei Wartungsverträgen, Betr 1979, 1214
BORN, Der Auftrittsvertrag für Musikgruppen im Bereich der Rock- und Popmusik (Diss Heidelberg 1989)
BUNGENBERG, Vergaberecht im Wettbewerb der Systeme (2007)
DROSTE, Der Liefervertrag mit Montageverpflichtung (Diss Köln 1991)
DUNZ, Beiderseitige Leistungsstörungen beim Werkvertrag, NJW 1991, 1527
ESCHENBRUCH, Projektmanagement und Projektsteuerung für die Immobilien- und Bauwirtschaft (4. Aufl 2015)
FESSMANN, Theaterbesuchsvertrag oder wann krieg ich als Zuschauer mein Geld zurück?, NJW 1983, 1164
FIKENTSCHER, Die Geschäftsgrundlage als Frage des Vertragsrisikos, dargestellt unter besonderer Berücksichtigung des Bauvertrages (1971)
ders, Der Werkverschaffungsvertrag, AcP 190 (1990) 34
FISCHER, Wartungsverträge (3. Aufl 2011)
GANTEN, Dienstleistungen als Werkleistungen, in: FS Thode (2005) 21
GERBER, Die Haftung des Kfz-Sachverständigen im Spiegel der Rechtsprechung, NVZ 1991, 295
GILLES, Partnerschaftsvorschlagdienst als Werkvertrag, MDR 1983, 712
ders, Partnerschaftsservice statt Ehemakelei, NJW 1983, 361
GREINER, Grenzfragen des Erfolgsbezugs im Werkvertragsrecht, AcP 211 (2011) 221
HAHN, Instandhaltungsverträge (Diss Frankfurt aM 1991)
HENLE, Grenzbestimmung zwischen Kauf und Werkvertrag nach allgemeinen Grundsätzen und nach gemeinem Recht (1902)

HOEREN, Der Softwareprojektvertrag – Lehren aus dem Baurecht, in: GS Wolf (2011) 61
HUFF, Einige Rechtsfragen bei der Veranstaltung von Konzerten, VuR 1990, 166
JAKOBS, Die zahnärztliche Heilbehandlung als Werkvertrag, NJW 1975, 1437
KÜHNEL, Vollwartungsverträge, BB 1985, 1227
LESSHAFT/ULMER, Softwarefehler und Gewährleistung, CR 1988, 813
MATZ, Die Konkretisierung des Werkes durch den Besteller (2012)
MEDICUS, Kaufvertrag und Werkvertrag, JuS 1992, 273
B MEYER, Der Schiedsgutachtervertrag (Diss München 1995)
MICKLITZ, Der Reparaturvertrag (1984)
MÖFFERT, Forschungs- und Entwicklungsvertrag (4. Aufl 2019)
NAJORK, Der Facility-Managementvertrag, NJW 2006, 2881
B PETERS, Aktuelle Probleme der Partnerschaftsvermittlung, NJW 1989, 2793
F PETERS, Verbesserung der Zahlungsmoral im Baugewerbe, NZBau 2004, 1
PLANDER/SCHIEK, Forschung als Gegenstand von Werkverträgen, RdA 1990, 219
RICHTSFELD, Das Rechtsverhältnis zwischen Sportveranstalter und Zuschauer (Diss Regensburg 1992)
ROGMANNS, Öffentliches Auftragswesen (1982)
RÖSCH, Zur Rechtsnatur des Zahnarztvertrages, VersR 1979, 12
SCHILL, Der Projektsteuerungsvertrag (2000)
STAPELFELDT, Der Projektsteuervertrag – juristische terra incognita?, BauR 1994, 693
THODE, Die wichtigsten Änderungen im BGB-Werkvertragsrecht: Schuldrechtsmodernisierungsgesetz und erste Probleme, NZBau 2002, 297, 360

THODE/WENNER, Internationales Architekten- und Bauvertragsrecht (1998)
TROST, Die Sachverständigenkosten bei der Schadensregulierung von Verkehrsunfällen unter Berücksichtigung der Rechtsprechung, VersR 1997, 537
ULLRICH, Zum Werkerfolgsrisiko beim Forschungs- und Entwicklungsvertrag, in: FS Fikentscher (1998) 298
UNGER, Rechtsfragen im Zusammenhang mit der Vergabe öffentlicher Aufträge, BauR 1985, 465
WIDMANN, Der Bestattungsvertrag (6. Aufl 2015)
WITTLER/SIEBERG, Die Entwicklung des privaten Baurechts (BGB und VOB/B) seit Dezember 2017, NJW 2018, 1926
WITTLER/ZANDER, Die Entwicklung des privaten Baurechts (BGB und VOB/B) seit Juni 2018, NJW 2019, 16
ZIRKEL, Das Verhältnis von Zulieferer und Assembler – eine Vertragsart sui generis?, NJW 1990, 345
ZÖPFL, Rechtsnatur und Rechtsprobleme des Projektsteuerungsvertrages (Diss Bayreuth 2003).

6. Zeitschriften, Entscheidungssammlungen
Baurecht, Zeitschrift für das gesamte öffentliche und zivile Baurecht (BauR)
Blätter für Grundstücks-, Bau- und Wohnungsrecht (BIGWB)
Neue Zeitschrift für Baurecht und Vergaberecht (NZBau)
SCHÄFER/FINNERN (ab 1978: SCHÄFER/FINNERN/HOCHSTEIN), Rechtsprechung der Bauausführung (auch: RSprBau), Entscheidungssammlung
Zeitschrift für deutsches und internationales Bau- und Vergaberecht (ZfBR).

Systematische Übersicht

I.	**Allgemeines**	1
1.	Praktische Bedeutung des Werkvertrages	2
2.	Merkmale der gesetzlichen Regelung	3
a)	Einheitliche Regelung	3

b)	Abgrenzung gegenüber anderen Verträgen	4
c)	Leitbild des Gesetzgebers	5
d)	Anlehnung an den Kauf	6
e)	Allgemeine Regeln	7

Vorbem zu §§ 631 ff

II. Geschichte und Würdigung der gesetzlichen Regelung
1. Vor Schaffung des BGB 8
2. Das BGB 9
3. Die Modernisierung des Schuldrechts 11
4. Die aktuelle Reform des Bauvertragsrechts 12

III. Abgrenzung des Werkvertrages gegenüber anderen Vertragsarten
1. Abgrenzung zum Kauf 18
   a) Notwendigkeit 18
   b) Herstellungspflicht als Abgrenzungskriterium 19
   c) Mischformen 21
2. Abgrenzung zur Miete 22
3. Abgrenzung zum Dienstvertrag ... 26
   a) Bedeutung der Abgrenzung 26
   b) Abgrenzungskriterien 27
      aa) Erfolg 27
      bb) Sonstige Kriterien 28
      cc) Indizien 29
   c) Gestaltungsmöglichkeiten 31
   d) Einzelfälle 32
4. Abgrenzung zum Reisevertrag 43
5. Abgrenzung zum Auftrag 44
   a) Abgrenzung 44
   b) Problemfälle 46
   c) Sonderfälle 47
   d) Anwendung von Auftragsrecht auf den Werkvertrag 48
      aa) Bedeutung des § 675 48
      bb) Einzelne Bestimmungen 49
         (1) § 663 49
         (2) § 664 Abs 1 51
         (3) § 664 Abs 2 53
         (4) § 665 54
         (5) § 666 58
         (6) § 667 61
         (7) § 668 63
         (8) § 669 64
         (9) § 670 65
         (10) § 671 66
         (11) § 672 67
         (12) § 673 68
         (13) § 674 69
6. Abgrenzung zum Maklervertrag .. 70
   a) Allgemeines 70
   b) Echte Werkverträge 71
   c) Fingierte Werkverträge 72
   d) Partnerschaftsvermittlung 73
7. Abgrenzung zur Verwahrung 76

IV. Beförderungsvertrag
1. Generelle Einordnung 77
2. Sonderregelungen 78

V. Computer und Internet
1. Computervertrag 79
   a) Rechtsnatur 79
   b) Rechtsfolgen 81
2. Internet-Provider-Verträge 82

Alphabetische Übersicht

Abrechnung 60	Bestattungsvertrag 35
Angebot von Leistungen 49	Betriebsbezogenheit der Unternehmerpflichten 51
Anwaltsvertrag 33	
Arztvertrag 35	Bühnenaufführungsvertrag 38
Aufklärungspflicht 57	
Auftragsrecht .... 44 ff	Computervertrag .... 79 ff
Aufwendungsersatz 65	
Auskunfteivertrag 35	Deckvertrag 35
Auskunftspflicht 58	Designervertrag 35
	Dienstvertrag .... 6, 26 ff
Bedienungshandbuch 81	Dritte, Einschaltung von .... 51 ff
Beförderungsvertrag 77	
Benachrichtigung 58	Eigenverantwortlichkeit des Unternehmers 30
Bergungsvertrag 35	Entgeltlichkeit der Leistung .... 44 ff

Titel 9 · Werkvertrag und ähnliche Verträge
Untertitel 1 · Werkvertrag

Vorbem zu §§ 631 ff

Facility-Management-Vertrag	35
Geschäftsbesorgung	48
Geschichte des Werkvertrages	8
Gutachtervertrag	36
Handwerk	5
Herausgabepflicht	61 ff
– Bestechungs- und Schmiergelder	63
– Hilfsmittel des Unternehmers	61 f
Herstellungspflicht	19 f
Höchstpersönlichkeit der Leistung	51
Hufbeschlag	36
Informationspflicht	58
Kauf	18 ff
– auf Abbruch	21
– mit Montageverpflichtung	21
Kaufrecht	4, 6
Kommission	37
Kündigung	
– aus wichtigem Grund	66
– jederzeitige	66
Künstler	38
locatio conductio	8
Maklervertrag	70 ff
Maschinenüberlassung	23
Miete	22
Negative	62
Partnerschaftsvermittlung	73 ff
Pflichtenheft	81
Projektsteuerung	39
Prüfungspflicht	57
Rechenschaftspflicht	58
Reformen des Werkvertragsrechts	11 ff
Reisevertrag	43
Reparaturvertrag	40
Schiedsrichtervertrag	40
Schmiergelder	63
Schornsteinfeger	40
Software	79 f
Steuerberater	41
Subunternehmer, Leistung durch	51
Tätigkeit und Erfolg	27
Telekommunikation	41
Tod des Bestellers	67
Übertragung des Leistungsanspruchs	53
Unternehmer	2
Verlagsvertrag	41
Verwahrung	76
Vorschuss	64
Wartungsvertrag	42
Weisungen des Bestellers	54
Werbungsvertrag	42
Werk	
– geistiges	2
– körperliches	2
Wünsche des Bestellers	55
Zusatzleistung	47

I. Allgemeines

Bei dem in den §§ 631 ff BGB geregelten **Werkvertrag** verpflichtet sich die eine **1**
Seite, der sog **Unternehmer**, ein Werk herzustellen, die Gegenseite, der sog **Besteller**, dafür eine Vergütung zu entrichten. Es handelt sich beim Werkvertrag um einen *entgeltlichen, gegenseitigen Vertrag,* auf den – wenn auch nicht ohne Modifikationen – insbes die Bestimmungen der §§ 320 ff BGB anzuwenden sind.

1. Praktische Bedeutung des Werkvertrages

Der Werkvertrag ist ein Vertragstyp von außerordentlicher praktischer, vor allem **2** auch forensischer Bedeutung. Neben Kauf, Miete und Dienstvertrag steht er im Mittelpunkt des Rechts der Schuldverhältnisse.

a) Die **Spannweite** der verabredeten Werke ist erheblich und prinzipiell **offen**. Das gilt schon für die sog *körperlichen Werke*. Es stehen nebeneinander Werke des täglichen Lebens wie die Schuhreparatur oder der Haarschnitt beim Friseur, Werke von existentieller wirtschaftlicher Bedeutung für die Betroffenen wie der Hausbau neben Bagatellangelegenheiten, Werke der Wirtschaft wie die Herstellung von Industrieanlagen neben rein privaten Angelegenheiten. Hinzu treten *unkörperliche Werke* wie die Beförderung oder die Theateraufführung. Die Typen des Werkvertrages sind teilweise althergekommen wie zB der Bauvertrag, teils beziehen sie sich auf aktuelle Entwicklungen wie zB die Herstellung von Computerprogrammen (vgl zur Spannweite des Vertragstyps auch u Rn 3).

b) Die besondere forensische Bedeutung des Werkvertragsrechts folgt aus mehreren Komponenten, zunächst aus der *besonderen Betroffenheit,* die der Vertrag insbes für den Besteller *in persönlicher wie wirtschaftlicher Hinsicht* äußern kann, sodann aus seinem zukunftsgerichteten Element, das die Möglichkeit von Fehlprognosen eröffnet, schließlich – und damit verbunden – aus der oft bestehenden Notwendigkeit für die Parteien, längerfristig miteinander zusammenzuwirken.

c) Von den am Werkvertrag beteiligten Personen ist die eine, der **Unternehmer**, typischerweise *professionell*, insbesondere *gewerblich* tätig, während die Rolle des Bestellers breit gestreut sein kann. Das verleiht dem Unternehmer idR einen besonderen *Erfahrungsvorsprung,* der ihn insbes zu besonderer Aufklärung und Beratung des Bestellers verpflichten kann. Ein Vorsprung an *wirtschaftlicher Macht,* der sich etwa auf die Gestaltung von AGB auswirken kann, ist damit jedoch *nicht durchweg* verbunden. Er besteht etwa im Reparaturbereich des wirtschaftlichen Lebens. Gerade im Werkvertragsrecht ist es aber doch auch eine *verbreitete Erscheinung, dass sich der Besteller* bei der Gestaltung der Verträge *stärker durchsetzen kann.* Dazu befähigt ihn nicht nur die besondere Nachfragemacht, die er uU besitzen kann, sondern auch der Umstand, dass er sich vielfach einer Vielzahl scharf miteinander konkurrierender kleinerer Unternehmer gegenübersieht, die er gegeneinander ausspielen kann, sowie die Erscheinung, dass sich der Besteller uU an fremde Nachfragemacht „anhängen" kann, so zB im Baubereich an die des Architekten.

Es ist jedenfalls kein Zufall, dass der erste Versuch, missbräuchlicher Vertragsgestaltung entgegenzuwirken, lange vor dem AGB-Gesetz des Jahres 1977 die Schaffung der VOB/B im Jahre 1926 war. Aber während im Mittelpunkt des AGBG und der heutigen §§ 305 ff BGB die Eindämmung von Missbräuchen der Anbieterseite steht, galt die VOB/B der Bekämpfung missbräuchlicher Vertragsgestaltung durch die Nachfragerseite, konkret der öffentlichen Hand, wie sie in der Zeit zuvor ihre Marktmacht recht ungehemmt ausgespielt hatte.

2. Merkmale der gesetzlichen Regelung

3 Die gesetzliche Regelung des Werkvertragsrechts zeichnet sich durch folgende Merkmale aus:

a) Einheitliche Regelung

Es handelt sich um eine einheitliche Regelung, die grundsätzlich nicht nach Gegenstand oder anderen Kriterien unterscheidet, mögen auch in Teilbereichen, insbesondere etwa bei Beförderungsverträgen, zahlreiche *Sonderbestimmungen* zu beachten sein. Das hat sich im Grundsatz auch durchaus bewährt. Mögen auch ca 100 verschiedene Vertragstypen zu unterscheiden sein (vgl WEYERS, Werkvertragsrecht, in: Gutachten und Vorschläge zur Überarbeitung des Schuldrechts [1981] II 1128), so sind die *zu regelnden Probleme* doch so *weitgehend identisch* (vgl WEYERS AcP 182 [1982] 60 ff), dass es sich kaum verlohnt, nach dem Muster des Reisevertragsrechts der §§ 651a ff BGB jeweils einzelne Arten von Werkverträgen einer eigenständigen Regelung zu unterwerfen. Vorzugswürdig ist vielmehr einmal die Schaffung gezielter Sonderbestimmungen, zum anderen Elastizität bei der Anwendung der gesetzlichen Regelungen.

b) Abgrenzung gegenüber anderen Verträgen

Der Gesetzgeber hat den Versuch unternommen, den Werkvertrag gegenüber verwandten Vertragstypen *scharf* abzugrenzen, und zwar gegenüber *Kauf-* und *Dienstvertrag*. Beim Kauf geht es ihm um die Übereignung einer fertigen Sache, beim Werkvertrag um die Bearbeitung einer Sache oder das Bewirken eines sonstigen Erfolges, beim Dienstvertrag um die Leistung von Diensten. Das wird der Lebenswirklichkeit und den Problemen indessen nicht hinreichend gerecht. *Der Werkvertrag lässt sich vom Kauf nicht so klar scheiden, wie dies § 650 BGB versucht,* vgl etwa den Kauf mit Montagepflicht oder anschließender Wartung, die Lieferung geistiger Werke mit körperlichem Substrat. Ähnlich *problematisch ist das Verhältnis zum Dienstvertrag*. Die Abgrenzungskriterien sind unscharf; der Wunsch, die Schutzbestimmungen des Arbeitsrechts auszuschalten, kann zur „Umfunktionierung" eines Vertragsverhältnisses Anlass geben; schließlich sind die zu regelnden Probleme ähnlicher, als es die Gesetzeslage vermuten lässt.

c) Leitbild des Gesetzgebers

Trotz der umfassenden Konzeption des Werkvertragsrechts hat sich der historische Gesetzgeber von der *Neuherstellung handwerklicher Gegenstände* überschaubaren Umfangs als Leitbild führen lassen, wie sie heute von § 650 BGB weithin dem Kaufrecht überantwortet werden. In dem Maß, in dem die Werkleistungen hiervon abweichen, wird die Anwendung des Werkvertragsrechts problematischer: Mit einem größeren Umfang und damit verbundener längerer Fertigungsdauer und höheren Kosten wird es zB problematischer, dass die Vergütung einheitlich am Ende zu zahlen ist, vgl § 641 BGB und als Reaktion auf das Problem § 632a BGB, und dass der Besteller wegen vorab auftretender Mängel und Verzögerungen – nach der gesetzlichen Konzeption – einstweilen nur eingeschränkte Schritte unternehmen kann, weil es noch an der Fälligkeit der Leistung des Unternehmers fehlt, vgl aber § 323 Abs 4 BGB (zu den Schlüssen, die sich aus dieser partiellen Regelung ziehen lassen § 633 Rn 89 ff, 125 ff). Außerdem rückt damit der Prozess der *Herstellung des Werkes* stärker in das Blickfeld. Hier ergeben sich vielfältige Probleme, denen der Gesetzgeber des BGB keine hinreichende Beachtung geschenkt hat, zB Änderungen des Leistungsgegenstands und -umfangs, vgl heute §§ 650a, 650b BGB, Behinderungen durch Witterungseinflüsse, Aufsichtsrechte des Bestellers, Möglichkeiten des Bestellers zu bestimmten Anordnungen, Interferenzen bei mehreren parallel arbeitenden Unternehmern. Hier ist die Praxis genötigt, in erheblichem Umfang *zusätzliche Regelungen* zu entwickeln, wie sie in erster Linie mangels näherer Ansatzpunkte im

Gesetz aus einer ergänzenden Vertragsauslegung oder aus § 242 BGB hergeleitet werden können. Wertvolle Anregungen für diese Rechtsergänzung vermag dabei die *VOB/B* auch dort zu liefern, wo sie nicht Vertragsinhalt geworden ist, also im Baubereich mangels entsprechender Vereinbarung, aber auch über diesen hinaus.

Wenn beanstandet wird (vgl ERMAN/SEILER[10] Vor § 631 Rn 1), dass die Regelungen des Werkvertragsrechts auf *unkörperliche Werke* wie Beförderungen und kulturelle Veranstaltungen nicht oder nur schlecht passten, kann dem in dieser Allgemeinheit nicht zugestimmt werden. *Werkvertragsrecht passt hier durchaus,* nur laufen zahlreiche der gesetzlichen Bestimmungen leer. Besonders eindrucksvoll zeigt sich das bei Fehlern des Architekten, bei denen aus den §§ 633 ff BGB praktisch nur die §§ 634 Nr 4, 634a Nr 2 BGB von Bedeutung sind, vgl dazu Anh zu §§ 650p–650t Rn 1.

d) Anlehnung an den Kauf

6 Der Werkvertrag steht seinem Wesen nach zwischen Kaufvertrag, wenn wie dort etwas *Fertiges* geschuldet wird, und Dienstvertrag, wenn wie dort ein *Tätigwerden* geschuldet wird. Der Gesetzgeber des BGB hat sich *zu stark an der Parallele zum Kaufrecht* orientiert und zu wenig an der Parallele zum Dienstvertragsrecht.

aa) Die **Anlehnung an das Kaufrecht** zeigt sich in der Konzeption des Werkvertrages als eines einmaligen Austausches von fertigem Produkt und Werklohn (vgl dazu PETERS, in: FS Korbion [1986] 337 ff und § 633 Rn 2 f). Das hat nachteilige Auswirkungen, insofern als der *Prozess der Herstellung nicht hinreichend gewürdigt* wird, vgl soeben Rn 5, ferner nicht die Möglichkeit, dass Mängel in den Verantwortungsbereich des Bestellers fallen (vgl § 633 Rn 193 f), sowie schließlich in der *problematischen Übernahme* der kaufrechtlichen Gewährleistungsbehelfe *des Rücktritts* und der *Minderung* (vgl dazu § 634 Rn 97, 108, 113 ff).

bb) Auf der anderen Seite hätte die **dienstvertragsähnliche Tätigkeitskomponente** des Werkvertrages stärkere Berücksichtigung finden müssen (vgl bereits o Rn 4). Auch ist in der gesetzlichen Regelung der §§ 642, 643, 645 Abs 1 S 2 BGB der Schutz des Unternehmers gegen Behinderungen durch den Besteller zu schwach ausgebildet, vgl demgegenüber § 615 BGB. Schließlich hätte die beiderseitige Möglichkeit der Kündigung aus wichtigem Grund eine nähere Ausgestaltung erfahren müssen, vgl heute aber § 648a BGB. So unpassend wie beim Dienstvertrag ist auch das Rücktrittsrecht der §§ 323, 634 Nr 3 BGB.

e) Allgemeine Regeln

7 Die *Bestimmungen außerhalb der §§ 631 ff BGB,* die auf den Werkvertrag Anwendung finden, sind weithin *aus der Sicht des Kaufes konzipiert,* sodass sie sich nicht ohne Probleme auf den Werkvertrag anwenden lassen. Das gilt namentlich für die Bestimmungen der §§ 281 ff, 323 ff BGB (vgl dazu § 634 Rn 3 ff), aber auch für die Rückabwicklungsregelungen im Falle eines Scheiterns des Vertrages, §§ 346 ff, 812 ff BGB, die nicht hinreichend berücksichtigen, dass im Rahmen eines Werkvertrages oft schon kaum reversible Zustände geschaffen worden sind.

II. Geschichte und Würdigung der gesetzlichen Regelung

1. Vor Schaffung des BGB

Wenn es auch den heutigen Werkverträgen entsprechende Verträge bereits im **8** Altertum (vgl KASER, Römisches Privatrecht I [2. Aufl 1971] 570) und im deutschen Mittelalter gegeben hat (vgl ROTHENBÜCHER, Geschichte des Werkvertrages nach deutschem Recht [1906] mwNw), ist die **historische Entwicklung** doch dadurch geprägt, dass noch die Rechtslehre der Pandektistik den Werkvertrag im engen Anschluss an das klassische römische Recht würdigte (vgl ROTHENBÜCHER 131), das den *Werkvertrag zusammen mit dem Dienstvertrag und der Miete in dem einheitlichen Vertragstyp der locatio conductio* zusammenfasste, wobei locator der Besteller, conductor der Unternehmer war (dazu KASER 570). Das versperrte zwar den Blick nicht vollends für seine Besonderheiten, behinderte es aber doch, diesen Vertragstyp in seiner ganzen Eigenständigkeit voll zu erfassen. Noch bei WINDSCHEID, Pandekten (7. Aufl 1891) finden sich nur knappe Bemerkungen in den §§ 399, 401 BGB über den Werkvertrag als Sonderform der Dienstmiete. Zwar hatte das PrALR in I 11 §§ 925–980 eine vergleichsweise eingehende Regelung über „Verträge über ein verdungenes Werk" enthalten und auch der Dresdener Entwurf in Art 634–655, doch gab es **in wesentlichen Grundfragen kaum Vorbilder** für die Regelungen des BGB, so etwa hinsichtlich der *Nachbesserung* bei Mängeln, die das PrALR überhaupt nicht, Art 640 Dresdner Entwurf nur als Recht des Bestellers, nicht auch als Befugnis des Unternehmers vorsah. *Unterbleibende Mitwirkung des Bestellers* wird von dem PrALR als eigenes Regelungsproblem nicht gesehen, von Art 646 Dresdner Entwurf nur unzureichend erfasst. Jeweils findet sich eine subsidiäre Bezugnahme auf das Dienstvertragsrecht (I 11 § 825 bzw Art 636). Das bedeutet einerseits, dass *heute zur Klärung von Zweifelsfragen auf den Rechtszustand vor Inkrafttreten des BGB kaum* zurückgegriffen werden kann, und andererseits, dass nachhaltige Erfahrungen mit bewährten Rechtsregeln der gesetzlichen Konzeption des Werkvertrages nicht zugrunde liegen konnten. Die Gesetz gewordene Regelung wurde vielmehr in wesentlichen Punkten „vom grünen Tisch" aus entworfen, was das Vorhandensein von Regelungen mehr *akademisch bedeutsamer Probleme* wie die der Gefahrtragung in den §§ 644 f BGB erklärt, *wenig praktikabler Regelungen* wie die über Wandlung bzw jetzt Rücktritt und Minderung und auch manche *Fehlleistungen* wie die unpassende Bestimmung der Rechtsfolgen einer Kündigung des Unternehmers nach § 643 BGB (vgl § 643 Rn 14 ff), die Konstruktion eines Anspruchs auf Abnahme (vgl PETERS, in: FS Max Keller [1989] 221 ff). Vgl auch FELS, Die Sachmängelgewährleistung im Werkvertragsrecht des BGB: Entstehung und Weiterentwicklung (Diss Hamburg 2000).

2. Das BGB

Dass das Werkvertragsrecht des BGB Änderungen lange Zeit nicht unterworfen **9** war, kann nicht überraschen, weil seine Regelungen weithin als vorbildlich anzusehen sind. Das gilt namentlich für sein Kernstück der Mängelhaftung, bei der sachgerecht in § 633 Abs 2 aF BGB die Beseitigung des Mangels in das Zentrum der Regelung gestellt worden war, dies vor den sekundären Rechten der Wandlung (Rücktritt), Minderung und des Schadensersatzes. Auch das Detail dieser Regelung konnte überzeugen, wenn denn die Nachbesserung nicht nur Pflicht des Unternehmers war, sondern auch seine Befugnis und wenn der nachgeordnete Schadensersatzanspruch in § 635 aF BGB an sachgerechtere Voraussetzungen geknüpft war als beim Kauf in § 463 aF BGB.

10 Die Regelung des Austausches der Leistungen muss differenziert betrachtet werden. § 641 Abs 1 BGB sah und sieht einen Leistungsaustausch Zug um Zug vor. Das passte und passt dort, wo bewegliche Sachen zu bearbeiten, namentlich zu reparieren sind. Bei Bauleistungen tritt zu dem Austausch der Leistungen meist noch eine umfangreiche Abrechnung hinzu, die § 641 BGB im Gegensatz zu der VOB/B (dort § 16 Abs 3) übersieht. Außerdem wird der Unternehmer durch die Pflicht zur Vorfinanzierung seiner Leistungen am Bau leicht überfordert. Sachgerecht sind deshalb die Abschlagszahlungen des § 16 Abs 1 VOB/B, zu denen man sich im BGB erst im Rahmen des ForderungssicherungG des Jahres 2008 entschließen konnte (§ 632a BGB), bei denen dann aber die Aufgaben der angemessene Fassung der Bestimmung weitere Probleme erzeugte.

3. Die Modernisierung des Schuldrechts

11 Das Gesetz zur Modernisierung des Schuldrechts hat die Mängelhaftung des Werkvertragsrechts äußerlich nachhaltig umgestaltet, in der Sache an dieser Materie dagegen kaum etwas verändert. Es kann vielmehr als Kompliment aufgefasst werden, dass sie zum Vorbild für die Mängelhaftung des Kaufrechts genommen worden ist. In der Frage der Verjährung der Mängelrechte hat es Änderungen gegeben. Positiv zu vermerken ist es, dass die kurzen Fristen des § 638 aF BGB aufgegeben wurden, zwiespältig berührt die Einbeziehung von Ansprüchen wegen Mangelfolgeschäden in § 634a nF BGB. Denn da dessen Fristen insoweit leicht überschritten sein können, wird das Interesse daran anhalten, ob sich nicht doch deliktische Ansprüche konstruieren lassen. Und man fragt sich auch, ob die Folgeprobleme angemessen gelöst worden sind, die sich aus der Umwandlung von Wandlung und Minderung in einseitige Gestaltungsrechte des Bestellers ergeben.

4. Die aktuelle Reform des Bauvertragsrechts

12 Bei dem jetzigen Gesetz zur Reform des Bauvertragsrechts (und Änderung der kaufrechtlichen Mängelhaftung) fragt man sich zunächst, ob der anspruchsvolle Titel einer Reform wirklich verdient ist durch eine hohe Zahl von Einzelmaßnahmen. Namentlich die zentralen Normen der §§ 633 ff BGB zur Mängelhaftung bleiben – zu Recht – unverändert erhalten und werden sich insbesondere auch schon dem Grunde nach durchsetzen gegenüber jener Baubeschreibung, die einem Verbraucher – warum nicht auch einem Unternehmer? – heute gesetzlich zusteht.

13 Zu den Schattenseiten des neuen Rechts ist zunächst die beträchtliche Zahl von Bestimmungen zu rechnen, die ohne oder nur mit geringfügigen sachlichen Änderungen ihren Standort im Gesetz ändern. Es sind dies die zT wichtigen Bestimmungen der §§ 648, 648a, 649, 650, 651 aF BGB. Ein praktischer Nutzen ist nicht ersichtlich, vielmehr wird nur der Umgang mit dem Gesetz erschwert.

14 Befremdlich ist die Behandlung des Architektenvertrages in § 650p BGB. Welche Planungs- und gar Überwachungsziele vereinbaren seine Parteien? Der Bauherr wird gegenüber dem Architekten seine Wünsche äußern, letzterer wird nach vielleicht Übersehenem fragen und dann den Entwurf eines Hauses erstellen, der die Wünsche des Bauherrn in praktische Konkordanz bringt und dabei den Vorgegebenheiten (Beschaffenheit des Grundstücks, Bauplanungsrecht, finanzieller Rahmen) Rechnung trägt. Zu vereinbaren ist da nichts. Bei der Bauüberwachung ergeben sich die konkreten Aufgaben des Architekten aus der Natur der Sache, nicht aus einer Vereinbarung mit dem Bauherrn.

Nicht angenommen hat sich der Gesetzgeber der Probleme der Abnahme. Die für die Bestimmung ihres Begriffs einschlägigen §§ 640 Abs 1 S 1, 646 BGB bleiben unverändert erhalten. Wenn die Abnahme anders als beim Kauf über die Entgegennahme des Vertragsgegenstands hinaus auch seine Billigung als im Wesentlichen vertragsgemäß bedeuten soll, bleibt eine Rechtfertigung für die Pflicht zur Äußerung einer solchen Meinung aus, die vor der Garantie der Meinungsfreiheit in Art 5 GG Bestand haben könnte. Es ist aber auch zivilrechtlich gesehen überaus bedenklich, dem Besteller die damit verbundene Macht zur Blockade zu verleihen, was namentlich die Fälligkeit des Werklohnanspruchs des Unternehmers, § 650g Abs 4 Nr 1 BGB, sowie den Beginn der Verjährung der Mängelrechte des Bestellers, § 634a Abs 2 BGB, betrifft. **15**

Was speziell die Zahlung des Werklohns betrifft, sieht § 650g Abs 4 BGB jene Vorleistungspflicht des Bauunternehmers vor, die die Motive (Mot II 492) als eine schlimme Lage für den Unternehmer bezeichnen. Das zu Recht. Dem Bauunternehmer wird die Möglichkeit genommen, mit der Vorenthaltung des Werks Druck auf den Besteller auszuüben, den Werklohn zu entrichten, ein Mittel, das sich bei der Bearbeitung beweglicher Sachen des Bestellers als überaus effektiv erweist. Wer als Unternehmer bewegliche Sachen des Bestellers zu bearbeiten hatte, kann sich nach § 641 BGB dieses Druckmittels bedienen. Damit stellt § 650g Abs 4 BGB den Bauunternehmer schlechter als diesen Unternehmer und gleichzeitig auch als seinen eigenen Besteller, dem das Zurückbehaltungsrecht aus § 320 BGB uneingeschränkt zur Verfügung steht. **16**

Intensiv diskutiert worden ist bei der Schaffung des aktuellen Baurechts das Regelwerk der §§ 650b bis 650d BGB. Es bleibt abzuwarten, ob es sich in der Praxis bewähren wird. **17**

III. Abgrenzung des Werkvertrages gegenüber anderen Vertragsarten

1. Abgrenzung zum Kauf

a) Notwendigkeit

Die Abgrenzung des Werkvertrages gegenüber dem Kauf war im bisherigen Recht vorzugsweise wegen der tief greifenden Unterschiede im Gewährleistungsrecht notwendig; die Annäherung der §§ 434 ff, 633 ff BGB aneinander nimmt der Frage weitgehend die Brisanz, freilich nicht vollends, vgl die unterschiedliche Zuweisung des Wahlrechts für die Art der Nacherfüllung in den §§ 439 Abs 1, 635 Abs 1 BGB, die zT unterschiedlichen Fristen der §§ 438 (Abs 1 Nr 3) und 634a (Abs 1 Nrn 1, 3) BGB, den unterschiedlichen Verjährungsbeginn (§ 438 Abs 2 BGB gegenüber § 634a Abs 1 Nr 3, Abs 2 BGB). **18**

Die Notwendigkeit der trennscharfen Abgrenzung folgt nicht aus der unterschiedlichen Art der Erfüllung nach den §§ 929 ff BGB bzw nach den §§ 946 ff, 93 ff BGB. Sie besteht aber für die Phase vor dem endgültigen Leistungsaustausch, weil der Besteller stärker auf dessen Vorbereitung Einfluss nehmen kann und nimmt, zB durch eigene Planung (und deren Änderung), Kontrolle der Herstellung des Werkes, als der Käufer.

Bestehende Unterschiede sind weithin durch Analogien einzuebnen. Das gilt zB für die Eigennachbesserung nach § 637 BGB (auch im Kaufrecht) und in umgekehrter Richtung für § 446 Abs 1 S 2 BGB und namentlich die §§ 474 ff BGB: Der Verbraucher darf sich nicht dadurch schlechter stehen, dass sich der Eigentumsübergang nach den §§ 946, 94 Abs 2 BGB statt nach § 929 BGB vollzieht, der Unternehmer nicht nur liefert, sondern auch montiert.

b) Herstellungspflicht als Abgrenzungskriterium

19 Kauf und Werkvertrag *unterscheiden sich idealtypisch* danach, ob die **Erstellung des Vertragsgegenstandes** zu den *Pflichten* des Veräußerers gehört oder im *Vorfeld* des Vertrages verbleibt.

aa) Danach liegt *grundsätzlich ein Kauf* vor, wenn der Vertragsgegenstand bei Vertragsschluss bereits *fertig* vorliegt. Doch gilt dies nicht uneingeschränkt. Seit der Neufassung des § 651 aF BGB (= § 650 nF) im Rahmen der Modernisierung des Schuldrechts unterliegt auch die Herstellung oder Erzeugung beweglicher Sachen dem Kaufrecht. Und es hat umgekehrt die Rechtsprechung insbesondere beim Erwerb schlüsselfertiger Häuser auch in Fällen, in denen sie bereits fertig erstellt waren, für die Gewährleistung Werkvertragsrecht herangezogen (vgl § 650 Rn 5 f). Freilich sind die Gründe hierfür entfallen, weil die Gewährleistung der Materien aneinander angeglichen ist.

Auch im Kaufrecht kann im Übrigen die eigene Fertigung durch den Verkäufer von Bedeutung sein. ZB kann ausnahmsweise eine Fremdfertigung einen Mangel bedeuten.

20 bb) Wenn der Vertragsgegenstand erst noch zu erstellen ist, kann grundsätzlich statt Werkvertragsrecht auch Kaufrecht Anwendung finden, da auch der Kauf einer künftigen Sache möglich ist. Bei Anbringung von Sachen an Grundstücken, die deren wesentlicher Bestandteil werden, findet Werkvertragsrecht Anwendung, wie dies § 651 Abs 2 aF BGB klarstellte. Bei beweglichen Sachen gilt § 650 BGB:

„Reines" Kaufrecht, wenn eine vertretbare Sache produziert werden soll (S 1), zT Modifikation durch Werkvertragsrecht, wenn das Produkt nicht vertretbar sein wird (S 3).

c) Mischformen

21 Darüber hinaus gibt es Mischformen zwischen Kauf und Werkvertrag. Zu nennen sind:

aa) Der *Kauf mit Montageverpflichtung* (vgl dazu § 650 Rn 14).

bb) Der *Kauf auf Abbruch.* Er wurde freilich herkömmlich als *reiner Kaufvertrag* gedeutet (vgl RGZ 62, 135; RG Recht 1923 Nr 635) und die Abbruchpflicht des Käufers als Sonderfall der Abnahmepflicht nach § 433 Abs 2 BGB (vgl Soergel/Huber Vor § 433 aF Rn 284), jedenfalls dann, wenn für die zu gewinnenden Materialien noch ein Preis gezahlt werden soll. Das wird der Interessenlage jedoch weniger gerecht als der heutige § 650a Abs 1 BGB.

cc) Bei einem Werkvertrag kann es ausnahmsweise *kaufrechtlich zu beurteilende Nebenpflichten* geben, so etwa, wenn zu der hergestellten Werkleistung noch Zubehör und Ersatzteile geliefert werden. IdR wird dies freilich als Teil des Werkes anzusehen sein, sodass insbesondere auf die Verjährung von Mängelansprüchen § 634a BGB anzuwenden ist.

dd) Die Anwendung von Werkvertragsrecht wird nicht dadurch ausgeschlossen, dass der Unternehmer zunächst Sachen von dem Besteller zu Eigentum erwirbt, dieser diese aber später bearbeitet – oder andere aus ihnen gewonnene Sachen – zurückerwerben muss (vgl BGH NJW 1991, 166: Tierzuchtvertrag). Im Einzelnen kommt es freilich auf die Ausgestaltung des Vertrages und dessen Auslegung an; es muss den Parteien um einen „Erfolg" gehen.

2. Abgrenzung zur Miete

Trotz ihrer gemeinsamen römischrechtlichen Wurzel in der locatio conductio bieten Werkvertrag und Miete wenig Abgrenzungsprobleme (vgl zu ihnen Staudinger/Riedel[11] Vorbem 11 ff zu § 631). **22**

a) Eine Reihe von Werkverträgen ist dadurch gekennzeichnet, dass sie *notwendig mit der Überlassung von Raum an den Besteller verbunden* ist. Dies gilt namentlich für Beförderungen mit Bus, Bahn, Flugzeug ua, aber auch für Theateraufführungen und sonstige Veranstaltungen. Hier findet *uneingeschränkt Werkvertragsrecht* Anwendung, und zwar auch insoweit, wie es um Mängel der Raumüberlassung geht. Diese sind mit einer Minderung des Werklohns auszugleichen, ggf durch einen Schadensersatzanspruch nach § 634 Nr 4 BGB. Kommt der Besteller durch eine mangelhafte Raumgewährung zu Schaden, wird er etwa körperlich verletzt, so gilt wegen dieser Mangelfolgeschäden § 634 Nr 4 BGB ebenfalls.

b) Allerdings kann *das mietrechtliche Element an Bedeutung gewinnen,* wenn im Einzelfall dem dem Besteller gewährten Platz ein eigenständiges Gewicht zukommt. Dies gilt zwar noch nicht für die Platzkarte in der Eisenbahn, die nur die Ordnungsmäßigkeit der Beförderung sicherstellen soll (aA Staudinger/Riedel[11] Vorbem 11 zu § 631), wohl aber zB bei dem Abonnement eines bestimmten Theaterplatzes für die gesamte Spielzeit. Hier ist ggf zu fragen, ob der Schwerpunkt der Störung nicht doch im mietrechtlichen Bereich liegt und damit nach den §§ 536 ff BGB zu beurteilen ist.

c) Bei der *Überlassung von Maschinen mit Bedienungspersonal* kommt es auf den *von den Parteien verfolgten Zweck* an (vgl BGH LM § 535 BGB Nr 40). *Miete* liegt vor, wenn sich die Pflichten des Überlassenden darin erschöpfen, so insbesondere wenn der Einsatz der Maschine den Weisungen des anderen Teiles überlassen bleibt; der **23**

Überlassende schuldet dann nur die Auswahl geeigneten Personals. Dagegen ist von *Werkvertragsrecht* auszugehen, wenn ein bestimmter Erfolg nicht nur vorgesehen ist, sondern auch noch von dem Überlassenden geschuldet sein soll (vgl STAUDINGER/ EMMERICH [2018] Vorbem 38a zu § 535). Das ist dann der Fall, wenn das Direktionsrecht bei dem Überlassenden liegt (BGH NJW-RR 1996, 1203, 1204). In diesem Fall haftet der Überlassende für das Personal nach § 278 BGB.

24 d) Wird ein Grundstück zur Bebauung überlassen, eine Grube zur Verfüllung, so handelt es sich auch dann um einen Mietvertrag, wenn der Zustand dadurch verbessert wird, der überlassende Teil von ihm also nach Vertragsbeendigung profitiert, sofern eine Rechtspflicht zur Bebauung bzw Verfüllung nicht besteht (vgl BGH NJW 1983, 680). Anders kann es liegen, wenn eine solche besteht. Dann kommt es darauf an, ob das Interesse des übernehmenden Teils an der vorübergehenden Nutzung überwiegt oder das Interesse des Überlassenden an dem endgültigen Zustand. Etwa vereinbarte Zahlungen haben hierbei nur indizielle Bedeutung. BGH (NJW 1983, 680) scheint im Zweifel die Anwendung von Mietvertragsrecht vorzuziehen. Das ist bedenklich. Auch will die vorzugsweise daraus folgende kurze Verjährung nach § 548 BGB nicht immer sachgerecht erscheinen.

25 e) Soweit die *Überlassung von Räumlichkeiten* oder Gegenständen an den Unternehmer *für die Erstellung des Werkes notwendig* ist oder sonst geschieht, handelt es sich nicht um eine Miete (oder Leihe), sondern um die *Wahrnehmung einer Mitwirkungsobliegenheit* des Bestellers, sodass etwaige Störungen in diesem Bereich nach den §§ 642 f BGB zu beurteilen sind, ggf nach § 6 VOB/B.

3. Abgrenzung zum Dienstvertrag

a) Bedeutung der Abgrenzung

26 Der Abgrenzung von Dienst- und Werkvertrag kommt deshalb erhebliche Bedeutung zu, weil der Gesetzgeber diese beiden Vertragsarten ganz unterschiedlich ausgestaltet hat, heute auch mit der Entscheidung für eine der beiden Vertragstypen weithin zugleich die Entscheidung über die Anwendung des Arbeitsrechts getroffen wird. Nur *vereinzelt kann jeweils auf Bestimmungen der anderen Materie zurückgegriffen werden,* so etwa beim Werkvertrag auf § 618 BGB. Werkvertragliche Bestimmungen, die beim Dienstvertrag entsprechende Anwendung finden könnten, sind gar nicht ersichtlich. *Parallelprobleme haben nur ausnahmsweise eine parallele Regelung* gefunden, vgl die §§ 612, 632 BGB. In aller Regel werden sie unterschiedlich behandelt. So lösen vor allem **Mängel der geleisteten Arbeit** beim Werkvertrag primär eine Gewährleistung aus, bei der eine verschuldensunabhängige und nicht besonders zu vergütende Nacherfüllung im Vordergrund steht, während das Dienstvertragsrecht eine solche nicht kennt, sondern die Probleme mit Schadensersatzansprüchen aus den §§ 280 Abs 1, 241 Abs 2 BGB bewältigt. Mangelnde Mitwirkung des Dienstberechtigten/Bestellers führt nach § 615 BGB einerseits und §§ 642, 643 BGB andererseits zu unterschiedlichen Folgen. Die Kündigung aus wichtigem Grunde hat in den §§ 626 ff BGB für den Dienstvertrag eine nähere Regelung gefunden, für den Werkvertrag nicht identisch in den §§ 643, 648a BGB. In der Sache erscheint das *Ausmaß der Diversifizierung jedenfalls dort unangemessen,* wo die Tätigkeit für einen anderen nicht im Rahmen eines Arbeitsverhältnisses geleistet wird. So könnten etwa die §§ 615, 626 BGB ohne nachhaltige Änderungen auch im Werkvertragsrecht Anwendung finden. Auch das abschnittsweise Vergütungssystem des § 614 BGB kann als vorbildlich für das Werkvertragsrecht angesehen werden. Umgekehrt ließe sich auch manche Regelung des Werkvertragsrechts für das Dienstvertragsrecht fruchtbar machen, zB der Nachbesserungsanspruch des § 635 Abs 1, 1. Alt BGB.

In der Praxis *konvergieren die Vertragstypen* freilich. Die Vergütung nach Abschnitten hat sich in der Kautelarjurisprudenz beim Werkvertrag längst durchgesetzt, vgl zB § 16 Abs 1 Nr 1 S 1 VOB/B. Die Rechtsfolgen des Annahmeverzugs sind an die des § 615 BGB anzunähern (vgl § 643 Rn 17 ff). Die Anwendung von Werkvertrags-, statt Dienstvertragsrecht auf den *Architektenvertrag* bedeutet letztlich kaum mehr, als dass die §§ 634a Abs 1 Nr 2, 650d, 650e BGB herangezogen werden können. Für wichtige Rechtsfolgen *erübrigt § 675 BGB eine nähere Einordnung des Vertrages.* Und für die in der Praxis vielfach allein wichtige Frage, welche sachlichen Anforderungen an den Tätigwerdenden gestellt werden können, ist die *Wahl des Vertragstyps ohnehin durchweg bedeutungslos,* allenfalls die konkrete Vertragsgestaltung verdient hier Beachtung.

b) Abgrenzungskriterien
aa) Das maßgebliche Unterscheidungskriterium wird gemeinhin darin gesehen, **27** dass beim Dienstvertrag eine **Tätigkeit** geschuldet wird, beim Werkvertrag dagegen ein **Erfolg** (vgl Mot II 456, 471; STAUDINGER/RIEDEL[11] Vorbem 6 zu § 631; ERMAN/SCHWENKER/RODEMANN Vor § 631 Rn 8; SOERGEL/TEICHMANN Vor § 631 Rn 2 ff; MünchKomm/BUSCHE § 631 Rn 16; LARENZ II 1 § 52 I; MEDICUS, SchuldR II Rn 361 f; HECK, Schuldrecht § 110, 2 f; RGZ 72, 179; 91, 328; BGHZ 54, 106, 107 = NJW 1970, 1596).

Dieses *Kriterium* ist freilich deshalb *wenig griffig* (vgl MünchKomm/BUSCHE § 631 Rn 16; STAUDINGER/RICHARDI/FISCHINGER [2016] Vorbem 29 f zu § 611), weil einerseits der im Werkvertragsrecht geschuldete *Erfolg im denkbar weitesten Sinne zu verstehen* ist, vgl § 631 Abs 2 und § 631 Rn 2 ff, andererseits aber die Tätigkeit des Dienstverpflichteten natürlich auch „Erfolg" haben soll. Der *äußere Eindruck kann täuschen:* So schuldet die Putzfrau nicht den Erfolg einer sauberen Wohnung, sondern eine diesem Zweck entsprechende Tätigkeit, der die Bauaufsicht führende Architekt nicht eine Tätigkeit, sondern den Erfolg einer ordnungsgemäßen Bauaufsicht. *Gedanklich lässt sich jede Tätigkeit für andere sowohl dienstvertraglich wie werkvertraglich deuten,* je nachdem, wie man den Begriff des (geschuldeten) Erfolges fasst. Die Prozessführung des Anwalts, die gemeinhin als dienstrechtlich geschuldet verstanden wird, wäre werkvertraglich zu sehen, wenn man die Gesamtheit der notwendigen Schritte als geschuldeten Erfolg verstehen würde. Bei einem *Forschungs- und Entwicklungsvertrag* ist es sorgsam zu prüfen, ob der Beauftragte den Erfolg schuldet und damit das Risiko ausbleibender Resultate tragen soll (BGH NJW 2002, 3323).

bb) Andere *globale Abgrenzungskriterien* sind ebenfalls im Einzelfall *wenig hilf-* **28** *reich.* Dies gilt etwa für eine Abgrenzung nach einem sozialen Leitbild (vgl dazu STAUDINGER/RICHARDI/FISCHINGER [2016] Vorbem 31 f zu § 611), für die Entgeltgestaltung, die auch beim Werkvertrag arbeitszeitbezogen sein kann, vgl den Stundenlohnvertrag, oder für den Zeitfaktor im Rahmen des Vertrages. Beim Dienstvertrag ist die Abrechnung nach Zeitaufwand zwar typisch, aber nicht zwingend; sie gilt etwa durchweg nicht für die Gebühren des Rechtsanwaltes. Wichtig ist die Zuweisung des Entgeltrisikos (vgl etwa STAUDINGER/RICHARDI/FISCHINGER [2016] Vorbem 40 ff, 46 zu § 611), doch ist dies oft nur die gerade zu beantwortende Frage.

29 cc) Die *Einordnung von Verträgen* ist vielfach eine *Frage der schlichten Konvention.* Bei einer ganzen Reihe von Verträgen hat es sich einfach eingebürgert, sie der einen oder der anderen Materie zuzuweisen (vgl dazu u Rn 32 ff). Solange sich dies nicht als evident unsachgerecht erweist, sollte man es dabei belassen. Das gilt zB für die heutige Zuordnung des Architektenvertrages zum Werkvertrag, die sich nicht ohne Probleme durchführen lässt; der gegenteilige Standpunkt des Reichsgerichts hatte durchaus eine gewisse Berechtigung, vgl dazu Vorbem 13 f zu §§ 650p ff.

30 Darüber hinaus und ergänzend in Hinblick auf Besonderheiten, die der Einzelfall aufweisen mag, ist auf folgendes abzustellen:

(1) Zunächst auf die *Rechtsfolgen und ihre Angemessenheit,* die sich aus der Wahl des Vertragstypus ergeben (vgl STAUDINGER/RICHARDI/FISCHINGER [2016] Vorbem 36 zu § 611; **aA** NIKISCH, Grundformen des Arbeitsvertrags [1926] 60). Dabei sind sie freilich *in ihrer Gesamtheit zu würdigen,* nicht etwa kann auf eine einzelne Bestimmung abgestellt werden, die vielleicht gerade als besonders „passend" erscheinen will.

(2) Sodann gibt es eine Reihe von *Indizien,* die für bzw gegen das Vorliegen eines Werkvertrages sprechen können. Auch sie bedürfen freilich einer Gesamtabwägung, weil sie einzeln weithin auch mit einem Dienstvertrag vereinbar sind (vgl BGB-RGRK/GLANZMANN Vor § 631 Rn 4 f; MünchKomm/BUSCHE § 631 Rn 19).

So sprechen für einen Werkvertrag die prinzipielle *Eigenverantwortlichkeit und Weisungsfreiheit* des Tätigen, vgl aber auch §§ 645, 675, 665 BGB, da bei strikter Weisungsgebundenheit die werkvertragliche Erfolgsgarantie nicht mehr zumutbar ist, ferner die *soziale Unabhängigkeit* und ein besonderes *Fachwissen,* auch wenn Ärzte und Rechtsanwälte typischerweise kraft Dienstvertrages tätig werden, weiterhin eine *Vergütung nach Erfolgen,* nicht nach – insbesondere zeitlichem – Aufwand, obwohl gerade dieses Kriterium mit größter Vorsicht zu gebrauchen ist, auch die *Befugnis, die Tätigkeit auf Dritte, insbesondere Mitarbeiter, zu delegieren,* schließlich die *Stellung* von *Arbeits- und Produktionsmitteln.*

Gegen einen Werkvertrag sprechen – ebenfalls nicht zwingend – die Umkehrung der eben genannten Merkmale, ferner die *Eingliederung in einen von der Gegenseite organisierten Fertigungsprozess.*

Kaum geeignete Abgrenzungskriterien sind: Die Ausdrucksweise der Parteien; die Möglichkeit des Tätigen, den erstrebten Erfolg zu erreichen (**aA** BGB-RGRK/GLANZMANN Vor § 631 Rn 3; SOERGEL/KRAFT Vor § 611 Rn 42), die Frage, ob die geleistete Tätigkeit für sich allein sinnvoll ist oder der Ergänzung durch die Tätigkeit anderer bedarf; das soziale, wirtschaftliche oder geistige Niveau der geschuldeten Tätigkeit.

(3) Der *Wille der Parteien* (STAUDINGER/RIEDEL[11] Rn 6; BGB-RGRK/GLANZMANN Vor § 631 Rn 3) vermag sich freilich dort nicht durchzusetzen, wo die Einordnung des Vertrages eindeutig erscheint wie zB beim Bauvertrag einerseits oder bei Arbeitsverträgen andererseits. Er muss sodann hinreichend konkret sein. ZB reicht eine bloße Bezugnahme auf „das Werkvertragsrecht" oder „das Dienstvertragsrecht" grundsätzlich nicht aus. Der Wille muss sich vielmehr auf bestimmte Regelungen der jeweiligen Materien beziehen. Dabei muss sich die Rechtswahl ggf nach den Maßstäben der §§ 305 ff BGB an den Normen der abbedungenen Materie messen lassen, wenn diese als die eigentlich einschlägige erscheint. So gehört es zu den *wesentlichen Grundgedanken der gesetzlichen Regelung*, § 307 Abs 2 Nr 1 BGB, dass beim Werkvertrag ein Erfolg geschuldet wird und bei seiner Verfehlung eine Gewährleistung eingreift, desgleichen, dass beim Dienstvertrag dem Dienstpflichtigen die verschuldensunabhängige Gewährleistung bestimmter Erfolge gerade nicht anzusinnen ist.

c) Gestaltungsmöglichkeiten

Dienstvertrag und Werkvertrag sind weithin miteinander *austauschbar*. Dieselben Aufgaben können (dienstvertraglich) durch eine Abteilung des eigenen Hauses erledigt werden oder (werkvertraglich) durch einen selbständigen Unternehmer. Dabei ist unter wirtschaftlichen Gesichtspunkten die letztere Gestaltung für den Leistungsempfänger durchaus vorzugswürdig. Kostenmäßig kann er klarer kalkulieren, während ihn Mehrkosten sonst selbst treffen. Preislich lassen sich selbständige Unternehmer gegeneinander ausspielen. Etwa notwendige Nachbesserungen gehen kostenmäßig nicht zu seinen Lasten. Weitere Vorzüge sind gesteigerte Flexibilität, weil bei weiterem mangelndem Bedarf von der Erteilung weiterer Aufträge abgesehen werden, bei sich änderndem der Unternehmer gewechselt werden kann; die eigene Abteilung lässt sich schwerer umstellen, gar auflösen. Außerdem unterliegt der selbständige Unternehmer nicht jenen vielfältigen arbeitsrechtlichen Schutzvorschriften, die dem Dienstverpflichteten zugutekommen. Ihn schützt nur § 138 BGB, dessen Voraussetzungen kaum einmal erfüllt sein werden. **31**

Bei der Abgrenzung der Vertragstypen entscheidet nicht die Wortwahl der Parteien, sondern der sachliche Gehalt des Vertrages, idR also, ob die Tätigkeit oder der Erfolg in seinen Mittelpunkt gestellt wird.

Inwieweit durch die Wahl des Werkvertragsrechts *arbeitsrechtliche Schutzvorschriften* konkret ausgeschaltet werden können, hängt von deren Auslegung ab und ist hier nicht näher zu erörtern. UU liegt es nahe, den „Unternehmer" jedenfalls als arbeitnehmerähnliche Person zu betrachten.

d) Einzelfälle

aa) Wenn im Folgenden einzelne Vertragsverhältnisse hier bzw dort zugeordnet werden, darf die Relevanz der Fragestellung nicht überbewertet werden. **32**

Zunächst ist die korrekte Zuordnung dort gleichgültig, wo das konkrete Problem eine spezialgesetzliche Regelung gefunden hat. ZB sind das Frachtgeschäft, das Kommissionsgeschäft näher im HGB geregelt, was den Rückgriff auf das BGB weithin erübrigt. Für die Vergütung der freien Berufe bestehen Gebührenordnungen.

Sodann sind vorrangig beachtlich die Vereinbarungen der Parteien, wie sie das Ziel der Tätigkeit festlegen. Vieles kann sinnvoll nur vertraglich geregelt werden. ZB wird man den Forschungs- und Entwicklungsvertrag grundsätzlich als Werkvertrag einzustufen haben (vgl ULLRICH, in: FS Fikentscher [1998] 298), doch ist dem Forscher oder Entwickler das vergütungsmäßige Risiko kaum zuzumuten, das sich ergibt, wenn verwertbare Ergebnisse ausbleiben.

Weiter ist die Einordnung des Vertrages weithin bedeutungslos. Das ergibt sich nicht nur bei der Existenz von Parallelbestimmungen wie den §§ 612, 632 BGB. Vor allem ist es bei den weithin im Mittelpunkt des Interesses stehenden Schadensersatzansprüchen primär von Bedeutung, welche Sorgfaltsanforderungen zu stellen sind. Dies ist aber unabhängig von der Qualifizierung des Vertrages.

Schließlich liegt bei Folgerungen aus der Vertragsnatur der Vorwurf der Begriffsjurisprudenz nahe.

bb) Mit diesen Vorbehalten:

33 **(1)** Der *Anwaltsvertrag* ist *ausnahmsweise Werkvertrag,* soweit der Anwalt konkrete, einer Erfolgsgarantie zugängliche Leistungen schuldet wie die Erstattung eines *Gutachtens,* die *Rechtsauskunft* über eine bestimmte Rechtsfrage, die *Ausformulierung einer getroffenen Vereinbarung,* etwa eines Gesellschaftsvertrags (vgl RGZ 88, 223; 110, 139; 162, 171; ERMAN/SCHWENKER/RODEMANN Vor § 631 Rn 24; JAUERNIG/MANSEL Vor § 611 Rn 19; SOERGEL/KRAFT Vor § 611 Rn 45). Dagegen erfolgt die Führung eines Prozesses oder die Besorgung einer sonstigen Angelegenheit im Rahmen eines Dienstvertrages (vgl BGH LM § 675 Nr 28). Gleiches gilt für die Dauerberatung. Dabei unterscheiden sich die qualitativen Anforderungen aber nicht. Anwendbar ist jedenfalls stets § 675 BGB.

34 **(2)** Der *Anzeigenvertrag* ist ein Werkvertrag (vgl ERMAN/SCHWENKER/RODEMANN Vor § 631 Rn 24; SOERGEL/TEICHMANN Vor § 631 Rn 31; PALANDT/SPRAU Vor § 631 Rn 22). Der geschuldete Erfolg ist die Veröffentlichung einer Anzeige nach den Vorgaben des Bestellers in der jeweiligen Auflagenhöhe. Auf Mängel finden daher die §§ 633 ff BGB Anwendung. Geschuldet wird insbesondere auch Nacherfüllung (Berichtigung oder fehlerfreie Wiederholung). Für die notwendige Mitwirkung des Bestellers gelten die §§ 642, 643 BGB. Der Besteller hat ein (abdingbares) Kündigungsrecht nach § 648 BGB. Für die Abnahme gelten Besonderheiten; abzunehmen ist ggf der vorgelegte Entwurf; dagegen ist die Anzeige als solche nicht besonders abzunehmen.

(3) Zum *Architektenvertrag,* der heute generell als Werkvertrag eingestuft wird, vgl §§ 650p ff BGB.

35 **(4)** Der Vertrag zwischen *Arzt* und Patient beurteilt sich *grundsätzlich nach Dienstvertragsrecht,* da dem Arzt das Einstehen für einen bestimmten Behandlungserfolg nicht angesonnen werden kann. Das wird freilich in Grenzbereichen zweifelhaft, so namentlich bei der Operation, wo sich als das geschuldete Werk immerhin die Vornahme lege artis verstehen lässt. Auch hier wendet die *Rechtsprechung* allerdings *Dienstvertragsrecht* an (vgl BGH NJW 1980, 1452, 1453; OLG Düsseldorf NJW 1975, 595, beide Entscheidungen Sterilisationen betreffend; zustimmend LAUFS, Arztrecht [5. Aufl 1993] Rn 100; BGB-RGRK/GLANZMANN § 631 Rn 166; ablehnend JAKOBS NJW 1975, 1437; ERMAN/ SCHWENKER/RODEMANN Vor § 631 Rn 24; SOERGEL/TEICHMANN Vor § 631 Rn 38 f). Die praktische Bedeutung der Frage ist nicht sonderlich groß; bei schuldhaften Fehlbehandlungen stand bislang ohnehin das Deliktsrecht im Vordergrund, was sich nach der

Neufassung des § 253 Abs 2 BGB ändern könnte, dessen Anwendbarkeit aber – ebenso wie die des § 280 Abs 1 S 2 BGB – unabhängig von der Qualifizierung des Vertrags ist. Immerhin ist aber an eine *vorsichtige entsprechende Anwendung des Werkvertragsrechts* zu denken. So spricht insbesondere wenig dagegen, dem Patienten einen Nachbesserungsanspruch zu gewähren, falls die Operation mit behebbaren Mängeln verbunden war.

Ebenfalls zweifelhaft sind die anzuwendenden Vorschriften bei der *Lieferung und Anpassung von Brillen und Prothesen.* Der BGH will Werkvertragsrecht anwenden, soweit es lediglich um die technische Anfertigung dieser Hilfsmittel geht, dagegen auf die *zahnprothetische Behandlung* insgesamt Dienstvertragsrecht (vgl BGH NJW 1975, 305, 592). Dagegen ist nicht einzusehen, warum hier nicht insgesamt die werkvertragliche Gewährleistung mit der vorgesehenen Nachbesserung und auch der eigenständigen Verjährung Anwendung finden soll (vgl auch Jakobs NJW 1975, 1437, der die gesamte Tätigkeit des Zahnarztes dem Werkvertragsrecht unterwerfen will).

Soweit es an einer besonderen ärztlichen Behandlung fehlt, ist jedenfalls von Werkvertragsrecht auszugehen, so namentlich bei der *Erstattung von Gutachten,* der *Verrichtung und Auswertung von Laboratoriums- und Röntgendiagnostik* (vgl BGB-RGRK/Glanzmann § 631 Rn 166).

(5) Der *Auskunfteivertrag* über die Beschaffung von Kredit- und sonstigen Auskünften ist Werkvertrag (vgl RGZ 115, 112, 115), sofern nicht eine *Dauerversorgung* mit Nachrichten vorliegt; dann ist von Dienstvertragsrecht auszugehen.

(6) *Bauverträge* sind Werkverträge (vgl §§ 650a BGB ff).

(7) *Beförderungsverträge* sind Werkverträge (vgl u Rn 77 f).

(8) Der *Bergungsvertrag* ist im Zweifel Dienstvertrag, da der Bergende für einen Erfolg nicht einstehen will (vgl RG HRR 1937, 551).

Die Bergung aus Seenot begründet nach den §§ 574 ff HGB ein eigentümliches gesetzliches Schuldverhältnis, das nach § 578 HGB eine Vergütung nur im Erfolgsfall vorsieht; den Abschluss auch für diesen Fall vergütungspflichtiger Rettungsverträge schließt das nicht aus.

(9) Der *Bestattungsvertrag* enthält verschiedenartige Vertragselemente; im Kern ist er Werkvertrag (vgl Widmann, Der Bestattungsvertrag [4. Aufl 2002]).

(10) Der *Deckvertrag* über das Decken eines Muttertieres ist Werkvertrag, dessen Erfolg der Befruchtungsvorgang ist, nicht der Wurf.

(11) Bei dem Vertrag mit einem *Designer* kommt es auf die Ausgestaltung an. Werkvertrag, wenn eine eigenständige Gestaltung geschuldet ist (vgl Reich GRuR 2000, 956), Dienstvertrag, wenn Vorbereitung und Beratung überwiegen.

(12) Beim *Facility-Management-Vertrag* (vgl Najork NJW 2006, 2881) sollen Liegenschaften, zB Bürogebäude, gewartet und betrieben werden. Das ist dienstvertraglich zu sehen, was einen Nacherfüllungsanspruch nicht ausschließt, wenn bestimmte Maßnahmen unterlassen worden sind, dessen Verjährung dann aber den §§ 195, 199 BGB zu folgen hat. Im Wesentlichen wird das Vertragsverhältnis durch § 675 BGB geprägt.

36 **(13)** *Gutachten* werden auf werkvertraglicher Basis erstellt (BGHZ 67, 1; BGH NJW 2012, 1070, zur tierärztlichen Ankaufuntersuchung).

Der Gutachter ist verpflichtet, sich die zur Beantwortung der ihm gestellten Frage notwendigen Informationen in eigener Verantwortung zu beschaffen, auf die Angaben des Auftraggebers darf er sich nicht ohne Überprüfung verlassen; fehlerhafte Information des Gutachters begründet grundsätzlich kein Mitverschulden (vgl OLG Köln NJW-RR 1998, 1320). Diese festgestellten Tatsachen sind sodann nach den anerkannten Regeln des jeweiligen Faches zu verarbeiten. Verbleibende Zweifel am Ergebnis sind kenntlich zu machen, wenn zB ein Bodengutachten naturgemäß nur auf Stichproben beruhen kann.

Mängel des Gutachtens lösen verschuldensunabhängig die Rechte aus den §§ 633 ff BGB aus, unter denen die Honorarkürzung als Minderung oder Rücktritt im Vordergrund stehen wird. Im Rahmen des § 637 BGB kommt die anderweitige Einholung eines weiteren Gutachtens in Betracht. Im zu vermutenden, § 280 Abs 1 S 2 BGB, Verschuldensfall wird Schadensersatz nach § 634 Nr 4 BGB geschuldet, wie er namentlich Fehldispositionen aufgrund des Gutachtens erfasst. Zur zeitlichen Grenze des Anspruchs vgl die §§ 634a Abs 1 Nr 3, 195, 199 BGB.

Anspruchsberechtigt ist insoweit zunächst der Auftraggeber. *Dritte,* die Schäden erleiden, zB kreditausgebende Banken nach einer fehlerhaften Grundstücksbewertung, haben aus eigenem Recht ggf Ansprüche aus § 826 BGB, sofern das Handeln des Sachverständigen leichtfertig war. Ansprüche aus § 823 BGB werden nur ausnahmsweise eröffnet sein, sind aber denkbar: Schäden am Nachbarhaus durch Fehler im Gründungsgutachten (§§ 823 Abs 2, 909 BGB). In den Schutzbereich des Gutachtenauftrags einzubeziehen sind aber jene Dritten, denen gegenüber das Gutachten bestimmungsgemäß Verwendung finden soll (vgl BGH NJW 1995, 392, dem Kaufinteressenten vorgelegtes Wertgutachten). Ihnen Ansprüche zuzugestehen ist unabweisbar; die Annahme eines Vertrages mit Schutzwirkung für Dritte ist weniger künstlich als die Alternative der Konstruktion eines direkten stillschweigend zustande gekommenen Auskunftsvertrages zwischen Sachverständigem und Drittem oder die Annahme eines gesetzlichen Schuldverhältnisses zwischen ihnen.

Zur Haftung des *gerichtlichen Sachverständigen* vgl § 839a BGB.

(14) Der Vertrag über den *Hufbeschlag* eines Tieres ist Werkvertrag (BGH NJW 1968, 1932; dort auch zu der Frage, inwieweit der Besteller dem Hufschmied nach § 833 BGB haftet).

(15) Der Vertrag mit einem *Krankenhaus* unterliegt jedenfalls nicht dem Werkvertragsrecht; es gilt das oben zum Arztvertrag Gesagte entsprechend.

37 **(16)** Die Einordnung des *Kommissionsvertrages* der §§ 383 ff HGB ist streitig. Für die (subsidiäre) Anwendung von Dienstvertragsrecht haben sich ausgesprochen RGZ

110, 119; JAUERNIG/MANSEL Vor § 611 Rn 21a; SCHLEGELBERGER/HEFERMEHL § 383 Rn 36 f; SOERGEL/HUBER Vor § 433 Rn 246; SOERGEL/TEICHMANN Vor § 631 Rn 66, für die Anwendung von Werkvertragsrecht RGZ 71, 76; HGB-Großkomm/KOLLER § 383 Rn 58 f; KNÜTEL ZHR 137 (1973) 286.

Die *Frage ist von recht geringer praktischer Bedeutung*. Zunächst geht es darum, ob eine *Kündigung* nach den §§ 621 Nr 5, 627 BGB möglich sein soll oder nach § 648 BGB. Für den Provisionsanspruch ist dies angesichts seiner Erfolgsabhängigkeit ohne Bedeutung. Die Waffengleichheit spricht für Dienstvertragsrecht; nach § 648 BGB könnte sich nur der Kommittent vom Vertrag lösen. Für die Verjährung der Haftung gelten ohnehin die §§ 195, 199 BGB, ggf über § 634a Abs 1 Nr 4 BGB. Für die von KOLLER (§ 383 Rn 58 f) vorgeschlagene Differenzierung nach Größe und Selbständigkeit des Kommissionärs fehlt es an hinreichend klaren Abgrenzungskriterien. Zudem ist nicht deutlich, warum die §§ 634a, 648 BGB nur auf den großen Kommissionär passen sollen, das Dienstvertragsrecht besser auf den kleinen. Auch die zuweilen erwogene Abgrenzung nach Dauerkommission (Dienstvertrag) und Einzelgeschäft (Werkvertrag) erscheint nicht zweckmäßig.

(17) Die Ausgestaltung von Verträgen mit *Künstlern* hängt vom *Einzelfall* ab. Die **38** *Kunstaufführung* als solche zielt gegenüber dem Publikum auf einen immateriellen Erfolg ab, sodass Werkvertragsrecht Anwendung findet und auch passender ist. ZB muss es nach dem Ausfall von Veranstaltungen eine Nachleistungspflicht geben, die nach Dienstvertragsrecht schwerer zu konstruieren ist. Dagegen ist der Vertrag des *Veranstalters mit einzelnen Künstlern*, die im Rahmen einer Aufführung oder Schallplattenbespielung zusammenzuwirken haben, weniger eindeutig zuzuordnen. Bei Solisten, die eine Veranstaltung „tragen" und in besonderem Maße zu deren Gelingen beisteuern, liegt die Annahme eines Werkvertrages näher als zB bei Orchestermusikern, die sich in die allgemeine Organisation stärker einordnen und in ganz anderem Ausmaß Weisungen unterworfen sind (vgl MünchKomm/MÜLLER-GLÖGE § 611 Rn 136; BAG AP § 2 BUrlG Nr 1).

Bühnenaufführungsverträge zwischen Verlegern und Theaterunternehmen sind urheberrechtliche Nutzungsverträge eigener Art, in denen neben Elementen anderer Vertragstypen auch solche des Werkvertrages enthalten sein können (vgl BGHZ 13, 115).

(18) Bei einem *Projektsteuerungsvertrag* übernimmt es jemand, Funktionen eines **39** Bestellers bei Bauvorhaben wahrzunehmen, namentlich die Arbeiten zu koordinieren und die Planungsziele fortzuschreiben. Die rechtliche Zuordnung dieses Vertragstyps hängt von seiner konkreten Ausgestaltung ab (BGH NJW 1999, 3118; ESCHENBRUCH, Recht der Projektsteuerung[2] [2003] 197 ff; SCHILL, Der Projektsteuerungsvertrag [2000] 55 ff); der Projektsteuerer kann – werkvertraglich – bestimmte Erfolge zusagen. IdR ist aber doch von einem Dienstvertrag auszugehen (vgl OLG Düsseldorf BauR 1999, 384; NJW 1999, 3129; STAPELFELD BauR 1994, 693). Dass dem Projektsteuerer Erfolgshonorare für bestimmte Einsparungen zugesagt werden, führt noch nicht zur Annahme eines Werkvertrages (BGH NJW-RR 1995, 855). Wenn die zentrale Aufgabe eines Projektsteuerers die technische Bauüberwachung eines Generalübernehmers ist, prägt das werkvertragliche Element des Vertrages (BGH NJW 1999, 3118). Jedenfalls ist bei Störung des Vertrauens eine Kündigung aus wichtigem Grund möglich (BGH NJW 2000, 202). Stets gilt § 675 BGB.

40 **(19)** Eine *Reparatur* ist eine Werkleistung, wenn es denn darum geht, die Funktionsfähigkeit einer Maschine oder eines anderen Gegenstands wiederherzustellen. Ist, wie oft, die Störungsursache unklar, unterliegt der Beauftragte umfassenden Untersuchungs- und Aufklärungspflichten. Er hat die Störungsursache aufzudecken und den Auftraggeber über die Möglichkeiten der Behebung und namentlich ihre kostenmäßigen Auswirkungen aufzuklären; dazu wird oft der Rat gehören, dass eine Reparatur nicht mehr wirtschaftlich ist. Besonderen Augenmerks bedarf die Reichweite des Auftrags: zunächst nur Diagnose oder auch schon die Beauftragung zur Behebung der Mängel? Auftrag, auch weitere bei der Untersuchung festgestellte Defekte und Schwachstellen zu beseitigen?

Ein Mangel der Leistung wird indiziert, wenn die Funktionsfähigkeit alsbald wieder verloren geht. Das führt verschuldensunabhängig zum Nachbesserungsanspruch, zur Möglichkeit von Rücktritt oder Minderung. Die Kosten einer anderweitigen „ordentlichen" Reparatur fallen unter § 634 Nrn 2, 4 BGB, doch sind dann die „Sowieso-Kosten" gegenzurechnen.

(20) Der Vertrag mit *Schiedsrichtern* und *Schiedsgutachtern* ist vereinzelt als Werkvertrag angesehen worden (so von TESSMER, Der Schiedsvertrag nach deutschem Recht [1912] 159). Überwiegend wird ein Dienstvertrag angenommen (vgl STEIN/JONAS/SCHLOSSER Vor § 1025 Rn 33; BETTINA MEYER, Der Schiedsgutachtervertrag [1995] 25 ff; NIKISCH, Zivilprozessrecht § 144 III 3), bzw ein Vertragsverhältnis eigener Art (so namentlich RGZ 41, 251, 254; 94, 210, 213; MünchKomm/MÜLLER-GLÖGE § 611 Rn 137; STRIEDER, Rechtliche Einordnung und Behandlung des Schiedsrichtervertrages [1984] 30 ff). Letzterem entspricht es wohl, wenn BGHZ 43, 374 = NJW 1965, 1623 die rechtliche Einordnung offenlässt. Jedenfalls *passen die Bestimmungen über den Werkvertrag nicht,* unabhängig davon, ob man den Schiedsrichter nun zu einer Tätigkeit oder zu einem Erfolg (der Streitschlichtung) für verpflichtet hält. Insbesondere kann es nicht zu einer Gewährleistung nach den §§ 633 ff BGB kommen. Vorzugswürdig dürfte die Betonung der *Sondernatur* des Vertrages sein.

(21) Der Vertrag mit dem *Schornsteinfeger* ist ein Werkvertrag (BGH VersR 1954, 404), soweit nicht seine hoheitlichen Befugnisse betroffen sind, deren Verletzung eine Haftung nach § 839 BGB begründen kann (BGHZ 62, 372 = NJW 1974, 1507).

41 **(22)** Der Vertrag mit *Steuerbevollmächtigten und Steuerberatern* entzieht sich einer eindeutigen Zuordnung. Soweit es um eine *umfassende steuerliche Beratung* des Mandanten geht, die auf Dauer angelegt ist, überwiegt der Tätigkeitscharakter des Auftrages, sodass mit BGHZ 54, 106; BGH VersR 1980, 264 ein Dienstvertrag – iSd § 675 BGB – anzunehmen ist. Das schließt es gleichwohl nicht aus, dass der Steuerberater im Rahmen dieser Tätigkeit auch und gerade *einzelne Erfolge* schuldet, so zB die Erstellung einer Jahresbilanz oder von Steuererklärungen. *Insoweit* kann durchaus *Werkvertragsrecht* angewendet werden (vgl BGH NZBau 2002, 227 zur Nachbesserungsbefugnis bei laufender Buchhaltung; aA MARTENS/WIDMANN NJW 1977, 767), was erst recht für die *einmalige Inanspruchnahme* des Steuerberaters gilt. Der Vergleich mit dem dienstvertraglich tätigen Anwalt geht fehl, da es in dessen Tätigkeit so klar umrissene Leistungsgegenstände nur ausnahmsweise gibt, dann aber auch durchaus Werkvertragsrecht angewendet wird. So muss es hier namentlich bei Fehlern Nachbesserungsanspruch und Nachbesserungsbefugnis geben. Auf Mitwirkungshandlungen des Mandanten sind die §§ 642, 643 BGB anzuwenden. Die Anwendbarkeit des § 675 BGB wird durch die hier vorgenommene Einordnung nicht beeinflusst.

(23) Telekommunikationsleistungen werden werkvertraglich erbracht (vgl BILETZKI VuR 1999, 35).

(24) Der *Verlagsvertrag* ist ein im Verlagsgesetz von 1901 geregelter eigenständiger Vertrag, auf den die Regelungen der §§ 631 ff BGB Anwendung nicht finden können. Sie sind allerdings anwendbar auf den *Bestellvertrag* nach § 47 VerlagsG, bei dem der Inhalt des Werkes und die Art und Weise der Behandlung genau vorgeschrieben sind (vgl RGZ 140, 103).

(25) Der *Viehmastvertrag* ist idR Werkvertrag (BGH MDR 1972, 232), kann aber auch im Einzelfall abweichend ausgestaltet sein, wenn zB das Jungvieh an den Mäster verkauft und späterhin zurückgekauft wird.

(26) Wartungsverträge sind Werkverträge. Es geht bei ihnen um einen Erfolg, **42** nämlich die *Erhaltung der Funktionstüchtigkeit des Wartungsgegenstandes* für den nächsten Zeitabschnitt (vgl OLG Frankfurt DAR 1973, 296 [Kfz]; OLG Stuttgart BB 1977, 118 [Computer]). Dabei ist freilich der geschuldete Erfolg nicht unmittelbar die uneingeschränkte Funktionsfähigkeit, sondern nur die Aufdeckung und Ausschaltung auffindbarer Störungsquellen (vgl OLG Düsseldorf NJW-RR 1988, 441). Bleibt der Gegenstand funktionsfähig, so ist dieser Erfolg jedenfalls eingetreten und kann der Werklohn entgegen OLG Stuttgart BB 1977, 118 nicht mit der Begründung gemindert werden, dass unzureichend gewartet worden sei. Treten Schäden an dem Wartungsgegenstand ein, so begründet dies die von dem Unternehmer zu widerlegende Vermutung, dass sie auf unzureichender Wartung beruhen (**aA** zur Beweislast SOERGEL/TEICHMANN Vor § 631 Rn 99). Der Beweis kann insbesondere dahin geführt werden, dass es sich um natürliche Alterung oder Verschleiß handele; dann hat der Wartende nur für die Kosten einzustehen, die sich durch korrekte Wartung hätten vermeiden lassen.

Als Dauerschuldverhältnis unterliegt der Wartungsvertrag der Möglichkeit der Kündigung aus wichtigem Grund. Bei der Laufzeit sind die Schranken des § 309 Nr 9 BGB zu beachten, die freilich gegenüber Unternehmern iSd § 14 BGB nicht gelten.

(27) Der Vertrag über *Werbemaßnahmen* kann unterschiedlich ausgestaltet sein (vgl BGH WM 1972, 947; MÖHRING/ILLERT BB 1974, 65). *Werkvertragsrecht* findet Anwendung, wenn bestimmte Werbemaßnahmen in Auftrag gegeben werden wie die Erstellung eines Werbefilms, das Aushängen von Plakaten in öffentlichen Verkehrsmitteln oder an anderen Werbeflächen (RG Recht 1920 Nr 379; BGH NJW 1984, 2406; Lichtreklame, KG LZ 1917, 692; die Verbreitung von Anzeigen in Theaterprogrammen, OLG Dresden SeuffA 64 Nr 140; die Vorführung von Werbefilmen oder Diapositiven durch ein Kino, LG München I NJW 1965, 1533). Dagegen liegt ein *Dienstvertrag* iSd § 675 BGB vor, wenn eine Werbeagentur ganz allgemein – gar gegen eine monatliche Pauschale – die *Betreuung einer Firma* übernimmt (vgl MÖHRING/ILLERT).

4. Abgrenzung zum Reisevertrag

43 Der aufgrund des Reisevertragsgesetzes vom 4. 5. 1979 (BGBl I 509) in den §§ 651a ff BGB geregelte Reisevertrag wird in der gesetzlichen Überschrift zum 9. Titel als ein dem Werkvertrag ähnlicher Vertrag bezeichnet, was seiner allgemeinen Deutung als eines im Wesentlichen nach Werkvertragsrecht zu beurteilenden Vertrages vor Schaffung der §§ 651a ff BGB entspricht. Soweit die §§ 651a ff BGB *Lücken* aufweisen, die sich nicht aus ihnen selbst heraus füllen lassen, kann also uU *auf das Werkvertragsrecht zurückgegriffen* werden.

Normen des Reisevertragsrechts, die zur Fortentwicklung des allgemeinen Werkvertragsrechts herangezogen werden könnten, sind kaum ersichtlich, wenngleich eine solche rückwirkende Beeinflussung nicht prinzipiell ausgeschlossen erscheint. So gibt zB die Anerkennung einer *Ersetzungsbefugnis* des Reisenden in § 651e BGB Anlass, eine solche auch für den Besteller des Werkvertrages dort anzuerkennen, wo die Person des Destinatärs der Leistungen für den Unternehmer nicht entscheidend ist.

5. Abgrenzung zum Auftrag

a) Abgrenzung

44 Vom *Auftrag* unterscheidet sich der Werkvertrag **nicht zwingend durch den Gegenstand**, da Gegenstand eines Auftrags auch und gerade die Schaffung eines Erfolges iSd Werkvertragsrechts sein kann, sondern durch seine **Entgeltlichkeit**; der Auftrag ist nach der Begriffsbestimmung des § 662 BGB unentgeltlich zu erledigen. Freilich kann Gegenstand eines Auftrags auch eine Dienstleistung sein.

aa) Die zutreffende Einordnung des Vertragsverhältnisses *hat in mehrfacher Hinsicht Bedeutung*. Zunächst hängt es von ihr ab, ob außer dem Auftraggeber auch der Auftragnehmer jederzeit *kündigen* kann, vgl § 671 BGB, oder ob er dazu eines wichtigen Grundes bedarf, vgl §§ 643, 648a BGB. Sodann ist die *Haftung für Mängel* unterschiedlich. Beim Werkvertrag richtet sie sich primär nach den §§ 633 ff BGB; beim *Auftrag* kommen die allgemeinen Bestimmungen der §§ 280 ff BGB zur Anwendung.

45 bb) In vielfacher Hinsicht kann die Unterscheidung auch unberücksichtigt bleiben, da sich die *Regelungen weithin überschneiden*.

(1) Das gilt zunächst insoweit, wie § 675 BGB weite Bereiche des Auftragsrechts auch für das Werkvertragsrecht anwendbar macht; dazu u Rn 48 ff.

(2) Umgekehrt muss man aber auch *Bestimmungen des Werkvertragsrechts im Auftragsrecht* zur Anwendung bringen, sollen Wertungswidersprüche vermieden werden.

(a) Wenn der Auftragnehmer den von ihm geschuldeten Erfolg nur in mangelhafter Weise erbracht hat, darf er nicht schärfer haften als der Werkunternehmer. § 635 Abs 3 BGB muss auch für ihn gelten. Einem Schadensersatz in Geld muss die Nacherfüllung vorgeschaltet sein, § 281 Abs 1 BGB. Namentlich muss die Haftung zeitlich nach § 634a BGB beschränkt sein, sofern nicht ausnahmsweise die an sich einschlägigen §§ 195, 199 BGB für den Auftragnehmer günstiger sind.

(b) Umgekehrt muss für den Auftraggeber § 637 BGB gelten.

(c) Wegen des Anspruches auf *Verwendungsersatz* ist an eine dingliche Absicherung des Auftragnehmers in entsprechender Anwendung der §§ 647, 650e BGB zu denken.

b) Problemfälle

Das *Abgrenzungskriterium des Gesetzes – entgeltlich oder unentgeltlich – ist nur scheinbar klar.* Denn mit der Unentgeltlichkeit des Auftrages ist ein Ersatz der Aufwendungen vereinbar, § 670 BGB, der auch pauschaliert und nach oben abgerundet erfolgen kann; die Unentgeltlichkeit bezieht sich mithin nur, und nicht einmal uneingeschränkt, auf die Arbeitsleistung (vgl MünchKomm/Schäfer § 670 Rn 10). Andererseits ist es mit der Entgeltlichkeit des Werkvertrages vereinbar, dass der Unternehmer kaum mehr als seine Aufwendungen erstattet erhalten soll; er kann außerdem mit Verlust arbeiten. **46**

Die **Wahl des Vertragstyps** hängt von dem durch Auslegung zu ermittelnden **Willen der Parteien** ab. Es ist von den wesentlichen Eigenheiten der beiden Vertragstypen auszugehen. Dabei prägt den *Auftrag* außer dem freien Kündigungsrecht des Auftragnehmers vor allem der Umstand, dass den *Auftraggeber* – im Umfang der Aufwendungen – *das volle Kostenrisiko trifft*, § 670 BGB, sowie weiter, dass der *Auftragnehmer an dem Auftrag nichts verdienen soll,* schließlich und entsprechend, dass das *Risiko des schuldlosen Misslingens* den Auftraggeber trifft.

Es können über die Unentgeltlichkeit der Arbeitsleistung sowie über diese Punkte ausdrückliche oder konkludente Absprachen getroffen sein. Fehlt es – wie im Regelfall – daran, so ist eine ergänzende Auslegung unter Berücksichtigung aller Umstände des Einzelfalls vorzunehmen. Indizien für einen Auftrag sind dabei ein signifikantes Missverhältnis zwischen dem zu Zahlenden und dem Wert des zu Erarbeitenden, *persönliche Nähe der Parteien,* Zugehörigkeit der Angelegenheit zum *Privatbereich,* dagegen für einen Werkvertrag die *Zugehörigkeit der Sache zu Beruf oder Gewerbe* des Auftragnehmers, *Ausgeglichenheit von Leistung und Gegenleistung,* überhaupt alle Umstände, die sich im Rahmen des *§ 632 Abs 1 BGB* für eine Entgeltlichkeit der Tätigkeit anführen lassen (vgl § 632 Rn 41 ff). Dabei kann keinem der zu berücksichtigenden Umstände ein allein ausschlaggebendes Gewicht beigemessen werden. Denkbar ist es auch, dass die Tätigkeit *teilweise entgeltlich, teilweise unentgeltlich* sein soll, sodass je nach Übergewicht Regelungen der einen oder der anderen Materie heranzuziehen sind.

c) Sonderfälle

aa) Es kann eine *Entgeltsvereinbarung nach Vertragsschluss* getroffen werden. Geschieht dies vor Beginn der Tätigkeit, so ist nunmehr ein Werkvertrag anzunehmen; dagegen verbleibt es bei der Annahme eines Auftrags, wenn dies nach Beendigung der Tätigkeit geschieht (vgl MünchKomm/Schäfer § 662 Rn 46). **47**

bb) Im Rahmen eines *Werkvertrages* kann sich der Unternehmer zu *weiteren Leistungen ohne zusätzliche Vergütung* bereit erklären. Hierbei kann es sich zunächst um Leistungen handeln, die nach der Verkehrssitte oder nach sonst berechtigten Erwartungen des Bestellers zu seiner ursprünglichen Leistung oder deren Abrundung gehören. Dann liegt insoweit ein gesondertes Auftragsverhältnis nicht vor. Handelt es sich dagegen um *„echte" Zusätze*, so muss wiederum die Auslegung entscheiden, ob hierauf Auftrags- oder Werkvertragsrecht Anwendung finden soll. Im Zweifel ist von Werkvertragsrecht auszugehen, wenn ein *innerer Zusammenhang mit der eigentlichen Werkleistung* besteht, dagegen von Auftragsrecht, wenn die Zusage nur „bei Gelegenheit" erfolgte.

cc) Einigen sich die Parteien eines Werkvertrages auf Zusätze, so ist die Frage, ob dies zu vergüten ist, nach § 632 Abs 1 BGB zu beantworten, die Höhe der Vergütung richtet sich nach dem Preisgefüge des bisherigen Vertrages, nur hilfsweise nach § 632 Abs 2 BGB, vgl aber auch die §§ 650b ff BGB.

d)   Anwendung von Auftragsrecht auf den Werkvertrag

48   **§ 675 BGB** lässt eine Reihe wichtiger Vorschriften über den Auftrag auch im Werkvertragsrecht Anwendung finden. Es handelt sich um Bestimmungen, die die dem Auftrag typische Pflicht zur sorgfältigen, sachkundigen und loyalen Wahrnehmung der fremden Interessen näher ausprägen.

aa) § 675 BGB macht dies seinem Wortlaut nach davon abhängig, dass der Werkvertrag *„eine Geschäftsbesorgung zum Gegenstand"* hat. Das wird überwiegend dahin verstanden, dass der Begriff der Geschäftsbesorgung in § 675 BGB anders, insbesondere *enger zu verstehen sei als in § 662 BGB*. Während unter einer Geschäftsbesorgung iSd § 662 BGB jegliche Tätigkeit für einen anderen zu verstehen ist, mag sie nun rechtsgeschäftlicher oder faktischer, wirtschaftlicher oder ideeller Natur sein (vgl BGHZ 56, 204, 207 = NJW 1971, 1404; ENNECCERUS/LEHMANN § 160 I 3; LARENZ, Schuldrecht II § 56 I; STAUDINGER/WITTMANN [1995] Vorbem 9 zu § 662; MünchKomm/ SCHÄFER § 662 Rn 43) sollen nach der überwiegenden Meinung Geschäftsbesorgungen iSd § 675 BGB nur *selbständige Tätigkeiten wirtschaftlicher Art* sein (vgl BGHZ 45, 223, 228 f = NJW 1966, 1452; BGH Betr 1959, 167, 168; RGZ 109, 299, 301; ENNECCERUS/ LEHMANN § 164 I; LARENZ, Schuldrecht II § 56 V; ESSER/WEYERS § 35 I 1 c; SOERGEL/MÜHL § 675 Rn 1; ERMAN/BERGER § 675 Rn 7; MünchKomm/SCHÄFER § 662 Rn 18 ff; **aA** im Sinne einer Gleichstellung der Begriffe durch ein weites Verständnis der Geschäftsbesorgung auch im Rahmen des § 675 STAUDINGER/NIPPERDEY[11] Vorbem 1 zu § 662; § 675 Rn 16; MünchKomm/SEILER[6] § 662 Rn 12 ff).

Danach fallen unstr die Tätigkeiten von Rechtsanwälten, Vermögensverwaltern und Banken unter § 675 BGB. Hier sind die herangezogenen Bestimmungen des Auftragsrechts auch ohne Weiteres passend. Es ist aber nicht einzusehen, warum nicht alle Werkleistungen unter § 675 BGB subsumiert werden sollen. Zunächst ist das *Abgrenzungskriterium der hM vage und unsicher.* Sodann zwingen Wortlaut und Entstehungsgeschichte des § 675 BGB nicht zu der Unterscheidung der hM (vgl MünchKomm/SEILER[6] § 662 Rn 14). Endlich mögen bei „niederen" Tätigkeiten die in § 675 BGB genannten Bestimmungen geringere Bedeutung haben. Aber die sich aus ihnen ergebenden Rechte und Pflichten können auch hier anzuerkennen sein. So muss zB selbst der Bote Auskunft und Rechenschaft erteilen (§ 666 BGB) und das Erlangte herausgeben (§ 667 BGB). Es bedeutet dann aber ein präziseres Arbeiten, wenn die Ergebnisse mit § 675 BGB statt mit § 242 BGB begründet werden.

bb) Aus der Verweisung auf das Auftragsrecht in § 675 BGB ergibt sich für das **49** Werkvertragsrecht im Einzelnen (was sonst aus den §§ 241 Abs 2, 242 BGB zu folgern wäre):

(1) Im *Vorfeld des Vertragsschlusses* treffen den Unternehmer *Verhaltenspflichten nach § 663 BGB,* deren Verletzung zu einer Haftung aus den §§ 280 Abs 1, 241 Abs 2, 311 Abs 2 BGB führen kann.

(a) Der Unternehmer muss sich zu Leistungen *erboten* haben. Das gilt für jeden gewerblichen Unternehmer, namentlich Spediteure (vgl RGZ 104, 265, 267), aber auch dann, wenn die Leistungen „niederer Art" sind, wenn man dem hier vertretenen Begriff der Geschäftsbesorgung folgt (vgl o Rn 48), also zB die der Friseure, Handwerker. Das gilt aber auch für nicht gewerbliche Unternehmer wie etwa Schüler und Jugendliche, die sich zu Gartenarbeiten erbieten. Für Rechtsanwälte vgl die Sonderbestimmung des § 44 BRAO.

(b) Die Leistungen müssen „angeboten" werden. Dieses *Angebot* ist *nicht im Sinne eines Vertragsangebots* zu verstehen, wozu es viel zu vage wäre, sondern im Sinne einer invitatio ad offerendum (vgl MünchKomm/Schäfer § 663 Rn 8). Es handelt sich um eine geschäftsähnliche Handlung, zu der Minderjährige in entsprechender Anwendung der §§ 107, 111 BGB der vorherigen Einwilligung der gesetzlichen Vertreter bedürfen.

Das Angebot ist in den verschiedensten Formen möglich. *Öffentlich* erfolgt es durch Werbemaßnahmen, aber auch schon durch das *Auftreten als Betrieb* etc für bestimmte Leistungen, wie dies auch Aufschriften an Räumlichkeiten und Fahrzeugen, durch Eintragung in das Branchenfernsprechbuch geschehen kann. Unter § 663 S 2 BGB fällt insbesondere das Versenden von *Rundschreiben*. Dabei ist es idR der Anbietende selbst, der seine Leistungen anbietet. Eine *öffentliche Bestellung* gibt es außer bei Sachverständigen kaum. Gerichtsvollzieher und Notare, an die hier zu denken wäre, sind kraft öffentlichen Rechts tätig.

(c) Auf das öffentliche Erbieten hin muss ein entsprechender „*Auftrag*" ergehen. **50**

Er muss inhaltlich dem Erbieten entsprechen, darf also sachlich nicht von ihm abweichen. Er braucht in seiner Konkretisierung noch nicht den Anforderungen an ein Vertragsangebot zu genügen (aA MünchKomm/Schäfer[6] § 663 Rn 13), muss aber das Gewünschte so genau umreißen, dass es als *Basis konkreter Vertragsverhandlungen* dienen kann, hat also zB den Vertragsgegenstand und den ungefähren Umfang des Objekts zu benennen, darf sich aber nicht in einer allgemein gehaltenen Anfrage erschöpfen.

Im Rahmen schon aufgenommener Verhandlungen oder in den Fällen des § 151 BGB gilt § 663 BGB nicht (vgl BGH NJW 1984, 866). In den ersteren Konstellationen gilt aber das allgemeine Gebot fairen Verhandelns.

(d) Der Unternehmer, der den Auftrag nicht übernehmen will, ist verpflichtet, dies *unverzüglich anzuzeigen*. Diese Anzeige muss zugehen (vgl MünchKomm/Schäfer § 663 Rn 11; aA Staudinger/Martinek/Omlor [2017] § 663 Rn 11). Doch ist der Streit insofern wenig bedeutsam, als der Schadensersatzanspruch aus den §§ 280 Abs 1, 241 Abs 2, 311 Abs 2 BGB, zu dem die unterlassene Anzeige führt, Verschulden voraussetzt, an dem es bei ordnungsgemäßer Absendung fehlt. Zu ersetzen ist bei einem schuldhaften Verstoß gegen die Pflichten aus § 663 BGB das *negative Interesse,* dh der Anfragende ist so zu stellen, wie er stehen würde, wenn die Anzeige unverzüglich erfolgt wäre.

(e) Soweit der Werkunternehmer *Kaufmann* ist, was sich schon aus seiner Rechtsform ergeben kann, ist *§ 362 Abs 1 HGB* zu beachten. Danach gilt das Schweigen auf einen Antrag als dessen Annahme, sofern eine *Geschäftsverbindung zwischen den Parteien besteht oder sich der Kaufmann direkt bei bestimmten Interessenten zur Besorgung von Geschäften für diese erboten* hat. Geschäftsbesorgungen können rechtsgeschäftlicher oder tatsächlicher Natur sein (RGZ 97, 65; BGHZ 46, 67). Es kommen also gerade auch Werkleistungen in Betracht.

51 **(2)** § 664 Abs 1 BGB, der sich mit der Frage befasst, ob und inwieweit *Dritte bei der Durchführung des Werkes eingeschaltet* werden können, wird in § 675 BGB unter den auf den Werkvertrag anwendbaren Auftragsvorschriften ausgespart. Daraus kann man den Schluss ziehen, dass die Bestimmung im Werkvertragsrecht auch nicht anwendbar sein soll (so RGZ 161, 68, 70; STAUDINGER/NIPPERDEY[11] § 664 Rn 27; ERMAN/HAUSS[8] § 664 Rn 7). Überwiegend wird freilich vertreten, dass die Bestimmung gleichwohl auch im Werkvertragsrecht anwendbar sei, wenn auch mit Modifikationen (vgl RGZ 78, 310, 313; BGH LM § 664 Nr 1 = NJW 1952, 257 m abl Anm vBERNSTORFF NJW 1952, 732; MünchKomm/SCHÄFER § 664 Rn 3; ERMAN/BERGER § 675 Rn 21). Immerhin divergieren die Ergebnisse nicht sehr. Man wird *zu unterscheiden* haben:

(a) Die Frage, ob der Unternehmer **höchstpersönlich** zu leisten hat, ist regelmäßig zu verneinen; eine dem § 613 BGB entsprechende Bestimmung gibt es beim Werkvertrag gerade nicht (vgl BGB-RGRK/GLANZMANN § 631 Rn 10; ERMAN/SCHWENKER/RODEMANN § 631 Rn 30). Der Unternehmer schuldet einen Erfolg; wie er diesen herbeiführt, ist grundsätzlich seine Sache. Mithin kann ihm eine Leistung durch Dritte nur dann verwehrt sein, wenn sie dadurch eine andere oder gar mangelhaft wäre. Das ist praktisch nur bei *künstlerischen Leistungen* anzunehmen, bei denen aber im Rahmen des Verkehrsüblichen auch Vor- und Zuarbeiten durch Dritte zulässig sind. Bei *wissenschaftlichen Leistungen* wie Gutachten gilt, dass der Beauftragte jedenfalls die eigene Verantwortung für Ergebnis und Argumentation übernehmen muss.

(b) Werkverträge sind aber in aller Regel **betriebsbezogen**. Das bedeutet, dass der Unternehmer die geschuldete Leistung *grundsätzlich durch seinen eigenen Betrieb* zu erbringen hat, dem das Vertrauen des Bestellers gilt. Diesen hat er personell und sachlich so zu organisieren, dass er den Anforderungen der geschuldeten Leistung gewachsen ist (vgl zu diesem Fragenkreis im Anschluss an und zu § 5 Abs 3, 4 VOB/B § 633 Rn 130 ff). Insoweit ist die *Zuziehung von Erfüllungsgehilfen* weithin sogar geboten.

Dagegen ist die Leistungserbringung durch selbständige *Subunternehmer grundsätzlich nicht gestattet,* was man aus einer entsprechenden Anwendung des § 664 Abs 1 S 1 BGB herleiten kann. Die Einschaltung von Subunternehmern bedarf vielmehr idR der *Gestattung durch den Besteller* (vgl dazu näher die Erl zu dem [verallgemeinerungsfähigen] § 5 Abs 8 Nr 1 S 1 VOB/B in § 633 Rn 108 ff).

Zur Rechtslage bei unbefugter Einschaltung von Subunternehmern s § 664 Rn 110 f. Zu der Rechtslage bei der zulässigen Einschaltung vgl § 631 Rn 32 ff.

(c) Es kann sich während der Ausführung der Leistung ergeben, dass sich der **52** *Unternehmer* dem vertraglich Geschuldeten oder Teilen davon *sachlich oder personell nicht gewachsen* sieht. Wenn dies bei Vertragsschluss absehbar war, ändert es nichts daran, dass der Unternehmer die zugesagte Leistung schuldet; er hat für seine Unzulänglichkeit wegen Übernahmeverschuldens einzustehen. Anders ist es, wenn *außergewöhnliche und in dieser Form nicht absehbare Schwierigkeiten* auftreten. Das kann zu einer Störung der Geschäftsgrundlage führen. Der Unternehmer ist dann jedenfalls verpflichtet, dem Besteller Mitteilung zu machen und mit ihm nach geeigneten Lösungswegen zu suchen, insbesondere dabei *mitzuwirken, einen dritten Unternehmer zu finden,* der zu der Leistung in der Lage ist.

Die *Beauftragung des Drittunternehmers* kann dann durch *den Besteller* geschehen. Der Unternehmer haftet für dessen Fehlhandlungen nicht nach § 278 BGB, sondern nur bei eigener culpa in eligendo. Beauftragt er den Drittunternehmer selbst, so haftet er ebenfalls für culpa in eligendo, vgl auch § 664 Abs 1 S 2 BGB. Ob er auch nach *§ 278 BGB* für den Drittunternehmer einzustehen hat, ist primär eine Frage der Auslegung der Vereinbarungen mit dem Besteller. *Im Zweifel ist dies zu verneinen,* vgl auch § 664 Abs 1 S 2 BGB, weil eine solche Haftung dem Unternehmer in dieser Konstellation nicht mehr zuzumuten ist.

(3) Ebenfalls nicht genannt in § 675 BGB wird die Bestimmung des § 664 Abs 2 **53** BGB, die die *Übertragbarkeit des Anspruchs auf Ausführung des Auftrags* im Zweifel ausschließt. Man wird hier zu unterscheiden haben:

(a) Ein *Austausch des Leistungsobjekts* ist in entsprechender Anwendung des § 651b BGB dem Besteller *im Zweifel gestattet,* wenn und soweit dies dem Unternehmer zumutbar ist, was dieser zu widerlegen hat. So mag der Besteller insbesondere ein anderes Baugrundstück zur Verfügung stellen. *Unzumutbarkeit* kann sich ergeben, wenn die Leistungserbringung dem Unternehmer nachhaltig erschwert wird, zB durch weitere Wege, oder mit sonstigen Nachteilen für ihn verbunden ist, zB einem erhöhten Mängelrisiko oder dem Nichtentstehen der Rechte aus den §§ 647, 650d BGB.

Mehrkosten kann der Unternehmer in entsprechender Anwendung des § 651b Abs 2 BGB ersetzt verlangen (vgl auch § 632 Rn 80 ff zu § 2 Abs 5 VOB/B). Dabei geht es freilich nicht nur um einen bloßen Aufwendungsersatz, sondern es wird eine *zusätzliche Vergütung* geschuldet, die nach den Maßstäben des Vertrages zu ermitteln ist.

Verringern sich die Kosten des Unternehmers, so ist der Werklohn herabzusetzen. Hier sind aber nur die ersparten Kosten abzusetzen; der Gewinn des Unternehmers muss unberührt bleiben (vgl auch § 648 S 2 BGB sowie § 632 Rn 75 ff zu § 2 Abs 4 VOB/B).

Benennt der Besteller dem Unternehmer ein *unzumutbares Ersatzobjekt,* so gerät er dadurch in Annahmeverzug, §§ 642, 643 BGB. Lehnt der Unternehmer ein *zumutbares Ersatzobjekt* ab, so kann der Besteller nach den §§ 281 Abs 1, 323 Abs 1 BGB vorgehen, ggf aus wichtigem Grunde kündigen.

Eine vom Besteller benannte *Ersatzperson* erwirbt dadurch keine eigenen Rechte auf Erfüllung und Gewährleistung. Sie wird aber nach den Grundsätzen über den *Vertrag mit Schutzwirkung für Dritte* in das Vertragsverhältnis einbezogen.

(b) Eine *Abtretung des Anspruchs auf Leistung* ist nach *§ 399 1. Alt BGB* ausgeschlossen, wenn damit eine inhaltliche Änderung der Leistung verbunden ist, die dem Unternehmer nicht mehr zumutbar ist. Ob sie darüber hinaus in entsprechender Anwendung des *§ 664 Abs 2 BGB* ausgeschlossen ist, hängt von den Umständen des Einzelfalls ab. § 664 Abs 2 BGB kann *entsprechend angewendet* werden, wenn das in dieser Bestimmung vorausgesetzte *persönliche Vertrauen* der Parteien besteht und den Vertrag und seine Abwicklung prägt. Das ist bei Werkverträgen eher die Ausnahme, aber namentlich dort gegeben, wo der Besteller in erster Linie zu *beraten* ist, zB bei der Anfertigung von Steuererklärungen etc, dagegen *grundsätzlich nicht bei handwerklichen Leistungen.* So werden zB bei der Veräußerung von Grundstücken typischerweise Erfüllungs- und Gewährleistungsansprüche gegen Bauunternehmer mit abgetreten.

54 **(4)** Missverständlich ist es, wenn § 675 BGB die Bestimmung des *§ 665 BGB* im Werkvertragsrecht für anwendbar erklärt.

(a) Soweit § 665 BGB voraussetzt und damit auch anordnet (vgl MünchKomm/Schäfer § 665 Rn 7), dass *Weisungen verbindlich* seien, hat er im Werkvertragsrecht nur einen *schmalen Anwendungsbereich.* Versteht man Weisungen nämlich als einseitige Anordnungen, die Gegenstand und Art des Tuns verbindlich vorschreiben, passen sie zwar in das Recht des Dienstvertrages, *widersprechen* aber prinzipiell *dem Wesen des Werkvertrages,* vgl aber auch §§ 650b, 650c BGB. Es wäre widersprüchlich, wenn man von dem Unternehmer einerseits einen bestimmten Erfolg erwartet und ihm andererseits vorschreiben wollte, wie er diesen zu erreichen hat. Das muss schon seiner Freiheit überlassen bleiben, wie dies § 4 Abs 4 Nr 1 S 1 VOB/B mit der wünschenswerten Klarheit zum Ausdruck bringt: *„Der Auftragnehmer hat die Leistung unter eigener Verantwortung nach dem Vertrag auszuführen"* (vgl dazu § 633 Rn 54 ff).

(b) Danach ist der Unternehmer zunächst *gebunden an die getroffenen vertraglichen Vereinbarungen.* Er schuldet den dort ausformulierten Erfolg als Ergebnis seines Tuns. Der Weg dorthin liegt in seinem pflichtgemäßen Ermessen, sofern nicht ausnahmsweise auch die Arbeitsmethode zum Gegenstand der vertraglichen Vereinbarungen gemacht worden ist. Vgl zur **Dispositionsfreiheit** des Unternehmers auch § 633 Rn 3, 47 ff.

An *einseitige nachträgliche Weisungen* des Bestellers ist der Unternehmer dagegen nur ausnahmsweise gebunden. Sie sind denkbar:

(α) Hinsichtlich des *äußeren Rahmens der Arbeiten.* ZB bedarf das Neben- und Miteinander mehrerer Unternehmer der zeitlichen und örtlichen *Koordination,* die Sache des Bestellers ist (vgl dazu näher § 4 Abs 1 VOB/B und die Erl dazu in § 633 Rn 31 ff). Diese Weisungen sind nur verbindlich, wenn sie dem Unternehmer *zumutbar* sind, insbesondere den Erfolg seiner Tätigkeit nicht gefährden. Ggf hat er Recht und Pflicht zur Remonstration (vgl § 4 Abs 1 Nr 4 VOB/B und dazu § 633 Rn 62 ff).

(β) Dort, wo dem Besteller nach den Vereinbarungen oder kraft der Verkehrssitte ein *Wahlrecht* unter alternativ angebotenen Leistungen zusteht. So ergibt sich aus der Verkehrssitte, dass der Besteller dem Maler die Wahl des Farbtons vorschreiben kann, ggf auch die Verwendung einer teureren und dafür haltbareren Farbart.

(γ) Generell dort, wo der Unternehmer gerade die *Interessen und Belange des Bestellers wahrnehmen* soll, ohne dass dadurch eigene berücksichtigenswerte Belange gefährdet wären, vgl außer der Versendung des Werkes nach einem anderen Ort als dem Erfüllungsort, §§ 644 Abs 2, 447 Abs 2 BGB, namentlich die handelsrechtlichen Bestimmungen des §§ 384 Abs 1 HGB (Kommission), 418 Abs 1 HGB (Frachtgeschäft) sowie den Vertrag mit dem Architekten.

(c) Die grundsätzliche Bindung des Unternehmers nur an den Vertrag ändert **55** nichts daran, dass er *gehalten sein kann, an dessen Abänderung mitzuwirken. Einschränkungen* muss er ohnehin einseitig nach § 648 BGB hinnehmen; zu *Änderungen und Erweiterungen* muss er ggf nach Treu und Glauben bereit sein (vgl dazu § 631 Rn 9 f, § 633 Rn 9 ff, zu den vergütungsmäßigen Konsequenzen § 632 Rn 80 ff, ferner im Baubereich die §§ 650b, 650c BGB).

(d) Es ist weiterhin möglich und verbreitet, dass sich der Unternehmer *ohne eine entsprechende Verpflichtung Wünschen des Bestellers beugt*. Solche Wünsche können dann Anweisungen sein, wenn sie den Anspruch auf Verbindlichkeit für den Unternehmer erheben (vgl § 633 Rn 46 ff). Sie können dann die *Gewährleistung* des Unternehmers für auf ihnen beruhende Mängel mindern oder gar ganz aufheben (vgl § 633 Rn 192 ff) sowie für den Bereich der VOB/B deren § 13 Abs 3 (dazu Anh I zu § 638 Rn 10), sowie die *Gefahrtragung* beeinflussen, vgl § 645 BGB. Der Unternehmer darf solche Anweisungen nicht kritiklos hinnehmen, sondern ist bei Verdachtsmomenten zur *Überprüfung und Warnung* verpflichtet (vgl § 4 Abs 3 VOB/B und dazu § 633 Rn 62 ff).

(e) Wo Weisungen des Bestellers für den Unternehmer verbindlich sind, gilt für sie die Grenze der *Zumutbarkeit* (vgl MünchKomm/Schäfer § 665 Rn 10). Mit Knütel ZHR 137 (1973) 293, 294 ist dabei vor allem auf das *Verkehrs- und Geschäftsübliche* abzustellen. Dagegen kommt es nicht darauf an, ob die Weisungen aus der Sicht des Unternehmers sinnvoll und zweckmäßig sind, solange sie nicht gefährlich sind.

(f) Weicht der Unternehmer *unbefugt* von verbindlichen Weisungen ab, so sind die **56** *Rechtsfolgen* andere als im Auftragsrecht (vgl dazu MünchKomm/Schäfer § 665 Rn 23 f). Es ist zu berücksichtigen, dass § 665 BGB im Werkvertragsrecht eben nur entsprechende Anwendung findet. Es kann sich bei nachhaltiger Beeinträchtigung der Belange des Bestellers ein *Recht zur Kündigung aus wichtigem Grund* ergeben. Außerdem kann das Werk *mangelhaft* werden, zB bei Verwendung der „falschen" Farbe durch den Maler, sodass die §§ 633 ff BGB anzuwenden sind. Ggf kann das weisungswidrige Verhalten den Tatbestand der §§ 280 Abs 1, 241 Abs 2 BGB erfüllen.

(g) Nur unzureichend kommt es in § 665 BGB zum Ausdruck, dass der Unter- **57** nehmer gehalten ist, *kritisch mitzudenken*. Das bezieht sich nicht nur auf jenen schmalen Bereich, in dem der Besteller verbindliche Weisungen erteilen darf, sondern auf die gesamte Angelegenheit; auf die etwas sophistische Fragestellung, ob auch Vertragserklärungen Weisungen sein können (vgl dazu MünchKomm/Schäfer § 665

Rn 7), kann es dabei nicht ankommen. Vom Unternehmer wird grundsätzlich höherer Sachverstand erwartet als vom Besteller; und auch wo der Besteller Sachverstand besitzt, besteht die Gefahr von Irrtümern und Fehlgriffen. Die **Prüfungs- und Aufklärungspflichten** des Unternehmers werden zutreffend und in verallgemeinerungsfähiger Form in § 4 Abs 3 VOB/B umschrieben (vgl dazu § 633 Rn 62 ff).

(h) Wenn der Unternehmer an den Vertrag und ggf an Weisungen gebunden ist, darf er eigenmächtig grundsätzlich nicht abweichen, sondern hat insoweit das *Einverständnis des Bestellers* zu suchen; das kommt in § 665 BGB zutreffend zum Ausdruck. Gleiches gilt für die Ausnahme, die ihm Abweichungen gestattet, nämlich die *drohende Gefahr* bei vertragsgemäßem Handeln.

Droht allerdings Gefahr, so ist der Unternehmer nicht nur berechtigt, sondern vielmehr verpflichtet, *nach eigenem pflichtgemäßen Ermessen* zu handeln (vgl MünchKomm/SCHÄFER § 665 Rn 22). Er würde sich schadensersatzpflichtig machen, wenn er sich dann immer noch an den Vertrag halten würde, bzw sein Werk würde mangelhaft.

(i) Aufgrund der Verweisungstechnik des § 675 BGB muss die Frage unbeantwortet bleiben, wie sich eigenmächtige oder auch einverständliche Abweichungen von den getroffenen Vereinbarungen auf den *Vergütungsanspruch* des Unternehmers auswirken (vgl dazu § 632 Rn 96 ff).

58 **(5)** Auch *§ 666 BGB* findet entsprechende Anwendung auf das Werkvertragsrecht. Danach hat der Unternehmer den Besteller zu *informieren*, und zwar unaufgefordert durch „*Benachrichtigung*", auf Aufforderung durch „*Auskunft*" und „*Rechenschaft*", letzteres erst anlässlich der Beendigung des Vertragsverhältnisses bzw periodisch. Es handelt sich um selbständig einklagbare, aber nicht um selbständig abtretbare Ansprüche.

(a) Die *Pflicht, die erforderlichen Nachrichten zu geben, trifft jeden Unternehmer*, nicht nur denjenigen, der selbständig fremde Vermögensinteressen wahrnimmt. Welche Nachrichten erforderlich sind, hängt von den *Umständen des Einzelfalls* ab sowie den *Gewohnheiten der Branche*. Es können namentlich folgende Nachrichten erforderlich sein:

(α) Nachrichten über *Zeitpunkt und Art der Erbringung der Werkleistung* (vgl auch § 5 Abs 2 S 3 VOB/B und dazu § 633 Rn 130 ff), insbesondere wenn eine *Mitwirkung* des Bestellers erforderlich ist oder er sich – etwa durch besondere *Schutzmaßnahmen* – auf die Erbringung der Werkleistung einzustellen hat. Die Verletzung dieser Pflicht schließt Rechte des Unternehmers aus den §§ 642, 643 BGB aus; im Verschuldensfall kann er sich aus den §§ 280 Abs 1, 241 Abs 2 BGB schadensersatzpflichtig machen, falls es bei dem Besteller zu Schäden kommt.

(β) Nachrichten über *besondere Beobachtungen* anlässlich der Erbringung der Werkleistung, sofern es für den Unternehmer erkennbar ist, dass sie für den Besteller von Bedeutung sein können, er sich aber nicht sicher sein kann, dass die beobachteten Tatsachen dem Besteller bekannt sind. Zwischen den mitzuteilenden Tatsachen und der Erbringung der eigenen Werkleistung muss freilich ein *innerer Zusammenhang* bestehen. Die Benachrichtigungspflicht des Unternehmers darf nicht überspannt werden und ist unter Abwägung aller Umstände des Einzelfalls zu begründen.

Soweit es um die *Voraussetzungen für die Erbringung der Werkleistung* geht, besteht eine *intensive Mitteilungspflicht des Unternehmers,* deren Verletzung ggf zur Haftung führen kann (vgl § 4 Abs 3 VOB/B und dazu § 633 Rn 62 ff).

(γ) Nachrichten über *Eigenschaften des Werkes* und über Maßnahmen, die bei seinem Gebrauch notwendig sind. Die Verletzung dieser Pflicht kann zu seiner Haftung aus den §§ 280 Abs 1, 241 Abs 2 BGB führen.

Zu den der Benachrichtigung bedürftigen Tatsachen gehören namentlich auch *Mängel der Werkleistung,* die nicht behoben worden sind oder werden sollen. Das ist in der Rechtsprechung anerkannt für Mängel des *Architektenwerks* (vgl BGHZ 71, 149; 92, 258; BGH NJW-RR 1986, 192). Es ist aber nicht einzusehen, warum *andere Unternehmer* nicht auch Mängel der eigenen Werkleistung zum Besteller mitzuteilen haben sollten. Die Verletzung dieser Pflicht kann zu einem Anspruch des Bestellers aus den §§ 280 Abs 1, 241 Abs 2 BGB führen, der dem Unternehmer die Einrede der Verjährung gegenüber den Gewährleistungsansprüchen nimmt (vgl § 634a Rn 43).

(δ) Besondere Benachrichtigungspflichten entstehen, wenn der Unternehmer *wirtschaftliche Angelegenheiten des Bestellers* selbständig besorgt. Das ist der eigentliche Kernbereich des § 666 BGB (insoweit ist auf STAUDINGER/MARTINEK/OMLOR [2017] § 666 und § 675 zu verweisen).

(b) Die Informationspflichten des Unternehmers intensivieren sich bei einem *Auskunftsbegehren* des Bestellers. Dann hat er auch solche Tatsachen mitzuteilen, die er nicht von sich aus zu offenbaren brauchte. Auch hier gilt freilich zunächst die Voraussetzung, dass die Informationen für den Besteller *erforderlich* sein müssen; schlichte Neugier darf er nicht befriedigen. Auch muss ein *sachlicher Zusammenhang mit der Werkleistung* bestehen. Schließlich und vor allem muss die Auskunft für den Unternehmer *zumutbar* sein. Sie ist es dann nicht, wenn Geschäftsgeheimnisse oder Betriebsinterna berührt werden, aber auch dann nicht, wenn die Auskunft lästig ist, wenn sie etwa Ermittlungen voraussetzt, wie sie der Unternehmer sonst nicht vorzunehmen bräuchte. Dabei sind aber Auskünfte über die Mangelhaftigkeit bzw Mangelfreiheit der eigenen Leistung stets zumutbar (vgl BGH NJW-RR 1986, 192 zum Architekten, aber verallgemeinerungsfähig).

Zu *Informations- und Kontrollrechten* auch § 4 Abs 1 Nr 2 VOB/B und dazu § 633 Rn 31 ff.

(c) Die Pflicht zur *Rechnungslegung* verweist auf § 259 BGB. Sie besteht dort, wo abrechnungsbedürftige und abrechnungsfähige Geschäfte des Bestellers geführt worden sind, bei anderen Werkleistungen, insbesondere körperlichen, dagegen grundsätzlich nicht.

Der Unternehmer ist aber dann, wenn der Betrag seiner Werklohnforderung für den Besteller nicht auf der Hand liegt, stets zur *Erteilung einer prüfungsfähigen Rechnung* verpflichtet (vgl zur Rechnung auch noch § 632 Rn 120 ff, § 650g Abs 4 BGB).

61 **(6)** Weiterhin findet § 667 BGB entsprechende Anwendung.

(a) Die danach bestehende *Herausgabepflicht* des Unternehmers bezieht sich *nicht auf das Werk als solches,* vgl MünchKomm/SCHÄFER § 667 Rn 22 ff. Dessen Herausgabe und ggf Übereignung wird vielmehr nach § 631 Abs 1 BGB geschuldet, und zwar als Hauptpflicht (Ablieferung) (**aA** zB JAUERNIG/MANSEL § 631 Rn 8: Nebenleistungspflicht).

(b) Herauszugeben nach § 667 1. Alt BGB hat der Unternehmer vielmehr das, was er an *Stoffen* von dem Besteller zur Erstellung des Werkes erhalten und nicht verbraucht hat, sowie etwa überlassene *Hilfsmittel* (Werkzeuge, Baupläne, Urkunden etc).

(c) Herauszugeben ist weiterhin nach § 667 2. Alt BGB das, *was der Unternehmer in einem inneren Zusammenhang mit der Werkleistung erlangt.* Während die Abgrenzung zu dem was der Unternehmer nach § 631 Abs 1 BGB herauszugeben hat, wegen der weitgehenden Gleichheit der Rechtsfolgen nicht weiter problematisiert zu werden braucht, bedarf es einer besonderen Abgrenzung zu dem, was der Unternehmer zwar in einem solchen Zusammenhang erhalten hat, aber doch behalten darf. Entscheidendes, freilich auch vages Abgrenzungskriterium muss es sein, *ob die betreffende Sache dem Besteller – und nicht dem Unternehmer – gebührt* (vgl MünchKomm/SCHÄFER § 667 Rn 11 ff).

62 **(α)** Danach sind zunächst unzweifelhaft herauszugeben die Sachen, die nur formal an den Unternehmer geleistet, aber *materiell für den Besteller bestimmt sind,* zB für diesen einzukassierende Gelder.

(β) Zweifelhafter ist die Rechtslage bei *Hilfsmitteln,* die dem Unternehmer durch eigene Leistung oder durch Dritte zugekommen sind, wie etwa bei Handakten, den Plänen des Architekten, Ausführungszeichnungen des Handwerkers.

Jedenfalls jene Hilfsmittel sind nicht herauszugeben, die der Unternehmer zwar aus Anlass dieses Werkvertrages beschafft hat, die er aber auch darüber hinaus noch verwenden kann, zB Werkzeuge.

Jene *Hilfsmittel, die dem Unternehmer keinen weiteren Nutzen versprechen,* sind dagegen herauszugeben (**aA** MünchKomm/SEILER[6] § 667 Rn 15). Das folgt aus den Grundgedanken, die der Bestimmung des § 50 BRAO über die Handakten des Rechtsanwalts zugrunde liegen. Wenn der Rechtsanwalt danach grundsätzlich seine Handakten herauszugeben hat mit Ausnahme der in § 50 Abs 3 BRAO genannten Schriftstücke (Briefwechsel mit dem Mandanten, diesem bereits vorliegende Schriftstücke), dann ist nicht einzusehen, warum zB für die *Pläne und Berechnungen* eines Architekten anderes gelten sollte. Besondere Aufbewahrungsvorschriften mancher Berufsordnungen, vgl § 50 Abs 2 BRAO, stehen dem nicht entgegen, weil diese nur für den Fall der Nichtherausgabe an den Mandanten gelten.

Gleiches gilt für Hilfsmittel, die bei Folgeaufträgen Verwendung finden können, aber preislich schon abgegolten sind, zB die Druckvorlagen des Druckers. Dagegen darf der Fotograf die Negative einbehalten, weil er nach der Verkehrsanschauung auch noch an weiteren Abzügen verdienen darf. Das ist von Bedeutung, wenn für die Überlassung ein Entgelt verlangt wird.

(γ) Schaltet der Unternehmer einen *Subunternehmer* ein, so *braucht er die* aus seinen vertraglichen Beziehungen zu diesem erwachsenen *Erfüllungs- und vor allem Gewährleistungsansprüche nicht an den Besteller abzutreten.* Dieser ist insoweit auf seine eigenen Ansprüche gegen den Unternehmer beschränkt; zusätzliche Ansprüche gegen Dritte gebühren ihm nicht. Zur Möglichkeit, die eigene Gewährleistung durch die Abtretung von Ansprüchen gegen Dritte zu beschränken, vgl § 309 Nr 8 lit b aa BGB (dazu § 639 Rn 33 ff).

(δ) *Bestechungs- und Schmiergelder,* die dem Unternehmer von Dritten gezahlt werden, hat er an den Besteller herauszugeben, weil sie sachlich diesem gebühren (vgl RGZ 99, 31; 146, 194, 205; 164, 98, 102; BGHZ 38, 171, 175 = NJW 1963, 102; 39, 1 = NJW 1963, 649; Staudinger/Martinek/Omlor [2017] § 667 Rn 11; **aA** Staudinger/Nipperdey[11] § 667 Rn 7; MünchKomm/Schäfer § 667 Rn 12).

(d) Die *Art der Herausgabe* ist von der Natur des Erlangten abhängig. Notwendig sein kann eine Übereignung nach den §§ 929 ff BGB oder eine Abtretung von Rechten.

(e) Der Anspruch *verjährt* nach § 195 BGB (vgl BGHZ 79, 89 = NJW 1981, 918).

(7) *§ 668 BGB* ist entsprechend anwendbar. 63

(8) *§ 669 BGB* soll entsprechend anwendbar sein. 64

(a) Die Bestimmung ist speziell für den Auftrag konzipiert: Der unentgeltlich Tätige soll nicht auch noch wegen der Unkosten in Vorlage treten müssen. Dieser Gedanke passt noch im Dienstvertragsrecht, wo der Tätige für Rechnung und Risiko des anderen arbeitet und Entgelt und Auslagen idR voneinander gesondert sind. *Dem gesetzlichen Konzept* des Werkvertrages *widerspricht der Regelungsgehalt des § 669 BGB.* In der Regel sind die Auslagen in den Werklohn einberechnet, den der Unternehmer erst bei der Ablieferung des Werkes erhält, § 641 BGB. Ohne Weiteres anwendbar ist die Bestimmung deshalb nur dort, wo die Parteien eine klare Trennung zwischen Werklohn und Auslagen getroffen haben.

Daraus folgt, dass die Bestimmung beim Werkvertrag sonst nur *ausnahmsweise* dann zur Anwendung kommen kann, wenn eine Vorschusspflicht des Bestellers besonders vereinbart ist, wofür der Unternehmer beweispflichtig ist, oder wenn es sich aus den Umständen ergibt, dass der Unternehmer mit der Vorfinanzierung nicht belastet werden soll. Zu denken ist insoweit etwa an den Reparaturauftrag unter Privaten oder zum Freundschaftspreis. Dagegen ist die Bestimmung *nicht schon deshalb heranzuziehen, weil die Vergütung des Unternehmers aufwandsbezogen* nach Material und Zeit erfolgen soll, und auch noch *nicht einmal in jenen Fällen, in denen über bestimmte Aufwendungen gesondert abgerechnet werden soll.* Vielmehr hat auch dies im Rahmen der Zahlung des Werklohns zu erfolgen.

(b) Das ändert nichts daran, dass es ein verfehltes Konzept ist, den Unternehmer generell mit der *Vorfinanzierung seiner Leistung* zu belasten. Sinnvoll und zweckmäßig sind vielmehr Abschlagszahlungen nach Leistungsfortschritt, wie sie § 632a BGB auch vorsieht. Freilich ist § 16 Abs 1 VOB/B zweckmäßiger und dem Unternehmer günstiger konzipiert. Die Parteien tun gut an einer dieser Bestimmung entsprechenden vertraglichen Regelung.

65 (9) *§ 670 BGB* soll entsprechend anwendbar sein.

(a) Der Anspruch des Auftragnehmers auf Ersatz seiner Aufwendungen entspricht dem Wesen des Auftrages, wenn dort auf Risiko, aber dann auch auf Kosten des Auftraggebers gearbeitet werden soll. Die Bestimmung kann insofern auch grundsätzlich auf den Dienstvertrag angewendet werden. *Doch passt sie grundsätzlich nicht zur Konzeption des Werkvertrages,* bei dem der Unternehmer auf eigenes Risiko – und dann auch auf eigene Kosten – arbeiten soll. Ob und inwieweit die Bestimmung anwendbar ist, hängt maßgeblich von der Art der Preisvereinbarung der Parteien ab.

(b) Danach ist die Bestimmung überhaupt *unanwendbar* beim Pauschalpreisvertrag sowie beim Einheitspreisvertrag.

(c) Wenn die Parteien wie beim Stundenlohnvertrag eine aufwandsbezogene Vergütung vereinbart haben, ist die Bestimmung ebenfalls im Wesentlichen unanwendbar. Doch gilt dann für den Aufwand des Unternehmers, dass er nur insoweit zu vergüten ist, wie er ihn „den Umständen nach für erforderlich halten" durfte (vgl § 632 Rn 14 ff). Diese *eingeschränkte entsprechende Anwendung des § 670 BGB* bedeutet dreierlei:

(α) Maßgeblich ist eine *Prognose ex ante,* nicht ex post (vgl RGZ 59, 207, 210; 149, 205, 207). Diese Prognose ist unter Abwägung aller Umstände zu stellen, wobei es insbesondere darauf ankommt, auf welchem Wege der geschuldete Erfolg am sichersten, schnellsten und gefahrlosesten zu erreichen ist. Hier hat eine Abwägung stattzufinden.

(β) Maßgeblich ist weiterhin ein *objektiver Maßstab,* wenn es auf das „Erforderliche" ankommt. Keineswegs kann das subjektive Dafürhalten des Unternehmers verbindlich sein (vgl RGZ 59, 207, 210; 149, 205, 207).

(γ) Gleichwohl ist dem Unternehmer ein gewisser *Ermessensspielraum* einzuräumen (vgl MünchKomm/Schäfer § 670 Rn 22 ff). Die Prognose über das, was zu tun ist, kann unsicher sein, und dann ist die Entscheidung des Unternehmers hinzunehmen, wenn sie nur vernünftig war.

Zur Pflicht des Unternehmers, den Besteller auf die zu erwartenden Kosten hinzuweisen, vgl § 649 Rn 2 ff.

(d) *Ausnahmsweise* kann es beim Werkvertrag vereinbart werden bzw dem Üblichen iSd § 632 Abs 2 BGB entsprechen, dass bestimmte Aufwendungen des Unternehmers als solche zu erstatten sind. Dann kann *§ 670 BGB ohne Modifikationen* angewendet werden; insoweit ist die Bestimmung hier nicht näher zu erläutern.

(e) Zur Vergütung bei *eigenmächtigen Leistungen* des Unternehmers vgl § 632 Rn 96 ff.

(10) § 675 BGB lässt *§ 671 Abs 1, 3* BGB im Werkvertragsrecht gänzlich unanwendbar sein, *§ 671 Abs 2 BGB* nur eingeschränkt. **66**

(a) Eine § 671 Abs 1 BGB entsprechende Möglichkeit zur *jederzeitigen Kündigung* gibt es für den Besteller nach *§ 648 BGB*, für den Unternehmer dagegen nicht.

(b) Das Recht zur *Kündigung aus wichtigem Grund*, das sich für den Beauftragten aus § 671 Abs 3 BGB auch für den Fall ergibt, dass er auf sein allgemeines Kündigungsrecht verzichtet hat, sieht beim Werkvertrag § 648a BGB für beide Seiten vor.

(c) Das Recht zur jederzeitigen Kündigung besteht für den Unternehmer nur, wenn es besonders ausbedungen ist, vgl § 675 BGB; *§ 627 BGB kann im Werkvertragsrecht auch nicht entsprechend angewendet werden.* Der Unternehmer trägt die Darlegungs- und Beweislast für ein solches Kündigungsrecht.

Das Recht darf jedenfalls *nicht zur Unzeit* ausgeübt werden, dh so, dass es dem Besteller trotz zumutbarer Anstrengungen nicht mehr möglich ist, für eine Ersatzlösung zu sorgen. Die Kündigung zur Unzeit ist freilich nicht wirkungslos (vgl MünchKomm/Schäfer § 671 Rn 20; aA van Venrooy JZ 1981, 53, 57), macht den Unternehmer aber schadensersatzpflichtig; er hat den Besteller so zu stellen, wie dieser stehen würde, wenn er mit seiner Kündigung bis zu einem passenden Zeitpunkt zugewartet hätte.

(11) *§ 672 BGB*, der nur den Grundsatz des § 1922 BGB einschränkend wiederholt, **67** ist im Werkvertragsrecht *entsprechend anwendbar*. Tod oder Eintritt der Geschäftsunfähigkeit des Bestellers lassen den Werkvertrag in seinem Bestand unberührt. Allerdings kann die Werkleistung so sehr auf die Person des Bestellers zugeschnitten sein, dass mit seinem Tod ein Fall der Unmöglichkeit eintritt, vgl den Vertrag mit dem Schneider. Doch ist auch das im Zweifel nicht anzunehmen.

Für den Fall der Insolvenz des Bestellers vgl die §§ 103, 115 f InsO (dazu Anh zu § 631 Rn 2 ff).

(12) *§ 673 BGB* soll anwendbar sein. Die Bestimmung passt jedoch nicht bei jener **68** Mehrzahl von Verträgen, die nicht höchstpersönlich von dem Unternehmer auszuführen sind. Wo aber die Werkleistung höchstpersönlich zu erbringen ist, da ist es zweckmäßiger, einen Fall des Unvermögens (der Erben) anzunehmen, als von einem Erlöschen des Vertrages auszugehen.

(13) *§ 674 BGB* ist entsprechend anwendbar. **69**

Der Werkvertrag kann zum Ende kommen, „erlöschen", ohne dass der Unternehmer davon Kenntnis zu erlangen braucht. Wenn der Unternehmer ohne – vom Besteller zu beweisende – Fahrlässigkeit in Unkenntnis bleibt, darf dies nicht zu seinen Lasten gehen. Er darf vielmehr weiterhin vertragsgemäß handeln.

§ 674 BGB gilt nicht zugunsten des Bestellers. Hat aber der Unternehmer weiter-

handeln dürfen, so erwachsen ihm die damit korrespondierenden Rechte, zB auf Herausgabe und Gewährleistung.

6. Abgrenzung zum Maklervertrag

a) Allgemeines

70 *Gedanklich* lässt sich der Maklervertrag als ein *Sonderfall des Werkvertrages* – und nicht des Dienstvertrages – verstehen. Denn die Vergütung wird dort für den Nachweis der Möglichkeit zum Abschluss eines Vertrages entrichtet, mithin für etwas, was sich durchaus als ein Erfolg im Sinne des Werkvertragsrechts bezeichnen lässt, nicht aber für die diesen Erfolg vorbereitende Tätigkeit, deren Ausmaß und Intensität überhaupt unerheblich sind.

Dabei hat der Gesetzgeber freilich **grundlegende Sonderregelungen für den Maklervertrag** geschaffen. In dogmatischer Hinsicht ist vor allem die *fehlende Tätigkeitspflicht des Maklers* hervorzuheben (vgl STAUDINGER/ARNOLD [2016] Vorbem 1 zu § 652), in praktischer und wirtschaftlicher Sicht, dass der Makler *nicht schon für den Erfolg des Nachweises der Abschlussmöglichkeit entlohnt* wird, sondern erst dann, wenn zusätzlich auch davon Gebrauch gemacht worden ist, was im Belieben des Auftraggebers steht (vgl STAUDINGER/ARNOLD [2016] Vorbem 1 zu § 652). Diese *tief greifenden strukturellen Unterschiede* verbieten es grundsätzlich, Regelungen der jeweils anderen Materie ergänzend heranzuziehen.

b) Echte Werkverträge

71 Wenn der Makler einen Erfolg nur im Vorfeld des eigentlichen Zieles, des Vertragsschlusses, herbeiführen soll, nämlich die Gelegenheit zur Abschlussmöglichkeit, dann ist trotz der Vergleichbarkeit der Tätigkeit kein Maklervertrag anzunehmen, sondern ein *Werkvertrag, wenn die Beauftragung dahin lautet, dass ein Vertragsschluss zustande gebracht werden soll*. Sofern nicht Sonderregelungen wie die über Kommission, Spedition oder die §§ 655a ff BGB eingreifen, findet dann Werkvertragsrecht Anwendung. Denkbar ist dies zB bei der endgültigen *Vermittlung einer Finanzierung* (vgl BGH ZIP 1983, 72). Die Folge ist insbesondere, dass im Falle eines Auftragsentzugs eine Restvergütung nach § 648 S 2 BGB geschuldet wird und dass bei einer Schlechtleistung Schadensersatzansprüche nach den §§ 634 Nr 4, 634a BGB entstehen. Der Besteller, der den Vertragsschluss ohne triftigen Grund verweigert, begeht eine Obliegenheitsverletzung iSd §§ 642, 643 BGB. Freilich bedarf es im Einzelfall der kritischen Auslegung, ob wirklich etwas anderes als ein Maklervertrag geschlossen werden sollte (vgl BGH ZIP 1983, 72). Vgl zur Abgrenzung von Makler- und Werkvertrag auch REUTER NJW 1990, 1321, 1322, 1327.

c) Fingierte Werkverträge

72 Soweit nur der Nachweis der Abschlussmöglichkeit geleistet werden soll, *liegt es für den Makler nahe, seine Tätigkeit als im Rahmen eines Dienst- oder Werkvertrages geleistet zu deklarieren,* um so die sich aus § 652 Abs 1 BGB ergebende Erfolgsabhängigkeit des Provisionsanspruchs aufzuheben oder einzuschränken. Das stellt eine erhebliche Beeinträchtigung der Interessen des Kunden dar, wenn in Wahrheit doch eine Maklertätigkeit gewollt ist, und verstößt gegen *das gesetzliche Leitbild des Maklervertrages,* § 307 Abs 2 Nr 1 BGB (vgl auch STAUDINGER/ARNOLD [2016] §§ 652, 653 Rn 255). Bei individualvertraglicher Abrede bleibt jedenfalls § 138 BGB zu beachten

(vgl dazu [zum Sonderfall des Ehemaklervertrages] BGHZ 87, 309; allgemein STAUDINGER/ARNOLD [2016] §§ 652, 653 Rn 251 ff).

d) Partnerschaftsvermittlung

Besonders liegen die Dinge bei der Partnerschaftsvermittlung. Hier geht es bei dem Versuch einer Abkehr von den §§ 652 ff BGB nicht nur darum, zugunsten des Maklers eine erfolgsunabhängige Vergütung zu schaffen, sondern auch darum, die *Klagbarkeit* der Ansprüche zu erreichen, was sich praktisch angesichts der üblichen Vorkasse wegen § 656 Abs 1 S 2 BGB *zugunsten des Kunden* auswirkt, sowie ferner – wiederum zugunsten des Kunden – *Kündigungsmöglichkeiten* nach § 627 BGB oder nach § 648 BGB zu schaffen. **73**

aa) BGHZ 87, 309 hat für einen Eheanbahnungsvertrag die Möglichkeit anerkannt, einen *Maklerdienstvertrag* abzuschließen, dessen gesetzliches Leitbild dann die §§ 611 ff BGB seien, mit der Folge, dass die im Voraus gezahlte Provision nicht schon wegen der § 652 Abs 2 BGB, § 9 Abs 2 Nr 1 AGBG (= § 307 Abs 2 Nr 1 BGB) zurückzuzahlen sei, sondern nur dann, wenn der Vertrag wegen Überhöhung der Provision nach § 138 BGB nichtig sei. In dem zu entscheidenden Fall hatte der Ehevermittler eine geeignete werbende Tätigkeit zugesagt.

Dementsprechend wird weithin auch auf Partnervermittlungsverträge *Dienstvertragsrecht* angewendet (vgl OLG Karlsruhe NJW 1985, 2035; LG Freiburg MDR 1984, 938; LG Osnabrück NJW 1986, 2710).

bb) Teilweise wird aber auch *Werkvertragsrecht* auf Partnervermittlungsverträge angewendet, namentlich dann, wenn die Leistung des Vermittlers den Charakter eines Werkes trägt, indem er etwa ein *einmaliges psychologisch untermauertes und EDV-ermitteltes Leistungspaket* anbietet, in dessen Verwendung der Kunde frei sein soll (vgl OLG Bamberg NJW 1984, 1466; GILLES MDR 1983, 712; B PETERS NJW 1986, 2679, 2681; aA STAUDINGER/ARNOLD [2016] § 656 Rn 6).

cc) In der Tat kommt es für die Einordnung der Beziehungen der Parteien *entscheidend* darauf an, *welche Leistungen der Vermittler erbringen soll* und ob er *nur bei einem Erfolg* seiner Vermittlungsbemühungen zu entlohnen ist. Wenn sich die Erfolgsabhängigkeit der Vermittlungstätigkeit verneinen lässt, diese sich vielmehr schon für sich als ein Werk darstellt, kann auf die Beziehungen der Parteien Werkvertragsrecht angewandt werden. Die gutachtliche Analyse der Bedürfnisse und Wünsche des Kunden sowie das Zurverfügungstellen eines Angebotspaketes kann *durchaus als eine Werkleistung gewürdigt werden*. Dass Werkleistungen dieser Art verbreitet mangelhaft sind oder jedenfalls den Kunden enttäuschen, ändert daran nichts. Tätigkeitspflicht des Vermittlers und Leistungsanspruch des Kunden runden dann den werkvertraglichen Charakter der Beziehungen ab. Über diese mehr begrifflichen Erwägungen hinaus ist es aber auch entscheidend zu berücksichtigen, dass das Werkvertragsrecht geeignet ist, angemessene Ergebnisse zu liefern. **74**

(1) Die angesichts des Vertragsgegenstandes *gebotene freie Kündigungsmöglichkeit* des Bestellers folgt dann aus *§ 648 BGB* ohne einschränkende Voraussetzungen, wie sie zB § 627 BGB kennt. **75**

Für ihre Folgen enthält § 648 S 2 BGB eine angemessene Regelung, aA B Peters NJW 1986, 2682, der § 627 BGB im Werkvertragsrecht entsprechend anwenden will. Doch ist es nicht einzusehen, warum die freie Kündigung für den Kunden besonders „preiswert" sein soll. Die erhöhten Anlaufkosten des Vermittlers müssen zu Lasten des Kunden ebenso Berücksichtigung finden wie sein Gewinnanspruch. Die *Darlegungs- und Beweislast für die ersparten Aufwendungen* trifft den Kunden hier nicht härter als andere Besteller auch. Sofern die Art seiner Werbung mit unlauteren oder täuschenden Methoden verbunden war, ist dem mit den allgemeinen Mitteln Rechnung zu tragen, zB den §§ 312, 355 BGB, der Anfechtungsmöglichkeit, Ansprüchen aus den §§ 280 Abs 1, 241 Abs 2, 311 Abs 2 BGB.

(2) Soweit *die gebotenen Leistungen minderwertig* sind, wird der Kunde meist aufgrund der §§ 281 Abs 2, 323 Abs 2, 636 BGB die angemessenen Rechtsfolgen von Rücktritt bzw Schadensersatz statt der Leistung (= hier gleich Rückzahlung der Vergütung) ohne weitere Umstände erreichen können. Ihm ggf einen Nachbesserungsanspruch nach §§ 634 Nr 1, 635 BGB zu versagen, besteht kein hinreichender Grund.

(3) Die *Anwendbarkeit des § 656 BGB,* die sich hier zu Lasten des Kunden auswirken würde, ist mit der Wahl von Werkvertragsrecht noch nicht endgültig präjudiziert. Doch ist sie bei Partnervermittlungsverträgen *zu verneinen* (aA BGH NJW 1990, 2550; Staudinger/Arnold [2010] § 656 Rn 7). Es geht nicht um die Störung einer zustande gekommenen Ehe, allenfalls um die Störung des Persönlichkeitsrechts des Kunden, vgl Köbl NJW 1972, 1441, 1443, die er aber doch freiwillig hinnehmen kann. Im Übrigen sind die einschlägigen Prozesse in der Regel nicht persönlichkeitsschädigend. Durchweg geht es nur darum, dass diverse Vorschläge objektiv ungeeignet waren. Das kann mit der gebotenen Diskretion verhandelt werden.

7. Abgrenzung zur Verwahrung

76 **a)** Der Verwahrungsvertrag, §§ 688 ff BGB, ist ein *Sonderfall des Werkvertrages,* bei dem sich der versprochene Erfolg in der sachgerechten Verwahrung des Vertragsgegenstands erschöpft. Die §§ 688 ff BGB sind als *leges speciales* zu den §§ 631 ff BGB anzusehen, auf die zurückzugreifen sich grundsätzlich verbietet.

b) Für den Werkvertrag ist es weithin typisch, dass *Verwahrungspflichten* des Unternehmers als *Nebenpflichten* entstehen. Das gilt überall dort, wo Sachen des Bestellers zur Bearbeitung in die *Obhut des Unternehmers* gelangen, namentlich bei Reparaturaufträgen. So hat etwa der Autoreparateur die ihm übergebenen Kfz sachgerecht vor Diebstahl zu schützen, vgl OLG Bremen VersR 1969, 524, und darf sie nicht an Unbefugte herausgeben. Die Verletzung dieser Pflichten führt zu einer *Haftung nach den für die (entgeltliche) Verwahrung maßgeblichen Grundsätzen,* ausnahmsweise zur Anwendung der §§ 633 ff BGB, sofern die unzureichende Verwahrung den geschuldeten Erfolg beeinträchtigt hat, wenn zB die ungesicherten Arbeiten von Dritten beschädigt worden sind. Vgl zu dem Zusammenhang der Absicherung des Stoffes und des Werkes auch den verallgemeinerungsfähigen § 4 Abs 5 VOB/B und dazu § 633 Rn 82 ff.

Ggf kann auch *der Besteller* dem Unternehmer wegen *unzureichender Verwahrung* aus den §§ 280 Abs 1, 241 Abs 2 BGB haften, sofern dessen Materialien und Werkzeuge aus Anlass des Werkvertrages in seine Obhut gelangt sind. Diese Einstandspflicht setzt Verschulden voraus; es ist keine Obliegenheitsverletzung iSd § 642 BGB. Das Haftungsprivileg des § 690 BGB dürfte dabei jedenfalls dann eingreifen, wenn der Unternehmer seine Sachen freiwillig bei dem Besteller hinterlässt oder eigene Möglichkeiten der Absicherung hatte. Insgesamt bleibt freilich zu beachten, dass es primär Sache des Unternehmers selbst ist, seine Sachen gehörig zu schützen. Wenn er sie – zB im Rahmen einer Baustelle – im Machtbereich des Bestellers belässt, hat dieser dort grundsätzlich nur für die allgemeine Ordnung zu sorgen, vgl § 4 Abs 1 Nr 1 VOB/B und dazu § 633 Rn 31 ff.

IV. Beförderungsvertrag

1. Generelle Einordnung

Der Beförderungs- oder Transportvertrag wird allgemein, mag er sich nun auf Personen oder Sachen beziehen, als ein **Werkvertrag** verstanden (vgl Mot II 507; RGZ 10, 165, 167; BGHZ 62, 71, 75; ERMAN/SCHWENKER/RODEMANN Vor § 631 Rn 17; BASEDOW, Transportvertrag [1987] 89 f), obwohl letzterer zutreffend darauf hinweist, dass auch gewichtige Elemente der Verwahrung, des Auftrags, der Dienstleistung und der Miete im Vordergrund stehen können. In der Tat wird aber mit der Ortsveränderung primär ein Erfolg iSd § 631 BGB geschuldet. 77

Freilich sind die Bestimmungen der §§ 631 ff BGB für den Beförderungsvertrag wenig ergiebig. Zum Kernstück der Gewährleistung, der Nachbesserung, kann es kaum kommen. Gewisse Bedeutung haben die Kündigungsmöglichkeit des Bestellers, § 648 BGB, das Pfandrecht des Unternehmers, § 647 BGB, die Fälligkeitsregelung der §§ 641, 646 BGB. Auf Kernprobleme der Beförderung aber geben die §§ 631 ff BGB gerade keine Antwort: Im Mittelpunkt der Haftung des Beförderers wird die für Verletzungen von Personen oder Beschädigung oder Verlust von Sachen stehen, außerdem die Haftung für Verzögerungen. Ersteres ist ein Fall der §§ 280 Abs 1, 241 Abs 2 BGB, letzteres der §§ 280 Abs 1, 2, 281, 286 BGB.

2. Sonderregelungen

Für den Transport von Gütern sind eingehende Sonderregelungen zu beachten. Nach bis dahin bestehender Rechtszersplitterung hat die Neufassung der §§ 407 ff HGB über Frachtgeschäfte durch das Gesetz zur Neuregelung des Fracht-, Speditions- und Lagerrechts (TRG) vom 25. 6. 1998 (BGBl I 1588) eine Vereinheitlichung gebracht. Für den grenzüberschreitenden Verkehr bleiben bestimmte internationale Abkommen vorrangig. Eigenständig geblieben ist auch der Transport zur See im 5. Buch des HGB. 78

V. Computer und Internet*

1. Computervertrag

a) Rechtsnatur

79 Bei der Überlassung von Hardware handelt es sich grundsätzlich um einen Kaufvertrag, sofern dies nur auf Zeit geschieht, um einen Mietvertrag, ggf in der Sonderform des Leasings. Dagegen kommt bei der Überlassung von Software Werkvertragsrecht in Betracht.

aa) *Werkvertragsrecht* findet jedenfalls dann Anwendung, wenn die *Software speziell für die Bedürfnisse des Kunden* bzw seines Betriebs hergerichtet wird (vgl BGHZ 102, 135, 141; BGH NJW 1993, 1063; OLG Köln NJW 1996, 1067); bei der Lieferung reiner Standard-Software verbleibt es bei der Anwendung des Kaufrechts. Zweifelsfälle ergeben sich, wenn Standard-Software anzupassen ist. Kaufrecht ist anzuwenden, wenn der Umfang der Anpassung nebensächlich und unbedeutend ist (vgl OLG Köln NJW-RR 1993, 1529). Dabei sind zunächst von Bedeutung die Wertverhältnisse. Nicht mehr unbedeutend ist nach der zutreffenden Auffassung von OLG Köln (NJW-RR 1993, 1529; vgl auch OLG Düsseldorf CR 1993, 361 m Anm MÜLLER-HENGSTENBERG CR 1993, 689) eine Anpassung, die an 10 % der Gesamtleistung heranreicht. Im Übrigen kommt es entscheidend darauf an, ob die Anpassung notwendig ist, der Software ihre Funktionsfähigkeit zu geben. Dienstvertragsrecht findet jedenfalls keine Anwendung (vgl OLG Düsseldorf NJW-RR 1998, 345). Die Schaffung einer Internetpräsenz ist auch dann werkvertraglich, wenn sie für einen bestimmten Zeitraum vorgehalten werden soll (BGH NZBau 2011, 225 Rn 9).

Werkvertragsrecht kann auch aus anderen Gründen anwendbar sein, zB wenn Hard- und Software zu einem Netzwerk zusammenzufassen sind, vgl OLG Köln NJW 1992, 1328. Dagegen führen Verpflichtungen des Lieferanten zur Installation und Einweisung in den Gebrauch noch nicht ohne Weiteres zum Werkvertragsrecht, offengelassen von OLG Köln NJW-RR 1993, 1398.

80 **bb)** Kaufrecht ist nicht schon deshalb nach § 650 BGB anwendbar, weil Software in Form von Disketten ein körperliches Substrat hat; im Vordergrund steht nämlich der geistige Gehalt. Das ist von Bedeutung für die Gewährleistungsfrist, vgl § 634a Abs 1 Nr 3 BGB. An dem körperlichen Substrat ist Eigentum zu verschaffen, § 631 Abs 1

---

* **Schrifttum**: BRANDI-DOHRN, Gewährleistung bei Hard- und Softwaremängeln (1994); GORNY/KILIAN, Computersoftware und Sachmängelhaftung (1985); HABEL, Softwarewartung – Ein Leitfaden für die Luftfahrt, CR 1993, 57; JUNKER, Computerrecht – Gewerblicher Rechtsschutz, Mängelhaftung, Arbeitsrecht (1988); KILIAN/HEUSSEN, Computerrechtshandbuch (Stand: Jan 2008); KOCH, Computervertragsrecht (6. Aufl 2002); KÖHLER, in: M LEHMANN, Rechtsschutz und Verwertung von Computerprogrammen (1988) 341; MARLY, Softwareüberlassungsverträge (4. Aufl 2004); SCHAUB, Das Pflichtenheft im Spiegel der Rechtsprechung, CR 1993, 329; SCHNEIDER, Handbuch des EDV-Rechts (3. Aufl 2002); WEHLAU/MEIER, Die zivilrechtliche Haftung für Datenlöschung, Datenverlust und Datenzerstörung, NJW 1998, 1585; vgl ferner die regelmäßigen Rechtsprechungsberichte von JUNKER NJW 2003, 2792; 2004, 3162; 2005, 2829; 2006, 2819, fortgesetzt von TAEGER NJW 2007, 3326.

BGB. Im Falle von Mängeln ist die Rügelast nach den §§ 381 Abs 2, 377 HGB zu beachten.

cc) Werden Hard- und Software aus einer Hand bezogen, können Verzögerungen oder Mängel in dem einen Lieferteil dann auf den anderen durchschlagen, wenn beide nach dem Willen der Parteien unteilbar sein sollen (vgl BGH NJW 1990, 3011). Das kann sich aus technischen Gründen ergeben, wenn die Einzelleistungen für sich allein nicht sinnvoll nutzbar sind, oder daraus, dass an einer Teilleistung (bei dem Kunden) kein Interesse besteht. Eine Vermutung für eine gewollte Vertragseinheit ergibt sich aus einer einheitlichen Vertragsurkunde.

b)   Rechtsfolgen

Wenn Werkvertragsrecht anwendbar ist, ergeben sich keine grundsätzlichen Besonderheiten. Freilich müssen die Eigenheiten der Materie Berücksichtigung finden. Insoweit ist auf Folgendes hinzuweisen. **81**

aa)   Zunächst kann es unklar sein, *welchen Anforderungen die* zu erstellende *Software* überhaupt *zu genügen hat.* Hier kommen Beratungspflichten des Unternehmers in Betracht, die freilich unterschiedlich intensiv sind je nach Maßgabe des Kenntnis- und Erfahrungsstandes des Bestellers (vgl OLG Köln NJW-RR 1993, 1528; OLG Düsseldorf CR 1993, 361). Pflichtverstöße in diesem Bereich können zu Ansprüchen des Bestellers aus den §§ 280 Abs 1, 241 Abs 2, 311 Abs 2 BGB führen, falls der Vertrag sonst nicht oder anders abgeschlossen worden wäre. Die Regel wird es sein, dass die Software als mangelhaft zu betrachten ist und dass der Unternehmer dies zu vertreten hat.

Ggf kann es Aufgabe des Bestellers sein, das Anforderungsprogramm in einem *Pflichtenheft* zusammenzustellen. Es handelt sich dann um eine Obliegenheit, deren Verletzung den Unternehmer nicht zu einem Vorgehen nach § 281 BGB berechtigt; die Rechtsfolgen ergeben sich vielmehr einerseits aus den §§ 642, 643 BGB, sodass zB wegen des Annahmeverzuges des Bestellers ein Leistungsverzug des Unternehmers ausscheidet (vgl BGH NJW 1996, 1745; 1998, 2122, 2123); andererseits bestehen sie darin, dass nunmehr bei etwaigen Mängeln der Software ein Mitverschulden des Bestellers anzunehmen ist.

bb)   Der Unternehmer ist – wie sonst auch – zur rechtzeitigen und mangelfreien Leistung verpflichtet. Dabei erfüllt er nach BGH NJW 1993, 1063 nur vollständig, wenn er auch ein **Bedienungshandbuch** liefert: Ohne dieses kann der Besteller nach den §§ 281 Abs 1, 323 Abs 1 BGB vorgehen und ist der Besteller noch nicht zur Rüge nach den §§ 377, 381 Abs 2 HGB oder gar zur Abnahme verpflichtet. Ob der Unternehmer auch das *Quellprogramm* offenzulegen hat, hängt von den getroffenen Vereinbarungen ab, insbesondere davon, ob der Besteller selbständig mit der Software soll umgehen können. Das kann zur Offenlegungspflicht führen (vgl OLG Frankfurt BB 1993, Beil 3, Nr 3 [S 4]; LG Aschaffenburg CR 1998, 203, 204); anders, wenn der Hersteller zur Programmwartung verpflichtet ist, BGH NJW 1987, 1259.

2.   Internet-Provider-Verträge

Internet-Provider-Verträge sind nicht einheitlich zu beurteilen. Überwiegend stellen sie Werkverträge dar. **82**

a) Beim Application-Service-Providing werden dem Kunden Softwareanwendungen zur eigenen Online-Nutzung über das Internet zur Verfügung gestellt. Das stellt jedenfalls keinen Werkvertrag dar, sondern einen Mietvertrag (BGH NJW 2007, 2394 Rn 11 ff; **aA** REDEKER, IT-Recht [4. Aufl] Rn 987 ff: Dienstvertrag).

b) Beim Access-Provider-Vertrag soll dem Kunden der Zugang zum Internet verschafft werden. Wenn dies denn einen Erfolg darstellt, ist von Werkvertragsrecht auszugehen (REDEKER Rn 968; **aA** BGHZ 184, 345 Rn 18: Dienstvertrag).

c) Beim Web-Hosting Vertrag wird dem Kunden Speicherplatz auf dem eigenen Server zur Verfügung gestellt, den er dann durch eine eigene Website nutzen kann. Das wird unterschiedlich beurteilt. Einen Werkvertrag nimmt BGHZ 184, 345 Rn 20 dann an, wenn die Abrufbarkeit der Website des Kunden gewährleistet sein soll. Eher anzunehmen sein dürfte aber eine Miete, bei der der Vermieter ja auch den Erfolg der Nutzbarkeit schuldet.

d) Beim Webdesign-Vertrag soll für den Kunden eine individuelle Website erstellt werden. Das geschieht werkvertraglich (BGHZ 184, 345 Rn 21).

e) Die Beschaffung und Registrierung einer Internet-Domain des Kunden stellt sich als Werkvertrag dar (BGHZ 184, 345 Rn 22). Gleiches gilt dann für einen Internet-System-Vertrag, bei dem eine Internetpräsenz des Kunden geschaffen und langfristig vorgehalten werden soll (BGHZ 184, 345 Rn 24 ff).

f) Wartung und Pflege von Internetpräsenzen sind darauf gerichtet, die Funktionsfähigkeit aufrechtzuerhalten und Störungen zu beseitigen. Dem Kunden wird in aller Regel an einem Erfolg gelegen sein, sodass dann von Werkvertragsrecht auszugehen ist.

Kapitel 1
Allgemeine Vorschriften

§ 631
Vertragstypische Pflichten beim Werkvertrag

(1) Durch den Werkvertrag wird der Unternehmer zur Herstellung des versprochenen Werkes, der Besteller zur Entrichtung der vereinbarten Vergütung verpflichtet.

(2) Gegenstand des Werkvertrags kann sowohl die Herstellung oder Veränderung einer Sache als auch ein anderer durch Arbeit oder Dienstleistung herbeizuführender Erfolg sein.

Materialien: E I § 567 Abs 1; II § 569; III § 621; Mot II 470 ff; Prot II 2205 f; JAKOBS/SCHUBERT, Recht der Schuldverhältnisse II 832 ff.

Schrifttum

AENGENVOORT, Der Mangel als Vorteil?, BauR 2008, 16
BARNER, Die Arbeitsgemeinschaft in der Bauwirtschaft als besonderer gesellschaftsrechtlicher Typus (Diss Mannheim 1971)
BENÖHR, Rechtsfragen des Schwarzarbeitergesetzes, BB 1975, 232
BLAESE, Der Erfüllungsanspruch und seine Konkretisierung im Werkvertrag (1988)
BURCHARDT/PFÜLB, ARGE-Kommentar (4. Aufl 2006)
BUSCH, DIN-Normen für Dienstleistungen – Das Europäische Normungskomitee produziert Musterverträge, NJW 2010, 3061
DONUS, Der Fertighausvertrag (1988)
DREHER/HOFFMANN, Die schwebende Wirksamkeit nach § 101b I GWB, NZBau 2010, 201
EBERT, Nebenpflichten des Unternehmers im Werkvertrag (Diss Bonn 1999)
FAHRENSCHON, Arge-Kommentar (2. Aufl 1982)
FUCHS, Kooperationspflichten der Bauträgerparteien (2004)
GRABA, Zur Rechtsnatur des Fertighausvertrags, MDR 1974, 975
GREEVE, Illegale Beschäftigungsformen und Umgang mit Nachunternehmern, NZBau 2010, 215
GREINER, Grenzfragen des Erfolgsbezugs im Werkvertragsrecht, AcP 211 (2011) 221
HOCHSTEIN/JAGENBURG, Der Arbeitsgemeinschaftsvertrag (1974)
HÄRING, Der Fertighausbau und seine Rechtsprobleme (1968)
JARASIK, Der Ausgleichsanspruch des Werkunternehmers gegen den Besteller im Falle der Unwirksamkeit des Werkvertrages: Aufwendungs-, Verwendungs- oder Wertersatz (Diss Konstanz 1998)
JOUSSEN, Die Abwicklung fehlerhafter/nichtiger Bauverträge, in: FS Vygen (1999) 182
JOUSSEN/VYGEN, Der Subunternehmervertrag (2010)
KIMMICH, Leistungsverweigerungsrecht des Auftragnehmers bei streitigen Nachträgen, BauR 2009, 1494
KLEINE-MÖLLER, Bauarbeitsgemeinschaften, in: Münchener Handbuch des Gesellschaftsrechts Bd 1 (1995) § 20
KNIFFKA, Rechtliche Probleme des Generalunternehmervertrages, ZfBR 1992, 1

KÖHLER, Schwarzarbeitsverträge: Wirksamkeit, Vergütung, Schadensersatz, JZ 1990, 466
KRAUS, Gestaltung von Nachunternehmerverträgen, NJW 1997, 223
LEITZKE, Was beschreibt die Leistungsbeschreibung?, BauR 2007, 1643
U LOCHER, Die Abwicklung des unwirksamen Architektenvertrages, in: FS Vygen (1999) 28
MEINERT, Das Verhältnis Generalunternehmer/Subunternehmer unter Berücksichtigung des französischen Rechts, BauR 1978, 13
NICKLISCH, Rechtsfragen des Subunternehmervertrages bei Bau- und Anlageprojekten im In- und Auslandsgeschäft, NJW 1985, 2361
ders (Hrsg), Leistungsstörungen bei Bau- und Anlageverträgen (1984)
ders (Hrsg), Die Subunternehmer bei Bau- und Anlageverträgen im In- und Auslandsgeschäft (1985)
PETERS, Der preiswerte Maler – Die Hinterziehung der Umsatzsteuer, NZBau 2017, 200
PETERS, Die Leistung ohne Rechnung, NJW 2008, 2478
ders, Weisungen des Bestellers nach VOB/B und BGB, NZBau 2012, 615
PREUSSER, Die Pflicht zur Kooperation und ihre Grenzen, in: FS Thode (2005) 72
POPESCU/MAJER, Gewährleistungsansprüche bei einem wegen Ohne-Rechnung-Abrede nichtigen Vertrags, NZBau 2008, 424

REUTER, Zivilrechtliche Probleme der Schwarzarbeit, in: ESER/MÜLLER, Schattenwirtschaft und Schwarzarbeit (1986) 31
RÜFNER, Schattenwirtschaft und Schwarzarbeit aus öffentlichrechtlicher Sicht, ebda 51
SCHLECHTRIEM, Haftung des Nachunternehmers gegenüber dem Bauherrn, ZfBR 1983, 101
SCHLÜNDER, Gestaltung von Nachunternehmerverträgen in der Praxis, NJW 1995, 1057
SCHRÖDER/BÄR, Geschäftsführung ohne Auftrag, Eigentümer-Besitzer-Verhältnis und Bereicherungsrecht bei der Abwicklung nichtiger Werkverträge, Jura 1996, 449
SCHWARZ, Der Subunternehmervertrag (Diss Hamburg 1996)
SONNENSCHEIN, Schwarzarbeit, JZ 1976, 497
SPATSCHEK/FRAEDRICH, Schwarzarbeit am Bau, NZBau 2007, 673
STAMM, Zur Rechtsvereinheitlichung der Schwarzarbeiterproblematik, NZBau 2009, 78
THIES, Die Nichtigkeit des Werkvertrages unter besonderer Berücksichtigung des Eigentümer-Besitzer-Verhältnisses (Diss Hamburg 2001)
TIEDTKE, Baubetreuungsvertrag und Schwarzarbeit, NJW 1983, 713
ZEIGER, Der Nebenunternehmervertrag (1963)
ZERHUSEN/NIEBERDING, Der Muster-ARGE-Vertrag des Hauptverbandes der deutschen Bauindustrie, BauR 2006, 296.

Systematische Übersicht

I.	**Erfolg und Tätigkeit beim Werkvertrag**	1
1.	Erfolg	2
a)	Körperliche Objekte	3
aa)	Veränderung einer Sache	4
bb)	Herstellung einer Sache	5
b)	Sonstige Erfolge	6
c)	Bestimmtheit des Erfolges	7
d)	Ermittlung des Erfolges	8
aa)	Leistungsbeschreibung	8
bb)	Nachträgliche Änderungen	9
cc)	Bestimmung durch eine Partei	10
dd)	Auslegungskriterien	11
e)	Schulden des Erfolges	13
2.	Tätigkeit	14
a)	Allgemeines	14
b)	Subsidiarität der Tätigkeitspflicht	15
c)	Regelung der Tätigkeit	16
3.	Verschaffung des Werkes	17
a)	Stellung der Verschaffungspflicht	17
b)	Art der Verschaffung	18
II.	**Zukunftsbezogenheit des Werkvertrages**	19
1.	Keine Begriffsnotwendigkeit	19
2.	Auswirkungen der Zukunftsbezogenheit	20
III.	**Parteien des Werkvertrages**	
1.	Unternehmer	21
a)	Anforderungen an den Unternehmer	21

b)	Kaufmannseigenschaft	22	2.	Pflichten des Bestellers		60
c)	Mehrheit von Unternehmern	23	a)	Zahlung des Werklohns		60
aa)	Bloße Innengesellschaft	23	b)	Abnahme		61
bb)	Verfassung der baurechtlichen ARGE	24	c)	Mitwirkung des Bestellers		62
			d)	Nebenpflichten des Bestellers		63
cc)	Innenbeziehungen in der ARGE	25	e)	Kooperation		66
dd)	Überlassung von Arbeitskräften oder Maschinen	26	3.	Weisungsrecht des Bestellers		66a
			a)	Grundlagen		66a
d)	Parallel arbeitende Unternehmer	27	b)	Gegenstände		66b
aa)	Beziehungen untereinander	27	c)	Die Interessen des Unternehmers		66c
bb)	Vertragliche Beziehungen: Haftungsverhältnisse	28	d)	Die Interessen des Bestellers		66d
			e)	VOB/B und BGB		66e
cc)	Einstandspflicht für andere Unternehmer	30	**V.**	**Abschluss des Werkvertrages**		
e)	Haupt- und (Sub-)Nachunternehmer	32	1.	Vorvertragliches Vertrauensverhältnis		67
aa)	Allgemeines	32	a)	Aufklärungspflichten, insbesondere des Bestellers		67
bb)	Beziehungen des Bestellers zum Subunternehmer	33				
			b)	Ausschreibung der Leistungen		69
cc)	Direkte Beauftragung des Subunternehmers	34	c)	Sonstige Pflichten		69
			2.	Abschluss		70
dd)	Zulässigkeit der Beschäftigung von Subunternehmern	35	a)	Form		70
			b)	Stellvertretung		71
ee)	Vertragsbeziehungen zwischen Besteller und Subunternehmern	36	c)	Bindungsfristen		72
			d)	Anforderungen an die Einigung		73
ff)	Haftung für den Subunternehmer	37	e)	Haustürgeschäft		74
gg)	Subunternehmervertrag	38	f)	Zusatzaufträge		75
hh)	Haftung des Hauptunternehmers für den Besteller	40	g)	Finanzierungshilfen		76
			3.	Nichtigkeit des Werkvertrages		77
ii)	Generalübernehmer	41	a)	Gesetzliche Verbote		79
kk)	Öffentlich-rechtliche Bestimmungen	41a	aa)	SchwarzarbeitsG		79
2.	Besteller	42	bb)	Ohne-Rechnung-Abrede		80
			cc)	Architektenbindung		81
IV.	**Rechte und Pflichten der Parteien**		dd)	Regelungen der Leistungserbringung; Genehmigungserfordernisse		82
1.	Pflichten des Unternehmers	43				
a)	Herstellung und Verschaffung	43	ee)	Vergabeverstoß		83
aa)	Herstellung	44	b)	Sittenwidrigkeit		84
bb)	Verschaffung	48	4.	Auslegung und Anfechtung		85
b)	Aufklärung und Beratung	49	a)	Auslegungsgrundsätze		85
aa)	Anforderungen an den Unternehmer	49	b)	Anfechtungsmöglichkeiten		86
			aa)	§ 119 Abs 1		86
bb)	Jederzeitige Hinweispflicht	51	bb)	§ 119 Abs 2		87
cc)	Struktur der Pflichten	52	cc)	§ 123		88
dd)	Fortgang nach erfolgtem Hinweis	53				
ee)	Sanktionen	54	**VI.**	**Ansprüche gegen Dritte**		91
c)	Sonstige Nebenpflichten	59				

§ 631

Alphabetische Übersicht

Abnahmepflicht	61
Abschluss des Vertrages	67 ff
Anfechtung	86 ff
– Einschränkungen	89
Arbeitsgemeinschaft (ARGE)	24 ff
Arbeitsmethode	16
Architektenbindung	81
Aufklärung	
– durch den Besteller	67 f
– durch den Unternehmer	49 ff
– und Werkmangel	54 ff
Auslegung	85
Ausschreibung	69
Begriff des Werkvertrages	1
Beratung s Aufklärung	
Besteller	42
Bindungsfristen	72
culpa in eligendo	30
Dienstleistung	14
Drittschadensliquidation	29
Eigenschaften	
– des Unternehmers	87 ff
– des Werkes	87 ff
Eigentümer-Besitzer-Verhältnis	78
Einigung der Parteien	73
EnEV	82
Erfolg	2 ff
– Änderungen, nachträgliche	9
– Bestimmtheit	7
– Bestimmung durch eine Partei	10
– Schulden des	13
Erfüllungsort	
– Herstellung	46
– Verschaffung	48
Erstellung des Werkes	45
Fertiges Werk	19
Finanzierungshilfen	76
Formerfordernisse	70
Geistiges Werk	6
Genehmigungen	82
Generalübernehmer	41

Geschäftsführung ohne Auftrag	77 f
Gesetzliche Verbote	79 ff
Hauptunternehmer	32 ff
Haustürgeschäfte	74
Herstellung	14
– und Abnahme des Werkes	43 ff
– Recht zur	47
Hinweise s Aufklärung	
Kauf, Abgrenzung	5
Kaufmannseigenschaft	22
Kooperationspflichten	66
Körperliche Objekte	3
Kreditwürdigkeit	88
Künstler	10
Leistungsbeschreibung	8
Materialien, Lieferung von	5
Mitverschulden des Bestellers	63
Mitwirkung des Bestellers	62
Nachunternehmer	32 ff
Nebenpflichten	
– des Bestellers	63 ff
– des Unternehmers	59
Nichtigkeit des Vertrages	77 ff
Obhutspflichten des Unternehmers	59
Obliegenheiten des Bestellers	62
Ohne-Rechnung-Abrede	80
Polizeiliche Bestimmungen	82
Preisanpassung	20
Prüfungspflichten des Unternehmers	52
Reparaturauftrag, Leistungsumfang	12
Schwarzarbeit	79
Sittenwidrigkeit	84 f
Sowieso-Kosten	57
Subunternehmer	32 ff
– direkte Beauftragung	34
– Zulässigkeit der Beschäftigung	35
Subunternehmervertrag	35, 38 f

Dezember 2019

Untertitel 1 · Werkvertrag
Kapitel 1 · Allgemeine Vorschriften **§ 631**

Tätigkeit
- Regelung der _____ 16
- und Vergütung _____ 15
Tätigkeitspflicht _____ 14
- Subsidiarität der _____ 15

Überlassung
- Arbeitnehmer _____ 26
- Maschinen _____ 26
Unternehmer _____ 21 ff
- Anforderungen an den _____ 21
- Arbeitsgemeinschaft (ARGE) _____ 24 ff
- Mehrheit von _____ 23 ff
- parallel arbeitende _____ 27 ff
- Pflichten des _____ 43 ff
Untersuchungsauftrag _____ 12

Veränderung einer Sache _____ 4
Verschaffungspflicht _____ 17 f, 43

- Erfüllungsort _____ 48
- Inhalt _____ 18
- Verjährung _____ 48
Vertrag mit Schutzwirkung _ 29, 33, 42, 59, 65
Vertrag zugunsten Dritter _____ 42
Vertragsänderung _____ 53
Vollendung des Werkes _____ 18
Vorvertragliche Pflichten _____ 67 ff

Weisungen des Bestellers _____ 66a ff
Werkleistung, Notwendigkeit der _____ 90
Werklohn _____ 60
Werkstatt des Unternehmers _____ 48
Wirtschaftliches Werk _____ 6

Zukunftsbezogenheit des Vertrages _____ 19 f
Zusatzaufträge _____ 75

I. Erfolg und Tätigkeit beim Werkvertrag

§ 631 BGB enthält eine *Begriffsbestimmung* des Werkvertrages. Nach Abs 1 der **1** Bestimmung ist der „Unternehmer" zur Herstellung des versprochenen Werkes verpflichtet, der „Besteller" zur Entrichtung der vereinbarten Vergütung. Abs 2 umschreibt dann die möglichen Gegenstände eines Werkes näher als die Herstellung oder Veränderung einer Sache bzw – umfassender – als die Herbeiführung eines Erfolges durch Arbeit oder Dienstleistung. *Prägend im Mittelpunkt des Vertragstyps* steht damit *die Werkleistung* des Unternehmers.

1. Erfolg

Der *Kreis der möglichen Werkleistungen* ist vom Gesetzgeber bewusst, vgl Mot II **2** 506, außerordentlich weit gefasst worden. Zentralbegriff ist insoweit der von § 631 Abs 2 BGB genannte „Erfolg".

a) Körperliche Objekte

Werkverträge betreffen zunächst und weithin körperliche Objekte; wenn § 631 Abs 2 **3** BGB insoweit von Sachen redet, dann ist das *nicht abschließend* iSd § 90 BGB gemeint. Gegenstand einer Werkleistung können ohne Weiteres auch Menschen sein, zB beim Haarschnitt, oder Tiere, § 90a BGB, zB beim Deckvertrag. Auch die Operation oder sonstige Heilbehandlung ist als Gegenstand eines Werkvertrages nicht schlechthin ausgeschlossen, wird freilich gemeinhin als Dienstleistung, nicht Werkleistung verstanden (vgl Vorbem 35 zu §§ 631 ff).

Die körperlichen Objekte des Werkvertrages können nach § 631 Abs 2 BGB *herzustellen* oder *zu verändern* sein.

4 aa) Besonders typischer Gegenstand ist die Veränderung einer Sache. *Auf Ausmaß oder Intensität der Veränderung kommt es dabei nicht an.* Es reicht jede Form der Bearbeitung, die von der grundlegenden Umgestaltung, wie zB beim Bau eines Hauses, über die Wiederherstellung, wie zB bei der Reparatur, bis hin zur bloßen Kontrolle der Funktionsfähigkeit, wie zB bei der Wartung, reichen kann.

Die *Veränderung einer Sache* trägt immer *werkvertraglichen Charakter,* sofern sie nur entgeltlich erfolgt (dazu u Rn 60) und ein Erfolg als vertragliche Leistung des Unternehmers geschuldet wird.

Unerheblich sind dabei die Eigentumsverhältnisse an der Sache; sie kann selbst im Eigentum des Unternehmers stehen und verbleiben, so zB wenn der Nachbar einen Baum auf seinem Grundstück fällen soll. Es kommt auch nicht darauf an, wer das Bearbeitungsobjekt stellt oder mit welchen Methoden es bearbeitet wird.

Aufgabe des Unternehmers muss es nur sein, *ein bestimmtes Endergebnis* seiner Tätigkeit herbeizuführen. Wenn er nur die *Tätigkeit als solche* schuldet, handelt es sich um einen Dienstvertrag (vgl zur Abgrenzung Vorbem 26 ff zu §§ 631 ff).

5 bb) Die durch das G zur Modernisierung des Schuldrechts nicht veränderte Bestimmung des § 631 BGB trägt § 650 BGB nF nicht hinreichend Rechnung, nach dem die Lieferung neu herzustellender beweglicher Sachen im Wesentlichen dem Kaufrecht unterliegt, nach § 650 S 2, 3 BGB nur teilweise dem Werkvertragsrecht, und zwar auch dann, wenn aus Stoffen des Bestellers gefertigt worden ist oder speziell für diesen. Es ergibt sich für die Anwendbarkeit des Werkvertragsrechts:

(1) Die „neue" Sache ist nur Bestandteil eines Grundstücks (Neubau, Einbau in ein Gebäude): Werkvertragsrecht, wie in § 651 Abs 2 BGB aF ausdrücklich hervorgehoben, weil letztlich nur das Grundstück bearbeitet wird.

(2) Die neue Sache ist eine bewegliche:

Kaufrecht, falls aus Materialien des Bearbeitenden hergestellt.

Kaufrecht mit Anwendung namentlich des § 442 Abs 1 S 1 BGB, falls aus Materialien des Leistungsempfängers hergestellt, § 650 S 2 BGB.

Kaufrecht mit Anwendung bestimmter werkvertraglicher Bestimmungen, falls die neue Sache nicht vertretbar ist, § 650 S 3 BGB.

Werkvertragsrecht, falls der Produktionsvorgang unter der Wertschwelle des § 950 BGB bleibt (zB Abtrennung, Zerlegung).

b) Sonstige Erfolge

6 Gegenstand des Werkvertrages kann aber auch ein *anderer Erfolg als die Herstellung oder Veränderung einer Sache* sein. Im Rahmen eines Werkvertrages kann auf eine Sache eingewirkt werden, ohne sie in ihrer Substanz zu verändern, so namentlich bei der Beförderung. Es sind aber auch **rein geistige oder wirtschaftliche Ergebnisse** denkbar. So bleibt rein geistig die Kunstaufführung, rein wirtschaftlich die Besorgung einer bestimmten Finanzierung. Zuweilen, aber nicht zwingend, haben derartige unkörperliche Leistungen ein *körperliches Substrat,* so insbesondere Planungen, wie sie vor allem der Architekt schuldet, und Gutachten eines Sachverständigen.

Auch hier gilt wiederum, dass unmittelbares Vertragsziel mehr als eine bloße Tätigkeit zu sein hat, sondern dass eben ein bestimmter Erfolg vertraglich geschuldet werden muss. Angesichts der weiten Fassung des Erfolgsbegriffs *kann dieser aber letztlich nur negativ bestimmt werden.* Möglicher Erfolg des Werkvertragsrechts ist jeder, der nicht schon durch das Gesetz einem anderen Vertragstyp zugewiesen ist. So könnte es zB als werkvertragliche Leistung verstanden werden, dass man Eigentümer einer Sache wird, ungestört wohnt oder sein Eigentum in sicheren Händen weiß, nur hat das Gesetz dies eben als Kauf bzw Schenkung, Miete und Verwahrung ausgestaltet. Vgl insoweit zur Abgrenzung Vorbem 18 ff zu §§ 631 ff. Die vertraglich angestrebten Ziele sind bei Auftrag und Maklervertrag mit denen des Werkvertrages überhaupt identisch; die Abgrenzung gegenüber dem Auftrag kann nur nach dem Kriterium der Entgeltlichkeit erfolgen (vgl Vorbem 44 ff zu §§ 631 ff), gegenüber dem Maklervertrag danach, dass dort der Erfolg nicht geschuldet wird (vgl Vorbem 70 ff zu §§ 631 ff).

c) Bestimmtheit des Erfolges

Die Bestimmtheit des von dem Unternehmer geschuldeten Erfolges kann *von unterschiedlicher Intensität* sein. Er ist weithin konkret festgelegt, zB durch eine Planung des Bestellers (bzw seines Architekten), braucht dies aber nicht zu sein. So können zB auch nur *bestimmte Grenzwerte* festgelegt sein, zB eine Finanzierung, die eine bestimmte Kostenbelastung nicht überschreitet. Es widerspricht dem werkvertraglichen Charakter einer Vereinbarung aber auch nicht, wenn das *Ziel der Tätigkeit* des Unternehmers *einstweilen noch offen ist.* Das gilt namentlich für die Planung des Architekten, an deren Ende eine optimale Lösung der Probleme zu stehen hat, die sich aus Wünschen, Bedürfnissen und Möglichkeiten des Bauherrn ergeben. Zweifel an der Wirksamkeit des Vertrages ergeben sich aus dieser Unsicherheit nicht, auch nicht aus einer funktionalen Leistungsbeschreibung, die den Umfang des zu Leistenden nicht zuverlässig erkennen lässt (vgl BGH Schäfer/Finnern/Hochstein § 9 VOB/A [1973] Nr 5). 7

d) Ermittlung des Erfolges

Die Vereinbarung des zu erreichenden Erfolges ist Sache der Parteien. In den Grenzen der §§ 134, 138 BGB kann dies jeder beliebige sein. 8

aa) Diese Vereinbarung kann und wird vielfach in der Form einer **Leistungsbeschreibung** erfolgen. Doch ist diese nicht schlechthin verbindlich. Wenn für den Unternehmer Anhaltspunkte dafür bestehen, dass die von dem Besteller erstellte Leistungsbeschreibung bei wörtlicher Ausführung zu einem Werk führen wird, das den berechtigten Erwartungen des Bestellers nicht entspricht, hat er darauf hinzuweisen, wie dies § 4 Abs 3 VOB/B in verallgemeinerungsfähiger Form formuliert (vgl dazu § 633 Rn 62 ff) und schuldet bei Verletzung dieser Hinweispflicht jenes Werk, das der Besteller berechtigterweise erwarten kann, wobei der Besteller nur die damit verbundenen Mehrkosten als sog „Sowieso-Kosten" zu tragen hat. Entsprechendes gilt erst recht, wenn der Unternehmer die Leistungsbeschreibung erstellt hat.

Praktische Bedeutung hat die Leistungsbeschreibung vor allem für die Frage, *welche Leistungen des Unternehmers von der vereinbarten Vergütung abgegolten werden*. Ist zB die Beheizung von Räumen vorgesehen, geht es zu Lasten des Unternehmers, wenn dies nicht spezifiziert ist, aber mehr Heizkörper notwendig werden als man angenommen hatte. Sieht die Leistungsbeschreibung eine konkrete Zahl von Heizkörpern vor, lösen die weiter notwendigen eine Vergütungspflicht des Bestellers aus.

Die Erbringung der Werkleistung bedarf uU ergänzender Maßnahmen, zB der Stellung eines Gerüsts. Ergibt sich hierzu nichts aus der Leistungsbeschreibung, sind bei Vereinbarung der VOB/B die Bestimmungen der VOB/C heranzuziehen, die hierüber Aufschluss geben (zB Zusatzvergütung für das Gerüst ab einer bestimmten Höhe). Ohne Vereinbarung der VOB/B gibt die VOB/C Anhaltspunkte dafür, ob eine Zusatzvergütung für die ergänzenden Maßnahmen iSd § 632 Abs 1 BGB nach den Umständen zu erwarten ist.

9 bb) Wegen der Zukunftsbezogenheit des Werkvertrages kann es bei Durchführung des Vertrages dazu kommen, dass sich Prognosen, die man bei Vertragsschluss angestellt hat, als unzutreffend erweisen, oder dass der Besteller seine Absichten ändert. Dann kann der Unternehmer nach Treu und Glauben gehalten sein, einer *nachträglichen Vertragsänderung* zuzustimmen (vgl dazu § 633 Rn 9 ff zur VOB/B, §§ 650b BGB ff).

10 cc) Die nähere Bestimmung der Leistung kann *einer der Parteien überlassen* bleiben. Dies ist der *Besteller* dort, wo alternative Leistungspositionen vereinbart sind. Es kann und wird sich aber auch häufig aus der Natur der Sache ergeben, dass dies der *Unternehmer* ist. Dies gilt namentlich bei künstlerischen Leistungen, bei denen der Künstler eine seiner Eigenart entsprechende Gestaltungsfreiheit hat und die der Besteller nur dann als mangelhaft ablehnen darf, wenn sie dem Niveau des Künstlers nicht entsprechen, nicht aber schon deshalb, weil sie seinem eigenen Geschmack nicht entsprechen (vgl BGHZ 19, 382). Freilich kann auch die Gestaltungsfreiheit des Künstlers vertraglich beschränkt werden (vgl OLG Karlsruhe Justiz 1974, 123 zu der Vereinbarung bei einem Portrait, dass der Dargestellte „erkennbar sein" müsse).

11 dd) Der von dem Unternehmer geschuldete Erfolg bedarf im Übrigen der Auslegung. Die Vereinbarungen der Parteien sind insbesondere unter Berücksichtigung der Verkehrssitte auszulegen. Dabei kommt es namentlich darauf an, *welchen Erfolg der Besteller redlicherweise erwarten darf*.

(1) Gegenstand der Auslegung muss es dabei zunächst sein, ob überhaupt ein Erfolg und nicht nur eine Tätigkeit geschuldet wird. Wenn sich ein Erfolg als geschuldet ergibt, bedarf dieser der Feststellung in seiner Tragweite. Grundsätzlich will sich der Unternehmer nur zu seiner sachgerechten Leistung verpflichten (Haus, Reparatur, Planung oä), nicht aber auch dazu, dass der Besteller diese Leistung entsprechend seinen Zwecken verwenden kann. Freilich ist die *Übernahme einer entsprechenden Garantie* durch den Unternehmer denkbar. Fehlt es an einer solchen aber, so haftet er für eine Verfehlung der Verwendungszwecke des Bestellers nur im Verschuldensfall, entweder aus § 634 Nr 4 BGB, wenn dies auf einem Mangel des Werkes beruht, oder aus den §§ 280 Abs 1, 241 Abs 2, 311 Abs 2 BGB, wenn der Besteller von dem Unternehmer redlicherweise Aufklärung darüber erwarten durfte, dass das Werk für seine Verwendungszwecke nicht nutzbar sein würde. Der Schaden besteht dann in der Eingehung des Vertrages bzw der unterlassenen Kündigung nach § 648 BGB oder § 648a BGB.

Gegenstand der Auslegung ist sodann die in § 633 Abs 2 BGB geregelte Frage, welche konkreten Eigenschaften das Werk haben muss, damit es nicht mangelhaft erscheint.

(2) Besondere Auslegungsprobleme ergeben sich hinsichtlich der geschuldeten 12 Leistung dann, wenn *es bei Vertragsschluss noch gar nicht feststeht, was der Unternehmer im Ergebnis leisten soll.* Diese Situation kann sich vor allem – aber nicht nur – dann ergeben, wenn durch eine Reparatur Störungen unklarer Ursache beseitigt werden sollen.

Hier kann es sich ergeben, dass der Unternehmer von vornherein beauftragt sein soll, *die Störung durch die geeigneten Maßnahmen zu beseitigen.* Für einen solchen Auftragsumfang spricht es, wenn der Besteller ohne eine Alternative auf eine Abstellung der Störung angewiesen ist, ferner, wenn über die Kosten ausnahmsweise pauschal abgerechnet werden soll, oder bei konkreter Abrechnung über die Kosten, wenn diese im erwarteten Rahmen bleiben, und wenn zusätzlich die zu ergreifenden Maßnahmen ohne eine sinnvolle Alternative sind.

Hier kann es sich aber auch ergeben, dass der Unternehmer sich zunächst auf *eine Klärung der Ursachen* zu beschränken und weitere Entschließungen des Bestellers abzuwarten hat (vgl LG Stuttgart VuR 1990, 33). Das ist namentlich dann der Fall, wenn besonders hohe oder unübersichtliche Kosten zu gewärtigen sind oder wenn es mehrere sinnvolle Alternativen gibt, weiter vorzugehen.

Ob dann die Klärung der Störungsursachen noch im vorvertraglichen Bereich verbleibt oder schon eine eigene vergütungspflichtige Werkleistung darstellt, richtet sich mangels konkreter Absprachen nach den Kriterien des § 632 Abs 1 BGB. Maßgebliches Gewicht kommt insoweit den mit der Untersuchung verbundenen Kosten zu.

(3) Dazu, dass die *Erarbeitung eines Vertragsangebots* trotz der damit verbundenen Kosten gemeinhin noch nicht als eine (vergütungspflichtige) Werkleistung zu verstehen ist, vgl § 632 Rn 109 zu § 632 Abs 3 BGB.

e) Schulden des Erfolges

Dass der Unternehmer die Herbeiführung des Erfolges schuldet bzw in der Ausdrucksweise des § 631 Abs 1 BGB zu ihr verpflichtet ist, bedeutet, dass er „*im ersten Anlauf*" gehalten ist, alle nur denkbaren Maßnahmen zu ergreifen, die geeignet sind, den Erfolg eintreten zu lassen, soweit nicht einer der Fälle des § 275 BGB vorliegt. Hiervon befreit es ihn nur, wenn sich nachträglich unerwartete Hindernisse auftun, die sich als eine Störung der Geschäftsgrundlage darstellen; dann kann allerdings eine – auch preisliche – Anpassung des Vertrages geboten sein. Wenn der Erfolg zwar grundsätzlich eingetreten ist, aber doch nicht voll vertragsgemäß und damit mangelhaft, hat der Unternehmer im Rahmen seiner Nachbesserungspflicht nach § 634 Nr 1 BGB „im zweiten Anlauf" alle Maßnahmen zu ergreifen, die geeignet sind, den Erfolg endgültig (mangelfrei) herbeizuführen, ohne doch mit einem unverhältnismäßigen Aufwand verbunden zu sein, § 635 Abs 3 BGB.

Im Falle der Verfehlung des geschuldeten Erfolges erhält der Unternehmer keine Vergütung bzw nur eine entsprechend herabgesetzte, vgl §§ 323, 644, 634 Nr 3 BGB. Dagegen hat er für Schäden, die die Verfehlung des geschuldeten Erfolges bei dem Besteller verursacht, grundsätzlich nur im Verschuldensfall einzustehen, vgl §§ 280, 281, 283, 634 Nr 4, 276 BGB.

2. Tätigkeit

14 § 631 Abs 1 BGB verpflichtet den Unternehmer zur „**Herstellung**" des Werkes, und Abs 2 der Bestimmung erläutert dies näher dahin, dass seine Aufgabe eine „Arbeits oder Dienstleistung" ist, was sprachlich nicht nur auf die Herbeiführung eines anderen Erfolges zu beziehen ist, sondern auch schon auf die Herstellung oder Veränderung einer Sache.

a) Allgemeines

Die damit statuierte *Tätigkeitspflicht* des Unternehmers ist zunächst relevant in der Abgrenzung des Werkvertrages vom Kauf (vgl dazu Vorbem 18 ff zu §§ 631 ff, § 650 Rn 5 ff, 19 ff). Ihr kommt jedoch im Übrigen *nur eine untergeordnete Bedeutung* gegenüber dem von dem Unternehmer geschuldeten Erfolg zu: Die Tätigkeitspflicht vermag für sich allein einen Vertrag noch nicht zu einem Werkvertrag zu machen. Gleichzeitig erhält der Unternehmer für seine schlichte Tätigkeit auch keine Vergütung, wenn nicht der geschuldete Erfolg eintritt, von den Ausnahmen des § 645 BGB abgesehen (vgl § 645). Umgekehrt wird die Vergütung für den Erfolg geschuldet. Die für diesen notwendige Tätigkeit hat für die Bemessung der Vergütung allenfalls kalkulatorische Bedeutung, sofern nicht nach Aufwand abzurechnen ist. Gleichzeitig *sichert der Eintritt des Erfolges dem Unternehmer die Vergütung,* mag seine Tätigkeit auch nur minimal gewesen sein oder ohne Kausalität für den Eintritt des Erfolges, weil diesen ein Dritter – nach § 267 BGB – herbeigeführt hat.

b) Subsidiarität der Tätigkeitspflicht

15 Diese Subsidiarität der Tätigkeit gegenüber dem Erfolg hat mehrfache praktische Auswirkungen.

(1) Wenn der Unternehmer nicht leistet, kann er nur auf den versprochenen Erfolg verklagt und zu diesem verurteilt werden (vgl § 633 Rn 3); *Gegenstand von Klage und Urteil* können nicht die für den Erfolg notwendigen Tätigkeiten sein, mögen diese auch eindeutig zu bestimmen sein.

(2) Sofern der Erfolg auf verschiedenen Wegen herbeigeführt werden kann, ist der Unternehmer in der Wahl der Arbeitsmethode frei (vgl § 633 Rn 54 ff).

(3) Der Unternehmer ist grundsätzlich auch frei in der *zeitlichen Einteilung seiner Arbeiten*. Dies bedarf allerdings der sachgerechten Einschränkung, soweit dadurch die fristgerechte Herbeiführung des Erfolges überhaupt gefährdet wird (vgl § 633 Rn 124), oder sonstige schützenswerte Belange des Bestellers (vgl § 633 Rn 125).

(4) Der *Eintritt des geschuldeten Erfolges* bzw seine Abnahme durch den Besteller ist für die Vergütung des Unternehmers maßgeblich, nicht die Tätigkeit des Unternehmers. Zunächst entsteht die Zahlungspflicht des Bestellers überhaupt nur dann, wenn das vollendete Werk abgeliefert wird, vgl §§ 641, 650g Abs 4, 644 BGB. Die schlichte – aber erfolglose – Tätigkeit des Unternehmers kann nur unter den engen Voraussetzungen des § 645 BGB eine Zahlungspflicht des Bestellers auslösen. Sodann ist der Werklohn auch in seiner Höhe davon abhängig, ob und inwieweit der geschuldete Erfolg eingetreten ist, vgl §§ 634 f, 644 BGB. Endlich wird der Werklohn an dem zu erzielenden Erfolg ausgerichtet; die dazu notwendige Tätigkeit ist regelmäßig nur einer von mehreren Bemessungsfaktoren, kann allerdings ausnahmsweise – beim Stundenlohnvertrag (vgl § 632 Rn 10 ff) – auch unmittelbar zum Maßstab der Vergütung gemacht werden.

c) Regelung der Tätigkeit

Die *Einzelheiten der Tätigkeit des Unternehmers sind im Gesetz,* obwohl von erheblicher praktischer Bedeutung, *praktisch kaum geregelt;* auch das aktuelle Bauvertragsrecht ändert daran nichts. Die §§ 642, 643 BGB sprechen Fragen an, die sich ergeben, wenn der Besteller eine notwendige Mitwirkung verweigert. Im Gegensatz zu dieser kargen Regelung stehen die *detaillierten Bestimmungen der VOB/B,* namentlich die §§ 3 (Ausführungsunterlagen), 4 (Ausführung), 5 (Ausführungsfristen), 6 (Behinderung und Unterbrechung der Leistung). Weil sie weithin nur das konkretisieren, was ohnehin aus dem Grundsatz von Treu und Glauben gefolgert werden kann, *kann vielfältig auf sie zurückgegriffen werden.* Das gilt nicht nur bei Bauleistungen, bei denen die Vereinbarung der VOB/B unterblieben ist, sondern *durchaus auch bei Werkleistungen anderer Charakters;* die Einzelheiten hierzu sind jeweils im Zusammenhang dargestellt (vgl zu 3 VOB/B § 633 Rn 15 ff, zu § 4 VOB/B § 633 Rn 30 ff, zu § 5 VOB/B § 633 Rn 128 ff, zu § 6 VOB/B § 642 Rn 42 ff).

16

3. Verschaffung des Werkes

Neben der in § 631 Abs 1 BGB genannten Herstellung des Werkes steht die in § 633 Abs 1 BGB genannte Verschaffung des Werkes. Ob sie nach den Vorstellungen des Gesetzgebers als Teil der Herstellung zu verstehen ist (so BGB-RGRK/GLANZMANN Rn 13 zur Ablieferung des bisherigen Rechts), erscheint zweifelhaft, weil sie näher noch mit dem Eintritt des Erfolges zusammenhängt. Außerdem ist sie im Gegensatz zur Herstellung des Werkes eine *unmittelbar einklagbare Pflicht* des Unternehmers.

17

Die Verpflichtung zur Verschaffung besteht in Bezug auf das fertige Werk; die Verschaffung des unfertigen Werkes kann der Besteller nur im Falle der Kündigung verlangen (vgl BGB-RGRK/GLANZMANN Rn 13). Zu verschaffen ist nach § 640 BGB das vertragsgemäße mangelfreie Werk (vgl BGB-RGRK/GLANZMANN Rn 15). Bei Mängeln kann der Besteller die Abnahme verweigern (vgl § 640 Rn 35) und – unabhängig von der Abnahme – die Beseitigung verlangen, §§ 281 Abs 1, 634 Nr 1 BGB.

a) Stellung der Verschaffungspflicht

Die Verschaffung steht im *Synallagma* mit der Zahlung der Vergütung, wie § 641 BGB zeigt (vgl BGHZ 50, 177; 61, 62; BGB-RGRK/GLANZMANN Rn 13). Sie ist eine *Hauptpflicht* des Unternehmers, auf die die §§ 320 ff BGB ohne Besonderheiten anzuwenden sind; insbesondere erstreckt sich die Vorleistungspflicht des Unternehmers hinsichtlich der Herstellung des Werkes nicht mehr auf sie, anders jetzt nach § 650g Abs 4 BGB beim Bauvertrag.

b) Art der Verschaffung

18 Entsprechend dem weit gespannten Kreis der möglichen werkvertraglichen Leistungen kann der Kreis der im Rahmen der Verschaffung geschuldeten Leistungen stark differieren. Der Unternehmer schuldet dem Besteller zunächst das *Eigentum an dem Werk,* sofern es nicht schon kraft Gesetzes auf diesen übergeht, vgl auch § 650 Abs 1 S 1 BGB aF (und hier § 633 Rn 147 ff), oder die *sonstige Rechtsinhaberschaft,* sodann ganz allgemein das, was im römischen Kaufrecht mit *uti frui habere* umschrieben wurde, dh den ungestörten Genuss des Werkes. Dazu wird weithin die *Besitzverschaffung* gehören, zB die Übergabe oder Rückgabe von Schlüsseln, vgl auch § 650 Abs 1 S 1 BGB, dann aber vor allem auch, soweit dies nach Vereinbarung oder Verkehrssitte erwartet werden kann, eine *Einweisung* in das Werk, seine Besonderheiten und seinen Gebrauch, also ggf eine Gebrauchsanweisung und ergänzend/oder eine nähere Erläuterung, der *Hinweis auf Gefahren,* die für das Werk bestehen oder von diesem ausgehen, etc; Letzteres ist eine Nebenpflicht iSd § 241 Abs 2 BGB.

Die Verschaffung des Werkes ist *nicht identisch mit seiner Vollendung* und auch nicht mit seiner *Abnahme,* schon weil Letztere von dem Besteller vorzunehmen ist. Sie ist auch mehr als das bloße Spiegelbild der Abnahme, weil einerseits eine Billigung des Werkes zu ihr nicht gehört, sie sich andererseits in der bloßen Besitzverschaffung nicht erschöpft.

II. Zukunftsbezogenheit des Werkvertrages

19 § 631 BGB ergibt, dass dem Werkvertrag ein stark *zukunftsgerichtetes* Element innewohnt, wenn Gegenstand des Vertrages grundsätzlich eine künftige Leistung des Unternehmers ist.

1. Keine Begriffsnotwendigkeit

Begriffsnotwendig für den Werkvertrag ist diese Ausrichtung auf die Zukunft freilich nicht. Auch bei Verträgen über bereits fertige Sachen kann Werkvertragsrecht zugrunde gelegt werden, zB um § 637 Abs 1, 3 BGB unzweifelhaft anwendbar sein zu lassen, oder in Bezug auf die Wahlrechte nach den §§ 439 Abs 1, 635 Abs 1 BGB. Das ist auch in AGB der einen oder der anderen Seite unbedenklich zulässig.

2. Auswirkungen der Zukunftsbezogenheit

20 Aus der gemeinhin gegebenen Zukunftsbezogenheit des Werkvertrages ergibt sich:

a) Dem Besteller, nicht dem Unternehmer, ist ein *erleichtertes Kündigungsrecht in § 648 BGB* eingeräumt.

b) Beide Seiten können den Vertrag aus wichtigem Grunde kündigen, § 648a BGB.

Leistungsstörungen, die nach allgemeinen Grundsätzen zur vollständigen Rückabwicklung des Vertrages durch Rücktritt oder Schadensersatz statt der ganzen Leistung führen müssten, können auf die *Zukunft beschränkt* werden, sodass über die bisher erbrachten Leistungen „normal" abzurechnen ist.

c) Der Besteller kann im Rahmen des dem Unternehmer Zumutbaren verlangen, dass das *Werk anders, erweitert oder auch nur eingeschränkt ausgeführt wird* (vgl dazu § 633 Rn 9 ff), vgl im Bauvertrag § 650b BGB. Dies hat ggf Rückwirkungen auf die Vergütung (vgl § 632 Rn 75 ff), im Baubereich § 650c Abs 1 BGB.

Bei sich ergebenden Problemen der Vertragsdurchführung sind beide Parteien gehalten, kooperativ im Verhandlungswege eine Lösung zu suchen (BGH NJW 2000, 807); die Verweigerung kann einen Kündigungsgrund abgeben.

d) Dagegen kann der Unternehmer eine Anpassung der Preise an die sich im Laufe des Vertrages ändernden Verhältnisse grundsätzlich nicht verlangen, es sei denn, es sei ausnahmsweise die Geschäftsgrundlage des Vertrages gestört. Natürlich wirken sich Änderungen, Erweiterungen oder Einschränkungen des Werkes auf seinen Vergütungsanspruch aus (vgl wiederum § 632 Rn 75 ff, ferner § 650c). Soweit der Unternehmer Preisgleitklauseln in seinen AGB vorsieht, ist § 309 Nr 1 BGB zu beachten. Ggf können ihm zusätzliche Vergütungsansprüche aus Behinderungen bei der Erstellung des Werkes erwachsen (vgl dazu § 642 Rn 42 ff).

III. Parteien des Werkvertrages

1. Unternehmer

Das Gesetz bezeichnet denjenigen, der die Werkleistung zu erbringen hat, als Unternehmer; die VOB spricht – sinngleich – von dem **Auftragnehmer**. 21

a) Anforderungen an den Unternehmer

Unternehmer kann grundsätzlich *jede natürliche oder juristische Person* sein. Besonderen formalen Qualifikationen braucht sie nicht zu genügen, sofern sich diese nicht ausnahmsweise aus der Art der zugesagten Tätigkeit ergeben; freilich kann sich für den Besteller ggf eine Anfechtungsmöglichkeit nach den §§ 119 Abs 2, 123 BGB ergeben, sofern eine bestimmte formale Qualifikation – zB die als Architekt – nach der Verkehrsauffassung zu erwarten gewesen war. Allerdings muss der Unternehmer in der Sache *für die versprochene Werkleistung qualifiziert sein;* fehlt es daran, können sich wiederum Anfechtungsmöglichkeiten aus den §§ 119 Abs 2, 123 BGB ergeben, außerdem auch Schadenersatzansprüche des Bestellers aus den §§ 280 Abs 1, 241 Abs 2, 311 Abs 2 BGB, die freilich hinter die §§ 633 ff BGB zurücktreten, sofern die mindere Befähigung zu Mängeln der Werkleistung geführt hat.

Auf die *Gewerblichkeit* der Tätigkeit kommt es für die Eigenschaft als Unternehmer nicht an, wenn sie auch *die Regel* bildet und als solche namentlich die an den Unternehmer zu stellenden Anforderungen prägt.

b) Kaufmannseigenschaft

Während unter Geltung des § 1 Abs 2 HGB aF der Unternehmer grundsätzlich nicht 22 als solcher schon die Kaufmannseigenschaft hatte, weil werkvertragliche – namentlich handwerkliche – Tätigkeiten nicht in den Katalog des § 1 Abs 2 HGB aF fielen, kommt ihm diese unter den Voraussetzungen des § 1 Abs 2 HGB nF zu: Auch das Handwerk ist danach Gewerbe/*Handelsgewerbe,* zB im Baubereich, wobei es freilich oft an dem Erfordernis eines in kaufmännischer Weise eingerichteten Geschäftsbetriebs, § 1 Abs 2 HGB, fehlen wird. Auch dann besteht aber immer noch die Möglichkeit der konstitutiven Eintragung in das Handelsregister nach § 2 HGB.

Für den Besteller ist diese weitreichende Unterstellung unter das HGB insbesondere von Bedeutung für die Vertretung des Unternehmers (Prokura, Handlungsvollmacht, § 56 HGB) und für die Behandlung von unter gemeinsamer Firma agierenden Unternehmern nach den Regeln der oHG. Auch werden die allgemeinen Vorschriften über Handelsgeschäfte der §§ 343 ff HGB anwendbar.

Der Schutz des Werkunternehmers gegenüber AGB des Bestellers ist unabhängig von seiner Kaufmannseigenschaft nach Maßgabe des § 310 Abs 1 BGB reduziert, sofern er denn nur gewerblich oder selbständig beruflich handelt, § 14 BGB.

Von der Anwendbarkeit des HGB ausgenommen bleiben die freien Berufe; § 14 BGB erfasst auch sie.

c) Mehrheit von Unternehmern

23 Weil insbesondere größere Aufträge den einzelnen quantitativ oder kompetenzmäßig überfordern können, schließen sich nicht selten mehrere Unternehmer zur gemeinsamen Erbringung von Werkleistungen zusammen.

aa) Das kann zunächst in der Weise geschehen, dass sich ein Unternehmer im Rahmen einer *Innengesellschaft* an dem einem anderen erteilten Auftrag beteiligt. Dann bleibt dieser letztere im Außenverhältnis zum Besteller allein berechtigt und verpflichtet. Das Innenverhältnis der beiden Unternehmer richtet sich nicht nach den §§ 631 ff BGB, sondern nach Gesellschaftsrecht. Soweit die §§ 631 ff BGB dispositiv sind, ist dagegen nichts zu erinnern. Freilich kann auf diese Weise die Bauhandwerkersicherung des § 650f BGB nicht ausgeschaltet werden, vgl dessen Abs 7.

24 **bb)** Üblicher ist es namentlich in der Bauwirtschaft, auch nach außen hin gemeinschaftlich aufzutreten. Dann kommt es zu einer sog **Arbeitsgemeinschaft (ARGE)**, für die vom Hauptverband der deutschen Bauindustrie eV und dem Zentralverband des deutschen Baugewerbes eV ein weithin verwendeter Mustervertrag entwickelt worden ist, zuletzt neu gefasst 2005.*

---

* **Schrifttum**: BARNER, Die Arbeitsgemeinschaft in der Bauwirtschaft als besonderer gesellschaftsrechtlicher Typus (Diss Mannheim 1971); BURCHARDT/PFÜLB, ARGE-Kommentar (4. Aufl 2006); L FISCHER, Die Gesellschaft bürgerlichen Rechts (1977) 190 ff; FAHRENSCHON/BRODBECK/BURCHARDT/KAPPERT/REHM/RENAUER, ARGE-Kommentar (2. Aufl 1982, Ergänzungsband 1990); INGENSTAU/KORBION, VOB Anh 2 Rn 36 ff; JAGENBURG/SCHRÖDER, Der ARGE-Vertrag (3. Aufl 2012); KLEINE-MÖLLER, Bauarbeitsgemeinschaften, in: Münchener Handbuch des Gesellschaftsrecht Bd 1 (1995) § 20; KNIGGE, Die Abstellung von Arbeitnehmern an eine baugewerbliche Arbeitsgemeinschaft (Diss Freiburg 1976); KOPAL/KUHNEN, Die Geschäftsführung der Arbeitsgemeinschaft in der Bauwirtschaft (1968); KORNBLUM, Rechtsfragen der Bau-Arge, ZfBR 1992, 9; KRAUSE-ALLENSTEIN, Die Bau-ARGE – Haftung, Sicherheiten, Versicherung im Innen- und Außenverhältnis, BauR 2007,

§ 631

(1) Dabei handelt es sich um eine *Gesellschaft bürgerlichen Rechts* iSd §§ 705 ff BGB, nicht um eine offene Handelsgesellschaft (aA JOUSSEN BauR 1999, 1063), weil die Zusammenarbeit nämlich auf dieses eine Objekt ausgerichtet und nicht auf Dauer ausgelegt ist. Aktive und passive Parteifähigkeit besteht jedenfalls (BGH NJW 2001, 1056).

(2) Ihr oberstes Organ ist die in § 6. 4 MV-ARGE als Aufsichtsstelle bezeichnete Gesellschafterversammlung. Für den Geschäftsbetrieb werden eine technische und eine kaufmännische Geschäftsführung bestellt, §§ 7, 8 MV-ARGE, die die ARGE einzeln nach außen hin vertreten, §§ 7. 2, 8. 2 ARGE. Die Geschäftsführer erhalten eine Sondervergütung, § 10. 1 MV-ARGE. Die einzelnen Mitglieder der ARGE erbringen ihre Beiträge durch Beistellung von Personal, Gerätschaften und Material. Verbreitet ist es allerdings, dass die ARGE als sog *Dach-ARGE* die von ihr dem Besteller geschuldete Leistung in Lose aufteilt und insoweit wiederum Werkverträge mit ihren einzelnen Gesellschaftern abschließt, wobei natürlich auch dritte Unternehmer beauftragt werden können.

(3) Für Pflichtwidrigkeiten ihrer Geschäftsführer oder sonstiger Gesellschafter haftet die ARGE nach § 31 BGB. Für deren eigene Verbindlichkeiten haften die Gesellschafter in entsprechender Anwendung des § 128 HGB. Kommt es zu Fehlleistungen, die einem einzelnen Gesellschafter zuzurechnen sind, hat die Dach-ARGE ihm gegenüber die Rechte aus § 634 BGB. Hat dieser sonst als Gesellschafter einen Mangel verursacht, unterliegt er insoweit einer sofort fälligen Nachschusspflicht.

(4) Wird von dem gemeinsamen Besteller ein Gesellschafter in Anspruch genommen, der intern für diesen Mangel nicht verantwortlich ist, gilt § 110 HGB entsprechend. Er hat also nach eigener Leistung an den Besteller einen Erstattungsanspruch gegen die ARGE, vorher einen Freihaltungsanspruch gegen diese. Wegen der entsprechenden Anwendung des § 128 HGB entsteht unter den Gesellschaftern ein Gesamtschuldverhältnis. Der interne Ausgleich nach § 426 Abs 1 BGB ist freilich subsidiär gegenüber dem Anspruch gegen die ARGE entsprechend § 110 HGB.

(5) Die ARGE leitet Zahlungen ihres Bestellers umgehend an ihre Gesellschafter anteilig weiter. Daraus kann ihr dann ein Rückzahlungsanspruch erwachsen, der durch Rückzahlungsbürgschaften abgesichert wird, weil nämlich der entsprechende Gesellschafter insolvent geworden sein kann.

(6) Der einzelne Gesellschafter kann einvernehmlich ausscheiden, aus wichtigem Grund kündigen bzw aus wichtigem Grund ausgeschlossen werden. Zwangsläufig scheidet er durch die Eröffnung eines Insolvenzverfahrens über sein Vermögen aus, § 23. 4 MV-ARGE. In allen Fällen des Ausscheidens eines Gesellschafters wird die ARGE fortgesetzt, § 24. 1 Abs 1 MV-ARGE.

617; MESSERSCHMIDT/THIERAU, Konsortium und faktische BGB-Gesellschaft am Bau, NZBau 2007, 679; K SCHMIDT, Gesellschaft bürgerlichen Rechts 453 ff, 515 ff, in: Gutachten und Vorschläge zur Überarbeitung des Schuldrechts, Bd III (1983); THIERAU/MESSERSCHMIDT, Die Bau-ARGE, NZBau 2007, 129, 204; ZERHUSEN/NIEBERDING, Der Muster-ARGE-Vertrag des Hauptverbandes der deutschen Bauindustrie, BauR 2006, 296.

25 cc) *Intern* gelten die Grundsätze über die *Gesellschaft Bürgerlichen Rechts,* die mithin weithin der freien Vereinbarung der Beteiligten unterliegen, jedenfalls in der Bauwirtschaft aber üblicherweise an dem o Rn 24 genannten Mustervertrag ausgerichtet werden.

26 dd) Von der gemeinsamen Unternehmerstellung mehrerer ist der Fall zu unterscheiden, dass ein Unternehmer einem anderen für die Erledigung von dessen Auftrag *Arbeitskräfte und/oder Maschinen überlässt.* Hier kommt der Werkvertrag des endgültigen Auftraggebers nur mit dem die Arbeitskräfte oder Maschinen übernehmenden Unternehmer zustande; dieser haftet ggf für die überlassenen Arbeitskräfte nach § 278 BGB. Wie sich die Rechtsbeziehungen zwischen den beiden Unternehmern gestalten, hängt maßgeblich von den getroffenen Vereinbarungen ab, vgl auch BAG NJW 1979, 2636; BGH NJW 1980, 453: Um einen Dienstvertrag (bzw Miete) handelt es sich, wenn das Direktionsrecht auf den „Entleiher" übergeht, andernfalls um einen Werkvertrag. Letztlich kommt es wiederum auf die übliche Unterscheidung an, ob eine Tätigkeit oder ein Erfolg geschuldet wird (vgl dazu Vorbem 26 ff zu § 631). Die Beurteilung der Beziehungen zwischen den Unternehmern ist nicht präjudiziell für die Beurteilung der arbeitsrechtlichen Beziehungen zu den überlassenen Arbeitskräften und die nach dem AÜG zu beurteilende Zulässigkeit der Überlassung.

d) Parallel arbeitende Unternehmer

27 Möglich und verbreitet ist es, dass der Besteller nebeneinander mehrere Unternehmer kraft gesonderter Werkverträge beschäftigt; dies kann sich namentlich im Baubereich hinsichtlich der unterschiedlichen Gewerke ergeben.

aa) Die *Beziehungen der einzelnen Unternehmer zu dem Besteller* beurteilen sich dann allein nach dem jeweils mit dem Besteller abgeschlossenen Vertrag. Insbesondere hat ein Unternehmer für den anderen nicht nach § 278 BGB einzustehen. Soweit er auf den Leistungen des anderen aufbauen soll, hat er freilich zu überprüfen, ob diese dafür eine geeignete Grundlage bilden (vgl zu den verallgemeinerungsfähigen Grundsätzen des § 4 Abs 3 VOB/B § 633 Rn 62 ff). Verstöße gegen diese Pflicht begründen den Vorwurf eigenen Verschuldens und können überhaupt auch schon die eigene Leistung als mangelhaft erscheinen lassen (vgl dazu Anh I zu § 638 Rn 10).

Umgekehrt haftet auch der Besteller dem einen Unternehmer *nicht nach § 278* BGB für den anderen, sofern dieser Rechtsgüter des ersteren verletzt. Wenn der andere Unternehmer seine Leistung mangelhaft oder verspätet erbringt, sodass der erste Unternehmer in seiner Leistung behindert wird, gerät der Besteller dadurch allerdings regelmäßig seinerseits in Annahmeverzug (vgl § 642 Rn 88).

28 bb) *Vertragliche Beziehungen zwischen den einzelnen Unternehmern* bestehen nur ausnahmsweise, wenn sie besonders begründet werden. Gegenüber der Annahme solcher Vereinbarungen ist aber Zurückhaltung geboten; sie müssen mit hinreichender Deutlichkeit zum Ausdruck kommen. Abreden, die der bloßen Koordinierung der jeweiligen Leistung dienen, reichen dazu nicht aus. Auch die Übernahme von Leistungen des anderen wird sich weithin im Bereich der bloßen Gefälligkeit bewegen; wesentliches Indiz für einen rechtlichen Bindungswillen ist die Vereinbarung von Entgelten. Insgesamt gelten die allgemeinen Grundsätze für die Abgrenzung von Rechts- und Gefälligkeitsverhältnissen.

Die Verträge des Bestellers mit den einzelnen Unternehmern sind grundsätzlich **29** auch *nicht als Verträge mit Schutzwirkung für den jeweils anderen* zu verstehen. Insofern ist ein Unternehmer bei einer Schädigung durch den anderen im direkten Verhältnis in aller Regel auf deliktische Ansprüche beschränkt. Insoweit wird es vor allem bei einer *Schädigung der Werkleistung* weithin an einem verletzten Rechtsgut iSd § 823 Abs 1 BGB fehlen, da der geschädigte Unternehmer nicht mehr Eigentümer zu sein braucht und sein Besitz an der Werkleistung nur ausnahmsweise in seinem Schutzbereich das volle Schadensinteresse umfasst. Es hat dann der Besteller im Wege der *Drittschadensliquidation* den Schaden des Unternehmers einzufordern, vgl § 644 Rn 10; der geschädigte Unternehmer kann die Abtretung der diesbezüglichen Ansprüche verlangen (vgl Soergel/Teichmann Rn 4).

cc) Im Einzelfall kann ein Unternehmer aber auch dem Besteller gegenüber für **30** den anderen Unternehmer einzustehen haben. Es bleibt dann freilich immer bei einer Haftung für Eigenverschulden.

(1) Eine *Haftung für culpa in eligendo* mit der Anspruchsgrundlage der §§ 280 Abs 1, 241 Abs 2 BGB ergibt sich zunächst, wenn der eine Unternehmer dem Besteller zur Beauftragung eines bestimmten anderen Unternehmers geraten hat. Zwar braucht er sich grundsätzlich nicht darum zu kümmern, wen der Besteller zusätzlich beauftragt, aber wenn er dies tut, hat dies mit der gehörigen Sorgfalt zu geschehen.

Die Benennung eines geeigneten anderen Unternehmers wird dann von dem Unternehmer geschuldet, wenn er den Auftrag oder Teile von ihm zurückgegeben hat, weil er sich – aus kapazitären Gründen oder wegen unerwarteter sachlicher Überforderung – zur eigenen Durchführung außerstande sieht. Der Besteller braucht sich darauf nicht einzulassen; wenn er es tut, darf er die Benennung eines qualifizierten Unternehmers erwarten.

Zur Haftung für culpa in eligendo kommt es auch, wenn er in mittelbarer Stellvertretung für den Besteller ihn mit Aufgaben betraut, die er selbst nicht schuldet (vgl BGH NJW 1997, 2173, 2174 [zum Verhältnis Architekt/Bodengutachter]). Allein aus der Vergabe im eigenen Namen ist der Wille nicht zu schließen, selbst zu schulden (und dann nach § 278 BGB zu haften).

(2) Im Einzelfall kann sich ein Unternehmer auch dem Besteller gegenüber ver- **31** pflichten, *die Tätigkeit eines anderen Unternehmers zu überwachen* (vgl BGHZ 149, 57, 61). Das ist grundsätzlich gesondert *vergütungspflichtig,* wie § 632 Abs 1 BGB ergibt; die Höhe der Vergütung ist mangels konkreter Absprachen nach § 632 Abs 2 BGB zu beurteilen. Welche Pflichten dem Unternehmer hier zufallen, kann nur eine Auslegung der getroffenen Vereinbarungen ergeben. Auch hier haftet der Unternehmer nur für *Eigenverschulden.* Da seine Stellung hier der eines Architekten angenähert ist, wird als Anspruchsgrundlage wie dort (vgl Anh §§ 650p ff Rn 28 ff) § 634 Nr 4 BGB heranzuziehen sein.

e)   Haupt- und (Sub-)Nachunternehmer
aa) Der Unternehmer kann die geschuldeten Leistungen selbst bzw durch den **32** eigenen Betrieb erbringen; notwendig ist dies nicht, vielmehr kann er auch eigene

Werkverträge über Teile der Leistungen mit weiteren Unternehmern abschließen. Letztere werden dann gemeinhin als **Sub- oder Nachunternehmer** bezeichnet; er selbst als Hauptunternehmer. Dabei macht es keinen Unterschied, ob der Hauptunternehmer selbst die gesamte vorgesehene Leistung zu erbringen hat – dann ist er Generalunternehmer oder Totalunternehmer – oder nur Teile davon.

33 bb) *Alleiniger Vertragspartner des Bestellers* ist – und bleibt – *der Hauptunternehmer* (vgl BGH BauR 1974, 134; INGENSTAU/KORBION Anh 2 Rn 127); vertragliche Beziehungen zwischen dem Subunternehmer und dem Besteller werden nicht begründet. Insbesondere ist sein Vertrag mit dem Subunternehmer *nicht als Vertrag mit Schutzwirkung für den Besteller* zu verstehen (**aA** SCHLECHTRIEM ZfBR 1983, 102; wie hier INGENSTAU/KORBION Anh 2 Rn 127; OLG Hamm NJW-RR 2007, 736 = BauR 2007, 562), sodass Haupt- und Subunternehmer dem Besteller auch nicht als Gesamtschuldner haften (vgl BGH NJW 1981, 1779 = LM VOB/B § 13 [A] Nr 9). Möglich ist nur eine *Abtretung der Ansprüche gegen den Subunternehmer an den Besteller* (vgl DOERRY ZfBR 1982, 192). Unmittelbare vertragliche Beziehungen zwischen dem Subunternehmer und dem Besteller entstehen auch nicht schon dann, wenn direkt zwischen ihnen abgerechnet werden soll (vgl BGH WM 1974, 197, 198).

34 cc) Das schließt es nicht aus, *dass der Besteller dem Subunternehmer direkt (weitere) Aufträge erteilt*. Doch muss der Besteller dafür einen entsprechenden *Bindungswillen* haben, an dem es fehlt, wenn er davon ausgehen kann oder – für den Subunternehmer ersichtlich – davon ausgeht, dass er diese Leistung schon von dem Hauptunternehmer beanspruchen kann. Auch dann beschränken sich die Rechte des Bestellers gegenüber dem Subunternehmer auf die Rechte aus diesen Zusatzverträgen (**aA** OLG Schleswig NJW-RR 1998, 1551).

Insofern kann grundsätzlich auch das *bloße Anfordern bestimmter* Leistungen durch den Besteller von dem Subunternehmer nicht als eine direkte Beauftragung gewertet werden, selbst wenn man berücksichtigt, dass es *nicht Sache des Bestellers ist, direkt den Subunternehmer anzusprechen,* und er sich hierdurch uU dem Hauptunternehmer aus den §§ 280 Abs 1, 241 Abs 2 BGB schadensersatzpflichtig machen kann. Es kann von dem Subunternehmer erwartet werden, dass er für direkte Aufträge die nötige Klarheit schafft. Anlass für die direkte Beauftragung des Subunternehmers kann die Insolvenz des Hauptunternehmers sein (vgl OLG Schleswig NJW-RR 1998, 1551). Indiz für die direkte Beauftragung ist das Abverlangen anderer Leistungen als sie im Hauptvertrag enthalten sind (vgl OLG Koblenz NJW-RR 1996, 919: Ökokleber). Die Reichweite der direkten Gewährleistung des Subunternehmers ist eine Frage der Auslegung (vgl OLG Schleswig NJW-RR 1998, 1551); im Zweifel beschränkt sie sich auf das direkt in Auftrag Gegebene, erfasst nicht die Leistungen des Subunternehmers an den Hauptunternehmer.

Darlegungs- und beweispflichtig für eine direkte Beauftragung ist der Subunternehmer, soweit es um die Vergütung geht; für Gewährleistungsansprüche trifft die Beweislast den Besteller.

Gibt der Besteller aber *Identisches bei Haupt- und Subunternehmer in Auftrag,* muss er doppelt zahlen, wenn der Subunternehmer nun die Leistung an ihn erbringt (**aA** BGH NJW 2007, 3488 = NZBau 2007, 703; NJW 2010, 1282 = NZBau 2010, 307). Beide Unternehmer haben vertragsgemäß geleistet, der eine direkt, der andere mittelbar. Mit seiner Leistung an den Besteller hat sich der Subunternehmer auch nicht etwa seine Leistung an den Hauptunternehmer unmöglich gemacht, diese vielmehr erbracht. Es geht auch nicht an, den Besteller von den Folgen seines törichten Verhaltens zu entlasten. Sollte ihn Vertrauensverlust gegenüber dem Hauptunternehmer motiviert haben, hätte er vorab dieses Vertragsverhältnis kündigen müssen. – In der Konsequenz steht auch dem Subunternehmer gegenüber dem Hauptunternehmer die vereinbarte Vergütung zu.

dd) Die *Beschäftigung von Subunternehmern ist nicht ohne Weiteres zulässig,* vgl 35 die verallgemeinerungsfähigen Grundsätze des § 4 Abs 8 Nr 1 VOB/B (dazu § 633 Rn 108 ff). Sie setzt die *Zustimmung des Bestellers* voraus (Vorbem 51 zu §§ 631 ff; **aA** INGENSTAU/KORBION/OPPLER § 4 Abs 8 Rn 1; MESSERSCHMIDT/VOIT/vRINTELEN § 631 Rn 88), der grundsätzlich auf eine Ausführung im eigenen Betrieb des Unternehmers vertrauen darf, es sei denn, dass der Unternehmer auf Leistungen dieser Art nicht eingerichtet ist und auch nicht eingerichtet zu sein braucht. Mit dem Einsatz eigener Leute ist der Einsatz von Subunternehmern nicht zu vergleichen.

ee) Wenn der Unternehmer zulässigerweise Subunternehmer beschäftigt, ist die 36 *Ausgestaltung der Verträge mit ihnen – namentlich die Gestaltung der Preise – grundsätzlich seine Sache.* § 4 Abs 8 Nr 2 VOB/B sieht allerdings vor, dass insoweit die VOB/B zugrunde gelegt wird (vgl dazu § 633 Rn 108 ff). Hinsichtlich der Einzelheiten der Vertragsgestaltung hat der Besteller *keinen Auskunftsanspruch,* ein solcher besteht nur nach § 241 Abs 2 BGB in Bezug auf Namen und Anschrift des Subunternehmers, vgl insoweit auch § 4 Abs 8 Nr 3 VOB/B (dazu § 633 Rn 112).

ff) Der Hauptunternehmer haftet für das Verschulden des Subunternehmers nach 37 *§ 278 BGB.* Er kann auch im Rahmen der §§ 634a Abs 3, 639 BGB für *dessen Arglist* einzustehen haben (vgl BGHZ 66, 43 = NJW 1976, 516 = JR 1976, 285 m Anm SCHUBERT = LM § 278 BGB Nr 73).

gg) *Maßgeblich für die Beziehungen zwischen dem Haupt- und dem Subunterneh-* 38 *mer ist allein der zwischen ihnen abgeschlossene Vertrag.* Nach diesem beurteilt es sich insbesondere, welche Vergütung dem Subunternehmer zusteht und wann (BGH NJW 2012, 3371 = NZBau 2012, 763 Rn 12) sowie welche Leistungen er zu erbringen hat, bzw, was diese als mangelhaft erscheinen lassen kann. So ist zB eine Leistung des Subunternehmers nicht schon deshalb als mangelhaft zu betrachten, weil insoweit der Hauptunternehmer dem Besteller gewährleistungspflichtig ist.

Gleichzeitig kann der Subunternehmer **Vorteile aus dem Verhältnis des Hauptunternehmers zum Besteller** nicht ziehen. Ist zB eine Leistung in beiden Verhältnissen mangelhaft, nützt es dem Subunternehmer nichts, wenn die Ansprüche des Bestellers gegen den Hauptunternehmer verjährt sind (**aA** BGHZ 173, 83 = NJW 2007 2695; dagegen § 634 Rn 155). Das Nacherfüllungsbegehren des Hauptunternehmers wäre nicht treuwidrig, weil ihn die Verjährung nicht hindert, seinerseits an den Besteller zu leisten (und er daran Interesse haben kann). Der Minderung des Hauptunternehmers steht die im anderen Verhältnis eingetretene Verjährung nicht entgegen, weil diese das Äquivalenzverhältnis des Vertrages wiederherstellt und die dortige Verjährung den Mangel nicht ausbügelt. Da aber auch der Schadensersatzanspruch letztlich dasselbe

Ziel hat, kann auch er nicht gekappt werden, zumal der Schadensersatzberechtigte grundsätzlich frei ist in der Verwendung der Schadensersatzleistung.

39 Wenn der Hauptunternehmer in seinen AGB versucht, *Risiken aus seinen Beziehungen zum Besteller auf den Subunternehmer abzuwälzen,* sind dem nach § 307 Abs 2 Nr 1 BGB Grenzen gesetzt, uU schon aus § 305c Abs 1 BGB (BGH NJW 2007, 3423 Rn 21 = BauR 2007, 1724). Es widerspricht den wesentlichen Grundgedanken der gesetzlichen Regelung, wenn einer Vertragspartei Risiken aus den Beziehungen der anderen zu Dritten aufgebürdet werden sollen, auf die sie keinen Einfluss hat. So ist es unzulässig zu vereinbaren, dass der Subunternehmer nur insoweit Vergütung erhalten soll, wie der Hauptunternehmer selbst eine erhält, unzulässig, die Abnahme seiner Leistungen von der Abnahme durch den Besteller abhängig zu machen (vgl INGENSTAU/KORBION Anh 2 Rn 150) oder auch nur, auf den Zeitpunkt der Abnahme durch den Besteller zu verschieben, sofern sich die Leistung des Subunternehmers vorab schon abschließend beurteilen lässt (vgl ULMER/BRANDNER/HENSEN/CHRISTENSEN, Bauverträge Rn 17). Verlängerungen der Gewährleistungsfristen sind dann unzulässig, wenn dadurch die Fristen des § 634a BGB überschritten werden (vgl § 639 Rn 83). Der Subunternehmer kann nicht wirksam auf „Einwendungen wegen Irrtums oder mangelnder Kenntnis der zur Beurteilung der Leistung erforderlichen Umstände" verzichten (vgl BGH NJW 1983, 1671), oder – über den Rahmen der §§ 634 Nr 2, 637 BGB hinaus – auf seine Nachbesserungsbefugnis, desgleichen nicht auf Vergütungsansprüche im Falle der Kündigung, wie sie sich aus § 648 S 2 BGB hinsichtlich der schon erbrachten Leistungsteile ergeben. Eine Klausel in AGB des Hauptunternehmers, dass dem Subunternehmer bei Beendigung des Hauptvertrags aus wichtigem Grund gekündigt werden könne, belastet den Subunternehmer unangemessen (BGH NJW-RR 2004, 1498 = BauR 2004, 1943). Vgl zu der gebotenen selbständigen Beurteilung des Subunternehmervertrages auch BGH NJW 1981, 1779. Trotz der gebotenen Trennung der Verträge handelt der Hauptunternehmer nicht treuwidrig, wenn das Verhalten des Subunternehmers dazu führt, dass eine Vertragsstrafe gegenüber dem Besteller fällig wird, und er bei dem Subunternehmer Regress nimmt (BGH NJW 1998, 1493).

Individualvertraglich sind die Gestaltungsmöglichkeiten weiter. Doch kann im Zweifel nicht davon ausgegangen werden, dass dem Subunternehmer das Risiko der Insolvenz des Bestellers aufgebürdet werden soll (OLG Düsseldorf NJW-RR 1999, 1323).

40 hh) Der Hauptunternehmer haftet dem Subunternehmer für den Besteller *nicht* nach § 278 BGB; freilich muss er sich ggf dessen Planungsverschulden zurechnen lassen (vgl BGH NJW 1987, 644 = LM § 633 BGB Nr 60), weil die Planung beim Werkvertrag grundsätzlich Sache der Bestellerseite ist und der Hauptunternehmer gegenüber dem Subunternehmer die Bestellerrolle einnimmt. Insofern muss sich der Hauptunternehmer auch ggf Behinderungen des Subunternehmers durch den Besteller zurechnen lassen. Auch hat der Hauptunternehmer auf den Besteller dahin einzuwirken, dass der Besteller eine Nachbesserung des Subunternehmers hinnimmt. Ihm, nicht dem Besteller hat der Subunternehmer seine Nachbesserung anzubieten (OLG Düsseldorf NJW-RR 1998, 1553).

41 ii) Der Hauptunternehmer, der das gesamte Bauvorhaben übernimmt, lässt sich als *Generalunternehmer* bezeichnen (vgl o Rn 32). Von ihm zu unterscheiden ist der *Ge-*

neralübernehmer, der im Baubereich für den Bauherrn die Bestellerrolle übernimmt. Sein Vertrag mit dem Bauherrn fällt unter § 675 BGB; in aller Regel ist er als Werkvertrag zu qualifizieren, wenn der Erfolg eines fertigen Bauwerks geschuldet wird. Gegenständlich kann der Generalübernehmervertrag verschiedenen Umfang haben, er kann sich auf die eigentlichen Bauleistungen beschränken, zusätzlich auch planerische Aufgaben erfassen und schließlich auch noch die wirtschaftliche Betreuung des Bauvorhabens. Als Generalübernehmer können namentlich auch *Architekten* auftreten, ohne damit gegen Art 10 § 3 MRVG zu verstoßen (vgl BGH BB 1984, 370). Verträgen dieser Art kann die VOB/B nur insoweit wirksam zugrunde gelegt werden, wie Bauleistungen im eigentlichen Sinne erbracht werden, nicht aber hinsichtlich planerischer und sonstiger Leistungen (vgl BGH NJW 1988, 142 = LM § 11 Nr 10 f A AGBG Nr 8), was namentlich für die Verjährung von Gewährleistungsansprüchen von Bedeutung ist (§ 634a statt § 13 Abs 4 VOB/B). Die für die Erstellung des Bauvorhabens notwendigen Verträge werden regelmäßig von dem Generalübernehmer im eigenen Namen abgeschlossen, können aber auch im Namen des Bauherrn abgeschlossen werden.

kk) Bei dem Einsatz von Subunternehmern sind diverse **öffentlich-rechtliche Be-** **41a** **stimmungen** zu beachten (vgl zu den Details GREEVE NZBau 2010, 215). Die vorsätzliche Pflichtverletzung kann zur strafrechtlichen Verantwortlichkeit nach § 13 Abs 1 StGB von Personen führen, die eine Garantenstellung haben (vgl BGH NJW 2009, 3173), im Übrigen können die Inhaber von Betrieben nach § 130 OWiG haften, ein Unternehmen selbst nach § 30 OWiG. Darüber hinaus kann bei erlangten Vorteilen ein Verfall nach § 29a OWiG angeordnet werden und bei Bauaufträgen ein Ausschluss von öffentlichen Aufträgen nach § 21 SchwArbG erfolgen.

Namentlich zu beachten sind

(1) § 404 Abs 1 Nrn 1 und 2 SGB III, wenn Fahrlässigkeit in Bezug auf illegale Beschäftigung von Ausländern durch – auch weiter nachgeordnete – Subunternehmer vorliegt. Das ist bußgeldbewehrt,

(2) § 8 Nr 2 iVm Nr 1 lit e SchwArbG bei vorsätzlicher Entgegennahme von Werkleistungen erheblichen Umfangs von Personen, die nicht in die Handwerksrolle eingetragen sind. Auch das ist bußgeldbewehrt,

(3) § 23 Abs 2 AEntG, der zur eigenen Haftung führt, wenn ein – auch nachgeordneter – Subunternehmer tarifliche Mindestbedingungen nicht einhält,

(4) § 14 AEntG mit seiner verschuldensabhängigen Durchgriffshaftung für die Einhaltung von arbeits- und sozialrechtlichen Pflichten,

(5) §§ 28e Abs 3a–3 f SGB IV, 150 SGB VII bei der Erbringung von Bauleistungen mit ihrer Haftung wie ein selbstschuldnerischer Bürge für die Abführung von Beiträgen zur Sozialversicherung und zur Unfallversicherung, es sei denn, es könnte nachgewiesen werden, dass eigenes Verschulden nicht vorliegt.

Die genannten Bestimmungen lassen es geraten erscheinen, sich bei der Beauftragung von Subunternehmern nicht nur eingehende Kontrollrechte vertraglich einräumen zu lassen, sondern diese auch effektiv wahrzunehmen.

2. Besteller

42 Der Empfänger der Werkleistung wird von dem Gesetz als Besteller bezeichnet; die VOB/B spricht sinngleich von dem **Auftraggeber**.

Besteller kann *jede natürliche oder juristische* Person sein, in den Fällen der Subunternehmerverträge (dazu o Rn 32 ff) auch ein Unternehmer selbst. *Kaufmannseigenschaft* des Bestellers führt namentlich zur Anwendbarkeit der §§ 377, 381 Abs 2 HGB und modifiziert gegenüber etwaigen AGB des Unternehmers die Anwendbarkeit der §§ 305 ff BGB, vgl §§ 310 Abs 1, 14 BGB.

Die Eigenschaft als Besteller wird nicht schon durch das Eigentum – oder gar den Besitz – an der zu bearbeitenden Sache indiziert; es gibt keine Vermutung dahin, dass Werkverträge, die sich auf fremde Sachen beziehen, im Namen des Eigentümers bzw Besitzers abgeschlossen werden.

Der Werkvertrag stellt sich auch nicht schon deshalb als Vertrag zugunsten eines Dritten dar, weil dieser – etwa als Eigentümer, Besitzer oder Nutzer der bearbeiteten Sache – von den vertraglichen Leistungen besonders betroffen ist. Das gilt ohne Weiteres im Verhältnis Besteller/Hauptunternehmer/Subunternehmer, aber doch auch dort, wo zB der Ehemann das Grundstück seiner Ehefrau bebauen lässt: Die legitimen Interessen dieser Dritten werden vollauf dadurch gewahrt, dass dann ein Vertrag mit Schutzwirkung für sie anzunehmen ist (vgl Rn 59); seine Erfüllungsansprüche will der Besteller idR nicht mit ihnen teilen; bedenklich OLG Köln BauR 1998, 585 (Architektenvertrag der Brauerei zugunsten des Pächters).

Als Besteller kann auch eine *Mehrheit von Personen* auftreten; sie werden dann hinsichtlich der Werkleistung Gesamtgläubiger; hinsichtlich des Werklohns sind sie grundsätzlich nach § 427 BGB Gesamtschuldner, doch schränkt die Rechtsprechung dies bei Wohnungseigentümern hinsichtlich der Zahlungspflichten ein, die sich bei der Erstellung des Bauvorhabens ergeben (vgl dazu § 641 Rn 52 f).

IV. Rechte und Pflichten der Parteien

1. Pflichten des Unternehmers

a) Herstellung und Verschaffung

43 Den Unternehmer treffen die *Hauptpflichten* zur Herstellung des Werkes und seiner Verschaffung. Dabei ergibt § 633 Abs 1 BGB, dass der Unternehmer nicht nur das Werk als solches schuldet, sondern auch und gerade seine Mangelfreiheit, vgl auch § 640 Abs 1 BGB, der dem Besteller die Befugnis verleiht, das nicht nur unerheblich mangelhafte Werk zurückzuweisen.

44 aa) Zum Wesen der Herstellungspflicht des Unternehmers vgl schon oben Rn 14 f, zu ihrer Stellung im Synallagma des Werkvertrages auch § 641 Rn 3, zum Inhalt der Herstellungspflicht § 633 Rn 4 ff, zur verzögerten Herstellung § 642 Rn 42 ff.

(1) Die Pflicht zur Herstellung des Werkes wird nachhaltig modifiziert durch die *Abnahme des Werkes* durch den Besteller. Bis dahin hat sie nur vorbereitenden

Charakter, sodass sie nicht selbständig eingeklagt werden kann (vgl o Rn 15); es steht insoweit der Anspruch des Bestellers auf Verschaffung im Vordergrund. Dieser Anspruch kann eingeklagt oder zur Grundlage eines Vorgehens nach den §§ 281 Abs 1, 323 Abs 1 BGB gemacht werden, seine Gefährdung gibt ggf einen Anlass zur Kündigung aus wichtigem Grund, § 648a BGB. Nach der Abnahme ist *der Herstellungsanspruch – als Nacherfüllungsanspruch – selbständig einklagbar*, wobei freilich nur das Ziel der Mangelfreiheit einklagbar ist, nicht die Methode der Mängelbeseitigung. Vor der Abnahme verjährt der Herstellungsanspruch nach § 195 BGB in drei Jahren, nach der Abnahme verjährt der Nacherfüllungsanspruch nach § 634a BGB.

Schon vor der Abnahme erfährt der Herstellungsanspruch des Bestellers eine *erste* **45** *Modifikation durch die Erstellung des Werkes*. Soweit diese erfolgt, gilt nunmehr für den Kostenaufwand des Unternehmers die Bestimmung des § 635 Abs 3 BGB, dh die erstmalige Erstellung des Werkes kann nicht wegen unverhältnismäßigen Aufwandes verweigert werden, wohl aber die Beseitigung von Mängeln an dem schon ausgeführten Werk (vgl § 635 Rn 10). Auch kann der Herstellungsanspruch des Bestellers nach Maßgabe der §§ 644, 645 BGB mit der Herstellung des Werkes erlöschen, vgl § 644 Rn 5 ff.

Einen *Erfüllungsort* für den Herstellungsanspruch des Bestellers anzunehmen, ist **46** sinnlos; dieser besteht zunächst *nur für den Verschaffungsanspruch*. Dagegen ist der Nachbesserungsanspruch dort zu erfüllen, wo sich das Werk bestimmungsgemäß befindet (BGH BauR 2008, 829 = NJW-RR 2008, 724). Das bedeutet namentlich bei Werkleistungen, die in der Werkstatt des Unternehmers erbracht worden sind, dass ihm der Besteller das Werk zur Nachbesserung nicht dorthin anzuliefern hat; auch die mit dem Transport verbundenen Kosten können ihm nicht auferlegt werden, vgl § 635 Abs 2 BGB (dazu § 635 Rn 2).

(2) Ein *Recht des Unternehmers zur Herstellung* des Werkes ist nur eingeschränkt **47** anzuerkennen (vgl BGB-RGRK/Glanzmann Rn 11). Es besteht insofern nicht, als ihm der Besteller mangels entgegenstehender Abrede jederzeit nach § 648 BGB den Vertrag kündigen kann. Bei ungekündigtem Vertrag hat der Unternehmer auch keine Abwehrrechte, wenn ihn der Besteller an der Erstellung des Werkes hindert, sondern ist auf die Rechte aus den §§ 642, 643 BGB beschränkt, vgl dort; ggf kann er den Vertrag aus wichtigem Grund kündigen, § 648a BGB. Andererseits kann er es sich verbitten, wenn der Besteller auf die Methode der Erstellung des Werkes Einfluss zu nehmen sucht (vgl § 633 Rn 54 ff), und jedenfalls behält er nach Maßgabe des § 326 Abs 2 BGB seinen Vergütungsanspruch, wenn der Besteller das Werk selbst erstellt oder einen Anlass zur Kündigung aus wichtigem Grund gibt; gleiches gilt nach § 648 BGB bei der freien Kündigung des Bestellers.

Zur Befugnis des Unternehmers zur eigenen Mängelbeseitigung vgl § 634 Rn 36.

bb) Zur *Verschaffungspflicht* des Unternehmers vgl o Rn 17 f und § 633 Rn 147 ff. **48**

Der Anspruch auf die Verschaffung *verjährt* nach den §§ 195, 199 BGB.

Der **Erfüllungsort** für die **Verschaffung** ist nicht ohne Weiteres der Ort, an dem nach dem Vertrag die Herstellungsarbeiten vorzunehmen waren (**aA** LG Bremen NJW 1965,

203; BGB-RGRK/Glanzmann Rn 13); er ist vielmehr nach § 269 BGB zu bestimmen (vgl Soergel/Teichmann Rn 14). Das bedeutet, dass zunächst eine besondere Abrede der Parteien den Vorrang hat. Wo es an ihr fehlt, kommt es maßgeblich auf die *Umstände* an. Das führt bei Bauverträgen zu eindeutigen Ergebnissen. Unterhält der Unternehmer eine *Werkstatt,* in der er das Werk herstellen will, so wird diese auch bei schwer transportierbaren Gegenständen der Erfüllungsort für die Verschaffung dann sein, wenn sie ihm der Kunde dort anliefert. Umgekehrt ist die *Wohnung des Bestellers* grundsätzlich dann Erfüllungsort auch für die Verschaffung, wenn der Unternehmer den zu bearbeitenden Gegenstand dort abholen soll. Hier werden weithin der Ort des Vertragsschlusses und der Erfüllung zusammenfallen. Zweifelsfälle ergeben sich zB dann, wenn der Kunde die Sache angeliefert hat, aber der Unternehmer sie nach der Bearbeitung zum Kunden zurückbringen soll. Hier ist außer § 269 Abs 3 BGB maßgeblich die *Verkehrssitte* zu berücksichtigen, für die es insbesondere von Bedeutung ist, inwieweit der Transport des Werkes bzw der bearbeiteten Sache mit besonderen Schwierigkeiten verbunden ist bzw Risiken, die der Unternehmer signifikant besser beherrscht als der Besteller.

Sind danach Werkleistungen idR entweder *Bring- oder Holschulden,* so belegt doch § 644 Abs 2 BGB, dass auch eine *Schickschuld* möglich ist. Sie ist etwa dann anzunehmen, wenn Sachen zur Bearbeitung eingeschickt werden.

b)   Aufklärung und Beratung

49 Eine Sonderstellung unter den Pflichten des Unternehmers nimmt die zur Aufklärung und Beratung des Bestellers ein.

aa)   Bei dem Unternehmer sind die für die Herstellung des Werkes nötigen Kenntnisse jedenfalls dann vorauszusetzen, wenn er gewerblich tätig ist (vgl BGB-RGRK/ Glanzmann Rn 33). Das verschafft ihm idR einen *Wissensvorsprung* vor dem Besteller, der ihn zur umfassenden Aufklärung und Beratung verpflichtet, die sich auf das Werk selbst zu beziehen hat, insbesondere auch seine Planung, und zwar auch dann, wenn diese von dem Besteller selbst stammt, vgl dazu den verallgemeinerungsfähigen § 4 Abs 3 VOB/B (dazu § 633 Rn 62 ff), die zu erwartenden Kosten (vgl § 649 Rn 2 ff), aber auch auf die Verwendungszwecke des Bestellers (vgl BGH BauR 1970, 57). Die an den Unternehmer zu stellenden *Anforderungen sind streng;* so muss der Unternehmer zB darauf hinweisen, dass der beschränkt erteilte Instandsetzungsauftrag unzulänglich ist, dass vorhandene Anlagen dem neuen Werk nicht gewachsen sein werden (vgl RGZ 127, 14; RG HRR 1933, 1304); dass bei der Reparatur einer Sache neue Fehler zum Vorschein gekommen sind (vgl BGH LM § 242 BGB Cd Nr 37); ggf muss der Unternehmer auch vorab prüfen, was überhaupt sinnvoll zu tun ist (vgl BGH LM § 242 BGB Cd Nr 37).

50 Die Hinweispflichten des Unternehmers werden *durch vorhandene eigene Sachkunde des Bestellers* zwar eingeschränkt, aber *nicht aufgehoben* (vgl BGB-RGRK/Glanzmann Rn 16). Auch der sachkundige Besteller kann in einem konkreten Irrtum befangen sein.

51 bb)   Die Hinweispflichten des Unternehmers bestehen *zu jeder Zeit.* Es gibt sie namentlich *vor Vertragsschluss,* vgl § 311 Abs 2 BGB, damit ein „richtiger" Vertrag zustande kommt bzw ein „unzweckmäßiger" Vertrag – zB über eine nicht mehr lohnende Reparatur – unterbleibt, *während der Vertragsabwicklung,* aber auch noch *nach der Abnahme, wo der Besteller zB in den Gebrauch des Werkes eingewiesen werden muss, und sogar noch nach Verjährung der Gewährleistungsansprüche;* hier kann der Unternehmer verpflichtet sein, wenigstens Auskünfte darüber zu erteilen, wie er das Werk erstellt hat, oder dem Besteller sonst nahe liegende Ratschläge zu geben.

cc) Bei den von dem Unternehmer geschuldeten Hinweisen sind *drei Stufen* zu unterscheiden: **52**

(1) Zunächst müssen sich für den Unternehmer *Verdachtsmomente* ergeben, zB auf Fehlvorstellungen des Bestellers über die Verwendbarkeit des Werkes oder dessen Kosten oder die Zweckmäßigkeit/Mangelfreiheit einer von dem Besteller vorgelegten Planung. Nur Verdachtsmomente können Hinweispflichten des Unternehmers auslösen.

(2) Ergeben sich Verdachtsmomente, muss der Unternehmer diese *überprüfen.* Dabei braucht er freilich besondere Untersuchungskosten nicht aufzuwenden, sondern kann sich dann auf die Mitteilung der Verdachtsmomente beschränken und dem Besteller die eigene Klärung bzw die Übernahme der Untersuchungskosten anheimstellen. Zu einer eigenen mit Kosten verbundenen Untersuchung ist er dann verpflichtet, wenn ihm dies zumutbar ist. Das setzt außer einem Kostenvorschuss des Bestellers namentlich voraus, dass der Unternehmer fachlich zuständig ist. Daran kann es zB fehlen, wenn ein am Bau beschäftigter Unternehmer den Verdacht auf Mängel eines vorangehenden Gewerks hat oder auf Planungsmängel des Bestellers.

(3) Schließlich ist *das Ergebnis dem Besteller mitzuteilen,* und zwar mit dem gebotenen Nachdruck. Der Unternehmer hat sicherzustellen, dass der Besteller seine Bedenken verstanden hat. Weigert sich der Besteller, die Bedenken zur Kenntnis zu nehmen, so kann der Unternehmer uU die weitere Leistung als unzumutbar verweigern und ggf sogar aus wichtigem Grund kündigen (vgl auch § 633 Rn 76). Es kann ihm nicht angesonnen werden, etwas Sinnloses zu tun.

dd) Erfüllt der Unternehmer die skizzierte Hinweispflicht, so kann er gehalten **53** sein, auf eine entsprechende Vertragsänderung einzugehen, sofern ihm diese zumutbar ist (vgl § 633 Rn 9 ff). Wenn er dazu nicht bereit ist, können sich für den Besteller Schadensersatzansprüche (dazu u Rn 54) oder gar eine Möglichkeit zur Kündigung aus wichtigem Grund ergeben.

ee) Wenn der Unternehmer seiner Verpflichtung zur Aufklärung und Beratung **54** nicht nachkommt, ergibt sich ein Schadensersatzanspruch des Bestellers aus den §§ 280 Abs 1, 241 Abs 2 BGB; der Besteller ist so zu stellen, wie wenn der Unternehmer gehörig beraten hätte. § 254 BGB wird zu beachten sein, wenn die Fehlplanung als die auslösende Ursache von dem Besteller stammt (vgl zur Haftung des Unternehmers § 633 Rn 20 ff).

Das Werk muss im Ergebnis jene Eigenschaften haben, die der Besteller redlicherweise von ihm erwarten darf (vgl § 633 Rn 176 ff).

55 Wenn die vereinbarte Leistungsbeschreibung von dem Unternehmer stammt, muss er den Besteller darüber aufklären, dass und in welcher Form dessen berechtigte Erwartungen möglicherweise enttäuscht werden; nach den §§ 133, 157 BGB und dem Empfängerhorizont des Bestellers wird die Leistungsbeschreibung insoweit nicht Vertragsinhalt, wie diese Erwartungen enttäuscht werden. Der Unternehmer erfüllt dann nicht vertragsgerecht und mangelfrei, wenn er sich an den Buchstaben der Leistungsbeschreibung hält. Das reicht nur, wenn dem Besteller die Leistungsbeschreibung hinreichend erläutert worden ist.

56 Stammt die Leistungsbeschreibung von dem Besteller, so muss der Unternehmer ebenfalls auf ersichtliche Planungsmängel hinweisen. Die schuldhafte Verletzung dieser Pflicht begründet eine Schadensersatzpflicht aus den §§ 280 Abs 1, 241 Abs 2 BGB, wie sie inhaltlich nach Maßgabe der §§ 634 ff BGB abzuwickeln ist.

57 (d) In der Rechtsfolge ergeben sich Gewährleistungsansprüche des Bestellers, die aber in doppelter Weise beschränkt sein können. Zunächst muss sich der Besteller als sog *„Sowieso-Kosten"* jenen Betrag anrechnen lassen, um den eine korrekte Ausführung von vornherein teurer geworden wäre (vgl dazu § 634 Rn 24), sodann kann ein *Abzug in entsprechender Anwendung des § 254 BGB geboten sein,* wenn ein Mangel von beiden Seiten zu verantworten ist, zB der von dem Unternehmer pflichtwidrig nicht gerügte Planungsmangel des Bestellers (vgl dazu § 633 Rn 192 ff). Diese Beschränkungen gelten für *alle Gewährleistungsrechte* des Bestellers; bei seinem Nachbesserungsanspruch sind sie in Form eines Kostenzuschusses zu berücksichtigen.

58 (3) Wo der Schaden des Bestellers nicht in einem Mangel des Werkes besteht, hat er bei einer vorvertraglichen Verletzung der Aufklärungspflicht einen *Schadensersatzanspruch aus den §§ 280 Abs 1, 241 Abs 2, 311 Abs 2 BGB,* bei späteren einen solchen aus den §§ 280 Abs 1, 241 Abs 2 BGB. Ersterer kann zB auf Entlassung aus dem Vertrag gerichtet sein, wenn der Besteller diesen bei gehöriger Aufklärung nicht geschlossen hätte, bei Letzterem besteht der liquidationsfähige Schaden aus der Belastung mit dem Vertrag (zu der Bestimmung dieses Vertrauensschadens sowie zur Ersetzbarkeit des Erfüllungsinteresses vgl BGHZ 168, 35 = BGH NJW 2006, 3139 = NZBau 2006, 573). Zu dem besonders wichtigen Fall der unzulänglichen Aufklärung über die zu erwartenden Kosten § 650 Rn 11 ff.

Soweit der *Architekt* nicht hinreichend über die Kosten des Bauvorhabens aufklärt, folgt seine Haftung aus § 634 Nr 4 BGB (vgl dazu Anh zu §§ 650o ff Rn 35 ff).

Auf seine Schadensersatzansprüche muss sich der Besteller jedenfalls außer einem etwaigen Mitverschulden jene Werte anrechnen lassen, die ihm auf Grund des Vertrages zufließen und endgültig verbleiben (vgl dazu auch § 644 Rn 14).

c) Sonstige Nebenpflichten

59 Im Übrigen treffen den Unternehmer *die allgemeinen* aus § 241 Abs 2 BGB herzuleitenden und mit Ansprüchen aus § 280 Abs 1 BGB sanktionierten Nebenpflichten, auf die Rechtsgüter des Bestellers Rücksicht zu nehmen. Er darf dessen Leben und Gesundheit nicht gefährden, das Eigentum weder an der zu bearbeitenden Sache, zB dem zu reparierenden Gegenstand, der vor Diebstahl etc zu schützen ist, noch an anderen Gegenständen, wie sie im Zuge der Werkarbeiten dem Einfluss des Unternehmers ausgesetzt sein können. Der Unternehmer darf den Besteller auch nicht mit Vermögensschäden belasten, wie sie namentlich aus einer Einstandspflicht des Bestellers gegenüber Dritten wegen Verletzung der Verkehrssicherungspflicht resultieren können (vgl dazu auch Anh III zu § 638 Rn 16 ff).

Insoweit ist der Werkvertrag *Vertrag mit Schutzwirkung für dritte Personen auf der Seite des Bestellers,* namentlich für seine Familienangehörigen und für den Eigentümer der Sache, deren Bearbeitung in Auftrag gegeben wurde, was diesem freilich nicht das Recht verleiht, Mängelrechte geltend zu machen, denn dabei geht es um die Vertragserfüllung. Die Bestimmung des Kreises der geschützten Dritten richtet sich nach allgemeinen Grundsätzen (vgl dazu STAUDINGER/JAGMANN [2009] § 328 Rn 96 ff, 228 ff). Hinzuweisen ist namentlich auf die Schutzwirkung von *Gutachtenaufträgen* zugunsten jener Dritter, denen gegenüber von dem Gutachten bestimmungsgemäß Gebrauch gemacht wird (vgl BGHZ 127, 378 [Kaufinteressent]; BGH NJW 1998, 1039 [grundstücksbeleihendes Kreditinstitut]; BGHZ 193, 297 = NJW 2012, 3165 Rn 13 [Gutachten über Insolvenzreife einer GmbH zugunsten Geschäftsführer und Gesellschafter]).

2. Pflichten des Bestellers

a) Zahlung des Werklohns
Unter den Pflichten des Bestellers steht diejenige zur Zahlung des Werklohns im Vordergrund. Sie ist für den Werkvertrag konstitutiv; bei Unentgeltlichkeit der Leistung ist ein Auftragsverhältnis anzunehmen (vgl Vorbem 44 ff zu § 631). Zu der Frage, wann Entgeltlichkeit vereinbart ist, vgl § 632 Abs 1 BGB (dazu § 632 Rn 42 ff). Zur Bemessung des Werklohns vgl § 632 Abs 2 BGB (dazu § 632 Rn 47 ff). Zu den technischen Einzelheiten des Werklohnanspruchs des Unternehmers (Fälligkeit, Leistungsort, Verjährung) vgl § 641 Rn 48 ff. Die Zahlungspflicht des Bestellers ist *Hauptpflicht* und synallagmatisch mit der Verschaffungspflicht des Unternehmers hinsichtlich des Werkes. **60**

b) Abnahme
Neben der Zahlungspflicht des Bestellers steht seine Pflicht zur Abnahme des Werkes, § 640 Abs 1 BGB (vgl dazu § 640 Rn 27 ff). **61**

c) Mitwirkung des Bestellers
Der Unternehmer kann das Werk weithin nur dann erstellen, wenn der Besteller dabei mitwirkt, indem er zB das Baugrundstück und Pläne zur Verfügung stellt, für notwendige Vorarbeiten sorgt etc. Die Mitwirkung des Bestellers versteht das Gesetz in den §§ 642, 643 BGB nicht als Schuldnerpflicht, sondern als eine Gläubigerobliegenheit, deren Verletzung mithin nicht zur Schadensersatzpflicht führt, sondern zum Annahmeverzug des Bestellers (vgl dazu § 642 Rn 17 ff). Eine Schuldnerpflicht des Bestellers kann freilich vereinbart werden (vgl dazu § 642 Rn 20). **62**

Der Besteller hat es auch zu vermeiden, dass der Unternehmer bei der Erstellung des Werkes *behindert* wird (vgl dazu § 642 Rn 42 ff).

Den Unternehmer bei der Erstellung des Werkes zu *beaufsichtigen,* ist zwar ein Recht des Bestellers (vgl § 633 Rn 39 ff), aber nicht seine Pflicht, sodass sich der

Unternehmer gegenüber den Gewährleistungsansprüchen in aller Regel nicht nach § 254 Abs 1 BGB darauf berufen kann, dass die Mängel bei gehöriger Beaufsichtigung vermieden worden wären (vgl § 633 Rn 40).

Eine bloße Obliegenheit des Bestellers bleibt es auch, wenn dieser es kraft ursprünglicher oder späterer Vereinbarung übernimmt, Teile der Leistung selbst auszuführen, oder wenn er sonstige Leistungen übernimmt, wie sie für die Erstellung des Werkes förderlich sind, zB die Gestellung von Materialien und Werkzeug (vgl dazu § 633 Rn 118 ff), oder die Beförderung des Unternehmers zum Leistungsort (**aA** hierzu RG LZ 1916, 1485), sodass der Unternehmer keinen klagbaren Anspruch hierauf erwirbt, wohl aber nach § 642 BGB einen Anspruch auf Ersatz der Mehrkosten durch nicht gehörige oder verspätete Tätigkeit des Bestellers.

d) Nebenpflichten des Bestellers

63 Den Besteller trifft die übliche, aus § 241 Abs 2 BGB herzuleitende und durch Ansprüche aus § 280 Abs 1 BGB sanktionierte Pflicht, die Rechtsgüter des Unternehmers zu schonen. So macht er sich außer aus Delikt auch vertraglich schadensersatzpflichtig, wenn er Leben, Gesundheit oder Eigentum des Unternehmers verletzt (vgl OLG Düsseldorf NJW-RR 1997, 181).

aa) Soweit der Unternehmer in den Räumen des Bestellers tätig wird, wird namentlich § 618 BGB entsprechend angewendet (vgl dazu Anh III zu § 638 Rn 5). Dabei ist freilich zu beachten, dass der Unternehmer viel weitergehend als etwa der Arbeitnehmer für seinen eigenen Schutz zu sorgen hat. Das kann nicht nur einen Mitverschuldenseinwand begründen, sondern überhaupt auch schon die Verantwortlichkeit des Bestellers dem Grunde nach aufheben (BGH NJW-RR 2013, 534 Rn 12: Landwirt, der sein Feld von einem Unternehmer dreschen lässt, braucht das Feld nicht auf Fremdkörper zu untersuchen, um eine Beschädigung des Geräts vom Unternehmer auszuschließen; vgl auch OLG Düsseldorf NJW-RR 1995, 403).

64 bb) Ganz allgemein ist Voraussetzung der Haftung eine *Pflichtverletzung des Bestellers.* So hat er zB auf der von ihm unterhaltenen Baustelle für die Aufrechterhaltung der allgemeinen Ordnung zu sorgen und ein geregeltes Zusammenwirken der verschiedenen Unternehmer, vgl zu dem verallgemeinerungsfähigen § 4 Abs 1 Nr 1 VOB/B § 633 Rn 32 ff, und haftet den Unternehmern, wenn sie durch Versäumnisse auf diesem Gebiet zu Schaden kommen, doch kann es andererseits nicht Aufgabe des Bestellers sein, Materialien und Werkzeugen des Unternehmers einen besonderen Schutz vor Diebstahl oder Beschädigung zukommen zu lassen; dies ist vielmehr primär Aufgabe des Unternehmers selbst.

65 cc) Nicht jeder, der durch den Besteller die Gelegenheit erhält, auf die Rechtsgüter des Unternehmers einzuwirken, wird damit zu seinem Erfüllungsgehilfen iSd § 278 BGB. Der Besteller haftet vielmehr primär nur für Eigenverschulden hinsichtlich der von ihm zu erwartenden Obhut und nach § 278 für Pflichtverletzungen derjenigen, die von ihm zur Wahrnehmung der Obhutspflichten eingesetzt sind.

dd) Soweit sich aus dem Vorstehenden Pflichten des Bestellers ergeben, sind in deren Schutzbereich außer dem Unternehmer selbst auch *Mitarbeiter* einbezogen, die dieser zulässigerweise einsetzt. Das sind außer den Mitarbeitern seines Betriebes auch berechtigterweise eingesetzte Subunternehmer.

ee) Vgl zur Haftung des Bestellers aus den §§ 280 Abs 1, 241 Abs 2 BGB auch Anh III zu § 638 Rn 2 ff.

e) Kooperation

Der Werkvertrag erstreckt sich in seiner Abwicklung in eine uU weite Zukunft, in der sich vielfältig Unerwartetes ergeben kann. Das hat zur Folge, dass die Parteien bei auftretenden Schwierigkeiten nach § 241 Abs 2 BGB gehalten sind, einander zu informieren und nach einverständlichen Lösungen zu suchen. Eine Informationspflicht des Unternehmers erkennt die VOB/B mehrfach an, zB in § 2 Abs 6 Nr 1 S 2 zu den Kosten von Zusatzleistungen, in § 4 Abs 3 zu Mängeln der vom Besteller vorgelegten Planung, aber natürlich muss auch der Besteller zur Information gehalten sein, zB bei Verzögerungen aus seiner Sphäre, das Abfordern zusätzlicher Leistungen muss er rechtzeitig ankündigen. In der Folge ist dann die gemeinsame Suche nach Lösungen geboten, wie sie unabhängig von § 313 Abs 1 BGB nF schon seit langem § 2 Abs 5 S 2 VOB/B für die preislichen Folgen von Planungsänderungen anerkennt. Die gemeinsame Suche erübrigt sich auch nicht dadurch, dass das Ergebnis an sich schon feststehen kann, zB der neue Preis bei Planungsänderungen (aus den preislichen Strukturen des Vertrages zu entwickeln), denn einmal kann es insoweit Ermittlungsprobleme geben, vor allem ist die Einigung allemal vorzuziehen.

66

Die höchstrichterliche Rechtsprechung hat insoweit den Begriff der *Kooperationspflichten der Parteien* geprägt (BGHZ 133, 44, 46 = NJW 2996, 2158; BGHZ 143, 89, 93 = NJW 2000, 807). Sie können vielgestaltig sein, sodass eine nähere Zuordnung als zu § 241 Abs 2 BGB nicht möglich ist. Folge eines Verstoßes kann einmal ein Rechtsverlust sein (vgl BGHZ 143, 89 = NJW 2000, 807 = BauR 2000, 409 zum Recht zur Kündigung aus wichtigem Grund), aber doch auch die Begründung von Pflichten, vgl die Mitverantwortung des Unternehmers für den Mangel im Falle nicht mitgeteilter Bedenken gegen die Planung nach § 4 Abs 3 VOB/B. Insofern liegen teils Obliegenheiten vor, teils Pflichten.

3. Weisungsrecht des Bestellers

Der Besteller ist befugt, dem Unternehmer Weisungen zu erteilen, dh verbindliche Vorgaben für die von diesem zu erbringenden Leistungen zu machen (Peters NZBau 2012, 615 ff). Bei ihnen ist nach dem Gegenstand zu unterscheiden.

66a

Die Weisungen können sich zunächst – in Verkennung des Unterschieds von Dienstvertrag und Werkvertrag – auf die Methode des Arbeitens beziehen. Das ist eine Anmaßung des Bestellers, bei dem § 645 Abs 1 BGB ihm das Risiko des Misslingens auferlegt.

Betroffen sein kann aber auch das abzuliefernde Werk. Wenn es um dessen Beschaffenheit geht, erkennt im Baubereich § 650b Abs 2 BGB eine einseitige Befugnis des Bestellers zu Änderungen oder Erweiterungen des Werks an. Die Voraussetzungen des § 650b Abs 1 BGB müssen gewahrt sein. Außerhalb des Baubereichs wird man das entsprechend heranziehen können, zB beim Bau einer Yacht.

a) Grundlagen

Das Weisungsrecht des Bestellers besteht im Rahmen des § 650b BGB; es ist vorausgesetzt in § 645 Abs 1 S 1 BGB, ferner in den §§ 675, 665 BGB, mögen die letzteren Bestimmungen ihre Wirkung auch primär dort entfalten, wo sich der Geschäftsbesorgungsvertrag als Dienstvertrag darstellt. Nicht anders als bei einem Dienstvertrag folgt es aus dem Wesen des Vertrages, sonst könnte es nicht in den genannten Bestimmungen vorausgesetzt sein. Die Ausübung des Weisungsrechtes ist an dem Maßstab des billigen Ermessens des § 315 BGB zu messen (Nicklisch/Weick/Jansen/Seibel/Funke § 1 Rn 61; Kapellmann/Messerschmidt/vRintelen § 1 VOB/B Rn 82 ff; vgl im Ergebnis auch OLG Hamm BauR 2001, 1594).

b) Gegenstände

66b Die Gegenstände des Weisungsrechts des Bestellers sind im Prinzip umfassend. Die Arbeitsmethode des Unternehmers spricht § 645 Abs 1 S 1 BGB an. Der Besteller ist aber auch befugt, die eigene Planung zu ändern, vgl §§ 650b, 1 VOB/B, oder eine Änderung der Planung des Unternehmers zu verlangen. Er hat einen Bauzeitenplan im Rahmen der Koordinierung mehrerer Unternehmer zu erstellen, vgl § 4 Abs 1 Nr 1 VOB/B, und diesen ggf veränderten Umständen anzupassen, muss den einzelnen Unternehmern auf der Baustelle – oder in seinem Haushalt – Lager und Arbeitsplätze zuweisen, vgl § 4 Abs 4 Nr 1 VOB/B.

c) Die Interessen des Unternehmers

66c aa) § 648 BGB ergibt, dass der Gesetzgeber ein Interesse des Unternehmers an einer Durchführung des Werkvertrages nicht anerkennt, wohl aber sein finanzielles Interesse an dem Vertrag. Dieses letztere wird gewahrt, vgl auch § 2 Abs 5, 6 VOB/B, wenn denn kostenverursachende Weisungen des Bestellers, der Entgeltlichkeit des Werkvertrages gemäß, auch zu einem entsprechend höheren Werklohn führen müssen (vgl auch § 632 Rn 80, § 650c).

bb) Soweit Weisungen des Bestellers zu einem Mangel des späteren Werks führen, ist der Unternehmer von einer Einstandspflicht für diese befreit, vgl auch § 13 Abs 3 VOB/B. Dass ihm angesonnen wird, etwaige Bedenken gegen die Weisungen des Bestellers vorzutragen, vgl § 4 Abs 1 Nr 4 VOB/B, belastet den Unternehmer nicht unangemessen, ebenso wenig wie eine – regelmäßig wegen § 254 Abs 1 BGB nur anteilige – Einstandspflicht bei Verletzungen der Remonstrationspflicht (vgl auch § 633 Rn 77).

cc) Die sonstigen Interessen des Unternehmers wahrt der Maßstab des billigen Ermessens. So muss er insbesondere kapazitätsmäßig auf das jetzt von ihm Erwartete eingestellt sein. Das steht zur Beweislast des Unternehmers, vgl § 650b Abs 1 S 3 BGB.

d) Die Interessen des Bestellers

66d Planungsänderungen sind notwendig, wenn sie auf behördlichen Vorgaben beruhen, wünschenswert, wenn zwischenzeitlichem Fortschritt Rechnung getragen werden kann, aber vielleicht hat es sich der Besteller mittlerweile auch nur anderes überlegt. Nicht einmal bedarf die Planungsänderung der Rechtfertigung gegenüber dem Unternehmer, wenn dessen Interessen gewahrt sind. Was den Zeitrahmen der Leistung des Unternehmers betrifft, kann es zB geboten sein, nach Verzögerungen doch noch durch Beschleunigungsmaßnahmen dem Wintereinbruch zuvorzukommen. Verzögerungen können auch dringender Anlass sein, gegenüber mehreren Gewerken einen neuen Zeitplan aufzustellen. Dabei wird sich Konsens nicht immer erzielen lassen. Seine Notwendigkeit würde auch dem einzelnen Unternehmer Druckpotential namentlich in preislicher Hinsicht an die Hand geben, das nicht angemessen erscheint.

e) VOB/B und BGB

Wenn die eben genannten Weisungsrechte des Bestellers bei Vereinbarung der VOB/B außer in zeitlicher Hinsicht allgemein anerkannt sind, kann doch bei Verträgen, die nach dem BGB abzuwickeln sind, nichts anderes gelten, vgl §§ 650b, 650c. Die Vereinbarung der VOB/B ändert einen Werkvertrag nicht qualitativ. **66e**

V. Abschluss des Werkvertrages

1. Vorvertragliches Vertrauensverhältnis

Bei den dem Vertragsschluss vorausgehenden Vertragshandlungen entsteht auch hier ein vorvertragliches Vertrauensverhältnis, das auf Grund der Eigenheiten des Werkvertrages besonders intensive Pflichten erzeugen kann, §§ 311 Abs 2, 241 Abs 2 BGB. **67**

a) Aufklärungspflichten, insbesondere des Bestellers

Hier sind zunächst hervorzuheben Aufklärungs- und Beratungspflichten (vgl zu den Unternehmerpflichten o Rn 49 ff); doch treffen auch den Besteller entsprechende Pflichten.

Zunächst müssen die *Angaben des Bestellers,* die dieser macht, *sachlich zutreffen* (vgl RGZ 95, 58). So haben zB Mengenangaben in einer Ausschreibung richtig zu sein. Sodann muss der Besteller auf alle Fragen des Unternehmers wegen der zu erbringenden Leistung eine korrekte Antwort geben. Endlich muss er von sich aus Punkte offenbaren, die der Unternehmer nicht zu bedenken braucht, die aber bei verständiger Würdigung bei seinem Abschlusswillen von Bedeutung sein können, so etwa besondere Gefahren für den Unternehmer, seine Leute oder das Gelingen des Werkes (vgl BGB-RGRK/Glanzmann Rn 37), oder besondere Eigenschaften des zu bearbeitenden Gegenstandes. Es sind dies Pflichten, die uU auch noch nach Vertragsschluss neu entstehen bzw zu erfüllen sein können, so zB der Hinweis auf zu erwartende Verzögerungen oder unvorhergesehen auftretende Schwierigkeiten.

Die *Sanktionierung dieser Aufklärungs- und Beratungspflichten des Bestellers fällt je nach den Folgen der Pflichtverletzung unterschiedlich aus.* Führt die Pflichtverletzung zur Unmöglichkeit der Erstellung des Werkes, so ist § 645 BGB anzuwenden. Ist ein Mangel des Werkes die Folge, so mindern sich die Gewährleistungsansprüche des Bestellers nach Maßgabe des § 254 Abs 1 BGB. Wenn die Kalkulation des Unternehmers beeinträchtigt ist, kann es zu Preisanpassungen kommen, vgl § 2 Abs 3 VOB/B für den Fall von Massenfehleinschätzungen (dazu § 632 Rn 65). Sind Teile von Leistungen übersehen worden, die zur ordnungsgemäßen Erstellung des Werkes gehören, stehen dem Unternehmer sog Sowieso-Kosten zu (dazu § 632 Rn 35, § 634 Rn 24). Kommt es zu einer Erschwerung der Arbeit des Unternehmers, kann ihm **68**

b) Ausschreibung der Leistungen

69 Wenn dem Vertragsschluss eine Ausschreibung vorausgeht, wie es namentlich für öffentliche Auftraggeber Pflicht ist, vgl 97 ff GWB (dazu Anh zu § 650a), sind die Bestimmungen über das Ausschreibungsverfahren korrekt einzuhalten. Bei Verstößen ist – ähnlich wie im Rahmen des § 823 Abs 2 BGB – danach zu fragen, ob die verletzten Bestimmungen den Schutz des Bestellers bzw teilnehmenden Unternehmers vor Schäden der erlittenen Art bezweckten; ggf erwächst ein Schadensersatzanspruch aus den §§ 280 Abs 1, 311 Abs 2, 241 Abs 2 BGB.

c) Sonstige Pflichten

Im Übrigen gelten die üblichen vorvertraglichen Pflichten zum fairen Verhandeln und zur Rücksichtnahme auf die Rechtsgüter des anderen Teils.

2. Abschluss

a) Form

70 Der Vertragsschluss ist grundsätzlich *formfrei* möglich. Ggf ist § 311b Abs 1 BGB zu beachten, sofern der Vertrag zum Erwerb oder zur Veräußerung eines Grundstücks verpflichtet oder dies zwar nicht selbst tut, aber doch in einem hinreichend engen Zusammenhang mit einem anderen Vertrag steht, für den § 311b Abs 1 BGB gilt (vgl dazu § 650a Rn 13 ff). Für vereinbarte Formerfordernisse gelten keine Besonderheiten. Eine Schriftformklausel in Bezug auf Zusatzaufträge ist unwirksam (BGHZ 157, 102 = BGH NJW 2004, 502 = NZBau 2004, 146). § 650i BGB ordnet für den Verbraucherbauvertrag Schriftform an.

b) Stellvertretung

71 In wessen Namen der Werkvertrag abgeschlossen wurde, richtet sich nach den Kriterien des § 164 Abs 1 S 2 BGB. Allein der Umstand, dass der Bearbeitungsgegenstand einem Dritten gehört, indiziert noch nicht, dass in dessen Namen gehandelt wurde; die Zahlungspflicht aus dem Vertrag kann bewusst von dem Eigentümer ferngehalten werden sollen, zB wenn der Ehemann das Grundstück der Ehefrau bebauen lässt. Insofern zweifelhaft BGH NJW-RR 2004, 1017 = NZBau 2004, 2678, dass der Hausverwalter in der Regel im Namen des Eigentümers handele. Dies reduziert den Schutz des Eigentümers gegenüber nicht gebotenen Maßnahmen.

c) Bindungsfristen

72 Für die Bindungsfrist hinsichtlich des Vertragsangebots ist § 308 Nr 1 BGB zu beachten. Dabei ist zu beachten, dass gerade die Überprüfung des Angebots werkvertraglicher Leistungen uU einen *nicht unerheblichen Arbeits- und damit Zeitaufwand* erfordern kann.

Angesichts der Vielgestaltigkeit angebotener Werkleistungen lassen sich feste Fristen nicht angeben; sie müssen vielmehr nach Branchen und Umfang/Kompliziertheit der Leistungen differieren, doch müssen die Fristen jedenfalls länger ausfallen dürfen als beim Kauf und können mehrere Wochen idR nicht beanstandet werden.

10 Wochen Bindungsfrist gegenüber dem Bauträger sind jedenfalls unangemessen (OLG Dresden BauR 2005, 559).

d) Anforderungen an die Einigung
Inhaltlich muss die Einigung der Parteien den üblichen Anforderungen genügen. **73** Eine nähere *Einigung über den Werklohn* ist wegen § 632 Abs 1, Abs 2 BGB freilich nur notwendig, wenn eine der Parteien deutlich macht, dass sie davon den Abschluss abhängig machen will. Soweit ein Werkvertrag – natürlich – auch konkludent abgeschlossen werden kann, ist freilich wegen der „automatischen" Kostenfolge des § 632 Abs 1 BGB Vorsicht geboten. Ein Vertrag kommt nicht schon dann zustande, wenn jemand – auch willkommene – Leistungen duldet (vgl BGH NJW 1997, 1982). Er muss schon aktiv und in offenbarer Kenntnis der Vergütungspflicht auf ihre Erbringung hinwirken. ZB mag der Besteller bei bestehendem Vertrag zusätzliche Leistungen als schon von dem Vertrag erfasst ansehen, vgl die besondere Hinweispflicht, die § 2 Abs 6 VOB/B dem Unternehmer in diesem Fall auferlegt.

e) Auf den Werkvertrag ist ggf § 312 BGB anwendbar. **74**

f) Zusatzaufträge
Äußerst verbreitet sind namentlich im Baubereich *Zusatz- bzw Nachtragsaufträge*. **75** Sie ergeben sich aus der Befugnis des Bestellers, Änderungen oder Erweiterungen der Planung vorzunehmen (vgl dazu §§ 650b, 650c BGB). Eine Zahlungspflicht des Bestellers begründen sie dann nicht, wenn die „Zusatz"leistung entweder schon im Hauptauftrag enthalten war oder es in Wahrheit um Mängelbeseitigung geht. Es müssten sich die Parteien schon gleichwohl bewusst auf diesen Zusatz geeinigt haben (vgl BGH NJW-RR 2005, 1179 = BauR 2005, 1317; OLG Celle BauR 2005, 106). Dann kann diese Einigung aber immer noch auf der widerrechtlichen Drohung einer Arbeitseinstellung beruhen (**aA** KG NZBau 2004, 100 = BauR 2003, 1903).

g) Finanzierungshilfen
Die §§ 499 ff BGB sind anwendbar. **76**

Freilich liegt eine Finanzierungshilfe noch nicht in dem Zahlungsaufschub für den Besteller bis zur Abnahme, denn das ist nur die gesetzlich vorgesehene Zahlungsweise, § 641 BGB. Auch die *Vereinbarung von Abschlagszahlungen* bedeutet selbst dann *keine Finanzierungshilfe* für den Besteller, wenn ihre Summe niedriger ist als es ein bei Abnahme insgesamt zu zahlender Werklohn wäre. Kredit wird dem Besteller vielmehr nur dann eingeräumt, wenn er erst nach der Abnahme zu zahlen hat. Auch dann muss der Kredit freilich entgeltlich sein, § 499 Abs 1 BGB, dh zu einer Erhöhung des Werklohns führen. Daran fehlt es zB, wenn beim Bauvertrag nach § 650g Abs 4 BGB bzw § 16 Abs 3 Nr 1 VOB/B erst nach Erteilung der Schlussrechnung und Ablauf einer Prüfungsfrist zu zahlen ist: Das erhöht den Werklohn nicht. – Der Werkvertrag, bei dem zwischenzeitliche Teilzahlungen des Bestellers vorgesehen sind, unterfällt weder § 505 Abs 1 Nr 1 BGB aF noch § 501 BGB aF (BGHZ 165, 325 = NJW 2006, 904).

Für Immobiliendarlehensverträge gilt § 503 BGB.

3. Nichtigkeit des Werkvertrages

77 Die Nichtigkeit des Werkvertrages kann sich unter verschiedenen Gesichtspunkten ergeben.

Folge der Nichtigkeit ist, dass ein Anspruch auf (weitere) Vertragserfüllung nicht besteht und dass etwa schon erbrachte Leistungen als rechtsgrundlos kondiziert werden können, soweit dem nicht § 817 S 2 BGB entgegensteht.

Probleme ergeben sich dann, wenn erbrachte Leistungen in Natur nicht mehr zurückgewährt werden können, sondern im Vermögen des Bestellers verbleiben müssen oder sollen, wie dies namentlich beim Bauvertrag der Fall sein kann. Die Rechtsprechung hält hier Ansprüche des Unternehmers aus Geschäftsführung ohne Auftrag für möglich (vgl BGHZ 37, 258, 263; 101, 393, 399 = NJW 1988, 132; 111, 308, 311 = NJW 1990, 2542; BGH NJW-RR 1993, 200; NJW 1993, 3196). Die Literatur tritt dem überwiegend entgegen (vgl ESSER AcP 157, 94; FLUME, AT II § 17, 4; ERMAN/DORNIS § 677 Rn 27; MünchKomm/SCHÄFER § 677 Rn 48; THOLE NJW 2010, 1243, 1248; **aA** für Subordinationsverträge STAUDINGER/BERGMANN [2015] Vorbem 334 f zu § 677), dies teils aus systematischen Gründen, dass andernfalls Wertungen des Bereicherungsrechts überspielt würden (§§ 817 S 2, 818 Abs 3 BGB), teils mit dem Hinweis darauf, dass die Voraussetzungen einer Geschäftsführung ohne Auftrag gar nicht vorlägen, nämlich die Besorgung eines fremden Geschäfts, wenn man nur die vermeintliche eigene Vertragspflicht zu erfüllen suche.

78 Bei der Stellungnahme ist zu bemerken, dass ein *Widerspruch zu § 817 S 2 BGB nicht besteht*. Denn wenn die Leistung gegen ein gesetzliches Verbot oder die guten Sitten verstößt, kann der Unternehmer sie nicht für erforderlich halten, §§ 683, 670 BGB (vgl BGHZ 111, 308, 311 zum Verstoß gegen das Schwarzarbeitsgesetz). *§ 818 Abs 3 BGB wird im Regelfall bedeutungslos* sein: Nachträglich entfallen wird die Bereicherung selten; wenn die Leistung von vornherein nicht zu einer Bereicherung des Bestellers geführt hat (zB wegen Mängeln), wird sie nicht seinem Interesse entsprochen haben, vgl § 683 BGB. So konzentriert sich die Fragestellung darauf, ob man es für angemessener hält, Leistungen, die nicht zurückgewährt werden können, nach ihrem objektiven Wert zu bemessen (§ 818 Abs 2 BGB) oder nach den vertraglichen Ansätzen (§§ 683, 670 BGB). Letzteres erscheint nicht nur praktikabler, sondern auch interessengerecht, sofern nicht die Nichtigkeitsnorm gerade dies verhindern will. Bei dem Verstoß gegen Formvorschriften haben BGHZ 101, 393, 399; BGH NJW 1993, 3196 dies zu Recht verneint.

Die Rechtsprechung hält Ansprüche aus berechtigter Geschäftsführung ohne Auftrag nur für möglich; sie sind in der Tat noch besonders in ihren Voraussetzungen zu prüfen. In der Regel werden sie gegeben sein. Abgesehen von der schon angesprochenen Hürde bei der Annahme eines Fremdgeschäftsführungswillens, die aber doch überwindbar ist, wird bei einverständlicher Durchführung des (nichtigen) Vertrages das Tun des Unternehmers dem Willen und dem Interesse des Bestellers entsprechen. Hauptsächlicher Prüfungspunkt wird es dann zu sein haben, ob nicht der *Zweck der Nichtigkeitsnorm* eine Abrechnung auf diese Art verbietet und im Gegenteil eine Abrechnung nach Bereicherungsrecht gebietet.

Außerdem aber sind dort, wo der Unternehmer Besitz an dem Bearbeitungsgegenstand erlangt hat, vorrangig die §§ 987 ff, 994 ff BGB anzuwenden. Für die Leistungen des Unternehmers haben die letzteren Bestimmungen den angemessenen Vorteil gegenüber den §§ 677 ff BGB, dass ihm durch die §§ 1000 ff BGB eine Befriedigungsmöglichkeit aus dem Bearbeitungsgegenstand erwächst. Der gutgläubige Unternehmer ist aber auch sonst besser geschützt: Was der Besteller will, wird man idR auch für notwendig iSd § 994 Abs 1 BGB halten dürfen. Ist er bösgläubig, ergeben sich insoweit keine Unterschiede zu den §§ 677 ff BGB, vgl § 994 Abs 2 BGB.

a) Gesetzliche Verbote

Die Nichtigkeit des Werkvertrages kann sich gemäß § 134 BGB aus dem Verstoß gegen ein gesetzliches Verbot ergeben. Dabei sind beachtliche gesetzliche Verbote freilich nur solche, die den Vertrag in seinem Inhalt unterbinden wollen. **79**

aa) Von praktischer Bedeutung ist hier zunächst das *SchwarzarbeitsbekämpfungsG* (SchwarzArbG v 23. 7. 2004 [BGBl I 1842] m spät Änderungen), das den Vertrag insbesondere bei gewinnsüchtigem Handeln in erheblichem Umfang nichtig sein lässt (vgl BGHZ 85, 39 zum vorangegangenen SchwarzarbeitsG v 31. 5. 1974), freilich dann nicht nach BGHZ 89, 369, 373, BGH NJW 1985, 2403, NZBau 2002, 149, wenn dem Besteller der Gesetzesverstoß des Unternehmers nicht bekannt ist oder er ihn zwar kennt, aber nicht zu seinem Vorteil ausnutzt (vgl dazu auch Westphal BB 1984, 1002; Canaris NJW 1985, 2404; Köhler JZ 1990, 466). Dabei könnten die Voraussetzungen des Schwarzarbeitsgesetzes nicht nur dann erfüllt sein, wenn der Unternehmer selbst Schwarzarbeit leisten soll, sondern auch dann, wenn der Vertrag darauf angelegt ist, dass der Unternehmer Schwarzarbeiter beschäftigen soll (vgl BGHZ 85, 39). Im Übrigen wird man zur Nichtigkeit des Vertrages die *Kenntnis des Bestellers von der Schwarzarbeit* genügen lassen müssen. Schon dann erscheint er nicht schutzwürdig (vgl Köhler JZ 1990, 647), und die Grenzziehung zwischen Kenntnis und Ausnutzung der Schwarzarbeit erscheint kaum möglich.

Die Behandlung des einseitigen Verstoßes als unbeachtlich erscheint unbefriedigend, wenn sie dem Unternehmer seinen Werklohnanspruch belässt und dem Besteller einen Anspruch auf ein gesetzeswidriges Tun gibt. Sinnvoller wäre es hier, nur dem Unternehmer die vertraglichen Ansprüche zu versagen, dem Besteller aber jedenfalls das vertragliche Interesse zuzubilligen (vgl Canaris NJW 1985, 2404).

Auch bei Nichtigkeit des Vertrages bleibt er nicht gänzlich unbeachtlich. So kann die Berufung auf die Nichtigkeit treuwidrig sein (vgl BGHZ 85, 39). Außerdem sind *erbrachte Leistungen* jedenfalls *nach Bereicherungsrecht* zu vergüten. § 817 S 2 BGB kann dem nicht entgegenstehen. Wenig überzeugend erscheint es zwar aus systematischen Gründen, dieser Bestimmung einen Gegeneinwand aus § 242 BGB entgegenzusetzen (vgl BGH NJW 1990, 2542). Aber man muss sehen, welche Folge eine Anwendung des § 817 S 2 BGB hätte: Es ergäbe sich ein erheblicher Anreiz, Schwarzarbeiter zu beschäftigen, wenn deren Leistungen „kostenlos" blieben (vgl näher Köhler JZ 1990, 468 f).

Gewährleistungsansprüche können dem Besteller bei Nichtigkeit des Vertrages nicht zustehen. Sonstige Ansprüche aus Schutzpflichtverletzung (§§ 280 Abs 1, 241 Abs 2 BGB) oder Delikt schließt das nicht aus (vgl näher Köhler JZ 1990, 470 ff).

80 bb) Besonders bei kleineren Objekten ist es verbreitet, dass der Unternehmer und der Besteller vereinbaren, dass eine Rechnung nicht erteilt werden soll, sodass der Unternehmer sein Entgelt „netto" berechnen kann. Das verstößt gegen § 1 Abs 2 Nr 2 SchwarzArbG, eine Bestimmung, die der BGH in seiner aktuellen Rechtsprechung (NZBau 2015, 551) für ein Verbotsgesetz iSd § 134 BGB hält; konsequent lässt er Bereicherungsansprüche der einen bzw der anderen Seite an § 817 BGB scheitern.

Dieser Rechtsprechung ist jedoch zu widersprechen. Zunächst führt sie zu Ergebnissen, die als willkürlich erscheinen müssen. Es kann sich ergeben, dass der Unternehmer das volle Entgelt für Pfusch erhält, aber doch auch, dass dem Besteller eine uneingeschränkt werthaltige Leistung ohne Gegenleistung zukommt. Diese Perspektiven könnten die Parteien davon abhalten, den Leistungsaustausch überhaupt vorzunehmen; für das Steueraufkommen wäre das nicht förderlich. Indessen kommt es dazu auch nicht. Denn wenn die Parteien übereinkommen, die Umsatzsteuer nicht abzuführen, ist diese Abrede wegen Verstoßes gegen das Umsatzsteuerrecht nach § 134 BGB nichtig. Daraus folgt aber nicht die Nichtigkeit des gesamten Vertrages; § 134 BGB hebt ausdrücklich hervor, dass das Verbotsgesetz auch eine andere Rechtsfolge vorsehen kann. § 10 UStG sieht insoweit vor, dass das vereinbarte Gesamtentgelt für die Umsatzsteuer des Unternehmers maßgeblich sein soll. Das erhält den Vertrag aufrecht, nur eben eine etwas geringere Steuerschuld auslösend. § 1 Abs 2 Nr 2 SchwarzArbG – und ebenso § 370 AO – ist dann aber auch kein Verbotsgesetz iSd §§ 134, 817 S 2 BGB, sondern vielmehr ein Gebotsgesetz, nämlich die Umsatzsteuer auch abzuführen. Als solches bezieht sich die Bestimmung nicht auf ein Rechtsgeschäft (den Werkvertrag), sondern auf ein tatsächliches Verhalten (die Steuerschuld auch zu erfüllen). Übrigens ist der steuerpflichtige Unternehmer dazu auch in der Lage; den nach § 10 UStG abzuführenden Betrag stellt ihm der Besteller durchaus zur Verfügung, jedenfalls ist er dazu auf Grund des wirksamen Vertrages verpflichtet.

81 cc) Als Verbotsgesetz einzustufen ist *Art 10 § 3 des G zur Verbesserung des Mietrechts und zur Begrenzung des Mietanstiegs sowie zur Regelung von Ingenieur- und Architektenleistungen (MRVG) v 4. 11. 1971* (BGBl I 1745), der die Bindung des Erwerbers eines Grundstücks an bestimmte Architekten oder Ingenieure verbietet (vgl dazu Vorbem 17 zu § 650p).

82 dd) Jene vielfältigen polizei-, insbesondere baupolizeirechtlichen Bestimmungen, die werkvertraglich zu erbringende Leistungen nach ihrem Gegenstand oder der Methode der Erbringung näher regeln, sollen dagegen *Werkverträge nicht unterbinden, sondern nur steuern,* sodass sie in aller Regel nicht als Verbotsgesetze iSd § 134 BGB anzusehen sind. Das gilt insbesondere auch für die Vorgaben der Energieeinsparverordnung (EnEV), deren aktuelle Fassung vom 24. 7. 2007 (BGBl I 1519) stammt, zuletzt geändert am 24. 10. 2015 (BGBl I 1790). Vgl zur Einholung etwa notwendiger Genehmigungen § 650a Rn 9 ff; das dort zum Bauvertrag Gesagte gilt ganz allgemein. Daselbst auch zu den Folgen des Fehlens notwendiger Genehmigungen.

83 ee) Eigenartige Nichtigkeitstatbestände enthält § 101b Abs 1 GWB bei ausschreibungspflichtigen Aufträgen. Betroffen sind nach Nr 2 der Bestimmung zunächst

Aufträge, bei denen von einer gebotenen Ausschreibung überhaupt abgesehen worden ist, sodann nach Nr 1 Aufträge, bei denen der Auftraggeber der Informations- und Wartepflicht des § 101 GWB nicht nachgekommen ist.

(1) § 101b Abs 1 GWB formuliert missverständlich, wenn es auf den Vergabeverstoß und seine Feststellung im Nachprüfungsverfahren des § 101b Abs 2 GWB ankommen soll. Tatsächlich entscheidet nur diese letztere Feststellung, wie in Fällen der Diskrepanz deutlich wird. Liegt ein Vergabeverstoß nicht vor, entscheidet die nachprüfende Stelle aber auf einen solchen, ist letzteres verbindlich. Umgekehrt „verblasst" ein gegebener Vergabeverstoß, wenn er dann nicht auch festgestellt wird. Der Sache nach handelt es sich also um einen Fall der Anfechtung von Seiten der Konkurrenten.

Diese Feststellung der Unwirksamkeit kann nach § 101b Abs 2 GWB nur auf einen fristgebundenen Nachprüfungsantrag hin getroffen werden.

(2) Solange die Feststellung nicht getroffen ist, ist der Vertrag noch wirksam; er wird eben rückwirkend unwirksam. Dann aber gebieten es Treu und Glauben den Parteien, einstweilen von seiner Durchführung abzusehen (aA DREHER/HOFFMANN NZBau 2010, 201), sofern es nicht zweifellos feststeht, dass ein Nachprüfungsverfahren erfolglos bleiben wird. Insbesondere Leistungen, Vorbereitungshandlungen des Unternehmers könnten bereicherungsrechtlich nicht angemessen erfasst werden.

(3) Der im Ergebnis erfolgreiche Bieter hat den Anspruch des § 326 Abs 2 BGB, soweit er schon erbrachte Teilleistungen vorfindet.

b) Sittenwidrigkeit

Für die Beurteilung eines Werkvertrages als sittenwidrig iSd § 138 BGB ergeben sich keine Besonderheiten. Zu beachten ist freilich, dass Werkverträge sowohl für den Unternehmer wie auch für den Besteller in wirtschaftlicher Hinsicht leicht existentielle Bedeutung gewinnen können. Insofern ist es auf Seiten des Unternehmers denkbar, dass in preislicher Hinsicht eine *Notlage* ausgenutzt wird. Auf Seiten des Bestellers können im Rahmen der nach § 138 Abs 1 BGB vorzunehmenden Würdigung der Umstände des Einzelfalls außer der wirtschaftlichen Belastung durch den Vertrag namentlich von Bedeutung sein seine *Unerfahrenheit* mit Werkleistungen dieser Art, sowie die *Verhandlungsführung des Unternehmers,* zB eine Überrumpelungstaktik oder fehlende Aufklärung über die (fehlende) Notwendigkeit des Werkes, zB einer Reparatur, bzw eine Verschleierung der Kosten (vgl KG NJW-RR 1995, 1422). Eine bloße Übertuerung der Werkleistung reicht für sich allein keinesfalls aus, sofern die angemessene Vergütung nicht ungefähr verdoppelt ist. Allenfalls indizielle Bedeutung für ein sittenwidriges Geschäftsgebaren hat es auch, wenn ein Betrieb seine Einnahmen überdurchschnittlich aus § 648 S 2 BGB erzielt. Die Zahlung von Schmiergeldern führt dann zur Sittenwidrigkeit, wenn sie eine nachteilige Vertragsgestaltung zur Folge hat (BGH NJW 1999, 2266). **84**

Es kann sich ergeben, dass der Unternehmer zu einem angemessenen und jedenfalls vom Besteller akzeptierten Preis anbietet, eine Einzelposition aber mit einem völlig überhöhten Preis angesetzt hat und es gerade in Bezug auf diese Position zu erheblichen Mehrmengen kommt. Der BGH (BGHZ 179, 213 = NJW 2009, 835 = NZBau 2009, **84a**

232 Rn 12 ff; NJW 2013, 1950; NZBau 2013, 366 Rn 20 ff) will dies mit § 138 BGB erfassen. Das ist aber abzulehnen. Zunächst befremdet es, wenn dieser Einzelpreis unbeanstandet bleibt und bleiben muss, soweit es bei dem vorgesehenen Leistungsvolumen bleibt. Sodann kann es nicht befriedigen, dass das Ergebnis von subjektiven Voraussetzungen bei dem Unternehmer abhängen soll. Er war vielleicht gutgläubig und hat sich nur verrechnet oder verschrieben. Endlich muss auch der gegenteilige Fall bedacht werden, dass die Fehlkalkulation sich zu Lasten des Unternehmers auswirkt. Daher ist nicht der Vertragsschluss auf seine Sittenwidrigkeit, sondern es ist das Verhalten bei der Abrechnung auf seine Treuwidrigkeit zu überprüfen (so auch BGH NJW 2013, 1953 = NZBau 2013, 369 Rn 35, wenn es dem Auftragnehmer an verwerflicher Gesinnung fehlt). Insoweit handelt der Auftragnehmer treuwidrig, wenn er für Mehrmengen mehr als das Doppelte der üblichen Vergütung nach § 632 Abs 2 BGB verlangt, und der Auftraggeber, wenn er weniger als die Hälfte davon zu zahlen bereit ist (vgl § 632 Rn 30b).

4. Auslegung und Anfechtung

85 Für die Auslegung und Anfechtbarkeit von Werkverträgen gelten ebenfalls die üblichen Grundsätze.

a) Auslegungsgrundsätze

Bei der Auslegung kommt dem Wortlaut des Vertrages eine unterschiedliche Bedeutung zu, je nachdem ob der Besteller oder der Unternehmer formuliert hat. Bei dem Unternehmer ist Sachkunde vorauszusetzen, sodass er technische Fachausdrücke und Maßangaben gegen sich gelten lassen muss, aber doch auch die bereichsüblichen juristischen Ausdrücke, zB der Abnahme, der Vertragsstrafe, des Sicherheitseinbehalts, des Rücktritts und der Minderung. Ihm gegenüber ist der Vertrag grundsätzlich buchstabengetreu auszulegen; er kann sich nicht darauf berufen, diesen nicht ordentlich gelesen zu haben. Vgl zur Auslegung von Leistungsverzeichnissen BGH NJW-RR 1995, 914; 1996, 1044. Auch sie folgt den §§ 133, 157 BGB, wobei namentlich Umfeld und Funktion der Leistung von Bedeutung sind. Widersprüche sind entsprechend aufzulösen (BGH NJW 1999, 2432). An die *Annahme überraschender Klauseln* iSd § 305c Abs 1 BGB sind eher strenge Anforderungen zu stellen; hier können ggf die Unübersichtlichkeit umfangreicher Klauselwerke Bedeutung erlangen oder für die Branche untypische Klauseln. Dagegen ist bei von dem Unternehmer formulierten Verträgen darauf Rücksicht zu nehmen, wenn der *Besteller Laie* ist, wobei ihm freilich im Baubereich auch die Sachkunde seines Architekten zuzurechnen ist. *Hier kommt es* – vorbehaltlich näherer Erläuterung durch den Unternehmer – *darauf an, wie der Besteller den Vertrag als Laie verstehen durfte.* Das ist namentlich von Bedeutung, soweit er Aussagen über die Eigenschaften des Werkes enthält (vgl dazu o Rn 49 ff). Auch liegt die *Schwelle zur Annahme überraschender oder unklarer Klauseln wesentlich niedriger*. Während es von dem Unternehmer erwartet werden kann, dass er sich nach der Bedeutung unverstandener Formulierungen erkundigt, gilt dies von einem Laien als Besteller nur sehr eingeschränkt; er darf grundsätzlich auf die Aufklärungspflicht des Unternehmers vertrauen.

b) Anfechtungsmöglichkeiten

86 Für die Anfechtungstatbestände ist hervorzuheben:

aa) Die *Anfechtung nach § 119 Abs 1 BGB* ist beiden Parteien uneingeschränkt möglich.

bb) Die Anfechtung des Vertrages nach § 119 Abs 2 BGB wird für den Unternehmer 87
nur selten möglich sein, sie ist für ihn aber zulässig, zB bei mangelnder Kreditwürdigkeit des Bestellers. Der Besteller kann den Vertrag nach § 119 Abs 2 BGB zunächst wegen Irrtums über die *Eigenschaften des Unternehmers* anfechten; freilich wird dieserhalb – wenn überhaupt – idR die vorzuziehende Anfechtungsmöglichkeit nach § 123 BGB gegeben sein; dazu sogleich. Irrtümer über Eigenschaften des Werkes berechtigen den Besteller insoweit zur Anfechtung nach § 119 Abs 2 BGB, wie sie sich nicht auf seine Beschaffenheit beziehen, sondern auf sonstige Eigenschaften. Hervorzuheben sind namentlich die Notwendigkeit des Werkes, wenn bei verständiger Würdigung statt einer umfassenden Neugestaltung einer Sache eine Ausbesserung bestimmter Schäden ausgereicht hätte, ferner die Verwendungsfähigkeit des vertragsgemäß erstellten Werkes. Dabei ist Sache iSd § 119 Abs 2 BGB zunächst die zu bearbeitende Sache, sodann das Werk, uU auch das Material und die Arbeitsmethode.

Die *Beschaffenheit des Werkes* ist für die Anfechtung insoweit ohne Belang, wie es um die tatsächliche Beschaffenheit des fertigen Werkes geht; diese ist *mit den §§ 633 ff BGB zu erfassen.* Aber auch für die vereinbarte Beschaffenheit des Werkes wird man – wie im Kaufrecht – dem Gewährleistungsrecht den Vorrang einräumen müssen (vgl STAUDINGER/SINGER [2012] § 119 Rn 85 f). Vorab bleibt freilich zu prüfen, ob die – nach der Leistungsbeschreibung irrtümlich – angenommene Beschaffenheit nicht schon Vertragsinhalt geworden ist.

cc) Die Anfechtung nach § 123 BGB kann der mit der Erstellung des Werkes 88
vorleistungspflichtige Unternehmer ggf auf mangelnde Kreditwürdigkeit des Bestellers stützen, sofern der Irrtum hierüber für den Vertragsschluss ursächlich war (vgl BGH NJW 1974, 1505, 1506); bei fehlender Arglist des Bestellers können Ansprüche aus den §§ 280 Abs 1, 241 Abs 2, 311 Abs 2 BGB oder die Anfechtungsmöglichkeit nach § 119 Abs 2 BGB verbleiben, vgl auch § 321 Abs 2 BGB. Ausnahmsweise sind aber auch sonstige arglistige Täuschungen des Unternehmers denkbar.

Die *Vertrauenswürdigkeit des Unternehmers* kann bei jenen Verträgen von Bedeutung sein, die § 675 BGB unterfallen (vgl BGH WM 1970, 960 zum Baubetreuungsvertrag). Im Übrigen ist bei Werkverträgen die *Leistungsfähigkeit des Unternehmers* ganz entscheidend für den Vertragsschluss, wie sie in *sachlicher,* insbesondere *finanzieller Hinsicht* gegeben sein muss, aber auch in Hinblick auf *Wissen und Erfahrung.* Dabei muss es an ihr freilich schon im Zeitpunkt des Vertragsschlusses fehlen; sie darf sich nicht erst und nur durch die mangelhafte Leistung herausstellen (vgl RGZ 62, 282, 285). An ihrer Beachtlichkeit ändert sich auch nichts durch die Vorleistungspflicht des Unternehmers hinsichtlich der Erstellung des Werkes.

Neben die materielle Qualifikation zur Erbringung der Werkleistung muss ggf auch die formelle treten, wo sie nach der Verkehrsanschauung erwartet werden kann, vgl zur *Architekteneigenschaft* Vorbem 16 zu § 650p, zur Eintragung in die Handwerksrolle OLG Nürnberg BauR 1985, 322; OLG Hamm NJW-RR 1990, 523; letztere ist allerdings entbehrlich, wenn der Betrieb erlaubterweise als Industriebetrieb geführt wird (vgl BGHZ 88, 240, 245).

Bei fehlender Arglist des Unternehmers können dem Besteller hier noch Ansprüche aus den §§ 280 Abs 1, 241 Abs 2, 311 Abs 2 BGB bzw die Anfechtungsmöglichkeit nach § 119 Abs 2 BGB verbleiben.

89 Wenn die Leistung erbracht ist, müssen die Rechte des Bestellers freilich eingeschränkt werden. Falls *keine Mängel* eingetreten sind, ist die Anfechtung des Vertrages wegen mangelnder Qualifikation des Unternehmers schon als *treuwidrig* zu betrachten. Sind aber Mängel eingetreten, so muss gegenüber den Anfechtungsmöglichkeiten dem *Gewährleistungsrecht* der *Vorrang* gebühren. Der Besteller erhält damit einerseits hinreichende Möglichkeiten, auf die Mängel zu reagieren, vgl die Möglichkeiten des § 634 BGB, gleichzeitig dürfen seinen Rechten aber die Beschränkungen des Gewährleistungsrechts, insbesondere der §§ 634a, 640 Abs 3 BGB, nicht genommen werden. Auf diese Weise wird auch nur der Vorrang des Gewährleistungsrechts vor der Anfechtungsmöglichkeit sachgerecht fortgeschrieben. Denn das im Zeitpunkt des Vertragsschlusses erst künftige Werk setzt für diesen Zeitpunkt einen zu seiner Erbringung befähigten Unternehmer voraus, sodass wegen der Besonderheiten, die das Werkvertragsrecht insoweit gegenüber dem Kaufrecht aufweist, statt auf den Vertragsgegenstand auf den Leistungspflichtigen abzustellen ist. Auch die *Anfechtungsmöglichkeit nach § 123 BGB einzuschränken* ist unschädlich, weil hier im Falle der Arglist immer ein unausschließbarer Schadensersatzanspruch verbleibt, der nach den §§ 634a Abs 3, 195, 199 BGB verjährt.

90 *Sonstige arglistige Täuschungen* des Unternehmers können sich zB auf die Notwendigkeit der Werkleistung beziehen, etwa einer Reparatur, oder auf die Verwendungsfähigkeit des Werkes, aber doch auch auf andere Umstände, zB steuerliche Aspekte, sofern insofern nur eine Aufklärungspflicht des Unternehmers anzunehmen ist. Über seine Kalkulation ist der Unternehmer jedenfalls nicht aufklärungspflichtig; hier sind nur die Grenzen des § 138 BGB zu beachten. Dagegen kann eine arglistige Täuschung hinsichtlich des Werklohnes beim Einheitspreis- oder beim Stundenlohnvertrag gegeben sein, sofern der Unternehmer dem Besteller – uU auch nur mit dolus eventualis – einen unzutreffenden Endpreis vorspiegelt.

VI. Ansprüche gegen Dritte

91 Auf vertraglicher Basis erbrachte Werkleistungen begründen *keine* Ansprüche des Unternehmers gegen Dritte, die sie begünstigen. Ein drittbegünstigender Effekt kann sich zB ergeben, wenn der Ehemann das Grundstück der Ehefrau bebauen lässt, sowie namentlich bei Leistungen des Subunternehmers. Ein Bereicherungsanspruch nach den §§ 951 Abs 1 S 1, 812 BGB würde die bestehenden vertraglichen Beziehungen durchkreuzen. Es fehlt aber auch am Tatbestand der Geschäftsführung ohne Auftrag (BGH NJW-RR 2004, 81 = NZBau 2004, 34; NJW-RR 2004, 956 = NZBau 2004, 387).

Bei der Abrechnung mit dem „Vertragspartner" muss es aber auch dann verbleiben, wenn die Vertragsbeziehungen unwirksam sind. Einen unverhofften zusätzlichen Schuldner kann das nicht verschaffen.

Anhang zu § 631

Insolvenzrechtliche Bezüge des Werkvertrages

Schrifttum

1. Allgemeine Darstellungen zum Insolvenzrecht

Bork, Einführung in das Insolvenzrecht (9. Aufl 2019)
Hamburger Kommentar zum Insolvenzrecht = HmbKomm-InsO (7. Aufl 2019)
Häsemeyer, Insolvenzrecht (4. Aufl 2007)
Heidelberger Kommentar zum Insolvenzrecht = HK-InsO (9. Aufl 2018)
Jaeger, Insolvenzordnung (2004 ff)
Kübler/Prütting/Bork, Kommentar zur Insolvenzordnung (Loseblatt, Stand: 79. Lfg, 5/19)
Münchener Kommentar zur Insolvenzordnung = MünchKomm-InsO (3. Aufl 2013 f)
Schmidt, Insolvenzordnung (19. Aufl 2016)
Uhlenbruck, Insolvenzordnung (15. Aufl 2018).

2. Allgemeine Darstellungen zum Werkvertrag in der Insolvenz

Ampferl, Insolvenz des Bauträgers, BTR 2007, 60
Bopp, Der Bauvertrag in der Insolvenz: Die Abwicklung des nicht oder nur teilweise erfüllten gegenseitigen Vertrages in der Insolvenz am Beispiel des Bauvertrages (Schriften zum Baurecht 2009)
Heidland, Welche Änderungen ergeben sich für den Bauvertrag durch die Insolvenzordnung im Verhältnis zur bisherigen Rechtslage?, BauR 1998, 643
Heerdt, Handbuch Bauinsolvenz (1. Aufl 2018)
Huber, Grundstrukturen der Abwicklung eines Bauvertrags in der Insolvenz, NZBau 2005, 177 u 256
Kesseler, Die Insolvenz des Bauträgers, RNotZ 2004, 176
Schmitz, Die Bauinsolvenz (6. Aufl 2015)
ders, Die Dreiteilung des im Insolvenz-(eröffnungs-)verfahren fortgeführten Bauvertrages – Auswirkungen auf Gegenrechte des Bestellers, ZInsO 2004, 1051
ders, Der Bauvertrag in der Insolvenz, DZWIR 1999, 485
ders, Das Bauunternehmen im Konkurs, ZIP 1998, 1421
ders, Handlungsmöglichkeiten von Auftragnehmer und Auftraggeber in der wirtschaftlichen Krise des Vertragspartners, BauR 2005, 169
Wellensiek, Fortführung des Bauvertrages nach Insolvenzantrag des Auftragnehmers und nach Eröffnung des Insolvenzverfahrens, BauR 2005, 186.

3. Gegenseitige Verträge in der Insolvenz

Gartz, Keine Mängelrechte vor Abnahme auch bei Insolvenz des Unternehmers, NZBau 2018, 404
Gottwald, Der unerkannte Baumangel in der Insolvenz, NZI 2005, 588
Heidland, Rechtliche und tatsächliche Folgen der Erfüllungswahl eines Bauvertrags durch den Insolvenzverwalter gem. § 103 InsO, ZInsO 2011, 201
Huber, Vertragsspaltung in der Insolvenz des Auftragnehmers auch für mangelhafte Teilleistung vor Verfahrenseröffnung?, in: FS Kreft (2004) 327 ff = ZInsO 2005, 449
ders, Gegenseitige Verträge und Teilbarkeit von Leistungen in der Insolvenz, NZI 2002, 467
Kesseler, Das Verwalterwahlrecht am Beispiel des Bauträgervertrages, ZInsO 2007, 1128
ders, § 105 InsO und die teilbaren unteilbaren Leistungen, ZIP 2005, 2046
Kreft, Teilbare Leistungen nach § 105 InsO (unter besonderer Berücksichtigung des Bauvertragsrechts), in: FS Uhlenbruck (2000) 387
ders, Ausgesuchte Fragen zum Einfluss des neuen Schuldrechts auf die Erfüllungswahl nach § 103 InsO, in: FS Kirchhof (2003) 275

MAROTZKE, Gegenseitige Verträge im neuen Insolvenzrecht (3. Aufl 2001)
MATTHIES, Mängelrechte in der Insolvenz des Bauunternehmers, BauR 2012, 1005
MEYER, Die Teilbarkeit von Bauleistungen nach § 105 InsO, NZI 2001, 294
MOES, Die Sicherung gegen Vorleistungsrisiken als Zentralproblem der Vertragsgestaltung. Ein Systematisierungsversuch, ZfPW 2017, 201, 215 ff
MOHRBUTTER/MOHRBUTTER, Erfüllungsverlangen des Insolvenzverwalters und Teilbarkeit der Leistung, DZWIR 2003, 1
PRAHL, Zur Bereicherung des anderen Teils aus Vorleistungen des Schuldners vor seiner Insolvenz, ZInsO 2005, 568
ROHRMÜLLER, Erfüllungswahl des Insolvenzverwalters – Auswirkungen auf Mängelansprüche für Bauleistungen, die vor der Insolvenzeröffnung noch vom Auftragnehmer erbracht wurden?, NZBau 2007, 145
SCHEFFLER, Teilleistungen und gegenseitige nicht vollständig erfüllte Verträge in der Insolvenz, ZIP 2001, 1182
SCHERER, Teilweise Vorleistungen in der Insolvenz, NZI 2004, 113
SCHMITZ, Mängel nach Abnahme und offener Werklohnanspruch – ein wesentlicher Anwendungsbereich des § 103 InsO bei Bauverträgen, ZIP 2001, 765
WAZLAWIK, § 103 InsO und die Erlöschenstheorie, NZI 2018, 337
vWILMOWSKY, Insolvenzvertragsrecht: Die Grundstruktur, KTS 2011, 453
ders, Insolvenzvertragsrecht: Rechte am Vertragsanspruch des Insolvenzschuldners, ZIP 2012, 401
ders, Insolvenzvertragsrecht: Teilleistung des Schuldners vor dem Insolvenzverfahren, KTS 2012, 285
WINDEL, Der insolvenzrechtliche Gleichbehandlungsgrundsatz und seine Auswirkungen auf die Abwicklung schwebender Verträge, Jura 2002, 230.

4. Lösungsklauseln in der Insolvenz

BALDRINGER, Vertragliche Lösungsklauseln im Spannungsfeld zwischen Insolvenz und Baurecht, NZBau 2005, 183
BERGER, Insolvenzbezogene Lösungsklauseln: Welcher Gestaltungsspielraum verbleibt nach BGHZ 195, 348?, ZInsO 2016, 2111
DAHL, (Un-)zulässigkeit insolvenzbedingter Lösungsklauseln, NJW-Spezial 2008, 373
DAMMANN/LEHMKUHL, Unwirksamkeit insolvenzbedingter Lösungsklauseln, NJW 2012, 3069
FESER, Die Beendigung und Abrechnung des Bauvertrags wegen Insolvenz des Auftragnehmers, BTR 2005, 103 u 144
FRITSCHE, Die insolvenzbedingte Kündigung durch den Auftraggeber nach § 8 Nr 2 VOB/B, DZWIR 2007, 446
FRANKE, Spannungsverhältnis InsO und § 8 Nr 2 VOB/B neu – Ende der Kündigungsmöglichkeit bei Vermögensverfall des Auftragnehmers?, BauR 2007, 774
HUBER, Divergenzen zwischen dem IX. und dem VII. Zivilsenat des Bundesgerichtshofs zur Lösungsklausel, ZInsO 2016, 2130
HUBER, Unwirksamkeit von insolvenzbedingten Lösungsklauseln – Vertragspraxis, was nun?, ZIP 2013, 493
KOENEN, Die Kündigung nach § 8 Nr 2 VOB/B und deren Abrechnungsprobleme, BauR 2005, Sonderheft 202
PIEKENBROCK, Insolvenzbedingte Lösungsklauseln aus deutscher und internationaler Sicht, ZIP 2018, 1
SCHEEF/UYANI-WIETZ, Zur Zulässigkeit insolvenzabhängiger Lösungsklauseln im Bauvertragsrecht, ZIP 2016, 250
THOLE, Vertragsgestaltung im Schatten des Insolvenzrechts – Prolegomena zu einer Systematik der insolvenzbezogenen Verträge, KTS 2010, 383
ders, Privatautonomie und Insolvenzrecht, Jahrbuch Junger Zivilrechtswissenschaftler 2008, 267
VOIT, Die außerordentliche Kündigung des Werkvertrages durch den Besteller, BauR 2002, 1776
WELLENSIEK/KURTZ, Kündigung bei Insolvenz des Werkunternehmers?, DZWIR 2018, 26
WEGENER, Untergang des § 8 Nr 2 Abs 1 VOB/B?, ZInsO 2013, 1105
WORTBERG, Lösungsklauseln und Insolvenz, ZInsO 2003, 1032

ZEYNS, Das Kündigungsrecht des Bestellers in der Unternehmerinsolvenz, ZIP 2018, 8.

5. Insolvenzanfechtung
BORK, Grundtendenzen des Insolvenzanfechtungsrechts, ZIP 2008, 1041
ders, Wiederaufleben von Sicherheiten nach Anfechtung der Erfüllungsleistung, in: FS Kreft (2004) 229
BRAUNS, Zur Anfechtbarkeit der Werklohnzahlung oder der Besicherung von Vergütungsansprüchen des Auftragnehmers durch den Insolvenzverwalter über das Vermögen des Auftraggebers, BauR 2003, 301
HUBER, Insolvenzanfechtung bei Direktzahlung im Bauvertragsrecht, in: FS Fischer (2008) 255
JACOBY, Zur Bedeutung des § 133 InsO im System der Insolvenzanfechtungsgründe, KTS 2009, 3
KAYSER, Der Rechtsgedanke des Bargeschäfts – Ein Beitrag zu den Grenzen des Anwendungsbereichs des § 142 InsO, in: FS Fischer (2008) 267
KESSELER, Zur Aufspaltung eines Bauträgerkaufvertrages und zum Verwalterwahlrecht im laufenden Insolvenzverfahren, ZfIR 2007, 733
SPLIEDT, Aufrechnung und Anfechtung während des Eröffnungsverfahrens erwirtschafteter Ansprüche, DZWIR 2000, 418
WELLENSIEK, Behandlung von Gewährleistungsansprüchen gegen Nachunternehmer aus einem VOB-Bauvertrag in der Insolvenz des Nachunternehmers, DZWIR 2007, 34.

6. Sicherheiten in der Insolvenz
AMELUNG, Der Sicherheitseinbehalt gemäß § 17 Nr 6 VOB/B in der Insolvenz des Auftraggebers, BauR 1999, 801
THODE, Erfüllungs- und Gewährleistungssicherheiten in innerstaatlichen und grenzüberschreitenden Bauverträgen, ZfIR 2000, 165.

Systematische Übersicht

I.	Einleitung	1
II.	**Wirkungen der Insolvenzeröffnung auf den Vertrag**	
1.	Anwendungsbereiche und Abgrenzungen	2
a)	Vertragstypen	3
b)	Vertragsabwicklung	4
aa)	Werkleistung	4
bb)	Werklohn	5
2.	Wirkungen des § 103 InsO	6
a)	Wahl des Insolvenzverwalters	7
aa)	Rechtsfolgen der Erfüllungswahl	10
bb)	Rechtsfolgen ohne Erfüllungswahl	12
b)	Teilleistungen	13
aa)	Vorleistung des Insolvenzschuldners	14
bb)	Vorleistung des Vertragspartners	15
(1)	Sachleistung	16
(2)	Geldleistung	17
c)	Mangelhafte Leistungen	19
aa)	Keine Erfüllungswahl	19
bb)	Erfüllungswahl	20
3.	Wirkungen auf einen zumindest einseitig erfüllten Vertrag	23
4.	Wirkungen auf einen Geschäftsbesorgungsvertrag	26
5.	Wirkungen auf einen Bauträgervertrag	29
III.	**Insolvenzbedingte Lösungsmöglichkeiten**	31
1.	Gesetzliche Lösungsmöglichkeiten	31a
2.	Vertragliche Lösungsklauseln	31b
a)	Vereinbarkeit mit § 119 InsO	32
b)	Klauselkontrolle	35
c)	Anfechtbarkeit	36
IV.	**Die Wirkungen eines Insolvenzantrags und der Anordnung von Sicherungsmaßnahmen**	38
1.	Anfechtungsrisiken in der Insolvenz des Unternehmers	39
2.	Anfechtungsrisiken in der Insolvenz des Bestellers	40
V.	**Sicherheiten in der Insolvenz**	41
1.	Personalsicherheiten	41
2.	Realsicherheiten	42
a)	Grundschuld	42

Anh zu § 631

b)	Rechte an beweglichen Sachen	43
c)	Rechte an Forderungen	44
VI.	**Insolvenzanfechtung von Zahlungen, Lieferungen und Sicherungen**	**45**
1.	Anfechtungsvoraussetzungen	46
a)	Deckungsanfechtung	48
aa)	Merkmal der Inkongruenz	49
bb)	Bargeschäftsausnahme	53
b)	Vorsatzanfechtung	55
2.	Wirkungen der Insolvenzanfechtung	60
VII.	**Aufrechnung und Verrechnung bei Abwicklung eines Werkvertrages**	**61**
1.	Erhaltung einer Aufrechnungslage	62
2.	Aufrechnungsverbote bei Aufrechnungslage nach Insolvenzeröffnung	63
3.	Die Unzulässigkeit einer anfechtbar ermöglichten Aufrechnung	65
4.	Verrechnung in der Insolvenz eines ARGE-Mitgliedes	66

Alphabetische Übersicht

Absonderungsrecht — 42 ff
Abtretung — 11
Altforderung — 6, 14
Anfechtung
– Insolvenzanfechtung s dort
– Irrtumsanfechtung der Erfüllungswahl — 8
ARGE — 66
Aufrechnung — 11, 14, 24, 61 ff

Baubetreuungsvertrag — 26
Bauträgervertrag — 29 f

Deckung
– inkongruente — 49

Erfüllung
– Ablehnung der — 8, 12
– Rechtsfolgen — 10 ff
– Vollständige — 4 f
– Wahl der — 8

Feststellungskosten der Verwertung — 43

Geschäftsbesorgungsvertrag — 2 f
Gewährleistungsbürgschaft — 5
Gläubigerbenachteiligung — 46

Inkongruenz — 49
Insolvenzanfechtung
– Bargeschäftsausnahme — 53 f
– Deckungsanfechtung — 48 ff
– der Aufrechnungsmöglichkeit — 65
– von Handlungen eines vorl. Verwalters — 40
– von Lösungsklauseln — 36 f
– Voraussetzungen der — 46 ff
– wegen des Eröffnungsverfahrens — 39 f
– Wirkungen — 60
Insolvenzantrag — 38
Insolvenzaufrechnung — 61 ff
Insolvenzschuldner
– Benachteiligungsvorsatz des — 55
– Rechtsstellung des — 1, 38
Insolvenzverwalter, vorläufiger — 7, 9, 38

Klauselkontrolle — 35

Lösungsrechte
– Anfechtbarkeit — 36 f
– Gesetzliche — 31a
– Gründe — 31
– Klauselkontrolle — 35
– Umgehung des Insolvenzrechts — 32
– Vertragliche — 31b
– Wirksamkeit — 32 ff

Mängelrechte — 4
– Absicherung der — 5
Minderung — 19

Rechtshandlung — 46

Schadensersatzanspruch des Vertragspartners — 12
Sicherheiten — 41 ff
Sicherungsmaßnahmen — 38

Teilbarkeit — 15
– von Geldleistungen — 17

– von Sachleistungen	18	Vormerkung	30
Teilleistung	13		
		Wahl des Insolvenzverwalters	3, 6 ff
Verrechnung	14, 66	Werkleistung	4
Vertrag, einseitig erfüllter	23 ff	– mangelhafte	4, 19 ff
Vertragsbeendigung	3	Werklohn	5
Verwertungsbefugnis	43 f	Werkvertrag	
Verwertungskosten	43 f	– Wirkungen der Insolvenzeröffnung auf	2 ff
Vorleistungen		– Wirkungen des Insolvenzantrages auf	38
– des Insolvenzschuldners	14, 24	– Wirkungen von Sicherungsmaßnah-	
– des Vertragspartners	15, 25	men auf	38

I. Einleitung

Mit Insolvenzeröffnung geht die Befugnis des Schuldners, sein Vermögen zu verwalten und darüber zu verfügen, auf den Insolvenzverwalter über, § 80 InsO. Verfügungen des Schuldners sind unwirksam, § 81 InsO. Leistungen können mit schuldbefreiender Wirkung nur noch an den Insolvenzverwalter vorgenommen werden, § 82 InsO. Die Auswirkungen der Insolvenz auf die Abwicklung eines Werkvertrags beschränken sich aber keinesfalls auf diesen Wechsel in der Person des maßgeblichen Ansprechpartners auf der Seite des insolventen Vertragsteils. **1**

II. Wirkungen der Insolvenzeröffnung auf den Vertrag

1. Anwendungsbereiche und Abgrenzungen

Um die Wirkungen der Insolvenzeröffnung auf einen Werkvertrag zu bestimmen, ist zwischen Werkverträgen nach §§ 631 ff BGB und Geschäftsbesorgungsverträgen nach § 675 BGB zu unterscheiden (dazu bereits Vorbem 48 zu §§ 631 ff). Geschäftsbesorgungsverträge werden durch die Insolvenzeröffnung nach §§ 115 f InsO beendet. Für reine Werkverträge gilt das Wahlrecht des Insolvenzverwalters bei beiderseitig nicht vollständig erfüllten gegenseitigen Verträgen nach Maßgabe von § 103 InsO. Die Rechtsfolgen hängen insoweit also vom Abwicklungsstand des Werkvertrags ab. **2**

a) Vertragstypen

Der Begriff der Gegenseitigkeit in § 103 InsO entspricht dem des § 320 BGB und erfasst vollkommen zweiseitig verpflichtende Verträge, aus denen sowohl dem Insolvenzschuldner als auch dem Gläubiger Ansprüche erwachsen (Jaeger/Jacoby § 103 Rn 39 f; MünchKomm-InsO/Huber § 103 Rn 55). Werk- und Werklieferungsverträge unterfallen danach uneingeschränkt § 103 InsO (vgl Vorbem 1 zu §§ 631 ff), soweit sie nicht ausnahmsweise eine Geschäftsbesorgung zum Inhalt haben. Die *Abgrenzung der beiden Vertragstypen* hat im Unterschied zu der Frage, ob Regelungen der §§ 662 ff BGB auf den Werkvertrag anzuwenden sind (dazu Vorbem 48 ff zu §§ 631 ff), *nach dem Sinn und Zweck der §§ 115 f InsO* zu erfolgen (Jaeger/Jacoby §§ 115 f Rn 39 f). Dieser Zweck besteht darin, die vertragsrechtlichen Folgen aus dem Wechsel der masserelevanten Handlungsorganisation (vgl Rn 1) zu ziehen (Jaeger/Jacoby §§ 115 f Rn 24 ff): Mittels Geschäftsbesorgungsverträgen werden typischerweise Dritte in die Handlungsorganisation des Geschäftsherrn einbezogen. Solche Verträge müssen zum einen **3** zum Schutz des Vertragspartners enden, weil die Insolvenzeröffnung den Inhalt des Geschäfts maßgeblich verändert. Zum anderen soll es allein dem Insolvenzverwalter obliegen, die Hilfspersonen für die von ihm zu verantwortende Handlungsorganisation frei von irgendwelchen Dispositionen des Schuldners zusammenzustellen. Nach §§ 115 f InsO unwirksam werdende Geschäftsbesorgungsverträge liegen daher vor, wenn der Vertrag – typischerweise auch auf längere Zeit gerichtet – auf die generelle Wahrnehmung von Vermögensinteressen des Geschäftsherrn abzielt, während bei dem Wahlrecht nach § 103 InsO unterliegenden Werkverträgen der Gegenstands- und Erfolgsbezug dominiert.

Die Vertragsbeendigung der §§ 115 f InsO (dazu Rn 26) greift daher regelmäßig bei Verträgen mit Rechtsanwälten, Vermögensverwaltern und Banken. Auch die Baubetreuung (dazu Vorbem 16 ff zu § 650u) ist hier zu verorten (JAEGER/JACOBY §§ 115 f Rn 109; KÜBLER/PRÜTTING/BORK/TINTELNOT §§ 115, 116 Rn 15).

Dem Wahlrecht des Insolvenzverwalters nach §§ 103 ff InsO (dazu Rn 6 ff) unterliegt die Vielzahl der Werkverträge, insbesondere der Bauvertrag, regelmäßig der Architektenvertrag, schließlich auch der Bauträgervertrag, bei dem die Vormerkung für den Erwerber freilich Besonderheiten nach sich ziehen kann (dazu Rn 29 f).

b) Vertragsabwicklung

4 § 103 InsO setzt voraus, dass der Vertrag noch von keiner Seite vollständig erfüllt ist. Entscheidend ist nicht die Vornahme der Leistungshandlung, sondern der Eintritt des Leistungserfolgs (MünchKommInsO/HUBER § 103 Rn 122 ff).

aa) Werkleistung

Ein Vertrag ist in Bezug auf die Werkleistung noch nicht erfüllt, sofern der Anspruch auf diese Leistung noch besteht. Als rechtsvernichtender Tatbestand kommt neben der Erfüllung, § 362 BGB, Unmöglichkeit (der Nacherfüllung), § 275 BGB, aber auch die *Ausübung von Mängelrechten,* insbesondere Minderung, Schadensersatz statt der Leistung, § 281 Abs 4 BGB, oder Selbstvornahme in Betracht. Beim Rücktritt ist zu bedenken, dass § 103 InsO auf das Rückgewährschuldverhältnis aus § 346 BGB entsprechend angewendet wird (MünchKommInsO/HUBER § 103 Rn 86).

Eine *mangelhafte Leistung des Unternehmers* führt nicht zur Erfüllung. Das gilt vor Abnahme, wegen §§ 634 Nr 1, 635 BGB aber auch nach Abnahme (GOTTWALD NZI 2005, 588, 589; UHLENBRUCK/WEGENER § 103 Rn 63). Über Mängel lässt sich nur objektiv entscheiden, sodass es nicht darauf ankommt, ob ein Mangel erkannt, erkennbar oder versteckt ist (vgl HUBER NZBau 2005, 177, 179; KÜBLER/PRÜTTING/BORK/TINTELNOT § 103 Rn 193; aA WELLENSIEK BauR 2005, 186, 190). Ein Untergang des Anspruchs kann sich freilich aus den vom Besteller ausgeübten Mängelrechten ergeben (s soeben).

Soweit man mit BGHZ 167, 345 = NJW 2006, 2475 Rn 23 die Rechtsfolgen einer *Kündigung* auf die noch gar nicht erbrachte Werkleistung beschränkt (zur Kritik § 648 Rn 8 ff), ist der Vertrag in Bezug auf eine bereits erbrachte mangelhafte Werkleistung noch nicht erfüllt (s § 648 Rn 28). Auf diesen Teil kann sich dann das Wahlrecht des Insolvenzverwalter aus § 103 InsO beziehen (WELLENSIEK BauR 2005, 186, 190).

bb) Werklohn

Der Werklohnanspruch kann neben Erfüllung insbesondere durch Erfüllungssurrogate, §§ 364 Abs 1, 378, 389 BGB, erlöschen. Vielfach wird der Werklohn freilich nur gegen eine Absicherung der Mängelrechte, insbesondere § 17 VOB/B, erbracht. Hier ist nach der Art der Sicherheit zu unterscheiden. Im Falle des Einbehalts ist die Werklohnforderung nicht vollständig erfüllt. Auch bei der Hinterlegung von Geld tritt Erfüllung nicht ein, weil der hinterlegende Besteller die Rücknahme gerade nicht ausschließt, § 378 BGB.

5

Erhält der Besteller eine Gewährleistungsbürgschaft, zahlt er den vollen Werklohn an den Unternehmer und erfüllt so dessen Anspruch, § 362 BGB. Dennoch wird diese Sicherheit im Ergebnis der Nichterfüllung im Wege des Einbehalts gleich gestellt (KÜBLER/PRÜTTING/BORK/TINTELNOT § 103 Rn 191; MünchKommInsO/HUBER § 103 Rn 134). Der Unternehmer habe angesichts des drohenden Rückgriffs des Bürgen den Werklohn nur vorläufig erhalten. Das überzeugt nicht (UHLENBRUCK/WEGENER § 103 Rn 64). Der Werklohnanspruch ist (endgültig) erfüllt. Welche Rechte der Bürge gegen den Unternehmer im Falle der Inanspruchnahme geltend machen kann, folgt allein aus deren Innenverhältnis, das insolvenzrechtlich keinesfalls die Anwendung von § 103 InsO verlangt. Der Werkvertrag ist von einer Seite erfüllt. Die einseitige Leistungspflicht des Unternehmers, die auftretende Mängel zur Folge haben, hat der Besteller sich durch eine Bürgschaft absichern lassen. § 103 InsO ist nicht anwendbar und passt auch nicht.

2. Wirkungen des § 103 InsO

Die Wirkungen der Insolvenzeröffnung auf Werkverträge hängen nach § 103 InsO maßgeblich von der Wahl des Insolvenzverwalters ab, ob er den Vertrag erfüllen oder die Erfüllung ablehnen möchte. Dogmatik und Rechtsfolgen des Wahlrechts eines Insolvenzverwalters nach § 103 InsO, früher § 17 KO, sind seit jeher Gegenstand erbitterter Kontroversen (ausführlich JAEGER/JACOBY § 103 Rn 15–39). Dazu trägt bei, dass auch die Rechtsprechung ihre Auffassung mehrfach geändert hat (grundlegend zuletzt BGHZ 150, 353, 359). Der Sache nach geht es vor allem um die Frage, ob die Erfüllungswahl des Insolvenzverwalters entweder den alten – bereits vor Insolvenzeröffnung vom Insolvenzschuldner begründeten – Erfüllungsanspruch mit allen seinen Schwächen (Abtretung, Aufrechenbarkeit, dazu Rn 11) für die Masse aktiviert oder ob der Anspruch als neuer zu behandeln ist, als sei er erst nach Insolvenzeröffnung entstanden. Inzwischen nähern sich die Ergebnisse im Sinne der zweiten Möglichkeit an (im Einzelnen BORK Rn 194 ff; HENCKEL, in: FS Kirchhof [2003] 191, 206; MünchKommInsO/KREFT § 103 Rn 2). Diesem Ergebnis entspricht das weiterhin bestrittene Verständnis des BGH (BGHZ 150, 353, 359; dagegen etwa BORK Rn 193; HENCKEL, in: FS Kirchhof [2003] 191, 197 ff): Mit Insolvenzeröffnung verlören die nicht erfüllten Ansprüche aus einem gegenseitigen Vertrag ihre Durchsetzbarkeit. Durch die Erfüllungswahl entstünden die Ansprüche in einer insolvenzrechtlich neuen Qualität, während die Erfüllungsablehnung der Durchsetzung der Erfüllungsansprüche im Insolvenzverfahren entgegenstände. Im Folgenden werden die möglichen Rechtsfolgen der Erfüllungswahl mit Blick vornehmlich auf den Bauvertrag dargestellt.

6

a) Wahl des Insolvenzverwalters

Die *Kompetenz*, das Wahlrecht auszuüben, steht im Regelinsolvenzverfahren allein

7

dem Insolvenzverwalter zu (s aber § 279 InsO für die Eigenverwaltung, § 313 Abs 1 InsO für das Verbraucherinsolvenzverfahren). Insbesondere sind Erklärungen eines vorläufigen Insolvenzverwalters, selbst wenn er mit dem späteren Insolvenzverwalter personenidentisch sein sollte, mangels Kompetenz unbeachtlich (vgl BGH NJW-RR 2008, 560 = ZIP 2007, 2322 Rn 12).

8 Das Wahlrecht wird durch eine *empfangsbedürftige Willenserklärung* ausgeübt. Mangels eines Formgebots in der InsO bedarf die Erklärung selbst dann keiner Form, wenn der nicht erfüllte Vertrag etwa nach § 311b BGB formbedürftig ist. Der Inhalt der Erklärung ist durch Auslegung (§§ 133, 157) zu gewinnen, sodass die Erklärung auch schlüssig erfolgen kann (BGHZ 81, 90, 92). Fordert der Verwalter die Erfüllung unter Vorbehalten und Einschränkungen, liegt darin nach BGH (BGHZ 103, 250 = NJW 1988, 1790) eine Ablehnung der Erfüllung vor, verbunden mit dem Angebot eines Neuabschlusses (kritisch Jaeger/Jacoby § 103 Rn 188). Die Erklärung unterliegt der *Anfechtung* nach §§ 119 ff BGB. Irrt sich der Verwalter über den Umfang der bislang erbrachten Leistungen und damit über die Reichweite der der Masse aus der Erfüllungswahl erwachsenen Pflichten, kommt eine Anfechtung nach § 119 Abs 1 Fall 1 BGB in Betracht (Henckel, in: FS Kirchhof [2003] 191, 205 f; MünchKommInsO/Huber § 103 Rn 208). Verstößt die Erfüllungswahl erkennbar gegen die Interessen der Masse, ist sie wegen Missbrauchs der Amtsmacht unbeachtlich (sehr weitgehend BGHZ 150, 353, 360 ff). Zudem droht die aus § 60 InsO folgende Haftung des Verwalters gegenüber den Beteiligten.

9 Die Erfüllungswahl kommt grundsätzlich bis zum Ende des Insolvenzverfahrens in Betracht (BGHZ 81, 90, 93). Der Vertragspartner wird dadurch geschützt, dass er den Insolvenzverwalter zur Ausübung seines Wahlrechts auffordern kann. Dann hat sich der Verwalter gem § 103 Abs 2 S 2 InsO unverzüglich zu erklären. Unterlässt er dies, kann er auf Vertragserfüllung nicht bestehen, § 103 Abs 2 S 3 InsO. Die Aufforderung an den vorläufigen Verwalter ist auch bei Personenidentität von vorläufigem und endgültigem Verwalter unbeachtlich (BGH NJW-RR 2008, 560 = ZIP 2007, 2322 Rn 12). Unverzüglich heißt auch hier „ohne schuldhaftes Zögern" im Sinne von § 121 Abs 1 BGB, also nicht „sofort". Angesichts der Komplexität von Bauverträgen und der Vielzahl der vom Verwalter zu treffenden Prognoseentscheidungen muss ihm eine angemessene Überlegungszeit eingeräumt werden. Deren Dauer hängt von den Umständen des Einzelfalls ab, wobei ein beschleunigtes Handeln geboten ist. Zumeist wird dem Verwalter wie im Spezialfall des § 107 Abs 2 InsO *mindestens* bis nach dem Berichtstermin Zeit einzuräumen sein (HmbKommInsO/Ahrendt § 103 Rn 26; Jaeger/Jacoby § 103 Rn 214). Der Berichtstermin (§ 156 InsO) soll nicht länger als sechs Wochen nach der Verfahrenseröffnung stattfinden und darf nicht über drei Monate hinaus angesetzt werden, § 29 Abs 1 Nr 1 InsO. Da die InsO davon ausgeht, dass die maßgeblichen Verfahrensentscheidungen, insbesondere auch die über die Unternehmensfortführung, von den Gläubigern selbst getroffen werden sollen, kann dem Verwalter eine vorherige Entscheidung unzumutbar sein.

aa) Rechtsfolgen der Erfüllungswahl

10 Wählt der Verwalter Erfüllung, ist der Vertrag zu den ursprünglich vereinbarten Konditionen mit Wirkung für und gegen die Masse durchzuführen (BGH NZBau 2017, 144 = BauR 2017, 551: Abhängigkeit der Fälligkeit des Werklohns in Unternehmerinsolvenz von Unbedenklichkeitsbescheinigungen der Sozialkassen und der Bauberufsgenossenschaft).

§ 55 Abs 1 Nr 2 InsO qualifiziert die Ansprüche des Vertragspartners ausdrücklich als Masseverbindlichkeit. Diese Einordnung gilt nur für Erfüllungsansprüche; Etwaige Sekundäransprüche sind Masseverbindlichkeit nur, wenn sie auf Pflichtverletzungen des Insolvenzverwalters nach Verfahrenseröffnung beruhen, § 55 Abs 1 Nr 1 (Jaeger/ Jacoby § 103 Rn 307 ff). Reicht die Masse nicht aus, um die Masseverbindlichkeiten nach § 55 Abs 1 Nr 2 InsO zu erfüllen, droht dem Insolvenzverwalter die persönliche Haftung aus § 61 InsO (Jaeger/Gerhardt § 61 Rn 5), wenn er nicht beweisen kann, dass er nicht erkennen konnte, dass die Masse nicht ausreichen wird.

In umgekehrter Richtung sind die zur Masse gehörenden Ansprüche gegen den Vertragspartner grundsätzlich im Ergebnis wie originär zur Masse gehörende Ansprüche zu behandeln. Dieses Ergebnis stützt BGHZ 150, 353, 359 auf die Wirkungen der Erfüllungswahl; treffender ist es indessen darauf abzustellen, inwieweit die zur Masse gehörenden Ansprüche darauf beruhen, mit Mitteln der Masse erwirtschaftet worden zu sein (sog Werthaltigmachen, dazu näher u Rn 13 ff sowie Jaeger/ Jacoby § 103 Rn 28 ff, 344 ff). Die Wirkungen dieser Aussage zeigen sich insbesondere bei Anwendung der §§ 91, 96 Abs 1 Nr 1 InsO: **11**

(1) Hatte der Insolvenzschuldner seine Forderung aus dem gegenseitigen Vertrag gegen den Vertragspartner bereits vor Insolvenzeröffnung *an einen Dritten abgetreten,* so ist die Abtretung nach § 91 InsO unwirksam, soweit die abgetretene Forderung erst nach Insolvenzeröffnung durch die Erfüllungswahl durchsetzbar wird (BGHZ 150, 353, 359 f; BGHZ 106, 236, 243). Denn § 91 InsO lässt ganz allgemein eine Vorauszession unwirksam werden, wenn die vom Insolvenzschuldner abgetretene Forderung erst nach Insolvenzeröffnung und damit als originäre Masseforderung entsteht.

(2) § 96 Abs 1 Nr 1 InsO indessen erklärt die *Aufrechnung* durch einen Insolvenzgläubiger gegen eine erst nach Insolvenzeröffnung entstandene zur Masse gehörende Forderung für unzulässig. Daher steht diese Bestimmung auch dem entgegen, dass ein Vertragspartner die Verbindlichkeit, die ihn aus einem gegenseitigen Vertrag nach Erfüllungswahl des Verwalters trifft, durch Aufrechnung mit einer aus einem anderen Rechtsverhältnis bestehenden Insolvenzforderung tilgt (BGHZ 147, 28; BGHZ 129, 336; BGHZ 116, 156, 158 ff; differenzierend Jaeger/Jacoby § 103 Rn 374).

bb) Rechtsfolgen ohne Erfüllungswahl
Wählt der Insolvenzverwalter nicht Erfüllung, lassen sich die Erfüllungsansprüche im Insolvenzverfahren nicht durchsetzen. Dem Vertragspartner steht aber die Möglichkeit offen, einen *Anspruch aus § 103 Abs 2 S 1 InsO* zur Insolvenztabelle anzumelden. Dieser Anspruch wird überwiegend als Anspruch auf Schadensersatz statt der Leistung eingeordnet (BGHZ 176, 43 Rn 18; 68, 379, 380; Bork Rn 202; MünchKommInsO/ Huber § 103 Rn 190). Diese Rechtsfolge lässt sich indes angesichts der Haftungsordnung des Insolvenzverfahrens nicht legitimieren (Kübler/Prütting/Bork/Tintelnot § 103 Rn 318). Für die Entstehung eines Schadensersatzanspruchs fehlt es an einer schuldhaften Pflichtverletzung des Insolvenzverwalters. Es stellt eine nicht zu erklärende Ungleichbehandlung dar, dass der Vertragspartner, der selbst noch nicht geleistet hat, sodass § 103 InsO Anwendung findet, seine Insolvenzforderung nach schadensersatzrechtlichen Grundsätzen berechnen darf, während der Vertragspartner, der vollständig vorgeleistet hat, nur seinen Primäranspruch als Insolvenzforde- **12**

rung anmelden kann (s Rn 25). Richtigerweise kann der Vertragspartner in beiden Fällen lediglich seinen Primäranspruch, ggf nach Umrechnung, § 45 InsO, anmelden (JAEGER/JACOBY § 103 Rn 34). Entsprechend § 45 InsO hat der anmeldende Vertragspartner vom Wert seines Anspruchs den Wert der Gegenleistung abzuziehen, die er wegen der ausgebliebenen Erfüllungswahl nicht in die Masse zu erbringen hat. Folge dieser Einordnung ist, dass der Vertragspartner mit seiner Forderung nach § 103 Abs 2 InsO wegen § 95 Abs 1 S 2 InsO nicht aufrechnen kann, weil die Forderung erst aufgrund der Umrechnung nach § 45 InsO durchsetzbar wird.

b) Teilleistungen

13 In der Praxis des Bauvertrags wird die Abwicklung regelmäßig dadurch erschwert, dass vor Insolvenzeröffnung bereits Teilleistungen – meist in der Form, dass eine Vertragspartei, regelmäßig der Unternehmer, vorgeleistet hat – erbracht worden sind. In diesen Fällen ist zwischen dem teilweise erfüllten Vertragsteil und dem noch ausstehenden Vertragsteil zu unterscheiden. Diese *getrennte Betrachtung* entspricht der Praxis des Werkvertrags, bei einer Kündigung zwischen dem abgewickelten und dem noch offenen Vertragsteil zu unterscheiden (s § 648 Rn 23 ff; exemplarisch auch BGHZ 167, 345 = NJW 2006, 2475 Rn 23). Diese Aufteilung fordert im Insolvenzrecht zudem § 105 S 1 InsO. Der Grundsatz, den der BGH seiner Rechtsprechung zugrunde legt, geht dahin, dass *in die Masse Forderungen fallen sollen, die dem Wert der mit Mitteln der Masse erbrachten Leistung entsprechen* (grundlegend BGHZ 135, 25; 27; BGHZ 129, 336, 341). Dabei verwendet der BGH einen weiten Begriff der Teilbarkeit. Danach ist hinreichend, dass sich erbrachte Leistungen feststellen und bewerten lassen (BGHZ 150, 353, 359; BGHZ 147, 28, 34). Diese Thesen sind freilich auch auf deutliche Kritik gestoßen (HENCKEL, in: FS Kirchhof [2003] 191, 201 ff). Im Einzelnen gilt es zu unterscheiden:

aa) Vorleistung des Insolvenzschuldners

14 Nicht selten hat der Insolvenzschuldner – vornehmlich als Bauunternehmer – ungeachtet seiner Krise vor Insolvenzeröffnung eine noch nicht vom Vertragspartner vergütete Teilleistung erbracht. Im Falle der *Erfüllungswahl* lässt sich die Vergütungsforderung der Masse dann in einen vor Eröffnung verdienten und einen nach Erfüllungswahl mit Mitteln der Masse verdienten Teil aufspalten. Die Rechtsprechung des BGH, die jedenfalls im Ergebnis Zustimmung verdient und findet, behandelt dann nur den mit Mitteln der Masse erwirtschafteten Vergütungsteil als neue zur Masse gehörende Forderung (zu den Folgen s Rn 11). Gegen die bereits vor Insolvenzeröffnung erwirtschaftete Vergütungsforderung bleibt, weil diese *Altforderung* ist, indessen die Aufrechnung eines Insolvenzgläubigers zulässig, ohne dass der nur Neuforderungen erfassende § 96 Abs 1 Nr 1 entgegensteht (BGHZ 147, 28, 31 = NJW 2001, 3704, 3706; BGHZ 129, 336, 338 ff). Auch ist eine Zession der Altforderung, ohne gegen § 91 InsO zu verstoßen, wirksam (BGHZ 150, 353, 359 f).

Wählt der Insolvenzverwalter *nicht Erfüllung* stehen sich der zur Masse gehörende Teilvergütungsanspruch und der Anspruch des Vertragspartners aus § 103 Abs 2 S 1 InsO (s Rn 12) gegenüber. Lange Zeit wurde von einer gesetzlichen Verrechnung beider Ansprüche ausgegangen (BGH NJW 2001, 1136, 1137 f im Anschluss an BGHZ 68, 379, 381 f; vgl auch BGH NJW 2013, 1245 Rn 12). Zutreffend erscheint allerdings auch hier (vgl § 634 Rn 142 ff) eine Aufrechnung zu verlangen. Wegen der vertraglichen Verknüpfung der beiden Ansprüche soll dann allerdings die Beschränkung des § 95

Abs 1 S 3 InsO (dazu Rn 63) nicht anzuwenden sein (BGHZ 164, 159, 164 = NJW 2005, 3574, 3575 f). Erkennt man allerdings, dass es sich bei Anspruch aus § 103 Abs 2 um eine der Umrechnung nach § 45 InsO bedürftige Insolvenzforderung handelt, steht § 95 Abs 1 S 2 InsO der Aufrechnung entgegen (s Rn 12).

bb) Vorleistung des Vertragspartners

Hat der Vertragspartner vorgeleistet, so hat er insoweit gerade das Insolvenzrisiko übernommen, das sich inzwischen realisiert hat. Die Folgen werden deutlich, wenn der Insolvenzverwalter nicht Erfüllung wählt. Der Vertragspartner kann seinen Gegenanspruch für die erbrachte Teilleistung lediglich zur Insolvenztabelle anmelden. Neben dieser Insolvenzforderung kann er freilich noch eine weitere Insolvenzforderung aus § 103 Abs 2 InsO wegen der Nichterfüllung des anderen Vertragsteils geltend machen.

15

Wählt der Insolvenzverwalter wegen der noch ausstehenden Leistung des Vertragspartners *Erfüllung,* fragt sich, ob der Vertragspartner wegen seiner vor Insolvenzeröffnung erbrachten Teilleistung – ebenfalls wie bei fehlender Erfüllungswahl – nur Insolvenzgläubiger ist oder ob seine Forderung auch insoweit wegen §§ 103, 55 Abs 1 Nr 2 Fall 1 InsO (s Rn 10) aus der Masse zu erfüllen ist. § 105 S 1 InsO qualifiziert die Forderung als Insolvenzforderung für den Fall, dass die geschuldeten Leistungen teilbar sind. Der BGH knüpft insoweit an sein *weites Verständnis der Teilbarkeit* an und kommt infolge dessen fast ausnahmslos zur Teilbarkeit und damit zur Insolvenzforderung (BGHZ 135, 25, 26 ff für einen Sukzessivlieferungsvertrag – „Sachsenmilch"). Tragender Gesichtspunkt dieser Auffassung ist, dass nach Erfüllungswahl in die Masse die volle Gegenleistung für die mit Mitteln der Masse zu erbringende Leistung gelangen soll (s Rn 13). Dieser Auffassung wird aber auch widersprochen und eine einschränkende Auslegung des § 105 S 1 InsO gefordert (Henckel, in: FS Kirchhof [2003] 191, 204 f; Kesseler ZIP 2005, 2046 ff; Marotzke Rn 4. 158 ff; vgl auch Gottwald NZI 2005, 588, 590). Dem Vertragspartner dürfe auch das Insolvenzrecht nicht in so weitem Umfange die Einrede des nicht erfüllten Vertrages nehmen. Im Ergebnis gilt es folgendermaßen zu unterscheiden:

(1) Sachleistung

§ 105 S 1 InsO ist ersichtlich auf eine Vorleistung in Form einer Sachleistung zugeschnitten (zur Entstehung der Regelung Henckel, in: FS Kirchhof [2003] 191, 192 ff). Zu einem solchen Fall verhält sich auch die Grundsatzentscheidung des BGH (BGHZ 135, 25 – „Sachsenmilch"). Angesichts des klaren Wortlauts des § 105 S 1 InsO wird man dessen Regelung nicht auf Wiederkehrschuldverhältnisse wie im Falle von Versorgern beschränken können (so aber Henckel, in: FS Kirchhof [2003] 191, 204 f), sondern auch auf Werk- und insbesondere Bauverträge anwenden müssen. So erhält der Bauunternehmer (auch Subunternehmer) in der Insolvenz seines Bestellers (auch Hauptunternehmers) nach Erfüllungswahl den vertraglich vereinbarten Werklohn nur für die nach Insolvenzeröffnung ausgeführten Bauteile. Wegen der vor Insolvenzeröffnung erbrachten Bauleistung kann er seinen Lohn nur als Insolvenzforderung geltend machen. Dass er seine Einrede aus §§ 320 ff BGB verliert, beruht auf gesetzlicher Anordnung und lässt sich mit dem System der InsO, namentlich §§ 51 Nr 2, 87 InsO, vereinbaren.

16

(2) Geldleistung

17 Ungeachtet §§ 632a, 641 erbringt gelegentlich aber auch der Besteller Vorauszahlungen meist auf Grundlage bedenklicher Zahlungspläne (Beispiel: BGHZ 156, 82 = NJW 2003, 3474). Die unbesehene Anwendung des § 105 S 1 InsO führt hier zu Schwierigkeiten. So ist etwa der Rohbau nach den vom BGH verwendeten Kriterien (s Rn 13) sicherlich eine teilbare Leistung. Ist er schon bezahlt, aber das Werk noch nicht vollständig errichtet, würde die Erfüllungswahl bei Anwendung von § 105 S 1 InsO zu Folgendem führen: Der Anspruch auf Errichtung des Rohbaus wäre in Geld umzurechnen, § 45 InsO, und zur Insolvenztabelle anzumelden. Der Insolvenzverwalter könnte die Fertigstellung des Baus, die auf einen errichteten Rohbau aufsetzt, vergütet verlangen. Diese Rechtsfolge passt ersichtlich nicht.

Weithin ist allerdings das Bemühen erkennbar, dem massefreundlichen Regelungsziel des § 105 S 1 InsO auch in solchen Konstellationen zur Durchsetzung zu verhelfen. Am Grundsatz, dass die Vergütung für das in die Masse zu zahlen ist, was mit Mitteln der Masse errichtet wird, soll festgehalten werden (s Rn 13). Verschiedene Abwicklungsvorschläge werden unterbreitet: So wird der Vertragspartner für verpflichtet gehalten, das Werk anderweit so weit herrichten zu lassen, wie er es bezahlt hat (Rohbau), damit der Insolvenzverwalter dann die dem noch ausstehenden Werklohn entsprechende Leistung erbringen kann (Messerschmidt/Voit/Huber Rn R 69). Dem nahe steht der Vorschlag, die Masse müsse zwar das vollständige ursprünglich vereinbarte Werk errichten, könne aber dafür auch den voll – obschon teilweise einmal bezahlten – Werklohn verlangen (Kreft, in: FS Uhlenbruck [2000] 387, 400 f). Erwogen wird schließlich die Konstruktion, der Insolvenzverwalter habe das Werk in dem Umfang voranzutreiben, wie es dem noch offen Werklohn entspricht (vgl Kreft, in: FS Uhlenbruck [2000] 387, 400).

18 Diese Ansätze sind mit Nachdruck abzulehnen. Nach Erfüllungswahl muss der Insolvenzverwalter des Unternehmers den vereinbarten Werkerfolg herstellen (so selbst Kreft, in: FS Uhlenbruck [2000] 387, 400), weitere Zahlungspflichten lassen sich für den Vertragspartner aber aus dem Gesetz nicht herleiten (deutlich Kesseler ZIP 2005, 2046 ff). Denn §§ 103, 105 InsO begründen *keine neuen weitergehenden Pflichten des Vertragspartners, sondern bestimmen über die Fortgeltung der vertraglich vereinbarten Pflichten nach Eintritt der Insolvenz.* Der Insolvenzverwalter muss bei seiner Erfüllungswahl vielmehr berücksichtigen: Für den offenen Werklohn muss er das gesamte Werk herstellen. Zur Möglichkeit der Anfechtung der Erfüllungswahl Rn 8. Vorstehendes gilt unabhängig davon, ob sich wie im Beispiel des Rohbaus tatsächlich der noch nicht vergütete Werkteil ohne den bereits vergüteten nicht fertigstellen lässt. Denn auch sonst sollte man in diesem Zusammenhang das versprochene Werk als unteilbar ansehen. § 105 S 1 InsO greift also regelmäßig nicht, wenn der Vertragspartner eine Vorleistung für eine Sachleistung erbracht hat. Eine Ausnahme lässt sich nur erwägen, wenn in einem Vertrag eine Vielzahl von Werken (mehrere Häuser auf unterschiedlichen Grundstücken) vereinbart wird, in Bezug auf die Werke, die bereits bezahlt wurden.

c) Mangelhafte Leistungen

19 Um die Rechtsfolgen mangelhafter Leistungen zu bestimmen, muss man sich vergegenwärtigen, dass solche Leistungen – gleich ob es sich dem Umfange nach um mangelhafte Teilleistungen oder vollständige Leistungen handelt – *eine besondere*

Form der Teilleistung darstellen. Im Anschluss an die obigen Ausführungen ergibt sich damit Folgendes:

aa) Keine Erfüllungswahl
Wählt der Verwalter nicht Erfüllung, ist der für die erbrachte Leistung zu berechnende Vergütungsanteil nach den Grundsätzen der Minderung zu reduzieren. Hat der Insolvenzschuldner mittels einer solchermaßen mangelhaften Bauleistung vorgeleistet, kann der Insolvenzverwalter des insolventen Bauunternehmers also nur den geminderten Vergütungsanspruch nach den unter Rn 14 dargelegten Grundsätzen geltend machen. Hat der Vertragspartner eine mangelhafte, noch nicht vergütete Werkleistung erbracht, reduziert sich der als Insolvenzforderung zu verfolgende Vergütungsanspruch (dazu Rn 15). Hatte der Insolvenzschuldner die vom Vertragspartner erbrachte Werkleistung bereits vergütet – ohne allerdings den Vertrag voll zu erfüllen, s Rn 5 – dann kann der Verwalter den überzahlten Betrag nach den Grundsätzen der Minderung zurückverlangen, ohne dem Vertragspartner zuvor die Möglichkeit der Nachbesserung zu geben (vgl BGH NJW 2006, 2919 zum sogar voll bezahlten Vertrag).

bb) Erfüllungswahl
(1) Die Erfüllungswahl des *Insolvenzverwalters eines insolventen Bauunternehmers* **20** kann nur einheitlich dahin verstanden werden, dass das gesamte Werk frei von Mängeln zu erbringen ist. Es ist nicht danach zu unterscheiden, ob Mängel erkannt, erkennbar oder noch verborgen sind. Der Verwalter hat also kein Wahlrecht für jeden einzelnen Mangel (KREFT, in: FS Kirchhof [2003] 275, 284; aA GOTTWALD NZI 2005, 588, 590). In Betracht kommt allein, dass nach Erkennen neuer Mängel der Insolvenzverwalter seine Erfüllungswahl anfechten kann (s Rn 8).

Die Rechtsfolgen der Erfüllungswahl hängen davon ab, ob der Lohn für die mangel- **21** hafte Leistung bereits bezahlt wurde. War das noch nicht der Fall, ist der der Nachbesserung entsprechende Werklohnteil insbesondere im Anwendungsbereich der §§ 96 Abs 1 Nr 1, 91 InsO als neue zur Masse gehörende Forderung zu behandeln (s Rn 11; KREFT, in: FS Kirchhof [2003] 275, 284). Insoweit trifft der vom BGH vertretene Grundsatz, dass in die Masse Forderungen fallen sollen, die dem Wert der mit Mitteln der Masse erbrachten Leistung entsprechen.

War der Lohn für die mangelhafte Leistung bereits bewirkt, kann der Insolvenzverwalter nach Erfüllungswahl nicht unter Berufung auf § 105 S 1 InsO die Mängelbeseitigung verweigern und den Vertragspartner insoweit auf die Insolvenzanmeldung einer nach § 45 InsO umgerechneten Forderung verweisen. Denn die vom Insolvenzverwalter nach Erfüllungswahl zu erbringende Sachleistung ist unteilbar (vgl Rn 18; ferner GOTTWALD NZI 2005, 588, 590; KESSELER ZIP 2005, 2046; aA WELLENSIEK BauR 2005, 186, 197). Also hat der Insolvenzverwalter insoweit die Mängelbeseitigung mit Massemitteln zu bestreiten, ohne eine Gegenleistung zu erhalten, was ihn ggf hätte von der Erfüllungswahl abhalten sollen.

(2) Wählt der Insolvenzverwalter des insolventen Bestellers Erfüllung, so umfas- **22** sen die vom Insolvenzverwalter geltend zu machenden Ansprüche auch die Mängelrechte nach Maßgabe von § 634 BGB. Soweit die Werkleistung noch nicht vor Insolvenzeröffnung bezahlt worden war, muss der Insolvenzverwalter aber jedenfalls den der Mängelbeseitigung entsprechenden Lohnanteil nach §§ 55 Abs 1 Nr 2 Fall 1 InsO als Masseforderung befriedigen (dazu Rn 10).

3. Wirkungen auf einen zumindest einseitig erfüllten Vertrag

23 § 103 InsO greift nicht für einen vor Insolvenzeröffnung von beiden oder einer Seite vollständig erfüllten gegenseitigen Vertrag. Dann gilt:

a) Ist der Vertrag *von beiden Seiten erfüllt,* ist das Rechtsgeschäft abgewickelt und dabei hat es grundsätzlich sein Bewenden. Ausnahmen können sich daraus ergeben, dass die Leistung des Insolvenzschuldners nach §§ 129 ff InsO der Insolvenzanfechtung unterliegt (dazu Rn 45 ff).

24 b) Hat lediglich *der spätere Insolvenzschuldner seine ihm obliegende Leistung vollständig erbracht,* so darf sein Vertragspartner diese Leistung grundsätzlich behalten. Eine Ausnahme kann sich aus den Regelungen über die Insolvenzanfechtung ergeben, § 129 ff InsO (s Rn 45 ff). Muss danach der Vertragspartner die empfangenen Leistungen zurückgewähren, lebt seine Forderung wieder auf, § 144 Abs 1 InsO. Daraus sollte man aber nicht folgern, nun sei der Vertrag nicht mehr von einer Seite erfüllt, sodass auch das Verwalterwahlrecht greife. Die Rückforderung im Wege der Insolvenzanfechtung muss einer Erfüllungsablehnung gleich behandelt werden (näher JAEGER/JACOBY § 103 Rn 137; zu den Rechtsfolgen Rn 12).

Darf der Vertragspartner das von ihm Empfangene behalten, bleibt er freilich aus dem Vertrag verpflichtet, seine Leistung in die Masse zu erbringen, §§ 80, 82 InsO. Maßgeblich sind dann die vertraglich vereinbarten Bedingungen (BGH NZBau 2017, 144 = BauR 2017, 551: Abhängigkeit der Fälligkeit des Werklohns in Unternehmerinsolvenz von Unbedenklichkeitsbescheinigungen der Sozialkassen und der Baufberufsgenossenschaft). Bei der Forderung gegen den Vertragspartner handelt es sich um eine Altforderung (vgl Rn 14). Folglich steht § 96 Abs 1 Nr 1 InsO einer Aufrechnung des Vertragspartners mit einer Insolvenzforderung gegen diese aus dem Werkvertrag folgende Forderung nicht entgegen. Hatte der Insolvenzschuldner vor Insolvenzeröffnung die Altforderung gegen den Vertragspartner an einen Dritten abgetreten, so hindert § 91 InsO diese Abtretung nicht.

Typischerweise kann es zu einer einseitigen Vorleistung des Insolvenzschuldners auf Bestellerseite kommen, wenn er den vollen Werklohn gezahlt hat, die Leistung des Unternehmers sich im Nachhinein aber als mangelhaft erweist. Der Insolvenzverwalter des Bestellers macht dann die Mängelrechte nach § 634 BGB gegen den Vertragspartner geltend. In erster Linie hat er also Nacherfüllung nach §§ 634 Nr 1, 635 BGB zu verlangen. Ist infolge der Insolvenz das Interesse des Insolvenzverwalters an der Nacherfüllung weggefallen, kann diese ihm unzumutbar sein, § 636 Fall 3 BGB, § 13 Nr 6 S 2 VOB/B, weil insoweit auch Umstände aus der Sphäre des Bestellers die Unzumutbarkeit begründen können (s § 634 Rn 71). Ein Beispiel dafür ist, dass in einer Vertragskette der Insolvenzverwalter des Hauptunternehmers die Nacherfüllung des Subunternehmers ablehnen kann, wenn er im Verhältnis zum Besteller die Erfüllung des Vertrags abgelehnt hat (BGH NJW 2006, 2919).

c) Hat der *Vertragspartner vorgeleistet,* so realisiert sich in der Insolvenz das damit **25** übernommene Risiko. Der Vertragspartner ist mit seinem Anspruch auf die Gegenleistung lediglich Insolvenzgläubiger mit der Aussicht auf quotale Befriedigung, §§ 38, 97, 174 ff InsO. Gleichzeitig steht ihm grundsätzlich kein Anspruch auf Rückgewähr des Geleisteten zu, was sich auch auf einen Erst-recht-Schluss aus § 105 S 2 InsO stützen lässt. Eine Ausnahme mag sich nur dann entsprechend § 47 InsO ergeben, wenn dem Vertragspartner ein Aussonderungsrecht am Geleisteten zusteht, etwa weil er noch dessen Eigentümer ist.

4. Wirkungen auf einen Geschäftsbesorgungsvertrag

a) Ist Gegenstand des Werkvertrages eine Geschäftsbesorgung iSd § 675 BGB, **26** beurteilen sich die Wirkungen der Insolvenzeröffnung über das Vermögen des Geschäftsherrn nach den §§ 115 f InsO. Deren *ratio,* die vertragsrechtlichen Folgen aus dem Wechsel der masserelevanten Handlungsorganisation (vgl Rn 1) zu ziehen, bildet den Maßstab für die Grenzziehung zum Anwendungsbereich des § 103 InsO. Demnach erstreckt sich die Anwendbarkeit der §§ 115 f InsO auf jene Werkverträge, durch die der Insolvenzschuldner die generelle Wahrnehmung von Vermögensinteressen typischerweise für längere Zeit auf einen selbständig tätigen Vertragspartner überträgt (vgl schon oben Rn 3).

In diesem Sinne ist va auch der Baubetreuungsvertrag zu qualifizieren, den die Wahrnehmung der mit dem Bau verbundenen Geschäfte – insbesondere den Abschluss des Bauvertrags – durch einen vom Erwerber mit entsprechender Vollmacht ausgestatteten Baubetreuer charakterisiert (vgl näher Vorbem 16 ff zu § 650u).

b) Nach § 116 S 1 iVm § 115 Abs 1 InsO führt die Insolvenzeröffnung zur Ver- **27** tragsbeendigung ex nunc, ohne dass dem Vertragspartner eine Insolvenzforderung wie nach § 103 Abs 2 zusteht. Anders als iRd § 103 InsO ist dem Insolvenzverwalter im Anwendungsbereich der §§ 115 f InsO auch kein Wahlrecht zur Aufrechterhaltung des Geschäftsbesorgungsvertrages eingeräumt. Die Konstruktion eines solchen dergestalt, dass § 116 InsO zwar die Geschäftsführungsbefugnis erlöschen, das Vertragsverhältnis an sich jedoch unberührt lassen solle, entbehrt einer gesetzlichen Grundlage (aA für eine solche Differenzierung HK-InsO/Marotzke § 115 InsO Rn 4 ff): Dem Insolvenzverwalter ist ein Neuabschluss des Vertrages unbenommen. Ein Anspruch gegen den Vertragspartner auf Neuabschluss aus nachvertraglicher Treuepflicht wird sich allerdings allenfalls im Ausnahmefall herleiten lassen (Kübler/Prütting/Bork/Tintelnot §§ 115, 116 Rn 10; aA für einen Anspruch MünchKomm-InsO/Ott/Vuia § 116 Rn 49).

c) Im Falle der Vertragsbeendigung unterliegt der Geschäftsbesorger der He- **28** rausgabepflicht des § 667 BGB, soweit nicht sein eigentliches Arbeitsergebnis betroffen ist (Jaeger/Jacoby §§ 115 f Rn 54). Eigene Ansprüche, die bis zur Verfahrenseröffnung entstanden sind, kann er lediglich als Insolvenzgläubiger geltend machen (vgl auch Rn 25). Dies gilt jedoch nicht für den Fall der Notgeschäftsführung gem § 116 S 1, 2 iVm § 115 Abs 2 InsO, für den der Fortbestand des Vertragsverhältnisses fingiert wird, vgl § 115 Abs 2 S 2 InsO: Die dem Geschäftsbesorger hieraus erwachsenden Aufwendungsersatz- und Vergütungsansprüche sind Masseverbindlichkeiten, § 116 S 2 iVm § 115 Abs 2 S 3 InsO.

Wird der Vertrag neu begründet, kann der Vertragspartner für die nach Verfahrenseröffnung erbrachten Tätigkeiten gem § 55 Abs 1 Nr 1 InsO Befriedigung aus der Insolvenzmasse verlangen.

5. Wirkungen auf einen Bauträgervertrag

29 a) IRd Bauträgervertrages verpflichtet sich der Bauträger zur Übereignung eines Grundstücks sowie zur Bebauung desselbigen mit einem schlüsselfertigen Bauwerk (vgl näher §§ 650u BGB f). Diese kauf- und werkvertraglichen Komponenten mögen außerdem durch auftrags- und geschäftsbesorgungsrechtliche Elemente ergänzt werden, die allerdings nur eine untergeordnete Rolle im Vertragsgepräge einnehmen und daher eine Verortung des Bauträgervertrags in Abkehr von dem gesetzlichen Regelfall des Verwalterwahlrechts gem § 103 InsO bei den §§ 115 f InsO nicht rechtfertigen können.

30 b) Ist der Anspruch des Erwerbers auf Übereignung des Grundstücks durch eine Vormerkung gesichert, ergibt sich für den Fall der Insolvenz des Bauträgers aus § 106 Abs 1 S 2 InsO die Aufspaltung des Vertrages in zwei Teile (OLG Koblenz NJW-RR 2007, 964 Rn 23):

aa) Hinsichtlich des werkvertraglichen Anspruchs des Erwerbers auf Errichtung des Bauwerkes steht dem Insolvenzverwalter das Wahlrecht des § 103 InsO zu; auf die Erläuterung hierzu in Rn 7 ff kann verwiesen werden.

bb) Der vormerkungsgesicherte Auflassungsanspruch ist hingegen gem § 106 Abs 1 S 1 InsO aus der Insolvenzmasse zu befriedigen. Der Erwerber hat daraufhin seinerseits seine Verpflichtung zur Kaufpreiszahlung jedenfalls im Hinblick auf das Grundstück (und ggf ein erbrachtes Teilwerk) an die Masse zu erfüllen (Jaeger/Jacoby § 106 Rn 47).

III. Insolvenzbedingte Lösungsmöglichkeiten

31 Die eine Vertragspartei kann die Insolvenz der anderen zum Anlass nehmen wollen, den Vertrag zu kündigen oder sich sonst wie davon zu lösen. Das ist unproblematisch, wenn die Insolvenz mit einer so schwerwiegenden Vertragsverletzung in Gestalt beispielsweise von Schlecht- oder Nichtleistung einhergeht, dass schon dieser insolvenzunabhängige Grund eine außerordentliche Kündigung oder eine sonstige Lösung vom Vertrag rechtfertigt. Insoweit gelten die allgemeinen Regeln, wie sie insbesondere zu § 648a BGB kommentiert sind. Im Folgenden ist zu erörtern, ob allein *insolvenzabhängige Gründe* wie Insolvenzantrag oder Insolvenzeröffnung ermöglichen, vom Vertrag Abstand zu nehmen.

1. Gesetzliche Lösungsmöglichkeiten

31a a) In seiner Grundsatzentscheidung zur Kündigungsmöglichkeit nach § 8 Abs 2 VOB/B nimmt der VII. Zivilsenat auch zur kraft Gesetzes bestehenden Möglichkeit des Auftraggebers Stellung, einen Bauvertrag allein deswegen zu kündigen, weil der Auftragnehmer einen Eigenantrag auf Eröffnung eines Insolvenzverfahrens über sein Vermögen gestellt hat (BGHZ 210, 1 = NJW 2016, 1945): Zum einen verweist der

Senat auf das heute in § 648 BGB normierte freie Kündigungsrecht. Schon dieses erlaube sich vom Vertrag zu lösen, auch wenn die Rechtsfolgen durch § 8 Abs 2 VOB/B anders geregelt werden. Zum anderen befasst sich der Senat mit der nunmehr in § 648a BGB geregelten außerordentlichen Kündigung. Regelmäßig seien dessen Voraussetzungen erfüllt. Aus zwei Gründen sei es dem Auftraggeber nach dem Insolvenzantrag unzumutbar, an dem Vertrag festzuhalten. Erstens müsse er nicht nur während des Eröffnungsverfahrens abwarten, wie der vorläufige Insolvenzverwalter handele. Zusätzlich müsse er dann noch nach Insolvenzeröffnung weiterwarten, bis der Insolvenzverwalter sich nach Aufforderung über sein Wahlrecht erkläre. Das zerstöre das zwischen Auftraggeber und Auftragnehmer bestehende Vertrauensverhältnis. Zweitens sei dem Auftraggeber das Festhalten am Vertrag aus persönlichen Gründen unzumutbar (im Anschluss an BGHZ 96, 34 = NJW 1986, 255). Der Auftraggeber schließe den Bauvertrag regelmäßig, weil er dem Auftragnehmer im Hinblick auf dessen Fachkunde, Leistungsfähigkeit und Zuverlässigkeit vertraue. Durch den Vermögensverfall werde dieses Vertrauen erschüttert, was der Auftragnehmer auch zu vertreten habe, weil er Geld grundsätzlich zu haben habe. Freilich bedarf es auch nach der Rechtsprechung des VII. Senats der Kündigung des Bestellers, der Vertrag wandelt sich nicht allein wegen der Unternehmerinsolvenz in ein Abwicklungsverhältnis (BGH NJW 2018, 697 Rn 29).

Die Gesetzesbegründung zu § 648a BGB knüpft an die ältere Entscheidung des VII. Senats in BGHZ 96, 34 an, dass die Insolvenz des Unternehmers regelmäßig dessen Leistungsfähigkeit und Zuverlässigkeit infrage stelle, beides für den Besteller von wesentlicher Bedeutung sei und daher die Insolvenz häufig einen wichtigen Grund darstellen werde (BT-Drucks 18/8486, 50). Allerdings beschränken sich die Erwägungen der Begründung nicht allein auf das formale Ereignis der Insolvenz, sondern gehen auch darauf ein, ob der Unternehmer den Bau fortsetzt und die Perspektive bietet, im Zuge einer Sanierung dieses auch weiter zu tun (ähnlich abwägend Zeyns ZIP 2018, 8, 14).

Der IX. Zivilsenat hat indessen allein die Eröffnung des Insolvenzverfahrens über das Vermögen desjenigen, der aus einem Werklieferungsvertrag zur Leistung verpflichtet ist, nicht als wichtigen Grund für eine außerordentliche Kündigung genügen lassen (BGH ZIP 2017, 1915). Der IX. Senat grenzt sich vom VII. Senat vornehmlich dadurch ab, dass zwischen Eröffnung und Verfahrensantrag zu unterscheiden sei, insbesondere dann, wenn wie im Streitfall der Vertrag gar erst nach Insolvenzantrag abgeschlossen wird. Nach Verfahrenseröffnung habe der Vertragspartner die ihm von § 103 InsO aufgebürdeten Risiken sowohl der verzögerten Entscheidung über die Erfüllung der Verträge als auch der Betriebsfortführung im Insolvenzverfahren zu tragen.

b) Die Skepsis des IX. Zivilsenats, allein an die Insolvenz des Unternehmers Lösungsrechte zu knüpfen, ist berechtigt. Zwar ist das freie Kündigungsrecht aus § 648 BGB insolvenzfest (BGH ZIP 2017, 1915). Es lässt sich eine insolvenzbedingte Kündigung schon deswegen nicht darauf stützen, weil dieses zum einen auf Voraussetzungsseite an keinen Grund anknüpft und zum anderen auf Rechtsfolgenseite nicht zur Lösung des kündigenden Bestellers führt. Denn dieser bleibt verpflichtet, als hätte er die Unmöglichkeit der Hauptleistung herbeigeführt, § 326 Abs 2 BGB. Die bloße Insolvenz, gleich ob man insoweit auf den objektiven Eintritt eines

Eröffnungsgrundes wie Zahlungsunfähigkeit oder Überschuldung, §§ 17 f InsO, den Verfahrensantrag oder die Verfahrenseröffnung abstellt, bedeuten aber auch keinen wichtigen Grund zur Kündigung nach § 648a BGB. Maßgeblich ist, ob und wie sich diese finanziellen Schwierigkeiten auf die Leistungen des Unternehmers auswirken. Erbringt der insolvente Unternehmer weiterhin vertragsgerecht seine Leistungen, stände es im Widerspruch zur sonstigen Rechtsordnung, die Insolvenz des Unternehmers mit einer Lösungsmöglichkeit des Bestellers zu sanktionieren. Anders wertet insbesondere § 321 BGB, der dem vorleistungspflichtigen Vertragsteil nur ein Zurückbehaltungsrecht, aber kein Lösungsrecht bei Insolvenz seines Vertragspartners einräumt. Entsprechend braucht der insolvente Besteller allein Sicherheit für den Werklohn nach Maßgabe von § 650f BGB zu leisten, ohne dass der Unternehmer dann kündigen darf. Verletzt der insolvente Unternehmer indessen seine Leistungspflichten, indem er etwa seine Arbeiten einstellt, liegt darin das maßgebliche Verhalten, das nach den allgemeinen Regeln zu sanktionieren ist. Bis zur Verfahrenseröffnung, also auch im Eröffnungsverfahren, ist der Besteller nicht durch den Insolvenzantrag des Unternehmers gehindert, nach diesen allgemeinen Bestimmungen vorzugehen. Nach Verfahrenseröffnung sind die Leistungspflichten wegen §§ 103, 38, 87 InsO zwar nicht durchsetzbar (o Rn 6), auch steht dem Insolvenzverwalter eine Überlegungsfrist im Rahmen der § 103 Abs 2 S 2, 3 InsO zu. Diese Umstände verändern aber selbst in zeitlicher Hinsicht das Pflichtenprogramm des Vertrags nicht. Verzögert sich nach Verfahrenseröffnung die Abwicklung des Vertrags so sehr, dass die im Falle der Erfüllungswahl bestehenden Pflichten nicht eingehalten werden können, so muss dieser Umstand den Besteller ebenfalls zur Lösung vom Vertrag berechtigen.

2. Vertragliche Lösungsklauseln

31b Der Vertrag selbst kann eine insolvenzabhängige Lösungsklausel vorsehen. Wichtigster Fall ist § 8 Abs 2 VOB/B. Diese Bestimmung gewährt dem Besteller ein Kündigungsrecht für die Fälle, dass der Unternehmer seine Zahlungen einstellt, von ihm oder zulässigerweise von einem seiner Gläubiger das Insolvenzverfahren beantragt ist, das Insolvenzverfahren eröffnet wird oder dessen Eröffnung mangels Masse abgelehnt wird. Der VII. Zivilsenat des BGH hält diese Regelung für wirksam und insolvenzfest (BGHZ 210, 1 = NJW 2016, 1945). Tatsächlich ist folgendermaßen zu unterscheiden:

a) Vereinbarkeit mit § 119 InsO

32 § 119 InsO erklärt Vereinbarungen, die die Anwendung von §§ 103–118 InsO beschränken, für unwirksam. Klauseln, die eine Aufrechterhaltung des Vertrags unter Ausschluss des Verwalterwahlrechts vorsehen, sind daher gemäß § 119 InsO unwirksam. Gleiches gilt für Klauseln, in denen die Konsequenzen der Wahlrechtsausübung anders geregelt sind, als dies die §§ 103 ff InsO vorsehen (BALDRINGER NZBau 2005, 183, 184).

33 **aa)** Die Diskussion, inwieweit die Nichtigkeitsfolge des § 119 InsO auch Lösungsklauseln erfasst, ist durch die Entscheidung BGHZ 195, 348 = NJW 2013, 1159 befeuert worden. Der BGH erklärte eine solche Klausel nach § 119 InsO für unwirksam, aufgrund derer Sonderkonditionen im Rahmen eines Energieliefervertrags mit Insolvenzeröffnungsantrag enden sollten. In dieser Entscheidung hält der BGH erstens eine insolvenzabhängige Lösungsklausel für eine von § 119 InsO erfasste Abweichung von §§ 103, 105 InsO, zweitens knüpft er die Wirkung des § 119 InsO in Gestalt einer sog Vorwirkung nicht erst an die Verfahrenseröffnung, sondern schon an den Insolvenzantrag an. Während die erste Frage zuvor kontrovers diskutiert wurde (vgl die Nachw bei BGH NJW 2013, 1159 Rn 11 f), überraschte der BGH insbesondere mit der Auffassung, § 119 InsO könne eine Vorwirkung ab Verfahrensantrag äußern (vgl BGH NJW 2013, 1159 Rn 18). Nicht in Konflikt mit § 119 InsO ständen nur solche Regelungen, die Lösungsmöglichkeiten enthielten, die nach dem Gesetz ohnehin beständen, etwa wie § 490 BGB beim Darlehen.

Ob auf Grundlage dieser Grundsätze § 8 Abs 2 VOB/B nach § 119 InsO für unwirksam zu halten ist, wurde und wird kontrovers beurteilt (dafür WEGENER ZInsO 2013, 1105, 1106; dagegen HUBER ZIP 2013, 493, 499 f). Der VII. Zivilsenat des BGH erkennt keinen Verstoß gegen § 119 InsO (BGHZ 210, 1 = NJW 2016, 1945). Denn diese Regelung entspreche lediglich den ohnehin aus §§ 648 f BGB folgenden Kündigungsmöglichkeiten.

Diese Begründung überzeugt indessen aus den schon o Rn 31a dargelegten Gründen nicht. § 648 BGB enthält keine Lösungsmöglichkeit, weil der kündigende Besteller zur Leistung verpflichtet bleibt. § 648a BGB ist nicht einschlägig, weil die Insolvenztatbestände allein keinen wichtigen Grund darstellen. Konsequent wäre es daher auf Grundlage der Rechtsprechung des IX. Zivilsenats § 8 Abs 2 VOB/B für unwirksam nach § 119 InsO zu halten (JACOBY ZIP 2014, 649).

bb) Dieser neuen Rechtsprechung des BGH, Lösungsklauseln ganz allgemein und ohne Wertungsmöglichkeit für nach § 119 InsO unwirksam zu erachten, ist zu widersprechen (JAEGER/JACOBY § 119 Rn 25 ff). Wie der BGH bereits zum alten Recht zutreffend betont hat, muss der Insolvenzverwalter den Vertrag so hinnehmen, wie er sich im Zeitpunkt der Insolvenzeröffnung befindet (BGHZ 96, 34, 36 = NJW 1986, 255). Das gilt auch für die Kündigungsmöglichkeit. Eine abweichende Bestimmung lässt sich auch § 119 InsO nicht entnehmen, was sich schon aus der Gesetzesgeschichte der Bestimmung herleiten lässt: Im Regierungsentwurf zu § 137 InsO (BT-Drucks 12/2443, 30), der in § 119 InsO Gesetz geworden ist, war noch ein Abs 2 vorgesehen, der ausdrücklich Vereinbarungen für unwirksam erklärte, die für den Insolvenzfall Lösungsrechte des Vertragspartners vorsahen (dazu BGHZ 124, 76, 79 = NJW 1994, 449). Diese Regelung wurde jedoch im weiteren Gesetzgebungsverfahren nach einer Stellungnahme des Rechtsausschusses bewusst gestrichen (BT-Drucks 12/7302, 170). Die Auffassung des Rechtsausschusses muss damit – gleich für wie sachgemäß man sie auch halten mag – als Auffassung des Gesetzgebers hingenommen werden. Auch BGHZ 195, 348 Rn 13 verkennt diesen Willen des Gesetzgebers nicht, meint aber, dieser habe im Gesetz keinen Ausdruck gefunden. Das ist schon angesichts des Vergleichs zu § 112 InsO, auf den der BGH nunmehr die von ihm behauptete Vorwirkung stützt und damit dessen Nr 2 seines Anwendungsbereichs beraubt, wenig überzeugend (ebenfalls kritisch SCHMIDT/RINGSTMEIER § 119 Rn 13). Vor allem aber fehlt es für diese Vorwirkung, dass die Unwirksamkeit nach § 119 BGB auch Klauseln erfasst, die an den Insolvenzantrag anknüpfen, jeder Grundlage. Deswegen lässt sich ein effektiver Schutz vor Lösungsklauseln, der auch Lösungsmöglichkeiten vor Verfahrenseröffnung einbezieht, über § 119 BGB ohnehin nicht erreichen. Die neue Rechtsprechung ist erkennbar ergebnisorientiert. Besser hätte der BGH in dem

34

von ihm zu entscheidenden Fall eine Anfechtbarkeit nach § 133 InsO (dazu Rn 37) erwägen sollen.

Soweit § 8 Abs 2 Nr 2 S 2 VOB/B allerdings einen Anspruch des kündigenden Auftraggebers auf Schadensersatz wegen Nichterfüllung hinsichtlich des gekündigten Vertragsteils vorsieht, liegt darin eine Begünstigung des Auftraggebers gegenüber der Abwicklung nach § 103 InsO. Diese Regelung ist daher nach § 119 InsO unwirksam, wenn man gegen BGHZ 210, 1 = NJW 2016, 1945 in der eigenen Insolvenz keinen schwere Pflichtverletzung erblickt (Jaeger/Jacoby § 119 Rn 38).

b) Klauselkontrolle

35 Formularmäßige Lösungsklauseln sind an § 308 Nr 3 BGB und § 307 Abs 2 Nr 1 BGB zu messen. Maßgeblicher Wertungsgesichtspunkt muss hier sein, dass jeder Vertragspartner ein berechtigtes Interesse daran hat, sich für den Fall des Vermögensverfalls oder der sonstigen Säumnis seines Vertragspartners ein Lösungsrecht auszubedingen. Der Schutz durch §§ 320, 321 BGB mit dem daraus folgenden Schwebezustand ist nicht hinreichend.

Daher hält auch das Kündigungsrecht nach § 8 Abs 2 VOB/B weitestgehend der Klauselkontrolle nach §§ 307 BGB stand, soweit diese Regelung überhaupt nach § 310 Abs 1 S 3 BGB der Klauselkontrolle unterliegt (dazu § 650a Rn 22). Nicht hinzunehmen ist allerdings die durch die Neufassung 2006 eingefügte Kündigungsmöglichkeit wegen eines zulässig gestellten Eröffnungsantrages eines Gläubigers (MünchKommInsO/Huber § 119 Rn 51). Denn ein berechtigtes Interesse an einer Lösung vom Vertrag kann allein ein zulässiger Insolvenzantrag eines Gläubigers noch nicht begründen. Zwar erfordert ein solcher Antrag nach § 14 InsO, dass der Antragsteller auch den Eröffnungsgrund glaubhaft macht. Die Klausel umfasst so aber auch Fallgestaltungen, in denen kein Eröffnungsgrund gegeben ist. Dann fehlt es für die Kündigung am hinreichenden Grund.

c) Anfechtbarkeit

36 Eine Lösungsklausel kann der Insolvenzanfechtung (dazu Rn 45 ff) unterliegen. Zwar setzt § 129 Abs 1 InsO voraus, dass der Vertragsschluss im Ganzen als die anzufechtende einheitliche Rechtshandlung die Insolvenzgläubiger benachteiligt. Das schließt aber die Anfechtung nicht aus, wenn ein umfassender Vertrag allgemein in sich ausgewogen ist und gleichwertige Gegenleistungen vorsieht, er aber gerade für den Fall der Insolvenz eines Teils für diesen nicht unerhebliche nachteilige Ausnahmen festschreibt, die auch bei einer Gesamtbetrachtung aller Umstände zur Erreichung des Vertragszwecks nicht vorrangig geboten sind (BGHZ 124, 76, 81 = NJW 1994, 449; ZIP 2017, 2267; NJW 2007, 2325 Rn 22). Dabei ist über eine Gläubigerbenachteiligung ausschließlich aus ex-post-Sicht zu entscheiden; ausreichend ist, dass die Rechtshandlung im Sinne der Äquivalenztheorie für die Schlechterstellung der Masse kausal geworden ist (Jacoby KTS 2009, 3, 8).

37 Als Anfechtungsgrund ist § 133 Abs 1 InsO einschlägig. Der Auftragnehmer nimmt mit der Formulierung einer Klausel für den Insolvenzfall regelmäßig billigend in Kauf, dass im Insolvenzfall diese Lösungsklausel seine sonstigen Gläubiger benachteiligt; darum weiß der Vertragspartner auch. In Fall einer Lösungsklausel in einem Grundstücksübertragungsvertrag lässt der BGH dem Anfechtungsgegner zu viel Raum, das

aus der Vertragsklausel folgende Beweisanzeichen für Benachteiligungsvorsatz und dessen Kenntnis zu widerlegen. Die gläubigerbenachteiligenden Wirkungen beruhen allein auf dem Vertrag, mithin auf den Willenserklärungen der Vertragsparteien. Also ist der Wille der Parteien ihre Quelle. Wenn die Parteien solche Wirkungen gerade für den Insolvenzfall wollen, haben sie Benachteiligungsvorsatz und kennen diesen (Jacoby ZIP 2014, 649, 655).

IV. Die Wirkungen eines Insolvenzantrags und der Anordnung von Sicherungsmaßnahmen

Ein Insolvenzverfahren wird nach § 13 InsO nur auf Antrag von Gläubiger oder Schuldner eröffnet. Der Antrag selbst entfaltet noch keine unmittelbaren Wirkungen auf die Rechtsstellung des Schuldners oder von diesem geschlossene Verträge. Die *Rechtsstellung des Schuldners* wird aber berührt, wenn das Insolvenzgericht auf den Antrag *Sicherungsmaßnahmen* nach §§ 21 ff InsO anordnet. Insbesondere kann das Gericht dem Schuldner ein allgemeines Verfügungsverbot auferlegen mit der Folge, dass die Verwaltungs- und Verfügungsbefugnis auf einen gleichfalls zu bestellenden vorläufigen Insolvenzverwalter nach § 22 Abs 1 InsO übergeht, sog *starker vorläufiger Insolvenzverwalter*. Rechtshandlungen eines solchen starken vorläufigen Insolvenzverwalter begründen Masseverbindlichkeiten für ein später eröffnetes Insolvenzverfahren, § 55 Abs 2 InsO. Nicht zuletzt deswegen beschränken sich die Anordnungen der Gerichte in der Praxis vielfach darauf, die Verfügungen des Schuldners gem § 21 Abs 2 Nr 2 Fall 2 InsO von der Zustimmung eines sog *schwachen vorläufigen Insolvenzverwalters* abhängig zu machen. **38**

Sicherungsmaßnahmen des Insolvenzgerichts äußern allerdings keine unmittelbaren Wirkungen auf einen vom Insolvenzschuldner geschlossenen Werkvertrag. Insbesondere *greift § 103 InsO nicht vor Insolvenzeröffnung*. Folglich bleibt auch die Aufforderung an einen vorläufigen Insolvenzverwalter, sich über das Wahlrecht zu erklären, wirkungslos, selbst wenn die Verfahrenseröffnung nachfolgt (BGH NJW-RR 2008, 560 = ZIP 2007, 2322 Rn 9). Der Vertragspartner muss sich darüber klar werden, ob er den so drohenden Schwebezustand in Bezug auf den Vertrag dadurch vermeiden soll, dass er den Vertrag aufgrund von Lösungsrechten (dazu Rn 31 ff), die an den Insolvenzantrag oder einen etwaig eingetretenen Verzug des Schuldners anknüpfen, bereits vor Insolvenzeröffnung beendet.

1. Die Entscheidung zur Fortsetzung des Vertrags mit dem insolventen Vertragspartner birgt verschiedene Risiken. So begründen Abreden mit dem vorläufigen Insolvenzverwalter Masseforderungen nur, wenn auf den Verwalter die Verfügungsbefugnis übergegangen ist (s Rn 38) oder wenn das Insolvenzgericht den Verwalter entsprechend ermächtigt hat (BGHZ 151, 353 = NJW 2002, 3326). Vor allem aber hat der Vertragspartner das **Risiko der Insolvenzanfechtung** zu berücksichtigen, wenn er Leistungen nach Stellung des Insolvenzantrags entgegennimmt. Auch Leistungen, auf die der Vertragspartner einen Anspruch hatte, sog kongruente Deckungen, sind nach § 130 Abs 1 Nr 2 InsO anfechtbar, wenn sie nach Insolvenzeröffnung vorgenommen worden sind und der Vertragspartner vom Insolvenzantrag wusste (s Rn 48). Helfen kann regelmäßig allein die Bargeschäftsausnahme nach § 142 InsO, wenn die Vertragspartner gleichwertige Leistungen unmittelbar austauschen (dazu Rn 53 f). **39**

1. In der *Insolvenz des Unternehmers* steht der Aufrechnung des Bestellers mit Altforderungen gegen Werklohn, der während des Eröffnungsverfahrens verdient wurde, regelmäßig § 96 Abs 1 Nr 3 InsO entgegen (s Rn 65).

40 2. In der *Insolvenz des Bestellers* sind Zahlungen des vorläufigen Insolvenzverwalters auf Altforderungen, die vielfach auf Drohung des Unternehmers mit Arbeitseinstellung beruhen, regelmäßig anfechtbar (BGHZ 154, 190 = NJW 2003, 1865; BGH NJW 2005, 1118, 1119). Das gilt unabhängig davon, ob eine entsprechende Abrede zwischen vorläufigem Verwalter und Unternehmer geschlossen wurde, weil diese selbst als unmittelbar nachteiliges Rechtsgeschäft der Insolvenzanfechtung nach § 132 Abs 1 InsO unterliegt. Die Insolvenzanfechtung ist nur ausnahmsweise ausgeschlossen, wenn das Vertrauen auf die Leistung des Verwalters schutzwürdig ist (BGH NJW 2005, 1118, 1119).

Macht der Unternehmer die Fortsetzung seiner Arbeiten durchaus angemessen davon abhängig, dass ihm von Bestellerseite Sicherheiten gestellt werden, kann auch diese Sicherheitengewährung anfechtbar sein. Handelt es sich bei der Sicherheit um eine inkongruente Deckung, weil – wie es nach altem Recht für Sicherheiten nach § 650f angenommen wurde (s § 650f Rn 23) – kein Anspruch auf diese Sicherheit bestand, ist die Sicherheit ohne weitere Voraussetzungen nach §§ 129, 131 Abs 1 Nr 1 InsO anfechtbar. Bei kongruenter Sicherung kann freilich die Bargeschäftsausnahme schützen (s Rn 53 f). Der Unternehmer hat entsprechend dafür Sorge zu tragen, dass die ihm gewährte Sicherheit der von ihm zu erbringenden Leistung gleichwertig ist.

V. Sicherheiten in der Insolvenz

41 Hat sich der Gläubiger Sicherheiten für die Verbindlichkeiten seines Vertragspartners einräumen lassen, beschreibt die Insolvenzeröffnung über das Vermögen des Vertragspartners den Eintritt des Sicherungsfalls. Das Insolvenzverfahren muss dann die Verwertung dieser Sicherheiten ermöglichen.

1. Personalsicherheiten

Hat ein Dritter etwa in Gestalt einer Bürgschaft eine Personalsicherheit für die Verbindlichkeiten des Insolvenzschuldners gegeben, beeinträchtigt das Insolvenzverfahren über das Vermögen des Hauptschuldners die Durchsetzung der Personalsicherheit regelmäßig nicht. Allein beim Regress des Sicherungsgebers ist § 44 InsO zu beachten.

Besteht die „Sicherheit" allerdings in der akzessorischen Haftung eines Gesellschafters der schuldnerischen Personengesellschaft aus § 128 HGB, so ist § 93 InsO zu beachten: In der Insolvenz der Personengesellschaft ist die persönliche Haftung der Gesellschafter nicht von den Gläubigern, sog Sperrwirkung, sondern dem Insolvenzverwalter über das Vermögen der Personengesellschaft geltend zu machen, sog Ermächtigungswirkung. Der BGH hat aber den Stimmen eine Absage erteilt, die die Wirkungen des § 93 InsO auf parallel zur Gesellschafterhaftung bestehende Haftungen wie solche aus Bürgschaft ausdehnen wollten (BGHZ 151, 245 = NJW 2002, 2718).

2. Realsicherheiten

Realsicherheiten berechtigen den Sicherungsnehmer in der Insolvenz des Sicherungsgebers nach §§ 49 ff InsO zur *abgesonderten Befriedigung*. Das bedeutet, dass der Erlös aus dem Sicherungsgegenstand nach Maßgabe der §§ 49 ff, 165 ff InsO vorrangig der Befriedigung des Sicherungsnehmers dient. Im Einzelnen gilt es zu unterscheiden: **42**

a) Der Sicherungsnehmer kann seine *Grundschuld* oder ein sonstiges Befriedigungsrecht an Gegenständen, die der Zwangsvollstreckung in das unbewegliche Vermögen unterliegen, auch nach Insolvenzeröffnung noch gem § 49 InsO nach den Regelungen des ZVG im Wege der Anordnung von Zwangsversteigerung und Zwangsverwaltung durchsetzen. Entgegenstehende Interessen kann der Insolvenzverwalter allerdings mittels eines Antrags auf einstweilige Einstellung der Zwangsversteigerung nach § 30d ZVG geltend machen. Die außerhalb des Insolvenzverfahrens bestehende Möglichkeit des Sicherungsnehmers, die Haftung von zum Haftungsverband der Hypothek gehörenden Gegenständen wie gem § 1123 BGB der Forderung auf Miete im Wege der Einzelzwangsvollstreckung durchzusetzen, ist indessen ausgeschlossen (BGHZ 168, 339 = NJW 2006, 3356).

b) Im Hinblick auf die Verwertung *beweglicher Sachen* differenziert § 166 Abs 1 InsO. Ein außerhalb der Insolvenz bestehendes Verwertungsrecht des Sicherungsnehmers bleibt nach § 173 Abs 1 InsO während des Insolvenzverfahrens nur erhalten, wenn sich der Sicherungsgegenstand – wie es beim Werkunternehmerpfandrecht regelmäßig der Fall sein wird – nicht im Besitz des Insolvenzverwalters befindet. Die Verwertung des Pfandrechts hat dann – unbeschadet der Möglichkeit abweichender Vereinbarungen – den Regeln über den Pfandverkauf nach §§ 1228 ff BGB zu entsprechen. **43**

Der Insolvenzverwalter kann indessen Gegenstände, die er – wie es meist bei zur Sicherheit übereigneten Sachen der Fall ist – selbst in Besitz nimmt, freihändig verwerten. Mit dieser Verwertungsbefugnis gehen eine Reihe weiterer Rechtsfolgen einher. So kann der Verwalter die Sache nach § 172 InsO für die Masse nutzen und sogar verbinden, vermischen und verarbeiten. Vor allem aber verbleiben ihm nach §§ 170 f im Falle der Verwertung als Feststellungskostenpauschale 4 % und als Verwertungskostenpauschale im Zweifel 5 % des Erlöses für die Masse.

c) Für Absonderungsrechte an *Forderungen* unterscheidet § 166 Abs 2 InsO zwischen sicherungshalber abgetretenen Forderungen und sonstigen Sicherungsrechten. Bei den sonstigen Sicherungsrechten verbleibt es nach § 173 Abs 1 InsO bei dem außerhalb des Insolvenzverfahrens bestehenden Verwertungsrecht des Sicherungsnehmers. An sicherungshalber abgetretenen Forderungen steht dem Insolvenzverwalter ein Einziehungsrecht zu, auch wenn die Sicherungsabtretung bereits vor Einleitung des Insolvenzverfahrens offengelegt worden war (BGH NJW 2002, 3475). Mit dem Einziehungsrecht einer geht die Befugnis des Insolvenzverwalters, nach §§ 170 f InsO vom Verwertungserlös Feststellungs- und Verwertungskostenpauschale einzubehalten (Rn 43). **44**

VI. Insolvenzanfechtung von Zahlungen, Lieferungen und Sicherungen

45 Das in §§ 129–147 InsO geregelte Institut der Insolvenzanfechtung eröffnet die Möglichkeit, die Wirkungen bestimmter vor Insolvenzeröffnung wirksam vorgenommener Rechtshandlungen nach Insolvenzeröffnung rückabzuwickeln. Betroffen sind Rechtshandlungen, die zu einer Verkürzung der Insolvenzmasse führen, wenn der Anfechtungsgegner nach Maßgabe der Wertungen der Insolvenzanfechtungsgründe nicht schutzwürdig ist. Mit der Anfechtung nach §§ 142 f, 119 ff BGB hat die insolvenzrechtliche Anfechtung außer dem Namen nichts gemein. Insbesondere führt die Insolvenzanfechtung im Unterschied zu § 142 Abs 1 BGB nicht zur Nichtigkeit der angefochtenen Rechtshandlung. § 143 InsO begründet vielmehr einen vom Insolvenzverwalter – ggf gerichtlich – geltend zu machenden schuldrechtlichen Rückgewähranspruch.

1. Anfechtungsvoraussetzungen

46 Die Voraussetzungen der Insolvenzanfechtung ergeben sich aus § 129 InsO und aus den in §§ 130 ff InsO geregelten Anfechtungsgründen. § 129 InsO beschreibt den Anwendungsbereich der Insolvenzanfechtung zunächst dahin, dass nur Rechtshandlungen der Anfechtung unterliegen. Dieser Begriff ist allerdings weit zu verstehen und umfasst auch Unterlassungen, s § 129 Abs 2 InsO. Ausgeschlossen ist bloß die Anfechtung der Rechtswirkungen von Naturereignissen, etwa daraus resultierende Versicherungsforderungen. Die Rechtshandlungen müssen vor Insolvenzeröffnung vorgenommen worden sein, wobei sich der Zeitpunkt der Rechtshandlung gem § 140 Abs 1 InsO im Grundsatz nach dem Zeitpunkt bemisst, in dem die Wirkungen der Rechtshandlung eintreten. Zur Anfechtung von Rechtshandlungen eines vorläufigen Insolvenzverwalters s Rn 40.

§ 129 InsO setzt schließlich voraus, dass die Gläubiger in ihrer Gesamtheit durch die Rechtshandlung objektiv benachteiligt worden sind. Darüber ist aus der Sicht ex post nach Eröffnung des Insolvenzverfahrens zu entscheiden. Hinreichend ist, dass die Rechtshandlung entsprechend der Conditio-sine-qua-non-Formel nicht hinweggedacht werden kann, ohne dass der Benachteiligungserfolg entfiele (MünchKomm-InsO/Kirchhof § 129 Rn 169). Alle Voraussetzungen sind also gleichwertig, sog Äquivalenztheorie. Eine Einschränkung durch wertende Kriterien findet nicht statt. Entsprechend ist auch eine mittelbare Benachteiligung hinreichend. Eine Gläubigerbenachteiligung liegt also schon vor, wenn der inzwischen insolvente Besteller sich ein Bauwerk zum Marktpreis errichten ließ, das Bauwerk aber inzwischen bis zum Eintritt der Insolvenz wertlos geworden ist.

47 § 129 InsO beschreibt aber nur die Mindestvoraussetzungen jeder Anfechtung. Entscheidend ist regelmäßig, ob auch ein *Anfechtungsgrund* nach den §§ 130 ff InsO vorliegt. Die Anfechtungsgründe lassen sich in die allgemeinen Anfechtungsgründe und die besonderen Insolvenzanfechtungsgründe einteilen. Die allgemeinen Anfechtungsgründe der Vorsatzanfechtung, § 133 InsO, der unentgeltlichen Leistung, § 134 InsO, und der Gesellschafterdarlehen, § 135 InsO, finden ein Pendant in den Regelungen der Gläubigeranfechtung außerhalb der Insolvenz nach §§ 3–5 AnfG und sehen lange Anfechtungsfristen vor, was bedeutet, dass auch Rechtshandlungen der Anfechtung unterliegen, die – je nach Tatbestand – zehn, vier oder ein Jahr vor

Verfahrenseröffnung vorgenommen worden sind. Die besondere Insolvenzanfechtung der Deckungsanfechtung, §§ 130 f InsO, und der unmittelbar nachteiligen Rechtshandlungen, § 132 InsO, ist indessen ausschließlich in der Insolvenzordnung geregelt. Die Anfechtungsfrist dieser Tatbestände ist so kurz bemessen, dass der Anfechtung nur solche Rechtshandlungen unterliegen können, die bis zu drei Monate vor Stellung des Insolvenzantrags vorgenommen worden sind.

a) Deckungsanfechtung

48 Die Tatbestände der kongruenten und inkongruenten Deckung in §§ 130 f InsO bestimmen, inwieweit eine Deckung, dh die Erfüllung oder Besicherung von Insolvenzforderungen, im Zeitraum von drei Monaten vor Insolvenzantrag bis zur Insolvenzeröffnung anfechtbar ist. Diese Regelung ist Ausdruck der das Insolvenzverfahren beherrschenden *Gläubigergleichbehandlung*. Die Geltung dieses Grundsatzes wird durch die Deckungsanfechtung vorgezogen.

Die beiden Tatbestände unterscheiden sich in ihren Voraussetzungen erheblich. § 130 InsO knüpft die Anfechtbarkeit an subjektive Voraussetzungen in der Person des die Deckung erhaltenden Anfechtungsgegners. Zahlungsunfähigkeit iSd § 17 Abs 2 InsO oder ein Eröffnungsantrag müssen nicht nur objektiv vorliegen, sondern der Anfechtungsgegner muss von diesen Umständen auch Kenntnis haben. § 131 InsO verzichtet indessen auf subjektive Voraussetzungen. Das beruht auf der Erwägung, dass eine inkongruente Leistung, also eine, die so nicht beansprucht werden kann, in der Regel höheres Misstrauen verdient und daher weniger Schutz genießen soll als eine kongruente Deckung (vgl BGHZ 174, 297 = NJW 2008, 430 Rn 31). So sind insbesondere alle inkongruenten Deckungen anfechtbar, die im letzten Monat vor dem Eröffnungsantrag oder danach erfolgt sind, § 131 Abs 1 Nr 1 InsO. Im zweiten und dritten Monat vor Insolvenzeröffnung erfolgte Deckungen sind anfechtbar, wenn der Schuldner zu diesem Zeitpunkt bereits zahlungsunfähig iSd § 17 Abs 2 InsO war, § 131 Abs 1 Nr 2 InsO.

aa) Merkmal der Inkongruenz

49 Die Abgrenzung der beiden Tatbestände in § 130 InsO und § 131 InsO erfolgt durch das Merkmal der Inkongruenz. Es kommt darauf an, ob der Gläubiger Erfüllung oder Sicherung gerade so zu beanspruchen hatte, wie er sie erhalten hat. Das ist etwa zu verneinen, wenn der Schuldner etwas an Erfüllungs statt oder erfüllungshalber hingegeben hat (BGH ZIP 2005, 2025). Auch ist die Bestellung einer Sicherheit nicht weniger als die Erfüllung, sondern etwas anderes mit der Folge, dass der Erfüllungsanspruch als solcher nicht genügt, um auch einen Anspruch auf Besicherung und damit deren Kongruenz zu begründen (BGH NJW 2000, 957, 958). Der BGH hält ferner Deckungen, die im Wege der Zwangsvollstreckung oder auf Grund von Zwangsvollstreckungsdruck erlangt worden sind, für inkongruent (grundlegend BGH NJW 1997, 3445; differenzierend indessen JACOBY KTS 2005, 371 ff). Die Kongruenz vermögen schließlich solche Ansprüche nicht zu begründen, die nicht hinreichend auf das konkrete Sicherungsobjekt individualisiert sind, sodass ihre Durchsetzung nicht klageweise erreicht werden könnte (BGH ZIP 2005, 1651, 1652). Eine nicht „in der Art" zu beanspruchende Sicherheit wird daher beispielsweise angenommen, wenn die Bank des Schuldners ein AGB-Pfandrecht erwirbt (BGH NJW 2008, 430 Rn 17; BGHZ 150, 122, 126 = NJW 2002, 1722 f). Eine Ausnahme macht die Rechtsprechung allerdings für die Globalzession, die sie für kongruent hält (BGHZ 174, 297 = NJW 2008, 430; kritisch dazu

Jacoby ZIP 2008, 385). Bei der Abwicklung von Werkverträgen ist insbesondere zu bedenken:

50 (1) „Nicht zu der Zeit" hat ein Gläubiger Befriedigung zu beanspruchen, wenn eine Forderung zum Zeitpunkt ihrer Befriedigung noch nicht fällig, betagt oder aufschiebend bedingt ist. Problematisch ist, inwieweit Zahlungen, die kurz vor Fälligkeit erfolgen, schon als inkongruent einzustufen sind. Nach Ansicht des BGH begründet eine Zahlung durch Banküberweisung Inkongruenz, wenn die Zahlung früher als fünf Tage vor Fälligkeit beim Gläubiger eingeht (BGH ZIP 2005, 1243; dazu kritisch Muthorst KTS 2006, 65). Daraus folgt aber keine Inkongruenz, wenn der Besteller bei einem VOB/B-Vertrag den Werklohn vor Ablauf der in § 16 Abs 3 VOB/B geregelten Monatsfrist begleicht. Denn der Zahlungsanspruch des Unternehmers wird schon vor Ablauf dieser Höchstfrist fällig, wenn der Besteller die Schlussrechnung geprüft und sein Ergebnis dem Unternehmer mitgeteilt hat (s § 641 Rn 86). Diese Voraussetzungen erfüllt eine vorzeitige Zahlung des Bestellers (vgl Brauns BauR 2003, 301, 307).

51 (2) Zu beanspruchen hat ein Gläubiger auch immer nur Zahlungen seines Schuldners. Daher werden Direktzahlungen in der Leistungskette vom Auftraggeber unmittelbar an den Subunternehmer, insbesondere auch wenn sie auf Grundlage von § 16 Abs 6 VOB/B erfolgen, als inkongruent angesehen (BGHZ 174, 314 = NJW 2008, 1067 Rn 33; BGH NJW 2006, 1348 Rn 9; BGH ZIP 2003, 356, 358 = NJW-RR 2003, 842). In der Insolvenz des Hauptunternehmers kommt dann also eine Insolvenzanfechtung gegenüber dem Subunternehmer nach § 131 InsO in Betracht. Zum Verhältnis zum Auftraggeber s Rn 58 ff.

52 (3) Die kraft Gesetzes oder nach Maßgabe des Gesetzes nach §§ 647, 650 f BGB für den Unternehmer entstehenden und bestellten Sicherheiten sind ganz überwiegend als kongruente Sicherheiten einzuordnen (s Jacoby ZIP 2008, 385, 387 f).

(a) Das gilt zunächst für das *gesetzliche Unternehmerpfandrecht nach § 647 BGB*. Bei kraft Gesetzes entstehenden Pfandrechten passt die Frage nach dem Anspruch auf die entstehenden Rechte nicht. Vielmehr folgt die Kongruenz aus der gesetzlichen Wertung, dass diese Rechte entstehen sollen. So sind alle gesetzlichen Pfandrechte als kongruent einzuordnen (vgl BGHZ 150, 326, 330 = NJW-RR 2002, 1417, BGH ZIP 2005, 992 zum Frachtführerpfandrecht nach § 441 HGB).

(b) Wird dem Unternehmer vom Besteller in Erfüllung der aus § 650e BGB folgenden Verpflichtung eine Sicherheit bestellt, so handelt es sich um eine kongruente Deckung (s § 650e Rn 41).

(c) Zur Bauhandwerkersicherung nach § 650f BGB s § 650f Rn 23.

(4) Zur Aufrechnungsmöglichkeit s Rn 65.

bb) Bargeschäftsausnahme

53 § 142 Abs 1 InsO schließt die Anfechtung einer Leistung des Schuldners aus, wenn für diese Leistung unmittelbar eine Gegenleistung in das schuldnerische Vermögen gelangt ist. Zwar gilt diese Ausnahme nach gefestigter Rechtsprechung über den Wortlaut der Bestimmung hinaus, die nur die Vorsatzanfechtung (dazu Rn 57) zulässt, nicht für inkongruente Deckungen (BGHZ 167, 190 = NJW 2006, 2701 Rn 28). Jedenfalls aber kongruente Deckungen sind von einer Anfechtung ausgenommen. Dieser dem Vertragspartner eingeräumte safe harbour soll dem Schuldner ermöglichen, auch in der Krise noch am Geschäftsverkehr teilzunehmen. Ermöglicht wird so auch die anfechtungsfreie Abwicklung von Werkverträgen, bei denen der Leistungsaustausch gleichwertiger Leistungen in einem unmittelbaren zeitlichen Zusammenhang erfolgt.

(1) Mit dem *Merkmal der Gleichwertigkeit* wird ausgeschlossen, dass bereits der Leistungsaustausch zu einer unmittelbaren Gläubigerbenachteiligung führt. Werkleistung und Geldleistung müssen sich also von ihrem wirtschaftlichen Wert im Zeitpunkt der ersten Leistungshandlung so ausgleichen, dass der Austausch zu keiner Einbuße der Masse führt.

(2) Das zeitliche *Kriterium der Unmittelbarkeit* des Leistungsaustausches will das Bargeschäft von jeder Art der Kreditgewährung auch durch bloß kurzzeitige Stundung oder Nichtzahlung aus Liquiditätsschwäche abgrenzen. Es ist allerdings kein Leistungsaustausch Zug um Zug entsprechend § 320 BGB erforderlich. Die Zeitspanne, die zwischen Leistung und Gegenleistung liegen darf, lässt sich auch nicht einheitlich bestimmen. Sie hängt von dem ab, was für den jeweiligen Vertrag als geschäftsüblich noch anzusehen ist (BGHZ 167, 190 = NJW 2006, 2701 Rn 32). **54**

Vollzieht sich allerdings üblicherweise ein Leistungsaustausch mit gehöriger zeitlicher Verzögerung, liegt darin regelmäßig kein unmittelbarer Leistungsaustausch, sondern die Vorleistung eines Vertragsteils. So nennt der BGH als Beispiel für die ein Bargeschäft ausschließende Vorleistung eines Vertragsteils ausdrücklich den Bauhandwerker, der sich darauf einlässt, dass der Werklohn insgesamt erst nach Abschluss der Bauarbeiten entrichtet wird (BGHZ 167, 190 = NJW 2006, 2701 Rn 33). Das Bargeschäft setzt also beim Bauvertrag die Gewährung von Abschlagszahlungen oder die Stellung von Sicherheiten voraus. Sich mit der Bezahlung seines Werkes entsprechend der in § 16 Abs 3 VOB/B geregelten Frist einem Monat zu gedulden, erscheint zwar als verkehrsüblich, aber nicht mehr als unmittelbarer Leistungsaustausch. Werden *Abschlagszahlungen* entsprechend § 16 Abs 1 Nr 3 VOB/B binnen 21 Tagen nach Zugang der prüfbaren Aufstellung über die erbrachten Leistungen vorgenommen, so schließt jedenfalls die Länge dieser Frist ein Bargeschäft noch nicht aus. Über den Bargeschäftscharakter muss dann im Einzelfall vor allem danach entschieden werden, ob der Umfang der abgerechneten Leistungen klein genug bemessen war, dass noch von einem unmittelbaren Leistungsaustausch die Rede sein kann.

b) Vorsatzanfechtung

Nach § 133 Abs 1 InsO unterliegen Rechtshandlungen des Schuldners, die bis zu zehn Jahre vor Eröffnungsantrag mit dem Vorsatz, die Gläubiger zu benachteiligen, vorgenommen worden sind, der Anfechtung, wenn der Anfechtungsgegner Kenntnis von dem Benachteiligungsvorsatz hatte. Diese Regelung ist zweifellos angemessen, soweit der Schuldner um die Gläubigerbenachteiligung weiß oder sie sogar will. Für § 133 Abs 1 InsO reicht aber auch bedingter Vorsatz. Es genügt also, dass der Schuldner sich die Gläubigerbenachteiligung als möglich vorgestellt und sie in Kauf genommen hat, ohne sich durch die Vorstellung dieser Möglichkeit von seinem **55**

Handeln abhalten zu lassen (BGH ZIP 2007, 1511 Rn 8). Mithin ist der Tatbestand seinem Wortlaut nach sehr weit gefasst und entsprechend weit wurde die Norm auch vom BGH ausgelegt. Das hat zu einer breiten rechtspolitischen Diskussion geführt, die inzwischen in das G zur Verbesserung der Rechtssicherheit bei Anfechtungen nach der Insolvenzordnung und nach dem Anfechtungsgesetz v 29. 3. 2017 (BGBl I 654) gemündet ist. Durch dieses Änderungsgesetz wurden in § 133 InsO die Abs 2 u 3 neu eingefügt, um die Anfechtung von Deckungen über die Vorsatzanfechtung zu erschweren. Überdies wurde die Bargeschäftsausnahme des § 142 Abs 1 InsO dahin ergänzt, dass eine Vorsatzanfechtung nur in Betracht komme, wenn der Anfechtungsgegner erkannt hat, dass der Schuldner unlauter handelte. Dazu lassen sich insbesondere drei Fallgruppen unterscheiden.

56 **aa)** Die Anfechtung von Deckungen kommt nach § 133 Abs 1 InsO in Betracht, ohne dass §§ 130 f InsO eine Sperrwirkung entfalten. Allerdings ist mit dem Erfordernis von Schuldnerhandeln ernst zu machen, sodass insbesondere im Wege einer Vollstreckung erlangte Deckungen der Anfechtung nach § 133 Abs 1 InsO entzogen sind (BGHZ 162, 143; BGH ZIP 2017, 1281; vgl zur Abgrenzung von Schuldnerhandlungen unter Vollstreckungsdruck BGH NJW 2013, 53). Die subjektiven Voraussetzungen des schuldnerischen Gläubigerbenachteiligungsvorsatzes und der darauf bezogenen Gläubigerkenntnis sind aus Beweisanzeichen herzuleiten. Der BGH hat insoweit an § 133 Abs 1 S 2 InsO angeknüpft, sodass die Kenntnis von der drohenden Zahlungsunfähigkeit auf Schuldner und Gläubigerseite grds schadete (BGH ZIP 2016, 374; ZIP 2016, 2423). Im Falle kongruenter Deckungen muss nach § 133 Abs 3 S 1 InsO die Kenntnis sich nunmehr aber auf die eingetretene Zahlungsunfähigkeit beziehen. Zusätzlich privilegiert § 133 Abs 3 S 2 InsO denjenigen Geschäftspartner, der dem Schuldner eine Zahlungserleichterung gewährt hat, weil diese ein Indiz dafür sein soll, dass der Schuldner nicht zahlungsunfähig ist bzw diese überwunden hat. Schließlich begrenzt § 133 Abs 2 InsO die Anfechtbarkeit auf Deckungen aus den letzten vier Jahren vor Insolvenzantrag.

57 **bb)** Auch im Bereich der Bargeschäftsausnahme des § 142 Abs 1 InsO hat der Gesetzgeber die Anfechtbarkeit eingeschränkt. Denn es müssen nicht nur die Voraussetzungen der § 133 Abs 1–3 InsO vorliegen, sondern der Gläubiger muss auch erkannt haben, dass der Schuldner unlauter handelt. Nach der Gesetzesbegründung (BT-Drucks 18/7054, 19) lasse sich unlauteres Verhalten insbesondere dann annehmen, wenn der Schuldner gezielt Gläubiger benachteilige, Vermögen für Leistungen verschleudere oder unverzichtbares Betriebsvermögen abstoße. Indessen scheide es aus, wenn die Geschäfte ganz allgemein der Unternehmensfortführung dienten, möge diese auch verlustträchtig sein (vgl dazu zum alten Recht BGH NJW 2015, 1756 Rn 25).

58 **cc)** Für den Werkvertrag von größter Bedeutung sind die im Anschluss an BGHZ 174, 314 = NJW 2008, 1067 diskutierten Anweisungsfälle in der werkvertraglichen Leistungskette von Auftraggeber, Haupt- und Subunternehmer. Weist der Hauptunternehmer den Auftraggeber an, unmittelbar an den Subunternehmer den ihm gebührenden Lohn zu zahlen, soll in der Insolvenz des Hauptunternehmers auch die gem §§ 362 Abs 2, 185 BGB eintretende Erfüllungswirkung der Leistung des Auftraggebers an den Dritten nach § 133 Abs 1 InsO anfechtbar sein (ebenso Huber, in: FS Fischer [2008] 255, 259 ff; vgl noch allgemein zur Anfechtung gegenüber dem Leistungsmittler

BGHZ 193, 129; BGH ZIP 2013, 371). Jedoch sind auch hier Einschränkungen angezeigt (vgl auch BGH NZBau 2005, 338 zur Abtretung des Werklohnanspruchs vom Hauptunternehmer an den Subunternehmer):

(1) Ist § 16 Abs 6 VOB/B wirksam in den Vertrag einbezogen (s § 641 Rn 107), ergibt sich die Berechtigung des Auftragnehmers, mit befreiender Wirkung an den Subunternehmer zahlen zu können, schon aus dieser Klausel. Für eine Anfechtung nach § 133 Abs 1 InsO liegt dann jedenfalls in einer späteren Anweisung des Hauptunternehmers kein gläubigerbenachteiligendes Schuldnerhandeln. Die Einbeziehung der VOB/B wird man als verkehrsüblich aber auch nicht nach § 133 Abs 1 InsO anfechten können.

(2) Unabhängig von § 16 Abs 6 VOB/B sind aber die Wertungen des Forderungssicherungsgesetzes vom 23. 10. 2008 (BGBl I 2022) zu berücksichtigen. Das Gesetz hat nicht nur durch seine Änderungen in § 641 Abs 2 BGB die Stellung des Subunternehmers stärken wollen. Es ist vielmehr das Gebot des Gesetzes über die Sicherung von Bauforderungen (BauFordSiG, dazu § 650e Rn 48 ff), dass der Hauptunternehmer Gelder des Auftraggebers nicht mit in die Insolvenz nimmt, sondern an den Subunternehmer auskehrt, anderenfalls er sich nach § 2 BauFordSiG in Verbindung mit § 1 Abs 3 Nr 2 BauFordSiG strafbar macht. Einem insoweit vom Hauptunternehmer gefordertes Verhalten darf der angewiesene Auftraggeber Vertrauen schenken, sodass eine Anfechtung nach § 133 Abs 1 InsO entfallen muss. **59**

(3) Eine Anfechtung kommt daher nur in Ausnahmefällen in Betracht, wenn etwa wie im Fall von BGHZ 174, 314 = NJW 2008, 1067 (es handelte sich um einen Bewachungsvertrag) Hauptunternehmer und Auftraggeber mit der Direktzahlung wissend eine Kontosperre beim Hauptunternehmer umgehen. Im Falle eines solchen kollusiven Zusammenwirkens der Beteiligten, bei dem direkter und nicht bloß bedingter Vorsatz in Bezug auf die Gläubigerbenachteiligung gegeben ist, besteht kein Grund, den Tatbestand des § 133 Abs 1 InsO einzuschränken.

2. Wirkungen der Insolvenzanfechtung

Der Inhalt des Anfechtungsanspruchs geht primär auf Rückgewähr in Natur, § 143 Abs 1 S 1 InsO, dh eine in anfechtbarer Weise bestellte Sicherheit muss auf- oder an den Insolvenzverwalter zurückgegeben werden. Ist die Rückgewähr in Natur nicht möglich, so ist Wertersatz in Geld nach den Regeln der verschärften Bereicherungshaftung zu leisten, § 143 Abs 1 S 2 InsO, §§ 819, 818 Abs 4, 292 Abs 1, 989, 990 BGB. Das schließt die Pflicht ein, Zahlungsansprüche ab Insolvenzeröffnung in Höhe des Verzugszinssatzes von 5 % über dem Basiszinssatz des § 247 BGB nach §§ 288 Abs 1 S 2, 291 S 2 BGB zu verzinsen (BGHZ 171, 38 = ZIP 2007, 488 Rn 14). Gleichzeitig lebt eine getilgte Insolvenzforderung nach § 144 Abs 1 InsO samt ihren akzessorischen Sicherheiten wieder auf. Auch die Wiedereinräumung möglicherweise aufgegebener abstrakter Sicherheiten kann verlangt werden, § 812 BGB (Bork, in: FS Kreft [2004] 229, 248). **60**

In Einzelfällen kann die Insolvenzanfechtung allerdings auch über einen schuldrechtlichen Anspruch hinausgehende Wirkungen äußern. So braucht bei einer Anfechtung der Erfüllungswirkung einer Drittleistung (s Rn 58 f) der Insolvenzverwalter nicht zunächst Wiedereinräumung der Forderung zu verlangen. Er kann sogleich aus der bloß anfechtbar erfüllten Forderung vorgehen.

VII. Aufrechnung und Verrechnung bei Abwicklung eines Werkvertrages

61 §§ 94–96 InsO regeln die Aufrechnung durch *Insolvenzgläubiger*. Sie behandeln die Sachlage, dass eine Person nicht nur Insolvenzgläubiger, sondern gleichzeitig auch Schuldner einer zur Masse gehörenden Forderung ist. Dann bestehen zwei Möglichkeiten: Entweder verwirklicht sich auch für diesen Insolvenzgläubiger das Insolvenzrisiko. So liegt es, wenn der Insolvenzgläubiger die gegen ihn gerichtete Forderung voll erfüllt und auf die eigene Forderung nur die Quote erhält. Oder der Insolvenzgläubiger realisiert den Nennwert seiner Forderung, indem er mit seiner Forderung als Gegenforderung gegen die gegen ihn gerichtete Hauptforderung aufrechnet, sodass beide Forderungen nach § 389 BGB erlöschen.

Zu der Frage, unter welchen Voraussetzungen eine nach bürgerlichem Recht gem §§ 387 ff BGB bestehende Aufrechnungslage auch nach Insolvenzeröffnung zur Aufrechnung berechtigt, lassen sich §§ 94 ff InsO *drei Aussagen* entnehmen: Erstens ist nach § 94 InsO die Aufrechnung zulässig, wenn die Aufrechnungslage bereits im Zeitpunkt der Insolvenzeröffnung bestand. Zweitens bestimmen §§ 95 Abs 1, 96 Abs 1 Nr 1, 2 u 4 InsO die Anforderungen für die Zulässigkeit der Aufrechnung, wenn die Aufrechnungslage nach bürgerlichem Recht erst nach Insolvenzeröffnung eintritt. Drittens knüpft § 96 Abs 1 Nr 3 InsO an die in Rn 45 ff behandelte Insolvenzanfechtung an: Die Aufrechnung ist ungeachtet der ersten beiden Aussagen dann unzulässig, wenn die Aufrechnungslage in anfechtbarer Weise herbeigeführt worden ist.

1. Erhaltung einer Aufrechnungslage

62 Die klarste Aussage trifft § 94 InsO dahin, dass eine vor Insolvenzeröffnung bestehende Aufrechnungslage erhalten und damit die Aufrechnung auch nach Insolvenzeröffnung möglich bleibt.

Diese Regelung gibt insbesondere dem Fiskus in vielen Fällen erhebliche Aufrechnungsmöglichkeiten. So kann er als Besteller gegen Werklohnansprüche mit vor Insolvenzeröffnung fällig gewordenen Steueransprüchen aufrechnen (BGH ZIP 2007, 1612 = NJW-RR 2008, 206 zur Aufrechnung mit einem Vorsteuerrückforderungsanspruch).

2. Aufrechnungsverbote bei Aufrechnungslage nach Insolvenzeröffnung

63 Auch wenn die Aufrechnungslage nach Insolvenzeröffnung eintritt, weil Haupt- oder Gegenforderung erst dann durchsetzbar oder unbedingt werden, besteht im Grundsatz eine Möglichkeit des Insolvenzgläubigers zur Aufrechnung, § 95 Abs 1 S 1 InsO. Das Gesetz enthält aber eine Reihe von Aufrechnungsverboten:

a) § 95 Abs 1 S 3 InsO verbietet die Aufrechnung, wenn die zur Masse gehörende Hauptforderung durchsetzbar geworden ist, bevor die Gegenforderung des Insolvenzgläubigers durchsetzbar geworden ist und damit zur Aufrechnung gestellt werden konnte. Diese Regelung gilt aber nur, wenn die Aufrechnungslage erst nach

Insolvenzeröffnung eintritt. Eine entsprechende Anwendung auf den Zeitpunkt der Anordnung von Sicherungsmaßnahmen scheidet aus (BGHZ 159, 388, 392 = NJW 2004, 3118).

Bei der Anwendung dieser Vorschrift auf einen VOB/B-Vertrag verbietet es sich, die Fälligkeit des Werklohns allein aus der Höchstfrist von einem Monat des § 16 Abs 3 Nr 2 VOB/B zu gewinnen (BGH BauR 2006, 993). Denn die Fälligkeit tritt schon mit vorheriger Prüfung und Feststellung der Rechnung ein (s § 641 Rn 86).

Der Ausschlussgrund des § 95 Abs 1 S 3 InsO ist nicht anwendbar, wenn die Aufrechnung von Schadensersatzanspruch und Werklohn aus einem einheitlichen Vertrag in Rede stehen (s Rn 14).

b) § 96 Abs 1 Nr 1 InsO verbietet die Aufrechnung gegen originäre Masseforderungen, also solche Hauptforderungen, die überhaupt erst nach Insolvenzeröffnung entstehen. Unzulässig ist es daher insbesondere mit einer Insolvenzforderung gegen zur Masse gehörende Ansprüche aufzurechnen, die auf einer Erfüllungswahl des Insolvenzverwalters beruhen (dazu Rn 11, 14; s ferner noch Rn 24). **64**

c) Eine Aufrechnungslage kann auch nicht in der Person eines Dritten, der der Masse etwas schuldig ist, dadurch hergestellt werden, dass ein Insolvenzgläubiger seine Forderung an diesen Dritten abtritt, § 96 Abs 1 Nr 2 InsO. Schließlich stellt § 96 Abs 1 Nr 4 InsO klar, dass auch die Aufrechnung mit einer Forderung, für die der Insolvenzschuldner nur mit seinem insolvenzfreien Neuvermögen haftet, gegen eine zur Masse gehörende Forderung unzulässig ist.

d) Die Ausschlusswirkung der vorbehaltlosen Annahme einer Schlusszahlung nach § 16 Nr 3 Abs 2 VOB/B kann grundsätzlich auch auf einer der Zahlung gleichstehenden Aufrechnung beruhen. BGH NZBau 2007, 644 = BauR 2007, 1726 spricht diese Ausschlusswirkung aber einer Aufrechnung ab, die gegen ein insolvenzrechtliches Aufrechnungsverbot nach § 96 Abs 1 InsO verstößt.

3. Die Unzulässigkeit einer anfechtbar ermöglichten Aufrechnung

§ 96 Abs 1 Nr 3 InsO schließt die Aufrechnung aus, wenn die Aufrechnungslage in anfechtbarer Weise erlangt wurde. Dabei gehen die Wirkungen der Bestimmung über ihren Wortlaut hinaus, wenn nicht nur eine nach Insolvenzeröffnung zu erklärende Aufrechnung unzulässig wird, sondern auch eine vor Insolvenzeröffnung erklärte Aufrechnung mit Insolvenzeröffnung ex nunc unwirksam wird und so die zur Aufrechnung gestellten Forderungen wieder aufleben (BGHZ 169, 158 = NJW 2007, 78). **65**

Um die Rechtsfolge des § 96 Abs 1 Nr 3 InsO herbeizuführen, müssen alle Voraussetzungen der §§ 129 ff InsO erfüllt sein. Die Aufrechnung ist für die Masse grundsätzlich nachteilig, weil ohne Aufrechnung die Hauptforderung voll zur Masse gezogen werden könnte, auf die Insolvenzforderung aber nur die Quote zu zahlen wäre (BGHZ 145, 245 = NJW 2001, 367). Unbeachtlich ist, ob die die Aufrechnung ermöglichende Rechtshandlung der Masse auch Vorteile erbracht hat. § 96 Abs 1 Nr 3 InsO beschränkt die Fragestellung allein auf die Wirkung, die Aufrechnungsmöglichkeit zu schaffen (BGH ZIP 2005, 1521 = NJW-RR 2005, 1641). Als Anfechtungsgrund ist regelmäßig § 131 InsO einschlägig, weil kein Anspruch auf Herbeiführung der Aufrechnungslage bestand (HmbKommInsO/Jacoby § 96 Rn 20). Daher steht § 96 Abs 1 Nr 3 InsO in der Insolvenz des Unternehmers einer Aufrechnung des Bestellers mit Altforderungen gegen Werklohn, der während des Eröffnungsverfahrens verdient wurde, entgegen (BGHZ 169, 158 = NJW 2007, 78; BGHZ 147, 28 = NJW 2001, 3704).

4. Verrechnung in der Insolvenz eines ARGE-Mitgliedes

66 In der Insolvenz eines ARGE-Mitglieds gelten nach BGHZ 170, 206 = NJW 2007, 1067 gravierende Abweichungen von den vorstehenden Grundsätzen. Die Verrechnung der unter den ARGE-Mitgliedern bestehenden Ansprüche erfolgt nicht nach den Grundsätzen der Insolvenzaufrechnung. Vielmehr verlangt die gesellschaftsrechtliche Verbundenheit der Mitglieder eine Verrechnung unselbständiger Rechnungsposten im Wege der Kontenangleichung. Diese Verrechnung legitimiert aus der Sicht des Insolvenzrechts § 84 InsO.

Ist das Konto des insolventen ARGE-Mitglieds negativ, muss also ein vorläufiger Insolvenzverwalter im Eröffnungsverfahren gut überlegen, ob er die Arbeiten ohne Weiteres fortsetzt. Denn Bezahlung mag er angesichts der drohenden Verrechnung von der ARGE nicht erwarten können. Zu denken ist daher an den Versuch einer einvernehmlichen Regelung unter den Mitgliedern, ggf verbunden mit einem vorzeitigen Austritt aus der ARGE (dazu § 631 Rn 24).

§ 632
Vergütung

(1) Eine Vergütung gilt als stillschweigend vereinbart, wenn die Herstellung des Werkes den Umständen nach nur gegen eine Vergütung zu erwarten ist.

(2) Ist die Höhe der Vergütung nicht bestimmt, so ist bei dem Bestehen einer Taxe die taxmäßige Vergütung, in Ermangelung einer Taxe die übliche Vergütung als vereinbart anzusehen.

(3) Ein Kostenanschlag ist im Zweifel nicht zu vergüten.

Materialien: Abs 1, 2: E I § 567 Abs 2; II § 570; III § 622; Mot II 470 ff; Prot II 2206; JAKOBS/ SCHUBERT, Recht der Schuldverhältnisse II 832 ff Abs 3: G zur Modernisierung des Schuldrechts v 26. 11. 2001 (BGBl I 3138); BT-Drucks 14/6040, 25.

Schrifttum

ACKER/GARCIA-SCHOLZ, Möglichkeiten und Grenzen der Verwendung von Leistungsbestimmungsklauseln nach § 315 BGB in Pauschalpreisverträgen, BauR 2002, 550
ALTHAUS, Notwendige Nachtragsleistungen beim Vertrag nach VOB/B, BauR 2008, 167
ders, Analyse der Preisfortschreibung in Theorie und Praxis, BauR 2012, 359
AVERHAUS, Die neue HOAI 2009, NZBau 2009, 473
BAUER, Der langsame Gutachter – treuwidrige Abrechnung „verbummelter" Stunden, JZ 2010, 181
BAUMGÄRTEL, Beweislast bei einer behaupteten Festpreisabrede im Bauvertrag, MDR 1992, 1028
BEHRE, Fortfall einer Position beim Einheitspreisvertrag, BauR 1976, 36
BERG, Beitrag zur Gestaltung der Vergütung von Bauleistungen im Einheitspreisvertrag (1972)
vCRAUSHAAR, Abgrenzungsprobleme im Vergütungsrecht der VOB/B bei Vereinbarung von Einheitspreisen, BauR 1984, 311
DÖSER/KRÄMER, Preisgleitklauseln in Bauverträgen (3. Aufl 1974)
EINBECK, Die Vergütung von Vorarbeiten im Werkvertragsrecht, BB 1967, 147
FRANZ, Nachtragskalkulation in Zukunft – Das Ende der Preisfortschreibung!?, BauR 2012, 380

GRIMME, Die Vergütung beim Werkvertrag (1987)
HAHN, Projektierung technischer Anlagen: Kostenlos?, BauR 1989, 670
HARTMANN, Zur Vergütung von Wettbewerbsleistungen im Rahmen der HOAI, BauR 1996, 623
HEIERMANN, Der Pauschalvertrag im Bauwesen, BB 1975, 991
ders, Der Kalkulationsirrtum des Bieters beim Bauvertrag, BB 1984, 1836
ders, Zur Äquivalenz von Leistung und Gegenleistung, dargestellt an der Vergütungsregelung des § 2 Nr 3 VOB/B, in: FS Korbion (1986) 137
ders, Zur Wirksamkeit des Ausschlusses der Preisanpassungsmöglichkeit nach der VOB durch AGB, NJW 1986, 2682
HERCHEN, Die Änderung der anerkannten Regeln der Technik nach Vertragsschluß und ihre Folgen, NZBau 2007, 139
HONIG, Probleme um die Vergütung beim Werkvertrag, BB 1975, 447
HOLTHAUSEN, Die Vergütung der Vermessungsingenieure, NZBau 2004, 479
HUNDERTMARK, Die zusätzliche Leistung und ihre Vergütung beim VOB-Vertrag, DB 1987, 32
JAGENBURG, Der Vergütungsanspruch des Bauunternehmers bei Massen- und Preisabände-

rungen – zugleich ein Beitrag zur Problematik des § 2 VOB/B, BauR 1970, 18
Jansen, Nullpositionen beim Einheitspreisvertrag, NZBau 2012, 345
Jebe, Preisermittlung für Bauleistungen (1974)
Jebe/Schubert, Untersuchungen über die Vergabe von Bauleistungen zu Pauschalpreisen (1972)
Kaiser, Der Vergütungsanspruch des Bauunternehmers nach Gesetz und VOB/B – mit rechtsvergleichenden Hinweisen auf die Schweiz, ZfBR 1987, 171
Kandel, Grundzüge zur Neuberechnung der Vergütung: § 2 V VOB/B und die Bezugsposition, NZBau 2013, 356
Kapellmann, Der Anspruch auf Bauzeitverlängerung und auf Mehrvergütung bei verschobenem Zuschlag, NZBau 2007, 401
ders, Sittenwidrige Höhe einer einzelnen Nachtragsposition?, NJW 2009, 1380
Keldungs, Basis für die Nachtragsvergütung: Vertragspreis oder Marktpreis?, Jb BauR 2012, 77
Kemper/Schaarschmidt, Die Vergütung nicht bestellter Leistungen nach § 2 Nr 8 VOB/B, BauR 2000, 1651
Korbion, Vergütungsanspruch des Auftragnehmers beim Bauvertrag (1983)
ders, Stundenlohnarbeiten beim BGB-Bauvertrag, in: FS Korbion (1993) 131
Kues/Lüders, Die Behandlung von Allgemeinen Geschäftskosten bei gestörten Bauabläufen, BauR 2012, 1847
Lange, Baugrundhaftung und Baugrundrisiko (Diss Freiburg 1996)
Lehning, Vergütungsanspruch für zusätzliche Leistungen trotz Verletzung der Ankündigungspflicht nach dem VOB-Vertrag, NJW 1977, 122
Leinemann/Jacob/Franz, Die Bezahlung der Bauleistung (5. Aufl 2013)
Leupertz, Der Anspruch des Unternehmers auf Bezahlung unbestellter Bauleistungen beim BGB-Bauvertrag, BauR 2005, 775
Locher, Zur AGB-gesetzlichen Kontrolle zusätzlicher Leistungen, in: FS Korbion (1986) 283
Losert, Die Bedeutung der Unterschrift unter einem Stundenlohnzettel, ZfBR 1993, 1
Mandelkow, Qualifizierte Leistungsbeschreibung als wesentliches Element des Bauvertrages, BauR 1996, 31
Mankowski, Nachbesserung und Verbesserung beim Kauf, NJW 2011, 1025
Messerschmidt, Neue HOAI – Neue Probleme, NZBau 2009, 568
vMettenheim, Beweislast für Vereinbarung eines geringeren Werklohns, NJW 1984, 776
Motzke, Nachforderungsmöglichkeiten bei Einheitspreis- und Pauschalverträgen, BauR 1992, 146
ders, Planungsänderungen und ihre Auswirkungen auf die Honorierung, BauR 1994, 570
Niemöller, Der Mehrvergütungsanspruch für Bauzeitverlängerung durch Leistungsänderung und/oder Zusatzleistung, BauR 2006, 170
Oberhauser, Ansprüche des Auftragnehmers auf Bezahlung nicht bestellter Leistungen beim Bauvertrag auf der Basis der VOB/B, BauR 2005, 919
Oertmann, Entschädigung für Projektarbeiten DJZ 1908, 455
Opitz, Selbstkostenermittlung bei Bauarbeiten (5. Aufl 1983)
Orthmann, Anwendungsbereich von § 2 Nr 8 Abs 1 VOB/B bei notwendigen Zusatzleistungen?, BauR 2009, 1059
Pause/Schmieder, Baupreis und Baupreiskalkulation (1986)
Peters, Das Gebot wirtschaftlichen Arbeitens beim Stundenlohnvertrag und beim Einheitspreisvertrag, NZBau 2009, 673
Piel, Zur Abgrenzung zwischen Leistungsänderung (§ 1 Nr 3, 2 Nr 5 VOB/B) und Behinderung (§ 6 VOB/B), in: FS Korbion (1986) 349
Prange, Vergütungsänderungen bei Änderungen der Preisermittlungsgrundlagen nach der VOB, Betr 1981, 2477
D Putzier, Der unvermutete Mehraufwand für die Herstellung des Bauwerks (1997)
ders, Notwendige Nachtragsleistungen, BauR 2008, 160
E Putzier, Der Pauschalpreisvertrag (2000)
ders, Pro und Contra Pauschalpreisvertrag, in: FS Thode (2005) 109
ders, Anpassung des Pauschalpreises bei Leistungsänderungen, BauR 2002, 546
Roquette, Vollständigkeitsklauseln: Abwälzung des Risikos unvollständiger oder unrichti-

Untertitel 1 · Werkvertrag
Kapitel 1 · Allgemeine Vorschriften   § 632

ger Leistungsbeschreibungen auf den Auftragnehmer, NZBau 2001, 57
Scheike, Der Grundsatz der Unabänderlichkeit der Pauschalvergütung beim VOB-Vertrag und seine Durchbrechungen (Diss Frankfurt aM 1994)
H W Schmidt, Die Vergütung für Bauleistungen (1969)
G Schmidt, Abrechnung von Sachverständigenleistungen der Architekten und Ingenieure, BauR 1999, 462
Stahl, Wegfall der Geschäftsgrundlage im Architekten- und Bauvertrag bei vereinbartem Pauschalhonorar und Festpreis, BauR 1973, 279
Steffen, Die unvollständige Leistungsbeschreibung – Vergütungsansprüche für nicht beschriebene aber zwingend erforderliche Leistungen, BauR 2011, 579
Stein, Zur Bedeutung des Beseitigungs- und Kostenerstattungsanspruchs nach § 2 Nr 8 Abs 1 Satz 2 VOB/B, ZfBR 1987, 181

Sturhan, Vergütung von Projektierungsarbeiten nach Werkvertragsrecht, BB 1974, 1552
Voit, Die Bedeutung der Bestätigung von Ausmaß und Stundenlohnzetteln, in: FS Motzke (2006) 421
Vygen, Der Pauschalpreisvertrag – Abgrenzungsfragen zu anderen Verträgen im Baugewerbe, ZfBR 1979, 133
ders, Der Vergütungsanspruch beim Pauschalpreisvertrag, BauR 1979, 375
ders, Der Vergütungsanspruch des Unternehmers für Projektierungsarbeiten und Ingenieurleistungen im Rahmen der Angebotsabgabe, in: FS Korbion (1986) 439
ders, Leistungsänderungen und Zusatzleistungen beim Pauschalvertrag, in: FS Locher (1990) 263
ders, Rechtliche Probleme bei Ausschreibung, Vergabe und Abrechnung von Alternativ- und Eventualpositionen, BauR 1992, 146
Wieser, Der Kalkulationsirrtum, NJW 1972, 708.

Systematische Übersicht

I.	**Allgemeines**	1
II.	**Der Werklohn und seine Struktur**	
1.	Gegenstand	3
2.	Einheitspreisvertrag	4
3.	Pauschalpreisvertrag	7
4.	Stundenlohnvertrag	10
a)	Stundenlohnarbeiten nach der VOB/B	11
aa)	Regelung	11
bb)	Vereinbarung	12
cc)	Stundensatz	13
dd)	Wirtschaftliche Betriebsführung	14
ee)	Aufsichtspersonen	14
ff)	Leistungskontrolle, Stundenzettel	15
b)	Stundenlohnvertrag nach BGB	21
5.	Selbstkostenerstattungsvertrag	23
6.	Verhältnis der einzelnen Typen der Preisbildung	24
7.	Kostengarantien	25
III.	**Ausdrückliche Vergütungsvereinbarung**	
1.	Zustandekommen	26
2.	Bemessung der Vergütung	27
a)	Struktur der Vergütung	27
b)	Grenzen der Bemessung in AGB	28
c)	§ 138	30a
d)	§ 134	30c
e)	Unmöglichkeit der Leistung	30d
f)	Mehrwertsteuer	31
g)	Anfechtung der Preisvereinbarung	32
h)	Kalkulationsirrtum	33
aa)	Keine Irrtumsanfechtung gem § 119 BGB	33
bb)	Vorrangige Vertragsauslegung	34
IV.	**Fehlende Vergütungsvereinbarung beim Werkvertrag, § 632 Abs 1**	
1.	Entgeltlichkeit des Werkvertrages	41
2.	Bedeutung des § 632 Abs 1	42
a)	Die Umstände	43
b)	Rechtsfolge	45
V.	**Höhe der Vergütung**	
1.	Vereinbarte Vergütung	47
2.	Taxe und Üblichkeit als Maßstäbe des § 632 Abs 2	48

a)	Taxe	48
b)	Übliche Vergütung	49
aa)	Allgemeines	49
bb)	Spielräume	50
cc)	Anfechtungsmöglichkeiten	53
3.	Fehlen einer üblichen Vergütung	54

VI. Die durch die Vergütung abgegoltene Leistung

1.	Konstante Leistungserbringung	55
2.	Erbringung des Erfolges	56
a)	Vereinbarter Leistungserfolg	56
b)	Abgeltung etwaiger Mängelbeseitigung	57
c)	Verhältnis von vereinbarter Vergütung und tatsächlich erforderlichem Aufwand	58
d)	Zeitgerechte Leistung	59
e)	Leistungserschwerung durch den Besteller	59
f)	Nachträgliche Änderungen	60
3.	Vorbereitende Tätigkeiten; Nebenleistungen	61

VII. Vergütung bei Änderungen der vertraglich vereinbarten Leistung

1.	Die Fälle; § 2 Abs 3 ff VOB/B	63
2.	Preiskorrekturen bei Mengenfehleinschätzungen	65
a)	Einheitspreisvertrag	65
b)	Pauschalpreisvertrag	71
3.	Nachträgliche Einschränkungen der vorgesehenen Leistung	75
a)	Allgemeines	75
b)	Voraussetzung: Teilweise Leistungsentziehung	76
c)	Rechtsfolge	78
d)	Pauschalpreisverträge	78
e)	Geltung außerhalb des Anwendungsbereichs der VOB/B	79
4.	Nachträgliche Leistungsänderungen	80
a)	Allgemeines	80
b)	Begriff der Leistungsänderung	80
c)	Zurechnung zur Sphäre des Bestellers	81
d)	Pflicht zur Preisvereinbarung	82
5.	Nachträgliche Leistungserweiterungen	85
a)	Allgemeines	85
b)	Vertraglich nicht vorgesehene Leistungen	86
c)	Ankündigungspflicht des Bestellers	87
d)	Höhe der Zusatzvergütung	91
e)	Pflicht zur Preisvereinbarung	92
f)	Individualvertragliche Modifikationen	93
6.	Pauschalpreisvertrag	94
7.	Eigenmächtige Leistungen des Unternehmers	96
a)	Lage nach der VOB/B	97
aa)	Die Fälle des § 2 Abs 8 VOB/B	97
bb)	Beseitigungspflicht des Unternehmers	99
cc)	Schadensersatzpflicht des Unternehmers	101
dd)	Verjährung	101
ee)	Ausnahmsweise Vergütung	102
ff)	Geschäftsführung ohne Auftrag	105
b)	Lage außerhalb des Anwendungsbereichs der VOB/B	106
c)	Fehlplanung des Bestellers	107
8.	Zusätzliche Planungsarbeiten des Unternehmers	108

VIII. Kosten des Vertragsangebotes 109

1.	Späterer Vertragsschluss	110
2.	Vergütungsvereinbarung	111
3.	Baubereich	114
4.	Angebot nicht zu Wettbewerbszwecken	115
5.	Bemessung der Vergütung	116
6.	Andere Anspruchsgrundlagen	117
7.	Vorvertragliche Architektenleistungen	118

IX. Bedeutung einer Rechnung

1.	Allgemeines	120
2.	Bindungswirkung der Rechnung	121
a)	Verzicht des Unternehmers	122
b)	Rechtsgeschäftliche Begründung der Bindungswirkung	122
c)	Bindungswirkung aus § 242	123
d)	Keine generelle Zulässigkeit von Nachforderungen	124
e)	Individualvertragliche Vereinbarungen	125
3.	Bindung des Bestellers an die Rechnung	126

X.	**Preisrechtliche Bestimmungen** 127	c)	Rechtsanwälte 136
1.	Gebührenordnungen für freie Berufe 128	d)	Steuerberater 137
		2.	Öffentliche Aufträge 138
a)	Architekten und Ingenieure 128		
b)	Ärzte 135	XI.	**Beweisfragen** 139

Alphabetische Übersicht

Allgemeine Geschäftskosten	63	Kalkulationsirrtum	33 ff
Anfechtung	32	Kostengarantie	25
Ankündigung des Anspruchs	87 f		
Architekt	128 ff	Leistung	
– vorvertragliche Leistungen	118	– abgegoltene	55 ff
Arzt	135	– eigenmächtige, des Unternehmers	96 ff
Aufmaß	4, 7	Leistungsänderung	80 ff
Aufsichtsperson	14	Leistungsbeschreibung	35 f
Auftrag	1	Leistungsbestimmungsrecht des Unternehmers	50
Aufwand	58	Leistungseinschränkung	75 ff
Ausschreibung		Leistungserbringung	
– Fehlerhaftigkeit der	37 ff	– Kosten der	37
		Leistungserweiterung	85 ff
Baugrundrisiko	39		
Baustellengemeinkosten	63	Mehrwertsteuer	31
Beseitigungspflicht	99 f	Mengenabweichung	65 ff
Beweislast	139 f		
		Nachbarschaftshilfe	44
Darlegungslast	139 f	Nebenleistungen	61
Dissens	42, 46 f	Nichtarchitekt	134
		Nullpositionen	68
Einheitspreise			
– unausgewogene	30b	Öffentliche Aufträge	138
Einheitspreisvertrag	4 ff, 65 ff		
Entgeltlichkeit	1, 41	Pauschalpreisvertrag	7 ff, 71 ff, 94 f
Entzug von Leistungsteilen	75 ff	Planungsarbeiten	108
Eventualposition	5	Preiskorrektur	65 ff
		Preisrecht	127 ff
Fehlkalkulation	40		
Freundschaftsdienst	44	Rechnung	120 ff
		– Bindung an die	121 ff
Gebührenordnung	48 ff	Rechtsanwalt	136
Gemeinkosten	63		
Geschäftsführung ohne Auftrag	105	Selbstkostenerstattungsvertrag	23
Gewerbliche Tätigkeit	44	Sittenwidrigkeit	30a
Gleitklausel	6	Sowieso-Kosten	35
		Steuerberater	137
HOAI	128 ff	Stundenlohnsatz	13
		Stundenlohnvertrag	10
Ingenieur	128 ff	Stundenlohnzettel	15 ff

§ 632

Taxe	48	Vorarbeiten	109 ff
		Vorbereitende Tätigkeit	61 f
Vergabeverzögerung	59	Vordersätze	5
Vergütung			
– Höhe der	47 ff	Wagnis, ungewöhnliches	38 f
– übliche	49 ff	Werklohn, Art des	3
Vergütungsvereinbarung	26 ff	Wirtschaftliches Arbeiten, Gebot des	16
– fehlende	41 ff		
Vertragsangebot			
– Kosten des	109 ff		

I. Allgemeines

1 Zum Wesen des Werkvertrages gehört die **Entgeltlichkeit der Leistung** des Unternehmers; wäre seine Leistung unentgeltlich zu erbringen, so läge kein Werkvertrag vor, sondern ein *Auftrag*. Zu den Rechtsfolgen der Vereinbarung eines „Freundschaftspreises" oder der Vereinbarung teilweiser Unentgeltlichkeit vgl Vorbem 46 zu §§ 631 ff BGB.

§ 632 BGB, dessen Abs 1 und 2 fast wortgleich mit § 611 BGB beim Dienstvertrag übereinstimmen, regelt *wesentliche Teilaspekte* der Entgeltlichkeit des Werkvertrages. Abs 1 hilft über die Probleme hinweg, die sich hinsichtlich der Wirksamkeit des Vertrages ergeben können, wenn das Entgelt nicht besprochen ist. Abs 2 behandelt dann das Folgeproblem, wie die nicht oder nicht näher ausgehandelte Vergütung bemessen werden kann.

§ 632 Abs 3 BGB betrifft ein allgemeines Problem des Vertragsschlusses, die fehlende Vergütungspflicht der Gegenseite für Akquisitions„leistungen". Es hat beim Werkvertrag nur vom Kostenvolumen her besonderes Gewicht, gehört der Sache nach aber in den Kontext der §§ 145 ff BGB und ist deshalb namentlich bei Kauf- und Dienstvertrag entsprechend heranzuziehen.

2 *§ 632 BGB geht auf eine Reihe von Fragen nicht näher ein, die sich an den Werklohn knüpfen;* das mag darin liegen, dass die Leistung des Unternehmers und dann auch die ihm geschuldete Vergütung aus einer kaufrechtlichen Sicht des Gesetzgebers, vgl Vorbem 6 zu §§ 631 ff, als grundsätzlich eindeutige und vor allem invariable Größen angesehen werden, was angesichts des prognostischen Charakters, der dem Abschluss eines Werkvertrages weithin innewohnt, der Natur der Sache nicht hinreichend gerecht wird. Zunächst kann man sich schon fragen, was überhaupt „*die Leistung*" des Unternehmers ist, die durch die Vergütung abgegolten wird, dazu u Rn 55 ff. Sodann braucht die *tatsächlich erbrachte Leistung nicht ohne weiteres* quantitativ *mit der erwarteten übereinzustimmen*. Abweichungen können sich insoweit ergeben, weil man sich verrechnet hat (Kalkulationsirrtum, vgl u Rn 33), oder weil man von vornherein nur Schätzungen vorgenommen hat und gar vornehmen konnte. Letzteres wirkt sich je nach der Struktur der Preisvereinbarung unterschiedlich aus: Denkbar ist einmal der Abschluss eines *Pauschalpreisvertrages* (u Rn 7), der mögliche Abweichungen der tatsächlich zu erbringenden Leistungen von den Vorstellungen der Parteien bei Vertragsschluss bewusst ignoriert, aber auch eine Rahmenvereinbarung, die nur Preise für einzelne Leistungseinheiten festlegt, aber deren endgültige Anzahl einstweilen noch nicht festlegt *(Einheitspreisvertrag,* dazu u Rn 4). Abweichungen des tatsächlichen Leistungsumfanges von dem ursprünglichen Vertrag können sich weiterhin aus dem späteren Verhalten der Parteien ergeben: Insb der Besteller wünscht eine *Änderung,* oder *Erweiterung* der Leistung, wozu die §§ 650b–650d BGB Regelungen enthalten, oder der Unternehmer weicht *eigenmächtig* von der vertraglich vorgesehenen Leistung ab (u Rn 96).

Nicht angesprochen wird in § 632 BGB auch die Bedeutung einer *Rechnung* des Unternehmers für den Werklohn (u Rn 120).

Die *Modalitäten der Entrichtung des Werklohns* sind bei §§ 632a, 641, 650g Abs 4 BGB erläutert.

II. Der Werklohn und seine Struktur

1. Gegenstand

Die dem Unternehmer zustehende Vergütung wird in aller Regel *in Geld* ausgedrückt sein. Notwendig ist dies jedoch nicht. Es können auch *Sach- und Dienstleistungen* zugesagt werden. Es handelt sich dann um einen gemischten Vertrag, auf den jedoch im Wesentlichen Werkvertragsrecht anzuwenden ist. Für die Darlegungs- und Beweislast für entsprechende Abreden gilt § 632 Abs 1 BGB entsprechend, vgl u Rn 41 ff.

Dabei stellt die Werklohnforderung eine *einheitliche Forderung* dar; ihre Bemessungskriterien – zB Einheitspreise oder vereinbarte Stundenlohnarbeiten – sind eben nur für die Bemessung von Bedeutung. Daraus folgt im Werklohnprozess, dass der Austausch einer Position gegen eine andere in der II. Instanz möglich ist und keine reformatio in peius darstellt (BGH NJW-RR 2004, 95 = NZBau 2004, 39). Daraus folgt ferner, dass nur Teile der gesamten Forderung abgetreten werden können, nicht aber einzelne Positionen aus der Rechnung des Unternehmers. Die Einheitlichkeit der Forderung erstreckt sich auch auf Nachträge.

2. Einheitspreisvertrag

a) Bei vielfältigen Werkleistungen, insbesondere im Baubereich, ist es nicht von vornherein sicher erkennbar, was an Leistungen zur Erreichung des vorgesehenen und geschuldeten Erfolges konkret notwendig sein wird; das lässt sich oft nur mehr oder weniger genau abschätzen. Dann wird eine den Interessen beider Seiten gerecht werdende Vergütung des Unternehmers am besten dadurch gewährleistet, dass man die Leistung des Unternehmers vorab in möglichst viele Teilleistungen aufsplittet und insoweit – als Berechnungsfaktoren – **Einheitspreise** vereinbart, zB pro lfd m Mauerwerk, pro Fenster. Nach Abschluss der Leistung wird dann – im Wege des **Aufmaßes** – festgestellt, wie viele dieser Einzelleistungen erbracht worden sind. Die solcherart ermittelte Vergütung entspricht also der real erbrachten Leistung; ihr fehlt jener aleatorische Charakter, der der Vereinbarung eines Pauschalpreises innewohnt. Anders als ein Stundenlohnvertrag kann sie keinen Anreiz geben, zu Lasten des Bestellers zu bummeln. Freilich hat der Unternehmer bei seiner Kalkulation zu bedenken, dass nicht allen kostenverursachenden Faktoren ein eigener Einheitspreis zugeordnet ist; dies gilt namentlich für vorbereitende und ergänzende Leistungen, die durch die Einheitspreise mit abgegolten werden (vgl u Rn 61). Er muss also zB beim Einheitspreis für das Mauerwerk Transportkosten berücksichtigen, will er sich nicht verkalkulieren.

b) *Einheitspreise gelten im Zweifel alle Kosten des Unternehmers ab,* also insbesondere für Löhne und Materialien und die allgemeine Geschäftseinrichtung, abweichende Vereinbarungen sind von dem Unternehmer zu beweisen (vgl INGENSTAU/KORBION/KELDUNGS § 2 Abs 2 Rn 3), ein Preisnachlass allerdings von dem Besteller. Bei Leistungen „am Rande" der eigentlichen Leistung (zB Gerüst, Baustellenreinigung) kann es zweifelhaft sein, ob sie noch in die Einheitspreise einbezogen sind oder nicht mehr. Für die einzelnen Gewerke des Baubereichs enthält dazu die VOB/C Regelungen (jeweilige Ordnungsziffer 4 der DIN 18300 ff), die auch ohne die Vereinbarung dieser Regel weiter deshalb beachtlich sein können, weil sich in ihnen weithin die Verkehrssitte widerspiegelt. Konkrete Vereinbarungen der Parteien haben natürlich Vorrang.

5 c) Grundsätzlich, aber nicht zwingend, werden in dem Vertrag die voraussichtlichen Mengen der zu Einheitspreisen zu erbringenden Teilleistungen ausgeworfen, zB x lfd m Mauerwerk, y Fenster Typ a, sog Vordersätze. Diese *Vordersätze* sind bei Vereinbarung der VOB/B *nicht verbindlich,* da nach deren § 2 Abs 2 nach den tatsächlich ausgeführten Leistungen abzurechnen ist. Entscheidend ist also insoweit das Aufmaß als die nachträgliche tatsächliche Feststellung der tatsächlich erbrachten Leistungen, vgl dazu § 14 VOB/B (dazu § 641 Rn 32). Dieses ist die ursprünglich geschuldete, nur noch nicht sogleich festgelegte Vergütung.

Die Einheitspreise werden nach sog Positionen aufgelistet. Dabei kann es Alternativpositionen geben und Eventualpositionen, die also nur nach entsprechender Entscheidung des Bestellers zur Ausführung gelangen. Bei Positionen „nach Wahl des Bestellers" ist grundsätzlich nur eine Standardausführung geschuldet (OLG Köln BauR 1998, 1096).

Auch *ohne Vereinbarung der VOB/B* ist grundsätzlich davon auszugehen, dass Vordersätze zu vereinbarten Einheitspreisen *nicht verbindlich sein* sollen, sondern dass es auf die *tatsächlich erbrachte* Leistung ankommen soll.

6 d) Die Höhe der Einheitspreise ist Sache der Vereinbarung der Parteien; interne Sätze, mit denen der Unternehmer kalkuliert hat, sind nicht als Einheitspreise anzusehen (vgl BGH BauR 1983, 385).

Fehlt es an der Festlegung konkreter Einheitspreise, sind sie *nach § 632 Abs 2 BGB zu ermitteln,* vgl dazu u Rn 48 ff. Behauptet der Unternehmer bestimmte Einheitspreise, ist er dafür beweispflichtig (vgl INGENSTAU/KORBION/KELDUNGS § 2 Abs 2 Rn 3).

Einheitspreise sind grundsätzlich auf der *Basis* kalkuliert, dass – *innerhalb einer gewissen Schwankungsbreite* – *bestimmte Massen* auszuführen sind, wie sie üblicherweise in den Vordersätzen ausgeworfen sind. Wenn die tatsächlich ausgeführten Massen davon nachhaltig abweichen, können die Einheitspreise ihre Angemessenheit einbüßen. Zur *Zulässigkeit einer Anpassung* vgl § 2 Abs 3 VOB/B und u Rn 65.

Einheitspreise können auch Gleitklauseln enthalten (vgl dazu OLG Hamm BauR 1989, 755; LG Kiel BauR 1991, 346), mit denen der Unternehmer andere als mengenmäßig verursachte Erhöhungen seiner Einstandskosten auffangen will bzw der Besteller an entsprechenden Einsparungen partizipieren will (zu den Grenzen der Zulässigkeit u Rn 23). Die Abweichung vom Ausgangspreis hat derjenige zu beweisen, der daraus Rechte herleiten will.

e) Einheitspreise gelten kraft besonderer Vereinbarung der Parteien; ihre Geltung kann sich aber auch aus § 632 Abs 2 BGB ergeben. Die Methode der Preisbildung ist freilich von Branche zu Branche verschieden; insbesondere *im Baubereich* muss aber die Vergütung nach Einheitspreisen als *die übliche* angesehen werden (vgl INGENSTAU/KORBION/KELDUNGS § 2 Abs 2 Rn 1).

f) Die Klausel in einem Einheitspreisvertrag, dass die Auftragssumme limitiert sei, kann überraschend iSd § 305c BGB sein (BGH NJW-RR 2005, 246 = NZBau 2005, 148).

3. Pauschalpreisvertrag

a) Wesen des Pauschalpreisvertrages ist es, dass die von dem Unternehmer zu erbringende Leistung einerseits und die von dem Besteller zu vergütende Leistung andererseits *pauschaliert* werden (vgl dazu VYGEN ZfBR 1979, 133; BRANDT BauR 1982, 524; RIEDL ZfBR 1980, 1, 3; HEYERS BauR 1983, 297), so dass es für die Abrechnung der Parteien **grundsätzlich unerheblich ist, was tatsächlich ausgeführt ist** (vgl BGH NJW 1981, 1442, 1444). Es bedarf also grundsätzlich *keines Aufmaßes,* das sogar irrelevant wäre, auch keiner spezifizierten Abrechnung des Unternehmers über die erbrachten Leistungen.

b) Da die zu erbringenden Leistungen beim Werkvertrag weithin nicht zuverlässig abzuschätzen sind, wohnt dem Pauschalpreisvertrag ein *stark spekulativer Charakter* inne. Der Unternehmer macht einen besonderen Gewinn, wenn die Leistung wenig Aufwand erfordert, und zahlt im gegenteiligen Fall zu; er wird, wiederum zu Lasten des Bestellers, versuchen, einen auf jeden Fall auskömmlichen Preis zu vereinbaren. Beide Seiten nehmen dabei das *Risiko von Fehlberechnungen* im Leistungsverzeichnis bewusst in Kauf (vgl BGH BauR 1972, 118). Störungen im Äquivalenzverhältnis lassen sich nur korrigieren, wenn die Geschäftsgrundlage tangiert ist (vgl § 2 Abs 7 Nr 2 VOB/B und dazu u Rn 94). Das wiegt die Vorteile der klaren Verhältnisse durchaus wieder auf. Angemessen ist eine Pauschalpreisvereinbarung deshalb nur dann, wenn die zu erbringende Leistung und der dafür erforderliche Aufwand *wirklich zuverlässig abzuschätzen sind,* vgl auch die entsprechende Regelung in § 4 Abs 1 Nr 2 VOB/A; § 4 Abs 1 VOB/A lautet:

> Bauleistungen sind so zu vergeben, daß die Vergütung nach Leistung bemessen wird (Leistungsvertrag), und zwar:
>
> 1. In der Regel zu Einheitspreisen für technisch und wirtschaftlich einheitliche Teilleistungen, deren Menge nach Maß, Gewicht oder Stückzahl vom Auftraggeber in den Verdingungsunterlagen anzugeben ist (Einheitspreisvertrag),
>
> 2. in geeigneten Fällen für eine Pauschalsumme, wenn die Leistung nach Ausführungsart und

Umfang genau bestimmt ist und mit einer Änderung bei der Ausführung nicht zu rechnen ist (Pauschalvertrag).

8 c) Ein Pauschalpreis kann sich grundsätzlich *nur auf die vertraglich vorgesehene Leistung* beziehen; nachträgliche Einschränkungen, Änderungen oder Erweiterungen müssen auch bei ihm berücksichtigt werden (vgl § 2 Abs 7 Nr 1 S 4 VOB/B und u Rn 95).

Ist es unklar, welche Leistungen insgesamt für den vereinbarten Pauschalpreis zu erbringen sind, so trifft die *Beweislast* dafür, dass bestimmte Leistungen ihm unterfallen, den Besteller (vgl BGH NJW 1984, 1676 = LM § 273 BGB Nr 38 m Anm RECKEN; INGENSTAU/KORBION[13] § 2 Rn 333; HEYERS BauR 1983, 297, 311; **aA** INGENSTAU/KORBION/KELDUNGS § 2 Abs 7 Rn 12, falls der Unternehmer das Leistungsverzeichnis erstellt hat).

9 d) Ein Pauschalpreis kann von den Parteien besonders vereinbart werden; das muss allerdings *mit hinreichender Deutlichkeit* zum Ausdruck kommen, zB dadurch, dass der Preis als „pauschal" oder „fest" bezeichnet wird (vgl OLG Hamm SCHÄFER/FINNERN/HOCHSTEIN § 631 BGB Nr 43). Die Angabe von Einheitspreisen im Vertrag selbst oder einem zu dessen Inhalt gemachten Angebot des Unternehmers – nicht allerdings in einem Angebot, das dem Vertrag nur zugrunde liegt – widerspricht der Annahme eines Pauschalpreises deutlich. Das gilt selbst dann, wenn die sich aus den Berechnungsgrundlagen ergebende Summe abgerundet ist (vgl INGENSTAU/KORBION/KELDUNGS § 2 Abs 2 Rn 9; WERNER/PASTOR Rn 1181; VYGEN ZfBR 1979, 133, 135). Anderes ist erst dann anzunehmen, wenn *der Gesamtpreis deutlich von der Summe der Einheitspreise abgesetzt ist.* Auch die Vereinbarung, dass ein Aufmaß stattzufinden habe, ist ein dringendes Indiz gegen die Annahme eines Pauschalpreises (vgl VYGEN ZfBR 1979, 133, 135). Ein Leistungsverzeichnis kann und wird dem Pauschalpreis natürlich zugrunde liegen (vgl OLG Celle BauR 1996, 723).

Im Baubereich ist die übliche Vergütung iSd § 632 Abs 2 BGB nicht die eines Pauschalpreises. Das kann in anderen Branchen anders sein, *wenn die Leistung* von *vornherein feststeht* oder die geschuldete Vergütung aus sonstigen Gründen nicht mit Unsicherheitsfaktoren belastet ist.

e) Bei Vereinbarung eines Pauschalpreises kann es *überraschend* iSd § 305c BGB und *unangemessen* iSd § 307 BGB sein, wenn bestimmte Leistungen, die redlicherweise als durch ihn mit abgegolten zu verstehen sind, eigens zusätzlich zu vergüten sind (vgl BGH NJW 1984, 171 = LM § 3 AGBG Nr 6; OLG Hamm SCHÄFER/FINNERN/HOCHSTEIN § 631 BGB Nr 46: Abfuhr des Bodenaushubs beim schlüsselfertig zu liefernden Haus).

4. Stundenlohnvertrag

10 Die Berechnung des Werklohns des Unternehmers nach Stundenlöhnen (und Materialaufwand) ist trotz der Erfolgsbezogenheit des Werkvertrages mit *seinem Wesen vereinbar*, obwohl bei ihm etwas anderes als der Eintritt des – auch hier geschuldeten – Erfolgs zum Maßstab der Vergütung gemacht wird. Diese Berechnungsmethode weist allerdings ihre besonderen Gefahren für den Besteller auf, weil *die insgesamt geschuldete Vergütung* bei Vertragsschluss *noch ganz unabsehbar sein kann* und weil der Unternehmer und seine Mitarbeiter *keinen besonderen Anreiz* *zu zügigem und wirtschaftlichem Arbeiten* haben. Außerdem kann hier die *zweifelsfreie Ermittlung* des im Ergebnis geschuldeten Werklohns auf *Probleme* stoßen; das kann sich zu Lasten beider Parteien auswirken.

Die Vereinbarung von Stundenlohnarbeiten empfiehlt sich deshalb nur *ausnahmsweise*, vgl auch § 4 Abs 2 VOB/A:

> Abweichend von Absatz 1 können Bauleistungen geringeren Umfangs, die überwiegend Lohnkosten verursachen, im Stundenlohn vergeben werden (Stundenlohnvertrag).

Sinnvoll ist die Vereinbarung von Stundenlohnarbeiten dort, wo der Leistungsumfang gering ist, der notwendige Aufwand aber nicht absehbar ist. Das gilt namentlich bei Reparaturen oder Nach- und Anschlussarbeiten. Dabei können Stundenlohnarbeiten isoliert oder zusammen mit Leistungen vergeben werden, über die nach Einheitspreisen oder pauschal abzurechnen ist.

a) Stundenlohnarbeiten nach der VOB/B
aa) Die **VOB/B** enthält hinsichtlich des Stundenlohnvertrages folgende Bestimmungen: **11**

> § 2 Vergütung
>
> …
>
> (10) Stundenlohnarbeiten werden nur vergütet, wenn sie als solche vor ihrem Beginn ausdrücklich vereinbart worden sind (§ 15).
>
> § 15 Stundenlohnarbeiten
>
> (1) 1. Stundenlohnarbeiten werden nach den vertraglichen Vereinbarungen abgerechnet.
>
> 2. Soweit für die Vergütung keine Vereinbarungen getroffen worden sind, gilt die ortsübliche Vergütung. Ist diese nicht zu ermitteln, so werden die Aufwendungen des Auftragnehmers für Lohn- und Gehaltskosten der Baustelle, Lohn- und Gehaltsnebenkosten der Baustelle, Stoffkosten der Baustelle, Kosten der Einrichtungen, Geräte, Maschinen und maschinellen Anlagen der Baustelle, Fracht-, Fuhr- und Ladekosten, Sozialkassenbeiträge und Sonderkosten, die bei wirtschaftlicher Betriebsführung entstehen, mit angemessenen Zuschlägen für Gemeinkosten und Gewinn (einschließlich allgemeinem Unternehmerwagnis) zuzüglich Umsatzsteuer vergütet.
>
> (2) Verlangt der Auftraggeber, dass die Stundenlohnarbeiten durch einen Polier oder eine andere Aufsichtsperson beaufsichtigt werden, oder ist die Aufsicht nach den einschlägigen Unfallverhütungsvorschriften notwendig, so gilt Nummer 1 entsprechend.
>
> (3) Dem Auftraggeber ist die Ausführung von Stundenlohnarbeiten vor Beginn anzuzeigen. Über die geleisteten Arbeitsstunden und den dabei erforderlichen, besonders zu vergütenden Aufwand für den Verbrauch von Stoffen, für Vorhaltung von Einrichtungen, Geräten, Maschinen und maschinellen Anlagen, für Frachten, Fuhr- und Ladeleistungen sowie etwaige Sonderkosten sind, wenn nichts anderes vereinbart ist, je nach der Verkehrssitte werktäglich oder wöchentlich Listen

(Stundenlohnzettel) einzureichen. Der Auftraggeber hat die von ihm bescheinigten Stundenlohnzettel unverzüglich, spätestens jedoch innerhalb von 6 Werktagen nach Zugang, zurückzugeben. Dabei kann er Einwendungen auf den Stundenlohnzetteln oder gesondert schriftlich erheben. Nicht fristgemäß zurückgegebene Stundenlohnzettel gelten als anerkannt.

(4) Stundenlohnrechnungen sind alsbald nach Abschluss der Stundenlohnarbeiten, längstens jedoch in Abständen von 4 Wochen, einzureichen. Für die Zahlung gilt § 16.

(5) Wenn Stundenlohnarbeiten zwar vereinbart waren, über den Umfang der Stundenlohnleistungen aber mangels rechtzeitiger Vorlage der Stundenlohnzettel Zweifel bestehen, so kann der Auftraggeber verlangen, dass für die nachweisbar ausgeführten Leistungen eine Vergütung vereinbart wird, die nach Maßgabe von Absatz 1 Nummer 2 für einen wirtschaftlich vertretbaren Aufwand an Arbeitszeit und Verbrauch von Stoffen, für Vorhaltung von Einrichtungen, Geräten, Maschinen und maschinellen Anlagen, für Frachten, Fuhr- und Ladeleistungen sowie etwaige Sonderkosten ermittelt wird.

12 bb) Nach § 2 Abs 10 VOB/B muss eine *ausdrückliche – nicht unbedingt schriftliche – Stundenlohnvereinbarung* getroffen werden, die sich auf den Gegenstand der Arbeiten zu beziehen hat sowie auf die Stundenlohnabrede als solche. Sie kann auch nachträglich getroffen werden, liegt aber idR nicht schon in der Unterzeichnung von Stundenlohnzetteln (BGH NJW-RR 1995, 50; NJW-RR 2004, 92 = NZBau 2004, 31). Die Verabredung bedarf iÜ der Vertretungsmacht, die nicht schon in der Ermächtigung zu sehen ist, Nachweise abzuzeichnen (BGH NJW-RR 1995, 50). Die *Höhe* des Stundenlohnes braucht nicht vereinbart zu werden; sie richtet sich *notfalls nach § 15 VOB/B*. Die Vereinbarung muss vor der Aufnahme der Arbeiten getroffen werden, nicht vor Aufnahme der Leistung insgesamt. Ein *bloßes Dulden der vom Unternehmer aufgenommenen Arbeiten* reicht jedenfalls als Vereinbarung nicht aus.

Fehlt es an der geforderten Vereinbarung, dann entfällt nicht etwa der Vergütungsanspruch des Unternehmers (vgl Nicklisch/Weick/Jansen/Seibel/Kues § 2 Rn 117), sofern er nur überhaupt dem Grunde nach gegeben und nicht – etwa durch eigenmächtiges Handeln, vgl § 2 Abs 8 VOB/B – ausgeschlossen ist. Es entfällt nur die Möglichkeit der Abrechnung auf Stundenlohnbasis, *abzurechnen* ist vielmehr *nach Einheitspreisen* (vgl BGH BB 1961, 989). Wo dies nicht möglich ist, wird die *übliche Vergütung* geschuldet, § 632 Abs 2 BGB. Das kann zur Geltung von Stundenlohnpreisen zurückführen.

13 cc) Welcher Stundensatz zu zahlen ist, wird von § 15 Abs 1 VOB/B geregelt. Es ist dies *primär der konkret vereinbarte,* wie er ausnahmsweise auch stillschweigend verabredet werden kann, etwa durch die Bezugnahme auf eine kürzliche anderweitige Zusammenarbeit der Parteien. Bei der Bemessung sind die Parteien frei; nur bei *öffentlichen Auftraggebern* ist § 11 VO Pr Nr 1/72 (BGBl I 293), zuletzt geändert durch G v 27. 12. 1993 (BGBl I 2378, 2413) nebst Nr 44 ff LSP-Bau (Anl dazu) zu beachten. Werden die dortigen Sätze nicht eingehalten, so gilt der sich aus der VO ergebende Preis (vgl auch u Rn 138). Wenn eine besondere Preisabsprache nicht getroffen ist, gilt nach § 15 Abs 1 Nr 2 S 2 VOB/B – entsprechend § 632 Abs 2 BGB – die *ortsübliche Vergütung,* vgl dazu u Rn 49 ff. Dabei sind jene Sätze zugrunde zu legen, die im Zeitpunkt der voraussichtlichen Durchführung der Arbeiten gelten (**aA** für Gemeinkosten und Gewinn Ingenstau/Korbion/Keldungs § 15 Abs 1 Rn 5: Zeitpunkt des Vertragsschlusses; NICKLISCH/WEICK/JANSEN/SEIBEL/KANDEL § 15 Abs 1 Rn 18: bei den Gemeinkosten Durchschnitt der Zeit zwischen Vertragsschluss und Abschluss der Arbeiten); es kommt aber nach § 15 Abs 1 Nr 2 S 2 VOB/B auf die „Aufwendungen" hilfsweise an, worunter die tatsächlichen Aufwendungen zu verstehen sind. Dann kann auch § 15 Abs 1 Nr 2 S 1 VOB/B sinnvoll nicht anders verstanden werden. Wenn eine ortsübliche Vergütung nicht oder nur mit unzumutbarem Aufwand festgestellt werden kann, enthält *§ 15 Abs 1 Nr 2 S 2 VOB/B eine nähere Regelung der Vergütung.* Dabei sind unter den aufgeführten Sonderkosten Lohnzuschläge für Überstunden oder Nacht- oder Feiertagsarbeit zu verstehen, ferner Erschwerniszuschläge, Leistungszulagen, Wege- und Fahrgelder, Auslösungen; zu den Wegekosten gehören die Kosten der Anfahrt zur Baustelle nicht (OLG Düsseldorf BauR 2000, 1334). Soweit bestimmte Kosten unter verschiedene Kategorien eingestuft werden können, ist jedenfalls ein *doppelter Ansatz zu vermeiden.* Nach § 15 Abs 1 Nr 2 S 2 aE VOB/B sind angemessene Zuschläge für Gemeinkosten und Gewinn zu machen.

dd) Nur für den *Sonderfall, dass eine bestimmte Vergütung nicht vereinbart und* **14** *auch nicht ortsüblich ist,* spricht § 15 Abs 1 Nr 2 S 2 VOB/B die Verpflichtung des Unternehmers zu einer *wirtschaftlichen Betriebsführung* an. Es kann aber keinen Zweifeln unterliegen, dass der Unternehmer *ganz allgemein* verpflichtet ist, kostengünstig und rationell zu arbeiten. Er muss also stets für einen zügigen Fortgang der Arbeiten und einen sinnvollen Baubetrieb sorgen, insbesondere etwa für den Einsatz einer angemessenen Zahl qualifizierter Leute, Vermeidung überflüssiger Wege, Vermeidung von Überstunden und Feiertagsarbeit, soweit sie sich nicht notwendig aus Art und insbesondere terminlicher Planung der ihm übertragenen Arbeiten ergeben (vgl BGH BauR 2000, 1196). Als Werklohn geschuldet wird nur die unter diesen Gesichtspunkten *notwendige Vergütung.* Für die Einhaltung der Pflicht zur wirtschaftlichen Betriebsführung ist der Unternehmer beweispflichtig, wie dies aus einer entsprechenden Anwendung des § 670 BGB zu folgern ist, denn von dem dort angesprochenen Auftrag unterscheidet sich der Werkvertrag nur dadurch, dass zu den zu ersetzenden Aufwendungen eben auch die zeitlichen gehören (vgl PETERS NZBau 2009, 673). Zu einer Beweislast des Bestellers (BGH BauR 2000, 1196; NJW 2009, 3426) gelangt man, wenn man den belegten Zeitaufwand für erstattungsfähig hält, aber dem Besteller einen aufrechenbaren Schadensersatzanspruch aus § 280 Abs 1 BGB zubilligt. Das ist aber nicht nur unnötig kompliziert, es lässt sich auch nur durchhalten, wenn man dem Unternehmer eine sekundäre Darlegungslast auferlegt (BGH NJW 2009, 3426). Der Weg über § 670 BGB vereinigt in der angemessenen Weise Darlegungs- und Beweislast in einer Hand. Dabei ergibt § 670 BGB weiterhin, dass entscheidender Maßstab für die Erforderlichkeit der Aufwendungen die vertretbare Prognose des Unternehmers zu sein hat.

ee) Ausnahmsweise kann auch die Tätigkeit einer *Aufsichtsperson* zu vergüten sein. Die Voraussetzungen nennt § 15 Abs 3 VOB/B; die zu zahlende Vergütung ist in entsprechender Anwendung von § 15 Abs 3 VOB/B zu ermitteln.

ff) § 15 Abs 3 VOB/B versucht, späteren Streitigkeiten über den tatsächlichen **15** Anfall von Lohnstunden vorzubeugen. Zu diesem Zweck soll der *Beginn* der Stundenlohnarbeiten *angezeigt,* sollen *Stundenlohnzettel eingereicht und gegengezeichnet* werden.

(1) Die Anzeige der Aufnahme der Arbeiten soll die Kontrolle des Bestellers darüber gewährleisten, welche Lohnstunden tatsächlich angefallen sind. Es handelt sich um eine Pflicht des Unternehmers, deren Nichtbeachtung seinen Vergütungsanspruch nicht etwa entfallen lässt; vielmehr ist dann, unabhängig davon, ob der Pflichtverstoß des Unternehmers schuldhaft war oder nicht, entsprechend § 15 Abs 5 VOB/B abzurechnen (vgl INGENSTAU/KORBION/KELDUNGS § 15 Abs 5 Rn 3 f). Die Annahme einer Schadensersatzforderung des Bestellers ist bezüglich des Werklohnanspruchs des Unternehmers daneben überflüssig und entbehrlich (aA NICKLISCH/WEICK/JANSEN/ SEIBEL/KANDEL § 15 Abs 5 Rn 18). *Schadensersatzansprüche* des Bestellers kommen nur insoweit in Betracht, wie er weitergehende Schäden erleidet, zB erhöhten Prüfungsaufwand hat (vgl INGENSTAU/KORBION/KELDUNGS § 15 Abs 5 Rn 3 f).

(2) Weiterhin hat der Unternehmer nach § 15 Abs 3 S 2 VOB/B *Stundenlohnzettel* vorzulegen, über deren Inhalt die Bestimmung nähere Angaben macht. Die Angabe der Stundenlohnsätze ist dabei weder notwendig noch üblich; gekennzeichnet werden muss aber die *Funktion der einzelnen Mitarbeiter*. Über den Turnus der Vorlage entscheidet die Vereinbarung der Parteien, sonst die Verkehrssitte, die jedenfalls kürzere Intervalle vorsieht (täglich, mindestens wöchentlich).

Die Verletzung dieser Pflicht hat dieselben Sanktionen wie die Nichtanzeige der Aufnahme der Arbeiten. Eine AGB-Klausel, dass der Vergütungsanspruch erlischt, wenn Stundenlohnzettel nicht vorgelegt wurden, verstößt gegen § 307 BGB (OLG Düsseldorf NJW-RR 1997, 784); der Nachweis der Stunden bleibt anderweitig möglich (OLG Frankfurt BauR 1999, 1460).

16 (3) Nach § 15 Abs 3 S 3 VOB/B ist der Besteller gehalten, die Stundenlohnzettel zu „*bescheinigen*", eventuelle Einwendungen schriftlich vorzubringen und die Stundenlohnzettel im Übrigen unverzüglich, spätestens innerhalb von 6 Werktagen zurückzugeben. Unterlässt er die rechtzeitige Rückgabe, gelten die Stundenlohnzettel als anerkannt.

(a) Die „Bescheinigung" (Abzeichnung, Unterschrift) der Stundenlohnzettel führt zu dem *Anerkenntnis der dortigen Angaben* zu Art und Umfang der Arbeiten, also zB nicht der Wirtschaftlichkeit der Arbeiten oder ihrer Vertragsgemäßheit (BGH NJW-RR 1995, 80; OLG Frankfurt NJW-RR 2000, 1470; OLG Celle NJW-RR 2003, 1243 = NZBau 2004, 41). Sie ist insoweit ein *deklaratorisches Schuldanerkenntnis,* das dem Besteller die *Beweislast* dafür aufbürdet, dass die Stundenlohnzettel inhaltlich unrichtig sind und dass ihm die Unrichtigkeit auch nicht bekannt war (vgl BGH NJW 1958, 1535 = LM § 15 VOB/B Nr 1; BGH NJW 1970, 2295 = WM 1970, 1455; INGENSTAU/KORBION/KELDUNGS § 15 Abs 3 Rn 22 f), nicht dagegen auch solcher Einwendungen, die hätten bekannt sein können (so aber INGENSTAU/KORBION/KELDUNGS, § 15 Abs 3 Rn 23; KLEINE-MÖLLER, in: KLEINE-MÖLLER/MERL § 12 Rn 17). Letzteres würde den Besteller mit übermäßigen Prüfungspflichten belasten.

Eine andere Auffassung (VOIT, in: FS Motzke [2006] 421; OLG Celle NJW-RR 2003, 1243 = NZBau 2004, 41) leugnet eine materiellrechtliche Natur der Abzeichnung der Stundenzettel und nimmt im Anschluss an die Quittung des § 368 nur eine Beweisfunktion an. Praktische Folgen dieser andersartigen Qualifikation ergeben sich kaum.

(b) Wegen der Rechtsnatur des Anerkenntnisses muss es von dem *Besteller selbst* **17**
oder einer *entsprechend bevollmächtigten Person* abgegeben werden (vgl BGH NJW
1960, 859 = LM § 19 GOA Nr 2); bei Annahme einer quittungsartigen Erklärung wäre
das Vollmachtserfordernis der Stellvertretung jedenfalls entsprechend anzunehmen
(vgl Voit 432), ohne dass deshalb die Anforderungen an eine Bevollmächtigung zu
verringern wären (so aber Voit 432) Eine derartige Vollmacht hat der Architekt nicht
ohne weiteres, ggf aber auf der Basis einer Anscheins- oder Duldungsvollmacht.
Eine solche wird insbesondere dann anzunehmen sein, wenn er ständig Stundenlohnzettel abzeichnet oder wenn ihm die örtliche Bauaufsicht übertragen ist (vgl
Ingenstau/Korbion/Keldungs § 15 Abs 3 Rn 16).

(c) Der Besteller braucht die Stundenlohnzettel nur abzuzeichnen, wenn sie ihm **18**
ordnungsgemäß vorgelegt werden, dh nach rechtzeitiger Anzeige des Arbeitsbeginns
und ihrerseits fristgemäß. Auf die Wirksamkeit der Abzeichnung ist es allerdings
ohne Einfluss, wenn diese ihre Voraussetzungen nicht vorgelegen haben. Wenn der
Besteller Einwendungen gegen die inhaltliche Richtigkeit der Stundenlohnzettel hat,
muss er *entsprechende Vorbehalte* machen, die nicht zwingend schriftlich geäußert
werden müssen. Das nimmt den Stundenlohnzetteln die Beweiskraft.

(d) Die Anerkenntnisfiktion des § 15 Abs 3 S 5 VOB/B für den Fall nicht recht- **19**
zeitiger Rückgabe der Stundenlohnzettel verstößt gegen § 308 Nr 5 lit b BGB, was
dann auch nach § 307 BGB relevant ist. *§ 310 Abs 1 S 3 BGB* in der Fassung des
FoSiG (dazu § 641 Rn 21) erklärt diesen Verstoß aber gegenüber Unternehmern iSd
§ 14 BGB, einer juristischen Person des öffentlichen Rechts und einem öffentlich-
rechtlichen Sondervermögen für unbeachtlich, falls die VOB/B insgesamt einbezogen ist. Dort ist die Bestimmung also wirksam (vgl zur Privilegierung nach § 308 Nr 5 aE aF
OLG Düsseldorf BauR 1997, 647, 650; Ingenstau/Korbion/Keldungs § 15 Abs 3 Rn 25; Nicklisch/Weick § 15 Abs 3 Rn 31; an der sachlichen Legitimation der Privilegierung zweifelnd Staudinger/Coester-Waltjen [2006] § 308 Nr 5 Rn 9; Recken BauR 1978, 417, 421; **aA** Wolf/Horn/
Lindacher § 23 AGBG Rn 244).

Der Fristablauf lässt die Berufung auf damals unbekannte Einwendungen nicht
unzulässig werden.

Die Abzeichnung der Stundenlohnzettel ist keine Schuldnerpflicht des Bestellers,
sondern eine Gläubigerobliegenheit.

(4) § 15 Abs 4 VOB/B hält den Unternehmer an, Stundenlohnrechnungen zügig
einzureichen. Mit der Bezugnahme auf § 16 VOB/B wird klargestellt, dass auch hier
die *Erteilung der Rechnung Fälligkeitsvoraussetzung* ist. Dabei können die Stundenlohnrechnungen je nach den Umständen den Charakter von Abschlagsrechnungen
oder von Schlussrechnungen haben.

(5) Bei *Zweifeln* über den Umfang von Stundenlohnleistungen ist *nach § 15 Abs 5* **20**
VOB/B abzurechnen.

(a) Als Anlass für derartige Zweifel nennt die Bestimmung ausdrücklich die nicht
rechtzeitige Vorlage der Stundenlohnzettel durch den Unternehmer. Es ist aber kein
Grund ersichtlich, sie nicht auch in anderen Zweifelsfällen zur Anwendung zu brin-

gen, insbesondere dann, wenn die Unklarheiten darauf beruhen, dass die Aufnahme der Arbeiten nicht rechtzeitig angezeigt wurde oder dass die Stundenlohnzettel inhaltlich unzureichend sind.

Die Zweifel sind von dem Besteller darzutun und zu beweisen. Insoweit sind keine überhöhten Anforderungen zu stellen.

(b) Wenn diese Voraussetzungen erfüllt sind, entsteht ein Anspruch des Bestellers auf *Neuberechnung der Vergütung*. Er muss diesen Anspruch rechtzeitig geltend machen, nämlich spätestens bis zur Fälligkeit der Stundenlohnschlussrechnung; andernfalls verwirkt er ihn (so zutreffend INGENSTAU/KORBION/KELDUNGS § 15 Abs 5 Rn 8).

Wenn der Unternehmer auf das berechtigte Neuberechnungsverlangen des Bestellers nicht eingeht, ist dieser in entsprechender Anwendung des § 14 Abs 4 VOB/B berechtigt, die Stundenlohnrechnung seinerseits nach Fristsetzung für den Unternehmer aufzustellen (vgl LG Mannheim BauR 1982, 71; INGENSTAU/KORBION/KELDUNGS § 15 Abs 5 Rn 9). Diese Eigenaufstellung ist dann nur eingeschränkt überprüfbar, freilich nicht nach § 319, so LG Mannheim (BauR 1982, 71), sondern nach § 315 Abs 3 BGB. INGENSTAU/KORBION/KELDUNGS § 15 Abs 5 Rn 9 wollen demgegenüber eine uneingeschränkte Nachprüfung zulassen, doch verliert dann die Eigenaufstellung des Bestellers jeden Sinn.

(c) Die Neuberechnung hat wiederum auf Stundenlohnbasis zu geschehen.

Dabei entsprechen die Berechnungsfaktoren des § 15 Abs 5 VOB/B denen des Abs 1. Unter ihnen ist der des *wirtschaftlich vertretbaren Aufwandes* hervorzuheben.

b) Stundenlohnvertrag nach BGB

21 **aa)** Zum Stundenlohnvertrag kommt es nach *allgemeinem Zivilrecht* entweder kraft entsprechender Vereinbarung der Parteien oder weil dies die übliche Vergütung iSd § 632 Abs 2 BGB ist. Letzteres gilt für weite Bereiche, insbesondere des Handwerks.

bb) Die Höhe der Stundensätze richtet sich nach denselben Grundsätzen. Eine Auffangbestimmung für den Fall, dass eine ortsübliche Vergütung nicht festgestellt werden kann, nach Art des § 15 Abs 1 Nr 2 VOB/B ist dem allgemeinen Zivilrecht dabei fremd. Nach der *Ortsüblichkeit* und insbesondere der *Branchenüblichkeit* richtet es sich auch, inwieweit die Verwendung von Arbeitsmitteln gesondert in Rechnung gestellt werden darf. Das wird jedenfalls bei Materialien durchweg üblich sein, bei Geräten dagegen nur, wenn sie unverhältnismäßig kostspielig sind.

22 **cc)** Der *Nachweis der aufgewendeten Lohnstunden* obliegt dem Unternehmer. Wenn er Lohnstundenzettel verwendet, was weithin der Üblichkeit entspricht und auch sonst zweckmäßig ist, ist der Besteller gehalten, diese *gegenzuzeichnen*. Für die Gegenzeichnung gelten die Grundsätze o Rn 16. Die Rechtsmacht zur Gegenzeichnung ist im häuslichen Bereich grundsätzlich Teil der Vertretungsmacht nach § 1357 BGB. Andere Familienangehörige oder Haushaltsmitglieder als der Ehegatte sind nicht ohne weiteres berechtigt, gegenzuzeichnen. Der Verweigerung der Abzeich-

nung kommt eine besondere Wirkung nicht zu. Damit fehlt zwar das deklaratorische Anerkenntnis des Bestellers, aber die Abrechnung ist nach wie vor auf Stundenlohnbasis vorzunehmen (vgl OLG Köln NJW-RR 1997, 150). Wo dies möglich ist, ist der Unternehmer verpflichtet, Aufnahme und Beendigung der Stundenlohnarbeiten anzuzeigen.

Der Nachweis der Stundenlohnarbeiten erfolgt *außer durch abgezeichnete Stundenzettel* regelmäßig durch *Zeugenbeweis*. Dabei kommt einer ordnungsgemäßen Dokumentation ein erheblicher indizieller Stellenwert zu.

dd) Auch nach allgemeinem Zivilrecht ist der Unternehmer zu einer *wirtschaftlichen Betriebsführung* verpflichtet. Es gelten die Grundsätze o Rn 14.

5. Selbstkostenerstattungsvertrag

Die Preisbildung beim Selbstkostenerstattungsvertrag ähnelt strukturell der des Stundenlohnvertrages; der Unterschied beider Vertragstypen liegt darin, dass Stundenlohnverträge bei Leistungen geringeren Umfangs üblich sind, Selbstkostenerstattungsverträge dagegen nur – und das auch nur ausnahmsweise – bei einem größeren Leistungsvolumen. Es gibt sie insbesondere bei öffentlichen Auftraggebern (vgl auch u Rn 138). 23

Zum Selbstkostenerstattungsvertrag heißt es in

> § 4 VOB/A Vertragsarten
>
> ...
>
> (3) Das Angebotsverfahren ist darauf abzustellen, daß der Bieter die Preise, die er für seine Leistungen fordert, in die Leistungsbeschreibung einzusetzen oder in anderer Weise im Angebot anzugeben hat.
>
> (4) Das Auf- und Abgebotsverfahren, bei dem vom Auftraggeber angegebene Preise dem Auf- und Abgebot der Bieter unterstellt werden, soll nur ausnahmsweise bei regelmäßig wiederkehrenden Unterhaltungsarbeiten, deren Umfang möglichst zu umgrenzen ist, angewandt werden.

Das Angebotsverfahren des Abs 3 kann bei sämtlichen Bauvertragstypen (Einheitspreis-, Pauschalpreis- und Stundenlohnvertrag, auch der Selbstkostenerstattungsvertrag) Anwendung finden. Bei diesem setzt jeweils der Bieter seine Preise in das vom Auftraggeber vorgegebene Leistungsverzeichnis ein.

Das Auf- und Abgebotsverfahren setzt vom Auftraggeber im Leistungsverzeichnis vorgegebene Preise voraus, die der Bieter dann nach oben bzw unten abändern kann. Es kommt nur in Betracht bei Unterhaltungsarbeiten, dh der Pflege des Baubestandes.

Für Leistungen der letzteren Art kommen auch Rahmenverträge – zB Wartungsverträge – in Betracht.

6. Verhältnis der einzelnen Typen der Preisbildung

24 Es ist den Parteien *grundsätzlich freigestellt,* nach welcher Methode sie *den Werklohn festlegen wollen;* sie können auch die einzelnen Preistypen miteinander kombinieren. Bis auf den Selbstkostenerstattungsvertrag, der nur bei entsprechender Vereinbarung denkbar ist, sind auch alle Arten der Preisbildung als Gegenstand der nach Ort und Branche üblichen Vergütung iSd § 632 Abs 2 BGB denkbar, grundsätzlich allerdings keine Kombinationen. Die *VOB* bevorzugt den *Einheitspreisvertrag,* vgl außer § 4 VOB/A, o Rn 7, und § 2 Abs 10 VOB/B, o Rn 11, noch

§ 2 VOB/B Vergütung

...

(2) Die Vergütung wird nach den vertraglichen Einheitspreisen und den tatsächlich ausgeführten Leistungen berechnet, wenn keine andere Berechnungsart (zB durch Pauschalsumme, nach Stundenlohnsätzen, nach Selbstkosten) vereinbart ist.

...

Es wird hier eine *Vermutung für den Einheitspreisvertrag* aufgestellt (vgl INGENSTAU/KORBION/KELDUNGS § 2 Abs 2 Rn 1), wie sie aber keineswegs ganz allgemein für Werkverträge gelten kann; hier kommt es vielmehr auf die Parteivereinbarungen, hilfsweise nach § 632 Abs 2 BGB auf die Branchen- und Ortsüblichkeit an. Dabei ist allerdings für den Baubereich der Einheitspreisvertrag die Regel (vgl INGENSTAU/KORBION/KELDUNGS § 2 Abs 2 Rn 2).

7. Kostengarantien

25 Es können dem Besteller auch bestimmte *Obergrenzen des Werklohns garantiert* werden; solche Obergrenzen sind dort möglich, wo der Werklohn variabel ist, also zunächst beim Einheitspreisvertrag und beim Stundenlohnvertrag, sodann vorzugsweise dort, wo fremde Kosten zu liquidieren sind, so namentlich bei der Baubetreuung. Ob eine Kostengarantie abgegeben wurde, ist eine Frage der Auslegung. Der Besteller ist für sie darlegungs- und beweispflichtig, der Unternehmer dafür, dass bestimmte Leistungen gesondert zu vergüten sind (BGH NJW-RR 1996, 952). Eine Kostengarantie gilt auch bei einer unverschuldeten Kostenüberschreitung. An ihre Aufhebung sind strenge Anforderungen zu stellen (OLG München DAR 1996, 142).

III. Ausdrückliche Vergütungsvereinbarung

1. Zustandekommen

26 Eine Vergütung kann beim Werkvertrag zunächst und in erster Linie *ausdrücklich* vereinbart werden. Das wird weithin expressis verbis geschehen, ohne dass dies aber notwendig der Fall sein müsste. Eine ausdrückliche Vergütungsvereinbarung – und damit nicht der in § 632 Abs 1 BGB geregelte Fall der stillschweigend als vereinbart geltenden Vergütung – kann auch dann vorliegen, wenn Worte nicht gewechselt werden. Anzunehmen ist dies insbesondere dort, wo deutlich sichtbar *Preislisten* aushängen (Friseur, Reinigung), oder wo dem Besteller sonst bekannt ist oder auf Grund der Umstände bekannt sein müsste, dass der Unternehmer nur zu einem bestimmten Preis zu kontrahieren bereit ist. Hier müssen die beiderseitigen Erklärungen nach ihrem objektiven Gehalt dahin verstanden werden, dass auf dieser Basis abgeschlossen werden soll. Die *Unterscheidung und Abgrenzung zu § 632 Abs 1 BGB* ist unter zweierlei Gesichtspunkten wichtig. Zum einen bemisst sich die Höhe der nach § 632 Abs 1 BGB geschuldeten Vergütung stets nach § 632 Abs 2 BGB, also dem Üblichen, während die ausdrücklich vereinbarte Vergütung davon auch abweichen kann. Zum anderen ist die ausdrücklich vereinbarte Vergütung insbesondere nach § 119 Abs 1 BGB anfechtbar (etwa, wenn man Leistungen bestellt, hinsichtlich derer man sich auf der Preisliste verlesen hat, oder wenn man diese gar übersehen hat), während die nach § 632 Abs 1 BGB geschuldete Vergütung nicht anfechtbar ist (vgl u Rn 45).

2. Bemessung der Vergütung

a) Struktur der Vergütung

Zur Struktur der zu vereinbarenden Vergütung vgl o Rn 4 ff. Die Vergütung kann nur rahmenmäßig festgelegt sein (Einheitspreisvertrag, Stundenlohnvertrag), aber auch schon endgültig (Pauschalpreisvertrag). 27

b) Grenzen der Bemessung in AGB

Bei der Bemessung der Vergütung sind die Parteien grundsätzlich frei. Grenzen können sich zunächst aus den §§ 305 ff BGB ergeben. 28

Insofern ist es unbedenklich, wenn in AGB des Unternehmers bestimmte Positionen, die er verkehrsüblich in Rechnung stellen kann, pauschaliert werden, so etwa die Wegekosten für Reparaturen im Hause des Bestellers (vgl BGHZ 116, 117 = NJW 1992, 688 [„Kfz-Kostenanteil pro Anfahrt pauschal ... DM"]). Denkbar ist es dann, dass die Pauschale unangemessen ist (vgl Ulmer/Brandner/Hensen/Christensen, Wartungsverträge Rn 3), doch ist dies nicht nach den §§ 307 ff BGB, sondern in entsprechender Anwendung des § 315 Abs 3 BGB zu überprüfen. Unbedenklich auch die Klausel „Fahrzeiten gelten als Arbeitszeiten" (aA BGHZ 91, 316 = NJW 1984, 2160; einschränkend dazu wieder BGHZ 116, 117). Denn die Berechnung der Fahrzeiten ist üblich, ihre Gleichstellung mit Arbeitszeiten kann – AGB-rechtlich – nicht getadelt werden. Was der Unternehmer eigens in Rechnung stellen darf, das darf er auch in seinen AGB pauschalieren. Die überhöhte Pauschale ist aber eben nach § 315 Abs 3 BGB zu überprüfen. Wo aber der Unternehmer etwas in Rechnung stellen will, was üblicherweise nicht gesondert berechnet wird, da unterliegt er einer besonderen Hinweis- und Aufklärungspflicht, deren Verletzung ihn nach den Grundsätzen der culpa in contrahendo verpflichten kann, die entsprechende Forderung fallen zu lassen. ZB muss es in einem deutschen Lokal besonders hervorgehoben werden, wenn das Gedeck eigens berechnet werden soll. Bei besonders überraschenden Nebenforderungen des Unternehmers mag man sich fragen, ob sie überhaupt Vertragsinhalt geworden sind, vgl den Gedanken der §§ 305, 305c BGB.

aa) Hinsichtlich der §§ 305 ff BGB ist im Ausgangspunkt allerdings zu beachten, dass *keine Preiskontrolle* bezweckt ist, und dies auch dann nicht, wenn die Preise in die Form Allgemeiner Geschäftsbedingungen gekleidet sind (vgl Ulmer/Brandner/Hensen/Fuchs § 307 Rn 11 f, 324, sofern die Regelung dem Transparenzgebot genügt). 29

(1) Zunächst stellt es eine *unangemessene Benachteiligung* des Unternehmers iSd § 307 *Abs 1, Abs 2* Nr 1 BGB dar, kann auch uU überraschend iSd § 305c BGB sein, wenn ihm in AGB des Bestellers *Kürzungen seines Werklohnanspruchs* angedroht werden, für die er selbst weder Grund noch Anlass gegeben hat. Das gilt etwa dann, wenn ein Subunternehmer Vergütung nur in dem Umfang erhalten soll, in dem der Hauptunternehmer selbst Vergütung von seinem Abnehmer erhält (vgl LOCHER NJW 1979, 2235, 2237), oder wenn sich der Besteller die einseitige beliebige Festsetzung des Werklohns vorbehält (OLG Düsseldorf BauR 1981, 293; 1983, 470).

(2) Weiterhin wird der Unternehmer unangemessen benachteiligt, wenn er ohne Zusatzvergütung *zusätzliche Leistungen* erbringen soll, die er als solche nicht schuldet, zB Wegschaffen des Bauschutts anderer Unternehmer (OLG München NJW-RR 1987, 661) oder die Beseitigung von Mängeln an den Vorleistungen anderer Unternehmer.

(3) Auch kann das *Kostengefüge* des Werkvertrages auf andere Weise unangemessen zu Lasten des Unternehmers verschoben werden, so wenn er Stilllegungskosten ohne weiteres tragen soll (OLG München NJW-RR 1987, 661) oder Energiekosten bis hin zur Übergabe des Hauses an den Endabnehmer (OLG München NJW-RR 1987, 661). Werden dem Unternehmer zulässig anteilige Kosten auferlegt, so muss ihr Betrag angemessen berechnet werden (vgl OLG Düsseldorf BauR 1993, 736 [Bauwesenversicherung]). Zulässig sind bei Lohngleitklauseln Bagatellklauseln, dass minimale Änderungen unberücksichtigt bleiben sollen (BGH NJW 2002, 441: 0,5 % der Abrechnungssumme; diese habe der Unternehmer dann stets zu tragen).

(4) Gesetzlichen Regelungen über Preise bzw deren Ermittlung kann Richtlinienfunktion iSd § 307 Abs 2 Nr 1 BGB zukommen (vgl BGH NJW 1981, 2351 zu § 10 Abs 2 HOAI).

30 (5) Den Besteller kann es benachteiligen, wenn sich der Unternehmer eine Preisänderung vorbehält. Solche Klauseln scheitern gegenüber Privatkunden zT an § 309 Nr 1 BGB. Wenn die dortige viermonatige Lieferfrist überschritten ist oder ein Dauerschuldverhältnis vorliegt (§ 309 Nr 1 HS 2 BGB), fragt es sich freilich, was dann gelten soll. Bei erheblichen Preissteigerungen muss dem Kunden jedenfalls ein Lösungsrecht eingeräumt werden (vgl BGHZ 82, 21, 90, 69), das indessen den Interessen des Kunden auch nicht immer gerecht wird. Eine wirksame Klausel muss außerdem außer dem Anlass der Preiserhöhung auch deren Ausmaß bestimmen (vgl BGH NJW 1985, 855; BGHZ 94, 335 = NJW 1985, 2270), betreffend einen Festpreis im Bauvertrag. Es darf sich der Unternehmer keinen zusätzlichen Gewinn vorbehalten (BGHZ 94, 335, 340), sondern allenfalls Zusatzkosten weitergeben. Auch insoweit wird aber zu fordern sein, dass der Unternehmer es dem Besteller transparent macht, was im Einzelnen an Zusatzkosten auf ihn zukommen kann (vgl ULMER/BRANDNER/FUCHS § 309 Nr 1 Rn 31 ff; OLG Köln NJW-RR 1994, 1109). Damit sind dann allerdings im Ergebnis wirksame Klauseln kaum denkbar: Kann der Unternehmer die Kostensteigerungen sofort überschauen, müsste er sie sogleich einberechnen. Kann er es nicht, wird er es auch dem Kunden nicht hinreichend verdeutlichen können, was auf diesen zukommen wird. Letztlich wird es dann nur möglich sein, zwei konkrete zeitlich gestaffelte Preise anzubieten.

bb) Wo die anspruchsbegründende Klausel des Unternehmers bzw die anspruchsbeschränkende des Bestellers nicht anzuerkennen ist, ist nach den üblichen Sätzen des § 632 Abs 2 BGB abzurechnen, sofern nicht vorrangig dem Vertrag eine Vergütung zu entnehmen ist.

c) § 138
aa) Allgemein
(1) Es wird nur selten der Fall sein, dass der Unternehmer seine Werklohnforderung so bemisst, dass sie mit § 138 Abs 2 oder Abs 1 BGB nicht mehr vereinbar ist. Wo dies doch anzunehmen ist, kann es nicht angehen, dass man mit der Nichtigkeitsfolge dieser Bestimmung dem Besteller zunächst seinen Erfüllungsanspruch vorenthält, späterhin die Mängelrechte. Seine Interessen werden vielmehr nur dann hinreichend gewahrt, wenn man ihm einen Anspruch auf die reguläre Durchführung des Vertrages zuerkennt, dies zu den üblichen Sätzen. Geht man aber diesen Schritt, dann würde er übermäßig und in einer nicht mehr gerechtfertigten Weise begünstigt, wenn er sich stattdessen auch noch vom Vertrag lösen könnte. 30a

Zu den üblichen Sätzen zu leisten, § 632 Abs 2 BGB, ist einerseits dem Unternehmer zuzumuten, andererseits wäre es ihm auch nicht zuzumuten, ohne Entgelt zu leisten oder gar geleistet zu haben. § 817 S 2 BGB bedarf insoweit der teleologischen Reduktion.

(2) Es mag dem Besteller gelingen, den Preis so weit zu drücken, dass er für den Unternehmer nicht mehr auskömmlich ist. Das kann jedoch nicht zu § 138 BGB führen. Einerseits kann es für den Unternehmer durchaus sinnvoll sein, zB in einer Auftragsflaute auch einen solchen Auftrag zu übernehmen, andererseits darf er ggf den Weg in die Insolvenz nicht scheuen.

bb) Einheitspreisvertrag
Besonderheiten können sich beim Einheitspreisvertrag ergeben, wenn der Unternehmer seine Einheitspreise unausgewogen gebildet hat. In dem den Entscheidungen BGHZ 179, 213 = NJW 2009, 835 = NZBau 2009, 232 Rn 12 ff; NZBau 2010, 367 zugrunde liegenden Fall war eine Einzelposition mit mehr als dem 800 fachen (!) des Üblichen angesetzt worden, was sich dann verhängnisvoll zu Lasten des Bestellers auszuwirken drohte, als es gerade bei dieser Position zu Mehrmengen kam; vgl ferner BGHZ 196, 355 = NJW 2013, 1953 = NZBau 2013, 369: 22-fache Überschreitung; BGHZ 196, 299 = NJW 2013, 1950 = NZBau 2013, 366: achtfache Überschreitung. 30b

Dazu ist zunächst festzuhalten, dass diese Überhöhung des Einzelpreises so lange nicht zu beanstanden ist und beanstandet wird, wie Mengen in dem erwarteten Rahmen bleiben. Der Werklohnanspruch des Unternehmers bildet eine Einheit, und wenn die Forderung des Unternehmers insgesamt akzeptabel war, kann § 138 BGB nicht auf eine Einzelposition angewendet werden, wenn es bei den erwarteten Mengen verbleibt. Wenn der BGH (NJW 2013, 1950) § 138 BGB auf die Mehrmengen anwenden will, ist das freilich ein ungeeigneter Ansatz, setzt er doch voraus, dass den Unternehmer ein Schuldvorwurf trifft. Daran kann es indes leicht fehlen, wenn sich mehrere Fehlansätze des Unternehmers insgesamt aufgewogen haben.

Berücksichtigt man, dass neben dieser Konstellation des überhöhten Einheitspreises auch die gegenteilige des unangemessen niedrigen stehen kann, bei der dann Mehrmengen den Besteller begünstigen, dem nun aber ein Schuldvorwurf noch schwerer zu machen sein wird, kann eine angemessene Lösung nur bei der Kooperationspflicht der Parteien ansetzen, die es ihnen verbietet, den anderen Teil unangemessen zu schädigen. Völlig zutreffend untersagt der BGH nunmehr einem Auftragnehmer, dem es an verwerflicher Gesinnung fehlt, so dass auch nach BGH die Preisvereinbarung nicht § 138 BGB unterfallen kann, sich bei der Abrechnung auf einen überhöhten Einheitspreis zu berufen, weil dies unter Verstoß gegen Treu und Glauben eine unzulässige Rechtsausübung darstellte (BGH NJW 2013, 1953 = NZBau 2013, 369 Rn 35). Des Abwegs über § 138 BGB bedarf es aber niemals (vgl § 631 Rn 84a). Entscheidend ist, ob das Verhalten des Auftragnehmers bei Rechnungserstellung, nicht bei Formulierung der Einheitspreise verwerflich ist. Schwierig festzulegen ist freilich, wann eine unangemessene Schädigung und damit eine unzulässige Rechtsausübung anzunehmen ist. In Anlehnung an die Faustregel bei § 138 Abs 1 BGB wird das grundsätzlich dann anzunehmen sein, wenn der übliche Preis bei den Mehrmengen um mehr als 100 %, also das einfache, überschritten oder um mehr als 50 % unterschritten wird.

d) § 134

30c Bei einem Verstoß gegen ein gesetzliches Verbot sind mehrere Konstellationen zu unterscheiden.

aa) Es kann die zu erbringende Werkleistung schlechterdings verboten sein. Dann steht dem Unternehmer auch keine Vergütung zu.

bb) Die Werkleistung mag nur in ihrer konkreten Form verboten sein zB der Bau im Naturschutzgebiet oder in bauordnungswidriger Gebäudehöhe. Dass das Werk genehmigungsfähig ist und genehmigt wird, ist das Risiko des Bestellers, so dass dem Unternehmer seine Vergütung grundsätzlich zusteht, wenn er das Werk erbringt. Freilich trifft ihn die Warnpflicht des § 4 Abs 3 VOB/B (dazu § 633 Rn 62), so dass dem Besteller ein aufrechenbarer Schadensersatzanspruch erwächst, der in krassen Fällen den Werklohnanspruch ganz aufzehren kann.

cc) Das gesetzliche Verbot kann die äußeren Umstände der Werkleistung betreffen, zB im Falle der Schwarzarbeit oder des Architekten betreffende Koppelungsverbots (Vorbem 17 ff zu §§ 650p ff). Hier ist die Leistung als solche nicht zu beanstanden und damit vergütungswürdig. So entsteht zwar kein Anspruch auf ihre Erbringung, aber wenn sie erbracht ist, kann dem Unternehmer der Werklohn nicht vorenthalten werden, dem Besteller nicht die Gewährleistung.

dd) Preisrechtliche Bestimmungen (zu ihnen u Rn 127 ff), tangieren die Wirksamkeit des Vertrages nicht, sondern bestimmen nur ggf die zu leistende Vergütung.

e) Unmöglichkeit der Leistung

30d Der Unternehmer kann uU seinen Werklohnanspruch nach den §§ 275 Abs 1, 326 Abs 1 BGB dadurch einbüßen, dass die Erbringung der Werkleistung unmöglich wird. Dieser Fall tritt allerdings nicht schon dadurch ein, dass der Subunternehmer die seinem Auftraggeber zugesagte Leistung ein zweites Mal dessen Auftraggeber zusagt und sie erbringt (aA BGH NJW 2010, 1282, Rn 11 zum Verhältnis des Subunternehmers zum Zwischenunternehmer). Vielmehr erfüllt der Subunternehmer dann gegenüber seinen beiden Auftraggebern (und der Zwischenunternehmer im Verhältnis zu seinem

Auftraggeber). Das Ergebnis, dass der Endabnehmer der Leistung doppelt bezahlen muss, ist nur scheinbar misslich; er hat es sich durch seine Vertragsgestaltung selbst eingebrockt. Wenn – wie anzunehmen – Vertrauensverlust gegenüber dem Zwischenunternehmer die Ursache seines Handelns war, hätte er diesem gegenüber zuvor kündigen müssen und könnte bei Vorliegen eines wichtigen Grundes zur Kündigung etwaige Mehrkosten bei diesem liquidieren.

Ist der Besteller nach Maßgabe des § 326 Abs 2 BGB für die Unmöglichkeit verantwortlich, gilt für die Vergütung des Unternehmers diese Bestimmung. Fehlt es an Verantwortlichkeit in diesem Sinne, kann sich immer noch aus § 645 Abs 1 S 1 BGB ein eingeschränkter Vergütungsanspruch des Unternehmers ergeben (s dazu § 645 Rn 1 ff).

f) Mehrwertsteuer

Der vereinbarte Vertragspreis umfasst grundsätzlich auch die Mehrwertsteuer als unselbständigen Teil (vgl BGHZ 58, 295; 103, 287), die also ohne eine besondere Vereinbarung *nicht hinzugerechnet* werden darf (vgl BGH WM 1973, 677; OLG Oldenburg NJW 1969, 1486; OLG Köln NJW 1971, 894; OLG Hamm Betr 1973, 125), und zwar auch dann nicht, wenn der Vertrag der VOB/B unterliegt (OLG Düsseldorf BauR 1971, 121). Sollen sich die angegebenen Preise als Nettopreise verstehen, ist das mit hinreichender Deutlichkeit zum Ausdruck zu bringen, vgl auch § 305c Abs 2 BGB. Den Unternehmer auf Unklarheiten des Angebots hinzuweisen, ist der Besteller nicht verpflichtet (**aA** OLG Stuttgart BauR 1998, 559). **31**

Allerdings stellt die Mehrwertsteuer dann nur einen durchlaufenden Posten dar, wenn *beide Parteien vorsteuerabzugsberechtigt* sind. Deshalb hat sich im Verhältnis solcher Parteien weithin ein „Nettodenken" durchgesetzt (vgl SCHAUMBURG/SCHAUMBURG NJW 1975, 1261), so dass man vielfach von einem entsprechenden Handelsbrauch, § 346 HGB, des Inhalts ausgehen kann, dass sich Preisangaben unter Kaufleuten ohne besonderen Zusatz als netto verstehen (vgl SCHAUMBURG/SCHAUMBURG NJW 1975, 1261; **aA** DITTMANN BB 1979, 712). Dies dürfte heute jedenfalls im Baubereich der Fall sein (vgl INGENSTAU/KORBION/KELDUNGS § 2 Abs 1 Rn 19). Soweit die gewerbsmäßigen Baubeteiligten, wie vielfach, nicht im Handelsregister eingetragen sind, sollten bei der Auslegung ihrer nicht näher spezifizierten Preiserklärungen keine überhöhten Anforderungen gestellt werden, um statt der – auch hier zu vermutenden – Bruttoangaben Nettoangaben anzunehmen.

Eine Umsatzbeteiligung des Unternehmers am Nettoerlös des Bestellers versteht sich wiederum netto, zB im Verlagswesen, wo der Verlag abrechnet (§§ 24 VerlagsG, 14 Abs 2 S 2 UStG).

Die Absicht, die Mehrwertsteuer nicht abzuführen, hat zivilrechtlich keine Folgen (vgl PETERS NJW 2008, 2478 u hier § 631 Rn 80; **aA** BGH NJW-RR 2008, 1050 = NZBau 2008, 434). Das gilt namentlich für den von BGH NZBau 2013, 551 genannten § 1 Abs 2 Nr 2 SchwarzArbG: die Bestimmung soll Fälle der Steuerhinterziehung aufdecken, damit der Steuertatbestand wirken kann, aber die Schaffung von Steuertatbeständen nicht unterbinden.

g) Anfechtung der Preisvereinbarung

32 Die Preisvereinbarung – und damit der gesamte Vertrag – ist nach den allgemeinen Grundsätzen anfechtbar, so namentlich nach § 119 Abs 1 BGB, wenn sich eine der Parteien bei ihr verschrieben oder versprochen hat, oder nach § 123 BGB, wenn eine arglistige Täuschung durch die Gegenseite vorliegt. Letzteres löst auch Ansprüche aus den §§ 280 Abs 1, 241 Abs 2, 311 Abs 2 BGB aus, die auf eine Korrektur des Irrtums gerichtet sind; für derartige Ansprüche reicht im Übrigen auch schon die fahrlässige Unterhaltung eines Irrtums aus.

h) Kalkulationsirrtum

33 Der vom Unternehmer angebotene Preis kann sich als unauskömmlich erweisen, weil sich der Aufwand für die von ihm geschuldete Leistung höher als angenommen darstellt.

aa) Die Problematik kann *nicht* mit einer *Irrtumsanfechtung* nach § 119 BGB aufgelöst werden, vgl BGH JZ 1999, 365, 366: Für § 119 Abs 1 BGB fehlt es an der Erfüllung des Tatbestandes einer der beiden Alternativen (vgl zB Wieser NJW 1972, 708, 710); es liegt vielmehr ein Motivirrtum vor, der aber gerade nicht zu den nach § 119 Abs 2 BGB relevanten gehört (**aA** MünchKomm/Armbrüster § 119 Rn 121; Singer JZ 1999, 342). Eine Anfechtung ist auch nach Voraussetzungen und Rechtsfolgen ganz untunlich, wenn es nicht auf Verschulden am Irrtum und seine Erkennbarkeit ankommt und die Folge die Vernichtung des Vertrages ist, wo doch die tatsächliche Lage weithin die ist, dass die Leistung erbracht ist und es um die Vergütung des zusätzlichen Aufwandes geht.

34 bb) Vorrangig ist vielmehr eine *Auslegung des Vertrages* nach den §§ 133, 157 BGB.

(1) Diese kann zunächst in einfach gelagerten Fällen ergeben, dass der sich aus richtiger Kalkulation ergebende Preis geschuldet ist: Dazu führen die Grundsätze über die *falsa demonstratio* dann, wenn der Gegner den Fehler entdeckt hat (es fehlt zB ersichtlich eine „0" oder die Addition verschiedener Positionen weist einen evidenten Rechenfehler auf) (vgl Wieser NJW 1972, 708, 709; Singer JZ 1999, 342, 327; Medicus/Petersen, Bürgerliches Recht Rn 134).

(2) Sodann ist von dem Grundsatz auszugehen, dass der vereinbarte Preis die im Vertrag ausgewiesene Leistung umfasst. Wird diese nur pauschal umschrieben, so entspricht es dem erfolgsbezogenen Charakter des Werkvertrages, *dass sich der Unternehmer an dem von ihm akzeptierten Preis festhalten lassen muss*. Der Besteller braucht nicht dafür zu sorgen, dass der Unternehmer sein Auskommen hat; er darf auf die Günstigkeit des Preises vertrauen.

Grenzen bilden einerseits § 138 BGB, andererseits die *Regeln über die Geschäftsgrundlage*. Freilich werden letztere kaum eingreifen, wenn denn der Unternehmer gehalten ist, die kalkulatorischen Voraussetzungen seiner Leistung sorgsam abzuklären. Es ist darauf hinzuweisen, dass die Zumutbarkeitsgrenze des § 635 Abs 3 BGB für die erstmalige Erbringung der Leistung nicht gilt, bei der sich auch aus § 275 Abs 2 BGB kaum anderes ergeben dürfte.

Den konkreten Leistungsumfang bestimmt § 633 Abs 1, 2 BGB: Die Leistung muss namentlich für die Gebrauchserwartung des Bestellers tauglich sein.

(3) Wenn eine *nähere Leistungsbeschreibung* vorliegt, ist diese für die Vergütung verbindlich, soweit es um den Umfang der Leistung geht. Das ist unabhängig davon, ob sie von Besteller- oder Unternehmerseite stammt.

35

Werden zusätzliche (weitere Heizkörper) oder andere (tragfähigere Decken) Leistungen erforderlich, ergeben die §§ 133, 157 BGB, dass sie zusätzlich zu vergüten sind. Das sind die sog *Sowieso-Kosten* (vgl § 634 Rn 24), die sich als solche ergeben, wenn die Unzulänglichkeit der Planung erst nachträglich bemerkt wird, die aber nicht anders zu behandeln sind, wenn diese den Parteien vorab deutlich wird. Die „falsche" Preisbildung kann insoweit also im Wege der Auslegung behoben werden. Dabei sind Klauseln des Bestellers grundsätzlich unangemessen (§ 307 BGB), in denen er den Unternehmer die Vollständigkeit der Leistungsbeschreibung bestätigen lässt (vgl Roquette NZBau 2001, 57). Die Zusatzvergütung kann nicht von vorheriger Vereinbarung oder auch nur Ankündigung abhängig gemacht werden. § 4 Abs 3 VOB/B gilt hier nicht.

(4) Auf die Leistungsbeschreibung kommt es auch dann an, wenn nach Vertragsschluss *öffentlich-rechtliche Bestimmungen* höhere Anforderungen an das Werk stellen, zB in Bezug auf Umweltschutz, Energieverbrauch, Sicherheit. Für die Beurteilung des Werkes als mangelfrei maßgeblich sind die zur Zeit der Abnahme geltenden Bestimmungen. Auf seine Kosten muss der Unternehmer ihnen genügen, wenn die Details der Leistung im Vertrag nicht näher beschrieben sind. Er kann die Kosten als Sowieso-Kosten auf den Besteller abwälzen, wenn ein jetzt nicht mehr hinreichendes Detail vereinbart war.

(5) Bei näherer Leistungsbeschreibung können sich unvorhergesehene Kosten für den Unternehmer weiter daraus ergeben, dass er seine Leistung in qualitativ minderer Art kalkuliert hat (vgl die Normal- oder Sonderfarbe im Fall BGH NJW-RR 1993, 1109).

36

Hier ergibt die Auslegung des Vertrages, was er schuldet (BGH NJW-RR 1993, 1109). Sie hat sich zu orientieren an den gesamten Umständen des konkreten Bauvorhabens (BGH NJW-RR 1993, 1109). Verlangt der Besteller mehr, sind das zusätzlich zu vergütende Sowieso-Kosten.

Dabei muss die Auslegung der Leistungsbeschreibung unterschiedlich erfolgen, je nachdem, wer sie vorgelegt hat:

Ist dies der Unternehmer, entscheidet die verständige Sicht eines redlichen Laien.

Ist dies der Besteller, so kommt es (ebenfalls) nicht auf die Sicht eines Sachverständigen an (BGH BauR 1995, 538), anders als bei der Leistungsbeschreibung durch den Unternehmer aber auch nicht auf das laienhafte (allgemeine) Verständnis (BGH BauR 1994, 625), sondern auf jenes eines Sachkundigen und verständigen Unternehmers (BGH BauR 1993, 595 = NJW-RR 1993, 1109).

Schuldet der Unternehmer die teurere Ausführung, kann er die vermeintlich vermeidbaren Mehrkosten nicht abwälzen.

37 **(6)** Irrig beurteilen kann der Unternehmer außer Art und Umfang der Leistung weiterhin die **Kosten ihrer Erbringung**, zB machen die *Bodenverhältnisse* eine besondere Wasserhaltung erforderlich oder die Wege für die Abfuhr des Aushubs verlängern sich. Die Kosten dieser Art unterscheiden sich von den Sowieso-Kosten dadurch, dass sie sich nicht in der Qualität des späteren Bauwerks niederschlagen. Gleich den den Sowieso-Kosten zugrunde liegenden Maßnahmen schuldet der Unternehmer aber auch diese Maßnahmen.

Wiederum ist es maßgeblich, von welcher Seite die Planung kommt.

Wenn dies der Besteller ist, gelten die verallgemeinerungsfähigen Grundsätze der VOB/A:

> § 7 Leistungsbeschreibung
>
> Allgemeines
>
> (1) 1. Die Leistung ist eindeutig und so erschöpfend zu beschreiben, daß alle Unternehmer die Leistung im gleichen Sinne verstehen müssen und ihre Preise sicher und ohne umfangreiche Vorarbeiten berechnen können. ...
>
> 2. Um eine einwandfreie Preisermittlung zu ermöglichen, sind alle sie beeinflussenden Umstände festzustellen und in den Vergabeunterlagen anzugeben.
>
> 3. Dem Auftragnehmer darf kein ungewöhnliches Wagnis aufgebürdet werden für Umstände und Ereignisse, auf die er keinen Einfluß hat und deren Einwirkung auf die Preise und Fristen er nicht im Voraus schätzen kann.
>
> ...

38 Einerseits hat mithin der Besteller *ungewöhnliche Wagnisse* von dem Unternehmer fernzuhalten und diesem die angemessene Kalkulation namentlich auch der Bauausführung zu ermöglichen. Andererseits darf der Unternehmer grundsätzlich auf die Richtigkeit und Vollständigkeit der Angaben des Bestellers vertrauen; dessen Angaben zu den Bodenverhältnissen binden ihn (BGH BauR 2009, 1724 Rn 27). Eine nähere Überprüfung ist dem Unternehmer weder kostenmäßig noch zeitlich zuzumuten. Nur wo sich Verdachtsmomente ergeben, hat er nach dem Gedanken des § 4 Abs 3 VOB/B (dazu § 633 Rn 62 ff) ihretwegen nachzufragen.

Wenn es mithin um *ein ungewöhnliches Wagnis geht, das der Unternehmer nicht zu erkennen brauchte,* wird die Auslegung nach den §§ 133, 157 BGB ergeben, dass der Besteller die Zusatzkosten der erschwerten Ausführung zu tragen hat (vgl BGH NJW 1994, 850; vgl auch OLG München NJW-RR 1998, 883 m abl Anm PUTZIER BauR 1998, 561). Dem Besteller selbst nützt es, wenn der Unternehmer seine Preise auf voraussehbare Verhältnisse kalkuliert und die Preise dann ggf angepasst werden. Er steht schlechter, wenn Risiken einkalkuliert werden, die sich dann nicht verwirklichen.

Das muss unabhängig davon gelten, ob der Besteller das Wagnis schuldhaft verkannt **39** hat, und zwar jedenfalls für das sog *Baugrundrisiko* (vgl INGENSTAU/KORBION/KRATZENBERG § 7 VOB/A Rn 52), wofür sich auch der Gedanke des § 645 Abs 1 BGB heranziehen lässt. Freilich betrifft die Bestimmung unmittelbar nur den Fall, dass das Hindernis die Vertragsdurchführung scheitern lässt, während es hier um die Kosten seiner Überwindung geht. Daher braucht der Besteller aber auf eine Bodenkontamination aber nicht hinzuweisen, wenn mit ihr ohne weiteres zu rechnen ist (BGHZ 192, 172 = NJW 2012, 518) – Risiken außerhalb der Baustelle selbst sind dagegen Sache des Unternehmers, sofern er nicht auf die diesbezüglichen Angaben des Bestellers ohne weiteres vertrauen durfte.

Wenn der Unternehmer bei zumutbarer Überprüfung der Ausschreibung des Bestellers deren Fehlerhaftigkeit erkennen konnte, will BGH NJW 1994, 850 dem Unternehmer offenbar sowohl vertragliche Ansprüche versagen, weil dann eine Vertragsauslegung zugunsten des Unternehmers nicht mehr möglich sei, als auch jedenfalls Ansprüche aus culpa in contrahendo mangels schutzwürdigen Vertrauens des Unternehmers entfallen lassen. Das entspricht zwar der Wertung des § 645 Abs 1 BGB, kann aber nicht befriedigen. Vielmehr wird man es auch bei leichtem Verschulden des Unternehmers bei seinem vollen vertraglichen Vergütungsaufwand für den unvermeidbaren Mehraufwand bewenden lassen müssen, wenn denn das Vertrauen des Bestellers nicht schutzwürdig ist, hier letztlich Mehrleistungen kostenlos zu erhalten.

Hat der Unternehmer die Kosten der Bauausführung ermittelt, muss er sich daran bis hin zum Wegfall der Geschäftsgrundlage festhalten lassen. Das gilt insbesondere auch für das Baugrundrisiko. Allerdings gibt es auch hier Grenzen, vgl die Kostenregelung des § 4 Abs 9 VOB/B zum Schatzfund.

(7) Ein Kalkulationsirrtum des Unternehmers kann sich schließlich daraus er- **40** geben, dass er sich *bei gesicherten Grundlagen seiner Berechnung verkalkuliert:* In die Einheitspreise sind die Kostenpositionen, die § 15 Abs 1 Nr 2 VOB/B nennt, einzuberechnen. Dabei kann es Fehler geben, zB hatte der Unternehmer in dem BGH JZ 1999, 365 zugrunde liegenden Fall namentlich Transportkosten übersehen. Dann kann es *gegen Treu und Glauben verstoßen,* wenn der Besteller den Unternehmer an seinem Angebot *festhält.* Das setzt freilich zweierlei voraus:

Zunächst muss der Besteller den Kalkulationsirrtum kennen oder sich seiner Kenntnis treuwidrig verschließen (vgl BGH NJW 1983, 1671, 1672; JZ 1999, 365, 367). Er ist nicht verpflichtet, den Kalkulationsirrtum seinerseits aufzuklären (BGH JZ 1999, 365, 367 f), sondern hat den Unternehmer nur auf einen dem Grunde nach erkannten Kalkulationsirrtum hinzuweisen (vgl BGH NJW 1980, 180; NJW-RR 1986, 569). Dann ist es Sache des Unternehmers, *den Irrtum unverzüglich namentlich auch der Höhe nach aufzuklären;* erst wenn der Besteller den Betrag kennt, kennt er den Irrtum wirklich.

Sodann muss der Irrtum in seinem Ausmaß Gewicht haben, weil nur dann die Vertragsdurchführung für den Unternehmer schlechthin unzumutbar wird, wie zu fordern ist (vgl BGH JZ 1999, 365, 367).

Wenn der Unternehmer danach an seinem Preis festzuhalten ist, zB weil er seinen Irrtum nicht unverzüglich und auch der Höhe nach aufgeklärt hat, darf die Leistung nicht verweigern; der Besteller kann gegen ihn nach § 281 BGB vorgehen. Hat der Unternehmer die Leistung erbracht, muss er zum vereinbarten Preis abrechnen.

Kann sich der Unternehmer (ausnahmsweise) auf die Beachtlichkeit seines Irrtums berufen, so dass der Preis zu korrigieren ist, ist er zur Leistungsverweigerung berechtigt, wenn der Besteller dies nicht hinzunehmen bereit ist. Die gleichwohl erbrachte Leistung ist zum korrigierten Preis abzurechnen.

IV. Fehlende Vergütungsvereinbarung beim Werkvertrag, § 632 Abs 1

1. Entgeltlichkeit des Werkvertrages

41 Ein Erfolg, wie er im Rahmen des Werkvertrages zugesagt wird, kann auch ohne Entgelt zu bewirken sein; dann ist allerdings Werkvertragsrecht nicht anwendbar, sondern es ist von einem Auftrag auszugehen, vgl dazu Vorbem 48 ff zu § 631. *Zum Wesen des Werkvertrages gehört die Entgeltlichkeit.*

2. Bedeutung des § 632 Abs 1

42 Wenn die Vergütungsfrage, wie dies häufig der Fall ist, bei Vertragsabschluss nicht angesprochen wird, könnte man nach allgemeinen Grundsätzen den Vertrag gemäß § 154 Abs 1 S 1 BGB als noch nicht geschlossen ansehen, ggf auch einen *Dissens* annehmen. § 632 Abs 1 BGB vermeidet dies und ist deshalb *lex specialis* zu den genannten Regeln, wenn danach die Umstände über die Frage entscheiden, ob eine Vergütung vereinbart ist, vgl aber auch u Rn 46. Klärt sich damit das „Ob" der Vergütung, so wird die mindestens gleich wichtige Frage nach ihrer Bemessung in § 632 Abs 2 BGB beantwortet.

a) Die Umstände

43 Nach § 632 Abs 1 BGB entscheiden die Umstände, ob eine Vergütung geschuldet wird.

aa) Das ist ein *nur subsidiär* anwendbares Entscheidungskriterium, *das hinter Parteivereinbarungen jeglicher Art zurücktreten muss,* positiven oder negativen (BGH BauR 1995, 88), dh nicht nur hinter ausdrücklichen, sondern auch hinter stillschweigenden/konkludenten, wie sie sich beispielsweise aus der Bezugnahme auf eine frühere Zusammenarbeit der Parteien ähnlicher Art ergeben können, oder aus der Bezugnahme auf aushängende Preislisten etc. Das ist insbesondere für die Höhe der geschuldeten Vergütung von Bedeutung, die sich bei einer Vereinbarung nach dieser richtet, im Falle des § 632 Abs 1 BGB dagegen nach § 632 Abs 2 BGB.

bb) Mit den „Umständen" spricht § 632 Abs 1 BGB *objektive* Sachverhalte an; die *subjektiven Vorstellungen* sind grundsätzlich unbeachtlich, allenfalls insoweit zu verwerten, wie sie erkennbar geworden sind (vgl BGB-RGRK/Glanzmann Rn 2; Münch-Komm/Busche Rn 5; Erman/Schwenker/Rodemann Rn 1). Es kommt an auf die *Verkehrsanschauung,* freilich unter Berücksichtigung der konkreten Gegebenheiten des Einzelfalls. Dabei sind diese nach der Fassung des Gesetzes („wenn die Herstellung des Werkes ... nur gegen eine Vergütung, zu erwarten, ist") *primär aus der Sicht des Bestellers,* nicht der des Unternehmers zu würdigen.

cc) Die maßgeblichen Umstände sind *kaum umfassend zu beschreiben*. Ein starkes **44** Indiz für Entgeltlichkeit ist es regelmäßig, wenn der Unternehmer *gewerblich oder freiberuflich* tätig ist (vgl Erman/Schwenker Rn 1) und die zugesagte Tätigkeit in diesen Rahmen fällt. Freilich spricht es nicht entscheidend gegen Entgeltlichkeit, dass es sich um eine – gar fachfremde – Gelegenheitstätigkeit handelt. Bedeutung kommt weiterhin dem *Wert des Werkes* einerseits zu und dem *Aufwand*, der für seine Erstellung an Zeit, Material – nicht unbedingt an Know-how – notwendig ist, andererseits; kleine Handreichungen pflegen auch beruflich tätige Unternehmer verbreitet unentgeltlich zu erbringen. Gewerbliche Leistungen eines Unternehmers sind grundsätzlich zu vergüten (vgl OLG Köln NJW-RR 1994, 1208: Komposition eines Musiktitels), auch wenn der Besteller das Werk später nicht verwendet (vgl OLG Zweibrücken NJW-RR 1995, 1265: Layout einer Broschüre; OLG Frankfurt NJW-RR 1997, 120: Titelbildentwurf für ein Buch).

Auch bei der Nachbarschaftshilfe sind aber grundsätzlich die materiellen Aufwendungen des Helfenden zu erstatten (vgl OLG Köln NJW-RR 1994, 1239, s auch § 670). *Verwandtschaftliche* oder *freundschaftliche Beziehungen* spielen gegenüber beruflich tätigen Unternehmern grundsätzlich keine Rolle; anders kann es unter Privaten sein, namentlich dann, wenn unentgeltliche Hilfsleistungen in umgekehrter Richtung schon erbracht worden sind oder doch in – einigermaßen konkreter – Aussicht stehen.

dd) Die *Darlegungs- und Beweislast* trifft für die eine Entgeltlichkeit begründenden Umstände den Unternehmer (vgl BGH BauR 1997, 1060), für die gegen sie sprechenden den Besteller. Sofern der Besteller insoweit im Prozess nichts vorträgt, genügt der Unternehmer seiner Darlegungs- und Beweislast schon damit, dass er darlegt und beweist, es sei die Erstellung eines Werkes verabredet worden.

b) Rechtsfolge

Eine Vergütung „*gilt*" ggf als stillschweigend vereinbart. Das ist keine bloße Vermu- **45** tung, die als solche widerlegt werden könnte, sondern eine *Fiktion* (vgl BGB-RGRK/Glanzmann Rn 5; MünchKomm/Busche Rn 6), was insbesondere auch zur Folge hat, dass der Vertrag *nicht wegen Irrtums über die Entgeltlichkeit/Unentgeltlichkeit nach § 119 BGB angefochten* werden kann (vgl BGB-RGRK/Glanzmann Rn 6; MünchKomm/Busche Rn 6). Wenn dem Unternehmer nach den Umständen eine Vergütung zusteht, wie sie dann der Höhe nach nach § 632 Abs 2 BGB zu bestimmen ist, kann der Besteller diesem Anspruch grundsätzlich keinen Gegenanspruch aus culpa in contrahendo entgegensetzen, weil ihn der Unternehmer über Existenz und Höhe des Vergütungsanspruchs habe aufklären müssen (**aA** OLG Stuttgart NJW 1989, 2402; OLG Saarbrücken NJW-RR 1999, 1035: Die Umstände waren ihm selbst bekannt; bei Zweifeln über die Höhe mag er nachfragen).

Nicht unproblematisch ist das nähere Verhältnis des § 632 Abs 1 BGB zu den **46** Regelungen der §§ 154, 155 BGB über den Dissens (in der Frage des Preises) (vgl BGB-RGRK/Glanzmann Rn 5; MünchKomm/Busche Rn 6). Ein Dissens wird – auch bei abweichenden subjektiven Vorstellungen der Parteien – von § 632 Abs 1 BGB jedenfalls dann ausgeschlossen, wenn *eine nähere Klärung der Vergütungsfrage nicht ausdrücklich vereinbart* war. War sie dagegen nach dem Vorbehalt auch nur einer Partei geplant, dann liegt (offener oder versteckter) Dissens vor, wenn eine Einigung über die Vergütung tatsächlich unterbleibt. Wenn deswegen ein wirksamer Vertragsschluss nicht anzunehmen ist, ist auch § 632 Abs 1 BGB nicht anzuwenden. Behindert der Dissens dagegen ausnahmsweise nicht die Wirksamkeit des Vertrages, dann ist die ungeklärte Vergütungsfrage nach § 632 Abs 1, Abs 2 BGB zu beurteilen.

Bezieht sich die noch offene Frage iSd § 154 Abs 1 S 1 BGB dagegen nicht auf die Höhe, sondern auf das Ob der Vergütung, hat § 154 BGB den Vorrang vor § 632 Abs 1 BGB (vgl SOERGEL/TEICHMANN Rn 2).

V. Höhe der Vergütung

1. Vereinbarte Vergütung

47 § 632 Abs 2 BGB regelt die Höhe der Vergütung näher. Die Bestimmung gibt eine **Auffangregelung** – letztlich durch Verweisung auf das „Übliche" – für den Fall, dass eine Vereinbarung der Parteien über ihre Höhe fehlt und sie auch nicht anderweitig bestimmt oder bestimmbar ist; vorrangig ist eine Preisvereinbarung der Parteien (BGHZ 167, 139 = BGH NJW 2006, 2472 = BauR 2006, 1341).

Grenzen der Gestaltungsfreiheit der Parteien ergeben sich außer aus § 138 BGB durch preisrechtliche Bestimmungen (dazu u Rn 138), sowie vor allem durch staatliche Gebührenordnungen. Auch diese können dann die Höhe der Vergütung bestimmen. Sie bestehen für vielfältige Berufsgruppen der freien Berufe (Rechtsanwälte, Architekten, Ärzte, Steuerberater) (vgl u Rn 127 ff).

Eine Bestimmung der Höhe der Vergütung liegt nicht nur dann vor, wenn sie zahlenmäßig endgültig festgelegt ist. *Es reicht* vielmehr aus, *wenn sich aus dem Vertrag die Maßstäbe ergeben,* nach denen die Vergütung zu berechnen ist (vgl BGB-RGRK/GLANZMANN Rn 15), wie dies insbesondere beim Einheitspreisvertrag der Fall ist (vgl dazu o Rn 4 ff). Bestimmt ist die Vergütung auch dann, wenn ein Pauschalpreisvertrag gekündigt wird und nun über die erbrachten Leistungen abzurechnen ist: Ihre Preise sind aus den preislichen Grundlagen des Vertrages zu ermitteln.

Bei Nachtragsaufträgen geht der Wille der Parteien im Zweifel dahin, die Preise des Ursprungsauftrags zugrunde zu legen (vgl SOERGEL/TEICHMANN Rn 5), vgl aber auch § 650c BGB.

Eine Bestimmung der Höhe kann dann fehlen, wenn ein Dissens der Parteien deshalb vorliegt, weil beide zu unterschiedlichen Beträgen abschließen wollten. Ein derartiger *Dissens* wird durch § 632 Abs 2 BGB nicht behoben, sondern ist zunächst in seinen Auswirkungen auf die Wirksamkeit des Vertrages nach den §§ 154, 155 BGB zu beurteilen. Ergibt sich danach die Wirksamkeit des Vertrages, so bestimmt sich die Höhe der Vergütung nunmehr nach § 632 Abs 2 BGB (BGH VersR 1959, 1048; BGB-RGRK/GLANZMANN Rn 14).

2. Taxe und Üblichkeit als Maßstäbe des § 632 Abs 2

a) Taxe

48 Die bei einer fehlenden Vereinbarung über die Höhe der Vergütung in erster Linie maßgeblichen „Taxen" sind nur unter *hoheitlicher Mitwirkung oder Genehmigung* *festgesetzte Vergütungssätze* (vgl BGH NZBau 2001, 17; BGB-RGRK/GLANZMANN Rn 16; ERMAN/SCHWENKER/RODEMANN Rn 6; MünchKomm/BUSCHE Rn 21; PALANDT/SPRAU Rn 14). Ohne hoheitliche Beteiligung erarbeitete Gebührenordnungen berufsständischer Organisationen können deshalb nicht als Taxen iSd § 632 Abs 2 BGB angesehen werden, was nicht ausschließt, dass sie die übliche Vergütung prägen (ERMAN/SCHWENKER/RODEMANN Rn 6, auch u Rn 49 ff).

Ob die *Gebührenordnungen* für Rechtsanwälte, Ärzte, Architekten etc mit der hM als Taxen iSd § 632 Abs 2 BGB anzusehen sind (vgl BGB-RGRK/GLANZMANN Rn 16; ERMAN/SCHWENKER/RODEMANN Rn 6), erscheint deshalb zweifelhaft, weil diese Vergütungsordnungen regelmäßig auch dann gelten, wenn eine (abweichende) Bestimmung über die Höhe der Vergütung durchaus getroffen worden ist, sich diese aber entweder überhaupt nicht oder nur unter qualifizierten Voraussetzungen gegenüber der jeweiligen Gebührenordnung durchzusetzen vermag. Von einer Taxe im eigentlichen Sinne können die Parteien ohne weiteres abweichen. Die Frage hat aber keine praktischen Auswirkungen.

b) Übliche Vergütung

aa) Für die Üblichkeit einer Vergütung ist das entscheidend, *was zur Zeit des Vertragsschlusses nach allgemeiner Auffassung der beteiligten Kreise am Ort der Werkleistung für eine Werkleistung dieser Art gewährt zu werden pflegt* (vgl BGH BB 1969, 1413; ERMAN/SCHWENKER/RODEMANN Rn 6a). Es kommt auf die weit überwiegende Mehrheit gleichartiger Einzelfälle an (BGHZ 43, 154, 159; BGB-RGRK/GLANZMANN Rn 17). Der Maßstab ist dabei ein rein *tatsächlicher* und als solcher vom Tatrichter festzustellen (BGH NJW 1970, 699). Es kommt nicht darauf an, was von den betreffenden Kreisen als angemessen angesehen wird, was zB bei einem allgemeinen Preisverfall von Bedeutung sein kann. Auch die Kenntnisse der Parteien sind unerheblich. **49**

Bei *Gebührenordnungen berufsständischer Organisationen* kommt es darauf an, ob sie sich tatsächlich durchgesetzt haben (OLG Frankfurt NJW-RR 1997, 120; vgl BGH NJW 1970, 699 zu der früheren allgemeinen Gebührenordnung für die wirtschaftsprüfenden sowie wirtschafts- und steuerberatenden Berufe [AllGO]). Der BGH hat dies für die AllGO offen gelassen, dagegen für die früheren Gebührenordnungen für Architekten- und Ingenieurleistungen (GOA bzw LHO) angenommen (vgl BGH NJW 1969, 1855; BauR 1974, 141, 143).

Ihrer Struktur nach können die üblichen Vergütungssätze *Pauschalpreise* sein, aber auch *Einheits- oder Stundenlohnpreise* (vgl dazu o Rn 4 ff). Verbreitet üblich ist eine Abrechnung nach Aufwand (vgl AG Schwerin NZV 1998, 292 zum Sachverständigen gegen AG Brühl DAR 1998, 73 [Gegenstandswert], wobei zum Aufwand auch die Zeit der Vorbereitung gehört, zB die Anfahrt des Handwerkers; **aA** AG Königstein NJW-RR 1998, 49).

bb) Die üblichen Vergütungssätze sind regelmäßig keine festen Sätze, sondern bewegen sich innerhalb einer bestimmten **Bandbreite** (BGHZ 167, 139, 142 = BGH NJW 2006, 2472, 2473 = BauR 2006, 1341, 1342). Man kann die damit verbundenen Unsicherheiten auf verschiedenen Wegen überwinden: **50**

(1) Denkbar ist es zunächst, unter Nichtberücksichtigung von „Ausreißern" eine Schwerpunktvergütung zu ermitteln, was jedoch mit einigen Aufklärungsschwierigkeiten verbunden sein dürfte.

(2) Denkbar ist es weiterhin, eine bestimmte Spanne als üblich zu akzeptieren und innerhalb ihres Rahmens ein *Leistungsbestimmungsrecht des Unternehmers* nach den §§ 315, 316 BGB anzunehmen (vgl Peters NJW 1977, 552; U Locher 16; krit Palm AcP 177, 266; so aber BGHZ 167, 139, 142 = NJW 2006, 2472, 2473 = BauR 2006, 1341, 1342). Das hat den praktischen Vorteil, dass die Rechnungserteilung, die regelmäßig erfolgt, die Unklarheiten über die tatsächlich geschuldete Vergütung alsbald beseitigt, sofern sie sich nur im Rahmen des Billigen bewegt. Den Besteller belastet es insofern, als der Unternehmer an die obere Grenze der üblichen Spanne herangehen kann. Die Beweislast für die Billigkeit der getroffenen Entscheidung liegt bei dem Unternehmer als dem Bestimmenden (vgl BGHZ 41, 271, 279; Staudinger/Rieble [2015] § 315 Rn 515). Der Verkehrsanschauung entspricht es durchaus, dass der Unternehmer „seinen Preis macht".

51 **(3)** Der BGH hat in der Entscheidung BGHZ 94, 98 = NJW 1985, 1895 = JZ 1985, 897 m Anm Vollkommer JZ 1985, 879, die zwar zum Maklerrecht (§ 653 Abs 2 BGB) ergangen ist, aber doch ohne Zweifel auf die schon im Wortlaut fast identische Parallelbestimmung des § 632 Abs 2 BGB übertragen werden kann, diese auch von der dortigen Vorinstanz vertretene Auffassung als dem Willen und dem Interesse des Kunden widersprechend abgelehnt. Er will eine *„angemessene" Vergütung tatrichterlich festlegen* lassen, so dass sich eine Dreiheit der Maßstäbe ergibt: vertragsmäßig bestimmte Vergütung – ortsübliche Vergütung – angemessene Vergütung (vgl dazu und zur Konstruktion Vollkommer JZ 1985, 882). Die angemessene Vergütung soll danach einerseits von einem mittleren Satz ausgehen, andererseits die besonderen Umstände des konkreten Falles durch Zu- oder Abschläge berücksichtigen. Das nimmt dem Unternehmer „das Recht des ersten Zugriffs" (Vollkommer JZ 1985, 880), schafft aber schwerlich die wünschenswerte Klarheit.

52 **(4)** Ähnliche Probleme ergeben sich, soweit Gebührenordnungen nur *Rahmensätze* bereithalten. Sicher ist, dass diese nicht nach Belieben ausgefüllt werden können, sondern dass hierfür die konkreten Umstände des Einzelfalls maßgeblich sein müssen, wie sie insbesondere in dem Schwierigkeitsgrad der Aufgabe, dem Umfang der entfalteten Tätigkeit zu sehen sind sowie in sozialen Gesichtspunkten wie den Vermögens- und Einkommensverhältnissen des Auftraggebers, vgl § 14 Abs 1 S 1 RVG. Zu klären ist aber einerseits immer, ob vom Mindestsatz auszugehen ist, von einem Mittelwert, wie dies im Rahmen der RVG üblich ist (vgl Gerold/Schmidt/vEicken/Madert § 14 RVG Rn 11 mwNw), oder gar vom Höchstsatz, und andererseits, wem das endgültige Bestimmungsrecht zustehen soll; § 14 RVG weist es in Entsprechung zu den §§ 315, 316 BGB dem Anwalt zu. Dass die Bestimmung im Zweifel durch den Auftragnehmer zu erfolgen hat, entspricht auch sonst der hier vertretenen Auffassung. In der Konsequenz von BGHZ 94, 98 müsste es freilich liegen, dass ohne eine anderweitige spezialgesetzliche Regelung *primär der Richter* zur Festlegung der konkret geschuldeten Vergütung berufen ist.

53 **cc)** Eine *Anfechtung wegen Irrtums* über die üblichen Vergütungssätze nach § 119 BGB ist nicht möglich. Anders liegt es freilich, wenn die Parteien ausdrücklich die üblichen Sätze vereinbart haben; das ist nämlich nicht der Fall des § 632 Abs 2 BGB.

3. Fehlen einer üblichen Vergütung

Es gibt Fälle, in denen weder eine taxmäßige noch eine übliche Vergütung festzu- 54
stellen ist. Dann soll nach allgemeiner Meinung der Unternehmer berechtigt sein, sie
nach den §§ 315, 316 BGB festzulegen (vgl BGH LM § 316 BGB Nr 1; BGH NJW 1966, 539;
1969, 1855 = MDR 1969, 1000; BGB-RGRK/Glanzmann Rn 20; MünchKomm/Busche Rn 23;
Erman/Schwenker/Rodemann Rn 8). Hier ist jedoch zu unterscheiden:

a) Auch die §§ 315, 316 BGB setzen voraus, dass es überhaupt *Kriterien* gibt, nach denen die Leistung bestimmt werden kann. Fehlt es ausnahmsweise schon daran, dann ist das *Rechtsgeschäft unwirksam* (vgl RG WarnR 1913, 221; AG Heilbronn MDR 1976, 400; Staudinger/Rieble [2015] § 315 Rn 5 ff).

b) Wenn es derartige *Kriterien* gibt, wovon im Werkvertragsrecht freilich regelmäßig auszugehen ist, dann sind sie *maßgeblich*. Insoweit kommt es vorab auf die Behandlung vergleichbarer Fälle an; im Übrigen kann insbesondere § 14 RVG als Richtlinie gelten; wie dort muss es auf den *Wert der Angelegenheit,* die *Schwierigkeit der Erledigung,* wohl auch auf die soziale Stellung des Bestellers ankommen, hilfsweise auch auf die Stellung des Unternehmers und trotz der Erfolgsbezogenheit des Werkvertrages auf seinen *konkreten Aufwand,* Letzteres freilich idR nicht, BGHZ 167, 139 = NJW 2006, 2472, 2774 f = BauR 2006, 1341, 1343 f stellt auf Gegenstand, Schwierigkeit, Wert der Leistung und insbesondere die Interessen der Parteien ab. Die unter a) angedeutete Nichtigkeit des Vertrages ist als Rechtsfolge nach Möglichkeit auszuschließen, schon weil man dann zu einem rein bereicherungsrechtlichen Ausgleich käme, der keineswegs bequemer oder gar mit besseren Ergebnissen abgewickelt werden könnte.

c) Die weitere Frage ist, wem auf dieser Basis das *Bestimmungsrecht* zustehen soll. Der Verkehrsüblichkeit dürfte es entsprechen, mit der eingangs genannten Lehre den Unternehmer als bestimmungsberechtigt zu betrachten (vgl BGHZ 167, 139 = NJW 2006, 2472, 2474 = BauR 2006, 1341, 1343). Das hat auch den Vorzug einer schnelleren und klareren Entscheidung der Frage. Doch dürfte es in der Konsequenz von BGHZ 94, 98 liegen, dass die *Ermittlung der Vergütung Sache des Richters* als einer neutralen Instanz ist.

VI. Die durch die Vergütung abgegoltene Leistung

1. Konstante Leistungserbringung

Welche **Leistungen** des Unternehmers durch die ausdrücklich oder stillschweigend 55
vereinbarte Vergütung **abgegolten** werden, regelt das Gesetz nicht näher. Gerade beim Werkvertrag können sich an dieser Stelle Schwierigkeiten ergeben, weil der Leistungsumfang aus der Natur der Sache heraus nicht in den letzten Einzelheiten festgelegt werden kann, er nachträglichen Änderungen unterliegen kann, sich aber außerdem bei der Leistung unvorhergesehene Erschwernisse ergeben können. Zur Höhe der Vergütung bei nachträglichen Leistungsänderungen vgl § 650c BGB. Bei einer konstant bleibenden Leistung des Unternehmers enthält die VOB/B in § 2 Abs 1 eine Regelung, die *allgemeinen Grundsätzen* entspricht und damit *über ihren unmittelbaren Anwendungsbereich hinaus allgemeine Geltung beanspruchen kann.*

§ 2 Vergütung

(1) Durch die vereinbarten Preise werden alle Leistungen abgegolten, die nach der Leistungsbeschreibung, den Besonderen Vertragsbedingungen, den Zusätzlichen Vertragsbedingungen, den Zusätzlichen Technischen Vertragsbedingungen, den Allgemeinen Technischen Vertragsbedingungen für Bauleistungen und der gewerblichen Verkehrssitte zur vertraglichen Leistung gehören.

2. Erbringung des Erfolges

56 Der Unternehmer hat für die vereinbarte Vergütung den *vereinbarten Leistungserfolg* zu erbringen.

a) Welcher Erfolg dies ist, ergibt sich aus den *getroffenen Vereinbarungen,* und zwar in ihrer Gesamtheit, wie dies § 2 Abs 1 VOB/B klarstellt, ergänzend aus der *Verkehrssitte,* wie dies § 2 Abs 1 VOB/B ebenfalls anspricht, sowie letztlich aus dem dort nicht *erwähnten Grundsatz von Treu und Glauben* als den bei der Auslegung der Vereinbarungen nach den §§ 133, 157 BGB maßgeblichen Prinzipien (vgl BGH NJW 1994, 850; Lotz BB 1996, 544 [zum Begriff „schlüsselfertig"]; Putzier BauR 1994, 596). Folgt daraus ein erhöhter Leistungsumfang, ist die Vergütung anzupassen (vgl schon o Rn 33 ff). Für Ansprüche aus culpa in contrahendo ist grundsätzlich kein Raum (BGH NJW 1994, 850, 851; **aA** OLG Hamm NJW-RR 1994, 406).

Zum schlüsselfertigen Haus gehören auch der Bodenaushub, OLG Hamm BauR 1996, 714, der Stichweg zur öffentlichen Straße, OLG Düsseldorf BauR 1995, 559.

57 b) Da die Vergütung für den vereinbarten Erfolg geschuldet wird, gilt sie auch eine *etwaige Mängelbeseitigung mit* ab. Wenn der Unternehmer diese von einer zusätzlichen Vergütung abhängig macht, verweigert er sie und kann mit ihr in Verzug geraten (§§ 13 Abs 5 Nr 2 VOB/B, 286 BGB, vgl auch § 281 Abs 2 BGB). Das hindert die Parteien nicht, über Nachbesserungsarbeiten eine *besondere Vergütungsvereinbarung* zu treffen, doch müssen sie sich dabei bewusst sein oder wenigstens mit der Möglichkeit rechnen, dass es sich um nicht besonders zu vergütende Nachbesserungsarbeiten handelt; andernfalls kann der Besteller die Vergütungsvereinbarung nach § 119 Abs 2 BGB anfechten, denn er irrt über die „Sache" (Gegenstand und Reichweite seiner schon bestehenden vertraglichen Ansprüche), wobei er in aller Regel keinen Schadensersatz nach § 122 BGB schulden wird, da dem Unternehmer die Sach- und Rechtslage bekannt sein muss. *Wenn der Unternehmer eine Zusatzvergütung fordert,* erfüllt dies grundsätzlich den Tatbestand der §§ 280 Abs 1, 241 Abs 2 BGB, ggf auch der arglistigen Täuschung iSd § 123 BGB; uU kann auch der Tatbestand der widerrechtlichen Drohung iS dieser Bestimmung erfüllt sein.

58 c) Abgesehen vom Stundenlohnvertrag gilt die Vergütungsvereinbarung *unabhängig von dem Aufwand,* den der Unternehmer treiben muss, um den geschuldeten Erfolg zu erreichen.

aa) Die vereinbarte *Vergütung* kann im Verhältnis zu dem Aufwand des Unternehmers unangemessen hoch sein.

Dezember 2019

(1) Wenn dies dem Unternehmer von vornherein deutlich ist oder deutlich sein muss, unterliegt er gegenüber dem Besteller keiner Haftung aus culpa in contrahendo wegen unterlassener Aufklärung; dieser Fall ist vielmehr abschließend – auch gegenüber § 123 BGB – mit § 138 BGB zu erfassen. Insbesondere kann ein Fall des *§ 138 BGB* vorliegen, so etwa, wenn der Besteller dringend und ohne Alternativen auf die Werkleistung angewiesen ist (Aufsperren des Türschlosses in der Nachtzeit, Autoreparatur in einsamer Gegend): Ausbeutung der Zwangslage, oder wenn der Besteller nicht über das übliche Preisniveau informiert ist: Ausbeutung der Unerfahrenheit. Dem Unternehmer steht dann nur – aber immerhin – die übliche Vergütung zu (vgl Rn 49).

(2) Stellt sich nachträglich heraus, dass die Vergütung im Verhältnis zum Aufwand des Unternehmers unangemessen hoch ist, wenn zB bei einer Reparatur mit unklarer Schadensursache im Ergebnis einfachste Maßnahmen ausreichen, so kann damit die *Geschäftsgrundlage* für die Vergütungsvereinbarung entfallen. Auch kann der Unternehmer den Tatbestand des § 138 Abs 1 BGB erfüllen, wenn er sich von vornherein die für den denkbar ungünstigsten Fall angemessene Vergütung fest zusagen lässt, obwohl er damit rechnen muss, dass uU ein deutlich geringerer Aufwand ausreichen wird.

bb) Unerheblich – insbesondere vor dem Hintergrund des § 138 BGB – ist es dagegen, wenn der Besteller *Preise* durchzusetzen vermag, die für den Unternehmer *unauskömmlich* sind. Allerdings kann der Besteller den Tatbestand der culpa in contrahendo erfüllen, wenn er erkennt, dass ein Kalkulationsirrtum des Unternehmers vorliegt, und auf diesen nicht hinweist (vgl o Rn 40).

d) Die Äquivalenz von Preis und Leistung setzt voraus, dass die Leistung *in dem* **59** *vorgesehenen Zeitraum erbracht* wird.

Führt bei einer ausgeschriebenen Leistung ein Nachprüfungsverfahren dazu, dass die vorgegebenen Bauzeiten überholt sind (§ 650a Rn 23), nimmt der BGH (BGHZ 181, 47) in ergänzender Vertragsauslegung einen Mehrvergütungsanspruch des Unternehmers entsprechend § 2 Abs 5 VOB/B an, nicht hingegen soll sich der Unternehmer auf einen nur verspäteten Zuschlag berufen können (BGHZ 182, 218). Näher liegt es, beide Fälle als Behinderung des Unternehmers zu bewerten (§ 642 Rn 44a).

e) Erschwerungen der Leistungserbringung, die auf das *Verhalten des Bestellers* zurückzuführen sind, sind nach den §§ 642, 643 BGB zu beurteilen bzw im Bereich der VOB/B nach deren § 6 (dazu § 642 Rn 42 ff, dort insbesondere auch zu der Frage, inwieweit die Regelungen des § 6 VOB/B verallgemeinerungsfähig sind).

Zu Erschwerungen der Leistungserbringung, die auf Dritte oder Naturereignisse zurückzuführen sind, vgl ebenfalls – im Rahmen des § 6 VOB/B – § 642 Rn 42 ff.

f) *Nicht von den vereinbarten Preisen erfasst sind spätere Änderungen oder Erwei-* **60** *terungen* der zu erbringenden Leistung, vgl dazu § 650c BGB.

Zu *Einschränkungen* der Leistung vgl u Rn 75.

3. Vorbereitende Tätigkeiten; Nebenleistungen

61 Der Umfang der im Einzelnen zu erbringenden Leistungen ergibt sich ebenfalls aus der Auslegung der getroffenen Vereinbarungen in ihrer Gesamtheit sowie aus der Verkehrssitte. Hiernach beantwortet sich zB, ob eine gesonderte Vergütung geschuldet wird für vorbereitende Tätigkeiten wie Anfahrt und Baustelleneinrichtung, für *begleitende Tätigkeiten* wie zB Maßnahmen zur Verkehrssicherung, zum Lärmschutz oder *nachträgliche* wie die Säuberung der Baustelle oder die Einweisung des Bestellers. *Grundsätzlich* gilt, dass solche Zusatztätigkeiten des Unternehmers *keine zusätzliche Vergütungspflicht* auslösen können, die zwar nicht unmittelbar der Herbeiführung des Leistungserfolges dienen, aber doch *nach der Verkehrsanschauung notwendig* sind, um Tätigkeit und *Leistung* des Unternehmers als *gehörig* erscheinen zu lassen. Von besonderer Bedeutung sind insoweit die *Bestimmungen der VOB/C*, die, wenn sie nicht schon zwischen den Parteien vereinbart sind, Rückschlüsse auf die Verkehrssitte zulassen. Die DIN 18.299 ff der VOB/C benennen namentlich unter der Ordnungsziffer 4.1 „Nebenleistungen", die in die Einheitspreise einberechnet und damit nicht besonders zu vergüten sind, zB das Einrichten und Räumen der Baustelle in DIN 18.299 Nr 4.1.1 (dazu OLG Düsseldorf NJW-RR 1998, 670), Abfallentsorgung (DIN 18.299 Nr 4.1.11) und unter der Ordnungsziffer 4.2 „Besondere Leistungen", wie sie nur kraft besonderer Vereinbarung geschuldet werden und dann zusätzlich zu vergüten sind, wenn sie ohne eine solche abverlangt werden (vgl zB OLG Düsseldorf NJW-RR 1997, 1378: überhohes Gerüst gegenüber der einschlägigen DIN 18 338).

Das Gesagte gilt für den Einheitspreisvertrag, dagegen grundsätzlich nicht für den Pauschalpreisvertrag (vgl BGH NJW 1997, 131, 132).

62 Wenn der *Besteller* in seinen *AGB* dem Unternehmer Leistungen auferlegt, die danach nicht geschuldet sind, ohne ihm eine zusätzliche Vergütung zuzusagen, zB die Vorhaltung von Gerüsten für einen Zeitraum, der den Bedürfnissen anderer Unternehmer entspricht (vgl OLG München NJW-RR 1986, 382), dann kann dies überraschend iSd § 305c Abs 1 BGB sein. Solche Klauseln lassen sich aber auch an § 307 BGB messen, da sich die Abgrenzung von Leistung und Zusatzleistung nach dem gesetzlichen Maßstab des § 157 BGB richtet (vgl ULMER/BRANDNER/HENSEN/FUCHS § 307 Rn 75 ff, **aA** einschränkend STAUDINGER/WENDLAND [2019] § 307 Rn 284 f, 314, 333, der das Problem leistungsbestimmender Klauseln va als ein solches mangelnder Transparenz erachtet). Prüfungsmaßstab ist dann § 307 Abs 2 Nr 1 BGB. Der Unternehmer hat die *Wahl,* entweder die *Zusatzleistung zu verweigern* oder, wenn er sie erbringt, hierfür eine *zusätzliche Vergütung* nach § 632 Abs 2 BGB zu fordern (vgl auch OLG Düsseldorf NJW-RR 1996, 592, OLG Koblenz BauR 1997, 143).

Wenn der Unternehmer in seinen AGB *Leistungen, die schon zur Abrundung seines Leistungsbildes gehören,* einer gesonderten Vergütungspflicht unterwirft, sind Prüfungsmaßstab ebenfalls die §§ 305c Abs 1, 307 Abs 2 Nr 1 BGB.

VII. Vergütung bei Änderungen der vertraglich vereinbarten Leistung

1. Die Fälle; § 2 Abs 3 ff VOB/B

Es sind mehrere Fälle zu unterscheiden. Zunächst kann sich eine *uneigentliche* **63** *Leistungsänderung* insofern ergeben, als die Leistung zwar gleich bleibend und unverändert zu erbringen ist, sich die *Vorstellungen der Parteien über ihren Umfang* bei Vertragsschluss aber nachträglich als *unzutreffend* erweisen, weil die Massen größer oder geringer als erwartet ausfallen. Das berührt die *Geschäftsgrundlage* des Vertrages, weil dessen Preise auf der Basis bestimmter Massen kalkuliert sind; es liegt auf der Hand, dass 10 qm zu anderen Preisen anzubieten sind als 100 qm, zumal die Einheitspreise ja nicht nur die Kosten der konkreten Position abzudecken haben, sondern auch noch (anteilig) die Gemeinkosten, nämlich zum einen die Allgemeinen Geschäftskosten des Unternehmers (bspw für Geschäftsleitung, Büro, Versicherungen, näher Kues/Lüders BauR 2012, 1847) sowie die Baustellengemeinkosten (bspw für Bauleitung, Baustelleneinrichtung, Vorhaltegeräte). Die *VOB/B* spricht die damit verbundenen Probleme für den Einheitspreisvertrag in § 2 Abs 3 an, für den Pauschalpreisvertrag in § 2 Abs 7 Nr 1 S 1–3. Das *BGB* enthält keine eigenständigen Regelungen; freilich bestimmt sich die *übliche Vergütung* iSd § 632 Abs 2 BGB nach den *realen,* nicht nach den vorgestellten Massen, für die vereinbarte Vergütung fehlt es aber an einer § 2 Abs 3 VOB/B entsprechenden Bestimmung. Hier geht es darum, die Voraussetzungen für eine Preisanpassung zu bestimmen und deren Durchführung zu regeln.

Sodann kann es zu *Leistungsänderungen im eigentlichen Sinne* kommen. Der Besteller kann die zu erbringende Leistung eigenmächtig beschränken, vgl §§ 8 Abs 1 VOB/B, 648. Es kann zu Änderungen und Erweiterungen der Leistungen kommen. Ihre preislichen Auswirkungen behandeln § 2 Abs 4–6 VOB/B für den Einheitspreisvertrag, § 2 Abs 7 Nr 1 S 4 VOB/B für den Pauschalpreisvertrag. Schließlich kann der Unternehmer eigenmächtig anderes oder mehr als vertraglich vereinbart leisten; dazu verhält sich § 2 Abs 8 VOB/B.

Nicht im Leistungsbereich spielt es sich ab, wenn der Besteller *Planungsarbeiten* von dem Unternehmer verlangt, die diesem vertraglich nicht obliegen; dazu § 2 Abs 9 VOB/B.

Bei der folgenden Kommentierung werden die Bestimmungen der VOB/B in den **64** Vordergrund gestellt.

Die einschlägigen Bestimmungen der VOB/B lauten:

§ 2 Vergütung

...

(3) 1. Weicht die ausgeführte Menge der unter einem Einheitspreis erfassten Leistung oder Teilleistung um nicht mehr als 10 v. H. von dem im Vertrag vorgesehenen Umfang ab, so gilt der vertragliche Einheitspreis.

2. Für die über 10 v. H. hinausgehende Überschreitung des Mengenansatzes ist auf Verlangen ein neuer Preis unter Berücksichtigung der Mehr- oder Minderkosten zu vereinbaren.

3. Bei einer über 10 v. H. hinausgehenden Unterschreitung des Mengenansatzes ist auf Verlangen der Einheitspreis für die tatsächlich ausgeführte Menge der Leistung oder Teilleistung zu erhöhen, soweit der Auftragnehmer nicht durch Erhöhung der Mengen bei anderen Ordnungszahlen (Positionen) oder in anderer Weise einen Ausgleich erhält. Die Erhöhung des Einheitspreises soll im Wesentlichen dem Mehrbetrag entsprechen, der sich durch Verteilung der Baustelleneinrichtungs- und Baustellengemeinkosten und der Allgemeinen Geschäftskosten auf die verringerte Menge ergibt. Die Umsatzsteuer wird entsprechend dem neuen Preis vergütet.

4. Sind von der unter einem Einheitspreis erfassten Leistung oder Teilleistung andere Leistungen abhängig, für die eine Pauschalsumme vereinbart ist, so kann mit der Änderung des Einheitspreises auch eine angemessene Änderung der Pauschalsumme gefordert werden.

(4) Werden im Vertrag ausbedungene Leistungen des Auftragnehmers vom Auftraggeber selbst übernommen (zB Lieferung von Bau-, Bauhilfs- und Betriebsstoffen), so gilt, wenn nichts anderes vereinbart wird, § 8 Absatz 1 Nummer 2 entsprechend.

(5) Werden durch Änderung des Bauentwurfs oder andere Anordnungen des Auftraggebers die Grundlagen des Preises für eine im Vertrag vorgesehene Leistung geändert, so ist ein neuer Preis unter Berücksichtigung der Mehr- oder Minderkosten zu vereinbaren. Die Vereinbarung soll vor der Ausführung getroffen werden.

(6) 1. Wird eine im Vertrag nicht vorgesehene Leistung gefordert, so hat der Auftragnehmer Anspruch auf besondere Vergütung. Er muss jedoch den Anspruch dem Auftraggeber ankündigen, bevor er mit der Ausführung der Leistung beginnt.

2. Die Vergütung bestimmt sich nach den Grundlagen der Preisermittlung für die vertragliche Leistung und den besonderen Kosten der geforderten Leistung. Sie ist möglichst vor Beginn der Ausführung zu vereinbaren.

(7) 1. Ist als Vergütung der Leistung eine Pauschalsumme vereinbart, so bleibt die Vergütung unverändert. Weicht jedoch die ausgeführte Leistung von der vertraglich vorgesehenen Leistung so erheblich ab, dass ein Festhalten an der Pauschalsumme nicht zumutbar ist (§ 313 BGB), so ist auf Verlangen ein Ausgleich unter Berücksichtigung der Mehr- oder Minderkosten zu gewähren. Für die Bemessung des Ausgleichs ist von den Grundlagen der Preisermittlung auszugehen.

2. Die Regelungen der Absätze 4, 5 und 6 gelten auch bei Vereinbarung einer Pauschalsumme.

3. Wenn nichts anderes vereinbart ist, gelten die Nummern 1 und 2 auch für Pauschalsummen, die für Teile der Leistung vereinbart sind; Absatz 3 Nummer 4 bleibt unberührt.

(8) 1. Leistungen, die der Auftragnehmer ohne Auftrag oder unter eigenmächtiger Abweichung vom Auftrag ausführt, werden nicht vergütet. Der Auftragnehmer hat sie auf Verlangen innerhalb einer angemessenen Frist zu beseitigen; sonst kann es auf seine Kosten geschehen. Er haftet außerdem für andere Schäden, die dem Auftraggeber hieraus entstehen.

2. Eine Vergütung steht dem Auftragnehmer jedoch zu, wenn der Auftraggeber solche Leistungen nachträglich anerkennt. Eine Vergütung steht ihm auch zu, wenn die Leistungen für die Erfüllung des Vertrags notwendig waren, dem mutmaßlichen Willen des Auftraggebers entsprachen und ihm unverzüglich angezeigt wurden. Soweit dem Auftragnehmer eine Vergütung zusteht, gelten die Berechnungsgrundlagen für geänderte oder zusätzliche Leistungen der Absätze 5 oder 6 entsprechend.

3. Die Vorschriften des BGB über die Geschäftsführung ohne Auftrag (§§ 677 ff BGB) bleiben unberührt.

(9) 1. Verlangt der Auftraggeber Zeichnungen, Berechnungen oder andere Unterlagen, die der Auftragnehmer nach dem Vertrag, besonders den Technischen Vertragsbedingungen oder der gewerblichen Verkehrssitte, nicht zu beschaffen hat, so hat er sie zu vergüten.

2. Lässt er vom Auftragnehmer nicht aufgestellte technische Berechnungen durch den Auftragnehmer nachprüfen, so hat er die Kosten zu tragen.

...

2. Preiskorrekturen bei Mengenfehleinschätzungen

a) Einheitspreisvertrag

aa) Beim *Einheitspreisvertrag* ist die im Ergebnis tatsächlich ausgeführte Menge **65** nach den vereinbarten Einheitspreisen zu vergüten, und zwar auch dann, wenn sie von der bei Vertragsschluss angenommenen Menge abweicht. Eine solche Abweichung kann darauf beruhen, dass späterhin abweichend von der ursprünglichen Planung geleistet wird; die hiermit zusammenhängenden Fragen sind in § 2 VOB/B nicht in Abs 3 geregelt, sondern in den Abs 4–6, 8 (vgl zu ihnen u Rn 75 ff), § 2 Abs 3 VOB/B betrifft *nur Fehleinschätzungen der Mengen bei unveränderter Planung*.

bb) Solche Fehleinschätzungen können *einer der beiden Seiten anzulasten* sein, dem Unternehmer oder auch dem Besteller, der zB die Leistungsbeschreibung durch einen Architekten vorgenommen hat, ohne dem anbietenden Unternehmer Gelegenheit zur Massenüberprüfung zu gewähren. Wenn dadurch die Preise unangemessen werden, soll die durch Verschulden der Gegenseite benachteiligte Partei einen *Anspruch auf eine angemessene Korrektur der Einheitspreise* haben (vgl Nicklisch/Weick/Jansen/Seibel/Kues § 2 Rn 34, 53; Jagenburg BauR 1970, 21). Das trifft aber nicht zu. Unabhängig von einem Verschulden sind die vorgesehenen Mengen auch zu vergüten (§§ 133, 157 BGB); Fehler der Ausschreibung können daran nichts ändern. Wollte sich der Besteller – zB mit Vollständigkeitsklauseln – davor schützen, wäre das unangemessen (§ 307 BGB).

cc) Die Regelung des § 2 Abs 3 VOB/B stellt eine *besondere vertragliche Regelung* **66** *der Störung der Geschäftsgrundlage* dar (BGHZ 192, 252 = NJW 2012, 1348 Rn 18), so dass daneben auf die allgemeinen Grundsätze dieses Instituts nicht zurückgegriffen werden kann (vgl BGH Betr 1969, 1058 = LM VOB/B Nr 36; Nicklisch/Weick/Jansen/Seibel/Kues § 2 Rn 52; Ingenstau/Korbion/Keldungs § 2 Abs 3 Rn 9).

67 dd) Mengenabweichungen führen nicht von sich aus zu anderen Preisen; *notwendig* ist vielmehr eine *Vereinbarung der Parteien,* die auf Begehren einer der beiden Parteien zurückgehen kann (vgl BGH Betr 1969, 1058 = LM VOB/B Nr 36).

Voraussetzung ist dabei stets eine *Mengenabweichung von 10% oder mehr,* die sich auf die einzelne Position zu beziehen hat.

ee) Bei der Mengenüberschreitung gilt, dass sie eine Herabsetzung der Einheitspreise zur Folge haben kann, aber ausnahmsweise doch auch eine Heraufsetzung, sofern sich die allgemeinen Kosten des Unternehmers dadurch erhöhen. Dabei kann keine *„freie" Preisbildung* verlangt werden; Ausgangspunkt müssen vielmehr die Preisbildungsfaktoren des bisherigen Einheitspreises sein (vgl Nicklisch/Weick/Jansen/Seibel/Kues § 2 Rn 49; Ingenstau/Korbion/Keldungs § 2 Abs 3 Rn 17; Dähne BauR 1974, 371; vCraushaar BauR 1984, 311, 319; Heiermann, in: FS Korbion [1986] 137, 142; BGH Betr 1969, 1058 = LM VOB/B Nr 36; **aA** Heretz Baubetriebsberater 1967, 89, 91 und früher Heiermann BauR 1974, 73). Das gilt auch dann, wenn der bisherige Preis zu niedrig kalkuliert war (vgl Ingenstau/Korbion/Keldungs § 2 Abs 3 Rn 27, der dies für den Fall einer unerkannten Fehlkalkulation freilich einschränkt). Der Unternehmer hat seine Kalkulation offenzulegen (OLG München BauR 1993, 726). Eine zeitliche Grenze der Preisanpassung gibt es nicht; der Anspruch kann freilich verwirkt sein (BGH NJW-RR 2005, 1041 = NZBau 2005, 455).

68 ff) Bei einer Mengenunterschreitung ist nach § 2 Abs 3 Nr 3 VOB/B ebenfalls eine Abweichung von mindestens 10% notwendig für eine Preiskorrektur. Die *Preiskorrektur ist entbehrlich,* wenn eine *Massenerhöhung bei anderen Positionen einen hinreichenden Ausgleich* schafft. Dabei müssen freilich solche Positionen außer Ansatz bleiben, bei denen die Erhöhung weniger als 10% beträgt. Auch dortige Erhöhungen um mehr als 10% sind nur beachtlich, wenn sie nicht schon nach § 2 Abs 3 Nr 2 VOB/B berücksichtigt worden sind (vgl BGH NJW 1987, 1820 = LM § 2 VOB/B Nr 7). Ein Ausgleich ist zunächst möglich durch eine Preiskorrektur nach Maßgabe von § 2 Abs 3 Nr 3 S 2 und 3 VOB/B, aber doch *auch in sonstiger Weise,* wie S 1 aE der Bestimmung klarstellt, zB durch Erweiterung des Auftrags (vgl dazu Nicklisch/Weick/Jansen/Seibel/Kues § 2 Rn 115; Ingenstau/Korbion/Keldungs § 2 Abs 3 Rn 36). Dass der Unternehmer aus einer ständigen Beziehung zu dem Besteller späterhin Vorteile schöpfen wird, reicht nicht aus.

Entfällt eine Position überhaupt („Nullposition"), hilft § 2 Abs 3 Nr 3 VOB/B nicht, weil die Multiplikation selbst eines angepassten Einheitspreises mit Null keine Vergütung für den Auftragnehmer begründen würde. Auch sonst enthält die VOB/B keine einschlägige Regelung, wenn die Position ohne weiteres lediglich wegen der tatsächlichen Gegebenheiten fortfällt. Denn § 2 Abs 5 VOB/B setzt nachträgliche Anordnungen des Auftraggebers, § 1 Abs 3 VOB/B, voraus, § 2 Abs 6 verlangt, dass die Anordnung zusätzlicher Leistungen andere entbehrlich macht, schließlich erfordert § 8 Abs 1 Nr 2 eine Kündigung des Auftraggebers oder über § 2 Abs 4 dessen Selbstübernahme. Um die von der VOB/B gelassene Lücke zu schließen, wurde verbreitet vorgeschlagen § 8 Abs 1 Nr 2, § 2 Abs 4 VOB/B entsprechend heranzuziehen (Leinemann/Schoofs § 2 Rn 114). Einschlägig ist indes der Regelungsgedanke von § 2 Abs 3 Nr 3 VOB/B (BGHZ 192, 252 = NJW 2012, 1348 Rn 21 f): Um eine Äquivalenzstörung zu vermeiden, hat der Auftragnehmer Anspruch auf den Anteil an seinen Gemeinkosten (Rn 63; nicht aber an Wagnis und Gewinn, zutreffend Jansen NZBau 2012, 345, 347), den er für die entfallende Position einkalkuliert hat. Mangels Äquivalenzstörung entfällt der Anspruch allerdings wie bei § 2 Abs 3 Nr 3 VOB/B, soweit der Auftragnehmer auf andere Weise Ausgleich erhält. Die Darlegung der damit gebotenen Ausgleichsrechnung ist Sache des Auftragnehmers (BGHZ 192, 252 Rn 24).

gg) Nach § 2 Abs 3 Nr 4 VOB/B kann die Änderung eines Einheitspreises auch vereinbarte Pauschalpreise für abhängige Leistungen beeinflussen.

hh) Von § 2 Abs 3 VOB/B abweichende individualvertragliche Vereinbarungen **69** sind zulässig; sie erfassen allerdings im Zweifel nicht Ansprüche des Unternehmers auf Vergütung für nicht oder fehlsam ausgeschriebene Mengen, wie sie aus ergänzender Vertragsauslegung herzuleiten sind, vgl o Rn 33 ff. „Vollständigkeitsklauseln" in den AGB des Bestellers vermögen daran nichts zu ändern. In AGB unzulässig ist es auch, wenn *Preiskorrekturen nur in einer Richtung* zulässig sein sollen, aber auch, wenn die Beachtlichkeitsuntergrenze von 10 % nachhaltig zu Lasten des Unternehmers verschoben wird (vgl auch Ingenstau/Korbion/Keldungs § 2 Abs 3 Rn 10). Die Rechtsprechung des BGH zur Möglichkeit von AGB, die von § 2 Abs 3 VOB/B abweichen, ist freilich widersprüchlich. BGH NJW-RR 1991, 534 (= LM Nr 9 § 23 AGBG) hat zutreffend angenommen, dass Klauseln, die nachhaltig zu Lasten des Unternehmers abweichen (Preisanpassung erst bei 100 % Mengenabweichung und nur nach vorheriger Ankündigung), diesen so nachhaltig benachteiligen, dass die VOB/B nicht mehr „als Ganzes" vereinbart ist. Demgegenüber lässt BGH NJW 1993, 2738 die Abbedingung des § 2 Abs 3 VOB/B zu, weil immer noch die Regeln über die Störung der Geschäftsgrundlage anwendbar seien. Letzteres ist richtig. Diese sind das gesetzliche Leitbild (§ 307 Abs 2 Nr 1 BGB) und müssen von etwaigen Klauseln respektiert werden. Insoweit mag die Schwelle von 10 % Mengenabweichung heraufgesetzt werden – wesentlich höher wird sie aber nicht angesetzt werden dürfen, wenn denn nicht der Unternehmer unangemessen benachteiligt werden soll.

ii) *Außerhalb des Anwendungsbereichs der VOB/B* gilt im Grundsatz nichts an- **70** deres, außer dass es die starre Grenze von 10 % nicht gibt. Dabei ist die Preisanpassung nach den Grundsätzen des § 2 Abs 3 Nrn 2–4 VOB/B vorzunehmen, sofern die Abweichung erheblich genug ist. Insoweit ergibt sich aus der Vereinbarung von Einheitspreisen, dass wie nach § 2 Abs 3 VOB/B auf die einzelnen Positionen abzustellen ist. *Wann die Abweichung dabei erheblich genug ist*, lässt sich *nicht abstrakt* bestimmen, sondern hängt maßgeblich von den Umständen des Einzelfalls ab. Doch wird man die von § 2 Abs 3 VOB/B genannte *Grenze von 10 % als Beleg* dafür werten können, was die Verkehrsanschauung für relevant hält.

b) Pauschalpreisvertrag

aa) Die Preiskorrektur bei Mengenfehleinschätzungen vollzieht sich beim *Pau-* **71** *schalpreisvertrag* stets nach denselben Grundsätzen, *unabhängig davon, ob die Geltung der VOB/B vereinbart ist oder nicht;* deren § 2 Abs 7 gibt nur *allgemeine Grundsätze* wieder.

bb) Danach ist *grundsätzlich der Pauschalpreis* maßgeblich, und zwar auch dann, wenn er aus der Sicht des Bestellers überhöht erscheint oder für den Unternehmer nicht auskömmlich ist. Auch Mengenabweichungen von mehr als 10 % bei einzelnen

Positionen *rechtfertigen eine Preiskorrektur nicht,* vgl § 2 Abs 7 Nr 1 S 1 VOB/B. Dem Pauschalpreis ist die Übernahme derartiger *Risikoelemente* wesensimmanent.

72 cc) Der Pauschalpreis kann allerdings nach den Grundsätzen der *culpa in contrahendo* korrigiert werden, wenn seine Bildung auf schuldhaft falschen Angaben der Gegenseite beruht.

dd) Wenn sich der Pauschalpreis auf die vertraglich vereinbarte Leistung bezieht, kann er insoweit nicht gelten, wie diese *nachträglich geändert, eingeschränkt oder erweitert* wird; § 2 Abs 7 Nr 2 VOB/B stellt dies unter Bezugnahme auf § 2 Abs 4, 5 und 6 VOB/B nur klar. Allerdings kann es sich bei wesentlichen Leistungsänderungen ergeben, dass nicht nur diese preislich zu berücksichtigen sind, sondern mit ihnen zugleich auch die Grundlagen des Pauschalpreises berührt sind (vgl BGH BauR 1972, 118; BGHZ 80, 257 = NJW 1981, 1442 = LM § 632 BGB Nr 10). Das gilt etwa, wenn für die Kalkulation wesentliche Leistungen hinzukommen (BGH SFH Z 2.301 Bl 35) oder entfallen oder durch andere Leistungen ersetzt werden (BGH NJW 1974, 1864 = LM § 632 BGB Nr 7).

73 ee) Im Übrigen kann der Pauschalpreis korrigiert werden, wenn sich Mengenabweichungen ergeben, die *das Festhalten an ihm unzumutbar* erscheinen lassen, § 2 Abs 7 Nr 1 S 2 VOB/B; hier sind die *Regeln über die Störung der Geschäftsgrundlage* angesprochen (vgl die Nennung des § 313). Eine solche Unzumutbarkeit ist nur dann gegeben, wenn die Äquivalenz von Leistung und Gegenleistung nachhaltig gestört ist (vgl BGH VersR 1965, 803). Das ist regelmäßig nur dann der Fall, wenn Leistung und Gegenleistung *insgesamt* in einem *auffälligen Missverhältnis* stehen, kann sich aber ausnahmsweise auch hinsichtlich einer krass falsch ausgeschriebenen *Einzelposition* ergeben. *Für* die Unzumutbarkeit des Festhaltens am Pauschalpreis spricht es, wenn beide Seiten die zu erbringenden Mengen falsch eingeschätzt haben, *dagegen,* wenn die Änderungen vorauszusehen waren oder der Unternehmer vielleicht nur überschlägig kalkuliert hat oder es ihm bewusst war, dass die Mengen zunächst gar nicht näher zu beurteilen waren. Es ist dann von einer *bewussten Risikoübernahme* auszugehen. Eine wirtschaftliche Gefährdung des Unternehmers ist grundsätzlich unerheblich. Geschäftsgrundlage können Angaben des Bestellers zu der zu erbringenden Leistung sein (vgl BGH BauR 2011, 1646: Dicke des abzubrechenden Estrichs; dazu Kapellmann NZBau 2012, 275)

Sofern danach eine Preiskorrektur angezeigt ist, muss grundsätzlich ein neuer Pauschalpreis gebildet werden. Er ist *nicht frei zu vereinbaren,* sondern gemäß § 2 Abs 7 Nr 1 S 3 VOB/B auf der Grundlage der ursprünglichen Preiskalkulation.

74 ff) Da die Regeln über die Störung der Geschäftsgrundlage zu den wesentlichen Grundgedanken des geltenden Rechts gehören, müssen ein völliger Ausschluss oder auch eine wesentliche Einschränkung der sich ergebenden Anpassungsmöglichkeiten in AGB als *unvereinbar mit § 307 Abs 2 Nr 1 BGB* angesehen werden.

3. Nachträgliche Einschränkungen der vorgesehenen Leistung

75 a) Nach § 648 BGB – und entsprechend § 8 Abs 1 VOB/B – kann der Besteller den Vertrag jederzeit ganz oder teilweise kündigen. Während man für die Teilkündigung wird fordern müssen, dass sie abgrenzbare Teile der Leistung betrifft (vgl § 648 Rn 20), kann der Besteller in Eigenausführung auch andere Maßnahmen übernehmen wie zB die in § 2 Abs 4 VOB/B eigens genannte Lieferung von Materialien. Das *dogmatische Verhältnis* des § 2 Abs 4 VOB/B zu § 8 Abs 1 VOB/B (§ 648) ist nicht ganz deutlich (vgl auch NICKLISCH/WEICK/JANSEN/SEIBEL/KUES § 2 Rn 173 f einerseits, INGENSTAU/KORBION/KELDUNGS § 2 Abs 4 Rn 6 andererseits), aber letztlich wegen der nahezu deckungsgleichen Rechtsfolgen auch nur von eingeschränktem Interesse. Man wird § 8 Abs 1 VOB/B zur Anwendung bringen müssen, wenn ein in sich abgeschlossener Teil der Leistung dem Unternehmer entzogen wird, § 2 Abs 4 VOB/B *in sonstigen Fällen*. Auch § 2 Abs 4 VOB/B betrifft aber nur einseitige Auftragsbeschränkungen durch den Besteller. Die nachträgliche Vereinbarung der Leistungsbeschränkung bedarf hinsichtlich ihrer Folgen der Auslegung (vgl BGH NJW 1999, 2661 zum Pauschalpreisvertrag).

b) Der sich aus § 2 Nr 4 VOB/B ergebende Vergütungsanspruch des Unternehmers setzt zunächst nur voraus, dass ihm obliegende Leistungsteile entzogen worden sind. **76**

aa) Dieser Auftragsentzug darf *nicht durch einen wichtigen Grund* verursacht worden sein, den der Unternehmer dem Besteller zur Kündigung gegeben hatte, dann entfällt der Vergütungsanspruch für den entzogenen Teil ganz (vgl § 648a).

bb) Dagegen ist es unerheblich, ob die Auftragsbeschränkung auf dem Recht des Bestellers zur Teilkündigung nach § 8 Abs 1 VOB/B bzw § 648 BGB beruht oder nicht; *entscheidend ist nur, dass der Unternehmer sie hingenommen hat*.

cc) Ob der Unternehmer die Leistungsbeschränkung hinnehmen musste, ist – in ihrem Anwendungsbereich – aus den § 8 Abs 1 VOB/B, § 648 BGB zu entnehmen. Im Übrigen regelt sich die Frage nach § 242 BGB. Dabei ist einerseits aus § 648 zu entnehmen, dass der Unternehmer jegliche Beschränkung seiner Leistung hinnehmen kann und muss, weil er seinen Vergütungsanspruch behält, andererseits ist zu berücksichtigen, dass der Unternehmer hinsichtlich der jetzt mit Wirkung des Bestellers weitergeführten Arbeiten in der Gewährleistung verbleibt und auch Leistungserschwernisse nicht hinzunehmen braucht. Er darf deshalb seine Zustimmung zur Verwendung von nunmehr vom Besteller gelieferten Materialien verweigern, sofern damit irgendwelche Gefahren der Gewährleistung verbunden wären, oder auch wenn er Erschwernisse befürchten muss, zB aus geringerer Vertrautheit mit den zur Verfügung gestellten Materialien. Gleiches gilt dort, wo der Besteller eigene Leistungsteile erbringen will, die sich auf die Leistungen des Unternehmers auswirken.

dd) § 2 Abs 4 VOB/B setzt *nicht* voraus, dass das, was der Besteller nunmehr selbst erbringt, von den Leistungen des Unternehmers *abgrenzbar* sein müsste, wenigstens abgrenzbar zu berechnen wäre, woran es zB fehlt, wenn nunmehr gemeinsam weitergemauert wird (**aA** INGENSTAU/KORBION/KELDUNGS § 2 Abs 4 Rn 5). Der Vergütungsanspruch des Unternehmers bleibt auch dann bestehen; Einsparungen muss er sich auch bei dieser Konstellation anrechnen lassen. Es wird nur dem Besteller erschwert, diese konkret darzutun und zu beweisen. **77**

ee) Seinem Wortlaut nach setzt § 2 Abs 4 VOB/B voraus, dass der Besteller die Leistungen selbst übernimmt. Es ist jedoch *nicht* zu erkennen, warum das Ergebnis ein anderes sein sollte, wenn der Besteller einen *anderen Unternehmer mit diesen Leistungen betraut*. Ob die Rechtsfolge dann unmittelbar aus § 8 Abs 1 Nr 2 VOB/B zu entnehmen ist oder mittelbar über § 2 Abs 4 VOB/B, ist eine müßige Frage (vgl zu ihr Ingenstau/Korbion/Keldungs § 2 Abs 4 Rn 9). Insofern kommt es auch nicht auf die Frage an, ob es Unterschiede macht, wenn der Besteller zunächst selbst weiterarbeiten will und dann doch Dritte beauftragt. Im Ergebnis wirkt es sich nicht einmal aus, wenn diese Leistungsteile nunmehr ersatzlos entfallen.

78 c) In der *Rechtsfolge* entspricht § 2 Abs 4 VOB/B, § 648 S 2 BGB (vgl dazu § 648 Rn 23 ff, dort auch in Rn 22 zur Abdingbarkeit des Anspruchs).

Es ist denkbar, dass der Unternehmer auf den auf den entfallenden Leistungsteil zu beziehenden Vergütungsanspruch verzichtet. Ein entsprechender Verzicht muss allerdings hinreichend deutlich zum Ausdruck kommen; insbesondere ist es nicht Sache des Unternehmers, sich seinen Vergütungsanspruch besonders vorzubehalten.

Hat allerdings der Besteller die Teilleistung nur deshalb übernommen, *weil der Unternehmer zu ihr nicht in der Lage* war, so diente das letztlich nur der Bewahrung des Unternehmers vor Schadensersatzpflichten. Dann muss der Vergütungsanspruch des Unternehmers unter dem Gesichtspunkt des venire contra factum proprium entfallen (vgl auch Ingenstau/Korbion/Keldungs § 2 Abs 4 Rn 15).

d) § 2 Abs 4 VOB/B *gilt auch bei Pauschalpreisverträgen*, vgl § 2 Abs 7 Nr 1 S 4 VOB/B. Wird die Leistung hier einverständlich nachträglich beschränkt, muss die Vergütungsfolge freilich durch Auslegung ermittelt werden; § 2 Abs 4 VOB/B erfasst diesen Fall nicht (BGH NJW 1999, 2661; 2000, 3277).

79 e) Die Grundsätze des § 2 Abs 4 VOB/B sind letztlich nur Ableitungen aus den Grundsätzen des § 648 BGB. Sie gelten deshalb *auch ohne die Vereinbarung der VOB/B und auch außerhalb des Baubereichs.*

4. Nachträgliche Leistungsänderungen

80 a) Nachträgliche vom Besteller veranlasste oder ihm zuzurechnende Leistungsänderungen können auf die preislichen Absprachen nicht ohne Einfluss bleiben, sofern sie deren Kalkulationsgrundlagen beeinflussen. § 2 Abs 5 VOB/B enthält hierzu *Regelungen,* die sich auf *allgemeine Grundsätze* – die der Störung der Geschäftsgrundlage – zurückführen lassen. Außerhalb der VOB/B ergeben sich die preislichen Folgen von Planungsänderungen aus § 650c BGB.

b) Die vertraglich vereinbarte Leistung muss sich ändern, was auch bei einer funktionalen Leistungsbeschreibung möglich ist (BGH NJW 2008, 2106 Rn 33). Das ist weit zu verstehen. Entscheidend ist, dass die *Basis der Preisberechnung* des Unternehmers betroffen ist (vgl Ingenstau/Korbion/Keldungs § 2 Abs 5 Rn 7 f). Insoweit reicht es zB aus, wenn auf die *Modalitäten der Leistungserbringung* Einfluss genommen wird, zB durch eine Verschiebung des Leistungszeitraums (vgl vCraushaar BauR 1984,

311; Piel, in: FS Korbion [1986] 349, 351 f), oder wenn auf Grund einer *Planungsänderung* weniger Großbohrpfähle eingebracht werden, die dann höhere Lasten zu tragen haben, so dass sie stärker mit Betonstahl bewehrt werden müssen (vgl OLG Frankfurt NJW-RR 1986, 1149). Vor allem gehören hierher die Fälle, in denen ein *Leistungsteil entfällt* und *durch einen anderen ersetzt* wird, nicht bloße Einschränkungen der Leistung (dann § 2 Abs 4 VOB/B) oder reine Zusätze (dann § 2 Abs 6 VOB/B) vorliegen.

c) Die Leistungsänderungen müssen dem Besteller zuzurechnen sein. Dabei **81** brauchen sie nicht ohne weiteres auf seine eigene Initiative zurückzugehen; vielmehr reichen uU auch *von dritter Seite veranlasste Änderungen* aus. Namentlich kommen von der Baugenehmigungsbehörde geforderte Änderungen des Bauentwurfs in Betracht (vgl OLG München BauR 1980, 274; OLG Düsseldorf BauR 1996, 267), oder auch statische Forderungen des Prüfingenieurs (vgl Ingenstau/Korbion/Keldungs § 2 Abs 5 Rn 27 entscheidend ist, dass sie – wie die Planung insgesamt – *der Sphäre des Bestellers zuzurechnen* sind (vgl OLG Stuttgart BauR 1997, 855). Es genügt auch eine Verschiebung des Baubeginns. In Betracht kommt es namentlich, dass ein vergaberechtliches Nachprüfungsverfahren die Einhaltung der vorgegebenen Termine illusorisch macht (freilich dürfte es näher liegen, hier von einer Behinderung des Unternehmers auszugehen (vgl § 642 Rn 44a).

Anordnungen des Bestellers sind Befolgung erwartende Anweisungen (vgl BGH Schäfer/Finnern/Hochstein Z 2.414 Bl 219; Ingenstau/Korbion/Keldungs § 2 Abs 5 Rn 28). Bloße Wünsche reichen nicht aus, erst recht nicht die Ausübung von Wahlrechten (zB bei alternativer Ausschreibung). Anordnungen sind von einer Behinderung des Unternehmers zu unterscheiden, vgl dazu § 6 Abs 6 VOB/B und dazu § 642 Rn 42 ff. Als nicht hierher gehörende Behinderung ist es auch anzusehen, wenn der Besteller eine sachlich gebotene Anordnung unterlässt.

Muss die Leistung unter erschwerten Bedingungen, zB später (OLG Düsseldorf NJW-RR 1996, 730; OLG Frankfurt NJW-RR 1997, 84) gegenüber der ursprünglichen Planung erbracht werden, so kommt es darauf an, ob von dem Unternehmer nach dem Inhalt des Vertrages *die Überwindung der Erschwernisse zu erwarten* war – dann keine Preisanpassung – oder ob der Unternehmer erst durch eine besondere Anordnung des Bestellers zu in dieser Form nicht geschuldeten Leistungen verpflichtet wurde (vgl OLG Düsseldorf BauR 1991, 219; Vygen BauR 1983, 414; vCraushaar BauR 1984, 311, 318; Ingenstau/Korbion/Keldungs § 2 Abs 5 Rn 24). Jedenfalls muss dem Unternehmer, damit § 2 Abs 5 VOB/B anwendbar wird, bisher (so) nicht Geschuldetes auferlegt werden (BGH NJW-RR 1992, 1046). Das neu ermittelte Leistungsbild darf nicht von vornherein geschuldet sein, was insbesondere dann der Fall ist, wenn der vertraglich geschuldete Erfolg nicht ohne die Leistungsänderung zu erreichen war, BGH (NJW-RR 1992, 1046).

d) Kommt es derart zu einer Leistungsänderung, so ist *ein neuer Preis zu ver-* **82** *einbaren;* § 2 Abs 5 VOB/B spricht insoweit nur aus, was sich aus den allgemeinen Regeln über eine *Änderung der Geschäftsgrundlage* ergibt.

aa) Die Parteien trifft eine *Pflicht zu erneuten Verhandlungen,* der sie tunlichst vor Durchführung der Änderungen nachkommen sollen.

Wenn eine Einigung dabei nicht erzielt wird, gilt nicht etwa der alte Preis fort; er ist durch die Änderungen überholt. Es entsteht aber auch kein Leistungsbestimmungsrecht einer der beiden Seiten, etwa des Unternehmers nach § 316 BGB. *Vielmehr gilt ohne weiteres der neue Preis* (vgl BGHZ 50, 25, 30; OLG Celle BauR 1982, 381; INGENSTAU/ KORBION/KELDUNGS § 2 Abs 5 Rn 49; SCHMIDT MDR 1966, 888), der inhaltlich schon feststeht, nur eben noch gefunden werden muss. Im Prozess ist das keine richterliche Bestimmung iSd §§ 315 Abs 3 S 2, 319 Abs 1 S 2 BGB (so aber OLG Celle BauR 1982, 381); vielmehr sind etwaige Schwierigkeiten nach § 287 Abs 2 ZPO zu überwinden (so zutreffend INGENSTAU/KORBION/KELDUNGS § 2 Abs 5 Rn 49).

bb) Als neu festzusetzender Preis ist nicht etwa der für Leistungen dieser Art übliche iSd § 632 Abs 2 BGB zu wählen; vielmehr ist er *aus dem Preisgefüge des bisherigen Vertrages zu entwickeln* (vgl BGH NZBau 2013, 364 Rn 14); aus dessen Ansätzen ist er unter Berücksichtigung der Mehr- und Minderkosten hochzurechnen. Grundsätzlich ist dafür nicht auf die gleichartigste, sondern auf die geänderte Leistungsposition abzustellen (BGH NZBau 2013, 364 Rn 16 f). Auf § 2 Abs 3 Nr 3 VOB/B ist freilich zurückgreifen, wenn sich die Leistungsänderung wie eine Mengenänderung auswirkt. Ein Gewinnanteil des Unternehmers muss jedenfalls gewahrt bleiben (BGH NJW 1996, 1346; vgl OLG Stuttgart SCHÄFER/FINNERN/HOCHSTEIN Z 2.310 Bl 15), sofern nicht von vornherein mit Verlust kalkuliert war.

Dem Grundsatz, dass das Preis-Leistungs-Gefüge des Vertrages möglichst erhalten bleiben soll, entspricht es, als *maßgeblichen Zeitpunkt* für die Neukalkulation den des Vertragsschlusses zu wählen, nicht etwa den der Änderungsanordnung (so aber KANDEL NZBau 2013, 356, 358) oder gar den des Beginns der Ausführung der geänderten Leistungen (so aber INGENSTAU/KORBION/KELDUNGS § 2 Abs 5 Rn 51).

Der neue Preis ist nur für die von der Änderung betroffene Leistungsposition festzusetzen.

83 **cc)** Wenn sich der Besteller auf rechtzeitige Verhandlungen nicht einlässt oder diese grundlos hintertreibt, entsteht dem Unternehmer wegen der Änderung ein *Leistungsverweigerungsrecht* (vgl LEINEMANN NJW 1998, 3672). Er braucht nicht zuzuwarten, bis die Anpassung der Vergütung endgültig verweigert wird (so aber OLG Bremen BauR 2010, 2762). Er wird iSd § 6 Abs 6 VOB/B in seiner Leistung behindert und kann ggf nach § 9 Abs 1 VOB/B bzw § 643 BGB kündigen (vgl auch INGENSTAU/KORBION/KELDUNGS § 2 Abs 5 Rn 81). Ggf kann auch dem Besteller in umgekehrter Konstellation ein Recht zur Kündigung aus wichtigem Grund (§ 648a BGB, im Bereich der VOB/B nach deren §§ 5 Abs 4, 8 Abs 3) erwachsen.

Eine *positive Forderungsverletzung* des Unternehmers kann es darstellen, wenn er den Besteller nicht rechtzeitig darüber informiert, dass eine Planungsänderung mit nachhaltigen Kostensteigerungen verbunden ist. Hier wird allerdings regelmäßig ein Mitverschulden des Bestellers gegeben sein, namentlich dann, wenn er von einem Architekten beraten wird.

84 **dd)** Klauseln in Allgemeinen Geschäftsbedingungen des Bestellers, die das Recht des Unternehmers auf Preisanpassungen bei Planungsänderungen spürbar einschränken, verstoßen zwar nicht gegen § 308 Nr 4 BGB (**aA** für einen möglichen Verstoß

INGENSTAU/KORBION/KELDUNGS § 2 Abs 6 Rn 2), wohl aber gegen § 307 Abs 2 Nr 1 BGB, da die *Regeln über die Störung der Geschäftsgrundlage* zu den tragenden Regelungen des geltenden Rechts gehören. Das gilt für Klauseln, die dem Besteller das einseitige Recht der Neufestsetzung vorbehalten oder eine Neufestsetzung bei behördlichen Auflagen ausschließen oder ein Mindestausmaß einer Änderung verlangen, das über einer Bagatellgrenze liegt (vgl OLG Frankfurt NJW-RR 1986, 245). Dagegen ist es *hinreichend* durch die berechtigten Informationsinteressen des Bestellers *legitimiert,* wenn er dem Unternehmer die *vorherige Einreichung eines Nachtragsangebots* auferlegt, das aber nicht Anspruchsvoraussetzung sein darf (**aA** INGENSTAU/KORBION/KELDUNGS § 2 Abs 5 Rn 64).

5. Nachträgliche Leistungserweiterungen

a) § 2 Abs 6 VOB/B sieht für *zusätzliche Leistungen,* die der Unternehmer auf **85** Verlangen des Bestellers erbringt, einen zusätzlichen Vergütungsanspruch vor. Bei zutreffender Auslegung der Bestimmung – vgl u Rn 87 f zu der vorherigen Ankündigung des Anspruchs –, *konkretisiert sie nur allgemeine Grundsätze,* wie sie *auch außerhalb des Bereichs der VOB/B und überhaupt über das Baurecht hinaus zu beachten sind.* Nach dem BGB gilt freilich für die preislichen Folgen zusätzlicher Leistungen im Baubereich § 650c BGB (s dort).

b) Es müssen im Vertrag *nicht vorgesehene Leistungen* vom Besteller gefordert **86** werden.

aa) Die Leistungen dürfen nicht schon im ursprünglichen Vertrag enthalten sein, sei es auch nur als nicht gesondert zu vergütende Nebenleistungen (vgl INGENSTAU/KORBION/KELDUNGS § 2 Abs 6 Rn 8). Einen Fall des § 2 Abs 6 VOB/B stellt es auch nicht dar, wenn der vertraglich geschuldete Erfolg nur durch bisher nicht in Betracht gezogene – und nur insofern „zusätzliche" – Leistungen erzielt werden kann (vgl OLG Düsseldorf SCHÄFER/FINNERN/HOCHSTEIN Nr 4 § 2 Nr 6 VOB/B [1975]). Hier ist der Preis in ergänzender Vertragsauslegung zu korrigieren. Denn hätte man das zeitlich Notwendige rechtzeitig bedacht, hätte sich der Besteller auf einen höheren Preis einlassen müssen.

bb) Die Leistungen müssen einen *inneren Zusammenhang* mit der bisher vereinbarten Leistung haben; es darf sich nicht um selbständige Leistungen handeln (vgl INGENSTAU/KORBION/KELDUNGS § 2 Abs 6 Rn 7; OLG Düsseldorf BauR 1996, 875). Das ist von Bedeutung zunächst für die Höhe der geschuldeten Vergütung, die sich bei selbständigen Leistungen nach § 632 Abs 2 BGB richtet, vgl INGENSTAU/KORBION/KELDUNGS § 2 Abs 6 Rn 7, sofern die Parteien nicht ausdrücklich oder stillschweigend auf die Preise des bisherigen Vertrages Bezug genommen haben. Außerdem entfällt hier die Notwendigkeit einer vorherigen Ankündigung des Vergütungsanspruchs nach § 2 Abs 6 Nr 2 S 2 VOB/B, sofern man diese bei Zusatzleistungen für eine Anspruchsvoraussetzung hält (vgl dazu u Rn 87 f).

Ob ein innerer Zusammenhang noch gegeben ist, richtet sich nach den *Umständen des Einzelfalls* unter Berücksichtigung der *Verkehrssitte.* Es ist zB gegeben, wenn eine schon erbrachte Leistung wiederholt werden soll, die nach Gefahrübergang untergegangen ist (vgl BGHZ 61, 144 = NJW 1973, 1698), oder wenn eine an sich notwendige

Leistung erst nachträglich in Auftrag gegeben wird (vgl BGH NJW 1984, 1676 = LM § 273 BGB Nr 38 m Anm RECKEN) oder die Leistung räumlich oder gegenständlich erweitert oder ergänzt wird.

cc) Die Zusatzleistungen müssen *vom Besteller gefordert* werden; die bloße Notwendigkeit der Leistung reicht nicht aus (vgl OLG Düsseldorf BauR 1992, 777; BGHZ 113, 315, 321). Das Abfordern einer Leistung durch einen Vertreter des Bestellers setzt dessen Vertretungsmacht voraus. Der Besteller kann dabei einen Anspruch auf ihre Erbringung gehabt haben, zB nach § 1 Abs 4 VOB/B (dazu § 633 Rn 9 f) oder allgemein aus den Grundsätzen von Treu und Glauben. Das ist aber nicht notwendig; entscheidend ist nur – außer ihrer Ausführung durch den Unternehmer –, *dass der Besteller auf ihnen bestanden hat;* bloße Wünsche, Anregungen oder sonstige Äußerungen, die der Unternehmer noch nicht als verbindlich verstehen durfte, reichen also nicht aus (vgl INGENSTAU/KORBION § 2 Abs 6 Rn 11). Es liegen sonst eigenmächtige Leistungen des Unternehmers vor, die nur nach Maßgabe des § 2 Abs 8 VOB/B zu vergüten sind (vgl dazu Rn 96 ff).

87 c) § 2 Abs 6 Nr 1 S 2 VOB/B verlangt eine **vorherige Ankündigung des Anspruchs**. Das soll einer Überraschung des Bestellers mit unvorhergesehenen Ansprüchen des Unternehmers vorbeugen (BGH NJW 1996, 2158).

aa) Nach diesem Zweck der Bestimmung ist die Ankündigung jedenfalls dann *entbehrlich,* wenn der Besteller nach Lage der Dinge von dem zusätzlichen Vergütungsanspruch *nicht überrascht* sein kann, oder das Ausbleiben der Ankündigung entschuldigt ist (BGH NJW 1996, 2158; OLG Düsseldorf BauR 2005, 438; INGENSTAU/KORBION/ KELDUNGS § 2 Abs 6 Rn 21), wobei davon auszugehen ist, dass im Geschäftsleben für ein Mehr an Leistung grundsätzlich auch ein Mehr an Vergütung beansprucht wird. Eine besondere Überraschung des Bestellers kann sich deshalb nur ergeben, wenn er davon ausgehen konnte, dass ihm diese Leistung schon nach dem Vertrage geschuldet wurde, oder wenn sie ihm nicht als Auslöser besonderer Kosten zu erscheinen brauchte. *Wohl zu weitgehend* verlangt KELDUNGS § 2 Abs 6 Rn 21, dass die Vergütungspflicht hinreichend klar erkennbar war (noch weitergehend DAUB/PIEL/SOERGEL/ STEFFANI § 2 Rn 120, die verlangen, dass nicht die geringsten Zweifel an der Vergütungspflicht bestehen dürften).

88 bb) Diese Einschränkung der Ankündigungspflicht reduziert die Bedeutung der Streitfrage, ob sie eine *Anspruchsvoraussetzung für den zusätzlichen Vergütungsanspruch* mit der Folge ist, dass er ohne sie nicht gegeben ist (vgl in diesem Sinne BGH WM 1969, 1019, 1021 = LM VOB/B Nr 36; NJW 1996, 2158; INGENSTAU/KORBION/KELDUNGS § 2 Abs 6 Rn 18; HEIERMANN/RIEDL/RUSAM/KUFFER § 2 Rn 193; HERETH/LUDWIG/NASCHOLD § 2 Rn 2; LOCHER, Das private Baurecht Rn 316; WERNER/PASTOR Rn 1156; VYGEN BauR 1979, 375; vCRAUSHAAR BauR 1984, 311, 315 f; CLEMM BB 1986, 616, 617) oder nicht (Beck'scher VOB-Komm/JANSEN § 2 Abs 6 VOB/B Rn 61; NICKLISCH/WEICK/JANSEN/SEIBEL/KUES § 2 Rn 298; LEHNING NJW 1977, 422; FAHRENSCHON BauR 1977, 172; HUNDERTMARK Betr 1987, 33 f).

Die *letztere Meinung dürfte zutreffen.* Der Vergütungsanspruch für die zusätzliche Leistung ist grundsätzlich gegeben, vgl § 632 Abs 1 BGB. Es ist zwar richtig, dass er abbedungen werden kann; jedoch lässt sich nicht annehmen, dass dies durch § 2 Abs 6 Nr 1 S 2 VOB/B geschehen ist. Die Formulierung der Bestimmung („jedoch") sollte dabei nicht überbewertet werden; sie ist mit beiden Auslegungen vereinbar. Die Entstehungsgeschichte spricht zwar eher für die gegenteilige Auffassung (vgl dazu INGENSTAU/KORBION[13] § 2 Rn 299). Doch ist demgegenüber zu berücksichtigen: (1) Es fehlt an einer hinreichenden Rechtfertigung der Bestimmung. Die unterbliebene Ankündigung müsste schon als ein *Verwirkungstatbestand* gedeutet werden, aber die Voraussetzungen einer Verwirkung sind ersichtlich – jedenfalls generell, anders vielleicht im Einzelfall – nicht hinreichend erfüllt (aA WELTER NJW 1959, 757 f). (2) Es drohen *eindeutig sachwidrige Ergebnisse;* um diese zu vermeiden, sieht sich die Gegenmeinung gezwungen, nach Treu und Glauben Ausnahmen bei evidenten Mehrforderungen des Unternehmers zuzulassen, vgl soeben Rn 87. (3) Es entsteht ein *Wertungswiderspruch zu § 2 Abs 5 VOB/B:* Dort, bei Leistungsänderungen, ist der Unternehmer nicht um den Preis eines Anspruchsverlustes gehalten, vorab höhere Vergütungsansprüche anzumelden, vgl o Rn 80 ff. Bei Auftragserweiterungen liegt es aber noch mehr als bei Auftragsänderungen auf der Hand, dass sich auch die Vergütung ändern muss. (4) Die Bestimmung behält auch ohne die Sanktion eines Anspruchsverlustes einen guten Sinn, indem sie jedenfalls dazu anhält, die Kostenfrage frühzeitig zu klären. (5) Soweit ersichtlich, versteht auch die Baupraxis die Bestimmung als bloße Sollbestimmung. Jedenfalls werden Mehrforderungen für Mehrleistungen regelmäßig nicht mit dem Argument bekämpft, sie seien nicht vorab angekündigt worden.

cc) Der Unternehmer, der seinen zusätzlichen Vergütungsanspruch nicht vorab ankündigt, *verletzt* allerdings *eine vertragliche Nebenpflicht* und kann sich dadurch schadensersatzpflichtig machen (vgl Beck'scher VOB-Komm/JANSEN § 2 Abs 6 VOB/B Rn 63; LEHNING NJW 1977, 423 f; NICKLISCH/WEICK/JANSEN/SEIBEL/KUES § 2 Rn 309), wobei Inhalt der Schadensersatzpflicht die Freistellung von dem zusätzlichen Vergütungsanspruch ist. Freilich wird in aller Regel ein Mitverschulden des Bestellers anzunehmen sein, der auch seinerseits gehalten ist, den Vertragsinhalt kritisch zu überprüfen, und um die Vergütungspflicht für Zusätze wissen muss. Außerdem hat er sich auf seinen Schadensersatzanspruch den objektiven Wert der Zusatzleistung anrechnen zu lassen, vgl auch die entsprechend heranzuziehenden Grundsätze zum Schadensersatz bei Überschreitung eines Kostenanschlags (§ 649 Rn 18 ff). Im praktischen Ergebnis wird der *Schadenersatzanspruch* des Bestellers damit *weithin gegenstandslos* sein.

89

dd) Den Unternehmer trifft eine *doppelte Hinweispflicht*. Er muss zunächst gegenüber dem Besteller klarstellen, dass diese Leistung nicht schon nach dem bisherigen Vertrag geschuldet ist. Er hat sodann seine *Mehrforderung „anzukündigen"*. Er braucht sie also nur als solche zu benennen, nicht aber der Höhe nach zu berechnen (vgl NICKLISCH/WEICK/JANSEN/SEIBEL/KUES § 2 Rn 298; INGENSTAU/KORBION/KELDUNGS § 2 Abs 6 Rn 26), mag dies auch zweckmäßig sein. Freilich macht sich der Unternehmer wiederum schadensersatzpflichtig, wenn er ersichtliche Fehlvorstellungen des Bestellers über die Höhe der Zusatzvergütung nicht korrigiert. Solche Fehlvorstellungen können sich einerseits aus einer Verkennung der Zusatzleistung ergeben, andererseits bei einer Mehrzahl von Zusätzen entstehen.

Die Ankündigung hat bis zum Beginn der Ausführung zu erfolgen.

ee) Verstanden als Nebenpflicht des Unternehmers ist die Hinweispflicht *vor dem Hintergrund der §§ 305 ff BGB unproblematisch*. Als Anspruchsvoraussetzung ist sie

90

dagegen mit § 307 Abs 2 Nr 1 BGB unvereinbar; insoweit gelten dieselben Erwägungen wie zu § 16 Abs 3 Nr 2 VOB/B (vgl dazu § 641 Rn 100).

BGH NJW 1996, 2158 hält den Anspruchsverlust dann für mit dem AGBG (= §§ 305 ff BGB) vereinbar, wenn die Fälle ausgenommen werden, dass die Ankündigung im konkreten Fall für den Schutz des Bestellers entbehrlich war oder dass sie entschuldigt unterblieb. Das ist aber eine geltungserhaltende Reduktion.

91 **d)** Die *Höhe der zusätzlichen Vergütung* bemisst sich nach § 2 Abs 6 Nr 2 S 1 VOB/B. Danach bleibt der für die bisher schon vorgesehene Leistung vereinbarte Preis unberührt. Er ist um einen Zuschlag zu ergänzen, der nicht frei – oder in Anlehnung an das Übliche – zu ermitteln, sondern an bestimmten Faktoren auszurichten ist:

aa) Es sind dies zunächst die *Grundlagen der Preisermittlung für die vertragliche Leistung*. Die Preisansätze für den Hauptauftrag sind also wiederum unverändert zugrunde zu legen, soweit sie einen Bezug zu der zusätzlichen Leistung haben, was etwa bei allgemeinen Rabatten nicht der Fall ist.

bb) Sodann sind die *besonderen Kosten* der zusätzlich geforderten Leistung zu berücksichtigen. Das sind solche Kostenelemente, die in der bisherigen Leistung nicht vorhanden waren (vgl INGENSTAU/KORBION/KELDUNGS § 2 Abs 6 Rn 35; ALTMANN BB 1966, 925, 926).

92 **e)** Die Parteien haben eine entsprechende Preisvereinbarung zu treffen. Das ist eine *echte Rechtspflicht* (vgl INGENSTAU/KORBION/KELDUNGS § 2 Abs 6 Rn 30 gegen WERNER/PASTOR Rn 1159), die im Übrigen auch aus allgemeinen Grundsätzen hergeleitet werden kann und deshalb *auch über den Bereich der VOB/B hinaus* einzuhalten ist.

aa) Das Zustandekommen dieser Vereinbarung ist keine Voraussetzung für das Entstehen des zusätzlichen Vergütungsanspruchs des Unternehmers (vgl OLG Celle BauR 1982, 381).

bb) Ob der Unternehmer ein *Leistungsverweigerungsrecht* hinsichtlich der Zusatzleistung bis hin zum Zustandekommen der Preisvereinbarung hat, ist zweifelhaft. Er hat es nach Treu und Glauben jedenfalls nicht bei besonders dringenden Arbeiten. Gegen die im Übrigen generelle Bejahung eines solchen Leistungsverweigerungsrechts durch NICKLISCH/WEICK/JANSEN/SEIBEL/KUES § 2 Rn 328 spricht schon das einschränkende „möglichst" in § 2 Abs 6 Nr 2 S 2 VOB/B. Richtigerweise dürfte es generell zu verneinen sein, soweit der Besteller die Zusatzleistung zu fordern berechtigt ist, und nur *in entsprechender Anwendung des § 321* BGB zu bejahen sein, wenn der Besteller eine Zusatzvergütung verweigert oder nur in ersichtlich zu niedriger Höhe entrichtet. Jedenfalls bleiben aber die Rechte des Unternehmers aus § 648a BGB unberührt.

cc) Unterbleibt eine Preisvereinbarung überhaupt, dann ist die geschuldete Mehrvergütung ggf vom Gericht nach § 287 Abs 2 ZPO zu schätzen.

f) Vertragliche Modifikationen des zusätzlichen Vergütungsanspruchs des Unter- **93** nehmers sind zulässig. Soweit allerdings AGB des Bestellers zusätzliche Vergütungsansprüche des Unternehmers einschränken, werden sie *regelmäßig mit § 307 BGB nicht vereinbar* sein (vgl dazu auch LOCHER, in: FS Korbion [1986] 283, 288 ff).

AGB-Klauseln des Unternehmers, die eine Zusatzvergütung für Leistungen verlangen, die bei verständiger Würdigung des Vertrages schon nach diesem geschuldet werden, können für den Besteller überraschend iSd § 305c Abs 1 BGB sein (vgl BGH NJW 1984, 171 = LM § 3 AGBG Nr 6).

6. Pauschalpreisvertrag

a) In Anwendung allgemeiner Grundsätze bestimmt § 2 Abs 7 S 1, 2 VOB/B, dass **94** es beim Pauschalpreisvertrag *grundsätzlich unbeachtlich* bleibt, wenn tatsächlich die erbrachten Mengen von denjenigen abweichen, die die Parteien bei Vertragsschluss als zu erbringen angenommen haben, eine Neukalkulation der Preise also nicht stattfindet, wie dies § 2 Abs 3 VOB/B für Mengenänderungen beim Einheitspreisvertrag vorsieht, sofern die Leistungsabweichung nicht so erheblich ist, dass ein Festhalten an der Pauschalsumme nicht zumutbar ist, § 313 BGB; damit ist der Fall der Störung der Geschäftsgrundlage angesprochen (INGENSTAU/KORBION/KELDUNGS § 2 Abs 7 Rn 23). § 2 Abs 7 Nr 2 HS 1 VOB/B stellt klar, dass dies auch dann gilt, wenn für Teile der Leistung eine Pauschalsumme vereinbart ist.

Dem Pauschalpreisvertrag ist es immanent, dass die Parteien – Besteller oder Unternehmer – das preisliche Risiko von Mengenabweichungen übernehmen (vgl BGH BauR 1972, 118). Insofern wird man für eine beachtliche Störung der Geschäftsgrundlage zunächst zu fordern haben, dass eine nachhaltige Mengenabweichung vorliegt; wenn § 2 Abs 3 VOB/B insoweit eine Abweichung von mehr als 10 % bei einer Einzelposition genügen lässt, kann das hier nicht gelten; es sind vielmehr *strengere Maßstäbe* anzulegen. Sodann kommt es darauf an, ob und inwieweit die Abweichung erkennbar war. Schließlich ist die Abweichung dann eher zu berücksichtigen, wenn sie dem Verantwortungsbereich der Gegenseite zuzurechnen ist, insbesondere die Fehlkalkulation auf deren Angaben beruht (vgl BGH NZBau 2011, 553: Angabe einer bestimmten Stärke abzubrechenden Estrichs in der Ausschreibung, deren Überschreitung bei dem Unternehmer zu Verlusten führt). Insoweit darf sich freilich eher der Besteller auf die Angaben des Unternehmers verlassen als umgekehrt. Allgemeingültige Grundsätze lassen sich freilich kaum aufstellen, es kommt vielmehr entscheidend auf die Umstände des Einzelfalls an (BGH NJW-RR 1996, 722; vgl auch o Rn 71), bei dem die Parteien auch eine bestimmte Grenze einbauen können (vgl BGH NJW-RR 2004, 305 = NZBau 2004, 150).

b) *Änderungen der Planung, Einschränkungen* und *Erweiterungen der Leistung* **95** wirken sich auch beim Pauschalpreisvertrag aus; § 2 Abs 7 Nr 1 S 2 VOB/B stellt dies durch die Bezugnahme auf die Abs 3–5 klar; auf die Erl o Rn 91 ff kann verwiesen werden. Für diese Tatbestände ist der Unternehmer darlegungs- und beweispflichtig, auch für die mögliche Vereinbarung, Teile der Leistung aus der Pauschale herauszunehmen (BGH NJW-RR 1995, 722).

7. Eigenmächtige Leistungen des Unternehmers

96 Dass der Unternehmer eigenmächtig den ihm erteilten Auftrag überschreitet oder von ihm abweicht, ist nicht selten. Die VOB/B enthält hierzu in ihrer Fassung seit 1996 eine Regelung, die als durchaus sachgerecht bezeichnet werden kann. Sachgerecht ist es, wenn der Unternehmer *bei vertragswidrigen Leistungen* zur *Beseitigung* und zum *Schadensersatz* verpflichtet wird, § 2 Abs 8 Nr 1 S 2, 3 VOB/B und folgerichtig auch *keine vertragliche Vergütung* erhält, § 2 Abs 8 Nr 1 S 1 VOB/B. Erhalten bleiben und nach vertraglichen Grundsätzen vergütet werden müssen dem Besteller *willkommene oder* für den Bau *notwendige Leistungen;* das sieht § 2 Abs 8 Nr 2 VOB/B vor. Unberührt lässt § 2 Abs 8 VOB/B in seiner ab 1996 geltenden Fassung die Bestimmungen über die Geschäftsführung ohne Auftrag (Abs 3) und damit auch jene über die ungerechtfertigte Bereicherung, soweit sie in § 684 S 1 BGB in Bezug genommen sind.

Wenn die vormalige Fassung die letzteren Ansprüche ausschloss (vgl BGHZ 113, 115, 323; INGENSTAU/KORBION[13] § 2 Rn 355; aA NICKLISCH/WEICK/JANSEN/SEIBEL/KUES § 2 Rn 371), verstieß das gegen § 9 AGBG (= § 307), BGHZ 113, 115, 323. Dieser Vorwurf trifft die jetzige Regelung nicht mehr. Allerdings ist das Nebeneinander des strengeren § 2 Abs 8 Nr 2 VOB/B und des milderen § 2 Abs 8 Nr 3 VOB/B nicht transparent iSd § 307 Abs 1 S 3 BGB, was dann zur Unwirksamkeit der Nr 2 führt, wenn der Besteller die VOB/B in den Vertrag eingeführt und dabei Modifikationen vorgenommen hat.

Wenn § 2 Abs 8 Nr 2 VOB/B der Sache nach Elemente der Geschäftsführung ohne Auftrag aufgreift, ist der Vergütungsanspruch des Unternehmers gleichwohl systematisch nicht aus den §§ 670, 677, 683 bzw 684 S 2 BGB herzuleiten; dem steht schon die Existenz des § 2 Abs 8 Nr 3 VOB/B entgegen. Der Sache nach handelt es sich vielmehr um eine ergänzende Auslegung des ursprünglichen Vertrages.

a) Lage nach der VOB/B

97 aa) § 2 Abs 8 VOB/B betrifft zwei Fälle:

(1) Leistungen werden von dem Unternehmer erbracht, *ohne dass ein Auftrag vorliegt.* Dem steht das Fehlen eines wirksamen Auftrags gleich; er wurde zB von einem vollmachtlosen Vertreter des Bestellers erteilt oder von einem Vertreter unter Missbrauch der Vertretungsmacht (vgl BGHZ 113, 315). Bei § 2 Abs 8 VOB/B muss es sich aber um Leistungen handeln, die *zusätzlich* zu einem wirksamen Auftrag erbracht wurden. Der Fall, dass der Unternehmer überhaupt ohne wirksamen Auftrag gehandelt hat, wird von § 2 Abs 8 VOB/B *nicht erfasst,* sondern ist nach den *allgemeinen Regeln* zu behandeln, insbesondere den §§ 677 ff, 812 ff BGB.

(2) Leistungen werden *anders als vertraglich* vorgesehen erbracht (OLG Köln BauR 2005, 1173). Dabei dürfen die Abweichungen einerseits nicht nur geringfügig sein, andererseits ist zu beachten, dass sich der Unternehmer grundsätzlich an den ihm erteilten Auftrag zu halten hat. In diesem Fall sind die Leistungen, auch wenn sie als solche ordentlich sein mögen, schon wegen ihrer Abweichung von den vertraglichen Vereinbarungen als mangelhaft zu betrachten, vgl § 633 Abs 2 BGB, und lösen – zusätzlich zu denen nach § 2 Abs 8 Nr 1 VOB/B – die entsprechenden *Gewähr-*

leistungsrechte des Bestellers aus (vgl Nicklisch/Weick/Jansen/Seibel/Kues § 2 Rn 94 f; Ingenstau/Korbion/Keldungs § 2 Abs 8 Rn 4; Stein ZfBR 1987, 181).

(3) Die genannten Leistungen werden *nicht (vertraglich) vergütet*, § 2 Abs 8 Nr 1 **98** S 1 VOB/B; eine Vergütung nach den §§ 677 ff BGB bleibt möglich.

bb) § 2 Abs 8 Nr 1 S 2 VOB/B verpflichtet den Unternehmer darüber hinaus, die **99** *auftragswidrigen Leistungen zu beseitigen*.

(1) Die dogmatische Grundlage dieses Anspruchs des Bestellers ist nicht eindeutig zu bestimmen. Man kann in der vertragswidrigen Leistung des Unternehmers eine *Pflichtverletzung* sehen, die zur Naturalrestitution verpflichtet. Sofern die vertragswidrige Leistung einen Mangel darstellt, folgt der Beseitigungsanspruch aus § 634 Nr 1 BGB bzw § 13 Abs 5 VOB/B. In anderen Fällen folgt der Anspruch aus *§ 1004 BGB*, da das Eigentum des Bestellers beeinträchtigt wird (vgl insoweit auch § 634 Rn 102 f zum Beseitigungsanspruch im Falle des Rücktritts).

(2) Dem Besteller wird (nur) ein Anspruch auf Beseitigung gewährt. Er kann auf diesen verzichten, ohne dass sich daraus schon ein Vergütungsanspruch des Unternehmers ergäbe (vgl Ingenstau/Korbion/Keldungs § 2 Abs 8 Rn 8). Dessen Entstehen ist vielmehr von den besonderen Voraussetzungen des § 2 Abs 8 Nrn 2, 3 VOB/B abhängig.

(3) Die Frage, ob der Unternehmer hinsichtlich der nicht geschuldeten Leistungen ein *Wegnahmerecht* hat, wird in der VOB/B nicht angesprochen. Man wird es ihm nach Treu und Glauben nicht verwehren können, auch wenn die vielfältigen Regelungen des BGB über Wegnahmerechte (vgl den Überblick bei Staudinger/Bittner/Kolbe [2019] § 258 Rn 2) wohl nicht verallgemeinerungsfähig sind. Doch wird das Wegnahmerecht des Unternehmers hier auch schon durch den fehlenden Vergütungsanspruch nahegelegt (und besteht es auch nur dort, wo es diesen nicht gibt). Es ist dann § 258 BGB zu beachten.

(4) Es ist dem Unternehmer eine *angemessene Frist zur Beseitigung* zu setzen. Die **100** Setzung einer unangemessenen Frist ist nicht wirkungslos, sondern setzt den Lauf einer angemessenen Frist in Gang. Die eigene Ersatzvornahme des Bestellers braucht dem Unternehmer nicht angedroht zu werden (vgl Ingenstau/Korbion/Keldungs § 2 Abs 8 Rn 10).

(5) Wird der Unternehmer innerhalb der gesetzten Frist nicht tätig, kann der Besteller die Beseitigung der vertragswidrigen Leistungen auf seine Kosten vornehmen (lassen). Dabei wird man ihm – ähnlich wie bei der Mängelbeseitigung – einen *Anspruch auf Kostenvorschuss* gewähren müssen (vgl Ingenstau/Korbion/Keldungs § 2 Abs 8 Rn 11). Wegen der Einzelheiten der eigenen Beseitigung und des Kostenvorschusses kann auf die Erl zu § 637 Abs 3 BGB verwiesen werden (vgl § 634 Rn 86 ff).

cc) Nach § 2 Abs 8 Nr 1 S 3 VOB/B ist der Unternehmer zum *Ersatz für weitere* **101** *Schäden* des Bestellers verpflichtet. Der entsprechende Anspruch des Bestellers ist ein solcher aus positiver Forderungsverletzung und setzt damit Verschulden voraus.

Wie in dem ähnlichen Fall des § 678 BGB genügt freilich das bloße Übernahmeverschulden.

dd) Die Ansprüche des Bestellers nach § 2 Abs 8 Nr 1 S 2, 3 VOB/B verjähren in entsprechender Anwendung des § 13 Abs 4, 5 VOB/B.

102 ee) *Ausnahmsweise* kann nach § 2 Abs 8 Nr 2 VOB/B eine *Vergütungspflicht* für eigenmächtige Leistungen des Unternehmers gegeben sein; seine *Verpflichtung zur Beseitigung und zum Schadensersatz entfällt insoweit.*

(1) Dieser Fall ist zunächst gegeben, wenn der Besteller die Leistung des Unternehmers *„anerkennt"*, § 2 Abs 8 Nr 2 S 1 VOB/B.

(a) Das ist ergänzende Vertragsauslegung (o Rn 96). Sachliche Voraussetzung ist, dass der Besteller erkannt hat, dass die Leistung nicht oder nicht in dieser Form geschuldet war, und sie gleichwohl akzeptiert. Das muss ohne alle Einschränkungen geschehen, so dass eine Prüfung der Forderung noch nicht genügt (BGH NJW 2002, 895).

(b) Es handelt sich bei dem Anerkenntnis um eine *einseitige empfangsbedürftige Willenserklärung,* die mithin, soweit sie von Dritten für den Besteller abgegeben wird, von einer entsprechenden Vertretungsmacht getragen sein muss. Eine besondere Form braucht nicht eingehalten zu werden; vielmehr reichen uU auch konkludente Verhaltensweisen aus. Dafür genügt allerdings regelmäßig nicht schon die Teilnahme an einem gemeinsamen Aufmaß (vgl BGH NJW 1974, 646 = LM VOB/B Nr 68; Ingenstau/Korbion/Keldungs § 2 Abs 8 Rn 26). Genügen wird die Begleichung von auf die Zusatzleistungen entfallenden Rechnungsanteilen, sofern die Zusatzleistungen als solche gekennzeichnet waren. Hatte der Besteller die vertraglich nicht geschuldeten Zusatzleistungen verlangt (nicht nur angeregt), so folgt die Vergütungspflicht schon aus § 2 Abs 6 VOB/B (vgl o Rn 85 ff).

(c) Der Zeitpunkt des Anerkenntnisses ist bedeutungslos. Es kann auch vor der Aufnahme der Arbeiten erklärt werden oder während ihrer Durchführung.

(d) Die *Darlegungs- und Beweislast* für das Anerkenntnis trifft den Unternehmer.

103 (2) Auch ohne eine entsprechende Erklärung des Bestellers kann die Leistung nach § 2 Abs 8 Nr 2 S 2 VOB/B vergütungspflichtig sein, wenn sie (1) *für die Erfüllung des Vertrages notwendig* war, (2) dem *mutmaßlichen Willen des Bestellers* entsprach und (3) diesem *unverzüglich angezeigt* wurde (vgl dazu aber u Rn 104). Damit werden Elemente der Geschäftsführung ohne Auftrag, §§ 681 S 1, 683 S 1 BGB, aufgegriffen, freilich in einschränkender Form, wenn § 683 S 1 BGB es ausreichen lässt, dass die Tätigkeit dem Interesse des Geschäftsherrn entsprach, aber nicht ihre Notwendigkeit verlangt. Vgl zu § 307 o Rn 96.

(a) Die Notwendigkeit zur Erfüllung des Vertrages ist objektiv zu verstehen. Die Ziele des Vertrages dürfen sachgerecht nicht mit der an sich vorgesehenen Bauleistung zu erreichen sein, sondern stattdessen nur mit der von dem Unternehmer gewählten Abweichung. Dabei ist eine *strenge Betrachtungsweise* geboten (vgl INGENSTAU/KORBION/KELDUNGS § 2 Abs 8 Rn 33). Dass seine Maßnahmen sinnvoll waren, reicht jedenfalls nicht aus. Eine bessere Ausführung kann ausnahmsweise dann genügen, wenn die Relation zwischen Qualitätssteigerung und Mehrkosten eindeutig günstig ist.

(b) Der mutmaßliche Wille des Bestellers ist nur dann von Bedeutung, wenn sein *wirklicher Wille* nicht bekannt oder zu ermitteln ist, vgl auch § 683 S 1 BGB. Es gelten hier dieselben Grundsätze wie bei dieser Bestimmung, so dass es auf den wahren *subjektiven Willen des Bestellers* ankommt, wie er aus den Umständen erschlossen werden kann. Nur in den Fällen des § 679 BGB ist er unbeachtlich.

(c) Mit der Pflicht, auf den wahren Willen des Bestellers Rücksicht zu nehmen, **104** korrespondiert die Pflicht des Unternehmers zur *unverzüglichen Anzeige,* die Anspruchsvoraussetzung ist (vgl INGENSTAU/KORBION/KELDUNGS § 2 Abs 8 Rn 36); der Vergütungsanspruch entfällt bei ihrer Verletzung (vgl BGHZ 113, 315, 321 ff).

Unverzüglich bedeutet ohne schuldhaftes Zögern, § 121 BGB (vgl BGH NJW-RR 1994, 1108). Die Anzeigepflicht beginnt mit der Fassung des Entschlusses zu der nicht geschuldeten Leistung (BGH NJW-RR 1994, 1108, 1109).

Von der Unterrichtung an hat der Unternehmer in entsprechender Anwendung des § 681 BGB die Entschließung des Bestellers abzuwarten, sofern mit dem Aufschub nicht Gefahr verbunden ist (vgl OLG Stuttgart BauR 1977, 291; INGENSTAU/KORBION/KELDUNGS § 2 Abs 8 Rn 41).

(3) Die nach § 2 Abs 8 Nr 2 VOB/B geschuldete *Vergütung* ist im Falle von Leistungsänderungen nach § 2 Abs 5 VOB/B zu berechnen, im Falle von Mehrleistungen nach § 2 Abs 6 VOB/B.

ff) Liegen die eben dargestellten Voraussetzungen für eine Vergütung des Un- **105** ternehmers nach § 2 Abs 8 Nr 2 VOB/B nicht vor, können ihm immer noch Zahlungsansprüche aus den §§ 677 ff BGB erwachsen: § 2 Abs 8 Nr 3 VOB/B.

Dabei sind Ansprüche aus den §§ 677, 683 S 1, 670 BGB kaum denkbar, weil die Fälle des § 683 S 1 BGB weithin schon von § 2 Abs 8 Nr 2 VOB/B erfasst werden. Die Fälle des § 684 S 2 BGB werden überhaupt vollständig von § 2 Abs 8 Nr 2 VOB/B erfasst.

Praktisch bedeutsam bleibt deshalb ein Ausgleich der dem Besteller aufgedrängten Bereicherung nach den §§ 684 S 1, 812 ff BGB.

b) Lage außerhalb des Anwendungsbereichs der VOB/B
Hier gelten bei einer vom Vertrag abweichenden Leistung die §§ 633, 634 BGB. Der **106** Besteller kann sie freilich genehmigen. Bei zusätzlichen, nicht notwendigen Leistungen gilt gegenüber einem Verbraucher § 241a Abs 1 BGB, im Übrigen das Recht der Geschäftsführung ohne Auftrag. Dabei steht es auch dem Verbraucher frei, nach § 684 S 2 BGB zu genehmigen. War die zusätzliche Leistung im Rahmen der bestellten erforderlich, hat der Verbraucher sie auch zu vergüten. Doch wird idR auch

hier eine ergänzende Auslegung des Vertrages möglich sein, die zu den Grundsätzen des § 2 Abs 8 Nrn 1, 2 VOB/B führt, und die dann den Vorrang hat.

c) Fehlplanung des Bestellers

107 Besonderer Betrachtung bedarf der Fall, dass sich der Unternehmer zu einer abweichenden oder zusätzlichen Leistung deshalb veranlasst sieht, weil die Planung des Bestellers fehlerhaft oder unvollständig ist. Dann reduziert sich die „Eigenmacht" des Unternehmers darauf, dass er nicht die Entschließung des Bestellers abgewartet hat, der vielleicht eine andere Problemlösung vorgezogen hätte.

Im Bereich der VOB/B werden dann idR die Voraussetzungen des § 2 Abs 8 Nr 2 S 2 vorliegen.

Außerhalb der VOB/B ergibt die ergänzende Vertragsauslegung die Vergütung nach den Sätzen des Vertrages.

8. Zusätzliche Planungsarbeiten des Unternehmers

108 a) Weithin ist die Planung Sache des Bestellers, vgl auch § 633 Rn 19 f, 62 ff, doch können nach dem Vertrag oder der Verkehrssitte auch dem Unternehmer Planungsaufgaben obliegen. § 2 Abs 9 VOB/B stellt klar, dass Planungsleistungen, die der Unternehmer danach nicht schon schuldet, die er auf Verlangen des Bestellers aber liefern soll, einer *zusätzlichen Vergütungspflicht* unterliegen; *ganz allgemein* folgt das aus *§ 632 Abs 1 BGB*.

b) Die *Höhe dieser Zusatzvergütung* kann nicht pauschal an einschlägigen Gebührenordnungen, zB der HOAI, orientiert werden (vgl INGENSTAU/KORBION/KELDUNGS § 2 Abs 9 Rn 10), andererseits wäre es unangemessen, dem Unternehmer nur die reinen Selbstkosten zu erstatten (vgl auch NICKLISCH/WEICK/JANSEN/SEIBEL/KUES § 2 Rn 435). Es dürften die allgemeinen Gebührenordnungen, aber auch als Orientierungsmaßstab ausscheiden (**aA** INGENSTAU/KORBION/KELDUNGS § 2 Abs 9 Rn 10; NICKLISCH/WEICK/JANSEN/SEIBEL/KUES § 2 Rn 435), da nicht ersichtlich ist, wie sie fortentwickelt werden sollten und da dies in aller Regel zu einer zu hohen Vergütung führen würde. Auszugehen sein wird deshalb von den *Selbstkosten des Unternehmers,* uU ausgerichtet an dem Zeitaufwand, *unter Berücksichtigung eines angemessenen Gewinnaufschlags.*

c) Klauseln in AGB des Bestellers, die dem Unternehmer zusätzliche Planungsleistungen unentgeltlich auferlegen, benachteiligen diesen unangemessen iSd § 307 BGB (vgl INGENSTAU/KORBION/KELDUNGS § 2 Abs 9 Rn 1).

VIII. Kosten des Vertragsangebotes

109 Ein in § 632 Abs 3 BGB angesprochenes Sonderproblem stellt die Vergütungspflichtigkeit von **Vorarbeiten** des Unternehmers dar, die den Vertragsschluss vorbereiten sollen und die etwa aus der Anfertigung von Zeichnungen, Kostenvoranschlägen, Leistungsbeschreibungen, Modellen, Massenberechnungen, Finanzierungsunterlagen, allgemeinen Untersuchungen (zB zur Art und Rentabilität notwendiger Reparaturen) bestehen können. Derartige Vorarbeiten können für den *Besteller einen eigenen Wert* besitzen; sie sind uU mit *erheblichen Kosten* für den Unternehmer verbunden; in dem der Entscheidung BGH NJW 1979, 2202 zugrunde liegenden Fall sollten sie einen Mitarbeiter des Unternehmers für vier Wochen gebunden und zur Einschaltung eines Drittunternehmers geführt haben, was dann in einer Forderung über DM 16 000 resultierte (bei einer vorgesehenen Vertragssumme von ca DM 500 000).

Soweit die Bestimmung von den Kosten eines Kostenanschlags spricht, ist das umfassend zu verstehen, vgl die eben genannten Beispiele kostenträchtiger Maßnahmen im Stadium vorvertraglicher Beziehungen.

Zur entsprechenden Anwendung bei anderweitigen Verträgen (Kauf, Dienstvertrag) vgl o Rn 1.

Nicht unter § 632 Abs 3 BGB fällt es, wenn der Unternehmer zunächst eine vergütungspflichtige Expertise anbietet (zB vor einer Reparatur mit zunächst ungewissen Maßnahmen und Erfolg) und der Besteller diese in Auftrag gibt.

1. Späterer Vertragsabschluss

Wenn der Werkvertrag späterhin zustande kommt, ist grundsätzlich davon auszugehen, dass die planerischen Vorarbeiten des Unternehmers durch die aus ihm geschuldete Vergütung mit abgegolten sein sollen (vgl BGB-RGRK/GLANZMANN Rn 7; MünchKomm/BUSCHE Rn 11); der Besteller muss davon ausgehen, dass der Unternehmer entsprechend kalkuliert hat. Abweichendes kann natürlich verabredet werden, s eben. **110**

2. Vergütungsvereinbarung

Wenn der Hauptauftrag späterhin nicht erteilt wird, kann die Vergütung der Vorarbeiten *ausdrücklich vereinbart* werden (BGH NJW-RR 2005, 19 = NZBau 2004, 498). Regelmäßig ist das freilich nicht der Fall, so dass sich die Frage stellt, ob sich das Verhalten der Beteiligten nach den §§ 133, 157 BGB als stillschweigender Abschluss eines auf die Vorarbeiten beschränkten Werkvertrages darstellt. Dabei ist freilich insgesamt davon auszugehen, *dass das BGB eine Vergütungspflicht für Vertragsangebote nicht kennt;* diese werden vielmehr im Grundsatz auf eigenes Risiko gemacht. Das ist ein Grundsatz nicht speziell des Werkvertragsrechts, sondern von allgemeiner Bedeutung. Der Standort der Regelung ist eigentlich verfehlt, er rechtfertigt sich nur aus der besonderen praktischen Bedeutung der Frage beim Werkvertrag. **111**

a) Danach ist ein gesonderter Werkvertrag über die Vorarbeiten des Unternehmers dann *zu verneinen,* wenn der Unternehmer sie *von sich aus* in der Hoffnung erbringt, den Besteller dadurch zur Auftragserteilung geneigt zu machen (vgl RG Warn 1915, 112; BGB-RGRK/GLANZMANN Rn 8; VYGEN, in: FS Korbion [1986] 439, 443). Der Unternehmer kann schon nicht davon ausgehen, dass sein Verhalten als ein entsprechendes Vertragsangebot gewertet wird. Entsprechend kommt entgegen VYGEN (439, 443) ein Vertrag bei dieser Konstellation auch nicht dadurch nach § 151 BGB zustande, dass der Besteller anderweitig von dem Angebot Gebrauch macht; dies mag Schadensersatz- oder Bereicherungsansprüche auslösen (dazu u Rn 117).

112 b) Insofern kommt mangels ausdrücklicher Vereinbarung eine Vergütungspflicht überhaupt nur dann in Betracht, wenn der Unternehmer sie *auf Anforderung des Bestellers* leistet. Es ließe sich dann in dieser Anforderung ein entsprechendes Vertragsangebot sehen.

aa) Es ist dies teilweise dann angenommen worden, wenn die Vorarbeiten des Unternehmers schon eigene Vorteile für den Besteller bieten und wenn sie vor allem so aufwendig seien, dass nicht erwartet werden könne, dass sie ohne Vergütung aus der bloßen Hoffnung auf Auftragserteilung heraus erbrascht werden würden (vgl OLG Nürnberg NJW-RR 1993, 760; STURHAN BB 1974, 1552; HONIG DB 1975, 447; VYGEN 439, 443; HAHN BauR 1989, 670; MünchKomm/SOERGEL³ Rn 5; auch BGB-RGRK/GLANZMANN Rn 8).

113 bb) *Die hM ist dem zutreffend entgegengetreten* (vgl BGH NJW 1979, 2202; OLG Hamm BauR 1975, 418; OLG Koblenz MDR 1998, 343; OLG Köln NJW-RR 1998, 309; OLG Koblenz NJW-RR 1998, 813; ERMAN/SCHWENKER Rn 2; PALANDT/SPRAU Rn 10; EINFELD BB 1967, 147; vgl auch aus früherer Zeit RG HRR 1927 Nr 15). § 632 Abs 3 BGB nF kodifiziert dies nur.

Es ist auch *nicht* ersichtlich, warum im Bereich des Werkvertrages eine *Abweichung von dem allgemeinen Grundsatz* erfolgen sollte, dass Aufwendungen zur Förderung eines Vertragsschlusses auf eigenes Risiko gehen. Es ist nicht zu begründen, warum das anders sein sollte, wenn die Aufwendungen gezielt für eine bestimmte Person gemacht werden oder wenn sie besonders kostenträchtig sind. Letzteres ist im Übrigen zum einen auch nicht annähernd zuverlässig abzugrenzen (objektiver Aufwand, Prozentsatz der Auftragssumme?) und zum anderen für den Besteller – vor allem bei der allein zulässigen Sicht ex ante – gar nicht immer zu erkennen, so dass er uU einen Schadensersatzanspruch aus den §§ 280 Abs 1, 241 Abs 2, 311 Abs 2 BGB wegen unterlassener Aufklärung über das Kostenrisiko entgegenhalten könnte. Selbst nachträglich kann es dem Besteller oft unklar bleiben, ob der Unternehmer nicht nur fertige Pläne aus der Schublade geholt und geringfügig überarbeitet hat. Auch der konkrete anderweitige Nutzen der Vorarbeiten für den Besteller steht keineswegs von vornherein fest; oft bleiben sie wertlos. So bleibt denn für den Unternehmer, worauf der BGH zutreffend hinweist, die *Möglichkeit, die Kostenfrage mit dem Besteller offen anzusprechen*. Wenn diese Möglichkeit nicht genutzt wird, zB weil Mitbewerber zu dem Kostenrisiko bereit sind, kann das nicht zu Lasten des Bestellers gehen.

3. Baubereich

114 Etwas anderes gilt auch nicht im Baubereich, obwohl gerade dort für die Vorarbeiten des Unternehmers ein beträchtlicher Aufwand notwendig sein kann. Entsprechend bestimmt *§ 8 Abs 8 S 1 VOB/A,* dass für die Bearbeitung des Angebots keine Entschädigung gewährt wird.

Allerdings sieht *§ 8 Abs 8 Nr 1 S 2* VOB/A vor, dass eine Entschädigung vom Auftraggeber festzusetzen ist, sofern er von dem Bewerber die Ausarbeitung von Entwürfen, Plänen, Zeichnungen, statischen Berechnungen oder anderen Unterlagen verlangt, wobei insbesondere auf § 7 Abs 13 bis 15 VOB/A Bezug genommen wird. Es geht hier also um Fälle, in denen der Unternehmer *Arbeiten* durchführt, *die eigentlich in den Aufgabenbereich des Bestellers fallen,* eine Form der Angebotseinholung, die insbesondere dann zweckmäßig ist, wenn der Besteller noch keine Klarheit darüber besitzt, wie die von ihm angestrebten Ziele überhaupt erreicht werden können, oder wenn mehrere Lösungsmöglichkeiten für die Probleme bestehen. Diese Entschädigung steht dann allen Bietern zu, die ein ordnungsgemäßes Angebot einreichen, § 8 Abs 8 Nr 1 S 3 VOB/A.

Wenn die *Festsetzung dieser Entschädigung* durch den Besteller *unterblieben ist*, wollen MünchKomm/BUSCHE Rn 14; INGENSTAU/KORBION/SCHRANNER § 6 VOB/A Rn 45 grundsätzlich einen Entschädigungsanspruch des Unternehmers anerkennen, wenn die Voraussetzungen des § 8 Abs 8 Nr 1 S 2 VOB/A erfüllt sind, der Unternehmer also Planungsarbeiten erbracht hat, die eigentlich in den Aufgabenbereich des Bestellers fallen. Dem kann jedoch nicht zugestimmt werden. Die Anordnung einer entsprechenden Festsetzung durch diese Bestimmung würde wirkungslos, wenn auch ohne sie dieselbe Rechtsfolge einträte. Hinreichende Gründe, von der allgemeinen Rechtslage abzuweichen, sind auch hier nicht ersichtlich.

4. Angebot nicht zu Wettbewerbszwecken

BGH NJW 1979, 2202 nimmt Entgeltlichkeit der Vorarbeiten allerdings dann an, **115** wenn das Angebot erkennbar nicht oder nicht ausschließlich zum Zweck des Wettbewerbs eingeholt wurde. Das ist zutreffend, da dann für den Unternehmer die Gegenleistung für seine Bemühungen entfällt, nämlich die Chance, den Auftrag zu erhalten. Es wird sich dies allerdings nur selten nachweisen lassen; die Beweislast liegt bei dem Unternehmer.

5. Bemessung der Vergütung

Ist nach allem ausnahmsweise eine Entschädigung geschuldet, bemisst sie sich mangels **116** konkreter Vereinbarung nach § 632 Abs 2 BGB (vgl INGENSTAU/KORBION/KRATZENBERG § 6 VOB/A Rn 45; zT **aA** VYGEN, in: FS Korbion [1986] 439, 447 f).

6. Andere Anspruchsgrundlagen

Damit sind andere Anspruchsgrundlagen für den Unternehmer nicht ausgeschlossen: **117**

a) Das *vorvertragliche Vertrauensverhältnis* zwischen dem Besteller und dem Unternehmer verpflichtet ersteren, auf die Belange des letzteren Rücksicht zu nehmen. Es kommt deshalb ein Anspruch des Unternehmers aus den §§ 280 Abs 1, 241 Abs 2, 311 Abs 2 BGB in Betracht, wenn der Besteller ihn zur Abgabe eines Angebots mit umfangreichen Vorarbeiten veranlasst, obwohl er von vornherein *nicht willens oder in der Lage* ist, den Auftrag zu erteilen – er holt zB das Angebot nur ein, um die Kosten bestimmter Maßnahmen vor Gericht substantiiert vortragen zu können, oder er hatte den Auftrag schon anderweitig vergeben (vgl OLG Düsseldorf BauR 1991, 613), oder ihm muss von vornherein eindeutig klar sein, dass der Auftrag seine finanziellen Möglichkeiten übersteigen würde. Auch wenn die spätere Auftragserteilung mit *sonstigen Risikofaktoren* belastet ist, die sich nicht schon aus der Wettbewerbssituation ergeben, muss der Besteller das dem Unternehmer mitteilen. Bei dessen Schadensersatzanspruch wird freilich uU § 254 Abs 2 S 1, 1 Alt BGB zu beachten sein.

Eine Pflichtwidrigkeit des Bestellers stellt es auch dar, wenn er das *Angebot* ohne Genehmigung *anderweitig verwendet,* doch wird dies regelmäßig keinen Schaden des Unternehmers zur Folge haben.

b) Verschiedentlich (vgl Einfeld BB 1967, 148; Werner/Pastor Rn 1111; MünchKomm/Busche Rn 15) wird § 812 BGB als Anspruchsgrundlage für den Fall genannt, dass der Besteller die von dem Unternehmer gefertigten Unterlagen für sich verwertet. Angesichts der strikten Zweckgebundenheit dieser Unterlagen ist dies in der Tat rechtsgrundlos; es erfüllt aber nicht den Tatbestand der *Eingriffskondiktion,* wenn absolut geschützte Rechte des Unternehmers an seinem Angebot nur ausnahmsweise bestehen werden; die relative Zuordnung der Nutzungsbefugnis im Verhältnis der Parteien zueinander genügt nicht.

c) Schutz nach *Urheberrecht* werden die Vorarbeiten des Unternehmers nur ganz ausnahmsweise genießen.

7. Vorvertragliche Architektenleistungen

118 Bei Arbeiten eines Architekten stellt sich das Problem, dass Vorarbeiten, die bei anderen Unternehmern noch eindeutig dem vorvertraglichen Bereich zugeordnet werden können, hier nicht nach sachlichen Kriterien von dem geschieden werden können, was auf Grund eines Architektenvertrages zu leisten ist.

a) Wenn der Architekt *von sich aus* derartige Leistungen in der Hoffnung erbringt, den Hauptauftrag zu erhalten, tut er das auf eigenes Risiko (vgl BGH NJW 1999, 3554; OLG Oldenburg NJW-RR 1987, 1166). Anders ist es, wenn er dies *auf Wunsch oder mit Einverständnis des Bestellers* tut, wobei Letzteres auch konkludent erklärt werden kann. Hier ist nach § 632 Abs 1 BGB eine Vergütungspflicht anzunehmen (vgl OLG Saarbrücken NJW-RR 1999, 1035; OLG Frankfurt BauR 2006, 1922; BGB-RGRK/Glanzmann Rn 10; MünchKomm/Busche Rn 16), sofern bereits Leistungsphasen des § 34 HOAI erfüllt sind, es sei denn die Leistungen wären ganz unerheblich (BGH NJW 1987, 2742), oder sonst nach den Umständen ersichtlich nur im Zusammenhang mit der Bewerbung um einen Architektenauftrag erbracht. Das gilt auch dann, wenn die Leistungen nur im Rahmen einer Abklärung der Finanzierungsmöglichkeit erbracht werden oder einer Wirtschaftlichkeitsberechnung.

119 b) Allerdings hat – auch hier – eine *konkrete Vereinbarung der Unentgeltlichkeit* durch die Parteien den *Vorrang* (vgl BGB-RGRK/Glanzmann Rn 11; MünchKomm/Busche Rn 17); dies wird auch nicht durch § 7 HOAI ausgeschlossen (vgl BGH JZ 1985, 639), da Unentgeltlichkeit nicht mit einer Unterschreitung der Mindestsätze der HOAI gleichzusetzen ist. Wenn sich ein Architekt in der Hoffnung auf den Hauptauftrag auf die Zusage unentgeltlicher Arbeiten einlässt, muss er sich daran festhalten lassen, solange er dem Besteller nicht unmissverständlich erklärt, dass er nicht weiterhin unentgeltlich arbeiten will (BGH RSprBau Z 3. 00, 144). Zur Beweislast bei einer von dem Besteller behaupteten Abrede der Unentgeltlichkeit vgl u Rn 139.

c) Dabei muss die *angebliche Abrede der Unentgeltlichkeit* eindeutig sein (OLG Koblenz NJW-RR 1996, 1045; OLG Düsseldorf NJW-RR 1995, 276; 1998, 1317). Sie liegt zB vor, wenn der Architekt einstweilen „auf eigenes Risiko" arbeiten soll, vgl BGH JZ 1985,

639, oder wenn die Vergütungspflicht unter eine aufschiebende Bedingung gestellt wird, die späterhin ausfällt, so zB den Erwerb eines Grundstücks (vgl OLG Hamm BauR 1987, 582). Bedingtheit des Honoraranspruchs des Architekten ist auch dann anzunehmen, wenn ihm bekannt ist, dass das Honorar nur aus von ihm zu beschaffenden Finanzierungsmitteln gezahlt werden kann (vgl BGB-RGRK/GLANZMANN Rn 11).

Die Zusage „unverbindlicher" oder „freibleibender" Vorarbeiten ist nicht eindeutig. Es kann damit ein bloßer Vorbehalt für den Bauherrn gemeint sein, späterhin überhaupt nicht oder nicht mit diesem Architekten zu bauen; dann sind die Vorarbeiten des Architekten honorarpflichtig (vgl OLG Düsseldorf NJW-RR 1992, 1174; BGB-RGRK/ GLANZMANN Rn 12; MünchKomm/BUSCHE Rn 16). Es kann aber auch die Vereinbarung der Unentgeltlichkeit gemeint sein, was insbesondere dann anzunehmen ist, wenn der Architekt von sich aus eine entsprechende Auftragserteilung anregt, die dem Bauinteressenten die Orientierung ermöglichen soll, BGH RSprBau Z 3. 01, 380. Im Zweifel ist das letztere anzunehmen (aA LOCHER/KOEBLE/FRIK, HOAI Einl Rn 65).

IX. Bedeutung einer Rechnung*

1. Allgemeines

Über die meisten Werkleistungen pflegt eine Rechnung erteilt zu werden. Ihre **120** Bedeutung kann man verschieden sehen. Wenn und soweit man ein Leistungsbestimmungsrecht des Unternehmers hinsichtlich seines Zahlungsanspruchs annimmt, vgl o Rn 50, kommt ihr *konstitutiver Charakter* zu, so dass sie das von dem Besteller geschuldete Entgelt verbindlich festlegt. Die Verbindlichkeit für den Besteller steht unter dem Vorbehalt des § 315 BGB, die Rechnung muss also billigem Ermessen entsprechen. Für den Unternehmer selbst ist sie dann als (einseitige und empfangsbedürftige) Willenserklärung verbindlich; es müssen also grundsätzlich die Voraussetzungen einer Anfechtung gegeben sein, wenn er sich wieder von ihr lösen will. Wenn man ein Leistungsbestimmungsrecht des Unternehmers leugnet, und jedenfalls in allen Fällen, in denen das dem Hersteller geschuldete Entgelt schon endgültig bestimmt oder bestimmbar festgelegt ist, kommt ihr ein bloß *deklaratorischer Charakter* zu: Sie verschafft dem Besteller Aufschluss über die Forderung des Unternehmers, erleichtert letzterem ihre Substantiierung im Prozess und dient beiden Parteien als Beleg für die Buchhaltung.

Zur Bedeutung einer Rechnung für die Fälligkeit der Werklohnforderung vgl § 641 Rn 28.

Zu den inhaltlichen Anforderungen an eine Rechnung vgl § 641 Rn 29 ff.

Zum Anspruch auf Erteilung einer Rechnung vgl § 641 Rn 26.

---

* **Schrifttum**: JUNKER, Die Bindung an eine fehlerhafte Rechnung, ZIP 1982, 1158; U LOCHER, Die Rechnung im Werkvertragsrecht (1990); PETERS, Die Handwerkerrechnung und ihre Begleichung, NJW 1977, 552; ROTHER, Die Bedeutung der Rechnung für das Schuldverhältnis, AcP 1964 (1964) 97; WEYER, Die Bindung des Architekten an seine Honorarschlußrechnung; Theorie und Praxis, in: FS Vygen (1999) 78.

2. Bindungswirkung der Rechnung

121 Es will wenig befriedigend erscheinen, wenn der Unternehmer, der seine Forderung abschließend berechnet hat, nachträglich noch weitere Forderungen stellen kann; Abschlagsrechnungen binden natürlich nicht (BGH NJW 1996, 145). Im *Architektenrecht* hatte die – jetzt aufgegebene (vgl u Rn 124) – höchstrichterliche Rechtsprechung deshalb den Grundsatz entwickelt, dass der Architekt an seine einmal erteilte Schlussrechnung gebunden sei; er könne nur aus wichtigem Grunde von ihr abgehen (vgl BGHZ 62, 208, 211; BGH NJW 1978, 319; BGHZ 101, 357, 366 = NJW 1988, 55; BGHZ 102, 392, 395 = NJW 1988, 910; BGH NJW-RR 1990, 725, 726 = LM HOAI Nr 18). Bei *anderen freien Berufen* sind Grundsätze dieser Art – und Schärfe – nicht entwickelt worden. Es stellen sich drei grundsätzliche Probleme: zunächst sind die *dogmatischen Grundlagen einer Bindungswirkung* zu klären, sodann sind daraus die *maßgeblichen Kriterien* herzuleiten sowie der *persönliche Anwendungsbereich* einer Bindungswirkung.

122 a) Fiktiv wäre die Herleitung aus dem *Verzicht* des Unternehmers (vgl Junker ZIP 1982, 1160).

b) Vor allem Teile der Literatur argumentieren mit *rechtsgeschäftlichen Elementen,* sei es, dass man in der Rechnung eine konstitutive Willenserklärung erblickt (so Rother AcP 164 [1964] 97, 111) oder doch wenigstens eine rechtsgeschäftsähnliche Handlung (so Junker ZIP 1982, 1158, 1165) oder eine einseitige Leistungsbestimmung nach den §§ 315, 316 BGB (vgl Peters NJW 1977, 522) oder dass man nur allgemein den Rechtsgedanken der §§ 315, 316 BGB heranzieht, vgl zB OLG Hamburg MDR 1968, 667 (ausdrücklich ablehnend zu diesem Ansatz BGH NJW 1993, 659, 660).

Wer einem Ansatz dieser Art folgt, muss für die Beseitigung der Bindungswirkung fordern, aber auch genügen lassen, dass die *Voraussetzungen einer Anfechtung wegen Irrtums* gegeben sind. Dabei wäre dann als Motivirrtum unbeachtlich ein Irrtum über die Üblichkeit der in Rechnung gestellten Beträge, beachtlich dagegen zB ein Aufmaßfehler; Rechenfehler wären als Kalkulationsirrtum zu würdigen (dazu o Rn 33 ff, vgl insgesamt näher Junker ZIP 1982, 1158, 1160, 1164 f; U Locher 75 ff).

Diese Lösung ergibt relativ klare Kriterien. Sie ist wegen der knappen Anfechtungsfrist des § 121 BGB für den Unternehmer eher streng. Das Verhalten des Bestellers wird ausgeblendet. Etwaige Vertrauensdispositionen des Bestellers werden nach § 122 BGB geschützt. Zweifelhaft bleibt es freilich, ob dies alles auch auf rein deklaratorische Rechnungen angewendet werden kann bzw wie die genaue Grenzlinie zwischen deklaratorischen und konstitutiven Rechnungen zu ziehen ist.

123 c) Die jetzige höchstrichterliche Rechtsprechung leitet die Bindungswirkung der Rechnung aus *§ 242 BGB* her (vgl BGH NJW 1993, 659, 660, 661). Die genaue Verankerung bleibt freilich etwas undeutlich. BGH NJW 1993, 659, 660 spricht zunächst von einem *Verbot widersprüchlichen Verhaltens,* was darauf hindeuten könnte, dass allein das Tun des Rechnungsstellers relevant sein soll, fordert dann aber gleichzeitig eine *umfassende Interessenabwägung beider Parteien,* was dann im Sinne einer *Verwirkung* gedeutet werden könnte. Letzteres dürfte vorzuziehen sein (vgl auch BGH NJW 1997, 2329; NZBau 2009, 33).

Danach kommt es zunächst darauf an, ob der *Besteller* auf die Rechnung *vertrauen* durfte. Rechen- und Aufmaßfehler dürften das regelmäßig ausschließen, sofern sie erkennbar sind. Bei fehlenden Positionen kommt es darauf an, ob der Unternehmer mutmaßlich auf sie verzichten wollte; das kann bei Nebensächlichkeiten der Fall sein, schwerlich aber bei Gewichtigem. Zu niedrige Ansätze, die zB unter dem Üblichen liegen, verdienen durchaus Vertrauen, selbst die Unterschreitung der Mindestsätze der HOAI schließt ein Vertrauen nicht aus (vgl BGH NJW 1993, 661).

Weiter kommt es darauf an, ob der *Besteller* auf die Richtigkeit der Rechnung *tatsächlich vertraut hat,* so dass die Nachforderung unzumutbar ist (vgl BGH NJW 1993, 659, 660; OLG Düsseldorf NJW-RR 1996, 1421). Das soll nicht der Fall sein, wenn er die Rechnung als nicht prüfungsfähig beanstandet (BGH NJW 1993, 659, 660; NJW-RR 1998, 952). Indessen kann er doch auch dann immer noch davon ausgegangen sein, dass sie das Maximum des zu Berechnenden enthielt. Man wird den Besteller schwerlich dahin drängen dürfen, die Rechnung „vorsichtshalber" nicht zu beanstanden. Außerdem aber hat man konkrete Vermögensdispositionen des Bestellers zu fordern (OLG Düsseldorf NJW-RR 1998, 454), und daran wird es regelmäßig fehlen; allein in der Begleichung der Rechnung liegen sie noch nicht (BGH NZBau 2004, 33 Rn 12).

d) Die eben genannte Rechtsprechung bezieht sich auf Architekten. Bei – freilich **124** dienstvertraglich tätigen – Rechtsanwälten hat BGH NJW 1987, 3203 Nachforderungen grundsätzlich zugelassen. Für generelle Schranken der Nachforderungsmöglichkeiten im Werkvertragsrecht vgl OLG Hamburg MDR 1968, 667; OLG München WM 1984, 541; U Locher 90. Dem ist grundsätzlich zuzustimmen. Vertrauensbildenden Charakter kann letztlich *jede werkvertragliche Rechnung* haben.

Dagegen nimmt die Rechtsprechung für den *Bereich des VOB-Vertrages* an, dass hier *Nachforderungen uneingeschränkt zulässig* seien (vgl BGHZ 102, 392 = NJW 1988, 910). Sie folgert dies aus der Regelung des § 16 Abs 2 Nr 2 VOB/B (1973), dass Nachforderungen durch die vorbehaltlose Annahme der Schlusszahlung ausgeschlossen seien, die Rechnungserteilung selbst könne also noch nicht zu einem Anspruchsausschluss führen. Die jetzige Neufassung des § 16 Abs 3 Nr 2 VOB/B, die den Anspruchsausschluss an einschränkende Voraussetzungen knüpft, kann daran nichts geändert haben. Dieser Rechtsprechung kann jedoch nur teilweise gefolgt werden, § 16 Abs 3 Nr 2 VOB/B setzt nur die grundsätzliche Zulässigkeit von Nachforderungen gegenüber der Schlussrechnung voraus, sagt aber nichts Näheres zu den Einzelheiten.

Für den Bauvertrag nach BGB ist eine Bindungswirkung der Schlussrechnung nach Maßgabe der o Rn 121 ff zum Architektenvertrag entwickelten Grundsätze anzunehmen, vgl OLG Frankfurt NJW-RR 1993, 340 (aus der Zeit vor der „Wende" im Architektenrecht).

e) Die eben skizzierten Grundsätze über die Bindung an die erteilte Rechnung **125** können individualvertraglich modifiziert werden.

AGB des Bestellers, dass Nachforderungen vollends ausgeschlossen sein sollen, auf sie gar verzichtet werde, können schon unvereinbar sein mit § 308 Nr 5 BGB. Sie verstoßen aber auch gegen § 307 Abs 2 Nr 1 BGB (vgl BGHZ 107, 205 zu § 9 Abs 2 Nr 1

AGBG), sind also auch einem Kaufmann gegenüber nicht wirksam. Diese zu einem VOB-Vertrag ergangene Entscheidung ist ohne weiteres verallgemeinerungsfähig.

Umgekehrt kann sich aber auch der *Unternehmer in seinen AGB* nicht die freie Nachforderungsmöglichkeit gegenüber seiner Rechnung vorbehalten. Die Grundsätze über die Verwirkung sind auch insoweit nicht disponibel, § 307 Abs 2 Nr 1 BGB.

3. Bindung des Bestellers an die Rechnung

126 Die *zu Lasten des Bestellers fehlerhafte Rechnung* vermag eine Bindungswirkung grundsätzlich nicht zu entfalten. Bindungswirkung kann ihr in dieser Richtung nur dann zukommen, wenn sie auf den §§ 315, 316 BGB beruht und der Billigkeit entspricht, was der Unternehmer darzutun hat (vgl BGHZ 41, 271, 279).

Zu Rückforderungsansprüchen des Bestellers bei Überzahlung vgl § 641 Rn 115 ff.

X. Preisrechtliche Bestimmungen

127 Die Freiheit der Preisvereinbarung wird in einigen Bereichen eingeschränkt durch gesetzliche Vorschriften, die ein angemessenes Preisniveau sicherstellen sollen. Es geht hier einmal um die *Gebührenordnungen für die freien Berufe,* sodann um das Preisrecht für *öffentliche Aufträge.*

1. Gebührenordnungen für freie Berufe*

a) Architekten und Ingenieure

128 Die Vergütung der Leistungen der Architekten und Ingenieure ist heute in der *Verordnung über die Honorare für Architekten- und Ingenieurleistungen* in der Fassung der Bekanntmachung vom 10. 7. 2013 (BGBl I 2276) näher geregelt, die ihrerseits auf den §§ 1 und 2 des Gesetzes zur Regelung von Ingenieur- und Architektenleistungen vom 4. 11. 1971 (BGBl I 1745, 1749) in der letzten Fassung vom 18. 9. 1990

---

* **Schrifttum**: DÖRR, HOAI und EG-Vertrag, BauR 1997, 390; FETSCH, Die Vereinbarkeit der HOAI mit der EG-Dienstleistungsfreiheit, NZBau 2005, 71; KORBION/MANTSCHEFF/VYGEN, HOAI (8. Aufl 2013); JOCHEM, HOAI-Kommentar, Architektenleistungen (4. Aufl 1998); ders, Architektenleistung als unentgeltliche Akquisition, in: FS Vygen (1999) 10; KIRBERGER, Zur Vereinbarung des Architektenhonorars bei Auftragserteilung, Leipziger Baurechtstage (1990) 184; KNACKE, Aufklärungspflicht des Architekten über die Vergütungspflicht und das Honorar seiner Leistungen, BauR 1990, 395; KNIFFKA, Kürzung des Architektenhonorars wegen fehlender Kostenkontrolle, BauR 1996, 773; KONRAD, Zur Unterschreitung der Mindestsätze (§ 4 Abs 2 HOAI), BauR 1989, 653; KROPPEN, Die außergewöhnliche Leistung des Architekten und deren Honorierung, in: FS Korbion (1986) 227; LENZEN, Fragen zum Architektenpauschalvertrag, BauR 1991, 692; LOCHER/KOEBLE/FRIK, HOAI (11. Aufl 2012); MEYKE, Honorarvereinbarung des Architekten unter den Mindestsätzen der HOAI, BauR 1987, 513; MOTZKE, Honorarbestimmungsrecht des Architekten, BauR 1982, 318; POTT/DAHLHOFF/KNIFFKA/RATH, HOAI (8. Aufl 2006); SANGENSTEDT, Zur Abänderbarkeit von Honorarvereinbarungen nach der HOAI, BauR 1991, 292; SCHOLTISSEK, HOAI 2009 – Neue Vergütungsregelungen für Architekten und Ingenieure, NJW 2009, 3057. Vgl auch die Angaben in Vorbem 118 zu § 631.

Dezember 2019

(BGBl II 885) beruht. Die aktuelle Fassung der HOAI gilt nach ihrem § 1 nur für vom Inland aus erbrachte Architektenleistungen, was einerseits eine Inländerdiskriminierung bedeutet und sich durch eine Sitzverlagerung in das Ausland umgehen lässt. Soweit bloße Beratungsleistungen (der Anl 1 zur HOAI) erbracht werden, sind ihre Bestimmungen nicht verbindlich, § 3 Abs 1 S 2 HOAI. Im Übrigen gilt für Honorarvereinbarungen – im Anschluss an das bisherige Recht – § 7 HOAI. Danach muss diese, § 7 Abs 1 HOAI, bei Vertragsschluss getroffen werden, ist also nachträglich nicht mehr möglich. Sie muss sich außerdem innerhalb der Mindest- und Höchstsätze der HOAI bewegen. Nach § 7 Abs 3 können die Mindestsätze „in Ausnahmefällen" unterschritten werden. Dazu werden nicht schon freundschaftliche Beziehungen zwischen dem Architekten und dem Bauherrn führen, wohl aber die Wiederverwendbarkeit der Planung bzw der mögliche Rückgriff auf vorliegende Planungen, ferner die Teilnahme an Ideen- oder Planungswettbewerben (BVerfG NJW 2006, 495). Eine Überschreitung der Höchstsätze erlaubt § 7 Abs 4 HOAI bei außergewöhnlichen oder ungewöhnlich lange dauernden Leistungen. Fehlt es daran und ist die Honorarvereinbarung deshalb unwirksam, ist nach den Höchstsätzen abzurechnen (BGH NZBau 2008, 65). Ohne Vereinbarung gelten nach § 7 Abs 5 HOAI die Mindestsätze der Verordnung. Nach EuGH 4. 7. 2019 – C-377/17, NJW 2019, 2529 verstoßen Mindest- und Höchstsätze der HOAI gegen europäisches Recht.

aa) Grundlagen für die Honorarermittlung sind zunächst die Leistungsbilder, vgl **129** für die besonders bedeutsamen Gebäude und raumbildenden Ausbauten § 34 HOAI. Nach ihnen entscheidet sich, zu wie viel Prozent das Honorar verdient worden ist. Bei der Vollarchitektur, sind es 100 %, bei nur einzelnen Phasen des Baues entsprechend weniger (Vorbem zu §§ 650p ff Rn 1 ff).

Erbringt der umfassend beauftragte Architekt bestimmte Teilleistungen nicht, führt das nicht schon für sich zu einer Honorarkürzung, sofern das Ergebnis seiner Tätigkeit insgesamt beanstandungsfrei ist. Freilich können daraus Mängel mit den entsprechenden Folgen resultieren (OLG Hamm BauR 1998, 1096; KNIFFKA, in: FS Vygen [1999] 20; **aA** LOCHER/KOEBLE/FRIK § 8 Rn 11 ff).

Sodann kommt es nach § 4 HOAI auf die anrechenbaren Kosten an, hinsichtlich derer der Architekt einen Auskunftsanspruch gegen den Bauherrn hat; notfalls – bei der Auskunftsverweigerung – können sie geschätzt werden (BGH NJW 1995, 399, 401).

Schließlich entscheidet der Schwierigkeitsgrad der Aufgabe darüber, welche Honorarzone anzuwenden ist, § 5 HOAI.

bb) In allen Bereichen kann der Architekt nach § 14 HOAI die Erstattung von **130** *Nebenkosten* verlangen, sofern dies nicht bei Auftragserteilung ausgeschlossen wurde, sowie nach § 16 HOAI den Ersatz der *Umsatzsteuer;* die Honorare verstehen sich also – jedenfalls heute; § 16 HOAI ist zum 1. 1. 1985 geändert worden – als Nettohonorare.

cc) Wegen der *Fälligkeit* des Honoraranspruchs sei auf § 15 HOAI hingewiesen. **131** Danach ist hierfür außer der vertragsgemäßen Erbringung der Leistung die Erteilung einer *prüfungsfähigen Honorarschlussrechnung* erforderlich, doch können nach § 15 Abs 2 HOAI auch Abschlagszahlungen verlangt werden.

132 dd) Die HOAI gilt jedenfalls für *Architekten,* die zur Führung dieses Titels berechtigt sind, mögen sie nun freiberuflich tätig sein, angestellt (vgl OLG Düsseldorf NJW 1982, 1541) oder beamtet (Locher/Koeble/Frik § 1 HOAI Rn 16; **aA** OLG Oldenburg BauR 1984, 541).

Hier gilt die HOAI, soweit Leistungen erbracht werden, die in den Anwendungsbereich der HOAI fallen. Das ist zB bei der isolierten Bauvoranfrage nicht der Fall (vgl BGH NJW 1997, 3017), auch nicht bei der Projektentwicklung (BGH NJW 1998, 1228). Soweit *andere Leistungen* – ggf zusätzlich – erbracht werden, ist eine freie Honorarvereinbarung dagegen möglich bzw richtet sich die Vergütung ggf nach § 632 Abs 2 BGB. Das gilt zB für die Beschaffung von Finanzierungsmitteln, die Mithilfe bei der Vermietung des Objekts, die Projektsteuerung (vgl dazu BGH NJW 1997, 1694).

133 Die HOAI setzt weiterhin voraus, dass ein Architektenvertrag als Werkvertrag abgeschlossen wird (**aA** BGH NJW-RR 2000, 1333). So gilt sie insbes nicht, wenn Architektenleistungen im Rahmen eines Gesellschaftsvertrages erbracht werden (vgl OLG Hamm BauR 1987, 467) oder wenn ein Werkvertrag deshalb ausscheidet, weil *Unentgeltlichkeit der Leistungen* vereinbart ist (vgl Locher/Koeble/Frik, HOAI § 7 Rn 6 ff). Die Vereinbarung der Unentgeltlichkeit unterbindet § 7 HOAI ebenso wenig wie die Vereinbarung einer Bedingung für die Honorarforderung des Architekten. Auch der angestellte Architekt kann gegenüber seinem Arbeitgeber nicht nach der HOAI abrechnen.

134 ee) Soweit Architektenleistungen von Nichtarchitekten erbracht werden, mögen dies natürliche oder juristische Personen sein, ist die Anwendbarkeit der HOAI (mit BGH NJW 1997, 2329) zu bejahen, freilich mit der dortigen Einschränkung, dass sie nicht nur Teil von Bauleistungen sind. Das entspricht dem Gesetzeszweck, den Preiswettbewerb zugunsten eines Leistungswettbewerbs zurückzudrängen.

War ein Ausnahmefall nicht gegeben, der eine Unterschreitung der Sätze der HOAI gerechtfertigt hätte, hat der Architekt auf die Differenz auch dann nicht wegen culpa in contrahendo zu verzichten, wenn er über das Problem nicht aufgeklärt hat (BGH WM 1997, 2181).

b) Ärzte

135 Leistungen der Ärzte sind nach der Gebührenordnung für Ärzte v 12. 11. 1982 (BGBl I 1582) idF VO v 18. 12. 1995 (BGBl I 1861) zu vergüten, und zwar auch dann, wenn sie ausnahmsweise werkvertraglichen Charakter haben. § 2 GOÄ lässt abweichende Honorarvereinbarungen zu, fordert insoweit aber die Unterzeichnung eines besonderen, dem Zahlungspflichtigen auszuhändigenden Schriftstücks. Die GOÄ gilt freilich grundsätzlich nur für die Privatliquidation.

c) Rechtsanwälte

136 Für die beruflichen Leistungen der Rechtsanwälte gilt das Rechtsanwaltsvergütungsgesetz v 5. 5. 2004 (BGBl I 718, 788) m spät Änderungen. Dabei ist freilich zu beachten, dass das RVG primär die dienstvertragliche Tätigkeit des Anwalts betrifft. Werkvertragliche Tätigkeiten betreffen die Nrn 2100–2103 des dortigen Vergütungsverzeichnisses (Prüfung der Erfolgsaussichten eines Rechtsmittels, ggf mit Erstattung eines schriftlichen Gutachtens). Wird ein Gutachten ohne Prozessbezug erstattet, entscheidet die Preisvereinbarung der Parteien, bei deren Fehlen kommt – mangels üblicher Sätze – das Bestimmungsrecht des Rechtsanwalts nach § 316 BGB zum Tragen. Bei der Billigkeit des § 315 BGB lassen sich die Kriterien des § 14 Abs 1 RVG heranziehen.

d) Steuerberater

Die beruflichen Leistungen der Steuerberater sind nach der Steuerberatergebührenverordnung vom 17. 12. 1981 (BGBl I 1442), zuletzt geändert durch VO v 20. 8. 1998 (BGBl I 2369), abzurechnen. Für nach oben abweichende Vereinbarungen enthält § 4 StBerGebVO ein Schriftformerfordernis, das freilich durch die freiwillige und vorbehaltlose Zahlung des Mandanten überwunden wird. 137

2. Öffentliche Aufträge*

Bei öffentlichen Aufträgen sind Preisvorschriften zu beachten, die auf der Grundlage des § 2 PreisG v 10. 4. 1948 (WiGBl 27) erlassen worden sind. Zur Verfassungsmäßigkeit dieser Ermächtigungsgrundlage vgl BVerfGE 8, 274, 314 f sowie – einschränkend – BVerfGE 53, 1, 22; 65, 248, 260. 138

a) Für den Bereich des Werkvertragsrechts ist zwischen den Preisen für *Bauleistungen* sowie für *sonstige Leistungen* zu unterscheiden. Für Bauleistungen gilt die *Verordnung PR Nr 1/72 über die Preise für Bauleistungen bei öffentlichen oder mit öffentlichen Mitteln finanzierten Aufträgen vom 6. 3. 1972* (BGBl I 293), zuletzt geändert durch G v 27. 12. 1993 (BGBl I 2378, 2413). Diese VO Pr Nr 1/72 wird ergänzt durch Leitsätze für die Ermittlung von Preisen für Bauleistungen aufgrund von Selbstkosten (LSP-Bau), die als Anlage zu ihr veröffentlicht worden sind. Subsidiär für Bauleistungen und primär *für die Preise anderer Leistungen* gilt die *Verordnung PR Nr 30/53 über die Preise bei öffentlichen Aufträgen vom 21. 11. 1953* (BAnz Nr 244), für die ergänzend als Anlage ebenfalls Leitsätze für die Preisermittlung aufgrund von Selbstkosten (LSP) veröffentlicht worden sind.

Die Bestimmungen sind wiedergegeben und kommentiert bei EBISCH/GOTTSCHALK/KNAUSS/SCHMIDT, Preise und Preisprüfungen bei öffentlichen Aufträgen (7. Aufl 2001).

b) Die nach den VOen zulässigen Preise sind jeweils *Höchstpreise*. Überschreitungen sind nach § 134 unwirksam, haben aber nicht die Nichtigkeit des gesamten Vertrages zur Folge, sondern die *Geltung der zulässigen Vergütung*. Der unzulässige Spitzenbetrag ist kondizierbar (vgl BGHZ 53, 17; 53, 24). Dabei nimmt § 5 VO Pr 1/72 in Abs 2, 3 Wettbewerbspreise von ihren preisrechtlichen Beschränkungen aus, dh Preise, die bei einer Ausschreibung zustande gekommen sind oder die bei freihändiger Vergabe zustande gekommen sind, sofern mehrere Unternehmer zur Angebotsangabe aufgefordert worden waren. Hat es dabei freilich unzulässige Wettbewerbsbeschränkungen gegeben, so findet nach den §§ 5 Abs 3, 7 doch wieder eine

---

* **Schrifttum**: ALTMANN, Die Baupreisverordnung (3. Aufl 1974); DAUB, Baupreisrecht der Bundesrepublik (3. Aufl 1978); ders, Die Preise bei öffentlichen Aufträgen (7. Aufl 1980);

EBISCH/GOTTSCHALK, Preise und Preisprüfungen bei öffentlichen Aufträgen (7. Aufl 2001); HERETH/CROME, Baupreisrecht (3. Aufl 1973).

Preiskontrolle statt; es sind nur sog Selbstkostenfestpreise (§ 9 VO PR Nr 1/72) zulässig.

XI. Beweisfragen

139 1. Behauptet der Besteller eine *bestimmte Preisvereinbarung,* so hat der Unternehmer die Behauptung des Bestellers zu widerlegen (vgl RG JW 1907, 1745; BGH Betr 1954, 104; NJW 1957, 1555; MDR 1969, 999; WM 1979, 1311; NJW-RR 1992, 848; OLG Köln MDR 1973, 932; BGB-RGRK/Glanzmann Rn 19; Erman/Schwenker Rn 19; Schumann NJW 1971, 455; krit vMettenheim NJW 1971, 20; ders NJW 1984, 776). Dies gilt unabhängig davon, ob der Besteller die Vereinbarung von Einheitspreisen oder eines Pauschalpreises behauptet oder gar vereinbarte Unentgeltlichkeit der Leistung, ob die Geltung der VOB/B vereinbart ist oder nicht (BGHZ 80, 257). Allerdings dürfen an den von dem Unternehmer zu führenden Negativbeweis *keine allzu strengen Anforderungen gestellt* werden. So ist insbesondere vorab zu verlangen, dass der *Besteller* seine Behauptung *hinreichend substantiiert* (vgl BGH Betr 1954, 104; NJW 1957, 1555; NJW-RR 1992, 848; OLG Frankfurt MDR 1979, 756; OLG Hamm NJW-RR 1993, 1490; BauR 1996, 1490). Dabei müssen Zeit und Ort der angeblichen Vereinbarung dargetan werden. Bei der Beweiswürdigung ist auch zu berücksichtigen, wie sinnvoll und wahrscheinlich die angebliche Festpreisvereinbarung ist. Ob diese Beweislastverteilung mit BGH NJW 1957, 1555 schon dann zu Lasten des Bestellers umzukehren ist, wenn seine Festpreisbehauptung einem *Handelsbrauch* widerspricht, erscheint zweifelhaft.

140 2. Ist die Entgeltlichkeit der Leistungen streitig, so *hat der Unternehmer Umstände iSd § 632 Abs 1 BGB darzutun,* die hierfür sprechen, der Besteller solche, die dagegen sprechen (BGH NJW 1999, 3554, 3555). Ist danach nach den Umständen von der Entgeltlichkeit der Leistungen auszugehen, so muss *der Besteller* die gleichwohl vereinbarte *Unentgeltlichkeit beweisen* (BGH NJW 1987, 2742; Erman/Schwenker Rn 19). Umgekehrt muss der Unternehmer die vereinbarte Entgeltlichkeit beweisen, wenn nach den Umständen von Unentgeltlichkeit auszugehen ist (BGH NJW-RR 2005, 19, 20 = NZBau 2004, 498, 499). Auch in diesen Fällen ist die jeweils behauptete Abrede substantiiert darzutun.

3. Behauptet der Unternehmer eine Preisvereinbarung, die vom *Üblichen* abweicht, so hat er diese zu beweisen.

4. Besteht *Streit über die Üblichkeit einer Vergütung,* so hat der Unternehmer zu beweisen, dass die von ihm begehrte Vergütung der Üblichkeit entspricht.

5. Wird eine *nachträgliche Änderung* der Vergütungsvereinbarung behauptet, so hat dies derjenige zu beweisen, der sich darauf beruft (OLG Karlsruhe MDR 1963, 924; OLG Frankfurt NJW-RR 1997, 276).

6. Ist streitig, ob bestimmte Leistungen von einer Festpreisabrede mit erfasst werden, so hat der Besteller zu beweisen, welche Leistungen ihm im Rahmen des Festpreises zustehen.

§ 632a
Abschlagszahlungen

(1) Der Unternehmer kann von dem Besteller eine Abschlagszahlung in Höhe des Wertes der von ihm erbrachten und nach dem Vertrag geschuldeten Leistungen verlangen. Sind die erbrachten Leistungen nicht vertragsgemäß, kann der Besteller die Zahlung eines angemessenen Teils des Abschlags verweigern. Die Beweislast für die vertragsgemäße Leistung verbleibt bis zur Abnahme beim Unternehmer. § 641 Abs. 3 gilt entsprechend. Die Leistungen sind durch eine Aufstellung nachzuweisen, die eine rasche und sichere Beurteilung der Leistungen ermöglichen muss. Die Sätze 1 bis 5 gelten auch für erforderliche Stoffe oder Bauteile, die angeliefert oder eigens angefertigt und bereitgestellt sind, wenn dem Besteller nach seiner Wahl Eigentum an den Stoffen oder Bauteilen übertragen oder entsprechende Sicherheit hierfür geleistet wird.

(2) Die Sicherheit nach Absatz 1 Satz 6 kann auch durch eine Garantie oder ein sonstiges Zahlungsversprechen eines im Geltungsbereich dieses Gesetzes zum Geschäftsbetrieb befugten Kreditinstituts oder Kreditversicherers geleistet werden.

Materialien: Abs 1 G zur Beschleunigung fälliger Zahlungen v 30. 3. 2000 (BGBl I 330), geändert durch ForderungssicherungsG v 23. 10. 2008 (BGBl I 2022).

Abs 2–4 neu durch das ForderungssicherungsG.

Jetzige Fassung: BauvertragsG v 9. 3. 2017 (BGBl I 964).

§ 632a aF (vom 23. 10. 2008, gültig ab 1. 1. 2009 bis 31. 12. 2017)

Abschlagszahlungen

(1) Der Unternehmer kann von dem Besteller für eine vertragsgemäß erbrachte Leistung eine Abschlagszahlung in der Höhe verlangen, in der der Besteller durch die Leistung einen Wertzuwachs erlangt hat. Wegen unwesentlicher Mängel kann die Abschlagszahlung nicht verweigert werden. § 641 Abs. 3 gilt entsprechend. Die Leistungen sind durch eine Aufstellung nachzuweisen, die eine rasche und sichere Beurteilung der Leistungen ermöglichen muss. Die Sätze 1 bis 4 gelten auch für erforderliche Stoffe oder Bauteile, die angeliefert oder eigens angefertigt und bereitgestellt sind, wenn dem Besteller nach seiner Wahl Eigentum an den Stoffen oder Bauteilen übertragen oder entsprechende Sicherheit hierfür geleistet wird.

(2) Wenn der Vertrag die Errichtung oder den Umbau eines Hauses oder eines vergleichbaren Bauwerks zum Gegenstand hat und zugleich die Verpflichtung des Unternehmers enthält, dem Besteller das Eigentum an dem Grundstück zu übertragen oder ein Erbbaurecht zu bestellen oder zu übertragen, können Abschlagszahlungen nur verlangt werden, soweit sie gemäß einer Verordnung auf Grund von Artikel 244 des Einführungsgesetzes zum Bürgerlichen Gesetzbuche vereinbart sind.

(3) Ist der Besteller ein Verbraucher und hat der Vertrag die Errichtung oder den Umbau eines Hauses oder eines vergleichbaren Bauwerks zum Gegenstand, ist dem

Besteller bei der ersten Abschlagszahlung eine Sicherheit für die rechtzeitige Herstellung des Werkes ohne wesentliche Mängel in Höhe von 5 vom Hundert des Vergütungsanspruchs zu leisten. Erhöht sich der Vergütungsanspruch infolge von Änderungen oder Ergänzungen des Vertrages um mehr als 10 vom Hundert, ist dem Besteller bei der nächsten Abschlagszahlung eine weitere Sicherheit in Höhe von 5 vom Hundert des zusätzlichen Vergütungsanspruchs zu leisten. Auf Verlangen des Unternehmers ist die Sicherheitsleistung durch Einbehalt dergestalt zu erbringen, dass der Besteller die Abschlagszahlungen bis zu dem Gesamtbetrag der geschuldeten Sicherheit zurückhält.

(4) Sicherheiten nach dieser Vorschrift können auch durch eine Garantie oder ein sonstiges Zahlungsversprechen eines im Geltungsbereich dieses Gesetzes zum Geschäftsbetrieb befugten Kreditinstituts oder Kreditversicherers geleistet werden. Der Unternehmer kann von dem Besteller für in sich abgeschlossene Teile des Werkes Abschlagszahlungen für die erbrachten vertragsmäßigen Leistungen verlangen. Dies gilt auch für erforderliche Stoffe oder Bauteile, die eigens angefertigt oder angeliefert sind. Der Anspruch besteht nur, wenn dem Besteller Eigentum an den Teilen des Werkes, an den Stoffen oder Bauteilen übertragen oder Sicherheit hierfür geleistet wird.

§ 632a aF (vom 2. 1. 2002, gültig ab 1. 1. 2002 bis 31. 12. 2008)

Abschlagszahlungen

Der Unternehmer kann von dem Besteller für in sich abgeschlossene Teile des Werkes Abschlagszahlungen für die erbrachten vertragsmäßigen Leistungen verlangen. Dies gilt auch für erforderliche Stoffe oder Bauteile, die eigens angefertigt oder angeliefert sind. Der Anspruch besteht nur, wenn dem Besteller Eigentum an den Teilen des Werkes, an den Stoffen oder Bauteilen übertragen oder Sicherheit hierfür geleistet wird.

Schrifttum

BASTY, Verordnung über Abschlagszahlungen bei Bauträgerverträgen, DNotZ 2001, 421
BECK/GIRRA, Bauabzugssteuer, NJW 2002, 1079
BLANK, Das „Aus" für den Bauträgervertrag?, ZfIR 2001, 85
BÖHME, Einige Überlegungen zum neuen § 632a BGB, BauR 2001, 525
vCRAUSHAAR, Die Regelung des Gesetzes zur Beschleunigung fälliger Zahlungen im Überblick, BauR 2001, 471
HEILAND, Die Bauabzugssteuer gem §§ 48 ff. EStG im Bauprozeß, NZBau 2002, 413
JANSEN, Vorlage einer neuen Schlußrechnung in der Berufungsinstanz, NZBau 2008, 689
KANZLEITER, Quo vadis? Was wird aus dem Bauträgervertrag?, DNotZ 2001, 165

KAPELLMANN, In sich abgeschlossene Teile der Leistung gemäß VOB/B, in: FS Thode (2005) 29
KIRBERGER, Die Beschleunigungsregelungen unter rechtsdogmatischem und praxisbezogenen Blickwinkel, BauR 2001, 492
KNIFFKA, Das Gesetz zur Beschleunigung fälliger Zahlungen – Neuregelung des Bauvertragsrechts und seine Folgen, ZfBR 2000, 227
LEINEMANN, Das Forderungssicherungsgesetz – Neue Perspektiven im Bauvertragsrecht?, NJW 2008, 3745
MOTZKE, Abschlagszahlung, Abnahme und Gutachterverfahren nach dem Beschleunigungsgesetz, NZBau 2000, 489
NIEMÖLLER, Der Abschlagszahlungsanspruch für eigens angefertigte oder angelieferte Stoffe

oder Bauteile nach § 632a BGB, in: FS Jagenburg (2002) 689

Pause, Verstoßen Zahlungspläne gem § 3 II MaBV gegen geltendes Recht?, NZBau 2001, 181

ders, Abschlagszahlungen und Sicherheiten nach § 632a BGB, BauR 2009, 808

Pionteck, Die Praktikabilität der Abschlagszahlungsregelung in § 632a BGB, jM 2018, 403

Quadbeck, Abschlagszahlungen im Bauträgerrecht – Auswirkungen der Neuregelung des § 632a BGB, MDR 2000, 1111

vRintelen, Abschlagszahlung und Werklohn, JbBaur 2001, 25

Rodemann, § 632a: Regelungsbedarf für den Unternehmer, BauR 2002, 863

Rösler, Bauträgerfinanzierung nach der Bauträger-I-Entscheidung, ZfIR 2001, 259

Sorge/Vollrath, Das Ende vom Ende des Bauträgervertrages, DNotZ 2001, 261

Stapenhorst, Das Gesetz zur Beschleunigung fälliger Zahlungen, DB 2000, 909

Staudinger, Der Bauträgervertrag auf dem Prüfstein des Gemeinschaftsrechts, DNotZ 2002, 166

Thode, Bauträgervertrag – Gestaltungsfreiheit im Rahmen der neuen Gesetzgebung und Rechtsprechung, in: Thode/Uechtritz/Wochner, Immobilienrecht 2000, 2001 (RWS-Forum 19) 267

Ullmann, Der Bauträgervertrag – quo vadit?, NJW 2002, 1073

Voppel, Abschlagszahlungen im Baurecht und § 632a BGB, BauR 2001, 1165

Wagner, Die Zukunft des Bauträgervertrages, ZfIR 2001, Beil zu H 10, 22.

Systematische Übersicht

I.	**Allgemeines**	
1.	Herkunft der Bestimmung	1
2.	Vorfinanzierungsrisiko des Unternehmers	2
a)	Verschaffung von Liquidität	3
b)	Einstellung der Abschlagszahlungen in das vertragliche Synallagma	3
II.	**Anwendungsbereich der Bestimmung**	4
III.	**Abschlagszahlungen und Vorauszahlungen**	5
IV.	**Anspruch auf Abschlagszahlungen**	
1.	Gegenstand des Anspruchs	6
2.	Wertzuwachs	7
3.	Abrechnungsfähigkeit der Leistung	8
4.	Gegebenenfalls Absicherung des Bestellers	9
5.	Mängel der Leistung	10
6.	Ausgestaltung des Anspruchs	11
7.	Abweichende Vereinbarungen	14
V.	**Altverträge**	
1.	In sich abgeschlossene Teile der Leistung	15
a)	Problematik des Begriffs	15
b)	Kriterien	16
c)	Mangelhafter Leistungsteil	17
2.	Stoffe und Bauteile	18
3.	Sicherheit für den Besteller	19
4.	Bemessungsmaßstab	20
VI.	**Bauträgervertrag**	21
VII.	**Architekten**	22
VIII.	**VOB/B**	23
1.	Allgemeines	24
2.	Vertragsmäßige Erbringung selbständiger Leistungsteile	25
3.	Fälligkeit	27
4.	Höhe	28
5.	Einbehalte	29
6.	Keine Abnahme	29
7.	Folgen der Nichtzahlung	30
IX.	**Abschlagsrechnung und Schlussrechnung**	32
X.	**Anhang: Bauabzugsteuer**	
1.	Regelwerk	33
2.	Zivilrechtliche Folgen	34

§ 632a

Alphabetische Übersicht

Abnahme	29
Abnahmereife	15 f
Abrechnungsfähigkeit	8, 16
Abschlagszahlungen	5
– beim Bauträgervertrag	21
Absicherung des Bestellers	9
AGB	5, 14, 30
Altvertrag	1, 15 ff
Architekt	22
Aufrechnung	29
Bankbürgschaft	9, 19
Baufortschritt	16
Bauträgervertrag	21
Einbehalte	29
Einstellung der Arbeit	3, 30 f
Erfüllungsansprüche	6
Fälligkeit	11, 27, 32
ForderungssicherungsG	1
Garantie	9
Höhe des Abschlags	20, 27
Liquidität	3
MaBV	8, 21
Mangel	10
Mängel, Auswirkungen von	10, 17, 25
Mangelfreiheit	10
Materialien	26
Preise, vertragliche	7, 20
Prüfbarkeit der Rechnung	8
Rechnung, prüfbare	11, 26
Schlussrechnung	11, 27, 32
Sekundäransprüche	6
Sicherheit	9, 19
Sicherheitseinbehalt	14
Synallagma	3, 12
Teil der Leistung, abgeschlossener	15 f
Übereignung	19, 26
Verbrauchervertrag	12, 14, 30
Vereinbarung der Parteien	14, 24 ff
Verjährung	11
VOB/B	23 ff
Vorauszahlung	5
Vorfinanzierungsrisiko	2
Vorläufigkeit der Zahlung	13, 27
Wahlrecht des Bestellers	19
Werkvertrag, Art des	4
Wertzuwachs	7
Zurückbehaltungsrecht	12, 17, 25, 29

I. Allgemeines

1. Abs 1 der Bestimmung entstammt dem G zur Beschleunigung fälliger Zahlungen v 30. 3. 2000 (BGBl I 330). Das ForderungssicherungsG v 23. 10. 2008 (BGBl I 2022) hat Abs 1 geändert und die bisherigen Absätze 2 und 3 hinzugefügt. Von ihnen ist der bisherige auf Bauträger bezogene Abs 2 heute durch § 650v BGB ersetzt worden, der bisherige auf Verbraucher bezogene Abs 3 durch § 650m BGB. Die beiden bisherigen Bestimmungen gelten noch für Verträge, die vor dem 1. 1. 2018 geschlossen worden sind, vgl Art 229 § 39 EGBGB.

2. Nach § 641 Abs 1 S 1 BGB steht dem Unternehmer die Vergütung an sich erst bei der Abnahme seiner Leistung zu, nach § 650g Abs 4 BGB bei Bauverträgen noch später. Damit trägt er ein uU hohes *Vorfinanzierungsrisiko,* das er in aller Regel wegen der §§ 946, 947, 950, 93, 94 BGB auch nicht durch einen Eigentumsvorbehalt absichern kann. Auch die Bauhandwerkersicherung des § 650e BGB (§ 648a aF) hilft in der Praxis insofern nur eingeschränkt, als sie zum einen keine Liquidität verschafft (wenngleich sie die Refinanzierung bei der Bank erleichtert) und zweitens und vor allem ihre Einforderung das Klima massiv belasten wird.

In dieser Situation hilft § 632a BGB dem Unternehmer in doppelter Weise.

a) Unmittelbar verschafft die Bestimmung ihm *Liquidität*. Dabei ist freilich nicht 3 zu übersehen, dass der Anspruch aus § 632a BGB aus zeitlichen Gründen während des laufenden Bauvorhabens normalerweise gerichtlich nicht durchsetzbar sein wird, sondern nur dann, wenn das Bauvorhaben stecken bleibt. Auch in der letzteren Konstellation wird der Anspruch nur selten relevant werden, weil dann in der Regel eine Vertragsbeendigung durch Kündigung gegeben sein wird, bei der dann insgesamt abgerechnet werden muss (vgl zum Verhältnis der Abschlagsrechnung zur Gesamtrechnung noch u Rn 32).

b) So ist die Wirkungsweise des § 632a BGB zugunsten des Unternehmers vorzugsweise eine mittelbare: Seine Leistungen und die Pflicht des Bestellers zur Bedienung der Abschlagsrechnungen stehen im *Synallagma des § 320 BGB;* das (nichtberechtigte) Ausbleiben von Abschlagszahlungen ist für den Unternehmer ein Alarmsignal, berechtigt ihn prinzipiell zur Einstellung seiner Arbeiten. Schon dies zu vermeiden wird den Besteller veranlassen, Abschlagszahlungen auch zu leisten.

An dieser Stelle benachteiligt freilich die VOB/B den Unternehmer unangemessen, § 307 Abs 2 Nr 1 BGB, wenn ihr § 16 Abs 5 Nr 4 VOB/B das Recht zur Arbeitseinstellung einschränkend von dem fruchtlosen Ablauf einer zur Zahlung gesetzten Nachfrist abhängig macht. § 320 BGB ist ein elementares Recht einer jeden Vertragspartei, vgl auch § 309 Nr 2 lit a BGB.

II. Anwendungsbereich der Bestimmung

§ 632a BGB gilt für *Werkverträge aller Art,* mag auch der Baubereich den Anlass zur 4 Schaffung der Bestimmung gegeben haben. Abschlagszahlungen können zB auch bei der Entwicklung von Individualsoftware geboten sein, mag dort auch der von § 632a Abs 1 S 1 BGB postulierte Wert der einzelnen Entwicklungsschritte schwer zu fassen sein.

III. Abschlagszahlungen und Vorauszahlungen

Der Begriff der Abschlagszahlungen ist aus § 16 Abs 1 VOB/B entlehnt. Sie sind zu 5 unterscheiden einerseits vom endgültigen Werklohn, wie er nach §§ 641 Abs 1 bzw 650g Abs 4 BGB zu entrichten ist, andererseits und vor allem von *Vorauszahlungen:* Abschlagszahlungen stehen bereits Leistungen des Unternehmers gegenüber, mögen sie auch – vor der Abnahme – nur vorläufigen Charakter haben und einstweilen auch noch der Unternehmer das Risiko ihres Untergangs tragen, vgl § 644 BGB. Dagegen stehen Vorauszahlungen noch keine entsprechenden Leistungen des Unternehmers gegenüber.

Vorauszahlungen sieht die Bestimmung des § 632a BGB nicht vor. Sie können vereinbart werden, individualvertraglich ist das ohne Weiteres möglich und auch üblich (Vorauskasse bei der Reinigung); in AGB des Unternehmers muss gewährleistet werden, dass der Besteller nicht unangemessen benachteiligt wird, wenn zB Zahlungspläne vereinbart werden, die jedenfalls partiell auf Vorauszahlungen des Bestellers hinauslaufen. Dann liegt eine Abweichung vom Leitbild des Gesetzes vor, § 307 Abs 2 Nr 1 BGB. Ermöglicht werden können Vorauszahlungen dadurch, dass dem Besteller eine Sicherheit gewährt wird, vgl auch § 16 Abs 2 Nr 1 VOB/B.

IV. Anspruch auf Abschlagszahlungen

1. Gegenstand des Anspruchs

6 § 632a BGB sichert den Erfüllungs-, *Vergütungsanspruch* des Unternehmers. *Reine Sekundäransprüche* werden nicht erfasst. Das gilt etwa für solche aus den §§ 280 Abs 1, 241 Abs 2 BGB oder aus einer Verzögerung des Bauvorhabens. Auch der Anspruch des Unternehmers aus § 642 BGB ist schon deshalb nicht bei § 632a BGB einzuordnen, weil bei ihm der geforderte Wertzuwachs bei dem Besteller ausbleibt. Natürlich ist die Abschlagsforderung als solche im Verzugsfall zu verzinsen.

Unter den Vergütungsansprüchen des Unternehmers geht es zunächst um die im Vertrag eigens ausgewiesenen. Doch ist eine solche Ausweisung nicht immer zu fordern. Hat man dort zB eine erforderliche Leistung übersehen, so schuldet der auf den Erfolg des § 631 Abs 2 BGB verpflichtete Unternehmer auch sie und kann sie in seine Abschlagsrechnung einstellen. Das gilt auch, wenn man sich noch nicht auf den Preis geeinigt hat (BGH NZBau 2012, 493).

Insofern berechtigen auch namentlich spätere Zusatzaufträge zu Abschlagsforderungen.

2. Wertzuwachs

7 Eine Abschlagszahlung soll nach § 632a Abs 1 S 1 BGB dem „Wert" der erbrachten Leistung entsprechen. Diese Wortwahl ist insofern missverständlich, als die Leistung einstweilen nur einen Preis hat; ein Wert wird sich erst künftig einstellen, und das auch nur unter der Voraussetzung, dass das Bauvorhaben in der geplanten Form fertiggestellt werden wird. Außerdem hat der Ausdruck „Wert" einen objektiven Klang, wenn er denn auf die Anschauung des Verkehrs abstellt. Im Rahmen von Abschlagszahlungen kann es aber allein darauf ankommen, dass der Besteller diese Leistung in Auftrag gegeben und eine Vergütung für sie zugesagt hat. In § 632a Abs 1 BGB muss man statt Wert richtiger Preis lesen. – Gegenüber der bisherigen Fassung des Gesetzes richtiger dagegen heute, dass es nicht auf den Wert gerade für den Besteller ankommt; er mag zB die Bebauung eines fremden Grundstücks in Auftrag gegeben haben.

3. Abrechnungsfähigkeit der Leistung

8 In seiner ursprünglichen Fassung hatte § 632a Abs 1 S 1 BGB Abschlagszahlungen für in sich abgeschlossene Teile des Werkes vorgesehen, also solche, die für sich

funktionsfähig und damit einer Abnahme zugänglich sind. Das war zu eng gefasst, wenn es denn Abschlagszahlungen weithin ausschloss.

Daraus, dass der Unternehmer seine Leistung durch eine – prüfbare – Aufstellung nachzuweisen hat, § 632a Abs 1 S 4 BGB, ergibt sich, dass sie selbständig abrechenbar sein muss. Das ist zB bei einem Rohbau das einzelne Stockwerk nicht, wohl aber das Fundament, die Gesamtheit der Stockwerke, das Dach. Typischerweise selbständig abrechenbar ist das einzelne Gewerk, zB die Elektroarbeiten.

Dabei setzt die Prüfungsfähigkeit nicht voraus, dass die Rechnung auch inhaltlich richtig ist. Zur Beurteilung der Prüfungsfähigkeit kann auf die Kriterien des § 14 Abs 1 VOB/B zurückgegriffen werden (dazu § 641 Rn 32 ff). Die Aufstellung des Unternehmers soll eine rasche und sichere Prüfung seines Rechenwerks ermöglichen, § 632a Abs 1 S 3 BGB. Doch ist dies nur ein Appell an ihn; mehr als Prüfungsfähigkeit kann nicht verlangt werden.

Bei Vereinbarung eines Pauschalpreises wären Prozentsätze von diesem – nach Art des § 3 Abs 2 MaBV – an sich keine prüfbare Darstellung des Leistungsstandes. An sich müsste der Pauschalpreis deshalb aufgesplittet und anteilig den einzelnen Leistungsschritten zugeordnet werden. Das wäre aber aufwendig und würde den Zahlungsverkehr erschweren. Es muss deshalb dem Unternehmer gestattet sein, einen Zahlungsplan aufzustellen. Er wird freilich – zur Meidung seiner Unwirksamkeit – Sorge tragen müssen, dass er keine Vorauszahlungen enthält. Kommt es doch zu Vorauszahlungen, wäre die Folge, dass der gesamte Werklohn nach § 641 Abs 1 BGB – also am Ende – zu entrichten ist.

4. Gegebenenfalls Absicherung des Bestellers

Nach § 632a Abs 1 S 5 BGB kann der Unternehmer eine Abschlagszahlung auch schon dann verlangen, wenn Stoffe oder Bauteile für das Bauwerk angeliefert worden sind oder eigens angefertigt und bereitgestellt sind, obwohl dies eigentlich noch nicht Teil seiner Leistung ist, sondern diese nur vorbereitet. Freilich hat der Besteller zunächst auch noch keine Gewissheit, dass sie wirklich in das Bauwerk verwendet und nicht wieder abtransportiert werden. Deshalb spricht ihm die Bestimmung eine Sicherheit nach seiner Wahl zu.

9

Wenn der Besteller insoweit das Eigentum an den Materialien beanspruchen kann, kann er allerdings die entsprechende Abschlagszahlung nachhaltig behindern, wenn denn in der Regel ein Eigentumsvorbehalt der Lieferanten bestehen wird, wie er zunächst abgelöst werden müsste. Dem Unternehmer genehmer, wenn auch nicht erzwingbar – die Wahl zwischen Eigentum und Sicherheit steht nach der eindeutigen Fassung des Gesetzes dem Besteller zu –, ist deshalb die Alternative der Sicherheitsleistung für den Besteller. Theoretisch in Betracht kommen insoweit die Sicherungsmittel der §§ 232 ff BGB, die praktische Regel wird die selbstschuldnerische, unbedingte und unbefristete Bürgschaft einer Bank sein, weitere Sicherungsmittel nennt § 632a Abs 2 BGB. Wenn dort von einer Garantie die Rede ist, führt das freilich in die Irre, wenn es denn um eine akzessorische Sicherheit und damit um eine Bürgschaft geht.

Die Sicherheit ist zurückzugeben, wenn die entsprechenden Stoffe eingebaut sind; damit entfällt der Sicherungszweck.

5. Mängel der Leistung

10 Wenn die in Rechnung gestellte Leistung Mängel aufweist, schließt das den Anspruch des Unternehmers auf eine Abschlagszahlung nicht grundsätzlich aus. Vielmehr berechtigen Mängel den Besteller zu einem Einbehalt, dessen Betrag nach § 641 Abs 3 BGB zu ermitteln ist, also zunächst in Höhe der mutmaßlichen Kosten der Mängelbeseitigung, diese sodann ergänzt um einen für den Unternehmer spürbaren Druckzuschlag. Dabei kann es sich dann ergeben, dass dieser Einbehalt die Abschlagszahlung aufzehrt. Durch die Beseitigung der Mängel kann der Unternehmer die Abschlagsforderung wieder durchsetzbar machen; setzt er den Besteller insoweit in Annahmeverzug, entfällt jedenfalls der Druckvorschlag.

6. Ausgestaltung des Anspruchs

11 a)   Der Anspruch wird *fällig* mit dem Erreichen des betreffenden Leistungsstandes und dem Verlangen des Unternehmers; anders als nach § 16 Abs 1 VOB/B ist die Erteilung einer Rechnung nicht Fälligkeitsvoraussetzung (PALANDT/SPRAU Rn 15, KNIFFKA ZfBR 2000, 229; MOTZKE NZBau 2000, 493). Wenn freilich der Besteller zur Leistungsverweigerung berechtigt ist, solange ihm die die berechnete Leistung nicht *prüfbar belegt* ist (PALANDT/SPRAU Rn 15; MOTZKE NZBau 2000, 493), ist eine Rechnung doch praktisch unverzichtbar.

Der Anspruch *verjährt* nach den §§ 195, 199 BGB. Der Eintritt der Verjährung hindert den Unternehmer nicht, auch diesen Teil seiner Forderung in seine Schlussrechnung einzustellen.

12 b)   Der Anspruch ist voll zu bedienen (BGHZ 165, 332 = NJW-RR 2006, 597 = BauR 2006, 674). Ist der Besteller Verbraucher, dürfen freilich die Abschlagszahlungen nach § 650m Abs 1 BGB insgesamt nur 90 % des gesamten Werklohns betragen. Außerdem sind ihm die Sicherheiten des § 650m Abs 2 BGB zu gewähren.

Der Anspruch steht im **Synallagma** mit dem Anspruch des Bestellers auf ein mangelfreies Werk, was zur Anwendbarkeit der §§ 320 ff BGB in diesem Verhältnis führt. Wegen schon *festgestellter Mängel* hat der Besteller das Zurückbehaltungsrecht der *§§ 320, 641 Abs 3 BGB*. Umgekehrt erwächst dem Unternehmer ein Leistungsverweigerungsrecht, wenn seine Abschlagsforderungen nicht (voll) bedient werden; ggf kann er nach § 648a BGB aus wichtigem Grund kündigen oder nach den §§ 281, 323 BGB vorgehen.

13 c)   Die *Abschlagszahlung* des Bestellers hat nur einen *vorläufigen Charakter*. Sie bedeutet kein Anerkenntnis der ihr zugrunde liegenden Leistung als vertragsgemäß, wie dies § 16 Abs 1 Nr 4 VOB/B klarstellt. Vielmehr verbleibt die Beweislast dafür, dass die erbrachte Leistung dem Vertrag entspricht, immer noch – bis hin zur Abnahme – bei dem Unternehmer, vgl § 632a Abs 1 S 3 BGB. Kommt es durch Abschlagszahlungen zu einer Überzahlung des Unternehmers, erwächst dem Besteller dadurch ein Erstattungsanspruch aus Vertrag, nicht aus ungerechtfertigter

Bereicherung (BGH NJW 2002, 1567; BGH NJW-RR 2005, 129). Freilich ergibt § 813 Abs 2 BGB, dass dieser Anspruch erst im Rahmen der Endabrechnung geltend gemacht werden kann, nicht schon solange, wie der Unternehmer den überzahlten Betrag noch verdienen könnte.

7. Abweichende Vereinbarungen

Der Anspruch des Unternehmers auf Abschlagszahlungen kann individualvertraglich ausgeschlossen werden, nicht dagegen in AGB des Bestellers (Kniffka ZfBR 2000, 229). Letzteres gilt auch für Kürzungen auf zB 95 oder 90% (Messerschmidt/Voit/Messerschmidt Rn 60). Ein Verbraucher als Besteller kann freilich nach § 650m BGB einen Sicherheitseinbehalt vom Werklohn in Höhe von 5% schon gegenüber Abschlagszahlungen anteilig in Abzug bringen. Das aber erlaubt bei Unternehmern iSd § 14 Abs 1 BGB nicht den Schluss, dass sie derlei jedenfalls in ihren AGB vorsehen könnten. Gewiss können sie sich mit dem Unternehmer auf einen Sicherheitseinbehalt wegen etwaiger Mängel einigen, aber dieser hat dann von der letzten Zahlung zu erfolgen. Bis dahin gilt eben, dass berechtigte Forderungen auch voll zu begleichen sind.

V. Altverträge

Wie eingangs bemerkt, ist § 632a BGB in seiner jetzigen Form nur auf Verträge anzuwenden, die nach dem Stichtag des 1. 1. 2009 abgeschlossen worden sind. Für Verträge älteren Datums gilt abweichend:

1. In sich abgeschlossene Teile der Leistung

a) Abschlagszahlungen können für in sich abgeschlossene Teile der Leistung verlangt werden, ein Begriff, der § 12 Abs 2 VOB/B entlehnt ist, nach dem für derartige Teile eine Teilabnahme zwar nicht zwingend stattzufinden hat, aber verlangt werden kann. In dem dortigen Zusammenhang ist der Begriff eng zu verstehen, wenn es bei der Abnahme darum geht, die Gebrauchstauglichkeit einer Leistung abschließend zu beurteilen; dann muss sie unabhängig von der noch ausstehenden Leistung gewürdigt werden können, sodass zB die eine Etage eines Rohbaus nicht in sich abgeschlossen ist (BGHZ 50, 160).

Versteht man den Begriff im Rahmen des § 632a BGB aF entsprechend, läuft der Anspruch auf Abschlagszahlungen – entgegen der gesetzgeberischen Intention – freilich weitgehend leer, weil ein derartiger Leistungsstand zwischenzeitlich oft nicht zu erreichen ist. Das mag vielleicht noch möglich sein, wo es um ein einzelnes Gewerk geht, wenn zB eines von mehreren auszumalenden Zimmern fertig ist oder bei der Elektroinstallation für mehrere Häuser jene für das erste. Indessen belegt schon das zweite Beispiel die Probleme, wenn denn der Elektriker nicht erst das erste Haus fertigstellt, dann das nächste in Angriff nimmt, sondern alle gleichmäßig fördert, was das rationellste Arbeiten sein dürfte.

Dass es beim Zahlungsplan aber gar *nicht auf Abnahmefähigkeit ankommt,* mag sie auch wünschenswert sein, belegt wiederum die VOB/B, die insoweit – und dies offenbar ohne nennenswerte praktische Probleme – in ihrem § 16 Abs 1 Nr 1 „möglichst kurze Zeitabstände" vorsieht und nur einen Antrag des Unternehmers fordert, also sein Ermessen walten lässt, und einschränkend nur den Nachweis der abgerechneten Leistung verlangt. Dort genügt es also, wenn der Leistungsteil rechnungsmäßig für sich erfasst werden kann. Entsprechend sind auch die Zeitpunkte, zu denen § 3 Abs 2 MaBV Teilbeträge für den Bauträger freigibt, nicht die einer sinnvollen Teilabnahme. Der Gesetzgeber des G zur Beschleunigung fälliger Zahlungen wird sich auch selbst untreu, wenn im Verordnungswege nach Art 244 EGBGB (ehemals: § 27a AGBG) „auch unter Abweichung von § 632a BGB" Zahlungspläne für zu errichtende Häuser festgesetzt werden können, die namentlich an die Wertschöpfung durch einzelne Gewerke anknüpfen sollen, wobei hier der Frage nicht nachzugehen ist, wieweit eigentlich ein Verordnungsgeber ermächtigt werden kann, vom Gesetz abzuweichen; üblicherweise soll er dieses nur präzisieren, vgl dazu STAUDINGER/PETERS (2003) Art 244 EGBGB.

Außerdem lässt § 632a S 2 BGB aF für einen Anspruch auf Abschlagszahlung auch die Anlieferung von Stoffen oder Bauteilen genügen. Das ist keinesfalls „in sich abgeschlossen", nach der insoweit zutreffenden Diktion des Gesetzes auch noch nicht einmal eine Leistung, sondern nur eine Vorbereitung für diese.

16 **b)** Unter diesen Umständen ist der Begriff des in sich geschlossenen Teils der Leistung jedenfalls weit zu verstehen (KNIFFKA ZfBR 2000, 229; MOTZKE NZBau 2000, 490; aA PALANDT/SPRAU Rn 6). Freilich ergibt sich dann die weitere Frage, wie dies konkret zu deuten ist.

Jedenfalls kann es nicht auf Abnahmefähigkeit ankommen (VOPPEL BauR 2001, 1167). Soweit auf Werthaltigkeit abgestellt wird (ULLMANN NJW 2002, 1075; MESSERSCHMIDT/VOIT/MESSERSCHMIDT Rn 35; dazu auch MOTZKE NZBau 2000, 491), ist dies ein recht vager Begriff, zumal die Werthaltigkeit auch nicht die Bemessungsgrundlage sein kann; letzteres ist die vertragliche Vereinbarung.

Es wird deshalb auf ein doppeltes abzustellen sein:

Zunächst auf die *Abrechnungsfähigkeit* (VOPPEL BauR 2001, 1167), wenn denn die Abschlagsforderung auch zu belegen ist.

Sodann darauf, dass die vorliegende Teilleistung einen *messbaren Baufortschritt* bedeutet (ULLMANN NJW 2002, 1073), auf dem zB andere Gewerke aufbauen können.

17 **c)** Der Leistungsteil muss vertragsmäßig sein. Soweit Mängel vorhanden sind, wollen einige den Anspruch auf Abschlagszahlungen ganz entfallen lassen (vCRAUSHAAR BauR 2001, 473; KIRBERGER BauR 2001, 499; HEINZE NZBau 2001, 237), andere jedenfalls dann, wenn sie nicht nur unwesentlich sind (PALANDT/SPRAU Rn 9). Richtigerweise wird der Besteller jedoch durch sein nach § 641 Abs 3 BGB zu bemessendes Zurückbehaltungsrecht aus § 320 BGB gegenüber Mängeln hinreichend geschützt (MESSERSCHMIDT/VOIT/MESSERSCHMIDT Rn 57; MOTZKE NZBau 2000, 491; BÖHME BauR 2001, 531). Das ist auch mit dem Wortlaut des § 632a aF BGB gut vereinbar: Soweit danach immer noch umgehend gezahlt werden muss, ist die Leistung vertragsmäßig. Soweit es Mängel gibt, zahlt der Besteller erst bei deren Beseitigung.

2. Stoffe und Bauteile

Für einen Anspruch auf Abschlagszahlung genügen auch Stoffe oder Bauteile. Sie müssen angeliefert, dh an den Ort der Leistungserbringung – namentlich die Baustelle – verbracht sein.   **18**

Damit müssen sie in den Machtbereich des Bestellers gelangt sein; anderenfalls würde ihm jegliche Kontrolle fehlen, dass sie auch für ihn verwendet werden. Hiervon ist auch keine Ausnahme zu machen für eigens angefertigte Bauteile, obwohl der Wortlaut des § 632a S 2 BGB aF das an sich nahelegt: Solange sie zB noch in der Werkstatt des Unternehmers verbleiben, ist ihre bestimmungsgemäße Verwendung für den Besteller noch nicht hinreichend gesichert.

3. Sicherheit für den Besteller

Notwendig ist eine ggf Zug um Zug anzubietende Sicherheit für den Besteller.   **19**

a) Sie entfällt dort, wo er kraft Gesetzes Eigentum an den Leistungen des Unternehmers erlangt, zB nach § 946 BGB. Wenn ein Dritter Eigentümer des zu bebauenden Grundstücks ist, genügt dessen Erwerb (**aA** Motzke NZBau 2000, 492).

b) Wenn es um Abschlagszahlungen für noch nicht verwendete Stoffe oder Bauteile geht, soll die Sicherheit zunächst nach § 632a BGB aF durch ihre Übereignung bewirkt werden.

Zum einen wird freilich der Werkunternehmer eine solche Übereignung vielfach wegen eines Eigentumsvorbehalts seiner eigenen Lieferanten nicht vornehmen dürfen. Zum anderen und vor allem genügt diese Sicherheit den berechtigten Interessen des Bestellers nicht: Für ihn muss gewährleistet sein, dass diese Stoffe auch im Bau verwendet werden. Dazu genügt nicht einmal die *Anlieferung auf die Baustelle,* wenn die Stoffe doch auch wieder abtransportiert werden können. In dieser Situation sieht § 16 Abs 1 Nr 1 S 3 VOB/B Übereignung oder anderweitige entsprechende Sicherheit nach Wahl des Bestellers vor. Dieses **Wahlrecht** kann man ihm auch nach § 632a BGB aF nicht vorenthalten (**aA** Messerschmidt/Voit/Messerschmidt Rn 76: Wahlrecht des Unternehmers).

c) Praktisch wichtiger wird also bei noch nicht verwendeten Stoffen und Bauteilen eine *anderweitige Sicherheit* des Bestellers sein. Weil § 632a BGB aF diese nicht näher regelt, sind im Ausgangspunkt die §§ 232 ff BGB anwendbar, die freilich wenig praktikabel sind, wenn die nahe liegende *Bankbürgschaft* nur ein subsidiäres Sicherungsmittel ist, § 232 Abs 2 BGB. Nach Treu und Glauben wird sich der Besteller ohne Weiteres auf sie einlassen müssen. Insbesondere die Hinterlegung von Geld zu fordern, § 232 Abs 1, 1. Alt BGB, widerspräche grob dem Zweck des § 632a BGB aF. Die Sicherheit ist alsbald bei Erreichung ihres Zwecks zurückzugeben.

4. Bemessungsmaßstab für die Abschlagszahlung ist nicht der konkrete Wertgewinn für den Besteller, wie er zunächst ausbleiben kann und jedenfalls unsicher zu beurteilen ist. Es ist dies auch nicht der bloße Aufwand des Unternehmers.   **20**

Maßgeblich sind vielmehr zunächst etwa *vereinbarte Einheitspreise*. Wo es daran fehlt, kommt es auf den *Prozentsatz der Gesamtleistung* an.

VI. Bauträgervertrag

21 Zu Abschlagszahlungen beim Bauträgervertrag vgl § 650v, Art 244 EGBGB, §§ 3, 7 MaBV.

VII. Architekten

22 Vorrangig gegenüber § 632a BGB ist für Abschlagsforderungen des Architekten § 15 Abs 2 HOAI. Die Bestimmung räumt ihm einen Anspruch auf Abschlagszahlungen in angemessenen zeitlichen Abständen ein. Daraus folgt zunächst, dass die Fälligkeit der Abschläge von einem entsprechenden Verlangen des Architekten abhängt; er muss entsprechende Rechnungen erstellen. § 15 Abs 2 HOAI verlangt den Nachweis der in Rechnung gestellten Leistungen (Korbion/Mantscheff/Vygen § 15 HOAI Rn 46).

Vertragsgemäß brauchen die Leistungen dabei nicht zu sein, vielmehr schließen Mängel den Anspruch nicht aus (so aber Messerschmidt/Voit/Messerschmidt Rn 85), sondern führen zu einem Zurückbehaltungsrecht des Bestellers nach Maßgabe des § 641 Abs 3 BGB.

Im Gegensatz zu § 632a Abs 1 BGB macht § 15 Abs 2 HOAI die Abschlagsforderung des Architekten nicht von einer Sicherheitsleistung abhängig.

VIII. VOB/B

23 Die **VOB/B** bestimmt in § 16 Abs 1 VOB/B:

> § 16 Zahlung
>
> (1) 1. Abschlagszahlungen sind auf Antrag in möglichst kurzen Zeitabständen oder zu den vereinbarten Zeitpunkten zu gewähren, und zwar in Höhe des Wertes der jeweils nachgewiesenen vertragsgemäßen Leistungen einschließlich des ausgewiesenen, darauf entfallenden Umsatzsteuerbetrages. Die Leistungen sind durch eine prüfbare Aufstellung nachzuweisen, die eine rasche und sichere Beurteilung der Leistungen ermöglichen muss. Als Leistungen gelten hierbei auch die für die geforderte Leistung eigens angefertigten und bereitgestellten Bauteile sowie die auf der Baustelle angelieferten Stoffe und Bauteile, wenn dem Auftraggeber nach seiner Wahl das Eigentum an ihnen übertragen ist oder entsprechende Sicherheit gegeben wird.
>
> 2. Gegenforderungen können einbehalten werden. Andere Einbehalte sind nur in den im Vertrag und in den gesetzlichen Bestimmungen vorgesehenen Fällen zulässig.
>
> 3. Ansprüche auf Abschlagszahlungen werden binnen 21 Werktagen nach Zugang der Aufstellung fällig.

4. Die Abschlagszahlungen sind ohne Einfluss auf die Haftung des Auftragnehmers; sie gelten nicht als Abnahme von Teilen der Leistung.

1. Der *Anspruch auf Abschlagszahlungen in der hier vorgesehenen Weise folgt* bereits *aus der Vereinbarung der VOB/B und ihres § 16 Abs 1*. Er besteht auch bei einem Pauschalvertrag (BGH NJW 1991, 565 = LM Nr 10 § 16 [B] VOB/B 1973). Die Abschlagszahlungen setzen ein entsprechendes Verlangen des Unternehmers voraus, das an eine bestimmte Form nicht gebunden ist, für das sich aber – schon wegen des notwendigen Nachweises der erbrachten Leistungen – die *Erteilung einer Abschlagsrechnung* empfiehlt. In welchen *Abständen* die Abschlagsrechnungen erteilt werden, bleibt mangels einer anderweitigen Vereinbarung der Parteien *dem Unternehmer überlassen;* er darf dabei aber nicht missbräuchlich verfahren. Zweckmäßig ist die *Orientierung an bestimmten Leistungsständen* oder an einem bestimmten *kalendermäßigen Rhythmus*. 24

2. Der Anspruch auf Abschlagszahlungen setzt weiter voraus, dass *Teile der Leistung erbracht* sind (BGH NJW 1986, 681). 25

a) Diese Teile der Leistung brauchen *nicht in sich abgeschlossen* oder gar selbständig abnahmefähig zu sein; *notwendig* ist nur, *dass der auf sie entfallende Vergütungsanteil selbständig berechenbar* ist (INGENSTAU/KORBION/U LOCHER § 16 Abs 1 Rn 7). Daran fehlt es zB hinsichtlich der Baustelleneinrichtung, wenn ihre Vergütung in die Preise der sonstigen Leistungen einkalkuliert ist.

b) Die in Rechnung gestellten Leistungsteile müssen vertragsgemäß sein. **Etwa vorhandene Mängel** führen zwar nicht dazu, dass der Anspruch auf Abschlagszahlungen noch nicht fällig wäre (vgl BGHZ 73, 140 = NJW 1979, 650 = LM § 322 BGB Nr 5 m Anm GIRISCH), geben dem Besteller aber wegen seines Anspruchs auf Mängelbeseitigung nach § 4 Abs 7 VOB/B ein *Leistungsverweigerungsrecht* nach § 320 BGB, sodass es nur zur *Verurteilung zur Zahlung Zug um Zug gegen Beseitigung der Mängel* kommt (BGHZ 73, 140). Dabei braucht der einzubehaltende Betrag nicht nur dem „Wert" des Mangels zu entsprechen; vielmehr darf ein *Mehrfaches zurückbehalten* werden, damit ein Anreiz zur Mängelbeseitigung für den Unternehmer entsteht, vgl § 641 Abs 3 BGB.

c) Der Anspruch auf Abschlagszahlungen bezieht sich nicht nur auf erbrachte Bauleistungen, sondern nach § 16 Abs 1 Nr 1 S 3 VOB/B auch schon auf bestimmte *Materialien*. Bei ihnen ist zunächst zu unterscheiden zwischen speziell gefertigten, die nicht schon auf der Baustelle angeliefert, sondern nur ausgesondert zu sein brauchen, und allgemein verwendbaren Materialien, die auf der Baustelle angeliefert sein müssen. Ihr Wert muss in jedem Fall bestimmbar sein. 26

Der Besteller kann die Bedienung der Abschlagsrechnung hier *davon abhängig* machen, dass ihm entweder das *Eigentum* vorab nach den §§ 929 ff BGB übertragen wird oder dass der Unternehmer *Sicherheit* für die Abschlagszahlung nach Maßgabe des § 17 VOB/B leistet. Die Wahl zwischen diesen beiden Sicherungsmöglichkeiten steht dem Besteller zu. Einen selbständig durchsetzbaren Anspruch auf Übereignung hat der Besteller nicht.

d) Der Unternehmer hat die erbrachten Leistungen durch eine *prüfbare schriftliche Aufstellung* nachzuweisen. Für die Maßstäbe der Prüfbarkeit kann § 14 Abs 1, 2 VOB/B entsprechend herangezogen werden (dazu § 641 Rn 30). Der Unternehmer hat sich auch also insbesondere an die Positionen der Leistungsbeschreibung zu halten. Das Erfordernis eines prüfbaren Leistungsnachweises gilt *auch bei Vereinbarung eines Pauschalpreises* (Ingenstau/Korbion/U Locher § 16 Abs 1 Rn 16).

27 **3.** Die **Fälligkeit der Abschlagszahlungen** regelt § 16 Abs 1 Nr 3 VOB/B dahin, dass sie innerhalb von 18 Werktagen nach Zugang der Aufstellung zu erfolgen haben. Diese Zahlungsfrist des § 16 Abs 1 Nr 3 VOB/B 2012 entspricht zwar den bisherigen dortigen 21 Tagen, ist aber überaus großzügig bemessen. Die ursprüngliche VOB/B von 1926 hatte 6 Werktage vorgesehen. Für die Prüfung einer Abschlagsrechnung wird deutlich weniger Zeit aufzuwenden sein als für die einer Schlussrechnung. Sie ist idR deutlich weniger komplex als jene und hat auch nur vorläufigen Charakter. Die Länge der Zahlungsfrist wirkt sich für den Unternehmer zwar kaum nachteilig aus bei seinem Anspruch auf Verzugszinsen, gefährdet aber sein Zurückbehaltungsrecht aus § 320 BGB.

Für die Rechtzeitigkeit einer Abschlagszahlung kommt es auf ihren Eingang bei dem Unternehmer an, § 16 Abs 5 Nr 3 VOB/B 2012.

28 **4.** Abschlagszahlungen können in **Höhe der nachgewiesenen Leistungen** verlangt werden, dh insoweit in Höhe von 100 %, nicht nur zu einem geringeren Prozentsatz (vgl Ingenstau/Korbion/U Locher § 16 Abs 1 Rn 9). Nach BGHZ 101, 357, 361; BGH NJW 1990, 1365 ist die VOB/B nicht mehr als Ganzes vereinbart, wenn ein Sicherheitseinbehalt von 10 % auf Abschlagszahlungen gemacht werden soll. Ohne entsprechende Vereinbarung ist der Besteller nicht zu einem besonderen Sicherheitseinbehalt berechtigt (vgl auch § 641 Rn 59 zu § 17 VOB/B).

Zur Mehrwertsteuer auf die Abschlagszahlung vgl Ingenstau/Korbion/U Locher § 16 Abs 1 Rn 12.

29 **5.** Bei der Bedienung der Abschlagsrechnungen darf der Besteller nach § 16 Abs 1 Nr 2 VOB/B *bestimmte Einbehalte* machen.

a) Dies gilt zunächst bei etwaigen *Gegenforderungen* gegen den Unternehmer.

Dass insoweit in § 16 Nr 1 Abs 2 S 1 VOB/B von einem „Einbehalt" die Rede ist, bedeutet, dass dem Besteller *ein von einer Aufrechnung zu unterscheidendes Zurückbehaltungsrecht* zugestanden wird. Die Wirkungen dieses Einbehalts sind also nicht die der Aufrechnung, dh ein wechselseitiges Erlöschen der Forderungen, soweit sie sich decken, sondern nur eine wechselseitige Hemmung, sodass insbesondere die Forderung des Bestellers weiterexistiert und späterhin noch – auch anderweitig – zur Aufrechnung gebracht werden kann.

Die Möglichkeit des Einbehalts wegen Gegenforderungen hindert den Besteller allerdings nicht daran, seine Gegenforderungen bereits jetzt endgültig und tilgend *zur Aufrechnung zu verwenden*. § 16 Nr 1 Abs 2 S 1 VOB/B enthält keinen Aufrechnungsausschluss.

Mit INGENSTAU/KORBION/U LOCHER § 16 Abs 1 Rn 33 ist die Zulässigkeit eines Einbehalts des Bestellers aber jedenfalls daran zu knüpfen, dass *die Voraussetzungen einer Aufrechnung gegeben* sind. Insbesondere muss die Forderung des Bestellers also fällig sein. Andererseits braucht Konnexität der Forderungen nicht gegeben zu sein.

b) Unter den anderen, vertraglich oder gesetzlich vorgesehenen Einbehalten, von denen § 16 Nr 1 Abs 2 S 2 VOB/B spricht, kommen namentlich *Zurückbehaltungsrechte* des Bestellers aus § 273 BGB und vor allem aus § 320 BGB in Betracht. Letzteres ist vor allem bei Mängeln bedeutsam (vgl auch o Rn 10, 17).

6. § 16 Abs 1 Nr 4 VOB/B enthält lediglich eine Klarstellung, wenn dort bestimmt ist, dass Abschlagszahlungen des Bestellers *nicht* als *eine teilweise Abnahme der Leistungen* des Unternehmers zu verstehen sind und dass sie die Haftung und Gewährleistung des Unternehmers nicht beeinflussen. Der Besteller braucht also insbesondere *keine Vorbehalte wegen bekannter Mängel* zu machen.

7. *Wenn der Besteller fällige Abschlagsrechnungen nicht bedient,* hat dies nachteilige Folgen für ihn. **30**

a) Zunächst kann ihn der Unternehmer nach Maßgabe des § 16 Abs 5 Nr 3 VOB/B (§ 641 Rn 104) in Verzug setzen und *Verzugsschäden* liquidieren, § 16 Abs 5 Nr 3 greift insoweit zunächst § 286 Abs 3 BGB auf: Verzugseintritt 30 Tage nach Zugang der Abschlagsrechnung. Daneben hat es kaum praktische Bedeutung, dass der Unternehmer ab dem 21. Tag nach Zugang der Rechnung auch eine angemessene Nachfrist setzen kann.

Der Zinssatz ist der des § 288 Abs 2 BGB, § 16 Abs 5 Nr 3 S 2 VOB/B 2012. Das gilt freilich nur bei Verwendung der VOB/B gegenüber einem Unternehmer iSd § 14 BGB oder durch einen Verbraucher. Bei Verwendung der VOB/B gegenüber einem Verbraucher muss wegen § 307 Abs 2 Nr 1 BGB der Zinssatz des § 288 Abs 1 BGB gelten.

b) Sodann ist der Unternehmer nach § 16 Abs 5 Nr 4 VOB/B berechtigt, seine Arbeiten einzustellen, dies freilich nur unter der doppelten Voraussetzung, dass Zahlungsverzug schon eingetreten ist und er zuvor noch eine angemessene Nachfrist gesetzt hat. Diese Beschränkung des Leistungsverweigerungsrechts aus § 320 BGB ist bedenklich, auch wenn § 320 Abs 2 BGB dieses Recht in besonderem Maße unter den aus Treu und Glauben fließenden *Grundsatz der Verhältnismäßigkeit* stellt. Wann die Arbeitseinstellung unverhältnismäßig ist, kann nur auf Grund der Umstände des Einzelfalls näher gewürdigt werden. Hierfür spielen insbesondere eine Rolle: Dauer und betragsmäßiges Ausmaß des Zahlungsverzuges, Nachteile der Arbeitseinstellung für den Besteller, die uU recht erheblich sein können, dessen subjektives Verhalten (Böswilligkeit oder Vertretbarkeit der Nichtzahlung). Bei alledem ist aber auch zu berücksichtigen, dass der Unternehmer einen Anspruch auf Begleichung seiner fälligen Rechnungen hat und dass ihre Nichtbedienung ggf die Gefährdung künftiger Forderungen signalisiert (vgl dazu auch SCHMIDT WM 1974, 294, 299; INGENSTAU/KORBION/U LOCHER § 16 Abs 5 Rn 39).

aa) Klauseln in AGB des Bestellers, die das Recht des Unternehmers zur Arbeitseinstellung bei Zahlungsverzug weiter einschränken, verstoßen gegen die § 307 Abs 2 Nr 1 BGB, soweit sie nicht wenigstens unstreitige Forderungen ausnehmen.

31 **bb)** Folge einer *unberechtigten Arbeitseinstellung* durch den Unternehmer kann ein Kündigungsrecht des Bestellers aus wichtigem Grund sein, ferner ein Schadensersatzanspruch aus § 5 Abs 4 VOB/B.

c) Ein *Kündigungsrecht* erwächst dem Unternehmer durch Zahlungsverzug des Bestellers nach § 9 Abs 1 Nr 2 VOB/B (dazu § 643 Rn 22 ff).

IX. Abschlagsrechnung und Schlussrechnung

32 Die Abschlags- und die Schlussrechnung des Unternehmers betreffen dieselbe Werklohnforderung. Das bedeutet, dass der Unternehmer im Prozess von der Abschlags- auf die Schlussrechnung übergehen kann, ohne dass eine Klageänderung vorliegt, § 264 Nr 1 ZPO (BGH NJW-RR 2005, 318 = NZBau 2005, 158; NJW-RR 2006, 390 = NZBau 2006, 175 gegenüber BGH NJW 1999, 713). Das erkennende Gericht hat ihm diesen Übergang namentlich vor dem Hintergrund der Frist des § 16 Abs 3 Nr 1 VOB/B zu ermöglichen (BGH BauR 2009, 1724 Rn 50).

Dabei verdient die endgültige Abrechnung auf Grund der Schlussrechnung natürlich den Vorzug vor der nur vorläufigen nach der Abschlagsrechnung; wo es möglich ist, hat der Unternehmer endgültig abzurechnen. Die Schlussrechnung – oder auch nur die Möglichkeit ihrer Aufstellung – verdrängt die Abschlagsrechnung. Das gilt auch für den Ablauf der Frist des § 14 Abs 3 VOB/B zur Einreichung der Schlussrechnung (BGH BauR 2009, 1720). Freilich kann der Unternehmer im Prozess auf die Abschlagsrechnung bei besonderem Interesse jedenfalls hilfsweise zurückgreifen (BGH NJW 2000, 2818), wenn zB die Fälligkeit der Schlussrechnung nicht nachgewiesen werden kann. Wird umgekehrt die Schlussrechnung hilfsweise zur Abschlagsrechnung eingeklagt, muss sich das Gericht diesem Hilfsvorbringen zuwenden (BGH NJW-RR 2006, 390 = NZBau 2006, 175).

Verzug des Bestellers gegenüber einer Abschlagsforderung endet mit der Fälligkeit der Schlusszahlung (BGH NJW-RR 2004, 957 = NZBau 2004, 386).

X. Anhang: Bauabzugsteuer

1. Regelwerk

33 Das G zur Eindämmung illegaler Betätigung im Baugewerbe vom 30. 8. 2001 (BGBl I 2267) hat namentlich die §§ 48 ff EStG neu gefasst. Nach § 48 EStG hat der Besteller von Bauleistungen von der Werklohnforderung des Werkunternehmers *einen Abzug von 15% der Rechnung zu machen und an dessen Finanzamt abzuführen*. Dieser Pflicht unterliegen alle Unternehmer – scil: hier als Besteller – iSd § 2 UStG und juristische Personen des öffentlichen Rechts, § 48 Abs 1 EStG. Einer Freistellung unterliegen *Bagatellaufträge* nach § 48 Abs 2 EStG: Unter 15 000,– Euro bei Wohnungsvermietern (Unternehmer iSd § 4 Nr 12 S 1 UStG), sonst unter 5 000,– Euro. Das Verfahren regelt § 48a EStG; insbesondere hat der Besteller mit dem Bauunternehmer nach § 48a Abs 2 EStG abzurechnen. Die Zahlungen an das Finanzamt werden nach Maßgabe des § 48c EStG mit den Steuerschulden des Bauunternehmers verrechnet und diesem ggf erstattet.

Die öffentlich-rechtliche Zahlungspflicht verbleibt auch im Falle der Zession der Werklohnforderung bei dem Leistungsempfänger, der dann ihre Erfüllung dem Zessionar entgegenhalten kann (BGHZ 163, 103 = NZBau 2005, 458 = BauR 2005, 1311), vgl sogleich.

Zum Steuerabzug ist der Besteller nicht verpflichtet, wenn ihm der Bauunternehmer eine **Freistellungsbescheinigung** vorlegt, §§ 48a Abs 2, 48b EStG, deren Erteilung im Wesentlichen von der (steuerlichen) Zuverlässigkeit des Bauunternehmers abhängt, vgl zu den Einzelheiten § 48b EStG.

Das Bundesministerium der Finanzen hat das Regelwerk näher erläutert in dem *BMF-Schreiben v 1. 11. 2001* (BStBl I 2001, 804).

Das Regelwerk gilt für Zahlungen ab dem 1. 1. 2002, Art 4 Nr 3 des G zur Eindämmung illegaler Betätigung im Baugewerbe vom 30. 8. 2001 (BGBl I 2267).

2. Zivilrechtliche Folgen

Die Bestimmungen *leiten die Forderung* des Bauunternehmers *nicht* etwa (anteilig) **34** *über*, sondern führen nur dazu, dass der Besteller mit *befreiender Wirkung* – ähnlich § 362 Abs 2 BGB – an das Finanzamt *leistet*. Diese Befreiungswirkung tritt freilich nur ein, wenn die Voraussetzungen für den Steuerabzug vorlagen (keine Freistellungsbescheinigung, kein Bagatellauftrag) und er eben zahlt.

Dass die Forderung in voller Höhe bei dem Bauunternehmer verbleibt, hat zur Folge, dass er in voller Höhe einzugsberechtigt ist, Zahlung an sich verlangen kann und die *Verurteilung* entsprechend – *brutto* – erfolgt; die Dinge liegen nicht anders als beim Lohnsteuerabzug. Wegen der drohenden Inanspruchnahme durch das Finanzamt kann der Besteller insbesondere auch ein Zurückbehaltungsrecht gegenüber dem Bauunternehmer nicht ausüben. Er bleibt vielmehr darauf angewiesen, gegenüber dem vollstreckenden Bauunternehmer ggf die Abwehrklage nach § 767 ZPO zu erheben, wenn er inzwischen an das Finanzamt gezahlt hat (s BGHZ 163, 103 = NZBau 2005, 458 = BauR 2005, 1311). Ergeht gegen ihn wegen nicht abgeführter Beträge ein *Leistungsbescheid* des Finanzamtes nach § 48a Abs 3 S 1 EStG, erwächst ihm daraus ein *vertraglicher Freihaltungsanspruch* gegenüber dem Bauunternehmer, § 241 Abs 2 BGB, der aber mangels Gleichartigkeit nicht zur Aufrechnung gegenüber noch offenen Teilen der Werklohnforderung des Bauunternehmers verwendet werden kann, sondern insoweit nur ein Zurückbehaltungsrecht auslöst. Führt die Inanspruchnahme des Bestellers durch das Finanzamt zu Zahlungen, die die Werklohnforderung übersteigen, weil er zB schon voll an den Bauunternehmer gezahlt hat, erwächst dem Besteller aus § 241 Abs 2 BGB ein vertraglicher Erstattungsanspruch gegen den Bauunternehmer.

Die Regelung betrifft Abschlags- wie Schlusszahlungen.

§ 633
Sach- und Rechtsmangel

(1) Der Unternehmer hat dem Besteller das Werk frei von Sach- und Rechtsmängeln zu verschaffen.

(2) Das Werk ist frei von Sachmängeln, wenn es die vereinbarte Beschaffenheit hat. Soweit die Beschaffenheit nicht vereinbart ist, ist das Werk frei von Sachmängeln,

1. wenn es sich für die nach dem Vertrag vorausgesetzte, sonst
2. für die gewöhnliche Verwendung eignet und eine Beschaffenheit aufweist, die bei Werken der gleichen Art üblich ist und die der Besteller nach der Art des Werkes erwarten kann.

Einem Sachmangel steht es gleich, wenn der Unternehmer ein anderes als das bestellte Werk oder das Werk in zu geringer Menge herstellt.

(3) Das Werk ist frei von Rechtsmängeln, wenn Dritte in Bezug auf das Werk keine oder nur die im Vertrag übernommenen Rechte gegen den Besteller geltend machen können.

Materialien: Art 1 G zur Modernisierung des Schuldrechts v 26. 11. 2001 (BGBl I 3138); BT-Drucks 14/6040, 260; BT-Drucks 14/7052, 65, 204. § 633 aF: E I § 569 Abs 1; II § 571; III § 623; Mot II 478 ff; Prot II 2207 ff; Jakobs/Schubert, Recht der Schuldverhältnisse II 845 ff.
Vgl Staudinger/BGB-Synopse 1896–2005.

Schrifttum

1. Allgemeines
Deller, Der „nach dem Vertrage" vorausgesetzte Gebrauch (§§ 459 Abs 1 S 1 BGB) (Diss Saarbrücken 1999)
Draxler, Besonderheiten im Zusammenhang mit der Mängelhaftung des Planers, NJW 2018, 3291
Enders, Existenz und Umfang eines Abänderungsrechts des Bestellers beim BGB-Bauvertrag, BauR 1982, 535
Ernst, Rechtliche Qualitätsmängel. Der Rechtsstatus von Leistungsobjekten als Gegenstand vertraglicher Vereinbarungen (1999)
Frank, Die Haftung für Sachmängel und Verzug bei Bau- und Anlageverträgen. Eine rechtsvergleichende Untersuchung des deutschen und amerikanischen Rechts unter Berücksichtigung der Internationalen Vertragspraxis (Diss Berlin 1990)
Kuhn, Die Rechtsprechung des BGH zur Obergrenze der anrechenbaren Kosten bei Überschreitung einer Baukostenobergrenze, ZfBR 2018, 315
Lammel, Zu Widersprüchen in Bauverträgen, BauR 1979, 109
Levy, Die Gewährleistung für Mängel beim Werkvertrag (1903)
Liebetrau/Seifert, Das Ende der fiktiven Mängelbeseitigung im Werkvertragsrecht, BauR 2018, 1608
vLüpke, Schadensverteilung bei Vor- und Nacharbeit im Bauhandwerk, BB 1964, 738
Moos, Sachmängelhaftung bei Zusammenwirken mehrerer Unternehmer, NJW 1961, 157

PETERS, Die fehlerhafte Planung des Bestellers und ihre Folgen, NZBau 2008, 609
ders, die Beweislast für Mangelhaftigkeit oder Mangelfreiheit des Werks, NZBau 2009, 209
POPESCU, Das Ende der fiktiven Schadensabrechnung im Werkvertragsrecht, BauR 2018, 1599
THODE, Die wichtigsten Änderungen im BGB-Werkvertragsrecht: Schuldrechtsmodernisierungsgesetz und erste Probleme – Teil 1, NZBau 2002, 297
VOIT, Die Rechte des Bestellers bei Mängeln vor der Abnahme, BauR 2011, 1063
VOWINCKEL, Die Geltendmachung des Vorschussanspruchs nach dem Verlangen des kleinen Schadensersatzes, NZBau 2019, 87
WEINGART, Verursachung von Vermögensschäden durch die Rechtsprechung – Aberkennung des Anspruchs auf Ersatz fiktiver Mangelbeseitigungskosten trotz § 250 BGB, NZBau 2018, 593.

2. Anforderungen an das Werk

BOLDT, Wann liegt eine mangelhafte Schalldämmung im modernen Wohnungsbau vor?, NJW 2007, 2960
EBERSTEIN, Anerkannte Regeln der Technik und Allgemeine Technische Vorschriften für Bauleistungen (ATV/DIN-Normen), BB 1985, 1760
ENGEL, Mängelansprüche bei Software-Verträgen, BB 1985, 1159
GLÖCKNER, Der neue alte Sachmangelbegriff – Begründung und Folgen, BauR 2009, 302
HAHN, Verschleiß und Abnutzung im Bauvertragsrecht, BauR 1985, 532
JAGENBURG, Stand der Technik gestern, heute, morgen? Der für die anerkannten Regeln der Technik maßgebende Zeitpunkt, in: FS Korbion (1986) 179
KAISER, Der richtige Beurteilungszeitpunkt bei einem Verstoß gegen die anerkannten Regeln der Technik, BauR 1983, 203
ders, Der Begriff des Fehlers und der zugesicherten Eigenschaft im gesetzlichen Werkvertragsrecht, BauR 1983, 19
KAMPHAUSEN/WARMBRUNN, Zur Feststellung anerkannter Regeln der Bautechnik, BauR 2008, 24

KLEEFISCH/DURYNEK, Der Mangelverdacht im Werkvertragsrecht, NJOZ 2018, 121
KNOTHE, „Umfunktionierte" Klassikeraufführung – vertragsgemäße Theaterleistung?, NJW 1984, 1074
MARBURGER, Die Regeln der Technik im Recht (1979)
ders, Die haftungs- und versicherungsrechtliche Bedeutung technischer Regeln, VersR 1983, 597
MARKUS, Die „berechtigte Funktionalitätserwartung" des Bestellers: eine Chimäre des 3. Deutschen Baugerichtstags, NZBau 2010, 604
MEDICUS, Mängelhaftung trotz Beachtung anerkannter Regeln der Technik beim Bauvertrag nach VOB/B, ZfBR 1984, 155
MEIER, Umweltproblematiken im Werkvertragsrecht, VuR 1992, 30
NICKLISCH, Technische Regelwerke – Sachverständigengutachten im Rechtssinne?, NJW 1983, 841
NIERWETBERG, Die Beweislast für Sollbeschaffenheit und Qualitätsabrede im Sachmängelprozeß, NJW 1993, 1745
PARMENTIER, Die anerkannten Regeln der Technik im privaten Baurecht, BauR 1998, 207
PIEPER, Die Regeln der Technik im Zivilprozeß, BB 1987, 273
REIM/KAMPHAUSEN, Nochmals: DIN-Normen, bauaufsichtliche Zulassungsbescheide, allgemein anerkannte Regeln der (Bau)Technik und Haftungsrisiko, BauR 1987, 269
SIEGBURG, Anerkannte Regeln der Bautechnik – DIN-Normen, BauR 1985, 367
SIENZ, Anmerkung zu einer richtlinienkonformen Auslegung der §§ 633 Abs 2 652 S 1 BGB nF, in: FS Thode (2005) 627
SIENZ, Die mangelhafte Mängelrüge, BauR 2018, 376
STAMMBACH, Verstoß gegen die anerkannten Regeln der Technik – ein eigenständiger Gewährleistungstatbestand? (1997)
WEISE, Die Bedeutung der Mängelerscheinung im Gewährleistungsrecht, BauR 1991, 19
WEISE, Revolution der Mängelansprüche des Auftraggebers, NJW-Spezial 2018, 428.

3. Erstellung des Werkes

ALTHAUS, Änderung des Bauentwurfs und nicht vereinbarte Leistungen: Überlegungen zum

§ 633

Verhältnis von § 3 Nr 3 und Nr 4 S 1 VOB/B, ZfBR 2007, 511
ANKER/KLINGENFUSS, Kann das praktisch Erforderliche stets wirksam vereinbart werden?, BauR 2005, 1377
CLEMM, Die rechtliche Einordnung der Prüfungs- und Hinweispflicht des Auftragnehmers im Bauvertrag (§ 4 Nr 3 VOB/B) und die Rechtsfolgen ihrer Verletzung, BauR 1987, 609
HOCHSTEIN, Die Systematik der Prüfungs- und Hinweispflichten des Auftragnehmers beim VOB-Bauvertrag, in: FS Korbion (1986) 165
MERL, Mangelbegriff und Hinweispflicht des Auftragnehmers, in: FS Motzke (2006) 261
MOTZKE, Prüfungs-, Aufklärungs- und Überwachungspflichten des Unternehmers, ZfBR 1988, 244
ders, Die werkvertragliche Erfolgsverpflichtung – leistungserweiternde oder leistungsergänzende Funktion?, NZBau 2011, 705
PETERS, Der Besitz des Unternehmers an seinem Werk, Jb BauR 2012, 97
ders, Die Beweislast für Mangelhaftigkeit oder Mangelfreiheit des Werks, NZBau 2009, 209
PUTZIER, Der unvermutete Mehraufwand für die Herstellung des Bauwerks (1997)
QUACK, Theorien zur Rechtsnatur von § 1 Nrn 3 und 4 VOB/B und ihre Auswirkungen auf die Nachtragsproblematik, ZfBR 2004, 107
SCHMALZL, Zur Feststellungspflicht nach § 13 Nr 4 VOB/B, BauR 1970, 203
SCHMIDT, Die Ausführung der Bauleistung nach VOB Teil B, MDR 1967, 713
SCHMITZ, Die Mängelbeseitigung vor Abnahme nach dem BGB, BauR 1979, 195
SOHN, Probleme im Zusammenhang mit der Baukostenüberschreitung, NJW 2018, 2991
THODE, Änderungsbefugnis des Bauherrn in § 1 Nr 3 VOB/B, BauR 2008, 155
VOIT, Die neue Berechnung des Schadensersatzanspruchs bei Werkmängeln, NJW 2018, 2166
VOIT, Die Rechte des Bestellers bei Mängels vor der Abnahme, BauR 2011, 1063
ZANNER, Kann der Auftraggeber durch Anordnung gemäß § 1 Nr 3 VOB/B nicht nur die Leistungsinhalte, sondern auch die Bauzeit einseitig ändern?, BauR 2006, 177
WEISE, Kostenobergrenze als Beschaffenheitsvereinbarung, NJW-Spezial 2018, 684.

Systematische Übersicht

I.	**Allgemeines**	1
II.	**Herstellung und Verschaffung**	
1.	Die vertraglichen Pflichten der Parteien	2
2.	Die Herstellungspflicht des Unternehmers	3
III.	**Die Herstellung des Werkes**	
1.	Allgemeines	4
2.	Regelung der VOB/B	5
a)	Die zu erbringende Werkleistung; Änderungen und Ergänzungen	6
aa)	Maßgeblichkeit der Vereinbarungen	7
bb)	Widersprüche im Vertrag	8
cc)	Planungsänderungen durch den Besteller	9
dd)	Zusätzliche Leistungen	13
b)	Ausführungsrecht des Unternehmers	14a
3.	Ausführungsunterlagen	15
a)	Allgemeines	16
aa)	Bestandteile der Werkleistung	16
bb)	Mitwirkungshandlungen des Bestellers	17
cc)	Verantwortlichkeit des Bestellers	18
dd)	Planungsleistungen des Unternehmers	18
b)	Planung des Werkes	19
aa)	Planungsobliegenheit des Bestellers	19
bb)	Zuleitung der Planungsunterlagen an den Unternehmer	22
cc)	Verbindlichkeit der Planung	23
dd)	Planung durch den Unternehmer	24
ee)	Weiteres Schicksal der Planungsunterlagen	25
ff)	Vergütungspflicht	27
c)	Einweisung des Unternehmers	28
d)	Beweissicherung	29
4.	Ausführung der Werkarbeiten	30

Dezember 2019

a)	Besitzverhältnisse	30a	gg)	Schadensersatz	103	
b)	Rechte und Pflichten des Bestellers während der Durchführung der Arbeiten	31	hh)	Selbstbeseitigung durch den Besteller	107	
aa)	Überblick	31	i)	Pflicht des Unternehmers zur Selbstausführung der geschuldeten Leistung	108	
bb)	Allgemeine Ordnung an der Arbeitsstelle	32	k)	Schatzfund	115	
cc)	Beschaffung von Genehmigungen	34	l)	Unechte Teilabnahme	115	
dd)	Überwachung der Arbeiten des Unternehmers	39	5.	Aufgabenverteilung bei der Herstellung des Werkes	116	
ee)	Anordnungen des Bestellers	46	a)	Durchführung der Arbeiten	116	
c)	Eigenverantwortliche Ausführung der vertraglichen Leistung durch den Unternehmer	54	b)	Planung	117	
			c)	Pflicht zur Beschaffung von Materialien, Zutaten und Geräten	118	
aa)	Eigenverantwortlichkeit	54	6.	Zeitlicher Rahmen des Werkvertrages	121	
bb)	Freiheiten des Unternehmers	55				
d)	Prüfungs- und Anzeigepflicht des Unternehmers	62	a)	Bestimmung der für die Ablieferung bestimmten Frist	121	
aa)	Grundlagen	63	aa)	Parteivereinbarung	121	
bb)	Folge einer Pflichtverletzung seitens des Unternehmers	64	bb)	Umstände	122	
			cc)	Sanktionen	125	
cc)	Rechtsnatur	65	(1)	Abhilfeanspruch des Bestellers	125	
dd)	Inhaltliche Ausgestaltung	66	(2)	Rücktritt, Kündigung, Schadensersatz statt der ganzen Leistung	125a	
ee)	Individualvereinbarungen	73				
ff)	Mitteilung von Bedenken	74	(3)	Schadensersatz bei Aufrechterhaltung des Vertrages	125b	
gg)	Jederzeitige Prüfungspflicht	75				
hh)	Reaktion des Bestellers	76	dd)	Verlängerung der Fristen	126	
ii)	Geteilte Mängelverantwortlichkeit	77	ee)	Fixgeschäft	127	
kk)	Beweislast	79	b)	Regelung der VOB/B	128	
e)	Bereitstellungspflichten des Bestellers	80	aa)	Vereinbarte Ausführungsfristen	129	
			bb)	Förderungspflichten des Unternehmers	130	
aa)	Arbeits- und Lagerplätze	80				
bb)	Zufahrt und Energieverbrauch	81	(1)	Aufnahme der Arbeiten	130	
f)	Schutz- und Unterhaltungspflichten des Unternehmers	82	(2)	Förderung der Arbeiten	135	
			(3)	Vollendung der Leistung	137	
g)	Pflicht zur Beseitigung vertragswidriger Stoffe und Bauteile	85	(4)	Schuldnerpflichten	138	
			(5)	Verlängerung der Bauzeiten	139	
h)	Rechte des Bestellers bei Mängeln, die während der Erstellung des Werkes erkannt werden	89	cc)	Rechtsfolgen von Verzögerungen	140	
			(1)	Fälle	141	
			(2)	Rechte des Bestellers	144	
aa)	Mängelbeseitigung als Teil der Erfüllungspflicht	89	IV.	Die Verschaffung des Werkes	147	
			1.	Gegenstand der Pflicht	147	
bb)	Beseitigungspflicht nach § 4 Abs 7 S 1 VOB/B	90	2.	Befreiung von der Verpflichtung	148	
			a)	Unmöglichkeit	148	
cc)	Mängelbeseitigung nach BGB	93a	b)	§ 275 Abs 2	149	
dd)	§ 320	94	c)	§ 275 Abs 3	149	
ee)	Vertragsauflösung durch den Besteller	95	3.	Elemente der Verschaffung	150	
ff)	Minderung	102	a)	Besitz	150	

§ 633

b)	Eigentum	151
aa)	§ 946	152
bb)	§ 947	154
c)	Instruktion	155
4.	Fälligkeit, Verjährung	156
5.	Sanktionierung der Verschaffungspflicht	157
V.	**Die geschuldete Beschaffenheit des Werkes**	**158**
1.	Eigenschaften	158
a)	Begriff	158
b)	Konkretheit	159
c)	Wert der Sache	160
d)	Das vertraglich geschuldete Werk als Maßstab	161
2.	Mangelerscheinung und Mangelursache	162
3.	Mangelursachen	163
a)	Ausführungsmangel	163
b)	Planungsmangel	164
c)	Koordinierungsmangel	165
d)	Mangel des Stoffes	166
4.	Verantwortlichkeit für den Mangel	167
VI.	**Grundlagen der Sollbeschaffenheit des Werkes**	**168**
1.	Beschaffenheitsgarantien	169
a)	Begriff	169
b)	Bedeutung einer Beschaffenheitsgarantie	171
c)	Selbständiges Garantieversprechen	172
2.	Beschaffenheitsvereinbarung	173
a)	Höhere Anforderungen an das Werk	173
b)	Mindere Anforderungen an das Werk	174
c)	Werk nach Probe	175
3.	Übliche und zu erwartende Beschaffenheit	176
a)	Begriff und Maßstäbe	176
b)	Anerkannte Regeln der Technik	177
aa)	Begriff	178
bb)	Abbedingung	180
cc)	Unbeachtlicher Verstoß	181
dd)	Mangel trotz Einhaltung der Regeln	182
c)	Werbeaussagen	183
4.	Die nach dem Vertrag vorausgesetzte Beschaffenheit	184
5.	Funktionaler Mangelbegriff	184a
a)	Der Sachmangel	184a
b)	Die Verletzung der Remonstrationspflicht	184b
c)	Darlegungs- und Beweislast	184c
VII.	**Die Verwendungseignung des Werkes**	**185**
1.	Verkehrswert des Werkes	185
2.	Eingeschränkte oder fehlende Eignung zur Verwendung	186
a)	Beispiele für Mängel	186
b)	Nicht zu Beanstandendes	188
c)	Ausmaß der Beeinträchtigung	189
d)	Beurteilungszeitpunkt	190
e)	Fragen der Beweislast	191
f)	Verantwortlichkeit des Unternehmers	192
g)	Unfertiges Werk	195
VIII.	**Anderes Werk, mindere Menge**	**196**
1.	Anderes Werk	196
2.	Mindere Menge	197
IX.	**Rechtsmängel**	
1.	Rechte Dritter	198
2.	Beseitigungsfähigkeit der Rechtsposition	199
3.	Rechte wegen der Arbeitsmethode	200
4.	Bloße behauptete Rechte Dritter	201
5.	Ausschluss der Rechte des Bestellers	202

Alphabetische Übersicht

Ablieferungsfrist	121 ff
Abnahme, rügelose	202
Abruf der Leistung	123
Absicherung	82
aliud	196
Änderungsbefugnis des Bestellers	9 ff
Anordnungen des Bestellers	46 ff
– Adressat	49
– Grenzen	48
– Mehrkosten durch	52
– Verbindlichkeit	50
– Verweigerung gegen	51

Untertitel 1 · Werkvertrag
Kapitel 1 · Allgemeine Vorschriften

§ 633

Anpassung des Vertrages	37
Anzeigepflicht	62
Arbeits- und Lagerplätze	80
Arbeitsmethode	158
Aufgabenverteilung	116 ff
Aufklärungspflicht	64
Aufnahme der Arbeiten	123, 130
Auftragsentzug	96
Ausführung	
– Beginn der	134
– Fristen für	128 ff
– Mangel der	163
Ausführung der Arbeiten	30 ff
Ausführungsrecht des Unternehmers	14a
Ausführungsunterlagen	15
– Überlassung der	22
Auskunftspflicht des Unternehmers	42
Auslegung des Vertrages	7
Bauzeit, Verlängerung der	139
Bedenken	
– des Unternehmers	62 ff
– Mitteilung von	74
Beschaffenheit	
– Garantie der	169 ff
– geschuldete	152 ff
– übliche und zu erwartende	176 ff
– Vereinbarung der	173 ff
– vorausgesetzte	184
Besitzverhältnisse	30a, 80
Besitzverschaffung	150
Beweislast	191
Beweissicherung	29
DIN-Normen	179
Dispositionsfreiheit des Unternehmers	3, 48
Durchführung der Arbeiten	116
Eigenschaften des Werkes	158 ff
Eigentumserwerb, gesetzlicher	151 ff
Eigentumsverschaffung	151
Eigenverantwortlichkeit des Unternehmers	55 ff
Einweisung des Unternehmers	28
Energieverbrauch	81
Fixgeschäft, absolutes	127
Förderungspflicht	130 ff
Fristsetzung zu Mängelbeseitigung	97 f
Fristverlängerung	129
Funktionale Leistungsbeschreibung	117
Funktionaler Mangelbegriff	64, 184a
Garantie	169 ff
Garantieversprechen, selbständiges	172
Genehmigungen	34 ff
– andersartige	37
– fehlende	37
– verzögert vorgelegte	38
Geräte	119
Grundwasser	84
Herstellungspflicht des Unternehmers	3
Hinweispflicht des Unternehmers	20
Höchstpersönlichkeit	56
Instruktion	155
Koordinierung	33
Kündigung	100, 145
Leitung, Delegation der	56
Mangel	186
– des Stoffes	166
– Verantwortlichkeit für	167, 192 ff
Mängel	
– Mitverursachung von	77
– vor der Abnahme	89 ff
Mangelerscheinung	162
Mangelfreiheit	158 ff
Mangelursache	163 ff
Materialien, Beschaffung von	118
Minderung vor der Abnahme	102
minus	197
Mitarbeiter, Auswahl der	57
Mitverschulden des Bestellers	193 f
Mitwirkung des Bestellers	116 f
Neuherstellung	92
Obhut	83
Ordnung	
– allgemeine	32
– auf der Arbeitsstelle	58
Planung	15 ff, 117
– als Obliegenheit	17

Frank Peters

– Änderung der	9 ff	Versicherung	83
– des Werkes	19	Vertragswidrige Stoffe	85
– Verbindlichkeit der	23	Vertraulichkeit	45
– Vergütung der	27	Verwendungseignung	185 ff
Planungsmangel	164	Verzögerung	140 ff
Prüfungspflicht	20, 62 ff	VOB/C	7
– Gegenstände der	69 f	Vollendung der Leistung	137
		Vorbereitung des Leistungsaustauschs	2
Rechtsmangel	198	Vorhaltung	
– Kenntnis des	202	– von Arbeitskräften	135
Regeln der Technik	61, 177 ff	– von Geräten	135
Rückstand, zeitlicher	125	Vorlaufsfrist	123
		Vorleistungen anderer	116
Schadensersatz vor der Abnahme	103 ff	Vorstufen des Werkes	147
Schatzfund	115		
Selbstausführung	108	Werbeaussagen	183
Selbstbeseitigungsrecht des Bestellers	87 f	Werk	
Subunternehmer, Einsatz von	109 ff	– nach Probe	175
		– unfertiges	195
Überwachungsrecht des Bestellers	39 ff	Winterschäden	84
Unmöglichkeit der Leistung	148 f		
Unzumutbarkeit der Leistung	149	Zeiteinteilung	124
		Zeitrahmen	121 ff
Verkehrswert	185	Zufahrtswege	32, 81
Verschaffung des Werkes	147 f	Zusatzleistungen	13 f
Verschaffungspflicht		Zutaten	118
– Fälligkeit	156		
– Sanktionierung der	157		
– Verjährung der	156		

I. Allgemeines

1 § 633 BGB präzisiert die allgemeine Aussage des § 631 BGB zu der Aufgabe des Unternehmers im Rahmen des Werkvertrages. Das dort angesprochene Werk hat frei von Sachmängeln und Rechtsmängeln zu sein, § 633 Abs 1 BGB, wozu dann die Abs 2 und 3 nähere Angaben machen. Dies bezieht sich sowohl auf die Primärphase der Anfertigung des Werkes als auch auf die in den nachfolgenden Bestimmungen der §§ 634 ff BGB geregelte (sekundäre) Phase der Gewährleistung. Die Aussage des Abs 2 S 3 zur Lieferung eines anderen oder quantitativ geringeren Werkes hat dagegen nur Bedeutung für die Sekundärphase der Gewährleistung.

Die Formulierung des § 633 Abs 1 BGB weicht in bemerkenswerter Weise von der des § 631 Abs 1 BGB ab, wenn dort von der *Herstellung des Werkes* die Rede ist, hier von seiner *Verschaffung* an den Besteller.

II. Herstellung und Verschaffung

1. Die vertraglichen Pflichten der Parteien

Das Pendant zur Verschaffung des Werkes ist auf Seiten des Bestellers die in § 631 Abs 1 BGB angesprochene Entrichtung der Vergütung. Der Herstellung des Werkes würde auf Seiten des Bestellers die Aufbringung des Werklohns entsprechen, wie sie namentlich bei größeren Werken ja auch Probleme bereiten kann. Wenn das Gesetz letztere nicht anspricht, sondern nur später in § 650e BGB für einen Teilbereich für die Sicherstellung des Werklohns sorgt, und früher schon in § 321 BGB dem Unternehmer bestimmte Rechte gibt, wenn er um die Entrichtung des Werklohns fürchten muss, bedeutet dies, dass die Aufbringung des Werklohns der vom Unternehmer nicht zu beeinflussenden Freiheit des Bestellers unterliegt.

Letztlich liegen die Dinge auf Seiten des Unternehmers nicht anders. So wie der Besteller zu einem bestimmten Zeitpunkt (dazu § 641 Rn 4 ff) bar oder unbar zu zahlen haben wird, muss auch der Unternehmer zu einem bestimmten Zeitpunkt (dazu u Rn 121 ff) das fertige, vertragsgemäße Werk verschaffen (dazu u Rn 147 ff). Dieses sind die geschuldeten Erfüllungshandlungen; wie die Aufbringung des Werklohns bleibt auch die Herstellung des Werkes in ihrem Vorfeld.

2. Die Herstellungspflicht des Unternehmers

Nach dem eben Gesagten formuliert das Gesetz in § 631 Abs 1 BGB unscharf, wenn es von einer Pflicht des Unternehmers zur Herstellung des Werkes redet. Wenn dem Unternehmer insoweit nicht konkrete Einzelpflichten im Vertrag auferlegt werden, genießt er vielmehr *Dispositionsfreiheit,* namentlich in *zeitlicher Hinsicht* und in der *Wahl der Arbeitsmethode;* er muss nur gewärtigen, später das Ziel einer rechtzeitigen Verschaffung eines mangelfreien Werkes zu verfehlen. Der Besteller hat im Prinzip nur auf dieses einen klagbaren Anspruch, nicht auf konkrete Einzelschritte hin zu diesem Ziel. Das gilt ohnehin, wenn hier Alternativen denkbar sind, aber doch auch dann, wenn es solche nicht gibt, nach Lage der Dinge nur bestimmte konkrete Maßnahmen sinnvoll sind. Auch dann kann er grundsätzlich nicht auf ihre Vornahme klagen, sondern nur auf das vertragsgemäße Werk als solches.

Allerdings gilt gerade auch für den Werkvertrag § 323 Abs 4 BGB (vgl BGHZ 193, 315 = NJW 2012, 3714; NZBau 2008, 576), dh der Unternehmer darf es nicht offensichtlich werden lassen, dass er ein mangelfreies Werk allenfalls erst zu einem Zeitpunkt abliefern wird, den abzuwarten dem Besteller nicht zumutbar ist; kommt es so weit, dann kann der Besteller zurücktreten, § 323 Abs 4 BGB bzw aus wichtigem Grund kündigen, § 648a BGB. Aus § 323 Abs 4 BGB ist abzuleiten, dass der Unternehmer eine gegenwärtige (!) Pflichtverletzung begeht, wenn er es zu der dort beschriebenen Situation kommen lässt, und weiterhin, dass der Besteller einen Anspruch darauf hat, dass der Unternehmer die Situation des § 323 Abs 4 BGB meidet. Dieser Abhilfeanspruch des Bestellers muss einsetzen, *bevor* das Rücktrittsrecht aus dieser Bestimmung entsteht. Dabei sind die beiden Konstellationen des mangelhaften (dazu u Rn 89 ff) und des allzu langsamen Arbeitens (dazu u Rn 125 ff) zu unterscheiden.

III. Die Herstellung des Werkes

1. Allgemeines

4 Es ist realitätsfern, dass das BGB zur Herstellung des Werkes keine näheren Aussagen macht. Zunächst unterstellt es sachwidrig, dass die vorgesehene, vereinbarte Werkleistung als solche konstant bleibt. Tatsächlich können Änderungen, Erweiterungen, Einschränkungen notwendig oder wünschenswert werden, dazu heute § 650b f BGB. Das BGB hat den handwerklichen Unternehmer vor Augen, der seine Werkleistung selbst plant. Weithin liegt die Planung aber in den Händen des Bestellers (und seines Architekten). Bei der Ausführung der Arbeiten fragt es sich zB, ob der Besteller sie überwachen darf, ob der Unternehmer selbst bzw mit dem eigenen Betrieb arbeiten muss oder Subunternehmer einsetzen darf, wie er sich gegenüber sachwidrigen Planungsvorgaben zu verhalten hat, wie mit Mängeln umzugehen ist, die ersichtlich drohen oder gar schon eingetreten sind.

2. Regelung der VOB/B

5 Demgegenüber bietet die VOB/B in ihren §§ 1 (Art und Umfang der Leistung), 3 (Ausführungsunterlagen) und 4 (Ausführung) eine detaillierte Regelung der meisten der anstehenden Probleme. *Bei der Klärung der Parallelprobleme im Allgemeinen Zivilrecht scheint es prinzipiell angebracht,* im Wesentlichen die *Regelungen der VOB/B* zu rezipieren, wenn sie jedenfalls durchweg den praktischen Bedürfnissen gerecht werden. Die folgende Kommentierung stellt deshalb jeweils die einschlägigen Bestimmungen der VOB/B voran und vermerkt dann jeweils, ob und inwieweit sie in das allgemeine Werkvertragsrecht rezipiert werden können.

Zu den zeitlichen Aspekten der Erbringung der Werkleistung, u Rn 121 ff und die dortigen Erl zu § 5 VOB/B. Behinderungen des Unternehmers (§ 6 VOB/B) sind angesprochen in § 642 Rn 42 ff.

a) Die zu erbringende Werkleistung; Änderungen und Ergänzungen

6 Hierzu verhält sich in der VOB/B

> § 1 Art und Umfang der Leistung
>
> (1) Die auszuführende Leistung wird nach Art und Umfang durch den Vertrag bestimmt. Als Bestandteil des Vertrags gelten auch die Allgemeinen Technischen Vertragsbedingungen für Bauleistungen (VOB/C).
>
> (2) Bei Widersprüchen im Vertrag gelten nacheinander:
>
> 1. die Leistungsbeschreibung,
>
> 2. die Besonderen Vertragsbedingungen,
>
> 3. etwaige Zusätzliche Vertragsbedingungen,
>
> 4. etwaige Zusätzliche Technische Vertragsbedingungen,

5. die Allgemeinen Technischen Vertragsbedingungen für Bauleistungen,

6. die Allgemeinen Vertragsbedingungen für die Ausführung von Bauleistungen.

(3) Änderungen des Bauentwurfs anzuordnen, bleibt dem Auftraggeber vorbehalten.

(4) Nicht vereinbarte Leistungen, die zur Ausführung der vertraglichen Leistung erforderlich werden, hat der Auftragnehmer auf Verlangen des Auftraggebers mit auszuführen, außer wenn sein Betrieb auf derartige Leistungen nicht eingerichtet ist. Andere Leistungen können dem Auftragnehmer nur mit seiner Zustimmung übertragen werden.

aa) Maßgeblichkeit der Vereinbarungen

§ 1 Abs 1 S 1 VOB/B wiederholt den allgemeinen Grundsatz, dass für die von dem Unternehmer zu erbringende Leistung die vertragliche Vereinbarung primär maßgeblich ist (vgl dazu u Rn 168 ff). Besonderheiten für den Bereich der VOB/B werden insoweit nicht statuiert.

Freilich ist darauf hinzuweisen, dass *nicht der Wortlaut des Vertrages* maßgeblich ist, sondern seine *sachgerechte Auslegung.* Es kann sich ergeben, dass die Leistungsbeschreibung verfehlt ist, weil die vorgesehene Art der Ausführung nur zu einer minderwertigen Werkleistung führen würde, zB mögen die Heizkörper in ihrer Leistung zu knapp dimensioniert sein. Dann schuldet der Unternehmer von vornherein – dh ohne Vertragsänderung – die angemessenen Heizkörper (gegen Anpassung der Vergütung). Es wäre auch keine Planungsänderung des Bestellers iSd § 1 Abs 3 VOB/B, wenn er auf den angemessenen Heizkörpern besteht. Auch behördliche Auflagen können zu einer Leistungsänderung führen, die hier aus einer ergänzenden Vertragsauslegung, § 157 BGB, herzuleiten ist.

Wenn § 1 Abs 1 S 2 VOB/B die Allgemeinen Technischen Vertragsbedingungen für Bauleistungen für anwendbar erklärt, dann ergibt sich, dass bei Verträgen, für die die Parteien die Anwendung der VOB Teil B vereinbart haben, zugleich auch die *Bestimmungen der VOB Teil C* Anwendung finden, wenn auch, wie sich aus § 1 Abs 2 VOB/B ergibt, nur insoweit, wie die Parteien nicht anderweitige vorrangige Vereinbarungen getroffen haben.

Diese Einbeziehung der VOB/C gilt gegenüber einem Verbraucher nur dann, wenn ihre für das Gewerk einschlägigen Bestimmungen zur Kenntnis gebracht werden, § 305 Abs 2 Nr 2 BGB. Auch dann ist es nicht auszuschließen, dass einzelne Bestimmungen der VOB/C den §§ 307 ff BGB nicht standhalten.

Die *Bestimmungen der VOB/C* in ihrer jeweiligen, ständig überarbeiteten Fassung enthalten in DIN 18 299 allgemeine Regelungen für Bauarbeiten jeder Art, um dann in den DIN 18 300 ff spezielle Regelungen für insgesamt 54 Sachgebiete zu treffen. Nach der Neuschaffung der DIN 18 299 befinden sich die DIN 18 300 ff in einer der Anpassung dienenden Überarbeitung. Vgl zur VOB/C iÜ Vorbem 93 zu §§ 631 ff.

Die Bestimmungen der VOB/C sind grundsätzlich *auch dann von Bedeutung, wenn die Geltung der VOB/B nicht* vereinbart ist (vgl Ingenstau/Korbion/Leupertz/von Wie-

TERSHEIM Einl Rn 64). Wenn und soweit nämlich die jeweiligen Rechte und Pflichten der Parteien näher zu konkretisieren sind, kommt der *Verkehrssitte* maßgebliche Bedeutung bei, §§ 157, 242 BGB, *bei deren Ermittlung vorrangig die VOB/C* zu beachten ist. Soweit die VOB/C qualitative Anforderungen an die Verwendung von Stoffen und die Ausführung von Arbeiten stellt, sind diese als Maßstäbe ebenfalls als im Zweifel von den Parteien gewollt anzusehen.

bb) Widersprüche im Vertrag

8 § 1 Abs 2 VOB/B löst die Widersprüche im Vertrag auf, die sich aus dem Nebeneinander verschiedener Regelungswerke ergeben. Wichtig ist, dass die Bestimmungen der VOB/B selbst nur *subsidiär* gelten, und zwar nicht nur von Individualabreden verdrängt werden, sondern auch von *anderen AGB,* die wirksam Aufnahme in den Vertrag gefunden haben (vgl BGH NJW-RR 1986, 825). Dabei regelt die Bestimmung nicht, wie solche AGB in den Vertrag aufzunehmen sind; das ergibt sich aus den allgemeinen Grundsätzen, namentlich der §§ 305 Abs 2, 310 Abs 1 BGB.

Gerade bei Werkverträgen erreichen die Vertragsunterlagen oftmals ein beträchtliches Ausmaß. Das ist hinzunehmen, soweit es sich aus der Natur der Sache ergibt, insbes hinsichtlich der Leistungsbeschreibung. Hinsichtlich der rechtlichen Reglungen ist dagegen davon auszugehen, dass die notwendigen Abreden schon in der VOB/B sowie im BGB prinzipiell enthalten sind, so dass *davon abweichende Bestimmungen* in besonderer Weise darauf zu überprüfen sind, ob sie nicht nach sachlichem Gehalt oder Stellung innerhalb des Regelwerkes als *überraschend* iSd § 305c Abs 1 BGB zu bewerten sind. Auch die *Unklarheitenregel* des § 305c Abs 2 BGB kann zuweilen Bedeutung gewinnen. Schließlich kann sich Intransparenz iSd § 307 Abs 1 S 2 BGB ergeben.

Außerdem eröffnet das nach § 310 Abs 1 S 3 BGB die Möglichkeit der AGB-Kontrolle der VOB/B auch im rein unternehmerischen Verkehr.

cc) Planungsänderungen durch den Besteller

9 § 1 Abs 3 VOB/B gibt dem Besteller das Recht, **Änderungen des Bauentwurfs** anzuordnen.

Eine Planungsänderung durch den Besteller liegt insoweit nicht vor, wie er nur eine mangelhafte Planung korrigiert oder auf äußere Vorgaben reagiert, zB behördliche Auflagen oder die Natur der Sache (unerwartet ungünstige Grundwasserverhältnisse); die Planungsänderung setzt Freiwilligkeit voraus. Auf eine notwendig geänderte Planung muss sich der Unternehmer – bei Zumutbarkeit – stets einlassen, dies auch außerhalb des Anwendungsbereichs der VOB/B; vgl § 650b Abs 1 Nr 2 BGB die Vergütung ist entsprechend anzupassen, § 650c BGB.

10 **(1)** Damit hat der Besteller beim VOB-Vertrag das Recht, Änderungen der zu erbringenden Leistung anzuordnen. Eine *Einigung mit dem Unternehmer* ist insoweit *nicht erforderlich;* es reicht vielmehr die einseitige empfangsbedürftige Erklärung des Bestellers (QUACK ZfBR 2004, 107). AGB-rechtlichen Zweifeln aus den §§ 307, 308 Nr 4 BGB begegnet die Bestimmung nicht (aA ANKER/KLINGENFUSS BauR 2005, 1377). In AGB des Unternehmers nicht, weil die Bestimmung ihn belastet, in AGB des Bestellers liegt der Fall des § 308 Nr 4 BGB deshalb nicht vor, weil diese Bestimmung die

Sachleistung betrifft, die vom Besteller geschuldete Vergütung aber nach § 2 Abs 5 VOB/B anzupassen ist.

Die Befugnis des Bestellers bezieht sich auf *Änderungen der zu erbringenden Leistung,* dh auf Neubestimmungen des zu liefernden Erfolges; das ist zu unterscheiden von den in § 4 Abs 1 Nr 3 VOB/B angesprochenen Anordnungen hinsichtlich der Arbeitsmethode (dazu u Rn 46 ff). Die Befugnis zur *Einschränkung der vertraglichen Leistung* ergibt sich für den Besteller aus § 8 Abs 1 VOB/B (dazu § 648 Rn 60); über zusätzliche Leistungen verhält sich § 1 Abs 4 VOB/B (dazu u Rn 13 f). Der Begriff der Änderungen ist schwer zu bestimmen. Grundsätzlich nicht befugt ist der Besteller, eine andere Leistung als zunächst vereinbart zu verlangen; doch kommt es entscheidend auf die *Zumutbarkeit* für den Unternehmer an (dazu u Rn 11). Das Anordnungsrecht des Bestellers betrifft namentlich auch die Bauzeit, können sich doch gerade auch bei der Koordinierung der Leistungen Verschiebungen als notwendig erweisen (Zanner BauR 2006, 177; aA Thode ZfBR 2004, 214). Wenn es unumgänglich geworden ist, die Leistung zeitlich zu verschieben, ließe sich das zwar noch mit § 6 VOB/B erfassen, aber es kann sich doch auch als zweckmäßig erweisen, sie eher oder schneller zu erbringen. Die Vergütung ist dann in entsprechender Anwendung des § 2 Abs 5 VOB/B anzupassen (OLG Jena BauR 2005, 1161 = NZBau 2005, 341).

Vom Besteller angeordnete Änderungen des Bauentwurfs wirken sich auf die geschuldete *Vergütung* nach Maßgabe des § 2 Abs 5 VOB/B aus bzw beim Pauschalpreisvertrag nach § 2 Abs 7 Nr 2 VOB/B, vgl dazu § 632 Rn 71 ff.

(2) § 1 Abs 3 VOB/B nennt keine *Grenzen der Änderungsbefugnis* des Bestellers. **11** Insoweit kann zunächst nicht die Bestimmung des § 315 Abs 1 BGB herangezogen werden, die billiges Ermessen als Maßstab und Grenze nennt. Es kommt vielmehr auf die *Zumutbarkeit* der Anordnung an (vgl Nicklisch/Weick/Jansen/Seibel/Funke § 1 Rn 89; aA Ingenstau/Korbion/Keldungs § 1 Abs 3 Rn 11, die eine Grenzziehung auf Grundlage des § 315 BGB als Ausprägung von Treu und Glauben befürworten). Insoweit ist zunächst davon auszugehen, dass die finanziellen Belange des Unternehmers jedenfalls durch § 2 Abs 5 VOB/B gewahrt sind. Auf seiner Seite ist also primär zu berücksichtigen, ob es in zeitlicher Hinsicht zu einer Belastung kommt und dass ihm keine Leistungen abverlangt werden dürfen, für die sein Betrieb nicht eingerichtet ist und eingerichtet zu sein braucht. Ohnehin braucht sich der Unternehmer auf solche Leistungsänderungen nicht einzulassen, die ihm bedenklich erscheinen, vgl § 4 Abs 3 VOB/B (dazu u Rn 62 ff). Andererseits soll das Werk im Ergebnis den Wünschen und Bedürfnissen des Bestellers entsprechen, die sich uU erst mit der Zeit näher konkretisieren oder sich erst allmählich herausstellen. Es ist deshalb insoweit *möglichste Großzügigkeit* angezeigt.

Die Darlegungs- und Beweislast für die Unzumutbarkeit trägt der Unternehmer.

Kommt der Unternehmer einer vom Besteller berechtigt angeordneten Änderung des Bauentwurfs nicht nach, dann ist seine *Leistung nicht vertragsgerecht,* so dass sich für den Besteller die Rechte aus § 4 Abs 7 VOB/B ergeben, uU einschließlich des Rechts zur Kündigung aus wichtigem Grunde (vgl u Rn 90 ff).

Weitergehende Änderungen des Bauentwurfs setzen eine entsprechende Vereinbarung mit dem Unternehmer voraus.

12 (3) Bei einem *Werkvertrag, der nicht den Bestimmungen der VOB/B unterliegt,* gilt für Änderungen der Planung § 650b BGB.

dd) Zusätzliche Leistungen

13 Für zusätzliche, ursprünglich nicht vereinbarte Leistungen ist nach § 1 Abs 4 VOB/B zunächst eine entsprechende *Einigung der Parteien* erforderlich (vgl Ingenstau/Korbion/Keldungs § 1 Abs 4 Rn 1 f). Der Unternehmer unterliegt aber – jedenfalls teilweise – einem *Kontrahierungszwang* (aA Beck'scher VOB-Komm/Jansen § 1 Abs 4 Rn 3; BGH NJW-RR 2004, 449 = NZBau 2004, 207; Quack ZfBR 2004, 107: einseitiges Anordnungsrecht des Bestellers). Jedenfalls muss die auf Bestellerseite tätige Person Vertretungsmacht haben (BGH NJW-RR 2004, 449 = NZBau 2004, 207). AGB-rechtliche Bedenken bestehen auch bei Annahme eines einseitigen Bestimmungsrechts des Bestellers nicht (BGHZ 131, 392, 398 f = NJW 1996, 1346, 1347; aA Anker/Klingenfuss BauR 2005, 1377). Dafür sorgt einerseits das Gebot der Zumutbarkeit für den Unternehmer in der Bestimmung, andererseits die Preisanpassung nach § 2 Abs 6 VOB/B.

Zusatzleistungen liegen nur dann vor, wenn die konkreten Maßnahmen nicht schon ohne weiteres zur Abrundung der Leistung geschuldet werden, was sich insbesondere aus den jeweils maßgeblichen DIN-Normen der VOB/C ergeben kann.

(1) Wenn die zusätzlichen Leistungen zur *mangelfreien Ausführung der vertraglich vorgesehenen Leistung erforderlich* sind, unterliegt der Unternehmer insoweit einem *Kontrahierungszwang.* Er hat allerdings ein *Weigerungsrecht,* wenn sein Betrieb, was er darzulegen und zu beweisen hat, *auf derartige Leistungen* sachlich oder persönlich *nicht eingerichtet* ist. Dabei kommt es auf den *konkreten Zuschnitt* seines Betriebes an (Ingenstau/Korbion/Keldungs § 1 Abs 4 Rn 5), nicht darauf, wie er nach üblichen Maßstäben eingerichtet sein müsste. Der Unternehmer ist auch nicht verpflichtet, einen kompetenten Subunternehmer für derartige Arbeiten einzusetzen, schon weil ihn dies der Gewährleistung für von ihm nicht beherrschte Leistungen aussetzen würde. Er ist allerdings nach Treu und Glauben gehalten, bei *der Auswahl eines kompetenten anderen Unternehmers mitzuwirken,* und haftet insoweit für culpa in eligendo.

14 (2) *Weitergehende,* also nicht notwendige Zusatzarbeiten braucht der Unternehmer nach § 1 Abs 4 S 2 VOB/B *grundsätzlich nicht* zu übernehmen. Allerdings kann sich auch hier *aus Treu und Glauben ein Kontrahierungszwang* ergeben, wenn triftige Gründe für eine Ablehnung nicht bestehen, wenn der Unternehmer also unter Berücksichtigung seiner anderweitigen Verpflichtungen zur Übernahme ohne weiteres in der Lage ist und wenn die anderweitige Vergabe dieser Arbeiten dem Besteller besondere Probleme hinsichtlich Zeit, Kosten und Koordinierung bereitet. Die grundlose Verweigerung von Zusatzleistungen kann dem Besteller ein Recht zur Kündigung aus wichtigem Grunde geben, § 648a BGB bzw zum Rücktritt nach § 324 BGB. Gleiches gilt, wenn die Übernahme von Zusatzaufträgen von unberechtigten Vergütungsforderungen abhängig gemacht wird.

(3) Die für Zusatzleistungen geschuldete Vergütung regelt § 2 Nr 6 VOB/B (vgl dazu § 632 Rn 85 ff).

(4) Bei geänderten oder zusätzlichen Leistungen hat der Unternehmer ein Leistungsverweigerungsrecht, solange die zusätzliche Leistung nicht nach Grund und Höhe geklärt ist (KAPELLMANN/MESSERSCHMIDT/KAPELLMANN § 2 Rn 205).

(5) Außerhalb der VOB/B gilt für zusätzliche Leistungen § 650b BGB.

b) Ausführungsrecht des Unternehmers
Alle geänderten und zusätzlichen Leistungen hat der Besteller zunächst dem Unternehmer anzudienen, ehe er sie anderweitig vergibt. 14a

3. Ausführungsunterlagen

Zu den Ausführungsunterlagen verhält sich § 3 VOB/B: 15

§ 3 Ausführungsunterlagen

(1) Die für die Ausführung nötigen Unterlagen sind dem Auftragnehmer unentgeltlich und rechtzeitig zu übergeben.

(2) Das Abstecken der Hauptachsen der baulichen Anlagen, ebenso der Grenzen des Geländes, das dem Auftragnehmer zur Verfügung gestellt wird, und das Schaffen der notwendigen Höhenfestpunkte in unmittelbarer Nähe der baulichen Anlagen sind Sache des Auftraggebers.

(3) Die vom Auftraggeber zur Verfügung gestellten Geländeaufnahmen und Absteckungen und die übrigen für die Ausführung übergebenen Unterlagen sind für den Auftragnehmer maßgebend. Jedoch hat er sie, soweit es zur ordnungsgemäßen Vertragserfüllung gehört, auf etwaige Unstimmigkeiten zu überprüfen und den Auftraggeber auf entdeckte oder vermutete Mängel hinzuweisen.

(4) Vor Beginn der Arbeiten ist, soweit notwendig, der Zustand der Straßen und Geländeoberfläche, der Vorfluter und Vorflutleitungen, ferner der baulichen Anlagen im Baubereich in einer Niederschrift festzuhalten, die vom Auftraggeber und Auftragnehmer anzuerkennen ist.

(5) Zeichnungen, Berechnungen, Nachprüfungen von Berechnungen oder andere Unterlagen, die der Auftragnehmer nach dem Vertrag, besonders den Technischen Vertragsbedingungen, oder der gewerblichen Verkehrssitte oder auf besonderes Verlangen des Auftraggebers (§ 2 Abs 9) zu beschaffen hat, sind dem Auftraggeber nach Aufforderung rechtzeitig vorzulegen.

(6) 1. Die in Absatz 5 genannten Unterlagen dürfen ohne Genehmigung ihres Urhebers nicht veröffentlicht, vervielfältigt, geändert oder für einen anderen als den vereinbarten Zweck benutzt werden.

   2. An DV-Programmen hat der Auftraggeber das Recht zur Nutzung mit den vereinbarten Leistungsmerkmalen in unveränderter Form auf den festgelegten Geräten. Der Auftraggeber darf zum Zwecke der Datensicherung zwei Kopien herstellen. Diese müssen alle Identifikationsmerkmale enthalten. Der Verbleib der Kopien ist auf Verlangen nachzuweisen.

3. Der Auftragnehmer bleibt unbeschadet des Nutzungsrechts des Auftraggebers zur Nutzung der Unterlagen und der DV-Programme berechtigt.

a) Allgemeines

16 aa) Die zu erbringende Werkleistung setzt sich aus verschiedenen Komponenten zusammen, und zwar in sachlicher Hinsicht aus dem zu bearbeitenden Stoff (zu bebauendes Grundstück, zu restaurierendes Gemälde), den zu verarbeitenden Zutaten (Mauersteine, Farben) sowie den dabei notwendigen technischen Hilfsmitteln (Handwerkszeug), in geistiger Hinsicht aus der **Planung** sowie schließlich aus der Durchführung der Arbeiten, zu der, im Baubereich besonders wichtig, die mit der Planung verwandte **Koordinierung** der Arbeiten gehört. Die Frage, was dabei von welcher Seite zu liefern ist, hängt von den Vereinbarungen der Parteien ab; zwingend zugewiesen ist nur die Durchführung der Arbeiten an den Unternehmer.

§ 3 VOB/B verhält sich unter den genannten Komponenten nur zur Planung sowie zu bestimmten Aspekten des Grundstücks als Stoff; die Durchführung der Arbeiten wird in § 4 VOB/B angesprochen, dort auch in Abs 1 zur Koordinierung (vgl dazu u Rn 30 ff).

Zur Lieferung von Stoff und Zutaten vgl u Rn 118.

17 bb) Soweit dem Besteller Aufgaben obliegen, insbesondere die der Planung, stellt sich die Frage nach der *Rechtsnatur dieser Aufgaben.* Es handelt sich um *Mitwirkungshandlungen,* wie sie in § 642 BGB näher angesprochen sind. Bei diesen Mitwirkungshandlungen besteht Streit darüber, ob der Besteller als Schuldner – und mithin in einklagbarer Weise – zu ihnen verpflichtet ist, oder ob es sich um den Gegenstand von Gläubigerobliegenheiten handelt, die mithin nur mittelbar sanktioniert sind. Nach der hier vertretenen Auffassung handelt es sich grundsätzlich um *Gläubigerobliegenheiten,* sofern nichts anderes vereinbart ist (vgl näher § 642 Rn 17 ff). Die *VOB/B* lässt nicht erkennen, dass sie diesen Standpunkt nicht teilt, *ist aber in ihrer dogmatischen Konzeption insofern unklar,* als sie bei Behinderung des Unternehmers durch unterbleibende Mitwirkung des Bestellers in § 6 Abs 6 uU einen *Schadensersatzanspruch* gewährt, wie er mit der Annahme der Verletzung einer Gläubigerobliegenheit grundsätzlich unvereinbar ist, vgl dazu auch § 642 Rn 84, 88. Die *praktischen Konsequenzen* der Rechtsnatur der Mitwirkung des Bestellers dürfen freilich *nicht überschätzt werden.*

Die *Einklagbarkeit* der Mitwirkung, insbesondere der Planung, ist schon aus praktischen Gründen kaum von Interesse. Ihr kann sich der Besteller auch grundsätzlich nach § 648 BGB entziehen. Wenn die Mitwirkung unterbleibt oder mangelhaft ist, erwächst dem Unternehmer verschuldensunabhängig jedenfalls ein eigenes Kündigungsrecht, vgl § 643 BGB und § 9 Abs 1 Nr 1 VOB/B. Wenn sich die Leistungen des Unternehmers aus derartigen Gründen verzögern, verlängern sich zu seinen Gunsten die *Ausführungsfristen* (vgl zu § 6 Abs 2 VOB/B und allgemein § 642 Rn 50 ff). Hat er dadurch *Mehraufwendungen,* gewähren die § 642 BGB bzw § 6 Abs 6 VOB/B Ersatzansprüche (vgl § 642 Rn 22 ff einerseits, § 642 Rn 84 ff [zu § 6 Abs 6 VOB/B] andererseits). Kommt es wegen mangelhafter Mitwirkung zu *Mängeln des Werkes,* beschränkt dies die Gewährleistungsrechte des Bestellers nach Maßgabe des § 254 BGB (vgl u Rn 192 ff). Wenn das Werk infolge mangelhafter oder unterbleibender Mitwirkung untergeht oder verschlechtert wird, regelt sich der Vergütungsanspruch des Unternehmers unabhängig von der dogmatischen Konzeption nach § 645 BGB (vgl § 645 Rn 24 ff, 31 ff).

cc) Soweit es um die dem Besteller obliegende Planung und Koordinierung geht, hat **18** er nicht nur für *das eigene Versagen einzustehen,* sondern nach *§ 278 BGB* bzw in entsprechender Anwendung dieser Bestimmung auch für das Verhalten jener Personen, die er mit diesen Aufgaben betraut hat, namentlich des Architekten (vgl BGH BB 1965, 1373 = Betr 1965, 1774; BGH NJW 1984, 1676 = LM § 273 BGB Nr 38 m Anm Recken; BGH BauR 1970, 57 = VersR 1970, 280; OLG Frankfurt NJW 1968, 1333), des Vermessungsingenieurs und des Statikers (vgl BGH VersR 1967, 260; ferner Ingenstau/Korbion/Döring § 3 Rn 7 ff).

dd) Soweit der *Unternehmer* Planungsleistungen zu erbringen hat, handelt es sich bei dieser Pflicht um einen untrennbaren Bestandteil seiner Hauptpflicht zur Lieferung eines mangelfreien Werkes, so dass sich die *Sanktionen für Pflichtverletzungen aus den §§ 634 ff BGB ergeben.*

b) Planung des Werkes
aa) *Wem die Planung des Werkes obliegt,* ist eine Frage der *Vereinbarung der* **19** *Parteien,* wie sie notfalls unter Berücksichtigung der Verkehrssitte, vgl §§ 157, 133 BGB auszulegen ist. Die VOB/B geht in § 3 Abs 1 VOB/B *grundsätzlich* davon aus, dass *die Planung dem Besteller obliegt,* lässt aber eben in § 3 Abs 5 VOB/B Ausnahmen zu.

(1) Ob und inwieweit die Verkehrssitte den Besteller von der Aufgabe der Planung entlastet, hängt namentlich von seinem Sachverstand ab; die VOB/B geht insoweit von dem *Regelfall* aus, dass der Besteller – ggf vermittels eines Architekten – hierüber verfügt. Wenn es am Sachverstand des Bestellers fehlt, so dass die Aufgabe der Planung dem Unternehmer zuwächst, kann dieser von dem Besteller jedenfalls verlangen, dass dieser ihn über die für die Planung relevanten Daten wie insbes die Verwendungszwecke des Werkes aufklärt. Gleichzeitig behält der Besteller einen Anspruch darauf, dass ihn der Unternehmer über die wesentlichen Grundzüge der Planung des Werkes (Funktionsfähigkeit, Mängelrisiken, Haltbarkeit, Aussehen, Kosten) unterrichtet und seine Zustimmung in den entscheidenden Fragen einholt. Wo dies unterbleibt und das Werk deshalb für die Zwecke des Bestellers nicht mehr hinreichend tauglich ist, werden Gewährleistungsrechte ausgelöst (zu Kostenüberschreitungen vgl die Erl zu § 649, s § 649 Rn 1 ff).

(2) Da der Unternehmer stets über Sachverstand verfügt, ist er auch bei einer von **20** dem Besteller stammenden Planung gehalten, *diese auf etwaige Unstimmigkeiten zu überprüfen und den Besteller auf entdeckte oder vermutete Mängel hinzuweisen.* Diese Prüfungs- und Hinweispflicht des Unternehmers stellt § 3 Abs 3 S 2 VOB/B für den Anwendungsbereich der VOB/B klar; sie gilt darüber hinaus aber *auch ganz allgemein.*

(a) Gegenstand der Prüfungs- und Hinweispflicht sind *die den Unternehmer betreffenden Ausführungsunterlagen.* Diese sind auf ihre Eignung zu überprüfen, ein mangelfreies Werk sicherzustellen, aber doch auch, die Arbeiten zeitlich und in sonstiger Hinsicht reibungslos abzuwickeln (vgl Hochstein, in: FS Korbion [1986] 168 ff).

Sie sind also umfassend zu überprüfen. Dagegen braucht der Unternehmer solche Unterlagen, die ihn nicht unmittelbar betreffen, nicht zu überprüfen.

(b) Die *Intensität der geschuldeten Nachprüfung* ist von den *Umständen des Einzelfalls* abhängig. Sie hängt namentlich von der Art der geforderten Leistung ab und steigt bei geringer Sachkunde des Bestellers naturgemäß an, entfällt aber doch auch dann nicht, wenn der Besteller sachkundig ist oder über sachkundige Mitarbeiter wie zB einen Architekten verfügt (vgl INGENSTAU/KORBION/DÖRING § 3 Abs 3 Rn 5).

(c) Festgestellte oder auch nur vermutete Mängel der Planung brauchen zwar nicht schriftlich, müssen aber doch *mit Nachdruck mitgeteilt* werden. Der Unternehmer ist grundsätzlich berechtigt, bis zur Klärung durch den Besteller die *Arbeiten zu verweigern* (vgl INGENSTAU/KORBION/DÖRING § 3 Abs 3 Rn 12 f). Erkennt der Besteller hinreichend nachdrückliche Warnungen nicht an, wird der Unternehmer von seiner Haftung frei, sofern der Planungsfehler zu einem Sachmangel führt.

21 (d) Wenn der Unternehmer seine Prüfungs- und Hinweispflicht verletzt, verkürzt das die Rechte, die er sonst aus den Planungsfehlern herleiten könnte, nach Maßgabe des § 254 BGB, also insbesondere Ersatzansprüche aus den § 642 BGB bzw § 6 Abs 6 VOB/B (vgl dazu HOCHSTEIN 168 ff). Sofern die fehlerhafte Planung zu Mängeln der Werkleistung geführt hat, führt die Verletzung der Prüfungspflicht dazu, dass die Haftung des Unternehmers wieder auflebt; die beiderseitigen Verursachungsbeiträge sind dann *in entsprechender Anwendung des § 254 BGB* gegeneinander abzuwägen. Sofern dem Besteller aus der unterbliebenen Prüfung sonstige Schäden erwachsen, kann er sie aus den §§ 280 Abs 1, 241 Abs 2 BGB liquidieren (vgl INGENSTAU/KORBION/DÖRING § 3 Abs 3 Rn 7), muss sich freilich wiederum § 254 BGB entgegenhalten lassen.

(e) AGB des Bestellers, die aus der Prüfungspflicht des Unternehmers eine unbedingte Einstandspflicht des Unternehmers für Planungsmängel machen, verstoßen gegen § 307 Abs 2 Nr 1 BGB (vgl auch INGENSTAU/KORBION/DÖRING § 3 Abs 3 Rn 8), sofern und soweit die Planung von dem Besteller stammt.

22 bb) Wenn und soweit der Besteller plant, hat der Unternehmer *die für ihn nötigen Unterlagen rechtzeitig und unentgeltlich* zu erhalten. Dieser Grundsatz des § 3 Abs 1 VOB/B *gilt nach Treu und Glauben über den Geltungsbereich der VOB/B hinaus.*

(1) Zunächst gebührt dem Unternehmer der *Besitz* an den Unterlagen, wenn er denn auf ihrer Basis arbeiten soll. Es reicht insoweit nicht die Möglichkeit der Einsicht (vgl INGENSTAU/KORBION/DÖRING § 3 Abs 3 Rn 2).

(2) Es müssen sodann die nötigen Unterlagen übergeben werden. Es hängt von den Umständen des Einzelfalls ab, was dazu zu rechnen ist. Unter den Schriftstücken, Zeichnungen und Berechnungen sind vor allem die Ausführungspläne des Architekten zu nennen, §§ 3 Abs 4 Nr 5, 33 S 2 Nr 5 HOAI, insgesamt aber *alle jene Vorgaben, die für eine ordnungsgemäße Vertragserfüllung notwendig* sind. Dazu gehört dann auch die Verarbeitung der mitgeteilten Bedenken des Unternehmers gegen die Planung.

Diese Unterlagen hat der Unternehmer *rechtzeitig* zu erhalten, also zwar nicht sofort nach ihrer Erstellung, aber doch so, dass er sich angemessen auf ihre Ausführung vorbereiten kann (vgl INGENSTAU/KORBION/DÖRING § 3 Abs 3 Rn 8).

Der Besteller darf schließlich *weder Vergütung noch Auslagenersatz* für die Planungsunterlagen verlangen. Diesbezügliche Forderungen benachteiligen den Unternehmer unangemessen und unter Verstoß gegen Treu und Glauben, § 307 Abs 1 BGB.

(3) Der Unternehmer kann die Überlassung der Unterlagen zwar nicht einklagen (aA INGENSTAU/KORBION/DÖRING § 3 Rn 11), ihm erwächst aber jedenfalls ein Leistungsverweigerungsrecht bis zu ihrer Überlassung. Solange diese nicht erfolgt, liegt eine *Behinderung* des Unternehmers vor, die zu einer Verlängerung der Ausführungsfristen führt, vgl § 6 Abs 2 lit a VOB/B, zu Ersatzansprüchen des Unternehmers nach § 6 Abs 6 VOB/B bzw nach § 642 BGB, sowie auch zu Kündigungsmöglichkeiten nach § 9 Abs 1 Nr 1 VOB/B bzw § 643 BGB.

cc) Eine von dem Besteller erstellte *Planung* ist für den Unternehmer – vorbehaltlich seiner Prüfungspflicht, zu ihr u Rn 62 ff – *verbindlich*. Er darf nicht eigenmächtig von ihr abweichen, sondern nur im Einverständnis mit dem Besteller (vgl BGH NJW 1982, 1702 = LM § 3 VOB/B Nr 1). Eigenmächtige Abweichungen lassen das Werk mangelhaft werden, ggf sogar als nicht erbracht erscheinen (BGH NJW 1982, 1702), es sei denn, der Wert oder die Tauglichkeit des Werkes wäre im Ergebnis nicht gemindert, was der Unternehmer zu beweisen hat (BGH NJW 1982, 1702). Diese Grundsätze des § 3 Abs 3 S 1 VOB/B gelten *über den Anwendungsbereich der VOB/B hinaus*. 23

Zu der Befugnis des Bestellers zu nachträglichen Planungsänderungen o Rn 9 ff.

dd) Zu den Voraussetzungen, unter denen der Unternehmer zu planen hat, o Rn 19. Auch diese Planungen sind der Gegenseite rechtzeitig vorzulegen, wie dies § 3 Abs 5 VOB/B in verallgemeinerungsfähiger Form sagt. Kommt der Unternehmer seinen Pflichten nicht nach, kann der Besteller ggf aus wichtigem Grunde kündigen, § 648a BGB vgl auch §§ 4 Abs 7, 8 Abs 3 VOB/B (vgl INGENSTAU/KORBION/DÖRING § 3 Abs 5 Rn 7). Wird das Werk mangelhaft, stehen dem Besteller Gewährleistungsrechte zu; ggf erwachsen ihm auch Schadensersatzansprüche nach § 6 Abs 6 VOB/B bzw nach allgemeinem Zivilrecht aus den §§ 280 Abs 1, 241 Abs 2 BGB (Beeinträchtigung anderer Gewerke) oder aus Verzug (Bauverzögerung). 24

ee) Über das *weitere Schicksal der der Gegenseite überlassenen Planungsunterlagen* verhält sich in der VOB/B § 3 Abs 6 nur insoweit, wie es um Planungen des Unternehmers geht. Die dort wiedergegebenen Grundsätze sind jedoch zunächst insoweit entsprechend anzuwenden, wie es um Planungsunterlagen geht, die der Besteller geliefert hat (vgl auch INGENSTAU/KORBION/DÖRING § 3 Abs 6 Rn 2). Im Übrigen gelten die Grundsätze auch ganz allgemein für Planungen der Gegenseite. 25

(1) Die Planungsunterlagen gehen zunächst *nicht in das Eigentum der Gegenseite* über (INGENSTAU/KORBION/DÖRING § 3 Abs 6 Rn 2). Eine Übereignung ist zwar möglich, kann aber grundsätzlich nicht als gewollt angesehen werden. Die Unterlagen können also nach Erreichung des Verwendungszwecks nach § 985 BGB, ggf nach § 3

Abs 6 S 2 VOB/B, uU auch nach den §§ 675, 667 bzw 242 BGB herausverlangt werden.

(2) Die Unterlagen dürfen weiterhin nur *strikt zweckgebunden verwendet* werden. Sie sind weder der Öffentlichkeit/Fachöffentlichkeit zugänglich zu machen, noch darf sich die Gegenseite – auch für eigene Zwecke – beliebig Kopien machen (INGENSTAU/ KORBION/DÖRING § 3 Abs 6 Rn 7). Erst recht dürfen die Unterlagen nicht zB für weitere Ausschreibungen verwendet werden (vgl BGH NJW 1986, 2701 = LM § 242 [A] BGB Nr 62). Dies alles ist vielmehr nur mit der Genehmigung dessen zulässig, der die Unterlagen geliefert hat. Trotz der Verwendung des Ausdrucks „Urheber" in § 3 Abs 6 Nr 1 VOB/B ist dieser Schutz dabei nicht davon abhängig, dass diese Unterlagen urheberrechtliche Schutzfähigkeit haben.

26 **(3)** Die *schuldhaft unterbliebene Rückgabe* oder die *zweckwidrige Verwendung* der Planungsunterlagen begründet *Schadensersatzansprüche* aus den §§ 280 Abs 1, 241 Abs 2 BGB, ggf auch aus den §§ 823 ff, 687 Abs 2 BGB, 18, 19 UWG (INGENSTAU/ KORBION/DÖRING § 3 Abs 6 Rn 10). Sofern die Planungen von einem Dritten stammen, kann grundsätzlich davon ausgegangen werden, dass er in den Schutzbereich des Werkvertrages einbezogen ist und damit aus eigener Position Schadensersatzansprüche geltend machen kann (BGH NJW 1986, 2701). Wenn die Gegenseite vermögenswerte Vorteile aus der zweckwidrigen Verwendung der Planungsunterlagen zieht, kann sie auch *Bereicherungsansprüchen* ausgesetzt sein.

(4) Das *Besitzrecht* der Gegenseite *endet* mit der Erreichung des Verwendungszwecks bzw dem Zeitpunkt, in dem dessen Nichterreichbarkeit endgültig feststeht. Zur Erreichung des Verwendungszwecks gehört für den Besteller auch die Rechnungsprüfung. Kopierte EDV-Programme darf die Gegenseite zwar behalten, vgl § 3 Abs 6 Nr 2 VOB/B, unterliegt hier aber auch einer strengen Verschwiegenheitspflicht.

(5) Nur eine Klarstellung hinsichtlich des verbleibenden Nutzungsrechts des Unternehmers enthält § 3 Abs 6 Nr 3 VOB/B.

27 **ff)** Die Frage nach der *Vergütungspflicht* für Planungsarbeiten ist nicht einheitlich zu beurteilen.

(1) Wenn und soweit der Besteller die Planung zu erstellen hatte, kann er sie dem Unternehmer jedenfalls nicht in Rechnung stellen, vgl auch § 3 Abs 1 VOB/B. Übernimmt der Besteller an sich dem Unternehmer obliegende Planungsarbeiten, bedarf es einer besonderen Vereinbarung, wenn er dafür Vergütung erhalten soll.

(2) Wenn der Unternehmer die Planungsunterlagen erstellt hat und ihm dies oblag, wird die Vergütung hierfür regelmäßig auch dann mit der Vergütung für die ausgeführten Arbeiten abgegolten sein, wenn die Planung aufwendig war. Übernimmt er dagegen *zusätzliche Planungsarbeiten,* steht ihm dafür ein *besonderer Vergütungsanspruch* zu (vgl zu § 2 Abs 9 VOB/B und allgemein § 632 Rn 108).

(3) Zu Planungsleistungen im Rahmen des Vertragsangebots vgl § 632 Rn 109 ff.

(4) *Kündigt* der Besteller gemäß § 648 BGB nach Planung durch den Unternehmer, aber vor Ausführung der Leistungen, kann dieser die Planungskosten im Rahmen des Anspruchs aus § 648 S 2 BGB liquidieren. Er kann sich aber auch darauf beschränken, seine Planungskosten als solche als Mindestbetrag einzufordern. Bei einer Kündigung des Bestellers aus wichtigem Grunde braucht dieser die nicht mehr ausgeführte Planung grundsätzlich nicht zu vergüten.

c) Einweisung des Unternehmers

§ 3 Abs 2 VOB/B stellt klar, was sich auch allgemein aus § 242 BGB ergibt, dass es eine *Obliegenheit des Bestellers ist, den Unternehmer insoweit einzuweisen,* wie es um Lage und Höhe des Bauwerks geht. Mängel gehen – vorbehaltlich der Prüfungspflicht des Unternehmers – zu Lasten des Bestellers (OLG Düsseldorf NJW-RR 1998, 739). Diese Verpflichtung folgt in der rechtlichen Behandlung den Regeln über die Planung. Wenn der Besteller die Einmessung des Bauwerks von dem Unternehmer verlangt, was er nach § 1 Abs 4 VOB/B bzw § 242 BGB kann, schuldet er zusätzliche Vergütung nach § 2 Abs 9 VOB/B (vgl Ingenstau/Korbion/Döring § 3 Abs 2 Rn 9).

28

d) Beweissicherung

§ 3 Abs 4 VOB/B gibt beiden Parteien einen Anspruch auf *außergerichtliche Beweissicherung* hinsichtlich des Zustands des Grundstücks und seiner Umgebung vor Beginn der Werkarbeiten. Ein derartiger Anspruch kann sich *auch sonst aus Treu und Glauben ergeben, wenn die Geltung der VOB/B nicht vereinbart ist,* zB wenn unfertig abgebrochene Arbeiten eines anderen Unternehmers weitergeführt werden sollen. Die Mitwirkung bei der Feststellung ist für den Besteller eine Gläubigerobliegenheit, für den Unternehmer eine Schuldnerpflicht. Ihre Verweigerung kann Anlass zur Kündigung aus wichtigem Grunde geben (vgl Ingenstau/Korbion/Döring § 3 Abs 4 Rn 6; **aA** Schmalzl BauR 1970, 203, 204; vgl §§ 5 Abs 4, 8 Abs 3 VOB/B bzw §§ 9 Abs 1 Nr 1 VOB/B, 643 BGB). Die Verweigerung der Mitwirkung begründet für die Gegenseite ein *Leistungsverweigerungsrecht* und stellt eine *Behinderung* dar, §§ 6 Abs 1, 6 VOB/B bzw 642 BGB. Die *Kosten* der Beweissicherung sind grundsätzlich zu teilen (**aA** Ingenstau/Korbion/Döring § 3 Abs 4 Rn 7: Besteller), doch handelt es sich hierbei nicht um eine Planungsleistung. Allerdings kann sich die Kostentragungspflicht des Unternehmers aus der VOB/C ergeben (vgl die Nachweise bei Ingenstau/Korbion), und trägt jene Partei, die auf einer aufwendigeren Beweissicherung als notwendig, zB durch einen Sachverständigen, besteht, die damit verbundenen Zusatzkosten allein.

29

4. Ausführung der Werkarbeiten

Zu der Ausführung der Werkarbeiten bestimmt § 4 VOB/B:

30

> § 4 Ausführung
>
> (1) 1. Der Auftraggeber hat für die Aufrechterhaltung der allgemeinen Ordnung auf der Baustelle zu sorgen und das Zusammenwirken der verschiedenen Unternehmer zu regeln. Er hat die erforderlichen öffentlich-rechtlichen Genehmigungen und Erlaubnisse – zB nach dem Baurecht, dem Straßenverkehrsrecht, dem Wasserrecht, dem Gewerberecht – herbeizuführen.
>
> 2. Der Auftraggeber hat das Recht, die vertragsgemäße Ausführung der Leistung zu überwachen. Hierzu hat er Zutritt zu den Arbeitsplätzen, Werkstätten und Lagerräumen, wo

die vertragliche Leistung oder Teile von ihr hergestellt oder die hierfür bestimmten Stoffe und Bauteile gelagert werden. Auf Verlangen sind ihm die Werkzeichnungen oder andere Ausführungsunterlagen sowie die Ergebnisse von Güteprüfungen zur Einsicht vorzulegen und die erforderlichen Auskünfte zu erteilen, wenn hierdurch keine Geschäftsgeheimnisse preisgegeben werden. Als Geschäftsgeheimnis bezeichnete Auskünfte und Unterlagen hat er vertraulich zu behandeln.

3. Der Auftraggeber ist befugt, unter Wahrung der dem Auftragnehmer zustehenden Leitung (Absatz 2) Anordnungen zu treffen, die zur vertragsgemäßen Ausführung der Leistung notwendig sind. Die Anordnungen sind grundsätzlich nur dem Auftragnehmer oder seinem für die Leitung der Ausführung bestellten Vertreter zu erteilen, außer wenn Gefahr im Verzug ist. Dem Auftraggeber ist mitzuteilen, wer jeweils als Vertreter des Auftragnehmers für die Leitung der Ausführung bestellt ist.

4. Hält der Auftragnehmer die Anordnungen des Auftraggebers für unberechtigt oder unzweckmäßig, so hat er seine Bedenken geltend zu machen, die Anordnungen jedoch auf Verlangen auszuführen, wenn nicht gesetzliche oder behördliche Bestimmungen entgegenstehen. Wenn dadurch eine ungerechtfertigte Erschwerung verursacht wird, hat der Auftraggeber die Mehrkosten zu tragen.

(2) 1. Der Auftragnehmer hat die Leistung unter eigener Verantwortung nach dem Vertrag auszuführen. Dabei hat er die anerkannten Regeln der Technik und die gesetzlichen und behördlichen Bestimmungen zu beachten. Es ist seine Sache, die Ausführung seiner vertraglichen Leistung zu leiten und für Ordnung auf seiner Arbeitsstelle zu sorgen.

2. Er ist für die Erfüllung der gesetzlichen, behördlichen und berufsgenossenschaftlichen Verpflichtungen gegenüber seinen Arbeitnehmern allein verantwortlich. Es ist ausschließlich seine Aufgabe, die Vereinbarungen und Maßnahmen zu treffen, die sein Verhältnis zu den Arbeitnehmern regeln.

(3) Hat der Auftragnehmer Bedenken gegen die vorgesehene Art der Ausführung (auch wegen der Sicherung gegen Unfallgefahren), gegen die Güte der vom Auftraggeber gelieferten Stoffe oder Bauteile oder gegen die Leistungen anderer Unternehmer, so hat er sie dem Auftraggeber unverzüglich – möglichst schon vor Beginn der Arbeiten – schriftlich mitzuteilen; der Auftraggeber bleibt jedoch für seine Angaben, Anordnungen oder Lieferungen verantwortlich.

(4) Der Auftraggeber hat, wenn nichts anderes vereinbart ist, dem Auftragnehmer unentgeltlich zur Benutzung oder Mitbenutzung zu überlassen:

1. die notwendigen Lager- und Arbeitsplätze auf der Baustelle,

2. vorhandene Zufahrtswege und Anschlussgleise,

3. vorhandene Anschlüsse für Wasser und Energie. Die Kosten für den Verbrauch und den Messer oder Zähler trägt der Auftragnehmer, mehrere Auftragnehmer tragen sie anteilig.

(5) Der Auftragnehmer hat die von ihm ausgeführten Leistungen und die ihm für die Ausführung übergebenen Gegenstände bis zur Abnahme vor Beschädigung und Diebstahl zu schützen. Auf

Verlangen des Auftraggebers hat er sie vor Winterschäden und Grundwasser zu schützen, ferner Schnee und Eis zu beseitigen. Obliegt ihm die Verpflichtung nach Satz 2 nicht schon nach dem Vertrag, so regelt sich die Vergütung nach § 2 Abs 6.

(6) Stoffe oder Bauteile, die dem Vertrag oder den Proben nicht entsprechen, sind auf Anordnung des Auftraggebers innerhalb einer von ihm bestimmten Frist von der Baustelle zu entfernen. Geschieht es nicht, so können sie auf Kosten des Auftragnehmers entfernt oder für seine Rechnung veräußert werden.

(7) Leistungen, die schon während der Ausführung als mangelhaft oder vertragswidrig erkannt werden, hat der Auftragnehmer auf eigene Kosten durch mangelfreie zu ersetzen. Hat der Auftragnehmer den Mangel oder die Vertragswidrigkeit zu vertreten, so hat er auch den daraus entstehenden Schaden zu ersetzen. Kommt der Auftragnehmer der Pflicht zur Beseitigung des Mangels nicht nach, so kann ihm der Auftraggeber eine angemessene Frist zur Beseitigung des Mangels setzen und erklären, dass er nach fruchtlosem Ablauf der Frist den Vertrag kündigen werde(§ 8 Absatz 3).

(8) 1. Der Auftragnehmer hat die Leistung im eigenen Betrieb auszuführen. Mit schriftlicher Zustimmung des Auftraggebers darf er sie an Nachunternehmer übertragen. Die Zustimmung ist nicht notwendig bei Leistungen, auf die der Betrieb des Auftragnehmers nicht eingerichtet ist. Erbringt der Auftragnehmer ohne schriftliche Zustimmung des Auftraggebers Leistungen nicht im eigenen Betrieb, obwohl sein Betrieb darauf eingerichtet ist, kann der Auftraggeber ihm eine angemessene Frist zur Aufnahme der Leistung im eigenen Betrieb setzen und erklären, dass er nach fruchtlosem Ablauf der Frist den Vertrag kündigen werde(§ 8 Absatz 3).

2. Der Auftragnehmer hat bei der Weitervergabe von Bauleistungen an Nachunternehmer die Vergabe- und Vertragsordnung für Bauleistungen Teile B und C zugrunde zu legen.

3. Der Auftragnehmer hat dem Auftraggeber die Nachunternehmer und deren Nachunternehmer ohne Aufforderung spätestens bis zum Leistungsbeginn des Nachunternehmers mit Namen, gesetzlichen Vertretern und Kontaktdaten bekannt zu geben. Auf Verlangen des Auftraggebers hat der Auftragnehmer für seine Nachunternehmer Erklärungen und Nachweise zur Eignung vorzulegen.

(9) Werden bei Ausführung der Leistung auf einem Grundstück Gegenstände von Altertums-, Kunst- oder wissenschaftlichem Wert entdeckt, so hat der Auftragnehmer vor jedem weiteren Aufdecken oder Ändern dem Auftraggeber den Fund anzuzeigen und ihm die Gegenstände nach näherer Weisung abzuliefern. Die Vergütung etwaiger Mehrkosten regelt sich nach § 2 Absatz 6. Die Rechte des Entdeckers (§ 984 BGB) hat der Auftraggeber.

(10) Der Zustand von Teilen der Leistung ist auf Verlangen gemeinsam von Auftraggeber und Auftragnehmer festzustellen, wenn diese Teile der Leistung durch die weitere Ausführung der Prüfung und Feststellung entzogen werden. Das Ergebnis ist schriftlich niederzulegen.

a) Besitzverhältnisse

§ 4 VOB/B äußert sich nicht unmittelbar zu den Besitzverhältnissen an dem Gegenstand des Bestellers, den der Unternehmer zu bearbeiten hat. Ihre Beurteilung ist unabhängig von der Vereinbarung der VOB/B. **30a**

aa) Bearbeitet der Unternehmer die Sache des Bestellers in seiner Werkstatt, ist er unmittelbarer Besitzer, nicht Besitzdiener iSd § 855 BGB, wenn er sie denn in eigener Verantwortung zu bearbeiten hat. Der Besteller ist mittelbarer Besitzer.

bb) Wird der Unternehmer im Machtbereich des Bestellers tätig, namentlich auf dessen Baustelle, kann ihm der unmittelbare Besitz ebenfalls nicht vorenthalten werden. Er bedarf seiner, damit er seiner Verkehrssicherungspflicht nachkommen und störende Eingriffe Dritter abwehren kann. Wenn er seine Leistung in eigener Verantwortung ausführen soll, so – allgemeingültig – § 4 Abs 2 Nr 1 S 1 VOB/B, kann ihm namentlich auch im Verhältnis zum Besteller der unmittelbare Besitz nicht versagt werden. Wenn gleichzeitig auch der kontrollbefugte Besteller unmittelbarer Besitzer ist, kommt es im Verhältnis zu ihm zu dem Mitbesitz des § 866 BGB. Dann hat der Unternehmer immer noch den Besitzschutz der §§ 861, 862 BGB, wenn ihm sein Mitbesitz ganz entzogen wird. Erteilt der Besteller ein Baustellen- oder Hausverbot, ist das verbotene Eigenmacht iSd § 858 BGB auch dann, wenn es einen Anlass zur Kündigung aus wichtigem Grund gibt; die engen rechtfertigenden Voraussetzungen § 227 BGB werden nicht vorliegen.

b) Rechte und Pflichten des Bestellers während der Durchführung der Arbeiten
aa) Überblick

31 Wenn der Unternehmer im örtlichen Bereich des Bestellers arbeiten soll, müssen dazu die notwendigen tatsächlichen Voraussetzungen gegeben sein (dazu § 4 Abs 1 Nr 1 S 1 HS 1 VOB/B, u Rn 32 ff). Probleme können sich dabei insbesondere daraus ergeben, dass mehrere Unternehmer gleichzeitig im Zusammenhang miteinander Werkleistungen für den Besteller erbringen. Das ist für den Baubereich typisch, aber nicht auf diesen beschränkt. Hier stellt sich die Aufgabe der *Koordinierung* (dazu § 4 Abs 1 Nr 1 S 1 HS 2 VOB/B, u Rn 33). Sodann können verschiedene öffentlichrechtliche, aber auch privatrechtliche *Genehmigungen* notwendig sein (dazu § 4 Abs 1 Nr 1 S 2 VOB/B, u Rn 34 ff).

Nach Aufnahme der Arbeiten hat der Besteller ein Interesse daran, diese zu *überwachen* und zu *überprüfen*, dazu § 4 Abs 1 Nr 2 VOB/B, u Rn 78 ff. Ggf wird der Besteller versuchen, durch einzelne *Anweisungen* Einfluss auf Fortgang und Art der Arbeiten zu nehmen, dazu § 4 Abs 1 Nr 3 VOB/B (u Rn 46 ff). Der Unternehmer kann geneigt oder gehalten sein, zu diesen Anordnungen kritisch Stellung zu nehmen, dazu § 4 Abs 1 Nr 4 VOB/B, u Rn 50.

bb) Allgemeine Ordnung an der Arbeitsstelle

32 **(1)** Wenn der Unternehmer im räumlichen Bereich des Bestellers tätig wird, ist es *Aufgabe des Bestellers* iSd § 642 BGB, die *tatsächlichen Voraussetzungen* dafür *zu schaffen,* dass er seine Arbeiten durchführen kann, und diese Voraussetzungen bis zum Abschluss der Arbeiten aufrechtzuerhalten. Dieser in § 4 Abs 1 Nr 1 S 1 HS 1 VOB/B statuierte Grundsatz *gilt ganz allgemein auch dann, wenn die Geltung der VOB/B nicht vereinbart ist.*

(a) Diese Aufgabe des Bestellers bezieht sich auf die *Baustelle* selbst, auf der dem Unternehmer geeignete Arbeitsplätze und Arbeitsmöglichkeiten zur Verfügung gestellt werden müssen, vgl insoweit und zur Gewährung von Anschlüssen für Energie und Wasser auch näher § 4 Abs 4 VOB/B (u Rn 80 f), aber auch auf die *Umgebung*, wie insbesondere die *Zufahrtswege*. Es muss der zu bearbeitende Stoff dem Unternehmer in einer Weise zur Verfügung gestellt werden, dass dieser seine Arbeiten *ohne Behinderungen* aufnehmen und durchführen kann. Außerdem müssen Störungen der Arbeiten durch Dritte verhindert werden.

(b) Welche Maßnahmen dabei von dem Besteller im Einzelnen zu erwarten sind, hängt außer von den insoweit getroffenen Abreden maßgebend von den *Umständen des Einzelfalls* ab, wie sie unter Berücksichtigung der Verkehrssitte und des Grundsatzes von Treu und Glauben zu würdigen sind. Die Aufgaben des Bestellers können unterschiedlich weit reichen. So ist er zB grundsätzlich *nicht verpflichtet*, einstweilen *nicht vorhandene Zugänge* zum Bearbeitungsobjekt zu schaffen, vgl auch § 4 Abs 4 VOB/B. Andererseits müssen zB zu malende Sachen unmittelbar frei zugänglich sein. Die *Abgrenzung der Aufgaben* wird auch davon beeinflusst, inwieweit sie schon den besonderen Sachverstand des Unternehmers voraussetzen.

(c) Genügt der Besteller seinen Aufgaben nicht, so erwächst dem Unternehmer ein *Leistungsverweigerungsrecht*, § 242 BGB. Es liegt ein Fall der *Behinderung* vor, der insbesondere zu Ansprüchen aus § 6 Abs 6 VOB/B oder § 642 BGB führen kann sowie zu *Kündigungsmöglichkeiten* nach § 9 Abs 1 Nr 1 VOB/B bzw § 643 BGB. Die *Verantwortlichkeit für etwaige Mängel des Werkes* ist nach § 254 BGB gemindert. Für Hilfspersonen ist der Besteller gem § 278 BGB verantwortlich. Dies gilt insbesondere für den Architekten (BGH BauR 1970, 57 = VersR 1970, 280; NJW 1972, 447 = VersR 1972, 275 = LM VOB/B Nr 49).

(2) Zur Schaffung und Bewahrung der allgemeinen Ordnung gehört die **Koordinierung** mehrerer Unternehmer, wie dies § 4 Abs 1 Nr 1 S 1 HS 2 VOB/B klarstellt. Dazu kann die Aufstellung eines *Baustellenordnungsplans* gehören sowie eines *Bauzeitenplans,* ferner die *Abhaltung von Besprechungen.*

33

Wenn der Besteller seinen Aufgaben nicht nachkommt, gilt das o Rn 32 Gesagte, dass Annahmeverzug des Bestellers gegenüber dem behinderten Unternehmer eintritt. Von dem Besteller ist dabei eine *erfolgreiche* Koordinierung zu erwarten, nicht nur das Bemühen um eine solche, so dass es zu seinen Lasten geht, wenn ein anderer Unternehmer die Mitwirkung verweigert (vgl Ingenstau/Korbion/Oppler § 4 Abs 1 Rn 15; **aA** OLG Frankfurt MDR 1980, 794; vgl auch § 642 Rn 42 ff).

Die Unternehmer sind dem Besteller ihrerseits zur Mitwirkung verpflichtet und haften ihm bei Verletzung dieser Pflicht aus den §§ 280 Abs 1, 241 Abs 2 BGB, sofern es nicht zu einem Gewährleistungsfall kommt.

cc) Beschaffung von Genehmigungen
Die Möglichkeit, die Werkleistung zu erbringen, kann von verschiedenen *öffentlich-rechtlichen und privatrechtlichen Genehmigungen* abhängen, die sich teils auf das *Werk als solches* beziehen (zB Baugenehmigung, Zweckentfremdungsgenehmigung, aus dem Privatrecht bei Bestehen von Dienstbarkeiten eines Nachbarn), teils auf die *Erstellung des Werkes,* hier wiederum teils auf die verwendeten Materialien, teils auf die Arbeiten als solche.

34

(1) § 4 Abs 1 Nr 1 S 2 VOB/B stellt hierzu den *verallgemeinerungsfähigen* Grundsatz auf, dass die *notwendigen Genehmigungen von dem Besteller* beizubringen sind. Wenn die Bestimmung nur von öffentlichrechtlichen Genehmigungen spricht, dann gilt für privatrechtliche nichts anderes (vgl INGENSTAU/KORBION/OPPLER § 4 Abs 1 Rn 20). Das beruht auf dem *Sphärengedanken:* Dafür zu sorgen, dass das Werk überhaupt erstellt werden kann, ist eben Sache des Bestellers.

Dieser Grundsatz gilt jedoch nur eingeschränkt. Zunächst kann der Unternehmer die Beschaffung bestimmter Genehmigungen übernehmen. Sodann obliegt ihm die Beschaffung aus der Natur der Sache dann, *wenn die Genehmigung nur von ihm erwirkt werden kann,* wie zB die gewerbeaufsichtsrechtlichen Genehmigungen für bestimmte Anlagen und Maschinen.

35 (2) § 4 Abs 1 Nr 1 S 2 VOB/B geht von einem sachkundigen Besteller aus, der selbst zu ermessen vermag, welche Genehmigungen notwendig sind und wie sie zu beschaffen sind. An der *Beibringungspflicht des Bestellers* ändert sich jedoch auch dann nichts, wenn ihm diese Sachkunde – generell oder weil es um bestimmte Spezialgenehmigungen geht – fehlt, sie aber, wie dies regelmäßig der Fall ist, bei dem Unternehmer vorhanden ist. Bei einem solchen Informationsvorsprung des Unternehmers ist jedoch zweierlei zu beachten. Zum einen kann, wie bemerkt, die Beibringungspflicht des Bestellers *abbedungen* und *auf den Unternehmer übertragen* worden sein. Das kann auch stillschweigend geschehen; es müssen sich dafür freilich konkrete Anhaltspunkte in den Vereinbarungen der Parteien finden lassen. Sonst aber besteht jedenfalls eine *Aufklärungspflicht des Unternehmers* über die notwendigen Genehmigungen und die Möglichkeiten ihrer Beschaffung (vgl INGENSTAU/KORBION/OPPLER § 4 Abs 1 Rn 19). Die Pflicht intensiviert sich bei geringer Sachkunde des Bestellers; auch bei vorhandener Sachkunde des Bestellers ist der Unternehmer nicht gänzlich davon befreit, jedenfalls bei *Verdachtsmomenten zu prüfen,* ob bestimmte Genehmigungen notwendig und vorhanden sind, und ggf entsprechende Hinweise zu geben. Ein Verstoß des Unternehmers gegen die Aufklärungspflicht kann zu Schadensersatzansprüchen des Bestellers aus den §§ 280 Abs 1, 241 Abs 2 BGB führen (vgl OLG Stuttgart BauR 1980, 67), wo ein Sachmangel die Folge ist, zur Gewährleistung.

36 (3) Soweit notwendig, ist der Unternehmer zur *Mitwirkung bei der Beschaffung von Genehmigungen* verpflichtet.

Wenn der Unternehmer Genehmigungen beschafft, die eigentlich der Besteller beibringen müsste, kann er wegen seiner *Aufwendungen* Vorschuss bzw *Erstattung* nach den §§ 675, 670, 669 BGB verlangen. Auch hat es ihm der Besteller durch *Vollmachten* und Lieferung etwa notwendiger Unterlagen zu ermöglichen, die Genehmigungen auch zu erreichen.

37 (4) Wenn eine notwendige Genehmigung versagt wird, führt das nicht zur Unwirksamkeit des Vertrages nach § 134 BGB (vgl BGH JR 1962, 203; BGH LM VOB/B Nr 80 = MDR 1976, 392). Allerdings lässt die endgültige Versagung einer Genehmigung der Leistung diese nachträglich unmöglich werden (vgl BGHZ 37, 237, 240; BGH NJW 1975, 1510). Das *hat der Besteller* dann auch *im Sinne des § 326 Abs 2 BGB zu vertreten,* weil dies in seinen Risikobereich fällt (vgl OLG München BauR 1980, 274 zu § 9 Abs 1 Nr 1 VOB/B), so dass der Unternehmer nach dieser Bestimmung zu vergüten ist.

Wo allerdings die behördliche Genehmigung durch eine *Änderung des geplanten Werks,* zB des Bauentwurfs, zu erreichen ist, kann der Besteller eine entsprechend geänderte Leistung des Unternehmers verlangen. Das folgt aus § 1 Abs 3 VOB/B, sonst aus § 650b BGB und findet seine Grenze nur in der Zumutbarkeit für den Unternehmer (vgl o Rn 9).

(5) Wenn der Besteller von ihm zu beschaffende Genehmigungen nicht beibringt, gerät er damit in *Annahmeverzug.* Kommt es dadurch zu Verzögerungen oder Erschwernissen für den Unternehmer, kann dieser zusätzliche Ansprüche nach § 6 Abs 6 VOB/B bzw nach § 642 BGB geltend machen; gegebenenfalls erwächst ihm eine *Kündigungsmöglichkeit* nach § 9 Abs 1 Nr 1 VOB/B bzw § 643 BGB. Jedenfalls darf und muss er seine Arbeiten bis zum Vorliegen der notwendigen Genehmigungen *einstellen;* Verzug ist insoweit nicht möglich (vgl BGH NJW 1974, 1080 = WM 1974, 687; MDR 1976, 392 = LM VOB/B Nr 80). Arbeitsbeginn in Kenntnis der fehlenden Genehmigung oder bei begründetem Verdacht ihres Fehlens begründet einen Verschuldensvorwurf gegen den Unternehmer, der nach § 254 BGB von Bedeutung ist, wenn es um die Verantwortlichkeit für Mängel geht, und im Übrigen zu einem Schadensersatzanspruch des Bestellers aus den §§ 280 Abs 1, 241 Abs 2 BGB führt, der ggf dem Vergütungsanspruch des Unternehmers entgegengehalten werden kann.

38

(6) Wenn es der Unternehmer übernommen hat, für den Besteller Genehmigungen beizubringen, die dieser eigentlich hätte beibringen müssen, haftet er aus den §§ 280 Abs 1, 241 Abs 2 BGB, wenn er schuldhaft falsche Prognosen über die Beibringbarkeit anstellt oder Fehler bei der Beantragung macht. Dagegen kann grundsätzlich *nicht* angenommen werden, dass er die *Garantie für die Beibringbarkeit* übernehmen wollte.

Wenn es dem Unternehmer nicht gelingt, Genehmigungen beizubringen, deren Beschaffung ihm von vornherein oblag, dann ist er gewährleistungspflichtig, falls dies zu Mängeln des Werkes führt, und hat dies auch ggf zu vertreten. Mehrkosten einer andersartigen Ausführung kann der Unternehmer dem Besteller dann grundsätzlich nicht in Rechnung stellen.

dd) Überwachung der Arbeiten des Unternehmers
(1) § 4 Abs 1 Nr 2 VOB/B gibt dem Besteller ein *Überwachungsrecht* hinsichtlich der Arbeiten des Unternehmers und steckt dies in seinen Grenzen näher ab.

39

Es ist INGENSTAU/KORBION/OPPLER § 4 Abs 1 Rn 52 zuzugeben, dass diese Bestimmung ein ausdrückliches Pendant *im gesetzlichen Werkvertragsrecht* nicht findet. Aber entgegen seiner Meinung ist es *dort doch auch vorausgesetzt.* Das gebieten die Grundsätze von Treu und Glauben. Wenn der Besteller einen Anspruch auf ein mangelfreies Werk hat, kann er diesen – gerade vor dem Hintergrund der knappen Verjährungsfristen – weithin sinnvoll nur dann wahrnehmen, wenn er schon die Erstellung des Werkes verfolgen kann, bei der uU vorhandene Mängel späterhin vorläufig verdeckt werden. Er muss wissen können, was wie verarbeitet worden ist. Auf der anderen Seite sind keine hinreichenden Interessen des Unternehmers ersichtlich, die eine Überwachung durch den Besteller gänzlich ausschließen könnten. Fraglich kann insoweit nur die *Grenze des Überwachungsrechts* sein. Sie ist insbesondere unter dem *Gesichtspunkt der Zumutbarkeit* zu ziehen, wobei § 4 Abs 1 Nr 2

VOB/B eine wertvolle Orientierungshilfe bietet. Dass ein Überwachungsrecht des Bestellers jedenfalls im Baurecht ganz allgemein, auch ohne Vereinbarung der VOB/B anzuerkennen ist, nimmt auch INGENSTAU/KORBION/OPPLER § 4 Abs 1 Rn 54 an.

40 (2) Der Besteller hat das *Recht zur Überwachung,* er ist dazu jedoch **nicht verpflichtet**. Insofern kann der Unternehmer aus unterlassener Überwachung *keine Rechte* herleiten, insbesondere nicht geltend machen, dass bei gehöriger Überwachung bestimmte Mängel vermieden worden wären, so dass seine Verantwortlichkeit für diese nach § 254 BGB gemindert sei (vgl BGH NJW 1973, 518 = WM 1973, 393 = LM VOB/B Nr 59; OLG Köln BauR 1996, 548, vgl aber auch BGH NJW-RR 1999, 893; BGH NZBau 2002, 514). Das gilt aber nur mit zwei Einschränkungen. Zunächst bleibt es dem Unternehmer unbenommen, bei dem Besteller *Rückfrage zu halten,* wenn er sich über die vertragsmäßige Ausführung der Leistung unsicher ist. Dann kann die falsche oder die verweigerte Auskunft des Bestellers einen Mitverschuldensvorwurf begründen. Außerdem kommt ein Mitverschulden des Bestellers dann in Betracht, wenn er einen Mangel *positiv entdeckt* hat, von dem er annehmen muss, dass er dem Unternehmer verborgen geblieben ist.

Abzugrenzen von dem *grundsätzlich unbeachtlichen Überwachungsverschulden* ist das grundsätzlich beachtliche Verschulden des Bestellers bzw seines Architekten bei Planung und Koordinierung.

41 (3) Das Recht des Bestellers ist auf *Überwachung* gerichtet; er darf die Leistungen des Unternehmers beobachten, überprüfen und sie mit dem vergleichen, was nach dem Vertrag geschuldet ist. Das Überwachungsrecht als solches gibt dem Besteller *keine Befugnis, in die Tätigkeit des Unternehmers einzugreifen,* ihm gar Weisungen zu erteilen.

42 (4) Dem Überwachungsrecht des Bestellers entspricht eine *Duldungspflicht des Unternehmers,* die durch § 4 Abs 1 Nr 2 S 2 VOB/B um eine *Auskunftspflicht* erweitert wird. Verstöße gegen diese Pflichten unterfallen den §§ 280 Abs 1, 241 Abs 2 BGB; das kann auch bei der Prüfung der Frage relevant werden, ob der Besteller Anlass zur Kündigung aus wichtigem Grunde hatte bzw nach § 324 BGB vorgehen konnte.

43 (5) Die Reichweite der Überwachungsmaßnahmen wird für den Bereich der VOB/B durch deren § 4 Abs 1 Nr 2 S 2 näher konkretisiert. Der Besteller darf nicht nur die Baustelle selbst betreten und inspizieren, sondern er hat auch *Zugang zu Werkstätten* des Unternehmers, in denen vorbereitende Arbeiten erfolgen. Nach S 3 hat er Anspruch auf *Einsicht in Unterlagen,* auch soweit sie von ihm selbst stammen, sowie auf Auskunft.

Eine Grenze der Überwachungsrechte zieht § 4 Abs 1 Nr 2 S 2 VOB/B für die Einsicht- und Auskunftsrechte des Bestellers dort, wo *Geschäftsgeheimnisse* des Unternehmers berührt werden. Diese Grenze gilt grundsätzlich auch für das Zutrittsrecht des S 2 (vgl – jedoch einschränkend – INGENSTAU/KORBION/OPPLER § 4 Abs 1 Rn 66; NICKLISCH/WEICK/JANSEN/SEIBEL/GARTZ § 4 Rn 19). Dabei ist der *Begriff* der Geschäftsgeheimnisse *weit zu fassen*. Er bezieht sich auf *alle Tatsachen, bei denen ein objektiv anzuerkennendes wirtschaftliches Interesse* des Unternehmers daran besteht, dass sie *nicht bekannt werden*.

Wo die Geltung der VOB/B nicht vereinbart ist, werden die Grenzen der Überwachungsbefugnis von dem Grundsatz von Treu und Glauben gezogen. Das *Recht zur Besichtigung der Arbeitsstelle* wird man dem Besteller in der Regel zugestehen müssen, kaum aber den *Zutritt zu Werkstätten,* in denen nur vorbereitende Arbeiten stattfinden. Wichtig für diese Rechte sowie die Rechte auf Einsicht in und Erläuterung von Ausführungsunterlagen ist vor allem *die für den Einzelfall zu stellende Frage,* ob damit eine *Kontrolle der Qualität des Werkes gesichert* wird oder ob bestimmte Maßnahmen des Bestellers davon abhängen können oder ob die sachgerechte spätere Benutzung des Werkes positiv beeinflusst wird. Es kann zweckmäßig sein, dem Besteller das Werk schon jetzt im Entstehungsstadium zu erläutern.

(6) Von der VOB/B nicht angesprochen ist die *allgemeine Grenze des Überwachungsrechts,* die sich aus dem Grundsatz von *Treu und Glauben* ergibt. Der Besteller darf dem Unternehmer jedenfalls *nicht lästig* werden oder ihn in seinen Arbeiten *behindern* oder sich gar Gefahren aussetzen. Insoweit kommt es entscheidend auf die Umstände des Einzelfalls an: Art und Umfang des Auftrags, Wahrscheinlichkeit von Fehlern, Gefährlichkeit der Arbeiten, Festliegen des Auftrags oder Möglichkeit von Planungsänderungen etc. **44**

(7) Sämtliche Überwachungsbefugnisse des Bestellers stehen unter dem Vorbehalt der **Vertraulichkeit**. Wenn § 4 Abs 1 Nr 2 S 4 VOB/B die Vertraulichkeit einer Tatsache davon abhängig macht, dass der Unternehmer sie als *Geschäftsgeheimnis* bezeichnet hat, dann ist das *zu eng* (aA INGENSTAU/KORBION/OPPLER § 4 Abs 1 Rn 70). Auch im unmittelbaren Anwendungsbereich der VOB/B hat der Besteller überhaupt alles *mit der gebotenen Verschwiegenheit* zu behandeln, was ihm im Rahmen seiner Überwachung über den Unternehmer und seinen Betrieb bekannt wird. Eine Grenze zieht hier nur der Gesichtspunkt der *Wahrnehmung berechtigter Interessen,* der insbesondere das freie Gespräch mit Beratern wie Architekten und Anwälten erlaubt, das dann aber auch vor Geschäftsgeheimnissen nicht haltzumachen braucht. Verstöße gegen die Verschwiegenheitspflicht begründen Ansprüche auf Unterlassung sowie auf Schadensersatz aus den §§ 280 Abs 1, 241 Abs 2 BGB; äußerstenfalls kann der Unternehmer *aus wichtigem Grunde kündigen.* **45**

ee) Anordnungen des Bestellers

(1) Anordnungen des Bestellers sind *einseitige Weisungen, die es dem Unternehmer in eindeutiger, Befolgung heischender und ihm keine Wahl lassender Weise aufgeben, eine Maßnahme in bestimmter Weise durchzuführen* (BGH NJW 1973, 754; BauR 1974, 421). Sie sind zu unterscheiden von bloßen Wünschen, Vorschlägen (BGHZ 91, 206 = NJW 1984, 2457 = LM § 633 BGB Nr 51 m Anm RECKEN) und Anregungen des Bestellers, die dem Unternehmer die eigene Entschließungsfreiheit belassen. **46**

Anordnungen des Bestellers wirken sich zugunsten des Unternehmers auf die Gewährleistung (u Rn 181 f), wie auf die Gefahrtragung, § 645 BGB, aus. Das ist unabhängig davon, ob die Besteller zu seinen Anordnungen befugt war oder nicht.

(2) § 4 Abs 1 Nr 3 VOB/B gibt dem Besteller in gewissen Grenzen, dazu sogleich Rn 48 f, die *Befugnis* zu solchen einseitigen Anordnungen. Das ist in dieser Form eine Besonderheit der VOB/B (vgl INGENSTAU/KORBION/OPPLER § 4 Abs 1 Rn 74). Eine Weisungsbefugnis des Bestellers steht zwar im Widerspruch zu der Dispositionsfrei- **47**

heit des Unternehmers, vgl u Rn 55 ff, kann sich aber *auch sonst aus dem Gesichtspunkt von Treu und Glauben ergeben* (vgl auch – einschränkend – INGENSTAU/KORBION). Der Unternehmer handelt treuwidrig, wenn er Weisungen des Bestellers bezüglich einer bestimmten Art und Weise der Erstellung des Werkes nicht befolgt, obwohl diese *sachlich eindeutig vertretbar* sind und *schutzwürdige Belange* des Unternehmers (Mehrbelastung, höhere Gefahr von Mängeln, höhere Kosten, für die der Besteller nicht aufzukommen bereit ist) *nicht entgegenstehen.* Das gilt vorzugsweise für den *äußeren Ablauf* seiner Arbeiten, zB wenn diese in den Räumlichkeiten des Bestellers auszuführen sind, aber doch auch für ihre *inhaltliche Gestaltung.*

48 **(3)** Eine erste und generelle Grenze findet die Anordnungsbefugnis des Bestellers nach § 4 Abs 1 Nr 3 VOB/B in der *Dispositionsfreiheit* des Unternehmers, dazu u Rn 55 ff. Der Besteller darf *nicht die Leitung der Arbeiten übernehmen,* gar den Mitarbeitern des Unternehmers unmittelbare Weisungen geben.

(4) Sodann müssen sich die Anweisungen auf *Maßnahmen* beziehen, die *zur mangelfreien Erstellung des Werkes notwendig* sind; es reicht nicht aus, dass sie nur zweckmäßig oder sinnvoll erscheinen. Insofern ist der Besteller zur *Zurückhaltung* aufgerufen.

(5) *Zu unterscheiden* von den hier besprochenen Anordnungen des Bestellers, die sich auf die Methode der Erstellung des Werkes beziehen, sind *Änderungen und Erweiterungen des Werkes* selbst, dazu §§ 650b, 1 Abs 3 BGB, 4 VOB/B und o Rn 9 ff.

49 **(6)** Wirksame und verbindliche Anweisungen des Bestellers liegen grundsätzlich nur dann vor, wenn sie an den *richtigen Adressaten* gerichtet sind. Das ist nur *der Unternehmer selbst* oder ein für die Leitung der Ausführung bestellter *Vertreter,* vgl § 4 Abs 1 Nr 3 S 2 VOB/B. Die Person eines solchen Vertreters ist dem Besteller mitzuteilen, vgl § 4 Abs 1 Nr 3 S 2 VOB/B. Der Besteller darf sich also regelmäßig *nicht an sonstige Mitarbeiter des Unternehmers* wenden, gar an dessen Subunternehmer. Dazu ist er vielmehr nur dann befugt, wenn Gefahr im Verzug ist. Auch dann hat er aber dem Unternehmer oder dessen Vertreter unverzüglich Mitteilung zu machen, vgl den Rechtsgedanken des § 681 S 1 BGB.

Diese formalen Regeln für die Erteilung von Weisungen gelten *unabhängig von der Vereinbarung der VOB/B.*

50 **(7)** Der Unternehmer darf Anordnungen des Bestellers *nicht blindlings* befolgen, sondern hat diesen auf *Bedenken* hinzuweisen; dieser allgemein anzuerkennende, aus § 242 BGB folgende Grundsatz wird in § 4 Abs 1 Nr 4 VOB/B ausgesprochen; er steht in innerem Zusammenhang mit der *allgemeinen Warnpflicht* des Unternehmers nach § 4 Abs 3 VOB/B; dazu u Rn 62 ff.

(a) Bedenken sind mitzuteilen, wenn die Anordnungen des Bestellers *unzweckmäßig* oder *unberechtigt* sind. Unzweckmäßig sind sie insbesondere dann, wenn sie zu vermeidbaren Mehrkosten oder Verzögerungen führen können, zu Mängeln oder sonstigen Gefährdungen des Vertragszwecks. Unberechtigt sind sie, wenn entweder der Besteller nach dem Vertrag nicht zu ihnen befugt ist oder wenn ihrer Befolgung sonstige rechtliche Hindernisse entgegenstehen.

Soweit § 4 Abs 1 Nr 4 S 1 VOB/B mit dem Wort „hält" ein subjektives Element in das Spiel bringt, ändert das nichts daran, dass es auf die *objektive Berechtigung der Bedenken* ankommt (**aA** INGENSTAU/KORBION/OPPLER § 4 Abs 1 Rn 88; NICKLISCH/WEICK/ JANSEN/SEIBEL/GARTZ § 4 Rn 28; HOCHSTEIN, in: FS Korbion [1986] 165, 175; wie hier KAISER, Mängelhaftungsrecht Rn 59). Hiermit wird vielmehr nur die Frage angesprochen, ob der Unternehmer zur besonderen Überprüfung der Anordnungen verpflichtet ist. Eine solche Pflicht besteht nicht. Der Unternehmer hat vielmehr nur das mitzuteilen, was ihm – kraft seiner Sachkunde – von sich aus an Bedenken kommt. Außerdem wird er von der Verpflichtung freigestellt, die Berechtigung seiner Bedenken irgendwie nachzuweisen; es genügt die Berufung auf seine Sachkunde.

(b) Die Bedenken sind vor der Ausführung geltendzumachen; die mündliche Mitteilung reicht aus.

(c) Wenn der Besteller auf die Befolgung der Anweisung besteht, hat sich der **51** Unternehmer dem zu fügen. Ein *Verweigerungsrecht* hat er allerdings dann, wenn er sonst *gegen gesetzliche oder behördliche Bestimmungen verstoßen* würde, vgl § 4 Abs 1 Nr 4 S 1 aE VOB/B, oder wenn ihm die Befolgung *zivilrechtlich* – zB wegen eines damit verbundenen Eingriffs in Rechte Dritter – nicht erlaubt ist. Er darf schließlich ganz generell die Befolgung im Falle der *Unzumutbarkeit* verweigern (vgl BGHZ 92, 244 = NJW 1985, 631). Das ist namentlich dann der Fall, wenn sich der Besteller, wozu er gehalten ist, mit seinen Bedenken gar nicht auseinandergesetzt hat, wenn *Mängel der Leistung die sichere Folge* wären (vgl INGENSTAU/KORBION/OPPLER § 4 Abs 1 Rn 92) oder wenn der Unternehmer laienhaft unzweckmäßig verfahren müsste.

(d) Wenn die Anordnungen zu *Mehrkosten* bei dem Unternehmer führen, hat *der* **52** *Besteller* diese zu tragen. Vorausgesetzt wird für den Erstattungsanspruch des Unternehmers allerdings, dass die Anordnungen unberechtigt oder unzweckmäßig waren, wie die Stellung des entsprechenden § 4 Abs 1 Nr 4 S 2 VOB/B belegt (vgl INGENSTAU/ KORBION/OPPLER § 4 Abs 1 Rn 99; NICKLISCH/WEICK/JANSEN/SEIBEL/GARTZ § 4 Rn 32). Berechtigten und zweckmäßigen Weisungen hat der Unternehmer ohnehin im Rahmen seiner allgemeinen Vertragspflichten zu folgen. Die Mehrkosten nach § 4 Abs 1 Nr 4 S 2 VOB/B sind, soweit möglich, an dem Preisgefüge des Vertrages zu orientieren (**aA** INGENSTAU/KORBION/OPPLER § 4 Abs 1 Rn 102). Im Rahmen seiner Pflicht, Bedenken vorzubringen, hat der Unternehmer gerade auch *auf sie hinzuweisen*.

(e) Wenn der Unternehmer *berechtigte Bedenken verschweigt*, stellt das eine Pflichtverletzung dar. Letzteres kann vor allem die Verantwortlichkeit für Mängel wieder auf ihn zurückübertragen, vgl auch § 645 Abs 1 S 1 BGB.

(8) Der Unternehmer, der berechtigten Weisungen des Bestellers nicht nach- **53** kommt, handelt *pflichtwidrig*, so dass er zum Schadensersatz verpflichtet sein kann, §§ 13 Abs 7 VOB/B, 634 Nr 4, ggf §§ 280 Abs 1, 241 Abs 2 BGB; seine *anordnungswidrig erbrachte Leistung* kann *schon dadurch mangelhaft sein*; ggf liefert er auch Anlass für eine Kündigung aus wichtigem Grunde, bei der dann im Rahmen der VOB/B deren §§ 4 Abs 7, 8 Abs 3 zu beachten sind.

Mit *unberechtigten Weisungen behindert* der Besteller den Unternehmer auch dann, wenn dieser sie nicht ausführt. Es können sich dann Kündigungsmöglichkeiten aus den § 9 Abs 1 Nr 1 VOB/B, § 643 BGB ergeben. Mehrkosten durch Leistungsverzögerungen fallen, wenn sie nicht von § 4 Abs 1 Nr 4 S 2 VOB/B erfasst werden, unter § 6 Abs 6 VOB/B.

Mängel, die auf Weisungen des Bestellers zurückgehen, fallen nicht in die Verantwortlichkeit des Unternehmers (vgl §§ 13 Abs 3 VOB/B, 645 und u Rn 192 ff). Voraussetzung ist allerdings, dass der Unternehmer seiner Warnpflicht nachgekommen ist (vgl u Rn 62 ff). Ggf sind die Verantwortlichkeiten nach § 254 BGB abzuwägen.

Die Verantwortung des Unternehmers für Mängel soll nach BGH NJW 1996, 2372 freilich bestehen, wenn der Besteller die Verwendung bestimmter Baustoffe vorgeschrieben hat, die zu den Mängeln führten, sofern diese Stoffe generell geeignet waren und dann nur ein „Ausreißer" die nachteiligen Folgen gezeigt hat. Das ist zweifelhaft (vgl anders auch noch BGH BauR 1988, 190).

c) Eigenverantwortliche Ausführung der vertraglichen Leistung durch den Unternehmer

54 aa) Dem Wesen des Werkvertrages, insbesondere in seiner Abgrenzung zum Dienstvertrag, entspricht es, dass der Unternehmer seine **Leistung in eigener Verantwortung** auszuführen hat, wie dies § 4 Abs 2 Nr 1 S 1 VOB/B ausdrücklich bestimmt, wie es aber auch *ganz allgemein anzuerkennen* ist. Daran ändert sich auch dann nichts, wenn der Unternehmer, wie dies vor allem im Baubereich weithin der Fall ist, im räumlichen Bereich des Bestellers tätig wird.

Leitbild ist insoweit ein Unternehmer, der die für die Erbringung seiner Leistung *erforderliche Sachkunde* besitzt. Wo sie ihm in eigener Person fehlt, ist es *seine Sache, entsprechenden Rat bei Sachkundigen einzuholen* (vgl BGH SCHÄFER/FINNERN Z 2.414 Bl 185).

Der eigenen Verantwortung des Unternehmers kommt dabei eine *doppelte Funktion* zu. Zunächst verschafft sie ihm *Freiheiten gegenüber dem Besteller* hinsichtlich der Durchführung der Arbeiten; dieser darf ihm nicht „reinreden". Sodann aber trifft ihn eben auch eine *Garantiepflicht* dafür, dass *seine Leistung fehlerfrei gelingt*. Seine Einstandspflicht für Mängel ist verschuldensunabhängig; anderes gilt nur, soweit aus diesen Schadensersatzpflichten abgeleitet werden sollen. Außerdem gehört zur Verantwortung des Unternehmers dazu, dass er die vertraglich vorgesehene Leistung nicht unbesehen erbringt, sondern dass er die ihm vorgelegte Planung und die ihm zur Verfügung gestellten Vorarbeiten sachkundig überprüft. Insoweit steht § 4 Abs 2 Nr 1 S 1 VOB/B in engem sachlichen Zusammenhang mit der *Warnpflicht* des Unternehmers nach § 4 Abs 3 VOB/B, die auch ihrerseits nur eine Ausprägung allgemeiner Grundsätze ist.

bb) Freiheiten des Unternehmers

55 (1) Der Unternehmer darf und muss die Ausführung seiner Arbeiten *selbst leiten*, wie dies § 4 Abs 2 Nr 1 S 3 VOB/B ausdrücklich bestimmt, wie dies aber *auch allgemein anzuerkennen* ist.

Das bedeutet zunächst, dass er unberechtigte Weisungen des Bestellers zurückweisen darf. Es ist *seine Sache, Reihenfolge, Technik und Ablauf der Arbeiten zu be-*

stimmen, solange das Ergebnis einer rechtzeitigen und fehlerfreien Erstellung des Werkes nicht gefährdet ist. Aber selbst dann, wenn dies der Fall ist, hat er einen Anspruch daraus, dass Beanstandungen nur an ihn oder seinen Vertreter gerichtet werden, vgl auch § 4 Abs 1 Nr 2 VOB/B (dazu o Rn 49), nicht an seine Leute, sofern nicht Gefahr im Verzug ist.

(2) Das bedeutet aber weiter, dass die Erbringung der Werkleistung *grundsätzlich* **56** *keine höchstpersönliche Verpflichtung* des Unternehmers ist, wenn er sie nach § 4 Abs 2 Nr 1 S 3 VOB/B denn *nur zu leiten* hat. Ausnahmen können sich aus den Vereinbarungen der Parteien ergeben, die auch stillschweigend getroffen werden können. Daran ist insbesondere dann zu denken, wenn es gerade auf die besonderen Befähigungen des Unternehmers selbst ankommt, wie etwa bei künstlerischen oder wissenschaftlichen Leistungen. Auch hier ist aber jedenfalls die Zuarbeit durch Dritte zulässig (vgl BGB-RGRK/Glanzmann § 631 Rn 10; Erman/Schwenker/Rodemann § 631 Rn 30 f).

Der Verstoß gegen die *vereinbarte Höchstpersönlichkeit* der Leistung kann dem Besteller einen Anlass zur Kündigung aus wichtigem Grunde geben. Im Übrigen stehen ihm die Gewährleistungsrechte zu, sofern sich der Verstoß im konkreten Fall nachteilig auf Wert oder Tauglichkeit des Werkes ausgewirkt hat, was namentlich bei künstlerischen Leistungen denkbar ist und der Fall sein wird, aber doch noch nicht ohne weiteres aus dem Verstoß gegen die Höchstpersönlichkeit der Leistungserbringung folgt.

(3) Auch hinsichtlich der Leitung der Arbeiten ist der Unternehmer *zur Delegation befugt* (vgl Ingenstau/Korbion/Oppler § 4 Abs 2 Rn 64). Diesen *allgemeinen anzuerkennenden* Grundsatz belegt § 4 Abs 1 Nr 3 S 2 VOB/B.

(4) Auch in der **Auswahl seiner Mitarbeiter** ist der Unternehmer *grundsätzlich frei.* **57** Der Besteller hat allerdings uU einen *Anspruch auf Abhilfe,* wenn der Einsatz von Personal – quantitativ oder qualitativ – unzureichend ist (vgl § 5 Abs 3 VOB/B und dazu u Rn 135 f).

Die *Erfüllung seiner Pflichten als Arbeitgeber* und die nähere Ausgestaltung seiner vertraglichen Beziehungen zu seinen Mitarbeitern ist *Sache des Unternehmers,* wie dies § 4 Abs 2 Nr 2 VOB/B klarstellt. Vertragliche Beziehungen zwischen dem Besteller und den Mitarbeitern des Unternehmers bestehen nicht. Freilich erlegt der Werkvertrag dem Besteller in entsprechender Anwendung des § 618 BGB dem Unternehmer gegenüber Schutzpflichten auf (BGHZ [GS] 5, 63), und diese Schutzpflichten gelten auch zugunsten der Mitarbeiter des Unternehmers (BGHZ 26, 365, 371).

(5) Zu der in § 4 Abs 8 VOB/B angesprochenen Befugnis des Unternehmers, *Subunternehmer* einzusetzen, u Rn 109 ff.

(6) Der Unternehmer hat für die *Ordnung auf seiner Arbeitsstelle* zu sorgen. Diese **58** Bestimmung des § 4 Abs 2 Nr 1 S 3 VOB/B entspricht *allgemeinen Grundsätzen.* Sie greift immer dann ein, wenn der Unternehmer im räumlichen Bereich des Bestellers arbeitet. Der Unternehmer muss allen Gefahren vorbeugen, die von hier aus dem Besteller oder Dritten erwachsen können, zB durch *Absperrungen, Warnhinweise* etc. Dabei muss seine *Gefahrenvorsorge effektiv* sein. Umfang und Intensität seiner Pflichten richten sich nach den konkreten Umständen des Einzelfalls. Im Verletzungsfall haftet der Unternehmer aus den §§ 280 Abs 1, 241 Abs 2 BGB und/oder Delikt. Dabei ist er aber auch *nur für seine Arbeitsstelle* verantwortlich, die – im Baubereich – *von der Baustelle zu unterscheiden* ist.

Der Verantwortlichkeit des Unternehmers entspricht ein *Anspruch auf Unterlassung von Störungen* der Arbeitsstelle. Dritten gegenüber genießt der Unternehmer Besitzschutz.

59 **(7)** Die *Freiheit* des Unternehmers in der Erbringung der Leistung wird *eingeschränkt:* vor allem durch die Natur der Sache, wenn nur eine bestimmte Vorgehensweise sachdienlich ist (vgl BGH NJW-RR 1997, 1106 zur Art der Nachbesserung).

(a) Dann durch den *Vertrag* selbst. Dieser kann dem Unternehmer ein bestimmtes Verfahren vorschreiben, ihm insbesondere auch zeitliche Vorgaben machen. Jedenfalls legt er das Arbeitsergebnis fest. Zu den Befugnissen des Bestellers, wenn sich abzeichnet, dass dieses verfehlt wird, u Rn 89 ff.

(b) Sodann durch das *Überwachungsrecht* des Bestellers, dazu o Rn 39 ff, und seine Befugnis, Weisungen zu erteilen (dazu o Rn 46 ff).

60 **(c)** Als weitere Grenze nennt § 4 Abs 2 Nr 2 S 2 VOB/B die *Beachtung der gesetzlichen und behördlichen Bestimmungen.*

(α) Das ist selbstverständlich, soweit sich diese gerade an den Unternehmer selbst richten, wie dies vor allem bei Gesetzen oder behördlichen Auflagen der Fall sein kann, die der Sicherheit dienen (vgl BGH NJW 1971, 752).

(β) Anders ist es dagegen, *wenn sich gesetzliche oder behördliche Bestimmungen an den Besteller* richten. Solange es sich nicht um Verbotsgesetze iSd § 134 BGB handelt, was weitgehend nicht der Fall sein wird, haben die Vereinbarungen der Parteien den Vorrang. Es ist *Sache des Bestellers, ihnen zu genügen;* das kann uU auch auf andere Weise geschehen als durch Beauftragung dieses Unternehmers. Allerdings trifft den Unternehmer eine Hinweispflicht bezüglich der für sein Werk einschlägigen Gesetze oder der für dieses typischen behördlichen Auflagen. Außerdem ist bei der Auslegung des Vertrages zu beachten, dass die Parteien *im Zweifel das vereinbaren wollen, was mit dem Gesetz vereinbar* ist. Schließlich hat der Unternehmer gegenüber gesetzwidrigen Handlungen ein Leistungsverweigerungsrecht.

Vgl zur Beschaffung von behördlichen Genehmigungen auch o Rn 34 ff.

(γ) Was speziell die Baugenehmigung betrifft, richtet sich diese an sich an den Besteller, doch hat sich der Unternehmer nach ihrem Inhalt zu erkundigen und diesen zugrunde zu legen (vgl BGH NJW-RR 1998, 738). Das kann zur geteilten (§ 254 BGB) Verantwortlichkeit für Mängel führen.

61 **(δ)** Schließlich verpflichtet § 4 Abs 2 Nr 1 S 2 VOB/B den Unternehmer auf die *Beachtung der anerkannten Regeln der Technik* (vgl zu dem Begriff u Rn 178).

Auch bei Vereinbarung der VOB/B haben jedenfalls die getroffenen Vereinbarungen der Parteien den Vorrang (vgl INGENSTAU/KORBION/OPPLER § 4 Abs 2 Rn 44). Im Übrigen ist zu beachten, dass der Besteller nur einen Anspruch auf ein im Ergebnis mangelfreies Werk hat. Er kann aus einem Verstoß des Unternehmers gegen die anerkannten Regeln der Technik *Rechte* – gem § 4 Abs 7 VOB/B – also nur dann herleiten, *wenn sich als Folge Mängel des Werkes abzeichnen*. Eine unkonventionelle Arbeitsweise des Unternehmers als solche hat er aber hinzunehmen. Bedeutung gewinnen die anerkannten Regeln der Technik freilich späterhin im Rahmen der Gewährleistung, da der Verstoß gegen sie umfassende Schadensersatzansprüche des Bestellers nach § 13 Abs 7 Nr 3 S 2 lit a VOB/B auszulösen geeignet ist (vgl dazu Anh I zu § 638 Rn 48 ff).

In derselben Weise sind die *anerkannten Regeln der Technik* für die Arbeitsmethode des Unternehmers *auch dann verbindlich, wenn die Geltung der VOB/B nicht vereinbart ist* (vgl INGENSTAU/KORBION/OPPLER § 4 Abs 2 Rn 34, 37). Auch hier haben sie vorzugsweise bei der Beurteilung der Frage Bedeutung, ob der Unternehmer einen Mangel iSd § 634 Nr 4 BGB zu vertreten hat.

cc) Zu der in § 4 Abs 2 Nr 1 S 1 VOB/B schon angelegten Verpflichtung des Unternehmers, die planerischen und sonstigen Voraussetzungen seiner Leistung kritisch zu überprüfen, s sogleich im Rahmen seiner *Prüfungs- und Anzeigepflicht* nach § 4 Abs 3 VOB/B.

d) Prüfungs- und Anzeigepflicht des Unternehmers
Nach § 4 Abs 3 VOB/B hat der Unternehmer dem Besteller **Bedenken gegen die vorgesehene Art der Ausführung, gegen die Güte der von diesem gelieferten Stoffe oder Bauteile sowie gegen die Leistungen anderer Unternehmer unverzüglich mitzuteilen**. Dasselbe gilt nach § 4 Abs 1 Nr 4 VOB/B gegenüber Weisungen des Bestellers für die Ausführung des Werks. Der Unternehmer ist dabei nicht nur gehalten, Bedenken, die ihm tatsächlich gekommen sind, mitzuteilen, sondern er hat vorab schon die planerischen und sonstigen Voraussetzungen seiner Leistung zu überprüfen (vgl BGH NJW 1987, 643 = LM § 633 BGB Nr 60). Freilich geht es auch nur um seine Leistung; diese begründet und begrenzt seine Prüfungspflicht (vgl BGH NZBau 2000, 328). Gegenüber anderweitig bemerkten Missständen braucht der Unternehmer – um den Preis seiner Einstandspflicht – nicht einzuschreiten. 62

aa) Diese Prüfungs- und Anzeigepflicht des Unternehmers **folgt ganz allgemein aus dem Grundsatz von Treu und Glauben**; ohne ein „Mitdenken" des Unternehmers wäre der Vertragszweck gefährdet. § 4 Abs 3 VOB/B konkretisiert das nur und stellt für die Anzeige das Erfordernis der Schriftform auf. Die Prüfungs- und Anzeigepflicht des Unternehmers ist auch *ohne Vereinbarung der VOB/B im Baubereich anzuerkennen* (vgl BGH VersR 1957, 413 = LM § 633 BGB Nr 3; NJW 1960, 1813 = LM § 13 VOB/B Nr 4; NJW 1987, 643 = LM § 633 BGB Nr 60; OLG Köln NJW 1995, 19) und *überhaupt bei sämtlichen Werkleistungen* (vgl BGH NJW 2000, 280). 63

bb) Wesentlichste **Folge einer Verletzung der Prüfungs- und Anzeigepflicht** ist es, dass der Unternehmer wegen eines Mangels belangt werden kann, der bei pflichtgemäßem Handeln vermieden worden wäre. Unstreitig ist es, dass der Unternehmer nicht haftet, wenn er entweder keine Bedenken gegen die Planung zu haben brauchte 64 oder Bedenken mit dem gehörigen Nachdruck vorgebracht, der Besteller sich ihnen aber verschlossen hat. Dann aber geht es nicht an, die Leistung des Unternehmers auch in diesen Fällen für mangelhaft zu halten, den Unternehmer nur für entlastet (**aA** BGHZ 174, 110 = NJW 2008, 511 Rn 22; BGH NJW 2011, 3780 = NZBau 2011, 746 Rn 14; NJW 2011, 1442 = NZBau 2011, 360 Rn 22). Die gegenteilige Auffassung des BGH verkennt den Mangelbegriff des § 633 Abs 2 BGB, bei dem es vorrangig auf die Vereinbarung der Parteien ankommt, vgl S 1, S 2 der Bestimmung. Diese aber haben die Planung des Bestellers für verbindlich erklärt – und dies dann auch mit ihren nachteiligen Konsequenzen. Wer die berechtigte Funktionalitätserwartung des Bestellers vorrangig berücksichtigt wissen will, wie dies auch der 3. Deutsche Baugerichtstag getan hat (BauR 2010, 1313, 1315 ff; ferner www.baugerichtstag.de), verkennt nicht nur das Verhältnis der S 1 und 2 des § 634 Abs 2 BGB zueinander, sondern reichert auch den Mangelbegriff mit Verschuldenselementen an, wenn er aus einer Pflichtverletzung des Unternehmers einen Mangel herleitet, vertritt so einen Mangelbegriff, der dem Kauf und der Miete fremd ist, und reißt die Prüfungs- und Anzeigepflicht des Unternehmers aus den allgemeinen Zusammenhängen. Aufklären muss eben auch der Verkäufer, der den Verwendungszweck des Käufers erkannt hat und weiß, dass er sich mit diesem Kaufgegenstand nicht wird erreichen lassen, oder der Anwalt, dessen Mandant zB wegen Verjährung nicht zu erreichende Ziele verfolgt wissen will. Vertragsübergreifend lässt sich diese Aufklärungspflicht mit § 241 Abs 2 BGB erfassen.

Die Rechtsfolgen zeichnet dieser Ansatz noch nicht zwingend vor. Die Rechtsprechung zieht die §§ 633 ff BGB heran, wenn sie einen sog funktionalen Mangelbegriff verwendet (dazu u Rn 184a). Tatsächlich sind wie auch bei jeder anderen Verletzung einer Aufklärungspflicht die §§ 241 Abs 2, 280 Abs 1, 249 ff BGB vorzugswürdig, zumal die Haftung des Unternehmers hier schon vor der Abnahme einsetzen muss. Wer auch bei einem Planungsmangel des Bestellers eine primäre Einstandspflicht des Unternehmers annimmt und die Wahrung der Aufklärungspflicht nur zu seiner Entlastung heranzieht, kommt namentlich in der Frage der Beweislast zu inakzeptablen Ergebnissen, wenn sich dann der Unternehmer entlasten muss. Tatsächlich kann es aber hier nicht anders liegen, als bei dem fehlberatenen Mandanten des Anwalts, der diesem die objektive Pflichtverletzung nachweisen muss. Die Entlastung des Anwalts wie des Unternehmers kann sich nur auf das Vertretenmüssen beziehen, vgl § 280 Abs 1 S 2 BGB.

65 cc) Die **Rechtsnatur** der Prüfungs- und Anzeigepflicht ist streitig. Für eine Nebenpflicht halten sie Schmalzl, Die Haftung des Architekten und Bauunternehmers Rn 169; Nicklisch/Weick/Jansen/Seibel/Gartz § 4 Rn 49; Clemm BauR 1987, 609, für eine Hauptpflicht Locher, Das private Baurecht Rn 191; Vygen, Bauvertragsrecht Rn 461; Ingenstau/Korbion/Oppler § 4 Abs 3 Rn 4. Tatsächlich handelt es sich um eine aus § 241 Abs 2 BGB herzuleitende Pflicht.

66 dd) Der Unternehmer ist *zunächst zur Prüfung verpflichtet* (BGH NJW 1987, 643; Nicklisch/Weick/Jansen/Seibel/Gartz § 4 Rn 44; Ingenstau/Korbion/Oppler § 4 Abs 3 Rn 6; Dähne BauR 1976, 255; **aA** Siegburg, in: FS Korbion [1986] 411, 425, unter Berufung auf den Wortlaut des § 4 Abs 3 VOB/B). Indessen ist es ein *allgemeines Gebot von Treu und Glauben, dass der Unternehmer seinen Sachverstand auch einsetzt*.

(1) Dabei ist eine *unterschiedliche Intensität* der Prüfungspflicht je nach ihrem 67 Gegenstand *nicht* anzunehmen (aA INGENSTAU/KORBION/OPPLER § 4 Abs 3 Rn 12; DÄHNE BauR 1976, 225; NICKLISCH, in: FS Bosch [1976] 747 ff, die die Prüfungspflicht für am intensivsten bei von dem Besteller gelieferten Materialien halten, etwas geringere Anforderungen bei Vorleistungen anderer Unternehmer stellen und noch geringere gegenüber der Planung des Bestellers). Demgegenüber muss *alles das, was für die eigene Leistung von Bedeutung ist, gleichermaßen überprüft* werden. So vermag insbesondere der sachkundige Unternehmer am besten zu beurteilen, ob die ihn betreffende Planung korrekt ist.

Im Übrigen hängt die Prüfungspflicht von den *Umständen des Einzelfalls* ab (BGH NJW 1987, 643; OLG Karlsruhe NJW-RR 1988, 405; INGENSTAU/KORBION/OPPLER § 4 Abs 3 Rn 9). Dabei sind *namentlich von Bedeutung:*

(a) Die *Sachkunde des Unternehmers,* wobei es freilich nicht auf die konkret gegebene ankommt, sondern auf *die von ihm zu erwartende* (BGH NJW 1987, 643), wie sie sich der Unternehmer *notfalls beschaffen* muss (BGH SCHÄFER/FINNERN Z 410 Bl 29).

(b) Die Kenntnisse des Unternehmers vom *Informationsstand eines Vorunternehmers* (BGH NJW 1987, 643), bzw des Bestellers – und ggf seines Architekten oder Bauleiters – (INGENSTAU/KORBION/OPPLER § 4 Abs 3 Rn 17). Der Unternehmer muss *besondere Umsicht* walten lassen, wenn der Besteller ein unberatener Laie ist. Darf er dagegen Sachverstand voraussetzen, so mindern sich seine Pflichten, ohne dass sie deshalb doch ganz entfielen (BGH NJW 1977, 1966 = LM VOB/B Nr 93). Denn auch *der sachkundige Besteller* oder sein Architekt können einen Mangel von Planung und Vorarbeiten übersehen haben. Und wenn ein solcher Mangel bekannt war, worüber sich der Unternehmer zu vergewissern hat, mag er in seiner Tragweite unterschätzt worden sein. Auch mag es auf Spezialwissen ankommen, wie es selbst bei einem Architekten nicht ohne weiteres als vorhanden vorausgesetzt werden kann.

(c) *Art und Umfang der Leistung des Unternehmers.* Der Unternehmer muss 68 wissen, welche *Voraussetzungen* – planerisch und in Form von Vorleistungen anderer Unternehmer – erfüllt sein müssen, damit sie sachgerecht erbracht werden kann (vgl BGH NJW 1987, 643, 644). Dabei ist seine Leistung aber nicht nur der Bezugspunkt der Prüfungspflicht, sondern begrenzt diese gleichzeitig (vgl BGH VersR 1970, 280; INGENSTAU/KORBION/OPPLER § 4 Abs 3 Rn 11). Der Fliesenleger braucht nicht die Dichtigkeit des Bauwerkes zu überprüfen, sondern nur, ob die Voraussetzungen der Aufbringung des Fliesenbelages gegeben sind (OLG Oldenburg BauR 1985, 449), der Rohbauunternehmer nicht die sich aus dem späteren Ausbau ergebende endgültige Decken- und Treppenhöhe (OLG Köln MDR 1980, 228).

(d) *Besondere Risiken der Leistung.* Die Prüfungspflicht des Unternehmers ist dort besonders intensiv, wo generell *mit Mängeln zu rechnen* ist oder wenn *neuartige,* weniger erprobte Arbeitsmethoden zur Anwendung kommen sollen. Es muss auch auf drohende Schäden hingewiesen werden (vgl BGH NJW 2011, 3291 = NZBau 2011, 483; Rissbildung bei einer Bodenplatte, wenn sie ungesichert winterlichem Wetter ausgesetzt sein wird).

(e) Ganz allgemein kommt es auch auf die *Zumutbarkeit der Prüfungsmaßnahmen für den Unternehmer* an (vgl BGH NJW 1987, 643). So hat er *besondere Kosten* für die

Prüfung *nicht* aufzuwenden (OLG Düsseldorf BauR 1997, 840). Wenn er eine solche Prüfung für geboten hält, hat er dem Besteller entsprechende Hinweise zu geben und sich ggf einen entsprechenden Zusatzauftrag erteilen zu lassen.

Auch muss im Einzelfall ein *konkreter Anlass* zur Prüfung bestehen, zB Widersprüche in der Planung (OLG Stuttgart NJW-RR 1995, 892), Gefahr von Schwitzwasserbildung (OLG Düsseldorf BauR 1994, 522). Sofern keine besonderen Verdachtsmomente gegeben sind, braucht der Unternehmer nicht weiter zu prüfen.

Im Übrigen darf er sich im Rahmen der normalen Erkenntnismöglichkeiten halten (OLG Schleswig BauR 1989, 730).

69 **(2)** § 4 Abs 3 VOB/B nennt – in verallgemeinerungsfähiger Form – die Gegenstände der Prüfungspflicht des Unternehmers.

(a) Die Prüfungspflicht bezieht sich zunächst auf die vorgesehene Art der Ausführung. Darunter ist die Gesamtheit der Planung des Bestellers zu verstehen, mag sie von ihm selbst oder seinem Architekten stammen (vgl BGH VersR 1965, 245; NJW 1973, 518). Zu überprüfen sind die Ausführungsplanung, die Angaben im Leistungsverzeichnis (vgl BGH NJW 1975, 1217; NJW-RR 1991, 276), die Einhaltung der Technischen Regeln (DIN-Vorschriften) und der allgemein anerkannten Regeln der Technik, etwa der Flachdachrichtlinien (OLG Düsseldorf NJW-RR 1994, 281), des Bauordnungsrechts sowie die Planung des Bauablaufs, dies alles immer bezogen auf die eigene Leistung des Unternehmers. Grundsätzlich zu überprüfen sind bei Bauwerken auch die Gründungsverhältnisse. Besondere Aufmerksamkeit wird von dem Unternehmer bei Anwendung neuer Fertigungsweisen verlangt (BGHZ 90, 354 = NJW 1984, 1679 = BauR 1984, 401; OLG Hamm NJW-RR 1990, 524) oder dem Gebrauch neuartiger Geräte (BGH BB 1958, 1035). Besondere Aufmerksamkeit hat der Unternehmer auch walten zu lassen, wenn im Leistungsverzeichnis wesentliche Elemente fehlen. Der Unternehmer muss auch erneut prüfen, wenn seinen Bedenken durch eine Planungsänderung Rechnung getragen worden ist (BGH NJW 1974, 188 = LM VOB/B Nr 65). Die Prüfungspflicht entfällt, wenn die Planung dem anerkannten Stand der Technik entspricht (vgl INGENSTAU/KORBION/OPPLER § 4 Abs 3 Rn 23, 29) oder wenn der Unternehmer mit Gewissheit davon ausgehen kann, dass die Prüfungsmaßnahmen, die er für notwendig hält, korrekt durchgeführt worden sind und so der Planung zugrunde liegen. Dazu muss aber der Besteller bzw sein Architekt erkennbar auch fachlich zur Prüfung befähigt sein (BGH NJW 1977, 420 = LM VOB/B Nr 93), woran es insbesondere bei besonderen Facharbeiten fehlen kann.

70 **(b)** Die Prüfungspflicht des Unternehmers nach § 4 Abs 3 VOB/B bezieht sich *nicht auf von ihm selbst geplante Leistungen* (vgl OLG Düsseldorf BauR 1997, 475). Für deren Korrektheit hat er vielmehr schon nach allgemeinen Grundsätzen, vgl § 4 Abs 2 VOB/B, einzustehen, unterliegt hier also der Gewährleistung verschuldensunabhängig, soweit es nicht um Schadensersatz geht (vgl auch BGH NJW 1983, 875 = LM § 631 BGB Nr 46).

Insbesondere hat der Unternehmer auch darauf zu achten, dass der Besteller seinen *Verkehrssicherungspflichten* nachkommt, wie das § 4 Abs 3 VOB/B ausdrücklich hervorhebt.

Zu überprüfen sind die Vorbedingungen für die eigene Leistung: Tragfähigkeit der Dachsparren, auf die eine Überdachung aufgebracht werden soll (OLG Düsseldorf NJW-RR 1993, 405), die Ölleitungen, wenn ein neuer Kessel und Brenner installiert werden sollen (OLG Düsseldorf NJW-RR 1997, 816), die Verdichtung des Untergrundes von Terrassenplatten (OLG Köln NJW 1995, 19), die Beseitigung von Bauschutt vor der Kelleraußenisolierung (OLG Düsseldorf NJW-RR 1995, 214), die Vorbehandlungsbedürftigkeit der zu streichenden Wand (OLG Köln NJW-RR 1994, 533), das Vorhandensein einer Rückstausicherung bei Arbeiten an der Hausleitung (BGH NJW 2011, 2644).

(c) Gegenstand der Prüfungspflicht sind weiterhin vom Besteller *gelieferte Stoffe* 71 (vgl BGH NJW 2000, 280) *oder Bauteile,* denen *jene gleichgestellt* werden müssen, die der Unternehmer zwar selbst beschafft hat, aber doch *nach Vorschrift des Bestellers* (vgl dazu BGH NJW 1973, 754). Für selbst beschaffte Stoffe oder Bauteile haftet der Unternehmer dagegen ohne weiteres, und zwar auch dann, wenn die Auswahl auf Wunsch oder mit Einverständnis des Bestellers erfolgte.

Diese Prüfung kann sich normalerweise *im gewerbeüblichen Rahmen* bewegen (vgl OLG Stuttgart BauR 1975, 56). Die Anforderungen steigern sich aber *bei besonderen Verdachtsmomenten,* so etwa wenn ein bestimmter vom Besteller vorgeschriebener Hersteller als nicht zuverlässig gilt oder wenn der Unternehmer über besondere Erfahrungen mit ihm verfügt, die der Besteller nicht haben kann (vgl BGH BB 1961, 430 = Betr 1961, 569).

(d) Schließlich sind auch *die Leistungen anderer Unternehmer* zu überprüfen (OLG 72 Hamm BauR 1997, 309). Das gilt jedoch nicht generell, sondern *nur insoweit,* wie die eigene Leistung des Unternehmers auf ihnen aufbaut (vgl BGH NJW 1974, 747 = LM § 631 BGB Nr 46).

Ausnahmsweise kann der Unternehmer auch gehalten sein, *Hinweise für spätere Unternehmer* zu geben, die mit ihren Leistungen auf den seinigen aufbauen sollen. Zwar darf er grundsätzlich davon ausgehen, dass sie korrekt arbeiten werden, doch besteht eine Prüfungspflicht, wenn mit Fehlern zu rechnen ist (vgl OLG Köln BauR 1990, 729; WM 1993, 741; Ingenstau/Korbion/Oppler § 4 Abs 3 Rn 49). Auch hier ist die Rechtsfolge einer Pflichtverletzung des Unternehmers eine Haftung aus den §§ 280 Abs 1, 241 Abs 2 BGB (vgl Weyers BlGWB 1970, 206, 207). Gleiches gilt, wenn eine Verzögerung (in den Winter hinein) das eigene Werk des Unternehmers bedroht (BGH NJW 2011, 3291).

ee) Die *Anforderungen* an die Prüfungsverpflichtungen können jedenfalls *indivi-* 73 *dualvertraglich verschärft* werden, *grundsätzlich dagegen nicht in AGB,* da damit eine gegen Treu und Glauben verstoßende Belastung des Unternehmers, § 307 Abs 1 BGB, verbunden wäre (vgl Ingenstau/Korbion/Oppler § 4 Abs 3 Rn 5), so etwa, wenn er verschuldensunabhängig für die Richtigkeit der Planung des Bestellers einstehen sollte oder für die Qualität der von diesem gelieferten Stoffe. Umgekehrt muss eine *Freizeichnung des Unternehmers* von seinen Prüfungspflichten jedenfalls die Grenzen des § 309 Nr 7 lit b BGB einhalten. Darüber hinaus wird man seine Prüfungspflicht aber auch grundsätzlich als eine Kardinalpflicht iSd § 307 Abs 2 Nr 2 BGB zu betrachten haben.

74 ff) Wenn der Unternehmer *eine gebotene Prüfung unterlässt,* ist er schon deshalb für Mängel verantwortlich, die sich daraus ergeben. Gleiches gilt, wenn er in schuldhafter Weise zu einem unrichtigen Prüfungsergebnis gelangt.

Ergeben sich bei der Prüfung *Bedenken,* für die eine Gewissheit nicht erforderlich ist, hat der Unternehmer *sie dem Besteller mitzuteilen.* Diese Mitteilung muss *klar, verständlich und erschöpfend* sein; sie muss insbesondere die Bedeutung der Tragweite ihrer Nichtbeachtung erkennen lassen (vgl BGH NJW 1975, 217). Dagegen ist der Unternehmer grundsätzlich *nicht* gehalten, dem Besteller *andere und bessere Möglichkeiten aufzuzeigen* (vgl OLG Celle NJW 1960, 102; INGENSTAU/KORBION/OPPLER § 4 Abs 3 Rn 63). Die Bedenken des Unternehmers brauchen nicht im Ergebnis durchzugreifen. Tun sie es nicht, kann der Unternehmer nur bei Vorsatz (§ 826 BGB) für die Kosten einer Überprüfung des Bestellers haftbar gemacht werden.

Wenn § 4 Abs 3 VOB/B für die Mitteilung der Bedenken die *Schriftform* verlangt, so kommt es auf ihre Einhaltung *nicht grundsätzlich* an (BGH NJW 1975, 1217). Es muss aber die Bedeutung der Mitteilung für den Besteller hinreichend deutlich werden (OLG Düsseldorf NJW-RR 1996, 401); insofern ist die Einhaltung der Schriftform für den Unternehmer empfehlenswert (BGH NJW 1975, 1217).

Für eine ordnungsgemäße Mitteilung ist es insbesondere erforderlich, dass sie *von den richtigen Personen gemacht* wird. Das ist grundsätzlich *der Unternehmer selbst* oder ein *bevollmächtigter Vertreter* (BGH NJW 1975, 1217; OLG Hamm BauR 1995, 590), eine Stellung, die ausnahmsweise auch ein Subunternehmer haben kann. Auch auf der Bestellerseite ist die Mitteilung an *die richtige Person* zu richten. Das ist jedenfalls der Besteller selbst, regelmäßig auch der bauleitende Architekt, *nicht* dagegen *eine nachgeordnete Person.* Der Unternehmer muss sich aber *sicher* sein, *dass seine Bedenken auch den Besteller selbst erreichen.* Daran bestehen insbesondere dann Zweifel, wenn sich die Bedenken gegen die Maßnahmen des Architekten selbst richten oder sich dieser den Bedenken verschließt oder sonstige Eigenmächtigkeiten des Architekten vorliegen (vgl BGH SCHÄFER/FINNERN/HOCHSTEIN Z 2. 400 Bl 33; BGH NJW 1969, 653; BGH NJW 1973, 518; BGH NJW 1975, 1217; BGH NJW-RR 1989, 721; BGH BauR 1997, 301; OLG Düsseldorf NJW-RR 1995, 214).

75 gg) Die Prüfungs- und Mitteilungspflicht besteht *zu jedem Zeitpunkt.* Nach Möglichkeit soll der Unternehmer vor Arbeitsbeginn prüfen und warnen. Er darf aber auch später aufkommende Bedenken nicht unterdrücken.

76 hh) *Verschließt sich der Besteller den* – hinreichend nachdrücklich vorgebrachten – *Bedenken* des Unternehmers, so trägt er die damit verbundenen Risiken und kann insbesondere wegen der Folgen keine Ansprüche gegen den Unternehmer geltend machen, vgl § 4 Abs 3 aE VOB/B. Gleiches gilt, wenn der Besteller das Risiko übernimmt (OLG Köln SCHÄFER/FINNERN/HOCHSTEIN § 13 Nr 3 VOB/B [1973] Nr 15). Der Unternehmer hat dann auch seine Bedenken hintanzustellen und die Leistung auszuführen (OLG Karlsruhe BauR 2005, 729). Allerdings hat der Unternehmer ein *Leistungsverweigerungsrecht,* wenn er gegen gesetzliche oder behördliche Bestimmungen handeln müsste, vgl § 4 Abs 1 Nr 4 VOB/B, sowie nach Treu und Glauben auch dann, wenn mit an Sicherheit grenzender Wahrscheinlichkeit ein erheblicher Mangel die Folge wäre (vgl NICKLISCH/WEICK/JANSEN/SEIBEL/GARTZ § 4 Rn 82; INGENSTAU/

KORBION/OPPLER § 4 Abs 3 Rn 79; einschränkend KAISER, Mängelhaftungsrecht Rn 57a). Unter diesen Voraussetzungen hat der Unternehmer auch ein Kündigungsrecht nach § 9 Nr 1 lit a VOB/B bzw § 643 BGB (vgl OLG Düsseldorf NJW-RR 1988, 210).

In der Regel wird sich der Besteller freilich berechtigten Einwendungen des Unternehmers nicht verschließen (vgl BGH NJW-RR 1991, 276), namentlich Mängel der Planung und Ausschreibung wird er abstellen. Das kann dann zur alleinigen Einstandspflicht des Unternehmers führen, sofern er den Planungsmangel erkannt hat (BGH NJW-RR 1991, 276). Im Übrigen kommt es natürlich immer auf die Umstände des Einzelfalls an.

Akzeptiert der Besteller die Bedenken des Unternehmers, so hat dieser auch *die neuerlichen Maßnahmen* des Bestellers *zu überprüfen* (vgl BGH NJW 1974, 188 = LM VOB/B Nr 65).

Für seine Entschließung muss der Unternehmer dem Besteller eine gewisse *Überlegungszeit* belassen. Es handelt sich um eine Mitwirkungshandlung des Bestellers, die die Leistungsfrist für den Unternehmer verlängert und Ersatzansprüche nach den §§ 6 Abs 6 VOB/B, 642 BGB auslösen kann.

ii) Werden durch Umdispositionen des Bestellers *zusätzliche oder andere Leistungen des Unternehmers* erforderlich, sind diese zusätzlich zu vergüten, vgl § 2 Abs 6 VOB/B (dazu § 632 Rn 85 ff). Jedenfalls kann er uU ein Leistungsverweigerungsrecht nach § 1 Abs 4 S 1 VOB/B haben. Vorab hat der Unternehmer zunächst die Entschließung des Bestellers abzuwarten und darf nicht eigenmächtig das ihm geboten Erscheinende unternehmen (MOTZKE NZBau 2011, 705), es sei denn, es läge ein Notfall vor. **77**

Unterlässt der Unternehmer eine gebotene Prüfung oder teilt er seine Bedenken nicht oder nicht mit gehörigem Nachdruck mit, entsteht daraus seine Einstandspflicht aus den §§ 280 Abs 1, 241 Abs 2 BGB (o Rn 64).

Diese Einstandspflicht ist idR eine volle, soweit es um die mangelnde Brauchbarkeit des vom Besteller gestellten Stoffes geht. Das ist auch die Wertung des § 645 Abs 1 S 1 BGB, die freilich zu starr ist, wenn sie jedes eigene Verschulden des Bestellers (bzw seines Architekten) ausblendet; dieses ist ggf nach § 254 BGB zu berücksichtigen. Grundsätzlich volle Einstandspflicht auch, wenn es um die Vorbedingungen der eigenen Leistung geht.

Trifft der Verstoß gegen § 4 Abs 3 VOB/B mit einem Planungsfehler zusammen, ist gemäß § 254 BGB abzuwägen. Den Ausgangspunkt muss es bei dieser Abwägung bilden, dass die nachteiligen Folgen primär auf dem Planungsfehler beruhen (vgl OLG Hamm BauR 1994, 145).

Ausgleichsprobleme ergeben sich, wenn der vorleistende Unternehmer für Mängel seines Werkes gewährleistungspflichtig ist und ein Nachleistender haftet, weil er insoweit seine Prüfungspflicht verletzt hat. BGH BauR 1975, 130 hat hier die Annahme einer *Gesamtschuld verneint*. Jedenfalls kann der Besteller *beide Unternehmer im Rahmen ihrer Haftung in Anspruch nehmen,* und zwar auch insoweit, wie sich **78** die Verantwortungsbereiche überschneiden (vgl LG Berlin BauR 1976, 130). INGENSTAU/ KORBION/OPPLER § 4 Abs 3 Rn 58 erwägt eine Leistungspflicht nur Zug um Zug gegen Abtretung der Ansprüche gegen den anderen Unternehmer gem § 255 BGB, aber auch einen internen Ausgleich der Unternehmer aus Geschäftsführung ohne Auftrag oder ungerechtfertigter Bereicherung (vgl zum Problemkreis auch OLG München NJW-RR 1988, 20; BRÜGMANN BauR 1976, 383; WUSSOW, Haftung und Versicherung bei der Bauausführung 151; LOCHER, Das private Baurecht Rn 193 f; HEIERMANN/RIEDL/RUSAM/MANSFELD § 4 Rn 68; KAISER, Mängelhaftungsrecht Rn 54l).

Der Kern des Problems liegt im internen Ausgleich der Unternehmer. Hier ließe sich als Anspruchsgrundlage an Geschäftsführung ohne Auftrag (sog „auch fremdes" Geschäft), ungerechtfertigte Bereicherung (um die ersparten Aufwendungen) oder – gegen den BGH – an § 426 BGB denken. Letztere Anspruchsgrundlage erscheint vorzugswürdig, wenn sie denn – durch entsprechende Anwendung des § 254 BGB – den allfälligen flexiblen Ausgleich ermöglicht, der den jeweiligen Anteilen gerecht wird.

kk) Beweislast

79 Der Besteller hat darzutun und zu beweisen, dass der Unternehmer *Anlass zur Prüfung und Äußerung von Bedenken gehabt* oder dass er gehegte Bedenken nicht ordentlich vorgetragen habe, also den objektiven Tatbestand der Pflichtverletzung. Der Unternehmer, der Bedenken vorgetragen haben will, muss konkret darlegen, wann und wie er dies getan haben will. Hat er keine Bedenken geäußert, trifft ihn die Beweislast dafür, dass sich der Besteller verschlossen hätte.

Soweit § 13 Abs 3 VOB/B durch seine Fassung dem Unternehmer die volle Beweislast auferlegt, verstößt dies gegen § 307 Abs 2 Nr 1 BGB (aA WEYER BauR 2009, 1204); hat der Besteller die objektive Pflichtverletzung des Unternehmers nachgewiesen, muss dieser sich allerdings nach § 280 Abs 1 S 2 BGB in der Frage des Vertretenmüssens entlasten, gerade Beweislastregeln haben einen hohen Gerechtigkeitsgehalt. Für eine uneingeschränkte Beweislast des Unternehmers freilich BGHZ 174, 110 = NJW 2008, 511 = NZBau 2008, 109 Rn 22, 26; BGH NJW 2011, 3780 = NZBau 2011, 746 Rn 14; NJW 2011, 1442 = NZBau 2011, 360 Rn 28; WEYER BauR 2009, 1204.

e) Bereitstellungspflichten des Bestellers

80 aa) Der Besteller hat dem Unternehmer zunächst *unentgeltlich die notwendigen Arbeits- und Lagerplätze* zur Verfügung zu stellen, vgl § 4 Abs 4 Nr 1 VOB/B, der einen *allgemeinen Grundsatz* für den Fall wiedergibt, dass die Arbeiten im räumlichen Bereich des Bestellers durchzuführen sind.

Diese Bereiche sind – nach den konkreten tatsächlichen Erfordernissen und Möglichkeiten – *angemessen* zu bemessen, dh so, dass der Unternehmer störungsfrei arbeiten kann. Eigene Sachen hat der Besteller also uU beiseitezuräumen und er hat sich, soweit dies zumutbar ist, einer eigenen Benutzung dieser Flächen zu enthalten.

Die zur Verfügung gestellten Flächen gehen grundsätzlich für den Zeitraum der Arbeiten – bis zu ihrer Abnahme – in den *unmittelbaren (Fremd-)Besitz* des Unternehmers über, wenn er denn die Arbeiten in eigener Verantwortung durchzuführen hat und für ihr Gelingen haftet. Der Besitz des Unternehmers bezieht sich dabei nicht nur auf die Fläche, sondern auch auf die Arbeitsmittel einschließend einzubauender Materialien. Auch an *eingebauten Materialien* behält der Unternehmer *Besitz,* solange sie nicht abgenommen sind (vgl BGH NJW 1984, 2569) oder er zB durch Weiterführung von Bauarbeiten die Zugriffsmöglichkeit verloren hat (**aA** BGHZ 58, 309 = LM § 97 BGB Nr 6 m Anm MORMANN, wo bereits mit dem Abladen von Heizkörpern und der probeweisen Montage einiger von ihnen Besitzverlust des Unternehmers angenommen worden ist; vgl krit dazu STAUDINGER/GUTZEIT [2018] § 854 Rn 35; KUCHINKE JZ 1972, 659, 661). – Die *Mitarbeiter* des Unternehmers sind *seine Besitzdiener.*

Wo Arbeitsflächen mehreren Unternehmern zur gleichzeitigen Benutzung zur Verfügung gestellt werden, entsteht unter ihnen *Mitbesitz.* Insofern kann sich auch Mitbesitz von Besteller und Unternehmer ergeben.

Dieser Mitbesitz des einzelnen Unternehmers genießt den Besitzschutz der §§ 858 ff BGB wegen § 866 BGB zwar nicht, soweit es um die Grenzen des dem einzelnen zustehenden Gebrauchs geht, aber wenn ihm der Mitbesitz überhaupt entzogen wird, greift der Besitzschutz der §§ 858, 861 BGB. Gegenüber diesem possessorischen Anspruch setzt sich ein petitorischer Anspruch des Bestellers auf Preisgabe des Mitbesitzes nur unter den Voraussetzungen des § 864 Abs 2 BGB durch. Dem Unternehmer Baustellenverbot zu erteilen, bedeutet also grundsätzlich verbotene Eigenmacht; die Voraussetzungen der §§ 227 ff BGB, unter denen ein solches Vorgehen des Bestellers gerechtfertigt sein könnte, vgl die gesetzliche Gestattung des § 858 Abs 1 BGB, werden in aller Regel nicht vorliegen. Obligatorisch zur Preisgabe seines Mitbesitzes ist der Unternehmer nur unter den Voraussetzungen des § 641 Abs 1 S 1 BGB verpflichtet, also nur Zug um Zug gegen Zahlung des noch offenen Werklohns (vgl auch § 641 Rn 3c).

Wenn der Besteller die notwendigen Flächen nicht zur Verfügung stellt, *behindert* er den Unternehmer und verletzt seine Mitwirkungsobliegenheiten. Das kann ein Leistungsverweigerungsrecht des Unternehmers begründen, Entschädigungsansprüche nach den §§ 6 Abs 6 VOB/B bzw 642 BGB auslösen und zur Kündigungsmöglichkeit nach § 9 Abs 1 Nr 1 VOB/B bzw § 643 BGB führen.

Kostenmäßig geht die Einräumung des für die Arbeiten notwendigen Bereichs *zu Lasten des Bestellers;* das stellt § 4 Abs 4 VOB/B nur klar. Anderes kann sich nur ergeben, wenn der Unternehmer die Rückgabe der Flächen über Gebühr, dh über das für die Arbeiten notwendige Maß hinaus verzögert. Dann kann *Verzug mit der Rückgabepflicht* mit der Folge der §§ 280 Abs 1, 2, 286 BGB eintreten. Sofern besondere Kosten anfallen, gehen diese außerdem, und insoweit ohne Verschulden, im Nachbesserungsstadium zu Lasten des Unternehmers (vgl INGENSTAU/KORBION/OPPLER § 4 Abs 4 Rn 3).

bb) *Unentgeltlich nutzen* darf der Unternehmer auch – außer *vorhandenen Zufahrtswegen und Anschlussgleisen,* vgl § 4 Abs 4 Nr 2 VOB/B – *vorhandene Anschlüsse für Wasser und Energie,* vgl § 4 Abs 4 Nr 3 VOB/B, der damit nur *den allgemeinen Grundsätzen von Treu und Glauben* entspricht. Auf *Schaffung nicht vorhandener* oder für seine Bedürfnisse ausreichend dimensionierter *Anschlüsse* hat der Unternehmer dagegen *keinen Anspruch.* Da es sich um einen Teil der von ihm zu erbringenden Werkleistung handelt, muss er *hierfür vielmehr auf eigene Kosten sorgen.* Wenn der Besteller insoweit für ihn tätig wird, erwächst ihm daraus ein Anspruch auf Kostenersatz nach dem Gedanken des § 670 BGB.

Der Unternehmer darf dann auch vorhandenes Wasser und vorhandene Energievorräte verbrauchen, hat dafür aber wiederum *dem* gegenüber den Lieferanten kostenpflichtigen *Besteller Aufwendungsersatz* zu leisten. Das wird in § 4 Abs 4 Nr 3 S 2 VOB/B ausgesprochen, *gilt* aber *ganz allgemein nach Treu und Glauben.* Geschuldet wird insoweit nur *Aufwendungsersatz;* der Besteller darf insoweit nichts Zusätzliches berechnen. Wo sich die Kosten nicht exakt ermitteln lassen, sind sie ggf nach § 287 ZPO zu schätzen. Klauseln des Bestellers, die Prozentsätze des Werklohns als Entgelt festsetzen, sind unwirksam, OLG Stuttgart NJW-RR 1998, 312, erst recht Klauseln, nach denen der Unternehmer für nicht Geschuldetes herangezogen werden kann (vgl OLG Hamm NJW-RR 1997, 1042). Abzulehnen BGH NJW 1999, 3260, dass Verbrauchspauschalierungen in AGB des Bestellers nach § 8 AGBG (= § 307 Abs 3 S 1 BGB) kontrollfrei sein sollen.

Nach § 4 Abs 4 Nr 3 S 2 VOB/B schulden *mehrere Unternehmer* anteiligen Aufwendungsersatz; sie werden also *nicht zu Gesamtschuldnern.* Dabei muss der Verteilungsschlüssel angemessen sein, darf also zB nicht an der Auftragssumme orientiert werden, sondern ist an Parametern auszurichten, die Rückschlüsse auf den konkreten Verbrauch zulassen. Auch dies lässt sich – ohne Vereinbarung der VOB/B – aus *allgemeinen Grundsätzen* herleiten.

f) Schutz- und Unterhaltungspflichten des Unternehmers

82 Den Unternehmer treffen bestimmte *Schutz- und Erhaltungspflichten,* wie sie aus Treu und Glauben herzuleiten sind und in § 4 Abs 5 VOB/B näher konkretisiert werden.

aa) Er muss die von ihm *ausgeführten Leistungen* vom Arbeitsbeginn bis zur Abnahme *absichern,* die die Gefahr übergehen lässt, dh bis zum Zeitpunkt der Besitzübertragung auf den Besteller. Eine derartige Pflicht gegenüber dem Besteller ist trotz der einstweilen noch den Unternehmer treffenden Gefahr anzuerkennen, da den Beteiligten an der *Erhaltung bereits geschaffener Werte* gelegen sein muss, mag die Verletzung dieser Pflicht auch praktisch ohne eigene Sanktionen bleiben, da dem Besteller auch ohne ein Verschulden des Unternehmers sein Erfüllungsanspruch verbleibt, der dann etwaige Schadensersatzansprüche verdrängt. Ggf kann aber doch bei groben Verstößen des Unternehmers eine Kündigung des Bestellers aus wichtigem Grunde in Betracht kommen.

83 bb) Der Unternehmer muss auch die ihm für die Ausführung *übergebenen Gegenstände schützen.* Dieser Begriff aus § 4 Abs 5 VOB/B ist weit zu fassen.

Gegenständlich betrifft er zunächst die zu verarbeitenden *Materialien,* ferner *technische Hilfsmittel,* aber auch das *Grundstück selbst* (vgl INGENSTAU/KORBION/OPPLER § 4 Abs 5 Rn 8; **aA** OLG Bremen SCHÄFER/FINNERN/HOCHSTEIN Z 2.401 Bl 9), und damit zB auch dem Unternehmer überlassene *Schlüssel.* Die *Arbeiten anderer Unternehmer* sind jedenfalls dann Objekt seiner Schutzpflicht, wenn auf ihnen aufgebaut wird. Aber auch bei anderen Sachen des Bestellers und sonstigen Arbeiten anderer Unternehmer kann der Unternehmer nach Treu und Glauben gehalten sein, einer Beschädigung oder einem Verlust vorzubeugen. Einerseits darf er nicht sehenden Auges eine Beschädigung zulassen, andererseits darf er jedenfalls keine Maßnahmen treffen, die diese einer erhöhten Gefährdung aussetzen.

Sachlich hat der Unternehmer *Diebstahl und Beschädigung* vorzubeugen. Was dazu an Maßnahmen erforderlich ist, ergibt sich aus den Umständen des Einzelfalls. Im Rahmen des Zumutbaren muss der Unternehmer jedenfalls gegen denkbare vorsätzliche oder fahrlässige *Eingriffe Dritter* Vorsorge leisten, aber ebenso gegen sonstige Gefährdungen, wie sie sich insbesondere aus Witterungseinflüssen ergeben können.

Die Werkleistung zu *versichern* ist der Unternehmer nur bei entsprechender Vereinbarung verpflichtet (vgl § 644 Rn 14). Schließt der Besteller eine Bauwesenversicherung ab, darf er den Unternehmer auch in seinen AGB an den Kosten beteiligen. Die Quote ist aber nicht kontrollfest nach § 307 Abs 3 S 1 BGB (**aA** BGH NZBau 2000, 466 zu § 8 AGBG), sondern muss den konkreten Verhältnissen genügen. Die anteilige Beteiligung des Unternehmers an den Kosten der Baureinigung ist jedenfalls unangemessen, § 9 Abs 2 Nr 1 AGBG bzw § 307 Abs 2 Nr 1 BGB (BGH NZBau 2000, 466), weil der Unternehmer seinen eigenen Abfall zunächst selbst beseitigen muss und darf.

Verstöße gegen die Schutz- und Erhaltungspflichten führen zu Ansprüchen des Bestellers aus § 823 BGB bzw aus den §§ 280 Abs 1, 241 Abs 2 BGB, soweit ihm gehörende Sachen betroffen sind. Andere Unternehmer werden regelmäßig darauf angewiesen sein, dass der Besteller ihre Schäden im Rahmen einer *Drittschadensliquidation* geltend macht, vgl auch § 644 Rn 10. Wenn *Diebstähle von den Leuten des Unternehmers* begangen werden, kommt es darauf an, ob dies in Ausführung ihrer Verrichtung geschehen ist oder nur – was häufiger der Fall sein wird – bei deren Gelegenheit. Im ersteren Fall haftet der Unternehmer nach § 831 BGB und vertraglich nach § 278 BGB, im letzteren nur im Falle eigenen Aufsichtsverschuldens, §§ 280 Abs 1, 241 Abs 2, § 276 BGB, bzw § 823 BGB (vgl BGHZ 11, 151).

Soweit Verstöße gegen Schutz- und Aufsichtspflichten zu Mängeln der Werkleistung führen, verbleiben dem Besteller die Erfüllungsansprüche und erwachsen ihm die Gewährleistungsrechte; insoweit ist der Mangel dann auch von dem Unternehmer zu vertreten.

cc) Der Schutz gegen *Winterschäden und Grundwasser* sowie die Beseitigung von Schnee und Eis, von denen § 4 Abs 5 S 2 VOB/B spricht, gehören zu den allgemeinen Schutz- und Erhaltungspflichten des Unternehmers; dies allerdings nur dann, wenn sie *von dem Besteller besonders verlangt* werden. Der Unternehmer hat dann auch Anspruch auf eine entsprechende *zusätzliche Vergütung*. – *Außerhalb des Anwendungsbereichs der VOB/B* wird man dies regelmäßig für eine normale, also nicht besonders zu verlangende oder zu vergütende Pflicht des Unternehmers halten müssen; es kommt aber entscheidend auf die getroffenen Vereinbarungen bzw die Verkehrssitte an.

84

g) Pflicht zur Beseitigung vertragswidriger Stoffe oder Bauteile

85 aa) Befinden sich auf der Baustelle *vertragswidrige Stoffe oder Bauteile,* so gewährt § 4 Abs 6 S 1 VOB/B dem Besteller das Recht, deren **umgehende Beseitigung** zu verlangen. Die Stoffe müssen *objektiv mangelhaft* sein, wofür der *Besteller beweispflichtig* ist. Durch unberechtigte Beanstandungen behindert er den Unternehmer iSd §§ 6, 9 VOB/B. Von einer *Fristsetzung* ist der Beseitigungsanspruch *nicht abhängig.* Diese ist vielmehr nur Voraussetzung für die Selbsthilfebefugnisse nach § 4 Abs 6 S 2 VOB/B.

86 bb) Nicht anders ist die Rechtslage, wenn die Geltung der VOB/B nicht vereinbart ist. Die Vorhaltung vertragswidriger Stoffe oder Bauteile impliziert die Gefahr ihrer Verwendung und damit späterer Mängel. Das nimmt nicht die gebührende Rücksicht auf die Interessen des Bestellers, § 241 Abs 2 BGB.

87 cc) Unter bestimmten Voraussetzungen darf der Besteller nach § 4 Abs 6 S 2 VOB/B die vertragswidrigen Stoffe oder Bauteile *selbst entfernen:*

(1) Es muss dem Unternehmer zunächst eine *Frist zur eigenen Beseitigung* gesetzt worden sein. Es versteht sich, dass diese Frist angemessen zu sein hat. Insoweit muss dem Unternehmer zunächst Zeit zur Überprüfung der Rügen und dann zur Durchführung der Beseitigung gelassen werden, andererseits ist die Angelegenheit doch *zügig abzuwickeln.*

(2) Zweifelhaft, aber wohl zu *verneinen,* ist die Frage, ob der Unternehmer die Frist *schuldhaft* ungenutzt gelassen haben muss (vgl Ingenstau/Korbion/Oppler § 4 Abs 6 Rn 14; Nicklisch/Weick/Jansen/Seibel/Gartz § 4 Rn 119; Kaiser BlGWB 1976, 102).

(3) Der Besteller darf dann die Stoffe *selbst entfernen.* Er hat sie ordnungsgemäß zu lagern und zu sichern und den Unternehmer unverzüglich von dem Verbringungsort zu benachrichtigen. Entsprechend § 670 BGB kann er den *Ersatz seiner Unkosten* verlangen.

(4) Wahlweise hat der Besteller auch die Befugnis, die vertragswidrigen Materialien zu *veräußern.* Insoweit dürfte die Regelung freilich gegen § 307 Abs 2 Nr 1 BGB verstoßen, da die Veräußerung den Unternehmer belastet und auch nur im Notfall sinnvoll sein kann. Die §§ 372, 384 BGB decken sie nicht. Es sind die §§ 383 ff BGB entsprechend anzuwenden. Zu einem eigenen Erwerb ist der Besteller wegen § 181 BGB nur bei Gestattung durch den Unternehmer berechtigt. Der Erlös ist, nach Abzug der Unkosten, dem Unternehmer auszuhändigen.

(5) Bei alledem haftet der Besteller dem Unternehmer für Vorsatz und jede Fahrlässigkeit (aA Ingenstau/Korbion/Oppler § 4 Abs 6 Rn 19, unter Berufung auf § 300 Abs 1), doch liegt Gläubigerverzug nicht vor, sondern nur Schuldnerverzug des Unternehmers.

88 dd) *Entsprechende Selbsthilferechte* des Bestellers sind *nach allgemeinem Zivilrecht nicht anzuerkennen,* insbesondere scheidet in diesem Stadium § 634 Nr 2 BGB als ihre Grundlage aus. Doch sind die Voraussetzungen für eine auf Sequestration durch den Gerichtsvollzieher gerichtete *einstweilige Verfügung* dann gegeben, wenn die Verwendung der Materialien unmittelbar droht; vgl für den Eilfall auch § 229 BGB.

h) Rechte des Bestellers bei Mängeln, die während der Erstellung des Werkes erkannt werden

aa) Der Unternehmer schuldet ein mangelfreies Werk. Er ist deshalb nicht erst **89** nach der Abnahme verpflichtet, vorhandene Mängel zu beseitigen, sondern auch vorher schon, *Mängel überhaupt zu vermeiden* und *bereits eingetretene Mängel zu beseitigen,* vgl § 4 Abs 7 S 1 VOB/B. Diese Beseitigungspflicht ist *Teil seiner Erfüllungspflicht* (vgl BGHZ 51, 275 = NJW 1969, 653; BGH NJW 1971, 838; NJW 2013, 1528 Rn 15). Das gilt nicht nur dann, wenn die VOB/B mit ihrem § 4 Abs 7 S 1 vereinbart ist, sondern auch nach allgemeinem Zivilrecht. Dort ist an § 323 Abs 4 BGB anzuknüpfen. Die dort angesprochene Rücktrittsmöglichkeit ist gegeben, wenn bereits vor Fälligkeit offensichtlich ist, dass das Werk nach Fälligkeit nicht zu einem dem Besteller noch zumutbaren Termin mangelfrei fertig gestellt wird (BGH NZBau 2008, 576). Die Gefahr einer solchen Verzögerung beschwört der Unternehmer herauf, wenn er einen Mangel verursacht und ihn nicht wieder beseitigt. Allerdings muss der Eintritt einer entsprechenden Verzögerung nach § 323 Abs 4 BGB offensichtlich sein. Das Prognoserisiko, wie lange der Unternehmer noch benötigen wird und welche Verzögerung dem Besteller zuzumuten ist, trägt allein der Besteller. Nach Fälligkeit kann der Besteller durch Fristsetzung nach § 323 Abs 1 BGB für Klarheit sorgen. Der BGH (BGHZ 193, 315 = NJW 2012, 3714 Rn 16) verwehrt dem Besteller eine entsprechende Möglichkeit zur Fristsetzung vor Fälligkeit. Indes antizipiert § 323 Abs 4 BGB nicht nur eine künftige Pflichtverletzung des Unternehmers, sondern sein dort angesprochenes Verhalten ist eine gegenwärtige Pflichtverletzung. Daher kann der Besteller die Offensichtlichkeit dadurch in entsprechender Anwendung des § 323 Abs 1 BGB herbeiführen, dass er dem Unternehmer eine angemessene Frist zur Mängelbeseitigung setzt. Verstreicht diese Frist fruchtlos, ist es eben offensichtlich, dass nur ein mangelhaftes Werk abgeliefert werden wird.

Eine Fristsetzung zur Mängelbeseitigung hatte auch das bisherige Recht gekannt, § 634 Abs 1 S 2 aF, freilich durfte die Frist nach HS 2 der Bestimmung nicht vor dem vorgesehenen Ablieferungstermin ablaufen. Dass diese Ausgestaltung der Frist aufgehoben worden ist, bedeutet, dass die Bemessung der Frist heute nur noch dem Kriterium der Angemessenheit unterliegt.

bb) Der Unternehmer ist nach § 4 Abs 7 S 1 VOB/B verpflichtet, vorhandene Män- **90** gel zu beseitigen.

(1) Zum Begriff der Mängel vgl u Rn 158 ff. Es gelten hier keine grundsätzlichen Besonderheiten. Insbesondere brauchen die Mängel *nicht erheblich* zu sein, da der Besteller Anspruch auf ein überhaupt mangelfreies Werk hat (vgl Ingenstau/Korbion/Oppler § 4 Abs 7 Rn 11; Nicklisch/Weick/Jansen/Seibel/Gartz § 4 Rn 127 ff). Allerdings kann die Beseitigung des Mangels uU wegen unverhältnismäßigen Aufwandes verweigert werden (vgl § 635 Rn 8).

Die *Ursachen* der Mängel sind *unerheblich.* Der Unternehmer schuldet nicht nur die Beseitigung von Mängeln, die er selbst verursacht hat, sondern auch von solchen Mängeln, die – auf Grund von Planungsfehlern, fehlerhaften Anweisungen, mangelhaften zur Verfügung gestellten Stoffen etc – in den *eigenen Verantwortungsbereich des Bestellers* fallen (aA Ingenstau/Korbion/Oppler § 4 Abs 7 Rn 13: Nur wenn gleichzeitig der Unternehmer gegen seine Pflichten aus § 4 Nr 3 VOB/B [o Rn 62 ff] verstoßen hat). *Auch derartige Mängel dürfen* aber nicht bestehen bleiben, und es ist auch hier Sache des Unternehmers, für Abhilfe zu sorgen. Vor allem aber kann er die Beseitigung hier von der *vollen Übernahme der Kosten durch den Besteller* abhängig machen. Zur Kostenteilung bei beiderseitig verursachten Mängeln vgl u Rn 192 ff.

Die *Beweislast* für die Mängel ist hier dem *Besteller* aufzuerlegen (aA Ingenstau/Korbion/Oppler § 4 Abs 7 Rn 17). Zwar trifft den Unternehmer bei der Abnahme die Beweislast für die Mangelfreiheit des Werkes, doch kann das dann nicht gelten, wenn der Besteller, wie hier, aus ihnen vorzeitig besondere Rechte herleiten will.

91 **(2)** Dem Beseitigungsanspruch hinsichtlich schon verursachter Mängel entspricht ein *vorbeugender Anspruch auf Unterlassung der Verursachung von Mängeln.* Dieser kann uU zugunsten des Bestellers durch eine einstweilige Verfügung gesichert werden (vgl OLG München Betr 1986, 2595 = BB 1986, 2296). Der Schuldner hat eben die Pflicht, Pflichtverletzungen zu unterlassen. Die drohende Verletzung dieser Pflicht kann sich zB aus dem drohenden Einbau vertragswidrigen Materials ergeben.

92 **(3)** Die Pflicht zur Mängelbeseitigung während der Erstellung des Werkes muss *parallel zu dem Nachbesserungsanspruch* behandelt werden, der dem Besteller nach der Abnahme zusteht; er ist sachlich identisch mit diesem. Daraus folgt insbesondere:

In dem Rahmen, in dem nach der Abnahme statt einer Nachbesserung eine *Neuherstellung* verlangt werden kann (vgl § 634 Rn 32), kann dies auch jetzt schon geschehen.

Auch jetzt schon kann der Unternehmer die Nachbesserung nach dem Gedanken der § 13 Abs 6 VOB/B, § 635 Abs 3 BGB verweigern, wenn sie mit einem *unverhältnismäßig hohen Aufwand* verbunden wäre (vgl Ingenstau/Korbion/Oppler § 4 Abs 7 Rn 20 ff). Dafür ist freilich der Unternehmer darlegungs- und beweispflichtig, und sind insoweit gerade in diesem Stadium strenge Anforderungen zu stellen. Gegebenenfalls kann der Besteller nach Treu und Glauben gehalten sein, in eine *zumutbare Ersatzlösung* einzuwilligen. Wenn und soweit die Nachbesserung verweigert werden kann, berührt das nicht die Rechte des Bestellers auf Minderung oder Schadensersatz.

Die *Kosten der Nachbesserung* gehen zu Lasten des Unternehmers, vgl § 4 Abs 7 S 1 VOB/B, § 635 Abs 2 BGB, soweit sich nicht der Besteller an ihnen zu beteiligen hat, weil er den Mangel mitverursacht hat (vgl u Rn 192 ff), oder es sich um sog „Sowieso"-Kosten handelt (vgl § 634 Rn 24).

Die geschuldeten Maßnahmen sind die zur Beseitigung des Mangels notwendigen. Dazu gehören seine *Freilegung* und die *Abklärung seiner Ursachen* sowie auch *Folgemaßnahmen,* die die Mängelbeseitigung als solche notwendig macht, zB ein erneuter Anstrich, nicht dagegen die Beseitigung von Mangelfolgeschäden (vgl auch § 634 Rn 34).

(4) Der *Zeitraum,* innerhalb dessen der Mängelbeseitigungsanspruch des Bestellers zu erfüllen ist, ist nach BGB und VOB/B unterschiedlich bemessen. **93**

Wenn die Geltung der VOB/B vereinbart ist, ist der Anspruch auf Nachbesserung gem § 271 BGB zu erfüllen, die Arbeiten sind also zügig aufzunehmen und zu beenden. Ggf wird die Leistungsfrist durch eine vom Besteller gesetzte Frist beeinflusst (vgl dazu auch u Rn 96 f).

cc) Wenn die Geltung der VOB/B nicht vereinbart ist, ist von § 323 Abs 4 BGB **93a** auszugehen. Der aus seinem Erfüllungsanspruch abzuleitende Abhilfeanspruch des Bestellers muss erfüllt werden, bevor es offensichtlich wird, dass es nicht zu einer mangelfreien Leistung in einer dem Besteller zuzumutenden Frist kommen wird (vgl Rn 89; **aA** BGHZ 193, 315 = NJW 2012, 3714 Rn 16). Der Abhilfeanspruch greift also, wenn die ernsthafte Möglichkeit einer mangelhaften Leistung besteht. Diese ernsthafte Möglichkeit aber kann der Besteller dadurch belegen, dass er dem Unternehmer eine Frist zur Mängelbeseitigung setzt und diese dann fruchtlos abläuft.

dd) Der fällige Anspruch auf Beseitigung von Mängeln kann eingeklagt werden. **94** Das ist so aussichtslos nicht, ist eine solche Klage doch die intensivste Form der Erinnerung des Unternehmers an seine Pflichten. Wenn der Besteller eindeutig im Recht ist, ist der Unternehmer wohlberaten, durch eine umgehende Mängelbeseitigung für eine Erledigung der Hauptsache zu sorgen, um so die Prozesskosten zu mindern und einer Vollstreckung vorzubeugen, wie sie ihn voraussichtlich teurer zu stehen kommen würde. Diese Vollstreckung erfolgt nach § 887 ZPO, dh der Besteller wird ermächtigt, die Mängelbeseitigung anderweitig auf Kosten des Unternehmers durchführen zu lassen.

Der Nachbesserungsanspruch des Bestellers kann außerdem *einredeweise dem Werklohnanspruch des Unternehmers nach § 320 BGB entgegengesetzt* werden. Das ist namentlich gegenüber Abschlagszahlungen von Bedeutung (vgl BGHZ 73, 140; KAISER BauR 1982, 205).

ee) Reagiert der Unternehmer auf eine Fristsetzung des Bestellers zur Mängelbe- **95** seitigung nicht, ist der Besteller – jedenfalls nach dem BGB – die eigene Ersatzvornahme möglich. Das ergibt einmal § 634 Nr 2 BGB; der noch einschlägige Erfüllungsanspruch des Bestellers darf keinen geringeren Schutz genießen als sein dortiger Anspruch auf Nacherfüllung. Das folgt zum anderen daraus, wie sein Anspruch auf Nacherfüllung zu vollstrecken wäre:

Wie bemerkt wäre § 887 ZPO einschlägig. Auf Zwang gegen den Schuldner verzichtet diese Bestimmung aus guten Gründen. Eine zur Vollstreckung nach § 887 ZPO führende Verurteilung enthält aber die beiden weiteren inzidenten Aussprüche, dass der Schuldner die Kosten der Ersatzvornahme zu tragen habe und ihr keinen Widerstand entgegensetzen dürfe. Nun ist aber weder die Titulierung eines Anspruchs noch seine Durchsetzung im Wege der Zwangsvollstreckung geeignet, die Befugnisse des Anspruchsinhabers qualitativ zu ändern. Das bedeutet, dass der Besteller auch ohne die Inanspruchnahme gerichtlichen Beistands befugt sein muss, nach Fristsetzung zur Eigenvornahme zu schreiten.

Die Richtigkeit dessen beleuchtet der Blick auf die möglichen Konstellationen. Ist die Ablieferung des Werks noch in weiter Ferne, kann schwerlich auf § 634 Nr 2 BGB zurückgegriffen werden. Bietet der Unternehmer aber sein Werk zur Abnahme an, kann es dem Besteller nicht zugemutet werden, es als Erfüllung entgegenzunehmen, um sich die Möglichkeiten des § 634 Nr 2 BGB zu verschaffen. Die VOB/B lässt die eigene Mängelbeseitigung des Bestellers nur nach einer Kündigung des Vertrages zu (vgl zuletzt BGH NJW 2012, 1137 = NZBau 2012, 157 Rn 9). Seinen Erfüllungsanspruch preiszugeben entspricht aber weithin nicht den berechtigten Interessen des Bestellers.

Der Besteller kann weiterhin berechtigt sein, den *Vertrag aufzulösen,* wenn seinem Nachbesserungsbegehren nicht entsprochen wird. Das gestaltet sich *nach Voraussetzungen und Folgen unterschiedlich, je nachdem, ob die Geltung der VOB/B vereinbart ist oder nicht.*

96 **(1)** *Wenn die Geltung der VOB/B vereinbart ist,* kann der Besteller unter den Voraussetzungen der §§ 4 Abs 7, 8 Abs 3 VOB/B *kündigen* („den Auftrag entziehen"). Die Möglichkeit des Rücktritts muss damit als stillschweigend abbedungen gelten.

Aus der Sicht der §§ 307 ff BGB ist gegen diese Regelung nichts einzuwenden. Soweit dem Besteller die Rücktrittsmöglichkeit genommen wird, wird dies durch § 309 Nr 8 lit b bb BGB gedeckt. Diese Bestimmung betrifft zwar den Zeitraum nach der Abnahme, zuvor sollte aber nichts anderes gelten. Soweit die Möglichkeit der Lösung vom Vertrag von der zusätzlichen Voraussetzung der vorherigen Ankündigung abhängt, benachteiligt dies den Besteller nicht unangemessen, auch wenn die §§ 281 Abs 1, 323 Abs 1 BGB derlei nicht vorsehen. Es ist sachgerecht, dem Unternehmer den Ernst der Lage vor Augen zu führen. Dem Besteller, der die Lösung vom Vertrag erwägt, ist es zuzumuten, dies kundzutun. Mutatis mutandis entspricht die Regelung § 254 Abs 2 S 1, 1. Alt BGB, und seiner Warnpflicht. Damit ist das korrekte Vorgehen auch dem nicht bauerfahrenen Besteller zuzumuten, dem bauerfahrenen ohnehin.

97 **(a)** Das setzt voraus, dass der Besteller dem Unternehmer eine *angemessene Frist zur Beseitigung* des Mangels setzt und *erklärt, dass er nach ihrem fruchtlosen Ablauf den Auftrag entziehe.*

(α) Die von dem Besteller gesetzte Frist muss *angemessen* sein. Die Angemessenheit ist von den Umständen des Einzelfalls abhängig. Einerseits muss sie – zur Beseitigung des Mangels gesetzt – hierfür ausreichen, wobei zu berücksichtigen sein kann, dass die Arbeiten auf Grund objektiver Faktoren (Witterungseinflüsse, Arbeiten anderer Unternehmer) uU nicht sofort aufgenommen oder bruchlos durchgeführt werden können. So kann es zB auch geboten sein, die Ursachen des Mangels vorab durch ein Sachverständigengutachten zu klären (vgl BGH BauR 1975, 137 = WM 1974, 932). Andererseits ist aber davon auszugehen, dass der Unternehmer, der den Mangel gesetzt hat, damit wenn schon nicht schuldhaft, so doch wenigstens *pflichtwidrig* gehandelt hat. Er darf also *keine besondere Rücksichtnahme* – zB auf innere Probleme seines Betriebes, anderweitige Aufträge – erwarten, sondern hat zur zügigen Aufnahme und Durchführung der Arbeiten bereit zu sein.

Eine *zu knapp bemessene Frist* ist darum nicht wirkungslos, sondern setzt eine nach objektiven Kriterien zu bemessende angemessene in Gang. Wirkungslos ist allerdings eine Fristsetzung, die nur in der (vom Unternehmer zu beweisenden) Absicht gesetzt ist, den Unternehmer zu Fall zu bringen. Eine *zu lang bemessene Frist gilt als solche,* bindet also insbesondere den Besteller selbst. Der Unternehmer kann sich nach den §§ 307 Abs 2 Nr 1, 308 Nr 2 BGB in seinen AGB keine unangemessen lange Frist zur Mängelbeseitigung ausbedingen (vgl OLG Stuttgart NJW 1981, 1105).

(β) Die Frist muss *zur Beseitigung des Mangels* gesetzt sein. § 4 Abs 7 S 3 VOB/B kann jedoch *entsprechend dahin angewendet* werden, dass eine Frist gesetzt wird für die *Aufnahme der Arbeiten* oder gar *die Erklärung der Bereitschaft zu ihnen* (vgl BGH NJW 1999, 3710; KAHLKE BauR 1981, 516; INGENSTAU/KORBION/OPPLER § 4 Abs 7 Rn 44). Das rechtfertigt sich hier daraus, dass der fruchtlose Ablauf einer derartigen Frist das *Vorliegen der Voraussetzungen des § 323 Abs 2 Nrn 1, 3 BGB* anzeigt: Entweder kann von einer Verweigerung der Mängelbeseitigung durch den Unternehmer ausgegangen werden, oder jedenfalls besteht ein besonderes Interesse des Bestellers daran, seine Beziehungen zu einem Unternehmer zu beenden, der auf eine derartige Fristsetzung nicht angemessen reagiert.

(γ) *Ausnahmsweise* kann die Fristsetzung *entbehrlich* sein, wenn die Beseitigung **98** des Mangels unmöglich ist oder wenn die Voraussetzungen des § 323 Abs 2 BGB vorliegen, die Mängelbeseitigung zB *ernsthaft und endgültig von dem Unternehmer verweigert* wird (vgl BGHZ 50, 160 = NJW 1968, 1524), was aus einer Gesamtwürdigung seines Verhaltens zu erschließen ist, also insbesondere dann angenommen werden kann, wenn der Unternehmer abschließend die Meinung vertritt, seine Leistung sei mangelfrei (vgl RGZ 129, 143), oder schließlich wenn ein *besonderes Interesse des Bestellers* an sofortiger Vertragsbeendigung besteht, was insbesondere dann der Fall sein kann, wenn die bisherigen Mängel so gravierend sind, dass dem Besteller *die Duldung einer Nachbesserung nicht mehr zugemutet* werden kann (vgl BGHZ 50, 160 = NJW 1968, 1524 = LM § 4 VOB/B Nr 3; BGH NJW 1975, 825; BGH BauR 1985, 450). Die Fristsetzung ist auch entbehrlich unter den Voraussetzungen des § 323 Abs 4 BGB, wenn die Mängel denn schon eingetreten sind (vgl Rn 89).

(δ) Mit der Fristsetzung muss die *Androhung des Auftragsentzugs* verbunden werden. Diese Androhung muss *bestimmt und zweifelsfrei* erfolgen. Als ausreichend erachtet worden ist insoweit die klare Androhung der Beschäftigung eines anderen Unternehmers nach fruchtlosem Fristablauf (vgl BGH NJW 1983, 1731). Insgesamt kann hier auf die zu § 326 aF entwickelten Grundsätze zurückgegriffen werden.

(ε) Der Auftragsentzug ist möglich, wenn die zur Nachbesserung gesetzte angemessene *Frist ergebnislos abgelaufen* ist. Das ist nicht nur dann anzunehmen, wenn der Unternehmer überhaupt nicht tätig geworden ist. Das Kündigungsrecht besteht vielmehr auch schon dann, wenn die Arbeiten zur Mängelbeseitigung nicht innerhalb der Frist *insgesamt abgeschlossen* sind. In engen Grenzen können sich Ausnahmen aus einer entsprechenden Anwendung des § 323 Abs 5 S 2 BGB ergeben, wenn der Rückstand des Unternehmers unerheblich und unverschuldet ist und die Interessen des Bestellers nicht berührt (etwas weiter insoweit wohl INGENSTAU/KORBION/OPPLER § 4 Abs 7 Rn 54).

Die Kündigung ist allerdings rechtsmissbräuchlich, wenn im *Zeitpunkt ihres Ausspruchs die Mängel beseitigt* sind.

99 (ζ) Inwieweit ein *Verschulden* des Unternehmers Voraussetzung für den Auftragsentzug nach § 4 Abs 7 S 3 VOB/B ist, ist streitig, vgl die Nachweise bei STAUDINGER/PETERS (2000) § 633 aF Rn 142. Die Bedeutung der Frage wird freilich dadurch gemindert, dass regelmäßig ein Verschulden vorliegen wird und dass sich der Unternehmer insoweit auch entlasten müsste, vgl § 280 Abs 1 S 2 BGB. Doch ist ein Verschulden weder hinsichtlich des Mangels noch hinsichtlich der Fristversäumung notwendig.

Die Versäumung der gesetzten Frist braucht jedenfalls nicht schuldhaft zu sein. Es ist nicht einzusehen, warum hier anderes als im Rahmen des § 323 BGB gelten sollte (vgl insoweit STAUDINGER/SCHWARZE [2015] § 323 Rn B 72).

(η) Der Auftragsentzug wird mit dem fruchtlosen Fristablauf möglich; der *Auftrag endigt damit keineswegs von sich aus;* sondern der Besteller hat es in der Hand, ihn dem Unternehmer zu belassen (vgl INGENSTAU/KORBION/OPPLER § 4 Abs 7 Rn 57). Notwendig ist eine *Kündigungserklärung* des Bestellers, die *erst nach Fristablauf* wirksam ausgesprochen werden kann (vgl BGH NJW 1973, 1463 = WM 1973, 1056 = VersR 1973, 767), und zwar auch in jenen Fällen, in denen der Besteller auf die Fristsetzung hätte verzichten können.

100 (b) Die Entziehung des Auftrags nach den §§ 4 Abs 7 S 3, 8 Abs 3 VOB/B ist eine *Kündigung des Werkvertrages* mit Wirkung ex nunc, deren Folgen sich im Einzelnen nach § 8 Abs 3 VOB/B richten (vgl dazu § 648 Rn 79 ff).

101 (2) *Wenn die Geltung der VOB/B nicht vereinbart ist,* kann der Besteller, der schon während der Erstellung des Werkes Mängel feststellt, unter den Voraussetzungen des § 323 Abs 4 BGB zurücktreten oder alternativ dazu auch kündigen (vgl § 648a BGB). Dazu kann es ratsam sein, zuvor eine Frist zur Beseitigung zu setzen, § 323 Abs 1 BGB analog, vgl auch § 314 Abs 2 BGB.

102 ff) Wo eine Nachbesserung von dem Unternehmer berechtigterweise wegen unverhältnismäßigen Aufwands verweigert wird, § 275 Abs 2 BGB, oder die sonstigen Voraussetzungen des entsprechend anzuwendenden § 636 BGB vorliegen, insbesondere also bei Unmöglichkeit der (vollständigen) Mängelbeseitigung kann der Besteller auch in dem Zeitraum, in dem das Werk noch erstellt wird, dem Mangel durch *Minderung des Werklohns* Rechnung tragen. Dies gilt *unabhängig davon, ob die Geltung der VOB/B vereinbart ist oder nicht,* und ist vor allem dann von Interesse, wenn Abschlagszahlungen zu leisten sind. Zu der Frage, wie der Minderungsbetrag dann auf die einzelnen Teilbeträge der Werklohnforderung zu verrechnen ist, vgl § 634 Rn 116 ff.

103 gg) Dem Besteller können aus Mängeln, die er vor der Abnahme rügt, auch *Schadensersatzansprüche* erwachsen. Die *Rechtslage* gestaltet sich hier *unterschiedlich, je nachdem, ob die Geltung der VOB/B vereinbart ist* oder nicht, mögen die Ergebnisse auch miteinander vergleichbar sein.

(1) Wenn die *Geltung der VOB/B nicht vereinbart* ist, ist von Folgendem auszugehen:

Wenn die Schäden durch eine Nachbesserung nicht mehr abzuwenden sind oder der Unternehmer seine Nachbesserungsbefugnis nach den §§ 281 Abs 2, 323 Abs 2, 636 BGB verloren hat, ist der Besteller an der Durchsetzung des Schadensersatzanspruchs nicht gehindert. Er ist im gegenwärtigen Zeitraum – vor der Abnahme – aus § 281 Abs 1 BGB, nicht aus § 634 Nr 4 BGB herzuleiten.

Denkbare Schäden sind Kosten der Mängelbeseitigung (BGH NJW 2000, 2997), Verzögerungsschäden wie Mietausfälle (BGH NJW-RR 2000, 1260).

(2) *Wenn dem Vertrag die Geltung der VOB/B zugrunde liegt,* sind *Schadensersatzansprüche* des Bestellers grundsätzlich aus § 4 Abs 7 S 2 VOB/B herzuleiten. Zur Rechtsnatur des Anspruchs vgl STAUDINGER/PETERS (2000) § 633 aF Rn 149 mwNw. Er erfasst nur Mangelfolgeschäden. Schadensersatz statt der Leistung – und damit namentlich der Ersatz der Kosten der Mängelbeseitigung – setzt eine Kündigung nach den §§ 4 Abs 7 S 3, 8 Abs 3 VOB/B voraus. **104**

(a) Das Verhältnis des Schadensersatzanspruchs aus § 4 Abs 7 S 2 VOB/B zu dem Schadensersatzanspruch nach erfolgter Abnahme gemäß § 13 Abs 7 VOB/B ist dahin zu bestimmen, dass *letzterer vorgeht* und etwa schon begründete Ansprüche aus § 4 Abs 7 S 2 VOB/B in sich aufnimmt (vgl BGHZ 50, 160, 163; 54, 352, 355; 55, 354, 356; BGH NJW 1982, 1524; INGENSTAU/KORBION/OPPLER § 4 Abs 7 Rn 39). Der Anspruch aus § 4 Abs 7 S 2 VOB/B kann also *grundsätzlich nur bis hin zur Abnahme* geltend gemacht werden. Ausnahmen ergeben sich dann, wenn zwar der Mangel schon vor der Abnahme beseitigt ist, der aus ihm resultierende und zu ersetzende Schaden aber noch fortbesteht. Dann bleibt insoweit § 4 Abs 7 S 2 VOB/B als Anspruchsgrundlage erhalten (vgl DÄHNE BauR 1973, 286; HEYERS BauR 1974, 24; KAISER BlGWB 1976, 121, 123; NICKLISCH/WEICK/JANSEN/SEIBEL/GARTZ § 4 Rn 133 nicht eindeutig BGH BauR 1978, 306 = LM VOB/B Nr 97). Eines Vorbehalts des Anspruchs bei der Abnahme bedarf es dabei nicht.

§ 4 Abs 7 S 2 VOB/B enthält eine *abschließende Regelung* der Schadensersatzansprüche wegen Mängeln, die sich vor der Vollendung des Bauwerks gezeigt haben (BGHZ 50, 160, 168).

(b) Der Anspruch ist aus dem Erfüllungsanspruch des Bestellers abzuleiten und verjährt damit wie dieser nach den §§ 195, 199 BGB. Namentlich kann § 13 Abs 4 VOB/B nicht herangezogen werden, wie er an den Anspruch auf Nacherfüllung anknüpft (**aA** BGH NZBau 2012, 157). **105**

Der Anspruch setzt einen *Mangel* voraus, *den der Unternehmer zu vertreten hat*. Dass ein Mangel vorliegt, hat der Besteller zu beweisen (**aA** INGENSTAU/KORBION/OPPLER § 4 Abs 7 Rn 40). Das widerspricht nicht dem Grundsatz, dass *bei* der Abnahme der Unternehmer die Mangelfreiheit des Werkes zu beweisen hat, und rechtfertigt sich daraus, dass das Werk überhaupt noch unfertig und nicht zur Abnahme vorgesehen ist, der Besteller aber gleichwohl in dieser Situation schon besondere Rechte geltend machen will. Zur Beweislast für das Vertretenmüssen gelten die allgemeinen Grundsätze des § 280 Abs 1 S 2 BGB.

106 (c) *Inhalt und Umfang* des Schadensersatzanspruchs können unterschiedlich ausgestaltet sein.

(α) Zunächst kann der Schadensersatzanspruch neben dem Nachbesserungsanspruch geltend gemacht werden, vgl das „auch" in § 4 Abs 7 S 2 VOB/B. Dann umfasst er *jene Schäden des Bestellers, die trotz der Nachbesserung verbleiben* (vgl BGHZ 50, 165; BGH NJW 1982, 1524 = LM § 4 [A] VOB/B Nr 12; INGENSTAU/KORBION/OPPLER § 4 Abs 7 Rn 29). Zu denken ist etwa an Schäden an von dem Unternehmer nicht gelieferten Bauteilen, die durch den Mangel beschädigt worden sind (vgl BGH BauR 1978, 306 = LM VOB/B Nr 97), ferner vor allem an Verzögerungsschäden wie Mietausfälle oder sonstigen Gewinnausfall (vgl BGH NJW-RR 2000, 1260), weiterhin an Gutachterkosten, die aufgewendet werden müssen, um Mängel und Schäden nach Grund und Höhe festzustellen. Zu der Frage, ob die entgangene Gebrauchsmöglichkeit als solche einen liquidierbaren Schaden darstellt, vgl BGHZ 98, 212; 101, 330.

(β) Wenn der Unternehmer die Beseitigung des Mangels verweigert, kann der Schadensersatzanspruch auch die *Kosten der Mängelbeseitigung* erfassen (BGH NJW 2000, 2997, 2998). Ein vorheriger Auftragsentzug ist dann nicht erforderlich (vgl BGH NZBau 2012, 157). Unterbleibt die Mängelbeseitigung aus Gründen der Wirtschaftlichkeit, erfasst der Anspruch den *mängelbedingten Minderwert des Werkes.*

(γ) Probleme bereitet es, dass § 4 Abs 7 S 2 VOB/B zwar nicht von einem Anspruch auf Schadensersatz wegen Nichterfüllung redet, wie dies § 8 Abs 3 Nr 2 S 2 VOB/B für den Fall der mängelbedingten Kündigung tut, den Schadensersatzanspruch aber doch auch nicht bestimmten Schranken unterwirft, wie dies § 13 Abs 7 VOB/B für den Zeitraum nach der Abnahme tut, vgl dazu BGHZ 50, 160. Das darf *nicht* zu dem Schluss verleiten, dass *dieser Schadensersatzanspruch inhaltlich unbeschränkt* wäre, weil sich der Besteller über § 4 Abs 7 S 2 VOB/B schwerlich das holen darf, was ihm § 13 Abs 7 VOB/B gerade versagt. Es sind deshalb *die dortigen Grenzen des Schadensersatzes* grundsätzlich auch hier zu beachten (vgl INGENSTAU/KORBION/OPPLER § 4 Abs 7 Rn 29).

(δ) Der Schadensersatzanspruch nach § 4 Abs 7 S 2 VOB/B besteht auch dann fort, wenn der Besteller die Verweigerung der Mängelbeseitigung zum Anlass für eine Kündigung nimmt, vgl § 8 Abs 3 Nr 2 S 1 aE VOB/B.

(d) Der Schadensersatzanspruch des Bestellers nach § 4 Abs 7 S 2 VOB/B kann zur Aufrechnung gegenüber dem Werklohnanspruch des Unternehmers verwendet oder diesem nach § 320 BGB entgegengesetzt werden.

107 hh) Die Befugnis des Bestellers, bei Verzug des Unternehmers mit der Mängelbeseitigung diese selbst zu beseitigen bzw anderweitig beseitigen zu lassen, setzt beim VOB-Vertrag dessen Kündigung voraus (BGH BauR 1986, 573; NJW-RR 1998, 235; OLG Düsseldorf BauR 1994, 369; OLG Hamm NJW-RR 1997, 723). Das vermeidet unklare Zuständigkeiten. S auch § 281 Abs 1, 4 BGB. Wenn die VOB/B nicht vereinbart ist, ist ein solcher Auftragsentzug nicht erforderlich (**aA** MESSERSCHMIDT/VOIT/VOIT § 4 VOB/B Rn 31).

i) Pflicht des Unternehmers zur Selbstausführung der geschuldeten Leistung

aa) Zu der nur ausnahmsweise gegebenen Verpflichtung des Unternehmers, die **108** Werkleistung persönlich zu erbringen, vgl o Rn 56 ff. Grundsätzlich ist die Werkleistung **nur im eigenen Betrieb des Unternehmers** zu erbringen. Dies gilt *unabhängig davon, ob die Geltung der VOB/B vereinbart* ist; § 4 Abs 8 Nr 1 S 1 VOB/B, der dies ausdrücklich ausspricht, hat insoweit nur *klarstellenden* Charakter (**aA** offenbar INGENSTAU/KORBION/OPPLER § 4 Abs 8 Rn 4, der dann, wenn die Geltung der VOB/B nicht vereinbart ist, eine freie Befugnis des Unternehmers anzunehmen scheint, die Erbringung der Werkleistung auf Dritte zu übertragen).

bb) Die *Weitergabe des Auftrags* oder eines Teiles des Auftrags an einen selb- **109** ständigen Dritten, den sog Subunternehmer, ist im Geltungsbereich der VOB/B nach § 4 Abs 8 Nr 1 S 2, 3 VOB/B *nur unter zwei alternativen Voraussetzungen* zulässig.

(1) Zunächst nach § 4 Abs 8 Nr 1 S 2 VOB/B bei *schriftlicher Zustimmung* des Bestellers.

Der Besteller darf die Zustimmung an Auflagen und Bedingungen knüpfen. Insoweit ist aber zu beachten, dass er mit diesen *nur legitime eigene Interessen* verfolgen darf. Schutzbedürfnisse des Bestellers ergeben sich einmal daraus, dass die Auswahl – und damit die Qualität des Subunternehmers – Sache des Hauptunternehmers ist, zum anderen daraus, dass eigene vertragliche Beziehungen des Bestellers zu dem Subunternehmer nicht entstehen, dessen Vertragspartner vielmehr allein der Hauptunternehmer ist, vgl § 631 Rn 33. Daraus folgen *verminderte Einwirkungsmöglichkeiten* des Bestellers auf den Subunternehmer sowie die Gefahr, dass Probleme im Verhältnis des Hauptunternehmers zu dem Subunternehmer auf den Besteller zurückschlagen (zB Arbeitseinstellung des Subunternehmers mangels Vergütung durch den Hauptunternehmer).

Verweigert der Besteller die Einwilligung zur Heranziehung ohne hinreichenden Grund oder macht er sie von unzumutbaren Auflagen abhängig, wofür jeweils der Unternehmer beweispflichtig ist, verletzt er seine *Mitwirkungsobliegenheiten* mit den Folgen der §§ 6, 9, Abs 1 Nr 1 VOB/B. Auch können etwaige Gewährleistungsrechte nach § 254 BGB zu kürzen sein, wenn die Beauftragung von Spezialunternehmen das Auftreten von Mängeln vermieden hätte.

§ 4 Abs 8 Nr 1 S 2 VOB/B verlangt ein schriftliches Einverständnis des Bestellers mit der Beauftragung von Subunternehmern. Die nach § 127 BGB zu beurteilende Schriftform kann von den Parteien einverständlich – auch formlos – aufgehoben werden.

Der *Zeitpunkt*, in dem das Einverständnis erfolgt, ist *gleichgültig*. Es kann sich um eine Einwilligung handeln, die bereits in dem Bauvertrag enthalten ist oder ad hoc erteilt wird, aber auch um eine Genehmigung.

Soweit AGB des Unternehmers eine Zustimmung des Bestellers enthalten, kann dies im Einzelfall eine unangemessene Benachteiligung des Bestellers iSd § 307 Abs 1 BGB bedeuten (vgl ULMER/BRANDNER/HENSEN/CHRISTENSEN VOB/B Rn 11; **aA** HEIERMANN/RIEDL/RUSAM/RIEDL/MANSFELD § 4 Rn 122; INGENSTAU/KORBION/OPPLER § 4 Abs 8 Rn 9). Daran fehlt es, wenn ein Generalunternehmer eingeschaltet ist (NICKLISCH/WEICK/JANSEN/SEIBEL/GARTZ § 4 Rn 146). Doch ist eine *unangemessene Benachteiligung* des Bestellers dann anzunehmen, wenn es nach den objektiv zu würdigenden Umständen des Einzelfalls auf die Ausführung der Leistung im eigenen Betrieb des Unternehmers ankommt.

Soweit dem Unternehmer wirksam die Befugnis zur Beauftragung eines Subunternehmers eingeräumt ist, kann die *konkrete Auswahl* des Subunternehmers immer noch missbräuchlich sein.

110 **(2)** Die Beauftragung eines Subunternehmers ist sodann nach § 4 Abs 8 Nr 1 S 3 VOB/B auch ohne Zustimmung des Bestellers *bei solchen Leistungen* zulässig, *auf die der Betrieb des Unternehmers nicht eingerichtet* ist. Das bedarf freilich der *einschränkenden Auslegung,* weil sich der Unternehmer grundsätzlich nur um solche Aufträge bemühen darf, denen er qualitativ und quantitativ auch gewachsen ist. Es darf sich also nur um nicht sonderlich ins Gewicht fallende Leistungsteile handeln, die auch typischerweise an besondere Spezialisten vergeben werden (vgl INGENSTAU/KORBION/OPPLER § 4 Abs 8 Rn 15 f). Will der Unternehmer über diesen Rahmen hinausgehen, bedarf er wiederum der Zustimmung des Bestellers.

Die Bestimmung ist vor dem Hintergrund des § 307 BGB unbedenklich (vgl INGENSTAU/KORBION/OPPLER § 4 Abs 8 Rn 9; ULMER/BRANDNER/HENSEN/CHRISTENSEN VOB/B Rn 11).

111 **cc)** Wenn *die Geltung der VOB/B nicht vereinbart ist,* können Subunternehmer zunächst ebenfalls bei *Zustimmung* des Bestellers beschäftigt werden. Insoweit gelten die Erl o Rn 109 zu § 4 Abs 8 Nr 1 S 2 VOB/B mit der Maßgabe entsprechend, dass die Zustimmung nicht vom Erfordernis der Schriftform abhängig ist.

Darüber hinaus ist die Zulässigkeit des Einsatzes von Subunternehmern nach den *Umständen des Einzelfalls* unter besonderer Berücksichtigung der *Verkehrssitte* zu beurteilen. Das wird namentlich in den von § 4 Abs 8 Nr 1 S 3 VOB/B angesprochenen Fällen dazu führen, dass der Einsatz eines Subunternehmers zulässig ist. Betriebliche Probleme des Unternehmers können ihn aber nicht rechtfertigen (WERTENBRUCH ZGS 2003, 53).

112 **dd)** Soweit der Unternehmer einen Subunternehmer beschäftigt, hat er dem Besteller auf dessen Verlangen *Namen, Anschrift und Auftragsumfang* des Subunternehmers bekannt zu geben. Das bestimmt § 4 Abs 8 Nr 3 VOB/B ausdrücklich und ist *sonst aus dem Grundsatz von Treu und Glauben* herzuleiten. *Weitergehende Auskunftsansprüche* hat der Besteller dagegen *nicht,* insbesondere nicht hinsichtlich der einzelnen Vereinbarungen und namentlich der *Preise*.

Soweit § 4 Abs 8 Nr 2 VOB/B die Verwendung der VOB/B im Verhältnis zum Subunternehmer vorschreibt, ist das eine unzulässige Gängelung des Unternehmers (§ 307 BGB), da der Besteller insoweit schützenswerte Interessen nicht hat, wie dies die VOB/B selbst in § 4 Abs 2 Nr 2 für den Bereich des eigenen Betriebes des Unternehmens anerkennt.

ee) Ausnahmsweise kann der Unternehmer auch *gehalten* sein, auf Verlangen des 113
Bestellers einen Subunternehmer einzusetzen. Das gilt dann, wenn sich der Betrieb
des Unternehmers auf Grund besonderer Umstände als nicht hinreichend kompetent erweist, vgl auch § 5 Abs 3 VOB/B und dazu u Rn 136.

ff) Gegenüber dem *unzulässig beauftragten* Subunternehmer stehen dem Besteller 114
uU die Rechte aus § 862 BGB zu. Gegenüber dem Hauptunternehmer kann dem
Besteller aus dem unzulässigen Einsatz eines Subunternehmers ein *Kündigungsrecht
aus wichtigem Grunde* erwachsen, wenn und soweit das zu einer schweren und
nachhaltigen Störung des Vertrauensverhältnisses zwischen dem Besteller und
dem Unternehmer führt (vgl Nicklisch/Weick/Jansen/Seibel/Gartz § 4 Rn 151). Ist das
Verhältnis nicht nachhaltig gestört, kann der Besteller dem Unternehmer eine *Frist
zur eigenen Arbeitsaufnahme* setzen und nach deren fruchtlosem Ablauf gemäß § 8
Abs 3 VOB/B kündigen. Damit ist zulässigerweise die Möglichkeit des Rücktritts
nach § 324 BGB ausgeschlossen. Unbedenklich ist bei dieser Regelung auch die
Notwendigkeit, den späteren Auftragsentzug anzudrohen. *Nach allgemeinem Zivilrecht* kann eine Kündigung aus wichtigem Grund ebenfalls durch eine fruchtlose
Fristsetzung zulässig werden, hier ist ggf auch der Rücktritt nach § 324 BGB möglich.

gg) Zu den Beziehungen zwischen den Beteiligten bei Einsatz von Subunternehmern vgl § 631 Rn 32 ff.

Zu den sonst möglichen Formen des Zusammenwirkens mehrerer Unternehmer
daselbst Rn 23 ff.

k) Schatzfund
Zu Schatzfunden während der Werkausführung vgl § 4 Abs 9 VOB/B. Die dort in 115
S 1, 2 genannten Regeln gelten auch nach allgemeinem Zivilrecht. Zu den Rechten
aus § 984 BGB vgl BGH NJW 1988, 1204 = JZ 1988, 665 m Anm Gursky = EWiR
§ 984 BGB 188, 363 m Anm Gerhardt.

l) Unechte Teilabnahme
Die sog unechte Teilabnahme des bisherigen § 12 Nr 2 lit b VOB/B ist seit 2000 als
Abs 10 in § 4 VOB/B eingestellt, ohne dass sich sachliche Änderungen ergeben
würden; für frühere Verträge gilt noch die Bestimmung des § 12 Nr 2 lit b VOB/B. Die dortige Kommentierung ist deshalb einstweilen beibehalten; auf sie wird
verwiesen (§ 640 Rn 59 f).

5. Aufgabenverteilung bei der Herstellung des Werkes

a) Durchführung der Arbeiten
§ 631 Abs 1 BGB – und auch die VOB/B – weisen dem Unternehmer als Aufgabe 116
nur die Herstellung des Werkes zu, dh jene Arbeiten, die dazu erforderlich sind.
Dabei kann der Unternehmer mit der Gesamtleistung beauftragt sein, seine Werkleistung kann sich aber auch auf einen Teil dieser beschränken, zB die Elektroarbeiten für ein Gebäude. Unmittelbare Beziehungen zwischen den einzelnen Unternehmern ergeben sich in letzterem Fall nicht, namentlich ist der Vertrag des
Bestellers mit dem einen Unternehmer nicht als ein Vertrag mit Schutzwirkung

für den anderen zu verstehen. Untereinander sind die Unternehmer auf den Schutz des Gesetzes beschränkt, namentlich der §§ 823 ff BGB.

Soweit die Leistung des einen Unternehmers notwendige Vorarbeit für die des anderen ist, erfüllt der Besteller nur eine eigene Mitwirkungsobliegenheit gegenüber dem letzteren iSd § 642 BGB, was zur Folge hat, dass er verschuldensunabhängig in Annahmeverzug gerät, wenn er jene Leistungen verspätet oder mangelhaft zur Verfügung stellt: Dem so behinderten Unternehmer erwächst der zusätzliche Vergütungsanspruch aus § 642 BGB; ggf kann er nach § 643 BGB kündigen. Bei Vereinbarung der VOB/B kann deren § 6 über Behinderungen einschlägig sein.

Zur Pflicht des Unternehmers, Vorleistungen anderer auf ihre Tauglichkeit für seine eigene Leistung zu überprüfen, o Rn 62 ff.

Schädigt ein Unternehmer das Werk eines anderen, das noch nicht abgenommen ist, löst das einen Ersatzanspruch des Bestellers aus, der mit dem Schaden des betroffenen Unternehmers aufzufüllen ist. Vgl zu dieser Drittschadensliquidation § 644 Rn 10.

Es kann natürlich auch der Besteller selbst Vorarbeiten erbringen bzw Arbeiten, die eigentlich Sache des Unternehmers sind. Auch das bleibt grundsätzlich eine Mitwirkungsobliegenheit.

b) Planung

117 Die Planung als der geistige Teil der Herstellung des Werkes ist ebenfalls grundsätzlich Aufgabe des Unternehmers. Hier ist aber zu unterscheiden:

Die Methode des Arbeitens ist Sache des Unternehmers (vgl o Rn 54).

Vorab muss jedoch das Werk als solches geplant werden, die Beschaffenheit ist festzulegen, die es im Ergebnis haben soll. Wem diese Planung obliegen soll, ist eine Frage der – meist konkludenten – Vereinbarung. Namentlich im Baubereich ist es üblich, dass der Besteller – insbesondere durch einen Architekten – plant; die VOB/B geht in ihrem § 3 davon aus. Zwingend vorgegeben ist diese Aufgabenverteilung auch dort freilich nicht, oft wird nur festgelegt, welche Beschaffenheit die Werkleistung im Ergebnis haben soll. Dann liegt eine sog funktionale Leistungsbeschreibung vor, wie sie die VOB/A in § 7 Abs 13–15 als Leistungsbeschreibung mit Leistungsprogramm anspricht (gegenüber der Leistungsbeschreibung mit Leistungsverzeichnis des § 7 Abs 9–12 VOB/A).

Ähnlich kann bei der Entwicklung von Individualsoftware in einem Pflichtenheft vorgegeben werden, welchen Anforderungen diese im Ergebnis genügen soll.

Auch die Planung des Bestellers ist bloße Obliegenheit iSd § 642 BGB. Eigene Planungsmängel lassen Gewährleistungsrechte nicht entstehen bzw nur nach § 254 Abs 1 BGB verkürzte, falls der Unternehmer seiner auch hier bestehenden Prüfungs- und Hinweispflicht nicht nachgekommen ist (o Rn 62 ff).

c) Pflicht zur Beschaffung von Materialien, Zutaten und Geräten

aa) Das Gesetz regelt auch nicht näher die Frage, ob der Unternehmer oder der Besteller die Materialien (den Stoff) oder die Zutaten zu liefern hat. Das ist vielmehr durch eine *Auslegung* der getroffenen Vereinbarungen zu ermitteln. Die Verpflichtungen können ausdrücklich oder konkludent übernommen werden, letzteres zB durch die Vereinbarung von Preisen, die sich nur inklusive Material verstehen lassen. Regelmäßig ergeben sich *Hinweise aus der Verkehrssitte*. Bei Bauverträgen ist es durchweg üblich, dass der Unternehmer die Materialien beschafft; Gleiches gilt bei Reparaturverträgen für die notwendigen Ersatzteile. **118**

bb) Die Beschaffung der notwendigen *Geräte* ist grundsätzlich Sache des Unternehmers; es kann eine entsprechende tatsächliche Vermutung aufgestellt werden. **119**

Kommt der Unternehmer seiner Verpflichtung zur Beschaffung von Materialien oder Geräten nicht nach, so verletzt er seine *Schuldnerpflicht*, was zur Gewährleistung führen kann, vorab zu Schadensersatzpflichten aus den §§ 280 Abs 1, 241 Abs 2 BGB, der Möglichkeit des Rücktritts oder der Kündigung aus wichtigem Grund.

Wenn der Besteller von ihm zu lieferndes Material nicht beschafft, unterlässt er damit eine *Mitwirkungshandlung*, so dass die Rechtsfolgen den §§ 642, 643 BGB zu entnehmen sind, § 650 S 3 BGB, der dies auf den Fall der Produktion nicht vertretbarer Sachen beschränkt; es muss aber auch bei vertretbaren gelten.

cc) Ein sog *unregelmäßiger Werklieferungsvertrag* liegt vor, wenn der Besteller dem Unternehmer zwar den Stoff liefert, es diesem aber freisteht, den Stoff durch anderen zu ersetzen (dazu Mot II 477; Windscheid/Kipp II 412 Anm 12; Staudinger/Riedel[11] § 651 aF Rn 11; BGB-RGRK/Glanzmann § 651 aF Rn 13; OLG Rostock OLGRspr 36, 7: Einlieferung von Kartoffeln zur Verflockung mit der Maßgabe, daß der Einlieferer eine entsprechende Menge Kartoffelflocken erhalten soll, die aber nicht aus seinen eigenen Kartoffeln gefertigt zu sein brauchen). **120**

Bei Verträgen dieser Art kommt es für die anzuwendenden Regeln auf die *Interessenlage* sowie die aus den Umständen zu entnehmenden *Absichten der Parteien* an (Staudinger/Riedel[11]; BGB-RGRK/Glanzmann). *Weithin* wird das *Werkvertragsrecht anwendbar* sein, obwohl im Ergebnis in aller Regel vertretbare Sachen herzustellen sind (vgl dazu § 650 Rn 8 ff).

6. Zeitlicher Rahmen des Werkvertrages

a) Bestimmung der für die Ablieferung bestimmten Frist

Ausgangspunkt ist die für die Ablieferung des Werkes bestimmte Frist, von der § 634 Abs 1 S 2 BGB aF plastisch sprach; sie wird *vom Werkvertragsrecht selbst nicht näher beschrieben;* auch die VOB/B macht zu ihr keine Angaben. Sie ist deshalb *nach § 271 BGB zu ermitteln* (vgl Erman/Seiler[10] Rn 2 zu § 636 aF). Das bedeutet: **121**

aa) Parteivereinbarung

In erster Linie maßgeblich ist eine von den Parteien vereinbarte Frist. In ihrer Bemessung sind sie frei. Doch bedarf es der Auslegung im Einzelfall, ob eine vorgesehene Frist oder ein vorgesehener Termin *verbindlich* sein soll oder nur eine unverbindliche Prognose darüber darstellt, wann die Werkleistung voraussichtlich erbracht sein wird. Letzterenfalls verbleibt es dabei, dass der Fertigstellungstermin *den Umständen* (s sogleich Rn 122) *zu entnehmen* ist. Für die Auslegung wichtig sind außer den gewählten Formulierungen die Umstände des Einzelfalls, namentlich die der Gegenseite erkennbare wirtschaftliche Bedeutung der Einhaltung der Frist. Die Beweislast für die Verbindlichkeit der Frist trifft den, der sich darauf beruft.

Durch eine Terminvereinbarung können die Parteien den Werkvertrag zum (relativen, eigentlichen) *Fixgeschäft* iSd § 323 Abs 2 Nr 2 BGB machen. Dann bedarf ein Rücktritt des Bestellers nicht einer vorangehenden Fristsetzung, wie sie sonst nach § 323 Abs 1 BGB notwendig ist.

bb) Umstände

122 Fehlt es an einer Terminvereinbarung, sind nach § 271 BGB die Umstände maßgeblich (vgl RG WarnRspr 1937 Nr 16; BGH NZBau 2001, 389).

(1) Auszugehen ist dabei *zunächst* von einer *angemessenen Zeit für die Bearbeitung des Werkes*. Die Angemessenheit beurteilt sich danach, was nach *objektiven Erfahrungswerten* insoweit *üblich* ist bzw voraussichtlich benötigt werden wird. Dabei ist von einem zwar *ordentlichen, aber nicht überdurchschnittlichen Einsatz* des Unternehmers auszugehen. Es ist unerheblich, ob das Werk unter Anspannung aller Kräfte, mit Überstunden etc, schneller erstellt werden könnte. Zu *derartigen besonderen Leistungen* ist der Unternehmer *nur* verpflichtet, wenn dies entweder die *Natur des Werkes* – Notreparatur – erfordert oder eine entsprechende Vereinbarung vorliegt. Dem Unternehmer ist ferner zuzubilligen, dass er auch anderweitige Aufgaben angemessen fördert, doch kann er Rücksichtnahme auf eine besonders starke anderweitige Beanspruchung nur bei entsprechender Vereinbarung erwarten. Der Zuschnitt seines Betriebes muss grundsätzlich unbeachtlich bleiben. Andererseits ist es auch – von Notfällen abgesehen – unerheblich, wenn der Besteller das Werk besonders dringend benötigt, ihm selbst gar (zB als Hauptunternehmer) Fristen gesetzt sind; darauf braucht der Unternehmer nur bei besonderer Absprache Rücksicht zu nehmen. Die nach allem notwendige *Prognose ist ex ante* zu stellen; zur Bedeutung nachträglich sich ergebender Schwierigkeiten vgl § 642 Rn 50 ff.

123 (2) Wann die Arbeiten *aufzunehmen* sind, ist nicht einheitlich zu beurteilen. Ggf kann nach der Verkehrssitte oder den getroffenen Vereinbarungen ein *Abruf des Bestellers* notwendig sein, den dieser dann bei Meidung der Rechte des Unternehmers aus den §§ 642, 643 BGB innerhalb angemessener Frist auszuüben hat. Weitere Vorgaben können sich aus der *Natur der Sache,* namentlich den Witterungsverhältnissen ergeben, wobei teils ein Aufschub ausgeschlossen sein kann (Taxifahrt), teils unumgänglich ist (Bestellung des Gartens für das Frühjahr). In der Regel hat aber die *Aufnahme der Arbeiten möglichst bald* zu erfolgen (BGH NZBau 2001, 389; vgl auch – offenbar etwas strenger – RG WarnRspr 1937 Nr 16; BGB-RGRK/Glanzmann Rn 1; Erman/Seiler[10] Rn 2, beide zu § 636 aF). Wo keine zwingenden Daten vorliegen, müssen die Interessen der Parteien zu einem sinnvollen Ausgleich gebracht werden (vgl auch die zweckmäßige Regelung des § 5 Abs 2 VOB/B; dazu u Rn 130 ff). So wenig es der Besteller hinzunehmen hat, dass ihn der Unternehmer warten lässt, so wenig darf er auch davon ausgehen, dass der Unternehmer seine Kapazitäten nur für seinen Auftrag freihält; *dieser darf vielmehr für eine möglichst kontinuierliche Beschäftigung* *sorgen.* Gleichzeitig muss der Unternehmer aber dem Besteller eine angemessene Frist dafür einräumen, dass sich der Besteller auf die Erbringung der Leistung einstellt, die ja uU erhebliche Mitwirkungshandlungen des Bestellers erfordert; das ist bei der Anwendung der §§ 642, 643 BGB zu berücksichtigen.

Der eigentlichen Ausführungsfrist ist also *eine angemessene Vorlaufsfrist* hinzuzurechnen, die von den Umständen des Einzelfalls abhängt und zwischen wenigen Tagen und einigen Monaten liegen kann, vgl die 12 Werktage ab Abruf in § 5 Abs 2 S 2 VOB/B.

(3) Innerhalb der so bestimmten Ausführungsfrist ist der Unternehmer mit seiner **124** *Zeiteinteilung grundsätzlich* frei; solange ihre Einhaltung nur gewahrt ist, darf er also auch Verschiebungen vornehmen und überhaupt unzweckmäßig disponieren. Das ist anders, wenn konkrete Einzelfristen vereinbart sind. Vgl aber sogleich zu schleppender Arbeitsweise des Unternehmers.

Den Unternehmer treffen aber zunächst nach Treu und Glauben hinsichtlich seiner zeitlichen Dispositionen *Auskunftspflichten.* Auf Verlangen hat er dem Besteller mitzuteilen, wann er beginnen wird, welchen Stand das Werk jetzt hat, wann es welche Leistungsphase erreichen wird und ob die angemessene Ausführungsfrist wird eingehalten werden können. Insgesamt hat er jedenfalls zügig zu arbeiten (KG BauR 2005, 1219) Die Wahrung der angegebenen Herstellungsfrist hat der Unternehmer zu beweisen (BGH NJW-RR 2004, 209 = NZBau 2004, 155), vgl auch § 636 Abs 2 BGB aF.

cc) Sanktionen
Obwohl der Unternehmer in seiner Zeiteinteilung grundsätzlich frei ist, darf es **125** jedenfalls nicht offensichtlich werden, dass sich die Ablieferung auch noch nach Fälligkeit so lange herauszögern wird, dass es für den Besteller nicht mehr zumutbar ist, § 324 Abs 4 BGB. Diese Bestimmung antizipiert nicht nur eine künftige Pflichtverletzung des Unternehmers am Ablieferungstermin, sondern es liegt eine *gegenwärtige* Pflichtverletzung vor. Allerdings beschreibt § 323 Abs 4 BGB ihre Folgen nur teilweise und jedenfalls nicht abschließend, wenn die Bestimmung dem Besteller ein Rücktrittsrecht gewährt.

(1) Abhilfeanspruch des Bestellers
Wie bei jeder Pflichtverletzung eines vertraglichen Schuldners hat der Gläubiger zunächst einen Anspruch auf Unterlassung, dh auf Abhilfe. Aus § 323 Abs 4 BGB ist nicht zu schließen, dass es einen solchen Anspruch nicht geben sollte.

(α) Die Abhilfe hat einzusetzen, *bevor* es offensichtlich iSd § 323 Abs 4 BGB ist, dass der Unternehmer nicht in zumutbarer Frist abliefern wird; dann wäre „das Kind schon im Brunnen". Es braucht sich vielmehr nur ernstlich eine solche Möglichkeit abzuzeichnen. Das ist der Fall, wenn der Unternehmer seine Arbeiten nur mit Verzögerung aufnimmt oder Arbeitskräfte, Geräte und Stoffe nur unzureichend vorhält, vgl § 5 Abs 3 und 4 VOB/B. Dabei ist eine objektive Sicht geboten: subjektive Befürchtungen des Bestellers können nicht genügen.

Wenn die pünktliche Ablieferung des Werkes einstweilen nur ernstlich zweifelhaft ist, kann der Besteller dem Unternehmer in entsprechender Anwendung des § 323

Abs 1 BGB eine Frist zur Beschleunigung setzen, also entweder dazu, bis zu einem bestimmten Zeitpunkt einen bestimmten Leistungsstand zu erreichen, oder dazu, seinen Einsatz in bestimmter Weise zu erhöhen (vgl Rn 89). Kommt der Unternehmer dem nicht nach, wird es offensichtlich iSd § 323 Abs 4 BGB, dass er nicht zu zumutbarer Zeit leisten kann oder will.

(β) Im Prinzip ist der Beschleunigungsanspruch des Bestellers auch gerichtlich durchsetzbar; ein Urteil wäre als auf eine nicht vertretbare Handlung gerichtet nach § 888 ZPO zu vollstrecken. Eine entsprechende Klage des Bestellers ist die eindringlichste Form, den Unternehmer an seine Pflichten zu erinnern, und kann zur Folge haben, dass der Unternehmer Weiterungen vorbeugen will und durch Beschleunigung seiner Arbeiten für eine prozessuale Erledigung der Hauptsache sorgt; die dann anstehende Kostenentscheidung nach § 91a ZPO hätte der Besteller nicht zu fürchten.

(2) Rücktritt, Kündigung, Schadensersatz statt der ganzen Leistung

125a Ist es offensichtlich geworden, dass der Unternehmer das Werk nicht zu zumutbarer Zeit abliefern wird, kann der Besteller nach § 323 Abs 4 BGB zurücktreten (vgl Rn 89); § 323 Abs 5 S 1 BGB bleibt zu beachten. Unter denselben Voraussetzungen kann er den Vertrag auch aus wichtigem Grund kündigen § 648a BGB. Wenn die erbrachten Leistungen beim Rücktritt nach § 346 Abs 2 S 2 HS 1 BGB nach den vertraglichen Sätzen zu vergüten sind, besteht hier zwischen Rücktritt und Kündigung praktisch kein Unterschied.

Löst sich der Besteller von dem Vertrag, steht ihm auch Schadensersatz statt der ganzen Leistung nach § 281 BGB zu (vgl näher STAUDINGER/SCHWARZE [2019] § 281 Rn A 16 ff).

(3) Schadensersatz bei Aufrechterhaltung des Vertrages

125b Der Besteller kann ein Interesse daran haben, den Vertrag aufrechtzuerhalten und gleichzeitig Schadensersatz wegen bereits eingetretener Schäden zu verlangen. Zu denken ist dabei an Probleme bei der Finanzierung des Projekts, weil ein bestimmter Bautenstand nicht nachgewiesen werden kann, Anmeldung von Behinderungsschäden durch nachfolgende Gewerke, Abspringen von Interessenten für das fertige Objekt.

(α) Da es um Schäden wegen Verzögerung der Leistung geht, kann der Besteller nach § 280 Abs 2 BGB Schadensersatz grundsätzlich nur unter den zusätzlichen Voraussetzungen des § 286 BGB verlangen. Das bereitet Schwierigkeiten, weil § 286 BGB die Verzögerung einer fälligen Leistung voraussetzt, fällig aber nur die Ablieferung des fertigen Werks sein kann, nicht der einzelne Zwischenschritt des Unternehmers auf den Weg zu fertigen Werk. Es besten aber keine Bedenken dagegen, § 286 BGB auf die einzelnen notwendigen Zwischenschritte entsprechend anzuwenden.

(β) Da für die einzelnen Leistungsschritte kalendermäßig bestimmte Termine nur ausnahmsweise verbindlich sein werden, hat der Besteller Probleme, dem Mahnungserfordernis des § 286 Abs 1 BGB zu genügen. Dem dortigen Zeitpunkt der Fälligkeit ist hier jener Zeitpunkt gleichzustellen, in dem der einzelne Leistungsschritt noch in vertretbarer Weise getan werden kann; ihn zu ermitteln, wird den Besteller oft nicht in der Lage sein. Eine vorzeitige Mahnung wäre aber wirkungslos, eine verspätete würde seinen Interessen nicht gerecht werden. Besondere Bedeutung wird deshalb § 286 Abs 2 Nr 4 BGB zukommen. Manches muss eben umgehend geschehen wie etwa die Reparatur eines Türschlosses (RGZ 100, 42) oder einer Schiffsschraube (BGH NJW 1963, 1823), und am Bau können vermeidbare Verzögerungen des einen Gewerks Zeitpläne für das gesamte Projekt empfindlich stören. Dem einzelnen Bauhandwerker ist es deutlich, dass langsames Arbeiten nachfolgende Gewerke lahmlegen kann.

Dabei tut der Besteller gut daran, seiner Obliegenheit aus § 254 Abs 2 S 1, Alt 1 BGB zu genügen, den Unternehmer auf die Gefahr eines ungewöhnlich hohen Schadens aufmerksam zu machen.

dd) Verlängerung der Fristen
Hinzuweisen ist darauf, dass sich die Ausführungsfristen verlängern können, wenn **126** der Unternehmer in relevanter Weise behindert wird, zB durch den Besteller, aber doch auch durch anderes, zB nicht zu erwartendes schlechtes Wetter. Auch kann es zu Unterbrechungen seiner Leistung kommen. Die damit zusammenhängenden Fragen regelt für den Bereich der VOB/B deren § 6, wie er in § 642 Rn 50 ff kommentiert ist. Dort wird auch jeweils auf die Rechtslage nach dem BGB eingegangen.

ee) Fixgeschäft
Die Natur der Sache kann den Vertrag zu einem sog *absoluten Fixgeschäft* machen, **127** wenn die Leistung sinnvoll nur zu einer bestimmten Zeit erbracht werden kann. Das ist der Fall bei zeitgebundenen Leistungen wie dem Essen im Lokal (vgl LG Karlsruhe NJW 1994, 947), der künstlerischen Veranstaltung (vgl zum Konzert AG Passau NJW 1993, 1473). Hier tritt mit Ablauf einer gewissen Toleranzzeit Unmöglichkeit mit ihren Folgen ein (§§ 275, 283, 326 Abs 1 BGB). Die Flugbeförderung ist kein absolutes Fixgeschäft, solange sie trotz Verspätung noch sinnvoll bleibt (BGH NJW 2009, 2743 Rn 12 f).

Freilich genügen den berechtigten Interessen des Bestellers bei einem absoluten Fixgeschäft die damit gewährten bloßen Sekundärrechte nicht immer, so dass ihm nach Treu und Glauben – wo möglich – ein Anspruch auf Nachholung zuzubilligen ist (zB Karten für die nächste Vorstellung).

Die verspätete Leistung kann deswegen auch als mangelhaft erscheinen und die Rechte aus § 634 BGB auslösen: Es benötigt zB der Konzertbesucher, der gleichwohl bleibt, wegen der Verspätung ein Taxi für die Rückfahrt (§ 634 Nr 4 BGB).

b) Regelung der VOB/B
Zu den Ausführungsfristen verhält sich in der VOB/B deren § 5: **128**

§ 5 Ausführungsfristen

(1) Die Ausführung ist nach den verbindlichen Fristen (Vertragsfristen) zu beginnen, angemessen zu fördern und zu vollenden. In einem Bauzeitenplan enthaltene Einzelfristen gelten nur dann als Vertragsfristen, wenn dies im Vertrag ausdrücklich vereinbart ist.

(2) Ist für den Beginn der Ausführung keine Frist vereinbart, so hat der Auftraggeber dem Auftragnehmer auf Verlangen Auskunft über den voraussichtlichen Beginn zu erteilen. Der Auftragnehmer hat innerhalb von 12 Werktagen nach Aufforderung zu beginnen. Der Beginn der Ausführung ist dem Auftraggeber anzuzeigen.

(3) Wenn Arbeitskräfte, Geräte, Gerüste, Stoffe oder Bauteile so unzureichend sind, dass die Ausführungsfristen offenbar nicht eingehalten werden können, muss der Auftragnehmer auf Verlangen unverzüglich Abhilfe schaffen.

(4) Verzögert der Auftragnehmer den Beginn der Ausführung, gerät er mit der Vollendung in Verzug, oder kommt er der in Absatz 3 erwähnten Verpflichtung nicht nach, so kann der Auftraggeber bei Aufrechterhaltung des Vertrages Schadensersatz nach § 6 Absatz 6 verlangen oder dem Auftragnehmer eine angemessene Frist zur Vertragserfüllung setzen und erklären, dass er nach fruchtlosem Ablauf der Frist den Vertrag kündigen werde (§ 8 Absatz 3).

Zu § 6 VOB/B (Behinderung und Unterbrechung der Leistung) vgl § 642 Rn 42 ff.

aa) Vereinbarte Ausführungsfristen

129 § 5 Abs 1 VOB/B betrifft vereinbarte Fristen. Die Bestimmung unterscheidet dabei Ausführungsfristen als die Fristen, die für die Erbringung der Gesamtleistung gelten, und *Einzelfristen* für die Erbringung einzelner Teilleistungen. Beide Arten von Fristen können nicht einseitig vom Besteller vorgegeben werden; sie *bedürfen* vielmehr *der Vereinbarung*. Ist freilich vertraglich ein verbindlicher Bauzeitenplan vorgesehen, der zunächst noch nicht vorliegt, kommt dem Besteller insoweit ein Bestimmungsrecht gemäß den §§ 315, 316 BGB zu.

An die *Vereinbarung von Einzelfristen* stellt § 5 Abs 1 VOB/B *strenge Anforderungen* (vgl OLG Düsseldorf BauR 1997, 851). Zeitangaben in Bauzeitplänen sind insoweit grundsätzlich nur unverbindliche Richtlinien; Verbindlichkeit muss ausdrücklich vereinbart sein; die Beweislast hierfür trifft den Besteller. Wenn feste Einzelfristen vereinbart sind, kann der Unternehmer insoweit in Verzug gesetzt werden; fehlt es daran, kann der Unternehmer durch zögerliches Arbeiten den Tatbestand des § 323 Abs 4 BGB erfüllen, was dann zu einem verzugsartigen Zustand führt, vgl o Rn 125b (**aA** INGENSTAU/KORBION/DÖRING § 5 Rn 4, der auch insoweit Verzug für möglich hält).

Verschafft sich der *Unternehmer in seinen AGB zeitliche Freiräume* für die Erbringung seiner Leistung, ist § 308 Nr 1 BGB zu beachten (vgl BGH NJW 1985, 855).

Zu Verlängerungen der vereinbarten Fristen auf Grund von Behinderungen vgl § 642 Rn 50 ff zu § 6 VOB/B.

bb) Förderungspflichten des Unternehmers

130 Der Unternehmer ist verpflichtet, *seine Leistung fristgerecht und zügig* zu erbringen. Er hat mit ihr rechtzeitig zu beginnen, die Leistung angemessen zu fördern und sie spätestens zum vereinbarten Zeitpunkt zu vollenden.

(1) Aufnahme der Arbeiten

Der Zeitpunkt der Arbeitsaufnahme, dh der Einrichtung der Baustelle, richtet sich zunächst nach den konkreten Vereinbarungen. Wenn es an solchen fehlt, greift § 5 Abs 2 VOB/B ein.

§ 5 Abs 2 S 1 VOB/B erkennt einen *Auskunftsanspruch des Unternehmers* gegen den Besteller hinsichtlich des voraussichtlichen Arbeitsbeginns an. Ein solcher Auskunftsanspruch ist *auch nach allgemeinem Zivilrecht* aus dem Grundsatz von Treu und Glauben herzuleiten. Ein korrespondierender *Anspruch* des Bestellers gegen den Unternehmer auf Auskunft, wann diesem die Aufnahme der Arbeiten möglich sein werde, wird in der VOB/B nicht erwähnt, ist aber – hier wie nach allgemeinem Zivilrecht – *ebenfalls anzuerkennen*. Die gegebene Auskunft ist für die Gegenseite jeweils nicht verbindlich; sie hat vielmehr nur *Informationscharakter*. Es bleibt dabei, dass der Zeitpunkt des Arbeitsbeginns durch Auslegung zu ermitteln ist, im Zweifel aber demnächst – nach angemessener Vorbereitung – mit den Arbeiten begonnen werden muss.

Wenn der Besteller auf die Anfrage des Unternehmers *keinen Termin* für die Aufnahme der Arbeiten *benennt* oder dies nur verspätet tut, liegt darin eine *unterbleibende Mitwirkung* iSd § 642 BGB. Dies kann für den Unternehmer zu einer Verlängerung der Ausführungsfristen führen (§ 6 Abs 2 Nr 1 lit a VOB/B), zu einem Schadensersatzanspruch (§ 6 Abs 6 VOB/B), in gravierenden Fällen auch zur Kündigungsmöglichkeit (§ 9 Abs 1 Nr 1 VOB/B). Die *Folgen nach allgemeinem Zivilrecht* sind ähnlich: Auch hier verlängert sich ggf die Ausführungsfrist nach § 242 BGB, gibt es Anspruch auf Ersatz der verzögerungsbedingten Mehrkosten nach § 642 BGB und kann es zur Kündigungsmöglichkeit nach § 643 BGB bzw § 648a BGB kommen. **131**

Hält der Besteller den angekündigten Arbeitsbeginn nicht ein, so liegt darin ebenfalls das Unterlassen einer Mitwirkung bzw eine Behinderung des Unternehmers mit denselben Rechtsfolgen.

Die Auskunft hat der Besteller freilich *nur auf Anfrage* zu erteilen. Fehlt es daran, kann der Unternehmer aus der Verzögerung keine Rechte herleiten (vgl INGENSTAU/ KORBION/DÖRING § 5 Abs 1–3 Rn 10).

Mangels anderweitiger Vereinbarung hat der Unternehmer die *Arbeiten innerhalb von 12 Werktagen nach Abruf* durch den Besteller aufzunehmen, § 5 Abs 2 S 2 VOB/ B. Dies zeigt, dass er grundsätzlich sofort leistungsbereit sein muss, dass ihm aber doch eine *gewisse Vorbereitungsfrist* zuzubilligen ist; letzteres ist *auch für das allgemeine Zivilrecht* anzuerkennen. **132**

Dabei benachteiligt die Vorlaufsfrist von 12 Werktagen der VOB/B auch einen Verbraucher nicht unangemessen (**aA** DECKERS NZBau 2008, 627, 629). Ist Eilbedürftigkeit gegeben, kann eine vorrangige abweichende Individualabrede auch konkludent getroffen werden. Ist die Eilbedürftigkeit dem Unternehmer nicht ersichtlich, kann es dem Besteller angesonnen werden, den Punkt anzusprechen. Jedenfalls kann er nicht erwarten, dass der Unternehmer für ihn alles stehen und liegen lässt. Eine unvorbereitet zügige Arbeitsaufnahme könnte ihn auch nach § 642 BGB belasten.

Der Abruf der Arbeiten ist eine *Mitwirkungsobliegenheit* des Bestellers (vgl auch INGENSTAU/KORBION/DÖRING § 5 Abs 1–3 Rn 12 f). Daraus folgt, dass sich für die Unter- **133** nehmer bei einem – auch schuldlos – unterbleibenden Abruf die (eben Rn 131) skizzierten Rechtsfolgen (Verlängerung der Fristen, Ersatz der Verzögerungskosten, Kündigungsmöglichkeit) ergeben können. Dagegen kann (entgegen INGENSTAU/KORBION/DÖRING Rn 12 f; NICKLISCH/WEICK/JANSEN/SEIBEL/GARTZ § 5 Rn 18) ein *einklagbarer Anspruch* des Unternehmers *auf Abruf nicht* angenommen werden und auch kein Schadensersatzanspruch aus Verzug. Dies folgt aus dem Wesen des Abrufs als Gläubigerobliegenheit (vgl auch § 642 Rn 17 ff, 22). Es besteht auch *kein praktisches Bedürfnis,* insoweit zusätzlich eine Schuldnerpflicht des Bestellers anzunehmen.

Wann der Abruf des Bestellers zu erfolgen hat, ergibt § 5 Abs 2 VOB/B nicht näher; der Zeitpunkt ist in entsprechender Anwendung des § 271 BGB zu bestimmen.

134 Der **Beginn der Ausführung** ist dem Besteller nach § 5 Abs 2 S 3 VOB/B *anzuzeigen.* Diese Nebenpflicht des Unternehmers besteht auch dann, wenn ein bestimmter Anfangstermin vereinbart ist (**aA** INGENSTAU/KORBION/DÖRING § 5 Abs 1–3 Rn 14), da es auch dann keineswegs sicher ist, dass die Aufnahme der Arbeiten tatsächlich fristgemäß erfolgt. Im *allgemeinen Zivilrecht* folgt sie aus § 242 BGB, da es auch hier dem Besteller ermöglicht werden muss, sich auf den tatsächlichen Arbeitsbeginn einzurichten. Ihre Verletzung kann zu einem Schadensersatzanspruch des Bestellers aus den §§ 280 Abs 1, 241 Abs 2 BGB führen (vgl INGENSTAU/KORBION/DÖRING Rn 12 f).

(2) Förderung der Arbeiten

135 Der Unternehmer hat zwar nach § 4 Abs 2 VOB/B – und nach allgemeinen Grundsätzen – die Arbeiten in eigener Verantwortung durchzuführen. § 5 Abs 1 S 1 und Abs 3 VOB/B *engen* aber *seine Dispositionsfreiheit in zeitlicher Hinsicht ein,* was wiederum allgemeinen Grundsätzen entspricht: Er hat die Arbeiten „angemessen" zu fördern und dabei insbesondere Arbeitskräfte, Geräte, Gerüste, Stoffe oder Bauteile in angemessener Weise und zu einem angemessenen Zeitpunkt vorzuhalten.

Die *Aufzählung* dessen, was vorzuhalten ist, in § 5 Abs 3 VOB/B ist *nur beispielhaft.* Der Unternehmer ist auch *in jeder sonstigen Weise zu einer angemessenen Förderung der Leistung verpflichtet.* ZB ist er gehalten, sich rechtzeitig zu informieren, wenn er neuartige Stoffe verarbeiten soll, mit denen er weniger vertraut ist.

Welche Förderung der Arbeiten angemessen ist, ergibt sich aus den *Umständen des Einzelfalls.* Sind verbindliche Einzelfristen vereinbart, gelten diese, ein Bauzeitenplan mit nicht verbindlichen Einzelfristen kann jedenfalls zur Beurteilung der angemessenen Förderung herangezogen werden. Im Übrigen kommt es auf die Würdigung eines verständigen Beobachters an.

136 Wenn der Unternehmer das Bauvorhaben nicht angemessen fördert, gibt § 5 Abs 3 VOB/B dem Besteller einen **Anspruch auf Abhilfe**. Dieser ist dann gegeben, wenn es *offenbar ist,* das die Ausführungsfristen nicht werden eingehalten werden können, wie die Bestimmung formuliert. Der Abhilfeanspruch ist also *nicht bei jeglicher Gefährdung der Ausführungsfristen* gegeben, erst recht nicht bei einem nur subjektiven Bangen des Bestellers um diese; es schränkt aber doch zu sehr ein, wenn INGENSTAU/KORBION/DÖRING § 5 Abs 1–3 Rn 19 verlangen, dass die Nichteinhaltung der geltenden Ausführungsfristen mit an Sicherheit grenzender Wahrscheinlichkeit zu erwarten sein muss. „Offenbar" bedeutet, dass *sich einem verständigen Beobachter* *ernstliche Zweifel* an der Einhaltung der Termine *aufdrängen müssen*. Das „offenbar" des § 5 Abs 3 VOB/B bedeutet einen geringeren Wahrscheinlichkeitsgrund als das „offensichtlich" des § 323 Abs 4 BGB. Die Abhilfe muss ansetzen, bevor es zu spät ist; letzteren Zeitpunkt markiert § 323 Abs 4 BGB. Bei der anzustellenden Gesamtwürdigung sind außer der Einrichtung der Baustelle auch zB die Witterungsverhältnisse sowie bisherige Mängel der Arbeiten zu berücksichtigen.

Der Anspruch auf Abhilfe ist unverzüglich, also ohne schuldhaftes Zögern zu erfüllen.

Nach *allgemeinem Zivilrecht* ist der Unternehmer in gleicher Weise gehalten, seine Arbeiten zu fördern. Bei offenbarer Gefährdung der geltenden Fristen muss *auch hier ein Abhilfeanspruch* des Bestellers anerkannt werden (vgl o Rn 125). Jedenfalls ist eine Abmahnung von Vorteil, um die Voraussetzung für den Rücktritt nach § 323 Abs 4 BGB oder eine Kündigung aus wichtigem Grund zu schaffen.

(3) Vollendung der Leistung

Die vertragliche Leistung muss *bei Fristablauf* vollendet, dh jedenfalls *abnahmereif,* **137** sein. Eine Räumung der Baustelle gehört dazu, wenn andernfalls eine bestimmungsgemäße Verwendung des Werkes noch nicht möglich ist. Zu der Vollendung der Leistung gehört es, dass der Unternehmer auch seinen Nebenleistungspflichten nachkommt, zB dem Besteller etwa notwendige Bescheinigungen verschafft.

(4) Schuldnerpflichten

Die Pflicht des Unternehmers zur rechtzeitigen Aufnahme, zügigen Durchführung **138** und rechtzeitigen Beendigung der Arbeiten ist eine Schuldnerpflicht. Behinderungen, die er nicht zu vertreten hat, vgl § 286 Abs 4 BGB, entlasten ihn, wobei der Kreis der zu berücksichtigenden Behinderungen in § 6 Abs 2 VOB/B bereichsspezifisch näher bestimmt wird (vgl dazu § 642 Rn 42 ff).

(5) Verlängerung der Bauzeiten

Verlängerungen der Bauzeiten sind möglich kraft Vereinbarung der Parteien; der **139** mit der Bauaufsicht betraute Architekt hat dazu im Zweifel keine Vertretungsmacht (vgl BGH NJW 1978, 995 = LM § 164 BGB Nr 41). Verlängerungen der Bauzeiten können sich ferner aus *Behinderungen* des Unternehmers ergeben; dazu § 642 Rn 42 ff zu § 6 VOB/B.

Zeitliche Freiräume, die sich der Unternehmer in seinen AGB zu verschaffen sucht, können aus verschiedenen Gründen unwirksam sein. § 305b BGB greift ein, soweit individualvertragliche Zeitabsprachen vorliegen. Inhaltlich ist § 308 Nr 1 BGB zu beachten, aber doch auch § 307 BGB, da die *pünktliche Erbringung der Leistung zu den wesentlichen Grundgedanken der gesetzlichen Regelung gehört,* uU auch zu den Kardinalpflichten der Parteien.

cc) Rechtsfolgen von Verzögerungen

Die wesentlichen Rechtsfolgen verzögerlichen Handelns des Unternehmers nennt **140** § 5 Abs 4 VOB/B: Der Besteller kann **Schadensersatz verlangen** oder den Vertrag nach Fristsetzung **kündigen**; Schadensersatz steht ihm auch in diesem Fall zu, § 8 Abs 3 VOB/B.

(1) Fälle

141 Diese Rechte erwachsen dem Besteller in drei Fällen: Bei einer *verzögerten Aufnahme* der Arbeiten, bei *Verzug mit ihrer Fertigstellung* sowie bei einer *unzureichenden Einrichtung* der Baustelle.

Bei der verzögerten Aufnahme der Arbeiten kommt es zunächst darauf an, wann nach den getroffenen Vereinbarungen bzw nach § 5 Abs 2 VOB/B der Arbeitsbeginn zu erfolgen hatte. Es muss demgegenüber eine Verspätung des Unternehmers vorliegen.

Zweifelhaft sind die weiteren Voraussetzungen des Begriffs der Verzögerung. Zwar ist er nicht insoweit mit dem des Verzuges gleichzusetzen, dass eine Mahnung oder die Einhaltung eines kalendermäßig bestimmten Termins notwendig wäre. Doch ist *streitig,* ob nicht jedenfalls ein *Verschulden* des Unternehmers gegeben sein muss (vgl verneinend OLG Celle MDR 1973, 136; bejahend OLG Düsseldorf NJW-RR 1992, 980; ANDERSON BauR 1972, 66). Es wird *zu differenzieren sein:* Wenn der Besteller *Schadensersatz* begehrt, ist zu verlangen, dass die verzögerte Aufnahme der Arbeiten vom Unternehmer – nach Maßgabe des § 286 Abs 4 BGB – *zu vertreten* ist (BGH NJW 1998, 456), da es nicht vorstellbar ist, dass hier ein von dieser Voraussetzung freier Schadensersatzanspruch geschaffen werden sollte. Dagegen ist es *für eine Kündigung* des Bestellers *nicht notwendig,* dass der Unternehmer die Verzögerung zu vertreten hat. Einmal werden seine Belange durch die ihm zu setzende Nachfrist hinreichend gewahrt, zum anderen liegt ein Sonderfall der Kündigung aus wichtigem Grund vor, für die ein Vertretenmüssen der Gegenseite auch sonst nicht erforderlich ist, vgl nur §§ 314, 648a, 643 BGB. Freilich darf die Ursache der Verzögerung *nicht in den eigenen Verantwortungsbereich des Bestellers* fallen, indem er zB die Baugenehmigung verspätet zur Verfügung gestellt oder dem Unternehmer durch Nichtleistung von Abschlagszahlungen ein Leistungsverweigerungsrecht nach § 320 BGB verschafft hat. Die Schadensersatzansprüche des Bestellers im Kündigungsfall nach § 8 Abs 3 VOB/B sind wiederum von einem Vertretenmüssen des Unternehmers abhängig.

142 Mit der *Fertigstellung der Arbeiten* muss der Unternehmer nach dem Wortlaut des § 5 Abs 4 VOB/B *in Verzug* geraten. Insoweit ist also jedenfalls ein Vertretenmüssen notwendig, § 285 BGB, ferner eine Mahnung, § 286 Abs 1 BGB, sofern sie nicht nach § 286 Abs 2 BGB entbehrlich ist.

143 Schließlich reicht es auch aus, *dass der Unternehmer die Baustelle unzureichend iSd § 5 Abs 3 VOB/B unterhält* (dazu o Rn 135). Für die Frage des Vertretenmüssens gilt dasselbe wie im Falle der verzögerten Aufnahme der Arbeiten. Freilich ist es praktisch nur in den Fällen von berücksichtigungsfähigen Behinderungen oder von Leistungsverweigerungsrechten des Unternehmers vorstellbar, dass er die unzureichende Unterhaltung der Baustelle nicht zu vertreten hat, da dies *sonst* nur *eine Frage der Leistungsfähigkeit des Unternehmers* ist, für die er grundsätzlich einzustehen hat. Die unzureichende Einrichtung der Baustelle führt allerdings noch nicht unmittelbar zum Schadensersatzanspruch oder Kündigungsrecht des Bestellers; vielmehr muss er *zusätzlich* nach § 5 Abs 3 VOB/B *abgemahnt* haben.

(2) Rechte des Bestellers

Unter den genannten Voraussetzungen kann der Besteller Schadensersatz verlangen **144**
oder – nach seiner Wahl – den Vertrag kündigen.

(a) Der **Schadensersatzanspruch** tritt – ähnlich dem aus den §§ 280 Abs 1, 2, 286 BGB – *neben den fortbestehenden Erfüllungsanspruch* des Bestellers. Seine Anspruchsgrundlage ist nicht Verzug (**aA** INGENSTAU/KORBION/DÖRING § 5 Abs 4 Rn 11), sondern eben § 5 Abs 4 iVm § 6 Abs 6 VOB/B.

Der Besteller kann *jeden auf die Pflichtverletzung zurückzuführenden Schaden ersetzt* verlangen; die Beweislast für diesen liegt bei ihm. Er hat konkret vorzutragen (BGH BauR 1998, 184; OLG Düsseldorf BauR 1998, 346; NJW-RR 1998, 670). Bei den denkbaren Stillstandskosten ist § 254 Abs 2 BGB zu beachten (BGH NJW 1998, 456). Ein denkbarer Schaden gegenüber dem Subunternehmer ist eine Vertragsstrafe, die der Hauptunternehmer dem Besteller zu zahlen hat (BGH NJW 1998, 1493). Freilich ist der entgangene Gewinn nach § 6 Abs 6 VOB/B außer für den Fall von Vorsatz oder grober Fahrlässigkeit von der Ersatzpflicht ausgenommen, das wird § 309 Nr 7 lit b BGB gerecht.

(b) Das **Kündigungsrecht** des Bestellers entspricht dem wegen mangelhafter Ar- **145**
beiten nach § 4 Abs 7 VOB/B (vgl dazu o Rn 89 ff).

(α) Zusätzliche Voraussetzung zu Verzögerung bzw Verzug ist zunächst eine *Fristsetzung*. Diese muss zur Erbringung der geschuldeten Leistung gesetzt werden und hierfür angemessen sein, dh bei zügigem Arbeiten zu ihrer Fertigstellung ausreichen. Eine unangemessen knappe Fristsetzung ist nicht wirkungslos, sondern setzt eine angemessene Frist in Lauf.

Bei einem berechtigten Interesse des Bestellers kann die Frist *ausnahmsweise* auch *für die Weiterführung* oder *Wiederaufnahme* der Arbeiten gesetzt werden, uU sogar nur für die *Zusage ihrer rechtzeitigen Durchführung* (vgl BGH NJW 1983, 989, 990 = LM § 5 VOB/B Nr 2).

Ausnahmsweise kann die Notwendigkeit einer Fristsetzung auch ganz entfallen, wenn der Unternehmer die geschuldeten Tätigkeiten *ernsthaft und endgültig verweigert* oder wenn die weitere Zusammenarbeit mit ihm für den Besteller *aus sonstigen Gründen* bei verständiger Würdigung *unzumutbar* ist (vgl INGENSTAU/KORBION/DÖRING § 5 Abs 4 Rn 19): Abziehen der Leute vom Bau und Abbau der Gerüste, Abhängigmachen der Leistung von der Zahlung weiterer nicht geschuldeter Vergütung, Ankündigung der Fertigstellung für einen Zeitpunkt, der nach Ablauf einer angemessenen Frist liegt (vgl BGH NJW 1984, 48).

Das Kündigungsrecht des Bestellers kann *in AGB des Unternehmers* nicht ausgeschlossen, § 307 Abs 2 Nr 1 BGB iVm § 323 Abs 4 BGB, oder an zu lange Fristen gebunden werden, § 308 Nr 2 BGB. Andererseits darf der Besteller in seinen AGB nicht vorsehen, dass eine Fristsetzung über den eben skizzierten Rahmen hinaus entbehrlich sein soll, § 309 Nr 4 BGB.

(β) Außerdem muss bei der Fristsetzung die *Kündigung* des Vertrages für den Fall **146**
des fruchtlosen Ablaufs unmissverständlich *angedroht* werden (vgl BGH NJW 1983,

1731). Ohne eine solche Androhung wird allenfalls Verzug des Unternehmers bewirkt (vgl BGH MDR 1968, 486 = LM VOB/B Nr 26). Die Notwendigkeit dieser Androhung benachteiligt den Besteller nicht unangemessen iSd § 307 BGB: Einerseits bindet sie ihn nicht, andererseits entspricht es legitimen Bedürfnissen des Unternehmers, den Ernst der Lage vor Augen geführt zu bekommen. Die Preisgabe der Ablehnungsandrohung des § 326 Abs 1 BGB aF hat insoweit keine Leitbildfunktion.

(γ) Die *Folgen der Kündigung* richten sich nach § 8 Abs 3 VOB/B; insbesondere erwächst dem Besteller auch ein Anspruch auf Schadensersatz statt der Leistung (vgl dazu § 648 Rn 79 ff).

Neben der Kündigungsmöglichkeit des Bestellers nach § 5 Abs 4 VOB/B besteht die Rücktrittsmöglichkeit nach § 323 Abs 4 BGB nicht. Die Kündigung ist so ausgestaltet, dass sie jenen Rücktritt hinreichend ersetzt.

IV. Die Verschaffung des Werkes

147 § 633 Abs 1 BGB erlegt dem Unternehmer die Verschaffung des Werkes als seine eigentliche Hauptpflicht auf (o Rn 3, vgl zu dieser Pflicht auch THODE NZBau 2002, 297, 303).

1. Gegenstand der Pflicht

Die Verpflichtung des Unternehmers bezieht sich auf das vertragsgemäße Werk. Dazu, dass dieses nachträglich geändert oder erweitert worden sein kann, o Rn 9. Vertragsgemäß ist das Werk nicht schon dadurch, dass es dem Wortlaut des Vertrages entspricht, da der Besteller Anspruch auf ein funktionstüchtiges Werk hat, das die Leistungsbeschreibung vielleicht nicht hergibt (vgl u Rn 174). Auch kann es geboten gewesen sein, das Werk anzupassen entweder an rechtliche Vorgaben, zB Auflagen der Behörden, oder an tatsächliche Vorgegebenheiten, zB einen Baugrund, der ein tragfähigeres Fundament als vorgesehen notwendig macht.

Dazu, dass das Werk frei von Sach- und Rechtsmängeln zu sein hat, u Rn 158 ff.

Der Besteller kann außer dem Werk selbst auch die Herausgabe seiner Vorstufen verlangen: Negative (AG Regensburg NJW-RR 1987, 1008), Druckvorlagen (OLG Köln NJW-RR 1989, 1274), Pläne des Architekten ggf in Kopie (OLG Köln BauR 1999, 189; zu Unrecht enger OLG Hamm NJW-RR 1999, 96). Ein besonderes Entgelt schuldet er dafür nicht, weil davon auszugehen ist, dass der Unternehmer ihre Kosten in den Werklohn einkalkuliert hat. Ggf können diesem Anspruch schützenswerte Interessen des Unternehmers entgegenstehen, wie er sie darzulegen und zu beweisen hat. Die bloße Hoffnung auf Anschlussaufträge dieses Bestellers genügt dazu nicht.

Gleiches gilt für Spezialwerkzeuge für diesen Auftrag (OLG Hamm NJW-RR 1995, 1265; **aA** OLG Köln MDR 1993, 844).

2. Befreiung von der Verpflichtung

148 Der Unternehmer kann nach § 275 BGB von seiner Leistungspflicht befreit sein.

a) Im Sinne des § 275 Abs 1 BGB liegt eine ohne weiteres – und nicht nur auf Einrede – von der Leistungspflicht befreiende Unmöglichkeit für jedermann (objektive Unmöglichkeit) vor, wenn eine Werkleistung dieser Art gar nicht erbracht werden kann: Die zu reparierende Sache ist untergegangen, das zu bebauende Grundstück ist nach den Vorschriften des Baurechts der Bebaubarkeit entzogen. Doch macht das letztere Beispiel deutlich, dass vorab durch Auslegung geklärt werden muss, ob wirklich dieses Grundstück bebaut werden sollte und nicht nur irgendein von dem Besteller zur Verfügung zu stellendes.

Die Leistung kann auch nur teilweise objektiv unausführbar sein, zB bei geringerer genehmigter Geschosszahl. Zu einer endgültigen teilweisen Befreiung des Unternehmers von seiner Leistungspflicht kommt es nur dann, wenn eine zumutbare Ersatzleistung nicht besteht.

Unvermögen, als die andere Alternative des § 275 Abs 1 BGB, ist denkbar bei höchstpersönlichen Leistungen, namentlich künstlerischen.

Zu beiden Alternativen des § 275 Abs 1 BGB kann es insbesondere aus zeitlichen Gründen kommen, wenn eine Leistung nur zu einem bestimmten Zeitpunkt sinnvoll erbracht werden kann, zB die Taxifahrt. Bei der Annahme von derartigen absoluten Fixgeschäften ist aber Vorsicht geboten. Künstlerische Veranstaltungen sind solche idR nicht, wenn denn Ersatzveranstaltungen und Ersatztermine möglich sind. Den legitimen Interessen des Bestellers ist besser mit der Rücktrittsmöglichkeit nach § 323 Abs 2 Nr 2 BGB gedient.

b) Das Leistungsverweigerungsrecht für den Unternehmer nach § 275 Abs 2 **149** BGB setzt ein Missverhältnis von Aufwand des Unternehmers und Interesse des Bestellers voraus; Letzterem gebührt der gedankliche Vorrang. Angesichts des vom Unternehmer zugesagten Erfolges und seiner Kalkulation des Werklohns ist es praktisch undenkbar, dass hier ein grobes Missverhältnis entsteht. Dass der Ring ins Meer gefallen ist, wird den befreien, der ihn verkauft hat, aber natürlich nicht den, der seine Bergung zugesagt hat.

Insbesondere führt im Baubereich das Baugrundrisiko nicht zur Anwendung des § 275 Abs 2 BGB. Denn einerseits sind die Mehrkosten, die sich aus unerwartet schwierigen Bodenverhältnissen ergeben, idR vom Besteller zu tragen (vgl § 632 Rn 37), andererseits sind die Probleme des Baugrundes überwindbar, problematisch sind dann nur die Kosten ihrer Überwindung. Der Besteller mag kündigen, wenn sich die Angelegenheit insgesamt für ihn nicht mehr rechnet.

Wirtschaftlich unzumutbar kann bei ausfallenden Veranstaltungen die Abhaltung eines Ersatztermins sein.

c) Das Leistungsverweigerungsrecht nach § 275 Abs 3 BGB ist nur bei persönlich zu erbringenden Leistungen gegeben, wie sie im Bereich des Werkvertrages nur ausnahmsweise anzunehmen sind. Es kann nur um wissenschaftliche oder künstlerische Leistungen gehen, bei denen aber doch die Leistungserbringung nach Fortfall des Hindernisses geschuldet wird. § 275 Abs 3 BGB gilt also nur in den seltenen Fällen, dass gleichzeitig ein absolutes Fixgeschäft anzunehmen ist.

3. Elemente der Verschaffung

150 Die Verschaffung des Werkes geschieht – wo möglich – durch Einräumung des Besitzes, Verschaffung des Eigentums und Instruktion des Bestellers über das Werk, bei rein unkörperlichen Leistungen durch Vornahme der entsprechenden Handlungen, zB Gesang vor den Ohren des Bestellers.

a) Besitz

Entsprechend § 433 Abs 1 S 1 BGB ist der Unternehmer verpflichtet, dem Besteller den unmittelbaren Besitz an dem Werk zu verschaffen, sofern dieses körperlich ist oder jedenfalls ein körperliches Substrat hat.

Wenn das Werk mangelhaft ist und der Besteller deswegen die Abnahme verweigert, *darf und muss* der Unternehmer das Werk zur Durchführung der Mängelbeseitigung *in seinem Besitz* behalten. Freilich hat er nach Treu und Glauben dem Besteller schon jetzt die vorläufige Benutzung des Werkes zu gestatten, sofern dieser dringend darauf angewiesen ist und soweit dies die Mängelbeseitigung nicht beeinträchtigt. Soweit nur noch Rücktritt, Minderung oder Schadensersatz in Betracht kommen, steht dem Unternehmer der Besitz am Werk nicht mehr zu. Gleiches gilt, wenn der Besteller nach den §§ 634 Nr 2, 637 BGB zur eigenen Mängelbeseitigung berechtigt ist.

Gerade die Pflicht zur Verschaffung des Besitzes steht allerdings im Synallagma des Werkvertrages. Das bedeutet, dass der Unternehmer ihr nur Zug um Zug gegen Entrichtung des Werklohns genügen hat, vgl den § 320 BGB konkretisierenden § 641 Abs 1 S 1 BGB (vgl auch § 641 Rn 3 ff). Ist der Besteller zwar bereit, das Werk entgegenzunehmen, aber nicht gleichzeitig, den Werklohn zu entrichten, gerät er in Annahmeverzug, § 298 BGB, und der Besitz am Werk steht ihm dann nicht zu. Bei Bauleistungen wird allerdings § 641 BGB vom § 650g Abs 4 BGB derogiert.

Aus der Besitzverschaffungspflicht des Unternehmers folgt ferner, dass sich der Besteller nicht eigenmächtig in den Besitz des Werkes setzen darf. Das ist dort offensichtlich, wo der Unternehmer bewegliche Sachen bearbeitet und sich dabei in ihren alleinigen Besitz setzt. Aber auch am Bau begründet er jedenfalls Mitbesitz, dessen vollständigen Entzug auch § 866 BGB nicht legitimiert. Dass sich der Besteller eigenmächtig den (alleinigen) Besitz am Werk verschafft, führt zu den §§ 858, 861 BGB, bedeutet ferner auch Pfandkehr iSd § 289 StGB, schützt diese Bestimmung doch außer Pfandrechten namentlich auch Zurückbehaltungsrechte.

b) Eigentum

151 Der Unternehmer hat dem Besteller das Eigentum an dem Werk *rechtsgeschäftlich* zu verschaffen, sofern dieses nicht kraft Gesetzes nach den §§ 946–948 BGB übergeht. Wegen der Einzelheiten zu dieser Verpflichtung kann auf die Erläuterungen zu der *Übereignungspflicht des Verkäufers* verwiesen werden, der sie entspricht. Unmittelbar anwendbar ist die Pflicht des Verkäufers zur Verschaffung des Eigentums nach den §§ 433 Abs 1 S 1, 929 ff BGB ohnehin dort, wo neue bewegliche Sachen hergestellt werden, § 650 S 1 BGB. Das Werkvertragsrecht kann zur Übereignung nach den §§ 929 ff BGB dort verpflichten, wo es um geistige Werke geht, die ein körperliches Substrat haben. An letzteren ist dann auch ein Eigentumsvorbehalt möglich.

Regelmäßig kommt es zu einem Übergang des Eigentums auf den Besteller kraft Gesetzes. Das ist beim Werkvertrag *ordentliche Erfüllung,* nicht Leistung an Erfüllungs Statt.

In Betracht kommen für einen Eigentumserwerb des Bestellers sämtliche Tatbestände der §§ 946–948 BGB.

aa) § 946
Der Besteller wird nach § 946 BGB Eigentümer derjenigen Sachen, die vom Unternehmer *mit seinem Grundstück als wesentliche Bestandteile* verbunden werden. Dabei beurteilt sich die Frage, ob eine mit dem Grundstück verbundene Sache dessen wesentlicher Bestandteil wird, nach den §§ 93, 94 BGB, auf deren Erläuterung Bezug zu nehmen ist. **152**

Dabei müssen freilich die Tatbestände der §§ 93, 94 Abs 1, 2 BGB unterschieden werden, weil *der Zeitpunkt unterschiedlich* ist, in dem die Sache wesentlicher Bestandteil wird.

(1) Im Falle des § 93 BGB ist dies der Zeitpunkt, in dem die Verbindung mit dem Grundstück so fest geworden ist, dass eine Trennung der Sache von dem Grundstück dieses bzw eher die Sache zerstören oder im Wesen verändern würde. Dies gilt namentlich für Bausteine, Tapeten etc.

(2) Im Falle des § 94 Abs 2 BGB werden Sachen wesentlicher Bestandteil, wenn sie *zur Herstellung eines Gebäudes* eingefügt sind (zum Begriff STAUDINGER/STIEPER [2017] § 94 Rn 24 ff). Eine solche Einfügung ist namentlich auch bei Gegenständen anzunehmen, die *nachträglich zu Reparaturzwecken* eingefügt werden (RGZ 158, 362, 367; STAUDINGER/STIEPER [2017] § 94 Rn 24 ff; **aA** vCRAUSHAAR, in: FS Korbion [1986] 31). Hier kommen für einen Eigentumserwerb des Bestellers *verschiedene Zeitpunkte in Betracht,* von der erstmaligen provisorischen Anbringung über die aus der Sicht des Unternehmers endgültige Anbringung bis hin zur Abnahme.

Die Rechtsprechung neigt zur *Annahme eines relativ frühen Eigentumsübergangs.* **153** Zwar lässt es RG WarnRspr 1915 Nr 6 (zutreffend) noch nicht ausreichen, dass noch nicht lackierte Fenster probeweise eingehängt werden, um die Richtigkeit ihrer Maße zu überprüfen, doch lässt es RGZ 62, 248 genügen, dass Dachgeschossbalken lose aufgelegt und miteinander zu einem Dachgeschoss verbunden werden, ohne dass dieser in die vorgesehenen Vertiefungen eingelassen und vermauert worden war. Ähnlich genügt es nach BGH NJW 1979, 712, dass Heizkessel auf ihre Fundamente aufgesetzt werden, auch wenn sie noch endgültig zurechtgerückt und angeschlossen werden müssen.

Demgegenüber will H COSTEDE (NJW 1977, 2340) das Eigentum erst *mit der Abnahme der Gesamtanlage* übergehen lassen.

Dass das Eigentum des Unternehmers erlischt und Eigentumsvorbehalte wirkungslos werden, ist sachlich *so lange kaum zu rechtfertigen, wie dem Zahlungen des Bestellers noch nicht gegenüberstehen;* dieser braucht aber erst bei der Abnahme zu zahlen, § 641 BGB. Ein Eigentumsübergang vor diesem Zeitpunkt benachteiligt den Unternehmer und bevorteilt den Besteller sowie dessen Gläubiger. Gleichzeitig muss es dem Unternehmer vor der Abnahme *unbenommen* bleiben, *als fehlerhaft* oder unzweckmäßig *erkannte Werkteile wieder zu entfernen* und durch andere zu ersetzen, ohne dass der Besteller dem sachenrechtlich sollte widersprechen können. *Nur wenn man das Eigentum erst mit der Abnahme übergehen lässt,* lässt sich auch ohne konstruktive Schwierigkeiten das allein sachgerechte Ziel erreichen, dass an wieder entfernten Bauteilen die bisherigen Eigentumsverhältnisse fortbestehen. – Einen Eigentumsübergang vor der Abnahme nach § 93 BGB schließt das nicht aus.

(3) Die gleichen Grundsätze müssen dort gelten, wo Bauteile nach § 94 Abs 1 BGB wesentliche Bestandteile werden.

bb) § 947

154 Wenn der Unternehmer *Sachen des Bestellers repariert oder sonst bearbeitet,* kann der Besteller Eigentum an dabei verwendeten Materialien des Unternehmers nach § 947 BGB erwerben. Das setzt voraus, dass diese wesentliche Bestandteile einer einheitlichen Sache nach § 93 BGB werden, also nicht mehr abgelöst werden können, ohne dass sie zerstört oder in ihrem Wesen verändert würden. Hieran fehlt es in aller Regel, wenn der Unternehmer serienmäßig gefertigte Ersatzteile verwendet; diese bedürfen mithin einer besonderen rechtsgeschäftlichen Übereignung, die üblicherweise anlässlich der Abnahme erfolgt. Ein *Eigentumsvorbehalt* bleibt insoweit möglich, ist freilich unüblich.

Werden eingebaute Ersatzteile wesentliche Bestandteile, kommt es für die künftigen Eigentumsverhältnisse darauf an, ob die reparierte oder in sonstiger Weise bearbeitete Sache des Bestellers „Hauptsache" ist oder nicht: Ist sie Hauptsache, dann erwirbt der Besteller mit dem Einbau alleiniges Eigentum nach § 947 Abs 2 BGB; anderenfalls würde – entsprechend den Wertverhältnissen – Miteigentum mit dem Unternehmer oder gar dessen Lieferanten nach § 947 Abs 1 BGB entstehen. Letzteres erscheint freilich ganz untunlich. In seinem Sicherungsinteresse ist der Unternehmer schon durch sein Unternehmerpfandrecht nach § 647 BGB sowie durch sein Zurückbehaltungsrecht nach § 320 BGB hinreichend geschützt. Da für die Beurteilung einer Sache als Hauptsache die Wertverhältnisse nicht allein den Ausschlag geben können (STAUDINGER/WIEGAND [2017] § 947 Rn 7), vielmehr die objektive Verkehrsanschauung entscheidet, ist von einer *Vermutung* dahin auszugehen, *dass die Sache des Bestellers die Hauptsache ist,* die nicht schon dadurch entkräftet wird, dass die vom Unternehmer gestellten Teile wertvoller sind als die reparaturbedürftige Sache des Bestellers.

Dass § 948 BGB einschlägig ist, wird sich nur in seltenen Ausnahmefällen ergeben. Es gelten dann die eben zu § 947 BGB angestellten Überlegungen entsprechend.

c) Instruktion

155 Der Unternehmer hat den Besteller in Gebrauch und Pflege des Werkes einzuweisen. Diese Verpflichtung ist in einer Zeit von wachsender Bedeutung, in der ständig neuartige Werkleistungen auf den Markt kommen, bei denen nicht angenommen werden kann, dass der Besteller ohne weiteres mit ihnen umgehen kann. Bei Software kann ein Benutzerhandbuch unabdingbar sein (BGH NJW 1993, 1063), so dass

einstweilen auch noch die Abnahme ausgeschlossen sein kann. Im Übrigen kommen je nach Vertragsgegenstand unterschiedliche Maßnahmen in Betracht: Schulung, mündliche Erläuterung, Gebrauchsanweisung etc. Der Unternehmer hat sich zu vergewissern, dass der Besteller mit der Werkleistung umgehen kann.

Die Instruktionspflicht wirkt über die Abnahme hinaus und ist als primäre Erfüllungspflicht namentlich nicht an die Gewährleistungsfristen gebunden, sondern verjährt nach den allgemeinen Bestimmungen der §§ 195, 199 BGB. Im Rahmen des Zumutbaren hat sich der Unternehmer langfristig bereitzuhalten, etwaige Fragen des Bestellers zu beantworten.

Zur Aufklärung des Bestellers über Mängel, die dem Unternehmer selbst erst nach der Abnahme deutlich geworden sind, vgl § 634a Rn 10.

4. Fälligkeit, Verjährung

a) Die Pflicht zur Verschaffung des Werkes wird fällig in dem zur Ablieferung des Werkes bestimmten Zeitpunkt. Zu seiner Ermittlung o Rn 121 ff. **156**

b) Als primäre Pflicht des Unternehmers verjährt sie in der regelmäßigen Frist des § 195 BGB. Der für den Fristbeginn nach § 199 Abs 1 Nr 1 BGB maßgebliche Zeitpunkt der Entstehung/Fälligkeit ist der eben genannte.

aa) Das ändert sich, soweit es um Rechte aus Sach- und Rechtsmängeln geht, mit der Abnahme des Werkes; jetzt ist insoweit § 634a BGB maßgeblich (vgl auch BGH NJW 2010, 3573 Rn 17 ff zu § 638 aF). Verweigert der Besteller die Abnahme endgültig, verbleibt es bei den §§ 195, 199 BGB, soweit es um Gewährleistungsansprüche des Bestellers geht (offengelassen in BGH NJW 2010, 3573 Rn 28). Anders als die Frist des § 195 BGB aF ist die sich aus den §§ 195, 199 BGB nF ergebende Frist durchaus der Sache angemessen. Bei endgültig verweigerter Abnahme mag der Besteller jetzt der Prüfungsobliegenheit des § 199 Abs 1 Nr 2 BGB nachkommen. Gegenüber § 634a Abs 1 Nr 2 BGB kann sich so sogar eine – wünschenswerte – Beschleunigung ergeben; eine etwaige Entschleunigung gegenüber § 634a Abs 1 Nr 1 BGB ist tragbar. Bei der ursprünglichen Verjährung nach den §§ 195, 199 BGB verbleibt es, soweit die Ansprüche des Bestellers nicht auf Sach- oder Rechtsmängel zurückzuführen sind, also zB auf Instruktion gerichtet oder wegen der Verletzung sonstiger Pflichten aus den §§ 280 Abs 1, 241 Abs 2 BGB herzuleiten sind.

bb) Verweigert der Besteller die Abnahme gegenwärtig in berechtigter Weise wegen nicht nur unwesentlicher Mängel, § 640 Abs 1 S 2 BGB, verbleibt es auch in Bezug auf ihre Beseitigung bei den §§ 195, 199 BGB. Dabei kann sich die Berechtigung einer erfolgten Verweigerung der Abnahme auch erst nachträglich herausstellen, wenn gewichtigere als nur unwesentliche Mängel erst später entdeckt werden.

Verweigert der Besteller die Abnahme unberechtigt, gelten die zu § 634a Rn 9 dargestellten Grundsätze.

5. Sanktionierung der Verschaffungspflicht

157 Wenn die Abnahme nicht erfolgt, stehen dem Besteller wegen der Nichterfüllung der Verschaffungspflicht die allgemeinen Rechte auch insoweit zu, wie es um Mängel der Leistung geht (vgl BGH NJW 2010, 3573 Rn 11). Er kann also nach Maßgabe der §§ 280, 281 BGB – ggf der §§ 280, 283 BGB – Schadensersatz statt der Leistung verlangen, nach Maßgabe des § 323 BGB zurücktreten oder aus wichtigem Grunde kündigen, § 648a BGB. Zu beachten ist dabei:

Dem Besteller stehen die Möglichkeit des Rücktritts oder der Anspruch auf Schadensersatz wegen der ganzen Leistung nach dem Rechtsgedanken der §§ 323 Abs 5, 281 Abs 1 S 2 BGB nur dann zu, wenn er an dem ihm angebotenen zT mangelhaften Werk kein Interesse hat. Dabei muss der Interessenfortfall gerade auf den Mängeln beruhen, darf keine anderweitigen Gründe wie zB eine Veränderung der Marktverhältnisse haben. Hinreichend ist es insoweit auch, wenn die Mängelbeseitigung unzumutbar wäre, weil sie zB lästig oder langwierig wäre, vgl den auch schon vor der Abnahme anwendbaren Rechtsgedanken des § 636 BGB aE. Gleich § 636 BGB sind die §§ 323 Abs 5, 281 Abs 1 S 2 BGB auch schon vor der Abnahme zu berücksichtigen, obwohl der Unternehmer eine Teilleistung noch nicht bewirkt hat, sondern sie nur vorhält und anbietet. – Die Möglichkeit der Kündigung aus wichtigem Grund nach § 648a BGB schließen die §§ 323 Abs 5, 281 Abs 1 S 2 BGB nicht aus, weil der Besteller hier die vorliegende Teilleistung ja entgegennimmt und an eine Kündigung etwas geringere Anforderungen zu stellen sind als an einen Rücktritt.

Rücktritt oder Schadensersatz statt der ganzen Leistung können bei einem mangelhaft angebotenen Werk auch deshalb ausgeschlossen sein, weil der Besteller dafür mitverantwortlich ist, sei es durch einen Planungsmangel, sei es durch sachwidrige Anweisungen oder die Ungeeignetheit des zur Bearbeitung gestellten Stoffes. Das kann die Pflichtverletzung des Unternehmers unter die Erheblichkeitsschwelle der §§ 281 Abs 1 S 3, 323 Abs 5 S 2 BGB drücken.

Wenn die Abnahme erfolgt, konzentrieren sich die Rechte des Bestellers auf jene aus den §§ 634 ff BGB.

V. Die geschuldete Beschaffenheit des Werkes

158 § 633 Abs 1, 2 BGB erlegen es dem Unternehmer als vertragliche Hauptpflicht auf, dem Werk eine bestimmte Beschaffenheit zu geben; ihr Fehlen führt dann dazu, dass ein **Sachmangel** gegeben ist. Die Beschaffenheit des Werkes wird bestimmt durch seine Eigenschaften.

1. Eigenschaften

a) Eigenschaften sind die physischen Merkmale der Sache – bei unkörperlichen Werken die geistigen Wesenszüge –, die die Sache prägen. Eigenschaften haften ihr idR selbst an, können sich aber doch auch aus ihrer Beziehung zur Umwelt ergeben, zB bei der Lage eines Gebäudes. Es darf sich nur nicht um Umstände handeln, die gänzlich außerhalb der Sache selbst liegen.

Keine Eigenschaft ist die Arbeitsmethode des Unternehmers – zB nach DIN EN 9000–9004. Methodisch genießt der Unternehmer vielmehr Dispositionsfreiheit, vgl o Rn 54 ff. Eine unsachgemäße Arbeitsmethode kann freilich in eine nachteilige Eigenschaft und damit in einen Sachmangel münden.

Eigenschaften beschreiben das Werk in seiner physischen oder geistigen Beschaffenheit. Seine rechtlichen Verhältnisse können aber auch von Bedeutung sein, und zwar auch dann, wenn nicht ein Rechtsmangel nach § 633 Abs 3 BGB anzunehmen ist. Ein Sachmangel ist anzunehmen, wenn ein Werk nicht die physischen Eigenschaften hat, die aus Rechtsgründen seine Brauchbarkeit zu sichern geeignet sind. Das gilt zB für die steuerliche Anerkennungsfähigkeit einer Einliegerwohnung (BGH NJW 1987, 2373), die Genehmigungsfähigkeit einer Planung eines Architekten.

b) Eigenschaften eines Werkes können nur *konkrete Merkmale* sein. „Erste Qualität", „hervorragende Durchführung" sind so wenig Eigenschaften (vgl MünchKomm/ SOERGEL³ § 633 aF Rn 29) wie „wirtschaftliches Arbeiten" einer herzustellenden Maschine (vgl BGB-RGRK/GLANZMANN § 633 aF Rn 13). Eine mögliche Eigenschaft einer Maschine ist aber eine technische Beschaffenheit, die eine *bestimmte* Produktivität ergibt (vgl RG Warn 1937, 72), die Zusage einer *bestimmten* prozentual ausgedrückten Energieeinsparung (vgl BGH NJW 1981, 2403 = LM § 320 BGB Nr 1), oder die Feststellung eines bestimmten Wärmedurchlasswertes bei Fenster- und Türrahmen (BGHZ 96, 111 = NJW 1986, 711 = JZ 1986, 291 m Anm KÖHLER); Maßtoleranzen bei Binderschalungen (BGH WM 1997, 2183). Hinreichend konkret ist auch ein „optimaler Schallschutz" (BGHZ 172, 346 = NJW 2007, 2983 = NZBau 2007, 574); das danach Geschuldete lässt sich durch Auslegung des Vertrages ermitteln. **159**

Die Möglichkeit einer Auslegung des Vertrages hilft auch dort weiter, wo eine Baubeschreibung Vertragsinhalt geworden ist, vgl § 650k Abs 2 BGB. Insbesondere für Bauträger ergeben sich beträchtliche Haftungsrisiken, wenn sie die Verarbeitung als erstklassig bezeichnen oder die verwendeten Hölzer als edel.

c) Der Wert der Sache ist als solcher keine Eigenschaft; Eigenschaften sind vielmehr nur ihre wertbildenden Faktoren. **160**

Für die §§ 633 ff BGB relevante Eigenschaften brauchen sich aber auf den Wert der Sache – verstanden als Verkehrswert – nicht auszuwirken. Es steht den Parteien frei, Eigenschaften des Werkes zu vereinbaren, die den Wert unberührt lassen (bestimmte Farbgebung, Verwendung bestimmten Materials) oder gar nachteilig beeinflussen. Das hindert vorbehaltlich von § 635 Abs 3 BGB die Nacherfüllung nicht, wenn diese Eigenschaften verfehlt werden und lässt nur die Rechte auf Schadensersatz oder Minderung leerlaufen.

d) Bei der Beurteilung, ob Mängel vorliegen, ist abzustellen auf das vertraglich geschuldete Werk, was bei späteren Auftragserweiterungen bedeutsam sein kann. Soll zB der Architekt zunächst nur planen und tut dies mangelfrei, dann können bei späterer Übertragung der Bauausführung dortige Mängel nicht zur Minderung des Planungshonorars führen (BGH NJW 1998, 135). Freilich wird in Konstellationen dieser Art aufgerechnet werden können. Auch kann ein Nachbesserungsanspruch jedenfalls nach § 273 BGB verwendet werden (**aA** OLG Düsseldorf BauR 1997, 647). **161**

2. Mangelerscheinung und Mangelursache

162 Es ist zwischen dem Mangel und seinen **Erscheinungsformen** zu unterscheiden: Mangel bzw Fehler ist die gesamte Beeinträchtigung der Werkleistung, einschließlich also ihrer Ursache, zB die Fehlkonstruktion des Mauerwerks und die aus ihr resultierenden Mauerrisse. Nun werden aber oft zunächst nur letztere Erscheinungsformen sichtbar und bleiben die Ursachen, der eigentliche Mangel, unklar oder werden gar verkannt. Die Gewährleistungsansprüche des Bestellers beziehen sich auf den gesamten Mangel, insbesondere seine Ursachen. Zur Wahrung seiner Rechte genügt es aber, wenn er dem Gericht im Klageantrag nach § 253 ZPO (BGH BauR 1998, 632), im Vortrag (BGH NZBau 2000, 73), oder sonst dem Unternehmer *die Mangelerscheinungen benennt,* zB bei der Fristsetzung nach § 637 BGB (BGH NJW-RR 1999, 813), dem selbständigen Beweisverfahren (§ 204 Abs 1 Nr 7 BGB), in den Fällen des § 203 BGB (vgl BGHZ 110, 99, 101, 103; BGH NJW 1987, 381, 382; 1999, 1330; NJW-RR 1987, 336; 1987, 798; 1989, 148, 208, 667, 979; Weise BauR 1991, 19). Dagegen ist Kenntnis vom Mangel iSd § 640 Abs 3 BGB nur gegeben, wenn auch die Mangelursachen bekannt sind. Das Gesagte gilt auch beim Architekten; der Besteller braucht nicht darzutun, ob ein Mangel der Planung oder der Bauaufsicht vorliegt (BGH NJW 1998, 135).

3. Mangelursachen

163 Die Einschränkung des Wertes oder der Tauglichkeit des Werkes kann verschiedene Ursachen haben. Es kommen in Betracht ein Ausführungsmangel, ein Planungsmangel, als eigentümliche Mischform beider ein Koordinierungsmangel sowie schließlich ein Mangel des zu bearbeitenden Stoffes.

a) Der *Ausführungsmangel* entspricht in seiner Struktur dem Sachmangel des Kaufrechts. Zu einem solchen Mangel kommt es, wenn der Unternehmer Arbeitsfehler begeht oder mit ungeeigneten Geräten oder Zutaten arbeitet. Die §§ 633 ff BGB sind zugeschnitten gerade auf Mängel dieser Art.

164 b) Ein *Planungsmangel* liegt vor, wenn die Herstellung des Werkes fehlerhaft konzipiert ist, zB die vorgesehene Art der Dränage nicht den Grundwasserverhältnissen entspricht.

Ein solcher Mangel unterscheidet sich in seiner Behandlung dann nicht von einem Ausführungsmangel, wenn auch die Planung des Werkes in den Händen des Unternehmers liegt: Er hat nach Maßgabe der §§ 633 ff BGB für ihn einzustehen.

Besonderheiten ergeben sich, wenn – wie oft und typisch bei Bauverträgen nach der VOB/B – *der Besteller die Planung vorgegeben hat.* Der Unternehmer hat dann die Planung des Bestellers zu überprüfen und ggf Bedenken anzumelden, vgl o Rn 62 ff zu den verallgemeinerungsfähigen Grundsätzen des § 4 Nr 3 VOB/B. Brauchen ihm keine Bedenken zu kommen bzw hat er zwar Bedenken gehörig vorgetragen, sich der Besteller diesen aber verschlossen, schuldet der Unternehmer nicht mehr, als die für ihn verbindliche Planung abzuarbeiten. Sein Werk kann auch dann nicht mehr als mangelhaft bezeichnet werden, wenn im Ergebnis Funktionsfähigkeit nicht besteht (**aA** BGHZ 174, 110 = NJW 2008, 511, 513 = NZBau 2008, 109 Rn 20 ff).

Ist der Unternehmer seinen Pflichten zur Prüfung und Remonstration nicht nachgekommen, schuldet er Schadensersatz nach den §§ 280 Abs 1, 241 Abs 2 BGB. Inhaltlich sind insoweit die §§ 634 ff BGB entsprechend anzuwenden (vgl Peters NZBau 2008, 609). Der BGH kommt über den funktionalen Mangelbegriff (Rn 184a) zur Anwendung von §§ 634 ff (BGHZ 174, 110 = NJW 2008, 511 Rn 15 ff; BGH NJW 2011, 3780 = NZBau 2011, 746 Rn 11; NJW 2011, 1442 = NZBau 2011, 360 Rn 22). Regelmäßig findet über § 254 Abs 1 BGB eine Anspruchskürzung statt (BGH NJW 2013, 684 = NZBau 2013, 244 Rn 27). Nicht anders ist auch der Fall zu behandeln, dass das Werk deshalb nicht funktionstauglich ist, weil vom Besteller gelieferte Stoffe oder Bauteile unzulänglich sind (vgl dazu BGH NZBau 2010, 558 = BauR 2011, 517 Rn 17).

Insoweit kann also die Verantwortlichkeit des Unternehmers im Werkvertragsrecht – im scharfen Gegensatz zum Kaufrecht – durch eine schuldhafte Pflichtverletzung konstituiert werden.

c) *Koordinierungsmängel* können sich ergeben, wenn – wie namentlich im Baubereich – mehrere Unternehmer nebeneinander tätig sind und ihr Tun der Abstimmung durch den Besteller bedarf. Sie sind mithin erst im Ausführungsstadium denkbar, entsprechen aber in Struktur und Folgen den Planungsmängeln. **165**

d) *Mängel des zu bearbeitenden Stoffes* können sich namentlich daraus ergeben, dass Vorarbeiten, auf denen die Leistung dieses Unternehmers aufbauen soll, hierfür ungeeignet sind. Auch sie fallen in den Verantwortungsbereich des Bestellers, in den Verantwortungsbereich des Unternehmers dann (mit), wenn er seine Hinweispflicht gemäß § 4 Nr 3 VOB/B bzw § 242 BGB verletzt hat. **166**

4. Verantwortlichkeit für den Mangel

Aus dem Vorstehenden folgt ein dem Kaufrecht fremder zentraler Begriff der werkvertraglichen Gewährleistung: Die Verantwortlichkeit für einen Mangel, wie sie den Besteller treffen kann und ihm Rechte wegen des Mangels nimmt, wie sie aber auch zwischen Besteller und Unternehmer aufgeteilt sein kann (vgl näher zu dieser an § 254 Abs 1 BGB orientierten Aufteilung u Rn 192 und § 634 Rn 16 ff). **167**

VI. Grundlagen der Sollbeschaffenheit des Werkes

Die Anforderungen, denen das Werk im Ergebnis zu genügen hat, ergeben sich aus den vertraglichen Vereinbarungen der Parteien. Das Werk hat zur Verwendung geeignet zu sein, wie dies jetzt § 633 Abs 2 S 2 Nr 2 BGB formuliert; zuvor sprach § 633 Abs 1 BGB aF sachlich gleich von der Tauglichkeit zum Gebrauch. Diese Verwendungseignung kann in unterschiedlicher Form bestimmt werden, und zwar durch eine Garantie des Unternehmers (§§ 276 Abs 1 S 1, 639 BGB), eine Vereinbarung der Parteien (§ 633 Abs 2 S 1 BGB), die nach diesem Vertrag vorausgesetzte Beschaffenheit (§ 633 Abs 2 S 2 Nr 1 BGB) oder schließlich durch das Übliche und zu Erwartende (§ 633 Abs 2 S 2 Nr 2 BGB). Das Regelungswerk ist insoweit nicht anders als beim Kauf, vgl dort die Bestimmungen der §§ 276 Abs 1 S 1, 434 Abs 1 S 1, 2, 444 BGB. Es fehlt gegenüber § 434 BGB dessen Bezugnahme auf öffentliche Äußerungen, insbesondere Werbeaussagen in Abs 1 S 3. Indessen ergibt sich auch insoweit kein sachlicher Unterschied zum Kauf (u Rn 183). **168**

Dabei nimmt wegen der Unabdingbarkeit der Gewährleistung die Beschaffenheitsgarantie eine Sonderstellung ein, vgl § 639 BGB. Im Übrigen betrifft § 633 Abs 2 BGB in seinem S 1 die ausdrückliche Beschaffenheitsvereinbarung, in seinem S 2 in seinen beiden Alternativen die konkludente. Das lässt sich kaum trennscharf voneinander abgrenzen; eine solche Abgrenzung ist auch nicht erforderlich.

1. Beschaffenheitsgarantien

169 Dass der Unternehmer bestimmte Eigenschaften des Werkes garantieren kann, folgt aus allgemeinen Grundsätzen, die in den §§ 276 Abs 1 S 1, 639 BGB nur bestätigt werden. Der jetzige, dem bisherigen Recht fremde Begriff der Garantie entspricht dessen Begriff der Zusicherung einer Eigenschaft, vgl § 633 Abs 1 BGB aF; sachliche Unterschiede zwischen früherer Zusicherung und jetziger Garantie sind nicht ersichtlich.

a) Begriff
Die Garantie einer Eigenschaft ist in dem vom Unternehmer vertraglich gegebenen, ernsthaften Versprechen zu sehen, das Werk mit einer bestimmten Eigenschaft herzustellen, ohne dass es erforderlich wäre, dass der Unternehmer zum Ausdruck bringt, er werde für alle Folgen einstehen, wenn die Eigenschaft nicht erreicht wird (vgl BGHZ 96, 111, 114; BGH NJW-RR 1994, 1134, 1135; 1996, 783, 784; WM 1997, 2183, 2184 f).

aa) Wenn die Garantie vertraglich gegeben sein muss, bedeutet das, dass etwa beachtliche Formvorschriften eingehalten sein müssen. Wenn sich der Unternehmer vertreten lässt, muss sich die Vertretungsmacht des Vertreters gerade auch auf die Garantie beziehen.

170 bb) Die grundsätzliche Möglichkeit *stillschweigender Garantien* schließt dies nicht aus (vgl zu § 633 BGB aF-RGRK/GLANZMANN Rn 13; MünchKomm/SOERGEL³ Rn 25). Insoweit kommt es entscheidend darauf an, *wie der Besteller die Äußerungen der Gegenseite unter Berücksichtigung ihres sonstigen Verhaltens und der Umstände, die zum Vertragsschluss geführt haben, nach Treu und Glauben mit Rücksicht auf die Verkehrssitte verstehen durfte* (vgl BGHZ 59, 158 = NJW 1972, 1706 = LM § 459 BGB Nr 30 m Anm HIDDEMANN = BB 1972, 1069 m Anm vWESTPHALEN; STAUDINGER/HONSELL [1995] § 459 aF Rn 149). Maßgeblich ist dabei unter Berücksichtigung aller Umstände des Einzelfalls namentlich der der Gegenseite bekannte Verwendungszweck der Leistung.

cc) Danach kann eine Garantie noch nicht ohne weiteres angenommen werden, wenn auf DIN-Normen vertraglich Bezug genommen ist (vgl MünchKomm/SOERGEL³ § 633 aF Rn 27), auch nicht bei der vereinbarten Verwendung des Materials eines bestimmten Herstellers (vgl OLG Düsseldorf NJW-RR 1996, 146; **aA** OLG Hamm BauR 1993, 478). Es muss dem Besteller eben erkennbar darauf gerade ankommen. Überhaupt ist im Werkvertragsrecht an die Annahme der Garantie von Eigenschaften – gegenüber früheren, von den engen Voraussetzungen einer Schadensersatzpflicht nach § 463 BGB aF ausgelösten Tendenzen im Kaufrecht – größere Zurückhaltung geboten (vgl BGB-RGRK/GLANZMANN § 633 aF Rn 13). Das rechtfertigt sich daraus, dass der Besteller auch bei Verneinung einer Garantie hinsichtlich seiner berechtigten Erwartungen nicht schutzlos gestellt ist. Werden sie enttäuscht, lässt sich vielmehr regelmäßig ein Mangel mit den entsprechenden Konsequenzen anderweitig begründen.

Auch eine Probe bedeutet noch nicht ohne Weiteres eine Garantie ihrer Beschaffenheit, vgl demgegenüber § 494 BGB aF.

b) Bedeutung einer Beschaffenheitsgarantie

Die Garantie einer bestimmten Eigenschaft hat zunächst die Folge, dass die Gewährleistung des Unternehmers insoweit nicht ausgeschlossen werden kann, § 639 BGB (§ 639 Rn 18 ff). Sodann wirkt sie sich innerhalb des Gewährleistungsrechts mehrfach aus. Sie verstärkt das Gewicht von Eigenschaften, deren Fehlen die Eignung zur Verwendung des Werkes sonst weniger beeinträchtigen würde. Im Falle der Garantie verschiebt sich die Zumutbarkeitsgrenze für den Unternehmer in Bezug auf die Nacherfüllung zu seinen Lasten gegenüber § 635 Abs 3 BGB (vgl § 635 Rn 12 f), entsprechend die Erheblichkeitsschwelle in Bezug auf Rücktritt und Schadensersatz statt der ganzen Leistung gegenüber den §§ 323 Abs 5 S 2, 281 Abs 1 S 2 BGB zugunsten des Bestellers (vgl § 634 Rn 145). **171**

Ob für den Schadensersatzanspruch des Bestellers die sich aus den §§ 634 Nr 3, 280 Abs 1 S 2, 276 Abs 1 S 2 BGB ergebende Regelvoraussetzung des Verschuldens abbedungen sein soll, ist eine Frage der Auslegung. Ausdrücke wie „Zusicherung" oder „Garantie" deuten auf die Bereitschaft des Unternehmers zur Übernahme einer verschuldensunabhängigen Schadensersatzpflicht, belegen sie aber nicht zwingend. Wenn von einer Garantiefrist die Rede ist, soll damit idR nur die Länge der in ihren Voraussetzungen nicht abgeänderten Gewährleistung angesprochen werden. „Garantie nach der VOB" bedeutet nur eine Bezugnahme auf deren § 13. Freilich sind all dies bloße Wortlautargumente. Es ist weiterhin zu berücksichtigen, dass § 634 BGB dem Besteller nachhaltige verschuldensunabhängige Remedien gegenüber einem Mangel zur Verfügung stellt, so dass eine verschuldensunabhängige Schadensersatzpflicht von dem Unternehmer leichter übernommen werden wird, wenn die zu gewärtigenden Schäden nicht über den Minderwert der Sache hinausgehen, umgekehrt aber der Besteller an einer solchen Haftung dann besonders interessiert sein muss, wenn nachhaltige Mangelfolgeschäden zu gewärtigen sind. Den Ausschlag muss es mithin letztlich geben, ob der Besteller in berechtigter Weise darauf vertrauen darf, dass der Unternehmer in Bezug auf diese auf die Entlastungsmöglichkeit nach § 280 Abs 1 S 2 BGB verzichten will.

c) Selbständiges Garantieversprechen

Das sog *selbständige Garantieversprechen* bezieht sich – seinerseits stets verschuldensunabhängig – auf einen über das Vorhandensein der Eigenschaft hinausgehenden Erfolg. **172**

Das *selbständige Garantieversprechen* des Unternehmers verlässt den Bereich des Gewährleistungsrechts. Der Unternehmer knüpft hier zwar an bestimmte Eigenschaften des Werkes an, verspricht aber eben, für einen über diese hinausgehenden Erfolg einstehen zu wollen (vgl RGZ 165, 41; BGHZ 65, 107; PALANDT/WEIDENKAFF § 443 Rn 4), wie er auch *noch von weiteren Faktoren abhängig* sein kann. Ein Garantieversprechen dieser Art liegt zB vor, wenn nicht nur ein bestimmtes Leistungsvermögen einer Maschine bindend in Aussicht gestellt wird, sondern darüber hinaus auch noch, dass mit ihrer Produktion ein bestimmter Umsatz oder gar Gewinn erzielt werden könne, oder in der Garantie eines bestimmten Jahresmietertrages bei der Erstellung eines Wohnblocks (BGH WM 1973, 411 = BauR 1973, 191). *Anspruchsgrund-*

lage für den Besteller ist insoweit *nicht* mehr *§ 634 Nr 4* BGB; folgerichtig findet auch die Bestimmung des § 634a BGB hier keine Anwendung (RGZ 165, 41; Palandt/Sprau[61] Vor § 633 aF Rn 9).

2. Beschaffenheitsvereinbarung

173 Die Parteien können die Beschaffenheit des Werkes vereinbaren, § 633 Abs 2 S 1 BGB. Darin liegt noch keine Garantie dieser Beschaffenheit durch den Unternehmer, so dass also auch seine Gewährleistung beschränkt werden kann, individualvertraglich mit der Grenze der Arglist, § 639 BGB, durch AGB mit den Grenzen, die sich aus den §§ 307, 309 Nrn 7, 8 lit b BGB ergeben.

Eine solche Beschaffenheitsvereinbarung ist zunächst notwendig, um das geschuldete Werk überhaupt festzulegen; so muss ein Gebäude zB nach Lage, Geschosszahl, Bauart etc bestimmt werden. Für die Gewährleistung des Unternehmers von besonderem Interesse sind Vereinbarungen über die qualitative Beschaffenheit des Werkes, zB Tragfähigkeit, Schallschutz.

Die Vereinbarung ist ausdrücklich möglich; sie liegt etwa in den Angaben eines *Prospekts* (BGH NJW-RR 2008, 258 = NZBau 2008, 113 Rn 15 ff) Sie kann aber auch konkludent erfolgen, dh aus der Gesamtheit der Abreden zu ermitteln sein. Im letzteren Fall verschwimmt die Abgrenzung zwischen S 1 und S 2 des § 633 Abs 2 BGB.

a) Eine Vereinbarung über die qualitative Beschaffenheit des Werkes gewinnt praktische Bedeutung, wenn sie über das Übliche (§ 633 Abs 2 S 2 Nr 2 BGB) oder das im konkreten Fall Notwendige (§ 633 Abs 2 S 2 Nr 1 BGB) hinausgeht. Wird das Vereinbarte hier verfehlt, löst dies die Gewährleistung des Unternehmers nach Maßgabe der §§ 634 ff BGB auch dann aus, wenn die Verwendung des Werkes nicht beeinträchtigt ist. Der Besteller handelt dann auch nicht missbräuchlich, wenn er auf der Vereinbarung besteht. Man kann sich eben mehr zusagen lassen, als notwendig ist.

Entspricht das Werk nicht der getroffenen Vereinbarung, ist es mangelhaft, und zwar auch dann, wenn es „besser" ist (BGH NZBau 2002, 571, 572): Dem Besteller gebührt das Werk, das er in Auftrag gegeben hat (BGH NZBau 2004, 672, 673 = BauR 2004, 1941); dies auch bei Funktionsgleichheit des Gelieferten.

174 b) Umgekehrt steht es den Parteien aber natürlich auch frei, *geringere qualitative Anforderungen an das Werk zu stellen, als sie üblich sind.* Sie mögen diese Anforderungen für übertrieben halten, oft wird der Besteller auch einfach Kosten sparen wollen. Das kann ihn veranlassen, sogar auch Abstriche an der notwendigen Qualität hinzunehmen.

An eine Beschaffenheitsvereinbarung dieser Art – „nach unten" – sind jedoch strenge Anforderungen zu stellen (vgl auch Sienz, in: FS Thode [2005] 627, 640).

Sie folgt nicht schon aus einer Leistungsbeschreibung, §§ 650i f BGB, die ein solches minderwertiges Werk zur unvermeidlichen Folge hat (BGH NJW 1998, 3707), zB einen geminderten Schallschutz. Sie folgt auch nicht aus einem geringen Preis der vom

Unternehmer angebotenen Ausführungsart (BGH NJW-RR 2000, 465). Der Besteller darf vielmehr auch dann die übliche Verwendungsmöglichkeit des Werkes erwarten, vgl § 633 Abs 2 S 2 Nr 2 BGB, und hat gegenüber einer Leistungsbeschreibung, die diese nicht sichert, nur die Mehrkosten einer sachgerechten Ausführung als sog Sowieso-Kosten zu tragen (BGH NJW 1998, 3707). Dass die von ihm vorgesehene Ausführungsart unübliche Qualitätsminderungen des späteren Werkes zur Folge haben wird, muss dem Besteller vielmehr deutlich geworden sein; der Unternehmer hat ihn hierüber unmissverständlich aufzuklären (vgl BGHZ 181, 225 = NJW 2009, 2439 zur DIN 4104, aus der sich ein Schallschutz ergibt, der heutigen Ansprüchen nicht genügt).

Freilich führt die unterlassene Aufklärung des Unternehmers nicht zu einer Schadensersatzpflicht, wie sie nach den §§ 280 Abs 1, 276 BGB verschuldensabhängig wäre. Es ist vielmehr der Vertrag dahin nach den §§ 133, 157 BGB auszulegen, dass von vornherein – gegen Erstattung der damit verbundenen Mehrkosten als Sowieso-Kosten – eine § 633 Abs 2 S 2 BGB genügende Ausführungsart geschuldet ist.

Stammt die Ausführungsplanung, die eine § 633 Abs 2 S 2 BGB nicht genügende Beschaffenheit des Werkes zur Folge hat, vom Besteller (bzw seinem Architekten), so ist wiederum durch Auslegung zu ermitteln, ob er auf eine derartige Beschaffenheit verzichten wollte. Im Zweifel ist das zu verneinen. Als Laie mag der Besteller die Folgen seiner Vorgaben nicht bedacht haben. Im Falle des Sachverstandes kann eine Fehleinschätzung vorgelegen haben. Ganz in diesem Sinne sieht § 4 Abs 3 VOB/B – als Ausdruck eines allgemeinen Rechtsgedankens – vor, dass der Unternehmer in Fällen dieser Art zu remonstrieren hat.

Auch hier kommt es also in der Regel, wenn ein Verzichtswille des Bestellers nicht angenommen werden kann, zur Gewährleistung des Unternehmers, wenn die Vorgaben des § 633 Abs 2 S 2 BGB verfehlt werden. Wiederum hat der Besteller die Sowieso-Kosten der Mängelbeseitigung zu tragen. Für die Verteilung ihrer weiteren Kosten kommt es darauf an, ob der Unternehmer seine Remonstrationspflicht schuldhaft verletzt hat oder nicht. Ist ihm ein Schuldvorwurf nicht zu machen, trägt der Besteller auch diese. Sonst sind sie nach Maßgabe des § 254 Abs 1 BGB zu quoteln.

c) Eine (einfache) Beschaffenheitsvereinbarung liegt namentlich bei der *Werkleistung nach Probe* vor (vgl § 494 BGB aF). Hier muss die Probe aber selbst mangelfrei sein (OLG Frankfurt BauR 2005, 1937). Wenn nach Werksvorschrift des Herstellers auszuführen ist, liegt in einer anderweitigen Ausführung ein Mangel (OLG Schleswig BauR 2004, 1946). **175**

3. Übliche und zu erwartende Beschaffenheit

a) Den Regelfall bildet es, dass die geschuldete Beschaffenheit/Qualität des Werkes nach dem Üblichen und zu Erwartenden zu bestimmen ist, § 633 Abs 2 Nr 2 BGB. Das ist ein objektiver Maßstab, der an sich nur hilfsweise zur Anwendung kommt, vgl das „sonst" am Ende von § 633 Abs 2 S 2 Nr 1 BGB, und zusammen mit dem Maßstab des § 633 Abs 2 S 2 Nr 1 BGB überhaupt auch subsidiär ist gegenüber der Beschaffenheitsvereinbarung des § 633 Abs 2 S 1 BGB. Indessen fehlt es durchweg an Beschaffenheitsvereinbarungen im Sinne der letztgenannten Bestimmung, **176** und hat der Besteller durchweg eben auch die Absicht der gewöhnlichen, üblichen Verwendung.

Aus dogmatischer Sicht handelt es sich bei § 633 Abs 2 S 2 Nr 2 BGB nicht um eine normative Vorgabe für die Beschaffenheit des Werkes, sondern die Bestimmung konkretisiert nur, was die – notfalls ergänzende – Auslegung des Vertrages nach den §§ 133, 157 BGB im Grunde ohnehin ergeben würde. Insofern ist speziell die Funktionsfähigkeit des Werkes nicht bei § 633 Abs 2 S 1 BGB einzuordnen (aA BGHZ 174, 110 = NJW 2008, 511, 512 = NZBau 2008 109 Rn 12 ff), sondern sie ist das, was der Besteller iSd § 633 Abs 2 S 2 Nr 2 BGB erwarten kann.

Die Maßstäbe der Üblichkeit und des zu Erwartenden lassen sich nicht trennscharf voneinander abgrenzen. Was üblich ist, darf der Besteller eben auch erwarten, und was er zu erwarten hat, sollte üblich sein. Immerhin hat von beiden Kriterien das zu Erwartende das größere Gewicht. Es ist denkbar, dass sich in gewissen Bereichen ein Schlendrian breit gemacht hat und damit aus rein statistischer Sicht üblich ist. Das kann aber die Sollbeschaffenheit des Werkes nicht prägen. Fehlt im Bauträgervertrag eine Angabe der Wohnfläche, kommt es auf die Erwartung des Bestellers an (BGH NJW 2004, 2156 = NZBau 2004, 269).

177 **b)** Zur Ermittlung der Sollbeschaffenheit des Werkes kann grundsätzlich auf die **anerkannten Regeln der Technik** zurückgegriffen werden, auch wenn § 633 Abs 2 S 2 Nr 2 BGB sie im Gegensatz zu der Parallelbestimmung des § 13 Abs 1 VOB/B nicht ausdrücklich nennt.

Aus der fehlenden Nennung folgt jedoch nicht, dass die anerkannten Regeln der Technik für die Beurteilung der Mangelfreiheit des Werkes unbeachtlich wären. Denn der Besteller hat Anspruch auf ein „ordentliches" Werk. Die übliche und zu erwartende Beschaffenheit kann das Werk aber grundsätzlich nur haben, wenn *es den anerkannten Regeln der Technik entspricht.* Insofern können die anerkannten Regeln der Technik *in den Wortlaut des § 633 Abs 2 S 2 Nr 2 BGB „hineingelesen" werden,* während die Rechtsprechung in Anwendung ihres „funktionalen Mangelbegriffs" (Rn 184a) eine stillschweigende Beschaffenheitsvereinbarung, Abs 2 S 1 annimmt (vgl BGH NJW 2013, 684 = NZBau 2013, 244; NJW 2013, 114 = NZBau 2013, 295 Rn 9; NZBau 2011, 415 Rn 11; BauR 1981, 577, 579 = WM 1981, 1108; INGENSTAU/KORBION/WIRTH § 13 Abs 1 Rn 85; NICKLISCH/WEICK/JANSEN/SEIBEL/VON HAYN-HABERMANN § 13 Rn 35; ERMAN/SCHWENKER/RODEMANN Rn 13; HEINRICH BauR 1982, 224; vgl ferner KAISER BauR 1983, 19; MARBACH ZfBR 1984, 9; SIEGBURG BauR 1985, 367, 381).

Freilich geht die getroffene Vereinbarung vor. Zunächst können die Parteien Abweichendes vereinbaren; das muss allerdings mit hinreichender Deutlichkeit geschehen. Sodann ist entscheidend, dass die Funktionsfähigkeit des Werkes gesichert ist. Das kann eine Abweichung von den anerkannten Regeln der Technik bedingen (BGH NJW-RR 1997, 688). Es ist eben primär durch Auslegung zu ermitteln, was hier geschuldet ist (BGH NJW 1998, 2814). Schließlich können technische Normen unvollständig (OLG Hamm NJW-RR 1998, 668) oder überholt (OLG Köln BauR 1997, 831) sein.

178 **aa)** Anerkannte Regeln der Technik lassen sich bestimmen als *technische Regeln für den Entwurf* und *die Ausführung von Werkanlagen,* die *in der Wissenschaft als* *theoretisch richtig anerkannt sind* und *feststehen* sowie *insbesondere in dem Kreise der für die Anwendung der betreffenden Regeln maßgeblichen, nach dem neuesten Erkenntnisstand vorgebildeten Techniker durchweg bekannt und auf Grund fortdauernder praktischer Erfahrung als technisch geeignet, angemessen und notwendig anerkannt sind* (vgl Ingenstau/Korbion/Oppler § 4 Abs 2 Rn 46; MünchKomm/Busche Rn 18).

(1) Unberücksichtigt bleiben müssen mithin *einzelne* in Wissenschaft oder Praxis vertretene *Auffassungen,* auch wenn sie *„richtig"* sein sollten (vgl OLG Celle BauR 1984, 522). Es kommt vielmehr auf die Anerkennung und Praktizierung durch die herrschende Meinung an (vgl Nicklisch NJW 1982, 2634; Weber ZfBR 1983, 151, 153).

(2) Die anerkannten Regeln der Technik sind *wandelbar* entsprechend dem jeweiligen Erkenntnisstand (vgl BGHZ 90, 354 = NJW 1984, 1679).

(3) Wichtige Hilfen zur Feststellung der anerkannten Regeln der Technik kommen den technischen Regelwerken zu, insbesondere den *DIN-Normen* des Deutschen Instituts für Normung eV, den VDI-Richtlinien des Vereins Deutscher Ingenieure sowie den VDE-Bestimmungen des Verbands Deutscher Elektrotechniker (zu diesen OLG Hamm BauR 1990, 102). Freilich bedeutet die Aufnahme einer technischen Regel in diese Regelwerke *nicht zwingend,* dass es sich um eine anerkannte Regel handelt (BGHZ 181, 225 = NJW 2009, 2439 Rn 14; BGHZ 139, 16); das gibt vielmehr nur eine *widerlegliche Vermutung* in dieser Hinsicht ab (vgl Ingenstau/Korbion/Oppler § 4 Abs 2 Rn 59). Einerseits und vor allem ist es nämlich denkbar, dass eine Norm dieser Regelwerke bereits von der technischen Entwicklung überholt ist (vgl Ingenstau/Korbion/Oppler § 4 Abs 2 Rn 51). Das galt etwa spätestens ab 1974 für DIN 4109 (Fassung 1962) über die Mindestanforderungen für Schallschutz (vgl BGHZ 139, 16, 20; OLG Stuttgart BauR 1977, 279; OLG Frankfurt BauR 1980, 361); insoweit war eher der Entwurf für die DIN 4109 vom Februar 1979 zugrunde zu legen (vgl BGH NJW-RR 1986, 755 = JZ 1986, 768). Vgl zur Annahme eines Mangels trotz Einhaltung der DIN-Norm auch OLG Hamm NJW-RR 1998, 668. Weiterhin kann eine DIN-Norm *Anforderungen* stellen, die *überhöht* und zur Wahrung der – allein entscheidenden – Funktionstüchtigkeit des Werkes nicht notwendig sind (vgl OLG Hamm BauR 1994, 767 zur Auftrittsbreite von Treppenstufen).

Funktionsgleich neben den genannten technischen Regelwerken stehen andere Richtlinien, vgl die „Richtlinien für die Prüfung der körperlichen und geistigen Eignung von Fahrerlaubnisbewerbern und -inhabern" (dazu AG Essen DAR 1994, 160).

(4) Von ihnen zu unterscheiden sind:

Verarbeitungsrichtlinien von Herstellern. Ihre Einhaltung führt noch nicht zur Mangelfreiheit des Werkes, nicht einmal zum Ausschluss eines Verschuldens (vgl OLG Hamm BauR 1996, 758). Freilich geht ihre Nichteinhaltung jedenfalls dann zu Lasten des Unternehmers, wenn sie sicherheitsrelevant sind (BGH BauR 2009, 1589 = NZBau 2009, 647).

(Interne) Qualitätssicherungssysteme des Unternehmers, zB nach DIN EN ISO 9000 ff, bzw Qualitätssicherungsvereinbarungen zwischen Unternehmer und Besteller, wenn sich beide nicht auf die Eigenschaften des Werkes beziehen, sondern nur die Methode der Herstellung sichern sollen. Ihre Einhaltung hat bei der Prüfung der Verschuldensfrage Bedeutung (vgl Beck'scher VOB-Komm/Junghenn § 4 Abs 2 Rn 84 ff).

180 bb) Die anerkannten Regeln der Technik *gelten nicht,* wenn die Parteien *ihre Maßgeblichkeit abbedungen* haben (vgl OLG Hamm NJW-RR 1996, 213). Zunächst bleibt es ihnen unbenommen, höhere Anforderungen an das Werk zu stellen (vgl BGH MDR 1981, 836 = LM § 635 BGB Nr 60). Es ist aber auch möglich, geringere Anforderungen an das Werk zu stellen. Insoweit reicht es freilich für eine wirksame Vereinbarung nicht aus, wenn der Unternehmer in die Leistungsbeschreibung Elemente hineingebracht hat, die mit den anerkannten Regeln der Technik unvereinbar sind. Er muss den Besteller vielmehr klar und unmissverständlich darüber aufklären, dass die angebotene Leistung – und wie sie – von den anerkannten Regeln der Technik abweicht (vgl auch o Rn 174).

181 cc) Ein Verstoß gegen die anerkannten Regeln der Technik ist ferner dann *unbeachtlich, wenn er sich im konkreten Fall nicht mindernd auf den Wert oder die Tauglichkeit des Werks auswirkt.* Insoweit ist freilich Zurückhaltung geboten. Gewährleistungsrechte des Bestellers sind nicht erst dann gegeben, wenn durch die Art der Ausführung des Werkes bereits Schäden an diesem eingetreten sind, sondern auch schon dann, wenn mit ihnen gerechnet werden muss (vgl MünchKomm/Busche Rn 40). So liegt ein Mangel vor, wenn Gebrauchstauglichkeitsnachweise nicht beigebracht werden können (vgl OLG Rostock NJW-RR 1995, 1422; OLG Düsseldorf NJW-RR 1996, 146).

182 dd) Besondere Probleme ergeben sich, wenn der Unternehmer die anerkannten Regeln der Technik *beachtet* hat, das Werk sich aber *gleichwohl* als minderwertig erweist.

(1) Insoweit kommt den anerkannten Regeln der Technik im Zeitpunkt der Abnahme eine Bedeutung jedenfalls dahin zu, dass ein *Verschulden des Unternehmers ausscheidet,* wenn er sie beachtet hat (vgl BGHZ 48, 310 = NJW 1968, 43; BGH NJW 1971, 92 = VersR 1971, 374; BGHZ 58, 7 = BauR 1972, 172; OLG Hamm NJW-RR 1991, 731). Er hat dann die im Verkehr erforderliche Sorgfalt walten lassen. Insoweit fehlendes Verschulden schließt aber die Annahme eines Mangels als solchen nicht aus (BGH NJW-RR 2006, 240 = NZBau 2006, 112).

(2) Insofern kann das Werk auch bei Beachtung der gegenwärtig anerkannten Regeln der Technik mangelhaft sein. Mit Erman/Seiler[3] § 633 BGB aF Rn 16; Kaiser BauR 1983, 203, ist davon auszugehen, dass es primär auf die Auslegung der Vereinbarungen der Parteien ankommt. Diese kann zwar ergeben, dass das Werk (nur) den gegenwärtig anerkannten Regeln der Technik entsprechen soll (vgl auch Ganten NJW 1971, 374; Jagenburg NJW 1971, 1431; Korbion BauR 1971, 58). Näher liegt indessen die Auslegung, dass das Werk weniger an ihnen ausgerichtet sein soll, *sondern dass es die zu erwartende Gebrauchstauglichkeit haben soll* (vgl BGHZ 48, 310; BGH NJW 1971, 92; BGHZ 91, 206, 213 = NJW 1984, 2457 = LM § 633 BGB Nr 51 m Anm Recken; BGH NJW-RR 1997, 688; BGH NZBau 2002, 611). Darin liegt auch keine übermäßige Risikobelastung für den Unternehmer.

183 c) Entsprechend anwendbar ist § 434 Abs 1 S 3 BGB (BGHZ 174, 110 = NJW 2008, 511 Rn 16), vgl zu den Einzelheiten dort. Auch der Besteller darf erwarten, dass öffentliche Äußerungen der Unternehmer über die von ihnen gelieferten Werkleistungen oder der Hersteller von Materialien über diese zutreffen. Es muss sich um konkrete Angaben zB in Katalogen handeln, die dann die Sollbeschaffenheit über das sonst übliche Maß anheben können.

aa) Das bereitet dem Grunde nach keine Probleme bei eigenen Angaben des Unternehmers. Sind es solche des Herstellers, wie sie sich auf einzelne Produkte beziehen können, aber auch auf ganze Systeme wie zB Dachbegrünungen, die dann vom Gärtner aufzubringen sind, dürfen sie dem Unternehmer zunächst nicht schuldlos unbekannt geblieben sein, womit freilich kaum zu rechnen ist. Sodann muss den Besteller aber das Risiko unrichtiger Herstellerangaben treffen, wenn sie in seinen Verantwortungsbereich fallen (dazu u Rn 192), weil er dem Unternehmer die Verwendung dieser Materialien vorgeschrieben hat. Es kann dann eine Mitverantwortung des Unternehmers nur begründet sein, wenn er seiner Prüfungs- und Warnpflicht gegenüber den Herstellerangaben nachgekommen ist (o Rn 62 ff).

bb) Wenn die Gewährleistung des Unternehmers begründet ist, wird eine Nacherfüllung vielfach nicht möglich sein. Außerdem aber mag das Werk zwar den Werbeangaben nicht genügen, aber doch immer noch in der üblichen Weise gebrauchstauglich sein. Dann können die Kosten der Nacherfüllung leicht unverhältnismäßig iSd § 635 Abs 3 BGB sein, so dass dem Besteller nur sekundärer Rechtsschutz (Schadensersatz, Minderung) verbleibt.

4. Die nach dem Vertrag vorausgesetzte Beschaffenheit

Nachrangig gegenüber der Beschaffenheitsvereinbarung nach § 633 Abs 2 S 1 BGB, **184** aber vorrangig gegenüber der Beschaffenheitsbestimmung nach § 633 Abs 2 S 2 Nr 2 BGB ist an sich die Orientierung an dem Vertrag nach § 633 Abs 2 S 2 Nr 1 BGB, die sich auf diesen Vertrag bezieht, dem wiederum im Wege der Auslegung nach den §§ 133, 157 BGB die Sollbeschaffenheit des Werkes zu entnehmen ist. Gegenüber dem objektiven Maßstab der Nr 2 enthält Nr 1 einen subjektiven. Die trennscharfe Abgrenzung ist aber weder notwendig noch auch möglich, weil natürlich auch bei der Bestimmung des Üblichen (Nr 2) auf die jeweiligen Gegebenheiten des einzelnen Falles Rücksicht genommen werden muss, vgl näher auch Thode NZBau 2002, 297, 303 f.

Die nach dem Vertrag vorausgesetzte Verwendung kann jedenfalls nicht einseitig von dem Besteller festgesetzt werden. Sein besonderer Verwendungszweck für das Werk muss dem Unternehmer bekannt geworden und von ihm gebilligt worden sein. Die Formulierung des Gesetzes „nach dem Vertrag vorausgesetzt" hat die Tradition der §§ 459, 633 BGB aF, bedeutet aber recht eigentlich, dass die entsprechende Gebrauchstauglichkeit des Werkes Vertragsinhalt geworden sein muss. Jedenfalls ergibt sich die zu fordernde Gebrauchstauglichkeit aus der zu erwartenden Beschaffenheit, nicht schon aus der Ausschreibung des Bestellers (BGH NJW 2002, 1954).

5. Funktionaler Mangelbegriff

Die Erwartungen des Bestellers an die Beschaffenheit des Werks können dadurch **184a** enttäuscht werden, dass er selbst dem Unternehmer eine fehlerhafte Planung vorgegeben oder sachwidrige Weisungen erteilt hat. Es ist selbstverständlich, dass der Unternehmer in derartigen Fällen Bedenken anzumelden hat (o Rn 64, 164). Den schuldhaften Verstoß gegen diese Pflicht erfasst der BGH mit einem „funktionalen Mangelbegriff" (BGHZ 174, 110 = NJW 2008, 511 Rn 15 ff; NJW 2013, 684 = NZBau 2013, 244 Rn 20; BGH NJW 2011, 3780 = NZBau 2011, 746 Rn 11; NJW 2011, 1442 = NZBau 2011, 360 Rn 22). Ein solcher Mangelbegriff ist indessen abzulehnen. Zutreffend und systemgerecht bezeichnet § 645 Abs 1 BGB die Folge einer verfehlten Anweisung des Bestellers als Verschlechterung des Werkes.

a) Der Sachmangel

Der BGH vermengt den Mangelbegriff mit Verschuldensgesichtspunkten. Er ist aber seit jeher von solchen Aspekten frei, dies übereinstimmend bei Kauf-, Werkvertrag und Miete. Nimmt man den Fall, dass dem Unternehmer Bedenken gegen die ihm vorgelegte Planung nicht zu kommen brauchten, kann man seine Leistung schwerlich als mangelhaft bezeichnen, die diese unbedenklich erscheinende Planung nur einfach umgesetzt hat.

Das geht schon deshalb nicht an, weil § 633 Abs 2 BGB auf die Enttäuschung berechtigter Erwartungen des Bestellers abstellt. Im Falle des S 1 beruhen sie auf der Vereinbarung mit dem Unternehmer, im Falle des S 2 Nr 2 auf der Üblichkeit. Hat der Besteller fehlerhaft geplant oder sachwidrige Anweisungen erteilt, enttäuscht er sich selbst. § 633 Abs 2 BGB will dem Besteller Schutz vor dem Unternehmer bieten, nicht vor sich selbst.

b) Die Verletzung der Remonstrationspflicht

184b Kommt der Unternehmer in vorwerfbarer Weise seiner Remonstrationspflicht nicht nach, ist das unmittelbar ein Fall der §§ 280 Abs 1, 241 Abs 2 BGB; er schuldet Schadensersatz. Richtig nimmt BGH (NJW 2011, 3291 = NZBau 2011, 483 Rn 25) einen Fall der §§ 280 Abs 1, 241 Abs 2 BGB dann an, wenn der Unternehmer nicht darauf hingewiesen hat, dass die von ihm gefertigte Betonplatte Schaden nehmen könne, wenn man sie ungeschützt winterlichem Wetter aussetzt. Dieser Ansatz ermöglicht es zwanglos, den eigenen Verursachungsbeitrag des Bestellers nach § 254 Abs 1 BGB in Ansatz zu bringen. Zudem würde die Alternative einer Einstandspflicht nach § 634 BGB grundsätzlich erst nach einer Abnahme greifen. Geboten ist aber eine sofortige Einstandspflicht des Unternehmers.

Das schließt es nicht aus, Wertungen der §§ 634 ff BGB entsprechend heranzuziehen. Statt einer Geldzahlung muss es dem Unternehmer ermöglicht werden, den unerwünschten Zustand selbst zu beseitigen. Außerdem darf seine Haftung zeitlich nicht über die Schranken des § 634a BGB hinausragen.

c) Darlegungs- und Beweislast

184c Entscheidend ist die Verteilung der Darlegungs- und Beweislast. Der BGH erlegt sie dem Unternehmer auf (BGHZ 174, 110 = NJW 2008, 511 = NZBau 2008, 109 Rn 22, 26; BGH NJW 2011, 3780 = NZBau 2011, 746 Rn 14; NJW 2011, 1442 = NZBau 2011, 360 Rn 28). Das ist nicht richtig.

Im Rahmen der §§ 280 Abs 1, 241 Abs 2 BGB obliegt zunächst dem Geschädigten die Darlegungs- und Beweislast für die objektive Pflichtverletzung, vgl § 280 Abs 1

S 2 BGB. Der Besteller hat also darzulegen und zu beweisen, was dem Unternehmer zu Bedenken hätte Anlass geben müssen. Ist die Frage streitig, wann und wie der Unternehmer Bedenken vorgetragen hat, muss der Unternehmer dies zunächst substantiiert darlegen, der Besteller hat es dann zu widerlegen. Erst anschließend kommt es dann nach § 280 Abs 1 S 2 BGB zur Beweislast des Unternehmers bei der Frage des Vertretenmüssens.

VII. Die Verwendungseignung des Werkes

Der zentrale Begriff des § 633 Abs 2 BGB ist der der Eignung des Werkes zur Verwendung; sachlich gleich sprach § 633 Abs 1 BGB aF von seiner Tauglichkeit zum Gebrauch. **185**

1. Verkehrswert des Werkes

Keine Änderung gegenüber dem bisherigen Recht bedeutet es zunächst, dass § 633 BGB nF gegenüber § 634 Abs 1 BGB aF den Wert des Werkes nicht mehr eigens nennt. Denn zu seiner Verwendung gehört es namentlich, dass es veräußert werden kann. Die Einschränkung des Verkehrswertes bedeutet also schon einen Sachmangel. Dazu genügt der bloße sog merkantile Minderwert (BGHZ 55, 198; BGH NJW 1986, 428).

2. Eingeschränkte oder fehlende Eignung zur Verwendung

a) Beispiele für Mängel

aa) Dass es an der Tauglichkeit ganz fehlt, liegt vorzugsweise am Verstoß gegen Rechtsvorschriften, zB bei der nicht genehmigungsfähigen Planung (BGH NJW-RR 1998, 952; OLG Düsseldorf NJW-RR 1996, 403), dem gegen die Friedhofssatzung verstoßenden Grabmal (OLG Köln NJW-RR 1994, 121), wobei es den Parteien natürlich freisteht, bewusst die Genehmigungsbereitschaft der Behörde zu testen (OLG Düsseldorf NJW-RR 1996, 403). Die fehlende Tauglichkeit kann sich aber auch anderweitig ergeben (vgl AG Mainz VersR 1996, 771: unpräzises Gutachten; LG Freiburg MDR 1997, 335: überraschend gestaltete Torten, deren Überraschungseffekt durch eine Pressemitteilung vereitelt wird). **186**

bb) Die *Eigenschaften* des Werkes können *minderwertig* sein: fehlende Dehnungsfugen (LG Stuttgart BauR 1997, 137) oder Wärmedämmung (OLG Schleswig BauR 2000, 1486), nicht hinreichende Kapazitäten (BGH NJW-RR 1996, 340: einer Industrieabwasserbehandlungsanlage gegenüber maximaler Beanspruchung; OLG Koblenz BauR 1997, 328: Festigkeit eines Baugerüsts gegenüber Sturm; OLG Düsseldorf NJW-RR 1996, 954: Sitzlift, an den ein Rollstuhlfahrer nicht sicher genug heranfahren kann; LG Tübingen NJW-RR 1993, 1075: geringe Verbreitung einer Zeitschrift als Werbeträger), ungeeignetes Holz für einen Wintergarten (OLG Düsseldorf NJW-RR 1997, 274), Veraltung (OLG Köln VersR 2000, 334).

cc) *Raum* spielt eine Rolle, wobei sich natürlich gerade hier die Frage nach den zumutbaren Toleranzen stellt (vgl zur geminderten Wohnfläche BGH NJW 1997, 2874; NJW-RR 1998, 1169; NJW 1999, 1859; NJW 2004, 1156 = NZBau 2004, 269), zu berechnen nach DIN 283 und der zweiten Berechnungsverordnung (OLG Celle NJW-RR 1999, 816; zur Küchenzeile, die die Wand nicht ausfüllt OLG Düsseldorf NJW-RR 1996, 46; zur Verspätung der

Flugbeförderung LG Frankfurt NJW-RR 1993, 1270; des Essens im Restaurant LG Karlsruhe MDR 1993, 952).

187 dd) Die Leistung darf keine *störenden Eigenschaften* haben (BGH NJW-RR 1998, 1286: Störanfälligkeit einer Anlage; Ermöglichung von Hausschwamm, OLG Düsseldorf BauR 1995, 131; von Pilzbefall, Schwedler BauR 1996, 345; fehlender Schallschutz, BGH LM Nr 105 § 633 BGB; OLG München BauR 1999, 399; OLG Düsseldorf NJW-RR 1994, 88; Formaldehydausdünstungen, OLG Nürnberg NJW-RR 1993, 1300; OLG Bamberg NJW-RR 2000, 97; dampfdichter Bodenbelag ohne entsprechenden Untergrund, OLG Düsseldorf NJW-RR 1996, 305; Fleckbildung auf Granitplatten, OLG Düsseldorf BauR 1996, 712; fehlende Maßgerechtigkeit einer Einbauküche, AG Düsseldorf VuR 1993, 305; Öffnung einer Kellerausgangstür nach außen, OLG Koblenz NJW-RR 1996, 1299; lose Verlegung von Teppichfliesen, OLG Hamm BauR 1996, 399; fehlender Sitzplatz bei Freiluftkonzert, AG Herne-Wanne NJW 1998, 3654; nicht: größerer und damit lauterer Spielplatz, OLG Düsseldorf BauR 2000, 286).

ee) Eingehalten werden müssen jedenfalls die *konkreten Beschaffenheitsvereinbarungen der Parteien,* mögen sie auch „objektiv" nicht geboten gewesen sein (vgl BGH NJW-RR 1993, 309; OLG Köln NJW-RR 1993, 1492; OLG Düsseldorf BauR 1994, 147; 1996, 757).

ff) Der Unternehmer muss den Besteller bei *neuen oder ungewöhnlichen Leistungen* über das zu Erwartende aufklären (vgl BGH NJW-RR 1993, 26: Leistungsfähigkeit einer „alternativen Wärmegewinnung" für ein Einfamilienhaus; OLG Nürnberg NJW-RR 1993, 694: Treppenlift; OLG Düsseldorf NJW-RR 1998, 810: Nutzbarkeit eines Wintergartens); gleiches gilt, wenn das vom Besteller gewünschte Fabrikat Schwächen aufweist (vgl §§ 4 Abs 3, 13 Abs 3 VOB/B und OLG Köln NJW-RR 1993, 1432) oder wenn das vom Unternehmer Angebotene veraltet ist (OLG Köln NJW-RR 1993, 1398).

Entsprechendes gilt, *wenn Wünsche des Bestellers nachteilige Folgen haben können* (vgl BGH DAR 1996, 495: LKW-Spezialaufbau, der Zuladungsmöglichkeiten reduziert), oder wenn die angeforderte Werkleistung erkennbar sinnlos ist (vgl OLG Köln NJW-RR 1994, 1045).

gg) Das Werk kann *unerwünschte Folgen* zeitigen: Behördliche Auflagen nach einer Architektenplanung (BGH NJW-RR 1998 952, 953), Schallbrücken durch Fliesenverlegung (OLG Köln ZMR 1994, 219), Überschwemmungsschäden nach Teichanlage (OLG Köln NJW-RR 1994, 917), Nässe nach fehlender Bodenauflockerung (OLG Düsseldorf NJW-RR 2000, 1336), Hausschwamm nach entsprechender Herrichtung eines Kriechkellers (OLG Düsseldorf NJW-RR 1994, 1204), Haarausfall nach Haarfärbung (AG Frankfurt aM VuR 1993, 249), erhöhte Schadensanfälligkeit bei hartgelöteten Kupferrohren (OLG Köln VersR 1997, 850), Abwaschbarkeit einer Schiffsfarbe mit der Folge einer möglichen Umweltgefährdung (OLG Karlsruhe VersR 1998, 1127).

b) Nicht zu Beanstandendes

188 Zuweilen kann ein Mangel zu *verneinen* sein.

aa) Bei *künstlerischen Werken* ist ein Gestaltungsspielraum des Künstlers hinzunehmen (BGHZ 19, 382), wie überhaupt der bloße Geschmack des Bestellers nicht zur Annahme eines Mangels führt, solange dem Unternehmer deshalb nicht konkrete Vorgaben gemacht worden sind. Freilich kann eine Theateraufführung dann mangelhaft sein, wenn eine freie Bearbeitung des Stücks vorliegt (aA AG Hamburg NJW 2009, 782). Es ist dem Theater zuzumuten, das Stück als „nach X" oder gar „in der Bearbeitung von Y" anzukündigen.

Gutachten sind mangelfrei, wenn sie von zutreffenden tatsächlichen Voraussetzungen ausgehen, allgemein anerkannte Grundsätze beachten und nicht auf sachfremden Erwägungen beruhen (AG Chemnitz NVZ 1999, 385).

bb) Eine unerwünschte Eigenschaft darf nicht selbstverständlich sein (vgl OLG Köln NJW-RR 1994, 1209 Pflegebedürftigkeit eines Grabmals im Freien); freilich muss der Unternehmer den Besteller ggf aufklären, wenn ihm deutlich werden muss, dass dieser illusionäre Vorstellungen über die Eigenschaften des Werkes hegt, wie sie zB durch Presseberichte genährt sein können.

cc) Es sind *nur Äußerlichkeiten, die stören:* Textbausteine im Gutachten (AG Freiburg NZV 1994, 402; Darstellungsart des Gutachtens AG Hamburg NZV 1997, 275; elektronisch gespeichertes statt ausgedrucktes Bedienerhandbuch, LG Heilbronn CR 1994, 284).

dd) Der geschaffene Zustand ist *vollkommen gebrauchstauglich;* der perfekte Zustand würde mit Mehrkosten zu Lasten des Bestellers verbunden sein (vgl OLG Düsseldorf NJW-RR 1997, 1039: Abtrennung der Stellplätze einer Garage durch Drahtgitter statt massiv; OLG Düsseldorf NJW-RR 1997, 816: Belassung einer unverkennbar stillgelegten Leitung).

ee) Es muss sich um einen *Zustand des Werkes selbst* handeln. Kein Mangel, wenn das Produkt der Konkurrenz nur günstiger ist (vgl OLG Düsseldorf NJW-RR 1997, 1283: größere Servicefreundlichkeit von Klimageräten). Ebenfalls kein Mangel, wenn die Störungsquelle von außen vorgegeben ist (vgl BGH NJW-RR 1995, 1200: Rekultivierung eines Grundstücks, dessen Grundwasser von benachbarter Deponie aus verseucht wird).

ff) Darauf hinzuweisen ist, dass der nachteilige Zustand nicht in den alleinigen Verantwortungsbereich des Bestellers fallen darf (vgl auch LG Koblenz CR 1994, 470; OLG Düsseldorf NJW-RR 1995, 85).

gg) Bei einer Beförderungsleistung stellt eine Verspätung keinen Mangel dar (BGH NJW 2009, 2743 Rn 16 f); das ist vielmehr mit den Regeln über den Verzug zu erfassen. Ggf kann sich ein Fortfall des Interesses ergeben.

c) Ausmaß der Beeinträchtigung
Ein Mangel des Werkes liegt nur vor, wenn sein Wert oder seine Gebrauchstauglichkeit beeinträchtigt sind. Diese Beeinträchtigung braucht aber *nicht erheblich* zu sein. Bei einem unerheblichen Mangel ist der Rücktritt ausgeschlossen, § 323 Abs 5 S 2 BGB, der Anspruch auf Schadensersatz statt der ganzen Leistung, § 281 Abs 1 S 3 BGB. Auch können bei ihm die Kosten der Nacherfüllung unverhältnismäßig sein, § 635 Abs 3 BGB. Stets bleibt aber die Minderung möglich, § 638 Abs 1 S 2 BGB, im Verschuldensfall der Schadensersatzanspruch nach § 634 Nr 4 BGB.

189

Ein Mangel ist jedoch zu verneinen, wenn die tatsächliche Beschaffenheit des Werkes von seiner Sollbeschaffenheit so unwesentlich abweicht, dass dies sowohl unter objektiven Gesichtspunkten als auch unter Berücksichtigung der subjektiven Belange des Bestellers ohne jede Bedeutung ist (vgl MünchKomm/Busche Rn 9; Kapellmann/Messerschmidt/Langen § 13 Rn 54; Wussow NJW 1967, 953, 954). Das muss jedoch ein seltener Ausnahmefall bleiben, etwa beim schlichten „optischen Mangel". Schon ein sog *Schönheitsfehler* ist grundsätzlich als ein die Gewährleistung auslösender Mangel zu betrachten (vgl BGH NJW 1981, 2801: unsaubere und unakkurate Schaufensteranlagen).

d) Beurteilungszeitpunkt

190 Die Mangelfreiheit des Werkes muss *bei der Abnahme* gegeben sein (BGH BauR 1974, 63; Erman/Schwenker/Rodemann Rn 7). Der Besteller kann diese verweigern, wenn Mängel vorliegen (vgl § 640 Rn 35). Er behält dann seinen ursprünglichen Erfüllungsanspruch mit seiner Sanktionierung durch die §§ 281, 323 BGB.

Unerheblich ist es, wenn aus der Sicht des Zeitpunktes des Vertragsschlusses ein mangelfreies Werk zu erwarten war. Der Unternehmer trägt namentlich das preisliche Risiko, dass es zwischenzeitlich zu schärferen Vorgaben zB des Umweltschutzes kommt, sofern nicht der Besteller die diesen nicht genügende Planung geliefert hat.

Davon zu unterscheiden ist der *Wissensstand, auf Grund dessen die Mangelfreiheit zu beurteilen ist.* Es ist dies der Zeitpunkt der letzten mündlichen Verhandlung (vgl auch o Rn 178 zur zwischenzeitlichen Fortentwicklung des Standes der Technik).

e) Fragen der Beweislast

191 Wenn der Mangel in einer Differenz zwischen einer Soll- und einer Istbeschaffenheit des Werkes besteht, bedürfen beide Zustände des Beweises.

aa) Die Sollbeschaffenheit des Werkes ist stets – vor, bei und nach der Abnahme – *vom Besteller zu beweisen* (vgl Nierwetberg NJW 1993, 1745). Das gilt für besondere Qualitätsabreden ebenso wie für den gewöhnlichen Gebrauch. Behauptet dagegen der Unternehmer, dass eine Unterschreitung des gewöhnlichen Standards verabredet gewesen sei, so geht damit die Darlegungs- und Beweislast nicht etwa auf ihn über (**aA** offenbar Nierwetberg NJW 1993, 1745). Sie bleibt vielmehr bei dem Besteller, der die Behauptung des Unternehmers widerlegen muss. Freilich sind an diesen Nachweis keine strengen Anforderungen zu stellen und ist außerdem zu fordern, dass der Unternehmer seine Behauptung vorab substantiiert dartut, damit sie überhaupt beachtlich ist. Nicht genügt zB schon der Hinweis auf den vereinbarten geringen Preis. Soweit der Unternehmer auf den für ihn sprechenden Wortlaut des Vertrages verweist, muss er ggf dartun (nicht beweisen), wann und wie er den Besteller über die Mängelrisiken aufgeklärt hat.

bb) Dass das Werk auch tatsächlich dieser Sollbeschaffenheit entspricht, ist **bei** der Abnahme von dem Unternehmer zu beweisen, leitet er doch daraus seinen Anspruch auf Abnahme her; nach der Abnahme hat der Besteller zu beweisen, dass die Istbeschaffenheit nicht dem Soll entspricht. Das folgt aus § 363 BGB.

Weniger deutlich liegen die Dinge **vor** der Abnahme, dh bevor der Unternehmer sein Werk als im Wesentlichen vertragsgerecht anbietet. Hier greift der allgemeine Grundsatz, dass jeder die Voraussetzungen seiner Rechte nachzuweisen hat. Danach liegt dann die Beweislast bei dem Besteller, der behauptet, Änderungen am Werk beanspruchen zu können oder Schadensersatz oder gar zur Kündigung aus wichtigem Grund berechtigt zu sein (vgl Peters NZBau 2009, 191; **aA** BGH NJW 2009, 360 = NZBau 2009, 117).

Auch muss es der Besteller nach der Abnahme ausschließen, dass der jetzige mangelhafte Zustand des Werkes erst nachträglich durch ihn selbst entstanden ist (vgl BGH Schäfer/Finnern/Hochstein § 635 BGB aF Nr 120), also nachweisen, dass er – wenn vielleicht auch nur im Kern – schon bei der Abnahme vorhanden war. Die Beweislastumkehr des § 476 BGB gilt auch nicht entsprechend.

f) Verantwortlichkeit des Unternehmers

Wenn auch die Gewährleistungsrechte des Bestellers, abgesehen von dem Schadensersatzanspruch aus § 634 Nr 4 BGB, nicht voraussetzen, dass der Unternehmer den Mangel verschuldet oder nach § 278 BGB zu vertreten hat, so ist es doch generell notwendig, dass er **den Mangel** in einem weiteren Sinne **zu verantworten hat**. 192

aa) Daran fehlt es nicht, wenn der Mangel auf *äußere Einflüsse* zurückzuführen ist, zB auf Witterungseinflüsse, und zwar auch dann nicht, wenn der Unternehmer ihnen nicht vorbeugen konnte. Auch hier schuldet er die Nachbesserung auf eigene Kosten und kann es zur Wandlung oder Minderung kommen.

bb) Daran fehlt es aber, wenn und soweit die Ursachen des Mangels **in den eigenen Verantwortungsbereich des Bestellers** fallen. Denn wenn § 645 BGB dem Unternehmer seinen Vergütungsanspruch teilweise für den Fall belässt, dass ein Mangel des vom Besteller gelieferten Stoffes oder eine Anweisung des Bestellers zu dem Mangel geführt hat, ist daraus zu folgern, dass der Unternehmer insoweit auch einer *Gewährleistungspflicht nicht* unterliegt. Zu den Einzelheiten der von dem Besteller zu verantwortenden Umstände vgl die Erl zu § 645 BGB (s § 645 Rn 1 ff). Namentlich trägt der Besteller das Risiko, dass der Baugrund unerkennbar ungeeignet war. Soll freilich der Unternehmer eine Entgasungsanlage für eine Mülldeponie liefern, sind deren Setzungen sein Risiko (**aA** OLG München NZBau 2004, 274). Es kommt etwa die Lieferung schlechten Materials in Betracht oder die Erteilung sachwidriger Informationen, zB wegen der Vorgaben für Individualsoftware (OLG Köln NJW-RR 1993, 1529; NJW 1996, 1067), oder Anweisungen. Bei Baumängeln ist zu beachten, dass sie dann in den Verantwortungsbereich des Bestellers fallen, wenn sie auf seine *mangelhafte Planung oder Koordinierung* zurückgehen, vgl BGH NJW 1992, 1104, das Vorschreiben der Verwendung bestimmter Baustoffe, vgl § 13 Abs 3 VOB/B, wozu es nicht genügt, dass der Besteller mit den Materialien des Unternehmers einverstanden ist (BGH NZBau 2005, 456 = BauR 2005, 1314, 1315). Ein Verschulden des Bestellers ist nicht erforderlich, kann aber bei der notwendigen Abwägung der Anteile – s sogleich – beachtlich sein. 193

Wenn der Mangel *ausschließlich* (OLG Celle BauR 1998, 802) aus dem eigenen Verantwortungsbereich des Bestellers stammt, sind seine Gewährleistungsansprüche nicht ausgeschlossen, er muss aber alle Kosten der Mängelbeseitigung tragen. Das gilt bei Planungsmängeln des Bestellers, Gestellung oder Anordnung ungeeigneter Materialien, vgl § 13 Abs 2 VOB/B. Nach BGH NJW 1996, 2372 fällt es aber in den Verantwortungsbereich des Unternehmers, wenn der Besteller Material vorgeschrieben hat, das generell geeignet ist, und es dann zu einem „Ausreißer" gekommen ist. Weithin fallen Mängel freilich auch *gleichzeitig in den Verantwortungsbereich des* 194

Unternehmers, so namentlich, wenn er es unterlassen hat, Pläne oder Stoffe des Bestellers oder von dritter Seite geleistete Vorarbeiten sachgerecht zu überprüfen und auf bestehende Bedenken hinzuweisen (vgl o Rn 62 ff). Das hat dann zur Konsequenz, *dass die Einstandspflicht des Unternehmers durch sein Verschulden konstituiert wird.* Hierin liegt ein bedeutsamer dogmatischer Unterschied zwischen Werkvertrags- und Kaufrecht. Die dortige Annahme, dass ein Mangel ausschließlich objektiv begründet werde, lässt sich insoweit für das Werkvertragsrecht nicht übernehmen. Hier kann eben ein Verschulden konstitutiv für die Annahme eines Mangels wirken, vgl auch KOHLER NJW 1993, 417 zu den dogmatischen Zusammenhängen, der freilich die Bedeutung des § 645 BGB überschätzt. Diese Bestimmung würde den Mangel ausschließlich dem Unternehmer zuweisen, sofern er seine Prüfungs- und Hinweispflicht verletzt hat. Tatsächlich aber – und sachgerecht – findet dann eine **Abwägung der beiderseitigen Verantwortlichkeiten** statt, bei der **§ 254** BGB **entsprechend** anzuwenden ist (vgl ERMAN/SEILER[10] § 633 aF Rn 17), und sich so die alleinige Verantwortlichkeit des Unternehmers nur ausnahmsweise ergeben wird (bedenklich OLG Köln BauR 1993, 744; OLG Hamm NJW-RR 1994, 111), aber doch möglich ist (vgl OLG Koblenz BauR 1996, 868 [Rat des Unternehmers zu diesen vom Besteller gekauften Materialien]; OLG Hamm NJW-RR 1996, 273). Das gilt grundsätzlich für *sämtliche Gewährleistungsrechte* des Bestellers: Die Nachbesserung kann der Unternehmer von einer entsprechenden *Kostenbeteiligung* des Bestellers abhängig machen (vgl § 634 Rn 20). Bei Selbstbeseitigung des Mangels durch den Besteller ist sein Anspruch auf Kostenerstattung oder Kostenvorschuss anteilig zu kürzen, doch ist hier zu beachten, dass der Unternehmer nicht in Verzug gerät, wenn er die eigene Mängelbeseitigung gerechtfertigterweise von einem anteiligen Kostenzuschuss des Bestellers abhängig macht, § 286 Abs 4 BGB. Die *Minderung* des Bestellers kann bei geteilter Verantwortung für den Mangel nur anteilig durchgreifen (vgl BGH WM 1971, 1125 = BGHZ 56, 312, dort nicht mit abgedruckt). Das Recht des Bestellers zum Rücktritt ist zwar unteilbar, doch kann der Mangel durch die Mitverantwortlichkeit des Bestellers unter die Erheblichkeitsschwelle des § 323 Abs 5 S 2 BGB herabgedrückt werden. Gegenüber dem Anspruch aus § 634 Nr 4 BGB kann § 254 BGB unmittelbar angewendet werden (vgl BGH WM 1970, 354; 1974, 311; NJW 1973, 518).

g) Unfertiges Werk

195 Grundsätzlich zu unterscheiden vom mangelhaften Werk ist das unfertige Werk (vgl BGB-RGRK/GLANZMANN Anh zu §§ 633–635 Rn 8). Hinsichtlich des unfertigen Werkes behält der Besteller seinen Erfüllungsanspruch. Hat allerdings der Unternehmer ein unfertiges Werk als fertig angedient und der Besteller es entsprechend abgenommen, so kann er wegen des fehlenden Restes die *normalen Gewährleistungsrechte* mit der Maßgabe geltend machen, dass dem Unternehmer gegenüber dem Anspruch auf Vervollständigung die Berufung auf einen damit verbundenen unverhältnismäßigen Aufwand nach § 635 Abs 3 BGB versagt ist. Auch § 640 Abs 3 BGB findet Anwendung.

Von einer Abnahme ist freilich grundsätzlich nicht auszugehen, wenn *Wesentliches* fehlt. Das hat BGH NJW 1993, 1063, 1064 bei der Lieferung von individueller Software für das den Gebrauch erst ermöglichende *Benutzerhandbuch* angenommen, vgl auch schon BGH NJW 1989, 3222; 1991, 2135 (beide zu Leasingverträgen). Dann bleibt es einstweilen bei dem originären Erfüllungsanspruch des Bestellers und seinem Schutz durch die §§ 280 ff, 320 ff BGB.

VIII. Anderes Werk, mindere Menge

§ 633 Abs 3 BGB stellt es einem Sachmangel gleich, wenn der Unternehmer ein **196** anderes als das bestellte Werk herstellt oder ein Werk in zu geringer Menge.

1. Anderes Werk

Die erste Alternative der Bestimmung hat nur äußerst selten praktische Bedeutung gegenüber § 633 Abs 2 BGB. Eine andere Leistung als die vereinbarte ist dort ohne weiteres möglich, wo bewegliche Sachen herzustellen sind, vgl den bisherigen Standort der Regelungsmaterie in den §§ 378 aF, 381 HGB. Diese Fälle verlagert § 650 BGB aber in der hier interessierenden Frage der Gewährleistung in das Kaufrecht. Neu herzustellen und nach Werkvertragsrecht zu beurteilen und damit möglicher Regelungsgegenstand des § 633 Abs 3, 1. Alt BGB, sind damit nur geistige Werke, zB Individualsoftware, künstlerische Leistungen. Bei ihnen ist es aber wiederum kaum vorstellbar, dass sie als eigentlich „ordentlich" und damit nicht schon § 633 Abs 2 BGB unterfallend anzusehen sind.

Letzteres gilt aber auch für den Kernbereich des Werkvertragsrechts, die Bearbeitung von Sachen des Bestellers. Wenn zB der Maler einen anderen Farbton wählt als den vertraglich vorgesehen oder eine anders beschaffene Farbe, ist seine Leistung schon nach § 633 Abs 2 BGB mangelhaft.

Wenn es gleichwohl dazu kommt, dass der Unternehmer dem Besteller ein anderes als das zugesagte Werk andient, das deshalb aber noch nicht mangelhaft ist, kann der Besteller dieses als nicht gehörige Erfüllung ablehnen, auf seinem Erfüllungsanspruch bestehen und ggf nach den §§ 280, 281 BGB Schadensersatz statt der ganzen Leistung verlangen bzw nach § 323 BGB zurücktreten.

Diese Rechte stehen ihm aber dann nicht zu, wenn das ihm angebotene Werk gleichwertig ist und seine Interessen auch sonst nicht oder nur in zu vernachlässigendem Umfang beeinträchtigt sind. In dieser Situation kann der Unternehmer nämlich ggf gegenüber dem Erfüllungsanspruch des Bestellers die Einrede des § 275 Abs 2 BGB erheben und scheitern der Anspruch auf Schadensersatz statt der ganzen Leistung und der Rücktritt an der Unerheblichkeit der Pflichtverletzung, § 281 Abs 1 S 3 BGB bzw § 323 Abs 5 S 2 BGB.

Hat der Besteller die andersartige Leistung als Erfüllung angenommen oder hätte er dies nach dem eben Gesagten tun müssen, konzentrieren sich seine Rechte auf jene aus § 634 BGB.

2. Mindere Menge

In seiner zweiten Alternative betrifft § 633 Abs 3 BGB nicht die bloße Teilleistung **197** (ein errichtetes Haus statt zweier) und auch nicht die unfertige Leistung, zB die noch fehlende Anlage des Gartens oder den noch fehlenden Innenausbau des Bürogebäudes, der erst nach den Vorgaben künftiger Mieter vorgenommen werden soll. Geregelt ist hier nur jenes Werk minderer Menge, das dem Besteller als vollständige Leistung angeboten wird. Wiederum behält er den Erfüllungsanspruch und die

Optionen des Schadensersatzes statt der ganzen Leistung und des Rücktritts mit den Vorbehalten der §§ 275 Abs 2, 281 Abs 1 S 3, 323 Abs 5 S 2 BGB, falls er das Werk wegen seiner Mindermenge zurückweist. Nimmt er es als Erfüllung entgegen, folgen seine Rechte jetzt aus § 634 BGB. Letzteres dürfte freilich wiederum schon aus § 633 Abs 2 BGB herzuleiten sein.

IX. Rechtsmängel

198 Die Rechtsmängelhaftung des Unternehmers nach § 633 Abs 1, 4 BGB entspricht jener des Verkäufers nach § 435 S 1 BGB, der sie nachgebildet ist. Auf die dortigen Erl kann deshalb Bezug genommen werden.

1. Rechte Dritter

Unter § 633 Abs 1, 4 BGB fallen zunächst dingliche, sonstige absolute oder obligatorische Rechte privater Dritter, die geeignet sind, Besitz und Nutzung des Werkes durch den Besteller zu vereiteln oder zu beeinträchtigen.

Dabei ist der Besteller vor Ansprüchen aus Eigentum oder beschränkten dinglichen Rechten freilich weithin abgeschirmt durch die §§ 946, 947, 93, 94 BGB, soweit es um die in dem Werk verwendeten Materialien geht. Allerdings kann der Schutz durch diese Bestimmungen versagen, wenn mit fremdem Recht belastete Sachen nicht wesentliche Bestandteile werden und damit in sein Eigentum übergehen.

Das Werk kann dem Anspruch eines Dritten aus § 985 BGB aber auch in sonstiger Weise, § 1004 BGB, ausgesetzt sein, vgl den nicht zu duldenden Überbau oder den Löschwasserteich auf dem Grundstück des Nachbarn (OLG Oldenburg NJW-RR 2000, 545) oder wenn beim Erwerb vom Bauträger die Versorgungsleitungen auf fremden Grundstücken nicht grundbuchlich abgesichert sind (OLG München NZBau 2006, 578).

Auch bei gutem Glauben unterliegt der Besteller den Ansprüchen Dritter aus § 97 UrhG, dessen Urheberrechte das Werk verletzt (SCHRICKER/WILD, UrhG [2. Aufl 1999] § 97 Rn 37). Das begründet ihm gegenüber die Verantwortlichkeit des Architekten, der entsprechend geplant hat.

Auch bei voller Nutzbarkeit stellt es einen Rechtsmangel aber auch dar, wenn das Werk durch die Rechte Dritter finanziell belastet ist, etwa durch Überbaurechte nach § 912 Abs 2 BGB oder den aus den §§ 951, 812 BGB folgenden Bereicherungsanspruch, wenn der Unternehmer abhandengekommenes Material verwendet hat.

Nach § 633 Abs 1, 4 BGB relevant sind aber auch Rechtspositionen der öffentlichen Hand, zB aus dem Baupolizeirecht.

2. Beseitigungsfähigkeit der Rechtsposition

199 Nicht entscheidend für die Annahme eines Rechtsmangels ist es, dass er beseitigt werden kann. Gerade gegenüber Rechtspositionen der öffentlichen Hand ist dies weithin nicht möglich, eine solche Situation kann sich aber auch gegenüber privaten Dritten ergeben. Dann scheitert aber nur der Nacherfüllungsanspruch des Bestellers nach § 275 BGB. Schadensersatz, Rücktritt oder Minderung bleiben möglich, soweit ihre Voraussetzungen nur gegeben sind.

3. Rechte wegen der Arbeitsmethode

Die Rechte Dritter müssen sich auf das Werk als solches beziehen. Es genügt nicht, dass die Methode seiner Herstellung sie verletzt, zB die unberechtigte Benutzung patentierter Verfahren oder die Inanspruchnahme eines fremden Grundstücks beim Bau. Der Regress, der sich hier für den uU mithaftenden Besteller ergeben kann, folgt aus den allgemeinen Bestimmungen der §§ 241 Abs 2, 426 Abs 1 BGB, nicht § 634 BGB; ggf kann es auch zum Regress des Unternehmers kommen, vgl dazu § 10 VOB/B, erl in Anh III zu § 638 Rn 23 ff. **200**

4. Bloße behauptete Rechte Dritter

Wie zu Art 41 CISG überwiegend angenommen (vgl STAUDINGER/MAGNUS [2018] Art 41 CISG Rn 15 ff) hat der Unternehmer den Besteller im Rahmen seiner Rechtsmängelhaftung auch vor Ansprüchen Dritter zu schützen, die diese letztlich unberechtigt erheben, mag man dies nun aus § 633 Abs 1, 4 BGB folgern oder nicht. Letzterenfalls folgt die Freistellungspflicht aus § 241 Abs 2 BGB, muss aber ebenfalls des zeitlichen Schranken des § 634a BGB unterliegen. **201**

5. Ausschluss der Rechte des Bestellers

a) Der Besteller kann Rechte Dritter „im Vertrag übernehmen", wie sich § 633 Abs 4 BGB unbeholfen ausdrückt. Das bedeutet eine Beschränkung der Gewährleistung, die sich als individualvertragliche an den §§ 138, 639 BGB messen lassen muss, zusätzlich an den §§ 307, 309 Nrn 7 lit b, 8 lit b BGB, wenn sie in AGB des Unternehmers enthalten ist. **202**

b) Nachhaltigere Schranken folgen aus der Natur der Sache. Liegt die Beeinträchtigung der Rechte eines Dritten nämlich im Planungsbereich, so ist im Verhältnis zum Unternehmer allein der Besteller verantwortlich, wenn er selbst – oder durch einen Architekten – geplant hat; der Unternehmer muss nur ggf seiner Warnpflicht nachkommen, vgl dazu o Rn 62.

Im Verhältnis zwischen Bauherr und Architekten gehen die planerisch zu berücksichtigenden Rechte Dritter freilich zu Lasten des Architekten. Seine Planung ist mangelhaft, wenn sie wegen der Rechte Dritter nicht verwirklicht werden kann (vgl Anh zu §§ 650p–t Rn 52 ff).

Hindern die Rechte Dritter den Unternehmer schon am Tätigwerden, so ist es dem Besteller nicht gelungen, eine bearbeitungsfähige Sache zur Verfügung zu stellen. Die Folgen ergeben sich aus den §§ 642, 643, 645 BGB, vgl dort.

c) Der Besteller erleidet bei Rechtsmängeln nicht den Rechtsverlust nach § 640 Abs 3 BGB durch rügelose Abnahme trotz Kenntnis des Mangels. Die Abnahme bezieht sich nämlich nur auf die tatsächliche Beschaffenheit des Werkes; die rechtlichen Verhältnisse sind nicht ihr Gegenstand.

d) Freilich ist die Bestimmung des § 442 Abs 1 BGB entsprechend anzuwenden, wie er sich auch auf Rechtsmängel bezieht (Palandt/Weidenkaff § 442 Rn 3).

§ 634
Rechte des Bestellers bei Mängeln

Ist das Werk mangelhaft, kann der Besteller, wenn die Voraussetzungen der folgenden Vorschriften vorliegen und soweit nicht ein anderes bestimmt ist,

1. **nach § 635 Nacherfüllung verlangen,**

2. **nach § 637 den Mangel selbst beseitigen und Ersatz der erforderlichen Aufwendungen verlangen,**

3. **nach den §§ 636, 323 und 326 Abs. 5 von dem Vertrag zurücktreten oder nach § 638 die Vergütung mindern und**

4. **nach den §§ 636, 280, 281, 283 und 311a Schadensersatz oder nach § 284 Ersatz vergeblicher Aufwendungen verlangen.**

Materialien: Art 1 G zur Modernisierung des Schuldrechts v 26. 11. 2001 (BGBl I 3138); BT-Drucks 14/6040, 261; BT-Drucks 14/7052, 65, 204;
§ 634 Nr 1: § 633 Abs 2 S 1 aF (s bei § 633);
§ 634 Nr 2: § 633 Abs 3 aF (s bei § 633);
§ 634 Nr 3: § 634 aF: E I § 569 Abs 2, II § 572, III § 624; Mot II 478 ff; Prot II 2207 ff; Jakobs/Schubert, Recht der Schuldverhältnisse II 645 ff;
§ 634 Nr 4: § 635 aF: E I § 569 Abs 3; II § 573, III § 625; Mot II 478 ff; Prot II 2207 ff; Jakobs/Schubert, Recht der Schuldverhältnisse II 645 ff.

Schrifttum

1. Allgemeines
Bressler, Selbstvornahme im „Schwebezustand" nach Ablauf der Nacherfüllungsfrist, NJW 2004, 3382
Clemm, Abgrenzung zwischen (kostenloser) Nachbesserung und (entgeltlichem) Werkvertrag, BB 1986, 616
Dauner-Lieb/Dötsch, § 326 II 2 BGB (analog) bei der Selbstvornahme?, NZBau 2004, 233
Draxler, Besonderheiten im Zusammenhang mit der Mängelhaftung des Planers, NJW 2018, 3291
Enaux, Der Vorschussanspruch nach der Schuldrechtsreform, in: FS Kraus (2003) 15

Frank, Die Haftung für Sachmängel und Verzug bei Bau- und Anlageverträgen. Eine rechtsvergleichende Untersuchung des deutschen und amerikanischen Rechts unter Berücksichtigung der Internationalen Vertragspraxis (Diss Berlin 1990)
Gross, Die Wirkungen des Kostenvorschußurteils im Abrechnungsstreit, in: FS Jagenburg (2002) 253
Hanau, Der Schuldner in der Hand des Gläubigers?, NJW 2007, 2806
Harms, Die „doppelte" Fristsetzung zu Mängelbeseitigung – wirksames Instrument oder rechtliches nullum?, BauR 2004, 745

HEINRICHS, Die Einwirkung der VOB auf den BGB-Bauvertrag im Bereich des Mängelrechts, BauR 1982, 224

HERRESTHAL/RIEHM, Die eigenmächtige Selbstvornahme im allgemeinen und besonderen Leistungsstörungsrecht, NJW 2005, 1457

JANSEN, Das Recht des Auftragnehmers zur Mängelbeseitigung/Nacherfüllung, BauR 2005, 1059

JUNGMANN, Die Verknüpfung der kauf- und werkvertraglichen Rückgewähransprüche (§§ 439 Abs 4, 635 Abs 4 BGB) mit Ersatzlieferungs- bzw Neuherstellungsansprüchen, ZGS 2004, 263

KORINTENBERG, Erfüllung und Gewährleistung beim Werkvertrag (1935)

LEVY, Die Gewährleistung für Mängel beim Werkvertrag (1903)

LÜHL, Die Rechtsnatur der ernsthaften und endgültigen Leistungsverweigerung, BauR 2018, 1165

vLÜPKE, Schadensverteilung bei Vor- und Nacharbeit im Bauhandwerk, BB 1964, 738

MAGNUSSEN, Die eigenmächtige Mängelbeseitigung durch den Besteller (Diss Hamburg 1992)

MANKOWSKI, Wie setzt man eine Nachfrist richtig?, ZGS 2003, 451

MOOS, Sachmängelhaftung bei Zusammenwirken mehrerer Unternehmer, NJW 1961, 157

MUFFLER, Das Mängelbeseitigungsrecht des Werkunternehmers und die Doppelsinnigkeit der Nacherfüllung, BauR 2004, 1365

MUNDT, Zur angemessenen Nachbesserungsfrist der witterungsabhängigen Nachbesserungsarbeiten, BauR 2005, 1379

SCHOLZE-BECK, Gesamtschuldnerische Haftung für Baumängel (Diss Bonn 2001)

REINKING, Leistungsort der Nacherfüllung im Kauf- und Werkvertragsrecht, NJW 2008, 3608

SEIDEL, Das Nachbesserungsrecht des Unternehmers beim Werkvertrag, JZ 1991, 391

SIEGBURG, Handbuch der Gewährleistung beim Bauvertrag (4. Aufl 2000)

SIENZ, Das Dilemma des Werkunternehmers nach fruchtlosem Ablauf einer zur Mängelbeseitigung gesetzten Frist, BauR 2006, 1816

STÜTZ, Mangelhafte Werkherstellung und der Neuherstellungsanspruch (Diss München 1970)

UNBERATH/CZIUPKA, Der Leistungsort der Nacherfüllung, JZ 2008, 867

WAGNER, Mangel- und Mangelfolgeschäden im Neuen Schuldrecht?, JZ 2002, 475

WERTENBRUCH, Die eingeschränkte Bindung des Käufers an Rücktritt und Minderung, JZ 2002, 962

WEYER, Das Mängelbeseitigungs-, Nacherfüllungs-„Recht" des Auftragnehmers, BauR 2006, 1665

2. Verhältnis zum Allgemeinen Schuldrecht

BRÜGMANN, Die Einrede des nichterfüllten Vertrages bei Baumängeln, BauR 1981, 128

BUSCHE, Voraussetzungen und Grenzen der „Nachbesserung" im Werkvertragsrecht, Betr 1999, 1250

FOLNOVIC, Sind werkvertragliche Mängelansprüche in der Herstellungsphase des Werkes ausgeschlossen?, BauR 2008, 1357

GARTZ, Keine Mängelrechte vor Abnahme auch bei Insolvenz des Unternehmers, NZBau 2018, 404

HOFMANN, Anfängliche Unausführbarkeit im Werkvertrag, MDR 1963, 717

JAKOBS, Nichterfüllung und Gewährleistung beim Werkvertrag, in: FS Beitzke (1979) 67

JOUSSEN, Mängelansprüche vor der Abnahme, BauR 2009, 319

KAISER, Rechtsfragen bei der Anwendung der §§ 320, 322 BGB im gesetzlichen Werkvertragsrecht und in der VOB/B, BauR 1982, 205

KLEINE/SCHOLL, Das Konkurrenzverhältnis primärer und sekundärer Gläubigerrechte bei Pflichtverletzungen im allgemeinen Schuldrecht, NJW 2006, 3642

KOHLER, Werkmängelrechte, Werkleistungsanspruch und allgemeines Leistungsstörungsrecht, BauR 1988, 278

ders, Werkmangel und Bestellerverantwortung, NJW 1993, 417

MALOTKI, Die unberechtigte Mangelbeseitigungsaufforderung: Ansprüche des Unternehmers auf Vergütung, Schadens- oder Aufwendungsersatz, BauR 1998, 682

MAYR/vBERG, Mängelrechte vor Abnahme in AGB des Bestellers, BauR 2018, 877

OTT, Allgemeines Leistungsstörungsrecht versus

werkvertragliche Mängelrechte, in: FS Merle (2010) 277

Quack, Vom Interesse des Bestellers an der Nachbesserung, in: FS Vygen (1999) 368

Schaub, Haftung und Konkurrenzfragen bei mangelhaften Produkten und Bauwerken im deutschen und englischen Recht (Diss Tübingen 1998)

Schwenker, Keine Mängelrechte vor Abnahme, NJW 2017, 1579

Trapp, Das Leistungsverweigerungsrecht des Bestellers nach den §§ 320 ff BGB als Druckmittel zur Leistungserbringung und Mängelbeseitigung, BauR 1983, 318.

Voit, Die Rechte des Bestellers bei Mängeln vor der Abnahme, BauR 2011, 1063.

3. Kostenbeteiligung des Bestellers

Bühl/Clemm, Der Kostenzuschußanspruch des Auftragnehmers, BauR 1985, 502

vCraushaar, Risikotragung bei mangelhafter Mitwirkung des Bauherrn, BauR 1987, 14

ders, Die Bedeutung des § 645 BGB für die Rechtsstellung des Nachunternehmers, in: FS Kraus (2003) 3

Früh, Die „Sowieso"-Kosten. Eine Fallgruppe des Allgemeinen Werkvertragsrechts (Diss München 1991)

ders, Die Kostenbeteiligungspflicht des Bestellers bei der Mängelbeseitigung unter besonderer Berücksichtigung der sog „echten Vorteilsausgleichung" (Abzug „neu für alt"), BauR 1992, 160

Gross, Vorteilsausgleichung im Gewährleistungsrecht, in: FS Korbion (1986) 123

Haerendel, Sowieso-Kosten und weitere zusätzliche Kosten infolge Fehlplanung (1999)

Janisch, Haftung für Baumängel und Vorteilsausgleichung (Diss Marburg 1992)

Laum, Zur Zuschußpflicht des mitverantwortlichen Bestellers bei der Nachbesserung, BauR 1972, 140

Siegburg, Baumängel aufgrund fehlerhafter Vorgaben des Bauherrn, in: FS Korbion (1986) 411

Stötter, Haftung des Bauherrn nach § 278 BGB für Planungsverschulden seines Architekten (im Verhältnis zum Bauunternehmer), BauR 1978, 18

Tomic, „Sowieso"-Kosten. Mängelbeseitigung und Kostenbeteiligung bei beschränktem Leistungsumfang (Diss Augsburg 1990).

4. Eigene Mängelbeseitigung des Bestellers, Kostenvorschuss

Achilles-Baumgärtel, Der Anspruch auf Kostenvorschuß im Gewährleistungsrecht (1998)

Clemm, Mängelbeseitigung auf Kosten des Auftragnehmers vor der Abnahme des Bauwerks nach der VOB/B, BauR 1986, 137

Ehrhardt-Renken, Kostenvorschuß zur Mängelbeseitigung (1986)

Grauvogl, Die Erstattung von Kosten der Ersatzvornahme vor der Abnahme beim VOB-Bauvertrag, in: FS Vygen (1999) 291

Gross, Die Wirkungen des Kostenvorschußurteils im Abrechnungsstreit, in: FS Jagenburg (2002) 253

Grunsky, Prozessuale Probleme bei Geltendmachung des Vorschußanspruchs zur Mängelbeseitigung, NJW 1984, 2545

Hartwig, Zur Möglichkeit des Bestellers, frei zwischen der Selbstvornahme und der Nacherfüllung zu wechseln, BauR 2018, 720

Jagenburg, Das Selbsthilferecht des Bauherrn, VersR 1969, 1077

Kahlke, Zum Verzug des zur Mängelbeseitigung Verpflichteten gemäß §§ 538, 633, 634 BGB und § 13 Nr 5 Abs 2 VOB/B, BauR 1981, 516

Kniestedt, Zinsen auf Kostenvorschüsse gemäß § 633 III BGB und § 13 Nr 5 II VOB/B, DRiZ 1982, 229

Chr Knütel, Zur „Selbstvornahme" nach § 637 Abs 1 BGB nF, BauR 2002, 689

Kohler, Kostenvorschuß und Aufrechnung oder Zurückbehaltungsrecht als Verteidigung gegen Werkvergütungsansprüche, BauR 1992, 22

Müller-Foell, Ersatzvornahme beim VOB-Bauvertrag auch ohne Kündigung, NJW 1987, 1608

Oppler, Fristsetzung zur Nachbesserung, Selbstbeseitigungsrecht und Nachbesserungsbefugnis, in: FS Vygen (1999) 344

Renkl, Die Abrechnung des Vorschusses in Bausachen, BauR 1984, 472

Vowinckel, Die Geltendmachung des Vor-

schussanspruchs nach dem Verlangen des kleinen Schadensersatzes, NZBau 2019, 87
vRintelen, Die Nachbesserungsbefugnis des Unternehmers nach Fristablauf gemäß § 13 Nr 5 Abs 2 VOB/B, in: FS Vygen (1999) 374.

5. Rücktritt (Wandlung), Minderung

Aurnhammer, Verfahren zur Bestimmung von Wertminderung bei (Bau-)Mängeln und (Bau-)Schäden, BauR 1978, 356
Brych, Kein Ausschluß des Wandlungsrechts im Bauträgervertrag, ZfBR 1979, 222
Cuypers, Zur Berechnung des Minderungsbetrages beim Bauvertrag, BauR 1993, 541
Jakobs, Nichterfüllung und Gewährleistung beim Werkvertrag, in: FS Beitzke (1979) 67
ders, Die Abnahme beim Werkvertrag, AcP 183 (1983) 145
Kaiser, Rechtsbehelfe des Werkbestellers vor der Abnahme bei Nachbesserungspflichtverletzungen durch den Unternehmer, ZfBR 1980, 109
Knüttel, Minderwertberechnungen, in: FS Vygen (1999) 311
Kohler, Werkmangelrechte, Werkleistungsanspruch und allgemeine Leistungsstörungsrechte, BauR 1988, 278
Koller, Aufgedrängte Bereicherung und Wertersatz bei der Wandlung im Werkvertragssowie Kaufrecht, Betr 1974, 2385, 2458
Lorenz, Rechtsgrundlagen des Anspruchs aus Minderung, JuS 1993, 727
Oertmann, Wandlung beim Werkvertrag, Recht 1920, 153
Peters, Die Wandlung des Werkvertrages, JR 1979, 267
ders, Praktische Probleme der Minderung bei Kauf und Werkvertrag, Betr 1983, 1951
ders, Zur Funktion der Minderung, NZBau 2012, 209
Rieble, Ausgleichsansprüche nach unzulässiger Ersatzvornahme nach § 633 Abs 3 BGB, Betr 1989, 1759
Schmid, Die fehlgeschlagene Reparatur, NJW 1994, 1824.

6. Schadensersatz

Brüggemeier, Die vertragsrechtliche Haftung für fehlerhafte Produkte und der deliktsrechtliche Eigentumsschutz nach § 823 Abs 1 BGB, VersR 1983, 501
ders, Reparatur und Folgeschaden, BB 1995, 2489
Cuypers, Bauvertrag und § 635 BGB, BauR 1993, 163
Diederichsen, Das Zusammentreffen von Ansprüchen aus Verschulden bei Vertragsschluß und Sachmängelgewährleistung, BB 1965, 401
Döbereiner/vKeyserlingk, Sachverständigenhaftung (1979)
Eimer, Verschuldensunabhängige Schadensersatzhaftung des Werkunternehmers bei Fehlen zugesicherter Eigenschaften, NJW 1973, 590
Eiselt/Trapp, Zur Abgrenzung der von der Betriebshaftpflichtversicherung nicht erfaßten Erfüllungspflicht des Werkunternehmers, NJW 1984, 899
Eisenmann, Ersatzansprüche nach Werk- und Kaufvertragsrecht bei Verwendung mangelhafter Baumaterialien, Betr 1980, 433
Foerste, Deliktische Haftung für Schlechterfüllung, NJW 1992, 27
Franzen, Deliktische Haftung für Produktionsschäden, JZ 1999, 702
Freund/Barthelmess, Eigentumsverletzung durch Baumängel?, NJW 1975, 281
Fuchs, Zur Frage der Beweislast im Fall des § 635 BGB, NJW 1968, 835
Ganten, Die Erstellung von sog „Regiekosten" als Schadensersatz, BauR 1987, 22
Götz, Schadensersatz wegen Nichtbenutzbarkeit eines Werkes während der Nachbesserung, JuS 1986, 14
Gross, Die Einbeziehung des Herstellers in die Haftung des Ausführenden, BauR 1986, 127
Grunewald, Eigentumsverletzung im Zusammenhang mit fehlerhaften Werkleistungen, JZ 1987, 1098
Gsell, Substanzverletzung und Herstellung, Deliktsrechtlicher Eigentumsschutz für Material und Produkt (2003)
Hesse, Ersatz unnötiger Nachbesserungskosten, BauR 1972, 197
Jagenburg, Deliktshaftung auf dem Vormarsch. Zur Haftung des Werkunternehmers wegen Eigentumsverletzung durch Baumängel, in: FS Locher (1990) 93

JAKOBS, Die Schadensersatzpflicht des Unternehmers wegen mangelhafter Werkleistung im Verhältnis zur Wandlung und zur Minderung, JuS 1974, 341

JOSWIG, Zur Erstattungsfähigkeit von Gutachterkosten, NJW 1985, 1323

JUNGBECKER, Schadensersatz bei mangelhaften medizinisch-psychologischen Eignungsgutachten?, DAR 1994, 297

KESSEN, Das Ende der Verrechnung im Werkvertragsrecht und seine Folgen, BauR 2005, 1691

KNÜTEL, Wider die Ersatzfähigkeit „fiktiver" Mängelbeseitigungskosten, BauR 2004, 591

KOCH, Mängelbeseitigungsansprüche nach den Grundsätzen der Produzenten/Produkthaftung, AcP 203 (2003) 603

KOEBLE, Die Verrechnung beim Werkvertrag, in: FS vCraushaar (1997) 259

KNIFFKA, Die Durchstellung von Schadensersatzansprüchen des Auftraggebers gegen den auf Werklohn klagenden Subunternehmer, BauR 1998, 55

ders, Die deliktische Haftung für durch Baumängel verursachte Schäden, ZfBR 1990, 213

KULLMANN, Aktuelle Rechtsfragen zur Produkthaftung bei Baustoffen, BauR 1993, 152

LITTBARSKI, Das Verhältnis der Ansprüche aus culpa in contrahendo zu den Ansprüchen aus den §§ 633 ff BGB, JZ 1978, 3

ders, Der Folgeschaden in der Betriebshaftpflichtversicherung, VersR 1982, 915

ders, Haftungs- und Versicherungsrecht im Bauwesen (1986)

LOOSCHELDERS, Kein Anspruch des Bestellers gegen den Unternehmer auf Ersatz fiktiver Mängelbeseitigungskosten, JA 2018, 627

LOTTER, Haftpflicht und Bauwesenversicherungsschutz im Baugewerbe (1973)

MEDICUS, Vertragliche und deliktische Ersatzansprüche für Schäden aus Sachmängeln, in: FS Kern (1968) 313

ders, Unmittelbarer und mittelbarer Schaden (1977)

MICHALSKI, Die Systemwidrigkeit der Differenzierung nach Mangel- und Mangelfolgeschäden im werkvertraglichen Sachmängelgewährleistungsrecht, NJW 1988, 793

MÖSCHEL, Der Schutz des Eigentums nach § 823 I BGB, JuS 1977, 1

NEUMANN-DUESBERG, Die Beweislast im Werkmängelprozeß, BlGWB 1967, 125

NICKLISCH, Die Schadensersatzhaftung für Eigenschaftszusicherung im Werkvertragsrecht und deren Einschränkbarkeit durch AGB, in: FS Beitzke (1979) 89

PETERS, Der Anspruch auf Schadensersatz wegen Nichterfüllung gemäß § 635 BGB, JZ 1977, 458

ders, Mangelschäden und Mangelfolgeschäden, NJW 1978, 665

POPESCU, Das Ende der fiktiven Schadensabrechnung im Werkvertragsrecht, BauR 2018, 1599

PRÖLSS, Schadensersatzansprüche aus §§ 463, 480 II, 635 BGB in der Haftpflichtversicherung, NJW 1962, 968

REBE/REBELL, Vertragliche Schadensersatzansprüche bei der Lieferung einer mangelhaften Sache, JA 1978, 544, 605

REHM, Bauwesenversicherung (1977)

RENGIER, Die Abgrenzung des positiven Interesses vom negativen Vertragsinteresse und vom Integritätsinteresse (1977)

SCHELLEN, Ermittlung des kleinen Schadensersatzanspruchs gemäß § 635 BGB, BauR 1988, 42

SCHLECHTRIEM, Abgrenzungsfragen bei der positiven Vertragsverletzung, VersR 1973, 581

ders, Außervertragliche Haftung für Bearbeitungsschäden und weiterfressende Mängel bei Bauwerken, ZfBR 1992, 95

SCHMALZL, Die Haftpflichtversicherung des Bauunternehmers, BauR 1984, 456

ders, Die Haftung des Bauunternehmers bei der Bauausführung (4. Aufl 1985)

ders, Die Bedeutung des Anspruches auf Schadensersatz wegen Nichterfüllung im Sinne des § 635 BGB für die Haftpflichtversicherung des Architekten und des Bauunternehmers, in: FS Korbion (1986) 37

SCHULZE, Ersatz der Mängelbeseitigungskosten und allgemeines Schuldrecht, NJW 1987, 3097

SCHWENZER, Sachgüterschutz im Spannungsfeld deliktischer Verkehrspflichten und vertraglicher Leistungspflichten, JZ 1988, 525

TODT, Die Schadensersatzansprüche des Käufers, Mieters und Werkbestellers aus Sachmängeln (1970) ders, Die Schadensersatzansprüche des Käufers, Mieters und Werkbestellers bei Lieferung eines mangelhaften Vertragsobjekts, BB 1971, 680

Voit, Die neue Berechnung des Schadensersatzanspruchs bei Werkmängeln, NJW 2018, 2166

vWestphalen, Haftung aus culpa in contrahendo nach Rücktritt vom Werkvertrag, BB 1975, 1316

Wilts, § 635 BGB und Deliktsansprüche, VersR 1967, 817

Winter, Die Distinktion von Mangel- und Mangelfolgeschäden im Werkvertragsrecht (Diss Tübingen 1979)

Wolf, Die Haftung des Werkunternehmers für Lieferantenverschulden, ZIP 1998, 1657.

Weiteres Schrifttum bei den §§ 633, 634a und bei den Anhängen zu § 638.

Systematische Übersicht

I.	**Allgemeines**	
1.	Neuerungen	1
a)	Gegenständliche Erweiterungen der Gewährleistung	2
b)	Fristsetzung und ihre Entbehrlichkeit	3
c)	Sonstige Details	4
d)	Regelungsdefizite	5
2.	Überblick über die Rechte des Bestellers bei Werkmängeln	6
II.	**Vertragliche Vereinbarungen**	7
1.	Einverständnis des Bestellers mit einer bestimmten Art der Mängelbeseitigung	8
2.	Regelungen zur Kostenlast	9
3.	Neuer Auftrag an den Unternehmer	10
III.	**Zeitlicher Anwendungsbereich der §§ 634 ff**	
1.	Abnahme	11
a)	Art der Abnahme	12
b)	Die einzelnen Rechte des Bestellers	13
2.	Kündigung des Bestellers, Rücktritt	14
IV.	**Mangel der Leistung**	
1.	Begriff	15
2.	Verantwortlichkeit des Unternehmers	16
a)	Nacherfüllung	17
aa)	Mitverantwortung des Bestellers, Verursachungsbeiträge	18
bb)	Einzelheiten	19
cc)	Unteilbarkeit der Nacherfüllung, Kostenbeteiligung	20
b)	Die sekundären Rechte des Bestellers	22
3.	Vorteilsausgleichung	23
V.	**Einleitung zu § 634**	26
VI.	**Sachverständigenkosten**	26a
VII.	**Nacherfüllung, § 634 Nr 1**	
1.	Wesen der Nacherfüllung	27
2.	Ziel der Nacherfüllung	28
a)	Beseitigung des Mangels	28
b)	Methode der Nachbesserung	29
c)	Mitwirkung des Bestellers	30
d)	Mehrfache Nachbesserung	31
e)	Neuherstellung	32
f)	Vor- und Nacharbeiten	34
3.	Fälligkeit und Verzug	35
4.	Recht des Unternehmers zur Nacherfüllung	36
a)	Allgemeines	36
b)	Inhalt	37
c)	Verlust des Nachbesserungsrechts	39
d)	Eigene Mängelbeseitigung des Bestellers	40
5.	Grenzen des Nacherfüllungsanspruchs	43
6.	Erfüllungsort	43
7.	Wahlrecht des Unternehmers	44
8.	Die Nacherfüllung im Prozess	45
VIII.	**Die Fristsetzung und ihre Entbehrlichkeit**	
1.	Allgemeines	48
2.	Identität der Fristen und der Kriterien ihrer Entbehrlichkeit	49

3.	Bloße Fristsetzung	50
4.	Einzelheiten zur Fristsetzung	52
5.	Entbehrlichkeit der Fristsetzung	58
a)	Einigung der Parteien	59
b)	Unmöglichkeit der Nacherfüllung	60
c)	Erfüllungsverweigerung	62
d)	Relatives Fixgeschäft	63
e)	Besonderes Interesse des Bestellers	64
f)	Verweigerung der Nachbesserung aus Kostengründen	67
g)	Fehlschlagen der Nachbesserung	68
h)	Unzumutbarkeit der Nacherfüllung	71
i)	Darlegungs- und Beweislast	71

IX. Wahlrecht des Bestellers

1.	Fristablauf	72
2.	Die Erklärung des Bestellers	73
3.	Änderung der Entscheidung des Bestellers	75
4.	Konkurrenzverhältnis der Rechte des Bestellers	76

X. Nacherfüllung durch den Unternehmer 76a

XI. Selbstvornahme des Bestellers

1.	Allgemeines	77
2.	Voraussetzungen der eigenen Mängelbeseitigung des Bestellers	78
a)	Anspruch auf Mängelbeseitigung	78
b)	Durchsetzbarkeit des Anspruchs	79
c)	Fristsetzung	80
d)	Erlöschen der Befugnis	81
3.	Durchführung	82
a)	Zulässige Maßnahmen	82
b)	Umfang	83
c)	Eigene Arbeitsleistungen	84
4.	Erstattung von Aufwendungen	85
5.	Anspruch des Bestellers auf Kostenvorschuss	86
a)	Voraussetzungen	87
b)	Umfang	88
c)	Subsidiarität	89
d)	Verzinsung	90
e)	Verhältnis zum Werklohnanspruch	91
f)	Verjährung	92
g)	Verhältnis zum Schadensersatzanspruch	93
h)	Abrechnungspflicht	94

i)	Mangelhafte Eigennachbesserung	95
k)	Rückforderungsanspruch des Unternehmers	96

XII. Rücktritt des Bestellers

1.	Allgemeines	97
2.	Voraussetzungen	98
a)	Werkmangel	98
b)	Nicht unerhebliche Pflichtverletzung	98
c)	Keine überwiegende Verantwortlichkeit des Bestellers	98a
d)	Zeitpunkt vor Abnahme	98b
e)	Verwirkung	99
f)	Vertraglicher Ausschluss	100
g)	Fruchtloser Fristablauf	100
3.	Erklärung des Rücktritts	101
4.	Folgen des Rücktritts	102
a)	Werklohn	102
b)	Rücknahme des Werkes	103
c)	Wegnahmerecht des Unternehmers	105
d)	Verbleib des Werkes beim Besteller	106
e)	Erfüllungsort	107
f)	Austauschverhältnis	107

XIII. Minderung der Vergütung

1.	Allgemeines	108
2.	Voraussetzungen	109
3.	Erklärung der Minderung	111
4.	Rechtsfolge	112
5.	Berechnung der Minderung	113

XIV. Schadensersatz

1.	Allgemeines	119
2.	Verhältnis des Schadensersatzanspruchs zu den anderen Rechten des Bestellers	121
a)	Nacherfüllung	121
b)	Rücktritt und Minderung	122
3.	Voraussetzungen des Anspruchs	123
a)	Mangel	123
b)	Vertretenmüssen	124
aa)	Pflichtwidrigkeit	124
bb)	Kausalität	125
cc)	Vertretenmüssen	126
dd)	Arbeitsgemeinschaft mehrerer Unternehmer	133
ee)	Garantie	134

Dezember 2019

ff)	Verzicht	135	a)	Tatbestandsmäßigkeit	165
gg)	Mitverschulden	136	b)	Rechtswidrigkeit	169
c)	Fristablauf	137	c)	Rechtsfolgen	171
d)	Beweislast	138	d)	Konkurrenzen	172
4.	Die Bestimmung des § 281 Abs 4	139	10.	Schadensersatz nach VOB/B	172
5.	Der Werklohnanspruch des Unternehmers	141	**XV.**	**Mengenabweichungen**	
6.	Großer und kleiner Schadensersatz; Wahlrecht des Bestellers	145	1.	Preisliche Konsequenzen	173
			2.	Vertragswidrige Mindermenge	174
a)	Großer Schadensersatz	146	**XVI.**	**Anderes Werk**	
b)	Kleiner Schadensersatz	149	1.	Zurückweisung	176
7.	Sonderprobleme	157	2.	Abnahme	177
a)	Anfängliche Unmöglichkeit	157	**XVII.**	**Rechtsmangel**	
b)	Aufwendungen des Bestellers	158	1.	Abnahme	178
8.	Vertragliche Schadensersatzansprüche des Bestellers außerhalb des Anwendungsbereichs des § 634 Nr 4	159	2.	Nacherfüllung und Selbstvornahme	178
			3.	Nacherfüllung und Sekundärrechte	179
a)	Nebenpflichtverletzung	159	4.	Schadensersatz, Rücktritt, Minderung	179
b)	Problematische Fälle	160			
c)	Verletzung vorvertraglicher Pflichten	161			
9.	Deliktische Ansprüche	164			

Alphabetische Übersicht

Abdingbarkeit	7	Erfüllungsgehilfe	131 ff
Ablehnungsandrohung	3, 50	Erfüllungsort	
Abnahme	11 f, 177	– beim Rücktritt	107
aliud	2, 176 f	– für die Nacherfüllung	43
Annahmeverzug	46		
Arbeitsgemeinschaft	133	Fahrlässigkeit	127 ff
Arbeitsleistungen des Bestellers	84	Fehlmenge, Rüge der	174
Architekt	19, 129	Fixgeschäft, relatives	63
Aufrechnung	142 ff	Frist	49
Auftrag, neuer	10	– Ablauf der	57
Aufwendungen		– angemessene	54
– bei Selbstvornahme	85	– Versäumung der	57
– des Bestellers beim Schadensersatz	158	– zur Nacherfüllung	53
Ausführungsart, vorgesehene	25	Fristsetzung	3, 48 ff
		– entbehrliche	58 ff
Beratungsvertrag, selbständiger	163	– Gegenstand der	53
Beseitigung des Werkes	103 f		
		Gutachter	61
Deliktsrecht	164 ff		
Disponibilität	7	Integritätsinteresse	171
		Interesse, besonderes	64
Eigentumsverletzung			
– am Werk	168	Kaufrecht	77
– anderweitige	166 f	Konkurrenzen	
Erfüllungsanspruch	27	– der Gewährleistungsrechte	76

– von Vertrag und Delikt — 172
Kostenbeteiligung des Bestellers — 20
Kostenlast, Vereinbarung zur — 9
Kostenvorschuss — 86 ff
– Abrechnung des — 94
– Subsidiarität des — 89
– Verjährung — 92
– Verzinsung des — 90
Kündigung — 14

Lieferant — 132

Mängelbeseitigung durch den Besteller — 40 ff
Mängeleinrede — 6, 46
Mangel
– Bezeichnung des — 45
– nicht unerheblicher — 98
Mangelfolgeschaden — 2, 76, 120
Mengenabweichung — 173 ff
Minderung — 13, 22, 49, 108 ff
– bei Fehlmenge — 175
– Berechnung der — 113 ff
– Erstattungsanspruch nach — 112
Minderwert
– merkantiler — 76, 121
minus — 2, 173
Mitverursachung des Bestellers — 16 ff, 136
Mitwirkung des Bestellers — 30

Nachbesserung
– Fehlschlagen der — 68 ff
– Methode der — 29
Nacherfüllung — 27 ff
– Kosten der — 5
– mehrfache — 31
– Mitverursachung des Bestellers — 17 ff
– nach Fristablauf — 73
– Recht zur — 5, 36 ff
– Unmöglichkeit der — 60 f
– Unzumutbarkeit der — 71
– Ziel der — 28
Nachfrist — 53
Nebenpflichtverletzung — 159 ff
Neuherstellung — 4, 32 f

Pflichten, vorvertragliche — 124
Pflichtwidrigkeit — 124
Prozess, Nacherfüllung im — 45 ff

Rechtsmangel — 178 f
Restschaden — 119
Rücknahme des Werkes — 103 f
Rücktritt — 4, 13 f, 22, 97 ff
– Ausschluss des — 100
– Folgen des — 102 ff
– Verwirkung des — 99
– vorzeitiger — 14

Sachverständigenkosten — 26a
Schaden
– anderweitiger — 119
– Berechnung des — 147 f, 150 ff
– irreversibler — 60
Schadensersatz — 119 ff
– großer — 146
– kleiner — 145, 149 ff
– Verlangen von — 73, 139 f
Schuldrechtsmodernisierungsgesetz — 1
Selbstvornahme — 73, 77 ff
– bei Rechtsmangel — 178
Sowieso-Kosten — 24
Substitut — 133

Unmöglichkeit, anfängliche — 157
Unzumutbarkeit der Nacherfüllung — 71

Verantwortlichkeit für Mängel — 16 ff
Verbleib des Werkes beim Besteller — 106
Verrechnung — 144
Vertretenmüssen — 126 ff
Vertreter — 56
Verweigerung der Nachbesserung — 62, 67
Verweisungen des Gesetzes — 3
Vor- und Nacharbeiten — 34
Vorschuss — 86 ff
– Rückforderung des — 96
Vorteilsausgleich — 23 ff, 148, 155

Wahlrecht
– des Bestellers — 72 ff
– des Unternehmers — 33, 44
Wandlung — 4
Werklohnanspruch — 141 ff
Wert des Werkes — 114 f
Wertersatz — 106

Zug-um-Zug-Verurteilung — 46
– doppelte — 21, 47

Dezember 2019

I. Allgemeines

1. Neuerungen

Der *durch das G zur Modernisierung des Schuldrechts neu konzipierte § 634 BGB* stellt die Rechte zusammen, die dem Besteller aus einer mangelhaften Leistung des Unternehmers und ihr gegenüber erwachsen. Dabei ist die *Grundstruktur des bisherigen Rechts* erhalten geblieben, dass zunächst die Schaffung des vertragsgemäßen Zustandes – durch Nacherfüllung, §§ 634 Nr 1, 635 BGB – anzustreben ist und es erst bei deren Versagen zu andersartigen Rechten des Bestellers kommt. Auch diese entsprechen im Kern dem bisherigen Recht, wenn es nunmehr zu Schadensersatz, Rücktritt (früher: Wandlung) oder Minderung kommen kann. Dabei gibt es freilich eine ganze Reihe von Änderungen im Detail. **1**

a) Gegenständliche Erweiterungen der Gewährleistung

aa) Über das frühere Recht hinaus ist der Unternehmer auch dann zur werkvertraglichen Gewährleistung verpflichtet, wenn er gegenüber der vertraglich vorgesehenen Leistung ein *aliud* oder ein *minus* geliefert hat, § 633 Abs 2 S 3 BGB (dazu u Rn 173 ff). **2**

bb) Außerdem bezieht § 633 Abs 3 BGB die Verantwortlichkeit des Unternehmers für *Rechtsmängel* in die Gewährleistung ein, die sich mit ihren eigenständigen Regelungen bisher auf Sachmängel beschränkte (dazu u Rn 178 f).

cc) Praktisch bedeutsam ist es, dass § 634 Nr 4 BGB beim Schadensersatz die zuvor vorgenommene Unterscheidung zwischen Mangelschäden *und Mangelfolgeschäden* aufgibt und auch den Ersatz letzterer regelt (dazu u Rn 120), was insbesondere die *Verjährung* der entsprechenden Ansprüche beeinflusst, wenn auch sie jetzt § 634a BGB folgt (statt früher § 195 BGB).

b) Fristsetzung und ihre Entbehrlichkeit

Das Scharnier zwischen Nachbesserung/Nacherfüllung und sekundären Rechten bildete bislang das Verfahren der *Fristsetzung mit Ablehnungsandrohung* nach § 634 Abs 1 BGB aF. Diese Sonderregelung des Werkvertragsrechts, die freilich bis in das Detail hinein der allgemeinen Regelung des § 326 Abs 1 BGB aF entsprach, ist entfallen und durch deren Nachfolgebestimmungen der §§ 281 Abs 1, 323 Abs 1 BGB ersetzt worden. Über diese mehr formale Änderung hinaus ist aber auch die *Ablehnungsandrohung* als tatbestandliche Voraussetzung der sekundären Rechte des Bestellers *entfallen*. **3**

Das bisherige Werkvertragsrecht erkannte – weiter blickend als das allgemeine Recht – in § 634 Abs 2 BGB aF die Möglichkeit an, dass das Vorgehen nach § 634 Abs 1 BGB aF mit Fristsetzung (und Ablehnungsandrohung) sinnlos oder unzumutbar sein konnte; abgesehen von § 326 Abs 2 BGB aF musste man sich im Rahmen des § 326 BGB aF insoweit mit ungeschriebenen Grundsätzen behelfen. Jetzt hat § 634 Abs 2 BGB aF in den Bestimmungen der §§ 281 Abs 2, 323 Abs 2 BGB Nachfolgevorschriften gefunden, in denen er aufgeht.

c) Sonstige Details

4 Von dem Vorstehenden abgesehen hat es bei der *eigenen Nachbesserung* des Bestellers eine Änderung dahin gegeben, dass die Befugnis dazu nicht schon durch Verzug des Unternehmers ausgelöst wird, § 633 Abs 3 BGB aF, sondern eine ergebnislose *Fristsetzung* voraussetzt, §§ 634 Nr 2, 637 BGB. Aus der durch einen Vertrag der Parteien zustande kommenden Wandlung, §§ 634 Abs 4, 465 BGB aF, ist der *einseitige Rücktritt* des Bestellers geworden, § 634 Nr 3 BGB, dessen Folgen nach den §§ 346 ff BGB nicht durchweg identisch mit denen der bisherigen Wandlung sind. Auch die Minderung erfolgt jetzt einseitig.

Dass der mangelfreie Zustand auch durch *Neuherstellung* des Werkes erzeugt werden kann, bedeutet in § 635 Abs 1 BGB nur eine Klarstellung gegenüber dem bisherigen Recht. Gleiches gilt für die Ausweisung des Kostenvorschusses in § 637 Abs 3 BGB.

d) Regelungsdefizite

5 Die Schöpfer der §§ 634 ff BGB haben ihre zB in § 637 Abs 3 BGB belegte Absicht, das bisher gelebte Recht stärker im Gesetz auszuweisen, nur eingeschränkt verwirklicht. Dass die *Nacherfüllung* nicht nur eine Pflicht des Unternehmers ist, sondern auch ein *Recht des Unternehmers* darstellt (u Rn 36), kommt nur mittelbar darin zum Ausdruck, dass ihm dazu eine Frist gesetzt werden muss, §§ 634 Nrn 3, 4, 281 Abs 1, 323 Abs 1, 637 BGB.

Außerdem erweckt das Regelwerk den Eindruck, als sei die Gewährleistung *kostenmäßig allein eine Angelegenheit des Unternehmers.* Das trifft aber in zweierlei Hinsicht nicht zu. Zunächst kann der Besteller für einen Mangel *mitverantwortlich* sein, wenn dieser nämlich auf seiner Planung mitberuht. Diese Konstellation lässt sich problemlos nur bei dem Schadensersatzanspruch des Bestellers bewältigen, § 634 Nr 4 BGB, auf den ohne Weiteres § 254 BGB anwendbar ist. Es leuchtet aber ein, dass auch seine anderen Rechte gekürzt werden müssen (dazu u Rn 15 ff). Zudem kann die Mangelfreiheit des Werkes uU nur dadurch herbeigeführt werden, dass es aufwendiger erstellt wird als vorgesehen. Auch die damit verbundenen Mehrkosten müssen den Besteller treffen (dazu u Rn 24).

2. Überblick über die Rechte des Bestellers bei Werkmängeln

6 Im Vordergrund des § 634 BGB steht der Nacherfüllungsanspruch des Bestellers aus der Nr 1. Erst wenn dieser Anspruch scheitert, kann der Besteller den Mangel selbst beseitigen (Nr 2), zurücktreten oder mindern (Nr 3) oder Schadensersatz verlangen (Nr 4).

Diese Aufzählung seiner Rechte ist aber nicht vollzählig. Soweit die Werklohnforderung des Unternehmers noch nicht voll beglichen ist, steht dem Besteller wegen der Mängel die *Mängeleinrede* zu (u Rn 46). Außerdem können ihm *deliktische* Ansprüche aus den §§ 823 ff BGB erwachsen (u Rn 164). Sie können unter dem Aspekt der Verjährung von Bedeutung sein (§§ 195, 199 BGB gegenüber § 634a BGB). Für Ansprüche aus *culpa in contrahendo* ist dieser Gesichtspunkt ohne Relevanz. Gegenüber der Sonderregelung der §§ 633 ff BGB können sie ohnehin nur bei Arglist Platz greifen (vgl BGH NJW 2009, 2120 zum Kauf), aber dann führt schon § 634a Abs 3

BGB zu den §§ 195, 199 BGB. Im Übrigen ist dabei der Vorrang der Mängelhaftung des Unternehmers gegenüber seiner Haftung aus den §§ 280 Abs 1, 241 Abs 2, 311 Abs 2 BGB in einem weiten Sinne zu verstehen, ergreift also etwa auch den Fall, dass sich der Unternehmer mit einem gänzlich ungeeigneten Werk beauftragen lässt (aA OLG Celle NZBau 2010, 244).

Der Besteller kann seine Rechte wegen eines vermeintlichen Mangels auch dann geltend machen, wenn ein Mangel tatsächlich nicht vorliegt. Eine Grenze zieht da nur das Deliktsrecht in § 826 BGB. Zu § 280 Abs 1 BGB führt es noch nicht, wenn ihm selbst seine Mängelrüge nicht plausibel erscheinen musste (aA BGHZ 179, 238 = NJW 2009, 1262 zum Kauf, mit dem der Werkvertrag insoweit aber nicht vergleichbar ist). Erst recht kann es sich für den Besteller auch nicht nachteilig auswirken, wenn er aus einem tatsächlich bestehenden Mangel deutlich überzogene Rechte herleitet.

II. Vertragliche Vereinbarungen

Das Regelungswerk der §§ 634 ff BGB ist disponibel. Besondere Vereinbarungen, die die Parteien vorab treffen, müssen freilich § 639 BGB genügen (vgl dort), soweit sie in AGB der einen oder der anderen Seite enthalten sind, zusätzlich den §§ 307, 309 Nrn 7, 8 lit b BGB (dazu § 639 Rn 20 ff). 7

Zuweilen treffen die Parteien *nachträgliche Abreden* gegenüber einem tatsächlich aufgetretenen oder auch nur vom Besteller vermuteten Mangel.

1. Einverständnis des Bestellers mit einer bestimmten Art der Mängelbeseitigung

Weithin sucht der Unternehmer das Einverständnis des Bestellers mit der von ihm als sinnvoll erachteten Art der Mängelbeseitigung. Vor dem Hintergrund des Gesetzes, dass der Unternehmer das Risiko des Gelingens der Nachbesserung trägt, kann es dann grundsätzlich nicht angenommen werden, dass der Besteller dieses Risiko übernehmen und auf seine weiteren Rechte verzichten will, wenn und soweit diese Nachbesserung erfolglos bleibt (bedenklich OLG Düsseldorf NJW-RR 2000, 165). 8

Anders liegen die Dinge, wenn der Besteller eine bestimmte Art der Nachbesserung verlangt. Wenn diese in ihrem Umfang nicht geboten ist, hat der Unternehmer nach dem Gedanken des § 632 BGB Anspruch auf Ersatz der ihm erwachsenden Mehrkosten (wegen der Einzelheiten vgl § 632 Rn 85 ff zu § 2 Abs 6 VOB/B und der Lage nach allgemeinem Zivilrecht). Erstattung der Mehrkosten auch, wenn die vom Besteller verlangte Art der Nachbesserung scheitert; von seiner eigentlichen Gewährleistung wird der Unternehmer dabei nicht befreit.

2. Regelungen zur Kostenlast

Wenn bei einem Mangel die Verantwortlichkeit beider Seiten in Betracht kommt, können sich die Parteien im Vergleichswege über die Kostenlast einigen, sei es, dass sie diese sogleich aufteilen, sei es, dass sie diese einer späteren Klärung – durch Sachverständige oder das Gericht – überlassen (BGH NJW 1999, 416). Dann bildet dieser Vergleich die Basis des Zahlungsanspruchs der einen oder der anderen 9

Seite (BGH NJW 1999, 416). In der Verjährungsfrage ist er nach § 634a BGB zu behandeln.

Ist die Verantwortlichkeit für einen Mangel einstweilen ungeklärt, kann der für den Mangel im Ergebnis verantwortliche Unternehmer seine Nachbesserung nicht davon abhängig machen, dass der Besteller eine Kostenübernahme für den Fall zusagt, dass die Klärung zugunsten dieses Unternehmers ausgeht (BGH NJW 2010, 3649 Rn 21 ff).

3. Neuer Auftrag an den Unternehmer

10 Einem neuen Auftrag an den Unternehmer fehlt die Geschäftsgrundlage, falls die Parteien verkannt haben, dass es um die Beseitigung eines Mangels ging.

Nichtigkeit nach § 639 BGB tritt dann ein, wenn sich der Unternehmer wider besseres Wissen einen neuen Auftrag für das erteilen lässt, was er in Wahrheit schon nach den §§ 634 Nr 1, 635 BGB schuldet. Verkennt er seine Verpflichtung aus diesen Bestimmungen fahrlässig, verletzt er seine Pflichten aus § 241 Abs 2 BGB mit der Folge eines auf Schuldbefreiung gerichteten Schadensersatzanspruchs des Bestellers. Ggf kann dieser auch nach § 119 Abs 2 BGB anfechten.

III. Zeitlicher Anwendungsbereich der §§ 634 ff

1. Abnahme

11 Wenn den Ausgangspunkt der Rechte des Bestellers nach den §§ 634 ff BGB der Anspruch auf Nacherfüllung bildet, folgt daraus, dass diese Rechte erst nach Überwindung des Erfüllungsstadiums eingreifen, dh *nach der Abnahme* (BGH NJW 2017, 1604; 2018, 697; Palandt/Sprau Rn 4); diese macht sie fällig. Freilich schiebt eine Schiedsgutachterabrede die Fälligkeit – und damit den Verjährungsbeginn – hinaus (KG BauR 2005, 1782). Falls sich zuvor schon Mängel zeigen, dient ihrer Abstellung der ursprüngliche Erfüllungsanspruch des Bestellers (zu den Einzelheiten vgl § 633 Rn 89, 93 f). Ggf kann der Besteller nach § 323 Abs 4 BGB zum Rücktritt berechtigt sein bzw zur Kündigung aus wichtigem Grund nach § 648a BGB. Zu Schadensersatzansprüchen § 633 Rn 103 f. Die Rechte der §§ 634 Nr 2, 637 BGB stehen dem Besteller vor der Abnahme (oder Kündigung [vgl zu deren Notwendigkeit bei Vereinbarung der VOB/B BGH BauR 1997, 573; freilich lässt BGH NJW 2009, 354 insoweit auch die Verweigerung der Fertigstellung genügen]) nicht zu. Vorzugsweise hat der Besteller gegenüber Abschlagszahlungen die Mängeleinrede.

Verweigert der Besteller zu Recht die Abnahme, belässt das den Vertrag im Erfüllungsstadium. Das gilt auch, wenn die Verweigerung der Abnahme nicht berechtigt war. In beiden Fällen erwachsen ihm namentlich nicht die Rechte der §§ 634 Nr 2, 637 BGB. Einschlägig ist das allgemeine Leistungsstörungsrecht, namentlich §§ 281, 323 BGB. Eine Ausnahme macht der BGH nur, wenn Abrechnungsreife eingetreten ist (BGH NJW 2017, 1604; 2018, 697).

Eine Kündigung des Vertrages führt demgegenüber zur Anwendbarkeit der §§ 634 ff BGB (**aA** BGHZ 167, 345 = NJW 2006, 2475, dazu § 648 Rn 8 ff, 28).

a) Art der Abnahme

12 Abnahme in diesem Sinne ist die reale *Abnahme des Bestellers,* nicht bereits die geschuldete; es genügt auch nicht Verzug des Bestellers mit der Abnahme. Die Abnahme reicht nur soweit, wie der Besteller das Werk als vertragsgemäß anerkennt: Mängel, die der Besteller rügt, unterliegen weiterhin seinem Erfüllungsanspruch. Abnahme ist aber auch die nach § 640 Abs 2 BGB fingierte (Palandt/Sprau § 640 Rn 13); auch im Anschluss an sie hat der Besteller nur noch die Rechte aus den §§ 634 ff BGB.

b) Die einzelnen Rechte des Bestellers

13 **aa)** Die Abnahme wandelt den Erfüllungsanspruch des Bestellers aus den §§ 633 Abs 1, 631 Abs 1 BGB in den Nacherfüllungsanspruch aus den §§ 634 Nr 1, 635 BGB um.

bb) Die Befugnis zur eigenen Mängelbeseitigung nach den §§ 634 Nr 2, 637 BGB entsteht erst mit der Abnahme. Freilich hat er zuvor schon einen Anspruch auf Beseitigung bereits erkannter Mängel (§ 633 Rn 89, 93). Wenn dieser nach § 887 ZPO durch die eigene Ersatzvornahme vollstreckt wird, muss es dem Besteller möglich sein, auch außergerichtlich entsprechend vorzugehen.

cc) Was die Möglichkeit des Rücktritts betrifft, kommt es auf die Abnahme nicht eigentlich an, weil die Rechtsfolgen identisch sind, mag er nun auf § 323 BGB oder auf § 634 Nr 3 BGB gestützt sein. Aber auch bei den Voraussetzungen sind Unterschiede zwischen § 323 Abs 1, 2, 4 BGB einerseits und den §§ 634 Nr 3, 636 BGB nicht erkennbar.

dd) Die Minderung ist schon vor der Abnahme möglich, soweit ein Mangel nicht beseitigt werden kann oder soll.

ee) Für den Anspruch auf Schadensersatz statt der Leistung gilt das eben zum Rücktritt Gesagte entsprechend.

2. Kündigung des Bestellers, Rücktritt

14 Wenn der Besteller nach § 648 BGB oder aus wichtigem Grund nach § 648a BGB *kündigt,* erwachsen ihm auch dadurch die Rechte aus den §§ 634 ff BGB. Es ergeben sich freilich gewisse inhaltliche Modifikationen für die Gewährleistung des Unternehmers. Ein Anspruch des Bestellers auf Neuherstellung kommt nicht mehr in Betracht; ausnahmsweise wird freilich der Unternehmer eine Mängelbeseitigung durch Neuherstellung abwenden wollen und können. War die Kündigung des Bestellers auf einen wichtigen Grund gestützt, wird die Nacherfüllung des Unternehmers idR unzumutbar für den Besteller sein, § 636 aE BGB.

Wenn der Besteller *vorzeitig* nach § 323 Abs 1, 2, 4 BGB *zurücktritt,* schneidet er sich damit die Rechte aus § 634 BGB ab. Soweit das Werk bei ihm verbleibt und er Wertersatz nach § 346 Abs 2 BGB schuldet, sind etwaige Mängel bloße Berechnungsfaktoren für diesen. Letzteres gilt auch, wenn dem Besteller nach den allgemeinen Bestimmungen ein Anspruch auf Schadensersatz statt der Leistung zusteht.

IV. Mangel der Leistung

1. Begriff

15 § 634 BGB setzt einen Mangel der Leistung des Unternehmers voraus, namentlich einen Sachmangel/Werkmangel (zum Begriff § 633 Rn 158 ff; zu den Sonderfällen des Rechtsmangels, der Lieferung eines aliud oder minus u Rn 173 ff). Dabei ist die Bestimmung bezogen auf den einzelnen Mangel; liegen *mehrere Mängel* vor, sind sie *getrennt* zu behandeln, eine Gesamtschau ist nur insoweit geboten, wie es beim Rücktritt um die Überschreitung der Erheblichkeitsgrenze des § 323 Abs 5 S 2 BGB geht. Jeweils einzeln ist aber zB die *Verjährung* zu beurteilen. Auch soweit der Besteller gegenüber der Werklohnforderung das Zurückbehaltungsrecht aus § 320 BGB wegen Mängeln ausübt, muss im Prinzip der Zurückbehaltungsbetrag einzeln berechnet und im Urteil ausgeworfen werden. Dass noch einer von mehreren Mängeln verblieben ist, darf für den Unternehmer nicht die gesamte noch offene Forderung blockieren.

Der Mangel muss objektiv gegeben sein, um die Rechte des Bestellers aus § 634 BGB auszulösen. Ist es zweifelhaft, ob er durch diesen Unternehmer verursacht worden ist, handeln beide Seiten auf eigenes Risiko, der Besteller, der den „falschen" Unternehmer in Anspruch nimmt, der Unternehmer, der vor einer Mängelbeseitigung erst die Frage seiner Zuständigkeit geklärt wissen will und eine Kostenübernahmeerklärung für den Fall verlangt, dass er doch nicht verantwortlich ist (BGH NJW 2010, 3649 = NZBau 2011, 27). Sofern Folgeschäden eintreten, trifft den Besteller kein Mitverschulden, der eine solche Erklärung verweigert (BGH NJW 2010, 3649).

Von den Fällen der Arglist abgesehen, hat (im Werkvertragsrecht) der Besteller nicht für jene Kosten einzustehen, die dem für den Mangel nicht verantwortlichen Unternehmer dadurch entstehen, dass er die Berechtigung der Mängelrüge überprüft. Unternimmt er freilich Maßnahmen zur Beseitigung des Mangels, ändert sich das Bild; für die diesbezüglichen Kosten hat der Besteller einzustehen. Da der Besteller einen solchen Willen nicht hat, kann freilich nicht von einer entsprechenden Auftragserteilung ausgegangen werden. Es liegt aber eine berechtigte Geschäftsführung ohne Auftrag des Unternehmers vor, in deren Rahmen seine Aufwendungen – zu seiner beruflichen Sphäre gehörend – in entsprechender Anwendung des § 632 Abs 2 BGB zu den üblichen Sätzen liquidiert werden können (**aA** OLG Frankfurt NJW 2012, 863).

Zuweilen ist es nicht aufzuklären, welcher Unternehmer den Mangel verursacht hat. Dann kann der zur Gesamtschuldnerschaft führende Gedanke des § 830 Abs 1 S 2 BGB entsprechend herangezogen werden.

2. Verantwortlichkeit des Unternehmers

16 Der Mangel muss in den Verantwortungsbereich des Unternehmers bzw seines Architekten fallen. Das ist auch dann der Fall, wenn der Mangel seiner eigenen Leistung mit dem Mangel der Leistung eines anderen Unternehmers zusammentrifft und sich beide Mängel nur durch einheitliche Maßnahmen beseitigen lassen und löst dann eine *gesamtschuldnerische Einstandspflicht* aus (BGHZ 155, 265, 267 = NJW 2003, 2980: Rohbau und Putz; OLG Oldenburg NZBau 2007, 104: Estrich und Fliesen). Das ist aber nicht der Fall, wenn oder soweit der Mangel in den Verantwortungsbereich des Bestellers fällt. Insoweit ist es insbesondere denkbar, dass der Besteller fehlerhaft geplant hat. Er kann aber auch dem Unternehmer ungeeigneten Stoff zur Bearbeitung zur Verfügung gestellt haben. Die Situation kann sich vorzugsweise ergeben, wenn der Besteller das Zusammenwirken mehrerer Unternehmer nicht hinreichend koordiniert hat, sodass zB dem nachfolgenden Unternehmer nur eine mangelhafte Leistung seines Vorgängers zur Verfügung steht, auf der er seinerseits nicht sinnvoll aufbauen kann (vgl vCraushaar, in: FS Kraus [2003] 3, 4 ff).

a) Nacherfüllung

Die Mitverantwortung des Bestellers wirkt sich namentlich auf die *Kostenlast* des Unternehmers bei der Nacherfüllung aus, wie § 635 BGB sie – scheinbar unbeschränkt – dem Unternehmer zuweist. Dies folgt aus § 254 Abs 1 BGB; der Einwand von Soergel/Teichmann § 633 aF Rn 9, dass der Nachbesserungsanspruch ein Erfüllungsanspruch und damit dem Anwendungsbereich des § 254 BGB entzogen sei, geht fehl. Mitverursachung kann dem Besteller nämlich jedenfalls im Rahmen des Schadensersatzanspruchs aus § 634 Nr 4 BGB entgegengehalten werden; *es wäre aber paradox, wenn der diesem Anspruch vorgeschaltete Nachbesserungsanspruch zu anderen wirtschaftlichen Ergebnissen führen müsste.* Es wäre dann aber auch weiter paradox, wenn der Besteller in den Fällen wirtschaftlich besser stehen sollte, in denen der Mangel von dem Unternehmer nicht verschuldet ist, es also nicht zu einem Schadensersatzanspruch aus § 634 Nr 4 BGB kommen kann. Wenn die Rechtsprechung zuweilen *nur von § 242 BGB statt von § 254 BGB redet,* mag das unter dem Eindruck der dogmatischen Kritik geschehen sein, ändert aber in der Sache nichts (zur grundsätzlichen Anwendbarkeit des § 254 BGB vgl BGH Betr 1961, 569 = BB 1961, 430; BGH NW 1981, 1448; BGHZ 90, 344 = NJW 1984, 1676 = LM § 273 BGB Nr 38 m Anm Recken; BGB-RGRK/Glanzmann § 633 aF Rn 27; Ingenstau/Korbion/Wirth § 13 Abs 5 Rn 282).

17

Ausnahmsweise kann auch § 254 Abs 2 BGB von Bedeutung sein (BGB-RGRK/ Glanzmann § 633 aF Rn 27), wenn *der Besteller den Mangel vergrößert hat,* zB durch eigene sachwidrige Nachbesserungsversuche.

aa) Es findet eine *Abwägung der Verursachungsbeiträge* statt, was bedeutet, dass ein Mitverschulden dann irrelevant ist, wenn es sich nicht ausgewirkt hat. So ist zB für sich genommen der Einsatz von Schwarzarbeitern irrelevant (vgl BGH NJW 1991, 165): Sie könnten ja gleichwohl fachlich kompetent sein. Dabei sind *auf Seiten des Bestellers* namentlich zu berücksichtigen Planungsmängel, auch ein Verschulden dabei, insbes auch des Architekten, Mängel des zur Verfügung gestellten Stoffes, dagegen grundsätzlich nicht Fehler bei der Beaufsichtigung der Erbringung der Leistung (vgl auch § 633 Rn 40, 192 f). Beachtlich kann es freilich sein, dass man überhaupt diesen (inkompetenten) Unternehmer beauftragt hat; freilich besteht insoweit grundsätzlich keine Prüfungspflicht (vgl BGH NJW 1993, 1191). Doch kann sich das ergeben, wenn zB der Besteller den schon am Bau befindlichen Unternehmer gedrängt hat, zusätzlich ein fremdes Gewerk zu übernehmen. *Auf Seiten des Unternehmers* sind namentlich Verstöße gegen seine Prüfungs- und Hinweispflichten (vgl § 4 Abs 3 VOB/B und dann § 633 Rn 62 ff), von Bedeutung. Anders als man dies § 645 Abs 1 S 1 BGB entnehmen könnte, führen Pflichtverstöße des Unternehmers aber keineswegs zu seiner uneingeschränkten Kostenbelastung; vielmehr bleibt es dabei, das die *beiderseitigen Verursachungs- und Verschuldensbeiträge gegeneinander abzuwägen* sind.

18

Bei dieser Abwägung ist es freilich zu beachten, dass von dem Unternehmer Sachverstand und dessen Einsatz erwartet werden können. So geht es voll zu Lasten des Unternehmers, wenn er einen Mangel der Planung erkannt und sich trotzdem an diese gehalten hat (BGH NJW 1973, 518; NJW-RR 1991, 276), oder wenn er erkannt hat, dass eine *Planung gar nicht vorlag.* Auch der Sonderfachmann wird sich auf ein Mitverschulden nicht berufen können (vgl OLG Köln NJW-RR 1998, 1320).

19 bb) Zu den bei der Abwägung zu beachtenden Grundsätzen vgl allgemein STAUDINGER/SCHIEMANN (2017) § 254 Rn 111 ff, insbes zu der Frage, in welchem Verhältnis Verursachungs- und Verschuldensgesichtspunkte zu bewerten sind. Dabei gilt:

Planungsmängel und Verstöße gegen Mitwirkungsobliegenheiten, zu denen auch die *Koordinierung* verschiedener Werkleistungen gehört, gehen als Verursachungsbeiträge jedenfalls zu Lasten des Bestellers. An Verschulden ist auf seiner Seite außer seinem eigenen auch das seines *Architekten* (BGH NJW 1987, 644 = LM § 633 BGB Nr 60), oder *sonstiger Sonderfachleute* (vgl für den Statiker BGH VersR 1971, 666) anzurechnen, sofern sie innerhalb ihres Aufgabenbereiches tätig geworden sind, nicht dagegen das Verschulden von Lieferanten oder anderen Unternehmern, die Vorleistungen erbringen (vgl BGH BauR 1985, 561).

Gegenüber dem Architekten liegt ein Mitverschulden des Bestellers noch nicht darin, dass er einen anderen Unternehmer beauftragt als vom Architekten empfohlen (BGH NJW-RR 1999, 893).

Auf Seiten des Unternehmers sind verschuldensunabhängig jedenfalls *Ausführungsmängel* zu berücksichtigen, bei denen sich ein Verschulden natürlich erschwerend auswirken kann. Nach § 278 BGB hat er für das Verschulden seiner bei der Erbringung der Werkleistung eingesetzten *Mitarbeiter* sowie etwaiger *Subunternehmer* einzustehen. Der *Verstoß gegen die Prüfungs- und Hinweispflicht* (vgl § 4 Abs 3 VOB/B und § 633 Rn 62 ff) ist nur *im Verschuldensfall* von Bedeutung; hier kann es dazu kommen, dass der Unternehmer kostenmäßig an der Beseitigung reiner Planungsmängel zu beteiligen ist.

Der Extremfall der ausschließlichen Verantwortlichkeit des Bestellers führt nur zu einer alleinigen Kostenlast (s sogleich), lässt seinen Nacherfüllungsanspruch aber nicht entfallen. Der Besteller mag auf die Arbeit dieses Unternehmers Wert legen, der vielleicht allein am Markt ist und jedenfalls mit dem Werk vertraut ist.

20 cc) Die entsprechende Anwendung des § 254 BGB auf den Nachbesserungsanspruch des Bestellers bereitet deshalb *technische Schwierigkeiten,* weil dieser grundsätzlich unteilbar ist. Es erfolgt deshalb jeweils eine **Kostenbeteiligung des Bestellers** (vgl BGHZ 90, 344), bei der ihm jene Kostenteile ganz zugewiesen werden, die ihm ganz zuzurechnen sind. Im Übrigen sind die Kosten zu verquoteln. Dabei ist auf die realen Kosten abzustellen, die dem Unternehmer durch die Mängelbeseitigung erwachsen, nicht etwa auf die vertraglichen Preise oder die üblichen (BGH NJW 2010, 2571 = NZBau 2011, 556 Rn 19).

(1) Wenn der Unternehmer die Mängelbeseitigung zunächst auf eigene Kosten durchführt, erwirbt er wegen des sich ergebenden Betrages einen vertraglichen

Erstattungsanspruch, den BGHZ 90, 344, 348 auf § 242 BGB zurückführt. Dieser Anspruch ist selbständig einklagbar und aufrechenbar. In der Verjährungsfrage wird man § 634a BGB entsprechend anzuwenden haben.

(2) *Vor der Mängelbeseitigung* erwirbt der Unternehmer jedenfalls *keinen Anspruch* auf (anteiligen) Kostenvorschuss des Bestellers. Vielmehr kann er dessen Pflicht zur anteiligen Kostentragung nur *einredeweise gegenüber dem Nachbesserungsanspruch* geltend machen (BGHZ 90, 344, 349; OLG Düsseldorf BauR 1979, 246; LAUM BauR 1972, 140; BGB-RGRK/GLANZMANN § 633 aF Rn 27).

Das führt *prozessual* dazu, dass der Unternehmer zur Nachbesserung Zug um Zug **21** gegen Zuschusszahlung verurteilt wird (vgl BGHZ 90, 344, 349). Entsprechend wird auch verfahren, wenn die prozessuale Lage die ist, dass der Unternehmer den Werklohn einklagt und der Besteller dem einredeweise seinen Nachbesserungsanspruch entgegensetzt. Es erfolgt dann die *Verurteilung des Bestellers zur Zahlung des Werklohns Zug um Zug gegen Nachbesserung, diese wiederum Zug um Zug gegen Kostenzuschuss,* sog *doppelte Zug-um-Zug-Verurteilung* (BGHZ 90, 354).

Außerprozessual kann der Unternehmer die Mängelbeseitigung von einer *angemessenen Sicherheitsleistung* des Bestellers abhängig machen (BGHZ 90, 344, 350), ohne mit dieser in Verzug zu geraten. Dabei ist zu beachten, dass der Unternehmer den Kostenanteil des Bestellers substantiiert, notfalls durch ein Sachverständigengutachten (BGHZ 90, 344, 352) darzulegen hat. *Unterlässt er eine nähere Begründung der Höhe seines Begehrens* oder verlangt er gar eine überhöhte Sicherheitsleistung, so ist das als eine unberechtigte Verweigerung der Mängelbeseitigung zu werten, §§ 633 Abs 3, 634 Abs 2 BGB aF (§§ 281 Abs 2, 323 Abs 2 Nr 1 BGB) (BGHZ 90, 344, 352). Umgekehrt gerät der Besteller hinsichtlich seines Nachbesserungsanspruchs in Annahmeverzug, wenn er zu einer angemessenen und angemessen begründeten Sicherheitsleistung nicht bereit ist.

Das gilt jedenfalls *nach der Abnahme der Werkleistung.* Es ist aber kein Grund ersichtlich, *vorher* anders zu verfahren, sofern der Nachbesserungsanspruch des Bestellers schon fällig geworden ist, wie es sich kraft besonderer Vereinbarung, etwa gemäß § 4 Abs 7 VOB/B, ergeben kann.

b) Die sekundären Rechte des Bestellers
Keine Probleme bereitet die Anwendung des § 254 BGB gegenüber dem Schadens- **22** ersatzanspruch des Bestellers aus § 634 Nr 4 BGB. Auch der Minderungsbetrag kann gequotelt werden.

Der Rücktritt kann dadurch ausgeschlossen sein, dass die Mitverantwortlichkeit des Bestellers das Fehlverhalten des Unternehmers unter die Schwelle des § 323 Abs 5 S 2 BGB sinken lässt. Bleibt der Rücktritt gleichwohl möglich, ergeben sich Probleme der Berechnung des Wertersatzes nach § 346 Abs 2 BGB, falls das Werk beim Besteller verbleibt. Hier sind Mängel nicht wertmindernd zu berücksichtigen, wenn und insoweit sie auf den Besteller selbst zurückzuführen sind.

3. Vorteilsausgleichung

23 Die Gewährleistung des Unternehmers darf nicht zu ungerechtfertigten Vorteilen bei dem Besteller führen. Das ist zwar bei Rücktritt und Minderung nicht denkbar, kann sich aber bei der Nacherfüllung ebenso ergeben wie beim Schadensersatz.

aa) Für den Nacherfüllungsanspruch des Bestellers darf nichts anderes als für seinen Schadensersatzanspruch gelten; mithin gilt der Grundsatz der **Vorteilsausgleichung** auch hier (vgl BGHZ 91, 206 = NJW 1984, 2457 = LM § 633 BGB Nr 51 m Anm RECKEN; BGH NJW 1987, 644 = LM § 633 BGB Nr 66; NJW-RR 1990, 89; BRANDT BauR 1982, 524; GROSS, in: FS Korbion [1986] 123; INGENSTAU/KORBION/WIRTH Vor § 13 Rn 275 ff). Das rechtfertigt sich letztlich schon aus Treu und Glauben, ist aber auch schon daraus herzuleiten, dass der Nachbesserungsanspruch wertmäßig nicht weiter reichen kann als der Schadensersatzanspruch, in den er über kurz oder lang umschlagen könnte.

Dabei ist es eine *Wertungsfrage, welche Vorteile sich der Besteller anrechnen lassen muss.*

(1) Eine nicht sogleich durchgeführte Nachbesserung führt zunächst zu einer *längeren Lebensdauer* des Werkes bzw dazu, dass allfällige Erhaltungsmaßnahmen erst später notwendig werden. Es *widerspräche Treu und Glauben,* wenn sich der Besteller, der sich einstweilen mit einem mangelhaften Werk begnügen musste, diese zeitlichen Vorteile anrechnen lassen müsste (vgl BGHZ 91, 206, 216; OLG Koblenz NZBau 2009, 654, 655). Gleiches gilt, wenn der Besteller *einstweilen Erhaltungsmaßnahmen* im Hinblick auf die ohnehin notwendige Nachbesserung unterlassen hat.

(2) Die Nachbesserung kann zu einer *Wertsteigerung des Werkes* führen, weil es jetzt besser als vertraglich vorgesehen ausgeführt wird. Das ist nach den Grundsätzen eines *Abzugs „Neu für Alt"* auszugleichen. Hierher kann auch eine verlängerte Lebensdauer des Werkes rechnen, wenn sie auf der Struktur der ergriffenen Maßnahmen beruht.

24 bb) Schließlich bürdet die Rechtsprechung dem Besteller die sog „**Sowieso**"-Kosten auf (vgl BGH BauR 1971, 60, 62; 1976, 430, 432; BGHZ 90, 344; 91, 206, 211; BGH NJW 1998, 3707), dh jene **Mehrkosten, um die das Werk von vornherein teurer gewesen wäre, wenn es ordnungsgemäß ausgeführt worden wäre**, vgl dazu auch GROSS, in: FS Korbion (1986) 123, 131, der zutreffend bemerkt, dass es sich nicht eigentlich um ein Problem der Vorteilsausgleichung handelt, wie dies aber in der Rechtsprechung angenommen wird (vgl BGHZ 91, 206, 210 f). Solche Kosten können anfallen, wenn späterhin aufwendiger isoliert wird als vertraglich vorgesehen, wenn einfache Fenster späterhin durch bessere und damit teurere ersetzt werden, letztere Maßnahmen aber von vornherein technisch geboten waren.

In der Sache erwächst hier dem Unternehmer ein *zusätzlicher Vergütungsanspruch,* wie er aus dem Preisgefüge des Vertrages heraus zu entwickeln ist (vgl GROSS 123, 131; HAERENDEL, Sowieso-Kosten und weitere zusätzliche Kosten infolge Fehlplanung [1999]). Sachlich zu rechtfertigen sein dürfte er unter dem Gesichtspunkt der *ergänzenden Vertragsauslegung,* nicht unter Schadensersatzaspekten: Wenn es den Parteien deutlich gewesen wäre, dass die vorgesehene Ausführung unzulänglich geraten würde, hätten sie sich von vornherein auf die sachlich angemessene Lösung geeinigt und der Besteller hätte sich dann nach Treu und Glauben nicht weigern können, die damit verbundenen Mehrkosten zu tragen. Das wird besonders deutlich, wenn man sich den – sicherlich nicht seltenen – Fall vergegenwärtigt, dass der Fehler der Planung vor ihrer Umsetzung bemerkt und behoben wird (Haerendel, Sowieso-Kosten und weitere zusätzliche Kosten infolge Fehlplanung [1999]). Der Ansatz bei einer ergänzenden Vertragsauslegung erklärt zugleich, dass die Sowieso-Kosten nach dem „damaligen" Preisstand zu berechnen sind (BGH BB 1993, 2182).

Der unterschiedliche dogmatische Ansatz wirkt sich freilich nur teilweise aus. Es spielt namentlich die Preisgestaltung keine Rolle, insbesondere sind Sowieso-Kosten auch bei einem Pauschalpreis zu beachten (vgl OLG Düsseldorf BauR 1990, 516). Folgen ergeben sich, wenn der jetzt geschaffene Mehrwert dem Besteller nicht zugute kommt, zB weil er das Werk zu einem Pauschalpreis veräußert hat und diesen selbst nicht mehr heraufsetzen kann. Schadensersatzrechtlich konsequent verneint hier BGH NJW-RR 1990, 89 die Berücksichtigungsfähigkeit der Sowieso-Kosten. Würde man sie unter § 157 BGB fassen, blieben sie relevant (freilich könnte sich eine Schadensersatzpflicht des Unternehmers ergeben, der den Besteller nicht rechtzeitig auf die drohende Mangelhaftigkeit des Werkes hingewiesen hat. Damit könnte gegen die Sowieso-Kosten aufgerechnet werden bzw deren Geltendmachung müsste treuwidrig erscheinen).

Die Mehrkosten *fallen dem Besteller nur zur Last,* wenn eine bestimmte Art der **25** Ausführung vertraglich vorgesehen war (OLG Celle BauR 1998, 801). Das ist insbesondere dann der Fall, wenn sie sich aus einem von dem Besteller aufgestellten Leistungsverzeichnis ergibt (Ingenstau/Korbion/Wirth Vor § 13 Rn 283; BGHZ 91, 206, 211 f). Mehrkosten kann der Unternehmer dagegen nicht abwälzen, wenn er nur einen bestimmten Erfolg zugesagt hat, der sich später nur aufwendiger als von dem Unternehmer kalkuliert erreichen lässt. Maßgeblich ist also die vertragliche Festlegung der Ausführungsart. Andererseits hindert (vgl BGHZ 91, 206) deren Einhaltung nicht die Annahme eines Mangels, wenn der einverständlich angestrebte Leistungserfolg verfehlt wird (vgl auch o Rn 24). Jedenfalls muss es um Leistungen gehen, die der Unternehmer nach dem Vertrag – diesen wörtlich genommen – nicht zu erbringen hatte (vgl BGH NJW-RR 1990, 89).

Mehrkosten muss der Unternehmer auch dann abwälzen können, wenn die unzulängliche Leistungsausführung von seiner Seite kommend Vertragsinhalt geworden ist.

V. Einleitung zu § 634

Die Bestimmung des § 634 BGB ist *inhaltslos,* soweit vor der Nennung der einzelnen **26** Rechte des Bestellers in den Nrn 1–4 *auf die folgenden Vorschriften Bezug genommen wird;* welche das jeweils sind, wird dann nämlich in diesen Nummern jeweils konkret angegeben.

Ebenfalls inhaltslos ist der *Vorbehalt wegen einer anderen Bestimmung.* Eine solche folgt zunächst nicht durch die §§ 635–638 BGB. Gewiss schränkt zB § 635 Abs 3 BGB den Nacherfüllungsanspruch des Bestellers ein, aber dies ergibt sich auch schon aus der Bezugnahme auf § 635 BGB in § 634 Nr 1 BGB.

Auch die Regeln des allgemeinen Schuldrechts enthalten keine anderen Bestimmungen, vielmehr flankieren und ergänzen sie die Nrn 1–4 des § 634 BGB. ZB ist jeweils der Leistungsort von Bedeutung, wie er dann den §§ 269, 270 Abs 4 BGB zu entnehmen ist. Beim Schadensersatzanspruch führt der in § 634 Nr 4 BGB genannte Schadensersatzanspruch über § 280 Abs 1 S 2 BGB zu der Frage, was der Unternehmer zu vertreten hat; dies klären dann die §§ 276, 278 BGB.

VI. Sachverständigenkosten

26a Liegt ein Mangel vor, braucht sich der Besteller nicht auf die Expertise des Unternehmers zu verlassen, soweit es um die Fragen geht, wie weit der Mangel reicht und welche Möglichkeiten der Beseitigung bestehen; das wäre ihm nicht zuzumuten. Er darf vielmehr einen Sachverständigen einschalten (BGH NJW 2013, 1528 Rn 9), sofern nicht ausnahmsweise der eigene Sachverstand bzw der seines Architekten zweifelsfrei ausreicht.

Für die Erstattung der Sachverständigenkosten bestehen zwei Anspruchsgrundlagen. Da seine Einschaltung die Mängelbeseitigung vorbereitet, liegt ein Fall des § 634 Nr 2 BGB vor. Das setzt weder eine Fristsetzung, noch ein Verschulden des Unternehmers voraus. Hat dieser den Mangel schuldhaft verursacht, liegt ein nach § 634 Nr 4 BGB liquidierbarer Schaden vor.

Zuweilen vermutet der Besteller mehr als mangelhaft, als sich tatsächlich als mangelhaft erweist. Dann sind die Kosten des Sachverständigen entsprechend zu quoteln (vgl BGH NJW 2012, 1953 Rn 13 zur parallelen Problematik bei der beidseitigen Verursachung eines Verkehrsunfalls). Den Parteien steht es natürlich frei, eine Abrede über die Kostenverteilung zu treffen.

VII. Nacherfüllung, § 634 Nr 1

1. Wesen der Nacherfüllung

27 Während das bisherige Recht in den §§ 633 Abs 2, 3, 634 Abs 1 BGB aF von einer *Beseitigung des Mangels* sprach, ein Ausdruck, den § 635 BGB nF übernimmt, und daneben der dem Gesetz fremde, inhaltsgleiche Ausdruck der *Nachbesserung* üblich war (und ist), gehen die §§ 634 Nr 1, 635 Abs 1 BGB von dem allgemeineren Begriff der *Nacherfüllung* aus, wie er zugleich auch die Neuherstellung des Werkes umfassen soll.

Die jetzige Ausdrucksweise des Gesetzes geht letztlich auf die Arbeiten von Korintenberg zurück (Mangelbeseitigungsanspruch und Anspruch auf Neuherstellung beim Werkvertrag [Diss Köln 1927]; Erfüllung und Gewährleistung beim Werkvertrag [1937]), der die *prinzipielle Identität* des Mängelbeseitigungsanspruchs *mit dem ursprünglichen Erfüllungsanspruch* herausgearbeitet hat. Sie zeigt sich an mehreren Aspekten, wenn der eine Werklohn des Bestellers beides entgilt, das Ziel identisch ist, das konkrete Vorgehen hier wie dort der Dispositionsfreiheit des Unternehmers obliegt und eben vor allem statt einer Nachbesserung am Werk auch dessen Neubestellung in Betracht kommt. Insofern ist der jetzige Terminus der Nacherfüllung (zwar nicht plastisch, aber) dogmatisch korrekt.

Dabei ergeben sich aber doch auch *Unterschiede zum Erfüllungsanspruch,* die es geraten sein lassen, von einem modifizierten Erfüllungsanspruch zu reden oder eben einem Anspruch auf Nacherfüllung. Rein äußerlich zeigt sich das schon in der Frage der *Verjährung:* § 634a BGB statt der §§ 195, 199 BGB. Bei der Nacherfüllung wird die *Grenze der Zumutbarkeit* nach § 635 Abs 3 BGB eher erreicht als nach § 275 Abs 2, 3 BGB. Im Gegensatz zur Erfüllung kann die Nacherfüllung nach den §§ 634 Nr 2, 637 BGB in die Hand des Bestellers übergehen. Vor allem sind die *Maßnahmen der Nacherfüllung* jedenfalls bei der Mängelbeseitigung *andere* als bei der Erfüllung. Es müssen die Ursachen des jetzigen Zustandes geklärt werden, der Mangel muss freigelegt werden, es kommt zu nachbereitenden Maßnahmen, zB Nachtapezieren. Gegenüber der Nacherfüllung kann eine Mitverantwortlichkeit des Bestellers relevant werden (o Rn 17); sie kann zu gesondert abzugeltenden Vorteilen des Bestellers führen (o Rn 24).

2. Ziel der Nacherfüllung

Ziel der Nacherfüllung und des entsprechenden Anspruchs des Bestellers ist die **28** Beseitigung des Mangels; es handelt sich um einen Anspruch auf eine *Naturalleistung,* der mit dem aus § 249 Abs 1 BGB eng verwandt ist.

Der Anspruch steht mit einer offenen Werklohnforderung des Unternehmers im Gegenseitigkeitsverhältnis, § 320 BGB, vgl § 641 Abs 3 BGB.

a) Beseitigung des Mangels

Der Mangel als solcher ist abzustellen, und zwar grundsätzlich vollständig. Ausnahmsweise kann sich der Besteller mit *anderweitigen Behelfen* begnügen müssen, wenn die direkte Beseitigung des Mangels unmöglich ist oder von dem Unternehmer wegen unverhältnismäßigen Aufwandes verweigert wird. Wenn der anderweitige Behelf nicht gleichwertig ist, ist der *verbleibende Minderwert des Werkes* durch Minderung oder ggf Schadensersatz auszugleichen. Das gilt auch für einen bloß merkantilen Minderwert.

b) Methode der Nachbesserung

Die Methode der Nachbesserung bestimmt der Unternehmer, nicht der Besteller (vgl **29** BGH NJW 2013, 1528 Rn 15; NJW 1973, 1792; BGH LM VOB/B Nr 83; BGB-RGRK/Glanzmann § 633 aF Rn 17; Ingenstau/Korbion/Wirth § 13 Abs 5 Rn 68), außer es wäre nur eine Methode sinnvoll (BGH NJW-RR 1997, 1106). Der Besteller darf aber eine untaugliche Methode der Nacherfüllung zurückweisen (BGH NJW 2011 1872 = NZBau 2011, 413); ihr Angebot kann die weitere Fristsetzung zur Nacherfüllung entbehrlich machen. Die grundsätzliche Wahlfreiheit des Unternehmers hat insbesondere im Prozess zur Folge, dass in Klagantrag und Entscheidungstenor nur das Ziel der Nachbesserung aufzunehmen ist, nicht aber der Weg dorthin, mag es technisch auch nur einen einzigen geben. Allerdings kann sich der Besteller natürlich solche Nachbesserungsversuche verbitten, die von vornherein nicht geeignet sind, den Mangel nachhaltig zu beseitigen (vgl OLG Düsseldorf BauR 1997, 140). Durch die Ablehnung solcher Leistungen gerät der Besteller nicht in Annahmeverzug (BGH NJW 2011, 1872 Rn 17). Außerdem ist der Unternehmer – vor allem nach Abnahme der Werkleistung – verpflichtet, den Mangel *in einer für den Besteller zumutbaren Arbeitsweise* zu beseitigen, zB mit Arbeiten am Wochenende oder mit zusätzlichen Maßnahmen, die das weitere

Funktionieren des Betriebs des Bestellers sichern, mag dies auch für ihn mit einem erhöhten Kostenaufwand verbunden sein.

Das Einverständnis des Bestellers in eine bestimmte Art der Nachbesserung umfasst idR nicht den Verzicht auf bestehende Gewährleistungsansprüche (BGH NJW-RR 1997, 148). Verlangt der Besteller untaugliche Maßnahmen, so wird dadurch der Unternehmer nicht frei (BGH NJW-RR 1998, 233). Freilich kann das seine Ansprüche nach Maßgabe des § 254 BGB mindern oder gar ausschließen (BGH NJW 2010, 3299 = NZBau 2010, 749).

Gleichzeitig trägt der Unternehmer aber auch das Risiko des Misslingens seiner Maßnahmen zur Nacherfüllung. Er kann es nicht dadurch auf den Besteller abwälzen, dass er diesem verschiedene Vorgehensweisen zur Wahl stellt.

c) Mitwirkung des Bestellers

30 Im Rahmen der Nachbesserung können Mitwirkungsobliegenheiten des Bestellers entstehen, die nach den §§ 642, 643 BGB zu würdigen sind. So muss er das Werk dem Unternehmer jedenfalls zur Verfügung stellen, uU Untersuchungen hinsichtlich der Mängelursachen und ggf einen Transport des Werkes in die Werkstatt des Unternehmers dulden (vgl BGB-RGRK/GLANZMANN § 633 aF Rn 17; PALANDT/SPRAU § 634 Rn 11).

Lehnt er Nachbesserungsarbeiten ab, trägt er das Risiko der Fehlbeurteilung. Es tritt Annahmeverzug ein, wie er ein Verschulden nicht voraussetzt.

d) Mehrfache Nachbesserung

31 Die Beseitigung des Mangels kann vorzugsweise in einer Nachbesserung des sonst im Wesentlichen erhalten bleibenden Werkes bestehen. Diese soll möglichst in der ursprünglich in dem Vertrag vorgesehenen Weise erfolgen. Stattdessen sind aber auch *Ersatzmaßnahmen* möglich, wenn nur sie den vorgesehenen Zustand schaffen können oder einen *gleichwertigen* oder sonst vom Besteller hinzunehmenden Ersatzzustand.

Dabei erschöpft sich der Nachbesserungsanspruch des Bestellers nicht in einem einmaligen Nachbesserungsversuch des Unternehmers, wenn dieser den Erfolg der Mangelfreiheit des Werkes schuldet. Der Besteller kann und muss vielmehr *ggf ein mehrfaches Tätigwerden* des Unternehmers verlangen. Er muss dies, solange nicht die Voraussetzungen der §§ 281 Abs 2, 323 Abs 2, 636 BGB vorliegen; insbesondere können sich aus mehreren fruchtlosen Nachbesserungsversuchen des Unternehmers besondere Umstände iSd §§ 281 Abs 2, 323 Abs 2 Nr 3 BGB ergeben, vgl § 636 BGB.

e) Neuherstellung

32 Ob die Beseitigung des Mangels auch in einer Neuherstellung des Werkes bestehen darf, war Gegenstand eines Streites, der sich im Wesentlichen durch BGHZ 96, 111 (= NJW 1986, 717 = JZ 1986, 291 m Anm KÖHLER = VYGEN EWiR § 633 BGB 2/86, 357) erledigt hat. Es wurde im Wesentlichen die Ansicht vertreten, dass der Besteller vor der Abnahme ggf Neuherstellung verlangen könne (vgl ERMAN/SEILER[10] § 633 aF Rn 24 f), dass sich der *Anspruch* dagegen *nach der Abnahme* auf einen *Nachbesserungsanspruch* konzentriere (vgl die eingehenden Nachweise in BGHZ 96, 111). Maßgeblich war dabei insbesondere die Erwägung, dass die Abnahme den Erfüllungsanspruch des Bestellers auf das vorliegende Werk konzentriere. § 635 Abs 1 BGB stellt jetzt die Gleichwertigkeit der Neuherstellung klar.

Die ganze Fragestellung war und ist unnötig begrifflich. Der Abnahme kann vor dem Hintergrund der *allein maßgeblichen Interessenlage* eine ausschlaggebende Bedeutung nicht zukommen. Nachbesserung und Neuherstellung *lassen sich nicht scharf voneinander scheiden,* sondern gehen ineinander über. Dieselben Maßnahmen können für den einen Unternehmer Nachbesserung, für den anderen Neuherstellung sein. So ist zB die Neueindeckung eines Hauses Nachbesserung für den, der das ganze Haus zu errichten hat, weil dabei dessen Substanz im Wesentlichen erhalten bleibt, aber Neuherstellung für den, der nur das Dach schuldet. *Kostenmäßig* kann zuweilen das eine, zuweilen das andere vorzuziehen sein. Der zu erwartende Effekt kann ebenfalls ganz unterschiedlich sein. *Maßgebliches Ziel der §§ 634 Nr 1, 635 BGB ist es, dem Besteller ein mangelfreies Werk zu verschaffen;* dieses wird mit der Unterscheidung von Nachbesserung und Neuherstellung vernachlässigt.

Damit hat aber auch das *Wahlrecht zwischen Neuherstellung* und *Mängelbeseitigung* **33** wenig Relevanz, das § 635 Abs 1 BGB dem Unternehmer einräumt. Weithin kommt überhaupt nur letztere in Betracht, zB bei der Reparatur von Sachen des Bestellers. Wo an beides zu denken ist, kann das eine oder das andere für den Besteller unzumutbar iSd § 636 aE BGB sein. ZB kann bei diesem so oder so eine unterschiedlich lange Betriebsunterbrechung die Folge sein. Und im Vordergrund muss überhaupt die Nachhaltigkeit der Maßnahme stehen.

Verlangt dagegen der Besteller Zahlung der für die Mängelbeseitigung notwendigen Kosten, sei es im Rahmen der §§ 634 Nr 2, 637 BGB, sei es als Schadensersatz nach § 634 Nr 4 BGB, so hat er die preisgünstigere Methode zu wählen, sofern ihm diese als solche zumutbar ist.

f) Vor- und Nacharbeiten

Zur Nachbesserung können Vor- und Nacharbeiten gehören. Es kann im Rahmen **34** der Nachbesserung notwendig sein, den *Mangel freizulegen* und *in seinen Ursachen abzuklären,* anderweitige Voraussetzungen für die Behebung zu schaffen und schließlich *die Nachbesserungsspuren zu beseitigen.* Auch diese Maßnahmen schuldet der Unternehmer im Rahmen seiner Nachbesserungspflicht (vgl BGHZ 58, 332, 338; 72, 31, 33; 96, 221, 224; BGH NJW-RR 1999, 813; OLG Celle BauR 1996, 263; MünchKomm/Busche § 635 Rn 12; Erman/Seiler[10] § 633 aF Rn 27). Vor der eigentlichen Nachbesserung kann uU auch ein Provisorium geboten und damit geschuldet sein. Den Nachbesserungsanspruch erschöpft dieses natürlich nicht (BGH NZBau 2009, 507 = BauR 2009, 1295).

Dem entspricht es, dass der mangelhaft liefernde Verkäufer beim Verbrauchsgüterkauf auch die Kosten des Ausbaus der Sache und des Einbaus der Ersatzsache schuldet (EuGH NJW 2011, 2269; BGHZ 192, 148 = NJW 2012, 1073; BGHZ 195, 135 = NJW 2013, 220).

Dagegen erfasst der Nachbesserungsanspruch nicht *solche Schäden, die infolge des Mangels bereits an anderen Rechtsgütern des Bestellers entstanden sind.* Diese können nur Gegenstand eines *Schadensersatzanspruchs* des Bestellers sein, sind in ihrer

Ersatzfähigkeit mithin verschuldensabhängig (vgl BGHZ 96, 221, 225). Der merkantile Minderwert, der trotz Nachbesserung verbleibt, ist mit § 635 Nrn 3 (Minderung), 4 (Schadensersatz) BGB zu erfassen, die Betriebsunterbrechung beim Besteller verschuldensabhängig nach § 634 Nr 4 BGB.

3. Fälligkeit und Verzug

35 Der Anspruch des Bestellers wird fällig mit der Abnahme. Unter den Voraussetzungen des § 286 Abs 1, 2 BGB gerät der Unternehmer in Verzug mit der Folgen der Schadensersatzpflicht der §§ 280 Abs 2, 286 BGB. Das hat gegenüber dem Anspruch des Bestellers aus § 634 Nr 4 BGB dann Bedeutung, wenn der Mangel als solcher nicht schuldhaft verursacht wurde. Dann umfasst § 634 Nr 4 BGB Schäden, die sich daraus ergeben, dass das Werk mangelfrei erst später zur Verfügung steht.

4. Recht des Unternehmers zur Nacherfüllung

a) Allgemeines

36 Die Formulierung des § 634 Nr 1 BGB, dass der Besteller Nacherfüllung verlangen könne, ist geeignet, den Blick darauf zu verdecken, dass die Nacherfüllung primär auch ein Recht des Unternehmers ist. Dies folgt aber mit hinreichender Deutlichkeit daraus, dass der Besteller ihm grundsätzlich eine Frist zur Nacherfüllung setzen muss, bevor er den Mangel selbst beseitigt oder sich für Rücktritt, Minderung oder Schadensersatz entscheidet, vgl § 637 Abs 1 BGB und die in § 634 Nrn 3, 4 BGB in Bezug genommenen §§ 281 (Abs 1), 323 (Abs 1) BGB. Das rechtfertigt sich daraus, dass es nicht immer gleich gelingen kann, das Werk sofort vollständig mangelfrei herzustellen. Außerdem verfügt dieser Unternehmer über die Kenntnis des Werkes und wird schneller antreten können als ein anderer. Für den Unternehmer ist die eigene Nacherfüllung idR kostengünstiger. Weil es bei der Nachbesserung des Unternehmers um die Abwendung sonst drohender Nachteile geht, kann man von einer entsprechenden Obliegenheit reden (JANSEN BauR 2005, 1089), was aber nicht den Blick darauf verstellen darf, dass der Besteller einen Anspruch auf die Nachbesserung hat, den er ggf durch Ersatzvornahme vollstrecken kann.

b) Inhalt

37 Wenn der Unternehmer sein Recht zur Mängelbeseitigung noch nicht verwirkt hat (dazu u Rn 58 ff), was grundsätzlich erst nach der Abnahme möglich ist, sofern der Besteller nicht vorab zurücktritt, *muss es* also *der Besteller dulden, dass der Unternehmer die Mängel beseitigt.*

aa) *Bis hin zur Abnahme des Werkes* darf der Unternehmer ordnungsgemäße Maßnahmen zur Beseitigung von Mängeln durchführen, ohne dass der Besteller widersprechen dürfte. Über die Art der Maßnahmen entscheidet grundsätzlich er (vgl § 633 Rn 55 ff). Widerspricht der Besteller oder behindert er den Unternehmer gar, löst das die Rechtsfolgen der §§ 642, 643 BGB aus. Außerdem kann der Besteller späterhin nach der Abnahme keine oder nur verminderte Rechte aus diesen Mängeln herleiten (vgl § 254 BGB, dazu § 633 Rn 192 f).

Zu den Rechten des Bestellers, wenn der Unternehmer die Beseitigung der Mängel in diesem Zeitraum nicht oder nicht ordnungsgemäß in Angriff nimmt, § 633 Rn 89 ff.

bb) *Nach der Abnahme* darf der Unternehmer ebenfalls noch ordnungsgemäße Maßnahmen zur Beseitigung von Mängeln durchführen, deren Wahl in seinem Ermessen steht (o Rn 29), ohne dass der Besteller widersprechen dürfte. Widerspruch oder Behinderungen durch den Besteller lösen wiederum für den Unternehmer die Rechte aus den §§ 642, 643 BGB aus. Rechte aus den Mängeln kann der Besteller dann ebenfalls nicht herleiten, weil es insoweit an den Voraussetzungen des § 634 Nrn 2–4 BGB fehlt.

Allerdings wird man jetzt anzunehmen haben, dass der Unternehmer eine ordnungsgemäße Beseitigung der Mängel nur dann anbietet, wenn er dem Besteller auf dessen Nachfrage Umfang und Ursache der Mängel mitteilt sowie das Konzept zu deren Beseitigung. Denn nachdem der Unternehmer zu dem entscheidenden Zeitpunkt der Abnahme Mängel verursacht hat, kann das Vertrauen des Bestellers in ihn erschüttert sein und braucht er sich deshalb auf *Nachbesserungsversuche nur* dann einzulassen, *wenn diese auch Erfolg versprechend erscheinen.* Außerdem muss die Nachbesserung Rücksicht auf die Belange des Bestellers nehmen, darf diesen nicht über das unvermeidliche Maß hinaus stören, was uU – bei Betrieben – Arbeiten nach Feierabend und am Wochenende notwendig machen kann. 38

Wenn der Unternehmer die Beseitigung der Mängel nicht ordnungsgemäß betreibt, kann ihm der Besteller dazu eine Frist setzen, §§ 281 Abs 1, 323 Abs 1, 637 Abs 1 BGB, wie sie nur unter den Voraussetzungen der §§ 281 Abs 2, 323 Abs 2, 637 Abs 2 entbehrlich ist.

Zur Durchsetzung des Werklohnanspruchs, wenn der Besteller eine zumutbare Nachbesserung nicht zu dulden bereit ist, vgl u Rn 45.

c) Verlust des Nachbesserungsrechts
Der Unternehmer verliert sein Recht zur eigenen Nacherfüllung unter den Voraussetzungen der §§ 281 Abs 1, 2, 323 Abs 1, 2, 637 Abs 1, 2 BGB (vgl BGHZ 154, 119, 122 = NJW 2003, 1526; NZBau 2004, 153 = BauR 2004, 501; **aA** OLG Hamm MDR 2005, 682 = BauR 2005, 1990), dazu u Rn 48 ff. Dass ihn der Besteller an der Nacherfüllung hindert – etwa durch ein Baustellenverbot – nimmt ihm die Nachbesserungsbefugnis selbstverständlich nicht, nimmt im Übrigen auch dem Besteller seinen Nacherfüllungsanspruch nicht; insoweit tritt Annahmeverzug ein, wie er bereinigt werden kann (vgl BGH NZBau 2004, 611 = BauR 2004, 1616). – Weitere Nachbesserungsarbeiten des Unternehmers kann der Besteller auch nach fruchtlosem Fristablauf entgegennehmen. Namentlich die Fristsetzung hat nicht den Rechtsverlust der §§ 326 Abs 1, 634 Abs 1 BGB aF zur Folge. 39

d) Eigene Mängelbeseitigung des Bestellers
Nimmt der Besteller *eine eigene Mängelbeseitigung* vor, obwohl das Recht des Unternehmers dazu noch besteht, so sind ihm die damit verbundenen Kosten nach Werkvertragsrecht nicht zu erstatten. 40

Ob er sie *nach anderen Bestimmungen,* insbesondere aus Geschäftsführung ohne Auftrag oder ungerechtfertigter Bereicherung, liquidieren kann, *ist zweifelhaft, aber zu verneinen.* Derartige Ansprüche wären systemwidrig (vgl BGH NJW 1966, 39; 1967, 389; 1968, 43; WM 1972, 1025; Gursky NJW 1971, 782; Festge BauR 1974, 274; **aA** früher BGH

BB 1961, 430 [zu § 812 BGB], vgl ferner die Nachweise zu ähnlichen höchstrichterlichen Entscheidungen aus anderen Zusammenhängen bei GURSKY NJW 1971, 782).

aa) Für derartige anderweitige Ansprüche des Bestellers besteht *kein billigenswertes Bedürfnis*. Es ist ihm zuzumuten, das Verfahren der vorherigen Fristsetzung durchzuführen.

41 bb) Damit scheiden jedenfalls *Ansprüche aus ungerechtfertigter Bereicherung* aus. Es ist aber auch nicht ersichtlich, warum *Ansprüche aus Geschäftsführung ohne Auftrag* grundsätzlich denkbar sein sollten (vgl auch ERMAN/SEILER[10] § 633 aF Rn 40). Im Übrigen wird es auch meist an den Voraussetzungen einer berechtigten Geschäftsführung ohne Auftrag fehlen, da die eigene Nachbesserung des Bestellers nicht dem Willen und dem Interesse des Unternehmers entsprechen wird. *Besondere Eilfälle* unterfallen §§ 281 Abs 2, 323 Abs 2 Nr 3, 637 Abs 2 BGB, wie sie besser passen als § 679 BGB.

42 cc) Im *Interesse einer klaren Zuordnung der Zuständigkeiten* kann auch nicht einmal bereicherungsrechtlich die Erstattungsfähigkeit jener – meist geringeren – Kosten angenommen werden, die der Unternehmer erspart hat. Es muss ein *Anreiz* bestehen bleiben, *die Formalien der genannten Bestimmungen einzuhalten;* nur so kann insbesondere auch Streitigkeiten über den Bestand der Mängel und die Kosten ihrer Beseitigung vorgebeugt werden, wenn dem Unternehmer prinzipiell Gelegenheit gegeben wird, zu ihrer Beseitigung tätig zu werden.

43 dd) Unter der Prämisse, dass die eigenmächtige Mängelbeseitigung seitens des Bestellers dem Unternehmer dessen Nacherfüllung unmöglich macht (vgl PALANDT/WEIDENKAFF § 437 Rn 4a; EBERT NJW 2004, 1761, 1762; **aA** EUSANI NZBau 2006, 676, 679; OECHSLER NJW 2004, 1825, 1826; SCHROETER JR 2004, 441, 442), befürwortet ein Teil der Literatur eine Anrechnung der ersparten Nacherfüllungsaufwendungen auf den Vergütungsanspruch des Unternehmers gem § 326 Abs 2 S 2 BGB und gesteht dem Besteller im Falle der Überzahlung einen Rückforderungsanspruch gem §§ 346 ff, 326 Abs 4 BGB zu (HERRESTHAL/RIEHM NJW 2005, 1457, 1459 f; zum Kauf EBERT NJW 2004, 1763; KATZENSTEIN ZGS 2004, 349, 355; LORENZ NJW 2005, 1321; wg § 326 Abs 1 S 2 BGB verlangt BYDLINSKI ZGS 2005, 129, 131 eine analoge Anwendung des § 326 Abs 2 S 2 BGB). Der BGH lehnt beim Kauf die Anwendbarkeit von § 326 BGB im Falle eigenmächtiger Selbstvornahme ab (BGHZ 162, 291 = NJW 2005, 1348 = BauR 2005, 1021, dort m – auch für den Werkvertrag – zust Anm KNIFFKA; BGH NJW 2006, 988; vgl ferner BGH NJW 2008, 1216 zur Miete). Zur Begründung verweist er insbesondere auf den abschließenden Charakter des § 437 BGB. Dieser Auffassung ist für den dem § 437 BGB entsprechenden § 634 BGB zu folgen (MünchKomm/BUSCHE § 637 Rn 7; DAUNER-LIEB/DÖTSCH NZBau 2004, 233; EUSANI NZBau 2006, 676, 679). Der Besteller wird sanktioniert, weil er es versäumt, auf den Unternehmer zuzugehen und so die Chancen auf eine einvernehmliche Klärung verschlechtert. Dem Unternehmer wird erspart, mit dem Besteller später über das tatsächliche Bestehen von Mängeln und den Umfang seiner ersparten Aufwendungen zu streiten.

5. Zu den **Grenzen des Anspruchs** auf Nacherfüllung wegen Unmöglichkeit oder Unzumutbarkeit vgl § 635 Rn 7 ff.

Zu den Kosten der Nacherfüllung vgl § 635 Rn 2 ff.

6. Erfüllungsort für den Nachbesserungsanspruch des Bestellers ist mangels ausdrücklicher anderweitiger Abrede grundsätzlich jener Ort, wo sich das Werk bestimmungsgemäß befindet (BGH NJW-RR 2008, 724 = BauR 2008, 829; aA Reinking NJW 2008, 3608: ursprünglicher Erfüllungsort). Das entspricht § 269 BGB (BGH NJW-RR 2008, 724 Rn 11, 13; aA BGHZ 189, 196 = NJW 2011, 2278; BGH NJW 2013, 1074 zum KaufR, die nach § 269 BGB nur bei ortsgebundenen Gegenständen auf die Belegenheit abstellen, sonst auf den Wohnort des Nachbesserungsschuldners). Die Frage der Kosten eines etwa notwendigen Transports zum Unternehmer klärt § 635 Abs 2 BGB zu dessen Lasten.

7. Wahlrecht des Unternehmers

§ 635 Abs 1 BGB räumt dem Unternehmer ein Wahlrecht ein, ob er den Mangel 44 beseitigen oder ein neues Werk herstellen will.

a) Damit wird die Dispositionsfreiheit des Unternehmers (§ 633 Rn 48, 54 ff) für einen Teilbereich anerkannt, nämlich den der Nacherfüllung und hier für die Alternativen Mängelbeseitigung/Neuherstellung. Es geht indessen weiter: Innerhalb der Mängelbeseitigung, dh der verbessernden Arbeit am bestehen bleibenden Werk, indem nämlich die Wahlfreiheit des Unternehmers auch hier anzuerkennen ist, soweit mehrere Möglichkeiten der Nachbesserung bestehen.

b) Abgesehen von der Schwierigkeit der Abgrenzung von Nachbesserung und Neuherstellung (o Rn 32) verdeckt § 635 Abs 1 BGB außerdem das Ziel aller Maßnahmen, dem Besteller ein Werk zu verschaffen, das den vertraglichen Anforderungen entspricht. Vorbehaltlich der Zumutbarkeitsgrenze des § 635 Abs 3 BGB, gibt es ein Wahlrecht des Unternehmers dann nicht, wenn nur entweder die Nachbesserung oder die Neuherstellung diesem Ziel genügt.

c) Wo Nachbesserung und Neuherstellung echte Alternativen sind, entsteht keine Wahlschuld iSd §§ 262 ff BGB, weil jene Bestimmungen voraussetzen, dass der vertraglich geschuldete Erfolg A oder B sein kann, während hier nur der eine Erfolg A geschuldet wird: das mangelfreie Werk, und dem Unternehmer nur der Weg dorthin freigestellt wird, Methode a oder Methode b.

So braucht sich der Unternehmer dann auch nicht durch Erklärung nach § 263 Abs 1 BGB festzulegen; er kann es auch nicht. Dass er den Besteller nach § 241 Abs 2 BGB über seine Absichten zu informieren hat, steht auf einem anderen Blatt. § 264 Abs 1 BGB entspricht es freilich, dass der Besteller, dessen Nacherfüllungsanspruch tituliert ist, die Zwangsvollstreckung nach § 887 ZPO so oder so betreiben kann. Freilich hat er sich grundsätzlich für die kostengünstigere Maßnahme zu entscheiden.

8. Die Nacherfüllung im Prozess

a) Seinen Anspruch auf Nacherfüllung kann der Besteller zunächst im Wege der 45 Leistungsklage verfolgen; vollstreckt wird dann später idR nach § 887 ZPO, ausnahmsweise nach § 888 ZPO. Muss er sich an den Kosten der Nacherfüllung beteiligen, weil er für den Mangel mitverantwortlich ist, so ist es kostenmäßig günstig, auf Leistung Zug um Zug gegen Zahlung des entsprechenden Betrages anzutragen.

b) Dabei ist der *Mangel genau zu bezeichnen,* damit der Streitgegenstand feststeht und die *Vollstreckungsfähigkeit* des Titels gegeben ist. Dabei genügt der Besteller seiner *Darlegungslast,* wenn er das äußere Erscheinungsbild des Mangels belegt; namentlich braucht er nicht seine Ursachen darzutun (vgl BGH NJW-RR 1997, 1376). Er hat nur darzulegen die Sollbeschaffenheit des Werkes und inwiefern das abgelieferte Werk dahinter zurückbleibt. Auch das hat nur laienhaft zu geschehen, zB genügt die Behauptung unebener Fliesen. Soweit hier gewisse Toleranzen zulässig sind, braucht der Besteller Antrag und Vortrag dazu nicht zu präzisieren. – Ist ein Mangel anzunehmen, hat allerdings der Unternehmer seine Beseitigung zu beweisen (BGH NJW-RR 1998, 1268, 1289).

c) Auch wenn § 635 Abs 1 dem Unternehmer ein Wahlrecht zwischen Mängelbeseitigung und Neuherstellung einräumt, ist darum keine Wahlschuld iSd § 262 BGB anzunehmen, sodass Antrag und Verurteilung darauf keine Rücksicht zu nehmen brauchen. Geschuldet wird nämlich nur der eine Erfolg des mangelfreien Werkes; das Wahlrecht bezieht sich nur auf die Methode seiner Erzielung.

46 d) Verbreitet wird der Anspruch des Bestellers auf Nacherfüllung einredeweise dem Anspruch des Unternehmers auf Zahlung restlichen offenen Werklohns entgegengesetzt *(Mängeleinrede).* Die Mängeleinrede steht dem Besteller auch dann zu, wenn er seine Mängelansprüche zediert hat (BGHZ 55, 354, 358 = NJW 1971, 838, 839; NJW-RR 2007, 1612 = NZBau 2007, 639 Rn 19 f). Der Betrag, der einbehalten werden kann, ergibt sich aus § 641 Abs 3 BGB (vgl § 641 Rn 23 f). Der Unternehmer ist darlegungs- und beweispflichtig dafür, dass nicht der volle Werklohn einbehalten werden darf. Bei mehreren Mängeln muss der Zurückbehaltungsbetrag einzeln ausgeworfen werden. Sonst würde der Unternehmer benachteiligt, der einige, aber nicht alle Mängel abgearbeitet hat. Zu zahlen hat der Besteller nach Beseitigung des betreffenden Mangels.

Seine *Verurteilung* erfolgt also *nach § 322 Abs 2 BGB* (BGH NJW 2002, 1262), dh zur Zahlung nach Beseitigung des Mangels. Dies gilt vor der Abnahme, aber doch auch nach der Abnahme, da der Besteller (voll) erst zu zahlen braucht, wenn der Mangel beseitigt ist. Die Vollstreckung richtet sich nach den §§ 322 Abs 2, 3, 274 Abs 2 BGB, 756, 765 ZPO, setzt also Annahmeverzug des Bestellers voraus. Die Vollstreckungsklausel ist dem Unternehmer auch ohne den Nachweis dieses Verzuges nach § 726 Abs 2 ZPO zu erteilen. Den für den Zugriff des Vollstreckungsorgans notwendigen Annahmeverzug kann der Unternehmer ggf schon im Urteil feststellen lassen (BGH NJW 2002, 1262); sonst muss ihn der Gerichtsvollzieher feststellen.

Dabei ist freilich zu beachten:

In einer Annahmeverzug begründenden Weise kann nur der beseitigte Mangel/das mangelfreie Werk angeboten werden, wie dies einstweilen noch gar nicht möglich ist. Deshalb ist das Angebot nur wörtlich nach § 295 BGB möglich, unter der dortigen Voraussetzung, dass der Besteller die Annahmeverweigerung erklärt hat. Diese Verweigerung muss sich wieder auf das Ergebnis der Mängelbeseitigung beziehen (unklar und offenbar verfehlt dazu BGH NJW 2002, 1262), nicht auf den einzelnen Schritt dazu, wenn der Besteller nicht letztlich zu verstehen gibt, dass er die Mängelbeseitigung insgesamt nicht dulden will.

Ist der Annahmeverzug festgestellt, sei es im Urteil, sei es im Protokoll des Gerichtsvollziehers, kann der Besteller ihn wieder bereinigen, jetzt allerdings nur noch unter der Voraussetzung des § 298 BGB, die er bislang zur Meidung des Annahmeverzuges nicht zu wahren hatte. Ggf wird er dazu Feststellungsklage erheben müssen, § 256 Abs 1 ZPO, der die Rechtskraft eines seinen Annahmeverzug begründenden Urteils nicht entgegensteht, weil sich der Sachverhalt weiter entwickelt hat, vgl den Gedanken des § 767 Abs 2 ZPO. – Da der Besteller zur Zahlung nach Empfang der Gegenleistung verurteilt worden ist, darf der Gerichtsvollzieher den nach § 298 BGB entgegengenommenen Betrag erst nach Beseitigung des Mangels an den Unternehmer auskehren.

e) Setzt der Besteller der Werklohnklage des Unternehmers einredeweise seinen **47** Nacherfüllungsanspruch entgegen, der Unternehmer diesem wieder, dass sich der Besteller an den Kosten zu beteiligen habe, so erfolgt die *Verurteilung des Bestellers zur Zahlung des Werklohns Zug um Zug gegen Nachbesserung, diese wiederum Zug um Zug gegen Kostenzuschuss,* sog *doppelte Zug-um-Zug-Verurteilung* (BGHZ 90, 354).

Außerprozessual kann der Unternehmer die Mängelbeseitigung von einer *angemessenen Sicherheitsleistung* des Bestellers abhängig machen (BGHZ 90, 344, 350), ohne mit dieser in Verzug zu geraten. Dabei ist zu beachten, dass der Unternehmer den Kostenanteil des Bestellers substantiiert, notfalls durch ein Sachverständigengutachten (BGHZ 90, 344, 352) darzulegen hat. *Unterlässt er eine nähere Begründung der Höhe seines Begehrens* oder verlangt er gar eine überhöhte Sicherheitsleistung, so ist das als eine unberechtigte Verweigerung der Mängelbeseitigung zu werten, §§ 633 Abs 3, 634 Abs 2 BGB aF (BGHZ 90, 344, 352). Umgekehrt gerät der Besteller hinsichtlich seines Nachbesserungsanspruchs in Annahmeverzug, wenn er zu einer angemessenen und angemessen begründeten Sicherheitsleistung nicht bereit ist.

VIII. Die Fristsetzung und ihre Entbehrlichkeit

1. Allgemeines

Stellt sich ein Mangel heraus, ist zunächst der Unternehmer zur Nacherfüllung **48** berechtigt. Die sekundären Rechte des Bestellers zur eigenen Mängelbeseitigung, Rücktritt oder Minderung oder Schadensersatz statt der Leistung entstehen grundsätzlich erst nach Ablauf einer dem Unternehmer zur Nacherfüllung gesetzten Frist, vgl §§ 634 Nr 2, 637 Abs 1, § 323 Abs 1 BGB, §§ 634 Nr 4, 281 Abs 1 BGB.

Ausnahmsweise kann die Setzung dieser Fristen entbehrlich sein, §§ 281 Abs 2, 323 Abs 2, 636, 637 Abs 2 BGB.

Dieses Regel-Ausnahmeverhältnis ist freilich nur ein gesetzestechnisches. Der Sache nach kommt es darauf an, dass dem Gläubiger die (weitere) Leistung des Schuldners unzumutbar ist, wie dies in den Fällen des §§ 281 Abs 2, 323 Abs 2, 637 Abs 2 BGB der Fall ist. Ob die Voraussetzungen dieser Bestimmungen vorliegen, kann für den Gläubiger freilich schwer zu beurteilen sein, sodass es riskant ist, sich auf sie zu stützen. Mit der Fristsetzung wird ihm ein Mittel gegeben, den Schuldner zu „testen", der fruchtlose Fristablauf belegt die Unzuverlässigkeit des Schuldners. Wenn nun aber der Besteller die Leistung des Unternehmers in den Fällen der §§ 281 Abs 2,

323 Abs 2, 637 Abs 2 BGB nicht entgegenzunehmen braucht, dann vor diesem Hintergrund auch nicht nach fruchtloser Fristsetzung (BGH NJW 2004, 1525 = BauR 2004, 501; **aA** OLG Hamm MDR 2005, 682, 683 = BauR 2005, 1190, 1191).

Unterlässt der Besteller eine Fristsetzung zur Nacherfüllung und war dies auch nicht ausnahmsweise entbehrlich, so erwachsen ihm wegen eigener Aufwendungen zur Nacherfüllung keine Ansprüche gegen den Unternehmer. Für seine sekundären Rechte aus § 634 Nrn 2–4 BGB fehlt es an den Voraussetzungen. Das ist eine planmäßige Lücke im Rechtsschutz, die auch nicht durch die Anwendung der §§ 677 ff BGB oder der §§ 812 ff BGB gefüllt werden kann. Damit würde der tragende Grundgedanke des Gesetzes überspielt werden, zunächst dem Unternehmer die Gelegenheit zur Nacherfüllung zu geben (vgl auch o Rn 36).

2. Identität der Fristen und der Kriterien ihrer Entbehrlichkeit

49 Trotz der drei unterschiedlichen Standorte im Gesetz – §§ 280 Abs 1, 323 Abs 1, 637 Abs 1 BGB – handelt es sich **immer** um **dieselbe Frist**; am deutlichsten spricht insoweit § 637 BGB von einer „von ihm (scil: dem Besteller) zur Nacherfüllung bestimmten angemessenen Frist"; die §§ 281 Abs 1, 323 Abs 1 BGB beinhalten nichts anderes.

Dann sind aber auch die *Kriterien identisch, unter denen die Fristsetzung entbehrlich ist.* Es sind identisch für Schadensersatz, Rücktritt oder Minderung, Selbstvornahme jene der §§ 281 Abs 2, 323 Abs 2 Nrn 1, 3, 637 Abs 2 S 1 BGB. Insoweit nimmt – in der Formulierung – eine Sonderstellung nur ein § 323 Abs 2 Nr 2 BGB gegenüber § 281 Abs 2 BGB, sein Inhalt kann aber doch auch dort integriert werden. Wiederum identisch sind § 636 aE BGB zu Rücktritt und Schadensersatz einerseits und § 637 Abs 2 S 2 BGB zur Selbstvornahme andererseits.

Letztere Kriterien (Fehlschlagen der Nachbesserung oder ihre Unzumutbarkeit für den Besteller) scheinen die Fristsetzung vor der *Minderung* nicht entbehrlich zu machen. Dieser Wortlaut des Gesetzes ist aber evident verfehlt und zu korrigieren: Die Minderung darf insoweit nicht anders behandelt werden.

Unklar ist die Rechtslage, wenn der Unternehmer die Nacherfüllung wegen (für ihn) unverhältnismäßigen Aufwandes verweigern darf, § 275 Abs 2 BGB (vgl dazu § 635 Rn 8). Da ihn dies nicht von sich aus von seiner Leistungspflicht befreit, ist es aber auch hier geboten, dass der Besteller seine Leistungsbereitschaft durch Fristsetzung testet, auch wenn § 275 Abs 4 BGB sich hierüber ausschweigt.

3. Bloße Fristsetzung

50 a) § 634 Abs 1 BGB aF sah – entsprechend § 326 Abs 1 BGB aF – die Erklärung des Bestellers vor, dass *die Entgegennahme der Leistung* für den Fall des fruchtlosen Fristablaufs *abgelehnt* werde. Eine solche Erklärung wird dem Besteller *nicht mehr* angesonnen; er braucht seinen Erfüllungsanspruch nicht sofort – wenn auch aufschiebend bedingt – preiszugeben. AGB des Unternehmers, die derlei vorsehen, würden gegen das Leitbild des heutigen Gesetzes verstoßen, dem Besteller die Option für die (Nach-)Erfüllung zu erhalten, § 307 Abs 2 Nr 1 BGB.

b) Zweifelhaft ist die Ankündigung der möglichen Geltendmachung von Sekundärrechten. **51**

aa) Der Besteller ist mit einer solchen Ankündigung jedenfalls dann gut beraten, wenn er auf die möglichen weiteren Schritte hinweist. Das unterstreicht die Ernsthaftigkeit seines Vorgehens, die der Unternehmer sonst vielleicht leugnen könnte, und wird diesen nachhaltiger zur korrekten Nacherfüllung anhalten können.

Der Besteller kann aber auch für den Fall des fruchtlosen Fristablaufs die weitere Nacherfüllung schon jetzt ablehnen. Des durch § 325 BGB gesicherten Wahlrechts zwischen Schadensersatz, Rücktritt und Minderung kann er sich noch nicht begeben.

bb) Zweifelhaft ist es, ob der Unternehmer dem Besteller eine Hinweispflicht in seinen AGB mit der Folge auferlegen kann, dass eine Fristsetzung ohne diese Ankündigung wirkungslos bliebe. Man wird dies aber für zulässig halten dürfen. Die §§ 281 Abs 3, 323 Abs 3 BGB sehen dort, wo eine Fristsetzung nach Art des Fehlverhaltens nicht in Betracht kommt, ersatzweise eine Abmahnung vor, der die Androhung von Rechtsfolgen für die Zukunft immanent ist (SCHAUB/LINCK, Arbeitsrecht-Handbuch [17. Aufl 2017] § 132 Rn 1). Es entfernt sich nicht zu weit vom Leitbild des Gesetzes, Fristsetzung und Abmahnung zu kombinieren, zumal es auch geeignet ist, Klarheit in die Beziehungen der Parteien zu bringen, und den Besteller vor der Selbstschädigung zu schützen: Setzt er nämlich eine Frist und fordert dann Schadensersatz, ist er nach § 281 Abs 4 BGB seines Erfüllungsanspruchs verlustig, obwohl ihm dies vielleicht nicht deutlich geworden ist und es jedenfalls nicht gewollt war. – Eine Verschärfung der Anforderungen an die Fristsetzung muss freilich vor dem Hintergrund des § 307 Abs 1 S 2 BGB transparent formuliert sein. Sie darf außerdem die Wahlfreiheit des Bestellers hinsichtlich seiner Befugnisse nicht beschneiden, wie sie zum Leitbild des Gesetzes gehört, § 307 Abs 2 Nr 1 BGB.

4. Einzelheiten zur Fristsetzung

a) Voraussetzungen

Das Vorgehen des Bestellers setzt voraus: **52**

aa) einen *Mangel des Werkes.* Insoweit knüpft § 634 BGB schon nach seinem Wortlaut und auch sonst ohne sachliche Besonderheiten an § 633 BGB an. Es kann auf die Erl dort (Rn 158 ff) Bezug genommen werden.

Auf *Erheblichkeit des Mangels kommt es nicht an.* Bei unerheblichen Mängeln ist der Besteller nur in der Wahl seiner Sekundärrechte beschränkt, wenn er denn wegen § 323 Abs 5 S 2 BGB nicht zurücktreten kann.

Bei mehreren Mängeln kann und muss der Besteller wegen jedes einzelnen Mangels die Frist setzen, wie er ihn durch die Beschreibung seiner Erscheinungsformen individualisiert zu bezeichnen hat.

Dabei genügt das objektive Vorliegen eines Mangels; er braucht insbesondere von dem Unternehmer *nicht verschuldet* zu sein, nur darf er nicht in den eigenen Verantwortungsbereich des Bestellers fallen. Tut er dies teilweise, so schließt das die Fristsetzung nicht aus. Nur muss der Besteller dann anbieten, den auf ihn entfallenden Teil der Kosten der Mängelbeseitigung Zug um Zug gegen deren Beseitigung zu übernehmen (vgl o Rn 20 f).

bb) einen einredefreien Anspruch des Bestellers auf Nacherfüllung.

53 cc) die *Setzung einer angemessenen Frist* zur Mängelbeseitigung. Wann dies geschieht, ist bedeutungslos. Der Besteller braucht nur für den Fristbeginn die Verjährungsfrist § 634a BGB zu wahren. Auch in der II. gerichtlichen Instanz kann die Frist gesetzt werden.

Es handelt sich um eine „Frist", anders als bei § 326 Abs 1 BGB aF *nicht* um *eine „Nachfrist",* da der Unternehmer ja bereits, wenn auch mangelhaft, geleistet hat. Praktisch bedeutet das vor allem, dass sich der Unternehmer bei Fristsetzung noch *nicht in Verzug* mit der Mängelbeseitigung zu befinden braucht (RGZ 52, 314).

dd) Die Frist muss *„zur Nacherfüllung",* § 637 Abs 1 BGB, gesetzt werden.

(1) Das setzt zunächst voraus, dass der Mangel als solcher gekennzeichnet wird, wobei freilich an den Besteller keine hohen Anforderungen zu stellen sind. Er muss *den Mangel so beschreiben, dass er individualisiert werden kann,* braucht aber weder das Ausmaß noch die Ursachen anzugeben, erst recht nicht die zur Beseitigung notwendigen Maßnahmen oder den mangelfreien Zustand. Nach Treu und Glauben unschädlich ist es, wenn das Verlangen des Bestellers überhöht ist, sofern der Unternehmer es als Anforderung der tatsächlich geschuldeten Leistung verstehen kann und der Besteller zur Entgegennahme der letzteren bereit ist (BGH NJW 2006, 769, 771 = NZBau 2006, 116, 117 f Rn 27 ff).

(2) Nach dem eindeutigen Wortlaut des Gesetzes muss *die Frist zur Nacherfüllung gesetzt* und entsprechend bemessen werden, nicht nur dazu, die Bereitschaft zu Mängelbeseitigung zu erklären (vgl BGH NJW 1999, 3710; OLG Düsseldorf NJW-RR 1999, 1396) bzw zur Arbeitsaufnahme (vgl zum Parallelproblem bei § 326 BGB aF STAUDINGER/ OTTO [2001] § 326 Rn 86). Das ist für den Besteller dann wenig praktisch und befriedigend, wenn die Mängelbeseitigung umfangreiche und vor allem zeitaufwendige Arbeiten erfordert.

Gleichwohl ist eine entsprechend eingeschränkte Aufforderung nicht wirkungslos. Nach Treu und Glauben ist der Unternehmer nämlich gehalten, auch auf sie zu reagieren. Dann aber kann *sein Verhalten nach den §§ 281 Abs 2, 323 Abs 2 Nrn 1, 3, 637 Abs 2 S 1 BGB relevant* werden: Es kann entweder als eine Verweigerung der Mängelbeseitigung zu verstehen sein oder ein besonderes Interesse des Bestellers an der sofortigen Geltendmachung seiner sekundären Rechte begründen (vgl BGH NJW 2006, 2254, 2256 = NZBau 2006, 371, 373 Rn 21; HARMS BauR 2004, 745).

54 ee) Die Frist muss *angemessen* sein.

(1) Sie muss objektiv *so bemessen* sein, dass es dem Unternehmer bei Anspannung aller Mittel und Kräfte – auch unter Einsatz von Überstunden und unter Vernachlässigung anderweitiger Aufgaben – noch möglich ist, *den Mangel zu beseitigen,* vgl RG Recht 1911, 301 (zu § 326 BGB aF). Sie darf also jedenfalls *knapp* bemessen werden. Demgegenüber stellt BGH NJW-RR 1993, 309, sicherlich zu milde, auf den normalen Geschäftsgang des Unternehmers ab. So ist es auch uU zu berücksichtigen, dass der Besteller – etwa im Baubereich – auf eine umgehende Beseitigung des Mangels angewiesen sein kann, wenn sonst weitere Arbeiten blockiert werden, ohne dass deshalb die Fristsetzung schon durch ein besonderes Interesse entbehrlich würde. Bestand allerdings zuvor Annahmeverzug des Bestellers, kann eine geräumige Frist geboten sein (BGH NJW 2007, 2761 Rn 9 = BauR 2007, 1410). Eine vom Unternehmer vorgeschlagene Frist ist immer als auskömmlich zu betrachten.

Bedenklich, dass sich der Unternehmer in seinen AGB eine Mindestfrist für die Beseitigung soll ausbedingen können (BGH WM 1992, 1984): Das kann nicht den Besonderheiten des Einzelfalls gerecht werden und benachteiligt jenen Besteller unangemessen, § 307 Abs 1 BGB, der bei einem geringfügigen Mangel umgehend auf dessen Beseitigung angewiesen ist, vgl auch den Gedanken des § 308 Nr 2 BGB, der hier auch im kaufmännischen Verkehr Berücksichtigung verdient. Umgekehrt darf aber auch der Besteller in seinen AGB die Nachbesserungsbefugnis des Unternehmers nicht unangemessen beschränken; seine Interessen werden hinreichend durch die §§ 281 Abs 2, 323 Abs 2, 637 Abs 2 S 1 BGB gewahrt: Ist ihm weiteres Zuwarten, bis der Mangel beseitigt werden kann, nicht zumutbar, entfällt das Fristsetzungserfordernis.

(2) Die Frist kann nach der Abnahme oder nach deren Verweigerung gesetzt **55** werden, um dem Besteller die Befugnisse des § 634 Nrn 2–4 BGB zu verschaffen. Eine vorher gesetzte Frist ist darum nicht wirkungslos; sie sanktioniert nur nicht den Anspruch des Bestellers auf Nacherfüllung, sondern immer noch seinen ursprünglichen Anspruch auf Erfüllung.

(3) Die *Frist muss nach* Tagen, Wochen, sonstigen *Zeitabschnitten* oder durch *Nennung eines Endtermins* bezeichnet werden. Eine Aufforderung, die Mängel „sofort", „unverzüglich" oder „innerhalb angemessener Zeit" zu beseitigen, reicht nicht aus (vgl auch [zu § 326 BGB aF] RGZ 75, 354; RG Recht 1920 Nr 1497).

Demgegenüber lässt die zum Kauf ergangene Entscheidung BGH NJW 2009, 3153 im Rahmen des § 281 BGB eine Aufforderung zur „sofortigen", „unverzüglichen" oder „umgehenden" Mängelbeseitigung genügen. Das ist aber jedenfalls für den Bereich des Werkvertrages abzulehnen, mag es auch gerade dort für den Besteller schwierig sein, den angemessenen Zeitraum richtig zu taxieren. Aber einerseits ist seine zu knappe Fristsetzung darum nicht wirkungslos, sondern setzt eine angemessene Frist in Lauf, andererseits versteht man eben gemeinhin unter einer Frist einen nach angegebenen Zeitabschnitten bemessenen Zeitraum, vgl allerdings die amtliche Überschrift des § 121 BGB. In der Sache ist der Unterschied zu dem hier in Rn 53 Ausgeführten nicht groß, doch ist eben bei jenem Unternehmer, der nicht unverzüglich zur Nacherfüllung ansetzt, zusätzlich darauf abzustellen, ob in diesem seinen Verhalten nicht die eine Fristsetzung überhaupt entbehrlich machende ernsthafte und endgültige Erfüllungsverweigerung der §§ 281 Abs 2, 323 Abs 2 Nr 1 BGB liegt.

(4) Die Setzung einer *unangemessen knappen Frist* ist nicht wirkungslos; ähnlich wie im Falle des § 326 BGB aF (vgl dazu RGZ 56, 231, 234; 62, 66, 68; 106, 98) ist vielmehr anzunehmen, dass dadurch eine angemessene Frist in Lauf gesetzt wird.

(5) Die Fristsetzung wirkt sich in der Weise *gegen den Besteller* aus, dass er während ihres Laufs keine Sekundärrechte gegen den Unternehmer geltend machen kann und auch nicht den Mangel selbst beseitigen darf. Das gilt auch dann, wenn die Frist zu lang bemessen oder gar entbehrlich war (vgl auch BGH NJW-RR 1993, 178). Freilich können sich während der laufenden Frist neue Umstände ergeben, die es nach den §§ 281 Abs 2, 323 Abs 2 BGB entbehrlich machen, ihren Ablauf abzuwarten (BGH NZBau 2002, 668).

Über das beabsichtigte weitere Vorgehen braucht sich der Besteller nicht zu erklären. Tut er es, so bindet ihn das nicht, vgl § 325 BGB.

56 ff) Die Fristsetzung muss *von dem Besteller oder einem von ihm Bevollmächtigten* ausgehen, wobei der Architekt nicht ohne Weiteres als bevollmächtigt gelten kann. Im Falle der Zession der Gewährleistungsansprüche ist der *Zessionar* zuständig. *Adressat* ist der Unternehmer oder ein von ihm Bevollmächtigter, dagegen grundsätzlich nicht der örtliche Bauleiter. Eine besondere Form ist nicht vorgeschrieben; aus Gründen der Beweisbarkeit empfiehlt sich Schriftform. Ihrer Rechtsnatur nach dürfte es sich um *eine rechtsgeschäftsähnliche* Handlung handeln. Da sie nur Vorteile bringt, gilt § 107 BGB. Anwendbar sind die §§ 111, 180 BGB.

Wenn zur Nacherfüllung eine Mitwirkung des Bestellers notwendig ist, § 642 BGB, muss er diese anbieten (Palandt/Grüneberg § 281 Rn 11), zB Zeiten, in denen der Unternehmer arbeiten kann, wenn der Betrieb des Bestellers betroffen ist. Bei Zahlungsrückständen des Bestellers – etwa in Bezug auf Abschlagszahlungen – hat das Angebot dabei § 298 BGB zu genügen. Das gilt auch, wenn er sich an den Kosten zu beteiligen hat.

57 gg) Die gesetzte Frist muss schließlich *fruchtlos abgelaufen* sein. Annahmeverzug des Bestellers, der vielleicht mit dieser an sich korrekten Art der Nacherfüllung nicht einverstanden ist, schließt das aus. Freilich gehört es zu dem für Annahmeverzug erforderlichen Angebot des Unternehmers, dass er das Konzept der Nachbesserung auf Wunsch erläutert. Bei begründetem Widerspruch des Bestellers kommt es zum fruchtlosen Ablauf der Frist. Der Unternehmer hat den Mangel während ihres Laufes zu beseitigen, und zwar *vollständig und mangelfrei*. Die Beweislast für die rechtzeitige Mängelbeseitigung trägt der Unternehmer (BGH NJW-RR 1998, 1268). Was er insoweit schuldet, ergibt sich aus den Erl zu § 633 BGB (vgl § 633 Rn 158 ff). Allerdings braucht der Unternehmer noch nicht solche Schäden bei dem Besteller ausgeglichen zu haben, die infolge des Mangels irreparabel eingetreten sind; er muss eben einstweilen nur die Mängelbeseitigung durchführen. Dem Besteller kann es *nach Treu und Glauben* verwehrt sein, sich auf den fruchtlosen Fristablauf zu berufen, wenn das noch Fehlende geringfügig ist (vgl auch § 320 Abs 2 BGB und, soweit es um Rücktritt oder Schadensersatz statt der ganzen Leistung geht, die §§ 323 Abs 5 S 2, 281 Abs 1 S 3 BGB).

Es ist *nicht* erforderlich, dass der Unternehmer die ihm gesetzte Frist *in schuldhafter Weise* versäumt hat. Allerdings werden objektive Hindernisse oder Erschwernisse bei der Mängelbeseitigung bei der Prüfung der Angemessenheit der Fristsetzung zu berücksichtigen sein.

hh) Gegebenenfalls ist eine erneute Fristsetzung notwendig, so wenn die Parteien eine Vereinbarung über die Nachbesserung treffen (OLG Köln BauR 2005, 439), vor allem aber dann, wenn der Besteller den Unternehmer trotz abgelaufener Frist weiterarbeiten lässt (OLG Saarbrücken NJW-RR 2003, 1023 = BauR 2005, 154). Die bloße Klage auf Nachbesserung schließt es indessen regelmäßig nicht aus, ohne erneute Fristsetzung zu einem sekundären Rechtsbehelf überzugehen (BGH NJW 2006, 1198 = BauR 2006, 1134 zum Kauf).

ii) Der Besteller kann und wird regelmäßig außerprozessual vorgehen. Er ist aber nicht daran gehindert, den sekundären Rechtsbehelf seiner Wahl mit der Fristsetzung in einer *Klage nach den §§ 255, 260 ZPO* zu verbinden.

Der fruchtlose Fristablauf *nimmt dem Besteller nicht den Anspruch auf Nacherfüllung, eröffnet* ihm aber *den Weg zu den sekundären Rechten* (u Rn 72 ff).

5. Entbehrlichkeit der Fristsetzung

Die Fristsetzung zur Nacherfüllung ist in einer Reihe von Fällen „entbehrlich", wie **58** dies die §§ 281 Abs 2, 323 Abs 2 BGB ausdrücken, dh der Besteller kann sofort das sekundäre Recht seiner Wahl ausüben. Aus Gründen der Vorsicht kann er aber gleichwohl die Frist setzen, weil die Voraussetzungen der Entbehrlichkeit nicht immer sicher zu beurteilen sind und ihn insoweit die Beweislast trifft (vgl BGH NJW 2009, 1341; zum Fehlschlagen der Nachbesserung beim Kauf). Setzt er die (entbehrliche) Frist, ist er an sie gebunden, muss den Unternehmer einstweilen gewähren lassen, sofern nicht während ihres Laufes die Voraussetzungen der Entbehrlichkeit erneut eintreten. Die Mängelbeseitigung innerhalb entbehrlicher Frist schließt namentlich einen Rücktritt des Bestellers aus (BGH BauR 2010, 1074).

Sie wird nicht dadurch entbehrlich, dass der Besteller nach § 640 Abs 3 BGB seinen Anspruch auf Nacherfüllung verloren hat: Die Chance zu ihr muss er dem Unternehmer belassen.

a) Einigung der Parteien
Die Parteien können dem Besteller einverständlich die Fristsetzung erlassen. Das **59** kommt namentlich dann in Betracht, wenn der Mangel bestehen bleiben und nur der Werklohn gemindert werden soll.

b) Unmöglichkeit der Nacherfüllung
Wo die Nacherfüllung unmöglich ist, ergibt § 275 Abs 1 BGB (nicht auch die Abs 2, **60** 3), dass dem Unternehmer dann auch nicht die Gelegenheit zu ihr gewährt zu werden braucht.

aa) Die Nacherfüllung kann insgesamt unmöglich sein, wenn die Leistung zB später nicht mehr sinnvoll erbracht werden kann oder wenn Dritte mitwirken müssten, die dazu nicht bereit sind (Erwerber des bebauten Grundstücks).

Nicht hierher gehört der Fall, dass der Mangel nicht vollständig beseitigt werden kann oder jedenfalls ein merkantiler Minderwert verbleiben wird. Das wird zwar mit (teilweisem) Schadensersatz statt der Leistung oder einer Minderung zu erfassen sein, die entsprechenden Beträge können aber vorläufig noch nicht hinreichend sicher ermittelt werden.

bb) Da § 634 Nr 4 BGB alle Schäden erfasst, die der Besteller auf Grund des Mangels erleidet (u Rn 119 f), wird die Nacherfüllung sie weithin nicht mehr abwenden können; insoweit kann der *Schadensersatzanspruch sofort geltend gemacht werden* (BGH NZBau 2004, 104).

Unabwendbarkeit (durch Nacherfüllung) ergibt sich zunächst bei jenen Schäden, die der Besteller durch den Mangel an anderen Rechtsgütern erleidet, den bisher sog Mangelfolgeschäden, zB an Gesundheit und Eigentum. Unabwendbarkeit kann aber auch bei reinen Vermögensschäden eintreten, insbesondere solchen, die mit dem Mangel eng und unmittelbar zusammenhängen, den sog Mangelschäden. Wenn das Werk nur eingeschränkt nutzbar ist, entsteht Nutzungsausfall. Seine mangelnde Tauglichkeit kann zu Mehraufwendungen führen (erhöhte Heizkosten), eine Veräußerungsmöglichkeit kann sich zerschlagen. All dies kann durch eine Nacherfüllung rückwirkend nicht vermieden werden.

61 cc) Wenn sich ein Mangel zeigt, kann es sinnvoll und geboten sein, Ursachen und Ausmaß des Mangels, seine denkbaren gefährlichen Folgen, Möglichkeiten und Kosten seiner Beseitigung *vorab* durch ein *Gutachten* abzuklären. Dieses Gutachten darf sich der Besteller durch einen neutralen Dritten erstellen lassen, wenn der Unternehmer insoweit nicht gut die Person seines Vertrauens sein kann, also ohne Fristsetzung für den Unternehmer (BGH NZBau 2002, 32). Damit liegt in dessen Person Unvermögen iSd § 275 Abs 1 BGB vor, alternativ könnte man freilich auch § 281 Abs 2, 2. Alt BGB, oder § 323 Abs 2 Nr 3 BGB heranziehen, was belegt, dass die Anlässe für eine Entbehrlichkeit der Fristsetzung sich überschneiden können.

Bestätigt der Gutachter nicht alle vom Besteller vermuteten Mängel, sind seine *Kosten* danach aufzuteilen, wie viel seines Aufwandes zu Gunsten und zu Lasten des Bestellers aufgewendet worden ist. Die Erstattungspflicht des Unternehmers muss den Anforderungen des § 280 Abs 1 S 2 BGB genügen, sofern nicht ausnahmsweise die Abklärung notwendiger Bestandteil der Nachbesserung ist (dann verschuldensunabhängige Erstattung nach den §§ 634 Nr 2, 637 BGB).

c) Erfüllungsverweigerung

62 Nach den §§ 281 Abs 2, 1. Alt, 323 Abs 2 Nr 1 BGB braucht dem Unternehmer eine Frist zur Nacherfüllung nicht gesetzt zu werden, der diese ernsthaft und endgültig verweigert.

aa) Die Verweigerung der Nacherfüllung muss grundlos sein; daran fehlt es, wenn der Unternehmer sich darauf beruft, dass sich der Besteller an ihren Kosten zu beteiligen habe, oder dass eine Mängelbeseitigung zurzeit – zB aus Witterungsgründen – nicht möglich sei. In den Fällen der §§ 275 Abs 2, 3, 635 Abs 3 BGB wird die Fristsetzung erst dann entbehrlich, wenn sich der Unternehmer auf diese

Bestimmungen berufen hat; vgl § 636 BGB für die Fälle von Rücktritt und Schadensersatz. Für die Minderung kann nichts anderes gelten.

bb) Sie muss endgültig sein, kann also so lange widerrufen werden, wie der Besteller noch nicht seine Konsequenzen (nach § 634 Nrn 2–4 BGB) gezogen hat. Dabei genügt eben der bloße Widerruf.

cc) Sie muss ernsthaft sein. Wenn sie selten ausdrücklich erklärt wird, kann sie sich auch aus dem gesamten Verhalten des Unternehmers ergeben. Dieses muss aber nach einem strengen Maßstab eindeutig sein. Dazu genügt nicht der Wunsch nach Verhandlungen (BGH NJW-RR 1999, 560), die Äußerung eines nicht evident unrichtigen rechtlichen Standpunkts, idR wird aber der *Klageabweisungsantrag* gegenüber der Leistungsklage des Bestellers genügen (BGH NJW 1996, 1814; NJW 2002, 3019, 3020), Inanspruchnahme eines nicht bestehenden Leistungsverweigerungsrechts, Rücktritt des Unternehmers vom Vertrag oder seine Kündigung, die fehlende Erklärung auf die Aufforderung zur Erklärung der Leistungsbereitschaft, die fehlende Arbeitsaufnahme trotz Fristsetzung dazu. In den beiden letzteren Fällen müssen freilich die Voraussetzungen des § 323 Abs 4 BGB gegeben sein.

dd) Nicht notwendig ist es, dass der Unternehmer die Nacherfüllung vollständig verweigert.

d) Relatives Fixgeschäft

Bei einem sog relativen Fixgeschäft iSd § 361 BGB aF lassen die §§ 634 Nr 3, 323 Abs 2 Nr 2 BGB die Fristsetzung als Voraussetzung für Rücktritt oder Minderung entbehrlich sein. Dann muss der Besteller aber auch ohne Fristsetzung – zusätzliches Verschulden des Unternehmers vorausgesetzt – sogleich Schadensersatz verlangen können, obwohl die Parallelbestimmung des § 281 Abs 2 BGB das Fixgeschäft nicht eigens aufführt. **63**

Bei der eigenen Mängelbeseitigung des Bestellers soll § 323 Abs 2 BGB – und damit auch dessen Nr 2 – nach § 637 Abs 2 S 1 BGB entsprechend anwendbar sein. Das ergibt indessen wenig Sinn. Denn mit dem Vorgehen nach den §§ 634 Nr 2, 637 BGB belegt der Besteller gerade, dass er trotz der strikten terminlichen Bindung des Vertrages an seiner korrekten Durchführung interessiert ist. Dann müsste er dem Unternehmer auch die Gelegenheit dazu geben. Indessen lässt sich der klare Wortlaut des Gesetzes nicht überwinden.

e) Besonderes Interesse des Bestellers

Die §§ 281 Abs 2, 2. Alt, 323 Abs 2 Nr 3, 637 Abs 2 S 1 BGB lassen die Fristsetzung entbehrlich sein, wenn besondere Umstände die sofortige Geltendmachung der Sekundärrechte aus § 634 Nrn 2–4 BGB rechtfertigen. Dabei sind die beiderseitigen Interessen abzuwägen. Dass diese Alternative jeweils neben der ernsthaften und endgültigen Verweigerung der Nacherfüllung durch den Unternehmer steht, macht deutlich, dass auch hier ein strenger Maßstab anzulegen ist. Wenn die Vorgängerbestimmung des § 634 Abs 2, 2. Alt BGB aF zuweilen – fehlsam – dazu benutzt worden zu sein scheint, dem Besteller über die Folgen einer unterlassenen Fristsetzung hinwegzuhelfen, verbietet derlei die klare Formulierung des jetzigen Gesetzes. **64**

65 aa) Die *Art des Interesses* des Bestellers wird nicht näher beschrieben. Grundsätzlich reicht *jedes schutzwürdige Interesse* aus, sofern es nur die erforderliche *Intensität* hat. Es kann sich ergeben

(1) daraus, *dass der Besteller das Werk nicht mehr zur Nachbesserung zur Verfügung stellen kann,* weil er es zB bereits weiterveräußert hat und der Erwerber nicht bereit ist, Nachbesserungsarbeiten hinzunehmen,

(2) daraus, dass der Besteller das Werk *sofort benötigt* (BGH NJW-RR 1993, 560; OLG Düsseldorf NJW-RR 1993, 477; OLG Köln NJW-RR 1995, 818), um es selbst zu verwenden oder an eigene Abnehmer weiterzuliefern, ohne es noch weiter für Nachbesserungen zur Verfügung stellen zu müssen. Daraus folgt, dass die Bestimmungen dann *nicht* angewendet werden können, *wenn die Nachbesserung die Benutzung des Werkes nicht oder nur unerheblich stört,*

(3) wenn der Besteller bereit ist, *den Mangel des Werkes hinzunehmen,* weil ihn dieser nicht nachhaltig genug stört. In Fällen dieser Art wird man den Besteller bei Nachbesserungsbereitschaft des Unternehmers allerdings auf die Möglichkeit der Minderung beschränken müssen und ihm insbesondere den Anspruch auf Schadensersatz statt der Leistung zu versagen haben, weil der Unternehmer den Mangel dann nicht mehr zu vertreten hat,

(4) wenn der Besteller *berechtigte Zweifel am Erfolg der Nachbesserung* haben muss. Diese sind dann begründet, wenn die denkbaren Nachbesserungsmaßnahmen riskant sind oder wenn der Unternehmer nur solche anbietet, die unzulänglich sind. Sie können sich aber auch *aus dem bisherigen Verhalten* des Unternehmers ergeben. Zwar reicht es nicht aus, dass der Unternehmer mangelhaft gearbeitet hat, weil das gerade die generelle Voraussetzung für sein eigenes Recht zur Mängelbeseitigung ist (vgl OLG Stuttgart NJW-RR 1997, 149), wohl aber, dass der Unternehmer *„Pfusch"* geliefert hat oder mit eindeutig nicht qualifizierten Mitarbeitern arbeitet (vgl auch zum wertlosen Werk OLG Koblenz NJW-RR 1992, 114) oder schon mehrfach erfolglos nachgebessert hat (vgl BGH NJW-RR 1998, 1268). Belassen werden muss dem Unternehmer aber die Nachbesserungschance, wenn er selbst das Opfer ungetreuer Bediensteter geworden ist (vgl BGHZ 46, 242).

Das *Scheitern eines ersten Nachbesserungsversuchs* begründet nicht ohne Weiteres ein besonderes Interesse des Bestellers, insbesondere dann nicht, wenn der Mangel und seine Ursachen unklar sind oder wenn es doch schon Fortschritte gegeben hat. Das Scheitern kann aber uU die Untüchtigkeit des Unternehmers nachdrücklich belegen. Mehrfache Nachbesserungsversuche können unzumutbar werden (vgl auch LG Karlsruhe CR 1991, 544 m Anm HERR CR 1992, 342: nach 18 Monaten noch nicht funktionierende Software),

(5) wenn der Aufschub der Nachbesserung durch die Fristsetzung die Interessen des Bestellers ernsthaft gefährdet (BGH NJW 2002, 3019, 3020),

(6) wenn dem Besteller *das weitere Zusammenarbeiten* mit diesem Unternehmer aus sonstigen Gründen *nicht mehr zumutbar* ist (PALANDT/SPRAU § 636 Rn 16), weil dieser – nicht der Besteller selbst – das notwendige Vertrauensverhältnis nachhaltig erschüttert hat (vgl OLG Koblenz NJW-RR 1995, 655; 1997, 845). Das wird insbesondere bei Arglist des Unternehmers der Fall sein (BGH BauR 2010, 1074). Der Vertrauensverlust muss aber *objektiv begründet* sein; schlichte Launen des Bestellers reichen nicht aus.

Tatbestände, die einen *Anlass zur Kündigung aus wichtigem Grund* geben, genügen immer.

bb) Abwägend entgegenzusetzen sind die Interessen des Unternehmers an der Nacherfüllung. Insoweit ist es vor allem von Belang, dass er sie vielleicht deutlich kostengünstiger vornehmen kann als der Besteller, dem er sie finanzieren müsste. Es ist aber auch denkbar, dass Anlass zu Zweifeln an der Befähigung und der Zuverlässigkeit jener Drittunternehmer besteht, die der Besteller einzusetzen gedenkt. Schließlich mögen Rücktritt oder Schadensersatz statt der ganzen Leistung mit ihren schlimmen Folgen ohne die Nacherfüllung denkbar sein, aber mit ihr abgewendet werden können. **66**

f) Verweigerung der Nachbesserung aus Kostengründen

Nach § 636 1. Alt BGB ist eine Fristsetzung entbehrlich, wenn der Unternehmer die Nacherfüllung aus Kostengründen verweigert, § 635 Abs 3 BGB (s § 635 Rn 10 ff). Gemeint ist die berechtigte Verweigerung; die unberechtigte kann unter die §§ 281 Abs 2, 323 Abs 2 BGB fallen. Auch entfällt das Erfordernis nicht, wenn der Unternehmer die Nacherfüllung zwar verweigern darf, dieses aber – noch – nicht getan hat (vgl BGH NJW 2013, 1074 Rn 28). **67**

g) Fehlschlagen der Nachbesserung

aa) Die §§ 636, 637 Abs 2 S 2 BGB greifen einen Terminus auf, der aus den §§ 11 Nr 10b AGBG, 309 Nr 8 lit b bb BGB bekannt ist, den des Fehlschlagens der Nacherfüllung; in das Kaufrecht hat er in § 440 BGB Aufnahme gefunden, vgl dessen S 1. § 440 S 2 BGB erläutert das Fehlschlagen näher. Die werkvertragliche Regelung bezieht sich nach ihrem Standort nur auf Rücktritt, Schadensersatz und Selbstvornahme, es kann aber keinen Zweifeln unterliegen, dass der Besteller von der Obliegenheit zur Fristsetzung auch dann entbunden ist, wenn er mindern will. **68**

bb) Gerade hier ist die *Abgrenzung gegenüber anderen Tatbeständen nicht möglich*, die ebenfalls von der Fristsetzung entbinden. Wenn sie fehlschlägt, ist in aller Regel ein besonderes Interesse des Bestellers an sofortigen Sekundärrechten iSd §§ 281 Abs 2, 323 Abs 2 Nr 3 BGB begründet und ist die weitere Nacherfüllung durch diesen Unternehmer dem Besteller auch unzumutbar iSd zweiten Alternative der §§ 636, 637 Abs 2 S 2 BGB.

cc) Die Formulierung des Gesetzes („fehlgeschlagen ... ist") betrifft unmittelbar nur die Situation, dass der Unternehmer die Nacherfüllung – wenn auch erfolglos – schon in Angriff genommen hat. Es kann der Besteller zur Fristsetzung zur Nacherfüllung aber auch dann nicht angehalten werden, wenn die vom Unternehmer *angekündigte Nacherfüllung – künftig – fehlzuschlagen* droht. Das ist dem Gedanken des § 323 Abs 4 BGB zu entnehmen, der insoweit allgemeine Geltung beanspruchen kann. Dabei ist dessen „offensichtlich" dahin zu verstehen, dass es nicht auf die **69**

subjektiven Befürchtungen des Bestellers ankommen kann, sondern ein objektiver Maßstab zu gelten hat.

70 dd) Der Begriff des Fehlschlagens ist auf die *Nacherfüllung insgesamt* zu beziehen. Unberührt bleibt das Recht des Bestellers, einzelne untaugliche Maßnahmen zurückzuweisen. Sie können freilich ein Indiz dafür sein, dass die Nacherfüllung insgesamt misslingt.

Nicht hierher gehört die Unmöglichkeit der Nachbesserung (dann § 275 Abs 1 BGB), ihre Verweigerung durch den Unternehmer (dann §§ 281 Abs 2, 1. Alt, 323 Abs 2 Nr 1 BGB). Es verbleiben die lange Dauer der Nachbesserung, vergebliche Anläufe, die nichts fruchten oder Zweifel an der Kompetenz des Unternehmers wecken, seine offenbare Unfähigkeit, die Ursache des Mangels zu klären, um ihn dann nachhaltig abstellen zu können.

Für den Bereich des Kaufrechts stellt § 440 S 2 BGB klar, *wie viele Versuche* des Verkäufers sich der Käufer gefallen lassen muss: in der Regel zwei. Das ist auf den Werkvertrag nur mit Vorsicht zu übertragen, wenn § 440 S 2 BGB dies schon für den Bereich des Kaufes durch die Bezugnahme auf die Art der Sache, des Mangels und die sonstigen Umstände stark relativiert. Gerade Werkleistungen sind oft besonders komplex, mit mehreren kaum zu vermeidenden Mängeln behaftet, die sich auch überschneiden können. Der Besteller muss sich also uU mehrere Anläufe des Unternehmers gefallen lassen, sofern sie nicht insgesamt das Bild der Hoffnungslosigkeit vermitteln. Dieses Bild kann freilich uU schon ein einziger Nacherfüllungsversuch ergeben.

h) Unzumutbarkeit der Nacherfüllung

71 Die in den §§ 636, 637 Abs 2 S 2 BGB ebenfalls erwähnte Unzumutbarkeit der Nacherfüllung gilt gleichfalls auch im Vorfeld der Minderung. Sie überschneidet sich wieder namentlich mit den §§ 281 Abs 2, 2. Alt, 323 Abs 2 Nr 3 BGB, ferner mit den ersten Alternativen der §§ 636, 637 Abs 2 S 2 BGB: Wenn die Nacherfüllung durch diesen Unternehmer fehlgeschlagen ist, ist die weitere Nacherfüllung durch ihn in aller Regel auch unzumutbar; läge es anders, wäre die Nacherfüllung durch ihn nicht fehlgeschlagen.

Ein gewisser eigenständiger Regelungsbereich kommt den Bestimmungen in den Fällen zu, in denen die Nacherfüllung im Betrieb des Bestellers vorzunehmen wäre und dort zu *nicht hinnehmbaren Störungen* führen würde (auch das könnte freilich schon mit den §§ 281 Abs 2, 323 Abs 2 Nr 3 BGB erfasst werden). Zu denken ist außerdem an *besondere Eilfälle,* auf die der Unternehmer voraussichtlich nicht schnell genug reagieren kann.

i) Die *Darlegungs- und Beweislast* für die Entbehrlichkeit der Fristsetzung trifft den Besteller, woraus immer sie herzuleiten sein wird (vgl BGH NJW 2009, 1341 zum Kauf). Setzt er sie gleichwohl, ist er auf der sicheren Seite und bindet sich nur einstweilen die Hände.

Dezember 2019

IX. Wahlrecht des Bestellers

1. Fristablauf

Ist die zur Nacherfüllung gesetzte Frist abgelaufen oder war sie entbehrlich, entstehen die sekundären Mängelrechte aus § 634 Nr 2–4 BGB, soweit ihre sonstigen Voraussetzungen gegeben sind, und sind die daraus folgenden Ansprüche ggf fällig (BGH NJW 2013, 1228 = NZBau 2013, 30 Rn 18 ff zum Anspruch auf Kostenvorschuss). Das berührt die Primäransprüche aus dem Werkvertrag zunächst aber nicht. Insbesondere *kann der Besteller weiterhin Nacherfüllung verlangen.* Ist eine Frist nicht gesetzt worden, kann der Unternehmer die Nacherfüllung auch dann in Annahmeverzug begründender Weise anbieten, wenn die Fristsetzung entbehrlich war.

2. Die Erklärung des Bestellers

a) Eine **Umgestaltung des Werkvertrages** erfolgt vielmehr erst dann, wenn sich der Besteller für einen der sekundären Rechtsbehelfe Selbstvornahme, Schadensersatz, Rücktritt oder Minderung entscheidet (vgl zum Schadensersatz freilich noch u Rn 121 f).

aa) Das Verlangen von Schadensersatz statt der Leistung nimmt dem Besteller den Nacherfüllungsanspruch, sofern es berechtigt ist, § 281 Abs 4 BGB, sodass auch das Nacherfüllungsrecht des Unternehmers erlischt (zu seinem Werklohnanspruch u Rn 142 ff). Die gleiche gestaltende Wirkung hat die Erklärung des Rücktritts oder der Minderung.

bb) Eine Sonderstellung nimmt die Entscheidung des Bestellers für die *Selbstvornahme* ein. Da eine Parallelbestimmung zu § 281 Abs 4 BGB fehlt, kann der Besteller zu seinem Nacherfüllungsanspruch zurückkehren. Das ist auch sachgerecht, weil der Vertrag noch im Stadium der Nacherfüllung verblieben ist, letztlich erfüllt der Besteller stellvertretend für den Unternehmer. Das wird besonders deutlich, wenn er dies auf der Basis eines Kostenvorschusses tut, über den später abzurechnen sein wird.

Freilich *verliert* auch hier *der Unternehmer* mit dem fruchtlosen Fristablauf *seine Befugnis zur Nacherfüllung* (BGHZ 154, 119 = BGH NJW 2003, 1526; OLG Nürnberg NJW-RR 2006, 165 = NZBau 2006, 514; Weyer BauR 2006, 1665). Das ist anders als nach dem bisherigen Recht, § 633 Abs 3 BGB aF, wo der Besteller schon bei bloßem Verzug des Unternehmers selbst nachbessern durfte (vgl dazu OLG Hamm BauR 2005, 1190). Seinen Verzug konnte der Unternehmer durch das ordnungsgemäße Angebot seiner Leistung bereinigen.

Wenn der Besteller die Mängelbeseitigung schon seinerseits in Angriff genommen hat, bevor er auf seinen Anspruch auf Nacherfüllung gegen den Unternehmer zurückkommt, kann diese freilich unzumutbar für den Unternehmer geworden sein. Nach den Maßstäben des § 275 BGB wird er frei und hat es dann auch nicht zu vertreten.

b) Rücktritt und Minderung sind gestaltende Willenserklärungen, die zugangsbedürftig sind und ggf nach den §§ 119 ff BGB anfechtbar sind. Ein Vertreter des Bestellers benötigt Vertretungsmacht, es gelten die §§ 174, 180 BGB.

Die Minderung ist nur dem Grunde nach zu erklären. Dass sie nach früherem Recht nur vollzogen war, wenn man sich auch betraglich geeinigt hatte, ist auf das jetzige Recht nicht zu übertragen.

Soll doch noch erfüllt werden, ist der Vertrag neu zu begründen. Das kann konkludent geschehen, muss aber uU auf Formvorschriften (§ 311b Abs 1 BGB) Rücksicht nehmen.

Das Schadensersatzverlangen wird wegen § 281 Abs 4 BGB als geschäftsähnliche Handlung anzusehen sein, folgt als solche aber denselben Grundsätzen (vgl PALANDT/ GRÜNEBERG § 281 Rn 50).

3. Änderung der Entscheidung des Bestellers

75 a) Vom Verlangen nach Schadensersatz statt der Leistung kann der Besteller nach allgemeinen Voraussetzungen zum Rücktritt übergehen, sofern nur dessen Voraussetzungen gegeben sind. Den Übergang in der entgegengesetzten Richtung gestattet § 325 BGB. Die Möglichkeit des Übergangs von der Minderung zum Schadensersatz statt der Leistung ist in entsprechender Anwendung dieser Bestimmung anzunehmen.

b) Der Besteller kann auch von der Selbstvornahme zu Schadensersatz statt der Leistung, Rücktritt oder Minderung übergehen.

Der Sinneswandel in umgekehrter Richtung (von Schadensersatz, Rücktritt oder Minderung zur Selbstvornahme) ist nicht möglich, weil dies den Vertrag in das Erfüllungsstadium zurückversetzen würde (o Rn 72 ff), was die §§ 634 Nr 4, 281 Abs 4 BGB ausschließen.

c) Im laufenden Prozess liegt wegen der unterschiedlichen Streitgegenstände eine Klageänderung vor, die aber jedenfalls in aller Regel sachdienlich ist. Drohender Verjährung beugt § 213 BGB umfassend vor.

4. Konkurrenzverhältnis der Rechte des Bestellers

76 Schadensersatz, Rücktritt und Minderung *schließen sich insoweit wechselseitig aus, wie es um den Minderwert des Werkes geht,* der aus dem Mangel resultiert. Der Besteller muss sich entscheiden, welcher dieser Behelfe seine Interessen am günstigsten wahrt; meist wird dies der Schadensersatz sein.

a) Dagegen ist der auf das Nacherfüllungsinteresse gerichtete, am Minderwert des Werkes orientierte Schadensersatzanspruch mit Nacherfüllung durch den Unternehmer oder Selbstvornahme kombinierbar. Er erfasst jenen *verbleibenden Minderwert,* der so nicht hat beseitigt werden können, zB den merkantilen.

b) Mit allen anderen Rechtsbehelfen *zusammentreffen* kann der Schadensersatzanspruch, soweit es um *Mangelfolgeschäden* geht, dh um Schäden, die infolge des Mangels endgültig an anderen Rechtsgütern des Bestellers eingetreten sind, zB eine

Körperverletzung durch das Werk, ein Einbruchsdiebstahl, den ein minderwertiges Türschloss ermöglicht hat.

Zu den Mangelschäden im Falle von Rücktritt oder Minderung u Rn 122.

X. Nacherfüllung durch den Unternehmer

Zu dem Nacherfüllungsanspruch des Bestellers, § 634 Nr 1 BGB, o Rn 27 ff sowie die Erl zu § 635 BGB (s § 635 Rn 1 ff), wo er näher ausgestaltet ist. **76a**

XI. Selbstvornahme des Bestellers

1. Allgemeines

Die §§ 634 Nr 2, 637 BGB erlauben es dem Besteller unter bestimmten Voraussetzungen, den Mangel selbst auf Kosten des Unternehmers zu beseitigen. Diese Befugnis gehört systematisch noch in das Stadium der Nacherfüllung des Vertrages (o Rn 72 f). Von praktischer Bedeutung ist dabei weniger der in § 634 Nr 2 BGB normierte Anspruch auf (nachträgliche) Erstattung der eigenen Aufwendungen als vielmehr der Vorschussanspruch nach § 637 Abs 3 BGB. **77**

Die Bestimmungen der §§ 634 Nr 2, 637 BGB sind beim Kauf entsprechend anzuwenden. Entsprechend angewendet wurde dort die Vorgängerbestimmung des § 633 Abs 3 BGB aF (BGH NJW 1991, 1882), und es ist nicht anzunehmen, dass das modernisierte Schuldrecht die Rechtsstellung des Käufers (teilweise) schmälern will.

2. Voraussetzungen der eigenen Mängelbeseitigung des Bestellers

Die Rechte des Bestellers aus den §§ 634 Nr 2, 637 BGB setzen voraus: **78**

a) Anspruch auf Mängelbeseitigung
Das Bestehen eines durchsetzbaren Anspruchs des Bestellers auf Mängelbeseitigung gemäß §§ 634 Nr 1, 635 BGB. *Nicht* notwendig ist also insbesondere, dass der Unternehmer den Mangel *verschuldet* hat; der Mangel muss nur – wenigstens teilweise – *in seinen Verantwortungsbereich* und nicht den des Bestellers fallen.

Die *Maßnahmen,* die zur Beseitigung des Mangels notwendig sind, dürfen *nicht unverhältnismäßig* iSd § 635 Abs 3 BGB sein, vgl § 637 Abs 1 aE BGB. Es schließt die Befugnis des Bestellers zur eigenen Mängelbeseitigung aber nicht aus, wenn der Unternehmer diese nach § 275 Abs 2, 3 BGB verweigert hat, weil der Aufwand speziell für ihn unverhältnismäßig wäre, vgl o Rn 62. Zu § 635 Abs 3 BGB kommt es nur darauf an, ob Unverhältnismäßigkeit nach objektiven Maßstäben gegeben ist; der Unternehmer braucht sich auf die diesbezügliche Einrede nicht berufen zu haben; dem Besteller ist es nicht gestattet, auf Kosten des Unternehmers unverhältnismäßigen Aufwand zu treiben.

b) Durchsetzbarkeit des Anspruchs
Der Anspruch des Bestellers auf Nacherfüllung muss durchsetzbar sein: **79**

aa) Es geht nur um die Nacherfüllung, nicht um die Erfüllung. Damit ist die Abnahme der Werkleistung erforderlich, wie sie sein Erfüllungsstadium beendet. Freilich kann der Besteller auch im Erfüllungsstadium die Beseitigung bereits erkannter Mängel verlangen und dann die Befugnis zur Mängelbeseitigung auf sich selbst überleiten (vgl § 633 Rn 95). Bei Vereinbarung der VOB/B setzt das nach den §§ 4 Abs 7, 8 Abs 3 VOB/B die vorherige Kündigung des Vertrages voraus (vgl zuletzt BGH NJW 2012, 1137 = NZBau 2012, 157 Rn 9).

bb) Der Anspruch des Bestellers darf *nicht einredebehaftet* sein. Insbesondere schließt es die Verjährung des Anspruchs auf Mängelbeseitigung aus, dass der Besteller die Mängel selbst auf Kosten des Unternehmers beseitigen kann (vgl BGHZ 90, 344 = NJW 1984, 1676 = LM § 273 BGB Nr 38 m Anm Recken). Sonstige Einreden des Unternehmers gegen den Anspruch auf Nacherfüllung, zB aus § 320 BGB, hindern schon eine wirksame Fristsetzung.

c) Fristsetzung

80 Der Besteller muss dem Unternehmer nach Maßgabe der §§ 637 Abs 1, 323 Abs 1 BGB fruchtlos eine Frist zur Nacherfüllung gesetzt haben (o Rn 52 ff) oder die Setzung dieser Frist muss entbehrlich gewesen sein, §§ 637 Abs 2, 323 Abs 2, 637 Abs 2 S 2 BGB (o Rn 58 ff).

d) Erlöschen der Befugnis

81 Die Befugnis des Bestellers zur eigenen Mängelbeseitigung auf Kosten des Unternehmers erlischt mit seinem Rücktritt oder der Minderung wegen dieses Mangels, ferner, wenn seinetwegen Schadensersatz statt der Leistung verlangt wird, vgl § 281 Abs 4 BGB. Dann bleiben die Kosten der Mängelbeseitigung freilich Berechnungsfaktoren im Rahmen des Schadensersatzanspruchs. Die Kündigung des Bestellers lässt seinen Nacherfüllungsanspruch in Bezug auf die erbrachten Leistungsteile unberührt und damit auch seine Befugnisse aus den §§ 634 Nr 2, 637 BGB (vgl § 648 Rn 28).

3. Durchführung

a) Zulässige Maßnahmen

82 Während es dem Unternehmer grundsätzlich freisteht, auf welche Weise er den Mangel beseitigen will, ist die *Dispositionsfreiheit des Bestellers* insoweit *eingeschränkt*. Wie der Unternehmer darf er nur Methoden wählen, die den Mangel mit Sicherheit und nicht nur wahrscheinlich beseitigen (vgl OLG Düsseldorf BauR 1974, 61). Andererseits muss er aber auch die *wirtschaftlich günstigste Methode* der Mängelbeseitigung wählen, darf also nicht auf Kosten des Unternehmers Luxus treiben. Dabei ist jedoch zu berücksichtigen, dass es dem Besteller *nicht angesonnen werden darf, unter allen Umständen die billigste Lösung* zu wählen. Er darf vielmehr einen Drittunternehmer seines Vertrauens aussuchen, den er auch nicht ohne Weiteres durch eine Ausschreibung zu ermitteln hat (vgl auch Ingenstau/Korbion/Wirth § 13 Abs 5 Rn 225 f). Verursacht der in vertretbarer Weise ausgesuchte Drittunternehmer besondere Kosten, die vermeidbar waren, so darf das dem Besteller im Verhältnis zum Unternehmer nicht zur Last fallen, da der Drittunternehmer insoweit nicht sein Erfüllungsgehilfe ist, weil der Besteller selbst nicht Pflichten gegenüber dem Unternehmer wahrnimmt. Allgemein ist hier der Gedanke des § 670 BGB heranzuziehen,

dass der Besteller *jene Aufwendungen* machen darf, *die er nach den Umständen für erforderlich halten darf.* BGH NJW-RR 1991, 789 stellt in diesem Sinne auf das ab, was ein vernünftiger, wirtschaftlich denkender Besteller auf Grund sachverständiger Beratung im Zeitpunkt der Nachbesserung für erforderlich halten darf (vgl auch OLG Hamm NJW-RR 1994, 473; OLG Frankfurt NJW-RR 1997, 340). Dazu ist zu betonen, dass der Besteller auf *sachkundigen Rat* schwerlich verzichten darf. Insoweit darf er sich auch nicht ohne Weiteres auf das verlassen, was ihm ein zweiter Unternehmer als sinnvoll und notwendig darstellt, weil dies einseitig vom Interesse zu verdienen geprägt sein kann. Andererseits schadet dem Besteller der objektive Fehlgriff nicht ohne Weiteres, sondern nur im Falle eigenen Verschuldens (OLG Karlsruhe NJW-RR 2005, 248 = BauR 2005, 879; **aA** OLG Düsseldorf NJW-RR 1998, 527). Er wird aber jedenfalls mehr als nur ein Angebot einzuholen haben (OLG Dresden BauR 2005, 1370). Sind andererseits in einem Prozess auf Kostenvorschuss die Kosten nach einer bestimmten Nachbesserungsmethode berechnet worden, so erwächst das Urteil insoweit nicht in Rechtskraft, sodass es denkbar bleibt, dass der Besteller – nach den genannten Maßstäben – doch anders nachbessert.

Soweit nur eine *Neuherstellung* in Betracht kommt, ist der Besteller auch zu ihr befugt.

Zu einem Kostenaufwand, den der Unternehmer nach § 635 Abs 3 BGB verweigern könnte, ist der Besteller nicht befugt, § 637 Abs 1 aE BGB, es sei denn, er könnte deutlich kostengünstiger arbeiten, wenn bei ihm zB die hohen Kosten einer Anreise nicht anfallen.

b) Umfang

Dem Umfang nach entspricht das Nachbesserungsrecht des Bestellers der Nachbesserungspflicht des Unternehmers (vgl dazu o Rn 28). Es umfasst also insbesondere auch die *Kosten der Vor- und Nachbereitung* (Aufdecken des Ortes des Mangels, Beseitigung der Nachbesserungsspuren). Dabei kann insbesondere auch eine *sachverständige Begutachtung* zu berücksichtigen sein, wenn sie erforderlich erscheint, um Ausmaß und Ursachen des Mangels zu erkunden und ein Konzept zu seiner Beseitigung zu entwickeln. Bei Baumängeln kann insoweit auch die *Beiziehung eines Architekten* zulässig und geboten sein. **83**

Der Anspruch erfasst nicht einen merkantilen Minderwert (BGH NJW-RR 1997, 339); das wäre *(zusätzlicher)* Schadensersatz. Mangels steuerbarer Leistung unterliegt er nicht der Mehrwertsteuer, soweit der Besteller selbst nachbessert. Beauftragt er freilich einen Drittunternehmer, umfasst er auch die diesem geschuldete Mehrwertsteuer.

c) Eigene Arbeitsleistungen

Zu den erstattungsfähigen Aufwendungen des Bestellers können insbesondere auch Arbeitsleistungen zählen, die *er selbst oder Angehörige* erbringen (vgl BGHZ 59, 328 = NJW 1973, 46 = LM VOB/B Nr 57 m Anm Rietschel). Problematisch ist dabei die *Bewertung* der erbrachten Arbeitsleistungen. Zu Recht will BGH (vgl BGHZ 59, 328 = NJW 1973, 46) nicht jene Kosten ansetzen, die sonst mit der Einschaltung eines Unternehmers verbunden gewesen wären. Zu denken ist vielmehr an den *Lohn, der an einen in abhängiger Stellung Tätigen zu zahlen gewesen wäre,* wobei im Übrigen eine Schätzung nach § 287 ZPO zulässig und geboten erscheint. **84**

4. Erstattung von Aufwendungen

85 Wenn der Besteller die Nachbesserung durchgeführt hat, kann er die Erstattung seiner Aufwendungen verlangen. Erfüllungsort für diesen Anspruch ist jener Ort, an dem sich das Werk bestimmungsgemäß befindet. Eine prüfbare Rechnung ist auch beim VOB-Vertrag nicht Voraussetzung der Fälligkeit (BGH NJW-RR 2000, 19). Der Anspruch verjährt nach § 634a BGB. Er ist nach § 256 S 1 BGB *verzinslich,* trotz des bestehenden Verzuges des Unternehmers mit der Mängelbeseitigung dagegen nicht ohne Weiteres nach § 286 BGB; insoweit müssen vielmehr die Voraussetzungen des Verzuges in Bezug auf ihn neu geschaffen werden.

5. Anspruch des Bestellers auf Kostenvorschuss

86 Der heute in § 637 Abs 3 BGB vom Gesetz anerkannte Anspruch des Bestellers auf Kostenvorschuss ist von der Rechtsprechung (BGHZ 47, 242; 61, 28; 66, 138) aus § 633 Abs 3 BGB aF entwickelt worden. Er bietet für den Besteller unschätzbare Vorteile, wenn er den Einsatz eigener Mittel erspart, es möglich macht, den Unternehmer früher – als nach der eigenen Nachbesserung – in Anspruch zu nehmen. Außerdem hat die zeitliche Reihenfolge – erst Vorschussprozess, dann Nachbesserung – den Vorteil, dass die Einstandspflicht des Unternehmers vorab geklärt ist, wie sie vielleicht schwierig zu beurteilen und streitig sein kann.

Der Vorschussanspruch ist identisch mit dem Erstattungsanspruch. Das hat prozessual zur Folge, dass der Besteller, der auf Vorschuss klagt und dann während des Prozesses selbst nachbessert, nicht etwa für erledigt zu erklären und die Klage umzustellen hat (BGH NJW-RR 2006, 669 = BauR 2006, 717). Es ist nur ggf die Berechnung der Klage zu berichtigen.

a) Voraussetzungen

87 Der Anspruch steht jedem Besteller zu, auch dem Hauptunternehmer gegen den Subunternehmer, dies auch dann, wenn er seinerseits schon Vorschuss an den Bauherrn geleistet hat (BGHZ 110, 205 = NJW 1990, 1475).

Der Anspruch auf Kostenvorschuss hat *die normalen Voraussetzungen* eines Mangels und der fruchtlosen bzw entbehrlichen Fristsetzung zu seiner Beseitigung.

Aus der *Zweckgebundenheit der Zahlung,* die der Besteller verlangen kann, folgt aber noch die weitere Voraussetzung, dass der Besteller auch *gewillt* ist, *die Nachbesserung tatsächlich durchzuführen* (vgl BGHZ 47, 272, 274; OLG Hamburg BauR 1979, 331; auch OLG Köln BauR 1988, 483). Die Beweislast für die fehlende Nachbesserungsbereitschaft des Bestellers trägt der Unternehmer (BGHZ 47, 272, 275). Mit der Veräußerung des Werkes geht der Anspruch auch dann nicht unter, wenn die Erwerber „stillhalten" (**aA** OLG Düsseldorf NJW-RR 2004, 1540, 1542 f = BauR 2004, 1630).

b) Umfang

88 Der Umfang des Anspruchs richtet sich nach den zu erwartenden Kosten der Mängelbeseitigung, wie sie der Besteller – zB durch die Vorlage von Kostenvoranschlägen – darzutun hat; ggf sind sie nach § 287 ZPO zu schätzen. Merkantiler Minderwert wird nicht erfasst (BGH NJW-RR 1997, 339); das wäre Schadensersatz. Aus dem *provisorischen Charakter* des Vorschusses *folgt* dabei aber *nicht,* dass bei seiner Bemessung *eine besondere Freiheit* herrschen dürfte. Vielmehr sind wie auch sonst im Prozess alle gegebenen Erkenntnismöglichkeiten auszuschöpfen; insbesondere wird weithin die *Einholung eines Sachverständigengutachtens* nicht zu vermeiden sein. In Rechtskraft erwachsen die darauf basierenden gerichtlichen Feststellungen zur Art der Nachbesserung nicht.

Liegen mehrere Mängel vor, muss eine Teilklage des Bestellers aufschlüsseln, für welche der Vorschuss verwendet werden soll (**aA** OLG Dresden BauR 2005, 766).

Auch hier kann die Nacherfüllung ggf Neuherstellung bedeuten.

Erweist sich nachträglich ein Kostenvorschuss als zu gering bemessen, kann seine Aufstockung begehrt werden (vgl BGHZ 47, 272, 274).

c)   Subsidiarität

Aus dem Grundgedanken des Anspruchs, dass es dem Besteller nicht anzusinnen sei, **89** eigene Mittel zur Mängelbeseitigung einzusetzen, könnte man den Schluss ziehen, dass er nur subsidiär geltend gemacht werden kann, dass sich der Besteller zunächst die erforderlichen Mittel auf andere Weise, insbesondere durch einen Einbehalt von der noch offenen Werklohnforderung zu verschaffen hat (vgl in diesem Sinne EHRHARDT-RENKEN, Der Kostenvorschußanspruch nach §§ 633 Abs 2, 13 Nr 5 Abs 2 VOB/B [Diss Hamburg 1985] 116 ff; INGENSTAU/KORBION/WIRTH § 13 Abs 5 Rn 261; OLG Karlsruhe Justiz 1983, 368; LG Köln BauR 1973, 114; ERMAN/SCHWENKER/RODEMANN § 637 Rn 12). Doch kann die Billigkeit des Anspruchs nur Motiv für seine Anerkennung sein, *nicht* aber die Voraussetzungen näher bestimmen. Den praktischen Bedürfnissen wird vollauf Genüge getan, wenn man den Werklohnanspruch einerseits und den Anspruch auf Kostenvorschuss andererseits für gegenseitig aufrechenbar hält (vgl u Rn 91). Insofern braucht sich der Vorschuss begehrende Besteller auch *nicht auf eine etwaige Sicherheitsleistung* verweisen zu lassen, es sei denn, jene deckte seine Interessen zweifelsfrei voll ab.

d)   Verzinsung

Entgegen OLG München NJW 1978, 766 folgt aus der besonderen Rechtsnatur des **90** Vorschussanspruchs nicht, dass er nicht zu verzinsen sei, weil es sich nicht um eine Geldschuld handele. Es können vielmehr *Prozesszinsen* nach § 291 BGB verlangt werden und auch Verzugszinsen nach § 288 BGB, da letztere einen realen Zinsschaden des Gläubigers nicht voraussetzen (vgl BGHZ 77, 60 = NJW 1980, 1955 = LM § 13 VOB/B [C] Nr 18 m Anm GIRISCH; BGH NJW 1983, 2191 m insoweit zustimmender Anm KÖHLER JZ 1983, 706; INGENSTAU/KORBION/WIRTH § 13 Abs 5 Rn 270; ERMAN/SEILER[10] § 633 aF Rn 37; PALANDT/SPRAU § 637 Rn 9). Ein über den gesetzlichen Zinssatz hinausgehender Zinsschaden kann dagegen *grundsätzlich nicht* geltend gemacht werden, da der Besteller den Vorschuss nicht zur Abdeckung anderweitiger Verbindlichkeiten verwenden darf (vgl Beck'scher VOB-Komm/KOHLER § 13 Abs 5 Rn 149; **aA** ERMAN/SEILER[10] § 633 aF Rn 37). Allerdings können höhere Zinsschäden anfallen, sofern der Besteller schon jetzt andere Unternehmer beauftragt und zu vergüten hat.

Verzug des Unternehmers besteht nicht schon wegen seines Verzuges mit der Mängelbeseitigung; er muss vielmehr *gerade wegen des Kostenvorschusses* in Verzug gesetzt werden (BGHZ 77, 60).

e) Verhältnis zum Werklohnanspruch

91 Die besondere Rechtsnatur des Anspruchs auf Kostenvorschuss hindert es nicht, dass er **zur Aufrechnung** – *insbesondere gegenüber der Werklohnforderung* des Unternehmers – **verwendet** werden kann (aA OLG Düsseldorf BauR 1978 m 59; 1970, 60; wie hier aber BGHZ 54, 244 = NJW 1970, 2019; ERMAN/SCHWENKER/RODEMANN § 637 Rn 14; MünchKomm/BUSCHE § 637 Rn 24; INGENSTAU/KORBION/WIRTH § 13 Abs 5 Rn 287; NICKLISCH/WEICK/MOUFAN/KOOS § 13 Rn 335; krit KNIESTEDT DRiZ 1982, 229, 231; aA OLG Oldenburg BauR 1994, 371: von vornherein werde nur die Differenz geschuldet).

In AGB des Unternehmers kann diese Aufrechnungsbefugnis nicht wirksam ausgeschlossen werden (vgl LG München NJW-RR 1990, 30), weil das den Besteller unangemessen benachteiligen würde (§ 307 Abs 2 Nr 1 BGB) angesichts des inneren Zusammenhangs beider Forderungen. Statt zur Aufrechnung kann der Besteller seinen Vorschussanspruch auch zur Zurückbehaltung verwenden, § 320 BGB (aA wegen der grundsätzlichen Subsidiarität der Zurückbehaltung gegenüber der Aufrechnung KOHLER BauR 1992, 22).

f) Verjährung

92 Der Anspruch verjährt nach § 634a BGB. Sofern die Kosten innerhalb der Fristen dieser Bestimmung noch nicht endgültig überschaubar sind, hat der Besteller insoweit *Feststellungsklage* zu erheben (vgl aber KAISER NJW 1973, 176 und INGENSTAU/KORBION/WIRTH Vor § 13 Rn 396 ff; ferner BGH NJW-RR 1986, 1026 zur Möglichkeit einer Feststellungsklage). Nach allgemeinen Grundsätzen scheidet diese jedenfalls aus, soweit der *Vorschuss schon bezifferbar* ist.

Die Klage auf Kostenvorschuss hemmt die Verjährung auch hinsichtlich eines *weiteren Kostenvorschusses,* sofern dieser auf denselben Mangel gestützt wird und mit zwischenzeitlichen Kostensteigerungen begründet wird (BGHZ 66, 138 = NJW 1976, 956 = LM § 209 BGB Nr 30 m Anm DOERRY). Freilich kommt es auch nur zu einer Hemmung der Verjährung nach § 204 Abs 1 Nr 1, Abs 2 S 1 BGB, ggf auch aus anderen Gründen, zB § 203 BGB. Wenn man unter Berufung auf „Feststellungselemente" eines Kostenvorschuss zusprechenden Urteils auf den noch nicht titulierten Teil des Anspruchs § 197 Abs 1 Nr 3 BGB anwendet (so BGH NJW 2009, 60 = NZBau 2009, 120 Rn 18), stellt man die Entscheidungsgründe dem Tenor gleich; § 197 Abs 1 Nr 3 BGB erfasst nur den letzteren. Dem Besteller, der in den Genuss des § 197 Abs 1 Nr 3 BGB gelangen will, ist eine vorsorgliche Feststellungsklage ohne Weiteres zuzumuten. Die Aufrechnung mit einem Anspruch auf Kostenvorschuss bleibt ohne Auswirkung auf die Verjährung (BGH NJW-RR 1986, 1079).

g) Verhältnis zum Schadensersatzanspruch

93 Der Anspruch auf Kostenvorschuss kann sich zwar betragsmäßig mit dem Anspruch auf Schadensersatz weithin decken, ist aber nach Voraussetzungen und Rechtsfolge mit diesem nicht identisch, sodass *im Prozess* von *unterschiedlichen Streitgegenständen* auszugehen ist (BGH NJW-RR 1998, 1006; GRUNSKY NJW 1984, 2545). Der Besteller muss deshalb sein Klageziel klarstellen. In der Regel wird der Übergang von dem einen zu dem anderen Klageziel sachdienlich sein (OLG Köln BauR 1996, 548). Die

Ansprüche bestehen nebeneinander, soweit sich der Schadensersatzanspruch auf Schäden bezieht, die schon eingetreten sind und damit durch die Nachbesserung nicht mehr aufgefangen werden können. Soweit sie sich gegenständlich decken, gilt in der Verjährungsfrage § 213 BGB.

Die Wahl des Anspruchs auf Kostenvorschuss bindet den Besteller nicht; er kann zum Anspruch aus § 634 Nr 4 BGB übergehen, sofern dessen Voraussetzungen vorliegen (BGHZ 105, 103). Umgekehrt ist bei einem begründeten Begehren von Schadensersatz statt der Leistung der Weg nicht mehr zum Kostenvorschuss eröffnet, §§ 634 Nr 4, 281 Abs 4 BGB: Damit würde das gerade abgeschlossene Erfüllungsstadium wiederbelebt.

Wenn auch das Gericht bei der Bemessung des Kostenvorschusses einen *bestimmten Weg* der Mängelbeseitigung zugrunde gelegt hat, *so erwächst dies als Entscheidungsgrundlage* doch *nicht in Rechtskraft*. Der Besteller ist also nicht daran gebunden, sondern kann den Mangel auch auf andere Weise beseitigen, sofern dies nur sachlich gerechtfertigt ist.

h) Abrechnungspflicht

Nach Durchführung der Nachbesserung ist über diese und über die Verwendung des Kostenvorschusses abzurechnen (vgl Palandt/Sprau § 637 Rn 10; Erman/Schwenker/Rodemann § 637 Rn 15; Nicklisch/Weick/Jansen/Seibel/Moufang/Koos § 13 Rn 345), dh der Unternehmer erwirbt einen **Anspruch auf Auskunft und Rechenschaftslegung**, der in entsprechender Anwendung der §§ 666, 259 BGB zu behandeln ist. Er wird fällig mit Abschluss der Arbeiten; der Besteller trägt die Beweislast dafür, dass er uU noch nicht abrechnen kann (BGH NJW 1990, 1475).

94

Nicht verbrauchte Teile des Vorschusses hat der Besteller dem Unternehmer in entsprechender Anwendung des § 667 BGB **auszukehren** (vgl Renkl BauR 1984, 472, 473 f; Mantscheff BauR 1985, 395; Ingenstau/Korbion/Wirth § 13 Abs 5 Rn 280; BGHZ 94, 330, 334 = NJW 1985, 2325). In die Abrechnung sind die dem Besteller gezahlten *Prozess- oder Verzugszinsen* nicht zugunsten des Unternehmers einzubeziehen (BGH NJW 1985, 2325). Der Erstattungsanspruch des Unternehmers wird fällig, wenn der Besteller über seine Kosten abrechnet oder abrechnen kann (BGH NZBau 2010, 233 Rn 15) und unterliegt der Regelverjährung der §§ 195, 199 BGB.

i) Mangelhafte Eigennachbesserung

Sofern eine Nachbesserung durch einen Drittunternehmer erfolglos bleibt oder ihrerseits mangelhaft ist, hat der Besteller zunächst Gewährleistungsansprüche gegen diesen. Seine Gewährleistungsansprüche gegen den ersten Unternehmer werden durch eine solche erfolglose Nachbesserung nicht verbraucht, auch nicht seine Befugnisse, den gezahlten Vorschuss zu behalten, sofern er nur seine Aufwendungen für erforderlich halten durfte, vgl § 670 BGB. Der erste Unternehmer kann seine Gewährleistung aber davon abhängig machen, dass ihm die Gewährleistungsansprüche gegen den Drittunternehmer abgetreten werden (vgl zu dem Fragenkreis auch Blomeyer ZfBR 1985, 155, 158).

95

k) Rückforderungsanspruch des Unternehmers

Wenn der Besteller die Nachbesserung nicht innerhalb angemessener Frist in An-

96

griff nimmt, erwirbt der Unternehmer einen Rückforderungsanspruch. Dabei verbietet sich die Aufstellung starrer Fristen (BGHZ 183, 366 = NJW 2010, 1192 = NZBau 2010, 233 Rn 21). Einerseits darf der Besteller nicht schuldhaft zögern, andererseits kann es zu seinen Gunsten zu berücksichtigen sein, dass er Laie ist und seinerseits in die nicht vertraute Lage versetzt worden ist, Mängel beseitigen zu müssen. Dabei kann die Frist, die objektiv zur Beseitigung des Mangels erforderlich ist, nur der gedankliche Ausgangspunkt sein; sie bedarf jedenfalls der Zuschläge. Die Beweislast für eine unangemessene Verzögerung trägt der Unternehmer (BGHZ 183, 366), wobei der Besteller natürlich gehalten ist, seinerseits substantiiert vorzutragen. BGH NJW 2010, 1195 = NZBau 2010, 236 Rn 10 hat insoweit im konkreten Fall eine Frist von neun Monaten nicht beanstandet. Rechnen kann die Frist frühestens ab Rechtskraft des den Vorschuss zusprechenden Urteils.

Ist die Verwendungsfrist jedenfalls kürzer als die Verjährungsfrist für den betroffenen Mangel, so kann der Besteller seine Rückzahlungspflicht dadurch unterlaufen, dass er die Beseitigung des Mangels doch noch in Angriff nimmt. Denn daraus würde ihm ja der Aufwendungsersatzanspruch des § 637 Abs 1 BGB erwachsen, was er nach dem Gedanken des dolo petit dem Begehren des Unternehmers schon jetzt entgegensetzen kann (BGHZ 183, 366 = NJW 2010, 1192 = NZBau 2010, 233 Rn 21 ff).

Der Anspruch auf Rückerstattung des Vorschusses verjährt nach den §§ 195, 199 BGB (BGH NJW 2010, 1195 = NZBau 2010, 236). Grob fahrlässig iSd § 199 Abs 1 Nr 2 BGB handelt jener Unternehmer nicht, der vor weiteren Schritten die eben erarbeitete Verwendungsfrist um einen gehörigen Zuschlag ergänzt (im Falle von BGH NZBau 2010, 236 um 6 Monate auf 15 Monate).

Gegenüber dem Rückforderungsanspruch des Unternehmers kann der Besteller *mit einem etwaigen Schadensersatzanspruch aus § 634 Nr 4* BGB aufrechnen (BGHZ 105, 103 = BGH JZ 1988, 1017 m Anm KÖHLER).

XII. Rücktritt des Bestellers

1. Allgemeines

97 Die Möglichkeit des Rücktritts, die die §§ 634 Nr 3, 636 BGB dem Besteller eröffnen, ist in enger Anlehnung an die Regelung beim Kauf konzipiert worden, vgl dort die §§ 437 Nr 2, 440 BGB. Als einseitig vom Besteller zu erklären, § 349 BGB, tritt er an die Stelle der bisherigen Wandlung, die grundsätzlich eine entsprechende Einigung der Parteien erforderte, vgl §§ 634 Abs 4, 467, 465 BGB aF. Schon bei ihr hatte der historische Gesetzgeber Anlass zu einer eigenständigen Regelung nicht gesehen, vgl Mot II 269. Das überrascht deshalb, weil eine *reibungslose Rückgewähr* der beiderseitig erbrachten Leistungen allenfalls beim Werklieferungsvertrag denkbar ist, vgl dort etwa den Fall der Lieferung von Software, kaum aber beim eigentlichen Werkvertrag, bei dem der Unternehmer Sachen des Bestellers zu bearbeiten hatte. Seine Leistung kann teils gar nicht, teils nur um den Preis ihrer Zerstörung zurückgewährt werden. In aller Regel ist es wirtschaftlich am sinnvollsten, wenn sie bei dem Besteller verbleibt. Für den Bereich des Bauvertrages lässt dann auch § 309 Nr 8 lit b bb BGB den Ausschluss in AGB zu.

Wenn die Werkleistung bei dem Besteller verbleibt und der Unternehmer Wertersatz für sie erhält (vgl u Rn 106), *verliert der Rücktritt seine praktische Bedeutung neben der Minderung.* Obwohl als schneidiger Rechtsbehelf für den Besteller konzipiert, vgl die „Missbrauchsbremse" des § 323 Abs 5 S 2 BGB, wird er so zu einer *unternehmerfreundlichen Art* der Bewältigung der Mängel. Gibt man dagegen dem Besteller einen *Anspruch auf Beseitigung der Werkleistung* (dazu u Rn 103 f), stellt sich das gegenteilige Problem, dass eine *übermäßige Benachteiligung des Unternehmers* vermieden werden muss.

2. Voraussetzungen

a) Es muss ein Mangel des Werkes vorliegen (dazu § 633 Rn 158 ff). **98**

b) Die Pflichtverletzung, die er darstellt, darf *nicht nur unerheblich* sein, § 323 Abs 5 S 2 BGB, wie dies der Unternehmer darzulegen und zu beweisen hat.

Unerheblichkeit kann auch dann gegeben sein, wenn dem Werk eine zugesicherte Eigenschaft fehlt (vgl Erman/Seiler[10] § 634 aF Rn 26; **aA** RGZ 66, 167; BGB-RGRK/Glanzmann § 634 aF Rn 18). Auch dann kann es treuwidrig vom Besteller sein, die Konsequenz des Rücktritts zu ziehen.

Ein Mangel ist zunächst dann *unerheblich,* wenn er sich mit *geringem Aufwand beseitigen lässt,* mag er zunächst auch die Funktionsfähigkeit ausschließen (**aA** BGH NJW-RR 1993, 309); dies gilt, obwohl der Unternehmer zu seiner Beseitigung nicht mehr berechtigt ist. Bei höherem Aufwand handelt der Besteller missbräuchlich, wenn ihm der Unternehmer die Kosten anbietet und er dies ablehnt.

Wenn sich der Mangel nicht oder nur in lästiger Weise beseitigen lässt, muss die *Gebrauchstauglichkeit für den Besteller objektiv fühlbar beeinträchtigt sein;* es genügt nicht, dass der Besteller nur subjektiv eine Aversion gegen das Werk gefasst hat.

Dabei ist die Schwelle zur Erheblichkeit deutlich höher als beim Kauf anzusetzen, weil dort die Rückgabe der Sache problemlos möglich ist.

Ein Mangel ist allerdings dann erheblich, wenn das Werk beim Besteller verbleiben soll und sich das rechnerische Ergebnis, das sich dann aus § 346 Abs 1, 2 BGB ergibt, nicht nachhaltig von dem der Minderung unterscheidet.

c) Der Mangel darf nicht allein oder weit überwiegend vom Besteller zu vertreten **98a** sein, § 323 Abs 6, 1. Alt BGB. Hierher gehören zunächst die Fälle des § 645 Abs 1 BGB (vgl § 645 Rn 12 ff, 31 ff), sodann der eigene Planungsmangel des Bestellers. Trifft den Unternehmer insoweit die Mitverantwortung, weil er seiner Remonstrationspflicht gemäß § 4 Abs 3 VOB/B (vgl § 633 Rn 62 ff) nicht nachgekommen ist, schließt dies die Rücktrittsmöglichkeit idR noch nicht aus, es sei denn, die Quote des Unternehmers läge über jenem Drittel, das gemeinhin anzusetzen ist. Hohe Sowieso-Kosten bei einer Nachbesserung (o Rn 24) gehen zwar zu Lasten des Bestellers, machen ihn aber noch nicht für den Mangel verantwortlich iSd § 323 Abs 6 BGB.

98b d) Ein Rücktritt kommt im Übrigen auch schon vor der Abnahme aufgrund der allgemeinen Bestimmungen des § 323 Abs 2 Nr 3, Abs 4 BGB in Betracht (BGH NZBau 2008, 576; näher § 633 Rn 89).

99 e) Aus *allgemeinen Gründen* kann der Rücktritt insbesondere durch **Verwirkung** ausgeschlossen sein (vgl BGH NJW-RR 1991, 872), woran freilich strenge Anforderungen zu stellen sind. Das kommt namentlich dann in Betracht, wenn der Besteller *in Kenntnis des Mangels* vor dem Rücktritt *dergestalt mit dem Werk verfährt – es insbesondere benutzt –, dass nach Treu und Glauben der Wille anzunehmen ist, das Werk zu behalten* (vgl STAUDINGER/HONSELL [1995] § 467 aF Rn 16 f zum Kauf; ERMAN/SEILER[10] § 634 aF Rn 27; PALANDT/SPRAU § 636 Rn 6; PETERS JR 1979, 270; für eine Verwirkung nur in seltenen Ausnahmefällen STAUDINGER/KAISER [2012] § 349 Rn 58 f). Davon kann allerdings dann *nicht* ausgegangen werden, wenn der Besteller durch *äußere Umstände* zur Benutzung des Werkes gezwungen war (vgl BGH NJW-RR 1991, 872), etwa weil er sich einen Ersatzgegenstand nicht beschaffen konnte (vgl BGH MDR 1955, 464), obwohl er ihn benötigte, oder weil sich die Benutzung des Werkes gar nicht vermeiden ließ, was insbesondere bei Bauleistungen der Fall sein kann. Leistung von Abschlagszahlungen oder Duldung von Nachbesserungsversuchen bedeuten jedenfalls keine Verwirkung.

Es schließt den Rücktritt auch aus, wenn der Mangel beseitigt ist, dies selbst dann, wenn Arglist des Unternehmens vorgelegen hat (BGH NJW 2010, 1805 = BauR 2010, 1074).

100 f) Das Rücktrittsrecht kann schließlich *vertraglich ausgeschlossen* sein, vgl auch Anh I zu § 638 Rn 36 zu § 13 VOB/B, wo der Gesamtzusammenhang der Regelung einen derartigen Ausschluss ergibt. Die Annahme eines stillschweigenden Ausschlusses allgemein bei Bauverträgen (so OLG Koblenz NJW 1962, 741) ist aber nicht gerechtfertigt (ERMAN/SEILER[10] § 634 aF Rn 27), doch sind wegen der grundsätzlichen Problematik des Rücktritts beim Werkvertrag an den Ausschlusswillen der Parteien *keine hohen Anforderungen* zu stellen, was dann freilich *nicht nur für den Baubereich* gilt. So kann der Ausschlusswille dann angenommen werden, wenn der Vertrag die sonstigen Rechte des Bestellers regelt oder mindestens anspricht, aber den Rücktritt übergeht.

Nach § 309 Nr 8 lit b bb BGB ist der *formularmäßige Ausschluss des Rücktritts bei Bauleistungen zulässig;* er verstößt dann auch nicht gegen § 307 BGB. Das trägt ihren praktischen Problemen Rechnung, ist aber deshalb *inkonsequent,* weil diese auch bei anderen Werkleistungen nicht geringer sind und dem Besteller auch dort hinreichende andere Rechte zur Verfügung stehen. Die Fassung des Gesetzes verbietet freilich die anderweitige entsprechende Anwendung der Ausnahmebestimmung. Allerdings bleibt es dem Unternehmer in seinen AGB unbenommen, den Rücktritt in seinen Folgen zu präzisieren, sie insbesondere auf den Fall zu beschränken, dass eine Rückabwicklung der Leistungen im eigentlichen Sinne erfolgen kann, und einen wertevernichtenden Demontageanspruch des Bestellers (dazu u Rn 103 f) auszuschließen. Erhalten zu bleiben braucht dem Besteller außerhalb des Bereichs der Bauleistungen eben nur die Befugnis zu einem „echten" Rücktritt. – Der Begriff der Bauleistungen ist nach dem Vorbild des Begriffs des Bauwerks in § 634a Nr 2 BGB in einem weiten Sinne zu verstehen (vgl ULMER/BRANDNER/HENSEN/

CHRISTENSEN § 309 Nr 8 Rn 56, die eine im Vergleich zu § 638 BGB aF engere Interpretation befürworten).

Jedenfalls bei Werklieferungsverträgen kann die Rücktrittsbefugnis auch gegenüber Kaufleuten nicht endgültig ausgeschlossen werden, §§ 309 Nr 8 lit b bb, 307 BGB (vgl BGH NJW 1981, 1501; 1993, 2436, 2438; 2002, 511). Wegen § 650 BGB ist das jetzt freilich eine Frage des Kaufrechts.

Gleiches muss beim Bauträgervertrag gelten, dessen Rückabwicklung nicht zur Wertevernichtung führt (vgl BGHZ 169, 1 = NJW 2006, 3275, 3278 = NZBau 2006 706, 709 Rn 39 ff: § 307 BGB; NJW-RR 2007, 59 = NZBau 2006, 781 Rn 17: § 309 Nr 8 lit b bb BGB).

Bei Eigentumswohnungen kann auch die Gemeinschaft der Wohnungseigentümer dem Einzelnen die Rücktrittsbefugnis nicht endgültig nehmen (vgl auch Anh III zu § 638 Rn 26 f).

g) Schließlich muss die Frist zur Nacherfüllung fruchtlos abgelaufen sein, §§ 634 Nr 3, 323 Abs 1 BGB (dazu o Rn 48 ff), oder es muss ihre Setzung entbehrlich gewesen sein, §§ 323 Abs 2, 636 BGB (dazu o Rn 58 ff).

3. Erklärung des Rücktritts

Zur Erklärung des Rücktritts vgl § 349 BGB und die Erl dort. Mehrere Besteller **101** können nur einheitlich zurücktreten, § 351 S 1 BGB. Gleiches gilt gegenüber mehreren Unternehmern. S auch § 351 S 2 BGB. Die Rücktrittsbefugnis kann zur Ausübung überlassen werden. Der Besteller kann noch zum Schadensersatz statt der Leistung übergehen, § 325 BGB. Zur „Verjährung" des Rücktrittsrechts vgl § 634a Rn 16 f.

4. Folgen des Rücktritts

Es wandelt sich der Vertrag in ein *Rückgewährschuldverhältnis* um, ohne doch nach **102** heute hM gänzlich zu entfallen, sodass wegen der erbrachten Leistungen insbesondere eine *bereicherungsrechtliche Rückabwicklung ausgeschlossen* bleibt.

a) Werklohn

Dementsprechend erwirbt der Besteller zunächst einen *Anspruch auf Rückzahlung etwa schon gezahlten Werklohns* nebst gezogener oder erzielbarer Zinsen, §§ 346 Abs 1, 347 Abs 1 S 1 BGB, und kann er die Zahlung weiteren Werklohns verweigern.

b) Rücknahme des Werkes

Zweifelhaft ist, ob der Besteller von dem Unternehmer die Rücknahme des Werkes **103** verlangen kann. Das würde dort, wo der Unternehmer Sachen des Bestellers bearbeitet hat, bedeuten, dass er seine Bearbeitung rückgängig zu machen, zB das gedeckte Dach wieder abzudecken hat.

aa) Die Frage wurde in der Literatur zum Werkvertrag *überwiegend verneint* (vgl SCHÖLLER Gruchot 46, 253, 259; BGB-RGRK/GLANZMANN § 634 aF Rn 17; SOERGEL/MÜHL[11] § 634 aF Rn 14; ferner OLG Hamm NJW 1978, 1060: Dies sei Schadensersatz, wie er nur unter den Voraussetzungen des § 635 BGB aF geschuldet sein könne). Demgegenüber wird eine Beseitigungspflicht des Unternehmens bejaht von OLG Frankfurt BauR 1990, 473 (jedenfalls bei besonderem Interesse); Kornmeier NJW 1978, 2035; Peters JR 1979, 265; Soergel/Teichmann § 634 aF Rn 14; Erman/Seiler[10] § 634 aF Rn 19; Palandt/Sprau[61] § 634 aF Rn 7, anders jetzt § 636 nF Rn 7, letztere unter Berufung auf § 1004 BGB.

Im Bereich des Kaufes nimmt Soergel/Huber § 467 aF Rn 135 eine Pflicht des Verkäufers zur Demontage dann an, wenn er auch die Montage geschuldet hatte; weitergehend bejahte BGHZ 87, 104, 109 eine Demontagepflicht des Verkäufers im Wandlungsfall auch dann, wenn der Käufer montiert hatte. Ob dies ein besonderes Interesse des Käufers an der Demontage voraussetzt, hat er offengelassen. Die von ihm zitierte Literatur zur Rücknahmepflicht des Verkäufers betrifft ersichtlich nicht die eigentlich interessierende Frage der Kosten der Demontage und der damit untrennbar verbundenen Kosten der Wiederherstellung des früheren Zustands.

In der Literatur zum Rücktrittsrecht finden sich Hinweise auf eine *Rücknahmepflicht* seit BGHZ 87, 104, 109 bei Soergel/Hadding § 346 aF Rn 6; MünchKomm/Janssen[3] § 346 aF Rn 10, 12; eingehend jetzt Staudinger/Kaiser (2012) § 346 Rn 91 ff.

104 bb) Die Frage hat eine *hinreichend klare Entscheidung im Gesetz nicht* gefunden. Die §§ 346, 348 BGB gehen von der (hier) *irrigen Vorstellung* aus, dass die Rückgewähr für ihren Empfänger etwas Gutes bedeute. Der Gesetzgeber des § 634 BGB hat *die Unterschiede zum Kauf nicht bedacht*.

Man wird eine Lösung auch nicht aus Wesen und Rechtsnatur des Rücktritts entwickeln können, weil diese zu unbestimmt sind. Den Ausschlag muss die *Interessenlage* geben:

cc) Der Besteller hat die Einwilligung in die Bearbeitung/Veränderung seiner Sache nur unter der jetzt enttäuschten Voraussetzung gegeben, dass diese mangelfrei erfolgt. *In die mangelhafte Bearbeitung hat er nicht eingewilligt,* die ihn uU schlechter stellt, als wenn eine Bearbeitung der Sache ganz unterblieben wäre. Das spricht dafür, ihm *§ 1004 BGB entsprechende Rechte* zu geben.

Nur ein Beseitigungsanspruch des Bestellers im Falle des Rücktritts bringt seine Gewährleistungsrechte in ein sinnvolles System. *Nur so kann der Rücktritt von der Minderung unterschieden* und in seiner eigenständigen Existenz gerechtfertigt werden. Auch § 323 Abs 5 S 2 BGB erhält nur so Sinn. Gleichzeitig werden Rücktritt und Anspruch auf Schadensersatz wegen Nichterfüllung in ein Verhältnis zueinander gebracht, wie es auch zwischen den Ansprüchen aus den §§ 823 und 1004 BGB besteht. Sie überschneiden sich weithin – insbesondere kann ja im Falle des großen Schadensersatzes die Beseitigung des Werkes begehrt werden –, werden aber nicht deckungsgleich.

Ein Anspruch des Bestellers auf Demontage des Werkes auf Kosten des Unternehmers führt notwendig *zum Entfallen des Werklohnanspruchs* und damit dazu, dass der Unternehmer über diesen hinaus weitere Einbußen erleidet. Das sind *harte*

Folgen, die aber dem Wesen des Rücktritts jedenfalls nicht widersprechen, wenn § 323 Abs 5 BGB Einbußen des Gegners durchaus zulässt, und die *dadurch hinreichend gerechtfertigt* werden, dass der Unternehmer nicht nur die geschuldete Leistung nicht erbracht, sondern auch seine Nachbesserungschance nicht genutzt hat.

dd) Der so grundsätzlich anzunehmende Beseitigungsanspruch des Bestellers steht freilich – über § 323 Abs 5 S 2 BGB hinaus – in *besonderem Maße unter dem Vorbehalt von Treu und Glauben.* Er wird treuwidrig ausgeübt, wenn der Unternehmer Werte geschaffen hat, deren Nutzung dem Besteller angesonnen werden kann oder die er gar plant. Eine mutwillige Wertevernichtung ist nicht hinzunehmen. Auch kann die Beseitigung des Werkes wegen unverhältnismäßigen Aufwandes in entsprechender Anwendung des § 635 Abs 3 BGB verweigert werden.

ee) Im Ergebnis kann der Besteller zunächst von dem Unternehmer *die Beseitigung des Werkes und die Wiederherstellung des früheren Zustandes,* § 258 BGB, verlangen. Zur eigenen Beseitigung auf Kosten des Unternehmers ist er in entsprechender Anwendung des § 634 Nr 2 BGB befugt.

c) Wegnahmerecht des Unternehmers
Wenn der Unternehmer grundsätzlich verpflichtet ist, das Werk zu beseitigen, muss ihm umgekehrt auch das Recht zugestanden werden, Sachen, die er mit der von dem Besteller gestellten Hauptsache verbunden hat, wegzunehmen, wobei er freilich dann auch gemäß § 258 BGB für die Wiederherstellung des früheren Zustands zu sorgen hat. Dies gilt auch dort, wo die Beiträge des Unternehmers wesentliche Bestandteile geworden sind (vgl BGB-RGRK/Glanzmann § 634 aF Rn 16; MünchKomm/Busche Rn 27); in den Fällen des § 94 Abs 2 BGB kann eine Trennung wirtschaftlich durchaus sinnvoll sein. **105**

d) Verbleib des Werkes beim Besteller
Verbleibt das Werk beim Besteller, so hat er Wertersatz zu leisten, § 346 Abs 2 S 1 Nr 1 BGB. Dabei brauchen Rückgewähr oder Herausgabe freilich nicht ausgeschlossen zu sein, wie es allerdings oft der Fall ist, sondern es genügt, dass sich der Besteller für das Behalten entscheidet: Er hätte mit derselben Folge des Behaltens auch kündigen können. **106**

Gleiches gilt, wenn der Besteller die bearbeitete Sache – und mit ihr die Werkleistung – veräußert hat, § 346 Abs 2 S 1 Nr 2 BGB, vgl auch die anderen dort aufgeführten Konstellationen.

Dieser Anspruch auf Wertersatz besteht *nicht,* wenn der Besteller zulässigerweise die Beseitigung des Werkes verlangen oder den Unternehmer auf die Wegnahmemöglichkeit verweisen kann.

Bei der Bemessung des Wertersatzes ist von dem vereinbarten Werklohn auszugehen, § 346 Abs 2 S 2 BGB. Dass die Leistung mangelhaft war und ist, muss nach denselben Maßstäben wie bei der Minderung berücksichtigt werden, dazu u Rn 113 (vgl BGH NJW 2011, 3085 = NZBau 2011, 613), weil andere Maßstäbe nicht ersichtlich sind. Der Mangel ist damit abgegolten; rechnerisch andere Ergebnisse als bei der Minderung wären sinnlos.

Dass der Besteller das Werk genutzt hat und weiter nutzen wird, ist damit ebenfalls abgegolten. Die Pflicht zur Herausgabe der Nutzungen nach § 346 Abs 1 BGB passt nur zur „echten" Rückgewähr der Leistungen: Wer die Eigentumswohnung wegen des Mangels zurückgibt, hat damit letztlich eine Zeit lang in einer fremden Wohnung gewohnt; das darf nicht umsonst gewesen sein. Wer sie behält, braucht für das Wohnen in der eigenen Wohnung nicht auch noch Miete zu bezahlen. Bewertungszeitpunkt ist der des Vertragsabschlusses, § 638 Abs 3 BGB analog.

e) Erfüllungsort

107 Der Erfüllungsort ist für den Besteller jedenfalls *der Ort, an dem sich das Werk im Zeitpunkt des Rücktritts vertragsgemäß* befindet, bei Bauverträgen mithin die Baustelle. Für die Rückzahlungspflicht des Unternehmers ist – entgegen SOERGEL/HUBER § 467 aF Rn 97 ff (zum Kauf) – nicht von seinem Geschäftssitz auszugehen, sondern von dem Ort des primären Austausches der Leistungen, der damals schon – auch für den Besteller – den Erfüllungsort bestimmte (vgl § 631 Rn 48; so auch die hM, vgl [alle zum Kauf] RGZ 50, 250, 252; BGH NJW 1962, 739; BGHZ 87, 104, 109; JAUERNIG/STADLER § 269 Rn 8). Erst recht gilt dies, soweit der Unternehmer im Rahmen der Wandlung mit der Demontage des Werkes Naturalleistungen zu erbringen hat.

f) Austauschverhältnis

Die *Rückgewährpflichten* der Parteien sind nach den §§ 348, 320, 322 BGB *Zug um Zug* zu erfüllen.

XIII. Minderung der Vergütung

1. Allgemeines

108 Nicht anders als der Rücktritt ist auch die Minderung beim Werkvertrag *nach dem Vorbild des Kaufes konzipiert*. Im Gegensatz zum Rücktritt ist sie dem *Grunde nach* ein *unproblematischer* Rechtsbehelf, der in der Praxis vor allem zu der Bewältigung von solchen Mängeln dient, denen ein besonderes Gewicht nicht zukommt und die auch keine weitergehenden Schäden verursacht haben. *Schwierigkeiten* bereitet allerdings gerade dann die *korrekte Berechnung*.

Dabei ist die Minderung freilich eine elementare Befugnis des Bestellers, wenn sie denn das Äquivalenzverhältnis des gegenseitigen Vertrages wahrt; ihr Ausschluss in AGB des Unternehmers wäre mit § 307 Abs 2 Nr 1 BGB nicht zu vereinbaren. Es geht eben nicht an, dass der Unternehmer mehr für seine Leistungen erhält, als sie nach den Preisvorstellungen der Parteien wert ist. Dann aber lässt sich die Minderung auch nicht mit § 242 BGB ausschalten (**aA** BGH NZBau 2011, 232 Rn 2). Ist in einer werkvertraglichen Leistungskette der Mittelmann/Hauptunternehmer vor Ansprüchen seines Abnehmers sicher, kann das nicht dazu führen, dass der Subunternehmer mehr an Vergütung für seine Leistung erhält, als ihm (wegen Mängeln) zusteht (**aA** BGHZ 173, 83 = NJW 2007, 2695).

2. Voraussetzungen

109 a) Die Minderung ist möglich, wenn das Werk einen *Mangel* aufweist, dh nicht den Anforderungen entspricht, die sich aus § 633 BGB ergeben. Besonders Anforderungen an den Mangel stellt das Gesetz nicht; insbesondere darf er *auch unerheblich* sein, wie die verklausulierte Bestimmung des § 638 Abs 1 S 2 BGB ergibt. Auch und gerade ein solcher Mangel bedarf des Ausgleichs.

Allerdings muss der Mangel *geeignet sein, den Verkehrswert des Werkes zu beeinträchtigen,* wie sich aus § 638 Abs 3 S 1 BGB ergibt, da nur dann überhaupt ein Minderungsbetrag ausgeworfen werden kann. Das führt in jenen Fällen zu einer *empfindlichen Lücke im Rechtsschutzsystem des Bestellers,* in denen der Unternehmer von den Vereinbarungen abgewichen ist, ohne doch etwas Minderwertiges zu schaffen, zB durch eine eigenmächtige Farbwahl. Hier kann der Nachbesserungsanspruch an unverhältnismäßigem Aufwand nach § 635 Abs 3 BGB scheitern und versagen dann auch die anderen Gewährleistungsbehelfe des Bestellers.

b) Notwendig ist es weiter, dass eine Frist zur Nacherfüllung fruchtlos gesetzt **110** oder entbehrlich war, § 323 Abs 1, 2, 636, 638 Abs 1 S 1 BGB. Da die Minderung die Belange des Unternehmers regelmäßig nicht stark beeinträchtigt, ist dies *von der Sache her kaum erforderlich.* Jedenfalls können die Voraussetzungen des § 323 Abs 2 Nr 3 BGB vor diesem Hintergrund eher angenommen werden als im Falle des Rücktritts. So kann ein *besonderes Interesse des Bestellers* an sofortiger Minderung grundsätzlich schon dann angenommen werden, wenn die Kosten der Mängelbeseitigung den „Wert" des Mangels unzweifelhaft übersteigen, weil in Fällen dieser Art nicht damit zu rechnen ist, dass sich der Unternehmer zur Beseitigung bereitfinden wird. Hier *muss der Unternehmer,* der die Minderung vermeiden will, *die Beseitigung des Mangels von sich aus anbieten.* Das ist insbesondere dann von Bedeutung, wenn sich der Besteller gegenüber der Werklohnklage einredeweise auf Minderung beruft.

c) Die Frist zur Nacherfüllung erübrigt sich, wenn über das Vermögen des Bestellers das *Insolvenzverfahren* eröffnet worden ist und eine Nacherfüllung des Unternehmers dem Abnehmer des Bestellers volle Befriedigung schaffen würde, obwohl ihm nur eine Insolvenzforderung zusteht (vgl BGH NJW 2006, 2919 = JR 2007, 465 m Anm Peters; s ferner Anh zu § 631 Rn 19 ff).

d) Die Minderung darf *nicht vertraglich ausgeschlossen* sein. Dabei setzt einem individualvertraglichen Ausschluss § 639 BGB Grenzen, bei einem Ausschluss durch AGB des Unternehmers ist § 309 Nr 8 lit b BGB zu beachten, dort insbesondere lit bb (vgl dazu § 639 Rn 41 ff).

3. Erklärung der Minderung

Rechtstechnisch ist die Minderung als ein „kleiner Rücktritt" ausgestaltet. Sie erfolgt **111** durch eine einseitige empfangsbedürftige gestaltende Willenserklärung gegenüber dem Unternehmer, § 638 Abs 1 S 1 BGB, was § 349 BGB entspricht, bei einer Personenmehrheit auf der einen oder der anderen Seite nur einheitlich, § 638 Abs 2 BGB, entsprechend § 351 S 1 BGB. Dessen S 2, dass der Verlust der Befugnis bei einem Besteller diese auch den anderen nimmt, wird man entsprechend anzuwenden haben. Gleiches ist für § 325 BGB anzunehmen, dh der Besteller kann nach erklärter Minderung noch zum Schadensersatz übergehen.

Weil die Rechtsfolge der Minderung kraft Gesetzes eintritt, braucht der Besteller ihren Betrag nicht zu beziffern. Tut er es, ist er daran nicht gebunden. Allerdings bindet ihn die Minderungserklärung dem Grunde nach.

Zur Verjährung der Minderungsbefugnis § 634a Rn 16 f. Sie kann zur Ausübung überlassen werden.

4. Rechtsfolge

112 a) Der noch offene Werklohnanspruch des Unternehmers erlischt in Höhe des Minderungsbetrages, der ggf in entsprechender Anwendung des § 254 BGB zu quoteln ist, falls der Besteller für den Mangel mitverantwortlich ist.

b) Hat ein Besteller schon zu viel bezahlt, erwächst ihm ein Erstattungsanspruch aus den §§ 638 Abs 4, 346 Abs 1 BGB. Zu seiner Verjährung § 634a Rn 18. Der Unternehmer hat gezogene oder mögliche Zinsen der Überzahlung herauszugeben, § 346 Abs 1 BGB bzw § 347 Abs 1 BGB, vgl § 638 Abs 4 BGB. Äußerst unklar ist dabei der Zinsbeginn, für den die einschlägige Abschlagszahlung in Betracht kommt, die Schlusszahlung oder das Entstehen des Minderungsrechts mit Ablauf der Nacherfüllungsfrist, schließlich der Zeitpunkt der Erklärung der Minderung. Die beiden letzteren (sinnvollen) Zeitpunkte schließt die Formulierung des § 346 Abs 1 BGB aus; wegen der Einheitlichkeit des Werklohnanspruchs wird auf die Schlusszahlung abzustellen sein.

5. Berechnung der Minderung

113 a) Nach § 638 Abs 3 S 1 BGB ist der Werklohn *in dem Verhältnis herabzusetzen, in dem der tatsächliche Wert des Werkes hinter dem zurückbleibt, den es in mangelfreiem Zustand* hätte. Bezeichnet man den nach Minderung geschuldeten Werklohn als X, ergibt sich folgende Gleichung

$$\frac{X}{\text{vereinbarter Werklohn}} = \frac{\text{realer Wert}}{\text{Sollwert}}$$

bzw

$$X = \frac{\text{vereinbarter Werklohn} \times \text{realer Wert}}{\text{Sollwert}}$$

Sollwert

Das soll die vertraglich vorgesehenen Bewertungen erhalten.

Die korrekte Durchführung dieser Berechnungsweise bereitet in der Praxis ganz *erhebliche Schwierigkeiten.* Die Übertragung des kaufrechtlichen Modells stößt auf erste Probleme schon deshalb. weil es *das Werk des Unternehmers.* das ja in der Bearbeitung eines vom Besteller gestellten Stoffes besteht, im Gegensatz zum Kaufgegenstand *nicht isoliert* gibt, es also auch einer eigenständigen Bewertung nur eingeschränkt zugänglich ist. Weitere Probleme ergeben sich daraus, dass der *reale Wert und der Sollwert des Werkes* weithin nur in aufwendiger Beweisaufnahme, letztlich nur durch ein Sachverständigengutachten, *ermittelt werden können,* was in krassem Widerspruch dazu steht, dass durch Minderung weithin gerade Bagatellmängel ausgeglichen werden sollen.

aa) Vergleichsweise liquide ist unter den Berechnungsfaktoren der vereinbarte **114** Werklohn, vgl zu ihm § 632 BGB.

bb) Der *Sollwert* des Werks, dh jener Wert, den es in mangelfreien Zustand hätte, ist zunächst ein *objektiver,* nicht der subjektive, den es für den Besteller gehabt hätte (vgl RG BayZ 1906, 140; OLG Hamburg OLGE 20, 181; MünchKomm/Busche § 638 Rn 9; Palandt/Weidenkaff § 441 Rn 14). Im Kaufrecht ist auf den Verkehrswert abzustellen, den erzielbaren Erlös. Das kommt im Werkvertragsrecht nur dort in Betracht, wo das Werk einen eigenen bestimmbaren Verkehrswert hat, zB bei der Errichtung eines Hauses. Bei anderen Werken ist grundsätzlich darauf abzustellen, was *üblicherweise,* § 632 Abs 2 BGB, *für eine mangelfreie Werkleistung dieser Art hätte entrichtet werden müssen.*

Dabei kommt es auf den *Wert des Werkes insgesamt* an, nicht etwa nur den des mangelhaften Teils.

Wenn keine gegenteiligen Indizien vorliegen, wird man den Sollwert des Werkes vereinfachend mit dem *vereinbarten Werklohn* gleichsetzen können (vgl RG BayZ 1905, 368; BGH WarnR 1971 Nr 202; Palandt/Sprau § 638 Rn 4). Die Beweislast dafür, dass der Werklohn niedriger angesetzt war, trägt jedenfalls der Besteller, der für die Minderung daraus Vorteile zieht (vgl MünchKomm/Westermann³ § 472 aF Rn 9). Umgekehrt wird der Unternehmer zu beweisen haben, dass der Werklohn objektiv überhöht war (vgl auch Peters BB 1983, 1951, 1952). – Ausgeschlossen wird die Minderung jedenfalls nicht dadurch, dass dem Besteller ein Werk verbleibt, das mehr wert ist als der vereinbarte Werklohn.

cc) Der *wahre Wert des Werkes* ist wiederum der *Verkehrswert des Werkes,* den es **115** in seinem mangelhaften Zustand hat, bzw *jener Werklohn, der für ein Werk dieser Qualität entrichtet werden müsste,* was freilich insofern weithin ein fiktiver Wert ist, als es einen Markt für fehlerhafte Werke oft nicht gibt.

Bei *Bagatellmängeln* kann es nicht ausbleiben, dass sie den Wert des Gesamtwerkes nicht weiter beeinflussen, zB ein mangelhafter Farbanstrich in einzelnen Räumen eines Hauses, aber gleichwohl *beachtlich* sind, wie die §§ 638 Abs 1 S 2, 323 Abs 5 S 2 BGB ergeben. Hier wird – gegen den Ansatz des Gesetzes – von einer *Bewertung der Mängel als solcher* auszugehen sein (vgl Soergel/Huber § 472 aF Rn 13; Peters BB 1983, 1953), die freilich ebenfalls erhebliche Probleme aufwirft.

(1) Ein möglicher und verlässlicher Anhaltspunkt kann dabei *jener Betrag sein, der zur Beseitigung der Mängel aufgewendet werden müsste* (vgl BGHZ 58, 181 = WM 1972, 449 = ZfBR 2001, 326; BGH NJW-RR 1997, 688; Soergel/Huber § 472 aF Rn 13; Peters BB 1983, 1953). Dieser Betrag muss allerdings in jenen zahlreichen Fällen unbeachtlich bleiben, in denen eine Mängelbeseitigung gar nicht möglich oder wegen unverhältnismäßigen Aufwandes unterblieben ist.

(2) Wenn die Kosten der Mängelbeseitigung kein sinnvoller Ansatzpunkt sind, wird man alternativ auch zuweilen bei den Kosten ansetzen können, die der Unternehmer *infolge seiner mangelhaften Arbeit erspart* hat.

(3) Zur Berechnung der Minderung bei zu geringer Wohnfläche OLG Celle NJW-RR 1999, 816.

(4) In den verbleibenden Fällen ist mit AURNHAMMER BauR 1978, 356 *der auf den mangelhaften Teil des Werkes entfallende Preisanteil* zu ermitteln und dann die Frage zu stellen, zu *welchem Prozentsatz er seine Funktionen noch zu erfüllen vermag* (vgl auch BGHZ 153, 279 = NJW 2003, 1188 = BauR 2003, 533).

(5) Nicht bei der Minderung zu berücksichtigen sind die *Kosten der Ermittlung des Mangels* (vgl ERMAN/GRUNEWALD[10] § 472 aF Rn 6; MünchKomm/WESTERMANN[3] § 472 aF Rn 8; STAUDINGER/MATUSCHE-BECKMANN [2014] § 441 Rn 23; **aA** RG JW 1931, 3270).

(6) Bei der Ermittlung des wahren Wertes erlaubt § 638 Abs 3 S 2 BGB die Schätzung (scil: nach § 287 ZPO). Das hilft praktisch weiter, leidet aber daran, dass eine Schätzung Maßstäbe voraussetzt, wie sie hier zT eben fehlen.

(7) *Besonders schwere Mängel* können dazu führen, dass der Werklohn auf „Null" reduziert wird (vgl OLG Köln BauR 1992, 760; NJW-RR 1993, 666).

dd) Bewertungsstichtag ist der Zeitpunkt des Vertragsschlusses, § 638 Abs 3 S 1 BGB. Auf den sinnvolleren Stichtag der Abnahme kann in AGB abgestellt werden.

116 b) Die *Herabsetzung des Werklohns* bereitet dann keine Schwierigkeiten, wenn dieser insgesamt eingeklagt wird: Die Klage verfällt dann der teilweisen Abweisung. Probleme ergeben sich dagegen, wenn die *Werklohnforderung in sich strukturiert* ist, also etwa schon teilweise beglichen oder abgetreten oder gesichert ist oder nur teilweise eingeklagt wird.

aa) Man wird die *Verrechnung* jedenfalls *nicht in das Belieben einer der Parteien stellen können*. Das von LINDEMANN DJZ 1907, 421; OSTLER JR 1967, 259 befürwortete Wahlrecht des Unternehmers ist wenig interessengerecht; eher schon könnte man nach dem Vorbild der §§ 366 Abs 1, 396 Abs 1 S 1 BGB an ein Wahlrecht des Bestellers denken. Aber da die Minderung die Forderung des Unternehmers kraft Gesetzes ergreift, wird eine *Verrechnung nach objektiven Kriterien* vorzuziehen sein.

117 bb) So geht auch die Rechtsprechung vor, die freilich in sich widersprüchlich ist. Bei der *Teilklage* des Werkunternehmers verweist BGHZ 56, 312 den Besteller primär auf den nicht eingeklagten Rest, bei der *Teilzahlung* sollen nach RG SeuffA 167 Nr 247 der gezahlte und der gestundete Rest gleichmäßig gemindert werden; entsprechend hat BGHZ 46, 242 bei der *Teilzession* eine anteilige Kürzung aller Beträge angenommen; hier will jetzt BGHZ 167, 337 = NJW 2006, 2845 eine – kurzfristig nach dem Vorbild des § 121 Abs 1 BGB auszuübende – Tilgungsbestimmung des Schuldners zulassen. Bei der Teilklage auf Werklohn will BGH NJW-RR 1998, 236 Gegenansprüche des Bestellers gerade hier berücksichtigt wissen.

Die Aufteilung bei der Teilerfüllung und der Teilzession ist jedenfalls äußerst unpraktisch. Bei der Teilerfüllung zwingt sie den Besteller zu Widerklage und Aufrechnung. Hier und bei der Teilzession kommt es jedenfalls zu einer Mehrheit kleinerer und kleinster Positionen. Es fehlt außerdem an einer überzeugenden rechtlichen Begründung für diese Lösung, die insbesondere *den* – hier doch *schutzwürdigeren* – Besteller benachteiligt.

cc) Eine klare und gleichzeitig interessengerechte Lösung lässt sich bei einer in sich **118** differenzierten Werklohnforderung durch eine *entsprechende Anwendung der §§ 366 Abs 2, 396 Abs 1 S 2 BGB* gewinnen (vgl Peters BB 1983, 1954 f). Die wenig zweckmäßige anteilige Aufteilung des Minderungsbetrages kommt danach erst in letzter Linie in Betracht, zunächst ist – nur ausnahmsweise von Bedeutung – ein fälliger Teil der Werklohnforderung vor einem nicht fälligen zu kürzen; sodann ein ungesicherter vor einem gesicherten, andernfalls der dem Besteller lästigere, was zumeist jener Teil sein wird, mit dem er klageweise konfrontiert wird. Das ist hinzunehmen, da es dem Gericht nicht ermöglicht, die eigentliche Streitfrage der Minderung bei der Teilklage zu umgehen.

XIV. Schadensersatz

1. Allgemeines

Wenn der Unternehmer einen Mangel zu vertreten hat, was nach den §§ 276 ff BGB **119** zu beurteilen ist, gewährt § 634 Nr 4 BGB dem Besteller einen Anspruch auf Schadensersatz. Dabei sind mehrere Fälle zu unterscheiden:

a) Der Schaden des Bestellers steht nicht im Zusammenhang mit einem Mangel, zB beschädigt der Unternehmer andere Sachen des Bestellers, die ihm nicht zur Bearbeitung anvertraut sind. Fälle dieser Art sind nicht mit § 634 Nr 4 BGB zu erfassen, sondern unterliegen idR den §§ 280 Abs 1, 241 Abs 2 BGB (zu ihnen noch u Rn 159).

b) Der Schaden des Bestellers verkörpert sich gerade in dem Mangel des Werkes. Das ist der Kernanwendungsbereich der Bestimmung. Mit einem derartigen Schaden zum Gegenstand tritt der Anspruch aus § 634 Nr 4 BGB an die Stelle des Nacherfüllungsanspruchs der Nr 1, ist er eine Alternative zu den sekundären Rechten des Bestellers aus den Nrn 2–4.

c) Wie eben, nur sind Nacherfüllung (oder Selbstvornahme) oder Rücktritt oder Minderung nicht geeignet gewesen, den Mangelschaden des Bestellers voll abzudecken, sodass insoweit ein *Restschaden* bei dem Besteller verbleibt. Dann geht es um das Verhältnis seiner Rechte zueinander (dazu u Rn 121 f).

d) Einen praktisch äußerst wichtigen Teil der Schäden des Bestellers bilden jene, **120** die infolge des Mangels an anderen Rechtsgütern entstehen. Es sind dies die sog **Mangelfolgeschäden**, die früher aus dem Bereich des § 635 BGB aF ausgegliedert und der Anspruchsgrundlage der positiven Forderungsverletzung zugewiesen wurden (zu den Details Staudinger/Peters [2000] § 635 aF Rn 47 ff). Das hatte Bedeutung insbesondere in der Frage der Verjährung, weil nicht § 638 BGB aF für einschlägig gehalten wurde, sondern § 195 BGB. In dieser Frage ist die Notwendigkeit der

Unterscheidung entfallen, weil § 634a BGB so oder so anwendbar ist. Die praktische Erleichterung, die dies mit sich bringt, ist aber mit systematischen und rechtspolitischen Unstimmigkeiten erkauft worden.

aa) In diesem seinen Anwendungsbereich hat § 634 Nr 4 BGB nicht mehr die prinzipielle Deckungsgleichheit mit den anderen Regelungen des § 634 BGB, sondern geht über sie hinaus, *verlässt den Bereich der Gewährleistung*. Eine Nacherfüllung mit dem Ziel der Verschaffung eines sachmangelfreien Werkes wäre hier funktionslos. Zu ihr kann und braucht keine Frist nach § 281 Abs 1 BGB gesetzt zu werden. Recht eigentlich ist die Nacherfüllung insoweit unmöglich. Das führt aber nicht dazu, dass der Schadensersatzanspruch des Bestellers nunmehr aus den §§ 634 Nr 4, 280, 283 BGB, herzuleiten wäre, weil nämlich die in den letztgenannten Bestimmungen genannte Leistungspflicht des Schuldners so weit gar nicht reichte (hätte sie es getan, müsste ihm die Gelegenheit der Nacherfüllung gewährt werden). *Grundlage seiner Schadensersatzpflicht* sind vielmehr bei genauer Betrachtung die *§§ 634 Nr 4, 280 Abs 1, 241 Abs 2 BGB*.

bb) Zu diesen systematischen Brüchen tritt die *Fragwürdigkeit des Verjährungsbeginns*. Sein unmittelbares Erfüllungsinteresse zu verfolgen, gibt dem Besteller die Abnahme hinreichenden Anlass, § 634a Abs 2 BGB. Mangelfolgeschäden sind deutlich weniger kalkulierbar, treten vielmehr weithin unerwartet ein, sodass bei ihnen die Rücksichtnahme auf den Kenntnisstand des Bestellers gemäß § 199 Abs 1 Nr 2 BGB angemessen wäre. Gottlob dürften die Fristen des § 634a BGB durchweg auskömmlich sein.

2. Verhältnis des Schadensersatzanspruchs zu den anderen Rechten des Bestellers

121 a) Der Schadensersatzanspruch des Bestellers gemäß § 634 Nr 4 BGB steht *weithin neben* der Nacherfüllung des Unternehmers gemäß § 634 Nr 1 BGB oder seiner eigenen Mängelbeseitigung gemäß § 634 Nr 2 BGB: Jene sind nicht immer geeignet, den Mangel vollen Umfangs zu beseitigen, es verbleibt ein *Restmangel* oder auch nur ein *merkantiler Minderwert*. Insoweit füllt der Schadensersatzanspruch die eigene oder fremde Nacherfüllung auf. Außerdem können Schäden angefallen sein, die mit der Nacherfüllung gar nicht erfasst werden können, zB entgangener Gewinn vor der Nacherfüllung. Weiterhin kann die Nacherfüllung selbst Schäden verursachen. Dazu gehören zwar nicht die Kosten von Vorarbeiten für sie (Aufgrabung, um an den Mangel zu gelangen) oder Nacharbeiten (Wiederherrichtung des bei der Aufgrabung beschädigten Gartens) – sie gehören zu den Kosten der Nacherfüllung –, wohl aber der Verdienstausfall, den der Besteller erleidet, weil er dem Unternehmer das Werk zur Mängelbeseitigung zur Verfügung stellen muss. *Gutachterkosten zur Abklärung des Mangels* können notwendige Kosten der Mängelbeseitigung sein. Sonst sind sie jedenfalls nach § 634 Nr 4 BGB als Schadensersatz zu liquidieren, wenn und soweit sich der Besteller zur eigenen Beauftragung eines Gutachters herausgefordert fühlen durfte. Dabei ist jedenfalls bei einem Laien ein großzügiger Maßstab geboten. – Soweit der Mangel nicht voll beseitigt werden kann, fällt der künftig entgehende Gewinn unter § 634 Nr 4 BGB. Nichts anderes gilt schließlich für solche Schäden, die infolge des Mangels an anderen Rechtsgütern des Bestellers eintreten wie zB Gesundheit oder Eigentum.

b) Rücktritt oder Minderung nach § 634 Nr 3 BGB hindern den Besteller nicht, **122** nach § 634 Nr 4 BGB solche Schäden zu liquidieren, die infolge des Mangels schon an seinen anderweitigen Rechtsgütern eingetreten sind. Es sind dies ja letztlich Ansprüche aus den §§ 280 Abs 1, 241 Abs 2 BGB (o Rn 119), und dass Ansprüche aus positiver Forderungsverletzung durch Wandlung/Rücktritt oder Minderung nicht ausgeschlossen werden, war schon immer anerkannt.

§ 325 BGB lässt dem Besteller zwar die Wahl zwischen Rücktritt – oder auch Minderung – einerseits und Schadensersatz statt der Leistung andererseits, im Ergebnis muss er sich aber entscheiden. Das bedeutet, dass er den Minderwert der Sache nur entweder durch Minderung oder durch Rücktritt oder durch Schadensersatz erfassen kann. Problematisch ist im Falle von Rücktritt oder Minderung der durch den Mangel entgehende Gewinn. Bei ihm ist es zwar sicher, dass er nicht mehr durch § 634 Nr 4 BGB zu erfassen ist, soweit er künftig zu erwarten ist. Den Ersatz dieses Schadens hat sich der Besteller durch den Rücktritt abgeschnitten, er hätte ihn sonst „zum Nulltarif". Er müsste schon nach § 325 BGB „den Kurs wechseln", was ihm nach dieser Bestimmung freilich gestattet ist. Unklar ist aber der bis zur Erklärung des Rücktritts (oder der Minderung) schon entgangene Gewinn. Man wird anzunehmen haben, dass er als Schadensersatz gleichwohl liquidierbar bleibt. Hat der Besteller nach § 346 BGB auch die gezogenen Nutzungen herauszugeben, so hat der Unternehmer auch im Verschuldensfall für deren Gegenteil einzustehen.

Neben Rücktritt oder Minderung als Schadensersatz liquidierbar bleiben jedenfalls Kosten eines Gutachters zur Abklärung des Mangels. Sie dienen nicht zuletzt der Klärung der Frage, ob Rücktritt oder Minderung sinnvoll sind.

3. Voraussetzungen des Anspruchs

a) Mangel

Das Werk des Unternehmers muss mangelhaft sein, dh es darf nicht den Anfor- **123** derungen genügen, die § 633 Abs 2 BGB stellt (vgl § 633 Rn 158 ff). Dabei kommt es auf die *Erheblichkeit des Mangels* – anders als im Falle des Rücktritts, § 323 Abs 5 S 2 BGB – *nicht an* (vgl RG WarnRspr 20 Nr 107; BGHZ 27, 219; ERMAN/SEILER[10] § 635 aF Rn 4; bedenklich OLG Düsseldorf BauR 1992, 46, wonach die nur eingeschränkte Nutzbarkeit des Hobbykellers nicht ersatzfähig sein soll). Er braucht auch nicht bei der gegenwärtigen Nutzung fühlbar zu sein (BGH NJW-RR 1995, 591). Das steht jedenfalls dann außer Zweifel, wenn der Besteller das Werk behält, also den sog *kleinen Schadensersatz* wählt. Dagegen ist die Wahl des mit der Rückgabe des Werkes verbundenen sog großen Schadensersatzes bei unerheblichen Mängeln nach § 281 Abs 1 S 3 BGB ausgeschlossen.

b) Vertretenmüssen

Die *Ursache* des Mangels muss von dem Unternehmer zu vertreten sein. Dabei ist **124** gedanklich zu unterscheiden zwischen (1) einem pflichtwidrigen Verhalten des Unternehmers, (2) dem Mangel des Werkes, (3) der Kausalität zwischen der Pflichtwidrigkeit des Unternehmers und dem Mangel und (4) dem Vertretenmüssen des Unternehmers.

aa) Pflichtwidrigkeit
Das pflichtwidrige Verhalten des Unternehmers kann verschieden beschaffen sein.

(1) In der Regel wird es in der unmittelbaren Herbeiführung des Mangels liegen, zB darin, dass eine Wand schief gemauert, ein Plan falsch berechnet wird oder dass der Unternehmer zu beachtende Vorgaben für das Werk (die Planung) nicht einhält, vgl BGH NJW-RR 1991, 218 (Haftung des technischen Baubetreuers für eine geringere Wohnfläche als im Prospekt vorgesehen). Die *Verursachung eines Mangels* ist *als solche schon pflichtwidrig.* Dabei kommt es nicht auf die oft schwer zu treffende Unterscheidung an, ob ein positives Tun des Unternehmers vorliegt oder ein Unterlassen.

(2) Der Unternehmer kann aber auch *andere Pflichten* verletzen, namentlich *Prüfungs-, Hinweis- und Aufklärungspflichten.* So hat er insbesondere die *Leistungen anderer Unternehmer,* auf denen seine eigene Leistung aufbauen soll, bei Verdachtsmomenten kritisch auf ihre Eignung als Basis zu überprüfen, vgl § 4 Abs 3 VOB/B und dazu allgemein § 633 Rn 62 ff. In gleicher Weise muss er *Anweisungen des Bestellers* und von diesem für die Erstellung des Werkes gelieferte *Stoffe* überprüfen. Er muss auf die Risiken der vorgesehenen Fertigungsmethoden hinweisen oder auch darauf, dass diese noch unerprobt seien. Er hat ggf auf Schranken seines eigenen Wissens und Könnens hinzuweisen und die Konsultation von Spezialisten zu empfehlen oder diese selbst zu konsultieren.

Der Mangel der Werkleistung des Unternehmers und damit seine Haftung kann gerade dadurch konstituiert werden, dass er diese Prüfungs- und Hinweispflichten verletzt hat, auch wenn er sonst im Einklang mit den vertraglichen Vereinbarungen gearbeitet hat (vgl auch § 633 Rn 64).

bb) Kausalität
125 Die Kausalität der Pflichtwidrigkeit des Unternehmers für den Mangel ist dann unproblematisch, wenn er diesen unmittelbar gesetzt hat. Sie bedarf einer *besonderen Prüfung dort,* wo der Unternehmer *gegen Prüfungs- und Hinweispflichten verstoßen hat;* dann ist es nämlich denkbar, dass sich der Besteller den Ratschlägen des Unternehmers verschlossen hätte. Die Beweislast für die fehlende Kausalität liegt hier bei dem Unternehmer (vgl BGH BB 1962, 428 = LM § 4 VOB/B Nr 2; BGHZ 61, 118 = NJW 1973, 1688 = LM § 282 BGB Nr 20 m Anm SCHMIDT).

Im Übrigen können natürlich mehrere Kausalitätsabläufe zu demselben Mangel führen. ZB können ein Planungs- und ein Ausführungsmangel zusammentreffen oder ein Planungsfehler mit unterlassener Prüfung des ausführenden Unternehmers oder zwei Ausführungsfehler.

Soweit mehrere Unternehmer mangelhaft geleistet haben, ist bei unklarer Kausalität § 830 Abs 1 S 2 BGB entsprechend heranzuziehen (OLG Hamm BauR 2009, 518; STAUDINGER/EBERL-BORGES [2018] § 830 Rn 79).

Zu beachten ist, dass es hier um die haftungsbegründende Kausalität geht.

cc) Vertretenmüssen

Die Verursachung des Mangels muss schließlich von dem Unternehmer iSd §§ 276, 126
278 BGB zu vertreten sein.

(1) Dabei kommt zunächst eigener *Vorsatz* des Unternehmers, oder der Vorsatz eines Erfüllungsgehilfen in Betracht. Dieser versteht sich wie üblich als Wissen und Wollen der Tatbestandsverwirklichung, wobei auch *bedingter Vorsatz* – in seiner schwierigen Abgrenzung zur bewussten Fahrlässigkeit – als das billigende Inkaufnehmen der Tatbestandsverwirklichung ausreicht. Für die Begriffe gelten hier keine Besonderheiten; es kann auf die Erl zu § 276 BGB Bezug genommen werden. Der *Mangel des Werkes* ist als Teil des Tatbestandes der §§ 633, 634 Nr 4 BGB ebenfalls *Bezugspunkt des Vorsatzes;* außerdem muss er sich auf die Pflichtwidrigkeit und die haftungsbegründende Kausalität beziehen.

(2) Die regelmäßige Verschuldensform ist *Fahrlässigkeit* als die Nichtbeachtung 127
der im Verkehr erforderlichen Sorgfalt, § 276 Abs 2 BGB. Es gilt auch hier grundsätzlich der von hM angenommene *objektive Maßstab* (vgl zu ihm und seiner Begründung STAUDINGER/CASPERS [2019] § 276 Rn 29 f). Danach kommt es darauf an, welche Anforderungen an den Unternehmer in der konkreten Situation typischerweise gestellt werden konnten.

(α) Wenn der Unternehmer – wie meist – als Mitglied einer bestimmten Berufsgruppe tätig wird, hat er deren *Leistungsstandards* zu beachten, sich insbesondere an die dortigen *anerkannten Regeln der Technik* zu halten. Es versteht sich, dass dies nur die zur Zeit der Erbringung der Werkleistung anerkannten sein können (vgl BGH NJW-RR 2005, 386 = NZBau 2005, 145 zu den DIN-Normen). Diese hat der Unternehmer aber zu kennen, ihre Fortentwicklung – im Rahmen des Zumutbaren – zu verfolgen. Außerdem ist der Maßstab ein normativer. Es kommt auf *das Erforderliche* an, nicht auf das Übliche; insbesondere kann und soll ein eingerissener Schlendrian nicht entschuldigen (vgl Prot II 604). Doch wird das Erforderliche meist nicht ohne einen Blick auf das Übliche zu bestimmen sein und wird auch weithin von diesem geprägt.

(β) *Individuelle Schwächen* sind nicht geeignet, den Unternehmer zu entlasten wie etwa vorhersehbare altersbedingte Krankheits- und Ausfallserscheinungen oder mangelhafte Ausbildung oder Erfahrung oder geringe Vertrautheit mit Aufgaben der übernommenen Art; vielmehr kann gerade in letzterem ein sog Übernahmeverschulden liegen (vgl ERMAN/WESTERMANN § 276 Rn 10).

(γ) Gewisse Besonderheiten für die Fahrlässigkeitshaftung des Unternehmers er- 128
geben sich aus der Struktur des Tatbestandes der §§ 633, 634 Nr 4 BGB. Der Unternehmer schuldet nicht eine Tätigkeit wie etwa das Fahren eines Kfz, deren Durchführung mit bestimmten, im Einzelnen freilich unberechenbaren Gefahren verbunden ist, denen es gegenzusteuern gilt, sondern er hat *für einen bestimmten Erfolg einzustehen,* dessen Eintritt er zugesagt hat und bei dem es grundsätzlich in seinem Ermessen steht, wie er ihn herbeiführen will (vgl auch § 633 Rn 55 ff). Das bedeutet:

(δ) *Normale Schwierigkeiten,* den vertraglich zugesagten Erfolg eines mangelfreien Werkes zu erreichen, dh solche Schwierigkeiten, mit denen bei Vertragsschluss –

wenn auch vielleicht nur entfernt – zu rechnen war, können den Unternehmer keinesfalls entlasten. Zum Zwecke ihrer Bewältigung ist er vielmehr gerade als Unternehmer eingesetzt worden. Entlastend können nur *Schwierigkeiten* sein, *mit denen zunächst nicht zu rechnen war.* Hier genügt der Unternehmer den Anforderungen, wenn er einen *zuverlässigen Fachmann konsultiert* und dessen Empfehlungen folgt (vgl BGB-RGRK/GLANZMANN § 635 aF Rn 4).

(ε) Wenn der Unternehmer den zu erreichenden Erfolg kennt, ihm die Wahl des Weges dorthin überlassen bleibt und er – jedenfalls in der Regel – nicht unter Zeitdruck steht, kann von ihm erwartet werden, dass er von vornherein sein Vorgehen sorgfältig plant und sich insbesondere für den sichersten Weg entscheidet. Nur ausnahmsweise wird der Unternehmer vor Situationen stehen, die ein rasches Handeln erforderlich machen, was dann ein unrichtiges Verhalten eher entschuldbar macht (vgl STAUDINGER/CASPERS [2019] § 276 Rn 47).

129 (ζ) Es gibt allerdings auch Bereiche, in denen die *Haftung des Unternehmers weniger erfolgs- und stärker tätigkeitsbezogen* ist. Das gilt im Rahmen der §§ 633, 634 Nr 4 BGB für die Haftung des *Architekten* (vgl dazu Anh zu §§ 650p–t), sowie dort, wo er für Mängel auf Grund der *Verletzung von Prüfungs- und Hinweispflichten* einzustehen hat (vgl § 633 Rn 62 ff), ferner, soweit er für Mangelfolge- und sonstige Schäden des Bestellers einzustehen hat (vgl dazu u Rn 159). Insoweit ist die Problematik jeweils weniger in dem Vertretenmüssen als solchem zu sehen. Es kommt vielmehr darauf an, die *konkreten Pflichten des Unternehmers herauszuarbeiten*, aus deren objektiver Verletzung dann grundsätzlich auch das Vertretenmüssen folgt.

(η) Das Gesagte gilt zunächst dann, wenn der Unternehmer in seinem Fach tätig wird. Bei *Zusatzarbeiten*, die nicht eigentlich zu seiner Sparte gehören, *kann* aber *grundsätzlich nichts anderes gelten*, weil der Besteller gleichwohl davon ausgehen darf, dass der Unternehmer doch über die nötigen Kenntnisse und Fähigkeiten verfügt, wenn er sie schon übernimmt.

(ϑ) *Überdurchschnittliche Kenntnisse und Fähigkeiten* muss der Unternehmer jedenfalls dann einsetzen, wenn er gerade ihretwegen – als Spezialist – beauftragt worden ist (vgl SOERGEL/TEICHMANN § 635 aF Rn 35). Aber *auch in sonstigen Fällen* muss er vorhandene überdurchschnittliche Fähigkeiten einsetzen.

130 (ι) Aus allgemeinen Grundsätzen (vgl STAUDINGER/CASPERS [2019] § 275 Rn 74 f), namentlich auch aus der vertraglichen Zusage des Erfolges eines mangelfreien Werkes ist zu folgern, dass den Unternehmer *mangelnde finanzielle Leistungsfähigkeit nicht* entlastet. Der Unternehmer kann sich auch nicht darauf berufen, dass es mit einem unverhältnismäßigen Aufwand verbunden gewesen wäre, den Mangel des Werkes überhaupt zu vermeiden. Dieser Gesichtspunkt des § 635 Abs 3 BGB ist vielmehr nur geeignet, die Rechte zu beschränken, die der Besteller aus einem vorhandenen Mangel herleiten kann (vgl § 635 Rn 10 ff und o Rn 82).

(κ) Zu vertreten hat der Unternehmer insbesondere auch einen Organisationsmangel hinsichtlich der Erbringung der Werkleistung.

(λ) Der Unternehmer hat weiterhin nach § 278 BGB für Vorsatz oder Fahrlässig- **131**
keit seiner *Erfüllungsgehilfen* einzustehen.

Erfüllungsgehilfe des Unternehmers ist – nach der üblichen Definition – *jeder, der mit seinem Wissen und Wollen* bei der Erstellung des Werkes *tätig* ist (vgl BGHZ 13, 111; 50, 32, 35; 62, 119, 124).

Dabei kommt es auf die nähere Ausgestaltung der Beziehungen zwischen dem Unternehmer und dem handelnden Dritten nicht an: Erfüllungsgehilfen sind vorzugsweise jene Leute, die der Unternehmer *kraft Arbeitsverhältnisses* bei der Erstellung des Werkes einsetzt. Erfüllungsgehilfen können aber auch selbständig kraft eines eigenen Werkvertrages mit dem Unternehmer tätig werden, so namentlich *Subunternehmer,* ohne dass es – auch hier – auf die Wirksamkeit der Rechtsbeziehungen zu dem Unternehmer ankäme. In diesem Rahmen sind auch mehrfach gestufte Beziehungen des Unternehmers zu dem Erfüllungsgehilfen denkbar und verbreitet, so, wenn der Subunternehmer wiederum eigene Mitarbeiter einsetzt. Bis hin zum letzten Glied sind dann sämtliche tätig Gewordenen Erfüllungsgehilfen, sofern ihre Herbeiziehung nur erlaubterweise geschah (vgl STAUDINGER/CASPERS [2019] § 278 Rn 28). Zur Befugnis, Subunternehmer beizuziehen, vgl § 633 Rn 109. In der *unerlaubten Beiziehung* des weiteren Mitarbeiters kann freilich *ein eigenes Verschulden* des ihn beiziehenden Unternehmers liegen. Wenn er nur grundsätzlich mit seinem Einsatz einverstanden war, braucht dem Unternehmer die konkrete Person seines Erfüllungsgehilfen nicht näher bekannt geworden zu sein. Erst recht ist es nicht erforderlich, dass er das Recht oder die Möglichkeit hatte, auf den Erfüllungsgehilfen und seine Tätigkeit Einfluss zu nehmen. Die Weisungsmöglichkeit ist nur für die Haftung aus § 831 BGB von Bedeutung.

Den Lieferanten des Verkäufers sieht der BGH (BGHZ 177, 224 = NJW 2008, 2837 Rn 29) **132**
nicht als seinen Erfüllungsgehilfen an, dies im Einklang mit der hM, die auch für den Bereich des Werkvertragsrechts anzunehmen ist. Dem ist aber nicht zu folgen (vgl PETERS ZGS 2010, 24 ff). Wenn der Unternehmer dem Besteller nach § 633 Abs 1 BGB ein Werk frei von Sachmängeln schuldet, setzt er insoweit auch seinen Lieferanten ein. Wenn zB eine Abdichtung nicht sicher ist, mag das an den verwendeten Materialien liegen, wie sie eben von dem Lieferanten geliefert worden sind. Dass er nicht der Weisungsbefugnis des Unternehmers unterliegt, ist im Rahmen des § 278 BGB unerheblich. Es wäre auch nicht sachgerecht, in der Frage der Haftung zwischen einem Verarbeitungsmangel der eigenen Leute und einem Produktionsmangel des Lieferanten zu unterscheiden. Für den Werkmangel selbst ist es ja auch schon unerheblich, ob er auf einem Verarbeitungsfehler oder auf einem Fehler bei der Produktion der verwendeten Materialien beruht.

Erfüllungsgehilfe ist dabei nicht nur der Lieferant des Unternehmers, der vielleicht nur Händler ist, sondern letztlich auch schon der Produzent der Materialien, wenn denn auch er noch mit Wissen und Wollen des Unternehmers die Erfüllung der Pflicht zur mangelfreien Leistung vorbereitet.

Vom Erfüllungsgehilfen zu unterscheiden ist der sog *Substitut*. Sieht sich der Un- **133**
ternehmer durch unvorhergesehene Schwierigkeiten überfordert und zieht er deshalb mit dem Einverständnis des Bestellers einen Spezialisten heran, haftet er für

diesen grundsätzlich nicht nach § 278 BGB, sondern nur *ggf für ein eigenes Auswahlverschulden.* Es muss aber dafür ein entsprechendes Einverständnis des Bestellers vorliegen, das zu erklären dieser nach Treu und Glauben verpflichtet sein kann. In der Regel liegt in der erlaubten Beiziehung auch spezialisierter Subunternehmer noch keine Substitution des Unternehmers. Für eine Substitution ist der Unternehmer darlegungs- und beweispflichtig.

Der Erfüllungsgehilfe muss *in den Vorgang der Vorbereitung oder der Erstellung des Werkes eingeschaltet* gewesen sein. Er muss dabei schuldhaft gehandelt haben. Wenn dabei gesagt wird, dass es für das Maß der erforderlichen Sorgfalt auf die Person des Schuldners ankomme (vgl STAUDINGER/CASPERS [2019] § 278 Rn 62), so ist das etwas missverständlich ausgedrückt. Es *kommt auf das nach dem Vertrag Geschuldete* an, wie es sich primär nach dem Betrieb des Unternehmers ausrichtet (vgl dazu o Rn 127 ff), wie es auf Grund der getroffenen Vereinbarungen aber auch über dessen Möglichkeiten hinausgehen kann, so etwa, wenn der Unternehmer einen Subunternehmer kraft seines überlegenen Sachverstandes einsetzt und dabei auch den von diesem zu schaffenden Erfolg als eigenen zusagt. Auch bei *Arbeitnehmern* ist es *nicht ungewöhnlich,* dass sie *wegen besonderer Sachkunde* beschäftigt und eingesetzt werden.

dd) Bei einer Arbeitsgemeinschaft mehrerer Unternehmer haftet diese für ein Fehlverhalten des einzelnen Mitglieds nach § 31 BGB, die einzelnen Mitglieder dann in entsprechender Anwendung des § 128 HGB.

134 ee) Auch ohne ein (eigenes oder fremdes) Verschulden kann der Unternehmer für Mängel auf Schadensersatz haften, wenn er insoweit eine *Garantie* abgegeben hat. Im Werkvertragsrecht wird freilich in der Garantie von Eigenschaften durchweg noch nicht die Übernahme einer verschuldensunabhängigen Schadensersatzpflicht gesehen; die Auslegung muss vielmehr einen entsprechenden Willen des Unternehmers ergeben (vgl auch § 633 Rn 169 ff).

135 ff) Der Verschuldensmaßstab kann vertraglich modifiziert werden. Einem *Verzicht* auf die Haftungsvoraussetzung des Verschuldens steht dabei grundsätzlich nichts im Wege, wenn der Unternehmer generell eine entsprechende *Garantie der Mangelfreiheit* übernehmen kann. Ebenso kann die Haftung des Unternehmers jedenfalls individualvertraglich beschränkt werden, was sich zB dann empfiehlt, wenn er fachfremd tätig werden soll. Zu *Haftungsfreizeichnungen in AGB* des Unternehmers vgl § 639 Rn 28 ff.

Eine stillschweigende Haftungsmilderung auf eigenübliche Sorgfalt liegt dort nahe, wo Werkleistungen privat erbracht werden. Sie ist freilich auf den eigentlichen Schaden statt der Leistung zu beschränken, erfasst nicht ohne Weiteres auch Mangelfolgeschäden. Wer zB das Auto eines Freundes repariert, wird bei leichter Fahrlässigkeit nicht dafür einzustehen haben, dass eine Werkstatt die von ihm verursachten Mängel beseitigt, wohl aber für einen Unfall als Folge.

Ein „Freundschaftspreis" oder gar die Unentgeltlichkeit der konkreten Leistung sind grundsätzlich ohne Einfluss auf die Haftung.

Untertitel 1 · Werkvertrag
Kapitel 1 · Allgemeine Vorschriften   § 634

gg) *Mitverschulden* des Bestellers am Mangel mindert nach § 254 Abs 1 BGB die **136** Schadensersatzpflicht des Unternehmers. Das gilt auch für das Mitverschulden der Mitarbeiter des Bestellers, namentlich seines Architekten. Parallel arbeitend eingesetzte andere Unternehmer sind aber nicht Erfüllungsgehilfen des Bestellers. – Es hat eine Abwägung der Verursachungsbeiträge stattzufinden. Dabei ist es im Rahmen des § 254 Abs 1 BGB namentlich zu berücksichtigen, dass *auf Seiten des Unternehmers der größere Sachverstand* zur Vermeidung des Mangels zu erwarten ist, sodass der Besteller den Unternehmer zB nicht auf die besonderen Gefahren seines Metiers hinzuweisen braucht (BGH NJW-RR 2006, 674 = NZBau 2006, 235). An Beiträgen des Bestellers zur Mitverursachung eines Mangels kommen zB die Lieferung eines mangelhaften zu verarbeitenden Stoffes in Betracht oder die Erteilung fehlerhafter Anweisungen, wobei diese Mitverursachung wieder ganz oder teilweise dadurch aufgewogen werden kann, dass der Unternehmer seiner *Prüfungs- und Hinweispflicht* nicht nachkommt. Fehlende Fachplanung des Bestellers begründet kein Mitverschulden (OLG Celle BauR 2005, 397), weil nämlich an sich der Unternehmer planen muss. Vgl zur Anwendung des § 254 BGB und in dessen Rahmen des § 278 BGB allgemein § 633 Rn 192 f. Natürlich ist der Besteller auch nach § 254 Abs 2 BGB gehalten, den Schaden zu mindern, zB bei Vermietungsabsicht Baumängel alsbald beheben zu lassen (BGH NJW-RR 1995, 1169). Ohne solche drohenden Folgeschäden darf er die Angelegenheit durchaus liegen lassen. Die mit dem Zeitablauf verbundenen Kostensteigerungen führen noch nicht zu § 254 Abs 2 BGB (BGH NJW-RR 2004, 739 = NZBau 2004, 336). Die sich bei den sonstigen Rechtsbehelfen des Bestellers gegenüber Mängeln (Nachbesserungsanspruch, Rücktritt, Minderung) aus ihrer Rechtsnatur wie auch aus ihren Rechtsfolgen ergebenden Anwendungsprobleme für § 254 BGB entfallen für den Schadensersatzanspruch.

c)   Fristablauf
aa) Es muss die nach § 281 Abs 1 BGB zu setzende Frist zur Nacherfüllung ergeb- **137** nislos abgelaufen sein (dazu o Rn 48 ff).

bb) Oder es muss die Setzung einer Frist entbehrlich gewesen sein nach den §§ 281 Abs 2, 636 BGB (dazu o Rn 58 ff).

Die Unzumutbarkeit der Fristsetzung, § 636 aE BGB, ergibt sich namentlich insoweit, wie der Besteller gegenüber den Erscheinungen eines Mangels zunächst einen Gutachter einschaltet, um sich ein eigenes fundiertes Bild zu verschaffen.

cc) Die Entbehrlichkeit der Fristsetzung kann namentlich aus § 275 Abs 1 BGB folgen, wenn nämlich die Nacherfüllung nicht geeignet ist, den Schaden des Bestellers abzuwenden. ZB ist es schon zu Nutzungsausfall gekommen, oder die fehlerhafte Planung des Architekten ist umgesetzt worden.

Nicht zur Schadensvermeidung geeignet ist die Nacherfüllung außerdem, wo infolge des Mangels Schäden an anderen Rechtsgütern des Bestellers eingetreten sind.

d)   Beweislast
Der Besteller hat die Pflichtwidrigkeit des Unternehmers darzulegen und zu bewei- **138** sen. In aller Regel bedeutet das den Beweis des Mangels. Besonderheiten ergeben sich, wo kein konkreter Erfolg geschuldet wird, sondern das optimale Ergebnis einer

Tätigkeit, wie namentlich von Seiten des Architekten. Hier hat der Besteller darzutun und zu beweisen, was der Unternehmer anderes hätte tun sollen, dass zB Baukosten hätten vermieden werden können oder dass Anlass bestanden hätte, diese konkrete Leistung des Bauhandwerkers zu überwachen. Gleiches gilt dort, wo die Einstandspflicht des Unternehmers aus der Verletzung von Warn- und Hinweispflichten hergeleitet wird, zB nach § 4 Abs 3 VOB/B (dazu § 633 Rn 62 ff).

Vom Vorwurf des Verschuldens muss sich der Unternehmer entlasten, § 280 Abs 1 S 2 BGB.

4. Die Bestimmung des § 281 Abs 4

139 § 281 Abs 4 BGB schließt den Anspruch auf die Leistung – hier: die Nacherfüllung – aus, wenn der Besteller Schadensersatz statt der Leistung verlangt hat.

a) Dieses Verlangen ist nur wirksam, wenn der Schadensersatzanspruch auch begründet ist. War die Fristsetzung in Wahrheit doch nicht entbehrlich, kann sich der Besteller so nicht um seinen Anspruch auf Nacherfüllung bringen.

b) Das Verlangen von Schadensersatz muss eindeutig sein; dass sich der Besteller Schadensersatz vorbehält, genügt dazu ebenso wenig wie die Androhung derartiger Ansprüche. Letztlich muss der eindeutige Wille erkennbar sein, eine weitere Nacherfüllung von Seiten des Unternehmers nicht mehr hinzunehmen (PALANDT/GRÜNEBERG § 281 Rn 50).

Die Erklärung nach den §§ 281 Abs 4, 634 Nr 4 BGB ist empfangsbedürftig. Sie ist eine geschäftsähnliche Handlung, die weithin nach den Regeln über Rechtsgeschäfte zu behandeln ist. Der minderjährige Besteller bedarf wegen ihrer zT nachteiligen Folgen der Einwilligung des gesetzlichen Vertreters, § 107 BGB, der Vertreter der Vertretungsmacht. Es gelten die §§ 111, 180 BGB. Eine Anfechtung ist nach den Bestimmungen der §§ 119 Abs 1, 123 BGB möglich.

c) Das Verlangen muss auf Schadensersatz statt der Leistung gerichtet sein.

aa) Das ist dann nicht der Fall, wenn der Besteller Schadensersatz wegen eines Mangelfolgeschadens begehrt, weil dieser unabhängig von einer korrekten Nacherfüllung zu liquidieren ist. Hier gehört § 281 BGB gar nicht zu den Anspruchsvoraussetzungen, sondern diese sind stattdessen den §§ 280 Abs 1, 241 Abs 2 BGB zu entnehmen (vgl u Rn 159).

bb) Das ist aber auch insoweit nicht der Fall, wie der Schadensersatz die Nacherfüllung nur ergänzen und abrunden soll, weil entweder einzelne Schäden schon unumkehrbar eingetreten sind oder die Nacherfüllung den vertragsgemäßen Zustand des Werkes nicht voll zu erreichen vermag, weil zB ein merkantiler Minderwert – oder mehr – verbleibt.

140 d) In dem bezeichneten Umfang verliert der Besteller den Anspruch auf Nacherfüllung, § 634 Nr 1 BGB, und die eigene Befugnis dazu nach § 634 Nr 2 BGB. Er kann immer noch übergehen zu Rücktritt oder Minderung gemäß § 634 Nr 3 BGB.

aa) Sein Nacherfüllungsanspruch ist „ausgeschlossen" in der Formulierung des § 281 Abs 4 BGB, müsste also einvernehmlich wieder begründet werden, soll es doch wieder zur Nacherfüllung kommen. Von einer entsprechenden Einigung ist idR auszugehen, wenn der Unternehmer die Nacherfüllung doch noch anbietet, der Besteller sie annimmt oder der Besteller sie verlangt, der Unternehmer dem nachkommt. Freilich sind etwaige Formvorschriften zu wahren (§ 311b Abs 1 BGB).

bb) Im Grundsatz ist der Schadensersatzanspruch des Bestellers damit auf eine Geldzahlung gerichtet (Palandt/Grüneberg § 281 Rn 17). Das erfährt jedoch zwei Durchbrechungen:

Dem Unternehmer ist es möglich, das Schadensersatzbegehren des Bestellers dadurch abzuwenden, dass er die Mängelbeseitigung doch noch anbietet (BGHZ 43, 223; BGH NJW 1978, 1853; BGB-RGRK/Glanzmann § 635 aF Rn 17; Erman/Seiler[10] § 635 aF Rn 14; Palandt/Sprau[61] § 635 aF Rn 7). Aus der Schadensminderungspflicht des Bestellers nach § 254 Abs 2 S 1 BGB folgt, dass der Besteller die Mängelbeseitigung des Unternehmers dann doch noch hinnehmen muss, wenn ihm diese ohne Weiteres zugemutet werden kann, insbesondere einen sicheren Erfolg verspricht. Zugunsten des Bestellers ist freilich ein strenger Maßstab anzulegen.

In Sonderfällen wird aber auch der Besteller auf die Leistungen dieses Unternehmers zurückgreifen können. Es mag zB ein anderer Unternehmer mit demselben Know-how nicht zu finden sein, um die Mängel zu beseitigen.

Wenn der Besteller Schadensersatz statt der ganzen Leistung fordert, ist der Unternehmer verpflichtet, den mangelhaften Bau abzureißen (RG WarnRspr 1920, 107; BGB-RGRK/Glanzmann § 635 aF Rn 15) und nach § 258 BGB den vorigen Stand wiederherzustellen.

5. Der Werklohnanspruch des Unternehmers

a) Verlangt der Besteller Schadensersatz statt der ganzen Leistung, entfällt der **141** Werklohnanspruch des Unternehmers. Das kann man entweder aus § 281 Abs 4 BGB schließen oder daraus, dass der vereinbarte Werklohn der objektive Mindestschaden des Bestellers ist (vgl auch u Rn 147).

b) Verlangt der Besteller Schadensersatz nur in Bezug auf den Mangel, bleibt der Werklohnanspruch des Unternehmers im Prinzip bestehen (missverständlich Palandt/Grüneberg § 281 Rn 50). Das wird schon dann deutlich, wenn der noch offene Werklohn den Schaden des Bestellers übersteigt.

c) Schadensersatz und Werklohn
Dabei ist das *Verhältnis der Schadensersatzansprüche* des Bestellers *zu noch offenen* **142** *Teilen der Werklohnforderung* des Unternehmers zweifelhaft.

Die hM hat bisher gefolgt – beim großen Schadensersatz offenbar aus dem Wesen der Differenztheorie –, dass die Werklohnforderung des Unternehmers *ihre eigenständige Bedeutung verliere* und zu einem bloßen *Rechnungsposten* bei der Ermittlung des Schadensersatzanspruchs des Bestellers herabsinke, sodass hier insbesondere –

das ist die praktische Konsequenz dieser Lehre – die Regeln über die Aufrechnung nicht anwendbar seien, sondern eine **automatische „Verrechnung"** stattfinde (vgl RGZ 50, 255, 266; 58, 113, 117; 83, 279, 281; 149, 135, 136; BGHZ 70, 240, 245; BGH NJW 1958, 1915; WM 1983, 418; 1983, 559; JZ 1986, 689; Staudinger/Otto [2001] § 325 aF Rn 40, 52; Erman/Battes[10] § 325 aF Rn 6; BGB-RGRK/Glanzmann § 635 aF Rn 13; **aA** OLG Frankfurt Schäfer/Finnern/Hochstein § 635 aF Nr 69 für den Fall eines Schadensersatzanspruchs gegen einen Architekten wegen Minderwerts des Hauses).

143 Diese Betrachtungsweise erscheint jedoch zweifelhaft (vgl Peters JZ 1986, 669). *Die Wertungen des Aufrechnungsrechts dürfen nicht mit schlichten rechtstechnischen Überlegungen beiseite geschoben werden,* um so mehr als auch das Gesetz selbst in § 479 BGB aF das Verhältnis von Schadensersatzforderung und Vergütungsforderung ganz unbefangen als das einer Aufrechnung bezeichnet hatte; nicht anders jetzt § 215 BGB, der ersichtlich auch auf die hiesige Konstellation zugeschnitten ist. Daraus folgt:

Wenn die Aufrechnung Konnexität der Forderungen nicht voraussetzt, muss es dem Besteller unbenommen bleiben, *einer anderen Forderung,* die der Unternehmer gegen ihn geltend macht, mit seinem Schadensersatzanspruch aufrechnend entgegenzutreten, mit der Folge, dass er dann später die Werklohnforderung ungekürzt begleichen muss. (Der Unternehmer kann gleiches nicht tun, weil seine Forderung jedenfalls einredebehaftet ist.)

144 Soweit sich speziell die Werklohnforderung und Ansprüche des Bestellers wegen dieses Objekts (Kosten der Mängelbeseitigung, der Fertigstellung) gegenüberstehen, dürfen mit der neueren Rechtsprechung (BGH NJW 2005, 2771; BGHZ 165, 134 = NJW 2006, 698 = NZBau 2006, 169; NJW 2007, 2697 Rn 22) bestehende gesetzliche *Aufrechnungsverbote* nicht einfach mit der Annahme einer Verrechnung umgangen werden. Freilich ist wegen der besonderen Nähe dieser Forderungen zueinander bei vertraglich begründeten Aufrechnungsverboten stets besonders kritisch zu prüfen, ob sie den Besteller nicht unangemessen iSd § 307 BGB benachteiligen (vgl BGH NJW 2011, 1729 = NZBau 2011, 428), wenn er so zur Vorleistung gezwungen wurde. Die Möglichkeit eines Vorbehaltsurteils nach § 302 Abs 1 ZPO ist mit dieser neueren Rechtsprechung zwar im Ansatz eröffnet, doch wird das Ermessen des Gerichts regelmäßig dahin auszuüben sein, von einem Vorbehaltsurteil abzusehen (BGHZ 165, 134 = NJW 2006, 319 = NZBau 2006, 169; BGH NJW-RR 2008, 31 = NZBau 2008, 55).

6. Großer und kleiner Schadensersatz; Wahlrecht des Bestellers

145 Der Schadensersatz kann in zweierlei Weise zu leisten sein: als sog **großer Schadensersatz** (Schadensersatz statt der ganzen Leistung), *bei dem der Besteller das mangelhafte Werk insgesamt zurückweist* und seinen Schaden auf dieser Basis berechnet, oder als sog **kleiner**. Hier *behält der Besteller das Werk trotz seines Mangels* und begehrt Ausgleich der ihm durch den Mangel entstandenen Schäden. Es entspricht der sog große Schadensersatz der *Differenztheorie,* der sog kleine der *Austauschtheorie.*

Dabei besteht der Anspruch auf den kleinen Schadensersatz immer, wenn nur seine Voraussetzungen (Mangel, Verschulden, Fristablauf) gegeben sind; es kommt nicht darauf an, dass der Mangel ein gewisses Gewicht hat. Die Aussage der §§ 638 Abs 1 S 2, 323 Abs 5 S 2 BGB zur Minderung, dass sie auch bei einem unerheblichen Mangel möglich sei, gilt hier entsprechend. Gleiches ergibt der Umkehrschluss aus § 281 Abs 1 S 3 BGB.

Dagegen setzt der Anspruch auf Schadensersatz statt der ganzen Leistung voraus, dass der Mangel nicht unerheblich ist, § 281 Abs 1 S 3 BGB. Die Regelung ist deckungsgleich mit der des § 323 Abs 5 S 2 BGB (Palandt/Grüneberg § 281 Rn 48); sodass auf die Erl o Rn 98 verwiesen werden kann. Die Fassung des Gesetzes ergibt die Beweislast des Unternehmers für diesen Ausschlusstatbestand.

Dagegen kommt es für den großen Schadensersatzanspruch des Bestellers nicht noch zusätzlich darauf an, dass er an dem Werk in diesem seinen Zustand kein Interesse hat. § 281 Abs 1 S 2 BGB ist bei der mangelhaften Leistung nicht einschlägig, bei letzterer genügt das objektive Gewicht des Mangels; das subjektive Interesse des Bestellers ist auch ohnehin nur schwer fassbar.

In dem durch § 281 Abs 1 S 3 BGB vorgegebenen Rahmen hat der Besteller die *freie Wahl* zwischen großem und kleinem Schadensersatz. Er kann – auch im Prozess – von dem einen zu dem anderen übergehen; soweit sich dabei eine Klageänderung ergibt, ist sie jedenfalls sachdienlich. Beides schließt einander aber dann aus. Die *Schadensberechnung des Bestellers darf nicht Elemente beider haben.*

a) Großer Schadensersatz
aa) Der Besteller kann das mangelhafte Werk insgesamt zurückweisen. Eine äußerste Grenze zieht dem Schadensersatzbegehren des Bestellers § 251 Abs 2 BGB (BGH NJW 2006, 2912 = NZBau 2006, 642). Diese Bestimmung ist freilich ebenso restriktiv zu handhaben, wie die des § 635 Abs 3 BGB (vgl BGH NJW 2006, 2912 = NZBau 2006, 642 zu einer zu gering bemessenen Lagerhalle). Bei Teilbarkeit des Werkes kann er sich ausnahmsweise auf die Zurückweisung der mangelhaften Teile beschränken. In jedem Fall kann der Besteller von dem Unternehmer die *Rücknahme des Werkes* verlangen, was bei Werkverträgen im eigentlichen Sinne bedeutet, dass der Unternehmer verpflichtet ist, den früheren Zustand wiederherzustellen, zB ein Bauwerk abzureißen, bzw die entsprechenden Kosten zu übernehmen (vgl RG WarnRspr 1920 Nr 107; OLG Düsseldorf NJW-RR 1996, 305).

146

bb) Gleichzeitig kann der Besteller *jenen Betrag* verlangen, *den er benötigt, um sich anderweitig mit einem mangelfreien Werk einzudecken.*

147

(1) In diesem Rahmen kann der Besteller jedenfalls die *Rückzahlung des schon gezahlten Werklohns* verlangen, sodass er praktisch so zu stellen ist, als wäre der Vertrag nie abgeschlossen worden (vgl BGB-RGRK/Glanzmann § 635 aF Rn 5). Der gezahlte Werklohn ist insofern der **Mindestschaden** des Bestellers; der Unternehmer kann sich nicht darauf berufen, dass ein Werk gleicher Art und Güte anderweitig billiger zu haben sei (vgl Soergel/Teichmann § 635 aF Rn 52). Zu ersetzen sind auch frustrierte Finanzierungskosten (BGH NJW 2009, 1870 Rn 18 ff).

(2) Der Besteller kann aber *auch einen höheren Betrag* verlangen, wenn ihm nur dieser anderweitig ein gleichwertiges Werk zu verschaffen vermag.

Diesen Betrag kann der Besteller *abstrakt* oder *konkret* beziffern. Eine abstrakte Berechnung erfolgt durch die Einholung entsprechender Kostenvoranschläge anderer Unternehmer, durch Sachverständigengutachten bzw die Benennung marktüblicher Preise. Eine konkrete Berechnung nimmt der Besteller vor, wenn er sich anderweitig eingedeckt hat und die damit verbundenen Mehrkosten liquidiert. *Doch hindert ihn das vorgenommene Deckungsgeschäft nicht an einer abstrakten Schadensberechnung.*

In jedem Fall sind jene *Kosten herauszurechnen,* die darauf zurückzuführen sind, dass das Ersatzwerk von *höherwertiger Ausführung* ist.

Bei abstrakter Berechnung obliegt es dem Besteller *nicht,* den erlangten Geldbetrag auch *entsprechend einzusetzen*. Das entspricht allgemeinen schadensersatzrechtlichen Grundsätzen. Wenn sich aber der Besteller nicht anderweitig einzudecken braucht, dann ist § 249 Abs 2 S 2 BGB entsprechend anzuwenden auf jenen Teil der Schadensersatzsumme, der nur dadurch anfällt, dass dem Besteller die anderweitige Eindeckung ermöglicht werden soll (vgl auch BGHZ 186, 330 = NJW 2010, 3085 = NZBau 2010, 690 zum kleinen Schadensersatz) – Bewertungsstichtag ist der Tag der letzten mündlichen Verhandlung in der Tatsacheninstanz.

148 **cc)** Wählt der Besteller den großen Schadensersatz, erwächst dem Unternehmer daraus ein Rückgabeanspruch nach den §§ 281 Abs 5, 346 f BGB, den er nach den §§ 281 Abs 5, 348 BGB dem Schadensersatzbegehren einredeweise entgegensetzen kann. Selbstständig durchsetzbar wird der Anspruch erst, wenn der Unternehmer vollen Schadensersatz wegen der Leistung geleistet hat. In aller Regel wird die von ihm erbrachte Leistung freilich vorab schon in die Ermittlung des Schadens des Bestellers einfließen.

dd) Es findet eine **Vorteilsausgleichung** statt. Hat zB der Besteller steuerliche Vorteile gezogen, sind diese anzurechnen. Sie müssen freilich endgültig sein, dürfen also nicht wieder durch die Rückabwicklung des Vertrages entfallen. Jedenfalls anzurechnen sind die Nutzungsvorteile des zurückgegebenen Werks. Geht es um eine Eigentumswohnung, will der Bundesgerichtshof differenzieren: Erzielte Miete bei der vermieteten Wohnung (BGH NJW-RR 2006, 890 = NZBau 2006, 312), lineare Abschreibung des vereinbarten Preises bei Selbstnutzung. Beides ist nicht richtig. Die lineare Abschreibung gilt für den Rücktritt, passt aber nicht zum Schadensersatz, die real erzielte Miete lässt den Unternehmer an einer zu günstigen Miete teilhaben. Ankommen muss es vielmehr hier wie dort auf die reale Beeinträchtigung, ausgedrückt durch eine angemessene Miete.

b) Kleiner Schadensersatz

149 Die Abwicklung des sog kleinen Schadensersatzanspruchs stellt sich als ein Anwendungsfall der Austauschtheorie dar. Der Besteller behält das Werk in seiner Mangelhaftigkeit und *liquidiert die konkreten mangelbedingten Nachteile.*

aa) Der Besteller kann sich darauf beschränken, den *Minderwert des Werkes* zu liquidieren, wie er Folge des Mangels ist. Auch Folgen von Nachbesserungsmaßnahmen gehören hierher, wenn sie sich als Mangel des Werkes darstellen (vgl BGH NJW-RR 1998, 1169 [Wohnflächenminderung durch Nachisolierung]). Auf die Erheblichkeit des

Mangels kommt es dabei nicht an (aA OLG Düsseldorf BauR 1992, 96); nur die Bemessung des Schadens kann dann Probleme bereiten. Allerdings muss überhaupt ein Schaden gegeben sein (vgl OLG Köln DAR 1990, 136 mit handelsüblichen Mitteln zu beseitigende Waschbürstenspuren einer Autowaschanlage). Die Liquidation des Minderwerts rückt den kleinen Schadensersatz in die *Nähe der Minderung,* ohne dass er indessen wie jene nach der Bestimmung des § 638 Abs 3 S 1 BGB zu berechnen wäre. Sein Betrag ergibt sich vielmehr als *die Differenz des Wertes, den das Werk mangelfrei hätte, und des Wertes, den es mangelbedingt hat.* In vereinfachter Berechnung – und als Minimum – kann der Besteller auch die *Differenz zum vertraglich vereinbarten Preis* beanspruchen (vgl BGH NJW 2004, 2156 = BauR 2004, 847 zur zu geringen Wohnfläche der Eigentumswohnung). Diesen Betrag kann der Besteller beanspruchen, auch wenn eine Nachbesserung möglich wäre und er deren Kosten liquidieren könnte; er ist insoweit an die Voraussetzungen des § 251 Abs 1 BGB nicht gebunden. Freilich wird die Minderung des Verkehrswertes *weithin den mutmaßlichen Nachbesserungskosten* entsprechen.

bb) Der Besteller kann aber auch jenen Betrag liquidieren, der für eine Beseitigung des Mangels erforderlich ist (BGH NJW-RR 2005, 1039 = NZBau 2005, 390). Das entspricht § 249 Abs 2 BGB (die Erl dort können sinngemäß herangezogen werden). Namentlich kann § 249 Abs 2 S 2 BGB in der Frage der Umsatzsteuer entsprechend herangezogen werden (BGHZ 186, 330 = NJW 2010, 3085 = NZBau 2010, 690). **150**

(1) Die Schadensberechnung auf dieser Basis setzt grundsätzlich voraus, dass eine *Beseitigung des Mangels noch möglich ist.* Sie entfällt also, wenn das Werk überhaupt untergegangen ist. Nach der zutreffenden Auffassung von BGHZ 99, 81 = NJW 1987, 645; BGH NZBau 2004, 610 (gegen BGHZ 81, 385, 392) schadet insoweit *die zwischenzeitliche Veräußerung* des Werkes aber *nicht;* es ist auch nicht einzusehen, warum dieser Umstand dem schadensersatzpflichtigen Unternehmer zugute kommen sollte. Es kann außerdem zweckmäßig sein, den Schadensersatzanspruch an den Erwerber als den eigentlich Interessierten abzutreten. Notwendig für den Erhalt des Schadensersatzes ist diese Abtretung aber nicht (aA BGH BauR 2001, 1437): zB kann sich der Besteller seinem Abnehmer gegenüber verpflichtet haben, noch für einen mangelfreien Zustand des Werks zu sorgen. Nicht einmal die Zwangsversteigerung lässt den Anspruch entfallen, weil die Schadensersatzleistung nicht zweckgebunden ist.

(2) Wenn die Voraussetzungen des § 634 Nr 4 BGB – also ein vom Unternehmer zu vertretender Mangel – vorliegen und auch die Voraussetzungen des in Bezug genommenen § 281 BGB, also der fruchtlose Ablauf einer zur Nacherfüllung gesetzten Frist bzw die Entbehrlichkeit dieser Fristsetzung, steht dem Besteller ein Anspruch auf Schadensersatz statt der Leistung zu, zu deren Bemessung man – vorbehaltlich der Schranke des § 251 Abs 2 BGB – unstreitig jene Kosten heranziehen kann, die dem Besteller voraussichtlich entstehen, wenn er die Nacherfüllung nunmehr selbst durchführt oder sie anderweitig durchführen lässt. Das gilt jedenfalls dann, wenn er sich auch tatsächlich so verhält. **151**

Nach der aktuellen Rechtsprechung des BGH (BGH NJW 2018, 1463) soll dem Besteller der so bemessene Zahlungsanspruch freilich nicht zustehen, wenn er von der Beseitigung des Mangels absieht und die Zahlung des Unternehmers anderweitig verwendet. Einstweilen noch nicht höchstrichterlich beantwortet ist dabei die Frage, ob der

Wille zur Beseitigung des Mangels Voraussetzung des Anspruchs des Bestellers ist oder sein Fehlen ein Leistungsverweigerungsrecht des Unternehmers begründet.

Diese Rechtsprechung ist abzulehnen: Sie verwischt den Unterschied zwischen den Rechten des Bestellers aus § 634 Nr 4 BGB und § 634 Nr 2 BGB und bricht mit dem Grundsatz, dass der Empfänger einer Schadensersatzleistung, deren Voraussetzungen gegeben sind, in ihrer Verwendung frei ist. Es trifft die Prämisse nicht zu, dass der Besteller einstweilen nur einen „fiktiven" Schaden erlitten habe, wenn er denn den vollen Werklohn entrichtet hat, aber mit einem minderwertigen Werk konfrontiert ist. Dem Besteller die Kosten der Mängelbeseitigung vorzuenthalten, bedeutet gleichzeitig einen erheblichen Vorteil für den Unternehmer, für den eine Rechtfertigung nicht ersichtlich ist. Es kann im Ergebnis keinen Unterschied machen, ob der Ersatz einer Naturalleistung durch eine Geldzahlung auf § 249 Abs 2 BGB beruht oder auf § 281 Abs 1 BGB. – Der BGH wäre besser bei seiner früheren Rechtsprechung (BGHZ 61, 28) verblieben, dass der Besteller in der Verwendung der Schadensersatzleistung frei ist.

152 (3) Es werden *sämtliche Kosten* erfasst, die bei der Beseitigung des Mangels anfallen können. Dazu gehören außer den eigentlichen Beseitigungskosten die *Kosten vorbereitender Maßnahmen* wie namentlich der gutachterlichen Abklärung von Ausmaß und Ursache des Mangels sowie der zu seiner Beseitigung erforderlichen Maßnahmen, sowie die *Kosten der Nachsorge,* wenn zB nach Maurerarbeiten zur Mangelbehebung noch wieder Malerarbeiten notwendig werden, aber auch die *Kosten begleitender Maßnahmen,* so etwa wenn Sachen für die Dauer der Nachbesserung auszulagern sind oder Hotelkosten entstehen (BGH NJW-RR 2003, 878 = BauR 2003, 1211), die Umsatzsteuer in entsprechender Anwendung des § 249 Abs 2 S 2 BGB freilich erst, wenn sie tatsächlich angefallen ist (BGHZ 186, 330 = NJW 2010, 3085 = NZBau 2010, 690). Vgl zu den Kosten der Mängelbeseitigung auch § 635 Rn 2 ff. Unter § 634 Nr 4 BGB – und nur unter diese Bestimmung – fallen auch durch die Nachbesserung verursachte Schäden, so etwa eine Betriebsunterbrechung (vgl OLG Düsseldorf BauR 1992, 414).

153 (4) Wenn der Besteller die Nachbesserung tatsächlich durchgeführt hat, ändert das an seinem Anspruch grundsätzlich nichts; er ist zur Abrechnung nicht verpflichtet. Bleibt sein realer Aufwand hinter den als erforderlich angesehenen Kosten zurück, so behält er gleichwohl seinen Anspruch auf diese; allenfalls stellt sich dann die Frage, ob ihre Erforderlichkeit nicht doch anders zu beurteilen ist. Diese Grundsätze kommen dem Besteller namentlich dann zugute, wenn es ihm *gelingt, den Mangel besonders preiswert* zu beseitigen, zB in Nachbarschaftshilfe oder gar durch Eigenarbeit: Er hat gleichwohl einen *Anspruch auf jenen Betrag, den eine ordentliche Fachfirma berechnen würde.*

Umgekehrt ist aber auch nicht jeder *Aufwand* erstattungsfähig, den der Besteller tatsächlich gehabt hat, sondern nur jener, *den er bei verständiger Würdigung für erforderlich halten durfte* (BGH NJW-RR 2003, 1212 = BauR 2003, 1216). Dazu können uU auch die Kosten fehlgeschlagener Nachbesserungsversuche gehören (vgl OLG Frankfurt NJW-RR 1992, 902).

154 (5) Dem Besteller kann es nicht erlaubt sein, auf Kosten des Unternehmers einen unverhältnismäßigen Aufwand zu treiben. In entsprechender Anwendung des § 251

Abs 2 BGB ist er vielmehr auf die *Liquidation des Minderwerts des Werkes* beschränkt, wenn die Beseitigung des Mangels *unvertretbar aufwendig wäre* (vgl RGZ 71, 212; BGHZ 114, 383, 389; SOERGEL/TEICHMANN § 635 aF Rn 45); das entspricht § 635 Abs 3 BGB (vgl § 635 Rn 10). Es muss sich bei einem Vergleich der Kosten der Mängelbeseitigung einerseits und des zu erwartenden Gewinns andererseits ergeben, dass die Beseitigung des Mangels unvernünftig wäre. Dabei ist einerseits zu berücksichtigen, dass der Mangel einen vertragswidrigen Zustand darstellt, den der Unternehmer schuldhaft geschaffen hat, und andererseits, dass die Beseitigung eines Mangels wegen der anfallenden Zusatzkosten ohnehin kostspieliger ist als die sofortige Schaffung eines mangelfreien Zustandes. Es darf also der Mangel *die Funktionsfähigkeit des Werkes nicht eigentlich beeinträchtigen* und es muss *mit besonders hohen Kosten zu rechnen* sein.

(6) Ein trotz der Nachbesserung verbleibender Minderwert des Werkes ist als solcher zu ersetzen, vgl auch § 251 Abs 1 BGB. Das gilt insbesondere für den sog merkantilen Minderwert (vgl BGH BauR 1991, 744).

(7) Zu Schadensersatzansprüchen des Hauptunternehmers gegenüber dem Subunternehmer aus seinem Verhältnis zum Besteller vgl KNIFFKA BauR 1998, 55.

cc) Gegenüber beiden Berechnungsmethoden ist dem Unternehmer der Einwand **155** verwehrt, dass der Besteller tatsächlich keine Einbußen erlitten habe, weil sein Abnehmer ihm selbst wegen des Mangels keine Abzüge gemacht habe (vgl RG JW 1919, 932; BGB-RGRK/GLANZMANN § 635 aF Rn 11); *derartige Vorteile dürfen sich nicht zu Gunsten des Unternehmens auswirken* (versagte Vorteilsausgleichung; zu einem Ausnahmefall vgl OLG Düsseldorf NJW-RR 1997, 186).

Anders jetzt BGH (BGHZ 173, 83 = NJW 2007, 2695; dagegen PETERS JR 2008, 177; ferner § 631 Rn 38) für den Fall, dass die Ansprüche des eigenen Abnehmers verjährt sind. Dem ist jedoch nicht zuzustimmen. Der Besteller kann nicht genötigt werden, sich dort auf die Verjährung zu berufen. Er behält also den Anspruch auf die Nacherfüllung, die er vielleicht seinem Abnehmer zukommen lassen will. Ihm muss sonst auch jedenfalls die Möglichkeit der Minderung verbleiben, schließlich stört die mangelhafte Leistung des Unternehmers das Äquivalenzverhältnis des Vertrages. Insofern abzulehnen BGH NZBau 2011, 232 Rn 2, dass § 242 BGB auch einer Minderung im Wege stehen soll. Aber auch der Anspruch aus § 634 Nr 4 BGB soll letztlich nur das Äquivalenzverhältnis wiederherstellen. Der jetzige Standpunkt des BGH bricht mit dem Grundsatz, dass der Schadensersatz nicht zweckgebunden ist. Ist der Vorteil im Verhältnis zum eigenen Abnehmer noch ungeklärt, muss der eigene Auftragnehmer auch nicht etwa nur Schadensersatz Zug um Zug gegen Abtretung der Ansprüche gegen den eigenen Abnehmer leisten (**aA** BGH NJW 2008, 3359 = NZBau 2009, 34 Rn 23). Entgegen der Auffassung des BGH (NJW 2008, 3359) hätte der Auftragnehmer überhaupt auch keinen diesbezüglichen Anspruch auf Abtretung. Die Anrechnung des Vorteils gegenüber dem eigenen Abnehmer könnte sich nur aus dem Bereicherungsverbot des § 249 Abs 1 BGB ergeben, aber auch dies ist eben nicht der Fall.

dd) Entstehen dem Besteller keine Kosten durch den Mangel, kann immer noch **156** der Nutzungsausfall durch die Unbrauchbarkeit des Werkes liquidierbar sein. Hierfür sind die Grundsätze von BGHZ (GSZ) 98, 212 = NJW 1987, 50 heranzuziehen. Ersatzfähigkeit besteht also bei dem Ausfall von Sachen mit zentraler Bedeutung für die Lebenshaltung, zB des Hauses (OLG Koblenz NJW 1989, 1808), von Wohn- und Schlafzimmer (OLG Köln NZM 2003, 776), nicht bei dem Ausfall des Kellers (OLG Hamm BauR 2006, 113), einer Schwimmhalle (BGHZ 76, 179 = NJW 1980, 1386), der Garage (BGH NJW 1993, 1793). Betraglich ist dabei abzustellen auf die Kosten des Anmietung des Ersatzes.

7. Sonderprobleme

a) Anfängliche Unmöglichkeit

157 § 634 Nr 4 BGB nimmt Bezug auf § 311a BGB, wie er zu anfänglichen Leistungshindernissen Stellung nimmt. Das hat geringe praktische Bedeutung, weil es bei ihnen weithin nicht zu der in § 634 Nr 4 BGB vorausgesetzten Abnahme kommt; insofern ist das anfängliche Leistungshindernis idR nur für den Erfüllungs-, nicht für den Nacherfüllungsanspruch des Bestellers von Bedeutung, man denke an den zugesagten Bau im Naturschutzgebiet.

Unter § 311a BGB fällt es allerdings auch, wenn das Werk nur nicht mit den vereinbarten Eigenschaften erstellt werden kann, zB die Entwicklung einer Maschine mit einer bestimmten Leistungsfähigkeit, die Ermittlung eines besonderen Verfahrens. Die Verfehlung derartiger Ziele wird aber meist schon vor der Abnahme offenbar werden und den Besteller veranlassen, diese zu verweigern. Nimmt er gleichwohl ab, sei es in Verkennung des Mangels, sei es in Kenntnis, braucht er sich seinen Schadensersatzanspruch nicht nach § 640 Abs 3 BGB vorzubehalten. Er kann dann ohne Weiteres Schadensersatz statt der Leistung verlangen, sofern sich der Unternehmer nicht nach § 311a Abs 2 S 2 BGB exkulpiert, und zwar insoweit das positive Interesse (Canaris JZ 2001, 507; Palandt/Grüneberg § 311a Rn 7), dh das, was ihm das vertragsgemäße Werk erbracht hätte, § 252 BGB.

b) Aufwendungen des Bestellers

158 aa) Die Nacherfüllung kann auch dann, wenn sie durch den Unternehmer durchgeführt wird, zu besonderen Aufwendungen des Bestellers führen. Sie haben teils unmittelbar Vermögenswert, zB das Abstellen von Arbeitskräften, einer Aufsichtsperson, teils ist dies zweifelhaft, insbesondere bei dem Einsatz der eigenen Arbeitskraft. Auch insoweit wird man aber Vermögenswert zu bejahen haben. Zwar hat der Besteller bei der ursprünglichen Erfüllung des Vertrages gemäß § 642 BGB für den Unternehmer kostenlos mitwirken müssen, aber das kann im Stadium der Nacherfüllung nicht mehr gelten, wenn hier letztlich vertragswidrige, zusätzliche Leistungen auf den Besteller zukommen. So wie bei der Selbstvornahme nach § 634 Nr 2 BGB dem Einsatz der eigenen Arbeitskraft Vermögenswert zuerkannt wird (o Rn 84), muss es auch erstattungsfähig relevant sein, wenn der Besteller bei der Nacherfüllung des Unternehmers Zeit aufwendet.

Dabei kommt es für die Erstattungsfähigkeit darauf an, ob der Besteller seinen Aufwand nach den Umständen für erforderlich halten durfte, vgl § 670 BGB. Das kann durchaus auch bei frustrierten Aufwendungen der Fall sein, zB dem vergeblichen Warten auf den Unternehmer.

Die Erstattung kann dabei problemlos im Falle des verschuldeten Mangels nach § 634 Nr 4 BGB erfolgen, kann aber nicht grundsätzlich von einem Vertretenmüssen des Unternehmers abhängig sein. Vielmehr wird man anzunehmen haben, dass die Nacherfüllung des Unternehmers, § 634 Nr 1 BGB, zT unausweichlich durch eine eigene Nacherfüllung des Bestellers, § 634 Nr 2 BGB, flankiert wird. Anspruchsgrundlage sind dann für die Erstattung die §§ 634 Nr 2, 637 BGB.

bb) Mit der Erwähnung des § 284 BGB in § 634 Nr 4 BGB hat dies nichts zu tun. Jene Regelung basiert darauf, dass der Gläubiger im Vertrauen auf den Erhalt der Leistung Aufwendungen gemacht hat, zB für Werbemaßnahmen für ihre Weiterveräußerung. Solche Aufwendungen sind auch im Stadium der Nacherfüllung denkbar, aber doch nur in Ausnahmefällen. Sie müssen nämlich, sollen sie den §§ 634 Nr 4, 284 BGB unterfallen, gerade im Vertrauen auf den Erfolg der Nacherfüllung getätigt worden sein, in aller Regel wird ihre Grundlage aber die Erwartung der ursprünglichen Leistung sein; dann verbleibt es bei den allgemeinen Regeln der §§ 280, 281, 283, 284 BGB, sodass namentlich in der Verjährungsfrage § 634a BGB unanwendbar ist.

Beziehen sich die frustrierten Aufwendungen auf die bloße Nacherfüllung, ist nach § 284 BGB auch nur der diesbezügliche Schadensersatz alternativ geltend zu machen.

8. Vertragliche Schadensersatzansprüche des Bestellers außerhalb des Anwendungsbereichs des § 634 Nr 4

Nicht alle Schadensersatzansprüche, die dem Besteller aus dem Vertrag zustehen, unterfallen § 634 Nr 4 BGB. Die praktische Bedeutung der Negativfeststellung liegt namentlich darin, dass ihre Verjährung nicht § 634a BGB unterliegt, sondern der Regelverjährung der §§ 195, 199 BGB. **159**

a) Nebenpflichtverletzung

Die §§ 280 Abs 1, 241 Abs 2 BGB sind anwendbar, wenn die Schäden des Bestellers *nicht mit einem Mangel der Werkleistung in innerem Zusammenhang* stehen. Hier sind zu nennen: *Allgemeine Störungen des Vertrages,* zB dessen eigenmächtige Aufsage, Beeinträchtigung *sonstiger Belange* des Bestellers, zB seiner Gesundheit oder seines Eigentums.

Ansprüche aus den §§ 280 Abs 1, 241 Abs 2 BGB können dabei insbesondere auch bei der Erbringung der Werkleistung oder der Nacherfüllung entstehen. Das ist der Fall, wenn der Unternehmer hierbei *Sachen des Bestellers beschädigt* (vgl BGB-RGRK/ GLANZMANN § 635 aF Rn 29), ohne dass dies im Zuge der Erbringung der Werkleistung unvermeidlich gewesen wäre; vgl BGH NJW 1975, 685: Das Kfz des Bestellers wird in der vollautomatischen Waschanlage beschädigt; durch unvorsichtigen Umgang mit Feuer wird die Arbeitsstelle und ihre Umgebung in Brand gesetzt (BGH VersR 1960, 344; 1963, 195; 1966, 1154; das per Kran anzuhebende Boot stürzt ab, BGH NJW-RR 1996, 1203; nach den Arbeiten des Unternehmers ist aufzuräumen, OLG Celle BauR 1995, 713). Eine Schädigung des Bestellers kann sich aber insbesondere auch daraus ergeben, dass er *gegenüber Dritten haftpflichtig* wird; es wird zB bei Bauarbeiten das Grundstück eines Nachbarn beschädigt. Auch Dritte selbst können gegenüber dem Unternehmer

Ansprüche aus den §§ 280 Abs 1, 241 Abs 2 BGB haben, sofern sie, zB als Arbeitnehmer oder Familienangehörige des Bestellers, in den Schutzbereich des Vertrages einbezogen waren.

§ 634 Nr 4 BGB bleibt aber anwendbar, wenn eine Sache beschädigt wurde und der Mangel des Werkes dafür ursächlich war (vgl die Fälle BGHZ 61, 203, 207: Überschwemmungsschäden durch Austritt von Wassermassen aus einem Schmutzwasserkanal, dem eigenmächtig ein unzureichend gesichertes Rohrstück angefügt war; BGHZ 58, 305: Brand eines Gebäudes infolge einer mangelhaften Ölfeuerungsanlage; BGHZ 23, 288: elektrochemische Korrosion eines eisernen Rohrleitungsnetzes infolge Einbaus einer Warmwasserbereitungsanlage mit Kupferrohren; BGH NJW 1979, 1651 m Anm LITTBARSKI JZ 1979, 552: Schäden durch ein heruntergebrochenes Regal; OLG Hamm NJW-RR 1996, 1083: Lahmheit des Pferdes nach Hufbeschlag; LG Tübingen NJW-RR 1994, 1175: Schaden eines Rohres nach Pflanzen eines Baumes in seiner Nähe, die früher nicht nach § 635 BGB aF zu behandeln waren).

b) Problematische Fälle

160 Damit verbleiben als problematisch jene – seltenen – Fälle, in denen der Besteller nicht oder nur unzureichend über solche Eigenschaften des Werkes unterrichtet worden ist, *die ihm nachteilig sind,* die sich aber *nicht unter den Mangelbegriff* einordnen lassen. Insoweit warnen BGB-RGRK/GLANZMANN § 635 aF Rn 25; LITTBARSKI JZ 1978, 3, 5 zutreffend davor, die Lehrmeinungen zum Kauf ohne Weiteres auf das Werkvertragsrecht zu übertragen.

Wenn man von den in § 639 Rn 4 f skizzierten intensiven Beratungs- und Aufklärungspflichten des Unternehmers ausgeht, besteht kein hinreichender Grund, den Besteller in diesem Bereich schutzlos zu lassen (vgl auch BGB-RGRK/GLANZMANN § 635 aF Rn 25). Der schlichte Hinweis auf den Vorrang des Gewährleistungsrechts kann dazu nicht ausreichen. Die Haftung aus culpa in contrahendo hat hier andere Grundlagen als dieses, wenn es um die Verletzung eines vorvertraglichen Vertrauensverhältnisses geht, und andere Folgen, wenn nicht die Bewältigung eines Mangels ansteht.

Wenn die aus den §§ 280 Abs 1, 311 Abs 2, 241 Abs 2 BGB herzuleitende Haftung hier an die unzureichende Aufklärung über die Eigenschaften des Werkes anknüpft, wird man sie der Verjährung nach § 634a BGB unterwerfen müssen.

c) Verletzung vorvertraglicher Pflichten

161 Ansprüche des Bestellers aus den §§ 280 Abs 1, 241 Abs 2, 311 Abs 2 BGB sind ebenfalls ohne Weiteres *dort möglich, wo sich das Fehlverhalten des Unternehmers nicht auf Eigenschaften des zu liefernden Werkes bezieht,* er also sonstige Schäden verursacht, zB durch eine körperliche Schädigung des Bestellers oder eine Verletzung seiner Geschäftsgeheimnisse.

Bei einer *fehlerhaften Beratung über das Werk* selbst und seine Eigenschaften gilt:

aa) Aufklärungs- und Beratungspflichten

Grundsätzlich treffen den Unternehmer, der gegenüber dem Besteller typischerweise über einen Vorsprung an Information und Sachkunde verfügt, intensive Beratungs- und Aufklärungspflichten, und zwar stärkere als insbesondere einen Verkäufer, wenn es denn um eine künftige Sache geht, nicht etwa um eine schon vorhandene, die beurteilt und gar erprobt werden kann. Der Unternehmer muss schon dann bei Verdachtsmomenten prüfen und ggf aufklären, wenn die Konzeption des Werkes von dem Besteller selbst stammt (vgl § 633 Rn 62 ff im Rahmen des § 4 Abs 3 VOB/B). Erst recht muss er das Werk und seine Eigenschaften dem Besteller dann erläutern, wenn die Konzeption des Werkes von ihm selbst stammt. Dies gilt jedenfalls dann, wenn Anhaltspunkte dafür bestehen, dass sich der Besteller Fehlvorstellungen anheimgibt. Solche Anhaltspunkte können sich daraus ergeben, dass die Eigenschaften des Werkes allgemein nicht als bekannt vorausgesetzt werden können, oder daraus, dass gerade der Besteller unzutreffende Erwartungen zu erkennen gibt, ggf hat sich der Unternehmer durch entsprechende Nachfragen zu vergewissern (vgl auch § 639 Rn 4 f). Dabei muss er gerade auch die Verwendungszwecke des Bestellers erkunden.

bb) Gewährleistungsrecht

Eine *Verletzung dieser Aufklärungspflichten kann durchweg mit den §§ 633 ff BGB* **162** *erfasst werden* (vgl auch BGH NJW 1969, 1710), da das Werk mangelhaft ist, wenn es nicht jenen Erwartungen entspricht, die der Besteller redlicherweise hegen darf (vgl auch § 633 Rn 173 ff). Daran ändern selbst abweichende konkrete Regelungen nichts, wenn der Besteller nicht gehörig über ihre Tragweite aufgeklärt worden ist.

cc) Selbständiger Beratungsvertrag

Ausnahmsweise denkbar ist der Abschluss eines selbständigen Beratungsvertrages, **163** der dann nicht den §§ 633 ff BGB unterfiele, wie ihn die Rechtsprechung namentlich im Bereich des Kaufes angenommen hat (vgl BGH NJW 1997, 3227, 3229), aber auch im Bereich des Werkvertrages (vgl BGH NJW 1999, 1540): Der Besteller lässt sich eine Expertise darüber erstellen, ob und welche Werkleistung er in Anspruch nehmen kann. Wie jeder Vertrag lässt sich dieser Vertrag unentgeltlich (dann freilich hier: als Auftrag) abschließen und konkludent; dann sind aber an seine Feststellung strenge Anforderungen zu stellen. Verbreitet sind sie im Reparaturgewerbe: Kostenpflichtige Ermittlung der Wirtschaftlichkeit einer Reparatur und ihrer Kosten, die dann die Basis für den eigentlichen Reparaturauftrag bilden soll. Hier nimmt BGH (NJW 1999, 1540) eine Haftung aus positiver Forderungsverletzung (= jetzt §§ 280 Abs 1, 241 Abs 2 BGB) im Rahmen eines Auskunftsvertrages an. Dem ist aber nicht zuzustimmen: Auch diese Beratung ist wieder eine Werkleistung. Wird sie unentgeltlich erbracht, sind die §§ 633 ff BGB analog anzuwenden.

9. Deliktische Ansprüche

Ob und inwieweit dem Besteller aus einer mangelhaften Werkleistung deliktische **164** Ansprüche gegen den Unternehmer erwachsen können, ist zweifelhaft. Bei der Klärung der damit zusammenhängenden Fragen sind **mehrere Problemkreise sorgsam zu unterscheiden**. Zunächst ist zu fragen, ob *tatbestandlich eine Rechtsguts-*, meist *Eigentumsverletzung* vorliegt, sodann ist ihre *Rechtswidrigkeit* zu prüfen, dann die *Konkurrenz zur vertraglichen Haftungsordnung,* schließlich sind *die Rechtsfolgen* zu bestimmen.

a) Tatbestandsmäßigkeit

Ein Anspruch des Bestellers aus § 823 Abs 1 BGB kann nur dann gegeben sein, **165** wenn zunächst eine Rechtsgutsverletzung vorliegt, wie sie insbesondere in der Form einer Eigentumsverletzung gegeben sein kann. Eine solche Rechtsgutsverletzung kann sich ohne Weiteres ergeben, wenn die Arbeiten selbst zu Schäden führen, vgl zur Verschmutzung der Nachbarräume durch Umbauarbeiten OLG Braunschweig BauR 1991, 486, zu Feuchtigkeitsschäden nach Öffnen der Dachhaut OLG Frankfurt NJW 1989, 233, zur Gefährdung des Nachbargrundstücks durch Vertiefungsmaßnahmen (§§ 909, 823 Abs 2 BGB) BGH NJW 1981, 50; OLG Koblenz BauR 1989, 637. Anspruchsberechtigt können der Besteller wie Dritte (zB Mieter [vgl KG BauR 1999, 421], Nachbar, Passant) sein.

166 **aa)** Es können durch den Mangel des Werkes *andere Rechtsgüter* in ihrer Integrität beeinträchtigt werden.

(1) Dabei kann es sich um eine zufällige Schädigung handeln, wenn zB Überschwemmungsschäden auf Grund mangelhafter Absicherung einer Kanalisation eintreten. *Hier kann eine Eigentumsverletzung nicht eigentlich geleugnet werden.*

(2) Der Schaden kann aber auch *an Rechtsgütern entstehen, deren Schutz die Werkleistung gerade dienen sollte* (vgl den Fall von RGZ 71, 173), dass das in einer Kühlhalle eingelagerte Fleisch auf Grund von deren Mängeln verdirbt, oder von BGHZ 60, 9, dass Blumen in einem Gewächshaus absterben, Entscheidungen, in denen jeweils eine Eigentumsverletzung nicht diskutiert wird. Eine solche wird man aber auch hier *schwerlich leugnen* können (aA möglicherweise SCHWENZER JZ 1988, 525, 528; vgl aber wie hier die Entscheidungen zur kaufrechtlichen Produzentenhaftung BGHZ 80, 186 [Derosal]; 80, 199 [Benomyl]; BGH NJW 1985, 194 [Dachabdeckfolie]). Insoweit kann es *keinen Unterschied* machen, ob die zum Schutz anderer Rechtsgüter einzusetzenden, aber wirkungslosen Sachen vom Produzenten *kraft Kaufrechts geliefert* oder *kraft Werkvertragsrechts angebracht worden* sind. Ganz entsprechend haben BGH NJW 1977, 1013; BGH NJW 1991, 562; OLG Hamm NJW-RR 1993, 594 den Architekten für Feuchtigkeitsschäden deliktisch haften lassen, die auf Grund seiner Fehlplanung bei Mietern des Bestellers eingetreten waren, BGH NJW-RR 1990, 726 den Bauunternehmer, der Wasserschäden durch seine mangelhafte Leistung verursacht hat. Für die Frage der Eigentumsverletzung kann es *keinen Unterschied* machen, ob die beschädigten Sachen im Eigentum *eines Dritten* oder *des Bestellers* standen. Deliktisch haftet dann aber auch die Reparaturwerkstatt, die die Bremse fehlerhaft eingestellt hat, BGH NJW 1993, 665, der Veranstalter des Konzerts, das zu Hörschäden führt, LG Trier NJW 1993, 1474, der Lieferant von Blumentorf, auf dem die Pflanzen nicht gedeihen, BGH NJW 1999, 1028.

Eine deliktische Haftung tritt auch ein, wenn mit mangelhaften Sachen mangelfreie derart verbunden werden, dass sie nicht mehr wirtschaftlich sinnvoll von ihnen getrennt werden können (vgl BGHZ 117, 183; BGH NJW 1998, 1942). Beschädigt ist hier nicht das Endprodukt, sondern der verlorene heile Bestandteil.

167 **(3)** Eine *Eigentumsverletzung* stellt es weiter dar, *wenn eine zur Reparatur* oder sonstigen Bearbeitung *gegebene Sache durch diese Werkleistung* in Integrität und Wert gemindert wird. Schon der zu der Bearbeitung notwendige Eingriff in die Substanz der Sache, zB der Aushub der Baugrube, beeinträchtigt das Eigentum. So hat BGHZ 55, 392 deliktische Ansprüche bejaht, nachdem der Einbau eines Doppelachsaggregats Rahmenrisse verursacht hatte, BGH NJW 1977, 1819 eine Eigentumsverletzung angenommen, nachdem Lichtrasterdecken beim Lackieren verformt worden waren.

(4) Zweifelhaft ist dagegen eine **Eigentumsverletzung**, soweit es um die **minderwertige Werkleistung selbst** geht. Eine Eigentumsverletzung wird hier in unterschiedlichem Umfang angenommen (vgl sehr weitgehend FREUND/BARTHELMESS NJW 1975, 281; WILTS VersR 1967, 817; GRUNEWALD JZ 1987, 1098, 1100); unklar die Rechtsprechung. BGHZ 39, 366 verneint bei der mangelhaften Errichtung eines Bauwerks deliktische Ansprüche, **weil das bebaute Grundstück nie in mangelfreiem Zustand im Eigentum des Bestellers gestanden habe**. Demgegenüber ist es aber nicht ersichtlich, warum die kaufrechtliche Rechtsprechung zum sog weiterfressenden Mangel nicht auch auf das Werkvertragsrecht sollte übertragen werden können (vgl dazu und in diesem Sinne LITTBARSKI, in: FS Korbion [1986] 269; SCHWENZER JZ 1988, 255 ff, ferner SCHLECHTRIEM ZfBR 1992, 95). Gerade im Werkvertragsrecht können spätere mangelhafte Leistungsteile solche vorangehenden Leistungsteile schädigen, die schon mangelfrei in das Eigentum des Bestellers übergegangen sind, vgl die einstürzende und weitere Schäden verursachende Zwischendecke in BGH VersR 1957, 304. Die Eigentumsverletzung kann insoweit nicht zweifelhaft sein, wenn ein nachfolgendes Gewerk ein vorangehendes schädigt. *Dann aber kann die Rechtslage nicht sinnvoll anders beurteilt werden, wenn der Unternehmer eigene vorangehende Leistungen schädigt.*

168

bb) An einer **Eigentumsverletzung fehlt es** allerdings, soweit es nur um den **Mangel des Werkes** selbst geht, weil der Besteller insoweit nie mangelfreies Eigentum erworben hat (vgl insoweit zutreffend BGHZ 39, 366; 67, 359, 364; BGH NJW 2005, 1423 = BauR 2005, 705; SOERGEL/ZEUNER Rn 42 vor § 823; MÖSCHEL JuS 1977, 1, 5; anders möglicherweise GRUNEWALD JZ 1987, 1908, 1909 f).

b) Rechtswidrigkeit
Bei der Frage der Rechtswidrigkeit der Eigentumsverletzung sind zwei Problemkreise zu unterscheiden.

169

aa) Zunächst muss *festgestellt werden, dass der Unternehmer gerade deliktische und nicht nur vertragliche Pflichten verletzt hat;* letztere können nicht einfach in deliktische umgemünzt werden (vgl SCHWENZER JZ 1988, 525, 528 f). Doch kann eine solche *Pflichtverletzung jedenfalls dann* angenommen werden, *wenn andere Rechtsgüter des Bestellers gefährdet werden,* und zwar auch dann, wenn die Werkleistung gerade ihrem Schutz diente (**aA** SCHWENZER JZ 1988, 525, 528 f). Es haftet der nachlässige Wachmann auch deliktisch, und anderes kann auch im Werkvertragsrecht nicht angenommen werden. Insoweit von einer vertraglichen Sonderordnung zu sprechen, vgl SCHWENZER JZ 1988, 525, 528 f, ergibt wenig Sinn. Sie versagt ohnehin, wenn zwischen den Parteien keine direkten vertraglichen Beziehungen bestehen wie zB zwischen Besteller und Subunternehmer. *Es können dann aber die Beziehungen zwischen dem Besteller und dem Unternehmer selbst in dieser Hinsicht nicht anders beurteilt werden.*

bb) Allerdings enthält der Werkvertrag als solcher – und das ist der zutreffende Kern des Gedankens einer vertraglichen Sonderordnung – eine **Einwilligung des Bestellers in die Einwirkung auf seine Rechtsgüter**. Das nimmt zB dem Ausheben der Baugrube die Rechtswidrigkeit. *Den Umfang dieser Einwilligung sachgerecht zu bestimmen, ist das Zentralproblem.* Jedenfalls ist sie von dem Unternehmer nachzuweisen (vgl BGH NJW-RR 2005, 172 = BauR 2005, 96: Auftrag zum Schreddern gerade dieser Bäume).

170

(1) Diese *Einwilligung* ist zunächst in mancher Hinsicht *beschränkt*. Sie deckt nur solche Einwirkungen auf das Eigentum des Bestellers, die zur sachgerechten Erbringung der Werkleistung erforderlich sind, wobei insoweit von den anerkannten Regeln der Technik auszugehen ist. *Im Grundsatz hat der Unternehmer mit allen Rechtsgütern des Bestellers* – auch jenem, das er gerade zu bearbeiten hat – *schonend umzugehen*. Wenn sich aber der Substanzeingriff *lege artis nicht vermeiden* lässt, dann ist er auch *rechtmäßig*.

Die Einwilligung bezieht sich nicht auf Mangelfolgeschäden an sonstigen deliktisch geschützten Rechtsgütern des Bestellers.

(2) *Das Gesetz erweitert die Einwilligung des Bestellers* aber auch teilweise *auf Maßnahmen des Unternehmers, die den Regeln der Technik nicht entsprechen*, indem es dem Unternehmer in § 634 Nr 1 BGB eine *Nachbesserungsbefugnis* gewährt. Solange diese besteht und soweit sie reicht, kann einstweilen von einer im deliktischen Sinne rechtswidrigen Handlungsweise des Unternehmers noch nicht gesprochen werden. *Erst wenn und soweit sich der Besteller nicht mehr auf eine Nachbesserung des Unternehmers einzulassen braucht*, ist das Verdikt der *Rechtswidrigkeit* möglich.

cc) Ausnahmsweise kann sich die Rechtswidrigkeit – und die deliktische Haftung überhaupt – auch aus einem Verstoß gegen ein Schutzgesetz iSd § 823 Abs 2 BGB ergeben.

c) Rechtsfolgen

171 Was den Haftungsumfang betrifft, so ist ein deliktischer Anspruch des Bestellers *nicht auf das Erfüllungsinteresse* aus dem Werkvertrag *gerichtet,* vgl BGHZ 39, 266, sondern kann nur sein *Integritätsinteresse erfassen,* dh jenen Schaden, der in der Rechtsgutsverletzung selbst liegt bzw aus ihr resultiert. Das bedeutet, dass *namentlich die Kosten der eigentlichen Mängelbeseitigung nicht verlangt werden können* (vgl auch BGHZ 96, 221, 229; OLG Koblenz NJW-RR 1998, 374). In dem BGH VersR 1957, 304 zugrunde liegenden Fall der einstürzenden Zwischendecke können nur jene Schäden liquidiert werden, die diese an sonstigen Sachen des Bestellers sowie anderen schon mangelfrei erbrachten Leistungsteilen anrichtet; ihre mangelfreie Wiederherstellung bzw der dazu notwendige Betrag kann nur Gegenstand vertraglicher Ansprüche aus § 634 BGB sein. Im Gegensatz zum Kostenvorschuss nach § 637 Nr 3 BGB ist über den Anspruch nicht nachträglich abzurechnen (BGH NJW 1997, 520). Die Schadensersatzleistung ist nicht zweckgebunden, wenn sie sich nach den §§ 249 ff BGB richtet.

d) Konkurrenzen

172 Soweit nach dem Vorstehenden deliktische Ansprüche des Bestellers gegeben sind, ist *kein hinreichender Grund ersichtlich,* sie entgegen sonstigen Prinzipien des Zivilrechts *hinter vertragliche Ansprüche des Bestellers zurücktreten zu lassen* (vgl BGHZ 55, 392; 61, 203; 96, 221). Sie sind mit diesen sachlich durchaus vereinbar (vgl BGHZ 55, 392; 61, 203; 96, 221, einschränkend zB SCHWENZER JZ 1988, 525, 527 ff), wenn man berücksichtigt, dass das Deliktsrecht nicht geeignet ist, dem Unternehmer sein Nachbesserungsrecht zu nehmen (vgl o Rn 36; BGHZ 96, 221, 229; GRUNEWALD JZ 1987, 1098, 1101).

Der einzige weitere, freilich gravierende Punkt, in dem es zu Wertungswidersprüchen zwischen der vertraglichen und der deliktischen Ordnung kommen kann, ist der der **Verjährung**, für die die §§ 195 ff BGB teils geräumigere Fristen bereithalten als § 634a BGB, und die dort auch mit ihrer Anknüpfung an die Kenntnis vom Schaden wesentlich geschädigtenfreundlicher ausgestaltet ist. Die deliktischen Ansprüche des Bestellers nach den §§ 195 ff BGB verjähren zu lassen, begegnet aber doch keinen durchgreifenden Bedenken. Es ist *kein hinreichender Grund ersichtlich, deliktische Ansprüche des Bestellers ebenfalls dieser Bestimmung zu unterwerfen* (vgl BGHZ 55, 392; SOERGEL/TEICHMANN § 638 aF Rn 23 f; NICKLISCH/WEICK/JANSEN/SEIBEL/MOUFANG/KOOS § 13 Rn 465; FREUND/BARTHELMESS NJW 1975, 281, 288; GRUNEWALD JZ 1987, 1098, 1101; **aA** GANTEN NJW 1971, 1804; einschränkend SCHLECHTRIEM JZ 1971, 449, 451; NJW 1972, 1554, 1555; 1977, 1819, 1820; ESSER/WEYERS § 32 II 6 f).

10. Zu **Schadensersatzansprüchen nach der VOB/B** vgl Anh I zu § 638 Rn 37 ff. Zur Haftung des Architekten vgl Anh zu §§ 650p–t.

XV. Mengenabweichungen

1. Preisliche Konsequenzen

Das Werk des Unternehmers kann quantitativ anders ausfallen, als dies vorgesehen war. Das ist bei dem zukunftsbezogenen und damit zunächst auf Prognosen angewiesenen Werkvertrag eine alltägliche Erscheinung. Sofern keine Pauschalvergütung vereinbart war, sondern sich die Vergütung nach der erbrachten Menge bemessen soll, ist sie entsprechend zu berechnen, vgl das Aufmaß beim Einheitspreisvertrag, den Kilometerstand bei der Taxifahrt. Die etwaige Herabsetzung bei der minderen Menge gilt außer bei Korrektheit des Werkes auch bei dessen Mangelhaftigkeit und ist damit unabhängig von den §§ 633 Abs 2 S 3, 634, 640 Abs 3 BGB. **173**

2. Vertragswidrige Mindermenge

a) Zurückweisung

Hat das Werk des Unternehmers vertragswidrig einen geringeren Umfang als vereinbart, kann der Besteller es zurückweisen, sofern die Mindermenge nicht nur unwesentlich ist, § 640 Abs 1 S 2 BGB. Dann bleibt es bei seinem allgemeinen Erfüllungsanspruch, wie er durch die §§ 280, 281, 323 BGB sanktioniert ist. Schadensersatz statt der ganzen Leistung und Rücktritt stehen dabei unter dem Vorbehalt der Erheblichkeit, §§ 281 Abs 1 S 3, 323 Abs 5 S 2 BGB. **174**

Der Besteller, der die Fehlmenge erkannt hat, kann gleichwohl abnehmen. Rügt er nicht, nimmt ihm das nach § 640 Abs 3 BGB die Rechte aus § 634 Nrn 1–3 BGB (nicht Nr 4); die Preiskorrektur (soeben Rn 173) bleibt unangetastet.

Wenn er rügt, erhält ihm das seine Rechte wegen Fehlmenge. Dies sind jedenfalls die sich aus § 634 BGB ergebenden. Außerdem aber ist anzunehmen, dass die Rüge in ihrem Umfang den Vertrag im Erfüllungsstadium belässt (§ 640 Rn 24), sodass dem Besteller also insoweit auch die allgemeinen Rechte verbleiben.

b) Rechte aus § 634

175 Der Besteller, der die Mindermenge gerügt, aber abgenommen hat oder sie vielleicht erst später bemerkt hat, hat nach § 633 Abs 2 S 3 BGB die zeitlich nach § 634a BGB limitierten Rechte aus § 634 BGB. Er kann Nachlieferung verlangen (Nr 1), sich nach Fristsetzung, sofern diese nicht entbehrlich ist, selbst eindecken (Nr 2), zurücktreten oder Schadensersatz verlangen (Nrn 3, 4), wobei bei Rücktritt oder Schadensersatz wegen der ganzen Leistung die Erheblichkeit des Mangels weitere Voraussetzung ist, §§ 281 Abs 1 S 3, 323 Abs 5 S 2 BGB.

Die Möglichkeit der Minderung, § 634 Nr 3 BGB, hat eigenständige Bedeutung beim Pauschalpreisvertrag. Ist – beim Einheitspreisvertrag – nach der erbrachten Leistung abzurechnen, läuft sie idR leer neben der entsprechenden Preiskorrektur (o Rn 173). Eine ergänzende Bedeutung behält sie, wenn und soweit sich aus der Mindermenge zusätzlich eine weitergehende Einschränkung der Verwendungstauglichkeit ergeben sollte.

XVI. Anderes Werk

1. Zurückweisung

176 Wenn der Unternehmer dem Besteller ein anderes als das vereinbarte Werk liefert, kann der Besteller auf dem letzteren bestehen, sofern die Abweichung nicht nur unwesentlich ist, § 640 Abs 1 S 2 BGB. Dann hat der Unternehmer es als vertragswidrige Leistung zu beseitigen (vgl o Rn 103 f zur ähnlichen Lage beim Rücktritt). Verbleibt es gleichwohl beim Besteller, ist es zu vergüten, wofür die vier Regelungsmodelle der §§ 677 ff, 818 ff, 994 ff, 346 Abs 2 BGB in Betracht kommen. Dabei ist das letztgenannte vorzuziehen, weil die vertraglichen Wertansätze auch hier maßgeblich bleiben müssen, vgl § 346 Abs 2 aE BGB.

Wenn nach Aufwand des Unternehmers abzurechnen ist, muss uU die Vergütung angepasst werden (o Rn 173).

2. Abnahme

177 Der Besteller kann die andere Werkleistung als Erfüllung entgegennehmen, § 640 BGB, muss dies sogar bei einer nur unwesentlichen Abweichung. Das nimmt ihm nicht die etwa notwendige Preiskorrektur wegen Minderaufwands des Unternehmers (o Rn 173).

aa) Wenn die Erbringung der ursprünglich vorgesehenen Leistung neben dem angedienten Werk sinnvoll bleibt – es mag der Maler das falsche Zimmer ausgemalt haben –, behält der Besteller insoweit seinen ursprünglichen Erfüllungsanspruch, wie er von einer Rüge nach § 640 Abs 3 BGB nicht abhängig ist. Der Anspruch erlischt, wenn sich die Parteien nach § 364 Abs 1 BGB einigen, oder wenn die eigentliche Werkleistung nicht mehr möglich ist.

bb) Seinen sekundären Rechten eine Frist zur Nacherfüllung vorzuschalten, wird der Besteller idR nicht gehalten sein: Wenn die aliud-Leistung bei ihm verbleibt und mit der „richtigen" Leistung deckungsgleich ist, greift § 275 Abs 1 BGB ein. Wenn die aliud-Leistung verbleibt und damit zu vergüten ist, wird es dem Besteller nicht zuzumuten sein, die noch mögliche richtige Leistung zusätzlich zu vergüten, vgl § 636 BGB.

cc) Für Minderung, Rücktritt oder Schadensersatz statt der Leistung gelten im Übrigen keine Besonderheiten. Hinzuweisen ist nur darauf, dass § 640 Abs 3 BGB diese Rechte unterschiedlich behandelt.

XVII. Rechtsmangel

1. Abnahme

Auch ein Rechtsmangel berechtigt den Besteller zur Verweigerung der Abnahme, wenn er nicht nur unwesentlich ist iSd § 640 Abs 1 S 2 BGB. Kennt der Besteller den Rechtsmangel, so ist ein Vorbehalt nach § 640 Abs 3 BGB nicht notwendig, freilich tunlich: § 640 Abs 3 BGB ist gemünzt auf die tatsächliche, durch Besichtigung zu ermittelnde Beschaffenheit des Werkes. Das Erfordernis eines Vorbehalts würde auch den vom Gesetz angestrebten Gleichklang mit dem Kaufrecht aufheben. **178**

2. Nacherfüllung und Selbstvornahme

Die Nacherfüllung unterscheidet sich deutlich von jener nach einem Sachmangel. Es geht um die Erwirkung fehlender behördlicher Genehmigungen, Abfindung privater Dritter, nicht um körperliche Leistungen, wie sie allerdings primär dem Unternehmer vorbehalten bleiben müssen. Die gegenüber einem Rechtsmangel notwendigen Schritte kann der Besteller nicht minder effektiv als der Unternehmer vornehmen, uU sogar nur er. Das bedeutet, dass die *Selbstvornahme idR nicht von einer vorherigen Fristsetzung abhängig* sein kann; es werden die Voraussetzungen des § 637 Abs 2 BGB gegeben sein. Seinen Aufwand zur Abfindung eines Dritten muss der Besteller grundsätzlich – unter dem Vorbehalt der Erforderlichkeit – erstattet erhalten.

3. Nacherfüllung und Sekundärrechte

Die besondere Situation muss auch berücksichtigt werden, soweit es um das Verhältnis von Nacherfüllung und Rücktritt, Minderung bzw Schadensersatz geht. Sich mit den Behörden oder Dritten zu arrangieren, erfordert einen Zeitaufwand, der sich selten klar abschätzen lässt. Dann aber ist das besondere Interesse des Bestellers, §§ 281 Abs 2, 323 Abs 2 Nr 3 BGB, oder die Unzumutbarkeit der Nacherfüllung, § 636 BGB, dann anzunehmen, wenn der Erfolg ungewiss ist oder der Schwebezustand unerträglich. **179**

Andererseits wird der Besteller die Nacherfüllungsbefugnis des Unternehmers idR nicht durch eine Fristsetzung beenden können: die spätere Abfindung des Dritten durch den Unternehmer stellt ihn schadlos, sodass Schadensersatzbegehren oder Rücktritt missbräuchlich sein werden, wenn sie jetzt noch erfolgen. Nach Treu und Glauben kann der Besteller – trotz § 281 Abs 4 BGB – gehalten sein, von dem schon ausgesprochenen Begehren wieder Abstand zu nehmen. Die Minderung würde ohnehin gegenstandslos.

4. Schadensersatz, Rücktritt, Minderung

Von dem Vorstehenden abgesehen weisen die Rechte des Bestellers aus den Nrn 3, 4 des § 634 BGB keine Besonderheiten auf.

§ 634a
Verjährung der Mängelansprüche

(1) Die in § 634 Nr. 1, 2 und 4 bezeichneten Ansprüche verjähren

1. vorbehaltlich der Nummer 2 in zwei Jahren bei einem Werk, dessen Erfolg in der Herstellung, Wartung oder Veränderung einer Sache oder in der Erbringung von Planungs- oder Überwachungsleistungen hierfür besteht,

2. in fünf Jahren bei einem Bauwerk und einem Werk, dessen Erfolg in der Erbringung von Planungs- oder Überwachungsleistungen hierfür besteht, und

3. im Übrigen in der regelmäßigen Verjährungsfrist.

(2) Die Verjährung beginnt in den Fällen des Absatzes 1 Nr. 1 und 2 mit der Abnahme.

(3) Abweichend von Absatz 1 Nr. 1 und 2 und Absatz 2 verjähren die Ansprüche in der regelmäßigen Verjährungsfrist, wenn der Unternehmer den Mangel arglistig verschwiegen hat. Im Falle des Absatzes 1 Nr. 2 tritt die Verjährung jedoch nicht vor Ablauf der dort bestimmten Frist ein.

(4) Für das in § 634 bezeichnete Rücktrittsrecht gilt § 218. Der Besteller kann trotz einer Unwirksamkeit des Rücktritts nach § 218 Abs. 1 die Zahlung der Vergütung insoweit verweigern, als er auf Grund des Rücktritts dazu berechtigt sein würde. Macht er von diesem Recht Gebrauch, kann der Unternehmer vom Vertrag zurücktreten.

(5) Auf das in § 634 bezeichnete Minderungsrecht finden § 218 und Absatz 4 Satz 2 entsprechende Anwendung.

Materialien: Art 1 G zur Modernisierung des Schuldrechts v 26. 11. 2001 (BGBl I 3138); BT-Drucks 14/6040, 263; BT-Drucks 14/7052, 65, 204;

BGB aF: § 638: E I § 571, II § 576; III § 628; Mot II 486 ff; Prot II 2210 ff; JAKOBS/SCHUBERT, Recht der Schuldverhältnisse II 680 ff.

Schrifttum

ACKER/BECHTOLD, Organisationsverschulden nach der Schuldrechtsreform, NZBau 2002, 529
vBILDERLING, Die Verjährung konkurrierender Schadensersatzansprüche wegen Sachmängeln (Diss Marburg 1992)

vCRAUSHAAR, Bauwerksleistungen im Sinne von § 638 BGB, NJW 1975, 993
ders, Die Verjährung der Gewährleistungsansprüche bei Arbeiten zur Erstellung eines Gebäudes, BauR 1979, 449

ders, Die Verjährung von Gewährleistungsansprüchen bei Bauleistungen am fertigen Gebäude, BauR 1980, 112
FISCHER, Verjährung der werkvertraglichen Mängelansprüche bei Gebäudearbeiten, BauR 2005, 1073
FORSTER, Die Verjährung der Mängelansprüche beim Kauf von Baumaterialien, NZBau 2007, 479
GASSNER, Die Verjährung von Gewährleistungsansprüchen bei arglistigem Verschweigen, BauR 1990, 312
HICKL, Die Verjährungsunterbrechungswirkung beim gerichtlichen Beweissicherungsverfahren, BauR 1986, 282
JACOBY, Der Begriff des Bauwerks am Beispiel einer Photovoltaikanlage, NJW 2016, 2848
JURGELEIT, Verjährung der Mängelansprüche bei Arglist und Organisationsverschulden, BauR 2018, 389
KEISERS, Die Verjährung von Bauvertraglichen Mängelansprüchen, insbesondere solcher aus mangelhafter Mängelbeseitigung (Diss Köln 1977)
KNIFFKA, Aufklärungspflicht des Bauunternehmers nach der Abnahme – zur Sekundärhaftung des Unternehmers, in: FS Heiermann (1995) 201
KNIPP, Organisationsverschulden und Arglisthaftung – eine Bestandsaufnahme, BauR 2007, 944
KOEBLE, Gewährleistung und selbständiges Beweisverfahren bei Bausachen (2. Aufl 1993)
KROPPEN/HEYERS/SCHMITZ, Beweissicherung im Bauwesen (1992)
LANG, Gewährleistung bei Organisationsmängeln des Bauunternehmers, in: FS Odersky (1996) 583
LAUER, Verjährung der Mängelansprüche und Sekundärhaftung im Architektenrecht, BauR 2003, 1639
MOTZKE, Die Vorteile des Beweissicherungsverfahrens in Baustreitigkeiten (1981)
ders, Installierung eines Heizöltanks als Arbeit an einem Bauwerk, NJW 1987, 563

NETTESHEIM, Unterbrechung der Gewährleistungsfrist durch Nachbesserungsarbeiten, BB 1972, 1022
OERTMANN, Bauwerk und Bauvertrag, ArchBürgR 38, 169
PETERS, Zur Verjährung wiederaufgelebter Gewährleistungsansprüche, NJW 1983, 562
ders, Die zeitlichen Dimensionen des Ausgleichs zwischen mehreren für einen Baumangelverantwortlichen Personen, NZBau 2007, 337
ders, Der Beginn der Verjährung bei Freihaltungsansprüchen, ZGS 2010, 154
PUTZIER, Wann beginnt die fünfjährige Gewährleistungsfrist für den Architekten?, NZBau 2004, 117
QUACK, Neuerungen für den Bauprozeß, vor allem beim Beweisverfahren, BauR 1991, 278
REINELT/PASKER, Gilt die Sekundärhaftung des Architekten auch nach der Schuldrechtsmodernisierung?, BauR 2010, 983
vRINTELN, Die Sekundärhaftung des Architekten, NZBau 2008, 209
RUTKOWSKY, Organisationsverschulden des Bauunternehmers als Arglist im Sinne von § 638 BGB?, NJW 1993, 1748
SCHLECHTRIEM, Organisationsverschulden als zentrale Zuordnungskategorie, in: FS Heiermann (1995) 95
SCHOLTISSEK, Die Schwierigkeiten der Teilabnahme beim Architektenvertrag, NZBau 2006, 623
USINGER, Die Hemmung der Verjährung durch Prüfung oder Beseitigung des Mangels, NJW 1982, 1021
WAGNER, Verjährung im Baurecht nach der Schuldrechtsmodernisierung, ZfIR 2002, 257
WEYER, Werkvertragliche Mängelhaftung und Verjährung nach neuem Recht. Auswege aus der kurzen Verjährungsfrist nach § 634a Abs 1 Nr 2 BGB, JbBauR 2003, 209
WUSSOW, Das gerichtliche Beweissicherungsverfahren in Bausachen (2. Aufl 1982).

Systematische Übersicht

I. Allgemeines
1. Die Neuregelung 2001 — 1
2. Abgrenzungsprobleme — 2
3. Ablauf der Verjährung — 6
4. Rücktritt, Minderung — 7

II. Erfasste Rechte des Bestellers — 8

III. Nicht erfasste Ansprüche
1. Vor der Abnahme — 9
2. Ansprüche im Zusammenhang mit Mängeln — 10
   a) Erstattungsanspruch des Unternehmers — 10
   b) Auskunftsansprüche — 10
   c) Garantie — 10
3. Sonstige Ansprüche des Bestellers — 11
4. Deliktische Ansprüche — 12

IV. Sonderbestimmungen
1. Güterbeförderung — 13
2. Anwälte und Steuerberater — 14

V. Rücktritt und Minderung
1. Allgemeines — 15
2. Voraussetzungen der Verjährung — 16
3. Unwirksamkeit des Rücktritts — 17
4. Anspruch aus Rücktritt oder Minderung — 18

VI. Die Fristen des § 634a Abs 1
1. Bauwerke — 19
   a) Begriff — 20
   b) Erfasste Leistungen — 23
   c) Planung und Bauaufsicht — 24
2. Leistungen nach § 634a Abs 1 Nr 1 — 25
3. Sonstige Leistungen — 27
4. Rechtsmängel — 28
5. Mehrheit von Leistungen — 29

VII. Vertragliche Vereinbarungen über die Verjährung
1. Mögliche Vereinbarungen — 30
2. Schranken — 31
   a) Vereinbarungen über den Ablauf der Verjährung — 31
   b) Vereinbarungen über die Verjährungsfrist — 32

VIII. VOB/B — 34

IX. Beginn der Verjährungsfrist — 35
1. Abnahme — 35a
   a) Allgemeines — 35a
   b) Verzug des Bestellers — 35b
   c) Ernsthafte und endgültige Abnahmeverweigerung des Bestellers — 36
   d) Irrelevante Gesichtspunkte — 37
2. Vollendung des Werkes — 38
3. Teilabnahme und Teilvollendung — 39
   a) Teilabnahme — 39
   b) Teilvollendung — 40
4. Vorzeitige Vertragsbeendigung — 41
5. Regelmäßiger Verjährungsbeginn nach § 199 — 42

X. Verjährung der Mängelansprüche gegen den Architekten
1. Verjährungsfrist — 43
2. Fristbeginn — 43a
3. Sekundärhaftung — 43b

XI. Arglistiges Verschweigen von Mängeln — 44
1. Arglist — 45
2. Zeitpunkt — 47
3. Hilfspersonen — 48
4. Beweislast — 49

XII. Meidung des Eintritts der Verjährung
1. Der Mangel — 50
2. Gläubiger und Schuldner — 51
3. Der verfolgte Anspruch — 52
4. Vereinbarungen — 53
5. Verhandlungen — 54
6. Katalog des § 204 Abs 1 — 55
7. Stundung — 56
8. Anerkenntnis — 57

XIII. Eintritt der Verjährung
1. Allgemeines — 58
2. Rücktritt, Minderung — 58

Untertitel 1 · Werkvertrag
Kapitel 1 · Allgemeine Vorschriften

§ 634a

3. Offene Werklohnforderung	59
2. Interner Regress	62
3. Arbeitsgemeinschaften (ARGE)	64

XIV. Gesamtschuldverhältnisse
1. Außenverhältnis ... 61

Alphabetische Übersicht

Abnahme	4, 9, 35a ff
– Verweigerung der	36
– Verzug mit der	35b
Abnahmefähigkeit	35a, 38
Abtretung der Ansprüche	56
Anerkenntnis	57
Anspruch	
– Entstehung des	37, 63
Anwalt	14
Arbeitsgemeinschaft (ARGE)	64
Architekt	24, 43 ff
– Sekundärhaftung	43b
Arglist	44 ff
– Beweislast	49
– von Hilfspersonen	48
Aufrechnung	58
Auskunft	10
Bauaufsicht	24
Bauwerk	19 ff
Beginn der Verjährungsfrist	35 ff
– regelmäßiger	42
Beratungspflicht	39, 43b
Beschädigung, nicht mangelbedingte	11
Delikt	2, 12
Dienstvertrag	26
Eintritt der Verjährung	58 ff
Erfüllungsanspruch	5, 9
Frist	
– Verkürzung der	33 f
– Verlängerung der	32
Garantie	10
Gartenbau	25
Gesamtschuld	61 ff
Grundstück	25
Gutachten	26
Güterbeförderung	13

Hemmung der Verjährung	50 ff
Herstellung beweglicher Sachen	26
Individualsoftware	27
Kauf	2
Kenntnis des Bestellers	37
Kostenerstattung	8
Kostenvorschuss	8
– Erstattung des	10
Leistung	
– ideelle	27
– Mehrheit von	29
Leistungsverweigerungsrecht	58
Mangelfolgeschaden	8, 59
Mängel	
– Vorbehalt von	4
Minderung	7, 15 ff, 58 ff
– Anspruch aus	18
Musterprozess	56
Nacherfüllung	8
Nebenpflichtverletzung	9
Neubau	21
Nichterfüllung, vollständige	9
Novation	30
Offenbarungspflicht	45
– Zeitpunkt	47
Organisationsmangel	46
Planung	24
Planungsmängel	39, 43b
Prüfung des Mangels	57
Reform	
– SchuldrechtsmodernisierungsG	1
Rechtsmangel	28
Regelungsziel	1
Reparatur	21

389   Frank Peters

Rücktritt	9, 15 ff, 58 ff	Umbau	21
– Anspruch aus	18		
– des Unternehmers	60	Vereinbarungen	30 ff
– Unwirksamkeit des	17	– über den Ablauf	31
– Zurückweisung des	60	– über die Frist	32 ff
		Verhandlungen	54
Schadenseintritt	37	Vertragsbeendigung, vorzeitige	41
Schadensersatz	8	Verzug des Bestellers	35b
Sekundärhaftung	43b	VOB/B	31, 34
Selbständiges Beweisverfahren	51, 55	Vollendung des Werkes	38
Steuerberater	14	Vorbehalt der Rechte	4, 37
Stundung	56	Vorsatz	46
Subunternehmer	23, 48		
		Werk, unfertiges	9
Teilabnahme	39		
Teilvollendung	40		

I. Allgemeines

1. Die Neuregelung 2001

1 Der durch das G zur Modernisierung des Schuldrechts neu geschaffene § 634a BGB hält an dem Prinzip der Vorgängervorschrift des § 638 BGB aF fest, die Rechte des Bestellers aus Mängeln einer eigenständigen Regelung zu unterwerfen, soweit es Dauer und Beginn der Verjährung betrifft. Die allgemeinen Bestimmungen der §§ 195, 199 BGB sollen nur in den Fällen des Abs 1 Nr 3 (dazu u Rn 25 ff) sowie dann gelten, wenn ein Mangel arglistig verschwiegen worden ist, Abs 2. Das führt zu einem schnelleren Eintritt der Verjährung, wenn ein Fall des Abs 1 Nr 1 vorliegt: Zwei Jahre statt der drei des § 195 BGB, und dies schon von der Abnahme an gerechnet, Abs 2, nicht erst ab Kenntnismöglichkeit des Bestellers und anschließendem Jahresende gemäß § 199 Abs 1 BGB. Bei einem Bauwerk ist die Frist des § 634a Nr 2 BGB mit fünf Jahren zwar länger als die dreijährige des § 195 BGB, aber der starre Verjährungsbeginn kann auch hier für eine schnellere Vollendung der Verjährung sorgen, als sie sich aus den §§ 195, 199 BGB ergeben würde.

Das perpetuiert den Gedanken des historischen Gesetzgebers (Mot II 486, 238) an „*praktische Zweckmäßigkeit*": Es sollten und sollen *Beweisschwierigkeiten vermieden* und eine *rasche Vertragsabwicklung* erreicht werden, die dem Geschäftsverkehr insgesamt Vorteile bringe. Die Regelung des § 638 BGB aF ist dabei zugunsten des Bestellers insoweit entschärft worden, als dessen beide kurze Fristen (ein Jahr oder gar nur sechs Monate) entfallen sind; die Verjährungsfrist beträgt jetzt jedenfalls zwei Jahre, wie sie wohl weithin zur Bewältigung von Mängeln ausreichen könnten. Sie ist nachhaltig ungünstiger für den Besteller als das bisherige Recht, wenn dort auf **Mangelfolgeschäden** nicht § 638 BGB aF angewendet wurde, sondern § 195 BGB aF mit seiner dreißigjährigen Frist; nunmehr unterliegen auch die diesbezüglichen Ansprüche den Fristen des § 634a BGB (und ihrem Beginn!). Das ist eine Härte, wenn doch gerade derartige Schäden unerwartet eintreten und damit nicht in die ordentlichen Planungen des Bestellers einbezogen werden können; bei einer kurzen

Frist wäre hier die flexible Regelung des § 199 Abs 1 BGB über den Beginn angemessen gewesen.

2. Abgrenzungsprobleme

a) In Bezug auf Mangelfolgeschäden ist die übliche Lesart des § 477 BGB aF zum **2** Kauf übernommen worden. In der Verjährungsfrage sind Kauf und Werkvertrag auch im Übrigen in den §§ 438 und 634a BGB stark aneinander angenähert worden, so dass die Abgrenzung der beiden Vertragstypen voneinander insoweit an praktischer Bedeutung verliert.

b) Die unterbliebene Harmonisierung mit dem Deliktsrecht, für das die §§ 195, 199 BGB gelten, wie sie für den Besteller günstiger sind, weist weiterhin der Frage Bedeutung zu, ob er seine Schäden nicht doch nach den §§ 823 ff BGB liquidieren kann.

c) Innerhalb des Werkvertragsrechts tun sich neue Bruchstellen auf: **3**

aa) Ist in die Kausalkette, die zur weiteren Schädigung des Bestellers geführt hat, ein Mangel des Werks eingeschaltet, so gilt § 634a BGB; fehlt es daran, gelten die §§ 195, 199 BGB. Das ist zunächst einmal dogmatisch unstimmig, weil Anspruchsgrundlage für die Liquidierung von zB Körperschäden in beiden Fällen der an die Verletzung einer Nebenpflicht nach § 241 Abs 2 BGB anknüpfende § 280 Abs 1 BGB ist (vgl § 634 Rn 120); in beiden Fällen geht es nicht um die Verletzung der vertraglichen Leistungspflicht, wie sich schon plastisch daran zeigt, dass die Setzung einer Frist zur Nacherfüllung hier wie dort – insoweit – völlig sinnlos wäre. Dieser Befund führt aber auch zu praktischen Problemen. Man denke nur an die Fälle, die den Leitentscheidungen RGZ 62, 119; 66, 16 Anlass gegeben haben, den Anwendungsbereich der §§ 635, 638 BGB aF zu beschränken und auf die positive Forderungsverletzung zurückzugreifen: Ein Fahrgast erleidet während der Beförderung Schäden. Folge ihres Mangels (= § 634a BGB) oder nicht (= §§ 195, 199 BGB)? Man wende nicht ein, dass hier die §§ 634a Abs 1 Nr 3 oder 823 BGB die Reichweite des Problems begrenzen dürften, denn solche Remedur braucht nicht immer gegeben zu sein.

bb) Nicht gelöst ist das alte Problem, wie Vorbehalte des Bestellers wegen Män- **4** geln bei der Abnahme zu sehen sind: Doch volle Abnahme mit der Folge der Geltung der §§ 634, 634a BGB, oder insoweit keine Abnahme, so dass der Erfüllungsanspruch fortbesteht und die §§ 195, 199 BGB anzuwenden sind (vgl dazu § 640 Rn 27). Das Problem verschärft sich, wenn der Besteller durch den gerügten Mangel zu Schaden kommt: §§ 280 Abs 1, 195, 199 BGB oder §§ 634 Nr 4, 634a BGB?

cc) Entsprechend unstimmig ist auch das Verhältnis der Verjährung der Rechte **5** aus § 634 BGB nach § 634a BGB zur Verjährung des ursprünglichen Erfüllungsanspruchs nach den §§ 195, 199 BGB, wodurch die Frage unnötige Brisanz gewinnt, ob eine Abnahme stattgefunden hat, und wenn nicht, ob sie zu Recht verweigert wurde: Die zu Recht verweigerte Abnahme belässt dem Besteller den Zeitrahmen der §§ 195, 199 BGB, die erfolgte Abnahme verweist ihn auf den des § 634a BGB, wohl auch die zu Unrecht verweigerte (vgl dazu auch u Rn 39 f). Hier tun sich Unterschiede auf, die zwar nicht mehr so krass sind wie im bisherigen Recht, aber gerade darum hätten vermieden werden sollen, zumal sie zur Tüftelei im Detail führen müssen.

3. Ablauf der Verjährung

6 Zum Ablauf der Verjährung enthielt § 639 BGB aF Sonderbestimmungen, die eigenständige des Abs 2, im Übrigen durch die Verweisung in Abs 1 auf die §§ 477 Abs 2, 3, 478, 479 BGB aF des Kaufrechts. Diese Regelungen sind nur insoweit entfallen, als in ihnen eine Mängelanzeige des Bestellers in unverjährter Zeit gefordert worden war. Im Übrigen sind sie in den allgemeinen Bestimmungen der §§ 203 ff BGB aufgegangen und sind dort im Anwendungsbereich erweitert worden, vgl die §§ 203, 204 Nr 7, 213 BGB. S aber auch das Relikt des § 634a Abs 4 S 2 BGB (§§ 639 Abs 1, 478 BGB aF).

4. Rücktritt, Minderung

7 Rücktritt und Minderung erfolgen durch einseitige gestaltende Erklärung des Bestellers; das unterscheidet sie von der Wandlung und der Minderung des bisherigen Rechts, bei denen der Besteller nur den Anspruch auf Abschluss eines entsprechenden Vertrages mit dem Unternehmer hatte. Dem hat der Gesetzgeber Rechnung tragen zu müssen geglaubt und den von § 634a Abs 4, 5 BGB flankierten § 218 BGB geschaffen, wie er die Verjährung von Gestaltungsrechten vorsieht.

II. Erfasste Rechte des Bestellers

8 Sofern keine Sonderbestimmungen eingreifen (u Rn 13 ff), gelten die Fristen des § 634a Abs 1 BGB für

1. den Anspruch des Bestellers auf Nacherfüllung gemäß § 634 Nr 1 BGB.

2. die Ansprüche, die sich bei der eigenen Mängelbeseitigung des Bestellers ergeben, also auf die in § 634 Nr 2 BGB angesprochene Kostenerstattung nach eigener Mängelbeseitigung oder den Vorschuss dazu gemäß § 637 Abs 3 BGB.

3. den Anspruch auf Schadensersatz gemäß § 634 Nr 4 BGB.

a) Hierher rechnen zunächst die Ansprüche wegen des Mangelschadens, also beim kleinen Schadensersatzanspruch auf die Erstattung des Minderwerts oder die für die Mängelbeseitigung erforderlichen Kosten, beim großen Schadensersatzanspruch auf Rückzahlung des Werklohns oder jenen Betrag, der zur anderweitigen mangelfreien Eindeckung notwendig ist. Insoweit sind Anspruchsgrundlagen die §§ 634, 280 BGB iVm den §§ 281 bis 284 BGB.

b) Hierher gehören aber auch die Ansprüche wegen Mangelfolgeschäden, wie sie sich aus den §§ 634 Nr 4, 280 Abs 1, 241 Abs 2 BGB ergeben. Voraussetzung ist nur, dass die Abnahme (oder Vollendung des Werks, § 646 BGB) stattgefunden hat und dass der Schaden auf einen Mangel des Werkes zurückzuführen ist, dh ohne diesen nicht eingetreten wäre.

c) Zu beachten ist die verdrängende Sonderregelung des § 634a Abs 2 BGB für den Fall der Arglist des Unternehmers.

III. Nicht erfasste Ansprüche

1. Vor der Abnahme

§ 634a BGB gilt nicht vor der Abnahme, soweit sie nicht erfolgt oder berechtigt 9
verweigert wird, damit nicht

a) für den ursprünglichen Erfüllungsanspruch des Bestellers (BGH NJW 1974, 1046; BGB-RGRK/GLANZMANN § 638 aF Rn 3; ERMAN/SCHWENKER/RODEMANN Rn 1; MünchKomm/ BUSCHE Rn 12). Dies gilt namentlich auch insoweit, wie er auf die Beseitigung bereits erkannter Mängel gerichtet ist, vgl § 4 Abs 7 VOB/B und § 633 Rn 93 (**aA** BGHZ 192, 190 = NJW 2012, 1137 = NZBau 2012, 157; BGH NJW 2011, 1224 = NZBau 2011, 310: von vornherein § 634), und diesbezügliche sekundäre Rechte des Bestellers. Kommt es dann freilich zur Abnahme des § 634a Abs 2 BGB oder der Vollendung der §§ 634a Abs 2, 646 BGB, gilt für den mangelbezogenen Erfüllungsanspruch nunmehr § 634a BGB.

aa) § 634a BGB gilt damit auch *nicht für Schadensersatzansprüche des Bestellers, die ihre Grundlage in der vollständigen Nichterfüllung* des Unternehmens haben; mögen sie nun aus Unmöglichkeit oder § 281 BGB herzuleiten sein (vgl BGH NJW 2011, 1224; BGB-RGRK/GLANZMANN § 638 aF Rn 3).

bb) Der ursprüngliche Erfüllungsanspruch bleibt mit seiner Verjährung dem Besteller auch insoweit erhalten, wie er ein unfertiges Werk entgegennimmt; dessentwegen braucht er auch keinen Vorbehalt nach § 640 Abs 3 BGB zu machen (§ 640 Rn 41). Ferner gilt dies, soweit der Besteller wegen dieser Mängel bei der Abnahme Mängel rügt.

cc) Insoweit gelten die §§ 195, 199 BGB. Der Verjährung des Erfüllungsanspruchs beugt ein Weiterarbeiten des Unternehmers nach § 212 Abs 1 Nr 1 BGB vor. Bei etwaigen Sekundäransprüchen des Bestellers kann § 199 Abs 1 Nr 2 BGB den Verjährungsbeginn hinausschieben. Sind sie erkannt, kann § 203 BGB hemmend einschlägig sein. Verfolgt der Besteller – sachwidrig – schon jetzt Rechte aus § 634 BGB, kann das entweder eine unschädliche falsa demonstratio sein oder es gilt jedenfalls § 213 BGB.

b) Für Ansprüche aus Nebenpflichtverletzungen in diesem Zeitraum (zB Unfall des Bestellers vor oder während der Abnahme), wie sie aus den §§ 241 Abs 2 (311 Abs 2), 280 Abs 1 BGB herzuleiten sind, mag ihnen auch ein Mangel des Werkes zugrunde liegen. Es gelten die §§ 195, 199 BGB, bei der Beschädigung von Geräten, die der Besteller dem Unternehmer überlassen hat, § 548 BGB bzw § 606 BGB (BGH NZBau 2002, 267).

2. Ansprüche im Zusammenhang mit Mängeln

a) Erstattungsanspruch des Unternehmens

10 § 634a BGB gilt nicht für einen Erstattungsanspruch des Unternehmens *auf einen von dem Besteller nicht oder nicht vollständig verbrauchten Vorschuss zur Mängelbeseitigung* gemäß § 633 Abs 3 BGB. Es gelten die §§ 195, 199 BGB (BGH NJW 2010, 1195 = NZBau 2010, 236; zu den Einzelheiten s § 634 Rn 96).

b) Auskunftsansprüche

§ 634a BGB gilt auch *nicht* für Ansprüche auf Auskünfte über das Werk, seine Eigenschaften, Möglichkeiten der Bedienung und der Pflege, wie sie insbesondere auch gegenüber dem Architekten in Betracht kommen. Solche aus § 241 Abs 2 BGB herzuleitenden Ansprüche werden *materiell durch den Gesichtspunkt der Zumutbarkeit der Auskunft beschränkt*. Unzumutbar ist die Auskunft aber auch dann, wenn sie nur der Vorbereitung von Gewährleistungsansprüchen dienen soll (vgl auch KNIFFKA, in: FS Heiermann [1995] 201, 212: Verjährungsfrist des § 638 aF analog mit Beginn im Zeitpunkt der Auskunft).

c) Garantie

Schließlich gilt § 634a BGB nicht für Ansprüche aus einer *selbständigen* Garantie des Unternehmers, dh die Garantie eines über die Vertragsgemäßheit der Leistung hinausgehenden Erfolges (vgl RG JW 1919, 240).

3. Sonstige Ansprüche des Bestellers

11 Unanwendbar ist § 634a BGB auf Ansprüche des Bestellers aus den §§ 280 Abs 1, 241 Abs 2 BGB, ggf auch § 311 Abs 1 BGB, die nicht durch einen Mangel verursacht sind: Beschädigung anderer Rechtsgüter anlässlich der Erstellung des Werkes, Beschädigung des Bearbeitungsgegenstands, Beschädigung des Werkes durch den Unternehmer nach der Abnahme.

4. Deliktische Ansprüche

12 Zu der Frage, inwieweit die mangelhafte Leistung des Unternehmers geeignet ist, deliktische Ansprüche des Bestellers auszulösen, vgl § 634 Rn 164. Sie *unterliegen in der Verjährungsfrage nicht § 634a BGB,* sondern den §§ 195, 199 BGB, was nur insoweit zweifelhaft sein kann, als die Ansprüche des Bestellers den Mangel selbst und seine Folgen betreffen (vgl auch MünchKomm/BUSCHE § 634 Rn 13). Die Rechtsprechung wendet aber auch hier die allgemeinen Bestimmungen an (vgl BGHZ 55, 392; 61, 203 im Rahmen des § 13 Nr 7 VOB/B; zustimmend FREUND/BARTHELMESS NJW 1975, 281; krit – im Sinne einer zT modifizierten Anwendung des § 638 aF – GANTEN NJW 1971, 1804; BauR 1973, 148; SCHLECHTRIEM JZ 1971, 449; NJW 1972, 1554; VersR 1973, 581; FINGER Betr 1972, 1211; NJW 1973, 2104; SCHMITZ NJW 1973, 2081). Das ist nur konsequent und *folgt den allgemeinen Regeln für das Verhältnis von vertraglichen und deliktischen Ansprüchen,* die einzuschränken weitaus weniger Anlass als im Falle des § 548 BGB besteht. Die Probleme, die deliktische Ansprüche hier dem Grunde nach bereiten, geben jedenfalls noch keine Veranlassung, sie in der Verjährungsfrage besonderen Regelungen zu unterwerfen. Und wenn man das Werkvertragsrecht bei den Anspruchsvoraussetzungen gebührend berücksichtigt (vgl § 634 Rn 164 ff), *besteht auch nicht die Gefahr, dass die Vertragsordnung durch die deliktische Ordnung gestört würde.*

Wegen der Einbeziehung der Mangelfolgeschäden in § 634 Nr 4 BGB verdienen deliktische Ansprüche des Bestellers jetzt besonderes Augenmerk.

IV. Sonderbestimmungen

Gegenüber § 634a BGB sind ggf Sonderbestimmungen zu beachten. **13**

1. Güterbeförderung

Für Fracht- und Speditionsgeschäfte gelten die §§ 439, 463 HGB idF d TRG v 25. 6. 1998 (BGBl I 1588).

2. Anwälte und Steuerberater

Die insoweit einschlägigen Sonderbestimmungen der §§ 51b BRAO, 68 StBerG sind **14** aufgehoben worden. Soweit diese Personen dienstvertraglich tätig sind, unterliegt ihre Haftung den §§ 195, 199 BGB. Soweit sie Werkleistungen erbringen (Gutachten, Steuererklärungen), ist jetzt § 634a BGB einschlägig. Dabei ist zu beachten, dass sie im Rahmen ihrer umfassenden Beratungspflicht auch namentlich auf solche Ansprüche – und ihre Verjährung! – hinzuweisen haben, die sich gegen sie selbst richten. Die Verletzung dieser Pflicht ist bis zum Eintritt der Verjährung möglich und erzeugt einen sekundären Anspruch, der in der ursprünglichen Verjährungsfrist verjährt (**aA** BGH NJW 2007, 365 f: in der des § 195), vgl näher STAUDINGER/PETERS/JACOBY (2019) § 214 Rn 26 ff.

V. Rücktritt und Minderung

1. Allgemeines

Rücktritt und Minderung hat der Gesetzgeber des G zur Modernisierung des Schuld- **15** rechts als Gestaltungsrechte des Bestellers ausgestaltet. Das hat ihn zu dem doktrinären Schluss aus § 194 Abs 1 BGB geführt, dass sie nicht der Verjährung unterworfen werden könnten, was dann – für den Werkvertrag – zu der Regelung der §§ 634a Abs 4 S 1, Abs 5, 218 Abs 1 S 1 BGB geführt hat, die sie dann doch der Verjährung unterwerfen. Die einigermaßen verwirrende Reise durch das Gesetz hätte sich entschieden abkürzen lassen.

2. Voraussetzungen der Verjährung

a) Die uneingeschränkte Befugnis des Bestellers zu Rücktritt oder Minderung **16** entfällt mit Ablauf der Fristen des § 634a Abs 1 BGB, wie die Bezugnahme auf den Nacherfüllungsanspruch in § 218 Abs 1 S 1 BGB ergibt. Da die Verjährung gehemmt werden oder neu beginnen kann, unterliegt das Gestaltungsrecht hier nicht – wie sonst meist – einer idR starren Ausschlussfrist.

b) Der Unternehmer muss sich auf den Ablauf der Frist berufen. Entgegen dem missverständlichen Wortlaut des § 218 Abs 1 S 1 BGB braucht das nicht erst nach Erklärung von Rücktritt oder Minderung zu geschehen, sondern es genügt, wenn der Unternehmer schon vorab die anderen Gewährleistungsrechte des Bestellers mit der

Einrede der Verjährung bekämpft hat. Dies muss nur nach Ablauf der Verjährungsfrist geschehen sein.

3. Unwirksamkeit des Rücktritts

17 § 218 Abs 1 S 1 BGB nennt den Rücktritt bei Vorliegen der genannten Voraussetzungen unwirksam; gleiches wäre dann wegen § 634a Abs 5 BGB für die Minderung anzunehmen. Das wird in der Tat auch die Regel sein wie zB auch bei Ausspruch einer fristgebundenen Kündigung bei Versäumung der Kündigungsfrist. Indessen kann der Schuldner auch auf die Einrede der Verjährung verzichten oder sie fallen lassen, zB bei unklarer Sach- oder Rechtslage, bei einem Vergleich, der anderweitige Vorteile bringt. Es ist nicht einzusehen, warum diese Möglichkeiten hier nicht bestehen sollten. Die Folge muss dann sein, dass der Rücktritt oder die Minderung wieder wirksam wird. Erfüllend und endgültig leisten könnte der Schuldner ohnehin noch, vgl §§ 218 Abs 2, 214 Abs 2, 813 Abs 1 S 2 BGB.

4. Anspruch aus Rücktritt oder Minderung

18 Für die Ansprüche aus Wandlung oder (früherer) Minderung hat die hM angenommen, dass sie nunmehr der Regelverjährung des § 195 BGB unterlägen (vgl nur STAUDINGER/WESTERMANN [1995] § 477 aF Rn 29). Das hatte für die damaligen Erstattungsansprüche des Käufers oder Bestellers auch seine innere Berechtigung, weil sie auf einer Einigung der Parteien beruhten, vgl § 465 BGB aF, damit unstreitig gestellt waren und eine Novation des Schuldverhältnisses stattgefunden hatte. Es geht nicht an, dies auf das neue Recht zu übertragen (aA PALANDT/ELLENBERGER § 218 Rn 7; PALANDT/SPRAU § 634a Rn 5; BGHZ 170, 31, 44 = NJW 2007, 674 Rn 36 f [zum Kauf]; wie hier MESSERSCHMIDT/VOIT/ MOUFANG/KOOS Rn 81). Hier haben die Rückforderungsansprüche eine deutlich geringere Legitimation. Außerdem würde dies zu nicht zu rechtfertigenden Vorteilen für den Besteller führen: Nähme man an, es ginge um ein Bauwerk und er träte nach vier Jahren zurück. Dann hätte er vier plus drei Jahre (aus § 195 BGB) zur Rückforderung Zeit, könnte diese also durchsetzen, obwohl ein entsprechender Schadensersatzanspruch längst verjährt wäre und damit auch die Austauschbarkeit der Rechtsbehelfe nach § 324 BGB nicht mehr funktionieren würde. Aus dem Gleichlauf der Verjährung aller seiner Rechte, den § 213 BGB (unvollkommen) anstrebt, folgt vielmehr, dass der Besteller auch mit der Wahl von Rücktritt oder Minderung die Fristen des § 634a BGB insgesamt nicht überschreiten kann. Bei einem Rücktritt vom Bauvertrag nach vier Jahren bleibt also nur noch eine Restfrist von einem Jahr. – Akzeptiert freilich der Unternehmer Rücktritt oder Minderung, gilt § 212 Abs 1 Nr 1 BGB.

VI. Die Fristen des § 634a Abs 1

19 Die Fristen des § 634a Abs 1 BGB sind dreifach nach dem Gegenstand der Werkleistung gestaffelt. Das „vorbehaltlich der Nr 2" in Nr 1 und das „im Übrigen" der Nr 3 ergibt die *Prüfungsreihenfolge* Nr 2, Nr 1, Nr 3.

1. Bauwerke

Bei Bauwerken gilt eine Frist von fünf Jahren. Diese Frist rechtfertigt sich daraus, dass Mängel von Bauwerken oft erst spät und schwer erkennbar sind, gleichzeitig aber für die Bausubstanz besonders nachteilig. Es gibt durchaus Bauwerksmängel, die auch innerhalb der Fünfjahresfrist nicht erkennbar sind, wie etwa vorzeitige Verschleißerscheinungen von Bauteilen, von denen eine jahrzehntelange Haltbarkeit zu erwarten wäre. Gleiches gilt für Fehler der Planung oder Überwachung der Ausführung.

Immerhin ist die Frist signifikant länger als die anderen Fristen des § 634a Abs 1 BGB. Das hat bei der entsprechenden Vorgängerregelung des § 638 BGB aF zur Folge gehabt, dass bei dieser Alternative der Bestimmung *Fälle eingestellt* worden sind, *die man bei unbefangener Betrachtungsweise auch einer der beiden anderen Alternativen zuordnen könnte;* namentlich ist dort die Abgrenzung zu Arbeiten an einem Grundstück zu Lasten letzterer verschoben worden. Diese Tendenz wird im Rahmen der Nrn 1, 2 des § 634a Abs 1 BGB bleiben.

Der Frist entsprach im Kaufrecht nach § 477 Abs 1 S 1 BGB aF eine einjährige Frist. Das ergab ein starkes rechtspolitisches Motiv, der Gewährleistung beim Erwerb schlüsselfertiger Häuser Werkvertragsrecht und nicht Kaufrecht zugrunde zu legen (vgl § 650 Rn 4 ff). Dies entfällt jetzt im Hinblick auf § 438 Abs 1 Nr 2 BGB.

a) Begriff
Unter einem *Bauwerk* ist *eine unbewegliche, durch Verwendung von Arbeit und* **20** *Material in Verbindung mit dem Erdboden hergestellte Sache* zu verstehen, wobei die Verbindung mit dem Erdboden auch durch die eigene Schwere der Sache bewirkt sein kann (vgl RGZ 56, 41; BGHZ 57, 60; BGH NJW 1992, 1445 zu einer als Blumenladen zu nutzenden Containerkombination). Das Beispiel macht deutlich, dass es für die Grundstücksverbindung nicht auf die Kriterien des § 94 BGB ankommt, sie vielmehr eigenständig zu werten ist. Wesentliche Bestandteile werden freilich stets unter § 634a Nr 2 BGB fallen (vgl OLG Köln BauR 1991, 760: Schrankwand).

aa) Es kann sich dabei um einen *Hochbau* oder um einen *Tiefbau* handeln (BGHZ 57, 60; BGH LM § 638 Nr 7; VOB/B Nr 51). Insofern gilt die Bestimmung zunächst für *Gebäude* unabhängig von ihrem Widmungszweck, für *technische Bauwerke* wie Brücken, für *unterirdische Anlagen* wie einen Kanal mit gemauerten Einsteigeschächten (vgl RG JW 1910, 148; BGH RSprBau Z 2.414, 208), oder einen tiefen *Rohrbrunnen* mit einem Vorschacht von Betonringen oben und einer eingebrachten Kiesumschüttung unten (vgl BGHZ 57, 60; anders noch RGZ 56, 41; RG WarnRspr 1914, 333, ein *Schwimmbecken,* vgl BGH NJW 1983, 567). Bei einem Außenheizöltank, der nur in das Erdreich eingebettet ist, hat BGH NJW 1986, 1927 ein Bauwerk verneint (krit MOTZKE NJW 1987, 363). Auch die Bearbeitung der Erdoberfläche selbst kann ein Bauwerk darstellen, so die *Gleisanlagen der Eisenbahn* (BGH LM VOB/B Nr 51), die Makadamdecke auf einem Tankstellengelände (BGH MDR 1964, 742). Hierher muss also auch die Anlage von *Straßen* rechnen, sofern sie mit der Schaffung von Bausubstanz verbunden ist. Im Übrigen verfährt die Rechtsprechung großzügig (vgl zur Hofpflasterung [Betonformsteine auf Schotterbett] bejahend BGH NJW-RR 1992, 849; 1993, 592; OLG Köln NJW-RR 1993, 593; oder die genormten Fütterungsanlagen und Buchten eines Schweinestalls von OLG Hamm NJW-RR 1990, 787; zum Sportplatz BGH NJW 2013, 601 = NZBau 2013, 161 Rn 19). Jedenfalls ist es unschädlich, dass die Anlage ohne weiteres beseitigt werden kann und vielleicht sogar soll (vgl BGH NJW 1992, 1445 aufgestellte Containerkombination als Laden; bedenklich OLG Hamm BauR 1998, 343 zum Blockheizwerk).

Ein Grabmal kann Bauwerk sein, vgl OLG Köln NJW-RR 1994, 1209, aber schwerlich ein im Boden verankerter Maschendrahtzaun (aA LG Weiden NJW-RR 1997, 1108).

21 bb) Als Bauwerk ist jedenfalls der *Neubau* anzusehen. Unter den Begriff können aber *auch Umbauten, Reparaturen und sonstige Veränderungen* rechnen. Dann gilt freilich die *Einschränkung,* dass die Arbeiten in dem Sinne als notwendig angesehen werden müssen, dass ohne sie das Bauwerk nicht als fertiges Bauwerk anzusehen wäre, oder dass sie für den Bestand oder die Erneuerung des Gebäudes oder Gebäudeteils von wesentlicher Bedeutung sind und die eingefügten Teile mit ihm fest verbunden werden (vgl BGHZ 19, 319; 53, 43; BGH NJW 2013, 601 = NZBau 2013, 161 Rn 17; MünchKomm/Busche Rn 22; Palandt/Sprau Rn 14). Wenn es dabei auch auf die Zweckbestimmung des Gebäudes ankommen soll (BGH NJW 1974, 136), kann es nicht überraschen, dass die *Abgrenzung unsicher* ist. Letztlich ist die Rechtsprechung hier aber *mit der Annahme eines Bauwerks großzügig.* Im Ergebnis wird ein Bauwerk eindeutig nur verneint bei der Beseitigung einzelner Schäden (vgl BGHZ 19, 322), sowie bei *Schönheitsreparaturen.* Ein Bauwerk abgelehnt hat BGH BauR 1973, 246 für die Umstellung der Heizung auf Ölfeuerung, dagegen wurde ein Bauwerk angenommen von BGH NJW 1978, 1522 für die grundlegende Erneuerung der Elektroinstallation, von BGH NJW 1984, 168 für Isolierungsarbeiten im Kellerbereich, von BGH BB 1957, 524 für die Verlegung eines Steinholzfußbodens, von BGH NJW 1979, 2036 bei dem Einbau von Fensterscheiben, von BGH NJW 1974, 136 für den Einbau einer Klimaanlage, von BGH NJW 1987, 837 für den Einbau einer Papierentsorgungsanlage. Vgl zum Einbau einer Einbruchsalarmanlage einerseits bejahend OLG Hamm NJW 1976, 1269, andererseits verneinend OLG Frankfurt NJW 1988, 2546; OLG Düsseldorf MDR 1994, 275; offengelassen in BGH NJW-RR 1991, 1367 = LM Nr 74.

cc) *Technische Anlagen,* die als solche kein Bauwerk sind, können dies durch ortsfeste Errichtung werden (BGH BauR 2018, 529 Rn 52: industrielle Anlage zur Produktion von Kartoffelchips; NJW 2016, 2876 Rn 29 [VII. ZS] gegen NJW 2014, 845 Rn 21 [VIII. ZS]: Photovoltaikanlage; NJW 1999, 2434: industrielle Förderanlage). Dafür brauchen diese Anlagen nicht unmittelbar mit dem Boden verbunden werden, sondern können das auch mittelbar über ein anderes Gebäude sein, ohne dessen wesentlicher Bestandteil werden zu müssen. Es kommt darauf an, ob es sich um eine größere Anlage handelt, bei der wie bei einem sonstigen Bauwerk das typische Risiko besteht, dass Mängel erst später festgestellt werden. Dann steht der Bauwerkseigenschaft auch nicht entgegen, dass diese Anlage leicht wieder abgebaut werden könnte.

22 dd) Die Kasuistik ist nach wie vor verwirrend. Bauwerkseigenschaft sollen haben der nachträgliche Einbau einer Müllpresse von 11 t Gewicht (BGH NZBau 2002, 387), einer Einbauküche in der vom Eigentümer selbst genutzten Wohnung (BGH NJW-RR 1990, 787 = LM Nr 70), einer Küchenzeile (KG NJW-RR 1996, 1010), gar eines Kachelofens (OLG Koblenz NJW-RR 1995, 655), oder einer Leuchtreklame (OLG Hamm NJW-RR 1995, 213), das nachträgliche Verlegen eines Teppichbodens mittels Klebers (BGH NJW 1991, 2468). Malerarbeiten sind sicherlich einschlägig, wenn sie Teil einer umfassenden Renovierung sind (vgl OLG Düsseldorf BauR 1992, 678), doch hat BGH (NJW 1993, 3195) den Umfang von Malerarbeiten auch so schon genügen lassen, ohne entscheidend auf den gleichzeitig stattfindenden umfassenden Umbau abzustellen. Ein Dachgarten ist kontrovers behandelt worden (vgl bejahend OLG Hamm BauR 1992, 413; verneinend OLG München NJW-RR 1990, 917). Billigenswert ist es jedenfalls, eine Markise nicht mehr als Bauwerk anzusehen (vgl OLG Köln VersR 1990, 436; OLG Hamm NJW-RR 1992, 1272). – Gegenüber dieser Kasuistik bleibt festzuhalten, dass der Ausgangspunkt, dass die Arbeiten für Bestand oder Erneuerung des Gebäudes von wesentlicher Bedeutung sein müssen, nicht aus den Augen verloren werden darf. Bloße Reparaturarbeiten genügen nicht (vgl OLG Köln NJW-RR 1995, 337; OLG Hamm NJW-RR 1999, 462), es sei denn, sie gehen über die bloße Instandsetzung hinaus (OLG Hamm NJW-RR 1996, 919).

b) Erfasste Leistungen

Im Rahmen eines Bauwerks wird nicht nur derjenige tätig, der dieses insgesamt erstellt; es reicht *auch die Erbringung einzelner Leistungsteile,* sofern der Besteller eine Mehrzahl von Leistungen in Angriff nimmt, die in ihrer Gesamtheit ein Bauwerk ergeben (vgl BGH NJW 1997, 1982: Steuerungsanlage zu einer Hängebahn). **23**

aa) Insoweit kommen zunächst solche *Leistungen* in Betracht, *die unmittelbar körperlich* zu dem Bauwerk *beitragen* wie die des Maurers, Tischlers, Elektroinstallateurs. Diese Arbeiten dürfen für sich genommen nebensächlich und gar verzichtbar sein, wie dies etwa bei Malerarbeiten der Fall sein kann. Es kommt eben auf die Gesamtheit der Arbeiten an. Sie brauchen auch nicht von dem Eigentümer in Auftrag gegeben zu sein (vgl BGH NJW-RR 1991, 1367 zum Mieter).

bb) Es reichen aber auch *schlichte vorbereitende körperliche Tätigkeiten* wie der Aushub der Baugrube für die Fundamente (vgl RG WarnRSpr 1908, 304; JOHLEN NJW 1974, 732), die Verfüllung von Arbeitsräumen (OLG Düsseldorf NJW-RR 1995, 214).

cc) Der Beitrag zu dem Bauwerk braucht dabei *kein unmittelbarer* zu sein. So reicht die Lieferung von Fertigbauteilen jedenfalls dann aus, wenn der Unternehmer objektbezogene statische Berechnungen anstellt und einen individuellen Verlegungsplan mitliefert (vgl BGH NJW 1968, 1087 und zur Abgrenzung KG OLGZ 1980, 462). Wenn ein *Subunternehmer* vor dem Einbau im Auftrag des Hauptunternehmers Gegenstände für ein bestimmtes Bauwerk bearbeitet, gilt im Verhältnis zwischen ihm und dem Hauptunternehmer auch dann die Fünfjahresfrist, wenn die Arbeiten nicht auf der Baustelle ausgeführt werden (vgl BGHZ 72, 206). Der Subunternehmer braucht nur Kenntnis von dem Verwendungszweck der Leistung zu haben (BGH NJW-RR 1990, 1108). Dabei darf die „Kette" dann auch länger sein, vgl BGH (NJW-RR 1990, 1108) zum Subunternehmer des Subunternehmers. – Hingewiesen sei auf die ebenfalls fünfjährige Frist des § 438 Abs 1 Nr 2 lit b BGB für die Lieferung von Baumaterialien, wie sie namentlich in den Fällen des § 650 BGB zum Tragen kommt.

c) Planung und Bauaufsicht

aa) § 634a Abs 1 Nr 2 BGB führt ausdrücklich Planungsleistungen für ein Bauwerk auf. Solche Leistungen werden in erster Linie von Architekten erbracht, ohne dass es dabei auf die Berechtigung zur Führung dieses Titels ankäme; es muss eben materiell um Architektenleistungen gehen. Hierher gehören aber auch sonstige Sonderfachleute, die bei der gedanklichen Vorbereitung von Bauleistungen eingesetzt werden: Baugrundgutachter, Vermessungsingenieur, Statiker, der Ingenieur, der ein Sanierungsgutachten zur Mängelbeseitigung erstattet. **24**

Es kommt bei diesen Personen nicht darauf an, dass ihre Planung auch umgesetzt wird, es überhaupt später zu Bauleistungen kommt. Die Planung braucht auch kein konkretes Grundstück zu betreffen, vgl den Architekten, der ein Musterhaus entwickelt.

bb) Auch die Bauaufsicht unterliegt § 634a Abs 1 Nr 2 BGB, wie sie von Architekten durchgeführt wird, aber auch bei anderen Personen denkbar ist. Bauaufsicht – „Überwachung" – ist zunächst die konkrete während der Bauleistung, aber auch die nachbereitende (Kostenkontrolle, Dokumentation, Überwachung der Gewährleistungsfristen, der Mängelbeseitigung) sowie die vorbereitende (Ausschreibung, Mitwirkung bei der Vergabe). Von den Leistungsphasen 1–9 des § 34 HOAI (dazu Vorbem 1 ff zu §§ 650p ff) unterfallen alle § 634a Abs 1 Nr 2 BGB.

2. Leistungen nach § 634a Abs 1 Nr 1

25 a) Sache iSd § 634a Abs 1 Nr 1 BGB ist die körperliche iSd § 90 BGB, also die unbewegliche, wie auch die bewegliche. Hierher gehören bei Grundstücken gärtnerische und landschaftliche Leistungen, soweit sie nicht Bauwerkqualität erreichen (o Rn 20 f), ferner nachträgliche Arbeiten an Gebäuden, die ebenfalls unter der Schwelle des § 634a Abs 1 Nr 2 BGB bleiben (o Rn 21 f). Auf Leistungen an Tieren ist die Bestimmung ebenfalls anwendbar, vgl § 90a S 3 BGB, zB Befruchtung, Aufzucht, Pflege, Tötung; es muss sich nur um werk-, nicht dienstvertragliche Leistungen handeln. – Der lebende Mensch ist keine Sache; Maßnahmen an ihm unterfallen – sofern werkvertraglich – § 634a Abs 1 Nr 3 BGB (Haarschnitt, Anpassung von Prothesen). Maßnahmen am Leichnam oder entnommenen Körperteilen unterfallen wieder § 634a Abs 1 Nr 1 BGB.

26 b) Die der Bestimmung zuzuordnenden Tätigkeiten müssen werkvertraglichen Charakter tragen, namentlich keinen dienstvertraglichen. Insoweit sind aber die vom Gesetz genannten Leistungen in einem weitesten Sinne zu verstehen, so kann etwa die Veränderung einer Sache auch in ihrer Zerstörung liegen.

aa) Bei der Herstellung einer Sache ist wegen § 650 BGB Kaufrecht und damit § 438 Abs 1 Nr 3 BGB (mit gleicher Frist, nur anderem Beginn) anzuwenden, wenn dabei eine neue Sache nach den Kriterien des § 950 Abs 1 BGB entsteht, also der Herstellungsprozess gewichtig genug ist. Ist er es nicht, gilt § 634a Abs 1 Nr 1 BGB, zB bei der Ernte, der Zerlegung von Fleisch.

bb) Bei der Wartung (von Haus und Garten, Maschinen) werden für den Verjährungsbeginn die Bestimmungen der §§ 634a Abs 2, 646 BGB zu beachten sein; so ist bei der Inspektion ihr Abschluss maßgeblich.

cc) Die Veränderung einer Sache ist zB ihre Reparatur, ihre Umgestaltung, ihre Vernichtung (Akten).

dd) Planungs- und Überwachungsleistungen sind einerseits das Entwickeln eines Konzepts für die genannte Tätigkeit, auch wenn es nicht umgesetzt wird, andererseits namentlich ihre Vorbereitung, ihre Organisation.

c) Die Sache selbst muss Gegenstand der Bearbeitung sein. Es genügt also nicht, wenn sie nur das körperliche Substrat einer eigentlich ideellen Leistung ist, für die § 634a Abs 1 Nr 3 BGB gilt. Unter Nr 1 fällt das Pressen einer Schallplatte, aber nicht die Komposition des wiedergegebenen Tonstücks.

3. Sonstige Leistungen

§ 634a Abs 1 Nr 3 BGB umfasst alle jene Werk-(nicht: Dienst-)leistungen, die nicht den Nrn 1 und 2 unterfallen, also Leistungen am lebenden Menschen, Beförderungen, vor allem *geistige Leistungen* wie Gutachten, Entwickeln von Individualsoftware. 27

4. Rechtsmängel

Auf Rechtsmängel (dazu § 633 Rn 198 ff) ist ggf § 438 Abs 1 Nr 1 lit a BGB mit seiner dreißigjährigen Frist entsprechend anzuwenden. 28

5. Mehrheit von Leistungen

Es ist denkbar, dass mehrere Leistungen des Unternehmers zusammentreffen, die für sich genommen *unterschiedlichen* Verjährungsfristen unterliegen, wenn zB ein Haus gebaut und dazu ein Garten angelegt wird. Dann ist *die jeweils längere Verjährungsfrist* anwendbar (BGH BauR 1973, 246; LOCHER BauR 1971, 69; PALANDT/SPRAU Rn 6); auf das wirtschaftliche Gewicht der einzelnen Leistungsteile kommt es nicht an, es sei denn, der längerfristig verjährende Leistungsteil wäre völlig nebensächlich, zB eine Laube oder ein Unterstand in einem größeren Garten. Hier wird man die Verjährungsfristen splitten müssen. 29

Das ändert nichts daran, dass *jeder einzelne Mangel in der Verjährungsfrage eigenständig* zu betrachten ist. Das gilt für die Dauer der Verjährungsfrist, soweit arglistig verschwiegene Mängel mit anderen zusammentreffen (vgl RGZ 62, 122; BGB-RGRK/ GLANZMANN § 638 aF Rn 22), ganz allgemein aber für den Beginn, zB bei einer Teilabnahme, und für Hemmungen und einen Neubeginn der Verjährung, die für jeden Mangel einzeln erfolgen müssen.

VII. Vertragliche Vereinbarungen über die Verjährung

1. Mögliche Vereinbarungen

a) Eine Vereinbarung über die Verjährung stellt es nicht dar, wenn die Parteien die Gewährleistungsrechte des Bestellers einer *Novation* unterziehen und damit in den Bereich der §§ 195, 199 BGB überführen. Daran sind allerdings strenge Anforderungen zu stellen. Ist man sich zB einig, dass ein bestimmter Mangel vorliegt, ist in aller Regel nur von einem Anerkenntnis des Unternehmers iSd § 212 Abs 1 Nr 1 BGB auszugehen, das die sich aus § 634a BGB ergebende Frist neu beginnen lässt. Im Sinne einer Novation ist es regelmäßig zu verstehen, wenn wechselseitige Ansprüche in einen Vergleich eingestellt werden. 30

b) Eine Vereinbarung über die Verjährung, wie sie § 202 BGB grundsätzlich zulässt, kann zunächst die einschlägige Frist betreffen, wie sie verlängert oder verkürzt werden kann, sodann die Tatbestände ihrer Hemmung oder ihres Neubeginns, wobei Tatbestände des Gesetzes ausgeschlossen oder zusätzlich geschaffen werden.

Einen zusätzlichen Tatbestand des Neubeginns enthält das schriftliche Verlangen der Mängelbeseitigung nach § 13 Abs 5 Nr 2 VOB/B.

2. Schranken

a) Vereinbarungen über den Ablauf der Verjährung

31 aa) Soweit es den Beginn der Verjährung betrifft, benachteiligt es den Unternehmer unangemessen iSd § 307 BGB, wenn § 634a Abs 2 BGB in einer Weise modifiziert wird, dass der Verjährungsbeginn für ihn zeitlich nicht mehr deutlich erkennbar oder gar seinem Einfluss entzogen ist, indem etwa zusätzlich die Abnahme des eigenen Abnehmers des Bestellers gefordert wird oder die behördliche Bauabnahme.

In den Fällen des § 634a Abs 2 BGB benachteiligt es den Besteller unangemessen, wenn die Voraussetzungen des § 199 Abs 1 BGB zu seinen Lasten modifiziert werden.

Trotz der von § 202 BGB eingeräumten Gestaltungsfreiheit sind auch individualvertragliche Vereinbarungen über den Verjährungsbeginn überaus bedenklich. Es kann leicht gegen § 242 BGB verstoßen, daraus Rechte herzuleiten.

bb) Vereinbarungen über den Ablauf der Verjährung, die zu ihrem späteren Eintritt führen, *benachteiligen den Schuldner idR unangemessen* iSd § 307 BGB. Das gilt zB für den Neubeginn der Verjährung durch das schriftliche Begehren der Mängelbeseitigung nach § 13 Abs 5 Nr 1 S 2 VOB/B. Den Belangen des Bestellers ist vollauf dadurch genügt, dass der Unternehmer, der sich darauf einlässt, entweder iSd § 203 BGB verhandelt oder gar nach § 212 Abs 1 Nr 1 BGB anerkennt.

Dabei ist freilich zu beachten, dass der Unternehmer, wenn er Verwender der VOB/B als AGB ist, sich nicht auf die eigene Benachteiligung berufen kann. Außerdem ist § 13 Abs 5 Nr 1 S 2 VOB/B für Verträge, die nach dem 1. 1. 2009 geschlossen sind, durch § 310 Abs 1 S 3 BGB einer Klauselkontrolle dann entzogen, wenn auf beiden Seiten Unternehmer iSd § 14 BGB stehen und die VOB/B ohne Einschränkungen in den Vertrag einbezogen wurde. Das entspricht der bisherigen Handhabung.

cc) Vereinbarungen über den Ablauf der Verjährung, die ihren *Eintritt beschleunigen* sollen, sind jedenfalls unangemessen iSd § 307 BGB. Es geht nicht an zu verhandeln, ohne den Einfluss der Verhandlungen auf die Verjährung nach § 203 BGB hinzunehmen, anzuerkennen ohne die Folge des § 212 Abs 1 Nr 1 BGB. Vereinbarungen dieser Art sind auch individualvertraglich überaus bedenklich; es wird gegen Treu und Glauben verstoßen, aus ihnen Rechte herzuleiten.

b) Vereinbarungen über die Verjährungsfrist

32 Regelmäßig betreffen Vereinbarungen über die Verjährung die einschlägige Frist.

aa) Fristverlängerungen

(1) Individualvertraglich setzt § 202 Abs 2 BGB der Vereinbarung einer Fristverlängerung nur eine äußerste – 30-jährige – Schranke.

(2) *AGB des Bestellers,* die die Fristen des § 634a Abs 1 BGB verlängern, sind an § 307 Abs 2 Nr 1 BGB zu messen, wobei zunächst davon auszugehen ist, dass die erst im Rahmen der Modernisierung des Schuldrechts überprüften und zT neu gefassten Fristen des § 634a Abs 1 BGB einen *besonderen Gerechtigkeitsgehalt* aufweisen. Daraus folgt, dass es den Unternehmer idR unangemessen benachteiligen wird, wenn die Fristen des Bestellers in seinen AGB die Fristen des Gesetzes nachhaltig – etwa um mehr als das Doppelte – überschreiten, dem kein besonderes Interesse des Bestellers zugrunde liegt und die Interessen des Unternehmers nicht ebenfalls gebührende Berücksichtigung finden. Es muss zB um Werkleistungen gehen, deren Wert entscheidend durch ihre Haltbarkeit geprägt wird (Flachdach) und bei denen die spätere Nutzung nicht wesentlich zur Wertminderung beitragen kann.

bb) Fristverkürzungen

(1) Individualvertragliche Fristverkürzungen stoßen auf die Grenzen der § 634a Abs 3 S 1 BGB – dazu u Rn 44, § 639 BGB.

(2) Zu Frist verkürzenden AGB des Unternehmers vgl § 639 Rn 51 f zu § 309 Nr 8 lit b ff BGB.

VIII. VOB/B

Zur Verjährungsregelung der VOB/B vgl o Rn 31 und insbesondere Anh I zu § 638 Rn 4 ff, 11 ff BGB.

IX. Beginn der Verjährungsfrist

Die Gewährleistungsansprüche des Bestellers beginnen nach § 634a Abs 2 BGB in den Fällen des § 634a 1 Nrn 1 und 2 BGB mit der Abnahme des Werkes zu verjähren; an deren Stelle tritt bei Werken, die einer Abnahme nicht fähig sind nach § 646 BGB die Vollendung des Werkes (dazu u Rn 38).

1. Abnahme

a) Allgemeines

Unter der Abnahme des Werkes ist seine körperliche Entgegennahme zu verstehen. Sie entspricht der Übergabe des Grundstücks bzw der Ablieferung der beweglichen Sache in § 438 Abs 2 BGB beim Kauf und eröffnet – wie jene Vorgänge beim Kauf dem Käufer – dem Besteller die Möglichkeit, das Werk auf Mängel hin zu untersuchen. Das gemahnt an § 199 Abs 1 Nr 2 BGB, mit dem Unterschied freilich, dass es dem Besteller nichts nützt, wenn er Mängel nicht erkennt, mag dies nun auf leichter Fahrlässigkeit beruhen oder gar unverschuldet sein.

Die herrschende Meinung versteht den Begriff der Abnahme (auch) in § 634a Abs 2 BGB anders und stellt – sogar primär – auf die Billigung des Werkes als im Wesentlichen vertragsgerecht ab (MünchKomm/Busche Rn 44; vgl § 640 Rn 7). Dem ist jedoch nicht zu folgen. Die Billigung des Werkes ist in § 363 BGB zu verorten, nicht im Begriff der Abnahme (vgl § 640 Rn 10 ff). Der wünschenswerte Gleichklang von Kauf und Werkvertrag wird aufgebrochen, wenn man bei diesen beiden Vertragstypen einen unterschiedlichen Abnahmebegriff verwendet. Den Abnahmebegriff des Werkvertrags mit der Billigung des Werkes aufzuladen, lässt § 646 BGB, der § 634a Abs 2 BGB ja explizit nennt, leerlaufen, wenn denn billigungsfähig alle Werkleistungen sind. Speziell beim Gewährleistungsbeginn wäre es paradox, an die Billigung des Werkes als im Wesentlichen vertragsgerecht (= mangelfrei) anzuknüpfen. Das würde dem Besteller unbillige Vorteile schaffen. Verweigert er nämlich zu Recht die Billigung des Werkes wegen eines Mangels, könnte er den Verjährungsbeginn hinausschieben, und dies weiträumig wenn er während der Beseitigung dieses Mangels den nächsten entdeckt etc. Sinn und Zweck des § 634a Abs 2 BGB entspräche das nicht. Zugleich ist die Übergabe des Werkes ein klares und griffiges Kriterium, das von der in der Praxis oft mühsamen Klärung der Frage entbindet, ob und wann der Besteller das Werk gebilligt hat.

Die Abnahme des Werkes ist an sich ein Vorgang, der Einverständnis der Parteien voraussetzt. Gleichzustellen ist es ihr aber, wenn sich der Besteller eigenmächtig in den Besitz des Werkes setzt.

Es kommt nicht darauf an, ob der Besteller verpflichtet war, das Werk entgegenzunehmen, oder dies wegen Mängeln oder Unfertigkeit des Werkes hätte verweigern können (OLG München NJW 2012, 397).

b) Verzug des Bestellers

35b aa) Der Besteller kann das Werk entgegennehmen, aber seine Billigung als im Wesentlichen vertragsgemäß verweigern. Damit vermag er den Beginn der Verjährungsfrist seiner Mängelansprüche nicht hinauszuschieben, hat er doch jetzt die maßgebliche Möglichkeit der Untersuchung des Werkes auf etwaige Mängel.

bb) Weitergehend mag der Besteller sogar schon die Entgegennahme des Werkes verweigern. Wenn er so die Möglichkeit der Untersuchung und Erprobung des Werkes gerade nicht erhält, sind die Voraussetzungen des § 634a Abs 2 BGB nicht erfüllt. Dies gilt selbst dann, wenn er damit in Annahmeverzug gerät (vgl BGH NJW 1995, 3381 [zum Kauf]). Im Gegensatz zu § 644 Abs 1 S 2 BGB stellt § 634a Abs 2 BGB den Annahmeverzug der Abnahme nicht gleich.

c) Ernsthafte und endgültige Abnahmeverweigerung des Bestellers

36 Es wird die Ansicht vertreten, der Abnahme stehe die ernsthafte und endgültige Verweigerung der Abnahme gleich (BGH NJW 1981, 822; 2000, 133, 134, beide Entscheidungen zu § 638 Abs 1 S 2 aF). Das ist aber missverständlich. Hat der Besteller das Werk nämlich entgegengenommen, hat dieser Vorgang zu § 634a Abs 2 BGB in unmittelbarer Anwendung geführt. Hat er das Werk dagegen nicht entgegengenommen, so verbleibt es bei seinen ursprünglichen Ansprüchen aus § 4 Abs 7 VOB/B bei Geltung dieses Regelwerks, sonst aus § 631 BGB, wie sie beide den §§ 195, 199 BGB unterliegen (o Rn 9). Kommt es dann doch noch zur Abnahme, wird § 634a Abs 2 BGB wiederum unmittelbar anwendbar.

d) Irrelevante Gesichtspunkte

Angesichts der gesetzlichen Regelung sind *bestimmte Gesichtspunkte,* die sonst zT **37** für den Verjährungsbeginn Relevanz haben, *bedeutungslos.*

Dies gilt zunächst für die *Entstehung des Anspruchs* iSd § 199 BGB. Da die Ansprüche des Bestellers aus den §§ 634, 635 BGB nach § 634 Abs 1 BGB idR voraussetzen, dass dem Unternehmer Gelegenheit zur Nachbesserung gegeben wurde, können sie *verjährt* sein, *bevor alle ihre Voraussetzungen gegeben* und sie damit entstanden sind (vgl BGB-RGRK/Glanzmann § 638 aF Rn 16). Dieses für den Besteller harte Ergebnis wird durch § 213 BGB abgemildert: Die Verfolgung des einen Rechts wirkt auch für die anderen.

Aus dem Gesagten folgt, dass es für den Schadensersatzanspruch des Bestellers auch nicht darauf ankommt, dass überhaupt – und inwieweit – schon ein *Schaden* eingetreten ist (vgl BGB-RGRK/Glanzmann § 638 aF Rn 19). Insbesondere ein Gewinnentgang kann uU erst nach Ablauf der Verjährungsfrist eintreten (vgl BGHZ 50, 21).

Es kommt ferner nicht auf den *Kenntnisstand* des Bestellers an, vgl demgegenüber § 199 Abs 1 Nr 2 BGB.

2. Vollendung des Werkes

Bei Werken, die einer Abnahme, also Übergabe, nicht fähig sind, lässt § 646 BGB an **38** die Stelle der Abnahme in § 634a Abs 2 BGB die Vollendung des Werkes treten.

Das bestätigt zunächst die Richtigkeit des hier vertretenen Abnahmebegriffs (o Rn 35a). Übergabe und Vollendung sind Begriffe, die auf einer Ebene liegen, nicht aber Billigung und Vollendung.

Die praktische Bedeutung der Regelung ist zunächst gering, werden doch die meisten Fälle dem § 634a Abs 1 Nr 3 BGB unterfallen, für die § 634a Abs 2 BGB nicht gilt.

Relevanz hat § 646 BGB aber für die Überwachungsleistungen, die die Nrn 1 und 2 des § 634a Abs 1 BGB nennen, also namentlich die Bauleitung des Architekten, an deren Ende von seiner Seite nichts zu übergeben ist. Bei der Vollarchitektur, zu der auch die Leistungsphase 9 des § 34 Abs 3 HOAI gehört, kommt es also darauf an, ob sie nach objektiver Beurteilung abgeschlossen ist. Das ist dann der Fall, wenn bei der Schlussbegehung kurz vor Ablauf der Gewährleistungsfristen keine Mängel festgestellt werden oder Mängel zwar festgestellt werden, ihretwegen aber nichts mehr unternommen werden kann oder, falls dies doch noch möglich ist, der Architekt die notwendigen Schritte eingeleitet hat. Dem muss es gleichstehen, wenn der Architekt ein weiteres Tun ablehnt.

Bei alledem darf man sich von dem Ausdruck Vollendung nicht zu verleiten lassen, damit Perfektion, also Mangelfreiheit, zu assoziieren. Dem steht schon das Regelwerk der §§ 646, 634a Abs 2 BGB entgegen.

Vollendung bedeutet vielmehr nur Beendigung.

3. Teilabnahme und Teilvollendung

39 a) Für § 634a Abs 2 BGB genügt eine Teilabnahme (BGH WM 1983, 1104, 1105; BGB-RGRK/GLANZMANN § 638 aF Rn 16; MünchKomm/BUSCHE Rn 44).

Sie liegt vor, wenn ein eigenständiger Teil des Werkes übergeben wird, zB eines von mehreren zu errichtenden Häusern, nicht aber eben, wenn es an einer solchen Eigenständigkeit fehlt, der Unternehmer also außer den abgeschlossenen Arbeiten an diesem Objekt noch weitere durchführen soll.

Bei der Vollarchitektur kommt es zu einer Teilabnahme, wenn dem Bauherrn die abgeschlossene Planung zur Genehmigung vorgelegt wird und er sie zur Ausführung freigibt. Freilich nützt dem Architekten der damit bewirkte Verjährungsbeginn wegen Planungsmängeln uU im Ergebnis nichts, wenn ihm nämlich später der Planungsmangel auffallen muss, er dann aber nicht reagiert (u Rn 43b).

40 b) In den Fällen des § 646 BGB tritt an die Stelle der Teilabnahme die Teilvollendung.

Sie ist bei der Vollarchitektur relevant. Wenn das Bauvorhaben abgeschlossen ist und nur noch die Leistungsphase 9 des § 34 Abs 3 HOAI abgewartet werden muss, tritt eine Zäsur ein. Die – nicht übergabefähige – Bauleitung ist vollendet. Freilich kann der damit verbundene Verjährungsbeginn für Ansprüche wegen Mängeln der Bauleitung dadurch überholt werden, dass diese Mängel bei der Schlussbegehung des Bauvorhabens offenbar werden, der Architekt jetzt aber nicht reagiert. Das stellt dann eine Pflichtverletzung mit eigenständigem Verjährungsbeginn dar und gilt auch im Bereich des § 650s BGB.

4. Vorzeitige Vertragsbeendigung

41 Das Vertragsverhältnis kann eine vorzeitige Beendigung finden durch Kündigung, Rücktritt oder einvernehmliche Aufhebung. Liegen Mängel der schon erbrachten Leistung vor, unterlagen die daraus folgenden Rechte des Bestellers – Erfüllungsanspruch und aus ihm resultierende sekundäre Rechte – bisher dem Regime der §§ 195, 199 BGB; sie sind jetzt entfallen. Es ist sachgerecht, nunmehr § 634 BGB zur Anwendung zu bringen und damit in der Verjährungsfrage § 634a BGB. Damit gilt für den Fristbeginn das o Rn 35 Gesagte.

5. Regelmäßiger Verjährungsbeginn nach § 199

42 In den Fällen des § 634a Abs 1 Nr 3 BGB gilt die regelmäßige Verjährungsfrist und damit auch die für ihren Beginn maßgebliche Bestimmung des § 199 BGB.

X. Verjährung der Mängelansprüche gegen den Architekten

1. Verjährungsfrist

43 Die einschlägige Verjährungsfrist ist die fünfjährige des § 634a Abs 1 Nr 2 BGB, soweit es um einen Neubau oder die Umgestaltung eines bestehenden Baues geht.

Ausnahmsweise kann die zweijährige Frist des § 634a Abs 1 Nr 1 BGB gelten, wenn der Architekt bei der Bauleitplanung oder der Flächenplanung tätig ist.

Zu Vereinbarungen mit dem Architekten über die Verjährung vgl § 639 Rn 52.

2. Fristbeginn

Die hM hält die Leistungen des Architekten für abnahmefähig (BGH BauR 1987, 113; 2000, 128; NJW 2011, 1224; Jagenburg BauR 1980, 406; Cuypers BauR 1991, 141; Leupertz BauR 2009, 393; Locher/Koeble/Frik, HOAI [11. Aufl 2012] Einl Rn 132), sodass § 634a Abs 2 BGB unmodifiziert Anwendung finden müsste. Dem ist jedoch nur eingeschränkt zu folgen. **43a**

Einer Übergabe und damit einer Abnahme fähig sind nämlich nur die planerischen Leistungen des Architekten. Die Bauleitung und die Leistungen der Leistungsphase 9 des § 34 Abs 3 HOAI sind es nicht, sodass insoweit nach § 646 BGB in § 634a Abs 2 BGB an die Stelle der Abnahme des Werkes die Vollendung des Werkes tritt.

Damit kommt es bei der Vollarchitektur zu einer Teilabnahme, wenn dem Bauherrn die abgeschlossene Planung vorgelegt wird und er sie zur Umsetzung freigibt (o Rn 39). Mit der Fertigstellung des Bauwerks tritt eine Teilvollendung ein (o Rn 40), mit dem Abschluss der Leistungsphase 9 des § 34 Abs 3 HOAI die Vollendung insgesamt. Zu beachten bleibt dabei freilich, dass der Architekt in späteren Leistungsphasen auch schon dadurch mangelhaft arbeiten kann, dass er Mängel früherer Abschnitte nicht aufdeckt und es damit auch unterlässt, auf sie zu reagieren.

3. Sekundärhaftung

Die höchstrichterliche Rechtsprechung (BGH BauR 1986, 112; NJW-RR 2004, 396; NJW 2007, 365 f) hat zum Rechtszustand vor der Modernisierung des Schuldrechts angenommen, dass der bauleitende – nicht auch der planende – Architekt Sachwalter des Bauherrn sei, der diesem die umfassende Wahrnehmung seiner Rechte schulde. Diese Pflicht mache auch vor solchen Mängeln nicht halt, die der Architekt selbst verursacht habe. Verstoße der Architekt gegen diese Pflicht, ergebe sich für den Bauherrn ein sekundärer Schadensersatzanspruch, der dem Architekten die Einrede der Verjährung aus der Hand schlage. **43b**

Dieser Rechtsprechung ist auch nach der Modernisierung des Schuldrechts zu folgen (aA Reinelt/Pasker BauR 2010, 983). Das modernisierte Schuldrecht regelt nämlich nur, welche Anstrengungen vom Gläubiger zu erwarten sind, die ihm zustehenden Ansprüche aufzudecken, vgl namentlich § 199 Abs 1 Nr 2 BGB und im vorliegenden Zusammenhang die objektive Risikozuweisung an den Gläubiger in § 634a Abs 1 Nrn 1 und 2, Abs 2 BGB. Daneben kann es ohne Weiteres stehen, dass ausnahmsweise auch der Schuldner verpflichtet sein kann, dem Eintritt der Verjährung vorzubeugen. So liegt es hier, wenn denn der bauleitende Architekt umfassend die Interessen des Bauherrn wahrzunehmen hat. Seine Pflicht, umfassend und auch sich selbst nicht schonend auf etwaige Mängel hinzuweisen, kann ohne Weiteres aus der Benachrichtigungspflicht des § 666 Alt 1 BGB hergeleitet werden, wie sie spontan zu erfüllen ist (und auch nur so erfüllt werden kann) und wie sie auch anwendbar ist, entweder kraft der Bezugnahme des § 675 BGB auf sie oder entsprechend. Für Sonderfachleute gilt das nicht (BGH NJW 2011, 3086 = NZBau 2011, 691 Rn 11).

Im Falle des Architekten ist die unterbliebene Aufklärung ein Mangel seiner Leistung. Die erneuerte Frist ist daher wiederum die des § 634a Abs 1 Nr 2 BGB, nicht die der §§ 195, 199 BGB (aA BGH NJW 2007, 365 Rn 16 f).

XI. Arglistiges Verschweigen von Mängeln

44 **Die Fristen** des § 634a Abs 1 Nrn 1, 2 BGB gelten **nicht**, wenn der Unternehmer einen Mangel arglistig verschwiegen hat, sodass es insoweit bei der regelmäßigen **Verjährungsfrist des § 195 BGB** verbleibt mit ihrem uU deutlich späteren Beginn nach § 199 Abs 1 BGB, § 634a Abs 3 S 1 BGB. Freilich bleibt es für den Besteller bei der Frist des § 634a Abs 1 Nr 2 BGB, wenn diese ausnahmsweise für ihn günstiger ist, wie § 634a Abs 3 S 2 BGB dies umständlich ausdrückt.

Die Regelung entspricht der des § 438 Abs 3 BGB. Sachliche Unterschiede bestehen nicht.

Vgl zu den Folgen eines arglistigen Verschweigens von Mängeln auch § 639 BGB, der insbesondere bewirkt, dass die Frist der §§ 195, 199 BGB durch Vereinbarungen der Parteien nicht verkürzt werden kann.

1. Arglist

45 Arglist *des Unternehmers* ist gegeben, wenn er einerseits *Kenntnis von dem Mangel* hat, andererseits Kenntnis von tatsächlichen Umständen, die hinsichtlich des Mangels eine *Offenbarungspflicht* gegenüber dem Besteller begründen (vgl BGHZ 62, 63; BGH JZ 1963, 596). Beruht die Unkenntnis des Mangels auf Fahrlässigkeit, reicht das nicht aus (BGH NZBau 2010, 763 Rn 11). Andererseits braucht dem Unternehmer die Offenbarungspflicht als solche nicht bewusst geworden zu sein.

a) Eine *Offenbarungspflicht* des Unternehmers besteht dann, *wenn damit zu rechnen ist, dass die Kenntnis des Bestellers von dem Mangel diesen entweder von der Abnahme überhaupt oder doch jedenfalls von einer rügelosen Abnahme abhalten würde.*

Dazu gehört es *nicht*, dass der Mangel objektiv besonders *schwer wiegt*, sondern nur, dass *ein verständiger* – oder auch nur: dieser – Besteller auf ihn reagieren würde; auf eine ihm bekannte Indolenz des Bestellers darf sich der Unternehmer nicht berufen. Auch die Kenntnis des Bestellers vom Mangel schließt Arglist des Unternehmers nicht aus (vgl BGB-RGRK/Glanzmann § 638 aF Rn 23), sofern sie nicht dem Unternehmer sicher bekannt ist. Es ist auch nicht erforderlich, dass der Besteller durch das Verhalten des Unternehmers von gerichtlichen Schritten abgehalten worden ist (vgl BGH RSprBau Z 2.414, 106). Mangels besonderer Umstände des Einzelfalls *wird* damit *in aller Regel die Kenntnis des Unternehmers von dem Mangel ausreichen,* seine Arglist zu bejahen.

So ist Arglist *namentlich* angenommen worden, wenn ein Architekt es verschweigt, dass er den Bau entgegen der Baugenehmigung ausführt (BGH VersR 1970, 744), wenn ein Unternehmer das Fehlen zugesicherter Eigenschaften verschweigt (vgl BGH JZ 1963, 596), wenn neuartig konstruierte Geräte ohne die übliche Erprobung auf dem Prüfstand geliefert werden (vgl OLG Celle Betr 1970, 582). Nach BGH NJW 1962, 803 soll die dem Besteller erkennbare Verwendung eines billigeren und schlechteren Baustoffes noch keine Arglist begründen (krit dazu zu Recht ERMAN/SEILER[10] § 637 aF Rn 3). Zutreffend anders jetzt BGH NZBau 2002, 503 bei Verwendung eines nicht erprobten Baustoffes ohne besonderen Hinweis. (Zum planenden Architekten, der wesentliche Erkundungen nicht einzieht, vgl OLG Düsseldorf NZBau 2005, 402; zum überwachenden, der nicht überwacht, BGH BauR 2004, 1476). Arglistig handelt auch der Unternehmer, der eine gebotene Bodenuntersuchung unterlässt (BGH NJW 2012, 1653 = NZBau 2012, 359 Rn 19).

b) Als Verschuldensform bei dem Unternehmer reicht *bedingter Vorsatz* aus (vgl **46** RG WarnRspr 1934, 6; BGB-RGRK/GLANZMANN § 638 aF Rn 22; PALANDT/ELLENBERGER § 123 Rn 11). Jedenfalls bedingter Vorsatz ist auch dann gegeben, wenn der Unternehmer eine bestimmte Schadensanfälligkeit des Werkes als Mangel kennt, aber hofft, ein solcher Schaden werde nicht eintreten (vgl BGH 11. 3. 1965 – VII ZR 78/63; VersR 1970, 964). Auch eine *besondere Schädigungsabsicht des Unternehmers oder das Streben nach einem eigenen Vorteil sind nicht erforderlich* (vgl BGH NJW 1986, 980); er mag zB annehmen, dass der Mangel des Werkes für die Belange des Bestellers ohne Bedeutung sei.

Als arglistig muss es auch angesehen werden, wenn der Unternehmer ohne jegliche konkrete Überprüfung des Werkes dieses in einzelner Hinsicht oder pauschal für mangelfrei erklärt, insoweit also *Angaben „ins Blaue hinein"* macht (OLG Koblenz BauR 2010, 1042). Das kann sich namentlich dann ergeben, wenn der Besteller konkrete Fragen nach dem Vorhandensein einzelner Eigenschaften des Werkes stellt.

Der Unternehmer ist grundsätzlich nicht verpflichtet, das zur Abnahme angebotene Werk noch einmal auf Mängel zu überprüfen. Er handelt aber *arglistig, wenn er sich bewusst der Kenntnis von Mängeln verschließt* (vgl BGB-RGRK/GLANZMANN § 638 aF Rn 22). Er hat die Arbeiten aber schon während ihrer Durchführung angemessen überwachen und prüfen zu lassen; das muss er auch bei arbeitsteiligem Vorgehen *organisatorisch sicherstellen* (BGH NJW 2005, 893 = BauR 2005, 550). Diese Organisationspflicht, die auch den bauüberwachenden Architekten trifft (BGH NZBau 2010, 771), beinhaltet, dass der Unternehmer, der die Fehlerkontrolle nicht selbst durchführen kann oder will, hierfür hinreichend kompetentes Personal einzusetzen hat (BGH NZBau 2010, 763 Rn 13). Fehlt es daran, dann darf er sich nicht darauf berufen, dass er den Mangel tatsächlich nicht gekannt habe, den er sonst gekannt hätte (vgl BGHZ 117, 318 = NJW 1992, 1754 = LM Nr 77 m Anm KOEBLE = JZ 1992, 1019 m Anm DERLEDER; dazu auch noch RUTKOWSKY NJW 1993, 1748; WIRTH BauR 1994, 33; WALTHER BauR 1996, 455; LANG, in: FS Odersky [1996] 583; ANKER/ADLER BauR 1996, 461; OLG München NJW-RR 1998, 529). Bestehen sonst dem Unternehmer bekannte Anhaltspunkte für das Vorliegen eines Mangels, so muss er jedenfalls diese dem Besteller offenbaren, wenn er ihnen schon nicht selbst nachgehen will. Vom Besteller darzulegende Indizien für einen Organisationsmangel sind Art oder Evidenz des Mangels; Fehlt es an letzterem, kann also ein Mangel auch von einer kompetenten Person übersehen werden, ist der Organisationsmangel für die Verletzung der Offenbarungspflicht nicht kausal geworden (BGH NZBau 2010, 763 Rn 15). Der Unternehmer hat sich hinsichtlich seiner Organisation zu entlasten (BGHZ 117, 318, 322; OLG Stuttgart BauR 1997, 317). Die Befolgung der Herstellerangaben entlastet grundsätzlich (OLG Düsseldorf NJW-RR 1998, 315).

c) Dem arglistigen Verschweigen von Mängeln steht es gleich, wenn der Unternehmer *nicht vorhandene Eigenschaften des Werkes vortäuscht* (vgl BGH RSprBau Z 2 400, 38; BGB-RGRK/GLANZMANN § 638 aF Rn 24). Das ist namentlich dann der Fall, wenn er Vergütung für Arbeiten verlangt, die er gar nicht ausgeführt hat (vgl BGH NJW 1967, 340, 342). Im Einzelnen ist die Abgrenzung schwierig, aber auch entbehrlich.

2. Zeitpunkt

47 Der *maßgebliche* Zeitpunkt für die Offenbarungspflicht des Unternehmers ist der der Ablieferung des Werkes (BGH 17. 10. 1966 – VII ZR 164/64; BGB-RGRK/GLANZMANN § 638 aF Rn 25; MünchKomm/BUSCHE Rn 42; PALANDT/SPRAU Rn 15). Der Unternehmer hat dafür Sorge zu tragen, dass vorherige Kenntnis von Mängeln bis zu diesem Zeitpunkt erhalten bleibt. Die nachträgliche Kenntnis von Mängeln, die der Unternehmer im Zuge von Nachbesserungsarbeiten oder kraft neuerer allgemeiner Erkenntnisse erwirbt, schadet grundsätzlich nichts. Doch erwirbt der Besteller einen Schadensersatzanspruch, den er der Berufung des Unternehmers auf die Einrede der Verjährung entgegenhalten kann, und zwar jedenfalls aus § 826 BGB, wenn er auf späteres Befragen des Bestellers einen Mangel bewusst ableugnet. Zur spontanen Mitteilung nachträglich erkannter Mängel ist er aber nicht verpflichtet (vgl auch KNIFFKA, in: FS Heiermann [1995] 201).

3. Hilfspersonen

48 Dem Unternehmer kann außer der eigenen Arglist auch die *Arglist Dritter* zugerechnet werden, § 278 BGB oder richtiger § 166 BGB analog.

a) Solche Dritte sind jedenfalls *Mitarbeiter, die mit der Mitwirkung bei der Ablieferung oder Abnahme des Werkes betraut sind* (vgl MünchKomm/BUSCHE Rn 43), sofern sie hierbei nicht nur ganz untergeordnete Funktionen haben wie zB ein Fahrer.

b) Was den Wissensstand von Personen angeht, die bei der Erstellung des Werkes mitwirken, differenziert die Rechtsprechung. Zum Nachteil des Unternehmers soll sich der *Wissensstand solcher Personen* auswirken, *die mit der Überprüfung des Werkes auf Mängel betraut sind.* Das ist im Baubereich der örtliche Bauleiter (vgl BGHZ 159, 255, 260), nicht aber zB der Polier (vgl BGHZ 62, 63 = NJW 1974, 553; OLG Köln BauR 1984, 525; MünchKomm/BUSCHE Rn 43; aA JAGENBURG NJW 1971, 1425, 1426; HOFFMANN JZ 1969, 372). Auch das Wissen eines *Subunternehmers* geht zu Lasten des Unternehmers (vgl BGHZ 66, 43 = NJW 1976, 516 = JR 1976, 285 m Anm SCHUBERT); BGH NJW 2007, 366 = NZBau 2007, 96. Inkonsequent BGH NJW 2008, 145 = NZBau 2008, 60, dass ein Organisationsmangel des Subunternehmers nicht zuzurechnen sei. Die dortige Begründung, dass es bei der Organisation um eine Obliegenheit gehe, trägt nicht. § 278 BGB bzw § 166 BGB kann auch dort idR entsprechend angewendet werden.

4. Beweislast

Nach der Fassung des Gesetzes trifft die *Darlegungs- und Beweislast* für die Arglist des Unternehmers den Besteller (vgl Erman/Schwenker/Rodemann Rn 23). Freilich können sich für ihn Beweiserleichterungen ergeben: Ein gravierender Mangel an wichtigen Leistungsteilen kann ebenso den Schluss auf mangelhafte Überwachung und Überprüfung (o Rn 43b) zulassen wie ein besonders augenfälliger Mangel an weniger wichtigen Teilen (vgl BGHZ 117, 318 = NJW 1992, 1754). Im Übrigen hat der Unternehmer seine Organisation darzulegen. **49**

XII. Meidung des Eintritts der Verjährung

1. Der Mangel

Maßnahmen zur Meidung der Verjährung betreffen immer nur jenen Mangel, der im Raum steht, nicht andere, weitere. Insoweit braucht der Mangel jedoch weder bei den Verhandlungen des § 203 BGB noch bei den Maßnahmen des § 204 BGB korrekt bezeichnet zu werden, es genügt vielmehr die *Angabe der Mangelerscheinungen,* mögen die Ursachen auch unbekannt sein oder gar verkannt werden. ZB kann der feuchte Fleck an der Kellerwand unterschiedliche Ursachen haben. Die Hemmungswirkung der §§ 203, 204 BGB tritt für jene ein, die sich schließlich herausstellt. **50**

2. Gläubiger und Schuldner

Eine Hemmungswirkung kann nur dann eintreten, wenn Gläubiger und Schuldner der Mängelansprüche an den hemmenden Maßnahmen als solchen beteiligt sind. Das selbständige Beweisverfahren gegen Unbekannt hemmt die Verjährung nicht. Und dass der Architekt im Auftrag des Bestellers mit dem Bauhandwerker verhandelt, löst die Wirkungen des § 203 BGB insoweit nicht aus, wie es um Ansprüche aus demselben Zusammenhang gegen den Architekten selbst geht. **51**

3. Der verfolgte Anspruch

a) Vereinbarungen nach § 202 Abs 1 BGB oder die Verhandlungen des § 203 BGB sind grundsätzlich **umfassend** angelegt, gelten also *für alle denkbaren Ansprüche des Bestellers.* Freilich lässt sich die Hemmungswirkung beschränken. ZB kann der Unternehmer den verschuldensabhängigen Schadensersatzanspruch des § 634 Nr 4 BGB als nicht gegeben und nicht verhandelbar iSd § 203 BGB bezeichnen. **52**

b) Bei den Maßnahmen des § 204 BGB, namentlich der *Klage,* tritt die Hemmungswirkung für alle Ansprüche ein, die sich aus dem Vortrag des Bestellers ergeben. Begehrt er zB die Abstellung eines Mangels und ist es streitig, ob die Abnahme erfolgt ist, so ist die Verjährung gehemmt sowohl für den Erfüllungsanspruch als auch für den Anspruch auf Nacherfüllung. Gleiches gilt für entsprechende Schadensersatzansprüche. Eine Hemmung nach § 204 BGB tritt nicht ein, wenn der Besteller aus dem Mangel eine andere Rechtsfolge herleitet, vgl dazu aber sogleich zu § 213 BGB.

c) *§ 213 BGB erweitert die Hemmungswirkung* bei den Maßnahmen des § 204 BGB nachhaltig auf alternative Rechte des Bestellers wegen dieses Mangels. Danach hemmt die Verfolgung des Erfüllungsanspruchs die Verjährung des Anspruchs auf Nacherfüllung, des Anspruchs auf Schadensersatz, der Befugnis zu Rücktritt oder Minderung oder jeweils umgekehrt, ermöglicht also zB auch den Übergang von Rücktritt zur Nacherfüllung oder zu Kostenvorschuss bzw -erstattung.

§ 213 BGB gilt im Zweifel auch bei Verhandlungen und dem Anerkenntnis des § 212 Abs 1 Nr 1 BGB, doch haben es bei den Verhandlungen beide Parteien, beim Anerkenntnis der Schuldner in der Hand, die Wirkungen zu beschränken.

4. Vereinbarungen

53 § 202 Abs 1 BGB ermöglicht es, durch Vereinbarung die Einrede der Verjährung auszuschließen, sei es bis zu einem bestimmten Termin, sei es bis zu einem bestimmten Ereignis, zB der Entscheidung in einer Parallelsache. Das gilt auch dort, wo eine Haftung wegen Vorsatz im Raum steht, weil die Bestimmung sie nur dann für unbeachtlich erklärt, wenn sie im Voraus getroffen wurde.

5. Verhandlungen

54 Verhandlungen haben nach § 203 BGB hemmende Wirkung, Das greift die frühere Bestimmung des § 639 Abs 2 BGB auf, entspricht in der Ausgestaltung aber § 852 Abs 2 BGB aF.

Verhandlungen kommen dadurch zustande, *dass sich die eine Seite auf das Begehren der anderen einlässt.* Den Anstoß kann auch der Schuldner geben, regelmäßig wird sie der Besteller mit einer Mängelrüge einleiten. Der Unternehmer lässt sich noch nicht mit einer Empfangsbestätigung ein, wohl aber mit der Ankündigung einer Antwort. Auf besondere Erfolgsaussichten der Verhandlungen kommt es nicht an. Dass man nur aus Kulanz mit der anderen Seite spricht, schadet nicht. Sie werden beendet durch ein *doppeltes Nein,* zunächst zum Standpunkt der Gegenseite, sodann (und vor allem) zur Fortsetzung des Dialogs. Noch kein Ende der Verhandlungen ist es also, wenn der eigene Standpunkt zwar als unverrückbar dargestellt, seine spätere Erläuterung aber angekündigt wird. Zu ihrem Ende kann es auch dann kommen, wenn sie „einschlafen", also eine Antwort auch in jenem Zeitpunkt ausbleibt, in dem sie äußerstenfalls noch erwartet werden kann.

6. Katalog des § 204 Abs 1

55 Für die Maßnahmen des § 204 Abs 1 BGB gilt, dass sie vom Gläubiger des Anspruchs ausgehen müssen. Keine Hemmungswirkung also nach § 204 Abs 1 Nr 7 BGB, wenn der Schuldner das *selbständige Beweisverfahren* einleitet. Bei einer Mehrheit von Gläubigern oder Schuldnern kommt es zur Einzelwirkung der ergriffenen Maßnahmen, §§ 429 Abs 2, 432 Abs 2, 425 Abs 2 BGB. Wird ein Anspruch nur teilweise verfolgt, beschränkt sich die Hemmungswirkung entsprechend. Bei dem Begehren von Kostenvorschuss werden spätere Kostensteigerungen aber auch dann erfasst, wenn sie von vornherein hätten einbezogen werden können, BGHZ 66, 138, 141 = BGH NJW 1976, 956; BGH NJW-RR 2005, 1037 = NZBau 2005, 514.

7. Stundung

Eine Hemmung der Verjährung durch Stundung nach § 205 BGB tritt insbesondere **56** dann ein, *wenn der Unternehmer dem Besteller eigene Gewährleistungsansprüche gegen Dritte abgetreten* hat (BGH NJW 1981, 2243, 2244; OLG Düsseldorf BauR 1991, 363; 1992, 773; Peters NJW 1982, 562), mag er sich dabei an § 309 Nr 8 lit b aa BGB gehalten haben oder nicht. Die Hemmung dauert hier *solange* fort, wie der Besteller entweder gehalten ist, vor Inspruchnahme des Unternehmers gegen den Dritten vorzugehen, oder aber *tatsächlich gegen den Dritten vorgeht,* mag dies auch überobligationsmäßig sein (BGH NJW 1981, 2243, 2244; Peters NJW 1982, 562).

In der *Verabredung, den Ausgang eines Vor- oder Musterprozesses abzuwarten,* kann ein verjährungshemmendes pactum de non petendo liegen, sofern der Unternehmer einstweilen zur Leistungsverweigerung berechtigt sein soll (BGH WM 1960, 613; 1970, 548). Eine formularmäßige Musterprozessklausel eines Bestellers ist freilich unwirksam (BGHZ 92, 13).

Keine Hemmung der Verjährung bewirkt es, dass die Beseitigung der Mängel einstweilen aus Witterungs- oder anderen Gründen unmöglich sein kann.

Es führt *nicht* zu einer Hemmung der Verjährung der Gewährleistungsansprüche des Bestellers, *dass der Unternehmer die Beseitigung von Mängeln nach § 320 BGB von der Begleichung ausstehenden Werklohnes abhängig machen kann.*

8. Anerkenntnis

Das Verhalten des Unternehmers gegenüber der Mängelrüge des Bestellers kann **57** ein Anerkenntnis iSd § 212 Abs 1 Nr 1 BGB darstellen; das ist eine Frage der *Auslegung.* Die Annahme eines Anerkenntnisses kommt namentlich dann in Betracht, wenn der Unternehmer Maßnahmen zur Beseitigung des Mangels ergreift. Sind sie ungeeignet – und nur dann kann sich die Verjährungsfrage stellen –, liegt die Annahme eines Anerkenntnisses dem Grunde nach nahe. Maßnahmen zur Prüfung oder Beseitigung des Mangels unterfallen auch § 203 BGB. Treffen dann Hemmung und Neubeginn zusammen, ist letzterer auf das Ende der Hemmung datiert.

XIII. Eintritt der Verjährung

1. Allgemeines

Wenn die Verjährungsfrist abgelaufen ist, steht dem Unternehmer das Leistungs- **58** verweigerungsrecht aus § 214 Abs 1 BGB zu; leistet er gleichwohl noch, ist dies nicht rechtsgrundlos, §§ 214 Abs 2 S 1, 813 Abs 1 S 2 BGB.

Die verjährten Ansprüche kann der Besteller nach Maßgabe des § 215 BGB zur Aufrechnung oder Zurückbehaltung gegenüber Ansprüchen des Unternehmers verwenden.

2. Rücktritt, Minderung

Nach Fristablauf kann der Unternehmer Rücktritt oder Minderung des Bestellers zurückweisen, §§ 218 Abs 1 S 1, 634a Abs 4 S 1, Abs 5 BGB. Hat er den aus Rücktritt oder Minderung folgenden Ansprüchen genügt, gilt freilich § 214 Abs 2 BGB, vgl § 218 Abs 2 BGB.

3. Offene Werklohnforderung

59 Wenn im Zeitpunkt der Verjährung der Gewährleistungsansprüche ein Teil der Werklohnforderung noch offen ist, kann der Besteller ihr noch wegen des Mangels entgegentreten. Im Gegensatz zu den §§ 639 Abs 1, 478, 479 BGB aF ist dies nicht mehr davon abhängig, dass er den Mangel in unverjährter Zeit angezeigt hat. Im Einzelnen bedeutet dies:

a) Der Anspruch auf Nacherfüllung kann der Werklohnforderung nach den §§ 320, 215 BGB entgegengesetzt werden.

b) Mit den Zahlungsansprüchen bei eigener Nachbesserung kann nach § 215 BGB aufgerechnet werden.

c) Bei dem Schadensersatzanspruch aus § 634 Nr 4 BGB ist zu unterscheiden:

Soweit es um den Mangelschaden geht, besteht dieselbe Aufrechnungsmöglichkeit wie eben.

Soweit der Besteller Ansprüche wegen Mangelfolgeschäden geltend macht, §§ 634 Nr 4, 280 Abs 1, 241 Abs 2 BGB, ist es für die Aufrechnung außerdem notwendig, dass der Anspruch in unverjährter Zeit entstanden ist, § 215 BGB: Wegen eines Schadens sechs Jahre nach der Abnahme könnte der Besteller nicht mehr aufrechnen.

60 d) Zurücktreten oder mindern kann der Besteller eigentlich nicht mehr, § 218 Abs 1 BGB. Er kann aber unter Berufung auf diese Rechte *den restlichen Werklohn verweigern,* § 634a Abs 4 S 2, Abs 5 BGB, was das Zurückweisungsrecht des Unternehmers nach § 218 Abs 1 S 1 BGB einschränkt.

Das führt bei der *Minderung* zu angemessenen Ergebnissen. Wenn der Besteller vielleicht nicht ihren vollen Betrag realisieren kann, ist das nur die angemessene Folge der eingetretenen Verjährung.

Bei dem *Rücktritt* kann sich eine Schieflage ergeben, wenn einerseits der Zahlungsstand hinsichtlich des Werklohns mehr oder weniger zufällig ist, andererseits Wertersatz nach § 346 Abs 2 BGB im Raum steht und es schließlich möglich ist, dass das Werk zwar zurückgegeben werden kann, aber eine Verschlechterung eingetreten ist, die wegen § 346 Abs 2 Nr 3 BGB aE zu Lasten des Unternehmers ginge, wenn sie nämlich durch bestimmungsgemäßen Gebrauch verursacht ist. All dies muss der Unternehmer durchkalkulieren. Um ihn vor Schaden zu bewahren, räumt § 634a Abs 4 S 3 BGB dem *Unternehmer* nun *seinerseits ein Rücktrittsrecht* ein. Das ist eine in doppelter Weise hybride Konstruktion: Einerseits kann der Unternehmer jetzt letztlich wegen seiner eigenen Pflichtverletzung zurücktreten. Andererseits hätte es seine Rechte vollauf gewahrt, den Rücktritt des Bestellers nun nicht nach § 218 BGB zurückzuweisen.

XIV. Gesamtschuldverhältnisse

Im Rahmen der Gewährleistung ergeben sich vielfältig Gesamtschuldverhältnisse, in die namentlich der Architekt einbezogen werden kann (vgl dazu Anh zu §§ 650p–t Rn 50 ff), aber doch auch mehrere Unternehmer, deren Mängel nur durch eine und dieselbe Maßnahme abgestellt werden können.   **61**

1. Außenverhältnis

Im Verhältnis zu dem gemeinsamen Besteller ergibt sich daraus nichts Besonderes. Hinzuweisen ist auf § 425 Abs 2 BGB, nach dem die Verjährung für jeden Gesamtschuldner gesondert läuft. Entsprechendes gilt wegen der §§ 429 Abs 3, 425 Abs 2, 342 Abs 2 BGB dort, wo es eine Mehrheit von Bestellern gibt, vgl namentlich die Ansprüche der Wohnungseigentümer wegen Mängel am Gemeinschaftseigentum aus den Erwerbsverträgen gegenüber dem die Anlage errichtenden Bauträger.

2. Interner Regress

a) Anspruchsübergang nach § 426 Abs 2

Wenn einer der Gesamtschuldner den Gläubiger befriedigt, geht dessen Forderung auf ihn über, soweit er Regress nehmen kann. Für diesen Regressanspruch ist weiterhin § 634a BGB einschlägig; der Gesamtschuldner, der geleistet hat, *übernimmt den Anspruch in jener teilverjährten Form, in der er sich befindet*. Ggf kommt dem ausgleichsberechtigten Gesamtschuldner die dreißigjährige Frist des § 197 Abs 1 Nrn 3, 4 BGB zugute, sofern der Anspruch des Gläubigers gegenüber dem ausgleichspflichtigen Gesamtschuldner tituliert ist.   **62**

b) Regress nach § 426 Abs 1

§ 426 Abs 1 BGB gibt dem ausgleichsberechtigten Gesamtschuldner vor seiner Leistung an den gemeinsamen Gläubiger einen **Freihaltungsanspruch** gegen den/die anderen Gesamtschuldner, anschließend einen Zahlungsanspruch.   **63**

Beide Ansprüche unterliegen nicht § 634a BGB, sondern vielmehr den allgemeinen Bestimmungen der §§ 195, 199 BGB. Einschlägig ist also die dreijährige Frist der erstgenannten Bestimmung, deren Beginn sich nach § 199 Abs 1 BGB richtet.

Unter den Kriterien der letztgenannten Bestimmung ist namentlich das der *Entstehung des Anspruchs*, § 199 Abs 1 Nr 2 BGB, wichtig:

Der Freihaltungsanspruch entsteht mit dem Eintritt des letzten Gesamtschuldners in die Gewährleistung, also *mit der letzten Abnahme*. Dass dann die Gewährleistungspflicht des intern ausgleichspflichtigen Gesamtschuldners gegenüber dem Besteller schon verjährt sein kann, ist insoweit ohne Bedeutung; § 425 Abs 2 BGB schlägt nicht auf das Innenverhältnis durch, sondern ist nur im Rahmen des § 426 Abs 2 BGB relevant. Ergeben kann sich das insbesondere, wenn neben dem Bauunternehmer der Architekt haftet, der die Vollarchitektur des § 34 Abs 3 HOAI schuldet, weil bei letzterem die Abnahme erst nach der Leistungsphase 9 erfolgt.

Die Wahrung der Verjährung des Freihaltungsanspruchs kommt wegen § 213 BGB dem späteren Erstattungsanspruch (nach der eigenen Leistung an den Gläubiger) zugute.

Letzterer Erstattungsanspruch „entsteht" mit der eigenen Leistung an den Gläubiger. (Erst) damit wird er im Wege der Leistungsklage durchsetzbar und damit fällig, was das entscheidende Kriterium für die Entstehung ist. Dass es zuvor schon einen fälligen Freihaltungsanspruch gegeben hat, ist unerheblich (**aA** BGH NJW 2010, 60, wo Freihaltungs- und Erstattungsanspruch als einheitlicher Anspruch angesehen werden; krit dazu PETERS ZGS 2010, 154). Einerseits sind beide Ansprüche zu unterscheiden, weil beide *unterschiedliche (Streit-)Gegenstände* haben, andererseits lässt § 213 BGB eben nur die Hemmung der Verjährung des einen Anspruchs auf den an seine Stelle tretenden Anspruch durchschlagen, nicht aber auch den Beginn der Verjährung des Erstanspruchs. Dass die Ansprüche des Gläubigers gegen die mehreren Schuldner unverjährt nebeneinander bestanden haben, ist nicht erforderlich.

3. Arbeitsgemeinschaften (ARGE)

64 Vor allem im Baubereich wird häufig eine Arbeitsgemeinschaft gebildet, um größere Projekte realisieren zu können (hierzu § 631 Rn 24). Bei einer solchen **Gesellschaft bürgerlichen Rechts** entspricht die Haftungsverfassung der der OHG.

a) Ausgleich unter den Gesellschaftern

Wenn ihre Außenhaftung der des § 128 HGB entspricht, gilt für den internen Ausgleich das eben (Rn 63) zu § 426 Abs 1 BGB Gesagte, dies freilich mit der Besonderheit, dass der Anspruch das negative Tatbestandsmerkmal hat, dass die Erholung bei der ARGE entsprechend § 110 HGB nicht möglich ist, weil frei verfügbare Mittel nicht vorhanden sind (vgl BGH NJW-RR 2008, 256 = NZBau 2008, 121 Rn 19). Dies kann die Entstehung des Anspruchs hinausschieben.

b) Verhältnis der ARGE zu ihren Gesellschaftern

aa) Für den Anspruch des Gesellschafters gegen die ARGE entsprechend § 110 HGB gelten die §§ 195, 199 BGB.

bb) Die ARGE ihrerseits hat gegen den für den Mangel verantwortlichen Gesellschafter und subsidiär auch gegen die anderen den Nachschussanspruch aus § 735 BGB, bei dem es als stillschweigend vereinbart angenommen werden kann, dass er auch schon vor der Liquidation eingreifen soll, wenn denn ein Gesellschaftsvermögen nicht gebildet wird. Er unterliegt den §§ 195, 199 BGB, wobei es sich empfiehlt, von der Verlängerungsmöglichkeit des § 202 Abs 2 BGB Gebrauch zu machen.

cc) Schließt die ARGE – als *Dach-ARGE* – gesondert losbezogene Werkverträge mit ihren Gesellschaften ab, gilt insoweit § 634a BGB. Das hindert es nicht, dass ggf subsidiär die eben skizzierte gesellschaftsrechtliche Nachschusspflicht des § 735 BGB zum Zuge kommen kann.

§ 635
Nacherfüllung

(1) Verlangt der Besteller Nacherfüllung, so kann der Unternehmer nach seiner Wahl den Mangel beseitigen oder ein neues Werk herstellen.

(2) Der Unternehmer hat die zum Zwecke der Nacherfüllung erforderlichen Aufwendungen, insbesondere Transport-, Wege-, Arbeits- und Materialkosten zu tragen.

(3) Der Unternehmer kann die Nacherfüllung unbeschadet des § 275 Abs. 2 und 3 verweigern, wenn sie nur mit unverhältnismäßigen Kosten möglich ist.

(4) Stellt der Unternehmer ein neues Werk her, so kann er vom Besteller Rückgewähr des mangelhaften Werkes nach Maßgabe der §§ 346 bis 348 verlangen.

Materialien: Art 1 G zur Modernisierung des Schuldrechts v 26. 11. 2001 (BGBl I 3138); BT-Drucks 14/6040, 264.

BGB aF: Abs 1; Abs 2: § 633 Abs 2 S 2 (s bei § 633); Abs 3: § 633 Abs 2 S 3 (s bei § 633); Abs 4.

Schrifttum

Faust, Die Reichweite der Nacherfüllung im Baurecht, BauR 2010, 1818
Kniffka, Der Ring im See oder die Varianten der Unverhältnismäßigkeit, in: FS Kraus (2003) 115
Markworth, Eigenmächtige Nachbesserungen durch den Verkäufer, NJW 2019, 266
Reiter, Das neue Bauvertragsrecht – Teil I: Allgemeines Werkvertragsrecht und Bauvertrag, JA 2018, 161
ders, Das neue Bauvertragsrecht – Teil II: Verbraucherbauvertrag, Architekten- und Ingenieurvertrag, Bauträgervertrag, JA 2018, 241
Wittler/Sieberg, Die Entwicklung des privaten Baurechts (BGB und VOB/B) seit Dezember 2017, NJW 2018, 1926
Wittler/Zander, Die Entwicklung des privaten Baurechts (BGB und VOB/B) seit Juni 2018, NJW 2019, 16.

Vgl auch Schrifttum zu § 634.

Systematische Übersicht

I.	Nacherfüllung, Abs 1	1
II.	**Aufwendungen zur Nacherfüllung**	
1.	Grundsatz	2
2.	Durchbrechungen der Kostenlast	4
3.	Unbegründete Mängelrüge des Bestellers	5
4.	Auslagen des Bestellers	6
III.	**Grenzen des Anspruchs auf Nacherfüllung**	
1.	Unmöglichkeit der Mängelbeseitigung	7
2.	Unverhältnismäßiger Aufwand für die Nacherfüllung	8
3.	Persönliche Unzumutbarkeit der Nacherfüllung	9

4.	Unverhältnismäßige Kosten der Nacherfüllung	10	IV.	**Rückgewähr, Rücknahme**	
			1.	Rückgewähranspruch des Unternehmers	15
a)	Allgemeines	11			
b)	Maßstäbe	12	2.	Rücknahmepflicht des Unternehmers	16
c)	Folgen der Leistungsverweigerung	14			

I. Nacherfüllung, Abs 1

1 Der Gehalt des § 635 Abs 1 BGB ist bei § 634 Nr 1 BGB wiedergegeben, vgl § 634 Rn 27 ff.

II. Aufwendungen zur Nacherfüllung

1. Grundsatz

2 a) § 635 Abs 2 BGB erlegt dem Unternehmer die Kosten der Nacherfüllung auf. Dazu gehören die Kosten vorbereitender Maßnahmen, zB der Einschaltung eines Gutachters zur Abklärung des Mangels und der Möglichkeiten seiner Beseitigung, der Freideckung des Mangels, der Mängelbeseitigung selbst, etwa notwendiger Nacharbeiten, zB Neuanstrich des nachgebesserten Mauerwerks. Die Bestimmung führt insoweit ausdrücklich die Kosten für Transport, Wege, Arbeit und Material an. Hier können uU erhöhte Kosten anfallen, wenn zB mit Rücksicht auf den laufenden Betrieb des Bestellers abends, nachts und am Wochenende zu arbeiten ist.

Nicht erwähnt werden die in den Bestimmungen der §§ 633 Abs 2 S 2, 476a S 2 aF BGB behandelten Mehrkosten, die durch eine Verbringung der Werkleistung entstehen, welche nicht ihrem vertragsgemäßen Gebrauch entspricht; so kann die Veräußerung oder Verbringung einer reparierten Sache erhebliche Transport- und Wegekosten verursachen. Nach der Konzeption des Gesetzes fallen auch sie dem Unternehmer zur Last, können aber dessen Leistungsverweigerungsrecht nach § 635 Abs 3 BGB begründen (vgl PALANDT/WEIDENKAFF § 439 Rn 11).

3 b) Nicht zu den Kosten der Nachbesserung gehört der Nutzungsausfall durch die Nachbesserung; er ist als Schadensersatz nach § 634 Nr 4 BGB zu liquidieren (vgl BGHZ 72, 31).

c) Die Kosten können bei dem Unternehmer anfallen, aber auch bei dem Besteller, zB die Kosten für einen Architekten für die Überwachung der Mängelbeseitigung. Dem Besteller erwächst ein Erstattungsanspruch für die Aufwendungen, die er für erforderlich halten durfte, § 670 BGB analog. In der Verjährungsfrage ist er nach § 634a zu behandeln. § 256 BGB ist anwendbar.

d) Die Kostenregelung ist individualvertraglich vorbehaltlich des § 639 abdingbar. In AGB des Unternehmers verstößt eine Abänderung gegen § 309 Nr 8 lit b bb BGB, was grundsätzlich auch gegenüber Unternehmern gilt (vgl BGH NJW 1981, 1510), §§ 307, 310 Abs 1 BGB.

2. Durchbrechungen der Kostenlast

a) Zu einer Beteiligung des Bestellers an den Kosten der Nachbesserung kommt **4** es, wenn er den zu beseitigenden Mangel zB durch eine fehlerhafte Planung mitverursacht hat (vgl dazu § 633 Rn 192 f).

b) Außerdem fallen dem Besteller die sog Sowieso-Kosten zur Last (dazu § 634 Rn 24). Sie ergeben sich dann, wenn eine bestimmte Art der Ausführung vereinbart war, diese sich aber als unzulänglich erweist. Sowieso-Kosten sind jene Mehrkosten, die angefallen wären, wenn sogleich ordentlich geleistet worden wäre.

3. Unbegründete Mängelrüge des Bestellers

Den Unternehmer treffen die Kosten von Maßnahmen zur Überprüfung von Män- **5** gelrügen des Bestellers auch dann, wenn diese sich als unbegründet erweisen (**aA** zum Kauf BGH NJW 2008, 1147: Pflichtverletzung des Käufers, wenn er Fehlen des Mangels fahrlässig nicht erkennt; wie hier OLG Düsseldorf NJW-RR 1999, 746 = BauR 1999, 919). Das folgt freilich nicht aus § 638 Abs 2 BGB, sondern ist das Risiko eines jeden, der zu Unrecht als Schuldner belangt wird. Die Grenze bildet § 826 BGB (vgl BGHZ 164, 1 = NJW 2005, 2141).

Wird ein Gutachter einverständlich beauftragt, Mängelrügen nachzugehen, treffen mangels besonderer Abrede die Kosten den Unterliegenden; ggf sind sie verhältnismäßig zu teilen.

4. Auslagen des Bestellers

Macht der Besteller Aufwendungen der in § 635 Abs 2 BGB bezeichneten Art, kann **6** er Erstattung von dem Unternehmer nur unter den Voraussetzungen der §§ 634 Nrn 2, 4 BGB verlangen; unberührt bleibt ein Erstattungsanspruch wegen ersparter Aufwendungen des Unternehmers nach § 326 Abs 4 BGB, wie er freilich abzulehnen ist (vgl § 634 Rn 43).

Eine sachverständige Begutachtung wird er freilich idR ohne vorherige Fristsetzung dafür durchführen lassen können, weil er sich ein eigenes Urteil bilden können muss. Ihre Kosten kann er nur insoweit in Rechnung stellen, wie die Vermutung von Mängeln bestätigt worden ist.

III. Grenzen des Anspruchs auf Nacherfüllung

1. Unmöglichkeit der Mängelbeseitigung

Der Nachbesserungsanspruch des Bestellers ist ausgeschlossen, wenn eine *Nachbes-* **7** *serung unmöglich* ist, § 275 Abs 1 BGB, was aus Schwierigkeiten der Nachbesserung noch nicht folgen kann (OLG Düsseldorf NJW-RR 1999, 894). Eine vollständige Unmöglichkeit der Nachbesserung ist insbesondere denkbar bei *unkörperlichen Werken* wie Beförderungen und Veranstaltungen (vgl Erman/Seiler[10] § 633 aF Rn 30), ferner bei umgesetzten Architektenplanungen; bei *körperlichen Werken* ist Unmöglichkeit insbesondere dann denkbar, wenn die notwendigen Maßnahmen von der Gestattung durch einen Dritten abhängen, die dieser berechtigterweise verweigert (vgl zum Fall der Zwangsversteigerung OLG Bremen NJW-RR 1990, 218). Das kann namentlich im Verhältnis des Subunternehmers zum Hauptunternehmer eine Rolle spielen, wenn dessen Abnehmer eine Nachbesserung nicht hinzunehmen bereit ist.

Einen Anspruch auf Duldung der Mängelbeseitigung gegen den Dritten, der sie hindern kann, hat der Unternehmer grundsätzlich nicht (vgl OLG München NJW 2011, 864); dem Besteller kann ein solcher Anspruch aus seinen Beziehungen zu dem Dritten zustehen, so etwa dem Vermieter gegenüber seinem Mieter.

War schon die Werkleistung selbst nicht ohne die Duldung eines Dritten – zB des Nachbarn – zu erbringen, ist dafür Sorge zu tragen, dass sich dessen vertraglich übernommene Duldungspflicht auch auf etwaige Maßnahmen der Mängelbeseitigung erstreckt. IdR wird davon freilich auszugehen sein. Dem Besteller obliegt es, eine vertragliche Duldungspflicht herbeizuführen, vgl den verallgemeinerungsfähigen Grundsatz des § 4 Abs 1 Nr 1 S 2 VOB/B.

Dabei ist aber außerdem zu beachten, dass eine Nachbesserung nicht nur aus der Herstellung des geschuldeten Zustands bestehen kann, sondern auch aus der *Schaffung eines anderen, der diesem gleich- oder näherkommt* (vgl OLG Düsseldorf BauR 1993, 82). Insofern wird *regelmäßig nur eine teilweise Unmöglichkeit* in Betracht kommen, bei der dann der *verbleibende Restmangel* durch Minderung oder ggf Schadensersatz zu erfassen ist.

Theoretisch denkbar ist auch ein *Unvermögen* des Unternehmers, auf das dann § 275 Abs 1 BGB anzuwenden ist. Freilich liegt ein Unvermögen des Unternehmers nicht schon dann vor, wenn ihn die Nachbesserung wirtschaftlich überfordert, und auch dann nicht, wenn er seinen Betrieb zwischenzeitlich aufgegeben hat (vgl OLG Köln MDR 1971, 579 = BauR 1971, 129 m Anm JAGENBURG; ERMAN/SEILER[10] § 633 aF Rn 30).

Unmöglichkeit der Mängelbeseitigung tritt für den Unternehmer schließlich dann ein, wenn der Besteller sie unbefugt – zB ohne vorherige Fristsetzung – selbst durchführt (vgl dazu § 634 Rn 40 ff, 48).

Wenn – oder soweit – eine Nacherfüllung unmöglich ist, kommt es für die Rechtsfolgen darauf an, wer dies zu vertreten hat. Ist dies der Unternehmer, ergibt sich für Besteller ein Schadensersatzanspruch aus § 634 Nr 4 BGB, der dann uU neben einen Schadensersatzanspruch aus der Verursachung des Mangels tritt. Scheitert die Mängelbeseitigung an mangelnder Duldung eines Dritten, wird dafür in aller Regel der Besteller verantwortlich iSd § 326 Abs 2 BGB sein. War nicht schon der Mangel selbst in von ihm zu vertretender Weise durch den Unternehmer verursacht worden, beschränken sich die Rechte des Bestellers auf die Minderung.

2. Unverhältnismäßiger Aufwand für die Nacherfüllung

8 § 635 Abs 3 BGB lässt ausdrücklich § 275 Abs 2 BGB unbeschadet, wie er dem Unternehmer bei unverhältnismäßigem „Aufwand" der Nacherfüllung ein Leistungsverweigerungsrecht gibt. Die Abgrenzung dieses Aufwandes gegenüber den unverhältnismäßigen Kosten, von denen § 635 Abs 3 BGB dann selbst redet, kann sinnvoll nur in der Weise erfolgen, dass die Kosten auf den Mangel zu beziehen sind, der Aufwand aber auf den Unternehmer. Unverhältnismäßige Kosten fallen dann an, wenn es sich nicht lohnt, diesen geringen Mangel so teuer zu beseitigen (näher u Rn 10), unverhältnismäßiger Aufwand beim Unternehmer dann, wenn sich diese Kosten zwar lohnen, der Unternehmer aber zu viel aufwenden müsste.

Das kann dann der Fall sein, wenn der Unternehmer verstorben ist, seinen Betrieb eingestellt oder veräußert hat oder wenn er eine auswärtige Werkleistung unternommen hat, sodass die Nacherfüllung für ihn mit hohen Wegeaufwendungen verbunden wäre. Im letzteren Fall bleibt es freilich zu seinen Lasten zu berücksichtigen, dass er sich auf eine auswärtige Leistung eingelassen hat. Außerdem ist es dann von Bedeutung, ob es auf seine besondere Vertrautheit mit dem Werk oder auf sein Know-how ankommt. Letztlich muss der Mangel so beschaffen sein, dass es dem Besteller ohne Weiteres zuzumuten ist, im Rahmen seiner Rechte aus den §§ 634 Nr 2, 637 BGB einen anderen Unternehmer zu beauftragen, vgl sein in § 275 Abs 2 S 2 BGB aE angesprochenes Leistungsinteresse. Dass das Leistungshindernis zu vertreten ist, § 275 Abs 2 S 3 BGB, wird dabei selten eine Rolle spielen.

Folgebestimmung zu § 275 Abs 2 BGB ist gegenüber § 275 Abs 4 BGB dann namentlich § 634 Nr 2 BGB iVm § 637 BGB.

3. Persönliche Unzumutbarkeit der Nacherfüllung

Unberührt bleibt nach § 635 Abs 3 BGB weiter § 275 Abs 3 BGB, wie er für persönlich zu erbringende Leistungen gilt. Die Bestimmung wird nur selten Anwendung finden können. Denkbar sind künstlerische Leistungen, die im ersten Anlauf misslungen und deshalb nachzuholen sind. Es kann die Nachholung zB wegen Erkrankung des Kindes der Sängerin unzumutbar werden. Hier wird dann die Folge der Verlust des Vergütungsanspruchs für die erste (!) mangelhafte Leistung nach § 634 Nr 3 BGB sein, wie er ganz (Rücktritt) oder teilweise (Minderung) eintreten kann. 9

4. Unverhältnismäßige Kosten der Nacherfüllung

Als seinen eigentlichen Regelungsgehalt beschränkt § 635 Abs 3 BGB den Nacherfüllungsanspruch des Bestellers für den Fall, dass die Nacherfüllung unverhältnismäßige Kosten verursachen würde. Das knüpft – inhaltlich gleich – an § 633 Abs 2 S 3 aF BGB an, auch wenn der Zentralbegriff des Aufwandes (§ 633 Abs 2 S 3 aF BGB) durch den der Kosten ersetzt worden ist. Die übliche restriktive Deutung der Vorgängernorm wird betont durch das „nur" des § 635 Abs 3 BGB. – Zur Abgrenzung zu § 275 Abs 2 vgl o Rn 8. 10

Die Bestimmung entspricht dem ähnlich formulierten § 251 Abs 2 S 1 BGB (BGH NJW 2013, 370 = NZBau 2013 Rn 12), sodass auch auf dessen Kommentierung Bezug genommen werden kann.

a) Allgemeines

Die Bestimmung ist *nur anwendbar, wenn überhaupt ein mangelhaftes Werk geschaffen worden ist;* die Einrede der Unzumutbarkeit ist dem Unternehmer also gegenüber dem erstmaligen Erfüllungsbegehren des Bestellers versagt, kann aber im 11

Übrigen auch schon vor der Abnahme des Werkes erhoben werden (vgl ERMAN/ SEILER¹⁰ § 633 aF Rn 31).

Die Unverhältnismäßigkeit des Aufwandes ist im Prozess nicht von Amts wegen zu berücksichtigen, sondern nur dann, *wenn sich der Unternehmer darauf beruft*. Ein *Hinweis* auf die mögliche Einrede *ist dem Gericht nicht versagt;* er kann vielmehr zweckmäßig sein, wenn über die Existenz der Mängel Beweis zu erheben ist, damit der Sachverständige sogleich sachgemäß zu Beseitigungskosten und etwaigen Minderungsbeträgen befragt werden kann.

Darlegungs- und beweispflichtig für die Unverhältnismäßigkeit des Aufwandes ist der Unternehmer (vgl KAISER, Mängelhaftungsrecht Rn 88; INGENSTAU/KORBION/WIRTH § 13 Abs 6 Rn 65). Es versteht sich, dass es um eine Rechtsfrage geht, die ein Sachverständiger als solcher nicht beurteilen kann (BGH NJW 2011, 1872 Rn 19).

Die Bestimmung gehört zu den *wesentlichen Grundgedanken der gesetzlichen Regelung* iSd § 307 Abs 2 Nr 1 BGB (vgl INGENSTAU/KORBION/WIRTH § 13 Abs 6 Rn 65).

b) Maßstäbe

12 In der Sache ist es notwendig, dass der zu erzielende Erfolg oder Teilerfolg bei Abwägung aller Umstände des Einzelfalls *in keinem vernünftigen Verhältnis* zur Höhe des dafür mit Sicherheit zu erwartenden Geldaufwands steht (vgl RGZ 66, 167; BGHZ 59, 365 = NJW 1973, 138 [zu § 251 Abs 2]; BGH NJW 1996, 3269; NJW-RR 1997, 1106; NZBau 2002, 338, 340; QUACK, in: FS Vygen [1999] 368; BGB-RGRK/GLANZMANN § 633 aF Rn 25; INGENSTAU/KORBION/WIRTH § 13 Abs 6 Rn 36 f). Es ist der *Gedanke der Unzumutbarkeit,* der hier durchschlägt. Bei der erforderlichen Abwägung ist zunächst zu bedenken, dass dem Besteller ein taugliches Werk vertraglich zugesagt ist und deshalb ein strenger Maßstab gelten muss (vgl QUACK 368). Insofern lässt es die Nachbesserung noch nicht unverhältnismäßig erscheinen, wenn das erstellte Werk den Regeln der Technik entspricht, die Parteien aber einen höheren Standard vereinbart haben (BGH NZBau 2008, 575 Rn 18). Es sind namentlich zu berücksichtigen:

aa) Die *Beeinträchtigung der Gebrauchstauglichkeit* des Werkes, gar eine besondere Gefährlichkeit des Mangels.

bb) Mit geringerer Intensität, aber doch auch, die *Unzumutbarkeit des Mangels* für den Besteller aus sonstigen Gründen. Insoweit können durchaus auch seine *immateriellen Interessen* von Bedeutung sein (vgl zum parallelen Streitstand bei § 251 Abs 2 BGB STAUDINGER/SCHIEMANN [2017] § 251 Rn 19). Der Besteller, der sich ein Werk gewünscht hat, das seinen Intentionen entspricht, hat Anspruch auf Respektierung seiner Wünsche. Insofern kann zB eine abweichende Farbgebung relevant werden, auch wenn sie *objektiv den Wert des Werkes nicht beeinträchtigt,* sodass sie also weder zum Rücktritt noch zur Minderung führen könnte. In diesem Rahmen sind mithin auch bloße sog Schönheitsfehler beachtlich (vgl BGH NJW 2011, 1872 Rn 18 zum optischen Eindruck einer Buchenholztreppe). Abzulehnen OLG Celle BauR 1998, 401: Wenn die Masern und bräunlichen Flecken im Marmor eine Minderung um DM 6000 rechtfertigen, sind DM 25 000 der Neuherstellung zumutbar; schließlich soll Marmor ein Prunkstück sein. Abzulehnen auch OLG Düsseldorf BauR 1998, 126: Wenn das Abschleifen des Parketts geboten ist und einen merkantilen Minderwert von 30%

verursacht, ist die Neuverlegung zumutbar. Ein objektiv berechtigtes Interesse des Bestellers an einer mangelfreien Leistung überwiegt auch erheblichen Aufwand des Unternehmers (BGH NJW-RR 2006, 304 = NZBau 2006, 110).

cc) Die *Kosten der Mängelbeseitigung* oder etwaiger Maßnahmen zur Mängelreduzierung. Sie dürfen aber den *„Wert"* des Mangels *auch erheblich überschreiten,* dürfen also nur nicht mehr „in keinem vernünftigen Verhältnis" zu ihm stehen (vgl BGH NJW 1996, 2271). *Starre Wertgrenzen* sind hier *fehl am Platz*. Die Rechtsprechung zu § 251 Abs 2 BGB, dass die Herstellungskosten den Wiederbeschaffungswert eines Wagens, vermindert um einen etwaigen Restwert, um 30% nicht überschreiten dürfen (vgl die Nachweise bei STAUDINGER/SCHIEMANN [2017] § 251 Rn 22), ist jedenfalls nicht übertragbar, da hier der Unternehmer vertraglich einen vollen Erfolg zugesagt hat und man von ihm füglich auch entsprechende Anstrengungen erwarten darf. **13**

dd) Die *Gewissheit oder Ungewissheit des Erfolges* von Maßnahmen zur Mängelbeseitigung.

ee) Zweifelhaft ist, inwieweit ein *Verschulden* des Unternehmers an dem Mangel relevant ist. Jedenfalls in gewissem Rahmen wird man es abwägend mitzuberücksichtigen haben (BGH NJW 2013, 370 = NZBau 2013, 99 Rn 12). Doch kann die Berufung auf § 635 Abs 3 BGB dem Unternehmer auch bei Vorsatz *nicht grundsätzlich verschlossen sein* (BGH NJW 2009, 2123; **aA** OLG Hamburg MDR 1974, 489; ERMAN/SEILER¹⁰ § 633 aF Rn 31; OLG Düsseldorf NJW-RR 1987, 1167, sogar für den Fall grober Fahrlässigkeit).

c) Folgen der Leistungsverweigerung

Das Leistungsverweigerungsrecht des Unternehmers betrifft den Nacherfüllungsanspruch und insoweit immer nur einzelne konkrete Maßnahmen, nicht auch den Schadensersatzanspruch (BGH NZBau 2002, 571, 573). Sind sie unzumutbar, so können andere mindere zumutbar bleiben, die den Mangel jedenfalls reduzieren. Wenn sich der Unternehmer auf die Unverhältnismäßigkeit der Kosten beruft, kann der Besteller seinen Nachbesserungsanspruch nicht mehr durchsetzen. Es *darf der Besteller den Mangel auch nicht* nach den §§ 634 Nr 2, 637 BGB *selbst beseitigen* und die entsprechenden Kosten liquidieren, § 637 Abs 1 BGB aE. Er behält das Recht zur *Minderung* (vgl dazu OLG Düsseldorf NJW-RR 1994, 342), ggf den *Anspruch auf Schadensersatz* nach § 634 Nr 4 BGB (vgl BGHZ 59, 365). Inhaltlich kann dieser Anspruch am merkantilen Minderwert der Sache ausgerichtet werden, weil die Voraussetzungen von § 635 Abs 3 BGB und § 251 Abs 2 S 1 BGB sich decken (BGH NJW 2013, 370 = NZBau 2013, 99 Rn 12). Der Besteller darf auch auf diesem Wege des Schadensersatzes *unverhältnismäßigen Aufwand nicht auf Kosten des Unternehmers* betreiben. Nur die Frage, welche Kosten unverhältnismäßig sind, muss – wie auch bei § 635 Abs 3 BGB – aus einer bestellerfreundlichen Sicht beurteilt werden. **14**

IV. Rückgewähr, Rücknahme

1. Rückgewähranspruch des Unternehmers

a) Der durch das G zur Modernisierung des Schuldrechts neu geschaffene § 635 Abs 4 BGB, der § 439 Abs 4 BGB beim Kauf entspricht, hat nur geringe praktische Bedeutung, weil beim Werkvertrag idR Sachen des Bestellers zu bearbeiten sind, **15**

sodass das Werk meistens nicht rückgabefähig ist. Eine Rückgabe kommt problemlos wohl nur in Betracht, wo geistige Werke mit körperlichem Substrat geschaffen worden sind, zB Individualsoftware.

b) Ihrem Wortlaut nach ist die Bestimmung nur anwendbar, wenn es zur Neuherstellung eines Werkes gekommen ist. Das ist aber zu eng gefasst: Die Bestimmung muss auch dann gelten, wenn im Zuge der Nachbesserung dem Werk werthaltige Gegenstände entnommen worden sind. Muss zB der Heizkessel durch einen leistungsfähigeren ersetzt werden, ist der zunächst eingebaute herauszugeben.

c) Die Rechtsfolge der Rückgewähr bedeutet

aa) nur ausnahmsweise die Rückgabe durch den Besteller (von Plänen, Disketten etc), dies Zug um Zug gegen die Nacherfüllung, §§ 635 Abs 4, 348 S 2, 320 BGB (aA Jungmann ZGS 2004, 263). IdR hat der Besteller die *Rücknahme durch den Unternehmer zu dulden*. Eine eigene Tätigkeitspflicht kann ihm im Rahmen des Werkvertrages grundsätzlich nicht aufgegeben werden.

bb) Wegen der sonstigen Details des Anspruchs des Unternehmers aus § 635 Abs 4 BGB gilt nichts anderes als im Falle des Rücktritts (dazu § 634 Rn 102 ff). Wegen der Nutzungsentschädigung bei Ersatzlieferung zum Kaufrecht EuGH NJW 2008, 1433; BGH NJW 2006, 3200.

2. Rücknahmepflicht des Unternehmers

16 Praktisch bedeutsamer und Teil seiner Nacherfüllung ist es, dass der Unternehmer die mangelhafte Leistung oder ihre mangelhaften Teile zurückzunehmen oder zu beseitigen hat (vgl § 634 Rn 103 f).

§ 636
Besondere Bestimmungen für Rücktritt und Schadensersatz

Außer in den Fällen der §§ 281 Abs. 2 und 323 Abs. 2 bedarf es der Fristsetzung auch dann nicht, wenn der Unternehmer die Nacherfüllung gemäß § 635 Abs. 3 verweigert oder wenn die Nacherfüllung fehlgeschlagen oder dem Besteller unzumutbar ist.

Materialien: Art 1 G zur Modernisierung des Schuldrechts v 26. 11. 2001 (BGBl I 3138); BT-Drucks 14/6040, 265; BT-Drucks 14/7052, 66, 205.
BGB aF: § 634 Abs 3 (s bei § 634).

Schrifttum

S bei § 634.

Dezember 2019

Untertitel 1 · Werkvertrag
Kapitel 1 · Allgemeine Vorschriften § 637

Die Fristsetzung zur Nacherfüllung vor Rücktritt oder dem Begehren von Schadensersatz ist erläutert in § 634 Rn 48 ff. Zu den in § 636 BGB angesprochenen Fällen ihrer Entbehrlichkeit s § 634 Rn 58 ff. 1

Zum Rücktritt des Bestellers s § 634 Rn 97 ff. 2

Zum Anspruch des Bestellers auf Schadensersatz s § 634 Rn 119 ff. 3

§ 637
Selbstvornahme

(1) Der Besteller kann wegen eines Mangels des Werkes nach erfolglosem Ablauf einer von ihm zur Nacherfüllung bestimmten angemessenen Frist den Mangel selbst beseitigen und Ersatz der erforderlichen Aufwendungen verlangen, wenn nicht der Unternehmer die Nacherfüllung zu Recht verweigert.

(2) § 323 Abs. 2 findet entsprechende Anwendung. Der Bestimmung einer Frist bedarf es auch dann nicht, wenn die Nacherfüllung fehlgeschlagen oder dem Besteller unzumutbar ist.

(3) Der Besteller kann von dem Unternehmer für die zur Beseitigung des Mangels erforderlichen Aufwendungen Vorschuss verlangen.

Materialien: Art 1 G zur Modernisierung des
Schuldrechts v 26. 11. 2001 (BGBl I 3138);
BT-Drucks 14/6040, 266; BT-Drucks 14/7052,
66, 205.
BGB aF: § 633 Abs 3 (s bei § 633).

Schrifttum

S bei § 634.

Die eigene Beseitigung des Mangels durch den Besteller ist erläutert in § 634 Rn 77 ff zu § 634 Nr 2 BGB. 1

Zu der Fristsetzung zur Nacherfüllung, die ihr vorauszugehen hat, § 634 Rn 48 ff, zu den Fällen ihrer Entbehrlichkeit, wie sie Abs 2 anspricht, vgl § 634 Rn 58 ff. 2

Abs 1 aE schließt die Befugnis des Bestellers zur Selbstvornahme aus, wenn der Unternehmer die Nacherfüllung zu Recht verweigert. Das nimmt Bezug auf § 635 Abs 3 BGB; dazu § 635 Rn 7 ff. 3

Zum Anspruch des Bestellers auf Vorschuss für seine Aufwendungen vgl § 634 Rn 86 ff. 4

§ 638
Minderung

(1) Statt zurückzutreten, kann der Besteller die Vergütung durch Erklärung gegenüber dem Unternehmer mindern. Der Ausschlussgrund des § 323 Abs. 5 Satz 2 findet keine Anwendung.

(2) Sind auf der Seite des Bestellers oder auf der Seite des Unternehmers mehrere beteiligt, so kann die Minderung nur von allen oder gegen alle erklärt werden.

(3) Bei der Minderung ist die Vergütung in dem Verhältnis herabzusetzen, in welchem zur Zeit des Vertragsschlusses der Wert des Werkes in mangelfreiem Zustand zu dem wirklichen Wert gestanden haben würde. Die Minderung ist, soweit erforderlich, durch Schätzung zu ermitteln.

(4) Hat der Besteller mehr als die geminderte Vergütung gezahlt, so ist der Mehrbetrag vom Unternehmer zu erstatten. § 346 Abs. 1 und § 347 Abs. 1 finden entsprechende Anwendung.

Materialien: Art 1 G zur Modernisierung des Schuldrechts v 26. 11. 2001 (BGBl I 3138); BT-Drucks 14/6040, 266; BT-Drucks 14/7052, 67, 205.
BGB aF: § 634 (s dort).

Schrifttum

S bei § 634.

1 Die Minderung des Bestellers ist erläutert in § 634 Rn 108 ff.

2 In ihrer technischen Ausgestaltung – einseitige Erklärung des Bestellers – entspricht sie dem Rücktritt, s dazu § 634 Rn 111.

3 Zur Berechnung der Minderung § 634 Rn 113 ff.

4 Zum Rückforderungsanspruch des Bestellers, der mehr gezahlt hat, als er im Ergebnis schuldet, § 638 Abs 4 BGB, vgl § 634 Rn 112.

Anhang I zu § 638

Besonderheiten der Gewährleistung nach der VOB/B

Schrifttum

Heinrich, Abschied von der 2-jährigen Gewährleistung von VOB und AGB-Gesetz unter besonderer Berücksichtigung von § 13 Nr 4 Abs 1 VOB/B sowie der europäischen Richtlinie Nr 93/13 EWG über mißbräuchliche Klauseln in Verbraucherverträgen (1998)
Kaiser, Rechtsfragen des § 13 Nr 4 VOB/B, BauR 1987, 617
ders, Die Bedeutung der schriftlichen Mängelrüge nach VOB/B, NJW 1975, 2184
ders, Die Minderung nach § 13 Nr 6 VOB/B – Grundsätzliche Rechtsfragen, ZfBR 1991, 87
ders, Das Mängelhaftungsrecht in Baupraxis und Bauprozeß (7. Aufl 1992)
ders, Gilt § 13 Nr 4 Abs. 1 VOB/B auch für Verbraucherbauverträge?, BauR 1998, 203
Kniffka, Die deliktische Haftung für durch Baumängel verursachte Schäden, ZfBR 1990, 1

Quack, Gilt die kurze VOB/B-Verjährung noch für Verbraucherverträge?, BauR 1997, 24
Schmidt, § 13 VOB/B im Bauträgervertrag, BauR 1981, 119
Schmidt, Sinn der Regelfrist in § 13 Nr 4 VOB/B, ZfBR 1986, 207
Thesen, Zur Abänderbarkeit des § 13 Nr 4 VOB/B, ZfBR 1986, 153
Voit, Zum Ausschluß von Allmählichkeitsschäden in der allgemeinen Haftpflichtversicherung, (§ 4 I Nr 5 AHB), VersR 1991, 627
Werner/Pastor, Der Bauprozeß (14. Aufl 2012)
Weyer, Hält § 13 VOB/B 2002 der isolierten Inhaltskontrolle stand?, NZBau 2003, 521.

Vgl auch die Nachweise zur VOB/B Schrifttum § 650a.

Systematische Übersicht

I.	§ 13 VOB/B	1
II.	**Allgemeines**	
1.	Vergleich mit der Regelung des BGB	2
2.	AGB-Kontrolle	3
a)	§ 13 Abs 3 VOB/B	4
b)	Verkürzung der Gewährleistungsfristen	5
c)	Leichtere Wahrung der Verjährungsfristen	6
d)	Minderungsbefugnis des Bestellers	7
e)	Rücktritt des Bestellers	7a
f)	Schadensersatz	7b
III.	**Anforderungen an die Bauleistung nach § 13 Abs 1 und 2 VOB/B**	
1.	Verhältnis zum BGB	8
2.	Leistungen nach Probe	9
IV.	Mitverantwortung des Bestellers	10
V.	**Gewährleistungsfristen, § 13 Abs 4, 5 Nr 1 VOB/B**	11
1.	Betroffene Ansprüche	12
2.	Fristen des § 13 Abs 4 VOB/B	14
a)	Einjährige Frist	14
b)	Zweijährige Frist	15
c)	Vierjährige Frist	16
d)	Abweichende Vereinbarungen	17
e)	Arglist	18
3.	Ablauf der Verjährung	19
4.	Gewährleistungsfristen bei Leistungen zur Mängelbeseitigung, § 13 Abs 5 Nr 1 S 3 VOB/B	22
5.	Wirkungen der Verjährung	24
VI.	**Nachbesserungsanspruch des Bestellers**	
1.	Grundlagen	25

Anh I zu § 638

2.	Voraussetzungen	26
3.	Verlangen des Bestellers	27
4.	Inhalt	29

VII. Eigene Mängelbeseitigung durch den Besteller, § 13 Abs 5 Nr 2 VOB/B

1.	Allgemeines	30
2.	Voraussetzungen	31
3.	Nichteinhaltung des Verfahrens	34
4.	Rechtsfolgen	34

VIII. Minderung der Vergütung, § 13 Abs 6 VOB/B

1.	Voraussetzungen	35
2.	Rechtsfolgen	35a

IX. Rücktritt — 36

X. Schadensersatzansprüche des Bestellers, § 13 Abs 7 VOB/B

1.	Allgemeines	37
2.	Schädigung des Bestellers an Leben, Körper oder Gesundheit, § 13 Abs 7 Nr 1 VOB/B	41
3.	Vorsatz oder grobe Fahrlässigkeit, § 13 Abs 7 Nr 2 VOB/B	41
4.	Der eingeschränkte Schadensersatzanspruch nach § 13 Abs 7 Nr 3 S 1 VOB/B	42
a)	Voraussetzungen	42
b)	Inhalt	45
c)	Verjährung	47
5.	Der Schadensersatzanspruch nach § 13 Abs 7 Nr 3 S 2 VOB/B	48
a)	Verstoß gegen die anerkannten Regeln der Technik	48
b)	Fehlen einer vereinbarten Beschaffenheit	48
c)	Versicherung oder Versicherbarkeit des Schadens	49
6.	Verjährung	51
7.	Modifikationen des Haftungsumfangs	52

Alphabetische Übersicht

AGB-Kontrolle	3 ff
Arglist	18
Bauwerk	16
Beschaffenheitsvereinbarung	38, 48
Elektrotechnische Anlage	5, 15
Erneuerung der Verjährung	20 f, 27
Feuerungsanlage	5, 14 f
Gebrauchsfähigkeit	43 f
Gewährleistungsfristen	11 ff
– Verkürzung der	5
Grundstücksarbeiten	15
Haftpflichtversicherung	49
Insgesamt vereinbarte VOB/B	3
Körperverletzung	41
Mangel, wesentlicher	42
Mängelbeseitigung	
– Begehren der	20 f
– durch den Besteller	30 ff
– Leistungen zur	22
Minderung	7, 35 f
Mitverantwortlichkeit des Bestellers	10
Nachbesserung	23, 29
Nachbesserungsanspruch	25 ff
Probe, Leistungen nach	9
Regeln der Technik	48
Rücktritt	7a, 36
Schaden	
– am Werk	45
– an der baulichen Anlage	46
Schadensersatz	7b ff, 37 ff
Verbraucher	3
Verjährungsfrist	5 f, 11 ff, 51
– bei Nachbesserungsarbeiten	22 f
– vereinbarte	17

Verschulden, grobes	41	Verwender	3
Versicherungsschutz	49 f		

I. § 13 VOB/B

Die Einstandspflicht des Unternehmers für *Mängel,* die sich schon *während der Ausführung des Werkes* zeigen, ist in § 4 Abs 7 VOB/B geregelt (vgl dazu § 633 Rn 89 ff). Im Übrigen ist die **Zentralnorm für die Gewährleistung des Unternehmers § 13 VOB/B.** Die Bestimmung lautet: **1**

§ 13 Mängelansprüche

(1) Der Auftragnehmer hat dem Auftraggeber seine Leistung zum Zeitpunkt der Abnahme frei von Sachmängeln zu verschaffen. Die Leistung ist zur Zeit der Abnahme frei von Sachmängeln, wenn sie die vereinbarte Beschaffenheit hat und den anerkannten Regeln der Technik entspricht. Ist die Beschaffenheit nicht vereinbart, so ist die Leistung zur Zeit der Abnahme frei von Sachmängeln,

1. wenn sie sich für die nach dem Vertrag vorausgesetzte, sonst

2. für die gewöhnliche Verwendung eignet und eine Beschaffenheit aufweist, die bei Werken der gleichen Art üblich ist und die der Auftraggeber nach der Art der Leistung erwarten kann.

(2) Bei Leistungen nach Probe gelten die Eigenschaften der Probe als vereinbarte Beschaffenheit, soweit nicht Abweichungen nach der Verkehrssitte als bedeutungslos anzusehen sind. Dies gilt auch für Proben, die erst nach Vertragsabschluss als solche anerkannt sind.

(3) Ist ein Mangel zurückzuführen auf die Leistungsbeschreibung oder auf Anordnungen des Auftraggebers, auf die von diesem gelieferten oder vorgeschriebenen Stoffe oder Bauteile oder die Beschaffenheit der Vorleistung eines anderen Unternehmers, haftet der Auftragnehmer, es sei denn, er hat die ihm nach § 4 Absatz 3 obliegende Mitteilung gemacht.

(4) 1. Ist für Mängelansprüche keine Verjährungsfrist im Vertrag vereinbart, so beträgt sie für Bauwerke 4 Jahre, für andere Werke, deren Erfolg in der Herstellung, Wartung oder Veränderung einer Sache besteht, und für die vom Feuer berührten Teile von Feuerungsanlagen 2 Jahre. Abweichend von Satz 1 beträgt die Verjährungsfrist für feuerberührte und abgasdämmende Teile von industriellen Feuerungsanlagen 1 Jahr.

2. Ist für Teile von maschinellen und elektrotechnischen/elektronischen Anlagen, bei denen die Wartung Einfluss auf Sicherheit und Funktionsfähigkeit hat, nichts anderes vereinbart, beträgt für diese Anlagenteile die Verjährungsfrist für Mängelansprüche abweichend von Abs. 1 zwei Jahre, wenn der Auftraggeber sich dafür entschieden hat, dem Auftragnehmer die Wartung für die Dauer der Verjährungsfrist nicht zu übertragen; dies gilt auch, wenn für weitere Leistungen eine andere Verjährungsfrist vereinbart ist.

3. Die Frist beginnt mit der Abnahme der gesamten Leistung; nur für in sich abgeschlossene Teile der Leistung beginnt sie mit der Teilabnahme (§ 12 Absatz 2).

(5) 1. Der Auftragnehmer ist verpflichtet, alle während der Verjährungsfrist hervortretenden Mängel, die auf vertragswidrige Leistung zurückzuführen sind, auf seine Kosten zu beseitigen, wenn es der Auftraggeber vor Ablauf der Frist schriftlich verlangt. Der Anspruch auf Beseitigung der gerügten Mängel verjährt in 2 Jahren, gerechnet vom Zugang des schriftlichen Verlangens an, jedoch nicht vor Ablauf der Regelfristen nach Nummer 4 oder der an ihrer Stelle vereinbarten Frist. Nach Abnahme der Mängelbeseitigungsleistung beginnt für diese Leistung eine Verjährungsfrist von 2 Jahren neu, die jedoch nicht vor Ablauf der Regelfristen nach Absatz 4 oder der an ihrer Stelle vereinbarten Frist endet.

2. Kommt der Auftragnehmer der Aufforderung zur Mängelbeseitigung in einer vom Auftraggeber gesetzten angemessenen Frist nicht nach, so kann der Auftraggeber die Mängel auf Kosten des Auftragnehmers beseitigen lassen.

(6) Ist die Beseitigung des Mangels für den Auftraggeber unzumutbar oder ist sie unmöglich oder würde sie einen unverhältnismäßig hohen Aufwand erfordern und wird sie deshalb vom Auftragnehmer verweigert, so kann der Auftraggeber durch Erklärung gegenüber dem Auftragnehmer die Vergütung mindern (§ 638 BGB).

(7) 1. Der Auftragnehmer haftet bei schuldhaft verursachten Mängeln für Schäden aus der Verletzung des Lebens, des Körpers oder der Gesundheit.

2. Bei vorsätzlich oder grob fahrlässig verursachten Mängeln haftet er für alle Schäden.

3. Im Übrigen ist dem Auftraggeber der Schaden an der baulichen Anlage zu ersetzen, zu deren Herstellung, Instandhaltung oder Änderung die Leistung dient, wenn ein wesentlicher Mangel vorliegt, der die Gebrauchsfähigkeit erheblich beeinträchtigt und auf ein Verschulden des Auftragnehmers zurückzuführen ist. Einen darüber hinausgehenden Schaden hat der Auftragnehmer nur dann zu ersetzen,

   a) wenn der Mangel auf einem Verstoß gegen die anerkannten Regeln der Technik beruht,

   b) wenn der Mangel in dem Fehlen einer vertraglich vereinbarten Beschaffenheit besteht oder

   c) soweit der Auftragnehmer den Schaden durch Versicherung seiner gesetzlichen Haftpflicht gedeckt hat oder durch eine solche zu tarifmäßigen, nicht auf außergewöhnliche Verhältnisse abgestellten Prämien und Prämienzuschlägen bei einem im Inland zum Geschäftsbetrieb zugelassenen Versicherer hätte decken können.

4. Abweichend von Absatz 4 gelten die gesetzlichen Verjährungsfristen, soweit sich der Auftragnehmer nach Nummer 3 durch Versicherung geschützt hat oder hätte schützen können oder soweit ein besonderer Versicherungsschutz vereinbart ist.

5. Eine Einschränkung oder Erweiterung der Haftung kann in begründeten Sonderfällen vereinbart werden.

II. Allgemeines

1. Vergleich mit der Regelung des BGB

§ 13 VOB/B *entspricht in seinem Regelungsgehalt den Bestimmungen der §§ 633–638* **2** *BGB*. Die *geschuldete mangelfreie Leistung* des Unternehmers, § 633 Abs 1, 2 BGB, ist in den Abs 1, 2 beschrieben und präzisiert. Soweit § 633 Abs 1 BGB auch noch den Herstellungsvorgang – vor der Abnahme – regelt, hat dieses Stadium allerdings eine *Sonderregelung in § 4 VOB/B* gefunden (vgl dazu § 633 Rn 30 ff). Im Übrigen enthält § 13 Abs 1, 2 VOB/B aber *keine nachhaltigen Abweichungen* von § 633 Abs 1 BGB. § 13 Abs 3 VOB/B steckt die Verantwortungsbereiche für Mängel zwischen Unternehmer und Besteller ab. Die Bestimmung hat kein besonderes Pendant im BGB, doch *gilt ihr Inhalt im Wesentlichen auch dort* (vgl § 633 Rn 63). **Nachhaltige Abweichungen vom BGB** enthält dann § 13 Abs 4 VOB/B hinsichtlich der **Verjährungsfristen**. Auch *der Ablauf der Verjährung* ist in § 13 Abs 5 Nr 1 VOB/B deutlich gegenüber dem BGB modifiziert, wenn schon das *Nachbesserungsbegehren* des Bestellers *die Frist zu wahren geeignet* ist. Im Übrigen ist diese Bestimmung das Gegenstück zu den §§ 634 Nr 1, 635 BGB. § 13 Abs 5 Nr 2 VOB/B korrespondiert mit den §§ 634 Nr 2, 637 BGB. Die *Minderung* ist in § 13 Abs 6 VOB/B angesprochen; in den Voraussetzungen ist sie im Wesentlichen, in den Folgen gänzlich der Regelung des BGB nachgebildet. Daraus, dass die *Wandlung* hier keine Erwähnung gefunden hatte, wurde allgemein geschlossen, dass sie bei Vereinbarung der VOB/B nicht zulässig sein soll. Das muss dann auch heute für den Rücktritt gelten. § 13 Abs 7 VOB/B regelt *Schadensersatzansprüche* des Bestellers. Die Bestimmung schränkt in Nr 3 die Ersatzpflicht des Unternehmers in den Voraussetzungen – wesentlicher Mangel – und im Umfang ein; eine umfassende Ersatzpflicht des Unternehmers erkennt § 13 Abs 7 Nrn 1, 2, 4 VOB/B nur für qualifizierte Fälle an, nämlich die der Verletzung von Leben, Körper, Gesundheit (Nr 1), des schweren Verschuldens (Nr 2), der Versicherbarkeit des Schadens (Nr 3 S 2 lit c, Abs 4) sowie zwei weitere Fälle (Verstoß gegen anerkannte Regeln der Technik [Nr 3 S 2 lit a], Fehlen einer vertraglich vereinbarten Beschaffenheit [Nr 3 S 2 lit b]).

2. AGB-Kontrolle

§ 13 VOB/B benachteiligt teils den Besteller, teils den Unternehmer. Das ist unter **3** den Voraussetzungen des § 310 Abs 1 S 3 BGB irrelevant gegenüber einem Unternehmer iSd § 14 BGB, im Übrigen, soweit die Benachteiligung zum Nachteil des konkreten Verwenders wirkt, ist aber stets zu berücksichtigen, wenn die VOB/B gegenüber einem Verbraucher verwendet wird oder nur in modifizierter Form gegenüber einem Unternehmer iSd § 14 BGB, vgl § 310 Abs 1 S 3 BGB.

a) § 13 Abs 3 VOB/B

§ 13 Abs 3 VOB/B integriert die Prüfungs- und Hinweispflicht des § 4 Abs 3 VOB/B **4** in das Gewährleistungsrecht. Die Bestimmung benachteiligt den Unternehmer unangemessen, §§ 307 Abs 2 Nr 1, 309 Nr 12 BGB, wenn sie denn dem Unternehmer die Beweislast dafür auferlegt, dass er seinen Pflichten nachgekommen ist. Sein Pflichtverstoß ist gegenüber den Gewährleistungsrechten des Bestellers nur nach Maßgabe des § 254 Abs 1 BGB relevant. § 254 Abs 1 BGB erlegt die Beweislast aber dem Geschädigten auf, hier dem Gewährleistungsberechtigten. Eine andere Verteilung der Beweislast ergibt sich auch nicht aus § 280 Abs 1 S 2 BGB. Diese Bestimmung macht den Schuldner nur beweispflichtig für fehlendes Vertretenmüssen; seine Pflichtverletzung als solche muss ihm nachgewiesen werden.

b) Verkürzung der Gewährleistungsfristen

5 **aa)** § 13 Abs 4 Nr 1 S 1 verkürzt die fünfjährige Frist des § 634a Abs 1 Nr 2 BGB (Bauwerk) auf 4 Jahre. Das hält § 309 Nr 8 lit b ff BGB auch dann nicht stand, wenn man berücksichtigt, dass die Frist der VOB/B durch das schriftliche Verlangen der Mängelbeseitigung nach § 13 Abs 5 Nr 1 S 2 VOB/B leichter zu wahren ist als nach § 204 BGB, und dass nach § 13 Abs 5 Nr 1 S 3 VOB/B die Abnahme der Mängelbeseitigungsleistung eine neue Verjährungsfrist zu laufen beginnen lässt.

bb) Eine „Rückkehr" des Bestellers in seinen AGB zu den fünf Jahren des § 634a Abs 1 Nr 2 BGB ist als solche unbedenklich möglich, hat allerdings die Folge, dass die VOB/B nur modifiziert zugrunde gelegt ist, § 310 Abs 1 S 3 BGB.

cc) Gegenüber Unternehmern iSd § 14 BGB kann § 13 Abs 4 Nr 1 VOB/B mit seiner vierjährigen Verjährungsfrist für Bauwerke ohne Verstoß gegen § 307 Abs 2 Nr 1 BGB verwendet werden. Mit 20 % ist die Fristverkürzung maßvoll und sie wird eben anderweitig teilweise kompensiert.

dd) Die zweijährige Frist, die § 13 Abs 4 Nr 1 S 1 VOB/B im Übrigen nennt, ist differenziert zu betrachten. Soweit es um die Herstellung, Wartung oder Veränderung einer Sache geht, entspricht das nur den §§ 634a Abs 1 Nr 1 bzw 651, 438 Abs 1 Nr 3 BGB, ist also unbedenklich, § 307 Abs 3 S 1 BGB. Dagegen kann es sich bei den vom Feuer berührten Teilen von Feuerungsanlagen um ein Bauwerk handeln. Dann ist der Abstand von § 634a Abs 1 Nr 2 BGB allzu krass, um vor § 307 Abs 2 Nr 1 BGB Bestand haben zu können. Letzteres gilt erst recht für die einjährige Frist des § 13 Abs 4 Nr 1 S 2 VOB/B.

ee) Nichts anderes gilt auch für die Teile von maschinellen und elektrotechnischen/elektronischen Anlagen des § 13 Abs 4 Nr 2 VOB/B. Als unangemessene Benachteiligung des Bestellers, § 307 Abs 1 S 1 BGB, tritt hier hinzu, dass er die Fristverkürzung dadurch vermeiden kann, dass er dem Unternehmer die Wartung überträgt. Das beeinträchtigt seine Entschließungsfreiheit in einer nicht zu rechtfertigenden Weise.

c) Leichtere Wahrung der Verjährungsfristen

6 Nicht nach § 307 BGB zu beanstanden ist es, dass § 13 Abs 5 Nr 1 S 2 VOB/B zur Wahrung der Gewährleistungsfristen ein schriftliches Verlangen der Mängelbeseitigung genügen lässt und dass nach S 3 derselben Bestimmung die Abnahme der Mängelbeseitigungsleistung eine neue Verjährungsfrist (von zwei Jahren) auslöst. Beides hält sich im Rahmen der von § 202 Abs 2 BGB eingeräumten Freiheiten.

d) Minderungsbefugnis des Bestellers

7 § 13 Abs 6 VOB/B unterwirft die Minderungsbefugnis des Bestellers einschränkenden Voraussetzungen. Das benachteiligt den Besteller unangemessen, § 307 Abs 1 S 1 BGB.

Die Bestimmung berücksichtigt nicht, dass der Besteller ein legitimes Interesse an sofortiger Minderung haben kann. Hat er selbst die Leistung weiterzuleiten, so würde die Mängelbeseitigung im Falle der eigenen Insolvenz dem eigenen Abnehmer zugutekommen, aber die Masse nicht mehren. Derselbe Effekt ergäbe sich vielfach bei der Insolvenz des eigenen Abnehmers.

Aber auch sonst ist die Minderung eine elementare, unmittelbar aus dem Äquivalenzprinzip herzuleitende Befugnis des Bestellers. Daraus ist zu folgern, dass sich der Besteller den Zugang zu ihr einfach durch eine (erfolglose) Fristsetzung muss verschaffen können. Es geht nicht an, dass ihn der Unternehmer hinhalten kann. Daran ändert es auch nicht grundsätzlich etwas, dass sich der Unternehmer regelmäßig auf ein Minderungsbegehren des Bestellers einlassen wird, weil das für ihn durchweg kostengünstiger ist als eine Nacherfüllung.

e) Rücktritt des Bestellers

Daraus, dass § 13 VOB/B früher die Wandlung nicht erwähnt hat, heute den Rücktritt, wird gefolgert, dass dieser bei Vereinbarung der VOB/B nicht zulässig sein soll (KAPELLMANN/MESSERSCHMIDT/LANGEN § 13 VOB/B Rn 393 f; LEINEMANN/SCHLIEMANN § 13 VOB/B Rn 3, 433). Das benachteiligt den Besteller jedoch deshalb nicht unangemessen, weil § 309 Nr 8 lit b BGB den Rücktritt bei einem Bauvertrag für ausschließbar erklärt (vgl ferner u Rn 36).

7a

f) Schadensersatz

aa) § 13 Abs 7 sieht eine volle Haftung des Unternehmers vor bei der Verletzung des Lebens, des Körpers oder der Gesundheit (Nr 1) bzw bei vorsätzlicher oder grob fahrlässiger Verursachung von Mängeln. Das genügt § 309 Nr 7 lit a, b BGB.

7b

bb) Dagegen beschränkt § 13 Abs 7 Nr 3 VOB/B in sonstigen Fällen die Haftung des Unternehmers weitgehend (1), lässt aber Unterausnahmen einer vollen Haftung in bestimmten Ausnahmefällen zu (2).

(1) (Nur) der unmittelbare Schaden an der baulichen Anlage selbst ist nach § 13 Abs 7 Nr 3 S 1 VOB/B zu ersetzen, wenn ein wesentlicher Mangel vorliegt, der die Gebrauchsfähigkeit erheblich beeinträchtigt und schuldhaft verursacht worden ist – sofern nicht eine der Unterausnahmen des § 13 Abs 7 Nr 3 S 2 lit a, b oder c VOB/B vorliegt.

7c

α) Der Schadensersatzanspruch des Bestellers versagt also zunächst dann überhaupt, wenn der Mangel nicht „wesentlich" ist. Wenn es denn nun aber jedenfalls um einen Mangel geht, dessen Beseitigung auch nicht an den engen Kriterien des § 635 Abs 3 BGB scheitert, gehört es zu den tragenden Grundgedanken der gesetzlichen Regelung, § 307 Abs 2 Nr 1 BGB, dass dem Besteller im Falle seiner schuldhaften Verursachung jener Betrag nach § 634 Nr 4 BGB zur Verfügung gestellt werden muss, der zu seiner Beseitigung erforderlich ist. Dem Besteller gebührt schließlich ein mangelfreies Werk, und es geht nicht an, seine Zahlungsansprüche auf die aus § 637 BGB folgenden zu beschränken. Sie sind abrechnungspflichtig und berücksichtigen nicht das Verschulden des Unternehmers.

β)   Der Schadensersatzanspruch des Bestellers versagt außerdem dann, wenn die Gebrauchsfähigkeit des Werkes nicht „erheblich" beeinträchtigt ist. Hier gilt einmal das eben Gesagte entsprechend.

Hinzu kommt hier aber, dass es ja die spezifische Aufgabe des Schadensersatzanspruchs ist, über die Kosten der Mangelbeseitigung hinaus die Folgen mangelnder Gebrauchsfähigkeit auszugleichen. Das muss dann aber gerade auch in jenen Fällen gelten, in denen diese nicht § 13 Abs 7 Nrn 1 oder 2 VOB/B unterfallen. Mit dem schadensersatzrechtlichen Grundsatz der Totalreparation (STAUDINGER/SCHIEMANN [2017] § 249 Rn 1; PALANDT/GRÜNEBERG § 249 Rn 1) ist anderes nicht vereinbar.

γ)   Das soeben Gesagte muss erst recht für jene weiteren Schäden namentlich am Vermögen gelten, deren vollen Ersatz § 13 Abs 7 Nrn 1 oder 2 VOB/B nicht sichert.

δ)   Teilweise werden in Literatur und Rechtsprechung die Begriffe des wesentlichen Mangels und der erheblichen Beeinträchtigung der Gebrauchsfähigkeit minimiert (vgl nur KAPELLMANN/MESSERSCHMIDT/LANGEN § 13 VOB/B Rn 405 ff mwNw). Das stellt sich aber als eine geltungserhaltende Reduktion dar und unterstreicht damit recht eigentlich die Richtigkeit der angestellten Überlegungen.

Ein Gegenargument folgt auch nicht daraus, dass § 13 Abs 7 VOB/B immerhin § 309 Nr 7 lit a, b BGB genügt. Diese Bestimmungen lassen schwerlich den Umkehrschluss zu, dass alles von ihnen nicht Untersagte nun erlaubt sei. Und speziell der weitgehende Ausschluss der Mängelbeseitigungskosten in § 13 Abs 7 Nr 3 S 1 VOB/B sowie der völlige von Mangelfolgeschäden am Vermögen sind geeignet, den Besteller rechtlos zu stellen, § 307 Abs 2 Nr 2 BGB. Dabei ist insbesondere auch das Leistungsversprechen des Werkunternehmers, speziell des Bauunternehmers, zu berücksichtigen, dem Besteller ein funktionsfähiges Werk zu verschaffen.

7d (2)   In den Fällen des § 13 Abs 7 Nr 3 S 2 VOB/B kehrt § 13 VOB/B zum vollen Schadensersatz zurück. Diese Fälle zeichnen sich freilich – in unterschiedlichem Maße – durch mangelnde Transparenz aus.

Der Besteller, der nicht als fachkundig zu denken ist, kann nicht wissen, in welchem Umfang der Unternehmer Versicherungsschutz genommen hat oder hätte nehmen können, § 13 Abs 7 Nr 3 S 2 lit c VOB/B. Sofern er nicht vom Fach ist, kann er auch nicht beurteilen, ob der Mangel auf einem Verstoß gegen die anerkannten Regeln der Technik beruht, § 13 Abs 7 Nr 3 S 2 lit a VOB/B. Die Klärung dieser Frage wird dadurch noch zusätzlich erschwert, dass der Besteller zunächst nur die Mangelerscheinung kennt, die Frage nach einem Verstoß gegen die Regeln der Technik aber durchweg die Kenntnis der Mangelursache voraussetzt.

Nur scheinbar klar ist das Fehlen einer vertraglich vereinbarten Beschaffenheit, § 13 Abs 7 Nr 3 S 2 lit b BGB. Das privilegiert die Ansprüche aus jenen Mängeln, die auf § 633 Abs 2 S 1 BGB – bzw auf § 13 Abs 1 S 2 VOB/B – beruhen gegenüber jenen, die aus § 633 Abs 2 S 2 BGB herzuleiten sind. Dieser Unterscheidung fehlt zum einen die Überzeugungskraft; die letzteren sind keine „minderen" Mängel. Vor allem gibt es auch die konkludent vereinbarte Beschaffenheit. Diesen Fall des § 633

Abs 2 S 1 BGB von den Fällen des § 633 Abs 2 S 2 BGB trennsicher zu unterscheiden, ist praktisch nicht möglich.

Fehlt es aber den Fällen des § 13 Abs 7 Nr 3 VOB/B an der Transparenz des § 307 Abs 1 S 2 BGB, so kann die Folge nicht sein, dass die Privilegierungen des S 2 entfielen. Vielmehr muss die Angleichung von S 1 und S 2 auf dem Niveau des S 2 erfolgen.

cc) Nach § 13 Abs 7 Nr 4 VOB/B gelten die gesetzlichen Verjährungsvorschriften **7e** des § 634a BGB, soweit Versicherungsschutz genommen oder vereinbart wurde bzw möglich war. Da es für den Besteller intransparent ist, § 307 Abs 1 S 2 BGB, gelten die Bestimmungen des § 634a BGB immer für den Schadensersatzanspruch des Bestellers; das eben zu § 13 Abs 7 Nr 3 S 2 Gesagte gilt entsprechend.

III. Anforderungen an die Bauleistung nach § 13 Abs 1 und 2 VOB/B

1. Verhältnis zum BGB

§ 13 Abs 1 VOB/B unterscheidet sich von der Parallelbestimmung des § 633 Abs 1, 2 **8** BGB praktisch nicht. Soweit Rechtsmängel nicht genannt werden, soll dies die Haftung des Unternehmers nicht aufheben. Deckungsgleich ist die Bestimmung des Sachmangels.

Nur scheinbar weicht § 13 Abs 1 VOB/B von § 633 Abs 2 BGB ab, wenn ausdrücklich die *anerkannten Regeln der Technik* als Maßstab für die zu fordernde Qualität des Werkes genannt werden. Ihnen hat nämlich eine Bauleistung grundsätzlich auch dann zu entsprechen, wenn die VOB/B nicht vereinbart ist (vgl BGH BauR 1978, 498; INGENSTAU/KORBION/WIRTH § 13 Abs 1 Rn 87 f; HEINRICH BauR 1982, 224). Wegen der Einzelheiten vgl § 633 Rn 177 ff, dort auch zu der streitigen Frage, ob es auf jene Regeln der Technik ankommt, die im Zeitpunkt der Abnahme anerkannt sind, oder ob auch spätere bessere Erkenntnisse zu berücksichtigen sind.

Nur eine *Klarstellung* gegenüber dem BGB bedeutet es, wenn § 13 Abs 1 VOB/B als den *maßgeblichen Zeitpunkt* für die zu fordernden Eigenschaften des Werkes den der *Abnahme* nennt.

2. Leistungen nach Probe

Soweit § 13 Abs 2 VOB/B die Gewährleistung bei Leistungen nach Probe anspricht, **9** handelt es sich um eine Regelung, die in der Sache auch für das allgemeine Werkvertragsrecht anerkannt werden kann, auch wenn dieses es nicht eigens erwähnt (vgl dazu § 633 Rn 175).

IV. Mitverantwortung des Bestellers

§ 13 Abs 3 VOB/B gibt jene *immanenten Grenzen* der Verantwortlichkeit des Un- **10** ternehmers für Mängel wieder, die auch nach allgemeinem Recht anzuerkennen sind (vgl INGENSTAU/KORBION/WIRTH § 13 Abs 3 Rn 2 f), weil die *Mängel in den eigenen Verantwortungsbereich des Bestellers fallen*. Dabei liegt ein Vorschreiben von Stoffen oder Bauteilen nur dann vor, wenn der Besteller dem Unternehmer keine Wahl lässt, nicht schon bei Einverständnis mit der Wahl des Unternehmers (BGH NZBau 2005, 456, 457 = BauR 2005, 1314). Vgl zu den Einzelheiten die Erl in § 633 Rn 192 f, § 634 Rn 16 ff. Es ist stets zu beachten, dass der Unternehmer vorherige Leistungen anderer Unternehmer, Stoffe und Anordnungen des Bestellers bei Verdachtsmomenten sorgfältig zu überprüfen und ggf zu beanstanden hat, vgl den allgemeinen Grundsatz in § 4 Abs 3 VOB/B (dazu § 633 Rn 62 ff). Eine *Verletzung dieser Pflichten* führt zu einer Haftung aus den §§ 280 Abs 1, 241 Abs 2 BGB, die in entsprechender Anwendung von § 13 Abs 4 ff VOB/B zu behandeln ist (§ 633 Rn 64; **aA** BGH NJW 2008, 511 = NZBau 2008, 109 Rn 22 ff: unmittelbare Anwendung); ggf kommt es bei beiderseitiger Verantwortlichkeit zu Gewährleistungsansprüchen des Bestellers, die nach Maßgabe des § 254 Abs 1 BGB zu kürzen sind.

Die Beweislastregel des § 13 Abs 3 VOB/B benachteiligt den Unternehmer unangemessen (o Rn 4).

V. Gewährleistungsfristen, § 13 Abs 4, 5 Nr 1 VOB/B

11 *Vom Regelwerk des BGB entfernen sich die Abs 4, 5 Nr 1 des § 13 VOB/B,* die die **Verjährung** *der Gewährleistungsansprüche des Bestellers regeln.* Generell wird eine dem BGB hier unbekannte *vierjährige Verjährungsfrist* eingeführt, die im Wesentlichen an die Stelle der fünfjährigen Frist des § 634a Abs 1 Nr 2 BGB tritt. Es gibt aber auch kürzere Fristen von 2 Jahren, § 13 Abs 4 Nr 1 S 1 aE, Nr 2 VOB/B und gar nur einem Jahr, § 13 Abs 4 Nr 1 S 2 VOB/B. Schließlich ergeben sich *wichtige Besonderheiten im Ablauf der Verjährung.*

Zur Wirksamkeit der Regelungen vor dem Hintergrund der §§ 305 ff vgl o Rn 4 ff.

1. Betroffene Ansprüche

12 **a)** Die Fristen des § 13 Abs 4 VOB/B gelten zunächst für die *eigentlichen Gewährleistungsansprüche* des Bestellers, also den Nachbesserungsanspruch, den Anspruch auf Kostenerstattung bei eigener Nachbesserung bzw auf einen entsprechenden Vorschuss, den Anspruch auf Schadensersatz, das Recht zur Minderung. Insoweit entspricht der Anwendungsbereich der Bestimmung dem des § 634a Abs 1 Nr 2 BGB. Zu beachten ist allerdings, dass § 13 Abs 7 Nr 4 VOB/B bei Versicherung oder Versicherbarkeit von Schäden durch den Unternehmer die gesetzliche Regelung wieder eingreifen lässt (vgl dazu u Rn 49).

b) Die Fristen des § 13 Abs 4 VOB/B müssen *auch dann Anwendung finden,* wenn der Besteller während der Bauausführung Ansprüche wegen mangelhafter Leistungen nach § 4 Abs 7 VOB/B geltend gemacht hat und zwischenzeitlich die Abnahme der Werkleistung erfolgt ist (vgl BGH NJW 1971, 99 = VersR 1971, 135); *ferner dann, wenn der Unternehmer* entgegen § 4 Abs 8 Nr 1 VOB/B *unbefugt Nachunternehmer beschäftigt hat* und diese mangelhaft geleistet haben (vgl BGHZ 59, 323 = NJW 1973, 38).

13 **c)** Wie die Fristen des § 634a BGB gelten sie schließlich auch für Ansprüche wegen *Mangelfolgeschäden,* soweit § 13 Abs 7 VOB/B sie überhaupt als ersatzfähig anerkennt. War der Schaden freilich versichert oder versicherbar, lässt § 13 Abs 7 Nr 4 VOB/B wieder die gesetzlichen Fristen des § 634a Abs 1 BGB Anwendung finden.

2. Fristen des § 13 Abs 4 VOB/B

§ 13 Abs 4 VOB/B geht regelungstechnisch ebenso vor wie § 634a Abs 1 BGB, indem ebenfalls nach *Leistungsgegenständen differenziert* wird. **14**

a) Einjährige Frist
Eine einjährige Verjährungsfrist gilt *für vom Feuer berührte und abgasdämmende Teile von industriellen Feuerungsanlagen,* § 13 Abs 4 Nr 1 S 2 VOB/B. Die dem BGB unbekannte kurze Verjährungsfrist für *Feuerungsanlagen* erklärt sich aus deren schnellem Verschleiß. Zur Wirksamkeit o Rn 5. Zu beachten ist, dass diese Verjährungsfrist *nicht für Feuerungsanlagen insgesamt* gilt, sondern nur – räumlich beschränkt – für ihre vom Feuer unmittelbar berührten Teile sowie die abgasdämmenden Teile.

b) Zweijährige Frist
aa) Eine zweijährige Frist gilt zunächst für andere Werke als Bauwerke, sofern es um die Herstellung, Wartung oder Veränderung einer Sache geht, § 13 Abs 4 Nr 1, 1. Alt VOB/B. Das betrifft isolierte Grundstücksarbeiten, zB gärtnerischer Art; das Ausheben der Baugrube gehört zum Bauwerk. Erfasst werden aber auch nachträgliche Leistungen, die für das Objekt als solches von untergeordneter Bedeutung sind: Schönheits- und sonstige kleinere Reparaturen. Geht es um unterschiedliche, aber zusammengehörige Leistungen, bei denen die Fristen unterschiedlich sind, gilt einheitlich die Frist des Leistungsschwerpunktes: vier Jahre also bei Errichtung des Hauses und Gestaltung des Gartens. Außerdem gilt eine zweijährige Frist – jetzt mit Vorrang gegenüber der Frist bei Bauwerken – für feuerberührte Teile von nicht industriellen Feuerungsanlagen, § 13 Abs 4 Nr 1 S 1 aE VOB/B. **15**

bb) § 13 Abs 4 Nr 2 sieht eine zweijährige Verjährungsfrist für *elektrotechnische/ elektronische Anlagen* bzw Teile von ihnen vor, sofern der Unternehmer sie nicht selbst warten soll. Das ist praktisch bedeutsam, wenn dies ua Aufzüge, Rolltreppen, Gefahrenmeldeanlagen, Mess-, Steuer- und Regelungsanlagen für Raumlufttechnik, Nachrichtentechnik betrifft. Zur Wirksamkeit o Rn 5.

cc) Zur Verjährungsfrist für Gewährleistungsarbeiten, § 13 Abs 5 Nr 1 VOB/B u Rn 23.

c) Vierjährige Frist
Bei *Bauwerken* beträgt die Verjährungsfrist vier Jahre, § 13 Abs 4 Nr 1 VOB/B. Zum Begriff des Bauwerks § 634a Rn 20 ff. **16**

d) Abweichende Vereinbarungen
§ 13 Abs 4 Nr 1 VOB/B erwähnt ausdrücklich die Möglichkeit abweichender Fristvereinbarungen der Parteien und gibt ihnen den Vorrang vor den dort vorgesehenen Fristen. Das hat zur Folge, dass es die Privilegierung der VOB/B durch § 310 Abs 1 S 3 BGB noch nicht berührt, wenn von dieser Freiheit Gebrauch gemacht wird. Vgl **17**

zu den Auslegungsproblemen, die sich ergeben können, wenn dem Vertrag mehrere widersprüchliche Klauselwerke zugrunde liegen, BGH NJW-RR 1991, 980. Hier wird sich meist eine konkret genannte Frist gegenüber der allgemeinen Bezugnahme auf die VOB/B durchsetzen.

aa) *Individualvertraglich* können sowohl kürzere als auch längere Fristen vereinbart werden, vgl § 202 BGB.

bb) Vor dem Hintergrund des § 309 Nr 8 lit b ff BGB ist dem Unternehmer freilich eine Verkürzung der Frist des § 634a Abs 1 Nr 2 BGB formularmäßig nicht möglich, sofern die Frist bei einem Bauwerk kürzer sein soll als die des § 13 Abs 4 Nr 1 VOB/B. Gegenüber einem Unternehmer iSd § 14 BGB folgt dasselbe Ergebnis aus § 307 Abs 2 Nr 1 BGB. Die Folge einer solchen übermäßigen Fristverkürzung ist dann die Geltung des § 634a Abs 1 Nr 2 BGB, nicht die des § 13 Abs 4 Nr 1 VOB/B. Bei Gartenanlagen kann der Unternehmer von der einjährigen Frist des § 309 Nr 8 lit b ff BGB Gebrauch machen. Eine weitere Verkürzung der kurzen Fristen des § 13 Abs 4 Nr 1 VOB/B ist formularmäßig nicht möglich.

Eine *Verlängerung* der Verjährungsfristen in AGB des Bestellers gegenüber § 13 Abs 4 VOB/B bedarf der Überprüfung im Einzelfall. Sie ist *grundsätzlich zulässig* (vgl BGH NJW 1987, 381; **aA** OLG München NJW-RR 1986, 383) und jedenfalls dann *weder überraschend noch unangemessen,* wenn der Besteller für sich nur die *gesetzlichen Verjährungsfristen* in Anspruch nimmt. Eine *Verlängerung darüber hinaus* bedarf dagegen der *besonderen Rechtfertigung,* wie sie sich daraus ergeben kann, dass bei Leistungen dieser Art typischerweise damit zu rechnen ist, dass Mängel erst nach Ablauf der gesetzlichen Gewährleistungsfristen erkennbar werden. Im Ausgangspunkt stellen diese Fristen das gesetzliche Leitbild iSd § 307 Abs 2 Nr 1 BGB dar.

e) Arglist

18 Die kurzen Verjährungsfristen des § 13 Abs 4 VOB/B gelten bei Arglist des Unternehmers nicht. Es greift vielmehr unabdingbar § 634a Abs 3 BGB mit der Mindestfrist des § 634a Abs 1 Nr 2 BGB ein.

3. Ablauf der Verjährung

19 **a)** Der *Beginn der Verjährung* der Gewährleistungsansprüche des Bestellers wird von § 13 Abs 4 Nr 3 VOB/B nicht anders als von § 634a Abs 2 BGB auf den Zeitpunkt der Abnahme festgelegt, vgl dazu § 634a Rn 35 ff.

b) Die Verjährung kann *nach den allgemeinen Bestimmungen* der §§ 203 ff BGB *gehemmt* sein.

20 **c)** Einen **eigenartigen Erneuerungsgrund** für die Verjährung enthält § 13 Abs 5 Nr 1 S 1, 2 VOB/B. Danach hat *das schriftliche Begehren des Bestellers nach Mängelbeseitigung,* wenn es nach der Abnahme, aber vor dem Ablauf der Gewährleistung abgegeben wird, *die Wirkung, dass eine neue – jetzt aber zweijährige – Frist zu laufen beginnt.* Freilich wird die Frist nach § 13 Abs 4 VOB/B dadurch nicht verkürzt.

aa) *Voraussetzung* ist ein *schriftliches Begehren* des Bestellers nach Mängelbe- 21
seitigung. Es muss sich auf *bestimmte Mängel* beziehen (vgl dazu § 634 Rn 53). Es
genügt aber, dass der Mangel nur nach seinem äußeren Erscheinungsbild beschrieben wird; die neue Verjährung bezieht sich dann auch auf die Ansprüche des
Bestellers wegen der Ursachen und der Folgen des Mangels (BGH NJW-RR 1989, 148,
208). Das Begehren kann mit den verjährungserneuernden Wirkungen erst nach
der Abnahme ergehen. Es muss schriftlich sein und dem Unternehmer zugehen.
Seine Wirkung bezieht sich *nur auf den gerügten Mangel,* nicht auch auf weitere,
sodass also hinsichtlich der Mängel desselben Bauvorhabens zwei oder gar mehrere
Fristen laufen können. Hinsichtlich desselben Mangels ist **nur eine Verjährungserneuerung** in dieser Form möglich (INGENSTAU/KORBION/WIRTH § 13 Abs 4 Rn 285). Das
kann auch in AGB des Bestellers nicht anders vorgesehen werden (OLG Düsseldorf
BauR 1998, 549); wird seine Beseitigung mehrfach verlangt, kommt es auf das erste
Verlangen an.

bb) Die **Wirkung des Verlangens** ist der Neubeginn einer jetzt zweijährigen Frist,
die frühestens mit der Ursprungsfrist (4 Jahre bzw Vereinbarung) abläuft (BGH
NJW-RR 2005, 605, 606 = NZBau 2005, 282, 283), also auch über diese hinausreichen kann.
Dabei kann eine vereinbarte Frist Höchstfrist sein, also auch die des § 13 Abs 5 Nr 1
VOB/B kappen. Davon ist aber idR nicht auszugehen.

4. Gewährleistungsfristen bei Leistungen zur Mängelbeseitigung, § 13 Abs 5 Nr 1 S 3 VOB/B

a) *Nach dem BGB* haben Leistungen des Unternehmers zur Beseitigung von 22
Mängeln nur insoweit Einfluss auf die Verjährung der Gewährleistungsansprüche
des Bestellers, als darin ein Anerkenntnis seiner Pflichten iSd § 212 Abs 1 Nr 1 BGB
liegen kann und jedenfalls eine Hemmung nach § 203 BGB eintritt. *Im Grundsatz
läuft aber auch für Mängel, deren Beseitigung der Unternehmer in Angriff nimmt, die
normale Verjährung* von der Abnahme an; auch eine eigenständige Abnahme von
Leistungen zur Mängelbeseitigung kennt das BGB nicht.

b) Das ist nach § 13 Nr 5 Abs 1 S 3 VOB/B *anders.* Auch hier *hemmt zunächst die* 23
Nachbesserung des Unternehmers den Lauf der Verjährung nach § 203 BGB bzw
kann ein Anerkenntnis des Unternehmers iSd § 212 Abs 1 Nr 1 BGB gegeben sein.
Die Hemmung nach § 203 BGB endet, wenn der Unternehmer die Fortsetzung der
Nachbesserung ablehnt bzw der Besteller die Abnahme ihres Ergebnisses endgültig
ablehnt (vgl BGHZ 178, 123 = NJW 2009, 985 = NZBau 2008, 764 Rn 17 zu dem parallelen § 639
Abs 2 aF). Nimmt der Besteller aber ab, dann beginnt eine **neue Verjährungsfrist** von
zwei Jahren zu laufen, **bezogen auf die Nachbesserungsarbeiten** und beginnend mit
deren Abnahme. Die Abnahme der Nachbesserungsarbeiten richtet sich wieder nach
§ 12 VOB/B. Beschränkt sich der Unternehmer freilich darauf, gerügte Mangelerscheinungen zu beseitigen, nicht eigentlich den Mangel selbst, dann betrifft die
neu laufende Verjährungsfrist doch diesen bzw die aus ihm herzuleitenden Ansprüche (BGHZ 108, 65 = BGH NJW 1989, 2753).

Nach der genannten Entscheidung kann die neue Verjährungsfrist selbst dann in
Lauf gesetzt werden, wenn die Nachbesserungsarbeiten des Unternehmers Mängel
betrafen, hinsichtlich derer Verjährung schon eingetreten war. Das erscheint nach

allgemeinen Grundsätzen bedenklich und wird mit der selbständigen Tragweite der Regelung (BGHZ 108, 65, 70) nicht hinreichend begründet.

Die Frist, die nunmehr läuft, kann in der üblichen Weise gehemmt oder erneuert werden, insbesondere auch durch ein Verlangen nach Mängelbeseitigung nach § 13 Abs 5 Nr 2 S 2 VOB/B (vgl auch BGH NJW-RR 1986, 98; 1987, 336). *Bei wiederholten Nachbesserungsversuchen* können so auch mehrfach neue Verjährungsfristen in Lauf gesetzt werden.

5. Wirkungen der Verjährung

24 Insoweit enthält die VOB/B *keine Sonderregelungen* gegenüber dem BGB. Der Unternehmer kann also nach ihrem Ablauf die Erfüllung der Gewährleistungsansprüche des Bestellers verweigern, § 214 BGB, und zugleich vorbehaltlich des § 216 BGB eine Gewährleistungssicherheit herausverlangen; vgl aber o Rn 23 zu BGHZ 108, 65, wo die Überwindung der eingetretenen Verjährung des Ursprungsmangels für möglich gehalten wird. Soweit der Werklohn noch nicht beglichen ist, gilt § 215 BGB.

VI. Nachbesserungsanspruch des Bestellers

1. Grundlagen

25 Der Nachbesserungsanspruch des Bestellers bei Mängeln der Bauleistung hat bei Vereinbarung der VOB/B *unterschiedliche rechtliche Grundlagen.* Für den *Zeitraum vor der Abnahme* des Werkes ist deren § 4 Abs 7 maßgeblich, der die Stellung des Bestellers gegenüber dem BGB verstärkt (vgl dazu § 633 Rn 89 ff). *Nach erfolgter Abnahme* ist dagegen § 13 Abs 5 Nr 2 VOB/B einschlägig, der sich sachlich nicht von den §§ 634 Nr 1, 635 BGB unterscheidet.

2. Voraussetzungen

26 Die Voraussetzungen für den Nachbesserungsanspruch des Bestellers aus § 13 Abs 5 Nr 2 VOB/B unterscheiden sich von denen der §§ 634 Nr 1, 635 BGB nicht.

Wenn § 13 Abs 5 Nr 2 VOB/B zusätzlich davon spricht, dass der Mangel während der Verjährungsfrist *hervorgetreten* sein muss, so ist das *irreführend*. Erfolgreich geltend gemacht werden kann er natürlich nur, wenn der Besteller ihn innerhalb dieser Frist bemerkt (und angemeldet) hat. Im Übrigen aber muss er schon im Zeitpunkt der Abnahme vorhanden gewesen sein, wenn auch nur im Keim und ohne dass es auch sogleich schon zu besonderen schädlichen Auswirkungen gekommen zu sein braucht. Wesentlichkeit des Mangels ist auch hier nicht erforderlich, ebenfalls nicht ein Verschulden des Unternehmers. Der Mangel darf nur nicht durch eigene Verantwortlichkeit des Bestellers aus dem Verantwortungsbereich des Unternehmers herausgenommen sein (vgl o Rn 10 zu § 13 Abs 3 VOB/B).

3. Verlangen des Bestellers

27 Der Anspruch des Bestellers auf Beseitigung des Mangels ist *nicht davon abhängig,* *dass er dies* – gar schriftlich – *verlangt;* der Wortlaut des § 13 Abs 5 Nr 2 VOB/B ist auch insoweit missverständlich (vgl BGHZ 58, 332, 334).

Ein konkretes Begehren der Mängelbeseitigung ist allerdings mittelbar notwendig. Seine vorprozessuale Äußerung kann zur Meidung der Kostenfolge des § 93 ZPO geboten sein. Im Mängelprozess kann der Besteller nur damit einen *hinreichend bestimmten Klagantrag* iSd § 253 Abs 2 Nr 2 ZPO stellen, wenn er auf Mängelbeseitigung klagt. Es ist entsprechend aber auch dann erforderlich, wenn er seinen Anspruch auf Mängelbeseitigung der Werklohnforderung *einredeweise* entgegensetzt, und auch dann, wenn er die Mängel als Berechnungsfaktoren für Ansprüche auf Schadensersatz, Kostenvorschuss bzw Kostenerstattung bei eigener Mängelbeseitigung oder auf Minderung benutzt. Nur ein *konkretes Begehren der Mängelbeseitigung* kann im Übrigen die *Hemmungswirkung des § 203 BGB* auslösen, die Erneuerungswirkung des § 13 Abs 5 Nr 1 VOB/B, sowie zum eigenen Mängelbeseitigungsrecht nach § 13 Abs 5 Nr 2 VOB/B führen. Die *Schriftlichkeit* des Begehrens ist schließlich für die Erneuerung der Verjährung nach § 13 Abs 5 Nr 1 S 2 VOB/B notwendig.

Zur Konkretheit des Mängelbeseitigungsbegehrens vgl INGENSTAU/KORBION/WIRTH **28** § 13 Abs 5 Rn 46. Der Mangel muss *in seinen äußeren Erscheinungsformen* – nicht in seinen Ursachen – *so genau bezeichnet sein, dass der Unternehmer Art und Umfang der von ihm geforderten Nachbesserungsleistungen erkennen kann*. Dabei dürfen an den Besteller, der oft Laie ist, *keine übertriebenen Anforderungen* gestellt werden.

4. Inhalt

Die *Nachbesserung,* die danach verlangt werden kann, *unterscheidet sich nicht von* **29** *der nach den §§ 634 Nr 1, 635 BGB geschuldeten* (vgl § 634 Rn 27). Ggf ist also auch eine Neuherstellung nötig. Die Methode der Nachbesserung ist grundsätzlich Sache des Unternehmers (vgl BGH NJW 1973, 1792). Zu ihr gehört auch die Beseitigung der mit ihr verbundenen nachteiligen Folgen. Bei unverhältnismäßigem Aufwand kann der Unternehmer die Nachbesserung verweigern, vgl § 13 Abs 6 VOB/B, und den Besteller auf das Recht zur Minderung verweisen (vgl dazu § 635 Rn 8 ff).

VII. Eigene Mängelbeseitigung durch den Besteller, § 13 Abs 5 Nr 2 VOB/B

1. Allgemeines

§ 13 Abs 5 Nr 2 VOB/B *entspricht den §§ 634 Nr 2, 637 BGB.* **30**

2. Voraussetzungen

Notwendig ist der fruchtlose Ablauf einer Frist zur Nachbesserung, die als solche **31** möglich und zumutbar zu sein hat und zu deren Verweigerung der Unternehmer auch nicht aus sonstigen Gründen – zB wegen Zahlungsverzugs des Bestellers – berechtigt sein darf.

a) Die Fristsetzung bedarf *keiner besonderen Form.* Sie kann mit dem Nachbesserungsverlangen verbunden werden, ihm aber auch nachfolgen. Mit einer *Ablehnungsandrohung* braucht sie nicht verbunden zu werden.

32 b) Die Frist muss zur Mängelbeseitigung *angemessen* sein. Dabei ist davon auszugehen, dass der Unternehmer, der den Mangel ja verursacht hat, nach Aufforderung unverzüglich mit der Nachbesserung beginnt und sie mit geeigneten Mitteln zügig durchführt. *Fristverlängernd* kann es nicht wirken, wenn der Unternehmer anderweitig verpflichtet ist, sondern *nur* wenn *objektive Hindernisse* für die Nachbesserung bestehen wie zB ungünstige Witterungsverhältnisse oder auch die Notwendigkeit einer vorherigen sachverständigen Abklärung der Mängelursachen (vgl dazu BGH BauR 1975, 137 = WM 1974, 932). Eine zu knapp bemessene Frist setzt eine angemessene in Lauf. Die Fristsetzung zur Erklärung über die Nachbesserungsbereitschaft oder zur Aufnahme der Nachbesserung reicht als solche nicht aus. Doch kann ihr fruchtloses Verstreichen als eine ernsthafte und endgültige Verweigerung der Nachbesserung zu verstehen sein und solcherart die korrekte Fristsetzung entbehrlich machen (vgl hierzu § 634 Rn 62).

33 c) Schließlich muss die Frist *ungenutzt verstrichen* sein. Dabei kommt es darauf an, ob der geschuldete Erfolg – die vollständige Beseitigung des Mangels, soweit sie möglich ist und verlangt werden kann, – innerhalb der Frist eingetreten ist. Auf ein Verschulden des Unternehmers kommt es grundsätzlich nicht an (Beck'scher VOB-Komm/Kohler § 13 Abs 5 Rn 97). Allerdings können objektive Leistungshindernisse, die sich nachträglich ergeben, bei der Beurteilung der Angemessenheit der Frist berücksichtigt werden. Subjektive Leistungshindernisse entlasten den Unternehmer aber keinesfalls.

d) Eine Fristsetzung kann *ausnahmsweise entbehrlich sein.* Es gelten auch hier die Bestimmungen der §§ 637 Abs 2 S 1, 636, 281 Abs 2, 323 Abs 2 BGB (vgl dazu § 634 Rn 58 ff).

3. Nichteinhaltung des Verfahrens

34 Wenn die genannten Voraussetzungen, für die der Besteller darlegungs- und beweispflichtig ist, nicht vorliegen, kann dieser die *Kosten* einer eigenen Nachbesserung grundsätzlich nicht auf den Unternehmer *abwälzen*, insbesondere nicht unter dem Gesichtspunkt der von diesem ersparten Aufwendungen nach Bereicherungsrecht oder Geschäftsführung ohne Auftrag (vgl § 634 Rn 41). Auch erfolgt keine Anrechnung der vom Unternehmer ersparten Nacherfüllungsaufwendungen auf dessen Vergütungsanspruch bzw steht dem Besteller kein Rückforderungsanspruch auf eine etwaige Überzahlung aus § 326 Abs 2, 4 BGB zu (BGHZ 162, 219 = NJW 2005, 1348 [zum Kauf]; Kniffka BauR 2005, 1024, 1025; vgl hier § 634 Rn 43).

4. Rechtsfolgen

Liegen die Voraussetzungen dagegen vor, hat der Unternehmer die Kosten der Nachbesserung durch den Besteller selbst bzw durch von diesem beauftragte andere Unternehmer zu tragen. Er muss sie erstatten oder vorschießen, § 637 Abs 1, 3 BGB. Selbst nachbessern kann er nur noch mit Einverständnis des Bestellers. Der Besteller kann aber auf seinen Nachbesserungsanspruch zurückkommen.

VIII. Minderung der Vergütung, § 13 Abs 6 VOB/B

1. Voraussetzungen

Bei den Voraussetzungen der Minderung unterscheidet sich die VOB/B mit ihrem **35** § 13 Abs 6 vom BGB. Sie kennt nicht das Verfahren der Fristsetzung der §§ 638 Abs 1, 636 BGB und den Fall der ausnahmsweisen Entbehrlichkeit der Fristsetzung zur Nachbesserung, sondern lässt – funktional Letzterem entsprechend – die Minderung in drei Fällen zu, nämlich (1) dem der Unzumutbarkeit für den Besteller, vgl insoweit § 638 Abs 1, 636 BGB aE, (2) dem der Unmöglichkeit in der Nacherfüllung, (3) dem ihrer Verweigerung durch den Unternehmer aus Kostengründen gemäß § 635 Abs 3 BGB. Das sind im Ergebnis strenge Voraussetzungen. – Zur AGB-Kontrolle o Rn 7.

Die Minderung ist heute ein Gestaltungsrecht des Bestellers. Die Parteien sind aber nicht gehindert, sich auf eine Minderung zu einigen. Dem Unternehmer wird es entgegenkommen, sich die Kosten einer Nachbesserung zu ersparen.

2. Rechtsfolgen

Hinsichtlich der *Durchführung der Minderung* enthält der auf § 638 BGB verweisende § 13 Abs 6 VOB/B *keine Besonderheiten;* auch sie ist jetzt vom Besteller einseitig zu erklären (auf die Erl in § 634 Rn 111 ist zu verweisen). Gleiches gilt für ihre Berechnung (vgl dazu § 634 Rn 113 ff). **35a**

IX. Rücktritt

Der Rücktritt vom Vertrag – der mit der Schuldrechtsmodernisierung an die Stelle **36** der Wandlung getreten ist – ist in § 13 VOB/B wie zuvor die Wandlung als Möglichkeit des Bestellers *nicht erwähnt*. Daraus wird und wurde der Schluss gezogen, dass der jeweilige Rechtsbehelf **hier nicht zulässig** ist und war (vgl INGENSTAU/KORBION/WIRTH § 13 Abs 6 Rn 97 f; NICKLISCH/WEICK/JANSEN/SEIBEL/v HAYN-HABERMANN § 13 Rn 9; LOCHER, Das private Baurecht Rn 275; OLG Koblenz NJW 1962, 741; OLG Karlsruhe BauR 1971, 55; **aA** KUHN NJW 1955, 412; vgl ferner o Rn 7a; dort auch zur AGB-Kontrolle). Angesichts der Probleme der Wandlung beim Werkvertrag (vgl § 634 Rn 97) war das *nur sachgerecht;* für den jetzigen Rücktritt nach § 634 Nr 3 BGB kann nichts anderes angenommen werden.

Die *wirtschaftlichen Effekte eines Rücktritts* kann der Besteller auch bei Vereinbarung der VOB/B in Extremfällen im Wege der *„Minderung auf Null"* erreichen (BGHZ 42, 232, 234 = NJW 1965, 152; Beck'scher VOBKomm/GANTEN § 13 Abs 6 Rn 7), ggf auch als Schadensersatz nach § 13 Abs 7 VOB/B (vgl OLG Hamm NJW 1978, 1060; LG Nürnberg-Fürth NJW-RR 1986, 1466), sodass für ihn auch kein praktisches Bedürfnis für einen Rücktritt besteht.

X. Schadensersatzansprüche des Bestellers, § 13 Abs 7 VOB/B

1. Allgemeines

37* Die Regelung der Schadensersatzansprüche des Bestellers in § 13 Abs 7 VOB/B schränkt seine Rechte nachhaltig gegenüber § 634 Nr 4 BGB ein. Voller Ersatz steht ihm nur zu bei der Verletzung von Leben, Körper oder Gesundheit (§ 13 Abs 7 Nr 1 VOB/B) oder bei grobem Verschulden (§ 13 Abs 7 Nr 2 VOB/B), im Übrigen (§ 13 Abs 7 Nr 3 VOB/B) aber nur unter einschränkenden Voraussetzungen, nämlich

– Verstoß gegen anerkannte Regeln der Technik (lit a),

– Fehlen einer vereinbarten Eigenschaft (lit b),

– Versicherbarkeit des Schadens (lit c).

Fehlt es an diesen Voraussetzungen, ist der Schadensersatzanspruch gegenständlich beschränkt (§ 13 Abs 7 Nr 3 VOB/B).

Dabei ist die Systematik des § 13 Abs 7 VOB/B verwirrend:

Dem Besteller steht uneingeschränkter, im Umfang § 634 Nr 4 BGB entsprechender Schadensersatz nur zu in den Fällen des § 13 Abs 7 Nr 2 VOB/B (grobes Verschulden) oder wenn die Voraussetzungen des § 13 Abs 7 Nr 3 S 1 VOB/B mit einer der Voraussetzungen des § 13 Abs 7 Nr 3 S 2 VOB/B zusammentreffen. Hier müssen also vorliegen

– ein wesentlicher Mangel

– zuzüglich eine erhebliche Beeinträchtigung der Gebrauchsfähigkeit des Werkes

– zuzüglich Verschulden

als die Voraussetzungen des § 13 Abs 7 Nr 3 S 1 VOB/B, kombiniert mit

– entweder einem Verstoß gegen die anerkannten Regeln der Technik

– oder dem Fehlen einer vereinbarten Eigenschaft

– oder der Versicherbarkeit der gesetzlichen Haftpflicht des Unternehmers

als jeweils einem der Fälle des § 13 Abs 7 Nr 3 S 2 VOB/B.

Wenn es zu einer Schädigung der in § 13 Abs 7 Nr 1 VOB/B genannten Rechtsgüter kommt, ist der Schadensersatz zwar insoweit uneingeschränkt, wie eben diese Rechtsgüter betroffen sind, aber der Besteller mag darüber hinaus Schäden an Eigentum

---

* Rn 38–40 bleiben frei.

oder Vermögen erlitten haben. Ihrem Ersatz sind wieder die Filter des § 13 Abs 7 Nrn 2 und 3 VOB/B vorgeschaltet.

Liegen bei einem nicht körperlichen Schaden nur die Qualifikationsmerkmale des § 13 Abs 7 Nr 3 S 1 VOB/B vor (wesentlicher Mangel und erhebliche Beeinträchtigung der Gebrauchsfähigkeit), erhält der Besteller eingeschränkten Schadensersatz.

Fehlt es bei einem nicht körperlichen Schaden an grobem Verschulden und ist der Mangel außerdem nicht wesentlich oder beeinträchtigt er die Gebrauchsfähigkeit auch nicht erheblich, schließt § 13 Abs 7 VOB/B die Ersatzpflicht des Unternehmers ganz aus. Zur AGB-Kontrolle o Rn 3 ff.

2. Schädigung des Bestellers an Leben, Körper oder Gesundheit, § 13 Abs 7 Nr 1 VOB/B

Dem vertraglichen Anspruch des Bestellers wegen der Verletzung von Leben, Körper oder Gesundheit nach § 13 Abs 7 Nr 1 VOB/B kommt praktische Bedeutung kaum zu neben seinem deliktischen Anspruch aus § 823 Abs 1 BGB, den die Bestimmung nicht ausschließt. Er ist von Belang nur dann, wenn ein Verschulden des Unternehmers in Bezug auf die Verletzung von Leben, Körper oder Gesundheit nicht festzustellen ist. Dann genügt es für die Auslösung seiner Haftung, dass der Mangel, der zu dieser Verletzung geführt hat, seinerseits schuldhaft verursacht worden ist, wie dies nach § 280 Abs 1 S 2 BGB vermutet wird. **41**

3. Vorsatz oder grobe Fahrlässigkeit, § 13 Abs 7 Nr 2 VOB/B

Die verwendeten Begriffe sind im üblichen Sinne zu verstehen. Die Beweislast des Unternehmers für fehlendes Verschulden am Mangel bezieht sich namentlich auch darauf, dass sein Verschulden jedenfalls kein grobes war.

4. Der eingeschränkte Schadensersatzanspruch nach § 13 Abs 7 Nr 3 S 1 VOB/B

a) Voraussetzungen
aa) Es wird zunächst ein **wesentlicher** Mangel verlangt. Wesentlich ist ein Mangel dann, wenn er nach allgemeiner Verkehrsauffassung – unter Berücksichtigung des speziellen Vertragszwecks – als *empfindlich* anzusehen ist (vgl INGENSTAU/KORBION/WIRTH § 13 Abs 7 Rn 77). Das ist zB bei der Verwendung einer anderen als der vorgesehenen Holzart angenommen worden, die eine geringere Widerstandsfähigkeit gegenüber Witterungseinflüssen aufweist (BGH NJW 1962, 1569) oder auch bei der nicht ausreichenden Festigkeit von Mauermörtel, die keine hinreichende Standsicherheit des Gebäudes gewährleistet (vgl BGH 20. 12. 1976 – VII ZR 105/74). Wesentlichkeit des Mangels ist *auch dann* erforderlich, wenn er in dem *Fehlen einer garantierten Eigenschaft* liegt (vgl BGH NJW 1962, 1569; BGHZ 46, 242; BGH NJW 1981, 1448), auch wenn dies die Wesentlichkeit des Mangels *im Allgemeinen indiziert*. **42**

Subjektive Erwartungen des Bestellers an das Werk lassen als solche einen Mangel noch nicht als wesentlich erscheinen. Sie können aber, wenn sie dem Unternehmer bekannt waren oder hätten bekannt sein müssen, den Vertragszweck prägen und insofern zur Wesentlichkeit des Mangels führen.

43 bb) Der Mangel muss **zusätzlich die Gebrauchsfähigkeit des Werkes beeinträchtigen**. Der Begriff der Gebrauchsfähigkeit entspricht dem der Eignung zur Verwendung des § 633 Abs 2 S 2 Nr 2 BGB (dazu § 633 Rn 176 ff).

§ 13 Abs 7 Nr 3 S 1 VOB/B nennt eine *bloße Wertminderung des Werkes* nicht, wie sie – auch ohne eine Einschränkung der technischen Gebrauchsmöglichkeit – insbesondere als sog *merkantiler Minderwert* eintreten kann, der sich voraussichtlich bei einer Weiterveräußerung realisieren wird. Auch dieser Minderwert kann – unabhängig von einer tatsächlichen oder jedenfalls geplanten Veräußerung des Werkes – zu einem Schadensersatzanspruch nach § 13 Abs 7 Nr 3 S 1 VOB/B führen (so zutreffend BGHZ 55, 198 = NJW 1971, 615 = LM VOB/B Nr 44 m Anm RIETSCHEL; INGENSTAU/KORBION/WIRTH § 13 Abs 7 Rn 85; NICKLISCH/WEICK/JANSEN/SEIBEL § 13 Rn 444). Das ist zwar aus dem Wortlaut der Bestimmung nicht ohne Weiteres herzuleiten, stellt jedoch *das einzig angemessene Ergebnis dar*.

44 cc) Nicht jede Beeinträchtigung der Gebrauchsfähigkeit löst einen Schadensersatzanspruch des Bestellers nach § 13 Abs 7 Nr 1 VOB/B aus, sie muss vielmehr *erheblich* sein. Dieses Tatbestandsmerkmal ist *einschränkend auszulegen*. Wenn nach Nachbesserung und bzw oder Minderung noch ein Schaden verbleibt, der in Geld messbar ist und nicht nur Bagatellcharakter trägt, dann ist es nicht einzusehen, warum er nicht auch ausgeglichen werden soll.

Eine in diesem Sinne erhebliche Minderung der Gebrauchsfähigkeit ist auch dann zu verlangen, wenn es um das Fehlen garantierter Eigenschaften geht (vgl BGH NJW 1962, 1562 = LM § 13 VOB/B Nr 5).

dd) Soweit § 13 Abs 7 Nr 3 S 1 VOB/B *ein Verschulden* des Unternehmers oder seiner Erfüllungsgehilfen verlangt, besteht *kein* Unterschied zu § 634 Nr 4 BGB (vgl dort Rn 124 ff).

ee) Wegen der Beweislast vgl § 280 Abs 1 S 2 BGB.

b) Inhalt

45 Der Besteller erwirbt nur einen **eingeschränkten Schadensersatzanspruch**, sofern nicht zusätzlich eine der Voraussetzungen des § 13 Abs 7 Nr 3 S 2 VOB/B gegeben ist. Zu ersetzen ist *nur der Schaden „an der baulichen Anlage"*.

aa) Zu ersetzen ist zunächst *der Schaden an der Werkleistung des Unternehmers* selbst. Dieser Schaden kann bestehen aus den *Kosten der Beseitigung des Mangels* (vgl BGHZ 77, 134). Dabei muss die Beseitigung des Mangels nur möglich sein; der Besteller kann insoweit den erforderlichen Betrag verlangen, der sich mit dem tatsächlich aufgewendeten nicht unbedingt zu decken braucht und in dessen Verwendung – zur Mängelbeseitigung oder nicht – der Besteller frei bleibt. Die Möglichkeit der Mängelbeseitigung wird nicht durch die Veräußerung oder gar Zwangsversteigerung des Objekts genommen (vgl BGHZ 99, 81 = NJW 1987, 645 = LM § 635 BGB Nr 82; PETERS Jura 1987, 422; SCHULZE NJW 1987, 3097). Denkbare Schadenspositionen sind weiter *Begut-*

achtungskosten (vgl BGHZ 54, 352 = NJW 1971, 99 = LM VOB/B Nr 43; BGHZ 92, 308), *zusätzlicher Erhaltungsaufwand für die bauliche Anlage,* falls sich der Mangel nur unzureichend beseitigen lässt (vgl BGH NJW-RR 1992, 788; INGENSTAU/KORBION/WIRTH § 13 Abs 7 Rn 149), *Mietausfall* und *Zinsverluste,* die durch die einstweilige Unbrauchbarkeit des Werkes entstehen (vgl BGHZ 46, 238 = NJW 1967, 340 = LM § 638 BGB Nr 8), aber doch auch schon *die entgangenen Gebrauchsvorteile* am Werk selbst (BGH [GS] NJW 1987, 50). Dagegen sind die Kosten eines anderweitigen Behelfs, insbesondere einer anderweitigen Unterkunft, nur unter den Voraussetzungen des § 13 Abs 17 Nr 3 S 2 VOB/B zu liquidieren.

bb) *Außer diesen eigentlichen Mangelschäden* sind nach § 13 Abs 7 Nr 3 S 1 VOB/B **46** aber auch *teilweise Mangelfolgeschäden* zu ersetzen, soweit sie nämlich *an der baulichen Anlage insgesamt* aufgetreten sind, an der der Unternehmer gearbeitet hat. Es können also auch die *Gewerke anderer Unternehmer* betroffen sein oder gar *Teile der Anlage, an denen unmittelbar gar nicht gearbeitet wurde.* Der Begriff der baulichen Anlage deckt sich mit dem des *Bauwerks* in § 634a Abs 1 Nr 2 BGB (auf die Erl § 634a Rn 20 ff kann Bezug genommen werden). Sonstige Schäden sind dagegen nicht zu ersetzen, so insbesondere *nicht Schäden am Inventar* im Hause oder *an Material für das Haus* (vgl INGENSTAU/KORBION/WIRTH § 13 Abs 7 Rn 108). Hier kann aber § 823 BGB eingreifen.

cc) In der Frage, ob der *Schadensersatz in Geld* oder durch Naturalrestitution zu leisten ist, bestehen *keine Besonderheiten* für den Anspruch aus § 13 Abs 7 Nr 3 S 1 VOB/B gegenüber dem aus § 634 Nr 3 BGB (vgl insoweit § 634 Rn 140).

c) Verjährung
Die Verjährung des Anspruchs aus § 13 Abs 7 VOB/B richtet sich nach § 13 Abs 4 **47** VOB/B (vgl BGH NJW 1970, 421). Bei den versicherten oder versicherbaren Schäden gilt § 634a, § 13 Abs 7 Nr 4 VOB/B.

5. Der Schadensersatzanspruch nach § 13 Abs 7 Nr 3 S 2 VOB/B

Die Voraussetzungen dieses *gegenständlich erweiterten Schadensersatzanspruchs* de- **48** cken sich hier zunächst insofern mit denen des Anspruchs aus § 13 Abs 7 Nr 3 S 1 VOB/B, als auch hier ein schuldhaft verursachter wesentlicher Mangel gegeben sein muss, der die Gebrauchsfähigkeit des Werkes erheblich beeinträchtigt (vgl BGH NJW 1962, 1569; INGENSTAU/KORBION/WIRTH § 13 Abs 7 Rn 154). Darüber hinaus stellt die Bestimmung *drei zusätzliche Voraussetzungen* auf, von denen mindestens eine erfüllt sein muss. Die Buchstaben a bis c stehen also im Verhältnis der *Alternativität* zueinander.

a) § 13 Abs 7 Nr 3 S 2 lit a VOB/B sanktioniert den *Verstoß gegen die anerkannten Regeln der Technik* als Ursache des Mangels.

Zum Begriff der anerkannten Regeln der Technik vgl § 633 Rn 177 ff. Der Verstoß muss – und wird in aller Regel – schuldhaft sein. Allerdings reicht insoweit *jede Fahrlässigkeit* – auch leichte – aus (vgl BGH NJW-RR 1992, 788; INGENSTAU/KORBION/WIRTH § 13 Abs 7 Rn 166).

b) § 13 Abs 7 Nr 3 S 2 lit b VOB/B knüpft an das *Fehlen einer vereinbarten Beschaffenheit* an. Hierher gehört nur die ausdrückliche Beschaffenheitsvereinbarung nach § 633 Abs 2 S 1 BGB, auch wenn die sich aus § 633 Abs 2 S 2 BGB ergebende Beschaffenheit letztlich auf der – hier konkludenten – Vereinbarung der Parteien beruht (vgl schon o Rn 37). Würde man aber auch die Anforderungen an das Werk in § 13 Abs 7 Nr 3 S 2 lit b VOB/B einbeziehen, würde die Haftungsbeschränkung leerlaufen. Die Abgrenzung ist jedoch kaum möglich und ihre Notwendigkeit intransparent iSd § 307 Abs 1 S 2 BGB.

49 **c)** § 13 Abs 7 Nr 3 S 2 lit c VOB/B knüpft endlich daran an, *dass der Unternehmer seine Haftung durch Versicherung abgedeckt hat* oder *in zumutbarer Weise hätte abdecken können.*

Auch hier ist es zunächst erforderlich, dass der Unternehmer den Mangel *verschuldet* hat und dieser in Ausmaß und Wirkungen § 13 Abs 7 Nr 3 S 1 VOB/B genügt. Im Übrigen gilt:

aa) Der Versicherungsschutz muss von der *Haftpflichtversicherung* des Unternehmers gewährt oder angeboten worden sein, *nicht von der Bauwesenversicherung.* Versicherungsschutz wird insoweit angeboten nach Maßgabe der *Allgemeinen Versicherungsbedingungen für die Haftpflichtversicherung* (gegenwärtiger Stand vom April 2012). Danach bestehen praktisch *keine Möglichkeiten der Versicherbarkeit.*

50 **bb)** Versichert werden zunächst nur *Personenschäden* und *Sachschäden* (sowie sich daraus ergebende Vermögensschäden), Nr 1.1 AHB, wobei die Haftung des Unternehmers auf Gesetz – idR also den §§ 823 ff BGB – beruhen muss. Vor allem bestimmt **Nr 1.2 AHB**:

Kein Versicherungsschutz besteht für Ansprüche, auch wenn es sich um gesetzliche Ansprüche handelt,

(1) auf Erfüllung von Verträgen, Nacherfüllung, aus Selbstvornahme, Rücktritt, Minderung, auf Schadensersatz statt der Leistung;

(2) wegen Schäden, die verursacht werden, um die Nacherfüllung durchführen zu können;

(3) wegen des Ausfalls der Nutzung des Vertragsgegenstandes oder wegen des Ausbleibens des mit der Vertragsleistung geschuldeten Erfolges;

(4) auf Ersatz vergeblicher Aufwendungen im Vertrauen auf ordnungsgemäße Vertragserfüllung;

(5) auf Ersatz von Vermögensschäden wegen Verzögerung der Leistung;

(6) wegen anderer an die Stelle der Erfüllung tretender Ersatzleistungen.

Außerdem bestimmt **Nr 7.7** Ausschlüsse für Haftpflichtansprüche wegen Schäden an fremden Sachen und allen sich daraus ergebenden Vermögensschäden, wenn

(a) die Schäden durch eine gewerbliche oder berufliche Tätigkeit des Versicherungsnehmers an diesen Sachen (Bearbeitung, Reparatur, Beförderung, Prüfung und dgl) entstanden sind; bei unbeweglichen Sachen gilt dieser Ausschluss nur insoweit, als diese Sachen oder Teile von ihnen unmittelbar von der Tätigkeit betroffen waren;

(b) (…)

(c) die Schäden durch eine gewerbliche oder berufliche Tätigkeit des Versicherungsnehmers entstanden sind und sich diese Sachen oder – sofern es sich um unbewegliche Sachen handelt – deren Teile im unmittelbaren Einwirkungsbereich der Tätigkeit befunden haben; dieser Ausschluss gilt nicht, wenn der Versicherungsnehmer beweist, dass er zum Zeitpunkt der Tätigkeit offensichtlich notwendige Schutzvorkehrungen zur Vermeidung von Schäden getroffen hatte.

6. Verjährung

Die Schadensersatzansprüche des Bestellers aus § 13 Abs 7 VOB/B verjähren grundsätzlich nach § 13 Abs 4 VOB/B (BGHZ 58, 332 = NJW 1972, 1280). Dies gilt nach § 13 Abs 7 Nr 4 VOB/B jedoch dann *nicht,* wenn der Schaden durch Versicherungsschutz gedeckt war bzw hätte gedeckt werden können, vgl dazu o Rn 49 f. Bei unterbliebenem Versicherungsschutz muss dies auf einem *Verschulden* des Unternehmers beruhen (vgl INGENSTAU/KORBION/WIRTH § 13 Abs 7 Rn 194; NICKLISCH/WEICK/JANSEN/SEIBEL § 13 Rn 458; **aA** WUSSOW NJW 1967, 1552), doch wird ein solches Verschulden *regelmäßig gegeben* sein. In diesen Fällen regelt sich die Verjährung nach § 634a bzw, soweit die Ansprüche aus § 13 Abs 7 VOB/B sich als nicht mangelbedingt darstellen, nach §§ 195, 199 BGB (vgl INGENSTAU/KORBION/WIRTH § 13 Abs 7 Rn 193, 198; PALANDT/SPRAU § 634 Rn 9). **51**

7. Modifikationen des Haftungsumfangs

Wenn § 13 Nr 7 Abs 5 VOB/B Einschränkungen und Erweiterungen der Haftung auf „begründete" Sonderfälle beschränkt, ist das als bloßer Appell zu verstehen (vgl Beck'scher VOB-Komm/KOHLER § 13 Abs 7 Rn 230): Die Individualabrede bedarf keiner Rechtfertigung, vgl § 305b BGB, die AGB-Klausel muss sich an den §§ 305 ff BGB messen lassen, nicht an der VOB/B. **52**

Auch als bloßer Appell ist die Bestimmung aber unwirksam, was zur Konsequenz hat, dass ein Vorgehen nach dem UKlaG möglich ist. Es ist das selbstverständliche, nicht der Rechtfertigung bedürftige Recht der Gegenseite, die Vertragsfreiheit für sich in Anspruch zu nehmen; sie wird unangemessen benachteiligt, wenn insoweit (scheinbare) Hürden errichtet werden. Namentlich der Verbraucher könnte sich davon beeindrucken lassen.

Anhang II zu § 638

Abtretung von Gewährleistungsansprüchen; Mehrheit von Gewährleistungsberechtigten

Schrifttum

BAER, Gemeinschaftsbezogenheit von Mängelrechten beim Erwerb vom bauenden Bauträger, BTR 2006, 113

BRAMBRING, Sachmängelhaftung beim Bauträgervertrag und bei ähnlichen Verträgen, NJW 1987, 97

DECKERT, Die Klagebefugnis bei Gewährleistungsansprüchen wegen anfänglicher Baumängel am Gemeinschaftseigentum der neuerstellten Eigentumswohnanlage, ZfBR 1984, 161

ders, Die „modernisierende Instandsetzung" am Gemeinschaftseigentum der Eigentumswohnanlage, in: FS Korbion (1986) 57

GROSS, Die Gewährleistung des Bauträgers iwS bei Mängeln am gemeinschaftlichen Eigentum, BauR 1975, 12

ders, Abtretung von Mängelansprüchen an Dritte bei Werkverträgen, NJW 1971, 648

HAHN, Abtretung von Gewährleistungsansprüchen, BauR 1978, 80

HAUGER, Die Rechte des Wohnungseigentümers auf Wandlung, Minderung und Schadensersatz bei Baumängeln, NZM 1999, 536

HOCHSTEIN, Untergang von Gewährleistungsrechten durch Veräußerung des Gegenstandes der Werkleistung?, in: FS Heiermann (1995) 121

HOGENSCHURZ, Bauträgervertrag – die Abnahme des Gemeinschaftseigentums, MDR 2012, 386

HÜGEL, Ausübungsbefugnis der Wohnungseigentümergemeinschaft für die Abnahme des Gemeinschaftseigentums und zur Verfolgung von Mängelrechten, ZMR 2008, 855

KELLMANN, Die Durchsetzung von Ansprüchen der Wohnungseigentümer bei Mängeln am Gemeinschaftseigentum, Betr 1979, 2261

OTT, Die Verfolgung von Mängelrechten gegen den Bauträger – Wedelt der Schwanz mit dem Hund?, NZM 2007, 505

ders, Die Abnahme des Gemeinschaftseigentums vom Bauträger, ZWE 2013, 253

PAULY, Zur „Vergemeinschaftung der Abnahme von Wohnungseigentum", ZfBR 2013, 3

PAUSE, Die Geltendmachung von Gewährleistungsansprüchen der Wohnungseigentümer gegen den Bauträger, NJW 1993, 553

ders, Bauträgerkauf und Baumodelle (4. Aufl 2004)

ders, Bauträgergewerbe, Minderung und Schadensersatz bei Mängeln am Gemeinschaftseigentum, in: FS Motzke (2006) 323

ders, Hindernisse auf dem Weg zum „großen Schadensersatz" beim Bauträgervertrag, NZM 2007, 234

ders, WEG-Novelle und Mängelansprüche aus dem Bauträgervertrag, NZBau 2009, 425

PAUSE/VOGEL, Auswirkungen der Teilrechtsfähigkeit der Wohnungseigentümergemeinschaft auf die Verfolgung von Mängeln am Gemeinschaftseigentum gegenüber dem Bauträger, NJW 2006, 3670

dies, Auswirkungen der WEG-Reform auf die Geltendmachung von Mängeln am Gemeinschaftseigentum, ZMR 2007, 577 = BauR 2007, 1298

VOGEL, Verkauf von Wohnungseigentum nach Abnahme des Gemeinschaftseigentums – Nachzügler, BauR 2010, 1992

WEITNAUER, Mängelgewährleistung und Instandhaltungspflicht am gemeinschaftlichen Eigentum, ZfBR 1981, 109

WENZEL, Rechte der Erwerber bei Mängeln am Gemeinschaftseigentum – eine systematische Betrachtung, ZWE 2006, 109

ders, Die Zuständigkeit der Wohnungseigentümergemeinschaft bei der Durchsetzung von Mängelrechten der Ersterwerber, NJW 2007, 1905.

Systematische Übersicht

I. Abtretung von Gewährleistungs-ansprüchen
1. Abtretbarkeit _____ 1
   a) Nachbesserungsanspruch _____ 2
   b) Kostenvorschuss; Kostenerstattung __ 4
   c) Minderung _____ 5
   d) Rücktritt _____ 6
   e) Schadensersatzanspruch _____ 7
2. Ausschluss der Abtretbarkeit _____ 8
3. Umfang der Abtretung _____ 9
4. Anspruch auf Abtretung _____ 10
5. Pfändbarkeit _____ 11
6. Abtretung _____ 12
7. Teilabtretung _____ 15
8. Schuldnerschutz _____ 16

II. Veräußerung des Werkes _____ 17

III. Mehrheit von Gewährleistungs-berechtigten
1. Mehrere Besteller _____ 18
2. Wohnungseigentum _____ 20

Alphabetische Übersicht

Abtretung	1 ff	Pfändbarkeit	11
– Anspruch auf	10		
– Ausschluss	8	Rücktritt	6
– Nebenpflichten bei der	13 f		
– Umfang der	9	Schadensersatzanspruch	7, 17
AGB	8, 10	Schuldnerschutz	16
Auskunftspflicht des Zedenten	13		
		Teilabtretung	15
Gesamtgläubigerschaft	18	Teilgläubigerschaft	18
Kostenerstattung	4	Veräußerung des Werkes	17
Kostenvorschuss	4	Verjährung	19
Mehrheit von Berechtigten	18 ff	Wohnungseigentum	20
Minderung	5		
Nachbesserungsanspruch	2 f, 18		

I. Abtretung von Gewährleistungsansprüchen

1. Abtretbarkeit

Gewährleistungsansprüche sind grundsätzlich abtretbar. Das ergibt zwar dogmatische Implikationen, wenn die Ausübung der Gewährleistungsrechte durch den Zessionar in das beim Zedenten verbleibende Schuldverhältnis hineinwirkt (vgl dazu NÖRR/SCHEYHING, Sukzessionen [2. Aufl 1999] 46 ff), doch sind die praktischen Bedürfnisse unabweisbar und durch die Üblichkeit solcher Abtretungen belegt. Dass der Gesetzgeber gerade hier von Abtretbarkeit ausgeht, zeigt § 309 Nr 8 lit a aa BGB. **1**

Ein *umfassender Übergang* der Gewährleistungsansprüche erfolgt zunächst dann, wenn die Rechte und Pflichten aus dem Werkvertrag insgesamt übertragen werden.

Es können jedoch *auch isoliert* Gewährleistungsrechte übertragen werden. Häufigster Anlass ist die Veräußerung des Werkes (vgl auch u Rn 12 f, 17).

a) Nachbesserungsanspruch

2 aa) Die Abtretbarkeit gilt zunächst und unstreitig für den Nachbesserungsanspruch aus §§ 634 Nr 1, 635 BGB (für den dortigen Anspruch auf Neuherstellung ohnehin); er ist *auch dann* abtretbar, *wenn nicht zugleich das Werk selbst übertragen* wird (vgl BGHZ 96, 146). Dabei ist freilich zu berücksichtigen, dass er auf die Beseitigung konkreter Mängel eines konkreten Werkes gerichtet ist. Dieser Inhalt kann ihm durch die Abtretung nicht genommen werden, vgl § 399, 1. Alt BGB, sodass der *Kreis der möglichen Abtretungsempfänger* aus praktischen Gründen beschränkt ist. Es kommen nur Personen in Betracht, die ein Interesse an der Beseitigung dieses Mangels haben. Die wichtigste Konstellation ist hier die Veräußerung der Werkleistung, zB des neu errichteten Hauses. Auch mag etwa der Hauptunternehmer an seinen Abnehmer die *Ansprüche gegen seinen Subunternehmer* abtreten, vgl auch § 309 Nr 8 lit b aa BGB zu den Grenzen der Möglichkeit, damit der eigenen Gewährleistung zu entgehen (dazu § 639 Rn 36 ff). Auch dann schuldet der Subunternehmer nach der Abtretung *nur jene Nachbesserung,* die er auch schon vor der Abtretung dem Hauptunternehmer schuldete. Das ist von Bedeutung, wenn die jeweils geschuldeten Werkleistungen nicht identisch sind. Auch hilft dies dem Besteller im Falle von Zahlungsschwierigkeiten des Hauptunternehmers meist nicht viel, weil der Subunternehmer Gegenansprüche gegen diesen haben wird, auf die er sich nach § 404 BGB weiterhin berufen kann (vgl BGHZ 55, 354; BGB-RGRK/GLANZMANN § 633 aF Rn 46).

3 bb) In der Folge erwirbt der Zessionar den Nachbesserungsanspruch, den er als solchen durchsetzen kann. *Welche weiteren Befugnisse* er durch die Abtretung des Nachbesserungsanspruchs erwirbt, ist eine Frage der getroffenen Vereinbarungen. So wird man im Zweifel anzunehmen haben, dass dem Zessionar auch die Nachbesserungsbefugnis gemäß § 637 BGB zustehen soll (vgl BGB-RGRK/GLANZMANN § 633 aF Rn 30). Dagegen wird man ihn *nicht ohne Weiteres* auch für befugt halten dürfen, Rücktritt, Minderung oder Schadensersatz zu wählen, da dies tief in das Vertragsgefüge eingreift.

b) Kostenvorschuss, Kostenerstattung

4 Als reiner Zahlungsanspruch ist der Anspruch auf Kostenerstattung nach eigener Nachbesserung gemäß § 637 Abs 1 BGB beliebig abtretbar. Dagegen gilt wegen seiner Zweckbindung für den Anspruch auf Kostenvorschuss gemäß § 637 Abs 3 BGB dieselbe Beschränkung wie für den Nachbesserungsanspruch selbst: Er kann nur an Personen abgetreten werden, die den Vorschuss zur Mängelbeseitigung verwenden können.

c) Minderung

5 Die Abtretbarkeit des *Anspruchs auf Minderung* war im früheren Recht streitig (verneinend BGB-RGRK/GLANZMANN § 634 aF Rn 30; BRYCH NJW 1973, 1583, 1589; GROSS NJW 1971, 648; ders BauR 1975, 12; bejahend BGH BGHZ 95, 250 = JZ 1986, 85 m Anm SCHEYHING; FRITZ, Haftungsfreizeichnung im Bauträger- und Architektenvertrag nach dem AGBG 81 ff, 85; JAUERNIG/VOLLKOMMER[9] § 462 aF Rn 6; STAUDINGER/HONSELL [1995] § 462 aF Rn 22 f; Münch-Komm/WESTERMANN[3] § 462 aF Rn 15; PALANDT/PUTZO[61] § 462 aF Rn 7; ERMAN/SEILER[10] § 634 aF Rn 28). Für die Abtretbarkeit der Minderungsbefugnis aus § 634 Nr 4 BGB kann jedenfalls die *Interessenlage* der Beteiligten angeführt werden, wenn es *im praktischen Ergebnis um eine Zahlung geht*. Bedenken ergeben sich in *konstruktiver Hinsicht,* wenn ein fremder Vertrag abgeändert wird. Indessen sind diese *Probleme* wohl *überwindbar,* indem man den Zessionar als *ermächtigt* ansieht, *die Minderung zu vollziehen,* § 185 Abs 1 BGB. Dann ist auch der Zedent an sie gebunden. Die Minderungsbefugnis beim Zedenten zu belassen, den aus ihr resultierenden Anspruch dem Zessionar zu geben, wäre jedenfalls untunlich; zB kann es an der dann notwendigen Kooperation fehlen.

d)   Rücktritt
Schwerlich grundsätzlich anders als die Minderung kann der Rücktritt behandelt   6 werden, auch wenn er noch tiefer in das Gefüge des Vertrages eingreift. Offen dazu BGH 68, 118, 124 f zur Wandlung eines Kaufes durch einen Leasingnehmer als Zessionar; BGHZ 95, 250, 254; BGH NJW 1973, 1793 f hatte die Möglichkeit der Abtretung eines vertraglichen Rücktrittsrechts angenommen (**aA** BGH NJW 2008, 1803 Rn 16, der obiter bei einem gesetzlichen Rücktrittsrecht Vertragsübernahme verlangt). Die Abtretung des Rücktrittsrechts beim Werkvertrag wird man aber jedenfalls wegen ihrer besonderen Probleme als *grundsätzlich nicht gewollt* ansehen müssen, und zwar insbesondere nicht schon dann, wenn die Gewährleistungsrechte pauschal abgetreten sind. Wo aber gleichwohl eine Abtretung als gewollt angesehen werden kann, wird man wiederum eine *Bindung des Zedenten* anzunehmen haben. Gleichzeitig ist der Gegner dadurch zu schützen, dass er den sich ergebenden Ansprüchen des Zessionars allfällige eigene Rückabwicklungsansprüche einredeweise nach § 404 BGB entgegenhalten kann.

e)   Die Abtretung des **Anspruchs auf Schadensersatz** begegnet keinen durchgrei-   7 fenden Bedenken (vgl ERMAN/SEILER[10] § 634 aF Rn 28). Er ist – in allen seinen Ausprägungen – auf Geld gerichtet (vgl § 634 Rn 140). Auch die einzelnen Berechnungsmöglichkeiten können im Zessionsfall ungeschmälert erhalten bleiben. So lässt die Veräußerung des Werkes, die der typische Anlass für die Zession ist, namentlich die Liquidation der Nachbesserungskosten weiterhin zu.

2.   Ausschluss der Abtretbarkeit

Ein Ausschluss der Abtretbarkeit der Gewährleistungsrechte ist nach § 399 2. Alt   8 BGB möglich; wenn er sich in AGB des Unternehmers befindet, ist er weder überraschend iSd § 305c Abs 1 BGB, noch begegnet er sachlichen Bedenken aus § 307 BGB. Freilich wird der Besteller unangemessen benachteiligt, § 307 Abs 1 BGB, wenn er die Rechte im Falle der Veräußerung des Werkes nicht an den Erwerber übertragen darf, der praktisch wichtigste Fall.

3.   Umfang der Abtretung

Die Gewährleistungsrechte können *einzeln* abgetreten werden, aber doch auch *ins-*   9 *gesamt*. Dazu, dass eine Pauschalabtretung nicht ohne Weiteres auch Rücktritt und Minderung erfasst, vgl o Rn 6.

Wenn eine Einzelabtretung erfolgt, wird damit *der hinsichtlich der Verjährung bestehende Zusammenhang der einzelnen Rechte* durch § 213 BGB nicht aufgelöst (vgl

BGH JZ 1986, 85), sodass also zB die Klage des Zessionars auf Nachbesserung die Verjährung für die anderen bei dem Zedenten verbliebenen Rechte hemmt.

4. Anspruch auf Abtretung

10 Der Anspruch auf Abtretung bemisst sich nach den Vereinbarungen der Parteien. Er kann jedenfalls in AGB des Zedenten wirksam begründet werden, arg § 309 Nr 8 lit b aa BGB. Eine *entsprechende Klausel in AGB des Zessionars* kann überraschend iSd § 305c Abs 1 BGB sein. Im Übrigen ist es denkbar, dass sie den Zedenten unangemessen iSd § 307 BGB belastet. Sie darf jedenfalls nur für den Fall und nur insoweit vorgesehen werden, wie schon eigene entsprechende Ansprüche des Zessionars gegen den Zedenten bestehen. Gleichzeitig muss es *ausgeschlossen* sein, dass dem Zedenten Nachteile gegenüber seinem Schuldner entstehen, wie sie namentlich Rücktritt und Minderung erzeugen können.

Der Anspruch auf Abtretung kann sich *auch ohne besondere Vereinbarung aus Treu und Glauben* ergeben. Dies ist zB anzunehmen, wenn der Zedent zu einer eigenen ihm obliegenden Gewährleistung nicht in der Lage ist, aber seinerseits realisierbare Gewährleistungsansprüche gegen Dritte besitzt. So mag zB der zahlungsunfähige Hauptunternehmer Nachbesserungsansprüche gegen Subunternehmer besitzen, die durch eine wertmäßig dahinter zurückbleibende Zahlung restlichen Werklohns „ausgelöst" werden können.

5. Pfändbarkeit

11 Aus der Abtretbarkeit folgt jedenfalls bei den Ansprüchen aus den §§ 634 Nr 1, 2, 4 BGB, dass sie auch der Pfändung durch jene Personen unterliegen, an die sie abgetreten werden könnten, vgl § 400 BGB.

6. Abtretung

12 Die Abtretung als solche ist als abstraktes Rechtsgeschäft von dem auf sie gerichteten Anspruch zu unterscheiden. Sie *bedarf des besonderen Vollzuges,* der als solcher eigens festgestellt werden muss.

Wenn es zur Abtretung kommt, können Nebenpflichten der Beteiligten entstehen.

13 a) Der Zedent hat dem Zessionar *die Durchsetzung der abgetretenen Ansprüche* zu ermöglichen. Dazu hat er zunächst gemäß § 402 BGB *Auskunft* über diese zu erteilen, die sich auf *Namen und Anschrift* der Schuldner zu beziehen hat, auf den *Inhalt der* mit diesen getroffenen *Vereinbarungen,* den *Stand der Beziehungen* zu den Schuldnern (Verzug, Vorgehen nach §§ 281 Abs 1, 323 Abs 1 BGB, Bestehen etwaiger Gegenrechte der Schuldner aus § 320 BGB etc) sowie *sonstige Tatsachen von Bedeutung,* zB die tatsächliche Beurteilung der Frage, ob der Drittschuldner seinerseits gewährleistungspflichtig ist. Dazu gehört es ferner, *dass der Zedent etwaige Gegenrechte der Dritten* aus § 320 BGB *beseitigt,* sowie außerdem, dass er dem Vorgehen gegen die Drittschuldner nicht den Boden entzieht, indem er bei einer isolierten Abtretung des Nachbesserungsanspruchs zurücktritt oder mindert. – Ob er die Kosten eines gerichtlichen Vorgehens gegen die Drittschuldner vorzuschießen hat, ist eine Frage der zugrunde liegenden Vereinbarungen; sie ist im Zweifel zu verneinen.

b) Der Zessionar ist zunächst gehalten, die abgetretenen Gewährleistungsrechte *schonend für den Zedenten auszuüben;* so darf er zB nicht ohne Weiteres zurücktreten oder mindern, weil das die vertraglichen Rechte des letzteren tangiert. Hier wird er sich dessen Einverständnisses versichern müssen. Aber auch in sonstiger Hinsicht kann sich eine *Rücksichtnahme auf die Interessen* des Zedenten gebieten. Im Zweifel darf er auch nur sachlich notwendige Maßnahmen ergreifen. 14

Wenn die Abtretung der Gewährleistungsansprüche – wie meist – erfüllungshalber im Rahmen eigener Gewährleistungsansprüche des Zessionars gegen den Zedenten erfolgt ist, hat er die Ansprüche sachgerecht zu verfolgen, darf sie insbesondere *nicht verjähren lassen.* Dabei ist er allerdings *grundsätzlich nicht* zu einer *gerichtlichen Verfolgung der Ansprüche verpflichtet,* vgl auch § 309 Nr 8 lit b aa BGB (dazu § 639 Rn 33 ff), sondern hat sie ggf rechtzeitig zurückzuübertragen.

Pflichtverstöße des Zessionars können ihn aus den §§ 280 Abs 1, 241 Abs 2 BGB schadensersatzpflichtig machen. Erfolgte die Abtretung der Ansprüche zur Abgeltung eigener Gewährleistungsansprüche des Zessionars gegen den Zedenten, so leben diese bei erfolgloser Inanspruchnahme des Drittschuldners zwar wieder auf, sind aber ggf nach § 254 BGB zu kürzen. Vgl auch zu einer derartigen Kausalbeziehung zwischen Zedenten und Zessionar § 639 Rn 33 ff.

7. Teilabtretung

Eine Teilabtretung der Gewährleistungsansprüche ist jedenfalls – abgesehen vom Rücktritt – insoweit zulässig, als sie bei Bestehen mehrerer Mängel auf die *Rechte wegen eines Mangels* beschränkt werden kann. *Insoweit* können aber der Anspruch auf Nacherfüllung sowie der Anspruch auf Kostenvorschuss *jeweils nur insgesamt abgetreten* werden. Dagegen können der Anspruch auf Kostenerstattung gemäß § 637 Abs 1 BGB und der Anspruch auf Schadensersatz wegen Nichterfüllung grundsätzlich beliebig für Teilabtretungen aufgesplittet werden. 15

8. Schuldnerschutz

Für den Schuldner der abgetretenen Gewährleistungsrechte gelten ohne Einschränkungen die §§ 404 ff BGB; insbesondere kann er sich ggf wegen noch ausstehenden Werklohns auf ein *Leistungsverweigerungsrecht* nach § 320 BGB berufen. Wo der Zessionar gestaltend in den Vertrag eingreifen will, kann er nach Treu und Glauben auf einer diesbezüglichen Legitimation des Zedenten bestehen. Dies gilt jedenfalls bei einer Fristsetzung nach § 281 Abs 1 BGB oder § 323 Abs 1 BGB, ist aber auch bei Rücktritt und Minderung anzunehmen. 16

II. Veräußerung des Werkes

Die Veräußerung des Werkes bzw der bearbeiteten Sache bedeutet *grundsätzlich noch keine Abtretung* der Gewährleistungsansprüche, sondern belässt diese bei dem Zedenten. Ohne besondere Vereinbarung wird der Erwerber die Abtretung der 17

Gewährleistungsansprüche auch nicht schon nach Treu und Glauben verlangen können.

Die Veräußerung lässt die Gewährleistungsansprüche des Veräußerers grundsätzlich unberührt. Insbesondere kann er weiterhin Nachbesserung verlangen bzw Vorschuss für diese, sofern ihm nur die Einwirkung auf das Werk weiter möglich bleibt (vgl HOCHSTEIN, in: FS Heiermann [1995] 121, 137; zT **aA** OLG Köln NJW-RR 1993, 1367).

Ob die *Veräußerung des Werkes* ein *besonderes Interesse iSd § 636, 3. Alt BGB begründet*, hängt von den Umständen des Einzelfalls ab. Hatte sich der Besteller schon vorab zu ihr verpflichtet oder war sie sonst vorgesehen, so kann ein besonderes Interesse an sofortigem Schadensersatz wegen Nichterfüllung durch sie begründet werden; der Besteller braucht eine geplante Veräußerung nicht zu dem Zweck aufzuschieben, dass der Unternehmer die Gelegenheit zur Nachbesserung behält (vgl dazu auch noch § 634 Rn 64 f).

Wenn sich der Mangel des Werkes bei der Veräußerung *nicht mindernd auf den Erlös* ausgewirkt hat, kann sich der Unternehmer darauf gegenüber dem Besteller nicht berufen (vgl § 634 Rn 155).

Die Veräußerung des Werkes nimmt dem Besteller nicht die Befugnis, den Schadensersatz wegen Nichterfüllung auf der Basis der Nachbesserungskosten zu berechnen (BGHZ 99, 81; § 634 Rn 150). Die Geltendmachung des sog großen Schadensersatzes wird dann regelmäßig ausgeschlossen sein, weil sie mit der Rückgewähr des Werkes verbunden ist.

III. Mehrheit von Gewährleistungsberechtigten

1. Mehrere Besteller

18 Es können mehrere Personen als Besteller an demselben Werkvertrag beteiligt sein. Von dieser Sachlage ist diejenige abzugrenzen, dass sich ggf anlässlich des Werkvertragsabschlusses mehrere Personen zu einer Gesellschaft bürgerlichen Rechts zusammenschließen und diese dann Vertragspartner wird. In diesem Falle ist an dem Vertrag nur ein Besteller beteiligt, die Koordination der mehreren Personen, die Gesellschafter sind, unterliegt dem Gesellschaftsrecht.

a) Haben aber mehrere Besteller den Vertrag geschlossen, sind der *Nacherfüllungsanspruch aus § 634 Nr 1 BGB* ebenso wie der Anspruch auf Kostenvorschuss nach § 637 Abs 3 BGB – jedenfalls hinsichtlich des einzelnen Mangels – auf eine *unteilbare Leistung* gerichtet sind. Das bedeutet, dass jedenfalls § 432 BGB Anwendung findet, wenn nicht schon eine Gesamtgläubigerschaft nach § 428 BGB begründet ist, sodass einerseits *jeder Besteller befugt* ist, diese Rechte geltend zu machen, andererseits aber auch nur, was für den Kostenvorschuss von Bedeutung ist, *an alle Besteller zusammen* geleistet werden kann.

b) Der *Anspruch auf Kostenerstattung* nach eigener Nachbesserung nach §§ 634 Nr 2, 637 Abs 1 BGB sowie der *Schadensersatzanspruch* aus § 634 Nr 4 BGB sind auf Geld und damit auf eine *teilbare Leistung* gerichtet, sodass grundsätzlich nach

§ 420 BGB von Teilgläubigerschaft auszugehen ist, sofern nicht das Innenverhältnis der Besteller eine Gesamthandsgläubigerschaft gemäß § 428 BGB begründet, zB das Bestehen einer Gesellschaft bürgerlichen Rechts.

c) Für die *Minderung* gilt § 638 Abs 2 BGB, für den Rücktritt § 351 BGB.

d) Aus den §§ 429 Abs 3, 425 BGB ergibt sich, dass die *Befugnisse mehrerer Besteller in sonstiger Hinsicht grundsätzlich unabhängig voneinander* bestehen. So braucht es sich keiner entgegenhalten zu lassen, dass der andere rügelos abgenommen hat, § 640 Abs 3 BGB, dass Gewährleistungsansprüche des anderen rechtskräftig abgewiesen sind, § 425 Abs 2 BGB. Gleiches gilt für den Eintritt der Verjährung gemäß § 425 Abs 2 BGB. **19**

Freilich ist hinsichtlich der Verjährung vorrangig § 213 BGB zu beachten, sodass sich ein Besteller auf die Hemmung oder Unterbrechung der Verjährung durch den anderen berufen kann, soweit dieser Rechte verfolgt, die auch ihm zustehen.

Im Übrigen ist zu berücksichtigen, dass die mehreren Besteller vorzugsweise in der Form einer *Wohnungseigentümergemeinschaft* miteinander verbunden sein können, mag diese schon bestehen oder im Werden begriffen sein. Dann sind die sogleich zu skizzierenden Grundsätze zu beachten.

2. Wohnungseigentum

In einer *errichteten* Wohnungseigentumsanlage werden Werkverträge, die das Gemeinschaftseigentum betreffen, im Namen der nach § 10 Abs 6 S 1 WEG rechtsfähigen Wohnungseigentümergemeinschaft geschlossen. Auf Seiten des Bestellers steht dann nur eine Vertragspartei, sodass keine Besonderheiten hinsichtlich der Geltendmachung der Mängelrechte greifen. **20**

Bei der *Errichtung von Wohnungseigentum* werden regelmäßig die einzelnen Wohnungserwerber Vertragspartner, sodass auf Grund getrennter Verträge Rechte wegen derselben Mängel entstehen können. Dies gilt, wenn mehrere Wohnungseigentümer gemeinschaftlich die Errichtung der Anlage in Auftrag gegeben haben, aber auch dann, wenn sie einzeln vom Bauträger erwerben, vgl dazu § 650u BGB.

Anhang III zu § 638

Haftung der Parteien untereinander; Ausgleich bei gemeinschaftlicher Haftung gegenüber Dritten

Schrifttum

BINDTHARDT, Pflichten und Verantwortung des Architekten gegenüber dem Nachbarn seines Bauherrn, BauR 1983, 422
vBOISSEREE, Die Haftung der Baubeteiligten für Schäden an Nachbargebäuden (2002)
DIEHL, Gesamtschuld und Gesamtschuldnerausgleich im Baurecht, in: FS Heiermann (1995) 37
DRESSLER, Die Baustelle als „gemeinsame Betriebsstätte" – die Entwicklung der Rechtsprechung des Bundesgerichtshofs zur Haftungsprivilegierung nach § 106 Abs 3, 3. Alt SGB VII, in: FS Thode (2005) 521
KULLMANN, Die außervertragliche Haftung des Bauherrn in der Rechtsprechung des Bundesgerichtshofs, in: FS Korbion (1986) 235
LEWER, Die Haftung des Werkbestellers nach Dienstleistungsrecht gem den §§ 618, 619 BGB, JZ 1983, 336
VENS-CAPELL/WOLF, Drittschäden bei Bauvorhaben. Zur haftungs- und versicherungsrechtlichen Problematik des § 10 Nr 2 Abs 2 VOB/B, BauR 1993, 275
WEIMAR, Muß der Nachbar die Aufstellung von Gerüsten auf seinem Grundstück dulden?, BauR 1975, 26
WUSSOW, Zur Haftungsabwälzung auf den Unternehmer in Zusätzlichen Vertragsbedingungen der öffentlichen Hand, VersR 1977, 979.

Systematische Übersicht

I.	Allgemeines; § 10 VOB/B	1
II.	**Haftung der Vertragsparteien für Schädigungen der anderen Seite**	
1.	Haftungsgrundlagen	2
a)	Haftung des Bestellers	2
b)	Haftung des Unternehmers	6
2.	Haftungsmaßstäbe	8
a)	Haftung des Bestellers	8
b)	Haftung des Unternehmers	10
3.	Kreis der geschützten Personen	11
4.	Haftungsbeschränkungen	13
III.	**Haftung der Vertragsparteien für Schädigungen Dritter**	14
IV.	**Interner Ausgleich bei gleichzeitiger Haftung gegenüber Dritten**	
1.	Gesamtschuldnerschaft	20
2.	Alleinige Schadenstragung durch den Besteller	21
3.	Alleinige Schadenstragung durch den Unternehmer	23
4.	Schadensaufteilung	25
5.	Gesamtschuld	26
V.	**Freistellung von gesetzlichen Vertretern und Erfüllungsgehilfen**	27

Alphabetische Übersicht

Architekt	16, 19
Ausgleich, interner	20 ff
Dritte, geschützte	11 f

Untertitel 1 · Werkvertrag
Kapitel 1 · Allgemeine Vorschriften

Anh III zu § 638

Eigenverantwortlichkeit des Unternehmers	3	Obhutspflichten des Bestellers	2 ff
Erfüllungsgehilfe	9 f, 27 f	Räumlichkeit des Bestellers	5
Gefahrenquelle	4	Schadenstragung, alleinige	
Gesamtschuld	20 ff, 26	– durch den Besteller	21 f
		– durch den Unternehmer	23 f
Haftungsbeschränkungen	13	Schädigungen Dritter	14 ff
Haftungseinheit	27	Schutzgesetze	15
Haftungsmaßstab	8 ff		
		Verkehrssicherungspflichten	16 ff
Leistungen Dritter	7	Versicherungsschutz	24
Nebenpflichtverletzung, Haftung wegen	2 ff, 6		

I. Allgemeines; § 10 VOB/B

Die Parteien können sich bei Durchführung des Werkvertrages einander gegenüber **1** *schadensersatzpflichtig* machen. Das *Werkvertragsrecht* regelt dies *nur,* soweit es um die *Haftung des Unternehmers für Mängel* geht, *nicht* dagegen *hinsichtlich sonstiger Schädigungen.* Insoweit gelten die allgemeinen Regeln der §§ 280 ff BGB (dazu u Rn 2, 6). Die VOB/B spricht diese Haftung in § 10 Abs 1 VOB/B an, ohne sie zu modifizieren. Die Fragen können deshalb im Zusammenhang angesprochen werden.

Außerdem kann sich aus der Tätigkeit des Unternehmers eine *Schädigung eines Dritten* ergeben, für die diesem auch der Besteller einzustehen hat. Die Grundlagen dieser Ansprüche Dritter regelt die VOB/B nicht näher, wohl aber den *internen Ausgleich* in § 10 Abs 2–6 VOB/B. Dies weicht zT von den Regelungen ab, die sich aus dem BGB ergeben. Auch insoweit sollen die Dinge im Zusammenhang dargestellt werden; Abweichungen werden besonders kenntlich gemacht.

§ 10 VOB/B lautet:

§ 10 Haftung der Vertragsparteien

(1) Die Vertragsparteien haften einander für eigenes Verschulden sowie für das Verschulden ihrer gesetzlichen Vertreter und der Personen, deren sie sich zur Erfüllung ihrer Verbindlichkeiten bedienen (§§ 276, 278 BGB).

(2) 1. Entsteht einem Dritten im Zusammenhang mit der Leistung ein Schaden, für den auf Grund gesetzlicher Haftpflichtbestimmungen beide Vertragsparteien haften, so gelten für den Ausgleich zwischen den Vertragsparteien die allgemeinen gesetzlichen Bestimmungen, soweit im Einzelfall nichts anderes vereinbart ist. Soweit der Schaden des Dritten nur die Folge einer Maßnahme ist, die der Auftraggeber in dieser Form angeordnet hat, trägt er den Schaden allein, wenn ihn der Auftragnehmer auf die mit der angeordneten Ausführung verbundene Gefahr nach § 4 Abs. 3 hingewiesen hat.

2. Der Auftragnehmer trägt den Schaden allein, soweit er ihn durch Versicherung seiner

gesetzlichen Haftpflicht gedeckt hat oder durch eine solche zu tarifmäßigen, nicht auf außergewöhnliche Verhältnisse abgestellten Prämien und Prämienzuschlägen bei einem im Inland zum Geschäftsbetrieb zugelassenen Versicherer hätte decken können.

(3) Ist der Auftragnehmer einem Dritten nach den §§ 823 ff. BGB zu Schadensersatz verpflichtet wegen unbefugten Betretens oder Beschädigung angrenzender Grundstücke, wegen Entnahme oder Auflagerung von Boden oder anderen Gegenständen außerhalb der vom Auftraggeber dazu angewiesenen Flächen oder wegen der Folgen eigenmächtiger Versperrung von Wegen oder Wasserläufen, so trägt er im Verhältnis zum Auftraggeber den Schaden allein.

(4) Für die Verletzung gewerblicher Schutzrechte haftet im Verhältnis der Vertragsparteien zueinander der Auftragnehmer allein, wenn er selbst das geschützte Verfahren oder die Verwendung geschützter Gegenstände angeboten oder wenn der Auftraggeber die Verwendung vorgeschrieben und auf das Schutzrecht hingewiesen hat.

(5) Ist eine Vertragspartei gegenüber der anderen nach den Absätzen 2, 3 oder 4 von der Ausgleichspflicht befreit, so gilt diese Befreiung auch zugunsten ihrer gesetzlichen Vertreter und Erfüllungsgehilfen, wenn sie nicht vorsätzlich oder grob fahrlässig gehandelt haben.

(6) Soweit eine Vertragspartei von dem Dritten für einen Schaden in Anspruch genommen wird, den nach den Absätzen 2, 3 oder 4 die andere Vertragspartei zu tragen hat, kann sie verlangen, dass ihre Vertragspartei sie von der Verbindlichkeit gegenüber dem Dritten befreit. Sie darf den Anspruch des Dritten nicht anerkennen oder befriedigen, ohne der anderen Vertragspartei vorher Gelegenheit zur Äußerung gegeben zu haben.

II. Haftung der Vertragsparteien für Schädigungen der anderen Seite

1. Haftungsgrundlagen

a) Haftung des Bestellers

2 Auch wenn den Besteller hinsichtlich der Erstellung des Werkes grundsätzlich keine Schuldnerpflicht, sondern nur eine Obliegenheit zur Mitwirkung trifft (vgl § 642 Rn 17 ff), so treffen ihn doch *allgemeine Fürsorge- und Obhutspflichten gegenüber dem Unternehmer,* wie sie aus § 241 Abs 2 BGB herzuleiten sind. Ihre Verletzung macht ihn nach § 280 Abs 1 BGB schadensersatzpflichtig, ggf iVm § 311 Abs 2 BGB. Auch die §§ 823 ff BGB kommen ggf in Betracht.

3 aa) Dabei ist freilich allgemein zu berücksichtigen, dass die Erbringung der Leistung als solche für den Unternehmer mit *Gefahren* verbunden sein kann. Diese hat er *grundsätzlich hinzunehmen,* ihre Realisierung kann er nicht auf den Besteller abwälzen. Insoweit hat er sich auch über jene Gefahren zu vergewissern und ihnen gegenüber Vorsorge zu treffen, die typischerweise mit der Erbringung seiner Leistung verbunden sind. Soweit eine Haftung des Bestellers zu bejahen ist, vgl u Rn 4 f, kann sich aus Unterlassungen in diesem Bereich jedenfalls ein anspruchsmindernder Mitverschuldenseinwand nach § 254 Abs 1 BGB ergeben. Insgesamt bleibt aber zu berücksichtigen, dass der *Unternehmer* – im scharfen Kontrast insbesondere zum Arbeitnehmer – *für sich selbst verantwortlich* ist.

4 bb) Eine *Haftung des Bestellers* ergibt sich, wenn er nicht das ihm Mögliche und

Zumutbare getan hat, um den Unternehmer bei der Erfüllung seiner Vertragspflichten vor Schaden zu bewahren (vgl BGH VersR 1959, 948).

(1) Insoweit hat der Besteller – auch der Hauptunternehmer gegenüber dem Subunternehmer – namentlich *auf Gefahrenquellen oder gefahrerhöhende Umstände* hinzuweisen, auf die der Unternehmer keinen Einfluss hat und die er auch bei sorgfältiger Beobachtung der tatsächlichen Gegebenheiten nicht voll erkennen kann (vgl INGENSTAU/KORBION/WIRTH[15] § 10 Rn 28).

(2) Soweit der Unternehmer in den *Räumlichkeiten des Bestellers* oder mit dessen Geräten tätig wird, hat der Besteller die ihm möglichen und zumutbaren Maßnahmen zu treffen, um Gefahren von dem Unternehmer abzuwenden. Insoweit wendet die hM **§ 618 Abs 1 BGB entsprechend** an (vgl RGZ 157, 282, 285; 159, 268, 271; BGHZ 26, 365, 371 = NJW 1958, 70 = JZ 1958, 481 m Anm DUNZ; BGHZ 56, 269, 270 = NJW 1971, 1931, 1933, BGH NJW 1984, 1904; PALANDT/WEIDENKAFF § 618 Rn 1; krit LEWER JZ 1983, 336).

cc) Diese Anwendung des § 618 Abs 1 BGB kann *nur eine entsprechende* sein. Die Maßnahmen, die der Besteller zu treffen hat, werden nämlich nur nach Anlass und Richtung durch § 618 Abs 1 BGB konkretisiert, nicht aber nach ihrer Intensität. Der Besteller kann sich *darauf beschränken, auf die bestehenden Gefahren hinzuweisen,* wenn er dies nur mit dem nötigen Nachdruck tut. Es verbleibt immer, vor allem in den Fällen, in denen der Besteller nicht über die nötige Sachkunde verfügt, die *eigene Prüfungspflicht des Unternehmers.*

dd) Aus der nur entsprechenden Anwendung des § 618 Abs 1 BGB folgt weiter, dass der Unternehmer keinen Anspruch darauf hat, dass der Besteller *die bestehenden Gefahren auf das geringstmögliche Maß reduziert.* Es ist vielmehr im Wege der Vertragsauslegung zu untersuchen, ob ihm derartige Maßnahmen selbst zuzumuten sind. So kann er zB gehalten sein – gegen Erstattung der Mehrkosten –, eigenes Gerät zu verwenden. Wo aber dem Unternehmer eigene Abhilfemaßnahmen nicht zumutbar sind, erwächst ihm ein Leistungsverweigerungsrecht nach § 273 BGB mit der Folge eines zusätzlichen Vergütungsanspruchs nach § 642 BGB bzw § 6 Abs 6 VOB/B.

ee) Den Unterschieden zwischen Werkvertrag und Dienstvertrag entspricht es schließlich, dass § 618 BGB entgegen *§ 619 BGB insoweit abbedungen* werden kann, wie es den Unternehmer selbst und seine Subunternehmer betrifft (BGHZ 56, 269; nach BGHZ 26, 366 freilich nicht, soweit Arbeitnehmer des Unternehmers geschädigt sind).

b) Haftung des Unternehmers
Auch für den Unternehmer greifen bei Schädigungen des Bestellers die üblichen Anspruchsgrundlagen der §§ 280 Abs 1, 241 Abs 2, 311 Abs 2 BGB sowie der §§ 823 ff BGB ein. Zur Möglichkeit, im Zusammenhang mit der Erbringung der Werkleistung die Rechtsgüter des Bestellers, insbesondere sein Eigentum zu verletzen, vgl § 634 Rn 164 ff.

Der Unternehmer hat ganz allgemein mit dem *Eigentum des Bestellers* schonend umzugehen (vgl BGH VersR 1969, 927; BGH LM § 631 BGB Nr 15; BGH NJW 1983, 113 = LM § 631 BGB Nr 15) und dieses vor Beschädigungen und Verlusten zu sichern, mag es sich nun um die zur Bearbeitung überlassene Sache handeln oder um sonstige Gegenstände, die seiner Einwirkung ausgesetzt sind.

Der Unternehmer hat die *körperliche Integrität des Bestellers* zu schützen; er hat insoweit zB bei einer Baustelle darauf zu achten, dass der Besteller sie sicher und gefahrlos betreten kann (vgl OLG Nürnberg VersR 1979, 748; OLG Karlsruhe VersR 1985, 297). Zur Konkretisierung der Pflichten des Unternehmers sind namentlich die *Unfallverhütungsvorschriften* bedeutsam.

7 Der Unternehmer hat auch dem Besteller gegenüber die Pflicht, die *Leistungen anderer Unternehmer* auf der Baustelle pfleglich zu behandeln. Zwar behält der Besteller idR einen Nachleistungsanspruch gegen den anderen Unternehmer (vgl § 644 Rn 8 ff), doch kann er dessen Schaden im Wege der Drittschadensliquidation geltend machen (vgl § 644 Rn 10). Ein eigener Schadensersatzanspruch steht dem anderen Unternehmer allenfalls aus Besitzverletzung zu, doch hat er einen Anspruch auf Abtretung der Ansprüche des Bestellers, § 285 BGB.

Der Unternehmer ist schließlich gehalten, den Besteller vor *Ersatzpflichten gegenüber Dritten* wie zB Grundstücksnachbarn zu bewahren.

2. Haftungsmaßstäbe

a) Haftung des Bestellers

8 Der Besteller haftet ggf dem Unternehmer gem § 276 BGB *für jede Fahrlässigkeit*. Haftungserleichterungen – etwa auf die eigenübliche Sorgfalt – kennt das BGB nicht und sieht auch § 10 Abs 1 VOB/B nicht vor. Doch bleibt zweierlei zu beachten: Zunächst werden die Pflichten des Bestellers ausgeschlossen oder doch zumindest nach § 254 Abs 1 BGB beschränkt durch die Pflicht des Unternehmers, seine eigenen Belange zu wahren. Sodann ist es bei der Bestimmung der im Verkehr erforderlichen Sorgfalt iSd § 276 Abs 2 BGB zu seinen Gunsten zu berücksichtigen, dass er *Laie* sein kann und *nur über einen entsprechenden Stand an Wissen und Können* verfügt. Freilich hat er Sachverstand und Können einzusetzen, soweit er sie selbst besitzt oder sich verschafft durch Einsatz von Sonderfachleuten, zB Architekten.

9 Im Rahmen der vertraglichen Haftung gilt für den Besteller, wie dies auch § 10 Abs 1 VOB/B klarstellt, § 278 BGB. *Erfüllungsgehilfen* sind dabei zunächst jene Personen, die der Besteller zur Erfüllung seiner Verbindlichkeiten und Obliegenheiten gegenüber dem Unternehmer einsetzt, dh bei Planung, Mitarbeit oder Aufsicht, vorzugsweise also im Baubereich der Architekt. Schwierigkeiten bereitet die sachgerechte Eingrenzung des Kreises der Erfüllungsgehilfen bei jenen Personen, die durch den Besteller Gelegenheit erhalten, auf die Rechtsgüter des Unternehmers einzuwirken. Man wird insoweit die bloße Schaffung der Gelegenheit zur Einwirkung nicht ausreichen lassen können, was namentlich die Haftung für *Familienangehörige* idR – soweit sie nicht zur Beaufsichtigung und Betreuung des Unternehmers eingesetzt sind – ausschließt. Freilich kann der Besteller hier für eigenes Aufsichtsverschulden nach den §§ 276, 832 BGB haftbar bleiben. Zu fordern ist vielmehr, dass die Dritten bestimmungsgemäß mit den Rechtsgütern des Unternehmers in Kontakt kommen. Insoweit haftet der Besteller vertraglich für den Architekten nach § 278 BGB, nicht dagegen für andere Unternehmer, die mit der Leistung dieses Unternehmers oder seinen Rechtsgütern in Kontakt kommen. Es bleibt bei beiden Personengruppen die Möglichkeit eines Eigenverschuldens des Bestellers hinsichtlich der Auswahl oder der Überwachung.

Für den Besteller gilt auch die *deliktische Einstandspflicht* nach § 831 BGB. Doch ist insoweit zu beachten, dass es für ihn gegenüber dem Architekten und selbständigen Unternehmern an der von der hM geforderten näheren Weisungsmöglichkeit fehlt, was jedenfalls im Falle des Architekten angesichts der §§ 675, 665 BGB zweifelhaft erscheinen muss.

b) Haftung des Unternehmers

Auch der Unternehmer haftet dem Besteller nach § 276 BGB für Vorsatz und *jede* **10** *Fahrlässigkeit,* wobei bei letzterer grundsätzlich ein *professioneller Maßstab* anzulegen ist, sofern der Unternehmer nicht deutlich erkennbar als Privatmann oder Laie tätig geworden ist, doch ist in letzterem Falle oft schon ein Übernahmeverschulden in Betracht zu ziehen.

Unter den *Erfüllungsgehilfen,* für die der Unternehmer nach § 278 BGB einzustehen hat, sind zunächst seine *Arbeitnehmer* hervorzuheben, sofern sie im Rahmen der Erbringung der Werkleistung – sei es auch nur vorbereitend – eingesetzt sind. Für befugt eingesetzte (vgl § 633 Rn 109 ff) *Nachunternehmer* hat der Unternehmer ebenfalls nach § 278 BGB einzustehen (vgl INGENSTAU/KORBION/WIRTH[14] § 10 Rn 58), darüber hinaus aber auch für unbefugt eingesetzte (**aA** INGENSTAU/KORBION/WIRTH[14] § 10 Rn 58), da es ausreicht, wenn die betreffenden Personen mit Wissen und Wollen des Schuldners tätig sind, was hier der Fall ist. Für ihr Fehlverhalten haftet der Unternehmer also im Falle ihres Verschuldens sowie bei eigenem Auswahlverschulden, wenn dieses für die Schädigung ursächlich geworden ist, vgl insoweit auch § 831 Abs 1 S 2 2. Alt BGB, dagegen *nicht schon ohne Weiteres wegen des schlichten unbefugten Einsatzes;* § 287 S 2 BGB ist nicht entsprechend anzuwenden. Die Lieferanten des Unternehmers sind nicht als seine Erfüllungsgehilfen anzusehen, soweit sie nicht mit seinem Wissen und Wollen am Ort der Erbringung der Werkleistung tätig werden, zB durch dortige Anlieferung von Materialien.

Für die Haftung des Unternehmers aus § 831 BGB gelten keine Besonderheiten.

3. Kreis der geschützten Personen

a) Auf Seiten des Bestellers ist es zu berücksichtigen, dass der Werkvertrag **11** *Schutzwirkungen zu Gunsten Dritter* äußern kann. Insoweit werden die einschlägigen Kriterien erfüllt von den Familienangehörigen des Bestellers (BGH VersR 1956, 600), von seinen Mietern (BGH NJW 1976, 1843 = LM § 558 BGB Nr 22) und seinem Vermieter (BGH NJW 1954, 874), seinen Betriebsangehörigen und Hausangestellten (RGZ 127, 224). OLG Düsseldorf (NJW 1965, 359) hat auch den Nachbarn als geschützt angesehen. Dagegen genießt bei einem *Subunternehmervertrag* der Hauptauftraggeber keinen Schutz (vgl FEUDNER BauR 1984, 247, 258 f; **aA** OLG Braunschweig NJW-RR 1986, 1314; INGENSTAU/KORBION/WIRTH § 10 Abs 1 Rn 7; SCHLECHTRIEM ZvBR 1983, 101, 103), weil es hier an einer besonderen Fürsorgepflicht des Gläubigers fehlt, ferner nicht ein anderer, parallel arbeitender Unternehmer (BGH NJW 1970, 38, 40), dessen Schutz vielmehr im Wege der Drittschadensliquidation zu verwirklichen ist (vgl § 644 Rn 10).

12 b) Parallel dazu sind auf Seiten des Unternehmers in den Schutzbereich des Vertrages einbezogen seine *Arbeitnehmer* (BGHZ 5, 62 = NJW 1952, 458; BGHZ 26, 366, 370), ferner der Subunternehmer (BGHZ 56, 269 = LM § 618 BGB Nr 10 m Anm WEBER).

4. Haftungsbeschränkungen

13 Gesetzliche Haftungsbeschränkungen ergeben sich ggf aus § 106 Abs 3 Fall 3 SGB VII (vgl dazu DRESSLER, in: FS Thode [2005] 521).

Haftungsbeschränkungen *in AGB sind zunächst eng auszulegen,* § 305c Abs 2 BGB. Wenn dies nicht besonders deutlich hervortritt, erfassen sie zB nicht auch *deliktische Ansprüche.* Bei ihrer inhaltlichen Kontrolle ist außer § 309 Nr 7 BGB namentlich auch § 307 Abs 2 Nr 2 BGB zu beachten. Letztere Bestimmung kommt zwar regelmäßig dem Unternehmer nicht zugute, wohl aber dem Besteller. Dies ist zB der Fall, wenn der Unternehmer besonderes Vertrauen für sich in Anspruch genommen hat (vgl BGH NJW-RR 1986, 272), wenn er den Schaden durch Versicherungsschutz hätte abdecken können (vgl OLG Hamburg DAR 1984, 260; WOLF NJW 1980, 2437), oder wenn es um den Schutz von Leben oder Gesundheit des Bestellers geht (vgl OLG Stuttgart NJW-RR 1988, 1082; WOLF NJW 1980, 2437). Soweit die Haftung summenmäßig beschränkt wird, muss dies in einem angemessenen Verhältnis zu den zu erwartenden Schäden stehen, was zB nicht der Fall ist, wenn bei chemischen Reinigungen die Haftung auf das 15-fache des Entgelts beschränkt wird (vgl OLG Köln ZIP 1981, 1104; AG Memmingen NJW-RR 1988, 380; **aA** KG VersR 1978, 1170). Ausreichend ist es freilich auch, wenn dem Besteller ein angemessener Versicherungsschutz angeboten wird (vgl BGHZ 77, 133).

Ein wirksam vereinbarter Haftungsausschluss wirkt grundsätzlich auch zu Gunsten der eigenen Mitarbeiter (BGH NJW 2010, 1282 = NZBau 2010, 308).

III. Haftung der Vertragsparteien für Schädigungen Dritter

14 Die Haftung der Vertragsparteien gegenüber Dritten kann sich ausnahmsweise aus *besonderen vertraglichen Beziehungen* ergeben oder daraus, dass die Dritten in den *Schutzbereich des Vertrages* einbezogen sind (vgl dazu o Rn 11 f). Die *Regel* wird freilich eine *deliktische Einstandspflicht* gegenüber den Dritten sein. Insoweit ist zu beachten, dass der *Unternehmer* grundsätzlich – mangels hinreichender Weisungsbefugnis – *nicht Verrichtungsgehilfe* des Bestellers ist (vgl BGH VersR 1964, 46), sodass eine Haftung nach § 831 BGB ausscheidet und die Erfüllung eines der Tatbestände der §§ 823 ff BGB in der Person des Bestellers selbst festgestellt werden muss. Freilich hat der Besteller für den Unternehmer *nach § 278 BGB* einzustehen, soweit er dem Dritten *ausnahmsweise vertraglich* haftet.

Unter den deliktischen Haftungstatbeständen gegenüber Dritten sind von besonderer Bedeutung:

15 1. § 823 Abs 1 BGB. Zu der besonders bedeutsamen Fallgruppe der Verletzung der Verkehrssicherungspflichten vgl u Rn 16 ff.

2. § 823 Abs 2 BGB. Die Bestimmung des Kreises der sog Schutzgesetze hat hier nach den allgemeinen Grundsätzen zu erfolgen. Namentlich kommen in Betracht:

a) die §§ 907, 909 BGB (vgl BGHZ 12, 75 = NJW 1954, 593; BGH LM § 909 BGB Nr 4 lit a VOB/B; BGHZ 85, 375 = NJW 1983, 872; BGH NZBau 2005, 227; KULLMANN, in: FS Korbion [1986] 235, 243 f), die zu einer Haftung des Bauherrn, des Bauunternehmers und des Architekten führen können;

b) § 1134 BGB (vgl BGHZ 65, 211 = NJW 1976, 189 = LM § 823 [Ad] BGB Nr 8 m Anm STEFFEN), der bei Abbruch- und Umbauarbeiten auch zu einer Haftung des Architekten führen kann, wobei freilich sein Verschulden besonders zu prüfen sein wird, da die Wahrung der Belange der Grundpfandgläubiger grundsätzlich nicht seine Aufgabe ist;

c) Bestimmungen der Landesbauordnungen;

d) die Bestimmungen des Gesetzes über die Sicherung von Bauforderungen v 1. 6. 1909 (RGBl I 499, zuletzt geändert durch das ForderungssicherungsG v 23. 10. 2008 [BGBl I 2022]); vgl dazu § 650e Rn 48 ff;

e) zahlreiche weitere gesetzliche Bestimmungen. Insoweit ist allgemein auf die Erl zu § 823 Abs 2 BGB zu verweisen.

3. Bei Werbemaßnahmen oä § 824 BGB.

4. § 826 BGB.

5. §§ 836 ff BGB, die freilich auf Abbrucharbeiten nicht anzuwenden sind, wohl aber auf ein Baugerüst (BGH VersR 1959, 694; NJW 1997, 1853; einen Turmdrehkran, OLG Hamm BauR 1996, 730).

6. Zu Lasten des Bauherrn – nicht auch zu Lasten des Bauunternehmers (BGH NJW 2010, 3158 = NZBau 2010, 751) – § 906 Abs 2 S 2 BGB. Die Anspruchsgrundlage ist deshalb von hervorstehender praktischer Bedeutung, weil sie ein Verschulden nicht voraussetzt.

7. Außerhalb des BGB kommen als Haftungstatbestände namentlich die der Gefährdungshaftung in Betracht.

8. Die *Erbringung von Werkleistungen,* insbesondere, aber nicht nur die Einrichtung und Unterhaltung von Baustellen, kann eine *besondere Gefahrenquelle* darstellen, die denjenigen, die diese Gefahrenquelle beherrschen, die Verpflichtung auferlegt, die Gefahren für Dritte, soweit möglich, abzuwenden. Bei Verstoß gegen diese Verpflichtung ergibt sich die Haftung aus § 823 Abs 1 BGB. **16**

a) Die *insgesamt strengen Verkehrssicherungspflichten* treffen zunächst den *Bauherrn* (vgl dazu KULLMANN, in: FS Korbion [1986] 235), der ja die Gefahrenquelle der Baustelle eröffnet hat. Er ist zu *umfassenden Maßnahmen* verpflichtet, jene Gefahren zu steuern, die sich aus der Baustelle ergeben.

aa) Vor allem dann, wenn er *selbst Laie* ist (vgl BGH VersR 1959, 908, 909), reduziert sich seine Verantwortung freilich, wenn er einen bewährten Architekten oder einen zuverlässigen und leistungsfähigen Unternehmer heranzieht. Bei ihrer Auswahl darf er sich auf ihren guten Ruf verlassen (BGH VersR 1959, 908, 909), es sei denn ihm wäre bekannt, dass sie bisher nur hinsichtlich der Gefahren mit diesem Auftrag nicht vergleichbare Aufgaben erledigt hätten (BGH VersR 1964, 412, 413). Zur Überprüfung der Versicherung des Unternehmers ist der Bauherr nicht verpflichtet (BGH VersR 1954, 101, 102). Wenn diese Voraussetzungen gegeben sind, braucht der Bauherr nicht ständig zu kontrollieren und die Arbeiten in den Einzelheiten zu besprechen.

17 bb) Er bleibt jedoch auch dann zu einer gewissen *Aufsicht* verpflichtet, deren *Intensität* sich aus der *Art und der Gefährlichkeit der Arbeiten* ergibt, BGH VersR 1954, 101, 102. Anlass zu Zweifeln an hinreichender Vorsorge ergeben sich insbesondere, wenn der Bauherr besondere Gefahren erkannt hat, aber sich einer hinreichenden Vorsorge durch den Unternehmer nicht sicher sein kann (KULLMANN 238), ferner nach Abschluss der Arbeiten des Unternehmers (BGH VersR 1962, 326, 327), sowie überhaupt bei Großprojekten (BGH VersR 1976, 145, 146 Moselstaustufe; VersR 1981, 267 Verbrauchermarkt). Zum eigenen Eingreifen ist der Bauherr selbst bei besonderen Anlässen gehalten, die teils sich aus der Gefährlichkeit der Arbeiten ergeben können (vgl OLG Düsseldorf BauR 1973, 305: Abbruch mit sog „Fallbirne"; BGH BauR 1982, 399, 400), teils aus der Möglichkeit unvernünftigen Verhaltens (BGH BauR 1983, 387, 388: Möglichkeit des Betretens eines Rohbaus durch alkoholisierte Teilnehmer eines Richtfestes; BGH VersR 1975, 453 spielende Kinder). Dabei hat er nicht nur auf Gefahren hinzuweisen, sondern ihre Meidung zu prüfen (OLG Hamm NJW-RR 1996, 1362).

18 b) Die Verkehrssicherungspflichten treffen sodann *den Unternehmer* hinsichtlich seiner Arbeiten (BGH NJW 1997, 582). Er muss die Unfallverhütungsvorschriften seiner Berufsgenossenschaft beachten, etwaige öffentlichrechtliche Bestimmungen wie Brandschutzbestimmungen (vgl BGH VersR 1976, 166); er genügt seinen Verpflichtungen aber nicht schon dadurch, dass er die baubehördlichen Anforderungen einhält (vgl BGH VersR 1976, 149), sondern muss *überhaupt all jene Sicherungsmaßnahmen* treffen, die *nach den konkreten Umständen geboten* und wirtschaftlich zumutbar erscheinen. ZB muss ein Bauweg auch im Winter gesichert sein (BGH NJW-RR 1997, 1109). Die Verkehrssicherungspflicht *überdauert die Ablieferung des Werkes,* soweit es um die Gefahren geht, die sich aus der Benutzung des Werkes ergeben, die entweder seiner Bestimmung entspricht oder zwar missbräuchlich, aber doch nicht auszuschließen ist (BGH VersR 1978, 561: Kinder im Schwimmbad; OLG Karlsruhe BauR 1997, 675: Abstand zwischen Treppe und Geländer). Hinsichtlich der spezifischen Gefahren der Erbringung der Bauleistung endet sie nicht schon mit der Räumung der Baustelle (vgl aber OLG Koblenz VersR 1982, 1085), sondern erst (oder schon) mit der Beseitigung dieser Gefahren.

Zu den insoweit notwendigen Einzelmaßnahmen vgl die Kasuistik bei INGENSTAU/KORBION/WIRTH § 10 Abs 2 Rn 40 ff.

19 c) Schließlich ist *der Architekt* verkehrssicherungspflichtig (vgl BGHZ 68, 169, 175 ff; BGH NJW 1997, 582; NZBau 2005, 227; SCHMALZL NJW 1977, 2041; ders BauR 1981, 503; NEUENFELD BauR 1981, 436; BINDTHARDT BauR 1975, 376). Seine Pflichten können einerseits hinter denen des Bauherrn zurückbleiben, wenn ihm nicht die volle Wahrnehmung der Verkehrssicherungspflicht übertragen ist, so insbesondere, wenn er nicht zum verantwortlichen Bauleiter nach der jeweiligen Landesbauordnung bestellt ist, andererseits aber *über die des Bauherrn hinausgehen,* da ihm angesichts seiner besonderen Sachkunde Gefahrenquellen eher erkennbar sein müssen als dem Bauherrn. Auch ihm obliegen Prüfungspflichten gegenüber dem Unternehmer (OLG Frankfurt BauR 1998, 152: Gerüst).

9. Auch wenn Besteller oder Unternehmer einen deliktischen Haftungstatbestand nicht selbst erfüllt haben, kann sich *die volle eigene Haftung* doch entweder aus Mittäterschaft, Anstiftung oder Beteiligung ergeben, § 830 Abs 1 S 1, Abs 2 BGB, oder daraus, dass die konkrete Schadensverursachung zwar ungeklärt ist, aber beide eine rechtswidrige und schuldhafte Handlung begangen haben, die dann Schadensursache wäre, wenn insoweit nicht auch die des anderen in Betracht käme, § 830 Abs 1 S 2 BGB.

IV. Interner Ausgleich bei gleichzeitiger Haftung gegenüber Dritten

1. Gesamtschuldnerschaft

Wenn Besteller und Unternehmer nach dem Vorstehenden nebeneinander einem Dritten schadensersatzpflichtig sind, haften sie *grundsätzlich* als Gesamtschuldner kraft der ausdrücklichen Bestimmung des § 840 Abs 1 BGB, sodass es dem Dritten überlassen bleibt, wen von ihnen er in welchem Umfang in Anspruch nehmen will, § 421 BGB. Das Vorgehen des Dritten wird primär von Zweckmäßigkeitsüberlegungen geprägt sein und kann die endgültige Schadenstragung nicht präjudizieren. **20**

Anspruchsgrundlage für den *Regress des Leistenden* können die §§ 280 Abs 1, 241 Abs 2 BGB sein, deren Tatbestand durch die Verursachung der Haftung gegenüber dem Dritten oftmals erfüllt sein wird, ferner – neben dieser Anspruchsgrundlage oder allein – § 426 Abs 1 BGB, schließlich nach Leistung an den geschädigten Dritten dessen nach § 426 Abs 2 BGB auf den Leistenden übergegangener Ersatzanspruch gegen den Schädiger.

Seinem *Umfang* nach ist der Regress nur ausnahmsweise darauf gerichtet, dass alle Haftenden den Schaden zu gleichen Teilen tragen, wie dies § 426 Abs 1 BGB im Zweifel vorsieht. Die *Regel wird es vielmehr sein,* dass intern *einer den Schaden allein zu tragen* hat. Dies sehen die einschlägigen Bestimmungen des § 10 Abs 2, 3 VOB/B für den Fall ihrer Anwendbarkeit vor, dies ergibt sich aber auch aus allgemeinen Erwägungen.

2. Alleinige Schadenstragung durch den Besteller

a) Die Erbringung der Werkleistung kann *zwangsläufig mit der Beeinträchtigung fremden Eigentums* verbunden sein, zB ist es vielfach nicht möglich, ein Bauwerk zu errichten, ohne ein Nachbargrundstück mit in Anspruch zu nehmen. Insoweit kann der Nachbar – zB auf Grund besonderer Gestattung oder kraft nachbarrechtlicher Gemeinschaftsverhältnisse (vgl BGHZ 101, 290 = NJW 1987, 2808 = LM § 909 BGB Nr 30) – zur Duldung verpflichtet sein. Wenn er nicht duldungspflichtig ist, ihm also Schadensersatzansprüche zustehen, kann der Unternehmer die unumgänglichen Schäden voll auf den Besteller abwälzen, vgl auch §§ 675, 670 BGB. **21**

Das Gesagte folgt aus einer entsprechenden Anwendung des § 254 Abs 1 BGB, wie sie im Bereich des § 426 Abs 1 BGB geboten ist. Insoweit gilt bei Vereinbarung der VOB/B nichts anderes, weil dessen § 10 Abs 2 Nr 1 S 1 nur auf die gesetzlichen Vorschriften verweist.

22 b) § 10 Abs 2 Nr 1 S 2 VOB/B betrifft den weiteren Fall, dass die Verletzung fremder Rechte zwar nicht zwangsläufig mit der Erbringung der Werkleistung verbunden war, aber doch auf einer *besonderen Anordnung des Bestellers* beruht. Auch hier muss es zu einer vollen Freistellung des Unternehmers kommen, und *auch* dies wiederum, *wenn die VOB/B nicht Vertragsgrundlage* ist. Voraussetzung für die volle Freistellung des Unternehmers ist es freilich, dass der Unternehmer, wenn er *Bedenken* wegen der Rechte des Dritten haben musste, diese dem Besteller *mit dem nötigen Nachdruck vorgetragen hat,* vgl den Hinweis auf § 4 Abs 3 VOB/B (zu dieser Bestimmung und ihren verallgemeinerungsfähigen Grundsätzen vgl § 633 Rn 62 ff). Auch hier ergeben sich keine Unterschiede für die Rechtslage nach BGB und nach VOB/B.

Unterlässt der Unternehmer einen gebotenen Hinweis, ergeben sich die jeweiligen Haftungsquoten aus dem Verhältnis der jeweiligen Verursachungsbeiträge zueinander, § 254 Abs 1 BGB.

Dieselben Grundsätze gelten bei der Verletzung gewerblicher Schutzrechte, vgl § 10 Abs 4 VOB/B, soweit sie auf eine Anordnung des Bestellers zurückgeht.

3. Alleinige Schadenstragung durch den Unternehmer

23 Häufiger wird es sein, dass der Unternehmer den Schaden allein zu tragen hat.

a) Die alleinige Schadenstragung des Unternehmers ergibt sich, unabhängig von der Vereinbarung der VOB/B, wenn der Unternehmer *unbefugt und ohne insbesondere durch den Vertrag dazu zwangsläufig* veranlasst worden zu sein, fremdes Eigentum verletzt oder sonstige Rechte, insbesondere gewerbliche Schutzrechte, vgl § 10 Abs 3, 4 VOB/B. Das folgt aus einer entsprechenden Anwendung des § 254 Abs 1 BGB und kommt auch in § 840 Abs 2 BGB zum Ausdruck, auch wenn diese Bestimmung hier nicht unmittelbar anzuwenden ist, weil der Unternehmer nicht Verrichtungsgehilfe des Bestellers iSd § 831 BGB ist. Die Dinge liegen hier nicht anders als bei § 840 Abs 2 BGB: Der Unternehmer haftet dem Dritten unmittelbar wegen der Rechtsverletzung, der Besteller – sozusagen mittelbar – nur wegen Verletzung der aus der Verkehrssicherungspflicht abzuleitenden Aufsichtspflicht über den Unternehmer. *Aus seiner nicht gehörigen Beaufsichtigung* durch den Besteller kann der Unternehmer aber *grundsätzlich keine Rechte gegen* den Besteller herleiten (vgl insoweit auch § 633 Rn 40, dort zur Beaufsichtigung bei der Vermeidung von Mängeln).

24 b) Die alleinige interne Schadenstragung des Unternehmers sieht § 10 Abs 2 Nr 2 VOB/B schließlich für den Fall vor, dass der Unternehmer seine Haftung gegenüber dem Dritten durch *Versicherung abgedeckt* hat oder in zumutbarer Weise hätte abdecken können. Die Bestimmung betrifft auch das Verhältnis Haupt-/Subunternehmer (BGH NJW 1999, 942).

aa) Eine derartige Regelung *kennt das allgemeine Zivilrecht nicht,* das eine Abwägung der beiderseitigen Verursachungsbeiträge in entsprechender Anwendung des § 254 Abs 1 BGB gebietet. Zu den dort abwägungsrelevanten Faktoren gehört die Möglichkeit, den Schaden durch Versicherungsschutz aufzufangen, jedenfalls nicht (vgl STAUDINGER/SCHIEMANN [2017] § 254 Rn 112).

bb) Ob § 10 Abs 2 Nr 2 VOB/B mit den *tragenden Grundgedanken* der gesetzlichen Regelung iSd § 307 Abs 2 Nr 1 BGB vereinbar ist, ist zweifelhaft, vgl zumindest eine restriktive Auslegung fordernd Beck'scher VOB-Komm/BRÖKER § 10 Abs 2 Rn 31; offenbar bejahend NICKLISCH/WEICK/JANSEN/SEIBEL § 10 Rn 42; ohne Zweifel insoweit OLG Stuttgart VersR 1981, 741 und – zum früheren Rechtszustand – BGH VersR 1969, 1039, 1040; krit VENS-CAPELL/WOLF BauR 1993, 275.

Die Klausel ist schon vor dem Hintergrund des § 309 Nr 7 BGB *bedenklich,* wenn sie geeignet ist, dem Besteller die Verantwortung für grobe Fahrlässigkeit zu nehmen. Sie benachteiligt aber auch den Unternehmer, dessen Versicherungsschutz sie wegen Gefahrerhöhung gefährdet, vgl §§ 23 f VVG, vor allem aber wegen Preisgabe eines Ersatzanspruchs, § 86 Abs 2 VVG. Diese *Benachteiligung* muss auch als *unangemessen* betrachtet werden, da die Haftungsrisiken, die sich so für den Unternehmer ergeben können, enorm sind. BGH NJW 1999, 942 nimmt den Fall des grob fahrlässig handelnden Bestellers aus dem Anwendungsbereich der Klausel heraus und hält sie so für mit § 9 AGBG (= § 307 BGB) vereinbar. Das ist freilich eine unzulässige geltungserhaltende Reduktion.

4. Schadensaufteilung

In den übrigen Fällen kommt es intern zu einer Schadensaufteilung nach Maßgabe der jeweiligen Verursachungs- und Verschuldensbeiträge. Die Beiträge von Erfüllungsgehilfen sind in entsprechender Anwendung des § 278 BGB zu würdigen. **25**

5. Gesamtschuld

Die Gesamtschuld *zwischen Besteller und Unternehmer* gegenüber dem geschädigten Dritten erzeugt nach dessen Befriedigung einen Regressanspruch in dem dargestellten Rahmen, vor der Befriedigung einen Freihaltungsanspruch, wie dies § 10 Abs 6 S 1 VOB/B klarstellt; er folgt auch aus den allgemeinen Regeln (vgl BGHZ 47, 166; BGH NJW 1986, 312). **26**

Soweit § 10 Abs 6 S 2 VOB/B ein Anerkenntnis oder die Befriedigung der Forderung des Dritten von der *vorherigen Kontaktaufnahme der anderen Vertragspartei* abhängig macht, liegt darin keine Beschränkung des nachträglichen Ausgleichs- oder des vorherigen Freihaltungsanspruchs. Es ändert dies auch nichts an der Verpflichtung des anderen, an der Befriedigung des Gläubigers mitzuwirken. Freilich ist Anhörung ein Gebot des wohlverstandenen eigenen Interesses, weil dem anderen Einwendungen gegen den Anspruch zustehen könnten, die dem in Anspruch Genommenen selbst unbekannt sind. Auf dieser Basis ist das eigenmächtige Verhalten geeignet, den Regress zu gefährden.

V. Freistellung von gesetzlichen Vertretern und Erfüllungsgehilfen

27 **1.** Auch *gesetzliche Vertreter* wie die Organe juristischer Personen *oder Erfüllungsgehilfen* können durch eigene Erfüllung deliktischer Tatbestände in den gesamtschuldnerischen Ausgleich einbezogen sein; regelmäßig wird dies in Form einer Haftungseinheit mit dem Besteller oder Unternehmer geschehen, sofern der Betreffende nicht über das Verschulden der Hilfsperson hinaus auch noch zusätzlich für eigenes Verschulden einzustehen hat.

28 **2.** § 10 Abs 5 VOB/B stellt hierzu den *allgemeinen Grundsatz* klar, dass ihre Ausgleichspflicht gegenüber dem Vertragspartner nicht weiter reicht als die der eigenen Vertragspartei. Das Bestehen eines internen Freistellungsanspruchs der Hilfsperson gegenüber der Vertragspartei auf ihrer Seite, wie er namentlich aus den Grundsätzen über die schadensgeneigte Arbeit herzuleiten ist, wird dadurch ebenso wenig berührt wie ein etwaiger Regressanspruch der Vertragspartei gegen ihre Hilfsperson, wie er insbesondere im Verhältnis des Bestellers zum Architekten gegeben sein kann.

Wenig Sinn ergibt die *Einschränkung* des § 10 Abs 5 aE VOB/B *für den Fall des vorsätzlichen oder grob fahrlässigen Handelns der Hilfsperson,* weil die eigene interne Haftungsbeteiligung der jeweiligen Vertragspartei wegen § 278 BGB grundsätzlich ebenso weit reicht wie die ihrer Hilfsperson. Anderes kann sich nur ergeben, wenn die Hilfsperson nur „bei Gelegenheit" gehandelt hat; dann aber wird die Vertragspartei regelmäßig nicht selbst an der Haftung beteiligt sein, es sei denn sie träfe ein Auswahlverschulden.

§ 639
Haftungsausschluss

Auf eine Vereinbarung, durch welche die Rechte des Bestellers wegen eines Mangels ausgeschlossen oder beschränkt werden, kann sich der Unternehmer nicht berufen, soweit er den Mangel arglistig verschwiegen oder eine Garantie für die Beschaffenheit des Werkes übernommen hat.

Materialien: Art 1 G zur Modernisierung des Schuldrechts v 26. 11. 2001 (BGBl I 3138); BT-Drucks 14/6040, 31; BT-Drucks 14/7052, 67, 205.

BGB aF: § 637; E I § 570; II § 575; III § 627; Mot II 485 f; Prot II 2210 ff; JAKOBS/SCHUBERT, Recht der Schuldverhältnisse II 859 f.

Schrifttum

FRIELING, Klauseln im Bauvertrag (1993)
FRITZ, Haftungsfreizeichnung im Bauträger- und Architektenvertrag nach dem AGBG (1979)
GLATZEL/HOFMANN/FRIKELL, Unwirksame Bauvertragsklauseln nach dem AGB-Gesetz (10. Aufl 2003)
HOFFMANN, Arglist des Unternehmers aus der Sicht für ihn tätiger Personen, JR 1969, 372
JAGENBURG, Haftungsbeschränkung durch Abtretung von Gewährleistungsansprüchen, NJW 1972, 1222
KLUMPP, AGB-Gewährleistungsausschluß für „alte" Neubauten?, NJW 1993, 372
KOLLER, Die Wirksamkeit formularmäßiger Haftungsfreizeichnungsklauseln zwischen Schadensausgleich und Schadensprävention, ZIP 1986, 1089
KORBION/LOCHER/SIENZ, AGB und Bauerrichtungsverträge (4. Aufl 2006)
MARLY, Die Aufnahme einer Ausschlußfrist für Mängelanzeigen in Allgemeinen Geschäftsbedingungen, NJW 1978, 1184
NICKLISCH, Die Schadensersatzhaftung für Eigenschaftszusicherungen und deren Einschränkbarkeit durch Allgemeine Geschäftsbedingungen, in: FS Beitzke (1979) 89
ROUSSOS, Freizeichnung von Schadensersatzansprüchen im Recht der AGB (1982)
SCHONEBECK, Die Abtretung von Mängelansprüchen, BauR 2005, 934
VIRNEBURG, Die Verlängerung der Verjährungsfrist für Werkmängelansprüche durch Auftraggeber-AGB, in: FS Thode (2005) 221
VOGEL, Arglistiges Verschweigen des Bauunternehmers aufgrund Organisationsverschuldens (1998).

Systematische Übersicht

I.	Allgemeines	1
II.	Ausschluss der Gewährleistung	
1.	Begriff	2
a)	Beschaffenheitsvereinbarung	3
b)	Arten der Beschränkung	6
2.	Zeitpunkt	7
3.	Verzicht des Bestellers	8
4.	Auslegung	9
5.	Rechtsfolgen	10
III.	Arglist des Unternehmers	11
1.	Offenbarungspflichten	12
2.	Vorsatz	13
3.	Zeitpunkt	14
4.	Hilfspersonen	15
5.	Arglistiges Vorspiegeln einer nicht vorhandenen Eigenschaft	17
IV.	Beschaffenheitsgarantie	18

V.	Beschränkungen der Gewährleistung in Allgemeinen Geschäftsbedingungen	20	e)	Beweislast	53
			f)	Form von Anzeigen und Erklärungen	57
1.	Überraschende Klauseln	21	5.	Inhaltskontrolle nach § 308	58
2.	Individualabreden	22	a)	Nachfrist	58
3.	Unklarheiten	23	b)	Fingierte Erklärungen	59
4.	Inhaltskontrolle nach § 309	24	6.	Inhaltskontrolle nach § 307	62
a)	Leistungsverweigerungsrechte	24	a)	Bedeutung	62
b)	Aufrechnungsmöglichkeiten	27	b)	Nachbesserungsanspruch	63
c)	Grobes, einfaches Verschulden	28	c)	Nachbesserungsbefugnis des Bestellers	64
d)	Mängel bei Werkleistungen	33	d)	Kostenerstattung	64
aa)	Anwendungsbereich	33	e)	Kostenvorschuss	64
bb)	Ausschluss der Gewährleistungsansprüche und Verweisung an Dritte, § 309 Nr 8 lit b aa	34	f)	Rücktritt	65
			g)	Minderung	66
(1)	Kein Gesamtausschluss	34	h)	Wahlrecht	66
(2)	Einräumung von Ansprüchen gegen Dritte	36	i)	Schadensersatzansprüche	67
(3)	Kaufmännischer Geschäftsverkehr	40	VI.	Individualvertragliche Beschränkungen der Gewährleistung	
cc)	Beschränkung des Bestellers auf Nacherfüllung, § 309 Nr 8 lit b bb	41	1.	Kontrolle nach § 242	71
			2.	Voraussetzungen der Kontrolle	73
dd)	Kosten der Nacherfüllung, § 309 Nr 8 lit b cc	44	3.	Prüfungsmaßstäbe	75
ee)	Vorenthalten der Nacherfüllung, § 309 Nr 8 lit b dd	45	VII.	Erweiterungen der Gewährleistung	
			1.	Individualvertraglich	76
ff)	Ausschlussfrist für Mängelanzeige, § 309 Nr 8 lit b ee	46	2.	In Allgemeinen Geschäftsbedingungen	77
(1)	Unterscheidung offensichtliche und nicht offensichtliche Mängel	46	3.	Unangemessene Benachteiligung des Unternehmers	78
(2)	Rügefristen bei offensichtlichen Mängeln	47	4.	Nachbesserungsbefugnis des Unternehmers	79
(3)	Nicht offensichtliche Mängel	50	5.	Sonstige Benachteiligungen	80
gg)	Erleichterung der Verjährung, § 309 Nr 8 lit b ff	51			

Alphabetische Übersicht

Abnahme	10, 53		Aufrechnung	27
– Bestätigung der	54		Ausschluss der Gewährleistung	2 ff
Abtretung von Ansprüchen	36		Ausschlussfrist	46
AGB				
– des Bestellers	20, 77		Bauträgervertrag	65
– des Unternehmers	20 ff		Bauwerk	83
Anzeige			Beschaffenheitsgarantie	18
– Form der	57		Beschaffenheitsvereinbarung	3 ff
– Frist zur	40 ff		Beweislast	53 ff
Architekt	52			
Arglist	11 ff		Deliktischer Anspruch	9, 68
Aufklärungspflichten des Unternehmers	4 f			

Dezember 2019

Untertitel 1 · Werkvertrag
Kapitel 1 · Allgemeine Vorschriften

§ 639

Dritte		Nachbesserungsbefugnis	79
– Anspruch gegen	36	Nacherfüllung	
– Inanspruchnahme, vorherige	37	– Anspruch auf	63
– Klage gegen	37 f	– Beschränkung auf	41 ff
		– Kosten der	44
Erfüllungsanspruch	10	– Vorenthalten der	45
Erklärung			
– fingierte	59 ff	Offenbarungspflicht	12
– Form der	57	Organisationsmangel	15
Erweiterung der Gewährleistung	76 ff		
		Rücktritt	65, 81
Fehlschlagen der Nacherfüllung	43	Rügelast	47 ff
Garantie	18 f	Salvatorische Klausel	32
		Schadensersatz	31, 67, 82
Hilfspersonen	15, 29	Schriftform	57
		Selbstvornahme	64
Individualabrede, Vorrang der	22	Sowieso-Kosten	4, 44
Individualvertrag, Beschränkungen		Subunternehmer	16, 78, 83
durch	71 ff		
		Überraschende Klausel	21
Kenntnis	13	Unklarheiten	9, 23
– Zurechnung der	15 f	Unternehmer, AGB gegenüber	62
Kostenerstattung	64		
Kostenvorschuss	64	Verhalten des Bestellers	35
		Verjährung	51 f
Leistungsbeschreibung	4 f, 34	– Verlängerung der	83
Leistungsverweigerungsrecht	24	Verschulden, grobes	28 ff
		Vertragsinhalt	4 f
Mangel	33 ff	Verzicht	8
– der Vorleistung anderer Unternehmer	78	Vorleistungspflicht	24
– offensichtlicher	46	Vorsatz	13, 29
Mangelanzeige	46	Vorspiegelung von Eigenschaften	17
Mangelfolgeschaden	9, 68, 83		
Minderung	66		

I. Allgemeines

§ 639 BGB knüpft an § 637 BGB aF an, der sich auf den Fall des arglistigen Verschweigens eines Mangels bezog, und ergänzt dessen Regelung um den Fall einer Garantie der Beschaffenheit des Werkes. Letzteres übernimmt § 11 Nr 11 AGBG, der folgerichtig keine Nachfolgebestimmung in § 309 BGB gefunden hat. Damit bleibt der Gleichlauf des bisherigen Rechts mit dem Kauf gewahrt, vgl dort §§ 476 aF, 444 BGB. **1**

§ 637 BGB aF formulierte präziser als das jetzige Gesetz, wenn die gewährleistungsbeschränkende Vereinbarung dort für nichtig erklärt wurde; die jetzige Formulierung meint nichts anderes (vgl ERMAN/SCHWENKER/RODEMANN Rn 1; PALANDT/WEIDENKAFF § 444 Rn 13).

Die Bestimmung zieht dem Gewährleistungsausschluss nur äußerste Grenzen. Praktisch bedeutsamer sind die Schranken, die sich aus den §§ 305 ff BGB ergeben, namentlich den §§ 307, 309 Nr 8 lit b BGB. Doch findet eine Kontrolle auch außerhalb der §§ 305 ff BGB statt (vgl u Rn 71 zu notariellen Verträgen).

II. Ausschluss der Gewährleistung

1. Begriff

2 Ein Ausschluss oder *eine Beschränkung der Gewährleistung* liegt dann vor, wenn *an sich bestehende Rechte des Bestellers aus § 634 Nrn 1–4 BGB durch Vereinbarung der Parteien eingeschränkt oder ausgeschlossen* werden.

a) Beschaffenheitsvereinbarung

3 Zu **unterscheiden** ist ein derartiger Gewährleistungsausschluss von einer Beschaffenheitsvereinbarung. Eine solche liegt dann vor, *wenn die Parteien verabreden, dass das Werk eine andere,* insbesondere mindere *Qualität haben soll, als sie üblicherweise erwartet werden kann* (vgl dazu § 633 Rn 173 f). Dann stellt sich ein Zustand des Werkes, der normalerweise als ein Mangel zu bewerten wäre, gar nicht erst als ein solcher dar. Liegt etwa eine Reparatur an, so ist sie an sich „ordentlich" auszuführen. Die Parteien könne aber auch Maßnahmen vorsehen, die für die geringe restliche Brauchbarkeit des Bearbeitungsgegenstandes genügen, oder zunächst gar nur provisorische Behelfsmaßnahmen. – Es können die Parteien zB vereinbaren, dass die Garage eines neu zu errichtenden Wohnhauses Ausmaße haben soll, die für einen durchschnittlichen Wagen nicht ausreichen. Oder sie können eine bestimmte Drainage für ein Haus vereinbaren, die angesichts der Wasserverhältnisse unzulänglich ist.

Derartige Abreden sind für den Besteller nachteilig. Er erhält uU eine *untaugliche Sache,* hat aber *keine Gewährleistungsansprüche,* die ja einen Mangel voraussetzen. Eine Kontrolle von Beschaffenheitsabreden nach § 639 BGB findet nicht statt.

4 aa) Hinsichtlich der Leistungsbeschreibung unterliegt der Unternehmer jedenfalls *Aufklärungspflichten.* Diese sind schon dann streng, wenn die *Leistungsbeschreibung von dem Besteller selbst* – oder zB von seinem Architekten oder sonstigen Berater – stammt. Der Unternehmer darf sie nicht unbesehen übernehmen, sondern muss sie jedenfalls bei Verdachtsmomenten darauf überprüfen, ob das Werk allgemein oder speziell für die Zwecke des Bestellers tauglich sein wird, und hat ggf entsprechende Hinweise zu geben. Diese Aufklärungspflicht folgt daraus, dass bei ihm von Sachverstand auszugehen ist, und wird auch durch bestehenden eigenen Sachverstand des Bestellers, der ja vielleicht etwas übersehen haben mag, nicht ausgeschlossen. Sie ist in verallgemeinerungsfähiger Form positiv normiert in § 4 Abs 3 VOB/B (vgl dazu § 633 Rn 62 ff). Folgerichtig unterliegt der Unternehmer *erst recht strengen Aufklärungspflichten,* wenn *die Leistungsbeschreibung von ihm selbst* in den Vertrag eingebracht worden ist.

Die Aufklärungspflicht des Unternehmers besteht zunächst vor Vertragsschluss; sie wird durch diesen nicht beendet, falls sich späterhin Verdachtsmomente hinsichtlich der Ordnungsmäßigkeit der Leistungsbeschreibung ergeben. Beide Parteien müssen im Rahmen des Zumutbaren zu einer Vertragsänderung bereit sein, wobei die mit einer ordnungsgemäßen Ausführung verbundenen Mehrkosten als sog „Sowieso-Kosten" zu Lasten des Bestellers gehen müssen (vgl dazu auch § 634 Rn 24 f).

Vertragsinhalt wird bei einer unsachgemäßen Leistungsbeschränkung von Seiten des **5** Unternehmers, über die dieser nicht hinreichend nachdrücklich aufgeklärt hat, nicht der ihr entsprechende Zustand des Werkes, sondern *jener Zustand, den der Besteller nach Treu und Glauben erwarten durfte,* § 633 Abs 2 S 2 Nr 2 BGB (vgl BGH NJW 1998, 3707). Der davon abweichende Zustand des Werkes stellt einen Mangel dar, der die normalen Gewährleistungsrechte auslöst (vgl auch § 633 Rn 174 f). Im Rahmen seiner Gewährleistungsrechte hat der Besteller freilich wiederum die sog „Sowieso-Kosten" selbst zu tragen.

Wenn die unsachgemäße Leistungsbeschreibung von Seiten des Bestellers stammt, ist die ihr entsprechende Leistungserbringung des Unternehmers mangelfrei, sofern er entweder keine Bedenken zu haben brauchte oder aber diese ordnungsgemäß vorgetragen hat (vgl auch § 13 Abs 3 VOB/B und dazu Anh I zu § 638 Rn 10). *Hat er dagegen seine Aufklärungspflicht* (schuldhaft) verletzt, so unterliegt er der Haftung aus den §§ 280 Abs 1, 241 Abs 2 BGB, auf deren Ausgestaltung allerdings Wertungen der §§ 634 ff BGB entsprechend heranzuziehen sind (dazu auch § 633 Rn 64, 184b). Dabei ist freilich bei dieser Konstellation finanziell zu Lasten des Bestellers außer den „Sowieso-Kosten" auch ein in entsprechender Anwendung des § 254 Abs 1 BGB zu ermittelnder Mitverursachungsanteil zu berücksichtigen (vgl dazu § 633 Rn 192 f).

bb) Leistungsbeschreibungen in AGB des Unternehmers unterliegen jedenfalls dem Transparenzgebot, § 307 Abs 3 S 2, Abs 1 S 2 BGB. Änderungsvorbehalte des Bauträgers in Bezug auf Ausführung und Materialauswahl genügen § 305 Nr 4 BGB nur dann, wenn triftige Gründe für die Änderung benannt werden (BGH NJW 2005, 3420 = NZBau 2005, 511).

b) Arten der Beschränkung

Inhaltlich kann eine *Beschränkung der Gewährleistungsrechte* unterschiedlich ausge- **6** staltet sein; § 309 Nr 8 lit b BGB nennt insoweit – nicht abschließend – Beispiele. Eine Beschränkung liegt *immer dann* vor, *wenn der Besteller durch die getroffenen Vereinbarungen gegenüber dem Mangel rechtlich oder wirtschaftlich schlechter steht, als er dies nach den §§ 633 ff BGB täte.*

2. Zeitpunkt

Ein Ausschluss oder eine Beschränkung der Gewährleistungsrechte ist *zu verschie-* **7** *denen Zeitpunkten möglich,* also bereits bei Vertragsschluss und dann vor, aber auch nach dem Auftreten von Mängeln. Insoweit ist es etwa in Bauprozessen üblich, dass der Besteller im Vergleichswege ganz oder teilweise auf Gewährleistungsrechte verzichtet. § 639 BGB gilt für sämtliche diesbezügliche Abreden ohne Rücksicht auf den Zeitpunkt ihres Zustandekommens (vgl MünchKomm/Busche Rn 6).

3. Verzicht des Bestellers

Ein Ausschluss oder eine Beschränkung der Gewährleistung ist nur durch eine **8** entsprechende *vertragliche Vereinbarung* der Parteien möglich. Der Abschluss einer

Versicherung für den Architekten auf dessen Kosten genügt dafür nicht (BGH NZBau 2006, 254 = BauR 2006, 701). Insbesondere *genügt nicht ein einseitiger Verzicht* des Bestellers; dieser bedarf vielmehr der Annahme durch den Unternehmer, vgl § 397 BGB, auf die freilich regelmäßig § 151 BGB anzuwenden sein wird. Einseitiges Verhalten des Bestellers kann allerdings als Verwirkung zu deuten sein, außerdem ist im Rahmen der Abnahme § 640 Abs 3 BGB zu beachten. Beschränken dritte Personen für den Besteller die Gewährleistung, so bedürfen sie einer entsprechenden Vollmacht, wie sie insbesondere für Architekten und Rechtsanwälte in der Regel nicht besteht. Bei bevollmächtigten Vertretern, insbesondere bei Baubetreuern, bleiben dann immer noch die Grundsätze über den Missbrauch der Vertretungsmacht zu prüfen.

4. Auslegung

9 Beschränkungen der Gewährleistung sind vielfach *auslegungsbedürftig*. Zu der Frage, inwieweit sie bei Individualabreden im Falle der Unklarheit entsprechend § 305c Abs 2 BGB gegen den Unternehmer ausgelegt werden können, vgl STAUDINGER/MATUSCHE-BECKMANN (2014) § 444 Rn 11 f. Praktisch geht es regelmäßig um die Reichweite von Haftungsausschlüssen, um die Fragen, ob sie *auch etwaige deliktische Ansprüche* erfassen sollen und außer den eigentlichen Gewährleistungsansprüchen auch solche wegen Mangelfolgeschäden. Die Rechtsprechung neigt hier jedenfalls bei AGB zu einem engen Verständnis der Haftungsbeschränkung (vgl BGHZ 67, 359, 366 [deliktische Ansprüche]; BGH WM 1982, 980, 982 [Mangelfolgeschäden]). Dem wird man auch für den Bereich der Individualabreden zu folgen haben. Der Besteller will sich grundsätzlich nur so weniger Rechte wie möglich begeben. Ein Verzicht auch auf derartige Ansprüche wäre für ihn in den Folgen unabsehbar und unkalkulierbar. Es wäre *Sache des Unternehmers, unmissverständliche Formulierungen durchzusetzen*.

5. Rechtsfolgen

10 a) Die Beschränkung der Rechte des Bestellers aus § 634 BGB bleibt sonst insgesamt wirksam, soweit nicht die §§ 307 ff BGB anderes ergeben, vgl dazu u Rn 20 ff. Es mögen Mängel vorliegen, die der Unternehmer selbst nicht erkannt und damit nicht verschwiegen hat. Bei ihnen greift die Gewährleistungsbeschränkung. Wirksam bleibt gegenüber den §§ 139, 306 Abs 3 BGB auch der Werkvertrag als solcher. Der Gewährleistungsausschluss versagt eben nur gegenüber dem verschwiegenen Mangel, bzw der Beschaffenheitsgarantie.

b) Der Anwendungsbereich des § 639 BGB ist weiter, als es der Standort der Bestimmung nahelegt: Geschützt ist auch schon der Erfüllungsanspruch des Bestellers vor der Abnahme.

c) Nach der Abnahme stehen dem Besteller jedenfalls die Rechte aus § 634 Nrn 1–3 BGB zu, im Falle des arglistig verschwiegenen Mangels auch uneingeschränkt der Schadensersatzanspruch nach § 634 Nr 4 BGB. Bei der Beschaffenheitsgarantie ist der Schadensersatzanspruch wegen des Mangelschadens unabdingbar. Soweit es um Mangelfolgeschäden des Bestellers geht, muss die Auslegung der Garantie ergeben, dass sie sich auch auf diese erstrecken sollte; im Zweifel ist davon auszugehen.

d) Es bleibt den Parteien unbenommen, nachträglich dem Unternehmer die Einstandspflicht zu erlassen oder sie zu beschränken.

III. Arglist des Unternehmers

Arglist des Unternehmers lässt die Beschränkung der Gewährleistung hinsichtlich 11 des verschwiegenen Mangels unwirksam sein. Arglist bedeutet *das wissentliche Verschweigen eines Mangels* trotz des Bestehens einer Offenbarungspflicht des Unternehmers (vgl Erman/Schwenker/Rodemann Rn 3). Der Begriff der Arglist ist bei § 639 BGB nicht anders zu verstehen als bei § 634a Abs 3 S 1 BGB, vgl also auch die Erläuterungen § 634a Rn 44 ff.

1. Offenbarungspflichten

Eine Offenbarungspflicht des Unternehmers besteht *grundsätzlich hinsichtlich aller* 12 *Mängel des Werkes* (Erman/Seiler[10] § 637 aF Rn 2; einschränkend MünchKomm/Busche § 634a Rn 38). Sie ist jedenfalls weiter als die des Verkäufers im Rahmen des § 463 S 2 aF (vgl dazu Staudinger/Honsell [1995] § 463 aF Rn 35). Es hat der Unternehmer, der ohnehin zur Aufklärung und Beratung des Bestellers verpflichtet ist, den Besteller bei *Vertragsschluss* auf jene Mängel hinzuweisen, mit denen die Art der Erstellung des Werkes oder schon seine Planung verbunden sein kann, und zwar auch dann, wenn die Planung von dem Besteller stammt (vgl auch § 4 Abs 3 VOB/B und zu dieser verallgemeinerungsfähigen Bestimmung § 633 Rn 62 ff). Soweit *während der Erstellung* des Werkes Mängel sich abzeichnen oder gar schon auftreten, hat der Unternehmer den Besteller aber ebenfalls auf sie hinzuweisen, jedenfalls sofern er nicht die Absicht der umgehenden Beseitigung hat. Nur so kann der Besteller in die Lage versetzt werden, seine Rechte sachgerecht wahrzunehmen. Schließlich gilt die Offenbarungspflicht bei der Abnahme des Werkes.

Unerheblich sind Gewicht und Ausmaß des Mangels (Erman/Seiler[10] § 637 aF Rn 2). *Auch und gerade kleinere Mängel,* die der Besteller übersehen könnte, *bedürfen des Hinweises.* Insofern kann es den Unternehmer auch nicht entlasten, wenn er die Tragweite des Mangels verkannt hat. Es reicht, wenn ihm die äußeren Mangelerscheinungen bekannt sind; die richtigen Schlüsse auf die eigentlichen Ursachen braucht er nicht gezogen zu haben. Auch ist nicht erforderlich, dass der Mangel den Besteller von der Abnahme oder jedenfalls der rügelosen Abnahme des Werkes abgehalten hätte (vgl BGHZ 190, 272 = NJW 2011, 3640 Rn 10 zu § 444; **aA** BGB-RGRK/ Glanzmann § 638 aF Rn 22). Nur die von dem Unternehmer zu beweisende Gewissheit, dass der Besteller aus dem Mangel nichts herleiten wird, begrenzt die Offenbarungspflicht des Unternehmers.

Zweifelhaft ist die Bedeutung einer *Kenntnis des Bestellers* von dem Mangel für das Bestehen der Offenbarungspflicht des Unternehmers (vgl dazu BGB-RGRK/Glanzmann § 638 aF Rn 23). Kenntnis liegt jedenfalls *nur dann* vor, wenn der Besteller nicht nur die äußeren Erscheinungsformen des Mangels bemerkt, sondern ihn auch in seinen Ursachen durchschaut hat. Das schlichte Entdecken des Mangels durch den Besteller schließt die Offenbarungspflicht des Unternehmers jedenfalls nicht aus (vgl BGB-RGRK/Glanzmann § 638 aF Rn 23). Der Unternehmer, der annimmt, der Besteller habe den Mangel entdeckt, hat sich dessen vielmehr zu vergewissern, und zwar durch Rücksprache mit dem Besteller. Der Besteller, der den vom Unternehmer nicht angesprochenen Mangel erkannt hat, handelt mit der Berufung auf § 639 BGB idR treuwidrig (vgl Messerschmidt/Voit/Messerschmidt Rn 28).

2. Vorsatz

13 Der Unternehmer muss *vorsätzlich* handeln. Erforderlich ist mithin *Kenntnis des Unternehmers von dem Zustand des Werkes einerseits und dessen Vertragswidrigkeit andererseits*. Dabei braucht dem Unternehmer das Bestehen seiner Offenbarungspflicht nicht bewusst zu sein. Eine *besondere Schädigungsabsicht* gegenüber dem Besteller ist *nicht erforderlich* (vgl MünchKomm/Busche § 634a Rn 38).

Wenn auch eine besondere Pflicht des Unternehmers zur Untersuchung des Werkes nicht besteht, so reicht doch *bedingter Vorsatz* hinsichtlich des Mangels aus (BGH NJW 1990, 42). Es genügt, wenn der Unternehmer mit der Möglichkeit des Mangels rechnet. Zu offenbaren sind also auch bei dem Unternehmer bestehende *Zweifel über die Beschaffenheit des Werkes,* dem Unternehmer bekannte Zustände des Werkes, die mit dem Verdacht eines Mangels verbunden sind. Auch die Vertragswidrigkeit des Zustands des Werkes braucht dem Unternehmer nicht positiv bekannt zu sein; es reicht vielmehr aus, wenn er mit dieser Möglichkeit rechnet.

3. Zeitpunkt

14 Die Offenbarungspflicht des Unternehmers entsteht, sobald er von dem Mangel Kenntnis erhält; sie ist *spätestens bei der Abnahme zu erfüllen* (vgl MünchKomm/Busche Rn 8; Palandt/Sprau Rn 4). Daraus folgt, dass der Unternehmer arglistig handelt, wenn er den Mangel *zu irgendeinem Zeitpunkt* gekannt hat. Es ändert daran nichts, wenn er ihm im Zeitpunkt der Abnahme nicht mehr gegenwärtig ist. Erst recht braucht der Mangel im Zeitpunkt der Gewährleistungsbeschränkung noch nicht abzusehen oder bekannt gewesen zu sein.

Ein arglistiges Verschweigen des Mangels ist nicht mehr möglich, wenn dem Unternehmer *nach erfolgter Abnahme* Mängel seines Werkes bekannt werden; der Gewährleistungsausschluss bleibt insoweit wirksam. Doch hat der Unternehmer im Rahmen seiner nachwirkenden vertraglichen Pflichten den Besteller jedenfalls solange auf ihm bekannt werdende Mängel hinzuweisen, wie die Gewährleistungsfristen noch nicht abgelaufen sind. Auch hier darf der Unternehmer nicht darauf vertrauen, dass der Besteller den Mangel selbst entdecken wird. Erst recht muss er korrekt antworten, wenn ihn der Besteller fragt (vgl Kniffka, in: FS Heiermann [1995] 201, 204). Durch die *Verletzung dieser Aufklärungspflicht* kann sich der Unternehmer aus den §§ 280 Abs 1, 241 Abs 2 BGB schadensersatzpflichtig machen, wenn der Besteller dadurch verhindert wird, mitverantwortliche Dritte rechtzeitig in Anspruch zu nehmen oder selbst Maßnahmen zu ergreifen, bevor sich der Mangel ausweitet. Der Anspruch verjährt in der Regelfrist des § 195 BGB (Kniffka 211 ff). § 634a Abs 1 Nrn 1 und 2 BGB passen schon deshalb nicht, weil der Fristbeginn nicht nach § 634a Abs 2 BGB bestimmt werden kann.

4. Hilfspersonen

Das arglistige Handeln von Hilfspersonen ist dem Unternehmer nach § 166 BGB **15** zuzurechnen (vgl ERMAN/SCHWENKER/RODEMANN Rn 4; **aA** BGB-RGRK/GLANZMANN § 638 aF Rn 25; PALANDT/SPRAU § 634a Rn 15: § 278). Dabei schadet die Arglist jedenfalls der beim Vertragsabschluss tätigen Vertreter. Gleiches gilt für die Arglist von **Hilfspersonen, die der Unternehmer im Rahmen der Abnahme einschaltet** (vgl BGHZ 62, 68; 66, 44). Diese Personen sind jedenfalls von dem Unternehmer zu dem Zweck eingeschaltet, seinen Offenbarungspflichten gegenüber dem Besteller zu genügen.

Außerdem aber hat der Unternehmer bei arbeitsteiliger Arbeitsweise die organisatorischen Voraussetzungen dafür zu schaffen, dass die Mangelfreiheit des Werkes bei Ablieferung sachgerecht beurteilt werden kann, zB einen Polier zu bestellen. Ein **Organisationsmangel** an dieser Stelle ist Arglist gleichzustellen, sofern der Mangel sonst erkannt worden wäre (vgl BGH NJW 1992, 1754 = LM § 638 Nr 77 m Anm KOEBLE = JZ 1992, 1019 m Anm DERLEDER; vgl auch RUTKOWSKY NJW 1993, 1748; GRUNEWALD, in: FS Beusch [1993] 301, 313; SCHLECHTRIEM, in: FS Heiermann [1995] 281, 290). Die Entscheidung ist zu § 638 BGB aF ergangen, passt aber auch hier. Der Organisationsmangel kann durch Art und Schwere des Mangels indiziert sein; dann hat der Unternehmer seine organisatorischen Maßnahmen darzutun (BGH NJW 1992, 1754). Dabei reicht ein Organisationsmangel; ein besonderes – gar grobes – Organisationsverschulden ist nicht notwendig (**aA** BeckOK-BGB/VOIT [1. 2. 2017] Rn 6), wird freilich idR gegeben sein.

Zweifelhaft ist demgegenüber die unmittelbare Zurechnung der Kenntnisse *jener* **16** *Personen*, die – ohne bei Vertragsschluss oder Abnahme eingeschaltet zu sein – *während der Erstellung des Werkes Mängel bemerken* oder gar selbst vorsätzlich verursachen. BGHZ 62, 63, 68; 66, 43, 44 will Kenntnisse dieser Personen *nur ausnahmsweise* dem Unternehmer zurechnen. Es handele sich um eine Frage des Einzelfalls, bei der es insbesondere auch auf die Entdeckbarkeit des Mangels ankomme. Jedenfalls die Kenntnisse eines *örtlichen Bauleiters* seien regelmäßig zuzurechnen, meist aber nicht die Kenntnisse von Personen, die unter ihm arbeiten (BGHZ 62, 69), wohl aber die Kenntnisse eigenverantwortlich arbeitender *Subunternehmer* (BGHZ 66, 43). Demgegenüber will JAGENBURG NJW 1971, 1425, 1427 die Kenntnisse aller bei der Erstellung des Werkes tätigen Personen dem Unternehmer zurechnen.

Die Auffassung des BGH führt nicht nur zu Unsicherheiten bei der Abgrenzung; sie *privilegiert* auch *ohne hinreichenden Grund jenen Unternehmer, der mehrschichtig delegiert*. Für den Besteller kann es keinen Unterschied machen, ob der Unternehmer selbst vertragswidrig handelt oder dessen örtlicher Bauleiter oder eine nachgeordnete Person. Dass der Unternehmer selbst uU Opfer einer Täuschung wird, ist nicht erheblich. Da das Werk erst erstellt wird, ist die Lage auch anders als beim Kauf. *Jeder, der bewusst einen Mangel verursacht*, hat diesen dem Unternehmer zur Kenntnis zu bringen, damit dieser ihn entweder beseitigt oder insoweit seiner Offenbarungspflicht gegenüber dem Besteller genügen kann. Notwendig ist insoweit nur die eigene Verursachung eines Mangels, die aber zB auch dadurch geschehen kann, dass unzulängliche Materialien für die Herstellung des Werkes ausgeliefert werden. Eine Offenbarungspflicht wird *nur dann nicht begründet, wenn Mitarbeiter einen Mangel bemerken, zu deren Aufgaben die Überwachung der Arbeiten nicht gehört.*

5. Arglistiges Vorspiegeln einer nicht vorhandenen Eigenschaft

17 Dem arglistigen Verschweigen eines Mangels muss – wie bei § 463 S 2 BGB aF – das Vorspiegeln einer nicht vorhandenen Beschaffenheit gleichgestellt werden (vgl PALANDT/WEIDENKAFF § 444 Rn 11), zB der behördlichen Genehmigung des Bauwerks. Gleiches gilt für das arglistige Vortäuschen der Mangelfreiheit.

IV. Beschaffenheitsgarantie

18 1. Zum Begriff der *Garantie von Eigenschaften* im Werkvertragsrecht vgl § 633 Rn 169 ff. § 639 BGB *betrifft nicht die Frage, ob überhaupt eine Garantie vorliegt.* Dies ist vielmehr im Wege der Auslegung des Vertrages zu ermitteln, wobei Klauseln, die das Auslegungsergebnis dadurch zu beeinflussen suchen, dass sie anordnen, dass Angaben des Unternehmers unverbindlich bzw keine Garantie sein sollen, dieses ihr Ziel nicht erreichen können, weil sie ihrerseits gegen § 639 BGB verstoßen (vgl OLG Hamm BB 1983, 21; OLG Hamburg Betr 1986, 2428, beides zu § 11 Nr 11 AGBG). Zulässig ist es allerdings, in einer ausdrücklichen Garantie diese inhaltlich und zeitlich einschränkend zu präzisieren.

2. Bei der Garantie von Eigenschaften kann es sich – und wird es sich oft – nur um eine sog einfache Garantie handeln, die einen Schadensersatzanspruch des Bestellers nur im Verschuldensfall auslöst (vgl § 633 Rn 171). Seinem eindeutigen Wortlaut nach bezieht sich § 639 BGB *auch auf derartige Garantien* (vgl STAUDINGER/COESTER-WALTJEN [1998] § 11 Nr 11 AGBG Rn 10; **aA** NICKLISCH, in: FS Beitzke [1979] 89; 104 ff, beide zu § 11 Nr 11 AGBG), auch wenn der Grundgedanke der Bestimmung, Garantiezusagen die gehörigen Rechtsfolgen zu sichern, hier nicht passt und außerdem ein Ungleichgewicht gegenüber dem Kauf geschaffen wird, wo es Garantien dieser (minderen) Art nicht gibt. Doch ist das Ergebnis nicht unbillig.

19 3. Die Bestimmung gilt aber auch und gerade für sog qualifizierte Garantien, bei denen der Unternehmer ohne Weiteres auf Schadensersatz haftet, wenn die garantierte Eigenschaft fehlt.

4. Dagegen ist § 639 BGB dort *nicht anwendbar,* wo der Unternehmer eine sog *selbständige Garantie* abgibt, also die Garantie für einen über die Vertragsmäßigkeit der Leistung hinausgehenden Erfolg übernimmt. Freizeichnungen in diesem Bereich können überraschend iSd § 305c Abs 1 BGB sein, sie stellen auch *regelmäßig eine unangemessene Benachteiligung* des Bestellers, § 307 BGB, dar. Freilich kann und wird eine Garantieübernahme dieser Art auch oft von vornherein zulässigerweise nur in begrenztem Umfang erfolgen; das ist im Wege der Auslegung zu ermitteln.

V. Beschränkungen der Gewährleistung in Allgemeinen Geschäftsbedingungen

20 Beschränkungen der Gewährleistungsrechte können sich *in den eigenen AGB des Bestellers* finden, wenn er zB die Bestimmungen der VOB/B in den Vertrag einbringt. Sie sind dann *bedenkenfrei wirksam;* § 307 Abs 1 S 1 BGB setzt eine Benachteiligung des Vertragspartners voraus. Dagegen findet eine Kontrolle nach §§ 305 ff BGB statt, wenn der Unternehmer Verwender der gewährleistungsbeschränkenden AGB ist. Unter den Bestimmungen sind zunächst von Bedeutung:

1. Überraschende Klauseln

§ 305c Abs 1 BGB, nach dem überraschende Klauseln nicht Vertragsinhalt werden. **21** Insoweit ist freilich zu beachten, dass Regelungen der Gewährleistung regelmäßig drucktechnisch hinreichend abgesondert und zusammengefasst sind, sodass formale Bedenken *nur ganz ausnahmsweise* durchschlagen können. Zur inhaltlichen Ausgestaltung von Gewährleistungsbeschränkungen aber hat sich ein gewisser Kanon eingespielt, sodass Klauseln unter diesem Aspekt ebenfalls nur ausnahmsweise überraschen können; eine etwaige – auch grobe – Unbilligkeit führt noch nicht zu einem Überraschungsmoment. Insofern wird § 305c Abs 1 BGB nur ausnahmsweise zur Nichteinbeziehung von Klauseln führen. Angenommen wurde eine Überraschung etwa von OLG Hamburg WM 1985, 568 für eine Klausel, nach der entgegen § 639 Abs 2 BGB aF (§ 203 BGB) ein Nachbesserungsversuch des Unternehmers ohne Einfluss auf den Ablauf der Verjährung bleiben sollte. Dagegen hat BGH BB 1979, 185 (zum früheren Recht) zutreffend den Überraschungseffekt einer Verkürzung der Gewährleistungsfristen verneint.

2. Individualabreden

§ 305b BGB, der den *Vorrang von individuellen Abreden* begründet. Die Bestim- **22** mung findet dann entsprechende Anwendung, wenn mehrere Klauselwerke miteinander konkurrieren. Es kommt dann darauf an, welches den Vorrang haben sollte, vgl die beispielhafte Regelung in § 1 Abs 2 VOB/B.

3. Unklarheiten

§ 305c Abs 2 BGB, nach dem *Unklarheiten* bei der Auslegung Allgemeiner Ge- **23** schäftsbedingungen zu Lasten des Unternehmers gehen. Solche Unklarheiten können sich insbesondere hinsichtlich der Reichweite eines Ausschlusses von Schadensersatzansprüchen ergeben, also darüber, ob auch Ansprüche wegen Mangelfolgeschäden beschränkt oder ausgeschlossen sein sollen (vgl BGH WM 1982, 980, 982) oder neben vertraglichen auch deliktische (vgl dazu schon o Rn 9). Mangels eindeutiger entgegenstehender Indizien ist dem Gewährleistungsausschluss das jeweils engste Verständnis zu unterlegen.

4. Inhaltskontrolle nach § 309

Bei der Inhaltskontrolle kommt dem Klauselkatalog des § 309 BGB besondere **24** Bedeutung zu. Zu nennen sind hier vor allem

a) Leistungsverweigerungsrechte

§ 309 Nr 2 lit a BGB, der Leistungsverweigerungsrechte des *Bestellers* nach § 320 BGB vor Ausschluss oder Einschränkung schützt, beachte aber auch § 309 Nr 2 lit b BGB, nach dem Zurückbehaltungsrechte des Bestellers wegen Mängeln nicht von deren vorheriger Anerkennung durch den Unternehmer abhängig gemacht werden dürfen.

aa) Die Reichweite dieser Bestimmungen, deren Gehalt für den hier interessierenden Bereich von § 309 Nr 8 lit b dd BGB (vgl dazu Rn 45) fortgeführt und ergänzt wird, wird zunächst dadurch eingeschränkt, dass sie dort *nicht gelten, wo eine Vorleistungspflicht vereinbart* ist (vgl BGHZ 100, 158, 160, str), wobei sich deren Vereinbarung freilich wiederum an § 307 BGB messen lassen muss (BGHZ 100, 158, 160). Es kommt ihr aber deshalb erhebliche praktische Bedeutung zu, weil der *Nachbesserungsanspruch* des Bestellers *mit der Werklohnforderung des Unternehmers,* soweit diese fällig ist, *im Gegenseitigkeitsverhältnis* iSd § 320 BGB *steht* (vgl § 641 Abs 3 BGB) und auch zuvor schon der Anspruch des Bestellers auf mangelfreie Erfüllung mit dem Anspruch des Unternehmers auf Abschlagszahlung.

25 bb) Neben § 309 Nr 8 lit b bb BGB behält § 309 Nr 2 lit b BGB eigenständige Bedeutung dann, *wenn nicht primär der Besteller Nachbesserung begehrt,* sondern *der Unternehmer seinen Werklohn,* und demgegenüber der Nachbesserungsanspruch einredeweise geltend gemacht wird. Hier sichert die Bestimmung insbesondere, dass der Werklohn in angemessener Höhe zurückbehalten werden kann, vgl § 641 Abs 3 BGB. § 309 Nr 2 lit b BGB stellt sicher, dass das Zurückbehaltungsrecht auch auf von dem Unternehmer bestrittene Mängel gestützt werden kann, sodass also im Prozess eine Beweisaufnahme stattzufinden hat.

cc) Unter Unternehmern iSd § 14 BGB soll § 309 Nr 2 BGB nach überwiegender Ansicht nicht entsprechend anwendbar sein (vgl MünchKomm/WURMNEST § 309 Nr 2 Rn 20; ULMER/BRANDNER/HENSEN/SCHÄFER § 309 Nr 2 Rn 20; aA LÖWE/vWESTPHALEN/TRINKNER § 11 Nr 2 AGBG Rn 29; für die grundsätzliche Zulässigkeit des Ausschlusses der Zurückbehaltungsrechte auch früher BGH BB 1976, 1289). Immerhin kann auch nach dieser Auffassung der Ausschluss der Zurückbehaltungsrechte noch *gegen § 307 BGB verstoßen,* wenn die Rechte des Bestellers unverhältnismäßig eingeschränkt werden (vgl BGHZ 48, 264). Das ist namentlich dann der Fall, wenn die Rechte des Bestellers unbestritten, rechtskräftig festgestellt oder entscheidungsreif sind (vgl BGH NJW 1985, 319, 320; 1992, 575). Das muss – bei Vermeidung der Gesamtnichtigkeit der Klausel – auch in ihrem Text zum Ausdruck gebracht werden (BGH NJW-RR 2005, 919 = NZBau 2005, 392). BGH NJW 1978, 634 hat es auch für treuwidrig gehalten, wenn der Unternehmer seinerseits ein Zurückbehaltungsrecht gegenüber seinem Subunternehmer ausübt. Dies wird nicht unter § 307 BGB zu subsumieren sein, sondern eine unzulässige Rechtsausübung darstellen.

26 dd) *Zur Möglichkeit, Vorleistungspflichten des Bestellers zu vereinbaren,* vgl § 641 Rn 12 ff. Die *Vereinbarung von Voraus- und Abschlagszahlungen* ist grundsätzlich nur darauf zu beziehen, dass der Besteller – in beiden Fällen – vor der Abnahme zu bezahlen hat, bei den Vorauszahlungen auch noch zusätzlich über den jeweiligen Leistungsstand des Unternehmers hinaus. Mit der Vereinbarung von Abschlagszahlungen soll dagegen *grundsätzlich nicht das Recht ausgeschlossen* werden, *Zurückbehaltungsrechte wegen des Nachbesserungsanspruchs auszuüben.* Anderes gilt bei Vorauszahlungen. Der Besteller darf sich durch ihre Verzögerung nicht die Möglichkeit verschaffen, ein Zurückbehaltungsrecht wegen Nachbesserungsansprüchen auszuüben. Soweit die *Vorauszahlungen* zulässigerweise vereinbart waren (vgl § 641 Rn 13 f), *schließen* sie mithin auch *wirksam ein Zurückbehaltungsrecht* wegen eines Nachbesserungsanspruchs aus.

Soweit hinreichend eindeutig eine Vorleistungspflicht des Bestellers für das Verhältnis von Werklohnzahlung und Nachbesserungsanspruch vereinbart ist, verstößt das gegen die §§ 309 Nr 8 lit b dd, 307 BGB (vgl auch Rn 45).

b) Aufrechnungsmöglichkeiten
§ 309 Nr 3 BGB, der Aufrechnungsmöglichkeiten mit unbestrittenen oder rechtskräftig festgestellten Forderungen ausschlussfest macht. Die Bestimmung ist freilich nur eingeschränkt unmittelbar einschlägig, da der Schadensersatzanspruch des Bestellers, der als Gegenanspruch zum Werklohnanspruch am häufigsten in Betracht kommt, gegenüber diesem nicht aufgerechnet, sondern verrechnet wird (vgl § 634 Rn 142 ff). Doch ergibt ein *Erst-Recht-Schluss* aus der Bestimmung, dass *der Besteller unbestrittene Ansprüche* aus § 634 Nr 4 BGB dem Werklohnanspruch des Unternehmers ungehindert entgegenhalten können muss. Soweit der Besteller seinen *bestrittenen Nachbesserungsanspruch* aus § 634 Nr 1 BGB der Werklohnforderung des Unternehmers einredeweise entgegenhalten darf (vgl o Rn 24), *muss dies dann aber auch für einen bestrittenen Schadensersatzanspruch aus § 634 Nr 4 BGB gelten,* der nicht schlechter behandelt werden darf als der Nachbesserungsanspruch, aus dem er hervorgehen kann (vgl Erman/Roloff § 309 Rn 31; MünchKomm/Wurmnest § 309 Nr 2 Rn 4; Ulmer/Brandner/Hensen/Schäfer § 309 Nr 3 Rn 7). Gleiches gilt dann aber auch für Ansprüche des Bestellers aus § 634 Nr 2 BGB auf Kostenvorschuss oder -erstattung bei eigener Nachbesserung. Freilich gilt das nur insoweit, wie der Schadensersatzanspruch gegenständlich der Werklohnforderung entspricht, also zB nicht, wenn der Architekt wegen Mängeln am Bau in Anspruch genommen wird. **27**

Damit bleibt Raum für die von § 309 Nr 3 BGB eröffneten Möglichkeiten des Aufrechnungsausschlusses im Verhältnis zur Werklohnforderung für Ansprüche wegen Mangelfolgeschäden.

Dass die Aufrechnungsmöglichkeiten mit unbestrittenen oder rechtskräftig festgestellten Forderungen erhalten bleiben müssen, folgt aber auch schon aus § 307 Abs 2 Nr 1 BGB (vgl BGHZ 91, 375, 383; 92, 308, 316 zu § 9 Abs 2 Nr 1 AGBG) und gilt damit *auch im unternehmerischen Bereich* (vgl Ulmer/Brandner/Hensen/Schäfer § 309 Nr 3 Rn 12).

c) Grobes, einfaches Verschulden
§ 309 Nr 7 lit b BGB, der eine *Haftungsbegrenzung bei grob fahrlässigem Verhalten* des Unternehmers oder seiner Erfüllungsgehilfen unwirksam sein lässt. Die Bestimmung gilt auch bei Verwendung gegenüber einem Unternehmer iSd § 14 BGB (BGH NJW 2007, 3774). Trägt eine Klausel der Bestimmung nicht Rechnung, ist die Haftungsbeschränkung insgesamt unwirksam. **28**

aa) Die Bestimmung betrifft zunächst die Schadensersatzansprüche, die der Besteller wegen Mangelschäden und Mangelfolgeschäden *aus § 634 Nr 4 BGB* herleiten kann, darüber hinaus aber auch etwa konkurrierende *deliktische Ansprüche* (vgl BGHZ 100, 158, 184; MünchKomm/Wurmnest § 309 Nr 7 Rn 9; Ulmer/Brandner/Hensen/Christensen § 309 Nr 7 Rn 15). Es ist nicht ersichtlich, warum derartige Ansprüche über das in § 309 Nr 7 lit b BGB zugelassene Maß hinaus sollten beschränkt werden können.

Eine entsprechende Anwendung der Bestimmung ist aber auch dann angezeigt, wenn der Besteller bei grober Fahrlässigkeit *andere Gewährleistungsansprüche* als einen Schadensersatzanspruch geltend macht, also *Nachbesserung* verlangt, *Kostenvorschuss für diese,* Minderung oder Rücktritt erklärt. Wenn der Schadensersatzanspruch als ultima ratio insoweit nicht eingeschränkt werden kann, ergäbe es keinen Sinn, wenn ihm vorausgehende oder mit ihm konkurrierende Rechte beschränkt werden könnten. *Der Zweck der Bestimmung, auf schweres Verschulden eine angemessene Reaktion folgen zu lassen,* muss auch hier gelten. Auch sonst werden sämtliche Rechte, die der Besteller aus Mängeln herleiten kann, „gleich behandelt" (vgl § 639 BGB zur Gewährleistungsbeschränkung, §§ 634a Abs 2, 213 BGB zur Verjährung und § 633 Rn 192 f zur Mitverschuldensfrage).

29 bb) Die Bestimmung ist weiterhin anwendbar, soweit Schadensersatzansprüche des Bestellers gegen Dritte, insbesondere die *Erfüllungsgehilfen* des Unternehmers, eingeschränkt werden sollen, bzw Schadensersatzansprüche Dritter aus dem Werkvertrag als einem Vertrag mit Schutzwirkung für sie, zB der Angehörigen des Bestellers (vgl Ulmer/Brandner/Hensen/Christensen § 309 Nr 7 Rn 12, 16; **aA** MünchKomm/Wurmnest § 309 Nr 7 Rn 10, die Haftungsfreistellungen Dritter nur an § 307 messen will).

cc) Die *Begriffe des Vorsatzes, der groben Fahrlässigkeit* und *des Erfüllungsgehilfen* weisen keine Besonderheiten auf; zu Unrecht will Kümpel (WM 1977, 700) selbstständige Erfüllungsgehilfen von der Bestimmung nicht erfasst wissen.

30 dd) Eine *Beschränkung der Haftung ist in mehrfacher Hinsicht denkbar,* aber eben nach § 309 Nr 7 lit b BGB unwirksam. Es kann sich handeln um eine Verkürzung der Verjährungsfristen (vgl BGH MDR 1983, 552; NJW-RR 1987, 1252; NJW 2009, 1486), das Aufstellen von Rügeobliegenheiten, wie sie nicht mehr § 640 Abs 3 BGB entsprechen (vgl BGH NJW 1985, 3016), das Aufstellen von Ausschlussfristen oder sonstigen Ausschlusstatbeständen (vgl BGH NJW 1985, 3016), wie sie zB in der eigenen Weiterverarbeitung der Werkleistung durch den Besteller gesehen werden könnten (vgl BGH NJW 1985, 3016), oder auch in eigenen Maßnahmen zur Mängelbeseitigung; letztere dürfen vielmehr nur nach § 254 Abs 2 BGB bewertet werden, soweit sie den Aufwand des Unternehmers für die Mängelbeseitigung erhöhen. Unter § 309 Nr 7 lit b BGB fiele eine Bestimmung, die § 203 BGB einschränken wollte. Vor allem ist aber auch zu denken an den Ausschluss bestimmter Arten von Schäden von der Ersatzfähigkeit oder die summenmäßige Beschränkung des Schadensersatzes auf den Warenwert (vgl BGH NJW 1985, 3016) oder den Werklohn bzw ein bestimmtes Vielfaches des Werklohns.

31 Dagegen wird die *inhaltliche Ausgestaltung* des Schadensersatzes von § 309 Nr 7 lit b BGB *nicht betroffen,* so lange es nur ein voller bleibt; hier bleibt nur § 307 Abs 2 Nr 1 BGB zu bedenken. Doch gehört es zB nicht zu den tragenden Grundgedanken der gesetzlichen Regelung, dass der Schadensersatz nur in Geld zu leisten ist. Dies gilt jedenfalls für den Architekten, der Nachbesserung an dem Bauwerk selbst nicht schuldet (vgl Anh zu §§ 650p–650t Rn 7 ff); er kann sich also in AGB eine eigene Nachbesserungsbefugnis ausbedingen. Gegen § 307 Abs 2 Nr 1 BGB verstößt es freilich, wenn sich ein sonstiger Unternehmer die Nachbesserung als Schadensersatzleistung vorbehält, nachdem er die eigene Nachbesserungsbefugnis verloren hat.

Auch *Erschwerungen der Durchsetzung des Schadensersatzanspruchs* werden von § 309 Nr 7 lit b BGB *nicht erfasst* (**aA** BGHZ 183, 220 = NJW 2010, 1277 Rn 16); sie sind vielmehr in der Notwendigkeit der Fristsetzung vorgezeichnet und sind an den §§ 309 Nr 8 lit b aa, bb, dd, 307 BGB zu messen. Das gilt insbesondere für Klauseln, die die eigene Haftung nur subsidiär zur Haftung anderer eingreifen lassen wollen, vgl aber zum Architekten § 650s BGB.

ee) Zur grundsätzlichen Unwirksamkeit *salvatorischer Klauseln* – Haftungsbeschränkung, „soweit gesetzlich zulässig" – vgl STAUDINGER/COESTER-WALTJEN (2019) § 309 Nr 7 Rn 30 ff; ULMER/BRANDNER/HENSEN/SCHMIDT § 306 Rn 39 ff. 32

ff) Die *Unzulässigkeit der Haftungsbeschränkung* für die Fälle des Vorsatzes und der groben Fahrlässigkeit *berechtigt nicht zu dem Umkehrschluss,* dass Schadensersatzansprüche des Bestellers im Falle geringeren Verschuldens beliebig eingeschränkt werden könnten. Es bleibt hier zunächst § 309 Nr 8 lit b BGB zu beachten (dazu u Rn 33 ff), vor allem aber auch § 307 BGB, dessen Abs 2 Nr 2 die wesentlichen Vertragspflichten und damit die Erreichung des Vertragszwecks sichert. Das ist gerade für Schadensersatzansprüche des Bestellers bedeutsam (vgl dazu u Rn 67 ff).

d) Mängel bei Werkleistungen
§ 309 Nr 8 lit b BGB, der sich – ua – auf Mängel bei Werkleistungen bezieht. 33

aa) Anwendungsbereich
In seiner ersten Alternative – neu hergestellte Sachen – erfasst § 309 Nr 8 lit b BGB verkaufte (oder unentgeltlich gelieferte) Gegenstände, namentlich auch bei § 650 BGB unterliegenden Verträgen. Insoweit werden freilich weithin die §§ 475, 474 BGB vorrangig sein. Neu hergestellt in diesem Sinne ist auch ein grundlegend sanierter Altbau, dies auch und gerade in Bezug auf jene Teile, die unbearbeitet bleiben, sofern die berechtigte Erwartung des Erwerbers dahin geht, auch hier sei das technisch Mögliche realisiert worden (BGH NJW 2005, 1115 = BauR 2005, 542; BGH NJW 2007, 3275 Rn 18). Die andere Alternative der Werkleistungen ist immer dann einschlägig, wenn die Gewährleistungsregeln der §§ 633 ff BGB einschlägig sind.

bb) Ausschluss der Gewährleistungsansprüche und Verweisung an Dritte, § 309 Nr 8 lit b aa
(1) Gewährleistungsansprüche des Bestellers dürfen *nicht insgesamt ausgeschlossen* werden; es muss ihm also *mindestens eines der Rechte* auf Nachbesserung, ggf in Selbstvornahme, Minderung, Rücktritt oder Schadensersatz wegen Nichterfüllung *erhalten bleiben.* Insoweit ist die Bestimmung praktisch wenig bedeutsam, da derart radikale Beschränkungen der Gewährleistung selten sind und schon § 307 BGB dem Besteller regelmäßig einen weitergehenden Schutz sichert, vgl Rn 62 ff. 34

(a) Ein Gewährleistungsausschluss liegt nicht vor, wenn die Eigenschaften des Werkes vertraglich so beschrieben sind, dass es zwar nicht den – berechtigten – Erwartungen des Bestellers entspricht, wohl aber eben dieser *Leistungsbeschreibung.* Doch setzt sich insoweit die berechtigte Erwartung des Bestellers, § 633 Abs 2 S 2 Nr 2 BGB, durch, wenn er nicht gehörig über die Leistungsbeschreibung aufgeklärt worden ist (vgl o Rn 3 ff). Von dieser Aufklärungspflicht kann sich der Unternehmer wegen § 307 Abs 2 Nr 1, 2 BGB nicht wirksam freizeichnen, weil sie aus dem bei ihm vorauszusetzenden überlegenen Sachverstand folgt und damit dem Wesen des Werkvertrages entspricht. Die Verletzung dieser Pflicht führt dazu, dass jener Zuschnitt der Leistung Vertragsinhalt wird, den der Besteller redlicherweise erwarten darf, und der sich nach § 305b BGB gegen alle sonstigen Vertragsklauseln durchsetzt (vorbehaltlich etwaiger sog „Sowieso-Kosten", vgl dazu § 634 Rn 24).

35 (b) Klauseln, die einen *Gewährleistungsausschluss* an ein *Verhalten des Bestellers* knüpfen, fallen nicht unter § 309 Nr 8 lit b aa BGB (**aA** STAUDINGER/COESTER-WALTJEN [2019] § 309 Nr 8 Rn 38). Wo der Unternehmer eine fristgebundene Rüge des Bestellers fordert, ist § 309 Nr 8 lit b ee BGB zu beachten. Wo der Unternehmer die Gewährleistung für den *Fall eigener Eingriffe* des Bestellers ablehnt, ist das nach § 307 BGB unwirksam (vgl BGH Betr 1980, 494; LG Halle VersR 1998, 54), sofern der Unternehmer das nicht auf den Fall beschränkt, dass seine eigene Gewährleistung dadurch erweitert oder erschwert wird. Hier geht es um die Frage, inwieweit § 254 Abs 2 BGB erweiterungsfähig ist, die grundsätzlich verneint werden muss.

(c) Der gänzliche Ausschluss der Gewährleistung ist auch *nicht hinsichtlich einzelner Teile* der Leistung möglich, mögen diese nun gegenständlich bezeichnet sein oder nach anderen Merkmalen, zB qualitativ (vgl zum Ausschluss der Gewährleistung für Konstruktionsfehler zum früheren Recht BGH NJW 1971, 1795; ferner STAUDINGER/COESTER-WALTJEN [2019] § 309 Nr 8 Rn 36) oder quantitativ, oder danach, ob sie auf Zulieferung von Dritten bzw Subunternehmern beruhen oder unverschuldet verursacht sind. Soweit *die Mängel von dem Besteller mitverursacht sind,* darf der Unternehmer dessen nach § 254 Abs 1 BGB zu bemessenden Anteil (an den Kosten) (vgl dazu § 633 Rn 192 f) nicht hinaufschrauben. *Unzulässig ist auch eine Beschränkung der Gewährleistung auf im Abnahmeprotokoll vermerkte oder vom Unternehmer anerkannte Mängel.*

36 (2) Unzulässig ist insbesondere auch ein Ausschluss der Gewährleistung unter *„Einräumung" von Ansprüchen gegen Dritte,* dh für den Fall der Abtretung von Ansprüchen gegen Dritte oder der Schaffung von Ansprüchen des Bestellers durch einen Vertrag mit einem Dritten zu seinen Gunsten.

Dieser Bestimmung kommt insofern geringe Bedeutung zu, als *der Besteller durchaus,* wenn auch innerhalb zumutbarer Grenzen (vgl u Rn 37) *auf die vorherige Inanspruchnahme Dritter verwiesen werden kann.*

Dabei ist die Reichweite der Wirkungen des § 309 Nr 8 lit b aa BGB zu beachten. Unzulässig ist nur der Ausschluss der eigenen Gewährleistung des Unternehmers bzw die Vorschaltung der *gerichtlichen* Inanspruchnahme eines Dritten, wobei es genügt, dass die sprachliche Fassung der Klausel beim Besteller den *Eindruck dieser Notwendigkeit* erweckt (BGH NJW 1998, 904: Anspruch gegen Subunternehmer des Bauträgers „nicht durchsetzbar"). *Wirksam bleibt,* woran im Einzelfall durchaus ein erhebliches Interesse des Bestellers bestehen kann:

Zunächst *die Abtretung der Ansprüche* des Unternehmers gegen die Dritten, sofern sie nur als solche ordnungsgemäß, insbesondere bestimmt genug, erfolgt ist.

Sodann *ein etwaiger Anspruch des Bestellers auf Abtretung der Ansprüche gegen die Dritten.* Dieser Anspruch schließt nach § 242 BGB einen Anspruch auf nähere Bezeichnung der Dritten und der Art der Ansprüche gegen sie ein. Wenn der Unternehmer nicht rechtzeitig Auskunft erteilt oder abtritt, zB erst nach Verjährung der

Ansprüche gegen die Dritten oder deren Insolvenz, kann er sich insoweit schadensersatzpflichtig machen.

Ansprüche des Bestellers in diesem Bereich unterliegen § 634a BGB.

(a) Zulässig ist es, die *Gewährleistung von der vorherigen außergerichtlichen Inanspruchnahme eines Dritten abhängig zu machen* (**aA** BGH NJW 2002, 2470, zum Bauträgervertrag unter Berufung auf § 9 Abs 2 Nr 2 AGBG [§ 307 Abs 2 Nr 2]). **37**

(α) Die Subsidiarität der eigenen Gewährleistung kann nur wegen *solcher Mängel ausbedungen werden, hinsichtlich derer Ansprüche gegen einen Dritten überhaupt bestehen;* wo das nicht der Fall ist, haftet der Unternehmer unmittelbar selbst (vgl BGHZ 62, 251, 255). Dabei braucht der *Haftungsgrund des Dritten* aber *nicht mit dem des Unternehmers identisch* zu sein, wie es zB dann nicht der Fall ist, wenn ein Ausführungsverschulden des Handwerkers mit einem Planungsverschulden des Architekten zusammentrifft und in denselben Mangel mündet, vgl zu dieser Konstellation auch § 650t BGB.

(β) Es ist unerheblich, ob die *Ansprüche* gegen den Dritten *eigene des Bestellers* sind oder *abgetretene des Unternehmers*. Geht es um Ansprüche des Unternehmers, kann er sich auf die Subsidiarität seiner Haftung nur dann berufen, wenn er die Ansprüche wirksam abgetreten und den Besteller mit allen Auskünften versorgt hat, die dieser benötigt, um gegen den Dritten erfolgreich vorgehen zu können (Name, Anschrift, getroffene Vereinbarungen, Zeitpunkt der dortigen Abnahme etc) (Staudinger/Coester-Waltjen [2019] § 309 Nr 8 Rn 45).

(γ) Wenn der Besteller zu einem gerichtlichen Vorgehen gegen den Dritten auch nicht verpflichtet werden kann, muss er aber jedenfalls *außergerichtlich mit Sorgfalt und Nachdruck und unter Einhaltung etwa notwendiger Formalien vorgehen.* Dabei bleibt es seinem pflichtgemäßen Ermessen vorbehalten, wie er vorgeht, ob er etwa den Dritten nur zur Leistung auffordert oder auch die §§ 634 Nrn 2–4 BGB vorgeschaltete Frist setzt.

Die Pflicht, gegen den Dritten vorzugehen, endet, wenn sich ein weiteres Insistieren gegenüber diesem als sinnlos erweist, wofür der Besteller darlegungs- und beweispflichtig ist. Dabei ist einerseits ein objektiver Maßstab anzulegen; es kommt nicht auf das subjektive Dafürhalten des Bestellers an. Andererseits dürfen *die Anforderungen im Interesse des Bestellerschutzes nicht zu hoch* angesetzt werden. Weigerung des Dritten oder fehlende Reaktion auf Anschreiben reichen jedenfalls aus. Bei Vermögensverfall oder aus sonstigen Gründen fehlender Leistungsfähigkeit ist ein Vorgehen gegen ihn überhaupt entbehrlich.

(b) Dem Besteller ist ein *klageweises Vorgehen* gegen den Dritten *nicht verwehrt,* **38** sofern dieses aussichtsreich erscheint (vgl BGH NJW 1984, 2573 zum früheren Recht).

Ist das Vorgehen gegen den Dritten mit *Kosten* verbunden, die bei diesem nicht beizutreiben sind, so *hat der Unternehmer sie in entsprechender Anwendung des § 670 BGB zu tragen,* sofern der Besteller aus abgetretenem Recht des Unternehmers vorgegangen ist (so BGH NJW 1984, 2573); richtiger ist es wohl, sie *in entsprechender*

Anwendung der §§ 634 Nr 2, 637, 635 Abs 2 BGB in jedem Fall dem Unternehmer aufzubürden.

(c) Solange sich der Besteller noch in der Auseinandersetzung mit dem Dritten befindet, steht dem Unternehmer gegenüber seinen Gewährleistungsansprüchen ein *Leistungsverweigerungsrecht* zu. Das führt dazu, dass eine Klage des Bestellers gegen den Unternehmer als zurzeit unbegründet abgewiesen werden müsste (vgl STAUDINGER/COESTER-WALTJEN [2019] § 309 Nr 8 Rn 49).

Unbeeinträchtigt bleibt freilich auch jetzt schon die Befugnis des Bestellers, wegen des Mangels ein *Zurückbehaltungsrecht* gegenüber der Werklohnforderung des Unternehmers auszuüben. Entgegen BGHZ 70, 193, 198 ist dieses Zurückbehaltungsrecht nicht davon abhängig, dass der Unternehmer seinerseits ein Zurückbehaltungsrecht gegenüber dem Dritten ausübt (vgl ULMER/BRANDNER/HENSEN/CHRISTENSEN § 309 Nr 8 Rn 41).

39 **(d)** Wenn – und soweit – das Vorgehen gegen den Dritten fehlschlägt oder sich als aussichtslos erweist, *lebt die eigene Gewährleistung des Unternehmers unverjährt wieder auf* (vgl BGH NJW 1981, 2343; 1984, 2573). Das ist konstruktiv aus § 205 BGB zu begründen.

Zu diesem Wiederaufleben kommt es nicht, wenn das Vorgehen gegen den Dritten zwar nicht erfolgreich war, aber bei gehörigem Verhalten des Bestellers hätte erfolgreich sein müssen. Hierfür trägt der Unternehmer die Beweislast.

(e) Der Besteller hat die nicht ohne Weiteres zu realisierenden Ansprüche zurückzuübertragen, dies aber erst, nachdem er seine Ansprüche gegen den Unternehmer selbst durchgesetzt hat (BGHZ 172, 42 = NJW 2007, 1952 Rn 33).

40 **(3)** *Im unternehmerischen Verkehr* gilt nach § 307 Abs 2 Nr 1 BGB Ähnliches wie nach § 309 Nr 8 lit b aa BGB. Auch hier ist es unzulässig, die eigene Gewährleistung gegen Abtretung von Ansprüchen gegen Dritte vollen Umfangs auszuschließen (vgl PALANDT/GRÜNEBERG § 309 Rn 67; einschränkend ULMER/BRANDNER/HENSEN/CHRISTENSEN § 309 Nr 8 Rn 47). Zulässig muss es aber sein, die vorherige gerichtliche Inanspruchnahme eines Dritten zur Voraussetzung zu machen (vgl STAUDINGER/COESTER-WALTJEN [2019] § 309 Nr 8 Rn 52). Freilich wird der Besteller Sicherheitsleistung wegen der damit verbundenen Kosten verlangen können und muss die Klausel dies zum Ausdruck bringen.

cc) Beschränkung des Bestellers auf Nacherfüllung, § 309 Nr 8 lit b bb

41 **(1)** § 309 Nr 8 lit b bb BGB ist eine Bestimmung, *die eher Verwirrung stiftet*. Denn auf einen primären Nachbesserungsanspruch beschränkt ist der Besteller schon nach dem Gesetz, vgl die den Sekundärrechten grundsätzlich vorgeschaltete Fristsetzung zur Nacherfüllung. Wann der Übergang zu sekundären Rechten erfolgt, regeln die §§ 281 Abs 1, 2, 323 Abs 1, 2 BGB ebenfalls genauer, während der – freilich in § 637 Abs 2 S 2 BGB wiederkehrende – Begriff des Fehlschlagens wenig zur Erhellung beiträgt. Wenn dann noch dem Unternehmer die Verpflichtung auferlegt wird, auf die Möglichkeit der Minderung (und ggf des Rücktritts) hinzuweisen, dann wird damit *eine Informationspflicht statuiert, die nach den §§ 633 ff BGB nicht besteht.* Die

Folgen sind nur noch komisch: Verletzt der Unternehmer seine Informationspflicht, so ist seine Klausel unwirksam. Nach § 306 Abs 2 BGB findet dann das Werkvertragsrecht des BGB Anwendung, nach dem er nicht über Rücktritt und Minderung zu informieren braucht. *Die Bestimmung ist ersichtlich am Kauf orientiert* und auch dort durch die Statuierung des Anspruchs auf Nacherfüllung überholt, § 437 Nr 1 nF BGB. Der Versuch, sie mit Sinn zu erfüllen, ergibt Folgendes:

(2) Dass dem Besteller in AGB des Unternehmers ein Nachbesserungsrecht eingeräumt wird, ist angesichts von § 634 Nr 2 BGB bedeutungslos. Interessantere Fragen ergeben sich hinsichtlich der Einschränkbarkeit dieses Anspruchs, vgl insoweit zu den *Kosten der Nachbesserung* § 309 Nr 8 lit b cc BGB (dazu u Rn 44), zu der Frage, inwieweit der *Werklohn* trotz des zu beseitigenden Mangels zu *entrichten* ist, § 309 Nr 8 lit b dd BGB (dazu u Rn 45). Die zu verneinende Frage, ob der *Nachbesserungsanspruch überhaupt ausgeschlossen* werden darf, beantwortet sich nach § 307 BGB (dazu Rn 63). Der Nachbesserungsanspruch muss als ein *wesentlicher Kern des Werkvertragsrechts in seinen Grundzügen erhalten* bleiben. Der Unternehmer darf ihn nicht von einem Verschulden am Mangel abhängig machen, auch nicht auf den Fall beschränken, dass sie ihn nicht teurer zu stehen kommt als eine Minderung. Er darf auch *nicht eine Neuherstellung* zugunsten einer bloßen Nachbesserung *ausschließen,* wenn damit die Erwartung des Bestellers, ein brauchbares Werk zu erhalten, enttäuscht wird. Er darf schließlich sein Recht, die Nachbesserung wegen unverhältnismäßigen Aufwands zu verweigern, § 635 Abs 3 BGB, nicht nachhaltig ausweiten. 42

Zu der Befugnis des Bestellers, nach § 634 Nr 2 BGB den Mangel selbst auf Kosten des Unternehmers zu beseitigen, vgl u Rn 64.

(3) Die *Minderungsmöglichkeit* muss dem Besteller für den Fall vorbehalten bleiben, dass die Nacherfüllung „fehlschlägt". Dabei darf sich der Verwender – auch gegenüber Unternehmern iSd § 14 BGB – nicht drei Nachbesserungsversuche vorbehalten (BGH NJW 1998, 677). Er darf in seiner Klausel auf die Formulierung des Gesetzes („Fehlschlagen") zurückgreifen (BGH NJW 1998, 679). Definiert er dieses näher, muss er grundsätzlich alle möglichen Varianten des Fehlschlagens nennen (unberechtigte Weigerung, ungebührliche Verzögerung) (BGH NJW 1998, 679). Insgesamt ist der Begriff des Fehlschlagens nicht anders als in § 637 Abs 2 S 2 BGB zu verstehen, vgl dazu § 634 Rn 68 ff. 43

(4) Die Voraussetzung des § 309 Nr 8 lit b bb BGB, dass der Besteller ausdrücklich auf das Recht zur Herabsetzung der Vergütung (Minderung) hinzuweisen ist, läuft leer (vgl o Rn 41) und braucht deshalb nicht eingehalten zu werden.

(5) In der *Rechtsfolge* verbleibt dem Besteller jedenfalls das Recht zur *Minderung,* wie es sich aus den §§ 634 Nr 3, 638 BGB ergibt (zu seiner Entziehbarkeit vgl u Rn 65 f).

Zur Pflicht des Unternehmens, dem Besteller auch den Rücktritt vorzubehalten, vgl u Rn 65.

Übersehen ist in der gesetzlichen Regelung der bedeutsame *Schadensersatzanspruch aus § 634 Nr 4 BGB* (zu seiner Entziehbarkeit vgl o Rn 28 ff, u Rn 67 ff).

(6) Im *rein unternehmerischen Bereich* muss dem Besteller jedenfalls ein sekundärer Rechtsbehelf erhalten bleiben (vgl ULMER/BRANDNER/HENSEN/CHRISTENSEN § 309 Nr 8 Rn 70).

(7) Die Beweislast für das „Fehlschlagen" trägt der Besteller (BGH BB 1990, 950).

dd) Kosten der Nacherfüllung, § 309 Nr 8 lit b cc

44 (1) Die *Kosten der Mängelbeseitigung* hat der Unternehmer zu tragen, wie dies § 635 Abs 2 BGB klarstellt (vgl dazu § 635 Rn 2 ff). Während diese Regelung individualvertraglich abdingbar ist, kann sie durch AGB des Unternehmers nicht ausgeschlossen oder eingeschränkt werden.

Ggf hat sich der Besteller an den durch die Mängelbeseitigung *verursachten Kosten zu beteiligen,* was sich unter den Gesichtspunkten der sog „Sowieso-Kosten" oder des § 254 BGB ergeben kann. *Auch insoweit darf der Besteller durch AGB des Unternehmers nicht stärker belastet werden, als sich dies aus den allgemeinen Bestimmungen ergibt.* Auch die Modalitäten des Beitrags des Bestellers zu den Kosten dürfen nicht nachhaltig – zB im Sinne einer Vorleistungspflicht des Bestellers – zu seinen Lasten verschoben werden.

(2) Im *rein unternehmerischen Bereich* werden die Kosten der Nachbesserung ebenfalls im Wesentlichen von dem Unternehmer zu tragen sein; hier kommt es aber doch auch auf die Umstände des Einzelfalls an (vgl ULMER/BRANDNER/HENSEN/ CHRISTENSEN § 309 Nr 8 Rn 80; weitergehend zB vWESTPHALEN NJW 1980, 2227, 2232).

ee) Vorenthalten der Nacherfüllung, § 309 Nr 8 lit b dd

45 (1) Der Unternehmer darf die Beseitigung von Mängeln *nicht davon abhängig machen, dass vorab der gesamte Werklohn gezahlt wird* bzw mehr als angesichts der Mängel nach Maßgabe des § 641 Abs 3 BGB angemessen wäre.

Die Bestimmung greift dort nicht ein, wo überhaupt eine Vorleistungspflicht des Bestellers hinsichtlich des Werklohns (wirksam) vereinbart worden ist (vgl ULMER/ BRANDNER/HENSEN/CHRISTENSEN § 309 Nr 8 Rn 81). Sie soll *das Zurückbehaltungsrecht* des Bestellers wegen seines Nachbesserungsanspruchs aus § 320 BGB *unabdingbar machen, soweit es besteht.* Die Bestimmung korrespondiert insoweit mit § 309 Nr 2 BGB (vgl dazu o Rn 24 ff).

Der Besteller muss den Betrag des § 641 Abs 3 BGB einbehalten dürfen. Darlegungs- und beweispflichtig für einen genügenden Einbehalt ist der Unternehmer.

(2) Der Gedanke des § 309 Nr 8 lit b dd BGB hat grundsätzlich auch im *rein unternehmerischen Geschäftsverkehr* Berücksichtigung zu finden (vgl ULMER/BRANDNER/ HENSEN/CHRISTENSEN § 309 Nr 8 Rn 87; PALANDT/GRÜNEBERG § 309 Rn 71).

ff) Ausschlussfrist für Mängelanzeige, § 309 Nr 8 lit b ee

46 (1) § 309 Nr 8 lit b ee BGB unterscheidet zwischen *offensichtlichen und nicht offensichtlichen Mängeln.* Bei ersteren darf dem Besteller formularmäßig eine Frist zur Mängelanzeige gesetzt werden, bei letzteren nicht.

Offensichtlich ist ein Mangel dann, wenn er *so offen zu Tage tritt, dass er auch dem durchschnittlichen Verbraucher als Kunden ohne besonderen Aufwand auffällt.* Zu einer *besonderen Untersuchung* kann der Kunde mithin *nicht* verpflichtet werden; *Maßstab ist der Gebrauch des Werkes.* Hierbei muss der Mangel „ins Auge springen". Dadurch, dass ihn der Besteller erkannt hat, wird ein Mangel nicht schon offensichtlich (vgl MünchKomm/WURMNEST § 309 Nr 8 Rn 64; aA MARLY NJW 1988, 1184). Dabei braucht der Mangel nicht schon bei der Abnahme offensichtlich zu sein; es reicht vielmehr aus, wenn er es späterhin wird.

Zugunsten des Bestellers ist der *Begriff des offensichtlichen Mangels eng auszulegen.* Unzulässig – auch gegenüber Unternehmern iSd § 14 BGB – sind Klauseln, die auf die bloße Erkennbarkeit von Mängeln abstellen (BGH NJW-RR 2005, 247, 248 = NZBau 2005, 149, 150). Der Gedanke des § 377 HGB ist grundsätzlich nicht auf das Werkvertragsrecht übertragbar. Ein Mangel ist nur in dem Ausmaß offensichtlich, wie ihn der Besteller ohne Weiteres bemerken kann. Feuchte Stellen im Keller lassen es zB noch nicht offensichtlich werden, dass die Isolierung insgesamt mangelhaft ist. Dem Besteller muss außer der Mangelerscheinung auch die Mangelursache offensichtlich sein und er muss außerdem in der Lage sein, den Mangel dem richtigen Gewerk zuzuordnen.

(2) Bei *offensichtlichen Mängeln* können *Rügefristen* gesetzt werden, die aber **47** ihrerseits wieder an § 307 BGB zu messen sind (vgl STAUDINGER/COESTER-WALTJEN [2019] § 309 Nr 8 Rn 84). Es werden Fristen von einer Woche (Prüfung und Überlegung ohne Postlaufzeit) genannt (BGHZ 145, 203, 235; 139, 190, 196 f). Dabei kann es *schwerlich für alle Branchen einheitliche Fristen geben.* Das Massengeschäft des Reinigungswesens verträgt zB kürzere Fristen als das Bauwesen, das längere Fristen braucht (BGH NJW-RR 2005, 247, 248 = NZBau 2005, 149, 150: zwei Wochen zu kurz). Eine Woche ist wohl die kürzestmögliche Frist. In anderen Bereichen können auch bis zu vier Wochen zu fordern sein. In entsprechender Anwendung des § 377 Abs 4 HGB dürfen dabei dem Besteller *postalische Verzögerungen der Rüge nicht aufgebürdet* werden. Jedenfalls muss ihm *hinreichende Gelegenheit* belassen werden, *den Mangel zu prüfen und geeignete Schritte* zu erwägen; das Gebot einer unverzüglichen Rüge ist also unzulässig (vgl LG Köln NJW 1986, 69; KG NJW-RR 1991, 698).

Für die Rüge darf Schriftform vorgeschrieben werden, vgl § 309 Nr 13 BGB.

(a) Der Beginn der Rügefrist ist an den *Zeitpunkt der Offensichtlichkeit* des Man- **48** gels zu knüpfen, der dem der Abnahme nachfolgen kann. Zur Fristwahrung genügt die rechtzeitige Absendung der Rüge, vgl § 377 Abs 4 HGB; Beweispflichtig für die Offensichtlichkeit des Mangels (und ihren Zeitpunkt) ist der Unternehmer, für den Zugang der Rüge der Besteller.

(b) § 309 Nr 8 lit b ee BGB lässt *Rechtsverluste des Bestellers für den Fall der* **49** *versäumten Rüge* zu, umschreibt diese aber nicht näher. Unklarheiten müssen insoweit nach § 305c Abs 2 BGB zu Lasten des Unternehmers gehen. Ausschließbar sind *prinzipiell alle Rechte des Bestellers* auf Nachbesserung, Minderung, Rücktritt und Schadensersatz wegen Nichterfüllung. Zweifelhaft ist allerdings bei letzteren das Verhältnis zu § 309 Nr 7 lit b BGB. Man wird einen Vorrang des § 309 Nr 8 lit b ee BGB mit der Folge, dass Schadensersatzansprüche auch *für den Fall groben Ver-*

schuldens von der Einhaltung einer Rügefrist abhängig gemacht werden können, nicht anzunehmen haben. Das würde den Besteller unangemessen benachteiligen, ohne dass der Unternehmer hier Schutz verdienen würde, vgl auch die Privilegierung des Schadensersatzanspruchs in § 640 Abs 3 BGB für den Fall der rügelosen Abnahme. Privilegiert ist der Besteller auch bei einer Beschaffenheitsgarantie, § 639 BGB.

Nicht erfasst sind jedenfalls *Ansprüche wegen Mangelfolgeschäden aus §§ 634 Nr 4, 280 Abs 1, 241 Abs 2 BGB,* die keine eigentlichen Gewährleistungsansprüche darstellen. Hier sind Anmeldefristen an § 307 BGB zu messen und insoweit grundsätzlich unzulässig. Einwendungs- und Aufrechnungsmöglichkeiten, die sich für den Besteller bei noch nicht oder nicht voll entrichtetem Werklohn aus § 634a Abs 4 S 2 BGB ergeben, können nicht wirksam ausgeschlossen werden, vgl auch § 309 Nr 2 BGB.

50 (3) Bei *nicht offensichtlichen Mängeln* können dem Besteller keine Rügefristen gesetzt werden bzw nur solche, die zeitlich nicht hinter den gesetzlichen Verjährungsfristen für Gewährleistungsansprüche zurückbleiben, wobei auch deren mögliche Hemmungen zu beachten sind. Bei Vereinbarung der VOB/B ist es allerdings zulässig, sich stattdessen an der Regelung des § 13 Nr 4, 5 VOB/B zu orientieren.

(4) Gegenüber Unternehmern iSd § 14 BGB ist § 309 Nr 8 lit b ee BGB nicht anwendbar; den Prüfungsmaßstab bilden hier die §§ 377 HGB, 307 Abs 2 Nr 1 BGB.

gg) Erleichterung der Verjährung, § 309 Nr 8 lit b ff

51 § 309 Nr 8 lit b ff BGB betrifft das Fristenregime des § 634a BGB. Nicht angesprochen zu werden brauchte die Frist des § 634a Abs 3 BGB, weil hier schon § 639 BGB eine Verkürzung verhindert.

(1) Die Frist des § 634a Abs 1 Nr 2 BGB ist nach § 309 Nr 8 lit b ff BGB nicht verkürzbar, die Fristen der Nrn 1 und 3 des § 634a Abs 1 BGB dürfen verkürzt werden bis auf eine bestimmte Mindestlänge. Dabei spricht § 309 Nr 8 lit b ff BGB zwei Mittel einer Erleichterung der Verjährung an: zum einen die unmittelbare Verkürzung der Frist, sodann die Vorverlegung ihres Beginns.

Soweit der Unternehmer versucht, seine Position dadurch zu verbessern, dass er die gesetzlichen Tatbestände einer Hemmung oder des Neubeginns der Verjährung beschränkt, ist das nicht mit § 309 Nr 8 lit b ff BGB zu erfassen, sondern mit § 307 BGB, insbesondere mit dessen Abs 2 Nr 1. Derartige Gestaltungen sind freilich durchweg unwirksam, weil die entsprechenden Bestimmungen wesentliche Grundgedanken der gesetzlichen Regelung enthalten.

(2) Auch in seinem eigentlichen Anwendungsbereich **wird § 309 Nr 8 lit b ff BGB teilweise von § 307 BGB überlagert** (vgl BGH NZBau 2008, 640 Rn 36). Nutzt nämlich der Unternehmer die ihm von § 309 Nr 8 lit b ff BGB belassenen Gestaltungsspielräume aus, können unerträgliche Ergebnisse entstehen. Es ist zwar ungewöhnlich, dass § 307 BGB strenger ist, als Bestimmungen der §§ 308, 309 BGB, doch wäre es nicht einzusehen, dass dem Verbraucher ein strengerer Schutz durch § 307 BGB vorent-

halten werden könnte. Und es wäre auch nicht zu rechtfertigen, wenn der AGB stellende Unternehmer alle von den §§ 308, 309 BGB belassenen Spielräume ausnutzen könnte.

(a) Diese Überlagerungswirkung tritt vorzugsweise ein in den Fällen des § 634a Abs 1 Nr 3 BGB. Die dortige dreijährige Frist durch eine einjährige zu ersetzen, wäre mit dem Grundgedanken dieser dreijährigen Frist nicht zu vereinbaren, § 307 Abs 2 Nr 1 BGB, und wäre geeignet, den Besteller rechtlos zu stellen, § 307 Abs 2 Nr 2 BGB, weil er vielfach nicht die ihm gebührende Chance hätte, seine Rechte aus Mängeln auch zu realisieren. Im Extremfall geht es schließlich um eine Fristverkürzung auf ein Drittel. Vor § 307 BGB Bestand haben könnte nur eine Fristverkürzung, die sich an der Frist des § 634a Abs 1 Nr 3 BGB orientiert und diese maßvoll reduziert, zB um ein Drittel.

(b) Auch in den Fällen des § 634a Abs 1 Nr 1 BGB kann sich dieser Effekt einstellen. Insoweit kommt es auf die Art der Werkleistung an. Wer ein Bild zur Restaurierung gibt oder eine Uhr zur Reparatur, kann nicht nach nur einem Jahr mit seinen Rechten aus Mängeln praktisch ausgeschlossen werden; schon die zwei Jahre des § 634a Abs 1 Nr 1 BGB bedeuten eine Härte. Anders wird es idR bei Handreichungen des täglichen Lebens liegen.

(c) Schließlich kann § 307 BGB auch heranzuziehen sein, soweit es um Mangelfolgeschäden geht. Sind diese auch deliktisch zu erfassen, steht dem Besteller die Frist der §§ 195, 199 BGB zur Verfügung. Demgegenüber wäre es nicht hinzunehmen, wenn er sich bei bloßen Vermögensschäden mit einem Jahr begnügen müsste.

(3) Nicht verkürzbar ist die fünfjährige Frist des § 634a Abs 1 Nr 2 BGB für Bauleistungen. Daran scheitert namentlich das Fristenregime des § 13 Abs 4 Nrn 1, 2 VOB/B mit seinen vier-, zwei- und gar nur einjährigen Fristen, dies gegenüber Verbrauchern stets, gegenüber Unternehmern iSd § 14 BGB, falls die VOB/B nur modifiziert vereinbart worden ist, vgl § 310 Abs 1 S 3 BGB.

(a) Damit ist zunächst der **Anwendungsbereich der beiden Fassungen des § 309 Nr 8 lit b ff BGB gegeneinander abzugrenzen**, was deshalb auf Probleme stößt, weil die Überleitungsbestimmung des ForderungssicherungsG, Art 229 § 19 EGBGB, zwar in ihrem Abs 1 bestimmt, dass einige der durch das ForderungssicherungsG geänderten Bestimmungen des BGB in ihrer Neufassung erst auf nach Inkrafttreten des Gesetzes (am 1. 1. 2009) abgeschlossene Verträge anwendbar seien, dabei aber § 309 Nr 8 lit b ff BGB nicht mit aufführt (was vermutlich darauf zurückzuführen ist, dass diese Bestimmung in dem ursprünglichen Gesetzentwurf [BT-Drucks 16/511] nicht enthalten war, sondern auf der Beschlussfassung des Rechtsausschusses [BT-Drucks 16/9787] beruht).

Doch wird man auch bei § 309 Nr 8 lit b ff nF BGB anzunehmen haben, dass diese Bestimmung nur auf Verträge anzuwenden ist, die nach dem 1. 1. 2009 abgeschlossen worden sind. Ältere Verträge sind auf der Basis der bisherigen Fassung des Gesetzes zustande gekommen. Die einschlägigen Verjährungsfristen für die Gewährleistung sind aber eine ganz wesentliche Kalkulationsgrundlage (für den Unternehmer).

(b) Damit ist *bei Altverträgen* jedenfalls die vierjährige Frist des § 13 Abs 4 Nr 1 VOB/B mit § 309 Nr 8 lit b ff BGB vereinbar. Sie ist auch nach § 307 BGB nicht zu beanstanden, wenn denn einerseits die Abweichung von der gesetzlichen Frist maßvoll ist, andererseits der Besteller Kompensation erhält. Nach § 13 Abs 5 Nr 1 S 2 VOB/B genügt schon das schriftliche Mängelbeseitigungsbegehren zur Wahrung der Verjährungsfrist und setzt eine neue – zweijährige – Frist in Gang. Außerdem sind nach § 13 Abs 5 Nr 1 S 3 VOB/B Mängelbeseitigungsleistungen mit einer eigenen Verjährungsfrist zu versehen.

Demgegenüber weichen die kürzeren Fristen des § 13 Abs 4 Nrn 1, 2 VOB/B allzu sehr vom gesetzlichen Leitbild des § 634a Abs 1 Nr 2 BGB ab und können damit § 307 Abs 1 Nr 2 BGB nicht standhalten.

52 **(4)** Bei den *Architektenleistungen* des § 634a Abs 1 Nr 2 BGB sind Verkürzungen der Verjährung bei der Planung nach § 309 Nr 8 lit b ff BGB nicht möglich. Bei der Bauaufsicht kommt an sich die den Verjährungsbeginn auslösende Vollendung der Leistung, §§ 634a Abs 2, 646 BGB (vgl § 634a Rn 43a) nicht schon nach der Leistungsphase 8 des § 34 Abs 3 HOAI (Objektüberwachung) in Betracht, sondern erst nach der Leistungsphase 9, zu der ua Feststellung von Mängeln der Handwerkerleistungen vor Ablauf der dortigen Verjährungsfristen gehört (BGHZ 125, 111 = NJW 1994, 1276), was einen Aufschub des Verjährungseintritts um 4 oder gar 5 Jahre zur Folge hat.

Die Konsequenz, die Pflichten, die die Leistungsphase 9 umreißt, auszuschließen, gefährdet den Vertragszweck, § 307 Abs 2 Nr 2 BGB, ist es doch für den Bauherrn von elementarer Bedeutung, dass ein Kundiger „kurz vor Toresschluss" nach dem Rechten sieht.

Die andere Konsequenz, eine Teilvollendung nach der Leistungsphase 8 vorzusehen, ist jedenfalls dann intransparent, § 307 Abs 1 S 2 BGB, wenn nicht unmissverständlich auf die Folge für die Verjährung hingewiesen wird.

Den Verjährungsbeginn für die bis dahin erbrachten Leistungen an den Abschluss der Leistungsphase 8 anzuknüpfen, ist mit § 309 Nr 8 lit b ff BGB unvereinbar (im Ergebnis ebenso BGH NJW-RR 2006, 1248 = NZBau 2006, 519 Rn 9 ff).

(5) Gegenüber Unternehmern iSd § 14 BGB folgen die dargestellten Ergebnisse aus § 307 Abs 2 Nr 1 BGB (vgl BGH NJW 1981, 1510; BGHZ 122, 241 = NJW 1993, 2054).

Freilich ist bei dem Fristenregime der VOB/B zu beachten, dass der durch das ForderungssicherungsG neu geschaffen § 310 Abs 1 S 3 BGB die VOB/B von der Kontrolle nach § 307 BGB freistellt, dies in Fortschreibung der bisherigen Rechtsprechung, sodass für Altverträge nichts anderes gilt. Allerdings setzt die Kontrollfreiheit voraus, dass die VOB/B ohne jegliche Änderungen einbezogen wurde.

e) Beweislast

53 § 309 Nr 12 BGB, der *Beweislastregelungen* untersagt, die von der einschlägigen Regelung des Gesetzes abweichen.

aa) Die Bestimmung verbietet alle Regelungen, die – hier in Hinblick auf Mängel – die *Beweisposition des Bestellers verschlechtern*. Hier geht es zunächst um Erklärungen, die die Existenz der Mängel betreffen. Da die Beweislast für die Abwesenheit von Mängeln bei der Abnahme bei dem Unternehmer liegt, würde es gegen die Bestimmung verstoßen, wenn er es sich von dem Besteller bescheinigen ließe, dass das Werk mangelfrei sei.

Umgekehrt darf er sich jedenfalls *nach der Abnahme* die Mangelfreiheit bestätigen lassen. Denn jetzt liegt die Beweislast ohnehin bei dem Besteller, sodass insoweit die Beweislast nicht zu seinen Lasten abgeändert werden kann. Die Mangelfreiheit darf er sich dann auch bei der Abnahme – genauer: an deren Ende – bestätigen lassen. Freilich bleibt hier zweierlei zu bedenken:

(1) Zunächst braucht es dem Besteller nicht deutlich zu sein, dass er wegen § 640 Abs 3 BGB wegen ihm bekannter Mängel bei Meidung des Rechtsverlusts einen Vorbehalt zu machen hat. Dann handelt der Unternehmer missbräuchlich, wenn er ein Abnahmeformular vorlegt, das Raum für entsprechende Vorbehalte nicht lässt.

(2) Sodann darf nicht der Eindruck erweckt werden, der – eigentlich dem Besteller obliegende – Beweis sei gar nicht zulässig. Dies mag man mit BGHZ 102, 41 aus § 9 AGBG (= § 307 BGB) herleiten oder aus § 309 Nr 12 BGB. Unzulässig ist es also jedenfalls, wenn sich der Unternehmer bestätigen lässt, dass spätere Reklamationen nicht möglich seien (vgl LG Tübingen NJW-RR 1992, 258). Doch dürfte auch schon die *bloße einschränkungslose Bestätigung der Mangelfreiheit* in dem branchenunkundig zu denkenden Besteller den Eindruck erwecken, Mängelrügen seien späterhin ausgeschlossen. Der Unternehmer darf sich also letztlich nur bescheinigen lassen, dass Mängel gegenwärtig nicht festzustellen waren bzw dass die Werkleistung funktioniert.

bb) Bei der *Bestätigung der Abnahme als solcher* ist zu sehen, dass die Beweislast 54 für diese bei dem Unternehmer liegt. Gleichwohl kann sich der Unternehmer diese wirksam bestätigen lassen, sofern ein eigenes Abnahmeprotokoll unterzeichnet wird. Darin liegt dann nämlich ein Empfangsbekenntnis iSd § 309 Nr 12 aE BGB: Es wird der Empfang des Werkes bestätigt. Dass man in der Abnahme zusätzlich die Billigung des Werkes als im Wesentlichen vertragsgerecht sieht, ändert daran nichts, ist dies doch stets der Inhalt einer Quittung, nur ist die Anerkennung der Leistung sonst meist nicht zweifelhaft.

cc) Anders liegt es, wenn sich der Unternehmer die Abnahme nicht in unmittel- 55 barem Zusammenhang mit ihr, sondern *nachträglich* bestätigen lässt. Damit nämlich bürdet er die Beweislast für die erfolgte Abnahme, die er doch tragen müsste, dem Besteller auf. Es liegt ein Verstoß gegen § 309 Nr 12 lit b BGB vor.

dd) Anders liegt es auch dann, wenn die Erklärung der Abnahme zwar auf den jetzigen Zeitpunkt bezogen, aber *getrennt von einer gemeinsamen Besichtigung* der Sache – isoliert – abgegeben werden soll. Auch dann liegt mehr als ein bloßes Empfangsbekenntnis iSd § 309 Nr 12 aE BGB vor. Die Beweislast für eine „echte" Abnahme als Anlass der Erklärung trägt der Unternehmer.

56 ee) Soweit sich der Unternehmer *vor der Abnahme die Mangelfreiheit bestätigen lässt*, liegt ein Verstoß gegen § 309 Nr 12 lit a BGB vor, der grundsätzlich auch im rein unternehmerischen Bereich von Bedeutung ist (vgl BGHZ 164, 196, = NJW 2006, 47 Rn 21; Ulmer/Brandner/Hensen/Habersack § 309 Nr 12 Rn 25; Palandt/Grüneberg § 309 Rn 110). Von § 309 Nr 12 lit b BGB lässt sich letzteres nicht ohne weiteres sagen (vgl Palandt/Grüneberg § 309 Rn 110; Ulmer/Brandner/Hensen/Habersack § 309 Nr 12 Rn 26), es kommt vielmehr auf die Umstände des Einzelfalls an. Doch ist der Begriff der Abnahme so kompliziert und von Wertungen abhängig, dass ihn auch ein Kaufmann weithin nicht hinreichend erfassen wird, sodass jedenfalls dann ein Verstoß gegen § 307 Abs 2 Nr 1 BGB anzunehmen ist, wenn der kaufmännische Besteller branchenfremd ist.

f) Form von Anzeigen und Erklärungen

57 *§ 309 Nr 13 BGB,* der für Anzeigen oder Erklärungen strengere Formanforderungen als die der Schriftform oder besondere Zugangserfordernisse nicht zulässt.

aa) Die Bestimmung erlaubt den Umkehrschluss, dass ein Schriftformerfordernis als solches nicht – auch nicht nach § 307 Abs 2 Nr 1 BGB – zu beanstanden ist (vgl BGH NJW-RR 1989, 625, 626), wobei freilich die Berufung des Unternehmers auf dieses eine unzulässige Rechtsausübung sein kann, wenn eine rechtzeitige mündliche Erklärung unstreitig oder bewiesen ist (vgl Ulmer/Brandner/Hensen/Habersack § 309 Nr 13 Rn 6). Das gilt zB für die Behinderungsanzeige nach § 6 Abs 1 VOB/B. – Kaufleuten wird man ein Einschreiben auferlegen können.

bb) Bei Geltung der VOB/B kommt dem *schriftlichen Nachbesserungsverlangen des Bestellers nach § 13 Abs 5 Nr 1 S 2 VOB/B* eine die Verjährung der Gewährleistungsansprüche erneuernde Wirkung zu. Dieses Schriftformerfordernis ist also unbedenklich. Es kann aber auch ohne Verstoß gegen die §§ 307 Abs 2 Nr 1, 309 Nr 13 BGB verschärft, namentlich auf das Erfordernis eines Einschreibens angehoben werden. Denn Hintergrund der Bestimmung ist, dass die Verjährung einseitig sonst nur in den strengen Formen des § 204 BGB gehemmt werden kann. Die hier bestehende Vergünstigung gegenüber dem Gesetz darf wieder aufgehoben werden. Freilich wird dann die VOB/B nicht mehr „insgesamt" vereinbart iSd § 310 Abs 1 S 3 BGB. Außerdem ist eine solche Modifikation der VOB/B überraschend. Das führt freilich nur dann zur Anwendbarkeit des § 305c Abs 1 BGB, wenn man dort als Kontrollmaßstab die VOB/B heranzieht, wie BGH WM 1987, 907 es offenbar für möglich und zulässig hält, nicht das BGB selbst (§ 204 BGB). Dogmatisch dürfte dies nicht zu begründen sein.

5. Inhaltskontrolle nach § 308

58 Eine etwas geringere, aber immerhin noch eine gewisse Bedeutung kommt im Rahmen der Gewährleistung dem Klauselkatalog des § 308 BGB zu. Hinzuweisen ist auf:

a) Nachfrist

§ 308 Nr 2 BGB, der unangemessen lange oder nicht hinreichend bestimmte Nachfristen für die eigene Leistung untersagt, vgl §§ 281 Abs 1, 323 Abs 1 BGB (zur Bemessung vgl § 634 Rn 54 f).

§ 308 Nr 2 BGB kann ohne Weiteres auch im rein unternehmerischen Geschäftsverkehr Geltung beanspruchen (ULMER/BRANDNER/HENSEN/SCHMIDT § 308 Nr 2 Rn 10; STAUDINGER/COESTER-WALTJEN [2019] § 308 Nr 2 Rn 11).

b) Fingierte Erklärungen

§ 308 Nr 5 BGB, der fingierte Erklärungen nur eingeschränkt zulässt, nämlich wenn eine angemessene Frist zur Abgabe einer ausdrücklichen Erklärung eingeräumt ist (lit a) und kumulativ zu Fristbeginn auf die vorgesehene Bedeutung des Verhaltens hingewiesen wird (lit b). **59**

aa) Im Bereich des Werkvertragsrechts geht es dabei insbesondere um die *Abnahme,* wie sie die Rechte des Bestellers wegen Mängeln in doppelter Weise verkürzt, indem einmal der Lauf der Verjährungsfrist in Gang gesetzt wird, zum anderen die Beweislast für Mängel auf den Besteller übergeht.

bb) § 12 Abs 5 VOB/B enthält zwei Fälle einer entsprechenden Klausel. Nach Nr 1 gilt die Leistung als abgenommen mit Ablauf von 12 Werktagen nach schriftlicher Mitteilung der Fertigstellung, nach Nr 2 mit Ablauf von sechs Werktagen nach Ingebrauchnahme. Vgl zu dieser Regelung § 640 Rn 67 ff. **60**

cc) Die Grundsätze des § 308 Nr 5 BGB können – über § 307 Abs 2 Nr 1 BGB – grundsätzlich auch im kaufmännischen Bereich Beachtung beanspruchen (vgl BGHZ 101, 357). Eine fingierte Abnahme ohne entsprechende Warnhinweise benachteiligt auch einen Unternehmer iSd § 14 BGB unangemessen. Das gilt jedenfalls dort, wo er sich branchenfremd eindeckt, anders wird der Fall zu beurteilen sein, dass er regelmäßig Werkleistungen dieser Art bezieht. **61**

dd) Die Unwirksamkeit einer Abnahmeklausel schließt es nicht aus, dass *nach allgemeinen zivilrechtlichen Maßstäben* gleichwohl eine Abnahme angenommen werden kann, wenn denn der rügelose Gebrauch der Sache über eine gewisse Zeit hinweg, der nicht unter dem Druck der Verhältnisse erfolgt, typischerweise als ihre Billigung zu werten ist.

6. Inhaltskontrolle nach § 307

Neben den §§ 308, 309 BGB kommt § 307 BGB bei der Kontrolle von Gewährleistungsbeschränkungen aus doppeltem Grunde eine erhebliche praktische Bedeutung zu. **62**

a) Diese praktische Bedeutung folgt zunächst aus § 310 Abs 1 S 3 BGB für die Fälle der modifizierten Verwendung der AGB gegenüber Unternehmern und juristischen Personen oder Sondervermögen des öffentlichen Rechts, wenn hier die §§ 308, 309 BGB nicht unmittelbar anwendbar sein sollen. Indessen behalten deren Einzelregelungen doch eine gewisse Leitbildfunktion auch für diese Bereiche, vgl § 310 Abs 1 S 2 BGB; darauf ist bei der Erläuterung der einschlägigen Bestimmungen der §§ 308, 309 BGB jeweils Bezug genommen worden.

Sodann behält § 307 BGB seine eigenständige Bedeutung, weil es *mögliche Beschränkungen der Gewährleistung* gibt, die mit den §§ 308, 309 BGB *nicht zu erfassen* sind.

Diese Lücke wird zum einen maßgeblich dadurch verursacht, dass namentlich § 309 Nr 8 lit b BGB – aber doch auch die sonstigen Regelungen der §§ 308, 309 BGB – primär im Hinblick auf den Kauf konzipiert worden sind und deshalb den *Besonderheiten des Werkvertrages* gar nicht gerecht werden können: Rücktritt und Minderung haben hier eine andere Prägung als im Kaufrecht, und der Nachbesserungsanspruch hat im Kaufrecht ein geringeres Gewicht. Demgegenüber ist er der Ausgangs- und Mittelpunkt der werkvertraglichen Gewährleistung.

Zum anderen besteht bei den *Schadensersatzansprüchen* des Bestellers die Gefahr, dass ihre Beschränkung den Vertragszweck gefährdet, § 307 Abs 2 Nr 2 BGB.

Daraus folgt für die einzelnen Rechte des Bestellers im Falle von Mängeln:

63 b) Der Nacherfüllungs-, namentlich Nachbesserungsanspruch des Bestellers ist im Prinzip *unentziehbar*, § 307 Abs 2 Nr 1 BGB: Er folgt aus der Erfolgsbezogenheit des Werkvertrages einerseits und der Wertung des Gesetzes andererseits, dass ggf mehr als ein Versuch zu unternehmen ist, diesen Erfolg zu erreichen. Dann muss es aber auch generell unzulässig sein, diesen Anspruch des Bestellers zu beschränken, sei es, dass die Nachbesserung unter leichteren Voraussetzungen als denen des § 635 Abs 3 BGB als unzumutbar aufwendig abgelehnt werden kann, sei es, dass eigene Nachbesserungsversuche des Bestellers den Anspruch ausschließen, sei es, dass die Nachbesserung von einer eigenen Vergütung für sie abhängig gemacht wird oder dass der Besteller weitere Kosten der Nachbesserung tragen soll, als sie ihm nach dem Gesetz, zB § 254 BGB, aufgebürdet werden können. – Zulässig ist es, den Nachbesserungsanspruch an die vorherige außergerichtliche Inanspruchnahme eines Dritten zu binden, vgl § 309 Nr 8 lit b aa BGB, die im rein unternehmerischen Bereich wohl ausnahmsweise auch eine gerichtliche sein darf.

64 c) Jedenfalls nicht endgültig ausgeschlossen werden kann die in den §§ 634 Nr 2, 637 BGB vorgesehene *Befugnis des Bestellers, den Mangel selbst zu beseitigen:* Es kann ihm nicht angesonnen werden, den Mangel unzumutbar lange hinzunehmen.

d) Damit kann der *Anspruch auf Kostenerstattung* nach eigener Mängelbeseitigung des Bestellers nach den §§ 634 Nr 2, 637 BGB nicht beschnitten werden.

e) Als unabdingbar muss aber auch der *Anspruch des Bestellers auf Kostenvorschuss* für die eigene Nachbesserung angesehen werden. Dem Besteller kann es nicht angesonnen werden, die Nachbesserung vorzufinanzieren, mag er auch vermögend und/oder Unternehmer sein. Erst recht braucht er bei eigener Nachbesserungsabsicht nicht auf die praktischen Vorteile zu verzichten, die ihm insoweit der Kostenvorschuss mit seiner vorherigen gerichtlichen Klärung bietet.

65 f) Die Befugnis zum Rücktritt ist sinnvoll beim Bauträgervertrag. Hier ist der Vertragsgegenstand rückgabefähig. Das Recht dazu darf nicht genommen werden (BGH NJW 2002, 511; OLG Hamm NJW-RR 1998, 1031).

Anders sieht es dagegen beim *eigentlichen Werkvertrag* aus, bei dem Sachen des Bestellers bearbeitet worden sind. Eine Rückgabe der Werkleistung scheidet praktisch aus, die Werkleistung wird verbleiben und in ihrem geminderten Wert dann doch zu vergüten sein (§ 346 Abs 2 BGB). Die Funktionslosigkeit des Rücktritts beim echten Werkvertrag erkennt das Gesetz selbst in § 309 Nr 8 lit b bb BGB an, insoweit freilich mit seiner Beschränkung auf Bauleistungen zu eng greifend. Die Befugnis zum Rücktritt kann auch darüber hinaus ohne Verstoß gegen § 307 BGB ausgeschlossen werden.

g) Daraus folgt dann aber für die *Minderungsbefugnis,* dass jedenfalls sie bei einem echten Werkvertrag *unabdingbar* sein muss. Ihr kommt hier zwar nur eine geringere Bedeutung zu als beim Kauf, weil ihr wirtschaftliches Ergebnis auch mit dem Schadensersatzanspruch erzielt werden kann und dessen Voraussetzungen idR vorliegen werden bzw zu schaffen sind. Indessen ist doch auch hier mit unverschuldeten Mängeln zu rechnen, und dann ist die Minderungsbefugnis ein zwingendes Gebot, wenn die Gleichwertigkeit der Leistungen erhalten bleiben soll. **66**

h) Wo aber der Kunde zu Rücktritt oder Minderung berechtigt ist, da darf der Unternehmer das *Wahlrecht* zwischen diesen beiden Behelfen nicht auf sich überleiten (vgl ULMER/BRANDNER/HENSEN/CHRISTENSEN § 309 Nr 8 Rn 37).

i) Bei den *Schadensersatzansprüchen* des Bestellers muss es vermieden werden, dass er rechtlos gestellt wird, § 307 Abs 2 Nr 2 BGB (vgl ULMER/BRANDNER/HENSEN/CHRISTENSEN § 309 Nr 7 Rn 32 ff), was weithin auch die – gegenüber § 309 Nr 7 lit b BGB noch zulässige – Haftungsfreizeichnung für leichtes Verschulden ausschließt (vgl BGH NJW 1985, 3016; NJW-RR 1986, 272; 1989, 625; 1993, 560). **67**

In gewissen Grenzen sind Haftungsfreizeichnungen freilich zulässig. Dann bleibt allerdings zu beachten, dass diese äußerst sorgfältig und differenziert formuliert sein müssen, sollen sie nicht zu weit gefasst und damit angesichts der Unzulässigkeit einer geltungserhaltenden Reduktion wirkungslos bleiben. Vgl zu den möglichen Grenzen u Rn 69 f.

aa) Der Vertragszweck wird jedenfalls gefährdet, wenn der *Schadensersatzanspruch des Bestellers aus § 634 Nr 4 BGB* ausgeschlossen oder beschränkt wird, soweit es um Mangelschäden geht. Gerade zur Vermeidung dieser Schäden wendet er den Werklohn auf. **68**

Der Vertragszweck wird weiterhin gefährdet, wenn dem Besteller *Ansprüche aus den §§ 634 Nr 4, 280 Abs 1, 241 Abs 2 BGB* wegen solcher *Mangelfolgeschäden* vorenthalten werden, die die Werkleistung gerade vermeiden soll (vgl BGH NJW-RR 1986, 271: Schäden aus dem Ausfall einer Klimaanlage; NJW-RR 1996, 783, 786; OLG Saarbrücken NJW-RR 1995, 117, 118).

Schadensträchtig sind weiterhin die *Arbeiten des Unternehmers* selbst, was zu Ansprüchen aus den §§ 280 Abs 1, 241 Abs 2 BGB und Delikt führen kann. Namentlich fällt es prinzipiell unter § 307 Abs 2 Nr 2 BGB, wenn die Obhut über die zu bearbeitende Sache des Bestellers – auch nur leicht fahrlässig – verletzt wird, vgl BGHZ 103, 316: Das zu reparierende Schiff wird im Dock geschädigt (KG NJW-RR 1991, 698, 699 [Autowaschanlage]; BGH NJW 1985, 3016, 3017 f [Textilveredelung]). Gleiches ist anzunehmen, wo sonstige typische Schäden aus unsachgemäßer Arbeit drohen, zB Feuchtigkeitsschäden am Gebäude durch unvorsichtiges Öffnen der Dachhaut.

69 bb) Zulässig muss es hier aber sein, den Anspruch des Bestellers auf *entgehenden Gewinn* in den Voraussetzungen zu beschränken, vgl aus der VOB/B § 6 Abs 6 VOB/B (Vorsatz, grobe Fahrlässigkeit), § 13 Abs 7 VOB/B (Vorsatz oder grobe Fahrlässigkeit, alternativ Verstoß gegen die anerkannten Regeln der Technik, alternativ Fehlen zugesicherter Eigenschaften).

Ebenso muss es möglich sein, den zu ersetzenden Schaden auf den voraussehbaren zu beschränken, wie dies auch Art 74 UN-Kaufrecht (CISG) tut.

70 cc) Unzulässig – auch gegenüber Unternehmern iSd § 14 BGB – ist es aber jedenfalls, wenn eine *Relation zwischen dem Werklohn und dem maximal zu ersetzenden Schadensbetrag* hergestellt wird, zB bei einer chemischen Reinigung auf das X-fache des Entgelts (BGH BB 1980, 1011, 1013), mag es auch hier wie auch bei Architekten und Steuerberatern bitter sein, dass die drohenden Schäden den zu verdienenden Werklohn weit übersteigen können. Unzulässig ist es weiter, den Schadensersatz auf die Höhe des Versicherungsschutzes des Unternehmers zu beschränken.

dd) Gewisse Aspekte können Haftungsfreizeichnungen erlauben, bedenklich freilich BGHZ 103, 316, das die Mitbeherrschung der Gefahr durch den Besteller sowie den bei dem Besteller vorauszusetzenden Kaskoversicherungsschutz hatte genügen lassen. Hier ist nicht einzusehen, warum diese Versicherung und damit letztlich die Gesamtheit der Besteller belastet werden soll. Aber denkbar ist es zB, dass der Unternehmer dem Besteller vollen Versicherungsschutz anbietet.

ee) Die Haftung für sonstige Schädigungen des Bestellers, die für den Werkvertrag nicht typisch sind, aber sich eben ergeben können, lässt sich bis zur Grenze der groben Fahrlässigkeit zurücknehmen oder – im Falle leichter Fahrlässigkeit – im Umfang beschränken, zB auf den eigenen Versicherungsschutz.

VI. Individualvertragliche Beschränkungen der Gewährleistung*

1. Kontrolle nach § 242

71 *Der werkvertraglichen Mängelgewährleistung kommt ein besonderer Gerechtigkeitsgehalt zu.* Noch weniger als im Kaufrecht kann es befriedigen, wenn der Besteller durch die Vorenthaltung eines Nachbesserungsanspruchs um das erwartete mangel-

---

* **Schrifttum:** BRAMBRING, AGB-Gesetz und Gewährleistungsregelung im Bauträgervertrag, NJW 1978, 777; ders/SCHIPPEL, Vertragsmuster des Notars und Allgemeine Geschäftsbedingungen, NJW 1979, 1802; BUNTE, Inhaltskontrolle notariell beurkundeter Verträge, ZIP 1984, 1313; HABERSACK, Richtigkeitsgewähr notariell beurkundeter Verträge, AcP 189 (1989) 403; HÖNN, Wirksamkeitskontrolle als Instrument des allgemeinen Privatrechts zur Bewältigung von Ungleichgewichtslagen, JZ 1983, 677; MEDICUS, Zur gerichtlichen Inhaltskontrolle notarieller Verträge (1989); MICHALSKI/RÖMERMANN, Inhaltskontrolle von Einzelvereinbarungen anhand des AGB-Gesetzes, ZIP 1993, 1443; NIEDENFÜHR, Informationsgebote des AGB-Gesetzes (1985); ROTH, Die Inhaltskontrolle nicht ausgehandelter Individualverträge im Privatrechtssystem, BB 1987, 977; RÜDIGER, Der Gewährleistungsausschluß in notariellen Verträgen (1992); ULMER, Notarielle Vertragsmuster und AGB-Inhaltskontrolle, DNotZ 1981, 84; ders, Auf dem Wege zur Inhaltskontrolle notarieller Verträge?, DNotZ

freie Werk gebracht wird oder durch die Vorenthaltung von Rücktritt, Minderung oder Schadensersatz wegen Nichterfüllung dazu gezwungen wird, für etwas voll zu zahlen, was „sein Geld nicht wert ist". Dabei sind *die Gefahren für den Besteller, unbedacht Einschränkungen bei der Gewährleistung hinzunehmen, besonders* groß. Wenn das Werk erst noch entstehen soll, sind die Mängel noch nicht sichtbar. Sie brauchen es aber einstweilen selbst insoweit nicht zu sein, wie das Werk schon besteht. Der Gewährleistungsausschluss wird deshalb in seiner Tragweite nicht hinreichend bedacht, und zwar schon dann nicht, wenn er offen im Vertrag ausgewiesen ist, erst recht dann nicht, wenn er in einer Verkürzung der Verjährungsfristen „versteckt" ist. Aber auch diese kann wiederum „versteckt" werden, wenn sie durch eine Bezugnahme auf die VOB/B (§ 13 Abs 4 VOB/B) ausgedrückt wird. Dabei kann die Bezugnahme auf die VOB/B sogar einen besonders sachgerechten Vertragsinhalt vortäuschen, obwohl sie sich in der Sache einseitig auf eine Verkürzung der Gewährleistungsfristen bezieht. Den Eindruck einer ausgewogenen Vertragsgestaltung kann dabei zusätzlich auch noch die *notarielle Beurkundung* des Vertrages hervorrufen, wie sie beim Erwerb schlüsselfertiger Häuser nach § 311b Abs 1 BGB notwendig ist, und zwar jedenfalls dann, wenn der Notar seiner Verpflichtung zur eingehenden Belehrung nicht nachkommt.

Unter diesen Umständen kann es nicht verwundern, dass die bei Individualverträgen ohne Weiteres mögliche *Kontrolle nach den §§ 134, 138 BGB als unzulänglich empfunden wird* und dass man nach einem strengeren Kontrollmaßstab sucht. Insoweit wird heute von der Rechtsprechung und – ihr folgend – weiten Teilen der Literatur **§ 242 BGB** herangezogen (vgl BGHZ 74, 204 = NJW 1979, 1406; BGH NJW 1982, 2243; NJW-RR 1986, 1026; BGHZ 101, 350, 355 = NJW 1988, 135; 108, 164, 168 = NJW 1989, 2748; OLG Schleswig NJW-RR 1995, 590; OLG Celle MDR 1997, 1008; Ulmer/Brandner/Hensen/ Ulmer/Habersack § 305 Rn 80 f [krit noch Ulmer DNotZ 1981, 84; ders DNotZ 1982, 1026]; Wiedemann, in: FS Max Kummer [1980] 175; G Stein, Die Inhaltskontrolle vorformulierter Verträge des allgemeinen Privatrechts [1982] 47 ff; krit noch Brambring NJW 1987, 99). § 138 BGB ist als Kontrollmaßstab wohl jedenfalls zu eng (**aA** Hönn JZ 1983, 684). Ob man statt auf § 242 BGB auf § 315 BGB abstellt (so MünchKomm/Söllner² § 315 Rn 29) oder auf die §§ 317, 319 BGB (so Bunte ZIP 1984, 1317), macht in der Sache keinen wesentlichen Unterschied. 72

Die *grundsätzliche Berechtigung* einer solchen Kontrolle von Individualebenen ist hier nicht zu erörtern (vgl dazu außer den Genannten noch Lieb AcP 178 [1978] 196, 205). Ihre Problematik besteht darin, dass zwischen die gesetzlich vorgesehen Kontrollmöglichkeiten der §§ 134, 138 BGB einerseits und der §§ 305 ff BGB andererseits eine weitere Kontrolle eingeschoben werden soll. *Das skizzierte praktische Bedürfnis ist jedenfalls unabweisbar;* die Hoffnung auf den Gesetzgeber hilft hic et nunc nicht.

1982, 587; Schippel/Brambring, AGB-Gesetz und notariell beurkundete Formularverträge, DNotZ 1977, 131, 197; Wagner, Die Anwendung des AGB-Gesetzes im Bauherrnmodell, BB 1984, 1757; Walchshöfer, Grenzen des Anwendungsbereichs des AGB-Gesetzes – Individualverträge, Ausnahmebereiche, in: Heinrichs/Löwe/Ulmer, Zehn Jahre AGB-Gesetz (1987) 155; Wellkamp, Der Gewährleistungsausschluß in notariellen Verträgen, DB 1995, 813.

2. Voraussetzungen der Kontrolle

73 Problematisch ist dann freilich zunächst die Frage, *welche Umstände* eine solche erweiterte Inhaltskontrolle erlauben.

a) Der BGH NJW 1982, 2243 zieht dazu *formale Umstände* heran. Es müsse sich um *vorformulierte Bedingungen* handeln, wie sie insbesondere auch von einem Notar entwickelt werden könnten, die dann *formelhaft und ohne nähere Erörterung mit den Parteien* in den Vertrag aufgenommen worden sein müssten; notwendig sei eine umfassende Aufklärung über die einschneidenden Rechtsfolgen (BGHZ 101, 356; BGH NZBau 2007, 371 = BauR 2007, 1036), wie sie der Unternehmer nachzuweisen habe (BGHZ 108, 164, 170 f).

b) In der Literatur wird demgegenüber statt dessen auch auf die vor allem *wirtschaftlich oder sozial begründete Überlegenheit der einen Seite* gegenüber der anderen abgestellt (vgl LIEB AcP 178 [1978] 205 ff; WOLF NJW 1977, 1942; STAUDINGER/ J SCHMIDT[12] § 242 Rn 413, 419; REICH/MICKLITZ, Verbraucherschutz in der Bundesrepublik [1980] 333 lassen die *schlichte inhaltliche Unausgewogenheit der Regelung* genügen).

74 c) Bei der Kontrolle von Individualvereinbarungen ist es *zweifelhaft, ob sich allgemein verwendbare Kriterien überhaupt entwickeln lassen.*

aa) Die Gewährleistungsbeschränkung muss zunächst *inhaltlich unausgewogen* sein. Ob sie dies ist, ergibt der *Vergleich mit der gesetzlichen Regelung.* So erlaubt zB § 309 Nr 8 lit b BGB einen Gewährleistungsausschluss bei nicht neu hergestellten Sachen. Der Ausschluss muss sich also gerade auf die Herstellungspflicht der Unternehmers beziehen (BGHZ 164, 225 = NJW 2006, 214 Rn 20 f), was bei der Teilsanierung von Altbauten relevant wird. Das Abweichen von der gesetzlichen Regelung zu Lasten des Bestellers ergibt eine Vermutung für die Unausgewogenheit, die der Unternehmer uU dadurch entkräften kann, dass er anderweitige kompensierende Vorteile dartut.

bb) Hinzukommen müssen *zusätzliche anstößige Elemente.* In *formeller Hinsicht* können sie aus der in ihrer Tragweite nicht näher erläuterten Verwendung formelhafter vorgefertigter Vertragsbausteine folgen. Doch ist es denkbar, dass ein Besteller trotz eingehender Belehrung leichtfertig Gewährleistungsbeschränkungen hinnimmt, weil er die Gefahr von Mängeln nicht hinreichend ernst nimmt. Es sollten deshalb *auch materielle Kriterien* eine Inhaltskontrolle erlauben. Wegen der meist klaren Feststellbarkeit der Unausgewogenheit der Regelung droht hier keine unkontrollierbare Billigkeitsrechtsprechung. Materiell kann eine Inhaltskontrolle durch die *wirtschaftliche oder intellektuelle Unterlegenheit* einer Seite gerechtfertigt sein; den *Kriterien des § 138 Abs 2 BGB,* die freilich im Einzelnen nicht voll erfüllt zu sein brauchen, kommt hier *indizielle Bedeutung* zu.

cc) Ist danach eine Inhaltskontrolle von individualvertraglichen Gewährleistungsbeschränkungen möglich, so gilt dies *prinzipiell für sämtliche Werkverträge,* nicht nur für notariell beurkundete, mögen diese auch den Anlass zu der Erweiterung der Prüfungsmaßstäbe gegeben haben. Die Gefahren drohen aber doch auch bei mündlich abgeschlossenen Werkverträgen oder individuellen Ergänzungen schriftlicher

Verträge, bei denen zB einem Klauselwerk auf Grund besonderer Vereinbarung der Zusatz „Gewährleistung nach VOB/B" hinzugefügt worden sein mag.

3. Prüfungsmaßstäbe

In der Sache hat sich die *Inhaltskontrolle an den §§ 307 ff BGB zu orientieren* (vgl **75** G STEIN 114 ff); doch können auch die §§ 305b–306a BGB ggf entsprechend herangezogen werden.

VII. Erweiterungen der Gewährleistung

1. Individualvertraglich

Dass die *Gewährleistungspflichten* des Unternehmers über den von den §§ 633 ff **76** BGB vorgezeichneten Rahmen hinaus *erweitert* werden, ist zunächst individualvertraglich möglich. So mag der Unternehmer insbesondere verschuldensunabhängige Garantien übernehmen, oder es werden die Verjährungsfristen für Gewährleistungsansprüche verlängert. Doch sind auch Detailkorrekturen an den §§ 633 ff BGB denkbar, zB eine eigene Nachbesserungsbefugnis des Bestellers ohne die Voraussetzungen der §§ 634 Nr 2, 637 BGB. *Grundsätzliche Bedenken* bestehen insoweit *nicht*. Die gesetzliche Regelung ist abdingbar; eine äußerste Grenze zieht § 138 BGB.

2. In Allgemeinen Geschäftsbedingungen

Denkbar ist es aber auch, dass die Gewährleistungspflichten des Unternehmers *in* **77** *AGB des Bestellers* erweitert werden. Das dazu notwendige wirtschaftliche oder intellektuelle Übergewicht der Abnehmerseite kann es beim Werkvertrag leichter geben als beim Kauf, weil viele Unternehmer wirtschaftlich schwach sind und unter ihnen Konkurrenzdruck herrscht, Werkleistungen auch oft gewerbsmäßig abgerufen werden, so namentlich von öffentlichen Auftraggebern oder von Hauptunternehmern gegenüber Subunternehmern. Doch kann sich selbst der private und einmalige Auftraggeber die Marktmacht eines Architekten zunutze machen.

Erweiterungen der Gewährleistung des Unternehmers in AGB des Bestellers dürfen jedenfalls *nicht überraschend* iSd § 305c Abs 1 BGB sein. Sie treten gemäß § 305b BGB hinter Individualabreden zurück und sind ggf gemäß § 305c Abs 2 BGB zu Lasten des Bestellers auszulegen. Im Übrigen unterliegen sie der Inhaltskontrolle nach § 307 BGB. Dabei ergibt sich freilich die Problematik, dass jedenfalls die §§ 307 ff BGB eher auf missbräuchliche AGB des Unternehmers zugeschnitten sind.

3. Unangemessene Benachteiligung des Unternehmers

Gegen § 307 Abs 2 S 1 BGB verstößt es jedenfalls, wenn der Besteller den Unter- **78** nehmer für Mängel eintreten lassen will, die diesem nicht zuzurechnen sind, bzw in weiterem Umfang, als sie diesem zuzurechnen sind. So sind *unwirksam* Klauseln, nach denen sich der Unternehmer nicht auf *die Mängel von Vorleistungen anderer Unternehmer* – oder des Bestellers selbst – berufen darf (vgl KORBION/LOCHER/SIENZ, AGB und Bauerrichtungsverträge K Rn 19 f) oder nach denen die *Kosten für die Beseitigung von Schäden* durch nicht feststellbare Verursacher anteilig auf die baubeteiligten Unternehmer umgelegt werden (vgl Korbion/Locher/Sienz K Rn 124) oder in denen der Unternehmer für die Kosten der Beseitigung von Verunreinigungen über das von ihm verursachte Maß hinaus herangezogen werden soll. Vom Besteller zu tragende *„Sowieso-Kosten"* darf dieser nicht auf den Unternehmer abwälzen, desgleichen nicht Kosten der Mängelbeseitigung, die er in entsprechender Anwendung des § 254 BGB selbst zu tragen hat. Auch dürfen an den *Subunternehmer* nicht Ansprüche weitergeleitet werden, die der Besteller des Hauptunternehmers gegen diesen geltend macht, sondern nur in dem Ausmaß, wie dies aus dem Verhältnis zwischen Haupt- und Subunternehmer gerechtfertigt ist.

Hinsichtlich der *Beweislast für Mängel* kann der Unternehmer unangemessen iSd § 307 Abs 1 BGB benachteiligt werden, wenn er vor der Abnahme die Qualität seiner Leistungen in einer nicht verkehrsüblichen Weise nachweisen muss, zB durch Vorlage bestimmter Bescheinigungen. Nach erfolgter Abnahme darf sich der Besteller wegen § 309 Nr 12 lit a BGB, dessen Grundsätze auch im kaufmännischen Verkehr zu berücksichtigen sind, vgl BGHZ 101, 184, nicht von seiner Verpflichtung zu dem Nachweis freizeichnen, dass der Mangel schon im Zeitpunkt der Abnahme bestand. § 476 BGB gilt nicht (entsprechend) für den AGB verwendenden Besteller.

Unangemessen ist die Beweislast des § 13 Abs 3 VOB/B, nach der bei Fehlern der Planung des Bestellers der Unternehmer zu beweisen hat, dass er seiner Remonstrationspflicht nach § 4 Nr 3 VOB/B genügt hat (vgl hierzu auch § 633 Rn 62 ff, 79).

4. Nachbesserungsbefugnis des Unternehmers

79 Die *Befugnis des Unternehmers, etwaige Mängel* – außer bei besonderen entgegenstehenden Interessen des Bestellers, vgl §§ 281 Abs 2, 323 Abs 2, 636, 637 Abs 2 BGB – *selbst beseitigen zu dürfen,* ist für ihn *wirtschaftlich unverzichtbar* und gehört damit zu den wesentlichen Grundgedanken der gesetzlichen Regelung iSd § 307 Abs 2 S 1 BGB (vgl Korbion/Locher/Sienz K Rn 121). Sie darf ihm mithin nicht gänzlich entzogen werden. Auch eine Beschränkung ist nicht möglich (BGH NJW-RR 2004, 1022, 1023 = NZBau 2004, 384, 385). Die §§ 281 Abs 2, 323 Abs 2, 636, 637 Abs 2 BGB schützen den Besteller hinreichend.

5. Sonstige Benachteiligungen

80 Der Unternehmer darf gegenüber den Gewährleistungsansprüchen des Bestellers keinen nachhaltig geringeren Schutz genießen als nach den Bestimmungen des BGB.

a) Für den Nacherfüllungsanspruch des Bestellers gilt:

aa) Es kann der Unternehmer nicht verpflichtet werden, Mängel zu beseitigen, wenn das mit einem *unverhältnismäßigen Aufwand* verbunden wäre, § 635 Abs 3 unterfällt § 307 Abs 2 S 1 BGB. Zu den Grenzen seiner Kostentragungspflicht vgl schon o Rn 78.

bb) Soweit *Teile des Werklohns* fällig sind, die der Besteller nicht zur Absicherung seines Nachbesserungsanspruchs benötigt, folgt aus § 309 Nr 2 lit a BGB, dass der

Unternehmer die Beseitigung der Mängel nach § 320 BGB von der Bezahlung dieser Beträge abhängig machen können muss. Ebenso kann er dann, wenn der Besteller einen Teil der Kosten der Mängelbeseitigung selbst zu übernehmen hat, wegen § 309 Nr 2 lit a BGB (in entsprechender Anwendung) nicht zur einseitigen Vorleistung verpflichtet werden. Gleiches gilt im rein unternehmerischen Bereich nach § 307 Abs 2 Nr 1 BGB jedenfalls insoweit, wie der fällige Werklohn unstreitig nicht zur Absicherung des Nachbesserungsanspruchs notwendig ist. Insofern sind auch alle *Pauschalierungen des Zurückbehaltungsrechts* des Bestellers unwirksam, die dessen angemessener betraglicher Begrenzung nicht hinreichend Rechnung tragen.

b) Der Besteller kann seine Befugnis, nach den §§ 634 Nr 2, 637 BGB Mängel **81** selbst auf Kosten des Unternehmers zu beseitigen, wegen § 309 Nr 4 BGB nicht von einer Fristsetzung unabhängig machen, soweit diese nicht schon nach dem Gesetz entbehrlich ist. Das gilt auch unter Unternehmern.

c) Die Befugnis des Bestellers, zu mindern, zurückzutreten oder Schadensersatz wegen Nichterfüllung zu verlangen, kann *nicht davon unabhängig gemacht werden, dass der Unternehmer zuvor Gelegenheit zur eigenen Nachbesserung erhält* (vgl § 634 Rn 79).

d) Dass Minderungs- oder Schadensersatzansprüche pauschaliert werden, ist kaum denkbar. Doch ist dann jedenfalls § 309 Nr 5 BGB zu beachten.

e) Die Befugnis des Bestellers zum Rücktritt kann nach den §§ 323 Abs 5 S 2, 307 Abs 2 Nr 1 BGB nicht auf den Fall nur unerheblicher Mängel erweitert werden.

f) *Schadensersatzansprüche* des Bestellers dürfen in ihrem Umfang nicht über das **82** hinaus erstreckt werden, was der Unternehmer auch zu vertreten hat, vgl schon o Rn 78, sodass zB der Subunternehmer nicht ohne Weiteres für das haftbar gemacht werden kann, was der Hauptunternehmer seinem eigenen Besteller schuldet. Dem Grunde nach darf nach § 307 Abs 2 Nr 1 BGB die Einstandspflicht des Unternehmers nicht verschuldensunabhängig ausgestaltet werden.

g) *Verlängerungen der Gewährleistungsfrist* sind kritisch zu beurteilen. **83**

aa) Bei den Fristen der §§ 634a Abs 1 Nr 3, 195, 199 BGB ist idR ein entsprechendes Bedürfnis nicht anzuerkennen.

bb) *Bei Bauwerken* dürfte bei Mangelschäden eine generelle Verlängerung der Verjährungsfrist über die gesetzlich vorgesehenen fünf Jahre hinaus unangemessen sein, § 307 Abs 2 S 1 BGB. Eine Verlängerung bedarf vielmehr der besonderen Rechtfertigung (STAUDINGER/COESTER-WALTJEN [2019] § 309 Nr 9 Rn 101; **aA** VIRNEBURG, in: FS Thode [2005] 211), wie sie zB darin gesehen werden kann, dass von Werkleistungen dieser Art eine besondere Haltbarkeit erwartet werden kann und muss (vgl BGHZ 132, 383 = NJW 1996, 2155 zum Flachdach; 10 Jahre zulässig).

Verlängerungen über die Fünfjahresfrist des § 634a Abs 1 Nr 2 BGB hinaus sind auch nicht mittelbar dadurch zu erreichen, dass der *Verjährungsbeginn* hinausgeschoben wird oder dem BGH unbekannte Hemmungs- oder Unterbrechungstatbestände geschaffen werden.

Die Frist des BGB darf aber auch ausgeschöpft werden. Diese gilt insbesondere für den Hauptunternehmer gegenüber dem Subunternehmer, und zwar auch dann, wenn er selbst gegenüber seinem Abnehmer nur kürzer – nach § 13 Abs 4 VOB/B – haftet (vgl LOCHER NJW 1979, 2238). Dem Subunternehmer ist es verwehrt, sich auf den Eintritt der Verjährung in dem anderen Verhältnis zu berufen (vgl aber BGHZ 173, 83 = NJW 2007 2695; dagegen § 631 Rn 38; § 634 Rn 155).

Der Hauptunternehmer kann die Fristen gegenüber dem Subunternehmer und dem eigenen Besteller nicht in der Weise koordinieren, dass er die Abnahme der Subunternehmerleistung an die der eigenen Leistung koppelt. Zunächst ist es für den Subunternehmer unklar, wann die andere Abnahme erfolgt, vor allem nimmt es ihm die Möglichkeit, die Abnahme seiner Leistung mit eigenen Mitteln herbeizuführen, §§ 640, 307 Abs 2 Nr 1 BGB, sondern setzt ihn den Folgen von Mängeln aus, die er selbst nicht zu vertreten hat.

cc) Bei der Frist des § 634a Abs 1 Nr 1 BGB kann sich in Bezug auf die eigentliche Gewährleistung ein legitimes Verlängerungsbedürfnis für den Besteller ergeben. ZB dürfte bei nachträglichen Arbeiten an einem Gebäude, die nicht Bauwerksqualität erreichen, die Frist des § 634a Abs 1 Nr 2 BGB angemessen sein.

dd) In Bezug auf Mangelfolgeschäden kann sich der Besteller die Frist des § 195 BGB – namentlich mit ihrem flexiblen Beginn nach § 199 Abs 1 Nr 2 BGB – ausbedingen.

§ 640
Abnahme

(1) Der Besteller ist verpflichtet, das vertragsmäßig hergestellte Werk abzunehmen, sofern nicht nach der Beschaffenheit des Werkes die Abnahme ausgeschlossen ist. Wegen unwesentlicher Mängel kann die Abnahme nicht verweigert werden.

(2) Als abgenommen gilt ein Werk auch, wenn der Unternehmer dem Besteller nach Fertigstellung des Werks eine angemessene Frist zur Abnahme gesetzt hat und der Besteller die Abnahme nicht innerhalb dieser Frist unter Angabe mindestens eines Mangels verweigert hat. Ist der Besteller ein Verbraucher, so treten die Rechtsfolgen des Satzes 1 nur dann ein, wenn der Unternehmer den Besteller zusammen mit der Aufforderung zur Abnahme auf die Folgen einer nicht erklärten oder ohne Angabe von Mängeln verweigerten Abnahme hingewiesen hat; der Hinweis muss in Textform erfolgen.

(3) Nimmt der Besteller ein mangelhaftes Werk gemäß Absatz 1 Satz 1 ab, obschon er den Mangel kennt, so stehen ihm die in § 634 Nr. 1 bis 3 bezeichneten Rechte nur zu, wenn er sich seine Rechte wegen des Mangels bei der Abnahme vorbehält.

Materialien: Abs 1 S 1, Abs 2: E I § 572; II § 577; III § 630; Mot II 489 ff; Prot II 2215 ff; JAKOBS/SCHUBERT, Recht der Schuldverhältnisse II 868 ff Abs 1 S 2, 3 durch, Abs 2 idF des G zur Beschleunigung fälliger Zahlungen v 30. 3. 2000 (BGBl I 330). Abs 2 geändert durch das G zur Modernisierung des Schuldrechts v 26. 11. 2001 (BGBl I 3138). Abs 2 statt Abs 1 S 2; bisheriger Abs 2 als Abs 3 durch BauvertragsG v 28. 4. 2017 (BGBl I 969).

Schrifttum

BACHEM/BÜRGER, Die Neuregelung zur Abnahmefiktion im Werkvertragsrecht, NJW 2018, 118

BARTSCH, Themenfelder einer umfassenden Regelung der Abnahme, CR 2006, 7

BODE, Die Abnahmepflicht des Werkbestellers (Diss Leipzig 1935)

BÖGGERING, Die Abnahme beim Werkvertrag, JuS 1978, 512

BRANDT, Die Vollmacht des Architekten zur Abnahme von Unternehmerleistungen, BauR 1972, 69

BRINKMANN, Die Abnahmepflicht bei Kauf und Werkvertrag und die Folgen ihrer Verletzung (Diss Leipzig 1906)

BREITLING, Abnahme und Zustandsfeststellung nach neuem Recht, NZBau 2017, 393

BÜHL, Die Abnahme der Bauleistungen bei der Errichtung einer Eigentumswohnungsanlage, BauR 1984, 237

CUYPERS, Die Abnahme beim Bauvertrag in Theorie und Praxis, BauR 1990, 537

ders, Die Abnahme beim Bauvertrag, Versuch einer Typisierung, BauR 1991, 141

DÄHNE, Die „vergessene" förmliche Abnahme nach § 12 Nr 4 VOB/B, BauR 1979, 227

ders, Risiken und Absicherungsmöglichkeiten bei der Bauabnahme (1981)

FEUERBORN, Abnahme technischer Anlagen, CR 1991, 1

FROMME, Die Abnahme beim Werkvertrag (Diss Göttingen 1914)

GRAUVOGL, Besonderheiten bei der Abnahme von Tiefbauleistungen, BauR 1997, 54

GROSS, Die verweigerte Abnahme, in: FS Locher (1990) 53

ders, Beweislast bei in der Abnahme vorbehaltenen Mängeln, BauR 1995, 46

GRÜN, Die Abnahme von Wohn- und Gewerbeimmobilien unter Mitwirkung von Sachverständigen, in: FS Vygen (1999) 303

HENKEL, Der abschließende Charakter der Abnahmefiktion in § 640 Abs 1 S 3 BGB, MDR 2003, 913

HOCHSTEIN, Die „vergessene" förmliche Abnahme und ihre Rechtsfolgen im Bauprozeß, BauR 1975, 221

ILIOU/SCHMIDT, Die Vorabnahme im Anlagenbauvertrag – Versuch einer Begriffsbestimmung, BauR 2007, 1660

JACOBI, Die Abnahmepflicht des Käufers, JherJB 45, 259

JACOBY, Neuerung des Rechts der Abnahme, PiG 106, 45

JAGENBURG, Die Abnahme des Architektenwerks und die Tätigkeitspflicht des Architekten bei Mängeln, BauR 1980, 406

JAKOBS, Die Abnahme beim Werkvertrag, AcP 183 (1983) 145

JOUSSEN, Fiktive Abnahme und Zustandsfeststellung nach neuem Recht, BauR 2018, 328

KAPELLMANN, „In sich abgeschlossene Teile der Leistung" gemäß VOB/B, in: FS Thode (2005) 29

KEILHOLZ, Um eine Neubewertung der Abnahme im Werkvertrags- und Baurecht, BauR 1982, 121

KÖGL, Die Abnahme des Gemeinschaftseigentums bei Wohnungseigentum – ein unlösbares Problem?, in: FS Dieter Kainz (2019) 385

KÖHLER, Zur Funktion und Reichweite der gesetzlichen Gewährleistungsausschlüsse, JZ 1989, 761

KORBION, Voraussetzungen und Folgen der Bauabnahme (2. Aufl 1988)

LEHMANN, Die Bedeutung der Ausdrücke „Abnahme" (Empfangnahme) nach dem Bürgerlichen Gesetzbuche und dem Handelsgesetzbuche, DJZ 1902, 491

LEITZKE, Verweigerung der Abnahme, BauR 2009, 146

LEUPERTZ, Die Teilabnahme von Architektenleistungen, BauR 2009, 393
LOTZ, Die Abnahme und das WEG – Die Besonderheiten, BauR 2008, 740
MARBACH/WOLTER, Die Auswirkung bei der förmlichen Abnahme erklärter Mängelvorbehalte auf die Beweislast, BauR 1998, 36
MAYR/VBERG, Mängelrechte vor Abnahme in AGB des Bestellers, BauR 2018, 877
MOTZKE, Abschlagszahlung, Abnahme und Gutachterverfahren nach dem Beschleunigungsgesetz, NZBau 2000, 489
NIEMÖLLER, Abnahme und Abnahmefiktionen nach dem Gesetz zur Beschleunigung fälliger Zahlungen, BauR 2001, 481
OBERLOSKAMP, Die Abnahmepflicht nach dem BGB (1905)
PAUSE/VOGEL, Auswirkungen der WEG-Reform auf die Geltendmachung von Mängeln am Gemeinschaftseigentum, ZMR 2007, 577 = BauR 2007, 1298
PETERS, Der Anspruch auf Abnahme bei Kauf und Werkvertrag, in: FS Keller (1989) 221
ders, Zur werkvertraglichen Abnahme, BauR 2013, 381
PIETSCH, Die Abnahme im Werkvertragsrecht – geschichtliche Entwicklung und geltendes Recht (Diss Hamburg 1976)
RIESENBERGER, Abnahme des gemeinschaftlichen Eigentums – „Was leicht scheint, misslingt oft deshalb", NZM 2004, 537
ROHDE, Die Abnahme beim Zahnarzt, NJW 1985, 1379
SCHEUCH, Die Fristsetzung zur Abnahme im neuen Werkvertragsrecht, NJW 2018, 2513
SCHMIDT, Die Abnahme beim Werkvertrag (Diss Leipzig 1913)
ders, Abnahme im Bauträgervertrag und MaBV, BauR 1997, 216
SCHNEIDER, Die Abnahme in der Praxis internationaler Bau- und Anlagenverträge, ZfBR 1984, 101
SCHÜBLER, Die Abnahme beim Werkvertrag (Diss Rostock 1933)
SIEGBURG, Zur Klage auf Abnahme einer Bauleistung, ZfBR 2000, 507
SPENNEBERG, Die Abnahme beim Werkvertrag unter besonderer Berücksichtigung des Bauwerkvertrages (Diss Erlangen 1930)
THODE, Werkleistung und Erfüllung im Bau- und Architektenvertrag, ZfBR 1999, 116
WILLEBRAND/DETZER, Abnahmeverweigerung – Strategie und Abwehrmaßnahmen, BB 1992, 1801
ZAHRNT, Abnahme bei Programmerstellung, CR 1993, 676.

Systematische Übersicht

I.	**Die Abwicklung des Werkvertrages**		
1.	Vorleistungspflichten der Parteien		1
2.	Die Abwicklungsphase des Werkvertrages		2
3.	Der Besteller		4
a)	Besteller als Schuldner		4
b)	Besteller als Gläubiger		5
4.	Der Unternehmer		6
II.	**Der Begriff der Abnahme im Werkvertragsrecht**		
1.	Herkömmlich		7
2.	Die Entgegennahme des Werkes		8
3.	Die Billigung des Werkes als im Wesentlichen vertragsgemäß		10
a)	Die mangelnde Seriosität einer solchen Billigung		11
b)	Die Meinungsfreiheit des Bestellers		12
c)	Die Relevanz der tatsächlichen Beschaffenheit des Werkes		13
d)	Rechtsgeschäftliche Elemente der Abnahme?		14
III.	**Der Anwendungsbereich der Regelungen über die Abnahme**		
1.	Das fertiggestellte Werk		15
2.	Nicht abnahmefähige Werke		17
IV.	**Geschuldete und reale Abnahme**		18
1.	Reale Abnahme		19
a)	Fertigstellung des Werkes		19
b)	Entgegennahme des Werkes		20
aa)	Alleiniger Besitzerwerb des Unternehmers zur Bearbeitung der Sache		21
bb)	Verbliebender Mitbesitz des Bestellers		22

c)	Vorläufige Entgegennahme des Werkes	23	**VII.**	**Rechtsverlust nach § 640 Abs 3**		
d)	Einschaltung Dritter	24	1.	Allgemeines	40	
e)	Anfechtung	25	2.	Voraussetzungen	41	
f)	Billigung der Werkleistung	26	a)	Mangel	41	
2.	Geschuldete Abnahme	27	b)	Kenntnis	42	
a)	Die Interessenlage	28	c)	Vorbehalt der Rechte	44	
b)	Voraussetzungen des Anspruchs	29	d)	Beweislast	47	
aa)	Fertigstellung des Werkes	29	e)	Wirkung	48	
bb)	Hinreichende Mangelfreiheit des Werkes	30	3.	Folgen des unterlassenen Vorbehalts	49	
cc)	Angebot des Werkes	31	a)	Einrede des Unternehmers	49	
c)	Inhalt des Anspruchs	32	b)	Betroffene Rechte	50	
d)	Sanktionen	33	c)	Geltung der VOB/B	51	
aa)	Schuldnerverzug des Bestellers	33	d)	Vertragliche Modifikationen	52	
bb)	Annahmeverzug	34	**VIII.**	**Sonderregelungen der VOB/B**	53	
V.	**Die Bestimmung des § 640 Abs 2**	34a	1.	Allgemeines, § 12 VOB/B	54	
1.	Standort und Wirkungsweise der Bestimmung	34a	2.	Fälligkeit der Abnahme, Abs 1	55	
2.	Das Verfahren	34b	3.	Teilabnahme, Abs 2	57	
3.	Verhältnis von § 640 Abs 2 zu § 640 Abs 1 S 1	34c	4.	Verweigerung der Abnahme, Abs 3	61	
4.	Kritik	34c	5.	Förmliche Abnahme, Abs 4	63	
VI.	**Besondere Vereinbarungen über die Abnahme**	35	6.	„Fiktive" Abnahme, Abs 5	67	
1.	AGB des Bestellers	36	a)	Rechtsnatur	68	
2.	AGB des Unternehmers	37	b)	Inhaltskontrolle	70	
3.	Förmlichkeiten	39	c)	Systematische Einordnung	72	
			d)	Mitteilung der Fertigstellung	73	
			e)	Ingebrauchnahme	74	
			f)	Wirkungen	75	
			7.	Gefahrtragung	76	

Alphabetische Übersicht

Ablieferung des Werkes	56	Anfechtung der Abnahme	25	
Abnahme		Angebot des Werkes	31	
– Anwendungsbereich der	15 f	Annahme als Erfüllung	54	
– Bedeutung der	2	Annahmeverzug	34	
– durch Dritte	24	Architekt	17, 24, 26	
– Folgen der	2	Arglistige Täuschung	25	
– geschuldete	27	Ausschluss der Abnahme	8	
– reale	18 ff			
– rechtsgeschäftliche Elemente der	14	Besitzerwerb	20 ff	
– rügelose	49	Beweislast		
– vorläufige	23	– Kenntnis des Bestellers	47	
Abnahmebegriff	7	– Mängel	5, 48, 59	
– der VOB/B	54	Billigung des Werkes	10 ff, 26	
– zweigliedriger	7			
Abnahmeprotokoll	46	Durchsetzbarkeit des Werklohns	31, 61	
AGB	36			

§ 640
Titel 9 · Werkvertrag und ähnliche Verträge

Entgegennahme der Leistung	8, 20
– vorläufige	23
Erprobung des Werkes	23
Erscheinungsbild des Mangels	43
Fälligkeit der Abnahme	30 ff, 55 f
Fertigstellung des Werkes	15, 19, 29
Fiktive Abnahme	67 ff
Förmliche Abnahme	39, 54, 63, 65 f, 72
Fristsetzung zur Abnahme	34a ff
Gläubigerstellung des Bestellers	5
Gläubigerverzug	34
Herstellung des Werkes	15, 19, 29
Ingebrauchnahme	18, 74
– rügelose	38, 67
Kaufrecht	21
Kenntnis des Mangels	42 f
Klage auf Abnahme	32
Kündigung des Vertrages	15 f
Mangelfreiheit	30
Mängelursache	43
Mitteilung der Fertigstellung	73
Prüfung des Werkes	41
Prüfungsmöglichkeit	56
Rechtsmangel	41
Rechtsverlust	40 ff
Rücknahmepflicht	16
Rügelasten in AGB	52
Sachverständiger	63
Schuldnerstellung des Bestellers	4 f
Schuldnerverzug	33
Teilabnahme	57 ff
– echte	58
– unechte	59
Teilleistung	57 f
Übergabe des Werkes	9, 17
Unfertiges Werk	9, 19, 62
Unterlassener Vorbehalt	40 ff
Unternehmerpfandrecht	32
Unwesentlicher Mangel	30
Verbotene Eigenmacht	31
Vereinbarungen zur Abnahme	35
Vertragsmäßigkeit des Werkes	7, 10 ff
Vertragsstrafe	2, 5, 45, 64
Vertreter, Kenntnis des	43
Verweigerung der Abnahme	61 f, 72
VOB/B	53 ff
Vollendung der Leistung	19
Vollstreckung des Abnahmeanspruchs	12
Voraussetzungen der Abnahme	28 ff
Vorbehalt der Rechte	26, 44 ff
Vorbehaltene Mängel	9
Werklohn	1, 4, 6, 9
Wesentliche Mängel	61
Zahlung des Werklohns	26, 28, 43
Zeitpunkt	
– der Kenntnis	43
– des Mängelvorbehalts	45

I. Die Abwicklung des Werkvertrages

1. Vorleistungspflichten der Parteien

1 Der Unternehmer ist vorleistungspflichtig hinsichtlich der Erstellung des Werkes (Mot II 492). Daran haben auch die Abschlagszahlungen des § 632a BGB nichts geändert; einmal setzen auch sie bereits erbrachte (Teil)leistungen voraus, zum anderen sind sie nur vorläufig, unterliegen also uU der Rückforderung.

Eine Vorleistungspflicht auch des Bestellers war dem historischen Gesetzgeber fremd. Erst der **§ 648a BGB aF (heutiger § 650f BGB)** erkennt an, dass er vor dem endgültigen Leistungsaustausch bereits die Zahlung des Werklohns sicherstellen muss.

2. Die Abwicklungsphase des Werkvertrages

Mit dem Angebot des Werkes als vollendet und hinreichend, § 640 Abs 1 S 2 BGB, **2** mangelfrei tritt der Werkvertrag in seine Abwicklungsphase ein.

Nunmehr stellen sich mehrere klärungsbedürftige Fragen:

– die Abgrenzung des Anspruchs auf Nacherfüllung vom ursprünglichen Erfüllungsanspruch,

– die Art und Weise des Leistungsaustausches,

– die Beweislast für Mängel,

– der Verjährungsbeginn für die Mängelrechte,

– der Zeitpunkt des Gefahrenübergangs.

Der Zeitpunkt des Leistungsaustausches ist weiterhin bedeutsam für

– die Verzinsungspflichten nach § 641 Abs 4 BGB,

– den Vorbehalt einer Vertragsstrafe, § 341 Abs 3 BGB.

In allen diesen Punkten sind beide Seiten entweder in ihrer Rolle als Gläubiger oder **3** als Schuldner angesprochen. Dass die §§ 631 ff BGB stereotyp auf die Abnahme abstellen, ist geeignet, die damit verbundenen bedeutsamen Unterschiede zu überdecken.

3. Der Besteller

a) Besteller als Schuldner
Schuldner ist der Besteller, soweit es um die Zahlung des Werklohns, §§ 641 Abs 1 **4** S 1, 650g Abs 4 BGB und die Entgegennahme der Werkleistung geht, § 640 Abs 1 S 1, 2 BGB, vgl auch die Verzinsungspflichten des § 641 Abs 4 BGB.

b) Besteller als Gläubiger
In den weiteren Regelungszusammenhängen agiert der Besteller dagegen als Gläu- **5** biger.

Das ist evident, soweit es um den Vorbehalt seiner Vertragsstrafe geht, um die Übernahme der Beweislast für Mängel, wie sie nicht anders als beim Kauf aus § 363 BGB folgt, und um den Beginn der Verjährung seiner Mängelansprüche, schließlich um § 640 Abs 3 BGB.

4. Der Unternehmer

Für den Unternehmer gelten die eben angestellten Überlegungen spiegelbildlich. In **6** der Abwicklungsphase des Werkvertrages ist er Gläubiger hinsichtlich der Ansprüche auf Zahlung des Werklohns und Entgegennahme des Werks. Dagegen hat er keinen Anspruch iSd § 194 Abs 1 BGB hinsichtlich der sonstigen Folgen, die das Gesetz an die Abnahme knüpft.

II. Der Begriff der Abnahme im Werkvertragsrecht

1. Herkömmlich

7 Die hM vertritt einen zweigliedrigen Abnahmebegriff. Die Abnahme sei die körperliche Entgegennahme des Werkes, wo sie denn möglich ist, diese verbunden mit seiner Billigung als im Wesentlichen vertragsgerecht. Das ist seit jeher der Standpunkt der Rechtsprechung (RGZ 57, 337, 338; 110, 404, 407; 171, 297, 300; BGHZ 48, 257, 262; BGH NJW 1993, 1972) und auch des weit überwiegenden Teils der Literatur (BGB-RGRK/Glanzmann § 640 Rn 3; Erman/Schwenker § 640 Rn 3; MünchKomm/Busche § 640 Rn 2 f; Palandt/Sprau § 640 Rn 3).

Teilweise wird der Abnahmebegriff freilich auch reduziert, indem man einerseits allein auf die Billigung der Werkleistung als im Wesentlichen vertragsgemäß abstellt (Jakobs AcP 183 [1983] 145, 158 f; BeckOK-BGB/Voit [1. 2. 2017] § 640 Rn 18; Messerschmidt/Voit § 640 Rn 17), teilweise auch nur auf die körperliche Entgegennahme des Werkes (Jakobi JherJb 45 [1903] 278 f; Raape JW 1925, 1993; Heck, Schuldrecht § 117; Siber, Schuldrecht 337).

Die letztgenannte Auffassung trifft zu. Nur sie ist mit den Intentionen des Gesetzgebers vereinbar (vgl Mot II 492 zu § 641), entspricht dem Wortlaut des § 641 Abs 1 S 1 BGB, erfüllt § 646 BGB mit Sinn und bewährt sich auch an jenen anderen Stellen, an denen das Gesetz auf die Abnahme zu sprechen kommt (vgl näher Peters BauR 2013, 381).

2. Die Entgegennahme des Werkes

8 Die Abnahme besteht jedenfalls aus der körperlichen Entgegennahme des Werkes, wo sie denn möglich ist. In diesem Sinne wird auch die Abnahme verstanden, zu der § 433 Abs 2 BGB den Sachkäufer verpflichtet. Und nur so erklärt sich das Phänomen der Werke, deren Beschaffenheit eine Abnahme ausschließt, §§ 640 Abs 1 S 1 aE, 646 BGB. Käme es – gar wesentlich – auf die Billigung der Werkleistung an, wären diese gesetzlichen Regelungen sinnlos und ohne Anwendungsbereich; das kann nicht gewollt sein. Billigungsfähig sind sämtliche Werkleistungen. Man bedankt sich bei der Taxifahrt bei dem Taxifahrer, nach dem Haarschnitt bei dem Frisör, spendet nach dem Konzert oder der Theateraufführung Beifall. In allen diesen Fällen, in denen ein Besitzwechsel nicht stattfindet, ist aber doch auch eine Missbilligung möglich, gegenüber dem Taxifahrer wegen eines Umweges, bei dem Frisör, weil er den Geschmack des Kunden nicht getroffen habe, gegenüber dem Theater wegen allzu starker Verfremdung des Klassikers.

9 Auf die Übergabe stellt § 634a Abs 2 BGB ab, weil sie die Untersuchung des Werkes ermöglicht, § 644 Abs 1 S 1 BGB, weil damit die Risikobeherrschung auf den Besteller übergeht. § 641 Abs 1 S 1 BGB sieht jedenfalls bei beweglichen Sachen einen Leistungsaustausch Zug um Zug vor, in diesen Austausch ist aber die Zahlung des

Werklohns eingestellt, nicht die Billigung der Werkleistung: Auslieferung des Werkes Zug um Zug gegen Zahlung. Die Übergabe des Werkes gibt Anlass zu dem Vorbehalt der Mängel wegen bekannter Mängel, § 640 Abs 3 BGB, und legitimiert wegen der mit ihr verbundenen Nutzungsmöglichkeit die Verzinsungspflicht des § 641 Abs 4 BGB.

3. Die Billigung des Werkes als im Wesentlichen vertragsgemäß

Der Besteller kann nicht als Schuldner verpflichtet sein, das Werk als im Wesentlichen vertragsgemäß zu billigen. **10**

a) Die mangelnde Seriosität einer solchen Billigung

Der Besteller kann Laie sein und als solcher nicht in der Lage, das Werk sachgerecht **11** zu beurteilen. § 640 Abs 3 BGB ergibt, dass er auch nicht zu einer Untersuchung des Werks verpflichtet ist. Selbst der Fachmann wird latente Mängel erst später entdecken, uU erst lange nach dem Zeitpunkt, in dem das Werk zur Abnahme angeboten wird. Seriös können nicht nur der Laie, sondern auch der Fachmann gegenwärtig nur erklären, dass ihnen bislang keine Mängel aufgefallen seien, die zur Zurückweisung des Werkes berechtigen würden. Als eine Billigung der Werkleistung wird man eine solche wahrheitsgemäße Erklärung schwerlich ansehen können.

b) Die Meinungsfreiheit des Bestellers

Die Integration der Billigung des Werks als im Wesentlichen vertragsgemäß in das, **12** was der Besteller nach § 640 Abs 1 S 1 BGB als Abnahme schuldet, würde ihn dazu verpflichten, eine bestimmte Meinung zu äußern. Das wäre mit seiner durch Art 5 Abs 1 S 1 GG geschützten Meinungsfreiheit nicht zu vereinbaren. Er hat das Recht, das Werk zu missbilligen. Das gilt schon dann, wenn es ihm – aus welchen Gründen auch immer – nicht gefällt. Und zur Billigung verpflichtet sein kann er namentlich auch in den Fällen nicht, in denen nachträglich ein Mangel offenbar wird, wie in den §§ 633 ff BGB vorausgesetzt wird.

Die Unhaltbarkeit der vorgeblichen Pflicht des Bestellers zur Billigung des Werkes wird besonders deutlich, wenn sich der Unternehmer seinen korrespondierenden Anspruch titulieren lässt und dann vollstreckt. Es geht nicht an, den Besteller der Beugemaßnahmen des § 888 ZPO auszusetzen, bis er das Werk billigt (so aber ENNECCERUS/LEHMANN § 152 I 5; JAKOBS AcP 183 [1983] 145, 175). Ebenso wenig braucht er es sich gefallen lassen, dass in entsprechender Anwendung des § 894 ZPO seine Billigung mit Eintritt der Rechtskraft des Urteils fingiert wird (so OLG Stuttgart NZBau 2011, 619; LEITZKE BauR 2009, 146, 148 f).

Die Billigung des Werks kann für den Besteller nur Motiv sein, die ihm angebotene Leistung entgegenzunehmen. Das betrifft ihn in seiner Rolle als Gläubiger und unterscheidet ihn insoweit nicht von einem Käufer, den das Gesetz ja ebenfalls zur Abnahme verpflichtet, eine Abnahme, die sich nach allgemeiner Auffassung auf die körperliche Entgegennahme des Vertragsgegenstands beschränkt. Als Gläubiger treffen weder Käufer noch Besteller insoweit Pflichten. Vielmehr ergibt es sich für beide aus der Natur der Sache, dass sie vor der Wahl stehen, ob sie die angebotene Sache entgegennehmen wollen oder nicht.

Dass die Billigung des Werks die nicht erzwingbare Aufgabe des Bestellers als Gläubiger ist, liegt auch dem neuen § 640 Abs 2 BGB zugrunde.

c) Die Relevanz der tatsächlichen Beschaffenheit des Werkes

13 Für die Abwicklung des Werkvertrages kann es vielmehr nicht darauf ankommen, was der Besteller von dem Werk hält, sondern allein darauf, ob es bei objektiver Betrachtung jenen Anforderungen entspricht, die sich aus dem Vertrag ergeben. Dabei ergibt sich im Übrigen aus § 640 Abs 3 BGB, dass es eine Abnahme des Bestellers nicht hindert, wenn er Kenntnis von vorhandenen Mängeln hat. Er hat eben vor der Wahl gestanden, ob er es zurückweisen oder gleichwohl entgegennehmen soll, und sich in dem letzteren Sinn entschieden.

d) Rechtsgeschäftliche Elemente der Abnahme?

14 Nach der heute herrschenden Theorie der realen Leistungsbewirkung (dazu STAUDINGER/OLZEN [2016] Vorbem 10 f zu §§ 362 ff) stellt die Erfüllung eines Vertrags als solches kein Rechtsgeschäft dar, sondern ist ein rein tatsächlicher Vorgang. Das betrifft sowohl den Beitrag des Schuldners als auch den des Gläubigers. Es besteht kein Anlass, davon beim Werkvertrag eine Ausnahme zu machen. Denkbar ist es natürlich, dass ein Rechtsgeschäft hinzutritt, zB eine Übereignung, wenn bei der Reparatur einer beweglichen Sache ein Ersatzteil eingebaut wird, das nicht wesentlicher Bestandteil wird.

III. Der Anwendungsbereich der Regelung über die Abnahme

1. Das fertiggestellte Werk

15 Wenn § 646 BGB als Komplementärbegriff zur Abnahme den der Vollendung des Werks nennt, ergibt sich daraus, dass das Werk jedenfalls fertiggestellt sein muss. Daraus folgt wiederum, dass es im Falle einer vorzeitigen Vertragsbeendigung nicht zu einer Abnahme kommen kann. Das gilt zunächst dann, wenn es zu einem Rücktritt der einen oder anderen Seite kommt, aber auch im Falle einer Kündigung (**aA** BGHZ 167, 345 = NJW 2006, 2475 für den Fall des heutigen § 648 S 1 BGB). Natürlich hat auch hier der Besteller die bearbeitete Sache zurückzunehmen, aber die Werkleistung ist eben nicht vertragsmäßig, wie dies § 640 Abs 1 S 1 BGB voraussetzt. Die einseitige Kündigungserklärung des Bestellers (oder des Unternehmers) vermag es zwar, den Vertrag zu beenden, aber nicht sein Leistungsprogramm in der Weise umzuformen, dass es sich nunmehr auf den schon erbrachten Teil der Werkleistung beschränken würde.

16 Die Pflicht des Bestellers zur Rücknahme des Bearbeitungsgegenstands ergibt sich im Falle des Rücktritts aus dem Interesse des Unternehmers, nicht länger mit dem Bearbeitungsgegenstand belastet zu sein (vgl dazu STAUDINGER/KAISER [2012] § 346 Rn 91 ff), und anderes kann auch im Falle der Kündigung nicht angenommen werden.

2. Nicht abnahmefähige Werke

17 Die §§ 640 Abs 1 S 1 aE, 646 BGB nennen Werke, deren Beschaffenheit eine Abnahme ausschließt. Was diese Werke miteinander vereint, ist also ein reines Negativum, das darin zu sehen ist, dass eine körperliche Übergabe nicht möglich ist. Das ist der Fall bei Leistungen (zB des Frisörs) am Körper des Bestellers, bei Beförderungsleistungen, bei Darbietungen künstlerischer (Konzert, Theateraufführung) oder sportlicher Art, schließlich bei der Bauleitung des Architekten (aA BGH NJW 2000, 133, 134, auf der Basis, dass das Werk des Architekten billigungsfähig sei).

Planerische und sonstige geistige Leistungen haben regelmäßig ein körperliches Substrat. Das macht sie einer Übergabe und damit Abnahme zugänglich.

IV. Geschuldete und reale Abnahme

§ 640 Abs 1 S 1 und 2 BGB sagt aus, unter welchen Voraussetzungen der Besteller die Abnahme schuldet (dazu u Rn 28 ff). Schon aus § 640 Abs 3 BGB ergibt sich, dass eine Abnahme auch dann vorliegen kann, wenn die Voraussetzungen des § 640 Abs 1 BGB nicht gegeben sind. **18**

1. Reale Abnahme

a) Fertigstellung des Werkes

Die reale Abnahme des Werkes setzt zunächst voraus, dass der Unternehmer seine Leistung als fertiggestellt – „vollendet" in der Ausdrucksweise des § 646 BGB – anbietet. Räumt der Unternehmer ein, sein Werk noch nicht fertiggestellt zu haben, sondern Restarbeiten ausführen zu müssen, kommt es nicht zu einer Abnahme des Bestellers, und zwar auch dann nicht, wenn er den Besitz am Werk entgegennimmt, es sei denn diese Restarbeiten bleiben unter der Erheblichkeitsschwelle des entsprechend anzuwendenden § 640 Abs 1 S 2 BGB. **19**

b) Entgegennahme des Werkes

Beim Kauf bedeutet die Abnahme des § 433 Abs 2 BGB, dass der Verkäufer vom Besitz am Werk entlastet wird, wie er ihm ja lästig werden kann (RGZ 53, 161 f; 56, 173, 175; 171, 207, 300; BGH NJW 1972, 99). Insoweit ist beim Werkvertrag zu unterscheiden: **20**

aa) Alleiniger Besitzerwerb des Unternehmers zur Bearbeitung der Sache

Wenn der Unternehmer den alleinigen unmittelbaren Besitz am Bearbeitungsgegenstand erwirbt, weil dieser ihm in seine Werkstatt eingeliefert worden ist oder er ihn dorthin verbracht hat, ist allerdings eine Entlastung des Unternehmers vom Besitz im kaufrechtlichen Sinne möglich; man holt das reparierte Auto wieder ab. **21**

bb) Verbliebener Mitbesitz des Bestellers

Bei anderen Werkleistungen verliert der Besteller den unmittelbaren Mitbesitz am Bearbeitungsgegenstand nie vollständig. Das gilt zunächst bei Reparaturen im Haushalt des Bestellers, vor allem aber bei Bauleistungen. **22**

In Fällen dieser Art wächst der alleinige unmittelbare Besitz dem Besteller gleichsam automatisch zu, wenn der Unternehmer nämlich seine Leute vorbehaltlos abzieht. Der Besteller, der die Abnahme des Werkes vermeiden will, ist dann gehalten, dem entgegenzutreten und den Unternehmer aufzufordern im (Mit-)Besitz des Werkes zu verbleiben. Das hat er freilich zu begründen, indem er dem Unternehmer konkret mitteilt, was aus seiner Sicht zur Fertigstellung des Werkes noch zu erledigen ist.

c) Vorläufige Entgegennahme des Werkes

23 Der Käufer einer Sache kann sich regelmäßig vor Vertragsschluss davon überzeugen, dass die Sache seinen Erwartungen entspricht, zB durch eine Probefahrt mit dem Auto. Das ist bei einer Werkleistung naturgemäß nicht möglich, und uU ist sie komplex. Nach Treu und Glauben, § 242 BGB, ist der Unternehmer deshalb gehalten, dem Besteller vor der endgültigen Abnahme des Werkes die Möglichkeit einer Inspektion einzuräumen. Verweigert der Unternehmer dies, gerät der Besteller nicht in Annahmeverzug, wenn er das Werk zurückweist; auf eine „Katze im Sack" braucht er sich nicht einzulassen.

Die Einzelheiten – namentlich die Dauer der Erprobung – hängen ganz von der Art des Werkes ab. Nach der Reparatur eines Wagens kann eine Probefahrt geboten sein, bei Maschinen oder Software ein Probelauf oder auch mehrere, bei Bauleistungen eine gemeinsame Inspektion mit dem Unternehmer.

Jedenfalls hat sich der Besteller auf eine Erprobung des Werkes zu beschränken; setzt er es bestimmungsgemäß ein, nimmt er es also in Gebrauch, hat er damit abgenommen.

d) Einschaltung Dritter

24 Der Besteller kann auch Dritte bei der Abnahme einschalten, dies als Besitzmittler oder Besitzdiener. Eine solche Stellung hat der Architekt ihm gegenüber nicht. Ein Dritter kann auch nach § 362 Abs 2 BGB ermächtigt werden, die Werkleistung (im eigenen Namen) entgegenzunehmen.

e) Anfechtung

25 Als Realakt kann die Entgegennahme des Werkes als seine Abnahme nicht angefochten werden. Dafür bestünde auch kein praktisches Bedürfnis. Wenn der Besteller Mängel übersehen hat und damit über die Beschaffenheit des Werkes irrt, stellt ihm das Gesetz den Anspruch auf Nacherfüllung und die sonstigen Rechte aus § 634 BGB zur Verfügung. Und sollte der Unternehmer arglistig gehandelt haben, kommt das Gesetz dem Besteller in der Verjährungsfrage mit § 634a Abs 3 BGB entgegen.

f) Billigung der Werkleistung

26 Nach der hier vertretenen Auffassung gehört die Billigung des Werkes als im Wesentlichen vertragsgemäß nicht zur Abnahme (o Rn 10 ff). Sieht man das mit der hM anders, bedürfen der Besteller der Geschäftsfähigkeit, eingeschaltete Dritte der Vertretungsmacht; der Architekt hat eine solche regelmäßig nicht, sondern bereitet nur die Entschließung des Bestellers vor. Irrtümer über die Beschaffenheit des Werkes sind auch hier wegen der abschließenden Regelung in §§ 634 ff BGB nicht nach § 119 BGB relevant.

Der Vorbehalt der Rechte wegen bekannter Mängel schließt die Billigung des Werkes nicht aus, vgl § 640 Abs 3 BGB; der Besteller müsste ihretwegen das Werk schon insgesamt zurückweisen.

Weithin wird der Besteller das Werk nicht ausdrücklich billigen. Dann kommt es darauf an, ob sein tatsächliches Verhalten den sicheren Schluss auf sein Einverständnis mit dem Werk zulässt. In Betracht kommen namentlich die Zahlung des

Werklohns oder die bestimmungsgemäße Nutzung des Werkes, beides auch dann, wenn Mängel bekannt sind, vgl wiederum § 640 Abs 3 BGB.

Der Besteller verhält sich widersprüchlich, wenn er gleichzeitig den Besitz am Werk – und die damit verbundene Nutzungsmöglichkeit! – für sich in Anspruch nimmt, aber die grundsätzliche Billigung des Werkes verweigert; das darf nicht zu Lasten des Unternehmers gehen. Vielmehr dürfen die Fristen des § 634a Abs 1 Nrn 1 und 2 BGB schon jetzt zu dessen Gunsten laufen und muss sein Werklohnanspruch durchsetzbar sein, sei es auch nur Zug um Zug gegen Beseitigung der Mängel.

2. Geschuldete Abnahme

§ 640 Abs 1 S 1 BGB gewährt dem Unternehmer einen Anspruch auf Abnahme, sofern diese nicht nach der Beschaffenheit des Werkes ausgeschlossen ist, § 640 Abs 1 S 1 BGB aE. **27**

a) Die Interessenlage

Der Besitz an dem Werk kann dem Unternehmer lästig werden, wenn er denn zu Maßnahmen der Obhut nötigt, Verkehrssicherungspflichten zur Folge haben kann und schließlich die Preisgefahr jedenfalls solange bei dem Unternehmer belässt, wie der Besteller nicht in Annahmeverzug geraten ist, § 644 Abs 1 S 1 und 2 BGB. Gleichzeitig ist die Durchsetzung des Anspruchs auf Abnahme für den Unternehmer aber auch ein zweischneidiges Schwert, wenn denn die Vorenthaltung des Werkes nach den §§ 320, 641 Abs 1 S 1 BGB ein probates Mittel ist, den Besteller zur Zahlung des Werklohns zu veranlassen. **28**

b) Voraussetzungen des Anspruchs
aa) Fertigstellung des Werkes

Das Werk muss fertiggestellt sein, wobei es in entsprechender Anwendung des § 640 Abs 1 S 2 BGB nicht schadet, wenn an der Fertigstellung noch etwas fehlt, was nicht als wesentlich bezeichnet werden kann. ZB kann ein Neubau genutzt werden, auch wenn der dazugehörige Garten noch nicht angelegt ist. Gegebenenfalls ist das ja aus Gründen der Jahreszeit gegenwärtig nicht möglich. **29**

bb) Hinreichende Mangelfreiheit des Werkes

Nach § 640 Abs 1 S 2 BGB steht es dem Anspruch des Unternehmers nicht im Wege, wenn unwesentliche Mängel vorhanden sind. Das sind zunächst solche Mängel, deren Beseitigung der Unternehmer nach § 635 Abs 3 BGB wegen unverhältnismäßiger Kosten verweigern könnte (dazu § 635 Rn 8 ff). Im Übrigen kommt es darauf an, ob die Mängel bei der Nutzung des Werkes lästig oder gar gefährlich sind, zB fehlende Schlüssel, fehlender Handlauf am Treppengeländer. Bei all dem ist davon auszugehen, dass dem Besteller ein mangelfreies Werk zusteht und der Unternehmer mit einem solchen im Wort ist. Insofern ist § 640 Abs 1 S 2 BGB zugunsten des Bestellers eng auszulegen und entfernt sich jedenfalls nicht weit von dem Schikaneverbot des früheren Rechts. **30**

cc) Angebot des Werkes

Der Unternehmer muss das Werk als fertiggestellt anbieten. Gegen den Willen des Unternehmers kann der Besteller das Werk nicht entgegennehmen. Das wäre ver- **31** botene Eigenmacht. Freilich muss der Fristbeginn des § 634a Abs 2 BGB auch bei Eigenmacht des Bestellers gelten und macht diese den Werklohnanspruch des Unternehmers erst recht durchsetzbar.

c) Inhalt des Anspruchs

32 Der Anspruch des Unternehmers auf Abnahme ist darauf gerichtet, dass der Besteller ihm das Werk „abnimmt", ihn also von dem Besitz am Werk befreit. Geht es um die Bearbeitung einer Sache des Bestellers, wird es sich regelmäßig um eine nicht vertretbare Handlung iSd § 888 ZPO handeln. Hat der Unternehmer eine bewegliche Sache des Bestellers bearbeitet, kann sein Rechtsschutzbedürfnis für eine Klage fehlen, wenn er denn die Möglichkeit hat, sein Pfandrecht nach § 647 BGB zu verwerten und darüber nicht zuletzt von dem Besitz am Werk befreit zu werden. Doch kann der Besteller natürlich auch eine ihm nicht gehörende Sache zur Bearbeitung gegeben haben, sodass es zu diesem Pfandrecht nicht gekommen ist.

Nach den oben (Rn 10 ff) angestellten Überlegungen gehört eine Billigung des Werkes als im Wesentlichen vertragsgerecht jedenfalls nicht zu den Pflichten des Bestellers aus § 640 Abs 1 S 1 BGB.

d) Sanktionen
aa) Schuldnerverzug des Bestellers

33 Kommt der Besteller seiner Abnahmeverpflichtung nicht nach, gerät er in Schuldnerverzug. Das setzt freilich außer dem von § 286 Abs 4 BGB vermuteten Verschulden eine Mahnung voraus, § 286 Abs 1 BGB, bzw ihre Entbehrlichkeit nach Maßgabe des § 286 Abs 2 BGB. In der Folge kann der Unternehmer nach § 280 Abs 1, 2 BGB seine Verzögerungsschäden liquidieren, also namentlich die Kosten der weiteren Obhut für die Sache.

bb) Annahmeverzug

34 Bedeutsamer für den Unternehmer ist es, dass der Besteller nach § 293 BGB schon dadurch in Annahmeverzug gerät, dass er das ihm angebotene Werk nicht annimmt. Dieser Gläubigerverzug setzt weder ein Verschulden des Bestellers voraus, noch ist er auch von einer Mahnung abhängig. Auf dieser Basis kann der Unternehmer etwaige Mehraufwendungen unter den erleichterten Voraussetzungen des § 304 BGB liquidieren. Und § 644 Abs 1 S 2 BGB entlastet ihn von der Preisgefahr.

V. Die Bestimmung des § 640 Abs 2

34a Der zum 1. 1. 2018 neu geschaffene Abs 2 des § 640 BGB sieht ein Verfahren der Fristsetzung vor, mit dem der Unternehmer klären kann, ob der Besteller das Werk billigt. Das Werk gilt als „abgenommen", wenn der Besteller nicht innerhalb einer ihm zu setzenden Frist jedenfalls mindestens einen Mangel rügt und deshalb die Abnahme verweigert.

1. Standort und Wirkungsweise der Bestimmung

Der Gesetzgeber des § 640 Abs 2 BGB nimmt an, dass sich das Verfahren auf die Abnahme beziehe, als deren integrativen Bestandteil er die Billigung des Werks als im Wesentlichen vertragsgemäß betrachtet. Tatsächlich trifft diese Sicht aber nicht zu. Ihr steht die grundrechtlich abgesicherte Meinungsfreiheit des Bestellers entgegen; auch das Kaufrecht lädt den Begriff der Abnahme in § 433 Abs 2 BGB nicht in dieser Weise auf. Zwar billigt auch der Käufer die ihm angelieferte Sache als im Wesentlichen vertragsgemäß, aber dies tut er in seiner Rolle als Gläubiger des Anspruchs auf mangelfreie Belieferung, er kommt seiner dies bezüglichen Obliegenheit gemäß § 363 BGB nach, nicht einer aus § 433 Abs 2 BGB herzuleitenden Pflicht als Schuldner. Es ist nicht ersichtlich, warum sich die Strukturen von Kauf und Werkvertrag an dieser Stelle so grundlegend voneinander unterscheiden sollten; das Sachproblem, ob Mängel vorliegen oder nicht, ist identisch. Die vielleicht unterschiedliche Wahrscheinlichkeit von Mängeln kann unterschiedliche dogmatische Strukturen nicht legitimieren.

Dass es in § 640 Abs 2 BGB um eine nicht erzwingbare Obliegenheit des Bestellers geht, bringt die Bestimmung immerhin selbst damit zum Ausdruck, dass sie auf rechtlichen Druck auf ihn verzichtet; sie lässt ihm die Entscheidungsfreiheit.

2. Das Verfahren

Der Unternehmer setzt dem Besteller eine Frist zur Erklärung darüber, ob das Werk **34b** den getroffenen Vereinbarungen entspricht oder warum ggf nicht. In der Bemessung der Frist ist der Unternehmer frei, doch braucht sie nicht lang bemessen zu sein, weil der Besteller nicht viel Zeit für die Entscheidung benötigen wird, ob er das Werk nun entgegennehmen oder zurückweisen soll. Insofern können die Fristen des § 12 Abs 5 VOB/B als Richtschnur dienen. – Eine zu knapp bemessene Frist setzt eine angemessene in Lauf.

a) Ein Verbraucher als Besteller muss in der Textform des § 126b BGB darauf hingewiesen werden, dass das Werk als abgenommen gilt, wenn er sich innerhalb der Frist nicht erklärt oder im Falle seiner Erklärung nicht angibt, wegen welcher Mängel er die Abnahme verweigert, § 640 Abs 2 S 2 BGB.

b) Die Fristsetzung kann erst nach *Fertigstellung des Werkes* erfolgen. Mit diesem Erfordernis wollte der Gesetzgeber ausdrücklich hinter der Abnahmereife des § 640 Abs 1 S 2 BGB aF zurückbleiben (BT-Drucks 18/8486, 49). Daher scheidet es aus, Fertigstellung mit Abnahmereife gleichzusetzen (so aber JOUSSEN BauR 2018, 328, 332 ff). Da das Erfordernis der Fertigstellung eine missbräuchliche Fristsetzung ausschließen sollte, muss vielmehr entscheidend sein, ob der die Frist setzende Unternehmer in nachvollziehbarer Weise davon ausgehen konnte, seine Arbeiten abgeschlossen zu haben (vgl JACOBY PiG 106, 45, 49; KNIFFKA BauR 2017, 1747, 1769).

c) Erklärt sich der Besteller nicht oder ohne Angabe der Mängel, wegen derer er die Abnahme verweigert, „gilt" das Werk als abgenommen, § 640 Abs 2 S 1 BGB. Etwaige Rechte wegen Mängeln büßt der Besteller nicht ein. Ob es dazu kommt, richtet sich vielmehr nach § 640 Abs 3 BGB. Der dort normierte Rechtsverlust greift aber nur bei der Abnahme nach Abs 1.

Der systematische Zusammenhang zu § 640 Abs 1 S 2 BGB legt nahe, dass nur die Angabe wesentlicher Mängel, die die Verweigerung der Abnahme rechtfertigen, die Abnahmefiktion ausschließen (BREITLING NZBau 2017, 393 f; LEINEMANN NJW 2017, 3113 f).

Jedoch zielt § 640 Abs 2 BGB auf klare Verhältnisse, sodass die Angabe jeder Art von Mängeln grundsätzlich ausreicht (Jacoby PiG 106, 45, 49 f; Joussen BauR 2018, 328, 337; Palandt/Sprau Rn 16), zumal weitere Mängelrügen nachgeschoben werden können. Eine Ausnahme gilt nur, wenn der Besteller missbräuchlich Mängel angibt, von denen er weiß, dass sie die Abnahmeverweigerung nicht decken. Insoweit kommt es aber nicht darauf an, ob die angegebenen Mängel unwesentlich sind oder gar fehlen.

3. Verhältnis von § 640 Abs 2 zu § 640 Abs 1 S 1

34c § 640 Abs 2 BGB schließt eine reguläre Abnahme nach § 640 Abs 1 S 1 BGB nicht aus. Die Bestimmung will dem Unternehmer nur eine Handlungsposition für den Fall eröffnen, dass diese ausbleibt. Das bedeutet dann aber, dass der Besteller bereits dadurch nach § 640 Abs 1 S 1 BGB abgenommen haben kann, dass er sich den Besitz am Werk hat übertragen lassen, vgl o Rn 8. Ein Vorgehen des Unternehmers nach § 640 Abs 2 BGB geht dann ins Leere. Es ist dann durchaus wahrscheinlich, dass eine Übertragung des Besitzes schon stattgefunden hat, wenn sich der Unternehmer entschließt, nach § 640 Abs 2 BGB vorzugehen.

4. Kritik

Zunächst belegen die §§ 633 ff BGB schon mit ihrer bloßen Existenz, dass Mängel eine Abnahme nicht ausschließen, wenn sie dem Besteller für den Fall Rechte einräumen, dass diese bei der Abnahme vorliegen. § 640 Abs 3 BGB bestätigt dies eindrucksvoll für den Fall, dass diese Mängel dem Besteller bei der Abnahme bekannt waren: Auch dann geht die Bestimmung von einer Abnahme aus, dh der Besteller hätte diese verweigern dürfen, hat das aber nicht getan; der Besteller hätte dem Anspruch des Unternehmers auf Abnahme eine Einrede entgegensetzen dürfen, aber das stand eben in seinem Belieben.

Dabei ist die Abnahme des Werks – nicht anders als beim Kauf – seine Entgegennahme, nicht etwa seine Billigung; auf letztere bezieht sich aber § 640 Abs 2 BGB. Es billigt der Besteller als Gläubiger, was letztlich auch § 640 Abs 2 BGB anerkennt. Die Billigung des Werks ist keine Leistung an den Unternehmer, sondern eine solche – als Gegenleistung zur Ablieferung des Werks – erbringt der Besteller mit der Zahlung des Werklohns.

Einem zahlungsunwilligen Besteller wird es ein Leichtes sein, Mängel nur einfach zu behaupten und Wirkungen des § 640 Abs 2 BGB zu Gunsten des Unternehmers schon damit auszuschalten. Aber wenn er bereits im Besitz des Werkes ist, hat er seine Gegenleistung zur Zahlung des Werklohns bereits erhalten und steht seiner Pflicht zu dessen Zahlung nichts mehr entgegen; etwaige Mängel gewähren ihm ein quantitativ nach ihrem Gewicht bemessenes Zurückbehaltungsrecht.

VI. Besondere Vereinbarungen über die Abnahme

35 Vorzufindende Vereinbarungen über die Abnahme betreffen die Anerkennung der Werkleistung als gehörige Erfüllung iSd § 363 BGB, in aller Regel dagegen nicht die körperliche Entgegennahme des Werkes iSd § 640 Abs 1 S 1 BGB. Bedenklich sein kann die Wirksamkeit von *Bestimmungen über die Abnahme in AGB* (dazu sogleich). Zu der *Sonderregelung des § 12 VOB/B* u Rn 53 ff. *Individualvertragliche Abreden*, die die Abnahme modifizieren, indem sie ihren Eintritt erleichtern oder erschweren, begegnen grundsätzlich keinen Bedenken; ein Verstoß gegen § 138 BGB erscheint kaum denkbar.

1. AGB des Bestellers

AGB des Bestellers erschweren vielfach die Abnahme, indem sie sie insbesondere **36** an Handlungen Dritter binden: Abnahme von Bauwerksleistungen nur insgesamt oder erst bei ihrer behördlichen Abnahme. Solche Klauseln verstoßen nicht schon gegen die Klauselkataloge der §§ 308 f BGB, insbesondere nicht gegen § 308 Nr 1 BGB, da die Abnahme keine Leistung des Bestellers ist, wohl aber gegen § 307 BGB (vgl BGHZ 107, 75 = NJW 1989, 1602; BGH NJW 1996, 2155, 2156; Ulmer/Brandner/Hensen/Christensen, Bauverträge Rn 15; Ingenstau/Korbion/Oppler § 12 Rn 36; Locher NJW 1979, 2235, 2237 f), womit sie *auch im rein unternehmerischen Verkehr unzulässig sind*. Denn der Unternehmer, dessen Werk mangelfrei fertiggestellt ist, hat einen legitimen Anspruch darauf, dass es abgenommen wird und damit die ihm günstigen Wirkungen der Abnahme eintreten. Diese kann nicht ohne Weiteres von Ereignissen abhängig gemacht werden, die seiner Einflussnahme entzogen sind und uU unabsehbar lange auf sich warten lassen (vgl BGH NJW 1989, 1602 zur Koppelung mit der Abnahme der eigenen Kunden). Dies darf nur zu einer Verzögerung von maximal 4–6 Wochen führen, und jedenfalls muss der Zeitpunkt für den Unternehmer berechenbar bleiben, darf nicht dem Belieben des Bestellers überlassen bleiben (BGH NJW 1996, 1346).

Dagegen muss es als *zulässig* angesehen werden, *wenn sich der Besteller einen angemessenen Zeitraum für die Erprobung des Werkes sichert* oder wenn er von dem Unternehmer Nachweise über die Qualität des Werkes fordert, die dieser in zumutbarer Weise beschaffen kann.

Unzulässig ist es wiederum, die Abnahmewirkung der Ingebrauchnahme, o Rn 23, in AGB gänzlich auszuschließen (BGH NJW 1996, 1346).

2. AGB des Unternehmers

AGB des Unternehmers werden nach dem Vorbild des § 12 Abs 5 VOB/B, dazu u **37** Rn 67 ff, den Eintritt der Abnahme zu erleichtern suchen, indem sie *dem Schweigen des Bestellers* innerhalb bestimmter Frist *Erklärungswert* beimessen.

aa) Soweit sie dabei an die *Mitteilung der Fertigstellung* anknüpfen, sind sie nach § 308 Nr 5 BGB unwirksam, wenn sie dem Besteller keine angemessene Frist zur Verwahrung einräumen und wenn der Besteller nicht noch besonders auf die Folgen seines Schweigens hingewiesen werden soll. Das hat grundsätzlich nach § 307 Abs 2 Nr 1 BGB auch im kaufmännischen Bereich zu gelten (vgl BGH NJW 1988, 55, 57).

bb) *Problematisch ist es, wenn die Abnahme nach Ablauf einer bestimmten Frist* **38** *nach Ingebrauchnahme des Werkes für erfolgt erklärt* wird, auch wenn grundsätzlich die rügelose Ingebrauchnahme des Werkes als dessen Abnahme gedeutet werden kann (§ 12 Abs 5 Nr 2 VOB/B). Gegenüber einem Verbraucher als Besteller ist das schon nach § 308 Nr 5 BGB unwirksam, wenn die dortigen Hinweise fehlen (zum Sonderfall der Vereinbarung der VOB/B mit ihrem § 12 Nr 5 Abs 2 vgl u Rn 69). Davon abgesehen benachteiligt es auch unangemessen iSd § 307 BGB, wenn die Frist zu knapp bemessen ist. Dabei hängt die Angemessenheit der gesetzten Frist zunächst entscheidend von der Art der Werkleistung ab, ob es einfach festzustellen ist, ob sie im Wesentlichen vertragsgerecht ist oder nicht. Außerdem spielt es eine Rolle, ob der Besteller Verbraucher ist oder unter § 310 Abs 1 BGB fällt. Jene sechs Werktage, die § 12 Abs 5 Nr 2 VOB/B vorsieht, werden für den letzteren Personenkreis angemessen sein, ist doch die VOB/B gerade auf die Beschaffungstätigkeit der Öffentlichen Hand hin konzipiert worden, einen Verbraucher als Besteller wird eine derartige Frist regelmäßig unangemessen benachteiligen.

3. Förmlichkeiten

39 Nicht zu beanstanden ist es, wenn in AGB *besondere Förmlichkeiten für die Abnahme statuiert* werden, zB die gemeinsame Besichtigung des Werkes oder die Aufnahme eines Protokolls (BGH NJW 1996, 1346), vgl zu der einschlägigen Bestimmung des § 12 Abs 4 VOB/B u Rn 63 ff.

VII. Rechtsverlust nach § 640 Abs 3

1. Allgemeines

40 Wenn den Besteller hinsichtlich des abzunehmenden Werkes auch *keine Untersuchungspflicht* trifft, vgl allerdings §§ 381 Abs 2, 377 HGB, so erwartet das Gesetz in § 640 Abs 3 BGB doch jedenfalls von ihm, dass er sich hinsichtlich ihm bekannter Mängel seine Rechte anlässlich der Abnahme vorbehält. Dass es ihn andernfalls mit Rechtsverlusten belegt, kann man auf *Gesichtspunkte der Verwirkung oder des Verzichts* zurückführen. Indessen wiegt sein Schweigen nicht ähnlich schwer. Zu Recht ist deshalb die Parallelbestimmung des § 464 BGB aF getilgt worden. Der Kurs des Gesetzes ist wenig durchsichtig, wenn auch § 536b BGB erhalten geblieben ist. In sich ist § 640 Abs 3 BGB inkonsequent, wenn der Schadensersatzanspruch des Bestellers erhalten bleibt, wo doch Mängel idR zu vertreten sind und § 280 Abs 1 S 2 BGB dies auch vermutet.

2. Voraussetzungen

a) Mangel

41 Es muss ein *Mangel* des Werks vorliegen (dazu § 633 Rn 158 ff). Er darf auch unwesentlich iSd § 640 Abs 1 S 2 BGB sein, weil § 640 Abs 3 BGB nur auf § 640 Abs 1 S 1 BGB, nicht auch auf § 640 Abs 1 S 2 BGB Bezug nimmt.

Ein Mangel iSd § 640 Abs 3 BGB liegt auch in den Fällen des § 633 Abs 2 S 3 BGB vor. Dies setzt freilich voraus, dass das andersartige oder zu gering dimensionierte Werk als das geschuldete angedient worden ist. Das andersartige Werk darf der Besteller auch nicht nach § 364 Abs 1 BGB an Erfüllungs Statt angenommen haben; dann schließt § 364 Abs 1 BGB alle Rechte aus der Abweichung aus.

Eine *bloße Unfertigkeit* des Werkes kann einem Mangel *nicht gleichgestellt* werden, mag beides voneinander auch zuweilen schwer abzugrenzen sein. *Seinen insoweit noch bestehenden ursprünglichen Erfüllungsanspruch* braucht sich der Besteller *nicht vorzubehalten.*

Auf einen Rechtsmangel bezieht sich § 640 Abs 3 BGB nicht, weil dieser nicht durch Prüfung des Werkes feststellbar ist, woran die Bestimmung anknüpft; ggf gilt § 442 BGB analog.

b) Kenntnis
Der Besteller muss Kenntnis von dem Mangel haben.

aa) Die Kenntnis muss eine *positive* sein; Kennenmüssen steht ihr nicht gleich (vgl **42** Erman/Schwenker Rn 21; Palandt/Sprau Rn 20), mag auch noch so grobe Fahrlässigkeit vorliegen, etwa bei Handgreiflichkeit des Mangels. Das entspricht der fehlenden Untersuchungspflicht des Bestellers.

Positive Kenntnis in diesem Sinne kann nur eine *aktuelle* sein. Es entlastet den Besteller also, wenn er von dem Mangel zwar zunächst einmal Kenntnis erlangt hatte, ihn aber im Zeitpunkt der Abnahme nicht bedenkt. Das kann praktische Bedeutung zB bei der Abnahme von Häusern haben, wenn es um eine Vielzahl kleinerer Mängel geht.

bb) Die Kenntnis muss sich auf den Mangel beziehen. Dazu ist es zunächst *not-* **43** *wendig, aber nicht ausreichend, dass der Mangel in seinem äußeren Erscheinungsbild bekannt* ist. Hinzukommen muss, dass er auch – wenigstens in groben Zügen – *als Mangel erkannt* ist, dh als eine Einschränkung des Wertes oder der Tauglichkeit des Werkes (vgl RG Gruchot 50, 368 [zum Parallelproblem bei § 460 aF]; RGZ 149, 401; BGH NJW 1970, 383, 385; BGB-RGRK/Glanzmann Rn 4; Erman/Schwenker Rn 21; MünchKomm/Busche Rn 30). In diesem Sinne ist zu fordern, dass *auch die Ursachen,* die zu dem äußerlich mangelhaften Erscheinungsbild führen, *jedenfalls ungefähr bekannt* sind, da sich anders ein Mangel auch nicht annähernd zuverlässig in seiner Tragweite beurteilen lässt. BGB-RGRK/Glanzmann (Rn 4) verweist in diesem Zusammenhang zutreffend auf den Tatbestand von BGHZ 48, 108: Die Kenntnis von Rissen im Putz bedeutet noch nicht die Kenntnis von der Mangelhaftigkeit der vom Putz verdeckten Steine. Ebenso kann Feuchtigkeit im Keller auf verschiedenartigen Ursachen/Mängeln beruhen oder das Nichtfunktionieren einer Maschine. Jedenfalls brauchen dem Besteller *nicht die zur Behebung des Mangels notwendigen Maßnahmen* bekannt zu sein.

cc) Der *Zeitpunkt* der Kenntnis ist der der Abnahme (vgl schon o Rn 42). Wenn der *Abnahmetatbestand zeitlich gestreckt* ist wie zB bei der Benutzung des Werkes, reicht es, wenn die Kenntnis des Bestellers irgendwann innerhalb dieses Zeitraums vorhanden ist.

dd) Wird durch Vertreter abgenommen, gilt § 166 BGB (vgl Soergel/Teichmann Rn 19). Die konkludente Abnahme durch Ingebrauchnahme, Zahlung des Werklohns oä ist grundsätzlich eine eigene des Bestellers, bei der die Kenntnis anderer nicht zugerechnet werden kann.

c) Vorbehalt der Rechte

44 Der Besteller muss sich seine Rechte bei der Abnahme bzw während des Abnahmezeitraums vorbehalten.

aa) Inhaltlich sind an den Vorbehalt *keine strengen Anforderungen* zu stellen. Er braucht die vorbehaltenen Rechte weder einzeln noch pauschal zu benennen; *grundsätzlich genügt es, dass der Besteller* zum einen *den Mangel bezeichnet und* zum anderen *erkennen lässt, dass er nicht bereit ist, diesen Zustand des Werkes folgenlos hinzunehmen.* Dabei muss *der Mangel konkret,* jedenfalls *individualisierbar bezeichnet* werden, wenn auch nur in seinen äußeren Erscheinungsformen. Es reicht nicht, wenn sich der Besteller pauschal seine Rechte wegen sämtlicher Mängel vorbehält.

45 bb) Der Vorbehalt muss *zeitlich bei der Abnahme* gemacht werden.

(1) Ein *späterer Vorbehalt* reicht nicht aus (vgl BGB-RGRK/GLANZMANN Rn 28; unklar RGZ 73, 146). Es genügt aber, wenn der Vorbehalt bis hin zum Ende der Abnahmeverhandlung angebracht wird, mag auch der vom Mangel betroffene Teil des Werkes schon von den Parteien erledigt sein (BGH RSprBauZ 2.502, 1).

(2) Auch *frühere Vorbehalte* reichen grundsätzlich nicht aus. Die Rechtsprechung ist hier aber zu Recht nicht so streng wie bei dem Vorbehalt der Vertragsstrafe nach § 341 Abs 3 BGB. Ein früherer Vorbehalt muss dann *genügen,* wenn er *in engem zeitlichen Zusammenhang mit der Abnahme* gemacht worden ist und bei dieser erkennbar, wenn auch nicht ausdrücklich, aufrechterhalten wird (vgl BGH RSprBau Z 2.411, 34; BGB-RGRK/GLANZMANN Rn 25; MünchKomm/BUSCHE Rn 31).

46 (3) *Ausnahmsweise entbehrlich* ist der Vorbehalt, wenn seinetwegen bereits prozessiert wird oder ein selbständiges Beweisverfahren anhängig ist (MünchKomm/BUSCHE Rn 29; INGENSTAU/KORBION/OPPLER § 12 Rn 49).

(4) Soweit eine Erklärung des Bestellers innerhalb bestimmter Frist notwendig ist, zB nach § 12 Abs 5 VOB/B, ist diese *Erklärung zwar zugangsbedürftig* (BGHZ 33, 326), es reicht zur Wahrung der Frist in entsprechender Anwendung des § 377 Abs 4 HGB aber die *fristgemäße Absendung* der Erklärung aus.

(5) Soweit vereinbart ist, dass Mängel in ein *Abnahmeprotokoll* aufzunehmen sind, reicht der mündliche Vorbehalt des Bestellers nicht aus (BGH BauR 1973, 192; LG Tübingen NJW 1973, 1975; INGENSTAU/KORBION/OPPLER § 12 Abs 4 Rn 16). Im Übrigen empfiehlt sich Schriftform zu Beweiszwecken.

d) Beweislast

47 Die Beweislast für die Abnahme und die Kenntnis des Bestellers vom Mangel trifft den Unternehmer, die Beweislast für den Vorbehalt und seine Rechtzeitigkeit den Besteller.

e) Wirkung

48 Bei Vorbehalt eines Mangels trifft den Unternehmer die Beweislast für sein Fehlen bzw seine Beseitigung (vgl THODE ZfBR 1999, 116, 120). Der Vertrag muss aber auch sonst insoweit im Erfüllungsstadium verbleiben (aA Thode ZfBR 1999, 116, 120), sodass namentlich die Gewährleistungsfristen noch nicht greifen.

3. Folgen des unterlassenen Vorbehalts

a) Einrede des Unternehmers

§ 640 Abs 3 BGB lässt *bestimmte Rechte* des Bestellers ihm *nur im Vorbehaltsfalle* **49** zustehen. Rechtstechnisch ist dabei *nicht* von einem *Erlöschen der Rechte* auszugehen, das dann schon von Amts wegen zu berücksichtigen wäre. Die Interessen des Unternehmers werden vielmehr vollauf gewahrt, wenn man ihm eine *Einrede* gegen die Gewährleistungsrechte des Bestellers gewährt (vgl Soergel/Teichmann Rn 17). Den Fall der rügelosen Abnahme trotz erkannter Mängel insoweit dem der Verjährung gleichzustellen, wird auch dadurch gerechtfertigt, dass man bei der vorbehaltlosen Annahme der Schlusszahlung nach § 16 Abs 3 Nr 2 VOB/B nicht anders verfährt (vgl § 641 Rn 84). Diese *Parallele zur Verjährung* muss auch insoweit gezogen werden, als dem Unternehmer, der trotz rügeloser Abnahme des mangelhaften Werkes durch den Besteller Nachbesserungsarbeiten durchführt, deshalb keine Bereicherungsansprüche zustehen können, vgl §§ 214 Abs 2, 813 Abs 1 S 2 BGB.

b) Betroffene Rechte

Es sind die des § 634 Nrn 1–3 BGB: Auf Nacherfüllung, Kostenersatz bei eigener **50** Nacherfüllung, Rücktritt, Minderung, nicht hingegen der Anspruch auf Schadensersatz nach § 634 Nr 4 BGB.

Von diesem Rechtsverlust unberührt und damit von dem Besteller hinzunehmen bleibt *das Recht des Unternehmers,* den nicht gerügten *Mangel von sich aus zu beseitigen,* sofern dies ernsthaft, unverzüglich und sachgerecht angeboten wird (vgl Ingenstau/Korbion/Oppler § 12 Rn 51, ferner Wilhelm JZ 1982, 466, sowie BGHZ 77, 134, 138). Man muss dann dem Unternehmer die eigene Nachbesserungsmöglichkeit gewähren, weil dies grundsätzlich auch bei gerügten Mängeln zu geschehen hätte, § 281 Abs 1 BGB, und es nicht einzusehen ist, warum die Unterlassung der Rüge insoweit zu Lasten des Unternehmers gehen sollte. Insofern bleibt der Besteller zur Fristsetzung nach den §§ 634 Nr 4, 281 Abs 1 S 1 BGB verpflichtet, sofern nicht die Beseitigung des Mangels unmöglich ist oder die Voraussetzungen der §§ 281 Abs 2, 636 BGB vorliegen. Konstruktiv lässt sich das Nachbesserungsrecht des Unternehmers auch zusätzlich mit dem hier angenommenen bloßen Einredecharakter des § 640 Abs 2 BGB rechtfertigen (vgl o Rn 49).

c) Geltung der VOB/B

§ 640 Abs 3 BGB gilt *ohne Modifikationen auch bei Verträgen, die der VOB/B un-* **51** *terliegen.* Die Frage nach dem Schicksal von Schadensersatzansprüchen bei vorbehaltloser Abnahme ist auch dort nicht anders zu beurteilen als bei BGB-Verträgen (vgl BGHZ 77, 134, 136; OLG Köln NJW-RR 1993, 211).

d) Vertragliche Modifikationen

Bei Modifikationen des § 640 Abs 3 BGB zu Lasten des Bestellers in AGB des **52** Unternehmers ist § 309 Nr 8 lit b ee BGB zu beachten, soweit dem Besteller besondere Untersuchungs- und Rügelasten auferlegt werden sollen. Dagegen ist es auch mit § 307 Abs 2 Nr 1 BGB vereinbar, wenn die unterbleibende Rüge bekannter Mängel *auch die Schadensersatzansprüche* des Bestellers erfassen soll.

Der Besteller wird sich in seinen AGB ohne Verstoß gegen § 307 Abs 2 Nr 1 BGB von seiner Verpflichtung *freizeichnen* können, bekannte Mängel bei der Abnahme zu rügen.

VIII. Sonderregelungen der VOB/B

53 Die VOB/B befasst sich in ihrem § 12 VOB/B mit der Abnahme. Die Bestimmung verhält sich im Wesentlichen zur Anerkennung der Bauleistung als gehörige Erfüllung iSd § 363 BGB. Sie lautet:

§ 12 Abnahme

(1) Verlangt der Auftragnehmer nach der Fertigstellung – gegebenenfalls auch vor Ablauf der vereinbarten Ausführungsfrist – die Abnahme der Leistung, so hat sie der Auftraggeber binnen 12 Werktagen durchzuführen; eine andere Frist kann vereinbart werden.

(2) Auf Verlangen sind in sich abgeschlossene Teile der Leistung besonders abzunehmen.

(3) Wegen wesentlicher Mängel kann die Abnahme bis zur Beseitigung verweigert werden.

(4) 1. Eine förmliche Abnahme hat stattzufinden, wenn eine Vertragspartei es verlangt. Jede Partei kann auf ihre Kosten einen Sachverständigen zuziehen. Der Befund ist in gemeinsamer Verhandlung schriftlich niederzulegen. In die Niederschrift sind etwaige Vorbehalte wegen bekannter Mängel und wegen Vertragsstrafen aufzunehmen, ebenso etwaige Einwendungen des Auftragnehmers. Jede Partei erhält eine Ausfertigung.

2. Die förmliche Abnahme kann in Abwesenheit des Auftragnehmers stattfinden, wenn der Termin vereinbart war oder der Auftraggeber mit genügender Frist dazu eingeladen hatte. Das Ergebnis der Abnahme ist dem Auftragnehmer alsbald mitzuteilen.

(5) 1. Wird keine Abnahme verlangt, so gilt die Leistung als abgenommen mit Ablauf von 12 Werktagen nach schriftlicher Mitteilung über die Fertigstellung der Leistung.

2. Wird keine Abnahme verlangt und hat der Auftraggeber die Leistung oder einen Teil der Leistung in Benutzung genommen, so gilt die Abnahme nach Ablauf von 6 Werktagen nach Beginn der Benutzung als erfolgt, wenn nichts anderes vereinbart ist. Die Benutzung von Teilen einer baulichen Anlage zur Weiterführung der Arbeiten gilt nicht als Abnahme.

3. Vorbehalte wegen bekannter Mängel oder wegen Vertragsstrafen hat der Auftraggeber spätestens zu den in den Nummern 1 und 2 bezeichneten Zeitpunkten geltend zu machen.

(6) Mit der Abnahme geht die Gefahr auf den Auftraggeber über, soweit er sie nicht schon nach § 7 trägt.

Seit der VOB/B 2000 ist Nr 2 lit b inhaltsgleich überführt worden in § 4 Abs 10 VOB/B; wegen des Sachzusammenhangs wird der Fragenkreis gleichwohl hier erörtert.

1. Allgemeines, § 12 VOB/B

Der *Abnahmebegriff* des § 12 VOB/B entspricht der Annahme als Erfüllung nach 54
§ 363 BGB, wie sie gemeinhin als Teil der Abnahme des § 640 Abs 1 BGB verstanden
wird (INGENSTAU/KORBION/OPPLER § 12 Rn 7). Sonderregelungen gegenüber dem BGB
ergeben sich in Bezug auf Teilleistungen, Abs 2, die förmliche Abnahme des Abs 4.
§ 12 Abs 5 VOB/B entspricht § 640 Abs 2 BGB mit den Besonderheiten, dass die dort
zu setzende Frist in ihrer Länge präzisiert wird und nicht eigens vom Unternehmer
gesetzt zu werden braucht, sondern sich schon aus der Vereinbarung der VOB/B
ergibt.

Die Bestimmungen des § 12 VOB/B lassen sich teilweise zur Auslegung des gesetzlichen Werkvertragsrechts sinngemäß heranziehen.

2. Fälligkeit der Abnahme, Abs 1

a) § 12 Abs 1 VOB/B regelt die *Fälligkeit der Obliegenheit des Bestellers zur* 55
Billigung der Bauleistung. Diese setzt voraus:

aa) Die *Fertigstellung* der Leistung.

bb) Ein *Verlangen des Unternehmers,* das an eine besondere Form nicht gebunden
ist, mit dem Vorbehalt des § 309 Nr 13 BGB aber formgebunden ausgestaltet werden
kann, was dann grundsätzlich nur die Schriftform zulässt, gegenüber Kaufleuten auch
die Form des eingeschriebenen Briefes.

cc) Den *Ablauf einer Frist von 12 Werktagen,* gerechnet ab Zugang des Abnahmebegehrens.

dd) Nicht ist Voraussetzung, dass die vereinbarte Ausführungsfrist ausgeschöpft
ist.

b) Die *Fälligkeit* der Billigung des Werkes kann *nach allgemeinem Werkvertrags-* 56
recht grundsätzlich nicht anders als nach § 12 Abs 1 VOB/B beurteilt werden. Angesichts des legitimen Interesses des Unternehmers an der Abnahme kann diese auch
hier *nicht* davon abhängig sein, dass die zur Ablieferung des Werkes vorgesehene
Frist eingehalten ist. *Ausnahmsweise* kann der Besteller die Abnahme vorher als
unzumutbar ablehnen, wenn zB die Frist wesentlich unterschritten ist oder ihm
einstweilen die Prüfungsmöglichkeiten für das Werk fehlen oder er für dieses noch
keinen Bedarf hat. *Notwendig ist* außer der Fertigstellung des Werkes *die Erklärung
des Unternehmers, dass es fertiggestellt und abzunehmen sei.* Schließlich ist dem Besteller angesichts der von ihm geforderten Erklärung über die Qualität des Werkes
eine *gewisse Erklärungsfrist* einzuräumen. Ihre Bemessung hängt von den Umständen
des Einzelfalls ab. Die Frist des § 12 Abs 1 VOB/B entspricht den Gegebenheiten des
Bauwesens. Ausnahmsweise ist bei besonders komplizierten Werken nach allgemeinem Zivilrecht von einer etwas längeren Frist auszugehen, bei Werken des täglichen
Lebens dagegen von einer wesentlich kürzeren. Bei vielen Reparaturverträgen wird
sie ganz entfallen.

c) Wie der Besteller nach § 12 Abs 1 VOB/B die Abnahme erklärt, bleibt ihm überlassen. Außer einer ausdrücklichen Billigung kommen *namentlich konkludente Verhaltensweisen* in Betracht wie die rügelose Benutzung des Werkes oder die Zahlung des Werklohns.

d) Wahrt der Besteller nicht die Frist des § 12 Abs 1 VOB/B gerät er in Annahmeverzug; sofern denn das Werk vollendet und hinreichend, § 12 Abs 3 VOB/B, mangelfrei ist.

3. Teilabnahme, Abs 2

57 a) Die *Abnahme von Teilleistungen* setzt zunächst ein entsprechendes Verlangen des Unternehmers voraus; ein Verlangen des Bestellers reicht nicht aus (**aA** Ingenstau/Korbion/Oppler § 12 Abs 2 Rn 5), wobei es dem Besteller freilich unbenommen bleibt, schon vorab Teile der Leistungen als vertragsgerecht mit der Folge der §§ 363, 640 Abs 3 BGB zu billigen.

58 b) Der Unternehmer hat nach § 12 Abs 2 VOB/B einen Anspruch auf *Abnahme von Teilleistungen, die „in sich abgeschlossen" sind.* Davon ist bei Leistungsteilen auszugehen, wenn sie nach der Verkehrsauffassung selbständig und von den übrigen Leistungsteilen unabhängig sind, sodass sie *sich isoliert in ihrer Gebrauchsfähigkeit abschließend beurteilen lassen.* Das gilt zB für den Einbau einer Heizungsanlage, auch wenn der Unternehmer daneben noch andere Installationsarbeiten schuldet (BGHZ 73, 140 = NJW 1979, 650), für die Errichtung eines von mehreren Häusern. Der Tatbestand ist freilich *restriktiv* zu handhaben (Ingenstau/Korbion/Oppler § 12 Abs 2 Rn 7), schon um das missliche Ergebnis zu vermeiden, dass hinsichtlich derselben Werkleistung unterschiedliche Rechtsfolgen – insbesondere hinsichtlich der Gewährleistungsfristen – eintreten. Er ist also *nur dann gegeben, wenn die Teilleistung in sich funktionsfähig ist,* wozu Ingenstau/Korbion/Oppler Abs 2 Rn 8 das treffende negative Beispiel des Hauses ohne Licht oder gar ohne Abortanlage bringt. Erst recht fehlt es an einer in sich abgeschlossenen Teilleistung, *wenn diese für sich gar nicht sinnvoll beurteilt werden kann,* wie zB die Betondecke oder auch einzelne Stockwerke eines Rohbaus (vgl BGHZ 50, 160 = NJW 1968, 1524).

Diese Abnahme in sich abgeschlossener Teilleistungen ist eine *echte Abnahme* mit allen ihren Folgen zB für die Gewährleistungsrechte und die Durchsetzbarkeit des Vergütungsanspruchs (BGHZ 50, 160; Ingenstau/Korbion/Oppler § 12 Abs 2 Rn 9).

§ 12 Abs 2 VOB/B benachteiligt auch einen Verbraucher nicht unangemessen (**aA** Deckers NZBau 2008, 627, 630).

59 c) Daneben steht die *„unechte" Teilabnahme* nach § 12 Nr 2 lit b VOB/B (1998) = § 4 Abs 10 VOB/B, die die Überprüfung von Leistungsabschnitten sichern soll, solange diese noch ohne besondere Schwierigkeiten möglich ist. Es handelt sich *nicht um die eigentliche Abnahme* (Nicklisch/Weick/Jansen/Seibel/Gartz § 4 Rn 166 f; Ingenstau/Korbion/Oppler § 4 Abs 4 Rn 2 f), die erst späterhin hinsichtlich der fertiggestellten Werkleistung erfolgt, sodass dann insbesondere erst die Verjährungsfristen für Mängel zu laufen beginnen, § 641 BGB anwendbar wird. Die unechte Teilabnahme ist aber *zunächst geeignet, die Wirkungen des § 640 Abs 3 BGB auszulösen.*

Sodann weist sie dem Besteller die *Beweislast für Mängel* zu, wie aus § 363 BGB zu folgern ist, und zwar auch dann, wenn er sich der Teilabnahme trotz ordnungsgemäßer Aufforderung entzogen hat (vgl – mit Unterschieden über die Tragweite der Beweislastumkehr im Einzelnen – Locher, Das private Baurecht Rn 243; Nicklisch/Weick/Jansen/Seibel/Abu Saris § 12 Rn 55; Ingenstau/Korbion/Oppler § 4 Abs 4 Rn 4; **aA** Kaiser, Mängelhaftungsrecht Rn 40).

Die *unberechtigte Verweigerung* der Teilabnahme kann den Unternehmer im Sinne des § 6 VOB/B behindern.

d) *Nach allgemeinem Zivilrecht* besteht ein Anspruch auf Teilabnahmen gemäß § 12 Abs 2 VOB/B *bei entsprechender Vereinbarung*. Außerdem kann sich der Besteller *freiwillig* zu einer solchen Teilabnahme bereitfinden, wobei freilich an seinen Abnahmewillen angesichts der ihm nachteiligen Folgen strenge Anforderungen zu stellen sind. 60

Nach Treu und Glauben kann der Unternehmer von dem Besteller eine unechte Teilabnahme entsprechend § 4 Abs 10 VOB/B (bis 1998 § 12 Nr 2 lit b VOB/B) verlangen. Auch eine solche Teilabnahme kann faktisch durchgeführt werden. Sie hat die eingeschränkten Auswirkungen hinsichtlich der Beweislast für Mängel und des § 640 Abs 3 BGB.

4. Verweigerung der Abnahme, Abs 3

a) Während nach allgemeinem Zivilrecht nur unerhebliche Mängel nicht zur Verweigerung der Abnahme berechtigen (o Rn 30), darf dies nach § 12 Abs 3 VOB/B nur **bei wesentlichen Mängeln** geschehen. 61

Nimmt man angesichts der unterschiedlichen Formulierungen an, dass der Besteller nach BGB leichter zur Verweigerung der Abnahme berechtigt ist, als nach der VOB/B, benachteiligt ihn deren § 12 Nr 3 VOB/B unangemessen iSd § 307 Abs 2 Nr 1 BGB.

b) Als wesentlich sind die Mängel dann zu betrachten, wenn *die Abnahme des Werkes* und der mit ihr verbundene Übertritt des Werkvertrages in das Abwicklungsstadium *dem Besteller unzumutbar* sind, BGH NJW 1981, 1448. Dabei ist vor allem auch zu berücksichtigen, dass die Abnahme nur dazu führen kann, dass der Werklohn zwar zu entrichten ist, aber doch nur Zug um Zug gegen die Beseitigung der Mängel, BGH NJW 1981, 1448. Im Einzelnen kommt es entscheidend auf eine Würdigung der *Umstände des Einzelfalls* an, unter denen ua die Höhe der Mängelbeseitigungskosten ein besonderes Gewicht hat. Sicherlich unwesentlich sind € 250 bei einem Auftragsvolumen von € 30 000 (OLG Hamm NJW-RR 1990, 917). Das *Fehlen garantierter Eigenschaften* lässt für sich allein die Abnahme noch nicht unzumutbar erscheinen (BGH NJW 1981, 1448), weil es sich hierbei um bloße Nebenpunkte handeln kann. Wesentlich sind Mängel jedenfalls dann, wenn sie *die Gebrauchsfähigkeit des Werkes beeinträchtigen* (vgl OLG Hamm NJW-RR 1989, 1118: Gefälle des Küchenfußbodens vom Ablauf weg) oder gefährlich sind (OLG Hamm BauR 2005, 731). Dann ist es auch unerheblich, dass die Kosten der Mängelbeseitigung gering sind. Wesentlich kann auch eine Mehrzahl von Mängeln sein, die für sich allein nicht als wesentlich betrachtet werden können (vgl KG BauR 1984, 527). Maßgeblicher Beurteilungszeitpunkt ist der des Abnahmetermins (BGH NJW 1992, 2481).

62 c) Die *Unfertigkeit des Werkes* fällt *nicht* unter § 12 Abs 3 VOB/B; sie berechtigt zur Verweigerung der Abnahme auch dann, wenn keine wesentlichen Teile der Leistung mehr fehlen (**aA** offenbar INGENSTAU/KORBION/OPPLER § 12 Abs 2 Rn 3, vgl aber auch DÄHNE BauR 1973, 268).

5. Förmliche Abnahme, Abs 4

63 a) Die förmliche Abnahme findet auf Verlangen einer der beiden Vertragsparteien statt, *ohne* dass es *einer besonderen zusätzlichen Vereinbarung* über die der VOB/B hinaus bedürfte, § 12 Abs 4 Nr 1 S 1 VOB/B. Der Termin kann vereinbart werden, aber auch einseitig von einer der beiden Seiten anberaumt werden, wobei dann eine angemessene, in der Länge an § 12 Abs 1 VOB/B auszurichtende Ladungsfrist einzuhalten ist (vgl VYGEN, Bauvertragsrecht 63 f).

b) Beide Parteien dürfen *Sachverständige* herbeiziehen, § 12 Abs 4 Nr 1 S 2 VOB/B. Das tut der Unternehmer jedenfalls auf seine *Kosten,* wohingegen der Besteller sie ggf nach § 4 Abs 7 S 2 VOB/B oder nach § 13 Abs 5, Abs 7 Nr 1 VOB/B auf den Unternehmer abwälzen kann (vgl BGHZ 54, 352, 358 = NJW 1971, 99), sofern Mängel festgestellt werden und ihretwegen gar die Abnahme verweigert wird.

Das Recht des Bestellers zur Beiziehung von Sachverständigen impliziert für ihn noch *keine Untersuchungspflicht*. Ebenso brauchen sich beide Parteien Kenntnisse ihres Sachverständigen – als Arglist bzw im Rahmen des § 640 Abs 3 BGB – nicht nach Maßgabe des § 166 Abs 1 BGB zurechnen zu lassen. Diese Bestimmung ist vielmehr nur auf eigentliche Vertreter bei der Abnahme anzuwenden, wie es die Sachverständigen nicht sind.

Für die zugezogenen Sachverständigen ist die Begutachtung des Werkes ihrerseits eine Werkleistung. Wie intensiv er zu prüfen hat, hängt von dem ihm erteilten Auftrag ab. Ggf kann er seinem Auftraggeber nach § 634 Nr 4 BGB haften.

64 c) Der Befund ist schriftlich niederzulegen, § 12 Abs 4 Nr 1 S 3–5 VOB/B.

Es ist ein *gemeinsames Protokoll* zu fertigen, das übereinstimmend festgestellte Mängel feststellt, Zustände des Werkes, die eine der beiden Seiten für mangelhaft hält, die Stellungnahme der anderen Seite dazu, sowie Vorbehalte etwaiger Vertragsstrafeansprüche des Bestellers. Es ist dann das Protokoll von beiden Seiten zu unterschreiben; jede Seite erhält eine Ausfertigung. Bei Meidung der Folgen der §§ 640 Abs 3 und 341 Abs 3 BGB muss der Besteller insbesondere die *Aufnahme bekannter Mängel* sowie etwaiger Vertragsstrafeansprüche in das Protokoll bewirken (BGH BauR 1973, 192; BauR 1974, 206). Insoweit reicht es aber, wenn er selbst das Protokoll unterschreibt. Umgekehrt bedeutet die *Unterschrift des Unternehmers nicht die Anerkennung der Mängel* oder der Vertragsstrafeansprüche (INGENSTAU/KORBION/OPPLER § 12 Abs 4 Rn 16).

65 d) Nach § 12 Abs 4 Nr 2 VOB/B kann der Besteller *die Abnahme allein* durchführen, wenn der Unternehmer trotz rechtzeitiger Ladung zu dem Termin nicht erscheint. Er braucht dann ein förmliches Protokoll nicht aufzunehmen; vielmehr hat er dem Unternehmer nur das Ergebnis mitzuteilen. Diese Mitteilung ist die Abnahme (INGENSTAU/KORBION/OPPLER § 12 Abs 4 Rn 20). Sie darf nicht verzögert werden.

Der Besteller, der einen Anspruch auf gemeinsame förmliche Abnahme und die damit verbundene Erörterung des Werkes hat, kann freilich nicht gehalten sein, die Abnahme nunmehr allein durchzuführen. Man wird ihm vielmehr stattdessen auch das *Recht* zugestehen müssen, *die Abnahme zu verweigern,* bis der Unternehmer zur Mitwirkung bereit ist.

Der Fall, dass der Besteller die Mitwirkung an der Abnahme verweigert, ist in der VOB/B nicht eigens geregelt. Er gerät dann, Freiheit des Werkes von wesentlichen Mängeln vorausgesetzt, in Annahmeverzug.

e) Die Vereinbarung der VOB/B lässt es zu, dass das Werk im Zeitpunkt des förmlichen Abnahmeverlangens bereits abgenommen ist; das Verlangen geht dann ins Leere. *Auch kann das Werk trotz förmlichen Abnahmeverlangens nach § 12 Nr 5 VOB/B abgenommen werden* (vgl INGENSTAU/KORBION/OPPLER § 12 Abs 5 Rn 4 mwNw). **66**

f) Außerhalb des Geltungsbereichs der VOB/B ist *die Vereinbarung einer förmlichen Abnahme* auch in AGB *zulässig* (vgl o Rn 35 ff). Mangels näherer Vereinbarungen über ihre Durchführung kann § 12 Abs 4 VOB/B entsprechend herangezogen werden.

6. „Fiktive" Abnahme, Abs 5

§ 12 Abs 5 VOB/B enthält *zwei besondere Abnahmetatbestände,* einmal in Nr 1 die *Verschweigung* des Bestellers *auf die Mitteilung der Fertigstellung* des Werkes, sodann in Nr 2 die *rügelose Ingebrauchnahme* des Werkes. Die Regelung kann in AGB des Bestellers ausgeschlossen werden (BGH NJW 1997, 394). **67**

a) Rechtsnatur
Die Rechtsnatur dieser Abnahmetatbestände ist zweifelhaft.

aa) Im *Falle der Nr 1* liegt jedenfalls die *Fiktion einer Abnahme* vor (vgl BRANDT BauR 1972, 69; HOCHSTEIN BauR 1975, 221). Nach allgemeinem Bürgerlichen Recht hat nämlich die bloße Verschweigung auf die Mitteilung der Fertigstellung, die nicht von der Ingebrauchnahme des Werkes oder sonstigen auf seine Billigung hindeutenden Handlungsweisen des Bestellers begleitet ist, nach dem zugrunde zu legenden verobjektivierten Empfängerhorizont des Unternehmers noch *nicht den Erklärungswert einer Abnahme.* Unklar NICKLISCH/WEICK/JANSEN/SEIBEL/ABU SARIS § 12 Rn 73, die von einem vermuteten Abnahmewillen des Bestellers reden, aber offenbar daraus nicht die Konsequenz ziehen wollen, dass der Gegenbeweis zulässig wäre. **68**

bb) Im *Falle der Nr 2* liegen die Dinge weniger eindeutig. Zwar braucht das Verhalten des Bestellers auch hier grundsätzlich nicht von einem Abnahmewillen getragen zu sein, doch kommt es darauf nach allgemeinem Zivilrecht auch nicht unmittelbar an, wenn es den Ausschlag gibt, wie das Verhalten redlicherweise von der Gegenseite verstanden werden kann. *Die rügelose Benutzung des Werkes über* **69**

einen gewissen Zeitraum kann aber durchaus als seine Billigung verstanden werden, o Rn 23. Insofern *beschränkt sich die Fiktionswirkung* des § 12 Abs 5 Nr 2 VOB/B darauf, dass sie die zugrunde zu legende *Frist* starr auf 6 Werktage festlegt, dass sie aus der Interpretation des Verhaltens des Bestellers *Indizien, die gegen die Annahme* eines Abnahmewillens sprechen, *ausblendet,* wie insbesondere äußere Zwänge zur Benutzung des Werkes, zB die Aufgabe der früheren Unterkunft, und dass sie schließlich die *Möglichkeit einer Anfechtung* der „Abnahme" nach § 119 Abs 1 BGB versagt. Wenn deshalb die Annahme einer Fiktion im Ergebnis doch gerechtfertigt sein mag, so handelt es sich doch jedenfalls nicht um eine weitreichende. *Unter den obwaltenden Umständen muss es auch dem Besteller deutlich sein, dass er sich jedenfalls gegen den äußeren Anschein einer Abnahme verwahren muss.*

b) Inhaltskontrolle

70 aa) § 12 Abs 5 Nrn 1, 2 VOB/B begegnet keinen Bedenken, wenn es der Besteller war, der die VOB/B in den Vertrag eingeführt hat.

71 bb) Wenn der Unternehmer Verwender der VOB/B ist, muss im Ansatz danach unterschieden werden, ob er mit einem Verbraucher oder mit einem Unternehmer iSd § 14 BGB kontrahiert.

(1) *Gegenüber einem Verbraucher* ist § 12 Abs 5 VOB/B nicht vereinbar mit § 308 Nr 5 BGB in seiner Fassung durch das ForderungssicherungsG v 23. 10. 2008 (BGBl 2008 I 2022), weil die Fristen der Bestimmung unangemessen knapp bemessen sind, § 308 Nr 5 lit a BGB, und weil der Hinweis auf die Folgen der Bestimmung fehlt, § 308 Nr 5 lit b BGB.

Die bisherige Fassung des § 308 Nr 5 BGB hatte die VOB/B – und damit insbesondere ihren § 12 Abs 5 VOB/B – ausdrücklich aus ihrem Anwendungsbereich ausgenommen, sofern die VOB/B insgesamt – also ohne jegliche Modifikation – in den Vertrag einbezogen war.

Den Geltungsbereich der beiden Fassungen voneinander abzugrenzen, stößt deshalb auf Probleme, weil die Überleitungsvorschrift des Art 229 § 19 EGBGB auf die Neufassung des § 308 Nr 5 BGB nicht eingeht. Nahe liegt es, ähnlich Art 229 § 19 EGBGB vor dem 1. 1. 2009 abgeschlossene Verträge noch nach dem bisherigem Recht zu beurteilen. Doch kann die Frage dahinstehen, weil § 12 Abs 5 VOB/B auch mit § 307 BGB nicht vereinbar ist. Die Bestimmung nimmt nämlich den Fall nicht aus, dass der Besteller wegen Mängeln zur Verweigerung der Abnahme berechtigt ist. Das benachteiligt ihn unangemessen. Der Fall der mangelhaften Leistung ist geradezu der Hauptanwendungsfall des § 12 Abs 5 VOB/B. Und gegen eine Kontrolle nach § 307 BGB hat auch § 308 Nr 5 BGB die Bestimmung nicht ausgenommen (BGHZ 178, 1 = NZBau 2008, 640 Rn 38).

(2) *Gegenüber einem Unternehmer* iSd § 14 BGB ist § 12 Abs 5 VOB/B aus demselben Grund mit § 307 BGB nicht vereinbar. Doch schließt § 310 Abs 1 S 3 BGB nF des ForderungssicherungsG in Fortführung der bisherigen Rechtsprechung die Inhaltskontrolle bei unmodifizierter Vereinbarung der VOB/B aus. Ist es zu Modifikationen gekommen, kann also auch hier auf § 307 BGB zurückgegriffen werden.

c) Systematische Einordnung

Im Verhältnis der Fälle des § 12 Abs 5 VOB/B zu den anderen Abnahmetatbeständen gilt: **72**

aa) Die *ausdrückliche Verweigerung* der Abnahme *schließt* die Anwendung des § 12 Abs 5 VOB/B *aus* (KG BauR 1988, 230), und zwar auch dann, wenn diese nicht nach § 12 Abs 3 VOB/B berechtigt war.

bb) Wenn eine ausdrückliche oder stillschweigende Abnahme des Werkes durch den Besteller schon erfolgt ist, *bedarf es des Rückgriffs auf § 12 Abs 5 VOB/B nicht*. Freilich ist bei der Interpretation von Handlungsweisen des Bestellers als Abnahme vor Ablauf der dortigen Fristen Zurückhaltung geboten.

cc) Wenn eine *förmliche Abnahme* verlangt wird, scheidet eine Abnahme nach § 12 Abs 5 VOB/B aus. Das gilt auch dann, wenn eine förmliche Abnahme vorgesehen ist, aber nicht durchgeführt wird. Dann kann aber nach Ablauf angemessener Fristen die Ingebrauchnahme des Werkes als stillschweigende Abnahme angesehen werden (vgl Ingenstau/Korbion/Oppler § 12 Abs 5 Rn 4 mwNw).

dd) Die Vereinbarung der VOB/B nimmt dem Unternehmer nicht die Möglichkeit, eine Frist zur Abnahme nach § 640 Abs 2 BGB zu setzen. Während des Laufs der Frist kann allerdings keine Abnahme nach § 12 Abs 5 VOB/B angenommen werden.

d) Mitteilung der Fertigstellung

§ 12 Abs 5 Nr 1 VOB/B setzt zunächst die *Mitteilung der Fertigstellung* des Werkes **73** voraus. Das kann ausdrücklich geschehen, aber doch auch durch zweifelsfreie anderweitige Mitteilungen, zB die Übersendung der als solche ausgewiesenen Schlussrechnung (BGHZ 55, 354 = NJW 1971, 831 = LM § 320 BGB Nr 11 m Anm Rietschel; OLG Düsseldorf NJW-RR 1997, 1178), oder die Mitteilung der Räumung der Baustelle. Es muss sodann *eine Frist von 12 Werktagen verstrichen* sein.

e) Ingebrauchnahme

§ 12 Abs 5 Nr 2 VOB/B setzt die *Ingebrauchnahme des Werkes* voraus, insbesondere **74** also den Einzug in ein neu errichtetes Bauwerk, Freigabe für den Verkehr, unabhängig davon, ob dies durch den Besteller selbst geschieht oder durch dessen Abnehmer (KG BauR 1973, 244). Die Benutzung kann sich auf Teile des Werkes im Sinne des § 12 Abs 2 VOB/B beschränken. Sie muss aber *eine den Funktionen des Werkes entsprechende* sein, wie § 12 Abs 5 Nr 2 S 2 VOB/B ergibt. Nutzungen, die der bloßen Schadensminderung dienen, scheiden dabei aus (BGH NJW 1979, 549). Es muss sodann eine Frist von 6 Werktagen verstrichen sein.

f) Wirkungen

Innerhalb der Fristen des § 12 Abs 5 Nr 1, 2 VOB/B muss der Besteller *entweder* **75** *die Abnahme ausdrücklich* gegenüber dem Unternehmer *verweigern oder* aber zur Meidung der Folgen des § 640 Abs 3 BGB *Vorbehalte wegen ihm bekannt gewordener Mängel machen*. Zur Fristwahrung reicht die rechtzeitige Absendung, § 377 Abs 4 HGB analog (aA Ingenstau/Korbion/Oppler § 12 Abs 5 Rn 18). Vorbehalte vor Beginn der Fristen des § 12 Abs 5 VOB/B genügen grundsätzlich nicht für § 640 Abs 3 BGB.

7. Gefahrtragung

76 Zur Gefahrtragungsregelung des § 12 Abs 6 VOB/B vgl § 644 Rn 30 ff.

§ 641
Fälligkeit der Vergütung

(1) Die Vergütung ist bei der Abnahme des Werkes zu entrichten. Ist das Werk in Teilen abzunehmen und die Vergütung für die einzelnen Teile bestimmt, so ist die Vergütung für jeden Teil bei dessen Abnahme zu entrichten.

(2) Die Vergütung des Unternehmers für ein Werk, dessen Herstellung der Besteller einem Dritten versprochen hat, wird spätestens fällig,

1. soweit der Besteller von dem Dritten für das versprochene Werk wegen dessen Herstellung seine Vergütung oder Teile davon erhalten hat,

2. soweit das Werk des Bestellers von dem Dritten abgenommen worden ist oder als abgenommen gilt oder

3. wenn der Unternehmer dem Besteller erfolglos eine angemessene Frist zur Auskunft über die in den Nummern 1 und 2 bezeichneten Umstände bestimmt hat.

Hat der Besteller dem Dritten wegen möglicher Mängel des Werks Sicherheit geleistet, gilt Satz 1 nur, wenn der Unternehmer dem Besteller entsprechende Sicherheit leistet.

(3) Kann der Besteller die Beseitigung eines Mangels verlangen, so kann er nach der Fälligkeit die Zahlung eines angemessenen Teils der Vergütung verweigern; angemessen ist in der Regel das Doppelte der für die Beseitigung des Mangels erforderlichen Kosten.

(4) Eine in Geld festgesetzte Vergütung hat der Besteller von der Abnahme des Werkes an zu verzinsen, sofern nicht die Vergütung gestundet ist.

Materialien: Abs 1 und jetziger Abs 4: E I § 573; II § 578; III § 631; Mot II 492 ff; Prot II 2225 ff; Jakobs/Schubert, Recht der Schuldverhältnisse II 874 ff; Abs 2 und Abs 3: G zur Beschleunigung fälliger Zahlungen v 30. 3. 2000 (BGBl I 330); Abs 2 und Abs 3 idF d Forderungssicherungsg v 23. 10. 2008 (BGBl I 2022); BT-Drucks 16/511, 15.

Schrifttum

Bergmann, Grundlagen der Vergütungsregelung nach BGB und § 16 VOB/B, ZfBR 1998, 59
Biederer, Das Zurückbehaltungsrecht nach § 641 Abs 3 BGB bei Mängeln der Werkleistung, BauR 2009, 1050
Breyer/Bohn, § 641 Abs 2 BGB – Durchgriffsfälligkeit oder Durchgriffszahlungspflicht?, BauR 2004, 1066
Christiansen, Werklohnfälligkeit ohne Ab-

nahme; Alternative zur Rechtsfigur des Abrechnungsverhältnisses, ZfBR 2010, 3
CLEMM, Die Stellung eines Gewährleistungsbürgen, insbesondere bei einer Bürgschaft auf erstes Anfordern, BauR 1987, 123
DÄHNE, Der Rückforderungsanspruch des öffentlichen Bauherrn, in: FS Korbion (1986) 39
FRÖMMING, Die Verzinsung von Kaufpreisforderungen nach § 452 BGB (Diss Hamburg 1991)
GRIMME, Rechnungserteilung und Fälligkeit der Werklohnforderung, NJW 1987, 468
GROSS, Die Ablösung des Garantierückbehalts durch Bankbürgschaft, BlGWG 1970, 191
HAHN, Verzinsung von Rückforderungsansprüchen, BauR 1987, 269
ders, Verwirkung von Rückzahlungsansprüchen der öffentlichen Hand, ZfBR 1983, 718
T HAHN, Der einheitliche Erfüllungsort beim Bauvertrag – ein Trugbild, NZBau 2006, 555
HALM, Rückforderungen im Bauvertragsrecht, Anspruch und Verwirkung beim öffentlichen Auftrag (1986)
HOCHSTEIN, Zahlungsklage aus Zwischenrechnungen gemäß § 16 Nr 1 VOB/B, BauR 1971, 7
ders, Der Prüfvermerk des Architekten auf der Schlußrechnung – Rechtswirkungen; Bedeutung im Urkundsprozeß, BauR 1973, 333
ders, Die Abnahme als Fälligkeitsvoraussetzung des Vergütungsanspruchs beim VOB-Bauvertrag, BauR 1976, 168
HUNDERTMARK, Der Eingang der Schlußzahlung nach § 16 Nr 3 Abs 2 Satz 1 VOB/B, Betr 1984, 2444
KAISER, Der Vergütungsanspruch des Bauunternehmers nach Gesetz und VOB/B, ZfBR 1987, 171
KLEINE-MÖLLER, Die Sicherung bauvertraglicher Ansprüche durch Bankbürgschaft und Bankgarantie, NZBau 2002, 585
KLEPPER, Die Reichweite der Gewährleistungsbürgschaften bei vorbehaltenen Mängeln, NZBau 2009, 636
KNIFFKA, Prozessuale Aspekte der Prüfbarkeit einer Schlußrechnung, in: FS Thode (2005) 291
KOEBLE, Die Prüfbarkeit der Honorarrechnung des Architekten und der Ingenieure, BauR 2000, 785
KOHLER, Zurückbehaltungsrecht bei mangelhafter Bauleistung, BauR 2003, 1804

KRONENBITTER, Der Skontoabzug in der Praxis der VOB/B, BB 1984, 2030
LEINEMANN/JACOB/FRANZ, Die Bezahlung der Bauleistung: Aufbau, Durchsetzung von Zahlungsansprüchen im VOB-Vertrag (5. Aufl 2013)
H LOCHER, Der Skontoabzug an Vergütungen für Bauleistungen, BauR 1980, 30
U LOCHER, Die Rechnung im Werkvertragsrecht (1991)
LOSERT, Der Adressat der Schlußzahlungserklärung bei einer abgetretenen Werklohnforderung, ZfBR 1988, 65
MANTSCHEFF, Prüfungsfähige Rechnungen, BauR 1972, 205
MAY, Die Gewährleistungsbürgschaft (Mängelrechtebürgschaft) im Bauvertrag, BauR 2007, 187
MEISKI, Die Verjährung des Architektenhonoraranspruchs, BauR 1993, 1
MOHNS, Der Beginn der Vorbehaltsfrist bei der Schlußzahlung, NJW 1978, 2543
MÜLLER, Der Schutz des Werkunternehmers bei Insolvenz des Bestellers, VersR 1981, 499
PETERS, Die vorbehaltlose Annahme der Schlußzahlung und das AGB-Gesetz, NJW 1983, 798
ders, Die Handwerkerrechnung und ihre Begleichung, NJW 1977, 552
ders, Die Fälligkeit der Werklohnforderung, in: FS Korbion (1986) 337
ders, Fälligkeit und Verzug bei den Zahlungsansprüchen des Bauunternehmers nach der VOB/B, NZBau 2002, 305
ders, Skonti, NZBau 2009, 584
RAUDZUS, Rückwirkung der Zustellung beim Rückzahlungsvorbehalt durch Klage oder Mahnbescheid?, NJW 1983, 667
ROTHER, Die Bedeutung der Rechnung für das Schuldverhältnis, AcP 164 (1964) 97
SCHELLE, Bindung an die Schlußrechnung auch beim VOB-Vertrag?, BauR 1987, 272
SCHENKEL, Die Vorlage einer neuen Schlussrechnung in der Berufungsinstanz, NZBau 2007, 6
SCHMIDT, Abrechnung und Zahlung nach der VOB, MDR 1965, 621
SCHUBERT, Die Durchgriffsfälligkeit nach § 641 Abs 2 BGB, ZfBR 2005, 219

SCHULZE-HAGEN, Die Vertragserfüllungsbürgschaft, BauR 2007, 170
SCHWÄRZEL-PETERS, Die Bürgschaft im Bauvertrag (1992)
SIEBECK, Nochmals zur Problematik der Zahlung an Dritte nach § 16 Nr 6 VOB/B, BauR 1976, 238
SIEGBURG, Zur Abnahme als Fälligkeitsvoraussetzung beim Werklohnanspruch, ZfIR 2000, 841, 941
STEINBACH, Ablösung des Sicherheitseinbehalts nach Vorausabtretung der Gewährleistungsansprüche, WM 1988, 809
SONNTAG, Zulässigkeit von Teilklagen aus werkvertraglichen Schlußrechnungen, NZBau 2008, 361

THODE, Erfüllungs- und Gewährleistungssicherheiten in innerstaatlichen und grenzüberschreitenden Bauverträgen, ZfIR 2000, 165
TRAPP, Die Aufrechnung mit ausgeschlossenen Gegenforderungen nach vorbehaltloser Annahme der Schlußzahlung, BauR 1979, 271
USINGER, Schlußzahlung gem § 16 Nr 3 II VOB/B im Bauträgervertrag, NJW 1985, 32
WEISE, Sicherheiten im Baurecht (1999)
ders, Die Vorauszahlungssicherheit, in: FS Thode (2005) 573
WEYER, Die gefährdete Einrede aus § 16 Nr 3 Abs 2 Satz 1 VOB/B, BauR 1984, 553.

Systematische Übersicht

I.	**Allgemeines**	1
II.	**Ratio legis und Anwendungsbereich des § 641 Abs 1**	
1.	Zweck der Bestimmung	2
2.	Anwendungsbereich	2
3.	Der Abnahmebegriff des § 641 Abs 1 S 1	3
4.	Die Billigung des Werkes als im Wesentlichen vertragsgerecht	3a
5.	Die Fälligkeit des Werklohns	3b
6.	Der Leistungsaustausch Zug um Zug	3c
7.	Der Schutz des Besitzes des Unternehmers an seinem Werk	3d
8.	Fälligkeit des Werklohns	4
II.	**Abnahme und Zahlung des Werklohns**	
1.	Regelfall der Abnahme	5
2.	Unberechtigte Abnahmeverweigerung	6
3.	Berechtigte Abnahmeverweigerung	7
III.	**Vorzeitige Abrechnung**	
1.	Vorzeitige Vertragsbeendigung	8
2.	Obstruktion des Bestellers	9
IV.	**Vorauszahlungen und Abschlagszahlungen**	
1.	Abgrenzung	10
2.	Vorauszahlungen	12
a)	Allgemeines	12
b)	Verrechnung von Vorauszahlungen	15
c)	Regelung der VOB/B	16
d)	Vorauszahlungssicherheiten	18
3.	Abschlagszahlungen	19
V.	**Stundung des Werklohns, Zahlungsverzug, Einbehalte**	
1.	Stundung des Werklohns	20
2.	Zahlungsverzug des Bestellers	21
3.	Einbehalte	22
a)	Sicherheitseinbehalt	22
b)	Zurückbehaltungsrecht wegen Mängeln, § 641 Abs 3	23
VI.	**Erteilung einer Rechnung**	
1.	Anspruch auf Erteilung einer Rechnung	26
a)	Umsatzsteuerrechtlich	26
b)	Allgemein	27
2.	Rechnung als Fälligkeitsvoraussetzung	28
3.	Prüfbarkeit der Rechnung	29
a)	Begriff	30
b)	Gegenstand der Rechnung	31
c)	Belege, Aufmaß	32
d)	Architektenrechnung	37
e)	Informationsbedürfnis des Bestellers	38

f)	Folge mangelnder Prüfbarkeit	39	cc)	Ablauf der Prüfungsfrist	85
			dd)	Erfasste Forderungen	89
VII.	**Durchgriffsfälligkeit, § 641 Abs 2**	40	d)	Ausschluss des Unternehmers mit weiteren Forderungen	90
1.	Gleichschaltung der Abnahmen	41			
2.	Zahlungen des Endabnehmers	44	aa)	Voraussetzungen des Rechtsverlustes	91
3.	Sicherheitsleistung an den Dritten	47	bb)	Vorbehalt der Forderungen	94
VIII.	**Einzelheiten des Vergütungsanspruchs**		cc)	Rechtscharakter der Bestimmung	97
			dd)	Umfang des Anspruchsausschlusses	98
1.	Zahlungsziele, Skonti	48	ee)	Wirksamkeit der Regelung	100
2.	Leistungsort	49	2.	Teilabnahme und Teilabrechnung	101
3.	Abtretung, Pfändbarkeit	50	3.	Zahlungsverzug des Bestellers	102
4.	Erfüllung, Bauabzugsteuer	51	a)	Beschleunigung der Zahlungen	102
5.	Schuldner	52	b)	Skonti	103
6.	Verjährung	56	c)	Zahlungsverzug des Bestellers	104
7.	Prozessuales	57	4.	Zahlung an Gläubiger des Unternehmers	106
IX.	**Sicherung der Werklohnforderung und anderer Ansprüche der Parteien**		a)	Befugnis des Bestellers	106
			b)	Verstoß gegen § 307 Abs 2 Nr 1	107
1.	Allgemeines	58	c)	Begriff des Dritten	108
2.	§ 17 VOB/B	59	d)	Auskunftsanspruch des Bestellers	108
a)	Sicherheiten für den Besteller	60	e)	Grenzen der Befugnis	109
b)	Sicherheitszweck	61	f)	Eröffnung des Insolvenzverfahrens	109
c)	Notwendigkeit einer Vereinbarung	63	**XI.**	**Stundenlohnarbeiten**	109
d)	Arten der Sicherheit	64			
e)	Sicherheit durch Bürgschaft	64a	**XII.**	**Fälligkeit des Architektenhonorars**	110
aa)	Zweck der Bürgschaft	64a	1.	Fälligkeit des Gesamthonorars	111
bb)	Stellung der Bürgschaft	65	a)	Honorarschlussrechnung	111
f)	Hinterlegung von Geld	66	b)	Abnahme	112
g)	Einbehalt vom Werklohn	67	c)	Vorzeitige Beendigung	112
h)	Wahlrecht des Unternehmers	70	2.	Abschlagszahlungen	113
i)	Frist zur Leistung	71	3.	Nebenkosten	113
k)	Verwertung der Sicherheit	72	4.	Andere Zahlungsweisen	114
l)	Rückgabe der Sicherheit	73	**XIII.**	**Überzahlungen des Unternehmers**	
3.	Die Sicherheit nach § 7 MaBV	74a	1.	Während der Vertragsdurchführung	115
X.	**Besonderheiten des Abrechnungsverkehrs nach der VOB/B**	75	2.	Nach Durchführung des Werkvertrages	116
1.	Schlussrechnung und Schlusszahlung, § 16 Abs 3 VOB/B	76	**XIV.**	**Teilabnahme**	
a)	Allgemeines	76	1.	Allgemeines	118
b)	Aufstellung der Schlussrechnung	77	2.	Gegenstand	119
aa)	Fristen	78	3.	Pflicht zur Teilabnahme	120
bb)	Aufstellung der Schlussrechnung durch den Besteller	79	4.	Teilvollendung	120a
			5.	Beweislast	121
c)	Fälligkeit der Schlusszahlung	81	6.	Wirkungen	122
aa)	Fälligkeit nach BGB	81	7.	Unechte Teilabnahme	123
bb)	Erteilung einer Schlussrechnung	82	8.	Regelung der VOB/B	124

XV. Verzinsung der Werklohnforderung
1. Allgemeines 125
2. Voraussetzungen 126
3. Ausschluss 129
4. Zinssatz 130
5. Anderweitige Verzinsung 131
6. VOB/B 132

Alphabetische Übersicht

Ablieferung des Werkes 2, 4	Fälligkeit des Werklohns 4
Ablieferungsfrist 4	Frist zum Vorbehalt der Forderung 95
Abnahme 3, 5	
Abnahmereife 6	Gesamtschuld 52
Abnahmeverweigerung	Gewährleistungssicherheit 62
– berechtigte 7	Gleichschaltung der Abnahmen .... 41 ff
– unberechtigte 6	
Abrechnung, vorzeitige 8	Herstellungspflicht des Unternehmers ... 2
Abrechnungspflichtige Ansprüche ... 31, 83	Hinterlegung von Geld 66
Abschlagszahlung .... 10, 19, 116 f	
– beim Architektenvertrag 113	Kündigung des Unternehmers 9, 105
Abtretung des Werklohnanspruchs 50	
Anerkenntnis des Bestellers 84	Leistungskette 40
Annahmeverzug des Bestellers 9	Leistungsort beim Werklohn 49
Architektenhonorar, Fälligkeit des ... 110 ff	
Architektenrechnung, Prüfbarkeit 37	Mängel, Zurückbehaltungsrecht wegen ... 23 f
Aufbauschuld 52	Minderung 23
Aufmaß 32	Mitteilung des Prüfergebnisses bei der
– Bindung an das 33	Schlussrechnung 87
– Mitwirkung bei dem 33	
– Rechtsnatur des 35	Nebenkosten des Architekten 113
– und Mängel 34	
– und Preise 35	Obstruktion des Bestellers 9
– Vertretungsmacht zum 36	
Auskunftsanspruch des Subunternehmers ... 42	Pfändbarkeit des Werklohnanspruchs ... 50
Ausschlusswirkung der Schlusszahlung ... 90 ff	Prüfbarkeit der Rechnung .... 29 ff
	Prüfvermerk des Architekten 88
Bauabzugssteuer 51	
Bauträger, Zahlungen an den 40	Rechnung .... 26 ff
Begründung des Vorbehalts bei der	– Anspruch auf .... 26 f
Schlusszahlung 96	– und Fälligkeit 28
Besitz am Werk 3d	Rüge mangelnder Prüfbarkeit 39
Billigung des Werkes 3a	
Bürgschaft als Sicherheit .... 61 f, 64a f	Schadensersatz 23
Bürgschaftsurkunde .... 64 f, 70, 73	Schlussrechnung .... 76 ff
	– Aufstellung der 77
Druckzuschlag 24	– des Bestellers .... 79 ff
Durchgriffsfälligkeit .... 40 ff	– Frist zur 78
	– Prüfung der 85
Einbehalt vom Werklohn .... 22 ff, 67 ff	Schlusszahlung .... 76 ff
Entstehungsgeschichte der Norm 2	– Begriff der 82
Erfüllung der Werklohnforderung 51	– Fälligkeit der 81

Dezember 2019

Untertitel 1 · Werkvertrag
Kapitel 1 · Allgemeine Vorschriften   § 641

– und Abnahme	81	Unbestrittenes Guthaben	86
– und Schlussrechnung	82	Verjährung	54
Schuldner des Werklohns	52 ff	Vertragsbeendigung, vorzeitige	8
Sicherheit	60 ff	Verzinsung des Werklohns	125 ff
– Arten der	64	Vorauszahlungen	10, 12 ff
– Frist zur Leistung	61	– Sicherheiten für	18
– Höhe der	58	Vorbehalt der Forderung	94 ff
– Leistung an Dritte	47	Vorbehaltlose Annahme der Schluss-	
– Rückgabe der	73 f	zahlung	90 ff
– Vereinbarung über	63	– rechtliche Einordnung	97
– Verwertung der	72	– Umfang des Anspruchsausschlusses	98 f
– Zweck der	61 f, 64a	– Wirksamkeit des Ausschlusses	100
Sicherheitsleistung des Bestellers	60	Vorleistung des Unternehmers	2 ff, 20
Sicherung der Ansprüche	58 ff	Vorsteuerabzug	26
Skonto	48, 103		
Sperrkonto	69	Wahlrecht des Unternehmers	70
Stundung des Werklohns	20, 128	Wohnungseigentum	52 ff
Subunternehmer	40 ff		
Synallagma	3b f	Zahlung an Gläubiger des Unterneh-	
		mers	106 ff
Teilabnahme	118 ff	Zahlungsverweigerung des Bestellers	93
– unechte	123	Zahlungsverzug des Bestellers	
Teilschuld	52	(VOB/B)	102 ff
Teilurteil	52	Zurückbehaltungsrecht	23
Teilvollendung	120a	Zweck einer Bürgschaft	64a
Teilzession, stille	50		
Überzahlung	115 ff		
– Rückforderung der	117		

I. Allgemeines

§ 641 Abs 1 BGB regelt den **Leistungsaustausch** beim Werkvertrag. Der mit dem G **1**
zur Beschleunigung fälliger Zahlungen neu geschaffene § 641 Abs 2 BGB betrifft
eine Spezialfrage der Fälligkeit, § 641 Abs 3 BGB das Zurückbehaltungsrecht des
Bestellers bei Mängeln. § 641 Abs 4 BGB enthält eine § 452 BGB aF entsprechende
Zinsregelung. Eine Regelung über Abschlagszahlungen hat der Gesetzgeber wenig
systematisch in § 632a BGB eingestellt.

II. Ratio legis und Anwendungsbereich des § 641 Abs 1

1. Zweck der Bestimmung

Der historische Gesetzgeber des BGB hat sich eingehend mit der Vorleistungspflicht **2**
des Unternehmers befasst (Mot II, 492). Er wollte sie allein auf die Herstellung des
Werks bezogen wissen, nicht auch auf seine Ablieferung. Wenn man sie auch darauf
beziehen wollte, würde man den Unternehmer in eine schlimme Lage bringen und
sein Zurückbehaltungs- bzw Pfandrecht verkümmern. Deshalb ist das „bei" der

Abnahme der wichtigste Passus der Bestimmung. Und sie gehört – entgegen der heutigen Überschrift – nicht in den Kontext des § 271 BGB, sondern in den Kontext des § 320 BGB.

Bei der Bearbeitung beweglicher Sachen bewährt sich dieses Konzept. Den reparierten Wagen wird die Werkstatt nur Zug um Zug gegen Zahlung des Werklohns herausgeben.

2. Anwendungsbereich

Bei Bauleistungen hat die Praxis das Konzept des historischen Gesetzgebers dagegen nicht angenommen. Das ist schon deshalb erklärlich, weil bei der Abrechnung der dortigen Leistungen regelmäßig auch noch eine umfangreiche Rechnung aufzustellen und dann zu prüfen ist. In der Praxis hat man sich vielmehr an dem Modell des § 16 Abs 3 VOB/B (dazu u Rn 75) orientiert, das jetzt der Gesetzgeber des G zur Reform des Baurechts (BGBl I 2017, 969) in § 650g Abs 4 BGB in das BGB übernommen hat. Für den Bereich des Baurechts stellt diese Bestimmung eine verdrängende lex specialis zu § 641 Abs 1 BGB dar.

3. Der Abnahmebegriff des § 641 Abs 1 S 1

3 Nicht anders als in § 640 Abs 1 S 1 BGB bezieht sich auch in § 641 Abs 1 S 1 BGB der Begriff der Abnahme allein auf die körperliche Überlassung des Werkes, seine Entäußerung durch den Unternehmer bzw seine Entgegennahme durch den Besteller. Wo nichts zu übergeben ist, wie bei geistigen Leistungen ohne körperliches Substrat lässt § 646 BGB an die Stelle der so verstandenen Abnahme die Vollendung des Werkes treten.

4. Die Billigung des Werkes als im Wesentlichen vertragsgerecht

3a Damit gehört zum Abnahmebegriff auch hier namentlich nicht die Billigung des Werkes durch den Besteller als im Wesentlichen vertragsgerecht; sie ist vielmehr in § 363 BGB zu verankern.

Das bedeutet nicht, dass sie für den von § 641 Abs S 1 BGB intendierten Leistungsaustausch gänzlich ohne Bedeutung wäre.

Vielmehr muss sich der Besteller vor dem Leistungsaustausch davon überzeugen können, dass das ihm angebotene Werk auch das bestellte ist, dh den Anforderungen des § 640 Abs 1 S 1, 2 BGB entspricht. Wird ihm die Gelegenheit zu einer derartigen Überprüfung der Werkleistung verweigert, gerät er nicht in Annahmeverzug, wenn er sich weigert, das Werk entgegenzunehmen. Dass er von der Gelegenheit, das Werk zu überprüfen keinen Gebrauch zu machen braucht, versteht sich.

5. Die Fälligkeit des Werklohns

3b So wenig wie die Parallelbestimmung des § 320 BGB, wie sie namentlich für den Kauf gilt, enthält § 641 Abs 1 BGB eine Regelung zur Fälligkeit der Entgeltleistung, vgl dazu vielmehr u Rn 4.

6. Der Leistungsaustausch Zug um Zug

Der Unternehmer braucht sich des Besitzes am Werk nur unter zwei Voraussetzungen zu entäußern: **3c**

aa) Der Besteller muss bereit sein, das Werk als im Wesentlichen vertragsgerecht anzuerkennen. Täte er das nicht, so müsste der Unternehmer ja befürchten, dass der Besteller auch nicht bereit ist, den Werklohn zu entrichten. Ein Besteller, der das Werk nicht billigt, aber zur Zahlung bereit ist, ist nur schwer vorstellbar.

bb) Vor allem aber muss der Besteller bereit sein, bei Entgegennahme des Werkes den Werklohn zu entrichten. Bietet er jetzt den Werklohn nicht an, gerät er nach § 298 BGB in Annahmeverzug.

7. Der Schutz des Besitzes des Unternehmers an seinem Werk

Wenn der Besteller nicht bereit ist, anlässlich des Angebots des Werkes den Werklohn zu entrichten, gebührt ihm weder das Werk noch insbesondere dessen Nutzung. **3d**

Das bedeutet zunächst, dass der Unternehmer von seinem Zurückbehaltungsrecht aus § 320 BGB Gebrauch machen kann, ohne dass dies irgendwie zu tadeln wäre. Namentlich liegt in der Ankündigung, dem Besteller das Werk vorzuenthalten, keine widerrechtliche Drohung iSd § 123 Abs 1 BGB. Wenn sich der Besteller eigenmächtig in den Besitz des Werkes setzt, liegt darin vielmehr verbotene Eigenmacht, § 858 Abs 1 BGB, mit den Folgen der §§ 859, 861 BGB. Der Unternehmer ist auch strafrechtlich geschützt. Wo er bei der Bearbeitung beweglicher Sachen das Pfandrecht des § 647 BGB erlangt hat, schützt ihn § 289 StGB. Wenn bei der Bearbeitung von Immobilien – namentlich beim Bau – ein solches Pfandrecht ausgeblieben ist, bleibt zu beachten, dass § 284 StGB insbesondere auch Zurückbehaltungsrechte schützt.

Wenn der Unternehmer nicht alleinigen Besitz am Werk erlangt hat wie bei der Bearbeitung beweglicher Sachen in seiner Werkstatt, hat er doch jedenfalls – zB am Bau – Mitbesitz erlangt. Zu dessen vollständigen Entzug berechtigt auch § 866 BGB den Besteller nicht. Der Unternehmer tut gut daran, sich dagegen zu verwahren, dass zB der Abzug seiner Leute vom Bau als Preisgabe dieses Mitbesitzes gedeutet werden könnte.

8. Fälligkeit des Werklohns

§ 641 Abs 1 BGB wird gleichwohl allgemein als Regelung der Fälligkeit des Werklohns betrachtet, vgl nur die jetzt amtliche Überschrift zu der Bestimmung (Palandt/Sprau Rn 3; Jauernig/Mansel Rn 2; Soergel/Teichmann Rn 1; Erman/Schwenker/Rodemann Rn 1, 4). BGHZ 79, 176, 178 führt aus, dass die Abnahme dem Unternehmer die Klagemöglichkeit verschaffe. Wenn man in der Bestimmung eine Regelung der Fälligkeit sieht, ist die letztere Bemerkung bedenklich, wenn sie denn aus dem „bei der Abnahme" des Gesetzes letztlich ein „nach der Abnahme" macht. Die Annahme einer Fälligkeitsregelung stößt auch auf Schwierigkeiten bei einer grundlosen Ver- **4** weigerung der Abnahme (u Rn 6). Sie hätte bei ihr zur Konsequenz, dass der Unternehmer nicht nur auf Zahlung, sondern gleichzeitig auf Abnahme klagen müsste. Zu Recht verzichtet die Praxis darauf. Auch bei berechtigter Abnahmeverweigerung führt die hM zu unbefriedigenden Ergebnissen (vgl u Rn 7).

Richtig ist freilich, dass die Werklohnforderung fällig ist, wenn der Besteller *abgenommen hat.* Richtig ist auch, dass Fälligkeit jedenfalls dann gegeben ist, wenn gegenüber Mängeln der Leistung nur noch Sekundärrechte des Bestellers (Minderung, Schadensersatz) im Raume stehen (BGH NJW 2002, 3019, 3020). Fällig wird auch ein Wertersatzanspruch des Unternehmers nach § 346 Abs 2 BGB. Im Übrigen gilt:

Die Fälligkeit des Werklohns hängt nicht von der Abnahme ab, sondern ist mit ihr – bzw richtiger: der Ablieferung – nur durch die §§ 320, 322 BGB (eng) verknüpft. Sie ist vielmehr **nach § 271 BGB** zu bestimmen, hängt also vorrangig von den Vereinbarungen der Parteien ab, ggf von einschlägigen gesetzlichen Bestimmungen wie zB § 15 HOAI, in der Regel von den „Umständen" (§ 271 Abs 1 BGB): Wenn das Werk erst noch erstellt werden muss, ergibt sich aus der dazu erforderlichen Zeit die „für die (seine) Ablieferung bestimmte Frist" (§ 634 Abs 1 S 2 BGB aE aF; vgl zu ihrer Bestimmung § 633 Rn 121). Zu diesem Zeitpunkt wird dann auch der Zug um Zug zu entrichtende Werklohn fällig. Der Regelfall des § 271 Abs 1 BGB der sofortigen Fälligkeit kann für den Werklohn praktisch nicht zum Tragen kommen, weil das Werk bei Vertragsschluss regelmäßig noch nicht fertig vorliegt.

Verbreitet sind freilich ausdrückliche oder konkludente Abreden über die Fälligkeit des Werklohns. Sie können zum Gegenstand haben eine Vorleistungspflicht des Bestellers (Erwerb einer Fahrkarte, Eintrittskarte), Fälligkeit bei Fertigstellung (was nach BGH NJW-RR 2004, 591 = NZBau 2004, 210, durch bestehende Mängel ausgeschlossen sein soll), Abschlagszahlungen des Bestellers nach Fortschritt des Werkes, vgl auch § 632a BGB, das Vorliegen besonderer Fälligkeitsvoraussetzungen, wie zB die Vorlage einer Rechnung, vgl zB § 16 Abs 3 VOB/B (dazu u Rn 76 ff), oder schließlich eine Stundung des Werklohns über die Abnahme hinaus, vgl wiederum § 16 Abs 3 Nr 1 VOB/B.

Nicht näher geregelt ist die Fälligkeit des Werklohns bei vorzeitiger Beendigung des Vertrages (vgl dazu u Rn 8 f).

II. Abnahme und Zahlung des Werklohns

1. Regelfall der Abnahme

5 Nimmt der Besteller das Werk ab, hat er den Werklohn zu zahlen. Dies gilt auch dann, wenn ihm das Werk vorzeitig angedient wird; mit der freiwilligen Entgegennahme der Werkleistung verzichtet der Besteller auf den Einwand späterer Fälligkeit.

Wenn der Besteller bei der Abnahme Mängel rügt, beeinflusst das nur die Durchsetzbarkeit der Werklohnforderung. Soweit ihm ein Nachbesserungsanspruch zusteht, schuldet er den Werklohn nur Zug um Zug gegen Beseitigung der Mängel, § 320 BGB. Die Wertverhältnisse können dazu führen, dass er den Werklohn teils uneingeschränkt, teils eingeschränkt schuldet, vgl § 641 Abs 3 BGB, wobei die Beweislast für einen übermäßigen Einbehalt beim Unternehmer liegt (BGH NJW-RR 1997, 18; BGH NJW-RR 2008, 401 = NZBau 2008, 174 Rn 18). Die Einrede des § 320 BGB steht dem Besteller auch dann zu, wenn er Mängel nachträglich entdeckt und den Werklohn noch nicht (voll) entrichtet hat. Soweit ein Nachbesserungsanspruch ausscheidet, weil die Nachbesserung unmöglich ist oder das Nachbesserungsrecht des Unternehmers sonst überwunden ist (§§ 636, 281 Abs 2, 323 Abs 2 BGB), ist ein entsprechender Abzug von der Werklohnforderung zu machen.

2. Unberechtigte Abnahmeverweigerung

a) Die Verweigerung der Abnahme ist unberechtigt, *wenn Mängel des Werkes* **6** *objektiv nicht vorliegen;* später entdeckte Mängel können sie also nachträglich als berechtigt erscheinen lassen. Die Annahme von Mängeln setzt voraus, dass entweder der Unternehmer sie einräumt oder der Besteller Mängelrügen erhebt. Näher zu belegen hat der Unternehmer die Mangelfreiheit zunächst nicht (vgl OLG Hamm NJW-RR 1994, 474), er hat nur entsprechenden Behauptungen des Bestellers substantiiert entgegenzutreten. Auf der anderen Seite braucht der Besteller nur die äußeren Mängelerscheinungen zu benennen, nicht aber ihre Ursachen. Bei Bagatellcharakter eines Mangels kann die Verweigerung der Abnahme uU unzulässig sein, § 640 Abs 1 S 2 BGB (dazu § 640 Rn 34 ff).

b) Ist danach von *Mangelfreiheit* auszugehen, ist die *Werklohnforderung fällig* (vgl MünchKomm/Busche Rn 3 f; Soergel/Teichmann Rn 14). Zur Begründung kann man an die bestehende Abnahmereife anknüpfen (so OLG Saarbrücken OLGZ 1968, 317 f), oder an den Annahmeverzug des Bestellers (so Pietsch 191 ff). Eine besondere Abnahmeerklärung des Bestellers ist nicht erforderlich, sie braucht folgerichtig auch nicht eingeklagt zu werden. Der damit verbundene Aufschub würde die berechtigten Interessen des Unternehmers beeinträchtigen (Zinslauf, Gefahrtragung).

3. Berechtigte Abnahmeverweigerung

Im Falle der berechtigten Abnahmeverweigerung soll die *Werklohnklage – mangels* **7** *Fälligkeit –* als zurzeit *unbegründet* abzuweisen sein (vgl RGZ 171, 297, 301; BGHZ 61, 42; BGH NJW-RR 1992, 1078; BGH NJW 1996, 1280; BGB-RGRK/Glanzmann § 640 aF Rn 2; Münch-Komm/Busche Rn 6; **aA** noch RG Recht 1917, Nr 809; HRR 1935, 661; jetzt Soergel/Teichmann Rn 9). Das beruht jedoch auf der irrtümlichen Deutung der Bestimmung des § 641 Abs 1 BGB als einer Regelung der Fälligkeit (vgl o Rn 2 ff) und widerspricht vor allem den Interessen der Parteien. Eine Verurteilung zur Zahlung des Werklohns Zug um Zug gegen die Beseitigung der Mängel (bzw mit entsprechenden Abzügen) wahrt jene des Bestellers und wird denen des Unternehmers gerecht, dem die Möglichkeit eröffnet wird, an den Werklohn zu kommen. Nur dies ist im Übrigen prozessökonomisch.

III. Vorzeitige Abrechnung

1. Vorzeitige Vertragsbeendigung

Der Vertrag kann vorzeitig dadurch beendigt werden, dass die eine oder die andere **8** Seite ihn kündigt oder dass er einverständlich aufgehoben wird. Dann ist abzurechnen, auch wenn dies den Zahlungszeitpunkt vorverlegt, und zwar ohne dass eine Abnahme erforderlich wäre (vgl BGH NJW-RR 1996, 883; **aA** BGHZ 167, 345 = NJW 2006, 2475 Rn 22 ff). Dies liegt auf der Hand, wenn eine Nachbesserung nicht mehr in Betracht kommt (vgl BGH NJW 1979, 549, NJW-RR 1996, 883), kann aber nicht anders sein, wenn noch nachzubessern ist. In der letzteren Konstellation wird der Werklohn Zug um Zug gegen Nachbesserung geschuldet.

Soweit die Erteilung einer Rechnung Voraussetzung für die Fälligkeit der Werklohnforderung ist, vgl § 16 Abs 3 VOB/B, § 15 Abs 1 HOAI, wird dieses Erfordernis nicht aufgehoben. Vielmehr ist auch – und gerade – hier prüfbar (u Rn 29 ff) abzurechnen, wenn denn die jetzt restierende Forderung des Unternehmers besonders unübersichtlich ist (erreichter Leistungsstand einerseits, mögliche Abzugspositionen wie ersparte Aufwendungen andererseits). Gleiches gilt, wenn der Besteller wegen eines Mangels oder aus anderen Gründen zurücktritt, §§ 634 Nr 3, 323, 324, 326 Abs 5 BGB. Zu den Anforderungen an die Schlussrechnung in diesen Fällen vgl § 648 Rn 42 ff.

2. Obstruktion des Bestellers

9 Zweifel wirft der Fall auf, dass der Besteller die Fertigstellung des Werkes oder auch nur die Beseitigung seiner Mängel behindert. Wenn hier im Ergebnis dem Werklohnanspruch des Unternehmers zum Erfolg zu verhelfen ist, bleiben der Weg dahin und der Umfang des Anspruchs problematisch (vgl auch SEIDEL JZ 1994, 383).

Unbehelflich ist es (mit BGHZ 50, 175; BGH NJW 1990, 3008; OLG Köln NJW-RR 1996, 624; BGB-RGRK/GLANZMANN Rn 5), einen betraglich uneingeschränkten und ohne Weiteres durchsetzbaren Zahlungsanspruch des Unternehmers anzunehmen. Es ist erstens nicht ersichtlich, wie eine Vorleistungspflicht des Bestellers konstruiert werden soll, zum anderen müssten jedenfalls die Anrechnungsbeträge der §§ 326 Abs 2 S 2, 648 S 2 BGB, in Ansatz gebracht werden; schlechter als in jenen Fällen darf der Besteller auch hier nicht stehen.

Nicht gangbar ist der von HARTMANN (BB 1997, 326), vorgeschlagene Weg über die §§ 322 Abs 2, 3, 274 Abs 2 BGB. Denn dazu müsste der Unternehmer den Besteller in Verzug mit der Annahme der fertigen Werkleistung setzen, die er hier aber ja gerade nicht anbieten kann. Der Annahmeverzug des Bestellers nach § 642 BGB bei der Erstellung des Werkes genügt nicht.

Richtig ist, dass der Obstruktion betreibende Besteller sich nicht auf eine fehlende Abnahme berufen kann und auch den Schutz der §§ 320, 322 BGB einbüßt (vgl BGHZ 149, 289 = NJW 2002, 1262; RGZ 58, 173, 176; 69, 381, 383; BGHZ 50, 175, 177; BGH NJW-RR 1996, 883). Um klare Verhältnisse zu schaffen, wird man aber zu fordern haben, dass der Unternehmer kündigt (**aA** BGHZ 149, 289 = NJW 2002, 1262), was ihm §§ 643, 648a BGB ermöglichen. Dann kann er nach § 648 BGB abrechnen (vgl näher § 643 Rn 18), was auch das betraglich angemessene Ergebnis liefert (vgl auch § 643 Rn 20 ff zu den in diesem Zusammenhang diskutierten Schadensersatzansprüchen des Unternehmers).

IV. Vorauszahlungen und Abschlagszahlungen

1. Abgrenzung

Dass der Unternehmer nach § 641 BGB das Werk vor der Zahlung des Werklohns **10** zu erstellen hat, kann ihn erheblich belasten. Er trägt damit zunächst das **Risiko der Insolvenz des Bestellers**, das *durch die dinglichen Sicherheiten* der §§ 647, 650e BGB *kaum aufgefangen* wird. Gleichzeitig wird ihm damit eine *Vorfinanzierungspflicht auferlegt,* die gerade bei größeren Objekten zu einer schweren Bürde werden kann. Mögliche Mittel der Abhilfe sind hinsichtlich des erstgenannten Risikos *Sicherheitsleistungen* des Bestellers, vgl auch § 650f BGB, hinsichtlich beider Risiken **Vorauszahlungen** und **Abschlagszahlungen** auf den Werklohn. Dabei sind *Vorauszahlungen solche Zahlungen, die wirtschaftlich durch entsprechende Leistungen des Unternehmers noch nicht abgedeckt sind, während Abschlagszahlungen ihnen wertmäßig entsprechende Leistungen des Unternehmers voraussetzen* (vgl BGH NJW 1986, 1681, 1682; 1992, 1107; Nicklisch/Weick/Jansen/Seibel/Hummel § 16 Rn 8; Ingenstau/Korbion/Locher § 16 Abs 2 Rn 1). *Vorauszahlungen* sind deshalb für den Besteller besonders *gefährlich,* weil sie das Risiko der Insolvenz und die Last der Vorfinanzierung zu seinen Ungunsten umkehren. Aber auch Abschlagszahlungen können sich dann als nachteilig erweisen, wenn das Werk unvollendet bleibt, untergeht oder mangelhaft gerät. Immerhin sind sie weit weniger bedenklich als Vorauszahlungen.

Die Abgrenzung beider Zahlungsarten kann Probleme bereiten. *Abgrenzungskriterium* kann nicht die Ausdrucksweise der Parteien sein; vielmehr müssen *objektive wirtschaftliche Kriterien* den Ausschlag geben.

Danach liegen Abschlagszahlungen jedenfalls insoweit vor, *wie das Werk selbst* **11** *schon* durch die Tätigkeit des Unternehmers *eine Wertsteigerung gefunden* hat. Der Begriff ist aber weiter zu fassen. Abschlagszahlungen liegen auch schon dann vor, wenn ihnen *Vorbereitungshandlungen* des Unternehmers *für das konkrete Werk* gegenüberstehen, bei denen gesichert ist, dass sie diesem zugutekommen, vgl § 632a BGB und die verallgemeinerungsfähige Begriffsbestimmungen in § 16 Abs 1 Nr 1 S 3 VOB/B (dazu § 632a Rn 34). Sonstige Vorbereitungshandlungen des Unternehmers wie zB der Materialeinkauf können keine Abschlagszahlungen auslösen. Zahlungen, die dies ermöglichen sollen, sind Vorauszahlungen.

Voraus- und Abschlagszahlungen sind nur vorläufige Zahlungen; sie sind zu erstatten, wenn ihnen im Ergebnis Leistungen des Unternehmers nicht deckend gegenüberstehen, wobei die Erstattungspflicht aus der Zahlungsabrede folgt, nicht aus § 812 BGB (BGH NJW 1999, 1867, 1869), wenn denn der Vertrag den Rechtsgrund bildet. Die Darlegungs- und Beweislast für die Zahlung rechtfertigende Leistungen liegt bei dem Unternehmer (BGH NJW 1999, 1867, 1869). Fehlt es an einer Abrechnung des Unternehmers, sind an die Substantiierung der Klage des Bestellers auf Rückzahlung eines Überschusses keine überhöhten Anforderungen zu stellen.

2. Vorauszahlungen

a) Allgemeines

12 aa) *Vorauszahlungen* kann der Unternehmer *nicht beanspruchen,* sofern sie nicht besonders mit dem Besteller vereinbart worden sind. Verlangt er ohne eine entsprechende Vereinbarung Vorauszahlungen oder macht er gar die Fortführung der Arbeiten von ihnen abhängig, so begeht er eine Pflichtverletzung, die ihn schadensersatzpflichtig machen und ein Recht des Bestellers zum Rücktritt, § 324 BGB, oder zur Kündigung aus wichtigem Grund auslösen kann.

Die *Vereinbarung von Vorauszahlungen* erfolgt vielfach *einzelvertraglich* und entspricht insoweit oft schon der *Verkehrssitte,* zB beim Erwerb von Fahrkarten oder Eintrittskarten, oder *branchentypischen Üblichkeiten,* zB bei kleineren Reparaturverträgen. Sie ist grundsätzlich nicht zu beanstanden. Bedenken aus § 138 BGB sind nur in Ausnahmefällen denkbar, vgl auch die Zulassung von Vorschüssen in § 669 BGB. Die Annahme von Sittenwidrigkeit kommt in Betracht, wenn die Vorauszahlungen besonders hoch sind und jegliche Sicherheiten für den Besteller für eine vertragsgemäße Verwendung der Gelder fehlen.

13 bb) Soweit *AGB des Unternehmers* Vorauszahlungen des Bestellers vorsehen, ist es zunächst zweifelhaft, ob Prüfungsmaßstab § 309 Nr 2 lit a BGB ist, weil damit (mittelbar) ein Zurückbehaltungsrecht des Bestellers nach § 320 BGB ausgeschlossen wird, oder nur *allgemein § 307 BGB.* Das Letztere dürfte vorzuziehen sein, weil sich dadurch durchaus auch sachgerechte Ergebnisse erzielen lassen und der Gedanke des § 320 BGB auch so keineswegs ausgeschlossen wird (vgl Ulmer/Brandner/Hensen/Schäfer § 309 Nr 2 Rn 13 f; Staudinger/Coester-Waltjen [2019] § 309 Nr 2 Rn 1, 7; Palandt/Grüneberg § 309 Rn 13; **aA** MünchKomm/Wurmnest § 309 Nr 2 Rn 11; Tonner DB 1980, 1629; NJW 1985, 111). Auch BGH NJW 1985, 850; 1985, 1613; 1987, 1931 gehen von § 9 AGBG/§ 307 BGB als Prüfungsmaßstab aus.

(1) *Ausgangspunkt* der Überlegungen zu § 307 BGB muss es sein, dass der *Austausch der Leistungen beim Werkvertrag als einem gegenseitigen Vertrag eigentlich gleichzeitig erfolgen müsste.* Da das praktisch nicht möglich ist, konzentriert § 641 BGB die Leistung des Unternehmers auf die Ablieferung des Werkes und eröffnet so den Weg zu einem Leistungsaustausch Zug um Zug. Das ist aber nur eine der denkbaren Lösungsmöglichkeiten. Eine *sukzessive Zahlung des Werklohns – in Form von Abschlagszahlungen –* würde dem Grundgedanken der §§ 320 ff BGB noch eher entsprechen. Und wenn § 641 BGB aus der Unmöglichkeit einer unmittelbaren Anwendung des § 320 BGB auf den Werkvertrag Konsequenzen zieht, die zu Lasten des Unternehmers gehen, so ist es doch auch denkbar, die Problematik auf einem Wege zu lösen, der stärker zu Lasten des Bestellers geht. Daraus folgt, dass *Vorauszahlungspflichten des Bestellers nicht von vornherein insgesamt als unangemessen zu verwerfen* sind (vgl auch BGH NJW 1987, 1613).

14 (2) Als *zulässig* müssen zunächst solche Anzahlungen des Bestellers anerkannt werden, die nur *mögliche Ansprüche des Unternehmers aus § 648 S 2 BGB* bei vorzeitiger Vertragsbeendigung *abdecken sollen* (vgl zu ihrer Bemessung § 648 Rn 32 ff).

(3) Darüber hinaus kommt es *entscheidend* darauf an, ob und inwieweit dem

Besteller **hinreichende Sicherheiten für die Vertragsdurchführung einschließlich der Gewährleistung** geboten werden (vgl dazu BGH NJW 1986, 1614; 1987, 1931, 1932 [beide zum Reisevertragsrecht]; 1992, 1107; vgl aber auch BGHZ 87, 309, 318 = NJW 1983, 2817 [Heiratsvermittlung], wo dieser Aspekt nicht herausgestellt wird). Es kann insoweit die Bestimmung des § 16 Abs 2 VOB/B als vorbildlich dienen (dazu u Rn 16).

(4) Dagegen müssen *sonstige Gesichtspunkte* grundsätzlich zurücktreten. Die bloße Üblichkeit rechtfertigt Vorauszahlungen ebenso wenig wie das Finanzvolumen des Werkvertrages; letzteres kann nur durch Abschlagszahlungen Berücksichtigung finden.

b) Verrechnung von Vorauszahlungen
Die Verrechnung zulässiger Vorauszahlungen ist Sache der Parteivereinbarungen; **15** *im Zweifel* sind sie *auf die nächstfälligen Zahlungen* des Bestellers zu verrechnen.

c) Regelung der VOB/B
Die VOB/B regelt Vorauszahlungen in § 16 Abs 2 VOB/B: **16**

> § 16 Zahlung
>
> (...)
>
> (2) 1. Vorauszahlungen können auch nach Vertragsabschluss vereinbart werden; hierfür ist auf Verlangen des Auftraggebers ausreichende Sicherheit zu leisten. Diese Vorauszahlungen sind, sofern nichts anderes vereinbart wird, mit 3 v. H. über dem Basiszinssatz des § 247 BGB zu verzinsen.
>
> 2. Vorauszahlungen sind auf die nächstfälligen Zahlungen anzurechnen, soweit damit Leistungen abzugelten sind, für welche die Vorauszahlungen gewährt worden sind.
>
> (...)

aa) Der *Anspruch des Bestellers auf Sicherheitsleistung* entsteht „von selbst" nur dann, wenn die Vorauszahlung nachträglich vereinbart wird; sonst ist er *von einer entsprechenden Vereinbarung der Parteien abhängig* (INGENSTAU/KORBION/LOCHER § 16 Abs 2 Rn 4 f).

bb) Der Anspruch des Bestellers auf die Sicherheitsleistung entsteht *nur bei ent-* **17** *sprechendem Verlangen des Bestellers;* von sich aus braucht der Unternehmer die Sicherheitsleistung also nicht anzubieten.

Die Ansprüche auf die Sicherheitsleistung einerseits und die Vorauszahlung andererseits sind *Zug um Zug abzuwickeln,* § 320 BGB (**aA** INGENSTAU/KORBION/LOCHER § 16 Abs 2 Rn 7, der § 273 anwenden will).

cc) Die *Sicherheitsleistung* richtet sich nach § 17 VOB/B (dazu u Rn 59 ff). Sie ist *nach Erreichung des Sicherungszwecks* zurückzugeben. Der Höhe nach darf eine übermäßige Absicherung des Bestellers nicht eintreten.

Die Verzinsungspflicht des Unternehmers ist abdingbar.

dd) Zur *Verrechnung von Vorauszahlungen* vgl § 16 Abs 2 Nr 2 VOB/B. Die Bestimmung hat Vorrang vor den §§ 366 f BGB.

d)   Vorauszahlungssicherheiten

18   Vorauszahlungssicherheiten kennt außer § 16 Abs 2 Nr 1 VOB/B auch § 7 Abs 1 MaBV; dort können sie von bestimmten Verpflichtungen des Bauträgers freistellen. Bei Werkverträgen sind sie auch sonst verbreitet.

Welche Ansprüche des Bestellers sie absichern sollen, ist eine Frage des *vereinbarten Zwecks*. Grundsätzlich sichern sie Rückforderungsansprüche des Bestellers wegen aller Überzahlungen des Unternehmers ab, es ist mithin nach Abschluss der Werkleistungen eine Gesamtabrechnung vorzunehmen, ob sich eine Überzahlung des Unternehmers ergibt (BGH NJW 2000, 511 = NZBau 2000, 76; WEISE, in: FS Thode [2005] 573, 575).

Eine solche Überzahlung kann sich zunächst daraus ergeben, dass der Besteller mehr gezahlt hat, als ihm später tatsächlich in Rechnung gestellt werden kann. Eine Überzahlung kann aber auch aus Mängeln der Leistung folgen; dann sind die Gewährleistungsrechte des Bestellers abgesichert (WEISE 578).

Dies gilt speziell auch im Falle des § 7 Abs 1 MaBV (BGHZ 151, 147 = NJW 2002, 2563; NJW 1999, 1105 = BauR 1999, 659; BGH NJW-RR 2003, 959 = BauR 2003, 1220). Allerdings sind eben auch nur solche Ansprüche des Bestellers gesichert, die das Äquivalenzverhältnis des Vertrages betreffen, nicht hierher gehören Ansprüche wegen Verzugs, entgangener Steuervorteile oder Nutzungen (BGH NJW 2003, 285). Wenn die MaBV-Bürgschaft nach vollständiger Fertigstellung zurückzugeben ist, erfasst sie namentlich auch nicht Mängelrechte des Bestellers, die sich nach der Abnahme ergeben.

3.   Abschlagszahlungen

19   Abschlagszahlungen werden geschuldet kraft entsprechender Vereinbarungen der Parteien, sonst nach § 632a BGB, gegenüber dem Architekten nach § 15 Abs 2 HOAI. Die VOB/B sieht sie in § 16 Abs 1 VOB/B vor. Die Makler- und Bauträger-VO sieht in ihrem § 3 Abs 2 MaBV bestimmte Vomhundertsätze vor, die ein Bauträger maximal entsprechend dem Leistungsstand fordern darf.

Zu den Einzelheiten vgl näher bei § 632a BGB (s § 632a Rn 1 ff).

V.   Stundung des Werklohns, Zahlungsverzug, Einbehalte

1.   Stundung des Werklohns

20 **a)**   Individualvertraglich kann es ohne Weiteres vereinbart werden, dass der Werklohn zu einem späteren Zeitpunkt gezahlt wird, als er sich aus den §§ 271, 641 Abs 1 BGB ergibt. Damit wird eine Vorleistungspflicht des Unternehmers begründet, die als solche noch nicht anstößig ist.

b) Allgemeine Geschäftsbedingungen des Bestellers können dadurch mittelbar zu einer Stundung des Werklohns führen, dass sie die Abnahme der Werkleistung hinauszögern (vgl dazu § 640 Rn 36). Direkte Stundungsregelungen weichen regelmäßig von dem Leitbild des § 641 Abs 1 BGB ab, dass der Unternehmer mit der Ablieferung des Werkes auch seinen Lohn verdient hat, und benachteiligen ihn damit unangemessen iSd § 307 Abs 2 Nr 1 BGB. Eine solche unangemessene Benachteiligung liegt dann vor, wenn der Besteller erst dann zahlen soll, wenn er selbst Vergütung von seinem Abnehmer erhalten hat (LG Saarbrücken NZBau 2012, 242).

c) Wenn die Erteilung einer prüfungsfähigen Rechnung als Fälligkeitsvoraussetzung gesetzlich vorgeschrieben, vgl §§ 650g Abs 4 BGB, 15 HOAI, oder sonst vereinbart ist, vgl § 16 Abs 3 VOB/B (dazu u Rn 76 ff), liegt darin allein noch keine Stundung der Werklohnforderung für jenen Zeitraum, der für eine sachgerechte Prüfung notwendig ist, vgl § 15 Abs 1 HOAI, der nur an die Erteilung der Rechnung anknüpft. Der Besteller gerät vielmehr nur nicht in Verzug, solange jener Zeitraum noch nicht verstrichen ist.

Es benachteiligt den Unternehmer freilich nicht unangemessen iSd § 307 Abs 2 Nr 1 BGB, wenn der Besteller, dem eine prüfungsfähige Rechnung zusteht, in seinen AGB dann auch einen angemessenen Prüfungszeitraum als Voraussetzung der Fälligkeit – und nicht erst des Verzuges – vorsieht. Unangemessen kann nur die Bemessung dieses Zeitraums sein. Sie ist es – und damit unwirksam nach § 307 Abs 2 Nr 1 BGB – im Falle des § 16 Abs 3 Nr 1 VOB/B, was allerdings wegen § 310 Abs 1 S 3 BGB wirksam sein kann. Die dortige Monatsfrist – vor der VOB/B 2012 Frist von zwei Monaten – wird vielfach nicht benötigt, zB nicht bei einem eingehaltenen Pauschalpreis.

2. Zahlungsverzug des Bestellers

Der Unternehmer kann den Zahlungsverzug des Bestellers nach der Abnahme nach **21** § 286 Abs 1, 3 BGB durch Mahnung oder Rechnungstellung herbeiführen. Freilich ist jener Zeitraum, den der Besteller für eine angemessene Prüfung der Werklohnforderung, namentlich einer erteilten Rechnung in Anspruch nehmen kann, in § 286 Abs 3 BGB einberechnet; 30 Tage nach Rechnungserteilung tritt auch bei Prüfungsbedürfnis Verzug ein. Erfolgt eine Mahnung während eines angemessenen Prüfungszeitraums, ist sie nicht unwirksam, sondern entfaltet ihre Wirkung mit seinem Ablauf.

Unangemessen iSd § 307 Abs 2 S 1 BGB ist die nach § 16 Abs 5 Nr 3 VOB/B bei Zahlungsverzögerung zu setzende Nachfrist (BGH BauR 2009, 1736 Rn 48 ff). Nach dem Leitbild des § 286 Abs 1 BGB löst die Mahnung den Verzug – Verschulden vorausgesetzt – umgehend, nicht erst nach Fristablauf aus. Wiederum kann § 310 Abs 1 S 3 BGB dies unbeachtlich sein lassen.

3. Einbehalte

a) Einbehalte von der Werklohnforderung sind zur *Absicherung der Gewährleis-* **22** *tungsansprüche* des Bestellers gegen noch unbekannte Mängel für die Dauer der Gewährleistungsfristen verbreitet. Sie verstoßen gegen das Leitbild des § 641 Abs 1 BGB, dass der Werklohn mit der Abnahme verdient ist, und werden auch nicht hinreichend durch das Interesse des Bestellers gerechtfertigt, gegen mögliche und nie auszuschließende Mängel gesichert zu sein, sind also *mit § 307 BGB nicht vereinbar,* sofern die Regelung für den Unternehmer nicht hinreichend abgemildert wird (vgl BGHZ 136, 27). Dem Unternehmer muss jedenfalls das Risiko zwischenzeitlicher Insolvenz des Bestellers genommen und der Zugriff auf die Zinsen des Betrages gegeben werden. Das kann geschehen durch Einzahlung des Einbehalts auf ein Sperrkonto mit Zinsberechtigung des Unternehmers oder durch Ablösung durch eine Bankbürgschaft, die freilich nicht auf erstes Anfordern gestellt sein darf (BGH BauR 2009, 1736 Rn 48 ff, vgl näher die Regelung des § 17 VOB/B, dazu u Rn 59 ff). – Die angemessene prozentuale Höhe des Einbehalts muss den Gegebenheiten des konkreten Falles Rechnung tragen und kann nicht generell ausgeworfen werden. INGENSTAU/KORBION/JOUSSEN § 17 Abs 1 Rn 42: bis zu 5%. § 9c Abs 2 S 3 VOB/A gibt vielmehr für die Gewährleistung 3% vor.

Vgl allerdings bei Verbrauchern § 650m Abs 2 BGB, der ihm für seine Ansprüche auf rechtzeitige Herstellung des Werks ohne wesentliche Mängel eine Sicherheit von 5% des Werklohns einräumt. Nach S 3 der Bestimmung kann diese Sicherheit auf Verlangen des Unternehmers durch Einbehalte von den Abschlagszahlungen erfolgen. Unternehmer nach § 14 Abs 1 BGB können sich einen Sicherheitseinbehalt in angemessener Höhe vertraglich ausbedingen.

23 **b)** Ohne Weiteres zulässig und in § 641 Abs 3 BGB ausdrücklich anerkannt ist ein **Zurückbehaltungsrecht** des Bestellers **wegen Mängel**. Es ist im Prozess auch dann beachtlich, wenn die Behauptung des Bestellers vom Mangel nur schwierig nachzuprüfen ist (BGH NJW-RR 2005, 969 = BauR 2005, 1012).

aa) Das Zurückbehaltungsrecht stützt sich dogmatisch auf § 320 BGB. Wegen dieser seiner Verankerung kann es auch nicht in AGB des Unternehmers ausgeschlossen werden (BGH NJW-RR 2005, 919 = BauR 2005, 1010); das verstieße gegen § 307 BGB. Es setzt damit einen Gegenanspruch des Bestellers voraus, der in seinem **Anspruch auf Mängelbeseitigung** zu sehen ist. Wo diese nicht möglich oder nicht gewollt oder nicht zumutbar ist, gibt es das Zurückbehaltungsrecht nicht; wegen § 215 BGB schadet der Eintritt der Verjährung des Anspruchs auf Mängelbeseitigung nicht. Das ist von Bedeutung für die Höhe des Einbehalts: Wegen des Zurückbehaltungsrechts beim Anspruch auf Mängelbeseitigung gibt es einen Druckzuschlag (s sogleich), der bei **Minderung und Schadensersatz entfällt**; Letztere werden „zum Nennwert gehandelt", sind nur in ihrer konkreten Höhe abzusetzen.

bb) Irreführend sprach § 641 Abs 3 BGB aF bisher von einer Leistungsverweigerung *nach der Abnahme.* Das übersieht, dass der Besteller schon vorher nach § 632a BGB oder kraft spezieller Vereinbarung zu *Abschlagszahlungen* verpflichtet sein kann. Wenn es auch seinen Nachbesserungsanspruch jetzt schon gibt, vgl § 633 Rn 89 ff, 92, muss es auch bereits jetzt schon zur Grundlage eines Zurückbehaltungsrechts gemacht werden können. Es wäre auch schlechthin unzumutbar für den Besteller, mangelhafte Leistungen voll zu vergüten und nicht sofort einen Anreiz für ihre Beseitigung setzen zu können. Das „nach der Fälligkeit" der Bestimmung id Fassung des ForderungssicherungsG bringt die Geltung des § 641 Abs 3 BGB auch für Abschlagszahlungen besser zum Ausdruck.

24 **cc)** Bei der Bemessung der einzubehaltenden Summe bilden die *Kosten der Män-*

gelbeseitigung den Ausgangspunkt. Dass dazu nicht die volle offene Werklohnforderung benötigt wird, hat der Unternehmer darzutun und zu beweisen, wie die Grundregel des § 320 Abs 2 BGB ergibt (BGH NJW-RR 1997, 18; NJW-RR 2008, 401 = NZBau 2008, 174 Rn 18). Wenn dieser Betrag nach § 641 Abs 3 BGB zu vervielfältigen ist, geschieht das aus der Überlegung heraus, dass der Unternehmer zur Nachbesserung wenig motiviert sein wird, wenn er mit ihr nur so viel an Werklohn realisieren kann, wie sie ihn auch wieder kostet. Die Nachbesserung ist lästig und geriete so zum „Nullsummenspiel". Es kann und muss deshalb **Druck** ausgeübt werden.

Für die Höhe des angemessenen Druckzuschlags stellt § 641 Abs 3 BGB eine *„Faustregel"* – keine Vermutung – auf. IdR sind es 100 % der anzunehmenden Kosten der Mängelbeseitigung. Sind sie gering, werden 100 % deutlich zu überschreiten sein, sind sie hoch, wird weniger genügen. Entscheidend ist, dass die Beseitigung der Mängel dem Unternehmer wirtschaftlich attraktiv erscheinen muss.

In seiner jetzigen Fassung durch das ForderungssicherungsG gilt § 641 Abs 3 BGB für Verträge, die nach dem Stichtag des 1. 1. 2009 abgeschlossen worden sind, vgl die Übergangsregelung des Art 229 § 19 EGBGB. Für ältere Verträge gilt die bisherige Fassung des § 641 Abs 3 BGB fort, nach der der Besteller mindestens das Dreifache der Kosten der Mängelbeseitigung verweigern kann.

Ein etwaiger Sicherheitseinbehalt wegen Mängel ist dabei nicht einzusetzen (vgl BGH NJW 1982, 2494 = BauR 1982, 579). Denn er ist nicht geeignet, Druck auf den Unternehmer auszuüben. Er dient vielmehr dem Schutz des Bestellers vor noch nicht entdeckten Mängeln.

Die Möglichkeit des Druckzuschlags entfällt, wenn der Besteller wegen der Nachbesserung im Annahmeverzug ist; dann kann er nur den einfachen Betrag einbehalten (BGH NZBau 2002, 381; OLG Celle NZBau 2004, 328). Das gilt auch schon dann, wenn er nur die Besichtigung des Mangels verweigert (OLG Celle NJW-RR 2004, 1669 = BauR 2004, 1948) und ist endgültig (OLG Celle BauR 2006, 1316).

dd) Das Zurückbehaltungsrecht des Bestellers schließt – soweit es besteht – seinen 25 Zahlungsverzug aus. Es kann durch Sicherheitsleistung nicht abgewendet werden, § 320 Abs 1 S 3 BGB.

Da das Zurückbehaltungsrecht akzessorisch zum Anspruch auf Nacherfüllung ist, entfällt es mit diesem, wenn etwa die Nacherfüllung nicht möglich ist oder vom Unternehmer zu Recht nach § 635 Abs 3 BGB verweigert wird oder wenn der Besteller zu seinen sekundären Rechten aus § 634 Nrn 2–4 BGB übergeht. Namentlich der Anspruch auf Kostenvorschuss nach § 637 Abs 3 BGB kann dem Werklohnanspruch nur in einfacher Höhe entgegengesetzt werden.

VI. Erteilung einer Rechnung

1. Anspruch auf Erteilung einer Rechnung

a) Der zum Vorsteuerabzug berechtigte Besteller hat gemäß den *§§ 14 Abs 2 S 1* 26 *Nr 2 S 2 UStG, 242 BGB* Anspruch auf Erteilung einer seinen steuerlichen Belangen genügenden – namentlich die Umsatzsteuer gesondert ausweisenden und ihn als Leistungsempfänger nennenden – Rechnung (BGHZ 103, 285; 120, 315), bis zu deren Erteilung ihm gegenüber dem Werklohn ein Zurückbehaltungsrecht nach § 273 BGB zusteht (vgl OLG München NJW 1988, 270; Soergel/Huber § 433 aF Anh I Rn 34). Wird die Rechnung verspätet erstellt, kann das zu einer Schadensersatzpflicht des Unternehmers aus Verzug führen (vgl BGH NJW-RR 1991, 793).

27 b) Darüber hinaus kann sich ein berechtigtes Interesse des Bestellers an einer Rechnung in doppelter Hinsicht ergeben: Er benötigt sie zT zur anderweitigen Kostenerstattung nach § 670 BGB bzw zur ordentlichen Führung seiner eigenen Unterlagen. Außerdem sind die Fälle zahlreich, in denen es dem Besteller nicht ohne Weiteres ersichtlich ist, wie sich die Werklohnforderung in ihrer konkreten Höhe errechnet. Dann hat er in entsprechender Anwendung des § 666 BGB einen Anspruch darauf, dass ihm der Unternehmer eine nachvollziehbare, prüfungsfähige Rechnung erteilt; Palandt/Grüneberg § 271 Rn 7 stützt ihn auf die §§ 157, 242 BGB; im Bereich der VOB/B folgt er aus § 14 Abs 1 VOB/B (OLG Dresden BauR 2000, 103). Dieser Anspruch besteht auch dann, wenn die Vorlage einer Rechnung Fälligkeitsvoraussetzung für den Werklohn ist wie nach den §§ 650g Abs 4 Nr 2 BGB, 15 Abs 1 HOAI, 16 Abs 3 Nr 1 VOB/B, und sogar dann, wenn der Besteller das Recht zur eigenen Rechnungsaufstellung hat wie ggf nach § 14 Abs 4 VOB/B, weil ihn das überfordern könnte und er sich der Begleichung seines allfälligen Kostenerstattungsanspruchs nicht sicher sein kann. Den Anspruch auf Ausstellung einer Rechnung bei nicht liquiden Forderungen wird man als durch § 320 BGB sanktioniert ansehen müssen, sodass einstweilen Zahlungsverzug des Bestellers auch dann ausgeschlossen ist, wenn er sich nicht auf seinen Anspruch auf die Rechnung beruft. Er „kann" gar nicht zahlen.

2. Rechnung als Fälligkeitsvoraussetzung

28 Von dem Anspruch auf Ausstellung einer Rechnung zu unterscheiden ist die Frage, ob diese – neben ggf weiteren Voraussetzungen – den Werklohn überhaupt erst fällig werden lässt.

Das sieht die HOAI in § 15 Abs 1 HOAI vor, bei Bauleistungen § 650g Abs 4 Nr 2 BGB, sonst die Vereinbarung der Parteien in § 16 Abs 3 Nr 1 S 1 VOB/B für die Schlusszahlung des Auftraggebers, in § 16 Abs 1 Nr 1 VOB/B für Abschlagszahlungen. Auch sonst sind *Vereinbarungen dieser Art möglich* (OLG Düsseldorf NJW-RR 1999, 527) *und auch in AGB nicht zu beanstanden.* Die Frage, ob eine generelle stillschweigende Vereinbarung angenommen werden kann, ist zu verneinen (vgl BGHZ 79, 176 = NJW 1981, 814; OLG Köln BauR 1996, 725; Palandt/Grüneberg § 271 Rn 7; Nicklisch/ Weick/Jansen/Seibel/Kandel § 14 Rn 5; **aA** Staudinger/Peters [2000] § 641 aF Rn 15; Peters NJW 1977, 552; Rother AcP 164 [1964] 106). Die berechtigten Belange des Bestellers werden durch sein Zurückbehaltungsrecht hinreichend gewahrt. Gleichzeitig werden dem Unternehmer Möglichkeiten der Manipulation am Verjährungsbeginn genommen, die wegen § 199 Abs 1 BGB nachteilig sein können.

Auf die Vorlage einer Rechnung kommt es nicht mehr an, wenn die Erstellung einer prüfbaren Rechnung nicht mehr möglich ist, wozu Insolvenz und Zeitablauf führen können (BGH NJW-RR 2005, 167 = BauR 2004, 1937), übersehen in § 650g Abs 4 BGB.

3. Prüfbarkeit der Rechnung

Für Rechnungen gilt das Gebot der Prüfbarkeit, das neben § 650g Abs 4 S 2 BGB § 15 **29** Abs 1 HOAI nennt und die VOB/B mehrfach (§§ 14 Abs 1, 16 Abs 1 Nr 1 S 2, Abs 3 Nr 1 VOB/B). Wo nicht unmittelbar Wirkungen an die Prüfbarkeit einer Rechnung geknüpft werden, ist sie prozessual immerhin zur Substantiierung des Vorbringens erforderlich (vgl OLG Düsseldorf BauR 1996, 594; OLG Celle BauR 1997, 1052). Freilich kann Zahlungsverzug des Bestellers wegen § 286 Abs 4 BGB zu verneinen sein, wenn oder soweit ihm die Werklohnforderung nicht durch eine prüfbare Rechnung erläutert wird (vgl den Fall von OLG Düsseldorf NJW 2011, 2593).

a) Prüfbarkeit ist nicht mit Richtigkeit der Rechnung gleichzusetzen (BGH NJW **30** 1998, 135; NJW-RR 2005, 1103 = NZBau 2005, 639, 640); nicht einmal die Erbringung der berechneten Leistungen ist für sie Voraussetzung (BGH NJW-RR 1999, 95, 96). Es soll vielmehr dem *Informations- und Kontrollinteresse* des Bestellers Rechnung getragen werden (BGH NJW-RR 1999, 95).

Dabei kommt es ganz auf die Einzelheiten der abzurechnenden Leistungen an. Im Baubereich vorbildlich ist die Bestimmung des § 14 Abs 1 und 2 VOB/B:

§ 14 Abrechnung

(1) Der Auftragnehmer hat seine Leistungen prüfbar abzurechnen. Er hat die Rechnungen übersichtlich aufzustellen und dabei die Reihenfolge der Posten einzuhalten und die in den Vertragsbestandteilen enthaltenen Bezeichnungen zu verwenden. Die zum Nachweis von Art und Umfang der Leistung erforderlichen Mengenberechnungen, Zeichnungen und andere Belege sind beizufügen. Änderungen und Ergänzungen des Vertrags sind in der Rechnung besonders kenntlich zu machen; sie sind auf Verlangen getrennt abzurechnen.

(2) Die für die Abrechnung notwendigen Feststellungen sind dem Fortgang der Leistung entsprechend möglichst gemeinsam vorzunehmen. Die Abrechnungsbestimmungen in den Technischen Vertragsbedingungen und den anderen Vertragsunterlagen sind zu beachten. Für Leistungen, die bei Weiterführung der Arbeiten nur schwer feststellbar sind, hat der Auftragnehmer rechtzeitig gemeinsame Feststellungen zu beantragen. (…)

Die hier aufgestellten Grundsätze gelten im Baubereich auch über den der VOB/B hinaus (OLG Hamm BauR 1996, 594).

b) Die Abrechnungspflicht betrifft die Vergütungsansprüche, diese freilich in **31** einem weiteren Sinne verstanden. Vergütungsansprüche sind insoweit auch jene *Ansprüche,* die dem Unternehmer *bei eigenmächtiger Ausführung von Leistungen* nach § 2 Abs 8 Nr 2 VOB/B zustehen, ferner jene, die ihm *im Falle von Behinderungen* aus den Bestimmungen des § 6 Abs 5, 6 VOB/B erwachsen, schließlich die *Ansprüche bei Kündigung* des Bestellers nach § 8 Abs 1 Nr 2 VOB/B oder bei eigener Kündigung nach § 9 Abs 3 VOB/B. Dagegen bezieht sich die Abrechnungspflicht *nicht auf Schadensersatzansprüche,* wie sie dem Unternehmer aus Verzug, §§ 280 Abs 1, 241 Abs 2 BGB oder Delikt oä gegenüber dem Besteller zustehen können, erst recht *nicht* auf *Gegenforderungen des Bestellers* oder auf *von diesem geleistete Zahlungen,* auch wenn der Unternehmer jedenfalls letztere in seine Abrechnung aufnehmen wird.

Die Abrechnungspflicht entsteht bei jeder Rechnung, Abschlags- (BGH NJW 1999, 713) wie Schlussrechnung. Sie entfällt auch beim Pauschalpreisvertrag nicht, erschöpft sich hier aber in der Bezugnahme auf den Pauschalpreis (BGH BauR 1979, 525 = LM § 16 VOB/B Nr 3; OLG Düsseldorf BauR 1993, 508), wenn nicht Weiteres mit abzurechnen ist.

32 c) Wie die Prüfbarkeit der Rechnung herbeizuführen ist, bestimmen S 1 bis 4 in § 14 Abs 1 VOB/B näher. Aus ihnen ergibt sich der allgemein geltende Grundsatz, dass *die Leistungen* nicht nur aufzuführen, sondern auch – soweit möglich – *zu belegen sind.* Dies geschieht beim Einheitspreisvertrag durch die Ermittlung der tatsächlich erbrachten Leistungen, das sog Aufmaß, von dem § 14 Abs 2 VOB/B handelt. Ohne Aufmaß ist eine Schlussrechnung beim Einheitspreisvertrag nicht prüfbar (BGH NJW 2002, 676). Vereitelt freilich der Besteller dem gekündigten Unternehmer das Aufmaß, indem er die Arbeiten anderweitig fortführen lässt, sind die Anforderungen an die Darlegung des Unternehmers herabzusetzen; es genügt, dem Gericht eine Schätzung des Mindestaufwands durch einen Sachverständigen zu ermöglichen (BGH NJW-RR 2004, 1384 = NZBau 2004, 503).

33 aa) Um Streitigkeiten vorzubeugen, sieht § 14 Abs 2 S 1 VOB/B vor, dass das Aufmaß „möglichst gemeinsam" vorzunehmen ist.

Dieser Formulierung ist zu entnehmen, dass eine *Rechtspflicht* zur Mitwirkung am Aufmaß grundsätzlich *nicht* angenommen werden kann; das sieht auch der auf den Fall der verweigerten Abnahme bezogene § 650g Abs 1–3 BGB nicht vor (vgl Ingenstau/Korbion/Locher § 14 Abs 2 Rn 4; Nicklisch/Weick/Jansen/Seibel/Kandel § 14 Abs 2 Rn 21). Damit entfallen Schadensersatzansprüche aus der Verweigerung der Mitwirkung. Die *Sanktionen* unterlassener Mitwirkung *sind* vielmehr *andere:* Mit Ingenstau/Korbion/Locher § 14 Abs 2 Rn 5 ist eine entsprechende Obliegenheit beider Seiten anzunehmen mit der Folge, dass bei einer ungerechtfertigten Mitwirkungsverweigerung des Bestellers eine *Behinderung des Unternehmers* eintritt, sofern eine Fortführung der Leistungen eine spätere Feststellung behindert oder gar ausschließt. Das führt zu Ansprüchen des Unternehmers aus § 6 Abs 6 VOB/B bzw § 642 BGB (Heiermann/Riedl/Rusam/Mansfeld § 14 Rn 68; Kapellmann/Messerschmidt § 14 Rn 62; **aA** Beck'scher VOB-Komm/Voit § 14 Abs 2 Rn 46). Mit Ingenstau/Korbion/Locher ist ferner anzunehmen, dass sich dann, wenn der Unternehmer nicht die Konsequenz einer einstweiligen Einstellung seiner Leistungen zieht, sondern weitere erbringt, die seine bisherigen verdecken, zu seinen Gunsten *Beweiserleichterungen* hinsichtlich der bisherigen Leistungen eintreten, die allerdings wohl schwerlich zu einer vollständigen Umkehrung der Beweislast führen können, wie dies Ingenstau/Korbion/Locher annimmt.

Die so umrissene *Obliegenheit zur Mitwirkung beim Aufmaß* ist *außerhalb des Anwendungsbereichs der VOB/B aus* dem verallgemeinerungsfähigen § 648a Abs 4 BGB herzuleiten, vgl auch § 650g Abs 1–3 BGB.

Als zusätzliche Voraussetzung für die Fälligkeit des Werklohns kann eine Vereinbarung gemeinsamen Aufmaßes nicht angenommen werden (BGH NJW-RR 1999, 1180).

bb) Gibt der Unternehmer dem Besteller keine zumutbare Gelegenheit zur Mitwirkung beim Aufmaß, dann kann der Besteller *Mehrkosten für ein eigenes Aufmaß,* zB aus der dadurch notwendigen Einschaltung eines Sachverständigen, aus den §§ 280 Abs 1, 241 Abs 2 BGB liquidieren (aA Nicklisch/Weick/Jansen/Seibel/Kandel § 14 Abs 2 Rn 22; Ingenstau/Korbion/Locher § 14 Abs 2 Rn 6).

cc) Festzustellen sind *die tatsächlichen Umstände, die für die Abrechnung von Bedeutung sind.* Dabei sind die erbrachten Massen möglichst exakt zu ermitteln (vgl OLG Düsseldorf NJW-RR 1992, 217). Näherungs- oder Hilfsberechnungen bergen die Gefahr von Fehlern in sich. ZB ist abgefahrener Boden lockerer als entnommener und ergibt damit mehr Kubikmeter (vgl OLG Koblenz NJW-RR 1992, 727). Erst recht gilt dies für Schätzungen. Etwaige *Mängel* sind *nicht* beim Aufmaß, sondern bei der von diesem zu unterscheidenden Abnahme festzustellen (und vor dem Hintergrund des § 640 Abs 3 BGB vom Besteller zu rügen). 34

Das gemeinsame Aufmaß muss *in zweckmäßigen Abständen* genommen werden, wobei insbesondere zu berücksichtigen ist, ob einzelne Teile der geleisteten Arbeiten durch den Baufortschritt verdeckt werden. Anlass für ein vorzeitiges Teilaufmaß kann es aber auch sein, dass Abschlagszahlungen vereinbart sind, die an bestimmte Abschnitte im Baufortschritt gekoppelt sind, oder § 632a BGB eingreift. Jedenfalls kann keine Seite ihre Mitwirkung grundsätzlich deswegen verweigern, weil die Leistung noch nicht insgesamt abgeschlossen ist. Gerade hier sind *Abnahme und Aufmaß zu unterscheiden.*

dd) Das gemeinsame Aufmaß stellt grundsätzlich *ein abstraktes Schuldanerkenntnis nicht* dar, weil es am selbständigen Verpflichtungswillen der Parteien mangelt. Es ist aber ein *deklaratorisches Schuldanerkenntnis* anzunehmen (vgl OLG Köln JMBl NRW 1968, 248, 250 = MDR 1968, 148; OLG Hamm BauR 1992, 242, Ingenstau/Korbion/Locher § 14 Abs 2 Rn 9; Nicklisch/Weick/Jansen/Seibel/Kandel § 14 Abs 2 Rn 14), dh es entfaltet *bindende Wirkung, die sich* freilich *auf den Gegenstand des Aufmaßes beschränkt,* also auf die Frage, was ausgeführt ist, nicht auf die weiteren Fragen, ob es in Auftrag gegeben war und ob es mangelfrei ist (vgl BGH NJW 1974, 646). Auch die weiteren Fragen, ob die Leistung so richtig – unter dieser Position und zu diesem Preis – in Rechnung gestellt wurde, werden durch das Aufmaß nicht präjudiziert (vgl BGH NJW-RR 1992, 727). *Das Aufmaß beweist* dann den Umfang der ausgeführten Arbeiten und kann nur durch einen doppelten Nachweis entkräftet werden: Dass es unrichtig sei und dass die die Unrichtigkeit begründenden Tatsachen erst späterhin bekannt geworden seien. Dabei ist dann allerdings auch die rechtsgeschäftliche Natur dieses Anerkenntnisses zu berücksichtigen, die es gebietet, eine Berufung auf Irrtümer beim Aufmaß *nur innerhalb der Fristen der §§ 121, 124 BGB* zuzulassen (vgl auch Ingenstau/Korbion/Locher § 14 Abs 2 Rn 12, 14). 35

An das gemeinsame Aufmaß ist auch *der öffentliche Auftraggeber* gebunden (BGH BauR 1975, 211 = MDR 1975, 482; OLG Hamm NJW-RR 1991, 1496; Ingenstau/Korbion/Locher § 14 Abs 2 Rn 10; Heiermann/Riedl/Rusam/Mansfeld § 14 Rn 74). Eine spätere Überprüfung durch eine Rechnungsprüfungsbehörde ändert daran nichts.

ee) Kommt damit dem Aufmaß rechtsgeschäftliche Bedeutung zu, so müssen etwaige *Hilfspersonen* der Beteiligten entsprechende *Vollmachten* besitzen. Davon ist auszugehen beim Architekten des Bestellers, sofern ihm die örtliche Bauaufsicht übertragen ist (BGH NJW 1960, 859; BB 1963, 111; OLG Stuttgart NJW 1966, 1461; Locher, Das 36 private Baurecht Rn 326; INGENSTAU/KORBION/LOCHER § 14 Abs 2 Rn 15), und zwar zeitlich über die Beendigung des Bauvorhabens hinaus (BGH WM 1974, 929), sodass diese eine Anscheinsvollmacht begründende Vermutung im Streitfall vom Besteller zu widerlegen ist.

ff) Die skizzierten Grundsätze über das Aufmaß gelten *im Baurecht allgemein und sind nicht von der Vereinbarung der VOB/B abhängig.*

37 **d)** Die Prüfbarkeit einer *Architektenrechnung**

hängt davon ab, dass der Architekt die bei RATH/VOIGT/DIERCKS-OPPLER, HOAI § 15 Rn 12 für den Regelfall wiedergegebene Checkliste von insgesamt 7 Berechnungsfaktoren beachtet hat, zu denen insbesondere die anrechenbaren Kosten, die Honorarzone, der Honorarsatz der in Rechnung gestellten Leistungsphasen gehören. Diesen Anforderungen zu genügen ist schwer. Ein besonderes Problem ergibt sich für den Architekten daraus, dass er die anrechenbaren Kosten von sich aus oft nicht kennt, insoweit auf Angaben des Bauherrn angewiesen ist. Der *Bauherr* ist ihm aber *zur Auskunft verpflichtet* und zur Überlassung der einschlägigen Unterlagen. Verweigert der Bauherr dies, darf der Architekt nach BGH NJW 1995, 399 schätzen, wenn er die ihm zugänglichen Unterlagen sorgfältig ausgewertet hat und der Bauherr die fehlenden Angaben unschwer ergänzen kann. Der Besteller, der selbst abgerechnet hat und einen Rückforderungsanspruch behauptet, kann sich auf mangelnde Prüfbarkeit der Rechnung des Architekten nicht berufen (BGHZ 165, 382 = BGH NJW-RR 2006, 667 = NZBau 2006, 84).

38 **e)** Bei der Aufstellung der prüfbaren Rechnung ist grundsätzlich auf das Kontrollinteresse des Bestellers abzustellen, dem diese Rechnung genügen kann (BGHZ 157, 118 = NZBau 2004, 216); es hängt vom Einzelfall ab (BGH NJW 1999, 1867). BGH NJW 1967, 342; 1994, 1238; NJW-RR 1999, 95; NJW 2002, 676 lassen allerdings zutreffend die *Verständlichkeit für Architekten* und sonstige Mitarbeiter des Bestellers genügen, die ihm die Rechnung erläutern können; weiteres würde den Unternehmer, Architekten unzumutbar überfordern. Vgl iÜ zur Prüfungsfähigkeit der Schlussrechnung BGH NJW-RR 1999, 1541; NJW 2000, 206; 808; KOEBLE BauR 2000, 785.

39 **f)** Genügt die Rechnung nicht den zu stellenden Anforderungen, ist die *Werklohnklage abzuweisen*. Die Art der Abweisung kann sich unterschiedlich gestalten.

Wo die Erteilung einer (prüfbaren) Rechnung nicht Voraussetzung der Fälligkeit der Werklohnforderung ist – zB bei dem reinen BGB-Vertrag –, ist die Klage unsubstantiiert und die entsprechende Abweisung eine endgültige (KNIFFKA, in: FS Thode [2005] 291, 294). Die Forderung des Unternehmers ist dann *prozessual „verbraucht"*.

Anders liegt es, wenn die Rechnungserteilung Fälligkeitsvoraussetzung für den Werklohnanspruch ist (§§ 16 VOB/B, 15 Abs 1 HOAI). Dann fehlt es nur an der

---

* **Schrifttum**: HARTUNG, Prüffähigkeit der Architektenschlussrechnung, Fälligkeit, Verjährung, NZBau 2004, 249; SANGENSTEDT, Prüffähigkeit, Fälligkeit und Verjährung von Honorarrechnungen nach § 8 HOAI, NJW 2004, 1990; SCHWENKER, Die Prüffähigkeit von Architektenschlußrechnungen, ZfIR 2004, 232.

Fälligkeit mit der Folge der Abweisung als zurzeit unbegründet (BGHZ 127, 254 = BGH NJW 1995, 399 = BauR 1995, 126; BGHZ 140, 365 = BGH NJW 1999, 1867 = BauR 1999, 635). Vorab ist das Gericht freilich zu einem unmissverständlichen Hinweis nach § 139 ZPO verpflichtet (BGHZ 140, 365 = BGH NJW 1999, 1867 = BauR 1999, 635). Der Unternehmer kann durch die Vorlage einer neuen Schlussrechnung *„reparieren"*. Diese betrifft denselben Streitgegenstand und darf deshalb wegen § 264 Nr 1 ZPO nicht zurückgewiesen werden (BGH NJW-RR 2004, 526 = NZBau 2004, 272), dies auch nicht in der Berufungsinstanz (BGH NJW-RR 2004, 526 = NZBau 2004, 272; NJW-RR 2005, 1687 = NZBau 2005, 692; zu letzterem kritisch SCHENKEL NZBau 2007, 6).

Die Prüfbarkeit einer Schlussrechnung kann auch teilweise gegeben sein (BGHZ 157, 118 = BGH NJW-RR 2004, 445 = NZBau 2004, 216). Sie braucht auch erst während des laufenden Prozesses prüfbar zu werden und kann sich insoweit auch aus der schriftsätzlichen Erläuterung einer schon vorliegenden Rechnung ergeben.

Im Übrigen ist der Besteller nach Treu und Glauben gehalten, die *Rüge mangelnder Prüfungsfähigkeit* innerhalb der ihm vorgegebenen Zahlungsfrist zu erheben. Er ist mit der Rüge außerdem präkludiert, wenn er sie nicht hinreichend substantiiert oder die Rechnung tatsächlich geprüft hat, dh sich sachlich auf die Rechnung einlässt (BGH NZBau 2010, 443 = BauR 2010, 1249 Rn 18). In diesen Fällen findet im Prozess eine Sachprüfung der Werklohnforderung statt (BGHZ 157, 118 = BGH NJW-RR 2004, 445 = NZBau 2004, 216 zum Architekten; BGH NJW-RR 2005, 167 = NZBau 2005, 40 zum VOB/B – Vertrag; BGH NJW-RR 2007, 17 = NZBau 2006, 782 zum Bauvertrag ohne Einbeziehung der VOB/B). Die Frage der Prüfbarkeit der Rechnung betrifft dabei im Rahmen der VOB/B und HOAI die Fälligkeit der Werklohnforderung; nicht die ihrer schlüssigen Darlegung (KNIFFKA, in: FS Thode [2005] 291, 294).

VII. Durchgriffsfälligkeit, § 641 Abs 2

Zur Fälligkeit von Abschlagszahlungen vgl § 632a Rn 11 u Rn 27 zur Regelung des **40** § 16 Abs 1 Nr 3 VOB/B, zur Fälligkeit der Werklohnforderung insgesamt o Rn 4.

Dieses System wird in § 641 Abs 2 BGB modifiziert. Die Bestimmung ist in einer **Leistungskette** anwendbar, in der zwei Werkverträge hintereinander gestaffelt sind. Es geht also einmal um die Kette Besteller/Hauptunternehmer/Subunternehmer, zum anderen um die Kette Erwerber/Bauträger/Unternehmer, bei der letzteren – entgegen der Fassung des Gesetzes („versprochen hat") – auch um den Fall, dass sich ein Erwerber erst später findet.

Hier soll der Letzte in der Kette – im Folgenden Subunternehmer genannt – von Ereignissen in dem anderen Vertragsverhältnis profitieren, nach § 641 Abs 2 S 1 Nr 1 BGB von Zahlungseingängen bei dem Hauptunternehmer, nach § 641 Abs 2 S 1 Nr 2 BGB davon, dass in dem anderen Verhältnis eine Abnahme stattgefunden hat. Letzteres hat den Begriff der Durchgriffsfälligkeit geprägt.

Das ist dogmatisch äußerst bedenklich, sind doch die beiden Beziehungen strikt voneinander zu trennen. Sowenig der Hauptunternehmer Risiken aus seinem Verhältnis zu seinem Abnehmer auf den Subunternehmer abwälzen darf, sowenig darf die Entwicklung jenes Verhältnisses dem Subunternehmer Vorteile verschaffen.

1. Gleichschaltung der Abnahmen

41 a) Nach § 641 Abs 2 S 1 Nr 2 BGB darf sich der Hauptunternehmer gegenüber dem Subunternehmer nicht mehr darauf berufen, dass es hier eine Abnahme noch nicht gegeben habe, wenn sein eigener Abnehmer abgenommen hat; die Vergütungsforderung des Subunternehmers wird auch dann fällig gestellt, wenn seine Leistung vielleicht noch nicht fertiggestellt ist, man denke etwa an den Fall, dass der Kunde des Bauträgers abnimmt, obwohl die Gartenarbeiten noch nicht beendet sind. Dem steht der Fall gleich, dass der Hauptunternehmer an sich wegen Mängeln berechtigt wäre, die Leistung des Subunternehmers nicht abzunehmen.

Die Bestimmung läuft leer, wenn die Leistung des Subunternehmers abgenommen worden ist oder der Fall des § 640 Abs 2 gegeben ist.

42 b) Der Subunternehmer kann die Entwicklung des anderen Vertragsverhältnisses nicht immer sicher beurteilen. Mit einem Auskunftsbegehren an den Abnehmer des Hauptunternehmers heranzutreten, wäre ohne dessen Einverständnis pflichtwidrig, freilich darf er ihn im Prozess als Zeugen benennen. § 641 Abs 2 S 1 Nr 3 BGB gibt dem Subunternehmer deshalb einen *Auskunftsanspruch gegen den Hauptunternehmer,* der sich darüber zu erklären hat, ob in dem anderen Verhältnis eine Abnahme stattgefunden hat oder nach § 640 Abs 2 BGB zu fingieren ist.

aa) Vorausgesetzt ist die Setzung einer angemessenen Frist. Sie kann kurz bemessen sein, etwa mit einer Woche, da dem Hauptunternehmer die Auskunft Schwierigkeiten nicht bereiten kann. Eine zu knappe Frist ist nicht wirkungslos, sondern setzt eine angemessene in Lauf.

(1) Räumt der Hauptunternehmer die Abnahme seines Abnehmers ein, wird die Vergütungsforderung des Subunternehmers fällig.

(2) Die *Leugnung einer Abnahme* erfüllt und verbraucht den Auskunftsanspruch des Subunternehmers auch dann, wenn dies wahrheitswidrig ist. Doch kann der Subunternehmer unter den Voraussetzungen der entsprechend anzuwendenden §§ 259 Abs 2, 260 Abs 2 BGB die Abgabe einer eidesstattlichen Versicherung der Richtigkeit verlangen und hierfür wiederum eine Frist setzen.

bb) *Verschweigt sich der Hauptunternehmer* innerhalb der gesetzten Frist, gilt die Abnahme seines Abnehmers als erfolgt.

43 c) In der Folge ist die Vergütungsforderung des Subunternehmers fällig.

Weitergehend privilegiert wird sie nicht. Ist die Leistung des Subunternehmers noch nicht vollendet, kann er auch nur einen entsprechenden Teil der Vergütung verlangen. Bei Mängeln stehen dem Hauptunternehmer die entsprechenden Rechte zu, namentlich das Zurückbehaltungsrecht der §§ 320, 641 Abs 3 BGB.

d) Die Nrn 2 und 3 des § 641 Abs 1 S 1 BGB gehen zurück auf das ForderungssicherungsG und sind damit nach Art 229 § 19 EGBGB nur anwendbar auf Verträge, die nach dem dortigen Stichtag des 1. 1. 2009 abgeschlossen worden sind.

Dezember 2019

2. Zahlungen des Endabnehmers

§ 641 Abs 2 S 1 Nr 1 BGB war schon bisher im BGB enthalten und gilt damit auch **44** für Altverträge. Die Zahlungen des Dritten, von denen hier die Rede ist, sind irrelevant – bzw nur wirtschaftlich relevant – für den Vergütungsanspruch des Subunternehmers, soweit dessen Leistung abgenommen ist bzw nach § 640 Abs 2 BGB oder nach § 641 Abs 1 S 2 Nrn 2 und 3 BGB als abgenommen zu behandeln ist. Die Regelung kann deshalb sinnvoll nur auf den Zeitraum vor der einen oder der anderen Abnahme bezogen werden.

a) Hier kann der Subunternehmer zunächst Abschlagsforderungen nach § 632a BGB anmelden. Er kann aber stattdessen auch – nach seiner Wahl – Beteiligung an Zahlungen des dritten Endabnehmers gemäß § 641 Abs 2 S 1 Nr 1 BGB beanspruchen.

Die Beteiligung kann freilich nur eine anteilige sein. Abzusetzen sind **45**

– nicht werkbezogene Teile der Zahlung, zB der Grundstücksanteil bei der Lieferung eines schlüsselfertigen Hauses,

– jene Teile der Zahlung, die die Leistungen anderer Subunternehmer betreffen,

– insofern auch jene Teile der Zahlung, die eigene Leistungen des Hauptunternehmers betreffen,

– und schließlich auch der anteilige Gewinn des Hauptunternehmers.

Die Lösung der sich hier ergebenden Rechenaufgabe ist praktisch unmöglich, schon weil der Dritte Raten auf eine einheitliche Schuld erbringt, zB nicht erst das Grundstück, dann den Neubau bezahlt.

Versucht man ansatzweise die *Aufteilung,* liegt mangels anderweitiger Orientierungsmöglichkeiten die *Anlehnung an § 366 Abs 2 BGB* nahe. Das bedeutet: Grundstück und Werkleistungen anteilig nach ihrem Wertverhältnis, dann letztlich der erste Subunternehmer vor den späteren, was freilich letztere benachteiligt.

b) Der Subunternehmer, der die Fälligkeit des sich ergebenden Anspruchs darzulegen und zu beweisen hat, kann bei Neuverträgen (Abschluss nach dem 1. 1. **46** 2009) auf den Auskunftsanspruch gegen den Hauptunternehmer nach § 641 Abs 1 S 1 Nr 3 BGB zurückgreifen. Bei älteren Verträgen ist er auf den allgemeinen Auskunftsanspruch des § 242 BGB angewiesen. Hier wie dort kann ggf die eidesstattliche Versicherung der Richtigkeit der Auskunft verlangt werden.

c) Die fruchtlose Fristsetzung nach § 641 Abs 2 S 1 Nr 3 BGB hat zur Folge, dass der Subunternehmer nicht nur seinen eben skizzierten Anteil an der Zahlung des Dritten beanspruchen kann, sondern den gesamten Teil seiner Vergütung, der auf die von ihm schon erbrachte Leistung entfällt.

3. Sicherheitsleistung an den Dritten

47 Nach § 641 Abs 2 S 2 BGB kann der Hauptunternehmer eine Sicherheitsleistung an den Dritten wegen Mängeln an den Subunternehmer weiterleiten. Die Bestimmung ist missverständlich formuliert. Ist nach § 641 Abs 1 S 1 Nr 2 BGB von der Abnahme auch der Subunternehmerleistung auszugehen, kann es zT schon mangels Zahlung des Endabnehmers zu dieser Weiterleitung nicht kommen. Hat der Dritte hier gezahlt, wird der Hauptunternehmer von dem Subunternehmer eine (entsprechende) Sicherheit nur dann verlangen können, wenn eine Sicherheit in diesem Verhältnis auch vereinbart ist. Letzteres muss auch dann gelten, wenn nach den Nrn 1 und 3 des § 641 Abs 2 S 1 BGB der volle schon entstandene Vergütungsanspruch des Subunternehmers fällig geworden ist.

Anwendung finden kann § 641 Abs 2 S 2 BGB damit nur dann, wenn der Hauptunternehmer nach § 641 Abs 2 S 1 Nr 1 BGB eine Zahlung seines Abnehmers weiterleitet.

Die Art der Sicherheit steht zur Wahl des Subunternehmers. Er kann entweder in derselben Art Sicherheit leisten wie der Hauptunternehmer oder in der Form des § 650f Abs 2 S 1 BGB.

Individualvertraglich kann die Regelung abbedungen werden; ihren Ausschluss in AGB hindert § 307 Abs 2 Nr 1 BGB (Kniffka ZfBR 2000, 227, 232; Palandt/Sprau Rn 10).

VIII. Einzelheiten des Vergütungsanspruchs

1. Zahlungsziele, Skonti

48 **a)** Angesichts der Vorleistungspflicht des Unternehmers, die auch die §§ 632a BGB, 16 Abs 1 VOB/B nicht aufheben, sondern nur einschränken, sind Zahlungsziele in AGB des Bestellers bedenklich.

aa) Im Rahmen eines VOB/B-Vertrages führen sie dazu, dass die *VOB/B nicht mehr insgesamt iSd § 310 Abs 1 S 3 BGB vereinbart* und damit auch zu Gunsten eines Unternehmers iSd § 14 BGB ihre volle Inhaltskontrolle nach § 307 BGB eröffnet ist.

bb) Darüber hinaus müssen sich derartige Klauseln des Bestellers auch ihrerseits an § 307 Abs 2 Nr 1 BGB messen lassen. Gesetzliches Leitbild ist insoweit die Frist von 30 Tagen des § 286 Abs 3 BGB (OLG Köln NJW-RR 2006, 670 = NZBau 2006, 317).

b) Skonti bedürfen der besonderen Vereinbarung, wie dies § 16 Abs 5 Nr 2 VOB/B klarstellt.

aa) Skontoklauseln in AGB des Bestellers können zunächst am Transparenzgebot des § 307 Abs 1 S 2 BGB scheitern, wenn es nicht hinreichend deutlich wird, in welcher Höhe es der Besteller in Anspruch nehmen können soll, innerhalb welcher Frist und wann diese beginnt.

Davon abgesehen ist es gesetzliches Leitbild des § 271 Abs 1 BGB, das bei Fälligkeit auch voll geleistet wird. So wenig der Besteller Abstriche bei der ihm gebührenden Leistung hinzunehmen braucht, so wenig auch umgekehrt der Unternehmer. Damit sind Skontovorbehalte des Bestellers nicht nur dann nicht vereinbar, wenn sie eine bestimmte Höhe überschreiten, die ULMER/BRANDNER/HENSEN/CHRISTENSEN, Einkaufsbedingungen Rn 4 bei Einkaufsbedingungen mit 3% bei 14 Tagen ansetzt, sondern überhaupt schon grundsätzlich (vgl PETERS NZBau 2009, 583). Es berührt immer merkwürdig, wenn es sich der Zahlungsschuldner zunutze macht, dass in der Praxis bei sonst ungestörter Beziehung von den gesetzlichen Sanktionen von Zahlungsverzögerungen kein Gebrauch gemacht wird. Ein Skonto von 2%, 3%, gar 6% (unbeanstandet vom OLG Saarbrücken NZBau 2010, 248) ist unvereinbar mit jener Gewinnerwartung des Unternehmers, die § 648 S 3 BGB in Höhe von 5% vermutet.

bb) Wo der Besteller zum Skontoabzug berechtigt ist, trägt er die Darlegungs- und Beweislast dafür, dass die Voraussetzungen für seinen Abzug gegeben sind.

2. Leistungsort

Der Leistungsort für den Besteller bestimmt sich nach den §§ 269, 270 Abs 4 BGB. Es **49** ist also grundsätzlich sein Wohn- bzw Geschäftssitz, sofern sich nicht aus den getroffenen Vereinbarungen oder den Umständen etwas anderes ergibt. Dabei ist es gerade bei Werkverträgen von Bedeutung, dass der Unternehmer die vertragstypische Leistung erbringt und dass in der Rechtsprechung die Tendenz besteht, den Erfüllungsort auf jenen Ort zu vereinheitlichen, an dem diese erbracht wird (vgl PALANDT/GRÜNEBERG § 269 Rn 12; krit SCHMID MDR 1993, 410 bei Verträgen mit Verbrauchern). Das führt für den Besteller nicht zu Veränderungen, wenn der Unternehmer den Bearbeitungsgegenstand frei Haus zu liefern hat, wohl aber, wenn der Gegenstand in die Werkstatt des Unternehmers vom Besteller anzuliefern und dort abzuholen ist (vgl OLG Düsseldorf MDR 1976, 496; OLG Frankfurt Betr 1978, 2217).

Bei *Bauverträgen* hat sich BGH (NJW 1986, 935 = BB 1986, 350 = BauR 1986, 241) der überwiegenden Auffassung angeschlossen, dass Leistungsort auch für den Besteller der Ort des Bauwerkes sei (vgl zuvor schon BayObLGZ 1983, 64, 66 ff; OLG Düsseldorf BauR 1982, 297; OLG Koblenz NJW-RR 1988, 1401; OLG Saarbrücken NJW 1992, 988, ferner PALANDT/GRÜNEBERG § 269 Rn 13 f; BAUMBACH/LAUTERBACH/ALBERS/HARTMANN § 29 ZPO Rn 33; ZÖLLER/SCHULTZKY § 29 ZPO Rn 25; INGENSTAU/KORBION/JOUSSEN § 18 Abs 1 Rn 10; HAHN NZBau 2006, 555; **aA** LG Konstanz BauR 1984, 86; LG Wiesbaden BauR 1984, 88). Der BGH weist zutreffend darauf hin, *dass die Leistungen des Unternehmers das Vertragsbild* prägen, dass der Besteller vor Ort an der Erstellung des Bauwerks mitzuwirken und es dort abzunehmen habe und dass schließlich die Beweisaufnahme – insbesondere bei der Behauptung von Mängeln – durch die entsprechende Festlegung des Gerichtsstandes, § 29 ZPO, erleichtert werde. Gleiches gilt für den internen Ausgleich mehrerer für einen Mangel Verantwortlicher (LG Heilbronn BauR 1997, 1073). Auch beim *Architektenvertrag* ist am Bauort zu zahlen, sofern Planung und Bauaufsicht in Auftrag gegeben sind (BGH NJW 2001, 1936). Bei bloßer Planung bleibt es für den Besteller bei den §§ 269, 270 Abs 4 BGB (KG BauR 1999, 940; LG Ellwangen NZBau 2010, 255; PALANDT/GRÜNEBERG § 269 Rn 14). Letzteres muss auch gelten, wenn der umfassende Auftrag im Planungsstadium beendet wird.

3. Abtretung, Pfändbarkeit

50 Für die Abtretung des Werklohnanspruchs gelten keine Besonderheiten; ihr Ausschluss ist nach Maßgabe der § 399 BGB, 354a HGB möglich, dies grundsätzlich auch in AGB des Bestellers (BGH NJW-RR 2000, 1220 = BauR 2000, 569, 570; NJW 2006, 3486 = NZBau 2006, 780). Soweit der *Werklohnanspruch teilweise abgetreten* werden soll, ist zu beachten, dass er eine einheitliche Forderung darstellt, den Saldo der einzelnen Berechnungsfaktoren (Positionen). Das gilt auch dort, wo es nachträgliche Zusatzaufträge gegeben hat (vgl BGH NJW 2008, 1741 = NZBau 2008, 319 zur Teilklage). Abtretbar ist nur – ganz oder teilweise – dieser Saldo (vgl BGH NJW 1999, 417), nicht der Anspruch aus der einzelnen (unselbständigen) Position (OLG Brandenburg NJW-RR 2003, 1525 = NZBau 2004, 99). Bei der Teilabtretung des Saldos bleibt dann immer noch das Erfordernis der Bestimmtheit zu beachten.

Bei der **stillen Teilzession** wird es notwendig, geleistete Zahlungen des Bestellers den einzelnen Forderungsteilen zuzuordnen. Der BGH (BGHZ 167, 337 = NJW 2006, 2845; NJW 2008, 985) lässt eine nachträgliche Tilgungsbestimmung des Bestellers nach § 367 Abs 1 zu, die freilich unverzüglich vorzunehmen sei. Dem kann jedoch nur für den eher seltenen Fall zugestimmt werden, dass das Freiwerden des Bestellers auf § 407 Abs 1 BGB beruht. Kann er auf die Tilgungsbestimmung nach dieser Bestimmung verzichten, so muss er auch frei sein, die geleistete Zahlung nach seiner Wahl zuzuordnen. Dass diese Zuordnung unverzüglich nach Aufdeckung zu erfolgen hat, ist ein dringendes Gebot der Rechtssicherheit. – IdR muss der Teilzessionar die erfolgte Zahlung nach § 362 Abs 2 BGB wegen einer dem Zedenten erteilten Einziehungsermächtigung gegen sich gelten lassen. Dann kann es nicht hingenommen werden, dass der Besteller den ersten, der gegen ihn vorgeht, sollte voll zurückweisen oder in das Innenverhältnis des Gläubiger hineinwirken können. Die praktische Lösung kann es dann nur sein, die erfolgte Zahlung anteilig auf die einzelnen Forderungen zu verrechnen, dies nach § 366 Abs 2 BGB.

Die Pfändung unterliegt keinen Einschränkungen; die Bestimmungen der §§ 850 ff ZPO über den Pfändungsschutz für Arbeitseinkommen sind nicht – auch nicht entsprechend – anwendbar. Freilich kann im Einzelfall die Prüfung geboten sein, ob nicht nur Scheinselbständigkeit vorliegt und damit Arbeits-, nicht Werklohn.

4. Erfüllung, Bauabzugsteuer

51 Für das *Erlöschen* der Werklohnforderung durch Erfüllung oder Erfüllungssurrogate gelten grundsätzlich ebenfalls keine Besonderheiten. Zu den Zuordnungsproblemen bei der stillen Teilzession vgl soeben. Zu der von § 16 Abs 6 VOB/B dem Besteller eröffneten Möglichkeit, befreiend an andere Personen als den Unternehmer zu zahlen, u Rn 106. Die Bestimmung ist nicht verallgemeinerungsfähig. Zur Aufrechnung im Verhältnis des Werklohnanspruchs zum Anspruch auf Schadensersatz nach § 634 Nr 4 BGB vgl § 634 Rn 142 ff.

Hinzuweisen ist freilich auf die §§ 48 ff EStG idF d G zur Eindämmung illegaler Betätigung im Baugewerbe v 30. 8. 2001 (BGBl 2001 I 2267): Bei Bauleistungen oberhalb bestimmter Bagatellgrenzen (§ 48 Abs 2 EStG) hat der Besteller 15 % vom Werklohn an das Finanzamt des Bauunternehmers abzuführen, sog **Bauabzugsteuer**, sofern der Bauunternehmer keine Freistellungsbescheinigung vorlegt (§§ 48 Abs 2, 48b EStG). Zu dem von dem Besteller einzuhaltenden Verfahren vgl § 48a EStG. Zu den Einzelheiten ist ein BMF-Schreiben v 1. 11. 2001 ergangen, wiedergegeben in BStBl I 2001, 804 und NZBau, Internetbeitrag zu NZBau 2002, H 8. Bei Leistungen der Planung und Bauaufsicht sind die Bestimmungen nicht anwendbar (BGH NZBau 2005, 591 = BauR 2005, 1658). Der Besteller bleibt als Leistungsempfänger auch dann zur Zahlung an das Finanzamt verpflichtet, wenn die Werklohnforderung zediert ist (BGHZ 163, 103, 106 = BGH NJW-RR 2005, 1261, 1262 = NZBau 2005, 458, 459). Diese befreit ihn gegenüber dem Unternehmer nach § 362 BGB, wenn ihm nicht eindeutig erkennbar war, dass eine Verpflichtung zum Steuerabzug nicht bestand. Die bloße Anmeldung an das Finanzamt genügt nicht (OLG München BauR 2005, 1188).

5. Schuldner

Schuldner **der Werklohnforderung** ist der Besteller; bei mehreren Bestellern ergibt **52** *grundsätzlich* § 427 BGB eine *Gesamtschuld*. Die Vereinbarung einer Teilschuld ist in Abweichung hiervon möglich, und zwar ohne unangemessene Benachteiligung des Unternehmers, § 307 BGB, auch in AGB des Bestellers. Dies kann aber überraschend im Sinne des § 305c Abs 1 BGB sein.

Die *stillschweigende Vereinbarung einer Teilschuld* nimmt die Rechtsprechung insbesondere dort an, wo Verträge über die Errichtung von Eigentumswohnungen im Namen der künftigen Wohnungseigentümer geschlossen werden (vgl BGH NJW 1959, 2160; BGH LM § 427 BGB Nr 4 = WM 1977, 1173; BGH NJW 1977, 294 = BGHZ 67, 334; BGHZ 75, 26; OLG Hamm Betr 1973, 1890; OLG Stuttgart NZBau 2011, 167; BGB-RGRK/Weber § 427 Rn 12; MünchKomm/Bydlinski § 420 Rn 9; **aA** Brych MittBayNot 1973, 336; bei Sanierung einer existierenden Wohnungseigentumsanlage wird die rechtsfähige Gemeinschaft, § 10 Abs 6 WEG Vertragspartner, sodass die einzelnen Eigentümer im Außenverhältnis nur die gesetzliche teilschuldnerische Haftung, § 10 Abs 8 WEG, trifft). Mehrere Bauherrn, die in Form einer BGB-Gesellschaft organisiert sind, haften – auch bei Bildung eines offenen Immobilienfonds – nur dann, letztlich anteilig, wenn dies – als Ausnahme zur Analogie von § 128 HGB – ausdrücklich vereinbart ist (BGHZ 150, 1 = NJW 2002, 1642 unter Gewährung einer Ausnahme für Altfälle aus Vertrauensschutzgründen.

Diese Rechtsprechung ist *in ihrer rechtspolitischen Tendenz zu billigen*. Gerade bei **53** größeren Wohnanlagen könnte eine gesamtschuldnerische Haftung für den Einzelnen schlechthin erdrückend wirken. Dass es auf der anderen Seite für den Inhaber einer kleineren Werklohnforderung eine *erhebliche Belastung* ist, sie aufgesplittet gegen eine Vielzahl von Personen verfolgen zu müssen, muss als Argument zurücktreten, weil die Interessen der Bestellerseite grundsätzlich überwiegen und es keine praktikablen Abgrenzungskriterien dafür gibt, wann dies im Einzelfall nicht mehr der Fall ist. *Methodisch* muss es freilich *Bedenken* erwecken, wenn das, was „vernünftig" ist, gegen die gesetzliche Vermutung des § 427 BGB als der Wille der Parteien angenommen wird, wo es doch möglich wäre, entsprechende Klauseln in die durchweg schriftlichen Verträge aufzunehmen.

Die *Haftungsanteile* richten sich nach den *Umständen des Einzelfalls* und der Interes- **54** senlage, *in der Regel* dabei freilich nach den vorgesehenen Miteigentumsanteilen, und dies unabhängig davon, ob die berechneten Leistungen Gemeinschafts- oder

Sondereigentum betreffen (BGHZ 75, 26). Anteilig sind aber auch schon etwa gemeinschaftliche Abschlagszahlungen zu verrechnen (BGH NJW 1988, 1982, 1983).

55 Bei bestehendem Wohnungseigentum haftet die rechtsfähige Gemeinschaft der Wohnungseigentümer (§ 10 Abs 6 WEG) als Vertragspartner, der einzelne Wohnungseigentümer nach Maßgabe des § 10 Abs 8 WEG. Sofern *Wohnungseigentum nicht gebildet werden soll,* verbleibt es auch bei Aufbauschulden bei der gesamtschuldnerischen Haftung der Mehreren, § 427 BGB (BGH NJW-RR 1989, 465). Die Gesellschafter können auch nicht die (organschaftliche) Vertretungsmacht der Handelnden auf das gebildete Gemeinschaftsvermögen beschränken (BGHZ 142, 315 = NJW 1999, 3483; BGH NJW-RR 2005, 400). Eine Haftungsbeschränkung bedarf vielmehr einer Individualvereinbarung mit dem Unternehmer.

6. Verjährung

56 Die Verjährung der Werklohnforderung richtet sich nach § 195 BGB. Zur Verjährung von Altforderungen aus der Zeit vor 2002 vgl STAUDINGER/PETERS (2000) Rn 53 ff und Art 229 § 6 EGBGB.

Der Verjährungsbeginn folgt aus § 199 Abs 1 BGB, ist also regelmäßig das Ende des Jahres der Abnahme bzw der Erteilung einer fälligkeitsbegründenden Rechnung. Eine AGB-Klausel des Unternehmers, dass eine Rechnung Fälligkeitsvoraussetzung sein soll, benachteiligt den Besteller nicht unangemessen (**aA** OLG Stuttgart NJW-RR 1994, 17, vgl auch BGHZ 79, 176, 178). Bei Verträgen, die der VOB/B unterliegen, ist hinsichtlich der Fälligkeit § 16 Abs 3 VOB/B zu beachten (dazu u Rn 75). Hinzuweisen ist auf § 215 BGB. Hat der Besteller unverjährte Mängelansprüche, kann ihnen die Werklohnforderung auch dann noch entgegengehalten werden, wenn sie selbst schon verjährt ist. Ist umgekehrt die Werklohnforderung selbst noch unverjährt, der Anspruch des Bestellers auf Nacherfüllung aber nicht, gilt Entsprechendes. Freilich ist der Druckzuschlag des § 641 Abs 3 BGB dann nicht mehr gerechtfertigt.

7. Prozessuales

57 Weil die Werklohnforderung des Unternehmers eine Einheit bildet, kann mit einer Teilklage nicht aus einer Rechnungsposition vorgegangen werden, wohl aber aus einem – zB erstrangigen – Teil der Gesamtforderung, dies auch, wenn sie sich durch Nachtragsaufträge verändert (BGH NJW 2008, 1741 = NZBau 2008, 319).

Mängelrechte des Bestellers sind mit der Werklohnforderung des Unternehmers so eng verwoben, dass der Erlass eines Vorbehaltsurteils nach § 302 Abs 1 ZPO über die eine oder die andere Forderung grundsätzlich ausgeschlossen ist (BGHZ 165, 134 = BGH NJW 2006, 698 = BauR 2006, 411; BGH NZBau 2008, 55).

IX. Sicherung der Werklohnforderung und anderer Ansprüche der Parteien

1. Allgemeines

58 a) Bei Werkverträgen – namentlich Bauverträgen – ist ein hohes Finanzvolumen nicht selten, mit dem dann eine langfristige Abwicklung des Vertrages einhergeht.

Das kann auf beiden Seiten das Bedürfnis nach Sicherheiten erzeugen. Auf Seiten des Unternehmers wird dieses partiell anerkannt in den §§ 647, 650e, 650 f BGB, wobei die Sicherheit des § 650e BGB aber regelmäßig wertlos ist, die des § 650f BGB mit dessen Abs 6 beträchtliche Lücken aufweist. Das Interesse des Bestellers an Sicherheiten für Erfüllung und Gewährleistung erkennt das BGB bei Verbrauchern in § 650m Abs 2 BGB als schutzwürdig an.

Freilich kann es bei einem Erwerb vom Bauträger dazu kommen, dass dieser nach § 7 MaBV – einer an sich gewerberechtlichen Bestimmung – eine Sicherheit für Zahlungen des Bestellers leistet, üblicherweise eine Bankbürgschaft stellt (dazu u Rn 64a).

Die Bestimmung verhält sich freilich nicht zur zulässigen Höhe von Sicherheiten. Beispiele für eine sich aus deren Höhe ergebende unangemessene Benachteiligung des Unternehmers iSd § 307 BGB bei BGH NJW 2011, 2125; NZBau 2011, 229; NJW 2011, 2195 = NZBau 2011, 410.

b) Spielen damit Sicherungsabreden in der Praxis eine große Rolle, ist das Detail im Gesetz nur unzureichend geregelt. Einen Sicherheitseinbehalt vom Werklohn kennt nun bei Verbrauchern § 650m Abs 2 BGB, die die Praxis beherrschende Bankbürgschaft nur in den §§ 632a Abs 2, 650 f Abs 2 S 1, § 232 Abs 2 BGB sonst nur als subsidiäres Sicherungsmittel.

Insoweit enthält § 17 VOB/B eine formal vorbildliche Regelung des Umgangs mit Sicherheiten.

2. § 17 VOB/B

Die Bestimmung lautet: 59

§ 17 Sicherheitsleistung

(1) 1. Wenn Sicherheitsleistung vereinbart ist, gelten die §§ 232 bis 240 BGB, soweit sich aus den nachstehenden Bestimmungen nichts anderes ergibt.

2. Die Sicherheit dient dazu, die vertragsgemäße Ausführung der Leistung und die Mängelansprüche sicherzustellen.

(2) Wenn im Vertrag nichts anderes vereinbart ist, kann Sicherheit durch Einbehalt oder Hinterlegung von Geld oder durch Bürgschaft eines Kreditinstituts oder Kreditversicherers geleistet werden, sofern das Kreditinstitut oder der Kreditversicherer

– in der Europäischen Gemeinschaft oder

– in einem Staat der Vertragsparteien des Abkommens über den Europäischen Wirtschaftsraum oder

– in einem Staat der Vertragsparteien des WTO-Übereinkommens über das öffentliche Beschaffungswesen zugelassen ist.

(3) Der Auftragnehmer hat die Wahl unter den verschiedenen Arten der Sicherheit; er kann eine Sicherheit durch eine andere ersetzen.

(4) Bei Sicherheitsleistung durch Bürgschaft ist Voraussetzung, dass der Auftraggeber den Bürgen als tauglich anerkannt hat. Die Bürgschaftserklärung ist schriftlich unter Verzicht auf die Einrede der Vorausklage abzugeben (§ 771 BGB); sie darf nicht auf bestimmte Zeit begrenzt und muss nach Vorschrift des Auftraggebers ausgestellt sein. Der Auftraggeber kann als Sicherheit keine Bürgschaft fordern, die den Bürgen zur Zahlung auf erstes Anfordern verpflichtet.

(5) Wird Sicherheit durch Hinterlegung von Geld geleistet, so hat der Auftragnehmer den Betrag bei einem zu vereinbarenden Geldinstitut auf ein Sperrkonto einzuzahlen, über das beide nur gemeinsam verfügen können („Und-Konto"). Etwaige Zinsen stehen dem Auftragnehmer zu.

(6) 1. Soll der Auftraggeber vereinbarungsgemäß die Sicherheit in Teilbeträgen von seinen Zahlungen einbehalten, so darf er jeweils die Zahlung um höchstens 10 v. H. kürzen, bis die vereinbarte Sicherheitssumme erreicht ist. Sofern Rechnungen ohne Umsatzsteuer gemäß § 13b UStG gestellt werden, bleibt die Umsatzsteuer bei der Berechnung des Sicherheitseinbehalts unberücksichtigt. Den jeweils einbehaltenen Betrag hat er dem Auftragnehmer mitzuteilen und binnen 18 Werktagen nach dieser Mitteilung auf ein Sperrkonto bei dem vereinbarten Geldinstitut einzuzahlen. Gleichzeitig muss er veranlassen, dass dieses Geldinstitut den Auftragnehmer von der Einzahlung des Sicherheitsbetrags benachrichtigt. Nummer 5 gilt entsprechend.

2. Bei kleineren oder kurzfristigen Aufträgen ist es zulässig, dass der Auftraggeber den einbehaltenen Sicherheitsbetrag erst bei der Schlusszahlung auf ein Sperrkonto einzahlt.

3. Zahlt der Auftraggeber den einbehaltenen Betrag nicht rechtzeitig ein, so kann ihm der Auftragnehmer hierfür eine angemessene Nachfrist setzen. Lässt der Auftraggeber auch diese verstreichen, so kann der Auftragnehmer die sofortige Auszahlung des einbehaltenen Betrags verlangen und braucht dann keine Sicherheit mehr zu leisten.

4. Öffentliche Auftraggeber sind berechtigt, den als Sicherheit einbehaltenen Betrag auf eigenes Verwahrgeldkonto zu nehmen; der Betrag wird nicht verzinst.

(7) Der Auftragnehmer hat die Sicherheit binnen 18 Werktagen nach Vertragsabschluss zu leisten, wenn nichts anderes vereinbart ist. Soweit er diese Verpflichtung nicht erfüllt hat, ist der Auftraggeber berechtigt, vom Guthaben des Auftragnehmers einen Betrag in Höhe der vereinbarten Sicherheit einzubehalten. Im Übrigen gelten die Absätze 5 und 6 außer Nummer 1 Satz 1 entsprechend.

(8) 1. Der Auftraggeber hat eine nicht verwertete Sicherheit für die Vertragserfüllung zum vereinbarten Zeitpunkt, spätestens nach Abnahme und Stellung der Sicherheit für Mängelansprüche zurückzugeben, es sei denn, dass Ansprüche des Auftraggebers, die nicht von der gestellten Sicherheit für Mängelansprüche umfasst sind, noch nicht erfüllt sind. Dann darf er für diese Vertragserfüllungsansprüche einen entsprechenden Teil der Sicherheit zurückhalten.

2. Der Auftraggeber hat eine nicht verwertete Sicherheit für Mängelansprüche nach Ablauf von 2 Jahren zurückzugeben, sofern kein anderer Rückgabezeitpunkt vereinbart worden

ist. Soweit jedoch zu diesem Zeitpunkt seine geltend gemachten Ansprüche noch nicht erfüllt sind, darf er einen entsprechenden Teil der Sicherheit zurückhalten.

a) Sicherheiten für den Besteller

Sicherheiten können *von beiden Parteien* zu stellen sein. § 17 VOB/B regelt näher nur die *vom Unternehmer zu stellende Sicherheit*. Auf Sicherheitsleistungen *des Bestellers* finden die §§ 232–240 BGB uneingeschränkte Anwendung, § 17 VOB/B dagegen nur bei entsprechender Vereinbarung. **60**

b) Sicherheitszweck

Bei jeder Sicherheit kommt es **entscheidend auf den vereinbarten Zweck** an. Sie darf *nur für diesen* verwertet werden, zB die Erfüllungsbürgschaft nicht für die Gewährleistung (OLG Karlsruhe NJW-RR 1998, 533), die Gewährleistungsbürgschaft nur für Rechte aus Mängeln (BGH NJW 1998, 1140). Jede anderweitige Verwertung stellt eine Pflichtverletzung dar. **61**

aa) Als Zweck einer vom Unternehmer gestellten Sicherheit *vermutet* § 17 Abs 1 Nr 2 VOB/B die Absicherung der *Ansprüche* des Bestellers *auf vertragsgemäße Ausführung der Leistung* und *auf Gewährleistung*. Wer einen anderen Zweck behauptet, hat diesen zu beweisen.

Eine Gewährleistungsbürgschaft erfasst grundsätzlich auch *den Anspruch auf Kostenvorschuss* für die eigene Mängelbeseitigung des Bestellers (BGH NJW 1984, 2456), ferner aber auch solche aus § 4 Abs 7 VOB/B (**aA** Ingenstau/Korbion/Joussen § 17 Abs 1 Rn 23), eine Bürgschaft nach § 17 Abs 1 Nr 2 VOB/B dagegen *nicht Ansprüche wegen Überzahlung des Unternehmers* (BGHZ 76, 187 = NJW 1980, 1459); letztere sind durch eine entsprechende Bürgschaft zu sichern. Wann eine Sicherheit für eine vom Unternehmer verwirkte Vertragsstrafe herangezogen werden kann, ist eine Frage der Auslegung (BGH NJW 1982, 2305).

bb) Die *Gewährleistungssicherheit* nach § 17 Abs 1 Nr 2 VOB/B gilt insbesondere für *mögliche künftige Ansprüche* des Bestellers *wegen noch nicht entdeckter Mängel*. Das bedeutet, dass sich der Besteller wegen *schon entdeckter Mängel* grundsätzlich nicht auf die Sicherheit verweisen zu lassen braucht (BGH NJW 1982, 2494; OLG Hamm BauR 1997, 141). Wegen seiner diesbezüglichen Ansprüche auf Mängelbeseitigung behält er also ein Zurückbehaltungsrecht gegenüber der sonstigen Werklohnforderung, bei dessen Bemessung allerdings ein Sicherheitseinbehalt berücksichtigt werden kann (vgl RG JW 1915, 1189; BGH NJW 1967, 34). **62**

cc) Die Erfüllungsbürgschaft deckt das Interesse des Bestellers an vollständiger und rechtzeitiger Leistung des Unternehmers bis hin zur Abnahme (vgl Thode ZfIR 2000, 165, 176 f), einschließlich bis dahin entstandener Ansprüche auf Gewährleistung (BGHZ 139, 325; BGH ZfBR 1984, 185), aus Verzug, Nichterfüllung, auf eine Vertragsstrafe (BGH ZIP 1982, 940).

c) Notwendigkeit einer Vereinbarung

Der *Anspruch* des Bestellers *auf Sicherheit* ergibt sich nach § 17 Abs 1 VOB/B *nicht schon aus der Vereinbarung der VOB/B oder gar der Üblichkeit* bzw aus Handels- **63** bräuchen, sondern *bedarf der besonderen Vereinbarung,* die dabei auch hinreichend eindeutig zu sein hat (BGH NJW-RR 1988, 851).

Der vereinbarungsgemäße Einbehalt von der Werklohnforderung führt dazu, dass die Werklohnklage insoweit als zurzeit unbegründet abzuweisen ist.

Bei der Vereinbarung von Sicherheiten braucht bei Geltung der VOB/B ihr *Zweck nicht angegeben* zu werden, weil er sich aus § 17 Abs 1 Nr 2 VOB/B ergibt (vgl INGENSTAU/KORBION/JOUSSEN § 17 Abs 1 Rn 12), wohl aber dann, wenn die VOB/B nicht gelten soll. Dagegen *bedarf die Höhe* der Sicherheit *in jedem Fall der Vereinbarung* (NICKLISCH/WEICK/JANSEN/SEIBEL/HILDEBRANDT § 17 Rn 41; **aA** INGENSTAU/KORBION/JOUSSEN § 17 Abs 1 Rn 37; WERNER/PASTOR Rn 1668: Bestimmungsrecht des Bestellers nach § 316). Ist ein Prozentsatz der Werklohnforderung einzubehalten, so versteht sich dieser im Zweifel einschließlich Mehrwertsteuer, wobei der Besteller aber nur von jener Werklohnsumme ausgehen darf, die er selbst als berechtigt anerkennt. *Übersicherungen* kraft AGB des Bestellers können an § 307 Abs 2 Nr 1 BGB scheitern. Als *Richtwert* für eine angemessene Absicherung des Bestellers können die in § 9c Abs 2 S 2, 3 VOB/A genannten Werte gelten: 5 % für die Erfüllungssicherheit, 3 % der Abrechnungssumme für die Gewährleistung. Eine höhere Absicherung kann gegen § 307 BGB verstoßen (BGH NJW 2011, 2195 = NZBau 2011, 410).

d) Arten der Sicherheit

64 Unter den verschiedenen Arten der Sicherheit hat nach § 232 BGB der zu ihrer Stellung Verpflichtete *die Wahl,* allerdings kommt die Sicherheit durch Bürgschaft nur subsidiär in Betracht. Dieses Wahlrecht erhält und erweitert ihm § 17 Abs 3 VOB/B: Die Bestimmung gestattet auch *die nachträgliche Auswechslung von Sicherheiten,* wie sie nach § 235 BGB nur eingeschränkt möglich ist. Macht der Unternehmer von seinem Auswechslungsrecht Gebrauch, so ist die bisherige Sicherheit ohne Weiteres herauszugeben (BGH NJW 1997, 2958). Der Besteller darf seine Sicherheiten nicht durch deren Einbehalt verdoppeln, selbst wenn die zu sichernden Ansprüche durch die gewährte Sicherheit nicht abgedeckt sind (BGH NJW-RR 2000, 1259). Lehnt der Besteller unberechtigt den vom Unternehmer verlangten Austausch trotz Nachfristsetzung ab, so *verliert er seinen Anspruch auf Sicherheitsleistung* in entsprechender Anwendung des § 17 Abs 6 Nr 3 VOB/B (BGH NJW 1999, 2958; OLG Stuttgart BauR 1987, 577). Im Übrigen ist anzunehmen, dass die Gestellung einer Bürgschaft zur Ablösung eines Einbehalts vom Werklohn unter der auflösenden Bedingung ihrer Akzeptanz steht (BGH NJW 1997, 2958; 1998, 2057). Die Bürgschaftsurkunde muss also herausgegeben, der Einbehalt ausbezahlt werden. Gegenüber letzterem Anspruch ist allerdings die Aufrechnung mit Gewährleistungsansprüchen möglich (BGH NJW 1998, 2057).

Abreden der Parteien, auch in AGB, über die Art der Sicherheitsleistung haben den *Vorrang* (BGH BauR 1979, 525), zB durch Stellung nur einer Bankbürgschaft (vgl dazu CLEMM BauR 1987, 123). Doch ist es Auslegungsfrage, ob das Wahlrecht des Unternehmers wirklich eingeschränkt sein soll. Dem Besteller bleibt es dann immer noch unbenommen, in eine andere Sicherheit einzuwilligen, insbesondere konkludent durch deren Entgegennahme (vgl OLG Köln SCHÄFER/FINNERN/HOCHSTEIN § 17 VOB/B Nr 1).

Von der Ersetzung einer Sicherheit durch eine andere ist der *Nachschuss* zu unterscheiden, der nach § 240 BGB geschuldet sein kann; diese Bestimmung ist durch § 17 VOB/B nicht abbedungen.

e) Sicherheit durch Bürgschaft
aa) Zweck der Bürgschaft
Bei Bürgschaften muss sorgfältig auf ihren Sicherungszweck geachtet werden. 64a

(1) Stellt der Unternehmer die Bürgschaft, kann sie sich entweder auf seine (primäre) Vertragserfüllung beziehen oder auf seine spätere Gewährleistung. Die für den einen Zweck gestellte Bürgschaft kann für den anderen nicht herangezogen werden. Die Zäsur bildet die Abnahme. Dabei können sich Abgrenzungsprobleme ergeben. Behält sich der Besteller bei der Abnahme Mängel vor, so verbleibt der Vertrag nach dem hier vertretenen Standpunkt insoweit in der Erfüllungsphase (§ 640 Rn 48), sodass ihretwegen eine Gewährleistungsbürgschaft noch nicht in Anspruch genommen werden kann (aA KLEPPER NZBau 2009, 636). Der Besteller muss es sich gut überlegen, wann er eine Erfüllungsbürgschaft zurückgibt.

(2) Gegenständlich bezieht sich eine Bürgschaft, die der Besteller gestellt hat, auf jene Forderungen des Unternehmers, die bei Übernahme der Bürgschaft schon dem Grunde nach angelegt waren, vgl § 767 Abs 1 S 2 BGB, nicht auch auf Forderungen aus späteren Nachtragsaufträgen (BGHZ 183, 341 = NJW 2010, 1668 = NZBau 2010, 167). Dass formularmäßig anderes vereinbart werden könne (BGHZ 183, 341 = NJW 2010, 1668 = NZBau 2010, 167 Rn 15 ff), ist wegen § 307 Abs 2 Nr 1 BGB abzulehnen, weil es tragender Grundgedanke des § 767 Abs 1 S 3 ist, den Bürgen vor unübersehbaren Risiken zu schützen. Aus der bloßen Vereinbarung der VOB/B folgt jedenfalls keine Haftung des Bürgen für Nachträge (BGHZ 183, 341 = NJW 2010, 1668 = NZBau 2010, 167 Rn 17 f mit eingehenden Nachweisen zum Streitstand).

bb) Stellung der Bürgschaft
Die Sicherheit durch Bürgschaft, die nach § 232 Abs 2 BGB nur subsidiär möglich 65
ist, wird von § 17 Abs 2 VOB/B als *vollwertiges Sicherheitsmittel* anerkannt. Eine Einschränkung gegenüber dem BGB enthält die Bestimmung insofern, als sie nur die genannten Banken oder Kreditversicherer als Bürgen zulässt. Das zusätzliche Erfordernis des § 17 Abs 4 S 1 VOB/B, dass der Besteller den Bürgen als *tauglich* anerkennen muss, entspricht im Kern § 239 Abs 1 BGB; es hat praktische Bedeutung bei Vereinbarung anderer Bürgen. Insoweit kommt es darauf an, ob der Bürge *objektiv tauglich* ist; einen solchen darf der Besteller nicht ablehnen.

Die Auswahl des Bürgen obliegt dem Unternehmer. Als Sicherheitspflichtiger hat er die *Kosten* zu tragen. Diese Art der Sicherheit hat für ihn den praktischen Vorzug der geringstmöglichen Mittelbindung.

§ 17 Abs 4 S 2 VOB/B entspricht insoweit § 239 Abs 2 BGB, als die Bürgschaftserklärung den – ohnehin üblichen – *Verzicht auf die Einrede der Vorausklage* enthalten muss. Der Bürge darf sich die Möglichkeit der Hinterlegung vorbehalten (OLG Köln NJW-RR 1993, 1494). Dagegen kann der Besteller die Stellung einer Bürgschaft auf erstes Anfordern nur bei entsprechender Vereinbarung verlangen. Das kann freilich nicht in AGB geschehen, da die ungehinderte Zugriffsmöglichkeit des Bestellers den legitimen Interessen des Unternehmens widerspricht (vgl BGHZ 136, 27, 32; BGH NZBau

2004, 212 = BauR 2004, 500). Das gilt auch für den öffentlichen Auftraggeber (BGH NJW-RR 2004, 880 = NZBau 2004, 322; NJW-RR 2006, 389 = NZBau 2006, 107). Demgegenüber ist eine unwiderrufliche, unbefristete Bürgschaft möglich (BGHZ 157, 29 = BGH NJW 2004, 443 = NZBau 2004, 145; NJW-RR 2004, 814 = NZBau 2004, 323), die Umdeutung einer Bürgschaft auf erstes Anfordern in eine solche scheidet aus (BGH NJW-RR 2004, 880 = NZBau 2004, 322). Eine Individualabrede schließt § 17 Abs 4 S 2 VOB/B nicht aus. – § 17 Abs 4 S 2 VOB/B schließt weiterhin die nach § 777 BGB bestehende Möglichkeit aus, die Bürgschaft nur auf Zeit zu übernehmen. Sie darf also in ihrer *Laufzeit* nicht hinter der zu sichernden Forderung zurückbleiben, wobei zu berücksichtigen ist, dass sich die der Gewährleistungsbürgschaft *nicht aus den Gewährleistungsfristen allein* ergibt, können diese doch gehemmt oder unterbrochen werden.

Dass die Bürgschaftsurkunde nach Vorschrift des Bestellers aufzustellen sei, wie dies § 17 Abs 4 S 2 HS 2 VOB/B verlangt, ist missverständlich. Der *Inhalt* der Bürgschaftsurkunde ist vielmehr *für beide Seiten vorgeschrieben* durch die Sicherheitsvereinbarung einerseits und § 17 VOB/B andererseits.

Mit dem Erfordernis der Schriftform schließt § 17 Abs 4 S 2 HS 1 VOB/B im Verhältnis der Parteien des Bauvertrages zueinander die durch § 350 HGB den Kaufleuten eröffnete Möglichkeit aus, eine Bürgschaft mündlich zu übernehmen; eine solche könnte als nicht vertragsgerecht zurückgewiesen werden. Insoweit handelt es sich um eine *gewillkürte Schriftform,* die an § 127 BGB, nicht an § 126 BGB zu messen ist. Die Bestimmung gilt freilich nicht im Verhältnis des Bestellers zum Bürgen, sodass hier die Formerleichterung des § 350 HGB Platz greift (BGH NJW 1986, 1681 = LM § 125 BGB Nr 43 = Jagenburg EWiR 1986, 937).

Für die Ausgestaltung der Bürgschaft gelten die §§ 765 ff BGB, soweit die Beteiligten nicht zulässigerweise Abweichendes vereinbaren. Dabei belastet es aber den Unternehmer unangemessen, § 307 Abs 1 BGB, wenn er eine Bürgschaft stellen soll, die den Verzicht auf die Einreden des § 768 BGB enthält. Enthält die Bürgschaft doch diesen Verzicht, werden die Folgen in der Rechtsprechung unterschiedlich beurteilt. Der XI. Senat des BGH hält die Bürgschaft insgesamt für unwirksam (BGHZ 181, 278 = NJW 2009, 3422), der VIII: Senat nur den Einredeverzicht (BGHZ 179, 374 = NJW 2009, 1664). Jedenfalls kann sich auch der Bürge auf die Unwirksamkeit des Einredeverzichts berufen (BGHZ 179, 374 = NJW 2009, 1664 Rn 9).

Die Bürgschaft endet mit ihrer Erfüllung oder dem Erlöschen der Hauptforderung. Die Herausgabe der nicht mehr benötigten Bürgschaftsurkunde kann der Besteller außer an den Bürgen gerade auch an sich selbst verlangen (BGH NJW 2009, 218 = NZBau 2009, 116).

f) Hinterlegung von Geld

66 Die Sicherheit durch Hinterlegung von Geld hat den Nachteil der Bindung liquider Mittel und ist deshalb wenig verbreitet. Während die Hinterlegung nach allgemeinem bürgerlichen Recht beim *Amtsgericht* als der *Hinterlegungsstelle* zu erfolgen hat und insoweit den Vorschriften der HinterlegungsO v 10. 3. 1937 (RGBl I 285) m spät Änderungen unterliegt, sieht § 17 Abs 5 VOB/B in Abweichung davon vor, dass auf ein *Sperrkonto bei einer Bank* zu zahlen ist, über das beide Parteien nur gemeinsam verfügen können, was regelmäßig zinsgünstiger ist. Die Auswahl der Bank haben die

Parteien gemeinsam zu treffen; verweigert der Sicherheitsberechtigte die Mitwirkung ohne triftigen Grund, so ist grundsätzlich der Sicherheitsverpflichtete nach § 242 BGB zur alleinigen Bestimmung berechtigt (vgl Nicklisch/Weick/Jansen/Seibel/Hildebrandt § 17 Rn 129; Ingenstau/Korbion/Joussen § 17 Abs 5 Rn 2).

g) Einbehalt vom Werklohn

Naheliegend und deshalb auch *weit verbreitet* bei der Gewährleistungssicherheit ist es, dass der Besteller seinerseits entsprechende Einbehalte vom Werklohn macht. Das ist freilich für den Unternehmer *ungünstig wegen der Bindung von Liquidität* und *gefährlich*, weil er gegen einen Missbrauch der Gelder durch den Besteller, der insoweit § 266 StGB nicht unterliegt (BGHZ 185, 378 = NJW 2010, 2948), oder einen Zugriff auf sie von Seiten der Gläubiger des Bestellers nicht ohne Weiteres geschützt ist. Die VOB/B versucht, *diesen Nachteilen entgegenzuwirken*, indem sie einmal in § 17 Abs 3 VOB/B dem Unternehmer *das Recht zur Auswechslung* der Sicherheit gibt, zum anderen in § 17 Abs 6 Nr 1 S 3 VOB/B den *einbehaltenen Betrag der ausschließlichen Verfügungsgewalt des Bestellers zu entziehen sucht*, schließlich aber in § 17 Abs 6 Nr 3 VOB/B dem Unternehmer *bei pflichtwidrigem Verhalten des Bestellers* die Möglichkeit gibt, der eigenen Verpflichtung zur Sicherheitsleistung überhaupt zu entgehen. **67**

§ 232 BGB kennt diese Art der Sicherheit nicht. § 17 Abs 2, 6 VOB/B ist gleichwohl mit § 307 BGB vereinbar, da *auf die Belange des Unternehmers hinreichend Rücksicht genommen ist*. Soweit sonst in AGB des Bestellers eine Gewährleistungssicherheit durch Einbehalt vom Werklohn vorgesehen ist, darf das austarierte Gefüge der Bestimmungen freilich nicht zu weit zu Lasten des Unternehmers verschoben werden. Insbesondere muss *die Auszahlung des Werklohns für den Fall sichergestellt* sein, das der Sicherheitsfall nicht eintritt.

Wegen des als Sicherheit einzubehaltenden Betrages ist *die Werklohnforderung* als erst mit Ablauf der Sicherheitsfrist *fällig* anzusehen (BGH BauR 1979, 525 = WM 1979, 1046).

Die Sicherheit darf in den AGB des Bestellers nicht überdimensioniert sein. Dabei ist es auch zu berücksichtigen, wenn der Unternehmer zusätzlich eine Erfüllungsbürgschaft zu stellen hat (BGH NJW 2011, 2125 = NZBau 2011, 229).

aa) Die *Zulässigkeit*, eine vereinbarte Gewährleistungssicherheit durch Einbehalte vom Werklohn zu schaffen, *ergibt sich schon aus der Vereinbarung der VOB/B,* vgl § 17 Abs 2 VOB/B. Wenn der Werklohn in einer Summe zu zahlen ist, bereitet der Einbehalt keine technischen Probleme. Soweit der Besteller dagegen *mehrere Zahlungen*, also Vorauszahlungen, Abschlagszahlungen und Schlusszahlung, zu leisten hat, fragt es sich, ob auch der Einbehalt entsprechend aufzuteilen ist. Insoweit ist es ohne besondere Vereinbarung so, dass der Einbehalt *insgesamt erst von der letzten Zahlung* zu machen ist, wie aus § 17 Abs 6 Nr 1 S 1 VOB/B zu schließen ist. Dem Besteller *kann* nach dieser Bestimmung jedoch *das Recht eingeräumt werden,* auch schon seine vorangehenden Zahlungen zu kürzen. Dabei darf er den Sicherheitseinbehalt aber nur so einteilen, dass von jeder Zahlung maximal 10 % betroffen sind. **68**

bb) Der Besteller hat dem Unternehmer *den Einbehalt und seine Höhe mitzuteilen.* **69**

Er darf den Betrag außerdem nicht mehr für sich behalten, sondern hat ihn *binnen 18 Werktagen bei einer vereinbarten Bank einzuzahlen*. Abweichende AGB verstoßen gegen § 307 BGB (OLG Hamburg BauR 1996, 904). Die Bank ist zu veranlassen, den Unternehmer vom Eingang der Zahlung zu benachrichtigen. Über das einzurichtende Sperrkonto dürfen – nach dem entsprechend anzuwendenden § 17 Abs 5 VOB/B – Besteller und Unternehmer *nur gemeinsam verfügen*. Die Zinsen stehen dem Unternehmer zu. Trotz dieser Zinsregelung tritt *eine Erfüllung der Zahlungsansprüche des Unternehmers noch nicht* ein, was bei einer Insolvenz der Bank bedeutsam werden kann.

Ausnahmsweise kann nach § 17 Abs 5 Nr 2 VOB/B die Einzahlung – nicht der Einbehalt – der Sicherheit bis zur Schlusszahlung aufgeschoben werden. Dies gilt bei *kleineren oder kurzfristigen Aufträgen*.

Öffentliche Auftraggeber, deren Begriff eng – formal – zu verstehen ist (BGH NJW 2007, 3277 = NZBau 2007, 435), dürfen nach § 17 Abs 5 Nr 4 VOB/B einbehaltene Beträge auf ein eigenes Verwahrgeldkonto nehmen und brauchen sie dort nicht zu verzinsen. Letzteres verstößt gegen § 307 Abs 2 Nr 1 BGB: Es benachteiligt den Unternehmer unangemessen gegenüber dem Gedanken des § 553 Abs 3 BGB, wie er ohne Weiteres auch außerhalb des Bereichs der Miete gelten muss. Die nach § 17 Abs 5 VOB/B erzielbaren Zinsen sind auch hier gutzuschreiben. § 8 BHO mit seinem Verbot der verzinslichen Anlage von Geldern für Dritte steht dem nicht entgegen. Zivilrechtliche Pflichten kann diese Bestimmung nicht aufheben. Der Unternehmer kann auch nicht gehalten sein, durch einen Austausch der Sicherheit auszuweichen.

h) Wahlrecht des Unternehmers

70 § 17 Abs 3 VOB/B gibt dem Unternehmer ein Wahlrecht zwischen den verschiedenen Sicherungsmitteln, das er auch nachträglich – durch „Ersetzung" – ausüben kann; das entspricht § 232 BGB. Namentlich muss ihm an einer Einzahlung auf ein Sperrkonto gelegen sein. § 17 Abs 5 Nr 3 VOB/B gibt ihm das Druckmittel einer Nachfristsetzung. Nach fruchtlosem Fristablauf wird er von der Verpflichtung zur Sicherheitsleistung überhaupt frei, kann also eine schon geleistete Sicherheit herausverlangen, dh die Auszahlung des Sicherheitseinbehalts bzw die Herausgabe einer Bürgschaftsurkunde (BGH NJW 2006, 442 = NZBau 2006, 106); Letzteres auch an sich selbst (BGH NJW 2009, 218 = NZBau 2009, 116). In der Insolvenz des Bestellers kann eine Bürgschaftsurkunde ausgesondert werden (BGH NJW 2011, 1282 = NZBau 2011, 288).

Im Falle der Abtretung der Werklohnforderung geht das Wahlrecht entsprechend § 401 BGB auf den Zessionar über (BGH NJW 2011, 443 = NZBau 2011, 94).

Ist aber eine Bürgschaftsurkunde herauszugeben, so kann der Besteller aus ihr Rechte auch gegenüber dem Bürgen nicht herleiten (BGH NJW-RR 2006, 389 = NZBau 2006, 107).

i) Frist zur Leistung

71 Für *alle* vom Unternehmer zu leistenden *Sicherheiten* gilt, § 17 Abs 7 VOB/B, dass sie *binnen 18 Werktagen zu leisten* sind. Diese Frist rechnet bereits ab Vertragsschluss bzw ab Vereinbarung der Sicherheit. Soweit er dieser Pflicht nicht nachkommt, erwächst daraus dem Besteller das Recht, sich nunmehr selbst durch Einbehalt von den Zahlungen Sicherheit zu verschaffen. Dabei ist er bei der Aufteilung des Einbehalts auf die einzelnen Zahlungen an den Unternehmer von den Beschränkungen des § 17 Abs 6 Nr 1 S 1 VOB/B – nie mehr als 10 % des Rechnungsbetrages – befreit, hat aber im Übrigen wie beim vereinbarten Sicherheitseinbehalt zu verfahren, muss die Einbehalte also insbesondere auf ein *Sperrkonto* einzahlen. Seinem Wortlaut nach verweist § 17 Abs 7 S 3 VOB/B auch auf § 17 Abs 6 Nr 3 VOB/B; das ist indessen in der Sache verfehlt. *Es wäre treuwidrig, wenn der Unternehmer, der selbst seiner Pflicht zur Sicherheitsleistung nicht nachgekommen ist, versuchen könnte, von dieser überhaupt freizukommen.*

k) Verwertung der Sicherheit

Der Verwertungsfall (vgl zu diesem QUACK BauR 1977, 754) tritt ein, wenn dem Besteller **72** ein Zahlungsanspruch erwachsen ist, also noch nicht bei einem bloßen Nachbesserungsanspruch. Dann erfolgt die Verwertung im Wege der *Aufrechnung*, sofern der Besteller einen Geldbetrag empfangen (einbehalten) und noch in Händen hat und seine eigenen Ansprüche auf Geld gerichtet sind. Wenn Geld hinterlegt oder eine Bürgschaft gestellt ist, hat der Besteller, dem auf Geld gerichtete Ansprüche zustehen, Ansprüche auf Freigabe entsprechender Summen gegen den Unternehmer bzw auf Zahlung gegen den Bürgen. Wo dem Besteller *Nachbesserungsansprüche* zustehen, braucht er dem Anspruch auf *Rückgabe der Sicherheit* nur *Zug um Zug gegen Beseitigung der Mängel* zu genügen.

l) Rückgabe der Sicherheit

Die *Fälligkeit des Anspruchs* auf Rückgabe der Sicherheit ergibt sich nach § 17 Abs 8 **73** VOB/B entweder aus besonderer Vereinbarung der Parteien oder aus der *Erreichung des Sicherungszwecks*. Für die Erfüllungssicherheit des § 17 Abs 8 Nr 1 VOB/B ist der Sicherungszweck erreicht, wenn die Abnahme erfolgt ist und der Unternehmer zusätzlich eine Sicherheit für die Gewährleistung gestellt hat, wie sie entsprechend geringer dimensioniert sein muss. Ist Letztere unangemessen ausgestaltet, zB zu hoch oder als Bürgschaft auf erstes Anfordern, kann es auf die Stellung dieser Sicherheit freilich nicht zusätzlich ankommen. Bei unangemessener Gewährleistungssicherheit stehen nach der Abnahme auch offene Erfüllungsansprüche dem Rückgabeanspruch nicht entgegen. Bei angemessener Gewährleistungssicherheit darf ein Teil der Erfüllungssicherheit einbehalten werden, soweit die Gewährleistungssicherheit sie nicht abdeckt. Der einbehaltene Teil der Sicherheit muss seinerseits im Hinblick auf die noch offenen Erfüllungsansprüche angemessen sein. Bei einer Bürgschaft, für die nur eine Urkunde ausgestellt sein wird, hat der Besteller den Erlass des überschießenden Teils anzubieten, §§ 397, 151 BGB. Der Rückgabeanspruch richtet sich auf Rückzahlung einer zu Unrecht in Anspruch genommenen Bürgschaft, sofern der Besteller rückbelastet wurde (BGH NJW 1999, 55, 56; NJW-RR 2004, 303 = NZBau 2004, 153). Die Verjährung des Rückgabeanspruchs richtet sich nach den §§ 195, 199 BGB.

Darf die Sicherheit noch in Anspruch genommen werden, dann ist das auf ihre Herausgabe gerichtete Verlangen des Unternehmers zZt unbegründet (und nicht etwa Zug um Zug gegen Mängelbeseitigung zu erfüllen) (BGHZ 121, 173 = NJW 1993, 1132; BGHZ 121, 168 = NJW 1993, 1131).

Die Herausgabe einer „erledigten" Bürgschaftsurkunde kann zunächst der Bürge verlangen, in entsprechender Anwendung des § 371 BGB (Palandt/Grüneberg § 371 Rn 1) und aus dem Bürgschaftsvertrag, außerdem der Hauptschuldner, der sie gestellt hat, aus der Sicherungsabrede und wiederum aus § 371 BGB, dies entweder an sich selbst (BGH NJW 2009, 218) oder an den Bürgen.

74 Die Verwertung einer Gewährleistungssicherheit ist treuwidrig, wenn der Besteller eine ordnungsgemäß angebotene Mängelbeseitigung ablehnt; die Sicherheit ist dann zurückzugewähren (BGH NJW-RR 2004, 303 = NZBau 2004, 153).

Die Möglichkeit des Bestellers, eine Gewährleistungssicherheit zu verwerten, schränkt § 17 Nr 8 Abs 2 VOB/B mangels anderweitiger Abrede der Parteien doppelt ein: Es kommt nicht auf den Ablauf der Verjährungsfrist des § 13 Nr 4 VOB/B an, sondern die Sicherheit ist schon nach zwei Jahren zurückzugeben. Ist die Rückgabe innerhalb dieser Frist nicht erfolgt, darf die Sicherheit nur noch in Bezug auf solche Mängel weiter einbehalten und verwertet werden, die innerhalb der Frist gerügt („geltend gemacht") worden sind. Diese Notwendigkeit einer fristgemäßen Mängelanzeige entspricht § 478 BGB aF, aber nicht § 215 BGB nF. Sie benachteiligt den Besteller aber nicht unangemessen iSd § 307 BGB. Umgekehrt kann aber der Besteller in seinen AGB das Erfordernis der fristgemäßen Mängelanzeige aufheben, ohne seinerseits den Unternehmer unangemessen zu benachteiligen.

Zur Sicherheit in der Insolvenz der einen oder der anderen Seite s Anh zu § 631 Rn 41 ff.

3. Die Sicherheit nach § 7 MaBV

74a Bauträger dürfen nach § 3 Abs 2 MaBV Zahlungen ihrer Kunden nur in den dort vorgesehenen, am Baufortschritt orientierten Raten entgegennehmen. Ihren Liquiditätsbedürfnissen entspricht das nicht. Deshalb ist es in der Praxis sehr beliebt, von der Möglichkeit des § 7 Abs 1 MaBV Gebrauch zu machen, Vorauszahlungen der Kunden entgegenzunehmen und zur Absicherung der Kunden eine Sicherheit – regelmäßig eine Bankbürgschaft – zu stellen. Diese Sicherheit schützt Rückzahlungsansprüche im Falle des Scheiterns des Projekts, nach ständiger Rechtsprechung aber auch Ansprüche des Erwerbers die sich aus Mängeln ergeben (BGHZ 188, 8 = NJW 2011, 1347 = NZBau 2011, 233 Rn 13 f; NJW 2008, 1729 Rn 17; NJW 2002, 2563; NJW 1999, 1105).

Letzteres setzt freilich voraus, dass die Sicherheit auch noch in jedem Zeitraum aufrechtzuerhalten ist, in dem sich Baumängel ergeben können, also während der Bauphase (BGHZ 188, 8 = NJW 2011, 1347 = NZBau 2011, 233 Rn 13 ff). Allerdings dürfte der Notar, der eine zeitlich verkürzte Bürgschaft ohne eindringliche Warnung beurkundet, seinen Pflichten aus § 17 BeurkG nicht genügen, dies mit der Folge seiner Haftung aus § 19 BNotO.

X. Besonderheiten des Abrechnungsverkehrs nach der VOB/B

75 Zu Vorauszahlungen, § 16 Abs 2 VOB/B, o Rn 12 ff, sowie zu Abschlagszahlungen § 632a Rn 31 ff, zu Sicherheitsleistungen o Rn 68 ff. Im Übrigen ist die Endabrechnung der Parteien in § 16 Abs 3 ff VOB/B geregelt. Die Bestimmungen lauten:

§ 16 Zahlung

(...)

(3) 1. Der Anspruch auf Schlusszahlung wird alsbald nach Prüfung und Feststellung fällig, spätestens innerhalb von 30 Tagen nach Zugang der Schlussrechnung. Die Frist verlängert sich auf höchstens 60 Tage, wenn sie aufgrund der besonderen Natur oder Merkmale der Vereinbarung sachlich gerechtfertigt ist und ausdrücklich vereinbart wurde. Werden Einwendungen gegen die Prüfbarkeit unter Angabe der Gründe nicht bis zum Ablauf der jeweiligen Frist erhoben, kann der Auftraggeber sich nicht mehr auf die fehlende Prüfbarkeit berufen. Die Prüfung der Schlussrechnung ist nach Möglichkeit zu beschleunigen. Verzögert sie sich, so ist das unbestrittene Guthaben als Abschlagzahlung sofort zu zahlen.

2. Die vorbehaltlose Annahme der Schlusszahlung schließt Nachforderungen aus, wenn der Auftragnehmer über die Schlusszahlung schriftlich unterrichtet und auf die Ausschlusswirkung hingewiesen wurde.

3. Einer Schlusszahlung steht es gleich, wenn der Auftraggeber unter Hinweis auf geleistete Zahlungen weitere Zahlungen endgültig und schriftlich ablehnt.

4. Auch früher gestellte, aber unerledigte Forderungen werden ausgeschlossen, wenn sie nicht nochmals vorbehalten werden.

5. Ein Vorbehalt ist innerhalb von 28 Tagen nach Zugang der Mitteilung nach den Nummern 2 und 3 über die Schlusszahlung zu erklären. Er wird hinfällig, wenn nicht innerhalb von weiteren 28 Tagen – beginnend am Tag nach Ablauf der in Satz 1 genannten 28 Werktage – eine prüfbare Rechnung über die vorbehaltenen Forderungen eingereicht oder, wenn das nicht möglich ist, der Vorbehalt eingehend begründet wird.

6. Die Ausschlussfristen gelten nicht für ein Verlangen nach Richtigstellung der Schlussrechnung und -zahlung wegen Aufmaß-, Rechen- und Übertragungsfehlern.

(4) In sich abgeschlossene Teile der Leistung können nach Teilabnahme ohne Rücksicht auf die Vollendung der übrigen Leistungen endgültig festgestellt und bezahlt werden.

(5) 1. Alle Zahlungen sind aufs Äußerste zu beschleunigen.

2. Nicht vereinbarte Skontoabzüge sind unzulässig.

3. Zahlt der Auftraggeber bei Fälligkeit nicht, so kann ihm der Auftragnehmer eine angemessene Nachfrist setzen. Zahlt er auch innerhalb der Nachfrist nicht, so hat der Auftragnehmer vom Ende der Nachfrist an Anspruch auf Zinsen in Höhe der in § 288 BGB angegebenen Zinssätze, wenn er nicht einen höheren Verzugsschaden nachweist. Der Auftraggeber kommt jedoch, ohne dass es einer Nachfristsetzung bedarf, spätestens 30 Tage nach Zugang der Rechnung oder der Aufstellung bei Abschlagszahlungen in Zahlungsverzug, wenn der Auftragnehmer seine vertraglichen und gesetzlichen Pflichten erfüllt und den fälligen Entgeltbetrag nicht rechtzeitig erhalten hat, es sei denn, der Auftraggeber ist für den Zahlungsverzug nicht verantwortlich. Die Frist verlängert sich auf höchstens 60 Tage, wenn sie

aufgrund der besonderen Natur oder Merkmale der Vereinbarung sachlich gerechtfertigt ist und ausdrücklich vereinbart wurde.

4. Der Auftragnehmer darf die Arbeiten bei Zahlungsverzug bis zur Zahlung einstellen, sofern eine dem Auftraggeber zuvor gesetzte angemessene Nachfrist erfolglos verstrichen ist.

(6) Der Auftraggeber ist berechtigt, zur Erfüllung seiner Verpflichtungen aus den Absätzen 1 bis 5 Zahlungen an Gläubiger des Auftragnehmers zu leisten, soweit sie an der Ausführung der vertraglichen Leistung des Auftragnehmers aufgrund eines mit diesem abgeschlossenen Dienst- oder Werkvertrags beteiligt sind, wegen Zahlungsverzugs des Auftragnehmers die Fortsetzung ihrer Leistung zu Recht verweigern und die Direktzahlung die Fortsetzung der Leistung sicherstellen soll. Der Auftragnehmer ist verpflichtet, sich auf Verlangen des Auftraggebers innerhalb einer von diesem gesetzten Frist darüber zu erklären, ob und inwieweit er die Forderungen seiner Gläubiger anerkennt; wird diese Erklärung nicht rechtzeitig abgegeben, so gelten die Voraussetzungen für die Direktzahlung als anerkannt.

1. Schlussrechnung und Schlusszahlung, § 16 Abs 3 VOB/B

a) Allgemeines

76 § 16 Abs 3 VOB/B befasst sich mit der **Schlussrechnung** des Unternehmers und der **Schlusszahlung** des Bestellers. Beiden Akten kommt schon rein tatsächlich eine erhebliche Bedeutung zu. Da bei Bauverträgen einerseits der Leistungsumfang weithin nicht exakt prognostiziert werden kann und andererseits von § 16 Abs 1 VOB/B Abschlagszahlungen vorgesehen sind, ist es *erforderlich, sich am Ende der Arbeiten ein genaues Bild über den Stand der Abrechnung zu verschaffen*. Diesem Ziel dient die Schlussrechnung. § 16 Abs 3 Nr 1 VOB/B verstärkt die Bedeutung der Schlussrechnung rechtlich noch, wenn die Bestimmung die *Fälligkeit der Werklohnforderung* von ihrer Vorlage und dem Ablauf eines angemessenen Zeitraums zu ihrer Prüfung abhängig macht. Der ihr folgenden *Schlusszahlung* des Bestellers verleiht § 16 Abs 3 Nr 2 VOB/B dadurch besondere Relevanz, weil sie nach dieser Bestimmung *geeignet ist, den Unternehmer mit seinen Forderungen ganz oder teilweise auszuschließen*.

b) Aufstellung der Schlussrechnung

77 Die Schlussrechnung muss prüfungsfähig sein; zu den Anforderungen, die sich insoweit aus § 14 Abs 1 VOB/B ergeben, o Rn 30. § 14 Abs 3 VOB/B setzt dem Unternehmer Fristen für die Einreichung; Abs 4 erlaubt es dem Besteller, uU die Schlussrechnung seinerseits aufzustellen:

§ 14 VOB/B

Abrechnung

(...)

(3) Die Schlussrechnung muss bei Leistungen mit einer vertraglichen Ausführungsfrist von höchstens 3 Monaten spätestens 12 Werktage nach Fertigstellung eingereicht werden, wenn nichts anderes vereinbart ist; diese Frist wird um je 6 Werktage für je weitere 3 Monate Ausführungsfrist verlängert.

(4) Reicht der Auftragnehmer eine prüfbare Rechnung nicht ein, obwohl ihm der Auftraggeber dafür eine angemessene Frist gesetzt hat, so kann sie der Auftraggeber selbst auf Kosten des Auftragnehmers aufstellen.

aa) Die Fristen des Abs 3 rechnen ab Fertigstellung der Leistung (nicht: Abnahme) und gelten auch für solche Leistungen, die auf Grund späterer Zusatzaufträge erbracht worden sind. Bei Kündigung des Vertrages laufen die Fristen ab Vertragsbeendigung. **78**

bb) Aufstellung der Schlussrechnung durch den Besteller
Der Besteller kann *an einer baldigen Rechnungsvorlage interessiert* sein, wenn er zB **79** Gelder fristgebunden zu verwenden hat. Er kann insoweit *Klage auf Vorlage einer Rechnung* erheben (OLG München NJW-RR 1987, 146). § 14 Abs 4 VOB/B verleiht ihm die *zusätzliche Befugnis,* gleichsam im Wege der Ersatzvornahme, *die Rechnung selbst aufzustellen.*

(1) Die Regelung benachteiligt den Unternehmer unangemessen. Sie gemahnt an die §§ 634 Nr 3, 637 BGB, bei denen der Leidensdruck des Bestellers aber doch ungleich größer ist, der mit einem Mangel leben muss. Außerdem wird der Unternehmer mit uU erheblichen Kosten belastet, falls der Besteller zB Sachverständige einschalten muss. Diesem müssen – im Gegensatz zu § 14 Abs 4 VOB/B verschuldensabhängige – Schadensersatzansprüche aus den §§ 280 Abs 1, 2, 286 BGB genügen, zumal idR ein Gewinn durch die eigene Rechnungsstellung nicht ersichtlich ist. Außerdem ist die Kontrolle der Rechenwerke grundsätzlich kostenlos für die Gegenseite.

(2) Die *eigene Rechnungsaufstellung* des Bestellers setzt voraus, dass der Unternehmer innerhalb der Fristen des § 14 Abs 3 VOB/B eine Rechnung nicht oder nicht in prüfungsfähiger Form vorgelegt hat. Weiterhin ist notwendig die *Setzung einer Nachfrist,* die unter Berücksichtigung der Umstände des Einzelfalls angemessen zu sein hat. **80**

In der Folge darf der Besteller die Rechnung selbst aufstellen. Er hat dabei ordnungsgemäß vorzugehen, dh *die Rechnung so zu gestalten, wie sie* – nach Maßgabe von § 14 Abs 1 VOB/B – *von dem Unternehmer selbst zu erwarten gewesen wäre* (BGH NJW 1984, 1757 = LM § 16 [B] VOB/B Nr 5; NZBau 2002, 91; INGENSTAU/KORBION/LOCHER § 14 Abs 4 Rn 5). Diese Rechnung hat er dem Unternehmer zur Prüfung und Stellungnahme zu übermitteln.

(3) Die *Kosten der Rechnungsaufstellung durch den Besteller* treffen den Unternehmer, dies freilich nur bei Tauglichkeit der Rechnung (OLG Düsseldorf BauR 1996, 704). Hier sind allerdings nur solche Mehrkosten zu berücksichtigen, die nicht schon ohnehin durch die Prüfung einer vom Unternehmer vorgelegten Rechnung durch den Besteller angefallen wären (INGENSTAU/KORBION/LOCHER § 14 Abs 4 Rn 7). Bei der Bemessung ist von § 632 Abs 2 BGB auszugehen.

(4) Die Schlussrechnung des Bestellers stellt den Werklohn fällig (BGH NJW 1985, 1757), freilich ohne die Prüfungsfrist des § 16 Abs 3 Nr 1 VOB/B (BGH NJW 2002, 676), die hier entbehrlich wird (DÄHNE BauR 1981, 233; INGENSTAU/KORBION/LOCHER § 14 Abs 4 Rn 10). Weitergehende Wirkung kommt ihr nicht zu; namentlich wird der Unternehmer nicht gehindert, späterhin seinerseits abzurechnen, dies auch gliederungsmäßig anders als der Besteller (solange er nur das Gebot der Prüfungsfähigkeit der Rechnung wahrt) (aA OLG Düsseldorf NJW-RR 1995, 535; INGENSTAU/KORBION/LOCHER § 14 Abs 4 Rn 9). Eine Bindung des Unternehmers an die Schlussrechnung des Bestellers gibt die Bestimmung jedoch nicht her; wenn man sie aus ihr sollte herauslesen können, wäre der Verstoß gegen § 307 BGB noch gravierender als im Falle des § 16 Abs 3 Nr 2–5 VOB/B (dazu u Rn 90 ff).

(5) § 14 Abs 4 VOB/B kann nicht auf § 650g Abs 4 entsprechend angewendet werden.

c) Fälligkeit der Schlusszahlung

81 Die Fälligkeit der Schlusszahlung ist *von drei Komponenten abhängig,* und zwar zunächst davon, dass die Werklohnforderung auch *nach allgemeinem Bürgerlichen Recht fällig* ist, sodann von der *Vorlage einer Schlussrechnung,* schließlich vom *Verstreichen eines angemessenen Prüfungszeitraums.*

aa) Dass die *Fälligkeit der Werklohnforderung nach allgemeinem Bürgerlichen Recht* eingetreten sein muss, wird jetzt weit überwiegend angenommen (vgl BGHZ 79, 180 = NJW 1981, 822 = BauR 1981, 201; zuvor schon BGHZ 73, 140 = NJW 1979, 650 = BauR 1979, 179; ferner OLG Hamm NJW 1978, 649; Hochstein BauR 1976, 168; LOCHER, Das private Baurecht Rn 338; INGENSTAU/KORBION/LOCHER § 16 Rn 14; NICKLISCH/WEICK/JANSEN/SEIBEL/HUMMEL § 16 Rn 27 ff; **aA** noch SCHMIDT MDR 1965, 621; FISCHER BauR 1973, 210; SCHULTZ JZ 1973, 718; SCHMALZL MDR 1978, 619). Es ist nicht einzusehen, warum sich die Fälligkeitsregelung des § 16 Abs 3 Nr 1 VOB/B weiter vom Gesetz sollte entfernen wollen, als dies in ihrem Wortlaut zum Ausdruck kommt.

Das bedeutet nach hM (o Rn 4), dass das **Werk abgenommen** worden sein muss. Abnahmereife des Werkes steht dem gleich (o Rn 6), wobei zu beachten ist, dass nach § 12 Abs 3 VOB/B die Abnahme nur wegen wesentlicher Mängel verweigert werden darf (dazu § 640 Rn 61). Zum hier vertretenen Standpunkt o Rn 2 ff.

82 bb) Weiterhin ist für die Fälligkeit die **Erteilung einer Schlussrechnung** erforderlich (vgl BGH BauR 1971, 203; BGHZ 56, 312 = NJW 1971, 1800; BGH NJW 1975, 1833; WM 1979, 1046; NJW 1981, 1040).

(1) Eine Schlussrechnung des Unternehmers liegt dann vor, wenn er zu erkennen gibt, welche Vergütung er endgültig aus dem Bauvorhaben gegen den Besteller zu beanspruchen gedenkt. Das kommt regelmäßig durch eine entsprechende Bezeichnung zum Ausdruck, kann sich aber auch auf andere Weise ergeben, insbesondere dadurch, dass die Rechnung alle übernommenen und ausgeführten Arbeiten enthält, sodass sich eine weitere Rechnung erkennbar erübrigt (vgl BGH NJW 1975, 1701). An einer Schlussrechnung fehlt es immer dann, wenn sich der Unternehmer – einseitig oder auf Grund entsprechender Vereinbarungen mit dem Besteller – weitere Rechnungen vorbehält. So liegt einstweilen nur eine Zwischenrechnung vor, wenn bei einem Pauschalpreisvertrag zunächst nur die Pauschale berechnet wird, dabei aber die besondere Berechnung von Zusatzleistungen angekündigt wird (vgl BGH NJW 1982, 1594 = BauR 1982, 282). Andererseits können Rechnungen, die sich zunächst nur als Zwischenrechnungen darstellen, nachträglich den Charakter einer Schlussrechnung erwerben, wenn das spätere Verhalten des Unternehmers den eindeutigen Schluss erlaubt, dass er über ihren Betrag hinaus keine weiteren Forderungen aus dem Bauvorhaben zu erheben gedenkt (vgl BGH WM 1975, 453; NJW 1975, 1833; OLG Hamm NJW-RR 1996, 593). Vgl zum Verhältnis von Abschlags- und Schlussrechnung zueinander iÜ § 632a Rn 18.

(2) Die Erteilung ist auch dann Voraussetzung für die Fälligkeit der Schlusszahlung, *wenn der Unternehmer sie verspätet übermittelt* (vgl BGH NJW 1971, 1455 = BauR 1971, 203; BGHZ 56, 312 = NJW 1971, 1800; OLG Celle MDR 1970, 674; INGENSTAU/KORBION/ LOCHER § 16 Abs 3 Rn 10; **aA** OLG Köln MDR 1969, 839). Das kann zwar nachteilig für den Besteller sein, wenn es wegen § 199 Abs 1 BGB den Verjährungsbeginn beeinflusst, entbindet ihn aber vorläufig doch auch von der Zahlungspflicht. **83**

(3) Das Erfordernis einer Schlussrechnung besteht auch dann, wenn die Forderung des Unternehmers liquide ist, namentlich auch bei Vereinbarung eines Pauschalpreises (vgl BGH BauR 1979, 525 = LM § 16 VOB/B Nr 3; NZBau 2002, 91, 92).

In die Schlussrechnung aufzunehmen sind die Vergütungsansprüche des Unternehmers (vgl INGENSTAU/KORBION/LOCHER § 14 Rn 2 f), diese freilich *in einem weiteren Sinne* verstanden. Vergütungsansprüche sind insoweit auch jene *Ansprüche,* die ihm *bei eigenmächtiger Ausführung von Leistungen* nach § 2 Abs 8 Nr 2 VOB/B zustehen, ferner jene, die ihm *im Falle von Behinderungen* aus den Bestimmungen des § 6 Abs 5, 6 VOB/B erwachsen, schließlich die *Ansprüche bei Kündigung* des Bestellers nach § 8 Abs 1 Nr 2 VOB/B oder bei eigener Kündigung nach § 9 Abs 3 VOB/B. Dagegen bezieht sich die Abrechnungspflicht *nicht auf Schadensersatzansprüche,* wie sie dem Unternehmer aus Verzug, §§ 280 Abs 1, 241 Abs 2 BGB oder Delikt oä gegenüber dem Besteller zustehen können, erst recht *nicht auf Gegenforderungen des Bestellers* oder auf *von diesem geleistete Zahlungen,* auch wenn der Unternehmer jedenfalls letztere in seine Abrechnung aufnehmen wird.

Das Erfordernis einer Schlussrechnung besteht *immer dann, wenn das Bauvorhaben seine Erledigung* gefunden hat, mag dies nun, wie im Regelfall, auf dem Abschluss der geschuldeten Leistungen beruhen, oder aber auf einer *einverständlichen Vertragsaufhebung* oder auf einer *Kündigung* einer der beiden Seiten.

(4) Die Schlussrechnung muss der Gegenseite *zugehen.* Dies gilt auch dann, wenn sie von dem Besteller nach § 14 Abs 4 VOB/B aufgestellt worden ist. **84**

Inhaltlich muss die Schlussrechnung den Anforderungen des § 14 Abs 1 VOB/B entsprechen, dazu o Rn 78 ff, also *prüfungsfähig* sein; eine nicht prüfungsfähige Schlussrechnung lässt die Werklohnforderung des Unternehmers nicht fällig werden (BGHZ 82, 382, 384; BGH NJW-RR 1990, 1170; INGENSTAU/KORBION/LOCHER § 14 Abs 1 Rn 5). Zu Ausnahmen vom Erfordernis der Prüfungsfähigkeit o Rn 36. Namentlich muss der Besteller die mangelnde Prüfungsfähigkeit innerhalb der für die Zahlung gesetzten Frist rügen, § 16 Abs 3 Nr 1 S 3 VOB/B, will er mit diesem Einwand nicht ausgeschlossen sein. Ist dann – nach Fristablauf – Fälligkeit eingetreten, kann die mangelhafte Rechnung immer noch die schlüssige Darlegung der Werklohnforderung im Prozess gefährden. – Die Prüfungsfähigkeit der Rechnung darf nicht mit ihrer *Richtigkeit* gleichgesetzt werden.

85 **cc)** Schließlich ist es für die Fälligkeit der Schlusszahlung nach § 16 Abs 3 Nr 1 VOB/B erforderlich, dass zusätzlich für den Besteller eine **Frist zur Prüfung der Schlussrechnung** abgelaufen ist. Hat er freilich die Schlussrechnung selbst aufgestellt, entfällt die Frist (BGH NZBau 2002, 91, 92).

(1) Diese beträgt seit der VOB/B 2012 grundsätzlich 30 Tage; zuvor waren es – in unangemessener Benachteiligung des Unternehmers – 2 Monate gewesen. Ausnahmsweise kann sich die Frist nach § 16 Abs 3 Nr 1 S 2 VOB/B auf bis zu 60 Tage verlängern. Dies setzt freilich außer einer ausdrücklichen Vereinbarung der Parteien voraus, dass die Fristverlängerung sachlich gerechtfertigt ist, zB durch besondere Komplexität des Bauvorhabens. Fehlt es an der Vereinbarung oder an ihrer sachlichen Rechtfertigung, verbleibt es bei der Frist von 30 Tagen. Beweisbelastet für eine Fristverlängerung ist der Besteller.

86 **(2)** *Ausnahmsweise* kann allerdings die Fälligkeit der Schlusszahlung auch erst später eintreten, wenn dem Besteller eine Prüfung der Schlussrechnung aus sachlichen Gründen, die er nicht zu vertreten hat, innerhalb von 30 Tagen nicht möglich ist (vgl BGHZ 53, 222 = NJW 1969, 428 = LM VOB/B Nr 33 Verhaftung des mit der Rechnungsprüfung betrauten Architekten und daraus folgende Notwendigkeit der Beauftragung eines Nachfolgers). Die Prüfungsfrist verlängert sich aber nicht schon dadurch, dass der Besteller eine besonders eingehende oder aufwendige Prüfung der Schlussrechnung betreibt (OLG Düsseldorf BauR 1981, 479).

Der Ablauf der Prüfungsfrist hat nicht zur Folge, dass der Besteller mit Einwendungen ausgeschlossen wäre (BGH NZBau 2001, 134; OLG Brandenburg NJW-RR 2000, 1338).

(3) Ebenso kann ausnahmsweise die Fälligkeit der Schlusszahlung auch schon vor Ablauf von 30 Tagen eintreten, *sofern* nämlich *der Besteller die Prüfung der Schlussrechnung eher beendet und sein Prüfungsergebnis dem Unternehmer mitgeteilt hat* (BGHZ 83, 382, 385 = NJW 1982, 1815). Das ist vor allem für den Verjährungsbeginn von Bedeutung. Zu einer solchen zügigen Prüfung hält § 16 Abs 3 Nr 1 S 2 VOB/B den Besteller an, ohne dass diese Verpflichtung indessen sanktioniert wäre. Der *nicht mitgeteilte vorzeitige Prüfungsabschluss* des Bestellers bleibt ohne Einfluss auf die Fälligkeit.

Außerdem hat der Besteller nach § 16 Abs 3 Nr 1 S 5 VOB/B ein *unbestrittenes Guthaben* des Unternehmers als Abschlagszahlung sofort auszuzahlen. Das gilt auch schon vor Ablauf der Monatsfrist. Der Besteller kann aber nicht gezwungen werden, ein Guthaben des Unternehmers unstreitig zu stellen. Insofern nützt dem Unternehmer auch die hier verschärfte Verzinsungspflicht des § 16 Abs 5 Nr 3 VOB/B wenig. Unstreitig ist ein Guthaben nicht schon dadurch, dass einzelne Positionen einer Schlussrechnung unstreitig sind (vgl BGH NJW 1997, 1444). Es muss vielmehr ein unstreitiger Saldo bestehen.

87 **(4)** Der *Mitteilung des Prüfungsergebnisses* durch den Besteller *kommt eine eigenständige Funktion grundsätzlich nicht zu.* Freilich ist diese Erklärung *der Auslegung fähig,* und diese kann ergeben, dass ein Schuldanerkenntnis vorliegt, sei es in der Form eines abstrakten, sei es in der Form eines bestätigenden, das die Beweislast für die Erbringung der berechneten Leistungen zu Lasten des Bestellers umkehrt (vgl zu letzterem BGH BauR 1974, 356 = WM 1974, 410). Entscheidend ist die dem Unternehmer erkennbare Willensrichtung des Bestellers. Dem schlichten Ablauf der Prüfungsfrist kommt eine die Forderung des Unternehmers feststellende oder Einwendungen des Bestellers ausschließende Wirkung nicht zu (aA OLG Düsseldorf NJW-RR 1991, 278; 1998, 376).

(a) Insoweit ist freilich *grundsätzlich davon auszugehen,* dass der Besteller mit der Mitteilung des Prüfungsergebnisses nur zum Ausdruck bringen will, dass er *aus gegenwärtiger Sicht* keine Einwände gegen die „anerkannte" Summe hat, dass er aber doch nicht zu nachteiligen Erklärungen bereit ist (vgl OLG Frankfurt NJW-RR 1997, 526; OLG Hamm MDR 1996, 1011; weitergehend OLG Düsseldorf NJW-RR 1998, 376; INGENSTAU/KORBION/LOCHER § 16 Abs 3 Rn 16). Das gilt *unabhängig* davon, ob nur das Ergebnis mitgeteilt oder ob, wie häufig, eine korrigierte Schlussrechnung an den Unternehmer geschickt wird, oder ob die Rechnung mit einem Prüfungsvermerk des Architekten – „sachlich und rechnerisch richtig" – an den Unternehmer gegeben wird.

(b) Speziell dem *Prüfungsvermerk des Architekten* kommt *grundsätzlich nur interne Bedeutung* im Verhältnis zum Besteller zu (vgl auch OLG Köln MDR 1977, 404; HOCHSTEIN BauR 1973, 333), indem diesem mitgeteilt wird, dass er die Rechnung unbedenklich begleichen könne. Es liegt auch kein Anerkenntnis des Bestellers gegenüber dem Unternehmer vor, wenn er an diesen die vom Architekten geprüfte Rechnung weiterleitet (BGH NJW-RR 2005, 246 = BauR 2005, 94). **88**

(c) Auch ein *Schuldanerkenntnis* durch den Architekten gegenüber dem Unternehmer ist nach dem Gesagten aus inhaltlichen Gründen *regelmäßig nicht* anzunehmen, wenn er zB diesem das Ergebnis seiner Rechnungsprüfung direkt mitteilt. Im Falle des Architekten kommt außerdem noch hinzu, dass er grundsätzlich nicht als bevollmächtigt angesehen werden kann, im Namen des Bestellers Forderungen des Unternehmers anzuerkennen (vgl BGH NJW 1960, 859 = LM § 19 GOA Nr 1).

(d) Die *Beweislast für die Nichterbringung der berechneten Leistungen* geht freilich mit der Zahlung auf den Besteller über, weil er dann seinerseits aus § 812 BGB vorgehen muss.

dd) *Fällig werden* mit Ablauf der Prüfungsfrist *nicht nur die in die Schlussrechnung aufgenommenen Forderungen des Unternehmers,* sondern auch **seine sämtlichen weiteren Forderungen aus dem konkreten Bauvorhaben**, *sofern sie nur* – als fällig, was zB für den Garantieeinbehalt nicht gilt – *in die Schlussrechnung hätten aufgenommen werden können* (OLG Düsseldorf NJW 1977, 1298; OLG Celle BauR 2008, 1471; INGENSTAU/KORBION/LOCHER § 16 Abs 3 Rn 13). Sie *verjähren* also wie die in die Schlussrechnung aufgenommenen Forderungen des Unternehmers. **89**

d)   Ausschluss des Unternehmers mit weiteren Forderungen
§ 16 Abs 3 Nrn 2–5 VOB/B sieht vor, dass der Unternehmer unter bestimmten Voraussetzungen mit seinen unbeglichenen Forderungen ausgeschlossen ist. Diese Folge soll eintreten, wenn der Besteller eine abschließende Zahlung leistet oder sonst erklärt, nichts weiteres mehr leisten zu wollen, den Unternehmer auf die Folge des Rechtsverlustes hinweist und sich der Unternehmer dann nicht innerhalb be- **90**

stimmter Frist seine Forderungen vorbehält und innerhalb weiterer Frist den Vorbehalt begründet.

aa) Voraussetzungen des Rechtsverlustes

91 **(1)** Notwendig ist zunächst – als Voraussetzung einer Schlusszahlung des Bestellers – eine *Schlussrechnung* (BGH NJW 1987, 2582), mag sie auch der Besteller selbst nach § 14 Abs 4 VOB/B aufgestellt haben (vgl OLG Schleswig BauR 1980, 477). Diese Schlussrechnung braucht dabei aber nicht prüfungsfähig zu sein (BGH NJW 1987, 2582; krit INGENSTAU/KORBION/LOCHER § 16 Abs 3 Rn 30).

(2) Notwendig ist sodann eine **Schlusszahlung** des Bestellers. Das ist jene Zahlung, mit der er die aus dem Bauvorhaben noch restierenden Forderungen des Unternehmers endgültig begleichen will (BGH NJW 1972, 51; BGHZ 75, 307 = NJW 1980, 455; BGH NJW 1983, 816).

Nicht notwendig ist dabei die betragliche Übereinstimmung der Schlusszahlung mit der Schlussrechnung oder eine Begründung für die Abweichung (aA TRAPP BauR 1979, 271, 272, 273), oder auch nur die Möglichkeit, die Abweichung nachzuvollziehen. Es kommt auch nicht auf die sachliche Richtigkeit des Zahlungsbetrages an.

92 **(3)** Weiterhin muss der Unternehmer über die Schlusszahlung und die mögliche Ausschlusswirkung deutlich und schriftlich unterrichtet werden (BGH NJW 1999, 944). Dazu genügen Ausführungen auf dem Überweisungsträger nicht (vgl OLG Köln NJW-RR 1994, 1501; Beck'scher VOB-Komm/KANDEL § 16 Abs 3 Rn 78). Insoweit muss der Hinweis auf die Ausschlusswirkung genügen; dieser verdeutlicht hinreichend den Charakter der Zahlung als „Schluss"zahlung. Dabei muss freilich die Ausschlusswirkung korrekt und detailliert beschrieben sein (vgl INGENSTAU/KORBION/LOCHER § 16 Abs 3 Rn 92): der Zeitpunkt ihres Eintritts und die Möglichkeit ihrer Vermeidung durch den Vorbehalt der Forderungen und seine Begründung. Insofern ist es weniger – anders als nach der vorhergehenden Fassung des § 16 Abs 3 Nr 2 VOB/B – die Schlusszahlung, die die Forderung des Unternehmers ausschließt, als vielmehr dieser Hinweis.

Zum Zeitpunkt der Erklärung des Bestellers verhält sich die Bestimmung nicht näher. Sie kann der Zahlung nachfolgen, muss ihr aber auch vorangehen können. Letztere Konstellation ergibt sich ja schon, wenn Zahlung und Schreiben gleichzeitig auf den Weg gebracht werden. Immerhin ist ein *enger zeitlicher Zusammenhang* zu fordern.

93 **(4)** Der Schlusszahlung steht die **endgültige schriftliche Verweigerung weiterer Zahlungen** gleich. Wenn sie nach § 16 Abs 3 Nr 3 VOB/B „unter Hinweis auf geleistete Zahlungen" zu erfolgen hat, so ist das missverständlich. Zunächst braucht der Besteller diese nicht näher zu bezeichnen. Sodann wird er sich auch auf den Standpunkt stellen dürfen, dass der Unternehmer wegen Mängeln, Aufrechnung, Erlass oder aus sonstigen Gründen gar nichts zu erhalten habe.

Der Besteller muss auch hier über die Ausschlusswirkung unterrichten (OLG Celle NJW-RR 1995, 915; INGENSTAU/KORBION/LOCHER § 16 Abs 3 Rn 115).

Untertitel 1 · Werkvertrag
Kapitel 1 · Allgemeine Vorschriften § 641

(5) Wenn entscheidender Faktor des Ausschlusses weiterer Forderungen des Unternehmers die unmissverständliche Zahlungsverweigerung des Bestellers ist, kann die zu § 16 Nr 3 Abs 2 aF VOB/B vertretene Auffassung, auch eine Schlussrückzahlung des sich überzahlt fühlenden Unternehmers genüge (vgl BGHZ 68, 368 = NJW 1977, 1293 = LM VOB/B Nr 89 m Anm Doerry), nicht aufrechterhalten werden (aA Ingenstau/Korbion/Locher § 16 Abs 3 Rn 120).

bb) Vorbehalt der Forderungen
Der Unternehmer *entgeht der Ausschlusswirkung* dadurch, dass er sich seine bestrittenen Forderungen **vorbehält** und **diesen Vorbehalt späterhin begründet**. 94

(1) Der Vorbehalt ist eine *einseitige empfangsbedürftige Willenserklärung* bzw eine geschäftsähnliche Handlung. Er kann mündlich erfolgen, was freilich in Hinblick auf die dem Unternehmer obliegende Beweislast (BGH NJW 1972, 2267) wenig tunlich ist. Berechtigt ist zu ihm außer dem Unternehmer auch ein Zessionar der Werklohnforderung (OLG Frankfurt NJW-RR 1994, 1241).

An den Vorbehalt sind keine hohen Anforderungen zu stellen, es genügt die Erklärung, an der Forderung festzuhalten (BGH NJW 2002, 2952, 2954).

Der Vorbehalt muss *gegenüber dem Besteller erfolgen;* ein Vorbehalt gegenüber dessen Architekten kann ausreichen, so, wenn dieser mit der Bauabrechnung befasst ist und insoweit mit dem Unternehmer vom Besteller geduldete direkte Verhandlungen führt (BGH NJW 1977, 1634; 1978, 1631).

(2) § 16 Abs 3 Nr 5 VOB/B stellt dem Unternehmer für die Erklärung des Vorbehalts eine **Frist von 28 Tagen** (früher: 12) zur Verfügung, gerechnet ab Eingang der Mitteilungen nach Abs 2, 3. Der Vorbehalt muss innerhalb der Erklärungsfrist zugehen. 95

Die Frist wird auch durch einen *Mahn- oder Vollstreckungsbescheid* gewahrt. § 167 ZPO ist entsprechend anwendbar (BGHZ 75, 307, 314).

Ein *vorzeitiger Vorbehalt* reicht grundsätzlich *nicht* aus; die Rechtslage ist insoweit ähnlich wie beim Vorbehalt der Vertragsstrafe nach § 341 Abs 3 BGB. Hiervor werden jedoch *nach Treu und Glauben Ausnahmen* dann gemacht, wenn der Vorbehalt als nutzlose Förmlichkeit erscheinen müsste. Das ist zB der Fall, wenn er in engem zeitlichen Zusammenhang mit der Schlusszahlung (vorher) erfolgt, nachdem schon streitige Verhandlungen über die Werklohnforderung stattgefunden hatten (BGH NJW 1970, 1185; 1979, 2310), wenn der Unternehmer auf die telefonische Ankündigung der Schlusszahlung hin seinen Vorbehalt erklärt hat (OLG Düsseldorf BauR 1983, 185), wenn bei parallelen Schlussrechnungen und identischen Kürzungsgründen der Vorbehalt nur wegen einer Schlussrechnung erklärt wird (BGH BauR 1983, 474), vor allem aber, *wenn die betreffende Forderung schon gerichtlich anhängig gemacht worden ist,* sei es auch nur durch Mahnbescheid (BGHZ 68, 38 = NJW 1977, 531, vgl insoweit aber auch OLG Frankfurt BauR 1983, 372 [unklarer Gegenstand eines Teilbetrages, unterbleibende Begründung nach Widerspruch]; OLG Frankfurt NJW-RR 1988, 600 [früherer, abgeschlossener Prozess]). Die *Streitverkündung des* Unternehmers gegenüber dem Besteller lässt BGHZ 68, 368 (= NJW 1977, 1293) *nicht* ausreichen. Insgesamt sind aber bei der

Frage, ob der Vorbehalt ausnahmsweise nach Treu und Glauben entbehrlich ist, strenge Anforderungen zu stellen (BGH ZfBR 1978, 18; OLG Köln BauR 1975, 351 m Anm JAGENBURG; OLG München BauR 1976, 61). So reicht etwa nicht eine der Schlusszahlung vorausgehende Mahnung mit Klagandrohung (OLG Hamburg BauR 1979, 173).

Die *Berechnung der Vorbehaltsfrist* unterliegt § 187 BGB und als Tagesfrist § 188 Abs 1 BGB.

96 **(3)** Nach § 16 Abs 3 Nr 5 VOB/B verliert der Vorbehalt seine Wirkung, wenn er nicht binnen weiterer 28 Tage nach Maßgabe der Bestimmung *begründet* wird.

(a) Diese Frist beginnt nach dem nunmehr eindeutigen Wortlaut der VOB/B 2012 mit Ablauf der 28tägigen Vorbehaltsfrist.

(b) *Für den Inhalt der Begründung sind übertriebene Anforderungen an den Unternehmer nicht zu stellen* (BGH NJW 1965, 536; BauR 1980, 178 = WM 1980, 136 = ZfBR 1980, 33). Es reicht aus, wenn der Unternehmer dem Besteller hinreichende, vor allem diesem bisher noch fehlende Informationen über seine restlichen Forderungen gibt. Dazu kann die *Bezugnahme auf die schon vorliegende Schlussrechnung* genügen (BGH NJW-RR 1998, 954), wenn diese schon angemessenen Aufschluss gibt. *Eine neue Rechnung ist regelmäßig nur notwendig,* wenn sich der Unternehmer Forderungen vorbehält, die in seine Schlussrechnung keinen Eingang gefunden hatten. Eine Wiederholung der vorliegenden Schlussrechnung aber wäre sinnlos (vgl BGH BauR 1983, 476 = ZfBR 1983, 436). Eine nähere *Begründungspflicht* für den Vorbehalt *entfällt überhaupt,* wenn der Besteller seinerseits die Kürzungen nicht näher begründet hat und diese deshalb dem Unternehmer nicht nachvollziehbar sind.

cc) Rechtscharakter der Bestimmung

97 **(1)** Rechtsdogmatisch wird man den Rechtsverlust des Unternehmers als einen *vertraglich vereinbarten Sonderfall der Verwirkung* einzustufen haben.

(2) Von der Verwirkung unterscheidet sich die vorbehaltlose Annahme der Schlusszahlung freilich dadurch, dass sie entgegen dem Wortlaut des § 16 Abs 3 Nr 2 VOB/B („... schließt Nachforderungen aus ...") nach allgemeiner und zutreffender Ansicht dem Besteller **nur eine der Verjährung vergleichbare Einrede** verschafft, auf die er sich mithin berufen muss (vgl BGHZ 62, 15 = NJW 1974, 236; BGHZ 75, 307 = NJW 1980, 455; BGH NJW 1982, 2250 = LM § 16 [D] VOB/B Nr 16; INGENSTAU/KORBION/ LOCHER § 16 Abs 3 Rn 74 f).

Auf diese Einrede sind *die Vorschriften über die Verjährung entsprechend anzuwenden,* so insbesondere die §§ 214 Abs 2, 813 Abs 1 S 2 BGB (keine Rückforderung des trotz Bestehens der Einrede Geleisteten als rechtsgrundlos geleistet) (vgl BGHZ 62, 15 = NJW 1974, 236; BGH JZ 1981, 533 = NJW 1981, 1784; § 216 [Erhaltung der Aufrechnungsmöglichkeit, die einmal bestanden hat], vgl BGH NJW 1982, 2250; OLG Hamm NJW 1976, 1268; TRAPP BauR 1979, 271; **aA** unzutreffend OLG Düsseldorf BauR 1977, 360 für den Fall der Hilfsaufrechnung). Wo der Unternehmer Sicherheiten für seine Werklohnforderung hat, gilt § 216 BGB entsprechend, was insbesondere zur Folge hat, dass er eine Bauhandwerksicherungshypothek trotz Erhebung der Einrede verwerten kann (vgl BGH NJW 1981, 1436 = LM § 16 [D] VOB/B Nr 14).

Die Einrede ist verzichtbar; ein Verzicht auf sie kann auch in dem Verzicht auf die Einrede der Verjährung zu sehen sein (vgl BGH NJW 1978, 1485). Auf die dem Unternehmer eingeräumte *Vorbehaltsfrist* ist *§ 167 ZPO entsprechend* anzuwenden (BGHZ 75, 307, 314).

dd) Umfang des Anspruchsausschlusses

98 Die *Ausschlusswirkung* nach § 16 Abs 3 Nr 2, 4 VOB/B umfasst **grundsätzlich sämtliche Ansprüche des Unternehmers aus dem betreffenden Bauvertrag**. Das gilt zunächst für Ansprüche des Unternehmers auf Vergütung – auch aus § 648 S 2 BGB – und Aufwendungsersatz. Bei Schadensersatzansprüchen ist danach zu fragen, ob sie der Sache nach Vergütungscharakter tragen, was zB bei Ansprüchen des Unternehmers gemäß § 6 Abs 6 VOB/B anzunehmen ist (vgl BGHZ 62, 15, 16 f = NJW 1983, 816. Für eine weitere Erfassung von Schadensersatzansprüchen offenbar KAISER NJW 1973, 884; INGENSTAU/KORBION/LOCHER § 16 Abs 3 Rn 100). Ansprüche aus Verzug fallen unter die Bestimmung, solche aus § 812 BGB jedenfalls dann, wenn sie ihre Grundlage in Bauleistungen des Unternehmers haben (**aA** wohl INGENSTAU/KORBION/LOCHER § 16 Abs 3 Rn 102). Für Ansprüche auf Nebenleistungen (Zinsen) folgt die Ausschlusswirkung aus einer entsprechenden Anwendung des § 217 BGB (so auch im Ergebnis OLG München OLGZ 1976, 464).

99 *Gegenstand des Rechtsverlustes* sind zunächst die in die Schlussrechnung aufgenommenen und nicht bedienten Forderungen, sodann auch früher angemeldete, aber unerledigt gebliebene Forderungen, § 16 Abs 3 Nr 4 VOB/B, schließlich aber auch sonstige und uU dem Besteller unbekannt gebliebene Forderungen, soweit sie in die Schlussrechnung hätten Aufnahme finden müssen (vgl INGENSTAU/KORBION/LOCHER § 16 Abs 3 Rn 96), insbesondere auch Forderungen aus Zusatz- und Nachtragsaufträgen (OLG Düsseldorf BauR 1973, 386). § 16 Abs 3 Nr 6 VOB/B schränkt die Ausschlusswirkung der vorbehaltlosen Annahme der Schlusszahlung dahin ein, dass bestimmte Fehler der Rechnung noch weiterhin beachtlich und der Korrektur zugänglich bleiben, nämlich solche des Aufmaßes, der Berechnung und der Übertragung. Ihrer Berücksichtigung können freilich andere Aspekte entgegenstehen, so namentlich die – vom BGH für den Bereich der VOB/B freilich verneinte – Bindungswirkung der Rechnung (vgl dazu § 632 Rn 121 ff).

Erhalten bleibt dem Unternehmer der Anspruch auf einen Sicherheitseinbehalt, wenn der Besteller diesen nicht bestritten hat (OLG Frankfurt BauR 1985, 460). Die Ausschlusswirkung kommt auch dann nicht zum Tragen, wenn der Unternehmer dem Besteller versehentlich eine nicht geleistete Abschlagszahlung gutgeschrieben hat (BGH NJW 1986, 2050).

ee) Wirksamkeit der Regelung

100 § 16 Abs 3 Nrn 2–6 VOB/B wurde 1990 und 2012 neu gefasst; die Vorgängernorm des § 16 Nr 3 Abs 2 VOB/B aF war für den Unternehmer deutlich ungünstiger ausgestaltet, wenn insbesondere ein besonderer Hinweis auf die Ausschlusswirkung nicht notwendig war und für den Vorbehalt des Unternehmers sowie dessen Begründung deutlich kürzere Fristen galten. Das verstieß gegen § 9 AGBG aF (so zutreffend BGHZ 101, 357), war also auch im kaufmännischen Verkehr unwirksam. Für die jetzige Fassung gilt entsprechend § 307 BGB (BGHZ 138, 176; NICKLISCH/WEICK/JANSEN/SEIBEL/HUMMEL § 16 Rn 147; INGENSTAU/KORBION/LOCHER § 16 Abs 3 Rn 104; KLEINE-MÖLLER/MERL/

OELMAIER § 2 Rn 486): Eine Forderung ist grundsätzlich durch Zahlung zu erledigen; die Voraussetzungen einer Verwirkung liegen nicht vor; gegenüber der Verjährung sind die Fristen grotesk verkürzt. Die Lasten werden einseitig verschoben, wenn der Besteller mit entsprechenden Fristen und Risiken nicht zu rechnen hat. Von einer Begründungslast ist der Besteller im Gegensatz zum Unternehmer freigestellt.

Das führt freilich nicht zur Unwirksamkeit, wenn der Unternehmer die VOB/B als „seine" AGB gestellt hat oder wenn der Besteller zwar Verwender der VOB/B ist, diese aber wegen unmodifizierter Verwendung durch § 310 Abs 1 S 3 BGB gegen § 307 BGB abgeschirmt ist.

2. Teilabnahme und Teilabrechnung

101 Zur Teilabnahme und Teilabrechnung, § 16 Abs 4 VOB/B, u Rn 118 ff.

3. Zahlungsverzug des Bestellers

102 Der Zahlungsverzug des Bestellers hat in § 16 Abs 5 Nr 3 VOB/B eine besondere Regelung gefunden; die Bestimmung enthält weiterhin Regelungen über die Beschleunigung von Zahlungen (Nr 1) sowie über Skontoabzüge (Nr 2).

a) Beschleunigung der Zahlungen

Die Bestimmung des § 16 Abs 5 Nr 1 VOB/B, dass alle Zahlungen aufs Äußerste zu beschleunigen seien, ist ein bloßer *Programmsatz* (aA INGENSTAU/KORBION/LOCHER § 16 Abs 5 Rn 2). Damit eine Zahlungsverzögerung Rechtsfolgen auslöst, muss der Unternehmer nämlich den Besteller in Verzug setzen.

b) Skonti*

103 Für eine Berechtigung des Bestellers zu Skontoabzügen von seinen Zahlungen *bedarf es auch im Bereich der VOB/B einer besonderen Vereinbarung* mit dem Unternehmer, § 16 Abs 5 Nr 2 VOB/B s oben Rn 48.

c) Zahlungsverzug des Bestellers

104 aa) Zahlungsverzug des Bestellers setzt außer der *Fälligkeit* der Forderung des Unternehmers, dem *Vertretenmüssen* der Nichtzahlung, § 286 Abs 4 BGB, der Einredefreiheit der Forderung (vgl BGH NJW 1993, 2674: Leistungsverweigerungsrecht wegen berechneter, aber nicht erbrachten Leistungen) nach § 16 Abs 5 Nr 3 S 1 VOB/B insbesondere voraus, dass der Unternehmer dem Besteller *fruchtlos eine angemessene Nachfrist zur Zahlung gesetzt* hat. Diese Verschärfung der Verzugsvoraussetzungen gegenüber § 286 Abs 1 BGB (BGH NJW 1961, 1968 = LM § 16 VOB/B Nr 1), ist für sich gesehen unbedenklich, wich aber in der Kombination mit der bisherigen zweimonatigen Frist des § 16 Abs 3 Nr 1 VOB/B unangemessen zu Lasten des Bestellers vom gesetzlichen Leitbild des § 286 Abs 1, 4 BGB ab, § 307 Abs 2 Nr 1 BGB (BGH NJW 2009, 3717 = NZBau 2010, 47 Rn 48 ff; vgl auch PETERS NZBau 2002, 305). Das gilt iÜ auch

---

* **Schrifttum**: STELLMANN/ISLER, Der Skontoabzug im Bauvertragswesen, ZfBR 2004, 633; PETERS, Skonti, NZBau 2009, 584.

bei verzögerten Abschlagszahlungen, bei denen § 16 Abs 1 Nr 3 VOB/B eine Prüfungsfrist von 21 Werktagen vorschaltet.

Der heutige § 16 Abs 5 Nr 3 S 3 VOB/B entspricht mit dem Eintritt des Verzuges 30 Tage nach Zugang der Schlussrechnung § 286 Abs 3 BGB. Unbedenklich ist auch die mögliche Fristverlängerung auf 60 Tage, wenn sie denn individualvertraglich erfolgen muss und dabei einen rechtfertigenden Grund – Komplexität der abzurechnenden Leistung – voraussetzt. Es kommt hier (und auch im Falle der Nachfristsetzung des § 16 Abs 5 Nr 3 S 1 VOB/B) auf den Zahlungseingang bei dem Unternehmer an.

Ohne sachliche Bedeutung ist es, dass der Unternehmer seine vertraglichen und gesetzlichen Verpflichtungen erfüllt haben muss. Hat er inhaltlich falsch abgerechnet, mindert das seinen Zahlungsanspruch. Hat er formal falsch – nicht nachprüfbar – abgerechnet, ist das nur auf die nach § 16 Abs 3 Nr 1 S 3 VOB/B fristgebundene Rüge hin von Belang; ihre rechtzeitige Erhebung nimmt freilich der Werklohnforderung ihre Fälligkeit. Liegen Mängel der Leistung vor, verschaffen sie dem Besteller das nach § 641 Abs 3 BGB zu bemessene Zurückbehaltungsrecht des § 320 BGB, sofern sie nicht – nach Überwindung des Nachbesserungsstadiums – zu einer Reduzierung des Werklohnanspruchs führen.

Wenn es dem Unternehmer nach § 16 Abs 5 Nr 3 S 1 VOB/B unbenommen bleibt, nach Eintritt der Fälligkeit eine Nachfrist zur Zahlung zu setzen, ist das neben § 16 Abs 5 Nr 3 S 3 VOB/B praktisch bedeutungslos und sogar nachteilig, muss er dann doch mit seinem Anspruch auf Verzugszinsen das Ende der Nachfrist abwarten. – Die Länge der Nachfrist steht im Belieben des Unternehmers, wenn er von ihrer Setzung sogar ganz absehen kann, dann ist alles „angemessen".

bb) Als *Verzugsfolge* erwirbt der Unternehmer einen § 288 Abs 2 BGB entsprechendem Zinsanspruch, wie er gegenüber Verbrauchern an § 288 Abs 1 S 2 BGB zu orientieren ist, sofern jeweils ein höherer Verzugsschaden nachweisbar ist und ihm erwächst ein *Kündigungsrecht* nach § 9 Abs 1 Nr 2 VOB/B, wie es bei der Nichtbedienung von Abschlagsforderungen von Bedeutung ist (dazu § 643 Rn 25 ff). **105**

Die Befugnis zur Arbeitseinstellung nach § 320 BGB wegen Zahlungsverzugs des Bestellers gegenüber Abschlagsforderungen knüpft § 16 Abs 5 Nr 4 VOB/B an den Ablauf einer nach Eintritt des Zahlungsverzugs zu setzenden Frist. Das knüpft daran an, dass nach den bisherigen Fassungen der VOB/B zur Bewirkung des Zahlungsverzugs des Bestellers die Setzung einer Frist nach Ablauf der Zahlungsfrist notwendig war. Auch an dieser Stelle wird man auch in entsprechender Anwendung des § 16 Abs 5 Nr 3 S 2 VOB/B den Ablauf der dortigen Frist genügen lassen müssen. Zur Meidung von Risiken wird der Unternehmer freilich gut beraten sein, doch noch eine Frist zu setzen. Sie braucht nicht lang bemessen zu sein, um noch als angemessen bewertet zu werden; schließlich muss es ja dem Besteller deutlich sein, dass verzögerte Zahlungen den Unternehmer in erhebliche Schwierigkeiten bringen können.

Das Leistungsverweigerungsrecht des Unternehmers nach § 16 Abs 5 Nr 4 VOB/B schließt jenes wegen Vermögensverfall des Bestellers nach § 321 BGB nicht aus.

4. Zahlung an Gläubiger des Unternehmers

106 § 16 Abs 6 VOB/B gibt dem Besteller in gewissem Umfang die **Befugnis, an Gläubiger des Unternehmers mit befreiender Wirkung zu zahlen**.

a) Es handelt sich dabei um eine *schlichte Befugnis des Bestellers,* der keine entsprechenden Ansprüche des Unternehmers oder gar der genannten Dritten gegenüberstehen (OLG Düsseldorf BauR 1973, 250; INGENSTAU/KORBION/LOCHER § 16 Abs 6 Rn 1 f). Ansprüche des Unternehmers auf Zahlung an Dritte können sich ergeben, wenn sich der Besteller ihm gegenüber entsprechend verpflichtet hat; in der Erklärung gegenüber dem Dritten, von den Rechten aus § 16 Abs 6 VOB/B Gebrauch machen zu wollen, liegt noch nicht die Übernahme einer Zahlungspflicht (BGH NZBau 2001, 449). *Dritte erwerben unmittelbare Zahlungsansprüche gegen den Besteller,* wenn der Unternehmer ihnen seine Ansprüche abtritt oder wenn der Besteller ihnen gegenüber eigene Verpflichtungen eingeht, was durch Bürgschaft, Schuldbeitritt oder auch Garantievertrag geschehen kann. Wegen des eigenen Interesses des Bestellers daran, dass die Subunternehmer oder Arbeitnehmer des Unternehmers ihre Leistungen erbringen, wird *unter den verschiedenen Formen der Schuldintervention regelmäßig ein Schuldbeitritt des Unternehmers anzunehmen* sein (**aA** BGH WM 1962, 576: Garantievertrag). Dabei ist zu beachten, dass es zu einem Schuldbeitritt *auch konkludent* kommen kann, so insbesondere dann, wenn Subunternehmer in Hinblick auf eine Gefährdung ihrer Vergütungsansprüche zögern, ihre Leistungen zu erbringen, und der Besteller sie dann auffordert, zu leisten und ihre Bedenken hintanzustellen (vgl dazu auch BGH SCHÄFER/FINNERN/HOCHSTEIN Z 2.332 Bl 65).

107 b) Die Drittzahlungsbefugnis des Bestellers nach § 16 Abs 6 S 1 VOB/B verstößt gegen § 307 Abs 2 Nr 1 BGB (vgl BGHZ 111, 395 = NJW 1990, 2384 = LM § 16 [E] VOB/B Nr 1 zu § 9 Abs 2 Nr 1 AGBG). Zahlungen des Bestellers haben nämlich (nach § 267 BGB) nicht zwingend befreiende Wirkung gegenüber dem Unternehmer, sondern nur dann, wenn die Voraussetzungen der §§ 185, 362 Abs 2 BGB vorliegen, wie sie hier nur fingiert werden. Die Bestimmung enthält so auch einen einschneidenden Eingriff in die Befugnis des Unternehmers, frei über seine Mittel zu disponieren, auf die er gerade in der Krise angewiesen sein kann. Ihr Zweck, dem Besteller die Möglichkeit zu geben, Arbeitseinstellungen der Dritten und damit Stockungen des Bauvorhabens zu vermeiden, ist zwar grundsätzlich anzuerkennen, doch bleiben ihm die Möglichkeiten der Interzession (s eben Rn 106). Es geht hier letztlich um den Regress gegen den Unternehmer, wie er eigentlich aus den §§ 677 ff BGB herzuleiten wäre. Die dortigen Schranken der §§ 677, 683 BGB müssen aber eingehalten und dürfen nicht durch eine Fiktion überwunden werden.

Die Folge der Unwirksamkeit von § 16 Abs 6 S 1 VOB/B ergibt sich freilich wegen § 310 Abs 1 S 3 BGB nur dann, wenn der Besteller Verwender der VOB/B ist und deren Bestimmungen irgendwie modifiziert worden sind.

Im Übrigen ist der Besteller *gut beraten,* keine Zahlungen nach § 16 Abs 6 VOB/B an Dritte zu leisten. Er trägt das Risiko einer Fehlbeurteilung der Lage, kann dieses nach dem Gesagten auch nicht zuverlässig nach § 16 Abs 6 S 2 VOB/B abwälzen und wird am Ende mit seinen Zahlungen an die Dritten Stockungen des Bauvorhabens doch nicht sicher verhindern können. Seine Zahlung an den Dritten ist ggf inkongruent iSd § 131 InsO (BGH NZBau 2009, 115) Er tut besser daran, dem Unternehmer ggf aus wichtigem Grunde zu kündigen und dann direkt mit den Subunternehmern zu kontrahieren.

c) *Dritte im Sinne der Bestimmung* sind einmal *selbständige Subunternehmer,* **108** sodann selbständige Dritte, die mit dem Unternehmer durch einen Dienstvertrag verbunden sind, endlich dessen *Arbeitnehmer.* Bei *Lieferanten* kommt es darauf an, ob sie diese Baustelle beliefert haben.

Die Forderungen dieser Dritten müssen fällig sein; der Unternehmer muss insoweit *in Zahlungsverzug* geraten sein. Die Forderungen müssen inhaltlich mit der Erbringung der Werkleistung des Unternehmers verbunden sein.

d) Da der Besteller das Aufklärungsrisiko hinsichtlich der Zahlungsvoraussetzungen trägt, hat er einen entsprechenden *Auskunftsanspruch* gegen den Unternehmer und kann diesem eine angemessene Erklärungsfrist setzen, mit deren Ablauf das Bestehen der Forderungen der Dritten sowie der Zahlungsverzug des Unternehmers – nicht die Baubezogenheit der Forderungen – als zugestanden gelten. Zu den Bedenken gegen diese Regelung des § 16 Abs 6 S 2 VOB/B aE soeben Rn 107.

e) Die durch die Erklärungsfiktion geschaffenen Befugnisse darf der Besteller **109** *nur in den Grenzen von Treu und Glauben* ausüben. So muss er etwaigen Bedenken gegen Forderungen Dritter nachgehen, wenn dafür konkrete Anhaltspunkte bestehen, und er muss weiterhin auch Erklärungen des Unternehmers berücksichtigen, die nach Ablauf der gesetzten Erklärungsfrist eingehen.

f) Die von § 16 Abs 6 VOB/B eröffneten Befugnisse des Bestellers *enden* jedenfalls *mit der Eröffnung des Insolvenzverfahrens* bzw schon mit dem Erlass eines allgemeinen Veräußerungsverbots gegen den Unternehmer (BGH NZI 1999, 313), da es dessen Ansprüche bleiben, die befriedigt werden, und diese dann insolvenzbefangen werden (BGH NJW 1986, 2761 = JZ 1986, 911 = LM § 16 [A] VOB/B Nr 18; s auch Anh zu § 631 Rn 51, 58 zur Anfechtbarkeit von Direktzahlungen gem §§ 131, 133 Abs 1 InsO).

XI. Stundenlohnarbeiten

Zu der Abrechnung von Stundenlohnarbeiten vgl § 632 Rn 10 ff.

XII. Fälligkeit des Architektenhonorars

Die Fälligkeit des Architektenhonorars hat eine die §§ 271 Abs 1, 641 Abs 1, 650g **110** Abs 4 BGB ausschließende Sonderregelung in § 15 HOAI erfahren. Zweifel bestehen, ob der durch Art 10 § 2 des G zur Verbesserung des Mietrechts und zur Begrenzung des Mietanstiegs sowie zur Regelung von Ingenieur- und Architektenleistungen v 4. 11. 1971 (BGBl I 1745) zum Erlass einer Honorarordnung ermächtigte Gesetzgeber befugt war, eine die Fälligkeit betreffende Regelung zu treffen (vgl dies bejahend BGHZ 81, 229; verneinend zB SCHOLTISSEK NZBau 2006, 299, 303 f). Die Frage ist insoweit belanglos, weil der in § 15 Abs 2 HOAI vorgesehene Anspruch auf Abschlagszahlungen sonst aus § 632a BGB folgen würde. Soweit eine prüffähige Schlussrechnung gefordert wird (Abs 1), ist ohne diese auch nach allgemeinem Zivilrecht dem Bauherrn die Zahlung nicht zuzumuten. So beschränkt sich das Relevante der Regelung zunächst auf das Schriftformgebot des § 15 Abs 4 HOAI für die Vereinbarung anderer Zahlungsweisen.

1. Fälligkeit des Gesamthonorars

111 a) Sie setzt nach § 15 Abs 1 HOAI die Erteilung einer *Honorarschlussrechnung* voraus, die prüffähig zu sein hat, dh jene Angaben enthalten muss, die die sachliche und rechnerische Prüfung ermöglichen, jedenfalls aber das – vielleicht geringere – Kontrollinteresse des Bauherrn befriedigen muss (BGHZ 157, 118 = NZBau 2004, 216). Bestehen Defizite, muss der Bauherr dies binnen 30 Tagen ab Zugang rügen, will er nicht mit seinen Einwendungen gegen die Prüfungsfähigkeit ausgeschlossen sein (BGHZ 157, 118 = NZBau 2004, 216; vgl auch o Rn 39).

Die Rügefrist gilt auch für Abschlagsrechnungen des Architekten (BGH BauR 2005, 1951).

112 b) Neben dieser besonderen Voraussetzung knüpft § 15 Abs 1 HOAI seit der Neufassung vom *10. 7. 2013* (BGBl I 2276) nicht mehr daran an, dass die Leistung des Architekten „vertragsgemäß erbracht" ist, sondern in Übereinstimmung mit § 641 Abs 1 S 1 BGB an die *Abnahme*. Damit wird ein zu begrüßender Gleichlauf mit §§ 640 f BGB beabsichtigt (vgl BR-Drucks 334/13, 145). Dafür bedarf die Regelung aber noch in zweierlei Hinsicht der Ergänzung:

aa) Zum einen ist § 646 BGB entsprechend anzuwenden. Zwar hält die hM die Leistungen des Architekten für abnahmefähig (BGH NJW 2011, 1224; LEUPERTZ BauR 2009, 393). Jedoch setzt die Abnahme voraus, dass die erbrachte Werkleistung übergabefähig ist (§ 640 Rn 8; 646 Rn 9). Einer Übergabe sind aber nur die planerischen Leistungen des Architekten fähig. Die Bauleitung und die Leistungen der Leistungsphase 9 des § 34 Abs 3 HOAI sind es nicht, sodass es insoweit nach den §§ 646, 641 Abs 1 S 1 BGB auf die Vollendung der Leistung ankommt.

bb) Zum anderen genügen nach §§ 646, 650s BGB Teilabnahme und Teilvollendung. Bei der Vollarchitektur kommt es mit dem Abschluss der Planung und ihrer Freigabe durch den Bauherrn zu einer Teilabnahme (u Rn 118) und mit Abschluss der Bauüberwachung (Leistungsphase 8 des § 34 Abs 3 HOAI) zu einer Teilvollendung iSd §§ 646, 650s BGB (u Rn 120a). Beides lässt den Honoraranspruch des Architekten endgültig teilweise fällig werden, § 641 Abs 1 S 1 BGB, ist also nicht nur Anlass für eine Abschlagszahlung.

c) Bei vorzeitiger Vertragsbeendigung durch Kündigung oä gilt § 15 Abs 1 HOAI ebenfalls (vgl BGH NJW-RR 2000, 386). Allein die Einstellung der Baumaßnahme durch den Bauherrn bedeutet noch keine Vertragsbeendigung (BGH NJW-RR 2005, 1260 = NZBau 2005, 465, 466).

113 2. Für **Abschlagszahlungen** sieht § 15 Abs 2 HOAI angemessene zeitliche Abstände vor. Auf Abschlagsrechnungen kann nicht mehr zurückgegriffen werden, wenn das Bauvorhaben insgesamt abrechnungsreif ist. Die Forderungen aus Abschlagsrechnung verjähren selbständig, was die Einstellung der entsprechenden Forderungsteile in die Schlussrechnung nicht hindert (BGH NJW 1999, 713).

3. § 15 Abs 3 HOAI betrifft **Nebenkosten**, wie sie begrifflich näher in § 14 Abs 2 HOAI umschrieben sind. Sie werden nicht Teil des Architektenhonorars, sondern sind – nach Einzelnachweis oder pauschal, § 14 Abs 3 HOAI – neben diesem abzurechnen. § 8 Abs 3 HOAI stellt sie auf Nachweis fällig, gestattet aber eine abweichende schriftliche Vereinbarung bei Auftragserteilung.

4. § 15 Abs 4 HOAI lässt „**andere Zahlungsweisen**" zu, fordert für sie aber die Schriftform des § 126 BGB, sodass ggf Nichtigkeit nach § 125 BGB eintreten kann. Anders als Vereinbarungen zur Höhe des Honorars, für die § 7 HOAI zeitliche Vorgaben macht, ist hier eine Abmachung zu beliebigen Zeitpunkten möglich. Eine entsprechende Vereinbarung kann auch in AGB der einen oder anderen Seite enthalten sein; das ist dann an den §§ 307 ff BGB zu messen (vgl BGHZ 81, 228, 242). Wenn man bedenkt, dass die Regelungen der Abs 1 und 2 HOAI mit Abschlagszahlungen und Schlusszahlung ausgewogen sind, sind abweichende Regelungen kaum denkbar, die die Gegenseite nicht unangemessen benachteiligen.

XIII. Überzahlungen des Unternehmers

1. Während der Vertragsdurchführung

Überzahlungen des Unternehmers ergeben sich während der Vertragsdurchführung gewollt durch Vorauszahlungen und versehentlich bei Abschlagszahlungen. Sie ergeben keinen Erstattungsanspruch, vielmehr gilt für Vorauszahlungen, dass sie auf jene Leistungen zu verrechnen sind, für die sie bestimmt sind, sonst auf die nächstfällige Zahlung, vgl § 16 Abs 2 Nr 2 VOB/B. Letzteres gilt auch für überhöhte Abschlagszahlungen; die nächste Zahlung ist entsprechend zu kürzen.

Kommt eine derartige Verrechnung nicht mehr in Betracht, weil zB der Werkvertrag ein vorzeitiges Ende gefunden hat, ergibt sich ein Erstattungsanspruch des Bestellers, der nicht etwa aus § 812 BGB herzuleiten ist und damit mit der Schwäche des § 818 Abs 3 BGB bedroht wäre, sondern aus einer vertraglichen Nebenpflicht (§ 241 Abs 2 BGB) des Unternehmers (BGHZ 140, 365, 373; BGH NZBau 2002, 562); damit ist er namentlich auch von einem Verschulden unabhängig.

Der Anspruch richtet sich auch dann gegen den Unternehmer, wenn das Zuviel nach einer Zession an den Zessionar gezahlt worden ist (OLG Jena BauR 2005, 767).

Darlegungs- und beweispflichtig für Zahlungen ist der Besteller, für einen den Zahlungen entsprechenden Leistungsstand der Unternehmer (vgl BGH NZBau 2008, 256 zum Architekten). Ggf kommen Kürzungen nach § 648 S 2 HS 2 BGB in Betracht.

Die Verjährung richtet sich nach den §§ 195, 199 BGB.

2. Nach Durchführung des Werkvertrages

a) Mängelbedingte Überzahlungen

116 Stellen sich nachträglich Mängel heraus, so sind sie durch Minderung oder ggf durch Schadensersatz auszugleichen. Voraussetzung ist jeweils, dass das Stadium der Nacherfüllung überwunden ist. Die Anspruchsgrundlage bildet bei der Minderung § 638 Abs 4 BGB, bei Schadensersatz die §§ 634 Nr 4, 280 BGB. Für die Verjährung ist jeweils § 634a BGB maßgeblich.

b) Sonstige Überzahlungen

117 Sonstige Überzahlungen des Unternehmers können verschiedenartige Ursachen haben: Es sind Abschlagszahlungen des Bestellers übersehen worden, das Aufmaß war nicht richtig, der Unternehmer hat nicht erbrachte Leistungen berechnet oder erbrachte doppelt.

In diesen Fällen ist zunächst zu prüfen, ob eine „echte" Überzahlung vorliegt: Der Werklohnanspruch bildet eine Einheit. Deshalb liegt eine Überzahlung nicht schon dann vor, wenn eine Position überhöht abgerechnet ist, weil ihr nämlich an anderer Stelle eine Minderberechnung gegenüberstehen kann. Erst ein für den Unternehmer vorteilhafter Saldo bildet eine Überzahlung.

Der Besteller hat die Überzahlung zu beweisen, der Unternehmer, dass es nur eine anderweitig ausgeglichene und damit unechte war.

Die Anspruchsgrundlage für die Rückforderung wird herkömmlich in § 812 BGB gesehen (vgl nur BGHZ 61, 338; DÄHNE, in: FS Korbion [1986] 39, 41). Das trifft indessen nicht zu. Es ist kein Grund ersichtlich, hier anders als bei übermäßigen Abschlagszahlungen zu verfahren, vielmehr unterliegt der Unternehmer auch hier der vertraglichen Nebenpflicht, § 241 Abs 2 BGB, Überzahlungen auszugleichen. Das bedarf keiner besonderen Vereinbarung, wie sie zB BGH BauR 1979, 249; NJW 1980, 880 noch gefordert hatten.

Die Verjährungsfrist ist die regelmäßige des § 195 BGB. In der Regel hat der Besteller eine für ihren Beginn hinreichende Kenntnismöglichkeit iSd § 199 Abs 1 Nr 2 BGB, wenn ihm Leistungsverzeichnis, Aufmaß und Schlussrechnung vorliegen und sich daraus ohne Weiteres die Überzahlung ergibt (BGH NZBau 2008, 501). Hat der Besteller einen Dritten, zB einen Architekten, mit der Rechnungsprüfung beauftragt, muss er sich auch dessen grobe Fahrlässigkeit zurechnen lassen (vgl BGH BauR 1979, 249; NJW 1980, 880 Rn 15).

Zur denkbaren Verwirkung des Rückzahlungsanspruchs vgl STAUDINGER/PETERS (2000) Rn 121.

Der Erstattungsanspruch ist unter den Voraussetzungen des § 353 HGB verzinslich. Als gesetzliches Leitbild für Zinsklauseln in AGB des Bestellers können die §§ 638 Abs 4, 346 Abs 1, 347 Abs 1 BGB entsprechend herangezogen werden.

XIV. Teilabnahme

1. Allgemeines

Der Besteller kann das Werk auch in Teilen abnehmen. Dann ist nach § 641 Abs 1 **118**
S 2 BGB auch *die Vergütung für diesen Teil der Leistung* schon jetzt zu entrichten, sofern sie nur bestimmt ist. § 641 Abs 1 S 2 BGB ist ganz *§ 641 Abs 1 S 1 BGB nachgebildet* mit der einen Maßgabe, dass an die Stelle der Abnahme des Gesamtwerks eben die Abnahme von Teilen tritt. Mit dieser Modifikation können die Erl zu § 641 Abs 1 S 1 BGB entsprechend herangezogen werden.

In den Fällen des § 646 BGB tritt an die Stelle der Teilabnahme die Teilvollendung.

2. Gegenstand

Den Gegenstand der *Teilabnahme* legt das Gesetz nicht fest. Er kann in beliebiger **119**
Weise *von den Parteien verabredet* werden. Zweckmäßig ist eine Teilabnahme zunächst dann, wenn in sich abgeschlossene Teile eines Werkes vorliegen, *die selbständig beurteilt und genutzt werden können,* zB der Einbau eines von mehreren zu liefernden Fenstern. Vgl auch zu dem Begriff der in sich abgeschlossenen Teile der Leistung, § 12 Abs 2 VOB/B, § 640 Rn 73. Sinnvoll kann eine Teilabnahme ferner dann sein, wenn ein *bestimmter Leistungsabschnitt* erreicht ist, zB der Aushub der Baugrube, der Abschluss der Kellerdecke, auch wenn insoweit die eigenständige Nutzung des Teilwerkes noch nicht möglich ist. Angezeigt kann eine Teilabnahme schließlich dann sein, wenn es zweckmäßig ist, weiteres Arbeiten des Unternehmers von der Feststellung der Ordnungsmäßigkeit der ersten Leistungsabschnitte abhängig zu machen (Billigung der Druckvorlage bei der Erstellung eines Kataloges).

3. Pflicht zur Teilabnahme

Die Verpflichtung des Bestellers zur Teilabnahme ergibt sich nicht aus § 641 Abs 1 **120**
S 2 BGB; sie wird vielmehr *von dieser Bestimmung als anderweitig begründet vorausgesetzt.*

Hierfür kommt insbesondere eine Vereinbarung der Parteien in Betracht, wie sie insbesondere auch in AGB (des Unternehmers) enthalten sein kann. Grenzen für sie ergeben sich nicht aus den §§ 308, 309 BGB, ausnahmsweise aber aus § 307 Abs 2 Nr 1 BGB, *sofern nämlich das abzunehmende Teilwerk für sich gar nicht sinnvoll beurteilt oder gar benutzt werden kann* und auch der Gefahrübergang auf den Besteller deshalb unangemessen erscheint. Dann wird die Teilabnahmeklausel aber auch schon überraschend iSd § 305c Abs 1 BGB sein.

In weiteren Fällen kann sich eine Verpflichtung des Bestellers aber *auch aus Treu und Glauben* ergeben (aA ERMAN/SCHWENKER/RODEMANN § 641 Rn 7). Das ist insbesondere *bei in sich abgeschlossenen und eigenständig nutzbaren Teilwerken* der Fall, sofern der Besteller sie auch schon nutzen will. Dann wäre es unerträglich, wenn insoweit der dem Unternehmer nachteilige Zustand vor Abnahme (Verantwortlichkeit für Mängel, Gefahrtragung etc) sollte aufrechterhalten werden können.

Zur Teilabnahme kann sich der Besteller auch *freiwillig* bereitfinden.

Bei der Vollarchitektur findet eine Teilabnahme statt, wenn die abgeschlossene Planung dem Bauherrn vorgelegt wird und er sie dadurch billigt, dass er sie zur Umsetzung freigibt.

4. Teilvollendung

120a In den Fällen des § 646 BGB, also bei Werken, die nicht der Abnahme fähig sind (dazu § 646 Rn 9) tritt an die Stelle der Teilabnahme des § 641 Abs 1 S 2 BGB die Teilvollendung. Das ist ein Vorgang, der sich aus der Beschaffenheit des Werkes ergibt und damit von einer Vereinbarung der Parteien unabhängig ist.

Besondere praktische Bedeutung hat dies nach § 650s BGB bei der Vollarchitektur, wenn die Errichtung des Bauwerkes abgeschlossen und damit auch die Bauüberwachung des Architekten (Leistungsphase 8 des § 34 Abs 3 HOAI) beendet ist. Damit tritt eine Zäsur ein gegenüber der Schlussbegehung des Bauwerkes kurz vor Ablauf der Gewährleistungsfristen gegenüber den bauausführenden Firmen.

5. Beweislast

121 Dass eine Teilabnahme stattgefunden hat, ist als Ausnahme von der Regel, dass grundsätzlich erst das gesamte Werk abzunehmen ist, von dem Unternehmer *darzutun und zu beweisen.* Insofern hat er zunächst die Verpflichtung des Bestellers dazu darzutun; anschließend gelten die übrigen Regeln über die Abnahme.

Behauptet der Unternehmer eine *freiwillige Teilabnahme* des Bestellers, so gelten für ihren Nachweis *besonders strenge Anforderungen.* Bloße Billigungserklärungen des Bestellers können grundsätzlich nicht ausreichen. Erforderlich ist vielmehr der Nachweis eines Abnahmewillens des Bestellers, der in aller Regel die eigenständige Abnahmefähigkeit der Teilleistung voraussetzt.

6. Wirkungen

122 Die Teilabnahme hat *die üblichen Wirkungen der Abnahme;* insbesondere ist nach § 641 Abs 1 S 2 BGB der entsprechende Teil der Vergütung zu entrichten, sofern er „bestimmt" ist.

Die *Bestimmung der Vergütung für einen einzelnen Leistungsteil* ist dabei *in einem doppelten Sinne* zu verstehen. Zum einen muss der Vergütungsanteil *zahlenmäßig bestimmt* oder doch jedenfalls bestimmbar sein. Es muss *Kriterien für eine Aufspaltung des gesamten Werklohns geben.* Sodann muss der Werklohn „*für die einzelnen Teile bestimmt*" sein; treffender könnte man von „vorgesehen sein" reden. Das bedeutet, dass die Parteien auch schon *die einzelnen Teile des Werkes als vergütungsfähig* ansehen müssen, woran es zB fehlt, wenn zwar eine Leistungsstufe abgeschlossen ist, diese aber keinen eigenständigen Wert für den Besteller verkörpert, sondern nur eine Vorstufe für die eigentlich entscheidenden Leistungsstufen bildet. So kann es zB bei Druckvorlagen liegen.

Die Zahlung nach § 641 Abs 1 S 2 BGB ist eine endgültige; die sonst ähnliche Abschlagszahlung nach § 632a BGB nur eine vorläufige.

7. Unechte Teilabnahme

Eine unechte Teilabnahme liegt dann vor, wenn die abzunehmende Teilleistung **123** nicht in sich abgeschlossen ist, sondern die Beurteilung durch den Besteller nur deshalb jetzt erfolgt, weil die Beurteilung ihrer Qualität durch die Fortführung der Arbeiten erschwert wird (Übermauerung der Fundamente).

Zu ihr ist der Besteller grundsätzlich nach Treu und Glauben auf Verlangen des Unternehmers verpflichtet (vgl auch § 640 Rn 60).

Diese unechte Teilabnahme *beeinflusst nur die Beweislast für Mängel des Werkes* (vgl § 640 Rn 59), löst aber nicht die allgemeinen Folgen der Abnahme aus.

8. Regelung der VOB/B

Zur Teilabnahme nach § 12 Abs 2 VOB/B vgl § 640 Rn 57 ff.

Eine Verpflichtung des Bestellers zur *Teilschlusszahlung* besteht nach § 16 Abs 4 **124** VOB/B ohne Weiteres dann, wenn eine der Parteien das Verlangen stellt, über einen in sich abgeschlossenen Teil der Leistung endgültig abzurechnen. Es gelten die Abrechnungsgrundsätze des § 16 Abs 3 VOB/B entsprechend (dazu o Rn 75 ff), insbesondere auch dessen Nr 2 (vgl INGENSTAU/KORBION/LOCHER § 16 Abs 4 Rn 6; OLG Köln MDR 1985, 496; offengelassen in BGH NJW 1982, 1594 = LM § 16 [B] VOB/B Nr 4).

XV. Verzinsung der Werklohnforderung

1. Allgemeines

Die Verzinsung der Werklohnforderung, die § 641 Abs 4 BGB für die Zeit ab **125** Abnahme vorsieht, *entspricht der früheren Verzinsung des Kaufpreises ab Gefahrübergang* nach § 452 aF. Grundgedanke ist es, dass der Besteller *nicht gleichzeitig das Werk und den Werklohn soll nutzen dürfen;* einer dieser beiden Wertgegenstände muss dem Unternehmer zukommen. Die *Ausnahme für den Fall der Stundung* des Werklohns erklärt sich daraus, dass der Werkunternehmer die Zinseinbuße in zu vermutender Weise in den Werklohn einkalkuliert haben wird (vgl STAUDINGER/KÖHLER[12] § 452 aF Rn 1; anders ders [1995] § 452 aF Rn 1).

2. Voraussetzungen

a) Die Zinspflicht setzt zunächst voraus, dass die *Werkleistung abgenommen* **126** ist; insoweit reicht auch eine Teilabnahme aus (BGB-RGRK/GLANZMANN Rn 9), sofern und soweit das teilweise abgenommene Werk dem Besteller schon eine Nutzungsmöglichkeit vermittelt. Ob eine Abnahme vorliegt, ist nach allgemeinen Grundsätzen zu ermitteln (dazu § 640 Rn 6 ff). Es kommt nicht darauf an, ob sie geschuldet war.

Wenn die Abnahme des Werkes zu Unrecht verweigert wird, beginnt die Zinspflicht mit dem Zeitpunkt, in dem der Besteller in *Annahmeverzug* gesetzt wird, vgl auch die insoweit deutlichere Formulierung des § 452 BGB aF. Der Besteller soll ein Entgelt für die Nutzungsmöglichkeit des Werkes zahlen, und diese hat er von dem Angebot des ordnungsgemäßen Werkes an. *Auf die tatsächliche Nutzung kommt es nicht mehr an.*

127 **b)** Weiterhin muss die *Werklohnforderung fällig* sein (vgl Soergel/Huber § 452 aF Rn 10; Staudinger/Köhler [1995] § 452 aF Rn 7: beide zum Kauf). Das widerstreitet zwar dem Grundgedanken der Bestimmung, dass der Besteller das Werk nicht ohne Gegenleistung soll nutzen können, folgt aber zwingend daraus, dass die Verzinsungspflicht auch bei einer Stundung des Werklohns ausscheidet.

Die *Erteilung einer Rechnung* ist jedenfalls dann erforderlich, wenn diese Voraussetzung der Fälligkeit ist (dazu o Rn 28). Aber auch sonst wird man die Erteilung einer Rechnung jedenfalls dann zu fordern haben, wenn der Rechnungsbetrag dem Besteller nicht bekannt zu sein braucht (vgl Soergel/Huber § 452 aF Rn 12; **aA** BGH WM 1956, 1149, 1150). Die Zinspflicht muss *zuvor* als *stillschweigend ausgeschlossen* gelten, § 157 BGB.

c) Bei *Mängeln* der Werkleistung schließt das Zurückbehaltungsrecht des Bestellers wegen seines Nachbesserungsanspruchs den Zinsanspruch des Unternehmers aus (BGHZ 55, 198, 200; 61, 42, 46; BGB-RGRK/Glanzmann Rn 9). Dies gilt freilich *nur insoweit,* wie das Zurückbehaltungsrecht die Werklohnforderung erfasst. Ihr „freier" Teil muss verzinslich bleiben.

128 **d)** Der Werklohn darf nicht *gestundet* sein (zum Begriff der Stundung vgl Staudinger/Peters/Jacoby [2019] § 205 Rn 8 ff). Dabei ist die verbreitete Unterscheidung zwischen der Stundung im eigentlichen Sinne als der nach Eintritt der Fälligkeit getroffenen Vereinbarung späterer Fälligkeit und der Stundung im uneigentlichen Sinne als der von vornherein getroffenen Vereinbarung späterer Fälligkeit hier ohne Bedeutung: In beiden Fällen entfällt die Zinspflicht. *Von der Stundung zu unterscheiden* ist der Fall, dass der Unternehmer einstweilen von der gerichtlichen Durchsetzung seiner Forderung absieht, um dem Besteller Gelegenheit zur Beschaffung von Geld zu geben (vgl RGZ 83, 181). Beweispflichtig für die Stundung ist der Besteller. Dabei sind schon an seine Darlegung der Stundung strenge Anforderungen zu stellen. Endet die Stundung, so lebt die Zinspflicht nach § 641 Abs 4 BGB ohne Weiteres wieder auf.

3. Ausschluss

129 Die Bestimmung ist *disponibel* (RG SeuffA 67, 17; BGH WM 1956, 1152: zum Kauf).

Insbesondere wird sich bei *Kleingeschäften des täglichen Lebens* gemäß § 157 BGB vielfach ein stillschweigender Ausschluss der Zinspflicht – jedenfalls bis zur Rechnungserteilung – annehmen lassen. § 641 Abs 4 BGB ist aber auch dann als abbedungen anzusehen, wenn besondere Zahlungsbedingungen vereinbart sind (vgl BGH WM 1956, 1152 zu § 452 aF).

Ein *Ausschluss der Zinspflicht in AGB* ist ohne Weiteres zulässig. Ihre *Verschärfung* muss gemäß § 307 Abs 2 Nr 1 BGB dem bereicherungsrechtlichen Gedanken der Bestimmung Rechnung tragen, darf also nur dazu dienen, die Nutzungsvorteile des Bestellers zu pauschalieren. Unzulässig nach dieser Bestimmung ist es dagegen, wenn sich der Unternehmer der Sache nach Schadensersatz wegen der Vorenthaltung des Werklohns zusagen lässt; das verstößt wegen der fehlenden Notwendigkeit einer Mahnung zugleich auch gegen § 309 Nr 4 BGB (vgl aber auch STAUDINGER/COESTER-WALTJEN [2019] § 309 Nr 4 Rn 8, die offenbar jede Erhöhung des Zinssatzes für unzulässig hält).

4. Zinssatz

Mangels besonderer Vereinbarung *bemisst* sich der Zinssatz nach § 246 BGB (4%) **130** bzw nach § 352 HGB (5%).

5. Anderweitige Verzinsung

Dass der Besteller den Werklohn zu verzinsen hat, kann sich auch aus *anderen* **131** *Bestimmungen* ergeben, so insbesondere aus § 353 HGB in Höhe von 5% ab Fälligkeit, aus § 291 BGB, sowie aus Verzug, §§ 286, 288 BGB, Die nach § 641 Abs 4 BGB geschuldeten Zinsen sind *mit anderweitig begründeten Zinsen zu verrechnen*.

6. VOB/B

Im Geltungsbereich der VOB/B ist der Zinsanspruch nach § 641 Abs 4 BGB *aus-* **132** *geschlossen;* er ist durch die dortige Sonderregelung des § 16 Abs 5 VOB/B ersetzt (vgl BGH NJW 1964, 1223; OLG Naumburg NJW-RR 1997, 404).

§ 641a
Fertigstellungsbescheinigung

(weggefallen)

Die durch das G zur Beschleunigung fälliger Zahlungen v 31. 3. 2000 (BGBl I 330) ge- **1** schaffene Bestimmung ist von der Praxis nicht angenommen worden; das ForderungssicherungsG v 28. 10. 2008 (BGBl I 2022) hat sie mit Wirkung zum 31. 12. 2009 wieder aufgehoben.

§ 641a BGB gilt also noch fort für Verträge, die vor diesem Stichtag abgeschlossen **2** worden sind. Insoweit sei auf die Erläuterungen in STAUDINGER/PETERS/JACOBY (2008) Bezug genommen (vgl STAUDINGER/BGB-Synopse [2006] § 641a).

§ 642
Mitwirkung des Bestellers

(1) Ist bei der Herstellung des Werkes eine Handlung des Bestellers erforderlich, so kann der Unternehmer, wenn der Besteller durch das Unterlassen der Handlung in Verzug der Annahme kommt, eine angemessene Entschädigung verlangen.

(2) Die Höhe der Entschädigung bestimmt sich einerseits nach der Dauer des Verzugs und der Höhe der vereinbarten Vergütung, andererseits nach demjenigen, was der Unternehmer infolge des Verzugs an Aufwendungen erspart oder durch anderweitige Verwendung seiner Arbeitskraft erwerben kann.

Materialien: E I § 575; II § 579 Abs 1; III § 632; Mot II 494 ff; Prot II 2241 f; Jakobs/Schubert, Recht der Schuldverhältnisse II 886 ff.

Schrifttum

Althaus, § 642 BGB: Angemessene Entschädigung für nutzloses Bereithalten von Produktionsmitteln, NZBau 2018, 643

Armbrüster/Bickert, Unzulängliche Mitwirkung des Auftraggebers beim Bau- und Architektenvertrag, NZBau 2006, 153

Breyer, Ein Lösungsvorschlag zur Behandlung von Anordnungen des Auftraggebers zur Bauzeit, BauR 2006, 1222

vCraushaar, Der Vorunternehmer als Erfüllungsgehilfe des Auftraggebers, in: FS Vygen (1999) 154

Crome, Partiarische Rechtsgeschäfte (1897) 346

Diehr, Zahlungsansprüche des Auftragnehmers bei Bauablaufsstörungen im VOB-Vertrag – Verhältnis der Anspruchsgrundlagen, ZfBR 2006, 312

Duve, Es war einmal § 642 BGB …, NZBau 2018, 516

Eschenbruch/vRintelen, Bauablaufstörung und Terminfortschreibung, BauR 2010, 401

vGehlen, Haftung des Auftraggebers bei einem durch einen Vorunternehmer verursachten Baustillstand, ZfBR 2000, 291

Götz, Obliegenheiten und positive Forderungsverletzung – BGHZ 11, 80, JuS 1961, 56

Hartmann, Der Gegenleistungsanspruch des Werkunternehmers bei unterlassener Mitwirkung des Bestellers, BB 1997, 326

Heinle, Ansprüche des Architekten bei Bauzeitverlängerung. Zum Schattendasein des § 642 BGB, BauR 1992, 428

Hofmann, Die rechtliche Einordnung der Mitwirkungspflichten des Auftraggebers beim Bauvertrag, in: FS v Craushaar (1997) 219

Hüffer, Leistungsstörungen durch Gläubigerhandeln (1976)

Kapellmann, Der Verjährungsbeginn beim (vergütungsgleichen) Ersatzanspruch des Auftragnehmers aus § 6 Nr 6 VOB/B und aus § 642 BGB, BauR 1985, 123

ders, Die erforderliche Mitwirkung nach § 642 BGB, § 6 IV VOB/B – Vertragspflichten und keine Obliegenheiten, NZBau 2011, 193

Kleine-Möller, Die Haftung des Auftraggebers gegenüber einem behinderten Nachfolge-Unternehmer, NZBau 2000, 401

Kniffka, Die Kooperationspflichten der Bauvertragspartner im Bauvertrag, JbBauR 2001, 1

Kohler, Der Gläubigerverzug, ArchBürgR 13 (1897) 149

ders, Annahme und Annahmeverzug, JherJb 17 (1879) 281

Koller, Die Risikozurechnung bei Vertragsstörungen in Austauschverträgen (1979)

Kraus, Ansprüche des Auftragnehmers bei einem durch Vorunternehmer verursachten Baustillstand, ZfBR 2000, 291

Krebs/Steinke, Aktuelle Entwicklungen zum Entschädigungsanspruch aus § 642 BGB, ZfBR 2018, 115

Kues/Lüders, Die Behandlung von Allgemeinen Geschäftskosten bei gestörten Bauabläufen, BauR 2012, 1847

Lachmann, Die Rechtsfolgen unterlassener Mitwirkungshandlungen des Werkbestellers, BauR 1990, 409

Leinemann, Die Ermittlung und Berechnung von Ansprüchen aus gestörtem Bauablauf, NZBau 2009, 624

ders, Zu Inhalt und Umfang des Vergabeverfahrensrisikos, BauR 2009, 1032

Lenzen, Ansprüche gegen den Besteller, dem

Mitwirkungspflichten unmöglich werden, BauR 1997, 210
LEUPERTZ, Mitwirkung und Obliegenheit im Bauvertragsrecht, BauR 2010, 1999
MAXEM, Rechtsfolgen bei Verletzung von Mitwirkungspflichten durch den Besteller beim (Bau-)Werkvertrag, BauR 2003, 952
MÜLLER-FOELL, Die Mitwirkung des Bestellers beim Werkvertrag (1982)
NICKLISCH, Mitwirkungspflichten des Bestellers beim Werkvertrag, insbesondere beim Bau- und Industrieanlagenvertrag, BB 1979, 533
OERTMANN, Leistungsmöglichkeit und Annahmeverzug, AcP 116, 1
OLDIGS/HORNSCHUH, Der Entschädigungsanspruch nach § 642 BGB: wie gewonnen – so zerronnen?, BauR 2018, 407
PETERS, Die behindernde Wirkung eines Nachprüfungsverfahrens, NZBau 2010, 156
ders, Die Mitwirkung des Bestellers bei der Durchführung eines Bauvertrags, NZBau 2011, 641
RAAB, Zum Entschädigungsanspruch des Unternehmers bei fehlerhaftem Mitwirkungsverhalten des Bestellers, JZ 2001, 251
ROSENBERG, Der Verzug des Gläubigers, JherJb 43 (1901) 141

ROSKOSNY/BOLZ, Die Rechtsnatur des Entschädigungsanspruchs aus § 642 BGB und seine Berechnung, BauR 2006, 1804
SCHEUBE, Die Auftraggebermitwirkung im VOB/B-Bauvertrag; Obliegenheit oder Pflicht? (Diss Jena 2003)
SCHILDER, Der Anspruch aus § 642 BGB – Grundlagen und Berechnung der zusätzlichen Vergütung (Diss Köln 2006)
ders, Die Liquidation von Behinderungsschäden über § 642 BGB, BauR 2007, 450
SCHNEIDER, Die neue Rechtsprechung des BGH zu § 642 BGB – Ein Sieg der Dogmatik über das Rechtsempfinden?, BauR 2018, 411
SCHNEIDER, § 642 vs. 304 BGB – Zeit für ein Umdenken?, BauR 2019, 347
SIENZ, § 642 BGB: Anforderungen an die Substantiierung, BauR 2019, 360
STRUNK, Die Mitwirkung des Bestellers und ihre Auswirkungen auf den Vollzug des Werkvertrages (2008)
WEINGART, § 642 BGB – Entwicklung einer kohärenten Rechtsfolgenkonzeption abgeleitet aus der Gesetzessystematik, BauR 2018, 1789.

Weiteres Schrifttum zur Behinderung des Unternehmers u Rn 42.

Systematische Übersicht

I.	**Allgemeines**	
1.	Mitwirkung des Bestellers	1
2.	Problembereiche	2
a)	Verantwortungsbereiche der Parteien	2
b)	Rechtsnatur und Erzwingbarkeit der Mitwirkung	3
c)	Mängel des Werkes	4
d)	Verzögerung des Werkes	5
e)	Kostenfolgen	6
aa)	Wartezeiten	6
bb)	Kostensteigerung	6
cc)	Weitere Schäden	6
II.	**Mitwirkungshandlungen des Bestellers**	7
1.	Arten	7
a)	Positives Tun	7
b)	Unterlassen	8
2.	Sonstige Qualifikationen	8
3.	Anwendungsbereich der Bestimmung	9
4.	Eigene, fremde Mitwirkungen; äußere Einflüsse	10
5.	Ermittlung der Mitwirkungsobliegenheiten	11
III.	**Rechte und Pflichten des Unternehmers bei unterbleibender oder unqualifizierter Mitwirkung des Bestellers**	12
1.	Untersuchungs- und Rügepflicht	12
2.	Mahnung	14
3.	Ersetzungsbefugnisse des Unternehmers	15
a)	Ersatzlieferung	15
b)	Nachbesserung mangelhafter Mitwirkung	16

4.	Kündigung	16	**X.**	**Mitwirkungsbefugnisse des Bestellers**	
IV.	**Rechtsnatur der Mitwirkungshandlungen des Bestellers**		1.	Änderungen des Vertragsgegenstandes	38
1.	Gläubigerobliegenheit	17	2.	Einwirkungen auf die Arbeiten	40
2.	Fehlende Erzwingbarkeit	18	**XI.**	**Zur VOB/B**	
a)	Interessen des Bestellers	18	1.	Mitwirkungshandlungen des Bestellers	41
b)	Interessen des Unternehmers	19	2.	Behinderung und Unterbrechung der Ausführung	42
aa)	Mehrkosten	19	a)	Allgemeines	43
bb)	Mitwirkung und § 649	19	b)	Die Begriffe der Behinderung und der Unterbrechung	44
3.	Schuldnerpflichten des Bestellers	20	aa)	Begriffe	44
V.	**Abrechnung bei unterbliebener Mitwirkung**		bb)	Ursachen	44
1.	Notwendige Mitwirkung	21a	cc)	Vergabeverzögerung	44a
a)	Unmöglichkeit der Leistung des Unternehmers	21a	c)	Anzeigepflicht des Unternehmers	45
b)	Erschwerung der Leistung des Unternehmers	21b	d)	Verlängerung der Ausführungsfristen	50
2.	Nicht notwendige Mitwirkung des Bestellers	21c	aa)	Allgemeines	50
			bb)	Anerkannte Verlängerungsgründe	51
VI.	**Der Entschädigungsanspruch nach § 642**		e)	Pflichten des Unternehmers während und nach einer Behinderung oder Unterbrechung seiner Arbeiten	60
1.	Voraussetzungen	22			
a)	Mitwirkung, Abnahme	22	f)	Berechnung der Verlängerung der Ausführungsfristen	67
b)	Annahmeverzug	23			
2.	Rechtsfolgen	24	g)	Vorläufige Abrechnung während einer Unterbrechung der Leistung	70
a)	Vergütungsanspruch eigener Art	24			
b)	Bemessungskriterien	25	h)	Vorzeitige Kündigungsmöglichkeit wegen Unterbrechung der Leistung	77
c)	Kosten der Werkleistung	28			
VII.	**Weitere Rechte des Unternehmers bei Annahmeverzug des Bestellers**		aa)	Voraussetzungen	77
			bb)	Beiderseitiges Kündigungsrecht	79
1.	Ersatzvornahme	29	cc)	Abrechnung nach § 6 Nr 5 VOB/B	80
2.	§§ 300 ff	29	dd)	Konkurrenzen	81
VIII.	**Mitwirkungspflichten des Bestellers**		ee)	Geltung außerhalb des Anwendungsbereichs der VOB/B	82
1.	Voraussetzungen	31	i)	Schadensersatz wegen Behinderungsschäden	83
2.	Klagbarkeit	32			
3.	Schadensersatzansprüche	33	aa)	Allgemeines	83
a)	Voraussetzungen	33	bb)	Behinderung durch den Unternehmer	84
b)	Rechtsfolgen	34a			
IX.	**Leistungsbehinderung durch Naturereignisse oder Dritte**		cc)	Behinderungen des Unternehmers durch den Besteller	88
1.	Naturereignisse	35	dd)	Anspruch aus § 642	90
2.	Behinderung durch Dritte	37			

Alphabetische Übersicht

Abnahme	22
Abrechnung, vorläufige	70
Allgemeine Geschäftskosten	25
Änderung des Vertragsgegenstandes	38 f
Annahmeverzug	23, 29 f, 88
Anrechnungspositionen	26
Anzeigepflicht	45 ff
Aufgabenzuweisung	11
Äußere Einflüsse	10, 44
Ausführungsfrist	
– Berechnung	67 f
– Verlängerung der	50 ff
Aussperrung	54
Behinderung	42 ff
– durch den Besteller	88 f
– durch den Unternehmer	84 ff
– durch Dritte	37
– Wegfall der	65
Demonstration	56
Entschädigung	22 ff
Erfüllungsanspruch	21a f
Erfüllungsgehilfe	33, 89
Ersetzungsbefugnis des Unternehmers	15 f
Förderungspflicht des Unternehmers	60
Gemeinkosten	25
Geschäftsgrundlage, Störung der	77, 82
Gewalt, höhere	56
Gläubigerobliegenheit	17
Großanlagen	18
Haftung	
– des Bestellers	88 f
– des Unternehmers	85 ff
Haftungsminderung	30
Hinterlegung	30
Klagbarkeit	32
Kostennachteile	6, 28
Kündigung	30, 77 ff
Künstlerische Werke	18
Mahnung	14
Mängel des Werkes	4
Mehrkosten	21b f
Mitverschulden	13, 24
Mitwirkung	
– Befugnis zur	33
– durch Dritte	10
– Handlung	7 f
– Unterbleiben der	10
Naturereignisse	35 f
Obstruktives Verhalten	19
Pläne	7
Positives Tun	7
Risikobereich des Bestellers	51
Rügepflicht	12
Schadensersatz	21a f, 33 ff, 83 ff
Schlechterfüllung	44
Schuldnerpflicht	20, 31, 88
Streik	54 f
Tatsachen, offenkundige	47
Überwachung	40
Unmöglichkeit	21a, 44, 70 f
Unterbrechung	42 ff
Untergang des Werkes, zufälliger	30
Unterlassen	8
Unterstützungshandlungen	7
Untersuchungspflicht	12 f
Verantwortungsbereiche, Abgrenzung	2
Vergabeverzögerung	44a
Verjährung	27, 34
Vertragspreise	74
Verzögerungen	5
Vorunternehmer	52, 88
Wahlrecht	15
Wartezeiten	6, 25
Weiterführung der Arbeiten	60
Werklohnanspruch	21a f, 88
Witterungseinflüsse	58

I. Allgemeines

1. Mitwirkung des Bestellers

1 Dass das Werk ordnungsgemäß, also mangelfrei und rechtzeitig erstellt wird, *hängt nicht allein von dem Unternehmer selbst ab.* Es müssen hierzu vielmehr zunächst auch *äußere Rahmenbedingungen* gegeben sein wie etwa das Vorliegen notwendiger behördlicher Genehmigungen oder, vorzugsweise im Baubereich, ein die Herstellung ermöglichendes oder wenigstens nicht ausschließendes Wetter. Es muss sodann auch *der Besteller selbst mitwirken,* indem er die Planung, die er sich vorbehalten hat, zur Verfügung stellt, *den zu bearbeitenden Stoff liefert,* die Arbeiten, soweit das seine Aufgabe ist, vorbereitet, Farben wählt etc. Der Besteller kann durch eine unterlassene Mitwirkung *die Herstellung des Werkes verzögern,* diese sogar gänzlich unmöglich machen. Er kann weiterhin durch fehlerhafte Mitwirkung *Mängel des Werkes* verursachen. Dass das alles nicht zu Lasten des Unternehmers gehen darf, liegt auf der Hand.

2. Problembereiche

2 a) Es geht zunächst darum, die *Verantwortungsbereiche gegeneinander abzugrenzen.* Gewiss müssen die nachteiligen Folgen den Besteller treffen, wenn er das Baugrundstück nicht zur Verfügung stellt. Ebenso ist es Risiko des Unternehmers, dass er unsachgemäß arbeitet. Es gibt jedoch eine Reihe von *Störungsfaktoren, die sich nicht so eindeutig zuordnen lassen,* so namentlich – im Baubereich – die Vorarbeiten anderer Unternehmer und vor allem das Wetter. Das Gesetz trifft hierzu keine eigenständige Regelung, wenn es der Herstellung des Werkes durch den Unternehmer, § 631 Abs 1 BGB, schlicht in § 642 Abs 1 BGB „bei der Herstellung des Werkes erforderliche Handlungen des Bestellers" gegenüberstellt. Vgl näher in der VOB/B die §§ 3 (§ 633 Rn 15 ff), 4 (§ 633 Rn 30 ff), 6 (u Rn 42 ff).

3 b) Sodann ist die Frage zu beantworten, ob der Unternehmer *Mitwirkungshandlungen des Bestellers erzwingen, ersetzen oder korrigieren darf.* Sie hängt nicht zuletzt mit der Frage nach der *Rechtsnatur* der Mitwirkungshandlungen zusammen, die § 642 BGB durch die Bezugnahme auf die Bestimmungen über den Annahmeverzug offenbar als Gläubigerobliegenheit deutet.

4 c) Durch unterbleibende oder fehlerhafte Mitwirkung der Besteller können sich *Mängel des Werkes* einstellen. Die Verantwortlichkeit für diese Mängel regelt das Gesetz nicht näher. Sie wird durch einen *Rückgriff auf § 254 Abs 1* BGB gelöst, s dazu § 633 Rn 192 ff.

5 d) Dass der Besteller nicht hinreichend mitwirkt, kann *die Herstellung des Werkes verzögern*. Das kann nicht ohne Einfluss auf die *Ausführungsfristen* bleiben. Auch diesen Problemkreis regelt das Gesetz nicht eigens (vgl dazu u Rn 50 ff).

6 e) Unterbleibende oder nicht hinreichend qualifizierte Mitwirkung des Bestellers kann sich *für den Unternehmer kostenmäßig nachteilig* auswirken. Von den damit verbundenen Fragen regelt das Gesetz nur einen Teil.

aa) Zunächst kann es zu *Wartezeiten des Unternehmers* kommen, während derer er nutzlos Kapazitäten bereithält. Diese Kosten betrifft § 642 Abs 2 BGB. Weiter ist es denkbar, dass er das Werk länger in seiner *Obhut* bewahren muss. Über die damit verbundenen Kosten verhält sich § 304 BGB.

bb) Darüber hinaus kann es aber zu *Kostensteigerungen* kommen. Es ist denkbar, dass die Herstellung des Werkes in einen Zeitraum verlagert wird, der mit *höheren Kosten* verbunden ist, namentlich durch neue Tarifabschlüsse oder sonstige Preissteigerungen. Es ist aber auch denkbar, dass die Arbeiten des Unternehmers erschwert werden, indem sie *zu ungünstigerer Zeit* (Winter) durchgeführt werden müssen bzw *mit erhöhtem Aufwand* (fehlende oder unsachgerechte Vorarbeiten). Hierüber trifft das Gesetz keine eigenständige Regelung; vgl dazu u Rn 88.

cc) Schließlich kann der Unternehmer durch Verzögerung *geschädigt* werden, wenn diese ihn etwa an der Ausführung anderer Aufträge hindert. Nur mittelbar lässt sich dem Gesetz eine Zuweisung dieser Schäden daraus entnehmen, dass es die Mitwirkung des Bestellers als bloße Obliegenheit wertet.

II. Mitwirkungshandlungen des Bestellers

Mitwirkungshandlungen des Bestellers sind *solche Verhaltensweisen, von denen nach dem Inhalt des Vertrages der Beginn oder die Durchführung der Arbeiten des Unternehmers abhängig ist.* 7

1. Arten

Die Handlungen des Bestellers, um die es bei § 642 BGB geht, sind *in einem weiten Sinne* zu verstehen. Es geht teils um ein *positives Tun, teils aber auch um Unterlassung.*

a) Das *positive Tun,* das dem Besteller obliegt, kann namentlich vorab darin bestehen, den zu bearbeitenden Stoff zur Verfügung zu stellen, etwa notwendige behördliche Genehmigungen, Zeichnungen und Pläne, nach denen gearbeitet werden soll, Hilfsmittel, die bei der Herstellung des Werkes zu benutzen sind, Unterstützungsmaßnahmen vorzunehmen, wie zB Anschlüsse für Strom und Wasser zu bieten. Es kann um *eigene Arbeiten* gehen, wie etwa die Ausführung selbst übernommener Teile der Werkleistung oder das Lesen von Korrekturen oder um die Vorarbeiten anderer Unternehmer. Auch *Entscheidungen* können von dem Besteller zu treffen sein wie etwa die Farbenwahl oder die Auswahl zwischen alternativ angebotenen Positionen.

b) Auch ein *Unterlassen* kann dem Besteller obliegen. So darf er insbesondere 8 nicht die Werkleistung gefährden, indem er sie etwa vorzeitig in Benutzung nimmt, oder überhaupt den Unternehmer bei der Herstellung des Werkes behindern, zB – im krassesten Fall – durch Erteilung eines Hausverbots (dazu OLG Düsseldorf NJW-RR 2000, 466). Die Abgrenzung zwischen positivem Tun und Unterlassen des Bestellers wird oft schwierig sein. Doch *bedarf es einer scharfen Grenzziehung* wegen der Gleichheit der Rechtsfolgen *nicht.*

Ein Unterlassen liegt namentlich auch im Falle des öffentlichen Auftraggebers vor, den ein vergaberechtliches Nachprüfungsverfahren daran hindert, die Durchführung des Vertrages zu dem vorgesehenen Zeitpunkt beginnen zu lassen. Nur scheinbar liegt dieses Hindernis vor Vertragsschluss, wenn denn der endgültige Zuschlag zu den ursprünglichen Konditionen und damit letztlich rückwirkend erfolgt. Im Übrigen können die Mitwirkungshandlungen des Bestellers weiterhin sinnvoll nur vorvertraglich erbracht werden – Zu diesem Leistungshindernis noch u Rn 44a und Anh zu § 650a Rn 13.

2. Sonstige Qualifikationen

Mitwirkungshandlungen des Bestellers sind nicht nur solche, ohne die die Herstellung des Werkes unterbleiben müsste, sondern durchaus auch *solche, die der Unternehmer an sich selbst vornehmen könnte.* Sie können zentrale, aber auch periphere Punkte betreffen. Es ist denkbar, dass der Unternehmer sie abfordern muss, doch können sie auch spontan von dem Besteller vorzunehmen sein.

3. Anwendungsbereich der Bestimmung

9 § 642 BGB nennt nur den Fall, dass die Mitwirkungshandlungen überhaupt unterbleiben. Gleichgestellt werden muss aber der Fall, dass sie *nicht ordnungsgemäß vorgenommen* werden und dadurch die fehlerfreie Herstellung des Werkes verzögern und gefährden.

4. Eigene, fremde Mitwirkungen, äußere Einflüsse

10 Mitwirkungshandlungen hat der Besteller nur dann selbst vorzunehmen, wenn sie höchstpersönlicher Natur sind wie etwa das Porträtsitzen; im Übrigen kann sich der Besteller auch *Dritter* bedienen (BGB-RGRK/GLANZMANN Rn 2). Insoweit kommen bei Reparaturverträgen des täglichen Lebens vor allem Familienangehörige des Bestellers in Betracht, bei Bauverträgen der Architekt. Im Sinne des § 642 BGB (zu § 6 Abs 6 VOB/B s unten Rn 52, 83 ff) unterbleibt eine Mitwirkungshandlung des Bestellers aber namentlich auch dann, wenn ein anderer Unternehmer, auf dessen Leistungen dieser Unternehmer aufzubauen hat, nicht leistet. Das ist insbesondere im Baubereich bedeutsam, wo die einzelnen Gewerke an ordnungsgemäße und rechtzeitige Arbeiten anderer Gewerke anzuknüpfen haben. Dabei stellt sich dann die weitere Frage, ob der Besteller die Behinderung in direkter oder entsprechender Anwendung der §§ 276, 278 BGB zu vertreten hat oder nicht. Vertretenmüssen könnte zu Schadensersatzansprüchen führen. Auch ohne ein Vertretenmüssen tritt der in den §§ 642, 643 BGB angesprochene Annahmeverzug des Bestellers ein.

Dagegen fällt es nicht unter § 642 BGB, wenn eine Behinderung der Arbeiten des Unternehmers auf *äußere Einflüsse* zurückzuführen ist wie etwa das Wetter oder Eingriffe unbeteiligter Dritter. Doch *kann es Sache des Bestellers sein, solchen äußeren Einflüssen vorzubeugen,* zB durch Beheizen eines Bauwerks und Sicherungsmaßnahmen. Was insoweit von ihm an Mitwirkung zu erwarten ist, richtet sich in erster Linie nach den getroffenen *Vereinbarungen,* bei deren Schweigen nach der *Verkehrssitte,* die im Übrigen auch dem Unternehmer selbst derartige Sicherungspflichten auferlegen kann, s sogleich.

5. Ermittlung der Mitwirkungsobliegenheiten

Welche Mitwirkungshandlungen *dem Besteller – und nicht dem Unternehmer –* obliegen, ist in erster Linie eine Frage der getroffenen Vereinbarungen, sodann vor allem von der Verkehrssitte abhängig (vgl auch § 633 Rn 118 zu der Frage, wer zu verarbeitende Materialien zu beschaffen hat). Dabei können die Verhältnisse in den einzelnen Branchen unterschiedlich sein. So hat etwa beim *Bauvertrag* grundsätzlich der Besteller das zu bebauende Grundstück zu stellen, auch die Baugenehmigung zu beschaffen; demgegenüber wird der Bauunternehmer verpflichtungsgemäß die Baumaterialien besorgen. Grundsätzlich obliegt die Stellung von Werkzeugen und Hilfsmitteln dem Unternehmer. Zu Lager- und Arbeitsplätzen im Bereich des Bestellers, Anschlüssen für Wasser und Energie vgl die verallgemeinerungsfähigen Regelungen in § 4 Abs 4 VOB/B (dazu § 633 Rn 80 f), zum Schutz vor Beschädigung und Diebstahl daselbst § 4 Abs 5 (dazu § 633 Rn 82 ff). **11**

Nicht zu den Mitwirkungsobliegenheiten des Bestellers gehört es, die Anforderungen an die Werkleistung festzulegen, wie dies zB bei Software durch ein Pflichtenheft üblich ist. Das ist vielmehr eine Frage der Beschaffenheitsvereinbarung iSd § 633 Abs 2 BGB.

III. Rechte und Pflichten des Unternehmers bei unterbleibender oder unqualifizierter Mitwirkung des Bestellers

Unabhängig von der Frage nach der Rechtsnatur der Mitwirkung des Bestellers als Gläubigerobliegenheit oder Schuldnerpflicht (dazu u Rn 17 ff) lassen sich einige *allgemeine Grundsätze* über die Rechte und Pflichten des Unternehmers aufstellen. **12**

1. Untersuchungs- und Rügepflicht

Der Unternehmer ist verpflichtet, jene Mitwirkungshandlungen, die der Besteller vornimmt, darauf zu überprüfen, ob sie ordnungsgemäß und zweckmäßig sind.

a) Diese Verpflichtung, die in § 4 Abs 3 VOB/B (dazu § 633 Rn 62 ff), eine nähere Regelung gefunden hat, folgt *ganz allgemein aus § 241 Abs 2* BGB. Da typischerweise der Unternehmer über einen *höheren Sachverstand* verfügt als der Besteller, ist er gehalten, diesen auch einzusetzen.

b) Die Überprüfungspflicht des Unternehmers setzt voraus, dass zu Bedenken Anlass besteht. Wenn ein solcher gegeben ist, hat er dem nachzugehen und dem Besteller das Ergebnis mitzuteilen.

c) Die Überprüfungspflicht des Unternehmers ist eine *echte Rechtspflicht*. Ihre Verletzung kann bewirken, dass der Unternehmer *Mängel* oder Verzögerungen, die auf unterbleibende oder unqualifizierte Mitwirkung des Bestellers zurückzuführen sind, *(mit-)zu* vertreten hat. Eine Abwägung der beiderseitigen Verursachungsbeiträge hat in entsprechender Anwendung des § 254 Abs 1 BGB zu erfolgen (vgl zu dem Fall der Mängel § 633 Rn 192 ff). Eine Verletzung der Überprüfungspflicht kann auch gegenüber eigenen Ansprüchen des Unternehmers, namentlich dem aus § 642 BGB, den *Mitverschuldenseinwand* begründen. **13**

2. Mahnung

14 Der Unternehmer kann aus einer unterlassenen Mitwirkungshandlung des Bestellers Rechte nur herleiten, wenn er ihn *insoweit gemahnt* hat. Das folgt, wenn man die Mitwirkung des Bestellers als Schuldnerpflicht deutet, aus § 286 Abs 1 S 1 BGB, bei der Annahme einer Gläubigerobliegenheit aus § 295 S 2 BGB. *Ausnahmsweise* ist eine Mahnung *entbehrlich,* wenn für die Mitwirkungshandlung des Bestellers eine Zeit nach dem Kalender bestimmt ist, § 286 Abs 2 Nr 1 BGB bzw § 296 BGB. Ein Bauzeitenplan äußert diese Wirkung nur, wenn er verbindlich ist (BGHZ 143, 32, 38).

Ggf hat der Unternehmer nach § 254 Abs 2 S 1 HS 1 BGB darauf hinzuweisen, dass aus der unterlassenen Mitwirkung des Bestellers ein unverhältnismäßig hoher Schaden zu entstehen droht.

3. Ersetzungsbefugnisse des Unternehmers

a) Ersatzlieferung

15 Wenn die Mitwirkungshandlung des Bestellers gänzlich unterbleibt, ist es dem Unternehmer uU *möglich, diese seinerseits vorzunehmen.* Er kann zB vom Besteller zu liefernde Materialien selbst stellen, von diesem auszuführende Arbeiten selbst durchführen oder seinerseits dem Besteller obliegende Auswahlentscheidungen selbst treffen.

aa) Bei der Lieferung von Materialien und Ausführung von Arbeiten gilt, dass der Besteller sie hinzunehmen hat, wenn und soweit sie vertragsgemäß sind. Ihre Beseitigung zu verlangen, wäre mindestens treuwidrig.

Das bedeutet noch *nicht, dass der Besteller* derartige Leistungen *auch zu vergüten hat.* Eine Vergütungspflicht kann sich vielmehr nur unter eingeschränkten Voraussetzungen ergeben. Zunächst besteht sie, Mahnung des Bestellers vorausgesetzt, in entsprechender Anwendung des § 254 Abs 2 BGB, vgl auch § 304 BGB, *wenn das ersatzweise Tätigwerden des Unternehmers notwendig war, um noch höhere Verzögerungs- oder sonstige Schäden zu vermeiden.* Im Übrigen kann sich eine Vergütungspflicht aus den Bestimmungen über die *Geschäftsführung ohne Auftrag* ergeben (vgl auch § 2 Abs 8 VOB/B; dazu § 632 Rn 96 ff). Wie hier SOERGEL/TEICHMANN Rn 8 mit dem zutreffenden Hinweis, dass sich bei Ausgestaltung der Mitwirkung als Schuldnerpflicht für den Unternehmer aus § 637 BGB entsprechende Rechte ergeben (gegen eine Erstattungspflicht des Bestellers BGB-RGRK/GLANZMANN Rn 15; MünchKomm/SOERGEL[3] Rn 17).

bb) Bei *Auswahlentscheidungen des Bestellers* kann das Wahlrecht unter den Voraussetzungen des § 264 Abs 2 BGB auf den Unternehmer übergehen.

b) Nachbesserung mangelhafter Mitwirkung

16 Bei der Nachbesserung mangelhafter Mitwirkungshandlungen des Bestellers darf der Unternehmer auf Kosten des Bestellers *in entsprechender Anwendung der §§ 634 Nr 2, 637* BGB dann tätig werden, wenn er ihn fruchtlos zur Nachbesserung aufgefordert hat. Notwendig ist freilich, dass aus den Mängeln der Mitwirkungshandlungen Mängel der eigenen Leistung des Unternehmers zu entstehen drohen. Unter den Voraussetzungen des § 637 Abs 2 BGB kann der Unternehmer von einer Mahnung des Bestellers *absehen*.

4. Kündigung

§ 643 BGB gibt dem Unternehmer die Möglichkeit, den Vertrag zur Auflösung zu bringen (vgl § 643 Rn 14).

IV. Rechtsnatur der Mitwirkungshandlungen des Bestellers

1. Gläubigerobliegenheit

Die Mitwirkung des Bestellers ist nach der auf die §§ 293 ff BGB verweisenden 17 Fassung des § 642 Abs 1 BGB vom Gesetzgeber eindeutig als eine Gläubigerobliegenheit, nicht als eine Schuldnerpflicht konzipiert worden. Das ist unter dem maßgeblichen Einfluss von JOSEF KOHLER (JherJb 17 [1879] 281; ArchbürgR 3 [1897] 149) geschehen, kommt in den *Gesetzesmaterialien* deutlich zum Ausdruck, vgl Mot II 495; Prot II 328 (zu § 643 BGB) und wird *auch von der hM anerkannt*, auch wenn diese in der Terminologie nicht immer eindeutig ist, vgl zB BGHZ 50, 175, wo von Mitwirkungspflichten die Rede ist, und die Rechtsfolgen der Verletzung von Gläubigerobliegenheiten zuweilen denen der Verletzung von Schuldnerpflichten angenähert und sogar gleichgesetzt werden, vgl insbes BGHZ 11, 80, 86 und den Überblick bei MÜLLER-FOELL, Die Mitwirkung des Bestellers beim Werkvertrag (1982) 28 ff, 39 ff. Grundsätzlich im Sinne von Gläubigerobliegenheiten äußern sich aber RGZ 54, 98; RG SeuffArch 76 Nr 112; RGZ 168, 321, 327; BGHZ 11, 80; 50, 175, 178; BGH NJW 1984, 1080; ENNECCERUS/LEHMANN § 152 III; FIKENTSCHER/HEINEMANN § 84 II 2 Rn 1201; ESSER/WEYERS II 1 284; LARENZ II 1 371; MünchKomm/BUSCHE Rn 2, 4; PALANDT/SPRAU Rn 3; JAUERNIG/MANSEL §§ 642, 643 Rn 1; *ablehnend im Sinne einer echten Schuldnerpflicht* BGB-RGRK/GLANZMANN § 631 Rn 46, 94; § 642 Rn 2; ERMAN/SCHWENKER Rn 2, 10; KAPELLMANN NZBau 2011, 193; *differenzierend* auf Grund der Interessenlage NICKLISCH BB 1979, 533, der Schuldnerpflichten des Bestellers beim Großanlagenbau annimmt, zustimmend SOERGEL/TEICHMANN Rn 7; LENZEN BauR 1997, 210, 213; MÜLLER-FOELL 102, der Gleiches auch bei künstlerischen Werken vertritt. Die hM nimmt – zutreffend – an, dass der Besteller durch Parteiabrede zur Mitwirkung verpflichtet werden kann, vgl insbes LARENZ (II 1 371); JAUERNIG/MANSEL (§§ 642, 643 Rn 1).

2. Fehlende Erzwingbarkeit

Der *Ausgangspunkt des Gesetzes ist zu billigen,* dass die Mitwirkung des Bestellers 18 eine bloße Gläubigerobliegenheit ist, deren Erfüllung insbesondere nicht erzwungen werden kann.

a) Interessen des Bestellers

Das gilt zunächst *aus der Sicht des Bestellers.* Solange die Belange des Unternehmers gewahrt bleiben, dazu sogleich, *muss es ihm möglich sein, auf das Werk zu verzichten,* das sich vielleicht im Laufe der Herstellung als für ihn und seine Zwecke unbrauchbar erweist, ohne doch mangelhaft zu sein. Der Abschluss des Werkvertrages bedeutet eine schwerwiegende *Prognoseentscheidung, deren Korrektur möglich bleiben soll.* Die Annahme einer nicht erzwingbaren Gläubigerobliegenheit sichert ihm dies. Sie entspricht der freien Kündigungsmöglichkeit des Bestellers nach § 648 BGB. Es ist aber nicht einzusehen, warum der Besteller nur kündigen, nicht aber die tatsächliche Erstellung des Werkes blockieren können soll.

Hiervon sind *auch nicht in Teilbereichen Ausnahmen* zu machen. Das gilt namentlich für den Großanlagenbau, der zunächst in der Abgrenzung Probleme bereitet, aber auch sonst keine hinreichenden Besonderheiten aufweist. *Es ist nicht zu rechtfertigen, bei Fehldispositionen von einer bestimmten Größenordnung an die Korrekturmöglichkeit zu versagen. Bei künstlerischen Leistungen* liegen die Dinge nicht anders; ein Besteller sollte nicht gezwungen sein, bei einem Porträt mitzuwirken, das seinem Geschmack widerspricht. Eine Ausnahme ist endlich nicht geboten, wo eine besonders enge Kooperation der Parteien notwendig ist, zB der Besteller Vorgaben für Computersoftware zu machen hat (**aA** BGH CR 1989, 102; SOERGEL/TEICHMANN Rn 7).

b) Interessen des Unternehmers

19 Wenn der Unternehmer ein Interesse daran hat, *das Werk unter allen Umständen zu vollenden,* weil es zB für ihn werben soll, mag er entsprechende *Vereinbarungen mit dem Besteller* treffen (dazu u Rn 31 ff). Abgesehen von Fällen dieser Art ist es eine hinzunehmende und angesichts der Kostenbelastung des Bestellers durch das Werk auch zu billigende Entscheidung des Gesetzgebers, § 648 S 2 BGB, *nur das Interesse des Unternehmers an dem Gewinn aus dem Vertrag zu schützen.* Insoweit ist freilich die Konzeption der §§ 642, 643 BGB nicht hinreichend ausgereift; sie bedarf der Korrektur.

aa) Zunächst gilt es, vom Unternehmer *Mehrkosten abzuwenden,* die durch unterbleibende oder unqualifizierte Mitwirkung des Bestellers entstehen können. § 642 BGB deckt dies nicht vollständig ab, kann aber entsprechend erweitert ausgelegt werden, dazu u Rn 25, 28, 88.

bb) Sodann *scheint nach dem Gesetzeswortlaut* der §§ 643, 645 Abs 1 S 2 BGB der Besteller, der den Vertrag nicht mehr durchführen möchte, *besser zu stehen, wenn er nicht selbst* – mit der Folge des § 648 S 2 BGB – *kündigt,* sondern durch *obstruktives Verhalten* den Unternehmer in die Kündigung treibt. Doch muss insoweit die *Rechtsfolge* der vom Besteller veranlassten Kündigung des Unternehmers der der eigenen Kündigung des Bestellers *angeglichen* werden (dazu § 643 Rn 18 f).

Nimmt man diese Korrekturen vor, dann verbleibt ein legitimer Anwendungsbereich für eine Mitwirkungspflicht des Bestellers und für Schadensersatzansprüche aus ihrer Verletzung aus §§ 280 ff BGB nicht mehr. Schadensersatzansprüche sind mit ihrer Verschuldensvoraussetzung für den Unternehmer zuweilen sogar ungünstiger.

3. Schuldnerpflichten des Bestellers

20 Nach allem verbleibt für die Annahme einer Schuldnerpflicht des Bestellers zur Mitwirkung nur *ein denkbar geringer Raum.* Die Parteien können solche Pflichten vereinbaren, doch ergibt sich eine ausdrückliche Vereinbarung *nicht schon aus der Wortwahl* („Der Besteller hat ... zu tun, ist verpflichtet ..."), weil dies meist nur eine nachlässige und kaum zu vermeidende Ausdrucksweise ist, wie sie auch der höchst-

richterlichen Rechtsprechung unterläuft. Es muss vielmehr die Auslegung des Vertrages zu dem Ergebnis führen, dass nicht nur ein besonderes Interesse des Unternehmers an der Vollendung des Werkes besteht, sondern dass *dieses auch Inhalt des Vertrages geworden* ist. – Erst recht sind an die Annahme einer konkludenten Vereinbarung von Schuldnerpflichten des Bestellers zur Mitwirkung strenge Anforderungen zu stellen. Die bloße Art des Werkes reicht insoweit nicht aus (vgl o Rn 18).

Effektiv ist die Vereinbarung einer Schuldnerpflicht des Bestellers freilich nur bei gleichzeitiger Abbedingung seiner Kündigungsmöglichkeit nach § 648 BGB; außerdem wäre sie tunlichst durch Vertragsstrafen abzusichern.

Darüber hinaus wäre sie praktisch als solche nicht durchzusetzen. Eine entsprechende Klage des Unternehmers würde den Zeitrahmen des Werkvertrags schwer beeinträchtigen; einen vollstreckbaren Titel zu beschaffen kostet Zeit.

Man fragt sich auch, wie ein solcher Titel einen vollstreckungsfähigen Inhalt sollte haben können. Wie wäre es denn zu vollstrecken, wenn es an Baugrundstück, Baugenehmigung oder Planung fehlt? Selbst dort, wo der Besteller nur eine konkrete Maßnahme zu dulden hätte, ergeben sich Zweifel daran, ob sich bei seiner Weigerung der Duldungsanspruch des Unternehmers oder das Eigentum des Bestellers durchsetzen sollen, vgl den in Art 14 GG verankerten § 903 BGB.

So könnte eine Mitwirkungspflicht des Bestellers nur die Basis von Schadensersatzpflichten im Falle ihrer Verletzung sein – so ist § 6 Abs 6 VOB/B konzipiert. Jedoch sind Mehrkosten des Unternehmers infolge mangelhafter Mitwirkung des Bestellers auf der Erfüllungsebene im Rahmen seines Werklohnanspruchs zu regulieren (näher sogleich u Rn 21a f), was die Regulierung auf der Sekundärebene eines Schadensersatzanspruches erübrigt.

Im Rahmen der allgemeinen Grundsätze bleibt der Besteller verpflichtet, die *Rechts-* **21** *güter des Unternehmers nicht zu schädigen.* Tut er es gleichwohl, so haftet er dem Unternehmer gegebenenfalls aus den §§ 823 ff BGB, vor allem aber aus den §§ 280 Abs 1, 241 Abs 2 BGB. Bezieht sich freilich seine Schädigung auf das noch nicht abgenommene Werk, so sind die Rechte des Unternehmers aus § 645 BGB herzuleiten, vgl § 645 Rn 32 ff. Verursacht der Besteller Mängel des Werkes, so sind seine Gewährleistungsrechte in entsprechender Anwendung des § 254 Abs 1 BGB zu kürzen (vgl § 633 Rn 192 ff).

V. Abrechnung bei unterbleibender Mitwirkung

1. Notwendige Mitwirkung

a) Unmöglichkeit der Leistung des Unternehmers

Unterbleibende Mitwirkung des Bestellers kann dazu führen, dass dem Unterneh- **21a** mer die Erbringung seiner Leistung unmöglich wird; der Besteller stellt zB ein bebauunfähiges Grundstück zur Verfügung oder besorgt keine Baugenehmigung.

aa) Das ist dann ein Fall des § 326 Abs 2 BGB; die Leistung wird dem Unternehmer aufgrund eines Umstandes unmöglich, der in den Bereich der Verantwortlichkeit des Bestellers fällt. Dass der Unternehmer nach § 643 BGB kündigen könnte, schließt die Anwendbarkeit des § 326 Abs 2 BGB nicht aus.

Nach der klaren Fassung des Gesetzes erwächst dem Unternehmer nicht etwa ein Schadensersatzanspruch, sondern ihm steht sein ursprünglicher auf Zahlung des Werklohns gerichteter Erfüllungsanspruch zu, bei dem er sich freilich die Abzüge des § 326 Abs 2 S 2 BGB gefallen lassen muss, also namentlich die Möglichkeit anderweitigen Erwerbs nicht böswillig auslassen darf.

bb) Ein Schadensersatzanspruch des Unternehmers besteht daneben nicht, wenn der Besteller denn grundsätzlich nicht zur Mitwirkung verpflichtet ist.

Ist aber eine Mitwirkungspflicht des Bestellers vereinbart, wäre ein aus ihrer Verletzung resultierender Schadensersatzanspruch des Unternehmers funktionslos. Mehr als § 326 Abs 2 BGB kann er dem Unternehmer auch nicht bringen. Und als Schadensersatzanspruch wäre er von einem Vertretenmüssen des Bestellers abhängig und damit der Entlastungsmöglichkeit des § 280 Abs 1 S 2 BGB ausgesetzt.

b) Erschwerung der Leistung des Unternehmers

21b Die Regel wird es sein, dass dem Unternehmer die Erbringung seiner Leistung nicht gänzlich unmöglich gemacht wird, sondern sie nur erschwert wird. Das kann dann leicht mit Kostensteigerungen verbunden sein; schon die zeitliche Verschiebung seiner Leistung wird damit weithin verbunden sein.

aa) Auch diese Problematik ist mit Hilfe des § 326 Abs 2 BGB zu lösen. Mit unterlassener notwendiger Mitwirkung macht es der Besteller dem Unternehmer unmöglich, zu den ursprünglich zu erwartenden Kosten zu arbeiten. Anders ausgedrückt soll § 326 Abs 2 BGB die berechtigte und vertraglich anerkannte Gewinnaussicht des Unternehmers sichern. Wird diese durch zusätzliche Kosten aus dem Verantwortungsbereich des Bestellers beeinträchtigt, müssen diese Zusatzkosten zu Lasten des Bestellers gehen. Eine solche zusätzliche Zahlungspflicht des in Annahmeverzug befindlichen Gläubigers ist dem Gesetz auch sonst nicht fremd, vgl die von § 304 BGB angesprochenen Lagerkosten.

bb) Wiederum wäre daneben ein Schadensersatzanspruch des Unternehmers aus Verletzung einer vereinbarten Mitwirkungshandlung des Bestellers funktionslos. Mehr als der eben skizzierte Anspruch aus Gläubigerverzug kann er auch nicht bringen, und er wäre eben der Entlastungsmöglichkeit des § 280 Abs 1 S 2 BGB ausgesetzt.

cc) Die praktische Schwierigkeit aller Ansprüche des Unternehmers besteht darin, dass es bei der Behinderung und ihren kausalen Folgen um den Grund des Anspruchs geht und damit die Erleichterungen des § 287 ZPO nicht eingreifen.

2. Nicht notwendige Mitwirkung des Bestellers

21c Ausnahmsweise ist die Mitwirkung des Bestellers nicht notwendig, aber doch nützlich. Das gilt zB für die Überlassung vorhandener Anschlüsse für Wasser und Energie, vgl § 4 Abs 4 Nr 3 VOB/B; insoweit könnte sich der Unternehmer auch selbst behelfen. Auch hier hat der Besteller für Mehrkosten aufzukommen, die sich aus der Beeinträchtigung der berechtigten Kalkulation des Unternehmers ergeben. Die Grundlage hierfür liefert wiederum § 326 Abs 2 BGB und der Rechtsgedanke des § 304 BGB; einen vollstreckbaren Titel zu beschaffen kostet Zeit.

VI. Der Entschädigungsanspruch nach § 642

1. Voraussetzungen

a) Zu den Mitwirkungshandlungen des Bestellers o Rn 7 ff. Sie betreffen regelmäßig die Herstellung des Werkes, doch gehört hierher auch der Abruf der Leistungen des Unternehmers (BGB-RGRK/Glanzmann Rn 2; **aA** Erman/Schwenker Rn 3). **22**

Die *Abnahme* der Werkleistung ist zwar in § 640 Abs 1 BGB als Schuldnerpflicht ausgestaltet, doch gerät der grundlos die Abnahme verweigernde Besteller hinsichtlich der Ablieferung des Werkes in Annahmeverzug. Es ist kein hinreichender Grund ersichtlich, dem Unternehmer insoweit den Entschädigungsanspruch nach § 642 BGB zu verweigern (**aA** Erman/Schwenker Rn 3; Soergel/Teichmann Rn 5 unter Hinweis auf § 304). Doch ist § 304 BGB nicht vorrangig.

b) § 642 Abs 1 BGB nimmt auf die *Bestimmungen* der §§ 293 ff BGB *über den Annahmeverzug* Bezug. Die wichtigste Konsequenz daraus ist, dass ein *Verschulden des Bestellers nicht notwendig* ist (RGZ 100, 46; BGB-RGRK/Glanzmann Rn 4). Auch sonst sind die Ursachen der unterlassenen Mitwirkung unerheblich. Zu Lasten des Bestellers muss es zB gehen, wenn ein Vorunternehmer zögerlich arbeitet, auf dessen Leistungen dieser Unternehmer aufbauen soll: Damit stellt er, der Besteller, selbst den zu bearbeitenden Stoff nicht rechtzeitig zur Verfügung (vgl BGHZ 143, 32, 40). Aus der Bezugnahme auf die §§ 293 ff BGB folgt ferner, dass *die Bestimmungen der §§ 293–296 BGB über das Angebot der Leistung Anwendung* finden müssen (OLG Stuttgart BauR 1973, 385). Zum Angebot gehört bei einem VOB-Vertrag auch ggf eine konkrete Behinderungsanzeige nach § 6 Nr 1 VOB/B (BGHZ 143, 32, 41). Diese ist aber auch sonst zu fordern, wo eine Behinderung vorliegt und dem Besteller nicht offensichtlich ist; er muss ggf Abhilfe schaffen können. Sinngemäß passt auch § 299 BGB, nach dem der Besteller nicht in Annahmeverzug gerät, wenn eine Zeit für die Leistung nicht bestimmt war und er nur vorübergehend an der Annahme verhindert ist, sofern ihm der Unternehmer nicht die Leistung in angemessener Zeit vorher angekündigt hat. Schließlich folgt aus § 297 BGB, dass die Leistung dem Unternehmer überhaupt möglich sein muss. **23**

2. Rechtsfolgen

Bei unterbliebener – oder mangelhafter – Mitwirkung des Bestellers erwirbt der Unternehmer einen **Anspruch auf eine angemessene Entschädigung**, den Abs 2 in seinem Umfang näher präzisiert. **24**

a) Vergütungsanspruch eigener Art

Nach dem Wortlaut des § 642 BGB, angesichts der aufgestellten Voraussetzungen, zu denen ein Verschulden des Bestellers nicht gehört (Erman/Schwenker Rn 4), sowie angesichts der Direktiven in Abs 2 für die Anspruchsbemessung gewährt § 642 BGB dem Unternehmen *keinen Schadensersatzanspruch* (aA SOERGEL/TEICHMANN Rn 6: „eigenständiger Schadensersatzanspruch"; AG Aachen NJW 1997, 2058). Es handelt sich vielmehr um einen *Vergütungsanspruch eigener Art für die fruchtlose Bereithaltung der Kapazitäten*, der den Nachweis eines Schadens durch den Unternehmer nicht voraussetzt (ERMAN/SCHWENKER Rn 5).

Aus dem Vergütungscharakter des Anspruchs folgt freilich nicht, dass *insbesondere* § 254 BGB nicht anzuwenden wäre (aA STAUDINGER/SCHIEMANN [2017] § 254 Rn 24; BGB-RGRK/GLANZMANN Rn 6). Bei der Anspruchsentstehung ist angesichts des notwendigen Annahmeverzuges eine *Mitverursachung durch den Unternehmer* freilich nur selten denkbar. Versäumt der Unternehmer anderweitige Einnahmen, so fällt dies unter § 642 Abs 2 BGB aE; im Übrigen wird ihm eben auch nur eine „angemessene" Entschädigung geschuldet.

Da der Unternehmer mit der Vorhaltung seiner Kapazitäten eine Leistung erbringt, fällt Umsatzsteuer an (BGH NJW 2008, 1523 = NZBau 2008, 318).

b) Bemessungskriterien

25 § 642 BGB betrifft unmittelbar nur *Wartezeiten* des Unternehmers („Dauer des Verzuges"). Hierfür soll ihm eine „angemessene" Entschädigung gezahlt werden.

aa) Anzusetzen ist dabei auf jeden Fall die *volle Wartezeit* als *jene Zeit, für die Mitarbeiter, Maschinen und Materialien nicht gewinnbringend anderweitig eingesetzt werden können, weil sie für dieses Objekt zur Verfügung stehen mussten.* Im Hinblick auf den Deckungsbeitrag zu den allgemeinen Geschäftskosten (§ 632 Rn 63) lässt sich freilich argumentieren, dass dieser, wenn es nicht zur Kündigung kommt, nur einstweilen ausbleibe und daher nicht anzusetzen sei. Indessen fallen auch diese Gemeinkosten zeitanteilig an, sodass es während der Verzögerung zu einer Unterdeckung kommt, die zu entschädigen ist (KUES/LÜDERS BauR 2012, 1847, 1850 ff).

In *preislicher Hinsicht* ist von der vereinbarten Vergütung auszugehen, so wie sie der Unternehmer kalkuliert hat, bzw jener, die sich aus § 632 Abs 2 BGB ergibt. Dabei ist die Entschädigung nach unten jedenfalls durch die *Selbstkosten* des Unternehmers begrenzt, es sei denn, die vereinbarten Preise lägen darunter. Doch ist es nicht einzusehen, warum der wartende Unternehmer nicht *auch den kalkulierten Gewinnanteil* soll ansetzen können (aA BGHZ 143, 32, 40).

Wenn die Entschädigung angemessen sein soll, so bedeutet dies, dass der Unternehmer jene Bereitstellungskosten fordern kann, die er den Umständen nach für erforderlich halten darf, vgl § 670 BGB; im Ergebnis wohl ähnlich BGB-RGRK/GLANZMANN Rn 6, der § 319 Abs 3 BGB heranziehen will. Doch ist der Prüfungsmaßstab hier strenger als im Bereich jener Vorschrift. Jedenfalls ist mit BGB-RGRK/GLANZMANN (Rn 6) § 287 ZPO anzuwenden.

Voll anzusetzen sind mit den vertraglichen oder üblichen, § 632 Abs 2 BGB, Sätzen aber auch *Kosten der vorläufigen Obhut für das stillliegende Werk*. Spätere Beschleunigungskosten fallen nicht unter § 642 Abs 1 BGB (OLG Jena NZBau 2006, 510, 513). Die ergänzende Vertragsauslegung wird aber ergeben, dass sie dem Besteller zur Last fallen müssen, weil sie in seinem Verantwortungsbereich fallen, wenn er den

Ausgleich des zeitlichen Rückstandes verlangt. Schadensersatzansprüche wegen Schuldnerverzuges stehen dem Unternehmer insoweit nicht zu (aA Messerschmidt/Voit/Stickler Rn 43).

bb) Die *Anrechnungsregelung* des § 642 Abs 2 BGB aE entspricht in ihrer Struktur 26 denen der §§ 326, 615, 648 BGB. Die Berücksichtigung *ersparter Aufwendungen* ist eine Selbstverständlichkeit. Bei dem unterlassenen anderweitigen Erwerb fordert das Gesetz hier keine Böswilligkeit des Unternehmers. Grundsätzlich ist also *jeder mögliche anderweitige Erwerb* anzusetzen (BGB-RGRK/Glanzmann Rn 9; Erman/Schwenker Rn 5), wobei dem Unternehmer *auch Arbeiten unter Selbstkosten zuzumuten* sind, weil er die Differenz von dem Besteller ersetzt erhält. Doch darf der Unternehmer nach seinem Ermessen anderweitige Aufträge ausschlagen, sofern deren Übernahme seine Erfüllungsfähigkeit für diesen Auftrag gefährdet.

Sofern es dem Unternehmer an anderweitigen Aufträgen mangelt, darf er dieses sein Unternehmerrisiko im Falle längerfristigen Annahmeverzuges nicht dem Besteller in Rechnung stellen; es fehlt dann an der *Kausalität* des Annahmeverzuges für die Untätigkeit.

cc) Die *Beweislast* für das Entstehen des Entschädigungsanspruchs trifft den Unternehmer; der Besteller hat die Anrechnungsbeträge darzutun und zu beweisen.

dd) Der Anspruch auf die Entschädigung tritt neben den Vergütungsanspruch des 27 Unternehmers für das fertige Werk bzw Ansprüche aus den §§ 645, 648 BGB und ist mit diesen nicht zu verrechnen (BGB-RGRK/Glanzmann Rn 11). Er tritt auch neben etwaige Schadensersatzansprüche gegen den Besteller wegen Verzuges oder aus den §§ 280 Abs 1, 241 Abs 2 BGB (BGB-RGRK/Glanzmann). Bei Vereinbarung der VOB/B steht er neben dem dortigen Anspruch aus § 6 Abs 6 VOB/B (vgl dort § 6 Abs 6 S 2 VOB/B); mit diesem ist er zu verrechnen, wenn es denn zu einer doppelten Berücksichtigung von Positionen nicht kommen darf.

§ 642 BGB gehört zu den wesentlichen Grundgedanken der gesetzlichen Regelung iSd § 307 Abs 2 Nr 1 BGB, vgl aber auch u Rn 90 zu § 6 Abs 6 S 2 VOB/B.

Die *Verjährung* folgt den §§ 195, 199 BGB.

c) Kosten der Werkleistung
Wenn sich für den Unternehmer die Kosten der Werkleistung selbst dadurch erhö- 28 hen, dass er sie zu einem späteren Zeitpunkt erbringt oder jetzt vielleicht auch zum Zweck der Beschleunigung mehr Personal einsetzt, ist das kein Fall des § 642 BGB. Vielmehr garantiert ihm § 326 Abs 2 BGB, dass seine Gewinnerwartung aus dem Vertrag durch Annahmeverzug des Bestellers nicht geschmälert wird. Sein Werklohnanspruch ist also entsprechend den gestiegenen Kosten aufzustocken.

VII. Weitere Rechte des Unternehmers bei Annahmeverzug des Bestellers

1. Zur Möglichkeit der Ersatzvornahme o Rn 15. 29

2. §§ 300 ff

Wenn die unterbleibende Mitwirkung als Annahmeverzug gewertet wird, sind damit grundsätzlich die §§ 300 ff BGB anwendbar.

a) Insoweit ist § 304 BGB von praktischer Bedeutung, der dem Unternehmer einen Anspruch auf Ersatz der *Kosten für das erfolglose Angebot* gibt, sowie der durch den Annahmeverzug bedingten *Mehrkosten für die Aufbewahrung* und Erhaltung der schon erstellten Werkteile. § 642 BGB ergänzt diese Bestimmung, verdrängt sie aber nicht (ERMAN/SCHWENKER Rn 1).

30 b) Dagegen kommt der Unternehmer *nicht* in den Genuss *der Haftungsminderung* nach § 300 Abs 1 BGB, was auch sinnwidrig wäre. Die Bestimmung wird von der hM trotz der weiten Fassung des Wortlauts ohnehin nicht angewendet auf Nebenpflichten, wie sie durch die §§ 280 Abs 1, 241 Abs 2 BGB sanktioniert sind (BGH LM § 651 Nr 3 Bl 2 R; RG SeuffA 76, 96; RG JW 1921, 394). Aber *auch das Werk selbst hat der Unternehmer mit der normalen Sorgfalt zu wahren und zu fördern.*

c) Die §§ 300 Abs 2 bis 303 BGB können keine Anwendung finden.

d) Eine *Hinterlegungsmöglichkeit* nach den §§ 383, 372 BGB erwirbt der Unternehmer *nicht*.

e) Zum zufälligen Untergang und zur zufälligen Verschlechterung des Werkes während des Mitwirkungsverzuges des Bestellers vgl § 644 Rn 26.

f) Zu *Kündigungsmöglichkeiten* des Unternehmers auf Grund unterbleibender oder mangelhafter Mitwirkung des Bestellers s die Erl zu § 643 BGB (s § 643 Rn 4).

g) Einen Anspruch auf Vornahme der Mitwirkungshandlungen hat der Unternehmer nicht, sofern diese nicht als Bestellerpflichten ausgestaltet sind (MÜLLER-FOELL 130; ERMAN/SCHWENKER Rn 8).

VIII. Mitwirkungspflichten des Bestellers

1. Voraussetzungen

31 Es bleibt denkbar (o Rn 20 ff), dass bestimmte Mitwirkungshandlungen des Bestellers zu *echten Schuldnerpflichten* ausgestaltet sind, auch wenn insoweit *strenge Anforderungen* gestellt werden müssen, weil die gesetzliche Konzeption von Gläubigerobliegenheiten den Interessen der Parteien grundsätzlich gerecht wird (o Rn 20).

Verlässliche Kriterien für die Annahme echter Rechtspflichten zu entwickeln, ist *schwierig*. Die *Interessenlage,* die nach den §§ 133, 157 BGB ausgewertet werden könnte, hilft nach den angestellten Überlegungen kaum weiter. Gerade für die als Beispiel genannten Großanlagen (NICKLISCH BB 1979, 541; MÜLLER-FOELL 104), oder die ebenfalls genannten künstlerischen Leistungen ergeben sich insoweit keine Besonderheiten. Ebenfalls reicht es für die Annahme von Schuldnerpflichten *nicht* aus, wenn die Mitwirkungshandlungen des Bestellers *in imperativischer Form* angesprochen werden (aA Nicklisch BB 1979, 541 für die imperativischen Formulierungen der VOB/B [§§ 3 Abs 1, 4 Abs 1 Nr 1], da sich dies *schon sprachlich oft kaum vermeiden lässt,* ohne dass dem ein entsprechender Rechtsfolgenwille zugrunde liegen müsste).

2. Klagbarkeit

Soweit danach *Rechtspflichten* des Bestellers bestehen, sind diese *einklagbar,* vgl **32** aber o Rn 20 zu der Schwierigkeit, einer Verurteilung des Bestellers einen vollstreckungsfähigen Inhalt zu geben. Allerdings scheidet eine Durchsetzung im Wege der *einstweiligen Verfügung* grundsätzlich aus, weil diese auf Erfüllung gerichtet sein müsste (aA Nicklisch BB 1979, 542; Müller-Foell 116). Eine Ersatzvornahme ist dem Unternehmer in entsprechender Anwendung der §§ 634 Nr 2, 637 BGB möglich (vgl Soergel/Teichmann Rn 8), dies freilich natürlich nicht bei solchen Mitwirkungshandlungen, die nur der Besteller selbst vornehmen kann.

3. Schadensersatzansprüche

a) Voraussetzungen

Schadensersatzansprüche wegen pflichtwidrig unterlassener Mitwirkungshandlungen **33** des Bestellers sind *aus den §§ 280 Abs 1, Abs 2, 286 BGB herzuleiten* (Erman/Schwenker Rn 10; BGB-RGRK/Glanzmann Rn 13; Soergel/Teichmann Rn 9; Nicklisch BB 1979, 542; Müller-Foell 119), sodass also auch die allgemeinen Verzugsvoraussetzungen gegeben sein müssen, wozu neben einer *Mahnung* oder einem *kalendermäßig bestimmten Termin* für die Mitwirkungshandlung namentlich ein Vertretenmüssen des Bestellers gehört, § 286 Abs 4 BGB. Insoweit kann ein eigenes Verschulden des Bestellers vorliegen. Er hat sich aber nach § 278 BGB auch das Verschulden seiner eigenen Mitarbeiter zurechnen zu lassen, zu denen im Baubereich insbesondere der Architekt gehört, dem die zeitliche Planung und Überwachung aufgetragen ist (vgl – zu § 6 Nr 6 VOB/B – OLG Köln NJW 1968, 71; Walzel BauR 1984, 569).

§ 278 BGB muss aber auch dann anwendbar sein, wenn der Besteller seine *Mitwirkungspflichten durch sonstige, insbesondere selbständige Dritte* erfüllt. Die Selbständigkeit eines Dritten ist ebenso wenig Anlass, seine Stellung als Erfüllungsgehilfe zu leugnen, wie die damit verbundene Risikoerhöhung für den Besteller (aA zu letzterem Walzel BauR 1984, 569). Bei der Vereinbarung von Schuldnerpflichten hat der Besteller also auch dafür einzustehen, wenn andere von ihm beauftragte Unternehmer, die Vorleistungen für diesen zu erbringen haben, schuldhaft Verzögerungen verursachen.

Wenn der Besteller in *mangelhafter Weise* mitwirkt, muss er sich dies zunächst in **34** entsprechender Anwendung des § 254 BGB auf seine Gewährleistungsansprüche anrechnen lassen, sofern daraus Mängel des Werkes resultieren (s § 633 Rn 192 ff). Im Übrigen können sich daraus Schadensersatzansprüche des Unternehmers aus den §§ 280 Abs 1, 241 Abs 2 BGB ergeben (Müller-Foell 121 f).

Für Schadensersatzansprüche des Unternehmers aus den §§ 280, 281, 283 BGB kommt es darauf an, ob die Mitwirkung des Bestellers als *Hauptpflicht* ausgestaltet ist. Das wird man gegen BGB-RGRK/Glanzmann Rn 13 weithin zu bejahen haben, und zwar jedenfalls dann, wenn die unterbleibende Mitwirkung des Bestellers die Abwicklung des Vertrages insgesamt oder doch nachhaltig blockiert, vgl auch BGHZ 11, 80, wo § 326 BGB aF freilich unzutreffend auf die Verletzung einer Obliegenheit angewendet ist.

b) Rechtsfolgen

34a Es ist nicht ersichtlich, welche Vorteile ein Schadensersatzanspruch des Unternehmers gegenüber einer aus dem Annahmeverzug des Bestellers nach § 326 Abs 2 BGB herzuleitenden Aufstockung seines Erfüllungsanspruchs auf Werklohn haben sollte (o Rn 21b).

Die zu ersetzenden Schäden des Unternehmers umfassen seine gesamten verzögerungsbedingten Einbußen sowie den entgangenen Gewinn.

Die *Verjährung* der Schadensersatzansprüche folgt den §§ 195, 199 BGB.

IX. Leistungsbehinderung durch Naturereignisse oder Dritte

1. Naturereignisse

35 Der Unternehmer kann an der Erbringung seiner Leistung durch Naturereignisse, insbesondere die Witterungsverhältnisse, *behindert* werden.

a) Das fällt *nur dann in den Verantwortungsbereich des Bestellers,* wenn dieser es besonders übernommen hat oder wenn er kraft der Verkehrssitte als gehalten angesehen werden kann, diesen Einflüssen – zB durch ein Beheizen der Baustelle – entgegenzuwirken. In diesem Rahmen kann es zu Ansprüchen des Unternehmers aus Annahmeverzug des Bestellers kommen, § 326 Abs 2 BGB.

b) In der Regel muss es aber als die *Aufgabe des sachverständigen Unternehmers* angesehen werden, die denkbaren Witterungseinflüsse einzukalkulieren, wenn er sich zu einer bestimmten Leistung zu einer bestimmten Zeit und innerhalb eines bestimmten Zeitraums verpflichtet. Das bedeutet, dass er witterungsbedingte Mehrkosten grundsätzlich nicht nach § 642 BGB auf den Besteller abwälzen kann und dass er gegenüber dessen Schadensersatzansprüchen aus verzögerter Herstellung des Werkes, §§ 280, 286 BGB, nicht durch die Berufung auf ungünstige Witterungsverhältnisse entlastet wird. Gegebenenfalls muss er dem durch entsprechende Vereinbarungen vorbeugen.

36 c) Anderes gilt jedoch für *solche Witterungseinflüsse, mit denen bei Vertragsschluss vernünftigerweise nicht zu rechnen war* (vgl dazu auch u Rn 58 zu § 6 VOB/B), wobei es Sache des Unternehmers ist, darzutun und zu beweisen, dass er sich auf Einflüsse dieser Art nicht einzustellen brauchte.

aa) Derartige Einflüsse fallen allerdings nicht unter § 642 BGB, sodass der Besteller durch sie verursachte Mehrkosten des Unternehmers nicht zu vergüten hat. Diese bleiben insoweit vielmehr Risiko des Unternehmers.

bb) Doch hat der Unternehmer in Fällen dieser Art *die Verzögerung* der Erstellung der Werkleistung *nicht zu vertreten,* sodass Schadensersatzansprüche des Bestellers aus Verzug nicht ausgelöst werden. Es verbleibt dem Besteller die verschuldensunabhängige Möglichkeit des Rücktritts, § 323 Abs 4 BGB.

Auch wenn der Unternehmer die Verzögerung als solche nicht zu vertreten hat, verbleibt ihm doch nach Treu und Glauben die *Nebenpflicht, den Besteller über die Verzögerung aufzuklären.* Ihre Verletzung kann zu einem Schadensersatzanspruch des Bestellers aus den §§ 280 Abs 1, 241 Abs 2 BGB führen, sofern dieser im Vertrauen auf die Erstellung des Werkes nachteilige Dispositionen trifft.

2. Behinderung durch Dritte

Die Erbringung der Werkleistung kann durch *außenstehende Dritte* behindert und 37 verzögert werden.

a) Insoweit ist zunächst der Vertrag unter Berücksichtigung der Verkehrssitte zu der Frage auszulegen, welcher Partei geeignete Vorbeugungsmaßnahmen obliegen. Dabei gilt der Grundsatz, dass *der Unternehmer,* der seine Leistung in eigener Verantwortung zu erbringen hat, auch die üblichen und zumutbaren Maßnahmen zur Abwehr von Behinderungen ohne Anspruch auf zusätzliche Vergütung vorzunehmen hat, insoweit zB einen Bauzaun anbringen muss. Andererseits muss der Besteller solche Gefahren abwehren, die nur er steuern kann, wenn zB Arbeiten in seinen Räumen auszuführen sind, oder die an seine Person anknüpfen, zB die gegen ihn gerichtete Demonstration.

b) *Vernachlässigt der Besteller ihm obliegende Sicherungsmaßnahmen,* so erwächst dem Unternehmer dadurch ein Leistungsverweigerungsrecht und er kann etwaige Mehrkosten nach § 642 BGB liquidieren. Bei Schäden am Werk, die der Besteller hätte verhindern müssen, gilt § 645 BGB.

c) Bei Behinderungen durch außenstehende Dritte, denen der Unternehmer hätte vorbeugen müssen, gelten die o Rn 35 f zu den Witterungsverhältnissen angestellten Überlegungen entsprechend.

d) Das Risiko von gewaltsamen Handlungen Dritter, denen keine Partei vorbeugen konnte und auch vorzubeugen braucht (gewaltsame Demonstrationen, Terroranschläge), trägt jede Partei selbst.

X. Mitwirkungsbefugnisse des Bestellers

1. Änderungen des Vertragsgegenstandes

Das BGB regelt nur im Baubereich, inwieweit der Besteller nach Vertragsschluss 38 Änderungen am Vertragsgegenstand vornehmen darf vgl §§ 650b ff BGB; somit sind nur mittelbare Schlüsse hierauf möglich.

a) Aus § 648 BGB ist zu folgern, dass der Besteller nachträglich einseitig *den vertraglich vorgesehenen Leistungsumfang einschränken* darf; vgl dazu § 648 Rn 5 ff.

b) Ob und inwieweit der Besteller einseitig *Erweiterungen des Auftragsumfangs* verlangen darf, ist im BGB nur bei Bauverträgen geregelt; die VOB/B spricht diese Problematik in § 1 Abs 4 an, vgl dazu § 650b Rn 16 ff.

c) Ebenfalls im Bauvertrag näher geregelt sind *Änderungen des Auftrages,* vgl dazu § 1 Abs 3 VOB/B (erl in § 633 Rn 9 ff, § 650b Rn 16 ff).

d) Wenn es zu Änderungen der vertraglich vorgesehenen Leistung kommt, kann eine *Neufestsetzung des Werklohns* notwendig werden, vgl dazu § 2 Abs 3–6 VOB/B (erl in § 632 Rn 75 ff), sowie zu den daraus möglichen Schlüssen für Verträge, die nicht der VOB/B unterliegen (§ 632 Rn 79 f, 85).

39 **e)** *Wenn der Unternehmer berechtigten Änderungswünschen des Bestellers nicht entspricht,* sondern die ursprünglich vorgesehene Leistung ausführt, kann seine Leistung dadurch im Sinne der §§ 633 ff BGB *mangelhaft* ausfallen. Kommt er berechtigten Erweiterungswünschen nicht nach, so bleibt seine Leistung unfertig mit der Folge, dass der Besteller sie einstweilen nicht abzunehmen braucht. Außerdem kann der Unternehmer durch ein Verhalten der einen oder anderen Art einen Anlass zur *Kündigung aus wichtigem Grunde,* § 648a BGB, liefern oder zum Rücktritt nach § 324 BGB.

2. Einwirkungen auf die Arbeiten

40 Die Erbringung der Werkleistung ist grundsätzlich Sache des Unternehmers, der einen bestimmten Erfolg schuldet (zu seiner hier bestehenden Dispositionsfreiheit § 633 Rn 54 ff).

a) Ein Recht des Bestellers, *die Ausführung zu überwachen,* statuiert das BGB nicht eigens; es folgt aber grundsätzlich aus § 242 BGB, da es dem Besteller anders oft nicht möglich ist, seine Befugnisse sachgerecht wahrzunehmen. Zur näheren Ausgestaltung des *Überwachungsrechts* vgl § 4 Abs 1 Nr 2 VOB/B (erl in § 633 Rn 39 ff).

b) Zu den Möglichkeiten des Bestellers, *schon während der Ausführung des Werkes auf Mängel zu reagieren,* § 633 Rn 89 ff. Zu seinen Möglichkeiten bei sich abzeichnenden *Verzögerungen* der Werkleistung § 633 Rn 140 ff.

c) Zu *Anordnungen* des Bestellers zur Art und Weise der Erbringung der Werkleistung § 633 Rn 46 ff.

XI. Zur VOB/B

1. Mitwirkungshandlungen des Bestellers

41 Die VOB/B präzisiert die Mitwirkungshandlungen des Bestellers näher in den §§ 3 Abs 1, 2 (dazu § 633 Rn 19 ff, 28), 4 Abs 1 Nr 1 (dazu § 633 Rn 30 ff), und kann insoweit *auch außerhalb ihres Anwendungsbereichs Anhaltspunkte* für die Beantwortung der Frage liefern, was im Einzelnen dem Besteller obliegt. Die Rechtsnatur der Mitwirkung ist hier nicht anders als nach § 642 BGB zu sehen. Freilich basiert § 6 Abs 6 VOB/B auf der Annahme einer Mitwirkungspflicht des Bestellers.

2. Behinderung und Unterbrechung der Ausführung*

Im Übrigen geht die VOB/B in ihrem § 6 nicht von dem Begriff der Mitwirkungshandlung des Bestellers aus, sondern knüpft weiter und sachgerechter an Behinderungen des Unternehmers an.

42

Die Bestimmung lautet:

> § 6 Behinderung und Unterbrechung der Ausführung
>
> (1) Glaubt sich der Auftragnehmer in der ordnungsgemäßen Ausführung der Leistung behindert, so hat er es dem Auftraggeber unverzüglich schriftlich anzuzeigen. Unterlässt er die Anzeige, so hat er nur dann Anspruch auf Berücksichtigung der hindernden Umstände, wenn dem Auftraggeber offenkundig die Tatsache und deren hindernde Wirkung bekannt waren.
>
> (2) 1. Ausführungsfristen werden verlängert, soweit die Behinderung verursacht ist:

---

* **Schrifttum:** BADEN, Nochmals: Hat der Bauherr im Verhältnis zum Unternehmer die Verspätung oder Mangelhaftigkeit der Arbeiten des Vorunternehmers zu vertreten?, BauR 1991, 30; BOLDT, Bauverzögerungen aus dem Verantwortungsbereich des Auftraggebers: Ist § 6 Nr 6 VOB/B bedeutungslos?, BauR 2006, 185; CLEMM, Erstattung der Mehrkosten des Auftragnehmers bei Planlieferverzug des Auftraggebers nach der VOB/B, Betr 1985, 2597; vCRAUSHAAR, Der Vorunternehmer als Erfüllungsgehilfe des Auftraggebers, in: FS Vygen (1999) 154; DÖRING, Der Vorunternehmer als Erfüllungsgehilfe des Auftraggebers, in: FS vCraushaar (1997) 193; ders, Die Vorunternehmerhaftung und § 642 BGB, in: FS Jagenburg (2002) 111; ders, Die Bedeutung des § 645 BGB für die Rechtsstellung des Nachunternehmers, in: FS Kraus (2003) 3; GRIEGER, Verspätete oder mangelhafte Bauunternehmerleistungen – Wer hat sie zu vertreten?, BauR 1990, 406; HEIERMANN, Die Spezialregelung des § 6 VOB/B bei Behinderungen oder Unterbrechungen der Ausführung von Bauleistungen, BB 1981, 876; KAPELLMANN, § 645 BGB und die Behinderungshaftung für Vorunternehmer, BauR 1992, 433; KAPELLMANN/SCHIFFERS, Die Ermittlung der Ersatzansprüche des Auftragnehmers aus vom Bauherrn zu vertretender Behinderung, § 6 Nr 6 VOB/B, BauR 1986, 615; dies, Vergütung, Nachträge und Behinderungsfolgen beim Bauvertrag, Bd 1 Einheitspreisvertrag (5. Aufl 2006), Bd 2 Pauschalvertrag einschließlich Schlüsselfertigbau (4. Aufl 2006); KRAUS, Ansprüche des Auftragnehmers bei einem durch Vorunternehmer verursachten Baustillstand, BauR 1986, 17; LACHMANN, Die Rechtsfolgen unterlassener Mitwirkungshandlungen des Werkbestellers, BauR 1990, 409; LEINEWEBER, Mehrkostenforderungen des Auftragnehmers bei gestörtem Bauablauf, JbBauR 2002, 107; OBERHAUSER, Formelle Pflichten des Auftragnehmers bei Behinderung, BauR 2001, 8; STAMM, Die Frage nach der Eigenschaft des Vorunternehmers als Erfüllungsgehilfe des Bauherrn im Verhältnis zum Nachunternehmer, BauR 2001, 1; THODE, Nachträge wegen gestörtem Bauablauf im VOB/B – Vertrag, ZfBR 2004, 214; VYGEN, Behinderungen des Auftragnehmers und ihre Auswirkungen auf die vereinbarte Bauzeit, BauR 1983, 210; ders, Behinderungen des Bauablaufs und deren Auswirkungen auf den Vergütungsanspruch des Unternehmers, BauR 1983, 414; ders, Behinderung des Auftragnehmers durch verspätete oder mangelhafte Vorunternehmerleistungen, BauR 1989, 387; VYGEN/SCHUBERT/LANG, Bauverzögerung und Leistungsänderung (5. Aufl 2008); WALZEL, Zur Haftung des Auftraggebers aus § 278 BGB bei Bauzeitverzögerung eines Auftragnehmers, BauR 1984, 569.

a) durch einen Umstand aus dem Risikobereich des Auftraggebers,

b) durch Streik oder eine von der Berufsvertretung der Arbeitgeber angeordnete Aussperrung im Betrieb des Auftragnehmers oder in einem unmittelbar für ihn arbeitenden Betrieb,

c) durch höhere Gewalt oder andere für den Auftragnehmer unabwendbare Umstände.

2. Witterungseinflüsse während der Ausführungszeit, mit denen bei Abgabe des Angebots normalerweise gerechnet werden musste, gelten nicht als Behinderung.

(3) Der Auftragnehmer hat alles zu tun, was ihm billigerweise zugemutet werden kann, um die Weiterführung der Arbeiten zu ermöglichen. Sobald die hindernden Umstände wegfallen, hat er ohne weiteres und unverzüglich die Arbeiten wieder aufzunehmen und den Auftraggeber davon zu benachrichtigen.

(4) Die Fristverlängerung wird berechnet nach der Dauer der Behinderung mit einem Zuschlag für die Wiederaufnahme der Arbeiten und die etwaige Verschiebung in eine ungünstigere Jahreszeit.

(5) Wird die Ausführung für voraussichtlich längere Dauer unterbrochen, ohne dass die Leistung dauernd unmöglich wird, so sind die ausgeführten Leistungen nach den Vertragspreisen abzurechnen und außerdem die Kosten zu vergüten, die dem Auftragnehmer bereits entstanden und in den Vertragspreisen des nicht ausgeführten Teils der Leistung enthalten sind.

(6) Sind die hindernden Umstände von einem Vertragsteil zu vertreten, so hat der andere Teil Anspruch auf Ersatz des nachweislich entstandenen Schadens, des entgangenen Gewinns aber nur bei Vorsatz oder grober Fahrlässigkeit. Im Übrigen bleibt der Anspruch des Auftragnehmers auf angemessene Entschädigung nach § 642 BGB unberührt, sofern die Anzeige nach Nr. 1 Satz 1 erfolgt oder wenn Offenkundigkeit nach Nr. 1 Satz 2 gegeben ist.

(7) Dauert eine Unterbrechung länger als 3 Monate, so kann jeder Teil nach Ablauf dieser Zeit den Vertrag schriftlich kündigen. Die Abrechnung regelt sich nach den Nummern 5 und 6; wenn der Auftragnehmer die Unterbrechung nicht zu vertreten hat, sind auch die Kosten der Baustellenräumung zu vergüten, soweit sie nicht in der Vergütung für die bereits ausgeführten Leistungen enthalten sind.

a) Allgemeines

43 Die Arbeiten des Unternehmers können behindert oder gar unterbrochen werden. Das sind *faktische Vorgänge,* die im Baubereich besonders häufig, aber doch keineswegs auf diesen beschränkt sind. *Das BGB hat den Begriffen der Behinderung und Unterbrechung keine eigenständige Beachtung gewidmet,* obwohl auch hier durchaus Regelungsbedarf besteht. Es ist zu klären, ob und ggf wie sich die *geltenden Fristen verlängern,* wer die *verursachten Kosten* und Schäden bei Unternehmer und Besteller zu tragen hat, ob im Falle der Unterbrechung *schon jetzt abgerechnet* werden kann und ob das Vertragsverhältnis überhaupt fortzusetzen ist. Weiterhin müssen Unterbrechung und Behinderung der Arbeiten ersichtlich *zusätzliche Pflichten der Parteien* (auf Anzeige und Notmaßnahmen etc) auslösen. Schließlich muss die Verantwortlichkeit für hindernde und unterbrechende Umstände festgelegt werden.

Das BGB enthält für diese Fragen keine hinreichend detaillierten Regelungen. Demgegenüber versucht die VOB/B in ihrem § 6 eine umfassende Regelung. Bei der folgenden Besprechung dieser Bestimmung wird stets darauf einzugehen sein, was sich insoweit nach allgemeinem Zivilrecht ergibt.

b) Die Begriffe der Behinderung und der Unterbrechung

aa) Die *Begriffe* der Behinderung und der Unterbrechung sind zunächst *rein faktische*. Eine *Behinderung* der Arbeiten liegt vor, wenn diese zwar fortgeführt werden können und fortgeführt werden, aber doch nur unter erschwerten Voraussetzungen für den Unternehmer. Eine *Unterbrechung* ist gegeben, wenn die Arbeiten überhaupt zum Erliegen kommen, ohne dass sie endgültig abgebrochen würden. Das ist *schon vor der Aufnahme der Arbeiten* möglich (vgl BGB-RGRK/GLANZMANN Rn 30; INGENSTAU/ KORBION/DÖRING § 6 Rn 3) und dann bis zu ihrem endgültigen Abschluss.

Zu unterscheiden sind Behinderung und Unterbrechung der Arbeiten *von der Unmöglichkeit der Leistung* sowie *der Schlechterfüllung;* für Erstere gelten die §§ 275, 283, 326 BGB, für Letztere die §§ 633 ff BGB bzw 4 Abs 7, 13 VOB/B.

bb) Die *Ursachen* von Behinderung und Unterbrechung der Arbeiten können *verschiedener Art* sein. Sie können zunächst *im eigenen Verantwortungsbereich des Unternehmers* liegen wie zB unzulängliche Belieferung mit Materialien, nicht einkalkulierte Schwierigkeiten bei der Erstellung des Werkes, etwa auf Grund unvermutet problematischer Bodenverhältnisse. Denkbar sind weiterhin *äußere Einflüsse,* wie sie weder der Unternehmer noch der Besteller zu vertreten hat, wie unvorhersehbare Witterungsverhältnisse. Schließlich können Behinderung oder Unterbrechung *aus der Sphäre des Bestellers* kommen (vgl INGENSTAU/KORBION/DÖRING § 6 Rn 6). Dabei wird es sich meist um eine unzureichende Mitwirkung handeln, doch sind auch korrekte Verhaltensweisen denkbar wie zB Planungsänderungen, auf die sich der Unternehmer zwar einlassen muss, denen er aber erst nach einer unterbrechenden Umstellung seiner Arbeiten Folge leisten kann.

cc) Einen besonderen Fall der Behinderung stellt es bei öffentlichem Auftrag dar, wenn ein Vergabeverfahren nach den §§ 97 ff GWB stattgefunden hat oder jedenfalls nach Auffassung eines an dem Auftrag Interessierten hätte stattfinden müssen und nun das Nachprüfungsverfahren der §§ 102 ff GWB eingeleitet wird, dessen Ausgang ja nach § 115 I GWB abzuwarten ist (Anh zu § 650a Rn 13). Dass das die zeitlichen Planungen durchkreuzen und damit auch die Kalkulation des Unternehmers über den Haufen werfen kann, liegt auf der Hand. § 6 VOB/B bietet hier angemessene Lösungen (PETERS NZBau 2010, 156). Es kommt einmal zu der Bauzeitverlängerung des § 6 Abs 2 Nr 1 lit a VOB/B, wenn denn das Risiko, das sich hier verwirklicht hat, ohne weiteres in die Sphäre des Auftraggebers zuzurechnen ist; dass es sich vor dem wirksamen Vertragsschluss realisiert hat, ändert daran nicht wirklich etwas. Es können zum anderen die gestiegenen Kosten des Unternehmers angemessen mit § 6 Abs 6 VOB/B erfasst werden, dies jedenfalls dann, wenn ein Verschulden des Auftraggebers vorliegt, wie es die §§ 311 Abs 2, 241 Abs 2, 280 Abs 1 S 2 BGB vermuten. Fehlt es ausnahmsweise an einem Verschulden, hilft dem Auftragnehmer die Weiterverweisung des § 6 Abs 6 S 2 VOB/B auf § 642 BGB. Drittens werden die Parteien durch die Anwendung des § 6 VOB/B von der Aufgabe (oder Versuchung) entbunden, eine einverständliche Lösung zu suchen, was nur allzu leicht in ein unzulässiges Nachverhandeln ausarten kann. Und schließlich ermöglicht es der Weg über § 6 VOB/B zwanglos den Zuschlag auf das ursprüngliche Gebot zu erteilen; nur die ursprünglichen Gebote können ja sinnvoll miteinander verglichen werden.

Der BGH (NZBau 2009, 370) will den Zuschlag ebenfalls auf das ursprüngliche Gebot erteilt wissen, das er dann aber in zeitlicher Hinsicht ergänzend nach § 157 BGB auslegen will; in preislicher Hinsicht sei an § 2 Abs 5 VOB/B anzuknüpfen. Das wirkt gekünstelt. Eine ergänzende Auslegung kann man den anderen Geboten schwerlich versagen. Und der Zuschlag am 1. 9. zu einem Baubeginn am 1. 4. ist einigermaßen absurd.

c) Anzeigepflicht des Unternehmers

45 aa) § 6 Abs 1 VOB/B erlegt dem Unternehmer die Pflicht auf, dem Besteller **Anzeige zu erstatten**, *wenn er sich* in der ordnungsgemäßen Durchführung der Leistung *behindert glaubt*. Das soll diesen in die Lage versetzen, *rechtzeitige Abhilfe* zu schaffen, wo er dies kann, oder *sich* doch jedenfalls auf die veränderten Umstände *einzustellen*.

46 bb) Die Anzeige muss die Tatsachen hinreichend genau bezeichnen, durch die sich der Unternehmer behindert fühlt, und eben die Art der Behinderung, die betroffenen Arbeiten (BGHZ 143, 32, 35). Das Ausmaß der Behinderungsfolgen braucht auch nicht ungefähr angegeben zu werden (BGH NJW-RR 1990, 403). Diese können durchaus auch in seinem eigenen Verantwortungsbereich liegen. Auch das ist für den Besteller von Interesse und für den Unternehmer nicht unzumutbar mitzuteilen.

Wenn § 6 Abs 1 VOB/B Schriftform für die Anzeige verlangt, bedeutet das *nicht, dass eine mündliche Anzeige wirkungslos wäre* (vgl OLG Köln BauR 1981, 472; OLG Koblenz NJW-RR 1988, 851; INGENSTAU/KORBION/DÖRING § 6 Abs 1 Rn 5; NICKLISCH/WEICK/JANSEN/SEIBEL/SONNTAG § 6 Rn 15; HEIERMANN/RIEDL/RUSAM/KUFFER/PETERSEN § 6 Rn 10; **aA** DENZINGER BB 1981, 1123; KAPELLMANN/MESSERSCHMIDT § 6 VOB/B Rn 7). Sie hat aber doch *mit Nachdruck und Deutlichkeit* zu erfolgen, und daran kann es bei der nur mündlichen Anzeige fehlen. Es ist deshalb nicht nur aus Beweisgründen die Einhaltung der Schriftform anzuraten.

Adressat der Anzeige ist grundsätzlich *der Besteller selbst*. Die Anzeige an den aufsichtsführenden Architekten reicht aber aus, es sei denn die Behinderung ginge gerade auf diesen zurück oder er verschlösse sich den berechtigten Einwänden des Unternehmers oder nur der Besteller selbst könnte Abhilfe leisten und der Architekt böte nicht die Gewähr für eine Weiterleitung an den Besteller (vgl INGENSTAU/KORBION/DÖRING § 6 Abs 1 Rn 8; HEIERMANN BB 1981, 878; einschränkend [Anzeige nur an den Besteller] KAISER NJW 1974, 445; ders MDR 1973, 986; NICKLISCH/WEICK/JANSEN/SEIBEL/SONNTAG § 6 Rn 18).

47 cc) Der Anzeige bedürfen *solche Tatsachen nicht,* die dem Besteller als solche – und in ihrer hindernden Wirkung! – *offenkundig bekannt* sind, § 6 Abs 1 S 2 VOB/B. Dabei reicht Offenkundigkeit für einen von dem Besteller mit der Wahrnehmung seiner Interessen beauftragten Dritten wie zB den Architekten aus (vgl INGENSTAU/KORBION/DÖRING § 6 Abs 1 Rn 15; VYGEN BauR 1983, 210; **aA** KAISER NJW 1974, 445). Im

Übrigen ist auf die konkrete Wahrnehmungsfähigkeit des Bestellers als Fachmann oder Laie abzustellen (INGENSTAU/KORBION/DÖRING § 6 Abs 1 Rn 11). Für den von dem Unternehmer zu beweisenden *Ausnahmetatbestand* gelten *strenge Anforderungen*. So braucht es dem Besteller keineswegs deutlich zu sein, dass auch kurzfristige Leistungsverschiebungen zu erheblichen Lohn- und damit Kostensteigerungen führen können (vgl BGH BauR 1979, 245 = WM 1979, 582). Auch Nachtragsaufträge sind nicht ohne weiteres eine offenkundige Behinderung, wohl aber ein früher und harter Wintereinbruch (vgl BGH BauR 1976, 279 = LM VOB/B Nr 82). Offenkundig ist auch die Kostenwirkung einer längeren Unterbrechung, vgl OLG Köln BlGBW 1983, 196.

dd) Das Unterlassen der gebotenen Anzeige hat verschiedene *Wirkungen:* **48**

(1) Zunächst kann dies einen *Schadensersatzanspruch aus den §§ 280 Abs 1, 241 Abs 2* BGB auslösen, falls dem Besteller gerade durch die unterlassene Anzeige ein Schaden erwächst, wenn er zB rechtzeitig hätte Abhilfe schaffen oder sonst umdisponieren können (vgl INGENSTAU/KORBION/DÖRING § 6 Abs 1 Rn 4; KAISER NJW 1974, 445).

(2) Vor allem *entlastet die Behinderung* den Unternehmer *nicht,* sodass sich die Ausführungsfristen nicht nach § 6 Abs 2, 4 VOB/B verlängern. Auch hat der Unternehmer keinen Anspruch auf Ersatz der behinderungsbedingten Mehrkosten nach § 6 Abs 6 VOB/B (vgl BGH BauR 1979, 245 = WM 1979, 582; NJW 1983, 989 = LM § 5 VOB/B Nr 2).

Freilich hat der Unternehmer durch die Nichtanzeige die Behinderung als solche noch nicht zu vertreten (BGH NJW 1999, 1108), sodass er *nicht schon wegen der Nichtanzeige* zum Ersatz der dem Besteller durch die Behinderung erwachsenden Mehrkosten *verpflichtet* wird oder eine Vertragsstrafe verwirkt.

(3) Einer isolierten Inhaltskontrolle hält § 6 Abs 1 S 2 VOB/B nicht stand. Der Bestimmung fehlen zunächst zwei Unterausnahmen. Es benachteiligt den Unternehmer unangemessen, wenn die nicht angezeigte Behinderung zwar nicht offenkundig, wohl aber dem Besteller bekannt war; in dieser Konstellation verdient er keinen besonderen Schutz. Ebenso liegt es, wenn die Behinderung des Unternehmers auf (Vorsatz oder) grober Fahrlässigkeit des Bestellers beruht, vgl § 309 Nr 7 lit b BGB.

Vor allem aber benachteiligen die Rechtsfolgen den Unternehmer dann unangemessen iSd § 307 Abs 1, Abs 2 Nr 1 BGB, wenn die behindernden Umstände in den Verantwortungsbereich des Bestellers fallen.

§ 6 Abs 1 S 2 VOB/B kappt dann den Anspruch des Unternehmers auf Mehrvergütung, der sich ergibt, wenn die Überwindung der Behinderung mit Mehrkosten verbunden ist (o Rn 21b). Dieser Anspruch könnte aber doch höchstens verwirkt sein, und die engen Voraussetzungen einer Verwirkung werden nur ausnahmsweise gegeben sein.

Derselbe den Unternehmer unangemessen benachteiligende Effekt kann sich aber auch schon daraus ergeben, dass es ohne Behinderungsanzeige nicht zu der Bauzeitverlängerung des § 6 Abs 2 VOB/B kommt. Der Unternehmer wird dann nämlich gezwungen, ohne Aussicht auf Kompensation nach Fortfall der Behinderung Maßnahmen der Beschleunigung zu ergreifen, wie sie idR kostenintensiv sind.

49 **ee)** *Auch nach allgemeinem Zivilrecht* – und insbesondere auch außerhalb des Baubereichs – ist eine *Anzeigepflicht des Unternehmers* bei Behinderung aus dem Grundsatz von Treu und Glauben herzuleiten, die in ihren Voraussetzungen § 6 Abs 1 VOB/B entspricht. In der Folge kann es dann ebenfalls zu einem Schadensersatzanspruch des Bestellers aus den §§ 280 Abs 1, 241 Abs 2 BGB kommen. Dagegen sind die sonstigen Folgen des Unterlassens einer gebotenen Anzeige nicht so rigoros wie nach § 6 VOB/B: Einen etwaigen Anspruch auf Ersatz der behinderungsbedingten Mehrkosten wird sich der Unternehmer ggf *in entsprechender Anwendung des § 254 BGB* kürzen lassen müssen. Soweit es um eine Verlängerung der Ausführungsfristen geht (vgl u Rn 50 ff), büßt der Unternehmer einen Anspruch darauf nicht vollends ein, doch ist die Nichtanzeige der Behinderung angemessen zu berücksichtigen.

d) Verlängerung der Ausführungsfristen

50 **aa)** § 6 Abs 2 VOB/B nennt bestimmte Umstände, die geeignet sind, *zugunsten des Unternehmers eine Verlängerung der Ausführungsfristen* zu bewirken. § 6 Abs 4 VOB/B gibt dann an, wie die Fristverlängerung zu berechnen ist. Die Fristverlängerung tritt „von selbst" ein, *bedarf* also *keiner besonderen Vereinbarung* der Parteien (vgl INGENSTAU/KORBION/DÖRING § 6 Abs 2 Rn 2). Konstruktiv wird man nicht annehmen dürfen, dass die von § 6 Abs 2 VOB/B genannten Umstände ein Verschulden des Unternehmers ausschließen, soweit er die ursprünglich geltenden Fristen nicht einhält, sodass er wegen § 286 Abs 4 BGB nicht in Verzug geraten kann. Vielmehr ist § 6 Abs 2 VOB/B als *eine von vornherein getroffene bedingte Abänderungsvereinbarung* hinsichtlich der zunächst geltenden Fristen anzusehen.

51 **bb)** Die als Verlängerungsgründe anerkannten Umstände sind folgende:

(1) Nach § 6 Abs 2 Nr 1 lit a VOB/B Umstände aus dem Risikobereich des Bestellers. Dabei entspricht der Terminus der alleinigen oder weit überwiegenden Verantwortlichkeit in § 326 Abs 2 BGB, sodass auch auf die Erl dort Bezug genommen werden kann.

(a) Es ist davon nämlich auszugehen, dass der Besteller *Gläubiger* ist. Es kommt deshalb nicht auf ein Verschulden des Bestellers im eigentlichen Sinne an, sondern vielmehr nur darauf, dass die Leistungshindernisse in seinen Risikobereich fallen, anders gewendet, *dass dem Unternehmer nach Treu und Glauben ein Festhalten an den ursprünglichen Fristen nicht mehr angesonnen werden kann* (vgl zum Problemkreis INGENSTAU/KORBION/DÖRING § 6 Abs 2 Rn 7 ff; NICKLISCH/WEICK/JANSEN/SEIBEL/SONNTAG § 6 Rn 30; VYGEN BauR 1983, 210; vCRAUSHAAR BauR 1987, 4, 19). In den Risikobereich des Bestellers fällt namentlich sein *Annahmeverzug,* vgl auch §§ 326 Abs 2, 644 Abs 1 S 2 BGB. Doch sind ihm durchaus auch Verhaltensweisen zuzurechnen, die als solche rechtmäßig sind, nicht nur Obliegenheitsverletzungen. Insofern sind hier zu nennen:

Zunächst die *unterlassene notwendige Mitwirkung* des Bestellers, vgl § 642 BGB: Nicht zur Verfügung gestellte Pläne, mangelnde Bereitstellung des zu bebauenden Grundstücks oder notwendiger Vorarbeiten für die Leistung des Unternehmers.

Sodann die *Schaffung von Leistungsverweigerungsrechten* für den Unternehmer. Hier kommt namentlich die Nichtzahlung fälliger Vergütung in Betracht. Auf ein Verschulden des Bestellers kann es gerade in diesem Bereich nicht ankommen.

Weiterhin *behindernde Schädigungen des Unternehmers* durch den Besteller, wobei es wiederum auf ein Verschulden nicht ankommen kann.

Schließlich *Weisungen des Bestellers,* deren Befolgung zusätzlichen Zeitaufwand erfordert, insbesondere auch *Planungsänderungen* (vgl Vygen BauR 1983, 210).

Auch ohne Planungsänderungen kann sich die Ausführungszeit zugunsten des Unternehmers ändern, wenn gegenüber der Ausschreibung *Mehrmengen* zu erbringen sind (vgl Vygen BauR 1983, 218), da der Besteller für eine korrekte Ausschreibung verantwortlich ist.

(b) Dem Besteller sind die genannten Umstände nicht nur dann zuzurechnen, **52** wenn er selbst tätig geworden ist, sondern er hat *in entsprechender Anwendung des § 278* BGB auch für das Verhalten derjenigen Dritten einzustehen, die er mit der Wahrnehmung seiner Belange betraut hat, insbesondere also des Architekten.

Problematisch sind dabei die Fälle, in denen *andere von dem Besteller betraute Unternehmer* die Verzögerung verursachen. Das ist dem Besteller jedenfalls dann zuzurechnen, wenn Ursache der Behinderung eine unzulängliche Koordinierung oder Planung ist (vgl Vygen BauR 1983, 218). Sofern die anderen Unternehmer Vorarbeiten liefern, auf denen die Arbeiten dieses Unternehmers aufzubauen haben, führt ihre verspätete oder mangelhafte Leistung dazu, dass der Besteller selbst (!) dem jetzigen Unternehmer das Substrat für dessen Leistung nicht rechtzeitig oder ordentlich zur Verfügung stellen kann, dh in Ausnahmeverzug ihm gegenüber gerät. Insofern hat er für die Vorunternehmer einzustehen (vgl auch u Rn 88). Dagegen wird man es dem Besteller *nicht* mehr zurechnen können, wenn andere Unternehmer *„von sich aus"* behindern, ohne dazu durch den Konnex der Arbeiten, die Planung oder aus ähnlichen Gründen *genötigt zu sein.*

Nicht dem Besteller zuzurechnen sind Störungen, die von *außenstehenden Dritten* ausgehen. Freilich muss er seiner eigenen Obliegenheit nachgekommen sein, angemessene und zumutbare Maßnahmen zur Abwehr zu erwartender Eingriffe Dritter zu treffen.

(c) *Auch außerhalb der Geltungsbereichs der VOB/B* werden unter den genannten **53** Voraussetzungen Ausführungsfristen verlängert bzw verschiebt sich der Zeitpunkt für die Ablieferung des Werkes. Hier hat der Unternehmer *nach Treu und Glauben einen Anspruch* darauf, dass es zu *einer entsprechenden Vertragsanpassung* kommt, sofern nicht schon eine ergänzende Vertragsauslegung zu diesem Ergebnis führt. Jedenfalls hat der Unternehmer die Verzögerung der Ablieferung nicht zu vertreten, § 286 Abs 4 BGB.

(2) Nach § 6 Abs 2 Nr 1 lit b VOB/B *Streik oder Aussperrung im Betrieb des* **54** *Unternehmers* oder in einem unmittelbar für ihn arbeitenden Betrieb; die Aussperrung muss dabei von der Berufsvertretung der Arbeitgeber angeordnet sein; das benachteiligt den Besteller unangemessen (§ 307 BGB), weil es keine zeitlichen Grenzen vorsieht, dem Unternehmer nicht die Pflicht auferlegt, uU auf eine schnelle Beendigung des Arbeitskampfes hinzuwirken oder einen Notdienst zu unterhalten und schließlich dem Besteller keine Kündigungsmöglichkeit vorhält; jene des § 6 Abs 7 VOB/B genügt insoweit nicht.

(a) Streik oder Aussperrung *in einem anderen Betrieb* als dem des Unternehmers sind nur beachtlich, wenn diese Betriebe unmittelbar – als Subunternehmer – für den Unternehmer tätig sind; sie müssen also regelmäßig selbst in das Baugeschehen eingeschaltet sein. Ausnahmsweise kann es ausreichen, wenn sie mit der speziellen Vorfertigung von Teilen für dieses Bauvorhaben beschäftigt sind. Dagegen reicht ein *Arbeitskampf in einem sonstigen Zuliefererbetrieb* nicht aus (vgl NICKLISCH/WEICK/JANSEN/SEIBEL/SONNTAG § 6 Rn 33, ferner – einschränkend – INGENSTAU/KORBION/DÖRING § 6 Abs 2 Rn 13). Insoweit ist der Unternehmer grundsätzlich gehalten, auf andere Zulieferer auszuweichen und überhaupt auch eine angemessene Vorratspolitik zu betreiben. Derartige Arbeitskämpfe können nur *ausnahmsweise* als für den Unternehmer *unabwendbare Umstände* gemäß § 6 Abs 2 Nr 1 lit c VOB/B beachtlich sein.

Während es für den Streik im Betrieb des Unternehmers oder eines Subunternehmers nicht zu fordern ist, dass er im Sinne des Arbeitskampfrechts rechtmäßig ist (vgl INGENSTAU/KORBION/DÖRING § 6 Abs 2 Rn 16), hat dieses Erfordernis sehr wohl für die Aussperrung zu gelten. Auf eine unrechtmäßige Aussperrung darf sich der Unternehmer gegenüber dem Besteller nicht berufen.

55 **(b)** *Wenn die Geltung der VOB/B nicht vereinbart* ist, kann auch deren Risikoverteilung keine Anwendung finden. Es ist vielmehr auf *allgemeine Grundsätze zurückzugreifen,* die freilich dunkel und streitig sind (vgl die nähere Darstellung bei OTTO, in: Münchener Handbuch zum Arbeitsrecht III 759 ff).

Zunächst dürfte der *Streik im Zuliefererbetrieb* häufiger beachtlich sein als nach der Regelung der VOB/B. Denn der Unternehmer handelt jedenfalls nicht schuldhaft, wenn er nur wirtschaftlich tragbare Ausweichmöglichkeiten wahrnimmt. Der *Arbeitskampf im eigenen Betrieb* dürfte die Ausführungszeiten dann verlängern, wenn er bei Abschluss des Vertrages nicht einzukalkulieren war.

56 **(3)** Ausführungsfristen werden schließlich verlängert durch *höhere Gewalt* oder *andere* für den Unternehmer *unabwendbare Umstände,* § 6 Abs 2 Nr 1 lit c VOB/B.

(a) Von diesen beiden Begriffen ist *der letztere der umfassendere,* der den ersteren miteinschließt. Kennzeichen für unabwendbare Ereignisse sind, dass *sie oder ihre Auswirkungen nach menschlicher Einsicht und Erfahrung in dem Sinne unvorhersehbar sind, dass sie trotz Anwendung wirtschaftlich erträglicher Mittel durch die äußerste nach der Sachlage zu erwartende Sorgfalt nicht verhütet oder in ihren Auswirkungen auf ein erträgliches Maß abgemildert werden können* (so jedenfalls BGH NJW 1962, 390 = VersR 1962, 159; BGHZ 61, 144 = NJW 1963, 1698, beide Entscheidungen Wolkenbrüche betreffend und zu § 7 VOB/B ergangen, also zur Frage der Vergütungspflicht für untergegangene Leistungen). Man wird aber (entgegen INGENSTAU/KORBION/DÖRING § 6 Abs 2 Rn 20) diese strengen Maßstäbe nicht uneingeschränkt auf die hier interessierende Frage der Bemessung der Ausführungsfristen übertragen können. Unabwendbar und damit Frist verlängernd sind Umstände insoweit vielmehr schon dann, wenn mit ihnen *nicht näher zu rechnen war* und sie jedenfalls durch wirtschaftlich vernünftige und verhältnismäßige Mittel nicht abgewendet werden können. Dies folgt schon aus der vergleichenden Heranziehung der Bewertung von Witterungseinflüssen durch § 6 Abs 2 Nr 2 VOB/B. – Als unabwendbare Ereignisse kommen *grundsätzlich nur betriebsfremde* in Betracht (**aA** INGENSTAU/KORBION/DÖRING § 6 Abs 2 Rn 20; Beck'scher VOB-Kommentar/BERGER § 6 Abs 2 Rn 81).

Zur Behinderung durch *Demonstrationen* und politische Anschläge vgl RUTKOWSKY NJW 1988, 1761. Ihnen nimmt nicht schon der Umstand die Frist verlängernde Wirkung, dass der Unternehmer nach den bisherigen Erfahrungen mit ihnen gerechnet hat oder rechnen musste. Er darf nämlich darauf vertrauen, dass im Umfeld seiner Leistung die Einhaltung der Rechtsordnung gewährleistet ist.

(b) *Außerhalb des Anwendungsbereichs der VOB/B* ist nach denselben Maßstäben zu verfahren. **57**

(4) Eine Sonderregelung haben **Witterungseinflüsse** in § 6 Abs 2 Nr 2 VOB/B erfahren. Danach gelten jene, mit denen bei der Abgabe des Angebots *normalerweise gerechnet werden musste,* nicht als eine die Ausführungsfristen verlängernde Behinderung. **58**

(a) Maßgeblich ist also zunächst der *Zeitpunkt der Abgabe des Angebots,* bei sich hinziehenden Verhandlungen der des letzten. Es wird davon ausgegangen, dass der Unternehmer hier das einkalkuliert hat, womit er normalerweise rechnen musste.

(b) Die beachtlichen Witterungseinflüsse, zu denen außer Niederschlägen auch Sturm, Nebel, Kälte, Wärme zu rechnen sind, müssen *sich auf die Baustelle selbst auswirken;* ausnahmsweise reichen auch anderweitige Witterungseinflüsse aus, wenn sie zB die Versorgung der Baustelle nachhaltig beeinträchtigen.

(c) Als *unbeachtlich* gelten jene Witterungseinflüsse, *mit denen normalerweise gerechnet werden musste.* Dabei ist normalerweise durchaus mit ungünstigem Wetter zu rechnen, zB mit kräftigem und andauerndem Frost im Winter, mit einer Serie von Regentagen oder mit Stürmen im Frühjahr und Herbst. Es müssen also gegebenenfalls die klimatischen Mittelwerte ermittelt werden; *beachtlich* ist dann eine *signifikante Abweichung* von ihnen, wobei nicht gefordert werden kann, dass diese Abweichung völlig ungewöhnlich ist. Eine für sich nicht aus dem Rahmen fallende Kette von Regentagen kann dann zu berücksichtigen sein, wenn bestimmte Arbeiten für einen bestimmten Zeitraum vorgesehen sind und in diesem durch das Wetter verhindert werden (vgl INGENSTAU/KORBION/DÖRING § 6 Abs 2 Rn 25 f).

(d) *Außerhalb des Anwendungsbereichs der VOB/B* beurteilt sich die Beachtlichkeit von Witterungseinflüssen nach denselben Grundsätzen mit der Maßgabe, dass der Beurteilung der Zeitpunkt des Vertragsschlusses zugrunde zu legen ist. **59**

e) Pflichten des Unternehmers während und nach einer Behinderung oder Unterbrechung seiner Arbeiten

aa) Nach § 6 Abs 3 S 1 VOB/B hat der Unternehmer *alles zu tun, was ihm billigerweise zugemutet werden kann,* um die Weiterführung der Arbeiten zu ermöglichen. **60**

(1) Diese aus Treu und Glauben folgende Verpflichtung besteht zunächst dann, *wenn der Unternehmer die Behinderung oder Unterbrechung seiner Arbeiten selbst zu vertreten hat.* In diesem Fall intensiviert sich seine Förderungspflicht; es kann von ihm jede nur mögliche Anstrengung verlangt werden (vgl INGENSTAU/KORBION/DÖRING § 6 Abs 3 Rn 3), die einen zügigen Arbeitsfortgang ermöglicht oder erleichtert. Insbesondere sind *auch zusätzliche Kosten* zumutbar, ohne dass der Unternehmer sie auf den Besteller abwälzen könnte.

(2) Die Förderungspflicht des Unternehmers *entfällt* aber auch dann *nicht,* wenn die hindernden Umstände *in den Verantwortungsbereich des Bestellers* fallen. Sie ist dann aber weniger intensiv; es ist stärker auf die Gegebenheiten des Betriebes des Unternehmers Rücksicht zu nehmen.

Zusätzliche Kosten dürfen auch hier anfallen; jedoch sind sie jetzt von dem Besteller zu übernehmen, was sich einerseits aus § 2 Abs 5, 6, 8 VOB/B ergeben kann, letztlich aber aus § 6 Abs 6 VOB/B.

(3) Bei *neutralen Ursachen* der Behinderung des Unternehmers besteht seine Förderungspflicht uneingeschränkt. Zusatzkosten kann er unter den Voraussetzungen des § 2 Abs 6, 8 Nr 2 VOB/B liquidieren.

61 **(4)** Welche *konkreten Maßnahmen* verlangt werden können, ergibt sich einerseits aus dem Grundsatz von Treu und Glauben – „billigerweise zugemutet" –, andererseits aus den *jeweiligen Umständen* des Einzelfalls. Es kann sich um eine eingeschränkte Fortführung der Arbeiten handeln, wenn sie denn möglich ist, um *Sicherungsarbeiten,* um ein *Vorziehen anderer Leistungsteile,* um eine Abänderung oder gar um einen Austausch der Leistungen. Die Maßnahmen können bereits zu treffen sein, wenn sich die Behinderung erst abzeichnet, während sie besteht, oder auch nach ihrem Ende. *Der Unternehmer hat von sich aus aktiv zu werden* und darf nicht erst die Wünsche des Bestellers abwarten. Er hat aber dessen Einvernehmen zu suchen.

62 **(5)** Es ist nicht eigens erwähnt, aber doch selbstverständlich, dass eine Behinderung der Arbeiten des Unternehmers auch *für den Besteller Obliegenheiten* erzeugt. So muss er zunächst zu Verhandlungen mit dem Unternehmer über Problemlösung bereit sein, sodann dessen Maßnahmen, soweit von seiner Seite notwendig, fördern, schließlich namentlich die Vergütung jener Mehrkosten sicherstellen, die von ihm zu tragen sind.

63 **(6)** Unterlässt der Unternehmer zumutbare Förderungsmaßnahmen, so führt das zunächst – Vertretenmüssen vorausgesetzt – zu einem *Schadensersatzanspruch* des Bestellers nach § 6 Abs 6 VOB/B. Im Übrigen kann das zu einer Abkürzung der nach den §§ 5 Abs 4, 8 Abs 3 VOB/B zu setzenden Frist führen und in besonders krassen Fällen zu der Möglichkeit einer *Kündigung aus wichtigem Grund.*

(7) Unterlässt der Besteller eine ihm zumutbare Förderung, so kommt es wegen etwaiger Mehrkosten des Unternehmers zu einem *Ersatzanspruch* nach § 6 Abs 6 VOB/B. Im Übrigen ist auf die Kündigungsmöglichkeit nach § 9 Abs 1 Nr 1 VOB/B hinzuweisen.

(8) *Außerhalb des Anwendungsbereichs der VOB/B* bestehen die *Förderungspflichten* beider Seiten nach denselben Maßstäben und in derselben Intensität. Der Unternehmer, der die Behinderung nicht zu vertreten hat, kann etwaige Mehrkosten von Förderungsmaßnahmen jedenfalls dann in entsprechender Anwendung des § 326 Abs 2 BGB liquidieren, wenn der Besteller die Behinderung zu vertreten hat, sonst ist ihm ggf in ergänzender Vertragsauslegung ein Anspruch auf ihren Ersatz zuzubilligen. Unterlässt der Besteller zumutbare Förderungsmaßnahmen, sind die §§ 642, 643 BGB anwendbar. Unterbleibende Förderungsmaßnahmen des Unternehmers sind im Rahmen der Fristsetzung nach den §§ 281 Abs 1, 323 Abs 1 BGB bedeutsam und führen jedenfalls dazu, dass der Unternehmer eine verspätete Ablieferung des Werkes zu vertreten hat. **64**

bb) *Nach dem Wegfall der Behinderung* hat der Unternehmer die Arbeiten unverzüglich wiederaufzunehmen und den Besteller entsprechend zu benachrichtigen, § 6 Abs 3 S 2 VOB/B. **65**

(1) Er hat also *ohne schuldhaftes Zögern tätig zu werden.* Das bedeutet nicht ohne weiteres sofort. War das Leistungshindernis von ungewisser Dauer und von ihm nicht zu vertreten, so war der Unternehmer nämlich berechtigt – und in entsprechender Anwendung der §§ 326 Abs 2 S 2, 648 S 2 BGB sogar verpflichtet –, eine – nicht zu umfangreiche – *Zwischentätigkeit* aufzunehmen, die er jetzt noch beenden darf.

(2) Die Wiederaufnahme der Arbeiten hat grundsätzlich ohne eine besondere Aufforderung durch den Besteller zu erfolgen. Das gilt aber dann nicht, wenn der Besteller den Fortfall der Behinderung besser erkennen kann als der Unternehmer, zB bei rechtlichen Hindernissen, oder wo noch zusätzliche Koordinierungsmaßnahmen von seiner Seite erforderlich sind.

(3) Die *Verletzung der Benachrichtigungspflicht* des Unternehmers kann zu einem Schadensersatzanspruch des Bestellers nach § 6 Abs 6 VOB/B führen, wenn dieser zB dadurch außerstande gesetzt wird, weitere Gewerke rechtzeitig abzurufen.

(4) *Außerhalb des Anwendungsbereichs der VOB/B* gelten für die Wiederaufnahme der Arbeiten und die Benachrichtigung hiervon dieselben Grundsätze. Pflichtverletzungen des Unternehmers sind im Rahmen der §§ 280 Abs 2, 286 BGB bedeutsam. **66**

f) Berechnung der Verlängerung der Ausführungsfristen
aa) Wenn der Unternehmer die Unterbrechung oder Behinderung der Arbeiten **67** *zu vertreten* hat, *verbleibt es bei den bisher geltenden Fristen.* Ist das Leistungshindernis von beiden Seiten zu vertreten, ist dies bei der Neuberechnung der Fristen *in entsprechender Anwendung des § 254* BGB zu würdigen (vgl Vygen BauR 1983, 210; Ingenstau/Korbion/Döring § 6 Abs 4 Rn 2). Allgemein ergibt § 6 Abs 4 VOB/B, wie nach Maßgabe des § 6 Abs 2 VOB/B beachtliche Hinderungsgründe zu berücksichtigen sind. Für die Anpassung der Fristen sind drei Faktoren von Bedeutung:

(1) Die *Dauer der Behinderung,* wobei eine Teilbehinderung entsprechend zu berücksichtigen ist und auch etwaige zumutbare Förderungsmaßnahmen nach § 6 Abs 3 VOB/B zu beachten sind.

(2) Sodann ein *Zuschlag für die Wiederaufnahme* der Arbeiten, die ja mit gewissen Vorbereitungshandlungen verbunden sein kann. Dieser Zuschlag ist von den Gegebenheiten des Einzelfalls abhängig und grundsätzlich knapp zu bemessen.

(3) Schließlich ist eine *etwaige Verschiebung in eine ungünstigere Jahreszeit von* Belang. Im Umkehrschluss dazu kann es *ausnahmsweise* auch zu einer *Verkürzung der Fristen* kommen, wenn sich die Arbeiten in eine günstigere Jahreszeit verschieben (vgl INGENSTAU/KORBION/DÖRING § 6 Abs 4 Rn 5).

68 bb) Da die sich so ergebenden neuen Fristen mit erheblichen Unsicherheitsfaktoren belastet sind, tun die Parteien gut daran, insoweit *eine Einigung* herbeizuführen. *Notwendig ist das jedoch nicht* (vgl DAUB/PIEL/SOERGEL/STEFFANI § 6 ErlZ 6. 71 ff; **aA** INGENSTAU/KORBION/DÖRING § 6 Abs 4 Rn 6 ff, die sich unzutreffend auf den Wortlaut des § 6 Abs 4 VOB/B [„werden verlängert"] stützen). Die Fristverlängerung ist nämlich – jedenfalls im Grundsatz – hinreichend genau festgelegt, notfalls hat das Gericht sie unter Anwendung allgemeiner Erfahrungssätze in entsprechender Anwendung des § 287 ZPO zu schätzen. Darlegungs- und beweispflichtig ist grundsätzlich der Unternehmer, vgl auch § 286 Abs 4 BGB, der mithin – aber auch nur insoweit – auf eigenes Risiko handelt, wenn er einseitig von verlängerten Fristen ausgeht.

69 cc) *Außerhalb des Anwendungsbereichs der VOB/B* gelten dieselben Grundsätze.

g) Vorläufige Abrechnung während einer Unterbrechung der Leistung

70 § 6 Abs 5 VOB/B sieht bei einer voraussichtlich länger andauernden Unterbrechung der Ausführung vor, dass *nach dem gegenwärtigen Leistungsstand abzurechnen* ist.

aa) Die Voraussetzungen hierfür sind:

(1) Die Leistung darf nicht dauernd unmöglich sein.

Eine dauernde Unmöglichkeit der Leistung ist objektiv zu verstehen; schlichtes, insbesondere finanzielles Unvermögen des Unternehmers reicht nicht aus. Letzterem kann der Besteller vielmehr durch eine Kündigung nach den §§ 5 Abs 4, 8 Abs 3 VOB/B Rechnung tragen, während es dem Unternehmer eine Abrechnungsmöglichkeit nicht eröffnet, sieht man von § 103 InsO ab.

An Gründen für eine dauernde Unmöglichkeit der Leistung kommen außer tatsächlichen Gründen namentlich rechtliche Hindernisse für die Erbringung der Leistung in Betracht wie etwa gesetzliche Verbote, fehlende Genehmigungen oder unüberwindbare Rechte Dritter. Ob eine dauernde Unmöglichkeit vorliegt, ist die Frage einer objektiven Prognose; insoweit hat BGH (NJW 1982, 1458 = LM § 534 BGB m Anm WALCHSHÖFER) die politischen Verhältnisse im Iran als hinreichendes Leistungshindernis angesehen. Im Einzelnen ist der Begriff der Unmöglichkeit hier nicht anders zu verstehen als in § 275 BGB.

71 *Wenn eine dauernde Unmöglichkeit* vorliegt, ist allerdings *ebenfalls abzurechnen,* und zwar endgültig. Falls der Unternehmer sie zu vertreten hat, kommen die §§ 280, 283 BGB in Betracht, sonst die §§ 323 ff, 346 ff BGB. Im Falle der Verantwortlichkeit des Bestellers gilt § 326 Abs 2 BGB.

(2) Eine *voraussichtlich länger andauernde Unterbrechung* der Ausführung. Eine **72** bloße, auch schwerwiegende Behinderung der Arbeiten berechtigt also nicht zur vorzeitigen Abrechnung; es muss vielmehr eine Unterbrechung eingetreten sein oder unausweichlich drohen. Ihre Dauer muss „länger sein". Der dazu *notwendige Zeitraum* hängt von den Umständen des Einzelfalls ab, wobei aber aus § 6 Abs 7 VOB/B zu folgern ist, dass *drei Monate* jedenfalls *ausreichen*. Doch muss es sich um eine *nicht eingeplante* Unterbrechung handeln; eine ohnehin vorgesehene Pause – zB wegen des Winters oder wegen zwischenzeitlich durchzuführender anderer Arbeiten – reicht nicht aus. Abzustellen ist auf eine objektive Prognose, die insbesondere durch eine schon eingetretene Unterbrechung erhärtet werden kann. Doch berechtigt eine schon eingetretene Unterbrechung dann *nicht* zu einer sofortigen Abrechnung, *wenn eine baldige Wiederaufnahme der Arbeiten* zu erwarten ist.

(3) *Unerheblich* sind die *Ursachen* der Unterbrechung. Es kann sich also einerseits **73** um Umstände handeln, die keiner Partei zum Vorwurf gereichen, andererseits um Umstände, die im Verhalten der Gegenseite liegen (ungerechtfertigte Verweigerung der Arbeiten, Verweigerung fälliger Abschlagszahlungen), schließlich aber auch um Umstände, die der die Abrechnung Begehrende – meist der Unternehmer – selbst zu vertreten hat. Darin liegt keine Unbilligkeit, da die Gegenseite, die dies nicht hinzunehmen bereit ist, kündigen und/oder Schadensersatzansprüche geltend machen kann, vgl §§ 5 Abs 4, 8 Abs 3, 9 Abs 1 Nr 1, Abs 3 VOB/B.

bb) Kommt es zu einer danach beachtlichen Unterbrechung, so ist *nach den Ver-* **74** *tragspreisen abzurechnen*. Zu einer Vertragsbeendigung kommt es nicht, vgl aber § 6 Abs 7 VOB/B.

(1) Abzurechnen ist über die *tatsächlich ausgeführte Leistung*. Ein etwaiger vertraglicher Zahlungsplan ist unbeachtlich, da er nicht dem wahren Leistungsstand zu entsprechen braucht. Einzubeziehen in die Abrechnung sind auch mangelhafte Leistungen (aA Ingenstau/Korbion/Döring § 6 Abs 5 Rn 13), bei denen freilich entsprechende Abzüge zu machen sind, zB bei bestehendem Nachbesserungsanspruch des Bestellers in Höhe des Zurückbehaltungsrechts.

Einzubeziehen in die Abrechnung sind weiter nach der ausdrücklichen Anordnung des § 6 Abs 5 VOB/B schon für weitere Leistungshandlungen entstandene *Vorbereitungskosten des Unternehmers*, sofern sie in den Vertragspreisen des nicht ausgeführten Leistungsteils enthalten waren, obwohl insoweit dem Besteller noch nichts zugeflossen ist. Auch diese Kosten sind vom Unternehmer darzutun und zu beweisen.

Ebenfalls einzubeziehen sind Kosten, die nach § 6 Abs 3 VOB/B während und *durch die Unterbrechung* angefallen sind, sofern und soweit der Unternehmer sie auf den Besteller abwälzen kann (aA Stein ZfBR 1986, 210, 212; Hereth/Ludwig/Naschold § 6 Ez 6. 86; Ingenstau/Korbion/Döring § 6 Abs 5 Rn 16).

Als *Abzugsposten* kommen namentlich Schadensersatzansprüche des Bestellers sowie Gewährleistungsansprüche in Betracht.

(2) Die *Abrechnungsmöglichkeit* besteht *für beide Seiten*. Sie wird primär für den **75** Unternehmer von Interesse sein. Für den Besteller ist sie dann von Bedeutung, wenn er Abschlagszahlungen geleistet hat, die den wahren Leistungsgrad übertreffen.

(3) Dass abgerechnet werden kann, bedeutet, dass der *Vergütungsanspruch* des Unternehmers – teilweise – *fällig* wird. Diese Fälligkeit hängt nur von der tatsächlichen Unterbrechung ab, aber von keinen weiteren formellen Voraussetzungen wie insbesondere einer Abnahme, wie sie jetzt ohnehin nicht vorzunehmen ist, oder auch der Erteilung einer (vorläufigen) Schlussrechnung.

(4) Zugrunde zu legen sind *die vertraglich vorgesehenen Preise.* Bei Vereinbarung eines Pauschalpreises wird jener Prozentsatz des Pauschalpreises geschuldet, der sich aus der Relation der erbrachten Leistung zu der vorgesehenen Leistung ergibt (vgl auch INGENSTAU/KORBION/DÖRING § 6 Abs 5 Rn 13). Dazu ist der Pauschalpreis aufzulösen. Letztlich gelten dieselben Grundsätze wie bei § 648 BGB hinsichtlich der schon erbrachten Leistung (dazu § 648 Rn 24 ff).

76 **cc)** Das *Werkvertragsrecht des BGB* kennt eine Abrechnungsmöglichkeit entsprechend § 6 Abs 5 VOB/B nicht ausdrücklich, doch kann sie auch *hier aus § 242 BGB hergeleitet* werden. Kommt es nämlich zu einer nachhaltigen Unterbrechung der Arbeiten, so muss dem Unternehmer Vergütung für die schon erbrachten Leistungen zugestanden werden. Dies darf *nicht von einer Kündigung durch den Unternehmer abhängen,* die diesem unzumutbar sein kann und zu der er vielleicht auch gar nicht berechtigt ist. Von einer Kündigung durch den Besteller, die er nicht erzwingen kann, darf er nicht abhängig sein. Andernfalls könnte der Besteller dem leistungsunfähig gewordenen Unternehmer auf Dauer die Vergütung vorenthalten, indem er den Vertrag in der Schwebe hält. Aber auch der Besteller muss abrechnen können, ohne kündigen zu müssen.

(1) Die *Voraussetzungen* dieser vorzeitigen Abrechnungsmöglichkeit sind freilich für den Unternehmer *strenger zu fassen* als nach § 6 Abs 5 VOB/B, sofern er die Unterbrechung zu vertreten hat. Es ist dann zu fordern, dass die Unterbrechung voraussichtlich nicht zu beheben ist. Fallen die Ursachen dagegen in den Verantwortungsbereich des Bestellers, sind die Voraussetzungen nicht anders als nach § 6 Abs 5 VOB/B zu bemessen.

(2) Die *Abrechnung* erfolgt *nach denselben Maßstäben* wie nach § 6 Abs 5 VOB/B, doch ist bei den Vorbereitungskosten für nicht ausgeführte Leistungsteile danach zu unterscheiden, wer die Unterbrechung zu vertreten hat. Ist dies der Unternehmer, dann hat ihm der Besteller einstweilen nur das an Leistung zu vergüten, was ihm tatsächlich zugeflossen ist.

h) **Vorzeitige Kündigungsmöglichkeit wegen Unterbrechung der Leistung**

77 § 6 Abs 7 VOB/B räumt beiden Parteien eine **Kündigungsmöglichkeit** ein, wenn eine Unterbrechung mehr als drei Monate dauert.

aa) Die Kündigungsmöglichkeit setzt voraus:

(1) Eine *Unterbrechung* der Arbeiten, die als solche nicht eingeplant war und mit der man auch nicht von vornherein ohne weiteres zu rechnen hatte, handelt es sich doch um einen *Sonderfall der Störung der Geschäftsgrundlage.* Mit Unterbrechungen ist zB bei längerfristigen Bauvorhaben zu rechnen. Zur Kündigung berechtigen kann auch die Nichtaufnahme der Arbeiten zu dem vorgesehenen Zeitpunkt (vgl BGB-RGRK/Glanzmann § 636 aF Rn 30).

(2) Eine Dauer der Unterbrechung *von mindestens drei Monaten.* Diese Frist braucht im Zeitpunkt der Kündigung noch nicht abgelaufen zu sein, sofern es nur feststeht, dass die Unterbrechung dieses zeitliche Ausmaß erreichen wird, da das Abwarten des Fristablaufs dann eine überflüssige Formalität wäre.

(3) *Nicht* vorausgesetzt wird, dass dem Kündigenden *das Festhalten an dem Vertrag* (und seinen Parteien) *unzumutbar* geworden sein muss, doch wird man die Kündigung dann als missbräuchlich zu betrachten haben, wenn ein *schutzwürdiges Interesse* an ihr nicht besteht und sie nur als ein bequemes Mittel eingesetzt wird, aus einem als lästig empfundenen Vertrag herauszukommen (vgl auch Ingenstau/Korbion/Döring § 6 Abs 7 Rn 5). Darlegungs- und beweispflichtig ist hierfür freilich der Kündigungsgegner. Im Übrigen darf die Kündigung durchaus *auch als Änderungskündigung* benutzt werden, wenn sich etwa die Lohn- und Materialkosten des Unternehmers erhöht haben (**aA** Ingenstau/Korbion/Döring § 6 Abs 7 Rn 2). **78**

(4) Die Kündigungsmöglichkeit ist *ausgeschlossen,* wenn die Arbeiten nach der Unterbrechung wieder aufgenommen worden sind. Dagegen reicht die bloße Möglichkeit auch der baldigen Wiederaufnahme der Arbeiten nicht aus, den Parteien die Kündigungsmöglichkeit zu versagen (**aA** Ingenstau/Korbion/Döring § 6 Abs 7 Rn 4), da das nichts daran zu ändern braucht, dass sich die Geschäftsgrundlage des Vertrags entscheidend geändert haben kann.

bb) Das Kündigungsrecht steht *beiden Parteien* zu, insbesondere auch jener, die die Unterbrechung zu vertreten hat (BGHZ 159, 161 = NJW 2004, 2373 = NZBau 2004, 432; BGH NJW-RR 2006, 306 = NZBau 2006, 108 Rn 15). Es kann schon vor Aufnahme der Arbeiten ausgeübt werden (BGHZ 159, 161 = NJW 2004, 2373 = NZBau 2004, 432). Die Kündigung ist an *Schriftform* gebunden mit der Folge der Unwirksamkeit bei Nichteinhaltung der Form (vgl Ingenstau/Korbion/Döring § 6 Abs 7 Rn 10). Doch kann in der widerspruchslosen Hinnahme einer formlosen Kündigung eine einverständliche Vertragsaufhebung liegen. **79**

Die Kündigungsmöglichkeit des Unternehmers benachteiligt allerdings einen Verbraucher unangemessen nach § 308 Nr 3 BGB, weil sie nicht den Fall ausnimmt, dass der Unternehmer die Unterbrechung verursacht hat. Dann hätte sie keinen sachlich gerechtfertigten Grund.

cc) *Nach der Kündigung* ist nach Maßgabe des § 6 Abs 5 VOB/B *abzurechnen* (dazu o Rn 70 f). Auch zu berücksichtigen sind Schadensersatzansprüche nach § 6 Abs 6 VOB/B (dazu u Rn 83 ff). Die Kosten der Baustellenräumung werden dem Unternehmer gesondert ersetzt, sofern er die Unterbrechung nicht zu vertreten hat und sofern diese Kosten durch die Vergütung für noch ausstehende Leistungsteile mit abgegolten werden sollten. **80**

dd) *Sofern der Besteller dem Unternehmer eine Kündigungsmöglichkeit* nach § 9 **81**

Abs 1 Nr 1 VOB/B *gegeben hat,* nimmt ihm das die Kündigungsmöglichkeit nach § 6 Abs 7 VOB/B nicht (aA Ingenstau/Korbion/Döring § 6 Abs 7 Rn 8), doch kann eine solche Kündigung im Einzelfall missbräuchlich sein, vgl o Rn 78, und nimmt sie dem Unternehmer jedenfalls nicht das Recht, seinerseits nach § 9 Abs 1 Nr 1 VOB/B zu kündigen und dann nach § 9 Abs 3 VOB/B abzurechnen (vgl dazu § 643 Rn 21 ff).

Wenn das jederzeitige Kündigungsrecht des Bestellers nach § 8 Abs 1 VOB/B (= § 648 BGB) mit dem aus § 6 Abs 7 VOB/B in Konkurrenz steht, ist im Einzelfall zu prüfen, ob es nicht missbräuchlich ist, die Kündigung auf die letztere Vorschrift zu stützen, sodass die Kündigung zwar jedenfalls wirksam bleibt (vgl auch § 648 Rn 18 f), aber gegebenenfalls nach § 8 Abs 1 Nr 2 VOB/B (= § 648 S 2 BGB) abgerechnet werden muss.

Wenn der Besteller nach § 8 Abs 3 VOB/B kündigen kann, hat *diese seine* Kündigung den Vorrang, auch vor einer etwa vorausgegangenen Kündigung des Unternehmers nach § 6 Abs 7 VOB/B, sodass auch die Rechtsfolgen des § 8 Abs 3 VOB/B Anwendung finden.

82 ee) § 6 Abs 7 VOB/B ist ein besonders geregelter Fall der *Störung der Geschäftsgrundlage.* Das bedeutet, dass eine dieser Bestimmung entsprechende Kündigung *grundsätzlich auch dann möglich ist, wenn die Geltung der VOB/B nicht vereinbart ist,* vgl § 313 Abs 3 BGB. Der Besteller ist nicht auf die Kündigungsmöglichkeiten beschränkt, die sich aus § 648 BGB oder aus einer schuldhaften schweren Störung des Vertragszwecks durch den Unternehmer ergeben, der Unternehmer nicht auf die Kündigungsmöglichkeit nach § 643 BGB oder aus einem sonst von dem Besteller gesetzten wichtigen Grund. Vielmehr kann beiden *eine nachhaltige Unterbrechung* der Erstellung des Werkes das Recht zur Kündigung und Abrechnung geben. Das setzt freilich voraus, dass das *Festhalten an dem Vertrag* durch den Zeitablauf *unzumutbar* geworden ist, wofür der Kündigende darlegungs- und beweispflichtig ist, und dass weiterhin eine Anpassung des Vertrages gemäß § 313 Abs 1 BGB nicht möglich ist oder verweigert wird. Ob die weitere unveränderte Durchführung des Vertrages unzumutbar geworden ist, kann nur nach den *Umständen des einzelnen Falles* beurteilt werden, wobei insgesamt ein strenger Maßstab anzulegen ist; eine Vermutung dafür, dass dies nach einer Unterbrechung von drei Monaten der Fall ist, kann nicht aufgestellt werden.

Die *Abrechnung* erfolgt in diesen Fällen nach dem Vorbild des § 6 Abs 7 VOB/B.

i) **Schadensersatz wegen Behinderungsschäden**

83 aa) § 6 Abs 6 VOB/B gewährt dann einen Anspruch auf Ersatz des Schadens, *wenn hindernde Umstände von einer der Parteien zu vertreten* sind. Die Bestimmung gilt *für den Unternehmer wie für den Besteller.* Hinsichtlich des Anspruchsumfangs differenziert sie nach dem Grade des Verschuldens. *Systematisch muss danach unterschieden werden, ob der Unternehmer oder der Besteller belangt wird.* In erster Hinsicht wird korrekt von einem *Schadensersatzanspruch* gesprochen, während dem Besteller grundsätzlich *nur eine Verletzung von Gläubigerobliegenheiten* zur Last fallen kann (vgl o Rn 17 ff), die als solche nicht die Folge einer Schadensersatzpflicht hat.

bb) Behinderung durch den Unternehmer

(1) § 6 Abs 6 VOB/B spricht zunächst *Behinderungen des Bestellers durch den* **84** *Unternehmer* an. Insoweit ist die Bestimmung nicht als Anspruchsgrundlage zu sehen (vgl INGENSTAU/KORBION/DÖRING § 6 Abs 6 Rn 9), sondern hat *Bedeutung als Haftungsbeschränkung* für den Fall minderen Verschuldens. Als *Anspruchsgrundlage* kommt namentlich § 5 Abs 4 VOB/B in Betracht (dazu § 633 Rn 140 ff), für den Fall der Leistungsverzögerung des Unternehmers ohne Kündigung durch den Besteller, aber doch auch der Schadensersatzanspruch des Bestellers nach Kündigung wegen Leistungsverzögerung nach den §§ 5 Abs 4, 8 Abs 3 Nr 2 VOB/B (vgl BGHZ 62, 90, 92 = NJW 1974, 646). Unanwendbar ist die Bestimmung – und insbesondere ihre Haftungsbeschränkung –, wenn es um die Auswirkungen von Mängeln der Leistung des Unternehmers geht, Anspruchsgrundlage für den Besteller also § 4 Abs 7 S 2 VOB/B bzw – nach Abnahme – § 13 Abs 7 VOB/B ist (vgl BGH MDR 1971, 927 = LM § 4 VOB/B Nr 1; BGH NJW 1975, 1701, 1703).

(2) Der Unternehmer haftet *uneingeschränkt* – insbesondere auch auf den entgan- **85** genen Gewinn des Bestellers – *bei Vorsatz oder grober Fahrlässigkeit*.

(a) Die Begriffe des Vorsatzes und der groben Fahrlässigkeit weisen hier keine Besonderheiten auf; es ist auf die allgemeinen Erl zu verweisen. Zutreffend hat BGHZ 65, 372, 376 (= NJW 1976, 517 = LM AGB Nr 88a m Anm DOERRY) eine Haftungsbeschränkung für den Unternehmer für den Fall der ernsthaften und endgültigen Erfüllungsverweigerung nicht durchgreifen lassen.

(b) Wenn § 286 Abs 4 BGB dem Unternehmer hinsichtlich des Verschuldens die Beweislast für entlastende Umstände auferlegt, dann trifft ihn auch *die Beweislast dafür, dass sein Verschulden kein grobes* war (vgl STAUDINGER/FELDMANN [2019] § 286 Rn 179; STAUDINGER/SCHWARZE [2019] § 280 Rn F 25 f). Die – insoweit missverständliche – Formulierung des § 6 Abs 6 VOB/B will daran nichts ändern.

(c) Zu den zu ersetzenden Schäden gehören namentlich *der entgangene Gewinn des Bestellers,* wie er sich insbesondere in der unterbleibenden Nutzungsmöglichkeit des Werkes realisieren kann. Es gilt § 252 BGB.

(3) Der Unternehmer haftet *nur eingeschränkt,* dh nicht auf den entgangenen **86** Gewinn des Bestellers, wenn *nur einfache,* also eine nicht als grobe zu wertende *Fahrlässigkeit* vorliegt.

(a) Diese Haftungsbeschränkung ist mit § 309 Nr 7 lit b BGB vereinbar, aber auch mit § 307 BGB.

(b) Die Haftungsbeschränkung gilt nicht, wenn die VOB/B nur nachrangig nach dem BGB vereinbart ist (BGH WM 1977, 1453, 1454); sie kann aber im Übrigen auch ohne generelle Vereinbarung der VOB/B ohne Verstoß gegen die AGB-Vorschriften vereinbart werden.

(c) Die Beweislast für eine mindere als grobe Fahrlässigkeit trifft den Unternehmer (vgl o Rn 85).

87 (d) Zu den zu ersetzenden Schäden des Bestellers gehören namentlich *Mehrkosten für die Fortführung des Baues,* soweit sie bei ihm angefallen sind. Schäden, die andere von ihm beauftragte Unternehmer durch die Verzögerung erlitten haben, kann er dagegen nicht liquidieren, sofern diese Schäden nicht zunächst auf den Besteller abgewälzt werden konnten (vgl Locher, Das private Baurecht Rn 20; Ingenstau/Korbion/Döring § 6 Abs 6 Rn 38). Von der Haftungsbeschränkung noch nicht erfasst sind Aufwendungen des Bestellers für das Werk, die infolge der fehlenden Nutzungsmöglichkeit frustriert sind (vgl Ingenstau/Korbion/Döring § 6 Abs 6 Rn 34), zB Finanzierungskosten (BGHZ 121, 210, 213, BGH NJW-RR 2000, 1186), wohl aber ein Mietausfall (BGH NJW 1967, 2262). Auch eine Vertragsstrafe kann der Hauptunternehmer an den Subunternehmer weiterreichen (BGH NJW 1998, 1493, 1494; NJW-RR 2000, 684). Ist sie hoch, hat er allerdings § 254 Abs 2 S 1 HS 1 BGB zu beachten.

Der Anspruch des Bestellers unterliegt nicht der Umsatzsteuer (BGH NZBau 2008, 318).

cc) Behinderungen des Unternehmers durch den Besteller

88 (1) Behinderungen des Unternehmers durch den Besteller führen nach § 642 Abs 1 BGB zu dessen Annahmeverzug, wie er von einem Verschulden unabhängig ist, sodass insoweit die viel diskutierte Frage müßig ist, ob etwa ein langsam arbeitender Vorunternehmer Erfüllungsgehilfe des Bestellers gegenüber dem Nachunternehmer ist (vgl dazu BGHZ 95, 128; 143, 32).

Kommt es zu einem erhöhten Aufwand des Unternehmers, ergeben die §§ 326 Abs 2, 304, 642 Abs 1 BGB, dass Annahmeverzug der Gegenseite kostenmäßig nicht zu seinen Lasten gehen darf. Nur dies entspricht auch dem Grundsatz von Treu und Glauben. Redlicherweise hätten sich die Parteien darauf geeinigt, dass der Besteller für Mehrkosten einzustehen hat, die sein Annahmeverzug verursacht. Diese Kosten hat also der Besteller zu tragen. Der Unternehmer hat sie freilich konkret zu belegen (BGH NJW 1986, 1684; NZBau 2002, 381), wobei im Ergebnis eine Schätzung nach § 287 ZPO möglich ist (BGH NJW 2005, 1650, 1652 = NZBau 2005, 335, 338). Die Behinderung und ihre Kausalität sind nach § 286 ZPO festzustellen (BGH NJW 2005, 1650, 1652 = NZBau 2005, 335, 337 f; BGHZ 162, 259 = NJW 2005, 1653). Zeitliche Verzögerungen führen nur dann zu Annahmeverzug, wenn verbindliche Fristen vereinbart sind (BGHZ 143, 32).

Sichert so § 326 Abs 2 BGB den auf Werklohnzahlung gerichteten Erfüllungsanspruch des Unternehmers gegenüber Umständen, die aus dem Verantwortungsbereich des Bestellers stammen, und ist entsprechend aufzustocken, wenn Behinderungen durch den Besteller die Kosten des Unternehmers erhöhen, wird es entbehrlich, die Mitwirkung des Bestellers als Schuldnerpflicht zu begreifen, und dem behinderten Unternehmer einen entsprechenden Schadensersatzanspruch zuzugestehen, eine Sichtweise, die § 6 Abs 6 VOB/B zugrunde liegt. Mehr würde dies dem Unternehmer auch nicht bringen, und dieser Anspruch wäre durch die Entlastungsmöglichkeit des § 280 Abs 1 S 2 BGB gefährdet.

Ein Schadensersatzanspruch des Unternehmers ist selbst dann entbehrlich, wenn er wegen der Behinderung so sehr an dieses Projekt gebunden wird, dass er anderweitigen Erwerb auslassen muss. Wenn nach § 326 Abs 2 S 2 BGB (böswillig) unterlassener anderweitiger Erwerb auf den Werklohnanspruch des Unternehmers anzurechnen ist, muss umgekehrt verhinderter anderweitiger Erwerb zu Lasten des Bestellers gehen.

(2) Ein Verständnis des § 6 Abs 6 VOB/B dahin, dass er die Ansprüche des Unternehmers wegen seiner Mehrkosten von einem Verschulden des Bestellers abhängig macht, ist mit den §§ 307 Abs 2 Nr 1, 293 BGB unvereinbar. Eine solche Wirkung kann die Bestimmung nur haben, wenn der Unternehmer ihr Verwender ist. Sonst hält die Anspruchsbeschränkung des § 6 Abs 6 S 1 aE VOB/B jedenfalls einer isolierten Inhaltskontrolle nicht stand. Es ginge nicht an, wenn der Unternehmer behinderungsbedingte Mehrleistungen zu Selbstkosten, also ohne Gewinnaufschlag zu erbringen hätte. **89**

dd) Anspruch aus § 642

§ 6 Abs 6 S 2 VOB/B lässt den Anspruch des Unternehmers aus § 642 BGB *unberührt*, knüpft ihn freilich an die einschränkende Voraussetzung einer Behinderungsanzeige, die nur bei Offenkundigkeit der Behinderung entbehrlich ist. Zur AGB-Kontrolle o Rn 48 zu § 6 Abs 1 S 2. **90**

§ 643
Kündigung bei unterlassener Mitwirkung

Der Unternehmer ist im Falle des § 642 berechtigt, dem Besteller zur Nachholung der Handlung eine angemessene Frist mit der Erklärung zu bestimmen, dass er den Vertrag kündige, wenn die Handlung nicht bis zum Ablauf der Frist vorgenommen werde. Der Vertrag gilt als aufgehoben, wenn nicht die Nachholung bis zum Ablauf der Frist erfolgt.

Materialien: E I; II § 579 Abs 2; III § 632 Abs 3; Mot II 494 ff; Prot II 2241 ff; Jakobs/Schubert, Recht der Schuldverhältnisse II 886 ff.

Schrifttum

Armbrüster/Bickert, Unzulängliche Mitwirkung des Auftraggebers beim Bau- und Architektenvertrag, NZBau 2006, 153.
Peters, Die Vergütung des Unternehmers in den Fällen der §§ 643, 645, 650 BGB, in: FS Locher (1990) 201.

Skauradszun/Eix, Unterlassene Mitwirkung des Bestellers: Alternativen zur Kündigung?, NZBau 2010, 86.

Vgl die Nachweise zu § 642.

Systematische Übersicht

I. Allgemeines	**II. Die Kündigung nach § 643**
1. Gesetzliche Regelung ___ 1	1. Voraussetzungen ___ 4
2. Kündigung aus wichtigem Grund ___ 2	a) Unterlassene Mitwirkung ___ 4
3. Abrechnung nach Kündigung ___ 3	b) Schwere des Verstoßes ___ 6

c)	Sonstige Behinderungen	7	III.	**Allgemeine Geschäftsbedingungen**	20
d)	Nichtleistung von Abschlagszahlungen	8	IV.	**Die Regelungen der VOB/B**	
e)	Fristsetzung	9	1.	Behinderungen	21
aa)	Nachfrist	9	2.	Kündigungsmöglichkeiten	22
bb)	Inhalt der Fristsetzung	10	a)	Kündigung wegen unterlassener Mitwirkung	23
cc)	Angemessenheit	11	aa)	Voraussetzungen	23
dd)	Entbehrliche Fristsetzung	11	bb)	Abrechnung	24
f)	Ausspruch der Kündigung	12	b)	Schuldnerverzug des Bestellers	25
g)	Unterbleibende Mitwirkung	13	aa)	Voraussetzungen	25
2.	Rechtsfolgen	14	bb)	Schadensersatzanspruch des Unternehmers	25
a)	Vertragsauflösung	14	cc)	Kündigungsmöglichkeit des Unternehmers	25
aa)	Rücknahme der Kündigung	15	dd)	Einschränkung der Befugnisse gem § 9 VOB/B	26
bb)	Neuabschluss	16			
b)	Wirkung ex nunc oder ex tunc?	17			
aa)	Keine Rechte des Bestellers	17			
bb)	Anspruch des Unternehmers	18			

Alphabetische Übersicht

Abrechnung	3, 17 ff, 24	– wegen unterlassener Mitwirkung (VOB)	22 f
Abschlagszahlungen	8		
AGB	20	Mängel	17
Behinderung	6 f, 21	Mitwirkung, unterlassene	4 f
Erbrachte Leistungen	18, 24	Nachfrist	9
Erfüllungsanspruch	18	Neuabschluss	16
Fristablauf, ergebnisloser	13	Schadensersatz statt der Leistung	26
Fristsetzung	9 ff	Schuldnerverzug	25 f
– angemessene	11		
– Inhalt	10	Unterbrechung der Ausführung	21
Kündigung		Vergütung	18
– aus wichtigem Grund	2	Vertragsauflösung	14
– Erklärung der	12	Verzug des Unternehmers	5
– Rücknahme	15		

I. Allgemeines

1 1. Die Bestimmung des § 643 BGB *ergänzt die des § 642 BGB*. Fehlt es an notwendigen Mitwirkungshandlungen des Bestellers, so ist den Interessen des Unternehmers mit dem Ersatz der Verzögerungskosten nicht immer hinreichend gedient; *er muss sich vielmehr von dem Vertrag lösen* können. Hierfür stellt § 643 BGB dem Unternehmer ein an § 323 Abs 1 BGB gemahnendes Verfahren der Fristsetzung zur Verfügung. Damit wird der Kanon der Rechte, die sonst im Falle des Annahmeverzuges bestehen, vgl §§ 300 ff, 326 Abs 2 BGB, sachgerecht erweitert.

2. § 643 BGB beinhaltet einen Fall der Kündigung aus wichtigem Grund; er steht 2
neben dem des § 648a BGB, von dem er sich grundlegend unterscheidet. Die Möglichkeit der Kündigung nach § 648a BGB steht beiden Seiten offen, die Kündigung nach § 643 BGB nur dem Unternehmer. Sie setzt eine Pflichtverletzung des Bestellers nicht voraus, sondern vielmehr seinen Verstoß gegen seine Obliegenheit als Gläubiger, die Erbringung der Werkleistung zu ermöglichen, was auch ohne ein Verschulden im eigentlichen Sinne denkbar ist. Zum Beispiel mag der Besteller den Bauauftrag in der dann enttäuschten Hoffnung erteilt haben, im Wege der Erbfolge ein bebaubares Grundstück zu erhalten.

Im Einzelfall können dem Unternehmer nebeneinander die Möglichkeit der Kündigung nach § 648a BGB und nach § 643 BGB eröffnet sein. Schon wegen der günstigeren Rechtsfolgen wird er die erstere vorziehen, auch wenn die Kündigung nach § 643 BGB der Korrektur bedürfen, vgl sogleich.

3. Problematisch ist die *Abrechnung* im Falle der Kündigung des Unternehmers 3
nach § 643 BGB.

Wenn man dem *Wortlaut des Gesetzes* folgt, ergibt sich aus § 645 Abs 1 S 2 BGB für den Regelfall für den Unternehmer eine geringere Vergütung, als er sie nach § 648 S 2 BGB im Falle der freien Kündigung des Bestellers erhält. Das ist wenig befriedigend und mag einer der Gründe dafür sein, *dass der Bestimmung des § 643 BGB praktische Bedeutung gegenwärtig kaum zukommt.* Der fehlerhafte Berechnungsansatz des Gesetzes bedarf der Korrektur (u Rn 18 f).

II. Die Kündigung nach § 643

1. Voraussetzungen

a) Unterlassene Mitwirkung
Die Bestimmung *knüpft an § 642 Abs 1 BGB an;* sie setzt voraus, dass der Besteller 4
ihm obliegende, aber für die Herstellung des Werkes erforderliche Mitwirkungshandlungen unterlässt und dadurch in Verzug der Annahme gerät. Insoweit kann auf die Erl zu § 642 BGB Bezug genommen werden (s § 642 Rn 24).

Besondere Hervorhebung verdient hier, dass – dem Wesen des Annahmeverzuges entsprechend – ein *Verschulden* des Bestellers *nicht erforderlich* ist. Für die Mitwirkungshandlungen ist der Zeitpunkt im Ablauf der Arbeiten des Unternehmers nicht von Bedeutung; die Erbringung der Werkleistung muss nur noch möglich sein (vgl § 297 BGB, ferner RGZ 94, 29). Ist sie es infolge des Annahmeverzuges des Bestellers nicht, weil er zB etwa notwendige Genehmigungen nicht beibringt, ist *nach § 326 Abs 2 BGB abzurechnen;* soweit der Unternehmer zum Zeitpunkt des Eintritts der Unmöglichkeit weiterer Arbeiten schon Teilarbeiten vorgenommen hat, ist über diese nach § 645 BGB abzurechnen (vgl § 645 Rn 23 ff). Einer besonderen Kündigung des Unternehmers bedarf es in diesen Fällen nicht.

Der vollständig unterlassenen Mitwirkung steht die *teilweise unterlassene Mitwirkung* gleich. Gleiches gilt für die *sachwidrige Mitwirkung,* die der Unternehmer zurückweisen darf. Hat eine sachwidrige Mitwirkung des Bestellers bereits zu Mängeln des

Werkes geführt, so muss der Unternehmer eine Frist zur Korrektur der Mitwirkung bzw zur Leistung des auf den Besteller entfallenden Anteils der Mängelbeseitigungskosten setzen. Er kann die Mitverantwortung des Bestellers dessen Mängelrechten auch einredeweise entgegenhalten (vgl auch § 634 Rn 48).

5 Treffen Mitwirkungsverzug des Bestellers und Schuldnerverzug des Unternehmers zusammen, kann die Ausübung des Kündigungsrechts *treuwidrig* sein. In Fällen dieser Art ist allerdings schon vorab besonders zu prüfen, ob überhaupt ein Angebot des Unternehmers vorliegt, das Annahmeverzug des Bestellers zu begründen vermochte (vgl BGH NJW 1986, 987 = EWiR 1986, 127 m Anm Löwisch).

b) Schwere des Verstoßes

6 § 643 BGB differenziert nicht näher nach der Art der unterlassenen Mitwirkungshandlung, während die Parallelbestimmung des § 9 Abs 1 Nr 1 VOB/B (dazu u Rn 22 ff) weiterhin fordert, dass der Unternehmer dadurch *außerstande gesetzt wird, die Leistung auszuführen*. Eine gewisse Einschränkung ist aber auch für § 643 BGB anzunehmen, da der Unternehmer schwerlich jedwede Mitwirkungsverweigerung zum Anlass für eine Kündigung nehmen kann. Der Gedanke des § 324 BGB ist entsprechend anzuwenden, dass das Festhalten am Vertrag unzumutbar sein muss, freilich abgeschwächt, weil es hier nur um eine Lösung vom Vertrag ex nunc geht.

Notwendig ist also eine durch das Verhalten des Bestellers verursachte Unmöglichkeit für den Unternehmer, das Werk insgesamt oder doch in seinen wesentlichen Teilen auszuführen. Dem steht der Fall gleich, *dass das Werk angesichts des Verhaltens des Bestellers nur mangelhaft ausgeführt werden kann oder* dass seine Herstellung deswegen für den Unternehmer *mit ins Gewicht fallenden Erschwernissen verbunden ist.*

Freilich ist bei der Abwägung zu berücksichtigen, dass die Behinderung des Unternehmers nicht ein solches Ausmaß erreichen muss, dass er deswegen schon zur fristlosen Kündigung nach § 648a BGB berechtigt sein müsste. Vielmehr gewinnen auch *für sich genommen geringere Obliegenheitsverletzungen* des Bestellers durch die Abmahnung des Unternehmers an Gewicht, vgl auch §§ 323 Abs 3, 648a Abs 3, 314 Abs 2 BGB.

In diesem Sinne kann der Unternehmer nach § 643 BGB vorgehen, wenn der Besteller die zu bearbeitende Sache nicht zur Verfügung stellt oder behördliche Genehmigungen oder Ausführungsunterlagen.

§ 643 BGB ist dagegen unanwendbar, wenn dem Unternehmer zwar ein enger, aber doch noch hinreichender Arbeitsplatz zur Verfügung gestellt wird.

c) Sonstige Behinderungen

7 Die Bestimmung ist entsprechend anzuwenden, wenn der Besteller zwar nicht Mitwirkungshandlungen unterlässt, aber den Unternehmer in sonstiger Weise an seinen Arbeiten *behindert*. Das gilt namentlich dann, wenn er die allgemeine Ordnung auf einer Baustelle trotz ihm zumutbarer Maßnahmen nicht aufrechterhält. In diesem Sinne geht es immer zu Lasten des Bestellers, wenn andere von ihm beauftragte Unternehmer diesen Unternehmer behindern. Bei Eingriffen außenstehender Dritter ist er zu den Abwehrmaßnahmen verpflichtet, die nach Treu und Glauben und der

Verkehrssitte von ihm erwartet werden können, zB zu Absperrungen, soweit diese nicht eigene Sache des Unternehmers sind.

d) Nichtleistung von Abschlagszahlungen

Gegenüber § 9 Abs 1 Nr 2 VOB/B erfasst § 643 BGB nicht den Fall, dass der Besteller fällige Abschlagszahlungen nicht leistet. Das ist auch sachgerecht, weil § 643 BGB an das Verhalten des Bestellers als Gläubiger anknüpft; in Bezug auf Abschlagszahlungen ist er Schuldner. Leistet er diese nicht, kann das zu § 323 BGB führen; näher liegt – ohne Vereinbarung der VOB/B – eine Kündigung des Unternehmers aus wichtigem Grund nach § 648a BGB. **8**

e) Fristsetzung

§ 643 BGB fordert sodann die Bestimmung einer angemessenen Frist zur Nachholung der Handlung. **9**

aa) Das ist ähnlich wie bei § 323 Abs 1 BGB eine *Nachfrist*. Der Besteller muss sich also bereits im Annahmeverzug befinden, insbesondere muss ihm also die Leistung des Unternehmers schon ordnungsgemäß angeboten worden sein. Wie bei § 323 Abs 1 BGB reicht die Gleichzeitigkeit von Angebot und Nachfristsetzung (vgl zu § 326 aF nur RGZ 50, 255, 262; 106, 89; MünchKomm/EMMERICH[4] § 326 aF Rn 46).

bb) Die Frist muss *zur Nachholung der Handlung* – oder Beseitigung der Behinderung – gesetzt sein. Diese muss dabei konkret bezeichnet sein, dem Besteller das von ihm erwartete Verhalten verständlich umschreiben, was vor allem in jenen Fällen von Bedeutung ist, in denen dem Besteller der Inhalt seiner Obliegenheiten nicht von selbst deutlich zu sein braucht. Unangemessene Zuvielforderungen machen die Fristsetzung des Unternehmers wirkungslos; gleiches gilt, wenn der Unternehmer sein Begehren inhaltlich nicht hinreichend präzisiert. **10**

cc) Die Frist muss *angemessen* sein. Auch insoweit kann an die zu § 326 BGB aF entwickelten Grundsätze angeknüpft werden. Sie muss zunächst zur Erbringung der Mitwirkungshandlung oder Beseitigung der Behinderung ausreichend bemessen sein, ohne dass sie doch großzügig bemessen sein müsste, weil das den berechtigten Interessen des Unternehmers widersprechen würde und sich der Besteller bereits im Annahmeverzug befindet. Bei der *Bemessung der Frist* sind im Übrigen die gesamten Umstände des Einzelfalls zu berücksichtigen, insbesondere kann es darauf ankommen, wie exakt die zeitlichen Planungen der Beteiligten waren und inwieweit eine weitere Verzögerung dem Unternehmer zumutbar ist. Die subjektiven Verhältnisse beim Besteller müssen Berücksichtigung finden (RG WarnRspr 1908 Nr 625; ERMAN/SCHWENKER/RODEMANN Rn 3). **11**

Eine unangemessen kurze Fristsetzung macht diese nicht wirkungslos; vielmehr wird dadurch eine angemessene Frist in Gang gesetzt.

dd) Die Fristsetzung ist entbehrlich in den Fällen des § 323 Abs 2 BGB.

f) Ausspruch der Kündigung

Bei einer Fristsetzung nach den §§ 323 Abs 1, 281 Abs BGB 1 kann es der Gläubiger zunächst offen lassen, ob er Konsequenzen aus dem fruchtlosen Fristablauf ziehen **12** will, wenn ja, welche. Davon unterscheidet sich § 643 BGB, der nur die eine Rechtsfolge der Vertragsauflösung kennt. *Diese, die Kündigung, muss selbst schon bei der Nachfristsetzung ausgesprochen werden,* wiederum nicht wörtlich, aber doch in der Weise, dass der Wille, den Vertrag nach Fristablauf nicht mehr fortsetzen zu wollen, ohne nähere Zweifel zum Ausdruck kommt (Palandt/Sprau Rn 2). Der bloße Vorbehalt einer Kündigung nach Fristablauf reicht also nicht aus, kann aber für § 648a BGB genügen.

g) Unterbleibende Mitwirkung

13 Schließlich muss die Mitwirkungshandlung bis zum Ablauf der Frist unterblieben sein, § 643 S 2 BGB, wobei es auf ein Verschulden des Bestellers nicht ankommt. Dabei reicht es auch aus, wenn die Mitwirkungshandlung nur teilweise noch aussteht. Allerdings kann der noch fehlende Rest so unbedeutend sein, dass die Mitwirkungshandlung als im Wesentlichen erbracht gelten kann. Außerdem besteht die Möglichkeit der Parteien, den gekündigten Vertrag wieder neu zu begründen (u Rn 16) und des Unternehmers, *vor Fristablauf die Kündigung zurückzunehmen* (u Rn 15).

2. Rechtsfolgen

a) Vertragsauflösung

14 Folge des ergebnislosen Fristablaufs ist zunächst die Vertragsauflösung. Da die Kündigung schon bei der Fristsetzung zu erklären war, braucht sie jetzt nicht erneut ausgesprochen zu werden. In diesem Sinne stellt § 643 S 2 BGB klar, dass der Vertrag „als aufgehoben gilt", wenn nicht die Nachholung der Handlung bis zum Ablauf der Frist erfolgt.

15 aa) Die Kündigung, die – aufschiebend bedingt durch das Verhalten des Bestellers – schon ausgesprochen ist, kann als Gestaltungsakt *nach Fristablauf* nicht mehr einseitig durch den Unternehmer *zurückgenommen* werden. Doch lassen es Soergel/Mühl[11] Rn 3; Erman/Schwenker/Rodemann Rn 3 zu, dass der Unternehmer die Kündigung *vor Fristablauf einseitig* zurücknimmt, (aA Soergel/Teichmann[12] Rn 5). Das widerspricht zwar der hM zu § 326 BGB aF (vgl RGZ 53, 161, 1 67; Staudinger/Otto [2001] § 326 aF Rn 74; aA MünchKomm/Emmerich[4] Rn 43) und ist auch sonst dogmatisch nicht unbedenklich, wird aber *der Interessenlage gerecht;* eine strikte Auflösung des Vertrages, die beide Seiten nicht wollen, ist nicht wünschenswert. Die Möglichkeit einer Neubegründung des Vertrages reicht als Korrektiv nicht aus.

16 bb) Der Vertrag kann *einverständlich neu begründet* werden. Davon ist auszugehen, wenn beide Parteien den Vertrag nach Fristablauf weiter durchführen, obwohl sie die Wirksamkeit der Kündigung kennen oder mit ihr rechnen. Im Zweifel wollen die Parteien dann auch zu den bisherigen Konditionen weiter zusammenwirken.

b) Wirkung ex nunc oder ex tunc?

17 Dass sich der Unternehmer durch eine Kündigung von dem Vertrag löst, lässt an eine Wirkung ex nunc denken. Indessen gilt der Vertrag – nicht anders als im Falle des § 648 BGB, vgl dessen S 2 – als aufgehoben. Das legt eine Wirkung ex tunc nahe. Letzteres muss sich deshalb durchsetzen, weil auch der von § 645 Abs 1 S 2 BGB vorgesehene Abrechnungsmechanismus dem Grunde nach nur auf dieser Basis verständlich ist. Es sind freilich die Ansprüche der beiden Parteien näher zu betrachten.

aa) Der Besteller büßt jedenfalls seinen Erfüllungsanspruch ein. Ihm kann doch aber auch kein Anspruch auf Nacherfüllung zustehen, dh Beseitigung von Mängeln, die die bisherige Leistung des Unternehmers vielleicht aufweist. Dafür fehlen die Voraussetzungen, und einem solchen Anspruch nachzukommen wäre dem Unternehmer in der gegebenen Konstellation auch nicht zuzumuten. Wenn Mängel freilich im Ergebnis nicht vollends unbeachtlich bleiben können, sind sie rechnerisch – nach den Maßstäben der Minderung – zu berücksichtigen; es muss dem Unternehmer nur die Befugnis verbleiben, eine Minderung durch Nacherfüllung abzuwenden. Lässt der Besteller dies nicht zu, müssen Mängel allerdings unbeachtlich bleiben.

bb) Was den Unternehmer betrifft, billigt ihm § 645 Abs 1 S 2 BGB nur Vergütung nach § 645 Abs 1 S 1 BGB zu, also einen der geleisteten Arbeit entsprechenden Teil der Vergütung, was in einem frühen Stadium sehr wenig sein wird. *Ein Anspruch auf den entgehenden Gewinn* würde dem Unternehmer dagegen *nicht* zustehen, vgl demgegenüber § 648a Abs 6 BGB. **18**

(1) Das würde freilich bedeuten, *dass sich der Besteller im Ergebnis besser steht, wenn er den ihm unliebsam gewordenen Werkvertrag nicht selbst kündigt,* was ihn Ansprüchen nach § 648 S 2 BGB aussetzen würde, sondern *wenn er den Unternehmer durch eine nachhaltige Verweigerung der Mitwirkung in die Kündigung treibt.* Er würde auch umso besser stehen, je früher er den Unternehmer zu dessen Kündigung veranlasst; im Extremfall, in dem er die Arbeiten des Unternehmers überhaupt verhindert, würde er nichts zu leisten haben. In *Missbrauchsfällen* dieser Art darf der Unternehmer nicht schlechter stehen, als er bei einer eigenen Kündigung des Bestellers stehen würde, was bedeutet, dass *hier für die Zukunft nach § 648 S 2 BGB abzurechnen ist.*

Nichts anderes kann aber auch dann gelten, wenn der Besteller die Mitwirkung zwar nicht missbräuchlich, aber doch *schuldhaft* verweigert (StudkommBGB/Beuthien Anm 2).

Gleichzustellen ist schließlich aber auch der Fall, dass der Besteller unverschuldet die Mitwirkung unterlässt. Sein Annahmeverzug ist, wie § 326 Abs 2 BGB zeigt, einer von ihm zu vertretenden Leistungsstörung gleichzustellen. Es darf nicht zu Lasten des Unternehmers gehen, wenn die Vertragsdurchführung aus Gründen unterbleibt, die in den Verantwortungsbereich des Bestellers fallen. *Wertungsmäßig steht der durch den Besteller angesprochenen Kündigung* des Vertrages *die durch ihn verursachte Kündigung des Unternehmers gleich.* Die Systematik des Gesetzes würde gestört, wenn bei einer Unmöglichkeit der Leistung nach § 324 BGB abzurechnen wäre, was § 648 S 2 BGB entspricht, nicht aber bei einer aus Anlass des Annahmeverzuges ausgesprochenen Kündigung. Dabei ist auch noch zu berücksichtigen, dass der Unternehmer, der aus wichtigem Grund fristlos kündigt, ebenfalls nicht auf eine Abrechnung nach § 645 Abs 1 S 2 BGB beschränkt ist (§ 648a Abs 6 BGB) namentlich auch im Falle des § 650f Abs 5 S 2 BGB.

(2) Im Ergebnis ist also § 645 Abs 1 S 2 BGB berichtigend dahingehend auszulegen, dass sich der Zahlungsanspruch des kündigenden Unternehmers nach § 648 S 2 BGB bemisst (dazu § 648 Rn 32). Diese berichtigende Auslegung findet eine Bestätigung darin, dass in dem Parallelfall des § 650f BGB, dessen heutiger Abs 5 S 2 ebenfalls **19**

eine Abrechnung vorsieht, die § 648 S 2 BGB entspricht, während zuvor § 648a Abs 5 S 1 BGB aF auf die §§ 643, 645 BGB Bezug genommen hatte.

III. Allgemeine Geschäftsbedingungen

20 Die Kündigungsmöglichkeit des § 643 BGB gehört zu den wesentlichen Grundgedanken der gesetzlichen Regelung, § 307 Abs 2 Nr 1 BGB; der Besteller kann sie deshalb in seinen AGB nicht ausschließen. Behält er sich längere Fristen zur Nachholung seiner Handlung vor, als sie objektiv geboten sind, ist auch das trotz der Kompensation durch den Anspruch aus § 642 BGB unangemessen. Umgekehrt kann sich der Unternehmer nicht von dem Erfordernis der Fristsetzung freizeichnen, vgl auch den – nicht unmittelbar einschlägigen – § 309 Nr 4 BGB.

IV. Die Regelungen der VOB/B

1. Behinderungen

21 Die VOB/B nennt zunächst in § 6 die Begriffe der *Behinderung* und der *Unterbrechung* der Ausführung der Leistung. § 6 Abs 5 VOB/B sieht eine *vorläufige Abrechnung* für den Fall vor, dass die Unterbrechung voraussichtlich längere Zeit dauert. Nach § 6 Abs 7 VOB/B entsteht *für beide Seiten eine Kündigungsmöglichkeit,* wenn die Unterbrechung länger als drei Monate dauert. § 6 Abs 6 VOB/B sieht schließlich *Schadensersatzansprüche* vor, falls eine Seite die Ausführungen des Werkes hindernde Umstände zu vertreten hat. Die Bestimmungen sind wiedergegeben und erläutert in § 642 Rn 70 ff.

2. Kündigungsmöglichkeiten

22 Einseitige Kündigungsmöglichkeiten des Unternehmers nennt § 9 VOB/B.

Diese Bestimmung lautet:

§ 9 Kündigung durch den Auftragnehmer

(1) Der Auftragnehmer kann den Vertrag kündigen:

1. wenn der Auftraggeber eine ihm obliegende Handlung unterlässt und dadurch den Auftragnehmer außerstande setzt, die Leistung auszuführen (Annahmeverzug nach §§ 293 ff. BGB),

2. wenn der Auftraggeber eine fällige Zahlung nicht leistet oder sonst in Schuldnerverzug gerät.

(2) Die Kündigung ist schriftlich zu erklären. Sie ist erst zulässig, wenn der Auftragnehmer dem Auftraggeber ohne Erfolg eine angemessene Frist zur Vertragserfüllung gesetzt und erklärt hat, dass er nach fruchtlosem Ablauf der Frist den Vertrag kündigen werde.

(3) Die bisherigen Leistungen sind nach den Vertragspreisen abzurechnen. Außerdem hat der Auftragnehmer Anspruch auf angemessene Entschädigung nach § 642 BGB; etwaige weitergehende Ansprüche des Auftragnehmers bleiben unberührt.

Untertitel 1 · Werkvertrag
Kapitel 1 · Allgemeine Vorschriften

§ 643

a) Kündigung wegen unterlassener Mitwirkung

aa) Die *Kündigungsmöglichkeit* wegen unterlassener Mitwirkung des Bestellers 23
nach § 9 Abs 1 Nr 1 VOB/B entspricht der Kündigung nach § 643 BGB. Wegen
der Voraussetzung des Kündigungsrechts kann auf die Erl o Rn 4 ff Bezug genommen werden. *Einschränkend* enthält § 9 Abs 1 Nr 1 VOB/B *die weitere Voraussetzung,* dass die unterlassene Mitwirkung des Bestellers den Unternehmer außerstande
setzen muss, die vertragliche Leistung auszuführen. Doch ist § 643 BGB ebenfalls
restriktiv zu interpretieren (o Rn 6).

In *formaler Hinsicht* unterscheidet sich § 9 Abs 1 Nr 1, Abs 2 VOB/B dadurch von
§ 643 BGB, dass die Kündigung anlässlich der Nachfristsetzung nur – unzweideutig –
anzudrohen, nicht aber auszusprechen ist. *Auszusprechen* ist sie vielmehr *erst nach
fruchtlosem Fristablauf* (BGH NJW 1973, 1463 = LM VOB/B Nr 61; INGENSTAU/KORBION/
JOUSSEN/VYGEN § 9 Abs 2 Rn 8 f). Unterlässt mithin der Unternehmer nach Ablauf der
Frist den Ausspruch der Kündigung, *so bleibt der Vertrag wirksam.* Das entspricht der
zu § 643 BGB vertretenen Annahme, dass vor Wirksamwerden der Kündigung auf
die Rechte aus dieser verzichtet werden kann (o Rn 15), und *erweitert nur den Zeitraum der Verzichtsmöglichkeit.*

Die in § 9 Abs 2 S 1 VOB/B angeordnete *Schriftlichkeit der Kündigung* ist Wirksamkeitsvoraussetzung (INGENSTAU/KORBION/JOUSSEN/VYGEN § 9 Abs 2 Rn 10).

Auf die Nachfristsetzung nach § 9 Abs 2 S 2 VOB/B kann *verzichtet* werden, wenn es
nach Lage der Dinge aussichtslos erscheint, dass der Besteller dadurch zu einem
vertragsgemäßen Verhalten veranlasst wird (INGENSTAU/KORBION/JOUSSEN/VYGEN § 9
Abs 2 Rn 4). Insoweit gilt nichts anderes als nach § 643 BGB.

bb) In den Wirkungen unterscheidet sich die Kündigung wegen unterlassener 24
Mitwirkung des Bestellers von jener nach § 643 BGB.

Wenn nach § 9 Abs 3 S 1 VOB/B die erbrachten Leistungen nach den Vertragspreisen abzurechnen sind, bedeutet das, dass der Vertrag nicht (insgesamt) aufgehoben wird, sondern für die Vergangenheit als Rechtsgrund erhalten bleibt. Dann
muss es insoweit auch bei der normalen Mängelhaftung des Unternehmers bleiben,
freilich legt die Konstellation die Frage nahe, ob ihm eine Mängelbeseitigung noch
zumutbar ist.

Selbstverständlich bleibt dem Unternehmer der schon entstandene Entschädigungsanspruch nach § 642 BGB erhalten, § 9 Abs 3 S 1 HS 1 VOB/B.

Die Frage nach dem Gewinn aus dem nicht mehr ausgeführten Teil der Leistung
beantwortet § 9 Abs 3 S 2 HS 2 VOB/B nebulös. Es kann aber keinem Zweifel
unterliegen, dass der Unternehmer (auch) hier nicht schlechter stehen darf, als nach
den §§ 326 Abs 2, 648 BGB.

b) Schuldnerverzug des Bestellers

aa) Der Besteller kann in Schuldnerverzug geraten, wenn er *fällige Abschlagszah-* 25
lungen nicht leistet.

bb) Soweit der Besteller danach in Schuldnerverzug gerät, erwachsen dem Unternehmer daraus *Schadensersatzansprüche* gemäß §§ 280 Abs 1, Abs 2 BGB, § 9 Abs 3 S 2 HS 2 VOB/B (vgl INGENSTAU/KORBION/VYGEN § 9 Abs 1 Rn 90; NICKLISCH/WEICK/JANSEN/SEIBEL Rn 22), wobei allerdings § 16 Abs 5 Abs 3 S 1, 2 VOB/B zu beachten ist.

cc) Die Kündigungsmöglichkeit des Unternehmers wegen Zahlungsverzuges des Bestellers benachteiligt den Besteller unangemessen iSd § 307 Abs 1 BGB, weil eine Bagatellgrenze nicht vorgesehen ist, wie sie beim Schadensersatz statt der ganzen Leistung § 281 Abs 1 S 3 BGB kennt, beim Rücktritt die §§ 325 Abs 5, 324 BGB, beim Verbraucherdarlehen § 498 Abs 1 Nr 1 BGB, bei der Miete § 543 Abs 2 Nr 3 BGB. Für den Fall des Annahmeverzuges betont § 9 Abs 1 Nr 1 VOB/B selbst, dass nicht nur eine Bagatelle vorliegen darf.

26 dd) Der Anspruch des Unternehmers auf Schadensersatz statt der ganzen Leistung nach § 281 BGB wird durch § 9 Abs 3 VOB/B nicht berührt. Zwar erwähnt ihn die Bestimmung nicht, doch dürfte er unter die salvatorische Klausel des § 9 Abs 3 S 2 VOB/B fallen. Es wäre auch überaus unangemessen, wenn der Besteller, der nachhaltig Abschlagsrechnungen nicht bedient, vor diesem Anspruch bewahrt werden sollte. Die Kündigung des Unternehmers schließt den Anspruch so wenig aus wie ein Rücktritt, vgl zu diesem § 325 BGB.

Die Möglichkeit des Rücktritts nach § 323 BGB wird man durch die Möglichkeit der Kündigung als verdrängt ansehen müssen; schließlich sind die erbrachten Leistungen nach den Vertragspreisen abzurechnen.

Sollten im Zeitpunkt der Kündigung wegen Schuldnerverzugs Mängel vorliegen, hat der Besteller keinen Anspruch auf ihre Beseitigung; sie sind in Geld auszudrücken. Die Befugnis sie zu beseitigen, nimmt dies dem Unternehmer nicht.

§ 644
Gefahrtragung

(1) Der Unternehmer trägt die Gefahr bis zur Abnahme des Werkes. Kommt der Besteller in Verzug der Annahme, so geht die Gefahr auf ihn über. Für den zufälligen Untergang und eine zufällige Verschlechterung des von dem Besteller gelieferten Stoffes ist der Unternehmer nicht verantwortlich.

(2) Versendet der Unternehmer das Werk auf Verlangen des Bestellers nach einem anderen Ort als dem Erfüllungsort, so findet die für den Kauf geltende Vorschrift des § 447 entsprechende Anwendung.

Materialien: E I § 576; II § 580; III § 634; Mot II 496 ff = MUGDAN II 277 ff; Prot II 2243 ff; JAKOBS/SCHUBERT, Recht der Schuldverhältnisse II 893 ff.

Schrifttum

ACKER/GARCIA-SCHOLZ, Die Ansprüche des Auftragnehmers bei Beschädigung der Werkleistung vor Abnahme, BauR 2003, 1457
BOLZE, Über den Zufall bei der Werkverdingung, AcP 57 (1874) 86
BOSSE, Das Baugrundrisiko im Bauvertrag, Diss Hamburg 2005
BRANDIS, Rechtliche Behandlung des Zufalls bei der Werkverdingung nach gemeinem Recht und nach BGB (Diss Erlangen 1898)
BRANDT, Ersatz des Drittschadens im Baurecht, BauR 1973, 13
DOCHNAHL, Die Gefahrtragung beim Werkvertrage nach römischem Recht und dem BGB, JherJB 48 (1904) 241
DUFFEK, Handlungen des Bauherrn als unabwendbarer, vom Auftragnehmer nicht zu vertretender Umstand, BauR 1975, 22
ERMAN, Der Sphärengedanke als Gesichtspunkt für die Verteilung der Preisgefahr beim Werkvertrag, JZ 1965, 657
FEUDNER, Generalunternehmer/Drittschadensliquidation, BauR 1984, 247
GRAUVOGL, Risikoverlagerung von Auftraggeber zu Auftragnehmer, JbBauR 2003, 31
KAISER, Die Gefahrtragung beim Bauvertrag, in: FS Korbion (1986) 197
KUFFER, Baugrundrisiko und Systemrisiko, NZBau 2006, 1
LAMPE, Die Gefahrtragung beim Werkvertrag (Diss Göttingen 1935)
LOCHER/LÖFFELMANN, Drittschadensliquidation bei Verletzung bauvertraglicher Pflichten?, NJW 1982, 790
RICHTER, Schadensersatz des Werkunternehmers aus Besitzverletzung, NJW 1985, 1450
RUTKOWSKY, Gefahrtragung und Haftung bei gewaltsamen Anschlägen gegen Großbaumaßnahmen und die daran beteiligten Unternehmen, NJW 1988, 1761
SCHMIDT, Abnahmepflicht und Gefahrübergang beim Werkvertrag (Diss Leipzig 1921)
URSPRUNG, Die Bauleistung, BauR 1973, 341
VEELKEN, Zur Dogmatik der Gefahrtragung beim Werkvertrag (1989).

Systematische Übersicht

I.	**Allgemeines**	
1.	Gefahrtragung	1
2.	Regelung der Preisgefahr	2
3.	Leistungsgefahr	3
4.	Sachgefahr	4
5.	Vertretenmüssen	4
II.	**Leistungsgefahr**	
1.	Erstmalige Leistung	5
2.	Nach erbrachter Leistung	7
a)	Mängel	7
b)	Untergang, Beschädigung des Werkes	8
c)	Vertretenmüssen des Bestellers	11
3.	Ende der Leistungsgefahr	12
III.	**Sachgefahr**	
1.	Obhutspflicht des Unternehmers	13
2.	Obhutspflicht des Bestellers	15
3.	Unmöglichkeit der Erstellung des Werkes	16
4.	Möglichkeit der Erstellung des Werkes	17
IV.	**Vergütungsgefahr**	
1.	Grundsatz	20
a)	Abnahme	20
b)	Folgen	21
aa)	Vor Abnahme	21
bb)	Nach Abnahme	22
cc)	Übergang der Vergütungsgefahr	23
c)	§ 446	24
2.	Annahmeverzug des Bestellers	25
a)	Mit der Abnahme	25
b)	Mit Mitwirkungshandlungen	26
3.	Versendung des Werkes	27
4.	Abnahmeunfähige Werke	28
5.	§ 645	28
V.	**Parteivereinbarungen**	29

§ 644

VI. Besonderheiten nach der VOB/B
1. Regelungen — 30
2. Leistungsgefahr — 31
3. Sachgefahr — 31

4. Vergütungsgefahr; § 7 VOB/B — 32
   a) Voraussetzungen — 34
   b) Rechtsfolgen — 38

Alphabetische Übersicht

Abdingbarkeit — 29	Neuherstellung — 7 f
Abnahme — 2, 12, 20 ff	Nutzungen — 24
Abnahmeunfähigkeit — 2, 28	
Abschlagszahlungen — 21	Obhutspflicht
Annahmeverzug — 25 f	– des Bestellers — 15
	– des Unternehmers — 13 f
Beschädigung des Werkes, spätere — 23	
	Preisgefahr s Vergütungsgefahr
Drittschadensliquidation — 10	
	Sachgefahr — 4, 13 ff, 31
Ersatzstoff — 17	Streik — 37
Garantiehaftung — 29	Übergabe — 2, 7, 20
	Unabwendbares Ereignis — 34 f
Höhere Gewalt — 33 ff	Unmöglichkeit — 12, 16
	Untergang — 8
Kaufrecht — 24	
	Vergütung von Nacharbeiten — 9
Lasten — 24	Vergütungsgefahr — 2, 20 ff, 32 ff
Leistungserschwernisse — 5 f	Versendung — 27
Leistungsgefahr — 3, 5 ff, 31	Versicherung — 14
	Vertretenmüssen — 11
Mängel — 7	Vorverlagerung der Gefahr, vereinbarte — 29
Mitverschulden — 38	
Mitwirkungshandlung — 26	Witterungseinflüsse — 35

I. Allgemeines

1. Gefahrtragung

1 Die §§ 644, 645 BGB behandeln, freilich *nicht abschließend,* die Gefahrtragung beim Werkvertrag. Dabei ist der Begriff der Gefahr im allgemeinen zivilrechtlichen Sinne dahin zu verstehen, dass *nur solche Störungen der Vertragsabwicklung* angesprochen werden, die von keiner der beiden Seiten zu vertreten, also *„zufällig"* sind (ERMAN/SCHWENKER/RODEMANN Rn 1).

Liegt ein Vertretenmüssen vor, gelten die allgemeinen Regeln (ERMAN/SCHWENKER/RODEMANN Rn 1), also die §§ 275, 281, 283, 323 ff BGB, denen wiederum, soweit es um Mängel der Werkleistung geht, die §§ 633 ff BGB vorgehen (vgl dazu aber näher § 645 Rn 9 ff).

2. Regelung der Preisgefahr

Primärer Regelungstatbestand der §§ 644, 645 BGB ist die *Zuweisung der Vergütungsgefahr,* also die Festlegung des Zeitpunktes, bis zu dem der Unternehmer auf eigenes Risiko arbeitet, keine Vergütung erhält, wenn das Werk zufällig untergeht oder verschlechtert wird, bzw von dem an er trotz Untergangs oder Verschlechterung des Werks uneingeschränkte Vergütung erhält. Diesen Zeitpunkt legt § 644 Abs 1 S 1 BGB *im Grundsatz auf den der Abnahme* fest. Insoweit kommt der Bestimmung weithin ein besonderer Regelungsgehalt nicht zu, weil die Abnahme Erfüllung bedeutet und mit dieser zwangsläufig die Vergütungsgefahr übergehen muss. Allerdings enthält die Bestimmung insoweit auch die Aussage, *dass die vom Unternehmer bis zur Abnahme entfaltete Tätigkeit zur Erstellung des Werkes nur vorbereitenden Charakter hat,* also insbesondere noch nicht als Erfüllung zu qualifizieren ist (vgl dazu auch § 631 Rn 14 ff). Freilich wird das *Prinzip* des Gefahrübergangs mit der Abnahme *für mehrere Fälle durchbrochen.* Der Gefahrübergang wird für den Fall des *Annahmeverzuges* in § 644 Abs 1 S 2 BGB vorverlegt, ebenso in Konkordanz mit § 447 BGB in § 644 Abs 2 BGB für den Fall der *Versendung des Werkes,* schließlich in § 645 Abs 1 S 1 BGB für den Fall, dass *das Leistungshindernis* auf *einen Mangel des vom Besteller gelieferten Stoffs* oder auf *sachwidrige Anweisungen von seiner Seite* für die Ausführung zurückzuführen ist.

Der maßgebliche Zeitpunkt für den Übergang der Preisgefahr ist nach § 644 Abs 1 S 1 BGB der der „Abnahme". In diesem Begriff ist nicht die Billigung des Werkes als im Wesentlichen vertragsgerecht enthalten, wie sie in § 363 BGB zu verorten ist. Vielmehr geht es bei der Abnahme des § 644 Abs 1 S 1 BGB um die Übergabe des Werkes, unter der auch § 640 Abs 1 S 1 BGB die Abnahme verstanden wissen will (vgl § 640 Rn 8). Direkt von der Übergabe des Vertragsgegenstands spricht die kaufrechtliche Parallelbestimmung des § 446 S 1 BGB. Nicht anders als diese beruht auch § 644 Abs 1 S 1 BGB auf dem Gedanken der Risikobeherrschung. Dass es speziell auf die Billigung des Werkes durch den Besteller nicht ankommen kann, belegt die uneingeschränkte Bezugnahme des § 644 Abs 2 BGB auf § 447 BGB. – Wenn Sachen zur Reparatur eingesandt worden sind, wird es während ihres Rücklaufs ja regelmäßig noch an einer Billigung der Reparatur durch den Besteller fehlen, gleichwohl erlegt ihm das Gesetz das Transportrisiko auf.

Wenn Werke einer Übergabe und damit Abnahme nicht fähig sind, tritt nach § 646 BGB an die Stelle der Abnahme die Vollendung des Werkes; es mögen zB das Konzert oder die Theateraufführung aus (nicht zu vertretenen) technischen Gründen ausfallen, das Freiluftkonzert am einsetzenden Regen scheitern.

3. Leistungsgefahr

Nicht eigens geregelt ist in den §§ 644, 645 BGB die Zuweisung der Leistungsgefahr, also die Bestimmung des Zeitpunktes, von dem an der Unternehmer von der Verpflichtung zur Herstellung des Werkes befreit wird. Immerhin muss die Leistungsgefahr spätestens mit der Vergütungsgefahr übergehen, und gilt für sie bis dahin im Grundsatz die Bestimmung des § 275 BGB.

4. Sachgefahr

4 Ausschnittweise angesprochen ist in § 644 Abs 1 S 3 BGB die Sachgefahr, dh das Risiko des Verlustes von Materialien.

5. Vertretenmüssen

§ 644 BGB verhält sich als Gefahrtragungsregelung *nicht zu der Frage, unter welchen Voraussetzungen eine der Parteien eine Leistungsstörung zu vertreten hat* und welche Rechtsfolgen sich daraus ergeben. Eine partielle, freilich in vielem zweifelhafte Regelung dessen, was der Besteller zu vertreten hat, enthält § 645 BGB.

II. Leistungsgefahr

1. Erstmalige Leistung

5 Aus den §§ 633 Abs 1, 275 BGB folgt, dass der Unternehmer *vor der Abnahme zur erstmaligen Erbringung seiner Werkleistung solange und soweit verpflichtet ist, wie dies überhaupt nur objektiv möglich ist* bzw kein Unvermögen des Unternehmers eintritt, uU also in mehreren „Anläufen". Der Unternehmer kann sich auch nicht darauf berufen, dass die Werkleistung nur mit außergewöhnlichen Schwierigkeiten (Kosten) zu erbringen sei. § 635 Abs 3 BGB gilt insoweit nicht (vgl § 635 Rn 8 ff). Auch § 275 BGB befreit ihn hier nur nach Maßgabe des § 275 Abs 3 BGB von seiner Leistungspflicht.

Der Unternehmer kann sich auch nicht darauf berufen, dass das Werk *nur mangelhaft* erstellt werden könne. Auch dazu ist er vielmehr gegebenenfalls verpflichtet; es ist *Sache des Bestellers,* aus der unvermeidlichen Mangelhaftigkeit des Werkes die Konsequenzen insbesondere in Form von Rücktritt oder Minderung zu ziehen.

6 Wenn der Erstellung des Werkes in der vertraglich vorgesehenen Form *nicht ausräumbare Hindernisse* entgegenstehen, zB durch die Versagung behördlicher Genehmigungen, ist der Unternehmer verpflichtet, im Rahmen des ihm Zumutbaren, § 242 BGB, an der Verwirklichung von *Ersatzlösungen* mitzuwirken. Dabei kommt es insbesondere darauf an, inwieweit sein Betrieb auf Leistungen dieser Art eingerichtet ist (vgl auch § 1 Abs 4 S 2 VOB/B, dazu § 633 Rn 13 f). Die *Ersetzungsbefugnis* des Kunden im Reisevertragsrecht ist auch auf das allgemeine Werkvertragsrecht zu übertragen. Eine Mitwirkungsverweigerung des Unternehmers kann dem Besteller Anlass zum Rücktritt nach § 324 BGB geben und den Unternehmer aus den §§ 280 Abs 1, 241 Abs 2 BGB schadensersatzpflichtig machen.

Im Baubereich kann sich anderes aus § 650b Abs 1 Nr 2 BGB ergeben, nämlich eine einseitige Befugnis des Bestellers zur Änderung der Planung, sofern sich dadurch die aufgetretenen Probleme umgehen lassen.

2. Nach erbrachter Leistung

7 Wenn der Unternehmer das Werk bereits ganz oder teilweise erstellt hat, dieses aber Mängel aufweist oder wieder untergegangen oder verschlechtert worden ist, ist der

Unternehmer *vor der Abnahme, dh der Übergabe, grundsätzlich zur erneuten mangelfreien Erstellung des Werkes verpflichtet.*

a) Mängel

Im Falle von Mängeln des Werkes besteht der Nachbesserungsanspruch des Bestellers aus § 635 BGB unabhängig davon, ob die Verantwortung für diese bei dem Unternehmer oder bei dem Besteller liegt; freilich muss sich der Besteller gegebenenfalls an den Kosten der Mängelbeseitigung beteiligen (vgl § 634 Rn 13 ff). Auch kann der Unternehmer nach § 635 Abs 3 BGB wegen unverhältnismäßiger Kosten zur Leistungsverweigerung berechtigt sein.

b) Untergang, Beschädigung des Werkes

Wenn das Werk untergeht oder beschädigt wird, hat der Besteller jedenfalls dann 8 einen Anspruch auf Neuherstellung der Nachbesserung, wenn der Unternehmer dies zu vertreten hat, indem er etwa die noch verletzungsanfällige Werkleistung nicht hinreichend gegen die bestehenden Gefahren abgesichert hat. *Gleiches* gilt aber, *wenn keine der beiden Seiten die Beeinträchtigung der Werkleistung zu vertreten hat,* diese zB auf nicht vorhersehbaren oder beherrschbaren Witterungseinflüssen beruht oder auf dem nicht vermeidbaren Eingreifen Dritter (Diebstahl, Vandalismus, versehentliche Beschädigung). Auf diesen Anspruch des Bestellers ist § 635 BGB entsprechend anzuwenden, was insbesondere zur Folge hat, dass der Unternehmer die *mangelfreie Erstellung* des Werkes *bei unverhältnismäßigem Aufwand* nach § 635 Abs 3 BGB *verweigern* kann (PALANDT/SPRAU §§ 644, 645 Rn 2).

Diese *Nacharbeiten* sind vom Besteller *nicht zu vergüten,* wie schon aus der entspre- 9 chenden Anwendung des § 635 Abs 2 BGB folgt; sie werden vielmehr *von dem allgemeinen Werklohnanspruch* des Unternehmers *mit abgegolten.*

Wenn **Dritte** *für den Schaden am Werk verantwortlich* sind, werden *regelmäßig keine* 10 *direkten Ansprüche des Unternehmers gegen sie* bestehen. Vertragliche Ansprüche gegen sie bestehen nicht aus eigener Rechtsverbindung; *etwaige Vertragsbeziehungen des Bestellers zu den Schädigern,* die zB andere an der Baustelle eingesetzte Unternehmer sein können, entfalten keine Schutzwirkung für den nachleistungspflichtigen Unternehmer (vgl BGH NJW 1970, 38; LG München BauR 1990, 508; OLG Düsseldorf NJW-RR 1996, 591). *Deliktische Ansprüche* aus Eigentumsverletzung versagen ebenfalls in der Regel, da etwa verwendete Materialien durch den Einbau in das Eigentum des Bestellers übergegangen sein werden, §§ 93, 94 BGB (BGH NJW 1984, 2569; OLG Düsseldorf NJW-RR 1996, 591). Doch wird der Unternehmer während der Erbringung der Werkleistung *Besitz an dem Werk* haben und kann dann jedenfalls die Wiederherstellungskosten direkt bei dem Schädiger aus Besitzverletzung liquidieren (BGH NJW 1984, 2459). Diese Entscheidung billigt dem Unternehmer aus dieser Anspruchsgrundlage als Folgeschaden auch den auf den beschädigten Teil der Werkleistung entfallenden Gewinn zu; das erscheint vor dem Hintergrund der Lehre vom Schutzzweck der Norm zweifelhaft (vgl krit auch RICHTER NJW 1985, 1450). *Allenfalls der Substanzwert* kann auf diesem Wege eingefordert werden. Die Anspruchsgrundlage muss gänzlich versagen, wenn der Unternehmer keinen Besitz (mehr) hat, etwa schon abgerückt ist. Doch hat weithin der *Besteller* Ansprüche gegen den schädigenden Dritten, entweder aus Delikt oder auch zusätzlich aus seinen vertraglichen Beziehungen zu diesem, wobei der ersatzfähige Schaden des Bestellers entweder aus einer normativen Betrachtungsweise herzuleiten ist (vgl HAGEN JuS 1970, 442) oder sich der Besteller jedenfalls auf den Schaden des Unternehmers berufen kann (**Drittschadensliquidation**, so BGH NJW 1970, 38; OLG Dresden BauR 2007, 555; SOERGEL/TEICHMANN Rn 6; MünchKomm/BUSCHE Rn 15). Der Besteller hat dann diese seine Ansprüche an den Unternehmer abzutreten, § 285 BGB analog oder auch § 255 BGB analog. Der Unternehmer braucht die Schäden nur Zug um Zug gegen diese Abtretung zu beseitigen, §§ 320, 322 BGB.

Was der Unternehmer inhaltlich schuldet, hängt von den Gegebenheiten des Einzelfalles ab. Dem Interesse des Bestellers an einem mangelfreien Werk kann eine *Nachbesserung* des Unternehmers genüge tun, doch wird oft nur *eine Neuherstellung* angemessen sein. Insgesamt kann zu Inhalt und Umfang des Anspruchs auf § 634 Rn 27 ff Bezug genommen werden.

c) Vertretenmüssen des Bestellers

11 Wenn der Besteller den Schaden an dem Werk zu vertreten hat, vgl dazu § 645 Rn 12 ff, 31 ff, ließe sich aus der Regelung des § 645 Abs 1 S 1 BGB, dass der Unternehmer für das misslungene Werk eine Teilvergütung verlangen kann, der Schluss ziehen, dass der Unternehmer zur weiteren Tätigkeit nicht verpflichtet ist. Doch wird man auf die Gegebenheiten des Einzelfalls abzustellen haben und *den Unternehmer in den Grenzen von Treu und Glauben für verpflichtet halten müssen, den Schaden zu beseitigen* (vgl DOCHNAHL JherJB 48 [1904] 304; RIEZLER 142; LOTMAR II 744 ff; PLANCK/OEGG vor §§ 644, 645 Anm 4; STAUDINGER/RIEDEL[11] Rn 16 mit Unterschieden im Einzelnen). Das schützenswerte Interesse des Bestellers an einem mangelfreien Werk besteht nach wie vor und kann vom Unternehmer grundsätzlich nur durch eine Kündigung aus wichtigem Grunde beseitigt werden, an deren Voraussetzungen es freilich fehlen wird, vgl § 648a BGB. Andererseits hat der Unternehmer die *Schadensbeseitigung nur Zug um Zug gegen eine zusätzliche Vergütung* vorzunehmen, wie sie nach den Maßstäben des Vertrages zu ermitteln ist. Allerdings wird sich der Unternehmer darauf berufen können, dass seine Kapazitäten anderweitig ausgelastet seien oder dass ihm eine weitere Zusammenarbeit mit dem Besteller unzumutbar sei.

Jedenfalls ist der Unternehmer nicht berechtigt, von sich aus die vom Besteller zu vertretenden Schäden oder Mängel auf dessen Kosten zu beseitigen; dies setzt vielmehr *ein entsprechendes Verlangen des Bestellers* voraus (**aA** zT die eben Genannten).

3. Ende der Leistungsgefahr

12 Die Leistungsgefahr des Unternehmers *endet* nach § 275 BGB mit dem Eintritt von Unmöglichkeit oder Unvermögen, weiterhin nach § 644 BGB mit der Abnahme des Werkes, oder mit Abnahmeverzug des Bestellers oder mit der Versendung des fertigen Werkes, § 644 Abs 1 S 1, Abs 1 S 2, Abs 2 BGB. Sie ist *suspendiert,* solange der Besteller durch die Verweigerung notwendiger Mitwirkung in Annahmeverzug ist, § 642 BGB, vgl § 323 Abs 6 BGB.

III. Sachgefahr

1. Obhutspflicht des Unternehmers

Der Unternehmer hat die Sachen des Bestellers, die er zu bearbeiten hat, sorgfältig 13 und pfleglich zu behandeln und vor Schäden zu schützen (BGH NJW 1983, 113; BGB-RGRK/GLANZMANN § 631 Rn 31). Das gilt vor allem dann, wenn die Sachen in *seine Obhut* gelangt sind, aber doch auch dann, wenn die Sachen des Bestellers ihm nur sonst ausgesetzt sind (vgl OLG Hamm NJW-RR 1992, 1236: Verwendung eines 48 t schweren Autokrans). Was dabei im Einzelnen von ihm zu erwarten ist, regelt sich nach der Verkehrssitte und den Umständen des Einzelfalls, BGH NJW 1983, 113. Von besonderer Bedeutung sind dabei der *Wert der Sachen* des Bestellers, das *Ausmaß von Gefährdungen,* auch durch Dritte, die *Möglichkeit und Kosten nachhaltiger Sicherungsmaßnahmen* (BGH NJW-RR 1997, 342). Im Falle der Pflichtverletzung haftet der Unternehmer aus den §§ 280 Abs 1, 241 Abs 2 BGB, gegebenenfalls auch deliktisch.

Die Sorgfaltspflichten bestehen nicht erst dann, wenn der Werkvertrag schon zustande gekommen ist, sondern *in unverminderter Intensität auch schon vorher,* wenn eine zu reparierende Sache schon zum Unternehmer verbracht worden ist, die Reparatur als solche aber noch nicht abgesprochen wurde (BGH NJW 1977, 376; OLG Hamm MDR 1991, 940), die Haftung folgt dann aus culpa in contrahendo.

Zu einer *Versicherung* der Sachen des Bestellers auf eigene Kosten ist der Unter- 14 nehmer nicht gehalten (RG HRR 1928, 413; OLG Frankfurt NJW-RR 1986, 107; BGB-RGRK/ GLANZMANN § 631 Rn 41 **aA** STAUDINGER/RIEDEL[11] Rn 6; ERMAN/SCHWENKER/RODEMANN Rn 5). Anderes widerspräche schon dem Gedanken des § 390 Abs 2 HGB sowie der strikten Haftung des Frachtführers für entsprechende Schäden. Wenig praktikabel die Auffassung des OLG Frankfurt, dass der Unternehmer den Besteller auf mangelnden Versicherungsschutz hinzuweisen habe und bei Unterlassen dieses Hinweises aus culpa in contrahendo hafte. Der Unternehmer, zB der Juwelier, hat vielmehr bei besonderem Wert der zu bearbeitenden Sachen oder sonstigen hohen Risiken dem Besteller *von sich aus* in geeigneter Form *den Abschluss einer* von jenem zu nehmenden *Versicherung anzubieten* und haftet im Unterlassungsfall aus den §§ 280 Abs 1, 241 Abs 2 BGB.

Bei der Obhut für die Sachen des Bestellers hat der Unternehmer für sich und seine Leute, nicht dagegen für Dritte, nach den §§ 276, 278 BGB einzustehen, gegebenenfalls auch deliktisch nach den §§ 823 Abs 1, 831 BGB. Dass er für *zufällige Beschädigung nicht einzustehen* hat, stellt § 644 Abs 1 S 2 BGB klar.

Wenn es streitig ist, ob der *Unternehmer* die Beschädigung oder den Verlust der Sachen des Bestellers zu vertreten hat, gilt für die Beweislast § 280 Abs 1 S 2 BGB.

2. Obhutspflicht des Bestellers

Sofern umgekehrt der Besteller in zu vertretender Weise Stoffe oder Geräte des 15 Unternehmers beschädigt, haftet er diesem aus den §§ 280 Abs 1, 241 Abs 2 BGB für den Wertverlust, meist auch aus Delikt. Dabei ist es wiederum der Verkehrssitte und vor allem den Umständen des Einzelfalles zu entnehmen, welche Sorgfaltsanforderungen an den Besteller zu stellen sind. Er ist jedenfalls dann zu erhöhter Aufmerksamkeit verpflichtet, wenn die Sachen des Unternehmers in seine Obhut gelangen, zB bei im Hause des Bestellers durchzuführenden Reparaturen. Doch entbindet dies den Unternehmer nicht von der nach § 254 Abs 1 BGB zu berücksichtigenden Pflicht zu eigenen Sicherungsmaßnahmen. Grundsätzlich darf der Unternehmer aber darauf vertrauen, dass *von dem Besteller selbst* keine besonderen Gefahren für seine Sachen ausgehen.

3. Unmöglichkeit der Erstellung des Werkes

16 Durch Untergang oder Beschädigung des Stoffes kann die Erstellung des Werkes unmöglich werden oder es kann sich ergeben, dass es nur noch mit Mängeln hergestellt werden kann.

Wenn der Unternehmer Untergang oder Beschädigung des bestellereigenen Stoffes zu vertreten hat, erwachsen dem Besteller die Rechte aus den §§ 280 ff BGB bzw aus den §§ 633 ff BGB. Wenn das Vertretenmüssen auf Seiten des Bestellers liegt, ergeben sich die Rechte des Unternehmers aus den §§ 326 Abs 2 bzw 645 Abs 1 S 1 BGB. Wenn das Leistungshindernis von keiner der beiden Seiten zu vertreten ist, bleibt es im Falle der Unmöglichkeit der Leistung bei der Regel der §§ 326 Abs 1, 644 Abs 1 S 1 BGB; im Falle der mangelhaften Leistung bestimmt sich der Vergütungsanspruch des Unternehmers nach § 634 Nr 3 BGB.

4. Möglichkeit der Erstellung des Werkes

17 Wenn die Erstellung des Werkes durch die Beschaffung von *Ersatzstoff* möglich bleibt, ist der Vertrag grundsätzlich weiter durchzuführen, doch kann sich für jede der beiden Seiten das Recht zur *Kündigung aus wichtigem Grund* ergeben, sofern die Gegenseite Untergang oder Beschädigung des primär zu verwendenden Stoffes zu vertreten hat. Wenn es nicht zu einer solchen Kündigung kommt, gilt Folgendes:

18 a) Der *Unternehmer* hat den Untergang des bestellereigenen Stoffes zu vertreten. Der Besteller kann hier wegen des Stoffes einen Anspruch aus den §§ 280 Abs 1, 241 Abs 2 BGB geltend machen, der nach § 249 Abs 1 u 2 BGB wahlweise auf Beschaffung von Ersatzstoff durch den Unternehmer oder Ersatz der Kosten für die eigene Beschaffung gerichtet ist. Kommt der Unternehmer dieser Verpflichtung nicht nach, so kann der Besteller wegen des gesamten Werkes nach § 281 BGB vorgehen.

19 b) Der *Besteller* selbst oder *keiner der Beteiligten* hat den Untergang des *bestellereigenen* Stoffes zu vertreten. Dem Unternehmer erwachsen hier wegen der Beschaffung des Ersatzstoffes die Rechte aus den §§ 642, 643 BGB.

c) Der *Besteller* hat den Untergang des *unternehmereigenen* Stoffes zu vertreten. Der Unternehmer kann insoweit Schadensersatz aus den §§ 280 Abs 1, 241 Abs 2 BGB begehren und für den Fall, dass dieser nicht geleistet wird, wegen des gesamten Vertrages nach den §§ 642, 643 BGB vorgehen.

d) Der *Unternehmer* selbst oder *keiner der Beteiligten* hat den Untergang des unternehmereigenen Stoffes zu vertreten. Der Besteller kann wegen des gesamten Werkes nach den §§ 636, 326 BGB vorgehen, weil der Unternehmer dann neuen Stoff zu beschaffen hat.

IV. Vergütungsgefahr

1. Grundsatz

§ 644 Abs 1 S 1 BGB legt den – freilich von Ausnahmen durchbrochenen – Grundsatz fest, dass die Vergütungsgefahr mit der Abnahme des Werkes auf den Besteller übergeht. **20**

a) Abnahme
Maßgeblicher Zeitpunkt ist nicht anders als nach § 446 S 1 BGB der Zeitpunkt der Übergabe des Werkes (vgl o Rn 2) bzw in den Fällen des § 646 BGB der der Vollendung.

Sofern eine *Teilabnahme* erfolgt (dazu § 640 Rn 57 ff, § 641 Rn 118 ff), geht die Vergütungsgefahr insoweit teilweise auf den Besteller über.

b) Folgen
Es geht mit der Entgegennahme des Werkes die Vergütungsgefahr auf den Besteller über. **21**

aa) Das bedeutet, dass der Werklohn durch den Unternehmer zuvor durch seine Leistungen noch nicht endgültig verdient ist, sofern nicht einer der in Rn 2 behandelten Ausnahmefälle gegeben ist, sondern *dass der Werklohnanspruch immer noch durch einen Untergang des Werkes in Fortfall kommen* kann.

Dies gilt insbesondere auch dann, wenn dem Unternehmer entsprechend dem Fortschritt des Werkes *Abschlagszahlungen geleistet* worden sind. Bei einem Fortfall der Werkleistung können sie auf der Basis des Vertrages zurückverlangt werden. Die Vereinbarung von Abschlagszahlungen bedeutet *keine Abänderung der Grundregel* des § 644 Abs 1 S 1 BGB. Auch § 632a BGB ändert nichts an der Gefahrtragung.

bb) Nach der Abnahme muss der Besteller dagegen den Werklohnanspruch des Unternehmers erfüllen. Wenn die Ausführung des Werkes jetzt endgültig unmöglich wird, kann er sich diesem gegenüber nicht auf § 326 Abs 1 BGB berufen. Wenn die *Wiederholung des Werkes noch möglich* ist, kann der Besteller zwar nach § 242 BGB einen Anspruch darauf haben, vgl die Überlegungen o Rn 11, die auch noch nach erfolgter Abnahme gelten, hat dies nunmehr aber *erneut zu vergüten* und kann seinen Neuherstellungsanspruch auch nicht einredeweise nach § 320 BGB der Werklohnforderung des Unternehmers entgegensetzen; auch § 273 BGB versagt insoweit. **22**

Die Werklohnforderung ist freilich *nur in dem Umfang* zu bedienen, *in dem sie besteht*. Unberührt bleiben etwaige Stundungen; insbesondere wird dem Besteller auch nicht das Recht genommen, der Werklohnforderung Gewährleistungsrechte entgegenzusetzen. Ein Untergang oder eine Beschädigung des Werkes kann insoweit nur dazu führen, dass nunmehr der Nachbesserungsanspruch entfällt und dass der Schadensersatzanspruch aus § 634 Nr 4 BGB nicht mehr an den Kosten der Mängelbeseitigung ausgerichtet werden kann, sondern entsprechend § 251 BGB zu bemessen ist. Bleibt das Werk teilweise erhalten, dann ist dieser Teil zu vergüten, und zwar nicht nur im Falle eigentlicher Teilbarkeit der Leistung (aA insoweit ERMAN/SCHWENKER/RODEMANN Rn 3). Die Teilvergütung ist dann nach § 645 Abs 1 S 1 BGB zu leisten (aA ERMAN/SCHWENKER/RODEMANN Rn 3: § 326 Abs 1 S 1 HS 2 iVm § 441 Abs 3).

23 cc) Der Übergang der Vergütungsgefahr erfolgt *endgültig*. Hat der Unternehmer eine spätere Beschädigung der Werkleistung zu vertreten, so beeinträchtigt das seine Werklohnforderung nicht; freilich erwächst dem Besteller ein Schadensersatzanspruch aus *den §§ 280 Abs 1, 241 Abs 2* BGB, meist auch aus *§ 823 Abs 1* BGB, der gegen die Werklohnforderung aufgerechnet werden kann.

c) § 446

24 § 644 Abs 1 S 1 BGB ist die werkvertragliche Parallelbestimmung zu § 446 BGB. Daraus folgt:

aa) Soweit auf einen Vertrag nebeneinander Kauf- und Werkvertragsrecht Anwendung finden, vgl § 650u BGB, ist für den werkvertraglichen Teil des Vertrages für den Gefahrübergang der sich aus § 644 BGB ergebende Zeitpunkt maßgeblich.

bb) § 446 S 2 BGB kann mit der Maßgabe entsprechend angewendet werden, dass dem Besteller von der Abnahme an die *Nutzungen* des Werkes gebühren und er die *Lasten* zu tragen hat.

2. Annahmeverzug des Bestellers

25 Der Abnahme des Werkes steht nach § 644 Abs 1 S 2 BGB der Annahmeverzug des Bestellers gleich. Damit wird der Gedanke des § 326 Abs 2 BGB aufgenommen.

a) Mit der Abnahme

Annahmeverzug des Bestellers liegt dann vor, wenn er das hinreichend, vgl § 640 Abs 1 S 2 BGB, mangelfrei erstellte und ihm *ordnungsgemäß angebotene Werk grundlos nicht entgegennimmt*. Auf ein Verschulden kommt es dabei nicht an. Annahmeverzug tritt insbesondere dann *nicht* ein, wenn *Mängel* zur Verweigerung der Abnahme berechtigen (vgl dazu § 640 Rn 34).

Auch hier berührt es den Werklohnanspruch des Unternehmers nicht, wenn das Werk nunmehr zufällig untergeht oder verschlechtert wird. Ausnahmsweise kann der Werklohnanspruch *in entsprechender Anwendung des § 326 Abs 2 S 2* BGB um die dort genannten Positionen zu kürzen sein.

Ein Untergang oder eine Verschlechterung des Werkes ist jedenfalls dann zufällig, wenn ein Verschulden des Unternehmers oder seiner Erfüllungsgehilfen nicht vorliegt.

Soweit *Mängel* des Werkes *jetzt erstmalig auftreten*, hat der Unternehmer – mangels Abnahme – für sie *immer noch Gewähr* durch Nachbesserung, Rücktritt oder Minderung *zu leisten*. Schadensersatz nach § 634 Nr 4 BGB schuldet er für sie aber nur, wenn er sie nach Maßgabe des § 300 Abs 1 BGB zu vertreten hat.

Die Haftungsbeschränkung auf grobe Fahrlässigkeit nach § 300 Abs 1 BGB ist dagegen nicht anwendbar, soweit es um die Haftung aus positiver Forderungsverletzung für mangelhafte Obhut für (zu bearbeitende) Sachen des Bestellers geht (vgl STAUDINGER/FELDMANN [2019] § 300 Rn 3, 9).

b) Mit Mitwirkungshandlungen

Wenn der Besteller dadurch in Annahmeverzug gerät, dass er vor der Vollendung des Werkes *notwendige Mitwirkungshandlungen* zu dessen Erstellung unterlässt, § 642 BGB, ist die Rechtslage hinsichtlich der Vergütungsgefahr unklar und streitig (PLANCK/OEGG Anm 2b will § 644 Abs 1 S 2 anwenden; STAUDINGER/RIEDEL[11] Rn 5 will daneben „die allgemeinen Vorschriften" [?] anwenden in Verbindung mit den §§ 642, 643; DOCHNAHL JherJb 48 [1904] 311 spricht sich für eine Anwendung des § 645 aus, BGB-RGRK/GLANZMANN Rn 9 für eine Anwendung der §§ 644 Abs 1 S 2, 324 Abs 1 S 2 aF; SOERGEL/TEICHMANN für § 324 Abs 1 S 2 aF [= § 326 Abs 2 S 2]; vgl ferner KOHLER ArchBürgR 13, 258). 26

Richtig ist zunächst, dass dem Unternehmer *die Rechte aus § 642* BGB – Ersatzanspruch für das vergebliche Warten – zustehen, was mit der Vergütungsgefahr nichts zu tun hat. Bei Unmöglichkeit der Fertigstellung ist im Übrigen der Überlegung von DOCHNAHL und GLANZMANN zuzustimmen, dass dem Unternehmer, der nur einen Teil geleistet hat, *nicht ohne weiteres die volle Vergütung* zustehen kann. Er wird aber unter Wert behandelt, wenn er nur das vergütet erhält, was er tatsächlich geleistet hat, wie dies DOCHNAHL vorschlägt. Angemessen ist es vielmehr, so im Ergebnis auch GLANZMANN, wenn man einerseits von der vollen Vergütung ausgeht, andererseits ersparte Aufwendungen sowie anderweitigen Ersatzerwerb abzieht. Dies entspricht den Bestimmungen der §§ 326 Abs 2 S 2, 648 BGB und einer berichtigenden Auslegung des § 643 BGB, wie sie geboten erscheint.

Die *Haftungsmaßstäbe* für den Unternehmer sind hier nicht anders zu beurteilen als beim Annahmeverzug des Bestellers hinsichtlich des Gesamtwerkes (dazu o Rn 25).

3. Versendung des Werkes

§ 644 Abs 2 BGB erklärt § 447 BGB für entsprechend anwendbar, wenn der Unternehmer das Werk auf Verlangen des Bestellers an einen anderen Ort als den Erfüllungsort *versendet* (vgl OLG Düsseldorf NJW-RR 1998, 347). Das ist namentlich dann von praktischer Bedeutung, wenn Sachen zur Reparatur an das Herstellerwerk eingesandt worden sind. Die Risiken des Hinwegs trägt nach allgemeinen Grundsätzen der Besteller. 27

a) Die Bestimmung greift nicht ein, wenn das Werk im Zeitpunkt der Versendung bereits abgenommen war; dann gilt vielmehr § 644 Abs 1 S 1 BGB.

b) Zum Erfüllungsort für den Werkunternehmer § 631 Rn 48.

c) Im Übrigen ist auf die Erl zu § 447 BGB Bezug zu nehmen.

4. Abnahmeunfähige Werke

28 Bei der Abnahme nicht fähigen Werkleistungen ist nach § 646 BGB für den Übergang der Vergütungsgefahr die *Vollendung* maßgeblich (vgl die Erl dort: § 646 Rn 11). Es mag der Platz unbespielbar sein, auf dem ein Fußballspiel dargeboten werden soll, oder während des Freiluftkonzerts ein Unwetter auftreten. In dem letzteren Beispiel der Teilunmöglichkeit schuldet der Besteller eine Teilvergütung, sofern die schon erbrachte Teilleistung für ihn von eigenständigem Interesse ist.

5. § 645

Wenn die Risiken, die zum Untergang oder der Verschlechterung des Werkes führen, aus der Sphäre des Bestellers stammen, ist von § 645 BGB auszugehen (s die Erl dort: § 645 Rn 31).

V. Parteivereinbarungen

29 Die Regelungen des § 644 BGB sind *abdingbar*. Doch ist bei einer Modifikation durch Allgemeine Geschäftsbedingungen § 307 Abs 2 BGB zu beachten. Eine *Gefahrtragung des Unternehmers über die Abnahme* oder den Annahmeverzug des Bestellers *hinaus ist grob unbillig und verstößt* gegen wesentliche Grundgedanken der gesetzlichen Regelung (vgl INGENSTAU/KORBION/OPPLER § 7 Abs 1–3 Rn 27). Ihm kann allerdings – entgegen § 644 Abs 2 BGB – das *Versendungsrisiko* auferlegt werden.

Eine *Vorverlagerung der Gefahr* zu Lasten des Bestellers ist differenziert zu betrachten. Soweit die Werkleistung *im räumlichen Bereich des Bestellers* erbracht werden soll, erscheint sie nicht generell unbillig (vgl auch u Rn 30 ff zu der entsprechenden Regelung in § 7 VOB/B). Wenn die Werkleistung im räumlichen Bereich des Unternehmers erbracht werden soll, wird es auf die Art der Werkleistung ankommen. *Wo der Eintritt des Erfolges ungewiss* ist, erscheint es mit Treu und Glauben vereinbar, wenn sich der Unternehmer eine erfolgsunabhängige Vergütung für seine Bemühungen versprechen lässt. Dies läuft praktisch auf die (zulässige) Vereinbarung eines Dienstvertrages hinaus. Anders, *wenn nach Treu und Glauben eine Erfolgsgarantie von dem Unternehmer erwartet* werden kann. Dann widerspricht eine erfolgsunabhängige Vergütungsklausel *dem gesetzlichen Leitbild des Werkvertrages* und wird auch meist schon überraschend iSd § 305c Abs 1 BGB sein.

Dem Unternehmer kann grundsätzlich eine *Garantiehaftung* für Stoffe des Bestellers gegen § 644 Abs 1 S 3 BGB auferlegt werden, solange er nicht Risiken tragen soll, die nach Maßgabe des § 645 BGB in den Verantwortungsbereich des Bestellers fallen. Umgekehrt kann sich der Unternehmer von der Haftung für schuldhafte Beschädigungen der Stoffe des Bestellers nach Maßgabe des § 309 Nr 7 lit b BGB freizeichnen.

VI. Besonderheiten nach der VOB/B

1. Regelungen

30 Die VOB/B spricht die Gefahrtragung vorzugsweise in den Bestimmungen der §§ 7 und 12 Nr 6 an.

§ 7 Verteilung der Gefahr

(1) Wird die ganz oder teilweise ausgeführte Leistung vor der Abnahme durch höhere Gewalt, Krieg, Aufruhr oder andere objektiv unabwendbare vom Auftragnehmer nicht zu vertretende Umstände beschädigt oder zerstört, so hat dieser für die ausgeführten Teile der Leistung die Ansprüche nach § 6 Absatz 5; für andere Schäden besteht keine gegenseitige Ersatzpflicht.

(2) Zu der ganz oder teilweise ausgeführten Leistung gehören alle mit der baulichen Anlage unmittelbar verbundenen, in ihre Substanz eingegangenen Leistungen, unabhängig von deren Fertigstellungsgrad.

(3) Zu der ganz oder teilweise ausgeführten Leistung gehören nicht die noch nicht eingebauten Stoffe und Bauteile sowie die Baustelleneinrichtung und Absteckungen. Zu der ganz oder teilweise ausgeführten Leistung gehören ebenfalls nicht Hilfskonstruktionen und Gerüste, auch wenn diese als Besondere Leistung oder selbständig vergeben sind.

§ 12 Abnahme

(...)

(6) Mit der Abnahme geht die Gefahr auf den Auftraggeber über, soweit er sie nicht schon nach § 7 trägt.

2. Leistungsgefahr

Die VOB/B enthält *keine eigenständige Regelung der Leistungsgefahr* (vgl Ingenstau/ Korbion/Oppler § 7 Rn 3), sodass für diese von den oben Rn 5 ff dargestellten Grundsätzen auszugehen ist. Es ist aber für ihren Geltungsbereich anzunehmen, dass der Unternehmer *grundsätzlich zur Neuherstellung* der untergegangenen oder beschädigten Leistung *verpflichtet* ist (Ingenstau/Korbion), dies freilich nur gegen erneute Vergütung, BGHZ 61, 144. Im Übrigen ist für den Fall, dass Leistungshindernisse auftreten, auf die Bestimmungen des § 6 VOB/B hinzuweisen (dazu § 642 Rn 42 ff). **31**

3. Sachgefahr

Die VOB/B enthält ferner *keine Sonderregelung gegenüber der Bestimmung des § 644 Abs 1 S 3 BGB*, sodass diese auch in ihrem Anwendungsbereich anzuwenden ist. § 7 Abs 3 VOB/B bietet insoweit nur eine Klarstellung.

4. Vergütungsgefahr; § 7 VOB/B

Für die *Vergütungsgefahr* ist die Grundregelung der VOB/B in § 12 Abs 6 enthalten, die sachlich mit der des § 644 Abs 1 S 1 BGB übereinstimmt (BGH BlGWB 1962, 59). **32**

Die Vereinbarung der VOB/B ändert nichts daran, dass die Gefahr in den dem BGB bekannten Fällen vor der Abnahme auf den Besteller übergehen kann, also nach § 645 BGB (Ingenstau/Korbion/Oppler § 7 Rn 12), nach § 644 Abs 1 S 2 BGB für den Fall des *Annahmeverzugs* des Bestellers und nach § 644 Abs 2 BGB für den Fall der vereinbarten *Versendung* des Werkes.

33 In § 7 Abs 1 VOB/B wird diesen Fällen der vorzeitigen Gefahrtragung des Bestellers ein weiterer an die Seite gestellt. Das ist mit dem Grundgedanken des § 645 Abs 1 S 1 BGB in doppelter Hinsicht nicht vereinbar, § 307 Abs 2 Nr 1 BGB. Vor allem wird hier der Besteller tatbestandlich mit Risiken belastet, die anders als dort nicht aus seiner Sphäre stammen. Zum anderen wird ihn die vorgesehene Vergütung höher belasten als die nach § 645 Abs 1 S 1 BGB vorgesehene. § 645 Abs 1 S 1 BGB ist ohnehin schon eine „Aufweichung" der grundsätzlichen werkvertraglichen Gefahrtragungsregelung des § 644 Abs 1 S 1 BGB. Freilich muss der Besteller die Regelung hinnehmen, sofern er sie selbst in den Vertrag eingebracht hat.

34 a) Die Bestimmung setzt voraus:

aa) Es muss die *Leistung ganz oder teilweise ausgeführt* sein, wobei vorbereitende Maßnahmen wie etwa die Einrichtung der Baustelle oder die Beschaffung von Baustoffen nicht ausreichen, vgl § 7 Abs 3 VOB/B. Es reicht aber aus, wenn Leistungsteile eingebaut und dann zur weiteren Bearbeitung wieder herausgelöst waren (vgl BGH VersR 1968, 911: vorläufige Demontage von Heizkörpern zum Anstreichen).

Die Leistung muss *beschädigt oder zerstört* worden sein. Dem kann ein *Diebstahl* gleichgestellt werden (BGH VersR 1968, 911), wobei es sich freilich gerade bei Diebstählen nur ausnahmsweise um ein unabwendbares Ereignis handeln wird.

bb) Die Beschädigung der Leistung muss zurückzuführen sein auf: höhere Gewalt oder andere unabwendbare Umstände. Das sind Umstände, die nach menschlicher Einsicht und Erfahrung in dem Sinne unvorhersehbar sind, dass sie oder ihre Auswirkungen durch die äußerste nach der Sachlage zu erwartende Sorgfalt nicht verhütet oder in ihren Wirkungen bis auf ein erträgliches Maß unschädlich gemacht werden können (BGHZ 61, 144, 145; BGH NJW 1997, 3018; 1998, 456).

Dass der Unternehmer sie nicht zu vertreten haben darf, bedeutet nur noch eine Klarstellung.

Umstände sind für den Unternehmer nicht schon dann unabwendbar, wenn sie auf den Besteller zurückzuführen sind (**aA** DUFFEK BauR 1975, 22).

Wenn dem Besteller Abwehrmaßnahmen zumutbar und möglich sind, will BGH NJW 1997, 3018 § 7 VOB/B nicht anwenden, sondern stattdessen § 645 BGB. Doch kann § 7 VOB/B mit der Unabwendbarkeit sinnvoll nur auf den Unternehmer abstellen.

35 (1) Besondere Probleme ergeben sich insoweit bei *Witterungseinflüssen* (vgl BGH VersR 1962, 159 einerseits, BGHZ 61, 144 andererseits). Einzukalkulieren hat der Unternehmer auch *schwereres Wetter,* zB außergewöhnliche Regenfälle, die Rohrverlegungsarbeiten gefährden (BGH VersR 1962, 159), Sturmböen, Kälte, wobei insbesondere darauf abzustellen ist, was nach Zeit und Ort der Erstellung des Werkes gerade noch erwartet werden kann, selbst wenn die Bauleistung gegen diese Risiken nicht mehr mit wirtschaftlich vertretbaren Maßnahmen zu sichern ist (vgl NICKLISCH/WEICK/ JANSEN/SEIBEL Rn 13). Danach kommen *praktisch nur* Sturmfluten, Orkane, Erdbeben als unabwendbare Ereignisse in Betracht, und dabei auch die ersteren nicht ausnahmslos, zB nicht im Herbst auf den Halligen. Andererseits hat BGHZ 61, 144 bei Straßenbauarbeiten Niederschlagsmengen von 64 mm statt sonst maximal in dieser Jahreszeit 40–50 mm als unabwendbares Ereignis angesehen, eine zweifelhafte Entscheidung.

Auch *Diebstähle* können unabwendbare Ereignisse sein (Nicklisch/Weick/Jansen/Seibel Rn 15), sofern der Unternehmer seiner entsprechenden Sicherungspflicht nach § 4 Abs 5 S 1 VOB/B nachgekommen ist.

(2) Besonders genannt werden als Fälle höherer Gewalt *Krieg und Aufruhr.* Unter Aufruhr wird man nach dem Sinn der Regelung auch unfriedliche Demonstrationen rechnen müssen, mögen sie nun gegen sonstige Ziele gerichtet sein und die Werkleistung nur zufällig betreffen oder gegen die Werkleistung als solche, zB die Errichtung eines Kernkraftwerks (aA Rutkowsky NJW 1988, 1761, 1762, der ein sonstiges unabwendbares Ereignis annimmt, aber entscheidend auf die Vorhersehbarkeit abstellt). Doch kann das *Demonstrationsrisiko* auch dann nicht das des Unternehmers sein, wenn er mit ihnen rechnen muss. **36**

(3) Nicht genannt werden in § 7 VOB/B *Streik und Aussperrung.* Insoweit ergibt sich aus § 6 Abs 2 Nr 1 lit b VOB/B, dass sie grundsätzlich nur zu einer *Verlängerung der Ausführungsfristen* führen (vgl auch Nicklisch/Weick/Jansen/Seibel § 7 Rn 14). Allerdings kann ein Arbeitskampf im Bereich des Bestellers für den Unternehmer ein unabwendbares Ereignis sein. **37**

b) In der Folge ist über die beschädigte oder zerstörte Werkleistung nach § 6 Abs 5 VOB/B *abzurechnen* (vgl dazu § 642 Rn 74 f). **38**

aa) Nach Sinn und Zweck des § 7 VOB/B muss dieser Abrechnungsmodus nicht nur dann Verwendung finden, wenn die Vergütungsgefahr nach dieser Bestimmung auf den Besteller übergegangen ist, sondern überhaupt *in allen Fällen, in denen er sie zu tragen hat,* also auch dann, wenn sie nach den §§ 644 Abs 1 S 2, Abs 2, 645 Abs 1 S 1 BGB auf ihn übergegangen ist.

bb) Auch im Falle des § 7 VOB/B kann es zu einer *Kürzung der Vergütung* in entsprechender Anwendung des § 254 BGB kommen, sofern Umstände bei der Schädigung der Werkleistung mitgewirkt haben, die in den Verantwortungsbereich des Unternehmers fallen (vgl § 645 Rn 20 f). Freilich können unabwendbare Ereignisse im Sinne der Bestimmung nicht in einen abwendbaren und einen unabwendbaren Teil aufgespalten und dann in entsprechender Anwendung des § 254 BGB beiden Parteien teilweise zugewiesen werden (vgl BGHZ 61, 144, 147 zu das übliche Maß wesentlich übersteigenden Regenfällen).

cc) Abzurechnen ist *nach den Vertragspreisen* für die ausgeführte Leistung; außerdem sind *die Kosten zu erstatten, die dem Unternehmer bereits entstanden,* aber in den Vertragspreisen des nicht mehr ausgeführten Teils der Leistung enthalten sind (vgl zu diesem Regelungsgehalt des in § 7 VOB/B in Bezug genommenen § 6 Abs 5 VOB/B § 642 Rn 74 f).

dd) Nach § 7 Abs 1 HS 2 VOB/B besteht für andere Schäden *keine gegenseitige Ersatzpflicht.* Das schließt entgegen der missverständlichen Formulierung Ersatz- **39**

ansprüche auf anderer Basis nicht aus (vgl NICKLISCH/WEICK/JANSEN/SEIBEL Rn 21), zB vertragliche oder deliktische Schadensersatzansprüche, wenn eine der Parteien in von ihr zu vertretender Weise Eigentum der anderen beschädigt. *Im Grunde entbehrlich* wird vielmehr klargestellt, dass der Besteller bei schuldlosem Handeln des Unternehmers gegen diesen keine Schadensersatzansprüche hat, was freilich einen *Anspruch auf Neuerstellung der Werkleistung* – gegen erneute Vergütung – nicht ausschließt, o Rn 11. Festgestellt wird weiterhin, dass der Unternehmer dann, wenn die Leistungsstörung nicht nach Maßgabe der §§ 7 VOB/B, 644 Abs 1 S 2, Abs 2, 645 Abs 1 S 1 BGB in den Verantwortungsbereich des Bestellers fällt, gegen diesen keine Ansprüche hat, und dass der Unternehmer in diesen Fällen auf die Ansprüche aus den §§ 7, 6 Abs 5 VOB/B beschränkt ist, also zB nicht *die Kosten der Baustellenräumung* verlangen kann (vgl NICKLISCH/WEICK/JANSEN/SEIBEL § 7 Rn 19), aber auch nicht den entgehenden Gewinn für den nicht mehr ausgeführten Teil der Leistung. Ansprüche hierauf können aber nach Maßgabe der §§ 645 Abs 2, 326 Abs 2 BGB bestehen, die unberührt bleiben.

§ 645
Verantwortlichkeit des Bestellers

(1) Ist das Werk vor der Abnahme infolge eines Mangels des von dem Besteller gelieferten Stoffes oder infolge einer von dem Besteller für die Ausführung erteilten Anweisung untergegangen, verschlechtert oder unausführbar geworden, ohne dass ein Umstand mitgewirkt hat, den der Unternehmer zu vertreten hat, so kann der Unternehmer einen der geleisteten Arbeit entsprechenden Teil der Vergütung und Ersatz der in der Vergütung nicht inbegriffenen Auslagen verlangen. Das Gleiche gilt, wenn der Vertrag in Gemäßheit des § 643 aufgehoben wird.

(2) Eine weitergehende Haftung des Bestellers wegen Verschuldens bleibt unberührt.

Materialien: E I § 577; II § 581; III § 635; Mot II 500 ff; Prot II 2248 ff; JAKOBS/SCHUBERT, Recht der Schuldverhältnisse II 901 ff.

Schrifttum

BEUTHIEN, Zweckerreichung und Zweckstörung im Schuldverhältnis (1969)
vCRAUSHAAR, Die Rechtsprechung zu Problemen des Baugrundes, in: FS Locher (1990) 9
DUFFEK, Handlungen des Bauherrn als unabwendbarer, vom Auftragnehmer nicht zu vertretender Umstand, BauR 1975, 22
ENGLERT, Das „Baugrundrisiko" – ein normierungsbedürftiger Rechtsbegriff?, BauR 1990, 537

ERMAN, Der Sphärengedanke als Gesichtspunkt für die Verteilung der Preisgefahr beim Werkvertrag, JZ 1965, 657
GLEICHMANN, Der Anspruch des Werkunternehmers auf einen der geleisteten Arbeit entsprechenden Teil der Vergütung und den Ersatz der in der Vergütung nicht inbegriffenen Auslagen gem § 645 Abs 1 S 1 BGB (Diss Hamburg 1991)
HÜFFER, Leistungsstörungen durch Gläubigerhandeln (1975)

Untertitel 1 · Werkvertrag
Kapitel 1 · Allgemeine Vorschriften § 645

KÖHLER, Unmöglichkeit und Geschäftsgrundlage bei Zweckstörungen im Schuldverhältnis (1971)
KOHLER, Werkmangel und Bestellerverantwortung, NJW 1993, 417
KOLLER, Die Risikozurechnung bei Vertragsstörungen in Austauschverträgen (1979)
KRONKE, Konkretisierung der Risikozurechnungskriterien im Leistungsstörungsrecht – BGHZ 83, 197, JuS 1984, 758
LENZEN, Ansprüche gegen den Besteller, dem Mitwirkungspflichten unmöglich werden, BauR 1997, 210
NICKLISCH, Risikoverteilung im Werkvertragsrecht bei Anweisungen des Bestellers, in: FS Bosch (1976) 731
PETERS, Die Vergütung des Unternehmers in den Fällen der §§ 643, 645, 650 BGB, in: FS Locher (1990) 201
ders, Weisungen des Bestellers nach VOB/B und BGB, NZBau 2012, 613
SOERGEL, Mängelansprüche bei vorzeitiger Vertragsbeendigung wegen höherer Gewalt, in: FS Korbion (1986) 427
WIEGAND, Bauvertragliche Risikoverteilung im Rechtsvergleich, ZfBR 1990, 2.

Systematische Übersicht

I.	**Allgemeines**	1
1.	Gesetzgeberische Motive	2
2.	Billigkeit	3
3.	Würdigung	4
a)	Erweiterungen	4
b)	Vertretenmüssen	5
II.	**Systematische Stellung des § 645 Abs 1 S 1**	
1.	Regeln über die Unmöglichkeit	6
a)	Leistungsgefahr	6
b)	Vergütungsgefahr	7
c)	Bedeutung der Bestimmung	8
2.	§ 645 Abs 1 S 1 und die Gewährleistung	9
a)	Alleinige Verantwortlichkeit des Bestellers	10
b)	Mitverantwortlichkeit des Unternehmers	11
III.	**Voraussetzungen des § 645 Abs 1 S 1**	
1.	Mangel des Stoffes	12
a)	Stoff	12
b)	Mangel	14
c)	Lieferung vom Besteller	15
2.	Anweisungen	16
a)	Qualität der Forderung	16
b)	Inhalt	16
c)	Anweisung und Vertragsinhalt	17
d)	Folgepflicht des Unternehmers	18
3.	Untergang des Werkes	19
4.	Kein Vertretenmüssen des Unternehmers	20
5.	Kein Vertretenmüssen des Bestellers	22
IV.	**Rechtsfolgen des § 645 Abs 1 S 1**	
1.	Die Teilvergütung	23
2.	Berechnung	24
3.	Neuherstellung	30
V.	**Entsprechende Anwendung des § 645 Abs 1 S 1**	
1.	Sphärentheorie	31
2.	Schädigung des Werkes durch den Besteller	32
a)	Verhalten des Bestellers	33
b)	Unterlassung	35
c)	Mitwirkungshandlungen	36
d)	Dritte	37
3.	Fehlendes Bearbeitungsobjekt	38
4.	Leistungserschwernisse	42
5.	Sonstige Risiken	43
VI.	**§ 645 Abs 1 S 2**	44
VII.	**Vereinbarungen der Parteien**	
1.	Zu Lasten des Unternehmers	45
2.	Zu Lasten des Bestellers	47
VIII.	**§ 645 Abs 2**	49

Alphabetische Übersicht

Anweisungen	16 ff	Risiken, sonstige	43
– Folgepflicht des Unternehmers	18		
Arbeitszeit	24	Sphärentheorie	31
Auslagen	26	Stoff	12 ff
		– Lieferung	15
Beschädigung durch den Besteller	32 ff	– Mangel	14
Billigkeit	2 f		
		Teilvergütung	23 ff
Dritte	37		
		Unausführbarkeit	19
Gewährleistung, Vorrang der	9 ff	Untergang	19
Gewinn	26		
		Vereinbarungen	45 ff
Kosten des Unternehmers	46	Vergütungsgefahr	7
		Verschlechterung	19
Leistungserschwernisse	42	Versicherung	46
Leistungsgefahr	6	Vertragsvereinbarung	
Leistungssubstrat	38	– und Anweisung	17
– Ersatzbeschaffung durch den Besteller	39	Vertretenmüssen	5
		– beiderseitiges	51
Mängel	9 ff, 29	– des Bestellers	22, 49
Mitverschulden	11, 28	– des Unternehmers	20 f, 28
Mitwirkung des Bestellers	36	Vorarbeiten	25, 47
		Vorunternehmer	34
Neuherstellung	30		
		Zweckerreichung	38
Politische Hindernisse	42	Zweckvereitelung	38

I. Allgemeines

1 Während § 644 BGB der Erfolgsbezogenheit des Werkvertrages Rechnung trägt und deshalb den Besteller erst und nur dann zur Zahlung verpflichtet, wenn der Unternehmer das Seinige getan, also das ordnungsgemäß erstellte Werk übergeben oder in Annahmeverzug begründender Weise angeboten hat, *verlegt § 645 Abs 1 S 1 BGB den Zeitpunkt des Übergangs der Vergütungsgefahr* vor, sofern das noch nicht oder nicht vollständig erstellte oder noch nicht abgenommene Werk *aus Gründen, die dem Besteller zuzurechnen sind,* untergegangen, verschlechtert oder unausführbar geworden ist. Freilich soll der Unternehmer dann *nur eine anteilige Vergütung* erhalten, die nach dem Wortlaut des Gesetzes knapper bemessen ist als die sich aus den §§ 326 Abs 2, 648 BGB ergebende.

1. Gesetzgeberische Motive

2 Der Gesetzgeber hat § 645 Abs 1 S 1 BGB angesichts der Vorleistungspflicht des Unternehmers hinsichtlich der Herstellung des Werkes (nicht seiner Ablieferung) als Ausnahme zu der sich aus den jetzigen § 323 Abs 1, 644 Abs 1 S 1 BGB ergebenden

Regel angesehen, dass der Unternehmer angesichts des Untergangs des Werkes gar keine Vergütung beanspruchen könne. Diese Ausnahme beruhe auf *Billigkeit,* Mot II 500. Während in der 1. Kommission (vgl JAKOBS/SCHUBERT, Die Beratung des BGB, Recht der Schuldverhältnisse II 901 f) noch erwogen worden war, die geschuldete Vergütung nach Maßgabe der jetzigen §§ 326 Abs 2, 648 BGB zu bemessen, dies aber als eine zu weitgehende Begünstigung des Unternehmers verworfen worden war, wurde diese letztere Entscheidung in der 2. Kommission hingenommen, aber erwogen, den Kreis der eine Vergütungspflicht auslösenden Umstände insbesondere um Fälle der höheren Gewalt zu erweitern, was dann aber wegen Abgrenzungsschwierigkeiten und einer angenommenen unbilligen Belastung des Bestellers abgelehnt wurde, vgl Prot II 2248 ff.

2. Billigkeit

Die Bestimmung wird allgemein als eine der Billigkeit verstanden (vgl Mot II 500; **3** BGHZ 60, 14, 20; 83, 197, 203; BGB-RGRK/GLANZMANN Rn 4; ERMAN/SCHWENKER/RODEMANN Rn 1). Freilich wird der Gedanke der Billigkeit dabei in unterschiedlichen Sinnzusammenhängen verwendet. Während der Gedanke der Billigkeit dem *Gesetzgeber* dazu diente, *überhaupt einen Vergütungsanspruch* des Unternehmers *zu begründen,* wird er *heute* dazu herangezogen, dem Unternehmer *in weiteren Fällen* einen Vergütungsanspruch zu gewähren.

3. Würdigung

Die Bestimmung des § 645 Abs 1 S 1 BGB muss als *misslungen* bezeichnet werden. **4**

a) Einerseits wird es schon seit jeher gefordert (vgl OERTMANN § 644 Anm 3b; PLANCK/OEGG §§ 644, 645 Anm 2e) und ist es heute praktisch nicht mehr streitig (vgl u Rn 29), dass *der Kreis der Fälle,* die eine Vergütungspflicht des Bestellers auslösen, gegenüber der Fassung des Gesetzes *zu erweitern* ist.

b) Andererseits hat § 645 Abs 1 S 1 BGB nur *jenen schmalen Kreis von Fällen* **5** zum Regelungsgegenstand, in denen die Vertragsstörung von keiner der beiden Seiten zu vertreten ist (vgl nur BGHZ 60, 14, 20; BGB-RGRK/GLANZMANN Rn 1); dies folgt – bezogen auf den Besteller – aus § 645 Abs 2 BGB und ist auch allein geeignet, die eingeschränkte Vergütungspflicht des Bestellers zu legitimieren. Dies wird aber dadurch überdeckt, dass die Fälle, die das Gesetz nennt, mangelhafter Stoff oder zum Untergang des Werkes führende Anweisungen, *im Regelfall durchaus vom Besteller zu vertreten* sein werden. Auch ist es dann *nicht zu verstehen,* warum ein Fall in § 645 Abs 1 S 2 BGB gleichgestellt wird, in dem durchaus ein Vertretenmüssen des Bestellers anzunehmen ist. *Die Unterscheidung des Gesetzes* wird weiterhin dadurch *fragwürdig,* dass es bisher nicht gelungen ist, die Umstände, die der Besteller als Gläubiger zu vertreten hat, § 326 Abs 2 BGB, nach sicheren Kriterien von jenen abzugrenzen, die ihm wenigstens eingeschränkt nach § 645 Abs 1 BGB zuzurechnen sind, und diese wiederum von jenen, die gar nicht seiner Verantwortung unterliegen. So scheint denn gerade § 645 Abs 1 S 1 BGB zuweilen zum *Ausgangspunkt einer wenig konturierten Billigkeitsrechtsprechung* gemacht zu werden, bei der die Abgrenzung der Bestimmung entweder in die eine oder in die andere Richtung – oder gar in beide – wenig überzeugend erscheint.

II. Systematische Stellung des § 645 Abs 1 S 1

1. Regeln über die Unmöglichkeit

6 § 645 Abs 1 S 1 BGB ist auch dann anwendbar, wenn die Parteien dem Vertrag die VOB/B zugrunde gelegt haben (vgl BGH NJW 1997, 3018, 3019); deren § 7 Abs 1 schließt die Bestimmung nicht aus.

a) § 645 Abs 1 S 1 BGB betrifft die *Vergütungsgefahr.* Zur *Leistungsgefahr* lassen sich aus der Bestimmung auch mittelbare Schlüsse *nicht* ziehen. Wenn das Werk ganz oder teilweise untergegangen ist, seine Neuherstellung aber noch möglich ist, kann der Unternehmer dazu verpflichtet sein (dazu § 644 Rn 11). Die Leistungsgefahr des Unternehmers findet ihre Grenze entweder an der Unmöglichkeit der Leistung oder an der Abnahme bzw den ihr nach § 644 Abs 1 S 2, Abs 2 BGB gleichstehenden Umständen.

7 b) Für die *Vergütungsgefahr* gilt:

Grundsätzlich kann der Unternehmer für seine Werkleistung vor Abnahme keine Vergütung verlangen, § 644 Abs 1 S 1 BGB.

Ausnahmsweise kann er die *volle,* nach Maßgabe des § 326 Abs 2 S 2 BGB zu kürzende *Vergütung* verlangen, § 326 Abs 2 BGB, *wenn der Besteller den Untergang des Werkes zu vertreten hat.* Dabei kommt es nicht darauf an, ob die Leistung endgültig unmöglich wird. Dies folgt aus § 645 Abs 2 BGB (vgl auch u Rn 49).

Ausnahmsweise kann der Unternehmer eine *eingeschränkte,* nach Maßgabe des § 645 Abs 1 S 1 BGB zu berechnende *Vergütung* verlangen, wenn der Besteller den Untergang des Werkes zwar *nicht zu vertreten* hat, dieser ihm aber nach den Kriterien des § 645 Abs 1 S 1 BGB zuzurechnen ist. Das gilt auch dann, wenn die Erbringung der Werkleistung insgesamt unmöglich wird (aA BEUTHIEN 71 ff gegen Wortlaut und Sinn der Bestimmung, wie hier BGHZ 60, 14, 18; BGB-RGRK/GLANZMANN Rn 1).

8 c) Danach ist die Aussage in BGHZ 60, 14, 18 *missverständlich,* § 645 Abs 1 S 1 BGB sei eine *Sondervorschrift, die für ihren Anwendungsbereich der allgemeinen Regelung der §§ 323* BGB *aF ff (= 326* BGB *nF) vorgehe* (bestätigt von BGH NJW 1997, 3018, 3019; BGH NJW 1998, 456, 457). Das lässt aber § 645 Abs 2 unerklärlich werden. Mit § 326 Abs 1 BGB berührt sie sich nur für den Sonderfall, dass die Erstellung des Werkes unmöglich wird. Hier schafft sie einen eingeschränkten Vergütungsanspruch, den § 326 BGB in dieser Form nicht kennt, vgl § 326 Abs 2 BGB. Im Übrigen liegt die *Hauptbedeutung der Bestimmung darin, dass sie die Zweiteilung „vom Gläubiger zu vertreten"* und *„vom Gläubiger nicht zu vertreten" durch die Zwischenkategorie „vom Gläubiger eingeschränkt zu vertreten" ergänzt.*

2. § 645 Abs 1 S 1 und die Gewährleistung

9 § 645 Abs 1 S 1 BGB ist eine Regelung der Gefahrtragung, nicht der Mängelhaftung. Das ist evident in den Fällen des Untergangs oder der Unausführbarkeit des Werks, bedarf aber der näheren Betrachtung in dem ebenfalls angesprochenen Fall der Verschlechterung des Werks, das man dann ja auch als mangelhaft betrachten könnte.

a) Alleinige Verantwortlichkeit des Bestellers

Ist der Besteller für den jetzigen Zustand des Werks allein verantwortlich, verbleibt es jedenfalls dabei, dass es „verschlechtert" – nicht mangelhaft – ist. Der Unternehmer erhält in den Fällen des § 645 Abs 2 BGB die nach § 326 Abs 2 S 2 BGB zu bemessene Vergütung, bei eingeschränkter Verantwortlichkeit – nach § 645 Abs 1 S 1 BGB – die nach dieser Bestimmung zu bemessene Vergütung. Zur Beseitigung des misslichen Zustands kann er nach Treu und Glauben verpflichtet sein. Dies aber nur gegen erneute Vergütung.

10

b) Mitverantwortlichkeit des Unternehmers

§ 645 Abs 1 S 1 BGB spricht aber auch den Fall an, dass ein Umstand mitgewirkt hat, den der Unternehmer zu vertreten hat – vorzugsweise wird es darum gehen, dass er seiner Prüfungs- und Hinweispflicht nach § 4 Abs 3 VOB/B bzw § 242 BGB (dazu § 633 Rn 62 ff) nicht nachgekommen ist. Das kostet ihn dann zunächst die Vergütung nach § 645 Abs 1 S 1 BGB. „Mangelhaft" ist sein Werk darum immer noch nicht, sondern eben nur „verschlechtert". Für seine Pflichtverletzung hat er mit einer Schadensersatzpflicht einzustehen. Er hat den Besteller so zu stellen, wie wenn er gehörig Bedenken angemeldet hätte. Wenn man diese Schadensersatzpflicht aus § 281 BGB herleitet, sind jedenfalls die §§ 634 Nr 1, 635 BGB dahin entsprechend heranzuziehen, dass dem Unternehmer die Gelegenheit zur eigenen Nacherfüllung gewährt werden muss.

11

III. Voraussetzungen des § 645 Abs 1 S 1

1. Mangel des Stoffes

Es muss ein Mangel des vom Besteller gelieferten Stoffes vorliegen.

12

a) Der Begriff des Stoffes ist weit auszulegen.

aa) Hierher gehören zunächst die *Sachen, die* im Rahmen des Werkvertrages *zu bearbeiten sind.* Besondere Probleme können sich dabei hinsichtlich des Baugrundes ergeben, der schwieriger zu bearbeiten sein mag, als man sich dies ursprünglich vorgestellt hat (andere Bodenklasse, unerwartete Grundwasserverhältnisse). Hier ergeben sich zusätzliche Vergütungsansprüche des Unternehmers, wenn er daraufhin zusätzliche Leistungen erbringt oder der Besteller seine Planung ändert (vgl § 632 Rn 80 ff). Denkbar sind auch Ansprüche des Unternehmers aus culpa in contrahendo, sofern der Bauherr zB die Bodenklasse schuldhaft falsch ausgeschrieben hat (vgl BGH NJW 1966, 499; BauR 1988, 338, 340). Doch werden solche Ansprüche meist daran scheitern, dass der Unternehmer Lücken der Ausschreibung erkennen und überprüfen muss, ggf dann auch den Baugrund selbst. Insoweit sind an ihn strenge Anforderungen zu stellen. Ist die Schwierigkeit des Baugrundes für beide Seiten nicht erkennbar, wird dieses Risiko verbreitet nach § 645 BGB dem Besteller zugewiesen (vgl INGENSTAU/KORBION/KELDUNGS § 2 Abs 1 Rn 10 ff; NICKLISCH/WEICK/JANSEN/SEIBEL Einl vor §§ 4–13 Rn 72; vCRAUSHAAR, in: FS Locher [1990] 19; SOERGEL/TEICHMANN Rn 4; OLG Naumburg NZBau 2005, 107; vgl zum Problem auch ENGLERT BauR 1991, 537; WIEGAND ZfBR 1990, 2). Die Bestimmung passt aber nicht. Der Baugrund ist nicht eigentlich „mangelhaft", sondern so hinzunehmen, wie er ist. Außerdem betrifft § 645 Abs 1 S 1 BGB unüberwindliche Hindernisse, die die Erstellung des Werkes scheitern lassen. Zur Bewältigung der schwierigen Bodenverhältnisse ist der Unternehmer aber verpflichtet; zusätzliche Vergütung verlangt er gerade auf der Basis, dass er die Probleme gemeistert hat. Dann begehrt er aber auch nicht eine eingeschränkte Vergütung, sondern die volle: Sie ist ihm auf der Basis einer ergänzenden Vertragsauslegung zu gewähren (vgl auch KUFFER NZBau 2006, 1, 5).

13 Das eben zu dem Fall Gesagte, dass der Unternehmer die unvorhergesehenen Probleme überwindet, gilt auch dann, wenn die *Parteien gemeinsam resignieren.* Es widerspräche Treu und Glauben, § 157 BGB, wenn die Parteien nutzlos gewordene Arbeiten des Unternehmers unvergütet ließen; BGHZ 136, 303 = NJW 1997, 3018 – Schürmannbau – leitet dies aus einer entsprechenden Anwendung des § 645 BGB her. Demgegenüber betont KUFFER NZBau 2006, 1, 5 f, aber zutreffend den Ansatz bei den Vereinbarungen der Parteien. Richtig an der Bezugnahme auf § 645 BGB ist dabei, dass auch diese Bestimmung letztlich nur eine ergänzende Vertragsauslegung vorzunehmen versucht.

bb) Hierher gehören weiter die zu verwendenden *Materialien* wie Farben und Steine. Entsprechend anzuwenden ist die Bestimmung auf vom Besteller gestellte *Werkzeuge* (vgl DOCHNAHL JherJb 48 [1904] 306; SOERGEL/TEICHMANN Rn 4; ERMAN/SCHWENKER/RODEMANN Rn 2, die § 645 unmittelbar anwenden wollen).

cc) BGH NZBau 2005, 735 = ZfBR 2005, 355, 356 wendet § 645 BGB auf die Architektenleistung an, wenn die Halle, deren Sanierung der Architekt planen soll, wegen Baufälligkeit abzureißen ist.

14 b) Der Stoff muss *mangelhaft* sein, also für die vertragsgemäße Erstellung des Werkes nicht ausreichen (ERMAN/SCHWENKER/RODEMANN Rn 2). Das ist dann der Fall, wenn das Werk mit ihm gar nicht erstellt werden kann (BGHZ 60, 14, 20), aber auch dann, wenn es sich mit diesem Stoff nur mangelhaft erstellen lässt.

Dagegen fällt es *nicht* unter § 645 Abs 1 S 1 BGB, wenn das Werk mit diesem Stoff *nur unter erschwerten Bedingungen,* insbesondere zu erhöhten Kosten, erstellt werden kann (vgl dazu § 632 Rn 58).

Maßgeblicher Zeitpunkt für die Beurteilung der Mangelhaftigkeit ist der für die Verwendung des Stoffes vorgesehene (aA ERMAN/SCHWENKER/RODEMANN Rn 2: Zeitpunkt der Lieferung).

15 c) Der Stoff muss vom Besteller *geliefert* sein. Dabei kommt es nicht darauf an, ob er nach den getroffenen Vereinbarungen zur Lieferung verpflichtet war; *auch die freiwillige* Lieferung des Stoffes reicht aus. § 645 Abs 1 S 1 BGB kann *sogar dann anwendbar sein, wenn der Unternehmer den Stoff beschafft hat,* sofern ihm der Besteller dabei nämlich *verbindliche Vorgaben für die Auswahl* gemacht hat.

Naturgemäß gehört hierher auch der Fall, dass der Besteller den zu bearbeitenden Stoff, zB das Baugrundstück, gar nicht zur Verfügung stellt, sodass deshalb die

Erbringung der Werkleistung unterbleiben muss (vgl OLG München NJW-RR 1992, 348 sowie u Rn 38 ff).

Die Gründe für die Nichtlieferung des Stoffes oder die Lieferung mangelhaften Stoffes sind unbeachtlich, zB kann auch ein – berechtigtes oder unberechtigtes – Verhalten Dritter zugrunde liegen (vgl OLG München), etwa auch das Verhalten eines Vorunternehmers (vgl Kapellmann BauR 1992, 433). Ein Verschulden kann nur insoweit beachtlich sein, als es um über § 645 BGB hinausgehende Ansprüche des Unternehmers geht, zB auf Schadensersatz.

2. Anweisungen

Dem Mangel des Stoffes stehen Anweisungen des Bestellers für die Ausführung des Werkes gleich. **16**

§ 645 BGB geht davon aus, dass der Besteller zu Weisungen befugt ist, in der Tat, ist beim Werkvertrag ja sein Stoff zu beurteilen. Dann muss es der Unternehmer hinnehmen, dass es dem Besteller nicht gleichgültig ist, wie dies geschieht.

Zum Begriff der Anweisungen vgl schon §§ 631 Rn 66a ff, 633 Rn 46. Der Grundgedanke der Bestimmung ist folgender: Von dem Unternehmer kann die Einstandspflicht für das Werk nur dann erwartet werden, wenn ihm die Freiheit belassen wird, den vereinbarten Erfolg auf dem Wege anzustreben, den er für richtig und zweckmäßig hält. Verlangt der Besteller, dass ein anderer Weg für die Ausführung beschritten wird, kann dem Unternehmer das Risiko von Fehlschlägen nicht mehr – uneingeschränkt – angesonnen werde.

a) Notwendig ist mithin zunächst ein *ernstliches Verlangen* des Bestellers, das von der Erwartung getragen wird, dass der Unternehmer Folge zu leisten habe und leisten werde. Bloße Wünsche und Anregungen des Bestellers, die dem Unternehmer die Möglichkeit der Ablehnung belassen, können nicht als Anweisungen verstanden werden.

b) Inhaltlich müssen die Anweisungen des § 645 BGB *methodischer Art* sein, sich auf die Ausführung des Werkes beziehen, deren Zeit, Ort, Mittel oder Ablauf betreffen. Anweisungen, die auf die *Erstellung eines geänderten Werkes* abzielen, vgl § 650b BGB, fallen nicht unter § 645 Abs 1 S 1 BGB.

c) Diese Anweisungen sind *regelmäßig nicht Teil der vertraglichen Vereinbarungen* **17** (vgl Erman/Schwenker/Rodemann Rn 3), auch wenn dort auch durchaus methodische Fragen der Erstellung des Werkes geregelt sein können. Wenn sich der Unternehmer nämlich vertraglich auf einen bestimmten Ausführungswunsch des Bestellers einlässt, übernimmt er als der für den Erfolg primär Verantwortliche damit auch das Risiko des Fehlschlags. *Im Einzelfall kann das aber durchaus auch anders sein,* sofern der Unternehmer deutlich macht, dass diese Ausführungsart auf den Wunsch des Bestellers zurückgeht und er nicht bereit ist, das Risiko des Fehlschlags zu tragen.

In der Regel handelt es sich aber um *nachträgliche Verlangen des Bestellers.* Dabei reicht es, wenn der Unternehmer ihnen *tatsächlich nachkommt,* weil es der Besteller

18 **d)** Nicht näher geregelt ist die Frage, *inwieweit der Unternehmer methodische Anweisungen des Bestellers zu befolgen hat.* Allgemein wird der Maßstab des billigen Ermessens des § 315 BGB herangezogen (vgl nur Kapellmann/Messerschmidt/vRintelen § 1 VOB/B Rn 82; Nicklisch/Weick/Jansen/Seibel § 1 Rn 30a; Heiermann/Riedl/Rusam/Kuffer/Petersen § 1 Rn 35). Letztlich beurteilt sich die Frage nach der Zumutbarkeit; sie ist auf Grund der Umstände des Einzelfalls zu beurteilen. Der Unternehmer *kann die Befolgung verweigern,* wenn Mehrkosten anfallen würden, die der Besteller nicht zu übernehmen bereit ist, oder wenn er nicht auf die vom Besteller gewünschte Methode eingestellt ist oder wenn Zweifel an ihrer Zweckmäßigkeit bestehen, wie er sie dem Besteller deutlich zu machen hat. Wo die Befolgung der Weisungen aber zumutbar ist, da muss der Unternehmer ihnen auch entsprechen und kann durch eine Weigerung gegebenenfalls auch Anlass zu einer Kündigung aus wichtigem Grund liefern. Umgekehrt kann der Unternehmer grob sachwidrige Weisungen des Bestellers seinerseits als Anlass zur Kündigung aus wichtigem Grund nehmen. Im Falle des § 645 BGB ergibt sich die paradoxe Situation, dass der Unternehmer diese Anweisung – mit ihren schlimmen Folgen – nicht hätte zu befolgen brauchen.

Entsprechend angewendet werden kann § 645 Abs 1 S 1 BGB auf die vom Besteller als verbindlich vorgegebene Planung.

3. Untergang des Werkes

19 Auf Grund des mangelhaften Stoffes oder der sachwidrigen Anweisungen des Bestellers muss es *zum Untergang des Werkes, seiner Verschlechterung oder seiner Unausführbarkeit* gekommen sein.

a) Ein *Untergang* des Werkes liegt vor, wenn es, soweit es errichtet ist, wieder entfällt. *Unausführbarkeit* ist gegeben, wenn es gar nicht mehr erstellt werden kann oder wenn der Unternehmer nach dem Rechtsgedanken der §§ 251 Abs 2, 635 Abs 3 BGB die Ausführung wegen *unverhältnismäßigen Aufwands* verweigern kann. Letzteres ist jedoch nur der Fall, wenn und soweit er es bereits einmal ausgeführt hatte (vgl § 635 Rn 8).

b) Eine *Verschlechterung* des Werkes ist gegeben, wenn es beschädigt oder sonst im Wert gemindert wird. Ein Fall der Mängelhaftung ist das freilich nicht (s Rn 10).

c) Die Bestimmung ist entsprechend anzuwenden wenn die Leistung deutlich einfacher zu erbringen ist, als von den Parteien angenommen (OLG Rostock NZBau 2008, 116).

4. Kein Vertretenmüssen des Unternehmers

20 Negativ setzt § 645 Abs 1 S 1 BGB voraus, dass *kein Umstand* mitgewirkt hat, *den der Unternehmer seinerseits zu vertreten hat.*

a) Der Unternehmer hat zunächst schuldhafte *Pflichtwidrigkeiten* zu vertreten. Namentlich ist er dann, wenn Anlass zu Zweifeln bestehen, verpflichtet, die Stoffe des Bestellers auf ihre Tauglichkeit und seine Anweisungen auf ihre Zweckmäßigkeit zu *überprüfen* und gegebenenfalls dem Besteller Bedenken vorzutragen (vgl dazu § 633 Rn 62 ff). Eine solche Überprüfungspflicht ist vom Vorliegen von Verdachtsmomenten abhängig. Von dem Unternehmer kann im Regelfall größere Aufmerksamkeit erwartet werden, da er gegenüber dem Besteller über überlegenen Sachverstand verfügt. Die Anforderungen verringern sich, wenn der Sachverstand des Bestellers oder seiner Mitarbeiter, zB eines Architekten, gleich dem des Unternehmers ist oder diesen gar übersteigt, ohne doch dadurch gänzlich in Fortfall zu kommen. Zu aufwendigen Spezialuntersuchungen kann der Unternehmer freilich nicht verpflichtet sein.

b) *Zu vertreten* hat der Unternehmer außer schuldhaften Pflichtverstößen aber **21** auch schuldlos verursachte Mängel seiner Arbeiten, also *alles das, was zu seiner Gewährleistungspflicht* nach Maßgabe der §§ 633 ff BGB *führt,* also insbesondere die Verwendung eigener mangelhafter Materialien oder ein sachwidriges Vorgehen.

5. Kein Vertretenmüssen des Bestellers

Negativ setzt § 645 Abs 1 S 1 BGB weiter voraus, dass *der Besteller* den Untergang, **22** die Verschlechterung oder die Unausführbarkeit des Werkes *nicht seinerseits zu vertreten hat,* weil dann, wenn dies der Fall ist, § 326 Abs 2 BGB mit seinen weiterreichenden Rechtsfolgen eingreift (vgl dazu o Rn 7 und u Rn 51). Freilich kann sich der Unternehmer bei einem Vertretenmüssen des Bestellers *darauf beschränken, nach § 645 Abs 1 S 1 BGB abzurechnen.*

IV. Rechtsfolgen des § 645 Abs 1 S 1

1. Die Teilvergütung

Eine Teilvergütung steht dem Unternehmer nach dem Gesetz zu. Schließen die **23** Parteien einen Aufhebungsvertrag, der die Vergütungsfrage nicht näher regelt, so ist dann nach § 645 BGB abzurechnen, wenn er seinen Anlass in der Konstellation des § 645 BGB findet (BGH NJW-RR 2005, 669 = NZBau 2005, 285). § 645 Abs 1 S 1 BGB gewährt dem Unternehmer nach dem Wortlaut des Gesetzes *einen der geleisteten Arbeit entsprechenden Teil der Vergütung* sowie Ersatz der in der Vergütung nicht inbegriffenen Auslagen. Der Ansatz dieser Vergütungsberechnung steht also *im Gegensatz* zu dem der §§ 648, 326 Abs 2 BGB. Während letztere „von oben" ausgehen, von der vollen Werklohnforderung, und dann von dieser (von der Gegenseite zu beweisende) Abstriche machen, geht § 645 Abs 1 S 1 BGB „von unten" aus, nämlich *von dem, was real gearbeitet worden ist,* was zudem noch vom Unternehmer selbst darzutun und zu beweisen ist (BGHZ 60, 14, 22). Beide Beträge nähern sich aneinander an, je weiter das Werk fortgeschritten ist; bei seiner Vollendung kommen sie zur Deckung. Sie klaffen desto weiter auseinander, je weniger getan worden ist. Wenn der Unternehmer an der Arbeit überhaupt verhindert war, erhält er im Falle des § 645 Abs 1 S 1 BGB nichts.

Diese Unterschiede lassen sich nur daraus rechtfertigen, dass der Besteller die Leistungsstörung nicht zu vertreten hat, sodass es eigentlich zu Lasten des Unternehmers bei der Grundregelung des § 326 Abs 1 BGB verbleiben müsste. Selbst dann sind *die Rechtsfolgen* aber *schwer zu billigen*, wenn man bedenkt, dass der Unternehmer so wesentlich besser steht, wenn seine Leistung während Annahmeverzuges des Bestellers unmöglich wird, § 324 Abs 2 BGB, oder wenn der Besteller aus freien Stücken kündigt, § 648 BGB.

Zu beachten ist, dass das Gesagte freilich nur für § 645 Abs 1 S 1 BGB selbst gilt. Soweit § 645 Abs 1 S 2 BGB „das Gleiche" auch für den Fall des § 643 BGB anordnet und damit auch für den Fall des § 648a Abs 5 S 1 BGB in seiner bis zum 31. 12. 2008 geltenden Fassung, ist nach den Maßstäben des § 645 BGB abzurechnen (vgl u Rn 44), der aktuelle § 650f Abs 5 BGB sieht dies ohnehin vor.

2. Berechnung

24 Im Anschluss an DOCHNAHL JherJb 48 (1904) 307 f bemisst sich die nach § 645 Abs 1 S 1 BGB dem Unternehmer geschuldete Vergütung *nicht nach dem Wert der bisher erbrachten Leistung,* sondern dem Wortlaut der Bestimmung entsprechend *nach dem Verhältnis der bisher aufgewendeten Arbeitszeit zu der insgesamt für das Werk veranschlagten Arbeitszeit* (vgl OERTMANN Anm 2b; BGB-RGRK/GLANZMANN Rn 8; ERMAN/SCHWENKER/RODEMANN Rn 6). Wenn 40 % der vorgesehenen Arbeitszeit abgeleistet sind, müssen mithin 40 % der Vergütung gezahlt werden, mögen sich die Leistungen des Unternehmers auch in bloßen Vorbereitungen erschöpfen oder umgekehrt das Werk seinem Wert nach schon im Wesentlichen geschaffen haben. Das führt jedoch allenfalls bei kleinen und überschaubaren Werkleistungen zu einigermaßen gesicherten Ergebnissen und hängt zudem von einem Parameter ab, der gegenüber dem Besteller nur selten offen ausgewiesen wird.

25 a) Zu berücksichtigen sind jedenfalls *auch Vorbereitungshandlungen* des Unternehmers, sofern und soweit sie sich auf das konkrete Werk beziehen, zB die Beschaffung der hierfür benötigten Materialien (weitergehend möglicherweise BGB-RGRK/GLANZMANN Rn 11). Zu berücksichtigen sind aber auch *Zeiten der Abwicklung,* zB die Baustellenräumung. Dabei ist auch der *anteilige kalkulierte Unternehmergewinn* mitzuberücksichtigen (BGB-RGRK/GLANZMANN Rn 11). Stattdessen kann der Unternehmer aber auch anteilige Gemeinkosten liquidieren (OLG München NJW-RR 1992, 348).

Führt der Unternehmer das Werk erneut aus, dann tritt der Anspruch aus § 645 Abs 1 S 1 BGB neben den Werklohnanspruch für dieses.

26 b) § 645 Abs 1 S 1 BGB gewährt dem Unternehmer auch einen *Anspruch auf die Auslagen,* die er bereits gehabt hat, die aber in der nach dem Vorstehenden ermittelten Vergütung noch nicht inbegriffen sind; zB Kosten für Materialbeschaffung (BGH NJW 1998, 456, 457). Er kann sich auf die Geltendmachung dieser Auslagen beschränken (BGHZ 60, 14, 22).

c) *Darlegungs- und beweispflichtig* für seine Ansprüche ist der Unternehmer. Für die *Fälligkeit* kommt es auf eine Abnahme der erbrachten Teilleistung nicht an (BGH WM 1982, 596).

d) Nach der klaren Wertung des Gesetzes ist dem Unternehmer ein Anspruch auf den *anteiligen Gewinn, den er aus dem noch ausstehenden Teil der Leistung hätte ziehen können,* verwehrt. Diesen Anspruch hat er vielmehr nur nach den §§ 645 Abs 2, 324 Abs 1 BGB unter der zusätzlichen Voraussetzung, dass der Besteller das Leistungshindernis zu vertreten hat; unklar insoweit BGHZ 40, 71, wo dem Unternehmer der (volle?) restliche Werklohn nach § 645 Abs 1 S 1 BGB zugesprochen wird.

e) Die vorstehenden Grundsätze gelten dann, wenn das Werk insgesamt untergeht oder unausführbar wird. *Sofern Teile schon erstellt sind und erhalten bleiben,* sind diese nach den vertraglichen Grundsätzen abzurechnen (BGB-RGRK/Glanzmann Rn 11). 27

f) Sofern der Unternehmer den Untergang oder die Unmöglichkeit des Werkes mitverschuldet hat, *schließt dies seinen Vergütungsanspruch* nach der eindeutigen Regelung des § 645 Abs 1 S 1 BGB ganz *aus.* 28

aa) Dies lässt seinen Vergütungsanspruch für erhalten bleibende Teile des Werkes unberührt.

bb) Sofern der Unternehmer den Untergang oder die Unmöglichkeit des Werkes zwar mitverursacht hat, ihm ein Verschuldensvorwurf aber nicht zu machen ist, scheint es unbillig, ihm einen Vergütungsanspruch ganz zu versagen. In *Fällen der beiderseitigen schuldlosen Mitverursachung* ist es vielmehr angezeigt, ihm den sich nach § 645 Abs 1 S 1 BGB ergebenden Vergütungsanspruch zu belassen, diesen aber in entsprechender Anwendung des § 254 Abs 1 BGB zu kürzen. 29

3. Neuherstellung

Zur Verpflichtung des Unternehmers, die nachholbare Werkleistung erneut zu erbringen, § 644 Rn 11. Dies ist dann – nach den Maßstäben des Vertrages – vergütungspflichtig. 30

V. Entsprechende Anwendung des § 645 Abs 1 S 1

1. Sphärentheorie

Es steht heute *praktisch außer Streit,* dass § 645 Abs 1 S 1 BGB entgegen den Vorstellungen des historischen Gesetzgebers, o Rn 2, *über seinen unmittelbaren Geltungsbereich hinaus* entsprechend angewendet werden kann. Die hier angesprochenen Fälle einer durch den Besteller verursachten Vereitelung der Erstellung des Werkes sind nicht die einzigen denkbaren, in denen wertungsmäßig der Vergütungsanspruch des tätig gewordenen Unternehmers jedenfalls anteilig erhalten bleiben muss. 31

Freilich kann eine **allgemeine Sphärentheorie** des Inhalts **nicht** anerkannt werden, dass der Besteller immer dann das Risiko des Untergangs oder der Unmöglichkeit der Werkleistung zu tragen habe, wenn die Ursache in seiner Sphäre zu suchen ist (vgl aber eine solche Theorie befürwortend Enneccerus/Lehmann § 153 II 1 a; kritisch Erman JZ 1965, 657; BGB-RGRK/Glanzmann Rn 4; Erman/Schwenker/Rodemann Rn 11). Eine solche

Theorie ist eben schon anlässlich der Beratungen zum BGB als *zu unbestimmt und zu wenig praktikabel* verworfen worden, vgl Prot II 2248 ff; stattdessen ist die konkrete Regelung des § 645 Abs 1 S 1 BGB Gesetz geworden. ERMAN/SCHWENKER/RODEMANN Rn 11 weist zutreffend darauf hin, dass sich die Verhältnisse seit 1900 nicht hinreichend verändert hätten, dass man der gesetzlichen Regelung die Gefolgschaft versagen könnte. Distanziert gegenüber einer allgemeinen Sphärentheorie auch BGHZ 40, 71; 60, 19; 78, 335.

2. Schädigung des Werkes durch den Besteller

32 Dem Fall der sachwidrigen Weisung des Bestellers, die zum Untergang des Werkes führt, kann es zunächst *wertungsmäßig gleichgestellt* werden, *dass der Besteller das Werk durch sein Verhalten zerstört oder beschädigt* (vgl BGHZ 40, 72: Einbringen von Heu, das sich späterhin entzündet, in die noch nicht fertiggestellte Scheune; zustimmend zB BGB-RGRK/GLANZMANN Rn 6; ERMAN/SCHWENKER/RODEMANN Rn 10; PALANDT/SPRAU §§ 644, 645 Rn 9).

a) Verhalten des Bestellers

33 Das Verhalten des Bestellers braucht *nicht schuldhaft* zu sein; sofern ein Verschuldensvorwurf zu erheben ist, erhält der Unternehmer nach den §§ 645 Abs 2, 326 Abs 2 BGB im Grundsatz die volle Vergütung. Es kann sich zB um einen bestimmungsgemäßen Gebrauch des Werkes handeln, wie er dem Besteller vor der Abnahme noch nicht gebührt.

Zu differenzieren ist in den im Baubereich häufigen Fällen, in denen *die noch nicht abgenommene Werkleistung in andere, weitere Arbeiten einbezogen und dabei beschädigt wird.* Wenn der Besteller diese weiteren Arbeiten selbst durchführt, hat er dafür in entsprechender Anwendung des § 645 Abs 1 S 1 BGB einzustehen. Dagegen ist er *für von ihm veranlasste Arbeiten anderer* nicht ohne weiteres verantwortlich (aA OLG Köln OLGZ 1975, 323), sondern nur dann, wenn diese auch bei ordnungsgemäßer Durchführung die Werkleistung zwangsläufig gefährden, nicht aber, wenn sie ohne eine solche Gefährdung durchgeführt werden können. In letzterem Fall kann die Vergütungsgefahr den Besteller treffen, wenn er der Bauaufsicht nicht hinreichend nachgekommen ist, doch folgt dies dann aus den §§ 645 Abs 2, 324 Abs 1 BGB.

34 Sofern *mangelhafte Leistungen von Vorunternehmern* die Werkleistung beeinträchtigen, fällt dies unmittelbar unter § 645 Abs 1 S 1 BGB, da dann der vom Besteller gelieferte Stoff mangelhaft ist.

b) Unterlassung

35 Außer durch ein positives Tun kann der Besteller die Werkleistung auch durch ein *Unterlassen* beeinträchtigen. Das ist namentlich dann der Fall, wenn ihm Maßnahmen der Obhut für die unfertige Werkleistung obliegen; so hat er diese, wenn sie sich in seiner Sachherrschaft befindet, im Rahmen des Zumutbaren insbesondere gegen Diebstahl und sonstige schädigende Eingriffe Dritter sowie gegen nachteilige Witterungseinflüsse zu schützen (vgl zu unzureichendem Hochwasserschutz durch den Besteller BGH NJW 1997, 3018; 1998, 456). Doch wird ein Verstoß gegen diese Obliegenheiten *meist schuldhaft* mit der Folge der Anwendbarkeit der §§ 645 Abs 2, 326 Abs 2 BGB sein.

c) Mitwirkungshandlungen

Stets trifft die Vergütungsgefahr nach § 645 Abs 1 S 1 BGB den Besteller, wenn das 36
Unterlassen einer notwendigen Mitwirkungshandlung zum Untergang oder zur Unausführbarkeit der Werkleistung führt. Zu denken ist etwa daran, dass er es versäumt, die nur innerhalb bestimmter Frist erhältliche Genehmigung für die Erstellung des Werkes zu beschaffen. Gleiches gilt bei einer Schädigung des Werkes durch eine mangelhafte Mitwirkung des Bestellers.

d) Dritte

Wenn dritte Personen die unfertige Werkleistung beeinträchtigen, kann der Besteller 37
dafür in entsprechender Anwendung des § 278 BGB einzustehen haben. Zuzurechnen ist ihm allerdings nicht das Verhalten anderer auf derselben Baustelle tätiger Personen, die nicht seinem Einfluss unterliegen (BGHZ 78, 352). Zu selbständigen Unternehmern, die er selbst eingeschaltet hat, o Rn 33. Wohl aber fallen unter § 278 BGB *abhängige Personen, die auf Weisung des Bestellers tätig werden,* indem sie kraft Dienstvertrages für ihn Arbeiten oder Überwachungs- und Aufsichtsmaßnahmen durchführen, sowie auch *die Personen, die die Interessen des Bestellers wahrnehmen und ihn repräsentieren, wie namentlich der Architekt, etwaige Vertreter oder auch der Ehegatte und sonstige Familienangehörige.*

3. Fehlendes Bearbeitungsobjekt

§ 645 Abs 1 S 1 BGB setzt in seiner ersten Alternative voraus, dass der Besteller 38
dem Unternehmer überhaupt einen Stoff zur Bearbeitung zur Verfügung stellt, der allerdings nicht geeignet ist. Dem stellt im Anschluss an BGHZ 60, 14, 20 die hM den Fall gleich, *dass der Besteller dem Unternehmer gar keinen bearbeitungsfähigen Stoff zur Verfügung stellt* (vgl MEDICUS JZ 1973, 369; BGB-RGRK/GLANZMANN Rn 2; ERMAN/SCHWENKER/RODEMANN Rn 10; STAUDINGER/CASPERS [2019] § 275 Rn 28; ESSER/SCHMIDT § 23 II, III; früher schon BEUTHIEN 69 ff, 239 ff; KÖHLER 38 ff, 54 ff; HUBER JuS 1972, 57, 60 ff).

a) Die Entscheidung BGHZ 60, 14 betraf den Fall, dass eine Person nicht befördert werden konnte, weil sie nach Vertragsschluss verschärften Impfbedingungen nicht nachkommen konnte. Hier fehlt das *Leistungssubstrat;* man spricht – wenig glücklich (vgl STAUDINGER/CASPERS [2019] § 275 Rn 28) – von „Zweckvereitelung". Hierher rechnen weiter die Fälle, dass das zu renovierende Haus abbrennt, das zu bergende Schiff endgültig untergeht. Ihnen gleichzustellen sind die Fälle, in denen das Leistungssubstrat dem Unternehmer deshalb nicht zur Verfügung gestellt wird, weil der vereinbarte Erfolg schon anderweitig eingetreten ist *(„Zweckerreichung"):* Das liegen gebliebene Kraftfahrzeug springt von selbst wieder an, das aufgelaufene Schiff wird mit der Flut wieder frei.

b) Der im Anschluss an BEUTHIEN 16 ff, 230 ff, gewählte *Ansatz bei dem Begriff* 39
der Unmöglichkeit erscheint nur eingeschränkt brauchbar. Er berücksichtigt nicht hinreichend die *werkvertraglichen Besonderheiten.* Die Unmöglichkeit ist primär eine Kategorie des Kaufrechts, die auch dort recht eigentlich nur auf den Stückkauf passt, in das Werkvertragsrecht kann sie nur eingeschränkt übertragen werden.

Im Fall BGHZ 60, 14 ist Unmöglichkeit erst dadurch eingetreten, dass der Reisetermin verstrichen war (absolutes Fixgeschäft), nicht schon mit der Notwendigkeit, aber Unmöglichkeit der Impfung eines Reiseteilnehmers. Die heutige Bestimmung des § 615b Abs 1 S 1 BGB belegt dies: Mit einer anderen Person wäre die Reise durchaus möglich gewesen. So aber liegen die Fälle häufig, dass die Werkleistung an einem anderen Leistungssubstrat durchaus und sinnvoll erbracht werden könnte. Wenn die Baugenehmigung für dieses Grundstück versagt wird oder sein Erwerb misslingt, kann das Haus meist mit geringen Modifikationen an anderer Stelle errichtet werden. Allerdings ist es dem Besteller nicht immer zumutbar, ein *ersatzweises Leistungssubstrat* zu beschaffen.

40 c) *Zweckmäßiger* erscheint es, von einer *Gläubigerobliegenheit des Bestellers zur Beschaffung eines Leistungssubstrats* auszugehen. Dann ergibt sich Folgendes:

aa) Wenn dem Besteller die *Beschaffung eines anderen Leistungssubstrats möglich und zumutbar* ist, kann der Unternehmer ihm hierfür eine Frist nach § 643 BGB setzen und nach deren fruchtlosem Ablauf nach dieser Bestimmung den vollen Werklohn abzüglich ersparter Aufwendungen liquidieren (vgl § 643 Rn 18 f). Die Fristsetzung erübrigt sich, wenn der Besteller die Beschaffung verweigert. Hierher gehört namentlich die *Stellung eines anderen Baugrundstücks,* weiterhin auch die Stellung eines anderen Reiseteilnehmers.

41 bb) Die Beschaffung eines anderen Leistungssubstrats kann dem Besteller *unzumutbar* sein und deshalb unterbleiben. Dann ist entsprechend § 645 Abs 1 S 1 BGB abzurechnen. Bei einer Reise ist dies etwa dann anzunehmen, wenn Eltern mit ihren Kindern verreisen wollen.

cc) *Musste der Besteller damit rechnen,* dass er ein Leistungssubstrat nicht würde zur Verfügung stellen können, führt dies zur Anwendbarkeit der §§ 645 Abs 2, 326 Abs 2 BGB.

dd) Wenn die Leistung unmöglich wird, weil sie an einem Ersatzobjekt nicht erbracht werden kann oder darf, sind entweder § 645 Abs 1 S 1 BGB oder §§ 645 Abs 2, 326 Abs 2 BGB anzuwenden.

4. Leistungserschwernisse

42 BGHZ 83, 197, 203 ff wendet § 645 Abs 1 S 1 BGB in einem Fall entsprechend an, in dem *politische Hindernisse* einer Erbringung der Werkleistung entgegenstanden. Der Besteller stehe den Risiken näher als der Unternehmer, auch wenn er sie nicht beherrschen könne, vor allem aber habe der Besteller von seinem Abnehmer schon den Gegenwert für die Leistung des Unternehmers erhalten. Die Entscheidung erscheint *kaum verallgemeinerungsfähig,* da höhere Gewalt als Hinderungsgrund von § 645 BGB gerade nicht dem Besteller als Risiko zugewiesen wird, *die Beziehungen des Bestellers zu seinem Abnehmer* aber *grundsätzlich* für den Unternehmer *unbeachtlich* zu bleiben haben. Sowenig der Besteller aus ihnen Rechte gegenüber dem Unternehmer herleiten kann, so wenig darf sich umgekehrt auch der Unternehmer auf sie berufen. Die Bestimmung des § 645 Abs 1 S 1 BGB, der der historische Gesetzgeber gerade Konturen zu geben versucht hat, kann nicht allein aus Gründen der Billigkeit entsprechend herangezogen werden.

5. Sonstige Risiken

Weitere vom Besteller im Rahmen des § 645 Abs 1 S 1 BGB zu tragende Risiken sind **43** nicht auszuschließen, aber nicht ersichtlich. *Höhere Gewalt* gehört jedenfalls *nicht* zu ihnen, sie fällt unter § 644 BGB. Es kann auch nicht als das Risiko des Bestellers angesehen werden, dass die Werkleistung in besonderem Maße die *Begehrlichkeit* – zB wegen ihres Wertes – oder die *Angriffslust* – zB als politisch umstrittene atomare Anlage – *Dritter* weckt (vgl auch zu letzterem Rutkowsky NJW 1988, 1761, 1762). Es kann hier aber zur Anwendung der §§ 645 Abs 2, 326 Abs 2 BGB führen, wenn der Besteller ihm zumutbare Sicherungsmaßnahmen unterlässt oder den Unternehmer nicht auf Gefahren hinweist, die ihm im Gegensatz zu jenem deutlich sein müssen.

VI. § 645 Abs 1 S 2

§ 645 Abs 1 S 2 BGB ist in § 643 Rn 18 f erläutert. Danach ist in den Fällen des § 643 **44** BGB nach § 648 BGB abzurechnen.

VII. Vereinbarungen der Parteien

Das Regelwerk der §§ 644 Abs 1 S 1, 2, 645 Abs 1 S 1 BGB ist *vertraglich modifizier-* **45** *bar,* auch in allgemeinen Geschäftsbedingungen der einen oder der anderen Seite. Die Vereinbarung der VOB/B modifiziert die Bestimmung des § 645 BGB nicht (BGH NJW 1997, 3018).

1. Zu Lasten des Unternehmers

Abänderungen zu Lasten des Unternehmers in AGB des Bestellers stoßen allerdings auf enge Grenzen, die durch § 307 Abs 2 Nr 1 BGB gezogen werden. Wesentlichen Grundgedanken der gesetzlichen Regelung widerspricht es zunächst, die Gefahrtragung des Unternehmers zeitlich über den Zeitpunkt der Abnahme hinaus zu erstrecken (vgl Korbion/Locher/Sienz, AGB-Gesetz und Bauerrichtungsverträge K Rn 52). Das kann zB dadurch geschehen, dass auf den Zeitpunkt der baubehördlichen Abnahme abgestellt wird oder den der Abnahme des Abnehmers des Bestellers. Doch basiert die Gefahrverteilung im deutschen Recht auf dem *Gedanken der besseren Risikobeherrschung,* und diese fehlt dem Unternehmer nach der Abnahme seines Werkes.

Zulässig ist es dagegen (vgl Korbion/Locher/Sienz), bis hin zur Abnahme dem Unterneh- **46** mer eine *Pflicht zur Versicherung* seiner Werkleistung aufzuerlegen. Das kann in der Form geschehen, dass der Unternehmer sie selbst zu versichern hat, aber auch in der Form, dass er die anteiligen Kosten einer allgemeinen, vom Besteller genommenen Versicherung zu tragen hat. Damit entgeht der Besteller der Vergütungspflicht nach § 645 Abs 1 S 1 BGB; er kann den Unternehmer auf die Versicherung verweisen. Ebenso kann dem Unternehmer – in Abweichung von § 644 Abs 1 S 3 BGB – die Pflicht auferlegt werden, die in seinen Besitz gelangten Stoffe des Bestellers zu versichern.

Wie die Versuche belegen, die Verantwortlichkeit des Bestellers für das unfertige Werk über die in § 645 Abs 1 S 1 BGB genannten Fälle hinaus zu erweitern, gehören diese zu den *unverzichtbaren Bestandteilen* der gesetzlichen Regelung, auch wenn sie ihrerseits den Grundsatz des § 323 Abs 1 BGB einschränken. Der Besteller kann sich also nicht für die Fälle von seiner Leistungspflicht freizeichnen, dass ein Mangel des von ihm gelieferten Stoffes oder eine Anweisung von seiner Seite zum Untergang des Werkes führt. Gleiches muss aber auch für die Fälle angenommen werden, in denen eine entsprechende Anwendung des § 645 Abs 1 S 1 BGB angezeigt ist (dazu o Rn 31 ff). Er kann den Unternehmer allerdings auf die *Möglichkeit der Versicherung* verweisen, dazu soeben.

Eine inhaltliche Modifikation des Anspruchs aus § 645 Abs 1 S 1 BGB muss dem Unternehmer *jedenfalls* den *Ersatz der ihm entstandenen Kosten* belassen. Möglich ist also nur eine Reduktion des Gewinnanteils an der Vergütung.

2. Zu Lasten des Bestellers

47 Modifikationen der Gefahrtragung zu Lasten des Bestellers in AGB des Unternehmers sind differenziert zu beurteilen.

a) Zunächst kann dem Besteller *nur die Gefahr für die unfertige Werkleistung selbst* auferlegt werden, nicht auch für vorgefertigte, vielleicht gar schon angelieferte Stoffe und Werkteile, die noch keinen Eingang in die Werkleistung selbst gefunden haben (vgl INGENSTAU/KORBION[13] § 7 Rn 36; aA URSPRUNG BauR 1973, 341, 345 zu § 7 VOB/B). Insoweit muss es bei einer Haftung des Bestellers aus den §§ 280 Abs 1, 241 Abs 2 BGB oder Delikt verbleiben, falls er solche Sachen des Unternehmers beschädigt. Dem Besteller kann in AGB auch *keine Vergütungspflicht für Vorarbeiten* auferlegt werden, wie das Ausheben der Baugrube oder Schalungsarbeiten, die durch höhere Gewalt zunichte gemacht werden (INGENSTAU/KORBION; aA SCHMALZL BauR 1972, 276, 278).

b) Soweit dem Besteller die Gefahr für die unfertige Werkleistung selbst über den Rahmen des § 645 Abs 1 S 1 BGB und seiner entsprechenden Anwendung hinaus auferlegt wird, kommt es maßgeblich darauf an, welcher Art die Werkleistung ist und in wessen räumlichem Bereich sie ausgeführt wird. Danach bestehen eher Bedenken, wenn dies in der Sphäre des Unternehmers geschieht. Anders, wenn die Werkleistung gleichermaßen den Einflüssen beider Parteien und auch Dritter ausgesetzt ist, wie etwa typischerweise beim Bau auf dem Grundstück des Bestellers (vgl auch § 7 VOB/B, dazu § 644 Rn 32 ff).

48 c) Soweit dem Besteller die Gefahr auferlegt werden darf, kann auch die Vergütung des Unternehmers für die untergegangene Teilleistung dahin modifiziert werden, dass er für sie *die volle anteilige Vergütung erhält,* und dass dann, wenn das Werk insgesamt unausführbar wird, nach den §§ 324 Abs 2, 648 S 2 BGB abgerechnet wird, sodass nur die ersparten Aufwendungen des Unternehmers in Abzug zu bringen sind. Allerdings wird dem Unternehmer die Beweislast dafür zu belassen sein, dass er nichts oder nur weniger als vom Besteller behauptet, erspart habe, vgl insoweit auch § 309 Nr 12 lit a BGB.

VIII. § 645 Abs 2

49 § 645 Abs 2 BGB stellt klar, dass der reduzierte Vergütungsanspruch des § 645 Abs 1 BGB dem Unternehmer auch und gerade dann zusteht, wenn dem Besteller ein Vorwurf nicht zu machen ist.

Dezember 2019

1. Trifft den Besteller ein Vorwurf, steht dem Unternehmer jener Vergütungsanspruch zu, der sich aus § 326 Abs 2 BGB ergibt. Er entspricht dem des § 648 BGB, sodass auf die Erl dort Bezug genommen werden kann. Das ist freilich keine Frage der Haftung, wie die Bestimmung missverständlich formuliert, sondern eine Zuweisung der Vergütungsgefahr an den Besteller.

2. Auch in ihren Voraussetzungen ist die von der Modernisierung des Schuldrechts unangetastet gebliebene Bestimmung wenig glücklich gefasst. Ihr „Verschulden" entsprach schon nicht – jedenfalls nicht als Ausdruck – dem zu vertreten Haben der ursprünglich in Bezug genommenen Norm des § 324 Abs 1 BGB aF. Erst recht entfernt sich die Ausdrucksweise des § 645 Abs 2 BGB von der *alleinigen oder weit überwiegenden Verantwortlichkeit* des § 326 Abs 2 BGB nF. Da § 645 Abs 2 BGB nichts selbst regeln will, ist im Ansatz von der Begrifflichkeit des § 326 Abs 2 BGB auszugehen (vgl dazu STAUDINGER/SCHWARZE [2015] § 326 Rn C 1 ff).

50

3. Praktisch bedeutet das, dass dem Besteller ein Vorwurf gemacht werden muss, soll dem Unternehmer der nur nach § 326 Abs 2 S 2 BGB reduzierte Vergütungsanspruch verbleiben. Zu den §§ 645 Abs 2, 326 Abs 2 BGB führt es etwa nicht, wenn die vom Besteller zur Verfügung gestellte Planung unerkennbar untauglich war; das ist vielmehr mit § 645 Abs 1 BGB zu erfassen.

51

a) Der Vorwurf muss den Besteller selbst treffen bzw eine Person, die seine Funktion wahrnimmt wie zB der Architekt oder der Bauleiter. In den Fällen, in denen ein anderer von dem Besteller eingeschalteter Unternehmer das entstehende Werk beschädigt, hat der Besteller dafür nicht nach § 278 BGB einzustehen, sondern nur ggf für ein Auswahlverschulden. Regelmäßig wird es zur Drittschadensliquidation kommen (dazu § 644 Rn 10).

b) Probleme bereitet der Fall *beiderseitigen Verschuldens*. Der Besteller hat mangelhaft geplant und der Unternehmer nicht remonstriert. Trotz der Neufassung des § 326 Abs 2 BGB – alleinige oder weit überwiegende Verantwortlichkeit – wird man das mit einer entsprechenden Anwendung des § 254 Abs 1 BGB zu erfassen haben.

4. In den Kontext der §§ 644, 645 BGB eingestellt, befasst sich § 645 Abs 2 BGB mit der Vergütungsgefahr. Die Fälle, in denen sich der Besteller nach den §§ 280 Abs 1, 241 Abs 2 BGB haftbar macht, gar aus den §§ 823, 831 BGB, sind ohnehin mit den allgemeinen Regeln zu erfassen.

§ 646
Vollendung statt Abnahme

Ist nach der Beschaffenheit des Werkes die Abnahme ausgeschlossen, so tritt in den Fällen des § 634a Abs. 2 und der §§ 641, 644 und 645 an die Stelle der Abnahme die Vollendung des Werkes.

Materialien: E I § 579; II § 582; III § 636; Mot II 506 ff; JAKOBS/SCHUBERT, Recht der Schuldverhältnisse II 832 ff; Art 1 G zur Modernisierung des Schuldrechts vom 26. 11. 2001 (BGBl I 3138).

Systematische Übersicht

I.	Allgemeines	1
II.	Der Abnahme unfähige Werke	
1.	Körperliche Werke	2
2.	Immaterielle Werke	4
3.	Verkehrssitte	6
4.	Stellungnahme	7
a)	Abgrenzungskriterien	7
b)	Billigung des Werkes	8
c)	Körperliche Entgegennahme des Werkes	9
III.	Rechtsfolgen	
1.	Vollendung	11
2.	Auswirkungen	12
a)	Verjährung	12
b)	Vergütungszeitpunkt	13
c)	Übergang der Preisgefahr	14
d)	Bezugnahme auf § 645	14
e)	Beweislast für Mängel	15
f)	§ 640 Abs 3	16
3.	Anzeige der Vollendung	17

Alphabetische Übersicht

Architekt	9
Beförderungsleistungen	6, 7, 9
Besitz am Werk	2
Beweislast für Mängel	15
Billigung des Werkes	8
Endgültige Werke	6
Entgegennahme des Werkes	9
Gefahrübergang	14
Geistige Werke	10
Immaterielle Werke	4
Körperliche Werke	2
Körperliches Substrat	4 f, 10
Mitteilungspflicht des Unternehmers	17
Rügelast	16
Vergütung	13
Verjährung	12
Verkehrssitte	6
Vollendung	11
Zumutbarkeit der Prüfung	3

I. Allgemeines

1 § 646 BGB geht wie § 640 Abs 1 S 1 HS 2 BGB davon aus, dass die *Abnahme* eines Werkes *„nach der Beschaffenheit des Werkes" ausgeschlossen* sein kann; die Bestimmung verlegt dann bestimmte Wirkungen der Abnahme – nicht alle – auf den Zeitpunkt der **Vollendung** des Werkes. Der *Anwendungsbereich* der Bestimmung ist *zweifelhaft und streitig*.

II. Der Abnahme unfähige Werke

1. Körperliche Werke

Wer in der Abnahme allein die körperliche Entgegennahme des Werkes durch den Besteller sieht, kann eine Abnahme dann für ausgeschlossen halten, *wenn sich das Werk ununterbrochen im Besitz des Bestellers befunden hat* (so HECK, Schuldrecht § 117, 5 b; SIBER, Schuldrecht 337). Freilich ist die *Prämisse zweifelhaft,* inwieweit sich tatsächlich ununterbrochener Besitz des Bestellers an der Werkleistung annehmen lässt. Selbst bei Reparaturen im Hause des Bestellers geht die tatsächliche Sachherrschaft über das Substrat der Arbeiten jedenfalls für deren Dauer auf den Unternehmer über: Der Maler gibt das Zimmer frei, wenn er meint, fertig zu sein, und kann sich vorher Störungen verbitten (vgl auch § 633 Rn 80). Letztlich ist diese Lehrmeinung *nur bei Arbeiten am Körper des Bestellers schlüssig* (Frisur). Die hM hält auf der Basis ihres zweigliedrigen, auch die Billigung umfassenden Abnahmebegriffs *körperliche Werke stets für abnahmefähig* (vgl RGZ 110, 408; BGB-RGRK/GLANZMANN Rn 1; ERMAN/SCHWENKER § 640 Rn 8, 10).

Eine *Ausnahme* ist auch dann *nicht* zu machen, wenn dem Besteller *eine Überprüfung der Werkleistung nicht zuzumuten* ist (aA ENNECCERUS/LEHMANN § 152 I 2 Reparatur eines hohen Daches; KG JW 1916, 1295 Reklameplakate in Straßenbahnen). Doch ist mindestens eine eingeschränkte Überprüfung der Werkleistung immer möglich, eine vollständige dagegen nur ausnahmsweise, sodass *dieses Abgrenzungskriterium versagt,* und ist es ohnehin nicht einzusehen, warum Schwierigkeiten der Überprüfung die Rechtsstellung des Bestellers sollten schmälern können.

2. Immaterielle Werke

Umstritten ist die *Abnahmefähigkeit* immaterieller Werke. Einige halten hier eine Abnahme für in der Regel (?) ausgeschlossen (so STAUDINGER/RIEDEL[11] § 640 Rn 14; SOERGEL/MÜHL[11] § 640 Rn 8). Andere nehmen Abnahmefähigkeit jedenfalls dann an, wenn die Werkleistung ein *körperliches Substrat* hat wie zB ein Manuskript oder eine Zeichnung (vgl BGB-RGRK/GLANZMANN § 640 Rn 13). Insbesondere sind hier die planerischen Leistungen von *Architekten* zu nennen, die nach BGHZ 37, 341, 345; BGH VersR 1972, 640 abnahmefähig sind, ebenso wie die Werkleistungen von *Statikern* (vgl BGHZ 48, 257, 263). Dabei nimmt die letztgenannte Entscheidung an, dass die Abnahme nicht schon in der rügelosen Entgegennahme des Rechenwerkes liege, sondern erst in der Billigung des späterhin errichteten Bauwerks.

Teilweise wird die Abnahmefähigkeit von unkörperlichen Werken jedenfalls dann angenommen, wenn ihnen ein *körperliches Substrat fehlt,* wie zB künstlerischen und sportlichen Leistungen (vgl BGB-RGRK/GLANZMANN Rn 2 f; MünchKomm/BUSCHE Rn 2).

3. Verkehrssitte

Gewichtige Bedeutung wird der Verkehrssitte für die Frage der Abnahmefähigkeit beigemessen; es wird darauf abgestellt, ob eine *Abnahme üblich* ist (vgl LARENZ, SchuldR II § 53 III a; BGB-RGRK/GLANZMANN Rn 2). Nach LARENZ sollen Reparaturen beweglicher Sachen des Bestellers, Personen- und Güterbeförderung danach nicht abnahmefähig sein, ebenso Theateraufführungen. Demgegenüber hält GLANZMANN Beförderungsleistungen unter Berufung auf die Verkehrssitte für abnahmefähig.

Daran anknüpfend stellte ERMAN/SCHWENKER[12] (§ 640 Rn 9) darauf ab, ob mit der Vollendung der Werkleistung ein *endgültiger, nicht mehr abänderbarer* Zustand geschaffen worden ist; hierher rechnete er insbesondere Beförderungsleistungen und Theateraufführungen; ähnlich PIETSCH 200 ff, für den es darauf ankommt, ob eine *Nachbesserung noch möglich* ist.

4. Stellungnahme

a) Abgrenzungskriterien

7 Die *genannten Abgrenzungskriterien* versagen. Die Verkehrsüblichkeit wird zB für und gegen die Abnahmefähigkeit von Beförderungsleistungen angeführt. Sie kann schon wegen ihrer Unbestimmtheit ein taugliches Kriterium nicht bilden. Die Endgültigkeit des durch die Werkleistung geschaffenen Zustandes bedeutet, dass seine Nachbesserungsfähigkeit entscheidet. Aber das ist *nicht das Kriterium des Gesetzes,* das mit der Beschaffenheit des Werkes nicht die Eigenschaften des konkreten Werkes, sondern *bestimmte Typen von Werken* meint. Außerdem sind kaum Werke denkbar, die nicht nachbesserungsfähig sind. Die vielfach genannten Beförderungsleistungen können korrigiert werden, zB an ihrem Endpunkt. Misslungene Theateraufführungen können wiederholt werden; auch die Neuherstellung ist Nachbesserung (vgl § 635 Abs 1 BGB). Als nicht nachbesserungsfähig kommen letztlich nur die Bauaufsicht des Architekten und die umgesetzte Berechnung des Statikers in Betracht

b) Billigung des Werkes

8 Wer den Kern der werkvertraglichen Abnahme in der Billigung des Werks als im Wesentlichen vertragsgemäß sieht, kann die Bestimmung des § 646 BGB nicht deuten und vermag ihr vor allem keinen Anwendungsbereich zu geben, obwohl doch davon auszugehen ist, dass der Gesetzgeber keine Regelungen ohne einen Anwendungsbereich schaffen will. Billigungsfähig sind sämtliche Werkleistungen und sie werden auch gebilligt (oder missbilligt). Man spendet nach der Theateraufführung Beifall oder verlangt das Eintrittsgeld zurück, weil der Klassiker allzu sehr verfremdet worden sei. Auch Kriterien wie Üblichkeit oder Zumutbarkeit einer Billigung des Werks sind nicht die des Gesetzes, dem es darauf ankommt, ob die Beschaffenheit des Werks eine Abnahme ausschließt.

c) Körperliche Entgegennahme des Werks

9 Anzuknüpfen ist vielmehr an das andere Element der Abnahme, die körperliche Entgegennahme des Werks. Dabei kommt es für § 646 BGB nicht einmal darauf an, ob die Entgegennahme des Werks neben seiner Billigung das zweite Element der Abnahme ist oder – wie es hier vertreten wird, vgl § 640 Rn 7 f – sogar nur das einzige. Einer körperlichen Entgegennahme sind nämlich zahlreiche Werkleistungen nicht zugänglich; ihre Beschaffenheit schließt sie aus. Das gilt für Darbietungen sportlicher oder künstlerischer Art, für Beförderungsleistungen oder namentlich auch für die Bauleitung des Architekten, dieser Architekt hat nichts zu übergeben.

Die genannten Werkleistungen werden beendet, in der Diktion des § 646 BGB vollendet.

Bei geistigen Leistungen kann und wird es sich vielfach ergeben, dass sie ein körperliches Substrat haben. Die Planung des Architekten wird sich in Plänen, Zeichnungen und Berechnungen niederschlagen. Das genügt, die Möglichkeit der Übergabe anzunehmen und damit § 646 BGB nicht anzuwenden, sondern es bei den allgemeinen Regeln zu belassen.

III. Rechtsfolgen

1. Vollendung

Bei Werken, die einer Abnahme als körperlicher Übergabe nicht zugänglich sind, tritt in bestimmten Beziehungen **an die Stelle der Abnahme die Vollendung**.

a) Es reicht die *Vollendung als solche;* Mängel oder das Fehlen zugesicherter Eigenschaften schließen diese nicht aus (BGB-RGRK/Glanzmann Rn 4).

b) Der *Zeitpunkt* der Vollendung wird sich meist aus der Natur der Sache ergeben: Ankunft am Zielort, Abschluss der Theatervorstellung. Wo dieses Kriterium versagt, weil es darauf ankommt, ob der Unternehmer sein Werk für vollendet hält, reicht *dessen* – meist konkludent abgegebene – *Erklärung,* das Werk sei vollendet, so zB bei der improvisierten Kunstaufführung.

2. Auswirkungen

Es sind *nicht alle Wirkungen der Abnahme* in § 646 BGB aufgeführt, vielmehr nur die in den §§ 634a Abs 2, 641, 644, 645 BGB genannten.

a) Die Bezugnahme auf § 634a Abs 2 BGB bedeutet, dass die Gewährleistungsansprüche des Bestellers nicht erst mit der Billigung des Werks *zu verjähren beginnen,* sondern bereits mit der Vollendung des Werkes. Der Zeitpunkt wird insoweit *vorverlegt.* Das hat regelmäßig geringe praktische Bedeutung, weil die von § 646 BGB erfassten Werkleistungen weithin § 634a Abs 1 Nr 3 BGB unterfallen werden und damit § 634a Abs 2 BGB auf sie nicht anwendbar ist. Eine wichtige Ausnahme bilden aber die Überwachungsleistungen der Nrn 1 und 2 des § 634a Abs 1 BGB. Insbesondere bei dem bauleitenden Architekten kommt es also nach den §§ 646, 634a Abs 2 BGB auf die Vollendung seiner Tätigkeit an. Nach deren Billigung zu fragen ist fehl am Platz.

b) Aus den §§ 646, 641 Abs 1 BGB ergibt sich, dass die *Vergütung* im Zeitpunkt der Vollendung zu zahlen ist. Das nimmt dem Besteller nicht die Möglichkeit, dem Zahlungsanspruch des Unternehmers im Falle von Mängeln einredeweise Gewährleistungsansprüche entgegenzusetzen. Kommt insoweit noch eine Nachbesserung in Betracht, ist der Werklohn Zug um Zug gegen deren Vornahme zu zahlen. Ist sie nicht möglich, ist endgültig abzurechnen.

Vom Zeitpunkt der Vollendung an ist nach den §§ 646, 641 Abs 4 BGB ein nicht gestundeter Werklohn *zu verzinsen.*

14 **c)** Die Bezugnahme auf § 644 BGB kann sinnvoll nur als Bezugnahme auf dessen Abs 1 S 1 gedeutet werden. Der *Übergang der Gefahr* wird also auf den Zeitpunkt der Vollendung des Werkes festgelegt. Zu denken ist an das Unwetter während des Freiluftkonzerts.

d) Wenig bedeutsam ist die Bezugnahme auf § 645 BGB. Es mag zB die Orgel unbespielbar sein, an der ein Gastspiel gegeben werden soll.

15 **e)** Die Frage der Beweislast für Mängel ist auch in § 646 BGB nicht geregelt und damit auch in dessen Anwendungsbereich aus § 363 BGB zu beantworten. Das dort bei verkörperten Werken regelmäßig hilfreiche Kriterium, dass der Besteller die Leistung entgegengenommen hat, hilft hier freilich nicht weiter. Es ist zB dem Theaterbesucher, der Grund zur Beanstandung der Aufführung hat, nicht zuzumuten, diese vorzeitig zu verlassen. Wo der Besteller nicht ausdrücklich sein Einverständnis mit der Leistung zum Ausdruck gebracht hat, wird der Unternehmer also die Mangelfreiheit seiner Leistung zu beweisen haben, was freilich eine substantiierte Rüge des Bestellers voraussetzt. Das gilt dann namentlich auch für den bauleitenden Architekten. Jedenfalls kann die bloße Vollendung der Werkleistung den Besteller nicht beweispflichtig machen.

16 **f)** § 646 BGB nennt **§ 640 Abs 3 BGB** nicht. Die Bestimmung ist hier also nicht anwendbar (vgl BGB-RGRK/Glanzmann Rn 5; Erman/Schwenker Rn 1). Kenntnis des Bestellers von Mängeln kann ohne einen Akt der Entgegennahme des Werkes auch schwerlich zum Verlust von Gewährleistungsrechten führen; er bietet Anlass und Gelegenheit zur Mängelrüge. Denkbar bleibt der Verlust dieser Rechte aus allgemeinen Gründen (vgl Planck/Oegg Anm 2; Erman/Schwenker Rn 1), zB durch *Verzicht oder Verwirkung,* doch sind insoweit *strenge Anforderungen* zu stellen. Die von Erman/Schwenker genannten Beispiele der Benutzung oder Veräußerung des Werkes können kaum ausreichen, abgesehen davon, dass sie bei abnahmeunfähigen Werken ohnehin nicht recht denkbar sind.

3. Anzeige der Vollendung

17 Wenn der Besteller keine Kenntnis von der Vollendung hat oder zu haben braucht, trifft den Unternehmer die Nebenpflicht, den Besteller hiervon zu informieren. Die Verletzung dieser Pflicht kann ihn schadensersatzpflichtig machen (vgl Erman/Schwenker Rn 2).

§ 647
Unternehmerpfandrecht

Der Unternehmer hat für seine Forderungen aus dem Vertrag ein Pfandrecht an den von ihm hergestellten oder ausgebesserten beweglichen Sachen des Bestellers, wenn sie bei der Herstellung oder zum Zwecke der Ausbesserung in seinen Besitz gelangt sind.

Materialien: E I § 574; II § 583 Abs 1; III § 637; Mot II 494 ff; Prot II 2227 ff; Jakobs/Schubert, Recht der Schuldverhältnisse II 874 ff.

Schrifttum

Benöhr, Kann ein Dritter mit Zustimmung des Eigentümers das gesetzliche Unternehmerpfandrecht begründen?, ZHR 135 (1971) 144
Frohn, Kein gutgläubiger Erwerb des Werkunternehmerpfandrechts?, AcP 161 (1962) 31
Grasmann, Rechte des Werkunternehmers gegenüber dem Sicherungseigentümer aus der Instandsetzung von Kraftfahrzeugen, MDR 1953, 199
Henke, Gutgläubiger Erwerb gesetzlicher Besitzpfandrechte?, AcP 161 (1962) 1
Hohenester, Unternehmerpfandrecht bei fehlender Gutgläubigkeit an das Eigentum des Bestellers, NJW 1958, 212
Kartzke, Unternehmerpfandrecht des Bauunternehmers nach § 647 BGB an beweglichen Sachen des Bestellers, ZfBR 1993, 205
Kaysers, Die Verwendungsansprüche des Besitzers bei vertraglichen Leistungen (1968)
Kraft, Gutgläubiger Erwerb des Unternehmerpfandrechts?, NJW 1963, 741
Mühl, Vindikation und Kondiktion, AcP 176 (1976) 396
Müller, Der Schutz des Werkunternehmers bei Insolvenz des Bestellers, VersR 1981, 499
Münzel, Die Rechte des Werkunternehmers gegen den Eigentümer aus Aufträgen von Nichteigentümern, MDR 1952, 643

Ossig, Vertragliches Pfandrecht des Werkunternehmers an schuldnerfremden Sachen im Konkurs des Vorbehaltsverkäufers, ZIP 1986, 558
Peters, Werkverträge über bestellerfremde Sachen, JR 1996, 133
Picker, Formularmäßige Pfandrechtsbestellung – Enteignung vertragsunbeteiligter Dritter?, NJW 1978, 1417
Raiser, Verwendungsansprüche des Werkunternehmers, JZ 1958, 681
ders, Zum gutgläubigen Erwerb gesetzlicher Besitzpfandrechte, JZ 1961, 285
Reinicke/Tiedtke, Der gutgläubige Erwerb eines Pfandrechts an beweglichen Sachen, JA 1984, 202
Riemenschneider, Sicherung des Werkunternehmers (1967)
K Schmidt, Gutgläubiger Erwerb eines Vertragspfandrechts an repariertem KfZ ohne KfZ-Brief, Jus 1977, 764
Stöber, Das Unternehmerpfandrecht an bestellerfremden Sachen, NJW 1958, 821
Wiegand, Fälle des gutgläubigen Erwerbs beweglicher Sachen außerhalb § 932 ff BGB, JuS 1974, 545.

Systematische Übersicht

I. Allgemeines	1	
II. Gesicherte Forderungen		
1. Vertragliche Forderungen	2	
2. Frühere Forderungen	3	
III. Pfandobjekte		
1. Bewegliche Sachen	4	
2. Vertragsnatur	6	
3. Sachen des Bestellers	7	
a) Neu hergestellte Sachen	7	
b) Subunternehmer	8	
c) Anwartschaftsrecht	9	
d) Sachen Dritter	10	
aa) Einwilligung des Eigentümers	11	
bb) Gutgläubiger Erwerb	14	
IV. Entstehen, Inhalt und Erlöschen des Pfandrechts		
1. Besitz des Unternehmers	18	
2. Verwertung des Pfandrechts	21	
3. Erlöschen	22	

V.	Vereinbarungen über das Pfandrecht _____ 23	2.	Fehlende Identität von Besteller und Eigentümer _____ 26
VI.	Herausgabeansprüche gegen den Unternehmer; Ansprüche des Unternehmers auf Verwendungsersatz	a)	Herausgabeansprüche _____ 27
		b)	Verwendungen des Unternehmers _____ 28
1.	Vertraglicher Herausgabeanspruch _____ 25	VII.	Anwendungsbereich der Bestimmung _____ 32

Alphabetische Übersicht

AGB _____ 14, 23 f
Anwartschaftsrecht _____ 9

Bearbeitung _____ 20
Besitz des Unternehmers _____ 18 ff
Besitzrecht des Bestellers _____ 29 ff
Besitzverlust des Unternehmers _____ 22

Dienstvertrag _____ 32

Einwilligung des Eigentümers _____ 11 ff

Forderungen _____ 2 ff
– frühere _____ 3
– gesetzliche _____ 2
– vertragliche _____ 2

Guter Glaube _____ 17
Gutgläubiger Erwerb _____ 14 ff

Herausgabeansprüche _____ 25 ff

Pfändbarkeit _____ 5
Pfandkehr _____ 1
Pfandobjekte _____ 4 ff

Pfandrecht
– Ausschluss _____ 23
– Entstehen _____ 18
– Erlöschen _____ 22
– Inhalt _____ 21

Rückgabe _____ 22

Sachen _____ 4 ff
– bewegliche _____ 4
– des Bestellers _____ 7 ff
– Dritter _____ 10 ff, 26 ff
– unpfändbare _____ 5
– Wert _____ 5
Schiffe _____ 4
Schutzgesetz _____ 1
Subunternehmer _____ 8

Vereinbarungen _____ 23
Verpflichtungsermächtigung _____ 26
Vertragsnatur _____ 6
Verwendungen des Unternehmers _____ 28 ff
Werklieferungsvertrag _____ 32

I. Allgemeines

1 Da der Unternehmer den Werklohn erst bei der Ablieferung des Werkes beanspruchen kann, § 641 Abs 1 BGB, ist er mit der Erstellung des Werkes *vorleistungspflichtig*. Das damit verbundene Risiko kann zwar durch Voraus- und Abschlagszahlungen des Bestellers abgemildert werden (vgl zu ihnen §§ 641 Rn 10 f, 632a Rn 2 ff), doch lassen sich solche am Markt nicht immer durchsetzen. § 647 BGB bietet deshalb *eine Absicherung durch die Gewährung eines Pfandrechts*. Die *Herausgabe* des Werkes könnte zwar dann, wenn der Werklohn nicht angeboten wird, *nach den §§ 320 ff BGB verweigert werden,* doch hat das Pfandrecht den Vorteil der Befriedigungsmöglichkeit aus der bearbeiteten Sache, von der freilich selten Gebrauch gemacht zu werden scheint. Außerdem macht er § 50 InsO anwendbar (vgl hierzu Anh zu § 631

Rn 42 f). Dabei ist das Pfandrecht als ein *gesetzliches* ausgestaltet, entsteht also ohne einen entsprechenden Willen der Beteiligten. Das ist insofern etwas paradox, als die historischen Ursprünge der gesetzlichen Pfandrechte in einer vermuteten stillschweigenden rechtsgeschäftlichen Verpfändung im römischen Recht zu suchen sind, vgl Dig 20. 2. 2 ff.

In seiner *inhaltlichen Ausgestaltung* folgt das Pfandrecht nach § 1257 BGB den Regeln über rechtsgeschäftlich bestellte Pfandrechte, und zwar ohne Modifikationen, da es sich nicht um ein besitzloses Pfandrecht handelt. Es finden also die §§ 1210 ff BGB Anwendung, ferner die §§ 216 Abs 1, 401 BGB.

Das Pfandrecht des Unternehmers genießt nach § 289 StGB strafrechtliche Schutz, was dann wiederum zivilrechtlich insofern relevant ist, als diese Bestimmung ein Schutzgesetz iSd § 823 Abs 2 BGB ist. Wo der Unternehmer ein Pfandrecht nicht erworben hat, weil er eine dem Besteller nicht gehörende Sache bearbeitet, erwirbt er immerhin das Zurückbehaltungsrecht des § 320 BGB gegenüber dem Besteller und ggf das des § 1000 BGB gegenüber dem Eigentümer. § 289 StGB schützt auch diese Zurückbehaltungsrechte.

Der Unternehmer genießt Besitzschutz nach den §§ 861, 862 BGB, dies auch gegenüber dem Besteller oder dem Eigentümer, es sei denn er besitzt Letzterem gegenüber fehlerhaft iSd § 858 Abs 2 BGB.

II. Gesicherte Forderungen

1. Vertragliche Forderungen

Abgesichert werden die *Forderungen* des Unternehmers „*aus dem Vertrag*". Insoweit findet eine *umfassende Absicherung* der Forderungen statt (vgl PALANDT/SPRAU Rn 2). In erster Linie wird die *Werklohnforderung* erfasst. Sie wird schon vor ihrer Fälligkeit geschützt, dann allerdings nicht in vollem Umfang, sondern soweit sie schon entstanden ist, wie aus den §§ 650d, 648 BGB gefolgert werden kann. *Mängel* des Werkes schließen das Unternehmerpfandrecht wegen der Werklohnforderung *nicht* aus, sondern sind in Höhe der Nachbesserungskosten von der Werklohnforderung abzusetzen. Freilich hindert § 1228 Abs 2 S 1 BGB den Unternehmer an einer Verwertung der Sache, wenn der Besteller die Abnahme der Werkleistung berechtigterweise wegen der Mängel verweigert. Außer der Werklohnforderung genießen aber auch *solche vertraglichen Ansprüche* des Unternehmers Schutz, *die sich erst aus der weiteren Entwicklung des Vertrages ergeben,* zB solche aus den §§ 642, 645 Abs 1, 648 BGB , auf Schadensersatz aus den §§ 280 ff BGB. Aus § 1210 Abs 2 BGB folgt, dass auch die Kosten der *Rechtsverfolgung aus dem Pfandrecht* gesichert sind. Gesichert sind auch ersatzfähige Kosten der Rechtsverfolgung wegen der Werklohnforderung. Unanwendbar ist die Bestimmung auf Ansprüche, die *nur* auf eine unerlaubte Handlung oder eine sonstige gesetzliche Grundlage gestützt werden können. Das gilt namentlich auch für *Bereicherungsansprüche,* die sich bei Nichtigkeit des Vertrags ergeben; hier sind aber die §§ 1000 ff BGB zu beachten. Für Ansprüche des Unternehmers nach § 357 Abs 6 S 1 BGB gilt § 647 BGB ebenfalls nicht, wohl aber für solche *Vergütungsansprüche,* die dem Unternehmer *nach Rücktritt* gemäß § 346 Abs 2 BGB verbleiben, da dieser die vertragliche Anspruchsgrundlage nicht vernichtet. Wenn der Unternehmer mit seinen Leistungen über den ursprünglichen Auftragsumfang hinausgeht, wird man danach zu unterscheiden haben, ob er für diese zusätzlichen Leistungen Vergütung nach vertraglichen Grundsätzen (vgl dazu § 632 Rn 105 ff) oder nur nach Bereicherungsrecht beanspruchen kann.

2. Frühere Forderungen

3 Als Forderungen aus „dem" Vertrag werden solche *aus früheren Verträgen nicht* geschützt (vgl BGH NJW 1983, 2140), mögen sie sich auch auf dieselbe Sache bezogen haben. Die damals begründeten Pfandrechte werden regelmäßig durch eine zwischenzeitliche Rückgabe an den Besteller nach § 1253 BGB *erloschen* sein. Allerdings bleibt es denkbar, dass der Unternehmer dem Herausgabeanspruch des Bestellers seine früher begründete Forderung einredeweise nach § 273 Abs 1 BGB entgegensetzt. Die dazu notwendige Konnexität kann sich namentlich aus einer ständigen Geschäftsverbindung wie etwa einer regelmäßigen Wartung von Kfz oä ergeben.

III. Pfandobjekte

1. Bewegliche Sachen

4 § 647 BGB gilt für bewegliche Sachen; für unbewegliche ist § 650d BGB einschlägig, für Schiffe und für Schiffsbauwerke § 647a BGB. Freilich gilt § 647 BGB für letztere dann, wenn sie nicht in das Schiffsregister eingetragen werden können. § 95 BGB führt zur Anwendbarkeit von § 647 BGB. *Grundstückszubehör ist nicht mit § 647 BGB zu erfassen* (aA Messerschmidt/Voit/Hildebrandt Rn 10), sondern mit § 650d BGB, vgl § 1120 BGB.

Sachen in diesem Sinne sind zunächst die dem Unternehmer zur Reparatur oder sonstigen Bearbeitung überlassenen *Gegenstände*, ferner sonstige dazu überlassene *Stoffe oder Materialien*. Bearbeitet worden brauchen sie entgegen dem Wortlaut des Gesetzes noch nicht zu sein (aA Erman/Schwenker/Rodemann Rn 3; wie hier BGB-RGRK/ Glanzmann Rn 4 unter Hinweis auf die ratio legis). Es muss *ausreichen, dass schon eine Forderung des Unternehmers begründet* worden ist. § 647 BGB erfasst nicht Werkzeuge und sonstige Hilfsmittel, die der Besteller zur Verfügung gestellt hat.

Das Pfandrecht umfasst *die gesamte Sache,* mag sie auch nur in Teilen bearbeitet worden sein, sowie *alles, was ihrem rechtlichen Schicksal folgt* (vgl zum Kfz-Brief [analoge Anwendung des § 952] OLG Köln MDR 1977, 51).

5 Das Pfandrecht ist *nicht* davon abhängig, dass die Forderung des Unternehmers im Verhältnis zum Wert der Sache *eine gewisse Mindesthöhe* erreicht. Allerdings ist der Unternehmer bei einer Mehrheit bearbeiteter Sachen nach Treu und Glauben gehalten, sie insoweit freizugeben, wie sie offenkundig zu seiner Absicherung nicht benötigt werden, vgl § 320 Abs 2 BGB. Außerdem kann er nach den Umständen des Einzelfalls gehalten sein, die *Sache freizugeben, wenn ihm der Besteller eine anderweitige hinreichende Sicherheit bietet.* Das gilt namentlich dann, wenn Zweifel an seinen Forderungen bestehen und der Besteller dringend auf die Sache angewiesen ist.

§ 647 BGB macht – anders als § 562 Abs 1 S 2 BGB für das Vermieterpfandrecht – *keine Einschränkung für unpfändbare Sachen*. Auch bei ihnen muss der sie bearbeitende Unternehmer gesichert sein (Erman/Schwenker/Rodemann Rn 3a).

2. Vertragsnatur

§ 647 BGB findet Anwendung, wenn ein Werkvertrag abgeschlossen wurde, nicht, wenn ein Dienstvertrag vorliegt. **6**

Probleme bereitet es, dass § 651 BGB aF – heute § 649 BGB – in seiner Fassung durch das G zur Modernisierung des Schuldrechts die Herstellung beweglicher Sachen dem Kaufrecht überantwortet hat und unter den gleichwohl anwendbaren werkvertraglichen Bestimmungen § 647 BGB nicht nennt, diese Bestimmung aber immer noch die Herstellung von beweglichen Sachen als Anwendungsfall aufführt. Man wird den Widerspruch dahin aufzulösen haben, dass § 647 BGB insoweit den Vorrang genießt. Das Pfandrecht an der uU eigenen Sache ist nichts Ungewöhnliches, vgl § 1256 Abs 2 BGB. Vor allem und entscheidend spricht die Interessenlage für einen fortbestehenden Schutz des Herstellers durch § 647 BGB.

Die Nichtigkeit des Vertrages wirft den Schutz des Unternehmers auf das Zurückbehaltungsrecht des § 1000 BGB zurück.

3. Sachen des Bestellers

„Sachen des Bestellers" sind diejenigen, die **in seinem Eigentum** stehen. **7**

a) Neu hergestellte Sachen

Bei der Neuherstellung einer Sache scheitert die durch das Pfandrecht gewährleistete Möglichkeit der Befriedigung aus der Sache nicht schon an einem eigenen Eigentumserwerb des Unternehmers nach § 950 BGB. Vielmehr findet ein solcher grundsätzlich nicht statt, sondern ist der Besteller als Hersteller im Sinne jener Bestimmung zu verstehen (vgl BGHZ 14, 114, 117 zum Werklieferungsvertrag; BGB-RGRK/Glanzmann Rn 4; ferner Staudinger/Wiegand [2017] § 950 Rn 9 f). Auch wenn man gleichwohl einen Eigentumserwerb des Unternehmers annehmen wollte, muss man ihm trotz der Nichtnennung des § 647 BGB in § 650 BGB ein *Pfandrecht an der eigenen Sache* zuerkennen, wie es von § 1256 Abs 2 BGB als möglich anerkannt wird. Ungeachtet all dessen ergibt sich für den Fall des Annahmeverzuges für den Unternehmer die *Möglichkeit der Befriedigung* aus der Sache aus den §§ 372, 383, 387 BGB, sofern es sich nicht um Kostbarkeiten handelt.

b) Subunternehmer

Das Erfordernis des Eigentums des Bestellers wirkt sich nachteilig aus für den Subunternehmer, an den der Hauptunternehmer Sachen des Bestellers zur Bearbeitung weitergibt. Für ihn ist der Hauptunternehmer Besteller. **8**

c) Anwartschaftsrecht

Dem Eigentum des Bestellers ist auch hier ein etwaiges Anwartschaftsrecht des Bestellers an der Sache gleichzustellen (vgl Palandt/Sprau Rn 4, ferner – zum Verpächterpfandrecht – BGH NJW 1965, 1475), wie es namentlich durch einen Kauf unter Eigen- **9** tumsvorbehalt entstanden sein kann. Das Pfandrecht am Anwartschaftsrecht erstarkt zum Pfandrecht an der Sache, wenn der Besteller das Eigentum an ihr erwirbt. Es erlischt freilich auch mit dem Anwartschaftsrecht, wenn dieses – zB durch einen Rücktritt des Verkäufers vom Kaufvertrag – untergeht.

d) Sachen Dritter

10 **Eigentum Dritter** unterliegt dem Pfandrecht grundsätzlich **nicht**. Allerdings ist die Mitverpflichtung des § 1357 Abs 1 S 2 BGB auch auf § 647 BGB zu beziehen. Zweifelhaft und streitig ist es freilich, ob das Unternehmerpfandrecht bei der Bearbeitung einer bestellerfremden Sache nicht über eine **Einwilligung** des Eigentümers **gemäß § 185 BGB** oder durch **guten Glauben** des Unternehmers an das Eigentum des Bestellers entsprechend § 1207 BGB begründet werden kann.

11 **aa)** Bei der Konstruktion des Unternehmerpfandrechts über eine Einwilligung des Eigentümers stellen sich zwei Probleme: Liegt überhaupt ein *Tatbestand* vor, der einer entsprechenden Anwendung des § 185 BGB zugänglich ist? Und ist *gegebenenfalls* eine solche anzunehmen?

(1) Ein einwilligungsfähiger Tatbestand ist allerdings dann gegeben, wenn sich Unternehmer und Besteller anlässlich des Vertragsschlusses *rechtsgeschäftlich* über eine Verpfändung der Sache einigen, was durch § 647 BGB nicht ausgeschlossen wird. BGHZ 68, 323, BGH NJW 1983, 2140, 2141 lassen eine solche Verpfändung insbesondere auch in AGB des Unternehmers zu (vgl dazu u Rn 14).

12 Zweifelhaft ist aber, ob auch schon *der Realakt* der schlichten *Übergabe* zur Reparatur dem in § 185 BGB angesprochenen Rechtsgeschäft der Verfügung gleichgestellt werden kann (vgl insoweit verneinend RAISER JZ 1958, 682; HOHENESTER NJW 1958, 212; BAUR, Sachenrecht § 55 C II 2 a bb; PALANDT/SPRAU Rn 3; bejahend STÖBER NJW 1958, 821; BENÖHR ZHR 135, 144; WESTERMANN/GURSKY, Sachenrecht § 133 I; MEDICUS/PETERSEN, Bürgerliches Recht Rn 594; ERMAN/SCHWENKER/RODEMANN Rn 4; unklar BGHZ 34, 125). Angesichts der rechtsgeschäftlichen Ursprünge des Unternehmerpfandrechts, auf die auch MEDICUS/PETERSEN (Rn 594) hinweist, und vor der Interessenlage wird man dies wohl *bejahen* können. Der Unternehmer erscheint schutzbedürftig, wenn er, wovon in der Regel auszugehen ist, den Wert der Sache erhöht hat; die Position des einwilligenden Eigentümers wird nicht unzumutbar beeinträchtigt. Außerdem lassen sich so Manipulationen zur Vermeidung des Unternehmerpfandrechts, indem man bewusst einen anderen als den Eigentümer als Besteller auftreten lässt, vermeiden. Ihnen ist sonst kaum beizukommen. Erst recht muss es derjenige, der eine Verpfändungsklausel in AGB zulässt, als unbefriedigend empfinden, wenn der Unternehmer leer ausgeht, der hier nicht hinreichend vorgesorgt hat.

13 **(2)** Notwendig ist dann aber auch, dass der Eigentümer *tatsächlich einwilligt.* Insoweit dürfen die *Anforderungen nicht zu gering* angesetzt werden. Von einer Einwilligung ist dann auszugehen, wenn der Eigentümer von dem konkreten Reparaturvorhaben oä Kenntnis hat und ihm zustimmt. Dagegen reicht es nicht aus, wenn der Eigentümer dem Besteller langfristig den Besitz überlassen und ihm vielleicht auch auferlegt hat, etwa notwendige Reparaturen auf seine Kosten ausführen zu lassen, wie zB der Vorbehaltsverkäufer (vgl auch BGHZ 34, 125; BGB-RGRK/ GLANZMANN Rn 7; MünchKomm/BUSCHE Rn 13). Hier bleiben Zeitpunkt, Ausmaß, Kos-

ten, Notwendigkeit und Nutzen einer Reparatur einstweilen noch vollkommen ungewiss.

bb) Beim **gutgläubigen Erwerb** des Unternehmerpfandrechts geht es einmal um die rechtliche Frage, *ob ein hinreichender Erwerbstatbestand vorliegt,* sodann um die *tatsächliche des guten Glaubens* des Unternehmers. 14

(1) Bei der *individualvertraglichen* Verpfändung der Sache durch den Besteller bestehen keine Bedenken dagegen, § 1207 BGB anzuwenden. Doch erfolgt eine derartige Verpfändung fast nur in AGB des Unternehmers (was BGHZ 68, 323; BGH NJW 1981, 227; 1983, 2140 für unbedenklich halten; zustimmend zB ULMER/BRANDNER/HENSEN/ULMER/SCHÄFER § 305c Rn 53; krit PICKER NJW 1978, 1417; MÜLLER VersR 1981, 499). Solche Klauseln sind *unwirksam.* Wenn § 647 BGB bei Eigentum des Bestellers problemlos das Pfandrecht ermöglicht, es sonst aber grundsätzlich ausschließt, haben sie den primären Zweck, im Falle fehlenden Eigentums des Bestellers die Voraussetzungen für einen gutgläubigen Erwerb des Pfandrechts zu schaffen. Das ist wegen der damit verbundenen Absicht, den wahren Eigentümer zu schädigen, mit PICKER NJW 1978, 1417 für sittenwidrig zu halten; im Übrigen belegt es, dass der Unternehmer billigend in Kauf nimmt, dass es um bestellerfremdes Eigentum geht, er mithin bösgläubig ist.

(2) Ob das gesetzliche Unternehmerpfandrecht als solches gutgläubig erworben werden kann, ist streitig (*verneinend die Rechtsprechung* seit BGHZ 34, 122; aus der Literatur vgl zu der Problematik außer den Erl zu § 1257 RAISER JZ 1961, 285; HENKE AcP 161, 1; FROHN AcP 161, 32; FLUME AcP 161, 395; KRAFT NJW 1963, 741; WIEGAND JuS 1974, 546; REINICKE/TIEDTKE JA 1984, 202; 213 f; WESTERMANN/GURSKY, Sachenrecht § 133 I; BAUR, Sachenrecht § 55 C II a; SERICK I 224 ff; MEDICUS/PETERSEN, Bürgerliches Recht Rn 589 ff). *Auf rechtsdogmatischem Wege ist die Frage kaum zu entscheiden.* Grundsätzlich möglich ist eine entsprechende Anwendung des § 1207 BGB zunächst insofern, als das Pfandrecht nach § 647 BGB mit dem Erwerb des Besitzes verbunden ist: ihr steht entgegen, dass der zu § 1207 BGB führende § 1257 BGB von einem entstandenen, nicht von einem entstehenden Pfandrecht redet. Dem lässt sich wieder entgegenhalten, dass § 366 Abs 3 HGB den gutgläubigen Erwerb gesetzlicher Pfandrechte durchaus zulässt und dass § 647 BGB eine rechtsgeschäftliche Verpfändung, bei der der gute Glaube geschützt würde, nur ersparen soll. Gegen den gutgläubigen Erwerb sprechen dann wieder die Materialien (Mot II 405 zum Vermieterpfandrecht): „Ein Bedürfnis zu dieser Ausdehnung des Grundsatzes ‚Hand wahre Hand' ist jedoch nicht anzuerkennen. Nach dem Entwurf findet er auf gesetzliche Pfandrechte überhaupt keine Anwendung." Mot II 494 schränkt dies für das Unternehmerpfandrecht nicht ein. 15

Den Ausschlag muss es geben, wie man die Interessenlage wertet. Insoweit sprechen gegen den gutgläubigen Erwerb des Unternehmerpfandrechts zunächst die *Interessen des Eigentümers.* Er hat der Reparatur oder der sonstigen Bearbeitung der Sache – so die Prämisse der Konstruktion – nicht zugestimmt und zieht auch uU keine besonderen Vorteile aus ihr; häufig konnte er die Durchführung der Arbeiten auch schon ohne besondere Gegenleistung von dem Besteller verlangen. Bei wirtschaftlicher Betrachtungsweise wirkt sich der Werkvertrag als *ein Vertrag zu Lasten Dritter* aus, wenn er ihn zur Begleichung der Werklohnforderung nötigt. Demgegenüber kann dem *Unternehmer* uU über § 185 BGB geholfen werden (vgl o Rn 10 ff), ggf auch mit den §§ 994, 1000 BGB (vgl u Rn 28 ff). In den verbleibenden Fällen ist seine 16

Schutzwürdigkeit jedenfalls nicht höher einzuschätzen als die des Eigentümers. Unstreitig genießt er keinen Schutz, wenn er die Sache in Kenntnis ihrer Bestellerfremdheit entgegengenommen hat. Warum ihm Fehlvorstellungen über die Eigentumsverhältnisse zugutekommen sollen, ist letztlich auch dann nicht einzusehen, wenn sie entschuldbar sind. Die Dinge liegen auch tatsächlich durchaus anders als bei der rechtsgeschäftlichen Verpfändung: Wer einen Kredit gegen Pfandbestellung vergibt, legt entscheidenden Wert auf dessen Wirksamkeit und würde den Kredit bei Scheitern der Verpfändung regelmäßig (so) nicht geben. Dagegen ist es nicht ersichtlich, dass Aufträge zu Werkleistungen nur unter der Voraussetzung der pfandrechtlichen Absicherung entgegengenommen würden. Das belegt schon der Blick auf den Grundstücksbereich, wo § 650d BGB eine dingliche Absicherung zunächst nicht entstehen lässt und dann meist nur zu einer wirtschaftlich wertlosen Absicherung führt. Das hindert es nicht, dass Aufträge zu Bauleistungen entgegengenommen werden. Auch dem Bearbeiter beweglicher Sachen kommt es grundsätzlich *primär auf die Bonität seines Bestellers* an. Wo er Zweifel an ihr hat, mag er sich durch Voraus- oder Abschlagszahlungen sichern. In der Krise des Bestellers schützen ihn die §§ 50 InsO, 320 BGB und jedenfalls bei intakten vertraglichen Beziehungen § 986 BGB.

17 (3) Sofern man *gleichwohl* einen gutgläubigen Erwerb des Unternehmerpfandrechts für möglich hält, muss jedenfalls *guter Glaube* des Unternehmers iSd § 932 Abs 2 BGB gegeben sein. Insoweit verneint BGHZ 68, 323 eine grundsätzliche Verpflichtung des Unternehmers, sich bei einer Kfz-Reparatur den Kfz-Brief vorlegen zu lassen. Das ist angesichts der praktischen Gegebenheiten zutreffend. Doch dürfen auch *die Anforderungen* an den guten Glauben des Unternehmers *nicht zu gering* angesetzt werden. Zweifeln am Eigentum des Bestellers hat er nachzugehen, wenn er das Unternehmerpfandrecht erwerben will. Dabei darf er sich auch grundsätzlich nicht mit einer bloßen entsprechenden Versicherung des Bestellers begnügen.

IV. Entstehen, Inhalt und Erlöschen des Pfandrechts

1. Besitz des Unternehmers

18 Die Sache bzw die zu verarbeitenden Stoffe müssen zur *Herstellung* einer Sache bzw zu ihrer *Ausbesserung* in den Besitz des Unternehmers gelangt sein.

a) Die Sache muss *in den Besitz* des Unternehmers gelangt sein; danach reicht außer unmittelbarem iSd § 854 BGB auch mittelbarer Besitz iSd § 868 BGB aus (BGB-RGRK/GLANZMANN Rn 10 f), wie er dann entsteht, wenn der Unternehmer die Sache an einen Subunternehmer weitergibt oder wenn er veranlasst, dass der Besteller sie direkt an den Subunternehmer aushändigt.

Unmittelbarer Besitz des Unternehmers entsteht jedenfalls dann, wenn er die Sache in seine Werkstatt oder sonst in seine Obhut übernimmt, aber doch auch schon dann, wenn er sie aus dem Einflussbereich des Bestellers entfernt. Die *Bearbeitung der Sache* auf dem Grundstück oder *in den Räumen des Bestellers* schließt einen Besitzerwerb des Unternehmers aber nicht grundsätzlich aus (vgl RGZ 72, 281). Ein solcher ist jedenfalls dann anzunehmen, wenn der Unternehmer wegen seiner Verantwortung für das Gelingen des Werkes nach der Verkehrsanschauung berechtigt ist, den Besteller für die Zeit der Bearbeitung von der Benutzung der Sache oder der sonstigen Einwirkung auf sie auszuschließen. Man wird freilich zusätzlich zu fordern haben, *dass der Unternehmer nach dem Inhalt des Vertrages berechtigt sein muss, die Sache aus dem Machtbereich des Bestellers zu entfernen.*

b) Der Besitzerwerb muss sich *mit dem Willen des Bestellers* vollziehen. Es reicht 19 nicht die eigenmächtige Inbesitznahme durch den Unternehmer oder die vom Besteller nicht gestattete Übergabe durch einen Dritten.

c) Die Übergabe muss zum Zwecke der Neuherstellung oder der Ausbesserung 20 erfolgen. Über den Gesetzeswortlaut hinaus muss auch die Übergabe *zu einer sonstigen Bearbeitung,* zB einer Veränderung, ausreichen. Auch muss es trotz § 1253 BGB genügen, wenn die Sache nach zwischenzeitlicher Rückgabe an den Besteller dem Unternehmer *wieder übergeben wird, damit dieser Mängel seiner Leistung beheben kann.*

2. Verwertung des Pfandrechts

Inhaltlich verweist § 1257 BGB auf die *Regelung über das vertragliche Pfandrecht.* 21 Das bedeutet vor allem, dass der Unternehmer nicht zur freihändigen Verwertung der Sache befugt ist, §§ 1228, 1235 BGB, sondern sie *öffentlich versteigern* lassen muss.

3. Erlöschen

Das Pfandrecht erlischt nach § 1252 BGB mit der Tilgung der zu sichernden Forderungen, nach § 1253 BGB mit der *Rückgabe* an den Besteller, eine von diesem benannte Person oder den Eigentümer, sofern diese *freiwillig* erfolgt, nicht also bei einem unfreiwilligen Besitzverlust des Unternehmers (vgl RGZ 72, 284), wobei zu beachten ist, dass Mitarbeiter des Unternehmers grundsätzlich nur als Besitzdiener anzusehen sind, § 855 BGB. Bei späterer Wiedererlangung der Sache lebt es, einmal erloschen, nicht wieder auf.

V. Vereinbarungen über das Pfandrecht

§ 647 BGB enthält *dispositives Recht.* 23

Ein *Ausschluss des Unternehmerpfandrechts* ist grundsätzlich *möglich.* Sofern sich der Ausschluss aus AGB des Bestellers ergibt, bleibt zunächst zu beachten, dass die *Besitzbefugnis* des Unternehmers bis zur Erfüllung seiner Forderungen deshalb nicht wirksam abbedungen werden kann, weil sie auch noch durch die §§ 320, 309 Nr 2 BGB, notfalls durch § 307 Abs 2 Nr 1 BGB abgesichert ist. Mag auch der Ausschluss des Zurückbehaltungsrechts nach § 320 BGB gegenüber Kaufleuten in gewissen Grenzen zulässig sein (vgl BGH NJW 1992, 577; PALANDT/GRÜNEBERG § 309 Rn 16), so kann das hier nicht gelten, wo die Zurückhaltungsbefugnis durch § 647 BGB besonders verfestigt ist. Dagegen ist es *nicht ohne weiteres unzulässig,* die sich aus dem Pfandrecht ergebenden *Verwertungsbefugnisse* des Unternehmers *auszuschließen.* Das scheint zB gerade dann sinnvoll, wenn die Werklohnforderung nachhaltig hinter dem Wert der Sache zurückbleibt. Man wird den Anschluss aber davon abhängig machen müssen, dass dem Unternehmer *hinreichende anderweitige Sicherheiten gewährt* werden (vgl auch BGHZ 91, 138 zu § 648 aF).

24 Soweit *AGB des Unternehmers* ein Pfandrecht überhaupt erst *begründen* sollen, können sie nicht anerkannt werden (vgl o Rn 14). Dagegen wird der Besteller nicht unangemessen benachteiligt, wenn der *Kreis der gesicherten Forderungen erweitert wird,* insbesondere um solche aus früheren Verträgen (BGH NJW 1983, 2140, 2141; BGHZ 101, 307, 315; ULMER/BRANDNER/HENSEN/CHRISTENSEN, Reparaturvertrag Rn 7). Wo allerdings das Unternehmerpfandrecht an einer bestellerfremden Sache durch Einwilligung des Eigentümers wirksam begründet worden ist, kann nicht angenommen werden, dass sich diese Einwilligung auch auf solche Erweiterungen des Kreises der abzusichernden Forderungen bezieht (BGH NJW 1983, 2140).

VI. Herausgabeansprüche gegen den Unternehmer; Ansprüche des Unternehmers auf Verwendungsersatz

1. Vertraglicher Herausgabeanspruch

25 Der Besteller kann zwar nach § 631 BGB die Herausgabe des fertigen Werkes verlangen, doch hat der Unternehmer *wegen seiner Werklohnforderung ein Zurückbehaltungsrecht* nach den §§ 320 ff, 641 BGB. Es kommt zu einer *Verurteilung Zug um Zug,* woran auch das Unternehmerpfandrecht nichts ändert. Nichts anderes ergibt sich, wenn dem Besteller der Anspruch aus § 985 BGB zur Verfügung steht. Hier wirken sich der Werkvertrag einerseits und das Unternehmerpfandrecht andererseits als Rechte zum Besitz iSd § 986 BGB aus, was allerdings nicht zur Abweisung der Herausgabeklage führen kann, sondern ebenfalls eine Verurteilung zur Herausgabe Zug um Zug gegen Zahlung des Werklohns zur Folge haben muss.

Als *berechtigter Besitzer* kann der Unternehmer gegenüber dem Besteller, der selbst Eigentümer der Sache ist, Verwendungsersatzansprüche nach § 994 BGB nicht geltend machen.

Bei einem *vorzeitigen Herausgabeverlangen* des Bestellers versagt § 631 BGB als Anspruchsgrundlage mangels Fälligkeit; gegenüber dem Anspruch aus § 985 BGB gibt der Werkvertrag ein Recht zum Besitz. Wenn der Besteller diese Hindernisse durch eine Kündigung überwindet, kommt es zur Verurteilung zur Herausgabe Zug um Zug gegen Befriedigung der verbleibenden Ansprüche des Unternehmers.

2. Fehlende Identität von Besteller und Eigentümer

26 Wenn der *Eigentümer mit dem Besteller nicht identisch* ist, entstehen zunächst (zu § 994 vgl u Rn 28 ff) keine Zahlungsansprüche des Unternehmers gegen ihn, sofern nicht von einer wirksamen Vertretung auszugehen ist. Ansprüche aus ungerechtfertigter Bereicherung scheiden in diesem Verhältnis aus, weil der Unternehmer an den Besteller leisten wollte und geleistet hat. Wegen seiner Rechtsbeziehungen zum Besteller scheiden auch Ansprüche des Unternehmers aus Geschäftsführung ohne Auftrag aus. Auch ein *Einverständnis des Eigentümers* mit dem abgeschlossenen Werkvertrag *führt nicht zu seiner Zahlungsverpflichtung.* Gegen die Annahme einer

Verpflichtungsermächtigung spricht – neben allen dogmatischen Zweifeln an diesem Institut – schon regelmäßig der tatsächliche Umstand, dass der Eigentümer regelmäßig nicht den Willen hat, auch persönlich verpflichtet zu werden (vgl BGHZ 34, 122, 125; BGH NJW 1983, 2140, 214). Es ist auch von der Interessenlage her nicht gerechtfertigt, dem Unternehmer, der den Besteller als Vertragspartner akzeptiert hat, in dem Eigentümer einen zusätzlichen Schuldner zu geben.

a) Herausgabeansprüche

Ein Herausgabeanspruch des mit dem Besteller nicht identischen Eigentümers scheitert an § 986 Abs 1 S 2 BGB, sofern *der Besteller dem Eigentümer gegenüber* zum Abschluss des Werkvertrages berechtigt war; andernfalls kann nach § 986 Abs 1 S 2 BGB Herausgabe an den Besteller bzw an den Eigentümer selbst verlangt werden. **27**

Endet das Besitzrecht des Bestellers gegenüber dem Eigentümer, so endet damit auch das abgeleitete Besitzrecht des Unternehmers, § 986 Abs 1 S 1 BGB.

b) Verwendungen des Unternehmers

Die Maßnahmen des Unternehmers sind weithin Verwendungen auf die Sache iSd §§ 994 ff BGB. Das führt zu der Frage, ob er *Ersatzansprüche* gegenüber dem Eigentümer nach den §§ 994, 996 BGB hat, ein *Wegnahmerecht* nach § 997 BGB, ein *Zurückbehaltungsrecht* nach § 1000 BGB und die *Befriedigungsmöglichkeit* des § 1003 BGB. **28**

aa) Insbesondere das Reichsgericht (vgl RGZ 142, 417, 422) hatte angenommen, dass diese Befugnisse dem Unternehmer immer dann zustünden, wenn der Werkvertrag nicht mit dem Eigentümer selbst abgeschlossen worden war; in dem Werkvertrag mit dem Besteller hatte es kein Hindernis gesehen. BGHZ 27, 317 hat diese Rechtsprechung *zu Recht aufgegeben*. Die genannten Bestimmungen setzen ein Eigentümer-Besitzer-Verhältnis voraus, an dem es wegen § 986 BGB dann fehlt, wenn der Besitz ordnungsgemäß vom Eigentümer an den Besteller und von diesem an den Unternehmer überlassen worden ist. *Solange die Besitzverhältnisse „intakt" sind,* entstehen keine Verwendungsansprüche des Unternehmers. Sie würden ihn, der ja seinen Werklohnanspruch hat, auch nur ungerechtfertigt begünstigen.

bb) Das *Besitzrecht des Bestellers* gegenüber dem Eigentümer kann enden, zB durch dessen Rücktritt vom Kauf unter Eigentumsvorbehalt. Auch dann bleibt es für die Vergangenheit bei den dargestellten Grundsätzen. Demgegenüber will BGHZ 34, 122 für schon gemachte Verwendungen jetzt *nachträglich* einen Verwendungsersatzanspruch aufleben lassen (zustimmend BGB-RGRK/GLANZMANN Rn 15; MünchKomm/BUSCHE Rn 12; aA MEDICUS/PETERSEN, Bürgerliches Recht Rn 587 ff, 591; STAUDINGER/GURSKY [2013] Vorbem 31 f zu § 994 ff, s a STAUDINGER/THOLE [2019] Vorbem 13 ff zu §§ 994–1003; MÜHL AcP 176, 420; KAYSERS, Die Verwendungsersatzansprüche des Besitzers bei vertraglichen Leistungen [1968] 125 ff). Aber rückwirkend kann eine Vindikationslage nicht geschaffen werden. **29**

cc) Nach allem kommen *Verwendungsersatzansprüche* des Unternehmers gegenüber dem Eigentümer nur dann in Betracht, *wenn der Besteller diesem gegenüber entweder nicht zum Besitz oder nicht zur Besitzüberlassung an den Unternehmer berechtigt war*. Auch dann leugnet freilich eine verbreitete Meinung in der Literatur (vgl statt aller STAUDINGER/GURSKY [2013] Vorbem 20 f zu §§ 994 ff, s a STAUDINGER/THOLE [2019] **30**

Vorbem 64 ff zu §§ 994–1003) solche Ansprüche des Unternehmers mit der Begründung, dass Verwender nicht der Unternehmer sei, sondern der ihn beauftragende Besteller, was insbesondere aus § 950 BGB begründet wird.

Das kann im Ergebnis so aber nicht befriedigen. Es wäre *paradox, wenn – bei fehlender Berechtigung des Bestellers zur Überlassung des Besitzes an den Unternehmer – der Eigentümer dem Besteller nach § 986 Abs 1 S 2 BGB den Besitz ohne weiteres sollte wieder verschaffen können, den dieser sich selbst nicht zu verschaffen vermag.* Man wird zu unterscheiden haben:

(1) War der Besteller *dem Eigentümer gegenüber gar nicht zum Besitz berechtigt*, so ist der Unternehmer diesem zwar nach den §§ 985, 986 BGB zur Herausgabe verpflichtet, kann dem Herausgabeanspruch aber Verwendungsersatzansprüche entgegensetzen, wie sie dem Besteller gegenüber dem Eigentümer zustehen, vgl § 999 Abs 1 BGB, der entsprechend angewendet werden kann, indem man den Besteller wie einen Vorbesitzer behandelt. Sach- und Interessenlage sind vergleichbar.

31 (2) War der Besteller dem Eigentümer gegenüber *nur nicht zum Abschluss des Werkvertrages* berechtigt, so sind angemessene Ergebnisse nur dann zu erzielen, wenn man dem Unternehmer gegenüber dem Herausgabeanspruch des Eigentümers einen Verwendungsersatzanspruch nach § 994 BGB zubilligt, ihn also insoweit als Verwender behandelt, *weil er sonst auch gegenüber dem Besteller schutzlos* bliebe. Das verschafft ihm dann insbesondere auch das Zurückbehaltungsrecht des § 1000 BGB.

VII. Anwendungsbereich der Bestimmung

32 1. Zum Ausschluss der Anwendbarkeit der Bestimmung auf den *Werklieferungsvertrag* durch § 650 BGB vgl § 650 Rn 22.

2. Nicht – auch nicht entsprechend – anwendbar ist § 647 BGB auf den *Dienstvertrag* (vgl RGZ 72, 281).

§ 647a
Sicherungshypothek des Inhabers einer Schiffswerft

Der Inhaber einer Schiffswerft kann für seine Forderungen aus dem Bau oder der Ausbesserung eines Schiffes die Einräumung einer Schiffshypothek an dem Schiffsbauwerk oder dem Schiff des Bestellers verlangen. Ist das Werk noch nicht vollendet, so kann er die Einräumung der Schiffshypothek für einen der geleisteten Arbeit entsprechenden Teil der Vergütung und für die in der Vergütung nicht inbegriffenen Auslagen verlangen. § 647 findet keine Anwendung.

Gesetzesgeschichte: BGB aF: § 648 Abs 2; verlagert in § 647a durch BauvertragsG v 28. 4. 2017 (BGBl I 969), dort neu im Anschluss an § 648 Abs 1 S 2.

Untertitel 1 · Werkvertrag
Kapitel 1 · Allgemeine Vorschriften

§ 647a

Materialien: DVO vom 21. 12. 1940 (RGBl I 1609) zum Schiffsregistergesetz vom 15. 11. 1940 (RGBl I 1499); BT-Drucks 18/11437; BT-Drucks 18/8486.

Systematische Übersicht

I.	Allgemeines	1	III. Voraussetzungen der Sicherung	3
II.	Eingetragene Schiffe	2	IV. Schiffshypothek	4

I. Allgemeines

Das Pfandrecht an einem im Schiffsregister eingetragenen Schiff war früher in den §§ 1259 ff BGB geregelt, bezüglich der im Bau befindlichen Schiffe in dem Gesetz vom 4. 7. 1926 (RGBl I 367). Nunmehr ist das **SchiffsregisterG vom 15. 11. 1940** (RGBl I 1499) maßgeblich; § 648 Abs 2 BGB aF, ist durch die 1. DVO vom 21. 12. 1940 (RGBl I 1609) zu diesem eingeführt worden. Die **Schiffshypothek**, die begehrt werden kann, ist in den §§ 24 ff SchiffsRG näher geregelt. § 647a BGB (= § 648 Abs 2 BGB aF) bezieht sich nur auf Schiffe, die in das Schiffsregister *eingetragen* sind, § 1 Abs 1 SchiffsRG, und auf Schiffsbauwerke, bei denen die Eintragungsfähigkeit in Betracht kommt, § 76 SchiffsRG.

§ 647a BGB entspricht in seiner Ausgestaltung § 650d BGB. Nach § 647a S 2 BGB ist § 647 BGB nicht anwendbar. Die Bestimmung des § 647 BGB bleibt jedoch anzuwenden, wenn § 647a BGB seinerseits nicht zur Anwendung kommt, weil es sich *nicht* um ein *eintragungsfähiges Schiff* handelt.

Wegen der Einzelheiten der Bestimmung kann auf § 650d BGB entsprechender Bezug genommen werden.

II. Eingetragene Schiffe

In das *Seeschiffsregister* werden die Kauffahrteischiffe und andere zur Seefahrt bestimmte Schiffe eingetragen, die nach §§ 1, 2 FlaggenrechtsG die Bundesflagge zu führen haben oder führen dürfen, § 3 Abs 2 SchiffsregO. In das *Binnenschiffsregister* werden die zur Schifffahrt auf Flüssen und sonstigen Binnengewässern bestimmten Schiffe eingetragen, wobei bestimmte Mindestgrößen erreicht sein müssen, § 3 Abs 3 SchiffsregO. In das Schiffsbauregister wird ein Schiffsbauwerk im Sinne der §§ 1, 2 SchiffsregO nur eingetragen, wenn zugleich eine Schiffshypothek eingetragen oder die Zwangsversteigerung beantragt wird, §§ 65, 66 SchiffsregO. Die Bestellung kann in diesem Fall erst bei Vorliegen der Voraussetzungen des § 76 Abs 2 SchiffsRG erfolgen.

III. Voraussetzungen der Sicherung

Die Einräumung einer Schiffshypothek an dem Schiff oder Schiffsbauwerk kann nach § 647a BGB unter zwei Voraussetzungen verlangt werden:

a) Die Rechte aus § 647a BGB stehen nur *Inhabern von Schiffswerften* zu, nicht sonstigen Personen, die Ausbesserungsarbeiten an dem Schiff vornehmen; diese sind wie andere Gläubiger auf Arrest oder einstweilige Verfügung angewiesen, wenn sie eine Sicherstellung ihrer Forderungen erreichen wollen. Der *Kreis* der Anspruchsberechtigten ist bei § 647a BGB insoweit *enger* als bei § 650d BGB.

b) Zur Absicherung geeignet sind nur *Forderungen, die sich auf den Bau des Schiffes oder seine Ausbesserung beziehen.* Unter Bau wird man außer der Neuherstellung auch eine Vergrößerung, Erweiterung oder Erneuerung verstehen können. § 647a BGB unterscheidet zwar nicht wie § 650d BGB zwischen dem Werk als Ganzem und einzelnen Teilen, aus der unterschiedlichen Formulierung darf aber nicht auf sachliche Abweichungen geschlossen werden. Beim Inhaber der Schiffswerft fällt jede Forderung, die sich auf den Bau oder die Ausbesserung bezieht, unter die Bestimmung; es gilt also ebenso wie bei § 650d Abs 1 S 1 BGB eine weite Auslegung. Die Forderungen müssen allerdings auch hier *vertraglich begründet* sein; wiederum führt die unterschiedliche Formulierung nicht zu sachlichen Abweichungen.

IV. Schiffshypothek

4 Zu der zu beanspruchenden Schiffshypothek vgl näher die §§ 8, 24 ff SchiffsRG. Die Schiffshypothek hat den Rang, der ihr nach den Bestimmungen des SchiffsRG zukommt; eine Bevorzugung tritt nicht ein, was dem früheren Rechtszustand entspricht (vgl STAUDINGER/RIEDEL[11] § 648 aF Rn 17).

§ 647a BGB gibt dem Unternehmer eine Sicherung für seine Forderung; um eine Zwangsvollstreckung handelt es sich dabei nicht. Zur Zwangsvollstreckung in Schiffe vgl §§ 870a ZPO, 162 ff ZVG.

Schiffsparten sind Anteile der Mitreeder. Bei ihnen kommt ein Pfandrecht nach den §§ 1263 ff BGB in Betracht. § 647a BGB *bezieht sich auf sie nicht.* Zur Zwangsvollstreckung in Schiffsparten vgl § 858 ZPO.

§ 648
Kündigungsrecht des Bestellers

Der Besteller kann bis zur Vollendung des Werkes jederzeit den Vertrag kündigen. Kündigt der Besteller, so ist der Unternehmer berechtigt, die vereinbarte Vergütung zu verlangen; er muss sich jedoch dasjenige anrechnen lassen, was er infolge der Aufhebung des Vertrags an Aufwendungen erspart oder durch anderweitige Verwendung seiner Arbeitskraft erwirbt oder zu erwerben böswillig unterlässt. Es wird vermutet, dass danach dem Unternehmer 5 vom Hundert der auf den noch nicht erbrachten Teil der Werkleistung entfallenden vereinbarten Vergütung zustehen.

Materialien: E I § 578; II § 584; III § 639; durch das BauvertragsG v 28. 4. 2017 (BGBl I 969) von § 649 nach § 648 verschoben; Mot II 502 ff; Prot II 2254 ff; Jakob/Schubert, Recht der Schuldverhältnisse II 906 ff; S 3.

Schrifttum

Acker/Roskosny, Die Abnahme beim gekündigten Bauvertrag und deren Auswirkungen auf die Verjährung, BauR 2003, 1279
Anderson, Die Problematik des § 8 Nr 3 VOB/B, BauR 1972, 65
Beigel, Zum Anspruch des Architekten gemäß § 649 Satz 2 BGB nach Kündigung des Architektenvertrages durch den Bauherrn, BauR 1997, 782
Bitter/Rauhut, Vertragsdurchführungspflicht des Werkbestellers?, JZ 2007, 964
Börner, Architektenhonorar – Kostenermittlung und Architektenhonorar bei vorzeitiger Vertragskündigung, BauR 1995, 331
Brügmann, Ersparte Aufwendungen beim Architektenhonorar – Besprechung von BGH NJW 1996, 1751, NJW 1996, 2982
Brügmann/Kenter, Abnahmeanspruch nach Kündigung von Bauverträgen, NJW 2003, 2121
Drittler, Freie Kündigung: Ersparte Kosten sind grundsätzlich als tatsächliche Kosten abzurechnen, BauR 2006, 1215
Eich, Der praktische Fall: Bewertung der erbrachten und nicht erbrachten Leistungen nach Kündigung des Architektenvertrages, NZBau 2001, 546
Franke, Spannungsverhältnis InsO und § 8 Nr 2 VOB/B neu – Ende der Kündigungsmöglichkeit bei Vermögensverfall des Auftragnehmers?, BauR 2007, 774
Gauch, Der Rücktritt des Bestellers vom Werkvertrag – Gedanken zu Art 377 des Schweizerischen Obligationsrechts, in: FS Locher (1990) 35
van Gelder, Der Anspruch nach § 649 Satz 2 BGB bei Verlustgeschäften und seine Geltendmachung im Prozeß, NJW 1975, 189
Glöckner, § 649 Satz 2 BGB – ein künstlicher Vergütungsanspruch?, BauR 1998, 669
Gross, Die Abrechnung des Pauschalvertrages bei vorzeitig beendetem Vertrag, BauR 1992, 36
ders, Das „Wagnis" in der Kündigungsvergütung, BauR 2007, 631
Grüter, Das Abschneiden des Werklohns bei Bestellerkündigung in Allg Geschäftsbedingungen, Betr 1982, 867
Kenter, Der Vergütungsanspruch des Werkunternehmers gemäß § 649 S 2 BGB (2000)
Kirberger, Teilkündigung, BauR 2011, 342
Klenk, Steckengebliebene Werkleistung im Umsatzsteuerrecht im Fall des § 649 BGB, BauR 2000, 638
Kniffka, Abnahme und Gewährleistung nach Kündigung des Werkvertrages, in: FS vCraushaar (1997) 359
ders, Abnahme und Abnahmewirkungen nach der Kündigung des Bauvertrages, ZfBR 1998, 113
ders, Die neuere Rechtsprechung des Bundesgerichts zur Abrechnung nach Kündigung des Bauvertrages, JbBauR 2000, 1
Koenen, Die Kündigung wegen und in der Insolvenz, BauR 2011, 352
Lang, Die Teilkündigung des Bauvertrages, BauR 2006, 1956
Manteufel, Wechselseitige Kündigungen aus wichtigem Grund – welche hat Vorrang?, NZBau 2018, 3683
Markus, § 649 S 2 BGB: Die Anrechnung der tatsächlich ersparten Kosten auf die kalkulierten Kosten, NZBau 2005, 417
Mugler, Vergütungs- und Schadensersatzprobleme nach „Kündigung" von Werkverträgen, BB 1993, 1460
Niemöller, Vergütungsansprüche nach Kündigung des Bauvertrages, BauR 1997, 539
Niestrate, Vergütung des Architekten nach Kündigung des Architektenvertrages durch den Auftraggeber, ZfBR 1997, 9
Pamperien, Die Auskunftspflicht des Werkunternehmers über ersparte Aufwendung gemäß § 649 Satz 2 BGB (Diss Hamburg 2000)

PETERS, Der Einwand des Mitverschuldens gegenüber Erfüllungsansprüchen, JZ 1995, 754
ders, Die Stornierung von Verträgen, JZ 1996, 73
ders, Abrechnungsmodelle für den vorzeitig beendeten Werkvertrag, in: FS Thode (2005) 65
ders, Zu der Struktur und den Wirkungen einer auf § 649 BGB gestützten Kündigung des Bestellers, BauR 2012, 11
ders, Die ernsthafte und endgültige Annahmeverweigerung des Gläubigers. JZ 2012, 125
QUACK, Einige Probleme der Vergütungsabrechnung nach § 649 S 2 BGB, in: FS vCraushaar (1997) 309
REUS, Die Kündigung durch den Auftraggeber gemäß § 8 VOB/B, BauR 1995, 637
ROSENBERGER, Vertragsabwicklung im Konkurs des Bauunternehmers, BauR 1975, 253
SCHMEEL, § 649 BGB: Anrechnung ersparter Aufwendungen, MDR 1997, 109
SCHMIDT, Die Kündigung des Bauvertrages nach §§ 8, 9 VOB (Teil B), MDR 1968, 801
ders, Zur unberechtigten Kündigung aus wichtigem Grund beim Werkvertrag, NJW 1995, 1313
SCHMITZ, Der Bauunternehmer im Konkurs, ZIP 1998, 1421
STICKLER, Rechtsfolge der unberechtigten Kündigung eines Bauvertrages, BauR 2011, 364
VAN VENROOY, „Kündigung" des Werkvertrages durch den Besteller nach § 649 Satz 1 BGB, JR 1991, 492
WERNER/SIEGBURG, Der „entgangene Gewinn" des Architekten gemäß § 649 Satz 2 BGB – im Blickwinkel der neuesten Rechtsprechung des BGH, BauR 1997, 181.

Systematische Übersicht

I.	**Allgemeines**		4.	Kündigung	15
1.	Vorzeitige Beendigung des Werkvertrages	1	a)	Erklärung der Kündigung	16
2.	Kündigung mit oder ohne wichtigen Grund	3	b)	Verhältnis zur Kündigung aus wichtigem Grund	18
II.	**Eigentliche Dauerschuldverhältnisse**	4	c)	Teilkündigung	20
			5.	Ausschluss des Kündigungsrechts	21
			a)	Individualvertraglich	21
III.	**Die freie Kündigung**		b)	In AGB	22
1.	Rechtfertigung	5	**IV.**	**Rechtsfolgen der Kündigung nach § 648 S 1**	23
a)	Charakter	5	1.	Bisherige Leistungen des Unternehmers	24
b)	Auswirkungen	6	a)	Werklohn	24
c)	Sicht des Unternehmers	7	b)	Mängel	28
2.	Struktur und Folgen der Kündigung	8	c)	Überlassung des Werkes	29
a)	Abrechnungsschuldverhältnis	9	d)	Ausgestaltung des Werklohnanspruchs	30
b)	Keine Abnahme	10	2.	Künftige Leistungen	31
c)	Mängel der erbrachten Leistung	10a	a)	Rechtsnatur des Anspruchs aus § 648 S 2	32
d)	Verbleib der Leistung	10b	b)	Berechnung des Anspruchs	35
e)	Fälligkeit	10c	c)	Fälligkeit	37
f)	Schadensersatzansprüche	10d	d)	Anrechnungsposition ersparte Aufwendungen	38
g)	Abgrenzung	10e	e)	Anrechnungsposition anderweitiger Erwerb	40
3.	Voraussetzungen	11			
a)	Sachliche Voraussetzungen	11			
b)	Zeitliche Voraussetzungen	12			
aa)	Keine Kündigung zur Unzeit	12			
bb)	Kündigung vor Vertragsschluss	13			
cc)	Erlöschen des Kündigungsrechts	14			

f)	Anrechnungsposition unterlassener anderweitiger Erwerb	41		4.	Rücktritt	58
g)	Darlegungs- und Beweislast	42		**VI.**	**Entsprechende Anwendung des § 648**	59
h)	Verhältnis zu anderweitigen Regelungen	51		**VII.**	**Besonderheiten der VOB/B**	
i)	Teilbare Werklohnforderungen	52		1.	§ 8 Abs 1 VOB/B	60
3.	Zusätzliche Aufwendungen	53		a)	Allgemeines zu § 8 VOB/B	60
				b)	Rechtsfolgen	61
V.	**Sonstige vorzeitige Vertragsbeendigungen**			2.	Aufmaß, Abnahme und Rechnungserteilung, § 8 Abs 6 VOB/B	62
1.	Kündigung des Bestellers	54		3.	Vertragsstrafe nach erfolgter Kündigung, § 8 Abs 7 VOB/B	63
2.	Kündigung des Unternehmers	55				
3.	Einverständliche Vertragsaufhebung	56				

Alphabetische Übersicht

Abnahme	10, 14, 29, 30, 62		Erstattungsanspruch	27
Abrechnung			Erwerb	
– bisheriger Leistungen	24 ff		– anderweitiger	40
– künftiger Leistungen	31 ff		– unterlassener	41
– nach VOB	62			
Abrechnungsverhältnis	9		Fälligkeit	30, 37, 62
AGB, Pauschalierung in	39		Fristsetzung	54
Akquisitionskosten	40			
Anderweitige Verwertung des Werkes	40		Gewährleistung	8 ff, 28
Anderweitiger Erwerb	40			
Architekt	39		Interesse des Unternehmers am Vertrag	7
Aufmaß	62			
Aufwendungen			Kalkulation des Unternehmers	47
– ersparte	38 f		Kauf	6, 59
– pauschalierte	39		Kausalität anderweitigen Erwerbs	40
– zusätzliche	7, 53		Kenntnis des Kündigungsgrunds	37
Auskunftsanspruch	48		Konkrete Berechnung	36
Ausschluss der Kündigung	21 f		Kündigung	
			– aus wichtigem Grund	18
Bauträger	11, 21		– unberechtigte	18
Beweislast	42 ff		– vor Vertragsschluss	13
Bisherige Leistungen	24 ff		– zeitliche Grenze der	14
			– zur Unzeit	12
Darlegungslast	42 ff		Kündigungsrecht, Ausschluss des	21 f
– sekundäre	47			
Dauerschuldverhältnis	2, 4		Leistungen	
Dienstvertrag	59		– erbrachte	24 ff
			– künftige	31 ff
Einheitspreisvertrag	25, 35 f		– Verbleib der	10b, 29
Einstellung der Leistungen, beiderseitige	56			
Einverständliche Vertragsaufhebung	56		Mängel	10a, 28
Erfüllungsanspruch	30, 32		Material, beschafftes	38

§ 648

Mehrwertsteuer	33	Umdeutung	18 f
Nachbesserung	6, 10a, 28	Umsatzsteuer	33
Nachschieben von Gründen	18	Unterlassener Erwerb	41
		Vergütung	
Pauschalierungen in AGB	39	– der ausfallenden Leistungen	31 f
Pauschalpreisvertrag	26, 36	Verlustgeschäft	35
		Vertragsangebot, vorzeitige Lösung vom	13
Rechtsfolgen der Kündigung	7 ff, 23 ff	Vertragsaufhebung	56 f
Risikoaufschlag	38	Vertragsstrafe	63
Rücknahme des Werkes	29	Vertragstreue	5 f
Rücktritt	1, 15, 58	VOB/B	60 ff
		Vollendung des Werks	14
		Voraussetzungen der Kündigung	11 ff
Schadensersatzanspruch	10d, 34		
Schadloshaltung	7, 34	Werklohn, bisheriger	16
Sicherheiten	30, 33	Werklohnforderung, teilbare	52
Stornierung von Verträgen	59	Werthaltigkeit des Werkes	24
Teilkündigung	20, 25 ff	Zusätzliche Aufwendungen	53
Überlassung des Werkes	29		
Überzahlung	27		

I. Allgemeines

1. Vorzeitige Beendigung des Werkvertrages

1 Der Werkvertrag kann aus verschiedenen Gründen vorzeitig beendet werden.

a) Diese Möglichkeit ergibt sich schon aus dem allgemeinen Recht der Leistungsstörungen, vgl § 323 Abs 4 BGB, der den sofortigen *Rücktritt* zulässt, wenn es offenkundig ist, dass dessen Voraussetzungen eintreten werden. Die eine oder die andere Seite kann den Vertrag aber nicht nur schon vor Fälligkeit durch Rücktritt in ein Rückgewährschuldverhältnis umwandeln. Die Möglichkeit der vorzeitigen Liquidation des Vertrages muss ihr vielmehr auch durch *das Begehren von Schadensersatz statt der Leistung* möglich sein, auch wenn § 281 Abs 1 BGB dies nach seinem Wortlaut erst nach Eintritt der Fälligkeit zulässt. Es wäre nicht einzusehen, wenn ein schuldhaftes Fehlverhalten der Gegenseite seine Folgen erst später haben sollte als ein schuldloses.

2 b) Es war stets anerkannt, **dass der Werkvertrag auch aus wichtigem Grund gekündigt werden kann** (vgl § 648a Rn 1). Das Gesetz enthielt zwar seit der Modernisierung des Schuldrechts ausdrücklich ein Recht zur Kündigung von Dauerschuldverhältnissen in § 314 BGB, das aber unmittelbar nur auf Verträge mit wiederkehrenden, weithin gleich bleibenden Leistungen anwendbar ist. Ein Dauerschuldverhältnis in diesem Sinne ist der Werkvertrag nicht. Heute gilt der sich an § 314 BGB anlehnende § 648a BGB.

c) § 648 BGB (= § 649 BGB aF) gibt dem Besteller das Recht zur „freien", grundlosen Kündigung. Erfreulicherweise ist der Gesetzgeber der Schuldrechtsmodernisierung dem Vorschlag des dortigen Diskussionsentwurfs nicht gefolgt, dem Besteller die Möglichkeit der Kündigung nach § 648 BGB zu nehmen (vgl u Rn 5 ff).

2. Kündigung mit oder ohne wichtigen Grund

§ 648 BGB *belastet* das freie Kündigungsrecht des Bestellers *mit der Verpflichtung zur Zahlung des Werklohns,* der nur nach Maßgabe des S 2 gekürzt werden kann. Die Kündigung aus wichtigem Grunde *befreit den Besteller von einer solchen Zahlungspflicht* (BGHZ 31, 224, 229; 64, 145, 146), da der Unternehmer aus seinem pflichtwidrigen Verhalten, das Anlass zur Kündigung gegeben hat, Vorteile nicht ziehen soll.   **3**

Zur Frage, ob eine Kündigung aus wichtigem Grunde, die sich als solche nicht als gerechtfertigt erweist, als eine Kündigung nach § 648 BGB verstanden werden kann, u Rn 18 f; dort auch zu der Frage, ob einer Kündigung nach § 648 BGB ein wichtiger Grund nachgeschoben werden kann.

II. Eigentliche Dauerschuldverhältnisse

Zuweilen sind gerade auch Werkleistungen regelmäßig zu erbringen, sodass von einem echten Dauerschuldverhältnis gesprochen werden kann, zB bei der Wartung von Maschinen, der Pflege von Gärten und Gräbern.   **4**

1. AGB des Unternehmers müssen dann bei Laufzeit-Verlängerungsmöglichkeiten gegenüber Verbrauchern die Grenzen des § 309 Nr 9 lit a, b, c BGB einhalten, gegenüber unternehmerisch tätigen Kunden die wesentlich großzügigeren des § 307 BGB.

2. Die Möglichkeit der außerordentlichen Kündigung folgt problemlos aus § 314 BGB, die ordentliche Kündigung wird idR vereinbart bzw in den AGB des Unternehmers vorgesehen. Fehlt es dazu an einer (wirksamen) Regelung, gilt eine angemessene Frist, wie sie in ergänzender Vertragsauslegung zu bestimmen ist (Ulmer/Brandner/Hensen/Christensen § 309 Nr 9 Rn 13; aA Oetker, Das Dauerschuldverhältnis und seine Beendigung [1994] 276 f: Bestimmungsrecht des Kündigenden in entsprechender Anwendung des § 315). Dabei kommt es ganz auf die Gegebenheiten der Branche an; die drei Monate des § 309 Nr 9 lit c BGB sind jedenfalls zu unterschreiten.

3. Die wirksame Vereinbarung von Laufzeit und Kündigungsfristen hindert die Anwendung des § 648 BGB nicht. Der Besteller kann sich vielmehr mit sofortiger Wirkung die weitere Leistungserbringung verbitten. Der verbleibende Werklohnanspruch des Unternehmers nach § 648 S 2 BGB mit den Abzugspositionen des dortigen HS 2 bemisst sich nach der Restlaufzeit des Vertrages bzw bis zu dem nächsten Kündigungstermin, der hätte eingehalten werden können.

Die wirksame ordentliche Kündigung lässt weitere Vergütungsansprüche entfallen.

III. Die freie Kündigung

1. Rechtfertigung

5 a) Wenn § 648 BGB die Vertragsaufsage des Bestellers als Kündigung bezeichnet, muss man sich vergegenwärtigen, dass sie eine solche ganz besonderer Art ist, denn die typische Kündigung beendet die vertraglichen Leistungspflichten beider Seiten zum Zeitpunkt ihres Wirksamwerdens, die „Kündigung" des Bestellers dagegen nur einseitig die des Unternehmers; die eigene Zahlungspflicht des Bestellers bleibt erhalten, § 648 S 2 BGB, wenn auch reduziert um die drei Anrechnungspositionen des dortigen HS 2. Das ist vor dem Hintergrund des mit derselben Rechtsfolge ausgestatteten § 326 Abs 2 BGB zu verstehen. Wenn der Besteller notwendige Mitwirkungshandlungen verweigert, macht er es dem Unternehmer ja in der Tat unmöglich, seine Leistung zu erbringen. Aber auch dort, wo der Besteller die Leistung des Unternehmers nicht solcherart blockieren kann, ist es dem Unternehmer jedenfalls nicht zumutbar, seinerseits gegen den Willen des Bestellers zu erfüllen; er müsste ja einerseits schon um die Zahlungsbereitschaft des Bestellers bangen und hat andererseits – so sieht es jedenfalls das Gesetz – kein weiteres Interesse an der Durchführung des Vertrages als das wirtschaftliche, finanzielle; dieses wahrt § 648 S 2 BGB.

Die Kündigung des Bestellers ist damit letztlich nichts anderes als die Option des Bestellers für § 326 Abs 2 BGB mit seinen Rechtsfolgen. Dem Schuldner die Leistung unmöglich zu machen ist zwar keine Pflichtwidrigkeit eines Gläubigers, wäre aber doch nach allgemeinen Grundsätzen jedenfalls als illoyal zu betrachten. § 648 BGB nimmt der Vertragsaufsage des Bestellers diesen Makel, berücksichtigend, dass der Besteller gute Gründe haben kann, von einer vollen Durchführung des Vertrags abzusehen. Vielleicht wird er das Werk gar nicht mehr gebrauchen können, vielleicht würde ihn dessen Unterhaltung finanziell übermäßig belasten etc.

Der Hintergrund des § 326 Abs 2 BGB erklärt auch, warum der Gesetzgeber der Schuldrechtsmodernisierung davon abgesehen hat, die im Diskussionsentwurf zum Schuldrechtsmodernisierungsgesetz v 4. 8. 2000 (Umdruck S 496 f, 560) vorgesehene Tilgung des § 649 BGB aF (= § 648 BGB) aus dem Gesetz umzusetzen. Der Besteller könnte immer noch auf § 326 Abs 2 BGB rekurrieren.

6 b) Diese dogmatischen Überlegungen haben praktische Konsequenzen.

aa) Zum einen erklären sie, warum Werkverträge über andauernde oder wiederkehrende Werkleistungen auch bei fester Laufzeit – oder vor einem vorgesehenen Kündigungstermin – jederzeit nach § 648 BGB gekündigt werden können (so iE auch BGHZ 188, 149 = NJW 2011, 915 = NZBau 2011, 225).

bb) Die bisherige Leistung des Unternehmers mag Mängel aufweisen. Dann ist es fraglich, ob man dem Besteller angesichts seiner Vertragsaufsage insoweit noch einen Anspruch auf Nacherfüllung zuerkennen soll. Die besseren Gründe sprechen dagegen. Vielmehr wird man nur dem Unternehmer ein Nacherfüllungsrecht zu gewähren haben, damit er namentlich Schadensersatzansprüche des Bestellers aus § 634 Nr 4 BGB abwehren kann (u Rn 10a, 28)

cc) Dann aber ist auch geboten, dass Vertragsverhältnis sogleich in ein Abrechnungsverhältnis zu überführen und letzteres nicht noch von einer Abnahme der erbrachten Leistung abhängig zu machen (u Rn 10, 30)

dd) Schließlich ist es nicht einzusehen, warum nur der Besteller eines Werkvertrages die volle Vertragserfüllung soll abwenden können und nicht zB auch ein Käufer (dazu u Rn 59).

c) Von dem Grundsatz des pacta sunt servanda wird der Besteller nicht eigentlich 7
entbunden. Für ihn als Gläubiger gilt er ohnehin nicht, soweit er Schuldner ist, hält ihn § 648 S 2 BGB an seiner Verpflichtung fest (vgl GLÖCKNER BauR 1998, 669, 676), die nur den Umständen entsprechend modifiziert wird.

Wenn § 648 S 2 BGB den Unternehmer „schadlos halten" soll (Mot II 503), sind seine Interessen im Prinzip gewahrt. Freilich versagt sein dortiger Vergütungsanspruch in zweierlei Hinsicht. Zunächst kann der Unternehmer ein Interesse an der Durchführung des Vertrages haben; seine Kapazitäten liegen nicht brach, das fertige Werk würde für ihn werben (vgl SOERGEL/TEICHMANN Rn 2). Dieses „Erfüllungsinteresse" wird negiert. Es bedeutet eine harte Entscheidung des Gesetzgebers, dass *das Interesse des Unternehmers am Vertrag auf das reine unmittelbare finanzielle reduziert wird.*

Sodann aber wird nicht einmal dieses hinreichend gewahrt: Die vorzeitige Vertragsbeendigung kann zu **zusätzlichen Aufwendungen des Unternehmers** führen (erschwertes Aufmaß der halb fertigen Leistung, Errechnung des nunmehrigen Vergütungsanspruchs, vorzeitige Rückführung auswärts eingesetzten Personals zu erhöhten Preisen). Das ist in § 648 S 2 BGB nicht bedacht, muss aber zweifellos zu Lasten des Bestellers gehen (vgl u Rn 53).

aa) Damit reduziert sich der Effekt der Bestimmung zunächst auf einen rein psychologischen. Von sich aus würde der Besteller es vielleicht nicht wagen, den Vertrag aufzusagen; der Gesetzgeber ermutigt ihn dazu, bestärkt ihn in seinem Entschluss.

bb) § 648 BGB erlaubt etwas, was andernorts als Fehlverhalten gedeutet werden könnte (zu vertretende Verursachung der Unmöglichkeit der Leistung, Annahmeverzug, Vertragsaufsage). Damit gewinnt § 648 S 2 BGB den **Charakter einer schadensersatzrechtlichen Bestimmung** (so zutreffend GLÖCKNER BauR 1998, 675 ff; QUACK, in: FS vCraushaar [1997] 309, 312). Das bestätigt sich in dem Ziel der Bestimmung, den Unternehmer „schadlos zu halten" (Mot II 503), sowie darin, dass § 648 S 2 BGB eine § 254 BGB entsprechende Schadensminderungspflicht anerkennt (vgl dazu u Rn 41).

2. Struktur und Folgen der Kündigung

§ 649 BGB spricht von einer Kündigung des Bestellers. Diese Wortwahl überrascht, 8
wenn es denn die regelmäßige Folge einer Kündigung ist, dass die beiderseitigen Erfüllungspflichten der Parteien in demselben Zeitpunkt ihres Wirksamwerdens erlöschen, der Vertrag bis dahin aber wirksam bleibt und damit Rechtsgrund für die bislang erbrachten Leistungen ist.

Dass die Bestimmung eine Kündigung in diesem Sinne nicht meint, ergeben ihre in ihrem S 2 angesprochene Rechtsfolgen. Es kommt zur „Aufhebung des Vertrags", nicht etwa zu seiner (bloßen) Beendigung. Derselbe Ausdruck der Aufhebung findet sich in den §§ 643 S 2, 650d Abs 5 S 2 BGB.

Das hat Konsequenzen.

a) Abrechnungsschuldverhältnis

9 Der gekündigte Werkvertrag wandelt sich in ein reines Abwicklungsschuldverhältnis.

aa) In diesem gibt es nach § 648 S 2 BGB nur noch den einen Zahlungsanspruch des Unternehmers, auf den freilich die Anrechnungspositionen des § 648 S 2 HS 2 BGB gutzubringen sind.

bb) Ansprüche des Bestellers auf Erfüllung oder Nacherfüllung nennt die Bestimmung nicht. Es fiele auch schwer, solche Ansprüche aus einem aufgehobenen Vertrag abzuleiten. Wertungsmäßig ist das sinnvoll, nachdem der Besteller durch seine Kündigung dem Unternehmer die weitere Leistung entweder unmöglich oder doch unzumutbar gemacht hat.

b) Keine Abnahme

10 Was der Unternehmer bisher schon an Leistung erbracht hat, ist nicht abzunehmen (**aA** BGHZ 167, 34 = NJW 2006, 2475). Eine Abnahme hat ihren Platz im Rahmen der ordnungsmäßigen Erfüllung des Vertrages; im Rahmen der Abwicklung eines aufgehobenen Vertrages geht es darum nicht. Es fehlt ja auch schon an den Voraussetzungen einer Abnahme, bezieht diese sich doch nach § 640 Abs 1 S 1 BGB auf das vertragsmäßig hergestellte Werk, das es im Zeitpunkt der Kündigung nicht gibt. Es ist auch nicht anzunehmen, dass der Besteller mit seiner Kündigung den Gegenstand des Vertrages einseitig auf das beschränken könnte, was von dem Werk gegenwärtig schon vorliegt. Ohne ein Einverständnis des Unternehmers ist eine Umgestaltung des Vertrages nicht möglich.

c) Mängel der erbrachten Leistung

10a Mängel der erbrachten Leistung lassen sich zwanglos im Rahmen des Abrechnungsverhältnisses nach § 648 S 2 BGB berücksichtigen, indem der Unternehmer nunmehr nämlich die Aufwendungen zu ihrer Beseitigung erspart. Ihre Beseitigung kann der Besteller nicht mehr beanspruchen. Einerseits taugt eben ein aufgehobener Vertrag nicht mehr als Basis eines solchen Anspruchs, andererseits wäre eine Mängelbeseitigung in jenen Fällen sinnlos, in denen das Projekt nicht anderweitig fortgeführt werden soll.

d) Verbleib der Leistung

10b Dass die schon erbrachten Teile der Leistung bei dem Besteller verbleiben, kann nicht daraus hergeleitet werden, dass der Vertrag einen Rechtsgrund für sie bilde. Er ist aufgehoben. Vielmehr ergibt sich dieser Verbleib zwanglos daraus, dass der Besteller in dem Umfang des § 648 S 2 BGB zu zahlen hat, zumal der Unternehmer – nicht zuletzt deshalb – an einer Erstattung seiner Leistung kein Interesse hat; bei der werkvertraglichen Bearbeitung einer Sache des Bestellers stößt eine Leistungsrückgewähr ohnehin auf erhebliche praktische Schwierigkeiten.

e) Fälligkeit

Der restierende Zahlungsanspruch des Unternehmers wird sofort mit der Kündigung **10c** fällig. Von einer Abnahme der erbrachten Leistung kann seine Fälligkeit nicht abhängen (**aA** BGHZ 167, 345). Wenn es an einem abnahmefähigen Werk gegenwärtig fehlt, müsste an die Stelle der Abnahme ohnehin nach § 646 BGB die Vollendung des Werkes treten.

f)

Unberührt bleiben Schadensersatzansprüche des Bestellers, die schon vor der **10d** Kündigung entstanden sind (BGH BauR 2006, 1488 = NZBau 2006, 638).

g)

Hinzuweisen ist darauf, dass der Hintergrund der Kündigung nach § 648 BGB **10e** in § 326 Abs 2 BGB es verbietet, diese Kündigung mit jener Kündigung aus wichtigem Grund in Verbindung zu bringen, mit der der Besteller auf ein Fehlverhalten des Unternehmers reagiert (**aA** VOIT BauR 2002, 1776; ders, in: FS Honsell [2002] 415).

3. Voraussetzungen

a) Besondere sachliche Voraussetzungen

stellt das Gesetz für die Kündigung **nicht** **11** auf; sie ist „frei", „willkürlich" und *bedarf* auch *keiner Begründung* (RGZ 86, 107).

Kündbar nach § 648 BGB sind freilich nur Werkverträge. Gegenüber dem Bauträger, der ein Grundstück liefert und dieses bebauen soll, kann der werkvertragliche Teil des Vertrages nicht isoliert nach § 648 BGB gekündigt werden (BGHZ 96, 275). Möglich könnte die Kündigung aus wichtigem Grund bleiben. § 650u Abs 2 BGB schließt freilich auch sie aus. Der Besteller, der sich vom Vertrag lösen möchte, bleibt auf den Rücktritt beschränkt.

b) Zeitliche Voraussetzungen

Für die zeitlichen Dimensionen des Kündigungsrechts sagt das Gesetz, dass es **12** „jederzeit", „bis zur Vollendung des Werkes" ausgeübt werden kann.

aa) Es gibt damit *keine Kündigung zur Unzeit*. Die Kündigung ist vielmehr auch dann zulässig und wirksam, wenn der Unternehmer gerade intensiv mit der Erstellung des Werkes beschäftigt ist; sie setzt auch nicht voraus, dass jedenfalls ein gewisser Teilabschluss des Werkes erreicht ist. *Sie trifft* vielmehr *das Werk in seinem jeweiligen Zustand.*

bb) Nach der Formulierung des Gesetzes setzt das Kündigungsrecht mit dem **13** Abschluss des Vertrages ein; doch muss aus der Bestimmung gefolgert werden, dass sich der Besteller *auch schon von einem Vertragsangebot von seiner Seite lösen* kann, ohne insoweit den Bindungsfristen zu unterliegen, die sich hier aus den §§ 145, 147 Abs 2, 148 BGB ergeben können. Die Kündigung während dieser vorvertraglichen Periode löst ebenfalls die Zahlungspflicht nach § 648 S 2 BGB aus, sofern die Gegenseite das Angebot annimmt.

Der Besteller kann auch vor Eintritt einer aufschiebenden Bedingung des Werkvertrages kündigen. Das ist nicht treuwidrig iSd § 162 Abs 1 BGB, sodass dem Unternehmer ein Anspruch nach § 648 S 2 BGB nicht zusteht (vgl OLG Brandenburg BB 1998, 505).

14 **cc)** Die *Vollendung des Werkes* als zeitliche Begrenzung des Kündigungsrecht ist nicht schon mit dem Abschluss des Werkes gegeben, sondern erst dann, wenn etwaige behebbare Mängel behoben sind (BGB-RGRK/GLANZMANN § 649 Rn 2, 22). Eine Vollendung des Werkes ist auch dann gegeben, wenn zwar noch Mängel vorliegen, diese aber unbehebbar sind (BGB-RGRK/GLANZMANN). Entscheidend ist dabei der objektive Sachstand.

Ist das Werk mangelfrei vollendet, müsste nach dem Wortlaut des Gesetzes das Kündigungsrecht des Bestellers erlöschen. Die geschuldete Vergütung könnte der Besteller jetzt ohnehin nicht mehr durch seine Kündigung beeinflussen; die Wirkung der Kündigung würde sich darauf reduzieren, dass sich der Besteller durch sie seiner Abnahmepflicht nach § 640 Abs 1 BGB entziehen könnte. *Warum ihm diese Möglichkeit genommen werden soll,* ist nicht einzusehen (**aA** BGB-RGRK/GLANZMANN § 649 Rn 2; ERMAN/SCHWENKER/RODEMANN § 649 Rn 8). Das Gesetz ist inkonsequent, wenn es für diesen Fall die Belange des Unternehmers über das Interesse am Werklohn hinaus schützt. Man wird vielmehr *auch jetzt noch eine Kündigung des Bestellers* zuzulassen haben.

Zweifelhaft sind die *Wirkungen einer Abnahme* des Werkes durch den Besteller. Sie schließt die Kündigungsmöglichkeit jedenfalls dann aus, wenn das Werk mangelfrei ist. Bestehen noch Mängel, so könnte der Nachbesserungsanspruch des Bestellers den Schluss nahelegen, dass das Werk in Wahrheit doch noch nicht vollendet war. Doch dürfte mit BGB-RGRK/GLANZMANN (Rn 2) die Abnahme des Werkes als vollendet der Vollendung gleichzusetzen sein. Anders liegt es, wenn sich der Besteller bei der Abnahme die Rechte wegen bestimmter Mängel vorbehält. Dann erlischt einstweilen sein Kündigungsrecht noch nicht.

4. Kündigung

15 § 648 S 1 BGB sieht eine Kündigung des Vertrages vor, nachdem der E I in seinem § 573 BGB noch von einem Rücktritt gesprochen hatte. Der sachliche Unterschied der Kündigung der lex lata gegenüber einem Rücktritt ist indessen insofern nicht bedeutsam, als auch diese Kündigung zu einer Aufhebung des Vertrages führt. Allerdings hat das Abrechnungsverhältnis, das die Kündigung erzeugt, in § 648 S 2 BGB eine eigene Ausformung erhalten, die sie nachhaltig von dem Abrechnungsverhältnis des § 346 BGB unterscheidet. Die Interessenlage unterscheidet sich ja auch wesentlich sowohl von jener im Falle eines vorbehaltenen Rücktritts als auch von jener im Falle eines gesetzlichen Rücktrittsrechts. Nicht zufällig entspricht die Rechtsfolge des § 648 der des § 326 Abs 2 BGB. – Auch der Reisende, der nach § 651i BGB vor Reisebeginn „zurücktritt", tut dies jedenfalls nicht im Sinne des § 346 BGB, sondern wiederum mit eigenständigen, weithin § 648 S 2 BGB entsprechenden Rechtsfolgen. Diese Rechtsfolgen belegen, dass es in den Fällen der §§ 648 und 651i BGB weder um Rücktritt, noch um Kündigung geht. Der Rechtssprache fehlt freilich ein Ausdruck, der besser treffen würde. Das ist letztlich auch bei der Kündigung des Darlehensnehmers nach § 490 Abs 2 BGB nicht anders, wie sie zudem (sachwidrig) an einschränkende Voraussetzungen geknüpft ist.

a) Erklärung der Kündigung

16 Die Kündigung ist – wie üblich – eine *einseitige empfangsbedürftige Willenserklärung,* die mit ihrem Zugang wirksam wird (ERMAN/SCHWENKER/RODEMANN Rn 2). Als die Ausübung eines Gestaltungsrechts ist sie *bedingungsfeindlich,* sofern die Bedingung nicht ausschließlich in das Belieben der Gegenseite gestellt wird.

Die Erklärung der Kündigung kann ausdrücklich, aber *auch durch schlüssiges Verhalten* erfolgen. *Die Rechtsprechung* ist bei der Annahme einer konkludenten Kündigung *recht großzügig.* RG JW 1911, 770 lässt die Rückforderung des gelieferten Stoffes genügen, BGH NJW 1960, 431 die Beauftragung eines anderen Unternehmers mit den Aufgaben dieses Unternehmers (vgl auch BGH WM 1972, 1025). Im gleichen Sinne sieht MünchKomm/SOERGEL³ § 649 Rn 4 die Ablehnung weiterer Tätigkeit des Unternehmers als Kündigung an; zustimmend BGB-RGRK/GLANZMANN § 649 Rn 5.

Man wird indessen insoweit *vorsichtig* sein müssen. Rechtstechnisch fragt es sich **17** schon, ob jeweils aus der zugrunde zu legenden Sicht der Gegenseite eine als Kündigung zu deutende Willenserklärung vorliegt. Wegen der Vergütungspflicht des Bestellers nach § 648 S 2 BGB, die jetzt ohne Gegenleistung bleibt, *wird die Auslegung nicht immer die Annahme einer Kündigung rechtfertigen.* Man wird vielmehr zu verlangen haben, dass das Verhalten des Bestellers unter Berücksichtigung aller Umstände des Einzelfalls *mit hinreichender Eindeutigkeit* als der Wunsch nach Vertragsbeendigung zu verstehen ist (vgl ERMAN/SCHWENKER/RODEMANN Rn 2 f). Insofern wird man die Rückforderung des zu bearbeitenden Stoffes genügen lassen können, aber Behinderungen bei den Arbeiten nur ausnahmsweise. – Zweifelhaft kann ferner der Zugang einer als Kündigung zu deutenden Erklärung an den Unternehmer sein.

Soweit der Rechtsprechung *das Bemühen* zugrunde liegt, *dem Unternehmer einen Zahlungsanspruch nach § 648 S 2 BGB gegenüber dem vertragsuntreuen Besteller zu verschaffen,* ist das zwar ein billigenswertes Ziel, doch wird dabei übersehen, dass der Unternehmer nicht schutzlos ist. Er kann zusätzliche Kosten nach § 642 BGB liquidieren und seinerseits wegen unterbleibender Mitwirkung nach § 643 BGB kündigen, was ihn bei zutreffender Auslegung der §§ 643, 645 Abs 1 S 2 BGB nicht schlechter als § 648 BGB stellt (vgl § 643 Rn 17 ff).

b)   Verhältnis zur Kündigung aus wichtigem Grund
Zum Verhältnis der Kündigung nach § 648 S 1 BGB zur Kündigung aus wichtigem **18** Grunde gilt folgendes:

aa)   Die Kündigung aus wichtigem Grunde genießt zugunsten des Bestellers den **Vorrang.** War sie gerechtfertigt, dann beurteilen sich die Rechtsfolgen nach ihr, *auch wenn der Besteller zum Zeitpunkt der Kündigung die Voraussetzungen einer Kündigung aus wichtigem Grund nicht gekannt hat;* er darf insoweit Kündigungsgründe „nachschieben" (BGH NJW 1975, 826; BGHZ 65, 391; BGB-RGRK/GLANZMANN § 649 Rn 18; ERMAN/SCHWENKER Rn 11; allgemein zum wichtigen Grund nach § 648a s § 648a Rn 3 ff).

bb)   Häufiger ist die *Konstellation, dass der Besteller* zwar seine Kündigung auf einen wichtigen Grund stützt, *diesen aber nicht nachzuweisen vermag* oder das Gericht der Bewertung des Kündigungsgrundes als wichtig nicht folgt. BGH NJW 1969, 419, 421; CR 1993, 311; NJW-RR 1999, 560; BGHZ 156, 82, 90 = NJW 2003, 3474, 3475; zustimmend BGB-RGRK/GLANZMANN Rn 18; differenzierend ERMAN/ SCHWENKER Rn 3; SOERGEL/TEICHMANN § 649 Rn 6; SCHMIDT NJW 1995, 1313, *behandeln die Kündigung dann als eine solche nach § 648 S 1 BGB*, insbesondere mit der Folge der Vergütungspflicht nach § 648 S 2 BGB.

19 Dem wird man jedoch *in dieser Allgemeinheit nicht zustimmen* können. Wenn der Besteller die Grundlosigkeit seiner Kündigung erkennt, wird er es uU vorziehen, den Vertrag durchzuführen statt den Unternehmer ohne Gegenleistung auszuzahlen, um so mehr als er bei § 648 S 2 BGB beweispflichtig für ersparte Aufwendungen ist, die über die Marge des § 648 S 3 BGB hinausgehen (u Rn 44 f). Es muss deshalb der *unzweideutige Wille* des Bestellers gegeben sein, den Vertrag unter allen Umständen zu beenden. Die in Verkennung der Lage ausgesprochene Kündigung aus wichtigem Grund lässt sich nicht in eine solche nach § 648 S 1 BGB umdeuten. Gegebenenfalls ist der Besteller nach § 139 ZPO zu befragen.

c) Teilkündigung

20 Die Kündigung nach § 648 S 1 BGB kann sich *auf einen Teil der Werkleistung* beschränken. Von der Zulässigkeit einer gegenständlich beschränkten Kündigung geht auch § 648a Abs 2 HS 2 BGB aus. Sie tut dies ohnehin, wenn sie während der Erstellung des Werkes erfolgt; von ihr betroffen sind dann nur die noch ausstehenden Teile des Werkes. Auch insoweit ist der Besteller aber nicht daran gehindert, sich auf Teile der noch offenen Werkleistung zu beschränken. Einer *Teilkündigung* nach § 648 BGB zugänglich sind dabei in sich abgrenzbare Teile der Werkleistung, zB eines von mehreren zu errichtenden Häusern. Dagegen ist eine Teilkündigung, die dem Unternehmer nur einzelne Arbeiten an dem Werk entziehen soll, nur dann zulässig, wenn sie dem Unternehmer zumutbar ist (ähnlich BeckOK-BGB/Voit [1. 2. 2017] Rn 7, wenn sie den Unternehmer nicht behindert; weiter MünchKomm/Busche Rn 13: bei Abtrennbarkeit des Entzogenen; Lang BauR 2006, 1956, 1957, hält sie für grundsätzlich immer zulässig). Daran kann es fehlen, wenn die ihm verbleibende Werkleistung in ihrer Mangelfreiheit dadurch gefährdet werden kann, dass die entzogenen Arbeiten nicht oder nur mangelhaft ausgeführt werden. Für die *Zumutbarkeit einer solchen Teilkündigung* ist der Besteller darlegungs- und beweispflichtig.

5. Ausschluss des Kündigungsrechts

21 Das Recht des Bestellers zur freien Kündigung kann *vertraglich ausgeschlossen* werden. Damit kann einem besonderen Interesse des Unternehmers an der Erstellung des Werkes Rechnung getragen werden.

a) Individualvertraglich

Der Ausschluss des Kündigungsrechts braucht nicht ausdrücklich zu geschehen; er kann vielmehr *auch konkludent* erfolgen. Das lässt sich allerdings dann *noch nicht* annehmen, *wenn ein besonderes,* insbesondere ein künstlerisches *Interesse des Unternehmers an der Durchführung des Vertrages besteht* (so aber MünchKomm/Busche Rn 5). In Fällen dieser Art mag der Unternehmer vielmehr eine entsprechende ausdrückliche Vereinbarung suchen. Es geht vielmehr um Fallgestaltungen wie in RGZ 86, 107, 110: Der als solcher kündbare Werkvertrag ist *so in ein Geflecht von Verträgen einbezogen, die ihrerseits nicht kündbar sind, dass ihnen allen der Boden entzogen würde, wenn dieser Vertrag zu Fall käme.* Ähnlich BGHZ 96, 275 = NJW 1986, 925: Bei einem *Bauträgervertrag* kann der auf die Errichtung des Bauwerks gerichtete Teil des Vertragswerks nicht isoliert unter Aufrechterhaltung des auf die Verschaffung des Grundstücks gerichteten Vertragsteils gekündigt werden. Praktisch ist hier ein Umkehrschluss aus § 139 BGB zu ziehen. Die Möglichkeit einer Kündigung aus wichtigem Grunde bleibt unberührt (BGHZ).

b) In AGB

Klauseln in Allgemeinen Geschäftsbedingungen des Unternehmers schließen das Kündigungsrecht des Bestellers regelmäßig nicht aus, sondern behindern es nur wirtschaftlich dadurch, dass sie übermäßige Zahlungspflichten des Bestellers vorsehen. Hier ist die Zahlungspflicht des Bestellers im Hinblick auf § 308 Nr 7 BGB zu reduzieren, sodass *iE das Kündigungsrecht des Bestellers unangetastet* bleibt. – Nach oben wird der Vergütungsanspruch des Unternehmers durch die Zahlen seiner AGB wirksam begrenzt (OLG Koblenz NJW-RR 2000, 871). **22**

Ein Ausschluss des Kündigungsrechts als solchem ist nicht unmittelbar an § 308 Nr 7 BGB zu messen, doch ist schon aus dieser Bestimmung, die das Kündigungsrecht des Bestellers voraussetzt, zu folgern, dass dieses zu den *wesentlichen Grundgedanken der gesetzlichen Regelung* gehört, sodass in der Regel eine unangemessene Benachteiligung des Bestellers im Sinne des § 307 BGB vorliegt, wenn ihm das Kündigungsrecht genommen wird (vgl BGH NJW 1999, 3261 zum Bauvertrag; OLG Düsseldorf NJW-RR 2000, 166 zur Beschränkung auf das Recht zur Kündigung aus wichtigem Grund). In der Tat ist regelmäßig ein schutzwürdiges Interesse des Unternehmers an der vollen Vertragsdurchführung nicht anzuerkennen, wenn er wirtschaftlich durch § 648 S 2 BGB schadlos gestellt wird. Es kann freilich im konkreten Einzelfall auch anders liegen.

IV. Rechtsfolgen der Kündigung nach § 648 S 1

Das Vorgehen des Bestellers nach § 648 S 1 BGB führt zu einer Aufhebung des Vertrages, wie § 648 S 2 BGB unmissverständlich zeigt, nicht zu einer Zweiteilung des Vertrags (**aA** STAUDINGER/PETERS/JACOBY [2008] § 649 Rn 23). **23**

1. Bisherige Leistungen des Unternehmers

a) Werklohn

Die bisherigen Leistungen des Unternehmers sind jedenfalls nach den vertraglichen Ansätzen zu vergüten, vgl auch §§ 346 Abs 2 S 2 HS 1, 650e Abs 5 BGB. Das gilt auch dann, wenn sie in ihrer Unfertigkeit für den Besteller nicht eigentlich von Wert sind (BGH MDR 1994, 35). Insoweit unterscheidet sich die freie Kündigung nach § 648 S 1 BGB nicht von der Kündigung aus wichtigem Grund (BGH NJW 1993, 1972): Letztere befreit den Besteller zwar von der in § 648 S 2 BGB normierten Vergütungspflicht für die nicht mehr erbrachten Leistungen, nicht aber auch von der Vergütungspflicht für die erbrachten. **24**

Bei der Abrechnung zu berücksichtigen sind nur jene Leistungen, die schon in das Werk eingeflossen sind. Das gilt auch für in den Baupreis eingerechnete Architektenleistungen (BGH NJW-RR 1999, 960). Vorbereitungen für die nicht mehr ausgeführten Teile des Werkes sind im Rahmen des § 648 S 2 BGB zu berücksichtigen, insoweit hat der Unternehmer Aufwendungen nicht erspart.

25 Bei der Bemessung des verdienten Werklohns beim *Einheitspreisvertrag* kann nicht einfach nach dem Stand des Werkes vorgegangen werden in dem Sinne, dass bei einem hälftig fertiggestellten Werk 50 % des Werklohns verdient wären. Es ist vielmehr konkret – nach Aufmaß – abzurechnen. Eine Preisanpassung wegen kündigungsbedingter Mindermengen kommt dabei nicht in Betracht, sondern dies ist nach § 648 S 2 BGB zu erfassen (OLG Celle BauR 1995, 648).

26 Beim *Pauschalpreisvertrag* kann man zweifeln, ob er schon hinsichtlich der erbrachten Leistungen aufzulösen ist und diese konkret abzurechnen sind. Die Rechtsprechung tut das nicht, sondern setzt den Wert der erbrachten Leistung (insgesamt) in Verhältnis zur Gesamtleistung (vgl BGH NJW 1995, 1837; 1995, 2712; 1997, 733; 2000, 2988; NJW-RR 1998, 234), was in konkreter Darlegung zu erfolgen hat. Dieses Vorgehen wird nicht dadurch ausgeschlossen, dass ein Leistungsverzeichnis gar nicht vorliegt (BGH NJW-RR 1998, 234). Ein etwa vereinbarter Zahlungsplan kann der Abrechnung nicht zugrunde gelegt werden (BGH NJW-RR 1998, 236).

27 Zweifelhaft kann der Stand des Werkes im Zeitpunkt der Kündigung insbesondere dann werden, wenn dieses von anderer Seite fortgeführt wird. Die Darlegungs- und Beweislast liegt insoweit bei dem Vergütung begehrenden Unternehmer (OLG Naumburg BauR 1999, 915), sei dies nun der erste oder der Nachfolger. Hat allerdings der Besteller die Teilnahme an einem gemeinsamen Aufmaß verweigert und wird die spätere Feststellung – etwa wegen anderweitiger Fortführung der Arbeiten – unmöglich, verlagert sich die Darlegungs- und Beweislast auf den Besteller (vgl BGH NJW 2003, 2678 = BauR 2003, 1207, 1208 zum VOB/B-Vertrag). Das folgt aus allgemeinen Grundsätzen, vgl auch § 648a Abs 4 BGB, und ist damit von der Vereinbarung der VOB/B unabhängig (Messerschmidt/Voit/Oberhauser Rn 20). Jedenfalls sind an den Vortrag des Unternehmers keine strengen Anforderungen zu stellen (vgl BGH NJW 2006, 3413 f = NZBau 2006, 777).

Bei einer Überzahlung des Unternehmers folgt ein Erstattungsanspruch des Bestellers aus Vertrag (§ 241 Abs 2 BGB, nicht aus § 812 BGB [BGHZ 140, 365, 373]).

b) Mängel

28 Mängel der erbrachten Leistung können den Zahlungsanspruch des Unternehmers nicht unbeeinflusst lassen. Durch die Kündigung erspart er sich die Kosten ihrer Beseitigung. Diese Ersparnis hat der Besteller darzutun, also jedenfalls die Mängel zu beweisen, vgl die Fassung des § 648 S 2 BGB. Diese Beweislast trifft den Besteller nicht unbillig, und der Unternehmer hat sein Werk ja auch noch nicht als vertragsgemäß angeboten. Bei der Berechnung der ersparten Kosten der Nacherfüllung wird den Unternehmer eine sekundäre Darlegungslast treffen. Zur Berechnung wird man freilich hilfsweise auf den angemessenen Minderungsbetrag ausweichen können. Die hM belässt dem Besteller aber auch seinen Nachbesserungsanspruch bzw – bei Vorliegen der einschlägigen Voraussetzungen – den Anspruch auf Kostenvorschuss dazu, dem Unternehmer sein Nachbesserungsrecht (vgl BGH NJW 1988, 140; NZBau 2001, 311; Kniffka, in: FS vCraushaar [1997] 359; zum Nachbesserungsanspruch OLG Düsseldorf NJW-RR 1995, 155; OLG Hamm NJW-RR 1995, 657; zum Nachbesserungsrecht OLG Hamm NJW-RR 1995, 724; OLG Düsseldorf NJW-RR 1996, 1422). Einem Nachbesserungsanspruch des Bestellers kann grundsätzlich nicht zugestimmt werden (vgl o Rn 10a).

c) Überlassung des Werkes

Der erbrachte Teil des Werkes muss dem Besteller überlassen werden (RGZ 104, 93). 29
Der Unternehmer ist nicht befugt, die verwendeten Stoffe aus dem Werk herauszunehmen (RGZ). Andererseits hat der Besteller keinen Anspruch darauf, dass ihm für die Fortführung des Werkes bereitgestellte, aber noch nicht eingefügte Stoffe überlassen werden; sie sind eben noch nicht Teil des Werkes geworden (RGZ). Einen *Anspruch auf Rücknahme des Werkes* durch den Unternehmer hat der Besteller *nicht;* vielmehr soll er nach § 640 Abs 1 BGB *zu dessen Abnahme verpflichtet sein* (vgl dazu näher KNIFFKA, in: FS vCraushaar [1997] 359, 363). Dem ist indessen nicht zu folgen. Die Abnahme gehört in den Kontext der regulären Erfüllung des Vertrages, zu der es im Rahmen des § 648 BGB gerade nicht mehr kommen soll; das vertragsmäßig hergestellte Werk als Gegenstand der Abnahme bleibt gerade aus (vgl auch o Rn 10).

Der Anspruch auf Überlassung des Werkes folgt dann auch nicht aus § 633 Abs 1 BGB, sondern aus § 985 BGB, nachdem die Kündigung das Besitzrecht des Unternehmers hat entfallen lassen. Er ist im Übrigen der Kündigung immanent, vgl auch den Herausgabeanspruch, den ein Rücktritt erzeugt.

d) Ausgestaltung des Werklohnanspruchs

Der Anspruch des Unternehmers wegen der erbrachten Leistungen ist der „echte" 30 Erfüllungsanspruch; für diesen bestellte Sicherheiten bleiben also ohne weiteres bestehen (RG Recht 1919, 2108; wohl nicht hinreichend berücksichtigt in BGH NJW 1996, 717).

Die Fälligkeit ist von einer Abnahme nicht abhängig, anders BGHZ 167, 345 = NJW 2006, 2475 (gegenüber BGH NJW 1987, 382 = BauR 1987, 95). Auch wenn man den Unternehmer weiterhin für nachbesserungspflichtig hält (dagegen o Rn 8 ff), kann es das missliche Ergebnis sein, dass schon die Fälligkeit der Forderung des Unternehmers langfristig hinausgeschoben wird und es nicht zu der mindestens gebotenen Verurteilung zur Zahlung der Werklohns Zug um Zug gegen Mängelbeseitigung kommt. Freilich muss ggf noch die weitere Fälligkeitsvoraussetzung einer prüfungsfähigen Schlussrechnung gegeben sein (§ 16 Abs 3 VOB/B, § 15 HOAI; § 650g Abs 4 Nr 2 BGB).

2. Künftige Leistungen

Die Kündigung des Bestellers lässt seinen Anspruch auf diese entfallen. Ihretwegen 31 bleibt nur noch der – nach Maßgabe des § 648 S 2 BGB modifizierte – Vergütungsanspruch des Unternehmers bestehen. Beruht die Kündigung des Bestellers auf einem wichtigen Grund, so entfällt auch er.

a) Rechtsnatur des Anspruchs aus § 648 S 2

Aufgabe des Anspruchs aus § 648 S 2 BGB ist es, den Unternehmer schadlos zu 32 stellen, die Kündigung für ihn wirtschaftlich zu neutralisieren, dafür zu sorgen, dass ihm aus ihr weder Vorteile noch Nachteile erwachsen (Mot II 503; RGZ 74, 199). Der Gedanke, dass der Unternehmer schadlos zu halten ist, gehört zu den wesentlichen Grundgedanken der gesetzlichen Regelung iSd § 307 Abs 2 Nr 1 BGB, sodass der Besteller den Unternehmer nicht formulargemäß auf Vergütung nur für das Geleistete beschränken kann (BGH NJW 2007, 3423 = NZBau 2007, 634 Rn 18).

Zu diesem Zweck belässt der Gesetzgeber dem Unternehmer seinen bisherigen Vergütungsanspruch, den er nur kürzt. Es handelt sich um den ursprünglichen Erfüllungsanspruch (vgl nur BGH BauR 1995, 946; BEIGEL BauR 1997, 782).

Freilich sind nachhaltige Modifikationen des Vergütungsanspruchs nicht zu verkennen.

aa) Die Fälligkeit wird vorverlegt auf den Zeitpunkt der Kündigung. Sie ist nicht abhängig von einer Abnahme (vielleicht **aA** BGHZ 167, 345 = BGH NJW 2006, 2475; ausdrücklich **aA** FUCHS JR 2007, 332 Fn 15). Es ist die Fälligkeitsvoraussetzung einer prüfungsfähigen Schlussrechnung zu wahren (BGH BauR 2000, 1191), die im Falle des § 15 Abs 1 HOAI die erbrachten und die nicht erbrachten Leistungen umfassen muss (BGH NJW-RR 1994, 1238).

bb) Der Anspruch des Unternehmers ist in seinem Umfang reduziert. Wenn § 648 S 2 BGB bestimmte Positionen für anrechenbar erklärt, ergibt sich daraus, dass diese den Anspruch automatisch mindern; der Anspruch besteht von vornherein nur in der sich ergebenden Höhe; es hat nicht etwa eine Aufrechnung stattzufinden (vgl BGH NJW 1999, 1253, 1254; MünchKomm/BUSCHE Rn 18, 22).

33 cc) Dem Anspruch steht eine werthaltige Leistung des Unternehmers nicht gegenüber.

(1) Wenn für den Werklohnanspruch *gewährte Sicherheiten* auch grundsätzlich für ihn verwertet werden können, so kann es sich im Einzelfall doch ergeben, dass der Sicherungszweck auf die Absicherung echter Leistungen des Unternehmers beschränkt ist. Das ist eine Frage der Auslegung der Sicherungsabrede.

(2) Nachhaltig wirkt sich das Fehlen einer werthaltigen Leistung des Unternehmers im Steuerrecht aus, wenn diese bei der Umsatzsteuer der Besteuerungsgegenstand ist, § 1 Abs 1 Nr 1 UStG, nicht das Entgelt, das nur Bemessungsgrundlage ist, § 10 Abs 1 UStG. Insofern unterliegt der Teil der Vergütung des Unternehmers, der auf die nicht mehr ausgeführte Leistung entfällt, **nicht der Umsatzsteuer** (vgl BFHE 100, 259; BGHZ 101, 130 = ZIP 1987, 1192 m krit Anm WEISS). Möglicherweise folgt anderes aus der EG-Richtlinie 77, 388 (vgl BGH NJW 1999, 3261).

34 dd) Es wurde o Rn 6 f bereits bemerkt, dass es die Aufgabe des § 648 S 2 BGB ist, den Unternehmer gegenüber der Kündigung des Bestellers schadlos zu stellen, durch die er keine Vorteile, aber auch keine Nachteile erleiden soll. Von daher hat die Bestimmung durchaus den Charakter eines Schadensersatzanspruchs; der Gesetzgeber hat nur gemeint, die Schadloshaltung des Unternehmers mit der Gewährung des Erfüllungsanspruchs erreichen zu können. Der Gesetzeszweck gebietet es aber, dem Unternehmer dort einen zusätzlichen Vergütungsanspruch zu gewähren, wo die Kündigung des Bestellers zusätzliche Kosten verursacht (vgl u Rn 53).

b) Berechnung des Anspruchs

35 aa) § 648 S 2 BGB geht aus von dem vollen Werklohnanspruch des Unternehmers abzüglich des auf den schon erbrachten Teil der Leistung entfallenden Vergütungsanspruchs sowie – s eben – der Mehrwertsteuer, die bei Erbringung der restlichen

Leistung angefallen wäre. Ein Skonto darf der Besteller darauf nicht in Anspruch nehmen (BGH NJW-RR 2006, 29 = NZBau 2005, 683). Das ist beim Einheitspreisvertrag grundsätzlich der sich aus dem Leistungsverzeichnis, im Falle des § 632 BGB der sich aus § 632 Abs 2 BGB ergebende Anspruch (BGH NZBau 2000, 73), wie er notfalls zu schätzen ist, beim Pauschalpreis dieser. Darlegungs- und beweispflichtig ist der Unternehmer.

Hiervon sind bestimmte Abzüge zu machen, zu ihnen sogleich.

bb) Wenn Vorteile des Unternehmers vermieden werden sollen, kann § 648 S 2 BGB bei Geschäften, die mit Verlust kalkuliert waren, nicht zu einem Anspruch des Unternehmers führen (vgl van Gelder NJW 1975, 189; OLG Düsseldorf BauR 2005, 719).

cc) Der Anspruch ist grundsätzlich konkret zu berechnen (BGH NJW 1996, 1282). **36**

Das ist bei einem Einheitspreisvertrag grundsätzlich möglich (vgl BGH NJW 1996, 1283): Es ist nach den Positionen des Leistungsverzeichnisses abzurechnen, bei denen jeweils die ersparten Aufwendungen abzusetzen sind, wie sie konkret darzulegen sind. Bei der Abrechnung können günstige und ungünstige Positionen nicht miteinander verrechnet werden.

Probleme bietet der Pauschalpreisvertrag, bei dem diese Rechenweise nicht ohne weiteres möglich ist. Er ist deshalb nach der Rechtsprechung aufzulösen, sodass dann die jeweils ersparten Aufwendungen angesetzt werden können (vgl BGH NJW 1996, 3270; 1997, 733; NZBau 2002, 613). Fehlt es an einer Kalkulation (vor Vertragsschluss), ist sie ggf nachzuliefern (BGH NJW 1997, 733). Die Nachkalkulation unterliegt bei der Prüfung ggf einer Schätzung nach § 287 ZPO (BGH NJW-RR 2006, 1455 = BauR 2006, 1753). Auch das Fehlen eines Leistungsverzeichnisses soll eine Nachkalkulation nicht hindern (BGH NJW-RR 1998, 234).

c) Fälligkeit
Notwendig ist ggf eine prüfbare Schlussrechnung, die insbesondere den an die **37** Darlegungslast des Unternehmers zu stellenden Anforderungen genügt. Fehlt es daran, ist die Werklohnklage als zurzeit unbegründet abzuweisen (BGHZ 127, 254; BGH NJW 1999, 1867; BauR 2000, 1191).

d) Anrechnungsposition ersparte Aufwendungen
aa) Anzurechnen sind die Aufwendungen, die der Unternehmer erspart, weil er **38** diesen Auftrag nicht ausführt. Seine allgemeinen Geschäftsunkosten, die auch ohne die Kündigung weiterlaufen, gehören also nicht hierher. Baustellengemeinkosten lassen sich uU nach einer Kündigung reduzieren, zB mag angemietetes Spezialgerät vorzeitig zurückgegeben werden können. Dann tritt insoweit eine Ersparnis ein.

Die typische ersparte Aufwendung ist die Beschaffung von Material, die jetzt unterbleiben kann; es ist mit dem Einkaufspreis anzusetzen (vgl Soergel/Teichmann § 649 Rn 18). Ist Material bereits beschafft, kommt es darauf an, ob der Unternehmer es in absehbarer, zumutbarer Zeit anderweitig nutzen kann (BGH NJW 1996, 1282, 1283; OLG Köln BauR 2004, 1953). Der Besteller muss es hinnehmen, dass der Unternehmer dabei zu preislichen Zugeständnissen gezwungen sein kann (vgl OLG Hamm NJW-RR 1992,

889) und dass die anderweitige Verwertung wiederum mit Kosten verbunden sein kann. Ggf mag er die Überlassung an sich selbst verlangen (OLG Köln BauR 2004, 1953).

Auch ersparte Lohn- und Personalkosten sind anzurechnen. Hierher gehören nicht Provisionen an Handelsvertreter (vgl BGH NJW 1984, 1455), wenn deren Provision bei Kündigung schon verdient ist. Aber der Unternehmer mag besonders eingestellten freien Mitarbeitern kündigen können, einem Subunternehmer seinerseits nach § 648 BGB (vgl BGH NJW 1999, 1867); dazu ist er dann auch gehalten. Die Kündigung von Stammkräften kann von ihm grundsätzlich nicht erwartet werden (BGH NJW 2000, 653).

Bei den ersparten Kosten kommt es auf die tatsächlichen, nicht auf die kalkulierten an (BGH NJW 1999, 3261, 3262 = BauR 1999, 1294, 1297; NJW-RR 2006, 29, 30 = NZBau 2005, 683).

Ist offen, ob und inwieweit sich Einsparungen realisieren lassen, kann auf Feststellung der Einstandspflicht des Bestellers geklagt werden (BGH NJW 1999, 1867).

Aufwendungen, die gesondert neben dem Werklohn in Rechnung zu stellen gewesen wären, können nicht von diesem abgezogen werden. Das ist von Bedeutung zB beim Architekten im Hinblick auf § 14 HOAI.

Erspart sein kann auch ein Risikoaufschlag, wenn sich das Risiko nicht verwirklicht hat (BGH NJW-RR 1998, 451).

39 bb) Bei **Pauschalierungen** der ersparten Aufwendungen in AGB des Unternehmers kommt es darauf an, ob der Vertrag dem durch das ForderungssicherungsG neu geschaffenen § 648 S 3 BGB unterliegt oder nicht (Abschluss nach dem 1. 1. 2009 des Art 229 § 19 Abs 1 EGBGB bzw vorher).

(1) *Bei Neuverträgen* ist die Vermutung des § 648 S 3 BGB zu beachten, die dazu führt, dass dem Unternehmer günstigere Sätze mit § 309 Nr 12 BGB nicht vereinbar sind, wie er vermittels des § 307 BGB auch im Verkehr zwischen Unternehmern Geltung beansprucht (BGHZ 101, 172, 184 = NJW 1988, 640, 643 f). Die daraus folgende Notwendigkeit der individuellen Abrechnung ist eine Härte für jene Branchen, die mit höheren Gewinnmargen als 5 % zu arbeiten pflegen; so hat BGH NJW 2006, 2551 = NZBau 2006, 435 zum bisherigen Recht 10 % bei einem Fertighaushersteller für unbedenklich gehalten. Namentlich *Architekten* arbeiten mit vergleichsweise geringen Unkosten und damit mit höheren Gewinnmargen; bei ihnen war es früher üblich, die ersparten Aufwendungen mit 40 % anzusetzen.

(2) *Bei Altverträgen* sind die Schranken des § 309 Nr 5 BGB zu beachten. Das bedeutet zunächst – wegen § 307 BGB auch im Verhältnis gegenüber Unternehmern iSd § 14 BGB –, dass die Gewinnmarge nicht unangemessen hoch angesetzt werden darf, § 309 Nr 5 lit a BGB, und dass jedenfalls dem Verbraucher ausdrücklich der Nachweis einer geringeren Gewinnerwartung vorbehalten werden muss. Dem Unternehmer iSd § 14 BGB darf der Gegenbeweis jedenfalls nicht – auch nicht konkludent – abgeschnitten werden (BGH NJW-RR 2002, 1027, 1029).

Pauschalierungen hindern jedenfalls höhere Forderungen (BGH NJW-RR 1998, 594 = BauR 1998, 357).

cc) Bei Pauschalierungen in AGB des Bestellers gilt das eben Gesagte entsprechend. Sowohl die volle Vergütung für das Geleistete als auch der Anspruch aus § 648 S 2 BGB wird durch § 307 Abs 2 Nr 1 BGB geschützt.

e) Anrechnungsposition anderweitiger Erwerb
Anderweitiger Erwerb kann sich ergeben aus der Verwertung der Arbeitskraft, von der das Gesetz wenig sachgerecht spricht. Wenn der Werkleistende einen Betrieb unterhält, wie dies die Regel sein wird, ist auf seine betrieblichen Kapazitäten abzustellen. **40**

Anderweitiger Erwerb kann sich außerdem ergeben aus der anderweitigen Verwertung der nicht mehr abgenommenen Werkleistung, zu der der Unternehmer verpflichtet ist (vgl OLG Hamm NJW-RR 1992, 889), was im Falle des § 650 S 3 BGB bedeutsam wird.

Anderweitiger Erwerb zählt nur netto, es sind also die dortigen Kosten abzusetzen einschließlich jener für Akquisitionsmaßnahmen. Außerdem muss es der Besteller hinnehmen, dass der Unternehmer uU zu Preisnachlässen genötigt ist, will er überhaupt zu anderweitigem Erwerb kommen.

Die Problematik der Anrechnungsposition liegt darin begründet, dass **der Erwerb durch die Kündigung verursacht worden sein muss**, dh ohne sie ausgeblieben wäre. Dazu reicht es bei anderweitiger Tätigkeit nicht, dass sie zu derselben Zeit und mit denselben Kräften ausgeübt wird. Denn zum einen sind Unternehmer durchweg in der Lage, mehrere Aufträge gleichzeitig zu erledigen, zum anderen ist ein anderweitiger Auftrag vielleicht nur zeitlich in seiner Erledigung vorgezogen worden. Der Besteller kann den ihm obliegenden Nachweis der Kausalität letztlich nur erbringen, wenn er den Ersatzauftrag vermittelt hat. Möglich ist es natürlich, dass es der Unternehmer einräumt, dass es sich um Füllaufträge handelt (vgl die Konstellation in BGHZ 131, 362, 366). Auch kann der Besteller dem Unternehmer ausdrücklich einen Füllauftrag erteilen (OLG Saarbrücken NZBau 2005, 693, 695 = BauR 2006, 854).

In AGB des Unternehmers kann die Anrechnung nicht ausgeschlossen werden, § 307 Abs 2 Nr 1 BGB. Nach der Rechtsprechung des Bundesgerichtshofs muss bei Altverträgen in AGB-Klauseln, die § 648 S 2 BGB insgesamt pauschalieren, ein Vorbehalt für den anderweitigen Erwerb gemacht werden (vgl BGH NJW 1997, 259; BGH NJW 1999, 418, 420). Das ist recht streng, wenn man bedenkt, dass er die Ausnahme ist und dass der Unternehmer, wenn er anfällt, schwerlich die Anrechnung verweigern wird. Auch für die 3. Alternative des böswillig unterlassenen anderweitigen Erwerbs verlangt man nicht den Vorbehalt in Pauschalierungsklauseln.

f) Anrechnungsposition unterlassener anderweitiger Erwerb
aa) Den Unternehmer trifft eine Schadensminderungspflicht; das Gesetz greift den Gedanken des § 254 Abs 2 BGB auf. Dabei ist das Gesetz hier weniger streng als dort. Während im Rahmen des § 254 Abs 2 BGB grundsätzlich jedes Verschulden relevant ist, soll hier nur „Böswilligkeit" schaden. Freilich ist dieser Begriff identisch mit dem **41**

des § 615 S 2 BGB, und die dortige Rechtsprechung (BAGE 14, 31) lässt sich insofern übertragen, als es genügt, wenn der Anspruchsberechtigte in Kenntnis der objektiven Umstände untätig bleibt. Diese objektiven Umstände werden insbesondere gebildet durch die Arbeitsmöglichkeit, ihre Zumutbarkeit und die Nachteile für die Gegenseite, wenn die Arbeitsmöglichkeit nicht wahrgenommen wird. Eine eigentliche Schädigungsabsicht braucht nicht gegeben zu sein.

bb) Denkbar sind mehrere Spielarten: Der Unternehmer nimmt einen anderweitigen Auftrag überhaupt nicht an. Der Unternehmer nimmt zwar einen anderweitigen Auftrag an, dies aber zu vermeidbar ungünstigen Konditionen. Schließlich kann man hierher auch rechnen böswillig nicht ersparte Aufwendungen. Freilich ist der Unternehmer bei bestehendem Auftrag nicht deshalb gehalten, vorsichtig zu disponieren, weil der Besteller noch kündigen könnte. Und nach der Kündigung braucht er sich bei teuren realen Aufwendungen nicht entgegenhalten zu lassen, dass er sich billiger hätte eindecken können. Zur Kündigung von Personal ist der Unternehmer nicht verpflichtet, es sei denn, es handelt sich um ad hoc eingestelltes Personal ohne Kündigungsschutz (vgl BGH NJW 2000, 653).

cc) Die Darlegungs- und Beweislast trifft uneingeschränkt den Besteller. Nur die Unzumutbarkeit eines ihm angetragenen Ersatzauftrags hat der Unternehmer substantiiert zu belegen.

g) Darlegungs- und Beweislast

42 In die Berechnung des Anspruchs aus § 648 S 2 BGB sind vier Faktoren einzustellen, der noch offene Teil des Werklohns, die ersparten Aufwendungen, der anderweitige Erwerb und der unterlassene anderweitige Erwerb. Der durch das ForderungssicherungsG geschaffene § 648 S 3 BGB ist wegen Art 229 § 19 Abs 1 EGBGB ohnehin nur anwendbar auf Verträge, die nach dem 1. 1. 2009 abgeschlossen worden sind, und regelt die Fragen auch hier nur partiell. Die Bestimmung bezieht sich nämlich *nur auf die ersparten Aufwendungen,* vgl BT-Drucks 16/511, 17 f, auch wenn man sie wegen der umfassenden Formulierung auf alle Anrechnungspositionen beziehen könnte. Aber in Bezug auf anderweitigen Erwerb ließe sich eine sinnvolle Vermutung gar nicht aufstellen.

43 aa) Der noch offene Teil des Werklohns ergibt sich beim *Einheitspreisvertrag* aus dem Aufmaß.

Ist ein *Pauschalpreis* vereinbart, ist dieser aufzulösen und auf die erbrachten bzw nicht mehr erbrachten Einzelleistungen zu verteilen. Da es nur auf die Relation ankommt, kann insoweit mit den Sätzen des § 632 Abs 2 BGB gearbeitet werden, auch wenn diese zu einem Ergebnis führen würden, das über oder unter dem Pauschalpreis liegt. Dabei kann es nicht darauf ankommen, welche Einzelleistung dieser Unternehmer zu welchem Preis in Rechnung stellen wollte, denn das ist ja gerade nicht Teil der Vereinbarung geworden.

Probleme der Darlegungs- und Beweislast können sich insoweit nur ergeben, wenn der Leistungsstand im Zeitpunkt der Kündigung unklar ist, was sich etwa aus anderweitiger Fortführung der Arbeiten ergeben kann. Dass eine Leistung nicht mehr ausgeführt worden ist, steht zur Darlegungs- und Beweislast des Bestellers. Einmal

Untertitel 1 · Werkvertrag
Kapitel 1 · Allgemeine Vorschriften § 648

ist es für ihn günstig, sie nur mit den 5 % des § 648 S 3 BGB vergüten zu müssen, zum anderen und vor allem geht § 648 S 2 BGB von dem vollen Vergütungsanspruch des Unternehmers aus. Überfordert wird der Besteller nicht dadurch, dass er den Leistungsstand darzulegen und zu beweisen hat.

bb) Bei den **ersparten Aufwendungen** 44

(1) gilt *für Neuverträge* § 648 S 3 BGB, wie er davon ausgeht, dass der Unternehmer 95 Prozent seines Werklohns zur Finanzierung seiner Aufwendungen verwendet.

α) Die Regelung ist in mehrfacher Hinsicht fragwürdig.

Zunächst lassen sich schwerlich alle Arten von Werkleistungen einheitlich beurteilen, wenn denn Branchen mit geringer Gewinnerwartung solche mit hoher gegenüberstehen. Zu den letzteren gehören namentlich die Architekten, deren Arbeiten idR geringe Unkosten verursachen.

Auch bei Branchen mit hohen Unkosten steht es der Pauschalierung des § 648 S 3 BGB entgegen, dass es entscheidend darauf ankommt, ob der Unternehmer seine Aufwendungen im Zeitpunkt der Kündigung schon getätigt hat oder nicht. Im Extremfall hat er sie einerseits schon getätigt und arbeitet andererseits mit Verlust; dann können ihm bis zu 100 % der vorgesehenen Vergütung für den nicht mehr ausgeführten Teil der Leistung zustehen.

So verfehlt die Bestimmung in zwei wesentlichen Fallgruppen den ihr vom Gesetzgeber zugedachten Zweck, den Unternehmer in Bezug auf die Darlegungslast zu entlasten (vgl BT-Drucks 16/511, 16 f) und belastet ihn mit dem Risiko, dass der Beweis misslingen kann.

β) Beansprucht der Unternehmer *mehr als 5 % der noch offenen Vergütung,* so 45 kann er einmal konkret darlegen und beweisen, dass er bei diesem Projekt mit einer höheren Gewinnmarge kalkuliert hat. Zum anderen kann er ebenfalls konkret darlegen und beweisen, dass er für den nicht mehr ausgeführten Teil der Leistung schon Aufwendungen getätigt hat, wie sie ihm zusätzlich zum Gewinn zu erstatten sind. Problematisch wird dabei insbesondere der Nachweis sein, dass die Aufwendungen gerade diesem Projekt gegolten haben, also etwa die Beschaffung von Materialien, die Einstellung von Mitarbeitern.

Ist diese Zweckbindung festgestellt, obliegt es nunmehr dem Besteller darzulegen und zu beweisen, dass sich zB die eingekauften Materialien auch anderweitig verwenden lassen oder gar schon verwendet worden sind.

γ) Will der Besteller weniger als 5 % der noch offenen Werklohnforderung zahlen, hat er kumulativ darzulegen und zu beweisen, dass der Unternehmer mit einer geringeren Gewinnmarge kalkuliert hat und dass er außerdem nicht auch schon Aufwendungen in dieser Höhe getätigt hat. Sinn und Zweck der gesetzlichen Regelung widerspräche es dabei, ihm mit der Annahme einer sekundären Darlegungslast des Unternehmers in Bezug auf seine Kalkulation behilflich zu sein. Wenn die übliche Gewinnspanne je nach Branche stark divergiert, verbietet es sich, den 5 % des § 648 S 3 BGB Leitbildcharakter iSd § 307 Abs 2 Nr 1 BGB beizulegen (BGH NZBau 2011, 407). ZB sind bei einem Ausbauhausvertrag pauschalisierte 15 % möglich (BGH NJW 2011, 3030 = NZBau 2011, 481).

ε) § 648 S 3 BGB betrifft an sich nur den nicht mehr aufgeführten Teil der Leistung. Es ist aber kein Grund für die Annahme ersichtlich, dass das Verhältnis von Aufwand und Ertrag bei dem schon ausgeführten Teil der Leistung anders sein sollte. Es ist deshalb für den Unternehmer möglich, über den gesamten Vertrag nach § 648 S 3 BGB abzurechnen und sich so die Darlegung zu ersparen, was er schon an Leistung erbracht hat und was nicht mehr erbracht werden muss (aA BGH NZBau 2011, 669).

46 **(2)** *In Altfällen,* auf die § 648 S 3 BGB nicht anwendbar ist, sondern nur S 2 dieser Bestimmung, kann es keinen Zweifeln unterliegen, dass die negative Fassung des § 648 S 2 BGB dem Besteller die Beweislast für Anzurechnendes auferlegt (BGH NZBau 2001, 202). Dem Unternehmer wird die vereinbarte Vergütung zugesprochen; ausnahmsweise vermindert sie sich.

cc) Bei dieser Beweislast muss es jedenfalls dann verbleiben, wenn der Besteller höhere Ersparnisse behauptet, als der Unternehmer sie einräumt. Insoweit muss ihn auch die Darlegungslast treffen. Das ist zwar misslich, wenn es um Interna des Unternehmers geht, in die er keinen Einblick hat. Indessen ist es doch nur die Folge seiner Lossagung vom Vertrag. Außerdem ist er ohne Zweifel ohne Erleichterungen darlegungspflichtig hinsichtlich der Frage, ob der Unternehmer es vorwerfbar unterlassen hat, seine brachliegenden Kapazitäten anderweitig zu verwenden. Insoweit wendet er Mitverschulden ein, bei der Parallelbestimmung des § 254 BGB gibt es aber grundsätzlich keine Erleichterungen hinsichtlich Beweis- und Darlegungslast.

47 **dd)** Die Rechtsprechung erlegt es dem Unternehmer auf, **seine Kalkulation aufzudecken** und seine Ersparnisse darzutun, dies nach der tatsächlichen Kostenentwicklung (BGH NJW 1999, 3261), erlegt ihm also eine intensive – sog **sekundäre** – **Darlegungslast** auf. Das Argument, nur er sei dazu in der Lage (vgl BGHZ 131, 362 = NJW 1996, 1282; NJW 1997, 733), trifft sicher zu, nur kann die Last der Darlegung nicht allein aus der Befähigung zu sachgerechtem Vortrag folgen. Folgende Bedenken sprechen gegen den Ansatz des BGH:

(1) Er ist inkonsequent: Die Kalkulation aufzudecken und Ersparnisse darzutun, gar eine Kalkulation nachzuliefern, ist mit *Kosten* verbunden. Diese müssen jedenfalls den Besteller treffen. Die Rechtsprechung ist also nur bei Ergänzung durch eine Kostenregelung tragbar.

(2) Die Rechtsprechung ist methodisch inkonsequent. Bei der Parallelproblematik des § 615 S 2 BGB geht man zutreffend von einer Darlegungslast des Arbeitgebers aus und hilft ihm mit einem Auskunftsanspruch (vgl nur STAUDINGER/RICHARDI/FISCHINGER [2016] § 615 Rn 179); bei § 648 S 2 BGB macht das prozessuale Mittel der Darlegungslast den materiellen Auskunftsanspruch entbehrlich. Dort – im Arbeitsrecht – zieht man der Auskunftspflicht aber die zutreffende *Grenze der Zumutbarkeit:* In Bezug auf die Gewinn- und Verlustrechnung des Dienstverpflichteten, der sich selbständig gemacht hat, besteht sie nicht (vgl BAG AP Nr 6 zu § 74c HGB; zustimmend ua STAUDINGER/RICHARDI/FISCHINGER [2016] § 615 Rn 179; MünchKomm/HENSSLER § 615 Rn 71). Eben diese Auskunft erlegt die werkvertragliche Rechtsprechung aber dem Unternehmer auf.

Daraus folgt: Korrekt wäre der Ansatz bei einem Auskunftsanspruch des Bestellers **48** gegen den Unternehmer; dann könnte man die Darlegungs- und Beweislast zu § 648 S 2 BGB auch bei ihm belassen. Aber hinsichtlich von Kalkulation und Gewinn ist ein solcher *Auskunftsanspruch* eben nicht konstruierbar, weil es nur der allgemeine Auskunftsanspruch aus § 242 BGB sein könnte und dessen Voraussetzung der Zumutbarkeit nicht erfüllt ist. Kalkulation, Disposition und erwarteter Gewinn des Unternehmers sind dessen Interna, die den Besteller grundsätzlich nichts angehen, schon ja nicht, wenn er sich auf einen Pauschalpreis eingelassen hat. Aber auch beim Einheitspreisvertrag kann der Unternehmer nicht eigentlich gehalten sein, dem Besteller zu offenbaren, was er wo verdient hätte.

Die Situation ist paradox: Die Details der Kalkulation gehen den Besteller nichts an, solange er den Vertrag ungekündigt lässt. Wenn er kündigt, dann liegt von seiner Seite aus eine ernsthafte und endgültige Erfüllungsverweigerung vor, macht er als Gläubiger die Erbringung der Leistung unmöglich. Das kann seine Position nicht verbessern.

Erst recht wäre die Konsequenz unangemessen, die Klage des Unternehmers als unschlüssig abzuweisen, der Ersparnisse leugnet (aA QUACK, in: FS vCraushaar [1997] 309, 311) oder nur pauschal zu ihnen vorträgt.

ee) Auszugehen ist vielmehr von der **grundsätzlichen Darlegungs- und Beweislast** **49** **des Bestellers**. Dieser hat zunächst das Preisgefüge des Vertrages darzulegen, was ihm beim Einheitspreisvertrag keine Probleme bereiten kann. Mit sachverständiger Hilfe muss es ihm aber auch möglich sein, einen Pauschalpreis aufzulösen. Meint der Unternehmer, hierbei werde er benachteiligt, so mag er substantiiert erwidern.

Sodann kann der Besteller mit branchenüblichen Sätzen zu den einzelnen Positionen Ersparnisse darlegen. Solche Sätze dürften nicht so unbrauchbar sein, wie BGH NJW 1996, 1751 dies annimmt. Wiederum mag der Unternehmer substantiiert bestreiten, wenn er meint, sie träfen auf seinen Betrieb nicht zu. Das ist ggf sachverständig zu klären, wobei es im Einzelfall geboten sein kann, dass der Unternehmer seine konkrete Kalkulation nur dem Sachverständigen aufdeckt, wenn zB ein Konkurrenzverhältnis zwischen den Parteien (Haupt- und Subunternehmer) besondere Geheimhaltung gebietet. Bei der Würdigung der Beweisergebnisse ist ggf von den Möglichkeiten des § 287 ZPO großzügig Gebrauch zu machen.

Dass die Anforderungen an die Darlegung des Unternehmers nicht überspannt werden dürfen, erkennt auch die Rechtsprechung an (vgl BGH NJW 1999, 1253; 1999, 2036). Insbesondere ist eine konkrete Ermittlung zwar gesetzeskonform, aber doch kein Selbstzweck. Wie andernorts auch muss es erlaubt sein, sich mit einer abstrakten Ermittlung zu begnügen.

ff) Bei der Anrechnungsposition des **anderweitigen Erwerbs** ist § 648 S 3 BGB **50** *nicht* anwendbar (vgl o Rn 42), sondern nur die durch die Fassung des § 648 S 2 BGB ausgedrückte Vermutung, dass es solchen nicht gegeben habe. Danach trifft die Beweislast für anspruchsmindernden anderweitigen Erwerb den Besteller.

Das ist freilich eine *probatio diabolica,* weil dazu zunächst festgestellt werden muss, dass nur die durch die Kündigung freigewordenen Kapazitäten des Unternehmers und nicht schon seine sonstigen es ermöglicht haben, einen anderweitigen Auftrag zu erledigen. Verlässlichen Einblick in die Kapazitäten des Unternehmers aber hat der Besteller idR nicht. Außerdem wirkt sich der anderweitige Auftrag im Rahmen des § 648 S 2 BGB nur dann anspruchsmindernd aus, wenn er einen Gewinn abgeworfen hätte, was der Besteller erst recht nicht beurteilen kann. Schon die Auftragssumme kennt er nicht.

In der Tendenz der bisherigen Rechtsprechung zu den ersparten Aufwendungen des Unternehmers läge es nahe, dem Besteller mit einer sekundären Darlegungslast des Unternehmers zu Hilfe zu kommen. Man wird indessen zu differenzieren haben.

Was die Kausalität der Kündigung für den anderweitigen Erwerb betrifft, entsteht insoweit eine sekundäre Darlegungslast des Unternehmers, wenn der Besteller nachvollziehbar darlegt, dass sie möglich ist. Wenigstens den Zuschnitt des Betriebs des Unternehmers wird er belegen können. Zum Auftragsvolumen dürfte es den Unternehmer nicht unangemessen benachteiligen, wenn man insoweit einen Auskunftsanspruch des Bestellers aus § 242 BGB anerkennt. Und dem anrechenbaren Gewinn aus dem anderweitigen Auftrag dürfte – bei Neuverträgen – die Vermutung des § 648 S 3 BGB entsprechend heranzuziehen sein.

gg) Bei böswillig **unterlassenem anderweitigen Erwerb** trifft den Besteller die volle Darlegungs- und Beweislast.

h) Verhältnis zu anderweitigen Regelungen

51 Die Bestimmung des § 648 S 2 BGB ist in Anlehnung an § 324 Abs 1 S 2 BGB aF (= § 326 Abs 2 BGB nF) konzipiert; auf die dort entwickelten Grundsätze kann ergänzend zurückgegriffen werden. Dagegen lassen sich nur vorsichtige Schlüsse aus der Parallele zu § 615 S 2 BGB ziehen, da die möglichen Ersparnisse sowie die anderweitigen Erwerbsmöglichkeiten des Dienstverpflichteten weiterhin anders strukturiert sind als die des Werkunternehmers. Grundsätzlich keine Analogien sind zu dem schadensersatzrechtlichen Begriff der Vorteilsausgleichung möglich, mögen dieser auch ähnliche Gedanken zugrunde liegen (vgl ERMAN/SCHWENKER/RODEMANN Rn 6b). So sind zB ersparte Aufwendungen des Bestellers von vornherein unbeachtlich.

i) Teilbare Werklohnforderungen

52 Ist der danach verbleibende restliche Werklohnanspruch des Unternehmers in sich gegliedert, etwa durch *Teilklage, Teilzession* oder *teilweise Absicherung,* so stellt sich die Frage, wie der sich aus § 648 S 2 BGB ergebende Anrechnungsbetrag zu verteilen ist. RGZ 74, 197; BGB-RGRK/GLANZMANN § 649 Rn 12 wollen bei der Teilklage die Kürzung am letzten Teil der Forderung, also an dem nicht eingeklagten Teil vornehmen. Das ist iE zutreffend. Das *Problem* ist hier *kein anderes als bei der Minderung.* Sicher ist, dass keiner der beiden Seiten ein Wahlrecht hinsichtlich der Verrechnung eingeräumt werden kann. Dann aber dürften sich die angemessensten

Ergebnisse durch eine *entsprechende Anwendung des § 366 Abs 2 BGB* erzielen lassen.

Diese Bestimmung wird ohnehin auch bei nur einer, aber in sich gegliederten Forderung angewendet, und zwischen der dort angesprochenen Leistung des Schuldners und der von § 648 S 2 HS 2 BGB angeordneten Teiltilgung der Forderung kraft des Gesetzes besteht kein so nachhaltiger Unterschied, dass er die ratio legis des § 366 Abs 2 BGB berühren würde.

3. Zusätzliche Aufwendungen

Wenn es das Ziel des § 648 S 2 BGB ist, den Unternehmer schadlos zu halten gegenüber der Kündigung des Bestellers (Mot II 503), diese zu neutralisieren, sind nicht nur ersparte Aufwendungen von seinem Anspruch abzusetzen, sondern auch zusätzliche Aufwendungen, die die Kündigung verursacht hat, hinzuzusetzen. Denkbar sind Abtransport und Lagerung von Materialien, Erschwernisse beim Aufmaß der halb fertigen Leistung, Erschwernisse der Anpassung der Kalkulation, Akquisitionskosten für Ersatzaufträge, die nicht zum Erfolg geführt haben. 53

Diese Folgekosten sind in die Vermutung des § 648 S 3 BGB nicht einbezogen.

V. Sonstige vorzeitige Vertragsbeendigungen

1. Kündigung des Bestellers

Wenn der Unternehmer *fortgesetzt gleichartige Werkleistungen* für den Besteller erbringen soll wie zB Lohnveredelungen, Reinigungsarbeiten und andere Wartungsleistungen, Steuererklärungen, ergeben sich unterschiedliche Kündigungsmöglichkeiten für den Besteller. 54

a) § 648 BGB ist anzuwenden, wenn der Vertrag auf eine bestimmte oder doch hinreichend bestimmbare Gesamtmenge gerichtet ist (BGB-RGRK/GLANZMANN Rn 24; vgl auch o Rn 4).

b) War der Vertrag *auf unbestimmte Mengen,* insbesondere auch *auf unbestimmte Zeit* abgeschlossen, besteht für beide Seiten die Möglichkeit der ordentlichen Kündigung, die einen besonderen Grund nicht voraussetzt, dafür aber an die Einhaltung einer angemessenen Frist gebunden ist, deren Länge nach den Regeln jenes Vertragstyps zu beurteilen ist, dem der Vertrag am meisten ähnelt; meist wird dies der Dienstvertrag sein (vgl OLG Hamburg MDR 1972, 866: § 621 bei Vertrag über Gebäudereinigung). Fehlt es an einem vergleichbaren Vertragstyp, ist die *Dauer der Kündigungsfrist nach Treu und Glauben* zu bestimmen (BGH LM § 242 Bc Nr 8). Hält der Besteller diese Frist nicht ein, gilt bis zum Kündigungstermin § 648 BGB (BGH NJW 2011, 915).

c) Wenn dem Vertrag eine bestimmte *Mindestlaufzeit* beigelegt ist oder die Möglichkeit einer stillschweigenden Verlängerung oder eine längere Kündigungsfrist, ist dies an *§ 309 Nr 9* BGB zu messen, der werkvertragliche Leistungen ausdrücklich nennt. Die sich etwa ergebende Regelungslücke ist mit einer ergänzenden Vertragsauslegung zu füllen, die wiederum den jeweiligen Interessen Rechnung zu tragen hat (ULMER/BRANDNER/HENSEN/CHRISTENSEN § 309 Nr 9 Rn 21). Unter Kaufleuten brauchen die Schranken dieser Bestimmung nicht gewahrt zu werden (ULMER/BRANDNER/HENSEN/CHRISTENSEN § 309 Nr 9 Rn 22 f).

d) Unberührt bleibt das Recht zur Kündigung aus wichtigem Grunde. Liefert der Unternehmer in zu vertretender Weise einen Anlass dazu, kann der Besteller aus den §§ 280 Abs 1, 241 Abs 2 BGB Schadensersatz verlangen, und zwar bis zu jenem Zeitpunkt, zu dem der Unternehmer ordentlich hätte kündigen können.

2. Kündigung des Unternehmers

55 Zur Kündigung des Vertragsverhältnisses durch den Unternehmer vgl die Erl zu den §§ 643, 648a BGB.

3. Einverständliche Vertragsaufhebung

56 Eine einverständliche Vertragsaufhebung durch die Parteien ist jederzeit möglich.

a) Eine Vertragsaufhebung kann ausdrücklich erfolgen, aber auch *stillschweigend.* Es ist dazu der Wille der Parteien nach seinem objektiven Erklärungswert auszulegen. Eine stillschweigende Vertragsaufhebung ist *nicht schon dann anzunehmen, wenn beide Parteien die Erbringung ihrer Leistungen einstellen,* insbesondere dann nicht, wenn sie sich dafür als Begründung auf ein – aus ihrer Sicht – pflichtwidriges Verhalten der Gegenseite berufen. Allerdings kann es sich in Fällen dieser Art ergeben, dass die Parteien sich späterhin darüber einig werden, dass der Vertrag beendet sein soll. Das kann namentlich dann anzunehmen sein, wenn die Störungen des Vertragsverhältnisses geklärt sind, aber die Arbeiten des Unternehmers gleichwohl im Einverständnis mit dem Besteller nicht wieder aufgenommen werden (BGH NJW 1973, 1463).

57 **b)** Hinsichtlich der *Rechtsfolgen der einverständlichen Vertragsaufhebung* ist zunächst davon auszugehen, dass diese mit Wirkung *ex nunc,* nicht ex tunc erfolgen soll, es sei denn, es wären eindeutige gegenteilige Vereinbarungen festzustellen. Das bedeutet dann zunächst, dass über die schon erbrachten Leistungen nach den Maßstäben des Vertrages abzurechnen ist (dazu o Rn 23 ff).

Im Übrigen kommt es darauf an, *welchen Hintergrund die einverständliche Vertragsaufhebung hatte* (BGH NJW-RR 2005, 669 = BauR 2005, 735 für den Fall der Unmöglichkeit der Leistung: § 645, nicht § 648). Es ist nicht davon auszugehen, dass der Besteller, der zur Kündigung aus wichtigem Grunde berechtigt war, auf die damit verbundenen Rechte verzichten wollte; das darf auch der Unternehmer redlicherweise nicht annehmen (BGH NJW 1973, 1463; INGENSTAU/KORBION/JOUSSEN/VYGEN Vor §§ 8, 9 Rn 41). Gleiches gilt für den Unternehmer, der aus wichtigem Grunde hätte kündigen können.

Bestand für *keine der beiden Seiten Anlass zur Kündigung aus wichtigem Grunde,* dann ist nach § 648 S 2 BGB abzurechnen (BGH NJW 1973, 1463; INGENSTAU/KORBION/JOUSSEN/VYGEN Vor §§ 8, 9 Rn 41; BEHRE BauR 1976, 36), da von einem Willen des Unternehmers, auf seinen künftigen Gewinn zu verzichten, nicht ausgegangen werden kann.

4. Rücktritt

Beiden Parteien steht die Möglichkeit offen, unter den Voraussetzungen des § 323 **58** BGB vom Vertrag zurückzutreten. Dabei müssen die Voraussetzungen des § 323 Abs 5 S 1 BGB erfüllt sein.

VI. Entsprechende Anwendung des § 648

§ 648 BGB *beruht* trotz seiner systematischen Stellung im Werkvertragsrecht *nicht* **59** *auf einer spezifisch werkvertraglichen Interessenlage* (o Rn 5 ff). Es liegt der Bestimmung vielmehr der *verallgemeinerungsfähige Gedanke* zugrunde, dass der Destinatär einer Sachleistung auf deren Entgegennahme soll verzichten können, wenn er bereit ist, die legitimen Interessen der Gegenseite zu wahren, sowie die Wertung, dass die legitimen Interessen des Unternehmers auf den Empfang des Entgelts beschränkt sind. Nur rein faktisch ist es beim zukunftsgerichteten Werkvertrag besonders häufig, dass sich der Destinatär einer Sachleistung zum Verzicht auf diese entschließt.

Unter diesen Umständen kann die Bestimmung *verallgemeinert* werden. Sie muss überall dort anwendbar sein, *wo der Sachleistende kein über das Interesse an der Vergütung hinausgehendes Interesse* an der Erbringung seiner eigenen Leistung hat. Das ist namentlich für den *Kauf* anzunehmen. Es muss dem Käufer nicht nur in dem Sonderfall des Erwerbs einer noch herzustellenden nicht vertretbaren Sache, § 650 S 3 BGB, möglich sein, die Entgegennahme des Kaufgegenstandes unter Zahlung des Kaufpreises abzüglich ersparter Aufwendungen des Verkäufers abzulehnen, sondern zB auch dort, wo die herzustellende Sache vertretbar ist, § 650 S 1 BGB. Es ist ihm nicht zuzumuten, auf ein Vorgehen des Verkäufers nach § 281 BGB zu warten, das er nicht erzwingen kann, oder Klage und Vollstreckung wegen der gesamten Kaufpreisforderung hinzunehmen. Eine Parallele hat § 648 BGB beim Reisevertrag in § 651i BGB. Vgl zur Miete § 537 Abs 1 S 2 BGB mit seinen Anrechnungspositionen der ersparten Aufwendungen und des anderweitigen Erwerbs. Wenn dort die Anrechnungspositionen des böswillig unterlassenen anderweitigen Erwerbs fehlt, muss sie ergänzt werden (vgl STAUDINGER/EMMERICH [2018] § 537 Rn 31). Beim Darlehensvertrag irritiert es, dass § 490 Abs 2 BGB ein berechtigtes Interesse des Darlehensnehmers an einer vorzeitigen Kündigung voraussetzt, obwohl doch der Darlehensgeber auf jeden Fall schadlos zu halten ist, § 490 Abs 2 S 3 BGB, und unter der Prämisse der Schadloshaltung nicht jedes Darlehen vorzeitig kündbar stellt.

Bei *Dienstverträgen* verbietet sich die Analogie jedenfalls insoweit, wie ein legitimes Beschäftigungsinteresse des Dienstverpflichteten anzuerkennen ist (vgl zum Beschäftigungsanspruch des Arbeitnehmers BAGE 48, 122, 138, und allgemein die Darstellung bei STAUDINGER/RICHARDI/FISCHINGER [2016] § 611 Rn 1694 ff). Bei dem selbstständigen Dienstverpflichteten ist auf § 627 BGB hinzuweisen. Stellt man einen Dienstverpflichteten von seiner Leistungspflicht frei, ohne dass die Voraussetzungen dieser Bestimmung vorliegen, ist nach § 615 BGB nicht anders abzurechnen als nach § 648 S 2 BGB.

VII. Besonderheiten der VOB/B

1. § 8 Abs 1 VOB/B

60 Die Bestimmung des § 8 Abs 1 VOB/B lautet:

> § 8 Kündigung durch den Auftraggeber
>
> (1) 1. Der Auftraggeber kann bis zur Vollendung der Leistung jederzeit den Vertrag kündigen.
>
> 2. Dem Auftragnehmer steht die vereinbarte Vergütung zu. Er muss sich jedoch anrechnen lassen, was er infolge der Aufhebung des Vertrags an Kosten erspart oder durch anderweitige Verwendung seiner Arbeitskraft und seines Betriebs erwirbt oder zu erwerben böswillig unterlässt (§ 649 BGB).

a) Allgemeines zu § 8 VOB/B

§ 8 Abs 1 VOB/B knüpft *schon im Wortlaut* eng an § 648 BGB an. *Sachliche Abweichungen sind nicht zu erkennen* (INGENSTAU/KORBION/JOUSSEN/VYGEN § 8 Abs 1 Rn 15). Es kann auf die Erläuterungen o Rn 5 ff verwiesen werden.

b) Rechtsfolgen

61 aa) Die Kündigung beendet den Werkvertrag insgesamt; doch kann der Besteller ihre Wirkungen entsprechend § 8 Abs 3 Nr 1 S 2 VOB/B auf in sich abgeschlossene Teile der vorgesehenen Leistung beschränken (NICKLISCH/WEICK/JANSEN/SEIBEL/VOGEL § 8 Rn 102; aA, aber interessenwidrig, INGENSTAU/KORBION/JOUSSEN/VYGEN § 8 Abs 4 Rn 16).

bb) Im Übrigen erwächst dem Besteller ein *Schadensersatzanspruch,* für den im Einzelnen § 8 Abs 3 Nrn 2–4 VOB/B maßgeblich ist.

2. Aufmaß, Abnahme und Rechnungserteilung, § 8 Abs 6 VOB/B

62 Im Falle der Kündigung kann der Unternehmer unabhängig von ihrem Rechtsgrund und ihren sonstigen Folgen jedenfalls *Vergütung für die ausgeführten Leistungen* verlangen. Der sicheren Feststellung dieser Forderung dient § 8 Abs 6 VOB/B.

a) Der Unternehmer kann ein *Aufmaß* gemäß § 14 Abs 2 VOB/B (dazu § 641 Rn 32 ff) verlangen. Das gilt *auch bei Vereinbarung eines Pauschalpreises,* da dieser in den Fällen der Kündigung des Vertrages aufgelöst werden muss.

b) Er kann ferner die *Abnahme seiner bisherigen Leistungen* verlangen, auch wenn diese nach allgemeinen Grundsätzen wegen der Unfertigkeit der Leistung noch nicht erfolgen könnte.

aa) Als Abnahme kommt nur eine konkrete durch den Besteller in Betracht; eine fiktive Abnahme durch Benutzung der Leistung nach § 12 Abs 5 Nr 2 VOB/B scheidet aus (BGHZ 80, 252, 255).

bb) Die Abnahme ist hier im üblichen Sinn zu verstehen.

cc) Auch die *Wirkungen der Abnahme sind die üblichen.* Allerdings hängt die Fälligkeit der Werklohnforderung des Unternehmers von ihr nicht wie sonst ab (BGH NJW 1987, 382 = LM § 16 [B] VOB/B Nr 6). Sie bewirkt den Beginn der Verjährung der Gewährleistungsansprüche des Bestellers.

c) Der Unternehmer hat eine *prüfungsfähige Schlussrechnung* über die erbrachten Leistungen zu erstellen. Das – sowie der Ablauf der Prüfungsfrist für den Besteller – ist Voraussetzung für die Fälligkeit seiner Werklohnforderung (BGH NJW 1987, 382). Wenn er die Aufstellung der Rechnung unterlässt, kann der Besteller dies nach Maßgabe des § 14 Abs 4 VOB/B für ihn tun.

3. Vertragsstrafe nach erfolgter Kündigung, § 8 Abs 7 VOB/B

a) Ein *Vorbehalt der Vertragsstrafe* ist nur notwendig, wenn eine Abnahme der erbrachten Leistungen tatsächlich erfolgt, BGHZ 80, 252.

63

b) Zu ihrer Berechnung enthält § 8 Abs 7 VOB/B nur eine Klarstellung.

§ 648a
Kündigung aus wichtigem Grund

(1) Beide Vertragsparteien können den Vertrag aus wichtigem Grund ohne Einhaltung einer Kündigungsfrist kündigen. Ein wichtiger Grund liegt vor, wenn dem kündigenden Teil unter Berücksichtigung aller Umstände des Einzelfalls und unter Abwägung der beiderseitigen Interessen die Fortsetzung des Vertragsverhältnisses bis zur Fertigstellung des Werks nicht zugemutet werden kann.

(2) Eine Teilkündigung ist möglich; sie muss sich auf einen abgrenzbaren Teil des geschuldeten Werks beziehen.

(3) § 314 Absatz 2 und 3 gilt entsprechend.

(4) Nach der Kündigung kann jede Vertragspartei von der anderen verlangen, dass sie an einer gemeinsamen Feststellung des Leistungsstandes mitwirkt. Verweigert eine Vertragspartei die Mitwirkung oder bleibt sie einem vereinbarten oder einem von der anderen Vertragspartei innerhalb einer angemessenen Frist bestimmten Termin zur Leistungsstandfeststellung fern, trifft sie die Beweislast für den Leistungsstand zum Zeitpunkt der Kündigung. Dies gilt nicht, wenn die Vertragspartei infolge eines Umstands fernbleibt, den sie nicht zu vertreten hat und den sie der anderen Vertragspartei unverzüglich mitgeteilt hat.

(5) Kündigt eine Vertragspartei aus wichtigem Grund, ist der Unternehmer nur berechtigt, die Vergütung zu verlangen, die auf den bis zur Kündigung erbrachten Teil des Werkes entfällt.

(6) Die Berechtigung, Schadensersatz zu verlangen, wird durch die Kündigung nicht ausgeschlossen.

§ 648a

Materialien: BT-Drucks 18/11437; BT-Drucks 18/8486; BauvertragsG v 28. 4. 2017 (BGBl I 969).

Schrifttum

BÖTTCHER, Die Kündigung eines Werkvertrages aus wichtigem Grund nach der Schuldrechtsmodernisierung, ZfBR 2003, 213
BOLDT, Die Kündigung des Bauvertrages aus wichtigem Grund durch den Auftraggeber nach neuem Recht, NZBau 2002, 655
dies, Die Kündigung des Bauvertrages aus wichtigem Grund durch den Auftraggeber nach neuem Recht, NZBau 2002, 665

HEBEL, Kündigung des Bauvertrages aus wichtigem Grund, BauR 2011, 330
JANSEN, Abnahme und Abrechnung nach Kündigung, BauR 2011, 371
VOIT, Die außerordentliche Kündigung des Werkvertrages durch den Besteller, in: FS Honsell (2002) 415 = BauR 2002, 1776.

Systematische Übersicht

I.	**Allgemeines**	
1.	Zur Vorgeschichte	1
2.	Zur Regelungstechnik	2
II.	**Voraussetzungen einer Kündigung aus wichtigem Grund**	
1.	Allgemeines	3
2.	Pflichtverletzung	4
3.	Fristsetzung oder Abmahnung; ihre Entbehrlichkeit	5
a)	Bemessung der Frist	5
b)	Abmahnung	6
c)	Entbehrlichkeit	6
4.	Abwägung der beiderseitigen Interessen	7
5.	Verfristung der Kündigungsmöglichkeit	8
III.	**Die Kündigung**	
1.	Die Anforderungen an sie	9
2.	Ihr Gegenstand	10
IV.	**Abrechnung im Kündigungsfall**	11
V.	**Gemeinsame Feststellung des Leistungsstandes**	12
VI.	**Schadensersatz**	13
VII.	**Die Kündigung aus wichtigem Grund nach der VOB/B**	
1.	Allgemeines	14
2.	Kündigung des Bestellers	15
3.	Kündigung des Bestellers wegen Vermögenverfalls des Unternehmers, § 8 Abs 2 VOB/B	16
4.	Kündigung des Bestellers wegen mangelhafter, zögerlicher Arbeiten des Unternehmers oder aus sonstigen Gründen in seiner Person, § 8 Abs 3 VOB/B	18
a)	Voraussetzungen	18
b)	Rechtsfolgen	19
c)	Kündigung wegen wettbewerbswidrigem Verhalten des Unternehmers, § 8 Abs 4 VOB/B	20
d)	Aufmaß, Abnahme und Rechnungserteilung, § 8 Abs 6 VOB/B	22
5.	Vertragsstrafe nach erfolgter Kündigung	23
6.	Kündigung des Unternehmers	24

Alphabetische Übersicht

Abmahnung	5
Abrechnung	11
Aufmaß und Abnahme	22

Fertigstellung des Werks	19	Pflichtverletzung	4
Feststellung des Leistungsstands	12		
Fristsetzung	5 f	Schadensersatz	13
Gewicht der Angelegenheit	2	Teilkündigung	10
Interessenabwägung	7	Verfristung	8
		Vermögensverfall des Unternehmers	16
Kündigung des Bestellers	15 ff	Vertragsstrafe	23
Kündigung des Unternehmers	24	VOB/B	14
Kündigungserklärung	9		
Kündigungsgründe der VOB/B	14 ff	Wettbewerbswidriges Verhalten	20
Mängel der Leistung	11	Zahlungsverzug	25
Mängelbeseitigung	19		

I. Allgemeines

1. Zur Vorgeschichte

Es war schon bisher in Literatur und Rechtsprechung anerkannt, dass ein Werkvertrag – namentlich ein Bauvertrag – von beiden Seiten aus wichtigem Grund gekündigt werden kann. Die Herleitung dieser Kündigungsmöglichkeit blieb freilich zweifelhaft. Gesetzlich geregelt war sie nicht, und der § 314 BGB des G zur Modernisierung des Schuldrechts bezieht sich eben auf Dauerschuldverhältnisse, also Verträge mit einem gleichbleibenden Leistungsprogramm. Dazu gehört der Werkvertrag trotz der uU langen Dauer seiner Abwicklung nicht. So bestand grundsätzlich sogar die Möglichkeit eines Umkehrschlusses aus § 314 BGB (wie ihn freilich niemand gezogen hat). **1**

Richtigerweise hätte man zum früheren Recht an § 282 BGB angeknüpft. In der Sache geht es dem Kündigenden wie dort regelmäßig um Schadensersatz statt der Leistung wegen Vertrauensverlustes, dies nur eben beschränkt auf die künftigen, noch ausstehenden Leistungen.

2. Zur Regelungstechnik

Die VOB/B differenziert bei der Kündigung aus wichtigem Grund zwischen Besteller und Unternehmer und benennt insoweit jeweils konkrete Kündigungsgründe, in § 8 Abs 2 bis 4 VOB/B für den Besteller, in § 9 Abs 1 VOB/B für den Unternehmer. Das ist insofern eine wenig zweckmäßige Regelungstechnik, als es nicht möglich ist, damit sämtliche Konstellationen zu erfassen, die einen wichtigen Grund zur Kündigung hergeben; der Rechtsanwender wird zu Analogien genötigt. In der Sache kommt hinzu, dass es die VOB/B nicht hinreichend zum Ausdruck bringt, dass der Anlass zur Kündigung ein hinreichendes Gewicht haben muss, um die Aufhebung des Vertrages zu rechtfertigen, sodass das Regelwerk einer isolierten Klauselkontrolle nach § 307 Abs 1 BGB nicht standhalten dürfte. **2**

Demgegenüber ist die Generalklausel des § 648a Abs 1 S 2 BGB deutlich zweckmäßiger. Wenn freilich nicht nur sie, sondern auch der Rest der Bestimmung eng an § 314 BGB angelehnt ist, fragt man sich, warum die insgesamt nur klarstellende Regelung nicht in den Kontext dieser Bestimmung eingestellt worden ist.

II. Voraussetzungen einer Kündigung aus wichtigem Grund

1. Allgemeines

3 Nach § 648a Abs 1 S 2 BGB muss es zu einer Pflichtverletzung des anderen Teils gekommen sein, die das weitere Festhalten an dem Vertrag unzumutbar macht. Das entspricht den Voraussetzungen, unter denen nach den §§ 281 Abs 1 S 3, 282 BGB Schadensersatz statt der ganzen Leistung verlangt werden kann; die Pflichtverletzung muss also von hinreichender Erheblichkeit gewesen sein. Der Kündigende muss durch sie das Vertrauen in die Gegenseite verloren haben und verloren haben können. Regelmäßige Folge der Kündigung ist dann der Schadensersatzanspruch aus § 282 BGB, den Abs 6 der Bestimmung andeutet und vorbehält.

2. Pflichtverletzung

4 Die Gegenseite – mag dies nun der Besteller oder der Unternehmer sein – muss eine der aus § 241 Abs 2 BGB herzuleitenden Pflichten zur Rücksichtnahme auf die Rechtsgüter oder Interessen des späterhin kündigenden Teils verletzt haben.

Berechtigte Handlungsweisen scheiden also von vornherein als Kündigungsgrund aus: Das Einfordern der Sicherheit nach § 650e BGB, die Äußerung von im Ergebnis unzutreffenden Bedenken gegen die Planung, die Arbeitseinstellung des Unternehmers wegen Zahlungsverzugs des Bestellers. Unter den unberechtigten sind zu nennen Beleidigungen und Tätlichkeiten, Zahlung von Schmiergeldern an Mitarbeiter der Gegenseite, eine unberechtigte Kündigung des Vertrages. Auch die Verletzung der Hauptpflichten der Parteien kann relevant werden, auf Seiten des Bestellers die Nichtbedienung von Abschlagsrechnungen, auf Seiten des Unternehmers ein Arbeitstempo, das Einhaltung des vereinbarten Ablieferungstermins deutlich gefährdet, eine Arbeitsweise, deren Ergebnis „Pfusch" ist. In diesen beiden letzten Fällen wirkt es sich freilich aus, dass dem BGB Bestimmungen nach Art der §§ 4 Abs 7, 5 Abs 4 VOB/B – Fristsetzung zur sofortigen Beseitigung von Mängeln, zur Beschleunigung der Arbeiten – fremd sind. Es muss also offensichtlich sein, vgl § 323 Abs 4 BGB, dass der Unternehmer seiner Pflicht zur rechtzeitigen Ablieferung eines Werks ohne Mängel nicht nachkommen wird – vielleicht räumt er es ja ein. – Bei alledem wiegt Vorsatz schwerer als Fahrlässigkeit. Dabei genügt es nicht, dass der kündigende Teil subjektiv das Vertrauen in die Gegenseite verloren hat; dieser Vertrauensverlust muss vielmehr objektiv nachvollziehbar sein. Es braucht der Kündigungsgrund nicht schon bei Ausspruch der Kündigung bekannt gewesen sein, er kann vielmehr auch nachgeschoben werden.

Bei der Verletzung der Obliegenheit des Bestellers zur Mitwirkung bei der Erstellung des Werkes steht § 643 BGB neben § 648a BGB.

3. Fristsetzung oder Abmahnung; ihre Entbehrlichkeit

Nach den §§ 648a Abs 3, 314 Abs 2 BGB sind einer fristlosen Kündigung eine 5 fruchtlose Fristsetzung bzw Abmahnung vorgeschaltet, sofern diese nicht ausnahmsweise nach den §§ 314 Abs 2 S 2, 323 Abs 2 BGB entbehrlich sind.

a) Die zu setzende Frist muss genügen, der Beanstandung abzuhelfen, kann aber insoweit knapp bemessen sein. Eine zu knappe Frist ist nicht wirkungslos, sondern setzt eine angemessene in Lauf.

Wichtige Fälle einer Fristsetzung sind jene, in denen auch die VOB/B sie vorsieht, und zwar in den §§ 4 Abs 7 und 5 Abs 4, 8 Abs 3 Nr 1 für die Fälle, dass der Unternehmer mangelhaft leistet oder mit seinen Leistungen in Verzug gerät, und in § 9 Abs 1 Nr 2 für den Fall des Zahlungsverzuges des Bestellers (mit Abschlagszahlungen).

b) Auch der Fall der Abmahnung, §§ 648a Abs 3, 314 Abs 2 BGB, ist in der VOB/B vorgezeichnet, und zwar in den §§ 4 Abs 8, 8 Abs 3 für den Fall des unzulässigen Einsatzes von Subunternehmern; dort ist die Kündigung allerdings an eine Fristsetzung, keine bloße Abmahnung gebunden. Die Fälle, in denen das BGB eine bloße Abmahnung genügen lässt, zeichnen sich dadurch aus, dass speziell gegen aus § 241 Abs 2 BGB resultierende Pflichten verstoßen wird. Insoweit kommt vieles in Betracht. Immerhin muss grundsätzlich auch hier der Gegenseite Gelegenheit gegeben werden, ihr Verhalten zu korrigieren.

c) Die Entbehrlichkeit einer Fristsetzung oder Abmahnung kann sich aus den 6 §§ 648a Abs 3, 314 Abs 2, 323 Abs 2 BGB ergeben. Insoweit kommen namentlich in Betracht

– eine ernsthafte und endgültige Erfüllungsverweigerung der Gegenseite, wie sie sich auch nur auf einen Teil des von ihr Geschuldeten zu beziehen braucht, zB auf Seiten des Bestellers in Bezug auf Abschlagszahlungen, auf Seiten des Unternehmers auf den unbefugten Einsatz von Subunternehmern,

– das relative Fixgeschäft des § 323 Abs 2 Nr 2 BGB. Zu denken ist an einen verbindlichen Bauzeitenplan, bei dem nicht eingehaltene Termine den weiteren Fortgang der Arbeiten nachhaltig gefährden,

– das besondere Interesse, § 323 Abs 2 Nr 3 BGB, an einer sofortigen Beendigung des Vertrages. Daran ist namentlich dort zu denken, wo ein verheimlichter Vertrauensbruch vorliegt. Es kann sich aber auch aus einer Vielzahl von Pflichtverletzungen ergeben.

d) Wo eine Frist gesetzt worden ist, ist der kündigende Teil an sie gebunden, auch wenn sie nicht hätte gesetzt zu werden brauchen, sofern sich nicht zwischenzeitlich Neues ergeben hat.

4. Abwägung der beiderseitigen Interessen

7 Auch wenn eine erfolglose Fristsetzung oder Abmahnung einer Pflichtverletzung ein höheres Gewicht verleiht, als sie es von sich aus hätte, vermag sie es doch nicht, „aus einer Mücke einen Elefanten zu machen". § 648a Abs 1 S 2 BGB erfordert vielmehr eine umfassende Abwägung der Interessen beider Seiten unter Berücksichtigung aller Umstände des Einzelfalls; das entspricht § 314 Abs 1 S 2 BGB. Hier kommt es insbesondere auf das Gewicht der konkreten Angelegenheit an; es ist die Kontrollfrage zu stellen, ob der zwangsläufig folgende Anspruch aus § 282 BGB sachlich gerechtfertigt ist. Eigene Pflichtverletzungen des Kündigenden können sich zu seinen Lasten auswirken. Es ist zu fragen, ob seinen Interessen nicht jene Rechte genügen, die er bei Aufrechterhaltung des Vertrages aus der Angelegenheit herleiten kann. Auch ist es denkbar, dass eine Teilkündigung nach § 648a Abs 2 als Sanktion ausreicht.

5. Verfristung der Kündigungsmöglichkeit

8 Auch wenn § 626 Abs 2 BGB weder unmittelbar, noch auch entsprechend herangezogen werden kann, kann doch die dortige Frist von zwei Wochen einen Anhalt dafür geben, innerhalb welchen Zeitraums das Kündigungsrecht nach den §§ 648a Abs 3, 314 Abs 3 BGB ausgeübt werden muss, soll es nicht verloren gehen. Wenn die Voraussetzungen einer Kündigung erfüllt sind, ergibt sich ein Schwebezustand, bis sie ausgesprochen wird, der – gerade am Bau – die Fortführung der Arbeiten unter ein eigentümliches Risiko stellt, dies nicht nur für den Gegner des Kündigenden, sondern durchaus auch für ihn selbst. Da muss die Kenntnis vom Kündigungsgrund den zur Kündigung Berechtigten zu einer Entscheidung binnen etwa zwei Wochen nötigen. Wenn die Arbeiten zum Erliegen gekommen sind, kann die Frist ein wenig großzügiger bemessen werden.

III. Die Kündigung

1. Die Anforderungen an sie

9 Die Kündigung ist eine einseitige, im Baubereich formgebundene, § 650g BGB, empfangsbedürftige Willenserklärung. Sie ist grundsätzlich bedingungsfeindlich, sofern die Erfüllung der Bedingung nicht allein in die Macht der Gegenseite gestellt ist, wie im Falle des § 643 BGB. Eine Begründung ist zweckmäßig, aber nicht notwendig; vielmehr kann ein Kündigungsgrund sogar auch nachgeschoben werden.

2. Ihr Gegenstand

10 Die Kündigung betrifft regelmäßig den ganzen Vertrag, doch erlaubt § 648a Abs 2 BGB ausdrücklich auch eine Teilkündigung. Wenn diese nach § 648a Abs 2 HS 2 BGB einen abgrenzbaren Teil der Leistung zum Gegenstand haben muss, beruht dies darauf, dass sich bei anderweitiger Fortführung der Arbeiten Abgrenzungsschwierigkeiten ergeben können. Das Abgrenzungskriterium ist schwächer als das des in sich abgeschlossenen Teils der Leistung, das § 8 Abs 3 VOB/B verwendet (RegE S 57). Für § 648a Abs 2 BGB genügt es, wenn der ungekündigt verbleibende Teil der Leistung selbständig abgerechnet werden kann. Das ist am Bau beispielsweise bei dem einzelnen Gewerk möglich, aber doch auch bei dem einzelnen Stockwerk eines Gebäudes, wenn es nicht darauf ankommt, dass Abnahmefähigkeit gegeben ist. – Dass gegebenenfalls ein Pauschalpreis aufzulösen ist, stellt kein durchgreifendes Hindernis dar.

IV. Abrechnung im Kündigungsfall

Nach § 648a Abs 5 BGB steht dem Unternehmer im Falle der Kündigung aus wichtigem Grund die Vergütung für den erbrachten Teil seiner Leistung zu. Das ist unabhängig davon, welche Seite kündigt. Dabei ist Leistung nur das, was der Gegenseite zugutekommt, also nicht auch das, was ihrer Vorbereitung dient, auch wenn es wie zB die Beschaffung von Materialien mit Kosten verbunden gewesen sein wird; Der Unternehmer stellt sich insoweit also schlechter als im Falle der Kündigung nach § 648 BGB. Im Falle der eigenen Kündigung hilft dem Unternehmer sein Schadensersatzanspruch (u Rn 13).

11

Der erbrachte Teil der Leistung kann Mängel aufweisen, wie sie bei der Abrechnung schwerlich außer Ansatz bleiben können. Sie sind im Wege der Minderung vom Werklohn abzusetzen. Ihre Beseitigung durch den Unternehmer verbietet sich grundsätzlich, wenn denn die Kündigung aus wichtigem Grund bedeutet, dass die eine Seite das Vertrauen in die andere Seite verloren hat und verlieren konnte. Lediglich dem kündigenden Unternehmer ist die Möglichkeit einzuräumen, eine Minderung durch Beseitigung der Mängel abzuwenden.

V. Gemeinsame Feststellung des Leistungsstandes

Um die eben genannte Abrechnung vornehmen zu können, muss der Leistungsstand bekannt sein; § 648a Abs 4 BGB macht es zur Obliegenheit beider Seiten, an einer gemeinsamen Feststellung mitzuwirken.

12

Auf einen entsprechenden Termin können sich die Beteiligten beliebig einigen. Kommt es nicht zu einer Einigung, kann jede Seite von sich aus die Initiative ergreifen und einseitig einen Termin bestimmen, der dann innerhalb angemessener Frist – zB zwei Wochen – zu liegen hat. Gehen beide Seiten so vor, ist die frühere Terminbestimmung maßgeblich. Die Gegenseite hat dann an diesem Termin mitzuwirken, will sie nicht riskieren, dass die andere Seite einseitig den Leistungsstand bestimmt. Sie kann sich freilich durch schon anderweitig festgesetzte Termine entschuldigen, muss dies aber unverzüglich mitteilen.

Gemeinsame Feststellungen zum Leistungsstand sind verbindlich, können freilich ggf wegen Irrtums angefochten werden, §§ 119, 123 BGB in entsprechender Anwendung. Können sich die Parteien nicht einigen, müssen die unterschiedlichen Standpunkte zu Protokoll gegeben werden; dann entfaltet dieses keine Beweiskraft. Sonst wird seine Richtigkeit auch dann vermutet, wenn eine Seite berechtigt die Feststellungen zum Leistungsstand allein getroffen hat. Dabei ist freilich der Hintergrund, dass an sich den Unternehmer, der seine Vergütung begehrt, die Beweislast für den erreichten Leistungsstand trifft.

VI. Schadensersatz

13 § 648a Abs 6 BGB stimmt überein mit § 314 Abs 4 BGB; Schadensersatzansprüche werden durch die Kündigung nicht ausgeschlossen.

Das betrifft zunächst etwaige Ansprüche aus den §§ 241 Abs 2, 280 Abs 1 BGB, die sich während der Vertragsbeziehung ergeben haben. Gleiches gilt für Ansprüche gegen den Besteller aus Verzug mit Abschlagszahlungen.

Angesprochen sind aber insbesondere auch Ansprüche auf Schadensersatz statt der Leistung. Wenn die fristlose Kündigung darauf beruht, dass die eine Seite das Vertrauen in die Gegenseite verlieren konnte und verloren hat, ist ihre Grundlage grundsätzlich in § 282 BGB zu suchen.

Der Besteller kann mit diesem Anspruch namentlich die Kosten einer anderweitigen Fertigstellung des Werks sowie entgehenden Gewinn liquidieren. Dem kündigenden Unternehmer verschafft der Anspruch dasselbe wie die Bestimmung des § 326 Abs 2 BGB, also den Werklohn abzüglich der dort genannten, mit denen des § 648 S 2 BGB übereinstimmenden Abzugspositionen (ersparte Aufwendungen, anderweitiger Gewinn; böswillig unterlassener anderweitiger Gewinn; wegen der Einzelheiten kann auf § 648 Rn 40 ff Bezug genommen werden). Wegen der Berechnung seines Anspruchs wird sich der kündigende Unternehmer auch auf die Vermutung des § 648 S 3 BGB stützen können.

VII. Die Kündigung aus wichtigem Grund nach der VOB/B

1. Allgemeines

14 Die VOB/B differenziert hinsichtlich einer Kündigung aus wichtigem Grund zwischen jener gegenüber dem Unternehmer und jener gegenüber dem Besteller. Ersterer ist § 8 Abs 2–7 VOB/B gewidmet, letzterer § 9 VOB/B. Außerdem unterscheidet sich ihre Regelungstechnik insofern von der des § 648a BGB, als die VOB/B auf die Aufstellung einer Generalklausel verzichtet und stattdessen konkrete Einzeltatbestände normiert. Da damit namentlich die Pflichten des § 241 Abs 2 BGB nicht erfasst werden und auch gar erfasst werden können, ist es zuweilen notwendig, aber auch zwanglos möglich, auf die Generalklausel des § 648a BGB zurückzugreifen.

2. Kündigung des Bestellers

15 Der einschlägige § 8 Abs 2–7 VOB/B lautet:

> § 8 Kündigung durch den Auftraggeber
>
> (2) 1. Der Auftraggeber kann den Vertrag kündigen, wenn der Auftragnehmer seine Zahlungen einstellt, von ihm oder zulässigerweise vom Auftraggeber oder einem anderen Gläubiger das Insolvenzverfahren (§§ 14 und 15 InsO) beziehungsweise ein vergleichbares gesetzliches Verfahren beantragt ist, ein solches Verfahren eröffnet wird oder dessen Eröffnung mangels Masse abgelehnt wird.

2. Die ausgeführten Leistungen sind nach § 6 Absatz 5 abzurechnen. Der Auftraggeber kann Schadensersatz wegen Nichterfüllung des Restes verlangen.

(3) 1. Der Auftraggeber kann den Vertrag kündigen, wenn in den Fällen des § 4 Absätze 7 und 8 Nummer 1 und des § 5 Absatz 4 die gesetzte Frist fruchtlos abgelaufen ist. Die Kündigung kann auf einen in sich abgeschlossenen Teil des Auftrags beschränkt werden.

2. Nach der Kündigung ist der Auftraggeber berechtigt, den noch nicht vollendeten Teil der Leistung zu Lasten des Auftragnehmers durch einen Dritten ausführen zu lassen, doch bleiben seine Ansprüche auf Ersatz des etwa entstehenden weiteren Schadens bestehen. Er ist auch berechtigt, auf die weitere Ausführung zu verzichten und Schadensersatz wegen Nichterfüllung zu verlangen, wenn die Ausführung aus den Gründen, die zur Kündigung geführt haben, für ihn kein Interesse mehr hat.

3. Für die Weiterführung der Arbeiten kann der Auftraggeber Geräte, Gerüste, auf der Baustelle vorhandene andere Einrichtungen und angelieferte Stoffe und Bauteile gegen angemessene Vergütung in Anspruch nehmen.

4. Der Auftraggeber hat dem Auftragnehmer eine Aufstellung über die entstandenen Mehrkosten und über seine anderen Ansprüche spätestens binnen 12 Werktagen nach Abrechnung mit dem Dritten zuzusenden.

(4) Der Auftraggeber kann den Vertrag kündigen,

1. wenn der Auftragnehmer aus Anlass der Vergabe eine Abrede getroffen hatte, die eine unzulässige Wettbewerbsbeschränkung darstellt. Absatz 3 Nummer 1 Satz 2 und Nummer 2 bis 4 gilt entsprechend.

2. sofern dieser im Anwendungsbereich des 4. Teils des GWB geschlossen wurde,

    a) wenn der Auftragnehmer wegen eines zwingenden Ausschlussgrundes zum Zeitpunkt des Zuschlags nicht hätte beauftragt werden dürfen. Absatz 3 Nummer 1 Satz 2 und Nummer 2 bis 4 gilt entsprechend.

    b) bei wesentlicher Änderung des Vertrages oder bei Feststellung einer schweren Verletzung der Verträge über die Europäische Union und die Arbeitsweise der Europäischen Union durch den Europäischen Gerichtshof. Die ausgeführten Leistungen sind nach § 6 Absatz 5 abzurechnen. Etwaige Schadensersatzansprüche der Parteien bleiben unberührt.

(5) Die Kündigung ist schriftlich zu erklären.

(6) Der Auftragnehmer kann Aufmaß und Abnahme der von ihm ausgeführten Leistungen alsbald nach der Kündigung verlangen; er hat unverzüglich eine prüfbare Rechnung über die ausgeführten Leistungen vorzulegen.

(7) Eine wegen Verzuges verwirkte, nach Zeit bemessene Vertragsstrafe kann nur für die Zeit bis zum Tage der Kündigung gefordert werden.

Der Kündigungsgrund des Bestellers ist für die sich ergebenden Rechtsfolgen von ausschlaggebender Bedeutung, er braucht aber nicht angegeben zu werden (Messerschmidt/Voit/Voit § 8 Rn 1; aA Ingenstau/Korbion/Joussen/Vygen § 8 Rn 3). Dem entspricht es, dass einerseits einer Kündigung ein wichtiger Grund nachgeschoben werden kann und andererseits eine Kündigung des Bestellers nach § 648 BGB aufrechterhalten werden kann, wenn es ihr doch an einem wichtigen Grund fehlte, sich aber ergibt, dass der Besteller unter allen Umständen kündigen wollte.

Das Schriftformerfordernis des § 8 Abs 5 VOB/B ist ein Wirksamkeitserfordernis, vgl § 650g BGB. Die Parteien hindert das freilich nicht, den Vertrag einverständlich formlos aufzuheben.

3. Kündigung des Bestellers wegen Vermögensverfalls des Unternehmers, § 8 Abs 2 VOB/B

16 a) Zur Wirksamkeit von § 8 Abs 2 VOB/B s Anhang zu § 631 Rn 31 ff. Unwirksam ist jedenfalls der Schadensersatzanspruch des Bestellers nach § 8 Abs 2 S 2 VOB/B und unterliegt damit, der Klauselkontrolle, sofern der Besteller die VOB/B modifiziert in den Vertrag eingeführt hat. Denn ein Vermögensverfall als solcher bedeutet noch nicht eine Pflichtverletzung, wie sie aber bei einem Schadensersatzanspruch vorauszusetzen wäre.

b) Der Vermögensverfall muss bei dem Unternehmer eingetreten sein. Ist ein Mitglied einer Arbeitsgemeinschaft in Vermögensverfall geraten, kommt es darauf an, ob ihre weiteren Mitglieder noch hinreichend zuverlässig erscheinen, das Projekt ordnungsgemäß abzuschließen.

c) Der Begriff der Zahlungseinstellung entspricht dem des § 17 Abs 2 S 2 InsO. Zahlungseinstellung ist das äußere Verhalten des Schuldners, in dem sich typischerweise seine Zahlungsunfähigkeit ausdrückt. Zumindest für die beteiligten Verkehrskreise muss sich der berechtigte Eindruck aufdrängen, dass der Schuldner nicht mehr in der Lage ist, seinen fälligen Zahlungsverpflichtungen nachzukommen. Dazu genügt es, wenn der Schuldner einen nicht unwesentlichen Teil seiner Verbindlichkeiten nicht mehr begleicht (BGH ZIP 2006, 2222, 2223). Aber auch eigene Erklärungen des Schuldners, bestehende Verbindlichkeiten nicht mehr bedienen zu können, oder die Nichterfüllung dringender Betriebskosten wie etwa Sozialversicherungsbeiträge oder Energiekosten werden als ausreichend erachtet, um eine Zahlungseinstellung annehmen zu können (MünchKommInsO/Eilenberger § 17 Rn 32).

d) Beim Insolvenzverfahren kommt es zunächst auf den Antrag nach § 13 InsO an. Dem stehen gleich die Eröffnung des Verfahrens bzw die Abweisung des Antrags nach § 26 InsO. Der Antrag muss zulässig gestellt sein und als Antrag eines Gläubigers den Anforderungen des § 14 InsO genügen. Da die Glaubhaftmachung unsicher zu beurteilen sein wird, wird der Besteller wenn schon nicht die Verfahrenseröffnung, so doch Maßnahmen nach § 21 InsO abwarten.

e) **Rechtsfolgen**

17 aa) Die bereits ausgeführten Leistungen des Unternehmers sind im Falle der Kündigung des Bestellers nach den vertraglichen Preisen abzurechnen; dazu o Rn 11 ff. Das gilt auch für bloß vorbereitende Leistungen des Unternehmers, wie die insoweit

eingeschränkte Verweisung auf § 6 Abs 5 VOB/B ergibt (Heiermann/Riedl/Rusam/ Kuffer § 8 Abs 2 Rn 56; aA Ingenstau/Korbion/Schmitz § 8 Abs 2 Rn 21; Nicklisch/Weick/ Jansen/Seibel/Vogel § 8 Rn 86). Die schon ausgeführten Leistungen braucht der Besteller aber in entsprechender Anwendung von § 8 Abs 2 Nr 2 S 2 VOB/B nicht zu vergüten, wenn er infolge der Kündigung an ihnen kein Interesse mehr hat.

Gewährleistungsrechte bleiben dem Besteller wegen der schon ausgeführten Leistungsteile erhalten. Sie sind grundsätzlich im Wege der Minderung zu berücksichtigen. Wegen des Beginns der Verjährung und ihres Ablaufs vgl § 13 Abs 4 VOB/B (dazu Anh 1 zu § 638 Rn 11 ff).

bb) Darüber hinaus spricht § 8 Abs 2 Nr 2 VOB/B dem Besteller wegen des nicht ausgeführten Restes der Leistung einen Anspruch auf Schadensersatz statt der Leistung zu, wie er dogmatisch den §§ 280, 282 BGB entspricht. In ihn können insbesondere die – vom Besteller darzulegenden – Kosten der anderweitigen Fertigstellung der Leistung eingestellt werden (BGH ZIP 1980, 637). Besonderen gegenständlichen Beschränkungen unterliegt der Schadensersatzanspruch nicht; insbesondere umfasst er auch den entgangenen Gewinn (BGHZ 65, 372 = NJW 1976, 517). Zur Möglichkeit des Insolvenzverwalters, die Unwirksamkeit dieser Rechtsfolgenanordnung nach § 119 InsO geltend zu machen oder sich mit der Einrede der Insolvenzanfechtung zu verteidigen, s Anh zu § 631 Rn 34, 37.

4. Kündigung des Bestellers wegen mangelhafter, zögerlicher Arbeiten des Unternehmers oder aus sonstigen Gründen in seiner Person, § 8 Abs 3 VOB/B

a) Voraussetzungen

aa) Nach § 4 Abs 7 VOB/B kann der Besteller dem Unternehmer eine Frist zur **18** Beseitigung von Mängeln setzen, die schon während der Ausführung der Arbeiten auftreten. Der fruchtlose Ablauf der Frist berechtigt ihn dann zur Kündigung (zu den Voraussetzungen im Einzelnen vgl § 633 Rn 89 ff). § 4 Abs 8 Nr 1 VOB/B sieht Entsprechendes bei dem unerlaubten Einsatz von Subunternehmern vor.

bb) Nach § 5 Abs 4 VOB/B kann der Besteller dem Unternehmer, der zögerlich arbeitet, eine Frist zur Vertragserfüllung setzen. Ihr fruchtloser Ablauf berechtigt dann ebenfalls zur Kündigung (zu den Voraussetzungen im Einzelnen vgl § 633 Rn 40 ff).

cc) Ausnahmsweise kann unter den Voraussetzungen der §§ 648a Abs 2 S 1, 314 Abs 2 S 3 BGB eine Fristsetzung entbehrlich sein.

dd) Wenn nicht einer der eben genannten konkreten Kündigungsfälle gegeben ist, kann der Besteller, dem die Fortsetzung des Vertragsverhältnisses unzumutbar geworden ist, auch auf den allgemeinen Kündigungsgrund des § 648a BGB zurückgreifen (dazu o Rn 3 ff).

ee) Notwendig ist stets eine Kündigungserklärung des Bestellers, die nach § 650g BGB der Schriftform bedarf. Sie ist bei gesetzter Frist erst nach deren Ablauf zulässig und wirksam. Sie kann auf in sich abgrenzbare Teile der Leistung beschränkt werden, § 648a Abs 2 S 2 BGB (dazu o Rn 10 ff).

ff) Dem Besteller obliegt die Darlegungs- und Beweislast für das objektive Vorliegen der Kündigungsgründe (Ingenstau/Korbion/Joussen/Vygen § 8 Abs 3 Rn 31; Messerschmidt/Voit/Voit § 8 Rn 14). Die Beweislast für Mangelfreiheit trifft den Unternehmer erst im Zeitpunkt der Abnahme, und zur Rechtzeitigkeit der Leistung ist die frühere Bestimmung des § 636 Abs 2 BGB aF gerade aufgehoben worden. Der Besteller muss auch seine Fristsetzung und deren Angemessenheit beweisen, der Unternehmer wiederum, dass er den Kündigungsgrund nicht zu vertreten hat (BGHZ 28, 252 = NJW 1959, 34).

b) Rechtsfolgen

19 aa) Über die schon erbrachten Leistungen des Unternehmers ist nach den vertraglichen Sätzen abzurechnen (dazu o Rn 11 ff). Nur angelieferte Bauteile gehören nicht dazu (BGH NJW 1995, 1837). Die Abnahme der Leistung gehört nicht dazu, erst recht nicht die Beseitigung von Mängeln, diese mindern freilich die Vergütung. In Fällen der Insolvenz kann der Insolvenzverwalter nicht zur vollen Befriedigung bestimmter Forderungen gezwungen werden. Der Besteller würde auch widersprüchlich handeln, wenn er wegen Vertrauensverlustes kündigt, aber Nacherfüllung verlangt.

bb) In erster Linie gibt § 8 Abs 3 Nr 1 S 1 VOB/B dem Besteller das Recht, die Leistung auf Kosten des Unternehmers anderweitig vollenden zu lassen.

Zur Vollendung gehört auch die Beseitigung von Mängeln. Bei Vereinbarung der VOB/B kann der Besteller die Kosten einer Fremdnachbesserung nur nach vorheriger Kündigung des Vertrages verlangen (BGH BauR 1986, 573; NJW-RR 1998, 235).

(1) Die Rechtsnatur dieses Erstattungsanspruchs ist streitig. Überwiegend wird er als ein verschuldensunabhängiger Erstattungs- oder Ersatzerfüllungsanspruch gesehen (KG BauR 1984, 527; Nicklisch/Weick/Jansen/Seibel/Vogel § 8 Rn 108; Kaiser BlGWB 1976, 121, 122 f; Ingenstau/Korbion/Joussen/Vygen § 8 Abs 3 Rn 38). Locher (Das private Baurecht Rn 227; ähnlich Anderson BauR 1972 65, 67) spricht von einem speziellen Schadensersatzanspruch.

Auszugehen ist von einem Schadensersatzanspruch. Es liegen Mängel oder Verzögerungen vor, die der Unternehmer trotz Fristsetzung nicht beseitigt hat. Damit liegt eine von ihm zu vertretende Pflichtverletzung vor. Die für den Unternehmer gravierenden Rechtsfolgen wären ohne eine solche auch gar nicht zu rechtfertigen. Diese Deutung des Anspruchs rechtfertigt auch zwanglos die gebotene Anwendung des § 254 BGB.

Dass der Besteller die Kosten der gebotenen Fertigstellung vorab verlangen kann (BGH NJW-RR 1989, 849; Ingenstau/Korbion/Joussen/Vygen § 8 Abs 3 Rn 39 f), ist mit der Annahme eines Schadensersatzanspruchs ohne weiteres vereinbar. Von seinem Anteil der Mehrwertsteuer abgesehen, setzt er die Absicht der Fertigstellung nicht voraus.

(2) Der Besteller kann die Mehrkosten der Fertigstellung der Leistung verlangen. Die Kosten der Weiterführung kann er unabhängig von ihrer Höhe begehren; der Hinweis von Ingenstau/Korbion/Joussen/Vygen § 8 Abs 3 Rn 46 auf § 635 Abs 3

BGB ist insofern missverständlich, als diese Bestimmung für die erstmalige Erbringung der Leistung nicht gilt (§ 635 Rn 11). Allerdings ist diese Bestimmung entsprechend anzuwenden, soweit der Dritte damit beauftragt wird, etwaige Mängel der Leistung des Unternehmers zu beseitigen. Das lässt sich im Übrigen auch aus § 251 Abs 2 BGB herleiten.

Der Besteller ist gehalten, die Auswahl des Dritten, der die Leistungen fortführen soll, mit zumutbarer Sorgfalt vorzunehmen (INGENSTAU/KORBION/JOUSSEN/VYGEN § 8 Abs 3 Rn 47 mit Hinweis auf § 254 Abs 2). Einerseits ist eine neue Ausschreibung grundsätzlich nicht notwendig, andererseits sind gewisse Mehrkosten nicht zu vermeiden, da der Leistungsumfang des Dritten, der die Leistung „mittendrin" aufnehmen muss, notwendig geringer ausfällt, was eine preisgünstige Kalkulation erschwert, und nicht zuletzt gewisser Zeitdruck entstanden sein wird. Jedoch darf der Besteller nun nicht ohne jede nähere Prüfung der verlangten Vergütung vergeben.

Nach den genannten Maßstäben kann der Besteller die Leistung des Unternehmers auch im eigenen Betrieb fertigstellen lassen.

(3) Bei der Fertigstellung der Leistung darf der Besteller nach § 8 Abs 3 Nr 3 VOB/B die Baustelleneinrichtung des Unternehmers sowie angelieferte Stoffe und Bauteile in Anspruch nehmen. Das dient der Beschleunigung und Schadensminderung. Nach Treu und Glauben kann der Besteller dazu gehalten sein (BGH NJW 1995, 1837). Das Rechtsverhältnis, das insoweit entsteht, ist dem Werkvertragsrecht zu unterwerfen; es handelt sich um eine eigenartige werkvertragliche Nebenpflicht des Bestellers (HEYERS BauR 1973, 56, 58; aA OLG Köln BauR 1973, 54, 56, das bei Mängeln von Baustoffen kaufrechtliche Gewährleistung anwenden will).

Die Inanspruchnahme des Unternehmers durch den Besteller setzt eine entsprechende Willenserklärung voraus, die die Gegenstände genau bezeichnen muss. Nimmt er die Gegenstände ohne Einwilligung des Unternehmers an sich, ist das verbotene Eigenmacht (OLG Stuttgart NJW 2012, 625). Im Übrigen hat der Besteller eine angemessene Vergütung zu entrichten. Diese ist in erster Linie nach den vertraglichen Vereinbarungen zu bemessen. Wo diese keine hinreichenden Maßstäbe abgeben, kommt es nach § 632 Abs 2 BGB auf die übliche Vergütung an.

(4) § 8 Abs 3 Nr 4 VOB/B erlegt dem Besteller die Verpflichtung auf, binnen 12 Werktagen nach der Abrechnung mit dem Drittunternehmer, der die Leistung fertiggestellt hat, eine prüfbare Abrechnung zu erteilen, die sich zum einen auf die angefallenen Mehrkosten bezieht, zum anderen auf die sonstigen Schäden des Bestellers. Diese Frist ist keine Ausschlussfrist (BGH BauR 2000, 571, 572).

(5) Der Anspruch des Bestellers verjährt an sich in der regelmäßigen Verjährungsfrist des § 195 BGB (BGH NJW 1983, 2439). Etwas anderes gilt, wenn die Kündigung auf § 4 Abs 7 VOB/B, also auf Mängel gestützt ist. Dann ist § 13 Abs 4 VOB/B heranzuziehen (BGHZ 54, 352 = NJW 1971, 99).

cc) Der Besteller ist nicht darauf beschränkt, die Mehrkosten einer anderweitigen Fertigstellung zu liquidieren; er kann darüber hinaus auch Ersatz seiner weiteren Schäden verlangen, § 8 Abs 3 Nr 2 S 1 aE VOB/B.

dd) Ausnahmsweise kann der Besteller nach § 8 Abs 3 Nr 2 S 2 VOB/B Schadensersatz wegen Nichterfüllung auf der Basis verlangen, dass er auf die Fertigstellung der Leistung verzichtet. Das setzt freilich voraus, dass sein Interesse an ihr entfallen ist und dass dies gerade auf jenen Gründen beruht, die zur Entziehung des Auftrags geführt haben; das wird nur selten der Fall sein. Gegenständlichen Beschränkungen unterliegt dieser Schadensersatzanspruch nicht.

c) Kündigung wegen wettbewerbswidrigem Verhalten des Unternehmers, § 8 Abs 4 VOB/B
aa) Voraussetzungen

20 § 8 Abs 4 VOB/B nimmt auf das GWB Bezug. Nach diesem unzulässige Wettbewerbsbeschränkungen geben dem Besteller das Recht zur Kündigung aus wichtigem Grund; ein solches vorvertragliches Verhalten indiziert unwiderleglich die Unzuverlässigkeit des Unternehmers. Es muss sich freilich um ein Verhalten bei der Vergabe dieses Auftrags gehandelt haben. Einschlägig sind Preisabsprachen unter Konkurrenten, Zahlung von Schmiergeldern, Abwerbung von Mitarbeitern von Mitbewerbern (Ingenstau/Korbion/Joussen/Vygen § 8 Abs 4 Rn 19 f; **aA** Nicklisch/Weick/Jansen/Seibel/Vogel § 8 Rn 123 f). Das ist namentlich von Bedeutung für die Einhaltung der Kündigungsfrist.

Die Kündigung muss nämlich innerhalb von 12 Werktagen nach Bekanntwerden des Kündigungsgrundes ausgesprochen werden, § 8 Abs 4 S 2 VOB/B, und zwar schriftlich, § 650g BGB, widrigenfalls ist sie unwirksam. Zur Fristberechnung vgl § 626 Abs 2 BGB.

bb) Rechtsfolgen

21 Die Kündigung beendet den Werkvertrag insgesamt, doch kann der Besteller ihre Wirkungen entsprechend § 8 Abs 3 Nr 1 S 2 VOB/B auf in sich abgeschlossene Teile der Leistung beschränken (Nicklisch/Weick/Jansen/Seibel/Vogel § 8 Rn 130, **aA**, aber interessenwidrig Ingenstau/Korbion/Joussen/Vygen § 8 Abs 4 Rn 25).

Im Übrigen erwächst dem Besteller ein Schadensersatzanspruch, für den im Einzelnen § 8 Abs 3 Nrn 2–4 maßgeblich ist (dazu o Rn 13 ff).

d) Aufmaß, Abnahme und Rechnungserteilung, § 8 Abs 6 VOB/B

22 Im Falle der Kündigung kann der Unternehmer unabhängig von ihrem Rechtsgrund jedenfalls Vergütung für die ausgeführte Leistung verlangen. Der sicheren Feststellung dient § 8 Abs 6 VOB/B. Anwendbar ist auch § 648a Abs 3 BGB, der zur gemeinsamen Feststellung des Leistungsstandes verpflichtet (näher o Rn 12 ff). War ein Pauschalpreis vereinbart, ist dieser aufzulösen.

Der Unternehmer kann die Abnahme seiner Leistung verlangen, obwohl diese ja noch unfertig ist. Als Abnahme kommt nur eine konkrete durch den Besteller in Betracht; eine fiktive Abnahme nach § 12 Abs 5 Nr 2 VOB/B scheidet aus (BGHZ 80, 252, 253).

Die Wirkungen der Abnahme sind die üblichen. Namentlich setzt sie die Verjährung der Mängelrechte des Bestellers in Lauf. Die Fälligkeit des Vergütungsanspruchs des Unternehmers hängt freilich nicht von ihr ab, sondern davon, dass der Unternehmer eine prüfungsfähige Schlussrechnung erteilt und die Prüfungsfrist für diese abgelaufen ist. § 14 Abs 4 VOB/B gestattet es gegebenenfalls dem Besteller, die Schlussrechnung an Stelle des Unternehmers aufzustellen.

5. Vertragsstrafe nach erfolgter Kündigung

Der Vorbehalt einer Vertragsstrafe ist nur notwendig, wenn eine Abnahme tatsächlich erfolgt, BGHZ 80, 252. **23**

Zu ihrer Berechnung enthält § 8 Abs 7 VOB/B nur eine Klarstellung.

6. Kündigung des Unternehmers

Zur Kündigung des Unternehmers aus wichtigem Grund verhält sich § 9 VOB/B. **24** Die Bestimmung lautet:

> § 9 Kündigung durch den Auftragnehmer
>
> (1) Der Auftragnehmer kann den Vertrag kündigen:
>
> 1. wenn der Auftraggeber eine ihm obliegende Handlung unterlässt und dadurch den Auftragnehmer außerstande setzt, die Leistung auszuführen (Annahmeverzug nach §§ 293 ff. BGB),
>
> 2. wenn der Auftraggeber eine fällige Zahlung nicht leistet oder sonst in Schuldnerverzug gerät.
>
> (2) Die Kündigung ist schriftlich zu erklären. Sie ist erst zulässig, wenn der Auftragnehmer dem Auftraggeber ohne Erfolg eine angemessene Frist zur Vertragserfüllung gesetzt und erklärt hat, dass er nach fruchtlosem Ablauf der Frist den Vertrag kündigen werde.
>
> (3) Die bisherigen Leistungen sind nach den Vertragspreisen abzurechnen. Außerdem hat der Auftragnehmer Anspruch auf angemessene Entschädigung nach § 642 BGB; etwaige weitergehende Ansprüche des Auftragnehmers bleiben unberührt.

a) Die Kündigungsmöglichkeit nach § 9 Abs 1 Nr 1 VOB/B entspricht der des § 643 BGB mit der technischen Maßgabe, dass das Recht zur Kündigung nicht schon anlässlich der Fristsetzung ausgeübt, sondern nur vorbehalten wird. Es kann also auch späterhin unausgeübt bleiben.

b) Zur Kündigung aus wichtigem Grund berechtigt auch der Zahlungsverzug des **25** Bestellers, § 9 Abs 1 Nr 2 VOB/B. Dabei wird es meist um die Abschlagszahlungen des § 632a BGB gehen. Die Bestimmung stellt aber selbst klar, dass die Zahlungsansprüche des Unternehmers auch anderweitig begründet sein können.

c) § 9 Abs 1 VOB/B enthält keinen numerus clausus der Kündigungsgründe. Bei **26** einem anderweitigen Fehlverhalten des Bestellers kann zwanglos auf § 648a BGB zurückgegriffen werden. Die Angelegenheit muss nur ein hinreichendes Gewicht haben.

d) Das Schriftformerfordernis des § 9 Abs 2 S 1 VOB/B entspricht § 650g BGB.

e) Die Abrechnung des gekündigten Vertrages entspricht in § 9 Abs 3 VOB/B dem BGB. Wenn diese Bestimmung § 642 BGB eigens erwähnt, müssen dessen Voraussetzungen auch gegeben sein. Ggf steht dem Unternehmer auch entgehender Gewinn zu, vgl § 648a Abs 6 BGB.

§ 649
Kostenanschlag

(1) Ist dem Vertrag ein Kostenanschlag zugrunde gelegt worden, ohne dass der Unternehmer die Gewähr für die Richtigkeit des Anschlags übernommen hat, und ergibt sich, dass das Werk nicht ohne eine wesentliche Überschreitung des Anschlags ausführbar ist, so steht dem Unternehmer, wenn der Besteller den Vertrag aus diesem Grund kündigt, nur der im § 645 Abs. 1 bestimmte Anspruch zu.

(2) Ist eine solche Überschreitung des Anschlags zu erwarten, so hat der Unternehmer dem Besteller unverzüglich Anzeige zu machen.

Materialien: E I –; II § 585; III § 640; Prot II 2254 ff; JAKOBS/SCHUBERT, Recht der Schuldverhältnisse II 906 ff. BGB: § 650 als § 649 durch BauvertragsG v 28. 4. 2017 (BGBl I 969) eingefügt.

Schrifttum

KIRSCHNECK, Der unverbindliche Kostenanschlag gemäß § 650 BGB (Diss Tübingen 1998)
KÖHLER, Die Überschreitung des Kostenanschlags, NJW 1983, 1633
KOLLER, Aufgedrängte Bereicherung und Wertersatz bei der Wandlung im Werkvertrags- sowie Kaufrecht, DB 1974, 2385, 2458
PAHLMANN, Die Bindungswirkung des unverbindlichen Kostenvoranschlags, DRiZ 1978, 367
PETERS, Die Vergütung des Unternehmers in den Fällen der §§ 643, 645, 650 BGB, in: FS Locher (1990) 201

RENTNER, Der Kostenanschlag, Gruchot Beitr 51, 740
ROHLFING/THIELE, Überschreitung des Kostenvoranschlags durch den Unternehmer, MDR 1998, 632
SCHENK, Der Kostenvoranschlag nach § 650 BGB und seine Folgen, NZBau 2001, 470
WERNER, Anwendungsbereich und Auswirkungen des § 650 BGB, in: FS Korbion (1986) 473.

Systematische Übersicht

I. Allgemeines _____ 1	2. Information über die Kosten _____ 6
	a) Vor Vertragsschluss _____ 6
II. Informationspflichten des Unternehmers	b) Nachträgliche Kostenfaktoren _____ 6
1. Kostenkontrolle _____ 2	c) Wesentliche Überschreitungen _____ 7
	d) Sonstige Kosten _____ 10

3.	Pflicht zum Abwarten	11	a)	Kostenanschlag	20
			b)	Kostenüberschreitung	22
III.	Schadensersatzpflichten des Unternehmers		3.	Rechtsfolgen	25
			a)	Vertragsanpassung	25
1.	Voraussetzungen	12	b)	Kündigungsrecht	26
2.	Umfang	13	c)	Beweislast	27
3.	Beweislast	15	d)	Vergütung	28
4.	Aufwendige Herstellung des Werkes	16	e)	Schadensersatzanspruch	31
IV.	Kündigungsrecht des Bestellers wegen Überschreitung eines Kostenanschlags		V.	Abweichende Vereinbarungen	32
			VI.	Kostenanschlag	33
1.	Grundlage	18	VII.	Rechtslage nach der VOB/B	36
2.	Voraussetzungen	19			

Alphabetische Übersicht

Abweichung, wesentliche	8, 22 ff	Kündigungsrecht des Bestellers	18 ff, 26
Angaben des Bestellers	21	– Ausschluss	32
Anpassung des Vertrages	25		
Architekt	22	Pauschalpreis	2, 33
Aufwendige Herstellung	16 f		
		Schadensersatzpflicht	12 ff
Beweislast	15, 27, 35		
		Vergütung	28 ff
Geschäftsgrundlage, Störung der	18	VOB/B	36
		Vorteilsausgleichung	14
Informationspflichten des Unternehmers	6 ff		
		Wartepflicht	11
Kostenanschlag	3, 7, 20, 33 ff		
Kostenkontrolle	2 ff	Zusatzwünsche	5

I. Allgemeines

1. Die *Kosten* der Erstellung eines Werkes sind *oftmals nicht sicher vorab abzuschätzen,* sodass sich der Unternehmer nicht auf die Vereinbarung eines Pauschalpreises einlassen wird. Gehen dann die Kostenrisiken zu Lasten des Bestellers, weil die übliche Vergütung geschuldet wird, § 632 Abs 2 BGB, oder Abrechnung nach Aufwand verabredet ist, so hat er ein *Interesse an der Unterrichtung über die Kosten.* Einen diesbezüglichen Anspruch normiert § 649 Abs 2 BGB, freilich nur für einen Ausschnitt der denkbaren Fälle. *Die Verletzung der Unterrichtungspflicht macht den Unternehmer schadensersatzpflichtig,* sofern er schuldhaft gehandelt hat. Freilich ist die Ausgestaltung dieses Schadensersatzanspruchs problematisch. **1**

2. § 649 Abs 1 BGB geht von dem Fall aus, *dass der Unternehmer die Kostensteigerung nicht zu erkennen* brauchte. Die Bestimmung gewährt dem Besteller hier unter bestimmten Voraussetzungen *ein besonderes Kündigungsrecht,* das dem Unternehmer einen geringeren Vergütungsanspruch zuweist, als er ihn bei einer Kündigung des Bestellers nach § 648 BGB hätte.

Die *praktische Problematik* dieses Kündigungsrechts liegt zunächst darin, dass der kündigende Besteller den *Torso eines Werkes* hat, mit dem ihm wenig gedient ist. Auch kann es trotz der Kündigung dazu kommen, dass der Besteller mit *bedrängend hohen Werklohnschulden belastet* bleibt, wenn er die geleistete Arbeit vergüten muss, vgl u Rn 13 f.

II. Informationspflichten des Unternehmers

1. Kostenkontrolle

2 Der Unternehmer ist verpflichtet, *die Kosten* der Erstellung des Werkes *ständig zu kontrollieren,* sofern sie nur „auf den Besteller durchschlagen". Dies folgt aus § 241 Abs 2 BGB (vgl SOERGEL/TEICHMANN § 650 Rn 5).

a) Weil letzteres *bei der Vereinbarung eines Pauschalpreises* (§ 632 Rn 7 ff) nicht der Fall ist, entfällt diese Verpflichtung hier. Sie besteht aber *immer dann, wenn nach Aufwand abzurechnen* ist, mag sich das nun aus den Vereinbarungen der Parteien oder der Üblichkeit, § 632 Abs 2 BGB, ergeben.

3 b) Die Kostenkontrollpflicht des Unternehmers besteht – entgegen der missverständlichen Formulierung des § 649 Abs 2 BGB – *unabhängig davon, ob ein Kostenanschlag vorliegt oder nicht* (**aA** für den Fall des fehlenden Kostenanschlags SOERGEL/TEICHMANN Rn 5; MünchKomm/BUSCHE Rn 15; MESSERSCHMIDT/VOIT/OBERHAUSER Rn 17). Sie *entfällt nur in Ausnahmefällen,* nämlich zunächst dann, wenn eine *besondere Entwicklung* in den Kosten *ausgeschlossen* werden kann, weiterhin dann, wenn der Besteller *tatsächlich über die Kosten informiert* ist. Insoweit reicht es aber nicht aus, wenn der Besteller von sich aus Kenntnis über die Kosten haben könnte (ERMAN/SCHWENKER/RODEMANN Rn 9), weil er zB bei einem Bauvorhaben einen Architekten beschäftigt oder über eigenen Sachverstand verfügt. Schließlich ist der Unternehmer zu einer Kostenkontrolle nicht verpflichtet, wenn der Besteller deutlich gemacht hat, dass er *das Werk unter allen Umständen,* unabhängig von den Kosten, errichtet haben will.

4 c) Die Kostenkontrollpflicht bezieht sich zunächst auf *die schon angefallenen Kosten.* Diese brauchen zwar nicht im Einzelnen exakt erfasst zu werden, müssen aber doch in ihrer Größenordnung, soweit dies zumutbar ist, ermittelt werden. Sie bezieht sich weiterhin auf *die noch künftig zu erwartenden Kosten,* die zu schätzen sind.

Dabei sind unter Kosten *jene Beträge* – einschließlich des Gewinns – zu verstehen, *die der Unternehmer dem Besteller in Rechnung stellen darf* (zu möglichen Folgekosten des Werkes für den Besteller u Rn 10).

5 d) Die Kostenkontrollpflicht besteht *unabhängig davon, welche Faktoren die Kosten ändernd beeinflussen.* Insbesondere besteht sie auch insoweit, wie dies *eigene Zusatzwünsche* des Bestellers sind, der sich über deren finanzielle Auswirkungen oft nicht hinreichend bewusst ist (aA MünchKomm/Busche Rn 15; Messerschmidt/Voit/Oberhauser Rn 15; vgl aber auch die Regelung in § 2 Abs 6 Nr 1 S 2 VOB/B). Es ist ferner *nicht entscheidend* das absolute Kostenvolumen des Vertrages oder der eintretenden Änderungen. Die Kostenkontrolle soll dem Besteller Reaktionen ermöglichen, wie sie auch bei einem insgesamt geringen Volumen sinnvoll sein können.

e) Vielfach ergeben sich während der Durchführung eines Werkvertrages in Abständen *präzisere Möglichkeiten der Kostenermittlung.* Sie müssen dem Unternehmer jeweils besonderer Anlass zur Kostenkontrolle sein.

2. Information über die Kosten

Der Unternehmer ist sodann *verpflichtet, den Besteller über die ermittelten Kosten zu informieren,* wenn dazu Anlass besteht. **6**

a) Entsprechender Anlass kann sich *schon vor Vertragsschluss* ergeben, sofern dem Unternehmer Fehlvorstellungen des Bestellers über die Kosten bekannt sind oder er auf Grund der Umstände mit ihnen rechnen muss (vgl OLG Celle CR 1991, 610). Derartige Umstände bestehen namentlich dann, wenn Fehlvorstellungen über Kosten derartiger Werke verbreitet sind oder gerade dieser Besteller ersichtlich unerfahren ist. Laien können zB über die Höhe eines Architektenhonorars Fehlvorstellungen haben (OLG Hamm BauR 1999, 1979).

Die schuldhafte Verletzung dieser Informationspflicht kann zu einer Haftung aus culpa in contrahendo führen. Der Besteller kann dartun und beweisen, dass er bei gehöriger Aufklärung *den Vertrag nicht abgeschlossen* hätte. Zur Berücksichtigung der erbrachten Werkleistung im Rahmen des Schadensersatzanspruchs u Rn 14.

b) Nachträglich können sich unerwartete Kostenfaktoren ergeben (OLG Köln VersR 2000, 334). Unabhängig von der Entwicklung der Kosten besteht eine Informationspflicht des Unternehmers, wenn sich der Besteller nach den Kosten erkundigt.

c) Bei dem wesentlichen Überschreiten eines Kostenanschlags hat der Unternehmer den Besteller von sich aus – „unverzüglich" – zu informieren. **7**

aa) *Nach dem Gesetzeswortlaut* besteht diese Verpflichtung *dann, wenn ein Kostenanschlag vorliegt,* für den der Unternehmer die Gewähr der Richtigkeit nicht übernommen hat.

Ein solcher *Kostenanschlag* kann Teil der vertraglichen Vereinbarung der Parteien sein. Das ist namentlich der Fall beim Einheitspreisvertrag, bei dem die Massen noch nicht endgültig feststehen. Ein Kostenanschlag kann aber auch dann gegeben sein, wenn der Unternehmer im Zuge der Vorverhandlungen eine Berechnung der zu erwartenden Kosten mündlich oder schriftlich vorlegt (Erman/Schwenker/Rodemann Rn 5), ohne dass diese Berechnung Teil des Vertrages würde. Schließlich kann ein Kostenanschlag auch nachträglich erstellt werden.

Regelmäßig wird *der Unternehmer* den Kostenanschlag erstellen, *notwendig* ist das aber *nicht;* er kann vielmehr auch von einem Dritten oder dem Besteller selbst stammen (BGB-RGRK/GLANZMANN § 650 Rn 4). Dann muss ihn der Unternehmer aber als im Wesentlichen richtig akzeptiert haben.

Die *Gewähr für die Richtigkeit* übernimmt der Unternehmer bei der Vereinbarung eines Fest- oder Pauschalpreises (dazu § 632 Rn 7 ff). Wenn die Parteien einen „circa Preis" vereinbaren, liegt regelmäßig ein Kostenanschlag iSd § 649 BGB vor (**aA** WERNER, in: FS Korbion [1986] 474, der die Obergrenze des circa-Preises als regelmäßig verbindlich ansehen will).

8 bb) Auch *ohne das Bestehen eines Kostenanschlages* kann aber eine Informationspflicht des Unternehmers über die Kosten angenommen werden, wenn ihm bekannt ist oder *erkennbar* sein muss, *dass der Besteller Fehlvorstellungen über diese unterliegt.* Solche Fehlvorstellungen können zB durch eine allgemeine Veranschlagung der Kosten durch den Unternehmer nach üblichen Richtwerten veranlasst sein, wie sie – mangels Konkretheit – den Anforderungen an einen Kostenanschlag nicht genügt (OLG Hamburg OLG Rspr 34, 47), aber etwa auch auf anderweitigen eigenen Erkundigungen des Bestellers beruhen. Dann wird sich der Besteller nur auf einen Schadensersatzanspruch ein Mitverschulden anrechnen lassen müssen.

9 cc) Die Informationspflicht besteht dann, wenn die voraussichtlichen Kosten von dem Kostenanschlag „wesentlich" abweichen.

(1) § 649 Abs 2 BGB nennt nur den häufigeren und wichtigeren Fall, dass die Kosten höher sind als vorhergesehen. *Nicht anders* ist aber auch *der gegenteilige Fall* zu behandeln, dass es zu unerwarteten Kosteneinsparungen kommt oder solche möglich erscheinen.

(2) Zur Wesentlichkeit der Abweichung u Rn 24. Es muss sich der Unternehmer *in Zweifelsfällen* eher für als gegen die Information des Bestellers entscheiden und darf jedenfalls nicht seine Entschließung an die Stelle der Entschließung des Bestellers setzen. Die *Ursachen der Abweichung* sind *grundsätzlich unerheblich.*

dd) Über die schlichte Kosteninformation hinaus hat der Unternehmer den Besteller über *die bestehenden Möglichkeiten weiteren Vorgehens* zu beraten.

10 d) Über *sonstige Kosten,* die nicht die eigene Werkleistung betreffen, braucht der Unternehmer den Besteller grundsätzlich nicht zu informieren. Er hat dem Besteller auf Anfrage aber jedenfalls Möglichkeiten der Information zu benennen, soweit ein innerer Zusammenhang mit seiner eigenen Werkleistung gegeben ist. Im Übrigen hat er den Besteller im Rahmen des Vertragsschlusses aber ggf auf die *direkten Folgekosten* des Werkes (Unterhaltung und Wartung) hinzuweisen. Aufklärung kann der Besteller hier auch dann erwarten, wenn sich alternativ eine zunächst billige Lösung mit baldigem Ersatzbedarf und eine dauerhafte Lösung anbieten.

3. Pflicht zum Abwarten

11 Soweit eine wesentliche Kostenabweichung vorauszusehen ist, hat der Unternehmer *die Entschließung des Bestellers abzuwarten,* sofern mit einem Zuwarten keine besonderen Gefahren verbunden sind, vgl den Gedanken des § 681 S 1 BGB.

III. Schadensersatzpflichten des Unternehmers

1. Voraussetzungen

Wenn der Unternehmer die skizzierten Informationspflichten schuldhaft verletzt, macht er sich aus den §§ 280 Abs 1, 241 Abs 2 BGB *schadensersatzpflichtig* (OLG Frankfurt NJW-RR 1989, 209; BGB-RGRK/Glanzmann § 650 Rn 18; Erman/Schwenker Rn 8), im vorvertraglichen Bereich aus § 311 Abs 2 BGB (OLG Köln VersR 1998, 1175). **12**

Dieser Anspruch kann nach § 254 Abs 1 BGB durch ein Mitverschulden des Bestellers gemindert sein (BGH-RGRK/Glanzmann). Ein solches liegt insbesondere dann vor, wenn der Besteller seine Informationen über die Kostenfrage aus anderer Quelle geschöpft und sie nicht hinreichend durch Nachfragen bei dem Unternehmer überprüft hat.

2. Umfang

Der Besteller ist *so zu stellen, wie er bei rechtzeitiger und gehöriger Information durch den Unternehmer stehen würde* (BGB-RGRK/Glanzmann; Erman/Schwenker/Rodemann Rn 8; OLG Köln NJW-RR 1998, 1429; OLG Celle BauR 2000, 1493). **13**

a) Dass der Besteller dann die Werkleistung zum Preise des Kostenanschlags (so Pahlmann DRiZ 1978, 367) oder zu diesem Preise zuzüglich eines hinnehmbaren Aufschlags (so Werner, in: FS Korbion [1986] 478 ff) erhalten hätte, ist *nicht anzunehmen.*

b) Hätte der Besteller bei Information vor Vertragsschluss *den Auftrag gar nicht erteilt,* so entfällt der Vergütungsanspruch des Unternehmers überhaupt (BGB-RGRK/Glanzmann). *Hätte der Besteller* nachträglich nach § 648 Abs 1 BGB *gekündigt,* so ist nach dieser Bestimmung abzurechnen (Erman/Seiler[10] Rn 8). Ergibt sich, dass der Besteller mit einem geringeren Werk vorlieb genommen hätte, so muss er entsprechend gestellt werden.

c) *Anzurechnen* auf den Schadensersatzanspruch des Bestellers ist *jene Vermögensvermehrung,* die bei ihm *durch das verbleibende Werk* bzw verbleibende Werkteile endgültig eingetreten ist (BGB-RGRK/Glanzmann; OLG Celle NJW-RR 2003, 1243, 1245 = NZBau 2004, 41, 44). Diese Vermögensmehrung ist *nach objektiven Maßstäben* zu berechnen (aA Köhler NJW 1983, 1633, 1635, der den subjektiven Nutzen des Werkes für den Besteller in Ansatz bringen will; ebenso OLG Frankfurt NJW-RR 1989, 209, 210 = BauR 1989, 246). **14**

Der Besteller kann von dem Unternehmer auch die Beseitigung jener Teile der Werkleistung verlangen, die dieser nach der fiktiven Kündigung durch den Besteller noch erbracht hat (Köhler NJW 1983, 1635). Er braucht diese dann nicht durch Anrechnung auf seinen Schadensersatzanspruch zu vergüten.

Wenn der Besteller die schon erbrachte Werkleistung behält, *läuft* sein Schadensersatzanspruch *wegen der Vorteilsausgleichung praktisch leer* (LG Köln NJW-RR 1990, 1498). Hat der Besteller das Werk durch Kredit finanziert, bleibt ersatzfähig die erhöhte Zinsbelastung.

3. Beweislast

15 Die Beweislast für die Informationspflicht des Unternehmers liegt beim Besteller; hinsichtlich des Verschuldens hat sich der Unternehmer zu entlasten.

Seinen Schaden hat grundsätzlich der Besteller darzutun und zu beweisen. Zweifelhaft ist, ob er auch nachweisen muss, dass er nach § 648 Abs 1 BGB gekündigt hätte. Während PALANDT/SPRAU Rn 3 von einer regelmäßigen Kündigung ausgeht, nehmen BGB-RGRK/GLANZMANN Rn 16; ERMAN/SCHWENKER/RODEMANN Rn 12; KÖHLER NJW 1983, 1635 eine *Beweislast des Bestellers für die Kündigung* an. Dem ist zuzustimmen: Die Kündigung gehört zur Darlegung des Schadens. Es spricht auch keine tatsächliche Vermutung dafür, dass der Besteller gekündigt hätte, da die Fälle zu unterschiedlich liegen und die Kündigung zuweilen nachteilig sein kann. Freilich ist § 287 Abs 1 ZPO auf den Nachweis der Kündigung anzuwenden (BGB-RGRK/GLANZMANN).

Dass und inwieweit *der Wert der verbleibenden Werkleistung den Schadensersatzanspruch* des Bestellers *mindert,* hat der Unternehmer zu beweisen. Das entspricht den allgemeinen Grundsätzen der Vorteilsausgleichung. Insofern hat der Unternehmer auch zu beweisen, dass der Besteller das Werk nicht anderweitig (durch Eigenarbeit oder Dritte) billiger hätte erwerben können (**aA** LG Köln NJW-RR 1990, 1498).

4. Aufwendige Herstellung des Werkes

16 Abzugrenzen von dem skizzierten Schadensersatzanspruch wegen unzureichender Information über die Kosten ist der Fall, dass der Unternehmer das Werk zu aufwendig herstellt (BGB-RGRK/GLANZMANN § 650 Rn 19).

a) Der Unternehmer ist verpflichtet, das Werk kostengünstig zu erstellen. Soweit er Arbeitszeit und Materialien in Rechnung stellen darf, ist er zu einem *sparsamen und effektiven Einsatz* gehalten. Außerdem hat er eine Methode der Werkerstellung zu wählen, die neben der Vermeidung von Mängeln und neben einer zügigen Förderung des Werkes maßgeblich auch eine kostengünstige Abwicklung berücksichtigt.

b) Schuldhafte Verstöße gegen diese Verpflichtung gewähren dem Besteller einen *Schadensersatzanspruch aus §§ 280 Abs 1, 241 Abs 2 BGB,* der darauf gerichtet ist, dass der Unternehmer seinen Vergütungsanspruch auf das notwendige Maß reduziert (BGB-RGRK/GLANZMANN). Nur Vergütung für die notwendigen Leistungen kann der Unternehmer von vornherein verlangen, wenn ihm mangels näherer Absprache nach § 632 Abs 2 BGB die übliche Vergütung geschuldet wird.

17 c) Bestreitet der Besteller den *Aufwand des Unternehmers,* so hat dieser ihn *zu beweisen.* Bestreitet der Besteller die Notwendigkeit des Aufwandes, so trifft den Unternehmer die Beweislast auch hierfür. Freilich sind *gewisse Anforderungen an die Substantiierung des Bestreitens* des Bestellers zu stellen, die um so höher anzusetzen sind, je größer der eigene Sachverstand des Bestellers ist. Ganz generell wird der Besteller aber jedenfalls darzutun haben, warum der vom Unternehmer behauptete Aufwand unglaubhaft oder unangemessen erscheint. Bei unverhältnismäßigem Aufwand steht dem Unternehmer gegebenenfalls der Nachweis offen, dass dieser nicht verschuldet war, weil zB preisgünstigere Methoden der Werkerstellung einstweilen nicht ersichtlich waren.

IV. Kündigungsrecht des Bestellers wegen Überschreitung eines Kostenanschlags

1. Grundlage

Wenn ein unverbindlicher Kostenanschlag wesentlich überschritten wird, hat der Besteller nach § 649 Abs 1 BGB *ein besonderes Kündigungsrecht*. Die Auslegung der Bestimmung muss es beeinflussen, dass dies dogmatisch als ein *Fall der Störung der Geschäftsgrundlage* zu verstehen ist (BGH NJW 2011, 989 Rn 23; OLG Frankfurt NJW-RR 1989, 209; ERMAN/SCHWENKER/RODEMANN Rn 2; MESSERSCHMIDT/VOIT/OBERHAUSER Rn 1). Demgegenüber hatte Mot II 504 noch einen Fall des ausnahmsweise beachtlichen Motivirrtums angenommen (wie dort SOERGEL/TEICHMANN Rn 3 f; MünchKomm/BUSCHE Rn 2). Aber zu einem Motivirrtum passen die Rechtsfolgen der Kündigung bzw Vertragsanpassung nicht. 18

2. Voraussetzungen

Die Voraussetzungen des Kündigungsrechts des Bestellers sind enger als die der Informationspflicht des Unternehmers über die Kosten. 19

a) Kostenanschlag
Dem Vertrag muss ein Kostenanschlag zugrunde liegen. 20

aa) Es *genügen* hier also *nicht einseitige Vorstellungen* des Bestellers über die zu erwartenden Kosten, auch wenn sie dem Unternehmer erkennbar oder sogar bekannt wurden. Der Unternehmer muss die Vorstellungen des Bestellers über die Kosten vielmehr *geteilt* haben.

bb) Die gemeinsamen Vorstellungen über die Kosten beruhen regelmäßig auf einem Kostenanschlag, mag diesen nun der Unternehmer, der Besteller, aber auch ein Dritter aufgestellt haben (BGB-RGRK/GLANZMANN Rn 4). Ein Kostenanschlag in diesem Sinne zeichnet sich dadurch aus, dass er *konkret und verlässlich* wirkt. Daran fehlt es zB, wenn der Unternehmer aus dem Stegreif eine ungefähre Summe nennt (OLG Hamburg OLG Rspr 34, 47). Allerdings kann es in Fällen dieser Art zu einer Haftung des Unternehmers aus positiver Forderungsverletzung kommen, wenn er entsprechende Fehlvorstellungen des Bestellers nicht rechtzeitig korrigiert (o Rn 6 f). Grundsätzlich ist für einen Kostenanschlag *zu fordern, dass er seine Berechnungsgrundlagen erkennen lässt*.

cc) Der Kostenanschlag liegt zugrunde, wenn er zwar gemeinsam für richtig gehalten wird, aber *nicht Vertragsinhalt* geworden ist. Unschädlich ist es, dass in Fällen dieser Art regelmäßig die *preisbildenden Elemente Vertragsinhalt* werden, wie zB die Einheitspreise für die noch näher zu ermittelnden Massen. Typischer zugrunde liegender Kostenanschlag ist das von dem Unternehmer auf Grund geschätzter Massen mit Einheitspreisen versehene „Angebot". Wenn dagegen die Endsumme 21 des Kostenanschlags Vertragsinhalt geworden ist, liegt in Wahrheit ein Pauschalpreisvertrag vor, auf den § 649 Abs 1 BGB Anwendung nicht finden kann (ERMAN/SCHWENKER/RODEMANN Rn 4).

dd) Wenn ein Kostenanschlag vorliegt, bleibt dem Unternehmer der Nachweis offen, dass er deshalb nicht zugrunde gelegen habe, weil dem Besteller seine Unrichtigkeit bekannt gewesen sei. Dagegen reicht der Nachweis nicht aus, dass er, der Unternehmer, selbst die Unrichtigkeit nicht erkannt habe oder dass der Besteller sie habe erkennen müssen. Auf Verschuldensgesichtspunkte kommt es hier nicht an (ERMAN/SCHWENKER/RODEMANN Rn 7).

ee) Ausnahmsweise kann auch auf einen Kostenanschlag verzichtet werden, soweit sich die Parteien auf anderer Basis über die zu erwartenden Kosten *konkret einig* geworden sind, zB auf Grund der Erfahrung bei einem früheren Parallelprojekt.

ff) § 649 BGB ist weder unmittelbar noch entsprechend anzuwenden, wenn die Überschreitung der Kostenangabe des Unternehmers darauf zurückzuführen ist, dass der Besteller dem Unternehmer unzutreffende Angaben über den Umfang des herzustellenden Werkes zur Verfügung gestellt hat (BGH NJW 2011, 989 = NZBau 2011, 290 Rn 23 ff). In diesem Fall kann der Besteller auch nicht nach § 313 Abs 3 S 2 BGB kündigen (BGH NJW 2011, 989); ihm verbleibt die Kündigungsmöglichkeit des § 648 BGB.

b) **Kostenüberschreitung**

22 Die tatsächlich anfallenden Kosten müssen die des Anschlags *wesentlich* überschreiten.

aa) Bei den Kosten muss es sich um die des Werkes handeln. Dabei sind die *Ursachen* der Kostensteigerung grundsätzlich *gleichgültig* (BGB-RGRK/GLANZMANN § 650 Rn 13). In Betracht kommen insbesondere *Fehleinschätzungen* der Massen, *Verteuerung* von Material und Arbeit, *zusätzlich notwendige Arbeiten,* die den Umfang des Werkes nicht erweitern.

bb) Dagegen reicht es *nicht* aus, wenn die Kostensteigerung auf einer *Erweiterung des Werkes* beruht, wie sie insbesondere auf Zusatzwünsche des Bestellers oder auf behördliche Auflagen zurückzuführen sein kann (BGB-RGRK/GLANZMANN Rn 12; MünchKomm/BUSCHE Rn 9).

Beim *Vertrag mit dem Architekten* können nur Steigerungen seines Honoraranspruchs das Kündigungsrecht des Bestellers auslösen, nicht dagegen die der Baukosten (BGHZ 59, 339 = NJW 1973, 140. Zur Haftung des Architekten für Baukostensteigerungen Anh zu §§ 650p-t Rn 1 ff).

23 **cc)** Es ist für das Kündigungsrecht des Bestellers *nicht notwendig,* aber auch nicht schädlich, dass die Fehleinschätzung der Kosten durch den Unternehmer *schuldhaft* war. Gegen SOERGEL/TEICHMANN Rn 8 ist es nicht einmal notwendig, dass die Fehleinschätzung durch den Unternehmer veranlasst ist. Das Kündigungsrecht des Bestellers besteht auch dann, wenn er selbst den Kostenanschlag schuldhaft unrichtig

erstellt hat oder hat erstellen lassen. Allerdings kann dann die Berufung auf § 649 Abs 1 BGB im Einzelfall eine unzulässige Rechtsausübung sein.

dd) Die Überschreitung des Kostenanschlags muss *wesentlich sein.* Das lässt sich *nicht in starren Prozentsätzen* erfassen, etwa den von Mot II 503; § 195 ZGB/DDR genannten 10 %; es kommt vielmehr auf die Umstände des Einzelfalls an (BGB-RGRK/ GLANZMANN Rn 11; KÖHLER NJW 1983, 1633). 10 % können nicht einmal als generelle Untergrenze angesehen werden (**aA** MünchKomm/BUSCHE Rn 10); wie umgekehrt selbst 25 % nicht unter allen Umständen das Kündigungsrecht des Bestellers auszulösen vermögen (BGH VersR 1957, 298; einschränkend dazu BGH NJW-RR 1987, 337). *Es kommt* vielmehr *darauf an, ob die Steigerung so erheblich ist, dass sie einen redlichen Besteller zu einer Änderung seiner Dispositionen,* namentlich zu einer Kündigung *veranlassen kann* (KÖHLER). Bei größeren Werkleistungen wollen BGB-RGRK/GLANZMANN und KÖHLER höhere Überschreitungen hinnehmen als bei kleineren. Dem ist zu widersprechen, weil gerade hier der Besteller finanziell ausgelastet sein kann. Es ist von Bedeutung, ob und inwieweit von vornherein mit der Möglichkeit von Kostensteigerungen zu rechnen war. Letztlich *muss der Besteller dartun, dass ein Festhalten an dem Vertrag für ihn aus Kostengründen unzumutbar ist.* Dabei dürfen an ihn keine zu strengen Anforderungen gestellt werden. **24**

3. Rechtsfolgen

Dem Besteller erwächst ein *Kündigungsrecht,* das ihn günstiger stellt als eine Kündigung nach § 648 BGB. **25**

a) Vertragsanpassung
Dieses Kündigungsrecht des Bestellers ist zwar sein wichtigstes Recht, aber doch nur die ultima ratio, schon weil ihm mit dem unvollendeten Werk oft kaum gedient ist. Wenn es hier um den Fall einer relevanten Störung der Geschäftsgrundlage geht (o Rn 18), dann spricht nichts dagegen, auf die dazu entwickelten Grundsätze zurückzugreifen (**aA** MünchKomm/BUSCHE Rn 2, 12, der dem hiesigen dogmatischen Ansatz nicht folgt; MESSERSCHMIDT/VOIT/OBERHAUSER Rn 13, die die Regelung des § 649 Abs 1 für abschließend hält), nach denen eine *Anpassung des Vertrages* an die veränderten Verhältnisse *vorzuziehen* ist:

aa) Wenn eine *Reduzierung des Leistungsumfangs* oder eine *Abänderung der Leistung* zweckmäßig erscheint, hat der Besteller einen Anspruch gegen den Unternehmer darauf, dass dieser einer entsprechenden Abänderung des Vertrages zustimmt.

bb) Umgekehrt kann der Unternehmer *das Kündigungsrecht des Bestellers dadurch abwenden,* dass er eine zweckmäßige und zumutbare Abänderung des Vertrages anbietet, sofern diese den ursprünglichen Kostenrahmen wahrt. Beharrt der Besteller dann gleichwohl auf seiner Kündigung, beurteilt sich diese nach § 648 BGB (auf der Basis einer fiktiven Vertragsabänderung).

b) Kündigungsrecht
Die Kündigung ist – wie stets – eine *einseitige, im Baubereich formgebundene,* § 650g BGB, *empfangsbedürftige Willenserklärung,* die von Bedingungen freizuhalten ist, sofern ihr Eintritt nicht in das Belieben des Unternehmers gestellt ist wie zB das **26**

Einverständnis mit einer Abänderung des Vertrages. *Gründe brauchen bei ihr nicht genannt zu werden* (BGB-RGRK/Glanzmann § 650 Rn 8). Es genügt, wenn eine wesentliche Kostenüberschreitung als Kündigungsgrund objektiv gegeben war, was auch „nachgeschoben" werden kann. Die Kündigung braucht insofern auch nicht auf der Kostenüberschreitung zu beruhen (**aA** BGB-RGRK/Glanzmann Rn 7), wenngleich dann natürlich die Wesentlichkeit der Kostenüberschreitung in Zweifel gerät.

c) Beweislast

27 Die Beweislast für die Voraussetzungen der Kündigung trägt der Besteller, insbesondere also für die zunächst zu erwartenden Kosten, deren Überschreitung und die Wesentlichkeit der Überschreitung (BGB-RGRK/Glanzmann Rn 9; Erman/Schwenker/Rodemann Rn 12). Misslingt der Beweis, bleibt die Kündigung wirksam; sie ist dann aber *nach § 648 BGB zu beurteilen.*

d) Vergütung

28 Für *die geschuldete* Vergütung nimmt § 649 Abs 1 BGB auf § 645 Abs 1 BGB Bezug.

aa) Danach schuldet der Besteller eine *Teilvergütung.* Es ist der bisherige Arbeitsaufwand des Unternehmers zu dem mutmaßlichen Gesamtaufwand in Beziehung zu setzen. Entsprechend verhält sich dann die geschuldete Teilvergütung zu der mutmaßlichen Gesamtvergütung (BGB-RGRK/Glanzmann Rn 8 zu § 645).

Dieser Rechenweg führt freilich nur dann zu korrekten Ergebnissen, wenn die *Unkosten des Unternehmers* für Zutaten (Baustoffe), Hilfsmittel (Geräte) etc im Ablauf der Arbeiten gleichmäßig anfallen, was aber nicht die Regel ist. Vielmehr pflegen Kosten dieser Art in der Anfangsphase des Werkes verstärkt anzufallen. Sie sind deshalb, soweit entstanden, als Teil der bisherigen Leistung iSd § 645 BGB zu behandeln (BGB-RGRK/Glanzmann Rn 11 zu § 645).

29 bb) Was speziell den *Gewinn des Unternehmers* betrifft, so muss ihm dieser erhalten bleiben, *soweit er anteilig der bisher geleisteten Arbeit entspricht.* Es entfällt – anders als bei § 648 BGB – jener Gewinnanspruch, der der nicht mehr geleisteten Arbeit zuzuordnen ist.

cc) *Unerheblich* ist es, inwieweit die bisherige Arbeit des Unternehmers – objektiv oder für den Besteller – zu einer *Wertschöpfung* geführt hat. Insofern wird sich die Kündigung nach § 649 BGB jedenfalls dann meist als wirtschaftlich sinnlos erweisen, wenn Schadensersatzansprüche gegen den Unternehmer nicht gegeben sind. Aber selbst diese wiegen die Nachteile einer Kündigung oft nicht auf.

30 dd) Von Vorteil für den Besteller ist die Beurteilung seiner Kündigung nach § 649 BGB statt nach § 648 BGB wegen der *Beweislast.* Während der Besteller im Falle des § 648 S 2 BGB beweisen muss, wie viel der Unternehmer an Kosten gegenüber der vollen Werklohnforderung erspart hat, will er sich nicht mit der Pauschale des § 648 S 3 BGB begnügen, trifft den Unternehmer im Falle des § 649 Abs 1 BGB die Beweislast dafür, wie viel er überhaupt verdient hat. Es ist hier also „von unten", dort „von oben" zu rechnen.

e) Schadensersatzanspruch

Die *Kündigung* nach § 649 Abs 1 BGB und der Schadensersatzanspruch wegen 31 schuldhafter Fehlinformation über die Kosten *schließen sich nicht gegenseitig aus,* sondern bestehen nebeneinander: Der Besteller, der wegen Kostenüberschreitung gekündigt hat, kann die damit nicht abgewendeten Schäden mit dem Schadensersatzanspruch liquidieren. Andererseits ist bei der Berechnung des Schadensersatzes eine erfolgte Kündigung zu berücksichtigen. Bei schuldhaft verspäteter Information ist der Schaden des Bestellers gegebenenfalls auf der Basis einer fiktiven Kündigung zu dem Zeitpunkt zu ermitteln, zu dem er hätte kündigen können (o Rn 12 ff).

V. Abweichende Vereinbarungen

1. Das Kündigungsrecht des Bestellers wegen Kostenüberschreitung kann *indi-* 32 *vidualvertraglich ausgeschlossen* werden. Bei Beschränkungen in Allgemeinen Geschäftsbedingungen des Unternehmers ist zu beachten, dass es zu den *wesentlichen Grundgedanken* der gesetzlichen Regelung, § 307 Abs 2 Nr 1 BGB, gehört.

2. Bei der Beschränkung von Schadensersatzansprüchen des Bestellers wegen schuldhaft unterlassener Informationen über gestiegene Kosten ist namentlich § 309 Nr 7 lit b BGB beachten.

VI. Kostenanschlag

1. Eine Übersicht des Unternehmers über die zu erwartenden Kosten des Werkes 33 kann *in dem Sinne verbindlich* sein, dass *nur die sich ergebende Summe geschuldet* wird, aber auch unverbindlich in dem Sinne, dass die im Ergebnis geschuldete Vergütung erst noch nach den Ansätzen des Kostenanschlages zu ermitteln ist.

2. Wird nur die sich ergebende Summe geschuldet, handelt es sich um einen *Pauschalpreisvertrag* (dazu § 632 Rn 7 ff). Dort auch zu der Frage, wie zu verfahren ist, wenn der vorausgesetzte Umfang der Leistung über- oder unterschritten wird.

3. Wenn *nur die Berechnungsmethoden genannt* sind, handelt es sich um einen *Einheitspreisvertrag* (dazu § 632 Rn 4 ff). Hier sind jedenfalls die Preisansätze verbindlich; sie müssen aber gegebenenfalls bei wesentlichen Abweichungen in den Massen korrigiert werden (dazu § 632 Rn 65 ff).

4. Welcher der beiden Fälle vorliegt, ist eine *Frage der Auslegung* (BGB-RGRK/ 34 Glanzmann § 650 Rn 22; Erman/Schwenker/Rodemann Rn 6). Ein Pauschalpreisvertrag wird meist durch besondere Zusätze wie „pauschal" oder „fest" gekennzeichnet sein. Indiz für ihn ist es auch häufig, dass die sich aus den Kostenansätzen ergebende Summe (nach unten) abgerundet wird. Für einen Pauschalpreis spricht ferner die fehlende oder nur kursorische Angabe seiner Grundlagen. Indizien gegen ihn sind die genaue Bezeichnung der Rechnungsgrundlagen, bestehende Unklarheiten über den endgültigen Leistungsumfang oder gar den konkreten Gegenstand des Werkes, zB bei Reparaturen mit zunächst unklarer Schadensursache.

5. *Wenn der Besteller* gegenüber der höheren Werklohnforderung des Unter- 35 nehmers *einen niedrigeren Pauschalpreis* einwendet, hat der Unternehmer dies zu widerlegen (BGB-RGRK/GLANZMANN § 650 Rn 24; hier § 632 Rn 139). Voraussetzung ist dabei freilich, dass der Besteller die Behauptung der Pauschalpreisabrede *substantiiert*.

Besteht Streit darüber, welche Leistungen mit einem Pauschalpreis abgegolten sein sollen, trifft die Beweislast den Besteller.

6. Eine Mischform von Pauschal- und Einheitspreis liegt vor, wenn der Unternehmer nach Aufwand abrechnen soll, aber ein *Höchstbetrag* gesetzt wird. Dies entbindet den Unternehmer nicht von der Verpflichtung, seinen konkreten Aufwand nachzuweisen.

VII. Rechtslage nach der VOB/B

36 **1.** Die VOB/B enthält eingehende Bestimmungen über die Preisgestaltung in § 2 (dazu § 632 Rn 63 ff).

2. Die Verpflichtung des Unternehmers, den Besteller *über Änderungen der Kosten zu informieren,* besteht uneingeschränkt auch im Geltungsbereich der VOB/B.

3. Ein § 649 Abs 1 BGB entsprechendes *Kündigungsrecht* des Bestellers wegen Kostensteigerungen enthält die VOB/B *nicht. Insoweit kann aber auf § 649 Abs 1 BGB zurückgegriffen* werden (WERNER, in: FS Korbion [1986] 473, 475; BGB-RGRK/GLANZMANN Rn 26; MünchKomm/BUSCHE Rn 19; **aA** DAUB/PIEL/SOERGEL/STEFANI ErlZ B 2. 35; einschränkend INGENSTAU/KORBION/JOUSSEN/VYGEN Vor §§ 8, 9 Rn 34). LOCHER (Das private Baurecht Rn 236): nur wenn die Geltung von §§ 1 Abs 3, 4, 2 Abs 3, 5, 6 VOB/B ausgeschlossen sei. Aber das überzeugt nicht, da dort nur geregelt ist, wann es zu Mehrleistungen kommen kann und wie über diese abzurechnen ist. Der Regelungsgegenstand des § 649 Abs 1 BGB ist davon nicht berührt.

§ 650
Anwendung des Kaufrechts

Auf einen Vertrag, der die Lieferung herzustellender oder zu erzeugender beweglicher Sachen zum Gegenstand hat, finden die Vorschriften über den Kauf Anwendung. § 442 Abs. 1 Satz 1 findet bei diesen Verträgen auch Anwendung, wenn der Mangel auf den vom Besteller gelieferten Stoff zurückzuführen ist. Soweit es sich bei den herzustellenden oder zu erzeugenden beweglichen Sachen um nicht vertretbare Sachen handelt, sind auch die §§ 642, 643, 645, 648 und 649 mit der Maßgabe anzuwenden, dass an die Stelle der Abnahme der nach den §§ 446 und 447 maßgebliche Zeitpunkt tritt.

Materialien: § 651 aF; Art 1 G zur Modernisierung des Schuldrechts v 26. 11. 2001 (BGBl I 3138); BT-Drucks 14/6040, 267; 14/7052, 67, 205. § 651 aF: E I § 568; II § 586; III § 641; § 651 Mot II 474 ff; Prot II 2259 ff; JAKOB/SCHUBERT, Recht der Schuldverhältnisse II 915 ff. Vgl STAUDINGER/BGB-Synopse 1896–2005. BGB: § 651 als § 650 durch BauvertragsG v 28. 4. 2017 (BGBl I 969) eingefügt.

Dezember 2019

Schrifttum

BLANK, Die rechtliche Einordnung des Veräußerungsvertrages über ein bereits hergestelltes Gebäude, in: FS Thode (2005) 233
DNIESTRZANSKI, Wesen des Werklieferungsvertrages im oesterreichischen Recht (1898)
DÖREN, Die rechtliche Einordnung des Bauträgervertrages nach der Schuldrechtsmodernisierung: Werkvertrag, ZfIR 2003, 497
DROSTE, Der Liefervertrag mit Montageverpflichtung (1991)
FUCHS, Die Mängelhaftung des Bauträgers bei der Altbausanierung, BauR 2007, 264
GAY, Die Mängelhaftung des Baustoffherstellers, BauR 2010, 1827
HILDEBRANDT, Die rechtliche Einordnung des Bauträgervertrages nach der Schuldrechtsmodernisierung: Kaufvertrag, ZfIR 2003, 489
KLINCK, Der Einfluß des § 651 BGB auf das Eigentum am Werk, JR 2006, 1
KONOPKA/ACKER, Schuldrechtsmodernisierung – Anwendungsbereich des § 651 BGB im Bau- und Anlagenbauvertrag, BauR 2004, 251
LEISTNER, Die „richtige" Auslegung des § 651 BGB im Grenzbereich von Kaufrecht und Werkvertragsrecht, JA 2007, 81
LEUPERTZ, Baustofflieferung und Baustoffhandel, BauR 2006, 1648
MAGEN, Der neue Warenlieferungsvertrag – ein unbequemer Kauf, JZ 2004, 713
MANKOWSKI, Werkvertragsrecht – die Neuerung durch § 651 BGB und der Abschied vom Werklieferungsvertrag, MDR 2003, 854
METZGER, Der neue § 651 BGB, AcP 204 (2004) 231
OCHSS, Begriff und rechtliche Natur der nach § 651 zu beurteilenden Vertragsverhältnisse (Diss Leipzig 1903)
OERTMANN, Zur Lehre vom Lieferungskauf, DJZ 1914, 278
PETRI, Ein Beitrag zum Werklieferungsvertrag über nicht vertretbare Sachen, AcP 109 (1912) 202
RÖTHEL, Herstellungsverträge und Eigentumsordnung – §§ 651, 950 BGB nach der Schuldrechtsreform, NJW 2005, 625
SCHUHMANN, Werkvertrag oder Kaufvertrag – § 651 BGB im Lichte der Verbrauchsgüterkaufrichtlinie, ZGS 2005, 250
ders, Formularverträge im Grenzbereich von Kauf- und Werkvertragsrecht, JZ 2008, 115
SCHWARK, Zum Verhältnis von schuldrechtlichen Vertragstypen und Vertragswirklichkeit, insbesondere beim Werklieferungsvertrag, RTh 1978, 73
THODE, Die wichtigsten Änderungen im BGB-Werkvertragsrecht: Schuldrechtsmodernisierungsgesetz und erste Probleme – Teil 2, NZBau 2002, 360
VOIT, Die Bedeutung des § 651 BGB im Baurecht nach der Schuldrechtsreform, BauR 2009, 369
ZIRKEL, Der Vertrag zwischen Zulieferer und Assembler – eine Vertragsart sui generis?, NJW 1990, 345.

Systematische Übersicht

I.	**Allgemeines**	
1.	Europarechtliche Vorgaben	1
2.	Unterschiede zum bisherigen Recht	2
II.	**Gliederungsschema für die Anwendung von Kauf- und Werkvertragsrecht**	
1.	Grundstücke	4
a)	Vom Besteller gestelltes Grundstück	4
b)	Vom Sachleistenden gestelltes Grundstück	5
aa)	Bisherige Kombination von Kauf- und Werkvertragsrecht	5
bb)	Jetziger Rechtszustand	6
2.	Bewegliche Sachen	7
a)	Herstellung	8
b)	Erzeugung	11
c)	Lieferung	12
d)	Abgrenzungen	13
aa)	Reiner Kauf	13
bb)	Kauf mit Montageverpflichtung	14
cc)	Anbringung von Ersatzteilen	14
3.	Geistige Werke	15

§ 650

III.	**Vertretbare und nicht vertretbare Sachen**	16
IV.	**Kaufrecht**	
1.	Arten des Kaufes	17
2.	Modifikationen des Kaufrechts	18
a)	Modifikationen im Kaufrecht	18
b)	Anwendung von Werkvertragsrecht	19
aa)	Mangel des Stoffes	19
bb)	Sonstige Anwendung des Werkvertragsrechts	21
V.	**Herstellung nicht vertretbarer Sachen**	22
VI.	**Abweichende Vereinbarungen**	23

Alphabetische Übersicht

Abnahme	21
Anweisung des Bestellers	19
Auftragsproduktion	18
Bauteile	7
Bauträger	5 f
Dispositives Recht	23
Ersatzteile	14
Erzeugung	11
Europarecht	1
Gewährleistung	2, 5, 20
Grundstück	4 ff
– des Bestellers	4
– des Sachleistenden	5 f
Handelskauf	17
Herstellung	8 ff
– Kontrolle der	18
Herstellungspflicht	9
Kauf	
– mit Montagepflicht	14
– reiner	13
Kaufrecht	2, 17 ff
Kündigung	21
Leistung	
– geistige	7, 15
– künstlerische	15
Lieferung	12
Mitwirkung	21
Pfandrecht	21
Prüfungspflicht	20
Rechtsmangel	19
Reparaturvertrag	14
Sache	
– bewegliche	7 ff
– Mangel der	19
– neue	8
– nicht vertretbare	16, 22
– vertretbare	16
Software	15
Substrat, körperliches	15
Subunternehmer	9
Übereignung	12, 18
Urproduktion	11
Verbraucher	1, 23
Verbrauchsgüterkauf	17, 23
Verbrauchsgüterkaufrichtlinie	1
Weitervergabe	9
Werk	
– geistiges	15
– künstlerisches	15
Wertverhältnisse	8

I. Allgemeines

1. Europarechtliche Vorgaben

Die durch das G zur Modernisierung des Schuldrechts neu als § 651 BGB aF = § 650 **1**
BGB konzipierte Bestimmung, die auf Verträge nach dem 1. 1. 2002 anwendbar ist,
grenzt den Anwendungsbereich von Kauf- und Werkvertragsrecht voneinander ab.
Das war auch zuvor schon die Aufgabe des § 651 BGB aF, dem gegenüber die
Gewichte durch die Modernisierung des Schuldrechts nachhaltig zu Gunsten des
Kaufrechts verschoben worden sind. Während es für das Werkvertragsrecht europa-
rechtliche Vorgaben nicht gibt, ist beim *Verbrauchsgüterkauf* die Richtlinie 1999/44/
EG zu bestimmten Aspekten des Verbrauchsgüterkaufs und der Garantien für Ver-
brauchsgüter v 25. 5. 1999 (ABl Nr L 171/12) vorgegeben, nach deren Art 7 die von der
Richtlinie gewährten Rechte der Verbraucher – außer teilweise bei gebrauchten
Gütern – nicht eingeschränkt werden dürfen; es soll ein Verbraucherschutz-Min-
destniveau im Binnenmarkt gewährleistet werden, vgl auch Art 1 Abs 1 der RiLi.
Ihr Art 1 Abs 4 bestimmt nun und hat damit auch die Ausgestaltung des § 650 BGB
geprägt:

„Als Kaufverträge im Sinne dieser Richtlinie gelten auch Verträge über die Lieferung herzustellender oder zu erzeugender Verbrauchsgüter."

§ 650 BGB geht über die Richtlinie hinaus, indem die Bestimmung *nicht nur Verträge mit Verbrauchern* betrifft, sondern auch solche, in denen auf Kundenseite ein
Unternehmer steht. Das anzuwendende Kaufrecht kann also das des Verbrauchsgüterkaufs iSd § 474 BGB sein, aber durchaus auch ein Handelskauf iSd §§ 373 ff
HGB oder eben ein „normaler" Kauf iSd §§ 433 ff BGB.

2. Unterschiede zum bisherigen Recht

Die Zuweisung zum Kaufrecht geht deutlich über die des bisherigen Rechts hinaus. **2**
Das findet eine gewisse Rechtfertigung darin, dass im Mittelpunkt auftretender Probleme bei der Vertragsabwicklung idR Fragen der Gewährleistung stehen werden
und die Schwächen der kaufrechtlichen Gewährleistung des bisherigen Rechts – keine
Nacherfüllung/Nachbesserung, kurze Verjährung, nadelöhrartiger Zugang zum Schadensersatz – durchweg behoben sind.

a) Teilweise befremdet das Maß der Präferenz für das Kaufrecht allerdings:
Wenn aus Stoffen des Kunden eine neue Sache iSd § 950 BGB hergestellt wird,
unterlag dies bisher – und unabhängig von § 651 Abs 1 S 1 BGB aF – dem Werkvertragsrecht, zB die Anfertigung eines Anzugs durch den Schneider aus Stoffen des
Bestellers. So haben es auch die Beteiligten gesehen; man „kauft" sich diesen Anzug
nicht vom Schneider, wie dies jetzt aber die Sicht des § 650 BGB ist. Und wenn man
annimmt, dass die fremdnützige Verarbeitung den Auftraggeber zum Eigentümer
des Endprodukts macht (vgl BGHZ 14, 114, 116; STAUDINGER/WIEGAND [2017] § 950 Rn 16 ff
mit Nachweisen zur deutlich überwiegenden Auffassung), bleibt der Vorgang im Kaufrecht
ein Fremdkörper, weil die dem Kauf typische Übereignung nach den §§ 929 ff BGB
ausbleiben muss. Vgl aber auch u Rn 18 f.

b) Im Kern unverändert geblieben ist die Zuweisung der *Produktion vertretbarer Sachen* aus Stoffen des Unternehmers durch § 650 Abs 1 S 2 HS 1 BGB aF an das Kaufrecht.

c) Soweit dagegen § 651 Abs 1 S 2 HS 2 BGB aF die *Produktion nicht vertretbarer Sachen* aus Stoffen des Unternehmers fast ausschließlich dem Werkvertragsrecht zugewiesen hatte, sind nunmehr die Gewichte umgekehrt worden. Namentlich die Gewährleistung folgt nunmehr dem Kaufrecht, nicht dem Werkvertragsrecht, auch eine Abnahme ist nicht mehr vorgesehen, mit den §§ 642, 643, 645, 648, 649 BGB sind nur noch wenige werkvertragliche Bestimmungen anzuwenden.

II. Gliederungsschema für die Anwendung von Kauf- und Werkvertragsrecht

3 Ob Kaufrecht oder Werkvertragsrecht Anwendung findet oder ggf eine Kombination beider Materien, richtet sich nach dem Bearbeitungsgegenstand.

1. Grundstücke

4 Zur Frage der Rechtswahl bei der Bearbeitung von Grundstücken äußert sich § 650 BGB nicht.

a)   Vom Besteller gestelltes Grundstück
Wird ein vom Besteller gestelltes Grundstück bearbeitet, zB bebaut oder in sonstiger Weise verändert, findet nach allgemeinen Grundsätzen Werkvertragsrecht Anwendung. Dabei steht das Baugrundstück weithin im Eigentum des Bestellers, notwendig ist das jedoch nicht, vielmehr stellt der Besteller das Grundstück auch dann, wenn er die werkvertraglichen Maßnahmen an dem Grundstück eines Dritten veranlasst; es lässt zB der Ehemann das Grundstück seiner Ehefrau bebauen. Hierher gehört namentlich auch der Fall, dass ein Hauptunternehmer einzelne Leistungen an einem Grundstück an einen Subunternehmer vergibt.

Dabei findet insbesondere Werkvertragsrecht auch dann Anwendung, wenn ein Scheinbestandteil eines Grundstücks iSd § 95 BGB geschaffen werden soll (Messerschmidt/Voit/Leidig Rn 13 ff; zweifelnd Sienz BauR 2002, 190 f): Für den Bauunternehmer kann es keinen Unterschied machen, ob er das Gebäude für den Grundstückseigentümer oder seinen Mieter errichtet, und die eigentümlichen Eigentumsverhältnisse im Rahmen des § 95 BGB sind für die hier zu regelnden Zusammenhänge ohne Belang.

b)   Vom Sachleistenden gestelltes Grundstück
5 Zweifelhaft ist die Zuordnung des Vertrages, wenn ein von dem Sachleistenden zu bearbeitendes oder neu bearbeitetes Grundstück zu liefern ist. Dabei kann es freilich keinen Zweifeln unterliegen, dass Kaufrecht Anwendung findet, wenn zu der Übereignung nur flankierende Maßnahmen kommen, zB die aufstehende Bebauung nur geräumt werden soll. Hier steht die Lieferung des Grundstücks im prägenden Vordergrund. Probleme ergeben sich vielmehr in der umgekehrten Situation, dass aus wirtschaftlicher Sicht das Grundstück nur die unumgängliche Zugabe zu der eigentlichen Leistung ist, es dem Erwerber vielmehr primär um ein darauf zu errichtendes Gebäude geht, es sich also um einen Erwerb vom sog **Bauträger** handelt.

aa) Unter der Geltung des bisherigen Rechts hat die Rechtsprechung Kauf- und Werkvertragsrecht in Fällen dieser Art kombiniert. Es liege ein Kaufvertrag in Bezug auf Grund und Boden vor (BGH NJW 1979, 1406, 1407) und insbesondere in Bezug auf dortige Mängel (OLG Düsseldorf NJW-RR 1986, 320), im Hinblick auf die Errichtung des Gebäudes – und dortige Mängel – ein Werkvertrag (BGH NJW 1973, 1235; BGHZ 68, 372; 74, 204; 258, zu einer nachhaltig modernisierten Altbauwohnung BGHZ 100, 391; 108, 164; BGHZ 164, 225 = NJW 2006, 214). Für die Verjährung der Vergütungsforderung gebe § 196 Abs 1 Nr 1, Abs 2 BGB aF den Ausschlag gegenüber dem für die Kaufpreisforderung an sich einschlägigen § 195 BGB, weil die Forderung eine einheitliche sei und der Wertschöpfungsanteil in ihr überwiege. Hintergrund dieser Rechtsprechung war die „mangelhafte" Gewährleistung des bisherigen Kaufrechts, wie sie namentlich dem Erwerber einen Nachbesserungsanspruch versagte, ihn vor eine kurze Jahresfrist stellte (§ 477 BGB aF) und ihm Schadensersatz nur unter den engen Voraussetzungen des § 463 BGB aF gewährte.

Diese Rechtsprechung kam zu angemessenen Ergebnissen. Freilich ergaben sich Bedenken: ZB die Eigentumswohnung wurde aus der Sicht der Parteien verkauft, schon ja, wenn sie bereits fertig erstellt war, aber doch auch, wenn sie etwa noch in der Planung war. Hätte ein Werkvertrag vorgelegen, hätte es möglich sein müssen, ihm die VOB/B zugrunde zu legen. Ihre Bestimmungen passen aber weithin nicht. Die freie Kündigungsmöglichkeit nach § 648 BGB kann es beim Erwerb vom Bauträger nicht geben (BGHZ 96, 275).

bb) Die weitgehende Angleichung von Kaufrecht und Werkvertragsrecht durch das 6 G zur Modernisierung des Schuldrechts hat der Zuordnungsfrage viel von ihrer Schärfe genommen: Heute gelten für diesen Bauträgervertrag die §§ 650u–650v BGB.

2. Bewegliche Sachen

Unmittelbar betrifft § 650 BGB bewegliche Sachen, als *Endprodukte, nicht als Ein-* 7 *satzstoffe;* letztere dürfen auch vom Besteller selbst stammen (PALANDT/SPRAU Rn 1). Die Bestimmung weist die Lieferung beweglicher Sachen entweder fast uneingeschränkt dem Kaufrecht zu, wenn diese *vertretbar* sind, oder einer Kombination aus Kauf- und Werkvertragsrecht, wenn sich nicht vertretbare Produkte ergeben. § 650 BGB findet namentlich auch dann Anwendung, wenn herzustellende bewegliche Bauteile zu liefern sind; ihre endgültige Verwendung ist irrelevant (BGHZ 182, 140 = NJW 2009, 2877 = NZBau 2009, 644). Die Anwendung von Kaufrecht in diesem Fall wird namentlich bestätigt durch § 438 Abs 1 Nr 2 lit b BGB, der sonst nämlich sinnlos wäre.

Die beweglichen Sachen müssen als solche zu liefern sein; sie dürfen *nicht nur das Substrat einer primär geistigen Leistung* sein (PALANDT/SPRAU Rn 4). Letzteres gilt ohne weiteres, wenn sie die geistige Leistung nur demonstrieren: die Zeichnungen und Pläne des Architekten, das Drehbuch, das Gutachten, die Diskette bei der Individualsoftware, aber doch auch der Prototyp einer neuartig entwickelten Maschine; in diesen letzteren Fällen ist Werkvertragsrecht anzuwenden. Ebenfalls ist von Werkvertragsrecht auszugehen, wenn es dem Auftraggeber letztlich nicht um die Sache als solche geht, sondern um die Lösung eines Problems und der Auftragnehmer der Ansicht ist, eine bestimmte von ihm zu liefernde Sache könnte das Problem beheben, zB ein logistisches oder sonstiges technisches.

a) Herstellung

8 aa) Die beweglichen Sachen müssen zu erzeugen oder herzustellen sein. Sind sie schon hergestellt, findet ohnehin Kaufrecht Anwendung. An einer Herstellung fehlt es, wenn Sachen des Bestellers nur gewartet, repariert oder in anderer Weise behandelt werden (Palandt/Sprau Rn 2); letzteres unterliegt dem Werkvertragsrecht auch dann, wenn der Wert der Leistung des Auftragnehmers den des Bearbeitungsgegenstandes übersteigt, vgl zB die Aufzucht von Jungtieren. Es muss die Leistung des Auftragnehmers vielmehr zu einer neuen Sache iSd § 950 BGB führen, um § 650 BGB und damit Kaufrecht anwendbar sein zu lassen, auch wenn § 650 BGB von einer neuen Sache nicht ausdrücklich spricht. Aber auch dann, wenn eine neue Sache entsteht, kommt es nicht stets über § 650 S 1 BGB zu einer Anwendung des Kaufrechts, sondern nur dann, wenn die Verarbeitung oder Umbildung durch den Auftragnehmer den Anforderungen des § 951 Abs 1 S 1 aE BGB entspricht: Seine Leistung darf wertmäßig nicht erheblich geringer sein als der Wert des bearbeiteten Stoffes, sofern letzterer von dem Auftraggeber stammt (stammt er vom Auftragnehmer, ist natürlich Kaufrecht anzuwenden). Auf die Kasuistik zu § 950 BGB kann zurückgegriffen werden, vgl zB BGH JZ 1972, 166: Aus Weißkohl werden Sauerkrautkonserven gefertigt, wobei der Wertanteil des Weißkohls an ihnen 60 % beträgt. Die 40 % Wertschöpfung sind demgegenüber nicht erheblich genug, sodass einerseits ein Eigentumserwerb nach § 950 BGB ausscheidet und eben andererseits ein Werkvertrag zwischen Auftragnehmer und Auftraggeber anzunehmen ist. Ähnlich und erst recht zB, wenn Getreide zu Mehl verarbeitet, Fleisch handelsgerecht zerlegt werden soll, obwohl Mehl bzw Kotelett an sich neue Sachen sind.

Angesichts der Wertverhältnisse ist Werkvertragsrecht anzuwenden, wenn die neue Sache dadurch entsteht, dass der Auftragnehmer sie iSd § 953 BGB von einer Sache des Auftraggebers trennt.

Damit aber kommt es weithin doch immer noch auf die Unterscheidung des bisherigen Rechts an, ob der Ausgangsstoff vom Unternehmer oder vom Besteller zu liefern ist. Die gegenteilige Behauptung (zB Palandt/Sprau Rn 1; AnwKomm/Raab Rn 4) ist falsch.

9 bb) Umstritten ist, inwieweit der Verkäufer beim Lieferungskauf zur *Herstellung verpflichtet* ist (vgl einerseits bejahend unter Berufung auf den Wortlaut des § 651 Abs 1 aF Staudinger/Riedel[11] Rn 4, 7; Planck/Oegg Anm 3a; BGB-RGRK/Glanzmann Rn 15, andererseits verneinend BGHZ 48, 118, 121, ebenfalls unter Berufung auf den Wortlaut des § 651 aF, wie er insoweit nicht verändert worden ist; Larenz, Schuldrecht II, 2 § 53 IV). Die Frage ist indessen zu pauschal gestellt, um als solche sinnvoll beantwortet werden zu können.

(1) Dass der Kunde einen einklagbaren Anspruch auf Herstellung habe (so Staudinger/Riedel[11] Rn 7), trifft nicht zu. *Es kann nur auf Lieferung des fertigen Sachwerks* geklagt werden, ggf auf Feststellung, dass es in bestimmter Weise zu fertigen sei bzw bestimmten Anforderungen zu genügen habe. Die Herstellung als solche bleibt Sache des Lieferanten, der im Übrigen auch – vgl sogleich – zur anderweitigen Beschaffung berechtigt sein kann.

(2) Von Interesse ist vor allem die Frage, *ob der Unternehmer die Sache selbst herzustellen hat* oder dies weitervergeben kann. Dies ist im Wege der *Auslegung* zu ermitteln. Im Zweifel dürfte der Unternehmer berechtigt sein, die Herstellung weiterzuvergeben (vgl auch BGHZ 48, 118). Die gegenteilige Regelung in § 4 Abs 8 Nr 1 S 1 VOB/B erklärt sich daraus, dass es dort um nicht vertretbare Sachen geht. Zu berücksichtigen ist insbesondere, ob eine eigene Fertigung durch den Unternehmer *besondere Qualität garantiert oder sonst einen besonderen Ruf genießt*. Im Übrigen kommt es auch auf etwaige *Verkehrssitten* an. Hat der Unternehmer selbst herzustellen und verstößt er gegen diese Verpflichtung, fehlt der Sache schon deshalb eine vereinbarte Beschaffenheit iSd § 434 Abs 1 S 1 BGB bzw die zu erwartende Beschaffenheit iSd § 434 Abs 1 S 2 Nr 2 BGB.

(3) Inwieweit der Besteller *auf die Herstellung Einfluss nehmen darf,* lässt sich **10** nicht einheitlich beantworten, sondern hängt von den getroffenen Vereinbarungen einerseits, der Verkehrssitte und dem Zumutbaren andererseits ab. Dabei ist der Rahmen des Zumutbaren eher eng zu ziehen.

(4) Zweifelhaft kann es schließlich sein, ob der Verkäufer/Unternehmer für ein Verschulden jener Subunternehmer nach § 278 BGB einzustehen hat, die er zulässigerweise einschalten durfte. BGHZ 48, 118 verneint dies unter Berufung auf die Rechtsprechung, nach der der Verkäufer für seine Lieferanten nicht einzustehen habe (zutreffend kritisch dazu BGB-RGRK/Glanzmann Rn 15; Medicus/Petersen, Bürgerliches Recht Rn 805). *Es handelt sich eben nicht um einen echten Kauf.* Wenn der Verkäufer/Unternehmer eigentlich im eigenen Betrieb herzustellen hätte, kann er seinen Verantwortungsbereich nicht dadurch einschränken, dass er selbständige Dritte einschaltet.

b) Erzeugung

Mit der Erzeugung beweglicher Sachen ist die *Urproduktion* angesprochen. Sie **11** verdankt ihre Erwähnung in § 650 S 1 BGB der kritiklosen Anlehnung an Art 1 Abs 4 VerbrGüKRL, der sie dem Kaufrecht zuweist, ergibt aber für sich wenig Sinn, weil der Erwerb von Naturprodukten – Getreide, Milch, Fleisch ohnehin – unabhängig von § 650 BGB – dem Kaufrecht unterliegen wird: Man kauft die Milch vom Erzeuger. Zweifelsfälle können sich nur bei der – seltenen – Mischproduktion ergeben: Der Auftragnehmer hat die Kuh des Auftraggebers zu melken und die Milch bei ihm abzuliefern. Derlei kann als Dienstleistung ausgestaltet sein und ist dann nach den §§ 611 ff BGB zu behandeln. Sonst findet Werkvertragsrecht Anwendung, wenn der Auftragnehmer nur zu melken hat, Kaufrecht, wenn er die Kuh zu füttern und zu melken hat, in Bezug auf die Milch. Werkvertragsrecht gilt dann für die Pflege der Kuh und nach ihrer Schlachtung für die Ablieferung des Fells. Insgesamt hat man sich auch hier an § 950 Abs 1 BGB zu orientieren.

c) Lieferung

Die hergestellten oder erzeugten Sachen müssen zu liefern sein. Das ist *wirtschaft-* **12** *lich* zu verstehen, nicht rechtlich, gar in dem Sinne, dass eine Übereignung an den Auftraggeber nach den §§ 929 ff BGB stattfinden müsste und die Bestimmung ausschiede, wenn er nach § 950 BGB Eigentum erwürbe (vgl PWW/Leupertz/Halfmeier Rn 7; **aA** Voit BauR 2002, 145, 147). Die Sachen müssen also entweder an den Auftraggeber zurückgelangen oder nach seiner Disposition an Dritte; sie dürfen nicht der Disposition des Auftraggebers unterliegen. Wenn also der Auftragnehmer Holz des Auftraggebers zu Möbeln verarbeiten soll, findet § 650 BGB Anwendung, wenn der

Holzlieferant den weiteren Verbleib/Absatz bestimmt, nicht dagegen, wenn der Tischler diese Möbel verwerten soll.

d) Abgrenzungen

13 Vom Lieferungskauf des § 650 BGB zu unterscheiden sind:

aa) Der „reine" Kauf. Er *kann auch dann vorliegen, wenn der zu liefernde Gegenstand noch angefertigt* werden muss, und selbst dann, wenn diese Anfertigung von dem Verkäufer selbst vorgenommen wird und vielleicht sogar nur ihm möglich ist, wie es zB bei serienmäßig hergestellten Kraftfahrzeugen der Fall ist. Hier geht es den Parteien *nur um das fertige Produkt;* seine Anfertigung bleibt gegenüber § 650 BGB im Vorfeld des Vertrages.

Die Beantwortung der Frage, ob es den Parteien nur um das fertige Produkt oder auch um seine Anfertigung geht, kann Probleme aufwerfen. Es müssen die Erklärungen der Parteien unter Berücksichtigung ihrer Interessenlage und vor allem auch der Verkehrssitte *ausgelegt* werden. ZB ergibt diese, dass die Bestellung eines PKW nach Preisliste grundsätzlich Kauf ist (RG LZ 1912, 756), die Bestellung von Stoffen bestimmter Zusammensetzung und Webart grundsätzlich Lieferungskauf. Ein gewisses Indiz ist auch, ob der Lieferant einen eigenen Produktionsbetrieb unterhält oder nicht.

Im Ergebnis finden hier nur Kaufregeln Anwendung.

14 **bb)** Der *Kauf mit Montageverpflichtung.* Typisch für diesen ist es, dass sich der Lieferant einer Sache verpflichtet, diese auch noch bei dem Kunden anzubringen, also den Teppichboden zu verlegen, einen Motor oder ein elektrisches Gerät anzuschließen (vgl näher Droste, Der Liefervertrag mit Montageverpflichtung [1991]). Bei der Zuordnung zu Kauf- oder Werkvertrag kommt es darauf an, wo der Schwerpunkt liegt: Art des Gegenstandes, Wertverhältnis von Lieferung und Montage (BGH [VIII. ZS] NJW-RR 2004, 850 = NZBau 2004, 326: Solaranlage kaufrechtlich, aber BGH [VII. ZS] NJW 2016, 2876: Werkvertragsrecht bei der Lieferung einer Solaranlage).

Diesen Vertragstyp regelt jetzt § 434 Abs 2 S 1 BGB.

cc) Ein Kauf mit Montageverpflichtung liegt nicht vor, wenn es dem Unternehmer im Rahmen eines Reparatur- oder sonstigen Bearbeitungsvertrages obliegt, *Ersatzteile zu beschaffen und einzusetzen* bzw andere Zusätze, die den Wert der bestellereigenen Sache steigern sollen. Hier handelt es sich vielmehr um *einheitliche Werkverträge,* bei denen demgemäß auch bei Mängeln des Ersatzteils die werkvertragliche Gewährleistung einschlägig ist. Das gilt selbst dann, wenn das Ersatzteil – wie zB ein Austauschmotor – von hohem, gar überragendem Wert ist (vgl OLG Karlsruhe NJW-RR 1992, 1014; **aA** Soergel/Huber Vor § 433 Rn 283). Es besteht die für den Werkvertrag typische Situation, dass der Kunde eine umfassende Diagnose erwartet sowie im Ergebnis einen *Reparaturerfolg.* Anders (im Sinne eines Kaufes mit Montageverpflichtung) ist es nur, wenn der Kunde Diagnose und Therapievorschlag schon selbst entwickelt hat und den „Unternehmer" gezielt beauftragt, ein bestimmtes Ersatzteil einzubauen. Auch dann bleiben freilich gemäß § 4 Abs 3 VOB/B entsprechende *Untersuchungs- und Hinweispflichten des Unternehmers* bestehen (vgl dazu § 633 Rn 62 ff), deren Verletzung in eine werkvertragliche Gewährleistung mündet.

3. Geistige Werke

§ 650 BGB und damit das Kaufrecht finden *keine Anwendung auf geistige Werke* (PALANDT/SPRAU Rn 4 f), sie unterliegen vielmehr dem Werkvertragsrecht, ggf auch dem Dienstvertragsrecht. Das betrifft künstlerische Leistungen (des Theaters, der Musik), sportliche Veranstaltungen, wissenschaftliche oder planerische Leistungen, Entwicklungsleistungen. Teilweise bleiben sie überhaupt unkörperlich; die Dinge liegen aber auch *nicht anders, wenn sie ein körperliches Substrat haben.* Letzteres führt dann nicht zu § 650 BGB, wenn die gedankliche Leistung nur verdeutlicht, verständlich gemacht werden soll (Pläne und Skizzen, Drehbuch, schriftliches Gutachten). Aber auch das Porträt des Malers oder Fotografen wird nicht „gekauft", sondern bildet letztlich – und ausschlaggebend – eine geistige Leistung. Das gilt für jedes künstlerisch geprägte Bild oder Foto. Eine geistige Leistung bildet auch Software: Ist sie individuell aufbereitet, kommt Werkvertragsrecht zur Anwendung. Die Lieferung von Standardsoftware unterliegt dem Kaufrecht.

III. Vertretbare und nicht vertretbare Sachen

Für die Anwendung von § 650 S 1, 2 BGB muss das fertige Werk eine *vertretbare Sache* iSd § 91 BGB sein, also im Verkehr nach Maß, Zahl oder Gewicht bemessen zu werden pflegen. Der *Maßstab* ist ein *objektiver* (RG LZ 1915, 1370), nicht die Sicht der Parteien, insbesondere des Bestellers. Entscheidend ist, ob die herzustellende Sache *auf die individuellen* Wünsche und *Gegebenheiten des Bestellers zugeschnitten* sein soll oder ob sie nicht näher individualisiert ist, sodass sie an beliebige Personen verkauft werden kann oder jedenfalls soll (BGH NJW 1971, 1793). Letzteres wird auch nicht dadurch ausgeschlossen, dass die Sache nach Mustern des Bestellers gefertigt wird (BGH NJW 1971, 1793, vgl aber auch BGH NJW 1991, 2633). Für Vertretbarkeit spricht Bestellung nach *Preislisten* oder *Katalogen,* mögen diese auch eingehenden Detailwünschen des Bestellers Raum lassen. Anders bei Einzelfertigung nach besonderen Wünschen des Bestellers (RGZ 107, 339), mag dabei auch Anlehnung an bestimmte Typen bestehen (vgl OLG Düsseldorf NJW-RR 1997, 186 [Flaschenkästen mit bestimmter Farbe]). Die Produktion in beliebiger Menge ändert dann daran nichts. Die Abänderung nebensächlicher Teile ändert nichts an der Vertretbarkeit (RG SoergRspr 1912, § 651 Nr 3). Bei Maschinen ändern Abwandlungen hinsichtlich Größe oder Stärke nichts an der Vertretbarkeit, solange die Absetzbarkeit auf dem allgemeinen Markt gewahrt bleibt (RG LZ 1909, 476). Anders, wenn die Betriebsverhältnisse des Bestellers besondere Berücksichtigung bei der Produktion gefunden haben und der Absatz an einen Dritten deshalb problematisch erscheint (RGZ 171, 297). Der Prototyp einer Maschine ist nicht vertretbar (RGZ 165, 41). Grundsätzlich nicht vertretbar sind *Werke der bildenden Kunst* (BGHZ 19, 382), vgl aber o Rn 14. Werbematerialien für bestimmte Firmen oder Objekte sind nicht vertretbar (RG LZ 1909, 144; BGHZ 35, 130; BGH NJW 1966, 2307). Auf die anderweitige Verwendungsmöglichkeit auf dem Markt kommt es an bei Bauteilen wie zB Motoren, Lampen, Sitzen für Autos.

IV. Kaufrecht

1. Arten des Kaufes

17 Ist Vertretbarkeit des Produkts anzunehmen und damit Kaufrecht anzuwenden, beantwortet es sich nach allgemeinen Grundsätzen, zu welcher kaufrechtlichen Materie der Weg führt. Es kann sich um einen Handelskauf handeln, sodass die Bestimmungen der §§ 343 ff, 373 ff HGB Anwendung finden, um einen gewöhnlichen Kauf iSd §§ 433 ff BGB, aber auch um einen Verbrauchsgüterkauf iSd §§ 474 ff BGB.

2. Modifikationen des Kaufrechts

18 Die Anwendung des Kaufrechts kann nicht so unbesehen erfolgen, wie dies § 650 BGB mit seinen S 1, 2 nahelegt.

a) Modifikationen im Kaufrecht

Besonderheiten ergeben sich zunächst dann, wenn die neue Sache aus Stoff des Auftraggebers hergestellt worden ist. Nimmt man hier an, dass die Herstellung fremdnützig erfolgt (vgl zB BGHZ 14, 114), so erwirbt der Auftraggeber Eigentum schon nach § 950 BGB; zu der nach § 433 Abs 1 S 1 BGB geschuldeten Übereignung nach den §§ 929 ff BGB kann es nicht kommen, der Auftragnehmer schuldet nur die Übergabe (in mangelfreiem Zustand). An der Anwendbarkeit des § 650 BGB ändert sich dadurch freilich nichts (vgl schon o Rn 8). Damit entfällt hier aber auch die Möglichkeit des Eigentumsvorbehalts nach § 449 BGB.

Zu beachten bleibt außerdem, dass der normale Kauf, selbst dann, wenn er sich auf eine künftige Sache bezieht, die Beschaffung oder Produktion der Sache in seinem Vorfeld belässt; deshalb hat hier der Käufer in aller Regel keine Rechte zu Einflussnahme oder Kontrolle. Anders liegt es, wenn die Produktion in das Programm des Vertrages einbezogen ist. Hier benachteiligt es den Verkäufer nicht ohne weiteres unangemessen iSd § 307 BGB, wenn sich der Käufer in seinen AGB solche Befugnisse ausbedingt. Auch ohne entsprechende ausdrückliche Vereinbarung kann die Auslegung solche Befugnisse des Käufers ergeben (Inspektion, Recht auf Muster oder Proben, auf ein Qualitätskontrollsystem des Verkäufers). Das gilt unabhängig davon, wessen Rohstoffe verarbeitet werden.

Auch sonst kommt bei der *Auftragsproduktion* durchaus eine entsprechende Anwendung der in § 633 Rn 4 dargestellten Grundsätze über die Herstellung eines Werkes in Betracht. Der Federstrich des Gesetzgebers kann die Interessenlage der Beteiligten nicht aufheben. Wer fertigen lässt, kauft nicht.

b) Anwendung von Werkvertragsrecht
aa) Mangel des Stoffes

19 § 650 S 2 BGB beschränkt die Gewährleistungsrechte des Auftraggebers, wenn der von ihm gelieferte Stoff zu einem Mangel geführt hat. Dabei ist die Verweisung auf § 442 Abs 1 S 1 BGB mehrfach missverständlich.

(1) Zunächst versteht es sich, dass schon der Mangel des Stoffes als solcher die Gewährleistungsrechte des Auftraggebers beschränkt; Kenntnis des Auftraggebers von dem Mangel des Stoffes ist nicht zusätzlich erforderlich. Der Gesetzgeber hat zum Ausdruck bringen wollen, dass *der Stoffmangel der in § 442 BGB angesprochenen Kenntnis gleichsteht.*

Sodann ist klarstellend darauf hinzuweisen, dass die §§ 650 S 2, 442 Abs 1 S 1 BGB nicht nur dann Anwendung finden, wenn ein Mangel des Stoffes zu einem Sachmangel führt, sondern auch dort, wo sich ein *Rechtsmangel* ergibt.

(2) Außerdem bedürfen die §§ 650 S 2, 442 Abs 1 S 1 BGB der Erweiterung: Nicht nur Mängel des von ihm zur Verfügung gestellten Stoffes schmälern die Gewährleistungsrechte des Auftraggebers, sondern auch die *anderen in § 645 Abs 1 BGB* genannten bzw von dieser Bestimmung *erfassten Tatbestände,* also insbesondere die fehlerhafte Anweisung für die Ausführung, vgl im Einzelnen zu den in die Risikosphäre des Auftraggebers fallenden Umständen § 645 Rn 31 ff.

(3) Schließlich sind die Gewährleistungsrechte des Auftraggebers in den genannten **20** Fällen nicht stets ausgeschlossen, wie dies die Formulierung des Gesetzes nahezulegen scheint. Insoweit bedürfen die Bestimmungen vielmehr der Einschränkung:

Es kann mit dem Mangel des Stoffes – oder der fehlerhaften Anweisung des Auftraggebers – zusammentreffen ein Mangel von Zutaten des Auftragnehmers oder ein fehlsames Verfahren. Dann sind die Rechte des Auftraggebers in entsprechender Anwendung des § 254 Abs 1 BGB zu kürzen.

Vor allem darf der Auftragnehmer die Stoffe des Auftraggebers nicht unbesehen verarbeiten, sondern hat sie *auf ihre Tauglichkeit zu prüfen* und auf Verdachtsmomente hinzuweisen, wie dies § 4 Abs 3 VOB/B vorbildhaft zum Ausdruck bringt (vgl dazu § 633 Rn 62 ff). Ein Verstoß gegen diese nach allgemeinem Zivilrecht aus § 241 Abs 2 BGB herzuleitende Pflicht macht ihn ebenfalls mitverantwortlich iSd § 254 Abs 1 BGB.

Die Anwendung des § 254 Abs 1 BGB bedeutet im Ergebnis, dass der Auftraggeber doch Nachbesserung verlangen kann, freilich mit einer eigenen Kostenbeteiligung, dass er gekürzt mindern kann, für den Rücktritt die Schwelle des § 323 Abs 5 S 2 BGB doch noch überschritten werden kann. Für den Schadensersatzanspruch bietet die Anwendung des § 254 Abs 1 BGB keine Probleme.

bb) Sonstige Anwendung des Werkvertragsrechts
Auch sonst ist mehrfach auf Bestimmungen und Wertungen des Werkvertragsrechts **21** zurückzugreifen:

(1) Wenn die Frage der Entgeltlichkeit nicht endgültig geklärt wird, muss für das Ob einer Vergütung § 632 Abs 1 BGB gelten, für ihre Bemessung § 632 Abs 2 BGB (**aA** Palandt/Sprau Rn 6: § 315).

(2) Zwar findet eine Abnahme nicht statt. In entsprechender Anwendung des § 640 Abs 1 S 2 BGB darf das Produkt aber nicht als nicht gehörige Erfüllung zurückgewiesen werden, wenn der Mangel nur unwesentlich ist.

(3) Der Katalog der Gewährleistungsrechte des § 437 BGB ist – auch hier – um die Befugnis zur Selbstvornahme nach den §§ 634 Nr 2, 637 BGB zu ergänzen (vgl dazu § 634 Rn 77 ff).

(4) Wenn der Auftragnehmer nicht Eigentümer des von ihm hergestellten Produkts wird, kann ihm ein Pfandrecht nach § 647 BGB nicht vorenthalten werden.

(5) Wenn der Auftraggeber bei der Produktion mitzuwirken hat, kann das sinnvoll nur nach den §§ 642, 643 BGB sanktioniert werden. Die Beschränkung der Anwendung dieser Bestimmungen durch § 650 S 3 BGB auf die Produktion nicht vertretbarer Sachen ist nicht sinnvoll, mag dort ihre praktische Bedeutung auch ungleich höher sein.

(6) Wenn die Produktion misslingt, muss der Auftragnehmer vorbehaltlich des § 275 Abs 2 BGB erneut leisten. Doch ist ihm der misslungene Leistungsversuch nach § 645 Abs 1 BGB zu vergüten, wenn eine der dortigen Konstellationen vorliegt.

(7) § 648 BGB muss auch beim Kauf anwendbar sein (vgl § 648 Rn 59). Es ist kein schützenswertes Interesse des Verkäufers an mehr als seiner Gewinnerwartung ersichtlich, wie sie ihm § 648 S 2 BGB sichert.

V. Herstellung nicht vertretbarer Sachen

22 Wenn nicht vertretbare Sachen zu produzieren sind, ändert sich nichts daran, dass der Vorgang primär nach Kaufrecht zu beurteilen ist. Dessen Modifikation durch § 650 S 2 BGB gilt auch hier (dazu o Rn 19 f). Außerdem finden die §§ 642, 643, 645, 648, 649 BGB hier nach der ausdrücklichen Anordnung des Gesetzes Anwendung; man wird wiederum zusätzlich die §§ 632, 634 Nr 2, 637, 647 BGB zur Anwendung bringen müssen (eben Rn 21).

Der Gefahrübergang vollzieht sich nach § 446 BGB, statt nach § 644 Abs 1 BGB. Warum § 650 S 3 BGB außerdem § 447 BGB erwähnt, ist nicht verständlich, würde diese Bestimmung doch wegen § 644 Abs 2 BGB auch dann gelten, wenn man vom Werkvertragsrecht ausginge.

VI. Abweichende Vereinbarungen

23 Die Regelungen des § 650 BGB sind dispositiv (PALANDT/SPRAU Rn 1), freilich ist § 475 BGB dann anzuwenden, wenn der Auftraggeber Verbraucher ist. Es ist also ihm gegenüber das Gewährleistungsrecht der §§ 433 ff BGB im Kern unabdingbar, § 475 Abs 1 BGB, bei der Verjährung sind die Mindestfristen des § 475 Abs 2 BGB zu wahren, einschränkende Regelungen für den Schadensersatz müssen jedenfalls den §§ 307–309 BGB genügen, § 475 Abs 3 BGB. Wenn man die Regelungen der §§ 634 Nr 2, 637 BGB in das Kaufrecht integriert (o Rn 21), gehören auch diese Bestimmungen in den Kanon der in § 475 Abs 1 BGB genannten Bestimmungen.

Kapitel 2
Bauvertrag

§ 650a
Bauvertrag

(1) Ein Bauvertrag ist ein Vertrag über die Herstellung, die Wiederherstellung, die Beseitigung oder den Umbau eines Bauwerks, einer Außenanlage oder eines Teils davon. Für den Bauvertrag gelten ergänzend die folgenden Vorschriften dieses Kapitels.

(2) Ein Vertrag über die Instandhaltung eines Bauwerks ist ein Bauvertrag, wenn das Werk für die Konstruktion, den Bestand oder den bestimmungsgemäßen Gebrauch von wesentlicher Bedeutung ist.

Materialien: BT-Drucks 18/11437; BT-Drucks 18/8486.

Schrifttum

1. Allgemeines Baurecht
BAUMGÄRTEL, Grundlegende Probleme der Beweislast im Baurecht, Seminar Pauschalvertrag (1991) 53
BRÜGMANN, Der Bauvertrag (1974)
CLEMM, Bauvertragsrecht (1987)
CUYPERS, Instandhaltung und Änderung baulicher Anlagen (1993)
ders, Das neue Bauvertragsrecht: VOB – HOAI – Planungsrecht (2. Aufl 2002)
DÄHNE, Risiken und Absicherungsmöglichkeiten bei der Bauabnahme (1981)
DAMMERT/LENKEIT/OBERHAUSER/PAUSE/STRETZ, Das neue Bauvertragsrecht (2017)
DECKERT, Baumängel am Gemeinschaftseigentum der Eigentumswohnung (2. Aufl 1980)
DONUS, Der Fertighausvertrag (1988)
DUFFEK, Selbstbau – Bausatzvertrag, BauR 1996, 465
EPLINIUS, Der Bauvertrag (3. Aufl 1940)
GANTEN, Pflichtverletzung und Schadensrisiko im Privaten Baurecht (1974)
GLATZEL/HOFMANN/FRIKELL, Unwirksame Bauvertragsklauseln nach dem AGB-Gesetz (10. Aufl 2003)

GLÖCKNER/BERG, Bau- und Architektenrecht (2011)
HEIDLAND, Der Bauvertrag in der Insolvenz von Auftraggeber und Auftragnehmer (2001)
HEINRICH, Der Baucontrollingvertrag, Bauplanung und Baumanagement nach HOAI und BGB (2. Aufl 1998)
HERDING/SCHMALZL, Vertragsgestaltung und Haftung im Bauwesen (2. Aufl 1967)
JAGENBURG, Juristisches Projektmanagement, in: FS Heiermann (1995) 157
KAISER, Das Mängelhaftungsrecht in Baupraxis und Bauprozeß (7. Aufl 1992)
KAPELLMANN/SCHIFFERS, Vergütung, Nachträge und Behinderungsfolgen beim Bauvertrag, Bd 1 Einheitspreisvertrag (6. Aufl 2011), Bd 2 Pauschalvertrag (5. Aufl 2011)
KLEIN, Produkthaftung bei Baustoffen und Bauteilen unter Einbeziehung der Rechtsverhältnisse im Baustoffhandel (1989)
KLEINE-MÖLLER/MERL/GLÖCKNER, Handbuch des privaten Baurechts (5. Aufl 2014)
KNIFFKA, Bauvertragsrecht (2012)
KNIFFKA/KOEBLE, Kompendium des Baurechts (4. Aufl 2014)

Kniffka/Retzlaff, Das neue Recht nach dem Gesetz zur Reform des Bauvertragsrechts, zur Änderung der kaufrechtlichen Mängelhaftung und zur Stärkung des zivilprozessualen Rechtsschutzes (BauVG), BauR 2017, 1747
Lang, Bauvertrag im Wandel, NJW 1995, 2063
Leinemann, Das neue Bauvertragsrecht und seine praktischen Folgen, NJW 2017, 3113
Lenzen, „Bauvertrag verkehrt": Besonderheiten des Abbruchvertrages, in: FS Jagenburg (2002) 491
Littbarski, Haftungs- und Versicherungsrecht im Bauwesen (1986)
Locher/Locher, Das private Baurecht (8. Aufl 2012)
Messerschmidt/Voit, Privates Baurecht – Kommentar zu § 631 ff BGB (3. Aufl 2018)
Motzke, Hintergründe und Rechtsfolgen zweier unterschiedlicher Bauvertrag-Legaldefinitionen, NZBau 2017, 515
Nicklisch (Hrsg), Bau- und Anlagenverträge, Risiken, Haftung, Streitbeilegung (1983)
Oberhauser, Bauvertragsrecht im Umbruch. Vorschläge zu einer Neukonzeption. Ursprung, Bestand, Rechtswirklichkeit, Reformvorschläge (1999)
Heiermann/Meyer, Handbuch der Versicherung von Bauleistungen (2006)
Pöhner, Die Bedeutung der Baugenehmigung für den Bauvertrag (1997)
Quack, Grundlagen des privaten Baurechts (1993)
ders, Zur Zweckmäßigkeit (oder Unzweckmäßigkeit) eines verbreiteten Gestaltungsmittels für Bauverträge. Ansatzpunkte für Verbesserungen, BauR 1992, 18
Rehm, Bauwesenversicherung (3. Aufl 2008)
Reiter, Das neue Bauvertragsrecht – Teil I: Allgemeines Werkvertragsrecht und Bauvertrag, JA 2018, 161
ders, Das neue Bauvertragsrecht – Teil II: Verbraucherbauvertrag, Architekten- und Ingenieurvertrag, Bauträgervertrag, JA 2018, 241
Roquette/Otto, Vertragshandbuch Privates Baurecht (2005)
Roquette/Viering/Leupertz, Handbuch Bauzeit (3. Aufl 2016)
Thode/Quack, Abnahme und Gewährleistung im Bau- und Bauträgervertrag (2003)

Vygen/Joussen/Schubert/Lang, Bauverzögerung und Leistungsänderung (7. Aufl 2015)
Weick, Vereinbarte Standardbedingungen im deutschen und englischen Bauvertragsrecht (1977)
Wellensiek, Der „neue" Bauvertrag als eigenständiger Vertragstyp, BauR 2018, 314
Werner/Pastor, Der Bauprozeß (16. Aufl 2018)
Würfele/Gralla/Sundermeier, Nachtragsmanagement (2. Aufl 2011).

2. Vergabe- und Vertragsordnung für Bauleistungen (VOB) – Umfassende Darstellungen

Beck'scher VOB-Kommentar, VOB Teil B (3. Aufl 2013)
Beck'scher VOB-Kommentar, VOB Teil C (3. Aufl 2014)
Daub/Piel/Soergel/Steffani, Kommentar zur VOB Teil B (1976)
Heiermann/Riedl/Rusam, Handkommentar zur VOB (14. Aufl 2017)
Ingenstau/Korbion, VOB, Teile A und B (20. Aufl 2017)
Kaiser, Das Mängelhaftungsrecht der Verdingungsordnung für Bauleistungen, Teil B (7. Aufl 1992)
Kapellmann/Messerschmidt, VOB – Teile A und B (6. Aufl 2018)
Kuffer/Wirth, Bau- und Architektenrecht (5. Aufl 2017)
Nicklisch/Weick, VOB Teil B (3. Aufl 2000)
Leinemann, VOB/B Kommentar (6. Aufl 2016)
Winkler/Rothe, VOB (8. Aufl 1993)
Vygen/Joussen, Bauvertragsrecht nach VOB und BGB (5. Aufl 2013).

3. Vergabe- und Vertragsordnung für Bauleistungen (VOB) – Einzelfragen

Bross, Die Ausschreibung von Werkverträgen durch die öffentliche Hand in der Bundesrepublik Deutschland, ZfBR 1990, 255
Burmeister, Die Bindung der Gemeinden an die Verdingungsordnung für Bauleistungen (VOB) (1989)
Cuypers, Der Werklohn des Bauunternehmers (2000)

DECKERS, Unwirksame VOB/B-Klauseln im Verbrauchervertrag, NZBau 2008, 627
ENDERS, VOB/B und BGB-Bauvertrag im Rechtsvergleich, unter besonderer Berücksichtigung des Vergütungsrechts (1986)
HESSE, Vereinbarung der VOB für Planungsleistungen, ZfBR 1980, 259
KIESEL, Die VOB 2002 – Änderungen, Würdigung, AGB-Problematik, NJW 2002, 2064
KNIFFKA, Die Kooperationspflichten der Bauvertragsparteien im Bauvertrag, JbBauR 2001, 1
KORBION, Vereinbarung der VOB/B für planerische Leistungen, in: FS Locher (1990) 127
ders, Rechtliche Einordnung des Bauvergaberechts nach deutschem Recht, in: FS Gelzer (1991) 239
KRATZENBERG, Die neue Gesamtausgabe der VOB/B 2006 im Oktober 2006, NZBau 2006, 601
LABRENZ, Zur Verbindlichkeit von Bauverträgen mit funktionaler Leistungsbeschreibung: Insbesondere im Hinblick auf Bestimmtheit und Vorhersehbarkeit der unternehmerischen Verpflichtung (2007)
LAMPE-HELBIG, Die Verdingungsordnung für Bauleistungen (VOB) und der Bauvertrag, in: FS Korbion (1986) 249
dies, Praxis der Bauvergabe, VOB/A und EG-Recht (1991)
dies, Teil A der Verdingungsordnung für Bauleistungen Ausgabe 1992; neue Systematik und Änderungen in den Abschnitten 1 und 2, BauR 1993, 177
MANTSCHEFF, Die Bestimmungen der VOB/C und ihre vertragsrechtliche Bedeutung, in: FS Korbion (1986) 295
MICKLITZ, Unvereinbarkeit von VOB/B und Klauselrichtlinie, ZfBR 2004, 613
ders, Bauverträge mit Verbrauchern und die VOB/B (2004)

OBERHAUSER, „Verdient" die VOB/B 2002 die Privilegierung durch das BGB?, JbBauR 2003, 1
PETERS, Die VOB/B bei öffentlichen Ausschreibungen, NZBau 2006, 273
ders, Die VOB/B – Fassung 1926 und Fassung 2002 im Vergleich, in: FS Motzke (2006) 337
SCHENKE, Ende der Privilegierung der VOB/B in Verbraucherverträgen, BauR 2008, 1972
SEIFERT, Die AGB-rechtliche Privilegierung der VOB/B unter Beschuß, NZBau 2007, 563
SCHMIDT, VOB-Credo des Gesetzgebers, ZfBR 1984, 57
SCHMITZ, Die Vereinbarung der VOB/B in Verträgen mit Nichtkaufleuten, ZfBR 1979, 184
SCHUBERT, Zur Entstehung der VOB (Teile A und B) von 1926, in: FS Korbion (1986) 389
SIEGBURG, VOB/B und AGB-Gesetz, in: FS Locher (1990) 349
TEMPEL, Ist die VOB/B noch zeitgemäß? – Eine kritische Skizze zur Neufassung 2002, NZBau 2002, 463, 532
ders, Die Einbeziehung der VOB/B und VOB/C in den Werkvertrag, NZBau 2003, 465
THODE, Werkleistung und Erfüllung im Bau- und Architektenvertrag, ZfBR 1999, 116
VOPPEL, Die AGB-rechtliche Beurteilung der VOB/B nach neuem Schuldrecht, NZBau 2003, 6
VYGEN, Rechtliche Probleme bei Ausschreibung, Vergabe und Abrechnung von Alternativ- und Eventualpositionen, BauR 1992, 135
WEICK, Allgemeine Geschäftsbedingungen oder Verkörperung von Treu und Glauben? Zum Bild der VOB in Rechtsprechung und Literatur, in: FS Korbion (1986) 451
WEINKAMM, Bauträgervertrag und VOB, BauR 1986, 387
WITT, Der Bauvertrag nach VOB/B (1977).

Systematische Übersicht

I.	**Begriff des Bauvertrages**	
1.	Allgemeines	1
2.	Außenanlagen	3
3.	Instandhaltung	4
4.	Abrissarbeiten	5
II.	**Hauptpflichten der Parteien**	6
III.	**Eigentumsverhältnisse**	7
IV.	**Handelsrecht**	8

V.	**Genehmigungsbedürfnisse**	9	3.	VOB Teil A	16
1.	Beschaffung von Genehmigungen	10	4.	VOB Teil C	18
2.	Versagung der Genehmigungen	11	5.	VOB Teil B	19
3.	Absehen von der Einholung	12	a)	Verwender	19
			b)	Einbeziehung der VOB/B	20
VI.	**Formbedürfnisse**	13	c)	Inhaltskontrolle der VOB/B	21
			aa)	Ausgangslage	21
VII.	**Vergabe- und Vertragsordnung für Bauleistungen (VOB)**		bb)	Verwendung gegenüber Unternehmern	22
1.	Mängel des Gesetzesrechts	14			
2.	Historische Entwicklung	15	**VIII. Text der VOB/B**		23

Alphabetische Übersicht

Abrissarbeiten	5		Inhaltskontrolle	21
Außenanlagen	3			
			Neubau	1
Beurkundung, notarielle	13			
			Schwarzarbeitsgesetz	12
Eigentumsverhältnisse	7		Schwarzbau	12
Einbeziehung	20			
			Umbau	2
Formbedürfnisse	13			
			VOB	14 ff
Genehmigungen	9		VOB Teil A	16
Genehmigung, versagte	11		VOB Teil B	19 ff
			VOB Teil B, Verwender	19
Handelsrecht	8		VOB Teil C	18

I. Begriff des Bauvertrages

1. Allgemeines

1 Der Bauvertrag ist seit jeher eine der wichtigsten Unterformen des Werkvertrages. Er betrifft die Erbringung körperlicher Leistungen an einem Grundstück; geistige Leistungen wie zB jene des Architekten, des Statikers oder eines sonstigen Sonderfachmanns gehören kraft des Architektenvertrags § 650p BGB ebenfalls hierher. Dabei geht es zunächst um den Neubau eines Bauwerks, also die Errichtung eines Gebäudes auf einem Grundstück. Diesbezügliche Verträge sind immer Bauverträge, mögen sie nun das Gebäude insgesamt betreffen oder auch nur einzelne Teilleistungen, zB des Elektrikers oder des Malers, auch wenn diese Teilleistungen für sich genommen auch nur unbedeutend sein. Die Leistungen des Unternehmers brauchen nicht in das Bauwerk einzufließen. Es genügen Hilfestellungen für seine Errichtung, etwa Aushub der Baugrube, Stellung von Gerüsten, Schaffung eines Berliner Verbaus.

2 Ein Bauvertrag kann aber auch den Umbau oder die Wiederherstellung eines Bauwerks betreffen, wie § 650a Abs 1 S 1 BGB dies ausdrücklich klarstellt. Dann stellen die abgeschlossenen Verträge nicht sämtlich Bauverträge dar, sondern sie müssen für das Bauwerk und seinen Erhalt von wesentlicher Bedeutung sein, vgl § 650a Abs 2 BGB. Nicht genügen also – gar routinemäßige – Reparaturarbeiten, sondern es muss um Wesentliches gehen: neuer Zuschnitt der Räumlichkeiten, Einbau eines Lifts oder einer neuen Heizungsanlage, Zweckänderung des Bauwerks von Wohnanlage zu Bürogebäude oder in umgekehrter Richtung. Nur der Klarstellung dient der Hinweis von § 650a Abs 1 S 1 BGB aE, dass auch nur ein Teil des Bauwerks betroffen zu sein braucht.

2. Außenanlagen

§ 650a Abs 1 BGB stellt Außenanlagen (und Teile davon) gleich. Hier geht es um die Errichtung von Straßen, Wegen, Grünanlagen. Wiederum ist stets die Erstanlage betroffen; nachträgliche Maßnahmen sind nur dann als bauvertraglich anzusehen, wenn sie grundlegenden Charakter haben, also eine Um- oder Neugestaltung betreffen, nicht dagegen, wenn sie regelmäßig anfallen. 3

3. Instandhaltung

Neu ist der Regelungsgehalt des § 650a Abs 2 BGB. Der dort angesprochene Vertrag über die Instandhaltung eines Bauwerks muss jedenfalls grundsätzliche, „wesentliche" Bedeutung für Konstruktion oder Bestand des Bauwerks haben. Das wird man nur annehmen können, wenn der Betreuer das wirtschaftliche Risiko der gebotenen Maßnahmen übernommen hat, denn der Werkvertrag ist erfolgsbezogen. 4

Der Instandhaltung eines Bauwerks dient namentlich auch ein auf die Bausubstanz bezogener Wartungsvertrag, insbesondere auch in Bezug auf solche Einzelleistungen, die selbst nicht die Erheblichkeitsschwelle des § 650a Abs 2 BGB erreichen.

4. Abrissarbeiten

§ 650a Abs 1 BGB bezieht – erstmalig ausdrücklich – Arbeiten zur Beseitigung eines Bauwerks in das Bauvertragsrecht ein. Das versteht sich von selbst, wenn solche Arbeiten integrativer Teil eines Neubaus sind, mögen sie auch einem speziellen Unternehmer aufgetragen worden sein, soll aber nach der eindeutigen Fassung des Gesetzes auch dann gelten, wenn die Abrissarbeiten nicht in konkretem Zusammenhang mit einem Neubau stehen, also isoliert erfolgen. Das verschafft dem Unternehmer insbesondere die Rechte aus den §§ 650d und 650e BGB. 5

Abrissarbeiten weisen freilich einen eigentümlichen Charakter aus, wie er nicht zuletzt die Preisgestaltung prägt. Sein Entgelt erhält der Unternehmer oftmals nicht nur durch eine Zahlung des Bestellers, sondern auch durch die Befugnis, die frei gewordenen Materialien für sich zu verwerten; im Extremfall kann das sogar zu einer Zuzahlung des Unternehmers führen; mit der Annahme eines Werkvertrages ist derlei durchaus vereinbar, hat aber in der Vergangenheit auch zu der Annahme eines Kaufes mit Aneignungsbefugnis geführt. Eine solche Sicht dürfte mit § 650a Abs 1 BGB nur selten vereinbar sein.

Auch die Mängelrechte des Bestellers weisen Besonderheiten auf. Die frei werdenden Materialien können mit Schadstoffen kontaminiert sein, und dann gehört es zur mangelfreien Leistung des Unternehmers, sie im Rahmen der einschlägigen gesetzlichen Bestimmungen zu entsorgen. Verstöße gegen diese Pflicht lösen die Rechte des Bestellers aus § 634 BGB aus.

Probleme der beschriebenen Art sind freilich nicht auf den Grundstücksbereich beschränkt; auch bewegliche Sachen – zB Gebrauchtwagen – können einerseits „ausgeschlachtet" werden und müssen andererseits sicher entsorgt werden. Es liegt in der Konsequenz des § 650a Abs 1 BGB, auch dies nach Werkvertragsrecht, nicht nach Kaufrecht zu beurteilen.

II. Hauptpflichten der Parteien

6 Der Besteller ist bei einem Bauvertrag verpflichtet, den Werklohn zu entrichten. Das ist im Rahmen des § 632 BGB erläutert. Zur Fälligkeit seiner Verpflichtungen vgl die §§ 632a, 650g Abs 4 BGB. Der Unternehmer hat ein Bauwerk oder eine Außenanlage zu errichten, vgl dazu § 650a BGB. Verfehlt er dieses Ziel, unterliegt er der Verpflichtung zur Mängelbeseitigung, dazu die §§ 634 ff BGB.

III. Eigentumsverhältnisse

7 Das zu bearbeitende Grundstück kann im Eigentum des Bestellers stehen, braucht es aber nicht, vgl namentlich den Generalunternehmer. Es besteht auch keine Vermutung dafür, dass der Besteller zugleich auch im Namen des Eigentümers auftritt, selbst wenn er mit diesem verheiratet ist (vgl BGB-RGRK/Glanzmann § 631 Rn 68). Auszugehen ist vielmehr von den Grundsätzen, die sich aus § 164 BGB ergeben.

Eine Mehrheit von Bestellern haftet grundsätzlich als Gesamtschuldner, § 427 BGB, sofern man nicht davon ausgehen will, dass sie eine Gesellschaft bilden, die dann Schuldnerin wird und es zur Haftung der Gesellschafter in entsprechender Anwendung des § 128 HGB kommt. Eine Teilschuld wird allerdings angenommen, wenn es um die Errichtung mehrerer Eigentumswohnungen geht (vgl § 641 Rn 52).

Bei Vertragsschluss braucht dem Besteller ein bebauungsfähiges Grundstück noch nicht zur Verfügung zu stehen, vgl auch § 311a Abs 1 BGB. Eine Bedingung seines Erwerbs versteht sich nicht von selbst (OLG Karlsruhe BauR 2008, 679, 680).

Wenn der Unternehmer auch das Grundstück beschaffen soll, liegt der Bauträgervertrag iSv § 650u BGB vor.

IV. Handelsrecht

8 Nach der Neufassung der §§ 1 ff HGB im Jahre 1998 sind Bauunternehmer Kaufleute, wenn nicht der Ausnahmetatbestand des § 1 Abs 2 HGB eingreift. Auch dann können sie noch durch Eintragung in das Handelsregister die Kaufmannseigenschaft erwerben, § 2 HGB. Es gelten dann von den Bestimmungen über Handelsgeschäfte zumindest die Allgemeinen Vorschriften der §§ 343–372 HGB für sie. Vor allem hat der Bauunternehmer beim Einkauf von Materialien § 377 HGB zu beachten.

V. Genehmigungsbedürfnisse

Bauverträge als solche bedürfen grundsätzlich keiner behördlichen Genehmigungen, wohl aber einerseits die zu schaffenden baulichen Anlagen, ferner die durchzuführenden Arbeiten. ZB können diese leicht eine Sondernutzung an öffentlichen Wegen erforderlich machen. 9

1. Beschaffung von Genehmigungen

Die Beschaffung der notwendigen Genehmigungen für die baulichen Anlagen ist grundsätzlich Sache des Bestellers, vgl auch § 4 Abs 1 Nr 1 S 2 VOB/B (dazu § 633 Rn 34 ff), sofern nicht der Unternehmer die Beschaffung übernimmt. Wenn der Besteller notwendige Genehmigungen nicht beschafft, erwächst dem Unternehmer daraus ein Leistungsverweigerungsrecht, sodass er einstweilen auch nicht in Verzug geraten kann (BGH NJW 1974, 1080), gegebenenfalls die Kündigungsmöglichkeit des § 648a BGB erhält, und der Besteller in den Annahmeverzug der §§ 642, 643 BGB gerät. Doch trifft den Unternehmer schon im vorvertraglichen Bereich die Verpflichtung, auf die Notwendigkeit von Genehmigungen hinzuweisen; die Verletzung dieser Pflicht kann zu einer Haftung aus den § 280 Abs 1, 241 Abs 2, 311 Abs 2 BGB führen. Nach Vertragsschluss ist er gehalten, soweit notwendig bei ihrer Beschaffung mitzuwirken Hier kann er sich aus den §§ 280 Abs 1, 241 Abs 2 BGB schadensersatzpflichtig machen; ggf sind die Rechte, die er aus dem Nichtvorliegen der Genehmigungen herleiten kann, in entsprechender Anwendung des § 254 Abs 1 BGB zu kürzen. 10

Kann eine Genehmigung nicht in der vorgesehenen Form erlangt werden, wohl aber in einer abgewandelten, ist der Unternehmer nach Treu und Glauben im Rahmen des ihm Zumutbaren gehalten, sich auf eine entsprechende Abänderung des Vertrages einzulassen, vgl § 650b BGB und die Grundsätze des § 1 Abs 3, 4 VOB/B.

2. Versagung der Genehmigungen

Die Versagung der Genehmigung führt jedenfalls nicht nach § 134 BGB zur Nichtigkeit des Vertrages (BGH JR 1962 23; BauR 1976, 128; OLG Köln NJW 1961, 1023; BGB-RGRK/GLANZMANN § 631 Rn 62; NICKLISCH/WEICK/JANSEN/SEIBEL/GARTZ § 4 Rn 12). Auch eine Nichtigkeit des Vertrags aus anderen Gründen ist nicht anzunehmen (OLG Köln NJW 1961, 1023). Die Frage ist freilich, welche Rechtsfolgen stattdessen Platz greifen sollen. BGB-RGRK/GLANZMANN § 631 Rn 63 spricht sich für die Regeln über das Fehlen der Geschäftsgrundlage aus, was zu einer Änderung des Bauvorhabens führen müsse bzw, wenn sie nicht möglich oder zumutbar sei, zur Hinfälligkeit des Vertrages. Man wird zu differenzieren haben: 11

a) Zur Pflicht, den Vertrag zu ändern und das Objekt so genehmigungsfähig zu machen, vgl soeben schon Rn 10. Der Besteller, der sich hierauf nicht einlässt, gerät in Annahmeverzug, der Unternehmer begeht eine Pflichtverletzung.

b) Wenn die Baugenehmigung endgültig versagt ist oder es auf der Hand liegt, dass sie nicht erteilt werden kann (Bau im Naturschutzgebiet), führt das jedenfalls nicht zur Nichtigkeit des Vertrags, § 311a Abs 1 BGB, vielmehr führt § 275 Abs 1

BGB zur Leistungsfreiheit des Unternehmers. Seinen (um ersparte Aufwendungen gekürzten) Vergütungsanspruch erhält ihm § 326 Abs 2 BGB, sofern man annimmt, der Besteller habe das Leistungshindernis zu vertreten. Für den Bereich der VOB/B wird man das anzunehmen haben, da deren § 4 Abs 1 Nr 1 S 2 es ihm auferlegt, die Baugenehmigung zu beschaffen. Wenn die VOB/B nicht vereinbart worden ist, wird man aber nichts anderes anzunehmen haben (vgl Pöhner, Die Bedeutung der Baugenehmigung für den Bauvertrag [1997] 100 ff; aA Nicklisch/Weick/Jansen/Seibel/Gartz § 4 Rn 9; Ingenstau/Korbion/Oppler § 4 Abs 1 Rn 17). Doch wird der Besteller umgekehrt das Genehmigungsrisiko abwälzen müssen, wenn er es nicht tragen will (vgl wie hier OLG München BauR 1980, 274).

3. Absehen von der Einholung

12 Die Beteiligten sehen zuweilen davon ab, eine notwendige Genehmigung einzuholen. Wenn das aus Unkenntnis geschieht, gelten die eben angestellten Überlegungen. Häufig ist jedoch auch der Fall, dass die Überlegung zugrunde liegt, die Genehmigung werde doch nicht zu erlangen sein, und man einen ablehnenden Bescheid vermeiden will. Ein solcher „Schwarzbau" verstößt gegen ein gesetzliches Verbot, wenn die Baumaßnahme tatsächlich nicht gestattet ist; die bloße böse Absicht schadet nicht.

Zum Verstoß gegen das Gesetz zur Bekämpfung der Schwarzarbeit vgl § 631 Rn 79 ff.

VI. Formbedürfnisse

13 Der Bauvertrag bedarf mit Ausnahme entsprechender Abreden der Parteien, § 127 BGB, keiner Form. Im Gegensatz zum Kauf kann sich anderes auch nicht aus teilweiser Unentgeltlichkeit ergeben, weil angrenzendes Rechtsgeschäft nicht die Schenkung, sondern der ebenfalls formfrei mögliche Auftrag ist.

Das schließt nicht aus, dass § 311b Abs 1 BGB Anwendung finden kann, wenn sich im Rahmen eines Bauvertrages der Unternehmer zur Veräußerung eines Grundstücks oder der Besteller zum Erwerb eines Grundstücks verpflichtet. Das gilt ohne weiteres, wenn der Unternehmer das Grundstück liefern soll, auf dem er das Bauwerk errichten soll. Dann gilt § 311b Abs 1 BGB auch für den werkvertraglichen Teil der Abreden, § 139 BGB, weil nicht anzunehmen ist, dass die Veräußerung des Grundstücks auch für sich allein Bestand haben soll (BGHZ 78, 348).

Entscheidendes Kriterium ist es, ob die Verträge „miteinander stehen und fallen sollen" (BGHZ 78, 348, 350). Davon ist bei Identität der Beteiligten grundsätzlich auszugehen, auch wenn die getrennte Abfassung der Verträge ein gewisses gegenteiliges Indiz darstellt. UU hängt aber auch nur der eine Vertrag von dem anderen ab (vgl BGH NJW 2002, 2560), und überhaupt ist die Abhängigkeit stets sorgsam zu prüfen; sie fehlt zB, wenn durch die Grundstücksveräußerung die Baumaßnahme nur finanziert werden soll (BGH NJW 2002, 1797). Eine zur Formbedürftigkeit führende Kopplung der Verträge kann aber auch dann gegeben sein, wenn drei Personen beteiligt sind und der Bauunternehmer mit dem Grundstücksveräußerer nicht identisch ist (vgl BGHZ 76, 43; OLG Köln NJW-RR 1996, 1484; OLG Hamm BauR 1998, 545; ferner Sigle NJW

1995, 1660). Dabei reicht ein Abschluss in unmittelbarem zeitlichen Zusammenhang für die Annahme einer rechtlichen Einheit der Verträge nicht aus. Grundsätzlich genügt es aber, wenn Bauvertrag und Grundstückserwerb für den Besteller/Erwerber in der Weise eine wirtschaftliche Einheit bilden, dass der Bauvertrag ohne den Grundstückserwerb sinnlos ist, und dies für den Unternehmer erkennbar ist. Das Grundstücksgeschäft muss vom Bauvertrag abhängen (BGH NZBau 2002, 502; NZBau 2011, 154 Rn 8). Dazu genügt es, wenn sich der Bauvertrag auf ein bestimmtes Grundstück bezieht (vgl BGH NJW 1994, 721; BGH NZBau 2009, 442). Dazu genügt es grundsätzlich auch, wenn sich der Bau zwar auch anderweitig verwirklichen ließe, der Unternehmer aber doch ein Grundstück zum Direkterwerb durch den Besteller vermittelt. Entscheidend ist, dass das Grundstücksgeschäft von dem Bauvertrag abhängig ist (BGH NJW 2000, 951; BGH NZBau 2009, 442 Rn 14). Das Gesagte gilt natürlich auch bei einem Baubetreuungsvertrag (BGH NZBau 2000, 442).

Bedarf aber der Bauvertrag der notariellen Beurkundung, so gilt das auch für spätere Änderungen, soweit sie nicht nur der Behebung von Abwicklungsschwierigkeiten dienen (vgl ERMAN/GRZIWOTZ § 311b Rn 58; PALANDT/GRÜNEBERG § 311b Rn 43; aA STAUDINGER/SCHUMACHER § 311b Abs 1 [2018] Rn 201) oder der Realisierung gesetzlich oder vertraglich vorgesehener Rechte der Parteien wie Rücktritt, Minderung oder Kündigung (PALANDT/GRÜNEBERG § 311b Rn 17; STAUDINGER/SCHUMACHER [2018] § 311b Abs 1 Rn 103). Formbedürftig sind damit namentlich Änderungen des Leistungsumfangs, was in der Praxis nicht immer hinreichend beachtet wird, weil sich praktische Schwierigkeiten ergeben würden; solche Änderungen sind eine alltägliche Erscheinung. Immerhin greift die Heilungsvorschrift des § 311b Abs 1 S 2 BGB.

VII. Vergabe- und Vertragsordnung für Bauleistungen (VOB)

1. Mängel des Gesetzesrechts

Das herkömmliche Werkvertragsrecht des BGB regelte die praktischen Fragen des Bauvertrages nur sehr unvollkommen, obwohl doch der Bauvertrag der Prototyp des Werkvertrags ist. Weitgehend ungeregelt blieben die Phase der Erstellung des Werks sowie Zulässigkeit und Folgen nachträglicher Leistungsänderungen. Nicht sachgerecht war es, wenn § 641 BGB die Zahlung des Werklohns en bloc nach Abschluss der Arbeiten vorsieht. Heute hilft § 632a BGB, der aber deutlich jünger als das BGB ist. Nicht sachgerecht ist es weiter, wenn die einschlägigen Regelungen des Leistungsstörungsrechts in §§ 281, 323 BGB dem Besteller nur eingeschränkt sofortige Handlungsmöglichkeiten eröffnen, um auf Mängel oder Verzögerungen zu reagieren, die während der laufenden Arbeiten eintreten, also vor der Fälligkeit der Pflicht zur Ablieferung des Werks. Es besteht deshalb ein objektives Bedürfnis, die knappen Regelungen der §§ 631 ff BGB zu verfeinern und zuweilen abzuwandeln. Freilich sieht auch der heutige Gesetzgeber nicht, dass sich dieses Bedürfnis nicht auf den Bauvertrag beschränkt. 14

2. Historische Entwicklung

In der historischen Entwicklung haben freilich weniger die Mängel und Defizite der ja weitgehend abdingbaren §§ 631 ff BGB den Anlass zur Schaffung der VOB gegeben, sondern vielmehr Missstände, die sich im öffentlichen Vergabewesen er- 15 geben hatten. In der liberalen Wirtschaftsverfassung des 19. Jahrhunderts hatten die öffentlichen Auftraggeber namentlich im Baubereich die Vertragsfreiheit allzu einseitig zugunsten der eigenen Interessen ausgenutzt (vgl dazu Nicklisch/Weick/Jansen/ Seibel/Jansen Einführung Rn 1).

a) Nach Reformbestrebungen, die schon in der 2. Hälfte des 19. Jahrhunderts begonnen hatten und zu Beginn des 20. Jahrhunderts intensiviert wurden, dann aber durch den 1. Weltkrieg unterbrochen waren, wurde die Reichsregierung 1921 auf Antrag des Zentrums durch den Reichstag ersucht, einen Ausschuss einzusetzen, der einheitliche Grundsätze für die Vergabe von Lieferungen und Leistungen für Reich und Länder ausarbeiten sollte. Damit war einerseits der zuvor ebenfalls erwogenen gesetzlichen Regelung eine Absage erteilt, andererseits aber war mit der vom Reichstag empfohlenen Besetzung des Ausschusses nicht nur mit Vertretern der beteiligten Ressorts, sondern auch mit solchen der zuständigen Arbeitgeber- und Arbeitnehmerorganisationen die Chance einer den Interessen aller Beteiligten gerecht werdenden Regelung eröffnet. Tatsächlich gehörten dem 1921 einberufenen Reichsverdingungsausschuss (RVA) Vertreter der öffentlichen Auftraggeber, der Bauwirtschaft, der Gewerkschaften, der Architekten und der Ingenieure an. 1926 wurde die Verdingungsordnung für Bauleistungen von der Vollversammlung des RVA verabschiedet. In der Folgezeit wurde das Regelwerk auf haushaltsrechtlicher Basis in den Verwaltungen von Reich und Ländern eingeführt; eine Überarbeitung der VOB blieb vorbehalten. 1947 wurde nach dem Vorbild des RVA ein Deutscher Verdingungsausschuss für Bauleistungen (DVA) gegründet. Zu seiner Besetzung vgl Nicklisch/Weick/Jansen/Seibel/Jansen Einl Rn 1, ferner Lampe-Helbig, in: FS Korbion (1986) 249.

b) Von 1967 bis 1973 erfolgte eine grundlegende Überarbeitung der VOB. Im Oktober 1973 hat die 8. Hauptversammlung des DVA die überarbeiteten Teile A und B (vollständig) und C (teilweise) verabschiedet („Fassung 1973"), veröffentlicht hinsichtlich der Teile A und B in einem Sonderdruck der Beil z Banz Nr 216 v 15. 11. 1973. Nach weiteren Änderungen – ua im Hinblick auf das AGB-Gesetz – datiert die aktuelle Fassung der VOB von 2012.

3. VOB Teil A

16 Die VOB/Teil A (aktuelle Fassung vom 26. 6. 2012) enthält Allgemeine Bestimmungen für die Vergabe von Bauleistungen durch die öffentlichen Hände, wie sie einerseits das Interesse des Bestellers an einem möglichst günstigen Angebot wahren, andererseits zu einer möglichst gerechten Verteilung der Aufträge und zu einer angemessenen Gestaltung der Verträge führen sollen. Danach ist grundsätzlich eine öffentliche Ausschreibung vorzunehmen, § 3 Abs 1 VOB/A, und nur ausnahmsweise eine beschränkte Ausschreibung oder eine freihändige Vergabe. Nach § 4 Abs 1 Nr 1 VOB/A sollen primär Einheitspreise vereinbart werden. § 6 Abs 1 VOB/A verpflichtet zur Gleichbehandlung aller Bewerber, die allerdings, § 6 Abs 3 VOB/A, zum Nachweis der Fachkunde, Leistungsfähigkeit und Zuverlässigkeit aufgefordert werden können. § 7 VOB/A will eine eindeutige und erschöpfende Leistungsbeschreibung in der Ausschreibung gewährleisten. § 8a Abs 3 VOB/A sieht die spätere Vereinbarung der VOB/B vor und regelt die weitere rechtliche Ausgestaltung der abzuschließenden Verträge. § 9 Abs 5–7 VOB/A verhält sich über Vertragsstrafen,

Gewährleistung und Sicherheitsleistung bei dem abzuschließenden Vertrag, insoweit auch durchaus zu Lasten des Bestellers. Die §§ 12–15 VOB/A regeln die Formalien des Ausschreibungsverfahrens (ua Bekanntmachung des Ausschreibungsverfahrens, Angebotsfrist, Eröffnungstermin für die Angebote, deren Prüfung). § 16 VOB/A betrifft die Wertung der Angebote.

Ist das eben Skizzierte der herkömmliche Bestand der VOB/A, wie er in ihrem jetzigen Abschnitt 1 („Basisparagraphen") enthalten ist, haben europarechtliche Vorgaben bestimmte Ergänzungen notwendig gemacht. Dem ist dadurch Rechnung getragen worden, dass zu den auf alle Bauleistungen anwendbaren Basisparagraphen weitere zusätzliche Bestimmungen hinzutreten, die bei Überschreitung bestimmter Schwellenwerte – bei Bauleistungen ein geschätzter Auftragswert von 5 Millionen Euro – ebenfalls zu beachten sind. Dadurch enthält die VOB/A heute zwei Abschnitte. Abschnitt 2 beruht auf der Richtlinie 2004/18/EG v 31. 3. 2004 über die Koordinierung der Verfahren zur Vergabe öffentlicher Bauaufträge, Lieferaufträge und Dienstleistungsaufträge (ABl EU Nr L v 30. 4. 2004) und enthält mit dem Buchstaben a gekennzeichnete Paragraphen, die bei Großaufträgen ebenfalls zu beachten sind. **17**

Die Bestimmungen der VOB/A haben keine Rechtsnormqualität (BGH NJW 1992, 827), insbesondere nicht iSd § 823 Abs 2 BGB (BGH VersR 1965, 764), auch wenn die öffentlichen Hände gehalten sind, Bauaufträge auf ihrer Basis zu vergeben, dies nicht nur oberhalb der Schwellenwerte, sondern auch unterhalb und sich durch Vergabeverstöße gegebenenfalls haftbar machen können (dazu vor § 631 Rn 83 ff).

4. VOB Teil C

Die VOB/C enthält nach ihrer Überschrift Allgemeine Technische Vertragsbedingungen für Bauleistungen (ATV). Dabei betrifft DIN 18299 Bauarbeiten jeder Art, während DIN 18300 ff Regelungen für einzelne Gewerke enthalten. Sie sind jeweils nach demselben Schema aufgebaut. Unter der Ordnungsziffer 0 finden sich Hinweise für das Aufstellen der Leistungsbeschreibung, womit § 7 VOB/A (Beschreibung der Leistung) konkretisiert wird. Ordnungsziffer 2 betrifft Stoffe und Bauteile, namentlich die Anforderungen, die in Bezug auf Neuheit und Qualität an sie zu stellen sind, Ordnungsziffer 3 die Ausführung der Arbeiten. Von besonderer Bedeutung ist Ordnungsziffer 4, wie sie jeweils zwischen Nebenleistungen und besonderen Leistungen unterscheidet. Erstere – zB die Einrichtung der Baustelle und die Einhaltung von Schutz- und Sicherheitsmaßnahmen – sind nicht besonders vergütungspflichtig, sondern durch die vereinbarten Preise mit abgegolten. Besondere Leistungen – zB für andere Unternehmer – sind demgegenüber eigens zu vergüten. **18**

§ 1 Abs 1 VOB/B lässt auch diese ATV Vertragsinhalt werden, wenn die Geltung der VOB/B vereinbart ist. Das hat Bedeutung für die Ordnungsziffern 2–5. Aber auch ohne Vereinbarung der VOB/B kann die VOB/C Aufschluss darüber geben, was die Verkehrsauffassung für durch die vereinbarten Preise für abgegolten hält. Gegenüber Verbrauchern werden die formalen Einbeziehungsvoraussetzungen des § 305 BGB in Bezug auf die VOB/C regelmäßig nicht erfüllt sein.

5. VOB Teil B

19 Der Text* der VOB/B (aktuelle Fassung vom 7. 1. 2016, BAnz AT v 1. 4. 2016 B 1) ist in Rn 23 wiedergegeben. Ihre Erläuterung erfolgt hier in dem Aufbauschema des BGB.

Die VOB/B ist ihrer Rechtsnatur nach weder Gesetz, noch Rechtsverordnung noch Gewohnheitsrecht. Es handelt sich vielmehr um Allgemeine Geschäftsbedingungen iSd §§ 305 ff BGB, wovon heute insbesondere auch § 310 Abs 1 S 3 BGB ausgeht.

a) Verwender

Damit hat das Regelwerk auch jeweils einen Verwender. Das ist bei Beteiligung der öffentlichen Hand jeweils diese, weil ihrem Vertragspartner bekannt ist, dass sie nicht bereit ist, zu anderen Konditionen abzuschließen. Sonst hängt es in der Praxis aber durchaus vom Zufall ab, welche Seite – Besteller oder Unternehmer – sich in den Verhandlungen erstmalig auf die VOB/B bezogen hat. Nach der Rechtsprechung soll dieses formale Kriterium den Ausschlag geben (BGH NJW 1987, 837; 1987, 2373; BGHZ 101, 357, 359). Demgegenüber wird in der Literatur mit im Einzelnen unterschiedlichen Begründungsansätzen darauf abgestellt, wer durch die konkrete Klausel materiell begünstigt wird (vgl MünchKomm/BASEDOW § 305 Rn 25 ff; BARTSCH NJW 1986, 28, 31; im Ergebnis ähnlich ULMER/BRANDNER/HENSEN/ULMER/HABERSACK § 305 Rn 29; STAUDINGER/MÄSCH [2019] § 305 Rn 37 ff). Vorzugswürdig dürfte freilich der formale Ansatzpunkt sein, weil er nicht nur durchweg sichere Ergebnisse liefert, sondern auch der Systematik des AGB-Rechts entspricht.

Bei Beteiligung von Verbrauchern hilft § 310 Abs 3 Nr 1 BGB jedenfalls dann nicht weiter, wenn diese einen Architekten eingeschaltet haben, denn diese halten durchweg für ihre Auftraggeber Verträge vor, die auf der Basis der VOB/B gestaltet sind. Auch sonst kann sich die Zuweisung der Rolle des Verwenders als schwierig erweisen. So kann es sich ergeben, dass beide Seiten Wert auf die Einbeziehung der VOB/B gelegt haben; dann sind sie beide als Verwender anzusehen und eine Klauselkontrolle muss schon deshalb ausscheiden.

b) Einbeziehung der VOB/B

20 Die wirksame Einbeziehung der VOB/B in den Bauvertrag hängt davon ab, ob dies gegenüber einem Unternehmer iSd § 14 Abs 1 BGB oder gegenüber einem Verbraucher iSd § 13 BGB geschieht.

Gegenüber dem Bauunternehmer genügt die in der Praxis übliche Benennung der VOB/B als Vertragsbestandteil. Von ihm kann jedenfalls die grundsätzliche Kenntnis dieses Regelwerks – wenn auch nicht jedes ihres Details – erwartet werden, und angesichts seiner allgemeinen Verfügbarkeit braucht ihm auch nicht eigens die Möglichkeit der Kenntnisnahme gewährt zu werden. Das gilt auch gegenüber einem kleineren Bauhandwerker (OLG Hamm NZBau 2004, 332 zum Tischlermeister). Es muss nur die Bezugnahme auf die VOB/B rechtzeitig genug erfolgen, zB genügt sie nicht in der

---

* Die Binnengliederung der Bestimmungen der VOB/B ist im Jahre 2009 umgestellt worden. Aus Nummer wurde Absatz, aus Absatz Nummer. ZB wurde aus § 16 Nr 1 Abs 1 aF jetziger § 16 Abs 1 Nr 1 VOB/B.

Rechnung. Konkludent darf sie freilich sein, etwa durch den Verweis auf ein aktuell vorangegangenes früheres Bauvorhaben, namentlich auch bei Zusatzaufträgen.

Einem Verbraucher muss demgegenüber die VOB/B konkret zur Verfügung gestellt werden; das bloße Angebot ihrer kostenlosen Übersendung genügt nicht (BGH NJW-RR 1999, 1246). Anders wiederum, wenn sich der Verbraucher eines Architekten bedient, der ihm die VOB/B und ihre Bedeutung erläutern kann, sofern er in die Vertragsverhandlungen eingeschaltet ist (OLG Saarbrücken NZBau 2006, 787 = BauR 2006, 2060).

c) Inhaltskontrolle der VOB/B
aa) Ausgangslage
Die VOB/B verfolgt dasselbe Regelungsziel wie (50 Jahre später) das AGB-Gesetz, 21 eine ausgewogene Vertragsgestaltung zu gewährleisten. Gleichwohl ist schon bei der Schaffung des letzteren gesehen worden, dass es zu Friktionen zwischen den beiden Materien kommen könnte, und deshalb sind bei der Schaffung des letzteren durch § 23 Abs 2 Nr 5 AGBG bestimmte einzelne Bestimmungen des Gesetzes für unanwendbar auf die VOB/B erklärt worden (§§ 10 Nr 5 und 11 Nr 10 lit f VOB/B). Das galt freilich nur bestimmten Regelungen der VOB/B; die Möglichkeit bzw sogar Notwendigkeit einer umfassenden Kontrolle ist damals nicht in den Blick geraten. Eine solche ist auch von der höchstrichterlichen Rechtsprechung geleugnet worden. Vielmehr hat die Leitentscheidung BGHZ 86, 136 die VOB/B für insgesamt ausgewogen erklärt und deshalb auf ihre Kontrolle überhaupt verzichtet, sofern sie denn unmodifiziert in den Vertrag einbezogen worden war. Dass das als eine Verweigerung der Anwendung des AGB-Gesetzes bzw der späteren §§ 307 ff BGB letztlich unhaltbar war, ist dem Gericht offenbar nicht bewusst geworden. Immerhin hat dann BGH NZBau 2008, 640 eine uneingeschränkte Kontrolle der VOB/B bei ihrer Verwendung gegenüber Verbrauchern zugelassen.

bb) Verwendung gegenüber Unternehmern
Was die Verwendung der VOB/B gegenüber Unternehmern betrifft, greift der durch 22 das ForderungssicherungsG vom 23. 10. 2008 (BGBl I 2022) eingefügte § 310 Abs 1 S 3 BGB den letzten Stand der höchstrichterlichen Rechtsprechung auf, dass § 307 Abs 1 und 2 BGB keine Anwendung finde auf Verträge, in die die VOB/B insgesamt, also ohne inhaltliche Abweichung in der zum Zeitpunkt ihres Abschlusses geltenden Fassung, einbezogen wurde.

Das ist eine Regelung, gegen die mehrere und durchgreifende Bedenken bestehen.

Zu diesen gehört es noch nicht, dass sie sich in der Praxis selbst den Anwendungsbereich nimmt. Angesichts der Vielgestaltigkeit von Bauverträgen kann und wird es nicht ausbleiben, dass die VOB/B nur in modifizierter Form in den Vertrag einbezogen wird. ZB können deren Gewährleistungsfristen zu eng bemessen sein. Bei so mancher Leistung kommt es entscheidend auf ihre Haltbarkeit an, und dann kann es nicht beanstandet werden, wenn der Besteller in seinen AGB – jedenfalls maßvoll – von der Gestaltungsfreiheit des § 202 Abs 2 BGB Gebrauch macht.

Damit hängt es freilich zusammen, dass § 310 Abs 1 S 3 BGB als Regelung der Berufsausübung einer Rechtfertigung gegenüber Art 12 Abs 1 S 2 GG bedürfte, die sich nicht finden lässt. Das gilt schon bei der Beschränkung auf die jeweilige Fassung der VOB/B. War schon – so die Prämisse des Gesetzes – ihre vorherige Fassung ausgewogen, ist es nicht zu rechtfertigen, dass nicht auf diese ausgewichen werden könnte, und ebenso wenig, dass es bei einem langfristig abzuwickelnden Bauvorhaben riskant sein sollte, auf eine spätere Fassung der VOB/B zuzugreifen. Dazu müsste jedenfalls das Einverständnis des Vertragspartners genügen. Ebenfalls risikolos müsste es sein, auf jene unangemessenen Benachteiligungen zu verzichten, die die VOB/B für die Gegenseite bereithält. Und wenn ihr Verwender ihr gegenüber Vorteile in Anspruch nehmen will, kann das eigentlich solange nicht getadelt werden, wie diese nicht ihrerseits die Gegenseite unangemessen benachteiligen. Und selbst wenn das der Fall sein sollte, erscheint die Kettenreaktion überschießend, zu der § 310 Abs 1 S 3 BGB führt.

Neben diesem materiellen Aspekt steht ein formeller. § 310 Abs 1 S 3 BGB dispensiert den Gestalter der VOB/B – also den DVA – von den wesentlichen Grundgedanken der gesetzlichen Regelung. Würde man sie sich als eine Rechtsverordnung vorstellen, könnte dem zu ihrem Erlass ermächtigten Verordnungsgeber eine solche Gestaltungsfreiheit nicht eingeräumt werden, vielmehr hätte seine Rechtsverordnung gerade die wesentlichen Grundgedanken der gesetzlichen Regelung zu respektieren. Dabei schützt diese nicht nur § 307 Abs 2 Nr 1 BGB, sondern zu ihnen zu rechnen ist auch der Gehalt des § 307 Abs 2 Nr 2 BGB. Einen wesentlichen Grundgedanken der gesetzlichen Regelung stellt es ebenfalls dar, dass § 307 Abs 1 BGB eine wesentliche Benachteiligung der Gegenseite einer Individualvereinbarung vorbehält. Was Art 80 Abs 1 S 2 GG einem Verordnungsgeber nicht gestattet bzw ihm zu gestatten erlaubt, kann – erst recht! – dem DVA nicht gestattet sein.

Im Ergebnis kommt es – nach wie vor – zu einer umfassenden Kontrolle der VOB/B an den Maßstäben des § 307 Abs 1 und Abs 2 BGB.

VIII. Text der VOB/B

23 Allgemeine Vertragsbedingungen für die Ausführung von Bauleistungen

Ausgabe 2016 vom 7. 1. 2016; BAnz AT 1. 4. 2016 B 1.

§ 1 Art und Umfang der Leistung

(1) Die auszuführende Leistung wird nach Art und Umfang durch den Vertrag bestimmt. Als Bestandteil des Vertrags gelten auch die Allgemeinen Technischen Vertragsbedingungen für Bauleistungen (VOB/C).

(2) Bei Widersprüchen im Vertrag gelten nacheinander:

    1. die Leistungsbeschreibung,

    2. die Besonderen Vertragsbedingungen,

    3. etwaige Zusätzliche Vertragsbedingungen,

4. etwaige Zusätzliche Technische Vertragsbedingungen,

5. die Allgemeinen Technischen Vertragsbedingungen für Bauleistungen,

6. die Allgemeinen Vertragsbedingungen für die Ausführung von Bauleistungen.

(3) Änderungen des Bauentwurfs anzuordnen, bleibt dem Auftraggeber vorbehalten.

(4) Nicht vereinbarte Leistungen, die zur Ausführung der vertraglichen Leistung erforderlich werden, hat der Auftragnehmer auf Verlangen des Auftraggebers mit auszuführen, außer wenn sein Betrieb auf derartige Leistungen nicht eingerichtet ist. Andere Leistungen können dem Auftragnehmer nur mit seiner Zustimmung übertragen werden.

Die Bestimmung ist erläutert in § 633 Rn 6 ff.

§ 2 Vergütung

(1) Durch die vereinbarten Preise werden alle Leistungen abgegolten, die nach der Leistungsbeschreibung, den Besonderen Vertragsbedingungen, den Zusätzlichen Vertragsbedingungen, den Zusätzlichen Technischen Vertragsbedingungen, den Allgemeinen Technischen Vertragsbedingungen für Bauleistungen und der gewerblichen Verkehrssitte zur vertraglichen Leistung gehören.

(2) Die Vergütung wird nach den vertraglichen Einheitspreisen und den tatsächlich ausgeführten Leistungen berechnet, wenn keine andere Berechnungsart (zB durch Pauschalsumme, nach Stundenlohnsätzen, nach Selbstkosten) vereinbart ist.

(3) 1. Weicht die ausgeführte Menge der unter einem Einheitspreis erfassten Leistung oder Teilleistung um nicht mehr als 10 v. H. von dem im Vertrag vorgesehenen Umfang ab, so gilt der vertragliche Einheitspreis.

2. Für die über 10 v. H. hinausgehende Überschreitung des Mengenansatzes ist auf Verlangen ein neuer Preis unter Berücksichtigung der Mehr- oder Minderkosten zu vereinbaren.

3. Bei einer über 10 v. H. hinausgehenden Unterschreitung des Mengenansatzes ist auf Verlangen der Einheitspreis für die tatsächlich ausgeführte Menge der Leistung oder Teilleistung zu erhöhen, soweit der Auftragnehmer nicht durch Erhöhung der Mengen bei anderen Ordnungszahlen (Positionen) oder in anderer Weise einen Ausgleich erhält. Die Erhöhung des Einheitspreises soll im Wesentlichen dem Mehrbetrag entsprechen, der sich durch Verteilung der Baustelleneinrichtungs- und Baustellengemeinkosten und der Allgemeinen Geschäftskosten auf die verringerte Menge ergibt. Die Umsatzsteuer wird entsprechend dem neuen Preis vergütet.

4. Sind von der unter einem Einheitspreis erfassten Leistung oder Teilleistung andere Leistungen abhängig, für die eine Pauschalsumme vereinbart ist, so kann mit der Änderung des Einheitspreises auch eine angemessene Änderung der Pauschalsumme gefordert werden.

(4) Werden im Vertrag ausbedungene Leistungen des Auftragnehmers vom Auftraggeber selbst übernommen (zB Lieferung von Bau-, Bauhilfs- und Betriebsstoffen), so gilt, wenn nichts anderes vereinbart wird, § 8 Abs 1 Nr 2 entsprechend.

(5) Werden durch Änderung des Bauentwurfs oder andere Anordnungen des Auftraggebers die Grundlagen des Preises für eine im Vertrag vorgesehene Leistung geändert, so ist ein neuer Preis unter Berücksichtigung der Mehr- oder Minderkosten zu vereinbaren. Die Vereinbarung soll vor der Ausführung getroffen werden.

(6) 1. Wird eine im Vertrag nicht vorgesehene Leistung gefordert, so hat der Auftragnehmer Anspruch auf besondere Vergütung. Er muss jedoch den Anspruch dem Auftraggeber ankündigen, bevor er mit der Ausführung der Leistung beginnt.

2. Die Vergütung bestimmt sich nach den Grundlagen der Preisermittlung für die vertragliche Leistung und den besonderen Kosten der geforderten Leistung. Sie ist möglichst vor Beginn der Ausführung zu vereinbaren.

(7) 1. Ist als Vergütung der Leistung eine Pauschalsumme vereinbart, so bleibt die Vergütung unverändert. Weicht jedoch die ausgeführte Leistung von der vertraglich vorgesehenen Leistung so erheblich ab, dass ein Festhalten an der Pauschalsumme nicht zumutbar ist (§ 313 BGB), so ist auf Verlangen ein Ausgleich unter Berücksichtigung der Mehr- oder Minderkosten zu gewähren. Für die Bemessung des Ausgleichs ist von den Grundlagen der Preisermittlung auszugehen.

2. Die Regelungen der Absätze 4, 5 und 6 gelten auch bei Vereinbarung einer Pauschalsumme.

3. Wenn nichts anderes vereinbart ist, gelten die Nummern 1 und 2 auch für Pauschalsummen, die für Teile der Leistung vereinbart sind; Absatz 3 Nr 4 bleibt unberührt.

(8) 1. Leistungen, die der Auftragnehmer ohne Auftrag oder unter eigenmächtiger Abweichung vom Auftrag ausführt, werden nicht vergütet. Der Auftragnehmer hat sie auf Verlangen innerhalb einer angemessenen Frist zu beseitigen; sonst kann es auf seine Kosten geschehen. Er haftet außerdem für andere Schäden, die dem Auftraggeber hieraus entstehen.

2. Eine Vergütung steht dem Auftragnehmer jedoch zu, wenn der Auftraggeber solche Leistungen nachträglich anerkennt. Eine Vergütung steht ihm auch zu, wenn die Leistungen für die Erfüllung des Vertrags notwendig waren, dem mutmaßlichen Willen des Auftraggebers entsprachen und ihm unverzüglich angezeigt wurden. Soweit dem Auftragnehmer eine Vergütung zusteht, gelten die Berechnungsgrundlagen für geänderte oder zusätzliche Leistungen der Nummer 5 oder 6 entsprechend.

3. Die Vorschriften des BGB über die Geschäftsführung ohne Auftrag (§§ 677 ff. BGB) bleiben unberührt.

(9) 1. Verlangt der Auftraggeber Zeichnungen, Berechnungen oder andere Unterlagen, die der Auftragnehmer nach dem Vertrag, besonders den Technischen Vertragsbedingungen oder der gewerblichen Verkehrssitte, nicht zu beschaffen hat, so hat er sie zu vergüten.

2. Lässt er vom Auftragnehmer nicht aufgestellte technische Berechnungen durch den Auftragnehmer nachprüfen, so hat er die Kosten zu tragen.

(10) Stundenlohnarbeiten werden nur vergütet, wenn sie als solche vor ihrem Beginn ausdrücklich vereinbart worden sind (§ 15).

Abs 1 ist erläutert in § 632 Rn 55 ff, Abs 2 in § 632 Rn 24 ff, Abs 3–9 in § 632 Rn 63 ff, Abs 10 in § 632 Rn 11 ff.

§ 3 Ausführungsunterlagen

(1) Die für die Ausführung nötigen Unterlagen sind dem Auftragnehmer unentgeltlich und rechtzeitig zu übergeben.

(2) Das Abstecken der Hauptachsen der baulichen Anlagen, ebenso der Grenzen des Geländes, das dem Auftragnehmer zur Verfügung gestellt wird, und das Schaffen der notwendigen Höhenfestpunkte in unmittelbarer Nähe der baulichen Anlagen sind Sache des Auftraggebers.

(3) Die vom Auftraggeber zur Verfügung gestellten Geländeaufnahmen und Absteckungen und die übrigen für die Ausführung übergebenen Unterlagen sind für den Auftragnehmer maßgebend. Jedoch hat er sie, soweit es zur ordnungsgemäßen Vertragserfüllung gehört, auf etwaige Unstimmigkeiten zu überprüfen und den Auftraggeber auf entdeckte oder vermutete Mängel hinzuweisen.

(4) Vor Beginn der Arbeiten ist, soweit notwendig, der Zustand der Straßen und Geländeoberfläche, der Vorfluter und Vorflutleitungen, ferner der baulichen Anlagen im Baubereich in einer Niederschrift festzuhalten, die vom Auftraggeber und Auftragnehmer anzuerkennen ist.

(5) Zeichnungen, Berechnungen, Nachprüfungen von Berechnungen oder andere Unterlagen, die der Auftragnehmer nach dem Vertrag, besonders den Technischen Vertragsbedingungen, oder der gewerblichen Verkehrssitte oder auf besonderes Verlangen des Auftraggebers (§ 2 Absatz 9) zu beschaffen hat, sind dem Auftraggeber nach Aufforderung rechtzeitig vorzulegen.

(6) 1. Die in Absatz 5 genannten Unterlagen dürfen ohne Genehmigung ihres Urhebers nicht veröffentlicht, vervielfältigt, geändert oder für einen anderen als den vereinbarten Zweck benutzt werden.

2. An DV-Programmen hat der Auftraggeber das Recht zur Nutzung mit den vereinbarten Leistungsmerkmalen in unveränderter Form auf den festgelegten Geräten. Der Auftraggeber darf zum Zwecke der Datensicherung zwei Kopien herstellen. Diese müssen alle Identifikationsmerkmale enthalten. Der Verbleib der Kopien ist auf Verlangen nachzuweisen.

3. Der Auftragnehmer bleibt unbeschadet des Nutzungsrechts des Auftraggebers zur Nutzung der Unterlagen und der DV-Programme berechtigt.

Die Bestimmung ist erläutert in § 633 Rn 15 ff.

§ 4 Ausführung

(1) 1. Der Auftraggeber hat für die Aufrechterhaltung der allgemeinen Ordnung auf der Baustelle zu sorgen und das Zusammenwirken der verschiedenen Unternehmer zu regeln. Er hat die erforderlichen öffentlich-rechtlichen Genehmigungen und Erlaubnisse – zB nach dem Baurecht, dem Straßenverkehrsrecht, dem Wasserrecht, dem Gewerberecht – herbeizuführen.

2. Der Auftraggeber hat das Recht, die vertragsgemäße Ausführung der Leistung zu überwachen. Hierzu hat er Zutritt zu den Arbeitsplätzen, Werkstätten und Lagerräumen, wo die

vertragliche Leistung oder Teile von ihr hergestellt oder die hierfür bestimmten Stoffe und Bauteile gelagert werden. Auf Verlangen sind ihm die Werkzeichnungen oder andere Ausführungsunterlagen sowie die Ergebnisse von Güteprüfungen zur Einsicht vorzulegen und die erforderlichen Auskünfte zu erteilen, wenn hierdurch keine Geschäftsgeheimnisse preisgegeben werden. Als Geschäftsgeheimnis bezeichnete Auskünfte und Unterlagen hat er vertraulich zu behandeln.

3. Der Auftraggeber ist befugt, unter Wahrung der dem Auftragnehmer zustehenden Leitung (Absatz 2) Anordnungen zu treffen, die zur vertragsgemäßen Ausführung der Leistung notwendig sind. Die Anordnungen sind grundsätzlich nur dem Auftragnehmer oder seinem für die Leitung der Ausführung bestellten Vertreter zu erteilen, außer wenn Gefahr im Verzug ist. Dem Auftraggeber ist mitzuteilen, wer jeweils als Vertreter des Auftragnehmers für die Leitung der Ausführung bestellt ist.

4. Hält der Auftragnehmer die Anordnungen des Auftraggebers für unberechtigt oder unzweckmäßig, so hat er seine Bedenken geltend zu machen, die Anordnungen jedoch auf Verlangen auszuführen, wenn nicht gesetzliche oder behördliche Bestimmungen entgegenstehen. Wenn dadurch eine ungerechtfertigte Erschwerung verursacht wird, hat der Auftraggeber die Mehrkosten zu tragen.

(2) 1. Der Auftragnehmer hat die Leistung unter eigener Verantwortung nach dem Vertrag auszuführen. Dabei hat er die anerkannten Regeln der Technik und die gesetzlichen und behördlichen Bestimmungen zu beachten. Es ist seine Sache, die Ausführung seiner vertraglichen Leistung zu leiten und für Ordnung auf seiner Arbeitsstelle zu sorgen.

2. Er ist für die Erfüllung der gesetzlichen, behördlichen und berufsgenossenschaftlichen Verpflichtungen gegenüber seinen Arbeitnehmern allein verantwortlich. Es ist ausschließlich seine Aufgabe, die Vereinbarungen und Maßnahmen zu treffen, die sein Verhältnis zu den Arbeitnehmern regeln.

(3) Hat der Auftragnehmer Bedenken gegen die vorgesehene Art der Ausführung (auch wegen der Sicherung gegen Unfallgefahren), gegen die Güte der vom Auftraggeber gelieferten Stoffe oder Bauteile oder gegen die Leistungen anderer Unternehmer, so hat er sie dem Auftraggeber unverzüglich – möglichst schon vor Beginn der Arbeiten – schriftlich mitzuteilen; der Auftraggeber bleibt jedoch für seine Angaben, Anordnungen oder Lieferungen verantwortlich.

(4) Der Auftraggeber hat, wenn nichts anderes vereinbart ist, dem Auftragnehmer unentgeltlich zur Benutzung oder Mitbenutzung zu überlassen:

1. die notwendigen Lager- und Arbeitsplätze auf der Baustelle,

2. vorhandene Zufahrtswege und Anschlussgleise,

3. vorhandene Anschlüsse für Wasser und Energie. Die Kosten für den Verbrauch und den Messer oder Zähler trägt der Auftragnehmer, mehrere Auftragnehmer tragen sie anteilig.

(5) Der Auftragnehmer hat die von ihm ausgeführten Leistungen und die ihm für die Ausführung übergebenen Gegenstände bis zur Abnahme vor Beschädigung und Diebstahl zu schützen. Auf Verlangen des Auftraggebers hat er sie vor Winterschäden und Grundwasser zu schützen, ferner

Schnee und Eis zu beseitigen. Obliegt ihm die Verpflichtung nach Satz 2 nicht schon nach dem Vertrag, so regelt sich die Vergütung nach § 2 Absatz 6.

(6) Stoffe oder Bauteile, die dem Vertrag oder den Proben nicht entsprechen, sind auf Anordnung des Auftraggebers innerhalb einer von ihm bestimmten Frist von der Baustelle zu entfernen. Geschieht es nicht, so können sie auf Kosten des Auftragnehmers entfernt oder für seine Rechnung veräußert werden.

(7) Leistungen, die schon während der Ausführung als mangelhaft oder vertragswidrig erkannt werden, hat der Auftragnehmer auf eigene Kosten durch mangelfreie zu ersetzen. Hat der Auftragnehmer den Mangel oder die Vertragswidrigkeit zu vertreten, so hat er auch den daraus entstehenden Schaden zu ersetzen. Kommt der Auftragnehmer der Pflicht zur Beseitigung des Mangels nicht nach, so kann ihm der Auftraggeber eine angemessene Frist zur Beseitigung des Mangels setzen und erklären, dass er nach fruchtlosem Ablauf der Frist den Vertrag kündigen werde (§ 8 Absatz 3).

(8) 1. Der Auftragnehmer hat die Leistung im eigenen Betrieb auszuführen. Mit schriftlicher Zustimmung des Auftraggebers darf er sie an Nachunternehmer übertragen. Die Zustimmung ist nicht notwendig bei Leistungen, auf die der Betrieb des Auftragnehmers nicht eingerichtet ist. Erbringt der Auftragnehmer ohne schriftliche Zustimmung des Auftraggebers Leistungen nicht im eigenen Betrieb, obwohl sein Betrieb darauf eingerichtet ist, kann der Auftraggeber ihm eine angemessene Frist zur Aufnahme der Leistung im eigenen Betrieb setzen und erklären, dass er nach fruchtlosem Ablauf der Frist den Vertrag kündigen werde (§ 8 Absatz 3).

2. Der Auftragnehmer hat bei der Weitervergabe von Bauleistungen an Nachunternehmer die Vergabe- und Vertragsordnung für Bauleistungen Teile B und C zugrunde zu legen.

3. Der Auftragnehmer hat dem Auftraggeber die Nachunternehmer und deren Nachunternehmer ohne Aufforderung spätestens bis zum Leistungsbeginn des Nachunternehmers mit Namen, gesetzlichen Vertretern und Kontaktdaten bekannt zu geben. Auf Verlangen des Auftraggebers hat der Auftragnehmer für seine Nachunternehmer Erklärungen und Nachweise zur Eignung vorzulegen.

(9) Werden bei Ausführung der Leistung auf einem Grundstück Gegenstände von Altertums-, Kunst- oder wissenschaftlichem Wert entdeckt, so hat der Auftragnehmer vor jedem weiteren Aufdecken oder Ändern dem Auftraggeber den Fund anzuzeigen und ihm die Gegenstände nach näherer Weisung abzuliefern. Die Vergütung etwaiger Mehrkosten regelt sich nach § 2 Absatz 6. Die Rechte des Entdeckers (§ 984 BGB) hat der Auftraggeber.

(10) Der Zustand von Teilen der Leistung ist auf Verlangen gemeinsam von Auftraggeber und Auftragnehmer festzustellen, wenn diese Teile der Leistung durch die weitere Ausführung der Prüfung und Feststellung entzogen werden. Das Ergebnis ist schriftlich niederzulegen.

Die Bestimmung ist erläutert in § 633 Rn 30 ff.

§ 5 Ausführungsfristen

(1) Die Ausführung ist nach den verbindlichen Fristen (Vertragsfristen) zu beginnen, angemessen zu fördern und zu vollenden. In einem Bauzeitplan enthaltene Einzelfristen gelten nur dann als Vertragsfristen, wenn dies im Vertrag ausdrücklich vereinbart ist.

§ 650a

(2) Ist für den Beginn der Ausführung keine Frist vereinbart, so hat der Auftraggeber dem Auftragnehmer auf Verlangen Auskunft über den voraussichtlichen Beginn zu erteilen. Der Auftragnehmer hat innerhalb von 12 Werktagen nach Aufforderung zu beginnen. Der Beginn der Ausführung ist dem Auftraggeber anzuzeigen.

(3) Wenn Arbeitskräfte, Geräte, Gerüste, Stoffe oder Bauteile so unzureichend sind, dass die Ausführungsfristen offenbar nicht eingehalten werden können, muss der Auftragnehmer auf Verlangen unverzüglich Abhilfe schaffen.

(4) Verzögert der Auftragnehmer den Beginn der Ausführung, gerät er mit der Vollendung in Verzug, oder kommt er der in Absatz 3 erwähnten Verpflichtung nicht nach, so kann der Auftraggeber bei Aufrechterhaltung des Vertrages Schadensersatz nach § 6 Absatz 6 verlangen oder dem Auftragnehmer eine angemessene Frist zur Vertragserfüllung setzen und erklären, dass er nach fruchtlosem Ablauf der Frist den Vertrag kündigen werde (§ 8 Absatz 3).

Die Bestimmung ist erläutert in § 633 Rn 128 ff.

§ 6 Behinderung und Unterbrechung der Ausführung

(1) Glaubt sich der Auftragnehmer in der ordnungsgemäßen Ausführung der Leistung behindert, so hat er es dem Auftraggeber unverzüglich schriftlich anzuzeigen. Unterlässt er die Anzeige, so hat er nur dann Anspruch auf Berücksichtigung der hindernden Umstände, wenn dem Auftraggeber offenkundig die Tatsache und deren hindernde Wirkung bekannt waren.

(2) 1. Ausführungsfristen werden verlängert, soweit die Behinderung verursacht ist:

a) durch einen Umstand aus dem Risikobereich des Auftraggebers,

b) durch Streik oder eine von der Berufsvertretung der Arbeitgeber angeordnete Aussperrung im Betrieb des Auftragnehmers oder in einem unmittelbar für ihn arbeitenden Betrieb,

c) durch höhere Gewalt oder andere für den Auftragnehmer unabwendbare Umstände.

2. Witterungseinflüsse während der Ausführungszeit, mit denen bei Abgabe des Angebots normalerweise gerechnet werden musste, gelten nicht als Behinderung.

(3) Der Auftragnehmer hat alles zu tun, was ihm billigerweise zugemutet werden kann, um die Weiterführung der Arbeiten zu ermöglichen. Sobald die hindernden Umstände wegfallen, hat er ohne weiteres und unverzüglich die Arbeiten wieder aufzunehmen und den Auftraggeber davon zu benachrichtigen.

(4) Die Fristverlängerung wird berechnet nach der Dauer der Behinderung mit einem Zuschlag für die Wiederaufnahme der Arbeiten und die etwaige Verschiebung in eine ungünstigere Jahreszeit.

(5) Wird die Ausführung für voraussichtlich längere Dauer unterbrochen, ohne dass die Leistung dauernd unmöglich wird, so sind die ausgeführten Leistungen nach den Vertragspreisen abzurechnen und außerdem die Kosten zu vergüten, die dem Auftragnehmer bereits entstanden und in den Vertragspreisen des nicht ausgeführten Teils der Leistung enthalten sind.

(6) Sind die hindernden Umstände von einem Vertragsteil zu vertreten, so hat der andere Teil Anspruch auf Ersatz des nachweislich entstandenen Schadens, des entgangenen Gewinns aber nur bei Vorsatz oder grober Fahrlässigkeit. Im Übrigen bleibt der Anspruch des Auftragnehmers auf angemessene Entschädigung nach § 642 BGB unberührt, sofern die Anzeige nach Absatz 1 Satz 1 erfolgt oder wenn Offenkundigkeit nach Absatz 1 Satz 2 gegeben ist.

(7) Dauert eine Unterbrechung länger als 3 Monate, so kann jeder Teil nach Ablauf dieser Zeit den Vertrag schriftlich kündigen. Die Abrechnung regelt sich nach den Absätzen 5 und 6; wenn der Auftragnehmer die Unterbrechung nicht zu vertreten hat, sind auch die Kosten der Baustellenräumung zu vergüten, soweit sie nicht in der Vergütung für die bereits ausgeführten Leistungen enthalten sind.

Die Bestimmung ist erläutert in § 642 Rn 42 ff.

§ 7 Verteilung der Gefahr

(1) Wird die ganz oder teilweise ausgeführte Leistung vor der Abnahme durch höhere Gewalt, Krieg, Aufruhr oder andere objektiv unabwendbare vom Auftragnehmer nicht zu vertretende Umstände beschädigt oder zerstört, so hat dieser für die ausgeführten Teile der Leistung die Ansprüche nach § 6 Absatz 5; für andere Schäden besteht keine gegenseitige Ersatzpflicht.

(2) Zu der ganz oder teilweise ausgeführten Leistung gehören alle mit der baulichen Anlage unmittelbar verbundenen, in ihre Substanz eingegangenen Leistungen, unabhängig von deren Fertigstellungsgrad.

(3) Zu der ganz oder teilweise ausgeführten Leistung gehören nicht die noch nicht eingebauten Stoffe und Bauteile sowie die Baustelleneinrichtung und Absteckungen. Zu der ganz oder teilweise ausgeführten Leistung gehören ebenfalls nicht Hilfskonstruktionen und Gerüste, auch wenn diese als Besondere Leistung oder selbständig vergeben sind.

Die Bestimmung ist erläutert in § 644 Rn 30 ff.

§ 8 Kündigung durch den Auftraggeber

(1) 1. Der Auftraggeber kann bis zur Vollendung der Leistung jederzeit den Vertrag kündigen.

2. Dem Auftragnehmer steht die vereinbarte Vergütung zu. Er muss sich jedoch anrechnen lassen, was er infolge der Aufhebung des Vertrags an Kosten erspart oder durch anderweitige Verwendung seiner Arbeitskraft und seines Betriebs erwirbt oder zu erwerben böswillig unterlässt (§ 649 BGB).

(2) 1. Der Auftraggeber kann den Vertrag kündigen, wenn der Auftragnehmer seine Zahlungen einstellt, von ihm oder zulässigerweise vom Auftraggeber oder einem anderen Gläubiger das Insolvenzverfahren (§§ 14 und 15 InsO) beziehungsweise ein vergleichbares gesetzliches Verfahren beantragt ist, ein solches Verfahren eröffnet wird oder dessen Eröffnung mangels Masse abgelehnt wird.

2. Die ausgeführten Leistungen sind nach § 6 Absatz 5 abzurechnen. Der Auftraggeber kann Schadensersatz wegen Nichterfüllung des Restes verlangen.

(3) 1. Der Auftraggeber kann den Vertrag kündigen, wenn in den Fällen des § 4 Absätze 7 und 8 Nummer 1 und des § 5 Absatz. 4 die gesetzte Frist fruchtlos abgelaufen ist. Die Kündigung kann auf einen in sich abgeschlossenen Teil der vertraglichen Leistung beschränkt werden.

2. Nach der Kündigung ist der Auftraggeber berechtigt, den noch nicht vollendeten Teil der Leistung zu Lasten des Auftragnehmers durch einen Dritten ausführen zu lassen, doch bleiben seine Ansprüche auf Ersatz des etwa entstehenden weiteren Schadens bestehen. Er ist auch berechtigt, auf die weitere Ausführung zu verzichten und Schadensersatz wegen Nichterfüllung zu verlangen, wenn die Ausführung aus den Gründen, die zur Kündigung geführt haben, für ihn kein Interesse mehr hat.

3. Für die Weiterführung der Arbeiten kann der Auftraggeber Geräte, Gerüste, auf der Baustelle vorhandene andere Einrichtungen und angelieferte Stoffe und Bauteile gegen angemessene Vergütung in Anspruch nehmen.

4. Der Auftraggeber hat dem Auftragnehmer eine Aufstellung über die entstandenen Mehrkosten und über seine anderen Ansprüche spätestens binnen 12 Werktagen nach Abrechnung mit dem Dritten zuzusenden.

(4) Der Auftraggeber kann den Vertrag kündigen,

1. wenn der Auftragnehmer aus Anlass der Vergabe eine Abrede getroffen hatte, die eine unzulässige Wettbewerbsbeschränkung darstellt. Absatz 3 Nummer 1 Satz 2 und Nummer 2 bis 4 gilt entsprechend.

2. sofern dieser im Anwendungsbereich des 4. Teils des GWB geschlossen wurde,

    a) wenn der Auftragnehmer wegen eines zwingenden Ausschlussgrundes zum Zeitpunkt des Zuschlags nicht hätte beauftragt werden dürfen. Absatz 3 Nummer 1 Satz 2 und Nummer 2 bis 4 gilt entsprechend.

    b) bei wesentlicher Änderung des Vertrages oder bei Feststellung einer schweren Verletzung der Verträge über die Europäische Union und die Arbeitsweise der Europäischen Union durch den Europäischen Gerichtshof. Die ausgeführten Leistungen sind nach § 6 Absatz 5 abzurechnen. Etwaige Schadensersatzansprüche der Parteien bleiben unberührt.

Die Kündigung ist innerhalb von 12 Werktagen nach Bekanntwerden des Kündigungsgrundes auszusprechen.

(5) Sofern der Auftragnehmer die Leistung, ungeachtet des Anwendungsbereichs des 4. Teils des GWB, ganz oder teilweise an Nachunternehmer weitervergeben hat, steht auch ihm das Kündigungsrecht gemäß Absatz 4 Nummer 2 Buchstabe b zu, wenn der ihn als Auftragnehmer verpflichtende Vertrag (Hauptauftrag) gemäß Absatz 4 Nummer 2 Buchstabe b gekündigt wurde. Entsprechendes gilt für jeden Auftraggeber der Nachunternehmerkette, sofern sein jeweiliger Auftraggeber den Vertrag gemäß Satz 1 gekündigt hat.

(6) Die Kündigung ist schriftlich zu erklären.

(7) Der Auftragnehmer kann Aufmaß und Abnahme der von ihm ausgeführten Leistungen alsbald

nach der Kündigung verlangen; er hat unverzüglich eine prüfbare Rechnung über die ausgeführten Leistungen vorzulegen.

(8) Eine wegen Verzugs verwirkte, nach Zeit bemessene Vertragsstrafe kann nur für die Zeit bis zum Tag der Kündigung des Vertrags gefordert werden.

Abs 1 ist erläutert in § 648 Rn 60 ff, Abs 2–7 in § 648a Rn 15 ff.

§ 9 Kündigung durch den Auftragnehmer

(1) Der Auftragnehmer kann den Vertrag kündigen:

    1. wenn der Auftraggeber eine ihm obliegende Handlung unterlässt und dadurch den Auftragnehmer außerstande setzt, die Leistung auszuführen (Annahmeverzug nach §§ 293 ff. BGB),

    2. wenn der Auftraggeber eine fällige Zahlung nicht leistet oder sonst in Schuldnerverzug gerät.

(2) Die Kündigung ist schriftlich zu erklären. Sie ist erst zulässig, wenn der Auftragnehmer dem Auftraggeber ohne Erfolg eine angemessene Frist zur Vertragserfüllung gesetzt und erklärt hat, dass er nach fruchtlosem Ablauf der Frist den Vertrag kündigen werde.

(3) Die bisherigen Leistungen sind nach den Vertragspreisen abzurechnen. Außerdem hat der Auftragnehmer Anspruch auf angemessene Entschädigung nach § 642 BGB; etwaige weitergehende Ansprüche des Auftragnehmers bleiben unberührt.

Die Bestimmung ist erläutert in § 643 Rn 21 ff.

§ 10 Haftung der Vertragsparteien

(1) Die Vertragsparteien haften einander für eigenes Verschulden sowie für das Verschulden ihrer gesetzlichen Vertreter und der Personen, deren sie sich zur Erfüllung ihrer Verbindlichkeiten bedienen (§§ 276, 278 BGB).

(2) 1. Entsteht einem Dritten im Zusammenhang mit der Leistung ein Schaden, für den auf Grund gesetzlicher Haftpflichtbestimmungen beide Vertragsparteien haften, so gelten für den Ausgleich zwischen den Vertragsparteien die allgemeinen gesetzlichen Bestimmungen, soweit im Einzelfall nichts anderes vereinbart ist. Soweit der Schaden des Dritten nur die Folge einer Maßnahme ist, die der Auftraggeber in dieser Form angeordnet hat, trägt er den Schaden allein, wenn ihn der Auftragnehmer auf die mit der angeordneten Ausführung verbundene Gefahr nach § 4 Absatz 3 hingewiesen hat.

    2. Der Auftragnehmer trägt den Schaden allein, soweit er ihn durch Versicherung seiner gesetzlichen Haftpflicht gedeckt hat oder durch eine solche zu tarifmäßigen, nicht auf außergewöhnliche Verhältnisse abgestellten Prämien und Prämienzuschlägen bei einem im Inland zum Geschäftsbetrieb zugelassenen Versicherer hätte decken können.

(3) Ist der Auftragnehmer einem Dritten nach den §§ 823 ff. BGB zu Schadensersatz verpflichtet wegen unbefugten Betretens oder Beschädigung angrenzender Grundstücke, wegen Entnahme oder Auflagerung von Boden oder anderen Gegenständen außerhalb der vom Auftraggeber dazu ange-

wiesenen Flächen oder wegen der Folgen eigenmächtiger Versperrung von Wegen oder Wasserläufen, so trägt er im Verhältnis zum Auftraggeber den Schaden allein.

(4) Für die Verletzung gewerblicher Schutzrechte haftet im Verhältnis der Vertragsparteien zueinander der Auftragnehmer allein, wenn er selbst das geschützte Verfahren oder die Verwendung geschützter Gegenstände angeboten oder wenn der Auftraggeber die Verwendung vorgeschrieben und auf das Schutzrecht hingewiesen hat.

(5) Ist eine Vertragspartei gegenüber der anderen nach den Absätzen 2, 3 oder 4 von der Ausgleichspflicht befreit, so gilt diese Befreiung auch zugunsten ihrer gesetzlichen Vertreter und Erfüllungsgehilfen, wenn sie nicht vorsätzlich oder grob fahrlässig gehandelt haben.

(6) Soweit eine Vertragspartei von dem Dritten für einen Schaden in Anspruch genommen wird, den nach den Absätzen 2, 3 oder 4 die andere Vertragspartei zu tragen hat, kann sie verlangen, dass ihre Vertragspartei sie von der Verbindlichkeit gegenüber dem Dritten befreit. Sie darf den Anspruch des Dritten nicht anerkennen oder befriedigen, ohne der anderen Vertragspartei vorher Gelegenheit zur Äußerung gegeben zu haben.

Die Bestimmung ist erläutert in Anh III zu § 638.

§ 11 Vertragsstrafe

(1) Wenn Vertragsstrafen vereinbart sind, gelten die §§ 339 bis 345 BGB.

(2) Ist die Vertragsstrafe für den Fall vereinbart, dass der Auftragnehmer nicht in der vorgesehenen Frist erfüllt, so wird sie fällig, wenn der Auftragnehmer in Verzug gerät.

(3) Ist die Vertragsstrafe nach Tagen bemessen, so zählen nur Werktage; ist sie nach Wochen bemessen, so wird jeder Werktag angefangener Wochen als 1/6 Woche gerechnet.

(4) Hat der Auftraggeber die Leistung abgenommen, so kann er die Strafe nur verlangen, wenn er dies bei der Abnahme vorbehalten hat.

§ 11 Abs 2 entspricht § 339 S 1, § 11 Abs 4 der Bestimmung des § 341 Abs 3. Die Fristberechnung nach § 11 Abs 3 weicht zT von der nach den §§ 186 ff ab. Wegen der weitestgehenden Identität der Regelungen wird von einer gesonderten Erläuterung abgesehen. Wegen des Vorbehalts der Vertragsstrafe bei der Abnahme ist auf die Erl zu § 640 in Rn 64 ff entsprechend Bezug zu nehmen.

§ 12 Abnahme

(1) Verlangt der Auftragnehmer nach der Fertigstellung – gegebenenfalls auch vor Ablauf der vereinbarten Ausführungsfrist – die Abnahme der Leistung, so hat sie der Auftraggeber binnen 12 Werktagen durchzuführen; eine andere Frist kann vereinbart werden.

(2) Auf Verlangen sind in sich abgeschlossene Teile der Leistung besonders abzunehmen.

(3) Wegen wesentlicher Mängel kann die Abnahme bis zur Beseitigung verweigert werden.

(4) 1. Eine förmliche Abnahme hat stattzufinden, wenn eine Vertragspartei es verlangt. Jede Partei kann auf ihre Kosten einen Sachverständigen zuziehen. Der Befund ist in gemeinsamer Verhandlung schriftlich niederzulegen. In die Niederschrift sind etwaige Vorbehalte wegen bekannter Mängel und wegen Vertragsstrafen aufzunehmen, ebenso etwaige Einwendungen des Auftragnehmers. Jede Partei erhält eine Ausfertigung.

2. Die förmliche Abnahme kann in Abwesenheit des Auftragnehmers stattfinden, wenn der Termin vereinbart war oder der Auftraggeber mit genügender Frist dazu eingeladen hatte. Das Ergebnis der Abnahme ist dem Auftragnehmer alsbald mitzuteilen.

(5) 1. Wird keine Abnahme verlangt, so gilt die Leistung als abgenommen mit Ablauf von 12 Werktagen nach schriftlicher Mitteilung über die Fertigstellung der Leistung.

2. Wird keine Abnahme verlangt und hat der Auftraggeber die Leistung oder einen Teil der Leistung in Benutzung genommen, so gilt die Abnahme nach Ablauf von 6 Werktagen nach Beginn der Benutzung als erfolgt, wenn nichts anderes vereinbart ist. Die Benutzung von Teilen einer baulichen Anlage zur Weiterführung der Arbeiten gilt nicht als Abnahme.

3. Vorbehalte wegen bekannter Mängel oder wegen Vertragsstrafen hat der Auftraggeber spätestens zu den in den Nummern 1 und 2 bezeichneten Zeitpunkten geltend zu machen.

(6) Mit der Abnahme geht die Gefahr auf den Auftraggeber über, soweit er sie nicht schon nach § 7 trägt.

Abs 1–5 sind erläutert in § 640 Rn 54 ff, Abs 6 in § 644 Rn 30 ff.

§ 13 Mängelansprüche

(1) Der Auftragnehmer hat dem Auftraggeber seine Leistung zum Zeitpunkt der Abnahme frei von Sachmängeln zu verschaffen. Die Leistung ist zur Zeit der Abnahme frei von Sachmängeln, wenn sie die vereinbarte Beschaffenheit hat und den anerkannten Regeln der Technik entspricht. Ist die Beschaffenheit nicht vereinbart, so ist die Leistung zur Zeit der Abnahme frei von Sachmängeln,

1. wenn sie sich für die nach dem Vertrag vorausgesetzte, sonst

2. für die gewöhnliche Verwendung eignet und eine Beschaffenheit aufweist, die bei Werken der gleichen Art üblich ist und die der Auftraggeber nach der Art der Leistung erwarten kann.

(2) Bei Leistungen nach Probe gelten die Eigenschaften der Probe als vereinbarte Beschaffenheit, soweit nicht Abweichungen nach der Verkehrssitte als bedeutungslos anzusehen sind. Dies gilt auch für Proben, die erst nach Vertragsabschluss als solche anerkannt sind.

(3) Ist ein Mangel zurückzuführen auf die Leistungsbeschreibung oder auf Anordnungen des Auftraggebers, auf die von diesem gelieferten oder vorgeschriebenen Stoffe oder Bauteile oder die Beschaffenheit der Vorleistung eines anderen Unternehmers, haftet der Auftragnehmer, es sei denn, er hat die ihm nach § 4 Absatz. 3 obliegende Mitteilung gemacht.

(4) 1. Ist für Mängelansprüche keine Verjährungsfrist im Vertrag vereinbart, so beträgt sie für Bauwerke 4 Jahre, für andere Werke, deren Erfolg in der Herstellung, Wartung oder Ver-

änderung einer Sache besteht, und für die vom Feuer berührten Teile von Feuerungsanlagen 2 Jahre. Abweichend von Satz 1 beträgt die Verjährungsfrist für feuerberührte und abgasdämmende Teile von industriellen Feuerungsanlagen 1 Jahr.

2. Ist für Teile von maschinellen und elektrotechnischen/elektronischen Anlagen, bei denen die Wartung Einfluss auf Sicherheit und Funktionsfähigkeit hat, nichts anderes vereinbart, beträgt für diese Anlagenteile die Verjährungsfrist für Mängelansprüche abweichend von Nummer 1 zwei Jahre, wenn der Auftraggeber sich dafür entschieden hat, dem Auftragnehmer die Wartung für die Dauer der Verjährungsfrist nicht zu übertragen; dies gilt auch, wenn für weitere Leistungen eine andere Verjährungsfrist vereinbart ist.

3. Die Frist beginnt mit der Abnahme der gesamten Leistung; nur für in sich abgeschlossene Teile der Leistung beginnt sie mit der Teilabnahme (§ 12 Absatz 2).

(5) 1. Der Auftragnehmer ist verpflichtet, alle während der Verjährungsfrist hervortretenden Mängel, die auf vertragswidrige Leistung zurückzuführen sind, auf seine Kosten zu beseitigen, wenn es der Auftraggeber vor Ablauf der Frist schriftlich verlangt. Der Anspruch auf Beseitigung der gerügten Mängel verjährt in 2 Jahren, gerechnet vom Zugang des schriftlichen Verlangens an, jedoch nicht vor Ablauf der Regelfristen nach Nummer 4 oder der an ihrer Stelle vereinbarten Frist. Nach Abnahme der Mängelbeseitigungsleistung beginnt für diese Leistung eine Verjährungsfrist von 2 Jahren neu, die jedoch nicht vor Ablauf der Regelfristen nach Nummer 4 oder der an ihrer Stelle vereinbarten Frist endet.

2. Kommt der Auftragnehmer der Aufforderung zur Mängelbeseitigung in einer vom Auftraggeber gesetzten angemessenen Frist nicht nach, so kann der Auftraggeber die Mängel auf Kosten des Auftragnehmers beseitigen lassen.

(6) Ist die Beseitigung des Mangels für den Auftraggeber unzumutbar oder ist sie unmöglich oder würde sie einen unverhältnismäßig hohen Aufwand erfordern und wird sie deshalb vom Auftragnehmer verweigert, so kann der Auftraggeber durch Erklärung gegenüber dem Auftragnehmer die Vergütung mindern (§ 638 BGB).

(7) 1. Der Auftragnehmer haftet bei schuldhaft verursachten Mängeln für Schäden aus der Verletzung des Lebens, des Körpers oder der Gesundheit.

2. Bei vorsätzlich oder grob fahrlässig verursachten Mängeln haftet er für alle Schäden.

3. Im Übrigen ist dem Auftraggeber der Schaden an der baulichen Anlage zu ersetzen, zu deren Herstellung, Instandhaltung oder Änderung die Leistung dient, wenn ein wesentlicher Mangel vorliegt, der die Gebrauchsfähigkeit erheblich beeinträchtigt und auf ein Verschulden des Auftragnehmers zurückzuführen ist. Einen darüber hinausgehenden Schaden hat der Auftragnehmer nur dann zu ersetzen,

a) wenn der Mangel auf einem Verstoß gegen die anerkannten Regeln der Technik beruht,

b) wenn der Mangel in dem Fehlen einer vertraglich vereinbarten Beschaffenheit besteht oder

c) soweit der Auftragnehmer den Schaden durch Versicherung seiner gesetzlichen Haftpflicht gedeckt hat oder durch eine solche zu tarifmäßigen, nicht auf außergewöhnliche Verhältnisse abgestellten Prämien und Prämienzuschlägen bei einem im Inland zum Geschäftsbetrieb zugelassenen Versicherer hätte decken können.

4. Abweichend von Absatz 4 gelten die gesetzlichen Verjährungsfristen, soweit sich der Auftragnehmer nach Nummer 3 durch Versicherung geschützt hat oder hätte schützen können oder soweit ein besonderer Versicherungsschutz vereinbart ist.

5. Eine Einschränkung oder Erweiterung der Haftung kann in begründeten Sonderfällen vereinbart werden.

Die Bestimmung ist erläutert in Anh I zu § 638.

§ 14 Abrechnung

(1) Der Auftragnehmer hat seine Leistungen prüfbar abzurechnen. Er hat die Rechnungen übersichtlich aufzustellen und dabei die Reihenfolge der Posten einzuhalten und die in den Vertragsbestandteilen enthaltenen Bezeichnungen zu verwenden. Die zum Nachweis von Art und Umfang der Leistung erforderlichen Mengenberechnungen, Zeichnungen und andere Belege sind beizufügen. Änderungen und Ergänzungen des Vertrags sind in der Rechnung besonders kenntlich zu machen; sie sind auf Verlangen getrennt abzurechnen.

(2) Die für die Abrechnung notwendigen Feststellungen sind dem Fortgang der Leistung entsprechend möglichst gemeinsam vorzunehmen. Die Abrechnungsbestimmungen in den Technischen Vertragsbedingungen und den anderen Vertragsunterlagen sind zu beachten. Für Leistungen, die bei Weiterführung der Arbeiten nur schwer feststellbar sind, hat der Auftragnehmer rechtzeitig gemeinsame Feststellungen zu beantragen.

(3) Die Schlussrechnung muss bei Leistungen mit einer vertraglichen Ausführungsfrist von höchstens 3 Monaten spätestens 12 Werktage nach Fertigstellung eingereicht werden, wenn nichts anderes vereinbart ist; diese Frist wird um je 6 Werktage für je weitere 3 Monate Ausführungsfrist verlängert.

(4) Reicht der Auftragnehmer eine prüfbare Rechnung nicht ein, obwohl ihm der Auftraggeber dafür eine angemessene Frist gesetzt hat, so kann sie der Auftraggeber selbst auf Kosten des Auftragnehmers aufstellen.

Die Bestimmung ist erläutert in § 641 Rn 30 ff (Abs 1 u 2), 77 ff (Abs 3 u 4).

§ 15 Stundenlohnarbeiten

(1) 1. Stundenlohnarbeiten werden nach den vertraglichen Vereinbarungen abgerechnet.

2. Soweit für die Vergütung keine Vereinbarungen getroffen worden sind, gilt die ortsübliche Vergütung. Ist diese nicht zu ermitteln, so werden die Aufwendungen des Auftragnehmers für Lohn- und Gehaltskosten der Baustelle, Lohn- und Gehaltsnebenkosten der Baustelle, Stoffkosten der Baustelle, Kosten der Einrichtungen, Geräte, Maschinen und maschinellen Anlagen der Baustelle, Fracht-, Fuhr- und Ladekosten, Sozialkassenbeiträge und Sonderkosten, die bei wirtschaftlicher Betriebsführung entstehen, mit angemessenen Zuschlägen für Gemeinkosten und Gewinn (einschließlich allgemeinem Unternehmerwagnis) zuzüglich Umsatzsteuer vergütet.

§ 650a

(2) Verlangt der Auftraggeber, dass die Stundenlohnarbeiten durch einen Polier oder eine andere Aufsichtsperson beaufsichtigt werden, oder ist die Aufsicht nach den einschlägigen Unfallverhütungsvorschriften notwendig, so gilt Absatz 1 entsprechend.

(3) Dem Auftraggeber ist die Ausführung von Stundenlohnarbeiten vor Beginn anzuzeigen. Über die geleisteten Arbeitsstunden und den dabei erforderlichen, besonders zu vergütenden Aufwand für den Verbrauch von Stoffen, für Vorhaltung von Einrichtungen, Geräten, Maschinen und maschinellen Anlagen, für Frachten, Fuhr- und Ladeleistungen sowie etwaige Sonderkosten sind, wenn nichts anderes vereinbart ist, je nach der Verkehrssitte werktäglich oder wöchentlich Listen (Stundenlohnzettel) einzureichen. Der Auftraggeber hat die von ihm bescheinigten Stundenlohnzettel unverzüglich, spätestens jedoch innerhalb von 6 Werktagen nach Zugang, zurückzugeben. Dabei kann er Einwendungen auf den Stundenlohnzetteln oder gesondert schriftlich erheben. Nicht fristgemäß zurückgegebene Stundenlohnzettel gelten als anerkannt.

(4) Stundenlohnrechnungen sind alsbald nach Abschluss der Stundenlohnarbeiten, längstens jedoch in Abständen von 4 Wochen, einzureichen. Für die Zahlung gilt § 16.

(5) Wenn Stundenlohnarbeiten zwar vereinbart waren, über den Umfang der Stundenlohnleistungen aber mangels rechtzeitiger Vorlage der Stundenlohnzettel Zweifel bestehen, so kann der Auftraggeber verlangen, dass für die nachweisbar ausgeführten Leistungen eine Vergütung vereinbart wird, die nach Maßgabe von Absatz 1 Nummer 2 für einen wirtschaftlich vertretbaren Aufwand an Arbeitszeit und Verbrauch von Stoffen, für Vorhaltung von Einrichtungen, Geräten, Maschinen und maschinellen Anlagen, für Frachten, Fuhr- und Ladeleistungen sowie etwaige Sonderkosten ermittelt wird.

Die Bestimmung ist erläutert in § 632 Rn 11 ff.

§ 16 Zahlung

(1) 1. Abschlagszahlungen sind auf Antrag in möglichst kurzen Zeitabständen oder zu den vereinbarten Zeitpunkten zu gewähren, und zwar in Höhe des Wertes der jeweils nachgewiesenen vertragsgemäßen Leistungen einschließlich des ausgewiesenen, darauf entfallenden Umsatzsteuerbetrages. Die Leistungen sind durch eine prüfbare Aufstellung nachzuweisen, die eine rasche und sichere Beurteilung der Leistungen ermöglichen muss. Als Leistungen gelten hierbei auch die für die geforderte Leistung eigens angefertigten und bereitgestellten Bauteile sowie die auf der Baustelle angelieferten Stoffe und Bauteile, wenn dem Auftraggeber nach seiner Wahl das Eigentum an ihnen übertragen ist oder entsprechende Sicherheit gegeben wird.

2. Gegenforderungen können einbehalten werden. Andere Einbehalte sind nur in den im Vertrag und in den gesetzlichen Bestimmungen vorgesehenen Fällen zulässig.

3. Ansprüche auf Abschlagszahlungen werden binnen 21 Tagen nach Zugang der Aufstellung fällig.

4. Die Abschlagszahlungen sind ohne Einfluss auf die Haftung des Auftragnehmers; sie gelten nicht als Abnahme von Teilen der Leistung.

(2) 1. Vorauszahlungen können auch nach Vertragsabschluss vereinbart werden; hierfür ist auf Verlangen des Auftraggebers ausreichende Sicherheit zu leisten. Diese Vorauszahlungen sind,

sofern nichts anderes vereinbart wird, mit 3 v H. über dem Basiszinssatz des § 247 BGB zu verzinsen.

2. Vorauszahlungen sind auf die nächstfälligen Zahlungen anzurechnen, soweit damit Leistungen abzugelten sind, für welche die Vorauszahlungen gewährt worden sind.

(3) 1. Der Anspruch auf Schlusszahlung wird alsbald nach Prüfung und Feststellung fällig, spätestens innerhalb von 30 Tagen nach Zugang der Schlussrechnung. Die Frist verlängert sich auf höchstens 60 Tage, wenn sie aufgrund der besonderen Natur oder Merkmale der Vereinbarung sachlich gerechtfertigt ist und ausdrücklich vereinbart wurde. Werden Einwendungen gegen die Prüfbarkeit unter Angabe der Gründe nicht bis zum Ablauf der jeweiligen Frist erhoben, kann der Auftraggeber sich nicht mehr auf die fehlende Prüfbarkeit berufen. Die Prüfung der Schlussrechnung ist nach Möglichkeit zu beschleunigen. Verzögert sie sich, so ist das unbestrittene Guthaben als Abschlagszahlung sofort zu zahlen.

2. Die vorbehaltlose Annahme der Schlusszahlung schließt Nachforderungen aus, wenn der Auftragnehmer über die Schlusszahlung schriftlich unterrichtet und auf die Ausschlusswirkung hingewiesen wurde.

3. Einer Schlusszahlung steht es gleich, wenn der Auftraggeber unter Hinweis auf geleistete Zahlungen weitere Zahlungen endgültig und schriftlich ablehnt.

4. Auch früher gestellte, aber unerledigte Forderungen werden ausgeschlossen, wenn sie nicht nochmals vorbehalten werden.

5. Ein Vorbehalt ist innerhalb von 28 Tagen nach Zugang der Mitteilung nach den Nummern 2 und 3 über die Schlusszahlung zu erklären. Er wird hinfällig, wenn nicht innerhalb von weiteren 28 Tagen – beginnend am Tag nach Ablauf der in Satz 1 genannten 28 Tage – eine prüfbare Rechnung über die vorbehaltenen Forderungen eingereicht oder, wenn das nicht möglich ist, der Vorbehalt eingehend begründet wird.

6. Die Ausschlussfristen gelten nicht für ein Verlangen nach Richtigstellung der Schlussrechnung und -zahlung wegen Aufmaß-, Rechen- und Übertragungsfehlern.

(4) In sich abgeschlossene Teile der Leistung können nach Teilabnahme ohne Rücksicht auf die Vollendung der übrigen Leistungen endgültig festgestellt und bezahlt werden.

(5) 1. Alle Zahlungen sind aufs Äußerste zu beschleunigen.

2. Nicht vereinbarte Skontoabzüge sind unzulässig.

3. Zahlt der Auftraggeber bei Fälligkeit nicht, so kann ihm der Auftragnehmer eine angemessene Nachfrist setzen. Zahlt er auch innerhalb der Nachfrist nicht, so hat der Auftragnehmer vom Ende der Nachfrist an Anspruch auf Zinsen in Höhe der in § 288 Absatz 2 BGB angegebenen Zinssätze, wenn er nicht einen höheren Verzugsschaden nachweist. Der Auftraggeber kommt jedoch, ohne dass es einer Nachfristsetzung bedarf, spätestens 30 Tage nach Zugang der Rechnung oder der Aufstellung bei Abschlagszahlungen in Zahlungsverzug, wenn der Auftragnehmer seine vertraglichen und gesetzlichen Verpflichtungen erfüllt und den fälligen Entgeltbetrag nicht rechtzeitig erhalten hat, es sei denn, der Auftraggeber ist für

den Zahlungsverzug nicht verantwortlich. Die Frist verlängert sich auf höchstens 60 Tage, wenn sie aufgrund der besonderen Natur oder Merkmale der Vereinbarung sachlich gerechtfertigt ist und ausdrücklich vereinbart wurde.

4. Der Auftragnehmer darf die Arbeiten bei Zahlungsverzug bis zur Zahlung einstellen, sofern eine dem Auftraggeber zuvor gesetzte angemessene Frist erfolglos verstrichen ist.

(6) Der Auftraggeber ist berechtigt, zur Erfüllung seiner Verpflichtungen aus den Absätzen 1 bis 5 Zahlungen an Gläubiger des Auftragnehmers zu leisten, soweit sie an der Ausführung der vertraglichen Leistung des Auftragnehmers aufgrund eines mit diesem abgeschlossenen Dienst- oder Werkvertrags beteiligt sind, wegen Zahlungsverzugs des Auftragnehmers die Fortsetzung ihrer Leistung zu Recht verweigern und die Direktzahlung die Fortsetzung der Leistung sicherstellen soll. Der Auftragnehmer ist verpflichtet, sich auf Verlangen des Auftraggebers innerhalb einer von diesem gesetzten Frist darüber zu erklären, ob und inwieweit er die Forderungen seiner Gläubiger anerkennt; wird diese Erklärung nicht rechtzeitig abgegeben, so gelten die Voraussetzungen für die Direktzahlung als anerkannt.

Abs 1 ist erläutert in § 632a Rn 23 ff, Abs 2 in § 641 Rn 16 ff, zu Abs 3–6 vgl § 641 Rn 75 ff.

§ 17 Sicherheitsleistung

(1) 1. Wenn Sicherheitsleistung vereinbart ist, gelten die §§ 232 bis 240 BGB, soweit sich aus den nachstehenden Bestimmungen nichts anderes ergibt.

2. Die Sicherheit dient dazu, die vertragsgemäße Ausführung der Leistung und die Mängelansprüche sicherzustellen.

(2) Wenn im Vertrag nichts anderes vereinbart ist, kann Sicherheit durch Einbehalt oder Hinterlegung von Geld oder durch Bürgschaft eines Kreditinstituts oder Kreditversicherers geleistet werden, sofern das Kreditinstitut oder der Kreditversicherer

1. in der Europäischen Gemeinschaft oder

2. in einem Staat der Vertragsparteien des Abkommens über den Europäischen Wirtschaftsraum oder

3. in einem Staat der Vertragsparteien des WTO-Übereinkommens über das öffentliche Beschaffungswesen

zugelassen ist.

(3) Der Auftragnehmer hat die Wahl unter den verschiedenen Arten der Sicherheit; er kann eine Sicherheit durch eine andere ersetzen.

(4) Bei Sicherheitsleistung durch Bürgschaft ist Voraussetzung, dass der Auftraggeber den Bürgen als tauglich anerkannt hat. Die Bürgschaftserklärung ist schriftlich unter Verzicht auf die Einrede der Vorausklage abzugeben (§ 771 BGB); sie darf nicht auf bestimmte Zeit begrenzt und muss nach

Vorschrift des Auftraggebers ausgestellt sein. Der Auftraggeber kann als Sicherheit keine Bürgschaft fordern, die den Bürgen zur Zahlung auf erstes Anfordern verpflichtet.

(5) Wird Sicherheit durch Hinterlegung von Geld geleistet, so hat der Auftragnehmer den Betrag bei einem zu vereinbarenden Geldinstitut auf ein Sperrkonto einzuzahlen, über das beide nur gemeinsam verfügen können („Und-Konto"). Etwaige Zinsen stehen dem Auftragnehmer zu.

(6) 1. Soll der Auftraggeber vereinbarungsgemäß die Sicherheit in Teilbeträgen von seinen Zahlungen einbehalten, so darf er jeweils die Zahlung um höchstens 10 v. H. kürzen, bis die vereinbarte Sicherheitssumme erreicht ist. Sofern Rechnungen ohne Umsatzsteuer gemäß § 13b UStG gestellt werden, bleibt die Umsatzsteuer bei der Berechnung des Sicherheitseinbehalts unberücksichtigt. Den jeweils einbehaltenen Betrag hat er dem Auftragnehmer mitzuteilen und binnen 18 Werktagen nach dieser Mitteilung auf ein Sperrkonto bei dem vereinbarten Geldinstitut einzuzahlen. Gleichzeitig muss er veranlassen, dass dieses Geldinstitut den Auftragnehmer von der Einzahlung des Sicherheitsbetrags benachrichtigt. Absatz 5 gilt entsprechend.

2. Bei kleineren oder kurzfristigen Aufträgen ist es zulässig, dass der Auftraggeber den einbehaltenen Sicherheitsbetrag erst bei der Schlusszahlung auf ein Sperrkonto einzahlt.

3. Zahlt der Auftraggeber den einbehaltenen Betrag nicht rechtzeitig ein, so kann ihm der Auftragnehmer hierfür eine angemessene Nachfrist setzen. Lässt der Auftraggeber auch diese verstreichen, so kann der Auftragnehmer die sofortige Auszahlung des einbehaltenen Betrags verlangen und braucht dann keine Sicherheit mehr zu leisten.

4. Öffentliche Auftraggeber sind berechtigt, den als Sicherheit einbehaltenen Betrag auf eigenes Verwahrgeldkonto zu nehmen; der Betrag wird nicht verzinst.

(7) Der Auftragnehmer hat die Sicherheit binnen 18 Werktagen nach Vertragsabschluss zu leisten, wenn nichts anderes vereinbart ist. Soweit er diese Verpflichtung nicht erfüllt hat, ist der Auftraggeber berechtigt, vom Guthaben des Auftragnehmers einen Betrag in Höhe der vereinbarten Sicherheit einzubehalten. Im Übrigen gelten die Absätze 5 und 6 außer Nummer 1 Satz 1 entsprechend.

(8) 1. Der Auftraggeber hat eine nicht verwertete Sicherheit für die Vertragserfüllung zum vereinbarten Zeitpunkt, spätestens nach Abnahme und Stellung der Sicherheit für Mängelansprüche zurückzugeben, es sei denn, dass Ansprüche des Auftraggebers, die nicht von der gestellten Sicherheit für Mängelansprüche umfasst sind, noch nicht erfüllt sind. Dann darf er für diese Vertragserfüllungsansprüche einen entsprechenden Teil der Sicherheit zurückhalten.

2. Der Auftraggeber hat eine nicht verwertete Sicherheit für Mängelansprüche nach Ablauf von 2 Jahren zurückzugeben, sofern kein anderer Rückgabezeitpunkt vereinbart worden ist. Soweit jedoch zu diesem Zeitpunkt seine geltend gemachten Ansprüche noch nicht erfüllt sind, darf er einen entsprechenden Teil der Sicherheit zurückhalten.

Die Bestimmung ist erläutert in § 641 Rn 59 ff.

§ 18 Streitigkeiten

(1) Liegen die Voraussetzungen für eine Gerichtsstandvereinbarung nach § 38 Zivilprozessordnung vor, richtet sich der Gerichtsstand für Streitigkeiten aus dem Vertrag nach dem Sitz der für die

Prozessvertretung des Auftraggebers zuständigen Stelle, wenn nichts anderes vereinbart ist. Sie ist dem Auftragnehmer auf Verlangen mitzuteilen.

(2) 1. Entstehen bei Verträgen mit Behörden Meinungsverschiedenheiten, so soll der Auftragnehmer zunächst die der auftraggebenden Stelle unmittelbar vorgesetzte Stelle anrufen. Diese soll dem Auftragnehmer Gelegenheit zur mündlichen Aussprache geben und ihn möglichst innerhalb von 2 Monaten nach der Anrufung schriftlich bescheiden und dabei auf die Rechtsfolgen des Satzes 3 hinweisen. Die Entscheidung gilt als anerkannt, wenn der Auftragnehmer nicht innerhalb von 3 Monaten nach Eingang des Bescheides schriftlich Einspruch beim Auftraggeber erhebt und dieser ihn auf die Ausschlussfrist hingewiesen hat.

2. Mit dem Eingang des schriftlichen Antrages auf Durchführung eines Verfahrens nach Absatz 1 wird die Verjährung des in diesem Antrag geltend gemachten Anspruchs gehemmt. Wollen Auftraggeber oder Auftragnehmer das Verfahren nicht weiter betreiben, teilen sie dies dem jeweils anderen Teil schriftlich mit. Die Hemmung endet 3 Monate nach Zugang des schriftlichen Bescheides oder der Mitteilung nach Satz 2.

(3) Daneben kann ein Verfahren zur Streitbeilegung vereinbart werden. Die Vereinbarung sollte mit Vertragsabschluss erfolgen.

(4) Bei Meinungsverschiedenheiten über die Eigenschaft von Stoffen und Bauteilen, für die allgemein gültige Prüfungsverfahren bestehen, und über die Zulässigkeit oder Zuverlässigkeit der bei der Prüfung verwendeten Maschinen oder angewendeten Prüfungsverfahren kann jede Vertragspartei nach vorheriger Benachrichtigung der anderen Vertragspartei die materialtechnische Untersuchung durch eine staatliche oder staatlich anerkannte Materialprüfungsstelle vornehmen lassen; deren Feststellungen sind verbindlich. Die Kosten trägt der unterliegende Teil.

(5) Streitfälle berechtigen den Auftragnehmer nicht, die Arbeiten einzustellen.

Von einer Erläuterung der Bestimmung wird abgesehen.

Anhang zu § 650a

Vergaberecht

Schrifttum

ACKERMANN, Die Haftung des Auftraggebers bei Vergabeverstößen, ZHR 164 (2000) 394
ANDRÉ/SAILER, Primärer Vergaberechtsschutz unterhalb der unionsrechtlichen Anwendungsschwellen – Zur judiziellen Urbarmachung einer „Rechtsschutzwüste", JZ 2011, 555
BOESEN, Vergaberecht – Kommentar zum 4. Teil des GWB (2000)
BROSS, Die neuere Rechtsprechung des Bundesgerichtshofs zur Vergabe öffentlicher Aufträge, VerwArch 91 (2000) 133
BURGI, Vergabefremde Zwecke und Verfassungsrecht, NZBau 2001, 64
BYOK, Die Entwicklung des Vergaberechts seit 1999, NJW 2001, 2295
BYOK, Die Entwicklung des Vergaberechts seit 2010, NJW 2011, 975
ders/JAEGER, Kommentar zum Vergaberecht (2. Aufl 2005)
KULARTZ/MARX/PORTZ, Kommentar zur VOL/A (2007)
FRENZ, Soziale Vergabekriterien, NZBau 2007, 17
GABRIEL, Die Vergaberechtsreform 2009 und die Neufassung des vierten Teils GWB, NJW 2009, 2011
HEINTZEN, Vergabefremde Zwecke im Vergaberecht, ZHR 165 (2001) 62
HERTWIG, Praxis der öffentlichen Auftragsvergabe (VOB/VOL/VOF) (6. Aufl 2016)
IMMENGA/MESTMÄCKER, Bd 2 GWB (5. Aufl 2014)
JAEGER, Die Rechtsprechung der OLG-Vergabesenate im Jahre 2000, NZBau 2001, 289, 366, 427
LANGEN/BUNTE, Kommentar zum deutschen und europäischen Kartellrecht (13. Aufl 2018)
LEINEMANN, Die Vergabe öffentlicher Aufträge: VOB/A, VOL/A, VOF (6. Aufl 2016)
NIEBUHR/KULARTZ/KUS/PORTZ, Kommentar zum Vergaberecht (2000)
PIETZCKER, Vergabeverordnung und Kaskadenprinzip aus verfassungsrechtlicher und europarechtlicher Sicht, NZBau 2000, 64
PRIESS, Handbuch des europäischen Vergaberechts (3. Aufl 2005)
SCHLETTE, Die Verwaltung als Vertragspartner: Empirie und Dogmatik verwaltungsrechtlicher Vereinbarungen zwischen Behörde und Bürger (2000)
SCHNORBUS, Der Schadensersatzanspruch des Bieters bei der fehlerhaften Vergabe öffentlicher Aufträge, BauR 1999, 77
SCHOLZ, Vergabe öffentlicher Aufträge nur bei Tarifvertragstreue, RdA 2001, 193
SCHWARZE, Die Vergabe öffentlicher Aufträge im Lichte des europäischen Wirtschaftsrechts, EuZW 2000, 133.

Systematische Übersicht

I.	Grundlagen des Vergaberechts	1
1.	Haushaltsrecht	2
2.	Europarecht	3
3.	Verfassungsrecht	4
a)	gebundene Auftraggeber	5
b)	Rechtsstaatsprinzip	6
II.	Regelung der Vergabegrundsätze	7
III.	Haftung im Vergabebereich	8
1.	Amtshaftung	8
2.	Culpa in contrahendo	9

IV. Einzelheiten zur Haftung	10	VI. Vorzeitiger Zuschlag	17
V. Das Nachprüfungsverfahren	13		

Alphabetische Übersicht

Behinderung durch das Nachprüfungsverfahren	14	Schwellenwerte	7
Europarecht	3	Verfassungsrecht	3
		Vergabefehler	11
		Vergabegrundsätze	7
Haftung des Bieters	12		
Haftung gegenüber dem Bieter	11	Zuschlag, vorzeitiger	17
Haushaltsrecht	2		
Kaskadenprinzip	7		

I. Grundlagen des Vergaberechts

1 Die Vergabe öffentlicher Aufträge – namentlich im Baubereich – erfolgt grundsätzlich im Wege der Ausschreibung, vgl § 55 BHO und die entsprechenden Bestimmungen der Länder; für den Baubereich ist insoweit das Verfahren der VOB/A üblich (vgl zur VOB/A § 650a Rn 16 f). Hier ist für den einzelnen Teilnehmer an der Ausschreibung ein korrektes Vorgehen aus doppeltem Grunde besonders wichtig: Hätte gerade er berücksichtigt werden müssen, könnte er das positive Interesse liquidieren. Aber auch das negative Interesse hat Gewicht, wenn die Abgabe eines Angebots mit erheblichen Kosten verbunden ist.

Der Hintergrund der Vergabe durch Ausschreibung ist in dreierlei Hinsicht zu betrachten:

1. Haushaltsrecht

2 Traditionell ist die Verankerung im Haushaltsrecht, vgl den schon angesprochenen § 55 BHO: Die öffentliche Ausschreibung soll sicherstellen, dass das beste Angebot zum Zuge kommt, und so die staatlichen Mittel effektiv einsetzen. Zugleich vermeidet sie den Geruch von Korruption und Vetternwirtschaft. Es bestehen Dienstanweisungen, bei der Ausschreibung nach der VOB/A zu verfahren.

2. Europarecht

3 Nach europarechtlichen Vorgaben sind 1998 die Bestimmungen der §§ 97 ff GWB geschaffen worden, die auf die Vergabe von Aufträgen oberhalb bestimmter Schwellenwerte Anwendung finden, vgl § 100 Abs 1 GWB. Diese legt die auf Grund der Ermächtigung des § 127 GWB erlassene *Vergabeverordnung* vom 9. 1. 2001 (BGBl I 110), idF v 14. 2. 2003 (BGBl I 169) in ihrem § 2 fest; nach § 2 Nr 3 VgV sind dies bei Bauaufträgen 5 278 000 Euro. Dieselbe Vergabeverordnung regelt das einzuhaltende Verfahren, insoweit auf der Ermächtigungsgrundlage des § 97 Abs 6 GWB. Für

Bauleistungen schreibt § 6 VgV den öffentlichen Auftraggebern des § 98 Nrn 1–3, 5 GWB die Einhaltung des Verfahrens der VOB/A in der Fassung der Bekanntmachung v 20. 3. 2006 vor (BAnz Nr 94a v 18. 5. 2006). Die Nachprüfung der Vergabe sieht das hier nicht weiter darzustellende Verfahren der §§ 102 ff GWB vor; zur Vergabeverzögerung u Rn 13.

3. Verfassungsrecht

Bei der Vergabe öffentlicher Aufträge handelt es sich um *Wirtschaftslenkung, Verwaltungsprivatrecht*. Im Interesse der öffentlichen Hand soll das beste Angebot gesichert werden; umgekehrt soll der tüchtigste Bieter gefördert werden. Die insoweit geltenden Grundsätze lassen sich ohne weiteres § 97 GWB entnehmen, und zwar auch dann, wenn das *Auftragsvolumen unterhalb* des § 2 VgV bleibt und § 97 GWB dann wegen § 100 Abs 1 GWB nicht unmittelbar anwendbar ist. Auch dann

– muss das Vergabeverfahren transparent sein, § 97 Abs 1 GWB,

– sind die Teilnehmer gleich zu behandeln, § 97 Abs 2 GWB,

– sind fachkundige, leistungsfähige und zuverlässige Unternehmen zu bedenken, § 97 Abs 4 GWB,

– und hat das wirtschaftlichste Angebot den Zuschlag zu erhalten, § 97 Abs 5 GWB.

Zweifelhaft ist, ob auch weitere Kriterien Einfluss auf die Vergabeentscheidung haben dürfen. § 97 Abs 4 S 2 erlaubt zusätzliche Anforderungen an den Unternehmer, die insbesondere soziale, umweltbezogene oder innovative Aspekte betreffen, wenn sie im sachlichen Zusammenhang mit dem Auftragsgegenstand stehen und sich aus der Leistungsbeschreibung ergeben. Das darf aber jedenfalls nicht auf eine Ausländerdiskriminierung hinauslaufen, indem heimische Unternehmer Vorteile haben. Eine Tarifregelung ist jedenfalls aus deutscher Sicht unbedenklich (BVerfGE 116, 202 = NJW 2007, 51 = NZBau 2007, 53), doch könnten sich aus dem Europarecht strengere Maßstäbe ergeben; vgl ebenfalls zu einer Tariftreueregelung EuGH 3. 4. 2008 – C-346/06, NZA 2008, 537.

Jedenfalls spiegelt sich wider die aus Art 1 Abs 3 GG herzuleitende **Bindung der vollziehenden Gewalt an die Grundrechte als unmittelbar geltendes Recht**. Zutreffend bemerkt Konrad Hesse (Grundzüge des Verfassungsrechts der Bundesrepublik Deutschland [19. Aufl 1993] Rn 347): „Es gibt keine fiskalische Aufgabe, dessen sachgerechte Bewältigung einen Dispens von den Freiheitsrechten erfordert. Dasselbe gilt für den Gleichheitssatz des Art 3 GG."

Dieser Ansatz ist weiter auszuführen: 5

a) Es kann keinen Unterschied machen, ob die öffentliche Hand selbst Aufträge vergibt, zB durch die Baubehörden von Bund, Ländern und Gemeinden, sondern gebunden sind auch namentlich zwischengeschaltete Personen auch des Privatrechts (vgl Ossenbühl, Staatshaftungsrecht [5. Aufl 1998] 28). Insoweit kann – gerade auch unterhalb der Schwellenwerte – auf die Liste der möglichen Auftraggeber in § 98 GWB Bezug genommen werden.

6 b) Die eben skizzierten Vergabegrundsätze lassen sich vielleicht nicht durchweg unmittelbar auf die Freiheitsrechte der Art 2 ff GG und Art 3 GG zurückführen; zT gemahnen sie an Art 33 Abs 2 GG. Aber sie sind doch jedenfalls mittelbar in den Grundrechten zu verankern, zB das Transparenzgebot in Art 12 GG. Dass das Vergabeverfahren fair und transparent zu sein hat, folgt schließlich auch aus dem **Rechtsstaatsprinzip** des Art 20 Abs 3 GG.

II. Regelungen der Vergabegrundsätze

7 1. Die tragenden Grundsätze des Vergabewesens sind zunächst in dem schon angesprochenen § 97 GWB zusammengefasst; *sie müssen auch dann gelten, wenn die Schwellenwerte nicht erreicht sind.*

2. Sind sie erreicht, ist für das Detail die *Vergabeverordnung* zu beachten (o Rn 3). Soweit deren § 6 für den *Baubereich die Bestimmungen der VOB/A* inkorporiert ergeben sich daraus erhebliche rechtstechnische Probleme, weil letztere ein von privater Hand aufgestelltes Regelwerk ist (dazu § 650a Rn 15), sodass die Verweisung nur als eine statische verstanden werden kann, dh auf die der Bundesregierung als nach § 97 Abs 6 GWB zum Erlass der VgV ermächtigter Instanz nur bekannte *Fassung v 20. 3. 2006*, auf die in § 6 VgV ja auch ausdrücklich Bezug genommen wird; spätere Änderungen der VOB/A durch den Deutschen Verdingungsausschuss für Bauleistungen müssen „verpuffen", solange § 6 VgV nicht entsprechend angepasst wird. Dies gilt selbst dann, wenn sie nur redaktioneller Art sein sollten (**aA** offenbar Kratzenberg NZBau 2002, 177), denn dass eine Neuerung sich auf das rein Redaktionelle beschränkt, ist nicht immer gesichert. Selbst neuere europarechtliche Vorgaben können, auf diese Weise – innerhalb der VOB/A, nicht der VgV – nicht umgesetzt werden (**aA** wiederum Kratzenberg NZBau 2002, 177), mögen sie auch als solche zwingend sein. Die verfassungsrechtliche Vorgabe, dass Gesetze und Verordnungen nur von den für sie zuständigen Instanzen geändert werden können, verdient Beachtung. Bei der Normenkette Europarecht/GWB/VgV/VOB/A ist vom *Kaskadenprinzip* die Rede. Indessen kann Kaskade hier nicht in der Bedeutung des stufenförmigen Wasserfalls verstanden werden, sondern es kommt die weitere Bedeutung des Begriffes zum Zuge: Kaskade als der wagemutige Sprung des Artisten.

3. Sind die *Schwellenwerte nicht erreicht,* ist die VgV nicht anwendbar, auch nicht entsprechend, weil das verzögernd und kostensteigernd wirken würde (BVerfGE 116, 135 = NJW 2006, 3701 = NZBau 2006, 791). Immerhin gewähren die Instanzgerichte einstweiligen Rechtsschutz, wobei es wiederum zweifelhaft ist, ob insoweit der Verwaltungsrechtsweg (OVG Koblenz NZBau 2005, 411; OVG Bautzen NZBau 2006, 393; OVG Münster NVwZ-RR 2006, 842) eröffnet ist oder der Zivilrechtsweg (OVG Lüneburg NZBau 2006, 670). Ersteres dürfte richtig sein, doch hat sich BVerwGE 129, 9 = NJW 2007, 2275 = NZBau 2007, 389 für den ordentlichen Rechtsweg ausgesprochen.

4. In ihrer letztmalig durch Verordnung vom 23. 10. 2006 (BGBl I 2334) geänderten Fassung verweist die VgV in § 6 auf die VOB/A idF der Bekanntmachung vom 20. 3. 2006 (BAnz Nr 94a vom 18. 5. 2006). Diese Bezugnahme ist *äußerst bedenklich:* Sie gewinnt ihre praktische Bedeutung durch die Weiterverweisung von § 10 Nr 1 Abs 2 VOB/A auf die zuletzt durch Bekanntmachung vom 4. 9. 2006 neu gefasste VOB/B (BAnz Nr 196a v 18. 10. 2006). Diese sieht seit der Neufassung von 2002 (BGBl I 169) insbesondere eine *Verlängerung der Gewährleistungsfristen* in § 13 Abs 4 Nr 1 von – regelmäßig – zwei Jahren auf vier Jahre vor. Nun soll die Vergabe von „hochwertigen" Bauleistungen ja gerade europaweit erfolgen, wobei für die Bieter insbesondere die Länge der Gewährleistungsfristen ein wesentlicher Kalkulationsfaktor ist. Gerade den ausländischen Bietern ist es aber nicht anzusinnen, die Entwicklung der VOB/B ständig – gar im Bundesanzeiger – zu verfolgen; und sie wird regelmäßig geändert. Die Bestimmungen der VOB/B erscheinen letztlich als AGB der vergebenden Stelle im konkreten Vertrag. Das bedeutet, dass ihnen gegenüber das Transparenzgebot des § 307 Abs 1 S 2 BGB nicht mehr gewahrt ist, wenn sich der spätere Vertragsinhalt erst aus einem komplizierten („Kaskadenprinzip") Normengefüge ergibt, das zudem einem ständigen Wandel unterliegt.

Praktisch folgt daraus, dass das *Transparenzgebot* den ausländischen Bietern gegenüber nur gewahrt wird, wenn den Ausschreibungsunterlagen die VOB/B in ihrer aktuellen Fassung und unter Hervorhebung ihrer etwaigen Neuerungen beigefügt wird. Um eine Inländerdiskriminierung zu vermeiden, kann dann in der Konsequenz auch inländischen Bietern gegenüber nicht anders verfahren werden. Geschieht dies nicht, wird sich der ausländische Bieter ggf mit Erfolg darauf berufen können, dass sein Kenntnisstand auf einer vormaligen Fassung der VOB/B beruht. Der inländische Bieter kann keine schlechtere Position haben.

5. Von diesen praktischen Problemen abgesehen, ist es staatstheoretisch ein unhaltbarer Zustand, dass der privat verfasste Verdingungsausschuss für Bauleistungen mit seiner „Hoheit" über VOB/A und VOB/B die Bundesregierung als die von § 97 Abs 6 GWB zu Erlass und Fortentwicklung der VgV ermächtigte Instanz durch Änderungen an VOB/A oder VOB/B praktisch zwingen kann, innerhalb der VgV „nachzuziehen".

III. Haftung im Vergabebereich

1. Die Haftung der öffentlichen Hand im Vergabebereich folgt nach dem Gesagten aus **§ 839 BGB iVm Art 34 GG**, vgl BGH NJW 1963, 644 zu einem anderweitigen Fall der nachträglichen Änderung von Ausschreibungsbedingungen. Dazu ist also die schuldhafte Verletzung einer drittschützenden Amtspflicht festzustellen, § 839 Abs 1 S 1 BGB. Eine anderweitige Ersatzmöglichkeit iSd § 839 Abs 1 S 2 BGB wird idR nicht gegeben sein. Wohl aber kann ein Ersatzanspruch des übergangenen Interessenten daran scheitern, dass er den anderweitigen Zuschlag nicht im Nachprüfungsverfahren der §§ 102 ff GWB verhindert hat, § 839 Abs 3 BGB.

8

Eindeutig drittschützenden Charakter haben dabei die Vergabegrundsätze des § 97 GWB, vgl § 97 Abs 7 GWB, weithin aber auch die Regelungen der VOB/A, soweit sie die Vergabegrundsätze konkretisieren.

Die Frage, ob die Bestimmungen des § 97 GWB, der VgV und gar der VOB/A Schutzgesetzcharakter iSd § 823 Abs 2 BGB haben, ist müßig, wenn denn bei beabsichtigtem Drittschutz einer dieser Bestimmungen immer schon eine entsprechende Amtspflicht iSd § 839 BGB besteht.

2. Culpa in contrahendo

9 Herkömmlich und allgemein angenommen ist die Annahme einer **Haftung aus culpa in contrahendo,** vgl nur BGH NJW 2002, 1952, weil die Eröffnung einer Ausschreibung ein vorvertragliches Vertrauensverhältnis dahin erzeuge, dass die Vergaberegeln eingehalten werden würden. Freilich modifiziert der BGH (JZ 2012, 314) heute seine diesbezügliche Rechtsprechung: Nicht auf ein Vertrauen des enttäuschten Bieters soll es ankommen, sondern Haftungsgrund sei die Verletzung von Rücksichtnahmepflichten durch Missachtung von Vergabevorschriften.

Die Anspruchsgrundlage der culpa in contrahendo behält Bedeutung, wenn privat nach der VOB/A ausgeschrieben wird.

3. Hinzuweisen ist auf § 126 GWB. Die dort vorgesehene Haftung hat eigenständige Bedeutung gegenüber § 839 BGB, weil sie verschuldensunabhängig ausgestaltet ist und außerdem das Erfordernis der Kausalität des Rechtsverstoßes für die Nichtberücksichtigung auflockert. Es ist nicht erforderlich, dass bei korrekter Verfahrensweise das Gebot auch den Zuschlag erhalten hätte, sondern es genügt insoweit das Minus einer „echten Chance".

IV. Einzelheiten zur Haftung

10 1. Es ist nicht erforderlich, dass überhaupt ausgeschrieben worden ist (vgl auch – weniger weitgehend – BGH NZBau 2001, 637, 640; OLG Düsseldorf BauR 1999, 74). Die öffentliche Hand kann ihrer Haftung nicht dadurch entgehen, dass sie von einer gebotenen Ausschreibung absieht und einen Auftrag anderweitig frei erteilt. Sie ist gebunden, den Wettbewerb der Interessenten zu suchen und das Vergabeverfahren transparent zu gestalten, vgl § 97 Abs 1 GWB, dies – wegen Art 3 GG – auch unterhalb der Schwellenwerte.

2. Die gesuchte Leistung ist nach den Vorgaben des § 7 VOB/A korrekt zu beschreiben, namentlich eindeutig und hinreichend erschöpfend (§ 7 Abs 1) und ohne ein ungewöhnliches Wagnis für den Interessenten (§ 7 Abs 1 Nr 3).

Das führt zwar nicht zu einem Schadensersatzanspruch jenes Bieters, der schließlich den Zuschlag erhält, weil bei ihm im Wege der ergänzenden Vertragsauslegung die Preise entsprechend zu korrigieren sind (vgl § 632 Rn 33 ff). Wohl aber mag ein Interessent von der Teilnahme am Vergabeverfahren dadurch abgeschreckt worden sein.

3. Die Teilnehmer haben Anspruch auf verfahrensmäßige Gleichbehandlung, vgl § 97 Abs 2 GWB, wie es das Rechtsstaatsprinzip konkretisiert. Das verbietet zB Nachverhandlungen mit einzelnen Bietern, die diesen eine Nachbesserung ihres Gebots ermöglichen (BGH NJW 2002, 1952). Auch darf die Vergabe nur nach Kriterien erfolgen, die zuvor bekannt gemacht worden sind (BGH NJW 2000, 137). Es dürfen die Verdingungsunterlagen nicht verändert werden (BGH NJW 1998, 3634).

4. Es besteht ein Anspruch darauf, dass nur ein fachkundiges, leistungsfähiges und zuverlässiges Unternehmen den Zuschlag erhält, vgl § 97 Abs 4 GWB. Genügt ein Bieter aber diesen Anforderungen, darf ein anderer nur noch wegen des Preises vorgezogen werden (BGH NJW 1998, 3644).

5. Allerdings sichern die eben genannten Kriterien noch nicht den Zuschlag, vielmehr muss das erfolgreiche Gebot zugleich das wirtschaftlichste sein, § 97 Abs 5 GWB, was nicht nur, aber doch primär eine Frage des Preises ist (BGH NJW 2000, 661).

6. *Ansprüche des übergangenen Bieters* scheiden aus, wenn er selbst nicht hätte berücksichtigt werden dürfen, vgl BGH NJW 1998, 3634 (Verstoß des Bieters gegen § 21 Nr 1 Abs 2 VOB/A), BGH NJW-RR 1994, 284 (mangelnde Zuverlässigkeit), oder wenn der Verfahrensverstoß (zB Nachverhandeln mit einem anderen Bieter nach Öffnung der Angebote, vgl INGENSTAU/KORBION/vWIETERSHEIM § 15 VOB/A Rn 20; OLG Koblenz NJW-RR 1999, 747) nicht ursächlich geworden ist für seine Nichtberücksichtigung, vgl BGH NJW-RR 1997, 1106. Ersatzansprüche kann der Ausschreibende auch damit abwenden, dass er darlegt und beweist, dass ein wichtiger Grund zur Aufhebung der Ausschreibung (§ 17 Abs 1 VOB/A) vorlag und er deswegen – bei Kenntnis – die Ausschreibung aufgehoben hätte (rechtmäßiges Alternativverhalten), vgl BGHZ 120, 281; BGH NJW-RR 1997, 1106; NJW 1998, 3640. Ein solcher wichtiger Grund liegt auch dann vor, wenn er zwar zu Beginn der Ausschreibung schon gegeben war, aber verkannt wurde, vgl BGH NJW-RR 1997, 1106, einschränkend insoweit zu Mängeln der Finanzierbarkeit BGH NJW 1998, 3640. **11**

Hätte der übergangene Bieter bei korrektem Procedere den Zuschlag erhalten, so hat er Anspruch auf den Ersatz des ihm entgehenden Gewinns (vgl BGHZ 120, 281; BGH NJW-RR 1997, 1106; NJW 1998, 3636; 1998, 3644). Dieser Fall liegt zB vor, wenn der Ausschreibende die vorliegenden Gebote fehlerhaft wertet (BGH NJW 1998, 3644). Voraussetzung für diesen Anspruch ist es freilich, dass der Auftrag überhaupt (anderweitig) erteilt wird (BGH NJW 1998, 3636), wenn denn die Ausschreibung keine Pflicht des Ausschreibenden erzeugt, den Auftrag zu erteilen.

Ein Anspruch auf das negative Interesse, Ersatz der – uU erheblichen – Bewerbungskosten steht bei unberechtigter Aufhebung der Ausschreibung jedenfalls dem günstigsten Bieter zu (BGH NJW 1996, 3636), weil sein berechtigtes Vertrauen darauf enttäuscht wurde, dass seine Aufwendungen die übliche Amortisationschance haben würden. In diesem Fall realisiert sich aber doch auch für die anderen Bieter ein unübliches und nicht mehr zumutbares Risiko.

7. Der Bieter gibt seinerseits ein verbindliches Angebot ab, haftet also nach Maßgabe der §§ 280, 281 BGB auf Schadensersatz statt der Leistung, wenn er den ihm durch Zuschlag erteilten Auftrag nicht zu erfüllen bereit ist (BGH NZBau 2006, 390 = BauR 2006, 514). **12**

V. Das Nachprüfungsverfahren

Ein Nachprüfungsverfahren nach den §§ 107 ff GWB hindert nach Maßgabe von § 115 GWB den Auftraggeber, den Zuschlag zu erteilen. Das kann dazu führen, dass die in den Vergabeunterlagen vorgesehenen Termine (und damit die vom Unternehmer angebotenen Preise) nicht mehr zu halten sind. Wie dieses Risiko der Ver- **13** gabeverzögerung zu verteilen ist, ist in erster Linie eine Wertungsfrage. Dem Bieter lässt sich entgegenhalten, dass sein Gebot bei einer Verzögerung über den Ablauf der Zuschlagsfrist hinaus überhaupt nur noch deswegen Berücksichtigung findet, weil er die Bindung an sein Angebot über die ursprüngliche Bindefrist, vgl § 10 Abs 7 VOB/A, hinaus verlängert. Mit einer entsprechenden Verlängerung nehme er die Folgen der Verzögerung in Kauf. Entscheidend sollte aber sein, dass der Auftraggeber Herr des Vergabeverfahrens ist. Das laufende Vergabeverfahren kann er nur auf Grundlage der abgegebenen Angebote zu Ende führen (BGHZ 181, 47 = NJW 2009, 2443 = NZBau 2009, 370 Rn 37 f; BGHZ 186, 295 = NZBau 2010, 622 Rn 20), weil sie nur insoweit miteinander wertend gegenüberzustellen sind, sonst drohte überdies ein Verstoß gegen das Nachverhandlungsverbot, vgl § 15 Abs 3 VOB/A. Eingedenk dessen sind ihm die Risiken der Verzögerung zuzurechnen, wenn er nicht neu ausschreibt, § 17 Abs 1 VOB/A, sondern das Vergabeverfahren fortführt. Im Einzelnen sind folgende Sachlagen aus der BGH-Rechtsprechung zu unterscheiden:

14 1. Die **Verzögerung** führt vielfach dazu, dass die **Bauzeiten** nicht mehr eingehalten werden können. Dazu kann es nicht nur kommen, wenn die Ausführungsfristen kalendermäßig bestimmt sind, sondern auch, wenn die Bauzeiten von der Zuschlagserteilung an berechnet werden, weil dann nicht der Termin des tatsächlichen Zuschlags, sondern derjenige maßgeblich ist, an dem nach der Ausschreibung die Zuschlagsfrist endet (BGH NJW 2010, 522 = NZBau 2009, 771 Rn 20). Wenn die Bauzeiten nicht mehr eingehalten werden können, kommt der Vertrag mit dem ursprünglichen Inhalt zustande (BGHZ 181, 47 = NJW 2009, 2443 = NZBau 2009, 370 Rn 15 ff): Für diese Auslegung spricht, dass nur so die vergaberechtlichen Vorgaben, namentlich das Nachverhandlungsverbot, eingehalten werden; auch aus der Bindefristverlängerung lässt sich nichts anderes herleiten, weil der Bieter lediglich seine Bindung an das ursprüngliche Angebot verlängert. Da die vereinbarten Ausführungsfristen nicht mehr zu halten sind, sieht der BGH eine Vertragslücke, die im Wege der ergänzenden Vertragsauslegung zu schließen sei, sodass die Bauzeit unter Berücksichtigung des Einzelfalls anzupassen sei (BGH NZBau 2009, 370 Rn 44 ff). Was die Preise des Unternehmers betrifft, will der BGH NZBau 2009, 370 Rn 49 ff) eine Anpassung nach den Maßstäben des § 2 Abs 5 VOB/B vornehmen. Das ist indessen abzulehnen. Es ist besser von einer Behinderung jenes Unternehmers iSd § 6 VOB/B auszugehen, der den Zuschlag endgültig erhält. Zu den neuen Fristen der Leistungserbringung kann dann ohne weiteres § 6 Abs 2 Nr 1 lit a VOB/B herangezogen werden, wenn sich denn ein Risiko aus dem Bereich des Auftraggebers verwirklicht hat. Die zusätzliche Vergütung wegen der Verzögerung folgt aus § 6 Abs 6 VOB/B bzw aus § 642 BGB (näher § 642 Rn 44a).

15 2. Der BGH gewährt dem Auftragnehmer Mehrvergütungsansprüche nur, soweit sie auf einer zeitlichen Verschiebung der Leistungen beruhen, nicht aber soweit sie – nach Verlängerung der Bindefrist – Folge „nur" der **Zuschlagsverzögerung** sind (BGHZ 182, 218 = NJW 2010, 519 = NZBau 2009, 777 Rn 18 ff; NJW 2010, 522 = NZBau 2009, 771 Rn 30 ff; NJW 2012, 1436 = NZBau 2012, 287 Rn 14). Insoweit weise der Vertrag keine zu schließende Lücke auf. Kostensteigerungen auf Seiten des Bieters, die darauf beruhten, dass er erst nach dem tatsächlichen Zuschlagstermin disponieren konnte, rechtfertigten keine Mehrvergütungsansprüche; dieses kalkulatorische Risiko sei Sache des Bieters. Das hätte dann freilich zur Konsequenz, dass derjenige Bieter, der dieses Risiko scheut, aus dem Wettbewerb ausscheiden müsste – und dann würde es sich bei jenem Konkurrenten verwirklichen, der dieses Risiko nicht scheut. Richtigerweise müsste der Auftraggeber, der den Zuschlag erst deutlich später erteilen kann, neu ausschreiben (und würde dann mit höheren Geboten konfrontiert). Redlicherweise kann er das nicht dadurch umgehen, dass er den Bietern Verlängerungen der Bindungsfrist abverlangt. Er muss sehen, dass den Bietern „die Kosten davonlaufen", und darf sich dem nicht verschließen.

3. Gelegentlich **teilt** der Auftraggeber **mit der Zuschlagserteilung neue Bauzeiten mit**. Grundsätzlich ist eine solche Erklärung angesichts des Nachverhandlungsverbots des § 15 Abs 3 VOB/A dahin auszulegen, dass der Zuschlag den unveränderten Vertrag mit den ausgeschriebenen Baufristen zustande bringt (BGHZ 186, 295 = NZBau 2010, 622 Rn 15 ff); die neuen Bauzeiten stellen dann lediglich einen Hinweis der Auftraggeberin dar, welche Bauzeiten nunmehr angemessen seien. Ausnahmsweise kann der Auftraggeber allerdings klar und eindeutig zum Ausdruck bringen, dass er – unter Verstoß gegen das Nachverhandlungsverbot – den Zuschlag nur unter Veränderung der Bauzeiten erteilt. Einen Vertrag bringt ein solcher Zuschlag unter Abänderungen nicht zustande, § 18 Abs 2 VOB/A. Nimmt der Bieter dieses abgeänderte Angebot an, will der BGH den Bieter an seiner Vertragserklärung festhalten und Mehrvergütungsansprüche wegen der neuen Bauzeit ausschließen (BGHZ 194, 301 = NJW 2012, 3505 = NZBau 2012, 694 Rn 14). Das überzeugt ebenfalls nicht. Dem Auftraggeber muss verwehrt sein, sich auf sein rechtswidriges Verhalten zu berufen.

16

VI. Vorzeitiger Zuschlag

Nach § 101b Abs 1 GWB ist ein Vertrag nichtig, wenn ein Zuschlag vor Ablauf der Wartefrist des § 101a GWB erfolgt ist (Nr 1) oder gar von einer gebotenen Ausschreibung abgesehen wurde (Nr 2) **und** dies innerhalb der Fristen des § 101b Abs 2 GWB mittels eines Nachprüfungsverfahrens gerügt worden ist. Zu diesem Regelwerk vgl § 631 Rn 83.

17

§ 650b
Änderung des Vertrags; Anordnungsrecht des Bestellers

(1) Begehrt der Besteller

1. eine Änderung des vereinbarten Werkerfolgs (§ 631 Absatz 2) oder

2. eine Änderung, die zur Erreichung des vereinbarten Werkerfolgs notwendig ist,

streben die Vertragsparteien Einvernehmen über die Änderung und die infolge der Änderung zu leistende Mehr- oder Mindervergütung an. Der Unternehmer ist verpflichtet, ein Angebot über die Mehr- oder Mindervergütung zu erstellen, im Falle einer Änderung nach Satz 1 Nummer 1 jedoch nur, wenn ihm die Ausführung der Änderung zumutbar ist. Macht der Unternehmer betriebsinterne Vorgänge für die Unzumutbarkeit einer Anordnung nach Absatz 1 Satz 1 Nummer 1 geltend, trifft ihn die Beweislast hierfür. Trägt der Besteller die Verantwortung für die Planung des Bauwerks oder der Außenanlage, ist der Unternehmer nur dann zur Erstellung eines Angebots über die Mehr- oder Mindervergütung verpflichtet, wenn der Besteller die

für die Änderung erforderliche Planung vorgenommen und dem Unternehmer zur Verfügung gestellt hat. Begehrt der Besteller eine Änderung, für die dem Unternehmer nach § 650c Absatz 1 Satz 2 kein Anspruch auf Vergütung für vermehrten Aufwand zusteht, streben die Parteien nur Einvernehmen über die Änderung an; Satz 2 findet in diesem Fall keine Anwendung.

(2) Erzielen die Parteien binnen 30 Tagen nach Zugang des Änderungsbegehrens beim Unternehmer keine Einigung nach Absatz 1, kann der Besteller die Änderung in Textform anordnen. Der Unternehmer ist verpflichtet, der Anordnung des Bestellers nachzukommen, einer Anordnung nach Absatz 1 Satz 1 Nummer 1 jedoch nur, wenn ihm die Ausführung zumutbar ist. Absatz 1 Satz 3 gilt entsprechend.

Materialien: BT-Drucks 18/11437; BT-Drucks 18/8486.

Schrifttum

ABEL/SCHÖNFELD, Das Anordnungsrecht des Bestellers nach § 650b BGB – BauR 2017, 1901; BauR 2017, 2047; BauR 2018, 1
ALTHAUS, Gesetzgebungsverfahren zum neuen gesetzlichen Bauvertragsrecht, Anordnungsrechte und Preisanpassung, BauR 2017, 412
ENGLERT/ENGLERT, Die „Zumutbarkeit" der Befolgung von Anordnungen nach neuem Bauvertragsrecht, NZBau 2017, 579
GÖBEL, Das Anordnungsrecht des Bestellers nach neuem Bauvertragsrecht, DZWIR 2017, 10
JOUSSEN, Bauzeitliche Anordnungen nach dem neuen Bauvertragsrecht, BauR 2018, 151
KAPELLMANN, Die AGB – Festigkeit von § 1 III, IV und § 2 V, VI VOB/B angesichts des neuen BGB – Bauvertragsrechts, NZBau 2018, 635
ORLOWSKI, Das neue Anordnungsrecht des Bestellers, BauR 2017, 1427
PAUSE, Strittige Nachträge und das Leistungsverweigerungsrecht bei BGB-Bauverträgen nach der Reform des Bauvertragsrechts, BauR 2018, 882
ders, Der Wegfall von vereinbarten Teilleistungen nach dem neuen Bauvertragsrecht: Teilkündigung oder Änderungsanordnung?, ZfBR 2018, 731
PUTZIER, Sofortige Änderungsanordnung unter dem Bauvertragsrecht 2018, NZBau 2018, 131
SCHRANKE/KEILMANN, Das Anordnungsrecht des Bestellers und der Streit um die Vergütung, NZBau 2016, 333
VOIT, Honoraranpassungen bei Änderungsanordnungen, BauR 2018, 366
WEISE, Die einseitige Anordnung im neuen Bauvertragsrecht, NJW-Spezial 2017, 492.

Systematische Übersicht

I.	**Allgemeines**	
1.	Mangelhafte Planung	1
2.	Gewillkürte Planungsänderung	2
3.	Das Weisungsrecht des Bestellers	3
II.	**Die willkürliche Änderung der Planung durch den Besteller, § 650b Abs 1 S 1 Nr 1**	
1.	Die Planungsänderung	4
2.	Die Zumutbarkeit	5
3.	Zur Beweislast	6
4.	Planung des Bestellers und Planung des Unternehmers	7
5.	Das Prozedere	8
a)	Versuch des Einvernehmens; Anordnung des Bestellers	8
b)	Einstweilige Verfügung	9

III.	Die notwendige Planungsänderung	10	
IV.	Ausweichmöglichkeiten	13	
V.	Änderungen der Planung in zeitlicher Hinsicht	14	
VI.	Leistungen an beweglichen Sachen	15	

VII.	Die Regelungen der VOB/B	16
1.	Maßgeblichkeit der Vereinbarungen	17
2.	Widersprüche im Vertrag	18
3.	Planungsänderungen durch den Besteller	19

Alphabetische Übersicht

Änderungsbefugnis, Grenzen der	21
Ausführungsführungsrecht des Unternehmers	25
Ausweichmöglichkeiten	13
Beweglichen Sachen, Leistungen an	15
Beweislast	6, 21
Einstweilige Verfügung	9
Einvernehmen	8
Planungsänderung	4
– durch den Besteller	19

– gewillkürte	2
– notwendige	10 ff
– Zumutbarkeit der	5
Vereinbarungen, Maßgeblichkeit der	17
VOB/B, Regelungen der	16
Weisungsrecht des Bestellers	3
Widersprüche	18
Zusätzliche Leistungen	22

I. Allgemeines

Es dürfte in der Praxis eher die Ausnahme darstellen, dass ein Bauwerk oder auch **1** eine Außenanlage in jener Form entsteht, die die ursprüngliche Planung vorgesehen hatte. Das kann unterschiedliche Ursachen haben.

1. Mangelhafte Planung

Es ist zunächst denkbar, dass die Planung angesichts der vorgefundenen tatsächlichen Verhältnisse verfehlt war, mag dies nun dem planenden Teil vorzuwerfen sein oder nicht. Das ist die Konstellation des § 650b Abs 1 S 1 Nr 2 BGB, der dort sog notwendigen Planungsänderung. Die §§ 650b–650c BGB gehen davon aus, dass ein solcher Mangel unter allen Umständen beseitigt werden muss. Ein Recht des Unternehmers zur Leistungsverweigerung wegen Unzumutbarkeit sehen sie nicht vor; es kann sich freilich aus § 635 Abs 3 BGB ergeben.

Was die Vergütung des Unternehmers betrifft, sieht § 650c Abs 1 und 2 BGB ihre Anpassung vor, versagt ihm diese freilich in § 650c Abs 1 S 2 BGB für den Fall, dass die Planung seine Aufgabe war.

2. Gewillkürte Planungsänderung

§ 650b Abs 1 S 1 Nr 1 BGB betrifft den weiteren Fall, dass es sich der Besteller nur **2** anders überlegt hat. Er möchte mit einer Einschränkung seiner Pläne Kosten sparen oder die Nutzbarkeit des Bauwerks ändern oder erweitern. Namentlich kann ihm daran gelegen sein, dem technischen Fortschritt Rechnung zu tragen. ZB kann der Bau eines Krankenhauses viel Zeit in Anspruch nehmen und die Medizintechnik bleibt nicht stehen. § 648 BGB ergibt, dass der historische Gesetzgeber des BGB nur das finanzielle Interesse des Unternehmers an dem Werk für schützenswert gehalten hat. Dieses soll im Falle der Planungsänderung § 650c Abs 1 BGB wahren. Mehr gebietet auch der Satz pacta sunt servanda nicht.

3. Das Weisungsrecht des Bestellers

3 Das Kernstück des § 650b BGB stellt das einseitige Weisungsrecht dar, das sein Abs 2 dem Besteller einräumt. Sicherlich muss sich der Unternehmer auf Änderungen der Planung einlassen, wenn sie erforderlich sind, Mängel zu vermeiden, § 650b Abs 1 S 1 Nr 2 BGB, und auch dann, wenn überwiegende Interessen des Bestellers für eine Änderung der Planung sprechen, § 650b Abs 1 S 1 Nr 1 BGB. Das folgt schon aus seiner Verpflichtung zur Rücksichtnahme auf die Interessen des Bestellers, § 241 Abs 2 BGB.

Dieser Verpflichtung des Unternehmers ließe sich jedoch auch schon mit einer rein obligatorisch wirkenden Verpflichtung Rechnung tragen, einer entsprechenden Änderung des Vertrages – und damit der ihm zugrundeliegenden Planung – zuzustimmen. § 650b Abs 2 BGB geht deutlich darüber hinaus, wenn die Bestimmung die Weisung des Bestellers unmittelbar wirken lässt, auf eine einverständliche Änderung des Vertrages verzichtet.

Nach Art 1 Abs 3 GG ist der Gesetzgeber auch im Bereich des Zivilrechts auf die Grundrechte verpflichtet, also insbesondere auch auf Art 3 GG. Aus dieser Bestimmung ergibt sich, dass die Parteien eines gegenseitigen Vertrages – gleichberechtigt wie sie sind –, auch rechtlich gleich zu behandeln sind. Weisungsrechte einer Seite passen dazu nicht. Sie sind legitim beim Dienstvertrag; dort hat der Dienstverpflichtete quasi seine Arbeitskraft verkauft. Vom Dienstvertrag unterscheidet sich der Werkvertrag aber gerade dadurch, dass der Unternehmer eine untergeordnete Position nicht eingenommen hat; nur dem entspricht es, dass er nicht nur ein Tätigwerden zugesagt hat, sondern darüber hinaus einen Erfolg.

Die Annahme der Verfassungswidrigkeit des § 650b Abs 2 BGB reißt keine Lücke. Denn es verbleibt die Verpflichtung des Bauunternehmers aus § 241 Abs 2 BGB, sich ggf – unter den Voraussetzungen des § 650b Abs 1 BGB – auf eine Änderung der Planung einzulassen. Er unterliegt insoweit einem Kontrahierungszwang. Kontrahierungszwänge sind dem Zivilrecht vielfältig bekannt. Sie fügen sich – anders als Weisungsrechte einer Seite – zwanglos in sein System ein.

II. Die willkürliche Änderung der Planung durch den Besteller, § 650b Abs 1 S 1 Nr 1

4 Die gewillkürte Planungsänderung des § 650b Abs 1 S 1 Nr 1 BGB unterscheidet sich im Prozedere nicht von der notwendigen des § 650 Abs 1 S 1 Nr 2 BGB, doch kann der Unternehmer die Ausführung dieser geänderten Planung verweigern,

wenn ihm diese nicht zumutbar ist; er braucht dann bereits kein Nachtragsangebot zu unterbreiten, § 650 Abs 1 S 2 BGB aE.

1. Die Planungsänderung

Der Besteller kann jederzeit – bis hin zur Abnahme des Werks – die Planung in einer Weise ändern, die die vom Unternehmer zu erbringende Leistung einschränkt, erweitert oder abändert. Irgendwelche sachlichen Vorgaben stellt das Gesetz hierfür nur insoweit auf, als die Planungsänderung nicht notwendig gewesen sein darf; dann gilt vorrangig § 650b Abs 1 S 1 Nr 2 BGB.

Insbesondere braucht die Änderung der Planung den Unternehmer nicht als zweckmäßig zu überzeugen. Das entbindet ihn freilich nicht von der Verpflichtung, gemäß den allgemein anzuerkennenden Grundsätzen des § 4 Abs 3 VOB/B (dazu § 633 Rn 62 ff) etwaige Bedenken anzumelden, zB, dass sich die vom Besteller verfolgten Ziele so doch nicht erreichen ließen oder dass sich gar technische Probleme ergeben könnten, erst recht, dass die vorliegende Baugenehmigung die Umplanung nicht decke.

2. Die Zumutbarkeit

Die Ausführung der geänderten Planung muss dem Unternehmer zumutbar sein. Dieses Erfordernis des § 650b Abs 1 S 2 BGB aE ist für den Unternehmer weniger streng als das des § 275 Abs 1–3 BGB. Denkbar ist etwa, dass sein Betrieb auf eine Leistung der nunmehr vorgesehenen Art nicht eingerichtet ist: Holzkonstruktion statt Stahlkonstruktion oder dass er mit dem jetzt Vorgesehenen keinerlei Erfahrungen habe. Zu denken ist auch an eine anderweitige Auslastung seiner Kapazitäten in dem für die Ausführung der neuen Planung in Betracht kommenden Zeitraum. Spannungen im Verhältnis zum Besteller genügen jedenfalls nicht. Sollten sie eine Kündigung des Unternehmers nach § 648a BGB rechtfertigen, mag er diese aussprechen. Insgesamt sind die Begriffe der Zumutbarkeit bzw der Unzumutbarkeit freilich mit Unschärfen behaftet, sodass die Berufung auf Unzumutbarkeit mit Risiken für den Unternehmer verbunden sind. Dass die Neuplanung Mehrkosten verursache, ist jedenfalls kein einschlägiger Aspekt, wenn das Gesetz eine Anpassung der Vergütung gerade in § 650c BGB vorsieht. Dabei ist der Hinweis auf Mehrkosten an sich durchaus geboten und kann geeignet sein, den Besteller von seinem Änderungsvorhaben Abstand nehmen zu lassen.

3. Zur Beweislast

An sich obliegt dem Besteller die Darlegungs- und Beweislast dafür, dass sein Änderungsbegehren für den Unternehmer zumutbar ist. Dies schränkt § 650b Abs 1 S 3 BGB für den Fall ein, dass der Unternehmer „betriebsinterne Vorgänge" für die Unzumutbarkeit der Planungsänderung anführt; diese hat er darzulegen und zu beweisen. Zu denken ist dabei vor allem an eine anderweitige Auslastung seiner Kapazitäten. Die Frage nach der Zumutbarkeit der Leistungsänderung für den Unternehmer stellt das Gesetz in Abs 1 S 2 freilich nur für die gewillkürte des Abs 1 S 1 Nr 1, nicht auch für die notwendige Leistungsänderung des Abs 1 S 1 Nr 1. Auf eine solche Änderung hätte der Unternehmer kraft seiner Sachkunde eingestellt sein müssen.

4. Planung des Bestellers und Planung des Unternehmers

7 Die Aufgabe der Planung kann entweder dem Besteller oder dem Unternehmer obliegen. Das bisher Gesagte gilt bei Planung des Bestellers. Den Fall, dass der Unternehmer zu planen hat, spricht § 650b Abs 1 S 4 BGB an. Bei dieser Zuweisung der Planung kann der Unternehmer keine Vergütung für diese beanspruchen. Dabei verbleibt es nach § 650c Abs 1 S 2 BGB bei der vereinbarten Vergütung. Folgerichtig braucht nach § 650a Abs 1 S 4 BGB sein Nachtragsangebot auch keine Planungskosten zu enthalten.

5. Das Prozedere

a) Versuch des Einvernehmens; Anordnung des Bestellers

8 Zieht der Besteller eine Änderung der Planung in Betracht, sucht er zunächst das Gespräch – das „Einvernehmen" – mit dem Unternehmer über die Planungsänderung und ihre preislichen Konsequenzen, § 650b Abs 1 S 1 BGB. Die Initiative zu diesem Gespräch kann freilich auch von dem Unternehmer ausgehen, von dem § 650b Abs 1 S 2 BGB ein Nachtragsangebot erwartet, sofern der vielleicht Verbesserungsvorschläge gegenüber der vorliegenden Planung vorzubringen hat. Diese Verhandlungspflicht ist nicht einklagbar. Abgesehen davon, dass dafür der notwendige zeitliche Rahmen kaum jemals gegeben sein wird, kann der Besteller das nicht zu erzielende Einvernehmen nach § 650b Abs 2 S 1 BGB durch eine (einseitige) Anordnung ersetzen. Der Unternehmer hat ihr Folge zu leisten, sofern ihm dies zumutbar ist, s o Rn 5.

b) Einstweilige Verfügung

9 In letzter Konsequenz kann – jedenfalls nach Beginn der Bauausführung – bei Gericht eine einstweilige Verfügung beantragt werden, § 650d BGB (vgl die Kommentierung zu § 650d).

III. Die notwendige Planungsänderung

10 Bei der notwendigen Planungsänderung des § 650b Abs 1 S 1 Nr 2 BGB kommt es in der Sache allein darauf an, dass die vereinbarte Planung umgesetzt zu einem Mangel des Werkes gemessen an seinen Zwecken führen würde.

Wenn der Unternehmer nicht geplant hat und ihm deshalb § 650b Abs 1 S 2 BGB einen Anspruch wegen erhöhtem Aufwands nicht versagt, hat er nach § 650b Abs 1 S 2 BGB ein Nachtragsangebot über Mehr- oder Minderkosten zu unterbreiten. Diese Pflicht setzt bei Planung des Bestellers voraus, dass ihm der Besteller die geänderte Planung aufgestellt und dem Unternehmer zur Verfügung gestellt hat, § 650b Abs 1 S 2 BGB. Fehlt es daran auch nur teilweise, kann der Unternehmer sein Nachtragsangebot verweigern. Eine Frist setzt ihm das Gesetz für dieses nicht, doch folgt aus der Natur der Sache, dass dies ohne schuldhaftes Zögern geschehen hat. Kommt der Unternehmer dieser Pflicht nicht nach, kann der Besteller an seiner Stelle tätig werden, wobei ein doch noch erfolgendes Nachtragsangebot des Unternehmers überholt. Anschließend haben die Parteien 30 Tage Zeit, zu einer Einigung zu gelangen. Diese Frist des § 650b Abs 3 BGB ist nicht einseitig in AGB der einen oder der anderen Seite abänderbar, doch dürfte einer einverständlichen Modifikation nichts im Wege stehen. Danach kann der Besteller gerichtlich Rechtsschutz nach § 650d BGB in Anspruch nehmen.

1. § 650b Abs 1 S 1 Nr 2 BGB betrifft die „notwendige" Änderung der Planung. **11** Eine solche liegt vor, wenn das Werk ohne sie seine Funktionen späterhin nicht erfüllen könnte, also als mangelhaft zu bezeichnen wäre. Es mag zB die vorgesehene Dränage den vorgefundenen Grundwasserverhältnissen nicht genügen, die geplanten Heizkörper keine ausreichende Beheizung gewährleisten. Hierher gehört es auch, wenn behördliche Auflagen – etwa zum Brandschutz – ergangen sind.

Solchen Änderungen zu entsprechen, braucht dem Unternehmer nicht iSd § 650b Abs 1 S 2 BGB zumutbar zu sein. Es gelten vielmehr die allgemeinen Maßstäbe des § 275 BGB, namentlich jene des dortigen Abs 2, wie sie aber kaum jemals erfüllt sein werden, wenn denn die geänderte Planung letztlich ja nur auf eine „ordentliche" Leistung gerichtet sein wird, auf die ein Bauunternehmer eingerichtet zu sein hat. Freilich braucht eine zusätzliche Leistung keinem der am Bau bisher tätigen Gewerke zuzuordnen zu sein; dann kann jedes von diesen die Leistung verweigern. Wo der Unternehmer die geänderte oder zusätzliche Leistung erbringen muss, hat er ein entsprechendes Nachtragsangebot zu erstellen, § 650b Abs 1 S 2 BGB; es ist dann der Versuch eines Einvernehmens hierüber zu unternehmen.

2. Wenn ein Einvernehmen nicht zu erzielen ist, erwächst dem Besteller nach **12** § 650b Abs 2 BGB ein Anordnungsrecht. Zur Kritik an diesem s Rn 3. Für die Anordnung schreibt die Bestimmung Textform vor. Es kann frühestens 30 Tage nach Zugang des Änderungsbegehrens bei dem Unternehmer ausgeübt werden. Ist es zwischenzeitlich durch die Verhandlungen der Parteien zu Änderungen des Änderungsbegehrens gekommen, kommt es auf den Zugang des letzten an.

Dass der Unternehmer ein Nachtragsangebot nach § 650b Abs 1 S 2 BGB erstellt hat, wird die Regel sein, ist jedoch keine notwendige Voraussetzung der Anordnung des Bestellers. Eine Frist zur Ausübung des Anordnungsrechts setzt das Gesetz nicht, doch kann es durch Nichtausübung verwirkt sein, wenn es nicht unverzüglich ausgeübt wird.

§ 650b BGB hebt (pleonastisch) für die gewillten Änderungen des § 650b Abs 1 Nr 1 BGB erneut hervor, dass sie für den Unternehmer zumutbar zu sein haben. Für Änderungen nach § 650b Abs 1 Nr 2 BGB gilt dieses Erfordernis auch an dieser Stelle nicht.

IV. Ausweichmöglichkeiten

Die 30 Tage des § 650b Abs 3 BGB sind ein langer Zeitraum. Die einstweilige **13** Verfügung des § 650d BGB ist ebenfalls nicht von heute auf morgen zu erwirken, wenn jedenfalls Widerspruch eingelegt werden kann und sich dann uU auch noch ein Berufungsverfahren anschließt. Die damit verbundenen beträchtlichen Zeiträume der Unsicherheit können die Parteien beträchtlich verkürzen, wenn sie sich bei Bauvorhaben, bei denen mit Änderungen der Planung zu rechnen ist, auf einen Sachverständigen einigen, der als Dritter iSd § 319 BGB eine Entscheidung darüber trifft, ob und zu welchen Konditionen der Unternehmer die Änderungen umzusetzen hat. Das wird einerseits weniger Zeit in Anspruch nehmen und verspricht andererseits wegen des eingeschränkten Prüfungsmaßstabs der offenbaren Unbilligkeit ein höheres Maß an Rechtssicherheit.

V. Änderungen der Planung in zeitlicher Hinsicht

14 § 650b BGB betrifft ausschließlich Änderungen der Planung in sachlicher Hinsicht. Will der Besteller den Zeitpunkt der Leistung verändern, also nach vorn oder nach hinten verschieben, oder gar eine Beschleunigung der Leistung bewirken, kann er derlei nicht einseitig anordnen, sondern ist auf Einvernehmen mit dem Unternehmer angewiesen. Freilich hat dieser nach § 241 Abs 2 BGB Rücksicht auf die Interessen des Bestellers zu nehmen. ZB mag es geboten sein, bestimmte Leistungen noch vor Anbruch des Winters abzuschließen. Solchen sachlichen Zwängen darf sich der Unternehmer nicht verschließen, kann freilich eine angemessene preisliche Kompensation beanspruchen.

VI. Leistungen an beweglichen Sachen

15 Ausweislich seiner Stellung im Gesetz gilt § 650b BGB unmittelbar nur für den Bauvertrag. Wo der Unternehmer eine bewegliche Sache des Bestellers zu bearbeiten hat, können sich aber doch ebenfalls die beiden von der Bestimmung angesprochenen Konstellationen ergeben, dass der Besteller eine Änderung wünscht oder dass sich diese Änderung gar als notwendig erweist. Angesichts der identischen Interessenlage ist es geboten, § 650b BGB entsprechend heranzuziehen.

VII. Die Regelungen der VOB/B

16 Zu der zu erbringenden Werkleistung, Änderungen und Ergänzungen verhält sich in der VOB/B

§ 1 Art und Umfang der Leistung

(1) Die auszuführende Leistung wird nach Art und Umfang durch den Vertrag bestimmt. Als Bestandteil des Vertrags gelten auch die Allgemeinen Technischen Vertragsbedingungen für Bauleistungen (VOB/C).

(2) Bei Widersprüchen im Vertrag gelten nacheinander:

1. die Leistungsbeschreibung,

2. die Besonderen Vertragsbedingungen,

3. etwaige Zusätzliche Vertragsbedingungen,

4. etwaige Zusätzliche Technische Vertragsbedingungen,

5. die Allgemeinen Technischen Vertragsbedingungen für Bauleistungen,

6. die Allgemeinen Vertragsbedingungen für die Ausführung von Bauleistungen.

(3) Änderungen des Bauentwurfs anzuordnen, bleibt dem Auftraggeber vorbehalten.

(4) Nicht vereinbarte Leistungen, die zur Ausführung der vertraglichen Leistung erforderlich werden, hat der Auftragnehmer auf Verlangen des Auftraggebers mit auszuführen, außer wenn sein Betrieb auf derartige Leistungen nicht eingerichtet ist. Andere Leistungen können dem Auftragnehmer nur mit seiner Zustimmung übertragen werden.

1. Maßgeblichkeit der Vereinbarungen

§ 1 Abs 1 S 1 VOB/B wiederholt den allgemeinen Grundsatz, dass für die von dem Unternehmer zu erbringende Leistung die vertragliche Vereinbarung primär maßgeblich ist. Besonderheiten für den Bereich der VOB/B werden insoweit nicht statuiert. 17

Freilich ist darauf hinzuweisen, dass *nicht der Wortlaut des Vertrages* maßgeblich ist, sondern seine *sachgerechte Auslegung*. Es kann sich ergeben, dass die Leistungsbeschreibung verfehlt ist, weil die vorgesehene Art der Ausführung nur zu einer minderwertigen Werkleistung führen würde, zB mögen die Heizkörper in ihrer Leistung zu knapp dimensioniert sein. Dann schuldet der Unternehmer von vornherein – dh ohne Vertragsänderung – die angemessenen Heizkörper (gegen Anpassung der Vergütung). Es wäre auch keine Planungsänderung des Bestellers iSd § 1 Abs 3 VOB/B, wenn er auf den angemessenen Heizkörpern besteht. Auch behördliche Auflagen können zu einer Leistungsänderung führen, die hier aus einer ergänzenden Vertragsauslegung, § 157 BGB, herzuleiten ist.

Wenn § 1 Abs 1 S 2 VOB/B die Allgemeinen Technischen Vertragsbedingungen für Bauleistungen für anwendbar erklärt, dann ergibt sich, dass bei Verträgen, für die die Parteien die Anwendung der VOB Teil B vereinbart haben, zugleich auch die *Bestimmungen der VOB Teil C* Anwendung finden, wenn auch, wie sich aus § 1 Abs 2 VOB/B ergibt, nur insoweit, wie die Parteien nicht anderweitige vorrangige Vereinbarungen getroffen haben.

Diese Einbeziehung der VOB/C gilt gegenüber einem Verbraucher nur dann, wenn ihre für das Gewerk einschlägigen Bestimmungen zur Kenntnis gebracht werden, § 305 Abs 2 Nr 2 BGB. Auch dann ist es nicht auszuschließen, dass einzelne Bestimmungen der VOB/C den §§ 307 ff BGB nicht standhalten.

Die *Bestimmungen der VOB/C* in ihrer jeweiligen, ständig überarbeiteten Fassung enthalten in DIN 18 299 allgemeine Regelungen für Bauarbeiten jeder Art, um dann in den DIN 18 300 ff spezielle Regelungen für insgesamt 54 Sachgebiete zu treffen. Nach der Neuschaffung der DIN 18 299 befinden sich die DIN 18 300 ff in einer der Anpassung dienenden Überarbeitung. Vgl zur VOB/C iÜ § 650a Rn 18.

Die Bestimmungen der VOB/C sind grundsätzlich *auch dann von Bedeutung, wenn die Geltung der VOB/B nicht* vereinbart ist (vgl INGENSTAU/KORBION/LEUPERTZ/VON WIETERSHEIM Einl Rn 62). Wenn und soweit nämlich die jeweiligen Rechte und Pflichten der Parteien näher zu konkretisieren sind, kommt der *Verkehrssitte* maßgebliche Bedeutung bei, §§ 157, 242 BGB, *bei deren Ermittlung vorrangig die VOB/C zu beachten ist.* Soweit die VOB/C qualitative Anforderungen an die Verwendung von Stoffen und die Ausführung von Arbeiten stellt, sind diese als Maßstäbe ebenfalls als im Zweifel von den Parteien gewollt anzusehen.

2. Widersprüche im Vertrag

18 § 1 Abs 2 VOB/B löst die Widersprüche im Vertrag auf, die sich aus dem Nebeneinander verschiedener Regelungswerke ergeben. Wichtig ist, dass die Bestimmungen der VOB/B selbst nur *subsidiär* gelten, und zwar nicht nur von Individualabreden verdrängt werden, sondern auch von *anderen AGB*, die wirksam Aufnahme in den Vertrag gefunden haben (vgl BGH NJW-RR 1986, 825). Dabei regelt die Bestimmung nicht, wie solche AGB in den Vertrag aufzunehmen sind; das ergibt sich aus den allgemeinen Grundsätzen, namentlich der §§ 305 Abs 2, 310 Abs 1 BGB.

Gerade bei Werkverträgen erreichen die Vertragsunterlagen oftmals ein beträchtliches Ausmaß. Das ist hinzunehmen, soweit es sich aus der Natur der Sache ergibt, insbesondere hinsichtlich der Leistungsbeschreibung. Hinsichtlich der rechtlichen Reglungen ist dagegen davon auszugehen, dass die notwendigen Abreden schon in der VOB/B sowie im BGB prinzipiell enthalten sind, sodass *davon abweichende Bestimmungen* in besonderer Weise darauf zu überprüfen sind, ob sie nicht nach sachlichem Gehalt oder Stellung innerhalb des Regelwerkes als *überraschend* iSd § 305c Abs 1 BGB zu bewerten sind. Auch die *Unklarheitenregel* des § 305c Abs 2 BGB kann zuweilen Bedeutung gewinnen. Schließlich kann sich Intransparenz iSd § 307 Abs 1 S 2 BGB ergeben.

Außerdem eröffnet derlei nach § 310 Abs 1 S 3 BGB die Möglichkeit der AGB-Kontrolle der VOB/B auch im rein unternehmerischen Verkehr.

3. Planungsänderungen durch den Besteller

19 § 1 Abs 3 VOB/B gibt dem Besteller das Recht, **Änderungen des Bauentwurfs** anzuordnen.

Eine Planungsänderung durch den Besteller liegt insoweit nicht vor, wie er nur eine mangelhafte Planung korrigiert oder auf äußere Vorgaben reagiert, zB behördliche Auflagen oder die Natur der Sache (unerwartet ungünstige Grundwasserverhältnisse); die Planungsänderung setzt Freiwilligkeit voraus. Auf eine notwendig geänderte Planung muss sich der Unternehmer – bei Zumutbarkeit – stets einlassen, dies auch außerhalb des Anwendungsbereichs der VOB/B; die Vergütung ist entsprechend anzupassen.

20 a) Damit hat der Besteller beim VOB-Vertrag das Recht, Änderungen der zu erbringenden Leistung anzuordnen. Eine *Einigung mit dem Unternehmer* ist insoweit *nicht erforderlich;* es reicht vielmehr die einseitige empfangsbedürftige Erklärung des Bestellers (Quack ZfBR 2004, 107). AGB-rechtlichen Zweifeln aus den §§ 307, 308 Nr 4 BGB begegnet die Bestimmung nicht (BGHZ 131, 392; **aA** Anker/Klingenfuss BauR 2005, 1377). In AGB des Unternehmers nicht, weil die Bestimmung ihn belastet, in AGB des Bestellers liegt der Fall des § 308 Nr 4 BGB deshalb nicht vor, weil diese Bestimmung die Sachleistung betrifft, die vom Besteller geschuldete Vergütung aber nach § 2 Abs 5 VOB/B anzupassen ist.

Die Befugnis des Bestellers bezieht sich auf *Änderungen der zu erbringenden Leistung,* dh auf Neubestimmungen des zu liefernden Erfolges; das ist zu unterscheiden von den in § 4 Abs 1 Nr 3 VOB/B angesprochenen Anordnungen hinsichtlich der Arbeitsmethode (dazu § 633 Rn 46 ff). Die Befugnis zur *Einschränkung der vertraglichen Leistung* ergibt sich für den Besteller aus § 8 Abs 1 VOB/B (dazu § 648 Rn 60); über zusätzliche Leistungen verhält sich § 1 Abs 4 VOB/B (dazu u Rn 22 f). Der Begriff der Änderungen ist schwer zu bestimmen. Grundsätzlich nicht befugt ist der Besteller, eine andere Leistung als zunächst vereinbart zu verlangen; doch kommt es entscheidend auf die *Zumutbarkeit* für den Unternehmer an (dazu Rn 21). Das Anordnungsrecht des Bestellers betrifft namentlich auch die Bauzeit, können sich doch gerade auch bei der Koordinierung der Leistungen Verschiebungen als notwendig erweisen (ZANNER BauR 2006, 177; **aA** THODE ZfBR 2004, 214). Wenn es unumgänglich geworden ist, die Leistung zeitlich zu verschieben, ließe sich das zwar noch mit § 6 VOB/B erfassen, aber es kann sich doch auch als zweckmäßig erweisen, sie eher oder schneller zu erbringen. Die Vergütung ist dann in entsprechender Anwendung des § 2 Abs 5 VOB/B anzupassen (OLG Jena BauR 2005, 1161 = NZBau 2005, 341).

Vom Besteller angeordnete Änderungen des Bauentwurfs wirken sich auf die geschuldete *Vergütung* nach Maßgabe des § 2 Abs 5 VOB/B aus bzw beim Pauschalpreisvertrag nach § 2 Abs 7 Nr 2 VOB/B, vgl dazu § 632 Rn 71 ff.

b) § 1 Abs 3 VOB/B nennt keine *Grenzen der Änderungsbefugnis* des Bestellers. **21** Insoweit kann zunächst nicht die Bestimmung des § 315 Abs 1 BGB herangezogen werden, die billiges Ermessen als Maßstab und Grenze nennt. Es kommt vielmehr auf die *Zumutbarkeit* der Anordnung an (vgl NICKLISCH/WEICK/JANSEN/SEIBEL/FUNKE § 1 Rn 89; **aA** INGENSTAU/KORBION/KELDUNGS § 1 Abs 3 Rn 11, die eine Grenzziehung auf Grundlage des § 315 als Ausprägung von Treu und Glauben befürworten). Insoweit ist zunächst davon auszugehen, dass die finanziellen Belange des Unternehmers jedenfalls durch § 2 Abs 5 VOB/B gewahrt sind. Auf seiner Seite ist also primär zu berücksichtigen, ob es in zeitlicher Hinsicht zu einer Belastung kommt und dass ihm keine Leistungen abverlangt werden dürfen, für die sein Betrieb nicht eingerichtet ist und eingerichtet zu sein braucht. Ohnehin braucht sich der Unternehmer auf solche Leistungsänderungen nicht einzulassen, die ihm bedenklich erscheinen, vgl § 4 Abs 3 VOB/B (dazu § 633 Rn 62 ff). Andererseits soll das Werk im Ergebnis den Wünschen und Bedürfnissen des Bestellers entsprechen, die sich uU erst mit der Zeit näher konkretisieren oder sich erst allmählich herausstellen. Es ist deshalb insoweit *möglichste Großzügigkeit* angezeigt.

Die Darlegungs- und Beweislast für die Unzumutbarkeit trägt der Unternehmer.

Kommt der Unternehmer einer vom Besteller berechtigt angeordneten Änderung des Bauentwurfs nicht nach, dann ist seine *Leistung nicht vertragsgerecht,* sodass sich für den Besteller die Rechte aus § 4 Abs 7 VOB/B ergeben, uU einschließlich des Rechts zur Kündigung aus wichtigem Grunde (vgl § 648a Rn 15 ff), § 8 Abs 3 Nr 1 VOB/B.

Weitergehende Änderungen des Bauentwurfs setzen eine entsprechende Vereinbarung mit dem Unternehmer voraus.

22 c) Für zusätzliche, ursprünglich nicht vereinbarte Leistungen ist nach § 1 Abs 4 VOB/B zunächst eine entsprechende *Einigung der Parteien* erforderlich (vgl INGENSTAU/KORBION/KELDUNGS § 1 Abs 4 Rn 1 f). Der Unternehmer unterliegt aber – jedenfalls teilweise – einem *Kontrahierungszwang* (Beck'scher VOB-Komm/JANSEN § 1 Abs 4 Rn 3; **aA** BGH NJW-RR 2004, 449 = NZBau 2004, 207; QUACK ZfBR 2004, 107: einseitiges Anordnungsrecht des Bestellers). Jedenfalls muss die auf Bestellerseite tätige Person Vertretungsmacht haben (BGH NJW-RR 2004, 449). AGB-rechtliche Bedenken bestehen auch bei Annahme eines einseitigen Bestimmungsrechts des Bestellers nicht (BGHZ 131, 392, 398 f = NJW 1996, 1346, 1347; **aA** ANKER/KLINGENFUSS BauR 2005, 1377). Dafür sorgt einerseits das Gebot der Zumutbarkeit für den Unternehmer in der Bestimmung, andererseits die Preisanpassung nach § 2 Abs 6 VOB/B.

Zusatzleistungen liegen nur dann vor, wenn die konkreten Maßnahmen nicht schon ohne weiteres zur Abrundung der Leistung geschuldet werden, was sich insbesondere aus den jeweils maßgeblichen DIN-Normen der VOB/C ergeben kann.

23 aa) Wenn die zusätzlichen Leistungen zur *mangelfreien Ausführung der vertraglich vorgesehenen Leistung erforderlich* sind, unterliegt der Unternehmer insoweit einem *Kontrahierungszwang*. Er hat allerdings ein *Weigerungsrecht*, wenn sein Betrieb, was er darzulegen und zu beweisen hat, *auf derartige Leistungen* sachlich oder persönlich *nicht eingerichtet* ist. Dabei kommt es auf den *konkreten Zuschnitt* seines Betriebes an (INGENSTAU/KORBION/KELDUNGS § 1 Abs 4 Rn 5), nicht darauf, wie er nach üblichen Maßstäben eingerichtet sein müsste. Der Unternehmer ist auch nicht verpflichtet, einen kompetenten Subunternehmer für derartige Arbeiten einzusetzen, schon weil ihn dies der Gewährleistung für von ihm nicht beherrschte Leistungen aussetzen würde. Er ist allerdings nach Treu und Glauben gehalten, bei *der Auswahl eines kompetenten anderen Unternehmers mitzuwirken,* und haftet insoweit für culpa in eligendo.

24 bb) *Weitergehende,* also nicht notwendige Zusatzarbeiten braucht der Unternehmer nach § 1 Abs 4 S 2 VOB/B *grundsätzlich nicht* zu übernehmen. Allerdings kann sich auch hier *aus Treu und Glauben ein Kontrahierungszwang* ergeben, wenn triftige Gründe für eine Ablehnung nicht bestehen, wenn der Unternehmer also unter Berücksichtigung seiner anderweitigen Verpflichtungen zur Übernahme ohne weiteres in der Lage ist und wenn die anderweitige Vergabe dieser Arbeiten dem Besteller besondere Probleme hinsichtlich Zeit, Kosten und Koordinierung bereitet. Die grundlose Verweigerung von Zusatzleistungen kann dem Besteller ein Recht zur Kündigung aus wichtigem Grunde geben bzw zum Rücktritt nach § 324 BGB. Gleiches gilt, wenn die Übernahme von Zusatzaufträgen von unberechtigten Vergütungsforderungen abhängig gemacht wird.

cc) Die für Zusatzleistungen geschuldete Vergütung regelt § 2 Abs 6 VOB/B (vgl dazu § 632 Rn 85 ff).

dd) Bei geänderten oder zusätzlichen Leistungen hat der Unternehmer ein Leistungsverweigerungsrecht, solange die zusätzliche Leistung nicht nach Grund und Höhe geklärt ist (KAPELLMANN/MESSERSCHMIDT/KAPELLMANN § 2 Rn 205).

d) Alle geänderten und zusätzlichen Leistungen hat der Besteller zunächst dem Unternehmer anzudienen, ehe er sie anderweitig vergibt.

§ 650c
Vergütungsanpassung bei Anordnungen nach § 650b Absatz 2

(1) Die Höhe des Vergütungsanspruchs für den infolge einer Anordnung des Bestellers nach § 650b Absatz 2 vermehrten oder verminderten Aufwand ist nach den tatsächlich erforderlichen Kosten mit angemessenen Zuschlägen für allgemeine Geschäftskosten, Wagnis und Gewinn zu ermitteln. Umfasst die Leistungspflicht des Unternehmers auch die Planung des Bauwerks oder der Außenanlage, steht diesem im Fall des § 650b Absatz 1 Satz 1 Nummer 2 kein Anspruch auf Vergütung für vermehrten Aufwand zu.

(2) Der Unternehmer kann zur Berechnung der Vergütung für den Nachtrag auf die Ansätze in einer vereinbarungsgemäß hinterlegten Urkalkulation zurückgreifen. Es wird vermutet, dass die auf Basis der Urkalkulation fortgeschriebene Vergütung der Vergütung nach Absatz 1 entspricht.

(3) Bei der Berechnung von vereinbarten oder gemäß § 632a geschuldeten Abschlagszahlungen kann der Unternehmer 80 Prozent einer in einem Angebot nach § 650b Absatz 1 Satz 2 genannten Mehrvergütung ansetzen, wenn sich die Parteien nicht über die Höhe geeinigt haben oder keine anderslautende gerichtliche Entscheidung ergeht. Wählt der Unternehmer diesen Weg und ergeht keine anderslautende gerichtliche Entscheidung, wird die nach den Absätzen 1 und 2 geschuldete Mehrvergütung erst nach der Abnahme des Werks fällig. Zahlungen nach Satz 1, die die nach den Absätzen 1 und 2 geschuldete Mehrvergütung übersteigen, sind dem Besteller zurückzugewähren und ab ihrem Eingang beim Unternehmer zu verzinsen. § 288 Absatz 1 Satz 2, Absatz 2 und § 289 Satz 1 gelten entsprechend.

Materialien: BT-Drucks 18/11437; BT-Drucks 18/8486.

Schrifttum

ALTHAUS, Angemessene Zuschläge für Allgemeine Geschäftskosten, Wagnis und Gewinn nach § 650c BGB, NZBau 2019, 15
DRITTLER, Preisfortschreibung nach neuer und alter Ordnung, oder: Die missverstandene Korbion'sche Preisformel, BauR 2018, 1927
LANGEN, „Guter Preis bleibt gut, schlechter Preis wird gut": Folgen der AGB-Unwirksamkeit der VOB/B nach neuem Recht, NZBau 2019, 10
LINDNER, Ist § 650c BGB eine sichere Grundlage für Nachträge?, BauR 2018, 1038

PAUSE, Strittige Nachträge und das Leistungsverweigerungsrecht bei BGB-Bauverträgen nach der Reform des Bauvertragsrechts, BauR 2018, 882
PAUSE, Die Anwendbarkeit des § 650c III BGB bei Architekten- und Ingenieurverträgen, NZBau 2018, 510
TSCHÄPE/WERNER, Abnahme und Nachträge als eigenständige Schuldverhältnisse im Lichte der Baurechtsreform 2018, ZfBR 2018, 215.

§ 650c

Systematische Übersicht

I.	**Allgemeines**	1
1.	Einigungen der Parteien	2
2.	Fortschreibung der bisherigen Preise	3
3.	Angemessener Preis	4
4.	Unbeachtliche Mehrkosten	5
II.	**Mindervergütung**	6
III.	**Mehrvergütung**	7
IV.	**Abschlagszahlungen**	
1.	Allgemeines	8
2.	Überhöhte bzw zu niedrig bemessene Abschlagszahlungen	9
V.	**Abrechnung über Nachträge nach der VOB/B**	10
1.	Entfallende Leistungen	11
2.	Geänderte Leistungen	12
3.	Erweiterungen der Leistung	13
	a) Begriff	13
	b) Innerer Zusammenhang der Leistungen	14
	c) Ankündigung des Anspruchs	15
	d) Höhe der Vergütung	16
	e) Preisvereinbarung	17
	f) Konkret geschuldete Leistung	18

Alphabetische Übersicht

Abschlagszahlungen	8
– überhöhte bzw zu niedrig bemessene	9
Ankündigung des Anspruchs	15
Einigungen	2
Erweiterungen der Leistung	13 ff
Leistungen	
– entfallende	11
– geänderte	12
– innerer Zusammenhang der	14
Mehrkosten, unbeachtliche	5
Mehrvergütung	7
Mindervergütung	6
Preis, angemessener	4
VOB/B, Abrechnung über Nachträge nach der	10

I. Allgemeines

1 Planungsänderungen werden die Kosten beeinflussen, sie anheben oder auch senken. Die preislichen Konsequenzen kann man in verschiedener Weise ziehen. Man kann ihre Auswirkungen ignorieren oder eine Änderung der Preise zunächst in der Weise vornehmen, dass man das Preisniveau des bisherigen Vertrages fortschreibt. „Guter Preis bleibt guter Preis und schlechter Preis bleibt schlechter", wie eine Parömie bei der VOB/B lautet, die dieser Form der Preisbildung folgt. Das kann auf praktische Schwierigkeiten stoßen, wenn eine Zusatzleistung kein Pendant im bisherigen Vertrag hat. Stattdessen kann man aber auch losgelöst vom bisherigen Preisgefüge auf einen angemessenen Preis rekurrieren. Schließlich kann man eine Einigung der Parteien respektieren. § 650c BGB vereinigt alle diese in sich unterschiedlichen Ansätzen.

1. Einigungen der Parteien

2 Dass eine Einigung der Parteien den Vorrang haben muss, kommt ein wenig versteckt in dem dem Sonderproblem der Abschlagszahlung gewidmeten Abs 3 zum

Ausdruck. Dass deren Höhe der Einigung der Parteien unterliegt, ist eine Aussage, die auch für die Vergütung des Nachtrags insgesamt gelten muss.

2. Fortschreibung der bisherigen Preise

Auf eine Fortschreibung der bisherigen Preise läuft Abs 2 hinaus. Wenn man auf eine Urkalkulation des Unternehmers zurückgreift, ist das die Folge, die sich ergibt. Diesen Weg eröffnet die Bestimmung freilich nur dem Unternehmer, nicht auch dem Besteller. Formal setzt er voraus, dass die Urkalkulation vereinbarungsgemäß bei einer Stelle hinterlegt worden ist, auf die sich die Parteien geeinigt haben. Außerdem kann der Rückgriff auf die Kalkulationsgrundlage des Unternehmers nicht zwingend jenen angemessenen Preis ergeben, den § 650c Abs 1 S 1 BGB doch offenbar sicherstellen will.

3. Angemessener Preis

Kommt es zu keiner Einigung der Parteien und gibt auch nicht eine Urkalkulation des Unternehmers den Ausschlag, kommt es zur Geltung des angemessen Preises, von § 650c Abs 1 S 1 BGB ersichtlich als Regelfall betrachtet. Für seine Bemessung geben die tatsächlichen Mehr- oder Minderkosten den Ausschlag, freilich zugunsten des Unternehmers ergänzt um angemessen Zuschläge für allgemeine Geschäftskosten, Wagnis und Gewinn. Diesen Preis muss der Unternehmer darlegen und beweisen. Ein Gericht wird sich sachverständig beraten lassen müssen, was freilich in dem Verfahren des § 650d BGB auf praktische Probleme stoßen wird.

4. Unbeachtliche Mehrkosten

§ 650c Abs 1 S 2 BGB betrifft den Sonderfall, dass der Unternehmer geplant hat und sich eine notwendige Planungsänderung ergibt. Ihre Mehrkosten sollen unbeachtlich bleiben. Die Einsparung von Kosten muss sich dieser Unternehmer also durchaus anrechnen lassen. Die ratio legis dieser Regelung liegt auf der Hand. Ob sie zu befriedigen vermag, steht auf einem anderen Blatt.

II. Mindervergütung

Wenn zunächst vorgesehene Leistungen des Unternehmers durch die Umplanung ersatzlos entfallen, muss sich dies mindernd auf seinen Vergütungsanspruch auswirken. Für den Umfang dieser Minderung ist der Besteller beweispflichtig, freilich trifft den Unternehmer die Darlegungslast für seine ersparten Aufwendungen. Hier eröffnen die Abs 1 und 2 des § 650c BGB dem Unternehmer zwei Wege des Vorgehens. Er kann zunächst – Abs 1 – den tatsächlich ersparten Aufwand darlegen; das hat substantiiert zu geschehen. § 650c Abs 2 BGB eröffnet ihm aber auch die Möglichkeit, auf seine ursprüngliche Kalkulation, die sog Urkalkulation, zurückzugreifen, wenn diese ebenfalls detailliert ist und zusätzlich im Einvernehmen mit dem Besteller bei einer neutralen Stelle hinterlegt wurde. Sogleich bei Vertragsschluss hatte sie dem Besteller also nicht offenbart zu werden brauchen. § 650c Abs 2 S 2 BGB stellt die Vermutung auf, dass sich aus der Urkalkulation der tatsächlich ersparte Aufwand ergibt.

Der tatsächlich ersparte Aufwand ist um angemessene Zuschläge für allgemeine Geschäftskosten, unternehmerisches Wagnis und Gewinn zu ergänzen.

Dieselbe rechnerische Aufgabe stellt sich bei einer Umplanung hinsichtlich der nun nicht mehr auszuführenden ursprünglichen Leistung

Die Aufgabe erinnert jeweils an die Berechnung des Werklohns im Falle der Kündigung des Bestellers nach § 648 BGB. Doch kann angesichts der detaillierten eigenständigen Regelung des § 650c BGB nicht auf den dortigen § 648 S 2 BGB zurückgegriffen werden, erst recht nicht auf die Vermutung des § 648 S 3 BGB.

III. Mehrvergütung

7 Manche Leistungsänderungen und erst recht Mehrleistungen werden sich erhöhend auf den Vergütungsanspruch des Unternehmers auswirken. Diese Erhöhungen sachgerecht zu erfassen, bieten sich zwei Wege an. Man kann zum einen an das Preisniveau des bestehenden Vertrages anknüpfen; dann gilt die Parömie „Guter Preis bleibt guter Preis, und schlechter Preis bleibt schlechter Preis". Man kann aber auch insoweit eine neue Kalkulation anstellen. § 650c Abs 1 und 2 BGB kombinieren beides – und das geht nicht an. Denn Abs 2 knüpft an die Urkalkulation des Unternehmers an, schreibt sie fort. Wenn § 650c Abs 2 BGB die Vermutung aufstellt, dass das Ergebnis dieser Fortschreibung den nach § 650c Abs 1 BGB maßgeblichen tatsächlich anfallenden Mehrkosten entspreche, trifft das nicht zu. Vielmehr sind entweder die einen oder die anderen Kosten für den Unternehmer günstiger berechnet. Ist die Abrechnung nach § 650c Abs 1 BGB für den Unternehmer günstiger, wird er seine Urkalkulation zurückhalten, im anderen Fall wird er sie offenbaren. Ihm erwächst also ein faktisches Wahlrecht, das er zugunsten der für den Besteller weniger günstigen Berechnungsweise ausüben wird.

Missverständlich ist § 650c Abs 1 BGB auch in anderer Hinsicht. Wenn es nach dieser Bestimmung auf die tatsächlich erforderlichen Mehrkosten ankommen soll, kann dies schwerlich etwas anderes bedeuten als die übliche Vergütung iSd § 632 Abs 2 BGB. In diese sind aber die eigens in § 650c Abs 1 BGB angesprochenen angemessenen Zuschläge für allgemeine Geschäftskosten, Wagnis und Gewinn einberechnet. Ihre gesonderte Erwähnung kann nur Verwirrung stiften.

Bei zusätzlichen Leistungen differenziert § 650c BGB nicht danach, ob sie notwendig sind oder nicht.

IV. Abschlagszahlungen

1. Allgemeines

8 Kommt es zu einer Einigung der Parteien über die Nachträge, kann der Unternehmer Abschlagszahlungen für die diesbezüglichen Leistungen in voller Höhe beanspruchen. Kommt es dagegen zu einer Anordnung des Bestellers nach § 650b Abs 2 BGB, sieht § 650c Abs 3 BGB eine Kürzung der Abschlagszahlungen um 20 % vor. Zugrunde zu legen sind ihnen allerdings die Preise, die sich aus dem Nachtragsangebot des Unternehmers nach § 650b Abs 1 S 2 BGB ergeben. Der Gesetzgeber befürchtet offenbar, dass der Unternehmer überhöhte Preisforderungen anmelden könnte und will dem vorbeugen. Die ratio legis befremdet. Man wird nicht generell davon ausgehen können, dass der Unternehmer überhöhte Forderungen stellt, und gibt mit der Kürzung der Abschlagsforderungen zugleich gewichtigen Anlass für ein solches Verhalten. Der Betrag, den der Besteller danach zurückbehalten darf, wird nach § 650c Abs 3 S 2 BGB erst nach der Abnahme fällig, also nach § 650g Abs 4 BGB im Rahmen der Schlussrechnung.

Hat der Besteller überhöhte Abschlagszahlungen geleistet gewährt ihm § 650c Abs 3 S 3 BGB einen Erstattungsanspruch, den die Bestimmung ab Eingang der Zahlung bei dem Unternehmer verzinslich stellt, und zwar nach Maßgabe des § 288 BGB (8 Prozentpunkte über dem Basiszinssatz, 5, wenn der Besteller Verbraucher ist).

Auf den umgekehrten und angesichts der Regelung des § 650c Abs 3 S 1 BGB eigentlich näher liegenden Fall, dass dem Unternehmer höhere als die geleisteten Abschlagszahlungen zugestanden hätten, geht das Gesetz nicht eigens ein. Man kann seine Regelung für diesen Fall auch nicht einfach umkehren.

Es kann sich ergeben, dass der Unternehmer die geänderten oder zusätzlichen Leistungen aufnimmt, ohne dass die Frage ihrer Vergütung geklärt ist. Dazu kommt es insbesondere dann, wenn er einer Anordnung des Bestellers nach § 650b Abs 2 S 1 BGB Folge leistet, wie sie ja in Bezug auf die Vergütung nicht verbindlich sein kann, und eine gerichtliche Entscheidung nach § 650d BGB nicht ergeht. Dann ist der Unternehmer nach § 650c Abs 3 BGB berechtigt, in seine Abschlagsrechnungen insgesamt 80 % jener Vergütungsforderung einzustellen, die sich aus seinem Nachtragsangebot nach § 650b Abs 1 S 2 BGB ergibt. Insoweit kann der Besteller also ggf in Zahlungsverzug geraten und sich daraus wiederum ein Leistungsverweigerungsrecht des Unternehmers ergeben.

2. Überhöhte bzw zu niedrig bemessene Abschlagszahlungen

a) Es kann sich ergeben, dass der Besteller Abschlagszahlungen leistet, die – gemessen an den Kriterien des § 650c Abs 1 BGB – zu hoch sind. § 650c Abs 3 S 3 BGB gewährt dem Besteller insoweit einen Erstattungsanspruch, wie er bei Eingang der betreffenden Zahlung bei dem Unternehmer zu verzinsen ist, und zwar mit 8 Prozentpunkten über dem Basiszinssatz zu Gunsten eines Unternehmers, 5 zu Gunsten eines Verbrauchers. 9

b) Den umgekehrten Fall eines Zahlungsrückstandes zu Gunsten des Unternehmers berücksichtigt § 650c Abs 3 S 3 BGB nur dahin, dass er im Rahmen der Fälligkeit des gesamten Werklohns fällig werden solle, also nach § 650g Abs 4 BGB; von einer Verzinsung ist hier nicht die Rede.

Wenn das auch dringend einen Umkehrschluss nahelegt, gilt doch nach Art 3 GG das Gebot der Gleichbehandlung der Partner eines gegenseitigen Vertrags. Gründe für eine Ungleichbehandlung sind nicht ersichtlich. Auch der Werklohnforderung des Unternehmers gebühren Zinsen. Dies jedenfalls dann, wenn seine Abschlagsforderung einer sachlich nicht gerechtfertigten Kürzung nach § 650c Abs 3 S 1 BGB unterzogen worden ist.

V. Abrechnung über Nachträge nach der VOB/B

10 In der VOB/B werden die preislichen Konsequenzen von Änderungen oder Erweiterungen der Planung durch den Besteller durch § 2 Abs 4–6 erfasst. Sie lauten:

> (4) Werden im Vertrag ausbedungene Leistungen des Auftragnehmers vom Auftraggeber selbst übernommen (zB Lieferung von Bau-, Bauhilfs- und Betriebsstoffen), so gilt, wenn nichts anderes vereinbart ist, § 8 Absatz 1 Nummer 2 entsprechend.
>
> (5) Werden durch Änderung des Bauentwurfs oder andere Anordnungen des Auftraggebers die Grundlagen des Preises für eine im Vertrag vorgesehene Leistung geändert, ist ein neuer Preis unter Berücksichtigung der Mehr- oder Minderkosten zu vereinbaren. Die Vereinbarung soll vor der Ausführung getroffen werden.
>
> (6) 1. Wird eine im Vertrag nicht vorgesehene Leistung gefordert, so hat der Auftragnehmer Anspruch auf besondere Vergütung. Er muss jedoch den Anspruch dem Auftraggeber ankündigen, bevor er mit der Ausführung der Leistung beginnt.
>
> 2. Die Vergütung bestimmt sich nach den Grundlagen der Preisermittlung für die vertragliche Leistung und den besonderen Kosten der geforderten Leistung. Sie ist möglichst vor Beginn der Ausführung zu vereinbaren.

1. Entfallende Leistungen

11 Entfallende Leistungen, wie sie im § 650c BGB ebenfalls betrifft, regelt § 2 Abs 4 VOB/B durch Verweis auf den § 648 BGB entsprechenden § 8 Abs 1 Nr 2 VOB/B. Sie setzen nicht voraus, dass das, was der Besteller nunmehr selbst erbringt, von den Leistungen des Unternehmers abgrenzbar sein oder jedenfalls selbständig berechenbar sein müsste, auch wenn die Beispiele der Bestimmung darauf hindeuten. Aber sie ist auch dann anwendbar, wenn man jetzt zB gemeinsam weitermauert (aA INGENSTAU/KORBION/KELDUNGS § 2 Abs 4 Rn 4). Einerseits bleibt sein anteiliger Vergütungsanspruch bestehen, andererseits muss sich der Unternehmer Einsparungen anrechnen lassen. Notfalls muss geschätzt werden.

Seinem Wortlaut nach setzt § 2 Abs 4 VOB/B voraus, dass der Besteller die entfallenden Teile der Leistung selbst übernimmt. Es ergeben sich jedoch keine anderen Folgen, wenn sie ersatzlos entfallen oder auf einen dritten Unternehmer übertragen werden.

Der Vergütungsanspruch des Unternehmers kann verwirkt sein, wenn der Besteller die Leistung nur deshalb übernommen hat, weil der Unternehmer zu ihr nicht in der Lage war.

Die Regelungen des § 2 Abs 4 VOB/B sind letztlich nur Ableitungen aus § 648 BGB. Sie gelten deshalb auch ohne Vereinbarung der VOB/B und außerhalb des Baubereichs.

2. Geänderte Leistungen

a) Die vereinbarte Leistung muss sich ändern. Das ist weit zu verstehen und deshalb auch bei einer funktionalen Leistungsbeschreibung möglich (BGH NJW 2008, 2106 Rn 33). Entscheidend ist, dass die Basis der Preisberechnung des Unternehmers betroffen ist (INGENSTAU/KORBION/KELDUNGS § 2 Abs 4 Rn 4). Das kann auch geschehen durch eine Änderung der Modalitäten der Erbringung der Leistung, namentlich der Bauzeit, diese muss nur der Sphäre des planenden Bestellers zuzurechnen sein. Die Abgrenzung zu einer Behinderung des Unternehmers, wie sie zu § 6 VOB/B führt, ist nicht immer einfach. Im Falle einer Verschiebung des Bautermins durch ein vergaberechtliches Nachprüfungsverfahren will der BGH § 2 Abs 5 anwenden (BGH NZBau 2009, 370). Näher liegt hier aber doch der Ansatz bei § 6 VOB/B (vgl § 642 Rn 44a). 12

b) Kommt es derart zu einer Leistungsänderung, ist ein neuer Preis zu vereinbaren; § 2 Abs 5 VOB/B spricht insoweit nur an, was sich aus den allgemeinen Regeln über eine Änderung der Geschäftsgrundlage ergibt. Die Parteien trifft eine Pflicht zu erneuten Verhandlungen, der sie tunlichst – nicht notwendig – vor Aufnahme der Arbeiten nachkommen sollen. Dass der Unternehmer vor erfolgreichem Abschluss der Verhandlungen die Leistung verweigern können soll, sagt die VOB/B nicht, doch dürfte § 650c Abs 2 das zulassen.

c) Wenn eine Einigung nicht erzielt wird, gilt nicht etwa der alte Preis fort, er ist durch die Änderung der Leistung überholt. Es gilt vielmehr ohne weiteres der neue Preis (BGHZ 50, 25, 30). wie er eben nur noch ermittelt werden muss. Im Prozess ist das keine richterliche Bestimmung nach den §§ 315 Abs 3 S 2, 319 Abs 1 S 2 BGB (**aA** OLG Celle BauR 1982, 381), sondern etwaige Schwierigkeiten sind nach § 287 ZPO zu überwinden (INGENSTAU/KORBION/KELDUNGS § 2 Abs 5 Rn 49).

d) Der neue Preis ist nicht etwa der für Leistungen dieser Art übliche, er ist vielmehr aus dem Preisgefüge des bestehenden Vertrages abzuleiten. Daraus folgt zugleich, dass maßgeblicher Zeitpunkt der des ursprünglichen Vertragsschlusses ist, nicht etwa der der Anordnung der Änderung (so aber KANDEL NZBau 2013, 356, 358) oder gar der der Beginn der Leistung (so INGENSTAU/KORBION/KELDUNGS § 2 Abs 5 Rn 50).

e) Klauseln in AGB des Bestellers, die das Recht des Unternehmers auf Preisanpassung bei Planungsänderungen spürbar einschränken, verstoßen gegen § 307 Abs 2 Nr 1 BGB, da die Regeln über eine Störung der Geschäftsgrundlage zu den wesentlichen Grundgedanken der gesetzlichen Regelung gehören. Das gilt für Klauseln, die dem Besteller das einseitige Recht der Neufestsetzung vorbehalten oder eine Neufestsetzung bei behördlichen Auflagen ausschließen oder ein Mindestmaß einer Änderung verlangen, das über einer Bagatellgrenze liegt. Der Besteller darf ein vorheriges Nachtragsangebot vorschreiben, sofern dieses nicht Anspruchsvoraussetzung ist (**aA** INGENSTAU/KORBION/KELDUNGS § 2 Abs 5 Rn 84).

3. Erweiterungen der Leistung

a) § 2 Abs 6 VOB/B betrifft den Fall, dass im Vertrag nicht vorgesehene Leistungen gefordert werden. Vertraglich gefordert sind Leistungen schon dann, wenn 13 sie sich als eine nicht gesondert zu vergütende Nebenleistung darstellen. Zweifelhaft ist die Lage, wenn sich der angestrebte Erfolg nur dadurch erreichen lässt, dass eine bislang nicht bedachte und insofern „zusätzliche" Leistung erbracht wird. Einerseits könnte man meinen, dass schon eine ergänzende Vertragsauslegung ergibt, dass der Unternehmer sie schuldet, und damit auch die Frage ihrer Vergütung regelt, andererseits betreffen die §§ 1 Abs 4, 2 Abs 6 VOB/B ersichtlich gerade diesen Fall. Die Problematik verliert freilich dadurch an Bedeutung, dass die Vergütung bei beiden Ansätzen am Preisgefüge des Vertrages auszurichten ist.

14 **b)** Die Leistungen müssen in einem inneren Zusammenhang mit der bisher vereinbarten Leistung stehen; es darf sich nicht um selbständige Leistungen handeln (INGENSTAU/KORBION/KELDUNGS § 2 Abs 6 Rn 6). Das ist von Bedeutung für die Höhe der Vergütung, die sich bei selbständigen Leistungen nach § 632 Abs 2 BGB richtet, sofern die Parteien nicht ausdrücklich konkludent auf die Preise des bestehenden Vertrages Bezug genommen haben. Und jedenfalls hier ist das Erfordernis der vorherigen Ankündigung des Anspruchs, § 2 Abs 6 Nr 2 S 2 VOB/B, keine Voraussetzung des Anspruchs.

Ob ein innerer Zusammenhang besteht, richtet sich nach den Umständen des Einzelfalls unter Berücksichtigung der Verkehrssitte. Er ist zB gegeben, wenn eine schon erbrachte Leistung wiederholt werden soll, weil sie nach Gefahrübergang untergegangen ist (vgl BGH 61, 144 = NJW 1973, 1694), wenn die Zusatzleistung notwendig ist oder die bisherige Leistung räumlich oder gegenständlich erweitert werden soll.

Die Zusatzleistung muss vom Besteller gefordert werden; die bloße objektive Notwendigkeit reicht nicht aus (BGHZ 113, 315, 321). Damit bedarf sein Vertreter der Vertretungsmacht.

Es ändert nichts, wenn der Besteller einen Anspruch auf die Leistung hatte, zB nach § 1 Abs 4 VOB/B. Es liegt vielmehr eine eigenmächtige Leistung des Unternehmers vor, wie sie nach § 2 Abs 8 VOB/B zu beurteilen ist (dazu § 632 Rn 96 ff).

15 **c)** § 2 Abs 6 Nr 2 S 1 VOB/B setzt eine vorherige Ankündigung des Anspruchs durch den Unternehmer voraus; das soll einer Überraschung des Bestellers durch unvorhergesehene Ansprüche vorbeugen (BGH NJW 1996, 2158).

aa) Nach diesem Zweck der Bestimmung soll die Ankündigung jedenfalls dann entbehrlich sein, wenn der Besteller nach Lage der Dinge von der zusätzlichen Zahlungspflicht nicht überrascht werden kann (BGH NJW 1996, 2158; INGENSTAU/KORBION/KELDUNGS § 2 Abs 6 Rn 21), wobei davon auszugehen ist, dass im Geschäftsleben für ein Mehr an Leistung grundsätzlich auch ein Mehr an Vergütung verlangt wird. Eine Überraschung für den Besteller kann sich deshalb nur ergeben, wenn er davon ausgehen konnte, dass ihm diese Leistung schon nach dem Vertrag geschuldet wurde oder wenn sie ihm nicht als Auslöser besonderer Kosten zu erscheinen brauchte.

bb) Diese Einschränkung der Ankündigungspflicht reduziert die Bedeutung der Streitfrage, ob die Ankündigung Voraussetzung des zusätzlichen Vergütungsanspruchs ist oder nicht (vgl in ersterem Sinne BGH WM 1969, 1019, 1021; INGENSTAU/KORBION/KELDUNGS § 2 Abs 6 Rn 17: HEIERMANN/RIEDL/RUSAM/KUFFER/PETERSEN § 2 Rn 210; VYGEN

BauR 1979, 375; **aA** Beck'scher VOB-Komm/Jansen § 2 Abs 6 Rn 61; Nicklisch/Weick/Jansen/Seibel/Kues § 2 Rn 313; Lehning NJW 1977, 422).

Freilich benachteiligt ein Erfordernis der vorherigen Ankündigung der Zahlungspflicht des Bestellers unangemessen iSd § 307 Abs 2 Nr 1 BGB, wenn denn das Unterlassen der Ankündigung schwerlich als ein Fall der Verwirkung des Anspruchs gesehen werden kann. Bei der Reduzierung der Notwendigkeit der Ankündigung auf zweifelhafte Fälle handelt es sich um eine geltungserhaltende Reduktion, wie sie auch hier nicht zulässig ist. Hat der Besteller die VOB/B in den Vertrag eingebracht, und dies in modifizierter Form, vermag die Bestimmung einer AGB-Kontrolle nicht zu genügen. Dann ist vielmehr über zusätzliche Leistungen nach § 650c BGB abzurechnen. Nicht zu beanstanden ist § 2 Abs 6 VOB/B nur dann, wenn entweder der Besteller die VOB/B unmodifiziert verwendet hat oder das Regelwerk durch den Unternehmer in den Vertrag eingebracht worden ist. Dann freilich dürfte der Besteller dann missbräuchlich handeln, wenn er sich auf eine unterbliebene Ankündigung beruft, obwohl seine zusätzliche Zahlungspflicht nach Lage der Dinge nicht zweifelhaft sein konnte.

cc) Der Unternehmer, der seinen zusätzlichen Vergütungsanspruch nicht vorab ankündigt, verletzt allerdings eine vertragliche Nebenpflicht und kann sich dadurch schadensersatzpflichtig machen. Freilich wird meist ein Mitverschulden des Bestellers gegeben sein, der den Vertragsinhalt ja ebenfalls kritisch zu überprüfen hat. Außerdem wird der zusätzlichen Belastung des Bestellers regelmäßig ein diese kompensierendes Mehr an Leistung gegenüberstehen.

dd) Eine vertragliche Nebenpflicht zum Hinweis auf die Zusatzvergütung trifft den Unternehmer auch dann, wenn die VOB/B nicht vereinbart ist. Er braucht die Mehrvergütung nach der VOB/B nur dem Grunde nach anzukündigen, nicht aber der Höhe nach zu beziffern, auch wenn das natürlich zweckmäßig ist. Offenkundigen Fehlvorstellungen des Bestellers muss er natürlich vorbeugen.

Die Ankündigung hat vor dem Beginn der Ausführung zu erfolgen.

d) Die Höhe der zusätzlichen Vergütung bemisst sich nach § 2 Abs 6 Nr 2 S 1 VOB/B. Danach bleibt der Preis für die bisher schon vorgesehene Leistung unberührt. Er ist um einen Zuschlag zu ergänzen, der an zwei Faktoren auszurichten ist, und zwar einmal an den Grundlagen der Preisermittlung für den bestehenden Vertrag, zu denen eingeräumte Rabatte nicht gehören, zum anderen an den besonderen Kosten der zusätzlichen Leistung, dh solchen Kostenelementen, die es bei der bisherigen Leistung nicht gab.

16

e) Die Parteien haben eine entsprechende Preisvereinbarung zu treffen, von deren Zustandekommen der zusätzliche Zahlungsanspruch nicht abhängt. Bis dahin hat der Unternehmer freilich ein Leistungsverweigerungsrecht.

17

f) Was im Einzelnen konkret zu der geschuldeten Leistung gehört, ergibt die Auslegung des Vertrages unter besonderer Berücksichtigung der VOB/C. Soweit AGB des Unternehmers Leistungen, die danach einbegriffen sind, zu zusätzlichen erklären, kann das für den Besteller überraschend iSd § 305c Abs 1 BGB sein (BGH

18

§ 650d
NJW 1984, 171). Soweit demgegenüber AGB des Bestellers den Zusatzcharakter von Leistungen leugnen, werden sie den Unternehmer unangemessen iSd § 307 BGB benachteiligen.

§ 650d
Einstweilige Verfügung

Zum Erlass einer einstweiligen Verfügung in Streitigkeiten über das Anordnungsrecht gemäß § 650b oder die Vergütungsanpassung gemäß § 650c ist es nach Beginn der Bauausführung nicht erforderlich, dass der Verfügungsgrund glaubhaft gemacht wird.

Materialien: BT-Drucks 18/11437; BT-Drucks 18/8486.

Schrifttum

FRANZ/GÖPNER, Die einstweilige Verfügung im Bauvertragsrecht – ein Mittel mit Risiken aber durchaus positiven (Neben-)Wirkungen!, BauR 2018, 557
OPPLER, Die einstweilige Verfügung im neuen Bauvertragsrecht, NZBau 2018, 67
SACHER/JANSEN, Die einstweilige Verfügung in Bausachen gem § 650d BGB, NZBau 2019, 20.

Systematische Übersicht

I. Allgemeines	1	2. Einstweilige Verfügung des Unternehmers ... 6
1. Praktischer Nutzen	2	
2. Karge Regelung	3	3. Abschließende Regelung ... 7
II. Aussagen des § 650d	4	**III. Verfahrensfragen** ... 8
1. Einstweilige Verfügung des Bestellers	5	

I. Allgemeines

1 In den durchaus zahlreichen Fällen, in denen es um Änderungswünsche des Bestellers und/oder ihre finanziellen Folgen geht, konnte bislang die wünschenswerte gerichtliche Klärung erst nachträglich im Rahmen der Gesamtabrechnung des Bauvorhabens erfolgen, während doch den Parteien an einer zügigen, möglichst vorherigen Klärung gelegen sein muss. § 650d BGB schafft hier Abhilfe, indem die Bestimmung für Streitigkeiten dieser Art das Verfahren der einstweiligen Verfügung eröffnet.

1. Praktischer Nutzen

2 Freilich ist der praktische Nutzen geringer, als es zunächst den Anschein haben mag. Denn eine einstweilige Verfügung bietet den Parteien keine endgültige, gar rechtskräftige Entscheidung der streitigen Fragen. Vielmehr ist die Vollstreckung aus ihr mit dem Haftungsrisiko aus § 945 ZPO belastet. Außerdem darf nicht übersehen werden, dass eine einstweilige Verfügung nicht, wie die Parteien dies wohl wünschen würden, „von Heute auf Morgen" erwirkt werden kann. Das Gericht hat – jedenfalls auf Widerspruch hin – der Gegenseite rechtliches Gehör zu gewähren. Und wird die einstweilige Verfügung erlassen, ist gegen sie immer noch das Rechtsmittel der Berufung eröffnet. Darüber können leicht Monate verstreichen. Die Parteien, denen die praktische Unvermeidlichkeit von Nachträgen bewusst sein wird, tun deshalb besser daran, vorab nach § 319 BGB einen neutralen Dritten mit der Entscheidung über auftretende Streitfragen zu betrauen.

2. Karge Regelung

Die gesetzliche Regelung des § 650d BGB kann nur als karg bezeichnet werden. Sie beschränkt sich auf eine den §§ 885 Abs 1 S 2, 899 Abs 2 S 2 BGB entsprechende Regelung zum Verfügungsgrund. Schon die grundsätzliche Zulässigkeit des Verfahrens der einstweiligen Verfügung ergibt nur der Schluss aus dieser Regelung. Dabei passen nicht einmal alle Bestimmungen der §§ 936, 926 ZPO zur Anordnung der Klageerhebung, wenn denn den Parteien jetzt eine verbindliche Regelung dafür an die Hand gegeben werden soll, ob die Änderung der Planung nun verbindlich ist oder nicht.

II. Aussagen des § 650d

Die Bestimmung regelt zweierlei:

Nicht eigens ausgesprochen wird, dass sie zunächst die Möglichkeit einer Leistungsverfügung über Streitigkeiten aus dem Bereich der §§ 650b, 650c BGB eröffnet.

Ausdrücklich entbindet die Bestimmung von der Darlegung des Verfügungsgrundes. Das erinnert an § 899 Abs 2 BGB.

Mit der Ausführung der Bauleistung muss begonnen worden sein.

1. Einstweilige Verfügung des Bestellers

Der Besteller kann beantragen, den Antragsgegner zu verurteilen, folgende Bauleistungen *(nähere Beschreibung)* zu erbringen.

2. Einstweilige Verfügung des Unternehmers

§ 650d BGB räumt auch dem Unternehmer die Möglichkeit ein, eine einstweilige Verfügung zu beantragen.

Insoweit kann er sich auf die reine Abwehr beschränken. Meint er, das Verlangen des Bestellers falle unter § 650b Abs 1 S 1 Nr 1 BGB, sei aber unzumutbar, wird er beantragen, festzustellen, dass er nicht verpflichtet sei, folgende Bauleistungen auszuführen.

Er kann aber auch seinerseits zum Angriff übergehen und beantragen, den Beklagten zur Zahlung von Euro X (Betrag des § 650b Abs 3 BGB) Zug um Zug gegen Erbringung folgender Leistungen zu verurteilen.

3. Abschließende Regelung

7 Die ergehende einstweilige Verfügung stellt eine zwar nicht endgültig verbindliche, aber doch einstweilen abschließende Regelung dar. Es ist dem unterliegenden Antragsgegner nicht möglich, nach den §§ 936, 926 ZPO eine Frist zu Erhebung der Hauptsacheklage setzen zu lassen.

III. Verfahrensfragen

8 Über die Fragen, die sich aus den §§ 650b, 650c BGB ergeben, wird das Gericht in aller Regel nicht ohne die Beratung durch einen Sachverständigen entscheiden können. Das gilt schon für die Vorfrage, ob eine Planänderung notwendig ist oder nicht, und die sich ggf stellende Frage der Zumutbarkeit ihrer Umsetzung. Doch auch mit Fragen der angemessenen Vergütung ist das Gericht überfordert. Raum für die Einholung eines schriftlichen Gutachtens und die damit allfällige Vertagung bietet das Verfahren der einstweiligen Verfügung nicht, doch wird sich das Gericht damit begnügen können, sich dafür aber entscheiden müssen, die Schriftsätze der Parteien umgehend einem Sachverständigen zuzuleiten und diesen dann zur mündlichen Beantwortung von Fragen zur mündlichen Verhandlung zu laden. Er ist dann ein präsentes Beweismittel.

Sonst nicht üblich, aber eben von der ZPO auch nicht ausgeschlossen ist die Durchführung der mündlichen Verhandlung im Wege eines Ortstermins. Den Parteien wird aufzugeben sein, instruierte Vertreter zu entsenden.

§ 650e
Sicherungshypothek des Bauunternehmers

Der Unternehmer kann für seine Forderungen aus dem Vertrag die Einräumung einer Sicherungshypothek an dem Baugrundstück des Bestellers verlangen. Ist das Werk noch nicht vollendet, so kann er die Einräumung der Sicherungshypothek für einen der geleisteten Arbeit entsprechenden Teil der Vergütung und für die in der Vergütung nicht inbegriffenen Auslagen verlangen.

Materialien: E I –; II § 583 Abs 2; III § 638; § 648; Prot II 2226 ff; JAKOBS/SCHUBERT, Recht der Schuldverhältnisse II 874 ff; BT-Drucks 18/11437; BT-Drucks 18/8486. Als § 650e durch BauvertragsG v 28. 4. 2017 (BGBl I 969).

Schrifttum

1. Zur Rechtspolitik

BAUMGÄRTEL, Die Sicherung der Bauforderungen, der Kern der Mittelstandsfrage (1907) Bestandsaufnahme und Perspektiven über Sicherung von Bauforderungen (Sammelband), Schriftenreihe der Deutschen Gesellschaft für Baurecht eV (1975)
BIBERFELD, Die Sicherung der Bauhandwerker nach dem geltenden Recht und den neuen Gesetzentwürfen (1902)
BÖTTGER, Der Bauschwindel und das Pfandvorrecht der Bauhandwerker, Lieferanten usw (1894)
BUDDE, Kann der § 648 BGB zu einem genügenden Schutz für die Baugläubiger ausgestaltet werden?, DJZ 1906, 1221
HEINITZ, Der Entwurf eines Reichsgesetzes, betr die Sicherung der Bauforderungen, DJZ 1898, 299
NOETZEL, Die mangelhafte Bauhandwerkersicherung und die schweizerische Regelung, BauR 1980, 521
OERTMANN, Sicherung der Bauforderungen, Handwörterbuch der Staatswissenschaften Bd 2 (4. Aufl 1924) 417
STERNBERG, Neuregelungen der Bauhandwerkersicherung, BauR 1988, 33.

2. Bauwerk

a) Umfassende Darstellungen

GROSS, Die Bauhandwerkersicherungshypothek (1978)
HENKEL, Bauhandwerkersicherung (1999)
MERGEL, Die gesetzliche Sicherung der Vergütungsansprüche der Bauhandwerker und Bauunternehmer (1988)
MOTZKE, Die Bauhandwerkersicherungshypothek (1981)
SIEGBURG, Die Bauwerksicherungshypothek (1989)
WEISE, Sicherheiten im Baurecht (1999).

b) Einzelfragen

BARNIKEL, Sicherungshypothek für den Architekten bei Nichterrichtung des Bauwerks?, Betr 1977, 1084

BIRK, Sicherung der Baugeldforderung bei Erbbaurecht, BlGWB 1956, 357
BRONSCH, Abwendung der Vormerkung auf Eintragung einer Bauhandwerkersicherungshypothek durch Bürgschaft?, BauR 1983, 517
BRYCH, Bauhandwerkersicherungshypothek bei der Errichtung von Eigentumswohnungen, NJW 1974, 483
CLEMM, Haftung des mit dem Besteller nicht identischen Grundstückseigentümers auf Einräumung einer Bauhandwerkersicherungshypothek, Betr 1985, 1777
DURCHLAUB, Bauhandwerkersicherungshypothek für Architektenleistungen, BB 1982, 1392
FEHL, Zur Identität von Besteller und Grundstückseigentümer als Voraussetzung für die Bestellung der Bauhandwerkersicherungshypothek iS von § 648 BGB, BB 1977, 69
FRANCKE, Mit einer Bau-Forderung geht der Anspruch auf Einräumung einer Sicherungs-Hypothek ohne weiteres über, Recht 1902, 260
FREESE, Das Pfandrecht der Bauhandwerker (1901)
GREISER, Kann nach § 648 BGB die Bestellung einer Hypothek auch für eine Kostenforderung des Bauunternehmers verlangt werden?, JW 1936, 635
GROSS, Die Sicherung der Ansprüche aus dem Bauvertrag vor dem Hauptsacheprozeß (5. Aufl 1984)
HAHN, Neue Rechtsprechung zur Sicherung von Bauforderungen, BauR 1980, 310
HEYERS, Die Veranlassung zur einstweiligen Verfügung nach §§ 648, 885 BGB im Rahmen des § 93 ZPO, BauR 1980, 20
HOGENSCHURZ, Besteht ein Anspruch des Werkunternehmers auf Einräumung einer Bauhandwerkersicherungshypothek (§ 648 BGB) gegen juristische Personen des öffentlichen Rechts?, NJW 1999, 2576
JAKOBS, Der Schutz des Werkunternehmers gegen die Insolvenz des Bestellers, JurA 1970, 697
JOHLEN, Gehört die Ausschachtung zu den Arbeiten am Bauwerk iSd §§ 638 und 648 BGB?, NJW 1974, 732

KAPELLMANN, Einzelprobleme der Handwerkersicherungshypothek, BauR 1976, 323

KOHLER, Die künftige Sicherung des Bauwerksunternehmers, KTS 1989, 45

KRAUSE-ALLEINSTEIN, Zum Anspruch des nur planenden Architekten aus § 648 BGB, BauR 2010, 857

LEINEWEBER, Die Rechte des Bauunternehmers im Konkurs des Auftraggebers, BauR 1980, 510

LENZEN, Bauhandwerker-Sicherungshypothek bei „wirtschaftlicher Identität" von Besteller und Grundstückseigentümer, BauR 1981, 434

LÜDTKE-HANDJERY, Die Sicherung von Geldforderungen des Bauunternehmers, Betr 1972, 2193

METZGER, Bauwerkssicherungshypothek an Erbbaurechten, NJW 1953, 1009

PETERS, Die Bauhandwerkersicherungshypothek bei Mängeln der Werkleistung, NJW 1981, 2550

RAABE, Bauhandwerkersicherungshypothek an schuldnerfremden Grundstücken trotz § 648a BGB?, BauR 1997, 757

RATHJEN, Sicherungshypothek des Bauunternehmers bei enger Verflechtung zwischen Besteller und Grundstückseigentümer, Betr 1977, 987

RIXECKER, Die Sicherungshypothek des zur Sicherheitsleistung verpflichteten Bauunternehmers, MDR 1982, 718

RUPPERT, Sicherungshypothek des Bauunternehmers, LZ 1932, Sp 1415

SCHLECHTRIEM, Der Zugriff des Unternehmers auf das bestellerfremde Grundstück – Zur Anwendung und Weiterentwicklung des § 648 BGB, JA 1984, 453

ders, Der rechtsgebundene Richter und die wirtschaftliche Betrachtungsweise, in: FS Korbion (1986) 359

SCHMALZL, Bauwerkshypothek für den Architekten?, MDR 1968, 14

SCHUMACHER, Das Bauhandwerkerpfandrecht (Schweiz) (2. Aufl 1982)

SIEGBURG, Ausgewählte Fragen zur Bauwerkssicherungshypothek, BauR 1990, 32

SIMON, Der Schutz der Baugläubiger durch die Sicherungshypothek, Recht 1913, 425

TEMPEL, Bauhandwerkersicherungshypothek für den Architekten?, JuS 1973, 414

WILHELM, Bauunternehmersicherungshypothek und wirtschaftliche Identität von Besteller und Eigentümer, NJW 1975, 2322

WINKLER, Die Sicherungshypothek an Gesamtgutsgrundstücken, Recht 1913, Sp 367.

3. Gesetz über die Sicherung der Bauforderungen

BRUNS, Zur haftungsrechtlichen Bedeutung des Gesetzes über die Sicherung der Bauforderungen, JbBauR 2001, 49

GARTZ, Die neuen Baugeldempfänger des BauFordSiG, NZBau 2009, 630

HAGELBERG, Sicherung der Bauforderungen. Kommentar zum Reichsgesetz über die Sicherung der Bauforderungen vom 1. 6. 1909 (1911)

HAGENLOCH, Handbuch zum Gesetz über die Sicherung der Bauforderungen (GSB) (1991)

JOUSSEN, Der Nachunternehmer im Anwendungsbereich des Bauforderungssicherungsgesetzes, NZBau 2009, 737

KAINZ, Der Schutz der Bauhandwerkerforderung, in: FS Motzke (2006) 145

KÖLBL, Generalunternehmer in der Falle? Praktische Auswirkungen der Änderungen des Baugeldbegriffs, NZBau 2010, 220

KORSUKEWITZ, Das GSB – eine vergessene Anspruchsgrundlage, BauR 1986, 383

MARITZ, Das GSB – eine beschränkte Sicherheit für Bauunternehmen, BauR 1990, 401

MERGEL, Die Sicherung der Bauforderungen in Recht und Praxis mit Hinweisen auf das schweizerische und französische Recht (1989)

MEYER, Die Bedeutung des Gesetzes über die Sicherung von Bauforderungen für Nachkriegsbauten, JZ 1954, 140

MÖLLER, Die Haftung des Generalunternehmers nach dem GSB als unmittelbare Haftung des Geschäftsführers/Vorstandes, BauR 2005, 8

MÜGEL, Bauverwendung und Baubuch, Gruchot 54 (1910) 1

SCHLENGER, Schadensersatz bei zweckfremder Verwendung von Baugeld, ZfBR 1983, 104

SCHULZE-HAGEN, Schadensersatz bei zweckwidriger Verwendung von Baugeld, NJW 1986, 2403

SCORL, Eigenart und zivilrechtliche Bedeutung

des Gesetzes über die Sicherung von Bauforderungen, in: FS vCraushaar (1997) 317
STAMMKÖTTER, Gesetz über die Sicherung der Bauforderungen (3. Aufl 2008)

WEIMAR, Ansprüche der Handwerker bei Insolvenz des Bauträgers, BauR 1975, 308.

Systematische Übersicht

I. Allgemeines	
1. Grundgedanke	1
2. Schutzbedürfnis des Unternehmers	2
a) Geschützte Personen	2
b) Bestellereigentum	3
c) Schuldrechtlicher Schutz	4
3. Wirtschaftliche Sicht	5
a) Dingliche Sicherheit	5
b) „Grundbuchsperre"	6
c) Würdigung	7
4. Entstehungsgeschichte	7a
II. Gesicherter Personenkreis	
1. Werkvertrag	8
a) Andere Verträge	9
b) Anforderungen an den Werkvertrag	10
2. Bauwerk	11
a) Begriffsbildung	11
b) Begriff	12
c) Bauwerksteile	13
d) Vorbereitungen	14
e) Reparaturen	15
3. Leistungen	16
a) Baubetreuer	16
b) Außenanlagen	16
c) Bauträger	17
d) Baustofflieferant	17
III. Sicherungsobjekt	
1. Grundstück	18
2. Bestellereigentum	19
a) Zeitpunkt	19
b) Eigentum Dritter	20
c) Gutgläubiger Erwerb	23
3. Mehrheit von Grundstücken; Bruchteilseigentum	24
IV. Zu sichernde Forderungen	
1. Werklohnforderungen	25
2. Zeitpunkt der Sicherung	28
a) Werklohnforderung	29
b) Sonstige Forderungen	30
3. Mängel der Leistung	31
a) Eindeutige Fälle	31
b) Nachbesserungsbefugnis des Unternehmers	32
V. Inhalt und Durchsetzung des Anspruchs	
1. Sicherungshypothek	36
2. Vormerkung	37
a) Eintragungsvoraussetzungen	37
b) Prozessuales	38
c) Aufhebung	39
d) Streitwert	40
3. Insolvenzanfechtung	41
4. Sonstige Sicherungen	42
a) Arrest	42
b) Titulierte Forderung	43
VI. Ausschluss der Rechte aus § 650e	
1. Dispositives Recht	44
2. Individualvereinbarung	44
3. AGB	45
4. VOB/B	46
5. Sonstiges	47
VII. Gesetz über die Sicherung der Bauforderungen (BauFordSiG)	
1. Allgemeines	48
2. Schutzgesetzcharakter	49
3. Geschützte Personen	50
4. Passivlegitimation	51
a) Baugeld	51
b) Empfänger	52
c) Haftende Personen	53
5. Haftungstatbestand	54
6. Anspruchsinhalt	58

§ 650e

Alphabetische Übersicht

Architekt	9, 16
Arrest	42
Aufteilung des Grundstücks	19
Ausbesserung	15
Ausschluss	
– durch AGB	45
– individualvertraglich	44
Außenanlagen	16
Baubetreuer	16, 52
BauFordSiG	48 ff
Baugeld	51 f
– Empfänger	52
Baugrube	14
Baustofflieferant	17, 50
Bauträger	17
Bauwerk	11 ff
– Teile	13
Bewilligung	37
Bruchteilseigentum	24
Dienstvertrag	9, 50
Eigenmittel	51
Eigentum	
– des Bestellers	19
– Dritter	20 ff
Eigentumswohnung	24
Einstweilige Verfügung	
– Aufhebung	39
– Hauptsache	39
– Streitwert	40
– Zuständigkeit	38
Generalübernehmer	52
Generalunternehmer	10
Gerüstbauer	14
Gesamthypothek	24
Grundbuchblockade, faktische	6
Grundstücke, Mehrheit von	24
Gutgläubiger Erwerb	23
Handwerkliche Leistungen	10
Hypothek kraft Gesetzes	4
Identität, wirtschaftliche	21
Insolvenzanfechtung	41
Leistungsstand	28
Lieferanten	9, 50
Löschungsbewilligung	40
Mängel	31 ff
Nachbarschaftshilfe	10
Nachbesserungsbefugnis	32 ff
Nachträgliche Arbeiten	15
oHG	20
Rechtsverfolgungskosten	27
Reparaturen	15
Schadensersatzansprüche	26, 30
Schutzgesetz	49 ff
– haftende Personen	53
– Haftungstatbestand	54 ff
Sicherheit, anderweitige	39, 42
Sicherungshypothek	36
Sicherungsobjekt	18 ff
Statiker	10, 14
Teilflächen	19
VOB/B	46
Vorbereitende Arbeiten	14
Vormerkung	37 ff
Werklieferungsvertrag	9
Werklohn	25 f
– Einwendungen	31 ff
– Fälligkeit	29
– Titulierung	43
– Verjährung	36
Werkvertrag	8 ff
Wert, wirtschaftlicher	5
Wertsteigerung	26, 33
Wohnungseigentum	18, 24
Zurückbehaltungsrecht	34

Vorbemerkung

§ 650e BGB setzt nahezu wortgleich § 648 BGB aF fort. Die leichte Änderung des Wortlauts trägt der Verlagerung der Bestimmung Rechnung.

I. Allgemeines

1. Grundgedanke

§ 650e BGB ergänzt § 647 BGB für den Grundstücksbereich. Wer als Unternehmer ein Bauwerk ganz oder teilweise errichtet, erwirbt wegen seiner Werklohnforderung einen *Anspruch auf Einräumung einer Sicherungshypothek*. Diese dingliche Absicherung lässt sich *in mehrfacher Weise rechtfertigen*. Dass der Unternehmer das Werk vor Zahlung des Werklohns zu errichten hat, §§ 641, 650g Abs 4 BGB, schließt hinsichtlich der einzubauenden Sachen ein Zurückbehaltungsrecht nach § 320 BGB an ihnen aus. Die §§ 946, 93, 94 BGB verhindern darüber hinaus weitestgehend einen Eigentumsvorbehalt. Außerdem erfährt das Grundstück durch die Arbeiten des Unternehmers einen Mehrwert.

§ 650e BGB tilgt – gegenüber § 648 BGB aF – die Bezugnahme auf ein Bauwerk. Damit wird die Bestimmung auch auf Außenanlagen anwendbar.

2. Schutzbedürfnis des Unternehmers

Dem legitimen Schutzbedürfnis des Unternehmers *wird* freilich in § 650e BGB *nur unvollkommen Rechnung getragen*. Das hat der Rechtsprechung Anlass gegeben, das Gesetz über die Sicherung der Bauforderungen als Schutzgesetz iSd § 823 Abs 2 BGB heranzuziehen (vgl u Rn 48 ff), dem Gesetzgeber Anlass zur Schaffung des heutigen § 650f BGB (= § 648a BGB aF) (vgl § 650f Rn 1 ff).

a) Das gilt zunächst für den *Kreis der geschützten Personen*. Unternehmer, die Arbeiten an dem Grundstück verrichten, werden wegen der Nennung der Außenanlagen in § 650a BGB seit dem 1. 1. 2018 auch in § 650e BGB geschützt, dies aber ohne Rückwirkung für früher erteilte Aufträge. Und auch heute noch ungeschützt bleiben kaufrechtlich tätige Lieferanten, wie ihnen regelmäßig auch ein Eigentumsvorbehalt nicht möglich ist.

Sicherlich sind die Probleme hier geringer, weil die Forderungen weithin niedriger sein werden, ebenso auch die allgemeine finanzielle Belastung des Bestellers; doch ist der Fall der Krise auch hier nicht auszuschließen. Dem Unternehmer bleibt hier nur die – kaum genutzte – Möglichkeit, sich von vornherein Sicherheiten auszubedingen, was namentlich durch das Einfordern von *Abschlagszahlungen* nach § 632a BGB geschehen kann, wie sie als das überhaupt wirksamste Sicherungsmittel erscheinen, oder notfalls einen Arrest wegen seiner Forderungen auszubringen.

b) Gefährdet wird der Schutz des Unternehmers weiterhin dadurch, dass § 650e BGB grundsätzlich nur dann eingreift, wenn das *Grundstück im Eigentum des Bestellers* steht. Eine Identität von Besteller und Grundstückseigentümer besteht jedoch oftmals nicht (vgl dazu u Rn 20 ff).

4 c) Während § 647 BGB die dingliche Absicherung an beweglichen Sachen kraft Gesetzes entstehen lässt, gibt § 650e BGB nur *einen entsprechenden schuldrechtlichen Anspruch*. Indessen ist anderes nach dem System des Grundbuchrechts kaum denkbar, vgl GROSS 105. Kraft Gesetzes entstehende Hypotheken der Handwerker wären nach Rang und Höhe nicht hinreichend sicher einzuordnen. Das würde – untereinander – übrigens selbst dann gelten, wenn man erstrangige Hypotheken einführen würde (vgl BÜGLER 15). Der damit verbundene Schutz der Handwerker wäre im Übrigen überdimensioniert (vgl schon THINIUS, Verhandlungen zum 24. DJT, III 66; GROSS 105).

3. Wirtschaftliche Sicht

5 Aus wirtschaftlicher Sicht bietet § 650e BGB nur einen *indirekten Schutz*.

a) Der *unmittelbare dingliche Schutz des Unternehmers* ist *zu vernachlässigen* (vgl SCHWERDTNER NJW 1970, 222, 225; MOTZKE 235 ff), da Baugrundstücke meist schon bei Baubeginn bis hin zur Grenze der Beleihungsfähigkeit und darüber hinaus belastet sind und der Unternehmer außerdem wegen § 650e S 2 BGB eine Hypothek auch nur insoweit erlangen kann, wie er bereits geleistet hat.

6 b) § 650e BGB ist aber wenigstens *mittelbar wirksam:* Wegen § 885 Abs 1 S 2 BGB kann es der Unternehmer im Wege des Verfahrens der einstweiligen Verfügung relativ problemlos erreichen, dass eine *Vormerkung* zur Sicherung seines Anspruchs auf Eintragung einer Sicherungshypothek in das Grundbuch eingetragen wird, soweit es um die Vergütung für die schon geleistete Arbeit geht. *Das wirkt dann faktisch wie eine Grundbuchsperre,* indem einerseits die letzten freien Beleihungsreserven des Grundstücks blockiert und andererseits etwaigen Geldgebern Zahlungsprobleme (oder Konfliktbereitschaft) des Bestellers signalisiert werden. So wird *Druck auf den Besteller* ausgeübt, *die fälligen Teile der Werklohnforderung auszugleichen.* Dass das nicht erfolglos ist, hat MOTZKE empirisch festgestellt (240 ff). Eine schon eingetragene Auflassungsvormerkung geht freilich vor.

7 c) *Rechtspolitisch* ist das skizzierte Verfahren freilich *wenig billigenswert.* Es verschafft aktiven Bauhandwerkern kaum zu rechtfertigende Vorteile gegenüber anderen, zumal viele von ihnen das Institut gar nicht kennen (vgl MOTZKE 240), es ist ferner geeignet, auch unberechtigte Forderungen durchzudrücken.

Zudem ist das *Verfahren der einstweiligen Verfügung,* in das der Streit der Beteiligten auf diese Weise abgedrängt wird, mit seinen beschränkten Erkenntnismöglichkeiten *denkbar ungeeignet, die Höhe der Werklohnforderung hinreichend sicher abzuklären,* wenn die Werkleistung noch nicht abgeschlossen ist. Insbesondere kann dabei der weithin im Mittelpunkt der Auseinandersetzung stehende Mängeleinwand nicht zuverlässig genug abgeklärt werden.

Für den Unternehmer selbst birgt das skizzierte Vorgehen mit seiner „Grundbuchblockade" unabsehbare *Haftungsrisiken* in Hinblick auf die verschuldensunabhängige Schadensersatzpflicht nach § 945 ZPO.

4. Entstehungsgeschichte

Zu Vorläufern und Entstehungsgeschichte des § 650e BGB Siegburg 6 ff, 27 ff; rechtsvergleichende Hinweise bei Siegburg 300 ff. **7a**

II. Gesicherter Personenkreis

Gesichert werden Unternehmer, denen ein Bauauftrag iSd § 650a BGB erteilt worden ist. **8**

1. Werkvertrag

Schon nach der Formulierung des Gesetzes ist es notwendig, dass ein Werkvertrag mit dem Besteller abgeschlossen wird (vgl RGZ 62, 312, 315 f; BGH LM § 648 BGB Nr 1; BGB-RGRK/Glanzmann Rn 4; MünchKomm/Busche Rn 10; Siegburg 75). Nicht geschützt ist der Subunternehmer, dies auch dann nicht, wenn der Eigentümer der Verbindlichkeit des Generalunternehmers beitritt (OLG Dresden NJW-RR 2000, 1412).

a) Andere Verträge

Nicht ausreichend ist damit *der Abschluss andersartiger Verträge* mit dem Besteller. **9** Es scheidet insbesondere der Abschluss eines Dienstvertrages aus (MünchKomm/Busche Rn 10; Palandt/Sprau Rn 1; Siegburg 193 ff). Das ist von Bedeutung vor allem für den Architekten, der ständig dienstvertraglich für den Bauherrn tätig ist, aber auch für sonstige eigene Mitarbeiter des Bauherrn, namentlich seine Arbeitnehmer.

Nicht geschützt werden ferner *Lieferanten von Baumaterialien* (vgl Motzke 55 f mNw aus der Entstehungsgeschichte). Das gilt ohne weiteres, soweit sie vertretbare Teile geliefert haben, kraft der ausdrücklichen Anordnung des § 650 S 3 BGB aber auch dann, wenn es um vertretbare Bauteile geht. Hier hielt man (Motzke) das Zurückbehaltungsrecht der §§ 320, 322 BGB für ein ausreichendes Sicherungsmittel. Das ist nicht unproblematisch; bedenklich auch die versagende Möglichkeit eines Eigentumsvorbehalts, doch lässt sich entgegen Siegburg 191 f die Verfassungswidrigkeit des Ausschlusses des § 650e BGB in § 650 BGB nicht annehmen.

Es reicht schließlich nicht das Zurverfügungstellen von Baumaschinen, ggf mit Bedienungspersonal. Das ist Miete, eventuell mit dienstvertraglichem Einschlag.

b) Anforderungen an den Werkvertrag

An den Werkvertrag werden besondere Anforderungen nicht gestellt, abgesehen **10** davon, dass er sich auf ein *Bauwerk oder eine Außenanlage oder Teile davon* beziehen muss.

aa) Es ist also *nicht notwendig,* dass es sich um eine gewerbsmäßige, wiederholte oder sonst irgendwie qualifizierte Leistung handelt (vgl BGB-RGRK/Glanzmann § 648 Rn 4). Gelegentliche, freundschaftliche, nachbarschaftliche Mitarbeit reicht aus, sofern nur einerseits eine über einen bloßen Kostenersatz hinausreichende *Entgeltlichkeit* gegeben ist, andererseits nicht nur ein Dienstvertrag vorliegt.

bb) *Ebenso wenig* stellt das Gesetz *inhaltliche Anforderungen an die Werkleistung.* Hier kommen zunächst die üblichen *handwerklichen Leistungen* des Maurers, Schlossers, Malers, des Dachdeckers, Fliesenlegers und Gärtners in Betracht. Aber wenn landläufig von einer „Bauhandwerker"sicherungshypothek die Rede ist, dann ist das nicht die Ausdrucksweise des Gesetzes, und so kommen außer Handwerkern auch noch andere Personen in Betracht. Zu Architekten, Statikern und Ingenieuren vgl § 650q Rn 1, zu Baubetreuern u Rn 16. Zu nennen sind an dieser Stelle insbesondere noch *Generalunternehmer,* die ihre Leistungen im Wesentlichen durch die Einschaltung von Subunternehmern erbringen (vgl BGB-RGRK/GLANZMANN § 648 Rn 4; MünchKomm/BUSCHE Rn 11). Mit GROSS 23 wird man auch *künstlerische Arbeiten* ausreichen lassen müssen.

cc) Der Vertrag muss *wirksam* sein, wie der Wortlaut der Bestimmung ergibt (aA SOERGEL/TEICHMANN § 648 Rn 10, der auch Ansprüche aus § 812 BGB abgesichert wissen will).

2. Bauwerk

11 Der Vertrag muss sich – außer auf Außenanlagen – auf ein Bauwerk oder einzelne Teile eines Bauwerks beziehen.

a) Begriffsbildung

Der maßgebliche Begriff des Bauwerks kehrt wieder in § 634a BGB als Unterscheidungskriterium bei der Bemessung der Verjährungsfristen sowie in § 1 VOB/A als Abgrenzungskriterium für den Anwendungsbereich der VOB. Wenn den dort entwickelten Begriffsbestimmungen auch wertvolle Anregungen für die Auslegung des § 650e BGB entnommen werden können, so muss doch deutlich sein, dass der Begriff dort jeweils in anderen Zusammenhängen steht, sodass er eine unterschiedliche Prägung erfahren kann. Gleichwohl versteht die hM den Begriff des Bauwerks in § 650e BGB *ebenso wie in § 638 BGB aF/§ 634a Abs 1 Nr 2 BGB nF* (vgl BGB-RGRK/ GLANZMANN § 648 aF Rn 4; MünchKomm/BUSCHE Rn 10; BGHZ 19, 319, 321; RGZ 57, 377; 63, 313, 317; aA TEMPEL JuS 1973, 416). Daran ist so viel richtig, dass es in beiden Fällen *rechtspolitisch geboten* erscheint, *den Begriff des Bauwerks möglichst weit zu fassen,* einmal, um den Kreis der kurzen Verjährungsfristen einzuschränken, das andere Mal, um den (zu) knapp gefassten Kreis der Sicherungsberechtigten zu erweitern.

b) Begriff

12 Ein Bauwerk ist eine unbewegliche, durch Verwendung von Arbeit und Material in Verbindung mit dem Erdboden hergestellte Sache (RGZ 56, 43; BGHZ 57, 60). Der Begriff des Bauwerks ist damit erheblich weiter als der des Gebäudes; er umfasst zunächst diese, aber auch sonstige mit dem Erdboden fest verbundene Hoch- und Tiefbauten: Bahngleise der Bundesbahn (BGH MDR 1972, 410), die Makadamdecke auf einem Tankstellengebäude (BGH MDR 1964, 742), Rohrbrunnen (BGHZ 57, 60), die Einlassung eines Schwimmbeckens aus genormten Fertigteilen in die Erde (BGH NJW 1983, 567).

c) Bauwerksteile

13 Indem § 650e BGB ganz allgemein von den Forderungen des Unternehmers aus dem Vertrag spricht, gilt die Bestimmung auch für Leistungen an Bauwerksteilen; § 648 Abs 1 BGB aF hatte sie noch eigens erwähnt.

Das gilt uneingeschränkt zunächst für den Neubau; hier schützt die Bestimmung zB auch den Maler, den Klempner.

Bei nachträglichen Arbeiten kommt es wegen § 650a Abs 1, Abs 2 BGB darauf an, dass sie für Konstruktion, Bestand oder den bestimmungsgemäßen Gebrauch des Gebäudes von wesentlicher Bedeutung sind. Das nimmt zunächst routinemäßige Instandhaltungsmaßnahmen aus, zB übliche Schönheitsreparaturen. Das soll einer Überflutung des Grundbuchs mit minimalen Posten vorbeugen. Anders liegt es bei den eben genannten Schönheitsreparaturen, wenn sie in Folge einer Wiederherstellung oder eines Umbaus des Gebäudes anfallen.

d) Vorbereitungen

Ein Bauwerk *vorbereitende Leistungen* wie die Einrichtung der Baustelle, der Aushub der Baugrube fallen jedenfalls dann unter § 650e BGB, wenn sie zusammen mit eigentlichen Bauwerksleistungen vergeben sind (vgl BGB-RGRK/Glanzmann § 648 Rn 5). Es ist aber nicht einzusehen, warum derjenige Unternehmer schlechter gestellt werden sollte, dem ein isolierter Auftrag für solche Leistungen erteilt worden ist (aA Gross 16). In diesem Rahmen wird man wegen der Nennung in § 650a Abs 1 BGB selbst den *Abriss der Vorbebauung* hierher rechnen müssen, auch wenn es nicht in konkretem Zusammenhang mit einer geplanten Neubebauung steht (aA OLG Bremen MDR 1996, 45; LG Köln BauR 1997, 672; wie hier Siegburg 116 ff). Auch der Gerüstbauer verdient den Schutz des § 650e BGB (vgl Siegburg 126 f; aA OLG Zweibrücken BauR 1981, 294; OLG Hamburg BauR 1994, 123; Werner/Pastor, Bauprozeß Rn 204). Wegen der Nennung des § 650e BGB in § 650q Abs 1 BGB genießen auch reine planerische Leistungen des Architekten, des Ingenieurs und des Statikers den Schutz der Bestimmung, sofern sich diese Leistungen einem bestimmten Grundstück zuordnen lassen.

14

e) Reparaturen

Zweifelhaft ist die Behandlung **nachträglicher** Arbeiten, insbesondere von Reparaturen. Dem legitimen Sicherungsbedürfnis hiermit befasster Handwerker steht zunächst der *Wortlaut des Gesetzes* – „Bauwerk" – entgegen, sodann die Gefahr, dass sie eine überdimensionierte Sicherheit für ihre Forderungen erhalten könnten, letztlich auch die Überlegung, dass das Grundbuch nicht mit einer Vielzahl kleinerer Posten sollte überflutet werden können. Diese beiden Gefahren bestehen zwar auch bei Neubauten, sind aber dort doch signifikant geringer. Es ist deshalb von den in § 650a Abs 2 BGB entwickelten Grundsätzen auszugehen, dass *Umbauten, Veränderungen und Reparaturen* nur dann zu berücksichtigen sind, wenn sie für Erneuerung oder Bestand eines Bauwerks *von wesentlicher Bedeutung* sind (vgl RGZ 57, 380; BGHZ 19, 322; 53, 43). Malerarbeiten, andere *Schönheitsreparaturen* oder sonstige Ausbesserungen lösen also grundsätzlich *nicht* die Rechtsfolgen des § 650e aus. Sie dürfen freilich nicht isoliert betrachtet werden, dh § 650e BGB wird anwendbar, wenn sie im Zuge einer wesentlichen Erneuerung eines Bauwerks erfolgen. Die Einzelheiten sind fallbezogen zu beurteilen, vgl wohl zutreffend bejahend RG Warn 1928 Nr 146 für den Einbau einer Lichtanlage; BGH BB 1978, 683 für die Umstellung der gesamten Stromversorgungsanlage, anders LG Düsseldorf NJW-RR 1999, 383 für die Erneuerung von Teppichböden. *Im Zweifel ist eine eher großzügige Beurteilung* geboten (vgl auch BGB-RGRK/Glanzmann § 648 Rn 5; Siegburg 77 f). Dabei muss es ausreichen, wenn die Erneuerung oder Umgestaltung nur einen Bauwerksteil betrifft, vgl § 650a Abs 1 S 1 BGB.

15

3. Leistungen

16 a) Baubetreuer

Auch beim Baubetreuer wird die Absicherbarkeit der Ansprüche grundsätzlich bejaht (vgl LOCHER, Das private Baurecht Rn 702; PALANDT/SPRAU Rn 1), wobei es allerdings streitig ist, ob das nur für solche Leistungen gilt, die sich wie die des Architekten im Bauwerk realisiert haben (so WERNER/PASTOR Rn 220), oder auch für Leistungen aus dem wirtschaftlichen Leistungsbereich (so LOCHER/KOEBLE, Baubetreuungs- und Bauträgerrecht Rn 451), oder für letztere jedenfalls dann, wenn die wirtschaftliche Betreuung keinen größeren Umfang neben der technischen hat (so GROSS 33). Die *rein wirtschaftliche Baubetreuung* führt jedenfalls *nicht* zur Anwendbarkeit des § 650e BGB. Die Bestimmung ist auch dann nicht anzuwenden, wenn sich die Beziehungen der Parteien nach Dienstvertragsrecht beurteilen. Im Übrigen wird man § 650e BGB *auf die gesamte Forderung* des Baubetreuers anzuwenden haben, sofern sie nicht überwiegend wirtschaftlicher Natur ist. Freilich ist zu beachten, dass der wirtschaftliche Baubetreuer in aller Regel *gegen Treu und Glauben verstoßen* wird, wenn er auf der Einräumung einer Sicherungshypothek besteht, da er damit die Finanzierung des Bauvorhabens, für die er zuständig ist, nachhaltig gefährdet (vgl o Rn 6 f).

b) Außenanlagen

Bei Außenanlagen genügt nicht die turnusmäßige Betreuung. Es muss vielmehr um eine Neuanlage gehen oder um eine wesentliche Neugestaltung.

c) Bauträger

17 Auf den Vertrag mit dem Bauträger findet § 650e BGB wegen § 650u Abs 2 BGB keine Anwendung.

d) Baustofflieferant

Der Baustofflieferant genießt selbst dann nicht den Schutz des § 650e BGB, wenn zu seiner Lieferpflicht als Nebenpflicht noch eine Montageverpflichtung hinzutritt (vgl OLG Köln BB 1982, 1578; **aA** SIEGBURG 175 ff).

III. Sicherungsobjekt

1. Grundstück

18 Die Sicherungshypothek ist **auf dem Grundstück des Bestellers** einzutragen. Besteller kann auch eine juristische Person des öffentlichen Rechts sein; eine Analogie zu § 650f Abs 6 Nr 1 BGB ist nicht geboten (**aA** HOGENSCHURZ NJW 1999, 2576; OLG Koblenz NZBau 2011, 34; wie hier INGENSTAU/KORBION/JOUSSEN Anh 1 Rn 47). Auch wenn sie nicht insolvenzfähig ist, hat der Unternehmer ein legitimes Interesse an dem Druckmittel des § 650e BGB. Fehlende Insolvenzfähigkeit bedeutet auch keineswegs Zahlungsfähigkeit. Es reicht auch *Wohnungseigentum* oder ein *Erbbaurecht* aus; in letzterem Fall sind allerdings uU die Bestimmungen der §§ 5 Abs 2, 7 Abs 2, 3 ErbbauRVO zu beachten (Vereinbarung, dass die Zustimmung des Grundstückseigentümers für die Belastung notwendig ist) (vgl OLG Köln NJW 1968, 505).

Zu belasten ist das gesamte Objekt, auch soweit es nicht bebaut und später abgetrennt wird (OLG Hamm BauR 2000, 1527).

Mehrere einheitlich bebaute Grundstücke haften jedes in voller Höhe der Gesamtforderung, (BGH NJW 2000, 1861).

2. Bestellereigentum

Nach dem Gesetzeswortlaut muss das Grundstück im **Eigentum** des Bestellers stehen. Am fehlenden Eigentum ihres Bestellers scheitert die Möglichkeit, die Forderungen von *Subunternehmern* abzusichern. 19

a) Zeitpunkt

Der *Eigentumserwerb des Bestellers* muss jedenfalls während der Durchführung des Werkvertrages erfolgen; von dann an ist eine Absicherung möglich (**aA** OLG Koblenz BauR 1993, 750), vorher nicht (vgl Gross 56).

Das Eigentum des Bestellers muss auch noch bis zur Eintragung der Sicherungshypothek bzw der Vormerkung für sie bzw dem Eingang des Eintragungsantrags beim Grundbuchamt, § 17 GBO, *fortbestehen* (vgl nur BGB-RGRK/Glanzmann § 648 Rn 12; **aA** früher Riezler, Werkvertrag 156). Hingegen braucht es nicht bis zum Abschluss der Arbeiten fortzubestehen. Veräußert er das Eigentum vorher, entgeht er damit nicht seiner einmal begründeten Pflicht zur Verschaffung der Sicherheit. Insoweit tritt auch nicht zwangsläufig leistungsbefreiendes Unvermögen ein, da von ihm solche Anstrengungen erwartet werden können, die Sicherheit doch noch zu verschaffen.

Bei einer *Aufteilung des Grundstücks* kann der Unternehmer hinsichtlich seiner vollen Forderung Absicherung an dem im Eigentum des Bestellers verbleibenden Grundstücksteil verlangen, nicht nur anteilig hinsichtlich der hierauf entfallenden Werklohnforderung, was namentlich bei der Bildung von Wohnungseigentum von Bedeutung ist (vgl BGH NJW 2000, 1861; OLG München NJW 1975, 220; OLG Düsseldorf BauR 1975, 62; OLG Frankfurt OLGZ 1985, 193; **aA** OLG Frankfurt NJW 1974, 62; Siegburg 237 f), es sei denn, es bestünde nur Teilschuldnerschaft.

ZT wird angenommen, dass sich der Besteller durch die *Veräußerung von Teilflächen* und die damit verbundene Schmälerung des Sicherungsobjekts *schadensersatzpflichtig* machen könne (vgl Planck/Oegg § 648 Anm 3a bei „willkürlicher" Veräußerung; MünchKomm/Busche § 650e Rn 31; Gross 74; OLG Köln JMBl NRW 1976, 211, 213), sofern die Abtrennung bei Vertragsschluss nicht ausdrücklich oder stillschweigend vorbehalten war. Doch ist demgegenüber zu betonen, dass der Besteller die Freiheit hat, über sein Grundstück ganz oder teilweise zu verfügen und deshalb *keine vertragliche Nebenpflicht* gegenüber dem Unternehmer hat, *das Sicherungsobjekt zu erhalten* (vgl Siegburg 238 f). In Fällen ausschließlicher Schädigungsabsicht mag diesem § 826 BGB helfen. Auch derartige Ansprüche sind freilich nur insofern wirtschaftlich von Bedeutung, weil sie nach den §§ 830, 840 BGB den gesamtschuldnerischen Zugriff auf Dritte eröffnen könnten.

b) Eigentum Dritter

Am Eigentum des Bestellers **fehlt es in zahlreichen Fällen, in denen das Rechtsgefühl den Unternehmer gesichert wissen möchte**: Der Ehemann bestellt Bauleistungen am Grundstück der Ehefrau; die Gesellschaft (GmbH oder oHG) am Grundstück des 20

Gesellschafters bzw umgekehrt oder eine Gesellschaft am Grundstück ihrer Schwestergesellschaft. Hierzu werden unterschiedliche Lösungsansätze vertreten.

aa) Vergleichsweise problemlos ist der *Sonderfall, dass Besteller eine oHG,* Grundstückseigentümer ihr persönlich haftender Gesellschafter ist. Hier kann mit OLG München OLGZ 34, 47; OLG Hamm BauR 1978, 58; OLG Frankfurt BauR 2008, 1158; BGB-RGRK/Glanzmann § 648 Rn 14; Erman/Schwenker/Rodemann § 650e Rn 10; Gross 59; einschränkend Fehl BB 1977, 72, aus § 128 HGB ein Anspruch des Unternehmers auf Einräumung einer Sicherungshypothek hergeleitet werden. Das ist unabhängig von der dogmatischen Struktur dieser Bestimmung. – Weitergehend KG NJW-RR 1999, 1247 zum Kommanditisten, aber unter Berücksichtigung besonderer Umstände des Falles.

Unproblematisch ist auch der Fall, dass Auftraggeber eine juristische Person ist, die der Grundstückseigentümer beherrscht (OLG Hamm NZBau 2008, 118).

bb) Im Ansatz zutreffend ist die Forderung von Fehl BB 1977, 69 ff, danach zu fragen, ob *der Auftrag nicht zugleich auch im Namen des Grundstückseigentümers erteilt* worden ist. Doch ist das meist schon durch die klare Fassung der Verträge ausgeschlossen und idR wegen der sich daraus ergebenden vollen persönlichen Haftung des Grundstückseigentümers auch nicht gewollt, zB bei der nicht verdienenden Ehefrau als Grundstückseigentümerin. Der zu § 164 BGB entwickelte Satz, dass unternehmensbezogene Verträge im Zweifel im Namen des Inhabers des Unternehmens geschlossen werden, lässt sich jedenfalls nicht auf Bauverträge übertragen.

21 cc) In den übrigen Fällen werden unterschiedliche Meinungen vertreten.

(1) Verbreitet ist die Auffassung, dass es *mit der engen Wirkungsweise des Gesetzes sein Bewenden haben müsse* (vgl OLG Braunschweig OLGZ 1974, 210, 212 ff; OLG Bremen NJW 1976, 1320, 1321; OLG Hamm NJW-RR 1986, 570, 571; Erman/Schwenker/Rodemann § 650e Rn 10; Wilhelm NJW 1975, 2322, 2323; Clemm Betr 1985, 1777; Schlechtriem, in: FS Korbion [1986] 359; Slapnicar BB 1993, 230; Raabe BauR 1997, 757).

(2) Demgegenüber lassen manche es ausreichen, *wenn Besteller und Grundstückseigentümer wirtschaftlich identisch* sind (vgl OLG München NJW 1975, 220; KG NJW 1978, 325; Werner/Pastor, Bauprozeß Rn 253; Locher, Das private Baurecht Rn 693; Rathjen Betr 1977, 987; Lenzen BauR 1981, 434).

(3) Teils wird *zwar Eigentum des Bestellers im juristischen Sinne* gefordert, aber eingeräumt, dass die *Berufung auf die Nichtidentität* von Besteller und Grundstückseigentümer *gegen Treu und Glauben verstoßen* könne (vgl OLG Zweibrücken ZfBR 1983, 264, 265 m Anm Blaesing; OLG Düsseldorf NJW-RR 1993, 851; OLG Naumburg NJW-RR 2000, 321; LG Aschaffenburg NJW-RR 1997, 783; BGB-RGRK/Glanzmann § 648 aF Rn 15; Gross 68; Motzke 144 ff).

(4) Der *Bundesgerichtshof* hat sich in BGHZ 102, 95 grundsätzlich dafür ausgesprochen, dass Grundstückseigentümer und *Besteller* rechtlich dieselbe Person sein müssten; wirtschaftliche Identität reiche regelmäßig nicht, *doch müsse sich der Grundstückseigentümer nach Lage des Einzelfalls gemäß § 242* BGB *wie ein*

Besteller behandeln lassen. Insoweit hat es der Bundesgerichtshof, 103 f, nicht ausreichen lassen, dass der Grundstückseigentümer den Bauvertrag kannte und billigte, sondern entscheidend darauf abgestellt, 104 f, dass der Grundstückseigentümer die *Möglichkeit* hatte, die *Ergebnisse der Werkleistung finanziell für sich zu nutzen.*

Offengeblieben ist damit die Frage, ob die Nutzungsmöglichkeiten von Ehegatten ebenfalls ausreichen, einschränkend dazu OLG Celle NJW-RR 2005, 460 = BauR 2005, 1050.

(5) Stellungnahme: Mit BGHZ (102, 95) ist davon auszugehen, dass die Entscheidung für die §§ 647, 650e BGB *grundsätzlich nur einheitlich* ausfallen kann. Auch ist der *Begriff der wirtschaftlichen Identität* von Besteller und Grundstückseigentümer als *zu vage* abzulehnen. Es dürften hier auch schon die Grenzen richterlicher Rechtsfortbildung überschritten sein; außerdem drohen *Abgrenzungsprobleme,* wenn die Identität nur eine teilweise ist. Auszugehen ist vielmehr vom Eigentum im rechtlichen Sinne. Zugrunde zu legen ist außerdem das *wohl allseits anerkannte Schutzbedürfnis* des Unternehmers, das durch die Sicherungsmöglichkeit nach § 650f BGB nicht entfallen ist (KG NJW-RR 1999, 1247; **aA** OLG Schleswig BauR 2000, 1377). 22

Wenn man ihm dann mit § 242 BGB hilft, bleibt das *grundsätzliche* Bedenken, inwieweit diese Bestimmung zur Anspruchsbegründung taugt, das *praktische,* das hiermit die Umstände des Einzelfalls ausschlaggebende Bedeutung gewinnen und damit wiederum Rechtsunsicherheit entsteht. Freilich ist an Umständen des Einzelfalls idR kaum mehr denkbar, als dass einerseits der Grundstückseigentümer Abschluss und Durchführung des Bauvertrags billigt, was dem BGH nicht ausreichen will, und dass der Grundstückseigentümer andererseits das entstandene Bauwerk nutzen kann, was grundsätzlich ausreichen soll, wobei man sich nur fragen kann, wie intensiv diese Nutzungsmöglichkeit zu sein hat.

Dogmatisch klarer dürfte es sein, *auf die Billigung des Werkvertrages* und seine Durchführung durch den Grundstückseigentümer *§ 185* BGB *entsprechend anzuwenden* (vgl auch Fehl BB 1977, 69; 1987, 2039); das wird idR auch in der Praxis zu einer einfacheren Abgrenzung führen, auch wenn diese *Billigung noch nicht in der bloßen Grundstücksüberlassung* gesehen werden kann (vgl iÜ auch § 647 Rn 10 ff).

c) Gutgläubiger Erwerb
Wenn der Besteller *fälschlich* als Eigentümer im Grundbuch *eingetragen* ist, kann die Hypothek trotz ihres Charakters als Sicherungshypothek bzw die Vormerkung für sie gutgläubig erworben werden, §§ 892, 893 BGB. Interessengerecht dürfte es dabei sein, für den guten Glauben des Unternehmers auf den *Zeitpunkt* abzustellen, in dem sein Anspruch in sicherbarer Form entsteht (vgl dazu u Rn 28 ff). 23

3. Mehrheit von Grundstücken; Bruchteilseigentum

Bei einer Mehrheit von Grundstücken des Bestellers kann eine einheitliche Absicherung in Form einer Gesamthypothek verlangt werden, wenn und soweit sie auf Grund eines einheitlichen Werkvertrages bebaut werden, ohne dass es darauf ankäme, in welchem Umfang die einzelne Parzelle betroffen ist (BGB-RGRK/Glanzmann § 648 Rn 13). Wenn das Bauwerk teilweise auf dem Grundstück des Bestellers 24 errichtet worden ist, teilweise auch auf dem eines Dritten, kann das Grundstück des Bestellers für die Absicherung der gesamten Forderung herangezogen werden (OLG Nürnberg NJW 1951, 155; OLG Frankfurt NJW-RR 1994, 1432).

Zu den Problemen, die sich aus der nachträglichen Vereinigung, § 890 Abs 1 BGB, oder Zuschreibung, § 890 Abs 2 BGB, ergeben, vgl die Erl dort (STAUDINGER/PICKER [2019] § 890 Rn 1 ff).

Steht das Grundstück im *Bruchteilseigentum* mehrerer Besteller, wird es insgesamt belastet. Soweit mehrere Eigentümer getrennter Grundstücke einen gemeinsamen Bauauftrag vergeben, kann eine *Gesamthypothek* verlangt werden. Praktische Bedeutung hat ein gemeinsamer Bauauftrag mehrerer einzelner Eigentümer vor allem beim *Wohnungseigentum*. Hier erfolgt die Beauftragung allerdings durch die rechtsfähige Gemeinschaft der Wohnungseigentümer, § 10 Abs 6 S 1 WEG, sodass formal ein Dritteigentumsfall vorliegt. Maßgeblich ist indessen die Entscheidung des Gesetzgebers, die Eigentümer im Außenverhältnis anteilig haften zu lassen, § 10 Abs 8 WEG. Dem entsprechend sind die einzelnen Eigentümer verpflichtet, ihre Wohnungen entsprechend ihres Haftungsanteils im Außenverhältnis zu belasten.

IV. Zu sichernde Forderungen

1. Werklohnforderungen

25 Es werden grundsätzlich – nicht anders als bei § 647 BGB – *sämtliche Forderungen des Unternehmers aus dem Werkvertrag* abgesichert, mag es sich nun um die eigentliche Vergütungsforderung handeln oder um Ansprüche aus den §§ 645, 648 BGB. Weshalb dabei bei etwa vereinbarten Naturalleistungen eine Ausnahme gemacht werden sollte (so GROSS 43; SOERGEL/BALLERSTEDT[10] § 648 Rn 7), ist jedenfalls dann nicht ersichtlich, wenn sie in eine Geldforderung übergehen können; sie sind entsprechend in Geld auszudrücken. Absicherbar ist insbesondere auch der auf die Umsatzsteuer entfallende Teil der Vergütung, vgl dazu und zu den sich aus der Entstehung dieses Anspruchs ergebenden Problemen GROSS 43; ders BauR 1971, 177 ff.

Eine Absicherung nach § 650f BGB schließt das Vorgehen nach § 650e BGB aus (vgl § 650f Abs 4 S 2 BGB; OLG Köln BauR 1996, 272).

26 § 650e BGB beruht zwar auf dem Gedanken, dass *die Wertsteigerung des Grundstücks* den Sicherungsanspruch rechtfertigt, vgl S 2, benutzt dies aber in S 1 *nicht* dazu, *den Kreis der sicherbaren Forderungen einzuschränken,* wenn dort umfassend von „seinen" – des Unternehmers – Forderungen die Rede ist, vgl auch SIEGBURG 212 f. Das bedeutet zunächst, dass die Absicherung der Vergütungsansprüche *eine entsprechende Wertsteigerung des Grundstücks nicht voraussetzt.* Das bedeutet aber weiterhin, dass auch *solche Ansprüche* absicherbar sind, *denen ihrer Struktur nach eine Wertsteigerung nicht gegenüberstehen kann* (vgl auch BGHZ 51, 190, 192; **aA** offenbar SIEGBURG 212 f). Dies gilt für Ansprüche aus § 642 BGB (vgl BGB-RGRK/GLANZMANN § 648 Rn 10; MünchKomm/BUSCHE § 650e Rn 22) oder aus § 648 BGB (**aA** OLG Jena NJW-RR 1999, 384), vor allem aber auch für *Schadensersatzansprüche* (BGH NJW 1988, 255, 257), mögen sie ihre Grundlage nun in Verzug, positiver Forderungsverletzung oder einer Vertragsstrafenvereinbarung haben (vgl GROSS 44 ff; BGB-RGRK/GLANZMANN § 648

Rn 10; MünchKomm/Busche § 650e Rn 23; Werner/Pastor Rn 228 f). Dabei ist die *gesamte Schadensersatzforderung* absicherbar (vgl BGHZ 51, 190 = NJW 1969, 419). Freilich ist zu beachten, dass als Grundpfandrecht eine streng akzessorische Sicherungshypothek gewährt wird. BGH NJW 1974, 1761 weist insofern zutreffend darauf hin, dass eine für den Werklohnanspruch bestellte Sicherungshypothek mangels Identität der Forderungen nicht zugleich auch einen Schadensersatzanspruch des Unternehmers absichert. Es ist deshalb *bei der Eintragung in das Grundbuch sorgfältig auf die Bezeichnung der zu sichernden Forderung zu achten.*

Die Absicherung der *Kosten der Rechtsverfolgung* des Unternehmers hängt davon ab, **27** inwieweit ihm insoweit ein Erstattungsanspruch gegen den Besteller erwachsen ist. BGB-RGRK/Glanzmann § 648 Rn 10 weist zutreffend darauf hin, dass § 1118 BGB nur die Kosten der Rechtsverfolgung aus der Hypothek betrifft, nicht die Kosten, die zur Erlangung der Hypothek notwendig sind. Wenn in der Literatur (vgl MünchKomm/Busche § 650e Rn 23) von den Kosten notwendiger Rechtsverfolgung die Rede ist, dann ist damit ein Erstattungsanspruch noch nicht dargetan. Dieser kann sich vielmehr entweder ergeben aus einer *gerichtlichen Kostenentscheidung,* § 91 ZPO, wie sie insbesondere auch im Verfahren der einstweiligen Verfügung auf Eintragung einer Vormerkung für eine Sicherungshypothek ergeht, oder *materiellrechtlich* unter dem Gesichtspunkt des Verzuges mit der Begleichung der Werklohnforderung, der ihre Absicherung geboten erscheinen lässt, *nicht* dagegen *aus Verzug* mit der Einräumung der Hypothek (vgl auch BayOLGZ 9, 488; Staudinger/Riedel[11] § 648 Rn 9).

2. Zeitpunkt der Sicherung

Für die Absicherung der Ansprüche des Unternehmers enthält § 650e S 2 BGB die **28** Regelung, dass sie einerseits schon **vor der Vollendung des Werkes** erfolgen kann, andererseits aber nur soweit gehen darf, wie dies dem **jeweiligen Leistungsstand** entspricht.

a) Werklohnforderung

Das bedeutet zunächst, dass *nicht schon der bloße Vertragsschluss* die Forderung **29** sicherbar macht (vgl Erman/Schwenker/Rodemann § 650e Rn 12). Eine so frühe Absicherung ermöglicht auch nicht § 883 Abs 1 S 2 BGB. Zwar ist nach dieser Bestimmung eine Vormerkung für künftige Ansprüche möglich, doch wird sie durch § 650e S 2 BGB als lex specialis ausgeschlossen (Erman/Schwenker/Rodemann § 650e Rn 13; Staudinger/Riedel[11] § 648 Rn 10).

Andererseits wird aber auch *auf die Fälligkeit der Werklohnforderung verzichtet* (OLG Koblenz NJW-RR 1994, 786; Palandt/Sprau Rn 6).

Es kommt vielmehr auf *den jeweiligen Leistungsstand* an, für den der Unternehmer darlegungs- und beweispflichtig ist. Dabei ist für die Bemessung der Höhe des (schon) zu sichernden Werklohnanspruchs wiederum nicht die bereits eingetretene Wertsteigerung des Grundstücks maßgeblich, sondern die Höhe des auf die erbrachten Leistungsabschnitte entfallenden Anteils am Werklohn, wie er sich aus den Vereinbarungen der Parteien ergibt. Die Aufteilung hat nach denselben Grundsätzen wie bei § 645 Abs 1 BGB zu erfolgen (vgl dazu § 645 Rn 24 ff). Notfalls ist nach § 287 ZPO zu schätzen.

Wenn der Unternehmer seine *Leistung zurückbehält,* dann schließt dies insoweit die Entstehung eines Anspruchs auf Einräumung einer Sicherungshypothek aus, mag die Zurückbehaltung auch gerechtfertigt gewesen sein. Daran ändert es auch nichts, wenn er die einzubauenden Teile in seiner Werkstatt schon gefertigt hat (RGZ 58, 301).

Werklohnansprüche, die dem Unternehmer nach Erwirkung der Vormerkung erwachsen, werden von ihr nicht mehr (rang wahrend) erfasst.

b) Sonstige Forderungen

30 *Andere als Vergütungsansprüche,* insbesondere Schadensersatzansprüche, entstehen sofort vollen Umfangs, wenn ihre Voraussetzungen erfüllt sind. § 650e S 2 BGB errichtet Hürden für ihre Absicherung nicht. Wenn Schadensersatz statt der Leistung begehrt wird, kann also schon jetzt auch der Anspruch wegen des künftig entgehenden Gewinns, § 252 BGB, abgesichert werden (vgl auch BGHZ 51, 190 = NJW 1969, 419).

3. Mängel der Leistung

31 Ein besonderes Problem bilden rechtlich wie praktisch Mängel der Werkleistung. Einerseits führen sie besonders häufig zur Zahlungsverweigerung des Bestellers und geben damit dem Unternehmer *Anlass,* den Anspruch auf Einräumung einer Sicherungshypothek zu realisieren. Andererseits ist ihr *Bestehen und ihre Bewertung* wegen § 294 ZPO in dem Regelfall *kaum zuverlässig zu beurteilen,* dass im Verfahren der einstweiligen Verfügung gestritten wird.

a) Eindeutige Fälle

Wenn der Besteller gemindert oder die Aufrechnung mit einem Schadensersatzanspruch aus § 634 Nr 4 BGB erklärt hat bzw einen Anspruch auf Kostenvorschuss nach § 637 Abs 3 BGB hat, mindert sich der einzutragende Forderungsbetrag entsprechend (vgl Kapellmann BauR 1976, 323, 326; Motzke 121; BGB-RGRK/Glanzmann § 648 aF Rn 9). Kommt es ausnahmsweise zum Rücktritt, sind die etwaigen Rückforderungsansprüche des Unternehmers abzusichern (aA Siegburg 226, der indessen ihren vertraglichen Ursprung verkennt).

b) Nachbesserungsbefugnis des Unternehmers

32 Für den häufigeren Fall, dass der Unternehmer noch die *Berechtigung,* aber auch *die Verpflichtung zur eigenen Nachbesserung* hat, gibt es unterschiedliche Lösungsansätze.

aa) Die Mängel werden überhaupt *unberücksichtigt* gelassen (vgl LG Düsseldorf BauR 1976, 211; LG Flensburg MDR 1975, 841; Jagenburg BauR 1975, 216; Kapellmann BauR 1976, 323). Zur Begründung wird angeführt, dass der Werklohnanspruch im Prinzip bestehe und durch die Mängel nur in seiner Durchsetzbarkeit beeinträchtigt werde, die Durchsetzbarkeit aber wegen § 650e S 2 BGB gerade keine Voraussetzung für die Eintragung einer Sicherungshypothek sei. Auch sei nur so eine schnelle und effektive Durchsetzung des Sicherungsanspruchs gewährleistet. – Von diesen Argumenten ist das letztgenannte der Praktikabilität gewichtig; es werden alle skizzierten Aufklärungsprobleme vermieden. Aber das Ergebnis ist für den Besteller *unzumutbar,* wenn eine „überdimensionierte" Sicherungshypothek eingetragen wird. Zwar kann das rechtlich wegen der in § 1184 BGB angeordneten strikten Akzessorietät der Sicherungshypothek nicht schaden, doch wird dann gegenüber etwaigen Geldgebern des Bestellers, die an einer dinglichen Absicherung interessiert sind, ein unzutreffender Eindruck über die Belastung des Grundstücks hervorgerufen. Außerdem beeinträchtigen Mängel die Werklohnforderung kräftiger als ein schlichtes Fälligkeitshindernis, wie es allerdings wegen § 650e S 2 BGB unbeachtlich wäre. – Anderes gilt auch nicht, wenn sich der Besteller wegen der Werklohnforderung der Zwangsvollstreckung unterworfen hat (**aA** OLG Bremen NJW-RR 1999, 963).

bb) BGHZ 68, 180; OLG Köln BauR 1975, 213; OLG Düsseldorf BauR 1976, 363; BGB-RGRK/GLANZMANN § 648 Rn 9; MünchKomm/SOERGEL[3] § 648 Rn 20; ERMAN/SCHWENKER/RODEMANN § 650e Rn 12; LOCHER, Das private Baurecht Rn 697; MOTZKE 122 ff; SIEGBURG 226 ff *stellen die mangelhaften Leistungsteile den nicht erbrachten Leistungsteilen gleich* und wollen wegen der Mängel *einen entsprechenden Abzug* von der Werklohnforderung machen. Dessen Höhe wird aus der Entscheidung des Bundesgerichtshofs nicht vollends deutlich; OLG Düsseldorf BauR 1976, 111 und LOCHER (Rn 697) präzisieren sie aber – wohl im Sinne des Bundesgerichtshofs – dahin, dass es auf die *mutmaßliche Höhe der Nachbesserungskosten* ankomme. Zur Begründung wird vor allem darauf verwiesen, dass nur so dem *Wertzuwachs* des Grundstücks Rechnung getragen werde. So komme es zu einer angemessenen Risikoverteilung; die Lösung sei auch praktikabler als die Gegenvorschläge. Übersteigen die Mängelbeseitigungskosten die Werklohnforderung, kommt es nicht zu einer Sicherungshypothek (OLG Hamm BauR 1998, 885).

Demgegenüber ist zu betonen, dass der konkrete Wertzuwachs des Grundstücks zwar gesetzgeberisches Motiv des § 650e BGB, sonst aber unstreitig keine Bemessungsgrundlage für die Höhe der einzutragenden Sicherungshypothek ist. Die Lösung des Bundesgerichtshofs wird außerdem *dem Zurückbehaltungsrecht des Bestellers nicht hinreichend* gerecht, das diesem aus § 320 BGB jedenfalls für die Zeit nach der Abnahme wegen seines Anspruchs auf Mängelbeseitigung zusteht und das – als Druckmittel – zur Verweigerung der Zahlung eines Mehrfachen der reinen Nachbesserungskosten berechtigt. Schlechter darf der Besteller aber auch vor der Abnahme nicht stehen. Vor allem aber überlastet diese Lösung mit ihrer Forderung, die Mängel konkret zu bewerten, die *eingeschränkten Erkenntnismöglichkeiten des Verfahrens der einstweiligen Verfügung,* in dem meist gestritten wird. Damit beschwört sie aber auch erhebliche Gefahren für den Sicherung suchenden Unternehmer herauf, der sich ja dem verschuldensunabhängigen Schadensersatzanspruch aus § 945 ZPO ausgesetzt sieht, wenn seine einstweilige Verfügung scheitert. Das Ausmaß der hier bestehenden Haftungsrisiken belegt gerade der der Entscheidung BGHZ 68, 180 zugrunde liegende Fall eindrucksvoll.

cc) Man kann das Zurückbehaltungsrecht des Bestellers dadurch berücksichtigen, dass man die *Eintragung* der Sicherungshypothek bzw der entsprechenden Vormerkung *nur Zug um Zug gegen Beseitigung der Mängel* zulässt (vgl OLG Frankfurt SCHÄFER/FINNERN Z 2.231 Bl 20; INGENSTAU/KORBION § 16 Rn 96 [bis zur 7. Aufl]; GROSS 50 ff). Das führt im praktischen Ergebnis aber wegen § 765 ZPO zu einer Vorleistungspflicht des Unternehmers und ist schon deshalb nicht interessengerecht und nicht praktikabel (vgl BGHZ 68, 185; KAPELLMANN BauR 1976, 323, 326).

dd) *Vorzugswürdig* dürfte es deshalb sein, *die Werklohnforderung in ihrem realen*

Bestand einzutragen, dh in ihrer Abhängigkeit von dem Zurückbehaltungsrecht des Bestellers wegen der Mängel. Die grundsätzliche Eintragungsfähigkeit dieser Einrede gegen die der Hypothek zugrunde liegende Forderung ergibt sich aus den §§ 1137, 1138 BGB. Nun erklärt zwar § 1185 Abs 2 BGB die Bestimmung des § 1138 BGB gerade für unanwendbar bei einer Sicherungshypothek, wie sie § 650e BGB vorsieht. Das soll aber doch nur verhindern, dass diese Hypothek in Ansehen der Forderung (und der sie betreffenden Einreden) gutgläubig erworben werden kann, macht damit die Eintragung der Einreden aber schwerlich unzulässig. *Nur mit ihrer Eintragung kann ein zutreffendes Bild von der gesicherten Forderung* gezeichnet werden, das § 1185 BGB nicht verhindern kann und soll.

Werden aber im Rahmen des § 320 BGB die Nachbesserungsansprüche des Bestellers als solche eingetragen, so wird damit zwar das Grundbuch belastet, doch wird so zunächst die *Forderung des Unternehmers korrekt wiedergegeben,* weiter wird eine Saldierung von Werklohn und Mängeln vermieden, wie sie im gegenwärtigen Stadium des noch bestehenden Nachbesserungsanspruchs unzulässig ist. Damit erweist sich gleichzeitig die mühsame Bewertung der Mängel mit allen ihren Fehlerquellen als entbehrlich. Endlich kann sich jeder Interessent bei einer derartigen Eintragung noch am ehesten ein eigenes Bild von der Berechtigung und Werthaltigkeit der Belastung des Grundstücks zugunsten des Unternehmers verschaffen. *Das System der §§ 633 ff BGB* wie auch *die Interessen der Parteien* werden so am besten gewahrt (vgl auch Peters NJW 1981, 2550).

V. Inhalt und Durchsetzung des Anspruchs

1. Sicherungshypothek

36 § 650e BGB gewährt einen Anspruch auf Einräumung einer Sicherungshypothek.

a) Begriff und Wesen dieses Rechts ergeben sich aus den §§ 1184, 1185 BGB. Auf die Erl dazu kann Bezug genommen werden. Im Vordergrund steht die *strikte Durchführung des Grundsatzes der Akzessorietät* der Hypothek. Die Eintragung im Grundbuch begründet zugunsten der Hypothek hier keine Vermutung dafür, dass die gesicherte Forderung in dem eingetragenen Umfang existiert; diese muss vielmehr von dem Hypothekengläubiger nachgewiesen werden, § 1184 Abs 1 BGB.

b) Erfüllt wird der Anspruch des Unternehmers aus § 650e BGB durch eine entsprechende *Einigung mit dem Eigentümer* und die *Eintragung in das Grundbuch,* § 873 BGB; die Einigungserklärung des Eigentümers kann durch ein entsprechendes rechtskräftiges Urteil nach § 894 ZPO ersetzt werden. § 867 ZPO ist nicht anwendbar (vgl OLG Frankfurt NJW-RR 1995, 1359).

c) **Nicht** erst die eingetragene **Hypothek**, § 1153 BGB, sondern bereits der Anspruch auf ihre Einräumung folgt *im Abtretungsfall* nach § 401 BGB der Werklohnforderung (RGZ 126, 383 f).

d) Mit dem Eintritt der *Verjährung* der Werklohnforderung wird auch der Anspruch auf Einräumung der Sicherungshypothek undurchsetzbar (LG Aurich NJW-RR 1991, 1240; vgl § 217 BGB). Freilich wirkt die durch Klage oä bewirkte Hemmung *der*

Verjährung der Werklohnforderung auch zugunsten des Anspruchs aus § 650e BGB, sofern die Verjährung dieses Anspruchs nicht direkt gehemmt wird.

Sofern *bei Eintritt der Verjährung* der Werklohnforderung *die Sicherungshypothek schon bestellt* ist, kann der Unternehmer nach § 216 Abs 1 BGB weiterhin aus ihr Befriedigung suchen. Dagegen nützt es ihm insoweit nichts, wenn zu diesem Zeitpunkt nur eine Vormerkung eingetragen ist (SIEGBURG 225).

2. Vormerkung

Zur Sicherung des Anspruchs auf Einräumung der Hypothek kann eine Vormerkung in das Grundbuch eingetragen werden. Sie wahrt für die Hypothek die Rangstelle und schützt vor nachteiligen Verfügungen über das Grundstück, § 883 Abs 2 BGB, unter denen namentlich die Veräußerung oder Belastung zu nennen ist. 37

a) Eintragungsvoraussetzungen

Eingetragen werden kann die Vormerkung zunächst auf Grund einer Bewilligung des Eigentümers. Praktisch wichtiger ist die **Eintragung auf Grund einer einstweiligen Verfügung**, § 885 BGB. Dabei braucht die Gefährdung des zu sichernden Anspruchs nicht glaubhaft gemacht zu werden, § 885 Abs 1 S 2 BGB, das Gesetz vermutet sie unwiderleglich (STAUDINGER/GURSKY [2013] § 885 Rn 29, s a STAUDINGER/KESSELER [2020] § 885 Rn 44; **aA** OLG Hamm NJW-RR 2004, 379 = BauR 2004, 330), wohl aber ist *dieser selbst glaubhaft* zu machen. Hierfür wird regelmäßig die Vorlage einer nicht bedienten prüfungsfähigen Rechnung sowie die eidesstattliche Versicherung ihrer Richtigkeit notwendig sein. Sofern um *Mängel* gestritten wird, hat der Unternehmer vor der Abnahme ihr Nichtvorliegen glaubhaft zu machen, nach der Abnahme der Besteller (vgl auch OLG Koblenz NJW-RR 1994, 786).

Der zu sichernde Anspruch braucht den *Mindestbetrag des § 866 Abs 3 ZPO nicht* zu erreichen, weil es nicht um die dort geregelte Zwangsvollstreckung wegen einer Geldforderung in ein Grundstück geht, sondern um die Abgabe einer geschuldeten Willenserklärung (KGJ 35 [1908] A 314; GROSS 100; MOTZKE 125; BGB-RGRK/GLANZMANN § 648 Rn 20; STAUDINGER/RIEDEL[11] § 648 Rn 13; ZÖLLER/STÖBER § 866 Rn 5). Der Anspruch muss aber im Übrigen entstanden sein, dh eine Vormerkung kann *nicht wegen erst künftig zu verdienender Teile der Werklohnforderung begehrt* werden (vgl RGHZ 58, 301; 74, 158, 160; BGB-RGRK/GLANZMANN § 648 Rn 20; BGHZ 68, 180, 183; STAUDINGER/RIEDEL[11] § 648 Rn 10; ERMAN/SCHWENKER/RODEMANN § 650e Rn 13 f; **aA** SIEGBURG 296 ff; MOTZKE 260 ff). Dies folgt trotz der §§ 916 Abs 2 ZPO, 883 Abs 1 S 2 BGB aus § 650e S 2 BGB; für die Vormerkung kann insoweit sinnvollerweise nichts anderes gelten als für die Hypothek selbst. Unschädlich dürfte es aber für die Eintragung der Vormerkung sein, wenn bei der Belastung eines Erbbaurechts eine nach § 5 ErbbauRVO notwendige Zustimmung des Grundstückseigentümers zur Belastung noch nicht vorliegen sollte (vgl OLG Nürnberg MDR 1967, 213). Andere Hindernisse gegen die Hypothek dürfen aber grundsätzlich nicht bestehen (**aA** BGB-RGRK/GLANZMANN § 648 Rn 21).

b) Prozessuales

Zuständig für den Erlass der einstweiligen Verfügung ist entweder das *Prozessgericht* oder nach § 942 ZPO das *Amtsgericht der belegenen Sache.* Zur Vorbereitung des Verfahrens kann der Unternehmer *das Grundbuch einsehen;* er hat daran ein be- 38 rechtigtes Interesse iSd § 12 GBO (vgl STAUDINGER/RIEDEL[11] § 648 aF Rn 13; GROSS 86; MEIKEL/IMHOF/RIEDEL, GBO § 12 Rn 6).

Die *Kosten des Verfahrens* trägt nach § 91 ZPO der Besteller; er kann ihnen nur unter den Voraussetzungen des § 93 ZPO entgehen, dh bei sofortigem Anerkenntnis und *wenn er keinen Anlass zum gerichtlichen Vorgehen gegeben* hat. Wann Letzteres der Fall ist, ist streitig. Sicherlich zu weitgehend LG Hannover MDR 1969, 935, das den Zahlungsanspruch des Unternehmers stets als gefährdet ansieht, und OLG Celle BauR 1976, 365, das mit § 885 Abs 1 BGB argumentiert; so im Ergebnis auch OLG Frankfurt BauR 1989, 644; zustimmend aber PALANDT/SPRAU Rn 6. Man wird wenigstens *Zahlungsverzug des Bestellers* mit der Werklohnforderung für notwendig halten müssen (vgl OLG Köln NJW 1975, 454 m abl Anm JOOST NJW 1975, 1172), sofern Abschlagszahlungen fällig sind. Darüber hinaus wird man grundsätzlich aber auch eine auf die Bewilligung der Hypothek abzielende *Anfrage des Unternehmers* an den Besteller zu fordern haben (vgl GROSS 92 f; **aA** OLG Köln NJW-RR 1997, 1242). Freilich bietet diese ihre Gefahren, weil sie anderweitige Verfügungen über das Grundstück veranlassen kann. Insofern kommt es letztlich auf die Umstände des Einzelfalls an. Eine Anfrage ist jedenfalls dann entbehrlich, wenn sie unzumutbar ist (vgl OLG Düsseldorf BauR 1976, 285; OLG Hamm NJW 1975, 1459; vgl zur Problematik auch HEYERS BauR 1980, 20). Das kann insbesondere bei *einer erkennbaren wirtschaftlichen Krise des Bestellers* der Fall sein, etwa wenn er anderweitige Forderungen grundlos nicht begleicht.

c) Aufhebung

39 Die einstweilige Verfügung kann *unter den üblichen Voraussetzungen aufgehoben* werden; zu nennen ist insbesondere die *Versäumnis der Vollziehungsfrist*, § 929 ZPO, oder die Versäumung einer nach § 926 ZPO gesetzten *Frist zur Erhebung der Klage in der Hauptsache*. Dabei ist „Hauptsache" hier nicht die Werklohnforderung (**aA** OLG Frankfurt NZBau 2002, 456), sondern *der Anspruch auf Einräumung der Sicherungshypothek* (RGZ 62, 64; LG Mainz NJW 1973, 2294; BGB-RGRK/GLANZMANN § 648 Rn 23; GROSS 90). – Zur Aufhebung können nach § 927 ZPO auch *veränderte Umstände* führen. Diese können in der *Stellung einer anderweitigen ausreichenden Sicherheit* durch den Besteller liegen, zB einer Bankbürgschaft (vgl RGZ 55, 140; OLG Köln NJW 1975, 454; STAUDINGER/RIEDEL[11] § 648 Rn 12; BGB-RGRK/GLANZMANN § 648 Rn 22). Dagegen wird man schon wegen § 885 Abs 1 S 2 BGB (entgegen OLG Hamm SCHÄFER/FINNERN Z 2.321 Bl 10) eine Glaubhaftmachung des Bestellers/Eigentümers, dass die Interessen des Unternehmers konkret nicht gefährdet seien, nicht ausreichen lassen können (vgl GROSS 98). Das kann auch (entgegen GROSS 98) kaum zum Einwand der unzulässigen Rechtsausübung führen, sondern nur im Rahmen des § 93 ZPO relevant sein.

d) Streitwert

40 Der Streitwert einer Klage auf Einräumung einer Hypothek richtet sich nach § 6 ZPO. Wird zugleich die Werklohnforderung eingeklagt, liegt ein Fall wirtschaftlicher Identität vor, sodass insgesamt nur der Betrag der Forderung anzusetzen ist (OLG Koblenz OLGR 2003, 256; **aA** OLG Düsseldorf NZBau 2005, 697). Der Streitwert des Verfahrens der einstweiligen Verfügung bemisst sich nach § 3 ZPO (§ 53 Abs 1 Nr 1 GKG). Er wird dabei wegen der nur vorläufigen Sicherung mit 1/3 der zu sichernden Forderungen anzusetzen sein (vgl KG BauR 1972, 259; OLG Hamm JurBüro 1964, 272 m zust Anm SCHMIDT; ZÖLLER/HERGET § 3 Rn 16 „Bauhandwerkersicherungshypothek"). Der *Grad der Gefährdung* des Anspruchs *rechtfertigt Zu- oder Abschläge*.

Zur Erteilung einer *Löschungsbewilligung* hinsichtlich der Vormerkung ist der Unternehmer nur Zug um Zug gegen Zahlung der Werklohnforderung verpflichtet (RG JW 1904, 91; BGB-RGRK/GLANZMANN § 648 Rn 23).

3. Insolvenzanfechtung

Wegen des Anspruchs des Unternehmers auf Einräumung einer Sicherungshypothek stellt *weder diese noch auch die sichernde Vormerkung eine inkongruente Deckung* iSd §§ 131 InsO, 3 Abs 1 Nr 1, 2 AnfG dar (vgl BGHZ 34, 254 = NJW 1961, 456; JAEGER/HENCKEL, InsO § 131 Rn 39, 69; u hier Anh zu § 631 Rn 49 ff). **41**

4. Sonstige Sicherungen

Der Unternehmer ist nicht darauf beschränkt, seine Werklohnforderung nach § 650e BGB durch eine Sicherungshypothek bzw eine entsprechende Vormerkung abzusichern. **42**

a) Arrest

Er kann seine Forderung stattdessen auch durch einen Arrest sichern (vgl RGZ 54, 164; RG Recht 1908, 2466; OLG Celle BauR 1994, 274; STAUDINGER/RIEDEL[11] § 648 Rn 12, 15; BGB-RGRK/GLANZMANN § 648 Rn 24; ERMAN/SCHWENKER/RODEMANN § 650e Rn 16; PALANDT/SPRAU Rn 7). Das hat gegenüber dem Vorgehen nach § 650e BGB den Vorteil, dass dann auch auf das sonstige Vermögen des Bestellers zurückgegriffen werden kann; das Grundstück selbst mag schon wertausschöpfend belastet sein. Allerdings gilt dann § 885 Abs 1 S 2 nicht, sodass nach § 917 ZPO eine Gefährdung des Werklohnanspruchs glaubhaft zu machen ist.

In Bezug auf das Baugrundstück selbst führt das Arrestverfahren nach § 932 Abs 1 ZPO wiederum zu der Eintragung einer Sicherungshypothek. Damit *entfällt das Rechtsschutzbedürfnis für eine einstweilige Verfügung auf Eintragung einer Vormerkung* für eine Sicherungshypothek nach § 650e jedenfalls grundsätzlich dann, wenn der Arrest ohne Sicherheitsleistung vollstreckbar ist (vgl §§ 921 Abs 2, 922 Abs 3 ZPO, RG Gruchot 39, 1156, 1159; OLG Hamburg NJW 1958, 1145 m Anm LENT). Davon kann es jedoch Ausnahmen geben, etwa wenn eine Arresthypothek wegen Nichterreichen der Grenze des § 866 Abs 3 ZPO nicht eingetragen werden kann oder wenn mit einer Aufhebung des Arrests zu rechnen ist (vgl GROSS 84 f).

b) Titulierte Forderung

Wenn die Werklohnforderung vorläufig oder endgültig vollstreckbar tituliert ist, kann der Unternehmer aus ihr vollstrecken und dann insbesondere auch in das Baugrundstück. Das lässt das Rechtsschutzbedürfnis für ein Vorgehen nach § 650e BGB jedenfalls dann entfallen, wenn der *Titel rechtskräftig* ist. Ist er nur gegen Sicherheitsleistung vorläufig vollstreckbar, dann wäre an sich ihretwegen das Rechtsschutzbedürfnis insbesondere für eine einstweilige Verfügung zu bejahen (vgl STAUDINGER/RIEDEL[11] Rn 11; OLG Breslau Recht 1906 Nr 670). Doch lässt heute § 720 Abs 1 lit b ZPO die Eintragung einer Sicherungshypothek – nicht die Befriedigung aus ihr – auch ohne Sicherheitsleistung zu. Das dürfte das Rechtsschutzbedürfnis für eine einstweilige Verfügung nach § 650e BGB ausschließen (vgl GROSS 86 f). **43**

VI. Ausschluss der Rechte aus § 650e

1. Dispositives Recht

44 § 650e BGB enthält dispositives Recht, ist abdingbar (OLG Köln BauR 1974, 282; Planck/Oegg § 648 Anm 4; Oertmann § 648 Anm 7; Staudinger/Riedel[11] § 648 Rn 16; BGB-RGRK/Glanzmann § 648 Rn 2; Erman/Schwenker/Rodemann § 650e Rn 2).

2. Individualvereinbarung

Für einen individualvertraglichen Ausschluss wird man allerdings eine *deutliche entsprechende Abrede* zu fordern haben (Gross 8). Einen stillschweigenden Ausschluss wird man nur ausnahmsweise dann für denkbar halten können, wenn *anderweitig für eine hinreichende Sicherung* des Unternehmers *gesorgt* wird, zB durch Gestellung einer Bankbürgschaft (vgl Staudinger/Riedel[11] § 648 Rn 16), oder *wenn der Unternehmer auch für die Finanzierung des Bauvorhabens zuständig ist* und diese durch ein Vorgehen nach § 650e BGB gefährdet würde. Die Vereinbarung eines Sicherheitseinbehalts reicht nicht (BGH NJW-RR 2000, 387).

Wenn eine *nachträgliche wesentliche Vermögensverschlechterung* bei dem Besteller eintritt, wird der Ausschluss der Rechte aus § 650e BGB als unwirksam betrachtet (vgl OLG Köln BauR 1974, 282; Leineweber BauR 1980, 510, 518; Staudinger/Riedel[11] § 648 Rn 16). Dies lässt sich kaum aus § 321 BGB herleiten, auch nicht aus den Regeln über den Wegfall der Geschäftsgrundlage. Mit Siegburg 284 BGB wird man die *Berufung auf den Ausschluss* vielmehr für *missbräuchlich* halten müssen. Ein solcher Missbrauch ist dagegen nicht schon ohne weiteres anzunehmen, wenn nur fällige Zahlungen grundlos nicht geleistet werden (vgl auch MünchKomm/Busche § 650e Rn 5; aA LG Köln Schäfer/Finnern Z 2. 321 Bl 25, 25 R; Kapellmann BauR 1976, 323, 329; Gross 10 f; wie hier Siegburg 285).

3. AGB

45 Die Wirksamkeit des Ausschlusses der Rechte des Unternehmers aus § 650e BGB in Allgemeinen Geschäftsbedingungen des Bestellers hängt zunächst formal davon ab, dass er *nicht an unübersichtlicher oder versteckter Stelle* angebracht ist. Materiellrechtlich ist davon auszugehen, dass die dingliche Sicherungsmöglichkeit des Unternehmers zu den *tragenden Grundgedanken der gesetzlichen Regelung,* § 307 Abs 2 Nr 1 BGB, gehört, sodass ein Ausschluss den Vergleich mit dem dispositiven Gesetzesrecht nur dann bestehen kann, wenn dem Unternehmer *eine anderweitige hinreichende Sicherheit geboten wird* (vgl BGHZ 91, 139; OLG Karlsruhe NJW-RR 1997, 658; Gross 9 ff; Motzke 156 f; MünchKomm/Busche § 650e Rn 6; Ulmer/Brandner/Hensen/Christensen, Bauverträge Rn 18; aA noch Kapellmann BauR 1976, 323). Die Sicherungsmöglichkeit nach § 650f BGB macht den Schutz nach § 650e BGB nicht entbehrlich (OLG Karlsruhe NJW-RR 1998, 530).

4. VOB/B

46 Die VOB/B enthält *keine eigene Regelung* zur Sicherungshypothek; § 650e BGB ist auch bei ihrer Vereinbarung *ohne Modifikationen anwendbar* (Ingenstau/Korbion[13] § 16 Rn 360).

5. Sonstiges

Der Anspruch entfällt naturgemäß, wenn der Werklohnanspruch des Unternehmers 47 erfüllt ist. Er entfällt aber auch schon dann, wenn das Schutzbedürfnis des Unternehmers nicht gegeben ist. Diesen Gedanken normiert § 650f Abs 4 BGB ausdrücklich. Gleichzustellen ist außer dem Fall der Verjährung der Werklohnforderung (o Rn 36) der Fall des Entstehens einer sonstigen dauernden Einrede gegen diese Forderung (PALANDT/SPRAU Rn 5) und der Fall, dass der Besteller auf die vorläufig vollstreckbar titulierte Werklohnforderung zur Abwendung der Zwangsvollstreckung zahlt (OLG Hamburg NJW-RR 1986, 1467).

VII. Gesetz über die Sicherung der Bauforderungen (BauFordSiG)

1. Allgemeines

Zum Gesetz über die Sicherung der Bauforderungen (BauFordSiG, bislang: GSB) 48 v 1. 6. 1909 (RGBl I 449, nachhaltig geändert durch das ForderungssicherungsG v 23. 10. 2008 [BGBl I 2022], zuletzt auch G v 29. 7. 2009 [BGBl I 2436]) vgl allgemein STAMMKÖTTER, Gesetz über die Sicherung der Bauforderungen [3. Aufl 2009] Einl vor § 1. Im Interesse namentlich der Bauhandwerker sollte das Gesetz *sicherstellen, dass Baugeld zweckentsprechend verwendet* wird, da diese ihre Bauforderungen sonst nicht hinreichend absichern konnten. Das Gesetz hat die vorgesehene dingliche Absicherung der Baubeteiligten *nie verwirklichen* können, weil die diesbezüglichen Bestimmungen des 2. Abschnitts nach dessen § 9 nur in „den durch landesherrliche Verordnung bestimmten Gemeinden" gelten sollten und entsprechende landesrechtliche Bestimmungen nirgends erlassen worden sind. Ob man das mit LEONHARD (SchuldR II 230 Fn 9, zustimmend GROSS 4) als einen „grotesken und unerhörten Zustand" bezeichnen soll, ist zweifelhaft, weil das vorgesehene Verfahren recht aufwendig erscheint und sich die Frage stellt, ob der Gewinn gegenüber § 650e BGB dies verlohnt hätte.

In Kraft getreten sind vielmehr nur die §§ 1–8 GSB, von denen die §§ 4 und 7 1974 wieder aufgehoben worden sind, die bisherigen §§ 2, 3 und 6 durch das ForderungssicherungsG v 23. 10. 2008 (BGBl I 2022). *Von praktischer Bedeutung sind namentlich die §§ 1 und 2 BauFordSiG (bisheriger § 5 GSB),* die in der Rechtsprechung als Schutzgesetze iSd § 823 Abs 2 BGB angesehen werden und als solche uU *den Zugriff auf einen weiteren Personenkreis eröffnen*. Die Bestimmungen lauten in ihrer heutigen Fassung:

> § 1
>
> (1) Der Empfänger von Baugeld ist verpflichtet, das Baugeld zur Befriedigung solcher Personen, die an der Herstellung oder dem Umbau des Baues aufgrund eines Werk-, Dienst- oder Kaufvertrags beteiligt sind, zu verwenden. Eine anderweitige Verwendung des Baugeldes ist bis zu dem Betrage statthaft, in welchem der Empfänger aus anderen Mitteln Gläubiger der bezeichneten Art bereits befriedigt hat. Die Verpflichtung nach Satz 1 hat auch zu erfüllen, wer als Baubetreuer bei der Betreuung des Bauvorhabens zur Verfügung über die Finanzierungsmittel des Bestellers ermächtigt ist.

(2) Ist der Empfänger selbst an der Herstellung beteiligt, so darf er das Baugeld in Höhe des angemessenen Wertes der von ihm in dem Bau verwendeten Leistung, oder, wenn die Leistung von ihm noch nicht in den Bau verwendet worden ist, der von ihm geleisteten Arbeit und der von ihm gemachten Auslagen für sich behalten.

(3) Baugeld sind Geldbeträge,

1. die zum Zweck der Bestreitung der Kosten eines Baues oder Umbaues in der Weise gewährt werden, dass zur Sicherung der Ansprüche des Geldgebers eine Hypothek oder Grundschuld an dem zu bebauenden Grundstück dient oder die Übertragung eines Eigentums an dem Grundstück erst nach gänzlicher oder teilweiser Herstellung des Baues oder Umbaues erfolgen soll, oder

2. die der Empfänger von einem Dritten für eine im Zusammenhang mit der Herstellung des Baues oder Umbaues stehende Leistung, die der Empfänger dem Dritten versprochen hat, erhalten hat, wenn an dieser Leistung andere Unternehmer (§ 14 des Bürgerlichen Gesetzbuchs) auf Grund eines Werk-, Dienst- oder Kaufvertrags beteiligt waren.

Beträge, die zum Zwecke der Bestreitung der Kosten eines Baues oder Umbaues gewährt werden, sind insbesondere Abschlagszahlungen und solche, deren Auszahlung ohne nähere Bestimmung des Zweckes der Verwendung nach Maßgabe des Fortschrittes des Baues oder Umbaues erfolgen soll.

(4) Ist die Baugeldeigenschaft oder die Verwendung des Baugeldes streitig, so trifft die Beweislast den Empfänger.

§ 2

Baugeldempfänger, welche ihre Zahlungen eingestellt haben oder über deren Vermögen das Insolvenzverfahren eröffnet worden ist und deren in § 1 Abs. 1 bezeichnete Gläubiger zur Zeit der Zahlungseinstellung oder der Eröffnung des Insolvenzverfahrens benachteiligt sind, werden mit Freiheitsstrafe bis zu fünf Jahren oder Geldstrafe bestraft, wenn sie zum Nachteile der bezeichneten Gläubiger den Vorschriften des § 1 zuwidergehandelt haben.

2. Schutzgesetzcharakter

49 Die §§ 1 und 2 (bisheriger § 5) BauFordSiG sind als **Schutzgesetz iSd § 823 Abs 2 BGB** anerkannt (vgl RGZ 84, 188 [190]; 91, 72, 76; 138, 156, 158; BGH NJW 1982, 1037, 1038; NJW 1985, 134; NJW-RR 1986, 446; NJW 1988, 263 = Alisch EwiR § 823 BGB 2/88, 59 = LM § 823 BGB [Bf] Nr 97; BauR 1991, 237; BGB-RGRK/Glanzmann § 648 Rn 25; aA MünchKomm/Busche § 650e Rn 3; Meyer JZ 1954, 141; Lüdtke-Handjery Betr 1972, 2194; Schulze-Hagen NJW 1986, 2402; Korsukewitz BauR 1986, 383). Sie sollen die Baubeteiligten, wie sie in § 1 Abs 1 S 1 BauFordSiG näher bezeichnet sind, *davor schützen,* dass „Baugeld", wie es in § 1 Abs 3 BauFordSiG umschrieben wird, *zweckentfremdet verwendet wird.* Wenn dies *vorsätzlich* geschehen ist, § 2 BauFordSiG iVm § 15 StGB, erwächst ihnen ein Schadensersatzanspruch bei Zahlungseinstellung oder Insolvenz der Baugeldempfänger, der bei juristischen Personen den Zugriff auf *den in § 14 StGB genannten Personenkreis* zulässt, ganz allgemein nach § 830 Abs 1 S 1, Abs 2 BGB auf *Mittäter, Anstifter* *und Gehilfen,* was namentlich bei Geschäftsführern und Mitarbeitern juristischer Personen von Bedeutung ist.

3. Geschützte Personen

Der geschützte Personenkreis ist *weiter* als der von § 650e BGB erfasste. Gemäß § 1 Abs 1 S 1 BauFordSiG reicht nicht nur die Tätigkeit auf Grund eines Werkvertrages aus, sondern *auch die auf Grund eines Dienstvertrages oder Kaufvertrages.* Insofern kommen auch *Baustofflieferanten* als geschützte Personen in Betracht sowie *Subunternehmer* (BGH NJW-RR 1990, 342; SCHULZE-HAGEN NJW 1986, 2405). Notwendig ist dabei insbesondere nicht ein Vertrag mit dem Besteller oder Grundstückseigentümer selbst. Zu beachten ist allerdings, dass einem Subunternehmer nicht mehr an Baugeld zustehen kann als seinem Hauptunternehmer (BGH NJW-RR 1990, 342).

Geschützt sind dabei allerdings *nicht sämtliche Forderungen,* sondern nur *Vergütungsansprüche für Leistungen, die „in den Bau verwendet" worden sind,* wie dies § 1 Abs 2 BauFordSiG formuliert (vgl RGZ 91, 72, 77 f). Die Leistung muss dem Bau als solchem also *unmittelbar* zugute gekommen sein. Das wirkt sich anspruchsbeschränkend namentlich bei Bauträgern aus, wenn und soweit diese den Bau nur wirtschaftlich betreuen.

4. Passivlegitimation

Passiv legitimiert sind – mit den sich aus den §§ 14 StGB, 830 Abs 1 S 1, Abs 2 BGB ergebenden Erweiterungen – **„Empfänger von Baugeld",** § 1 Abs 1 S 1 BauFordSiG.

Sie werden auch durch die Neufassung der Bestimmungen nicht in ihrer Berufsfreiheit, Art 12 GG, verletzt (BVerfG NJW 2011, 1578 = NZBau 2010, 746 Rn 30 ff).

a) Baugeld
aa) § 1 Abs 3 Nr 1 BauFordSiG übernimmt den bisherigen Baugeldbegriff, der auf den Bauherrn als Empfänger des Geldes zugeschnitten ist. Er umfasst zunächst *nur Fremdmittel,* nicht auch Eigenmittel (BGH NJW 1985, 135; 1986, 1104). Auch Fremdmittel sind jedoch nicht vollen Umfangs Baugeld, sondern nur soweit, wie sie zur Bestreitung der Kosten eines bestimmten Baues gewährt sind, § 1 Abs 3 S 1 Nr 1 BauFordSiG. *Nicht* hierher gehören *Darlehen* Dritter, die *zum Grundstückserwerb* zu verwenden sind oder zur Ablösung bestehender Grundpfandrechte oder gar ohne Zweckbindung, oder Abzüge des Kreditgebers wegen Zinsen, Provisionen oder eines Disagios, auch nicht öffentliche Fördermittel (BGH NZBau 2000, 426). Gleichzeitig schränkt § 1 Abs 3 S 1 Nr 1 Fall 1 BauFordSiG den Begriff des Baugeldes dahin ein, dass die Beträge *grundpfandrechtlich durch Hypothek oder Grundschuld abgesichert* sein müssen. Dabei reicht es aus, wenn die dingliche Absicherung erst nach der Darlehensauszahlung in das Grundbuch eingetragen wird; entscheidend ist die *entsprechende Vereinbarung* (BGH NJW 1988, 263).

bb) Der durch das ForderungssicherungsG eingefügte § 1 Abs 3 S 1 Nr 2 BauFordSiG erweitert den Baugeldbegriff für Fälle der auch von § 641 Abs 2 BGB vorausgesetzten Leistungskette (s § 641 Rn 40). Empfänger sind hier also insbesondere Bauträger und Hauptunternehmer, die Gelder von den im Gesetzestext als Dritten bezeichneten Erwerber bzw Besteller erhalten. In dieser Variante kommt es nicht darauf an, ob es sich um Fremd- oder Eigenmittel handelt und ob eine grundpfandrechtliche Absicherung besteht. Erfasst werden insbesondere Zahlungen des Bestellers aus Eigenmitteln, mögen sie nun Abschlagszahlungen sein oder endgültigen Charakter tragen, wie sie jetzt einem Bauträger oder Baubetreuer zur Verfügung stehen.

cc) Baugeld kann zunächst einen *Neubau* betreffen; notwendig ist dies jedoch nicht. Es reichen wegen § 1 Abs 3 BauFordSiG auch Umbaumaßnahmen aus, zB eine andere Aufteilung der Räume, Einbau eines Fahrstuhls. Unter Umbaumaßnahmen sind insbesondere auch solche einer Sanierung anzusehen, die über bloße Maßnahmen zum Erhalt hinausgehen.

dd) Baugeld kann sich namentlich ergeben aus Abschlagszahlungen nach § 632a BGB, §§ 16 Abs 1 VOB/B, 3 MaBV sowie einer Zahlung nach § 7 MaBV.

ee) Der einzelne Baubeteiligte ist *nur dann geschützt, wenn das Baugeld seiner Bestimmung nach ihm zugutekommen sollte.* Insoweit ist das Baugeld zunächst ratenweise nach seinem Verwendungszweck zu prüfen (BGH NJW 1986, 1105 = LM GSB Nr 3). Das kann bedeuten, dass erst späterhin am Bau Beteiligte ausfallen, wenn das Baugeld insgesamt nur bis zu einer bestimmten Bauphase reichte.

Darlegungs- und beweispflichtig dafür, dass das Geld nicht nach seiner Bestimmung Baugeld war, ist der Empfänger, § 3 Abs 4 BauFordSiG.

b) Empfänger

52 Als Empfänger von Baugeld kommen außer dem Bauherrn bzw Grundstückseigentümer auch weitere Personen in Betracht, die für ihn das Baugeld empfangen. Dies gilt insbesondere für den *Generalübernehmer* (BGH NJW-RR 1996, 976, NJW 2010, 3365 = NZBau 2010, 746) und den *Baubetreuer,* die das Baugeld treuhänderisch für den Bauherrn empfangen und weiterleiten (vgl Schulze-Hagen NJW 1986, 2403). Dabei reicht auch eine *mittelbare Betreuung* des Baues durch beherrschte Gesellschaften aus (BGH NJW-RR 1986, 446 = LM GSB Nr 5). Zweifelhaft ist die Behandlung des Generalunternehmers, der selbständig Subunternehmer beschäftigt. Der BGH (NJW 1982, 1037 = BauR 1982, 193, 195; NJW 1985, 134 = BauR 1984, 658) sieht auch ihn als möglichen Empfänger von Baugeld an. Zum Verkäufer eines schlüsselfertigen Hauses vgl OLG Düsseldorf BauR 1996, 904.

Den Subunternehmer, der seinerseits weitere, ihm nachgeordnete Subunternehmer beschäftigt, hatte der BGH (NJW 2000, 956) von der Haftung ausgenommen. Dem lag freilich die tradierte Fassung des Gesetzes zugrunde; nach der Erweiterung des Baugeldbegriffs durch das ForderungssicherungsG v 23. 10. 2008 (BGBl I 2022) lässt sich dies nicht mehr aufrechterhalten (Gartz NZBau 2009, 630; Joussen NZBau 2009, 737; aA Stammkötter BauR 2009, 1821). Es ist auch kein Grund ersichtlich, die Letzten in der Leistungskette vom Schutz des Gesetzes auszunehmen.

Durch die Vinkulierung des Baugelds wird die wirtschaftliche Bewegungsfreiheit ihres Empfängers eingeschränkt, namentlich die Querfinanzierung mehrerer Bauvorhaben ausgeschlossen. Das ist freilich unbedenklich (BVerfG NJW 2011, 1578 = NZBau 2011, 282)

c) Haftende Personen

53 Von wirtschaftlichem Interesse ist der Anspruch aus § 823 Abs 2 BGB iVm §§ 1, 2 BauFordSiG deshalb, weil er über den eigentlichen Vertragspartner hinausgreift, wie er überdies insolvent geworden sein kann. Nach dem eben Gesagten haftet also auch derjenige, der Baugeld nur treuhänderisch empfangen hat.

Außerdem und vor allem erweitern die **§§ 14 StGB, 830 Abs 2 BGB** den Kreis der Haftenden.

aa) Nach § 14 Abs 1 Nr 1 StGB lässt sich der Geschäftsführer einer GmbH heranziehen, nach § 14 Abs 2 StGB derjenige, der innerhalb eines Betriebes entweder mit der Betriebsleitung beauftragt ist oder ausdrücklich damit, Baugeld weiterzuleiten. Die Wirksamkeit des Bestellungsverhältnisses ist dabei irrelevant, vgl § 14 Abs 3 StGB.

bb) Als Anstifter und Gehilfen iSd § 830 Abs 2 BGB kommen namentlich Mitarbeiter des Empfängers von Baugeld in Betracht, wie sie nicht schon von § 14 StGB erfasst werden, den notwendigen subjektiven Tatbestand vorausgesetzt. Unter dieser Prämisse ist Teilnehmer aber auch jener, der sich Baugeld unbefugt auszahlen lässt.

5. Haftungstatbestand

54 Der Haftungstatbestand wird durch die *zweckwidrige Verwendung des Baugeldes* erfüllt.

a) Insoweit verbietet es § 1 Abs 1 BauFordSiG, Baugeld zu anderen Zwecken als der Befriedigung von Baubeteiligten zu verwenden; es darf also insbesondere *nicht zur Deckung der eigenen allgemeinen Unkosten* oder zur Tilgung anderweitiger Verbindlichkeiten verwendet werden. Dem Empfänger ist der Zugriff auf das Baugeld zwar nicht verwehrt, wenn er durch eigene Leistungen selbst Baubeteiligter ist, doch ist hier die Grenze des § 1 Abs 2 BauFordSiG zu beachten. Damit verbietet es sich, Einnahmen (Abschlagszahlungen) aus dem einen Bauvorhaben zur Zwischenfinanzierung eines anderen Bauvorhabens zu verwenden oder gar ein Cash-Pooling zu betreiben. Zur Wahrung der ihn aus § 1 Abs 4 BauFordSiG treffenden Darlegungs- und Beweislast hat der Empfänger von Baugeld vielmehr über jedes Bauvorhaben gesondert Buch zu führen.

b) Wenn das Baugeld *insgesamt nicht ausreicht,* ist der Empfänger nicht gehalten, alle Baubeteiligten gleichmäßig zu befriedigen. Er wird vielmehr frei, wenn er einzelne befriedigt, auch wenn andere leer ausgehen (RGZ 138, 156; BGH NJW 1986, 1105). Andererseits ist ihm bei zweckwidriger Verwendung des Baugelds der Einwand verwehrt, dass es auch bei ordnungsgemäßer Verwendung nicht ausgereicht hätte (RGZ).

55 c) Für die ordnungsgemäße Verwendung des Baugeldes ist der *Empfänger darlegungs- und beweispflichtig,* § 1 Abs 4 BauFordSiG (BGH NJW 2010, 3365 = NZBau 2010, 746 Rn 17).

56 **d)** *Pfändungen* des Baugeldes durch Gläubiger des Empfängers fallen an sich nicht unter das BauFordSiG. Doch haftet der Empfänger des Baugeldes, wenn er eine Pfändung des Baugeldes vorsätzlich zulässt oder sie billigend in Kauf nimmt (BGH NJW 1988, 263, 265). Dabei ist zu beachten, dass hinreichenden Schutz nur ein Treuhandkonto bietet, wie es dann auch dem Pfandrecht der Bank nicht unterliegt. Der Empfänger von Baugeld kann sich auch sonst haftbar machen, wenn er eine zweckwidrige Verwendung von Baugeld durch seine Zahlungsempfänger zulässt, obwohl er dagegen einschreiten könnte, zB dass der Generalunternehmer die Zahlungen nicht in dem gebotenen Umfang an seine Subunternehmer weiterleitet.

57 **e)** Die Haftung setzt, wie sich aus § 15 StGB ergibt, **Vorsatz** voraus (BGH NJW 1988, 265; NZBau 2002, 342), wobei auch bedingter ausreicht. Das bereitet insofern Probleme, als das BauFordSiG und die sich daraus ergebenden Pflichten vielfach nicht bekannt sein werden, sodass es am Unrechtsbewusstsein fehlen kann. Doch wendet BGH (NJW 1985, 134 = LM GSB NR 2 = JZ 1984, 1047 m krit Anm NIERWETBERG) insoweit die **Schuldtheorie** an, die das Unrechtsbewusstsein nicht als Teil des Vorsatzes begreift. Danach kommt es lediglich darauf an, *ob sich der Empfänger von Baugeld in zumutbarer Weise von dem BauFordSiG* und den sich daraus für ihn ergebenden Pflichten *Kenntnis hätte verschaffen können*.

f) Trotz des Wortlauts des § 2 BauFordSiG ist nach RGZ 138, 156, 159 die Zahlungseinstellung oder die Insolvenz des Empfängers von Baugeld nicht Haftungsvoraussetzung.

6. Anspruchsinhalt

58 Inhaltlich ist *der Baubeteiligte so zu stellen,* wie er bei ordnungsgemäßer Verwendung des Baugeldes stehen würde. Dessen Erschöpfung durch ordnungsgemäße Verwendung nimmt ihm mithin seine Ansprüche.

§ 650f
Bauhandwerkersicherung

(1) Der Unternehmer kann vom Besteller Sicherheit für die auch in Zusatzaufträgen vereinbarte und noch nicht gezahlte Vergütung einschließlich dazugehöriger Nebenforderungen, die mit 10 Prozent des zu sichernden Vergütungsanspruchs anzusetzen sind, verlangen. Satz 1 gilt in demselben Umfang auch für Ansprüche, die an die Stelle der Vergütung treten. Der Anspruch des Unternehmers auf Sicherheit wird nicht dadurch ausgeschlossen, dass der Besteller Erfüllung verlangen kann oder das Werk abgenommen hat. Ansprüche, mit denen der Besteller gegen den Anspruch des Unternehmers auf Vergütung aufrechnen kann, bleiben bei der Berechnung der Vergütung unberücksichtigt, es sei denn, sie sind unstreitig oder rechtskräftig festgestellt. Die Sicherheit ist auch dann als ausreichend anzusehen, wenn sich der Sicherungsgeber das Recht vorbehält, sein Versprechen im Falle einer wesentlichen Verschlechterung der Vermögensverhältnisse des Bestellers mit Wirkung für Vergütungsansprüche aus Bauleistungen zu widerrufen, die der Unternehmer bei Zugang der Widerrufserklärung noch nicht erbracht hat.

(2) Die Sicherheit kann auch durch eine Garantie oder ein sonstiges Zahlungsversprechen eines im Geltungsbereich dieses Gesetzes zum Geschäftsbetrieb befugten Kreditinstituts oder Kreditversicherers geleistet werden. Das Kreditinstitut oder der Kreditversicherer darf Zahlungen an den Unternehmer nur leisten, soweit der Besteller den Vergütungsanspruch des Unternehmers anerkennt oder durch vorläufig vollstreckbares Urteil zur Zahlung der Vergütung verurteilt worden ist und die Voraussetzungen vorliegen, unter denen die Zwangsvollstreckung begonnen werden darf.

(3) Der Unternehmer hat dem Besteller die üblichen Kosten der Sicherheitsleistung bis zu einem Höchstsatz von 2 Prozent für das Jahr zu erstatten. Dies gilt nicht, soweit eine Sicherheit wegen Einwendungen des Bestellers gegen den Vergütungsanspruch des Unternehmers aufrechterhalten werden muss und die Einwendungen sich als unbegründet erweisen.

(4) Soweit der Unternehmer für seinen Vergütungsanspruch eine Sicherheit nach Absatz 1 oder 2 erlangt hat, ist der Anspruch auf Einräumung einer Sicherungshypothek nach § 650e ausgeschlossen.

(5) Hat der Unternehmer dem Besteller erfolglos eine angemessene Frist zur Leistung der Sicherheit nach Absatz 1 bestimmt, so kann der Unternehmer die Leistung verweigern oder den Vertrag kündigen. Kündigt er den Vertrag, ist der Unternehmer berechtigt, die vereinbarte Vergütung zu verlangen; er muss sich jedoch dasjenige anrechnen lassen, was er infolge der Aufhebung des Vertrages an Aufwendungen erspart oder durch anderweitige Verwendung seiner Arbeitskraft erwirbt oder böswillig zu erwerben unterlässt. Es wird vermutet, dass danach dem Unternehmer 5 Prozent der auf den noch nicht erbrachten Teil der Werkleistung entfallenden vereinbarten Vergütung zustehen.

(6) Die Absätze 1 bis 5 finden keine Anwendung, wenn der Besteller

1. eine juristische Person des öffentlichen Rechts oder ein öffentlich-rechtliches Sondervermögen ist, über deren Vermögen ein Insolvenzverfahren unzulässig ist, oder

2. Verbraucher ist und es sich um einen Verbraucherbauvertrag nach § 650i oder um einen Bauträgervertrag nach § 650u handelt.

Satz 1 Nummer 2 gilt nicht bei Betreuung des Bauvorhabens durch einen zur Verfügung über die Finanzierungsmittel des Bestellers ermächtigten Baubetreuer.

(7) Eine von den Absätzen 1 bis 5 abweichende Vereinbarung ist unwirksam.

Materialien: § 648a: Art 1 Nr 1 des Gesetzes zur Änderung des Bürgerlichen Gesetzbuchs (Bauhandwerkersicherung) und anderer Ges v 27. 4. 1993 (BGBl I 509). Abs 1 S 1, 2 idF d G zur Beschleunigung fälliger Zahlungen vom 30. 3. 2000 (BGBl I 330); Abs 5 S 2, 3 durch dieses G. Vgl STAUDINGER/BGB-Synopse 1896–2005. Abs 1, 5 und 6 jetzt idF d ForderungssicherungsG v 23. 10. 2008 (BGBl I 2022). Als § 650f in das Gesetz eingestellt durch das BauvertragG v 28. 4. 2017 (BGBl I 969). **§ 650f:** BT-Drucks 18/11437; BT-Drucks 18/8486.

Nach der Überleitungsbestimmung des Art 229 § 19 Abs 1 EGBGB zum ForderungssicherungsG bleibt in § 648a aF (= § 650f BGB) die bisherige Fassung der Abs 1, 5 und 6 noch maßgeblich für Verträge, die vor dem 1. 1. 2009 abgeschlossen worden sind:

(1) Der Unternehmer eines Bauwerks, einer Außenanlage oder eines Teils davon kann vom Besteller Sicherheit für die von ihm zu erbringenden Vorleistungen einschließlich dazugehöriger Nebenforderungen in der Weise verlangen, dass er dem Besteller zur Leistung der Sicherheit eine angemessene Frist mit der Erklärung bestimmt, dass er nach dem Ablauf der Frist seine Leistung verweigere. Sicherheit kann bis zur Höhe des voraussichtlichen Vergütungsanspruchs verlangt werden, wie er sich aus dem Vertrag oder einem nachträglichen Zusatzauftrag ergibt, sowie wegen Nebenforderungen verlangt werden; die Nebenforderungen sind mit zehn vom Hundert des zu sichernden Vergütungsanspruchs anzusetzen. Sie ist auch dann als ausreichend anzusehen, wenn sich der Sicherungsgeber das Recht vorbehält, sein Versprechen im Falle einer wesentlichen Verschlechterung der Vermögensverhältnisse des Bestellers mit Wirkung für Vergütungsansprüche aus Bauleistungen zu widerrufen, die der Unternehmer bei Zugang der Widerrufserklärung noch nicht erbracht hat.

(...)

(5) Leistet der Besteller die Sicherheit nicht fristgemäß, so bestimmen sich die Rechte des Unternehmers nach den §§ 643 und 645 Abs. 1. Gilt der Vertrag danach als aufgehoben, kann der Unternehmer auch Ersatz des Schadens verlangen, den er dadurch erleidet, dass er auf die Gültigkeit des Vertrags vertraut hat. Dasselbe gilt, wenn der Besteller in zeitlichem Zusammenhang mit dem Sicherheitsverlangen gemäß Absatz 1 kündigt, es sei denn, die Kündigung ist nicht erfolgt, um der Stellung der Sicherheit zu entgehen. Es wird vermutet, dass der Schaden fünf Prozent der Vergütung beträgt.

(6) Die Vorschriften der Absätze 1 bis 5 finden keine Anwendung, wenn der Besteller

1. eine juristische Person des öffentlichen Rechts oder ein öffentlich-rechtliches Sondervermögen ist oder

2. eine natürliche Person ist und die Bauarbeiten überwiegend zur Herstellung oder Instandsetzung eines Einfamilienhauses mit oder ohne Einliegerwohnung ausführen lässt; dies gilt nicht bei Betreuung des Bauvorhabens durch einen zur Verfügung über die Finanzierungsmittel des Bestellers ermächtigten Baubetreuer.

(...)

Schrifttum

ALTENKIRCH, Die Bauhandwerkersicherung gemäß § 648a BGB (2001)
ARMGARDT, Die Anwendung des § 648a BGB bei vom Werkunternehmer zu vertretenden Leistungsstörungen, NZBau 2006, 673

BRECHTELSBAUER, Leistungsverweigerungs- und Kündigungsrecht nach § 648a BGB auch bei eigener Vertragsuntreue des Unternehmers?, BauR 1999, 1371
BUSCHER, Möglichkeiten der Befristung der

Bürgschaft nach § 648a BGB?, BauR 2001, 159
ders, Recht auf Sicherheit gemäß § 648a BGB gegenüber treuhänderischen Sanierungs- bzw Entwicklungsträgern iS der §§ 157, 167 BauGB?, BauR 2002, 1288
Busz, Die Ansprüche des Werkunternehmers bei nicht fristgemäßer Sicherheitsleistung des Auftraggebers, NZBau 2004, 10
Diehr, Sicherheit gemäß § 648a BGB zugunsten des Gesellschafters gegen seine Bau-ARGE, ZfBR 2004, 3
Eusani, Selbstvornahme des Bestellers trotz Leistungsverweigerungsrecht des Unternehmers bei verweigerter Sicherheitsleistung gem § 648a BGB nach Abnahme, NZBau 2006, 676
Frank, Anwendbarkeit des § 648a BGB nach erfolgter Abnahme, JbBauR 2002, 143
Fuchs, Der „neue" § 648a BGB – Verbesserung der Zahlungsmoral oder viel Lärm um Nichts?, BauR 2012, 326
Groth/Rosendahl, Der nach §§ 157, 167 BauGB eingesetzte treuhänderische Sanierungsträger/Entwicklungsträger als privilegierter Besteller gemäß § 648a Abs 6 Nr 1 BGB, BauR 2003, 29
Heiland, Neue Wege im Kampf gegen den „Justizkredit" nach den BGH-Entscheidungen zu § 648a BGB, BauR 2005, 2
Hildebrandt, Der vom Schutzzweck des § 648a BGB erfaßte und berechtigte Unternehmerkreis, BauR 2006, 2
ders, Ausgewählte Rechtsfragen zu § 648a BGB in seiner praktischen Anwendung seit dem 1. 1. 2009, BauR 2012, 35
Hofmann, Allgemeine Geschäftsbedingungen zu § 648a BGB und Abwicklungsfragen in der Insolvenz, BauR 2006, 763
Hofmann/Koppmann, Die neue Bauhandwerkersicherung (4. Aufl 2000)
dies, Erste Streitfragen bei Anwendung des neuen § 648a BGB, BauR 1994, 305
Horsch/Hänsel, Konzernbürgschaften – taugliches Sicherungsmittel nach § 648a BGB?, BauR 2003, 462
Jacob, Kündigung des Werkvertrages gemäß §§ 643, 645 Abs 1 und 648a Abs 5 BGB nach Abnahme, BauR 2002, 386

Joussen, Zahlungssicherheiten neben § 648a BGB BauR 2010, 1655
Kainz/Neumann, Auswirkungen auf die Bürgschaft nach § 648a BGB bei Masselosigkeit des Auftraggebers, in: FS Jagenburg (2002) 311
Klaft, Die Bauhandwerkersicherung nach § 648a (1998)
Kleefisch/Herchen, Berücksichtigung des Sicherheitseinbehalts nach § 17 Nr 6 VOB/B oder doppelte Absicherung des Unternehmers, NZBau 2006, 201
Kniffka, Offene Fragen zu § 648a BGB, BauR 2007, 246
Leinemann/Klaft, Erfordert die Neuregelung des § 648a BGB eine restriktive Auslegung zum Schutz des Bestellers?, NJW 1995, 2521
Leinemann/Sterner, § 648a BGB: Zu Art und Höhe der Sicherheit sowie zum Zeitpunkt des Sicherungsbegehrens, BauR 2000, 1414
Leineweber, Alternative Sicherungsformen anstelle der Bürgschaft, BauR 2000, 159
Liepe, Problemlösung bei der Bauhandwerkersicherung, § 648a BGB, aus dem Gesetz selbst, BauR 1996, 336
ders, Mängelbeseitigung durch Auftragnehmer erst nach Sicherheit gemäß § 648a BGB?, BauR 1998, 860
Mönke, Die Sicherung des Bauunternehmers nach § 648a BGB (Diss Kiel 1999)
Moeser/Kocher, Begrenzung des Sicherungsverlangens des Werkunternehmers nach § 648a BGB, BauR 1997, 425
Mundt, Die Insolvenzanfechtung bei Stellung einer Bürgschaft nach § 648a BGB, NZBau 2003, 527
Oberhauser, Inwieweit kann § 648a BGB durch vertragliche Regeln modifiziert werden?, BauR 2004, 1864
Peters, § 648a BGB und das anfängliche Sicherungsbegehren des Unternehmers, NZBau 2011, 129
Quack, Die Bauhandwerkersicherung – Ketzerisches zu einem immer noch ungelösten Problem, BauR 1995, 319
Raabe, Bauhandwerkersicherungshypothek an schuldnerfremden Grundstücken trotz § 648a BGB?, BauR 1997, 757
Rathjen, Abnahme und Sicherheitsleistung beim Bauvertrag, BauR 2002, 242

REINELT, Ist § 648a BGB extensiv oder restriktiv auszulegen?, BauR 1997, 766
ROTHFUCHS, Bemessungsgrundlage für den pauschalierten Schadensersatzanspruch nach § 648a BGB Abs 5 Satz 4 BGB, BauR 2005, 1672
SCHILLING, Probleme zum Umfang und zur Höhe einer Sicherheitsleistung nach § 648a BGB, insbesondere auch zu den Bürgschaften eines zugleich objektfinanzierenden Kreditinstituts, in: FS Vygen (1999) 260
SCHLIEMANN/HILDEBRANDT, Sicherheitsverlangen nach § 648a BGB nach Abnahme und Auflösung des entstehenden Schwebezustandes beim Gegenüberstehen von zwei Leistungsverweigerungsrechten, ZfBR 2004, 278
SCHMITZ, Richtiger Umgang mit Sicherungsverlangen von Bauunternehmern gemäß § 648a BGB, ZfIR 2000, 489
ders, Der neue § 648a BGB, BauR 2009, 714
ders, Abwicklungsprobleme mit § 648a-Bürgschaften, BauR 2006, 430
SCHULZE-HAGEN, § 648a – eine Zwischenbilanz, BauR 2000, 28
SIEGBURG, Das geplante „Bauhandwerkersicherungsgesetz", BauR 1990, 647
ders, Erfaßt § 648a BGB auch die Vergütung für bereits erbrachte Teilleistungen?, BauR 1997, 40
SLAPNICAR/WIEGELMANN, Neue Sicherheiten für den Bauhandwerker, NJW 1993, 2903
SOERGEL, Die neue Sicherung der Bauunternehmervergütung, in: FS vCraushaar (1997) 179
SOHN/KANDEL, § 648a BGB und Gewährleistungsansprüche des Auftraggebers im Vergütungsprozeß des Werkunternehmers, BauR 2003, 1633
STAMMKÖTTER, Die Fälligkeit des Erstattungsanspruchs gemäß § 648a Abs 3 BGB, ZfBR 1998, 225
ders, Das Gesetz über die Sicherung von Bauforderungen – eine schlafende Chance, BauR 1998, 954

STEINGRÖVER, Bauhandwerkersicherung nach Abnahme – das stumpfe Schwert, NJW 2004, 2490
STICKLER, Die Berechnungsgrundlage für den pauschalierten Schadensersatz nach § 648a V 4 BGB, NZBau 2005, 322
STURMBERG, § 648a BGB – Über das Ziel hinaus? Entspricht die neue Vergütungssicherung den Anforderungen der Vertragspraxis?, BauR 1994, 57
ders, Noch einmal § 648a BGB – Streitfragen, BauR 1995, 169
THEURER, Anlagenbau: Sicherung von Zahlungsansprüchen des Unternehmers gemäß § 648a BGB, BauR 2005, 902
THIERAU, § 648a BGB nach Abnahme – eine „Rückschlagsicherung" gegen Mängeleinreden?, NZBau 2000, 14
ULLRICH, Uneingeschränkter Werklohnanspruch trotz Mängeln?, MDR 1999, 1233
VALERIUS, Die Auswirkungen einer Kündigung des Werkvertrages gemäß § 648a Abs 5 Satz 1, § 643 Satz 1 BGB auf Rechte wegen neuer Mängel, BauR 2005, 23
WAGNER/SOMMER, Zur Entschärfung des § 648a BGB, ZfBR 1995, 168
WARNER, Voraussetzungen der Bestellerpflicht zur Sicherheitsleistung und Folgen der Nichtleistung im Werklohnprozeß, BauR 2000, 1261
WEBER, Das Bauhandwerkersicherungsgesetz, WM 1994, 725
ders, § 648a BGB nach Abnahme, in: FS Jagenburg (2002) 1001
ZANNER, Zum Umfang der Sicherheit nach § 648a BGB bei Vereinbarung der VOB/B, BauR 2000, 485
ZIMDARS, Bauhandwerkersicherheit gem § 648a BGB, Zulässigkeit der Garantie auf erstes Anfordern und der Befristung der Garantie, Betr 1997, 614.

Systematische Übersicht

I.	**Allgemeines**	
1.	Interessenlage	1
2.	Neufassung und praktische Bedeutung	2
II.	**Geschützter Personenkreis**	
1.	Unternehmer	3
2.	Bauwerke, Außenanlagen	4

III.	**Verpflichteter Personenkreis**		4. Stellung der Bank	20
1.	Besteller	5		
2.	Einschränkungen	6	**VII. Gestellung der Sicherheit**	
a)	Juristische Personen des öffentlichen Rechts	6	1. Anspruch auf die Sicherheit	23
			2. Verweigerung der Leistung	24
b)	Einfamilienhäuser	7	a) Aufforderung des Unternehmers zur Gestellung der Sicherheit	24
IV.	**Bemessung der Sicherheit**		b) Fristsetzung	25
1.	Grundsatz	8	c) Ankündigungserfordernis	26
2.	Erbrachte Leistungen	8	d) Konkurrenzen	27
3.	Künftige Leistungen	9	3. Kündigung	28
4.	Mängel der Leistung	10		
5.	Anpassung	11	**VIII. Abrechnung nach Kündigung**	
6.	Sicherungsbedürfnis des Unternehmers	12	1. Bereits erbrachte Leistungen	29
			2. Nicht mehr erbrachte Leistungen	30
V.	**Eigene Sicherheit des Bestellers**	13	**IX. Verhältnis zu § 650e**	31
VI.	**Sicherheit durch Einschaltung eines Kreditinstituts**		**X. Unabdingbarkeit**	
1.	Mögliche Sicherheitsgeber	14	1. Grundsatz	32
2.	Form der Sicherheit	15	2. Abreden bei Vertragsschluss	32a
3.	Kosten der Sicherheit	16	3. Außerhalb des Baubereichs	32b
a)	Übliche Kosten	16	**XI. Unberechtigtes Sicherungsbegehren**	33
b)	Dauer der Kostentragungspflicht	17		
c)	Erstattung, Vorfinanzierung	18	**XII. Übergangsregelung 2009**	34
d)	Verzögerung des Bauvorhabens	19		

Alphabetische Übersicht

Abdingbarkeit	32	Fristsetzung	25
Abschlagszahlungen	9		
Altverträge	34	Garantie	15
Anderweitige Sicherheit	12	Gegenforderungen des Bestellers	12
Aufrechterhaltung der Sicherheit	11	Gestellung der Sicherheit	23 ff
Aufstockung der Sicherheit	11		
Außenanlage	4	Insolvenzanfechtung	20, 23
Baubetreuung	7	Juristische Personen	6
Bauwerk	4		
Besteller	5	Kaufvertrag	3
Bürgschaft	15, 21 f	Kosten der Sicherheit	16 ff
		Kostenerstattung	18
Dienstvertrag	3	Kreditinstitut	14
		Kündigung	
Eigenbedarf	7	– Abrechnung nach	29 ff
Eigentumswohnung	7	– des Bestellers	23
Einfamilienhaus	7	– des Unternehmers	28
Erbrachte Leistungen	8	Künftige Leistungen	9

§ 650f

Buch 2 · Abschnitt 8
Titel 9 · Werkvertrag und ähnliche Verträge

Leistungsverweigerung	26 f	Übergangsregelung 2009	34
		Unberechtigtes Sicherungsbegehren	33
Mängel	10	Unternehmer	3
Nachträgliche Arbeiten	4	Vereinbarungen der Parteien	7a, 32 ff
		Verjährung	23
Privater Bereich	7	Verzögerung des Vorhabens	19
		Vorfinanzierung der Kosten	18
Regress der Bank	22		
		Werkvertrag	3
Sicherheit			
– eigene des Bestellers	13	Zahlungsaufforderung	24
– Einschaltung eines Kreditinstituts	14 ff	Zahlungsvoraussetzungen der Bank	20
Sicherungsbedürfnis	1, 12	Zusatzaufträge	9, 34
Sicherungshypothek	31		
Subunternehmer	3		

Vorbemerkung

Die Bestimmung entspricht § 648a BGB aF. Neben stilistischen Konsequenzen aus der Verlagerung der Bestimmung hat es gewisse Änderungen bei der Privilegierung von Verbrauchern in Abs 6 Nr 2 gegeben.

I. Allgemeines

1   1. Dass der Bauunternehmer uU erhebliche Leistungen zu erbringen hat, bevor ihm der Werklohn zusteht, §§ 641, 650g Abs 4 BGB lässt sein *Sicherungsbedürfnis unabweisbar* erscheinen. Die sich anbietende dingliche Absicherung am Bearbeitungsobjekt, vgl § 650e BGB, ist dabei häufig nur unzureichend. Sie kann dem Grunde nach scheitern an fehlender Identität von Besteller und Eigentümer, und sie kann sich dann, wenn sie möglich ist, als wertlos erweisen. Im Falle des § 650e BGB folgt dies idR aus der Höhe der vorrangigen Belastungen. In dieser Situation versucht § 650f BGB die *Aktivierung anderweitiger Sicherungen,* unter denen *Zahlungszusagen von Banken* im Vordergrund stehen werden. Ausgenommen von diesem Schutz ist freilich die Bearbeitung beweglicher Sachen, vgl § 650a Abs 1 S 1 BGB, zum Werklieferungsvertrag § 650 S 3 BGB, im Grundstücksbereich die Erstellung von Einfamilienhäusern, vgl Abs 6 Nr 2 mit näheren Details. Damit bleiben gewichtige Lücken des Schutzes. Dies gilt namentlich bei Verbraucherverträgen. Entgegen den Vorstellungen des Gesetzgebers (BT-Drucks 12/1836, 11 u 12/4526, 11) sind deren Bauvorhaben keineswegs immer solide finanziert. Und die in den Motiven apostrophierte lebenslängliche Haftung des Bestellers ist immerhin davon abhängig, dass er greifbar bleibt und dass alsbald die kurze Verjährung des § 195 BGB ausgeschaltet wird.

2   2. § 650f Abs 1 S 1 BGB gewährt dem Unternehmer in seiner Neufassung durch das ForderungssicherungsG einen Anspruch auf die Sicherheit, den der Besteller freilich durch eine Kündigung nach § 648 BGB unterlaufen kann. Nach § 648a BGB aF, wie er auf Altverträge weiterhin anwendbar ist, war die Stellung der Sicherheit

eine bloße Obliegenheit des Bestellers, deren Verletzung freilich die Rechte des Unternehmers zur Arbeitseinstellung und Kündigung auslöste.

Ein Sicherungsbegehren des Unternehmers wird im Rahmen der Vertragsverhandlungen am Markt nicht durchsetzbar sein. Der Unternehmer wird es auch solange nicht anmelden, wie die vertraglichen Beziehungen unbelastet sind. Entstehen freilich Spannungen, kann er mit § 650f *Krisenmanagement* betreiben, dies wegen Abs 7 auch dann, wenn er zunächst „zugesagt" hat, von der Bestimmung keinen Gebrauch zu machen. Weithin wird der Besteller eine Frist zur Leistung der Sicherheit nicht wahren; so lassen sich dann uU umfangreiche Mängelbeseitigungsarbeiten abwenden, die dann nur noch im Wege der Minderung zu berücksichtigen sind (u Rn 10), dies auch noch nach der Abnahme (u Rn 24). – Wird die Sicherheit gestellt, liefert sie der Nacherfüllung ein solides wirtschaftliches Dach.

Es versteht sich die Verärgerung des Bestellers durch ein nachträgliches Verlangen des Unternehmers.

II. Geschützter Personenkreis

1. Nach den §§ 650a Abs 1, 650 f BGB sind *Unternehmer* von Bauwerken und Außenanlagen geschützt.

a) Damit ist hier – gegenüber § 650e BGB – namentlich auch der *Subunternehmer* in den Schutzbereich einbezogen (vgl INGENSTAU/KORBION/JOUSSEN Anh 1 Rn 150; PALANDT/SPRAU Rn 8), dies auch bei mehrfacher Staffelung der Beziehungen. Das Sicherungsbegehren des Subunternehmers ist nicht davon abhängig, dass der Hauptunternehmer von seinem Auftraggeber seinerseits Sicherheit verlangt oder dies überhaupt kann, was ja durch Abs 6 ausgeschlossen sein kann. Gleiches gilt gegenüber der sog *Dach-ARGE* (vgl hierzu § 631 Rn 24 ff) für den Gesellschafter hinsichtlich seines Teilloses (DIEHR ZfBR 2004, 3; KG BauR 2005, 1035).

b) Andererseits muss die geschützte Person als Unternehmer tätig werden, dh also kraft *Werkvertrages*. Ein *kaufvertraglicher* Bezug zu den Bauvorhaben reicht nicht aus, wenn § 650 S 3 BGB schon den Werklieferungsvertrag über nicht vertretbare Sachen vom Schutz ausnimmt. Nicht geschützt ist also namentlich der Baustofflieferant (vgl PALANDT/SPRAU Rn 8), mag er nun allgemein verwendbare oder speziell gefertigte Baustoffe/Materialien liefern; anderes gilt bei der Lieferung und Montage von Fertighäusern (vgl BGHZ 165, 325 = NJW 2006, 904). Nicht geschützt ist auch derjenige, der kraft *Dienstvertrages* an dem Bauvorhaben tätig wird.

c) Unter den Unternehmern stellte bisher Abs 1 S 1 klar, dass sie nicht umfassend tätig zu sein brauchen, wenn sie auch Unternehmer „eines Teils davon" sein können. Ihr Beitrag darf also wertmäßig gering sein oder von der Bedeutung her verzichtbar für das Vorhaben. Geschützt ist also einerseits zB auch der Maler, andererseits zB der Künstler. Dass ihr Tun werterhöhend ist, ist hier ebenso wenig Voraussetzung wie bei § 650e (KNIFFKA BauR 2007, 246, 250; MünchKomm/BUSCHE Rn 8; MESSERSCHMIDT/VOIT/CRAMER Rn 15 f).

d) Den *Kreis der danach einschlägigen Unternehmer* zieht § 650f BGB – von der

Erweiterung um Außenanlagen abgesehen – nicht anders als § 650e BGB. In Betracht kommen also auch nur vorbereitende oder unterstützende Tätigkeiten wie das Ausheben der Baugrube (aA BGH NZBau 2005, 281 = BauR 2005, 1019 zu Rodungsarbeiten, der Erstellung von Gerüsten, aber auch bloß planerischen Tätigkeiten; zu Architekten OLG Düsseldorf NZBau 2005, 165 = BauR 2005, 416; SCHOLTISSEK NZBau 2009, 91, 93, ferner Ingenieure, Statiker, Bodengutachter). Auch die Baubetreuung gehört hierher, sofern sie sich nicht auf eine rein wirtschaftliche Tätigkeit beschränkt.

4 **2.** Die Tätigkeit muss *Bauwerke oder Außenanlagen* betreffen.

a) Der Begriff des *Bauwerks* ist hier nicht anders zu verstehen als bei § 650e BGB, also als eine unbewegliche, durch Verwendung von Arbeit und Material in Verbindung mit dem Erdboden hergestellte Sache (vgl RGZ 56, 43; BGHZ 57, 60). Er ist damit weiter als der des Gebäudes (vgl die Kasuistik in § 650e Rn 11 ff).

Auch § 650f BGB gilt namentlich auch für *nachträgliche Arbeiten,* vgl die bisher in Abs 6 Nr 2 genannte Instandsetzung. Zu fordern ist freilich, dass sie für die Erneuerung oder die Instandsetzung des Bauwerks von wesentlicher Bedeutung sind (vgl § 650e Rn 15). Im Gegensatz zu dort wird man hier freilich eher einer einschränkenden Auslegung das Wort reden müssen. Malerarbeiten fallen also nicht darunter, wenn sie im gebotenen Rhythmus durchgeführt werden, wohl aber, wenn sich Sanierungsbedarf aufgestaut hat.

b) *Außenanlagen* betreffen Gräben, Sportplätze, den Landschaftsbau (vgl BT-Drucks 12/4526, 10). Es kann sich um Arbeiten der Entwässerung und Vegetationstechnik handeln, um Pflanz-, Rasen- und Saatarbeiten. Bei Letzteren bleibt freilich zu berücksichtigen, dass es sich nicht um die routinemäßig wiederkehrenden handeln darf, sondern dass sie von Bedeutung für die Erneuerung sein müssen. Hierher gehört auch die Anlage von Teichen, von Straßen und Wegen, wobei freilich bei den letzteren Abs 6 Nr 1 nicht einschlägig sein darf.

III. Verpflichteter Personenkreis

5 **1.** Die Sicherheit zu stellen hat der **Besteller**, auch wenn er *nicht Grundstückseigentümer* ist. Betroffen ist also namentlich auch der *Hauptunternehmer* im Verhältnis zum *Subunternehmer.* Die Abtretung seiner Gewährleistungsansprüche befreit den Besteller nicht von seiner Passivlegitimation (BGH NZBau 2009, 439).

6 **2.** Freilich schränkt Abs 6 das ein.

a) Das Sicherungsbedürfnis, auf das reagiert werden soll, besteht nicht gegenüber den *juristischen Personen des öffentlichen Rechts* der Nr 1 sowie den dort erwähnten öffentlich-rechtlichen Sondervermögen, sofern die Eröffnung eines Insolvenzverfahrens unzulässig ist. Das ist der Fall bei Bund und Ländern, § 12 Abs 1 Nr 1 InsO, sowie bei sonstigen Personen des öffentlichen Rechts, wenn das aufsichtsführende Land dies bestimmt, § 12 Abs 1 Nr 2 InsO. Das bisherige und für Altverträge fortgeltende Recht kannte das einschränkende Erfordernis der mangelnden Insolvenzfähigkeit nicht. Soweit Gebietskörperschaften des öffentlichen Rechts *privatrechtliche* *juristische Personen zur Daseinsvorsorge* (Wohnungsbau) gründen, kann die Privilegierung jedenfalls nicht gelten.

b) Gegenüber den Verbrauchern der Nr 2 wird man das Risiko der Zahlungsunfähigkeit – gegenüber den Vorstellungen des Gesetzgebers (vgl o Rn 1) – doch zu bejahen haben. Tragen können die Einschränkung nur soziale Gesichtspunkte. Die Ausnahme gilt aber nur unter bestimmten Voraussetzungen: 7

aa) Die Werkleistung beruht auf einem Verbraucherbauvertrag iSd § 650i BGB oder auf einem Bauträgervertrag iSd § 650u BGB. Soweit ein Bauwerk gleichzeitig Wohn- und beruflichen Zwecken dienen soll, kommt es darauf an, wo das Schwergewicht liegen soll.

bb) Notwendig für die Privilegierung ist weiter, dass der Besteller die *Mittel selbst verwaltet* und dies nicht einem Baubetreuer, § 34c Abs 1 Nr 2 lit b GewO, überlassen hat. Damit sind praktisch alle Bauherrengemeinschaften von der Privilegierung ausgenommen.

cc) Auch wenn § 650f BGB wegen seines Abs 6 S 1 Nr 2 nicht unmittelbar einschlägig ist, ist der Unternehmer gegenüber dem Verbraucher in seinem Sicherungsbegehren gerade wegen § 650f nicht völlig frei (**aA** BGH NJW 2010, 2272 = NZBau 2010, 495). Der Verbraucher darf nicht schlechter stehen, als er bei Anwendbarkeit der Bestimmung stehen würde. 7a

(1) Dass der Unternehmer es bei Vertragsschluss – idR in seinen AGB – anbringen wird, entbindet jedenfalls nicht von § 650f BGB (vgl u Rn 32a).

(2) Wenn § 650f Abs 3 S 1, Abs 7 BGB die Beteiligung des Bauunternehmers an den Kosten der Sicherheit zwingend vorschreibt, kann gerade gegenüber einem Verbraucher als Besteller nichts anderes gelten. AGB, die dies verschweigen, sind intransparent iSd § 307 Abs 1 S 2 BGB.

(3) Wenn § 650f Abs 6 S 1 Nr 2 BGB Verbraucher vor einer allzu drückenden Höhe der Sicherheit bewahren will, hat sich der Unternehmer auf sein legitimes Sicherheitsbedürfnis zu beschränken, will er § 307 Abs 1 S 1 BGB meiden. Dieses beschränkt sich auf jenen Teil der Werklohnforderung, den § 648 BGB unentziehbar stellt; im Rahmen der Durchführung des Bauvorhabens wird er einerseits anwachsen, aber auch wieder durch Abschlagszahlungen geschmälert werden.

IV. Bemessung der Sicherheit

1. Die Sicherheit ist auf den *voraussichtlichen Vergütungsanspruch* zu beziehen nebst *Nebenforderungen,* wie sie mit 10% anzusetzen sind. Letzteres betrifft mögliche Verzugszinsen, Ansprüche aus § 642 BGB (**aA** zu diesen Positionen Kniffka BauR 2007, 246, 251 ff), Kosten der Rechtsverfolgung. Dabei ist die Sicherheit aber eine *einheitliche;* es haftet die gesamte Sicherheit für alle Ansprüche ungeachtet ihrer jeweiligen Genese. 8

Beim Vergütungsanspruch ist zu unterscheiden, ob der Unternehmer im Zeitpunkt seines Sicherungsbegehrens schon geleistet hat oder nicht:

2. *Hat er schon geleistet,* so ist auch der diesbezügliche Teil seiner Vergütung absicherbar wie Abs 4 durch seine Bezugnahme auf § 650e BGB klarstellt (**aA** OLG Schleswig NJW-RR 1998, 532; Weber WM 1994, 725, 726; Siegburg BauR 1997, 40; wie hier BGH NZBau 2001, 129, 131; OLG Düsseldorf BauR 1999, 47; Ingenstau/Korbion/Joussen Anh 1 Rn 168; OLG Karlsruhe NJW 1997, 263, 264; Sturmberg BauR 1994, 57, 61; Leinemann/Klaft NJW 1995, 2521, 2522 f; Liepe BauR 1996, 857, 858). Insoweit sind absicherbar *alle Forderungen, die dem Vergütungsbereich zuzurechnen sind,* also zB auch Ansprüche aus § 642 BGB, aus § 648 BGB (**aA** OLG Düsseldorf BauR 2000, 919), aus § 6 Abs 6 VOB/B. Bei Schadensersatzansprüchen kommt es darauf an, ob sie bei wirtschaftlicher Betrachtungsweise dem Vergütungsanspruch entsprechen.

Dabei kann der Unternehmer auch noch nach der Abnahme Sicherheit verlangen, § 650f Abs 1 S 3 BGB idF d ForderungssicherungsG. Das galt auch schon nach bisherigem Recht (BGHZ 157, 335 = NJW 2004, 1525 = NZBau 2004, 259; BGH NJW-RR 2004, 740 = NZBau 2004, 264).

9 **3.** *Künftige Ansprüche* sind „zum Nennwert" zzgl 10 % abzusichern. Sie dürfen auch aus einem Zusatzauftrag resultieren, vgl Abs 1 S 1. Der künftige Anspruch ist dabei der volle. Das gilt auch bei der Vereinbarung von Abschlagszahlungen (BGH NZBau 2001, 129, 130; OLG Düsseldorf BauR 1999, 47; **aA** Reinelt BauR 1997, 766, 761, Schulze-Hagen BauR 2000, 29, 31). Dass der Unternehmer bei ihrem Ausbleiben die Rechte aus § 320 BGB hat, genügt seinem Sicherungsbedürfnis nicht.

Soweit der künftige Vergütungsanspruch noch nicht feststeht, wie dies bei Abrechnung nach Einheitspreisen oder Stundenlöhnen der Fall ist, muss nach § 287 ZPO *geschätzt* werden (vgl OLG Karlsruhe NJW 1997, 263).

10 **4.** *Mängel* bleiben grundsätzlich unberücksichtigt. Soweit sie schon vorhanden sind, wird der auf sie entfallende Teil des Werklohnes durch Nachbesserung noch verdient werden können (BGH NZBau 2001, 129, 131). Anders sieht es also dann aus, wenn ihretwegen nur noch eine Reduktion des Werklohns in Betracht kommt (BGH NZBau 2001, 129, 131). Dann kann die Sicherheit ihren Zweck nicht mehr erfüllen. Es kann der Sicherungsgeber auch nicht etwa die Gestellung der Sicherheit von ihrer Beseitigung abhängig machen (**aA** OLG Düsseldorf BauR 1999, 47).

Mängel, mit denen künftig zu rechnen ist, rechtfertigen nicht etwa einen Sicherheitseinbehalt von der Sicherheitsleistung.

11 **5.** Ergibt sich, dass die Sicherheit zu gering bemessen ist, muss sie ggf *aufgestockt* werden.

Umgekehrt braucht sie aber auch *nur in der Höhe aufrechterhalten* zu werden, in der ein Sicherungsbedürfnis des Unternehmers besteht. Bei Vorauszahlungen des Bestellers ist sie von vornherein nur in entsprechend verminderter Höhe zu stellen; bei Abschlagszahlungen oder Auftragskürzungen entsprechend zu reduzieren (vgl Palandt/Sprau Rn 16; Weber ZRP 1992, 294; Sturmberg BauR 1994, 61). Der Besteller braucht Zahlungen nur Zug um Zug gegen die entsprechende Freigabe zu leisten. Nicht etwa darf der Unternehmer die Sicherheit ungekürzt in der Hoffnung darauf behalten, dass sie noch wieder durch künftige Ansprüche aufgefüllt würde. Die Hinterlegung eines Sicherungseinbehalts ist noch keine hinreichende Leistung des Bestellers.

6. Ein konkretes Sicherungsbedürfnis des Unternehmers ist weder Voraussetzung der Sicherheit noch Berechnungsmaßstab für diese. Hat der Unternehmer schon *anderweitige Sicherheiten,* so müssen sie den Anforderungen der §§ 232 ff BGB entsprechen. *Gegenforderungen des Bestellers* taugen dann nicht als Sicherheit, wenn sie streitig und nicht rechtskräftig festgestellt sind, § 650f Abs 1 S 4 BGB. Sind sie unstreitig oder rechtskräftig festgestellt, ist es nicht notwendig, dass schon eine Aufrechnung erklärt ist, denn der Unternehmer kann sie selbst erklären. **12**

V. Eigene Sicherheit des Bestellers

Der Besteller kann selbst Sicherheit leisten. Diese muss den Anforderungen der §§ 232 ff BGB entsprechen. § 235 BGB ergibt die Befugnis zum Austausch von Sicherheiten, auch gegen die sogleich zu behandelnde Zahlungszusage einer Bank. **13**

VI. Sicherheit durch Einschaltung eines Kreditinstituts

Die Regel werden Zahlungszusagen einer Bank sein (§ 650f Abs 2 S 1 BGB).

1. In Betracht kommen im Inland zugelassene *Kreditinstitute* oder *Kreditversicherer,* vgl Abs 2 S 1; die Zulassung innerhalb der EU genügt (vgl § 32 KWG; Beck'scher VOB-Komm/Funke Vor § 2 Rn 346 f). **14**

2. Abs 2 S 1 spricht von einer Garantie oder einem sonstigen Zahlungsversprechen. Es liegt jedoch *keine Garantie im eigentlichen Sinne* vor, wie sie in ihrer Durchsetzbarkeit von der Höhe der zu sichernden Forderung unabhängig sein könnte, sondern es geht um eine **Bürgschaft**, § 232 Abs 2 BGB, die *selbstschuldnerisch,* § 239 Abs 2 BGB, *unbefristet* und *unwiderruflich* zu sein hat, vgl zu letzterem Abs 1 S 5. Dem Unternehmer muss ein eigener Zahlungsanspruch gegen den Sicherungsgeber zustehen (BGH NZBau 2001, 129, 131). Wegen § 650f Abs 2 S 2 BGB scheidet eine Bürgschaft auf erstes Anfordern aus (Palandt/Sprau Rn 10; Sturmberg BauR 1994, 57, 63; einschränkend Zimdars Betr 1997, 614). Danach darf sich die Bank den **Widerruf** freilich **teilweise vorbehalten**, nämlich für den Fall, dass in der Person des Bestellers die Voraussetzungen des § 321 BGB eintreten (vgl Palandt/Sprau Rn 11), auch dann aber *nur* in Hinblick auf die Vergütung für noch nicht erbrachte Bauleistungen, nicht hinsichtlich der schon erbrachten, deren Umfang der Unternehmer zu beweisen hat. Wegen der künftigen Leistungen hat der Unternehmer nur gegenüber dem Besteller dann das Leistungsverweigerungsrecht des § 321 BGB. **15**

3. Nach Abs 3 S 1 muss der Unternehmer anteilig die **Kosten** der Sicherheit tragen. **16**

a) Die Bestimmung spricht von den *üblichen Kosten.* Darüber hinaus gehende Kosten hat also der Besteller zu tragen, mögen sie nun durch das Gebührenniveau der von ihm angesprochenen Bank bedingt sein oder durch Risikozuschläge wegen seiner Person.

Eine absolute Obergrenze zieht Abs 3 in Höhe von 2 % pa.

Üblich ist der statistische Mittelwert der Banken am Ort des Bauvorhabens zur Zeit der Zahlungszusage.

Gelingt es dem Besteller, eine *preisgünstigere* Zahlungszusage beizubringen, muss er mit dem Unternehmer konkret abrechnen. Es widerspräche dem Zweck der Bestimmung, ihm hier Vorteile zu verschaffen.

17 b) Maßgeblich für die Dauer der Kostentragungspflicht des Unternehmers ist die Dauer der Zahlungszusage der Bank. Das ist jedoch nur der Ausgangspunkt.

Gerät der Unternehmer mit der *Freigabe der Sicherheit* in Verzug, muss er die Kosten der Sicherheit in voller, auch unüblicher Höhe tragen, § 286 BGB.

Gerät der Besteller in *Zahlungsrückstand,* trägt er die Kosten der Sicherheit insoweit voll. Das sagt Abs 3 S 2 für den Fall, dass der Besteller unbegründete Einwendungen erhebt; es muss aber erst recht dann gelten, wenn er grundlos nicht zahlt.

Ein Verschulden des Bestellers am Zahlungsrückstand ist nicht erforderlich (vgl Beck'scher VOB-Komm/Funke Vor § 2 Rn 359; Ingenstau/Korbion/Joussen Anh 1 Rn 202). Die Regelung ist mit der des § 91 ZPO zu vergleichen.

Der Unternehmer ist nicht gehalten, zum Zwecke der Abkürzung des Zahlungsrückstandes die Bank in Anspruch zu nehmen; wegen Abs 2 S 2 wird er dies auch meist nicht können.

18 c) Wenn Abs 3 S 1 von einer *Erstattung der Kosten* spricht, bedeutet dies im Wortsinne, dass der Besteller sie *vorzufinanzieren* hat. Das würde jedoch der ratio legis widersprechen, dass er mit ihnen in dem vorgesehenen Rahmen nicht belastet werden soll, und würde ihn auch uU einem erheblichen Ausfallrisiko aussetzen. Der Besteller darf deshalb die Gestellung der Sicherheit davon abhängig machen, dass der Unternehmer insoweit seinerseits Sicherheit in Höhe der voraussichtlichen Kosten leistet (**aA** LG Bonn NJW-RR 1998 530, 532; Stammkötter ZfBR 1998, 225, 226). Zweckmäßig ist es, dass von der ersten Abschlagszahlung auf den Werklohn ein entsprechender Abzug gemacht wird oder dass sich der Unternehmer von vornherein selbst zur Zahlung der Kosten an die Bank verpflichtet.

19 d) Die Kosten der Sicherheit können sich dadurch erhöhen, dass sich das Bauvorhaben *verzögert*. Liegt dem Verzug des Unternehmers zugrunde, hat er den Besteller nach §§ 280 Abs 2, 286 BGB von den entsprechenden Mehrkosten freizustellen. Anders, wenn er die Verzögerung nicht zu vertreten hat, wenn zB Zusatzwünsche des Bestellers zugrunde liegen.

20 4. Als *Bürgin* stehen der Bank die Einwendungen des Bestellers gegenüber der Werklohnforderung zu, § 768 BGB. Sie darf überhaupt *erst unter den Voraussetzun-*

gen des Abs 2 S 2 an den Unternehmer zahlen, deren Vorliegen ihr aber die Einreden nicht nehmen kann.

Das Anerkenntnis des Bestellers ist im Sinne des § 212 Abs 1 Nr 1 BGB zu verstehen. Dem vorläufig vollstreckbaren Urteil ist die unwidersprochene Anmeldung zur Insolvenztabelle gleichzustellen.

a) Leistet die Bank *vorher,* so haben die Zahlungen Bestand, *sofern die Werklohnforderung des Unternehmers bestand.* Von diesem kann die Bank nicht kondizieren, weil ein Rechtsgrund bestand. Die Zahlung kann auch dem Besteller in Rechnung gestellt werden, denn dieser würde treuwidrig handeln, wenn er sich bei bestehender Verpflichtung darauf berufen würde, dass die formalen Voraussetzungen des Abs 2 S 2 nicht vorgelegen hätten. Folgerichtig kann er in dieser Konstellation auch keine Schadensersatzansprüche gegen die Bank wegen verfrühter Zahlung geltend machen. **21**

b) *Bestand die Werklohnforderung dagegen nicht,* so kann die Bank den Besteller bei vorheriger Zahlung nicht belasten. Sie kann vielmehr kondizieren, wobei Kondiktionsschuldner der Werkunternehmer sein dürfte.

c) Hat die Bank *unter den Voraussetzungen des Abs 2 S 2 gezahlt,* so steht ihr der Regressanspruch gegen den Besteller aus den §§ 675, 670 BGB auch dann zu, wenn die Forderung des Unternehmers in Wahrheit nicht bestand. Ihr dürfte dann auch die Kondiktion gegen den Unternehmer eröffnet sein. Bei Bestehen der Forderung des Unternehmers gilt § 774 Abs 1 BGB. **22**

d) Der Besteller ist ggf verpflichtet, den Anspruch des Unternehmers anzuerkennen, wenn die Voraussetzungen dafür vorliegen, und die Bürgschaft so durchsetzbar zu machen. Ggf schuldet er Schadensersatz aus den §§ 280 Abs 1, 241 Abs 2 BGB.

e) Die Vertragserfüllungsbürgschaft ist nach vollständiger Tilgung der Forderung des Unternehmers zurückzugeben (OLG Brandenburg *NZBau* 2005, 155).

VII. Gestellung der Sicherheit

1. Anspruch auf die Sicherheit

Mit der Einfügung des § 650f Abs 1 S 1 BGB durch das ForderungssicherungsG hat der Unternehmer einen Anspruch darauf, dass ihm die Sicherheit gestellt wird. Er kann diesen Anspruch im Klagewege verfolgen und ggf nach § 887 ZPO als vertretbare Handlung vollstrecken. Das Rechtsschutzbedürfnis für eine Klage wird ihm nicht durch die Möglichkeiten des § 650f Abs 5 BGB genommen, die Leistung zu verweigern und zu kündigen. Kommt der Besteller dem Sicherungsbegehren nicht nach, gerät er unter den Voraussetzungen des § 286 BGB in Schuldnerverzug, verschuldensunabhängig in Annahmeverzug; letzteres eröffnet dem Unternehmer den Anspruch aus § 642 BGB. **23**

Nach dem früheren § 648a Abs 1 S 1 BGB aF, wie er auf Altverträge weiterhin anwendbar ist, bestand ein durchsetzbarer Anspruch auf die Sicherheit nicht. Daher hat die Rechtsprechung bei ihrer Gewährung zutreffend eine inkongruente Deckung iSd § 131 InsO angenommen (BGH NZBau 2005, 338 = BauR 2005, 1028; NZBau 2007, 514 = BauR 2007, 1412) Die praktische Bedeutung des neuerlichen Anspruchs auf die Sicherheit erschöpft sich im Wesentlichen darin, die Gewährung dieser *aus dem Anwendungsbereich des § 131 InsO in den des § 130 InsO zu überführen* (Messerschmidt/Voit/Cramer Rn 80). Gerichtlich durchsetzbar wird der Anspruch idR schon aus zeitlichen Gründen nicht sein. Außerdem kann ihn der Besteller jederzeit durch die Kündigung nach § 648 BGB unterlaufen.

Die Schaffung eines Anspruchs des Bauunternehmers auf die Sicherheit eröffnet bei längerfristigen Bauvorhaben die Möglichkeit der Verjährung – nach den §§ 195, 199 BGB. Freilich bleibt dann § 215 BGB zu beachten. Er lässt das Leistungsverweigerungsrecht des Unternehmers nach § 650f Abs 5 S 1 BGB bestehen. Dann muss aber auch die dortige Möglichkeit der Kündigung fortbestehen, soll es nicht zu einem Patt kommen. Die nach Ablauf der Verjährung geleistete Sicherheit unterfällt § 131 InsO.

2. Verweigerung der Leistung

24 Ein Recht zur Verweigerung der Leistung wird dadurch begründet, dass der Unternehmer

a) den Besteller zur *Gestellung der Sicherheit auffordert.* Dabei schadet ein überhöhtes Verlangen nicht (BGH NZBau 2001, 129, 132; OLG Karlsruhe NJW 1997, 263), wenn der Unternehmer die richtige Sicherheit akzeptiert hätte und der Besteller diese ermitteln kann. Der Unternehmer kann die Sicherheit voll verlangen, sein Begehren aber auch nur eingeschränkt verfolgen. Letzteres ist deshalb erwägenswert, weil die Kostenregelung des Abs 3 zu bedenken ist und weil überzogene Forderungen riskant sein können (vgl u Rn 33).

Den Zeitpunkt des Begehrens kann der Unternehmer beliebig wählen ab Vertragsschluss bis hin zur endgültigen Erfüllung seines Anspruchs, also auch über die Abnahme hinaus, vgl § 650f Abs 1 S 3 BGB aE (das war auch schon nach bisherigem Recht anzunehmen, dazu BGHZ 157, 335 = BGH NJW 2004, 1525 = NZBau 2004, 259; NZBau 2004, 261 = BauR 2004, 830) und nach einer Kündigung des Vertrages (BGH NJW-RR 2004, 740 = NZBau 2004, 264). Das Begehren ist nicht deshalb unbeachtlich, weil ihm die Absicht zugrunde liegt, einen unauskömmlichen oder sonst als lästig empfundenen Vertrag zu „kippen", indem der Unternehmer darauf baut, dass die Sicherheit nicht geleistet wird und er dann kündigen kann. Allerdings muss der Unternehmer zu seiner eigenen Leistung bereit und in der Lage sein (BGHZ 146, 24 = BGH NJW 2001, 263 = BauR 2001, 386; BGH NZBau 2008, 55). Sonst ist sein Begehren grundsätzlich missbräuchlich (Armgardt NZBau 2006, 673).

25 b) dem Besteller *eine angemessene Frist setzt.* Die *Dauer dieser Frist* kann nicht einheitlich angesetzt werden; sie hängt vom Einzelfall ab (vgl Palandt/Sprau Rn 20). Sie muss mindestens genügen für die Kontaktaufnahme mit einer Bank, deren Bearbeitungszeit – gesunde finanzielle Verhältnisse des Bestellers unterstellt –, und der Zuleitung der Sicherheit an den Unternehmer. Danach sind die in BT-Drucks 12/1836, 18 genannten 7–10 Tage als Mindestfrist anzusehen, die dann eingreift, wenn der Unternehmer etwa vorvertraglich schon deutlich gemacht hat, dass er auf der Sicherheit bestehen werde, sodass sich der Besteller also vorbereiten konnte. Stellt der Unternehmer sein Begehren dagegen unverhofft, so wird man dem Besteller die Gelegenheit zu Erkundigungen einräumen müssen, auch dazu, ggf Bonitätsnachweise für die Bank zu beschaffen. Dazu können dann 3 Wochen erforderlich sein. Eine zu knapp bemessene Frist setzt eine angemessene in Lauf.

c) Nach der Neufassung des § 648a Abs 1 S 1 BGB aF durch das Forderungs- **26** sicherungsG (§ 650f Abs 1 S 1 BGB nF) braucht die Leistungsverweigerung nach fruchtlosem Fristablauf *nicht mehr angekündigt* zu werden. Das ist bei Verträgen, die noch § 648a Abs 1 S 1 BGB aF unterliegen (Abschluss vor dem 1. 1. 2009) anders.

d) Das Leistungsverweigerungsrecht des Unternehmers entspricht § 321 BGB. **27** Die Rechte des Unternehmers aus dieser Bestimmung sind nicht ausgeschlossen, was wegen § 650f Abs 3 BGB von Bedeutung ist. Das Leistungsverweigerungsrecht des Unternehmers hindert ein Vorgehen des Bestellers nach § 634 Nr 2 BGB (OLG Düsseldorf NZBau 2006, 717 = BauR 2005, 572).

Das Leistungsverweigerungsrecht *entfällt* wieder, wenn der Besteller nachträglich die geschuldete, bzw, wenn niedriger, die vom Unternehmer geforderte Sicherheit beibringt.

3. Kündigung

Wenn die Frist ergebnislos abgelaufen ist, kann der Unternehmer kündigen, § 650f **28** Abs 5 S 1 BGB. Diese Kündigung ist in ihrer Gestaltung durch das ForderungssicherungsG geändert worden. Bei Neuverträgen kann sie der Unternehmer ohne weiteres nach Fristablauf aussprechen.

Bei Altverträgen (Abschluss vor dem 1. 1. 2009, Art 229 § 19 Abs 1 EGBGB) ergibt sich aus der Bezugnahme des § 648a Abs 5 S 1 BGB aF auf § 643 BGB, dass der Unternehmer nunmehr – als zweite Frist – die dortige Frist zu setzen hat, wie sie mit der Erklärung der Kündigung zu verbinden ist.

VIII. Abrechnung nach Kündigung

1. Nach der Kündigung des Unternehmers sind die von ihm erbrachten Leistun- **29** gen *nach den vertraglichen Sätzen* abzurechnen; das ist nicht anders als im Falle des § 648 BGB (vgl § 648 Rn 24 ff).

Weisen diese Leistungen Mängel auf, hat der Besteller hier allerdings keinen Anspruch auf ihre Beseitigung, vielmehr ist der mangelbedingte Minderwert der Leistung nach den Grundsätzen der Minderung von dem Werklohnanspruch abzusetzen (BGHZ 157, 335, 344 f = NJW 2004, 1525, 1527 = NZBau 2004, 259, 261). Wenn sich so ein reines Abrechnungsverhältnis ergibt, ist die Fälligkeit der Forderung des Unternehmers jedenfalls nicht von einer Abnahme abhängig (**aA** Schmitz BauR 2009, 714, 721).

2. Soweit die Werkleistung wegen der Kündigung nicht mehr erbracht wird, **30**

a) ist nach jetzigem Recht wie nach § 648 S 2, 3 BGB abzurechnen. Auf die Erl dort (§ 648 Rn 31 ff) ist Bezug zu nehmen.

b) Bei Altverträgen gewährt § 648a Abs 5 S 2 BGB aF einen Anspruch auf Ersatz des Schadens, den der Unternehmer dadurch erleidet, dass er auf die Gültigkeit des Vertrages vertraut hat. Diese Regelung ist extrem unklar.

In den Voraussetzungen ist der Anspruch jedenfalls nicht an ein Verschulden des Bestellers geknüpft.

Nimmt man das Gesetz wörtlich, geht es in der Sache um den entgangenen Gewinn aus einem anderweitigen, jetzt ausgeschlagenen Auftrag einerseits und um frustrierte Aufwendungen für die Durchführung dieses Auftrages andererseits. Dazu passt dann aber nicht die Pauschalierung in § 648a Abs 5 S 4 BGB aF, auch wenn diese nur in die Form einer Vermutung gekleidet ist. Außerdem befremdet es, dass die Anrechnungspositionen des § 648 S 2 HS 2 BGB nicht erwähnt werden, und dass § 648a Abs 5 S 3 BGB aF eine Kündigung des Bestellers sogar ausschließt, wie sie doch idR nur auf § 648 BGB gestützt werden könnte, dann aber dem Unternehmer den entgangenen Gewinn sichern würde, um den es doch offenbar auch dem Gesetzgeber des § 648a Abs 5 BGB aF gegangen ist.

Allein sinnvoll ist vielmehr auch im Falle des § 648a Abs 5 BGB aF eine Abrechnung wie nach § 648a Abs 5 BGB nF, dh nach dem Vorbild des § 648 S 2, 3 BGB.

IX. Verhältnis zu § 650e

31 Mit § 650e BGB kann es dann zu Überschneidungen kommen, wenn man mit der hier vertretenen Auffassung (vgl o Rn 8) § 650f BGB auch auf bereits erbrachte Leistungsteile beziehst. Der *Unternehmer hat* dann *die Wahl,* nach welcher Bestimmung er ihretwegen vorgehen will. Nach Abs 4 schließt das erfolgreiche Vorgehen nach § 650f BGB das nach § 650e BGB aus; eine schon gewährte Sicherungshypothek bzw Vormerkung dazu muss ggf aufgegeben werden. Da aber erst das erfolgreiche Vorgehen nach § 650f BGB den Unternehmer bindet, kann er *zunächst beide Wege nebeneinander her* verfolgen, ohne damit auch treuwidrig zu handeln; schließlich kann er die Sicherheitsleistung im Gegensatz zur Hypothek nicht erzwingen und blockiert ersteres das weitere Anwachsen seines Vergütungsanspruchs, wenn sie denn nicht geleistet wird. Nicht abzusetzen ist ein etwaiger Sicherungseinbehalt des Bestellers von der Sicherheit des § 650f BGB (**aA** KLEEFISCH/HERCHEN NZBau 2006, 201).

X. Unabdingbarkeit

32 **1.** Nach § 650f Abs 7 BGB ist der Inhalt der Abs 1–5 *unabdingbar.* Der Unternehmer kann sich also keine höhere Sicherheit ausbedingen, oder deren Stellung unter erleichterten Bedingungen oder die Freistellung von den Kosten. Wenn die Bestimmung auch primär den Unternehmer schützt, ist doch auch die Kostenregelung des Abs 3 zugunsten des Bestellers zwingend (KNIFFKA BauR 2007, 246, 251 f). Der Besteller kann sich von der Pflicht zur Leistung, den Folgen der Nichtleistung nicht freizeichnen. Zulässig ist namentlich eine Vereinbarung nicht, dass der Unternehmer seinerseits eine Erfüllungssicherheit zu stellen hat, wenn er die Sicherheit des § 650f einfordert (OBERHAUSER BauR 2004, 1864). – Eine nicht hinreichende Sicherheit bleibt wirksam (OLG Oldenburg MDR 1999, 89).

Möglich bleiben Abreden *im Bereich des Abs 6* (vgl aber o Rn 7a).

2. § 650f BGB gilt nicht nur für ein nachträgliches Sicherungsbegehren des Unternehmers (**aA** BGHZ 167, 345 = NJW 2006, 2475 Rn 15; BGH NJW 2010, 2272 = NZBau 2010, 495 Rn 16). Die gegenteilige Auffassung, die Abreden der Parteien bei Vertragsschluss respektiert, hat zwar den rechtspolitischen Vorzug, dass sie die Gestaltungsfreiheit der Parteien gegenüber der allzu gängelnden Gestaltung des Details durch § 650f BGB achtet, findet aber im Gesetz keine hinreichende Stütze. Es lässt sich nicht begründen, warum die Unabdingbarkeit des § 650f Abs 1 BGB erst eine Sekunde nach Vertragsschluss einsetzen soll. Auch der nach § 650f Abs 1 S 1 BGB mögliche Umfang der Sicherheit ist nur sinnvoll, wenn die Bestimmung von Anfang an gilt. **32a**

3. Außerhalb des Baubereichs und auch im Bereich des § 650f Abs 6 BGB müssen AGB des Unternehmers, die dem Besteller eine Sicherheit aufgeben, von einem legitimen Sicherheitsbedürfnis getragen sein, sollen sie § 307 Abs S 1 BGB genügen. Angesichts von dessen Kündigungsmöglichkeit nach § 648 BGB müssen sie sich auf den Betrag beschränken, den diese Bestimmung unentziehbar stellt. **32b**

XI. Unberechtigtes Sicherungsbegehren

Veranlasst der Unternehmer den Besteller zur Leistung einer überhöhten Sicherheit, macht er sich wegen des überschießenden Betrages *schadensersatzpflichtig* nach den §§ 280 Abs 1, 241 Abs 2 BGB. **33**

Beruht die Kündigung des Unternehmers darauf, dass einem überhöhten Sicherungsverlangen nicht entsprochen wurde, liegt darin dann eine ernsthafte und endgültige Erfüllungsverweigerung, wenn es sich ergibt, dass er sich mit der korrekten Sicherheit nicht zufriedengegeben hätte.

XII. Übergangsregelung 2009

Die Neufassung der Abs 1, 5 u 6 durch das ForderungssicherungsG ist nach der Übergangsregelung des Art 229 § 19 EGBGB anwendbar auf Verträge, die nach dem dortigen Stichtag des 1. 1. 2009 geschlossen worden sind. Für ältere Verträge bleibt es bei der bisherigen Fassung des Gesetzes, dies auch, soweit es zu späteren Zusatzaufträgen kommt. **34**

Die aktuelle Fassung des Gesetzes gilt für Verträge ab dem 1. 1. 2018.

§ 650g
Zustandsfeststellung nach Verweigerung der Abnahme; Schlussrechnung

(1) Verweigert der Besteller die Abnahme unter Angabe von Mängeln, hat er auf Verlangen des Unternehmers an einer gemeinsamen Feststellung des Zustands des Werks mitzuwirken. Die gemeinsame Zustandsfeststellung soll mit der Angabe des

Tages der Anfertigung versehen werden und ist von beiden Vertragsparteien zu unterschreiben.

(2) Bleibt der Besteller einem vereinbarten oder einem von dem Unternehmer innerhalb einer angemessenen Frist bestimmten Termin zur Zustandsfeststellung fern, so kann der Unternehmer die Zustandsfeststellung auch einseitig vornehmen. Dies gilt nicht, wenn der Besteller infolge eines Umstands fernbleibt, den er nicht zu vertreten hat und den er dem Unternehmer unverzüglich mitgeteilt hat. Der Unternehmer hat die einseitige Zustandsfeststellung mit der Angabe des Tages der Anfertigung zu versehen und sie zu unterschreiben sowie dem Besteller eine Abschrift der einseitigen Zustandsfeststellung zur Verfügung zu stellen.

(3) Ist das Werk dem Besteller verschafft worden und ist in der Zustandsfeststellung nach Absatz 1 oder 2 ein offenkundiger Mangel nicht angegeben, wird vermutet, dass dieser nach der Zustandsfeststellung entstanden und vom Besteller zu vertreten ist. Die Vermutung gilt nicht, wenn der Mangel nach seiner Art nicht vom Besteller verursacht worden sein kann.

(4) Die Vergütung ist zu entrichten, wenn

1. der Besteller das Werk abgenommen hat oder die Abnahme nach § 641 Absatz 2 entbehrlich ist und

2. der Unternehmer dem Besteller eine prüffähige Schlussrechnung erteilt hat.

Die Schlussrechnung ist prüffähig, wenn sie eine übersichtliche Aufstellung der erbrachten Leistungen enthält und für den Besteller nachvollziehbar ist. Sie gilt als prüffähig, wenn der Besteller nicht innerhalb von 30 Tagen nach Zugang der Schlussrechnung begründete Einwendungen gegen ihre Prüffähigkeit erhoben hat.

Materialien: BT-Drucks 18/11437; BT-Drucks 18/8486; BauvertragsG v 28. 4. 2017 (BGBl I 969).

Schrifttum

BREITLING, Abnahme und Zustandsfeststellung nach neuem Recht, NZBau 2017, 393
DECKERS, Das neue Architekten- und Ingenieurvertragsrecht im Bürgerlichen Gesetzbuch, ZfBR 2017, 523
JOUSSEN, Fiktive Abnahme und Zustandsfeststellung nach neuem Recht, BauR 2018, 328
ders, Reichweite und Folgen der Zustandsfeststellung gemäß § 650g BGB, in: FS Dieter Kainz (2019) 371

TSCHÄPE, AGB-rechtliche Gestaltungsmöglichkeiten bei Abnahmefiktion und Zustandsfeststellung nach Abnahmeverweigerung, ZfBR 2018, 736
TSCHÄPE/WERNER, Die Zustandsfeststellung nach Abnahmeverweigerung gem § 650 lit g E-BGB – Nicht mehr als eine Gefahrtragungsregelung?, ZfBR 2017, 419.

Systematische Übersicht

I.	**Das Verfahren der Zustandsfeststellung nach Abs 1–3**		4. Vermutung des § 650g Abs 3	4
1.	Zweck der Bestimmungen	1	**II.** **Die Fälligkeit des Werklohns**	5
2.	Initiative des Bestellers	2	1. Erfolgte Abnahme	6
3.	Prozedere	3	2. Prüffähige Schlussrechnung	7

I. Das Verfahren der Zustandsfeststellung nach Abs 1–3

1. Zweck der Bestimmungen

Wenn der Besteller die Abnahme verweigert hat, sehen die Abs 1 bis 3 des § 650g **1** BGB ein möglichst gemeinsames Verfahren der Feststellung des Zustands des Werks vor. Es soll offenbar dazu dienen, dass die Parteien angesichts des Werks doch noch zu einer übereinstimmenden Beurteilung gelangen, eine Chance, die gering sein wird, dies insbesondere dann, wenn der Unternehmer von der durch Abs 2 eröffneten Möglichkeit der einseitigen Zustandsfeststellung Gebrauch macht.

2. Initiative des Bestellers

Das Gesetz geht davon aus, dass der Unternehmer die Initiative ergreift. Doch wäre **2** es nicht einzusehen, warum nicht auch der Besteller sollte aktiv werden können, der vielleicht dem Unternehmer Ausmaß und Berechtigung seiner Mängelrüge(n) vor Augen führen will.

3. Prozedere

Es ist ein Protokoll aufzunehmen und von beiden Seiten zu unterschreiben. Was das **3** Werk betrifft, hat es nur die (bisher) streitigen Punkte anzusprechen sowie die jetzige uU streitige Beurteilung durch die Parteien. Es ist zu datieren.

Entsprechendes gilt bei der einseitigen Zustandsfeststellung des Unternehmers nach § 650g Abs 2 BGB. Zu ihr hat er den Besteller innerhalb angemessener Frist – zB zwei Wochen – zu laden. Der Besteller kann seine Teilnahme absagen. Das muss allerdings plausibel begründet werden und führt dann zur Ansetzung eines neuen Termins. Ohne eine plausible Entschuldigung des Bestellers ist der Unternehmer nicht gehindert, die einseitige Zustandsfeststellung an dem vorgesehenen Termin vorzunehmen.

4. Vermutung des § 650g Abs 3

Wird nach Überlassung des Werks an den Besteller ein Mangel festgestellt, den die **4** Zustandsfeststellung nicht nennt, vermutet § 650g Abs 3 BGB, dass dieser durch den Besteller verursacht und auch zu vertreten ist. Der Besteller hat sich dann insoweit zu entlasten. Das kann auch schon durch den Nachweis geschehen, dass dies nach Art des Mangels nicht der Fall sein kann.

II. Die Fälligkeit des Werklohns

5 Für die Fälligkeit des Werklohns für Bauleistungen enthält § 650g Abs 4 BGB eine eigenständige Regelung, wie sie bei Schaffung des BGB noch mit der Begründung abgelehnt worden war, dass sie den Unternehmer in eine „schlimme Lage" bringe (Mot II 492).

1. Erfolgte Abnahme

6 Nach § 650g Abs 4 Nr 1 BGB setzt die Fälligkeit des Werklohns des Bauunternehmers zunächst voraus, dass der Besteller das Werk abgenommen hat bzw die Abnahme nach § 641 Abs 2 BGB entbehrlich ist. Das benachteiligt den Bauunternehmer unangemessen, wenn man seine Stellung mit der eines Unternehmers vergleicht, der bewegliche Sachen bearbeitet. Anders als jenem wird ihm die Möglichkeit genommen, durch eine Vorenthaltung des Werks Druck auszuüben, den Werklohn zu entrichten. Wer eine bewegliche Sache bearbeitet, zB repariert hat, hat mit ihrem Einbehalt ein bequemes und in der Regel wirksames Druckmittel in der Hand, für die Bezahlung zu sorgen und damit einen Werklohnprozess entbehrlich zu machen. Dieses Druckmittel folgt aus der Natur der Sache und ist Ausdruck der Vergleichbarkeit von Kauf- und Werkvertrag. Es zu nehmen, besteht kein hinreichender, gar rechtfertigender Grund. Dieselbe nicht zu rechtfertigende Ungleichbehandlung ergibt sich im Verhältnis des Bauunternehmers zu seinem Besteller. § 650g Abs 4 Nr 1 BGB trägt schon dem Umstand nicht Rechnung, dass selbst die Kenntnis vorhandener Mängel nicht zwangsläufig zum Verlust entsprechender Rechte des Bestellers führt, wie § 640 Abs 3 BGB belegt. Dass dem Besteller aus einem Mangel ein Zurückbehaltungsrecht gegenüber dem Werklohnanspruch erwächst, stärkt seine Rechte hinreichend und kann kein Anlass sein, den Werklohnanspruch des Unternehmers einstweilen als noch nicht existent zu behandeln.

2. Prüffähige Schlussrechnung

7 § 650g Abs 4 Nr 2 BGB setzt für die Fälligkeit der Werklohnforderung des Bauunternehmers weiterhin voraus, dass er eine Schlussrechnung nicht nur erteilen wird, sondern überhaupt schon erteilt hat.

Dass sie übersichtlich und für den Besteller verständlich zu sein hat, sind berechtigte Forderungen der Bestimmung, auch wenn sie bei umfangreichen Bauvorhaben mit einer Vielzahl von Nachträgen eine Härte für den Unternehmer darstellen werden. Freilich ist die Sanktion des § 650g Abs 4 Nr 2 BGB hart, wenn denn der Werklohnforderung des Unternehmers die Fälligkeit und damit die gerichtliche Durchsetzbarkeit genommen wird. Immerhin handelt es sich bei ihr um Eigentum iSd Art 14 GG, das letztlich entzogen wird, wenn das Gesetz die Durchsetzbarkeit verhindert. Das bloße Informationsinteresse des Bestellers kann das nicht hinreichend rechtfertigen, zumal der Unternehmer unter den obwaltenden Umständen ja auch schon erhebliche praktische Probleme haben wird, seinen Anspruch überzeugend darzustellen.

Es fehlt in § 650g Abs 4 Nr 2 BGB zunächst schon eine Härteklausel für jene Fälle, in denen der Unternehmer nachvollziehbar gehindert ist, seinen Anspruch übersichtlich und nachvollziehbar darzustellen, zB mag seine Buchhaltung einem Brand zum Opfer gefallen sein. Aber auch, wenn der Fall nicht so krass liegt, muss es dem Unternehmer überlassen bleiben, ob er mit dieser Schlussrechnung die Geduld von Gegner und Gericht strapazieren und sich darauf beschränken will, deren konkrete Nachfragen aufzugreifen und zu beantworten.

Prozessual gesehen bedeutet § 650g Abs 4 Nr 2 BGB die Abweisung der Werklohnklage als zur Zeit nicht begründet. Das berücksichtigt nicht hinreichend die richterlichen Pflichten aus § 139 ZPO. Auch kann es nicht überzeugen, dass die mangelnde Prüfbarkeit der Schlussrechnung nur eine Einrede des Bestellers begründet, die dieser also auch unterlassen kann.

§ 650h
Schriftform der Kündigung

Die Kündigung des Bauvertrags bedarf der schriftlichen Form.

Materialien: BT-Drucks 18/11437; BT-Drucks 18/8486.

Schrifttum

S bei § 650a.

Systematische Übersicht

I.	Zweck der Bestimmung	1
II.	Anwendungsbereich	2
III.	Folge des Normverstoßes	3

I. Zweck der Bestimmung

§ 650h BGB ordnet die Schriftform des § 125 BGB für die Kündigung des Bauvertrags an, sodass eine nur mündliche Kündigung nach § 125 S 1 BGB nichtig ist. Das soll einerseits vor Übereilung schützen und sichert andererseits den Beweis der erfolgten Kündigung. **1**

II. Anwendungsbereich

§ 650h BGB betrifft die Kündigung der einen und auch der anderen Seite, mag sie nun – beiden Parteien möglich – nach § 648a BGB auf einen wichtigen Grund gestützt werden oder – nur dem Unternehmer möglich – auf unterlassene Mitwirkung des Bestellers oder – nur dem Letzteren möglich – nach § 648 BGB auf dessen freies Ermessen. Sollte ein Dauervertrag auf unbestimmte Zeit abgeschlossen wer- **2** den und deshalb kündbar sein, müsste diese Kündigung ebenfalls § 650h BGB genügen.

§ 650h BGB betrifft nur Kündigungen, nicht auch andere Erklärungen, mögen diese auch, insoweit einer Kündigung vergleichbar, die Vertragspflichten zum Erlöschen bringen. Das gilt namentlich für den Rücktritt nach den §§ 323, 324 BGB oder wegen § 281 Abs 4 BGB für das Begehren von Schadensersatz statt der Leistung.

III. Folge des Normverstoßes

3 Die Kündigung eines Bauvertrags, die § 650h BGB nicht genügt, ist nach § 125 S 1 BGB nichtig. Das schließt es nicht aus, dass der kündigende Teil sie formgerecht und dieses Mal wirksam wiederholt. Das setzt freilich voraus, dass ihre Voraussetzungen noch gegeben sind, und wirkt nur ex nunc, nicht zurück.

Kapitel 3
Verbraucherbauvertrag

§ 650i
Verbraucherbauvertrag

(1) Verbraucherbauverträge sind Verträge, durch die der Unternehmer von einem Verbraucher zum Bau eines neuen Gebäudes oder zu erheblichen Umbaumaßnahmen an einem bestehenden Gebäude verpflichtet wird.

(2) Der Verbraucherbauvertrag bedarf der Textform.

(3) Für Verbraucherbauverträge gelten ergänzend die folgenden Vorschriften dieses Kapitels.

Materialien: BT-Drucks 18/11437; BT-Drucks 18/8486.

Schrifttum

GLÖCKNER, BGB-Novelle zur Reform des Bauvertragsrechts als Grundlage effektiven Verbraucherschutzes, VuR 2016, 123 & 163
ders, Die Folgen der Verbraucherrechterichtlinie und ihre Umsetzung für Bauverträge, BauR 2014, 411
LENKEIT, Das neue Widerrufsrecht für Verbraucher bei Verträgen am Bau, BauR 2017, 454 & 615
OMLOR, Der neue Verbraucherbauvertrag, NJW 2018, 817
PAUSE, Verbraucherbaurecht und Bauträgerrecht – zugleich ein Ausblick auf weitere Entwicklungen im Gesetzgebungsverfahren, BauR 2017, 430

PAUSE/VOGEL, Vorschläge zum Verbraucherbau- und zum Bauträgervertrag, NZBau 2015, 667
REITER, Das neue Bauvertragsrecht – Teil II: Verbraucherbauvertrag, Architekten- und Ingenieurvertrag, Bauträgervertrag, JA 2018, 241
RETZLAFF, Die nicht werkvertragliche Haftung des Architekten im neuen Bauvertragsrecht, NZBau 2019, 29
SCHMIDT, Die Vereinbarung der VOB/B als Ganzes – ein untauglicher Versuch?, NJW-Spezial 2018, 236.

Systematische Übersicht

I.	Einleitung	1
II.	Das Gebot der Textform	2

I. Einleitung

1 Dass der Gesetzgeber des Jahres 2017 bei der Kodifizierung eines Bauvertragsrechts die Gelegenheit zur Schaffung eines eigenen Kapitels zum Verbraucherbauvertrag nutzt, kann schwerlich überraschen. Man fragt sich freilich nach dem Nutzen dieser Maßnahme. Sie sorgt jedenfalls für eine gewisse Rechtsunsicherheit. Nicht jeder, der als Verbraucher auftritt, ist auch Verbraucher iSd § 13 BGB. Und selbst, wenn er es ist: Nicht jeder Bauvertrag iSd § 650a BGB ist darum auch ein Verbraucherbauvertrag iSd § 650i BGB. Der letztere Begriff ist enger als der Bauvertragsbegriff des § 650a BGB, wenn er sich nur auf bestimmte dort genannte Tätigkeiten bezieht, beispielsweise nicht auf Abbrucharbeiten oder Arbeiten an Außenanlagen, auf Umbaumaßnahmen nur dann, wenn sie „erheblich" sind.

Man fragt sich aber auch nach der Sinnhaftigkeit der einzelnen getroffenen Regelungen. Das Gebot der Textform des § 650i Abs 2 BGB wäre auch bei einem Unternehmer als Auftraggeber vertretbar. Die Baubeschreibung der §§ 650j und 650k BGB wird auch er einfordern, wenn sie denn existiert. Wenn Behörden Nachweise über geplante oder erbrachte Leistungen einfordern, ist der Unternehmer um keinen Deut weniger schutzbedürftig als der Verbraucher des § 650n BGB. Soll man – methodisch fragwürdig – die Bestimmung auf ihn entsprechend anwenden?

II. Das Gebot der Textform

2 Als eigenständiges Gebot des § 650i BGB ist das dortige Gebot der Textform in Abs 2 zu nennen. Das nimmt Bezug auf § 126b BGB.

§ 650j
Baubeschreibung

Der Unternehmer hat den Verbraucher über die sich aus Artikel 249 des Einführungsgesetzes zum Bürgerlichen Gesetzbuche ergebenden Einzelheiten in der dort vorgesehenen Form zu unterrichten, es sei denn, der Verbraucher oder ein von ihm Beauftragter macht die wesentlichen Planungsvorgaben.

Materialien: BT-Drucks 18/11437; BT-Drucks 18/8486.

Schrifttum

DAMMERT/LENKEIT/OBERHAUSER/PAUSE/STRETZ, Das neue Bauvertragsrecht (2017) § 5
PAULY, Die Baubeschreibung in Bauträgerverträgen, MDR 2016, 997.

Untertitel 1 · Werkvertrag
Kapitel 3 · Verbraucherbauvertrag § 650j

Systematische Übersicht

I. Allgemeines _____ 1	III. Lücken der Baubeschreibung _____ 3
II. Verbraucherrecht? _____ 2	IV. Fertigstellung des Werks _____ 4

I. Allgemeines

§ 650j BGB und Art 249 EGBGB erlegen es vorvertraglich dem Bauunternehmer 1
auf, ernstlich Interessierte durch eine Baubeschreibung in der Textform des § 126b
BGB über das Objekt des angebotenen Vertrages zu unterrichten.

II. Verbraucherrecht?

Die Einstellung des § 650j BGB in das Kapitel über den Verbraucherbauvertrag 2
würde an sich den Gedanken nahelegen, dass es sich um spezifisches Verbraucherrecht handelt. Doch bedarf auch ein Unternehmer iSd § 14 BGB, der zB eine Eigentumswohnung für ein Büro oder den Betrieb einer Arztpraxis erwerben will, der
genauen Information über das Objekt. Die Bestimmung des § 650j BGB ist deshalb
auf ihn entsprechend anzuwenden. Speziell die Form einer Baubeschreibung in der
Form des § 126b BGB ist dabei aus Sachgründen geboten.

III. Lücken der Baubeschreibung

Die Baubeschreibung hat an sich vollständig zu sein. Doch zeigt schon der Katalog 3
des Art 249 § 2 Abs 1 EGBGB, dass der Gesetzgeber mit fehlenden detaillierten
Angaben rechnet, vgl das „gegebenenfalls", das sich dort an mehreren Stellen findet.
§ 650k Abs 2 BGB bestätigt, dass eine Baubeschreibung auch unvollständig oder
unklar sein kann; die Lücken sind dann im Wege der Auslegung zu schließen.

Der Interessent hat deshalb zunächst einen Anspruch auf Vervollständigung, aber
keinen Anspruch auf Schadensersatz. Er hat natürlich die Freiheit, den Vertragsschluss zu verweigern. Kontrahiert er gleichwohl, erwachsen ihm die Rechte aus
§ 634 BGB, wenn denn nach § 650k Abs 1 BGB die Baubeschreibung grundsätzlich
Inhalt des Vertrages wird. Es ist denkbar, dass das Werk nachteilig von der Baubeschreibung abweicht oder dass die sich aus der Baubeschreibung ergebende Sollbeschaffenheit des Werks schon selbst die Kriterien des § 633 BGB erfüllt.

IV. Fertigstellung des Werks

Zwingender Inhalt der Baubeschreibung ist allerdings nach Art 249 § 2 Abs 2 EG- 4
BGB der zu erwartende Zeitpunkt der Fertigstellung des Werks bzw, wenn der
Baubeginn noch nicht feststeht, die Dauer der Baumaßnahme. Das soll es dem
Besteller ermöglichen, Schadensersatzansprüche wegen Verzuges anzumelden.

§ 650k
Inhalt des Vertrages

(1) Die Angaben der vorvertraglich zur Verfügung gestellten Baubeschreibung in Bezug auf die Bauausführung werden Inhalt des Vertrags, es sei denn, die Vertragsparteien haben ausdrücklich etwas anderes vereinbart.

(2) Soweit die Baubeschreibung unvollständig oder unklar ist, ist der Vertrag unter Berücksichtigung sämtlicher vertragsbegleitender Umstände, insbesondere des Komfort- und Qualitätsstandards nach der übrigen Leistungsbeschreibung, auszulegen. Zweifel bei der Auslegung des Vertrags bezüglich der vom Unternehmer geschuldeten Leistung gehen zu dessen Lasten.

(3) Der Bauvertrag muss verbindliche Angaben zum Zeitpunkt der Fertigstellung des Werks oder, wenn dieser Zeitpunkt zum Zeitpunkt des Abschlusses des Bauvertrags nicht angegeben werden kann, zur Dauer der Bauausführung enthalten. Enthält der Vertrag diese Angaben nicht, werden die vorvertraglich in der Baubeschreibung übermittelten Angaben zum Zeitpunkt der Fertigstellung des Werks oder zur Dauer der Bauausführung Inhalt des Vertrags.

Materialien: BT-Drucks 18/11437; BT-Drucks 18/8486.

Schrifttum

KNIFFKA/RETZLAFF, Das neue Recht nach dem Gesetz zur Reform des Bauvertragsrechts, zur Änderung der kaufrechtlichen Mängelhaftung und zur Stärkung des zivilprozessualen Rechtsschutzes (BauVG), BauR 2017, 1747 OMLOR, Der neue Verbraucherbauvertrag, NJW 2018, 817.

Systematische Übersicht

I.	Anwendungsbereich der Bestimmung	1	III. Auslegung des Vertrages	3
II.	Vertragsinhalt	2	IV. Fertigstellungstermin	4

I. Anwendungsbereich der Bestimmung

1 § 650k BGB bezieht sich auf die vom Unternehmer gemäß § 650j BGB iVm Art 249 EGBGB vorgelegte Baubeschreibung, nicht auch auf jene, die der Besteller – idR unter Mithilfe eines Architekten – vorgelegt hat. Diese Letztere wird zwar ebenfalls durch Vereinbarung der Parteien Inhalt des Vertrages, aber die Bestimmungen des § 650k BGB passen auf sie nicht; das BGB enthält sich vielmehr einer eigenständigen Regelung. § 650k BGB befindet sich in dem dem Verbraucherbauvertrag gewidmeten Kapitel des Gesetzes. Nicht anders als § 650j (vgl § 650j Rn 2) muss die Bestimmung entsprechend angewendet werden, wenn der Bauvertrag mit einem Unternehmer iSd § 14 BGB abgeschlossen wird.

II. Der Vertragsinhalt

§ 650k Abs 1 BGB macht die Aussagen der Baubeschreibung des Unternehmers zum Vertragsinhalt, es sei denn, die Parteien haben sich ausdrücklich von der einen oder der anderen Aussage distanziert. Das muss eindeutig geschehen sein; die Bestimmung spricht insoweit von „ausdrücklich", was konkludente Vereinbarungen nicht ausschließt.

§ 650k BGB betrifft namentlich auch Verträge, die der notariellen Beurkundung bedürfen, vgl den Vertrag über eine Eigentumswohnung. Im Falle der §§ 650j und 650k BGB ist diese Form nicht notwendig gewahrt. § 650k BGB entbindet dann von ihr.

Zur Beschaffenheit des Werks kann die Baubeschreibung wertende Aussagen treffen, zB dass die verarbeiteten Hölzer „edel" seien, die Verarbeitung „optimal". Sofern sich dem eine konkrete Aussage entnehmen lässt, wird es Vertragsinhalt iSd § 633.

III. Die Auslegung des Vertrages

§ 650k Abs 2 BGB rechnet damit, dass die Baubeschreibung unvollständig oder unklar ist und macht für diesen Fall Vorgaben für die anstehende Auslegung des Vertrages. Diese soll sämtliche vertragsbegleitenden Umstände berücksichtigen, namentlich den Komfort- und Qualitätsstandard der übrigen Leistungsbeschreibung. Das dortige Niveau soll auch in dem unklaren Punkt erreicht werden, sodass also ggf aus der Gestaltung der Küche Rückschlüsse auf die gebotenen Anforderungen an die Garage oder das Schlafzimmers gezogen werden können. Bei der Auslegung des Vertrages ist also Phantasie zulässig und geboten. Ergeben sich Zweifel bei der Auslegung, sollen diese nach § 650k Abs 2 S 2 BGB zu Lasten des Unternehmers gehen.

IV. Der Fertigstellungstermin

§ 650k Abs 3 BGB postuliert verbindliche Angaben im Bauvertrag zum Fertigstellungstermin bzw, falls dieser nicht angegeben werden kann, zur Dauer der Bauausführung. Fehlt es daran, werden die entsprechenden Angaben der vorvertraglichen Baubeschreibung Inhalt des Vertrages.

§ 650l
Widerrufsrecht

Dem Verbraucher steht ein Widerrufsrecht gemäß § 355 zu, es sei denn, der Vertrag wurde notariell beurkundet. Der Unternehmer ist verpflichtet, den Verbraucher nach Maßgabe des Artikels 249 § 3 des Einführungsgesetzes zum Bürgerlichen Gesetzbuche über sein Widerrufsrecht zu belehren.

Materialien: BT-Drucks 18/11437; BT-Drucks 18/8486.

§ 650l

Schrifttum

LENKEIT, Das neue Widerrufsrecht für Verbraucher bei Verträgen am Bau, BauR 2017, 454 – Teil 1; ders, Das neue Widerrufsrecht für Verbraucher bei Verträgen am Bau, BauR 2017, 615 – Teil 2.

Systematische Übersicht

I. Notarielle Beurkundung 1

II. Andere Verträge 2

I. Notarielle Beurkundung

1 Bauverträge eines Verbrauchers können oft notariell zu beurkunden sein. Die Notwendigkeit dazu kann sich namentlich aus den §§ 650u, 311b Abs 1 BGB ergeben. Dann werden die Belehrung des Notars sowie vorab die zweiwöchige Frist des § 17 Abs 2a Nr 2 BeurkG dafür sorgen, dass der Verbraucher nicht ohne die wünschenswerte Überlegung abschließt.

II. Andere Verträge

2 Bei anderen Verträgen fehlen diese Schutzmechanismen. Zum Ausgleich billigt § 650l BGB dem Verbraucher bei einem Verbraucherbauvertrag das Widerrufsrecht des § 355 BGB zu. Dieser Widerruf bedarf keiner Begründung und ist innerhalb von zwei Wochen in Textform zu erklären. Art 249 § 3 EGBGB ergänzt diese Regelung:

> **Art 249 EGBGB**
> **Informationspflichten bei Verbraucherbauverträgen**
>
> (...)
>
> § 3 Widerrufsbelehrung
>
> (1) Steht dem Verbraucher ein Widerrufsrecht nach § 650l Satz 1 des Bürgerlichen Gesetzbuchs zu, ist der Unternehmer verpflichtet, den Verbraucher vor Abgabe von dessen Vertragserklärung in Textform über sein Widerrufsrecht zu belehren. Die Widerrufsbelehrung muss deutlich gestaltet sein und dem Verbraucher seine wesentlichen Rechte in einer an das benutzte Kommunikationsmittel angepassten Weise deutlich machen. Sie muss Folgendes enthalten:
>
> 1. einen Hinweis auf das Recht zum Widerruf,
>
> 2. einen Hinweis darauf, dass der Widerruf durch Erklärung gegenüber dem Unternehmer erfolgt und keiner Begründung bedarf,
>
> 3. den Namen, die ladungsfähige Anschrift und die Telefonnummer desjenigen, gegenüber dem der Widerruf zu erklären ist, gegebenenfalls seine Telefaxnummer und E-Mail-Adresse,

4. einen Hinweis auf die Dauer und den Beginn der Widerrufsfrist sowie darauf, dass zur Fristwahrung die rechtzeitige Absendung der Widerrufserklärung genügt, und

5. einen Hinweis darauf, dass der Verbraucher dem Unternehmer Wertersatz nach § 357d des Bürgerlichen Gesetzbuchs schuldet, wenn die Rückgewähr der bis zum Widerruf erbrachten Leistung ihrer Natur nach ausgeschlossen ist.

(2) Der Unternehmer kann seine Belehrungspflicht dadurch erfüllen, dass er dem Verbraucher das in Anlage 10 vorgesehene Muster für die Widerrufsbelehrung zutreffend ausgefüllt in Textform übermittelt.

Anlage 10

(zu Artikel 249 § 3)

Muster für die Widerrufsbelehrung bei Verbraucherbauverträgen

---

Widerrufsbelehrung

Widerrufsrecht

Sie haben das Recht, binnen 14 Tagen ohne Angabe von Gründen diesen Vertrag zu widerrufen.

Die Widerrufsfrist beträgt 14 Tage ab dem Tag des Vertragsabschlusses. Sie beginnt nicht zu laufen, bevor Sie diese Belehrung in Textform erhalten haben.

Um Ihr Widerrufsrecht auszuüben, müssen Sie uns (*) mittels einer eindeutigen Erklärung (zB Brief, Telefax oder E-Mail) über Ihren Entschluss, diesen Vertrag zu widerrufen, informieren.

Zur Wahrung der Widerrufsfrist reicht es aus, dass Sie die Erklärung über die Ausübung des Widerrufsrechts vor Ablauf der Widerrufsfrist absenden.

Folgen des Widerrufs

Wenn Sie diesen Vertrag widerrufen, haben wir Ihnen alle Zahlungen, die wir von Ihnen erhalten haben, unverzüglich zurückzuzahlen.

Sie müssen uns im Falle des Widerrufs alle Leistungen zurückgeben, die Sie bis zum Widerruf von uns erhalten haben. Ist die Rückgewähr einer Leistung ihrer Natur nach ausgeschlossen, lassen sich etwa verwendete Baumaterialien nicht ohne Zerstörung entfernen, müssen Sie Wertersatz dafür bezahlen.

Gestaltungshinweis:

* Fügen Sie Ihren Namen oder den Namen Ihres Unternehmens, Ihre Anschrift und Ihre Telefonnummer ein. Sofern verfügbar sind zusätzlich anzugeben: Ihre Telefaxnummer und E-Mail-Adresse.

Der ordnungsgemäß nach § 3 des Art 249 EGBGB belehrte Verbraucher kann also den Werkvertrag nach § 355 BGB widerrufen. Ihm sind dann etwaige Anzahlungen auf den Werklohn nach § 357 Abs 1 BGB zu erstatten. Seinerseits hat er etwaige Leistungen des Unternehmers nach diesen Bestimmungen herauszugeben. Das wird freilich bei Bauleistungen idR in natura nicht möglich sein und dann schuldet der widerrufende Verbraucher nach § 357d S 1 BGB Wertersatz. Zu seiner Bemessung verhält sich § 357d S 2 BGB: Es ist die vereinbarte Vergütung zugrunde zu legen, außer sie sei unverhältnismäßig hoch; dann soll es auf den Marktwert der erbrachten Leistung ankommen.

Das alles ist nur schwer nachvollziehbar. Denn wegen des Widerrufs des Verbrauchers wird der Unternehmer die vereinbarte Leistung gerade nicht erbracht, sondern nur einen Torso abgeliefert haben, bei dem man einen Marktwert nicht wird feststellen können. Einen Marktwert haben nur vollständig erbrachte Leistungen. Man wird vielmehr abschätzen müssen, wie viel Prozent der insgesamt vorgesehenen Leistung der Unternehmer erbracht hat und ihm einen entsprechenden Teilwerklohn zubilligen müssen.

§ 650m
Abschlagszahlungen; Absicherung des Vergütungsanspruchs

(1) Verlangt der Unternehmer Abschlagszahlungen nach § 632a, darf der Gesamtbetrag der Abschlagszahlungen 90 Prozent der vereinbarten Gesamtvergütung einschließlich der Vergütung für Nachtragsleistungen nach § 650c nicht übersteigen.

(2) Dem Verbraucher ist bei der ersten Abschlagszahlung eine Sicherheit für die rechtzeitige Herstellung des Werks ohne wesentliche Mängel in Höhe von 5 Prozent der vereinbarten Gesamtvergütung zu leisten. Erhöht sich der Vergütungsanspruch infolge einer Anordnung des Verbrauchers nach den §§ 650b und 650c oder infolge sonstiger Änderungen oder Ergänzungen des Vertrags um mehr als 10 Prozent, ist dem Verbraucher bei der nächsten Abschlagszahlung eine weitere Sicherheit in Höhe von 5 Prozent des zusätzlichen Vergütungsanspruchs zu leisten. Auf Verlangen des Unternehmers ist die Sicherheitsleistung durch Einbehalt dergestalt zu erbringen, dass der Verbraucher die Abschlagszahlungen bis zu dem Gesamtbetrag der geschuldeten Sicherheit zurückhält.

(3) Sicherheiten nach Absatz 2 können auch durch eine Garantie oder ein sonstiges Zahlungsversprechen eines im Geltungsbereich dieses Gesetzes zum Geschäftsbetrieb befugten Kreditinstituts oder Kreditversicherers geleistet werden.

(4) Verlangt der Unternehmer Abschlagszahlungen nach § 632a, ist eine Vereinbarung unwirksam, die den Verbraucher zu einer Sicherheitsleistung für die vereinbarte Vergütung verpflichtet, die die nächste Abschlagszahlung oder 20 Prozent der vereinbarten Vergütung übersteigt. Gleiches gilt, wenn die Parteien Abschlagszahlungen vereinbart haben.

Untertitel 1 · Werkvertrag
Kapitel 3 · Verbraucherbauvertrag

§ 650n

Materialien: BT-Drucks 18/11437; BT-Drucks 18/8486.

Schrifttum

S bei § 632a.

Systematische Übersicht

I. Deckelung von Abschlagszahlungen 1
II. Sicherheit für den Besteller 2
III. § 650m Abs 4 3

I. Deckelung von Abschlagszahlungen

Bei einem Verbraucherbauvertrag deckelt § 650m Abs 1 BGB die Abschlagszahlungen, die dem Besteller auferlegt werden können, auf maximal 90 % der Gesamtvergütung, wie sie sich im Ergebnis – einschließlich aller Nachträge – ergibt. Hat der Besteller danach aktuell zu viel bezahlt, wird die sofortige Rückforderung freilich durch § 813 Abs 2 BGB ausgeschlossen; sie muss im Rahmen weiterer Abschlagszahlungen, notfalls der Schlussabrechnung, zum Ausgleich gebracht werden.   **1**

II. Sicherheit für den Besteller

Nach § 650m Abs 2 BGB steht dem Verbraucher eine Sicherheit für die rechtzeitige Herstellung des Werks ohne wesentliche Mängel zu. Ihre Höhe beträgt 5 % der vereinbarten Gesamtvergütung. In dieser Höhe ist sie bei der ersten Abschlagszahlung zu stellen. Erhöht sich später der Werklohn um mehr als 10 %, wird bei der nächsten Abschlagszahlung eine weitere Sicherheit in Höhe von wiederum 5 % der Zusatzvergütung fällig. Auf Verlangen des Unternehmers ist sie durch Einbehalt vom Werklohn zu stellen. Sonst sieht § 650m Abs 3 BGB eine Bankbürgschaft vor.   **2**

III. § 650m Abs 4

§ 650m Abs 4 BGB beschränkt Vereinbarungen der Parteien über Abschlagszahlungen oder Sicherheiten für diese. Die Bestimmung ist ein Verbotsgesetz.   **3**

§ 650n
Erstellung und Herausgabe von Unterlagen

(1) Rechtzeitig vor Beginn der Ausführung einer geschuldeten Leistung hat der Unternehmer diejenigen Planungsunterlagen zu erstellen und dem Verbraucher herauszugeben, die dieser benötigt, um gegenüber Behörden den Nachweis führen zu können, dass die Leistung unter Einhaltung der einschlägigen öffentlich-rechtlichen Vorschriften ausgeführt werden wird. Die Pflicht besteht nicht, soweit der

Verbraucher oder ein von ihm Beauftragter die wesentlichen Planungsvorgaben erstellt.

(2) Spätestens mit der Fertigstellung des Werks hat der Unternehmer diejenigen Unterlagen zu erstellen und dem Verbraucher herauszugeben, die dieser benötigt, um gegenüber Behörden den Nachweis führen zu können, dass die Leistung unter Einhaltung der einschlägigen öffentlich-rechtlichen Vorschriften ausgeführt worden ist.

(3) Die Absätze 1 und 2 gelten entsprechend, wenn ein Dritter, etwa ein Darlehensgeber, Nachweise für die Einhaltung bestimmter Bedingungen verlangt und wenn der Unternehmer die berechtigte Erwartung des Verbrauchers geweckt hat, diese Bedingungen einzuhalten.

Materialien: BT-Drucks 18/11437; BT-Drucks 18/8486.

Schrifttum

Grosse, Herausgabe von Bau- und Planungsunterlagen an den Besteller, NJW-Spezial 2015, 492
Lotz, Bauunterlagen und Dokumentation, BauR 2012, 157

Schlie, Der Anspruch des Auftraggebers auf Herausgabe von Bauunterlagen, BauR 2014, 905.

Systematische Übersicht

| I. | Notwendige Genehmigungen | 1 | III. | Details | 3 |
| II. | Praktische Probleme | 2 | IV. | Nachweise nach § 650n Abs 3 | 4 |

I. Notwendige Genehmigungen

1 Damit Bauarbeiten ausgeführt werden können, bedarf es oft in mehrfacher Hinsicht einer Genehmigung. Entsprechende Bedürfnisse können sich aus dem öffentlichen Recht ergeben, zB aus dem Baurecht, dem Wasserrecht oder dem Gewerberecht. Aber auch das Privatrecht kann Genehmigungen notwendig machen, zB die Grunddienstbarkeit des Nachbarn oder die Notwendigkeit, bei den Bauarbeiten sein Eigentum in Anspruch zu nehmen.

§ 4 Abs 1 S 2 VOB/B erklärt es zur Aufgabe des Bestellers, die erforderlichen Genehmigungen einzuholen. Was dort für die öffentlich-rechtlichen Genehmigungen gesagt wird, muss aber doch auch für jene des Privatrechts gelten und gilt ganz allgemein auch ohne Vereinbarung der VOB/B. Liegt etwa eine notwendige Genehmigung nicht vor, ergibt sich daraus für den Unternehmer ein Recht zur Verweigerung der Leistung. Für den Besteller ist die Beschaffung notwendiger Genehmigungen eine Obliegenheit als Gläubiger.

II. Praktische Probleme

Nun ist es für den Besteller, der ja auch ein Laie sein kann, nicht immer ersichtlich, welche Genehmigungen notwendig werden. Der bauerfahrene Unternehmer wird da den besseren Überblick haben und dem Besteller Hilfe bei der Beschaffung leisten können. Das ist für ihn eine Obliegenheit, die man nach allgemeinem Zivilrecht unschwer in § 241 Abs 2 BGB verankern kann; es geht um die dortige Rücksichtnahme auf die Interessen des anderen Teils.

§ 650n BGB trifft eine spezifische Sonderregelung für den Bereich des Verbraucherbauvertrags. Nun stellt sich freilich die Lage für einen bauenden Unternehmer iSd § 14 Abs 1 BGB letztlich nicht anders dar und deshalb muss man bei ihm entweder § 650n BGB entsprechend heranziehen oder nach wie vor auf § 241 Abs 2 BGB zurückgreifen.

III. Details

Den zeitlichen Rahmen der Pflichten des Unternehmers umschreibt § 650n BGB nur vage. Sie sollen „rechtzeitig vor Beginn der Ausführung" einsetzen. Enden werden sie gegenüber einer Behörde mit der behördlichen Bauabnahme, gegenüber einem Privaten mit der Beendigung der Auseinandersetzung.

In der Sache kommt es ganz auf den Einzelfall an. Der Unternehmer kann namentlich gehalten sein, mit dem Dritten zu verhandeln, der sich zu wahrender Rechte berühmt. Den Dritten abzufinden wird der Unternehmer nicht verpflichtet sein können, wenn es denn insgesamt um die Pflichten des Bestellers geht bzw um die Reichweite seiner Rechte.

Sanktioniert werden die Pflichten des Unternehmers aus § 650n BGB durch Schadensersatzansprüche des Bestellers aus den §§ 634 Nr 4, 280 Abs 1, 241 Abs 2 BGB, dies namentlich dann, wenn es zu einer eingeschränkten Nutzbarkeit des Werks kommt.

IV. Nachweise nach § 650n Abs 3

Insbesondere finanzierende Banken verlangen Mitteilungen über den Baustand, wenn sie Gelder zur Auszahlung bringen sollen. § 650n Abs 3 BGB erlegt dem Bauunternehmer auch derartige Mitteilungen auf. Diese Pflicht entfällt freilich dann, wenn der Bank die Mitteilung des Bauunternehmers nicht genügt, sondern sie eine qualifizierte Mitteilung – namentlich die eines Architekten – verlangen kann.

§ 650n Abs 3 BGB schränkt die Pflicht des Unternehmers ein; er muss in dem Besteller die berechtigte Erwartung geweckt haben, er sei zu der erwarteten Erklärung bereit. Ohne eine entsprechende Verwahrung des Unternehmers wird davon freilich auszugehen sein.

Kapitel 4
Unabdingbarkeit

§ 650o
Abweichende Vereinbarungen

Von § 640 Absatz 2 Satz 2, den §§ 650i bis 650l und 650n kann nicht zum Nachteil des Verbrauchers abgewichen werden. Diese Vorschriften finden auch Anwendung, wenn sie durch anderweitige Gestaltungen umgangen werden.

Materialien: BT-Drucks 18/11437; BT-Drucks 18/8486.

Systematische Übersicht

I.	Allgemeines	1
II.	Widerrufsrecht	2

I. Allgemeines

1 § 650o S 1 BGB erklärt die wesentlichen Sonderregelungen des Gesetzes über den Verbraucherbauvertrag für halbzwingend in dem Sinne, dass nicht zum Nachteil des Verbrauchers – zu seinen Gunsten wohl! – von ihnen abgewichen werden darf. Satz 2 der Bestimmung missbilligt auch Umgehungen dieser gesetzlichen Bestimmungen.

Betroffen ist zunächst § 640 Abs 2 S 2 BGB. Wenn nach § 640 Abs 2 S 1 BGB das Werk als abgenommen gilt, wenn der Besteller nicht innerhalb einer ihm gesetzten Frist mit der Rüge mindestens eines Mangels hervorgetreten ist, fordert § 640 Abs 2 S 2 BGB, dass ein Verbraucher als Besteller vorab in Textform auf diese Regelung hinzuweisen ist.

§ 650o BGB erklärt für halbzwingend in diesem Sinn weiterhin die Bestimmungen der §§ 650i bis 650l und 650n BGB über den Verbraucherbauvertrag. Wenn § 650m BGB von dieser Verweisung ausgenommen ist, erklärt sich das daraus, dass der Unternehmer die dort genannten Voraussetzungen für Abschlagszahlungen schon im eigenen Interesse achten wird.

II. Widerrufsrecht

2 Wenig gelungen ist die Bezugnahme des § 650o BGB auf § 650l BGB. Wurde der Vertrag – zB über eine Eigentumswohnung – notariell beurkundet, gibt es das Widerrufsrecht ohnehin nicht. Fehlt es aber an der notariellen Beurkundung, wäre in § 650o BGB doch wohl eher Art 249 EGBGB als § 650l BGB in Bezug zu nehmen gewesen.

Untertitel 2
Architektenvertrag und Ingenieurvertrag

Vorbemerkungen zu den §§ 650p ff

Schrifttum

Barnikel, Die Rechtsnatur des Architektenvertrages, BauR 1979, 202
vCraushaar, Die Vollmacht des Architekten zur Anordnung und Vergabe von Zusatzarbeiten, BauR 1982, 421
Deckers, Das neue Architekten- und Ingenieurvertragsrecht im Bürgerlichen Gesetzbuch, ZfBR 2017, 523
Doeren, Die Erteilung von Aufträgen durch den bauleitenden Architekten und deren Rechtsfolgen bei fehlender Architektenvollmacht, JbBauR 2003, 131
Doerry, Das Verbot der Architektenbindung in der Rechtsprechung des Bundesgerichtshofs, in: FS Baumgärtel (1990) 41
Franken, HOAI für Garten- und Landschaftsarchitekten (1977)
Glaser, Das Architektenrecht in der Praxis (3. Aufl 1981)
Hesse, Verbot der Architektenbindung – Fehlschlag und Abhilfe, BauR 1985, 30
Jagenburg, Die Vollmacht des Architekten, BauR 1978, 180
Jakobs, Der Architektenvertrag im Verhältnis zum Dienst- und Werkvertragsrecht, in: FS Ballerstedt (1975) 355
Kaiser, Der Umfang der Architektenvollmacht, ZfBR 1980, 263
Keldungs, Die Vollmacht des Architekten zur Vergabe von Zusatzaufträgen, in: FS Vygen (1999) 208
Knychalla, Inhaltskontrolle von Architektenformularverträgen (1987)
Korbion/Mantscheff/Vygen, HOAI (9. Aufl 2016)
Krukenberg, Der Architektenvertrag (1967)
Locher, Rechtsfragen des Innenarchitektenvertrages, BauR 1971, 69
Locher/Koeble/Frik, HOAI (13. Aufl 2017)
Löffelmann/Fleischmann, Architektenrecht (6. Aufl 2011)
Ludwigs/Ludwigs, Der Architekt (1964)
Meister, Das Recht des Architekten (1939)
Neuenfeld, Handbuch des Architektenrechts (1973 ff.)
ders, Architekt und Recht (1977)
Osenbrück, Der Ingenieurvertrag (1982)
Pattri, Der Architekt und sein Arbeitsvertrag (1932)
Pauly, Zur Frage des Umfangs der Architektenvollmacht, BauR 1998, 1143
Peters, Zu den Strukturen des Architektenvertrags, BauR 2011, 1563
Pott/Dahlhoff/Kniffka, HOAI (10. Aufl 2016)
Reichert, Die Haftung des Architekten, BauR 2014, 626
Schmalzl, Zur Rechtsnatur des Statikervertrages, MDR 1971, 349
ders, Zur Vollmacht des Architekten, MDR 1977, 622
Wessels/Schwenker, Der Architekten- und Ingenieurvertrag, MDR 2017, 1155
Weyer, Gründe für eine Nichtigkeit des Architektenvertrages und dessen Abwicklung, BauR 1984, 324
Scholtissek, HOAI 2009 – Neue Vergütungsregelungen für Architekten und Ingenieure, NJW 2009, 3057.

Vorbem zu §§ 650p ff

Systematische Übersicht

I.	**Aufgaben des Architekten**	
1.	Gebäude	1
a)	Grundlagenermittlung	2
b)	Vorplanung	3
c)	Entwurfsplanung	4
d)	Genehmigungsplanung	5
e)	Ausführungsplanung	6
f)	Vorbereitung der Vergabe	7
g)	Mitwirkung bei der Vergabe	8
h)	Objektüberwachung	9
i)	Objektbetreuung und Dokumentation	10
k)	Gewicht der Einzelleistungen	11
2.	Außenanlagen	12
II.	**Rechtsnatur des Architektenvertrages**	
1.	Zur Entwicklung	13
2.	Stellungnahme	14
III.	**Abschluss des Architektenvertrages**	
1.	Form und Umfang des Vertrages	15
2.	Vorvertragliche Pflichten	16
3.	Architektenbindung	17
IV.	**Vergütung des Architekten**	22a
V.	**Vertretungsmacht des Architekten**	23
a)	Ausdrückliche Bevollmächtigung	24
b)	Örtliche Bauaufsicht	25
aa)	Erteilung von Aufträgen	26
bb)	Abänderung von Verträgen	27
cc)	Anerkennung von Leistungen	28
dd)	Mängelhaftung des Unternehmers	29
ee)	Sonstiges	30
VI.	**Pflichten des Architekten**	31
1.	Auskunft	32
2.	Einsicht in Unterlagen	33

Alphabetische Übersicht

Architektenbindung	17	Objektüberwachung		9
Auftragserteilung	26			
Auskunft	32	Planung		2 ff
Dokumentation	10	Stundenlohnzettel		25, 28
Gewährleistung	10	Vertretungsmacht		23
Koppelungsverbot	17			

I. Aufgaben des Architekten

1. Gebäude

1 Der vom Bauherrn bestellte und vergütete Architekt hat im Zusammenhang mit der Planung und Errichtung die Aufgabe, dessen Interessen umfassend wahrzunehmen. Dazu gehört die Beratung in wirtschaftlicher, technischer und durchaus auch rechtlicher Hinsicht, welche schon vor dem Erwerb eines Baugrundstücks einsetzen kann und erst mit der durchgeführten Gewährleistung endet. Was insoweit von ihm erwartet werden kann, sagt das BGB selbst nicht näher, namentlich auch heute nicht § 650p BGB. Es ergibt sich vielmehr aus den Leistungsbildern des § 34 HOAI, wie sie als gebührenrechtliche Regelung die zivilrechtlichen Pflichten eines Architekten zwar nicht konstituieren, aber doch deskriptiv beschreiben kann.

Untertitel 2
Architektenvertrag und Ingenieurvertrag Vorbem zu §§ 650p ff

a) Im Rahmen der Grundlagenermittlung (Phase 1) geht es um die Klärung der Aufgabenstellung, das Beraten zum gesamten Leistungsbedarf, das Formulieren von Entscheidungshilfen für die Auswahl anderer an der Planung fachlich Beteiligter sowie das Zusammenfassen der Ergebnisse. **2**

b) Bei der Vorplanung (Projekt- und Planungsvorbereitung, Phase 2) sind die Grundlagen zu analysieren, die Zielvorstellungen (Randbedingungen, Zielkonflikte) abzustimmen, ist ein Planungskonzept zu erarbeiten wobei auch alternative Lösungsmöglichkeiten zu erarbeiten sind. Es sind erste zeichnerische Darstellungen und Strichskizzen zu liefern, ggf mit Erläuterungen, sodann hat der Architekt die Leistungen anderer an der Planung fachlich Beteiligter zu integrieren, die wesentlichen städtebaulichen, gestalterischen, funktionalen, technischen, bauphysikalischen, wirtschaftlichen, energiewirtschaftlichen, biologischen und ökologischen Zusammenhänge, Vorgänge und Bedingungen zu klären und dem Bauherrn zu erläutern, Vorverhandlungen mit Behörden und anderen an der Planung fachlich Beteiligten zu führen, eine Kostenschätzung nach DIN 276 oder nach dem wohnungsrechtlichen Berechnungsrecht vorzunehmen sowie alle Vorplanungsergebnisse zusammenzustellen. **3**

c) Bei der darauf folgenden Entwurfsplanung (System- und Integrationsplanung, Phase 3) ist das Planungskonzept wiederum umfassend unter Berücksichtigung aller einschlägigen Aspekte unter stufenweiser Erarbeitung einer zeichnerischen Lösung und Verwendung der Beiträge anderer Planungsbeteiligter durchzuarbeiten und eine zeichnerische Darstellung des Gesamtentwurfs zu liefern. Es sind Verhandlungen mit Behörden und anderen Planungsbeteiligten über die Genehmigungsfähigkeit zu führen und eine Kostenberechnung (nicht mehr Kostenschätzung) nach DIN 276 zu liefern. Die Entwurfsunterlagen sind zusammenzufassen. **4**

d) Bei der Genehmigungsplanung (Phase 4) sind die Vorlagen für die nach den öffentlich-rechtlichen Vorschriften erforderlichen Genehmigungen oder Zustimmungen einschließlich der Anträge auf Ausnahmen und Befreiungen unter Verwendung der Beiträge anderer Planungsbeteiligter zu erstellen, etwa noch notwendige Verhandlungen mit Behörden zu führen sowie die Unterlagen einzureichen Es sind dann die Planungsunterlagen Beschreibungen und Berechnungen zu vervollständigen und anzupassen. **5**

e) Bei der Ausführungsplanung (Phase 5) sind die Ergebnisse der beiden vorangehenden Leistungsphasen unter Berücksichtigung aller einschlägigen Aspekte mit dem Ziel und dem Ergebnis einer ausführungsreifen Lösung durchzuarbeiten. Dazu ist eine zeichnerische Darstellung des Objekts mit allen für die Ausführung notwendigen Einzelangaben und den erforderlichen textlichen Ausführungen zu erstellen, zB endgültige und vollständige Ausführungs-, Detail- und Konstruktionszeichnungen im Maßstab 1:50 bis 1:1. Es sind die Grundlagen für die anderen Planungsbeteiligten zu erarbeiten und ihre Beiträge in den Planungsstand zu integrieren. Die Ausführungsplanung ist während der Objektausführung fortzuschreiben. **6**

f) Sodann folgt die Vorbereitung der Vergabe (Phase 6), bei der die Mengen als Grundlage für das Aufstellen von Leistungsbeschreibungen zu ermitteln und zusammenzustellen sind und dann Leistungsbeschreibungen mit Leistungsverzeichnissen **7**

nach Leistungsbereichen zu erstellen und die Leistungsbeschreibungen der Planungsbeteiligten abzustimmen und zu koordinieren sind.

8 g) Bei der anschließenden Mitwirkung (Phase 7) sind die Verdingungsunterlagen für alle Leistungsbereiche zusammenzustellen, Angebote einzuholen, zu prüfen und zu bewerten, wobei auch ein Preisspiegel nach Teilleistungen aufzustellen ist. Dabei sind ggf die an den beiden vorangehenden Leistungsphasen Beteiligten erneut zu beteiligen. Der Architekt hat mit den Bietern zu verhandeln, aus Einheits- und Pauschalpreisen der Angebote einen Kostenanschlag nach DIN 260 zu erstellen und bei der Vergabe der Aufträge mitzuwirken.

9 h) Bei der Objektüberwachung (Bauüberwachung, Phase 8) muss der Architekt die Ausführung des Objekts darauf überwachen, ob sie in Übereinstimmung mit der Baugenehmigung oder Zustimmung, den Ausführungsplänen und den Leistungsbeschreibungen, mit den anerkannten Regeln der Technik und den einschlägigen Vorschriften erfolgt. Gleichzeitig hat er die an der Objektüberwachung fachlich Beteiligten zu koordinieren, Fertigteile zu überwachen und auf ihre Detailkorrektheit hinzuwirken, einen Zeitplan (Balkendiagramm) aufzustellen und zu überwachen und ein Bautagebuch zu führen.

Im weiteren Ablauf muss er ein gemeinsames Aufmaß mit den bauausführenden Unternehmen aufnehmen, die Bauleistungen unter Mitwirkung der anderen an der Planung und Objektüberwachung Beteiligten abnehmen, die Rechnungen prüfen, den Antrag auf behördliche Abnahmen stellen und an ihnen teilnehmen, das Objekt nebst Zusammenstellung und Übergabe der erforderlichen Unterlagen (zB Bedienungsanleitungen, Prüfprotokolle) an den Bauherrn übergeben, die Gewährleistungsfristen auflisten, die Beseitigung der bei der Abnahme der Bauleistung festgestellten Mängel überwachen und eine Kostenkontrolle vornehmen.

10 i) In der letzten Leistungsphase der Objektbetreuung und Dokumentation (Phase 9) obliegt dem Architekten vor Ablauf der Gewährleistungsfristen gegenüber den bauausführenden Unternehmen eine Objektbegehung zur Mängelfeststellung, die Überwachung der Beseitigung der rechtzeitig festgestellten Mängel, die Mitwirkung bei der Freigabe von Sicherheitsleistungen und schließlich die systematische Zusammenstellung der zeichnerischen Darstellung und rechnerischen Ergebnisse des Objekts.

11 k) Der Architekt braucht nicht mit sämtlichen Leistungsphasen betraut zu werden. Wird er dies, so setzen sich die 100% des Honorars dieser sog Vollarchitektur nach § 34 HOAI wie folgt zusammen:

1. Grundlagenermittlung 2%

2. Vorplanung 7%

3. Entwurfsplanung 15%

4. Genehmigungsplanung 3%

5. Ausführungsplanung 25%

6. Vorbereitung der Vergabe 10%

7. Mitwirkung bei der Vergabe 4%

8. Objektüberwachung 32%

9. Objektbetreuung und Dokumentation 2%.

2. Außenanlagen

Entsprechende Leistungsbilder gibt es für Außenanlagen, vgl § 38 HOAI. **12**

II. Rechtsnatur des Architektenvertrages

1. Zur Entwicklung

Die eben skizzierten Aufgaben eines Architekten lassen sich sowohl kraft eines **13** Werkvertrages, als auch kraft eines Dienstvertrages erledigen. Letzteres ist bei einem angestellten Architekten der Fall. Was die Tätigkeit des freien Architekten betrifft, hatte das Reichsgericht sie dem Dienstvertrag zugeordnet (RGZ 86, 75; 137, 83; RG JW 1934, 2762; 1936, 3116), nur die schlichte Planung erfolge werkvertraglich (RGZ 97, 127). Demgegenüber hat sich der Bundesgerichtshof immer stärker für die Anwendung des Werkvertragsrechts ausgesprochen, zunächst für die Vollarchitektur (BGHZ 31, 224), schließlich auch für die isoliert übertragene Bauaufsicht (BGH NJW 1982, 438). Die Verjährungsvorschrift des § 634a Abs 1 Nr 2 BGB zeigt, dass der Gesetzgeber der Modernisierung des Schuldrechts dieser Sicht gefolgt ist. Noch eindeutiger bringen dies für den heutigen Gesetzgeber die §§ 650p ff BGB zum Ausdruck.

2. Stellungnahme

Die Wahl des Vertragstyps wird nicht schon zwingend dadurch vorgezeichnet, dass **14** der Werkunternehmer einen Erfolg schuldet, der Dienstverpflichtete aber nicht. Erfolgreich sein soll auch das Tun des Letzteren. Für den Bereich der Bauaufsicht ergeben sich bei den geschuldeten Tätigkeiten keine Unterschiede, ob man sie nun dem Dienstvertragsrecht oder den Werkvertragsrecht zuordnet. Und der Erfolg der Planungstätigkeit ist nicht von vornherein greifbar. Der Architekt muss hier eine Lösung anstreben, die den Bedürfnissen des Bauherrn und seinen – insbesondere finanziellen – Möglichkeiten optimal entspricht, dabei aber sehr unterschiedlich ausfallen kann, man denke nur an die Ergebnisse von Architektenwettbewerben.

Blickt man auf die jeweiligen Rechtsfolgen, ist die Einstandspflicht für Fehlleistungen jeweils deutlich unterschiedlich geregelt, bloße Schadensersatzpflicht einerseits und das differenzierte Regelwerk des § 634 BGB andererseits. Aber von diesem hat die Nacherfüllung nur einen schmalen Anwendungsbereich. Bei Mängeln der Bauaufsicht scheidet sie ganz aus, bei der Planung ist sie nur so lange sinnvoll, wie diese noch nicht umgesetzt worden ist. So reduziert sich die Haftung des Architekten auch im Werkvertragsrecht am Ende auf eine Schadensersatzpflicht. Die Möglichkeiten des Rücktritts und der Minderung, die das Werkvertragsrecht dem Bauherrn zusätzlich eröffnet, werden seinen Interessen jedenfalls quantitativ regelmäßig nicht genügen.

Allerdings weist auch das aktuelle Dienstvertragsrecht in Bezug auf den Architekten eine Schwäche auf, wenn sein § 627 BGB gegenüber § 648 BGB auch ihm die jederzeitige freie Kündigung gestattet. Würde man diese Möglichkeit tilgen, ist es aber nicht ersichtlich, warum man nicht bei der Einordnung des Vertrages mit ihm zu der Sicht des Reichsgerichts zurückkehren könnte.

III. Abschluss des Architektenvertrages

1. Form und Umfang des Vertrages

15 Der Architektenvertrag kann – nach allgemeinen Grundsätzen – formfrei zustande kommen, auch wenn Schriftform üblich und zweckmäßig und nach § 7 HOAI für bestimmte Honorarabreden – nur für sie! – vorgeschrieben ist. Insofern ist auch ein Abschluss durch schlüssiges Verhalten denkbar. Ein solcher Abschluss liegt allerdings nicht schon dann vor, wenn der Architekt von sich aus in der Hoffnung auf einen Auftrag Planungsleistungen erbringt und der Bauherr sie gar auch verwertet, wohl aber, wenn der Bauherr den Architekten um Leistungen bittet, wie sie üblicherweise zu vergüten sind, § 632 Abs 1 BGB. Dann spricht es auch nicht zwingend gegen einen Auftrag, wenn die Planungen des Architekten „unverbindlich" sein sollen, weil man dies nicht ohne Weiteres mit „kostenlos" gleichsetzen kann, sondern dies auch dahin gedeutet werden kann, dass der Bauherr sich eine weiterreichende vertragliche Bindung vorbehalten will.

Gibt der Bauherr einzelne Leistungen – insbesondere hinsichtlich der Vorplanung – in Auftrag, ist vielmehr davon auszugehen, dass er sich nur in geringstmöglichem Umfang binden will. Eine Vermutung dahin, dass sämtliche Leistungen übertragen werden sollen, die der Bauherr gar noch (vor dem Hintergrund des § 648 S 2 BGB) zu entkräften hätte, besteht nicht (BGH NJW 1980, 122). Allenfalls kann nur das schon jetzt in Auftrag gegeben sein, was die jetzige Leistung des Architekten sinnvoll abrundet.

Zur möglichen Bindungswirkung eines Bestätigungsschreibens des Architekten vgl BGH BauR 1975, 68.

2. Vorvertragliche Pflichten

16 Den Architekten (und den Bauherrn) treffen die üblichen vorvertraglichen Pflichten, insbesondere zur Aufklärung über wesentliche Umstände, deren Verletzung zu Anfechtungsmöglichkeiten nach den §§ 119 Abs 2, 123 BGB führen kann sowie zu Schadensersatzansprüchen aus den §§ 280 Abs 1, 241 Abs 2, 311 Abs 2 BGB. So muss der Architekt namentlich darüber aufklären, ob er zum Führen dieser Berufsbezeichnung (nach Landesrecht) berechtigt ist (OLG Düsseldorf BauR 1973, 329; OLG Stuttgart BauR 1979, 239; OLG Nürnberg NJW-RR 1998, 1713; **aA** OLG Düsseldorf BauR 1982, 86 für den Fall, dass die Voraussetzungen für die Eintragung in die Architektenliste eindeutig gegeben sind).

3. Architektenbindung

Nach Art 10 des Gesetzes vom 4. 11. 1971 zur Regelung von Ingenieurs- und Architektenleistungen sind Vereinbarungen unwirksam, durch die sich der Erwerber eines Grundstücks im Zusammenhang mit dem Erwerb verpflichtet, bei der Planung oder Ausführung eines Bauwerks auf diesem Grundstück die Leistungen eines bestimmten Architekten oder Ingenieurs in Anspruch zu nehmen. 17

Dieses sog Koppelungsverbot verfolgt den Zweck, die freie Wahl des Architekten durch den Bauwilligen allein nach Leistungsgesichtspunkten zu sichern, das typische Berufsbild des freien Architekten zu schützen und den Wettbewerb unter den Architekten zu fördern (BT-Drucks VI/1549, 14 f). Das hält des BVerfG (NJW 2011, 2782; vgl auch BGHZ 186, 314 = NJW 2010, 3154) für hinreichend, diese Regelung der Berufsausübung – nicht der Berufswahl – zu legitimieren, auch wenn nicht zu übersehen ist, dass der Architekt damit Nachteile im Wettbewerb mit Angehörigen anderer Berufsgruppen – zB Bauträgern – erleidet, die das Angebot der eigenen Leistung durch die Koppelung mit dem Angebot eines Baugrundstücks attraktiver machen können, knapp wie diese sind.

1. Der auf den Erwerb des Grundstücks gerichtete Vertrag bleibt von dieser Unwirksamkeit unberührt. 18

2. Im Übrigen ist das Koppelungsverbot weit zu verstehen. Es reicht aus, wenn der Veräußerer oder der vermittelnde Makler (BGH NJW-RR 1998, 952) den Eindruck erwecken, dass das Grundstück nicht ohne die Beauftragung eines bestimmten Architekten überlassen werde, wenn der Erwerber ein Gebäude nach Plänen zu errichten hat, die der Veräußerer zuvor von einem Architekten hatte fertigen lassen (BGH NJW 1978, 1434), ferner, wenn der Architekt wie ein Generalunternehmer, Bauträger oder Baubetreuer tätig wird (BGH BauR 1978, 147; NJW-RR 1991, 143), es sei denn, der Architekt handle als gewerbsmäßiger Generalunternehmer mit einer Erlaubnis gemäß § 34c GewO (BGH NJW-RR 1989, 147; 1991, 143). Dabei ist ein gleichzeitiger Abschluss des Architektenvertrages mit dem Erwerbsvertrag nicht notwendig. Die angestrebte Freiheit des Erwerbers, über das Grundstück zu disponieren, leidet nicht wenn der Bauherr an den Architekten mit der Bitte um Vermittlung eines für ein bestimmtes Projekt passenden Grundstücks herantritt und die spätere Beauftragung als Architekt in Aussicht stellt (BGHZ 178, 130 = NJW 2008, 3633) oder wenn der Erwerber eines Grundstücks angesichts einer Bindung des Veräußerer an einen Architekten eine Abstandszahlung an diesen leistet, um den Veräußerer „auszulösen" (BGH NJW 1979, 320). Erst recht nicht schutzbedürftig ist ein Dritter, der sich aus Eigeninteresse zur Zahlung an den Architekten verpflichtet (BGH NJW-RR 2006, 1245 = NZBau 2006, 520, 521). 19

3. Nichtig nach § 134 BGB sind die Bindungsvereinbarung sowie der auf dieser Basis abgeschlossene Architektenvertrag. Dieser kann allerdings nach erfolgtem Grundstückserwerb, dh nach Abschluss des Kaufvertrages und bindend gewordener Auflassung bestätigt werden, § 141 BGB, da jetzt das Verbot entfallen ist. Das setzt freilich voraus, dass sich die Parteien des Verbots bewusst sind. Dass der Bauherr den Architekten gewähren lässt, bringt ein solches Bewusstsein noch nicht unzweifelhaft zum Ausdruck. 20

21 4. Wenn der Architektenvertrag aber an § 134 BGB scheitert, kann es weder befriedigen, dass in der Folge dem Bauherrn Mängelansprüche versagt bleiben, obwohl sich das gesetzliche Verbot nicht gegen richtet, und gleichzeitig § 817 S 2 BGB jeden bereicherungsrechtlichen Ausgleich erbrachter Leistungen im Wege steht. Man wird deshalb erwägen müssen, die Berufung auf diese Vorschrift für treuwidrig zu halten.

22 5. Nach § 139 BGB wird der Architektenvertrag nichtig sein, wenn es zu einem wirksamen Grundstückskaufvertrag nicht kommt.

IV. Vergütung des Architekten

22a Die Vergütung des Architekten richtet sich nach der HOAI. Doch ist es mit europäischem Recht nicht vereinbar, dass § 7 HOAI verbindliche Mindest- und Höchstsätze vorsieht (EuGH 4. 7. 2019 – C-377/17, NJW 2019, 2529). Das Honorar ist also nach den sonstigen Vorgaben der HOAI frei vereinbar.

V. Vertretungsmacht des Architekten

23 Auch wenn der Architekt die für den Bau notwendigen Verträge und sonstigen Willenserklärungen vorbereitet und weithin überhaupt der eigentliche Ansprechpartner der Baubeteiligten ist, kann dennoch nicht davon ausgegangen werden, dass ihm Vollmacht erteilt worden ist, den Bauherrn im rechtsgeschäftlichen Bereich zu vertreten. Eine Vollmacht muss ihm vielmehr besonders erteilt werden, sodass der Bauherr auch in seinen AGB wirksam feststellen kann, dass sein Architekt Vertretungsmacht nicht besitze (BGH NJW-RR 1995, 80).

24 a) Eine Bevollmächtigung kann zunächst ausdrücklich erfolgen, zB auch im Auftragsformular des Architekten. Eine unangemessene Benachteiligung des Bauherrn, § 307 BGB, kann darin nicht gesehen werden. Doch sind solche Bevollmächtigungen vielfach nicht sehr deutlich formuliert und dann restriktiv auszulegen (BGB-RGRK/Glanzmann § 631 Rn 146).

Der Architekt kann auch konkludent bevollmächtigt werden. Ferner kann sich die Befugnis, rechtswirksam für den Bauherrn zu handeln, auch aus einer Duldungs- oder Anscheinsvollmacht ergeben. Doch ist auch hier Zurückhaltung geboten. Namentlich ergibt sich aus seiner Bestellung zum Oberleiter bei der Bauaufsicht noch keine Anscheinsvollmacht (vgl BGH RsprBau Z 3.01. 238; OLG Stuttgart BauR 1974, 423; BGB-RGRK/Glanzmann § 631 Rn 146; Picker NJW 1973, 1800; weitergehend OLG Stuttgart NJW 1966, 1461; OLG Köln NJW 1973, 1798). Auch die – übliche – Benennung des Architekten auf dem Bauschild begründet noch keinen hinreichenden Vertrauenstatbestand (Locher, Das private Baurecht Rn 321). Anders liegen die Dinge, wenn der Architekt schon den Bauvertrag unterzeichnet und in diesem als Ansprechpartner bezeichnet wird (OLG Frankfurt BauR 2008, 1144).

25 b) Vorab muss der Architekt überhaupt hinreichend deutlich machen, dass er nicht im eigenen Namen zu kontrahieren gedenkt, § 164 Abs 2 BGB (vgl BGHZ 172, 346 = NJW 2007, 2983). Allein die Betreuung eines fremden Objekts ist dafür noch kein genügender Umstand iSd § 164 Abs 1 S 2 BGB.

Gerade die örtliche Bauaufsicht bringt es freilich mit sich, dass eine Vielzahl von Erklärungen abzugeben ist, die von der Abzeichnung von Stundenzetteln über die Vorbereitung von Gewährleistungsrechten (Mängelrüge, Fristsetzung) bis hin zu Aufmaß und Abnahme reichen. Die Rechtsprechung vermag dem Architekten insoweit eine Vertretungsmacht nicht gänzlich vorzuenthalten. Sie ist aber in der Begründung wie im Umfang wenig einheitlich (vgl Locher, Das private Baurecht Rn 490 ff; BGB-RGRK/Glanzmann § 631 Rn 143). Es hat sich eine Kasuistik herausgebildet, die an die denkbaren einzelnen Erklärungen anknüpft und sich dogmatisch vielleicht am ehesten auf eine ergänzende Vertragsauslegung stützen lässt (vgl BGB-RGRK/Glanzmann § 631 Rn 143).

aa) Die Erteilung von Aufträgen und Zusatzaufträgen ist grundsätzlich nicht Sache **26** des Architekten (missverständlich BGH NJW 1960, 859), es sei denn, sie belasten den Bauherrn vom Umfang her nicht sonderlich und sind vom Gebot des Fortgangs des Baues bzw zur Meidung von Mängeln oder Einhaltung des öffentlichen Baurechts zwingend erforderlich (vgl OLG Düsseldorf BauR 1998, 1023; BGB-RGRK/Glanzmann § 631 Rn 143; recht weitgehend OLG München OLGZ 1969, 416). Dabei ist aber zu bedenken, dass sich solche Zusatzaufträge im Einzelfall bedenklich kumulieren können und jedenfalls zum Ausdruck bringen, dass die Angelegenheit nicht hinreichend vorgeplant worden ist. Auch hätte sich der Architekt, der mit Weiterungen rechnet oder rechnen muss, vorab eine eindeutige Vollmacht des Bauherrn erteilen lassen können, was alles auch den ausführenden Firmen deutlich sein muss, sodass ihr Vertrauen keinen sonderlichen Schutz verdient. Das spricht dafür, die Entschließungsfreiheit des Bauherrn grundsätzlich streng zu wahren. Bedenklich daher OLG Düsseldorf BauR 1998, 1023, dass der Architekt zur Meidung von Mängeln zwingend notwendige Zusätze in Auftrag geben dürfe. Freilich liegt ein Zusatzauftrag nicht vor, wenn die Ausführung der vorliegenden Planung zu einem Mangel führen würde. Dann hat der Unternehmer von vornherein abweichend von ihr zu leisten, ihm sind nur etwaige Mehrkosten als sog Sowieso-Kosten (§ 634 Rn 24) zu erstatten. Dann darf der Architekt – trotz dieser Mehrkosten – die in Wahrheit „richtige" Leistung abfordern; mangels eines neuen Vertragsschlusses bedarf es dazu auch keiner Vertretungsmacht. Auch darf er in diesem Rahmen die technischen Details mit dem Unternehmer abklären. Befugt sein muss der Architekt zur Abwehr aktuell drohender Gefahren.

bb) Gleiches gilt für die Abänderung bestehender Verträge (BGH BauR 1978: Verle- **27** gung des Fertigstellungstermins; BGH NJW-RR 2004, 92: Vereinbarung der Abrechnung nach Stundenlöhnen; OLG Düsseldorf, BauR 1998, 1023: Zusage zusätzlicher Vergütung), erst recht für die Beauftragung von Sonderfachleuten wie zB Statikern, die Aufgaben des Architekten erledigen sollen (BGH BB 1963, 111; BauR 1978 1977, 139; OLG München OLGZ 1969, 414).

cc) Was die Anerkennung von Leistungen betrifft, wird man den Architekten **28** grundsätzlich zur Abzeichnung von Stundenzetteln für befugt halten müssen (BGH RsprBau Z 2.330.6), auch zum gemeinsamen Aufmaß mit dem Bauunternehmer (BGH NJW 1060, 859), aber nicht zur Abnahme der Bauleistung (Bindthardt/Jagenburg, Die Haftung des Architekten § 6 Rn 140; Locher, Das private Baurecht Rn 493; BGB-RGRK/Glanzmann § 631 Rn 143; aA LG Essen NJW 1978, 108; OLG Düsseldorf BauR 1997, 647 für den Fall der Vollmacht für den Abschluss des Vertrages). Erst recht kann der Architekt die Werklohnforderung nicht mit Wirkung für den Bauherrn anerkennen (BGB-RGRK/Glanzmann § 632 Rn 144). Sein Prüfvermerk auf der Rechnung des Handwerkers (dazu Hochstein

BauR 1973, 341) dient allein der internen Information des Bauherrn und hat auch für den Bauhandwerker nur Informationscharakter, sofern der Architekt ihm diesen mitteilt (BGH NZBau 2002, 338). Dieser hat auch nicht die Vollmacht, die Rechnung als prüfungsfähig zu akzeptieren (OLG Hamm BauR 1997, 656, 658).

29 dd) Im Bereich der Mängelhaftung des Unternehmers wird man den Architekten zu jenen Maßnahmen für befugt halten müssen, die den Bauherrn nicht präjudizieren, also die Rüge von Mängeln und die Fristsetzung zu ihrer Beseitigung (BGB-RGRK/ GLANZMANN § 631 Rn 143).

30 ee) In sonstiger Hinsicht wird der Architekt nicht für befugt gehalten, den Vorbehalt einer Vertragsstrafe nach § 341 Abs 3 BGB auszusprechen (OLG Stuttgart BauR 1975, 432; LG Leipzig NJW-RR 1999, 1183). Freilich ist er verpflichtet, den Bauherrn auf diese Notwendigkeit hinzuweisen und macht sich diesem gegenüber durch den unterlassenen Hinweis schadensersatzpflichtig.

Kenntnis des Architekten von der Abtretung der Werklohnforderung steht nicht der Kenntnis des Bauherrn gleich (BGH NJW 1960, 1805). Allerdings wird der Architekt sein Wissen dem Bauherrn mitzuteilen haben, um jegliches Risiko einer Fehlzahlung zu vermeiden.

In der Insolvenz des Bauherrn erlischt eine Vollmacht des Architekten, § 117 InsO.

VI. Pflichten des Architekten

31 Die Pflichten des Architekten ergeben sich im Wesentlichen aus seiner Tätigkeitsbeschreibung (o Rn 1 ff). Erfüllungsort ist dabei die Baustelle, wenn er auch die Bauaufsicht übernommen hat (BGH NZBau 2001, 333, 334), soll er nur planen, sein Büro. Den oben genannten Pflichten kommt eine eigenständige Bedeutung in dem Sinne nicht zu, dass auf ihre Erfüllung geklagt würde. Praktisch relevant werden sie im Verletzungsfall. Insoweit sei auf den Anhang zu § 650p zur Haftung des Architekten Bezug genommen.

Hier nur jene Pflichten, die Gegenstand eines eigenständigen Erfüllungsbegehrens sein können:

32 1. Der Architekt ist jederzeit zur Auskunft über das Baugeschehen verpflichtet (LOCHER, Das private Baurecht Rn 467), also zur Mitteilung aller Tatsachen, die der Besteller benötigt, um dieses sachgerecht beurteilen und seine Rechte angemessen wahrnehmen zu können; dazu gehört nicht zuletzt auch die Kenntnis von Pflichtverletzungen des Architekten. Man mag den Anspruch auf § 242 BGB stützen (so BGHZ 41, 318 = NJW 1964, 1469); näher liegen die §§ 675, 666 BGB. Jedenfalls sind auf den Anspruch die §§ 259, 261 BGB anzuwenden, sodass ggf die Abgabe einer eidesstattlichen Versicherung verlangt werden kann. Wegen seines Honoraranspruchs kann der Architekt ein Zurückbehaltungsrecht nicht geltend machen (LOCHER, Das private Baurecht Rn 467).

33 2. Der Architekt ist verpflichtet, dem Bauherrn Einsicht in die Bauunterlagen zu gewähren. Dies betrifft grundsätzlich sämtliche Unterlagen, namentlich behördliche Genehmigungen, eigene Entwürfe, Zeichnungen und Berechnungen, Verträge mit

Handwerkern und Schriftwechsel mit ihnen, dies unabhängig davon, ob diese Unterlagen im Eigentum des Architekten oder des Bauherrn stehen.

§ 650p
Vertragstypische Pflichten aus Architekten- und Ingenieurverträgen

(1) Durch einen Architekten- oder Ingenieurvertrag wird der Unternehmer verpflichtet, die Leistungen zu erbringen, die nach dem jeweiligen Stand der Planung und Ausführung des Bauwerks oder der Außenanlage erforderlich sind, um die zwischen den Parteien vereinbarten Planungs- und Überwachungsziele zu erreichen.

(2) Soweit wesentliche Planungs- und Überwachungsziele noch nicht vereinbart sind, hat der Unternehmer zunächst eine Planungsgrundlage zur Ermittlung dieser Ziele zu erstellen. Er legt dem Besteller die Planungsgrundlage zusammen mit einer Kosteneinschätzung für das Vorhaben zur Zustimmung vor.

Materialien: BT-Drucks 18/11437; BT-Drucks 18/8486.

Schrifttum

Fuchs, Der Leistungsbegriff des Architektenvertrags Mängel und Verzug vor Abnahme, NZBau 2019, 25
Fuchs/Seifert/Kalusche/Rodemann/Wellensiek, Arbeitskreis IV – Architekten- und Ingenieurrecht, BauR 2018, 1539
Kniffka, Vertragstypische Pflichten des Architekten, BauR 2018, 351
Leienbach, Stufenverträge bei Architekten- und Ingenieurleistungen, ZfBR 2019, 15
Motzke, Der Reformgesetzgeber am Webstuhl des Architekten- und Ingenieurrechts, NZBau 2017, 251

Pause, Ausgewählte Probleme zum neuen Architekten- und Ingenieurvertragsrecht aus der Praxis, BAUR 2018, 15
Retzlaff, Die nicht werkvertragliche Haftung des Architekten im neuen Bauvertragsrecht, NZBau 2019, 29
Voit, Honoraranpassung bei Änderungsanordnungen, BauR 2018, 366
Werner, § 650p II BGB – Eine Vorschrift ohne Bedeutung für die Praxis, BauR 2018, 1949.

Systematische Übersicht

I. Vertragliche Aufgaben des Architekten _____ 1

II. Die HOAI _____ 2

I. Vertragliche Aufgaben des Architekten

Einen Architekten treffen vertragliche Pflichten der Planung und/oder der Überwachung der Ausführung von Bauwerken und/oder Außenanlagen. § 650p BGB will **1** über das Detail die Vereinbarung der Parteien entscheiden lassen. Doch ist nicht zu verkennen, dass vieles aus der Natur der Sache folgt. Das gilt namentlich für die in § 650p Abs 2 BGB angesprochene Bauüberwachung, wie sie sinnvoll keine anderen Ziele haben kann, als die zügige und kostengünstige Umsetzung der vorliegenden Planung.

II. Die HOAI

2 Die HOAI beschreibt die einzelnen Schritte des Architekten zur Erfüllung seiner vertraglichen Pflichten und regelt, mit welchen Prozentsätzen die Leistung des Architekten den einzelnen Schritten zuzurechnen ist.

Ein Architekt braucht nicht insgesamt – sog Vollarchitektur – beauftragt zu werden. In § 650p Abs 2 BGB klingt seine Verpflichtung an, den Bauherrn über die voraussichtlichen Kosten des Projekts zu informieren. Sie setzt sich späterhin fort, vgl auch § 650r BGB.

650q
Anwendbare Vorschriften

(1) Für Architekten- und Ingenieurverträge gelten die Vorschriften des Kapitels 1 des Untertitels 1 sowie die §§ 650b, 650e bis 650h entsprechend, soweit sich aus diesem Untertitel nichts anderes ergibt.

(2) Für die Vergütungsanpassung im Fall von Anordnungen nach § 650b Absatz 2 gelten die Entgeltberechnungsregeln der Honorarordnung für Architekten und Ingenieure in der jeweils geltenden Fassung, soweit infolge der Anordnung zu erbringende oder entfallende Leistungen vom Anwendungsbereich der Honorarordnung erfasst werden. Im Übrigen ist die Vergütungsanpassung für den vermehrten oder verminderten Aufwand auf Grund der angeordneten Leistung frei vereinbar. Soweit die Vertragsparteien keine Vereinbarung treffen, gilt § 650c entsprechend.

Materialien: BT-Drucks 18/11437; BT-Drucks 18/8486.

Schrifttum

S bei § 650p.

Systematische Übersicht

I.	Allgemeines	1
II.	Anordnungen des Bestellers	2

Untertitel 2
Architektenvertrag und Ingenieurvertrag § 650r

I. Allgemeines

§ 650q Abs 1 BGB benennt die auf den Architektenvertrag anwendbaren Bestimmungen des Werkvertragsrechts. Es sind die Bestimmungen der §§ 631–650b, 650e bis 650h BGB. Ausgenommen sind die Vorschriften der §§ 650a, 650i bis 650o BGB sowie die §§ 650u und 650v BGB, also die allgemeine Begriffsbestimmung des Bauvertrags, die Regeln über den Bauvertrag mit einem Verbraucher sowie der Bauträgervertrag. **1**

II. Anordnungen des Bestellers

§ 650q Abs 2 BGB betrifft Anordnungen des Bestellers nach § 650b Abs 2 BGB, und insoweit nur die Frage nach den preislichen Konsequenzen. Diese sollen vorrangig aus der HOAI entnommen werden, sofern diese denn für die geänderte Leistung einschlägig ist. Ist das nicht der Fall, lässt die Bestimmung die freie Vereinbarung der Parteien zu. Wenn es zu einer solchen nicht kommt, soll freilich § 650c BGB gelten. **2**

§ 650r
Sonderkündigungsrecht

(1) Nach Vorlage von Unterlagen gemäß § 650p Absatz 2 kann der Besteller den Vertrag kündigen. Das Kündigungsrecht erlischt zwei Wochen nach Vorlage der Unterlagen, bei einem Verbraucher jedoch nur dann, wenn der Unternehmer ihn bei der Vorlage der Unterlagen in Textform über das Kündigungsrecht, die Frist, in der es ausgeübt werden kann, und die Rechtsfolgen der Kündigung unterrichtet hat.

(2) Der Unternehmer kann dem Besteller eine angemessene Frist für die Zustimmung nach § 650p Absatz 2 Satz 2 setzen. Er kann den Vertrag kündigen, wenn der Besteller die Zustimmung verweigert oder innerhalb der Frist nach Satz 1 keine Erklärung zu den Unterlagen abgibt.

(3) Wird der Vertrag nach Absatz 1 oder 2 gekündigt, ist der Unternehmer nur berechtigt, die Vergütung zu verlangen, die auf die bis zur Kündigung erbrachten Leistungen entfällt.

Materialien: BT-Drucks 18/11437; BT-Drucks 18/8486.

Schrifttum

Pause, Ausgewählte Probleme zum neuen Architekten- und Ingenieurrecht aus der Praxis, BauR 2018, 15

ders, Die stufenweise Beauftragung nach der Reform des Bauvertragsrechts, ZfBR 2018, 211.

§ 650s

Systematische Übersicht

I. Allgemeines 1	III. Kündigung des Architekten 3
II. Kündigung des Bestellers 2	IV. Abrechnung 4

I. Allgemeines

1 Die Bestimmung sieht ein neuartiges Kündigungsrecht vor, das zunächst dem Besteller, dann dem Architekten zusteht.

II. Kündigung des Bestellers

2 Die Kündigung des Bestellers setzt voraus, dass ihm der Architekt Unterlagen gemäß § 650p Abs 2 BGB übermittelt hat, also eine erste Planungsgrundlage nebst einer Kosteneinschätzung. Ein Verbraucher als Besteller muss gleichzeitig über sein Kündigungsrecht, die für dieses bestehende Frist sowie die Folgen der Kündigung belehrt werden.

Die Möglichkeit der Kündigung ist auf zwei Wochen beschränkt (ggf ab Belehrung). Sie braucht nicht begründet zu werden.

III. Kündigung des Architekten

3 Wenn der Besteller nicht nach Abs 1 kündigt, kann nunmehr der Architekt nach § 650r Abs 2 BGB kündigen. Das setzt voraus, dass sich der Besteller ablehnend zu den ihm übersandten Unterlagen äußert oder sich insoweit auch nur verschweigt. Ihm ist hier für die Zustimmung eine „angemessene" Frist zu setzen, für die man etwa 2 Wochen veranschlagen kann. Billigt der Besteller die ihm übersandten Unterlagen, fehlt es dem Architekten am Kündigungsgrund.

IV. Abrechnung

4 Kommt es zur Kündigung der einen oder der anderen Seite, ist nach § 650r Abs 3 BGB abzurechnen, dh nach der HOAI und nur über die erbrachten Leistungen. Der Architekt kann dies nicht dadurch zu seinen Gunsten verschieben, dass er die gebotene Belehrung unterlässt, denn dann ist auf jenen Zeitpunkt abzustellen, in dem er hätte belehren müssen.

§ 650s
Teilabnahme

Der Unternehmer kann ab der Abnahme der letzten Leistung des bauausführenden Unternehmers oder der bauausführenden Unternehmer eine Teilabnahme der von ihm bis dahin erbrachten Leistungen verlangen.

Untertitel 2
Architektenvertrag und Ingenieurvertrag

§ 650s

Materialien: BT-Drucks 18/11437; BT-Drucks 18/8486.

Schrifttum

ZAHN, Teilabnahme – Wie funktioniert § 650s BGB?, NZBau 2019, 34.

Systematische Übersicht

I.	Abnahme und Vollendung	1	III. Leistungsphasen 8 und 9 des § 34 Abs 2 Nrn 8, 9 HOAI	3
II.	Teilvollendung	2		

I. Abnahme und Vollendung

§ 650s BGB geht davon aus, dass die Bauleitung des Architekten abgenommen werden kann. Tatsächlich hat er dem Auftraggeber nichts zu übergeben und deshalb tritt bei ihm nach § 646 BGB an die Stelle der Abnahme die Vollendung seines Werks. **1**

II. Teilvollendung

Immerhin kann man die Bestimmung entsprechend berichtigen, indem man die Teilvollendung an die Stelle der Teilabnahme setzt. Es soll das Haftungsrisiko des Architekten beschränkt werden, indem der Beginn der Verjährung der gegen ihn gerichteten Ansprüche gleichgeschaltet wird mit dem der Mängelansprüche gegen den oder die ausführenden Unternehmer. Das funktioniert auch, soweit der Architekt während der Bauausführung von dem oder den Unternehmern verursachte Mängel übersieht oder aus anderen von ihm zu vertretenden Gründen nicht beanstandet, **2**

III. Leistungsphasen 8 und 9 des § 34 Abs 2 Nrn 8, 9 HOAI

Indessen hat sich der Architekt im Rahmen der Leistungsphasen 8 und 9 des § 34 Abs 2 Nrn 8, 9 HOAI bei der dortigen Objektbetreuung und Dokumentation noch einmal ein abschließendes Bild von dem Gebäude und seinem Gelingen zu verschaffen. Diese seine Verpflichtung ist den Pflichten der Bauunternehmer einerseits nachgelagert und kann andererseits von § 650s BGB nicht mehr erfasst werden. Wenn dem Architekten hier ein Mangel unterläuft, führt das zu seiner alleinigen Haftung – die Bauunternehmer werden gerade in die Freiheit der Verjährung entlassen. **3**

Gleichzeitig ist diese Leistungsphase ein wesentlicher Teil der Pflichten des Architekten, sodass es ohne gehörige Aufklärung des Bauherrn auch nicht angeht, sie aus dem Vertragsprogramm der Vollarchitektur zu herauszunehmen.

§ 650t
Gesamtschuldnerische Haftung mit dem bauausführenden Unternehmer

Nimmt der Besteller den Unternehmer wegen eines Überwachungsfehlers in Anspruch, der zu einem Mangel an dem Bauwerk oder an der Außenanlage geführt hat, kann der Unternehmer die Leistung verweigern, wenn auch der ausführende Bauunternehmer für den Mangel haftet und der Besteller dem bauausführenden Unternehmer noch nicht erfolglos eine angemessene Frist zur Nacherfüllung bestimmt hat.

Materialien: BT-Drucks 18/11437; BT-Drucks 18/8486.

Schrifttum

PREUSSNER, Zum Leistungsverweigerungsrecht des Planers, der für Planungsfehler einzustehen hat, BauR 2018, 1321
REICHERT, Gesamtschuld von Architekt und Unternehmer nach der geänderten Rechtsprechung zu den fiktiven Mangelbeseitigungskosten – oder die Erfindung der Vorfinanzierung künftigen Schadens, BauR 2019, 1
SCHWENKER, Die Änderung der Rechtsprechung zur Berechnung des Schadensersatzes bei nicht beseitigten Mängeln eines Bauwerks, MDR 2018, 640.

Systematische Übersicht

I.	Interessenlage	1
II.	Die Abhilfe des Gesetzes	2
III.	Schutzgesetz für den Architekten	3

I. Interessenlage

1 Es ist eine alltägliche Situation, dass der Bauunternehmer einen Mangel verursacht, der bauleitende Architekt das aber nicht gerügt hat. Dann haften dem Bauherrn beide nebeneinander, der Bauunternehmer aus § 634 Nr 1 BGB auf Nacherfüllung, der Architekt – im Verschuldensfall – aus § 634 Nr 4 BGB auf Schadensersatz. Der Bauherr wird hier gegen den Architekten vorgehen wollen. Dieser ist zu einer Geldzahlung verpflichtet, wie sie dem Bauherrn alle Freiheit bei seinem weiteren Vorgehen sichert. Und hinter dem Architekten steht eine Versicherung, bei der die Schadensersatzleistung gesichert erscheint.

Freilich kann dies nicht befriedigen, wenn denn der Mangel primär dem Bauunternehmer anzulasten ist und der Architekt so in einen Regress gezwungen wird; bei einem direkten Vorgehen des Bauherrn gegen den Bauunternehmer würde es eine solche „zweite Runde" nicht zu geben brauchen.

II. Die Abhilfe des Gesetzes

§ 650t BGB versucht deshalb, den Bauherrn zu veranlassen, sich primär an den Bauunternehmer zu halten. Der Druck des Gesetzes fällt freilich moderat aus. Dem Architekten wird ein Leistungsverweigerungsrecht gewährt, solange der Besteller den Unternehmer nicht in Anspruch genommen hat, was aber nicht gerichtlich zu geschehen braucht. Der Besteller hat dem Unternehmer eine – angemessene – Frist zur Nacherfüllung zu setzen. Dabei ist angemessen jener Zeitraum, der zur Beseitigung des Mangels erforderlich ist. Diese Fristsetzung muss erfolglos gewesen sein. Das ist dann der Fall, wenn der Unternehmer die Beseitigung des Mangels ausdrücklich verweigert oder in einer Weise zu ihr ansetzt, die ersichtlich nicht sinnvoll ist, oder sich einfach nur verschweigt.

Tut der Besteller mehr als das, was § 650t BGB von ihm erwartet, indem er den Unternehmer verklagt, ist es zweifelhaft, ob das Leistungsverweigerungsrecht des Architekten fortbestehen soll. Einerseits tut der Besteller eben mehr als vorgesehen, andererseits ist sein Vorgehen einstweilen nicht fruchtlos. § 650t BGB birgt eine Zumutung an den Bauherrn, und diese sollte man restriktiv handhaben. Der Architekt kann zunächst nicht gehindert sein, sofort aus § 426 BGB gegen den Bauunternehmer vorzugehen, aber doch auch nicht, seine Ansprüche gegen den Besteller, zB auf Honorar, zu verfolgen, und dieser dann auch nicht, seinen Schadensersatzanspruch gegen den Architekten vor Gericht zu bringen; es wird schon eine Streitverkündung geboten sein.

III. Schutzgesetz für den Architekten

§ 650t BGB soll die Belange des Architekten wahren. Die Bestimmung kann anderweitig nicht – auch nicht entsprechend – angewendet werden. Es ist zB denkbar, dass eine Fehlplanung des Architekten vorliegt, aber der Bauunternehmer es versäumt hat, dagegen Bedenken anzumelden. Hier kann sich der Bauunternehmer nicht darauf berufen, dass zunächst der Architekt in Anspruch zu nehmen sei.

Anhang zu §§ 650p–650t

Haftung des Architekten

Schrifttum

ALTENBURGER, Die zivilrechtliche Haftung des Architekten für Vermögensschäden Dritter aufgrund unrichtig erteilter Auskünfte und Gutachten (Diss Münster 1996)
BAUMGÄRTEL, Die Beweislastverteilung für die Haftung des Unternehmers und des Architekten, ZfBR 1982, 1
BERDING, Haftung des Architekten für fehlerhafte Rechnungsprüfung, BauR 2007, 473
BINDTHARDT/JAGENBURG, Die Haftung des Architekten (8. Aufl 1981)
BOHL/DÖBEREINER/GRAF KEYSERLINGK, Die Haftung der Ingenieure im Bauwesen (1985)
BRAUN, Gesamtschuldnerausgleich im Baurecht bei Überwachungs- und Ausführungsverschulden, in: FS Motzke (2006) 23
GANTEN, Recht und Pflicht des Architekten zur Nachbesserung seines (mangelhaften) Werkes, in: FS Korbion (1986) 85
GLÖCKNER, Ausgewählte Probleme der gesamtschuldnerischen Haftung Baubeteiligter wegen Leistungsstörung bei der Erstellung des Bauwerks, BauR 2005, 251
ders, Zurück zur Subsidiärhaftung des Architekten bei konkurrierender Gewährleistungsverpflichtung eines Bauunternehmers?, BauR 1997, 529
GROSS, Haftungsrisiken des Architekten bei Planung, Beratung, Überwachung, Koordinierung und Kostenermittlung (1981)
HESS, Die Haftung des Architekten für Mängel des errichteten Bauwerks (1966)
IHLE/LÖFFELMANN, Das Selbstbeseitigungsrecht des Architekten, BauR 2008, 579
JEBE/VYGEN, Der Bauingenieur in seiner rechtlichen Verantwortung (1981)
KAISER, Gesamtschuldnerische Haftung des Architekten neben anderen Baubeteiligten, ZfBR 1985, 101
KNIFFKA, Gesamtschuldnerausgleich im Baurecht, BauR 2005, 274

KNYCHALLA, Inhaltskontrolle von Architekten-Formularverträgen (1987)
KRAUSE-ALLENSTEIN, Die Haftung des Architekten für Bausummenüberschreitung und sein Versicherungsschutz (2001)
KRETSCHMER, Zum Honoraranspruch des Architekten im Falle der Ablehnung des Baugesuchs, NJW 1968, 534
LAUER, Zur Haftung des Architekten bei Bausummenüberschreitung, BauR 1991, 401
ders, Die Haftung des Architekten bei Bausummenüberschreitung (1993)
LENZEN, Die Haftung des Architekten für die Kosten des Vorprozesses gegen den Unternehmer, BauR 1998, 62
H LOCHER, Schadensersatzansprüche gegen den Architekten wegen Nichtauflistung von Gewährleistungsfristen, BauR 1991, 135
U LOCHER, Die Haftung des Planers für eine nicht genehmigungsfähige Planung, BauR 2002, 1303
ders, Das Schadensbeseitigungsrecht des Architekten und Ingenieurs, in: FS vCraushaar (1997) 21
LÖFFELMANN/FLEISCHMANN, Architektenrecht (5. Aufl 2007)
MASER, Die Haftung des Architekten für die Genehmigungsfähigkeit der Planung, BauR 1994, 180
MIEGEL, Die Haftung des Architekten für höhere Baukosten sowie fehlerhafte und unterlassene Kostenermittlung (1995)
MOTZKE, Die Mankohaftung im Planervertrag – die HOAI und der Planervertrag nach einer Wende der Rechtsprechung?, NZBau 2005, 361
ORTLOFF/RAPP, Genehmigungsfreies Bauen: Neue Haftungsrisiken für Bauherren und Architekten, NJW 1996, 2346
SCHMALZL, Rechtsbetreuung des Bauherrn durch den Architekten, NJW 1968, 24

ders, Die Haftung des Architekten und des Bauunternehmers (4. Aufl 1980)

ders, Neue Tendenz im Architektenhaftpflichtrecht: Weg von der positiven Vertragsverletzung hin zu § 635 BGB, NJW 1983, 1717

ders, Die Auswirkung des § 278 BGB im Verhältnis des Bauherrn zu den anderen Baubeteiligten, in: FS Locher (1990) 225

SCHMALZL/LAUER/WURM, Haftung der Architekten und Bauunternehmer (5. Aufl 2006)

SCHOLZE-BECK, Gesamtschuldnerische Haftung für Baumängel (2001)

SCHULTE, Die erweiterte Haftung des Architekten durch die Entwicklung im Bauordnungsrecht, BauR 1996, 599

SOERGEL, Die möglichen Gesamtschuldverhältnisse von Baubeteiligten, BauR 2005, 239

VOIT, Nacherfüllungsanspruch und Nacherfüllungsbefugnis im Gesamtschuldnerausgleich, BauR 2011, 392

WEISE, Regreß zwischen Bauunternehmern und Regreßbehinderung durch den Auftraggeber, BauR 1992, 685

WUSSOW, Auslegung der Subsidiaritätsklausel in Architekten-Verträgen, NJW 1980, 113

ders, Der Ausgleich zwischen Architekt und Bauunternehmer gemäß § 426 BGB, NJW 1974, 9.

Systematische Übersicht

I.	**Allgemeines**	
1.	Anwendbarkeit des Werkvertragsrechts	1
2.	Bloße Planung	2
3.	Durchführung des Bauvorhabens	4
4.	Pflichtenkreis des Architekten	5
II.	**Nachbesserung, Rücktritt und Minderung**	
1.	Nachbesserung	7
2.	Rücktritt und Kündigung	10
3.	Minderung	12
III.	**Schadensersatz statt der Leistung**	14
1.	Verantwortungsbereiche des Architekten	15
a)	Planung	15
b)	Vergabe der Arbeiten	21
c)	Wirtschaftlichkeit der Planung	22
d)	Rechtliche Betreuung des Bauherrn	24
e)	Koordinierung des Bauvorhabens	26
f)	Bauaufsicht	28
g)	Abnahme der Unternehmerleistungen	31
h)	Aufmaß und Rechnungsprüfung	32
i)	Überwachung der Mängelbeseitigung	33
k)	Beschleunigung des Bauvorhabens	34
l)	Kostenüberschreitung	35
2.	Keine vorrangige Nachbesserungsbefugnis	43
3.	Verschulden	44
4.	Mitverschulden	45
5.	Beweislast	46
a)	Mangel des Architektenwerkes	46
b)	Verschulden	48
6.	Anspruchsinhalt	49
a)	Geldzahlung	49
b)	Mangelschäden, Mangelfolgeschäden	49
7.	Verjährung	49a
8.	Der Architekt im Haftungsverbund	50
a)	Uneingeschränkte Haftung	50
b)	Verhältnis Bauherr/Bauunternehmer	51
c)	Gleichzeitige Haftung von Architekt und Bauunternehmer	52
aa)	Praktische Auswirkungen	53
bb)	Interner Ausgleich, Gesamtschuld	54
cc)	Quotierung	55
dd)	Auswirkungen der Gesamtschuld	56
d)	Planender und ausführender Architekt	57
e)	Architekt und sonstige Sonderfachleute	58
9.	Haftungsbeschränkungen	59
a)	Summenmäßige Beschränkungen	59
b)	Unmittelbare Schäden	60
c)	Subsidiaritätsklauseln	60
d)	Verschuldensklauseln	61
e)	Beweislast	62
f)	Nachbesserungsbefugnis des Architekten	63
g)	Aufrechnungsausschluss	63

Anh zu §§ 650p–650t

IV.	Sonstige Haftung des Architekten	
1.	Deliktische Haftung	64
2.	Vertragliche Haftung gegenüber Dritten	65

Alphabetische Übersicht

Abnahme	31
Architektenleistung	5
Aufmaß	32
Bauaufsicht	28 ff, 44
Baukostenüberschreitung	
– echte	40
– unechte	41
Bauunternehmer	50 ff
Bauwerk	5
Bauwerksmangel	46
Bedürfnisse des Bauherrn	17
Beschleunigung	34
Beweiserleichterung	47
Beweislast	46, 62
Deliktische Haftung	64
Durchführung	4
Entbehrliche Leistungen	23
Gefährliche Arbeiten, Beaufsichtigung	28 f
Genehmigungsfähigkeit	15
Geologe	1
Gesamtschuld	52 ff
Haftung gegenüber Dritten	64 f
Haftungsbeschränkungen	59 ff
– auf Höhe des Honorars	59
Koordinierung	26 f
Kosten	35 ff
Kostenlimit	38
Kostenschätzung	36
Kostenüberschreitung	35 ff
– Rechtsfolgen bei	39 ff
Leistungsbilder	6
Leistungsphasen	13
Mängel des Architektenwerks	46 ff
Mangelbeseitigung, Überwachung der	33
Mangelfolgeschaden	49
Mangelschaden	49
Minderung	2, 12 f
Mitverschulden	45, 51
Nachbesserung	2, 7 ff
– Befugnis zur	43, 63
Nachbesserungsarbeiten, Überwachung von	33
Planung	2 f, 15 ff
– Details der	20
– Verwertbarkeit der	15 f
Planungsfehler	52
Prüfvermerk	32
Quotierung	55
Rechnungsprüfung	32
Rechtliche Betreuung	24 f
Regeln der Technik	19
Rücktritt	10 f
Schaden am Bauwerk	3
Schadensersatz	3, 49
Sonderfachleute	1, 18, 30
Statiker	1
Steuervorteile	23
Subsidiarität der Haftung	60
Technische Vorgegebenheiten	18
Vergabe der Arbeiten	21
Verjährung	49a
Verschulden	3, 44, 48, 61 f
Vertrag mit Schutzwirkungen	65
Verträge, Vorbereitung notwendiger	24
Vertragsstrafe	25, 31
Verzögerung	34
Wertsteigerung	41
Wirtschaftlichkeit	22
Wünsche des Bauherrn	17
Zeitplan	34

Untertitel 2
Architektenvertrag und Ingenieurvertrag

I. Allgemeines

1. Anwendbarkeit des Werkvertragsrechts

a) Das *Leitbild der §§ 631 ff BGB* ist an sich die *handwerkliche Erbringung* **1** *körperlich fassbarer Leistungen* (vgl Vorbem 5 zu §§ 631 ff). Hierauf passen wesentliche Elemente der gesetzlichen Regelung wie etwa die Nachbesserung, die Abnahme, die Minderung. Auf die *Tätigkeit des Architekten* lässt sich diese *nur mit Besonderheiten* anwenden, wenn dieser nicht eine konkrete Leistung zu erbringen hat wie zB eine Reparatur, sondern ein „Produkt" schuldet, dessen Eigenheiten zunächst noch offen sind, so bei der Planung, und außerdem – bei der Fürsorge für den entstehenden Bau – mehr das schadensabwendende Tätigwerden im Vordergrund steht als eine bestimmte Leistung. Käme danach durchaus auch die Anwendung von Dienstvertragsrecht in Betracht, so ist doch mit den §§ 650p ff BGB die Grundentscheidung für das Werkvertragsrecht gefallen; dies knüpft an § 634a Abs 1 Nr 2 BGB der Modernisierung des Schuldrechts.

b) In der Haftung des Architekten ergeben sich Unterschiede je nach dem Bereich, in dem er tätig geworden ist. Es kann dies die Planung sein, die Durchführung des Bauvorhabens oder im Rahmen einer sog Vollarchitektur beides.

c) Die für die Haftung des Architekten entwickelten Grundsätze sind im Wesentlichen auch anwendbar auf jene **Sonderfachleute**, die beim Bau vorzugsweise in der Planungsphase eingeschaltet werden wie *Statiker* (vgl BGHZ 48, 257 = NJW 1967, 2259; BGHZ 58, 85 = NJW 1972, 625), *Vermessungsingenieure, Geologen,* die ein Baugrundgutachten erstatten (vgl BGHZ 72, 257 = NJW 1979, 214). Dass ihr Aufgabengebiet weitaus geringer geschnitten ist, führt nicht zu sachlichen Unterschieden. Auch ein Baubetreuer, der die Aufgaben eines Architekten übernimmt, haftet wie dieser (BGH NJW-RR 2000, 1547; OLG Bamberg NJW-RR 1999, 962).

2. Bloße Planung

Wenn der Architekt *lediglich plant,* kann seine Tätigkeit allerdings *problemlos dem* **2** *Werkvertragsrecht zugeordnet* werden (vgl RGZ 97, 122; BGHZ 31, 224 = NJW 1960, 431). Seine Einstandspflicht für Fehlleistungen regelt sich dann nach den §§ 633 ff BGB.

Die Anwendung der §§ 633 ff BGB ist jedoch schon hier *mit einigen Besonderheiten verbunden,* die sich aus der Natur der Tätigkeit ergeben. Die Rechtsbehelfe der Nachbesserung, der Minderung sowie des Schadensersatzes wegen Nichterfüllung haben hier *jeweils eine eigene Prägung.*

a) Eine *Nachbesserung* ist grundsätzlich *nur solange möglich,* wie die Planung noch nicht realisiert worden ist (vgl BGH NJW-RR 1989, 86; NZBau 2001, 211, 212). Sie ist deshalb auf einen schmalen zeitlichen Bereich beschränkt.

b) Eine *Minderung* der Vergütung, die bei anderen Werkleistungen als ein einigermaßen angemessenes Äquivalent für Mängel angesehen werden kann, ist für den Bauherrn dann *unattraktiv,* wenn Planungsmängel zu Schäden am Bauwerk geführt haben, weil die anteilige Herabsetzung des Architektenhonorars meist nicht im

Entferntesten jene Schäden aufzuwiegen vermag. Entsprechendes gilt für den Rücktritt.

c) Damit gewinnen *Schadensersatzansprüche* des Bestellers hier eine so zentrale Bedeutung, wie sie sie in anderen Bereichen des Werkvertragsrechts nicht haben.

aa) Dem Grunde nach folgen sie aus den §§ 280 Abs 1, 281, 283, 636 BGB. Wenn sich, wie dies die Regel ist, planerische oder sonstige Fehler des Architekten schon im Bauwerk realisiert haben, entfällt dabei das Stadium der Fristsetzung für eine Nacherfüllung nach § 281 Abs 1 BGB wegen deren Unmöglichkeit.

bb) Die Prädominanz von Schadensersatzansprüchen hat die Konsequenz, dass es mit der Feststellung eines Mangels kaum jemals sein Bewenden haben kann, sondern dass zusätzlich die *Verschuldensfrage* zu klären ist. Dabei ergeben sich aus der Natur des Architektenauftrages wiederum Besonderheiten. Denn der Architekt schuldet auch dann, wenn er nur mit der Planung beauftragt ist, *keine von vornherein fest umrissene Leistung,* sondern etwas erst noch zu Entwickelndes, die *bestmögliche Leistung.* Das bedeutet, dass man nicht – wie sonst – aus dem Verfehlen eines bestimmten Erfolges eine Verschuldensvermutung ableiten kann, vgl § 280 Abs 1 S 2 BGB, sondern vor der Frage steht, was der Architekt hätte anders machen sollen und können, zunächst die objektive Pflichtverletzung festzustellen hat.

3. Durchführung des Bauvorhabens

Erst recht stehen *Schadensersatzansprüche* im Mittelpunkt, wenn dem Architekten Fehler bei der *Durchführung des Bauvorhabens* unterlaufen. Die Grundsatzentscheidung BGHZ 31, 224 hat auch sie werkvertraglich der Anspruchsgrundlage des § 635 BGB aF zugeordnet, nicht der dienstvertraglichen der damaligen positiven Forderungsverletzung, sofern dem Architekten Planung und Bauaufsicht aufgetragen waren. Die isolierte Bauaufsicht wurde zunächst noch dienstvertraglich gewertet (vgl BGHZ 59, 163, 166). BGHZ 82, 100 = NJW 1982, 438 hat dann auch insoweit Werkvertragsrecht angewendet. Das war *dogmatisch alles andere als zwingend* (vgl nur JAKOBS, in: FS Ballerstedt [1975] 355, 365), aber doch im Ergebnis zu begrüßen, und zwar nicht nur wegen der damals *rechtspolitisch wünschenswerten Anwendbarkeit des § 638 aF BGB,* die so ziemlich begriffsjuristisch erreicht wurde, sondern vor allem auch wegen der *dringenden Notwendigkeit, alle Ansprüche gegen den Architekten unter eine einheitliche Anspruchsgrundlage zu bringen.* Es ergäben sich sonst kaum zu bewältigende Abgrenzungsprobleme, und zwar schon deshalb, weil die Abgrenzung von Planungs- und Ausführungsmängeln zwar begrifflich möglich, aber praktisch kaum durchzuführen und am Ende recht künstlich ist.

4. Pflichtenkreis des Architekten

a) Der Architekt schuldet jedenfalls **nicht das Bauwerk als solches**, und zwar auch dann nicht, wenn er mit der Durchführung des Bauvorhabens betraut ist (aA Hess, Die Haftung des Architekten für Mängel des errichteten Bauwerks [1966] 39 ff). Er schuldet nur eine **mangelfreie Architektenleistung**. Wenn im Anschluss an BGHZ 31, 224, 228 öfters davon gesprochen wird, dass der Architekt ein *„geistiges Werk"* schulde, dann ist das Substantiv zu sehr der werkvertraglichen Ausdrucksweise verhaftet und das

Attribut unklar. Was der Architekt schuldet, lässt sich vielmehr *generalklauselartig dahin umschreiben,* dass er eine *optimale Förderung des Bauvorhabens* schuldet, *wie er sie kraft seiner beruflichen Ausbildung und Stellung leisten kann.*

b) Was von ihm insoweit konkret erwartet werden kann, folgt letztlich aus dem Grundsatz von Treu und Glauben, § 242 BGB. Eine Darstellung haben die Pflichten des Architekten bei Gebäuden und raumbildender Maßnahmen erfahren durch die *„Leistungsbilder" des § 34 HOAI,* in denen die Aufgaben des Architekten in Bezug auf 9 Phasen des Bauvorhabens beschrieben werden, wenn auch diese honorarrechtliche Bestimmung natürlich nicht geeignet ist, die Leistungspflichten des Architekten zu konstituieren (vgl Vorbem 1 ff zu §§ 650p ff). Daneben ergeben sich Pflichten – und mögliche Pflichtverletzungen – des Architekten in drei Bereichen, die sich indessen nicht klar voneinander scheiden lassen: vorzugsweise im *technischen Bereich,* aber auch im *wirtschaftlichen, kostenmäßigen* sowie im *rechtlichen.* 6

II. Nachbesserung, Rücktritt und Minderung

1. Nachbesserung

a) Eine *Nachbesserung* ist auch beim Architektenwerk *grundsätzlich möglich.* Sie folgt den allgemeinen Regeln, wie sie sich aus den §§ 634 Nr 1, 635 BGB ergeben, setzt also insbesondere einen Mangel voraus, nicht aber ein Verschulden. Durch Verzug des Architekten mit der Nachbesserung kann die Nachbesserungsbefugnis nach Fristsetzung auf den Bauherrn übergehen, § 637 Abs 1 BGB. 7

b) Die *Nachbesserungsmöglichkeiten* sind freilich *eingeschränkt.*

aa) Recht und Pflicht zur Nachbesserung sind jedenfalls dann gegeben, wenn die Leistung des Architekten *noch nicht in ein Bauwerk umgesetzt* ist, bzw einer Umsetzung nicht bedarf. Das gilt namentlich für die noch nicht realisierte Planung (vgl BGH NJW-RR 1989, 86), aber zB auch für die Prüfung der Handwerkerrechnungen.

bb) Dagegen sind Recht und Pflicht zur Nachbesserung zweifelhaft, wenn sich Mängel der Architektenleistung – Planung oder Bauaufsicht – in *Mängeln des Bauwerks niedergeschlagen haben.* 8

(1) Die *Rechtsprechung lehnt eine Nachbesserungsmöglichkeit des Architekten hier generell ab.* Wenn er den Bau als solchen nicht schulde, seien gegenständliche Arbeiten an diesem keine Nachbesserung seines Werkes, die bloße Änderung der Pläne führe zu nichts mehr, die korrekte Bauaufsicht sei nicht mehr nachzuholen (vgl BGH NJW 1962, 390; 1499; BGHZ 39, 261, 263 f = NJW 1963, 1401; BGHZ 42, 16 = NJW 1964, 1791; BGHZ 43, 227, 232 = NJW 1965, 1175; BGHZ 48, 257 = NJW 1967, 2259; BGH NJW 1974, 367; NJW-RR 1989, 86; OLG Oldenburg Schäfer/Finnern/Hochstein Nr 10 zu § 8 HOAI).

(2) Demgegenüber werden die Möglichkeiten der Nachbesserung in der *Literatur* zT weiter gesehen, so insbesondere hinsichtlich der Umplanung und der Beaufsichtigung der Nachbesserungsarbeiten (vgl Hess, Die Haftung des Architekten für Mängel des errichteten Bauwerks [1966] 69 ff; Kaiser NJW 1973, 1910; Ganten, Pflichtverletzung und Schadenrisiko im privaten Baurecht [1974] 95 f; Bindthardt/Jagenburg 206 ff).

9 (3) Man wird zu *differenzieren* haben. Dass der Architekt die Mängel am Bauwerk selbst beseitigt bzw beseitigen lässt, wird der Bauherr in der Tat nicht verlangen können, die Beaufsichtigung der Mängelbeseitigung durch ihn nicht verlangen wollen. *Wenn* andererseits *der Architekt* – zB aus Kostengründen – die *eigene Mängelbeseitigung in einer dem Bauherrn zumutbaren, insbesondere sicheren Erfolg versprechenden Weise anbietet, dürfte dieser gegen Treu und Glauben verstoßen, wenn er auf seiner Schadensersatzforderung beharrt* (vgl Locher, Das private Baurecht Rn 383). Bei Zumutbarkeit wird er dem Architekten jedenfalls die *Gelegenheit zur Neuplanung und Beaufsichtigung der Nachbesserung* gewähren müssen, sodass er die hierfür zu veranschlagenden Kosten von seinem Schadensersatzanspruch abzusetzen hat. Jedenfalls kann sich der Architekt *in AGB wirksam die Befugnis* ausbedingen, selbst nachbessern zu dürfen; das benachteiligt den Bauherrn nicht unangemessen iSd § 307 BGB (vgl OLG Hamm NJW-RR 1992, 800; Locher Rn 383). Schadensersatz kann der Bauherr dann nur unter den Voraussetzungen der §§ 281 Abs 2, 636 verlangen. Klauseln dieser Art sind freilich je nach ihrer Tragweite unterschiedlich zu beurteilen: Behält sich der Architekt die Nachbesserung nur hinsichtlich der eigentlichen Architekturleistungen vor (Planung und Überwachung der Nacharbeiten), sind sie ohne Weiteres unbedenklich (vgl OLG Celle BauR 1999, 676), weil der Architekt dann nur eine Befugnis in Anspruch nimmt, die schon aus § 634 Abs 1, 2 BGB hergeleitet werden könnte. Dagegen greift eine Klausel, die dem Architekten das Recht vorbehält, den Baumangel selbst zu beseitigen, über seine gesetzlichen Befugnisse hinaus. Das kann vor § 307 Abs 2 Nr 1 BGB nur bestehen, wenn die Zumutbarkeit für den Bauherrn sichergestellt ist.

2. Rücktritt und Kündigung

10 a) Ein mangelbedingter Rücktritt vom Architektenvertrag kann *nicht stillschweigend als generell ausgeschlossen* angesehen werden (vgl Bindthardt/Jagenburg 211; aA OLG Koblenz NJW 1972, 741). Er kommt *namentlich* in Betracht, wenn die *Planung des Architekten noch nicht umgesetzt ist,* und folgt dann ohne Besonderheiten den allgemeinen Regeln. Nach Verwirklichung der Planung wird er funktionslos, weil der Besteller in die Berechnung seines positiven Interesses die volle Honorarforderung des Architekten einstellen muss.

11 b) Der Rücktrittsgrund darf nicht *unerheblich* sein, § 323 Abs 5 S 2 BGB. Es kommt insbesondere mangelnde Brauchbarkeit der Planung in Betracht, wie sie sich daraus ergeben kann, dass die Planung nicht hinreichend auf die dem Architekten vorgegebenen Wünsche, Bedürfnisse und Möglichkeiten (zB in finanzieller Hinsicht) des Bauherrn Rücksicht nimmt, oder daraus, dass die erstellte Planung aus tatsächlichen oder aus rechtlichen Gründen nicht realisierbar ist, letzteres zB wegen der Beschaffenheit des vorgesehenen Grundstücks.

c) Wenn sich der Bauherr von dem Architekten trennen will, liegt namentlich in der Phase der Bauaufsicht das Mittel der Kündigung nahe. Immer möglich ist sie nach § 648a BGB, wenn ein wichtiger Grund vorliegt, sonst nach § 648 BGB.

3. Minderung

12 Die Minderung des Architektenhonorars folgt den allgemeinen Regeln des § 638 BGB. Nach *Realisierung der Planung* ist die Minderung gleich dem Rücktritt *interes-*

senwidrig, weil Schadensersatz statt der Leistung im Vordergrund steht, bei dessen Berechnung der Honoraranspruch des Architekten einzustellen ist. Zur Berechnung der Minderung vgl § 634 Rn 113 ff. Die Kosten der Beseitigung etwaiger Mängel können jedenfalls nicht zur Berechnungsbasis gemacht werden. Es ist vielmehr eine *Honorarkürzung* in dem Verhältnis vorzunehmen, in dem der Wert des Bauwerks gemindert ist.

Keine Frage der Minderung ist es, wenn der Architekt *nicht alle Leistungsphasen des Leistungsbildes* erbringt, die ihm aufgetragen werden. *Wenn das Bauwerk gleichwohl mangelfrei entsteht,* können Honorarabzüge unter dem Gesichtspunkt der Gewährleistung nicht gemacht werden (vgl auch BGH NJW 1982, 1387; 1969, 420; LOCHER/KOEBLE/FRIK § 8 HOAI Rn 16 f). Wegen der Erfolgsbezogenheit der Architektentätigkeit sollten aber auch dann Abzüge vom Honorar nicht gemacht werden, wenn einzelne Teile von Leistungsphasen ohne nachteilige Folgen nicht erbracht worden sind. Wenn *ganze Phasen* ausgefallen sind, ist es zweifelhaft, ob insoweit Abzüge zu machen sind (offen dazu BGHZ 45, 376 = NJW 1966, 1713; verneinend OLG Düsseldorf BauR 1982, 597; mit Einschränkungen OLG Hamm NJW-RR 1990, 522; OLG Celle BauR 1991, 371). Richtigerweise sollte es wohl *auch dann nicht* zu Honorarabzügen kommen. Der Fall der bewussten Übertragung nur einzelner Leistungsphasen liegt anders. Die werkvertragliche und damit erfolgsbezogene Sicht des Architektenvertrages spricht für einen ungekürzten Honoraranspruch des Architekten. Nach BGHZ 159, 376 = NJW 2004, 2588 = NZBau 2004, 509; NJW-RR 2005, 318 = NZBau 2005, 158, können die Parteien freilich nicht nur die Gesamterstellung des Bauwerks als den vom Architekten geschuldeten Erfolg vereinbaren, sondern auch – als Teilerfolge – einzelne der dazu erforderlichen, in den Leistungsphasen des § 34 HOAI skizzierten Schritte, ob dies der Fall ist, sei durch Auslegung zu ermitteln. Es könne dann zu einer Honorarkürzung kommen, wenn ein einzelner Teilerfolg nicht erbracht ist. **13**

Das wirft Fragen auf. Zunächst ist eine verlässliche Basis einer solchen Auslegung kaum ersichtlich. Sodann wird es dem Bauherrn idR um Schadensersatz gehen, weil er zB fehlerhaften Kostenangaben des Architekten vertraut hat (vgl den Fall von BGH NJW-RR 2005, 318 = NZBau 2005, 158). Aber dann ist doch das ungekürzte Honorar in die Schadensberechnung einzustellen; der Bauherr kann die korrekte Berechnung nicht zum „Nulltarif" haben.

Jedenfalls soll eine Minderung geboten sein, wenn der Architekt ein Bautagebuch nicht geführt hat (BGH NZBau 2011, 622; PREUSSNER NZBau 2012, 93).

III. Schadensersatz statt der Leistung

Bei Mängeln des Bauwerks geht es um Schadensersatz; ein „Vorschussbegehren" des Bestellers ist bei verständiger Würdigung als Schadensersatzbegehren auszulegen (BGH NZBau 2004, 512 = BauR 2004, 1477). **14**

1. Verantwortungsbereiche des Architekten

a) Planung

Der Architekt schuldet, sofern er damit beauftragt ist, eine *verwertbare* Planung. Dabei hat er freilich in ästhetischer Hinsicht ein *Planungsermessen*. Die Planung ist **15** nicht schon dann mangelhaft, wenn sie nicht die optimale Lösung ist, sondern erst dann, wenn sie nicht mehr sachgerecht erscheint (vgl OLG Hamm NJW-RR 1989, 470 zur Einbindung des Gebäudes in die Umgebung).

aa) In rechtlicher Hinsicht hat *die Planung* insbesondere *genehmigungsfähig* zu sein (vgl OLG Jena OLG-NL 1995, 105; OLG Düsseldorf NJW-RR 1996, 1234; BINDTHARDT/JAGENBURG 277; MASER BauR 1994, 180). Die Genehmigungsfähigkeit muss nach Bauplanungs- und Baupolizeirecht bestehen. Dabei ist die Notwendigkeit kleinerer Änderungen unschädlich. Wenn die Genehmigung erreicht werden kann, bleibt die Planung mangelhaft, solange der Dispens nicht erteilt wird (BINDTHARDT/JAGENBURG 277). Das gilt insbesondere auch dann, wenn die Baugenehmigung – zB wegen einer Grenzbebauung – von einer Zustimmung des Nachbarn abhängt. Die Genehmigung muss dann auch dauerhaft erfolgen (BGH NJW-RR 1999, 1105; BGH NJW 2003, 287 = BauR 2002, 1872; NJW 2011, 1442 Rn 22; OLG Hamm NZBau 2005, 527); zu Lasten des Architekten geht es, wenn sie später wieder zurückgenommen wird (BGH NJW 1999, 2112). Er hat dann auch die nutzlosen Kosten des Genehmigungsverfahrens zu tragen (OLG Bamberg BauR 2005, 442). Dass die Genehmigung uU im vereinfachten Verfahren erteilt wird, mindert die Anforderungen an die Planung des Architekten nicht (BGH NJW 2002, 129).

Mangelnde Genehmigungsfähigkeit führt allerdings *nicht unter allen Umständen* zur Mangelhaftigkeit der Planung. Das ist – seltener – zunächst dann der Fall, wenn der Besteller dem Architekten kein konkretes zu beplanendes Grundstück genannt hat. Häufiger ist der Fall, dass der Bauherr das Risiko der unterbleibenden Genehmigung bewusst übernommen, man also sozusagen „auf Verdacht" geplant hat. Hier sind aber strenge Anforderungen zu stellen (vgl BGH NJW-RR 1999, 1105; KRETSCHMER NJW 1968, 534). Der Architekt hat den Besteller unmissverständlich auf die bestehenden Risiken hinzuweisen, wenn dies notwendig erscheint (vgl BGH NJW 2011, 1442 Rn 22; OLG Düsseldorf BauR 2010, 1255). Macht der Bauherr von einer Planung Gebrauch, obwohl sich Zweifel an ihrem Bestand aufdrängen, führt dies zu § 254 BGB (BGH NJW 2011, 1442 Rn 39 ff).

In diesen Fällen aber – und auch sonst – hat der Architekt *die Planung auf das unbedingt erforderliche Mindestmaß* zu beschränken und muss insbesondere durch eine Bauvoranfrage einen verbindlichen Vorbescheid erwirken (vgl BGH WM 1972, 1457; OLG Köln BauR 1999, 358; BINDTHARDT/JAGENBURG 280 ff). Eine jetzt schon weitergehende Architektenleistung ist nicht zu vergüten; BGH NJW 2011, 1442 leitet das aus einem aufrechenbaren Schadensersatzanspruch des Bestellers aus positiver Forderungsverletzung her; richtiger erscheint die Annahme, dass die *Planung insoweit mangelhaft ist* (vgl OLG Düsseldorf NJW-RR 1997, 915).

Andererseits schuldet der Architekt nur eine genehmigungsfähige Planung, nicht auch, dass sie tatsächlich genehmigt wird. Wird die Genehmigung zu Unrecht verweigert, ist das Risiko des Bauherrn (BGH NJW-RR 1999, 1105) und ist die Planung dann nicht mangelhaft, wenn die Fehlentscheidung der Behörde auf der Hand liegt und dem Bauherrn Rechtsmittel zugemutet werden können; dagegen wird man die nicht genehmigte Planung bei zweifelhafter Rechtslage und unklaren Aussichten von Rechtsmitteln für mangelhaft halten müssen (vgl auch BINDTHARDT/JAGENBURG 282 f).

bb) Soweit Bauvorhaben neuerdings verstärkt von der Genehmigungsbedürftigkeit freigestellt und nur noch anzeigepflichtig sind (vgl den Überblick über die Regelungen bei SCHULTE BauR 1996, 599; ORTLOFF/RAPP NJW 1996, 2346), kann ein bauordnungsrechtlicher Mangel der Planung nicht schon dadurch entfallen, dass eine bestandskräftige Baugenehmigung vorliegt. Die Planung bleibt *mangelhaft, wenn sie dem materiellen Baurecht nicht entspricht;* im Verschuldensfall haftet der Architekt für die Folgen auf Schadensersatz.

cc) Auch sonst muss die Planung realisierbar sein, um mangelfrei zu sein. Den Architekten entlastet es nur, wenn die Verantwortung für die Nichtrealisierbarkeit den Besteller trifft, zB mangelnde finanzielle Leistungsfähigkeit. Doch hat der Architekt die Möglichkeiten der Realisierung zu erkunden, seine Planung ihnen anzupassen (Rn 22).

Fehlende Realisierbarkeit ist dann kein Mangel, wenn der Auftrag nur auf Erkundung lautete.

dd) Die Planung muss vertragsgemäß sein; das kann auch durch Auflagen der Genehmigungsbehörde verfehlt werden (BGH BauR 1998, 579).

ee) Die Planung muss den *Wünschen und Bedürfnissen* des Bestellers entsprechen, die der Architekt zu ermitteln hat (BGH NJW-RR 1998, 668) sowie seinen *Möglichkeiten* und Verpflichtungen (OLG Düsseldorf NJW-RR 1997, 275) gerecht werden.

(1) Die Wünsche, die der Bauherr an den Architekten heranträgt, hat dieser seiner Planung nach Möglichkeit zugrunde zu legen. Er hat sie jedoch *kritisch zu überprüfen,* wobei das Ausmaß der Prüfungspflicht davon abhängt, inwieweit der Bauherr selbst über Sachkunde verfügt (vgl BINDTHARDT/JAGENBURG 199). Selbst volle eigene Sachkunde des Bauherrn lässt die Überprüfungspflicht des Architekten jedoch nicht gänzlich entfallen (**aA** BINDTHARDT/JAGENBURG 199 unter Berufung auf OLG München MDR 1960, 399); der Architekt muss sich dann jedenfalls vergewissern, dass der Bauherr die nachteiligen Folgen seiner Wünsche auch überblickt und hinzunehmen bereit ist. *Unfachmännischen Wünschen* des Bauherrn muss der Architekt deutlich entgegentreten und auf die Konsequenzen hinweisen (vgl OLG Hamm NJW-RR 1988, 275; BINDTHARDT/JAGENBURG 275). Das gilt insbesondere auch dann, wenn die Wünsche des Bauherrn rechtlich unzulässig sind, weil sie zB von der erteilten Baugenehmigung abweichen. Hinsichtlich der Baugenehmigung selbst müssen dem Architekten die einschlägigen gesetzlichen Bestimmungen vertraut sein, sodass er haften kann, wenn die Baugenehmigung zunächst fälschlich erteilt und dann widerrufen wird (vgl OLG München NJW-RR 1992, 788). Will der Bauherr Handwerker beauftragen, an deren Zuverlässigkeit der Architekt Zweifel hegt, muss er diese vortragen (vgl BGH NJW 1978, 322).

(2) Die Planung muss den *Bedürfnissen* des Bestellers entsprechen; sie hat seine realisierbaren Wünsche zugrunde zu legen (vgl BGH NJW-RR 1998, 668). Diese hat der Architekt uU erst zu ermitteln. Bei widerstreitenden Bedürfnissen hat er den Bauherrn über die Möglichkeiten der jeweiligen Berücksichtigung aufzuklären.

(3) Unter den *Möglichkeiten* des Bauherrn, die der Architekt zu berücksichtigen hat, stehen dessen *finanzielle* im Vordergrund (vgl dazu Rn 20 f).

18 ff) Die Planung muss *technisch einwandfrei* sein.

(1) Dazu hat der Architekt im Rahmen der Grundlagenermittlung zunächst die *technischen Vorgegebenheiten* zu klären, insbesondere Baugrund, Statik (OLG Düsseldorf NJW-RR 1997, 915), Bauphysik (OLG Düsseldorf BauR 1993, 622: Schallschutz). Namentlich hat er auf Punkte zu achten, die für den Bau kritisch werden können, so etwa die Grundwasserverhältnisse (OLG Düsseldorf NJW-RR 1996, 1300; BauR 2000, 1358; NZBau 2005, 406; OLG Köln NJW-RR 1993, 1493. Vgl auch OLG Düsseldorf NJW-RR 1996, 17 zu den Prüfungspflichten bei einer raumlufttechnischen Anlage) und die Standsicherheit. Gefährden die Gegebenheiten die Realisierung des Baus, hat der Architekt dem Bauherren die Gefahren zu erläutern und zu erörtern, ob ungeachtet dessen an dem Vorhaben festgehalten werden soll (BGH 20. 6. 2013 – VII ZR 4/12 Rn 18 f).

Insoweit kann die *Einschaltung von Sonderfachleuten* geboten sein. Ihr Einsatz ist zwar, da mit Kosten verbunden, nicht in jedem Fall zulässig (vgl BINDTHARDT/JAGENBURG 246), sondern erst dann, wenn mit Problemen zu rechnen ist, die so kompliziert sind, dass sie das Maß dessen überschreiten, was durchschnittlicherweise von einem Architekten erwartet werden kann. Ihre *Nichteinschaltung* kann dann aber auch einen *Verschuldensvorwurf* begründen (vgl OLG Hamm BauR 1997, 1069).

Wenn der Architekt einen *Sonderfachmann einschaltet,* kommt es darauf an, *in welcher Form dies geschieht.* Sofern er ihn selbst als Subunternehmer beauftragt, haftet er für seine Fehler nach § 278 BGB. Sofern er auf eine Beauftragung durch den Bauherrn hinwirkt, ist er jedenfalls zu einer sorgfältigen Auswahl sowie zu einer Überprüfung der Ergebnisse verpflichtet, letzteres jedenfalls, soweit zu Bedenken Anlass besteht (vgl auch u Rn 31).

19 (2) Darüber hinaus muss die Planung des Architekten *den anerkannten Regeln der Technik* entsprechen (vgl dazu § 633 Rn 177 ff). Will er von ihnen abweichen, hat er den Bauherrn eingehend auf die damit verbundenen Risiken hinzuweisen. Grundsätzlich ist er gehalten, den technisch sichersten Weg zu wählen. Die *Verwendung neuer* und damit zwangsläufig weniger erprobter *Materialien* scheidet damit nicht grundsätzlich aus. Bewähren sie sich, fehlt es ohnehin an einem Schaden, bewähren sie sich nicht, haftet der Architekt nicht bei hinreichender Aufklärung über Risiken und Alternativen bzw – mangels Verschulden – wenn sie ihm sicher erscheinen konnten (vgl LG Düsseldorf SCHÄFER/FINNERN/HOCHSTEIN § 635 Nr 81, vgl aber auch OLG Celle BauR 1990, 739 zu dem Fall, dass ein „Restrisiko" verbleibt). Der Wunsch zu sparen entbindet jedenfalls nicht von der Einhaltung der anerkannten Regeln der Technik (OLG Düsseldorf BauR 1991, 732).

20 gg) Die Planung des Architekten muss insbesondere auch *so detailliert* sein, dass danach ohne Weiteres gebaut werden kann (vgl BGH VersR 1974, 261; NJW 1978, 393). Jedenfalls in Zweifelsfällen und bei schwierigeren Fragen darf sich der Architekt nicht darauf verlassen, dass die bauausführenden Firmen seine unvollständige Planung schon sachgerecht ausfüllen werden (vgl BGH NJW-RR 1988, 275, ferner OLG Celle BauR 1992, 801 zu Abdichtungsmaßnahmen; bedenklich OLG Köln VersR 1993, 1229, zur Absicht, die Handwerker nur mündlich einzuweisen. Seine Planung muss für die Handwerker unmissverständlich sein, OLG Düsseldorf NJW-RR 1999, 960). Schadensträchtige Risiken sind unmissverständlich zu verdeutlichen (BGH NJW 2000, 2991).

b) Vergabe der Arbeiten

aa) Die zu erbringenden Arbeiten müssen in der *Leistungsbeschreibung grundsätzlich vollständig und richtig erfasst* sein, wobei sich der Architekt insoweit an § 7 VOB/A zu orientieren hat (vgl BINDTHARDT/JAGENBURG 264 f). Er hat insbesondere auch geeignete Materialien vorzuschreiben, sowie – soweit möglich – Einheitspreise statt Stundenlöhnen (OLG Karlsruhe BauR 2006, 859). 21

bb) Die eingehenden *Angebote* hat der Architekt *sorgfältig und gewissenhaft zu prüfen*. Er hat den Bauherrn bei der Auswahl sachverständig zu beraten und ihm insbesondere von ungeeigneten Unternehmern abzuraten, wobei sich die mangelnde Eignung aus mangelnder Erfahrung, geringer Zuverlässigkeit oder finanzieller Angespanntheit ergeben kann. Bei der Wertung der Angebote hat der Architekt die Kriterien des § 16 VOB/A zugrunde zu legen.

Bei einem Eigenbau des Bauherrn hat der Architekt besonders klare Anweisungen zu erteilen (OLG Düsseldorf NZBau 2005, 408, 409).

c) Wirtschaftlichkeit der Planung

aa) Die Planung des Architekten kann dadurch mangelhaft sein, dass sie *wirtschaftlich nicht mehr vertretbar* ist (BINDTHARDT/JAGENBURG 285 ff; LOCHER, Das private Baurecht Rn 425). Übermäßiger Aufwand muss vermieden (BGH NZBau 2009, 722), die Nutzbarkeit des Gebäudes optimiert werden (BGH NJW 1998, 1064). Der Architekt muss die *finanziellen Möglichkeiten des Bauherrn* im Rahmen der Grundlagenermittlung in Erfahrung bringen und dann bei seiner Planung berücksichtigen (BGH NJW 2013, 1593 = NZBau 2013, 386 Rn 9), beide also naturgemäß möglichst frühzeitig, BGH NJW-RR 1991, 664 = BauR 1991, 366. Innerhalb des dadurch vorgegebenen Rahmens hat die Planung auch *möglichst kostengünstig* zu erfolgen, vgl BGH VersR 1964, 1045, wobei natürlich der Kostenaspekt *nur einer unter den vielfältigen zu berücksichtigenden Gesichtspunkten* ist. Ein Mehrfamilienhaus, das Renditeobjekt werden soll, kann schon deshalb mangelhaft sein, weil dieser Zweck verfehlt wird (vgl BGH NJW 1975, 1657). Dagegen können bei einem vom Bauherrn selbst zu nutzenden Eigenheim andere Gesichtspunkte im Vordergrund stehen. Eine Pflicht des Architekten, so kostengünstig wie nur möglich zu bauen, kann gerade dort nicht angenommen werden (vgl auch BGHZ 60, 1, 3). Bieten sich Alternativen an, von denen die eine kostengünstiger ist, aber den Bedürfnissen des Bauherrn genügt, die andere mit höheren Kosten verbunden ist, dafür aber auch Vorteile bietet, muss die Entscheidung dem Entschluss des Bauherrn vorbehalten bleiben. 22

Die vorgegebene Bausumme muss eingehalten werden (BGH NZBau 2003, 281, 282). Ggf hat der Architekt auf staatliche Fördermittel hinzuweisen (BGH NJW 1996, 1889; vgl BGH NZBau 2005, 158). Auch die spätere Verwertung des Objektes muss er bedenken (BGH NJW 1996, 2370).

bb) Der Architekt braucht grundsätzlich nicht von sich aus zu klären, ob und welche *steuerlichen Vorteile* der Bauherr in Anspruch nehmen kann (vgl BGHZ 60, 1). Weiß er 23 aber, dass der Bauherr bestimmte Steuervorteile in Anspruch nehmen will, dann hat er seine Planung und die Beratung des Bauherrn entsprechend einzurichten (BGHZ 60, 1; OLG Düsseldorf NJW-RR 1991, 90; OLG Köln NJW-RR 1993, 1493), zB auf die Einhaltung bestimmter Wohnflächenhöchstgrenzen hinzuwirken und die Wohnflächen auch korrekt zu berechnen, wenn davon die steuerlichen Vorteile abhängen. – Ggf hat er staatliche Fördermittel zu beantragen (BGH NJW 1996, 1884) bzw darf er ihre Streichung nicht verursachen (OLG Koblenz NJW-RR 1998, 21).

cc) Dem entspricht es, dass der Architekt auch eigene *entbehrliche Leistungen zu unterlassen* hat. So darf er insbesondere eine detaillierte Planung erst erstellen, wenn die Bebauungsmöglichkeit als solche geklärt ist (BINDTHARDT/JAGENBURG 288). Auch den Erwerb des für die Bebauung vorgesehenen Grundstücks muss der Architekt vor weiteren Schritten uU abwarten; jedenfalls hat er einen drängenden Bauherrn eindringlich darauf hinzuweisen, dass nähere Planungen nutzlos werden könnten.

d) Rechtliche Betreuung des Bauherrn

24 Die *rechtliche Betreuung* des Bauherrn ist grundsätzlich *nicht Aufgabe des Architekten;* hierfür mag dieser anwaltliche Beratung einholen.

aa) Doch hat der Architekt *die notwendigen Verträge vorzubereiten,* wozu es insbesondere gehört, dass er auf die Vereinbarung der VOB/B dringt (BINDTHARDT/JAGENBURG 292) und in diesem Zusammenhang einen nicht sachkundigen Bauherrn auf die wesentlichen Unterschiede zwischen einem VOB-Vertrag und einem BGB-Vertrag hinweist, wie sie insbesondere in der Verjährungsfrage bestehen. Der Architekt hat jedenfalls *die Grundzüge des Werkvertragsrechts nach BGB und VOB/B zu kennen* (vgl BGH NJW 1973, 1457 = BGHZ 61, 28, dort nicht mit abgedruckt; BGH NJW 1978, 1311).

Den Architekten trifft bei der Vorbereitung der Verträge keine Verpflichtung, diese durch zusätzliche AGB so günstig wie nur möglich für den Besteller auszugestalten; vielmehr haftet er, wenn sich derartige AGB im Ergebnis nachteilig auswirken, weil dem Besteller ungünstige Klauseln erhalten bleiben (zB die verkürzte Verjährung nach der VOB/B), angestrebte Vorteile wegen § 307 *BGB* aber nicht zu erreichen sind.

25 bb) Die Pflicht des Architekten, dem Bauherrn, der nicht selbst sachkundig ist, jedenfalls eine *juristische „Grundversorgung"* zu liefern, setzt sich auch während der Durchführung des Bauvorhabens fort. Wenn die beauftragten Unternehmer mangelhaft oder verzögerlich arbeiten, hat er darüber aufzuklären, welche *rechtlichen Möglichkeiten,* zB der Kündigung, der Ersatzvornahme, des Zurückbehaltungsrechts (OLG Celle BauR 2004, 1973) oder des Schadensersatzes bestehen, und ggf korrekte Schritte einzuleiten. Er hat zu wissen, dass eine Vertragsstrafe nach § 341 Abs 3 BGB des Vorbehalts bei der Abnahme bedarf (BGH NJW 1979, 1499), dass für sie vertragliche Grenzen bestehen (OLG Hamm BauR 2005, 1350) und wie man die Verjährung bei Gewährleistungsansprüchen hemmt oder erneuert (BGH NJW 1978, 1311). Diese Rechtsprechung, die *„nicht unerhebliche Kenntnisse"* des Architekten im Werkvertragsrecht* verlangt (BGH NJW 1979, 1499), ist (entgegen GANTEN NJW 1979, 2513; BINDTHARDT/JAGENBURG 293 f) nicht als zu streng anzusehen.

e) Koordinierung des Bauvorhabens

Der Architekt hat die Tätigkeit der verschiedenen Unternehmer in der Planungsphase und auch späterhin *sachgerecht zu koordinieren* (LOCHER, Das private Baurecht Rn 404).

aa) Das gilt zunächst *in technischer Hinsicht*. Der Architekt hat einander widersprechende Leistungen der einzelnen Gewerke zu vermeiden, zB die Verwendung von Baustoffen, die nicht miteinander kombiniert werden dürfen (vgl OLG Celle MDR 1969, 391 = BauR 1970, 182). Er hat aber auch für ein *sachgerechtes Ineinandergreifen der Arbeiten* zu sorgen, zB Ausgleich des Rohbetons vor Aufbringung des Estrichs (BGH WM 1971, 1125 = BGHZ 56, 312, dort nicht mitabgedruckt; OLG Oldenburg NJW-RR 2000, 21) oder Abstimmung der Festigkeit verschiedener Mörtellagen (BGH WM 1970, 354 = VersR 1970, 280).

Der bauleitende Architekt hat bei Verdachtsmomenten die vorliegenden Pläne zu überprüfen (OLG Düsseldorf NJW-RR 1998, 741; OLG Köln NJW-RR 1997, 579); dies erst recht bei schon aufgetretenen Mängeln (OLG Düsseldorf NJW-RR 1999, 960).

bb) Das gilt weiterhin und vor allem *in zeitlicher Hinsicht*. Die einzelnen Arbeiten müssen einerseits in ausreichendem zeitlichen Abstand aufeinander folgen, andererseits aber auch hinreichend zügig, sodass einerseits Mängel vermieden werden, andererseits Verzögerungen und sonstige Mehrkosten, zB Lagerkosten.

cc) Fehler in der Koordinierung der Arbeiten können dem Architekt auch und gerade während der Ausführungsphase unterlaufen. Gleichwohl stehen sie in der Sache *den Planungsfehlern näher* als den Bauaufsichtsfehlern, da sich der auf Gewährleistung in Anspruch genommene Unternehmer auf mangelnde Beaufsichtigung nicht nach § 254 Abs 1, 278 BGB berufen kann, wohl aber auf fehlerhafte Planung und eben auf fehlerhafte Koordinierung (vgl BGH NJW 1972, 447 = WM 1972, 800; OLG Köln BauR 1989, 377). Die Abgrenzung von Koordinierung und Bauaufsicht gestaltet sich allerdings im Einzelfall schwierig.

f) Bauaufsicht

aa) Der die Bauaufsicht führende Architekt braucht gängige, einfache Handwerkerarbeiten grundsätzlich nicht im Einzelnen zu überwachen (vgl BGH VersR 1966, 488; 1969, 473; OLG Hamm NJW-RR 1990, 158; OLG Düsseldorf BauR 1992, 678). Er braucht auch *nicht ständig auf der Baustelle anwesend* zu sein (BGH BB 1956, 739 = Betr 1956, 771), sondern muss die Arbeiten – freilich über Stichproben hinaus – in angemessener Weise kontrollieren, wobei die Sanierung von Altbauten erhöhte Präsenz verlangt (BGH NJW 2000, 2500, 2501). Der Architekt hat aber *jedenfalls die wichtigsten Bauabschnitte, von denen das Gelingen des ganzen Werkes abhängt, persönlich oder durch erprobte Erfüllungsgehilfen zu überwachen* und sich nach Erledigung von ihrer Ordnungsmäßigkeit zu überzeugen (vgl BGH NJW 1971, 1130; BGHZ 68, 169 = NJW 1977, 898). Anhaltspunkte für Mängel verpflichten zu besonderer Aufmerksamkeit (BGH NJW 1994, 1276; OLG Celle NJW-RR 1995, 1468).

bb) *Erhöhte Aufsichtspflichten* des Architekten können sich *aus konkretem* Anlass ergeben. Feste Regeln lassen sich insoweit nicht aufstellen, da die Umstände des Einzelfalls entscheiden. Kriterien sind zB:

(1) die *Wichtigkeit der Arbeiten* und ihre Bedeutung für den Bau als Ganzes. Hier sind namentlich zu nennen die Betonarbeiten (vgl BGH VersR 1965, 800; 1971, 818 = WM 1971, 1056; BB 1973, 1191 = Betr 1973, 1846; VersR 1973, 167), Abdichtungs- und Isolierungsarbeiten (BGH NJW-RR 2000, 1468; OLG Hamm NJW-RR 1990, 158; NJW-RR 1992, 1049; BauR 2000, 77), Einbindung der Fundamente (OLG Düsseldorf NJW-RR 1995, 532);

(2) die *Gefährlichkeit der Arbeiten* wie etwa Ausschachtungs-, Abbruch- und Fundamentierungsarbeiten (vgl BGH WM 1977, 1004; OLG Oldenburg NJW-RR 1992, 409; OLG Oldenburg NJW-RR 2000, 21; OLG Stuttgart NZBau 2006, 446 = BauR 2006, 446);

(3) die *eingeschränkte Möglichkeit späterer Feststellung und Behebung von Baumängeln* (OLG München BauR 1994, 145: Drainage);

(4) *mangelnde Erfahrung oder sonstige Unzuverlässigkeit eines Unternehmers.* Darf der Architekt auch grundsätzlich auf ordentliche Arbeit von Unternehmern vertrauen, die ihm als zuverlässig bekannt sind (vgl BGHZ 39, 261 = NJW 1963, 1401; BGHZ 68, 189 = NJW 1977, 898), so können doch auch ihnen gegenüber die Aufsichtspflichten gesteigert sein, wenn sie zB im konkreten Fall schon Fehler gemacht haben (vgl BGHZ 68, 189) oder mit kritischen Aufgaben betraut sind. Erst recht obliegt dem Architekten eine intensivere Kontrolle, wenn der Bauherr Handwerker beauftragt, von denen er selbst abgeraten hat (vgl BGH NJW 1978, 322);

(5) *die Ungewöhnlichkeit oder Neuartigkeit eines bestimmten Verfahrens* oder verwendeter Baustoffe. Bei letzteren obliegt dem Architekten eine erhöhte Materialprüfungspflicht auch dann, wenn es auf bestimmte Eigenschaften besonders ankommt, wie zB Frostbeständigkeit. Zugelassene Baustoffe hat der Architekt aber nur zu überprüfen, wenn Mängel auffallen (OLG Stuttgart NJW-RR 1989, 1428).

(6) Stets bedürfen einer besonders intensiven Überwachung *Nachbesserungsarbeiten* (vgl BGH WM 1971, 680), weil der Unternehmer, der sie durchführt, mit der Verursachung des Mangels schon Zweifel an seiner Zuverlässigkeit geweckt hat.

(7) Schließlich ist darauf hinzuweisen, dass der die Bauaufsicht führende Architekt im Rahmen seiner *Verkehrssicherungspflicht* Gefahren abwenden muss, die Dritten aus der Baustelle erwachsen (vgl dazu Anh III zu § 638 Rn 16 ff).

30 **cc)** Die *Aufsichtspflichten* des Architekten finden auch wieder *ihre Grenzen*. So darf er namentlich darauf vertrauen, dass *Sonderfachleute* wie zB Statiker ihre Aufgaben auch ordentlich erfüllt haben (vgl OLG Köln NJW-RR 1994, 1110; 1998, 1476). Er hat das Werk des Statikers nur in groben Zügen zu überprüfen, wobei er aber insbesondere darauf zu achten hat, dass der Statiker von zutreffenden Daten ausgegangen ist und dass seine Planung korrekt umgesetzt wird. Der planende Architekt darf grundsätzlich ihm vom Bauherrn überlassene Bodengutachten zugrunde legen (OLG Köln BauR 1992, 804), der mit der Bauüberwachung beauftragte Architekt braucht die Planung nur auf erkennbare Fehler durchzusehen (BGH NJW-RR 1989, 86, 89; OLG Frankfurt NZBau 2004, 397 = BauR 2004, 1329), was bedeutet, dass er nur – aber dies jedenfalls – Verdachtsmomenten nachzugehen hat.

Die Aufsichtspflichten des Architekten werden jedoch grundsätzlich *nicht durch die*

Grenzen seiner eigenen Sachkunde beschränkt. Wo diese überschritten werden, was zB bei Spezialarbeiten leichter der Fall sein kann, hat er sich entweder selbst zu unterrichten oder – was der sicherste Weg sein wird – Sachkundige heranzuziehen, vgl BGH NJW 1956, 787 (Plattenarbeiten); NJW 1962, 1569 (Holzarbeiten); VersR 1965, 800 (Stahlbetonarbeiten); NJW 1971, 1130 (Anbringung von Decken).

g) Abnahme der Unternehmerleistungen

aa) Der Architekt ist im Rahmen der Bauaufsicht dem Bauherrn gegenüber verpflichtet, die Leistungen der Unternehmer *abzunehmen,* allerdings nicht iSd § 640 BGB, was er nur bei entsprechender Vollmacht könnte, die nicht ohne Weiteres besteht, sondern *im technischen Sinne:* Er hat die Leistungen auf ihre Mangelfreiheit zu überprüfen, etwaige Mängel dem Bauherrn mitzuteilen und *so dessen Entschließung über die Abnahme vorzubereiten.* Dabei hat er auch darauf hinzuwirken, dass der Bauherr nicht Gewährleistungsansprüche durch rügelose Abnahme nach § 640 Abs 3 BGB einbüßt (vgl BINDTHARDT/JAGENBURG 323). Gleiches gilt für den Vorbehalt einer Vertragsstrafe nach § 341 Abs 3 BGB (vgl BGH NJW 1979, 1499). 31

bb) Die *Abnahme* der Werkleistungen durch den Bauherrn, die der Architekt vorzubereiten hat, sollte zur Vermeidung von Komplikationen *eine förmliche* sein; insbesondere sollte auch ein Abnahmeprotokoll mit einer Mängelliste erstellt werden.

cc) Im Zusammenhang mit der Abnahme hat der Architekt für den Bauherrn eine *Liste der Gewährleistungsfristen* der Unternehmer aufzustellen, aus der sich ihr Beginn und Ende ergeben (vgl zu den diesbezüglichen Pflichten LOCHER BauR 1991, 135), vgl Anl 10 zu § 34 Abs 3 Nr 8 HOAI.

h) Aufmaß und Rechnungsprüfung

aa) Der Architekt hat zusammen mit den Bauunternehmern ein genaues *örtliches Aufmaß* der erbrachten Leistungen zu erstellen, soweit sich dies nicht durch Pauschalpreisabreden erübrigt. 32

bb) Im Anschluss daran muss der Architekt die von den Unternehmern eingereichten *Rechnungen auf ihre sachliche und rechnerische Richtigkeit überprüfen* (vgl auch BGH NJW-RR 1998, 1548; NZBau 2002, 513; OLG Oldenburg BauR 2010, 810 zu Abschlagsrechnungen). Zur Bedeutung seines Prüfvermerks vgl § 641 Rn 88. Im Fall von Mängeln hat er für einen entsprechenden *Sicherheitsbehalt* des Bauherrn nach § 320 BGB zu sorgen. Im Übrigen hat er die Rechnungen und die von ihm vorgeschlagenen Abzüge und Einbehalte dem Bauherrn *zu erläutern.* Eine fehlerhafte Bedienung der Rechnungen kann zur Haftung führen, mag sie sich nun zugunsten oder zu Lasten der Unternehmer auswirken.

i) Überwachung der Mängelbeseitigung

aa) Der Architekt hat die *Ursachen festgestellter Mängel zu klären,* und zwar auch soweit sie auf ihn selbst zurückgehen (vgl BGH NJW 1978, 1311) und die Unternehmer zu ihrer *Beseitigung* zu veranlassen. 33

bb) Wenn die Unternehmer der Aufforderung des Architekten zur Mängelbeseitigung nicht nachkommen, hat dieser jedenfalls den Weg der *Ersatzvornahme* nach § 13 Abs 5 Nr 2 VOB/B bzw § 637 *BGB* ordnungsgemäß einzuschlagen. Von dieser

Verpflichtung ist er nur befreit, wenn der Bauherr selbst über die erforderliche Sachkunde verfügt (vgl BGH NJW 1973, 1457 = BGHZ 61, 28, dort nicht mitabgedruckt; BGH NJW 1978, 1311; 1979, 1499). Die Kritik im Schrifttum, die die Anforderungen an den Architekten herabschrauben möchte (vgl BINDTHARDT/JAGENBURG 322 mwNw), vermag nicht zu überzeugen.

cc) *Ergeben sich nachträglich Mängel,* muss der Architekt erneut entsprechend tätig werden (vgl BGH NJW 1971, 1130; BGH NJW 1978, 1311). Insbesondere hat er im Rahmen der ihm obliegenden Objektbetreuung, § 34 Abs 3 Nr 9 HOAI, das Objekt zur Feststellung von Mängeln zu besichtigen und dann das Notwendige zu veranlassen. Ihm obliegt auch die Mitwirkung bei der Freigabe von Gewährleistungssicherheiten.

k) Beschleunigung des Bauvorhabens

34 Für den Bauherrn ist die *Verwirklichung des Bauvorhabens in angemessener Frist* von entscheidender Bedeutung.

aa) Kommt es zu Verzögerungen aus dem eigenen Verantwortungsbereich des Architekten, kann der Besteller Fristen nach den §§ 281 Abs 1, 323 Abs 1 BGB setzen, ggf aus wichtigem Grund fristlos kündigen, vgl auch §§ 281 Abs 2, 323 Abs 2 Nr 3, Abs 4, 648a BGB.

bb) Zur Mangelfreiheit des Architektenwerks iSd §§ 633, 635 BGB gehört es aber auch, dass der Architekt ein *zügiges Tätigwerden der Unternehmer* veranlasst. Zu diesem Zweck hat er im Rahmen der Objektüberwachung, § 34 Abs 3 Nr 8 HOAI, einen *Zeitplan* (Balkendiagramm) aufzustellen und seine *Einhaltung durch die Bauunternehmer* zu überwachen. Da Bauzeitenpläne gegenüber den Unternehmern nach § 5 Abs 1 S 2 VOB/B nur dann verbindlich sind, wenn eine entsprechende Vereinbarung ausdrücklich im Bauvertrag getroffen ist, hat der Architekt auch dies zu veranlassen. Wo *Mahnungen* der Unternehmer erforderlich werden, hat der Architekt sie auszusprechen bzw zu veranlassen (BINDTHARDT/JAGENBURG 335).

l) Kostenüberschreitung

35 Zu den wesentlichen Pflichten des Architekten gehört die *ständige Kontrolle der Kosten* des Bauvorhabens (OLG Naumburg ZfBR 1996, 322). Der Architekt hat den Bauherrn laufend über die Kostenentwicklung zu *informieren* (BGH BauR 1997, 1067). Bei der Kostenermittlung hat der Architekt jeweils korrekt vorzugehen; er schuldet Ersatz für Schäden, die aus einer unsauberen Ermittlung folgen, zB wenn deshalb dem Bauherrn Zuschüsse verweigert werden (vgl BGH NJW-RR 1988, 1361). Freilich braucht der Architekt nur seinen eigenen Pflichten zu folgen, nicht etwa besonderen weiteren, wie sie sich etwa aus den Anforderungen der den Zuschuss verwaltenden Stellen ergeben können, BGH (NJW-RR 1988, 1361). Auch soweit die Kosten durch dessen Zusatz- und Sonderwünsche steigen, darf der Architekt nicht davon ausgehen, dass dem Bauherrn *die kostenmäßigen Konsequenzen* von sich aus deutlich sein werden, sondern hat ihn *eindringlich* auf diese hinzuweisen (BINDTHARDT/JAGENBURG 340). Zur Präzisierung der Pflichten des Architekten kommt die HOAI in Anl 10 zu § 34 an 5 Stellen auf die Kostenprüfung zu sprechen. Danach gehören zur Vorplanung, Phase 2, eine Kostenschätzung, zur Entwurfsplanung, Phase 3, eine Kostenberechnung, zur Objektüberwachung, Phase 8, eine Kostenfeststellung und eine Kostenkontrolle. Diese Berechnungen müssen zeitgerecht vorgelegt werden; eine Nachholung ist sinnlos (BGH NJW-RR 2005, 318 = NZBau 2005, 158).

aa) Die *Kostenschätzung* wie auch die *Kostenberechnung* sind nach DIN 276 (abgedruckt bei LOCHER/KOEBLE/FRIK, HOAI Anh 1 u 2) oder nach dem wohnungsrechtlichen Berechnungsrecht (2. BerechnungsVO idF v 22. 6. 1979) vorzunehmen. Sie müssen insoweit *richtig* sein, als sie keine Rechenfehler enthalten dürfen und auf richtigen Voraussetzungen basieren müssen; so dürfen zB keine notwendigen Bauleistungen übersehen werden; die Kubikmeterpreise müssen realistisch sein und die Mehrwertsteuer muss bedacht werden (vgl BGH NJW-RR 1997, 402). Auf dieser Basis sind dann freilich, weil es sich um bloße Prognosen handelt, *gewisse Toleranzen* hinzunehmen (vgl OLG Hamm BauR 1991, 246), *die sich mit der Verfestigung der Planung verringern.* BINDTHARDT/JAGENBURG 345 nehmen für vorvertragliche Kostenschätzungen Abweichungen von 30 % hin, für die Kostenschätzung im Vorplanungsstadium 20 %, für die Kostenberechnung im Entwurfsstadium 10 %, was ein relativ strenger Maßstab ist. BGH VersR 1957, 298 hat eine spätere Kostensteigerung gegenüber einer Schätzung von 27,7 % noch für ggf tragbar gehalten; nach BGH NJW 1971, 1840 war die zulässige Toleranzgrenze mit einer Kostensteigerung von 100 % weit überschritten. *Vor festen Prozentsätzen ist jedenfalls zu warnen;* es kommt ganz auf die *Umstände des Einzelfalls an* (vgl BGH NJW-RR 1988, 1361; BGH NJW 1994, 1741), und der Architekt muss jedenfalls auf die kostenmäßigen *Risikofaktoren* hinweisen sowie darauf, dass die einstweilen genannten Zahlen noch keine verlässliche Basis für Investitionsentscheidungen des Bauherrn sein können (BGH NJW-RR 2005, 318 = NZBau 2005, 158). **36**

bb) Der *Kostenanschlag* bei der Vergabe der Arbeiten basiert auf den Preisen der Angebote. Er muss die Kosten genau angeben, unter Berücksichtigung auch der in den Angeboten nicht mitenthaltenen Nebenkosten. Ein *Spielraum* für den Architekten ist hier *nicht* mehr anzuerkennen (vgl BINDTHARDT/JAGENBURG 347; aA SCHMALZL Rn 86 [10 %]; POTT/FRIELING Rn 492). Wo noch kein Angebot vorliegt, wird der Architekt dieses jetzt selbst richtig – und jedenfalls nicht zu niedrig – kalkulieren können. **37**

cc) Nach Abschluss des Bauvorhabens hat der Architekt *die endgültig entstandenen Baukosten zusammenzustellen* und etwaige Differenzen zu den Prognosen zu klären.

dd) Auch wenn der Architekt die Kosten in allen Leistungsphasen zutreffend ermittelt, kann seine Leistung mangelhaft sein. Das gilt namentlich dann, wenn er ein ihm gesetztes *Kostenlimit* überschreitet, wobei freilich zu unterscheiden ist zwischen einem *absoluten Kostenlimit,* das keinesfalls überschritten werden darf, und einem *relativen,* das nach Möglichkeit, aber nicht zwingend einzuhalten ist und bei dessen Überschreitung ein Mangel nicht ohne Weiteres anzunehmen ist. Eine mangelhafte Architektenleistung ist aber auch dann anzuerkennen, wenn der Architekt den Bauherrn nicht *rechtzeitig auf sich ergebende preisliche Veränderungen* hinweist, wie sie aus Änderungen der Planung oder aus zusätzlichen Wünschen des Bauherrn folgen können, deren kostenmäßige Konsequenzen dem Besteller nicht deutlich zu sein brauchen (bedenklich OLG Köln NJW-RR 1993, 986). **38**

Ohne Vorgabe eines Kostenrahmens haftet der Architekt jedenfalls nicht (BGH NJW-RR 1997, 850). Ob es bei diesem Spielraum in Bezug auf das fertige Objekt geben soll, ist eine Frage der Auslegung (BGH NJW-RR 1997, 850).

Der Architekt kann auch eine Kostengarantie übernehmen, die aber einen entsprechenden Einstandswillen voraussetzt (vgl OLG Düsseldorf NJW-RR 1985, 285; OLG Düsseldorf BauR 1993, 356). Im Zweifel kann davon nicht ausgegangen werden.

39 ee) Die *Entwicklung angemessener Rechtsfolgen* bei Kostenüberschreitungen bereitet *Schwierigkeiten.*

(1) Vor dem Abschluss des Bauvorhabens kann in einer Kostenüberschreitung für den Bauherrn ein Anlass zur *Kündigung aus wichtigem Grund* nach § 648a BGB liegen, bei der er dann von der Verpflichtung zur Zahlung des künftig entgehenden Gewinns nach § 648 S 2 BGB befreit ist. Wenn der Architekt *das eigene Honorar* falsch einschätzt, kann der Architektenvertrag ggf nach § 650 Abs 1 BGB gekündigt werden.

(2) Vor und nach Abschluss des Bauvorhabens besteht auch bei unverschuldeten Mängeln des Architektenwerks für den Bauherrn die Möglichkeit des Rücktritts oder der *Minderung,* bei denen er freilich maximal von der Verpflichtung zur Zahlung des Architektenhonorars befreit werden kann, idR aber auch dies nicht, weil verbleibende Vorteile nach § 346 Abs 2 BGB zu berücksichtigen sind.

40 **(3)** Der *Schadensersatzanspruch* im Verschuldensfall bereitet ebenfalls Schwierigkeiten.

(a) Wenn den Mehrkosten *keine entsprechenden Vorteile* gegenüberstehen („echte Baukostenüberschreitung"), hat der Bauherr einen entsprechenden Schaden (vgl BINDTHARDT/JAGENBURG 350; LOCHER, Das private Baurecht Rn 436).

41 **(b)** *Regelmäßig* werden den Mehrkosten aber *Vorteile für den Bauherrn* gegenüberstehen, sog unechte Baukostenüberschreitung. Sie können im Wege der *Vorteilsausgleichung* zu berücksichtigen sein (vgl BGH BauR 1970, 246; 1979, 74). Es ist zu unterscheiden:

Es ist zunächst denkbar, dass der Bauherr auch bei rechtzeitiger Kenntnis der wahren Kosten in dieser Weise gebaut hätte, zB wenn er das Grundstück auf jeden Fall nutzen wollte und es sich um unumgängliche Gründungskosten handelt. Dann *entfällt die Kausalität* der Pflichtwidrigkeit des Architekten für diesen Schaden. Die Beweislast für sein Verhalten bei korrekter Aufklärung über die Kosten trägt der Bauherr (BGH NJW-RR 1997, 850).

Wenn der Bauherr das Objekt wegen der Kosten nicht mehr halten kann, besteht der Schaden aus den tatsächlichen Kosten abzüglich des Erlöses für den Bau, dh unter Ausschaltung des Grundstücksanteils am Kaufpreis (BGH WM 1971, 1371).

Wenn der Bauherr das Bauvorhaben ganz unterlassen, aufgegeben oder nur reduziert durch- oder fortgeführt hätte, besteht sein Schaden aus den *Mehraufwendungen.* Soweit diese Mehrkosten aus einer *erweiterten Finanzierung* resultieren, steht ihnen ein auszugleichender Gegenwert jedenfalls nicht gegenüber, sodass sie insoweit *uneingeschränkt* zu ersetzen sind (vgl OLG Düsseldorf BauR 1974, 354; OLG Stuttgart BauR 1979, 174; OLG Köln NJW-RR 1994, 981; BINDTHARDT/JAGENBURG 349).

Dagegen will die Rechtsprechung eine *Wertsteigerung des Bauvorhabens als schadensmindernd* berücksichtigen (vgl BGH VersR 1957, 298 NJW 1970, 2018; BauR 1979, 74; OLG Hamm BauR 1993, 628; OLG Köln NJW-RR 1994, 981). Dabei soll es eine Frage des Einzelfalls sein, ob die Wertsteigerung nach dem *Ertragswert* oder nach dem *Substanzwert* zu ermitteln ist. BGH NJW 1970, 2018 stellt bei eigengenutzten Gebäuden den Substanzwert in den Vordergrund, BGH BauR 1979, 74 bei fremdgenutzten, aber auch bei gewerblich selbst genutzten Objekten den Ertragswert.

Dieser Rechtsprechung kann *im Ansatz,* dass eine Anrechenbarkeit gegeben ist, *gefolgt* werden, ebenfalls in der Frage der Bewertungsmaßstäbe (vgl aber krit jeweils Lauer BauR 1991, 401, 405 ff, 409 ff). Nicht gefolgt werden kann ihr, wenn sie den Einwand des Bauherrn, dass für ihn eine Wertsteigerung nicht gegeben sei, grundsätzlich nicht zulässt. Der hier auf den Schadensersatzanspruch anzurechnende Vorteil bedeutet für den Bauherrn letztlich nichts anderes als eine *aufgedrängte Bereicherung* (vgl Locher NJW 1965, 1696), sodass die dort berücksichtigten Gesichtspunkte hier schwerlich außer Betracht gelassen werden dürfen (vgl zu ihnen Koppensteiner/Kramer § 16 II 3 c). Bei der notwendigen Abwägung wird man zu berücksichtigen haben, inwieweit die Mehrkosten und Wertsteigerungen gerade auf den Bauherrn zurückgehen (dann eher volle Berücksichtigung), inwieweit sie notwendig waren (vgl Locher NJW 1965, 1696), und ob sie für den Bauherrn einen *realisierbaren und fühlbaren Gewinn* bedeuten. **42**

Abzusetzen sind jedenfalls sog „Sowieso"-Kosten (vgl dazu § 634 Rn 24), dh jene Kosten, die bei ordnungsgemäßer Durchführung des Bauvorhabens ebenfalls angefallen wären.

2. Keine vorrangige Nachbesserungsbefugnis

Jedenfalls soweit es um Schäden am Bauwerk selbst geht, ist der Schadensersatzanspruch des Bauherrn *nicht* davon abhängig, dass er dem Architekten vorab nach Maßgabe des § 281 Abs 1 BGB die *Möglichkeit zur Nachbesserung* gewährt hat (BGH NZBau 2008, 187 = BauR 2007, 2083 Rn 15, vgl dazu auch o Rn 9). **43**

3. Verschulden

Der Anspruch setzt ein Verschulden des Architekten voraus. Er kann insbesondere gegen die zur betreffenden Zeit anerkannten Regeln der Technik verstoßen haben (dazu § 633 Rn 177 ff; vgl auch OLG Düsseldorf NJW-RR 1994, 477 zum Statiker). – Der Architekt muss aber auch über hinreichende Kenntnisse im öffentlichen und privaten Baurecht verfügen; die Klärung schwieriger Rechtsfragen obliegt ihm nicht (OLG Zweibrücken NJW-RR 1998, 1097). **44**

So kann es etwa am Verschulden fehlen, wenn die Behörde seine Planung zunächst genehmigt und damit – wie er – für genehmigungsfähig gehalten hat (vgl KG BauR 1999, 1474). Ohne besondere Anhaltspunkte darf sich ein Architekt auch auf die Richtigkeit eingeholter Gutachten verlassen (vgl OLG Koblenz BauR 2000, 130).

4. Mitverschulden

45 Ein anspruchsminderndes Mitverschulden des Bauherrn kommt nur ganz ausnahmsweise in Betracht (vgl Locher, Das private Baurecht Rn 419 f). Soweit der Bauherr Unvernünftiges begehrt, hat ihn der Architekt kraft seiner überlegenen Sachkunde aufzuklären, sodass ein Mitverschulden erst dann denkbar ist, wenn der Bauherr trotz nachhaltiger Belehrung auf seinen Vorstellungen besteht (vgl auch – im Rahmen des § 4 Abs 3 VOB/B – § 633 Rn 77 f). Zu einer Beaufsichtigung des Architekten ist der Bauherr auch dann nicht nach § 254 Abs 1 BGB gehalten, wenn er selbst über Sachkunde verfügt. Es mindert seinen Ersatzanspruch gegen den fehlerhaft planenden Architekten mithin auch nicht, wenn der spätere bauleitende Architekt den Planungsmangel schuldhaft übersehen hat (vgl OLG Köln NJW-RR 1997, 597). Auch umgekehrt braucht sich der Besteller gegenüber dem bauleitenden Architekten, der den Planungsmangel übersehen hat, das Verschulden des planenden Architekten nicht anrechnen zu lassen. Kein Mitverschulden des Bestellers, der andere Firmen beauftragt, als vom Architekten empfohlen, solange letzterer nicht warnt (BGH BauR 1999, 680), wenn er dem Architekten Daten von Sonderfachleuten fehlerhaft übermittelt (OLG Köln NJW-RR 1998, 1320). IdR auch kein Fall des § 254 Abs 2 BGB, wenn der Besteller den Mangel erst sehr spät – und damit zu gestiegenen Kosten – beseitigen lässt (BGH NJW-RR 2004, 739 = NZBau 2004, 336).

5. Beweislast

a) Mangel des Architektenwerkes

46 Der Schadensersatz begehrende Besteller muss zunächst einen Mangel des Architektenwerkes beweisen.

aa) Ein **Mangel am Bauwerk** ist *nicht ohne Weiteres gleichzusetzen mit einem Mangel des Architektenwerks* (vgl Bindthardt/Jagenburg 14) da er auch andere Ursachen haben kann als eine Pflichtverletzung des Architekten wie zB eine mangelhafte Bauausführung durch die Unternehmer. In diesem Sinne ist das Architektenwerk dann mangelhaft, wenn eine *objektive Pflichtverletzung* durch den Architekten vorliegt. Diese muss der Bauherr beweisen (vgl BGHZ 42, 16; 48, 310; OLG Düsseldorf NJW-RR 1999, 1616; Erman/Seiler[10] § 635 aF Rn 29; Bindthardt/Jagenburg 186; Schmalzl Rn 63). Freilich kann ein Mangel des Bauwerks den Anscheinsbeweis für eine Verletzung der Bauaufsicht liefern (BGH NZBau 2002, 574).

Geht es um die Alternative Planungs- oder Ausführungsmangel, muss der Bauherr also ersteren beweisen. Liegt ein Ausführungsmangel nicht vor, indiziert die objektive Unzulänglichkeit des Baues den Planungsmangel. Wenn ein Ausführungsfehler vorliegt, muss der Besteller beweisen, dass Anlass zu besonderer Aufsicht bestand (riskante Bauphase, Unzuverlässigkeit der Handwerker) und dass der Architekt nicht oder nicht genug beaufsichtigt hat.

bb) Der Besteller muss weiterhin die *Ursächlichkeit* der objektiven Pflichtverletzung für den in dem Mangel des Bauwerks liegenden Schaden beweisen (vgl Erman/Seiler[10] § 635 aF Rn 29; Bindthardt/Jagenburg 191).

cc) Dabei können aber für den Besteller verschiedene *Beweiserleichterungen* Platz greifen. **47**

(1) Zunächst wird ihm vielfach der Beweis des ersten Anscheins gelingen.

(a) Die Kausalität der Pflichtverletzung für den eingetretenen Bauwerksmangel ist oft nicht zur vollen Überzeugung nachzuweisen. Gerade hier liegt es aber vielfach so, dass *bestimmte Pflichtverletzungen typische Folgen* haben. Verwirklichen sich diese, dann ist damit der Beweis des ersten Anscheins geführt (vgl Bindthardt/Jagenburg 191 f unter Hinweis auf BGH BauR 1975, 346). Es ist dann der Architekt aufgerufen, die ernsthafte Möglichkeit anderer Schadensursachen aufzuzeigen.

(b) Bauwerksmängel können aber auch so beschaffen sein, dass mit ihnen der Beweis des ersten Anscheins *schon für die Pflichtwidrigkeit des Architekten* geführt werden kann (vgl OLG Köln VersR 1975, 352; Schmalzl Rn 63; einschränkend Bindthardt/Jagenburg 193 f). Es gibt bestimmte Bauwerksmängel, die typischerweise darauf hindeuten, dass Fehler bei der Planung gemacht wurden, wie zB feuchte Keller oder durchhängende Decken.

(2) Weiterhin kann es ausnahmsweise hinsichtlich Pflichtverletzung wie Kausalität zu einer *vollen Umkehrung der Beweislast* kommen, wenn nämlich der Architekt die Beweisführung des Bestellers dadurch vereitelt oder erschwert, dass er ihm obliegende *Dokumentationspflichten* nicht erfüllt hat, vgl BGH VersR 1972, 457 (Protokoll über Rammarbeiten). Insoweit ist darauf hinzuweisen, dass der Architekt nach Anl 10 zu § 34 HOAI im Rahmen der Bauaufsicht ein *Bautagebuch* zu führen hat und seine Tätigkeit natürlich auch sonst in geeigneter Form dokumentieren muss. Eine Umkehrung der Beweislast durch mangelhafte Dokumentation kommt so vorzugsweise für die Bauaufsicht in Betracht, ist aber *ausnahmsweise auch im Planungsbereich* denkbar, wenn der Architekt seine Planung nur unvollständig schriftlich oder bildlich fixiert hat.

Eine Beweislastumkehr besteht auch hinsichtlich der Kausalität einer festgestellten Aufklärungspflichtverletzung (BGHZ 61, 118, 122; 193, 159 Rn 28). Der Architekt ist also dafür beweispflichtig, dass der Schaden ebenfalls eingetreten wären, wenn er seinen Aufklärungs- und Hinweispflichten nachgekommen wäre (BGH 20. 6. 2013 – VII ZR 4/12 Rn 22 f).

b) Wenn die Pflichtwidrigkeit des Architekten und ihre Ursächlichkeit für den Mangel feststehen, hat sich der Architekt *hinsichtlich des Verschuldens zu entlasten*, § 280 Abs 1 S 2 BGB. Dieser Beweis ist *in der Regel kaum zu führen;* ausnahmsweise kann er dann gelingen, wenn die Maßnahmen des Architekten zur Zeit der Bauausführung noch den anerkannten Regeln der Technik entsprachen und berechtigte Kritik an ihnen entweder noch nicht aufgekommen war oder als Außenseitermeinung erscheinen musste (vgl BGH NJW 1971, 92) oder, wenn er sich auf vorliegende bzw eingeholte Gutachten von Sonderfachleuten verlassen durfte (OLG Köln NJW-RR 1998, 1476). **48**

6. Anspruchsinhalt

49 a) Der Anspruch des Bestellers ist auf **Schadensersatz statt der Leistung** gerichtet. Diesen hält die Rechtsprechung bei Bauwerksmängeln auch beim Architekten heute nur in Form einer *Geldleistung* für denkbar (vgl BGH NJW-RR 1989, 86; OLG Hamm NJW-RR 1993, 1044 zum Statiker).

b) Dabei geht es *nicht nur um die Kosten der Beseitigung der Mängel,* sondern auch die damit zusammenhängenden *Folgekosten:* Beseitigung von Schäden am sonstigen Eigentum des Bestellers, die mit der Mängelbeseitigung zwangsläufig verbunden sind (BGHZ 72, 31 = NJW 1978, 1626), Zinsverluste und Zwischenfinanzierungskosten im Zusammenhang mit der Mängelbeseitigung (BGHZ 46, 238), entgehender Gewinn während der Nachbesserungszeit (BGHZ 72, 31), Auslagerungskosten für die Zeit der Mängelbeseitigung (OLG Düsseldorf BauR 1992, 106). Bei unverhältnismäßigem Aufwand der Nachbesserung kann in entsprechender Anwendung des § 251 Abs 2 BGB der Minderwert des Bauwerks liquidiert werden. Zu beachten ist im Übrigen, soweit es um notwendige Nacharbeiten am Bauwerk geht, dass diese von vornherein unvermeidlich sein konnten und damit als sog Sowieso-Kosten zu Lasten des Bauherrn gehen (BGH NJW-RR 1990, 728); den Architekten treffen dann nur die jetzigen Mehrkosten (vgl zum Begriff der Sowieso-Kosten § 634 Rn 24). Im Übrigen ist die Reichweite des Pflichtenkreises des Architekten zu beachten; wenn er auch die Gewährleistung zu betreuen hat, haftet er für die Kosten eines Prozesses, in den er den Bauherrn dadurch getrieben hat, dass er diesen Handwerker fälschlich als gewährleistungspflichtig bezeichnet hat (OLG Hamm NJW-RR 1991, 515). Muss er die steuerlichen Belange des Bauherrn berücksichtigen, so fallen dortige Nachteile unter § 634 Nr 4 BGB. Gleiches gilt für die Haftung im Kostenbereich (vgl o Rn 40). Bei nutzlosen Aufwendungen des Bestellers gilt § 284 BGB.

7. Verjährung

49a Zur Verjährung der gegen den Architekten gerichteten Ansprüche § 634a Rn 43 f.

8. Der Architekt im Haftungsverbund

a) Uneingeschränkte Haftung

50 Wenn der Architekt dem Bauherrn für Baumängel verantwortlich ist, haftet er diesem unmittelbar und uneingeschränkt auf Schadensersatz auch dann, wenn neben ihm *ein anderer, insbesondere der Bauunternehmer,* für die Mängel einzustehen hat (BGH NJW-RR 2004, 165 = NZBau 2004, 50) und *unabhängig davon, in welchem Stadium* (Nachbesserungsanspruch oder Schadensersatzanspruch) *sich die Rechte des Bauherrn gegen diesen Dritten* befinden. Eine Subsidiarität der Haftung des Architekten begründet § 650t BGB freilich dann, wenn dem Architekten nur ein Überwachungsfehler gegenüber dem mangelhaft arbeitenden Bauunternehmer zur Last zu legen ist. Der Architekt darf seine Schadensersatzleistung verweigern, solange der Bauherr dem Bauunternehmer nicht erfolglos außergerichtlich eine Frist zur Beseitigung des Mangels gesetzt hat.

b) Verhältnis Bauherr/Bauunternehmer

51 Anders kann es im Verhältnis des Bauherrn zum Bauunternehmer aussehen.

aa) Wenn der Bauunternehmer dem Bauherrn für einen Mangel einzustehen hat, kann er sich uU darauf berufen, dass dieser Mangel *von dem Architekten des Bauherrn mitverursacht worden* sei. Dann *verkürzen sich die Ansprüche des Bauherrn gegen den Bauunternehmer* von vornherein nach den §§ 254 Abs 1, 278 BGB (vgl BGH VersR 1970, 280; NJW 1981, 1448 = LM § 12 VOB/B Nr 5) mit der Folge, dass der Architekt für den *„überschießenden"* Teil allein haftet.

bb) Dieser *Mitverschuldenseinwand* besteht nicht nur gegenüber einem Schadensersatzanspruch des Bauherrn gegen den Bauunternehmer, sondern *auch gegenüber seinen sonstigen Gewährleistungsansprüchen* wie insbesondere dem Nachbesserungsanspruch (vgl § 634 Rn 17), der freilich nicht quotiert werden kann, wohl aber Zug um Zug gegen Kostenbeteiligung an der Nachbesserung zu erfüllen ist.

cc) Der Mitverschuldenseinwand des Bauunternehmers gegenüber dem Bauherrn ist darauf zu stützen, dass der Architekt dessen Obliegenheiten gegenüber dem Bauunternehmer nicht ordentlich erfüllt habe. Insoweit kann sich der Bauunternehmer in erster Linie auf eine *mangelhafte Planung* berufen (vgl BGH VersR 1970, 280; NJW 1981, 1448), aber dann auch auf eine *mangelhafte Koordinierung* des Bauvorhabens (vgl BGH VersR 1970, 280). Dagegen obliegt dem Bauherrn gegenüber dem Bauunternehmer grundsätzlich nicht dessen Beaufsichtigung (vgl § 633 Rn 39 ff), sodass sich der Unternehmer gegenüber dem Bauherrn in der Regel nicht auf Fehler des Architekten bei der Bauaufsicht berufen kann.

Die Berufung auf eine fehlerhafte Planung des Architekten des Bauherrn steht auch dem *Subunternehmer* im Verhältnis zum Hauptunternehmer zu (vgl BGH NJW 1987, 644 = LM § 633 BGB Nr 50), weil den Hauptunternehmer im Verhältnis zum Subunternehmer die Obliegenheit zur ordnungsgemäßen Planung trifft.

c) Gleichzeitige Haftung von Architekt und Bauunternehmer
Es verbleibt *ein Bereich,* in dem Architekt und Bauunternehmer *nebeneinander* für einen mangelhaften Zustand des Bauwerks einzustehen haben. Das kann sich insbesondere ergeben, wenn ein Ausführungsmangel des Unternehmers zusammentrifft mit einem Mangel der Bauaufsicht des Architekten oder mit einem Planungsmangel, der für diesen Ausführungsmangel nicht ursächlich geworden ist. Die Rechtsprechung (vgl u Rn 54), nimmt insoweit eine **Gesamtschuld** von Architekt und Bauunternehmer iSd § 421 BGB an, und zwar *unabhängig davon, ob sich das von ihnen zu Leistende* – als Schadensersatz – *gegenständlich deckt* oder nicht, was zB dann nicht der Fall ist, wenn der Architekt Schadensersatz schuldet, der Bauunternehmer dagegen einstweilen noch Nachbesserung.

aa) Das hat *zunächst nur geringe praktische Bedeutung.* Gemeinsam verklagt werden können Architekt und Bauunternehmer ohnehin; die Annahme einer Gesamtschuld führt freilich nach § 100 Abs 4 ZPO zu einer entsprechenden Haftung für die Prozesskosten. Dass die *Leistung des einen den anderen befreit,* erscheint selbstverständlich (vgl auch BGH NJW 1996, 2370); bei Annahme einer Gesamtschuld kann man dies aus § 422 BGB herleiten. Die Annahme einer Gesamtschuld führt auch nicht dazu, dass der Bauherr durch sein Vorgehen und die Art seines Vorgehens gegen den einen seine Rechte gegenüber dem anderen präjudiziert, vgl § 425 BGB. Insbesondere führt auch ein Vergleich mit dem einen mit einem Teilverzicht auf seine

Forderungen nach § 423 BGB noch nicht zu einem Rechtsverlust gegenüber dem anderen, wenn er nicht entsprechend umfassend abgeschlossen wird. Auch die Möglichkeit der Streitverkündung des Bauherrn in dem Prozess gegen die eine Seite, die gegenüber der anderen Seite die sonst nach § 425 Abs 2 BGB drohende Verjährung nach § 204 Abs 1 Nr 6 BGB hemmt und es ausschließt, dass sich nacheinander der Bauunternehmer mit Erfolg auf ein Verschulden des Architekten beruft und der Architekt auf ein Verschulden des Bauunternehmers, ist von der Annahme einer Gesamtschuld nicht abhängig; zulässig ist sie jedenfalls dann, wenn der Erstprozess gegen den Bauunternehmer geführt wird (vgl BGHZ 70, 187).

bb) Allerdings muss der Besteller nach § 650t BGB bei Mängeln der Bauaufsicht des Architekten zunächst gegen den Unternehmer vorgehen (s § 650 f Rn 2).

54 **cc)** Die Rechtsprechung sieht den Architekten und den Bauunternehmer, die nebeneinander für denselben Bauwerksmangel einzustehen haben, aber insbesondere auch als *Gesamtschuldner iSd § 426 BGB* an, ermöglicht ihnen also den *wechselseitigen Regress* nach erbrachter Leistung nach Abs 1, Abs 2 dieser Bestimmung sowie vorab nach § 426 Abs 1 BGB einen Freihaltungsanspruch, damit aber auch eine vorsorgliche Streitverkündung (vgl BGH [GS] 43, 227 = NJW 1965, 1175; BGH VersR 1965, 803; BGHZ 51, 275 = NJW 1969, 653; BGHZ 58, 216 = NJW 1972, 216; BGH BauR 1995, 231 und dazu zT kritisch Frotz VersR 1965, 212; ders NJW 1965, 1257; Höhn NJW 1965, 1701; Tempel JuS 1965, 262; Ganten NJW 1970, 687; ders BauR 1975, 177; Wussow NJW 1974, 9; OLG Düsseldorf NJW-RR 1995, 339).

Dieser Rechtsprechung kann *jedenfalls im Ausgangspunkt gefolgt* werden, wie immer man die konstituierenden Merkmale der Gesamtschuld beurteilt. Das von beiden Geschuldete ist bei gleichzeitiger Schadensersatzpflicht identisch, bei Zusammentreffen von Nachbesserungs- und Schadensersatzpflicht hinreichend ähnlich. Im Regelfall des beiderseitigen Verschuldens lässt sich § 840 Abs 1 BGB entsprechend heranziehen. Vor allem aber erscheint ein *interner Ausgleich* nach Maßgabe der jeweiligen Verantwortlichkeit *dringend geboten;* mit der Annahme einer Gesamtschuld lässt er sich am zwanglosesten verwirklichen, wird insbesondere von einer Mitwirkung des Bauherrn befreit. Dass es namentlich bei einer Störung des Ausgleichsverhältnisses Folgeprobleme gibt, ändert daran nichts.

Gesamtschuldner sind ggf aber auch der Architekt, der Statiker oder ein sonstiger Sonderfachmann (vgl BGH VersR 1971, 666 = WM 1971, 682).

55 **dd)** Die *Quotierung des Ausgleichs* erfolgt in entsprechender Anwendung des § 254 Abs 1 BGB, richtet sich also nach dem *jeweiligen Ausmaß der Verantwortung* für den betreffenden Mangel des Bauwerks. So können Planungs- oder Koordinierungsmängel des Architekten einen Haftungsanteil des Bauunternehmers für eigene Ausführungsmängel ganz entfallen lassen oder jedenfalls stark zurückdrängen (vgl BGH VersR 1970, 280; 1971, 667). Ihnen gegenüber kommt eine Haftung des Bauunternehmers aber auch dafür in Betracht, dass er nicht auf nahe liegende Bedenken hingewiesen hat (vgl § 4 Abs 3 VOB/B und dazu § 633 Rn 103 ff), was idR allerdings nur einen geringeren Haftungsanteil zu begründen vermag. War freilich der Planungsmangel nur fahrlässig und führt der Bauunternehmer die Planung gleichwohl in positiver Kenntnis ihrer Mangelhaftigkeit aus, so verschieben sich die Haftungsanteile deutlich zu seinen Lasten. Ähnliches gilt, wenn – zB bei Spezialgewerken – von dem Bauunternehmer höhere Sachkunde als von dem Architekten erwartet werden kann. Ist der Bauwerksmangel dagegen ein Ausführungsmangel und fällt dem Architekten demgegenüber nur ein Aufsichtsfehler zur Last, so kommt intern regelmäßig eine volle Haftung des Bauunternehmers in Betracht (vgl BGH NJW 1971, 752). Anders kann es hier freilich ausnahmsweise liegen, wenn es sich um schwierige und verantwortungsvolle Arbeiten handelt, die grundsätzlich unter der Aufsicht eines Architekten durchgeführt zu werden pflegen (vgl BINDTHARDT/JAGENBURG 404).

ee) Aus den §§ 423, 425 BGB folgt, dass es *den Regress grundsätzlich nicht tangiert,* **56** wenn einer der Gesamtschuldner zwischenzeitlich – außer durch Erfüllung oder Erfüllungssurrogat, § 422 BGB – gegenüber dem Bauherrn *freigeworden* ist, namentlich durch vergleichsweisen Erlass, § 423 BGB, oder durch Verjährung, § 425 Abs 2 BGB, vgl (zum Vergleich) BGHZ 58, 216 = NJW 1972, 943, auch wenn es zweifelhaft erscheinen mag, dass dem Bauunternehmer jene Vorteile, die er durch einen Vergleich mit dem Bauherrn errungen zu haben meint, durch einen Regress des Architekten nach § 426 Abs 1 BGB genommen werden können. Doch mag er dem durch eine entsprechende Fassung des Vergleichs vorbeugen.

Wenn der Bauherr zunächst den Bauunternehmer in Anspruch genommen hat und dies wegen eines ihm zuzurechnenden Planungs- oder Koordinierungsverschuldens des Architekten, §§ 254 Abs 1, 278 BGB nur verkürzt konnte, ist für einen anschließenden Regress des Bauunternehmers gegen den Architekten kein Raum; dessen Quote darf nicht nochmals in Anschlag gebracht werden. Umgekehrt kann der Architekt uneingeschränkt Regress nehmen, der zunächst voll an den Bauherrn leisten musste.

Zu beachten ist dabei prozessual, dass Entscheidungen Rechtskraft nur inter partes bewirken, was § 425 Abs 2 BGB für mehrere Gesamtschuldner bekräftigt. Bei einer Mehrzahl von Prozessen wird es sich also empfehlen, den Streit zu verkünden. Das hat dann die Bindungswirkung der §§ 68, 74 Abs 3 ZPO zur Folge und kann zudem noch drohender Verjährung vorbeugen, vgl § 204 Abs 1 Nr 6 BGB. Zur Verjährung der Ansprüche des Gesamtschuldnerausgleiches § 634a Rn 61 ff.

d) Planender und ausführender Architekt

Der ausführende Architekt hat zwar eine ihm vorgelegte Planung kritisch zu über- **57** prüfen und haftet dem Bauherrn für schuldhaft übersehende Mängel der Planung, doch ist im Innenverhältnis von planendem und ausführendem Architekten *grundsätzlich der Planer verantwortlich* (OLG Frankfurt NZBau 2004, 397 = BauR 2004, 1329), es sei denn, der ausführende Architekt hätte die Fehlplanung erkannt (OLG Oldenburg NZBau 2005, 48 = BauR 2004, 1972). Dem ausführenden Architekten gegenüber hat der Bauherr nach den §§ 254 Abs 1, 278 BGB für Mängel des planenden Architekten einzustehen (BGH NJW 2009, 582 Rn 27 ff).

e) Architekt und sonstige Sonderfachleute

aa) Die Ausführungen zum Architekten gelten auch dann, wenn neben der Haf- **58** tung des Bauunternehmers auch die eines sonstigen Sonderfachmannes in Betracht kommt, zB des Statikers (vgl zum Vermessungsingenieur OLG Hamm BauR 1992, 78).

bb) Anders ist es dagegen, wenn dem Architekten der Vorwurf gemacht werden kann, die Leistungen eines anderen Sonderfachmannes nicht hinreichend überprüft zu haben, zB bei der Planung die des Statikers oder bei der Bauausführung die Planung eines anderen damit beauftragten Architekten: Das ist in der Sache ein bloßer Aufsichtsfehler (vgl BGH NJW-RR 1989, 86), den sich der Bauherr also nicht anspruchsverkürzend bei seinem Vorgehen gegen den Statiker anrechnen zu lassen braucht. Ihm haften damit erster und zweiter Sonderfachmann jeweils voll, und im Innenverhältnis der Sonderfachleute wird der erste den Schaden ganz zu übernehmen haben (**aA** OLG Frankfurt NJW-RR 1990, 1496, das den Anspruch des Bauherrn gegen den planenden Architekten nach § 254 verkürzen will, nachdem er diesem eine mangelhafte Statikerberechnung zur Verfügung gestellt hatte). Aber der Statiker ist nicht Erfüllungsgehilfe des Bauherrn gegenüber dem planenden Architekten. Die Verschuldensanteile kommen erst beim internen Regress in Betracht, wobei im Übrigen das Verschulden des planenden Architekten gegenüber dem des Statikers zurücktreten dürfte, in der Regel unbeachtlich sein müsste.

9. Haftungsbeschränkungen

59 Wesentliche Haftungsbeschränkungen enthalten die Allgemeinen Vertragsbestimmungen (AVA) zum sog „Einheits-Architektenvertrag", wie ihn die Bundesarchitektenkammer als Konditionsempfehlung gem § 2 Abs 2 GWB aF beim Bundeskartellamt angemeldet hat (BAnz Nr 29 v 21. 3. 1985) in ihrem § 5, aber auch andere übliche Vertragsmuster.

a) *Unzulässig* wegen § 307 Abs 2 Nr 2 BGB ist zunächst eine *Haftungsbeschränkung auf die Höhe des Honorars,* wie sie die den möglichen Schäden des Bauherrn nicht im Entferntesten gerecht zu werden vermag. Soweit die Haftung auf eine *versicherte Deckungssumme* beschränkt wird, muss wegen § 308 Nr 7 lit b BGB jedenfalls der Fall des Vorsatzes oder der groben Fahrlässigkeit ausgenommen werden und ist außerdem die Deckungssumme an den möglichen Schadenssummen auszurichten (vgl LOCHER, Das private Baurecht Rn 474).

60 b) Klauseln, die die Haftung des Architekten auf den *unmittelbaren Schaden am Bauwerk* beschränken, also Nutzungsausfälle, Mietausfälle und Kosten einer ersatzweisen Unterbringung ausnehmen, verstoßen gegen § 309 Abs 2 Nr 1 BGB (vgl KNYCHALLA, Inhaltskontrolle von Architekten-Formularverträgen [1987] 40).

c) Klauseln, die zur *Subsidiarität* der Haftung des Architekten führen sollen, indem sie dem Bauherrn die vorherige Inanspruchnahme des Bauunternehmers vorschreiben, müssen darauf Rücksicht nehmen, dass diese wegen § 650t BGB jedenfalls keine gerichtliche sein darf. Gleiches ist zu berücksichtigen, wenn der Architekt gegenüber dem Bauherrn auf jene Quote haften will, die er im Verhältnis zum Bauunternehmer tragen muss.

61 d) Soweit Klauseln die Rechte des Bestellers von einem *Verschulden* des Architekten abhängig machen, schränken sie mit Rücktritt und Minderung wesentliche Befugnisse des Bestellers ein.

Soweit es das Planungsstadium betrifft, kann dies wegen § 307 Abs 2 Nr 1 BGB nicht hingenommen werden, da diese die Äquivalenz der Leistungen sicherstellenden

Rechtsbehelfe zu den tragenden Grundgedanken der gesetzlichen Regelung zu rechnen sind (vgl BGHZ 93, 29, 62). Dagegen kann gegen einen Ausschluss des Rücktritts nach Baubeginn wegen § 309 Nr 8 lit b bb BGB nichts eingewendet werden.

e) Wenn dem Bauherrn die *Beweislast für ein Verschulden des Architekten* auferlegt wird, ist dies zwar mit §§ 280 Abs 1 S 2, 309 Nr 12 lit a BGB nicht vereinbar (vgl BGH NJW-RR 1990, 856; Löwe/vWestphalen/Trinkner § 11 AGBG Nr 15a Rn 12), aber deshalb von geringer praktischer Bedeutung, weil der Bauherr ja jedenfalls die objektive Pflichtwidrigkeit des Architekten zu beweisen hat (vgl o Rn 46 ff) und mit diesem Beweis der Beweis des Verschuldens schon prima facie geführt und kaum zu erschüttern ist. **62**

f) Unbedenklich ist es, wenn sich der Architekt die *Befugnis vorbehält, die Nachbesserung selbst durchzuführen* (vgl Locher, Das private Baurecht Rn 478; ders, in: FS vCraushaar [1997] 21; OLG Celle BauR 1999, 676; Wolf/Horn/Lindacher § 23 AGBG Rn 310). Das ist kein Verstoß gegen § 309 Nr 8 lit b BGB, aber auch mit § 307 BGB vereinbar, da die Leistung des Schadensersatzes in Geld nicht zu den tragenden Grundgedanken der gesetzlichen Regelung gehört (vgl weiter o Rn 9). **63**

g) Ein Ausschluss der Aufrechnung gegenüber dem Honoraranspruch des Architekten benachteiligt den Bauherrn unangemessen (BGH NJW 2011, 1729 = NZBau 2011, 428).

IV. Sonstige Haftung des Architekten

1. Zu beachten ist, dass den Architekten auch eine *deliktische Haftung* treffen kann. Wenn ihm die Bauaufsicht oblag, kann diese namentlich im Rahmen des § 823 Abs 1 BGB aus der *Verletzung einer Verkehrssicherungspflicht* herzuleiten sein (vgl dazu Anh III zu § 638 Rn 16 ff). Geschützt sein kann insoweit außer Dritten namentlich auch der Bauherr selbst. Kommt es durch das Tun bzw Unterlassen des Architekten zu einer eigenen Einstandspflicht des Bauherrn nach § 823 Abs 1 BGB, richtet sich der Regress nach den §§ 840 Abs 1, 426 Abs 1 BGB. **64**

Deliktische Ansprüche des Bauherrn oder Dritter können sich aber auch daraus ergeben, dass die Planung oder die Durchführung des Bauvorhabens ihr Eigentum schädigen. Für den Besteller sind sie wegen der oft günstigeren Verjährung der §§ 195, 199 BGB (gegenüber § 634a BGB) von Interesse. Dabei stellt es einen deliktisch liquidierbaren Schaden noch nicht dar, wenn es nur um den Mangelunwert der Leistung des Architekten geht (vgl BGHZ 162, 86 = NJW 2005, 1423 = NZBau 2005, 287). Aber es kann doch zB der wegen mangelhafter Planung feuchte Keller zu Feuchtigkeitsschäden an dort eingelagerten Sachen führen. Oder der Architekt veranlasst oder duldet eine Öffnung der Dachhaut, ohne hinreichend sicherzustellen, dass der Inhalt des Hauses gegen die Witterung geschützt ist, und er haftet jedenfalls dann deliktisch, wenn seine Leistung gerade den Schutz des später beschädigten Bauteils bezweckt (**aA** BGHZ 162, 86 = NJW 2005, 1423 = NZBau 2005, 287). Vgl zu deliktischen Ansprüchen insoweit auch § 634 Rn 164 ff.

2. Der Architekt kann Dritten aber auch *nach vertraglichen Grundsätzen* haften. Zwar ist der Architektenvertrag grundsätzlich nicht als ein Vertrag mit Schutzwir- **65**

kung für Dritte anzusehen, doch gilt anderes, wenn der Architekt gutachterliche Stellungnahmen abgibt, von denen er weiß oder wissen muss, dass ein Dritter sie zur Grundlage von Entscheidungen machen will, also namentlich bei *Stellungnahmen* über den Verkehrswert eines Grundstücks (vgl BGH WM 1966, 1158) oder bei einer Bautenstandsanzeige (vgl BGH NZBau 2002, 229; OLG Hamm NJW-RR 1987, 209; OLG Köln NJW RR 1988, 335; OLG Frankfurt NJW-RR 1989, 337), wie sie zur Grundlage von erstmaliger oder weiterer Kreditgewährung gemacht zu werden pflegen. In Fällen dieser Art ist es nicht einmal erforderlich, dass die Auskunft direkt an den Dritten erteilt wird; es genügt vielmehr, dass der Architekt sie in dem Wissen um den Verwendungszweck an den Bauherrn aushändigt. Es kommt dann ein Vertrag mit Schutzwirkung „für den, den es angeht", zustande. – Ist die Auskunft – wie in Fällen dieser Art häufig – bewusst unrichtig oder jedenfalls leichtfertig, kann der allfällige Schadensersatzanspruch im Übrigen auch aus § 826 BGB resultieren (vgl BGH WM 1966, 1160).

Untertitel 3
Bauträgervertrag

Vorbemerkungen zu § 650u

Schrifttum

BASTY, Der Bauträgervertrag (5. Aufl 2005)
ders, Das Freigabeversprechen nach der Makler- und Bauträgerverordnung, DNotZ 1992, 131
BAUMGÄRTEL, Die Beweislastverteilung bei einem Gewährleistungsausschluß im Rahmen eines Bauträgervertrages, ZfBR 1988, 101
BAYER, Planung und Bauausführung in einer Hand, in: Seminar Pauschalvertrag (1991) 85
BRAMBRING, Sachmängelhaftung beim Bauträgervertrag und bei ähnlichen Verträgen, NJW 1987, 87
BRYCH, Die Bevollmächtigung des Treuhänders im Bauherrenmodell, in: FS Korbion (1986) 1
BRYCH/PAUSE, Bauträgerkauf und Baumodelle (4. Aufl 2004);
dies, Bauträgerkauf: Vom Generalübernehmer zum Mehrwertsteuermodell, NJW 1990, 545
BUEREN, Die Regulierung von Sonderwünschen im Bauträgervertrag, NJW 2011, 2245
vCRAUSHAAR, Zur vertraglichen Eigenhaftung des Baubetreuers als Vertreter des Bauherrn, in: FS vCaemmerer (1978) 87
DERLEDER, Der Bauträgervertrag nach der Schuldrechtsmodernisierung: Die Auswirkungen auf die Sachmängelgewährleistung, NZBau 2004, 237
DIETRICH, Zur Sicherungspflicht des Bauträgers, MittBayNot 1992, 178
DÖREN, Die rechtliche Einordnung des Bauträgervertrages nach der Schuldrechtsmodernisierung, in: FS Kraus (2003) 497
DOERRY, Die Rechtsprechung des BGH zur Gewährleistung beim Haus- und Wohnungsbau unter besonderer Berücksichtigung von Bauträgerschaft und Baubetreuung, ZfBR 1982, 189
ders, Bauträgerschaft, Baubetreuung und Bautreuhandschaft sowie Prospekthaftung bei Baumodellen in der Rechtsprechung des Bundesgerichtshofs, WPM Sonderbeil Nr 8/1991
GRZIWOTZ, Vertragliche Gewährleistungsregelungen im Bauträgervertrag, NJW 1989, 193
ders, Waffengleichheit im Bauträgervertrag?, in: FS Thode (2005) 243
HARDER, Der Auskunftsanspruch gegen den Treuhänder einer Bauherrengemeinschaft, BauR 1985, 50
HAUF, Der Bauträgervertrag (Diss Würzburg 1994)
KAISER, VOB/B und Bauträgervertrag, ZfBR 1984, 15, 205
HEINEMANN, Mängelhaftung im Bauträgervertrag nach der Schuldrechtsreform, ZfIR 2002, 167
HERTEL, Werkvertrag und Bauträgervertrag nach der Schuldrechtsreform, DNotZ 2002, 6
HILDEBRANDT, Die rechtliche Einordnung des Bauträgervertrages nach der Schuldrechtsmodernisierung, ZfBR 2003, 489
KAUP, Stellung des Planers beim schlüsselfertigen Bauen, in: Seminar Pauschalvertrag (1991) 111
KNIFFKA, Rechtliche Probleme des Generalunternehmervertrages, ZfBR 1992, 1
KOCH, Zur Gewährleistung im Bauträgervertrag nach VOB/B, ZfBR 1983, 167
KOEBLE, Die Rechtsnatur der Verträge mit Bauträgern (Baubetreuern), NJW 1974, 721
ders, Die Haftung des Treuhänders bei Bauherrenmodellen, in: FS Korbion (1986) 215
ders, Probleme der Sanierungsmodelle, BauR 1992, 569
ders, Probleme des Generalübernehmermodells, NJW 1992, 1142
ders, Strukturprobleme des Bauträgervertrages, in: FS Thode (2005) 267

Vorbem zu § 650u

KÜRSCHNER, Eigenverantwortlichkeit des Bauherrn und Haftung des Treuhänders im Bauherrenmodell, ZfBR 1988, 2
LOCHER, Aktuelle Fragen zum Baubetreuungs- und Bauträgerrecht (4. Aufl 1989)
LOCHER/KOEBLE, Baubetreuungs- und Bauträgerrecht (4. Aufl 1985)
LOCHER/KÖNIG, Bauherrenmodelle in zivil- und steuerrechtlicher Sicht (1982)
LÖFFELMANN, Die Finanzierungsbestätigung in Bauträgerverträgen, BauR 1981, 320
MARCKS, Makler- und Bauträgerverordnung (7. Aufl 2003)
MEHRINGS, Einbeziehung der VOB in den Bauträgervertrag, NJW 1998, 3457
MORITZ, Erwerberschutz bei Bauherrenmodellen, JZ 1980, 714
PAUSE, Die Entwicklung des Bauträgerrechts und der Baumodelle seit 1998, NZBau 2001, 603, 661
ders, Auswirkungen der Schuldrechtsreform auf den Bauträgervertrag, NZBau 2002, 648
ders, Intransparente Baubeschreibungen im Bauträgervertrag, in: FS Thode (2005) 275
PFEIFFER, Vertretungsprobleme bei Verträgen mit Bauträgern, NJW 1974, 1449
PRESSLER, Das Bauherrenmodell (Diss Bremen 1990)
REITHMANN, Bauherrenmodell und Bauträgermodell in zivilrechtlicher Hinsicht, BB 1984, 681
ders, Zur Entwicklung des Bauträgerrechts, WM 1986, 377
ders, Das Generalübernehmer- und Architektenmodell im Bauträgerrecht, WM 1987, 61
ders, Neue Vertragstypen des Immobilienerwerbs, NJW 1992, 649
REITHMANN/MEICHSSNER/vHEYMANN, Kauf vom Bauträger (6. Aufl 1992)
SCHMIDT, Ende der VOB/B im Bauträgervertrag, ZfBR 1986, 53
SCHMIDT, Bauträgerfragen, MittBayNot 1995, 434
SCHULZE-HAGEN, Aktuelle Probleme des Bauträgervertrages, BauR 1992, 320
ders, Der Wohnungsbauvertrag und die VOB/B-Vereinbarung, in: FS vCraushaar (1997) 169
STAUDINGER, Der Bauträgervertrag auf dem Prüfstand des Gemeinschaftsrechts, DNotZ 2002, 166
THODE, Bauträgervertrag – Gestaltungsfreiheit im Rahmen der neuen Gesetzgebung und Rechtsprechung, in: THODE/UECHTRITZ/WOCHNER, Immobilienrecht (RWS-Forum 19) (2000) 267
ULLMANN, Der Bauträgervertrag – quo vadit?, NJW 2002, 1073
USINGER, Kann die Geltung der VOB im Bauträgervertrag vereinbart werden?, NJW 1984, 153
WAGNER, Die Prospekthaftungsrechtsprechung des VII. Senats des BGH im Spannungsfeld des Gewährleistungs- und Bauhaftungsrechts, ZfBR 1991, 133
ders, Projektmanagement, Treuhandschaft, Immobiliendevelopment, BauR 1991, 665
ders, Der Bauträgervertrag und die Verbraucherschutzrichtlinie, ZfBR 2004, 317
WITTCHEN, Der Baubetreuungsvertrag (1969)
ZIMMERMANN, Verbraucherkreditgesetz und notarieller Kauf- oder Bauträgervertrag, BWNotZ 1994, 49.

Vgl auch das bei § 632a angegebene Schrifttum zum Bauträgervertrag.

Systematische Übersicht

I. Baubetreuung	
1. Allgemeines	1
a) Die Konstellation	1
b) Die Beteiligten	2
2. Die finanzierende Bank	3
a) Der Kreditvertrag	3
b) Abschätzung der Risiken	4
c) Globale Grundpfandrechte	5
3. Werbung	6
a) Notwendige Angaben	6
b) Haftungsgrundlagen	8
II. Bauträger	13
1. Die Makler- und Bauträgerverordnung	14
2. Rechtsnatur des Bauträgervertrages	15

Untertitel 3
Bauträgervertrag   **Vorbem zu § 650u**

3.	Der Baubetreuer	16	e)	Genehmigungsbedürfnis	21
a)	Allgemeines	16	f)	Vertragsgestaltung	22
b)	Vollmacht	17	4.	Treuhänder	23
c)	Rechtliche Einordnung	20			
d)	Auskunfts- und Rechenschafts-pflichten	21	**III.**	**Erwerber**	26

Alphabetische Übersicht

Baubetreuer .... 16 ff
– Auskunfts- und Rechenschafts-
  pflichten der 21
– rechtliche Einordnung 22
– Vollmacht der .... 17 ff
Bauträger
– Makler- und Bauträgerverordnung 14
– Rechtsnatur des Bauträgervertrages 15
Erwerber .... 26 f

Finanzierung durch die Bank .... 3 ff

Haftung für Aufklärungspflicht-
  verletzungen .... 8 ff
– haftender Personenkreis 9, 11
– Prospekthaftung 10

Treuhänder– Bevollmächtigung der 24
– Funktionen der 25
– Vertragsbeziehungen der 25

I. Baubetreuung

1. Allgemeines

a) Der Bauvertrag, auf den die §§ 631 ff, 650a ff BGB Anwendung finden, setzt **1** typischerweise voraus, dass jemand, der ein Grundstück zur Verfügung hat, einen Bauunternehmer mit der Erstellung eines Bauwerks beauftragt. Bereits dies kann den einzelnen *Bauwilligen überfordern,* da sich Probleme der Finanzierung stellen sowie der sachgerechten Kontrolle der Bauausführung; es ergibt sich die praktische Notwendigkeit der Einschaltung einer Bank, eines Architekten, in steuerlicher Hinsicht eines Steuerberaters. Die Probleme verschärfen sich, wenn zunächst überhaupt ein Grundstück beschafft werden muss, und es sodann oft nur um eine Wohnung geht. Hier bedarf es der Findung weiterer Interessenten, der Aufbringung erheblicher Mittel, damit ihrer Absicherung. Soll die Wohnung überhaupt nur *Kapitalanlage* sein, so tritt die Ferne zum Objekt hinzu und stellt sich verschärft die Frage der Rentabilität, nicht zuletzt unter steuerlichen Gesichtspunkten. In dieser Situation treten Initiatoren von Objekten auf, die ihrerseits eine Vielzahl von rechtlichen Gestaltungsmöglichkeiten anbieten, wie sie einerseits nach den Eigenheiten des Objektes variieren, andererseits namentlich nach dem steuerlichen Hintergrund. Die rechtliche Gestaltung ist dabei nahezu stets durch eine Mehrheit von Verträgen gekennzeichnet.

b) Die *Beteiligten* bei Unternehmungen dieser Art sind folgende:

aa) Zunächst eine *finanzierende Bank.* Bei ihr stellen sich im hiesigen Zusammen- **2** hang im Wesentlichen drei Problemkreise, ob sie im Vorfeld über etwaige Risiken des Objekts aufzuklären hat, ob der Kreditnehmer ihrem Rückzahlungsanspruch Einwendungen aus dem Steckenbleiben oder Mängeln des Objekts entgegenhalten kann, und inwieweit ihre dinglichen Absicherungen auf den jeweiligen Kredit beschränkt werden können.

bb) Im Vorfeld *werbend Tätige,* denen gegenüber Ansprüche aus den §§ 280 Abs 1, 241 Abs 2, 311 Abs 2 BGB in Betracht kommen.

cc) Die *Initiatoren,* bei denen maßgeblich danach zu unterscheiden ist, ob sie das Bauvorhaben im eigenen Namen realisieren oder im Namen der Erwerber. Im ersteren Falle sind sie Bauträger, im zweiten treten sie als Baubetreuer auf.

dd) Besondere *Treuhänder,* die mit dem Abschluss der notwendigen Verträge betraut sein können sowie mit der Verwaltung der zur Verfügung stehenden Mittel.

ee) Die *Erwerber,* deren Verhältnis zueinander unterschiedlich ausgestaltet sein kann (Wohnungseigentümer, Bruchteilseigentümer ua) und die auch den eigentlich Bauausführenden unterschiedlich gegenübertreten können.

ff) Schließlich die eigentlich *Bauausführenden.*

2. Die finanzierende Bank

3 a) Der *Kreditvertrag* des Erwerbers mit der Bank ist *grundsätzlich selbständig* gegenüber den weiteren abzuschließenden Verträgen. Soweit diese auf den Erwerb eines Grundstücks gerichtet und damit nach § 311b Abs 1 BGB beurkundungsbedürftig sind, erstreckt sich dieses Formbedürfnis nicht auch auf den Darlehensvertrag. In aller Regel muss dieser freilich den Anforderungen des § 492 BGB genügen.

Aus der Selbständigkeit der Finanzierung gegenüber den weiteren Geschäften folgt zugleich, dass der Erwerber dem einmal begründeten Darlehensanspruch der Bank *grundsätzlich keine Einwendungen* aus diesen entgegenhalten kann (vgl BGH NJW 1980, 41; BGHZ 93, 264 = NJW 1985, 1020; NJW 1988, 1583).

4 b) Die *Risiken des Objektes abzuschätzen,* ist grundsätzlich die *Aufgabe des Erwerbers* (vgl BGHZ 93, 264). In *Ausnahmefällen* können sich aber doch Schadensersatzansprüche gegen die Bank ergeben. Das ist zunächst dann der Fall, wenn sie ihre neutrale Rolle als Kreditgeberin überschreitet und *sich aktiv in die Planung oder Durchführung des Projekts einschaltet* (vgl BGHZ 72, 92). Ebenfalls nach vertraglichen Grundsätzen entsteht eine Aufklärungspflicht der Bank, wenn sie *einen speziellen Gefährdungstatbestand schafft* oder seine Entstehung begünstigt, zB durch Auszahlung des Darlehens zu einem Zeitpunkt, in dem ihr bekannt ist, dass eine Verwirklichung des Projekts schon nicht mehr möglich ist (vgl BGH WM 1986, 98; 671). Schließlich ergeben sich Aufklärungspflichten der Bank, wenn sie hinsichtlich bestimmter Risiken des Projekts für sich selbst erkennbar einen *Wissensvorsprung* gegenüber dem Erwerber hat, so im Falle drohender Zahlungsunfähigkeit des Initiators (vgl BGH NJW 1991, 693), bei positiver Kenntnis von Mängeln des Objekts, die dem Erwerber nicht erkennbar sind, oder über sonstige spezielle Risiken des Objekts (vgl BGH NJW 1989, 2879; NJW-RR 1990, 484). Der Grundsatz muss es freilich bleiben, dass der Erwerber die Risiken selbst abzuschätzen hat, so namentlich eine Preisgestaltung, die noch nicht sittenwidrig überhöht ist (BGH NJW 2000, 2353).

c) Regelmäßig finanzieren die Banken das Objekt insgesamt und lassen sich **5** entsprechend *globale Grundpfandrechte* eintragen. Das ist geeignet, den Erwerber zu gefährden, weil es ihm einmal ein Haftungsrisiko auferlegt, das über das „eigene" hinausgeht, und vorab überhaupt auch schon die weitere Beleihung der eigenen Wohnung ausschließt. Bei Verträgen mit Bauträgern und Baubetreuern iSd § 34c GewO schließt § 3 Abs 1 der *Makler- und Bauträgerverordnung (MaBV)* idF v 7. 11. 1990 (BGBl 1990, 2479), die Fälligkeit von Zahlungen an den Bauträger solange aus, wie nicht der Vertrag und für die Durchführung notwendige Genehmigungen vorliegen (Nr 1), der Auflassungsanspruch vorgemerkt ist (Nr 2), die Freistellung des Objektes von nicht zu übernehmenden Grundpfandrechten gesichert ist (Nr 3) und der Bau genehmigt ist (näher Nr 4). Dazu muss ihre fristgemäße Löschung gewährleistet sein. Zu Ausweichmöglichkeiten durch Sicherheitsleistung vgl § 7 MaBV. Diese Regelung schützt den Erwerber an sich nur gegenüber dem Bauträger, doch ist es üblich, dass die Bank die Freigabe gegenüber dem Notar zusagt. Diese Zusage mag man mit BGH DNotZ 1977, 356 als Vertrag zwischen Bank und Bauträger zugunsten des Erwerbers sehen; richtiger dürfte die Annahme eines direkten Vertragsschlusses zwischen Bank und Erwerber sein. Immerhin bleibt zu beachten, dass die Bank zuvor dem Erwerber gegenüber nicht verpflichtet ist, auf die Durchsetzung ihres Globalgrundpfandrechts zu verzichten; sie kann sich deshalb auch nicht schadensersatzpflichtig machen.

3. Werbung

a) Bei der Werbung für das Projekt müssen die *Angaben richtig und vollständig* **6** sein; sie dürfen nicht irreführen.

aa) Die Aufklärung muss sich dabei *insbesondere* beziehen auf den Bauumfang und die Bauqualität des Gebäudes, den Gesamtaufwand, zu dessen Ermittlung Bauzeit und Herstellungskosten korrekt kalkuliert werden müssen, die notwendigen Zwischenzinsen, die Berechnung von Ertrag, sofern vermietet werden soll, und Liquidität (vgl OLG Bremen ZIP 1983, 423; OLG Koblenz ZIP 1981, 968), die zu erwartenden Steuervorteile, insoweit namentlich darauf, ob sie endgültig sind, und wie überhaupt die steuerliche Rechtslage ist, vgl BGH NJW-RR 1988, 348, die persönlichen und wirtschaftlichen Umstände der Initiatoren und etwaiger Treuhänder, zB ihre Qualifikationen und ihre Unabhängigkeit, die rechtliche Konstruktion des Objektes, so zB bei einem Bauherrenmodell darauf, dass der Erwerber hier nicht nur dem Baubetreuer auf den Erwerbspreis haftet, sondern auch den Handwerkern, bei einem Erwerb zu Bruchteilseigentum auf die Schwächen der dort zu erlangenden Position, auf etwaige gesellschaftsrechtliche, persönliche und finanzielle Verflechtungen.

Über *typische Risiken, die als bekannt vorausgesetzt werden können,* braucht nicht aufgeklärt zu werden, anders freilich, wenn insoweit konkrete Fragen gestellt werden.

bb) Sind die eben genannten Aspekte objektsbezogene, über die immer aufgeklärt **7** werden muss, so kommt es auf die Gestaltung der Beziehungen der Parteien an, ob auch in Bezug auf den Erwerber aufzuklären ist, zB darüber, ob er auch in der Lage ist, mögliche Steuervorteile wahrzunehmen. Angaben dazu müssen jedenfalls richtig sein (BGH NJW 1999, 160). Lässt der Veräußerer seinen Verhandlungsführern freie Hand, haftet er für sie nach § 278 BGB (BGH NJW 1999, 160).

cc) Maßgeblicher Zeitpunkt ist der der Anlageentscheidung; ggf sind die Angaben anzupassen.

8 b) Die Haftung aus der Verletzung dieser Aufklärungspflichten kann in verschiedener Weise begründet sein.

aa) Sie kann sich zunächst aus den §§ 280 Abs 1, 241 Abs 2, 311 Abs 2 BGB ergeben, soweit die Werbung im Rahmen einer bestehenden Vertragsbeziehung erfolgt oder ein besonderer *Auskunftsvertrag* angenommen werden kann. Eine Haftung auf dieser Basis kommt namentlich dort in Betracht, wo *Anlageempfehlungen* von einer Bank ausgesprochen werden oder ein Steuerberater Möglichkeiten der Steuerersparnis dartut. In Fällen dieser Art ist die Haftung freilich dem Grunde nach eingeschränkt: Die Bank bzw der Steuerberater brauchen nur auf ihnen bekannte oder erkennbare Risiken hinzuweisen innerhalb der eben genannten Bereiche; sie müssen dann freilich zugleich auch klarstellen, dass ihnen eine umfassende Risikobeurteilung nicht möglich ist.

9 bb) Umfassend zur Aufklärung verpflichtet ist der *Initiator*; er haftet aus *den §§ 280 Abs 1, 241 Abs 2, 311 Abs 2* BGB. Freilich ist seine Haftung auf dieser Basis meist bedeutungslos. Bei Durchführung des Projektes haftet er für Fehler ohnehin schon aus § 634 Nr 4 BGB. Scheitert das Projekt, wird seine Haftung wirtschaftlich belanglos sein. Interessant ist deshalb die Haftung von *Hintermännern* und *Mitarbeitern*.

(1) Diese kommt zunächst – in persönlicher Hinsicht uneingeschränkt – deliktisch in Betracht; sie folgt aus § 830 Abs 1 S 1, Abs 2, setzt dabei freilich die Erfüllung deliktischer Tatbestände voraus, wobei wiederum nur Straftaten (Betrug, Untreue) in Betracht kommen oder ein Verstoß gegen die guten Sitten, §§ 823 Abs 2, 826 BGB, wobei namentlich Vorsatz erforderlich ist.

(2) Angesichts der insoweit genügenden Fahrlässigkeit ist deshalb eine *Eigenhaftung von Vertretern* aus den §§ 280 Abs 1, 241 Abs 2, 311 Abs 2 BGB von praktischer Bedeutung. Sie steht freilich unter der Voraussetzung des § 311 Abs 3 BGB.

10 (3) Unter diesen Umständen gewinnt es besondere Bedeutung, dass die Rechtsprechung des Bundesgerichtshofs im Anschluss an die Rechtsprechung zur Werbung für Kapitalanlagen (vgl dazu BGHZ 71, 284; 72, 382; 79, 337; 83, 222), eine **Prospekthaftung** auch in Bezug auf Beteiligungen an Bauherrenmodellen und Immobilienanlagen anerkennt (vgl BGH NJW 1990, 2461; ZIP 1990, 1578; BGHZ 115, 213).

(a) Diese Haftung betrifft die *Werbung für Bauherrenmodelle,* wie sie auf den Erwerb von Wohnungseigentum gerichtet sind, aber doch auch für sonstige *Kapitalanlagen in Immobilien,* die nicht mit dem unmittelbaren Erwerb von Wohnungseigentum verbunden sind (vgl BGHZ 115, 213, 218). Über diese Baubetreuung hinaus erweitert BGH NJW 2001, 436 sie auf Bauträger.

(b) Die Haftung setzt (fehlerhafte) Angaben in einem Prospekt voraus. **Prospekte** in diesem Sinne sind Exposés, die die Anlageentscheidung des Beworbenen fördern und tragen sollen. Sie müssen deshalb grundsätzlich – nach ihrem Erscheinungsbild – auf eine umfassende Information ausgerichtet sein. Auf die Form kommt es nicht an, sondern nur darauf, dass der Prospekt seiner Aufmachung nach zur Grundlage der Anlageentscheidung gemacht werden soll und kann. Anderweitige unkorrekte Angaben sind darum nicht bedeutungslos; auf sie kann uU eine allgemeine Haftung aus culpa in contrahendo gestützt werden.

In der Sache müssen die Prospektangaben den Anforderungen (o Rn 8) genügen.

(c) Der haftende Personenkreis ist weit gezogen. Er setzt sich aus drei Gruppen zusammen: 11

Zunächst unterliegen ihr die *Initiatoren und Gründer* des Modells. Das sind jene Personen, die das *Management* des Objekts bilden oder es *faktisch beherrschen* und so die Verantwortung tragen für die Richtigkeit des Prospektes. Wer das ist, hängt von den Umständen des Einzelfalls ab; eine namentliche Nennung im Prospekt ist nicht erforderlich. In Betracht kommen namentlich der Grundstücksverkäufer, Baufirmen, Bauträgergesellschaften (bzw deren leitende Personen), Architekten, Treuhänder, Rechtsanwälte, Wirtschaftsprüfer, Steuerberater, diese alle bei Wahrnehmung der genannten Funktionen.

Der zweite haftende Personenkreis wird gebildet durch *Sachverständige, die den Prospekt geprüft haben*. Insoweit kommen in Betracht Steuerberater, Wirtschaftsprüfer und Rechtsanwälte. Bei ihnen gibt es freilich die formale Haftungsvoraussetzung, dass sie entweder *namentlich* oder doch identifizierbar *in dem Prospekt erwähnt* werden und das Vertrauen auf dessen Richtigkeit absichern.

Auf die Umstände des Einzelfalls kommt es an, wenn *in den Vertrieb eingeschaltete Personen* tätig werden, wie Anlagevermittler, Anlageberater und Makler. Sofern sie sich – wie meist – die Angaben des Prospektes zu eigen machen, sind sie verpflichtet, diese sorgfältig zu prüfen (vgl BGH NJW 1990, 2461); das kann und wird ebenfalls zur Haftung führen.

Banken können haften, wenn sie der zweiten oder dritten Personengruppe zugehören; es reicht nicht aus, wenn sie in dem Prospekt allein als Finanzierungsinstitut benannt sind.

(d) Die Haftung setzt Verschulden voraus. Doch sind einerseits an die hier beteiligten Personen strenge Anforderungen zu stellen und sind sie andererseits nach § 280 Abs 1 S 2 BGB aufgerufen, sich zu entlasten. Ein Mitverschuldenseinwand dahin, dass man sich auf diese Angaben gar nicht habe verlassen dürfen, kommt grundsätzlich nicht in Betracht. 12

(e) In der Folge kann der Anleger verlangen, so gestellt zu werden, wie wenn er richtig aufgeklärt worden wäre. Dann hätte er seine Anlageentscheidung – so – nicht getroffen. Er kann also *Befreiung* davon verlangen *oder Ersatz der objektiven Übertuerung*; das positive Interesse – zB die vorgespiegelten möglichen Steuervorteile –

steht ihm nicht zu. Es versteht sich, dass ein etwaiger Wert der Anlage bei der Schadensberechnung jedenfalls zu berücksichtigen ist. Der Anspruch kann allerdings ggf subsidiär hinter vertragliche Erfüllungs- und Gewährleistungsansprüche zurücktreten.

(f) Haftungsfreizeichnungen als solche erscheinen grundsätzlich nicht möglich. Mittelbar lassen sie sich freilich dadurch erreichen, dass dem Prospekt durch seine Ausgestaltung die vertrauensbildende Kraft genommen ist, sei es durch Einschränkung der Sachaussagen, sei es in Bezug auf die eigene Person.

(g) Für die *Verjährung* gilt nach BGH NJW 1994, 2226, 2227; 2001, 436 (VIII. bzw VII. Senat) § 195 BGB, weil es sich um einen Sonderfall der culpa in contrahendo handelt. Das gilt auch im Bauträgermodell (BGH NJW 2004, 288 = NZBau 2004, 98). Die Konstellation des § 638 BGB aF (= § 634a) ist nach diesen Entscheidungen nicht gegeben. Die speziellen Verjährungsregelungen für Anwälte, Steuerberater und Wirtschaftsprüfer in § 51b BRAO, 68 StBerG, 51a WPO sind inzwischen aufgehoben, waren aber auch nach altem Recht ohnehin nicht einschlägig, BGH NJW 2004, 288.

II. Bauträger

13 Von einem Bauträger spricht man, wenn jemand sich verpflichtet, ein Grundstück oder einen Grundstücksanteil zu übereignen und dort ein schlüsselfertiges Objekt (Haus, Wohnung, Gewerbeobjekt) im eigenen Namen herzustellen (vgl WERNER/PASTOR Rn 1227). Liegt gewerbsmäßiges Handeln vor, so ist dazu nach § 34c Abs 1 Nr 2 lit a GewO eine von einer Zuverlässigkeitsprüfung abhängige behördliche Erlaubnis notwendig.

1. Die Makler- und Bauträgerverordnung

14 Außerdem unterliegt der Bauträger den Bindungen der Makler- und Bauträgerverordnung – MaBV – idF der Bekanntmachung vom 7. 11. 1990 (BGBl I 2479) mit späteren Änderungen, wie sie auf Grund der Ermächtigungsgrundlage des § 34c Abs 3 GewO „zum Schutze der Allgemeinheit und der Auftraggeber" erlassen worden ist, wie es dort heißt. Hinzuweisen ist namentlich auf § 3 MaBV, nach dem Vermögenswerte erst bei einer für den Auftraggeber gesicherten Rechtslage entgegengenommen werden dürfen (Abs 1): Wirksamer Vertrag (Nr 1), Vormerkung (Nr 2), Freistellung von vorrangigen, nicht zu übernehmenden Grundpfandrechten (Nr 3), erteilte Baugenehmigung oder Bestätigung, dass nach den baurechtlichen Vorschriften mit dem Bauvorhaben begonnen werden darf (Nr 4). Für Zahlungen des Auftraggebers sieht § 3 Abs 2 MaBV vor, dass sie frühestens zu den dort genannten Zeitpunkten und dem dortigen Umfang entgegengenommen werden dürfen (ua: 30 % nach Beginn der Erdarbeiten [Nr 1], 40 % nach Rohbaufertigstellung). Bei Leistung einer Sicherheit für die Rückgewähr erbrachter Zahlungen befreit § 7 MaBV von den genannten Bindungen des § 3 Abs 1, 2 MaBV. Diese Bürgschaft deckt auch Mängelansprüche des Erwerbers, sofern die Bürgschaft auch für den Zeitraum der Errichtung des Baues aufrecht zu erhalten ist (BGHZ 188, 8 = NJW 2011, 1347 = NZBau 2011, 233). Sieht der Bauträgervertrag eine kürzere Laufzeit vor, führt das freilich zur Haftung des beurkundenden Notars (übersehen von BGHZ 188, 8 = NJW 2011,

1347 = NZBau 2011, 233). – Nach § 12 MaBV darf der Bauträger diese Pflichten weder ausschließen noch beschränken.

Das sind an sich gewerberechtliche Bestimmungen, die damit das Verhältnis zu seinem Kunden nicht unmittelbar regeln. Gleichwohl – und zutreffend – hat der BGH (BGHZ 139, 387; 146, 250) in § 12 MaBV ein Verbotsgesetz iSd § 134 BGB gesehen und daraus gefolgert, dass die Unterwerfung des Erwerbers unter die sofortige Zwangsvollstreckung unwirksam sei, wenn die Vollstreckungsklausel ohne einen besonderen Nachweis zu erteilen sei (BGHZ 139, 387); das sei ein Verstoß gegen den Zahlungsplan des § 3 Abs 2 MaBV. Ähnlich behandelt der BGH andere Verstöße gegen diesen Zahlungsplan (BGHZ 146, 250).

2. Rechtsnatur des Bauträgervertrages

Der wegen § 94 BGB rechtlich im Vordergrund stehende Erwerb von Grundeigentum lässt den Vertrag des Erwerbers mit dem Bauträger als Kauf erscheinen; so werden die einschlägigen notariellen Verträge auch überschrieben, was der Sicht der Beteiligten entsprechen dürfte. Namentlich der Erwerber sieht sich nicht als Bauherr. Gleichwohl hat die Rechtsprechung bisher insbesondere auf die Gewährleistung für die Bauleistung Werkvertragsrecht angewendet (BGHZ 68, 372; 74, 204; 74, 258).

Das entsprach dringenden rechtspolitischen Bedürfnissen. Nur so konnte dem Erwerber eine bessere Verjährungsfrist verschafft werden (fünf Jahre nach § 638 BGB aF statt ein Jahr nach § 477 BGB aF), und gab es – nach § 633 Abs 2 BGB aF – den sachgerechten Nachbesserungsanspruch.

Heute spaltet § 650u Abs 1 BGB die Rechtsnatur des Vertrages auf. Soweit es um die Errichtung oder den Umbau eines Gebäudes geht, ist nach § 650u Abs 1 BGB Werkvertragsrecht einschlägig, in Bezug auf den Eigentumserwerb dagegen nach § 650u Abs 1 S 3 BGB Kaufrecht.

3. Der Baubetreuer

Als **Baubetreuer** wird der Betreiber des Bauvorhabens tätig, wenn ihm eine **Vollmacht** des Erwerbers erteilt wird, die einschlägigen Verträge, insbesondere den Bauvertrag, im Namen des Erwerbers abzuschließen. Vom Baubetreuer ist der *Generalübernehmer* zu unterscheiden, der die Lieferung eines Hauses zu einem Festpreis zusagt, ohne dass er selbst Bauleistungen zusagt. Lässt er sich zusätzlich eine Vollmacht für Verträge mit den ausführenden Firmen erteilen, verstößt das gegen § 305c Abs 1 BGB (BGH NZBau 2002, 561).

a) Die Bevollmächtigung eines Baubetreuers ist für den Erwerber – zivilrechtlich gesehen – *gefährlich,* wenn sie ihn in ein unmittelbares Obligo gegenüber den Handwerkern auch dann bringt, wenn er schon Zahlungen an den Betreuer selbst geleistet hat. Den wirtschaftlichen Hintergrund bildeten *steuerliche Überlegungen,* wenn die Grunderwerbsteuer auf die reinen Grunderwerbskosten zu berechnen war, der Erwerber sich nunmehr als Bauherr darstellte und damit eine Bauherren-AfA in Anspruch nehmen konnte und er außerdem dann, wenn das Objekt vermietet werden sollte, die Herstellungskosten in Hinblick auf die geplanten Mieteinnahmen als sofort abziehbare Werbungskosten abziehen konnte. Die Einzelheiten sind hier nicht näher darzustellen. Jedenfalls sind die steuerlichen Vorteile im Wesentlichen entfallen, teils durch gesetzgeberische Maßnahmen im Steuerrecht, teils dadurch, dass die finanzgerichtliche Rechtsprechung in der Anerkennung des Erwerbers als Bauherrn immer strenger geworden ist (vgl BGH NJW 1990, 729). So hat denn das Bauherrenmodell verschiedenen anderen Vertragsmodellen den Vorrang lassen müssen (dazu u Rn 22).

17 b) Die *Vollmacht* des Betreuers ist auch dann ernst gemeint und *kein Scheingeschäft* iSd § 117 Abs 1 BGB, wenn dieser eine Festpreisgarantie abgegeben hat und den Zahlungsverkehr abwickelt (vgl BGH NJW 1977, 294; 1980, 992; BauR 1983, 457). Die unmittelbaren Vertragsbeziehungen zwischen den Betreuten und den einzelnen Unternehmern sind ernstlich gewollt, weil sich nur so die vermeintlichen oder realistischen Steuervorteile erreichen lassen. Daraus ergibt sich das schon skizzierte wirtschaftliche Risiko, wenn noch Handwerkerrechnungen offenstehen, obwohl die entsprechenden Gelder dem Baubetreuer bereits zur Verfügung gestellt wurden.

aa) Wenn der Baubetreuungsvertrag mit einem Grundstückserwerb steht und fällt, muss *umfassend notariell beurkundet* werden, also auch die *Vollmacht* (vgl BGH WM 1985, 81; BGH WM 1987, 1369); dies ergibt – gegenüber § 167 Abs 2 BGB – schon die Interessenlage. Verstöße können naturgemäß gemäß § 311b Abs 1 S 2 BGB geheilt werden; vorab kann die nicht hinreichend beurkundete Vollmacht uU nach Rechtsscheingrundsätzen Wirkung erzeugen (vgl dazu BGHZ 102, 60).

bb) Die Vollmachten werden grundsätzlich umfassend ausgestellt; sie sind nicht auf eine vertraglich etwa übernommene Festpreisgarantie beschränkt, ebenso wenig auf Verträge, die zur Erreichung des Vertragszwecks notwendig sind; so ist zB – vorbehaltlich eines Missbrauchs der Vertretungsmacht – auch die Vergabe zu aufwendiger Leistungen gedeckt oder der Abschluss ungünstiger Verträge. Die Verträge müssen nur ihrer Art nach geeignet sein, den Vertragszweck zu fördern. Das ist zB nicht der Fall, wenn der Baubetreuer, der selbst schon die technische Leitung schuldet, zusätzlich einen Architektenvertrag abschließt (vgl BGH NJW 1978, 643).

18 cc) Der Baubetreuer schließt die weiteren Verträge zwar nicht zugleich auch im eigenen Namen ab, kann ihretwegen den Unternehmern aber selbst haften.

Eine solche *Haftung,* gerichtet auf das negative Interesse, kann sich zunächst aus den §§ 280 Abs 1, 241 Abs 2, 311 Abs 2, 3 BGB ergeben. Die Voraussetzungen für eine Eigenhaftung des Vertreters liegen vor, da der Baubetreuer einmal besonderes persönliches Vertrauen für sich in Anspruch nimmt, er zum anderen aber auch ein hinreichendes eigenes wirtschaftliches Interesse an der Durchführung der Verträge hat.

Die Haftung kann sich aber auch aus *§ 179 BGB* ergeben. Dazu kommt es zunächst, wenn die Vollmacht überschritten wird. Von besonderer praktischer Bedeutung ist hier der weitere Fall, dass der Betreuer *im Namen erst noch zu werbender (weiterer) Interessenten* auftritt und deren Werbung sich verzögert oder misslingt, § 179 BGB kann hier entsprechend angewendet werden. Dabei schließt die Kenntnis des Gegners vom einstweiligen Fehlen der Vertretenen die Haftung nicht grundsätzlich nach

§ 179 Abs 3 BGB aus (vgl BGH NJW 1989, 894). Vielmehr darf der Gegner auf die – regelmäßig jedenfalls konkludent abgegebene – Erklärung des Vertreters vertrauen, die Vertragspartner würden gestellt werden. Ein Anspruchsausschluss nach § 179 Abs 3 S 1 BGB erfolgt vielmehr nur dann, wenn Zweifel daran bestehen mussten, dass die Bauherrengemeinschaft in absehbarer Zeit entstehen werde.

Wenn jemand einer Bauherrengemeinschaft erst nachträglich beitritt, wird auch er grundsätzlich Vertragspartner der Handwerker.

dd) Auf den Vertrag mit dem Baubetreuer findet grundsätzlich § 675 BGB Anwendung. Seine Aufgabengebiete können verschieden weit gezogen sein; neben der Vollbetreuung steht die nur wirtschaftliche Betreuung oder die nur technische; die rein rechtliche verstößt uU gegen das RechtsdienstleistungsG. Er hat je nach Aufgabengebiet *die Interessen des Betreuten umfassend wahrzunehmen.* 19

Das gilt ggf in steuerlicher Hinsicht. Er hat auf die hier bestehenden Möglichkeiten hinzuweisen und auf die Schaffung ihrer Voraussetzungen hinzuwirken. Er muss die einzelnen Handwerker ordnungsgemäß auswählen, sachgerechte, preislich vertretbare Verträge mit ihnen abschließen und darf Zahlungen an sie nur leisten, wenn dies gerechtfertigt ist. In der Struktur erinnert der Aufgabenbereich an den des Architekten, nur dass er eben weiter (zB in steuerlicher Hinsicht) oder anders (zB in wirtschaftlicher Hinsicht) gelagert sein kann. Dabei ist er namentlich auch verpflichtet, die Interessen mehrerer Betreuter untereinander sachgerecht zu wahren; so haftet er zB, wenn er es zulässt, dass der interne Verteilungsschlüssel für die Kosten nicht sachgerecht ist.

Dabei ist freilich zu beachten, dass der Baubetreuer – auch insoweit wiederum dem Architekten vergleichbar – auch nur *für Pflichtverletzungen in seinem Bereich* haftet. So hat der bloß wirtschaftliche Baubetreuer zB grundsätzlich nicht das technische Gelingen des Bauwerks zu überprüfen. Solange nicht konkreter Anlass zu Zweifeln besteht, darf er sich insoweit auf die für den technischen Bereich Zuständigen, ihre Bautenstandsmitteilungen etc verlassen.

c) Der Baubetreuervertrag ist in seiner *rechtlichen Einordnung* nicht immer eindeutig. Im Wesentlichen gleicht er allerdings einem Architektenvertrag und ist dann auch entsprechend als Werkvertrag einzustufen, namentlich, wenn dem Betreuer die wirtschaftliche und technische Durchführung obliegt (BGHZ 126, 327, 330). Das bedeutet dann, dass bei Pflichtverletzungen Nachbesserung, Wandlung und Minderung grundsätzlich nicht in Betracht kommen, vgl Anh zu § 650v, dagegen aber *Schadensersatzansprüche aus § 634 Nr 4 BGB,* und zwar umfassend für sämtliche Verletzungen der Interessen des Betreuten, mögen die Pflichtwidrigkeiten nun im technischen oder im wirtschaftlichen Bereich liegen. Das führt dann insbesondere zur Anwendbarkeit des § 634a BGB hinsichtlich der Verjährung. 20

Im Einzelfall ist es freilich denkbar, dass die Aufgaben des Betreuers auf reine Dienstleistungen iSd § 611 BGB reduziert sind, sodass dann seine Haftung aus den §§ 280 Abs 1, 241 Abs 2 BGB folgt und § 634a BGB für ihre Verjährung nicht gilt. Grundsätzlich auszugehen ist aber von Werkvertragsrecht.

21 d) Nach den §§ 675, 666 BGB treffen den Betreuer umfassende *Pflichten zur Auskunft und zur Rechenschaft*. Diese Pflichten beziehen sich zunächst auf die im Namen des Betreuten abgeschlossenen Verträge (Partner, Inhalt, ggf sonstige besondere Umstände, die für den Betreuten von Belang sein können, wie zB Verflechtungen, Interessenkollisionen). Außerdem hat der Betreuer nach Abschluss des Bauvorhabens über dieses Rechenschaft abzulegen, dh unter Beifügung von Belegen eine Abrechnung über Einnahmen und Ausgaben zu erstellen, die bei Beteiligung mehrerer Betreuer doppelt erfolgen muss, nämlich einmal für das Vorhaben insgesamt und dann für den Betreuten. Eine vertragliche Beschränkung der Pflicht zur Rechnungslegung ist jedenfalls in AGB nicht möglich. Vorbehaltlich des Schikaneverbots darf dem Betreuten das zur Wahrnehmung seiner Rechte notwendige Material nicht vorenthalten werden.

e) Auch der Baubetreuer bedarf der Genehmigung nach § 34c GewO, auch für ihn gelten die Bestimmungen der §§ 2, 3 MaBV (dazu o Rn 5). Letzteres ist freilich nur der Ausgangspunkt. Die eigene Entgegennahme von Mitteln, die die Kautelen der §§ 2, 3 MaBV auslöst, wird in der Praxis weithin dadurch ausgeschaltet, dass ein Treuhänder (dazu u Rn 23) eingeschaltet wird, der diesen Bindungen nicht unterliegt.

22 f) Verbreitet ist es neuerdings, dass sich die Initiatoren ganz im Hintergrund halten und eigene Verträge mit den Erwerbern nicht abschließen, die vielmehr auf einen Vertragsschluss mit einem Treuhänder verwiesen werden sowie dessen Bevollmächtigung (dazu u Rn 23). Von der Möglichkeit der eigenen Haftung kann dies die Initiatoren nicht befreien, da sie ggf der Prospekthaftung unterliegen (dazu o Rn 10).

4. Treuhänder

23 a) Die Einschaltung von Treuhändern scheint die Erwerber zu begünstigen, wenn diese doch ausschließlich ihren Interessen verpflichtet sind. Tatsächlich ist das aber nicht zwingend der Fall. Zunächst entstehen (ggf zusätzliche) Vergütungsansprüche und Kosten. Sodann sind Interessenkollisionen auch hier nicht auszuschließen. Weiterhin wird der Geltungsbereich des § 34c GewO verlassen, wenn die Treuhänder – als Freiberufler – nicht gewerblich tätig sind, damit dann aber auch der Anwendungsbereich der §§ 2, 3 MaBV, die die korrekte Mittelverwendung sicherstellen sollen.

24 b) Treuhänder können in verschiedenen Funktionen tätig sein. Der sog **Basistreuhänder** hat die verschiedenen Verträge mit den Beteiligten abzuschließen. Der *Kontotreuhänder* (Zahlungstreuhänder, Mittelverwendungstreuhänder) ist für die Kontrolle des Zahlungsverkehrs zuständig. Schließlich gibt es den *Gesellschaftstreuhänder* dort, wo eine Mehrheit von Erwerbern in einer Gesellschaft bürgerlichen Rechts oder einer Kommanditgesellschaft zusammengefasst sind. Er hat dann ihre gesellschaftsrechtliche Stellung wahrzunehmen. Wenn dem Treuhänder ausschließlich oder hauptsächlich die rechtliche Betreuung obliegt, bedurfte er bei Meidung der Nichtigkeit des Vertrages der Erlaubnis nach Art 1 § 1 Abs 1 S 1 RBerG (BGH NJW 2001, 70). Heute untersagen dies die §§ 3, 5 RDG anderen Personen als Rechtsanwälten.

In jedem Fall liegt zwischen ihm und dem Erwerber ein Dienstvertrag als Geschäftsbesorgungsvertrag vor, §§ 611, 675 BGB. In diesem Rahmen sind die Interessen der

Erwerber umfassend – nur ggf gegenständlich beschränkt – wahrzunehmen. Sinngemäß gilt das o Rn 19 Gesagte. Freilich haftet der Treuhänder auch nur in seinem Aufgabenbereich namentlich der korrekten und sparsamen Mittelverwendung, ggf des Abschlusses zweckmäßiger weiterer Verträge. Über die Wirtschaftlichkeit des Objektes insgesamt braucht er den Erwerber nicht aufzuklären (vgl OLG Köln BauR 1996, 905). Aber zu verhindern hat er zB die Änderung der Zweckbestimmung des Objekts (vgl OLG Köln NJW-RR 1996, 469: Studentenheim statt Seniorenwohnanlage). Bei schuldhafter Pflichtverletzung ergibt sich hier eine Haftung aus den §§ 280 Abs 1, 241 Abs 2 BGB. Ggf kann der Treuhänder auch der Prospekthaftung unterliegen, dazu o Rn 10.

Beim Abschluss des Basistreuhandvertrages ist § 311b Abs 1 BGB zu beachten, weil er bei wirtschaftlicher Betrachtung eine unteilbare Einheit mit der vom Erwerber übernommenen Pflicht zum Grundstückserwerb bildet.

c)   Zum Wesen der Basistreuhand gehört die *Bevollmächtigung des Treuhänders* **25** zum Abschluss der weiteren notwendigen Verträge, die nicht zu widerrufen sich der Erwerber zumeist auch verpflichtet. Auch diese bedarf als integrativer Teil des Gesamtkomplexes der *notariellen Beurkundung* (vgl BGH WM 1985, 81; 1987, 215; 1369; 1426; 1990, 1543), dies natürlich auch, wenn sie isoliert erfolgt. Zur möglichen Anscheinswirkung der Vollmacht bei Formmangel vgl o Rn 17. Zu einer etwaigen Haftung des Treuhänders aus § 179 gilt das o Rn 16 Gesagte entsprechend.

d)   Wenn etwaige Ersatzansprüche der Erwerber aus positiver Forderungsverletzung eines Dienstvertrages folgen, ist hinsichtlich ihrer *Verjährung* von der Frist der §§ 195, 199 BGB auszugehen.

III. Erwerber

1.   Bei den Erwerbern gibt es unterschiedliche Motivationen. Neben dem Wohn- **26** bedürfnis steht der Wunsch nach sicherer Kapitalanlage und nach Steuerersparnis. Ob sich das zweite verlohnt, hängt von der Beurteilung des Grundstücksmarktes ab, ob das dritte, zunächst von den eigenen Gegebenheiten, sodann von Gesetzgebung und Praxis des Steuerrechts. Letztere sind hier nicht näher darzustellen, immerhin in der Tendenz eher restriktiv. Maßgebliche Abwägungsfaktoren sind außerdem (negativ) die unübersichtliche Kompliziertheit der Vertragsbündel sowie die Frage nach der Seriosität der Beteiligten. Hier bietet zwar heute die Prospekthaftung einigen Schutz, aber es ist nicht zu übersehen, dass es überhaupt notwendig war, sie zu entwickeln, und dass sie im Ergebnis nur so viel wert ist wie die Zahlungsfähigkeit der Haftenden.

2.   Untereinander können die Erwerber in verschiedener Form verbunden sein, und zwar in der Form der Wohnungseigentümergemeinschaft, von Bruchteilseigentümern, von Gesellschaftern einer Gesellschaft bürgerlichen Rechts oder einer Kommanditgesellschaft, wo sie die Stellung von Kommanditisten einnehmen.

3.   Für die *Kosten der Errichtung* des Bauwerks haften sie als Wohnungseigentü- **27** mer *nach Bruchteilen* (vgl § 641 Rn 52) als Kommandisten in der beschränkten Weise der §§ 171 f HGB. Gesellschafter einer BGB-Gesellschaft haften grundsätzlich unbeschränkt.

4. Die Gewährleistungsansprüche richten sich gegen den jeweiligen Vertragspartner. Wie sie im Falle von Wohnungseigentum geltend zu machen sind, ist in Anh III zu § 638 Rn 20 ff dargestellt; im Falle gesellschaftsrechtlicher Verbindung folgt die Wahrnehmungsbefugnis aus den einschlägigen gesellschaftsrechtlichen Regeln.

Zu Schadensersatzansprüchen gegen Baubetreuer und Treuhänder o Rn 22.

Ein besonderes Risiko kann sich daraus ergeben, dass nicht genügend Interessenten gefunden werden können, um das Projekt überhaupt oder zeitgerecht durchzuführen. Im Falle des Bauträgers, der selbst den Anteil am Objekt schuldet, ergeben sich dann Schadensersatzansprüche aus den §§ 280, 281 BGB, bei bloßer Verzögerung aus den §§ 280, 286 BGB. Kündigungsmöglichkeiten können sich aus wichtigem Grund ergeben. Bei Baubetreuer und Treuhänder kann ein Fall der Prospekthaftung gegeben sein, wenn das Risiko absehbar war, im Übrigen haften sie auf Schadensersatz wegen Nichterfüllung, wenn sie sich nicht gehörig bemüht haben, die notwendige Zahl zusammenzubringen, und auf das negative Interesse, wenn sie Gelder unwiederbringlich verwendet haben, bevor die Gesamtdurchführung gesichert war.

§ 650u
Bauträgervertrag; anwendbare Vorschriften

(1) Ein Bauträgervertrag ist ein Vertrag, der die Errichtung oder den Umbau eines Hauses oder eines vergleichbaren Bauwerks zum Gegenstand hat und der zugleich die Verpflichtung des Unternehmers enthält, dem Besteller das Eigentum an dem Grundstück zu übertragen oder ein Erbbaurecht zu bestellen oder zu übertragen. Hinsichtlich der Errichtung oder des Umbaus finden die Vorschriften des Untertitels 1 Anwendung, soweit sich aus den nachfolgenden Vorschriften nichts anderes ergibt. Hinsichtlich des Anspruchs auf Übertragung des Eigentums an dem Grundstück oder auf Übertragung oder Bestellung des Erbbaurechts finden die Vorschriften über den Kauf Anwendung.

(2) Keine Anwendung finden die §§ 648, 648a, 650b bis 650e, 650k Absatz 1 sowie die §§ 650l und 650m Absatz 1.

Materialien: BT-Drucks 18/11437; BT-Drucks 18/8486.

Schrifttum

Basty, Der Bauträgervertrag (5. Aufl 2005) ders, Das Freigabeversprechen nach der Makler- und Bauträgerverordnung, DNotZ 1992, 131
Baumgärtel, Die Beweislastverteilung bei einem Gewährleistungsausschluß im Rahmen eines Bauträgervertrages, ZfBR 1988, 101

Bayer, Planung und Bauausführung in einer Hand, in: Seminar Pauschalvertrag (1991) 85
Brambring, Sachmängelhaftung beim Bauträgervertrag und bei ähnlichen Verträgen, NJW 1987, 87

Brych, Die Bevollmächtigung des Treuhänders im Bauherrenmodell, in: FS Korbion (1986) 1
Brych/Pause, Bauträgerkauf und Baumodelle (4. Aufl 2004)
dies, Bauträgerkauf: Vom Generalübernehmer zum Mehrwertsteuermodell, NJW 1990, 545
Bueren, Die Regulierung von Sonderwünschen im Bauträgervertrag, NJW 2011, 2245
vCraushaar, Zur vertraglichen Eigenhaftung des Baubetreuers als Vertreter des Bauherrn, in: FS vCaemmerer (1978) 87
Derleder, Der Bauträgervertrag nach der Schuldrechtsmodernisierung: Die Auswirkungen auf die Sachmängelgewährleistung, NZBau 2004, 237
Dietrich, Zur Sicherungspflicht des Bauträgers, MittBayNot 1992, 178
Dören, Die rechtliche Einordnung des Bauträgervertrages nach der Schuldrechtsmodernisierung, in: FS Kraus (2003) 497
Doerry, Die Rechtsprechung des BGH zur Gewährleistung beim Haus- und Wohnungsbau unter besonderer Berücksichtigung von Bauträgerschaft und Baubetreuung, ZfBR 1982, 189
ders, Bauträgerschaft, Baubetreuung und Bautreuhandschaft sowie Prospekthaftung bei Baumodellen in der Rechtsprechung des Bundesgerichtshofs, WPM Sonderbeil Nr 8/1991
Grziwotz, Vertragliche Gewährleistungsregelungen im Bauträgervertrag, NJW 1989, 193
ders, Waffengleichheit im Bauträgervertrag?, in: FS Thode (2005) 243
Harder, Der Auskunftsanspruch gegen den Treuhänder einer Bauherrengemeinschaft, BauR 1985, 50
Hauf, Der Bauträgervertrag (Diss Würzburg 1994)
Kaiser, VOB/B und Bauträgervertrag, ZfBR 1984, 15, 205
Karczewski, Der neue alte Bauträgervertrag, NZBau 2018, 328
Kesseler, Das Kündigungsrecht aus wichtigem Grund nach dem neuen Bauträgervertragsrecht, ZfIR 2018, 473
Heinemann, Mängelhaftung im Bauträgervertrag nach der Schuldrechtsreform, ZfIR 2002, 167
Hertel, Werkvertrag und Bauträgervertrag nach der Schuldrechtsreform, DNotZ 2002, 6

Hildebrandt, Die rechtliche Einordnung des Bauträgervertrages nach der Schuldrechtsmodernisierung, ZfBR 2003, 489
Kaup, Stellung des Planers beim schlüsselfertigen Bauen, in: Seminar Pauschalvertrag (1991) 111
Kniffka, Rechtliche Probleme des Generalunternehmervertrages, ZfBR 1992, 1
Koch, Zur Gewährleistung im Bauträgervertrag nach VOB/B, ZfBR 1983, 167
Koeble, Die Rechtsnatur der Verträge mit Bauträgern (Baubetreuern), NJW 1974, 721
ders, Die Haftung des Treuhänders bei Bauherrenmodellen, in: FS Korbion (1986) 215
ders, Probleme der Sanierungsmodelle, BauR 1992, 569
ders, Probleme des Generalübernehmermodells, NJW 1992, 1142
ders, Strukturprobleme des Bauträgervertrages, in: FS Thode (2005) 267
Kürschner, Eigenverantwortlichkeit des Bauherrn und Haftung des Treuhänders im Bauherrenmodell, ZfBR 1988, 2
Lieder: Entstehung der Wohnungseigentümergemeinschaft und Ausübung von Mängelrechten, DNotZ 2018, 177
Locher, Aktuelle Fragen zum Baubetreuungs- und Bauträgerrecht (4. Aufl 1989)
Locher/Koeble, Baubetreuungs- und Bauträgerrecht (4. Aufl 1985)
Locher/König, Bauherrenmodelle in zivil- und steuerrechtlicher Sicht (1982)
Löffelmann, Die Finanzierungsbestätigung in Bauträgerverträgen, BauR 1981, 320
Marcks, Makler- und Bauträgerverordnung (7. Aufl 2003)
Mehrings, Einbeziehung der VOB in den Bauträgervertrag, NJW 1998, 3457
Moritz, Erwerberschutz bei Bauherrenmodellen, JZ 1980, 714
Pause, Die Entwicklung des Bauträgerrechts und der Baumodelle seit 1998, NZBau 2001, 603, 661
ders, Auswirkungen der Schuldrechtsreform auf den Bauträgervertrag, NZBau 2002, 648
ders, Intransparente Baubeschreibungen im Bauträgervertrag, in: FS Thode (2005) 275
Pfeiffer, Vertretungsprobleme bei Verträgen mit Bauträgern, NJW 1974, 1449

PRESSLER, Das Bauherrenmodell (Diss Bremen 1990)
REITHMANN, Bauherrenmodell und Bauträgermodell in zivilrechtlicher Hinsicht, BB 1984, 681
ders, Zur Entwicklung des Bauträgerrechts, WM 1986, 377
ders, Das Generalübernehmer- und Architektenmodell im Bauträgerrecht, WM 1987, 61
ders, Neue Vertragstypen des Immobilienerwerbs, NJW 1992, 649
REITHMANN/MEICHSSNER/vHEYMANN, Kauf vom Bauträger (6. Aufl 1992)
SCHMIDT, Ende der VOB/B im Bauträgervertrag, ZfBR 1986, 53
SCHMIDT, Bauträgerfragen, MittBayNot 1995, 434
SCHULZE-HAGEN, Aktuelle Probleme des Bauträgervertrages, BauR 1992, 320
ders, Der Wohnungsbauvertrag und die VOB/B-Vereinbarung, in: FS vCraushaar (1997) 169
STAUDINGER, Der Bauträgervertrag auf dem Prüfstand des Gemeinschaftsrechts, DNotZ 2002, 166
THODE, Bauträgervertrag – Gestaltungsfreiheit im Rahmen der neuen Gesetzgebung und Rechtsprechung, in: THODE/UECHTRITZ/WOCHNER, Immobilienrecht (RWS-Forum 19) (2000) 267
ULLMANN, Der Bauträgervertrag – quo vadit?, NJW 2002, 1073
USINGER, Kann die Geltung der VOB im Bauträgervertrag vereinbart werden?, NJW 1984, 153
WAGNER, Die Prospekthaftungsrechtsprechung des VII. Senats des BGH im Spannungsfeld des Gewährleistungs- und Bauhaftungsrechts, ZfBR 1991, 133
ders, Projektmanagement, Treuhandschaft, Immobiliendevelopment, BauR 1991, 665
ders, Der Bauträgervertrag und die Verbraucherschutzrichtlinie, ZfBR 2004, 317
WEISE, Der Bauträgervertrag nach der Baurechtsreform, NJW-Spezial 2018, 236
WITTCHEN, Der Baubetreuungsvertrag (1969)
ZIMMERMANN, Verbraucherkreditgesetz und notarieller Kauf- oder Bauträgervertrag, BWNotZ 1994, 49.

Vgl auch das bei § 632a angegebene Schrifttum zum Bauträgervertrag.

Systematische Übersicht

I.	**Begriffsbestimmung**		1
II.	**Anforderungen an die Bauleistung des Bauträgers**		
1.	Anforderungen aus § 633 Abs 2		2
2.	Baubeschreibung		3
3.	Nachzügler		4
4.	Kaufrechtliche Mängelhaftung		5
III.	**Nachträgliche Leistungsänderungen**		6
IV.	**Kündigungsrechte**		7
V.	**Widerrufsrecht**		8
VI.	**Fertigstellung und Abnahme**		
1.	Fertigstellung		9
2.	Abnahme		11
VII.	**Zahlung des Werklohns, Sicherheiten**		12

Alphabetische Übersicht

Abnahme	11
Baubeschreibung	3
Erheblichkeitsschwelle	1
Kaufrechtliche Mängelhaftung	5
Kleine Reparaturen	1
Kündigungsrechte	7
Nachträgliche Leistungsänderung	6
Sicherheiten	12
Widerrufsrecht	8

Dezember 2019

Untertitel 3
Bauträgervertrag

I. Begriffsbestimmung

§ 650u Abs 1 BGB versteht den Bauträgervertrag als einen Kaufvertrag, gekoppelt mit einem Werkvertrag. Dabei bezieht sich der Kaufvertrag auf ein Hausgrundstück oder ein entsprechendes Erbbaurecht, während Gegenstand des Werkvertrages Bauleistungen an dem Haus sind. In Betracht kommen insoweit außer der neuen Errichtung auch Maßnahmen des Umbaus, ein § 2 Abs 5 HOAI entlehnter Begriff, der sich auf die Umgestaltung eines vorhandenen Objekts mit wesentlichen Eingriffen in Konstruktion oder Bestand bezieht, also zB Änderungen der Raumaufteilung. 1

Bleiben die zugesagten Maßnahmen unter dieser Erheblichkeitsschwelle, geht es zB nur um kleine Reparaturen, liegt kein Bauträgervertrag mehr vor, der Vertrag stellt sich vielmehr als ein „reiner" Kaufvertrag dar. Dann folgen die Rechte des Erwerbers aus Mängeln dieser Reparaturen aus den §§ 434 ff BGB.

In der Regel wird freilich der Veräußerer auch bei Altbauten bestrebt sein, den Begriff der Umbauten zu erfüllen; das ist werbewirksam und verschafft ihm Spielraum bei der Gestaltung der Preise.

II. Anforderungen an die Bauleistung des Bauträgers

1. Anforderungen aus § 633 Abs 2

Die Bauleistung des Bauträgers muss zunächst den generellen Anforderungen aus § 633 Abs 2 S 1 und 2 BGB genügen, damit sie als mangelfrei bewertet werden kann (vgl dort). 2

2. Baubeschreibung

Es wird jedoch auch eine Baubeschreibung geben. Zu einer solchen verpflichtet § 650j BGB den Bauträger gegenüber einem Verbraucher als Kunden und sollte ein Unternehmer iSd § 14 Abs 1 BGB als Kunde auftreten, wird ihm der Bauträger eine Baubeschreibung nicht vorenthalten bzw ihre Angaben als irrelevant erklären können. 3

Was die Beschaffenheit des Objekts betrifft, ist es zunächst denkbar, dass die Baubeschreibung ihr Niveau unter das des § 633 Abs 2 BGB absenkt. Derlei wird nur dann Vertragsinhalt, wenn es dem Erwerber unmissverständlich erläutert worden ist. Wahrscheinlicher ist die gegenteilige Konstellation, dass die Baubeschreibung ein höheres Niveau als das des § 633 Abs 2 BGB verspricht; dazu mögen werbende Kennzeichnungen einzelner Leistungen als erstklassig, optimal, edel oder ähnliches beitragen.

Was die Prüfung der Frage betrifft, ob derlei konkreter Vertragsinhalt wird, ist zunächst darauf hinzuweisen, dass es praktisch möglich ist, solche Epitheta mit konkretem Sinn zu erfüllen. Ob eine Leistung erstklassig oder edel ist, lässt sich feststellen. Auch wäre es zu begrüßen, wenn Bauträger zu einer sachlichen und nüchternen Ausdrucksweise angehalten würden. Doch wären die Vorteile für die

Erwerber nicht hinreichend zu rechtfertigen. Nach § 650k Abs 2 S 1 BGB muss eben ein optimaler Leistungsstandard insgesamt im Vertrag angelegt sein, damit er auch im einzelnen Punkt angenommen werden kann. Dass Zweifel zu Lasten des Bauträgers gehen, sagt § 650k Abs 2 S 2 BGB selbst.

3. Nachzügler

4 Vom Mangel betroffen und damit Inhaber der entsprechenden Rechte aus § 634 BGB ist der einzelne Vertragspartner des Bauträgers aus seinem Vertrag. Das wird im Falle des Wohnungseigentums praktisch bedeutsam, wenn einer später erwirbt als die anderen, deren Mängelrechte vielleicht schon verjährt sind: Er ist nicht gehindert, seine Rechte im Hinblick auf Mängel am Gemeinschaftseigentum durchzusetzen, und dann ist auch die Gemeinschaft nicht gehindert, diese Rechte an sich zu ziehen.

4. Kaufrechtliche Mängelhaftung

5 § 650u Abs 1 S 3 BGB lässt auf den Erwerb vom Bauträger teilweise Kaufrecht Anwendung finden. Das gilt für die Mängelhaftung des Bauträgers jedenfalls insoweit, wie Mängel speziell des Grundstücks vorliegen, also zB die Kontamination mit schädlichen Stoffen. Es ist jedoch nicht ersichtlich, warum diese Haftung des Bauträgers nach den §§ 437 ff BGB nicht auch Mängel des Bauwerks betreffen sollte, also zB eine zu geringe Wohnfläche. Die Voraussetzungen des § 434 Abs 1 BGB liegen auch insoweit vor, und einen (partiellen) Vorrang der §§ 634 ff BGB ordnet § 650u Abs 1 BGB nicht an, auch wenn es befremdlich erscheinen mag, dass derselbe Themenkreis eine zweifache Regelung gefunden hat. Sachliche Widersprüche sind freilich nicht zu gewärtigen. Namentlich decken sich die Verjährungsfristen der §§ 634a Abs 1 Nr 2 BGB und § 438 Abs 1 Nr 2 lit a BGB.

III. Nachträgliche Leistungsänderungen

6 § 650u Abs 2 BGB lässt die §§ 650b bis 650c BGB unanwendbar sein auf den Bauträgervertrag. Es kann der Erwerber also nicht einseitig Planungsänderungen anordnen. Es dürfte den Parteien auch nicht freistehen, ein einseitiges Anordnungsrecht des Erwerbers zu vereinbaren (aA KARCZEWSKI NZBau 2018, 328, 331). Das wäre mit dem von Art 3 GG garantierten Gleichgewicht der Parteien nicht zu vereinbaren, und insoweit besteht auch kein praktisches Bedürfnis. Bauträger bieten regelmäßig alternative Leistungspositionen nach Wahl der Kunden an. Und wo ein Kunde darüber hinausgehen möchte, besteht die Möglichkeit einer Einigung der Parteien. Ggf kann der Bauträger nach § 241 Abs 2 BGB verpflichtet sein, darauf einzugehen.

IV. Kündigungsrechte

7 § 650u Abs 2 BGB schließt die Anwendbarkeit der §§ 648, 648a BGB auf den Bauträgervertrag aus; das dürfte auch auf den nicht eigens genannten § 643 BGB zu beziehen sein.

Doch schließt das die Möglichkeit der Parteien nicht aus, sich auf die Einbeziehung der VOB/B in den Vertrag zu einigen, bzw einer Seite, einseitig ihre Geltung durchzusetzen. Sollte letzteres der Bauträger sein, wäre dagegen in dem vorliegenden

Zusammenhang auch dann nichts einzuwenden, wenn der Erwerber Verbraucher ist. Die Einbeziehung der VOB/B bedeutet nämlich konkret, dass die Kündigungsmöglichkeiten Vertragsinhalt werden, die §§ 8 und 9 VOB/B für beide Seiten vorhalten. Es belastet aber auch einen Verbraucher die Einräumung der freien Kündigung nach § 8 Abs 1 VOB/B nicht unbillig, sie erweitert vielmehr den Rahmen seiner Handlungsmöglichkeit, ist für ihn also rechtlich nur vorteilhaft. Und wenn ihn § 9 VOB/B der Möglichkeit einer Kündigung aus wichtigem Grund aussetzt, ist erstens zu bedenken, dass er einen solchen Grund immerhin geschaffen hat, und zweitens und vor allem, dass § 8 VOB/B mit der Statuierung eines reziproken Risikos für den Unternehmer für Ausgleich sorgte. Die Unterschiedlichkeit der jeweiligen Kündigungsgründe folgt aus der Natur der Sache. Die Anwendung der VOB/B hat für den Besteller einen günstigen Beschleunigungseffekt. Wegen Mängeln kann er wegen § 4 Abs 7 VOB/B früher vorgehen als nach dem BGB, dessen § 634 BGB grundsätzlich eine Abnahme voraussetzt. Gegenüber Verzögerungen des Bauvorhabens eröffnet ihm § 5 Abs 4 VOB/B ebenfalls zeitnahe Möglichkeiten der Reaktion.

Einen der nach § 650u Abs 2 BGB ausgeschlossenen Kündigung nach § 648a BGB in Voraussetzungen und Rechtsfolgen sehr nahestehenden Anspruch stellt der Schadensersatzanspruch nach § 282 BGB dar. § 650u Abs 2 BGB schließt nicht auch ihn aus.

V. Widerrufsrecht

§ 650u Abs 2 BGB schließt für einen Verbraucher das Widerrufsrecht aus § 650l **8** BGB aus. Dieses Ergebnis liefert freilich schon § 650l BGB selbst, wenn die Bestimmung nicht für notariell beurkundete Verträge gelten soll, aber Bauträgerverträge wegen des mit ihnen verbundenen Erwerbs von Grundeigentum nach § 311b Abs 1 BGB stets der notariellen Beurkundung bedürfen.

VI. Fertigstellung und Abnahme

1. Fertigstellung

a) Geschuldeter Termin
Nach § 650j BGB iVm Art 249 § 2 Abs 2 EGBGB schuldet der Bauträger einem **9** Verbraucher eine Baubeschreibung mit verbindlichen Angaben zum Zeitpunkt der Fertigstellung des Objekts; können sie noch nicht gemacht werden, ist nach S 2 derselben Bestimmung – ebenfalls verbindlich – die Dauer der Baumaßnahme anzugeben. Ist Erwerber ein Unternehmer iSd § 14 Abs 1 BGB, sind ihm gegenüber Angaben einer Baubeschreibung ebenfalls verbindlich.

Fehlt es an solchen Angaben, ist im Wege der Auslegung nach § 271 Abs 1 BGB aus den Umständen zu ermitteln, wann das Objekt bei gehöriger und auch zumutbarer Anspannung der Kräfte fertiggestellt sein kann. In diesem Zeitpunkt wird die Leistung des Bauträgers fällig; er kann verzugsbegründend gemahnt werden.

b) Fertigstellung
Das Werk braucht nur im Wesentlichen fertiggestellt zu sein. Mängel und etwaige **10** Unfertigkeiten schaden nicht, sofern das Werk nur insgesamt benutzbar ist.

2. Abnahme

11 Wenn ihm das Werk als fertiggestellt angeboten wird, kann es der Besteller abnehmen, also entgegennehmen. Es auch noch weiterhin als im Wesentlichen vertragsgemäß zu billigen, gehört nach dem hier vertretenen Standpunkt nicht zum Begriff der Abnahme, vielmehr belegt § 640 Abs 3 BGB, dass auch die Kenntnis bestehender Mängel das Vorliegen einer Abnahme nicht ausschließt; der Besteller ist dann nach dieser Bestimmung nur gehalten, sich seine Rechte wegen dieser Mängel vorzuhalten, will er sie nicht jedenfalls teilweise verlieren.

Die Alternative zur Entgegennahme des Werks ist seine Zurückweisung. Damit gerät der Besteller freilich in Annahmeverzug, wenn er dies nicht mit hinreichend gravierenden Mängeln zu rechtfertigen vermag.

Im Falle des Wohnungseigentums nimmt jeder Erwerber sowohl sein Sondereigentum, als auch das Gemeinschaftseigentum für sich ab. Zur Koordinierung der Eigentümergemeinschaft im Falle von Mängeln vgl Anh III zu § 638 Rn 20 ff.

VII. Zahlung des Werklohns, Sicherheiten

12 Zur Zahlung des Werklohns bei Bauverträgen s § 650v BGB.

Die dingliche Sicherheit des § 650e BGB enthält § 650u Abs 2 BGB dem Bauträger vor. Er hat eben unbelastetes Eigentum zu verschaffen. Dagegen ist nach derselben Bestimmung sein Anspruch auf Abschlagszahlungen nicht nach § 650m Abs 1 BGB limitiert.

§ 650v
Abschlagszahlungen

Der Unternehmer kann von dem Besteller Abschlagszahlungen nur verlangen, soweit sie gemäß einer Verordnung auf Grund von Artikel 244 des Einführungsgesetzes zum Bürgerlichen Gesetzbuche vereinbart sind.

Materialien: BT-Drucks 18/11437; BT-Drucks 18/8486.

Schrifttum

PAUSE, Verbraucherbaurecht und Bauträgerrecht – zugleich ein Ausblick auf weitere Entwicklungen im Gesetzgebungsverfahren, BauR 2017, 430
VOGEL, der Bauträgervertrag als haftungsrechtliche Grundlage, Partner im Gespräch (PiG) Bd 104 (2017) 1
ders, Der neue Vertragstyp „Bauträgervertrag" als haftungsrechtliche Grundlage, NZM 2017, 681.

Untertitel 3
Bauträgervertrag

§ 650v

Systematische Übersicht

I. Allgemeines	1	IV. Würdigung der Bestimmung 4
II. § 3 MaBV	2	1. Gestaltung des Gesetzes 5
III. § 7 MaBV	3	2. Wirkungen der §§ 3 und 7 MaBV ... 6

I. Allgemeines

Über die angemessene Höhe des Preises beim Bauträgervertrag machen die §§ 650 ff BGB keine eigene Aussage; es gilt die allgemeine Bestimmung des § 138 BGB. Dagegen ist es schon seit Langem als Problem erkannt worden, dass Bauträger – ihrerseits unter erheblichem Kostendruck stehend – mit ihren Kunden unvertretbar hohe Abschlagszahlungen vereinbaren, bei denen letzteren im Falle eines Scheiterns des Objekts erhebliche Verluste drohten. Diesen Gefahren sollten die Bestimmungen der §§ 3 und 7 der Makler- und Bauträgerverordnung (MaBV) entgegenwirken, wie sie auf der Basis des gewerberechtlichen §§ 34c Abs 3 GewO erlassen worden war. Nachdem Zweifel aufgekommen waren, ob diese wegen ihrer Fundierung im Gewerberecht zur Beurteilung rein zivilrechtlicher Fragestellungen geeignet waren, wurde in dem in § 650v BGB in Bezug genommenen Art 244 EGBGB die primäre Zuständigkeit des Ministers für Justiz und Verbraucherschutz für die MaBV begründet. **1**

II. § 3 MaBV

Damit kann im Bereich des Bauträgervertrags problemlos § 3 MaBV herangezogen werden, wie er die Zulässigkeit von Abschlagszahlungen regelt. Nach Abs 1 der Bestimmung setzt das zunächst voraus, dass dem Erwerber eine gesicherte vertragliche Position – namentlich durch Einräumung einer Auflassungsvormerkung – eingeräumt worden ist. **2**

Ist das der Fall, bestimmt § 3 Abs 2 MaBV näher, in welcher Stückelung und zu welchen Zeitpunkten Abschlagszahlungen entgegengenommen werden dürfen.

Wird zu Lasten des Erwerbers vom Regelwerk des § 3 MaBV abgewichen, führt das zur Unwirksamkeit der getroffenen Vereinbarungen; die Vergütung wird insgesamt nach § 650g Abs 4 BGB fällig.

III. § 7 MaBV

Allerdings steht neben § 3 MaBV auch noch § 7 MaBV. Nach dieser Bestimmung darf der Bauträger Abschlagszahlungen in weiterem Umfang als nach § 3 MaBV zulässig entgegennehmen, sofern er dem Erwerber Sicherheit für dessen etwaige Ansprüche auf Erstattung seiner Anzahlungen geleistet hat. Die Grundlage für solche Ansprüche sind dem allgemeinen Recht zu entnehmen. Sie können namentlich aus Mängeln und damit aus § 634 Nrn 2, 3, 4 BGB folgen. **3**

IV. Würdigung der Bestimmung

4 § 650v BGB und Art 244 EGBGB begegnen mehrfachen Bedenken.

1. Gestaltung des Gesetzes

5 Diese beziehen sich zunächst auf die Gestaltung des Gesetzes.

a) Wenn es darum geht, bei Abschlagszahlungen an den Bauträger das Schutzkonzept der §§ 3 und 7 MaBV aufrechtzuerhalten, wäre es wünschenswert gewesen, dieses Ziel im Gesetz selbst auszuweisen statt durch eine doppelt gestufte Verweisung auf eine Rechtsverordnung. Der Transparenz der Regelung kann ein solches Vorgehen des Gesetzgebers nicht dienen. Wenn für den Bereich des Bauträgervertrags die Bestimmungen der §§ 632a, 650m BGB letzlich abbedungen werden, erwartet der Normunterworfene mit Fug eine Regelung auf deren Ebene (des Gesetzes); die getroffene Regelung ist nur für Kenner der Materie durchschaubar.

b) Durch die letzlich in Bezug genommenen §§ 3 und 7 MaBV werden die §§ 632a, 650m BGB nicht etwa im Detail näher erläutert, sondern durch ein anderes Schutzkonzept ersetzt. Ob das Aufgabe einer Rechtsverordnung sein kann, in angesichts von Art 80 Abs 1 S 2 GG zweifelhaft, wenn es denn damit nicht mehr um die nähere Ausgestaltung des Konzepts des Gesetzes gehen kann.

2. Die Wirkungen der §§ 3 und 7 MaBV

6 Wenn der Bauträger seine Leistungsfähigkeit verliert, sinkt die Position, die § 3 MaBV dem Erwerber sichert, zu einem nudum ius herab. Er muss weiteres Geld aufwenden, will er das Objekt nun anderweitig fertigstellen lassen. Ob sich das lohnt und überhaupt möglich ist, ist eine Frage des Einzelfalls, wie sie oft genug zu verneinen sein wird.

Im Falle des § 7 MaVB steht der Erwerber besser, wenn denn wenigstens für einen Neuanfang die schon geleisteten, aber eben erstattete Anzahlungen zu Verfügung stehen. – Werden sie dafür genügen?

Hinreichenden Schutz der Fertigstellung dürfte wohl nur eine entsprechende Versicherung bieten, wie sie das Objekt freilich mit weiteren Kosten belaste würde.

Anhang zu § 650v

Baubetreuung; Prospekthaftung

Schrifttum

EMMERICH, Haftungsrisiken durch Produktinformationsblätter, in: GS Unberath (2015) 79
HABERSACK/MÜLBERT/SCHLITT, HdB Kapitalmarktinformation (2. Aufl 2013)
KERSTING, Die Dritthaftung für Informationen im bürgerlichen Recht (2006)
LOCHER/KOEBLE, Baubetreuungs- und Bauträgerrecht (4. Aufl 1985).

Systematische Übersicht

I. Allgemeines zur Baubetreuung	**II. Prospekthaftung**
1. Begriff 1	1. Werbung von Investoren 8
2. Die Vollmacht des Baubetreuers ... 2	a) Werbung der Bank 8
3. Der Vertrag mit dem Baubetreuer .. 4	b) Angaben zum Objekt 9
a) Allgemeines 4	c) Haftungsgrundlagen 10
b) Auskunftspflichten 5	d) Insbesondere: Die Prospekthaftung .. 11
c) Behördliche Genehmigungen ... 6	
d) Treuhänder 7	

I. Allgemeines zur Baubetreuung

1. Begriff

Auch das aktuelle Werkvertragsrecht spricht den Baubetreuer nicht eigens an, der ein **1** Bauvorhaben abwickelt und dabei von dem Erwerber bevollmächtigt worden ist, die einzelnen Verträge, insbesondere den Bauvertrag, im Namen des Erwerbers abzuschließen. Er selbst erbringt keine Bauleistungen; darin gleicht ihm der Generalübernehmer, der die Lieferung eines Hauses zu einem Festpreis zusagt, aber die Handwerker im eigenen Namen beauftragt. Lässt er sich eine entsprechende Vollmacht seines Auftraggebers erteilen, verstößt das gegen § 305c Abs 1 BGB (BGH NZBau 2002, 561).

Die Bevollmächtigung eines Baubetreuers ist für den Erwerber – zivilrechtlich gesehen – gefährlich, wenn sie ihn in ein unmittelbares Obligo gegenüber den Handwerkern auch dann bringt, wenn er schon Zahlungen an den Betreuer selbst geleistet hat. Den wirtschaftlichen Hintergrund bildeten steuerliche Überlegungen, wenn die Grunderwerbssteuer auf die reinen Kosten des Grunderwerbs zu berechnen war, der Erwerber sich nunmehr als Bauherr darstellte und damit eine Bauherren-AfA in Anspruch nehmen konnte und er außerdem im Falle der geplanten Vermietung des Objekts die Herstellungskosten bei den zu erwartenden Mieteinnahmen als sofort abziehbare Werbungskosten in Abzug bringen konnte. Die Einzelheiten sind hier nicht näher darzustellen. Jedenfalls sind die steuerlichen Vorteile im Wesentlichen entfallen, sodass das Bauherrenmodell anderen Vertragsgestaltungen den Vorrang hat lassen müssen.

2. Die Vollmacht des Baubetreuers

2 Die Vollmacht des Baubetreuers ist auch dann ernst gemeint und kein Scheingeschäft iSd § 117 Abs 1 BGB, wenn dieser eine Festpreisgarantie abgegeben hat und den Zahlungsverkehr abwickelt (vgl BGH NJW 1977, 294; 1980, 992; BauR 1983, 427). Die unmittelbaren Vertragsbeziehungen zwischen dem Betreuten und den Bauunternehmern sind ernstlich gewollt, wenn sich nur so die – uU nur vermeintlichen – Steuervorteile realisieren lassen. Daraus ergibt sich das schon angesprochene Risiko, wenn noch Handwerkerrechnungen offenstehen, obwohl die entsprechenden Beträge bereits an den Baubetreuer gezahlt wurden.

Wenn der Baubetreuungsvertrag mit einem Grundstückserwerb steht und fällt, muss umfassend beurkundet werden, also auch die Vollmacht (vgl BGH WM 1985, 81; 1987, 1369); dies ergibt – gegenüber § 167 Abs 2 BGB – schon die Interessenlage. Verstöße können natürlich nach § 311b Abs 1 S 2 BGB geheilt werden; vorab kann die nicht beurkundete Vollmacht uU nach Rechtsscheinsgrundsätzen Wirkung erzeugen (vgl dazu BGHZ 103, 60).

Die Vollmachten werden grundsätzlich umfassend ausgestellt; sie sind namentlich nicht auf eine etwa vertraglich übernommene Festpreisgarantie beschränkt. So ist zB – vorbehaltlich eines Missbrauchs der Vertretungsmacht – auch die Vergabe zu aufwendiger Leistungen oder der Abschluss sonst ungünstiger Verträge gedeckt. Die Verträge müssen nur ihrer Art nach geeignet sein, den Vertragszweck zu fördern. Das ist zB nicht der Fall, wenn der Baubetreuer, der selbst schon die technische Leitung schuldet, zusätzlich einen Architektenvertrag abschließt (vgl BGH NJW 1978, 643).

3 Der Baubetreuer schließt die weiteren Verträge zwar nicht zugleich im eigenen Namen ab, kann ihretwegen den Unternehmern aber auch selbst haften;

Eine solche Haftung, gerichtet auf das negative Interesse, kann sich zunächst aus den §§ 280 Abs 1, 241 Abs 2, 311 Abs 2, 3 BGB ergeben. Die Voraussetzungen einer Eigenhaftung des Vertreters liegen vor, wenn denn der Baubetreuer zum einen besonderes persönliches Interesse für sich in Anspruch nimmt und zum anderen ein hinreichendes eigenes Interesse an der Durchführung des Vertrags hat.

Seine Haftung kann sich aber auch aus § 179 BGB ergeben. Dazu kommt es zunächst, wenn die Vollmacht überschritten wird. Von besonderer praktischer Bedeutung ist hier der weitere Fall, dass der Betreuer im Namen erst noch zu werbender (weiterer) Interessenten auftritt und sich deren Werbung verzögert oder gar misslingt. § 179 BGB kann hier entsprechend angewendet werden. Dabei schließt die Kenntnis des Gegners vom einstweiligen Fehlen der Vertretenen die Haftung nach § 179 Abs 3 BGB aus nicht grundsätzlich (vgl BGH NJW 1989, 894). Dabei darf der Gegner auf die – regelmäßig jedenfalls konkludent abgegebene – Erklärung vertrauen, die Vertragspartner würden gestellt werden. Ein Ausschluss des Anspruchs nach § 179 Abs 3 S 1 BGB erfolgt vielmehr erst dann, wenn Zweifel daran bestehen mussten, dass die Bauherrengemeinschaft in absehbarer Zeit entstehen werde.

Wenn ein Bauhandwerker den Bauherrn aus einem Vertrag in Anspruch nimmt, der für diesen ungünstig ist, kann dieser seinerseits vom Baubetreuer aus den §§ 280

Abs 1, 241 Abs 2 BGB volle oder jedenfalls teilweise Freihaltung verlangen. Das wird Anlass für eine Streitverkündung sein.

3. Der Vertrag mit dem Baubetreuer

a) Allgemeines

Auf den Vertrag des Bauherrn mit dem Baubetreuer findet grundsätzlich § 675 BGB Anwendung, wenn er denn dessen wirtschaftliche Interessen selbständig wahrzunehmen hat. Sein Aufgabenbereich kann unterschiedlich weit gezogen sein. Neben der Vollbetreuung steht die nur wirtschaftliche oder die nur technische. Die rein rechtliche verstößt uU gegen das RechtsdienstleistungsG. **4**

Die Wahrnehmung der wirtschaftlichen Interessen des Bauherrn bezieht sich namentlich auf die steuerlichen Aspekte. Der Bauherr muss auf die diesbezüglichen Möglichkeiten und ihre Voraussetzungen hingewiesen werden. Es müssen die einzelnen Handwerker ordnungsgemäß ausgewählt und durch sachgerechte, preislich vertretbare Verträge gebunden werden. Zahlungen an sie dürfen nur geleistet werden, wenn und soweit dies gerechtfertigt ist. In der Struktur erinnert der Aufgabenbereich an den des Architekten, nur dass er eben weiter (zB in steuerlicher Hinsicht) oder anders (zB in wirtschaftlicher Hinsicht) gelagert sein kann. Dabei ist der Baubetreuer insbesondere auch verpflichtet, die Interessen mehrerer Betreuter im Verhältnis untereinander sachgerecht wahrzunehmen. Er haftet zB, wenn er es zulässt, dass der interne Verteilungsschlüssel für die Kosten nicht sachgerecht ist.

Dabei ist freilich zu beachten, dass der Baubetreuer – auch insoweit mit dem Architekten vergleichbar – auch nur für Pflichtverletzungen in seinem Bereich haftet. So hat der bloß wirtschaftliche Baubetreuer grundsätzlich nicht das technische Gelingen des Bauwerks zu überprüfen. Solange nicht konkreter Anlass zu Zweifeln besteht, darf er sich insoweit auf die für den technischen Bereich Zuständigen verlassen.

Die an sich werkvertragliche Haftung des Baubetreuers ähnelt auch insoweit der des Architekten, als bei Pflichtverletzungen Nachbesserung, Rücktritt und Minderung entweder ausscheiden oder nicht den Interessen gerecht werden (vgl insoweit Anh zu §§ 650p–650t Rn 1 ff). Es verbleibt bei dem Schadensersatzanspruch aus § 634 Nr 4 BGB. In der Frage der Verjährung findet dann aber § 634a Abs 1 Nr 2 BGB Anwendung. Ausnahmsweise ist denkbar, dass sich die Pflichten des Baubetreuers auf reine Dienstleistungen reduzieren. Dann sind in der Frage der Verjährung die §§ 195, 199 BGB anwendbar.

b) Auskunftspflichten

Nach den §§ 675, 666 BGB treffen den Baubetreuer umfassende Pflichten zur Auskunft und zur Rechenschaft. Diese Pflichten beziehen sich zunächst auf die im Namen des Bauherrn abgeschlossenen Verträge (Partner, Inhalt, ggf sonstige besondere Umstände, die für den Betreuten von Belang sein können, wie zB personelle Verflechtungen, Interessenkollisionen). Außerdem hat der Betreuer nach Abschluss des Bauvorhabens über dieses Rechenschaft abzulegen, dh unter Beifügung von Belegen eine Abrechnung über Einnahmen und Ausgaben zu erstellen, die bei Beteiligung von mehreren Betreuten doppelt erfolgen muss, nämlich einmal über **5** das Vorhaben insgesamt, zum anderen über den einzelnen Betreuten. Eine Beschränkung der Pflicht zur Rechnungslegung ist jedenfalls in AGB nicht möglich. Vorbehaltlich des Schikaneverbots darf einem Betreuten das zur Wahrnehmung seiner Rechte notwendige Material nicht vorenthalten werden.

c) Behördliche Genehmigungen

6 Auch der Baubetreuer bedarf der Genehmigung nach § 34c GewO, auch für ihn gelten die Bestimmungen der §§ 2, 3 MaBV (dazu § 650v Rn 1 ff). Die eigene Entgegennahme von Zahlungen, die die Kautelen dieser Bestimmungen auslöst, wird in der Praxis weitgehend dadurch vermieden, dass Treuhänder eingeschaltet werden, die diesen Bindungen nicht unterliegen.

d) Treuhänder

7 Die Einschaltung von Treuhändern scheint die Erwerber zu begünstigen, wenn diese doch allein ihren Interessen verpflichtet sind. Tatsächlich tritt diese Begünstigung aber nicht zwingend ein. Zunächst entstehen jedenfalls zusätzliche Vergütungsansprüche und damit Kosten. Sodann sind Interessenkollisionen auch hier nicht auszuschließen. Weiterhin wird der Geltungsbereich des § 34c GewO verlassen, wenn die Treuhänder als Freiberufler nicht gewerblich tätig sind und damit bei der Verwendung der Mittel nicht den Bindungen der §§ 2, 3 MaBV unterliegen.

Treuhänder können in verschiedenen Funktionen tätig sein. Der sog Basistreuhänder hat die Verträge mit den verschiedenen Baubeteiligten abzuschließen. Der Kontentreuhänder (Zahlungstreuhänder, Mittelverwendungstreuhänder) ist für die Kontrolle des Zahlungsverkehrs zuständig. Schließlich gibt es Gesellschaftstreuhänder, wo eine Mehrheit von Erwerbern in einer Gesellschaft bürgerlichen Rechts oder in einer Kommanditgesellschaft zusammengefasst ist. Er hat dann ihre gesellschaftliche Stellung wahrzunehmen. Wenn dem Treuhänder ausschließlich oder hauptsächlich die rechtliche Betreuung obliegt, bedurfte er bei Meidung der Nichtigkeit des Vertrages der Erlaubnis nach Art 1 § 1 Abs 1 S 1 RBerG (BGH NJW 2001, 70). Heute untersagen dies die §§ 3, 5 RDG anderen Personen als Rechtsanwälten.

In jedem Fall liegt zwischen dem Erwerber und dem Treuhänder ein Dienstvertrag als Geschäftsbesorgungsvertrag vor, §§ 611, 675 BGB. In diesem Rahmen sind die Interessen des Erwerbers umfassend – nur ggf gegenständlich beschränkt – wahrzunehmen. Über die Wirtschaftlichkeit des Objekts insgesamt braucht er den Erwerber nicht aufzuklären (vgl OLG Köln BauR 1996, 905). Zu unterbinden hat er aber jedenfalls eine Änderung der Zweckbestimmung des Objekt (vgl OLG Köln NJW-RR 1996, 496: Studentenwohnheim statt Seniorenwohnanlage). Bei schuldhafter Pflichtverletzung ergibt sich eine Haftung aus den §§ 280 Abs 1, 241 Abs 2 BGB. Ggf kann der Treuhänder auch der Prospekthaftung unterliegen (dazu u Rn 12).

Bei dem Abschluss des Basistreuhändervertrags ist § 311b Abs 1 BGB zu beachten, weil er bei wirtschaftlicher Betrachtung eine Einheit mit der vom Erwerber übernommenen Pflicht zum Grundstückserwerb bildet. Zum Wesen der Basistreuhand gehört die Bevollmächtigung zum Abschluss der weiteren notwendigen Verträge, die nicht zu widerrufen der Erwerber sich meist auch verpflichtet. Auch diese Vollmacht bedarf als integrativer Teil des Gesamtkomplexes der notariellen Beurkundung (vgl BGH WM 1985, 81; 1987, 21; 1990, 1543), dies natürlich auch dann, wenn sie isoliert erteilt wird. Dann kann sie freilich nach Rechtsscheinsgrundsätzen Wirkung entfalten. Zu einer Haftung des Treuhänders aus § 179 BGB gilt das oben (Rn 3) Gesagte entsprechend.

II. Prospekthaftung

1. Werbung von Investoren

a) Werbung der Bank

Größere Bauvorhaben werden oft von privaten Investoren finanziert, denen teils an einer soliden Kapitalanlage gelegen ist, teils an dem Erwerb einer Eigentumswohnung zur eigenen Nutzung. Sie werden häufig von einer Bank geworben, die hinter dem Projekt steht. Dabei ist es zunächst die eigene Sache der Interessenten, die Risiken der Anlageentscheidung abzuschätzen (BGHZ 93, 264). Ausnahmsweise können sich aber doch Schadensersatzansprüche gegen die Bank ergeben. Das ist zunächst dann der Fall, wenn sie die neutrale Rolle als Kreditgeber überschreitet und sich aktiv in die Planung oder die Durchführung des Projekts einschaltet (vgl BGHZ 72, 92). Ebenfalls nach vertraglichen Grundsätzen entsteht eine Aufklärungspflicht der Bank, wenn sie einen speziellen Gefährdungstatbestand schafft oder seine Entstehung begünstigt, zB durch Auszahlung des Kredits zu einem Zeitpunkt, in dem ihr bekannt ist, dass eine Verwirklichung des Projekts schon nicht mehr möglich ist (vgl BGH WM 1986, 96, 671). Schließlich ergeben sich Aufklärungspflichten der Bank, wenn sie hinsichtlich bestimmter Risiken – ihr selbst erkennbar – einen Wissensvorsprung vor dem Erwerber hat: drohende Zahlungsunfähigkeit des Initiators (BGH NJW 1991, 693), positive Kenntnis von Mängeln, die dem Anleger selbst nicht ersichtlich sind. In die eigene Verantwortlichkeit des Anlegers fällt dagegen eine Preisgestaltung, die noch nicht sittenwidrig überhöht ist (BGH NJW 2000, 2353). 8

Bei dem Erwerb von einem Bauträger darf dieser nach § 3 Abs 1 Nr 3 MaBV Zahlungen des Erwerbers nur dann entgegen nehmen, wenn diesem eine Vormerkung eingeräumt ist und es gesichert ist, dass vorangehende Grundpfandrechte nicht (mehr) bestehen – der Bank wird ein solches zustehen. Seine Löschung muss sich der Bauträger von der Bank zusagen lassen. Unterbleibt dies, kann sie sich gegenüber dem Erwerber auch schadensersatzpflichtig machen, wenn sie auf ihrem Grundpfandrecht beharrt.

b) Angaben zum Objekt

Bei der Werbung für das Projekt müssen die Angaben richtig und vollständig sein: sie dürfen nicht irreführen. 9

Die Aufklärung des Interessenten muss sich dabei insbesondere beziehen auf den Bauumfang und die Bauqualität des Gebäudes, den Gesamtaufwand, zu dessen Ermittlung Bauzeit und Herstellungskosten korrekt kalkuliert werden müssen, die notwendigen Zwischenzinsen, die Berechnung des Ertrags, sofern vermietet werden soll, und der Liquidität (vgl OLG Bremen ZIP 1981, 423; OLG Koblenz ZIP 1981, 968), die zu erwartenden Steuervorteile, insoweit namentlich darauf, ob sie endgültig sind, und wie überhaupt die steuerliche Rechtslage ist (vgl BGH NJW-RR 1988, 348), die persönlichen und wirtschaftlichen Umstände der Initiatoren und etwaiger Treuhänder, zB ihre Qualifikation und ihre Unabhängigkeit, die rechtliche Konstruktion des Objekts, so zB bei einem Bauherrenmodell darauf, dass der Erwerber hier nicht nur dem Baubetreuer auf den Erwerbspreis haftet, sondern auch den Bauhandwerkern, bei einem Erwerb zu Bruchteilseigentum auf die Schwächen der dort zu erlangenden Position, auf etwaige gesellschaftsrechtliche, persönliche und finanzielle Verflechtungen.

Über typische Risiken, die als bekannt vorausgesetzt werden können, braucht nicht aufgeklärt zu werden, anders freilich, wenn insoweit konkrete Fragen gestellt werden.

Sind die eben genannten Aspekte auf das Objekt bezogen, sodass über sie immer aufgeklärt werden muss, so kommt es auf die Gestaltung der Beziehungen der Parteien an, ob auch über den Erwerber selbst aufzuklären ist, also zB darüber, ob er auch in der Lage ist, mögliche Steuervorteile wahrzunehmen. Angaben dazu müssen aber jedenfalls zutreffen (BGH NJW 1999, 160). Wird den Verhandlungsführern insoweit freie Hand gelassen, führt das aber jedenfalls zu § 278 BGB (BGH NJW 1999, 160).

Maßgeblicher Zeitpunkt ist der der Anlageentscheidung; ggf sind die Angaben anzupassen.

c) Haftungsgrundlagen

10 Die Haftung für die Verletzung dieser Aufklärungspflichten kann in verschiedener Weise begründet sein.

aa) Sie kann sich zunächst aus den §§ 280 Abs 1, 241 Abs 2 BGB, ergeben, sofern die Werbung im Rahmen einer bestehenden Vertragsbeziehung erfolgt oder ein Auskunftsvertrag angenommen werden kann. Eine Haftung auf dieser Basis kommt namentlich dort in Betracht, wo Anlageempfehlungen von einer Bank ausgesprochen werden oder ein Steuerberater Möglichkeiten der Steuervermeidung darlegt. Das greift freilich nur dann, wenn es um bekannte oder erkennbare Risiken geht.

bb) Umfassend zur Aufklärung verpflichtet ist der Initiator; er haftet aus den §§ 280 Abs 1, 241 Abs 2, 311 Abs 2 BGB. Freilich ist diese seine Haftung praktisch meist bedeutungslos. Bei Realisierung des Objekts haftet er für Mängel ohnehin schon nach § 634 Nr 4 BGB. Scheitert es aber, wird seine Haftung wirtschaftlich belanglos sein.

Von Interesse ist insoweit die Haftung von Mitarbeitern und Hintermännern. Wo ein deliktischer Tatbestand erfüllt ist, haften sie gesamtschuldnerisch nach den §§ 830 Abs 1, 840 Abs 1 BGB. Die in Betracht kommenden Tatbestände des Betruges, der Untreue und des § 826 BGB setzten freilich sämtlich vorsätzliches Handeln voraus. Mehr als Fahrlässigkeit wird oft nicht nachzuweisen sein.

d) Insbesondere: Die Prospekthaftung

11 Unter diesen Umständen gewinnt es an Bedeutung, dass die höchstrichterliche Rechtsprechung im Anschluss an die Rechtsprechung für Kapitalanlagen (vgl dazu BGHZ 71, 284; 72, 382; 79, 337; 83, 222) eine Prospekthaftung in Bezug auf Bauherrenmodelle und Anlagen in Immobilien anerkennt (BGH NJW 1990, 2461; ZIP 1990, 1378; BGHZ 115, 213). Auch auf den Erwerb vom Bauträger findet die Prospekthaftung Anwendung (BGH NJW 2001, 436).

Die Haftung setzt (fehlerhafte) Angaben in einem Prospekt voraus. Prospekte sind Exposés, die die Anlageentscheidung des Beworbenen fördern und tragen sollen. Sie müssen deshalb – nach ihrem Erscheinungsbild – auf eine umfassende Information ausgerichtet sein. Auf die Form kommt es nicht an, sondern nur darauf, dass der Prospekt nach seiner Aufmachung zur Grundlage einer Anlageentscheidung gemacht werden soll und kann. Anderweitige unkorrekte Angaben sind darum nicht bedeutungslos; auf sie kann uU eine allgemeine Haftung aus culpa in contrahendo gestützt werden.

In der Sache müssen die Prospektangaben den o Rn 9 dargestellten Anforderungen genügen.

Der haftende Personenkreis ist weit gezogen. Er setzt sich aus drei Gruppen zusammen:

aa) Zunächst unterliegen der Prospekthaftung die Initiatoren und Gründer des Modells. Das sind jene Personen, die das Management des Objekts bilden oder es faktisch beherrschen und die Verantwortung für die Richtigkeit des Projekts tragen. Wer das ist, hängt von den Umständen des Einzelfalls ab; eine namentliche Nennung im Prospekt ist nicht erforderlich. In Betracht kommen der Grundstücksverkäufer, Baufirmen, Bauträgergesellschaften (bzw deren leitende Personen), Architekten, Treuhänder, Rechtsanwälte, Wirtschaftsprüfer, Steuerberater, sofern sie denn die genannten Funktionen wahrnehmen. **12**

Der zweite haftende Personenkreis wird gebildet durch Sachverständige, die den Prospekt geprüft haben. Insoweit kommen in Betracht: Steuerberater, Wirtschaftsprüfer und Rechtsanwälte. Bei ihnen gibt es freilich die formale Haftungsvoraussetzung, dass sie namentlich oder doch identifizierbar in dem Prospekt genannt werden und so das Vertrauen in dessen Richtigkeit absichern.

Auf die Umstände des Einzelfalls kommt es an, wenn in den Vertrieb eingeschaltete Personen tätig werden wie Anlagevermittler, Anlageberater und Makler. Sofern sie sich – wie meist – die Angaben des Prospekts zu eigen machen, sind sie verpflichtet, diese sorgfältig zu prüfen (vgl BGH NJW 1990, 2461); das kann und wird ebenfalls zur Haftung führen.

Banken können haften, wenn sie der zweiten oder der dritten Personengruppe angehören; es reicht nicht aus, wenn sie in dem Prospekt allein als Finanzierungsinstitut benannt sind.

bb) Als Sonderfall der culpa in contrahendo setzt die Haftung Verschulden voraus. Freilich sind einerseits an die hier beteiligten Personen strenge Anforderungen zu stellen und sind sie andererseits nach § 280 Abs 1 S 2 BGB aufgerufen, sich zu entlasten. Ein Mitverschuldenseinwand dahin, dass man sich auf diese Angaben gar nicht habe verlassen können, kommt grundsätzlich nicht in Betracht. **13**

In der Folge kann der Anleger verlangen, so gestellt zu werden, wie wenn er richtig aufgeklärt worden wäre. Er hätte dann seine Anlageentscheidung jedenfalls so nicht getroffen. Er kann also Befreiung davon verlangen oder Ersatz der objektiven

Überteuerung. Das positive Interesse – zB die vorgespiegelten möglichen Steuervorteile – steht ihm nicht zu. Es versteht sich, dass ein etwaiger Wert der Anlage in die Schadensberechnung jedenfalls einzustellen ist.

14 cc) Haftungsfreizeichnungen als solche sind mit § 307 Abs 2 Nr 1 und 2 BGB nicht zu vereinbaren. Sie lassen sich freilich mittelbar dadurch erzielen, dass dem Prospekt die vertrauensbildende Kraft genommen wird.

In der Frage der Verjährung sind die §§ 195, 199 BGB einschlägig, wenn es sich denn um einen Sonderfall der culpa in contrahendo handelt.

§ 651
weggefallen

Bisheriger § 651 nun § 650. Fassung aufgrund des Gesetzes zur Reform des Bauvertragsrechts, zur Änderung der kaufrechtlichen Mängelhaftung, zur Stärkung des zivilprozessualen Rechtsschutzes und zum maschinellen Siegel im Grundbuch- und Schiffsregisterverfahren vom 28. 4. 2017 (BGBl I 969), in Kraft getreten am 1. 1. 2018.

Sachregister

Die fetten Zahlen beziehen sich auf die Paragraphen, die mageren Zahlen auf die Randnummern.

Abbruch
　Kauf auf Abbruch **Vorbem 631 ff** 21
Abbrucharbeiten
　Schädigung Dritter **Anh III 638** 15
Abfallbeseitigung
　Unternehmerpflicht **633** 83
　Vergütung **632** 61
Abhilfeanspruch
　Ausführungsfristen, Gefährdung **633** 136
　Leistung, mangelhafte **633** 93a
　Pflichtverletzung **633** 125
Ablieferung
　Fristbestimmung **633** 121 f
　Terminvereinbarung **633** 121
　Werklohn **641** 4
Abmahnung
　Entbehrlichkeit **648a** 6
　Kündigung aus wichtigem Grund **648a** 5 f
Abnahme
　Abnahmefähigkeit
　　s dort
　Abnahmeverweigerung
　　s dort
　Allgemeine Geschäftsbedingungen **640** 35 ff; **641** 20
　Anfechtung **640** 25
　Annahmeverzug **634a** 35b; **640** 34
　Anspruch auf Abnahme **640** 27 ff
　Architektenleistungen **634a** 43a; **640** 24, 26; **641** 112
　Architektenvollmacht **Vorbem 650p ff** 25, 28
　Bauaufsicht **Anh 650p–650t** 31
　Bauträgervertrag **650u** 11
　Begriff **Vorbem 631 ff** 15; **634a** 35a, 38; **640** 7; **641** 3
　Besichtigung **640** 39
　Besitzdiener **640** 24
　Besitzerwerb **640** 21
　Besitzmittler **640** 24
　Bestätigung **639** 54 f
　Besteller **631** 18, 61; **634** 12
　Beweislast **640** 47
　Billigung des Werkes **634a** 35a; **640** 7 f, 10 ff; **646** 8
　　Meinungsfreiheit **640** 12, 34a
　　Obliegenheit **640** 34a
　　Verweigerung **634a** 35b
　　im Wesentlichen vertragsgemäß **640** 10 ff, 26; **641** 3a
　durch Dritte **640** 24
　Einklagbarkeit **631** 44

Abnahme (Forts)
　Entgegennahme des Werkes **634a** 35a f; **640** 7 f, 20, 34b f; **641** 3; **646** 9
　　vorläufige Entgegennahme **640** 23
　Erfolg **631** 15
　Erfüllungsanspruch, Umwandlung **634** 13
　Ermächtigung **640** 24
　Ersetzung **650s** 1
　Fälligkeit **640** 55 f; **641** 4
　Fertigstellungsmitteilung **640** 67 f, 73
　Fiktion **639** 59 ff; **640** 68 f
　fingierte Abnahme **634** 12
　Förmlichkeiten **640** 39, 63 ff
　Fristsetzungsverfahren **640** 34a ff
　　Fertigstellung **640** 34b
　Gebrauchstauglichkeit **632a** 15
　Gefahrübergang **644** 2
　geschuldete Abnahme **640** 18, 27 ff
　Herstellungspflicht **631** 44
　Ingebrauchnahme **640** 23, 36, 38
　　rügelose Ingebrauchnahme **640** 67, 69, 74
　Inhaltskontrolle **639** 59 ff; **640** 70 ff
　Kündigung des Bestellers **648a** 22
　Mängel des Werkes **640** 34b f, 40 f; **641** 5
　　vorbehaltener Mangel **640** 44 ff, 75
　Mängelrechte, Verjährung **648a** 22
　Mängeluntersuchung **634a** 35a f
　Mängelvorbehalte **634a** 4
　Mangelfreiheit **633** 190
　Mitbesitz **640** 22
　Nacherfüllungsanspruch **634** 13
　Protokollaufnahme **640** 39, 64 f
　reale Abnahme **640** 19 ff
　Rechtsverlust **640** 34b, 40 ff, 49 f
　Sachverständige, Beiziehung **640** 63
　Schlussrechnung **648a** 22
　Schuldnerpflicht **642** 22
　Schuldnerverzug **640** 33
　Schweigen des Bestellers **640** 37, 40
　Teilabnahme **634a** 39; **640** 57 ff; **641** 118 ff, 122
　　abgeschlossene Teile der Leistung **632a** 15; **640** 58
　　AGB-Kontrolle **641** 120
　　Beweislast **641** 121, 123
　　Treu und Glauben **641** 120, 123
　　unechte Teilabnahme **633** 115; **640** 59; **641** 123
　　Vollarchitektur **641** 120
　Terminvereinbarung **640** 63, 65
　Textform **640** 34b
　Übergabe des Werkes **634a** 35a, 38; **640** 8

Abnahme (Forts)
  Übergabefähigkeit **634a** 43a; **640** 8; **641** 112
  Unfertigkeit des Werkes **640** 41, 62
  Untersuchungspflicht **640** 40
  Verbrauchervertrag **640** 34b
  Vereinbarungen **640** 35 f, 60
  Vertragsbeendigung, vorzeitige **640** 15
  Vertragsgemäßheit des Werkes **634** 12
  Verzug **634** 12
  VOB/B **640** 35, 51 ff
    Fälligkeit **640** 55 f
  Vollendung des Werkes
    s dort
  Vorbehalt der Rechte **640** 44 ff
    Entbehrlichkeit **640** 46
  Werklohn **641** 5
    Fälligkeit **650g** 6
  Wohnungseigentum **650u** 11
  Zahlungsaufschub **631** 76
Abnahmefähigkeit
  Architektenleistungen **634a** 43a
  Bauleitung **640** 17
  Beförderungsleistungen **640** 17
  Leistungen am Körper des Bestellers **640** 17
  Substrat, körperliches **640** 17
  Verkehrssitte **646** 6 f
Abnahmefiktion
  Fristsetzungsverfahren **640** 34a ff
    Hinweispflicht **650o** 1
Abnahmeverweigerung
  Annahmeverzug **642** 22
  berechtigte Abnahmeverweigerung **641** 7
  ernsthafte und endgültige Verweigerung der Abnahme **634a** 36
  Fälligkeitsregelung **641** 4
  Gewährleistungsrechte **634** 11
  Mängelrüge **640** 34b
  Mangel, wesentlicher **640** 61 f
  unberechtigte Abnahmeverweigerung **641** 6; **642** 22
  Verschaffungspflicht, Verjährung **633** 156
  VOB/B **640** 61, 75
  Werklohnklage **641** 7
  Zustandsfeststellung, gemeinsame **650g** 1
Abrechnung
  bei Kündigung des Architektenvertrages **650r** 4
  bei Kündigung aus wichtigem Grund **648a** 11, 19, 26
  Leistungen, erbrachte **648a** 19
Abrechnungspflicht
  Kostenvorschuss **634** 94
  Nachbesserung **634** 94
  Vergütungsanspruch **641** 31
  VOB/B **641** 30 f
Abrissarbeiten
  Bauvertragsrecht **650a** 5
  Entsorgung **650a** 5

Abrissarbeiten (Forts)
  Mängelrechte **650a** 5
Abruf des Bestellers
  Arbeitsaufnahme **633** 123, 132
  Mitwirkungsobliegenheit **633** 133
  Zeitpunkt **633** 133
Abschlagsrechnung
  Abrechnungspflicht **641** 31
  Abstände **632a** 24
  Anspruch auf Abschlagszahlungen **632a** 24
  Bindungswirkung **632** 121
  Übergang von Abschlags- auf Schlussrechnung **632a** 32
  Werklohnforderung **632a** 32
Abschlagszahlungen
  Abrechnungsfähigkeit der Leistung **632a** 8
    Gewerke **632a** 8
    Pauschalpreis **632a** 8
    Rohbau **632a** 8, 15
  Allgemeine Geschäftsbedingungen **632a** 30
  Altverträge **632a** 15 ff
    abgeschlossene Teile der Leistung **632a** 15 f
    – Abnahmefähigkeit **632a** 15 f
    – Abrechnungsfähigkeit **632a** 16
    – Werthaltigkeit **632a** 16
    Bauteile **632a** 18 f
    Bemessung der Abschlagszahlungen **632a** 20
    Mangelfreiheit **632a** 17
    Sicherheit für den Besteller **632a** 19
    – Bankbürgschaft **632a** 19
    – Hinterlegung **632a** 19
    – Übereignung **632a** 19
    Stoffe **632a** 18 f
  Anspruch auf Abschlagszahlungen **632a** 24 ff
  Arbeitseinstellung **632a** 3, 30
    unberechtigte Arbeitseinstellung **632a** 31
  Aufrechnung **632a** 29
  Aufstellung, prüfbare schriftliche **632a** 8, 26
  Ausschluss **632a** 14
  Bauabzugsteuer **632a** 34
  Baugeld **650e** 51
  Bauhandwerkersicherung **650e** 2; **650f** 9, 11
  Bauträgervertrag **632a** 1, 21; **650u** 12; **650v** 1 ff
  Begriff **632a** 5; **641** 10 f
  Benachteiligung, unangemessene **632a** 3
  Bürgschaft **632a** 9
  Deckelung
    s 90%-Grenze
  Druckzuschlag **632a** 10
  Eigentumsvorbehalt **632a** 9
  Einbehalte **632a** 23, 29; **641** 22
  Einigung der Parteien **650c** 2, 8
  Erstattungsanspruch **632a** 13; **650c** 9
  Erstattungspflicht **641** 11
  Fälligkeit **632a** 11, 23, 27, 29 f; **641** 4

Abschlagszahlungen (Forts)
  Gefahrtragung **632a** 5
  Gegenforderungen **632a** 29
  90%-Grenze **632a** 12; **650m** 1
  Guthaben, unbestrittenes **641** 86
  Höhe **632a** 28
  Inhaltskontrolle **639** 26
  Kündigung aus wichtigem Grund **632a** 12
  Kündigungsrecht des Unternehmers **632a** 31; **643** 8
  Kürzungen **632a** 14
  Leistungen, erbrachte **632a** 1 ff
  Leistungserbringung **632a** 25
  Leistungsnachweis **632a** 8, 26
  Leistungsverweigerungsrecht **632a** 11
  Leistungsverweigerungsrecht des Unternehmers **632a** 3, 12, 25
  Liquidität **632a** 2 f
  Mängeleinrede **634** 11
  Mangel der Leistung **632a** 10
  Mangelfreiheit der Leistung **632a** 25
  Materialien **632a** 26
  Mehrwertsteuer **632a** 28
  Minderung **633** 102
  Nachbesserungsanspruch **633** 94
  Nachfrist **632a** 3, 30
  Nachträge **650c** 8
  Nachtragsleistung **632a** 6
  Nichtleistung **643** 8, 25 f
  Rechnung, Prüfungsfähigkeit **632a** 8
  Sekundäransprüche **632a** 6
  Sicherheiten **632a** 12
  Sicherheitenstellung **632a** 26
  Sicherheitseinbehalt **632a** 14
  Sicherheitsleistung **632a** 9
  Sicherungsmittel **632a** 6
  Synallagma **632a** 3, 12
  überhöhte Abschlagszahlungen **650c** 9
  Überzahlungen **632a** 13; **641** 115, 117
  Verbraucherbauvertrag **632a** 1; **650m** 1, 3
  Vereinbarungen **650m** 3
  Vergütungsanspruch **632a** 6
  Vergütungsgefahr **644** 21
  Verjährung **632a** 11
  Verzug **632a** 6, 30 ff; **643** 25 f
  VOB/B **632a** 23
  Vorbereitung der Leistung **632a** 9
  Vorfinanzierungsrisiko **632a** 2
  Vorläufigkeit **632a** 5, 13, 32; **641** 11
  Werklohn **641** 10
  Werkvertrag **Vorbem 631 ff** 10, 64; **632a** 4; **641** 1
  Wert der Leistung **632a** 7
  Wertzuwachs **632a** 6
  Zahlungsplan **632a** 8, 15
  Zahlungsrückstand **650c** 9
  Zurückbehaltungsrecht **632a** 12; **641** 23
  Zurückbehaltungsrecht des Bestellers **632a** 29

Abschlagszahlungen (Forts)
  Zusatzaufträge **632a** 6
  Zwischenfinanzierung **650e** 54
Abtretung
  Gewährleistungsansprüche **Anh II 638** 1 ff, 12 ff
    Anspruch auf Abtretung **Anh II 638** 10
  Kostenerstattungsanspruch **Anh II 638** 4
  Kostenvorschussanspruch **Anh II 638** 4
  Nachbesserungsanspruch **Anh II 638** 2 f
  Schadensersatzanspruch des Bestellers **Anh II 638** 7
  Teilabtretung **641** 50
    stille Teilabtretung **641** 50
  Werklohn **632** 3; **641** 50
Abtretungsausschluss
  Leistungsänderung **Vorbem 631 ff** 53
Abweichungen
  Leistungsumfang **632** 2, 97
Abzug „Neu für Alt"
  Vorteilsausgleichung **634** 23
Access-Provider-Vertrag
  Vertragsnatur **Vorbem 631 ff** 82
Änderungen des Werkes
  s a Planungsänderung
  Baubereich **642** 38
  Bauvertrag **631** 20; **632** 2; **642** 38; **650b** 15
  Sachen, bewegliche **650b** 15
  VOB/B **650b** 16
Änderungsbegehren
  Änderungen **650b** 12
  Zugang **650b** 12
Änderungsrecht
  Baubereich **644** 6
  Bauvertrag **631** 66a
AGB-Pfandrecht
  Insolvenzanfechtung **Anh 631** 49
Akquisitionsleistungen
  Vergütung **632** 1
aliud
  Abnahme **634** 177
  Gewährleistung **634** 2
  Zurückweisung **634** 177
Allgemeine Geschäftsbedingungen
  Abnahme **640** 35 ff
  Benachteiligung, unangemessene **632** 29
  Beweislastregelungen **639** 53
  Fahrlässigkeit, grobe **639** 28
  Gewährleistungsbeschränkung **639** 24 ff
  Gewährleistungserweiterung **639** 77 f
  Haftungsbeschränkung **Anh III 638** 13; **639** 20 ff
  Individualabrede, Vorrang **639** 22
  Preisänderung **632** 30
  Preisermittlung **632** 30
  Preisgleitklauseln **631** 20; **632** 29
  Sicherung **650f** 32b
  Subunternehmereinsatz **633** 109

Allgemeine Geschäftsbedingungen (Forts)
 überraschende Klauseln **631** 85; **632** 28, 62; **639** 21
 Unklarheitenregel **639** 23
 Vergütungsvereinbarung **632** 28 ff
 VOB/B **633** 8; **Anh I 638** 3 ff; **650a** 19 f; **Anh 650a** 7
 Vorauszahlungen **632a** 5
 Werkvertrag **631** 22
 Zusatzleistungen **632** 62

Allgemeine Technische Vertragsbedingungen für Bauleistungen
 s VOB/C

Anerkannte Regeln der Technik
 Abdingbarkeit **633** 180
 Aufklärungspflicht **633** 180
 Begriff **633** 178
 DIN-Normen **633** 179
 Mängel des Werkes **633** 61, 182
 Planung **Anh 650p–650t** 19
 Prüfungspflicht **633** 69
 Regelwerke, technische **633** 179 ff
 Schadensersatzanspruch des Bestellers **634** 127
 Sollbeschaffenheit des Werkes **633** 177 f
 VDE-Bestimmungen **633** 179
 VDI-Richtlinien **633** 179
 Verstoß, unbeachtlicher **633** 181
 Wandelbarkeit **633** 178

Anerkannter Stand der Technik
 Prüfungspflicht **633** 69

Anerkenntnis
 Leistungen, eigenmächtige **632** 102

Anfechtung
 als stillschweigend vereinbart geltende Vergütung **632** 45
 Vergütungsvereinbarung **632** 26, 32
 Werkvertrag **631** 86 f

Angebot
 Auftreten als Betrieb **Vorbem 631 ff** 49
 öffentliches Angebot **Vorbem 631 ff** 49 f
 Schweigen **Vorbem 631 ff** 50
 Werkvertrag **Vorbem 631 ff** 49

Angebotsverfahren
 Leistungsverzeichnis **632** 23

Anlageberatung
 Prospekthaftung **Vorbem 650u** 11

Anlageempfehlung
 Haftung **Vorbem 650u** 8

Anlagen, bauliche
 Genehmigungserfordernisse **650a** 9

Anlagen, technische
 Bauwerkseigenschaft **634a** 21

Anlagevermittlung
 Prospekthaftung **Vorbem 650u** 11

Annahmeverzug
 Abnahme **640** 34
 Gefahrübergang **644** 2, 25, 32
 Mehraufwendungen **640** 34

Annahmeverzug (Forts)
 Preisgefahr **640** 34
 Werkvertrag **633** 150
 Zinspflicht **641** 126

Anordnungsrecht des Bestellers
 s a Planungsänderung; s a Weisungen
 Architektenvertrag **650q** 2
 Ausübung **650b** 12
 Bauentwurf, Änderungen **650b** 19 ff
 einstweilige Verfügung **650d** 1 ff
 Planungsänderung **650b** 8, 12
 30-Tage-Frist **650b** 12 f
 Textform **650b** 12
 Verwirkung **650b** 12

Anschlüsse
 Nutzung **633** 81

Anschlussarbeiten
 Stundenlohnvertrag **632** 10

Anschlussgleise
 Nutzung **633** 81

Anstiftung
 Baugeld **650e** 49, 53
 Delikthaftung **Anh III 638** 19

Anwaltsvertrag
 Dienstvertrag **Vorbem 631 ff** 30; **632** 136
 Geschäftsbesorgung **Vorbem 631 ff** 48
 Insolvenzeröffnung **Anh 631** 3
 Nachforderung **632** 124
 Rechtsanwaltsvergütungsgesetz **632** 136
 Verjährung **634a** 14
 Werkvertrag **Vorbem 631 ff** 33; **632** 136

Anwartschaftsrecht
 Unternehmerpfandrecht **647** 9

Anweisungen
 s Weisungen

Anzahlung
 s Vorauszahlungen

Anzeigen
 Form **639** 57

Anzeigenvertrag
 Werkvertrag **Vorbem 631 ff** 34

Anzeigepflicht
 Rechtsnatur **633** 65
 Schriftform **633** 74
 Unternehmer **Vorbem 631 ff** 58; **633** 62 ff, 74

Anzeigepflicht bei Ablehnung
 Werkvertrag **Vorbem 631 ff** 49 f
 Zugang der Anzeige **Vorbem 631 ff** 50

Application-Service-Providing
 Vertragsnatur **Vorbem 631 ff** 82

Arbeitnehmer
 Werkvertrag, Schutzbereich **Anh III 638** 12

Arbeitnehmerüberlassung
 Werkvertrag **631** 26

Arbeitsaufnahme
 Abruf des Bestellers **633** 123, 132
 Auskunftsanspruch **633** 130 f
 Baustelleneinrichtung **633** 130
 Eilbedürftigkeit **633** 132

Arbeitsaufnahme (Forts)
  Verzögerung **633** 141
  Vorlaufsfrist **633** 123
  Witterungsverhältnisse **633** 123
  Zeitpunkt **633** 130
Arbeitsbeginn
  s Arbeitsaufnahme
Arbeitsflächen
  Besitz **633** 80
  Kosten **633** 80
  Mitbesitz **633** 80
Arbeitsgemeinschaft
  s ARGE
Arbeitskampf
  Ausführungsfristen, Verlängerung **642** 54 f; **644** 36
  Unabwendbarkeit **644** 36
Arbeitskräfte
  s a Mitarbeiter
  Vorhaltepflicht **633** 135
Arbeitsmethode
  anerkannte Regeln der Technik **633** 61
  Dispositionsfreiheit **633** 3, 117, 158
  kostengünstige Methode **649** 16 f
  Rechtsmangel **633** 200
  Werkleistung **631** 15
Arbeitsmittel
  Besitz **633** 80
Arbeitsschutzrecht
  Werkvertrag **Vorbem 631 ff** 31
Arbeitsstelle
  Begriff **633** 43
  Besichtigungsrecht **633** 43
  Ordnung, allgemeine **631** 64; **633** 32 ff, 58
  Störungen **633** 58
Arbeitsvertrag
  Rechtsnatur **Vorbem 631 ff** 30
Arbeitszeiteinteilung
  Werkleistung **631** 15; **633** 3, 124 f
Architekt
  angestellter Architekt **632** 132 f; **Vorbem 650p ff** 13
  Aufgaben **Vorbem 650p ff** 1 ff
  Bauüberwachung **Vorbem 631 ff** 14; **Vorbem 650p ff** 9, 11; **650p** 1
  Beamte **632** 132
  Berufsbezeichnung, Führung der **Vorbem 650p ff** 16
  Freiberufler **632** 132
  freier Architekt **Vorbem 650p ff** 13
  Generalübernehmer **631** 41
  Gesamtschuldnerschaft **Anh 650p-650t** 54
  Haftung
    s Architektenhaftung
  HOAI **632** 132; **Vorbem 650p ff** 22a
  Interessenwahrungspflicht **Vorbem 650p ff** 1
  Kostenanschlag **Vorbem 650p ff** 8
  Prospekthaftung **Vorbem 650u** 11

Architekt (Forts)
  Qualifikation **631** 88
  Rechtskenntnisse **Anh 650p-650t** 24 f
  Sachkunde **631** 85
  Sachwalterschaft **634a** 43b
  Sicherungshypothek **650e** 10, 14
  Tätigkeitsbeschreibung **Vorbem 650p ff** 1 ff, 31
  Vergütung
    s Architektenhonorar; s HOAI
  Versicherung **639** 8
  Vertragsvorbereitung **Anh 650p-650t** 24
  Vertretungsmacht **Vorbem 650p ff** 23 ff
    s a Architektenvollmacht
Architektenbindung
  Koppelungsverbot
    s dort
Architektenhaftung
  Bauvorhaben, Durchführung
    Anh 650p-650t 1, 4 f
  Deckungssumme **Anh 650p-650t** 59
  deliktische Haftung **Anh 650p-650t** 64
  Eigenbau **Anh 650p-650t** 21
  gesamtschuldnerische Haftung **650t** 1 ff
  Haftungsbeschränkung **Anh 650p-650t** 59
  Haftungsverbund **Anh 650p-650t** 50 ff
  Inanspruchnahme des Bauunternehmers **650t** 2
  Minderung **Anh 650p-650t** 2
  Mitverschuldenseinwand **Anh 650p-650t** 51
  Nachbesserung **Anh 650p-650t** 2, 7 ff
  Pflichten des Architekten
    Vorbem 650p ff 31
  Planung **Anh 650p-650t** 1 f, 14 ff
  Rücktritt **Vorbem 650p ff** 14; **Anh 650p-650t** 10 f
  Schadensersatzanspruch **Vorbem 650p ff** 14; **650t** 1; **Anh 650p-650t** 3 f, 14 ff, 40
    Beweislast **Anh 650p-650t** 46 ff
    Folgekosten **Anh 650p-650t** 49
    Mängelbeseitigungskosten
      Anh 650p-650t 49
    Mitverschulden **Anh 650p-650t** 45
    Schadensersatz statt der Leistung
      Anh 650p-650t 49
    Sowieso-Kosten **Anh 650p-650t** 49
    Verschulden **Anh 650p-650t** 3, 44
  Steuervorteile des Bauherrn
    Anh 650p-650t 23
  Subsidiarität **Anh 650p-650t** 50, 60
  Verschulden **Anh 650p-650t** 61 f
  vertragliche Haftung **Anh 650p-650t** 65
  Vollarchitektur **Anh 650p-650t** 1
Architektenhonorar
  s a HOAI
  Abnahme **641** 112
  Abschlagszahlungen **641** 110, 113
  Fälligkeit **641** 110 f
  Honorarschlussrechnung **641** 111

Architektenhonorar (Forts)
    Prüffähigkeit **641** 111
    Rügefrist **641** 111
    Schriftform **641** 110
    Honorarvereinbarungen **632** 128; **641** 114;
      Vorbem 650p ff 22a
    Nebenkosten **641** 113
    Vereinbarkeit, freie **Vorbem 650p ff** 22a
    Vollarchitektur **Vorbem 650p ff** 11

Architektenleistungen
    Abnahmefähigkeit **634a** 43a; **641** 112
    Gesellschaftsvertrag **632** 133
    Mangelfreiheit **Anh 650p–650t** 5
    Nichtarchitekt **632** 134
    Teilabnahme **641** 112
    Teilvollendung **641** 112
    Unentgeltlichkeit **632** 133
    Vergütung, anteilige **645** 13
    Verjährungsverkürzung **639** 52
    Vollendung der Leistung **641** 112; **646** 9
    Vorarbeiten **632** 118

Architektenrechnung
    Berechnungsfaktoren **641** 37
    Prüfbarkeit **641** 37 ff

Architektenvertrag
    Abnahme, Ersetzung **650s** 1
    Abrechnung nach Kündigung **650r** 4
    Abschluss **Vorbem 650p ff** 15
    anerkannte Regeln der Technik
      Anh 650p–650t 19
    Angebotsprüfung **Anh 650p–650t** 21
    Anordnungen des Bestellers **650q** 2
    Aufklärungspflicht **631** 58;
      Vorbem 650p ff 16; **Anh 650p–650t** 47
    Aufmaß **Anh 650p–650t** 32
    Ausbauten, raumbildende **632** 129;
      Anh 650p–650t 6
    ausführender Architekt **Anh 650p–650t** 57
    Ausführungsplanung **Vorbem 650p ff** 6, 11
    Auskunftspflicht **Vorbem 650p ff** 32
    Bauaufsicht, isolierte **Vorbem 650p ff** 13 f
    Bautagebuch **Vorbem 650p ff** 9
    Bauvertragsrechtsreform **Vorbem 631 ff** 14
    Dienstvertrag **Vorbem 650p ff** 13
    Dokumentation **Vorbem 650p ff** 10 f; **650s** 3;
      Anh 650p–650t 47
    Einsichtsrecht in Bauunterlagen
      Vorbem 650p ff 33
    Entwurfsplanung **Anh 650p–650t** 35;
      Vorbem 650p ff 4, 11
    Erfüllungsort **641** 49; **Vorbem 650p ff** 31
    Fehler **Vorbem 631 ff** 5
    Finanzierungsmittel, Beschaffung **632** 132
    Formfreiheit **Vorbem 650p ff** 15
    Gebäude **632** 129; **Anh 650p–650t** 6
    Gegenstand **650a** 1
    Genehmigungsplanung **Vorbem 650p ff** 5, 11
    Grundlagenermittlung **Vorbem 650p ff** 2, 11
    Haftung

Architektenvertrag (Forts)
    s Architektenhaftung
    Herausgabepflicht **Vorbem 631 ff** 62
    Hinweispflicht **Anh 650p–650t** 47
    HOAI
      s dort
    Honorar **632** 128 ff
      Fälligkeit **632** 131; **641** 110 ff
    Honorarkürzung **632** 129;
      Anh 650p–650t 12 f
    Honorarvereinbarung **632** 132; **641** 114;
      Vorbem 650p ff 22a
    Insolvenzeröffnung **Anh 631** 3
    Koppelungsverbot **631** 81; **632** 30c;
      Vorbem 650p ff 17 ff
    Kosten, Informationspflicht **650p** 2
    Kostenanschlag **Anh 650p–650t** 37
    Kostenberechnung **Anh 650p–650t** 35 f
    Kostenermittlung **Anh 650p–650t** 35, 37
    Kostenfeststellung **Anh 650p–650t** 35
    Kostengarantie **Anh 650p–650t** 38
    Kostenkontrolle **Anh 650p–650t** 35
    Kostenrahmen **Anh 650p–650t** 38
    Kostenschätzung **Anh 650p–650t** 36
    Kostenüberschreitungen **Anh 650p–650t** 39
    Kündigung **641** 112; **Vorbem 650p ff** 14
    Kündigung aus wichtigem Grund
      Anh 650p–650t 39
    Kündigungsrecht des Architekten **650r** 1, 3
    Kündigungsrecht des Bestellers **650r** 1 f
      Belehrung **650r** 2, 4
    Leistung, geschuldete **Anh 650p–650t** 5 f
    Leistungsbilder
      s HOAI
    Leistungsort **641** 49
    Mängelbeseitigung, Überwachung
      Anh 650p–650t 33
    Minderung **Vorbem 650p ff** 14;
      Anh 650p–650t 12 f, 39
    Nachbesserungsbefugnis des Architekten
      Anh 650p–650t 9, 43, 63
    Objektbetreuung **Vorbem 650p ff** 10 f;
      650s 3; **Anh 650p–650t** 33
    Objektüberwachung **Vorbem 650p ff** 9, 11;
      Anh 650p–650t 35
    Pflichten, vertragliche **Vorbem 650p ff** 31;
      650p 1 f
      rechtliche Pflichten **Anh 650p–650t** 6, 24 f
      technische Pflichten **Anh 650p–650t** 6
      wirtschaftliche Pflichten
        Anh 650p–650t 6, 22 f
    Pflichten, vorvertragliche
      Vorbem 650p ff 16
    Planung **Anh 650p–650t** 57
    Projektentwicklung **632** 132
    Projektsteuerung **632** 132
    Prüfvermerk **Anh 650p–650t** 32
    Rechnungsprüfung **Anh 650p–650t** 32
    Rechtsnatur **Vorbem 650p ff** 13 f

Architektenvertrag (Forts)
Rücktritt **Vorbem 650p ff** 14; **Anh 650p–650t** 10 f
Schlussbegehung **634a** 38, 40; **641** 120a
Schlussrechnung **632** 121
Schriftform **Vorbem 650p ff** 15
Schwierigkeitsgrad **632** 129
Sicherungshypothek **650e** 9
Sonderfachleute
 s dort
Teilleistungen **632** 129
Umfang **Vorbem 650p ff** 15; **650p** 2
Vergabe, Mitwirkung bei **Vorbem 650p ff** 8, 11
Vergabe, Vorbereitung **Vorbem 650p ff** 7, 11
Vergütungsanspruch **632** 128 ff
 Fälligkeit **632** 131; **641** 110 ff
Verjährung **634a** 43 ff; **Anh 650p–650t** 49a
 Fristverkürzung **639** 52
Vermietung des Objekts **632** 132
Vertrag mit Schutzwirkung für Dritte **Anh 650p–650t** 65
Vollarchitektur **632** 129; **641** 112; **Vorbem 650p ff** 13; **650p** 2
 Abnahme des Werkes **634a** 63
 Haftung **Anh 650p–650t** 1
 Honorarzusammensetzung **Vorbem 650p ff** 11
 Teilabnahme **641** 112, 120
 Teilvollendung **634a** 40; **641** 112, 120a
 Verjährungsbeginn **634a** 38, 43a
Vollendung des Werkes **641** 120
Vorarbeiten **632** 118 f
Vorplanung **Vorbem 650p ff** 3, 11, 15; **Anh 650p–650t** 35
Weisungen **Vorbem 631 ff** 54
Werkvertrag **Vorbem 631 ff** 26, 29, 34; **632** 133; **Vorbem 650p ff** 13; **Anh 650p–650t** 1 f
Werkvertragsrecht, anwendbare Bestimmungen **650q** 1
Zeitplan **Vorbem 650p ff** 9
Architektenvollmacht
Erteilung **Vorbem 650p ff** 23 f
Insolvenz des Bauherrn **Vorbem 650p ff** 30
Vertretungsmacht **Vorbem 650p ff** 23 ff
 Abnahme **Vorbem 650p ff** 25, 28
 Aufmaß **Vorbem 650p ff** 25, 28
 Bauaufsicht **Vorbem 650p ff** 25
 Fristsetzung **Vorbem 650p ff** 25, 29
 Leistungen, Anerkennung **Vorbem 650p ff** 28
 Mängelrüge **Vorbem 650p ff** 25, 29
 Stundenzettel, Abzeichnung **Vorbem 650p ff** 25, 28
 Vertragsänderung **Vorbem 650p ff** 27
 Vertragsstrafenvorbehalt **Vorbem 650p ff** 30

Architektenvollmacht (Forts)
 Zusatzaufträge **Vorbem 650p ff** 26
Architektenwerk
 Mangel **Anh 650p–650t** 46
ARGE
 Anspruch der ARGE gegen Gesellschafter **634a** 64
 Aufsichtsstelle **631** 24
 Außenhaftung **634a** 64
 Beiträge **631** 24
 Dach-ARGE **631** 24; **634a** 64
 Drittunternehmer **631** 24
 Erstattungsanspruch **631** 24
 Fehlleistungen **631** 24
 Freihaltungsanspruch **631** 24
 Gesamtschuldverhältnis **631** 24
 Geschäftsführung, kaufmännische **631** 24
 Geschäftsführung, Sondervergütung **631** 24
 Geschäftsführung, technische **631** 24
 Gesellschaft bürgerlichen Rechts **631** 24; **634a** 64
 Gesellschafterausgleich **634a** 64
 Gesellschafterausscheiden **631** 24
 Gesellschafterausschluss **631** 24
 Gesellschafterversammlung **631** 24
 Haftung **631** 24; **634a** 64
 Innenausgleich **634a** 64
 Insolvenz von Gesellschaftern **631** 24; **Anh 631** 66
 Kontenangleichung **Anh 631** 66
 Mustervertrag **631** 24 f
 Nachschusspflicht **631** 24; **634a** 64
 Parteifähigkeit **631** 24
 Rückzahlungsanspruch **631** 24
 Rückzahlungsbürgschaft **631** 24
 Schadensersatzanspruch des Bestellers **634** 133
 Unternehmerzusammenschluss **631** 24
 Verbindlichkeiten **631** 24
 Verrechnung **Anh 631** 66
 Werkverträge mit ihren Gesellschaftern **631** 24; **634a** 64
 Zahlungen, Weiterleitung **631** 24
Arglist
 Beweislast **634a** 49
 culpa in contrahendo **634** 6
 Gewährleistungsbeschränkung **639** 11 ff
 Hilfspersonen **639** 15 f
 Offenbarungspflicht **639** 12, 14
 Organisationsmangel **639** 15
 Verjährung **634a** 8
 Verschweigen des Mangels **634a** 44 ff; **639** 11
 Vorsatz **639** 13
  bedingter Vorsatz **634a** 46
 Vorspiegeln nicht vorhandener Eigenschaften **639** 17
 Zurechnung **634a** 48

Arglistige Täuschung
Kreditwürdigkeit **631** 88
Preisvereinbarung **632** 32
Schadensersatz **631** 89
Vertragsanfechtung **631** 88 ff
Arrest
Bauhandwerkersicherung **650e** 2
Werklohnforderung **650e** 42
Arresthypothek
Werklohnforderung **650e** 42
Arzt
Gebührenordnung **632** 135
Arztvertrag
Dienstvertrag **Vorbem 631 ff** 30, 35
Auf- und Abgebotsverfahren
Leistungsverzeichnis **632** 23
Aufgabenverteilung
Werkvertrag, Durchführung **633** 116 ff
Aufhebungsvertrag
Vergütung **645** 23
Aufklärungspflicht
Bauvorhaben **Vorbem 650u** 6 ff
Besteller **631** 67 f
Eigenhaftung von Vertretern
Vorbem 650u 9
Leistungsbeschreibung **631** 55 f
Schadensersatz **631** 54, 58; **634** 124, 160 ff
Sowieso-Kosten **631** 8, 57
Unternehmer **Vorbem 631 ff** 57; **631** 49 ff
Untersuchungskosten **631** 52
Verdachtsmomente **631** 52
Vergütungsvereinbarung **632** 28
Werkvertrag **Vorbem 631 ff** 2
Auflassungsvormerkung
Bauträgervertrag **650v** 2
Aufmaß
Architektenvertrag **Anh 650p–650t** 32
Architektenvollmacht **Vorbem 650p ff** 25, 28
Behinderung des Unternehmers **641** 33
Beweiswirkung **641** 35
Bindungswirkung **641** 35
Einheitspreisvertrag **641** 32
Einzelleistungen **632** 4
gemeinsames Aufmaß **641** 33 ff
Hilfspersonen **641** 36
Kündigung des Vertrages **648** 62; **648a** 22
Leistungsfeststellung **632** 5
Mehrkosten für eigenes Aufmaß **641** 33
Mitwirkungsobliegenheit **641** 33
Rechnung, Prüfbarkeit **641** 32
Schuldanerkenntnis, deklaratorisches **641** 35
Vereitelung **641** 32
Aufmaßfehler
Rechnung **632** 122 f
Aufruhr
höhere Gewalt **644** 36

Aufsichtsrecht
s Überwachungsrecht des Bestellers
Auftrag
Abgrenzung **Vorbem 631 ff** 44 ff; **631** 6
Änderungen des Auftrages **642** 38
Aufwendungsersatz **Vorbem 631 ff** 46
Entgeltvereinbarung nach Vertragsschluss
Vorbem 631 ff 47
Erfolg **632** 41
Kostenrisiko **Vorbem 631 ff** 46
Kündigung **Vorbem 631 ff** 44, 46
öffentliche Aufträge
s dort
Parteiwille **Vorbem 631 ff** 46
Selbstvornahme **Vorbem 631 ff** 45
Unentgeltlichkeit **Vorbem 631 ff** 44, 46;
631 6; **632** 1, 41
Unübertragbarkeit **Vorbem 631 ff** 53
Verwendungsersatz **Vorbem 631 ff** 45
Werkvertragsrecht **Vorbem 631 ff** 45, 48
Auftragnehmer
Begriff **631** 21
Auftragsänderung
s Leistungsänderung
Auftragsentzug
Androhung **633** 98
Fristablauf, fruchtloser **633** 98
Fristsetzung **633** 97
Kündigung des Werkvertrages **633** 96, 100
Kündigungserklärung **633** 99
Mängelbeseitigung, Verzug **633** 107
Verschulden des Unternehmers **633** 99
Auftragserweiterung
s Leistungserweiterung
Auftragsproduktion
Herstellung eines Werkes **650** 18
Aufwendungsersatz
Erforderlichkeit **Vorbem 631 ff** 65
Prognose ex ante **Vorbem 631 ff** 65
Üblichkeit **Vorbem 631 ff** 65
Werkvertrag **Vorbem 631 ff** 46, 65
Ausbauten, raumbildende
Architektenvertrag **632** 129
Ausführung
Schuldnerpflicht **633** 138
Ausführungsbeginn
Anzeigepflicht **633** 134
Ausführungsfristen
Abhilfeanspruch **633** 136
Behinderung des Unternehmers **642** 48, 50 ff
Beweislast **633** 124
Einzelfristen **633** 129
Fristverlängerung **633** 126, 129, 131; **642** 48, 50 ff
Arbeitskampf **642** 54 f
höhere Gewalt **642** 56
Umstände, unabwendbare **642** 56
Mehrmengen **642** 51

Ausführungsfristen (Forts)
  Mitwirkung des Bestellers **642** 5
  Schadensersatzanspruch des Bestellers
    633 125a f
  Vereinbarung **633** 129
  VOB/B **633** 128 f
  Werkleistung **633** 123 f
  Zeiteinteilung **633** 124 f
Ausführungsmangel
  Mangelursache **633** 163
Ausführungsplanung
  Architektenvertrag **Vorbem 650p ff** 6, 11
  Beschaffenheitsvereinbarung **633** 174
  Prüfungspflicht **633** 69
Ausführungsunterlagen
  Auslagenersatz **633** 22
  Besitz **633** 22, 26
  Hinweispflicht **633** 20 f
  Leistungsverweigerungsrecht **633** 22
  Prüfungspflicht **633** 20 f
  Rechnungsprüfung **633** 26
  Überlassung **633** 25 f
  Unentgeltlichkeit **633** 22
  Vergütung **633** 22, 27
  VOB/B **633** 15 ff
  Zweckgebundenheit **633** 25
Auskunfteivertrag
  Rechtsnatur **Vorbem 631 ff** 35
Auskunftsanspruch
  Arbeitsbeginn **633** 130 f
  Unzumutbarkeit der Auskunft **634a** 10
  Verjährung **634a** 10
Auskunftspflicht
  Architekt **Vorbem 650p ff** 32
  Werkleistung **633** 124
  Werkvertrag **Vorbem 631 ff** 58 f
Auskunftsvertrag
  Baubetreuung **Vorbem 650u** 6
  Schadensersatz **634** 163
Auslagen
  Ersatzanspruch **645** 26
Auslegung
  Leistungsumfang **632** 61
  Leistungsverzeichnis **631** 85
  Werkvertrag **631** 11 f, 85
Ausschreibung
  Aufhebung aus wichtigem Grund
    Anh 650a 11
  Bauleistungen **650a** 16
  Europarecht **Anh 650a** 3
  Haushaltsrecht **Anh 650a** 2
  Leistungsbeschreibung **Anh 650a** 10
  Mengenangaben **631** 67
  öffentliche Aufträge **Anh 650a** 1
    s a dort
  Schadensersatz **631** 69
  Verfahren **631** 69
  Vergaberecht **Anh 650a** 1
    s a dort

Ausschreibung (Forts)
  Vertragsnichtigkeit **631** 83
  VOB/A **Anh 650a** 1
    s a dort
Außenanlagen
  Bauhandwerkersicherung **650f** 3 f
  Bauvertrag **650a** 3
  Leistungsbilder **Vorbem 650p ff** 12
  Planungsänderung **650b** 1 ff
  Sicherungshypothek **650e** 1 f, 11, 16
Aussperrung
  Ausführungsfristen, Verlängerung **642** 54;
    644 36

Bagatellklauseln
  Lohngleitklauseln **632** 29
Bankbürgschaft
  Abschlagszahlungen **632a** 19
  Bauträgervertrag **641** 58, 74a
  Sicherheitseinbehalt **650m** 2
  Sicherheitsleistung **641** 64
  VOB/B **641** 65
Banken
  Baufinanzierung **Vorbem 650u** 2
    Aufklärungspflichten **Vorbem 650u** 4
    Planung **Vorbem 650u** 4
    Projektdurchführung **Vorbem 650u** 4
  Bauhandwerkersicherung, Zahlungszusage **650f** 14
  Geschäftsbesorgung **Vorbem 631 ff** 48
  Grundpfandrechte, globale **Vorbem 650u** 5
  Insolvenzeröffnung **Anh 631** 3
  Kreditvertrag **Vorbem 650u** 3
  Prospekthaftung **Vorbem 650u** 11
  Wissensvorsprung **Vorbem 650u** 4
Basistreuhand
  s Treuhänder
Bauablauf
  Prüfungspflicht **633** 69
Bauabzugsteuer
  Abtretung der Werklohnforderung **641** 51
  Bagatellaufträge **632a** 33; **641** 51
  Befreiungswirkung der Leistung an das
    Finanzamt **632a** 34
  Erstattungsanspruch gegen Bauunternehmer **632a** 34
  Freihaltungsanspruch, vertraglicher
    632a 34
  Freistellungsbescheinigung **632a** 33
  juristische Person des öffentlichen Rechts
    632a 33
  Steuerpflicht **632a** 33; **641** 51
  Unternehmer **632a** 33
  Vollstreckungsabwehrklage **632a** 34
Bauarbeiten
  VOB/C **633** 7
Bauaufsicht
  Abnahme der Unternehmerleistungen
    Anh 650p–650t 31

Bauaufsicht (Forts)
    Architektenvertrag **Anh 650p–650t** 28
    Architektenvollmacht **Vorbem 650p ff** 25
    Aufsichtspflichten **Anh 650p–650t** 28 ff
    Begriff **634a** 24
    Erfolg **Vorbem 631 ff** 27
    isolierte Bauaufsicht **Anh 650p–650t** 4
    Mängel **Vorbem 650p ff** 14
        Anscheinsbeweis **Anh 650p–650t** 46
    Verjährung **634a** 24
    Verkehrssicherungspflicht
        Anh 650p–650t 29
    Vertragszuordnung **Vorbem 650p ff** 13 f
    Werkvertragsrecht **Anh 650p–650t** 4
Baubeginn
    Verschiebung **632** 81
Baubeschreibung
    Baumaßnahme, Dauer **650j** 3; **650u** 9
    Bauträgervertrag **650u** 3, 9
    Eigentumswohnung **650k** 2
    Fertigstellungstermin **650j** 3; **650k** 4;
        650u 9
    Form **650j** 2
    Komfortstandard **650k** 3
    Lückenschließung **650j** 3
    Qualitätsstandard **650k** 3
    Textform **650j** 1
    Unklarheit **650k** 3
    Unternehmereigenschaft **650j** 2; **650k** 1;
        650u 9
    Unvollständigkeit **650j** 3; **650k** 3
    Verbraucherbauvertrag **Vorbem 631 ff** 12;
        650j 2; **650k** 1
    Vertragsauslegung **633** 159; **650k** 3
    Vertragsinhalt **650k** 1 f
    Vervollständigung **650j** 3
    Vollständigkeit **650j** 3
    Wertungen **650k** 2
Baubesprechung
    Koordinierung **633** 33
Baubetreuer
    Baugeldempfänger **650e** 52
    Genehmigung, behördliche **Anh 650v** 6
    Haftung **Anh 650v** 3 f
    Sicherungshypothek **650e** 10, 16
    Vollmacht **Anh 650v** 1 ff
        Beurkundung, notarielle **Anh 650v** 2, 7
    Zuverlässigkeitsprüfung **Vorbem 650u** 21
Baubetreuung
    Auskunftspflichten **Vorbem 650u** 21;
        Anh 650v 5
    Auskunftsvertrag **Vorbem 650u** 8
    Bauvorhaben **Vorbem 650u** 1 ff
    Begriff **Vorbem 650u** 16; **Anh 650v** 1
    Beurkundung, notarielle **Vorbem 650u** 17
    Festpreisgarantie **Vorbem 650u** 17;
        Anh 650v 2
    Geschäftsbesorgung **Vorbem 650u** 19
    Grunderwerbsteuer **Vorbem 650u** 16

Baubetreuung (Forts)
    Grundstückserwerb **Vorbem 650u** 17
    Haftung **Anh 650p–650t** 1; **Vorbem 650u** 17
    Initiatoren **Vorbem 650u** 22
    Insolvenzeröffnung **Anh 631** 3, 26
    Interessenwahrnehmung **Vorbem 650u** 19
    Liquidität **Vorbem 650u** 6
    Makler- und Bauträgerverordnung
        Vorbem 650u 21; **Anh 650v** 6
        s a dort
    Prospekthaftung **Vorbem 650u** 27
    Rechenschaftspflicht **Vorbem 650u** 21
    Rechnungslegungspflicht **Vorbem 650u** 21
    rechtliche Betreuung **Anh 650p–650t** 24 f;
        Vorbem 650u 19
    Schadensersatz **Vorbem 650u** 20
    Steuerrecht **Vorbem 650u** 19 f
    technische Betreuung **Vorbem 650u** 19 f
    Treuhänder **Vorbem 650u** 21 ff; **Anh 650v** 7
        s a dort
    Verjährung **Vorbem 650u** 20
    Vermögenswerte, Entgegennahme
        Vorbem 650u 21
    Vertragsnatur **Anh 631** 26;
        Vorbem 650u 20
    Vertragsschluss **Vorbem 650u** 18
    Vollbetreuung **Vorbem 650u** 19
    Vollmachterteilung **Anh 631** 26;
        Vorbem 650u 16 f
    wirtschaftliche Betreuung
        Vorbem 650u 19 f
Baubetreuungsvertrag
    Form **650a** 13
    Geschäftsbesorgung **Anh 650v** 4
Bauentwurf
    Änderungsrecht des Bestellers **650b** 19 ff
    Zumutbarkeit der Anordnung **650b** 21
Baufinanzierung
    Absicherung, dingliche **Vorbem 650u** 2, 5
    Aufklärungspflicht **Vorbem 650u** 2 f
    Einwendungen **Vorbem 650u** 2
    Kreditvertrag **Vorbem 650u** 2
Bauforderungen
    Sicherungshypothek **650e** 1 ff
    s a dort
Bauforderungssicherungsgesetz
    Beweislast **650e** 54 f
    Leistungen **650e** 50
    Passivlegitimation **650e** 51
    Regelung, gesetzliche **650e** 48
    Schadensersatzanspruch **650e** 49, 53
    Schutzgesetzcharakter **650e** 2, 48 f, 53
Baugeld
    Abschlagszahlungen **650e** 51
    Anstiftung **650e** 49, 53
    Baustofflieferant **650e** 50
    Begriff **650e** 51
    Beihilfe **650e** 49, 53
    Berufsfreiheit **650e** 51

Baugeld (Forts)
  Beweislast **650e** 51
  Cash-Pooling **650e** 54
  Empfänger von Baugeld **650e** 51 ff
    Baubetreuer **650e** 52
    Bauherr **650e** 52
    Generalübernehmer **650e** 52
    Generalunternehmer **650e** 52
    Grundstückseigentümer **650e** 52
    Haus, schlüsselfertiges **650e** 52
    Mitarbeiter **650e** 49, 53
  Geschäftsführer **650e** 49, 53
  Haftung **650e** 49, 53
    Vorsatz **650e** 57
  Mittäterschaft **650e** 49, 53
  Neubau **650e** 51
  Pfändung **650e** 56
  Sanierungsmaßnahmen **650e** 51
  Subunternehmer **650e** 50
  Umbaumaßnahmen **650e** 51
  Verwendung, ordnungsgemäße **650e** 55, 58
  Verwendungszweck **650e** 51
  Vinkulierung **650e** 52
  Zweckentfremdung **650e** 48 f, 54
Baugenehmigung
  Mitwirkung des Bestellers **642** 11
  Werkarbeiten **633** 60
Baugrube
  Ausheben **Anh I 638** 15
Baugrundgutachten
  Haftung **Anh 650p–650t** 1
  Planungsleistungen **634a** 24
Baugrundrisiko
  Leistungsverweigerungsrecht **633** 149
  Vergütungspflicht **632** 39; **645** 12
Baugrundstück
  Austausch **Vorbem 631 ff** 53
  Eigentum **650** 4
Bauhandwerkersicherung
  Abdingbarkeit **650f** 32 f
  Abrechnung **650f** 29 f
  Abschlagszahlungen **650e** 2; **650f** 9, 11
  Allgemeine Geschäftsbedingungen **650f** 32b
  Altverträge **650f** 2, 23, 34
  Anspruch auf die Sicherheit **650f** 2, 23
  Anwendungsbereich, zeitlicher **650f** 34
  Arbeiten, nachträgliche **650f** 4
  Arrest **650e** 2
  Aufstockung **650f** 11
  Auftragskürzung **650f** 11
  Außenanlagen **650f** 3 f
  Baustofflieferant **650f** 3
  Bauträgervertrag **650f** 3
  Bauwerk **650f** 3 f
  Besteller **650f** 5
    eigene Sicherheit **650f** 13
    Verwaltung der Mittel **650f** 7
    Zahlungsrückstand **650f** 17

Bauhandwerkersicherung (Forts)
  Bürgschaft **650f** 15, 20 ff
    Widerrufsvorbehalt **650f** 15
  Dienstvertrag **650f** 3
  Einfamilienhaus **650f** 1
  Fertighaus **650f** 3
  Garantie **650f** 15
  Gegenforderungen **650f** 12
  Hauptunternehmer **650f** 5
  Insolvenzanfechtung **Anh 631** 52
  Instandsetzung **650f** 4
  Kostentragung **650f** 16 ff
  Krise **650f** 2
  Kündigung des Vertrages **650f** 2, 28 ff
  Künstler **650f** 3
  Leistungsverweigerungsrecht **650f** 24 ff
  Mängel des Werkes **650f** 10, 29
  Malerarbeiten **650f** 3 f
  Mehrheit von Unternehmern **631** 23
  Nennwert **650f** 9
  Neuverträge **650f** 28
  Passivlegitimation **650f** 5
  Refinanzierung **632a** 2
  Regressanspruch **650f** 21 f
  Sachen, bewegliche **650f** 1
  Sicherheitenfreigabe **650f** 11, 16 f
  Sicherheitenstellung **650f** 5, 23
    Aufforderung **650f** 24
    Fristsetzung **650f** 25
  Sicherheitsleistung des Unternehmers **650f** 18
  Sicherungsbedürfnis **650f** 11 f
  Sicherungsbegehren, nachträgliches **650f** 32a
  Sicherungsbegehren, unberechtigtes **650f** 33
  Subunternehmer **650f** 3
  Übergangsregelung 2009 **650f** 34
  Unabdingbarkeit **650f** 32 f
  Unternehmer **650f** 3
  Verbraucher **650f** 7a
  Verbraucherbauvertrag **650f** 7
  Verbrauchervertrag **650f** 1
  Vereinbarungen **650f** 32
  Vergütungsanspruch **650f** 8
    künftiger Anspruch **650f** 9
  Verjährung **650f** 23
  Verpflichtete **650f** 5 ff
    juristische Person des öffentlichen Rechts **650f** 6
    Verbraucher **650f** 7
  Vertragserfüllungsbürgschaft **650f** 22
  Vorauszahlungen **650f** 11
  Vorfinanzierung **650f** 18
  Wahlrecht **650f** 31
  Werklieferungsvertrag **650f** 1, 3
  Werkvertrag **650f** 3
  Werkvertragsrecht **632a** 2
  Zahlungsversprechen **650f** 15

Bauhandwerkersicherung

Bauhandwerkersicherung (Forts)
  Zahlungszusage einer Bank **650f** 14
  Zusatzaufträge **650f** 34
Bauhandwerkersicherungshypothek
  s a Sicherungshypothek
  Begriff **650e** 10
Bauherr
  Baugeldempfänger **650e** 52
Bauherrenmodell
  Prospekthaftung **Vorbem 650u** 10 ff;
    Anh 650v 11
  Steuervorteile **Anh 650v** 1
  Werbung **Vorbem 650u** 10
Baukosten
  Zusammenstellung **Anh 650p–650t** 37
Baukostenüberschreitung
  echte Baukostenüberschreitung
    Anh 650p–650t 40
  Rechtsfolgen **Anh 650p–650t** 39 ff
  Sowieso-Kosten **Anh 650p–650t** 42
  unechte Baukostenüberschreitung
    Anh 650p–650t 41
Bauleistungen
  Abnahme **640** 53 ff
  Bauträgervertrag **650u** 2
  Inspektion **640** 23
  Rechnung, Fälligkeitsvoraussetzung **641** 28
  Rücktrittsbefugnis **634** 100
  Vergütung **641** 2
  VOB/B **631** 16; **Anh I 638** 8 ff
Bauleitplanung
  Verjährungsfrist **634a** 43
Bauleitung
  Vollendung des Werkes **634a** 38, 40, 43a;
    641 112; **646** 9; **650s** 1
Baumangel
  Verantwortungsbereich des Bestellers
    633 193
Baumaschinen
  Miete **650e** 9
Baumaterialien
  Mitwirkungsobliegenheit **642** 11
  Rügepflicht **650a** 8
Bauordnungsrecht
  Prüfungspflicht **633** 69
Bauplan
  Herausgabepflicht **Vorbem 631 ff** 61
Baupolizeirecht
  Rechtsmängel **633** 198
Baureinigung
  Kostentragung **633** 83
Baustelle
  Arbeitsplätze **631** 66b
  Besteller, Nebenpflichten **631** 64
  Einrichtung **632** 61; **632a** 25; **633** 130, 143
  Lagerplätze **631** 66b
  Ordnung, allgemeine **631** 64; **633** 32 ff, 58
  Räumung **632** 61; **633** 137
  Unterhaltung, unzureichende **633** 143

Baustelle (Forts)
  Weisungsrecht des Bestellers **631** 66b
Baustelleneinrichtung
  Sicherungshypothek **650e** 14
Baustellengemeinkosten
  Kündigung des Bestellers **648** 38
  Vergütung **632** 63
Baustellenordnungsplan
  Koordinierung **633** 33
Baustellenräumung
  Kostenersatzanspruch **644** 39
Baustellenreinigung
  Einheitspreisvertrag **632** 4
  Vergütung **632** 61
Baustellenverbot
  Annahmeverzug **634** 39
  Eigenmacht, verbotene **633** 30a
  Nacherfüllungsbefugnis **634** 39
Bausumme
  Planung **Anh 650p–650t** 22
Bautagebuch
  Architektenvertrag **Vorbem 650p ff** 9
  Minderung **Anh 650p–650t** 13
Bauteile
  Abschlagszahlungen **632a** 18 f
  Beseitigungspflicht **633** 85 f
  Bestandteile, wesentliche **633** 153
  Prüfungspflicht **633** 62, 71
  vertragswidrige Bauteile **633** 85 ff
  Vorhaltepflicht **633** 135
Bautenstandsmitteilung
  Unternehmerpflicht **650n** 4
Bauträger
  Begriff **Vorbem 650u** 13
  Zuverlässigkeitsprüfung **Vorbem 650u** 13
Bauträgergesellschaft
  Prospekthaftung **Vorbem 650u** 11
Bauträgervertrag
  Abnahme **650u** 11
  Abschlagszahlungen **632a** 1, 21; **650u** 12;
    650v 1 ff
  Auflassungsvormerkung **650v** 2
  Bankbürgschaft **641** 58
  Baubeschreibung **633** 159; **650u** 3, 9
  Bauhandwerkersicherung **650f** 7
  Bauleistung **Vorbem 650u** 15; **650u** 2
  Begriff **650u** 1
  Bindungsfrist **631** 72
  Eigenschaften des Werkes **633** 159
  Eigentumserwerb **Vorbem 650u** 15
  Erheblichkeitsschwelle **650u** 1
  Erwerber **Vorbem 650u** 26 f
  Fertigstellung **650u** 10
  Fertigstellungstermin **650u** 9
  Gebäudeerrichtung **Vorbem 650u** 15
  Gewährleistung **Vorbem 650u** 15, 27
  Grundstücksbeschaffung **650a** 7
  Haftung **Vorbem 650u** 27
  Insolvenzeröffnung **Anh 631** 3, 29 f

Bauträgervertrag (Forts)
　Kaufrecht **650** 5 ff; **Vorbem 650u** 15; **650u** 1, 5
　Kündigung **648** 11; **650** 5 f; **650u** 7
　Kündigung aus wichtigem Grund **648** 11
　Laufzeit **Vorbem 650u** 14
　Leistungsänderungen **650u** 6
　Mängelhaftung **650u** 5
　Mängelrechte **Anh II 638** 20
　Makler- und Bauträgerverordnung **650v** 1 f, 5 f
　　s a dort
　Nachbesserungsanspruch **Vorbem 650u** 15
　Nachzügler **650u** 4
　Preis, angemessener **650v** 1
　Prospekthaftung **Anh 650v** 11
　Rechtsnatur **Vorbem 650u** 15
　Rücktritt **634** 100; **639** 65; **648** 11
　Rücktrittsbefugnis **634** 100
　Schadensersatz **Vorbem 650u** 27
　Sicherheiten **641** 58, 74a; **650u** 12
　Sicherheitsleistung **641** 58
　Umbauten **650u** 1
　Verjährung **650** 5; **Vorbem 650u** 12, 15
　Vertragszuordnung **650** 5 f
　VOB/B **650u** 7
　Vollstreckungsunterwerfung **Vorbem 650u** 14
　Werklohn **650u** 12
　Werkvertrag **650** 5 f
　Werkvertragsrecht **650u** 1
　Widerrufsrecht, Ausschluss **650u** 8
　Zahlungen des Auftraggebers **Vorbem 650u** 14
　Zuordnung des Vertrages **650** 5 f
Bauüberwachung
　Architekt **Vorbem 631 ff** 14; **Vorbem 650p ff** 9, 11; **650p** 1
　Mangel, arglistiges Verschweigen **634a** 46
　Teilvollendung **641** 120a
Bauunterlagen
　Einsichtsrecht **Vorbem 650p ff** 33
Bauunternehmer
　Haftung **Anh 650p–650t** 50 ff
　　gesamtschuldnerische Haftung **650t** 1 ff
　Kaufmannseigenschaft **650a** 8
　Mitverschuldenseinwand **Anh 650p–650t** 51
　VOB/B **650a** 20
Bauvertrag
　Änderungen des Werkes **650b** 15
　Begriff **650a** 1 ff
　Beurkundung, notarielle **650a** 13
　Eigentumsverhältnisse **650a** 7
　Form **650a** 13
　Gegenstand **650a** 1 f
　Genehmigungsbeschaffung **650a** 10
　　Annahmeverzug **650a** 11
　Genehmigungserfordernisse **650a** 9 ff

Bauvertrag (Forts)
　Genehmigungsversagung **650a** 11
　Gesellschafterhaftung **650a** 7
　Grundstück, bebauungsfähiges **650a** 7
　Grundstücksveräußerung **650a** 13
　Haftung, gesamtschuldnerische **650a** 7
　Handelsrecht **650a** 8
　Hauptpflichten **650a** 6
　Insolvenzeröffnung **Anh 631** 3
　　Erfüllungswahl **Anh 631** 6
　Kündigung aus wichtigem Grund **648a** 1
　Leistungen, geistige **650a** 1
　Leistungsänderungen **650a** 13 f
　Leistungsort **641** 49
　Mitwirkung des Bestellers **642** 11
　Nacherfüllung **650t** 1 f
　Rechtsnatur **Vorbem 631 ff** 30, 35; **650a** 1
　Schlussrechnung **632** 124
　Schwarzbau **650a** 12
　Teilleistungen **Anh 631** 13; **650a** 1
　Vergütung **650a** 14
　Vergütung, Fälligkeit **632a** 2
　VOB **650a** 14 f
　Werkvertrag **Vorbem 631 ff** 2; **650a** 14
Bauvertragsrechtsreform
　Inhalt **Vorbem 631 ff** 12 ff
　Mängelhaftung **Vorbem 631 ff** 12
Bauverzögerung
　Beweislast **633** 144
　Darlegungslast **633** 144
　Fristsetzung **633** 145 f
　Kündigung des Vertrages **633** 140 f, 144 ff
　Schadensersatz **633** 24, 140 f, 144
Bauvoranfrage
　Vergütung **632** 132
Bauvorhaben
　Anzeigepflicht **Anh 650p–650t** 16
　Beschleunigung **Anh 650p–650t** 34
　Buchführung **650e** 54
　Durchführung **Anh 650p–650t** 1, 4 f
　Förderungspflicht **Anh 650p–650t** 5 f
　Initiatoren **Vorbem 650u** 2, 9
　Koordinierung **Anh 650p–650t** 26
Bauwerk
　Anlagen, technische **634a** 21
　Anlagen, unterirdische **634a** 20
　Bauhandwerkersicherung **650f** 3 f
　Begriff **634a** 20 ff; **650e** 11 f; **650f** 4
　Bestand des Gebäudes **634a** 21 f
　Brücke **634a** 20
　Erdoberfläche, Bearbeitung **634a** 20
　Erneuerung des Gebäudes **634a** 21 f
　Fünfjahresfrist **634a** 19
　Gebäude **634a** 20
　Gewährleistungsfristen **634a** 19
　Gleisanlagen **634a** 20
　Grabmal **634a** 20
　Gründungsverhältnisse **633** 69
　Hochbau **634a** 20

Bauwerk

Bauwerk (Forts)
  Instandhaltung **650a** 4
  Kasuistik **634a** 22
  Leistungsteile **634a** 23
  Mangel **Anh 650p–650t** 46 ff
  Neubau **634a** 21; **650a** 1
  Öltank **634a** 20
  Planungsänderung **650b** 1 ff
  Reparaturen **634a** 21
  Schönheitsreparaturen **634a** 21
  Sicherungshypothek **650e** 1 f, 10 ff
  Straße **634a** 20
  technisches Bauwerk **634a** 20
  Tiefbau **634a** 20
  Umbauten **634a** 21; **650a** 2
  Verjährungsfrist **634a** 19 f; **Anh I 638** 16
  Wiederherstellung **650a** 2
  Zweckänderung **650a** 2
Bauwerksteile
  Sicherungshypothek **650e** 10 f, 13, 15
Bauwesenversicherung
  Kostentragung **633** 83
Bauzeiten
  Aufklärungspflicht **Vorbem 650u** 6
  Verlängerung **633** 139
Bauzeitenänderung
  Abrechnung **650c** 12
  Nachprüfungsverfahren **650c** 12
Bauzeitenplan
  Ausführungsfristen **633** 129
  Fixgeschäft, relatives **648a** 6
  Koordinierung **633** 33
  Mitwirkung des Bestellers **642** 14
  Weisungsrecht des Bestellers **631** 66b, 66d
Bauzeitverlängerung
  Behinderung des Unternehmers **642** 44a
  Behinderungsanzeige **642** 48
Bearbeitung von Sachen des Bestellers
  Eigentumserwerb **633** 154
Bearbeitungszeit
  Angemessenheit **633** 122
Bebauung
  Vertragsnatur **Vorbem 631 ff** 24
Bedenken des Unternehmers
  Mitteilungspflicht **633** 50 ff, 62 ff, 74 ff, 164, 184c; **650b** 4
Bedienungshandbuch
  Leistungspflicht **Vorbem 631 ff** 81
Bedienungspersonal
  Direktionsrecht **Vorbem 631 ff** 23
Beförderungsleistungen
  Abnahmefähigkeit **646** 7
  Vollendung des Werkes **646** 11
Beförderungsvertrag
  Haftung **Vorbem 631 ff** 77
  Mangel **633** 188
  Sonderbestimmungen **Vorbem 631 ff** 3
  Verjährung **634a** 27

Beförderungsvertrag (Forts)
  Werkleistung **631** 6
  Werkvertrag **Vorbem 631 ff** 2, 5, 22, 35, 77
Behinderung des Unternehmers
  Abrechnung, vorläufige **643** 21
  Annahmeverzug **642** 88
  Anzeigepflicht
    s Behinderungsanzeige
  Aufmaß **641** 33
  Ausführungsfristen, Verlängerung **642** 48, 50 ff
    Fristberechnung **642** 67 ff
  Ausführungsunterlagen **633** 22
  Begriff **642** 44
  Benachrichtigungspflicht **642** 65
  durch Dritte **642** 37
  Einflüsse, äußere **642** 44
  Förderungspflicht des Bestellers **642** 62 ff
  Förderungspflicht des Unternehmers **642** 60 ff, 64
  Kündigung des Vertrages **643** 21 ff
  Leistungsänderungen **632** 81
  Naturereignisse **642** 35 f
  Schadensersatz **633** 17
  Vergabeverfahren **642** 44a
  Vertretenmüssen **633** 138
  VOB/B **642** 42; **643** 21
  Wegfall der Behinderung **642** 65
  Werkarbeiten **642** 42 ff
  Werklohn **641** 9
  Wiederaufnahme der Arbeiten **642** 65
  Witterungsverhältnisse **642** 35 f, 57 f
Behinderungsanzeige
  Adressat **642** 46
  Anzeigepflicht **642** 23, 45 ff, 49
  Bauzeitverlängerung **642** 48
  Beweislast **642** 47
  Inhaltskontrolle **642** 48
  Mehrvergütung **642** 48
  mündliche Anzeige **642** 46
  Nichtanzeige **642** 48
  Offenkundigkeit der Behinderung **642** 47, 90
  Schadensersatzanspruch des Bestellers **642** 48
  Schriftform **642** 46
Behinderungsschaden
  Aufrechterhaltung des Vertrages **633** 125b
  Aufwendungen, frustrierte **642** 87
  Beweislast **642** 86
  Fahrlässigkeit, einfache **642** 86
  Fahrlässigkeit, grobe **642** 85
  Finanzierungskosten **642** 87
  Gewinn, entgangener **642** 85 f
  Haftungsbeschränkung **642** 84 ff
  Mehrkosten **642** 87
  Mietausfall **642** 87
  Schadensersatzanspruch des Bestellers **642** 83 ff

Behinderungsschaden (Forts)
  Schadensersatzanspruch des Unternehmers **642** 83, 88 f
  Vertragsstrafe **642** 87
  Vorsatz **642** 85
Beihilfe
  Baugeld **650e** 49, 53
Benachrichtigungspflicht
  Werkvertrag **Vorbem 631 ff** 58
Beratungspflicht
  Besteller **631** 67 f
  Pflichtenheft **Vorbem 631 ff** 81
  Schadensersatz **631** 54; **634** 161
  Unternehmer **631** 49 ff
  Werkvertrag **Vorbem 631 ff** 2; **631** 49 ff
Beratungsvertrag
  Schadensersatzanspruch des Bestellers **634** 163
Bereicherungsausgleich
  Werkvertrag **631** 77 f, 91
Bereitstellungspflicht
  Arbeitsplätze **633** 80
  Lagerplätze **633** 80
Bergungsvertrag
  Dienstvertrag **Vorbem 631 ff** 35
Berufsfreiheit
  Baugeldempfänger **650e** 51
Beschädigung der Leistung
  Abrechnung **644** 36
  Schutzmaßnahmen **631** 64; **633** 83
  Sphärentheorie **645** 32 ff
  Vergütungsgefahr **644** 34
  Vertretenmüssen **644** 23
  Werk **644** 8
Beschaffenheit des Werkes
  anerkannte Regeln der Technik **633** 177 f
  Eigenschaften **633** 158 ff
  zu Erwartendes **633** 176, 187
  Hauptpflicht **633** 158
  Herstellerangaben **633** 183
  Sollbeschaffenheit **633** 168 ff
  Üblichkeit **633** 176, 184
  nach dem Vertrag vorausgesetzte Beschaffenheit **633** 184
Beschaffenheitsgarantie
  s a Garantie
  Eigenschaften des Werkes **633** 169; **639** 18
  Gewährleistungsausschluss **633** 171
  Probe **633** 170
Beschaffenheitsvereinbarung
  Aufklärungspflicht **633** 174
  ausdrückliche Beschaffenheitsvereinbarung **633** 173
  Ausführungsplanung **633** 174
  Begriff **639** 3
  Gewährleistung **633** 173, 183
  Mangel des Werkes **633** 173, 187
  Prospekt **633** 173

Beschaffenheitsvereinbarung (Forts)
  stillschweigende Beschaffenheitsvereinbarung **633** 173, 177
  Verzichtswille **633** 174
  Werk, geschuldetes **633** 173 f
  Werkleistung nach Probe **633** 175
Beschaffungspflicht
  Besteller **633** 118 f
  Unternehmer **633** 118 f
Beschleunigungsanspruch
  Bauvorhaben **Anh 650p–650t** 34
  Fristsetzung **633** 125
Besitz
  Abnahme **640** 21
  Arbeitsflächen **633** 80
  Arbeitsmittel **633** 80
  Eigenmacht, verbotene **633** 30a, 150; **641** 3d
  Gegenstand, zu bearbeitender **633** 30a
  Mängelbeseitigung **633** 150
  Materialien **633** 80
  Verschaffungspflicht **633** 150
Besitzschutz
  Mitbesitz **633** 80
  Unternehmer **633** 30a, 58
  Unternehmerpfandrecht **647** 1
Bestandteil, wesentlicher
  Eigentumserwerb **633** 152 ff
  Einfügung zur Herstellung eines Gebäudes **633** 152
Bestattungsvertrag
  Rechtsnatur **Vorbem 631 ff** 35
Bestechungsgelder
  Herausgabepflicht **Vorbem 631 ff** 63
Besteller
  Begriff **631** 42
  Eigenverschulden **631** 65
  Gesamtgläubiger **631** 42
  Gesamtschuldverhältnis **631** 42
  Gläubiger **640** 4
  Haftung **631** 63 ff; **Anh III 638** 4, 8 f
  Integrität, körperliche **Anh III 638** 6
  juristische Person **631** 42
  Kaufmannseigenschaft **631** 42
  Mehrheit von Bestellern **631** 42
  Nachfragemacht **Vorbem 631 ff** 2
  natürliche Person **631** 42
  Obhutspflicht **Anh III 638** 2
  Pflichtverletzung **631** 64
  Schuldner **640** 4
  Subunternehmer **631** 42
  Vergütungspflicht **631** 1
  Werkvertragspartei **Vorbem 631 ff** 1 f
  Zahlungspflicht **631** 60
Bestellvertrag
  Werkvertragsrecht **Vorbem 631 ff** 41
Beteiligung
  Delikthaftung **Anh III 638** 19
Betrieb
  Werkleistung **633** 108

Betrieb (Forts)
   Werkvertrag **Vorbem 631 ff** 51
Betriebsangehörige
   Werkvertrag, Schutzbereich **Anh III 638** 11
Betriebsunterbrechung
   Schadensersatz **634** 34, 152
Beurkundung, notarielle
   Bauvertrag **650a** 13
Beweissicherung
   außergerichtliche Beweissicherung **633** 29
   Kosten **633** 29
   Mitwirkungsverweigerung **633** 29
BGB
   Werkvertragsrecht **Vorbem 631 ff** 9 ff
Billigung des Werkes
   s Abnahme
Bindungsfrist
   Werkvertrag **631** 72
Bodengutachten
   Aufsichtspflicht des Architekten
      Anh 650p–650t 30
Bodenkontamination
   Kalkulationsirrtum **632** 39
Bodenuntersuchung
   Mangel, arglistiges Verschweigen **634a** 45
Bodenverhältnisse
   Behinderung des Unternehmers **642** 44
   Kalkulationsirrtum **632** 37 f
   Mehrkosten **633** 149
Branchenfernsprechbuch
   Werkvertrag, Angebot **Vorbem 631 ff** 49
Branchenüblichkeit
   Vorauszahlungen **641** 12
Brandschutzbestimmungen
   Deliktshaftung **Anh III 638** 18
Brillen
   Werkvertragsrecht **Vorbem 631 ff** 35
Bringschuld
   Werkleistung **631** 48
Brücke
   Bauwerk **634a** 20
Bühnenaufführungsvertrag
   Rechtsnatur **Vorbem 631 ff** 38
Bürgschaft
   Abschlagszahlungen **632a** 9
   Aufrechnung **641** 64
   Bauhandwerkersicherung **650f** 15
   Benachteiligung, unangemessene **641** 65
   Bürgenauswahl **641** 65
   Hinterlegung **641** 65
   Insolvenzeröffnung **Anh 631** 41
   Kostentragung **641** 65
   Laufzeit **641** 65
   Schriftform **641** 65
   Sicherungszweck **641** 64a
   Verzicht auf die Einrede der Vorausklage
      641 65
Bürgschaftsurkunde
   Aussonderung **641** 70

Bürgschaftsurkunde (Forts)
   Herausgabe **641** 65, 70, 73
   Inhalt **641** 65

Cash-Pooling
   Baugeld, Zweckentfremdung **650e** 54
Computerprogramme
   Werkvertrag **Vorbem 631 ff** 2
Computervertrag
   Bedienungshandbuch **Vorbem 631 ff** 81
   Beratungspflichten **Vorbem 631 ff** 81
   Gewährleistung **Vorbem 631 ff** 80
   Pflichtenheft **Vorbem 631 ff** 81
   Quellenprogramm **Vorbem 631 ff** 81
   Rechtsnatur **Vorbem 631 ff** 79 f
   Werkvertragsrecht **Vorbem 631 ff** 81
culpa in contrahendo
   Arglist **634** 6
   Kalkulationsirrtum **632** 58
   Mangel des Werkes **634** 6
   Prospekthaftung **Vorbem 650u** 12
   als stillschweigend vereinbart geltende
      Vergütung **632** 45
   Vergaberecht **Anh 650a** 9
   Vergütungsvereinbarung **632** 28
culpa in eligendo
   Drittunternehmer **Vorbem 631 ff** 52; **631** 30
   Stellvertretung, mittelbare **631** 30

Dach-ARGE
   s ARGE
Darlehensvertrag
   Kündigung **648** 59
Dauerberatung
   Vertragsnatur **Vorbem 631 ff** 33
Dauerschuldverhältnis
   Kündigung, außerordentliche **648** 4
   Kündigungsrecht **648** 2
   Laufzeitverlängerung **648** 4
   Werkleistung **648** 4
Dauervertrag
   Kündigung **650h** 2
Deckvertrag
   Rechtsnatur **Vorbem 631 ff** 35
   Werkleistung **631** 3
Delegation
   Werkarbeiten **633** 56
Deliktshaftung
   Anstiftung **Anh III 638** 19
   Architekt **Anh 650p–650t** 64
   Bauforderungen **650e** 2
   Beteiligung **Anh III 638** 19
   Einwilligung **634** 170
   Fahrlässigkeit, grobe **639** 28
   Gefährdungshaftung **Anh III 638** 15
   Gewährleistungsausschluss **639** 9
   Konkurrenzen **634** 172
   Mangel des Werkes **634** 6
   Mittäterschaft **Anh III 638** 19

Deliktshaftung (Forts)
  Rechtsgüter des Unternehmers **642** 21
  Schadensersatzanspruch des Bestellers **634** 164 ff
  Schädigung durch Dritte **644** 10
  Schädigung Dritter **Anh III 638** 14 ff
  Schutzgesetzverletzung **Anh III 638** 15; **650e** 2
  Verjährung **634** 172; **634a** 2, 12
  Verkehrssicherungspflichten **Anh III 638** 16 ff
Demonstrationen
  Aufruhr **644** 36
  Ausführungsfristen, Verlängerung **642** 56
  Unabwendbarkeit **644** 36
Demontagepflicht
  Rücktritt **634** 103 f
Design
  Vertragsnatur **Vorbem 631 ff** 35
Deutscher Verdingungsausschuss für Bauleistungen
  Betreuung der VOB **650a** 15, 22
Diebstahl
  Haftung des Unternehmers **633** 83
  Nacherfüllung **644** 8
  Schadensersatz **634** 76
  Schutzmaßnahmen **631** 64; **633** 83
  Unabwendbarkeit **644** 35
  Vergütungsgefahr **644** 34
Dienstmiete
  Werkvertrag **Vorbem 631 ff** 8
Dienstvertrag
  Abgrenzung **Vorbem 631 ff** 4, 6, 26 ff
  Kündigung **648** 59
  Tätigwerden **Vorbem 631 ff** 6, 27; **631** 4
  Vergütung **Vorbem 631 ff** 28
  Weisungen **Vorbem 631 ff** 54
  Werkvertragsrecht **Vorbem 631 ff** 6
DIN EN 9000–9004
  Arbeitsmethode **633** 158
DIN EN ISO 9000
  Qualitätssicherung **633** 179
DIN-Normen
  anerkannte Regeln der Technik **633** 179
  Arbeitsmethode **633** 158
  Bauarbeiten **633** 7; **650a** 18
  Prüfungspflicht **633** 69
Dispositionsfreiheit
  Anordnungen des Bestellers **633** 47 f
  Nacherfüllung **634** 44
  Werkvertrag **Vorbem 631 ff** 54; **633** 55; **642** 40
Dissens
  Werklohn **632** 42, 46 f
Dokumentation
  Architektenvertrag **Vorbem 650p ff** 10 f; **650s** 3
Dresdener Entwurf
  Werkvertrag **Vorbem 631 ff** 8

Dritte
  Schädigung **Anh III 638** 1
Drittschadensliquidation
  Nachbesserung **644** 10
  Schutzpflichten des Unternehmers **633** 83
  Werkvertrag **633** 116; **Anh III 638** 7, 11
Drittunternehmer
  Ausführung der Leistung **Vorbem 631 ff** 52
  Mängelbeseitigung **634** 82
Drittzahlungsbefugnis
  Arbeitnehmer **641** 108
  Auskunftsanspruch **641** 108
  Benachteiligung, unangemessene **641** 107
  Besteller **641** 106 f
  Dritte, selbständige **641** 108
  Insolvenzeröffnung **641** 109
  Lieferanten **641** 108
  Subunternehmer **641** 108
  Treu und Glauben **641** 109
  Zahlungsverzug **641** 108
Druckvorlagen
  Herausgabepflicht **633** 147
  Teilabnahme **641** 122
Druckzuschlag
  Mängelbeseitigung **641** 24
  Werklohnforderung, unverjährte **641** 56
Durchgriffsfälligkeit
  Endabnehmer, Zahlungen **641** 44 ff
  Leistungskette **641** 40 ff
  Sicherheitsleistung **641** 47

Ehevermittlung
  s Partnervermittlung
Eigenarbeit
  Mängelbeseitigung **634** 153
Eigenausführung durch Besteller
  Leistungsbeschränkung **632** 75
  Mehrkosten **631** 62
  Obliegenheit **631** 62
Eigenbau
  Architektenhaftung **Anh 650p–650t** 21
Eigenmacht, verbotene
  Baustellenverbot **633** 30a
  Besitzverschaffungspflicht **633** 150
Eigennachbesserung
  Werkvertrag **Vorbem 631 ff** 18
Eigenschaften des Werkes
  Aufklärungspflicht **633** 188
  Auslegung **631** 11
  Begriff **633** 158 ff
  Faktoren, wertbildende **633** 160
  Merkmale, konkrete **633** 159
  Minderwertigkeit **633** 186
  Rechtsmangel **633** 158, 161
  Sachmangel **633** 158, 161
  störende Eigenschaften **633** 187
  Vortäuschen nicht vorhandener Eigenschaften **634a** 46

Eigenschaftsirrtum
  Werkvertrag **631** 87
Eigenschaftszusicherung
  s Beschaffenheitsgarantie
Eigentum
  Verschaffungspflicht **631** 18; **633** 150, 151
Eigentumserwerb
  Bauträgervertrag **Vorbem 650u** 15
  kraft Gesetzes **633** 151 ff
  Sachen des Bestellers **Vorbem 631 ff** 21
Eigentumsverhältnisse
  Bauvertrag **650a** 7
  Werkvertrag **631** 4, 42, 71
Eigentumsvorbehalt
  Einfügung zur Herstellung eines Gebäudes **633** 153
  Werkleistung **632a** 2; **633** 151
Eigentumswohneinheiten
  s Wohnungseigentum
Eigentumswohnung
  s Wohnungseigentum
Eigenverantwortung
  Werkvertrag **Vorbem 631 ff** 30; **633** 54 ff
Eigenvornahme
  s Ersatzvornahme
Einbau in ein Gebäude
  Werkvertrag **631** 5
Einbehalte
  s Sicherheitseinbehalt
Einheitspreisvertrag
  Anpassung **632** 6
  arglistige Täuschung **631** 90
  Aufmaß **632** 4
  Aufwendungsersatz **Vorbem 631 ff** 65
  Beweislast **632** 4, 6
  Gerüst **632** 4
  Geschäftseinrichtung **632** 4
  Gleitklauseln **632** 6
  Kostenanschlag **649** 7, 33 ff
  Kündigung des Bestellers **648** 25, 35 f, 43, 48
  Leistungsverzeichnis **648** 35 f
  Löhne **632** 4
  Materialien **632** 4
  Mehrmengen **632** 30b
  Mengenfehleinschätzung **632** 65 ff
  Minderung **634** 175
  Nebenleistungen **632** 61
  Positionen **632** 5
    Alternativpositionen **632** 5
    Eventualpositionen **632** 5
    Wahl des Bestellers **632** 5
  Preisbildung **632** 2, 4 ff
  Preiskorrektur **632** 65 ff
  Preisnachlass **632** 4
  Rechnung **641** 32
  Sittenwidrigkeit **632** 30b
  Teilleistungen **632** 5
  Transportkosten **632** 4

Einheitspreisvertrag (Forts)
  überraschende Klausel **632** 6
  Üblichkeit **632** 6
  unzulässige Rechtsausübung **632** 30b
  Vergütung **632** 2, 4, 27, 47
  VOB **632** 24
  Vordersätze **632** 5 f
Einigung
  Werkvertrag **631** 73
Einliegerwohnung
  Rechtsmangel **633** 158
Einrede des nichterfüllten Vertrages
  Verjährungshemmung **634a** 56
  Werklohn **641** 5
Einschränkungen des Werkes
  Bauvertrag **631** 20
  Werkvertrag **Vorbem 631 ff** 55; **631** 20; **632** 2; **642** 38
Einstweilige Verfügung
  Anordnungsrecht des Bestellers **650d** 1 ff
  Besteller **650d** 5
  Gehör, rechtliches **650d** 2
  Haftungsrisiko **650d** 2
  Leistungsverfügung **650d** 4
  Ortstermin **650d** 8
  Planungsänderung **650b** 9, 13; **650d** 1 ff
  Regelung, abschließende **650d** 7
  Sachverständigenhinzuziehung **650d** 8
  Unternehmer **650d** 6
  Verfügungsgrund **650d** 3, 4
  Vergütungsanpassung **650d** 1 ff
  Zulässigkeit **650d** 3
Eintrittskarte
  Vorauszahlung **641** 12
Einweisung des Bestellers
  Vergütung **632** 61
Einweisung des Unternehmers
  Obliegenheit **633** 28
  Vergütung **633** 28
Einwilligung
  Rechtsgüter des Bestellers, Einwirkung auf **634** 170
Eis
  Beseitigungspflicht **633** 84
Energie
  Aufwendungsersatz **633** 81
Energieanschluss
  Nutzung **633** 81
Energieeinsparung
  Eigenschaften des Werkes **633** 159
Energieeinsparverordnung
  Werkvertrag **631** 82
Energiekosten
  Werklohn **632** 29
Energieverbrauch
  Leistungsbeschreibung **632** 35
Entgeltlichkeit
  Beweislast **632** 44, 140

Entgeltlichkeit (Forts)
　Werkvertrag **Vorbem 631 ff** 44, 46; **631** 60; **632** 1, 41
Entgeltrisiko
　Werkvertrag **Vorbem 631 ff** 28
Entwurfsplanung
　Architektenvertrag **Vorbem 650p ff** 4, 11
Erbbaurecht
　Sicherungshypothek **650e** 18
Erbieten von Leistungen
　öffentliches Erbieten **Vorbem 631 ff** 49 f
　Werkvertrag **Vorbem 631 ff** 49
Erdbeben
　Unabwendbarkeit **644** 35
Erfolg
　Arbeitsmethode **631** 15
　Aufwand **632** 58
　Auslegung **631** 11 f
　Begriff **Vorbem 631 ff** 27; **631** 6
　Bestimmtheit **631** 7
　Drittleistung **Vorbem 631 ff** 51
　Leistungsbeschreibung **631** 8
　Parteivereinbarungen **631** 10 f
　Störung der Geschäftsgrundlage **631** 13
　Verfehlung **631** 13
　Vergütung **631** 14 f; **632** 56 ff
　Werkleistung **631** 1 ff
　Werkvertrag **Vorbem 631 ff** 27, 30
Erfüllung
　Theorie der realen Leistungsbewirkung **640** 14
　Werklohn **641** 51
Erfüllungsanspruch
　Verjährung **634a** 5, 9
Erfüllungsbürgschaft
　Zweckbestimmung **641** 61, 62
Erfüllungsgehilfen
　Fahrlässigkeit, grobe **639** 28 f
　Freistellung **Anh III 638** 27 f
　Schadensersatzanspruch des Bestellers **634** 131 ff
　Werkvertrag **Vorbem 631 ff** 51
Erfüllungsgehilfenhaftung
　Unternehmer **Anh III 638** 10
Erfüllungsort
　Herstellungsanspruch **631** 46
　Nachbesserungsanspruch **631** 46; **634** 43
　Rücktritt **634** 107
　Verkehrssitte **631** 48
　Verschaffungsanspruch **631** 46, 48
　Werkstatt **631** 48
　Wohnung des Bestellers **631** 48
Erfüllungssicherheit
　Rückgabe **641** 73
Erfüllungsverweigerung
　Abmahnung, Entbehrlichkeit **648a** 6
　Fristsetzung zur Nacherfüllung **634** 62
　　Entbehrlichkeit **648a** 6

Erfüllungswahl
　Insolvenzverfahren **Anh 631** 6 ff
Ergänzungen des Werkes
　VOB/B **650b** 16
Erhaltungspflichten
　Unternehmer **633** 82 f
Erklärung
　Fiktion **639** 59 ff
　Form **639** 57
Erledigung der Hauptsache
　Mängelbeseitigung **633** 94
Erlöschen
　Werkvertrag **Vorbem 631 ff** 69
Ernte
　Verjährung **634a** 26
Erprobung
　Abnahme **640** 23, 36
Ersatzstoff
　Erstellung des Werkes **644** 17 ff
Ersatzteile
　Beschaffungspflicht **633** 118
　Bestandteile, wesentliche **633** 154
　Werkvertrag **Vorbem 631 ff** 21; **650** 14
Ersatzvornahme
　Fristsetzung **633** 95
　Kündigung des Vertrages **633** 95, 107
　Mängelbeseitigung **633** 95
Erschwernisse
　Preisanpassung **632** 81
Ersetzungsbefugnis
　Werkvertrag **Vorbem 631 ff** 43
Erstellung des Werkes
　Behinderungen durch Besteller **631** 62
　　Subunternehmereinsatz **631** 40
　Erschwerung **631** 68
　Herstellungspflicht **631** 45
　Methode **631** 47
Erweiterungen des Werkes
　Bauvertrag **631** 20, 66a; **632** 2; **642** 38
Erwerb vom Bauträger
　s Bauträgervertrag
Erzeugung beweglicher Sachen
　Kaufrecht **Vorbem 631 ff** 19

Facility-Management-Vertrag
　Vertragseinordnung **Vorbem 631 ff** 35
Fälligkeit
　Abnahme **640** 55 f; **641** 4
　Abschlagszahlungen **632a** 11, 23, 27, 29 f; **641** 4
　Durchgriffsfälligkeit **641** 40 ff
　HOAI **632** 131
　Mängelbeseitigung **633** 94
　Nacherfüllungsanspruch **634** 35
　Rechnung **641** 8
　Rechnungsvorlage **641** 4
　Rücktrittsrecht **633** 3a
　　vor Fälligkeit **633** 89
　Schlusszahlung **632a** 32

Fälligkeit (Forts)
  Verschaffungspflicht **633** 156
  Vorleistungspflicht **641** 4
  Werklohn **Vorbem 631 ff** 5; **641** 1, 3b, 4, 80
Fahrkarte
  Vorauszahlung **641** 12
Fahrzeiten
  Vergütungsvereinbarung **632** 28
falsa demonstratio
  Preisvereinbarung **632** 34
Familienangehörige
  Werkvertrag, Schutzbereich **Anh III 638** 11
Fehler
  Begriff **633** 162
Fehlkalkulation
  s Kalkulationsirrtum
Fehlplanung
  s Planungsfehler
Fertigstellungsbescheinigung
  Gewährleistungsrecht **641a**
Fertigungsweisen
  Prüfungspflicht **633** 69
  Schadensersatz **634** 124
Festpreisvereinbarung
  Beweislast **632** 139 f
  Kostenanschlag **649** 7
Feuerungsanlagen
  Verjährungsfrist **Anh I 638** 14
Fiktion
  Vergütung **632** 45 f
Finanzierung
  Bauvorhaben **Vorbem 650u** 1 ff
  Werkvertrag **631** 6 f
Finanzierungshilfen
  Werkvertrag **631** 76
Finanzierungsvermittlung
  Werkvertrag **Vorbem 631 ff** 71
Fixgeschäft, absolutes
  Leistungsverweigerungsrecht **633** 149
  Nachholungsanspruch **633** 127
  Unmöglichkeit **633** 127, 148; **645** 39
Fixgeschäft, relatives
  Abmahnung, Entbehrlichkeit **648a** 6
  Fristsetzung, Entbehrlichkeit **634** 63; **648a** 6
  Terminvereinbarung **633** 121
Flachdachrichtlinien
  Prüfungspflicht **633** 69
Flächenplanung
  Verjährungsfrist **634a** 43
Flugbeförderung
  Werkvertrag **633** 127
Förderungspflicht des Unternehmers
  Vorhaltepflicht **633** 135
  Werkleistung **633** 130, 135 f; **642** 60 ff
Forderungen
  Absonderungsrechte **Anh 631** 44
Form
  Architektenvertrag **Vorbem 650p ff** 15
  Bauvertrag **650a** 13

Form (Forts)
  Werkvertrag **631** 70
Forschungs- und Entwicklungsvertrag
  Rechtsnatur **Vorbem 631 ff** 27, 32
Frachtgeschäft
  Rechtsnatur **Vorbem 631 ff** 32, 78
  Regelung, gesetzliche **Vorbem 631 ff** 32
  Verjährung **634a** 13
Freie Berufe
  Gebührenordnungen
    s dort
  Rechnung, Bindungswirkung **632** 121
  Vergütung **Vorbem 631 ff** 32; **632** 44
Freihaltungsanspruch
  ARGE **631** 24
  Bauabzugsteuer **632a** 34
  Gesamtschuld **634a** 63
  Verjährung **634a** 63
Freiheit des Unternehmers
  Bestimmungen, behördliche **633** 60
  Bestimmungen, gesetzliche **633** 60
  Leistungserbringung **633** 54 ff
Freistellung
  Schadenstragung durch Besteller
    Anh III 638 22
  Vertreter, gesetzliche **Anh III 638** 27
Fremdnachbesserung
  VOB/B **648a** 19
Freundschaftspreis
  Schadensersatzanspruch des Bestellers
    634 135
  Werklohn **Vorbem 631 ff** 46; **632** 44
Friseur
  Erbieten von Leistungen **Vorbem 631 ff** 49
  Werkvertrag **Vorbem 631 ff** 2
Fristsetzung
  Architektenvollmacht **Vorbem 650p ff** 25, 29
  Entbehrlichkeit **648a** 6
  Kündigung aus wichtigem Grund **648a** 5 f
Fürsorgepflicht
  Besteller **Anh III 638** 2
Funktionsfähigkeit des Werkes
  Mangel **Vorbem 631 ff** 40; **633** 164
  Wartung **Vorbem 631 ff** 42, 79

Garantie
  Beschaffenheitsgarantie **633** 169 f
    s a dort
  DIN-Normen **633** 170
  Eigenschaften des Werkes **639** 18
  einfache Garantie **639** 18
  Kostengarantie **632** 25
  Mangelfreiheit **634** 135
  qualifizierte Garantie **639** 19
  selbständige Garantie **639** 19
  stillschweigende Garantie **633** 170
  Verkehrssitte **633** 170
  Verwendungszweck **631** 11

Garantiefrist
 Gewährleistung **633** 171
Garantieversprechen, selbständiges
 Eigenschaften des Werkes **633** 172
 Erfolg **639** 19
 Verjährung **634a** 10
Gartenpflege
 Dauerschuldverhältnis **648** 4
Gebäude
 Architektenvertrag **632** 129
 Bauwerk **634a** 20
Gebäudeerrichtung
 Bauträgervertrag **Vorbem 650u** 15
Gebrauchsanweisung
 Instruktionspflicht **633** 155
Gebrauchsfähigkeit
 Beeinträchtigung, erhebliche
  Anh I 638 7c, 43
Gebrauchstauglichkeit
 s Verwendungseignung
Gebührenordnungen
 Rahmensätze **632** 52
 Taxe **632** 48
 Vergütung **632** 47 f, 127
  Üblichkeit **632** 48 f
Gefahrenvorsorge
 Werkvertrag **633** 58, 82 f; **Anh III 638** 3, 5
Gefahrtragung
 Allgemeine Geschäftsbedingungen **644** 29
 Anordnungen des Bestellers **633** 46
 Parteivereinbarungen **644** 29; **645** 45 ff
 Vergütung, anteilige **645** 9
 Vertretenmüssen **644** 1, 4
 VOB/B **644** 30 f
 Werkvertrag **644** 1
 Wünsche des Bestellers **Vorbem 631 ff** 55
Gefahrübergang
 Abnahme des Werkes **640** 2; **644** 2
 Annahmeverzug **644** 2, 25, 32
 Lastentragung **644** 24
 Nutzungen **644** 24
 Untergang des Werkes **644** 8, 28; **645** 2
 Versendung des Werkes **644** 32
 Werklieferungsvertrag **650** 22
Gelegenheitstätigkeit
 Vergütung **632** 44
Gemeinkosten
 Vergütung **632** 63
Gemeinschaftseigentum
 Mängelrechte **Anh II 638** 20
Genehmigungsbeschaffung
 Absehen von der Einholung **650a** 12
 Annahmeverzug **633** 38
 Bauvertragsrecht **650a** 10
 Beibringbarkeit **633** 38
 Besteller **650n** 1 f
 Gewährleistung **633** 38
 Mitwirkungspflicht **633** 36
 Obliegenheit **650n** 1 f

Genehmigungsbeschaffung (Forts)
 Unternehmerpflichten **650n** 3
 Verbraucherbauvertrag **650n** 2
 Vertragsänderung **650a** 10 f
Genehmigungserfordernisse
 Aufklärungspflicht **633** 35
 Bauarbeiten **650n** 1 f
 Beibringungspflicht **633** 34 f
 Leistungsänderung **633** 37
 Werkvertragsrecht **633** 31
Genehmigungsfähigkeit
 Vertragsänderung **650a** 10 f
Genehmigungsplanung
 Architektenvertrag **Vorbem 650p ff** 5, 11
Genehmigungsversagung
 Bauvertragsrecht **650a** 11
 Leistungsfreiheit **650a** 11
 Unmöglichkeit der Leistung **633** 37
 Vergütungsanspruch **650a** 11
Generalübernehmer
 Architekt **631** 41
 Baugeldempfänger **650e** 52
 Begriff **631** 41; **Vorbem 650u** 16
 Vollmacht **Vorbem 650u** 16
 Werkvertrag **631** 41
Generalunternehmer
 Baugeldempfänger **650e** 52
 Sicherungshypothek **650e** 10
 Werkvertrag **631** 32, 41
Geologen
 Haftung **Anh 650p–650t** 1
Geräte
 Beschaffungspflicht **633** 119
 Prüfungspflicht **633** 69
 Vorhaltepflicht **633** 135
Gerüst
 Einheitspreisvertrag **632** 4
 Zusatzvergütung **631** 8
Gerüstbau
 Sicherungshypothek **650e** 14
Gesamtgläubigerschaft
 Besteller **631** 42
Gesamtschuldnerschaft
 ARGE **631** 24
 Besteller **631** 42
 Freihaltungsanspruch **634a** 63;
  Anh III 638 25
 Gewährleistung **633** 78; **634a** 61 ff
 Regressanspruch **634a** 62 f;
  Anh III 638 20, 26
 Schädigung Dritter **Anh III 638** 20
 Sonderfachleute **Anh 650p–650t** 54
 Verjährung **634a** 61
 Werklohn **641** 52
Geschäftsbesorgung
 Auftrag **Vorbem 631 ff** 50
 Begriff **Vorbem 631 ff** 48
 Dienstvertrag **Vorbem 631 ff** 42
 Werkvertrag **Vorbem 631 ff** 45, 48 f

Geschäftsbesorgungsvertrag
  Insolvenzeröffnung **Anh 631** 2, 26 ff
Geschäftsführung ohne Auftrag
  Werkleistung **632** 96, 105 f
  Werkvertrag **631** 77 f
Geschäftsgeheimnis
  Schadensersatz **634** 161
  Überwachungsbefugnis des Bestellers **633** 43, 45
Geschäftsgrundlage
  Leistungsänderung **632** 63
  Preisvereinbarung **632** 34, 58
Geschäftskosten, allgemeine
  Vergütung **632** 63
Geschäftsunfähigkeit des Bestellers
  Werkvertrag **Vorbem 631 ff** 67
Gesellschaft bürgerlichen Rechts
  ARGE **631** 24
  Mehrheit von Unternehmern **631** 25
  Teilschuld **641** 52 ff
Gesellschaftsvertrag
  Architektenleistungen **632** 133
Gewährleistung
  Abdingbarkeit **634** 7
  Abnahme **634** 11
  Bauträgervertrag **Vorbem 650u** 15, 27
  Fristsetzung mit Ablehnungsandrohung **634** 3
  Gesamtschuldnerschaft **634** 15 f; **634a** 61 ff
  Kostenlast **634** 9
  Kostentragung **634** 5
  Mangel **633** 162, 167
  Mangelfreiheit **633** 1
  Mehrheit von Berechtigten **Anh II 638** 18
  Minderung **634** 1, 6
  Nacherfüllung **634** 1, 6
  Neuherstellung **634** 4
  Nichtigkeit des Werkvertrages **631** 79
  Rücktritt **634** 1, 4, 6
  Schadensersatz **634** 1 f, 6
  Vereinbarung **634** 7
  Vergütung, anteilige **645** 9 ff
  Vertretenmüssen **645** 21
  Werkvertrag **Vorbem 631 ff** 26
  Wünsche des Bestellers **Vorbem 631 ff** 55
Gewährleistungsansprüche
  Abtretbarkeit **Anh II 638** 1 ff
    Ausschluss **Anh II 638** 8
    Abtretung **Anh II 638** 9, 12 ff; **650f** 5
    Nebenpflichten **Anh II 638** 13 f
    Schuldnerschutz **Anh II 638** 16
    Teilabtretung **Anh II 638** 15
    Veräußerung des Werkes **Anh II 638** 1, 17
Gewährleistungsausschluss
  Abnahme **639** 10
  Abnahmeprotokoll **639** 35
  Begriff **639** 2
  Haftungsausschluss **634** 7; **639** 10

Gewährleistungsausschluss (Forts)
  Inanspruchnahme eines Dritten, außergerichtliche **639** 37, 63
  Inhaltskontrolle **639** 28 ff
  Vereinbarung **639** 8
  Verhalten des Bestellers **639** 35
  Verweisung an Dritte **639** 36 ff
  Zeitpunkt **639** 7
Gewährleistungsbeschränkung
  Allgemeine Geschäftsbedingungen **639** 20 ff, 24 ff
  Arglist **639** 11
  Auslegung **639** 9
  Begriff **639** 2, 6
  Fahrlässigkeit, grobe **639** 28 ff
  Haftungsbeschränkung **634** 7
  Inhaltskontrolle **639** 28 ff, 71 ff
  Vereinbarung **639** 8
  Vorsatz **639** 29, 32
  Zeitpunkt **639** 7
Gewährleistungsbürgschaft
  Laufzeit **641** 65
  Werklohn **Anh 631** 5
  Zweckbestimmung **641** 61
Gewährleistungserweiterung
  Allgemeine Geschäftsbedingungen **639** 77 f
  Individualvertrag **639** 76
Gewährleistungsfristen
  Bauwerk **634a** 19
  Fristverkürzung **Anh I 638** 5
  Fristverlängerung **639** 83
  Inhaltskontrolle **639** 83
  VOB/B **Anh I 638** 11 ff, 22 ff; **Anh 650a** 7
Gewährleistungssicherheit
  Rückgabe **641** 73
  Verwertung **641** 74
  VOB/B **641** 61 f
Gewerbliche Tätigkeit
  Vergütungspflicht **632** 44
Gewerke
  Abschlagszahlungen **632a** 8
  Einheitspreisvertrag **632** 4
  Werkverträge mit ihren Gesellschaftern **631** 27
Gewinnausfall
  Mangel des Werkes **633** 106
Gewinnerwartung
  Werkvertrag **641** 48
Gleitklauseln
  s Preisgleitklauseln
Globalzession
  Insolvenzanfechtung **Anh 631** 49
Grabmal
  Bauwerk **634a** 20
Grabpflege
  Dauerschuldverhältnis **648** 4
Großanlagenbau
  Mitwirkung des Bestellers **642** 17 f

Gründungsgutachten
  Schadensersatzanspruch **Vorbem 631 ff** 36
Gründungsverhältnisse
  Prüfungspflicht **633** 69
Grundlagenermittlung
  Architektenvertrag **Vorbem 650p ff** 2, 11
Grundschuld
  Insolvenzeröffnung **Anh 631** 42
Grundstück
  Bearbeitung **650** 4 f
  Lieferung **650** 5
  Scheinbestandteile **650** 4
  Schutzpflichten **633** 83
Grundstücksbewertung
  Schadensersatzanspruch **Vorbem 631 ff** 36
Grundstückseigentümer
  Baugeldempfänger **650e** 52
Grundstücksveräußerung
  Bauvertrag **650a** 13
  Erfüllungsansprüche **Vorbem 631 ff** 53
  Gewährleistungsansprüche
    Vorbem 631 ff 53
Grundstückszubehör
  Sicherungshypothek **647** 4
Grundwasser
  Schutzmaßnahmen **633** 84
Gutachten
  Informationsbeschaffung **Vorbem 631 ff** 36
  Mangel **Vorbem 631 ff** 36; **633** 188; **634** 61, 121 f; **635** 2, 5 f
  Schadensersatzanspruch **Vorbem 631 ff** 36
  Verjährung **634a** 27
  Werkleistung **631** 6
  Werkvertrag **Vorbem 631 ff** 33, 35 f
    Vertrag mit Schutzwirkung für Dritte **631** 59

Haarschnitt
  Werkvertrag **631** 3
    Verjährung **634a** 25
Haftungsausschluss
  Werkvertrag **Anh III 638** 13
Haftungsbeschränkung
  Allgemeine Geschäftsbedingungen
    Anh III 638 13
Handakte
  Herausgabepflicht **Vorbem 631 ff** 62
Handelsrecht
  Bauvertragsrecht **650a** 8
Handwerk
  Erbieten von Leistungen **Vorbem 631 ff** 49
  Handelsgewerbe **631** 22
Handwerker
  Sicherungshypothek **650e** 10, 15
Handwerksrolle
  Vertragsanfechtung **631** 88
Hardwareüberlassung
  Vertragsnatur **Vorbem 631 ff** 79

Hauptpflichten
  Werkvertrag **631** 43
  Zahlungspflicht **631** 60
Hauptunternehmer
  Allgemeine Geschäftsbedingungen **631** 39
  Bauhandwerkersicherung **650f** 5
  Haftung **631** 37
  Insolvenz **631** 34
  Insolvenzanfechtung **Anh 631** 51, 58 f
  Planungsverschulden **631** 40
  Vertragspartner des Bestellers **631** 32 ff
Haus, schlüsselfertiges
  Baugeldempfänger **650e** 52
  Beurkundung, notarielle **639** 71 f
  Gewährleistung **Vorbem 631 ff** 19
  Leistungserfolg **632** 56
  Verjährungsfrist **634a** 19
Hausangestellte
  Werkvertrag, Schutzbereich **Anh III 638** 11
Hausbau
  Werkvertrag **Vorbem 631 ff** 2
Haustürgeschäft
  Werkvertrag **631** 74
Hausverbot
  Eigenmacht, verbotene **633** 30a
Heilbehandlung
  Werkvertrag **631** 3
Herausgabepflicht
  Verjährung **Vorbem 631 ff** 63
  Werkvertrag **Vorbem 631 ff** 61 ff; **647** 25
Herstellerangaben
  Beschaffenheit des Werkes **633** 183
Herstellung des Werkes
  aufwendige Herstellung **649** 16 f
  Kaufrecht **Vorbem 631 ff** 19; **634a** 26
  Verjährung **634a** 26
Herstellung neuer Sachen
  Kaufrecht **650** 2
  Werkvertragsrecht **650** 2
Herstellungspflicht
  Abnahme **631** 44
  Behinderung bei der Werkerstellung **631** 20
  Dispositionsfreiheit **633** 3
  Erfüllungsort **631** 46
  Erstellung des Werkes **631** 45
  Hauptpflicht **631** 43
  Lieferungskauf **650** 9 f
  Mitwirkungspflicht
    s dort
  Vorleistungspflicht **631** 17
  Werkvertrag **Vorbem 631 ff** 19; **631** 14, 43 ff; **633** 2
Herstellungsrecht
  Werkvertrag **631** 47
Hilfsmittel
  Herausgabepflicht **Vorbem 631 ff** 61 f
  Schutzpflichten **633** 83

Hinterlegung
  Abschlagszahlungen **632a** 19
  Sicherheitsleistung **641** 66
Hinweispflicht
  Erfolg **631** 8
  Pflichtwidrigkeit **634** 124
  Planungsfehler **633** 20
  Unternehmer **631** 49 ff
  Vergütungsvereinbarung **632** 28
HOAI
  s a Architektenvertrag; s a Gebührenordnungen
  Abschlagszahlungen **632** 131; **632a** 22; **641** 19
  Anwendungsbereich **632** 132 ff
  Auskunftsanspruch **632** 129
  Beratungsleistungen **632** 128
  Fälligkeit **632** 131; **641** 110 ff
  Höchstsätze **632** 128; **Vorbem 650p ff** 22a
  Honorarvereinbarung **632** 128; **641** 114; **Vorbem 650p ff** 22a
  Inländerdiskriminierung **632** 128
  Kosten, anrechenbare **632** 129
  Kostenprüfung **Anh 650p–650t** 35
  Leistungsbilder **632** 129; **634a** 24; **Vorbem 650p ff** 1 ff, 11; **Anh 650p–650t** 6
    Außenanlagen **Vorbem 650p ff** 12
  Leistungsphasen **634a** 24
    Prozentsätze **632** 129; **650p** 2
  Mindestsätze **632** 128; **Vorbem 650p ff** 22a
  Nebenkosten **632** 130
  Nettohonorar **632** 130
  Rechnung **641** 8, 20
    Fälligkeitsvoraussetzung **641** 28
  Schlussrechnung **632** 131
  Schriftform **Vorbem 650p ff** 15
  Umsatzsteuer **632** 130
Hochbau
  Bauwerk **634a** 20
Höchstpersönlichkeit
  Leistungsverweigerungsrecht **633** 149
  Werkleistung **Vorbem 631 ff** 51, 68; **633** 56, 108
Höhere Gewalt
  Ausführungsfristen, Verlängerung **642** 56
  Vergütungsgefahr **644** 34; **645** 42 f
Holschuld
  Werkleistung **631** 48
Hufbeschlag
  Vertragsnatur **Vorbem 631 ff** 36
Hypothek
  Deliktshaftung **Anh III 638** 15

Immobilienanlagen
  Prospekthaftung **Vorbem 650u** 10 ff; **Anh 650v** 11
Immobiliendarlehensvertrag
  Werklohn **631** 76

Immobilienfonds, geschlossener
  Prospekthaftung, Verjährung
    Vorbem 650u 12
Individualsoftware
  Abschlagszahlungen **632a** 4
  Bedienungshandbuch **Vorbem 631 ff** 81; **633** 155
  Funktionsfähigkeit **Vorbem 631 ff** 79
  Instruktionspflicht **633** 155
  Pflichtenheft **Vorbem 631 ff** 81; **633** 117; **642** 11
    Beratungspflicht **Vorbem 631 ff** 81
  Quellenprogramm **Vorbem 631 ff** 81
  Verjährung **634a** 27
  Werkvertragsrecht **650** 15
Industrieanlage
  Werkvertrag **Vorbem 631 ff** 2
Informationspflicht
  Kosten **649** 1, 6, 8 ff, 32
    Beweislast **649** 15
    Schadensersatzpflicht **649** 12 ff
  Schlusszahlung **641** 92
  Unternehmer **Vorbem 631 ff** 58 f; **631** 66
  Werkleistung **Vorbem 631 ff** 58
Ingenieur
  Sicherungshypothek **650e** 10, 14
  Vergütung **632** 128
Inhaltskontrolle
  Abnahme **640** 70 ff
  Aufrechnung **639** 27
  Gewährleistungsbeschränkung **639** 58 ff, 62 ff
  Individualvertrag **639** 71 ff
  Vertragszweckgefährdung **639** 62, 68
  VOB/B **Anh I 638** 6 f; **650a** 21 f
Innengesellschaft
  Unternehmerzusammenschluss **631** 23
Insolvenz
  Absonderungsrechte **Anh 631** 44
  Altforderungen **Anh 631** 14, 24
  Besteller **Vorbem 631 ff** 67
  Ermächtigungswirkung **Anh 631** 41
  Geschäftsbesorgungsvertrag **Anh 631** 2 f, 26 ff
  Gläubigergleichbehandlung **Anh 631** 48
  Lösung vom Vertrag **Anh 631** 31 ff
  Lösungsklauseln **Anh 631** 31b, 33 f, 38
  Masseverbindlichkeiten **Anh 631** 10
  Personalsicherheiten **Anh 631** 41
  Pflichtverletzung **Anh 631** 34
  Realsicherheiten **Anh 631** 42
  Sicherheiten in der Insolvenz **Anh 631** 41 ff
  Sicherheitenverwertung **Anh 631** 42 ff
    Feststellungskostenpauschale
      Anh 631 43 f
    Verwertungskostenpauschale
      Anh 631 43 f
  Sicherungsmaßnahmen des Insolvenzgerichts **Anh 631** 38

Insolvenz (Forts)
　Sperrwirkung **Anh 631** 41, 56
　Verfügungsverbot **Anh 631** 1, 38
　Vertragsbeendigung **Anh 631** 3
　Vertragsverletzung **Anh 631** 31
　Vorwirkung **Anh 631** 33
　Wahlrecht des Insolvenzverwalters
　　Anh 631 2 ff
　　Aufforderung zur Ausübung des
　　　Wahlrechts **Anh 631** 9, 38
　　Erfüllungsablehnung **Anh 631** 6, 12, 14
　　– Aufrechnung **Anh 631** 14
　　– mangelhafte Leistungen **Anh 631** 19
　　– Schadensersatz statt der Leistung
　　　Anh 631 12
　　Erfüllungswahl **Anh 631** 6, 10 f
　　– Anfechtung **Anh 631** 8
　　– Aufrechnung **Anh 631** 11
　　– Erfüllungsansprüche **Anh 631** 10
　　– mangelhafte Leistungen **Anh 631** 19 ff
　　– Sekundäransprüche **Anh 631** 10
　　– Teilleistungen **Anh 631** 13 ff, 19
　　– Unbedenklichkeitsbescheinigung
　　　Anh 631 10, 24
　　– Vorleistung des Insolvenzschuldners
　　　Anh 631 13 f
　　– Vorleistung des Vertragspartners
　　　Anh 631 15 ff
　　– Werthaltigmachen **Anh 631** 11
　　Kompetenz **Anh 631** 7
　　Verfahrenseröffnung **Anh 631** 38
　　Vertrag, beiderseitig nicht vollständig
　　　erfüllter **Anh 631** 2
　　– Erfüllung **Anh 631** 4
　　– Gegenseitigkeit **Anh 631** 3
　　– Kündigung **Anh 631** 4
　　– mangelhafte Leistung **Anh 631** 4
　　– Minderung **Anh 631** 4
　　– Rücktritt **Anh 631** 4
　　– Schadensersatz statt der Leistung
　　　Anh 631 4
　　– Selbstvornahme **Anh 631** 4
　　– Unmöglichkeit **Anh 631** 4
　　– Werkleistung **Anh 631** 4
　　– Werklohn **Anh 631** 5
　　Vertrag, einseitig erfüllter **Anh 631** 23 ff
　　Willenserklärung, empfangs-
　　　bedürftige **Anh 631** 8
　Werklieferungsvertrag **Anh 631** 3
　Werkvertrag **Anh 631** 2 f
Insolvenzanfechtung
　Äquivalenztheorie **Anh 631** 46
　Anfechtungsfristen **Anh 631** 47
　Anfechtungsgründe **Anh 631** 46 ff
　Anweisungsfälle **Anh 631** 58 f
　Bargeschäftsausnahme **Anh 631** 39 f, 53 ff
　　Abschlagszahlungen **Anh 631** 54
　　Gleichwertigkeit **Anh 631** 53

Insolvenzanfechtung (Forts)
　　Leistungsaustausch, unmittelbarer
　　　Anh 631 54
　Benachteiligung, objektive **Anh 631** 46
　　mittelbare Benachteiligung
　　　Anh 631 46, 57
　Bereicherungshaftung **Anh 631** 60
　Deckungsanfechtung **Anh 631** 47 ff
　　inkongruente Deckung **Anh 631** 40,
　　　48 ff, 53
　　kongruente Deckung **Anh 631** 39 f, 48,
　　　52 f
　Drittleistung **Anh 631** 58 ff
　Gesellschafterdarlehen **Anh 631** 47
　Leistung, unentgeltliche **Anh 631** 47
　Leistungsannahme nach Insolvenzantrag
　　Anh 631 39
　Lösungsklauseln **Anh 631** 36 f
　Naturereignisse **Anh 631** 46
　Pfandrechte, gesetzliche **Anh 631** 52
　Rechtshandlungen **Anh 631** 46
　　Rückabwicklung **Anh 631** 45 f
　　unmittelbar nachteilige Rechtshandlun-
　　　gen **Anh 631** 47
　Rückgewähranspruch, schuldrechtlicher
　　Anh 631 45
　　Rückgewähr in Natur **Anh 631** 60
　safe harbour **Anh 631** 53
　Sicherungshypothek **Anh 631** 52; **650e** 41
　Unterlassungen **Anh 631** 46
　Unternehmerpfandrecht **Anh 631** 52
　Versicherungsforderung **Anh 631** 46
　Verzinsung **Anh 631** 60
　Vorsatzanfechtung **Anh 631** 37, 47, 53, 55 ff
　　Änderungsgesetz **Anh 631** 55
　　bedingter Vorsatz **Anh 631** 56
　　Beweisanzeichen **Anh 631** 56
　　Forderungssicherungsgesetz **Anh 631** 59
　　Zahlungsunfähigkeit, drohende
　　　Anh 631 56
Insolvenzantrag
　Eigenantrag des Auftraggebers
　　Anh 631 31a
　Lösung vom Vertrag **Anh 631** 31 f, 33
　Schuldner, Rechtsstellung **Anh 631** 38
Insolvenzaufrechnung
　Aufrechnungsausschluss **Anh 631** 65
　Aufrechnungslage nach Insolvenz-
　　eröffnung **Anh 631** 61 ff
　Aufrechnungslage vor Insolvenzeröffnung
　　Anh 631 62
　Schlusszahlung **Anh 631** 64
Insolvenzeröffnung
　Lösung vom Vertrag **Anh 631** 31 f
Insolvenzverwalter
　Personenidentität vorläufiger/endgültiger
　　Verwalter **Anh 631** 7, 9
　vorläufiger Insolvenzverwalter
　　Anh 631 7, 38

Insolvenzverwalter (Forts)
    schwacher vorläufiger Insolvenzverwalter **Anh 631** 38
    starker vorläufiger Insolvenzverwalter **Anh 631** 38
    Wahlrecht des Insolvenzverwalters
        s Insolvenz
Inspektion
    Verjährung **634a** 26
    Werkleistung **640** 23
Instandhaltung
    Bauvertrag **650a** 4
    Wartungsvertrag **650a** 4
Instandsetzung
    Bauhandwerkersicherung **650f** 4
Instruktionspflicht
    Erfüllungspflicht **633** 155
    Verjährung **633** 155
Internet-Domain
    Werkvertrag **Vorbem 631 ff** 82
Internet-Provider-Vertrag
    Access-Provider-Vertrag **Vorbem 631 ff** 82
    Application-Service-Providing **Vorbem 631 ff** 82
    Rechtsnatur **Vorbem 631 ff** 82
    Web-Hosting-Vertrag **Vorbem 631 ff** 82
Internet-System-Vertrag
    s Internetpräsenz
Internetpräsenz
    Pflege **Vorbem 631 ff** 82
    Wartung **Vorbem 631 ff** 82
    Werkvertrag **Vorbem 631 ff** 79, 82
invitatio ad offerendum
    Geschäftsbesorgung **Vorbem 631 ff** 49
Irrtumsanfechtung
    Beschaffenheit des Werkes **631** 87
    Eigenschaftsirrtum **631** 87
    Preisvereinbarung **632** 32
    Vergütung, übliche **632** 53
    Werkvertrag **631** 86 f
Istbeschaffenheit
    Beweislast **633** 191

Jahresbilanz
    Werkvertrag **Vorbem 631 ff** 41
Jugendliche
    Erbieten von Leistungen **Vorbem 631 ff** 49
Jungtiere
    Aufzucht **650** 8

Kalkulation
    Preisanpassung **631** 68
    Sittenwidrigkeit **631** 84a, 90
Kalkulationsirrtum
    culpa in contrahendo **632** 58
    Kenntnis **632** 40
    Leistungsverweigerungsrecht **632** 40
    Motivirrtum **632** 33
    Rechnung **632** 122

Kalkulationsirrtum (Forts)
    Vergütungspflicht **632** 2, 33 ff
    Vertragsauslegung **632** 34, 36
Kaskadenprinzip
    Vergaberecht **Anh 650a** 7
Kauf
    Abgrenzung **Vorbem 631 ff** 4, 6, 18 ff; **631** 14
        Lieferungskauf **650** 13
    Fremdfertigung **Vorbem 631 ff** 19
    Gefahrübergang **644** 24
    Kündigung **648** 59
    Vertragsgegenstand **Vorbem 631 ff** 19
    Werkvertragsrecht **Vorbem 631 ff** 6
Kauf auf Abbruch
    Rechtsnatur **Vorbem 631 ff** 21
Kauf mit Montageverpflichtung
    Vertragszuordnung **Vorbem 631 ff** 21; **650** 14
Klage
    Erfolg der Werkleistung **631** 15
Kleingeschäfte des täglichen Lebens
    Zinspflicht **641** 129
Klempner
    Sicherungshypothek **650e** 13
Körperteile
    Verjährung **634a** 25
Körperverletzung
    Schadensersatz **Vorbem 631 ff** 22; **634** 76, 161; **634a** 3; **Anh I 638** 2, 7b, 37, 41
    Schadensvermeidung **Anh III 638** 1
Kommissionsvertrag
    Kündigung **Vorbem 631 ff** 37
    Rechtsnatur **Vorbem 631 ff** 32, 37
Kontrahierungszwang
    Planungsänderung **650b** 3
Kontrollrechte
    Subunternehmereinsatz **631** 41a
Kooperationspflichten
    Werkvertrag **631** 66
Koordinierung
    Verschulden **633** 40
    Werkleistung **Vorbem 631 ff** 54; **631** 64; **633** 15 f, 18, 31, 33
Koordinierungsmangel
    Mangelursache **633** 163, 165
    Verantwortungsbereich des Bestellers **633** 193; **634** 19
Koordinierungspflicht
    Architektenvertrag **Anh 650p–650t** 26
Koppelungsverbot
    Architektenvertrag **631** 81; **632** 30c; **Vorbem 650p ff** 17 ff
    Nichtigkeitsfolge **Vorbem 650p ff** 20 ff
    Verbot, gesetzliches **632** 30c; **Vorbem 650p ff** 20 f
Kosten
    Informationspflicht **649** 1, 6, 8 ff, 12 ff, 32
Kostenänderung, nachträgliche
    Abwarten, Pflicht zum **649** 11

Kostenanschlag
  Architektenvertrag **Vorbem 650p ff** 8
  Berechnungsgrundlagen **649** 20, 33 ff
    Aufwand, Höchstbetrag **649** 35
  Einheitspreisvertrag **649** 7, 33 ff
  Festpreisvereinbarung **649** 7
  Informationspflicht **649** 7
  Kündigungsrecht des Bestellers **649** 18 ff
  Nachweis der Unrichtigkeit **649** 21
  Pauschalpreisvertrag **649** 7, 33 ff
  Richtigkeitsgewähr **649** 7
  Verbindlichkeit **649** 33
  Vergütung **632** 1, 109
  Vertragsinhalt **649** 21
  Verzicht auf Kostenanschlag **649** 21
Kostenerstattung
  Abtretbarkeit **Anh II 638** 4
  Selbstvornahme des Bestellers **634** 40 ff
  teilbare Leistung **Anh II 638** 18
Kostengarantie
  Werklohn **632** 25
Kostenkontrolle
  Erstellung des Werkes **649** 2 ff
Kostensteigerung
  Auflagen, behördliche **649** 22
  Erweiterung des Werkes **649** 22
  Fehleinschätzung **649** 22 f
  Kündigungsrecht **649** 23, 25 ff
    Form der Kündigung **649** 26
    VOB/B **649** 36
  Kündigungsrecht des Bestellers **649** 1
  Ursachen **649** 22
  Verteuerung **649** 22
  Zusatzarbeiten **649** 22
  Zusatzwünsche **649** 22
Kostenüberschreitung
  Angaben, unzutreffende **649** 21
  Informationspflicht **649** 32
  Kündigungsrecht **649** 18 ff
    Allgemeine Geschäftsbedingungen **649** 32
    Ausschluss **649** 32
    Beweislast **649** 27, 30
    Gewinn **649** 29
    Teilvergütung **649** 28 f
    Unkosten **649** 28
  Schadensersatzanspruch **649** 31
  Vertragsanpassung **649** 25
  Wesentlichkeit **649** 22, 24, 26
Kostenvorschuss
  Abtretbarkeit **Anh II 638** 4
  Gewährleistung **634** 4
  unteilbare Leistung **Anh II 638** 18
Krankenhausvertrag
  Rechtsnatur **Vorbem 631 ff** 36
Kreditvertrag
  Bauvorhaben **Vorbem 650u** 3
Kreditwürdigkeit
  arglistige Täuschung **631** 88

Kreditwürdigkeit (Forts)
  Vertragsanfechtung **631** 87
Krieg
  höhere Gewalt **644** 36
Kündigung
  Abnahme **640** 15
  Architektenvertrag **Vorbem 650p ff** 14
  Aufwendungen des Unternehmers **648** 7
  Bauträgervertrag **648** 11; **650** 5 f; **650u** 7
  Beweislast **Vorbem 631 ff** 66
  Dauerschuldverhältnis **648** 2
  Dauervertrag **650h** 2
  freie Kündigung
    s Kündigung, freie
  Gewährleistungsrecht **634** 11
  jederzeitige Kündigung **Vorbem 631 ff** 66; **648** 6, 12
  Mängelbeseitigung **634** 14
    Verweigerung **633** 106
  Mangel des Werkes **633** 106
  Neuherstellung **634** 14
  Rücknahme des Werkes **640** 16
  Schriftform **650h** 1 ff
  Teilleistungen **Anh 631** 13
  zur Unzeit **648** 12
  Vergütung **631** 47
  Verjährungsbeginn **634a** 41
  Verzicht auf das allgemeine Kündigungsrecht **Vorbem 631 ff** 66
  Werk, unfertiges **631** 17
  Zahlungspflicht **648** 3
  zur Unzeit **Vorbem 631 ff** 66
Kündigung aus wichtigem Grund
  Abmahnung **648a** 5 f
  Abrechnung des Vertrages **648a** 11, 19, 26
  Abschlagszahlungen **632a** 12
  Bedingungsfeindlichkeit **648a** 9
  Begründung **648a** 9
  Dauerschuldverhältnis **648** 4
  Dienstvertrag **Vorbem 631 ff** 26
  Erstattungsanspruch **648a** 19
  Fehlverhalten des Unternehmers **648** 10e
  Fertigstellung der Leistung **648a** 19
  Fristsetzung **648a** 5 f
  Gegenstand der Kündigung **648a** 10
  Generalklausel **648a** 2, 14
  Interessenabwägung **648a** 7
  Kündigung des Bestellers **648a** 15 ff
  Kündigung des Unternehmers **648a** 24 ff
  Kündigungsgründe **648a** 4
  Leistungsstand, gemeinsame Feststellung **648a** 12
  Mehrkosten für eigenes Aufmaß **648a** 19
  Mitwirkung, unterlassene **643** 2, 4 ff; **648a** 4; **650h** 2
  Nacherfüllung **634** 14
  Nachschieben des wichtigen Grundes **648** 3, 18; **648a** 4, 9
  Pflichtverletzung **648a** 3 f

Kündigung aus wichtigem Grund (Forts)
  Schadensersatzanspruch **648a** 3, 13, 19
  Schriftform **648a** 26; **650h** 2
  Teilkündigung **648a** 7, 10
  Umdeutung **648** 19
  Verfristung **648a** 8
  Vergütung **631** 47
  Vertragsbeendigung, sofortige **648a** 6
  Vertrauensverlust **648a** 3 f
  Verzögerung der Werkleistung **633** 125a
  VOB/B **648a** 2, 14
  Vorrang **648** 18
  Werkvertrag **Vorbem 631 ff** 4, 26, 66; **631** 20; **643** 2; **648** 2; **648a** 1 ff
  Willenserklärung **648a** 9
  Zahlungspflicht **648** 3
  Zahlungsverzug des Bestellers **648a** 25
Kündigung des Bestellers
  Abnahme des Werkes **648** 10, 14, 32
  Abrechnungsschuldverhältnis **648** 9, 15, 24
  Allgemeine Geschäftsbedingungen **648** 22, 39
  Aufwendungen, ersparte **648** 19, 28, 38
    Altverträge **648** 39, 46
    Auskunftsanspruch **648** 48
    Darlegungslast, sekundäre **648** 47 f, 50
    Kalkulation, Aufdeckung **648** 47 f
    Lohnkosten **648** 38
    Materialbeschaffung **648** 38
    Neuverträge **648** 39, 42, 44, 50
    Pauschalierung **648** 39, 44
    Personalkosten **648** 38
    Risikoaufschlag **648** 38
  Aufwendungen, zusätzliche **648** 53
  Ausschluss **648** 21 f
  Begründung **648** 11
  Beweislast **648** 28, 41 ff, 49 f
  Darlegungslast **648** 28, 41 ff, 49 f
  Einheitspreisvertrag **648** 25, 35 f, 43, 48
  Erklärung **648** 16 f
  Folgekosten **648** 53
  freie Kündigung **648** 5 f, 11
  Frist **648** 54
  Gesamtmenge **648** 54
  Individualvereinbarung **648** 21
  Kostenanschlag, Überschreitung **649** 18 ff
  Kostensteigerung **649** 1
  Leistungsverbleib **648** 10b
  Mängel der Werkleistung **648** 10a, 28
  Menge, unbestimmte **648** 54
  Mindestlaufzeit des Vertrages **648** 54
  Pauschalpreisvertrag **648** 26, 35 f, 43, 48
  Schadensersatzanspruch des Bestellers **648** 10d, 34
  Schadensminderungspflicht des Unternehmers **648** 41
  Schadlosstellung **648** 7, 32, 34, 53
  Sicherheitsverwertung **648** 33
  Skonto **648** 35

Kündigung des Bestellers (Forts)
  Teilkündigung **648** 20
    Zumutbarkeit **648** 20
  Überzahlungen **648** 27
  Umsatzsteuer **648** 33, 35
  Vertragsaufhebung **648** 8, 15, 23 ff
  Vertragsstrafe **648a** 23
  VOB/B **648a** 2
  Vollendung des Werkes **648** 14
  vorvertragliche Phase **648** 13
  Werk, Rücknahme **648** 29
  Werk, Überlassung **648** 29
  Werklohn **648** 24 ff
  Werklohnanspruch **648** 9, 18, 24, 30 ff
    Absicherung, teilweise **648** 52
    Berechnung **648** 35 f
    Erfüllungsanspruch **648** 30, 32
    Erwerb, anderweitiger **648** 40, 50
    Fälligkeit **648** 10c, 30, 32, 37
    Gewinnmarge **648** 45
    Schlussrechnung **648** 37
    Teilklage **648** 52
    Teilzession **648** 52
  Werkvertrag **648** 11
  Willenserklärung, einseitige empfangsbedürftige **648** 16 f
  Zeit, unbestimmte **648** 54
Kündigung des Unternehmers
  Abrechnung **643** 3
  Allgemeine Geschäftsbedingungen **643** 20
  fristlose Kündigung **643** 3
  Mitwirkung des Bestellers, unterlassene **643** 1 ff
  Mitwirkung, unterlassene **643** 4
  VOB/B **643** 21 ff; **648a** 2
Kündigung, freie
  Insolvenzfestigkeit **Anh 631** 31a
  Kündigung des Bestellers **648** 5 f, 11
  Vergütung **643** 3
  Werklohn **648** 3
  Werkvertrag **648** 2, 5 f, 11
Künstlerische Leistungen
  Bauhandwerkersicherung **650f** 3
  Gestaltungsfreiheit **631** 10; **633** 188
  Höchstpersönlichkeit **Vorbem 631 ff** 51
  Mangel **633** 196
  Mitwirkung des Bestellers **642** 17
  Sicherungshypothek **650e** 10
  Unvermögen **633** 148
  Vertragsnatur **Vorbem 631 ff** 38; **650** 15
Kulturelle Veranstaltung
  Werkvertragsrecht **Vorbem 631 ff** 5
Kunstaufführung
  Fixgeschäft, absolutes **633** 148
  Gefahrtragung **644** 2
  Vollendung des Werkes **646** 11
  Werkvertragsrecht **Vorbem 631 ff** 38; **631** 6

Labordiagnostik
  Werkvertragsrecht **Vorbem 631 ff** 35
Lärmschutz
  Vergütung **632** 61
Lagerplätze
  Baustelle **631** 66b
  Bereitstellungspflicht **633** 80
Lagerrecht
  Regelung, gesetzliche **Vorbem 631 ff** 78
Leichnam
  Verjährung **634a** 25
Leistungen, besondere
  Vergütung **632** 61
Leistungen, eigenmächtige
  Anerkenntnis **632** 102
    Beweislast **632** 102
  Anzeigepflicht **632** 103 f
  Bereicherung, aufgedrängte **632** 105
  Beseitigungsanspruch **632** 96, 99
    Fristsetzung **632** 100
  Genehmigung **632** 106
  Geschäftsführung ohne Auftrag **632** 96, 105 f
  Kostenvorschuss **632** 100
  notwendige Leistungen **632** 96, 103
  Schadensersatz **632** 96, 101
  Vergütung **632** 96, 98, 102 f
  Verjährung **632** 101
  Wille, mutmaßlicher **632** 103
  willkommene Leistungen **632** 96
Leistungen, zusätzliche
  s Zusatzleistungen
Leistungsänderung
  Abtretungsausschluss **Vorbem 631 ff** 53
  Anordnung des Bestellers **632** 81
  Auflagen, behördliche **633** 7
  Ausführungsrecht des Unternehmers **633** 14a
  Bauvertrag **650a** 13 f
  Geschäftsgrundlage **632** 63
  Leistungsverweigerungsrecht **632** 83; **633** 14
  nachträgliche Leistungsänderung **632** 80 ff
  Preisanpassung **632** 82; **633** 10
  uneigentliche Leistungsänderung **632** 63
  Vergütung **632** 55, 63 ff
  VOB-Vertrag **633** 10
  Zumutbarkeit **633** 9 ff, 37
    Beweislast **633** 10
  Zurechenbarkeit **632** 81
Leistungsaustausch
  Werkvertrag **Vorbem 631 ff** 10; **641** 1, 3c
Leistungsbeschränkung 633 96
  nachträgliche Beschränkung **632** 75
  Vergütung **632** 75 ff
  VOB-Vertrag **633** 10
  wichtiger Grund **632** 76
Leistungsbeschreibung
  Aufklärungspflicht **631** 55 f; **639** 4 f
  Auslegung **632** 36

Leistungsbeschreibung (Forts)
  Ausschreibung **Anh 650a** 10
  Bauvertrag **650a** 18
  Bestimmtheit **631** 7
  Erfolg **631** 8
  funktionale Leistungsbeschreibung **632** 80; **633** 117
  Leistungsänderung **650c** 12
  mit Leistungsprogramm **633** 117
  mit Leistungsverzeichnis **633** 117
  Materialien **Anh 650p–650t** 21
  Vergütungspflicht **631** 8; **632** 35 f
Leistungsbestimmung
  Besteller **631** 10
  Unternehmer **631** 10
Leistungsbestimmungsrecht
  Zahlungsanspruch **632** 50, 54, 120
Leistungsbilder
  s HOAI
Leistungserbringung
  Erschwerung **632** 59
  Freiheit des Unternehmers **633** 54 ff
Leistungserschwernisse
  Vergütungsgefahr **645** 42
Leistungserweiterung
  Ankündigung des Zahlungsanspruchs **632** 85, 87 ff; **650c** 15
  geschuldete Leistung **650c** 18
  Hinweispflicht, doppelte **632** 89
  Preisvereinbarung **632** 92 f
  Vergütung **632** 85 ff
  s a Zusatzvergütung
  VOB/B **650c** 13 ff
  Werkvertrag **Vorbem 631 ff** 55; **631** 20; **632** 2
  Vergütung **632** 60
Leistungsgefahr
  Beschädigung des Werkes **644** 8
  Ende **644** 12
  Ersatzlösungen **644** 6
  Ersetzungsbefugnis **644** 6
  Mängel des Werkes **644** 7
  Mitwirkungsverweigerung **644** 6
  Untergang des Werkes **644** 8
  Vergütung, anteilige **645** 6
  VOB/B **644** 31
  Werkvertrag **644** 3, 5 ff
Leistungsgegenstand
  Änderung **Vorbem 631 ff** 5
Leistungskette
  Bauträgerschaft **641** 40
  Durchgriffsfälligkeit **641** 40 ff
  Minderung **634** 108
  Subunternehmereinsatz **Anh 631** 51; **634** 108; **634a** 23; **641** 40; **650e** 51 f
Leistungsobjekt
  Austausch **Vorbem 631 ff** 53
Leistungsort
  Werkvertrag **634** 26; **641** 49

Leistungsphase 1
  Grundlagenermittlung **Vorbem 650p** 2, 11
Leistungsphase 2
  Vorplanung **Vorbem 650p** 3, 11
Leistungsphase 3
  Entwurfsplanung **Vorbem 650p** 4, 11
Leistungsphase 4
  Genehmigungsplanung **Vorbem 650p** 5, 11
Leistungsphase 5
  Ausführungsplanung **Vorbem 650p** 6, 11
Leistungsphase 6
  Vergabe, Vorbereitung **Vorbem 650p** 7, 11
Leistungsphase 7
  Vergabe, Mitwirkung bei **Vorbem 650p** 8, 11
Leistungsphase 8
  Objektbetreuung **650s** 3
  Objektüberwachung **Vorbem 650p** 9, 11; **650s** 3
  Teilvollendung **639** 52; **641** 112, 120a
Leistungsphase 9
  Abnahme des Werkes **634a** 63
  Dokumentation **Vorbem 650p** 10 f; **650s** 3
  Objektbetreuung **Vorbem 650p** 10 f; **650s** 3
  Vollendung des Werkes **634a** 38; **639** 52; **641** 112
Leistungsphasen
  HOAI **634a** 24
  Prozentsätze **632** 129; **650p** 2
  Honoraranspruch **Anh 650p–650t** 13
  Honorarkürzung **Anh 650p–650t** 13
  Nichterbringung **Anh 650p–650t** 13
  Vergütungspflicht **632** 118
Leistungsprogramm
  Leistungsbeschreibung, funktionale **633** 117
Leistungsstand
  Beweislast **648a** 12
  Feststellung, gemeinsame **648a** 12
    Anfechtung **648a** 12
    Terminbestimmung **648a** 12
Leistungsstörungen
  Werkvertrag **Vorbem 631 ff** 7
  Zukunftsbezogenheit **631** 20
Leistungssubstrat
  Beschaffungsobliegenheit **645** 40 f
  Ersatz **645** 39
  Vergütungsgefahr **645** 38
Leistungsumfang
  Änderung **Vorbem 631 ff** 5
  Gebrauchserwartung **632** 34
  Werklohn **632** 55
Leistungsverweigerungsrecht
  Inhaltskontrolle **639** 24
  Unternehmer **633** 149
Leistungsverzeichnis
  Auslegung **631** 85
  Leistungsbeschreibung **633** 117
  Prüfungspflicht **633** 69

Leistungsvollendung
  Werkleistung **633** 137
Leistungszeitraum
  Verschiebung **632** 80
Lieferanten
  Erfüllungsgehilfeneigenschaft **Anh III 638** 10
  Sicherungshypothek **650e** 9
  Sicherungsmittel **650e** 2
Lieferung neu herzustellender beweglicher Sachen
  Kaufrecht **631** 5
  Werkvertragsrecht **631** 5
Lieferungskauf
  s a Werklieferungsvertrag
  Abgrenzung **650** 13
  Herstellungspflicht **650** 9 f
    Weitervergabe der Herstellung **650** 9
Liquidität
  Abschlagszahlungen **632a** 2 f
  Aufklärungspflicht **Vorbem 650u** 6
  Werklohneinbehalte **641** 67
locatio conductio
  Miete **Vorbem 631 ff** 22
  Werkvertrag **Vorbem 631 ff** 8, 22
locator
  Besteller **Vorbem 631 ff** 8
Lösung vom Vertrag
  gesetzliche Lösungsmöglichkeiten **Anh 631** 31a, 33
  insolvenzabhängige Gründe **Anh 631** 31, 33
  Insolvenzanfechtung **Anh 631** 36 f
  Insolvenzantrag **Anh 631** 31 f
  Insolvenzeröffnung **Anh 631** 31 f, 38
  insolvenzunabhängige Gründe **Anh 631** 31
  Klauselkontrolle **Anh 631** 35
  Kündigungsrecht **Anh 631** 31a, 34
  Lösungsklauseln, vertragliche **Anh 631** 31b, 33 f
  Vermögensverfall **Anh 631** 31a
  Verwalterwahlrecht, Ausschluss **Anh 631** 32
  Vorwirkung **Anh 631** 33
Lohngleitklauseln
  Bagatellklauseln **632** 29

Mängelanzeige
  Fristsetzung **639** 46 f
  Mangel, offensichtlicher **639** 46, 48
Mängelbeseitigung
  Abnahme **633** 89
  vor Abnahme **634** 13
  Absehen von der Beseitigung **634** 151
  Annahmeverzug **634** 46
  Auftrag, neuer **634** 10
  Aufwand, unverhältnismäßiger **633** 90, 92, 101
  Begehren der Mängelbeseitigung **Anh I 638** 27

Mängelbeseitigung (Forts)
  Beseitigungspflicht **633** 90 ff
  Duldungspflicht **634** 37 f; **635** 7
  Eigenarbeit **634** 153
  Einklagbarkeit **633** 94
  Einverständnis des Bestellers **634** 8
  Erfüllungspflicht **633** 89
  Erfüllungsanspruch **634** 27
  Erledigung der Hauptsache **633** 94
  Ersatzvornahme **633** 95; **Anh 650p–650t** 33
  Fälligkeit **633** 94
  Fristsetzung **633** 95, 97 f, 101; **634** 151; **648a** 18
    Angemessenheit **633** 97
    Entbehrlichkeit **633** 97; **634** 151
  Fristsetzung vor Fälligkeit **633** 3a, 89
  Klageantrag **Anh I 638** 27
  Kosten **633** 103 f; **634** 151; **639** 44
  Kostenbeteiligung des Bestellers **633** 194; **644** 7
  Kostenübernahme **633** 90; **634** 9, 15
  Kostenvorschuss **634** 4; **634a** 10
  Nachbarschaftshilfe **634** 153
  Nachbesserungsanspruch **633** 92
  Nacherfüllung **634** 28
  Neuherstellung **633** 92; **634** 32 f
  Planungsfehler **633** 90
  Sachverständigenkosten **634** 26a
  Selbstvornahme des Bestellers
    s dort
  Sicherheitsleistung **634** 21, 47
  Sowieso-Kosten
    s dort
  Überwachung **Anh 650p–650t** 33
  unbefugte Mängelbeseitigung **635** 7
  Unmöglichkeit **633** 102; **635** 7
  Unvermögen **635** 7
  Vergütung **632** 57
  Verweigerung **633** 98, 106
  Verzug **633** 107
  Vollstreckungsklausel **634** 46
  Zeitraum **633** 93
  Zwangsvollstreckung **633** 94 f
Mängeleinrede
  Abschlagszahlungen **634** 11
  Betrag **634** 46
  Beweislast **634** 46
  Darlegungslast **634** 46
  Gewährleistung **634** 6
  mehrere Mängel **634** 46
  Nacherfüllungsanspruch **634** 46
Mängelhaftung
  Werkvertrag **Vorbem 631 ff** 9
Mängelrüge
  Architektenvollmacht **Vorbem 650p ff** 25, 29
  Überprüfung **634** 15
    Kosten **635** 5

Makler
  Prospekthaftung **Vorbem 650u** 11
Makler- und Bauträgerverordnung
  Abschlagszahlungen **641** 19
  Auflassungsanspruch, Vormerkung **Vorbem 650u** 5
  Baubetreuung **Vorbem 650u** 5; **Anh 650v** 6
  Baugenehmigung **Vorbem 650u** 5, 14
  Bauträgerschaft **Vorbem 650u** 14
  Bauträgervertrag **650v** 1 f, 5 f
  Bürgschaft **Vorbem 650u** 14
  Freistellung des Objekts von Grundpfandrechten **Vorbem 650u** 5, 14
  Genehmigungen **Vorbem 650u** 5
  Sicherheitsleistung **641** 74a; **Vorbem 650u** 5, 14
  Verbotsgesetz **Vorbem 650u** 14
  Vermögenswerte, Entgegennahme **Vorbem 650u** 14; **Anh 650v** 8
  Vertrag **Vorbem 650u** 5
  Vorauszahlungen **641** 18
  Vormerkung **Vorbem 650u** 14; **Anh 650v** 8
  Zahlungsplan **Vorbem 650u** 14
Maklervertrag
  Abgrenzung **Vorbem 631 ff** 70 ff; **631** 6
  Erfolg **Vorbem 631 ff** 70 f
  Tätigkeitspflicht, fehlende **Vorbem 631 ff** 70
  Vergütung **Vorbem 631 ff** 70
  Werkvertrag **Vorbem 631 ff** 71
    fingierter Werkvertrag **Vorbem 631 ff** 72
Maler
  Sicherungshypothek **650e** 13
Malerarbeiten
  Bauhandwerkersicherung **650f** 3 f
Mangel des Werkes
  Abnahme **640** 40 f
    Mangel nach Abnahme **633** 104
    Mangel vor Abnahme **633** 102 ff
  Änderungswünsche des Bestellers, Nichtberücksichtigung **642** 39
  Beeinträchtigung **633** 189
  Begriff **633** 162
    funktionaler Mangelbegriff **633** 184a ff
  Benachrichtigungspflicht **Vorbem 631 ff** 58
  Beweislast **633** 90, 184c, 191; **639** 53; **640** 2, 5
    Benachteiligung, unangemessene **639** 78
  Einstandspflicht **633** 55; **634** 16
  Entdecken **639** 12
  Erheblichkeit **631** 43; **633** 189
  Erscheinungsformen **633** 162
  Freilegung des Mangels **633** 92; **634** 34
  Gewährleistungsrecht **634** 15
  Gutachten **Vorbem 631 ff** 36; **633** 188; **634** 61
    Erstattungspflicht **634** 61
  Kenntnis **633** 162; **634a** 45; **639** 12; **640** 42 f
    Beweislast **640** 47
  Kündigung des Werkvertrages **633** 101
  mehrere Mängel **634** 15 f
  Mindermenge **633** 197

Mangel des Werkes

Mangel des Werkes (Forts)
　Mitverursachung durch Besteller **633** 92; **634** 5, 17 f; **Anh I 638** 10
　Nachbesserungsanspruch **644** 7
　Offenbarungspflicht **634a** 45, 47; **639** 12, 14
　Offensichtlichkeit **639** 46 ff
　optischer Mangel **633** 189
　Pflichtwidrigkeit **634** 124
　Rügefrist **639** 47 ff
　Schadensersatz **634** 151
　Schadensersatzanspruch **633** 103 ff
　　Kosten der Mängelbeseitigung **633** 103, 106
　　Schadensersatz statt der Leistung **633** 104
　　Verjährung **633** 105
　　Verzögerungsschaden **633** 103, 106
　Ursachenabklärung **633** 92; **634** 34, 61, 121 f, 152; **635** 1; **Anh I 638** 32
　Verantwortungsbereich des Bestellers **633** 193 f
　Verantwortungsbereich des Unternehmers **633** 192 ff; **634** 16
　Verjährung **634** 3 ff
　vermeintlicher Mangel **634** 6, 15
　Verschulden **633** 192
　Verschweigen, arglistiges **634a** 44 ff; **639** 10
　Vertretenmüssen **633** 105, 192; **634** 98a, 119, 124, 126, 128 f
　　anerkannte Regeln der Technik **633** 61
　　Beweislast **633** 184c
　Verwendungseignung **633** 186 ff
　Werk, anderes **633** 196
　Werk, unfertiges **633** 195
　Wesentlichkeit **Anh I 638** 7c, 42
　Zurückbehaltungsrecht **641** 23 f
Mangelerscheinungen
　Klageantrag **633** 162
　Verjährungshemmung **634a** 50
Mangelfolgeschaden
　Anmeldefrist **639** 49
　Gewährleistung **634** 2; **639** 83
　Gewährleistungsausschluss **639** 9
　Kostenübernahmeerklärung **634** 15
　Schadensersatzanspruch **633** 104; **634** 76, 120
　Unklarheitenregel **639** 23
　Verjährung **634** 2; **634a** 1 f, 8, 12
Mangelfreiheit
　Bestätigung nach Abnahme **639** 53
　Bestätigung vor Abnahme **639** 56
　Garantie **634** 135
　Gewährleistung **633** 1
　Hauptpflicht **631** 43
　Mehrkosten **634** 5
　Werkleistung **633** 1, 89
　Wissensstand **633** 190
　Zeitpunkt **633** 190

Mangelschaden
　Gewährleistung **634** 2
　Verjährung **634** 2
Mangelursachen
　Ausführungsmangel **633** 163
　Gewährleistung **633** 162
　Koordinierungsmangel **633** 163, 165
　Planungsmangel **633** 163 f
　Stoffe, zu bearbeitende **633** 163, 166
Mangelvermeidung
　Unterlassungsanspruch **633** 91
　Werkvertrag **633** 89
Maschinenüberlassung
　Werkvertrag **631** 26
Maschinenüberlassung mit Bedienungspersonal
　Rechtsnatur **Vorbem 631 ff** 23
Massenfehleinschätzung
　Preisanpassung **631** 68
Materialbeschaffung
　Kündigung des Bestellers **648** 38
Materialien
　Abschlagszahlungen **632a** 26
　Beschaffungspflicht **633** 118 f
　Besitz **633** 80
　Einheitspreisvertrag **632** 4
　Leistungsbeschreibung **Anh 650p–650t** 21
　Sachgefahr **644** 4
　Schutzpflichten **633** 83
Mehrkosten
　Leistungserbringung **Vorbem 631 ff** 53
Mehrmengen
　Sittenwidrigkeit **631** 84a
Mehrwertsteuer
　Abschlagszahlungen **632a** 28
　Selbstvornahme des Bestellers **634** 83
　Vertragspreis **632** 31
Mengenabweichungen
　10%-Grenze **632** 67, 69 f
　Mangel des Werkes **634** 173
　Nullposition **632** 68
　Preiskorrektur **632** 67 f; **634** 173 f
Mengenfehleinschätzung
　Vergütung **632** 65 ff
Mensch, lebender
　Verjährung **634a** 25, 27
Mietausfall
　Mangel des Werkes **633** 103, 106
Miete
　Abgrenzung **Vorbem 631 ff** 22 ff
Mieter
　Werkvertrag, Schutzbereich **Anh III 638** 11
Mindermenge
　Abnahme **634** 174 f
　Gewährleistung **634** 2, 173 ff
　Mangel des Werkes **633** 197
　Minderung **634** 175
　Nachlieferung **634** 175
　Preiskorrektur **632** 68; **634** 173 f
　Rücktritt **634** 175

Mindermenge (Forts)
　Rüge **634** 174
　Schadensersatz **634** 175
　Selbstvornahme **634** 175
　Zurückweisung des Werkes **634** 174
Minderung
　vor Abnahme **634** 13
　Abtretbarkeit **Anh II 638** 5
　Architektenvertrag **Vorbem 650p** ff 14;
　　Anh 650p–650t 12 f
　Ausschluss **634** 108, 110
　Ausübungsüberlassung **634** 111
　Bagatellmängel **634** 115
　Berechnung **634** 108, 113 ff
　　Sollwert **634** 114
　　Teilklage **634** 117 f
　　Teilzahlung **634** 117
　　Teilzession **634** 117
　　Verrechnung **634** 116
　　wahrer Wert **634** 115
　　Werklohn, vereinbarter **634** 114
　Bezifferung **634** 111
　Erklärung **634** 74, 111; **634a** 7
　Erstattungsanspruch **634** 112
　Fristsetzung **634** 110
　Gestaltungsrecht **634a** 15
　Gewährleistung **634** 1, 6
　Honorarkürzung **Anh 650p–650t** 12 f
　Inhaltskontrolle **639** 66
　Leistungskette **634** 108
　Mangel des Werkes **633** 102; **634** 109
　　geteilte Verantwortlichkeit **633** 194
　　Unerheblichkeit **633** 189
　Mehrheit von Berechtigten **Anh II 638** 18
　Nacherfüllungsfrist **634** 110
　　auf Null **634** 115; **Anh I 638** 36
　Personenmehrheit **634** 111
　Quotelung **634** 22, 112
　Rechtsmangel **634** 179
　Rückforderungsanspruch des Bestellers
　　634 112
　Übergang zum Schadensersatz **634** 75
　Überzahlung **634** 112
　　Zinsen der Überzahlung **634** 112
　Unabdingbarkeit **639** 66
　Vergütung **634** 108 ff
　Verjährung **634** 15 f; **634a** 18, 58, 60
　Wahlrecht **634** 73 f; **639** 66
　Werklohn, Herabsetzung **634** 113 ff
　Werklohnanspruch, Erlöschen **634** 112
　Werkvertrag **Vorbem 631** ff 6; **639** 66
Minderwert, merkantiler
　Minderung **634** 34
　Sachmangel **633** 185
　Schadensersatz **634** 34, 76, 121
minus
　s Mindermenge
Missbrauch der Vertretungsmacht
　Leistungserbringung **632** 97

Mitarbeiter
　s a Arbeitskräfte
　Besitzdienerschaft **633** 80
　Haftungsausschluss **Anh III 638** 13
　Prospekthaftung **Anh 650v** 10
Mitarbeiterauswahl
　Abhilfeanspruch **633** 57
　Dispositionsfreiheit **633** 57
Mitbesitz
　Abnahme **640** 22
　Arbeitsflächen **633** 80
　Besitzschutz **641** 3d
Mittäterschaft
　Baugeld **650e** 49, 53
　Deliktshaftung **Anh III 638** 19
Mitteilungspflichten
　Bauunternehmer **650n** 4
Mittelalter
　Werkvertrag **Vorbem 631** ff 8
Mittelbare Stellvertretung
　culpa in eligendo **631** 30
Mitwirkung des Bestellers
　Annahmeverzug **631** 62; **642** 22 f, 26, 29 f;
　　644 26
　Ausführungsfristen **642** 5
　Auswahlentscheidungen **642** 15
　Behinderung des Unternehmers **642** 42 ff
　Behinderungsanzeige **642** 23, 45 ff
　Einflüsse, äußere **642** 10
　Einklagbarkeit **633** 17
　Entschädigungsanspruch **642** 22 ff
　　Angemessenheit **642** 24 f
　　Anrechnungsregelung **642** 26
　　Bemessung **642** 25
　　Bereitstellungskosten **642** 25
　　Beweislast **642** 26
　　Erwerb, anderweitiger **642** 26
　　Gemeinkosten **642** 25
　　Gewinnanteil, kalkulierter **642** 25
　　Mitverursachung durch Unternehmer **642** 24
　　Obhut für stillliegendes Werk **642** 25
　　Selbstkosten, Arbeiten unter **642** 26
　　Umsatzsteuer **642** 24
　　Verjährung **642** 27
　　Verschulden **642** 23
　Ersatzlieferung **642** 15
　　Vergütungspflicht **642** 15
　　Wahlrecht **642** 15
　Ersatzvornahme **642** 15
　Ersetzung **642** 3, 15
　Erzwingung **642** 3, 18 f
　fehlerhafte Mitwirkung **642** 4, 9, 16
　Fristsetzung **643** 1
　Gegenstände, Überlassung
　　Vorbem 631 ff 25
　Klagbarkeit **642** 32
　Korrektur **642** 3
　Kostensteigerungen **642** 6, 21b, 28

Mitwirkung des Bestellers (Forts)
  Kündigung des Vertrages **642** 16; **643** 1 ff, 23
    Abrechnung **643** 3
    Ausspruch der Kündigung **643** 12, 23
    Behinderungen des Unternehmers **643** 7
    ex-nunc-Wirkung **643** 17 ff
    Fristablauf **643** 14
    Fristsetzung **643** 9 ff, 23
    – Angemessenheit der Frist **643** 11
    – Entbehrlichkeit **643** 11
    Mitwirkung, sachwidrige **643** 4
    Mitwirkung, unterlassene **643** 4, 6, 19
    Rücknahme der Kündigung **643** 15
    Schriftlichkeit **643** 23
    Schuldnerverzug des Unternehmers **643** 5
    Zahlungsanspruch **643** 19 f
  Mahnung **642** 14
    Bauzeitenplan **642** 14
    Entbehrlichkeit **642** 14
    Mängel des Werkes **642** 4
  Mehrkosten **642** 6, 21c
  Mitwirkungshandlungen **642** 7 ff, 22
    Begriff **642** 7 f
    Dritte **642** 10
    Höchstpersönlichkeit **642** 10
    Rechtsnatur **642** 3
    Tun, positives **642** 7
    Unterlassen **642** 7 f
  Nachbesserung **634** 30; **642** 16
  Neubegründung des Vertrages **643** 16
  Obliegenheit **Vorbem 631 ff** 25; **631** 62; **633** 17; **634** 19; **Anh III 638** 2; **642** 12, 17
  Planung **633** 17
  Raumüberlassung **Vorbem 631 ff** 25
  Schadensersatzanspruch des Unternehmers **642** 33 ff
    Verjährung **642** 34a
  Schuldnerpflicht **631** 62; **633** 17; **642** 17, 20, 31 f
  Überprüfungspflicht des Unternehmers **642** 12 f
  unterlassene Mitwirkung **642** 4, 9, 21a ff, 33
    notwendige Mitwirkung **642** 21a f
    nützliche Mitwirkung **642** 21c
  Verantwortungsbereiche **642** 2
  Vereinbarungen **642** 10 f, 17, 19
  Vergütungsgefahr **645** 36
  Verkehrssitte **642** 10 f
  Vertragsgegenstand, Änderungen **642** 38 f
  Verzögerung der Herstellung des Werkes **642** 1, 5
    Schädigung des Unternehmers **642** 6, 34
    Wartezeiten des Unternehmers **642** 6, 25
  Werk, ordnungsgemäße Erstellung **642** 1
  Wetter **642** 10
Mitwirkungsverweigerung
  Beweissicherung **633** 29

Montageverpflichtung
  s Kauf mit Montageverpflichtung

Nacharbeiten
  Stundenlohnvertrag **632** 10
  Vergütung **644** 8 f
Nachbarn
  Werkvertrag, Schutzbereich **Anh III 638** 11
Nachbarrecht
  Werkleistung, Duldungspflicht **Anh III 638** 21
Nachbarschaftshilfe
  Mängelbeseitigung **634** 153
  Vergütung **632** 44
Nachbesserung
  s a Mängelbeseitigung
  Abrechnungspflicht **634** 94
  Architektenwerk **Anh 650p–650t** 7 ff
  Aufwand, unverhältnismäßiger **633** 90, 92, 102; **634** 49; **635** 8, 10 ff
    Beweislast **635** 11
  Eigennachbesserung, mangelhafte **634** 95
  Kosten **633** 92; **635** 1 ff; **639** 42
    unternehmerischer Bereich **639** 44
  mehrfache Nachbesserung **634** 31
  Mehrkosten **634** 8
  Methode **634** 29
  Mitwirkung des Bestellers **634** 30
  Nacharbeiten **634** 34
  Provisorium **634** 34
  Rückgewähr des Werkes **635** 15
  Sowieso-Kosten **635** 4
  Unmöglichkeit **635** 7
  Unzumutbarkeit **633** 98; **634** 49
  Vergütungsvereinbarung **632** 57
  Vorarbeiten **634** 34
  Zug-um-Zug-Verurteilung **634** 21
  Zwangsvollstreckung **633** 94 f
Nachbesserungsanspruch
  Abtretbarkeit **Anh II 638** 2 ff
  Eigennachbesserung **Vorbem 631 ff** 18; **634** 4, 40
    s a Selbstvornahme des Bestellers
  Einrede **633** 94
  Erfüllungsort **631** 46; **634** 43
  Inhaltskontrolle **639** 63, 80
  Kostenbeteiligung des Bestellers **634** 20
  Mängelbeseitigung **633** 92
  Mangel des Werkes **644** 7
  Transportkosten **631** 46
  Unteilbarkeit **634** 20
Nachbesserungsrecht
  Inhaltskontrolle **639** 79, 81
  Kostenzuschuss **631** 57
  Sowieso-Kosten **Vorbem 631 ff** 40
  Verlust **634** 39
Nachbesserungsverlangen
  Schriftform **639** 57

Sachregister

Nachbesserungsversuche
  Duldung **634** 38
  Schadensersatz **634** 153
Nacherfüllung
  Bauvertrag **650t** 1
  Begriff **634** 27
  Beschränkung auf Nacherfüllung **639** 41 f
  Darlegungslast **634** 45
  Fehlschlagen **634** 49, 68 ff; **639** 43
  Fristablauf, fruchtloser **634** 57, 72 f, 101
  Fristsetzung **Vorbem 631 ff** 18; **634** 48 ff,
    52 ff, 137; **Anh I 638** 31 ff; **650t** 2
    Angemessenheit der Frist **634** 54 f;
      Anh I 638 32; **650t** 2
    Bezeichnung der Frist **634** 55
    Endtermin **634** 55
    Entbehrlichkeit **634** 48 f, 58 ff, 72, 137;
      Anh I 638 33
    – Beweislast **634** 71
    – Einigung der Parteien **634** 59
    – Erfüllungsverweigerung **634** 62
    – Fehlschlagen der Nacherfüllung
      634 68 ff
    – Interesse des Bestellers **634** 64 ff
    – Nachbesserung, Fehlschlagen **634** 68 ff
    – Verweigerung aus Kostengründen
      634 67
    sofort **634** 55
    unverzüglich **634** 55
    Unzumutbarkeit **634** 137
    Zeitabschnitte **634** 55
  Gewährleistung **634** 1, 6
  Kosten **635** 2; **639** 44
    Unverhältnismäßigkeit **635** 10 ff
  Kostenlast **634** 17, 45
  Leistungsverweigerungsrecht des Unternehmers **635** 14
  Mängelbeseitigung **634** 28
  Neuherstellung **634** 27
  Nutzungsausfall **635** 3
  Recht des Unternehmers **634** 5, 36
    Verwirkung **634** 37
  Rücknahme des Werkes **635** 16
  Sekundärrechte, Ankündigung **634** 51
  Streitgegenstand **634** 45
  Unmöglichkeit **634** 43, 60
  Vertretenmüssen **635** 7
  Unzumutbarkeit **634** 43, 48, 71; **635** 9, 12
  Verjährung **Vorbem 631 ff** 18
  Vorenthalten der Nacherfüllung **639** 45
  Wahlrecht des Bestellers **634** 72 f, 76
  Wahlrecht des Unternehmers
    Vorbem 631 ff 18; **634** 29, 44 f
  Ziel **634** 28
  Zumutbarkeit **633** 171; **634** 27
Nacherfüllungsanspruch
  Abnahme **634** 13
  Abtretung **634** 46
  Ausschluss **634** 139 f

Nacherfüllungsanspruch (Forts)
  Einklagbarkeit **631** 44
  Fälligkeit **634** 35
  Inhaltskontrolle **639** 63, 80
  Leistungsklage **634** 45
  Schadensersatz **639** 82
  unteilbare Leistung **Anh II 638** 18
  Verjährung **634a** 8
  Verzug **634** 35
  Zwangsvollstreckung **634** 45
Nacherfüllungsrecht
  Unternehmer **648** 6
Nachforderung
  Allgemeine Geschäftsbedingungen **632** 125
Nachfrist
  Inhaltskontrolle **639** 58
Nachprüfungsverfahren
  Bauzeitenänderung **650c** 12
  Leistungsänderung **632** 81
  Mehrvergütung **632** 59
  Vergabeverzögerung **Anh 650a** 14
Nachträge
  s a Vergütungsanpassung
  Abrechnung **650c** 11
  Leistungsänderung **650c** 12
  VOB/B **650c** 10 ff
Nachtragsangebot
  Planungsänderung **650b** 8, 10, 12
  Vergütungsanpassung **650c** 12
Nachtragsauftrag
  Baubereich **631** 75
  Vergütung **632** 47
Nachunternehmer
  s Subunternehmereinsatz
Nachzügler
  Bauträgervertrag **650u** 4
Naturereignisse
  Werkleistung, Behinderung **642** 35 f
Naturschutzgebiet, Bau im
  Bauvertrag **634** 157
  Verbot, gesetzliches **632** 30c
Nebenleistungen
  Vergütung **632** 61
Nebenpflichten
  Verwahrungspflichten **Vorbem 631 ff** 76
  Werkvertrag **Vorbem 631 ff** 21; **631** 59, 63
Nebenpflichtverletzung
  Schadensersatzanspruch des Bestellers
    634 159
  Verjährung **634a** 9
Negative
  Herausgabepflicht **633** 147
Nettopreis
  Handelsbrauch **632** 31
  Werklohn **632** 31
Neubau
  Baugeld **650e** 51
  Bauvertrag **650a** 1
  Bauwerk **634a** 21

Neubau

Neubau (Forts)
  Sicherungshypothek **650e** 13
  Verjährungsfrist **634a** 43
  Werkvertrag **631** 5
Neuherstellung
  Gewährleistung **634** 4
  Mängelbeseitigung **634** 32 f
  Nacherfüllung **634** 27; **644** 8
  Unternehmerpfandrecht **647** 7
  Vergütung **644** 22; **645** 30
Notreparatur
  Bearbeitungszeit **633** 122
Novation
  Gewährleistungsrecht **634a** 30
Nullposition
  Preisanpassung **632** 68

Obhutspflichten
  Besteller **631** 65; **Anh III 638** 2; **644** 15
  Reparatur **Vorbem 631 ff** 76
  Sachgefahr **644** 13 f
  Schadensvermeidung **639** 68; **645** 35
Objektbetreuung
  Architektenvertrag **Vorbem 650p ff** 10 f; **650s** 3
Objektüberwachung
  Architektenvertrag **Vorbem 650p ff** 9, 11; **650s** 3
Obstruktion
  s Behinderung des Unternehmers
Öffentliche Aufträge
  Preisvorschriften **632** 127, 138
    Bauleistungen **632** 138
    Leistungen, sonstige **632** 138
    Selbstkosten **632** 138
  Selbstkostenerstattungsvertrag **632** 23 f
  Selbstkostenfestpreise **632** 138
  Wettbewerbspreise **632** 138
Ohne-Rechnung-Abrede
  Nichtigkeitsfolge **631** 80
Operation
  Dienstvertragsrecht **Vorbem 631 ff** 35; **631** 3
  Nachbesserungsanspruch **Vorbem 631 ff** 35
  Werkvertrag **631** 3
Ordnung, allgemeine
  Arbeitsstelle **631** 64; **633** 32 ff, 58
Ordnungswidrigkeiten
  Subunternehmereinsatz **631** 41a
Organe juristischer Personen
  Freistellung **Anh III 638** 27 f
Organisationsmangel
  Arglist **639** 15
  Schadensersatzanspruch des Bestellers **634** 130
  Zurechnung **634a** 48
Orkan
  Unabwendbarkeit **644** 35
Ortstermin
  einstweilige Verfügung **650d** 8

pacta sunt servanda
  Werkvertrag **648** 7
Pandektistik
  Werkvertrag **Vorbem 631 ff** 8
Parteiwille
  Werkvertrag **Vorbem 631 ff** 46
Partnervermittlung
  Kündigung **Vorbem 631 ff** 73, 75
  Maklerdienstvertrag **Vorbem 631 ff** 73
  Nachbesserungsanspruch **Vorbem 631 ff** 75
  Rücktritt **Vorbem 631 ff** 75
  Schadensersatz statt der Leistung **Vorbem 631 ff** 75
  Unklagbarkeit **Vorbem 631 ff** 75
  Vertragsnatur **Vorbem 631 ff** 73 ff
Pauschale
  Allgemeine Geschäftsbedingungen **632** 28
Pauschalierung
  Aufwendungen, ersparte **648** 39
  Inhaltskontrolle **639** 80 f
Pauschalpreisvertrag
  Abschlagszahlungen **632a** 8, 24
  Aufmaß **648** 62
  Aufwendungsersatz **Vorbem 631 ff** 65
  Beweislast **632** 8
  Fehlberechnung **632** 7
  Kostenanschlag **649** 7, 33 ff
  Kostenkontrolle **649** 2
  Kündigung des Bestellers **648** 26, 35 f, 43, 48
  Kündigung des Vertrages **648** 62
  Leistungsänderung **632** 8
  Leistungseinschränkung **632** 8, 95
  Leistungserweiterung **632** 8, 95
  Leistungsverzeichnis **632** 9
  Mengenabweichungen **632** 94; **634** 175
  Mengenfehleinschätzung **632** 71 ff
  Minderung **634** 175
  Nebenleistungen **632** 61
  Planungsänderung **632** 95
  Sowieso-Kosten **634** 24
  überraschende Klausel **632** 9
  Unangemessenheit **632** 9
  Vergütungsvereinbarung **632** 27
  Werklohn **632** 2, 7 ff
Personengesellschaft
  Insolvenz **Anh 631** 41
Pfändung
  Werklohn **641** 50
Pfandkehr
  Besitzverschaffung **633** 150; **641** 3d
  Unternehmerpfandrecht **647** 1
  Zurückbehaltungsrechte **647** 1
Pfandrechte, gesetzliche
  Insolvenzanfechtung **Anh 631** 52
Pflichtenheft
  s a Individualsoftware
Pflichtwidrigkeit
  Vertretenmüssen **645** 21

Pläne
  Herausgabepflicht **633** 147
Planung
  s a Architektenvertrag
  anerkannte Regeln der Technik
    Anh 650p–650t 19
  Architektenhaftung **Anh 650p–650t** 14 ff
  Ausführungsunterlagen **633** 16
  Baugrund **Anh 650p–650t** 18
  Bauphysik **Anh 650p–650t** 18
  Bedürfnisse des Bestellers
    Anh 650p–650t 17
  Besteller **633** 17 ff, 23, 117, 164; **645** 18
  Einklagbarkeit **633** 17
  Genehmigungsfähigkeit **633** 186;
    Anh 650p–650t 15
  mangelhafte Planung **650b** 1
  Möglichkeiten des Bauherrn
    Anh 650p–650t 17, 22
  Prüfungspflicht **633** 20, 69
  Realisierbarkeit **Anh 650p–650t** 16, 18
  Rechtsmangel **633** 158
  Rechtsnatur **633** 17
  Sachverstand **633** 19
  Standsicherheit **Anh 650p–650t** 18
  Statik **Anh 650p–650t** 18
  Steuervorteile des Bauherrn
    Anh 650p–650t 23
  Unternehmer **633** 18 f, 24 f, 117
  Verbindlichkeit **633** 23
  Vergütung **632** 63; **633** 27
  Verschwiegenheitspflicht **633** 26
  Vertragsnatur **650** 15
  Verwertbarkeit **Anh 650p–650t** 15
  Vollständigkeit **Anh 650p–650t** 20
  Werkleistung **631** 6 f; **633** 4
  Wirtschaftlichkeit **Anh 650p–650t** 22
  Wünsche des Bestellers **Anh 650p–650t** 17
  Zusatzvergütung **632** 108
Planungsänderung
  s a Änderungen des Werkes
  Andienung geänderter Leistungen **650b** 25
  Anordnung des Bestellers **650b** 8, 12
  s a Anordnungsrecht des Bestellers
  Bauentwurf **650b** 19 ff
  Bauvertrag **632** 80
  Bedenken des Unternehmers **650b** 4
  Beweislast **650b** 6
  eigenmächtige Abweichungen **633** 23
  einstweilige Verfügung **650b** 9, 13; **650d** 1 ff
  Einvernehmen **650b** 8
  Erforderlichkeit **650b** 3
  Freiwilligkeit **633** 9
  gewillkürte Planungsänderung **650b** 2, 4 ff
  Interesse des Bestellers, überwiegendes
    650b 3
  Kontrahierungszwang **650b** 3
  Kooperationspflichten **631** 66
  Mehrkosten **650b** 5; **650c** 5

Planungsänderung (Forts)
  Nachtragsangebot **650b** 8, 10, 12
  notwendige Planungsänderung **650b** 1, 10 f;
    650c 5
  Planung des Bestellers **650b** 7
  Planung des Unternehmers **650b** 7
  positive Forderungsverletzung **632** 83
  Preisanpassung **632** 84; **633** 9
  Prüfungspflicht **633** 69
  Rücksichtnahmepflicht **650b** 3
  sachliche Planungsänderung **650b** 14
  Sachverständigenhinzuziehung **650b** 13
  Vergütung **632** 80
  Vergütungsanpassung **650c** 1 ff
  VOB/B **650b** 16 f, 19 ff
  Weisungsrecht des Bestellers **631** 66b, 66d;
    633 9; **650b** 3
  Werkvertrag **633** 12
  zeitliche Begrenzung **650b** 14
  Zumutbarkeit **633** 9; **650b** 5
  Zusatzaufträge **631** 75
Planungsfehler
  Einstandspflicht **633** 21; **Anh 650p–650t** 2
  Hinweispflicht **633** 20 f
  Informationspflicht **631** 66
  Leistungen, eigenmächtige **632** 107
  Mangelbeseitigung **633** 90
  Mitverschulden **631** 54, 57; **633** 77
Planungsleistungen
  Verjährung **634a** 24, 26
Planungsmangel
  Mangelursache **633** 163 f
  Rechte Dritter **633** 202
  Verantwortungsbereich des Bestellers
    633 193; **634** 18 f
  Verschulden **634** 18
Planungsunterlagen
  Eigentum **633** 25
  Herausgabepflicht **650n** 3
  Vergütung **633** 27
  Zweckgebundenheit **633** 25
Planungsverschulden
  Subunternehmereinschaltung **631** 40
  Werkvertrag **633** 40
Platzkarte
  Werkvertragsrecht **Vorbem 631 ff** 22
Politische Hindernisse
  Vergütungsgefahr **645** 42 f
Positive Forderungsverletzung
  Schadensersatz **634** 122
Preisänderung
  Beweislast **632** 140
Preisänderung
  Allgemeine Geschäftsbedingungen **632** 30
Preisanpassung
  Werkvertrag **631** 20, 68
Preisbildung
  Allgemeine Geschäftsbedingungen
    632 28 ff

Preisbildung

Preisbildung (Forts)
  Auslegung **632** 35
Preisgefahr
  Abnahme des Werkes **644** 2
  Werkvertrag **644** 2
Preisgleitklauseln
  Bagatellklauseln **632** 29
  Werkvertrag **631** 20
Preiskontrolle
  Allgemeine Geschäftsbedingungen **632** 29
Preisliste
  Vergütungsvereinbarung **632** 26
Preisrecht
  öffentliche Aufträge **632** 138
  Vergütung **632** 30c, 47
Preisvereinbarung
  s Vergütungsvereinbarung
Preußisches Allgemeines Landrecht
  Werkvertrag **Vorbem 631 ff** 8
Probe
  Beschaffenheitsgarantie **633** 170
  Leistung nach Probe **Anh I 638** 9
Probefahrt
  Werkleistung **640** 23
Projektentwicklung
  Vergütung **632** 132
Projektsteuerungsvertrag
  Geschäftsbesorgung **Vorbem 631 ff** 39
  Rechtsnatur **Vorbem 631 ff** 39
  Vergütung **632** 132
Prospekt
  Beschaffenheitsvereinbarung **633** 173
Prospekthaftung
  Angaben zum Objekt **Anh 650v** 11
  Aufklärungspflicht **Anh 650v** 8 ff
  Banken **Anh 650v** 12
  Baubetreuung **Vorbem 650u** 27
  Bauherrenmodelle **Vorbem 650u** 11
  culpa in contrahendo **Vorbem 650u** 12; **Anh 650v** 11, 13 f
  Deliktshaftung **Anh 650v** 10
  Freizeichnung **Vorbem 650u** 12
  gesamtschuldnerische Haftung **Anh 650v** 10
  Gründer **Vorbem 650u** 11; **Anh 650v** 12
  Haftungsfreizeichnung **Anh 650v** 14
  Hintermänner **Anh 650v** 10
  Immobilienanlagen **Vorbem 650u** 10 ff
  Initiatoren **Vorbem 650u** 9, 11, 22; **Anh 650v** 10, 12
  Management **Vorbem 650u** 11
  Mitarbeiter **Anh 650v** 10
  Mitverschuldenseinwand **Vorbem 650u** 12; **Anh 650v** 13
  Objekt, Angaben zum **Anh 650v** 9
  Prospektbegriff **Vorbem 650u** 11
  Sachverständige **Vorbem 650u** 11; **Anh 650v** 12
  Schadensersatz **Vorbem 650u** 12; **Anh 650v** 8

Sachregister

Prospekthaftung (Forts)
  Schadensersatz wegen Pflichtverletzung **Anh 650v** 10
  Treuhänder **Vorbem 650u** 11, 24, 27; **Anh 650v** 7
  Verjährung **Vorbem 650u** 12; **Anh 650v** 14
  Verschulden **Vorbem 650u** 12; **Anh 650v** 13
  Vertriebspersonen **Vorbem 650u** 11; **Anh 650v** 12
  Werbung **Anh 650v** 8 ff
Prothesen
  Werkvertragsrecht **Vorbem 631 ff** 35
  Verjährung **634a** 25
Provider-Vertrag
  s Internet-Provider-Vertrag
Prozessführung
  Vertragsnatur **Vorbem 631 ff** 27, 33
Prüfungspflicht des Unternehmers
  Allgemeine Geschäftsbedingungen **633** 73
  Ausgleich unter mehreren Unternehmern **633** 78
  Bedenken des Unternehmers **633** 62 ff, 74 ff, 164
    Beweislast **633** 184c
  Beweislast **633** 79
  Einstandspflicht **633** 77
  Freizeichnung **633** 73
  Individualvereinbarung **633** 73
  Intensität **633** 67
  Kardinalpflicht **633** 73
  Leistungen anderer Unternehmer **633** 72
  Mitverschulden **633** 77
  Pflichtwidrigkeit **634** 124
  Planung **633** 20, 69
  Rechtsnatur **633** 65
  Überlegungsfrist des Besteller **633** 76
  Unterlassung gebotener Prüfungen **633** 74, 77
  Verdachtsmomente **633** 71
  Weisungen **Vorbem 631 ff** 55, 57; **633** 31, 50, 62 ff
  Zeitpunkt **633** 75
  Zumutbarkeit der Prüfungsmaßnahmen **633** 68
Prüfvermerk
  Architektenvertrag **641** 88; **Anh 650p–650t** 32

Qualität
  s Beschaffenheit des Werkes
Quellenprogramm
  Offenlegungspflicht **Vorbem 631 ff** 81

Raumüberlassung
  Mangelfolgeschaden **Vorbem 631 ff** 22
  Mitwirkungsobliegenheit **Vorbem 631 ff** 25
  Werkvertrag **Vorbem 631 ff** 22
Rechenfehler
  Rechnung **632** 122 f

Rechenschaft
  Werkvertrag **Vorbem 631 ff** 58
Rechnung
  Abrechnungspflicht **641** 31
  Anspruch auf Rechnungserteilung **641** 26 f
  Bindungswirkung **632** 121 ff
    Irrtumsanfechtung **632** 122
    Verzicht **632** 122
  Einheitspreisvertrag **641** 32
  Fälligkeitsvoraussetzung **641** 8, 28, 56
    Vereinbarung **641** 28
  Prüfungsfähigkeit **632a** 8; **641** 20, 29 f, 32
  Werkleistung **632** 120
  Werklohn **Vorbem 631 ff** 60; **632** 2
Rechnungslegungspflicht
  Werkvertrag **Vorbem 631 ff** 60
Rechtsanwalt
  s a Anwaltsvertrag
  Prospekthaftung **Vorbem 650u** 11
Rechtsauskunft
  Werkvertrag **Vorbem 631 ff** 33
Rechtsgeschichte
  Werkvertrag **Vorbem 631 ff** 8
Rechtsmängelfreiheit
  Werkvertrag **633** 1
Rechtsmangel
  Abnahmeverweigerung **634** 178
  Arbeitsmethode **633** 200
  Baupolizeirecht **633** 198
  Beseitigungsfähigkeit **633** 199
  Eigenschaften des Werkes **633** 158, 161
  Freistellungspflicht **633** 201
  Gewährleistung **634** 2
  Haftung des Unternehmers **633** 198
  Minderung **634** 179
  Nacherfüllung **634** 178 f
  öffentliche Hand, Rechtspositionen **633** 198 f
  Rechte Dritter **633** 198
    Abnahme, rügelose **633** 202
    behauptete Rechte Dritter **633** 201
    Planung **633** 202
    Übernahme im Vertrag **633** 202
  Rücktritt **634** 179
  Schadensersatz **634** 179
  Selbstvornahme **634** 178
  Urheberrechte **633** 198
  Verjährung **634a** 28
Rechtsverfolgungskosten
  Sicherungshypothek **650e** 27
  Unternehmerpfandrecht **647** 2
Regeln der Technik
  s Anerkannte Regeln der Technik
Reisevertrag
  Begriff **Vorbem 631 ff** 43
  Ersetzungsbefugnis **Vorbem 631 ff** 43
  Kündigung **648** 59
  Regelung, gesetzliche **Vorbem 631 ff** 3
  Werkvertragsrecht **Vorbem 631 ff** 43

Remonstrationspflicht
  Beweislast **633** 184c
  Pflichtverletzung **633** 164
  Schadensersatz **633** 184b
  Werkvertrag **Vorbem 631 ff** 54; **631** 66c; **633** 164
Reparatur
  Bauwerk **634a** 21
  Eigentumserwerb **633** 154
  Einfügung zur Herstellung eines Gebäudes **633** 152
  Erprobung **640** 23
  Obhutspflichten **Vorbem 631 ff** 76
  Sicherungshypothek **650e** 15
  Stundenlohnvertrag **632** 10
  Transportrisiko **644** 2
  Unternehmerpfandrecht **647** 12
  Vorauszahlungen **641** 12
  Werkvertragsrecht **Vorbem 631 ff** 40; **631** 4
Reparaturarbeiten
  Vertragszuordnung **650a** 2
Risikoabschätzung
  Bauvorhaben **Vorbem 650u** 4
Römisches Recht
  Werkvertrag **Vorbem 631 ff** 8
Röntgendiagnostik
  Werkvertragsrecht **Vorbem 631 ff** 35
Rohbau
  Abschlagszahlungen **632a** 8, 15
  Bauträgervertrag **Vorbem 650u** 14
  Insolvenz **Anh 631** 17
  Erfüllungswahl **Anh 631** 18
Rückabwicklung
  Werkvertrag **Vorbem 631 ff** 7
Rücksichtnahmepflicht
  Planungsänderung **650b** 3
  Werkvertrag **631** 59, 69
Rücktritt
  Abnahme **634** 13, 98b; **640** 15
  Abtretbarkeit **Anh II 638** 6
  Architektenvertrag **Vorbem 650p ff** 14; **Anh 650p–650t** 10 f
  Ausschluss **634** 99 f
  Ausübungsüberlassung **634** 101
  Bauträgervertrag **634** 100; **639** 65
  Beseitigungsanspruch des Bestellers **634** 97, 103 ff
  Demontagepflicht **634** 103 f
  Erfüllungsort **634** 107
  Erheblichkeitsschwelle **634** 15, 22
  Erklärung **634** 73 ff, 97, 101; **634a** 7
  Gestaltungsrecht **634a** 15
  Gewährleistung **634** 1, 4, 6, 14
  Mangel des Werkes **634** 98
    Unerheblichkeit **634** 98
    Vertretenmüssen **634** 98a
  Mehrheit von Berechtigten **Anh II 638** 18
  Mitverantwortlichkeit des Bestellers **633** 194; **634** 22

Rücktritt
  Rücktritt (Forts)
    Nacherfüllungsfrist **634** 101
    Rechtsmangel **634** 179
    Rückgewährpflichten, Erfüllung Zug um Zug **634** 107
    Rückgewährschuldverhältnis **634** 102
    Rücknahme des Werkes **634** 103 f; **640** 16
    Übergang zum Schadensersatz **634** 75
    Verjährung **634** 15 ff; **634a** 41, 58, 60
    Verwirkung **634** 99
    Verzögerung der Werkleistung **633** 89, 125a
    Wahlrecht **634** 73 f; **639** 66
    Wegnahmerecht des Unternehmers **634** 105
    Werklohn, Rückzahlung **634** 102
    Werkvertrag **Vorbem 631 ff** 6; **639** 65; **648** 1, 58
    Wertersatz **634** 97, 106
Rücktrittsrecht
    Fälligkeit **633** 3a, 89
Rügepflicht
    Baumaterialien **650a** 8
Rundschreiben
    Werkvertrag, Angebot **Vorbem 631 ff** 49

Sache
    Begriff **634a** 25
    neue Sache **631** 5
    Veränderung **634a** 26
    Werkvertrag **631** 3
    Zerstörung **634a** 26
Sachen, bewegliche
    Änderungen des Werkes **650b** 15
    Insolvenzeröffnung **Anh 631** 43
    Vorleistungspflicht **641** 2
Sachgefahr
    Obhutspflicht des Unternehmers **644** 13 f
    VOB/B **644** 31
    Werkvertrag **644** 4
Sachleistung
    Kündigung **648** 59
Sachmängelfreiheit
    Werkvertrag **633** 1
Sachmangel
    Begriff **633** 158
    Beschaffenheitsvereinbarung **633** 187
    Eigenschaften des Werkes **633** 158, 161
        störende Eigenschaften **633** 187
    Raum **633** 186
    Tauglichkeit, fehlende **633** 186 f
Sachverständige
    Bestellung, öffentliche **Vorbem 631 ff** 49
    Prospekthaftung **Vorbem 650u** 11; **Anh 650v** 12
Sachverständige, gerichtliche
    Haftung **Vorbem 631 ff** 36
Sachverständigenkosten
    Mängelbeseitigung **634** 26a

safe harbour
    Insolvenzverfahren **Anh 631** 53
Sanierungsgutachten
    Planungsleistungen **634a** 24
Sanierungsmaßnahmen
    Baugeld **650e** 51
Schadensbeseitigungspflicht
    Unternehmer **644** 11
Schadensersatz
    Architektenvertrag **650t** 1
    Gewährleistung **634** 1 f, 6
    Schadensaufteilung **Anh III 638** 25
    Verwendung der Schadensersatzleistung **634** 151
    Werkvertrag **Anh III 638** 1
Schadensersatz statt der ganzen Leistung
    Werklohnanspruch, Erlöschen **634** 141 f
    Wiederherstellung **634** 140
Schadensersatz statt der Leistung
    vor Abnahme **634** 13
    Nacherfüllungsanspruch, Ausschluss **634** 139 f
    Übergang zum Rücktritt **634** 75
    Vertragsbeendigung, vorzeitige **648** 1
Schadensersatzanspruch des Bestellers
    Abtretbarkeit **Anh II 638** 7
    Arbeitsleistungen **634** 158
    Aufklärungspflichten **634** 160 ff
    Aufrechnung **633** 106
    Aufrechnungsverbote **634** 144
    Aufrechterhaltung des Vertrages **633** 125b
    Aufwendungen, frustrierte **634** 158
    Auswahlverschulden **634** 133
    Beratungspflichten **634** 161
    Beratungsvertrag **634** 163
    Beweislast **634** 138; **Anh I 638** 41, 44
    deliktische Ansprüche **634** 164 ff
        Integritätsinteresse **634** 171
    Eigentumsverletzung **634** 164 ff
        Einwilligung **634** 170
        Rechtswidrigkeit **634** 169 f
        Reparatur **634** 167
        Werkleistung, minderwertige **634** 168
    Erfüllungsgehilfen **634** 131 ff
    Fahrlässigkeit **634** 127 ff
    Fahrlässigkeit, grobe **639** 70
    Freizeichnung **639** 67, 70
    Fristsetzung zur Nacherfüllung **634** 137
        Entbehrlichkeit **634** 137
        Fristablauf **634** 137
        Unzumutbarkeit **634** 137
    Garantie **634** 134 f
    geschäftsähnliche Handlung **634** 74
    Gewinn, entgangener **634** 121; **634a** 37; **639** 69; **648a** 13, 26
    großer Schadensersatz **634** 123, 142, 145 ff
        Deckungsgeschäft **634** 147
        Mindestschaden **634** 147

Schadensersatzanspruch des Bestellers (Forts)
　Rückgabeanspruch des Unternehmers **634** 148
　Verjährung **634a** 8
　Vorteilsausgleichung **634** 148
　Werklohn, gezahlter **634** 147
　Zurückweisung des Werkes **634** 123, 146
Gutachterkosten **634** 121 f
Höchstbetrag **639** 70
Inhaltskontrolle **639** 67 f, 78, 82
Kausalität **634** 125 f
kleiner Schadensersatz **634** 123, 145, 149 ff
　Aufwand, unverhältnismäßiger **634** 154
　Mängelbeseitigung **634** 150 ff
　Minderwert des Werkes, mängelbedingter **634** 149, 154
　– merkantiler Minderwert **634** 154
　Nutzungsausfall **634** 156
　Umsatzsteuer **634** 152
　Verjährung **634a** 8
　Vorteilsausgleichung **634** 155
Leistungsstandards **634** 127
Lieferanten **634** 132
Mängelbeseitigung, Kosten **633** 103, 105; **634** 81
Mangel des Werkes **633** 103 ff; **634** 119, 123
　Erheblichkeit **634** 123
Mangelfolgeschaden **634** 120
Minderwert des Werkes, mängelbedingter **633** 106
Mitverschulden **634** 136
Nacherfüllung, Schäden durch **634** 121
Nebenpflichtverletzung **634** 159
Nichterfüllung **634a** 9
Organisationsmangel **634** 130
Pflichtwidrigkeit **634** 124, 126
Quotelung **634** 22
Rechtsmangel **634** 179
Restmangel **634** 121
Restschaden **634** 119
Schadensersatz statt der ganzen Leistung **633** 125a
Sorgfalt, eigenübliche **634** 135
Streitgegenstand **634** 93
Substitution **634** 133
Subunternehmereinsatz **634** 131
teilbare Leistung **Anh II 638** 18
Übernahmeverschulden **634** 127
Unmöglichkeit, anfängliche **634** 157
Verdienstausfall **634** 121
Verjährung **633** 105; **634** 159 f, 172; **634a** 8
Verjährungsbeginn **634a** 37
Verrechnung **634** 142 ff
Verschulden **631** 13; **634** 134 f; **Anh I 638** 44; **639** 82
　Verzicht **634** 135
Versicherungsschutz **639** 70

Schadensersatzanspruch des Bestellers (Forts)
　vertragliche Schadensersatzansprüche **634** 159 f
　Vertragszweckgefährdung **639** 68
　Vertretenmüssen **634** 26
　Vertretenmüssen des Unternehmers **634** 119, 124, 126 ff
　Verzögerung der Leistung **633** 125a f
　Verzögerungsschaden **633** 103, 106
　VOB/B **Anh I 638** 2, 8, 37 ff
　Vorbehaltsurteil **634** 144
　Vorsatz **634** 126
　vorvertragliche Pflichten **634** 161
　Wahlrecht **634** 73, 122
　Werklohnanspruch **634** 141 ff
Schallschutz
　Beschaffenheitsvereinbarung **633** 173 f
　Eigenschaften des Werkes **633** 159
Schatzfund
　Werkausführung **633** 115
　Zusatzkosten **632** 39
Scheinbestandteile
　Werkvertragsrecht **650** 4
Schenkung
　Erfolg **631** 6
Schickschuld
　Werkleistung **631** 48
Schiedsgutachtervertrag
　Nacherfüllung **634** 11
　Rechtsnatur **Vorbem 631 ff** 40
Schiedsrichtervertrag
　Rechtsnatur **Vorbem 631 ff** 40
Schiffe
　eingetragene Schiffe **647a** 1 f
　Schiffshypothek **647** 4; **647a** 1, 3
　Zwangsvollstreckung **647a** 4
Schiffsbauwerke
　Eintragungsfähigkeit **647a** 1
　Schiffshypothek **647** 4; **647a** 1, 3
　Unternehmerpfandrecht **647** 4
Schiffshypothek
　Anspruch auf Einräumung **647a** 3
　Ausbesserung des Schiffes **647a** 3
　Baus des Schiffes **647a** 3
　Forderungssicherung **647a** 4
　Rang **647a** 4
　Schiffswerft **647a** 3
Schiffspart
　Pfandrecht **647a** 4
　Zwangsvollstreckung **647a** 4
Schiffswerft
　Schiffshypothek **647a** 3
Schlechterfüllung
　Werkleistung **642** 44
Schlüssel
　Schutzpflichten **633** 83
　Verschaffungspflicht **631** 18
Schlussrechnung
　Abnahme **648a** 22

Schlussrechnung (Forts)
Abrechnungspflicht **641** 31
Aufstellung durch Besteller **641** 79 f, 85
  Kosten **641** 80
Ausschlusswirkung **641** 90 ff, 98 ff
Beweislast **641** 88
Einreichungsfrist **632a** 32; **641** 77 f
Erledigung des Bauvorhabens **641** 83
Forderungsvorbehalt **641** 94 f
  Erklärungsfrist **641** 95
  Streitverkündung **641** 95
  vorzeitiger Vorbehalt **641** 95
Hilfsvorbringen **632a** 32
Klage auf Rechnungsvorlage **641** 79
Kündigung des Vertrages **648** 62
Nachfristsetzung **641** 80
Prüfungsergebnis, Mitteilung **641** 86 f
Prüfungsfähigkeit **641** 77, 84
Prüfungsfrist **641** 85 ff, 89; **648a** 22
Prüfungsvermerk **641** 88
Rechnungserteilung **641** 82 f
Rechtsverlust **641** 90 ff, 97
Übergang von Abschlags- auf Schlussrechnung **632a** 32
Vergütungsansprüche des Unternehmers **641** 83
VOB/B **641** 75 ff
Werklohn, Fälligkeit **650g** 7
Werklohnforderung **632a** 32
  Fälligstellung **641** 80
Zugang **641** 84
Zusatzaufträge **641** 78
Schlusszahlung
Annahme, vorbehaltlose **Anh 631** 64
Aufrechnungsausschluss **Anh 631** 64
Bauabzugsteuer **632a** 34
Fälligkeit **632a** 32; **641** 81 ff
Rechtsverlust **641** 91
Teilschlusszahlung **641** 124
Unterrichtungspflicht **641** 92
Schmiergelder
Herausgabepflicht **Vorbem 631 ff** 63
Sittenwidrigkeit **631** 84
Schnee
Beseitigungspflicht **633** 84
Schönheitsfehler
Mangel **633** 189
Schönheitsreparaturen
Bauwerk **634a** 21
Sicherungshypothek **650e** 13
Verjährungsfrist **Anh I 638** 15
Schornsteinfegervertrag
Rechtsnatur **Vorbem 631 ff** 40
Schriftform
Anzeigepflicht **633** 74
Architektenvertrag **Vorbem 650p ff** 15
Behinderungsanzeige **642** 46
Bürgschaft **641** 65
Honorarschlussrechnung **641** 110

Schriftform (Forts)
Kündigung aus wichtigem Grund **648a** 26; **650h** 2
Kündigung des Auftraggebers **648a** 15, 18
Kündigung des Bauvertrags **643** 23; **650h** 1 ff
Kündigung, freie **650h** 2
Nachbesserungsverlangen **639** 57
Subunternehmereinsatz, Zustimmung **633** 109
Verbraucherbauvertrag **631** 70
Schriftformklausel
Zusatzverträge **631** 70
Schüler
Erbieten von Leistungen **Vorbem 631 ff** 49
Schuhreparatur
Werkvertrag **Vorbem 631 ff** 2
Schuldanerkenntnis
Rechnungsprüfung **641** 88
Schuldrechtsmodernisierung
Architektenvertrag **634a** 43b
Bauträgervertrag **650** 6
Gewährleistung **634** 1
Unternehmerpfandrecht **647** 7
Verjährung **634a** 1, 32
Werklieferungsvertrag **631** 5; **650** 1
Werkvertrag **Vorbem 631 ff** 19
Werkvertragsrecht **Vorbem 631 ff** 11
Schulung
Instruktionspflicht **633** 155
Schutzgesetzverletzung
Schädigung Dritter **Anh III 638** 15
Schutzmaßnahmen
Werkvertrag **631** 63
Schutzpflichten
Besteller **633** 57
Treu und Glauben **633** 82 f
Unternehmer **633** 82 ff
Schutzpflichtverletzung
Nichtigkeit des Werkvertrages **631** 79
Schutzrechte, gewerbliche
Freistellung **Anh III 638** 22
Schadenstragung des Unternehmers **Anh III 638** 23 f
Schwarzarbeit
Bereicherungsansprüche **631** 80
Gewährleistung **631** 79; **634** 18
Kenntnis des Bestellers **631** 79
Mitverschulden **634** 18
Nettoentgelt **631** 80
Schadensersatz **631** 79
Steuerhinterziehung **632** 31
Subunternehmereinsatz **631** 41a
Verbot, gesetzliches **631** 79; **632** 30c
Schwarzbau
Verbot, gesetzliches **650a** 12
Schweigen
Werkvertrag, Annahme **Vorbem 631 ff** 50

Seenot
  Bergung **Vorbem 631 ff** 35
  Rettungsvertrag **Vorbem 631 ff** 35
Seetransport
  Regelung, gesetzliche **Vorbem 631 ff** 78
Selbstausführung
  Werkleistung **633** 108 f
Selbsthilfe
  Fristsetzung **633** 85, 87 f
Selbstkostenerstattungsvertrag
  Angebotsverfahren **632** 23
  Preisbildung **632** 23
  Auf- und Abgebotsverfahren **632** 23
  Vereinbarung **632** 24
Selbstvornahme des Bestellers
  Abnahme **634** 13
  Arbeitsleistungen **634** 84
  Auftrag **Vorbem 631 ff** 45
  Aufwendungen, ersparte **634** 43; **635** 6
  Baumangel **634** 83
  Dispositionsfreiheit **634** 82
  Drittunternehmer **634** 82 f
  Entscheidungsänderung **634** 75
  Erlöschen der Befugnis **634** 81
  Fristsetzung **634** 4, 80; **Anh I 638** 31 ff; **639** 81
  Gewährleistung **634** 6
  Gutachten **634** 83
  Inhaltskontrolle **639** 64, 81
  Kostenerstattung **634** 20, 40 ff, 85; **Anh II 638** 4, 18; **639** 64
  Kostenvorschuss **634** 86 ff; **639** 64
    Abrechnungspflicht **634** 94
    Abtretbarkeit **Anh II 638** 4
    Aufrechnung **634** 91
    Rechtskraft **634** 93
    Rückforderungsanspruch des Unternehmers **634** 96
    Streitgegenstand **634** 93
    Subsidiarität **634** 89
    Verjährung **634** 92; **634a** 8; **Anh I 638** 12
    Verzinsung **634** 90
    Verzug **634** 90
  Mängelbeseitigung **633** 194; **634** 4, 6, 40, 77 ff; **635** 7
  mangelhafte Eigennachbesserung **634** 95
  Mehrwertsteuer **634** 83
  Nachbereitung **634** 83
  Nacherfüllungsanspruch **634** 73, 77, 79
  Neuherstellung **634** 82
  Rechtsmangel **634** 178
  Verjährung **634a** 8
  Verzögerung, unangemessene **634** 96
  Vorbereitung **634** 83
  Wahlrecht **634** 73
  Werklieferungsvertrag **650** 21
Sequestration
  Materialien, vertragswidrige **633** 88

Sicherheiten
  Auswechselungsrecht **641** 63, 67
  Benachteiligung, unangemessene **641** 58, 63
  Höhe **641** 58, 63
  Insolvenz **Anh 631** 41 ff
  Leistungsbeschreibung **632** 35
  Leistungsfrist **641** 71
  Nachschuss **641** 64
  Richtwert **641** 63
  Rückgabeanspruch **641** 73
  Vereinbarung **641** 63 f
  Wahlrecht **641** 64, 70
  Werkvertragsrecht **641** 58
  Zweckbestimmung **641** 61
Sicherheitenverwertung
  Feststellungskostenpauschale **Anh 631** 43
  Verwertungsfall **641** 72
  Verwertungskostenpauschale **Anh 631** 43
Sicherheitseinbehalt
  Abschlagszahlungen **632a** 14, 23, 29; **650m** 2
  Bankbürgschaft **650m** 2
  Verbraucherbauvertrag **650m** 2
  Vereinbarungen **650m** 3
  Werklohn **641** 22, 24, 67 ff
  Zusatzvergütung **650m** 2
Sicherheitsleistung
  Abschlagszahlungen **632a** 9
  Mängelbeseitigung **634** 21, 47
  Makler- und Bauträgerverordnung **641** 74a; **Vorbem 650u** 5, 14
  VOB/B **641** 58 ff
  Werklohn **641** 10
Sicherungshypothek
  Abdingbarkeit **650e** 44
  Abtretung **650e** 36
  Akzessorietät **650e** 26, 36
  Anfrage des Unternehmers **650e** 38
  Anspruch, schuldrechtlicher **650e** 4, 36, 47
  Arbeiten, nachträgliche **650e** 13
  Architekt **650e** 9, 10, 14
  Arresthypothek **650e** 42
  Ausschluss **650e** 44
    Allgemeine Geschäftsbedingungen **650e** 45
    Rechtsmissbrauch **650e** 44
    Vermögensverschlechterung bei Besteller **650e** 44
  Außenanlagen **650e** 1 f, 11, 16
  Baubetreuer **650e** 10, 16
  Baustelleneinrichtung **650e** 14
  Baustofflieferant **650e** 9
  Bauwerk **650e** 1 f, 10 ff
  Bauwerksteile **650e** 10 f, 13, 15
  Belastungen, vorrangige **650f** 1
  Bestellereigentum **650e** 3, 19 ff
    Eigentum Dritter **650e** 20 f
    – Ehegatten **650e** 20
    – Konzern **650e** 20

Sicherungshypothek (Forts)
  – oHG **650e** 20
  Identität Besteller/Eigentümer, wirtschaftliche **650e** 21 f; **650f** 1
  Dienstvertrag **650e** 9 f
  Einigung **650e** 36
  Erbbaurecht **650e** 18
  Forderungen, zu sichernde **650e** 25 ff
    Naturalleistungen **650e** 25
  Generalunternehmer **650e** 10
  Grundbucheintragung **650e** 19, 23, 36
    Einsichtsrecht **650e** 38
    Forderungsbezeichnung **650e** 26
    Mängelbeseitigung **650e** 34
  Grundstück des Bestellers **650e** 3, 18
    Bruchteilseigentum **650e** 24
    Mehrheit von Grundstücken **650e** 18, 24
  Grundstücksteilung **650e** 19
  Grundstücksveräußerung **650e** 19
  Grundstückszubehör **647** 4
  gutgläubiger Erwerb **650e** 23, 35
  Handwerker **650e** 10, 15
  Ingenieur **650e** 10, 14
  Insolvenzanfechtung **Anh 631** 52; **650e** 41
  Klempner **650e** 13
  künstlerische Arbeiten **650e** 10
  Leistungsstand **650e** 28 f
  Maler **650e** 13
  Mängel der Werkleistung **650e** 31 ff
  Nachbesserungsbefugnis **650e** 32 f, 35
  Neubau **650e** 13
  Personenkreis, gesicherter **650e** 2, 16 f
  Rechtsverfolgungskosten **650e** 27
  Reparaturen **650e** 15
  Schadensersatzansprüche **650e** 26
  Schönheitsreparaturen **650e** 13
  Schutz, dinglicher **650e** 5 ff
  Schutzbedürfnis **650e** 2 ff, 47
  Statiker **650e** 10, 14
  Streitwert **650e** 40
  Subunternehmer **650e** 8, 19
  Teilflächenveräußerung **650e** 19
  Vereinbarungen **650e** 44
  VOB/B **650e** 46
  vorbereitende Leistungen **650e** 14
  Vormerkung **650e** 6, 19, 37 ff
    Bewilligung **650e** 37
    einstweilige Verfügung **650e** 6 f, 37 f
    – Anerkenntnis, sofortiges **650e** 38
    – Aufhebung **650e** 39
    – Verfahrenskosten **650e** 38
    – Versäumnis der Vollziehungsfrist **650e** 39
    – Zuständigkeit **650e** 38
    Löschungsbewilligung **650e** 40
  Wahlrecht **650f** 31
  Werklohnforderung **650e** 25, 29, 35
    Einrede, dauernde **650e** 47
    Erfüllung **650e** 47

Sicherungshypothek (Forts)
  Titulierung **650e** 43, 47
  Verjährung **650e** 36, 47
  Werkvertrag **650e** 8, 10
  Wertsteigerung des Grundstücks **650e** 26, 33
  Wohnungseigentum **650e** 18
  Zeitpunkt **650e** 28

Sicherungsübereignung
  Verwertungsbefugnis **Anh 631** 43

Sittenwidrigkeit
  Abrechnung **631** 84a
  Fehlkalkulation **631** 84a
  Mehrmengen **631** 84a
  Notlage **631** 84
  Schmiergelder **631** 84
  Unerfahrenheit **631** 84; **632** 58
  Verhandlungsführung des Unternehmers **631** 84
  Werklohn **632** 30a f, 58
  Werkvertrag **631** 84
  Zwangslage **632** 58

Skonti
  Kündigung des Bestellers **648** 35
  Transparenzgebot **641** 48
  Vereinbarung **641** 48, 102

Software
  Individualsoftware
    s dort
  Kaufrecht **Vorbem 631 ff** 79; **650** 15
  Mitwirkung des Bestellers **642** 17
  Probelauf **640** 23

Softwareüberlassung
  Gewährleistung **Vorbem 631 ff** 80
  Vertragsnatur **Vorbem 631 ff** 79

Solaranlage
  Kauf mit Montageverpflichtung **650** 14

Sollbeschaffenheit
  Abweichung, unwesentliche **633** 189
  anerkannte Regeln der Technik **633** 177 f, 183
  Beschaffenheitsvereinbarung **633** 168 ff
  Beweislast **633** 191
  Darlegungslast **634** 45
  Vertragsauslegung **633** 184

Sondereigentum
  Mängelrechte **Anh II 638** 20

Sonderfachleute
  Gesamtschuldnerschaft **Anh 650p–650t** 54
  Gutachten **Anh 650p–650t** 48
  Haftung **634a** 43b; **Anh 650p–650t** 1, 58
    Besteller **Anh III 638** 8
  Mitverschulden des Bestellers **Anh 650p–650t** 45
  Planungsleistungen **634a** 24
  Prüfungspflicht des Architekten **Anh 650p–650t** 30
  Subunternehmereinsatz **Anh 650p–650t** 18
  Verschulden **634** 18 f

Sowieso-Kosten
  Architektenvertrag **Anh 650p–650t** 49
  Ausführung, sachgerechte **633** 174
  Baukostenüberschreitung
    Anh 650p–650t 42
  Erstellung des Werkes **631** 68
  Gewährleistung **639** 4 f, 44
  Hinweispflicht, Verletzung **631** 8, 57
  Nachbesserung **Vorbem 631 ff** 40; **633** 92;
    635 4; **639** 44
  Pauschalpreis **634** 24
  Vergütungspflicht **632** 35; **634** 24 f
  Vorteilsausgleichung **634** 24
Speditionsgeschäft
  Erbieten von Leistungen **Vorbem 631 ff** 49
  Regelung, gesetzliche **Vorbem 631 ff** 78
  Verjährung **634a** 13
Sphärentheorie
  allgemeine Sphärentheorie **645** 31
Sportveranstaltungen
  Vertragsnatur **650** 15
Statiker
  Gesamtschuldnerschaft **Anh 650p–650t** 54
  Haftung **Anh 650p–650t** 1, 58
  Planungsleistungen **634a** 24
  Prüfungspflicht des Architekten
    Anh 650p–650t 30
  Sicherungshypothek **650e** 10, 14
Stellvertretung
  Werkvertrag **631** 71
Stellvertretung, mittelbare
  culpa in eligendo **631** 30
Steuerberater
  Gebührenordnung **632** 137
  Prospekthaftung **Vorbem 650u** 11
Steuerberatung
  Geschäftsbesorgung **Vorbem 631 ff** 41
  Verjährung **634a** 14
  Vertragsnatur **Vorbem 631 ff** 41
Steuererklärung
  Werkvertrag **Vorbem 631 ff** 41
Steuerhinterziehung
  Schwarzarbeit **632** 31
Steuervorteile
  Aufklärungspflicht **Vorbem 650u** 7
Stilllegungskosten
  Werklohn **632** 29
Störung der Geschäftsgrundlage
  Kostenanschlag, Überschreitung **649** 18 ff, 25
  Leistungsänderung **632** 80 ff
  Mengenfehleinschätzung **632** 66, 73 f
  Werkvertrag **631** 13
Störungsursache
  Werkleistung **631** 12
Stoffe
  Begriff **645** 12
  Beschaffungspflicht **633** 118
  Beseitigungspflicht **633** 85 f

Stoffe (Forts)
  Garantiehaftung **644** 29
  Herausgabepflicht **Vorbem 631 ff** 61
  Lieferung durch Besteller **645** 15
  Mangel des Stoffes **645** 12, 14
  Mangelursache **633** 163, 166
  Nichtzurverfügungstellung **645** 38
  Prüfungspflicht **633** 62, 71
  vertragswidrige Stoffe **633** 85 ff
  Vorhaltepflicht **633** 135
Strafrecht
  Ausschluss von öffentlichen Aufträgen
    631 41a
  Subunternehmereinsatz **631** 41a
Streik
  Ausführungsfristen, Verlängerung **642** 54 f;
    644 36
Streitgegenstand
  Nacherfüllung **634** 45, 75
  Schadensersatzanspruch des Bestellers
    634 93
Stundenlohnvertrag
  Anzeige der Arbeitsaufnahme **632** 15
  Arbeitsmittel **632** 21
  arglistige Täuschung **631** 90
  Aufsichtsperson **632** 14
  Aufwand, wirtschaftlich vertretbarer **632** 20
  Aufwendungsersatz **Vorbem 631 ff** 65;
    632 13
  Auslösungen **632** 13
  Bemessung **632** 13
  Betriebsführung, wirtschaftliche **632** 14, 22
  nach BGB **632** 21 f
  Branchenüblichkeit **632** 21
  Erschwerniszuschlag **632** 13
  Fahrgelder **632** 13
  Feiertagsarbeit **632** 13
  Gemeinkosten **632** 13
  Gewinn **632** 13
  Leistungszulage **632** 13
  Nachtarbeit **632** 13
  Nachweis **632** 22
  Neuberechnung der Vergütung **632** 20
  Ortsüblichkeit der Vergütung **632** 13, 21
  Schadensersatz **632** 15
  Sonderkosten **632** 12
  Überstunden **632** 13
  Üblichkeit der Vergütung **632** 12
  Vereinbarung **632** 9, 12, 21, 27
  Wegegelder **632** 13
  Werklohn **632** 10 ff
  Werkvertrag **Vorbem 631 ff** 28; **631** 15
  Zeugenbeweis **632** 22
Stundenlohnzettel
  Anerkenntnis **632** 16 f
  Architektenvollmacht **Vorbem 650p ff** 25, 28
  Bescheinigung **632** 16
  Einreichung **632** 15, 19

Stundenlohnzettel (Forts)
  Einwendungen **632** 16, 19
  Gegenzeichnung **632** 15 ff, 22
  Vorlage, nicht rechtzeitige **632** 19 f
Stundung
  Allgemeine Geschäftsbedingungen **641** 20
  Benachteiligung, unangemessene **641** 20
  Werklohn **641** 4, 20
Sturmflut
  Unabwendbarkeit **644** 35
Substitution
  Schadensersatzanspruch des Bestellers **634** 133
Substrat, körperliches
  Abnahme des Werkes **646** 10
  Abnahmefähigkeit **640** 17; **646** 4 f, 10
  Besitz **633** 150
  Eigentumsverschaffung **Vorbem 631 ff** 80; **633** 151
  Leistung, unkörperliche **631** 6
  Software **Vorbem 631 ff** 80; **635** 15
  Verjährungsbeginn **634a** 26
  Vertragsnatur **650** 15
  Werklieferungsvertrag **650** 7
Subunternehmereinsatz 650 9
  Abnahme **631** 39
  Abschlagsforderungen **641** 44
  AGB des Hauptunternehmers **631** 39
  Altverträge **641** 46
  Anspruchsabtretung **631** 33
  Arbeitseinstellung **633** 109
  Arglist **631** 37
  Aufsichtsmaßnahmen, Unterlassung **631** 41a
  Auskunftsanspruch des Bestellers **631** 36; **633** 112
  Ausländer, illegale Beschäftigung **631** 41a
  Auswahl **633** 109
  Baugeld **650e** 50
  Bauhandwerkersicherung **650f** 3
  Beauftragung, direkte **631** 34
  Befugnis zum Subunternehmereinsatz **633** 57
  Begriff **633** 109
  Behinderungen durch Besteller **631** 40
  Bestellereigenschaft **631** 42
  Beweislast **631** 34
  Direktzahlungen **Anh 631** 51, 59
  Doppelauftrag **631** 34
  Drittzahlungen **641** 44 ff
  Einstandspflicht **Anh III 638** 11
  Einwendungen **631** 39
  Erfüllungsansprüche, Abtretung **Vorbem 631 ff** 62; **631** 33
  Erfüllungsgehilfe des Hauptunternehmers **631** 37
  Garantenstellung **631** 41a
  Gestattung der Subunternehmereinschaltung **Vorbem 631 ff** 51; **631** 35 f

Subunternehmereinsatz (Forts)
  Gewährleistung **631** 34, 38
    Fristverlängerung **631** 39
  Gewährleistungsfristen **639** 83
  Gewährleistungsansprüche, Abtretung **Vorbem 631 ff** 62
  Insolvenzanfechtung **Anh 631** 51, 58 f
  Insolvenzrisiko des Bestellers **631** 39
  Kontrollrechte **631** 41a
  Kündigung aus wichtigem Grund **631** 39; **633** 114
  Leistungsanforderung durch Besteller **631** 34
  Leistungserbringung **631** 32 ff
  Leistungskette **Anh 631** 51; **634** 108; **634a** 23; **641** 40; **650e** 51 f
  Mangelhaftigkeit der Leistung **631** 38
  Minderung des Hauptunternehmers **631** 38
  Mindestbedingungen, tarifliche **631** 41a
  Nachbesserung **631** 40
  Nachbesserungsbefugnis **631** 39
  Nacherfüllungsbegehren des Hauptunternehmers **631** 38
  Neuverträge **641** 46
  Ordnungswidrigkeiten **631** 41a
  Organisationsmangel **634a** 48
  Pflicht zum Subunternehmereinsatz **633** 113
  Pflichten, arbeitsrechtliche **631** 41a
  Pflichten, sozialrechtliche **631** 41a
  Planungsverschulden **631** 40
  Schadensersatzanspruch des Bestellers **634** 131; **639** 82
  Schwarzarbeit **631** 41a
  Sicherungshypothek **650e** 8, 19
  Sozialversicherungsbeiträge, Abführung **631** 41a
  Strafbarkeit **631** 41a
  unerlaubter Einsatz **648a** 18
  Unfallversicherungsbeiträge, Abführung **631** 41a
  Unmöglichkeit der Leistung **632** 30d
  Unternehmerpfandrecht **647** 8, 18
  Unzulässigkeit der Beauftragung **633** 114
  Vergütung **631** 38 f; **632** 29
  Verjährung **631** 38; **634a** 23
  Verschulden **631** 37
  Vertragsbeziehungen **631** 33, 39
  Vertragsgestaltung **631** 35 f
  Vertragsstrafe gegenüber Bestellers **631** 39
  Werklieferungsvertrag **650** 10
  Werkvertrag **631** 32
    Schutzbereich **Anh III 638** 11 f
  Zusatzverträge **631** 34
  Zustimmung des Bestellers **631** 35 f; **633** 109, 111
    Allgemeine Geschäftsbedingungen **633** 109
    Entbehrlichkeit **633** 110

Subunternehmereinsatz (Forts)
  Schriftform **633** 109
Synallagma
  Abschlagszahlungen **632a** 3, 12
  Besitzverschaffung **633** 150
  Werkvertrag **631** 17, 60

Tätigkeitspflicht
  Maklervertrag **Vorbem 631ff** 70
  Subsidiarität **631** 15
  Werkvertrag **631** 14 f
Tauglichkeit zum Gebrauch
  s Verwendungseignung
Taxe
  Begriff **632** 48
  Gebührenordnungen **632** 48
  Üblichkeit der Vergütung **632** 49 f
  Vergütungshöhe **632** 48
Technische Regeln
  Prüfungspflicht **633** 69
Teilabnahme
  s Abnahme
Teilklage
  Werklohn **641** 57
Teilkündigung
  Leistungsbeschränkung **632** 76
  Leistungsteile, abgrenzbare **632** 75, 77
Teilschuld
  Werklohn **641** 52 ff
Teilunmöglichkeit
  Vergütungsgefahr **644** 28
Teilvergütung
  Allgemeine Geschäftsbedingungen **645** 45 ff
  Arbeitszeit **645** 24
  Auslagen **645** 26
  Berechnung **645** 24
  Beweislast **645** 26
  Fälligkeit **645** 26
  Gewinn, anteiliger **645** 26, 46
  Leistungsstörungen **645** 23
  Mitverschulden des Unternehmers **645** 28
  Mitverursachung, schuldlose **645** 29
  Teilausführung des Werkes **645** 27
  Untergang des Werkes **645** 1 ff, 9, 19
  Verschlechterung des Werkes **645** 1 ff, 9 ff, 19, 23 ff
  Vorbereitungshandlungen **645** 25
Teilvollendung
  s Vollendung des Werkes
Teilzahlungen
  Werkvertrag **631** 76
Telekommunikationsleistungen
  Werkvertrag **Vorbem 631ff** 41
Textform
  Abnahme **640** 34b
  Anordnungsrecht des Bestellers **650b** 12
  Baubeschreibung **650j** 1
  Verbraucherbauvertrag **650i** 1 f

Theaterabonnement
  Rechtsnatur **Vorbem 631ff** 22
Theateraufführung
  Abnahmefähigkeit **646** 7
  Billigungsfähigkeit **646** 8
  Gefahrtragung **644** 2
  Mangel **633** 188
  Vollendung des Werkes **646** 11
  Werkvertrag **Vorbem 631ff** 2, 22
Tiefbau
  Bauwerk **634a** 20
Tiere
  Werkvertrag **631** 3
  Verjährung **634a** 25
Tod des Bestellers
  Werkvertrag **Vorbem 631ff** 67
Tragfähigkeit
  Beschaffenheitsvereinbarung **633** 173
Transportrisiko
  Reparatur **644** 2
Transportvertrag
  s Beförderungsvertrag
Treu und Glauben
  Vertragsänderung **631** 9
  Werkvertrag **Vorbem 631ff** 5
  Wiederholung des Werkes **644** 22
Treuhänder
  Basistreuhand **Vorbem 650u** 24 f
  Beurkundung, notarielle **Vorbem 650u** 25; **Anh 650v** 7
  Bevollmächtigung **Vorbem 650u** 25
  Geschäftsbesorgung **Vorbem 650u** 24; **Anh 650v** 7
  Baubetreuung **Vorbem 650u** 21 ff; **Anh 650v** 7
  Bauvertrag **Vorbem 650u** 2 f
  Gesellschaftstreuhänder **Vorbem 650u** 24
  Haftung **Vorbem 650u** 25; **Anh 650v** 7
  Kontotreuhand **Vorbem 650u** 24
  Mittelverwendungstreuhänder **Vorbem 650u** 24
  Prospekthaftung **Vorbem 650u** 11, 24, 27; **Anh 650v** 7
  Zahlungstreuhänder **Vorbem 650u** 24
Übereignung
  Abschlagszahlungen **632a** 19
  Werk **Vorbem 631ff** 61; **633** 151
Überraschende Klauseln
  Werkvertrag **631** 85
Überwachungsleistungen
  Haftung **631** 31
  Vergütung **631** 31
  Verjährung **634a** 24, 26; **646** 12
  Vollendung des Werkes **634a** 38; **646** 12
Überwachungsrecht des Bestellers
  Auskunftspflicht **633** 42
  Besichtigung der Arbeitsstelle **633** 43
  Duldungspflicht **633** 42, 59

Überwachungsrecht des Bestellers (Forts)
  Einsichtsrechte **633** 43
  Geschäftsgeheimnisse **633** 43, 45
  Grenze, allgemeine **633** 44
  Treu und Glauben **633** 43 f; **642** 40
  Überwachungsverschulden **633** 40
  Vertraulichkeit **633** 45
  Werkarbeiten **Vorbem 631 ff** 5; **631** 62; **633** 39 ff
  Zutrittsrechte **633** 43
Überwachungsverschulden
  Architekt **Anh 650p–650t** 50
Überzahlungen
  Abschlagszahlungen **632a** 13; **641** 115, 117
  Beweislast **641** 115
  Erstattungsanspruch **641** 11, 115, 117
  Kündigung des Bestellers **648** 27
  Kürzung **641** 115
  Mängel des Werkes **641** 116
  Saldo **641** 117
  Verjährung **641** 115, 117
  Vorauszahlungen **641** 18, 115
Umbau
  Baugeld **650e** 51
  Bauvertrag **650a** 2
  Sicherungshypothek **650e** 15
  Verjährungsfrist **634a** 43
Umgehungsverbot
  Verbraucherbauvertrag **650o** 1
Umsatzbeteiligung
  Werklohn **632** 31
Umsatzsteuer
  HOAI **632** 130
  Kündigung des Bestellers **648** 33
  Nichtabführung **631** 80
Umstände, unabwendbare
  Ausführungsfristen, Verlängerung **642** 56
  Vergütungsgefahr **644** 34
Umweltschutz
  Leistungsbeschreibung **632** 35
Unausführbarkeit des Werkes
  Vergütung, anteilige **645** 1 ff, 9, 19
Unentgeltlichkeit
  Beweislast **632** 140
Unfallverhütungsvorschriften
  Delikthaftung **Anh III 638** 18
  Unternehmerpflichten **Anh III 638** 6
Unmöglichkeit
  Abrechnung, vorläufige **642** 70 f
  Sphärentheorie, allgemeine **645** 31
  Vergütungsgefahr **645** 38 f
  Werkleistung **632** 30d; **633** 148; **642** 44; **644** 16
Unterbrechung der Arbeiten
  Abrechnung, vorläufige **642** 70 ff; **643** 21
  Begriff **642** 44
  Einflüsse, äußere **642** 44
  Kündigung des Vertrages **643** 21 ff
  Kündigung, vorzeitige **642** 77 ff

Unterbrechung der Arbeiten (Forts)
  VOB/B **643** 21
  Werkarbeiten **642** 43 f
Untergang des Werkes
  Gefahrübergang **644** 8, 28; **645** 2
  Sphärentheorie, allgemeine **645** 31
  Vergütung, anteilige **645** 1 ff, 9, 19
Unternehmer
  Arbeitgeber **633** 57
  Dispositionsfreiheit **Vorbem 631 ff** 54
  Drittunternehmer **Vorbem 631 ff** 52
  Eigenschaftsirrtum **631** 87
  Eigenverantwortung **633** 54 ff
  Erfahrungsvorsprung **Vorbem 631 ff** 2
  Fähigkeiten, überdurchschnittliche **634** 129
  Freiheiten **633** 54 ff
  Generalübernehmer **631** 41; **Vorbem 650u** 16
  Generalunternehmer **631** 32, 41
  Gewerblichkeit der Tätigkeit **631** 21
  Gläubiger **640** 4
  Haftung **Anh III 638** 6, 10
  Handlungsvollmacht **631** 22
  Hauptunternehmer **631** 32 ff
    s a dort
  Herstellungspflicht **631** 1
  juristische Person **631** 21
  Kaufmannseigenschaft **631** 22
  Kenntnisse, überdurchschnittliche **634** 129
  Leistungsfähigkeit **631** 88; **633** 143
    finanzielle Leistungsfähigkeit **634** 130
  Mehrheit von Unternehmern
    Vorbem 631 ff 5; **631** 23 f
    ARGE
      s dort
    parallel arbeitende Unternehmer **631** 27 ff
  Nachunternehmer **631** 32
  natürliche Person **631** 21
  Planungsaufgaben **632** 108
  Prokura **631** 22
  Qualifikation **631** 21, 88 f
  Sachkunde **631** 85; **633** 55, 67
  Schuldner **640** 4
  Subunternehmer **631** 32
    s a Subunternehmereinsatz
  Tätigkeit **631** 16
  Totalunternehmer **631** 32
  Vertrauenswürdigkeit **631** 88
  Werkvertragspartei **Vorbem 631 ff** 2; **631** 21 ff
  Wissensvorsprung **631** 49; **Vorbem 650u** 4
Unternehmerischer Geschäftsverkehr
  Abnahme **639** 56; **640** 36
  Aufrechnung **639** 27
  Gewährleistungsansprüche **639** 40, 43, 80
    Inanspruchnahme eines Dritten **639** 63
  Nachbesserungskosten **639** 44
  Nacherfüllung, Vorenthalten der **639** 45

Unternehmerischer Geschäftsverkehr (Forts)
  Nachfristsetzung **639** 58
  VOB/B **633** 8
Unternehmerpfandrecht
  Allgemeine Geschäftsbedingungen **647** 11 ff, 24
  Anwartschaftsrecht **647** 9
  Ausbesserung einer Sache **647** 18, 20
  Ausschluss **647** 23
  Besitz des Unternehmers **647** 1, 18 ff, 23
    mittelbarer Besitz **647** 18
    unmittelbarer Besitz **647** 18
  Besitzschutz **647** 1
  Dienstvertrag **647** 6, 32
  Eigentum des Bestellers **647** 7 f
  Eigentum Dritter **647** 10 f
  Einwilligung des Eigentümers **647** 10 ff
  Entstehung **647** 18
  Erlöschen **647** 22
  Forderungen, gesicherte **647** 2 f, 24
    Mindesthöhe **647** 5
    Schadensersatz **647** 2
    Verträge, frühere **647** 3, 24
    vertragliche Forderungen **647** 2
  Freigabepflicht **647** 5
  gesetzliches Pfandrecht **647** 1
  gutgläubiger Erwerb **647** 10, 14 ff
    Gutgläubigkeit **647** 17
  Herausgabeanspruch des Bestellers **647** 25 ff
  Herstellung einer Sache **647** 18
  Identität Besteller/Eigentümer **647** 26 ff; **650f** 1
  Insolvenz **Vorbem 631 ff** 44; **647** 1
  Insolvenzanfechtung **Anh 631** 52
  Mängel des Werkes **647** 2
  Pfandrecht an eigener Sache **647** 7
  Rechtsverfolgungskosten **647** 2
  Sachen, bestellerfremde **647** 10 ff
  Sachen, bewegliche **647** 4, 6
  Sachen Dritter **647** 10 f
  Sachen, neu hergestellte **647** 7, 20
  Sachen, unbewegliche **647** 4
  Sachen, unpfändbare **647** 5
  Schiffe **647** 4
  Schiffsbauwerke **647** 4
  Subunternehmer **647** 8, 18
  Unverwertbarkeit **650f** 1
  Vereinbarungen **647** 23
  Versteigerung, öffentliche **647** 21
  Verwendungen **647** 28
  Verwendungen des Unternehmers **647** 28 ff
  Verwertung **647** 21
  Werklieferungsvertrag **647** 32
  Werklohnforderung **647** 2
  Werkvertrag **647** 6
    Nichtigkeit **647** 6
  Zurückbehaltungsrecht **647** 25

Untersuchungskosten
  Aufklärungspflicht **631** 52
Unvermögen
  Werkleistung **633** 148
Unzumutbarkeit
  Auskunftsanspruch **634a** 10
  Fristsetzung **634** 137
  Leistungserbringung **Vorbem 631 ff** 53
  Nachbesserung **633** 98; **634** 49
  Nacherfüllung **634** 43, 48, 71; **635** 9, 12
Urkalkulation
  Vergütungsanpassung **650c** 3, 6 f
Urkunden
  Herausgabepflicht **Vorbem 631 ff** 61
Urproduktion
  Werklieferungsvertrag **650** 11
Urteil
  Erfolg der Werkleistung **631** 15
uti frui habere
  Genuss des Werkes **631** 18

VDE-Bestimmungen
  anerkannte Regeln der Technik **633** 179
VDI-Richtlinien
  anerkannte Regeln der Technik **633** 179
Veranstaltungen
  Werkvertrag **Vorbem 631 ff** 22, 38
Verarbeitungsrichtlinien
  Werk, geschuldetes **633** 179
Verbindung
  Eigentumserwerb **633** 152 f, 154
  Hauptsache **633** 154
Verbot, gesetzliches
  Werkleistung **632** 30c
  Werklohn **632** 30c
  Werkvertrag **631** 79 ff
Verbraucher
  Sicherheitseinbehalt **632a** 14; **641** 22, 58
Verbraucherbauvertrag
  Abnahmefiktion **650o** 1
  Abschlagszahlungen **632a** 1; **650m** 1, 3
  Baubeschreibung **Vorbem 631 ff** 12; **650j** 2; **650k** 1
  Bauhandwerkersicherung **650f** 7
  Begriff **650i** 1
  Beurkundung, notarielle **650l** 1; **650o** 1
  Genehmigungsbeschaffung **650n** 2
  halbzwingendes Recht **650o** 1 f
  Schriftform **631** 70
  Sicherheitseinbehalt **650m** 2
  Textform **650i** 1 f
  Umgehungsverbot **650o** 1
  Widerrufsbelehrung
    s Verbraucherwiderrufsrecht
  Widerrufsrecht **650l** 2 ff
    s a Verbraucherwiderrufsrecht
Verbrauchervertrag
  Bauhandwerkersicherung **650f** 1, 7

Verbrauchervertragsrecht
Werkvertrag **631** 74
Verbraucherwiderrufsrecht
Anzahlungen **650l** 2
Frist **650l** 2
halbzwingendes Recht **650o** 2
Textform **650l** 2
Verbraucherbauvertrag **650l** 2
Wertersatzanspruch des Unternehmers **650l** 2
Widerrufsbelehrung **650l** 2
Muster **650l** 2
Verbrauchsgüterkauf
Nachbesserungskosten **634** 34
Werklieferungsvertrag **650** 1
Verfall
Vorteil, erlangter **631** 41a
Verfüllung
Vertragsnatur **Vorbem 631 ff** 24
Vergabe- und Vertragsordnung für Bauleistungen
s VOB
Vergaberecht
s a Öffentliche Aufträge
Amtspflichtverletzung **Anh 650a** 8
Ausschreibung **Anh 650a** 1
s a dort
Bauzeiten, neue **Anh 650a** 16
Bewerbungskosten **Anh 650a** 11
Bieter, übergangener **Anh 650a** 11
culpa in contrahendo **Anh 650a** 9
Drittschutz **Anh 650a** 8
Ersatzansprüche **Anh 650a** 11
Ersatzmöglichkeit, anderweitige **Anh 650a** 8
Fachkunde **Anh 650a** 4, 10
Gebot, wirtschaftlichstes **Anh 650a** 4, 10
Gewinn, entgehender **Anh 650a** 11
Gleichbehandlung **Anh 650a** 4 f, 10
Grundrechtsbindung **Anh 650a** 4 f
Haftung **Anh 650a** 8 ff
Inländerdiskriminierung **Anh 650a** 7
Kaskadenprinzip **Anh 650a** 7
Leistungsfähigkeit **Anh 650a** 4, 10
Nachprüfungsverfahren **631** 83; **632** 59; **Anh 650a** 13 ff
Behinderung des Unternehmers **642** 44a
Nachverhandlungsverbot **Anh 650a** 11, 14
Preis **Anh 650a** 10
Rechtsstaatsprinzip **Anh 650a** 6, 10
Tariftreueregelung **Anh 650a** 4
Transparenzgebot **Anh 650a** 4, 7
Verwaltungsprivatrecht **Anh 650a** 4
VOB/A **650a** 16 f
s a dort
Wartefrist **Anh 650a** 17
Wirtschaftslenkung **Anh 650a** 4
Zuschlag, vorzeitiger **Anh 650a** 17
Zuverlässigkeit **Anh 650a** 4, 10

Vergabeverordnung
Vergabeverfahren **Anh 650a** 3, 7
Vergabeverzögerung
Mehrvergütung **Anh 650a** 15 f
Nachprüfungsverfahren **Anh 650a** 14, 17
Vergütung
s a Werklohn
nach Abschnitten **Vorbem 631 ff** 26
Änderungen des Werkes **631** 20
Angemessenheit **632** 51, 58
anteilige Vergütung **645** 1
Aufwand des Unternehmers **632** 58
Bauleistungen **641** 2
Billigkeit **645** 3
Dienstleistung **632** 3
Einschränkungen des Werkes **631** 20
Erweiterungen des Werkes **631** 20
Fertigungsdauer **Vorbem 631 ff** 5
Fiktion **632** 45 f
Geld **632** 3
Höhe **632** 47
Leistungsbestimmungsrecht **632** 50, 54, 120
Sachleistung **632** 3
als stillschweigend vereinbart geltende Vergütung **632** 45 f
Teilvergütung **645** 23
Üblichkeit der Vergütung **632** 49 ff
Beweislast **632** 140
Leistungsbestimmungsrecht **632** 50
Umstände **632** 43 f
Werkvertrag **Vorbem 631 ff** 1, 5
Vergütungsanpassung
Aufwand, tatsächlich ersparter **650c** 6
Einigung der Parteien **650c** 2
einstweilige Verfügung **650d** 1 ff
Inhaltskontrolle **650c** 12
Mehrkosten **650c** 4 f
Mehrvergütung **650c** 7
Minderkosten **650c** 4, 6
Nachtragsangebot **650c** 12
Planungsänderungen **650c** 1 ff
Preis, angemessener **650c** 4
Preisfortschreibung **650c** 3
Urkalkulation **650c** 3, 6 f
Vergütungsgefahr
Abnahme des Werkes **644** 20 ff
Lastentragung **644** 24
Nutzungen **644** 24
Abnahmeunfähigkeit **644** 28
Allgemeine Geschäftsbedingungen **645** 45
Annahmeverzug **644** 25 f
Mitwirkung des Bestellers **645** 36
Parteivereinbarungen **644** 29; **645** 45
Sphäre des Bestellers **644** 28; **645** 31 ff
Teilunmöglichkeit **644** 28
Teilvergütung **645** 1 ff
Vergütung, anteilige **645** 6 ff
Verschulden, beiderseitiges **645** 51
Verschuldensunabhängigkeit **645** 49 ff

Vergütungsgefahr (Forts)
  VOB/B **644** 32 ff; **645** 45
  Vorverlegung **645** 1 ff
  Werkvertrag **644** 2; **645** 1
Vergütungsvereinbarung
  Allgemeine Geschäftsbedingungen **632** 28 f
  Anfechtung **632** 26, 32
  ausdrückliche Vereinbarung **632** 26
  Beweislast **632** 139 f
  Höhe der Vergütung **632** 26, 47
  Vorarbeiten **632** 111
  Werkvertrag **632** 51
Verjährung
  Abschlagszahlungen **632a** 11
  Aufrechnung **634a** 58 f
  Erfüllungsanspruch **634a** 5, 9
  Erleichterungen **639** 51 f
  Freihaltungsanspruch **634a** 63
  Gewährleistungsansprüche **634a** 59
  Leistungsverweigerungsrecht **634a** 58
  Mangel des Werkes **634** 3 ff
    mehrere Mängel **634** 15
  Mehrheit von Werkleistungen **634a** 29
  Minderung **634** 15 f; **634a** 18, 58, 60
  Nacherfüllung **Vorbem 631 ff** 18
  Neubeginn **634a** 30 f
  Rücktritt **634** 15 ff; **634a** 1 ff, 58, 60
  Schadensersatz **634a** 1 ff
  Selbstvornahme des Bestellers **634a** 1 ff
  Vereinbarungen, vertragliche **634a** 30 ff
    Benachteiligung, unangemessene
    634a 31 f
  VOB/B **Anh I 638** 2
  Werklohn **634a** 59; **641** 56
  Zurückbehaltung **634a** 58
Verjährungsbeginn
  Anspruchsentstehung **634a** 37
  Gewährleistungsansprüche **634a** 35 ff
  Inhaltskontrolle **634a** 31
  Kenntnisstand **634a** 37
  Kündigung des Vertrages **634a** 41
  Mängelrechte **640** 2, 5
  Rücktritt **634a** 41
  Schadensersatzanspruch des Bestellers
    634a 37
  Vertragsaufhebung **634a** 41
  Werklohn **641** 56
Verjährungseinrede
  Vereinbarungen **634a** 53
Verjährungsfristen
  Bauwerke **634a** 19 ff
  Fristverkürzung **634a** 33; **639** 51 f
  Fristverlängerung **634a** 32
  regelmäßige Verjährungsfrist **634a** 42
  Vereinbarungen **634a** 32
  VOB/B **Anh I 638** 2
  Werkleistung **634a** 19 ff
Verjährungshemmung
  Anerkenntnis **634a** 52, 57

Verjährungshemmung (Forts)
  Beweisverfahren, selbständiges **634a** 55
  gegen Unbekannt **634a** 51
  Einrede des nichterfüllten Vertrages
    634a 56
  Klage **634a** 52
  Mangelerscheinungen **634a** 50 f
  Musterprozess **634a** 56
  pactum de non petendo **634a** 56
  Stundung **634a** 56
  Vereinbarungen **634a** 52 f
  Verhandlungen **634a** 52, 54
  Vorprozess **634a** 56
  Witterungsverhältnisse **634a** 56
Verkehrsanschauung
  Vergütung **632** 43, 50
Verkehrssicherungsmaßnahmen
  Vergütung **632** 61
Verkehrssicherungspflichten
  Architekt **Anh III 638** 19; **Anh 650p–650t** 64
  Bauaufsicht **Anh 650p–650t** 29
  Deliktshaftung **Anh III 638** 16 ff
  Prüfungspflicht **633** 70
Verkehrssitte
  Abnahmefähigkeit **646** 6 f
  Einheitspreisvertrag **632** 4
  Erfolg **631** 11
  Erfüllungsort **631** 48
  Leistungsumfang **632** 61
  Mitwirkung des Bestellers **642** 10 f
  VOB/C **632** 61; **650b** 17
  Vorauszahlungen **641** 12
Verkehrswert
  Sachmangel **633** 185
Verlagsvertrag
  Vertragsnatur **Vorbem 631 ff** 41
Vermessungsingenieur
  Haftung **Anh 650p–650t** 1
  Planungsleistungen **634a** 24
Vermieter
  Werkvertrag, Schutzbereich **Anh III 638** 11
Vermischung
  Eigentumserwerb **633** 154
Vermögensverfall
  Kündigung des Bestellers **648a** 16 f
  Schadensersatz **Anh 631** 34
Vermögensverwaltung
  Geschäftsbesorgung **Vorbem 631 ff** 48
  Insolvenzeröffnung **Anh 631** 3
Verrichtungsgehilfenhaftung
  Besteller **Anh III 638** 9
  Unternehmer **Anh III 638** 10
Verschaffungsanspruch
  Verjährung **631** 48
Verschaffungspflicht
  Abnahmeverweigerung **633** 156
  Besitzeinräumung **633** 150
  Besitzverschaffung **631** 18
  Eigentum am Werk **631** 18; **633** 150, 151

Verschaffungspflicht (Forts)
  Erfüllungsort **631** 46, 48
  Fälligkeit **633** 156
  Hauptpflicht **631** 17, 43; **633** 147
  Klagbarkeit **631** 17
  Kündigung aus wichtigem Grund **633** 157
  Nichterfüllung **633** 157
  Rechtsinhaberschaft **631** 18
  Rücktritt **633** 157
  Schadensersatz statt der ganzen Leistung **633** 157
  Schadensersatz statt der Leistung **633** 157
  Synallagma **631** 17, 60
  Verjährung **633** 156
  Vorleistungspflicht **631** 17
  Werk, unfertiges **631** 17
  Werkvertrag **633** 2, 150
Verschlechterung des Werkes
  Vergütung, anteilige **645** 1 ff, 9 ff, 19
Verschwiegenheitspflicht
  Planung **633** 26
  Überwachungsbefugnis des Bestellers **633** 45
Versendung des Werkes
  Gefahrübergang **644** 27, 32
Versicherungspflicht
  Vereinbarung **645** 46
  Werkleistung **633** 83; **644** 14
Verspätung
  Beförderungsleistung, Mangelhaftigkeit **633** 188
Vertrag mit Schutzwirkung für Dritte
  Architektenvertrag **Anh 650p–650t** 65
  Fahrlässigkeit, grobe **639** 29
  Werkvertrag **Vorbem 631 ff** 53; **631** 42, 59; **Anh III 638** 11 f, 14
Vertragsabwicklung
  s a Behinderung des Unternehmers
  Werkvertrag **640** 2
Vertragsänderung
  Hinweispflicht **631** 53
  Treu und Glauben **Vorbem 631 ff** 55; **631** 9
  Vergütung **632** 2
  Werkvertrag **631** 20
  Zumutbarkeit **631** 53
Vertragsangebot
  Bindungsfrist **631** 72
  Planungsarbeiten **632** 109 ff
  Vergütung **632** 111, 113
  Werkleistung **631** 12
Vertragsaufhebung
  Abrechnung **648** 56
  einverständliche Vertragsaufhebung **648** 56 f
  stillschweigende Vertragsaufhebung **648** 56
  Verjährungsbeginn **634a** 41
Vertragsauslegung, ergänzende
  Vergütungspflicht **645** 13
  Werkvertragsrecht **Vorbem 631 ff** 5

Vertragsbeendigung
  Insolvenz **Anh 631** 3
Vertragsbeendigung, vorzeitige
  Abnahme **640** 15
  Abrechnung, vorzeitige **641** 7
Vertragsdurchführung
  Werkvertrag **631** 20
Vertragserfüllungsbürgschaft
  Bauhandwerkersicherung **650f** 15, 20
    Widerrufsvorbehalt **650f** 15
  Forderungstilgung **650f** 22
Vertragsgegenstand
  Änderungen nach Vertragsschluss **642** 38
  Kauf **Vorbem 631 ff** 19
  Werkvertrag **Vorbem 631 ff** 19
Vertragsgemäßheit
  Werk **634** 12
Vertragsnichtigkeit
  Werkvertrag **631** 77 ff
Vertragsparteien
  Haftung **Anh III 638** 1 ff
  Schädigung Dritter **Anh III 638** 14
  Werkvertrag **Vorbem 631 ff** 1; **631** 21 ff
Vertragsschluss
  konkludenter Vertragsschluss **631** 73
  Werkvertrag **631** 70 ff
Vertragsstrafe
  Architektenvollmacht **Vorbem 650p ff** 30
  Kündigung des Bestellers **648a** 23
  Werkvertrag **640** 2, 5
Vertrauensverhältnis, vorvertragliches
  Vergütung **632** 117
  Werkvertrag **631** 67 ff
Vertretenmüssen
  Behinderung des Unternehmers **633** 138
  Beschädigung der Leistung **644** 23
  Gefahrtragung **644** 1, 4
  Gewährleistung **645** 21 f
  Mangel des Werkes **633** 105, 192; **634** 98a, 119, 124, 126, 128 f, 151
    anerkannte Regeln der Technik **633** 61
    Beweislast **633** 184c
  Pflichtwidrigkeit **645** 21
  Schadensersatzanspruch des Bestellers **634** 26, 119, 124, 126 ff
  Verzögerung **633** 142
Verwahrung
  Abgrenzung **Vorbem 631 ff** 76
  Werkvertrag **Vorbem 631 ff** 76
Verwahrungspflichten
  Nebenpflichten **Vorbem 631 ff** 76
Verwandtschaft
  Werklohn **632** 44
Verwendungen
  Befriedigungsrecht **647** 28
  Besitzrecht **647** 29
  Ersatzansprüche **647** 28 ff
  Wegnahmerecht **647** 28
  Zurückbehaltungsrecht **647** 28

Sachregister

Verwendungseignung
Aufklärungspflicht **633** 187
Einschränkung **633** 186 ff
Fehlen der Eignung **633** 186 ff
Garantie **633** 168
Sollbeschaffenheit des Werkes **633** 168 ff
Veräußerung des Werkes **633** 185
Verkehrswert **633** 185
Verwirkung 634 99
Anordnungsrecht des Bestellers **650b** 12
Rücktritt **634** 99
Verzinsungspflicht
s Zinspflicht
Verzögerung
s a Bauverzögerung
Begriff **633** 141
Mahnung **633** 142
Verschulden **633** 141
Vertretenmüssen **633** 142
Verzug
s a Zahlungsverzug des Bestellers
Abnahme **640** 33
Mahnung **641** 21
Nachfrist **641** 21
Rechnungstellung **641** 21
Viehmastvertrag
Werkvertrag **Vorbem 631 ff** 41
VOB
Entwicklung, historische **650a** 15
VOB/A
a-Paragraphen **650a** 17
Ausschreibung **650a** 16
Basisparagraphen **650a** 17
Bindefrist **Anh 650a** 14 f
Dienstanweisung **Anh 650a** 2
Einheitspreisvertrag **632** 24
Gleichbehandlung **650a** 16; **Anh 650a** 4
Leistungsbeschreibung **Anh 650a** 10
Schwellenwerte **650a** 17; **Anh 650a** 5 ff, 10
Selbstkostenerstattungsvertrag **632** 23
Vergaberecht **650a** 16 f; **Anh 650a** 1, 7
VOB/B
Abnahme **640** 35, 51 ff; **648a** 22
Fälligkeit **640** 55 f
förmliche Abnahme **640** 63 ff
Inhaltskontrolle **640** 70 ff
Teilabnahme **640** 57 f
Abnahmefiktion **639** 60 f
Abnahmeprotokoll **640** 64 f
Abnahmeverweigerung **640** 61
Abrechnungspflicht **641** 30 f
Abschlagszahlungen **Vorbem 631 ff** 64;
632a, 2; **641** 19
Änderungen des Werkes **650b** 16
Änderungsbefugnis **650b** 19 ff
AGB-Kontrolle **Anh I 638** 3 ff
Allgemeine Geschäftsbedingungen **633** 8;
650a 19 f; **Anh 650a** 7

VOB/B (Forts)
anerkannte Regeln der Technik
Anh I 638 37, 48
Arbeiten, zögerliche **648a** 18
Aufmaß **632** 5; **648** 62; **648a** 22
Auftraggeber **631** 42
Auftragnehmer **631** 21
Ausführung **631** 16; **Anh I 638** 1
Ausführungsfristen **631** 16
Ausführungsunterlagen **631** 16
Baugenehmigung **650a** 11
Bauleistungen **631** 16; **Anh I 638** 8 ff
Bauträgervertrag **650u** 7
Bauunternehmer **650a** 20
Bauzeitverlängerung **642** 44a
Behinderung des Unternehmers **642** 42 ff;
643 21
Beweislast **Anh I 638** 10
Bürgschaft **641** 65
DVA **650a** 15, 22
Einbeziehung **650a** 20
Einheitspreisvertrag **632** 7, 24
s a dort
Endabrechnung **641** 75
Entziehung des Auftrags **633** 96 f
Ergänzungen des Werkes **650b** 16
Erweiterungen des Werkes **642** 38
Fremdnachbesserung **648a** 19
Gefahrtragung **644** 30 f
Gewährleistung **Anh I 638** 1 ff
Gewährleistungsfristen **Anh I 638** 11 ff,
22 ff; **Anh 650a** 7
Fristverkürzung **Anh I 638** 5
Gewährleistungssicherheit **641** 61 f
Hinterlegung **641** 66
Hinweispflicht **Anh I 638** 4
Informationspflicht **631** 66
Inhaltskontrolle **Anh I 638** 3 ff, 10; **641** 48;
650a 21 f; **650b** 18
Insolvenzantrag des Auftraggebers
Anh 631 31a
Intransparenz **650b** 18
Kostenänderungen, Informationspflicht
649 36
Kündigung aus wichtigem Grund **648a** 2,
14 ff, 24 ff
Abmahnung **648a** 5
Fristsetzung **648a** 5
Kündigung des Auftraggebers **648** 60 f;
648a 15
Schriftform **648a** 15, 18
Kündigung des Vertrages **643** 21 ff
Abnahme der Leistung **648** 62
Arbeiten, wettbewerbsbeschränkende **648a** 20 f
Schriftform **643** 23
Vergütungsanspruch **648** 62
Vertragsstrafe **648** 63
Leistung nach Probe **Anh I 638** 9

VOB/B Sachregister

VOB/B (Forts)
  Leistungen, eigenmächtige **632** 97 ff
  Leistungsänderung **632** 63 ff
  Leistungsbehinderung **631** 16
  Leistungserweiterung **650c** 13 ff
  Leistungsgefahr **644** 31
  Leistungsunterbrechung **631** 16
  Leistungsvertrag **632** 7
  Mängelbeseitigungsbegehren **Anh I 638** 27 f
  Mehrwertsteuer **632** 31
  Minderung **Anh I 638** 7, 35 f
  Mitverantwortlichkeit des Bestellers
    Anh I 638 10
  Mitwirkungshandlungen des Bestellers
    642 41 f
  Nachbesserung **633** 93, 96; **Anh I 638** 29
    Kosten **Anh I 638** 34 f
    Kündigung des Vertrages **633** 95 f
  Nachbesserungsanspruch **Anh I 638** 12, 25 ff
  Nachbesserungsverlangen **639** 57
  Nachträge **650c** 10 ff
  Pauschalpreisvertrag **632** 7
  Planungsänderung **650b** 16 f, 19 ff
  Preisgestaltung **649** 36
  Prüfungspflicht **631** 76; **Anh I 638** 4
  Rechnung **641** 8, 20
    Fälligkeitsvoraussetzung **641** 28
  Rechtsergänzung **Vorbem 631 ff** 5
  Rechtsnatur **650a** 19
  Rücktritt **Anh I 638** 7a, 36
  Sachgefahr **644** 31
  Schadensersatzanspruch des Bestellers
    Anh I 638 2, 7b ff, 37 ff, 48 ff; **648** 61
    AGB-Kontrolle **Anh I 638** 52
    anerkannte Regeln der Technik
      Anh I 638 37 f, 48
    Anlage, bauliche **Anh I 638** 45
    Beschaffenheitsvereinbarung
      Anh I 638 2, 37, 48
    Mangelfolgeschaden **Anh I 638** 46
    Mangelschaden **Anh I 638** 45
    Verjährung **Anh I 638** 47, 51
    Versicherbarkeit des Schadens
      Anh I 638 2, 37 ff, 49 f
    – AHB, Versicherungsschutzausschluss
      Anh I 638 50
  Schlussrechnung **631** 76; **641** 75 ff
  Schlusszahlung **632** 124; **641** 75 f
  Selbstvornahme des Bestellers
    Anh I 638 30 ff
    Fristsetzung **Anh I 638** 31 ff
  Sicherheitsleistung **641** 58 ff
  Sicherungshypothek **650e** 46
  Skonti **641** 48, 102
  Stundenlohnvertrag **632** 10 ff
  Subsidiarität **633** 8; **650b** 18
  Subunternehmereinsatz **633** 109 f

VOB/B (Forts)
  Subunternehmereinsatz, unerlaubter
    648a 18
  Tätigkeit des Unternehmers **631** 16
  Teilabnahme **641** 124
  Teilschlusszahlung **641** 124
  Text **650a** 23
  Treu und Glauben **631** 16
  überraschende Klauseln **650b** 18
  Unklarheitenregel **650b** 18
  Unterbrechung der Leistungsausführung
    643 21
  Verbraucherbeteiligung **650a** 19 f
  Vereinbarung **Anh 650p–650t** 24
  Vergütung, anteilige **645** 6
  Vergütungsgefahr **644** 32 ff
  Verjährung **634a** 31; **Anh I 638** 2, 24
  Verjährungsbeginn **Anh I 638** 19
  Verjährungserneuerung **Anh I 638** 20 f
  Verjährungsfristen **Anh I 638** 2, 5 f, 11 ff
    AGB-Kontrolle **Anh I 638** 17
    Arglist **Anh I 638** 18
    einjährige Frist **Anh I 638** 14
    Gewährleistungsarbeiten **Anh I 638** 15
    Gewährleistungsfristen **Anh I 638** 22 ff
    Vereinbarungen **Anh I 638** 17
    Verkürzung **Anh I 638** 17
    Verlängerung **Anh I 638** 17
    vierjährige Frist **Anh I 638** 16
    zweijährige Frist **Anh I 638** 15, 21
  Verjährungshemmung **Anh I 638** 19
  Vermögensverfall des Unternehmers
    648a 16 f
  Vertragsgestaltung, missbräuchliche
    Vorbem 631 ff 2
  Vertragsstrafe **648a** 23
  Verwender **650a** 19
  Vorauszahlungen **641** 16 f
  Vordersätze **632** 5
  Vorschusspflicht **Vorbem 631 ff** 64
  Warnpflicht **632** 30c
  Weisungsrecht des Bestellers **631** 66b ff
  Werkleistung **631** 16; **633** 6 f; **650b** 16 ff
  Widersprüche im Vertrag **650b** 18
  Zahlungsbeschleunigung **641** 102
  Zahlungspflicht **631** 76
  Zahlungsverzug des Bestellers **641** 102, 104
  Zahlungsziel **641** 48
  Zinspflicht **641** 132
VOB/C
  Allgemeine Technische Vertragsbedingungen für Bauleistungen **650a** 18
  DIN 18 299 **650b** 17
  DIN 18 300 ff **650b** 17
  Einbeziehung **650b** 17
  Maßnahmen, ergänzende **631** 8
  Verkehrssitte **632** 61; **650b** 17
  Vertragsbedingungen, technische **633** 7; **650a** 18

VOB/C (Forts)
    Vertragsinhalt **650a** 18; **650c** 18
VOB-Vertrag
    Leistungsänderung **633** 10
    Leistungsbeschränkung **633** 10
    Nachforderung **632** 124
Vollarchitektur
    s Architektenvertrag
Vollendung des Werkes
    Abnahmeunfähigkeit **646** 1 ff
        immaterielle Werke **646** 4 f
        körperliche Werke **646** 2 f
    Anzeigepflicht **646** 17
    Architektenvertrag **650s** 1
    Beweislast **646** 15
    Fertigstellung **640** 19
    Gefahrtragung **644** 2
    Gefahrübergang **646** 14
    Gewährleistung **646** 12
        Kenntnis des Mangels **646** 16
    Kündigung des Bestellers **648** 14
    Nachbesserung **646** 13
    Teilvollendung **634a** 40; **641** 118, 120a; **650s** 2
        Verjährungsbeginn **634a** 40
    Vergütungsgefahr **644** 28
    Werklohn **646** 13
    Werkvertrag **634a** 38; **640** 15; **646** 11
    Wirkungen **646** 12 f
    Zeitpunkt **646** 11
    Zinspflicht **646** 13
Vollmacht
    Architektenvollmacht
        s dort
    Baubetreuer
        s dort
Vollständigkeitsklauseln
    Preiskorrektur **632** 69
Vorarbeiten
    Architektenleistungen **632** 118
    Baubereich **632** 114
    Entschädigungsanspruch **632** 114
    Mitwirkungsobliegenheit **633** 116
    Nachbesserung **634** 34
    Urheberrecht **632** 117
    Vergütung **632** 61, 109, 112, 115 f
    Vergütungsvereinbarung **632** 111
    Vertragsschluss **632** 110
Vorauszahlungen
    Allgemeine Geschäftsbedingungen **641** 13
    Bauhandwerkersicherung **650f** 11
    Begriff **632a** 5; **641** 10 f
    Benachteiligung, unangemessene **632a** 5
    Erstattungspflicht **641** 11, 115
    Inhaltskontrolle **639** 26
    Insolvenzrisiko **641** 10
    Sicherheiten **632a** 5; **641** 14
    Sicherheitsleistung **641** 17 f
    Überzahlungen **641** 18, 115

Vorauszahlungen (Forts)
    Vereinbarung **632a** 5; **641** 12
    Verkehrssitte **641** 12
    Verrechnung **641** 15, 17, 115
    VOB/B **641** 16 f
    Vorfinanzierungsrisiko **641** 10
    Vorläufigkeit **641** 11
    Werklohn **641** 10
    Zahlungsplan **Anh 631** 17; **632a** 5, 8
    Zinspflicht **641** 17
Vorbebauung
    Abriss **650e** 14
Vorbehaltsurteil
    Schadensersatzanspruch des Bestellers **634** 144
    Werklohn **641** 57
Vorfinanzierungspflicht
    Vorleistungspflicht **641** 10
Vorfinanzierungsrisiko
    Vergütung **632a** 2
    Vorauszahlungen **641** 10
Vorkasse
    s Vorauszahlungen
Vorlaufsfrist
    Werkleistung **633** 123, 132
Vorleistungspflicht
    Fälligkeit **641** 4
    Inhaltskontrolle **639** 24, 26
    Insolvenzrisiko **641** 10
    Verschaffungspflicht **631** 17
    Vorfinanzierungspflicht **641** 10
    Werklohn **Vorbem 631 ff** 16
    Werkvertrag **640** 1; **641** 2, 20, 48; **647** 1
Vormerkung
    Sicherungshypothek **650e** 6, 19, 37 ff
Vorplanung
    Architektenvertrag **Vorbem 650p ff** 3, 11, 15; **Anh 650p–650t** 35
Vorsatzanfechtung
    s Insolvenzanfechtung
Vorschusspflicht
    Werkvertrag **Vorbem 631 ff** 64
Vorsteuerabzugsberechtigung
    Werklohn **632** 31; **641** 26
Vorteilsausgleichung
    Abzug „Neu für Alt" **634** 23
    Baukostenüberschreitung **Anh 650p–650t** 41
    Erhaltungsmaßnahmen **634** 23
    Lebensdauer des Werkes, längere **634** 23
    Nacherfüllung **634** 23
    Schadensersatz **634** 23, 148, 155
    Sowieso-Kosten **634** 24
    Wertsteigerung des Werkes **634** 23

Wagnis, ungewöhnliches
    Vergütung **632** 37 ff
Wahlrecht
    Leistungen **Vorbem 631 ff** 54

Wandlung
  Gewährleistung **634** 1
  Vertrag **634** 4; **634a** 7
Warnpflicht
  Anordnungen des Bestellers **633** 50
  VOB/B **632** 30c; **633** 55
  Werkvertrag **633** 55
  Zeitpunkt **633** 75
Wartungsvertrag
  Bauwerk, Instandhaltung **650a** 4
  Dauerschuldverhältnis **648** 4
  Erfolg **Vorbem 631 ff** 42
  Kündigung aus wichtigem Grund **Vorbem 631 ff** 42
  Laufzeit **Vorbem 631 ff** 42
  Verjährung **634a** 26
  Werkvertrag **Vorbem 631 ff** 4, 42; **631** 4
Wasser
  Aufwendungsersatz **633** 81
Wasseranschluss
  Nutzung **633** 81
Web-Hosting-Vertrag
  Vertragsnatur **Vorbem 631 ff** 82
Webdesign-Vertrag
  Werkvertrag **Vorbem 631 ff** 82
Wegekosten
  Vergütung **632** 28
Weisungen
  Abweichen von Weisungen **Vorbem 631 ff** 56 f, 56, 57
  Adressat **633** 49, 55
  Änderungsbefugnis **633** 11
  Arbeitsmethode **631** 66a f; **633** 48
  Bedenken des Unternehmers **633** 50 ff
  Befolgungspflicht **645** 18
  Befugnis zu Anordnungen **633** 47 f, 59
  Begriff **633** 46
  BGB-Vertrag **631** 66e
  Dispositionsfreiheit des Unternehmers **633** 47 f
  Einstandspflicht **645** 16 ff
  Ermessen, billiges **631** 66c, 66a
  Gefahr im Verzug **633** 49, 55
  Gefahrtragung **633** 46
  Gegenstand **631** 66a
  Gewährleistung **633** 46
  Gleichbehandlungsgrundsatz **650b** 3
  Grundrechtsbindung **650b** 3
  Mangel des Werks **631** 66c; **633** 53
  Mehrkosten **631** 66c; **633** 52 f; **645** 18
  methodische Weisungen **645** 18
  nachträgliche Weisungen **Vorbem 631 ff** 54
  Nichtbefolgung **633** 53
  notwendige Maßnahmen **633** 48
  Planungsänderung **631** 66d, 66b; **650b** 3
  Prüfungspflicht des Unternehmers **Vorbem 631 ff** 55, 57; **633** 31, 50, 62 ff
  Remonstrationspflicht **631** 66c
  Treu und Glauben **633** 47

Weisungen (Forts)
  unberechtigte Weisungen **633** 50, 53, 55
  Unzweckmäßigkeit **633** 50
  Vereinbarungen, vertragliche **Vorbem 631 ff** 54, 57
  Vergütung, anteilige **645** 16 ff
  Verweigerung **645** 18
  Verweigerungsrecht des Unternehmers **633** 51, 55
  VOB/B **631** 66b ff
  Warnpflicht des Unternehmers **Vorbem 631 ff** 55; **633** 50, 53 f
  Werk **631** 66a
  Werkvertrag **Vorbem 631 ff** 5, 54; **631** 66a ff; **633** 31
  Zumutbarkeit **Vorbem 631 ff** 55; **633** 51; **645** 18
Weisungsfreiheit
  Werkvertrag **Vorbem 631 ff** 30
Weisungsrecht des Bestellers
  s Weisungen
Werbung
  Bauherrenmodell **Vorbem 650u** 10
  Bauvorhaben **Vorbem 650u** 6 ff
  Vertragsnatur **Vorbem 631 ff** 42
Werk
  Abnahme
    s dort
  anderes Werk **633** 196; **634** 176 f
  Beförderung **631** 6
  Beschädigung **631** 64; **633** 83; **644** 8, 23, 34, 36
  Beschaffenheit **633** 158 ff
  Eigenschaftsirrtum **631** 87
  geistiges Werk **631** 6; **650** 15
  Genuss des Werkes **631** 18
  Herausgabepflicht **Vorbem 631 ff** 61
  Herstellung einer Sache **631** 1, 3
  Herstellungspflicht
    s dort
  immaterielles Werk **646** 4 f
  körperliches Werk **Vorbem 631 ff** 2; **631** 3; **646** 2 f
  Übereignung **Vorbem 631 ff** 61
  unfertiges Werk **631** 17; **633** 195; **640** 41, 62
  ungeeignetes Werk **634** 6
  unkörperliches Werk **Vorbem 631 ff** 2, 5; **631** 6
  Untergang **644** 8
  Veränderung einer Sache **631** 1, 3 f
  Verschaffungspflicht
    s dort
  Vertragsgemäßheit **633** 147
  Vollendung des Werkes **631** 18
  wirtschaftliches Ergebnis **631** 6
  Zerstörung **644** 36
Werkarbeiten
  Ausführung des Werkes **633** 30 ff
  Delegation **633** 56

Werkarbeiten (Forts)
  Prüfungspflicht 633 69
  räumlicher Bereich des Bestellers 633 32, 53, 58, 80
Werkleistung
  Bearbeitung 631 4
  Bringschuld 631 48
  Drittbegünstigung 631 91
  Entgegennahme 640 4, 6
  Fertigstellung 633 137
  Höchstpersönlichkeit 633 56
  Holschuld 631 48
  Informationspflicht **Vorbem 631 ff** 58
  mehrere Leistungen 634a 29
  Schickschuld 631 48
  Umgestaltung 631 4
  Verbot, gesetzliches 632 30c
  Verjährung 634a 27
  VOB/B **631** 16; **633** 6 f; **650b** 16 ff
  Wiederherstellung 631 4
Werklieferungsvertrag
  Abdingbarkeit 650 23
  Abnahme 650 21
  Auftragsproduktion 650 18
  Eigentumserwerb 650 18
  Einflussnahme des Bestellers 650 10, 18
  Entgeltlichkeit 650 21
  Gefahrübergang 650 22
  Gewährleistung **650** 2, 19 ff
  Handelskauf 650 1
  Inhaltskontrolle 650 23
  Kaufrecht **650** 1 ff, 17 f, 22
  Kontrollbefugnisse des Bestellers 650 18
  Lieferung 650 12
  Lieferungskauf
    s dort
  Minderung 650 20
  Mitverschulden 650 20
  Nachbesserung 650 20
    Kostenbeteiligung des Bestellers 650 20
  Rücktritt 650 20
  Rücktrittsbefugnis 634 100
  Sachen, bewegliche 650 7
    Erzeugung **650** 8, 11
    Herstellung 650 8
    Mischproduktion 650 11
    Unvertretbarkeit **650** 2, 7, 16, 22
    Vertretbarkeit **650** 7, 16 f
  Selbstvornahme 650 21
  Stoffmangel 650 19
  unregelmäßiger Werklieferungsvertrag 633 120
  Unternehmerpfandrecht 647 32
  Verbraucherbeteiligung 650 23
  Verbrauchsgüterkauf 650 1
  Vergütung 650 21
  Verjährung 650 23
  Werkvertragsrecht **650** 2 f, 8
  Wertverhältnisse 650 8

Werklohn
  s a Vergütung
  Abtretbarkeit 641 50
  Änderungen des Werkes 642 38
  Allgemeine Geschäftsbedingungen **632** 28 ff
  Bauvertragsrechtsreform **Vorbem 631 ff** 16
  Bemessung 632 3
  Beweislast **632** 3; **641** 5
  Branchenüblichkeit 632 24
  Einheitlichkeit der Forderung 632 3
  Einigung 631 73
  Einrede des nichterfüllten Vertrages 641 5
  Erfolg 631 15
  Erfüllung 641 51
  Fälligkeit **Vorbem 631 ff** 5; **641** 1, 3b, 4
  Fälligstellung 641 80
  Festsetzung, einseitige 632 29
  Gläubiger 640 6
  Herabsetzung **Vorbem 631 ff** 53
  Kostengefüge 632 29
  Kürzungen 632 29
  Mehrkosten **Vorbem 631 ff** 53
  Neufestsetzung 642 38
  Obergrenzen 632 25
  Ortsüblichkeit **632** 24, 51
  Pfändbarkeit 641 50
  Preisbildung 632 24
  Schuldner **640** 4; **641** 52 ff
  Teilzahlungen 631 76
  Vorleistungspflicht **Vorbem 631 ff** 16
Werklohnforderung
  Titulierung **650e** 43, 47
Werklohnklage
  Abnahmeverweigerung 641 7
  Architektenrechnung 641 39
  Mängeleinrede 634 47
Werkmangel
  s Mangel des Werkes; s Rechtsmangel;
  s Sachmangel
Werkunternehmerpfandrecht
  s Unternehmerpfandrecht
Werkvertrag
  Abgrenzung **Vorbem 631 ff** 4 ff; **631** 4, 6
  Auftrag **Vorbem 631 ff** 44 ff
  Dienstvertrag **Vorbem 631 ff** 4, 6, 26 ff
  Kauf **Vorbem 631 ff** 4, 6, 18 ff; **631** 14
  Maklervertrag **Vorbem 631 ff** 70 ff
  Miete **Vorbem 631 ff** 22 ff
  Reisevertrag **Vorbem 631 ff** 43
  Schenkung 631 6
  Verwahrung **Vorbem 631 ff** 76
  Austauschvertrag **Vorbem 631 ff** 6
  Begriff **Vorbem 631 ff** 1, 6; **631** 1
  Betriebsbezogenheit **Vorbem 631 ff** 51
  Dauerschuldverhältnis 648 4
  Dienstvertragsrecht **Vorbem 631 ff** 6
  Eigentumsverhältnisse **631** 4, 42
  Eigenverantwortlichkeit **Vorbem 631 ff** 30

Werkvertrag

Werkvertrag (Forts)
   Entgeltlichkeit **Vorbem 631 ff** 1; **631** 4
   Fachwissen **Vorbem 631 ff** 30
   gegenseitiger Vertrag **Vorbem 631 ff** 1
   gemischter Vertrag **632** 3
   Hauptpflichten **631** 43
   invitatio ad offerendum **Vorbem 631 ff** 49
   Kaufrecht **Vorbem 631 ff** 6
   Leitbild **Vorbem 631 ff** 5, 28; **Anh 650p–650t** 1
   Unabhängigkeit, soziale **Vorbem 631 ff** 30
   Verbrauchervertragsrecht **631** 74
   Weisungsfreiheit **Vorbem 631 ff** 30
   Zukunftsbezogenheit **631** 9, 19 f
Werkzeug
   Herausgabepflicht **Vorbem 631 ff** 61 f; **633** 147
   Mitwirkungsobliegenheit **642** 11
Wettbewerbsbeschränkungen
   Kündigung des Vertrages **648a** 20 f
Widerrufsbelehrung
   s Verbraucherwiderrufsrecht
Widerrufsrecht
   s Verbraucherwiderrufsrecht
Winterschäden
   Schutzmaßnahmen **633** 84
Wirtschaftsprüfer
   Prospekthaftung **Vorbem 650u** 11
Wissenschaftliche Leistungen
   Vertragsnatur **650** 15
Witterungsverhältnisse
   Arbeitsaufnahme **633** 123
   Behinderung des Unternehmers **642** 44, 57 f
   Mangel des Werkes **633** 192
   Mehrkosten **642** 36
   Nacherfüllung **644** 8
   Rücktritt **642** 36
   Schutzmaßnahmen **633** 83
   Vergütungsgefahr **644** 35
   Verjährungshemmung **634a** 56
   Werkvertragsrecht **Vorbem 631 ff** 5; **642** 35 f
Wohnfläche
   Beschaffenheit des Werkes **633** 176
   Mangel **634** 124
   Minderung **634** 115
   Schadensersatzanspruch des Bestellers **634** 149
   Steuervorteile des Bauherrn **Anh 650p–650t** 23
Wohnungseigentümergemeinschaft
   Mängelrechte **Anh II 638** 20
   Werkvertrag **Anh II 638** 20
Wohnungseigentum
   Abnahme **650u** 11
   Baubeschreibung **650k** 2
   Bauvertrag **650a** 7
   Errichtung **Anh II 638** 20
   Rücktritt **634** 100, 106

Wohnungseigentum (Forts)
   Sicherungshypothek **650e** 18
   Teilschuld **641** 52 ff
   Werkvertrag **631** 42
Wucher
   Werklohn **632** 30a f, 58
Wünsche des Bestellers
   Werkvertrag **Vorbem 631 ff** 55

Zahlungspflicht
   Hauptpflichten **631** 60
   Synallagma **631** 60
   Werkleistung **631** 15
Zahlungsplan
   Abschlagszahlungen **632a** 8, 15
   Bauträgervertrag **Vorbem 650u** 14
   Vorauszahlungen **Anh 631** 17; **632a** 5, 8
Zahlungsverzug des Bestellers
   Arbeitseinstellung **641** 105
   Fälligkeit **641** 104
   Kündigung aus wichtigem Grund **648a** 25
   Nachfristsetzung **641** 104
   Verzugsschaden **641** 105
   VOB/B **641** 102
   Zinsanspruch **641** 105
Zahlungsziel
   Inhaltskontrolle **641** 48
   Werkvertragsrecht **641** 48
Zahnprothesen
   Vertragsnatur **Vorbem 631 ff** 35
Zerstörung der Leistung
   Sphärentheorie **645** 32 ff
   Vergütungsgefahr **644** 36
   Werk **634a** 26; **644** 36
Zinspflicht
   Ausschluss **641** 129
   Kleingeschäfte des täglichen Lebens **641** 129
   Leistungsaustausch **640** 2, 4; **641** 1
   VOB/B **641** 132
   Vollendung des Werkes **646** 13
   Vorauszahlungen **641** 17
   Werklohnforderung **641** 125 ff, 131
   Zinssatz **641** 130
Zubehör
   Werkvertrag **Vorbem 631 ff** 21
Zufahrtswege
   Nutzung **633** 81
   Zurverfügungstellung **633** 32
Zug-um-Zug-Verurteilung
   doppelte Zug-um-Zug-Verurteilung **634** 21, 47
   Nachbesserung **634** 21
   Werklohnforderung **647** 25
Zuliefererbetrieb
   Arbeitskampf **642** 54 f
Zurückbehaltungsrecht
   Abschlagszahlungen **641** 23
   Inhaltskontrolle **639** 25

Zurückbehaltungsrecht (Forts)
  Mangel des Werkes **641** 23 ff
  Pauschalierung **639** 80
  Verwendungen **647** 28
  Werkleistung **641** 3d
  Werklohnforderung **647** 25
  Werkvertrag **641** 1
Zurückweisungsrecht
  Werk, mangelhaftes **631** 43
Zusatzaufträge
  Abschlagszahlungen **632a** 6
  Baubereich **631** 75
  Schlussrechnung **641** 78
  Vertretungsmacht des Architekten **Vorbem 650p ff** 26
  Werkvertrag **631** 75
  Zahlungspflicht **631** 75
Zusatzleistungen
  Allgemeine Geschäftsbedingungen **632** 62
  Andienung **650b** 25
  Ankündigungspflicht **632** 85, 87 ff
  Ausführungsrecht des Unternehmers **633** 14a
  Benachteiligung, unangemessene **632** 29
  Einigung der Parteien **633** 13; **650b** 22
  Informationspflicht **631** 66, 73
  Kontrahierungszwang **633** 13 f; **650b** 23
  Leistungsverweigerungsrecht des Unternehmers **633** 14; **650b** 24
  Mangel des Werkes **634** 129
  Vergütung **632** 35, 61 f, 85 ff; **633** 14; **650b** 24
  Vergütungsanpassung **650c** 1
  VOB/B **650c** 13 ff
  Weigerungsrecht **633** 13
  weitergehende Zusatzarbeiten **650b** 24
  Werkvergütung **Vorbem 631 ff** 47; **633** 14
Zusatzvergütung
  AGB-Kontrolle **650c** 18
  Ankündigung des Zahlungsanspruchs **632** 85, 87 ff; **650c** 15

Zusatzvergütung (Forts)
  Höhe **650c** 16
  Leistungsbeschreibung **631** 8
  Leistungserweiterung
    s dort
  Mangelbeseitigung **632** 57
  Planung **632** 108
  Preisvereinbarung **650c** 17
  überraschende Klausel **632** 93
Zusatzverträge
  Schriftformklausel **631** 70
  Subunternehmer **631** 34
Zuschlag
  Vergaberecht **642** 44a; **Anh 650a** 16 f
  vorzeitiger Zuschlag **Anh 650a** 17
Zuschlagsverzögerung
  s Vergabeverzögerung
Zustandsfeststellung
  Abnahmeverweigerung **650g** 1
  einseitige Zustandsfeststellung **650g** 3
  gemeinsame Zustandsfeststellung **650g** 1 ff
  Ladung des Bestellers **650g** 3
  Protokoll **650g** 3
  Schlussrechnung, prüffähige **650g** 7
  Verfahren **650g** 1 ff
  Vermutungswirkung **650g** 4
  Werklohn, Fälligkeit **650g** 5 ff
Zutaten
  Beschaffungspflicht **633** 118
Zweckerreichung
  Vergütungsgefahr **645** 38
Zweckvereitelung
  Vergütungsgefahr **645** 38
Zwischenfinanzierung
  Abschlagszahlungen **650e** 54
Zwischenrechnung
  s a Abschlagsrechnung
  Pauschalpreisvertrag **641** 82
Zwischenzinsen
  Aufklärungspflicht **Vorbem 650u** 6

J. von Staudingers Kommentar zum Bürgerlichen Gesetzbuch mit Einführungsgesetz und Nebengesetzen

Übersicht vom 15. 12. 2019

Die Übersicht informiert über die Erscheinungsjahre der Kommentierungen in der 13. Bearbeitung und deren Neubearbeitungen (= Gesamtwerk STAUDINGER). *Kursiv* geschrieben sind die geplanten Erscheinungsjahre.

Die Übersicht ist für die 13. Bearbeitung und für deren Neubearbeitungen zugleich ein Vorschlag für das Aufstellen des „Gesamtwerk STAUDINGER" (insbesondere für solche Bände, die nur eine Sachbezeichnung haben). Es wird empfohlen, die Austauschbände chronologisch neben den überholten Bänden einzusortieren, um bei Querverweisungen auf diese schnell Zugriff zu haben. Bei Platzmangel sollten die ausgetauschten Bände an anderem Ort in gleicher Reihenfolge verwahrt werden.

Neubearbeitungen

Buch 1. Allgemeiner Teil

Einl BGB; §§ 1–14; VerschG	2004	2013	2018	
§§ 21–79	2005	2019		
§§ 80–89	2011	2017		
§§ 90–124; 130–133	2012	2016		
§§ 125–129; BeurkG		2012	2017	
§§ 134–138	2003	2011	2017	
§§ 139–163	2003	2010	2015	
§§ 164–240	2004	2009	2014	2019

Buch 2. Recht der Schuldverhältnisse

§§ 241–243	2005	2009	2014	2019
§§ 244–248	2016			
§§ 249–254	2005	2016		
§§ 255–304	2004	2009	2014	2019
§§ 305–310; UKlaG	2006	2013	2019	
Anh zu §§ 305–310			2019	
§§ 311, 311a–c	2013	2018		
§§ 311b, 311c	2012			
§§ 312, 312a–k	2013	2019		
§§ 313, 314	*2021*			
§§ 315–327	2001	2004	2009	2015
§§ 328–359	2001	2004		
§§ 328–345			2009	2015
§§ 346–361		2012		
§§ 358–360			2016	
§§ 362–396	2000	2006	2011	2016
§§ 397–432	2005	2012	2017	
§§ 433–480	2004	2013		
Wiener UN-Kaufrecht (CISG)	1999	2005	2013	2017
§§ 488–490; 607–609	2011	2015		
§§ 491–512	2004	2012		
§§ 516–534	2005	2013		
§§ 535–562d (Mietrecht 1)	2003	2006	2011	
§§ 563–580a (Mietrecht 2)	2003	2006	2011	
§§ 535–555f (Mietrecht 1)			2014	
§§ 556–561; HeizkostenV; BetrKV (Mietrecht 2)			2014	
§§ 562–580a; Anh AGG (Mietrecht 3)			2014	
§§ 535–556g (Mietrecht 1)				2017
§§ 557–580a; Anh AGG (Mietrecht 2)				2017
Leasing	2004	2014	2018	
§§ 581–606	2005	2013	2018	
§§ 607–610 (siehe §§ 488–490; 607–609)	./.			
§§ 611–613	2005	2011	2015	
§§ 613a–619a		2011	2016	2019
§§ 616–630	2002			
§§ 620–630		2012	2016	2019
§§ 631–651	2003	2008	2013	
§§ 631–650v				2019
§§ 651a–651m	2003	2011	2015	
§§ 652–656	2003	2010		
§§ 652–661a			2015	
§§ 657–704	2006			
§§ 662–675b		2017		
§§ 675c–676c		2012		
§§ 677–704		2015		
§§ 741–764	2002	2008	2015	
§§ 765–778	2013			
§§ 779–811	2002	2009	2015	
§§ 812–822	1999	2007		
§§ 823 A–D	2016			
§§ 823 E–I, 824, 825	2009			
§§ 826–829; ProdHaftG	2003	2009	2013	2018
§§ 830–838	2002	2008	2012	2017
§§ 839, 839a	2007	2013		
§§ 840–853	2007	2015		
AGG	2017			
UmweltHR	2002	2010	2017	

Buch 3. Sachenrecht

§§ 854–882	2000	2007	2012	2018
§§ 883–902	2002	2008	2013	

Neubearbeitungen

§§ 889–902				2019
§§ 903–924	2002	2009	2015	
§§ 925–984; Anh §§ 929 ff	2004	2011	2016	
§§ 985–1011	1999	2006	2013	2019
ErbbauRG; §§ 1018–1112	2002	2009	2016	
§§ 1113–1203	2002	2009	2014	2019
§§ 1204–1296; §§ 1–84 SchiffsRG	2002	2009	2018	
§§ 1–19 WEG	2017			
§§ 20–64 WEG	2017			

Buch 4. Familienrecht

§§ 1297–1352	2007	2012	2015	2018
LPartG	2010			
§§ 1353–1362	2007	2012	2018	
§§ 1363–1563	2000	2007		
§§ 1363–1407			2017	
§§ 1408–1563			2018	
§§ 1564–1568; §§ 1568 a+b	2004	2010	2018	
§§ 1569–1586b	2014			
§§ 1587–1588; VAHRG	2004			
§§ 1589–1600d	2000	2004	2011	
§§ 1601–1615n	2000	2018		
§§ 1616–1625	2007	2014		
§§ 1626–1633; §§ 1–11 RKEG	2007	2015		
§§ 1638–1683	2004	2009	2015	
§§ 1684–1717	2006	2013	2018	
§§ 1741–1772	2007	2019		
§§ 1773–1895	2004	2013		
§§ 1896–1921	2006	2013	2017	

Buch 5. Erbrecht

§§ 1922–1966	2000	2008	2016	
§§ 1967–2063	2002	2010	2016	
§§ 2064–2196	2003	2013	2019	
§§ 2197–2228	2003	2012	2016	
§§ 2229–2264		2012	2017	
§§ 2265–2302	2006	2013	2018	
§§ 2303–2345		2014		
§§ 2339–2385	2004			
§§ 2346–2385		2010	2016	

EGBGB

Einl EGBGB; Art 1, 2, 50–218	2005	2013	2018	
Art 219–245	2003			
Art 219–232		2015		
Art 233–248		2015		

EGBGB/Internationales Privatrecht

Einl IPR; Art 3–6	2003			
Einl IPR		2012	2018	
Art 3–6		2013		
Art 3–4			2019	
Art 7, 9–12, 47, 48	2007	2013	2018	
IntGesR	1998			
Art 13–17b	2003	2011		
Art 18; Vorbem A + B zu Art 19	2003			
Haager Unterhaltsprotokoll		2016		
Vorbem C–H zu Art 19	2009			
EU-VO u Übk z Schutz v Kindern		2018		
IntVerfREhe	2005			
IntVerfREhe 1		2014		
IntVerfREhe 2		2016		
Art 19–24	2002	2008	2014	2018
Art 25, 26	2000	2007		
Art 1–10 Rom I VO	2011	2016		
Art 11–29 Rom I–VO; Art 46b, c; IntVertrVerfR	2011	2016		
Art 38–42	2001			
IntWirtschR	2006	2010	2015	2019
Art 43–46	2014			

Eckpfeiler des Zivilrechts	2011	2012	2014	2018

Demnächst erscheinen

§§ 675c–676c	2020
§§ 883–888	2020
§§ 1773–1895	2020

oHG Otto Schmidt Verlagskontor KG – Walter de Gruyter GmbH, Berlin
Postfach 30 34 21, D-10728 Berlin, Telefon (030) 2 60 05-0, Fax (030) 2 60 05-222